COLLECTION

DES

AUTEURS LATINS

AVEC LA TRADUCTION EN FRANÇAIS

PUBLIÉE SOUS LA DIRECTION

DE M. NISARD

MEMBRE DE L'INSTITUT
ET PROFESSEUR D'ÉLOQUENCE LATINE AU COLLÉGE DE FRANCE.

CELSE
VITRUVE, CENSORIN
FRONTIN

PARIS. — TYPOGRAPHIE DE FIRMIN DIDOT FRÈRES, FILS ET Cie, RUE JACOB, 56

CELSE
VITRUVE, CENSORIN

(ŒUVRES COMPLÈTES).

FRONTIN

(DES AQUEDUCS DE ROME)

AVEC LA TRADUCTION EN FRANÇAIS

PUBLIÉS SOUS LA DIRECTION

DE M. NISARD

PROFESSEUR D'ÉLOQUENCE LATINE AU COLLÈGE DE FRANCE

PARIS

CHEZ FIRMIN DIDOT FRÈRES, FILS ET Cⁱᵉ, LIBRAIRES

IMPRIMEURS DE L'INSTITUT DE FRANCE

RUE JACOB, 56

M DCCC LXVI

AVERTISSEMENT DES ÉDITEURS.

Nous avons réuni dans ce volume quatre auteurs qui traitent, soit des mêmes matières, soit de matières analogues, Celse, Vitruve, Frontin et Censorin.

L'importance de l'ouvrage de Celse, comme monument scientifique, est appréciée de tous ceux qui ont étudié l'histoire de la médecine. S'il n'est pas le dieu des médecins, *medicorum deus*, comme l'appelle Casaubon, on peut le proposer aux médecins comme un excellent modèle de ce bon sens pratique, de cette exactitude d'analyse, de ce doute raisonné et philosophique qui doivent être la règle de conduite du médecin, et qui font de la médecine le plus noble des arts. Trop peu lu, comme écrivain, parce qu'on y craint le technique, il est plus d'un endroit du traité de Celse où de belles pensées, des traits d'observation morale sont exprimés avec la clarté et la couleur des écrits philosophiques de Cicéron, ce qui sans doute a valu à Celse la qualification de *Cicéron des médecins*. Né, selon toute vraisemblance, au commencement du siècle d'Auguste, Celse est un disciple de la profonde sagesse d'Hippocrate traitant de son art dans la langue qu'on parlait et qu'on écrivait au temps de Virgile et d'Horace.

La traduction que nous donnons de cet auteur est à la fois un travail de critique et une étude de langue. Déterminer le sens, d'après des leçons comparées et discutées; apprécier, dans une introduction étendue, la méthode et le tour d'esprit de Celse; résoudre, dans un choix de notes, les principales difficultés du texte ou du sens; enfin, faire reconnaître, à la simplicité élégante de la version, un écrivain contemporain d'Auguste, telle a été la tâche du traducteur. Nous avons la confiance qu'elle a été bien remplie.

Le texte de Celse est celui qu'a donné, en 1769, l'homme qui a le plus profondément étudié cet auteur, le savant Léonard Targa. Quarante ans après, Targa, octogénaire, revoyait son travail et en donnait une nouvelle édition. Notre texte est formé de la comparaison des deux éditions de Targa.

Pour l'*Architecture* de Vitruve, que pouvions-nous mieux faire que de reproduire la traduction de Perrault ? Vitruve vivait au temps d'Auguste ; Perrault a été contemporain de Louis XIV. Qui pouvait mieux comprendre un auteur du plus beau temps de la latinité qu'un traducteur du siècle de Louis XIV ? Qui était plus capable d'interpréter l'architecte latin que l'auteur de la colonnade du Louvre ? Perrault s'est pourtant trompé en certains endroits ; des travaux plus récents sur le texte, les reliques d'Herculanum et de Pompéi, les progrès de la science architectonique y ont fait découvrir quelques erreurs. Aussi, pour faire disparaître ces erreurs, et pour conformer la version à l'excellent texte de Gottlob Schneider, nous sommes-nous permis d'y faire quelques retouches, en imitant, autant qu'il a été possible, les qualités de langage qui font de cette traduction un monument littéraire.

Le Traité des *Aqueducs* de Frontin est un complément nécessaire de l'*Architecture* de Vitruve. Cet ouvrage est, comme on sait, de l'auteur des *Stratagèmes de guerre*, lequel n'était pas moins compétent pour parler de la guerre que des aqueducs ; car avant d'être intendant des eaux sous Néron, il avait fait la guerre en Bretagne dans l'expédition d'Agricola. Un savant académicien, l'architecte Rondelet, a donné de ce traité, en 1820, une traduction justement estimée. Nous avons été autorisés à la reproduire.

Quant au traité de Censorin, *De die natali*, traité dont le sujet est l'institution des jours, des mois, des années, des siècles et des principales ères de l'antiquité, il touche à Celse par des recherches sur l'origine de l'homme, sur la génération, sur la durée de la gestation, etc. ; à Vitruve, ou plutôt à une partie accessoire de l'ouvrage de Vitruve, par de curieuses remarques sur la musique, l'astronomie, le zodiaque et les cadrans solaires. Presque aussi loué que Celse par les érudits, dont quelques-uns ont appelé son livre *un livre d'or*, Censorin mérite l'éloge que lui donne Scaliger d'être un très-sûr et très-docte garant des temps et de l'antiquité, *egregius et doctissimus temporum et antiquitatis vindex* ; ce qui veut dire tout simplement un bon chronologiste. C'est, en effet, aux chronologistes que l'ouvrage de Censorin a été particulièrement utile pour déterminer certaines dates. Il offre d'ailleurs plus d'un endroit curieux, soit à ceux qu'intéresse l'histoire de la physiologie, chez les anciens, soit aux philologues qui peuvent y noter un talent d'écrire et des qualités de style fort remarquables dans un auteur du IIIe siècle, contemporain de quelques-uns des auteurs de l'*Histoire d'Auguste*.

INTRODUCTION.

Lorsqu'on s'est imposé la tâche de reproduire dans une langue moderne une œuvre médicale de l'antiquité grecque ou latine, et que l'on veut d'abord en pénétrer l'esprit pour lui assigner un rang dans l'histoire de l'art, on se trouve arrêté bientôt par de sérieuses difficultés qu'on avait à peine entrevues, et qui remplissent de doutes et d'hésitations cette première partie du travail. Peu habitués en effet à remonter vers le passé, ou, ce qui revient au même, à franchir le cercle d'idées qui nous est tracé par l'enseignement des écoles ; également convaincus d'ailleurs de l'excellence de nos méthodes et de la supériorité des lumières actuelles, il nous paraît pour le moins inutile d'avoir à subir encore l'étude et l'interprétation des anciennes données scientifiques. A ces causes d'éloignement vient s'ajouter l'obscurité particulière aux vieux textes, c'est-à-dire aux langues mortes ; obscurité que des altérations diverses et des lacunes plus ou moins graves augmentent infailliblement, et que certains commentaires ont parfois même le privilége de rendre impénétrable.

Sont-ce là pourtant de légitimes motifs pour reculer devant toute exploration lointaine, et, de parti pris, rester indifférent au mouvement intellectuel des générations antérieures ? La science moderne est-elle bien en droit de dire à la science antique, *Je ne vous connais pas ?* et peut-il y avoir honneur et profit à renier l'héritage de ses ancêtres ? Poser la question ainsi, c'est la résoudre ; car tout s'enchaîne dans l'étude de l'homme ; et si nous éclairons du flambeau de l'histoire ce vaste champ de douleurs qui constitue le domaine de l'art, nous y reconnaîtrons l'empreinte de longs et profonds sillons, où le travail des siècles est venu s'ensevelir, et que nous avons à creuser encore. Ces efforts incessants et cette progression si lente s'expliquent suffisamment par l'objet même de nos recherches ; et la médecine, à laquelle nous demandons sans cesse les secrets de l'organisme, la raison de tout état morbide, la connaissance enfin des lois qui nous font vivre et mourir, la médecine, en ne répondant point à d'éternels problèmes, a par cela seul établi entre nous et l'antiquité un fonds commun de vérités et d'erreurs, où se trahit la faiblesse de l'esprit humain, mais où se révèle aussi sa puissance.

La filiation d'idées que l'on cherche à suivre à travers les âges a donc cela d'imposant qu'elle reporte avec certitude la tradition médicale au delà des temps hippocratiques. En voulez-vous un témoignage solennel ? consultez Hippocrate lui-même, et vous serez saisi d'un recueillement involontaire, en songeant que le vieillard de Cos, à vingt-deux siècles de nous, écrivait déjà sur *l'ancienne méde-* *cine*. Loin de s'en dire le *père*, il déclare, avec son habituelle candeur, que dès longtemps elle est en possession d'un principe et d'une méthode qu'elle a trouvés ; il nous invite au respect du passé, et tout le premier s'incline devant les découvertes *excellentes et nombreuses* qui se sont produites dans le long cours des ans ; puis, jetant un regard sur les destinées de la science, il ajoute *que le reste se découvrira*, si des hommes capables, instruits des découvertes anciennes, les prennent pour point de départ de leurs recherches (1).

Ainsi, sans se perdre dans les ténèbres où s'évanouit l'origine des choses, et sans qu'il soit besoin d'interroger ici les sources diverses de la médecine grecque, on peut tenir pour certain qu'Hippocrate et son école n'ont fait que suivre, en l'agrandissant, le chemin frayé devant eux par d'autres écoles et des travaux antérieurs.

Cette vérité d'ailleurs a été mise hors de doute par un écrivain dont l'autorité n'est pas contestable en pareille matière ; et c'est encore lui qu'il faut citer, si d'une vue générale on veut apprécier l'esprit d'observation et les tendances médicales de ces époques reculées. « Il fut naturel aux premiers médecins, dit M. Littré (ouvr. cité, t. I, p. 444) et entre autres à Hippocrate, de comprendre et de noter d'abord la grande et universelle influence des agents du monde extérieur : climat, saisons, genre de vie, alimentation, toutes ces influences furent signalées à grands traits. Voir les choses d'ensemble est le propre de l'antique médecine ; c'est ce qui en fait le caractère distinctif, et ce qui lui donne sa grandeur, quand l'ensemble qu'elle a choisi est véritable ; voir les choses en détail, et remonter par cette voie aux généralités, est le propre de la médecine moderne. En d'autres termes, faire prévaloir l'observation de tout l'organisme sur l'observation d'un organe, l'étude des symptômes généraux sur l'étude des symptômes locaux, l'idée des communautés des maladies sur l'idée de leurs particularités, telle est la médecine des temps anciens, et surtout celle d'Hippocrate. »

Du médecin grec à l'auteur latin qui fait l'objet de cette notice, il ne s'est pas écoulé moins de quatre cents ans ; et, durant cette période, on voit les sciences et les lettres, abandonnant le sol natal qu'elles avaient si glorieusement fécondé, adopter pour seconde patrie la ville fondée par Alexandre en Égypte. C'est qu'en effet, par un hasard merveilleux, depuis Ptolémée Lagus, lieutenant du

---

(1) Œuvres complèt. d'Hippoc., *Traité de l'anc. médec.*, éd. et trad. Littré, t. I, p. 573.

Macédonien, il s'était rencontré une longue suite de rois également jaloux d'assurer le sceptre de l'intelligence à la capitale de leur empire. Avec eux avait ainsi commencé une ère nouvelle, où l'inépuisable activité de l'esprit grec trouvait à s'alimenter sans relâche. Les livres, jusque-là si rares, si difficiles à connaître, si faciles à dénaturer, se multipliaient à prix d'or, et prenaient une forme certaine et définitive. Grâce à la protection de ces rois, la médecine entre autres n'avait plus à redouter les préjugés du vulgaire, et pouvait substituer à la dissection des animaux celle des corps humains. On connaît les découvertes d'Hérophile et d'Érasistrate, ces deux créateurs de l'anatomie ; et l'on sait aussi que les recherches purement empiriques des adversaires du dogmatisme servirent du moins à constater les propriétés d'un nombre infini de substances médicamenteuses. Le malheur fut que la médecine, alors égarée par le goût de la controverse et des subtilités théoriques, ne sut pas rattacher les faits nouveaux aux vérités anciennes ; et l'on vit naître une foule de doctrines contradictoires qui, tout en s'éloignant des préceptes posés par Hippocrate, ne manquaient pas cependant de revendiquer pour elles, et chacune à l'exclusion des autres, l'autorité de ce grand nom. Quoi qu'il en soit, tous les écrits de cette époque, enveloppés dans de communs désastres, ont disparu depuis des siècles ; et, dans l'ordre des temps, Celse est le premier qui nous rende témoignage, comme l'ont fait plus tard Cœlius Aurelianus et Galien, du mouvement scientifique qui animait l'école d'Alexandrie.

Ces livres que nous n'avons plus, ils les ont lus et médités ; mais, pour Celse, on peut l'affirmer d'avance, ce n'est pas vers les dialecticiens et les controversistes de cette école fameuse qu'il est porté par son penchant naturel et la rectitude de son esprit ; on sent bientôt que le génie d'Hippocrate l'attire, et qu'il reconnaîtra le pouvoir de cette profonde sagesse. Si maintenant nous passons à Rome, c'est de l'écrivain latin que nous recueillons aussi nos premières notions sur les doctrines célèbres d'Asclépiade et de Thémison, dont les ouvrages ont été de même livrés de bonne heure à la destruction ; de sorte que, prenant la science au berceau, il la conduit jusqu'au méthodisme, dernier système qu'il ait pu connaître, et qui devait être dans toute sa splendeur quand il composa son traité de médecine. C'est, du reste, ici le lieu d'aborder avec réserve les douteuses particularités qui se rattachent au nom, au pays ainsi qu'à la profession de notre historien. Des trois noms, Aurelius, Cornelius, Celsus, que les manuscrits et les éditions imprimées s'accordent à lui donner, il en est un, c'est le premier, qu'il n'est pas inutile de rectifier. Daniel Leclerc et Bianconi font observer à ce sujet que les savants doivent être choqués de voir transformer, contre toutes les règles et au mépris du génie de l'antiquité romaine, le nom de famille Aurelius en simple prénom. A l'appui des raisons qu'ils font valoir, il faut dire que le plus ancien manuscrit (*Codex Vaticanus VIII*), en désaccord sur ce point avec tous les autres, porte en effet, en lettres très-bien formées, *Aulus Cornelius Celsus*. Parmi les éditions imprimées, celle d'Alde Manuce (1528) présente aussi (mais c'est la seule) le mot *Aulus* écrit de la main d'un annotateur inconnu.

Cornelius est sans doute le véritable nom ; mais il ne suit pas de là qu'on soit en mesure de prouver que Celse appartenait réellement à la famille Cornelia. L'histoire nous laisse à cet égard dans une ignorance complète ; et, pour se livrer à de pareilles recherches, il faudrait oublier d'abord avec quelle étrange prodigalité cette famille illustre livrait elle-même son nom à tous ceux qu'elle tenait à compter parmi ses clients ou ses affranchis. Le dictateur Sylla nous en offre un curieux exemple, puisque dix mille hommes obtinrent de lui la faveur de s'appeler Cornelius. Ainsi ce nom, pris isolément, n'a pas en lui le pouvoir d'attester la haute origine de l'écrivain qui nous occupe ; mais il peut aider au besoin à constater son identité.

Daniel Leclerc, Sprengel, et le Dictionnaire historique de médecine d'Éloy, placent en effet vers la même époque un autre Celse, Apuleius Celsus, médecin fameux, en grande estime sous Tibère. Scribonius Largus dit avoir étudié en même temps que Vettius Valens, qui s'acquit aussi de la célébrité comme médecin, et se fit de plus connaître par son commerce avec Messaline. Or, le Celse dont il est ici question avait de même laissé des écrits sur la médecine ; et, ce qui est plus digne de remarque, on lui attribue, comme au premier, un ouvrage sur l'agriculture ; enfin, pour compléter la ressemblance, le temps où il a vécu répond exactement à celui que les auteurs assignent pour la plupart à l'encyclopédiste latin.

Si l'opinion du plus grand nombre est fondée, voilà donc deux écrivains vivant à la même époque, portant le même nom, composant des ouvrages sur les mêmes sujets, et cultivant tous deux l'art de guérir ; car on verra plus loin que Celse était médecin. Il est vrai que le surnom qu'ils ont en commun est précédé chez l'un du nom d'Apuleius, et de celui de Cornelius chez l'autre : il convient d'ajouter aussi qu'on fait naître cet Apuleius en Sicile, et qu'on se borne à conjecturer que Cornelius était de Rome ; mais les rapports qu'on vient de signaler entre eux n'en subsistent pas moins ; et ces rapports sont tellement étroits, qu'ils éveillent au premier abord le vague soupçon d'une méprise.

Sans refuser en aucune façon d'admettre qu'il y a là deux personnes distinctes, on dira simplement qu'on serait moins tenté de les confondre, si l'on pouvait tenir pour réelles les conjectures de Bianconi, parce que déjà la concordance des temps ne serait plus la même. Dans sa dissertation latine sur l'époque où Celse a vécu, cet érudit a voulu prouver, contrairement à l'opinion admise par les meilleurs critiques, que l'encyclopédie dont il n'est resté que le traité de médecine, au lieu d'appartenir au règne de Tibère, a vu le jour au commencement même du siècle d'Auguste. Presque victorieux sur ce point, il part de là pour se donner carrière; et, recueillant les éléments épars d'une biographie impossible, il arrive par mille ingénieux détours, et sans trop blesser la vraisemblance, à nous représenter son auteur non-seulement comme l'ami d'Horace et d'Ovide, mais aussi comme le secrétaire et le compagnon de Tibère, chef suprême, sous l'empereur Auguste, de l'expédition militaire en Orient. Il peut être utile, on le conçoit, de se tenir en garde contre cette ferveur d'érudition qui l'entraîne à chercher au loin une certitude qui se dérobe à tout son savoir, et qu'il eût pu trouver parfois dans la lecture attentive de l'ouvrage, s'il n'eût quitté la réalité pour une ombre. C'est notamment ce qu'il fait quand il refuse à Celse la qualité de médecin. Déterminer la profession de cet écrivain d'après l'habileté dont il fait preuve en médecine, c'est, selon Bianconi, s'obliger en même temps à reconnaître en lui un agriculteur, un rhéteur et un homme de guerre, puisqu'on sait qu'il avait écrit, avec une égale connaissance du sujet, sur l'agriculture, la rhétorique et l'art militaire. Il suffirait d'ailleurs de se rappeler que, chez les anciens, les études embrassaient la presqu'universalité des connaissances humaines. Que d'objets Caton n'avait-il pas traités dans ses écrits, outre la médecine, l'agriculture et la guerre? Et Varron, profondément instruit en tout genre de littérature, n'avait-il pas renfermé dans les siens presque tout ce qu'on pouvait savoir alors? Ajoutons encore, dit Bianconi, qu'autrefois la médecine était précisément la science que chacun était le plus désireux de connaître, et dont l'étude se traduisait en excellents préceptes qu'on retrouve dans les écrits des anciens. Lucrèce, Cicéron et Horace n'en parlent jamais qu'en parfaite connaissance de cause; il en est de même enfin de Virgile et d'Ovide.

Ces raisons toutefois, plus spécieuses que solides, ne sauraient prévaloir contre le texte; et ce que l'auteur de la dissertation a le mieux établi, c'est qu'il était étranger lui-même aux études médicales. Il eût reconnu sans cela que, dans une foule d'endroits, Celse intervient personnellement, discute les difficultés qui se présentent, et les tranche souvent avec le coup d'œil et la décision de l'homme de l'art. Voici du reste quelques citations à l'appui : *Neque ignoro quosdam dicere... quod non ita se habet*, II, 14. *Ego tum hoc puto tentandum*, etc., III, 11. *Ego autem medicamentorum dari potiones, et alvum duci non nisi raro debere, concedo*, III, 4. *Quod Asclepiades recte præterit; est enim anceps*, III, 14. *Tutius tamen est*, etc., ibid. *Ego utique, si satis virium est, validiora; si parum imbecilliora auxilia præfero*, III, 24. *Ego sic restitutum esse neminem memini*, VII, 7. *In omni fisso fractove osse, protinus antiquiores medici ad ferramenta veniebant, quibus id exulcerant; sed multo melius est ante emplastra experiri*, VIII, 4. Assurément ce n'est pas là le langage d'un simple compilateur qui se contente d'enregistrer les faits, sans se réserver jamais le droit de remontrance et de critique. Mais à ces passages déjà cités on en peut joindre un autre beaucoup plus décisif encore, et qu'on a mal à propos laissé dans l'oubli, puisque, s'il est permis de s'exprimer ainsi, on y surprend l'auteur en *flagrant délit* de pratique médicale. Il est question dans ce passage de déterminer le moment où il convient d'accorder des aliments aux malades atteints de fièvre continue. « Les uns, dit Celse, III, 5, pensent qu'il faut préférer le matin, heure où les malades sont généralement plus calmes. Si en effet l'amélioration existe, c'est ce moment qu'on doit saisir, non parce que c'est le matin, mais parce qu'il y a rémission. Si à cette heure même, au contraire, le malade est sans repos, il est d'autant moins opportun de le nourrir que c'est la gravité du mal qui le prive du bénéfice ordinaire de la matinée ; et cela doit faire craindre que le milieu de la journée, où presque toujours l'état des malades s'exaspère, ne devienne plus alarmant encore. Aussi, d'autres médecins réservent dans ce cas les aliments pour le soir ; mais c'est précisément alors que la plupart des malades sont le plus accablés : il y a donc lieu d'appréhender que l'excitation produite par la nourriture n'ajoute à l'intensité du mal. *Pour ces divers motifs, j'attends jusqu'au milieu de la nuit. Ob hæc ad mediam noctem decurro.* » Il paraît difficile de rien trouver de plus formel; et l'on conviendra sans doute que Celse pouvait être à la fois encyclopédiste et médecin, par la raison que cette même universalité de connaissances n'empêchait pas de retrouver dans Varron l'homme de guerre, et dans Caton l'austère censeur de la république. Mais, en pratiquant la médecine, Celse ne l'envisageait pas seulement comme un moyen de parvenir à la fortune ; et, quelques lignes plus loin, nous avons la preuve qu'il obéissait avant tout aux devoirs que cette profession nous impose. On comprend, dit-il (III, ibid.), que le même médecin ne saurait soigner à la fois un grand nombre de personnes, et que le meilleur praticien est celui qui ne perd pas de vue son malade. *Mais ceux qui n'exercent que par intérêt, trouvant plus de profit à faire la médecine du peuple, embrassent volontiers des préceptes qui n'exigent aucune assiduité.*

Quant aux doctrines médicales de l'auteur, il a fallu, pour les interpréter dans le sens du méthodisme, faire subir au texte une violence inouïe, ou plutôt fermer volontairement les yeux à tous les passages qui résistent à cette explication. Après avoir lu la profession de foi qui se trouve en tête du traité de médecine, on a peine à s'expliquer l'erreur où sont tombés la plupart des historiens en rangeant Celse parmi les méthodistes, puisqu'il semble précisément avoir réservé pour eux toute la sévérité de ses jugements. Il développe d'abord, dans sa préface, les principales raisons sur lesquelles reposent le dogmatisme, l'empirisme et le méthodisme ; puis, amené par cette exposition à manifester son opinion personnelle, il s'exprime ainsi : « On a tant écrit sur ces questions, qui, parmi les médecins, ont été souvent et sont encore l'objet des plus vives controverses, qu'il devient utile d'ex-

poser les idées qui, selon nous, se rapprochent le plus de la vérité. Dans cette manière de voir, on n'adopte exclusivement aucune opinion, de même qu'on n'en rejette aucune d'une manière absolue; mais on conserve un moyen terme entre ces sentiments contraires, et c'est en général le parti que doivent prendre, dans les discussions, ceux qui recherchent la vérité sans prétention, comme dans le cas présent. »
Fidèle à cet esprit d'éclectisme, on le voit se préserver de l'entraînement des systèmes, et maintenir son indépendance envers les plus grandes renommées. Ainsi, malgré sa vénération pour Hippocrate, qu'il proclame le plus grand médecin de l'antiquité et le père de toute la médecine, il n'hésite pas à se ranger contre lui du parti d'Asclépiade, qui raille le vieillard de Cos sur ses jours critiques et ses nombres pythagoriciens. Mais le tour d'Asclépiade ne se fait pas attendre; et Celse, qui le prend aussi pour modèle en beaucoup d'endroits, ne craint pas néanmoins de lui reprocher des opinions inconséquentes et mensongères. Le médecin de Pruse se vantait, comme on sait, de guérir toutes les maladies *tuto, celeriter et jucunde*. Or, d'après lui, le meilleur remède contre la fièvre étant la fièvre même, il pensait que, pour abattre les forces du malade, il fallait l'exposer à la lumière, le fatiguer par l'insomnie, et lui faire endurer la soif, à ce point que, les premiers jours, il ne permettait pas même qu'on se rinçât la bouche. « Cela, dit Celse, prouve d'autant mieux l'erreur de ceux qui s'imaginent que sa méthode est agréable en toutes choses; car si plus tard il cédait aux malades jusqu'à les livrer à leur intempérance, il n'est pas moins vrai qu'au début il se conduisait en *bourreau*. » S'agit-il des méthodistes? il fait vivement ressortir l'insuffisance de leur principe, et les déclare même inférieurs aux empiriques, attendu que ceux-ci embrassent du moins beaucoup de choses dans leur examen, tandis que les disciples de Thémison se bornent à l'observation la plus facile et la plus vulgaire, en ne considérant dans les maladies que l'état général de resserrement et de relâchement.
« Ils agissent en cela (c'est toujours Celse qui parle) comme les vétérinaires, qui, ne pouvant apprendre d'animaux muets ce qui est relatif à chacun d'eux, insistent seulement sur les caractères généraux. C'est ce que font aussi les nations étrangères, qui, dans leur ignorance de toute médecine rationnelle, ne vont pas au delà de quelques données générales. Ainsi font encore les infirmiers, qui, se trouvant hors d'état de prescrire à chaque malade un régime convenable, les soumettent tous au régime commun. » Ces paroles, à coup sûr, n'accusent pas une partialité bien grande pour les méthodistes; mais il ne se montre pas moins dégagé de toute influence systématique, soit qu'il signale les écarts des dogmatiques ou des empiriques, soit qu'il ait à juger les idées d'Hérophile et d'Érasistrate, ou les opinions contemporaines d'un certain nombre de praticiens, qui alors avaient un nom dans la science. Il résume enfin, de la manière suivante, sa profession de foi médicale : « Je pense que la médecine doit être rationnelle, en ne puisant cependant ses indications que dans les causes évidentes; la recherche des causes occultes pouvant exercer l'esprit du médecin, mais devant être bannie de la pratique de l'art. Je pense aussi qu'il est à la fois inutile et cruel d'ouvrir des corps vivants, mais qu'il est nécessaire à ceux qui cultivent la science de se livrer à la dissection des cadavres; car ils doivent connaître le siége et la disposition des organes, objets que les cadavres nous représentent plus exactement que l'homme vivant et blessé. » Après avoir fait connaître la voie qu'il veut suivre, il nous présente méthodiquement les préceptes diététiques d'Hippocrate et aussi ceux d'Asclépiade, insiste sur la promenade, les diverses sortes de gestation, les exercices du corps, les bains, les onctions, la lecture à haute voix; prescrit des règles suivant les âges, les saisons, les tempéraments, les infirmités; nous donne également l'histoire de la chirurgie depuis Hippocrate; ce qui seul le rendrait précieux; décrit le premier, pour nous du moins, un grand nombre d'opérations, et la taille bilatérale entre autres; conseille aussi le premier la version par les pieds, mais seulement quand le fœtus est mort; reconnaît quelque différence entre le bassin de l'homme et celui de la femme; apprend à dilater l'orifice de l'utérus en engageant d'abord l'index, puis successivement toute la main, et, dans certains cas, les deux mains; opère la délivrance de la femme en faisant des tractions ménagées sur le cordon ombilical pour éviter de le rompre, tandis que, de la main droite, il accompagne ce cordon jusqu'au placenta, qu'il détache.

On arriverait sans peine à multiplier les exemples qui témoignent du bon sens pratique de l'auteur; mais ce qui est presque un sujet d'étonnement, c'est de rencontrer à la fois dans un livre de l'antiquité ce talent d'analyse qui tient compte des moindres détails, et ce jugement exercé qui sait placer les faits dans leur jour véritable, et donner à chacun sa valeur réelle. Il est vrai que cet esprit critique, venant ensuite à juger la science dans son ensemble, conduit souvent l'écrivain au doute ou même à l'incrédulité. Aussi le voyons-nous déclarer nettement que la médecine est un art conjectural, qui, dans bien des cas, est trahi non-seulement par la théorie, mais encore par la pratique (liv. I, préf.). Dans un autre endroit il rappelle qu'au milieu de toutes les ressources de l'art, c'est encore le pouvoir de la nature qui se fait le plus sentir. A l'occasion des maladies des yeux, il exprime ainsi son peu de créance en des médicaments trop vantés : « En résumé, lorsqu'on a passé en revue tout ce que les médecins ont écrit à ce sujet, il est facile de reconnaître que, parmi les affections dont nous avons parlé, il n'en est pas une peut-être qu'on ne puisse guérir aussi bien par des remèdes très-simples, et qui se trouvent pour ainsi dire sous la main. » (VI, 6, 39.) Ailleurs encore il lui échappe cette exclamation : « Tant il est vrai qu'en médecine les résultats ne sont pas toujours conformes aux règles les plus constantes! »

Néanmoins, on a compris déjà que ce n'est pas là le scepticisme aveugle des gens du monde, esprits forts que la maladie rend si faibles, mais bien le doute philosophique d'un homme éclairé qui a le droit de douter, parce qu'il sait beaucoup, et qu'il n'en poursuit pas avec moins d'ardeur la recherche de la vérité.

Le principal objet de cette rapide esquisse est sans doute de signaler l'importance historique et médicale du traité de médecine ; mais il n'en résulte pas moins pour le traducteur l'obligation spéciale d'apprécier comme écrivain l'auteur qu'il a traduit. Cette obligation au surplus deviendrait facile à remplir, s'il suffisait pour cela de s'associer aux éloges que les anciens et les modernes ont prodigués tour à tour à l'encyclopédiste latin. Mais il faut l'avouer, il a des admirateurs passionnés, et qui sont par cela même suspects d'exagération. Son éditeur Targa ne craint pas de le placer bien au-dessus d'Hippocrate, avec cette restriction cependant qu'il n'entend parler que de sa supériorité dans l'art d'écrire. Boërhave, jugeant en même temps l'écrivain et le médecin, commence par établir qu'on donne chaque jour pour nouvelles quantité de choses qui sont dans les ouvrages de Celse; puis il l'appelle le premier de tous les anciens et même des modernes en fait de chirurgie. Voici ce qu'en dit Fabrice d'Aquapendente dans la première partie de ses œuvres chirurgicales : *Admirabilis Celsus in omnibus, quem nocturna versare manu, versare diurna consulo.* Le savant Casaubon en fait un dieu, *medicorum deus*; et d'autres érudits enfin le surnomment avec moins d'emphase le Cicéron des médecins. Depuis Columelle et Quintilien jusqu'à nous, les suffrages n'ont donc pas manqué ; et bien que pour la plupart ils s'adressent non moins au fond qu'à la forme ; et ne séparent pas la valeur scientifique du livre de sa valeur littéraire, on pourrait toujours, en s'occupant seulement de cette dernière appréciation, résumer tous ces éloges en trois mots : concision, clarté, élégance. Ces expressions, consacrées pour ainsi dire à l'œuvre de Celse, n'ont de vérité toutefois qu'autant que les sujets qu'il traite n'excèdent pas le pouvoir de la langue latine; car partout où se fait sentir la nécessité d'un langage technique, l'habileté de l'auteur, si grande qu'elle puisse être, ne saurait lutter contre l'insuffisance absolue du latin ; et de là vient qu'il est souvent difficile à comprendre, et plus difficile encore à traduire.

En mettant ainsi l'écrivain hors de cause pour n'accuser que l'instrument dont il s'est servi, il faut dire pourquoi la médecine, ou, ce qui est également vrai, pourquoi les sciences, les arts et la philosophie ne rencontraient à Rome qu'une langue inhospitalière. On en trouve la raison suprême dans l'ignorance profonde où les Romains ont vécu pendant six cents ans. Adonnés uniquement au métier des armes, ils avaient pour tout le reste un mépris farouche ; et l'art de construire de grandes routes militaires est le seul qu'on puisse revendiquer pour le peuple-roi. Aussi, lorsqu'ils s'emparèrent des merveilles de la Grèce pour les transporter dans la ville éternelle, les conquérants obéirent plutôt à leurs instincts de rapine qu'à leur admiration pour des chefs-d'œuvre dont ils ignoraient le prix. Et pourtant ces déprédations eurent l'heureux effet d'attirer à Rome les philosophes, les savants, les gens de lettres, les artistes les plus célèbres de ce beau pays, qui, comme le dit Cabanis, ne pouvaient plus retrouver que dans la capitale du monde, les objets nécessaires à la culture de leur esprit et chers encore à leur imagination. Les vaincus devinrent alors les précepteurs de leurs maîtres; et les Romains, frappés enfin de ces clartés nouvelles, se livrèrent avec ardeur à l'étude du grec. Avant l'avénement d'Auguste, cette étude était déjà si familière aux plus grands personnages de la république, que Lucullus tira au sort pour savoir en quelle langue il écrirait la guerre des Marses, et que Cicéron fit en grec une histoire de son consulat. En nous apprenant ailleurs que ses concitoyens avaient jusqu'à lui méprisé la philosophie, il se vante d'avoir su transporter en latin les termes de la langue grecque nécessaires à l'exposition de sa doctrine. Caton lui-même, implacable ennemi comme censeur des sciences et des lettres, qu'il cultivait avec passion dans la vie privée, Caton apprit le grec à quatre-vingts ans (1).

A la faveur des arts et de la philosophie, qui avaient acquis droit de cité, la médecine se vit à son tour relevée de l'interdiction qui pesait sur elle. Six siècles s'étaient écoulés, au rapport de Pline, avant qu'il fût permis aux médecins de s'établir à Rome ; mais du jour où les barrières qui leur fermaient l'entrée de la ville souveraine s'abaissèrent devant eux, ils accoururent en foule, tous fiers de leur origine grecque, et tous jaloux de conserver cette belle langue médicale à laquelle Hippocrate avait donné tant de puissance. Les choses d'ailleurs en étaient venues à ce point, qu'aux yeux mêmes des Romains consentir à parler latin était le plus sûr moyen d'enlever à l'art tout son prestige, et de faire perdre au médecin toute considération auprès des malades. Ce passage de Pline en fait foi : *Solam hanc artium græcarum nondum exercet romana gravitas in tanto fructu : paucissimi Quiritium attigere, et ipsi statim ad Græcos transfugæ : immo vero auctoritas aliter quam græce eam tractantibus, etiam apud imperitos expertesque linguæ non est.* (XXIX, 8.)

A l'honneur de Celse, il faut dire qu'il est le seul écrivain d'origine italique qui ait entrepris de façonner sa langue maternelle au joug de la science médicale (2). Mais aussi quels efforts ! comme il en sent l'impuissance, et quels aveux humiliants

(1) Ce très-court fragment d'une lettre adressée par Caton à son fils, qui étudiait alors à Athènes, pourra donner l'idée de la haine sauvage que cet esprit violent et borné portait à tous les Grecs, et notamment à ceux qui exerçaient la médecine : *Nequissimum et indocile genus illorum ; et hoc puta vatem dixisse : Quandocumque ista gens suas litteras dabit, omnia corrumpet : tum etiam magis, si medicos suos huc mittet. Jurarunt inter se barbaros necare omnes medicina; et hoc ipsum mercede faciunt, ut fides iis sit, et facile dispendant. Nos quoque dictitant barbaros, et spurcius nos quam alios opicos appellatione fœdant. Interdixi tibi de medicis.* (Voy. Pline, XXIX, 7.)

(2) Il ne peut être question ici du latin africain de Cœlius Aurelianus, qui n'est, comme on sait que le traducteur du Grec Soranus.

pour l'orgueil romain! Toujours privé de l'expression technique, il est obligé de définir ce qui n'a pas de nom dans sa langue; et le plus souvent, convaincu lui-même du vague et de l'insuffisance de sa définition, il appelle à son aide le *quod Græci vocant*, c'est-à-dire, le mot propre qui n'a pas d'équivalent en latin, et qui peut seul donner l'idée de ce qu'il veut décrire. *Nostris vocabulis non est*, dit-il; et ce n'est que trop vrai. Vient-il, en effet, à parler de la situation des organes et des rapports qu'ils ont entre eux, il lui arrivera plus d'une fois de nous dire, ne pouvant mieux faire, que tel organe est voisin des *autres parties, cæteræ partes*, ou, plus brièvement encore, *et cætera*.

Le latin dans les mots brave l'honnêteté :

c'est là du moins ce que dit le poëte; mais rien n'était plus éloigné de la vérité au temps où Celse écrivait ; et c'est le grec qui seul avait alors le privilège de tout dire. Écoutez-le plutôt, s'excusant d'avoir à parler des maladies des parties honteuses : « Les Grecs ont, pour traiter un pareil sujet, des expressions convenables et consacrées d'ailleurs par l'usage, puisqu'elles reviennent sans cesse dans les écrits et le langage ordinaire des médecins. Les mots latins, au contraire, nous blessent davantage, et ils n'ont pas même en leur faveur de se trouver parfois dans la bouche de ceux qui parlent avec décence : c'est donc une difficile entreprise de respecter la bienséance, tout en maintenant les préceptes de l'art. » (VI, 18.)

Que le latin nous ait laissé d'inimitables modèles en éloquence, en histoire, en poésie, cela ne fait pas question ; que plus tard il soit devenu la langue universelle du droit, alors qu'il ne s'agissait plus que de régler par des lois communes les intérêts de tant de nations asservies, on l'accordera sans peine: mais cela prouve-t-il qu'au siècle même où il jetait le plus vif éclat, le latin ait eu le magique pouvoir de créer spontanément, à la volonté de l'écrivain, le vocabulaire d'une science que les Romains ne voulaient pas connaître? N'est-il donc pas évident que ce n'est qu'à force de néologismes qu'on est parvenu, dans la suite des temps, à donner une valeur scientifique à la langue de Cicéron, de Tite-Live et d'Horace?

De cette indigence du latin au point de vue médical, il résulte encore que le traducteur, continuellement aux prises avec les difficultés du sujet (puisqu'en effet il n'est pas facile de lire dans des théories oubliées), est de plus obligé d'errer, pour ainsi dire, à travers une cohue de mots impropres et de termes obscurs, ou tout à fait inintelligibles. Que sera-ce donc maintenant, si l'on tient compte des injures du temps, de l'ignorance des premiers copistes, des notes marginales admises dans le texte par intrusion, des erreurs typographiques, et des embûches enfin qui vous sont dressées par de mauvais commentaires.

C'est avec raison que Choulant fait remarquer que Celse est de tous les auteurs de l'antiquité latine celui qui a le plus souffert de l'incurie des moines et des copistes. Il est à présumer que cet ouvrage étant pour eux moins facile à comprendre, leur paraissait aussi moins digne de leur attention. Mais ce qui ne saurait laisser aucun doute, c'est que les manuscrits actuellement connus nous sont venus d'une source unique, et qu'ils doivent tous émaner d'un autre manuscrit beaucoup plus ancien, qui serait depuis des siècles égaré ou détruit. Pour s'en convaincre, il suffit de constater que tous en effet présentent une lacune semblable au chapitre XX du quatrième livre. Malheureusement, indépendamment de cette mutilation, il s'y rencontre bien d'autres fautes qui ont grandement exercé la patience et le savoir des éditeurs anciens et modernes. Quelles que soient encore aujourd'hui les imperfections du texte, il reste peu d'espoir de les faire disparaître ; car on semble avoir épuisé tous les moyens de révision que peuvent fournir l'histoire, la médecine et la philologie, venant en aide à la collation la plus attentive des manuscrits et des éditions imprimées. Qui songerait maintenant à refaire l'immense travail de Léonard Targa? Sur une vie de quatre-vingt-quatre ans, cet infatigable ouvrier de la science s'est senti le merveilleux courage d'en consacrer près de soixante à l'étude de Celse ; et deux éditions, publiées à quarante années de distance, attestent cette continuité d'efforts et cette préoccupation constante.

Sa persévérance et ses lumières sont au surplus appréciées d'une manière convenable dans une édition française très-ignorée du public, mais dont il sera nécessaire de parler tout à l'heure. « Ce savant éditeur, dit l'auteur de la préface, a prouvé que nul n'était plus capable de remplir la tâche qu'il s'était imposée. Connaissance approfondie du sujet et de la langue ; sage retenue envers le texte, pour peu qu'il fût intelligible, sagacité exquise pour choisir parmi les variantes celles qui devaient remplacer les endroits manifestement corrompus, ou pour proposer des corrections supplétives lorsqu'elles devenaient indispensables ; exactitude et patience soutenues jusque dans les plus petits détails : telles sont les qualités qu'il a montrées dans cette œuvre de longue haleine, et qui l'ont placé parmi les critiques les plus estimables. Nous ne pouvions donc mieux faire que de reproduire un texte épuré avec tant de précaution et de discernement. »

Ces éloges très-mérités ne s'appliquent toutefois qu'à la première édition de Padoue (1769, in-4°), faite d'après la collation de quatorze manuscrits et de toutes les meilleures éditions, depuis celle de 1478, la première en date, jusqu'à celle de Vulpi en 1750. Mais, comme on vient de le dire, quarante ans plus tard il fit paraître à Vérone (1810) une seconde édition in-4°, devenue rare aujourd'hui, et dans laquelle le texte, soumis à une révision sévère, subit encore de notables modifications. Pour ce nouveau travail il eut le secours d'un quinzième manuscrit dont il ignorait l'existence, et que Bianconi lui fit connaître. Ce manuscrit, le plus ancien de tous (xe siècle), est connu sous le nom de *Codex Vaticanus VIII*. Il put s'aider en outre de toutes les éditions qui avaient paru de 1769 à 1810 ; et comme complément du vo-

INTRODUCTION.

lume il donna le *Lexicon Celsianum*, qu'il annonçait depuis longues années. Malgré ces avantages réels, la première édition ayant prévalu dans l'estime des savants, l'hésitation n'était pas permise ; mais on ne s'est pas cru dispensé pour cela de prendre en très-sérieuse considération cette seconde publication d'un homme qui, à deux époques de sa vie si distantes l'une de l'autre, n'a pas craint, lui vieillard, de recommencer en quelque sorte l'œuvre si laborieuse de sa jeunesse et de sa virilité. On s'est donc imposé le devoir, tout en adoptant le texte de 1769, de le confronter rigoureusement à celui de 1810, afin de pouvoir, le cas échéant, corriger Targa par Targa lui-même. Il y a eu quelquefois nécessité de choisir entre deux ou plusieurs leçons, et l'on trouvera dans les notes les raisons déterminantes du choix auquel on a dû s'arrêter. Cet examen comparatif, qui n'avait été fait jusqu'ici pour aucune édition française, a réellement permis d'assurer le texte en divers endroits, et par suite d'éclaircir le sens de ces passages, troublé par des altérations manifestes. Toutefois, il y a çà et là telle partie du Traité de médecine où le désordre est si grand, que nul ne peut marquer la route qu'il faut suivre ; aussi, le traducteur sera-t-il moins que personne tenté d'accuser Targa d'exagération, lorsque, dans une lettre à Morgagni, il se plaint, notamment pour le huitième livre, de rencontrer un obstacle à chaque ligne. Il n'est pas hors de propos de faire remarquer ici que, pour les difficultés de ce genre, l'index de Targa, celui d'André Mathié, le dictionnaire de Forcellini, et autres, n'étant jamais d'un utile secours, il devient superflu de demander à ces vastes collections de mots les éclaircissements qu'on se croit d'abord en droit d'en attendre. Mais, sans insister plus longuement sur ce sujet, si par une transition naturelle on arrive à rechercher quels ont été jusqu'à ce jour les efforts tentés pour rendre l'auteur latin en français, on se trouve bientôt en présence de la seule traduction que nous ayons eue jamais, et qui, sous le nom de Henri Ninnin, parut en 1754. A ce médecin revient donc l'honneur de l'initiative ; c'est là, sans aucun doute, un titre réel que personne ne peut songer à lui contester, et qui lui demeure légitimement acquis. Mais pour le petit nombre de ceux qui par devoir ou par inclination auront scrupuleusement rapproché l'auteur ancien de cette première version, il n'en sera pas moins évident que Celse, à bien des égards, restait encore à traduire. Henri Ninnin n'a pas joint d'édition latine à sa traduction, et dit avoir suivi celles de Van der Linden et d'Almeloveen, et s'être aidé beaucoup du manuscrit de la bibliothèque du Roi, ainsi que des observations de Morgagni. Qu'il ait fait en cela preuve de zèle, de patience et de discernement, on le reconnaîtra volontiers ; mais toujours est-il que le texte qu'il s'est ainsi constitué pour son usage personnel est resté très-inférieur à celui de Targa ; de sorte que l'exactitude de la version française a dû nécessairement se ressentir en beaucoup d'endroits de cette infériorité manifeste. Ce n'est pas tout : à part les erreurs nombreuses dont on s'empressera de renvoyer la responsabilité à l'incorrection du texte, il en est d'autres, trop fréquentes encore, qu'il faut bien laisser au compte du traducteur. Quand le latin dit simplement, *lævitas intestinorum quæ* λειεντερία *vocatur,* pourquoi Ninnin traduit-il ainsi : La lienterie qui dépend de *la trop grande lubricité* des intestins, (II, 1)? Pourquoi fait-il commettre à Celse d'énormes erreurs anatomiques, aux endroits mêmes où par hasard il est dans le vrai (VIII)? La partie chirurgicale surtout fourmille, on peut le dire, de fautes grossières, et qu'on ne devait guère attendre d'un médecin. Au livre VIII, 4, Celse, à l'occasion de la carie des os du crâne, traitée par la cautérisation avec le feu, dit qu'il se détache une petite portion d'os mince et étroite, que pour cette raison les Grecs appellent λεπὶς, c'est-à-dire écaille. Ninnin transforme gravement ces esquilles en bourgeons charnus ; *et comme ces chairs* (textuel) *ont ordinairement la figure d'une esquille mince et étroite, les Grecs les appellent lépis.* S'agit-il des ligaments des vertèbres ? Celse, faisant toujours appel au *quod Græci vocant,* ajoute que ces ligaments se nomment en grec τένοντες (tendons). Au lieu de τένοντες, le texte suivi par Ninnin porte, à la vérité, καρότας ; mais, sans s'embarrasser de la valeur du mot, il le traduit ingénument par *karote.* Ces exemples ne sont pas les seuls, et ce ne sont pas même les plus saillants.

Quant au style, il suffit de feuilleter cette traduction au hasard, pour demeurer convaincu qu'il s'éloigne autant de la langue littéraire que de la langue scientifique ; et de là naît un pénible contraste avec la précision élégante de l'auteur latin. Il doit être permis d'en fournir deux ou trois preuves, entre mille. Celse reproduit en ces termes un aphorisme d'Hippocrate : *Cui vero sano subitus dolor capitis ortus est, ac somnus oppressit, sic ut stertat, neque expergiscatur, infra septimum diem pereundum est.* (II, 8.) Voici probablement comment tout le monde aurait rendu ce passage : « L'homme surpris en santé par un mal de tête subit, et qui tombe ensuite dans un sommeil profond et stertoreux dont on ne peut le tirer, doit périr vers le septième jour. » Mais laissons parler Ninnin : « Celui qui, étant en santé, est tout à coup attaqué d'une douleur de tête, et tombe ensuite dans un sommeil si profond qu'il ronfle et qu'on ne peut l'éveiller, périt au bout de sept jours. » Ailleurs, Celse signale comme un danger de passer brusquement de l'abstinence à la satiété : *Neque enim convenit juxta inediam protinus satietatem esse.* Le traducteur remplace la phrase latine si nette et si précise par celle-ci : « Il n'est nullement à propos de se trop remplir, immédiatement après avoir souffert de la faim et de la soif. » (II, 16.)

Ces tournures traînantes et ces locutions vulgaires, dont le traducteur ne se fait point faute, n'ont rien assurément qui puisse éblouir les lecteurs ; mais on sait du moins ce qu'il veut dire ; et s'il pèche contre l'élégance, il respecte encore les règles les plus essentielles de la langue. Or, c'est une limite dans laquelle Ninnin n'a pas toujours su se maintenir ; et, s'il faut parler sans détour, il y aurait plus d'une page à citer où, parmi d'autres incorrections, les *qui* et les *que* sont prodigués avec une telle insouciance du régime de la phrase, que, sans l'assistance du latin, la traduction ne serait pas comprise. En dépit de ces imperfections qu'on ne signale ici qu'à regret et seulement parce que le sujet l'exige, le travail de H. Ninnin, si consciencieux du reste, aura toujours l'insigne mérite d'être le premier et, jusqu'à ce jour, le seul qui ait eu pour but de répandre parmi nous la connaissance du *Traité de médecine*.

En 1821, le libraire Delalain, voulant publier une nouvelle édition de Celse, la remit aux soins d'un docteur en médecine, qui s'empressa d'adopter le texte de la première édition de Targa, et reproduisit en même temps la traduction de H. Ninnin. Ce médecin, dont on a cité plus haut le jugement éclairé sur le savant éditeur de Celse, eut, il est vrai, l'intention de rajeunir le français quelque peu gaulois de son prédécesseur; mais, restant complétement asservi aux mêmes tours de phrase, il crut faire assez en remplaçant des expressions vieillies par d'autres moins surannées. Puis, cette tâche accomplie, il ne s'aperçut pas, ou ne voulut pas voir, qu'une traduction conforme aux éditions de Van der Linden et d'Almeloveen, ne pouvait que très-imparfaitement répondre au texte de Targa; or, ce défaut de correspondance devient d'autant plus sensible qu'il a mis le latin en regard. Il entreprit toutefois de traduire lui-même la dissertation de Bianconi, et la joignit à cette édition in-12.

Ce médecin, au surplus, ne s'est point abusé sur la valeur de son travail, et n'a jamais voulu donner le change au public, puisqu'il nomme en toutes lettres Henri Ninnin, et se contente, pour lui, de l'initiale L......

On serait tenté néanmoins de le blâmer de cette reserve; car elle n'a servi qu'à favoriser une troisième publication, dont il faut bien dire quelques mots en terminant cette notice.

Comment, en effet, se soustraire à l'obligation d'avertir le lecteur qu'une certaine traduction du *Traité de médecine*, qui parut en 1824, et nous fut donnée comme entièrement *nouvelle*, n'est pourtant (bien que sous d'autres noms (1) et dans un format différent) que la reproduction de H. Ninnin, modifié par M. L...? C'est là ce que le plus simple examen fait voir avec une telle évidence, qu'il est peut-être inutile d'ajouter que toutes les erreurs de sens qu'on a cru reconnaître dans ces deux premières éditions ont été relevées en marg de la *traduction* que M. le docteur Ratier n'a pa cru devoir désavouer.

« Quand ceux de Rhodes, dit un vieux livre, voulaient honorer la mémoire de quelqu'un, ils se contentaient de mettre une nouvelle tête sur une ancienne statue de leur ville. » C'est par un artifice à peu près semblable que le médecin dont il s'agit, désireux, à ce qu'il paraît, de *s'honorer lui-même*, *s'est contenté* de placer sa tête sur les discrètes épaules de MM. L...... et Ninnin, qui déjà ne font qu'un. Or, il suit de là que nous avons trois noms pour la même traduction; ou, si l'on veut revenir à la comparaison, il y aura, d'après le procédé bizarre, trois têtes pour un seul buste; et bien des gens, alors, pourront s'imaginer que c'est beaucoup.

(1) Ceux qui connaissent la bienveillance naturelle de M. Fouquier n'hésiteront pas à le croire complétement désintéressé dans la question. Il n'est guère permis de douter qu'il aura voulu seulement appuyer de l'autorité de son nom les premiers essais d'un jeune médecin. On a d'ailleurs une raison plus concluante de ne voir ici que M. Ratier : c'est que lui-même, dans l'Encyclopédie des gens du monde (article *Celse*), ne parle qu'en son propre et privé nom, et sans y joindre celui de M. Fouquier, de sa *traduction nouvelle*.

CELSE.
TRAITÉ DE LA MÉDECINE.

LIVRE PREMIER.

La médecine est à l'homme malade ce que l'agriculture est à l'homme bien portant : l'une a pour but de le nourrir, et l'autre de lui rendre la santé. Partout la médecine existe, et les nations même les moins éclairées surent employer au soulagement de leurs maux et de leurs blessures les vertus naturelles des plantes, ainsi que d'autres remèdes qui s'offraient d'eux-mêmes. Il est constant néanmoins que la science médicale fut bien plus cultivée chez les Grecs que chez les autres peuples; non pas, il est vrai, dès leur première origine, mais peu de siècles avant nous, puisque Esculape est célébré comme le plus ancien médecin. Pour avoir montré dans la pratique d'un art encore informe et vulgaire un peu plus d'habileté que ses devanciers, il fut reçu parmi les dieux. Après lui Podalire et Machaon, ses deux fils, ayant accompagné le chef Agamemnon à la guerre de Troie, ne furent pas d'un faible secours à leurs compagnons d'armes ; toutefois Homère ne leur donne pas le pouvoir de combattre les affections pestilentielles et diverses autres maladies, mais nous les représente appliqués seulement à traiter les blessures par le fer et les médicaments. Il suit de là que cette branche de la médecine était seule l'objet de leurs recherches, et qu'elle est dès lors la plus ancienne.

On peut voir dans le même auteur que les maladies étaient attribuées à la colère des dieux immortels, et que c'est d'eux aussi qu'on implorait sa guérison. Malgré cette indigence de moyens curatifs, il est à présumer qu'en général la santé des hommes se maintenait prospère, grâce à la pureté des mœurs, que la débauche et l'oisiveté n'avaient point corrompues. Ces deux causes ont énervé les corps, chez les Grecs d'abord, puis chez nous; et de là vient que toutes les ressources de l'art, autrefois inutiles, inutiles même encore à certaines nations, suffisent à peine à conduire quelques-uns d'entre nous aux portes de la vieillesse. Depuis les hommes dont je viens de parler, aucun autre ne s'illustra dans l'exercice de la médecine, jusqu'au temps où se manifesta pour l'étude des lettres une ardeur plus vive, ardeur aussi contraire à la santé du corps qu'elle est nécessaire au développement de l'esprit. La médecine alors faisait partie de la philosophie, et les mêmes écrivains alliaient à la contemplation des choses naturelles l'étude de l'art de guérir. Cette recherche les occupait d'autant plus, qu'ils avaient épuisé leurs forces par les veilles et la méditation. Aussi voyons-nous que les connaissances médicales étaient familières à un grand nombre de philosophes et même aux plus célèbres, tels que Pythagore, Empédocle et Démocrite. Mais de tous ceux

A. C. CELSI
MEDICINA.

LIBER PRIMUS.

Ut alimenta sanis corporibus agricultura, sic sanitatem ægris medicina promittit. Hæc nusquam quidem non est : siquidem etiam imperitissimæ gentes herbas, aliaque prompta in auxilium vulnerum morborumque noverunt. Veruntamen apud Græcos aliquanto magis, quam in ceteris nationibus, exculta est; ac ne apud hos quidem a prima origine, sed paucis ante nos sæculis : utpote cum vetustissimus auctor Æsculapius celebretur. Qui quoniam adhuc rudem et vulgarem hanc scientiam paulo subtilius excoluit, in deorum numerum receptus est. Hujus deinde duo filii, Podalirius et Machaon, bello Trojano ducem Agamemnonem secuti, non mediocrem opem commilitonibus suis attulerunt. Quos tamen Homerus non in pestilentia, neque in variis generibus morborum aliquid attulisse auxilii, sed vulneribus tantummodo ferro et medica-

mentis mederi solitos esse proposuit. Ex quo apparet, has partes medicinæ solas ab his esse tentatas, easque esse vetustissimas. Eodemque auctore disci potest, morbos tum ad iram deorum immortalium relatos esse, et ab iisdem opem posci solitam. Verique simile est, inter nulla auxilia adversæ valetudinis, plerumque tamen eam bonam contigisse ob bonos mores, quos neque desidia, neque luxuria vitiarant. Siquidem hæc duo corpora, prius in Græcia, deinde apud nos afflixerunt. Ideoque multiplex ista medicina, neque olim, neque apud alias gentes necessaria, vix aliquos ex nobis ad senectutis principia perducit. Ergo etiam post eos, de quibus retuli, nulli clari viri medicinam exercuerunt; donec majore studio litterarum disciplina agitari cœpit, quæ ut animo præcipue omnium necessaria, sic corpori inimica est. Primoque medendi scientia, sapientiæ pars habebatur, ut et morborum curatio, et rerum naturæ contemplatio sub iisdem auctoribus nata sit : scilicet iis hanc maxime requirentibus, qui corporum suorum robora quieta cogitatione, nocturnaque vigilia minuerant. Ideoque multos ex sapientiæ professoribus peritos ejus fuisse accepimus; clarissimos vero ex iis Pythagoram, et Empedoclem, et

qui ont acquis des droits à la mémoire des hommes, Hippocrate de Cos, disciple, à ce qu'on croit, de Démocrite, et non moins illustre par le savoir que par l'éloquence, est le premier qui a séparé la médecine de la philosophie. Dioclès de Caryste, Praxagore et Chrysippe, puis Hérophile et Érasistrate, cultivèrent successivement la science après lui, et l'engagèrent dans des voies diverses. Elle fut vers cette époque divisée en trois branches, l'une traitant de l'alimentation, la seconde des médicaments, et la troisième du secours de la main. Les Grecs appelèrent la première *diététique*, la seconde *pharmaceutique*, et la troisième *chirurgicale*. La branche médicale dont l'objet est de guérir par le régime compte les plus grands écrivains, qui, s'efforçant d'approfondir la science, cherchèrent à pénétrer la nature même des choses, persuadés que sans cela la médecine serait toujours impuissante et mutilée. Sérapion, venant après eux, fut le premier de tous à prétendre que la méthode rationnelle ne convient pas à la médecine, qui doit consister tout entière dans la pratique et l'expérience. Cette opinion fut admise par Apollonius et Glaucias, un peu plus tard par Héraclide de Tarente et d'autres médecins recommandables, qui, conformément à leur manière d'exercer, prirent le nom d'*empiriques*. Il s'établit ainsi dans la médecine diététique une nouvelle division : les uns en appelant au raisonnement, et les autres se bornant à la pratique. Les idées transmises par les médecins dont on a fait mention ne subirent aucun changement jusqu'au temps où Asclépiade vint renouveler presque en entier l'exercice de l'art.

Enfin l'un de ses successeurs, Thémison, parvenu à la vieillesse, s'est à son tour écarté de sa doctrine dans ces derniers temps. Ce sont là les hommes auxquels la profession médicale a dû jusqu'à nous ses plus grands progrès.

Des trois parties de la médecine, celle qui guérit par le régime étant la plus difficile et la plus relevée, il convient de commencer par elle. Mais comme nous rencontrons dès le début une divergence d'opinions, puisque les uns n'admettent que l'autorité des faits, tandis qu'aux yeux des autres l'expérience est insuffisante, si l'on n'y joint la connaissance intime du corps et des choses naturelles ; nous allons exposer les principales raisons émises des deux côtés, afin de pouvoir donner plus facilement notre sentiment personnel. Les partisans de la médecine rationnelle posent donc en principe que le médecin doit connaître les causes occultes et prochaines, puis les causes apparentes des maladies ; connaître ensuite les actions naturelles, et en dernier lieu la composition des organes internes. Ils appellent causes occultes celles qui conduisent à rechercher quels sont les principes des corps, et ce qui constitue la bonne et la mauvaise santé ; car il leur paraît impossible d'assigner un traitement convenable à des maladies dont on ignore la source. On ne saurait non plus mettre en doute que le traitement changera, selon que la maladie reconnaîtra pour cause, ainsi que l'ont voulu certains philosophes, l'excès ou le défaut d'un des quatre éléments. Il sera différent, si l'on place le principe morbide dans l'humide, avec Hérophile, ou dans le *pneuma*, avec Hippo-

---

Democritum. Hujus autem, ut quidam crediderunt, discipulus Hippocrates Cous, primus quidem ex omnibus memoria dignis, ab studio sapientiæ disciplinam hanc separavit, vir et arte et facundia insignis. Post quem Diocles Carystius, deinde Praxagoras et Chrysippus, tum Herophilus et Erasistratus sic artem hanc exercuerunt, ut etiam in diversas curandi vias processerint. Iisdemque temporibus in tres partes medicina diducta est : ut una esset, quæ victu ; altera, quæ medicamentis ; tertia, quæ manu mederetur. Primam διαιτητικήν, secundam φαρμακευτικήν, tertiam χειρουργικήν Græci nominarunt. Ejus autem quæ victu morbos curat, longe clarissimi auctores etiam altius quædam agitare conati, rerum quoque naturæ sibi cognitionem vindicarunt, tamquam sine ea, trunca et debilis medicina esset. Post quos Serapion, primus omnium, nihil hanc rationalem disciplinam pertinere ad medicinam, professus, in usu tantum et experimentis eam posuit. Quem Apollonius, et Glaucias, et aliquanto post Heraclides Tarentinus, et alii quoque non mediocres viri secuti, ex ipsa professione se ἐμπειρικοὺς appellaverunt. Sic in duas partes quoque, quæ victu curat, medicina divisa est, aliis rationalem artem, aliis usum tantum sibi vindicantibus : nullo vero quidquam post eos, qui supra comprehensi sunt, agitante, nisi quod acceperat : donec Asclepiades medendi rationem ex magna parte mutavit. Ex cujus successoribus Themison nuper ipse quoque quædam in senectute deflexit. Et per hos quidem maxime viros salutaris ista nobis professio increvit.

Quoniam autem ex tribus medicinæ partibus, ut difficillima, sic etiam clarissima est ea, quæ morbis medetur, ante omnia de hac dicendum est. Et quia prima in eo dissensio est, quod alii experimentorum tantummodo notitiam necessariam esse contendunt ; alii, nisi corporum rerumque ratione comperta, non satis potentem usum esse proponunt : indicandum est, quæ maxime ex utraque parte dicantur, quo facilius nostra quoque opinio interponi possit. Igitur ii, qui rationalem medicinam profitentur, hæc necessaria esse proponunt : abditarum et morbos continentium causarum notitiam, deinde evidentium, post hæc etiam naturalium actionum, novissime partium interiorum. Abditas causas vocant, in quibus requiritur, ex quibus principiis nostra corpora sint, quid secundam, quid adversam valetudinem faciat. Neque enim credunt, posse eum scire, quomodo morbos curare convenial, qui, unde hi sint, ignoret. Neque esse dubium, quin alia curatione opus sit, si ex quatuor principiis vel superans aliquod vel deficiens adversam valetudinem creat ; ut quidam ex sapientiæ professoribus dixerunt : alia, si in humidis omne vitium est ; ut Herophilo visum est : alia, si in spiritu ; ut Hippocrati : alia, si sanguis in eas venas, quæ spiri-

crate ; différent, si, comme le dit Érasistrate, le sang, en s'épanchant dans les veines destinées à recevoir les esprits, excite l'inflammation, que les Grecs nomment φλεγμονὴ, et si cette inflammation soulève un mouvement qui n'est autre que la fièvre : il ne sera plus le même enfin, si, selon l'opinion d'Asclépiade, les atomes en circulation s'arrêtent dans les pores imperceptibles du corps, et en déterminent l'obstruction. Celui-là donc guérira plus sûrement, qui ne se sera pas mépris sur la cause première de la maladie. La nécessité de l'expérience est aussi reconnue par les dogmatiques : seulement, disent-ils, on ne peut y arriver sans le secours du raisonnement. Et en effet, les anciens médecins n'ordonnaient pas aux malades la première chose venue ; mais après avoir mûrement pesé ce qui convenait le mieux à leur état, ils mettaient à l'épreuve les moyens auxquels leurs conjectures les avaient conduits. Que ces moyens aujourd'hui soient pour la plupart consacrés par l'usage, cela n'importe guère, si le raisonnement en a précédé l'application ; et c'est aussi ce qui a lieu dans un grand nombre de cas. D'ailleurs il se présente souvent des maladies nouvelles sur lesquelles l'expérience n'a pu rien prononcer encore, et dont il faut pourtant rechercher l'origine, attendu que, sans cela, personne au monde ne pourrait trouver la raison qui doit faire préférer tel remède à tel autre. C'est d'après de semblables considérations qu'ils s'appliquent à pénétrer les causes enveloppées d'obscurité. Dans les causes qu'ils appellent évidentes, ils veulent savoir si c'est à l'influence de la chaleur ou du froid, de l'abstinence ou de l'excès alimentaire, ou de toute autre circonstance analogue, qu'il faut rapporter l'invasion de la maladie ; car si l'on a pu remonter à la source du mal, ils pensent qu'il sera facile d'en prévenir les suites. Sous le nom d'actions naturelles du corps ils désignent les phénomènes de la respiration, de la déglutition, de la digestion et de la nutrition. Ils voudraient connaître encore par quelle raison le pouls des artères s'élève et se déprime alternativement, et quelle autre raison produit le sommeil et la veille. Dans l'ignorance de ces causes, ils estiment que personne n'a le pouvoir de prévenir ou de guérir les maladies qu'elles ont fait naître. Comme parmi ces fonctions la digestion paraît jouer le principal rôle, ils s'y attachent particulièrement ; et les uns, prenant pour guide Érasistrate, croient qu'elle a lieu par trituration ; les autres, avec Plistonicus, disciple de Praxagore, pensent que c'est par putréfaction ; d'autres enfin, sectateurs d'Hippocrate, l'expliquent par la coction. Mais surviennent les élèves d'Asclépiade, qui déclarent ces idées vaines, et dépourvues de fondement : la matière n'est pas soumise à la coction ; elle passe à l'état de crudité, et telle qu'on l'a prise, dans tout le corps de l'homme. Ils sont donc peu d'accord sur ce point, mais ils conviennent que le régime alimentaire doit varier suivant l'hypothèse admise sur la digestion : si les aliments sont broyés dans l'estomac, on devra choisir ceux qui cèdent le plus facilement à la trituration ; et s'ils se putréfient, ceux qui arrivent le plus vite à la putréfaction : s'il y a coction des aliments par chaleur interne, c'est à ceux qui en développent le plus qu'il faudra s'arrêter ; mais il n'y a pas à s'occuper de ce dernier choix si la digestion ne

---

tui accommodatæ sunt, transfunditur, et inflammationem, quam Græci φλεγμονὴν nominant, excitat, eaque inflammatio talem motum efficit, qualis in febre est ; ut Erasistrato placuit : alia, si manantia corpuscula, per invisibilia foramina subsistendo, iter claudunt ; ut Asclepiades contendit. Eum vero recte curaturum, quem prima origo causæ non fefellerit. Neque vero inficiantur, experimenta quoque esse necessaria ; sed ne ad hæc quidem aditum fieri potuisse, nisi ab aliqua ratione, contendunt. Non enim quidlibet antiquiores viros ægris inculcasse ; sed cogitasse, quid maxime conveniret, et in usu explorasse, quo ante conjectura aliqua duxisset. Neque interesse, an nunc jam pleraque explorata sint, si a consilio tamen cœperunt. Et id quidem in multis ita se habere. Sæpe vero etiam nova incidere genera morborum, in quibus nihil adhuc usus ostenderit ; et ideo necessarium sit animadvertere, unde ea cœperint ; sine quo nemo mortalium reperire possit, cur hoc, quam illo, potius utatur. Et ob hæc quidem in obscuro positas causas persequuntur. Evidentes vero eas appellant, in quibus quærunt, initium morbi calor attulerit, an frigus, fames, an satietas ; et quæ similia sunt. Occursurum enim vitio dicunt eum, qui originem non ignorarit. Naturales vero corporis actiones appellant, per quas spiritus trahimus et emittimus ; cibum potionemque et assumimus et concoquimus : itemque, per quas eadem hæc in omnes membrorum partes diguntur. Tum requirunt etiam, quare venæ nostræ modo submittant se, modo attollant ; quæ ratio somni, quæ vigiliæ sit : sine quorum notitia, neminem putant vel occurrere, vel mederi morbis, inter hæc nascentibus, posse. Ex quibus quia maxime pertinere ad rem concoctio videtur, huic potissimum insistunt ; et duce alii Erasistrato, teri cibum in ventre contendunt ; alii Plistonico Praxagoræ discipulo, putrescere ; alii credunt Hippocrati, per calorem cibos concoqui : acceduntque Asclepiadis æmuli, qui, omnia ista vana et supervacua esse, proponunt : nihil enim concoqui, sed crudam materiam, sicut assumpta est, in corpus omne diduci. Et hæc quidem inter eos parum constant : illud vero convenit, aliam dandum cibum laborantibus, si hoc ; aliam, si illud verum est. Nam si teritur intus, eum quærendum esse, qui facillime teri possit ; si putrescit, eum, in quo hoc expeditissimum sit ; si calor concoquit, eum, qui maxime calorem movet : at nihil ex his esse quærendum, si nihil concoquitur ; ea vero sumenda, quæ maxime manent, qualia assumpta sunt. Eademque ratione, cum spiritus gravis est, cum somnus aut vigilia urget, eum mederi posse arbitrantur, qui, prius illa ipsa qualiter eveniant,

se fait pas ainsi, il faudra prescrire alors les substances qui résistent le mieux à toute altération. Par la même raison, lorsqu'on observe de l'embarras dans la respiration, de l'assoupissement ou de l'insomnie, il sera possible d'indiquer le remède, si d'avance on a pu pénétrer les conditions intimes de ces divers états. De plus, la douleur et des maladies d'espèce différente pouvant envahir nos organes intérieurs, ils ne voient aucun moyen, si l'on n'en connaît pas la structure, de les ramener à leur intégrité. Il y a donc nécessité de se livrer à l'ouverture des cadavres pour scruter les viscères et les entrailles ; et même Hérophile et Érasistrate ont bien mieux fait, en ouvrant tout vivants les criminels que les rois leur abandonnaient au sortir des cachots, afin de saisir sur le vif ce que la nature leur tenait caché, et d'arriver à connaître la situation des organes, leur couleur, leur forme, leur grandeur, leurs dispositions, leur degré de consistance ou de mollesse, l'état poli de leur surface, leurs rapports, leurs saillies et leurs dépressions ; de voir enfin quelles sont les parties qui s'insèrent aux autres, ou qui au contraire les reçoivent au milieu d'elles. En effet, quand survient une douleur interne, peut-on en désigner exactement le siége, si l'on ignore la position des viscères et des parties intérieurement situées ? et comment traiter un organe malade dont on ne se fait pas même une idée ? Qu'une blessure, par exemple, mette à nu les viscères, celui qui ne connaît pas la coloration naturelle de chaque partie ne saura pas distinguer l'état d'intégrité de l'état d'altération, et ne pourra dès lors porter remède à la lésion. L'application des médicaments externes devient aussi plus efficace lorsque le siége, la forme et la grandeur des organes internes sont bien déterminés. Toutes ces considérations s'appliquent également aux choses énoncées plus haut. Il n'y a donc pas de cruauté, comme on l'a prétendu, à chercher dans le supplice d'un petit nombre de criminels les moyens de conserver d'âge en âge des générations innocentes.

Ceux au contraire qui se nomment *Empiriques* parce qu'ils s'appuient sur l'expérience, regardent bien comme nécessaire la connaissance des causes évidentes ; mais ils soutiennent qu'il est oiseux d'agiter la question des causes occultes et des actions du corps, attendu que la nature est impénétrable : et la preuve qu'on ne peut la comprendre, c'est la discorde qui règne dans cette discussion, puisque ni philosophes ni médecins n'ont jamais pu sur ce point se mettre d'accord entre eux. En effet, pourquoi se ranger au sentiment d'Hippocrate plutôt qu'à celui d'Hérophile, à celui d'Hérophile plutôt qu'à l'opinion d'Asclépiade ? Si l'on a égard aux raisonnements, ils paraissent tous également plausibles ; si l'on tient compte des guérisons, tous les médecins ont ramené des malades à la santé. On ne peut donc rejeter les objections ni l'autorité des uns et des autres. Si l'art de raisonner faisait les médecins, il n'y en aurait pas de plus grands que les philosophes ; mais ils ont en excès la science des mots, et n'ont point celle qui guérit. La médecine d'ailleurs varie selon les lieux, et sera différente à Rome, en Égypte, ou dans la Gaule : si pourtant les mêmes causes engendraient partout des maladies semblables, les mêmes remèdes devraient partout convenir. Souvent encore la cause se montre évidente, comme dans les cas d'ophthalmie et de blessures, sans que cela con-

---

perceperit. Præter hæc, cum in interioribus partibus et dolores et morborum varia genera nascantur, neminem putant his adhibere posse remedia, qui ipsas ignoret. Necessarium ergo esse incidere corpora mortuorum, eorumque viscera atque intestina scrutari ; longeque optime fecisse Herophilum et Erasistratum, qui nocentes homines, a regibus ex carcere acceptos, vivos inciderint, considerarintque, etiamnum spiritu remanente, ea, quæ natura ante clausisset, eorumque positum, colorem, figuram, magnitudinem, ordinem, duritiem, mollitiem, lævorem, contactum ; processus deinde singulorum et recessus, et sive quid inseritur alteri, sive quid partem alterius in se recipit. Neque enim, cum dolor intus incidit, scire quid doleat, cum, qui qua parte quodque viscus intestinumve sit, non cognoverit : neque curari id quod ægrum est, posse ab eo, qui, quid sit, ignoret. Et cum per vulnus alicujus viscera patefacta sunt, eum, qui sanæ cujusque colorem partis ignoret, nescire quid integrum, quid corruptum sit ; ideo ne succurrere quidem posse corruptis. Aptiusque extrinsecus imponi remedia, compertis interiorum et sedibus et figuris, cognitaque eorum magnitudine : similesque omnia quæ posita sunt, rationes habere. Neque esse crudele, sicut plerique proponunt, hominum nocentium, et horum quoque paucorum, suppliciis remedia populis innocentibus sæculorum omnium quæri.

Contra ii, qui se ἐμπειρικοὺς ab experientia nominant, evidentes quidem causas, ut necessarias, amplectuntur : obscurarum vero causarum et naturalium actionum quæstionem ideo supervacuam esse contendunt, quoniam non comprehensibilis natura sit. Non posse vero comprehendi, patere ex eorum, qui de his disputarunt, discordia ; cum de ista re, neque inter sapientiæ professores, neque inter ipsos medicos conveniat. Cur enim potius aliquis Hippocrati credat, quam Herophilo ? cur huic potius, quam Asclepiadi ? Si rationes sequi velit, omnium posse videri non improbabiles ; si curationes, ab omnibus his ægros perductos esse ad sanitatem : ita neque disputationi, neque auctoritati cujusquam fidem derogari oportuisse. Etiam sapientiæ studiosos maximos medicos esse, si ratiocinatio hoc faceret : nunc illis verba superesse, deesse medendi scientiam. Differre quoque, pro natura locorum, genera medicinæ ; et aliud opus esse Romæ, aliud in Ægypto, aliud in Gallia. Quod si morbos eæ causæ facerent, quæ ubique eædem essent, remedia quoque ubique eadem esse debuisse. Sæpe etiam causas apparere,

duise au moyen curatif. Si les causes évidentes ne peuvent guider la science, celles qui sont douteuses le pourront bien moins encore : et puisqu'il n'y a là qu'incertitude et mystère, mieux vaut s'appuyer sur les choses certaines et reconnues, celles qui dans le traitement des maladies ont reçu la sanction de l'expérience. Il en est ainsi pour tous les arts ; c'est par la pratique et non par la controverse qu'on devient agriculteur ou pilote. On doit croire que la médecine peut se passer de ces conjectures, puisqu'avec des opinions contraires on a vu les médecins réussir également à sauver leurs malades. S'ils ont obtenu ce résultat, ce n'est pas en vertu des causes occultes et des actions naturelles, qu'ils expliquaient diversement, mais parce que chacun d'eux avait découvert par expérience la marche à suivre dans le traitement. Il n'est pas vrai qu'à son origine la médecine ait été la conséquence des questions qu'on s'était posées, car elle est née de l'observation des faits. Parmi les malades qui n'avaient pas encore de médecins, les uns, livrés à leur intempérance, ayant pris des aliments dès les premiers jours, et les autres s'étant abstenus par répugnance, on remarqua que la maladie de ces derniers en recevait plus de soulagement ; de même on voyait des malades dont les uns avaient mangé pendant la fièvre, d'autres peu de temps avant l'accès, et d'autres seulement après la rémission complète, et ceux-ci s'en trouvaient infiniment mieux ; enfin, les uns mangeant avec excès au début du mal, et les autres prenant peu de nourriture, ceux qui s'étaient gorgés d'aliments ajoutaient par cela même au danger de leur état. Chaque jour des accidents semblables se reproduisant, des observateurs attentifs prirent soin de noter les moyens qui réussissaient le mieux dans la plupart des cas, et commencèrent à les prescrire aux malades. C'est ainsi que la médecine a pris naissance, et qu'ayant pour exemples le rétablissement des uns et la mort des autres, elle a pu discerner ce qui était salutaire ou pernicieux. Puis, les remèdes étant déjà trouvés, les hommes se sont mis à disserter sur leur emploi. Donc la médecine n'est pas venue après le raisonnement, mais le raisonnement après la médecine. La théorie d'ailleurs confirme l'expérience, ou la contredit : si elle n'apprend rien de plus, elle est inutile, et nuisible si elle enseigne autre chose. Sans doute il a fallu d'abord avec un soin extrême éprouver les vertus des médicaments ; mais elles sont aujourd'hui bien reconnues, et comme on n'a plus à découvrir de nouvelles espèces de maladies, on n'a pas à rechercher une médication nouvelle. S'il se présente maintenant quelque affection ignorée, le médecin ne doit pas pour cela remonter aux causes obscures, mais examiner aussitôt de quelle maladie connue celle-ci se rapproche le plus, pour lui appliquer les remèdes qui souvent ont été suivis de succès dans des cas à peu près semblables. En procédant ainsi par analogie, on arrivera sûrement au traitement convenable. Ce n'est pas à dire pourtant que la réflexion soit inutile au médecin, et que l'animal sans raison puisse exercer l'art de guérir ; mais on prétend que toutes ces conjectures sur les causes cachées ne vont pas au fait, et qu'il est moins important de connaître ce qui engendre la maladie que ce qui la guérit. De même il vaut mieux ignorer comment se fait

ut puta lippitudinis, vulneris; neque ex his patere medicinam. Quod si scientiam hanc non subjiciat evidens causa, multo minus eam posse subjicere, quæ in dubio est. Cum igitur illa incerta, incomprehensibilis sit, a certis potius et exploratis petendum esse præsidium ; id est iis, quæ experientia in ipsis curationibus docuerit ; sicut in ceteris omnibus artibus. Nam ne agricolam quidem aut gubernatorem disputatione, sed usu fieri. Ac nihil istas cogitationes ad medicinam pertinere, eo quoque disci, quod qui diversa de his senserint, ad eamdem tamen sanitatem homines perduxerint. Id enim fecisse, quia non ab obscuris causis, neque a naturalibus actionibus, quæ apud eos diversæ erant, sed ab experimentis, prout cuique responderant, medendi vias traxerint. Ne inter initia quidem ab istis quæstionibus deductam esse medicinam, sed ab experimentis. Ægrorum enim qui sine medicis erant, alios propter aviditatem primis diebus protinus cibum assumpsisse, alios propter fastidium abstinuisse ; levatumque magis eorum morbum esse, qui abstinuerant. Itemque alios in ipsa febre aliquid edisse, alios paulo ante eam, alios post remissionem ejus ; optime deinde iis cessisse, qui post finem febris id fecerant. Eademque ratione alios inter principia protinus usos esse cibo pleniore, alios exiguo ; gravioresque eos factos, qui se implerant. Hæc similiaque cum quotidie inciderent, diligentes homines notasse, quæ plerumque melius responderent : deinde ægrotantibus ea præcipere cœpisse. Sic medicinam ortam, subinde aliorum salute, aliorum interitu, perniciosa discernentem a salutaribus. Repertis deinde jam remediis, homines de rationibus eorum disserere cœpisse : nec post rationem, medicinam esse inventam, sed post inventam medicinam, rationem esse quæsitam. Requirere etiam, ratio idem doceat quod experientia, an aliud : si idem, supervacuam esse ; si aliud, etiam contrariam. Primo tamen remedia exploranda summa cura fuisse, nunc vero jam explorata esse ; neque aut nova genera morborum reperiri, aut novam desiderari medicinam. Quod si jam incidat mali genus aliquod ignotum, non ideo tamen fore medico de rebus cogitandum obscuris : sed eum protinus visurum, cui morbo id proximum sit ; tentaturumque remedia similia illis, quæ vicino malo sæpe succurrerint ; et per ejus similitudinem opem reperturum. Neque enim se dicere, consilio medicum non egere, et irrationale animal hanc artem posse præstare ; sed has latentium rerum conjecturas ad rem non pertinere ; quia non intersit, quid morbum faciat, sed quid tollat ; neque [ad rem pertineat], quomodo, sed quid optime digeratur ; sive hac de causa

la digestion et savoir ce qui se digère le mieux, quelle que soit la manière dont cette fonction s'accomplit, par coction, ou par simple dissolution. Au lieu d'interroger les causes de la respiration, il est préférable de chercher les moyens d'en faire cesser la gêne et la lenteur; et, plutôt que de se demander à quoi tiennent les battements des artères, il convient d'étudier la valeur des signes fournis par les variétés du pouls. Or, ces notions nous viennent de l'expérience. Dans toutes les discussions de ce genre on peut discourir également pour et contre, et triompher par son esprit et son éloquence; les maladies cependant ne se guérissent point avec de belles paroles, mais avec le secours des médicaments : un homme privé du don de s'exprimer, mais versé dans la pratique, serait certes un plus grand médecin que s'il avait cultivé l'art de bien dire, sans s'appuyer sur l'expérience. Jusque-là ces diverses théories ne sont qu'inutiles; mais ce qui est cruel, c'est d'ouvrir les entrailles à des hommes vivants et de faire d'un art conservateur de la vie humaine l'instrument d'une mort atroce, surtout quand les questions qu'on essaye de résoudre à l'aide de ces affreuses violences, ou demeurent complètement insolubles, ou pourraient être éclaircies sans crime. Car la couleur, le poli, la mollesse, la dureté et les autres conditions des organes ne restent point, sur le sujet qu'on vient d'ouvrir, ce qu'elles étaient avant les incisions; et puisque chez ceux qui n'ont point à les souffrir, la crainte, la douleur, la faim, une indigestion, la fatigue et mille autres légères incommodités viennent souvent modifier tous ces caractères, il est bien plus à croire que les parties intérieures, douées d'une délicatesse plus grande, et qui ne sont pas appelées à recevoir la lumière, seront profondément altérées par des blessures si graves et une mort si violente. Quelle folie de s'imaginer que, sur l'homme mourant ou déjà mort, les choses vont demeurer les mêmes que pendant la vie! On peut, il est vrai, ouvrir à un homme vivant le bas-ventre, qui renferme des organes moins importants; mais dès que le scalpel en remontant vers la poitrine aura divisé la cloison transversale (diaphragme des Grecs) qui sépare les parties supérieures des inférieures, cet homme rendra l'âme au même instant. C'est ainsi que le médecin homicide parvient à découvrir les viscères de la poitrine et du ventre; mais ils se présentent à lui tels que la mort les a faits, et non plus tels qu'ils étaient vivants : de sorte qu'il a bien pu égorger son semblable avec barbarie, mais non pas savoir dans quelles conditions se trouvent nos organes lorsque la vie les anime. S'il en est quelques-uns cependant que le regard puisse pénétrer avant la mort, le hasard ne les offre-t-il pas souvent au médecin? Le gladiateur dans l'arène, le soldat dans un combat, le voyageur assailli par des brigands, ne sont-ils pas quelquefois atteints de blessures qui laissent voir à l'intérieur telle partie chez celui-ci, telle autre chez celui-là? si bien que sans manquer à la prudence le praticien peut apprécier le siège, la position, l'arrangement, la forme et les autres qualités des organes, tout en ayant pour but non le meurtre, mais la guérison; et de la sorte il ne doit qu'à son humanité les lumières que les autres n'obtiennent que par des actes impitoyables. Ces raisons conduisent à regarder comme inutile même la dissection des

---

concoctio incidat, sive de illa; et sive concoctio sit illa, sive tantum digestio. Neque quærendum esse quomodo spiremus, sed quid gravem tardumque spiritum expediat : neque quid venas moveat, sed quid quæque motus genera significent. Hæc autem cognosci experimentis. Et in omnibus ejusmodi cogitationibus in utramque partem disseri posse : itaque ingenium et facundiam vincere; morbos autem, non eloquentia, sed remediis curari. Quæ si quis elinguis usu discreta bene norit, hunc aliquanto majorem medicum futurum, quam si sine usu linguam suam excoluerit. Atque ea quidem, de quibus est dictum, supervacua esse tantummodo; id vero, quod restat, etiam crudele : vivorum hominum alvum atque præcordia incidi, et salutis humanæ præsidem artem, non solum pestem alicui, sed hanc etiam atrocissimam inferre; cum præsertim ex iis, quæ tanta violentia quærantur, alia non possint omnino cognosci, alia possint etiam sine scelere. Nam colorem, lævorem, mollitiem, duritiem, similiaque omnia, non esse talia, inciso corpore, qualia integro fuerint : quia cum, corporibus inviolatis, hæc tamen metu, dolore, inedia, cruditate, lassitudine, mille aliis mediocribus affectibus sæpe mutentur; multo magis verisimile est, interiora, quibus major mollities, lux ipsa nova sit, sub gravissimis vulneribus et ipsa trucidatione mutari. Neque quidquam esse stultius, quam quale quidque vivo homine est, tale existimare esse moriente, immo jam mortuo. Nam uterum quidem, qui minus ad rem pertineat, spirante homine posse diduci : simulatque vero ferrum ad præcordia accessit, et discissum transversum septum est, quod membrana quadam superiores partes ab inferioribus diducit (διάφραγμα Græci vocant) hominem protinus animam amittere : ita mortui demum præcordia et viscus omne in conspectum latrocinantis medici dari necesse est tale, quale mortui sit, non quale vivi fuit. Itaque consequi medicum ut hominem crudeliter jugulet; non ut sciat, qualia vivi viscera habeamus. Si quid tamen sit, quod adhuc spirante homine conspectui subjiciatur, id sæpe casum offerre curantibus. Interdum enim gladiatorem in arena, vel militem in acie, vel viatorem a latronibus exceptum sic vulnerari, ut ejus interior aliqua pars aperiatur, et in alio alia : ita sedem, positum, ordinem, figuram, similiaque alia cognoscere prudentem medicum, non cædem, sed sanitatem molientem; idque per misericordiam discere, quod alii dira crudelitate cognoverint. Ob hæc, ne mortuorum quidem lacerationem ne-

cadavres. Cette opération sans doute n'est pas cruelle, mais elle est repoussante, et la plupart du temps ne met sous les yeux que des organes changés par la mort, tandis que le traitement enseigne tout ce qu'il est possible de connaître pendant la vie.

On a tant écrit sur ces questions, qui parmi les médecins ont été souvent et sont encore l'objet des plus vives controverses, qu'il est utile d'exposer les idées auxquelles nous reconnaissons le plus grand degré de vraisemblance. Dans cette manière de voir, on n'adopte exclusivement aucune opinion, de même qu'on n'en rejette aucune d'une manière absolue ; mais on conserve un moyen terme entre ces sentiments contraires, et c'est en général le parti que doivent prendre, dans les discussions, ceux qui recherchent la vérité sans ambition, comme dans le cas présent. Les philosophes, en effet, même les plus instruits, ne peuvent savoir de science certaine, mais seulement par conjecture, quelles sont en dernière analyse les causes qui maintiennent la santé ou produisent les maladies, non plus que celles qui président à la respiration, à la déglutition et à la digestion. Il n'y a pas à cet égard de notions positives, et par conséquent une simple opinion ne peut faire découvrir un remède infaillible. C'est donc l'expérience qui, dans la pratique médicale, apporte le plus utile secours. Mais ainsi qu'il y a dans les arts un grand nombre de sujets qui, sans relever directement de leur étude, leur servent pourtant d'auxiliaires en stimulant le génie de l'artiste ; de même, si la contemplation des choses naturelles ne fait pas le médecin, elle le rend du moins plus apte à exercer la médecine. Il est naturel de penser qu'Hippocrate, Érasistrate, et tous ceux qui, ne voulant pas se réduire au traitement des plaies et des fièvres, ont également interrogé la nature des choses, n'ont pas été médecins par cela seul, mais que, par leurs méditations, ils sont devenus plus grands dans leur art. Il est certain que la médecine, bien qu'elle ne puisse reposer sur les causes occultes et les actions naturelles, est souvent obligée de recourir au raisonnement ; car c'est un art conjectural qui, dans bien des cas, est trahi non-seulement par la théorie, mais encore par la pratique ; en effet, la fièvre, l'appétit, le sommeil, n'ont pas une manière d'être invariable. Plus rarement, il est vrai, on observe des maladies nouvelles ; mais il est évident qu'on en rencontre quelquefois, puisque de nos jours nous avons vu succomber en peu d'heures une femme chez laquelle s'était présentée brusquement, à l'extérieur des parties génitales, une tumeur charnue qui se flétrit : les praticiens les plus distingués cherchèrent vainement à déterminer la nature du mal, et ne purent davantage lui trouver un remède. Ils ne firent aucun essai, je le présume, parce que la malade étant d'une classe élevée, personne n'osa donner son opinion, dans la crainte d'être accusé de sa mort, si on ne parvenait à la sauver ; mais il est vraisemblable que, sans cette misérable circonspection, ils auraient cherché les moyens de la secourir, et que peut-être il s'en serait offert dont l'application eût été suivie de succès. L'analogie n'est pas toujours utile dans les affections de ce genre ; quand elle peut l'être cependant, c'est encore par un procédé rationnel qu'après avoir examiné les maladies d'espèce semblable et les remèdes de même nature, on arrive à choisir celui qui

cessariam esse ; quæ etsi non crudelis, tamen fœda sit ; cum aliter pleraque in mortuis se habeant : quantum vero in vivis cognosci potest, ipsa curatio ostendat.

Cum hæc per multa volumina, perque magnæ contentionis disputationes a medicis sæpe tractata sint atque tractentur : subjiciendum est, quæ proxima vero videri possint. Ea neque addicta alterutri opinioni sunt, neque ab utraque nimium abhorrentia ; media quodammodo inter diversas sententias : quod in plurimis contentionibus deprehendere licet, sine ambitione verum scrutantibus, ut in hâc ipsâ re. Nam quæ demum causæ, vel secundam valetudinem præstent, vel morbos excitent ; quomodo spiritus, aut cibus, vel trahatur, vel digeratur, ne sapientiæ quidem professores scientia comprehendunt, sed conjectura persequuntur. Cujus autem rei non est certa notitia, ejus opinio certum reperire remedium non potest. Verumque est, ad ipsam curandi rationem nihil plus conferre, quam experientiam. Quamquam igitur multa sint, ad ipsas artes propriè non pertinentia, tamen eas adjuvant, excitando artificis ingenium. Itaque ista quoque naturæ rerum contemplatio, quamvis non faciat medicum, aptiorem tamen medicinæ reddit. Verique simile est, et Hippocratem et Erasistratum et quicumque alii, non contenti febres et ulcera agitare, rerum quoque naturam ex aliqua parte scrutati sunt, non ideo quidem medicos fuisse, verum ideo quoque majores medicos extitisse. Ratione vero opus est ipsi medicinæ, etsi non inter obscuras causas, neque inter naturales actiones, tamen sæpe. Est enim hæc ars conjecturalis, neque respondet ei plerumque non solum conjectura, sed etiam experientia. Et interdum non febris, non cibus, non somnus subsequitur, sicut assuevit. Rarius, sed aliquando morbus quoque ipse novus est : quem non incidere, manifeste falsum esset expertus. Ad quod medicinæ genus, ex aetate nostra quædam, ex naturalibus partibus carne prolapsa et arente, intra paucas horas exspiraverit ; sic ut nobilissimi medici neque genus mali, neque remedium invenerint. Quos ego nihil tentasse judico, quia nemo in splendida persona periclitari conjectura sua voluerit ; ne occidisse, nisi servasset, videretur : veri tamen simile est, potuisse aliquid cogitare, detracta tali verecundia, et fortasse responsurum fuisse id, quod aliquis esset expertus. Ad quod medicinæ genus, neque semper similitudo aliquid confert ; et si quando confert, tamen id ipsum rationale est, inter multa similia genera et morborum, et remediorum, cogitare, quo potissimum medicamento sit utendum. Cum igitur talis res

convient le mieux au cas qui se présente. Le médecin doit donc, en pareille circonstance, découvrir des moyens de traitement qui, sans être infaillibles, se montrent le plus souvent efficaces. Il devra prendre aussi conseil, non des causes cachées, puisqu'elles demeurent enveloppées de doutes et d'incertitude, mais de celles que l'exploration peut atteindre, c'est-à-dire des causes évidentes. Car il est important de savoir si c'est la fatigue, la soif, le froid ou le chaud, l'insomnie, l'abstinence, l'excès dans le boire et le manger, ou l'abus des plaisirs qui a donné naissance à la maladie. Il faut connaître en outre le tempérament du malade, et voir s'il est d'une constitution sèche ou humide, faible ou robuste; s'il est habituellement bien ou mal portant, et si, lorsque sa santé se dérange, ses maladies sont graves ou légères, courtes ou de longue durée; enfin si la vie qu'il mène est remplie par le travail ou le loisir, et si sa nourriture est frugale ou recherchée. C'est sur de semblables investigations qu'on peut souvent fonder un traitement nouveau.

Nous ne pouvons cependant passer outre, comme si ces considérations ne souffraient aucune controverse; car Érasistrate a soutenu que les maladies doivent avoir une autre origine, par la raison que des personnes différentes, ou les mêmes individus placés à diverses époques dans les circonstances indiquées, ont eu ou n'ont pas eu la fièvre. Des médecins de nos jours, jaloux de mettre en avant l'autorité de Thémison, soutiennent aussi qu'il n'y a pas une seule cause dont la connaissance importe à la pratique, et qu'il suffit de saisir dans les maladies certaines conditions qui leur sont communes. Ces conditions sont de trois genres : la première consiste dans le resserrement, la seconde dans le relâchement, et la troisième est mixte. En effet, tantôt les malades n'évacuent pas assez et tantôt ils évacuent trop, ou bien leurs évacuations, insuffisantes dans telle partie, seront exagérées dans telle autre. Les maladies ainsi divisées peuvent être aiguës ou chroniques, devenir plus graves, rester stationnaires ou décliner. Il faut donc, lorsqu'on a reconnu l'un de ces états, tenir le corps relâché, s'il y a resserrement; s'il y a relâchement, amener l'effet contraire; et si l'affection est du genre mixte, pourvoir au mal le plus pressant. Il faut aussi varier le traitement, suivant que les maladies sont aiguës ou chroniques, qu'elles sont dans leur période d'accroissement, demeurent stationnaires ou touchent à leur déclin. Pour eux la médecine réside dans l'observation de ces préceptes, car elle n'est, d'après leur définition, qu'une certaine manière de procéder que les Grecs nomment *méthode*, et dont le but est d'observer les rapports des maladies entre elles. Ces méthodistes ne veulent être confondus ni avec les dogmatiques, ni avec les empiriques; ils se distinguent des premiers, en ce qu'ils n'admettent pas que les conjectures sur les causes occultes puissent servir de base à la médecine, et se séparent des seconds, parce qu'ils estiment que l'art ne doit pas être réduit à la seule expérimentation. Quant à Érasistrate, l'évidence même est contraire à son opinion, car il est rare qu'une maladie se déclare en l'absence des causes énoncées plus haut; et de ce qu'elles n'agissent pas sur l'un, il ne s'ensuit pas qu'elles soient sans action sur un autre, ou que celui-là même qui leur résistait ne puisse céder plus tard à leur influence. Chez un individu, par exemple, il peut exister un état de faiblesse ou de malaise qu'on n'observe pas chez un autre, ou que la même personne n'avait pas en-

---

incidit, medicus aliquid oportet inveniat, quod non ubique fortasse, sed sæpius tamen etiam respondeat. Petet autem novum quoque consilium, non ab rebus latentibus (istæ enim dubiæ et incertæ sunt), sed ab iis, quæ explorari possunt; id est evidentibus causis. Interest enim, fatigatio morbum, an sitis, an frigus, an calor, an vigilia, an fames fecerit, an cibi vinique abundantia, an intemperantia libidinis. Neque ignorare hunc oportet, quæ sit ægri natura : humidum magis, an magis siccum corpus ejus sit; validi nervi, an infirmi; frequens adversa valetudo, an rara; eaque, cum est, vehemens esse soleat, an levis; brevis, an longa : quod is vitæ genus sit secutus, laboriosum, an quietum; cum luxu, an cum frugalitate. Ex his enim, similibusque, sæpe curandi nova ratio ducenda est.

Quamvis ne hæc quidem sic præteriri debent, quasi nullam controversiam recipiant. Nam et Erasistratus non ex his fieri morbos dixit; quoniam et alii, et iidem alias post ista non febricitarent; et quidam medici sæculi nostri, sub auctore, ut ipsi videri volunt, Themisone, contendunt, nullius causæ notitiam quidquam ad curationes pertinere; satisque esse, quædam communia morborum intueri. Siquidem horum tria genera esse, unum adstrictum, alterum fluens, tertium mistum. Nam modo parum excernere ægros, modo nimium; modo alia parte parum, alia nimium. Hæc autem genera morborum, modo acuta esse, modo longa; et modo increscere, modo consistere, modo minui. Cognito igitur eo, quod ex his est, si corpus adstrictum est, digerendum esse; si profluvio laborat, continendum; si mistum vitium habet, occurrendum subinde vehementiori malo. Et aliter acutis morbis medendum, aliter vetustis; aliter increscentibus, aliter subsistentibus, aliter jam ad sanitatem inclinatis. Horum observationem medicinam esse; quam ita finiunt, ut quasi viam quamdam, quam μέθοδον Græci nominant, eorumque, quæ in morbis communia sunt, contemplatricem esse contendant. Ac neque rationalibus se, neque experimenta tantum spectantibus annumerari volunt : cum ab illis eo nomine dissentiant, quod in conjectura rerum latentium nolunt esse medicinam; ab his, quod parum artis esse in observatione experimentorum credunt. Quod ad Erasistratum pertinet, primum ipsa evidentia ejus

core éprouvé ; et cet état, impuissant par lui-même à produire la maladie, constitue pourtant une prédisposition à de nouvelles atteintes. S'il eût eu de la nature des choses une connaissance moins imparfaite, connaissance que les médecins s'attribuent témérairement (1), Érasistrate aurait vu que rien ne se fait par une seule cause, mais que l'on prend pour telle celle dont le pouvoir est le plus évident : c'est ainsi qu'une circonstance qui n'agira pas isolément peut, en se réunissant à d'autres, soulever les plus grands désordres. Bien plus, Érasistate lui-même expliquant la fièvre par le passage du sang dans les artères, et trouvant que ce passage a lieu lorsqu'il y a pléthore, ne saurait dire pourquoi de deux sujets également pléthoriques, l'un tombe malade, tandis que l'autre est à l'abri de tout danger ; et c'est précisément ce que nous observons tous les jours. Il est permis d'en conclure que cette transfusion du sang, toute réelle qu'elle puisse être, ne survient pas uniquement dans les cas de plénitude, mais lorsqu'à la pléthore est venue se joindre l'une des causes énoncées déjà. Pour les disciples de Thémison, s'ils sont fidèles à leurs principes, ils méritent plus que personne le titre de dogmatiques ; et quoi qu'ils n'admettent pas toutes les opinions de ces derniers, il n'est pas nécessaire de leur donner une autre dénomination, puisqu'ils sont d'accord avec eux sur ce point essentiel, que la mémoire seule est insuffisante, et que le raisonnement doit intervenir. Si au contraire, comme cela paraît être, la médecine ne reconnaît pas pour ainsi dire de préceptes immuables, les méthodistes alors se confondent avec les empiriques, d'autant plus facilement que l'homme le moins éclairé est comme eux en état de juger si la maladie dépend du resserrement ou du relâchement. Est-ce le raisonnement qui leur a fait connaître ce qui peut relâcher le corps ou le resserrer ? Ils sont dogmatiques : n'ont-ils pris que l'expérience pour guide ? il faudra bien qu'ils se rangent parmi les empiriques qui répudient le raisonnement. Ainsi d'après eux la connaissance des maladies est en dehors de l'art, et la médecine est renfermée dans la pratique : encore sont-ils inférieurs aux empiriques, car ceux-ci embrassent beaucoup de choses dans leur examen, tandis que les méthodistes se bornent à l'observation la plus facile et la plus vulgaire. Ils agissent comme les vétérinaires, qui, ne pouvant apprendre d'animaux muets ce qui est relatif à chacun d'eux, insistent seulement sur les caractères généraux. C'est ce que font aussi les nations étrangères, qui, dans leur ignorance de toute médecine rationnelle, ne vont pas au delà de quelques données générales. Ainsi font encore les infirmiers, qui ne pouvant prescrire à chaque malade un régime convenable, les soumettent tous au régime commun. A coup sûr les anciens médecins ne négligeaient pas l'étude des caractères généraux, mais ils allaient plus loin ; et Hippocrate, le médecin de l'antiquité, nous dit que pour traiter les maladies, il faut connaître les symptômes qui les rapprochent et ceux qui les séparent. Les méthodistes eux-mêmes ne sauraient maintenir leurs principes ; car que les maladies dépendent du resserrement ou du relâchement, elles offrent certai-

---

opinioni repugnat ; quia raro, nisi post horum aliquid, morbus venit. Deinde non sequitur, ut quod alium non afficit, aut eumdem alias, id ne alteri quidem, aut eidem tempore alio noceat. Possunt enim quædam subesse corpori, vel ex infirmitate ejus, vel ex aliquo affectu, quæ vel in alio non sunt, vel in hoc alias non fuerunt ; eaque per se non tanta, ut concitent morbum, tamen obnoxium magis aliis injuriis corpus efficiant. Quod si contemplationem rerum naturæ, quam temere medici sibi vindicant, satis comprehendisset, etiam illud scisset, nihil omnino ob unam causam fieri, sed id pro causa apprehendi, quod contulisse plurimum videtur. Potest autem id, dum solum est, non movere, quod junctum aliis maxime movet. Accedit ad hæc, quod ne ipse quidem Erasistratus, qui transfuso in arterias sanguine febrem fieri dicit, idque nimis repleto corpore incidere, reperit, cur ex duobus æque repletis, alter in morbum incideret, alter omni periculo vacaret ; quod quotidie fieri apparet. Ex quo disci potest, ut vera sit illa transfusio, tamen illam, non per se, cum plenum corpus est, fieri, sed cum horum aliquid accesserit. Themisonis vero æmuli, si perpetua, quæ promittunt, habent, magis etiam, quam ulli rationales sunt. Neque enim, si quis non omnia tenet, quæ rationalis alius probat, protinus alio novo nomine artis indiget ; si modo, quodprimum est, non memoriæ soli, sed rationi quoque insistit. Sin, quod vero propius est, vix ulla perpetua præcepta medicinalis ars recipit, idem sunt, quod ii, quos experimenta sola sustinent : eo magis, quoniam, compresserit aliquem morbus, an fuderit, quilibet etiam imperitissimus videt : quid autem compressum corpus resolvat, quid solutum teneat, si a ratione tractum est, rationalis est medicus ; si, ut ei qui se rationalem negat, confiteri necesse est, ab experientia, empiricus. Ita apud eum morbi cognitio extra artem, medicina intra usum est. Neque adjectum quidquam empiricorum professioni, sed demptum est ; quoniam illi multa circumspiciunt, hi tantum facillima, et non plus, quam vulgaria. Nam et ii, qui pecoribus ac jumentis medentur, cum propria cujusque ex mutis animalibus nosse non possint, communibus tantummodo insistunt : et exteræ gentes, cum subtilem medicinæ rationem non noverint, communia tantum vident, et qui ampla valetudinaria nutriunt, quia singulis summa cura consulere non sustinent, ad communia ista confugiunt. Neque, hercules, istud antiqui medici nescierunt, sed his contenti non fuerunt. Ergo etiam vetustissimus auctor Hippocrates dixit, mederi oportere, et communia, et propria intuentem. Ac ne isti quidem ipsi intra suam professionem consistere ullo modo possunt : siquidem et compressorum et fluentium morborum genera diversa

nement des différences entre elles, et ces différences sont encore plus faciles à saisir dans les maladies par relâchement. Autre chose, en effet, est de vomir du sang ou de la bile, ou de rejeter ses aliments ; d'être tourmenté par des évacuations abondantes ou par des tranchées ; d'être épuisé par des sueurs ou miné par la consomption. Les humeurs peuvent aussi se jeter sur certains organes, comme les yeux et les oreilles, ou sur toute autre partie du corps sans exception. Or, le même traitement n'est pas applicable à ces affections diverses. De sorte que le principe général du relâchement se réduit en pratique à la considération d'une maladie spéciale, à laquelle il faut souvent trouver un remède particulier ; car même dans les cas semblables les mêmes moyens n'ont pas un effet constant. Et bien qu'on ait en général des ressources assurées contre le resserrement ou le relâchement du ventre, il y a cependant des personnes sur lesquelles ces remèdes agiront d'une manière différente. Ici donc, on n'a que faire d'examiner l'état général ; et l'appréciation des signes particuliers est seule importante. Souvent aussi il suffira de connaître la cause du mal pour le guérir. C'est ce que nous avons vu faire depuis peu à Cassius, un des plus habiles médecins de notre temps. Appelé chez un malade aux prises avec la fièvre et très-altéré, et reconnaissant que la maladie n'était venue qu'à la suite d'un état d'ivresse, il lui fit boire aussitôt de l'eau froide ; or, dès que cette eau, par son mélange avec le vin, en eut tempéré la force, il se manifesta du sommeil et de la sueur, qui emportèrent la fièvre. En agissant avec tant d'opportunité, ce médecin ne s'occupait pas de savoir si le corps était resserré ou relâché ; mais il se réglait sur la cause qui avait précédé l'invasion du mal. Les méthodistes d'ailleurs conviennent qu'il faut tenir compte des saisons et des climats ; et dans leurs discussions relatives à la manière dont les personnes en santé doivent se conduire, ils prescrivent, dans les localités et les saisons malsaines, d'éviter plus soigneusement le froid, la chaleur, l'intempérance, le travail, et l'abus des plaisirs ; si l'on ressent quelque malaise, ils conseillent le repos, et ne veulent pas qu'on provoque ni vomissements, ni selles. Il y a certainement de la vérité dans ces préceptes, mais ici encore leurs principes généraux fléchissent devant les considérations particulières ; à moins qu'ils n'entreprennent de nous persuader que ces remarques sur l'état du ciel et les époques de l'année, utiles aux hommes bien portants, sont de nulle valeur pour les malades ; tandis que l'observation des règles est d'autant plus nécessaire à ces derniers, que leur faiblesse les prédispose davantage aux influences morbides. Ne voit-on pas ensuite les maladies affecter chez les mêmes personnes des caractères différents, et tel qu'on traitait vainement par des moyens convenables être guéri souvent par des remèdes contraires ? Que de distinctions à établir aussi dans le régime alimentaire! je n'en veux signaler qu'un exemple. On supporte mieux la faim dans la jeunesse que dans l'enfance, quand l'air est épais que lorsqu'il est léger ; on la supporte mieux l'hiver que l'été, lorsqu'on ne fait habituellement qu'un repas que lorsqu'on en fait deux, et quand on garde le repos que lorsqu'on prend de l'exercice. Enfin, il est souvent nécessaire d'accorder de bonne heure des aliments à ceux qui tolèrent plus difficile-

---

sunt, faciliusque id in iis, quæ fluunt, inspici potest. Aliud est enim sanguinem, aliud bilem, aliud cibum vomere ; aliud dejectionibus, aliud torminibus laborare ; aliud sudore digeri, aliud tabe consumi. Atque in partes quoque humor erumpit, ut oculos, auresque : quo periculo nullum humanum membrum vacat. Nihil autem horum sic ut aliud curatur. Ita protinus in his a communi fluentis morbi contemplatione ad propriam medicina descendit. Atque in hac quoque rursus alia proprietatis notitia sæpe necessaria est ; quia non eadem omnibus, etiam in similibus casibus, opitulantur. Siquidem certæ quædam res sunt, quæ in pluribus ventrem aut adstringunt, aut resolvunt : inveniuntur tamen, in quibus aliter, atque in ceteris, idem eveniat. In his ergo communium inspectio contraria est, propriorum tantum salutaris. Et causæ quoque æstimatio sæpe morbum solvit. Ergo etiam ingeniosissimus sæculi nostri medicus, quem nuper vidimus, Cassius, febricitanti cuidam, et magna siti affecto, cum post ebrietatem eum premi cœpisse cognosset, aquam frigidam ingessit. Qua ille epota, cum vini vim miscendo fregisset, protinus febrem somno et sudore discussit. Quod auxilium medicus opportune providit, non ex eo, quod aut adstrictum corpus erat, aut fluebat ; sed ex causa, quæ ante præcesserat. Estque etiam proprium aliquid et loci et temporis, istis quoque auctoribus : qui cum disputant, quemadmodum sanis hominibus agendum sit, præcipiunt ut gravibus aut locis aut temporibus magis vitetur frigus, æstus, satietas, labor, libido ; magisque ut conquiescat iisdem locis aut temporibus, si quis gravitatem corporis sentit ; ac neque vomitu stomachum, neque purgatione alvum sollicitet. Quæ vera quidem sunt, a communibus tamen ad quædam propria descendunt. Nisi persuadere nobis volunt, sanis quidem considerandum esse, quod cœlum, quod tempus anni sit ; ægris vero non esse : quibus tanto magis omnis observatio necessaria est, quanto magis obnoxia offensis infirmitas est. Quin etiam morborum in iisdem hominibus aliæ atque aliæ proprietates sunt ; et, qui secundis aliquando frustra curatus est, contrariis sæpe restituitur. Plurimaque in dando cibo discrimina reperiuntur ; ex quibus contentus uno ero. Nam famem facilius adolescens, quam puer ; facilius in denso cœlo, quam in tenui ; facilius hieme, quam æstate ; facilius uno cibo, quam prandio quoque assuetus ; facilius inexercitatus, quam exercitatus homo sustinet. Sæpe autem in eo magis necessaria sibi festinatio est, qui minus inediam tolerat.

ment l'abstinence. D'après ces considérations, je conclus que si l'on ne peut tenir compte des circonstances particulières, il faut se borner aux vues générales; mais que si l'on peut apprécier chacune d'elles, il faut s'y arrêter avec soin, sans oublier toutefois les caractères communs; et c'est pour cela qu'à mérite égal, il vaut mieux avoir un ami qu'un étranger pour médecin. Je reviens à mon sujet, et je pense que la médecine doit être rationnelle, en ne puisant cependant ses indications que dans les causes évidentes; la recherche des causes occultes pouvant exercer l'esprit du médecin, mais devant être bannie de la pratique de l'art. Je pense aussi qu'il est à la fois inutile et cruel d'ouvrir des corps vivants, mais qu'il est nécessaire à ceux qui cultivent la science de se livrer à la dissection des cadavres, car ils doivent connaître le siége et la disposition des organes, objets que les cadavres nous représentent plus exactement que l'homme vivant et blessé. Quant aux choses qui ne se révèlent que pendant la vie, l'expérience nous en instruira dans le pansement des blessures, d'une manière plus lente, il est vrai, mais plus conforme à l'humanité. Ces préliminaires établis, j'exposerai d'abord les règles à suivre pour se maintenir en santé; puis je parlerai des maladies et de leur traitement.

I. L'homme doué d'une bonne constitution, qui possède à la fois la santé et la liberté de ses actions, ne doit s'astreindre à aucun régime, et peut se passer également de médecin et *d'iatralepte* (2). Il variera son genre de vie, tantôt à la campagne, tantôt à la ville, et le plus souvent à la campagne. Il devra naviguer, chasser, parfois s'abandonner au repos, mais presque toujours s'exercer, car la mollesse énerve le corps, que le travail fortifie; l'une rend la vieillesse hâtive, et l'autre prolonge la jeunesse. Il peut aussi se baigner, tantôt à l'eau chaude, tantôt à l'eau froide; employer les onctions ou les négliger; ne repousser aucun des aliments dont le peuple fait usage; prendre sa part d'un banquet ou s'en abstenir; manger avec excès ou modérément; faire plutôt deux repas par jour qu'un seul, et les faire abondants, pourvu que la digestion s'accomplisse. Cette manière de vivre et de s'exercer est aussi nécessaire que celle des athlètes serait mal entendue; car si l'exigence des affaires civiles vient troubler l'ordre des exercices, la santé se dérange, et ceux d'ailleurs qui suivent le régime des athlètes arrivent très-promptement à la vieillesse, et tombent facilement malades. Quant aux rapports sexuels, il ne faut pas plus les redouter que les rechercher avec excès. A de rares intervalles ils relèvent les forces, mais ils les abattent s'ils sont trop répétés. Au reste, comme ce n'est pas le nombre ici qui constitue la fréquence, mais qu'elle se mesure au tempérament, à l'âge et à la santé, il est bon de savoir que ces rapports sont utiles, quand ils ne sont pas suivis d'épuisement et de douleur. Ils conviennent beaucoup moins le jour que la nuit; et dans le premier cas on ne doit pas manger aussitôt après, de même que dans le second il faut éviter le travail et la veille. Ces préceptes s'adressent aux personnes robustes, et l'on se gardera bien d'épuiser dans l'état de santé les ressources destinées à la maladie.

II. Mais pour les personnes délicates, parmi lesquelles je range une grande partie des habitants des villes et presque tous les gens de lettres,

Ob quæ conjicio, eum, qui propria non novit, communia tantum intueri debere; eumque, qui nosse propria potest, illa quidem non oportere negligere, sed his quoque insistere. Ideoque, cum par scientia sit, utiliorem tamen medicum esse amicum, quam extraneum. Igitur, ut ad propositum meum redeam, rationalem quidem puto medicinam esse debere; instrui vero ab evidentibus causis; obscuris omnibus, non a cogitatione artificis, sed ab ipsa arte rejectis. Incidere autem vivorum corpora, et crudele, et supervacuum est: mortuorum discentibus, necessarium. Nam positum et ordinem nosse debent, quæ, cadavera melius, quam vivus et vulneratus homo, repræsentant. Sed et cetera, quæ modo in vivis cognosci possunt, in ipsis curationibus vulneratorum paulo tardius, sed aliquanto mitius usus ipse monstrabit. His propositis, primum dicam, quemadmodum sanos agere conveniat: tum ad ea transibo, quæ ad morbos curationesque eorum pertinebunt.

I. Sanus homo, qui et bene valet, et suæ spontis est, nullis obligare se legibus debet; ac neque medico, neque iatralipta egere. Hunc oportet varium habere vitæ genus: modo ruri esse, modo in urbe, sæpiusque in agro; navigare, venari, quiescere interdum, sed frequentius se exercere: siquidem ignavia corpus hebetat, labor firmat; illa maturam senectutem, hic longam adolescentiam reddit. Prodest etiam interdum balneo, interdum aquis frigidis uti; modo ungi, modo idipsum negligere; nullum cibi genus fugere, quo populus utatur; interdum in convictu esse, interdum ab eo se retrahere; modo plus justo, modo non amplius assumere; bis die potius, quam semel cibum capere, et semper quam plurimum, dummodo hunc concoquat. Sed ut hujus generis exercitationes cibique necessarii sunt; sic athletici supervacui. Nam et intermissus propter civiles aliquas necessitates ordo exercitationis corpus affligit; et ea corpora, quæ more eorum repleta sunt, celerrime et senescunt, et ægrotant. Concubitus vero neque nimis concupiscendus, neque nimis pertimescendus est: rarus, corpus excitat; frequens, solvit. Cum autem frequens, non numero sit, sed natura, ratione ætatis et corporis, scire licet, eum non inutilem esse, quem corporis neque languor, neque dolor sequitur. Idem interdiu pejor est, noctu tutior: ita tamen, si neque illum cibus, neque hunc cum vigilia labor statim sequitur. Hæc firmis servanda sunt; cavendumque, ne in secunda valetudine adversæ præsidia consumantur.

II. At imbecillis (quo in numero magna pars urbano-

il y a nécessité de s'observer davantage. Il faut qu'elles regagnent à force de soins ce que la faiblesse de leur constitution, la nature de leurs études ou l'insalubrité de leur séjour leur a fait perdre. Ainsi donc si la digestion s'est faite régulièrement, on pourra se lever matin; si elle n'a pas été complète, il faudra donner plus de temps au sommeil, et même si l'on est obligé de sortir trop tôt du lit, se recoucher plus tard. Mais si la digestion ne se fait pas du tout, on devra garder un repos absolu, et laisser en suspens le travail, l'exercice, et les affaires. Lorsqu'on a des éructations sans douleur à l'épigastre, il faut de temps en temps boire un peu d'eau froide et ne point s'agiter. La maison qu'on occupe doit être bien éclairée, recevoir un vent frais en été, et le soleil en hiver. On ne s'exposera point à la chaleur du midi, à la fraîcheur du matin et du soir, non plus qu'aux émanations des rivières et des étangs. Par un temps incertain, mêlé de nuages et de soleil, on évitera de sortir, de peur de ressentir les doubles effets de la chaleur et du froid, d'où naissent presque toujours les rhumes et les fluxions. C'est surtout dans les lieux malsains, où règnent souvent des épidémies, que ces préceptes sont d'une obligation rigoureuse. Il n'est pas inutile de savoir que si l'on rend tous les matins des urines aqueuses, puis des urines rougeâtres, il y a là l'indice d'une bonne santé. Les premières annoncent le travail actuel de la digestion, et les secondes que ce travail est terminé. Lorsqu'on est réveillé, on doit rester encore quelque temps au lit, puis (à moins qu'on ne soit en hiver) se bien laver la bouche avec de l'eau froide. Quand les jours se rallongent, si l'on ne fait pas la méridienne avant les repas, ce qui est préférable, il faut au moins la faire après. Toutes les nuits d'hiver appartiennent au sommeil; mais si l'on est forcé de donner ses veilles au travail, au lieu de s'y livrer après avoir mangé, on doit attendre que la digestion soit faite. Celui que des devoirs civils ou privés retiennent tout le jour, aura soin cependant de réserver quelques instants au maintien de sa santé. L'exercice pris constamment avant le repas doit se placer en première ligne. Il sera plus actif si les occupations ont été modérées et les digestions faciles, et moins énergique s'il y a déjà de la fatigue, et si l'on n'a qu'imparfaitement digéré. Parmi les exercices salutaires, figurent la lecture à haute voix, les armes, la paume, la course et la promenade. Celle-ci présente plus d'avantages quand le terrain est accidenté que lorsqu'il est uni, parce qu'il en résulte une plus grande variété de mouvements; mais il faut toutefois que le sujet ne soit pas trop faible. Elle est aussi plus favorable en plein air que sous un portique, et au soleil qu'à l'ombre, si la tête peut le supporter. Il vaut mieux marcher à l'ombre des murs et du feuillage qu'à celle des toits, et se promener dans une seule direction que dans une route flexueuse. Le terme de l'exercice sera marqué généralement par la sueur, ou par un commencement de lassitude qui ne doit pas aller jusqu'à la fatigue. A cet égard, la mesure sera plus ou moins forte, et l'on n'a pas comme les athlètes à s'imposer une règle fixe, ou des efforts immodérés. L'exercice est utilement suivi, soit d'onctions faites au soleil ou devant le feu, soit d'un bain qu'il faut prendre dans une salle élevée, spacieuse, et bien éclairée. Sans qu'il soit nécessaire de toujours s'astreindre à ces précautions,

---

rum, omnesque pene cupidi litterarum sunt) observatio major necessaria est: ut quod vel corporis, vel loci, vel studii ratio detrahit, cura restituat. Ex his igitur, qui bene concoxit, mane tuto surget; qui parum, quiescere debet, et si mane surgendi necessitas fuerit, redormire: qui non concoxit, ex toto conquiescere, ac neque labori se, neque exercitationi, neque negotiis credere. Qui crudum sine præcordiorum dolore ructat, is ex intervallo aquam frigidam bibere, et se nihilominus continere. Habitare vero ædificio lucido, perflatum æstivum, hibernum solem habente; cavere meridianum solem, matutinum et vespertinum frigus; itemque auras fluminum atque stagnorum: minimeque, nubilo cœlo, soli aperienti se committere; ne modo frigus, modo calor moveat; quæ res maxime gravedines destillationesque concitat. Magis vero gravibus locis ista servanda sunt, in quibus etiam pestilentiam faciunt. Scire autem licet, integrum corpus esse, cum quotidie mane urina alba, dein rufa est: illud concoquere, hoc concoxisse significat. Ubi experrectus est aliquis, paulum intermittere: deinde, nisi hiems est, fovere os multa aqua frigida debet. Longis diebus meridiari potius ante cibum; sin minus, post eum: per hiemem potissimum totis noctibus conquiescere. Sin lucubrandum est, non post cibum id facere, sed post concoctionem. Quem interdiu vel domestica, vel civilia officia tenuerunt, huic tempus aliquod servandum curationi corporis sui est. Prima autem ejus curatio, exercitatio est, quæ semper antecedere cibum debet: in eo, qui minus laboravit, et bene concoxit, amplior; in eo, qui fatigatus est, et minus concoxit, remissior. Commode vero exercent, clara lectio, arma, pila, cursus, ambulatio; atque hæc non utique plana, commodior est; siquidem melius ascensus quoque et descensus, cum quadam varietate corpus moveat; nisi tamen id perquam imbecillum est. Melior autem est sub divo, quam in porticu; melior, si caput patitur, in sole, quam in umbra; melior in umbra, quam parietes aut viridia efficiunt, quam quæ tecto subest; melior recta, quam flexuosa. Exercitationis autem plerumque finis esse debet sudor, aut certe lassitudo quæ citra fatiginationem sit: idque ipsum, modo minus, modo magis faciendum est. Ne his quidem, athletarum exemplo, vel certa esse lex, vel immodicus labor debet. Exercitationem recte sequitur, modo unctio, vel in sole, vel ad ignem; modo balneum, sed conclavi quam maxime et alto et lucido et spatioso. Ex his vero neutrum semper fieri oportet; sed sæpius alterutrum, pro corporis natura. Post hæc paulum conquies-

on peut recourir à l'une ou à l'autre, selon la disposition du corps, et se reposer ensuite quelque temps. Relativement à l'alimentation, l'excès n'est jamais utile, et l'abstinence extrême est souvent nuisible. En cas d'intempérance, il vaut mieux qu'elle porte sur le boire que sur le manger. Le repas commencera de préférence par des salaisons, des légumes et autres aliments semblables, pour arriver à la viande, qui est toujours meilleure rôtie ou bouillie. Tous les assaisonnements sont nuisibles, par la double raison que leur saveur excite à manger davantage, et qu'à proportion égale ils sont plus rebelles à la digestion. Le dessert est supporté facilement par un bon estomac, mais il s'aigrit dans un estomac débile. Si donc on n'a pas une grande force pour digérer, c'est au commencement du repas qu'il faut manger les dattes, les pommes, et les autres fruits de même nature. Lorsqu'on a bu bien au delà de sa soif, il ne faut plus rien prendre; et dès qu'on est rassasié, on doit se tenir en repos. On facilite la digestion après avoir beaucoup mangé, en avalant un verre d'eau froide. On a soin de veiller encore quelque temps, puis le sommeil vient naturellement. Si l'on s'est gorgé d'aliments pendant la journée, il faudra se préserver de la chaleur, du froid et de la fatigue, dont la fâcheuse influence s'exerce plus facilement dans cet état de plénitude que dans l'état de vacuité. Si l'on croit avoir à supporter une longue abstinence, on devra dans ce cas éviter tout travail pénible.

III. Ces règles générales sont à peu près constantes; mais il y a des circonstances accidentelles, et d'autres relatives aux tempéraments, aux sexes (3), aux âges et aux saisons, qui réclament encore des soins particuliers. On doit redouter en effet le passage d'un lieu salubre à un lieu malsain, ou même le changement d'un endroit insalubre contre un meilleur. A l'entrée de l'hiver, il y a moins d'inconvénient à passer d'un milieu favorable dans un milieu contraire; mais c'est au commencement de l'été que devra se faire la transition inverse. Manger avec excès après une longue abstinence, est aussi nuisible que de remplacer l'extrême satiété par un jeûne extrême. Celui-là s'expose, qui, contrairement à son habitude, se livre sans mesure à la table une ou deux fois par jour. De même, sous peine de conséquences graves, on évitera de faire suivre un travail immodéré d'un repos immédiat, ou de passer brusquement de l'oisiveté à un travail excessif. Ainsi, lorsqu'on veut changer quelque chose à son genre de vie, il faut y procéder par degrés. Un enfant ou un vieillard supportera mieux une occupation quelconque que l'homme fait, sans habitude du travail. Comme cependant la nécessité peut en faire une loi, on voit par là ce qu'il y a de fâcheux dans une vie oisive. S'il arrive en effet qu'une personne inappliquée jusqu'alors soit obligée de travailler, elle devra s'endormir à jeun, de même que l'homme laborieux qui aurait dépassé sa mesure habituelle. Ce précepte est de rigueur, surtout si la bouche est amère, si la vue est trouble, ou s'il y a des désordres du côté du ventre. Et ce n'est pas assez de se coucher à jeun, il faut le lendemain encore garder le lit, à moins que le repos n'ait amené un prompt soulagement. Il convient dans ce cas de se lever et de faire une petite promenade à pas lents. Si la fatigue est trop modérée pour rendre le sommeil nécessaire, on se contentera de se promener un peu, comme je viens de le dire. Une règle applicable à tous ceux qui veulent prendre des aliments après s'être fati-

---

cere opus est. Ubi ad cibum ventum est, numquam utilis est nimia satietas; sæpe inutilis nimia abstinentia: si qua intemperantia subest, tutior est in potione, quam in esca. Cibus a salsamentis, oleribus, similibusque rebus melius incipit : tum caro assumenda est, quæ assa optima, aut elixa est. Condita omnia duabus de causis inutilia sunt; quoniam et plus propter dulcedinem assumitur, et quod modo par est, tamen ægrius concoquitur. Secunda mensa bono stomacho nihil nocet, in imbecillo coacescit. Si quis itaque hoc parum valet, palmulas, pomaque, et similia melius primo cibo assumit. Post multas potiones, quæ aliquantum sitim excesserunt, nihil edendum est : post satietatem, nihil agendum. Ubi expletus est aliquis, facilius concoquit, si quidquid assumpsit, potione aquæ frigidæ includit, tum pauliper invigilat, deinde bene dormit. Si quis interdiu se implevit, post cibum neque frigori, neque æstui, neque labori se debet committere : neque enim tam facile hæc inani corpore, quam repleto nocent. Si quibus de causis futura inedia est, labor omnis vitandus est.

III. Atque hæc quidem pene perpetua sunt. Quasdam autem observationes desiderant et novæ res, et corporum genera, [et sexus], et ætates, et tempora anni. Nam neque ex salubri loco in gravem, neque ex gravi in salubrem transitus satis tutus est. Ex salubri in gravem, prima hieme; ex gravi in eum, qui salubris est, prima æstate transire melius est. Neque vero ex multa fame nimia satietas; neque ex nimia satietate fames idonea est. Periclitaturque, et qui semel, et qui bis die cibum incontinenter, contra consuetudinem, assumit. Item, neque ex nimio labore subitum otium, neque ex nimio otio subitus labor, sine gravi noxa est. Ergo, cum quis mutare aliquid volet, paulatim debebit assuescere. Omnem etiam laborem facilius vel puer vel senex, quam insuetus homo sustinet. Atque ideo quoque nimis otiosa vita utilis non est; quia potest incidere laboris necessitas. Si quando tamen insuetus aliquis laboravit, aut si multo plus, quam solet, etiam is qui assuevit, huic jejuno dormiendum est : multo magis, si etiam os amarum est, vel oculi caligant, aut venter perturbatur. Tum enim non dormiendum tantummodo jejuno est, sed etiam in posterum diem permanendum; nisi cito id quies sustulit. Quod si factum est, surgere oportet, et lente paulum ambulare. At si somni necessitas non fuit, quia modice magis aliquis laboravit, tamen ingredi aliquid eodem modo de-

gués, c'est de marcher d'abord quelque temps ; puis, s'ils n'ont pas de bain à leur disposition, de recourir aux onctions dans un endroit chaud, en les faisant au soleil ou devant le feu, jusqu'à provoquer la sueur. S'il leur est possible de se baigner, ils s'arrêteront avant tout dans le *tepidarium*, et après quelques instants de repos entreront au bain. Ils en sortiront pour se faire pratiquer des onctions huileuses et des frictions légères, et s'y mettront de nouveau. Enfin, comme dernier soin, ils devront se rincer la bouche avec de l'eau tiède, puis avec de l'eau froide. Le bain trop chaud leur serait contraire. Si, par suite d'une lassitude trop grande, il se déclare un léger mouvement de fièvre, il conviendra de prendre, dans un endroit où règne une bonne température, un demi-bain d'eau chaude, à laquelle il faut ajouter un peu d'huile. Il est utile ensuite de frictionner doucement toutes les parties du corps, et de préférence celles qui se trouvaient dans l'eau, avec un mélange d'huile, de vin, et de sel pulvérisé. Ces précautions observées, il est permis à ceux qui ont ressenti de la fatigue de songer à l'alimentation ; mais elle doit être humectante. Ils se contenteront d'eau pure, ou de boissons très-affaiblies, et favorables surtout à l'écoulement des urines. Il ne faut pas ignorer qu'il est très-pernicieux de boire froid après un travail qui a excité la sueur ; et lors même que la sueur est passée, cela est au moins inutile à ceux qui ont à se reposer d'une longue route. Aux yeux d'Asclépiade, les boissons froides sont dangereuses, même au sortir du bain. Cela est vrai sans doute pour les personnes dont le ventre se dérange facilement et d'une manière sérieuse, et pour celles qui sont très-sujettes aux frissons ; mais cela n'est pas vrai pour tout le monde, et rien n'est plus naturel que de calmer la chaleur de l'estomac par une boisson rafraîchissante. Je reconnais toutefois que si l'on est encore en sueur à la suite du bain, il faut éviter de boire froid. Lorsqu'on a pris différentes sortes de mets, et qu'on a bu beaucoup de vin étendu d'eau, il y a souvent de l'avantage à se faire vomir, à se reposer longtemps le lendemain, et à prendre ensuite un exercice modéré. Si l'on ne peut se soustraire à une fatigue prolongée, il faudra boire alternativement de l'eau et du vin, et ne se baigner que rarement. Le changement d'occupations rend aussi la lassitude moins grande ; et tel qui fléchit sous un travail inaccoutumé, se délasse en reprenant celui dont il a l'habitude. Quand on a besoin de repos, le lit de chaque jour est le meilleur ; et dur ou moelleux, tout autre que celui-là fatigue. Si l'on ne supporte la marche qu'avec peine, il y a des soins particuliers à prendre. Les frictions, par exemple, faites pendant la route à de fréquents intervalles, renouvellent les forces. La marche terminée, il faut d'abord s'asseoir, passer ensuite aux onctions, puis aux fomentations dans un bain d'eau chaude, en agissant principalement sur les parties inférieures (4). On doit, lorsqu'on a souffert de l'ardeur du soleil, se rendre immédiatement aux bains, et se faire arroser d'huile la tête et le corps ; se mettre ensuite dans un bain très-chaud, et là faire diriger sur la tête des affusions chaudes, auxquelles succéderont les affusions froides. A-t-on au contraire subi l'influence du froid, il faut s'asseoir bien enveloppé dans le *tepidarium*, jusqu'à ce que la sueur se déclare, recourir aux onctions, et se baigner. On

---

bet. Communia deinde omnibus sunt post fatigationem cibum sumpturis, ubi paulum ambulaverunt, si balneum non est, calido loco, vel in sole, vel ad ignem ungi, atque sudare ; si est, ante omnia in tepidario sedere ; deinde, ubi paulum conquieverunt, intrare et descendere in solium ; tum multo oleo ungi, leniterque perfricari ; iterum in solium descendere : post hæc, os aqua calida fovere, deinde frigida. Balneum his fervens idoneum non est. Ergo si nimium alicui fatigato pene febris est, huic abunde est, loco tepido demittere se inguinibus tenus in aquam calidam, cui paulum olei sit adjectum : deinde totum quidem corpus, maxime tamen eas partes, quæ in aqua fuerunt, leniter perfricare ex oleo, cui vinum et paulum contriti salis sit adjectum. Post hæc, omnibus fatigatis aptum est cibum sumere, eoque humido uti ; aqua, vel certe diluta potione esse contentos ; maximeque ea, quæ moveat urinam. Illud quoque nosse oportet, quod ex labore sudanti frigida potio perniciosissima est ; atque etiam, cum sudor se remisit, itinere fatigatis inutilis. A balneo quoque venientibus Asclepiades inutilem eam judicavit : quod in iis verum est, quibus alvus facile, nec tuto, resolvitur, quique facile, inhorrescunt ; perpetuum in omnibus non est, cum potius naturale sit, potione æstuantem stomachum refrigerari. Quod ita præcipio, ut tamen fatear, ne ex hac quidem causa sudanti adhuc frigidum bibendum esse. Solet etiam prodesse, post varium cibum, frequentesque dilutas potiones, vomitus, et postero die longa quies, deinde modica exercitatio. Si assidua fatigatio urget, invicem modo aqua, modo vinum bibendum est, raroque balneo utendum. Levatque lassitudinem etiam laboris mutatio : eumque, quem novum genus laboris pressit, id quod in consuetudine est, reficit. Fatigato quotidianum cubile tutissimum est. Lassat enim quod contra consuetudinem seu molle, seu durum est. Proprie quædam ad eum pertinent, qui ambulando fatigatur. Hunc reficit in ipso quoque itinere frequens frictio ; post iter, primum sedile, deinde unctio : tum calida aqua in balneo magis inferiores partes, quam superiores foveat. Si quis vero exustus in sole est, huic in balneum protinus eundum, perfundendumque oleo corpus et caput ; deinde in solium bene calidum descendendum est ; tum multa aqua per caput infundenda, prius calida, deinde frigida. At ei, qui perfrixit, opus est in balneo primum involuto sedere, donec insudet ; tum ungi ; deinde lavari : cibum modicum, potiones meracas assumere. Is vero qui navigavit, et nausea pressus est, si multam bilem evomuit, vel abstinere cibo debet,

prendra peu d'aliments, et l'on boira du vin pur. Celui qui pendant une navigation a été tourmenté de nausées devra, s'il a vomi beaucoup de bile, observer la diète, ou du moins très-peu manger; si c'est de la pituite acide qu'il a rendu, il pourra se nourrir, il est vrai, mais plus légèrement que de coutume. Si les nausées n'ont pas été suivies de vomissements, il gardera l'abstinence, ou se fera vomir après le repas. Quand on est resté tout le jour en litière, ou assis au spectacle, il ne faut pas se mettre à courir, mais se promener doucement. Il est convenable aussi de prolonger la durée du bain, et de se contenter d'un souper modeste. Si la chaleur du bain incommode, on se trouvera bien de conserver dans la bouche un peu de vinaigre, ou à son défaut de l'eau froide.

On doit s'attacher avant tout à bien connaître son tempérament. Les uns ont pour caractère la maigreur, et les autres l'embonpoint. Il y a des tempéraments chauds, il en est de froids, il y en a de secs et d'humides. Le ventre trop relâché chez les uns est resserré chez les autres, et presque toujours enfin il existe un côté faible. Il faut au sujet maigre un régime très-nourrissant, à celui qui est gras, une nourriture atténuante. Selon le tempérament, il y a lieu de rafraîchir ou de donner de la chaleur, ou encore de faire prévaloir le sec ou l'humide; de même que, selon l'état du ventre, on aura pour but de le tenir libre ou resserré. L'indication constante est de porter secours à la partie la plus faible.

Peu d'exercice et beaucoup de repos, l'usage des onctions et le bain après déjeuner, le resserrement du ventre, le froid peu rigoureux en hiver, un sommeil complet sans être excessif, un bon lit et la tranquillité d'esprit; en fait d'aliments et de boissons, des substances douces et grasses, des repas rapprochés et aussi abondants que l'estomac peut les supporter; telles sont les conditions qui favorisent l'embonpoint. Celles qui font maigrir sont l'immersion dans l'eau chaude, surtout si elle est salée; le bain pris à jeun, l'ardeur du soleil ou toute autre chaleur, les veilles, les soucis, l'insuffisance ou l'excès du sommeil, l'habitude de coucher sur la terre en été, ou d'avoir un lit dur en hiver; la course, les marches forcées et tout exercice violent, les selles, les vomissements, les substances acides et astringentes, l'usage enfin de ne faire qu'un repas par jour et de boire, à jeun du vin qui ne soit pas assez froid.

Puisque parmi les causes d'amaigrissement j'ai signalé le vomissement et les évacuations alvines, il est bon de s'expliquer à ce sujet. Je sais qu'Asclépiade, dans son traité sur l'art de conserver la santé, défend expressément de provoquer le vomissement; et je ne le blâme point de s'être élevé contre une coutume employée chaque jour, dans le but de satisfaire une grossière intempérance. Mais il va plus loin, et dans le même ouvrage il proscrit les purgations. Ces deux sortes d'évacuations sont nuisibles sans doute quand elles sont dues à des médicaments trop actifs, mais il ne suit pas de là qu'il faille y renoncer toujours; car, suivant les saisons et les tempéraments, il peut se présenter des circonstances qui les rendent nécessaires, en ayant soin toutefois de ne les solliciter qu'avec mesure, et seulement lorsque l'indication est pressante. Asclépiade d'ailleurs, reconnaît lui-même qu'il faut expulser les matières corrompues : donc on ne peut condamner

---

vel paulum aliquid assumere : si pituitam acidam effudit, utique sumere cibum, sed assueto leviorem : si sine vomitu nausea fuit, vel abstinere, vel post cibum vomere. Qui vero toto die, vel in vehiculo, vel in spectaculis sedit, huic nihil currendum, sed lente ambulandum est : lenta quoque in balneo mora, dein cœna exigua prodesse consueverunt. Si quis in balneo æstuat, reficit hunc ore exceptum, et in eo retentum acetum : si id non est, eodem modo frigida aqua assumpta.

Ante omnia autem norit quisque naturam sui corporis : quoniam alii graciles, alii obesi sunt; alii calidi, alii frigidiores; alii humidi, alii sicci; alios adstricta, alios resoluta alvus exercet : raro quisquam non aliquam partem corporis imbecillam habet. Tenuis vero homo implere se debet, plenus extenuare, calidus refrigerare, frigidus calefacere, madens siccare, siccus madefacere : itemque alvum firmare is, cui fusa ; solvere is, cui adstricta est : succurrendumque semper parti maxime laboranti est.

Implet autem corpus modica exercitatio, frequentior quies, unctio, et si post prandium est, balneum, contracta alvus, modicum frigus hieme, somnus et plenus et non nimis longus, molle cubile, animi securitas, assumpta per cibos et potiones maxime dulcia et pinguia, cibus et frequentior et quantus plenissimus potest concoqui. Extenuat contra aqua calida, si quis in eam descendit, magisque si salsa est; in jejuno balneum, inurens sol et omnis calor, cura, vigilia, somnus nimium vel brevis vel longus; lectus, per æstatem, terra; hieme, durum cubile : cursus, multa ambulatio omnisque vehemens exercitatio, vomitus, dejectio, acidæ res et austeræ, et semel die assumptæ, et vini non perfrigidi potio jejuno in consuetudinem adducta.

Cum vero inter extenuantia posuerim vomitum et dejectionem, de his quoque propria quædam dicenda sunt. Ejectum esse ab Asclepiade vomitum in eo volumine, quod de tuenda sanitate composuit, video : neque reprehendo, si offensus eorum est consuetudine, qui quotidie ejiciendo, vorandi facultatem moliuntur. Paulo etiam longius processit : idem purgationes quoque eodem volumine expulit. Et sunt eæ perniciosæ, si nimis valentibus medicamentis fiunt. Sed hæc tamen submovenda esse, non est perpetuum ; quia corporum temporumque ratio potest ea facere necessaria, dum et modo, et non nisi cum opus est, adhibeantur. Ergo ille quoque ipse, si quid jam corruptum esset, expelli debere confessus est :

d'une manière absolue l'usage des vomitifs et des purgatifs, mais on doit saisir avec discernement les occasions nombreuses où ces moyens sont utiles. Le vomissement est plus avantageux l'hiver que l'été, parce qu'alors il y a plus de pituite et plus de pesanteurs de tête. Il est nuisible aux personnes maigres et qui ont l'estomac faible ; mais il convient à tous les gens replets et bilieux, soit qu'ils aient trop mangé, soit qu'ils aient eu de mauvaises digestions. Si l'on a pris en effet plus d'aliments qu'on n'en peut digérer, il serait dangereux de les laisser se corrompre ; et s'ils sont corrompus déjà, rien de plus simple que de les rejeter par la voie la plus prompte. En conséquence, dès qu'on a des rapports amers, accompagnés de douleur et de pesanteur à l'épigastre, il faut de suite recourir au vomissement. Il réussit également à ceux qui ont de la chaleur à la poitrine avec expectoration fréquente, ou qui sont tourmentés de nausées : on en obtient encore de bons effets quand on a des tintements d'oreille, les yeux larmoyants ou la bouche amère ; quand on change d'air ou de lieu, ou qu'après avoir été plusieurs jours sans vomir, on ressent de la douleur dans la région de l'estomac. Je n'ignore pas que l'emploi des vomitifs exige du repos, que ne peuvent se donner ceux qui ont des occupations forcées ; et je sais aussi que le repos n'a pas la même action sur tout le monde. J'avouerai dès lors qu'on ne doit jamais provoquer le vomissement pour se livrer à son intempérance ; mais je crois, au nom de l'expérience, qu'il est quelquefois utile d'en venir là pour le maintien de la santé. Si pourtant on est jaloux de se bien porter et de connaître la vieillesse, on évitera de s'en faire une habitude journalière. Si l'on veut vomir après le repas et qu'on n'ait pas besoin de grands efforts, un peu d'eau tiède suffira : si l'on a plus de peine à se débarrasser, on ajoutera un peu de sel ou de miel à l'eau tiède. Se propose-t-on de vomir le matin, on commencera par boire de l'hydromel (5) ou de l'hysope, ou bien on mangera du raifort ; puis on fera usage de l'eau tiède, comme il est dit plus haut. Tous les autres moyens recommandés par les anciens médecins sont contraires à l'estomac. Après le vomissement, si l'on ressent quelque faiblesse, on pourra prendre en petite quantité des aliments qui répondent à l'état de l'estomac, et boire en outre trois verres d'eau froide, à moins que les matières vomies n'aient trop irrité la gorge. Lorsqu'on a sollicité cette évacuation dès le matin, on doit se promener dans le jour, faire des onctions, et dîner ensuite : mais si elle n'a eu lieu qu'après le repas du soir, il convient de se baigner le lendemain pour appeler la sueur. Le repas qui succède à cette secousse doit être fort restreint, et composé de pain de la veille, de vin pur et astringent, de viande rôtie, ou de tous autres aliments très-secs. Si l'on croit utile d'exciter le vomissement deux fois par mois, il vaut mieux y recourir deux jours de suite, que de laisser entre chaque fois quinze jours d'intervalle, à moins que la distance ne parût ensuite trop longue, dans le cas où la poitrine s'embarrasserait de nouveau. Il faut de même employer les purgatifs dès que la constipation occasionne des flatuosités, des vertiges, des maux de tête, et du malaise dans les parties supérieures. Quel secours, en effet, attendre alors du repos et de la diète, qui favorisent précisément cet état du ventre ? Pour se purger, il faut choisir d'abord des vins et des aliments doués de pro-

---

ita non ex toto res condemnanda est. Sed esse ejus etiam plures causæ possunt ; estque in ea quædam paulo subtilior observatio adhibenda. Vomitus utilior est hieme, quam æstate : nam tum et pituitæ plus, et capitis gravitas major subest. Inutilis est gracilibus, et imbecillum stomachum habentibus : utilis plenis et biliosis omnibus, si vel nimium se repleverunt, vel parum concoxerunt. Nam, sive plus est, quam quod concoqui possit, periclitari ne corrumpatur, non oportet : si vero corruptum est, nihil commodius est, quam id, qua via primum expelli potest, ejicere. Itaque, ubi amari ructus cum dolore et gravitate præcordiorum sunt, ad hunc protinus confugiendum est. Idem prodest ei, cui pectus æstuat, et frequens saliva, vel nausea est ; aut sonant aures, aut madent oculi, aut os amarum est : similiterque ii, qui vel cœlum, vel locum mutat ; iisque, quibus, si per plures dies non vomuerunt, dolor præcordia infestat. Neque ignoro, inter hæc præcipi quietem : quæ non semper contingere potest agendi necessitatem habentibus ; nec in omnibus idem facit. Itaque istud luxuriæ causa fieri non oportere confiteor ; interdum valetudinis causa recte fieri, experimentis credo : cum eo tamen, ne quis qui valere et senescere vo- let, hoc quotidianum habeat. Qui vomere post cibum volet, si ex facili facit, aquam tantum tepidam ante debet assumere ; si difficilius, aquæ vel salis, vel mellis paulum adjicere. At qui mane vomiturus est, ante bibere mulsum, vel hyssopum, aut esse radiculam debet ; deinde aquam tepidam, ut supra scriptum est, bibere. Cetera quæ antiqui medici præceperunt, stomachum omnia infestant. Post vomitum, si stomachus infirmus est, paulum cibi, sed hujus idonei, gustandum, et aquæ frigidæ cyathi tres bibendi sunt ; nisi tamen vomitus auces exasperavit. Qui vomuit, si mane id fecit, ambulare debet, tum ungi, deinde cœnare : si post cœnam, postero die lavari, et in balneo sudare. Huic proximus cibus mediocris utilior est ; isque esse debet cum pane hesterno, vino austero meraco, et carne assa, cibisque omnibus quam siccissimis. Qui vomere bis in mense vult, melius consulet, si biduo continuarit, quam si post quintumdecimum diem vomuerit ; nisi hæc mora gravitatem pectori faciet. Dejectio autem medicamento quoque petenda est, ubi venter suppressus parum reddit, et eoque inflationes, caligines, capitis dolores, aliaque superioris partis mala increscunt. Quid enim inter hæc adjuvare possunt quies et

priétés laxatives; mais si leur action est insuffisante, on se servira d'aloès. Nécessaires de temps à autre, les purgations deviennent dangereuses quand elles sont trop répétées. Elles finissent par détourner la nourriture du corps; et la faiblesse qu'elles entraînent le rendent bien plus accessible aux atteintes des maladies. Les choses qui échauffent sont les onctions, l'eau salée surtout quand elle est chaude, toutes les salaisons, les amers, les substances charnues, l'usage du bain après le repas, et le vin astringent. Celles qui rafraîchissent sont les bains pris à jeun, le sommeil quand il est modéré, tous les acides, l'eau très-froide, et l'huile mêlée à l'eau. Un travail plus fort que de coutume, des bains répétés, une nourriture rendue plus substantielle, des boissons abondantes, ensuite la promenade et la veille, telles sont les conditions propres à humecter le corps. La marche, par elle-même, agit d'une manière semblable quand elle est prolongée et rapide, ainsi que l'exercice du matin, pourvu que l'on ne mange pas aussitôt après. On peut considérer encore comme humectants, tous les aliments qui viennent de lieux froids, pluvieux, et souvent arrosés. Au contraire, un exercice modéré, l'abstinence, les onctions sèches, la chaleur en général ou celle d'un soleil tempéré, l'eau froide, les repas succédant immédiatement à l'exercice, et les aliments tirés de lieux secs et chauds, servent à chasser l'humidité du corps.

Le travail, l'habitude de rester assis, l'application d'argile sur le corps, une nourriture restreinte à un repas par jour au lieu de deux, si tel était l'usage, la petite quantité de boisson qu'on prend lorsqu'on a fini de manger, et le repos après l'alimentation, contribuent au resserrement du ventre. Il devient libre sous l'influence d'une marche forcée, d'une nourriture plus substantielle, de boissons plus abondantes, prises en même temps que les aliments, et de l'exercice fait après le repas. On ne doit pas ignorer non plus que le vomissement peut supprimer la liberté du ventre quand il est relâché, ou la favoriser lorsqu'il est resserré. Le premier effet sera produit, si l'on vomit aussitôt après avoir mangé, et l'effet contraire, si le vomissement survient plus tard.

Relativement aux âges, on supporte très-bien l'abstinence au milieu de la vie, avec moins de facilité dans la jeunesse, et beaucoup moins encore dans l'enfance ou la vieillesse. On prendra des aliments d'autant plus souvent qu'on souffrira davantage de leur privation, et cela devient surtout nécessaire pendant la croissance. Les bains chauds conviennent aux enfants et aux vieillards; les premiers devront boire leur vin très-affaibli, et les seconds le prendront plus pur; mais les uns et les autres éviteront les vins qui donnent des flatuosités. Quant aux jeunes gens, ils ont moins à s'occuper de la qualité et de la quantité de leur nourriture. La plupart de ceux qui ont eu le ventre libre dans la jeunesse deviennent, en vieillissant, sujets à la constipation; et réciproquement ceux qui l'avaient resserré arrivent ensuite à l'état de relâchement. Mais il est préférable que les évacuations alvines soient faciles chez le jeune homme, et plus rares chez le vieillard.

Il faut encore avoir égard aux saisons de l'année. On doit en hiver se nourrir davantage et moins boire; mais aussi, boire son vin plus pur. Il convient de manger beaucoup de pain, de la viande bouillie de préférence, et peu de légumes.

---

inedia, per quæ illa maxime eveniunt? Qui dejicere volet, primum cibis vinisque utatur iis, quæ hoc præstant; dein, si parum illa proficient, aloen sumat. Sed purgationes quoque, ut interdum necessariæ sunt, sic, ubi frequentes sunt, periculum afferunt. Assuescit enim non ali corpus; cum omnibus morbis obnoxia maxime infirmitas sit. Calefacit autem unctio, aqua salsa, magisque si calida est, omnia salsa, amara, carnosa, si post cibum est, balneum, vinum austerum. Refrigerant in jejuno, et balneum, et somnus, nisi nimis longus est, et omnia acida; aqua quam frigidissima; oleum, si aqua misceatur. Humidum autem corpus efficit labor major, quam ex consuetudine, frequens balneum, cibus plenior, multa potio; post hæc ambulatio, et vigilia : per se quoque ambulatio multa et vehemens, et matutinæ exercitationi non protinus cibus adjectus : ea genera escæ, quæ veniunt ex locis frigidis, et pluviis, et irriguis. Contra siccat modica exercitatio, fames, unctio sine aqua, calor, sol modicus, frigida aqua, cibus exercitationi statim subjectus, et is ipse ex siccis et æstuosis locis veniens.

Alvum adstringit labor, sedile, creta figularis corpori illita, cibus imminutus, et is ipse semel die assumptus ab eo, qui bis solet; exigua potio, neque adhibita, nisi cum cibi quis assumpturus est, cepit; post cibum quies. Contra solvit aucta ambulatio atque esca, motus qui post cibum est, subinde potiones cibo immistæ. Illud quoque scire oportet, quod ventrem vomitus solutum comprimit, compressum solvit : itemque comprimit is vomitus, qui statim post cibum est; solvit is, qui tarde supervenit.

Quod ad ætates vero pertinet, inediam facillime sustinent mediæ ætates, minus juvenes, minime pueri et senectute confecti. Quo minus fert facile quisque, eo sæpius debet cibum assumere; maximeque eo eget, qui increscit. Calida lavatio et pueris et senibus apta est. Vinum dilutius pueris, senibus meracius, neutri ætati, quæ inflationes movent. Juvenum minus, quæ assumant, et quomodo curentur, interest. Quibus juvenibus fluxit alvus, plerumque in senectute contrahitur : quibus in adolescentia fuit adstricta, sæpe in senectute solvitur. Melior est autem in juvene fusior, in sene adstrictior.

Tempus quoque anni considerare oportet. Hieme plus esse convenit; minus, sed meracius bibere; multo pane

Un seul repas par jour suffira, à moins toutefois, que le ventre ne fasse pas ses fonctions. Si l'on déjeune, que ce soit avec des aliments secs et en petite quantité, sans prendre de viande et sans boire. Tout ce que l'on mange à cette époque de l'année doit être chaud, ou de nature à développer de la chaleur. Les plaisirs de Vénus présentent alors moins de danger. Au printemps, il faut diminuer les aliments et boire davantage; mais les boissons seront plus affaiblies. La viande et les légumes deviendront d'un usage plus fréquent, et l'on passera par degrés des viandes bouillies à celles qui sont rôties. C'est le temps où l'amour est le plus favorable. En été le corps a plus souvent besoin de nourriture et de boissons, et l'on fait bien alors de déjeuner. La viande et les légumes conviennent dans ce cas parfaitement; et quant aux vins, ils doivent être assez étendus d'eau pour apaiser la soif sans exciter de chaleur. Les bains froids, la viande rôtie, les aliments froids ou qui rafraîchissent, sont de même indiqués. Il faut à cette époque manger d'autant moins à la fois, qu'il est nécessaire d'y revenir plus souvent. L'automne, en raison des vicissitudes de l'air, expose à de grands dangers; aussi ne doit-on jamais sortir que vêtu et chaussé, principalement les jours où le temps s'est refroidi. Il ne faut pas non plus passer la nuit dehors; ou dans ce cas être bien couvert. On peut commencer dès lors à se nourrir davantage; on boira moins de vin, mais on ne sera pas tenu de l'affaiblir autant. On a prétendu que les fruits étaient nuisibles, parce qu'en général on en mange immodérément tout le jour, sans rien retrancher de sa nourriture ordinaire; mais ce ne sont pas les fruits, c'est l'excès en tout qui fait mal, et même il y a moins d'inconvénients à abuser des fruits que des autres aliments. Ce n'est pas une raison cependant pour se livrer plutôt à cet abus qu'à tout autre; et si cela arrive, il faut diminuer alors le repas habituel. En été, comme en automne, les plaisirs de Vénus sont contraires. Ils sont moins à craindre, il est vrai, dans cette dernière saison; mais il faudrait pouvoir s'en abstenir entièrement pendant l'été.

IV. J'arrive à parler maintenant de ceux chez lesquels il y a faiblesse de certaines parties du corps. S'il s'agit de la tête, on doit dès le matin, lorsque la digestion est bien faite, se la frotter doucement avec les mains; autant que possible la tenir découverte, la raser jusqu'à la peau; éviter l'influence de la lune, surtout avant sa conjonction avec le soleil, et ne jamais se promener après les repas (6). Si l'on porte ses cheveux, il faut les peigner tous les jours. Il convient de marcher beaucoup; mais s'il se peut, pas plus dans un lieu couvert qu'au soleil, dont l'ardeur serait nuisible, principalement après avoir bu et mangé. Les onctions, qu'il vaut mieux employer que les bains, pourront se faire quelquefois à la chaleur d'un brasier, mais jamais à celle de la flamme. Si l'on se rend aux bains, on doit s'arrêter dans le *tepidarium* sans quitter ses vêtements, jusqu'à ce qu'une légère transpiration s'établisse; se soumettre ensuite aux onctions et passer dans le *calidarium*. Mais une fois en sueur, au lieu de descendre dans la cuve, il faut faire diriger sur tout le corps, en commençant par la tête, d'abondantes affusions, qui seront successivement chaudes, tièdes et froides. La tête sera plus longtemps arrosée d'eau froide que les autres parties du corps; on la frictionnera quelque temps;

---

uti, carne potius elixa, modice oleribus; semel die cibum capere, nisi si nimis venter adstrictus est. Si prandet aliquis, utilius est exiguum aliquid, et ipsum siccum sine carne, sine potione sumere. Eo tempore anni calidis omnibus potius utendum est, vel calorem moventibus. Venus tum non æque perniciosa est. At vere paulum cibo demendum, adjiciendumque potioni, sed dilutius tamen bibendum est; magis carne utendum, magis oleribus; transeundum paulatim ad assa ab elixis. Venus eo tempore anni tutissima est. Æstate vero et potione et cibo sæpius corpus eget; ideo prandere quoque commodum est. Eo tempore aptissima sunt et caro et olus; potio quam dilutissima, ut et sitim tollat, nec corpus incendat; frigida lavatio, caro assa, frigidi cibi, vel qui refrigerent. Ut sæpius autem cibo utendum, sic exiguo est. Per autumnum vero, propter cœli varietatem, periculum maximum est; itaque neque sine veste, neque sine calceamentis prodire oportet, præcipueque diebus frigidioribus, neque sub divo nocte dormire, aut certe bene operiri. Cibo vero jam paulo pleniore uti licet, minus, sed meracius bibere. Poma nocere quidam putant, quæ immodice toto die plerumque sic assumuntur, ne quid ex densiore cibo remittatur: ita non hæc, sed consummatio omnium nocet. Ex quibus in nullo tamen minus, quam in his noxæ est. Sed his uti non sæpius, quam alio cibo convenit. Denique aliquis densiori cibo, cum hic accedit, necessarium est demi. Neque æstate vero, neque autumno utilis venus est: tolerabilior tamen per autumnum; æstate in totum, si fieri potest, abstinendum est.

IV. Proximum est, ut de iis dicam, qui partes aliquas corporis imbecillas habent. Cui caput infirmum est, is si bene concoxit, leniter perfricare id mane manibus suis debet; numquam id, si fieri potest, veste velare; ad cutem tonderi; [utileque lunam vitare, maximeque ante ipsius lunæ solisque concursum;] sed nusquam post cibum. Si cui capilli sunt, eos quotidie pectere; multum ambulare, sed, si licet, neque sub tecto, neque in sole; utique autem vitare solis ardorem, maximeque post cibum et vinum; potius ungi, quam lavari; numquam ad flammam ungi, interdum ad prunam. Si in balneum venit, sub veste primum paulum in tepidario insudare, ibi ungi, tum transire in calidarium; ubi sudarit, in solium non descendere, sed multa calida aqua per caput se totum perfundere, tum tepida, deinde frigida; diutiusque ea caput, quam ceteras partes perfundere; deinde per aliquandiu perfricare; novissime detergere et ungere.

puis après l'avoir essuyée, on renouvellera les onctions. Rien ne fait tant de bien à la tête que l'eau froide; aussi, pour remédier à sa faiblesse, il faut pendant l'été l'exposer chaque jour un certain temps à la chute d'un large courant d'eau. On doit toujours, lors même qu'on a fait usage des onctions sans se baigner, et que le corps supporterait mal un refroidissement, se faire néanmoins arroser la tête d'eau froide. Pour qu'elle ne puisse en descendant le long du cou mouiller le reste du corps, on aura soin de se pencher en avant et même de la ramener vers la tête avec les mains, dans le but de protéger les yeux et les parties voisines. Il est convenable, en pareil cas, de se contenter d'une nourriture succincte et de facile digestion. Si l'on éprouve des maux de tête avant d'avoir rien pris, on pourra manger dans le milieu de la journée; autrement il vaut mieux se borner à un seul repas. Comme boisson habituelle, il faut préférer le vin léger étendu d'eau à l'eau pure, afin de tenir ce dernier moyen en réserve, si la pesanteur de tête augmente. Il n'y a donc pas lieu de faire exclusivement usage de vin ou d'eau; mais, pour qu'ils produisent de bons effets, on doit s'en servir alternativement. Il est hors de propos après dîner de lire, d'écrire, ou de parler à haute voix. La méditation est également contraire; mais ce qui serait le plus nuisible, c'est le vomissement.

V. L'usage de l'eau froide n'est pas seulement utile à ceux dont la tête est faible, il convient encore aux individus affectés d'ophthalmies continuelles, ou fréquemment atteints de rhumes, de maux de gorge ou de fluxions. Et il ne suffit pas d'employer l'eau froide à se laver la tête, il faut s'en rincer la bouche, et y revenir souvent.

Tous ceux à qui ce moyen est utile doivent y recourir, surtout quand les vents du midi ont rendu l'air plus malsain. En général, toute contention ou travail d'esprit est préjudiciable après les repas; mais cela devient plus contraire encore lorsqu'on est sujet aux maux de tête, à des douleurs de la trachée ou de quelque autre partie de la gorge. Les personnes chez lesquelles cette disposition existe pourront éviter les fluxions et les rhumes, en changeant le moins possible d'eau et de lieu, en se couvrant la tête pour la préserver de l'ardeur du soleil ou d'un froid subit si le ciel s'obscurcit tout à coup, en se rasant la tête à jeun et quand la digestion est bien faite; et enfin, en s'abstenant de lire et d'écrire après les repas.

VI. S'il y a trop grande liberté du ventre, il faut exercer les parties supérieures en jouant à la paume ou à quelque autre jeu de même nature; se promener à jeun, éviter le soleil, se baigner continuellement, faire usage des onctions sans aller jusqu'à la sueur, ne point trop varier ses aliments, s'abstenir de ceux qui sont trop succulents, ainsi que des légumes et des herbages, qui ne font que passer dans l'estomac; et préférer enfin les substances qui exigent une longue digestion. Les plus convenables sont le gibier, les poissons dont la chair est ferme, et la viande rôtie des animaux domestiques. Au lieu de vin salé, doux ou léger, dont l'action serait nuisible, on doit se servir de vin astringent qui n'ait rien perdu de sa force et ne soit pas trop vieux. On ne boira d'hydromel que s'il est préparé avec du miel cuit; et si l'état du ventre le permet, on n'emploiera que les boissons froides. Si le repas du soir est mal supporté, il faudra se faire vomir aussitôt, et recommencer le

---

Capiti nihil æque prodest atque aqua frigida : itaque is, cui hoc infirmum est, per æstatem id bene largo canali quotidie debet aliquandiu subjicere. Semper autem, etiamsi sine balneo unctus est, neque totum corpus refrigerare sustinet, caput tamen aqua frigida perfundere. Sed cum ceteras partes attingi nolit, demittere id, ne ad cervices aqua descendat; eamque, ne quid oculis, aliisve partibus noceat, defluentem subinde manibus ad hoc regerere. Huic modicus cibus necessarius est, quem facile concoquat; isque, si jejuno caput læditur, assumendus etiam medio die est; si non læditur, semel potius. Bibere huic assidue vinum dilutum, lene, quam aquam magis expedit; ut, cum caput gravius esse cœperit, sit quo confugiat : eique ex toto neque vinum, neque aqua semper utilia sunt; medicamentum utrumque est, cum invicem assumitur. Scribere, legere, voce contendere, huic opus non est, utique post cœnam; post quam ne cogitatio quidem ei satis tuta est : maxime tamen vomitus alienus est.

V. Neque vero his solis, quos capitis imbecillitas torquet, usus aquæ frigidæ prodest; sed iis etiam, quos assiduæ lippitudines, gravedines, destillationes, tonsillæque male habent. His autem non caput tantum quotidie perfundendum, sed os quoque multa frigida aqua fovendum est; præcipueque omnibus, quibus hoc utile auxilium est,

eo utendum est, ubi gravius cœlum Austri reddiderunt. Cumque omnibus inutilis sit post cibum aut contentio, aut agitatio animi; tum iis præcipue, qui, vel capitis, vel arteriæ dolores habere consuerunt, vel quoslibet alios oris affectus. Vitari etiam gravedines, destillationesque possunt, si quam minime, qui his opportunus est, loca aquasque mutat; si caput in sole protegit, ne incendatur, neve subitum ex repentino nubilo frigus id moveat; si post concoctionem jejunus caput radit; si post cibum neque legit, neque scribit.

VI. Quem vero frequenter cita alvus exercet, huic opus est pila similibusque, superiores partes exercere; dum jejunus est, ambulare; vitare solem, continua balnea; ungi citra sudorem; non uti cibis variis, minimeque jurulentis, aut leguminibus, oleribusve iis, quæ celeriter descendunt; omnia denique sumere, quæ tarde concoquuntur. Venatio, duriqué pisces, et ex domesticis animalibus assa caro maxime juvant. Numquam vinum salsum bibere expedit, ne tenue quidem, aut dulce; sed austerum, et plenius, neque idipsum pervetus. Si mulso uti volet, id ex decocto melle faciendum est. Si frigidæ potiones ventrem ejus non turbant, his utendum potissimum est. Si quid offensæ in cœna sensit, vomere debet; idque postero quoque die facere : tertio, modici ponderis

lendemain; le troisième jour ne prendre qu'un peu de pain trempé dans du vin, en ajoutant simplement quelques raisins cuits ou confits, ou quelque autre préparation semblable, et revenir ensuite à ses habitudes. Il faut après avoir mangé garder constamment le repos; ne pas se fatiguer l'esprit et ne pas même se déplacer pour une promenade légère.

VII. Si l'on souffre habituellement du gros intestin qu'on appelle *côlon*, ce qui tient à la distension produite par des flatuosités, on doit s'appliquer à rendre les digestions meilleures, et pour cela s'adonner à la lecture à haute voix, ainsi qu'à d'autres exercices; prendre des bains chauds, ne choisir que les aliments solides ou liquides qui peuvent développer de la chaleur, éviter le froid par conséquent de toutes les manières, de même que les substances douces, les légumes, et tout ce qui d'ordinaire donne des flatuosités.

VIII. Se plaint-on de l'estomac, on doit lire à haute voix, se promener ensuite, puis jouer à la paume, faire des armes, ou se livrer à tout autre exercice qui mette en mouvement les parties supérieures; il ne faut point boire d'eau à jeun, mais du vin chaud; faire deux repas par jour, et de nature pourtant à être digérés facilement; se servir d'un vin astringent et léger; et lorsqu'on a fini de manger, boire froid de préférence. La faiblesse de l'estomac s'annonce par la pâleur, la maigreur, les douleurs à l'épigastre, les nausées, les vomissements involontaires, et les maux de tête quand on est à jeun. L'absence de tous ces signes dénote un bon estomac. Mais il est prudent sur ce point de ne pas s'en rapporter toujours à nos Romains; car lorsqu'ils veulent, étant malades, obtenir du vin ou de l'eau froide, ils accusent l'estomac d'une faiblesse imaginaire qui sert d'excuse à leurs désirs. Les personnes qui digèrent lentement, chez lesquelles il y a pour cette raison gonflement des hypocondres, ou bien une soif ardente qu'il faut apaiser la nuit, doivent, avant de se coucher, boire, au moyen d'un siphon, deux ou trois verres d'eau froide. On favorise encore les digestions pénibles par la lecture à haute voix, à laquelle on fait succéder la promenade, puis les onctions ou le bain. Il est utile aussi de boire habituellement son vin froid, de terminer le repas par une boisson prise en grande quantité, mais, comme je viens de le dire, à l'aide d'un siphon, et en dernier lieu d'avaler un verre d'eau froide. Si les aliments s'aigrissent, il faut prendre avant de manger un peu d'eau tiède et vomir; et s'il en résulte du dévoiement, boire après chaque évacuation un verre d'eau froide.

IX. Lorsqu'on est obsédé par des douleurs de nerfs, ce qui arrive ordinairement à ceux qui ont la goutte aux pieds ou aux mains (7), il faut, autant que possible, exercer la partie malade et l'exposer au froid et à la fatigue; pourvu cependant que la douleur ne soit pas exaspérée, car alors rien n'est préférable au repos. Les plaisirs de l'amour sont toujours contraires; mais ici, comme dans toutes les autres affections, il est essentiel de bien digérer. En effet, une indigestion ne manque jamais d'aggraver l'état local; et chaque fois que le corps reçoit une atteinte, elle est ressentie surtout par la partie souffrante.

S'il n'y a pas de circonstances où les bonnes digestions ne soient utiles, il n'en est pas ainsi de la chaleur et du froid, qui peuvent, selon les cas, être salutaires ou nuisibles. Aussi doit-on, à cet égard, se régler sur sa constitution. Le froid est

---

panem ex vino esse, adjecta uva ex olla, vel ex defruto, similibusque aliis: deinde ad consuetudinem redire. Semper autem post cibum conquiescere, ac neque intendere animum, neque ambulatione quamvis leni dimoveri.

VII. At si laxius intestinum dolere consuevit, quod colum nominant, cum id nihil nisi genus inflationis sit, id agendum est, ut concoquat aliquis, ut lectione, aliisque generibus exercetur, utatur balneo calido, cibis quoque et potionibus calidis; denique omni modo frigus vitet, item dulcia omnia, leguminaque, et quidquid inflare consuevit.

VIII. Si quis vero stomacho laborat, legere clare debet; post lectionem ambulare; tum pila, vel armis, aliove quo genere, quo superior pars movetur, exerceri; non aquam, sed vinum calidum bibere jejunus; cibum bis die assumere, sic tamen, ut facile concoquat; uti vino tenui et austero, et post cibum frigidis potionibus potius. Stomachum autem infirmum indicant pallor, macies, præcordiorum dolor, nausea, et nolentium vomitus, in jejuno dolor capitis. Quæ in quo non sunt, is firmi stomachi est. Neque credendum utique nostris est, qui cum in adversa valetudine vinum aut frigidam aquam concupiverunt, deliciarum patrocinium in accusationem non merentis stomachi habent. At qui tarde concoquunt, et quorum ideo præcordia inflantur, quive propter ardorem aliquem noctu sitire consueruut, ante quam conquiescant, duos tresve cyathos per tenuem fistulam bibant. Prodest etiam adversus tardam concoctionem clare legere, deinde ambulare, tum vel ungi vel lavari, assidue vinum frigidum bibere, et post cibum, magnam potionem, sed, ut supra dixi, per siphonem: deinde omnes potiones aqua frigida includere. Cui vero cibus acescit, is ante eum bibere aquam egelidam debet, et vomere: at si cui ex hoc frequens dejectio incidit, quoties alvus ei constiterit, frigida potione potissimum utatur.

IX. Si cui vero dolere nervi solent, quod in podagra chiragrave esse consuevit, huic, quantum fieri potest, exercendum id est, quod affectum est, objiciendumque labori et frigori; nisi cum dolor increvit; sub quo quies optima est. Venus semper inimica est; concoctio, sicut in omnibus corporis affectibus, necessaria. Cruditas enim id maxime lædit, et quoties offensum corpus est, vitiosa pars maxime sentit.

Ut concoctio autem omnibus vitiis occurrit, sic rursus aliis frigus, aliis calor: quæ sequi quisque pro habitu corporis sui debet. Frigus inimicum est seni, tenui, vul-

l'ennemi des vieillards et des gens maigres, il est pernicieux dans les blessures et nuit aux hypocondres, aux intestins, à la vessie, aux oreilles, aux hanches, aux épaules, aux parties naturelles, aux os, aux dents, aux nerfs, à la matrice, et au cerveau. Il rend la peau pâle, aride, dure, noire, et fait naître des frissons et des tremblements. Mais il est favorable aux jeunes gens ainsi qu'aux personnes replètes; et bien qu'il faille s'en garantir, il donne à l'esprit plus de vivacité et vient en aide à la digestion. Ce n'est pas seulement pour la tête qu'on peut employer avec avantage les affusions froides, l'estomac s'en trouve également bien, et leurs bons effets se font sentir dans les douleurs articulaires, quand il n'y a pas complication d'ulcères; elles conviennent enfin aux personnes trop colorées qui n'éprouvent aucune douleur. La chaleur soulage tous les maux que le froid exaspère : tels sont les maux d'yeux qui ne sont accompagnés ni de douleur ni de larmoiement, les mouvements nerveux et les ulcères, ceux notamment qui se sont manifestés sous l'influence du froid. C'est la chaleur qui donne au corps une bonne coloration, et qui favorise l'écoulement des urines. Cependant, au delà de certaines limites, elle énerve le corps, affaiblit les nerfs et relâche l'estomac. Mais rien n'est plus dangereux que le froid ou le chaud dont l'action s'exerce à l'improviste, et sans qu'on y soit préparé. Le froid produit alors des points de côté et diverses maladies, de même que l'eau froide accélère le développement des affections strumeuses. D'un autre côté, la chaleur arrête la digestion, fait perdre le sommeil, entraîne des sueurs débilitantes, et prédispose aux maladies épidémiques.

X. Il est des précautions indispensables, que doit prendre, pendant le règne d'une épidémie, celui qu'elle n'a pas encore atteint, mais qui cependant n'est pas à l'abri de ses attaques. Le plus sûr alors est de voyager ou de naviguer. Si cela n'est pas possible, il faut se faire porter en litière, se promener doucement en plein air, avant l'heure des grandes chaleurs; employer de légères onctions, et, comme on l'a conseillé plus haut, éviter la fatigue, les indigestions, le froid, la chaleur, et les excès vénériens. Il faudra s'observer bien davantage encore s'il survient quelque malaise, et dans ce cas ne pas se lever matin, ne jamais marcher pieds nus, surtout lorsqu'on vient de manger ou de prendre un bain, renoncer à se faire vomir aussi bien à jeun qu'après dîner, ne point solliciter d'évacuations alvines, chercher même à les arrêter si le dévoiement existe, et remédier plutôt par l'abstinence à l'excès de plénitude du corps. De même, on devra supprimer les bains, ne pas se mettre en sueur, et se tenir en garde contre le sommeil de midi, surtout s'il succède au seul repas qu'on doive faire dans le jour. Ce repas enfin sera très-modéré, pour ne pas s'exposer aux indigestions; et l'on boira chaque jour alternativement du vin et de l'eau. Ces précautions prises, on ne changera plus rien à sa manière de vivre. Toutes les maladies pestilentielles, et principalement celles qui sont apportées par les vents du midi, exigent qu'on se conforme à ces préceptes. Ils ne sont pas moins nécessaires aux personnes qui voyagent, soit qu'elles aient quitté leurs foyers dans une saison fâcheuse, soit qu'elles arrivent dans des pays infestés. Si quelque circonstance s'oppose à l'observance de ce régime, on doit au moins s'imposer la diète, et passer alternativement, comme je viens de le dire, de l'eau au vin, et du vin à l'eau.

---

neri, præcordiis, intestinis, vesicæ, auribus, coxis, scapulis, naturalibus, ossibus, dentibus, nervis, vulvæ, cerebro : idem summam cutem facit pallidam, aridam, duram, nigram; ex hoc horrores tremoresque nascuntur. At prodest juvenibus, et omnibus plenis : erectiorque mens est, et melius concoquitur, ubi frigus quidem est, sed cavetur. Aqua vero frigida infusa, præterquam capiti, etiam stomacho prodest : item articulis doloribusque, qui sunt sine ulceribus ; item rubicundis nimis hominibus, si dolore vacant. Calor autem adjuvat omnia, quæ frigus infestat : item lippientes, si nec dolor, nec lacrimæ sunt; nervos quoque, qui contrahuntur; præcipueque ea ulcera, quæ ex frigore sunt : idem corporis colorem bonum facit; urinam movet. Si nimius est, corpus effœminat, nervos emollit, stomachum solvit. Minime vero aut frigus aut calor tuta sunt, ubi subita insuetis sunt. Nam frigus, lateris dolores, aliaque vitia; frigida aqua, strumas excitat : calor concoctionem prohibet, somnum aufert, sudore digerit, obnoxium morbis pestilentibus corpus efficit.

X. Est etiam observatio necessaria, qua quis in pestilentia utatur adhuc integer, cum tamen securus esse non possit. Tum igitur oportet peregrinari, navigare : ubi id non licet, gestari, ambulare sub divo, ante æstum, leniter; eodemque modo ungi : et, ut supra comprehensum est, vitare fatigationem, cruditatem, frigus, calorem, libidinem : multoque magis se continere, si qua gravitas in corpore est. Tum neque mane surgendum, neque pedibus nudis ambulandum est, minimeque post cibum, aut balneum; neque jejuno, neque cœnato vomendum est : neque movenda alvus; atque etiam, si per se mota est, comprimenda est : abstinendum potius, si plenius corpus est. Itemque vitandum balneum, sudor, meridianus somnus, utique si cibus quoque antecessit; qui tamen semel die tum commodius assumitur; insuper etiam modicus, ne cruditatem moveat. Alternis diebus invicem, modo aqua, modo vinum bibendum est. Quibus servatis, ex reliqua victus consuetudine quam minimum mutari debet. Cum vero hæc in omni pestilentia facienda sint, tum in ea maxime, quam Austri excitarint. Atque etiam peregrinantibus eadem necessaria sunt, sive gravi tempore anni discesserunt ex suis sedibus, vel ubi in graves regiones venerunt. Ac si cetera res aliqua prohibebit, utique abstinere debebit : atque ita a vino ad aquam, ab hac ad vinum, eo, qui supra positus est, modo, transitus ei esse.

LIVRE II.

Plusieurs signes font présager l'invasion de la maladie. En les faisant connaître je n'hésiterai pas à invoquer l'autorité des anciens et surtout celle d'Hippocrate, car bien que les modernes aient fait subir quelques modifications à la méthode curative, ils n'en reconnaissent pas moins la supériorité de ce dernier dans le pronostic. Mais avant de parler de ces signes précurseurs qui doivent alarmer le médecin, il est, je crois, de mon sujet d'indiquer les époques de l'année, les températures, les périodes de la vie et les constitutions qui résistent ou prédisposent le plus aux influences morbides, ainsi que le genre de maladies qu'on a le plus à redouter. En tout temps, il est vrai, en toute saison, à tout âge, et quelle que soit sa constitution, l'homme peut être atteint et mourir de toute espèce de maladies, mais certaines affections se montrant plus fréquemment, il importe à chacun de savoir contre laquelle et dans quels moments il a principalement à se tenir en garde.

I. Il n'est pas de saison plus favorable que le printemps; vient ensuite l'hiver; on court plus de dangers en été et de bien plus grands encore en automne. Chaudes ou froides, les températures égales sont les meilleures, et les plus fâcheuses sont caractérisées par d'extrêmes variations. De là vient que l'automne est fatal à tant de monde. Alors, en effet, la chaleur se fait sentir vers le milieu du jour, tandis que les nuits, les matinées et les soirées sont froides. Or, le corps relâché pendant l'été, et qui l'est encore à midi par l'élévation de la température, se trouve bientôt après exposé brusquement à l'action du froid. C'est dans cette saison surtout que se font remarquer ces vicissitudes; mais en quelque temps qu'elles arrivent, elles sont toujours pernicieuses. Quand il n'existe point de variations dans l'air, les jours sereins sont les plus salutaires, et mieux vaut encore les avoir pluvieux que chargés de nuages et de brouillards. En hiver, il faut préférer les jours où les vents ne soufflent pas, et en été ceux où règne un vent d'ouest. A défaut de celui-ci, les vents du septentrion sont plus favorables que ceux de l'est ou du midi. Néanmoins, leur salubrité dépend quelquefois des lieux d'où ils viennent; ainsi presque toujours le vent qui s'élève du milieu des terres est sain, tandis qu'il est insalubre s'il souffle du côté de la mer. Non-seulement la santé se conserve mieux par une bonne température, mais le beau temps abrège encore les maladies existantes, et les rend plus légères. Pour un malade, le ciel le plus inclément est celui sous lequel il a perdu la santé, aussi dans cet état fera-t-il bien d'en choisir un autre, fût-il généralement plus contraire. C'est au milieu de la vie qu'on est le moins exposé, car on n'a pas plus à redouter l'ardeur de la jeunesse que le refroidissement de l'âge sénile. On observe plus souvent les maladies aiguës chez le jeune homme, et chez le vieillard les maladies chroniques. Le corps le plus dispos est celui dont les formes sont carrées, sans maigreur et sans obésité. Si une taille élevée sied bien à la jeunesse, elle oblige en revanche le vieillard à se courber prématurément. La maigreur rend le corps débile, et l'excès d'embonpoint émousse la sensibilité. C'est au printemps surtout que les effets de l'agitation des humeurs sont à craindre, et c'est précisément alors que surviennent les ophthal-

LIBER SECUNDUS.

Instantis autem adversæ valetudinis signa complura sunt. In quibus explicandis non dubitabo auctoritate antiquorum virorum uti, maximeque Hippocratis; cum recentiores medici quamvis quædam in curationibus mutarint, tamen hæc illum optime præsagisse fateantur. Sed antequam dico, quibus præcedentibus morborum timor subsit; non alienum videtur exponere, quæ tempora anni, quæ tempestatum genera, quæ partes ætatis, qualia corpora maxime tuta vel periculis opportuna sint, quod genus adversæ valetudinis in quoque timeri maxime possit. Non quod non omni tempore, in omni tempestatum genere, omnis ætatis, omnis habitus homines, per omnia genera morborum et ægrotent et moriantur : sed quod frequentius tamen quædam eveniant; ideoque utile sit scire unumquemque, quid, et quando maxime caveat.

I. Igitur saluberrimum ver est; proxime deinde ab hoc, hiems; periculosior æstas; autumnus longe periculosissimus. Ex tempestatibus vero optimæ æquales sunt, sive frigidæ, sive calidæ : pessimæ, quæ maxime variant. Quo fit, ut autumnus plurimos opprimat. Nam fere meridianis temporibus calor; nocturnis atque matutinis, simulque etiam vespertinis, frigus est. Corpus ergo, et æstate, et subinde meridianis caloribus relaxatum, subito frigore excipitur. Sed ut eo tempore id maxime fit, sic quandoquidem evenit, noxium est. Ubi æqualitas autem est, tamen saluberrimi sunt sereni dies; meliores pluvii, quam tantum nebulosi, nubilive : optimque hieme, qui omni vento vacant; æstate, quibus Favonii perflant. Si genus aliud ventorum est, salubriores Septemtrionales, quam Subsolani, vel Austri sunt : sic tamen hæc, ut interdum regionum sorte mutentur. Nam fere ventus ubique a mediterraneis regionibus veniens, salubris; a mari, gravis est. Neque solum in bono tempestatum habitu certior valetudo est; sed priores morbi quoque, si qui inciderunt, leviores sunt, et promptius liniuntur. Pessimum ægro cœlum est, quod ægrum fecit; adeo ut in id quoque genus, quod natura pejus est, in hoc statu salubris mutatio sit. At ætas media tutissima est, quæ neque juventæ calore, neque senectutis frigore infestatur. Longis morbis senectus, acutis adolescentia magis patet. Corpus autem habilissimum quadratum est, neque gracile, neque obesum. Nam longa statura, ut in juventa decora est, sic matura senectute conficitur : gracile corpus infirmum, obesum hebes est. Vere tamen maxime, quæcumque humoris motu novantur, in metu esse consuerunt. Ergo tum

mies, les pustules, les hémorragies, les abcès appelés par les Grecs *apostèmes*, l'atrabile qu'ils nomment *mélancolie*, la frénésie, l'épilepsie, l'angine, les fluxions, et les catarrhes. Dans cette saison règnent aussi les maladies des articulations et des nerfs, avec toutes leurs alternatives de rémission et d'exacerbation. Sans être exempt du plus grand nombre de ces affections, l'été donne de plus naissance aux fièvres continues, ardentes ou tierces, aux vomissements, aux flux de ventre, aux douleurs d'oreille, aux ulcères de la bouche, aux chancres qui peuvent envahir toutes les parties du corps, mais principalement les parties génitales ; et enfin à l'épuisement produit par des sueurs excessives. Il n'est pas une de ces maladies pour ainsi dire qu'on ne puisse rencontrer en automne ; mais on observe de plus alors les fièvres erratiques, les douleurs de rate, l'hydropisie, la consomption qui a reçu des Grecs le nom de *phthisie*, la difficulté d'uriner qu'ils appellent *strangurie*, l'affection iliaque de l'intestin grêle *iléon*, le relâchement particulier des intestins nommé par eux *lienterie*, les douleurs sciatiques, et les attaques d'épilepsie. C'est l'époque où succombent les personnes affaiblies par des maux invétérés, et sous le poids encore des chaleurs récentes de l'été ; d'autres sont enlevées par les maladies propres à la saison ou contractent des affections d'une longueur extrême, telles par exemple que les fièvres quartes, qui sévissent aussi pendant l'hiver. En aucun temps on ne voit régner plus souvent les épidémies, quelles qu'elles soient, quoique l'automne exerce déjà de mille manières son influence pernicieuse. L'hiver suscite des douleurs de tête, de la toux, des maux de gorge, des points de côté, et toutes les maladies des viscères. Quant aux vents, l'aquilon provoque la toux et l'enrouement, resserre le ventre, supprime les urines, détermine des frissons, des douleurs de côté et de poitrine ; néanmoins, il raffermit les bonnes constitutions, et rend plus alerte et plus agile. Le vent du midi fait perdre à l'ouïe sa finesse, aux sens leur activité ; il occasionne des maux de tête, relâche les entrailles, et jette le corps dans la langueur, la mollesse et l'engourdissement. Les autres vents, selon qu'ils se rapprochent de celui du nord ou du midi, produisent des effets analogues à ceux que nous indiquons. Toute chaleur enfin détermine l'inflammation du foie et de la rate, appesantit l'esprit, et entraîne des syncopes et des hémorragies. Le froid amène les convulsions ou la rigidité des nerfs. On donne en grec le nom de *spasme* au premier état, et celui de *tétanos* au second. C'est au froid que sont dus la gangrène des ulcères et les frissons qui accompagnent les fièvres. Dans les temps de sécheresse, surviennent les fièvres aiguës, les ophthalmies, les tranchées, les difficultés d'uriner, et les douleurs articulaires. Par des temps de pluie, naissent les fièvres continues, les dévoiements, les angines, les chancres, les attaques d'épilepsie, et la résolution des nerfs, *paralysie* des Grecs. Il ne faut pas seulement tenir compte des jours présents, mais aussi de ceux qui les ont précédés. Si l'hiver en effet a été sec et agité par les vents septentrionaux, et que le printemps soit pluvieux et soumis aux vents du midi, on verra le plus souvent apparaître des ophthalmies, des dyssenteries, des fièvres, qui séviront de préférence sur les personnes dont la constitution est molle, et par conséquent sur les femmes. Si au

---

lippitudines, pustulæ, profusio sanguinis, abscessus corporis, quæ ἀποστήματα Græci nominant, bilis atra, quam μελαγχολίαν appellant, insania, morbus comitialis, angina, gravedines, destillationes oriri solent. Ii quoque morbi, qui in articulis nervisque modo urgent, modo quiescunt, tum maxime et inchoantur et repetunt. At æstas non quidem vacat plerisque his morbis ; sed adjicit febres, vel continuas, vel ardentes, vel tertianas, vomitus, alvi dejectiones, auricularum dolores, ulcera oris, cancros, et in ceteris quidem partibus, sed maxime obscœnis ; et quidquid sudore hominem resolvit. Vix quidquam ex his in autumnum non incidit : sed oriuntur quoque eo tempore febres incertæ, lienis dolor, aqua inter cutem, tabes, quam Græci φθίσιν nominant ; urinæ difficultas, quam στραγγουρίαν appellant ; tenuioris intestini morbus, quem εἰλεὸν nominant ; lævitas intestinorum, quæ λειεντερία vocatur ; coxæ dolores, morbi comitiales. Idemque tempus et diutinis malis fatigatos, et ab æstate tantum proxima pressos interimit ; et alios novis morbis conficit ; et quosdam longissimis implicat, maximeque quartanis, quæ per hiemem quoque exerceant. Neque aliud magis tempus pestilentiæ patet, cujuscumque ea generis est ; quamvis variis rationibus nocet. Hiems autem capitis dolores, tussim, et quidquid in faucibus, in lateribus, in visceribus mali contrahitur, irritat. Ex tempestatibus, Aquilo tussim movet, fauces exasperat, ventrem adstringit, urinam supprimit, horrores excitat, item dolores lateris et pectoris : tamen tamen corpus spissat, et mobilius atque expeditius reddit. Auster aures hebetat, sensus tardat, capitis dolorem movet, alvum solvit, totum corpus efficit hebes, humidum, languidum. Ceteri venti, quo huic vel illi propiores sunt, eo magis vicinos his illisve affectus faciunt. Denique omnis calor et jecur et lienem inflammat, mentem hebetat, ut anima deficiat, ut sanguis prorumpat, efficit. Frigus modo nervorum distentionem, modo rigorem infert ; illud σπασμός, hoc τέτανος græce nominatur : nigritiem in ulceribus, horrores in febribus excitat. In siccitatibus, acutæ febres, lippitudines, tormina, urinæ difficultas, articulorum dolores, oriuntur. Per imbres, longæ febres, alvi dejectiones, angina, cancri, morbi comitiales, resolutio nervorum ; παράλυσιν Græci nominant. Neque solum interest, quales dies sint, sed etiam quales ante præcesserint. Si hiems sicca Septemtrionales ventos habuit, ver autem Austros et pluvias exhibet, fere subeunt lippitudines, tormina, febres, maximeque in mollioribus corporibus, ideoque præcipue in muliebribus. Si vero Austri pluviæque hiemem occuparunt, ver autem frigidum et siccum est, gravidæ quidem fœminæ, quibus tum adest

contraire à un hiver pluvieux, et placé sous l'influence des vents du midi, succède un printemps sec et froid, il en résulte que les femmes enceintes et avancées déjà dans leur grossesse sont menacées d'avortement, ou ne mettent au monde, lorsqu'elles arrivent à terme, que des enfants débiles et à peine viables. Les autres individus sont affectés d'ophthalmies sèches, ainsi que de fluxions et de catarrhes, s'ils sont âgés. Mais si les vents du midi n'ont pas cessé de régner depuis le commencement de l'hiver jusqu'à la fin du printemps, on observera des pleurésies, et le délire fébrile appelé *frénésie*, qui seront rapidement mortels. Si dès les premiers jours du printemps et pendant l'été il a fait constamment chaud, les fièvres seront accompagnées de sueurs considérables. S'il y a eu de la sécheresse pendant l'été, avec un vent du nord, et si le vent du midi règne en automne avec des pluies, il se manifestera, l'hiver suivant, de la toux, des rhumes, et des enrouements; quelques-uns même seront minés par la consomption. En supposant au contraire que l'automne soit aussi sec que l'été, et de même exposé à l'aquilon, les sujets dont la constitution est molle, et principalement les femmes comme je l'ai dit, jouiront alors d'une bonne santé. Ceux qui ont une complexion plus ferme peuvent être atteints d'ophthalmies sèches, de fièvres en partie aiguës et en partie chroniques, et de maladies engendrées par l'atrabile. Quant aux époques de la vie, les enfants et les adolescents se portent mieux dans le printemps et au commencement de l'été, les vieillards mieux en été et au commencement de l'automne; les jeunes gens et les hommes dans la force de l'âge, mieux en hiver. On supporte plus difficilement l'hiver au déclin de la vie, et moins bien l'été lorsqu'on est jeune. Dans la première et la seconde enfance si la santé se dérange, les malades sont très-sujets à des ulcères serpigineux de la bouche, appelés *aphthes* en grec, ainsi qu'à des vomissements, des insomnies, des écoulements d'oreille, et des inflammations autour de l'ombilic. Au moment de la dentition particulièrement, ils présentent des ulcérations superficielles aux gencives, et sont pris de convulsions, de fièvres légères et de dévoiement, surtout quand les dents canines sont prêtes à sortir. Ces accidents s'observent fréquemment chez les enfants trop gros, et qui ont le ventre trop resserré. A un âge un peu plus avancé, surviennent les engorgements des glandes, les déviations des vertèbres, les écrouelles, des espèces de verrues douloureuses nommées en grec ἀκροχορδόνες, et plusieurs autres sortes d'excroissances. Un grand nombre de ces affections persiste encore à la puberté, et de plus il se manifeste des fièvres de longue durée et des hémorragies nasales. C'est vers le quarantième jour que l'enfance a le plus de dangers à courir, puis au septième mois, à la septième année, et ensuite aux approches de la puberté. Si à cette époque, et après les premiers rapports sexuels, les maladies des garçons ne sont pas terminées, et si elles persévèrent chez les filles après l'éruption des règles, elles deviennent souvent difficiles à vaincre. En général cependant les maladies de l'enfance qui se sont prolongées jusqu'à ces limites ne vont pas au delà. L'adolescence est très-exposée aux affections aiguës, à l'épilepsie et à la consomption, et ce sont presque toujours les jeunes gens qui crachent le sang. Après cet âge, arrivent les pleurésies, les pneumonies, la léthargie, le choléra, la frénésie, et l'écoulement de sang par les orifices de certaines

partus, abortu periclitantur; eæ vero quæ gignunt, imbecillos, vixque vitales edunt : ceteros lippitudo arida, et si seniores sunt, gravedines atque destillationes male habent. At si a prima hieme Austri ad ultimum ver continuarunt, laterum dolores, et insania febricitantium, quam φρένησιν appellant, quam celerrime rapiunt. Ubi vero calor a primo vere orsus æstatem quoque similem exhibet, necesse est multum sudorem in febribus subsequi. At si sicca æstas Aquilones habuit, autumno vero imbres Austríque sunt, tota hieme, quæ proxima est, tussis, destillatio, raucitas, in quibusdam etiam tabes oritur. Sin autem autumnus quoque æque siccus iisdem Aquilonibus perflatur omnibus, quidem mollioribus corporibus, inter quæ muliebria esse proposui, secunda valetudo contingit : durioribus vero instare possunt, et aridæ lippitudines, et febres partim acutæ, partim longæ; et ii morbi, qui ex atra bile nascuntur. Quod ad ætates vero pertinet, pueri proximique his vere optime valent, et æstate prima tutissimi sunt : senes æstate et autumni prima parte : juvenes hieme, quique inter juventam senectutemque sunt. Inimicior senibus hiems, æstas adolescentibus est. Tum si qua imbecillitas oritur, proximum est ut infantes, teterosque adhuc pueros serpentia ulcera oris, quæ ἄφθας Græci nominant, vomitus, nocturnæ vigiliæ, aurium humor, circa umbilicum inflammationes exerceant. Propriæ etiam dentientium, gingivarum exulcerationes, distentiones nervorum, febriculæ, alvi dejectiones; maximeque caninis dentibus orientibus male habent. Quæ pericula plenissimi cujusque sunt, et cui maxime venter adstrictus est. At ubi ætas paulum processit, glandulæ, et vertebrarum, quæ in spina sunt, aliquæ inclinationes, strumæ, verrucarum quædam genera dolentia, ἀκροχορδόνας Græci appellant, et plura alia tubercula oriuntur. Incipiente vero jam pube, ex iisdem multa, et longæ febres, et sanguinis ex naribus cursus. Maximeque omnis pueritia, primum circa quadragesimum diem, deinde septimo mense, tum septimo anno, postea circa pubertatem periclitatur. Si qua etiam genera morborum in infantem inciderunt, ac neque pubertate, neque primis coitibus, neque in fœmina primis menstruis finita sunt, fere longa sunt : sæpius tamen morbi pueriles, qui diutius manserunt, terminantur. Adolescentia morbis acutis; item comitialibus, tabique maxime objecta est : fereque juvenes sunt, qui sanguinem exspuunt. Post hanc ætatem

veines, ce que les Grecs nomment *hémorroïdes*. Il y a dans la vieillesse embarras de la respiration, difficulté d'uriner, catarrhes, douleurs dans les articulations et les reins, paralysie, mauvais état du corps désigné par les Grecs sous le nom de *cachexie*, insomnies, maladies des oreilles, des yeux et du nez toujours opiniâtres, relâchement d'entrailles, et par suite tranchées, lienterie, et toutes les incommodités qui résultent de la trop grande liberté du ventre. Indépendamment de ces affections, les sujets maigres ont à craindre la consomption, la diarrhée, les rhumes, les points de côté et les douleurs des viscères. Les gens surchargés d'embonpoint sont plutôt enlevés par des maladies aiguës et des suffocations, et périssent souvent de mort subite, ce qui n'arrive presque jamais aux personnes dont la constitution est grêle.

II. Il existe, ainsi que je l'ai dit plus haut, des signes précurseurs de la maladie, qui tous ont pour effet de modifier l'état habituel du corps, non-seulement en le rendant plus grave, mais encore en l'améliorant. Si par exemple on a plus d'embonpoint et le teint plus brillant et plus coloré que de coutume, on doit suspecter ces nouveaux avantages, par la raison que, ne pouvant pas plus se maintenir qu'augmenter, ils sont suivis bientôt d'un mouvement rétrograde au détriment de la santé. L'indice est plus grave cependant quand la maigreur survient à l'improviste, et que les couleurs et la bonne mine disparaissent. En effet, on peut abandonner à la maladie ce qui se trouve en excès ; mais si déjà l'on est au-dessous de ses forces, on n'en a plus assez pour supporter le mal. Il y a lieu de s'inquiéter encore, si les membres s'appesantissent, si des ulcères reviennent fréquemment, si la chaleur du corps est plus élevée, si le sommeil est lourd et accablant, si l'on est tourmenté par des songes tumultueux, si l'on s'éveille plus souvent pour se rendormir ensuite ; si pendant le sommeil la sueur, contre l'ordinaire, se borne à certaines parties, comme la poitrine, le cou, les cuisses, les genoux, les hanches. Il en sera de même si l'esprit est abattu, et que l'on répugne à parler et à se mouvoir ; si le corps est engourdi, s'il existe une douleur à la région précordiale ou dans toute la poitrine, ou s'il y a des maux de tête, comme cela arrive chez le plus grand nombre ; si la bouche est remplie de salive, si les mouvements des yeux sont douloureux, s'il y a resserrement des tempes, si les membres sont agités de frissons, si la respiration est plus difficile, si les veines du front sont gonflées et battent avec violence, s'il y a bâillements répétés, fatigue dans les genoux, ou lassitude générale. Ces signes pour la plupart sont les avant-coureurs de la fièvre, et quelques-uns du moins la précèdent toujours. Mais il faudra rechercher d'abord ceux qui peuvent exister habituellement chez un individu sans entraîner d'accidents ; car il y a des dispositions personnelles qu'il est important de connaître, pour porter un pronostic assuré. On n'a donc rien à craindre, s'il s'agit de ces signes qui se sont manifestés souvent sans présenter de gravité ; mais il faut au contraire se préoccuper de ceux qui apparaissent pour la première fois, ou dont on n'a pu se préserver déjà qu'en s'entourant de précautions.

III. Dès qu'un malade a la fièvre, il convient

---

laterum et pulmonis dolores, lethargus, cholera, insania, sanguinis per quædam velut ora venarum, αἱμοῤῥοΐδας Græci appellant, profusio. In senectute, spiritus et urinæ difficultas, gravedo, articulorum et renum dolores, nervorum resolutiones, malus corporis habitus, καχεξίαν Græci appellant, nocturnæ vigiliæ, vitia longiora aurium, oculorum, etiam narium, præcipueque soluta alvus, et, quæ sequuntur hanc, tormina, vel lævitas intestinorum, ceteraque ventris fusi mala. Præter hæc graciles, tabes, dejectiones, destillationes ; item viscerum et laterum dolores fatigant. Obesi plerumque acutis morbis, et difficultate spirandi strangulantur : subitoque sæpe moriuntur ; quod in corpore tenuiore vix evenit.

II. Ante adversam autem valetudinem, ut supra divi, quædam notæ oriuntur ; quarum omnium commune est, aliter se corpus habere, atque consuevit ; neque in pejus tantum, sed etiam in melius. Ergo si plenior aliquis, et speciosior, et coloratior factus est, suspecta habere bona sua debet ; quæ, quia neque in eodem habitu subsistere, neque ultra progredi possunt, fere retro, quasi ruina quadam, revolvuntur. Pejus tamen signum est, ubi aliquis contra consuetudinem emacuit, et colorem decoremque amisit : quoniam in iis quæ superant, est quod morbus demat ; in iis quæ desunt, non est quod ipsum morbum ferat. Præter hæc protinus timeri debet, si graviora membra sunt ; si crebra ulcera oriuntur ; si corpus supra consuetudinem incaluit ; si gravior somnus pressit ; si tumultuosa somnia fuerunt ; si sæpius expergiscitur aliquis, quam assueverit, deinde iterum soporatur ; si corpus dormientis circa partes aliquas contra consuetudinem insudat, maximeque si circa pectus, aut cervices, aut crura, vel genua, vel coxas. Item, si marret animus ; si loqui et moveri piget ; si corpus torpet ; si dolor præcordiorum est, aut totius pectoris, aut, qui in plurimis evenit, capitis ; si salivæ plenum est os ; si oculi cum dolore vertuntur ; si tempora adstricta sunt ; si membra inhorrescunt ; si spiritus gravior est ; si circa frontem intentæ venæ moventur ; si frequentes oscitationes ; si genua quasi fatigata sunt, totumve corpus lassitudinem sentit. De quibus sæpe plura, numquam non aliqua febrem antecedunt. In primis tamen illud considerandum est, num cui sæpius horum aliquid eveniat, neque ideo corporis ulla difficultas subsequatur. Sunt enim quædam proprietates hominum, sine quarum notitia non facile quidquam in futurum præsagiri potest. Facile itaque securus est in iis aliquis, quæ sæpe sine periculo evasit : ille sollicitari debet, cui hæc nova sunt ; aut qui ista numquam sine custodia sui tuta habuit.

III. Ubi vero febris aliquem occupavit, scire licet, non periclitari, si in latus aut dextrum aut sinistrum, ut

de savoir qu'il n'est point en danger, s'il peut comme bon lui semble se coucher indifféremment des deux côtés, les cuisses étant un peu fléchies, position naturelle de l'homme en santé. Il n'est point exposé non plus s'il se retourne aisément, s'il dort la nuit et reste éveillé tout le jour, si sa respiration est libre, s'il n'a point de tristesse, si le bas-ventre et la région ombilicale conservent leur embonpoint, si les hypocondres ne sont point douloureux et sont également souples de chaque côté, ou si, nonobstant un peu de gonflement, ils cèdent à la pression des doigts, sans accuser de sensibilité. Alors, quoique l'état morbide puisse durer quelque temps, il doit avoir une heureuse terminaison. On n'a pas à s'alarmer davantage, si le corps est dans un état de souplesse et de chaleur convenables, si la sueur se répand également sur tous les membres, et si elle sert à juger la fièvre. L'éternument est encore un indice favorable, de même que l'appétit, soit qu'il ait toujours persisté, soit qu'il succède à l'inappétence. Une fièvre qui ne dure qu'un jour ne peut inspirer d'inquiétude, non plus que celle dont la durée est plus longue, mais qui s'évanouit d'elle-même avant un nouvel accès; si bien que le corps revient à son intégrité, état que les Grecs appellent εἰλικρινές. Il n'y a pas à s'effrayer s'il survient des vomissements mêlés de bile et de pituite, et si l'on remarque dans les urines un sédiment blanc, lisse et uni, ou quelques nuages à la surface, qui ne tardent pas à se précipiter. On est exempt de tout péril, quand les selles sont molles et moulées comme dans l'état de santé, qu'elles arrivent à peu près aux mêmes heures, et se trouvent dans un rapport convenable avec les aliments ingérés. Le flux de ventre est plus à craindre; mais il ne faut pas s'inquiéter prématurément, si le ventre est moins relâché chaque matin, s'il se resserre par degrés au bout de quelque temps, et si les matières jaunâtres n'ont pas plus de fétidité que chez l'homme bien portant. Il n'y a rien de fâcheux non plus à rendre quelques lombrics sur la fin de la maladie. Quand les gaz déterminent à la région supérieure du ventre du gonflement et de la douleur, c'est un bon signe que les borborygmes gagnent les parties inférieures; et ce qui vaut mieux encore, c'est d'expulser ces gaz sans difficulté avec les matières alvines.

IV. On doit s'attendre au contraire à une affection des plus graves, lorsque le malade est couché sur le dos les bras et les jambes étendus; lorsque, dans la violence d'un état aigu, d'une inflammation des poumons surtout, il veut rester assis; lorsqu'enfin il est tourmenté d'insomnies pendant la nuit, bien qu'il obtienne le jour un peu de sommeil; et encore ce sommeil est-il moins bon entre la dixième heure et la nuit, qu'à partir du matin jusqu'à dix heures (1). Cependant si le malade ne repose ni jour ni nuit, le présage est bien plus alarmant; car il est pour ainsi dire impossible qu'une pareille insomnie n'ait pas sa cause dans une douleur constante. C'est un signe également contraire qu'un sommeil excessif; et il devient plus sérieux encore, si l'assoupissement se prolonge le jour et la nuit. Voici ce qui dénote aussi la gravité du mal: une respiration fréquente et laborieuse, des frissons commençant le sixième jour, des crachats purulents, la difficulté de l'expectoration, la continuité des souffrances, l'impatience à supporter

---

ipsi visum est, cubat, cruribus paulum reductis; qui fere sani quoque jacentis habitus est; si facile convertitur; si noctu dormit, interdiu vigilat; si ex facili spirat; si non conflictatur; si circa umbilicum et pubem cutis plena est; si præcordia ejus sine ullo sensu doloris æqualiter mollia in utraque parte sunt. Quod si paulo tumidiora sunt, sed tamen digitis cedunt et non dolent, hæc valetudo, ut spatium aliquod habebit, sic tuta erit. Corpus quoque, quod æqualiter molle et calidum est, quodque æqualiter totum insudat, et cujus febricula eo sudore finitur, securitatem pollicetur. Sternutamentum etiam inter bona indicia est, et cupiditas cibi vel a primo servata, vel etiam post fastidium orta. Neque terrere debet ea febris, quæ eodem die finita est; ac ne ea quidem, quæ quamvis longiore tempore evanuit, tamen ante alteram accessionem ex toto quievit, sic ut corpus integrum, quod εἰλικρινές Græci vocant, fieret. Si quis autem incidit vomitus, mistus esse et bile et pituita debet: et in urina subsidere album, læve, æquale; 'c ut etiam, si quæ quasi nebeculæ innatarint, in imum deferantur. At venter ei, qui a periculo tutus est, reddit mollia, figurata, atque eodem fere tempore, quo secunda valetudine assuevit, modo convenientia iis, quæ assumuntur. Pejor cita alvus est; sed ne hæc quidem terrere protinus debet, si matutinis temporibus coacta magis est, aut si procedente tempore paulatim contrahitur, et rufa est, neque fœditate odoris similem alvum soni hominis excedit. Ac lumbricos quoque aliquos sub fine morbi descendisse, nihil nocet. Si inflatio in superioribus partibus dolorem tumoremque fecit, bonum signum est sonus ventris inde ad inferiores partes evolutus; magisque etiam, si sine difficultate, cum stercore excessit.

IV. Contra gravis morbi periculum est, ubi supinus æger jacet, porrectis manibus et cruribus; ubi residere vult in ipso acuti morbi impetu, præcipueque pulmonibus laborantibus; ubi nocturna vigilia premitur, etiamsi interdiu somnus accedit; ex quo tamen pejor est, qui inter quartam horam et noctem est, quam qui matutino tempore ad quartam. Pessimum tamen est, si somnus neque noctu, neque interdiu accedit: id enim fere sine continuo dolore esse non potest. Æque vero signum malum est etiam somno ultra debitum urgeri; pejusque, quo magis se sopor interdiu, noctuque continuat. Mali etiam morbi testimonium est, vehementer et crebro spirare; a sexto die cœpisse inhorrescere; pus exspuere; vix exscreare; dolorem habere continuum; difficulter

son mal, l'agitation déréglée des bras et des jambes, les pleurs involontaires, l'enduit visqueux qui s'attache aux dents, l'amaigrissement des régions ombilicale et pubienne, l'inflammation des hypocondres avec douleur, dureté, tension et gonflement, phénomènes plus dangereux du côté droit, et auxquels peut s'ajouter enfin le plus périlleux de tous, le battement violent des vaisseaux de ces parties. Autres signes fâcheux : émaciation rapide, froid à la tête, aux mains et aux pieds, et en même temps chaleur au ventre et aux côtés, froid des extrémités au plus fort d'une affection aiguë, frissons après la sueur, hoquets ou rougeur des yeux après avoir vomi, dégoût des aliments succédant à l'appétit ou à des fièvres de longue durée, sueurs immodérées, selles qui sont froides surtout, ou bien celles qui ne sont pas générales et ne jugent point la fièvre. Il faut craindre les fièvres qui reviennent chaque jour à la même heure, qui ont des accès semblables et ne diminuent pas le troisième jour, ou qui se composent de redoublements et de rémissions, sans jamais offrir d'intermittence. Mais les plus redoutables sont les fièvres continues qui se maintiennent toujours au même degré de violence. Il y a danger quand la fièvre se déclare après la jaunisse, surtout si l'hypocondre droit est resté dur. Quand la douleur persiste dans cette partie, toute fièvre aiguë doit donner de vives inquiétudes ; il en est de même des convulsions qui se manifestent dans le cours d'une fièvre aiguë, ou qui surviennent au réveil. Il est de mauvais augure de s'effrayer en dormant, de présenter dès le début de la fièvre du désordre dans l'intelligence, ou d'être atteint de paralysie partielle. Dans ce dernier cas on peut bien ranimer le membre affecté, mais presque jamais il ne reprend la force qu'il a perdue. Les vomissements de bile ou de pituite pure ont de la gravité, surtout si les matières vomies sont vertes ou noires. L'urine dont le sédiment est rouge et uni est mauvaise ; elle l'est plus encore quand elle laisse voir des espèces de lamelles minces et blanches ; et la plus mauvaise enfin est celle où l'on aperçoit des nuages furfuracés. L'urine ténue et sans couleur (2) est aussi défavorable, principalement dans la frénésie. L'extrême constipation est à redouter, mais pas plus que le dévoiement qui survient pendant la fièvre et ne permet pas au malade de rester au lit ; le danger même augmente, si les matières sont très-liquides, décolorées, blanchâtres ou écumeuses, ou bien peu abondantes, glaireuses, lisses, blanches, un peu pâles, ou encore, si elles sont livides, bilieuses, sanguinolentes, et d'une odeur plus forte qu'à l'ordinaire. Il n'est pas bon enfin que les évacuations soient sans mélange après les fièvres de longue durée.

V. Quand les symptômes que nous venons d'exposer se rencontrent, il est à désirer que la maladie se prolonge ; et même il faut qu'il en soit ainsi ou le malade succombe. La seule chance de salut dans les affections graves, c'est d'épuiser leur violence en gagnant du temps, jusqu'au moment où l'on peut faire prévaloir les moyens curatifs. Il est permis cependant d'entrevoir dès le début, à l'aide de certains signes, qu'une maladie traînera en longueur, sans être pour cela mortelle. On portera ce jugement, si dans une

ferre morbum ; jactare brachia et crura ; sine voluntate lacrimare ; habere humorem glutinosum dentibus inhærentem ; cutem circa umbilicum et pubem macram ; præcordia inflammata, dolentia, dura, tumida, intenta, magisque, si hæc dextra parte quam sinistra sunt ; periculosissimum tamen est, si venæ quoque ibi vehementer agitantur. Mali etiam morbi signum est, nimis celeriter emacrescere ; caput et pedes manusque frigidas habere, ventre et lateribus calentibus ; aut frigidas extremas partes acuto morbo urgente ; aut post sudorem inhorrescere ; aut post vomitum singultum esse, vel rubere oculos ; aut post cupiditatem cibi, postve longas febres hunc fastidire ; aut multum sudare, maximeque frigido sudore ; aut habere sudores non per totum corpus æquales, quique febrem non finiant ; et eas febres, quæ quotidie tempore eodem revertantur ; quæve semper pares accessiones habeant, neque tertio quoque die leventur ; quæve sic continuent, ut per accessiones increscant, per decessiones tantum molliantur, nec umquam integrum corpus dimittant. Pessimum est, si ne levatur quidem febris, sed æque concitata continuat. Periculosum est etiam, post arquatum morbum febrem oriri ; utique si præcordia dextra parte dura manserunt. Ac dolentibus iis, nulla acuta febris leviter terrere nos debet ; neque umquam in acuta febre, aut a somno non est terribilis nervorum distentio. Timere

etiam ex somno, mali morbi est ; itemque in prima febre protinus mentem esse turbatam, membrumve aliquod esse resolutum. Ex quo casu quamvis vita redditur, tamen id fere membrum debilitatur. Vomitus etiam periculosus est sinceræ pituitæ, vel bilis ; pejorque, si viridis, aut niger est. At mala urina est, in qua subsidunt subrubra et lævia : deterior, in qua quasi folia quædam tenuia atque alba : pessima est his, si tamquam ex furfuribus factas nubeculas repræsentat. Diluta quoque, atque alba, vitiosa est, sed in phreneticis maxime. Alvus autem mala est, ex toto suppressa. Periculosa etiam, quæ inter febres fluens conquiescere hominem in cubili non patitur ; utique, si quod descendit, est perliquidum, aut albidum, aut pallidum, aut spumans. Præter hæc periculum ostendit id, quod excernitur, si est exiguum, glutinosum, læve, album, idemque subpallidum : vel si est aut lividum, aut biliosum, aut cruentum, aut pejoris odoris, quam ex consuetudine. Malum est etiam, quod post longas febres sincerum est.

V. Post hæc indicia, votum est longum morbum fieri : sic enim necesse est, nisi occidit. Neque vitæ alia spes in magnis malis est, quam ut impetum morbi trahendo aliquis effugiat, porrigaturque in id tempus, quod curationi locum præstet. Protinus tamen signa quædam sunt, ex quibus colligere possumus, morbum, etsi non intereme-

fièvre non aiguë on observe des sueurs froides limitées à la tête et au cou, ou des sueurs générales avec persistance de la fièvre; s'il y a des alternatives de chaud et de froid; si la coloration varie d'un instant à l'autre, si les abcès survenus dans le cours d'une fièvre ne se guérissent pas; si le malade a peu maigri comparativement à la durée de son affection; si l'urine est pure, limpide dans un temps et un peu sédimenteuse dans un autre; si le dépôt est lisse, blanc ou rouge, ou bien formé de petits grumeaux, ou s'il s'élève de petites bulles à la surface.

VI. Malgré le danger que font craindre de pareils symptômes, tout espoir n'est pas perdu; mais il y a présage de mort quand le nez est effilé, les tempes affaissées, les yeux caves, les oreilles froides sans ressort, relevées légèrement par en bas, la peau du front dure et tendue, et la coloration noire ou blême. L'imminence est plus grande encore, s'il n'y a eu précédemment ni veilles prolongées, ni diarrhée, ni abstinence extrême. Ces causes peuvent quelquefois produire la même altération dans les traits; mais leur influence ne s'étend pas au delà d'un jour, et quand cet état persiste, il annonce la mort. Elle est prochaine si ces symptômes durent depuis trois jours, à une époque avancée de la maladie, surtout si les yeux fuient la lumière et se remplissent de larmes, si le blanc se colore en rouge et que les veinules apparaissent avec une teinte livide, si l'œil est rempli de chassie qui s'attache principalement aux angles, si l'un est plus petit que l'autre, s'ils sont profondément enfoncés ou saillants, si pendant le sommeil et sans diarrhée précédente les paupières entr'ouvertes font apercevoir une partie du blanc de l'œil, si les paupières sont pâles et que cette pâleur décolore aussi les lèvres et les narines, si le nez, les lèvres, les yeux, les paupières et les sourcils, ou seulement quelques-uns de ces traits, sont décomposés; si le malade enfin en raison de sa faiblesse est incapable de voir et d'entendre. Ce qui dénonce également une terminaison fatale, c'est quand le malade est couché sur le dos, les genoux serrés l'un contre l'autre, qu'il se laisse continuellement glisser vers les pieds du lit, qu'il découvre ses bras et ses jambes et les jette çà et là, qu'il a les extrémités froides, qu'il reste la bouche ouverte, qu'il dort sans cesse, qu'étant sans connaissance il est pris d'un grincement de dents qui ne lui était pas familier, et qu'une plaie survenue avant ou pendant la maladie devient sèche, pâle ou livide. Voici encore des indices funestes : les ongles et les doigts prennent une teinte livide, l'haleine est froide; le malade, dans une fièvre, une affection aiguë, le délire, l'inflammation du poumon ou la céphalalgie, arrache brin à brin le duvet, ou étend les franges de ses couvertures, ou cherche à détacher les paillettes du mur. Les douleurs des hanches et des extrémités inférieures, qui après avoir passé dans les viscères, disparaissent tout à coup, témoignent que la mort est proche, surtout quand d'autres signes s'ajoutent à celui-ci. Si pendant la fièvre, et sans apparence de tumeur, le malade est atteint de suffocation et ne peut avaler sa salive, ou s'il éprouve une distorsion du cou qui l'empêche de rien prendre, on ne parviendra pas à le sauver. Il succombera de même, si, dans le cours d'une fièvre continue, il est pris d'une fai-

---

rit, longius tamen tempus habiturum : ubi frigidus sudor inter febres non acutas circa caput tantum, et cervices oritur; aut ubi, febre non quiescente, corpus insudat; aut ubi corpus modo frigidum, modo calidum est, et color alius ex alio fit; aut ubi, quod inter febres aliqua parte abscessit, ad sanitatem non pervenit; aut ubi æger pro spatio parum emacrescit : item, si urina modo liquida et pura est, modo habet quædam subsidentia; si lævia atque alba rubrave sunt, quæ in ea subsidunt; aut si quasdam quasi miculas repræsentat; aut si bullulas excitat.

VI. Sed inter hæc quidem , proposito metu, spes tamen superest. Ad ultima vero jam ventum esse testantur, nares acutæ, collapsa tempora, oculi concavi, frigidæ languidæque aures et imis partibus leniter versæ, cutis circa frontem dura et intenta, color aut niger aut perpallidus; multoque magis, si ita hæc sunt, ut neque vigilia præcesserit, neque ventris resolutio, neque inedia. Ex quibus causis interdum hæc species oritur, sed uno die finitur : itaque diutius durans, mortis index est. Si vero in morbo vetere jam triduo talis est, in propinquo mors est; magisque, si præter hæc oculi quoque lumen refugiunt, et illacrimant; quæque in iis alba esse debent, rubescunt; atque in iisdem venulæ pallent; pituitaque in iis innatans, novissime angulis inhærescit; alterque ex his minor est; iique aut vehementer subsederunt, aut facti tumidiores sunt; perque somnum palpebræ non committuntur, sed inter has ex albo oculorum aliquid apparet, neque id fluens alvus expressit; eædemque palpebræ pallent, et idem pallor labra et nares decolorat; eademque labra, et nares, oculique, et palpebræ, et supercilia, aliquave ex his pervertuntur; isque propter imbecillitatem jam non audit, aut non videt. Eadem mors denunciatur, ubi æger supinus cubat, eique genua contracta sunt ; ubi deorsum ad pedes subinde delabitur; ubi brachia et crura nudat, et inæqualiter dispergit, neque iis calor subest ; ubi hiat ; ubi assidue dormit ; ubi is, qui mentis suæ non est, neque id facere sanus solet, dentibus stridet; ubi ulcus, quod aut ante, aut in ipso morbo natum est, aridum, et aut pallidum, aut lividum factum est. Illa quoque mortis indicia sunt, ungues, digitique pallidi; frigidus spiritus; aut si manibus quis in febre, et acuto morbo, vel insania, pulmonisve dolore, vel capitis, in veste floccos legit, fimbriasve diducit, vel in adjuncto pariete, si qua minuta eminent, carpit. Dolores etiam circa coxas et inferiores partes orti, si ad viscera transierunt, subitoque desierunt, mortem subesse testantur; magisque, si alia quoque signa accesserunt. Neque is servari potest, qui sine ullo tumore febricitans, subito strangulatur, aut devorare salivam suam non potest; cuive in eodem febris corporisque habitu cervix

blesse extrême ; si, la fièvre persistant, il est saisi de froid à la surface du corps, tandis qu'à l'intérieur la chaleur est assez grande pour exciter la soif, ou s'il est à la fois en proie au délire et à la difficulté de respirer ; s'il tombe en convulsion pour avoir pris de l'ellébore, ou s'il perd la parole à la suite d'un état d'ivresse. Sa perte est assurée dans l'un et l'autre cas, à moins que la fièvre ne vienne le délivrer des convulsions, ou que, l'ivresse étant dissipée, il ne commence à recouvrer la parole. Les maladies aiguës chez les femmes enceintes sont fréquemment suivies de mort. On doit la présager aussi, si le sommeil augmente la douleur, si l'on rend spontanément de la bile noire par haut ou par bas au commencement d'une maladie, ou si cette évacuation s'opère par l'une ou l'autre voie chez un sujet épuisé déjà par la durée de son affection. Même présage, si l'on expectore de la bile et du pus à la fois ou séparément. Quand ces crachats surviennent vers le septième jour, c'est vers le quatorzième que la mort a lieu généralement, à moins qu'il ne se manifeste de nouveaux symptômes moins violents ou plus graves, dont le résultat serait alors de rendre cette terminaison plus tardive ou plus prompte. Dans les fièvres aiguës, les sueurs froides sont funestes, et dans toute maladie on en peut dire autant des vomissements qui varient et sont de plusieurs couleurs, surtout quand les matières sentent mauvais. Vomir le sang pendant la fièvre n'est pas moins funeste. L'urine, quand elle est rouge et ténue, accuse une grande crudité, et souvent le malade est enlevé avant qu'elle ait pu venir à coction ; de sorte que ce caractère, en persévérant, annonce une issue fatale. La plus pernicieuse néanmoins, celle qui précède la mort, est l'urine noire, épaisse et fétide ; et c'est pour les hommes et les femmes la plus à craindre, de même que pour les enfants celle qui est aqueuse et ténue. Les selles qui varient attestent un égal péril ; elles sont composées de matières semblables à des râclures, de matières bilieuses, sanguinolentes et verdâtres, rendues isolément de temps à autre, ou évacuées tout à la fois, et quoique mélangées demeurant distinctes. Malgré cela, le malade peut traîner encore quelque temps ; mais il touche évidemment à sa fin, s'il a des selles liquides, noires, livides ou graisseuses, et caractérisées surtout par leur fétidité. On peut me demander sans doute comment il se fait, puisqu'il y a des indices certains de la mort, que des malades abandonnés des médecins aient néanmoins recouvré la santé, et que d'autres soient revenus au monde du sein même de leurs funérailles. On ajoutera que Démocrite, homme d'un si grand nom, prétendait que, pour établir la cessation de la vie comme fait accompli, on n'avait pas de caractères assez positifs ; et qu'à plus forte raison il était éloigné de convenir qu'on pût pronostiquer une mort éventuelle par des signes irrécusables. Je ne chercherai pas à prouver que l'analogie qui existe souvent entre plusieurs symptômes peut en effet égarer, non le praticien habile, mais le médecin sans expérience ; qu'Asclépiade par exemple, rencontrant un convoi, sut bien reconnaître à l'instant que celui qu'on allait inhumer n'avait point cessé de vivre, et qu'après tout l'art n'est pas responsable des fautes de celui qui l'exerce. Je dirai plus simplement :

convertitur, sic ut devorare æque nihil possit ; aut cui simul et continua febris et ultima corporis infirmitas est ; aut cui, febre non quiescente, exterior pars friget, interior sic calet, ut etiam sitim faciat ; aut qui, febre æque non quiescente, simul et delirio et spirandi difficultate vexatur ; aut qui, epoto veratro, exceptus distentione nervorum est ; aut qui ebrius obmutuit. Is enim fere nervorum distentione consumitur, nisi aut febris accessit, aut eo tempore, quo ebrietas solvi debet, loqui cœpit. Mulier quoque gravida acuto morbo facile consumitur ; et is, cui somnus dolorem anget ; et cui protinus, in recenti morbo, bilis atra vel infra vel supra se ostendit ; cuive alterutro modo se prompsit, cum jam longo morbo corpus ejus esset extenuatum et affectum. Sputum etiam biliosum, et purulentum, sive separatim ista, sive mista proveniunt, interitus periculum ostendunt. A si circa septimum diem tale esse cœpit, proximum est, ut is circa quartumdecimum diem decedat, nisi alia signa meliora pejorave accesserint : quæ, quo leviora graviorave subsecuta sunt, eo vel seriorem mortem, vel maturiorem denuntiant. Sudor quoque frigidus in acuta febre pestiferus est : atque in omni morbo vomitus, qui varius, et multorum colorum est ; præcipueque, si malus in hoc odor est. Ac sanguinem quoque in febre vomuisse, pestiferum est. Urina vero rubra et tenuis in magna cruditate esse consuevit ; et sæpe, antequam spatio maturescat, hominem rapit : itaque, si talis diutius permanet, periculum mortis ostendit. Pessima tamen est, præcipueque mortifera, nigra, crassa, mali odoris. Atque in viris quidem et mulieribus talis deterrima est : in pueris vero, quæ tenuis et diluta est. Alvus quoque varia, pestifera est, quæ strigmentum, sanguinem, bilem, viride aliquid, modo diversis temporibus, modo simul, et in mistura quadam, discreta tamen repræsentat. Sed hæc quidem potest paulo diutius trahere : in præcipiti vero jam esse denuntiat, quæ liquida, eademque vel nigra, vel pallida, vel pinguis est ; utique, si magna fœditas odoris accessit. Illud interrogari me posse ab aliquo scio : si certa futuræ mortis indicia sunt, quomodo interdum deserti a medicis convalescant, quosdamque fama prodiderit in ipsis funeribus revixisse ? Quin etiam vir jure magni nominis Democritus, ne finitæ quidem vitæ satis certas notas esse, proposuit, quibus medici credidissent : adeo illud non reliquit, ut certa aliqua signa futuræ mortis essent. Adversus quos ne dicam illud quidem, quod in vicino sæpe quædam notæ positæ, non bonos, sed imperitos medicos decipiunt ; quod Asclepiades funeri obvius intellexit, eum vivere, qui efferebatur : nec protinus crimen artis esse, si quod professoris sit. Illa tamen moderatius subjiciam : conjecturalem artem esse medicinam, rationemque conjecturæ

La médecine est un art conjectural qui doit par cela même abuser quelquefois, bien que presque toujours l'événement donne raison à ses conjectures; et lorsque sur mille personnes l'erreur se rencontre une fois à peine, la confiance n'en saurait être ébranlée, puisqu'elle repose encore sur le témoignage d'une foule innombrable. Ce que je dis ici des signes funestes s'entend également de ceux qui sont d'un heureux présage; car on est parfois déçu dans ses espérances, et tel vient à succomber, dont l'état n'inspirait d'abord aucune inquiétude. De même, les remèdes employés pour guérir produisent quelquefois un effet contraire. C'est le sort de la faiblesse humaine de ne pouvoir échapper à ces déceptions, au milieu de la diversité si grande des tempéraments; et cela ne doit pas empêcher de croire à la médecine, par cette raison que, dans la plupart des cas et chez le plus grand nombre de malades, elle est évidemment utile. Il ne faut pas ignorer cependant que c'est principalement dans les maladies aiguës que les indices de vie et de mort sont trompeurs.

VII. Après avoir exposé les signes communs à toutes les maladies, j'arrive à m'occuper de ceux qui sont propres à chaque espèce. Quelques-uns dénotent avant la fièvre, et d'autres durant l'état fébrile, ce qui se passe à l'intérieur, ou ce qui doit survenir. Avant la fièvre, s'il y a pesanteur de tête, si au sortir du sommeil la vue reste obscurcie, ou si l'on observe de fréquents éternuments, on peut craindre un afflux de pituite vers la tête. Y a-t-il pléthore sanguine, augmentation de la chaleur, une hémorragie a lieu d'ordinaire par quelque partie du corps. Si l'on maigrit sans motif, on est menacé de tomber dans la cachexie. Quand il y a douleur ou gonflement extrême des hypocondres, ou lorsque pendant tout le jour les urines n'offrent pas les caractères de la coction, il est manifeste que la digestion se fait mal. Ceux qui, sans avoir la jaunisse, conservent longtemps de mauvaises couleurs, sont affligés de maux de tête, ou portés à manger de la terre. Les personnes qui, depuis longtemps aussi, ont le visage pâle et bouffi, souffrent de la tête, des viscères ou des entrailles. Si dans une fièvre continue, un enfant ne va point à la selle, s'il change de couleur, qu'il n'ait point de sommeil et pleure constamment, les convulsions sont à craindre. Des rhumes fréquents chez les sujets dont le corps est grêle et allongé feront appréhender la phthisie. Lorsque depuis plusieurs jours il n'y a pas eu d'évacuations alvines, il faut s'attendre à une diarrhée subite ou à une fièvre légère. Quand les pieds sont enflés, que les déjections se prolongent, qu'on ressent de la douleur dans le bas-ventre et dans les hanches, l'hydropisie est menaçante, et c'est ordinairement vers les flancs qu'elle commence à paraître. On court le même danger lorsque, malgré les envies d'aller à la selle, on ne rend rien que des matières dures et avec beaucoup de peine, quand on a de plus les pieds enflés, et que l'enflure occupe aussi tantôt le côté droit, tantôt le côté gauche du ventre, où elle se montre et disparaît tour à tour. Dans ce cas, la maladie semble partir du foie. Comme indices de la même affection, on notera les tranchées autour de l'ombilic (στόφοι en grec), et les douleurs persistantes des hanches, auxquelles le temps et les remèdes n'apportent aucun soulagement. Les douleurs articulaires qui ont leur siége

---

talem esse, ut cum sæpius aliquando responderit, interdum tamen fallat. Non itaque, si quid vix in millesimo corpore aliquando decipit, fidem non habet, cum per innumerabiles homines respondeat. Idque non in iis tantum, quæ pestifera sunt, dico; sed in iis quoque, quæ salutaria. Siquidem etiam spes interdum frustratur, et moritur aliquis, de quo medicus securus primo fuit : quæque medendi causa reperta sunt, nonnumquam in pejus alicui convertunt. Neque id evitare humana imbecillitas in tanta varietate corporum potest. Sed est tamen medicinæ fides, quæ multo sæpius, perque multo plures ægros prodest. Neque tamen ignorare oportet, in acutis morbis fallaces magis notas esse et salutis, et mortis.

VII. Sed cum proposuerim signa, quæ in omni adversa valetudine communia esse consueverunt; eo quoque transibo, ut, quas aliquis in singulis morborum generibus habere possit notas, indicem. Quædam autem sunt, quæ ante febres, quædam quæ inter eas, quid aut futus sit, aut venturum sit, ostendunt. Ante febres, si caput grave est, aut ex somno oculi caligant, aut frequentia sternutamenta sunt, circa caput aliquis pituitæ impetus timeri potest. Si sanguis, aut calor abundat, proximum est, ut aliqua parte profluvium sanguinis fiat. Si sine causa quis emacrescit, ne in malum habitum corpus ejus recidat, metus est. Si præcordia dolent, aut inflatio gravis est, aut toto die non concocta fertur urina, cruditatem esse manifestum est. Quibus diu color sine morbo regio malus est, hi vel capitis doloribus conflictantur, vel terram edunt. Qui diu habent faciem pallidam et tumidam, aut capite, aut visceribus, aut alvo laborant. Si in continua febre puero venter nihil reddit, mutaturque ei color, neque somnus accedit, ploratque is assidue, metuenda nervorum distentio est. Frequens autem destillatio in corpore tenui longoque, tabem timendam esse testatur. Ubi pluribus diebus non descendit alvus, docet, aut subitam dejectionem, aut febriculam instare. Ubi pedes turgent, longæ dejectiones sunt, ubi dolor in imo ventre et coxis est, aqua inter cutem instat. Sed hoc morbi genus ab ilibus oriri solet. Idem propositum periculum est iis, quibus voluntas desideranti est, venter nihil reddit, nisi ex ægre et durum, tumor in pedibus est, idemque modo dextra, modo sinistra parte ventris, invicem oritur atque finitur. Sed a jocinore id malum proficisci videtur. Ejusdem morbi nota est, ubi circa umbilicum intestina torquentur, στρόφους Græci nominant, coxæque dolores manent; eaque neque tempore, neque remediis solvuntur.

aux pieds, aux mains, ou à quelque autre partie, et qui déterminent en cet endroit la rétraction des nerfs, ou bien la lassitude dans les membres pour la cause la plus légère, et la sensibilité au froid et au chaud, seront considérées comme avant-coureurs de la goutte, laquelle se fixera soit aux pieds, soit aux mains, ou sur toute autre articulation affectée de la même manière. Ceux qui dans leur enfance étaient sujets aux hémorragies nasales, et chez qui elles ont cessé de paraître, sont infailliblement exposés à des maux de tête, à de graves ulcérations dans les articulations, ou à quelque autre maladie. Les femmes qui ne sont pas réglées éprouveront des maux de tête excessifs, ou seront tourmentées par d'autres affections. Il n'y a pas moins de péril pour ceux qui, sans avoir la goutte ou des maladies analogues, sont pris de douleurs et de gonflements articulaires, avec des alternatives de retour et de rémission complète, surtout lorsqu'à cet état s'ajoutent la douleur des tempes et des sueurs nocturnes. La démangeaison au front fait craindre une ophthalmie. La femme qui ressent après l'accouchement de vives douleurs, sans autres signes fâcheux, est menacée d'une épistaxis vers le vingtième jour, ou d'un abcès des parties inférieures. L'une ou l'autre terminaison s'observera toutes les fois que les tempes et le front seront le siége d'une douleur intense; mais l'hémorragie se manifestera de préférence chez le jeune sujet, et la suppuration chez le vieillard. Une fièvre qui disparaît subitement, sans raison et sans signes favorables, se reproduit presque toujours. Celui qui jour et nuit a le sang à la bouche, sans qu'il y ait eu précédemment ni maux de tête, ni douleur aux hypocondres, ni toux, ni vomissement, ni fièvre légère, celui-là doit avoir un ulcère dans les narines ou l'arrière-gorge. Une tumeur à l'aine, accompagnée d'un mouvement fébrile, et survenant chez une femme sans cause apparente, dénonce un ulcère à la matrice. Une urine épaisse, et dont le sédiment est blanc, signifie qu'il existe de la douleur dans les articulations ou les viscères, et que la maladie peut s'en emparer. Celle qui est verte accuse dans les viscères de la douleur, ou l'existence d'une tumeur qui peut offrir du danger; elle témoigne en tout cas que la santé a subi quelque altération. Si l'on remarque dans l'urine du sang ou du pus, c'est que les reins ou la vessie sont ulcérés. Si l'urine est épaisse et présente des filaments minces comme des cheveux; si des bulles s'en dégagent, qu'elle soit de mauvaise odeur, que parfois elle charrie du sable et parfois du sang; si les hanches et la région pubienne sont douloureuses, qu'il y ait des rapports fréquents, quelquefois des vomissements bilieux, refroidissement des extrémités, envie fréquente et en même temps difficulté d'uriner; si l'urine expulsée est aqueuse ou jaune ou pâle, et que son émission amène pourtant un peu de soulagement; si beaucoup de gaz enfin s'échappent avec les selles, cela prouve que les reins sont affectés. Mais le mal est dans la vessie si l'urine sort goutte à goutte, si le sang s'y trouve mêlé, ou se présente à l'état de caillot qu'il faut rendre avec effort, et si l'on ressent vers le pubis des douleurs internes. Les signes suivants feront reconnaître la présence d'un calcul : on urine difficilement et en petite quantité; quelquefois le liquide s'échappe involontairement goutte à goutte, chargé de sable, mêlé de sang

Dolor autem articulorum, prout in pedibus, manibusve, aut alia qualibet parte sic est, ut eo loco nervi contrahantur; aut si id membrum, ex levi causa fatigatum, æque frigido, calidoque offenditur, ποδάγραν χειράγραν ve, vel ejus articuli, in quo id sentitur, morbum futurum esse denuntiat. Quibus in pueritia sanguis ex naribus fluxit, dein fluere desiit, hi vel capitis doloribus conflictentur necesse est, vel in articulis aliquas exulcerationes graves habeant, vel aliquo morbo etiam debilitentur. Quibus fœminis menstrua non proveniunt, necesse est capitis acerbissimi dolores sint, vel quælibet alia pars morbo infestetur. Eademque iis pericula sunt, quibus articulorum vitia, dolores tumoresque, sine podagra similibusque morbis, oriuntur, et desinunt : utique, si sæpe tempora iisdem dolent, noctuque corpora insudant. Si frons prurit, lippitudinis metus est. Si mulier a partu vehementes dolores habet, neque alia præterea signa mala sunt, circa vicesimum diem aut sanguis per nares erumpet, aut in inferioribus partibus aliquid abscedet. Quicumque etiam dolorem ingentem circa tempora et frontem habebit, is alterutra ratione eum finiet; magisque, si juvenis erit, per sanguinis profusionem, si senior, per suppurationem. Febris autem, quæ subito sine ratione, sine bonis signis finita est, fere revertitur. Cui fauces sanguine et interdiu et noctu replentur, sic ut neque capitis dolores, neque præcordiorum, neque tussis, neque vomitus, neque febricula præcesserit, hujus aut in naribus, aut in faucibus ulcus reperietur. Si mulieri inguen et febricula orta est, neque causa apparet, ulcus in vulva est. Urina autem crassa, ex qua quod desidit, album est, significat circa articulos, aut circa viscera dolorem, metumque morbi esse. Eadem viridis, aut viscerum dolorem, tumoremque cum aliquo periculo subesse, aut certe corpus integrum non esse, testatur. At si sanguis aut pus in urina est, vel vesica vel renes exulcerati sunt. Si hæc crassa, carunculas quasdam exiguas quasi capillos habet, aut si bullat, et male olet, et interdum quasi arenam, interdum quasi sanguinem trahit, dolent autem coxæ, quæque inter has superque pubem sunt, et accedunt frequentes ructus, interdum vomitus' biliosus, extremæque partes frigescunt, urinæ crebra cupiditas, sed magna difficultas est, et quod inde excretum est, aquæ simile, vel rufum, vel pallidum est, paulum tamen in eo levamenti est, alvus vero cum multo spiritu redditur, utique in renibus vitium est. At si paulatim destillat, vel si sanguis per hanc editur, et in eo quædam cruenta concreta sunt, idque ipsum cum difficultate redditur, et circa pubem interiores partes dolent, in eadem vesica vitium est. Calculosi vero his indiciis cognoscun-

ou de matières sanguinolentes ou purulentes. Les uns urinent plus facilement debout, les autres étant couchés sur le dos, principalement ceux qui ont des calculs volumineux; quelques-uns ont besoin de se courber et d'allonger la verge pour diminuer la douleur. On éprouve dans cette partie un sentiment de pesanteur qui s'augmente par la course et le mouvement. Il en est qui dans la violence du mal croisent alternativement les jambes l'une sur l'autre. Les femmes sont obligées souvent d'appliquer la main à l'orifice des parties naturelles et d'y exercer des frottements; si même elles pressent avec le doigt le col de la vessie elles sentent le calcul. Le sang écumeux, rendu par l'expectoration, indique une affection des poumons. Un dévoiement considérable peut devenir chez une femme enceinte une cause d'avortement. Si pendant la grossesse le lait s'échappe des mamelles, le fœtus renfermé dans l'utérus est débile; il est vigoureux au contraire, quand les seins sont durs. Des hoquets répétés, et qui se prolongent d'une manière insolite, annoncent l'inflammation du foie. Si des plaies accompagnées de gonflement s'affaissent subitement, et que cela ait lieu à la partie postérieure du corps, on peut redouter des mouvements convulsifs ou la rigidité des nerfs; si c'est à la partie antérieure, on doit s'attendre à une pleurésie aiguë ou au délire. La diarrhée qui survient quelquefois est alors très-favorable. La suppression brusque d'un écoulement de sang habituel peut être suivie d'hydropisie ou de phthisie. Cette consomption se déclare aussi, lorsque la suppuration qui s'est manifestée à la suite d'une pleurésie n'a pu être tarie dans l'espace de quarante jours. Une tristesse opiniâtre, accompagnée de frayeurs et d'insomnies, conduit à l'atrabile. Ceux qui sont sujets aux saignements de nez sont exposés au gonflement de la rate, ou à des maux de tête, pendant lesquels ils voient certaines images voltiger devant leurs yeux. Les personnes qui ont de grosses rates ont les gencives en mauvais état, l'haleine forte, et sont sujettes à divers écoulements de sang. Quand ces symptômes ne se rencontrent pas, les jambes sont affectées d'ulcères de mauvaise nature, qui laissent après eux de noires cicatrices. S'il existe une cause de douleur et si le malade paraît insensible, il y a démence. Le sang qui s'épanche dans le ventre se convertit en pus. Si la douleur passe des hanches et des parties inférieures à la poitrine, sans donner lieu d'abord à aucun signe fâcheux, on court le risque de voir la suppuration s'établir en cet endroit. Lorsqu'en l'absence de toute fièvre, une partie du corps devient le siège d'une douleur ou d'une démangeaison accompagnée de rougeur et de chaleur, il doit s'y former un abcès. Une urine claire, chez un homme mal portant, fait présager quelque suppuration vers les oreilles.

Si à l'aide de ces indices, et sans que la fièvre existe, on est sur la voie des affections cachées ou futures, le jugement devient bien plus assuré quand la fièvre s'ajoute à ces symptômes. Alors aussi on voit surgir les signes particuliers à d'autres maladies. Par exemple le délire est imminent, lorsqu'un individu laisse échapper tout à coup des paroles plus brèves que de coutume, et montre dans ses discours une assurance et une loquacité qui ne lui étaient pas ordinaires; lors-

tur : difficulter urina redditur, paulatimque, interdum etiam sine voluntate, destillat; eadem arenosa est; nonnumquam aut sanguis, aut cruentum, aut purulentum aliquid cum ea excernitur; eamque quidam promptius recti, quidam resupinati, maximeque ii, qui grandes calculos habent, quidam etiam inclinati reddunt, colemque extendendo, dolorem levant. Gravitatis quoque cujusdam in ea parte sensus est : atque ea cursu, omnique motu augentur. Quidam etiam, cum torquentur, pedes inter se, subinde mutatis vicibus, implicant. Fœminæ vero oras naturalium suorum manibus admotis scabere crebro coguntur : nonnumquam, si digitum admoverunt, ubi vesicæ cervicem is urget, calculum sentiunt. At qui spumantem sanguinem exscreant, his in pulmone vitium est. Mulieri gravidæ sine modo fusa alvus elidere partum potest. Eidem si lac ex mammis profluit, imbecillum est quod intus gerit : duræ mammæ, sanum illud esse, testantur. Frequens singultus, et præter consuetudinem continuus, jecur inflammatum esse, significat. Si tumores super ulcera subito esse desierunt, idque a tergo incidit, vel distentio nervorum, vel rigor timeri potest : at si a priore parte id evenit, vel lateris acutus dolor, vel insania exspectanda est; interdum etiam ejusmodi casum, quæ tutissima inter hæc est, profusio alvi sequitur. Si ora venarum, sanguinem solita fundere, subito suppressa sunt, aut aqua inter cutem, aut tabes sequitur. Eadem tabes subit, si in lateris dolore orta suppuratio intra quadraginta dies purgari non potuit. At si longa tristitia cum longo timore et vigilia est, atræ bilis morbus subest. Quibus sæpe ex naribus fluit sanguis, his aut lienis tumet, aut capitis dolores sunt; quos sequitur, ut quædam ante oculos tanquam imagines obversentur. At quibus magni lienes sunt, his gingivæ malæ sunt, et os olet, aut sanguis aliqua parte prorumpit : quorum si nihil evenit, necesse est in cruribus mala ulcera, et ex his nigræ cicatrices fiant. Quibus causa doloris, neque sensus ejus est, his mens labat. Si in ventrem sanguis confluxit, ibi in pus vertitur. Si a coxis, et ab inferioribus partibus dolor in pectus transit, neque ullum signum malum accessit, suppurationis eo loco periculum est. Quibus sine febre aliqua parte dolor, aut prurigo, cum rubore et calore est, ibi aliquid suppurat. Urina quoque, quæ in homine sano parum liquida est, circa aures futuram aliquam suppurationem esse denuntiat.

Hæc vero, cum sine febre quoque vel latentium, vel futurarum rerum notas habeant, multo certiora sunt, ubi febris accessit; atque etiam aliorum morborum tum signa nascuntur. Ergo protinus insania timenda est, ubi expeditior alicujus, quam sani fuit, sermo est, subitaque loquacitas orta est, et hæc ipsa solito audacior : aut ubi raro quis et vehementer spirat, venasque concitatas habet,

que aussi sa respiration est rare et énergique, que ses vaisseaux battent avec force et que les hypocondres sont durs et gonflés. Les mouvements fréquents des yeux, la céphalalgie avec obscurcissement de la vue, la privation de sommeil sans qu'il y ait douleur, et l'insomnie persistant jour et nuit, annoncent également le délire. On portera le même pronostic, si le malade, contrairement à ses habitudes et sans y être forcé par la douleur, se tient couché sur le ventre, et si, conservant encore ses forces, il éprouve un grincement de dents insolite. La rétrocession d'un abcès avant sa suppuration, et cela quand la fièvre dure encore, entraîne d'abord un délire furieux et la mort ensuite. Une douleur aiguë de l'oreille, accompagnée d'une fièvre continue et violente, porte souvent aussi le désordre dans l'intelligence. Les jeunes gens succombent quelquefois dans ce cas vers le septième jour et les vieillards plus tard, par la raison que chez eux les fièvres intenses et le délire surviennent moins facilement; de sorte qu'ils se soutiennent jusqu'au moment où la suppuration s'établit. La congestion sanguine des mamelles sert de même à présager le délire furieux. Les fièvres de longue durée provoquent la formation d'abcès, ou l'apparition de douleurs articulaires. On est menacé de convulsions, quand dans le cours d'une fièvre la respiration en traversant le gosier est entrecoupée. Si l'angine cesse tout à coup, le mal se jette sur le poumon, et enlève souvent le malade au septième jour; si la mort n'arrive pas, il s'établit quelque part un foyer de suppuration. A la suite d'une diarrhée prolongée, survient la dyssenterie; à celle-ci succède la lienterie, et à des rhumes fréquents la phthisie. Après la pleurésie se déclarent les maladies du poumon, qui sont suivies de délire. De même une grande effervescence du corps peut produire la rigidité des nerfs ou des convulsions. Dans les blessures de tête il y a délire, et dans les insomnies douloureuses, convulsions. Quand les vaisseaux qui environnent un ulcère sont animés de battements violents, il faut craindre une hémorragie. La suppuration se manifeste sous l'influence de plusieurs affections. Ainsi, lorsque des fièvres déjà anciennes persévèrent sans douleur et sans cause évidente, la suppuration se fait jour quelque part; mais chez les jeunes gens surtout, car chez les sujets plus âgés le même état donne presque toujours naissance à la fièvre quarte. Si les hypocondres étant durs et douloureux, le malade n'est pas mort avant le vingtième jour, s'il n'y a pas eu d'épistaxis, principalement chez un jeune homme, et si dès le commencement il s'est plaint d'un obscurcissement de la vue ou de maux de tête, la suppuration s'établit encore; mais alors le dépôt a son siège dans les parties inférieures. Les hypocondres présentent-ils au contraire une tumeur molle durant soixante jours, avec persistance de la fièvre; la suppuration se formera, mais dans les parties supérieures; et si l'abcès n'occupe pas les viscères, il se manifestera vers les oreilles. Toute tumeur qui dure depuis un temps assez long tend à suppurer, et cette tendance est plus marquée si la tumeur est située dans les hypocondres que si elle se développe dans le ventre; si elle existe au-dessus de l'ombilic qu'au-dessous. Si la fièvre est accompagnée d'un sentiment de lassitude, l'abcès se portera sur la mâchoire ou sur quelque articulation. Quelquefois aussi, après avoir rendu pendant longtemps une

---

præcordiis duris et tumentibus. Oculorum quoque frequens motus; et in capitis dolore offusæ oculis tenebræ; vel, nullo dolore substante, somnus ereptus, continuataque nocte et die vigilia; vel prostratum contra consuetudinem corpus in ventrem, sic ut ipsius alvi dolor id non coegerit; item, robusto adhuc corpore, insolitus dentium stridor, insaniæ signa sunt. Si quid etiam abscessit, et antequam suppuraret, manente adhuc febre, subsedit, periculum affert primum furoris, deinde interitus. Auris quoque dolor acutus, cum febre continua vehementique, sæpe mentem turbat; et ex eo casu juniores interdum intra septimum diem moriuntur; seniores, tardius; quoniam neque æque magnas febres experiuntur, neque æque insaniunt: ita sustinent, dum is affectus in pus vertatur. Suffusæ quoque sanguine mulieris mammæ, furorem venturum esse, testantur. Quibus autem longæ febres sunt, his aut abscessus aliqui, aut articulorum dolores erunt. Quorum faucibus in febre illiditur spiritus, instat his nervorum distentio. Si angina subito finita est, in pulmonem id malum transit; idque sæpe intra septimum diem occidit: quod nisi incidat, sequitur ut aliqua parte suppuret. Deinde post alvi longam resolutionem, tormina; post hæc, intestinorum lævitas oritur; post nimias destillationes, tabes; post lateris dolorem, vitia pulmonum; post hæc, insania; post magnos fervores corporis, nervorum rigor, aut distentio; ubi caput vulneratum est, delirium; ubi vigilia torsit, nervorum distentio; ubi vehementer venæ super ulcera moventur, sanguinis profluvium. Suppuratio vero pluribus morbis excitatur. Nam si longæ febres sine dolore, sine manifesta causa remanent in aliquam partem id malum incumbit; in junioribus tamen: nam in senioribus ex ejusmodi morbo quartana fere nascitur. Eadem suppuratio fit, si præcordia dura, dolentia ante vicesimum diem hominem non sustulerunt, neque sanguis ex naribus fluxit, maximeque in adolescentibus; utique, si inter principia aut oculorum caligo, aut capitis dolores fuerunt: sed tum in inferioribus partibus aliquid abscedit. Aut si præcordia tumorem mollem habent, neque habere intra sexaginta dies desinunt, hæretque per omne id tempus febris: sed tum in superioribus partibus fit abscessus; ac si inter ipsa viscera non fit, circa aures erumpit. Cumque omnis longus tumor ad suppurationem fere spectet, magis eo tendit is, qui in præcordiis, quam is, qui in ventre est; is, qui supra umbilicum, quam is, qui infra est. Si lassitudinis etiam sensus in febre est, vel in maxillis, vel in articulis aliquid abscedit. Interdum quoque urina tenuis et cruda sic diu fertur, ut alia salutaria signa sint; exque eo casu plerumque infra transversum septum

urine ténue et crue, et quand tous les autres signes sont favorables, on voit un abcès survenir au-dessous de la cloison que les Grecs appellent *diaphragme*. La douleur du poumon qui n'est point dissipée par l'expectoration, et qui ne cède ni à la saignée, ni au régime, donne lieu quelquefois à des vomiques vers le vingtième, trentième, quarantième et même jusqu'au soixantième jour. Nous comptons, il est vrai, à partir du jour où la fièvre s'est déclarée, ou bien du jour où le malade a ressenti des frissons ou de la pesanteur dans le côté. La vomique vient tantôt du poumon, tantôt de la plèvre. La suppuration provoque la douleur et l'inflammation des parties avec lesquelles elle se trouve en contact. Il y a là plus de chaleur; et si le malade veut se coucher sur le côté sain, il accuse en cet endroit un sentiment de pesanteur. Quand la suppuration n'est pas encore accessible aux regards, on est assuré néanmoins qu'elle existe, si la fièvre n'abandonne pas le malade, si pendant le jour elle est moins forte et plus intense pendant la nuit, s'il y a des sueurs abondantes, des envies de tousser, et si la toux ne fournit presque rien à l'expectoration. Les yeux caves, la rougeur des pommettes, la décoloration des veines situées sous la langue, la courbure plus prononcée des ongles, la chaleur des doigts surtout à leur extrémité, l'enflure des pieds, l'embarras de la respiration, le dégoût des aliments et l'apparition de pustules sur tout le corps, sont autant de signes à l'appui. S'il y a, dès le début, douleur, toux et difficulté de respirer, la rupture de la vomique aura lieu avant le vingtième jour ou vers cette époque; mais si ces symptômes ont paru plus tard, il faut qu'ils se développent; et leur disparition sera d'autant plus lente qu'ils auront mis plus de temps à se prononcer. Dans les maladies graves, il est assez ordinaire que les pieds, les orteils et les ongles deviennent noirs; et si cet état n'entraîne pas la mort et que le malade revienne à la santé, les pieds néanmoins se séparent du corps.

VIII. Je dois parler maintenant des signes particuliers à chaque espèce de maladie, et qui révèlent ce qu'il faut espérer ou craindre. Si, dans les douleurs de vessie, on rend une urine purulente avec un dépôt blanc et uni, on ne doit pas s'alarmer. Dans l'inflammation du poumon, si la douleur est diminuée par l'expectoration, même lorsqu'elle est purulente; si la respiration est facile, que les crachats soient rendus sans effort, et que le malade supporte assez bien son mal, on peut espérer le rétablissement de la santé. Il ne faut pas trop s'inquiéter non plus, en voyant dès le début des crachats jaunes et mêlés de sang, pourvu qu'ils soient rejetés immédiatement. Les pleurésies sont suivies de guérison lorsque la suppuration qui s'était manifestée est tout à fait épuisée dans l'espace de quarante jours. Si l'abcès a son siége dans le foie, et si le pus qu'il fournit est pur et blanc, on en revient facilement; car dans ce cas, le mal est dans une enveloppe. Les abcès sont moins redoutables quand ils se portent vers l'extérieur et se terminent en pointe. Pour ceux qui se dirigent en dedans, les moins graves sont les abcès qui n'intéressent pas la peau adjacente, et qui la laissent sans douleur et sans changement de coloration. On doit être affranchi de toute inquiétude, si le pus, quelle que soit son origine, est blanc, uni, d'une seule couleur; si

---

(quod διάφραγμα Græci vocant) fit abscessus. Dolor etiam pulmonis, si neque per sputa, neque per sanguinis detractionem, neque per victus rationem finitus est, vomicas aliquas interdum excitat, aut circa vicesimum diem, a ut circa tricesimum, aut circa quadragesimum, nonnumquam etiam circa sexagesimum. Numerabimus autem ab eo die, quo primum febricitavit aliquis, aut inhorruit, aut gravitatem ejus partis sensit. Sed hæ vomicæ modo a pulmone, modo a contraria parte nascuntur. Quod suppurat, ab ea parte, quam afficit, dolorem inflammationemque concitat; ipsum calidius est; et si in partem sanam aliquis decubuit, onerare eam ex pondere aliquo videtur. Omnis etiam suppuratio, quæ nondum oculis patet, sic deprehendi potest : si febris non dimittit, eaque interdiu levior est, noctu increscit; multus sudor oritur; cupiditas tussiendi est, et pene nihil in tussi exscreatur; oculi cavi sunt; malæ rubent; venæ sub lingua inalbescunt; in manibus fiunt adunci ungues; digiti, maximeque summi, calent; in pedibus tumores oriuntur; spiritus difficulter trahitur; cibi fastidium est; pustulæ toto corpore oriuntur. Quod si protinus initio dolor et tussis fuit, et spiritus difficultas, vomica vel ante vel circa vicesimum diem erumpet : si serius ista cœperint, necesse est quidem increscant; sed quo minus cito affecerint, eo tardius solventur. Solent etiam in gravi morbo pedes cum digitis unguibusque nigrescere; quod si non is mors consecuta, et reliquum corpus invaluit, pedes tamen decidunt.

VIII. Sequitur, ut in quoque morbi genere proprias notas explicem, quæ vel spem, vel periculum ostendant. Ex vesica dolenti, si purulenta urina processit, inque ea læve et album subsedit, metum detrahit. In pulmonis morbo, si sputo ipso levatur dolor, quamvis id purulentum est, tamen æger facile spirat, facile exscreat, morbum ipsum non difficulter fert, potest ei secunda valetudo contingere. Neque inter initia terreri convenit, si protinus sputum mistum est rufo quodam, et sanguine, dummodo statim edatur. Laterum dolores, suppuratione facta, deinde intra quadragesimum diem purgata, finiuntur. Si in jocinore vomica est, et ex ea fertur pus purum et album, salus ei facilis : id enim malum in tunica est. Ex suppurationibus vero eæ tolerabiles sunt, quæ in exteriorem partem feruntur, et acuuntur : at ex iis quæ intus procedunt, eæ leviores, quæ contra se entem non afficiunt, eamque et sine dolore et ejusdem coloris, cujus reliquæ partes sunt, sinunt esse. Pus quoque, quacumque parte erumpit, si est læve, album, et unius coloris, sine ullo metu est; et quo effuso, febris protinus conquievit, desieruntque urgere cibi fastidium et potionis desiderium. Si quando etiam suppuratio descendit in crura, sputumque ejusdem factum pro rufo purulentum

après son évacuation la fièvre s'apaise, et si la soif et le dégoût des aliments disparaissent. Le danger est moindre lorsqu'un abcès survient à la jambe, et que les crachats, de jaunes qu'ils étaient, deviennent purulents. Dans la phthisie qui doit avoir une heureuse terminaison, il faut que les crachats soient blancs, parfaitement homogènes, de la même couleur, et sans mélange de pituite. L'humeur qui descend du cerveau dans les narines doit offrir les mêmes caractères. L'absence totale de la fièvre est d'un excellent présage. C'est encore un signe favorable, quand elle est assez légère pour ne pas s'opposer à l'alimentation et ne pas exciter la soif. C'est de même une circonstance avantageuse dans cette maladie d'aller chaque jour à la selle, et de rendre des matières moulées et dans un rapport convenable avec les aliments qu'on a pris. Il est à désirer enfin que le corps ne soit pas grêle, que la poitrine soit large et velue, les cartilages minces et recouverts de chair. Chez une femme atteinte de suppression des menstrues avec douleur persistante à la poitrine et entre les épaules, la phthisie peut s'arrêter, s'il survient tout à coup une éruption des règles. Alors en effet la toux diminue, et la soif ainsi que le mouvement fébrile disparaissent. Mais si le flux menstruel ne revient pas, une vomique se fera jour, qui sera d'autant moins redoutable qu'elle sera plus mêlée de sang. L'hydropisie qui se déclare sans aucune affection précédente n'a rien d'inquiétant, non plus que celle qui succède à une maladie chronique, pourvu que les viscères soient en bon état, que la respiration soit facile, qu'on ne ressente ni douleur ni chaleur, qu'il n'y ait point d'enflure aux extrémités, qu'on n'éprouve ni toux, ni soif, ni sécheresse de la langue, même pendant le sommeil, que l'appétit se maintienne, que le ventre obéisse à l'action des médicaments, qu'il y ait des selles naturelles molles et bien moulées, que l'abdomen s'affaisse, que les urines varient selon le changement de vin et l'usage de certaines boissons médicamenteuses; qu'enfin le malade n'accuse point de lassitude et supporte sans effort sa maladie. La réunion de toutes ces circonstances ne laisse rien à craindre; et n'y en eût-il qu'une partie, on devrait conserver bon espoir. Les maladies des articles, telles que la podagre et la chiragre chez les jeunes sujets surtout, et lorsqu'elles n'ont pas produit de nodosités, sont susceptibles de guérison. L'amélioration se fait principalement sentir quand il survient de vives coliques ou un flux de ventre, quel qu'il soit. L'épilepsie qui se manifeste avant la puberté disparaît assez facilement; et quand on sent l'accès commencer par une partie du corps, il vaut beaucoup mieux que ce soit par les pieds et les mains, ou au moins par le côté. Le cas le plus grave, c'est de voir l'attaque débuter par la tête. Dans ce genre d'affections, on obtient les meilleurs effets des évacuations alvines. La diarrhée qui n'est pas accompagnée de mouvement fébrile ne peut entraîner aucun inconvénient quand elle s'arrête promptement, que le ventre ne fait sentir aucun mouvement à la pression, et que les gaz sortent librement par en bas. La dyssenterie elle-même n'offre pas de grands dangers, si le sang et les raclures s'écoulent sans fièvre et sans autre complication; de sorte qu'on peut non-seulement en guérir la femme enceinte, mais aussi conserver l'enfant. C'est une condition favorable dans cette maladie d'être un peu avancé en âge. La lienterie au contraire est plus facilement combattue dans les premières années, pourvu que les urines coulent librement et que le

est, periculi minus est. At in tabe ejus, qui salvus futurus est, sputum esse debet album, æquale totum, ejusdemque coloris, sine pituita; eique etiam simile esse oportet, si quid in nares a capite destillat. Longe optimum est, febrem omnino non esse; secundum est, tantulam esse, ut neque cibum impediat, neque crebram sitim faciat. Alvus in hac valetudine ea tuta est, quæ quotidie coacta, eaque convenientia iis, quæ assumuntur, reddit; corpus id, quod minime tenue, maximeque lati pectoris atque setosi est, cujusque cartilago exigua, et carnosa est. Super tabem si mulieri suppressa quoque menstrua fuerunt, et circa pectus atque scapulas dolor mansit, subitoque sanguis erupit, levari morbus solet : nam et tussis minuitur, et sitis atque febricula desinunt. Sed iisdem fere, nisi redit sanguis, vomica erumpit; quæ quo cruentior, eo melior est. Aqua autem inter cutem minime terribilis est, quæ nullo antecedente morbo cœpit; deinde, quæ longo morbo supervenit : utique, si firma viscera sunt; si spiritus facilis; si nullus dolor; si sine calore corpus est, æqualiterque in extremis partibus macrum est; si venter mollis; si nulla tussis, nulla sitis; si lingua, ne per somnum quidem, inarescit; si cibi cupiditas est; si venter medicamentis movetur; si per se excernit mollia et figurata; si extenuatur; si urina, et vini mutatione, et epotis aliquibus medicamentis mutatur; si corpus sine lassitudine est, et morbum facile sustinet : siquidem in quo omnia hæc sunt, is ex toto tutus est; in quo plura ex his sunt, is in bona spe est. Articulorum vero vitia, ut podagræ chiragræque, si juvenes tentarunt, neque callum induxerunt, solvi possunt : maximeque torminibus leniuntur, et quocumque modo venter fluit. Item morbus comitialis ante pubertatem ortus, non ægre finitur : et in quo ab una parte corporis venientis accessionis sensus incipit, optimum est a manibus pedibusve initium fieri; deinde, a lateribus; pessimum inter hæc, a capite. Atque in his quoque ea maxime prosunt, quæ per dejectiones excernuntur. Ipsa autem dejectio sine ulla noxa est, quæ sine febre est; si celeriter desinit; si contrectato ventre nullus motus ejus sentitur; si extremam alvum spiritus sequitur. Ac ne tormina quidem periculosa sunt, si sanguis et strigmenta descendunt, dum febris ceteræque accessiones hujus morbi absint : adeo ut etiam gravida mulier, non solum reservari possit, sed etiam partum reservare. Prodestque in hoc morbo, si jam ætate aliquis processit. Contra, intestinorum lævitas facilius a teneris ætatibus depellitur; utique, si ferri urina, et ali cibo corpus

corps commence à prendre de la nourriture. Le jeune âge influe de même favorablement sur les douleurs des hanches et des épaules, et dans tous les cas de paralysie. Lorsqu'on n'éprouve pas d'engourdissement dans les hanches, mais une légère sensation de froid, la guérison est prompte et facile, malgré l'intensité des douleurs. Tout membre paralysé peut aussi reprendre son intégrité, s'il continue à se nourrir. La paralysie de la bouche peut être guérie par un flux de ventre. Toute évacuation alvine agit efficacement dans les ophthalmies. Des varices, un écoulement subit de sang par les veines hémorroïdales, ou la dyssenterie mettent un terme à la folie. Les douleurs des bras, qui tendent à gagner les mains ou les épaules, disparaissent à la suite de vomissements de bile noire. Celles qui se dirigent vers les parties inférieures sont plus facilement dissipées. L'éternument fait cesser le hoquet, et le vomissement arrête les diarrhées prolongées. Les femmes sont délivrées des vomissements de sang par l'apparition des menstrues. Si elles ne sont pas réglées, un saignement de nez les exempte de tout danger. Celles qui souffrent aux parties sexuelles, ou dont l'accouchement est laborieux, sont soulagées par l'éternument. La fièvre quarte d'été est presque toujours de courte durée. Le délire est salutaire lorsqu'il y a chaleur et tremblement. La dyssenterie est favorable dans les affections de la rate. Enfin la fièvre elle-même (ce qui doit surprendre encore davantage) est souvent d'un utile secours. En effet, elle dissipe les douleurs des hypocondres lorsqu'il n'y a pas d'inflammation, vient en aide à celles du foie, fait cesser entièrement les convulsions et le tétanos quand elle survient après l'attaque,

et, par la chaleur qu'elle développe, met l'urine en mouvement, et guérit ainsi l'affection iliaque qui tenait à la difficulté d'uriner. Les maux de tête accompagnés d'obscurcissement de la vue, de rougeur et de démangeaison au front, ne résistent pas à un écoulement de sang fortuit ou provoqué. Les douleurs qui ont leur siège à la tête et au front, et qui se manifestent sous l'influence du vent, du froid ou de la chaleur, disparaissent devant le rhume et les éternûments. Un frisson subit enlève la fièvre ardente que les Grecs appellent *causus* (καυσώδης). Lorsque dans le cours d'une fièvre l'ouïe est devenue obtuse, cet accident ne persiste pas après une hémorragie nasale ou une évacuation alvine. Rien n'est plus efficace contre la surdité que des selles bilieuses. Ceux à qui sont survenus dans l'urètre de petites tumeurs (en grec φύματα), sont rendus à la santé dès que le pus est évacué par le canal. Comme ces guérisons arrivent d'elles-mêmes pour la plupart, il ne faut pas ignorer qu'au milieu de toutes les ressources de l'art, c'est encore le pouvoir de la nature qui se fait le plus sentir.

Au contraire, la douleur de vessie avec fièvre continue et resserrement du ventre est un accident funeste (3). Ce péril menace surtout les enfants depuis l'âge de sept ans jusqu'à quatorze. Dans l'inflammation du poumon, si l'expectoration n'a pas lieu dès le principe, qu'elle commence à paraître au septième jour et se prolonge au delà, il y a danger, et il est d'autant plus grand que les couleurs des crachats sont plus mêlées et moins distinctes entre elles. Et cependant rien n'est plus grave que les crachats sans mélange, qu'ils soient jaunes, sanglants, blancs, visqueux, pâles, écumeux. Les crachats

---

incipit. Eadem ætas prodest et in coxæ dolore, et humerorum, et in omni resolutione nervorum. Ex quibus coxa, si sine torpore est, si leviter friget, quamvis magnos dolores habet, tamen et facile et mature sanatur : resol. tumque membrum, si nihilo minus alitur, fieri sanum potest. Oris resolutio etiam alvo cita finitur. Omnisque dejectio lippienti prodest. At varix ortus, vel per ora venarum subita profusio sanguinis, vel tormina, insaniam tollunt. Humerorum dolores, qui ad scapulas vel manus tendunt, vomitu atræ bilis solvuntur : et quisquis dolor deorsum tendit, sanabilior est. Singultus sternutamento finitur. Longas dejectiones supprimit vomitus. Mulier sanguinem vomens, profusis menstruis, liberatur. Quæ menstruis non purgatur, si sanguinem ex naribus fudit, omni periculo vacat. Quæ locis laborat, aut difficulter partum edit, sternutamento levatur. Æstiva quartana fere brevis est. Cui calor et tremor est, saluti delirium est. Lienosis bono tormina sunt. Denique ipsa febris, quod maxime mirum videri potest, sæpe præsidio est. Nam et præcordiorum dolores, si sine inflammatione sunt, finit; et jocinoris dolori succurrit; et nervorum distentionem rigoremque, si postea cœpit, ex toto tollit; et ex difficultate urinæ morbum tenuioris intestini ortum, si urinam

per calorem movet, levat. At dolores capitis, quibus oculorum caligo, et rubor cum quadam frontis prurigine accedunt, sanguinis profusione, vel fortuita, vel etiam petita, summoventur. Si capitis, ac frontis dolores ex vento, vel frigore, aut æstu sunt, gravedine et sternutamentis finiuntur. Febrem autem ardentem, quam Græci καυσώδη vocant, subitus horror exsolvit. Si in febre aures obtusæ sunt, si sanguis e naribus fluxit, aut venter resolutus est, illud malum desinit ex toto. Nihil plus adversus surditatem, quam biliosa alvus potest. Quibus in fistula urinæ minuti abscessus, quos φύματα Græci vocant, esse cœperunt, iis, ubi pus ea parte profluxit, sanitas redditur. Ex quibus cum pleraque per se proveniant, scire licet, inter ea quoque, quæ ars adhibet, naturam plurimum posse.

Contra, si vesica febre continenti dolet, neque venter quidquam reddit, malum atque mortiferum est ; maximeque id periculum est pueris, a septimo anno ad quartumdecimum. In pulmonis morbo, si sputum primis diebus non fuit, deinde a septimo die cœpit, et ultra septimum mansit, periculosum est ; quantoque magis mistos, neque inter se diductos colores habet, tanto deterius. Et tamen nihil pejus est, quam sincerum id edi, sive rufum

noirs néanmoins sont encore les plus funestes. La toux, le coryza et même l'éternument, qui dans d'autres cas est salutaire, ajoutent à la gravité de cette affection, et le péril devient extrême quand il survient une diarrhée subite. En bien ou en mal, ces signes ont la même valeur dans la pleurésie que dans la pneumonie. Dans les abcès du foie, si le pus qui se fait jour est sanguinolent, le cas est mortel. Les abcès les plus à craindre sont ceux qui tendent à devenir profonds ou qui altèrent la couleur de la peau. Quant à ceux qui se portent à l'extérieur, les plus mauvais sont les plus étendus et les moins saillants. S'il y a eu rupture d'une vomique, ou que le pus se soit frayé une issue au dehors, et que la fièvre ne tombe pas ou reparaisse après avoir cessé, s'il y a soif, dégoût des aliments et dérangement du ventre, si le pus est livide et pâle, et que le malade n'expectore qu'une pituite écumeuse, le péril est certain. Les vieillards sont presque toujours enlevés par la suppuration qui succède aux affections du poumon. Celle qui s'empare des autres viscères emporte plutôt les jeunes gens. Les crachats mêlés de pus dans la phthisie et chez un sujet débile, ainsi que la fièvre continue qui ne permet de prendre aucune nourriture et provoque la soif, témoignent qu'il y a danger. Si le malade lutte encore quelque temps contre cette affection, il ne tarde pas ensuite à mourir dès que ses cheveux commencent à tomber, que les urines présentent un sédiment semblable à des toiles d'araignée, qu'elles sont d'une odeur fétide, et, en dernier lieu, dès que le dévoiement survient. Cette terminaison est plus fréquente en automne, époque où finissent le plus souvent les malades qui ont langui pendant le cours de l'année. Cesser tout à coup de rendre du pus après en avoir craché est un indice mortel. Chez les jeunes gens, la phthisie donne ordinairement naissance à des vomiques et à des fistules dont il est difficile d'obtenir la guérison, à moins qu'elle ne soit secondée par le concours d'un grand nombre de signes favorables. Il est bien moins facile encore de guérir les filles et les femmes atteintes de cette maladie, et chez lesquelles il y a suppression des règles. L'homme surpris en santé par un mal de tête subit, qui tombe ensuite dans un sommeil profond et stertoreux dont on ne peut le tirer, doit périr vers le septième jour, surtout si ses paupières entr'ouvertes laissent apercevoir le blanc de l'œil, bien qu'il n'y ait pas eu de diarrhée précédente. La mort est alors inévitable, si la fièvre ne vient dissiper tous les accidents. L'hydropisie qui se déclare à la suite d'une affection aiguë est rarement susceptible de guérir; elle le sera d'autant moins qu'elle s'accompagnera de signes contraires à ceux que nous avons établis plus haut. Dans ce cas aussi la toux ne laisse aucun espoir : il en est de même s'il y a des hémorragies par haut et par bas, et si l'eau envahit le milieu du corps. Quelques hydropiques voient survenir des tumeurs qui disparaissent pour se montrer de nouveau. Ceux-là sont moins exposés que les autres, s'ils savent s'observer; mais presque toujours ils sont victimes d'un excès de confiance dans le retour de la santé. On pourra s'étonner que certains maux qui nous affligent puissent en quelque sorte devenir nécessaires ; et cependant si l'on évacue tout à coup l'eau qui constitue

---

est, sive cruentum, sive album, sive glutinosum, sive pallidum, sive spumans : nigrum tamen pessimum est. In eodem morbo periculosa sunt tussis, destillatio ; etiam, quod alias salutare habetur, sternutamentum : periculosissimumque est, si hæc secuta subita dejectio est. Fere vero quæ in pulmonis, eadem in lateris doloribus, et mitiora signa, et asperiora esse consuerunt. Ex jochore si pus cruentum exit, mortiferum est. At ex suppurationibus eæ pessimæ sunt, quæ intus tendunt, sic ut exteriorem quoque cutem decolorent : ex iis deinde, quæ in exteriorem partem prorumpunt, quæ maximæ, quæque planissimæ sunt. Quod si, ne rupta quidem vomica, vel pure extrinsecus emisso, febris quievit, aut quamvis quieverit, tamen repetit; item si sitis est, si cibi fastidium, si venter liquidus, si pus est lividum et pallidum, si nihil æger exscreat nisi pituitam spumantem, periculum certum est. Atque ex iis quidem suppurationibus, quas pulmonum morbi concitarunt, fere senes moriuntur; ex ceteris juniores. At in tabe sputum mistum purulentum, febris assidua, quæ et cibi tempora eripit, et siti affligit, in corpore tenui periculum subesse testantur. Si quis etiam in eo morbo diutius traxit, ubi capilli fluunt, ubi urina quædam arancis similia subsidentia ostendit, atque in his odor fœdus est ; maximeque ubi post hæc orta dejectio est, protinus moritur : utique si tempus autumni est, quo fere, qui cetera parte anni traxerunt, resolvuntur. Item pus exspuisse in hoc morbo, deinde ex toto spuere desiisse, mortiferum est. Solent etiam in adolescentibus ex eo morbo vomicæ fistulæque oriri ; quæ non facile sanescunt, nisi si multa signa bonæ valetudinis subsecuta sunt. Ex reliquis vero minime facile sanantur virgines, aut eæ mulieres, quibus super tabem menstrua suppressa sunt. Cui vero sano subitus dolor capitis ortus est, dein somnus oppressit, sic ut stertat, neque expergiscatur, intra septimum diem pereundum est; magis, cum alvus cita non antecesserit, si palpebræ dormientis non coeunt, sed album oculorum apparet. Quos tamen ita mors sequitur, si id malum non est febre discussum. At aqua inter cutem, si ex acuto morbo cœpit, ad sanitatem raro perducitur : utique si contraria iis, quæ supra posita sunt, subsequuntur. Æque in ea quoque tussis spem tollit : item, si sanguis sursum deorsumque erupit, et aqua medium corpus implevit. Quibusdam etiam in hoc morbo tumores oriuntur, deinde desinunt, deinde rursus assurgunt. Hi tutiores quidem sunt, quam qui supra comprehensi sunt, si attendunt; at plerumque secundæ valetudinis opprimuntur. Illud jure aliquis mirabitur, quomodo quædam simul et affligant nostra corpora, et parte aliqua tueantur. Nam, sive aqua inter cutem quem implevit, sive in magno abscessu multum puris coiit, si-

l'épanchement ou le pus d'un vaste abcès, le cas n'est pas moins mortel que si, dans l'état de santé, l'on venait à perdre tout son sang par une seule blessure. Les tumeurs calleuses qui succèdent aux douleurs articulaires ne peuvent plus se résoudre. On peut parfois calmer ces douleurs, soit qu'elles arrivent dans la vieillesse ou qu'elles persistent depuis la jeunesse jusqu'à un âge avancé; mais on ne peut jamais les dissiper entièrement. Après vingt-cinq ans, l'épilepsie ne cède pas facilement; mais passé quarante ans, elle devient tellement rebelle, qu'il faut plutôt placer son espoir dans les efforts de la nature que dans les secours de l'art. Si tout le corps est ébranlé dans les attaques, et qu'au lieu d'être averti de l'invasion du mal par une sensation partielle, le sujet tombe à l'improviste, quel que soit l'âge du malade, sa guérison est bien douteuse; mais s'il y a lésion de l'intelligence ou paralysie, la médecine n'a plus rien à faire. Quand le dévoiement s'accompagne de fièvre, d'inflammation du foie, des hypocondres ou du ventre, et de soif immodérée; quand cet état dure depuis longtemps et qu'il y a des selles variables avec douleur, la mort est à craindre, surtout si les tranchées sont déjà anciennes. Cette maladie sévit principalement sur les enfants jusqu'à l'âge de dix ans : les autres époques de la vie y résistent plus facilement. La femme enceinte peut être enlevée par une affection de ce genre; et si elle se rétablit, elle n'en perd pas moins l'enfant qu'elle portait. La dyssenterie causée par l'atrabile est mortelle. Elle l'est encore lorsque le malade étant épuisé déjà par les déjections, des selles noires se déclarent tout à coup.

La lienterie est plus dangereuse quand les évacuations sont fréquentes et se reproduisent à toute heure, avec ou sans borborygmes, la nuit aussi bien que le jour; quand les matières sont crues ou noires, lisses et fétides, que la soif est ardente, que les boissons n'amènent point d'urines (ce qui tient à ce que les liquides au lieu de se rendre à la vessie descendent dans les intestins); quand la bouche présente des ulcérations, que le visage est rouge et parsemé de taches de toutes les couleurs, que le ventre est comme ballonné, gras et rugueux, et qu'enfin le malade a perdu l'appétit. Bien qu'avec de pareils symptômes la mort soit évidente, elle le devient beaucoup plus encore lorsque la maladie est ancienne, et que déjà le corps est affaibli par l'âge. Dans l'affection iliaque, le vomissement, le hoquet, les convulsions et le délire sont de mauvais augure. Il en est de même de la dureté du foie dans la jaunisse. Si la dyssenterie vient se joindre à une maladie de la rate, et qu'il se manifeste ensuite une hydropisie ou la lienterie, il n'y a presque aucun moyen de soustraire le malade au danger. La passion iliaque, lorsqu'elle n'a point de solution prompte, tue le malade en sept jours. La femme qui est prise, à la suite de son accouchement, de fièvre et de céphalalgie intense et continue, est en danger de mort.

Si les parties qui renferment les viscères sont atteintes de douleur et d'inflammation, et si la respiration est fréquente, le présage est mauvais. S'il s'est manifesté sans motif une douleur de tête prolongée qui passe ensuite au cou et aux épaules, pour remonter à la tête, ou qui de prime-abord s'étend de cette partie au cou et aux

---

nul id omne effudisse, æque mortiferum est, ac si quis sani corporis vulnere factus exsanguis est. Articuli vero cui sic dolent, ut super eos ex callo quædam tubercula innata sint, numquam liberantur : quæque eorum vitia vel in senectute cœperunt, vel in senectutem ab adolescentia pervenerunt, ut aliquando leniri possunt, sic numquam ex toto finiuntur. Morbus quoque comitialis post annum quintum et vicesimum ortus ægre curatur; multoque ægrius is, qui post quadragesimum annum cœpit; adeo ut in ea ætate aliquid in natura spei, vix quidquam in medicina sit. In eodem vero, si qui totum corpus afficitur, neque ante in partibus aliquis venientis mali sensus est, sed homo ex improviso concidit, cujuscumque is ætatis est, vix sanescit : si vero aut mens læsa est, aut nervorum facta resolutio, medicinæ locus non est. Dejectionibus quoque si febris accessit; si inflammatio jocinoris, aut præcordiorum, aut ventris; si immodica sitis; si longius tempus; si alvus varia; si cum dolore est, etiam mortis periculum subest : maximeque, si inter hæc tormina vetera esse cœperunt. Isque morbus maxime pueros absumit usque ad annum decimum : ceteræ ætates facilius sustinent. Mulier quoque gravida ejusmodi casu rapi potest; atque etiamsi ipsa convaluit, partum tamen perdit. Quin etiam tormina ab atra bile orsa mortifera sunt; aut si sub his, extenuato jam corpore, subito nigra alvus profluxit. At intestinorum lævitas periculosior est, si frequens dejectio est; si venter omnibus horis et cum sono et sine hoc profluit; si similiter noctu et interdiu; si quod excernitur, aut crudum est, aut nigrum, et præter id, etiam læve, et mali odoris; si sitis urget; si post potionem urina non redditur (quod evenit, quia tunc liquor omnis non in vesicam, sed in intestina descendit), si os exulceratur, rubet facies, et quasi maculis quibusdam colorum omnium distinguitur; si venter est quasi fermentatus, pinguis atque rugosus; si et cibi cupiditas non est. Inter quæ cum evidens mors sit, multo evidentior est, si jam longum quoque id vitium est; maxime etiam si in corpore senili est. Si vero in tenuiore intestino morbus est, vomitus, singultus, nervorum distentio, delirium, mala sunt. At in morbo arquato, durum fieri jecur, perniciosissimum est. Quos lienis male habet, si tormina prehenderunt, deinde versa sunt vel in aquam inter cutem, vel in intestinorum lævitatem, vix ulla medicina periculo subtrahit. Morbus intestini tenuioris nisi resolutus est, intra septimum diem occidit. Mulier ex partu, si cum febre vehementibus etiam et assiduis capitis doloribus premitur, in periculo mortis est. Si dolor atque inflammatio est in iis partibus, quibus viscera continentur, frequenter spirare, signum malum est. Si sine causa longus dolor capitis est, et in cervices ac scapulas transit,

épaules, cela peut être pernicieux, à moins qu'il ne survienne une vomique dont le pus serait rendu par expectoration, ou bien quelque hémorragie, ou un porrigo sur toute la tête, ou des pustules sur tout le corps. Comme accidents également fâcheux, il faut noter l'engourdissement et la démangeaison accompagnés d'une certaine sensation de froid, et envahissant, soit la tête en entier, soit seulement une partie, ou se faisant sentir jusqu'au bout de la langue. La guérison est d'autant plus difficile dans des cas pareils, qu'ils sont plus rarement suivis d'abcès qui leur offriraient une solution favorable. Dans les douleurs sciatiques s'il y a beaucoup d'engourdissement, et refroidissement de la hanche et de la cuisse; si les déjections n'ont lieu qu'avec effort et sont chargées de mucosités, et si le malade a plus de quarante ans, la maladie durera très-longtemps, au moins une année, et ne se terminera qu'au printemps ou à l'automne. A l'âge dont nous parlons on vient encore difficilement à bout de guérir les douleurs des bras qui s'étendent vers les mains ou les épaules, lorsqu'il survient de l'engourdissement sans cessation de la douleur, et qu'un vomissement de bile n'a pas amené de soulagement. Quel que soit le membre atteint de paralysie, s'il est frappé d'amaigrissement et d'immobilité il reviendra d'autant moins à son premier état que l'affection sera plus ancienne, et le malade plus avancé en âge. L'hiver et l'automne ne sont nullement favorables au traitement de la paralysie, mais l'influence du printemps et de l'été peut donner quelque espoir. A peine guérit-on la paralysie incomplète; celle qui est confirmée est tout à fait incurable. Toute douleur qui se porte vers les parties supérieures est moins accessible aux remèdes. Si les mamelles diminuent tout à coup chez une femme enceinte, il y a danger d'avortement. Celle qui n'est point accouchée et qui n'est pas en état de grossesse ne peut avoir de lait sans suppression des menstrues. La fièvre quarte d'automne est presque toujours de longue durée, surtout quand elle commence aux approches de l'hiver. S'il survient une hémorragie suivie de délire et de convulsions, la vie est menacée. Il en est de même si les convulsions se manifestent après un purgatif, le malade étant encore affaibli ; ou si dans la violence de la douleur les extrémités se refroidissent. On ne peut rappeler les pendus à la vie, s'ils ont été détachés, ayant déjà l'écume à la bouche. Des selles très-foncées et semblables à du sang noir se déclarant tout à coup, avec ou sans fièvre, constituent un signe pernicieux.

IX. Maintenant que nous connaissons les signes qui font naître l'espoir ou la crainte, nous allons passer au traitement des maladies. Les moyens curatifs sont généraux ou particuliers; les premiers peuvent être employés contre un certain nombre d'affections, et les seconds s'adressent à des maladies spéciales. Je parlerai d'abord des moyens généraux, parmi lesquels il en est d'aussi utiles à l'homme bien portant qu'au malade; et d'autres qui ne sont applicables qu'au dérangement de la santé. Tout remède a pour but de retrancher ou d'ajouter, d'attirer ou de réprimer, de rafraîchir ou d'échauffer, de raffermir ou de relâcher. Quelques-uns n'agissent pas d'une seule manière, mais produisent deux

rursusque in caput revertitur, aut a capite ad cervices scapulasque pervenit, perniciosus est; nisi vomicam aliquam excitavit, sic ut pus extussiretur, aut nisi sanguis ex aliqua parte prorupit, aut nisi in capite multa porrigo, totove corpore pustulæ ortæ sunt. Æque magnum malum est, ubi torpor atque prurigo pervagantur, modo per totum caput, modo in parte; aut sensus alicujus ibi quasi frigoris est; eaque ad summam quoque linguam perveniunt. Et cum in iisdem abscessibus auxilium sit, eo tamen difficilior sanitas est, quo minus sæpe sub his malis illi subsequuntur. In coxæ vero doloribus, si vehemens torpor est, frigescitque crus et coxa; alvus nisi coacta non reddit, idque quod excernitur, mucosum est; jamque ætas ejus hominis quadragesimum annum excessit; is morbus erit longissimus, minimumque annuus, neque finiri poterit, nisi aut vere, aut autumno. Difficilis æque curatio est, in eadem ætate, ubi humerorum dolor vel ad manus pervenit, vel ad scapulas tendit, torporemque et dolorem creat, neque bilis vomitu levatur. Quacumque vero parte corporis membrum aliquod resolutum est, si neque movetur, et emacrescit, in pristinum habitum non revertitur; eoque minus, quo vetustius id vitium est, et quo magis in corpore senili est. Omnique resolutioni nervorum ad medicinam non idonea tempora sunt hiems et autumnus: aliquid sperari potest vere et æstate. Isque morbus mediocris vix sanatur, vehemens sanari non potest. Omnis etiam dolor minus medicinæ patet, qui sursum procedit. Mulieri gravidæ si subito mammæ emacuerunt, abortus periculum est. Quæ neque peperit, neque gravida est, si lac habet, a menstruis defecta est. Quartana autumnalis fere longa est; maximeque, quæ cœpit hieme appropinquante. Si sanguis profluxit, deinde secuta est dementia cum distentione nervorum, periculum mortis est : itemque, si medicamentis purgatum, et adhuc inanem, nervorum distentio oppressit, aut si in magno dolore, extremæ partes frigent. Neque is ad vitam redit, qui ex suspendio, spumante ore, detractus est. Alvu nigra, sanguini atro similis, repentina, sive cum febre, sive etiam sine hac est, perniciosa est.

IX. Cognitis indiciis, quæ nos vel spe consolentur, vel metu terreant, ad curationes morborum transeundum est. Ex his quædam communes sunt, quædam propriæ : communes, quæ pluribus morbis opitulantur; propriæ, quæ singulis. Ante de communibus dicam : ex quibus tamen quædam non ægros solum, sed sanos quoque sustinent; quædam in adversa tantum valetudine adhibentur. Omne vero auxilium corporis, aut demit aliquam materiam, aut adjicit, aut evocat, aut reprimit, aut refrigerat, aut calefacit, simulque aut durat, aut mollit. Quædam non uno modo tantum, sed etiam duobus inter se non

effets qui ne se contrarient point. On retranche par la saignée, les ventouses, les déjections, le vomissement, les frictions, la gestation, par tous les exercices du corps, par l'abstinence et la sueur. Je vais m'occuper immédiatement de ces moyens.

X. Tirer du sang par l'ouverture d'une veine n'est pas chose nouvelle; mais ce qui est nouveau, c'est de recourir à la saignée dans presque toutes les maladies. Employer ces émissions sanguines chez les jeunes sujets et les femmes qui ne sont point enceintes, est encore une pratique ancienne; mais c'est récemment qu'on en a fait l'essai sur les enfants, les vieillards, et les femmes en état de grossesse. Les anciens, en effet, pensaient qu'aux deux extrémités de la vie ce remède n'était pas supporté, et qu'il y avait là pour la femme qui a conçu une cause d'avortement. Mais depuis eux l'expérience a fait voir qu'à cet égard il n'y a rien de constant, et que la conduite du praticien doit se régler plutôt sur d'autres considérations. Ainsi, il est moins important de s'arrêter à l'âge ou à la grossesse, qu'à l'état des forces. S'il s'agit par exemple d'un jeune homme débile, ou d'une femme qui, bien que n'étant pas enceinte, n'a pas grande vigueur, on saignerait alors mal à propos, car on enlèverait au sujet le peu de forces qu'il conserve; tandis qu'on peut saigner en toute sécurité un enfant vigoureux, un vieillard robuste, ou une femme enceinte fortement constituée. Il est vrai que le médecin sans expérience peut s'égarer surtout dans des cas de ce genre, parce qu'en effet l'enfance et la vieillesse ont moins de vigueur, et que la femme enceinte, après sa guérison, a besoin de toutes ses forces non-seulement pour elle, mais pour le produit de la conception. De ce qu'un remède cependant exige de la réflexion et de la prudence, il ne s'ensuit pas qu'il faille aussitôt le proscrire : et l'art en pareille matière consiste moins à tenir compte du nombre des années et de la grossesse, qu'à bien apprécier les forces, pour juger ensuite si celles qu'on laisserait à l'enfant, au vieillard ou aux deux êtres que représente la femme enceinte, seraient suffisantes. Il faut distinguer en outre entre l'homme vigoureux et l'homme obèse, entre le sujet maigre et le sujet débile. Les individus maigres ont plus de sang, et les gras plus de chair. Par conséquent les premiers supporteront mieux la saignée, et les personnes trop chargées d'embonpoint seront plus facilement abattues. De sorte que l'apparence du corps ne permet pas d'estimer sa vigueur réelle, aussi bien que l'état du pouls. Indépendamment de cette considération, il faut préciser l'espèce de maladie, savoir s'il y a lésion par excès ou par insuffisance, et si la constitution est viciée ou conserve son intégrité; car il n'y a pas lieu de tirer du sang, si la matière fait défaut ou si elle n'est point altérée. S'il y a au contraire excès de plénitude ou altération des humeurs, la saignée devient alors le meilleur remède. Une fièvre intense, avec rougeur de la peau, plénitude et gonflement des veines, exige donc une déplétion sanguine, de même que les affections des viscères, la paralysie, le tétanos et les convulsions. On doit y recourir aussi dans les maux de gorge avec menace de suffocation, dans l'extinction subite de la voix, dans les douleurs excessives, et dans tous les cas où, par une cause quelconque, il y a quelque chose

---

contrariis adjuvant. Demitur materia, sanguinis detractione, cucurbitula, dejectione, vomitu, frictione, gestatione, omnique exercitatione corporis, abstinentia, sudore. De quibus protinus dicam.

X. Sanguinem, incisa vena, mitti novum non est : sed nullum pene morbum esse, in quo non mittatur, novum est. Item, mitti junioribus, et fœminis uterum non gerentibus, vetus est : in pueris vero idem experiri, et in senioribus, et in gravidis quoque mulieribus, vetus non est : siquidem antiqui, primam ultimamque ætatem sustinere non posse hoc auxilii genus judicabant; persuaserantque sibi, mulierem gravidam, quæ ita curata esset, abortum esse facturam. Postea vero usus ostendit, nihil in his esse perpetuum, aliasque potius observationes adhibendas esse, ad quas dirigi curantis consilium debeat. Interest enim, non quæ ætas sit, neque quid in corpore intus geratur, sed quæ vires sint. Ergo si juvenis imbecillus est, aut si mulier, quæ gravida non est, parum valet, male sanguis mittitur : emoritur enim vis, si qua superarat, hoc modo erepta. At firmus puer, et robustus senex, et gravida mulier valens, tuto curatur. Maxime tamen in his medicus imperitis falli potest : quia fere minus roboris illis ætatibus subest; mulierique prægnanti post curationem quoque viribus opus est, non tantum ad se, sed etiam ad partum sustinendum. Non quidquid autem intentionem animi et prudentiam exigit, protinus ejiciendum est; cum præcipua in hoc ars sit, quæ non annos numeret, neque conceptionem solam videat, sed vires æstimet, et ex eo colligat, possit necne superesse, quod vel puerum, vel senem, vel in una muliere duo corpora simul sustineat. Interest etiam inter valens corpus, et obesum; inter tenue, et infirmum : tenuioribus magis sanguis, plenioribus magis caro abundat. Facilius itaque illi detractionem ejusmodi sustinent; celeriusque ea, si nimium est pinguis, aliquis affligitur. Ideoque vis corporis melius ex venis, quam ex ipsa specie æstimatur. Neque solum hæc consideranda sunt, sed etiam morbi genus quod sit : utrum superans, an deficiens materia læserit; corruptum corpus sit, an integrum. Nam si materia vel deest, vel integra est, istud alienum est : at si vel copia sui male habet, vel corrupta est, nullo modo melius succurritur. Ergo vehemens febris, ubi rubet corpus, plenæque venæ tument, sanguinis detractionem requirit : item viscerum morbi, nervorumque resolutio, et rigor, et distentio : quidquid denique fauces difficultate spiritus stranglat ; quidquid subito supprimit vocem; quisquis intolerabilis dolor est; et quacumque de causa ruptum aliquid intus atque collisum est : item malus corporis ha-

de froissé ou de brisé à l'intérieur. La cachexie, et toutes les maladies aiguës qui résultent, non de l'insuffisance mais de l'excès, appellent encore ce remède. Il peut arriver néanmoins que la maladie réclame l'émission sanguine, et que le malade soit à peine en état de la supporter. Dans ce cas, si l'on n'aperçoit pas d'autre moyen, et que le malade ne puisse être sauvé que par une tentative téméraire, il est d'un bon médecin, tout en reconnaissant que la saignée peut avoir de graves conséquences, de démontrer que sans elle il n'est plus d'espoir ; et enfin si on l'exige, il faut la faire. On ne doit pas même hésiter en pareille circonstance, car mieux vaut employer un remède incertain que de n'en essayer aucun. Il importe surtout d'agir ainsi dans la paralysie, la perte subite de la voix et l'angine suffocante ; ou lorsqu'un premier accès de fièvre ayant déjà compromis les jours du malade, on peut en redouter un second d'une égale violence, auquel les forces du sujet ne résisteraient pas. Bien qu'il soit interdit de saigner quand les aliments ne sont pas digérés, cette règle n'est pas sans exception, car il est des cas qui n'admettent pas le délai nécessaire à la digestion. Si par exemple on est tombé d'un lieu élevé, si l'on s'est fait des contusions, ou si l'on est surpris tout à coup par un vomissement de sang, alors, quand même on aurait mangé peu de temps avant, il n'en faut pas moins tirer du sang, de peur qu'il n'en résulte un dépôt qui amènerait des accidents. Cela s'applique également à tous les cas où il y a menace imminente de suffocation. Mais toutes les fois que la nature de la maladie le permet, on doit attendre pour agir qu'il ne reste plus aucune trace de crudité. A cet effet il paraît plus convenable de remettre la saignée au second ou troisième jour ; et, quoiqu'il y ait parfois nécessité de la pratiquer dès le premier jour, il n'est jamais utile d'y recourir après le quatrième, puisque dans cet espace de temps la matière est épuisée ou a déjà vicié le corps ; de sorte que la perte de sang ne peut qu'affaiblir le malade sans lui rendre la santé. Saigner un homme au plus fort d'une fièvre intense, c'est le tuer : il faut donc attendre la rémission. Mais s'il n'y a pas lieu de l'espérer, si l'état fébrile n'a pas diminué, mais a cessé seulement de faire de nouveaux progrès, alors, quoique cette occasion soit plus défavorable, comme c'est la seule qui se présente, il faut pourtant la saisir. Lorsque la saignée est devenue nécessaire, on doit la pratiquer en deux jours ; car il vaut mieux soulager d'abord le malade, pour le débarrasser ensuite entièrement, que de l'exposer à la mort, en lui laissant perdre toutes ses forces à la fois. S'il est utile de procéder ainsi pour évacuer une collection purulente ou les eaux de l'hydropisie, il l'est bien plus encore quand il s'agit de soustraire du sang. Lorsqu'on veut dégager tout le corps, c'est du bras qu'il convient de tirer du sang ; si l'on veut remédier à une affection locale, il faut agir sur l'endroit même ou sur la partie la plus proche, puisque cette opération ne se fait pas sur un point quelconque, mais seulement aux tempes, aux bras et aux pieds. Je n'ignore pas que, selon certains médecins, il faut saigner le plus loin possible du siège de la lésion, parce que l'on détourne ainsi le cours du sang ; tandis qu'on l'attire par la méthode contraire, là où déjà existe un afflux sanguin. Mais c'est une opinion mal fondée, car les vaisseaux les plus voisins com-

bitus, omnesque acuti morbi, qui modo, ut supra dixi, non infirmitate, sed onere nocent. Fieri tamen potest, ut morbus quidem id desideret, corpus autem vix pati posse videatur : sed si nullum tamen appareat aliud auxilium, periturusque sit qui laborat, nisi temeraria quoque via fuerit adjutus ; in hoc statu boni medici est ostendere, quam nulla spes sit sine sanguinis detractione faterique, quantus in hac ipsa metus sit : et tum demum, si exigetur, sanguinem mittere. De quo dubitare in ejusmodi re non oportet : satius est enim anceps auxilium experiri, quam nullum. Idque maxime fieri debet, ubi nervi resoluti sunt ; ubi subito aliquis obmutuit ; ubi angina strangulatur ; ubi prioris febris accessio pene confecit, paremque subsequi verisimile est, neque eam videntur sustinere ægri vires posse. Cum sit autem minime crudo sanguis mittendus, tamen ne id quidem perpetuum est : neque enim semper concoctionem res exspectat. Ergo si ex superiore parte aliquis decidit, si contusus est, si ex aliquo subito casu sanguinem vomit ; quamvis paulo ante sumpsit cibum ; tamen protinus ei demenda materia est, ne, si subsederit, corpus affligat. Idemque etiam in aliis casibus repentinis, qui strangulabunt, dictum erit. At si morbi ratio patiatur, tum demum nulla cruditatis suspicione remanente id fiet. Ideoque ei rei videtur aptissimus adversæ valetudinis dies secundus, aut tertius. Sed ut aliquando etiam primo die sanguinem mittere necesse est, sic numquam utile post diem quartum est, cum jam spatio ipso materia et exhausta est, et corpus corrupit : ut detractio imbecillum id facere possit, non possit, integrum. Quod si vehemens febris urget, in ipso impetu ejus sanguinem mittere, hominem jugulare est. Exspectanda ergo remissio est ; si non decrescit, sed crescere desiit, neque speratur remissio, tum quoque, quamvis pejor, sola tamen occasio non omittenda est. Fere etiam ista medicina, ubi necessaria est, in biduum dividenda est : satius est enim, primum levare ægrum, deinde perpurgare, quam simul omni vi eifusa fortasse præcipitare. Quod si in pure quoque aquaque, quæ inter cutem est, ita respondet, quanto magis necesse est in sanguine respondeat ? Mitti vero est debet, si totius corporis causa fit, ex brachio ; si partis alicujus, ex ea ipsa parte, aut certe quam proxima : quia non ubique mitti potest, sed in temporibus, in brachiis, juxta talos. Neque ignoro, quosdam dicere, quam longissime sanguinem inde, ubi lædit, esse mittendum : sic enim averti materiæ cursum ; at illo modo in idipsum, quod gravat evocari. Sed id falsum est :

mencent par se vider, et les plus éloignés ne se dégagent qu'autant que la saignée reste ouverte. Or, dès que la veine est fermée, le sang qui n'est plus attiré ne peut plus affluer. L'expérience cependant paraît avoir appris que, dans les blessures de la tête, il est préférable de saigner du bras; de même qu'un bras étant malade, il vaut mieux, pour tirer du sang, choisir le membre opposé : et cela, je suppose, parce qu'en cas d'accident les parties déjà souffrantes sont beaucoup plus accessibles au mal.

On peut aussi quelquefois détourner le cours du sang qui s'écoule d'un côté, en saignant d'un autre; et si, contrairement à la volonté, il s'échappe par certains endroits, on l'arrête, soit en lui faisant obstacle, soit en lui ouvrant une autre issue.

Pour le chirurgien exercé, la saignée est sans doute une opération des plus faciles; mais elle offre de très-grandes difficultés à celui qui n'a pas les notions nécessaires. La veine en effet est accolée aux artères, de même que les nerfs; or la blessure d'un nerf est suivie de convulsions qui font périr le malade d'une mort cruelle. L'artère une fois ouverte ne peut ni se réunir ni guérir, et quelquefois même elle laisse le sang s'échapper avec violence. Quand la veine est entièrement divisée, les orifices se resserrent et ne fournissent plus de sang. En maniant la lancette avec timidité, on coupe seulement la peau sans ouvrir la veine. Quelquefois encore, il arrive que le vaisseau n'est pas apparent et qu'on a de la peine à le découvrir ; et ce sont justement toutes ces circonstances qui rendent si compliquée pour l'ignorant une opération si simple pour l'homme habile. C'est au milieu de la veine qu'il faut faire l'incision : et au moment où le sang jaillit, on doit examiner sa consistance et sa couleur ; car s'il est noir et épais, c'est une preuve qu'il est altéré, et dans ce cas il est avantageux d'en tirer. Mais s'il est rouge et transparent, il a toutes ses qualités ; et dès lors l'émission sanguine, loin d'être favorable, est nuisible. Il faut donc l'arrêter sur-le-champ. Cet accident d'ailleurs ne peut jamais arriver au médecin qui sait dans quelles circonstances il convient de tirer du sang. Il est moins rare de voir le premier jour le sang sortir toujours également noir ; mais il n'en faut pas moins l'arrêter lorsqu'il a suffisamment coulé, et ne jamais attendre que la défaillance survienne. On a soin de bander le bras après avoir appliqué sur la piqûre une compresse imbibée d'eau froide ; et le lendemain, en frappant la veine avec le doigt médius, on détruit son adhésion récente, et le sang s'échappe de nouveau. Soit au premier, soit au second jour, dès que le sang, qui d'abord se montrait noir et épais, devient clair et vermeil, il n'en faut plus tirer, car ce qui reste est pur. Aussi la bande qu'on pose immédiatement doit-elle demeurer en place, jusqu'à la formation d'une cicatrice qui se consolide très-rapidement dans les veines.

XI. Il y a deux sortes de ventouses : les unes sont en cuivre, et les autres en corne. Celles de cuivre sont ouvertes d'un côté et fermées de l'autre. Celles de corne présentent la même ouverture à la base, et une autre très-petite au sommet. Dans les premières, on jette une mèche enflammée, et l'on tient la cloche en contact exact avec le corps, jusqu'à ce qu'elle s'y attache fortement. Pour les ventouses en corne, on les applique simplement sur la peau ; et par le trou qui existe à la partie supérieure, on soustrait l'air avec sa bou-

---

proximum enim locum primo exhaurit; ex ulterioribus autem eatenus sanguis sequitur, quatenus emittitur; ubi is suppressus est, quia non trahitur, ne venit quidem. Videtur tamen usus ipse docuisse, si caput fractum est, ex brachio potius sanguinem esse mittendum ; si quod in humero vitium est, ex altero brachio : credo, quia si quid parum cesserit, opportuniores eae partes injuriae sunt, quae jam male habent. Avertitur quoque interdum sanguis, ubi alia parte prorumpens, alia emittitur : desinit enim fluere qua nolumus, inde objectis quae prohibeant, alio dato itinere. Mittere autem sanguinem cum sit expeditissimum, usum habenti; tamen ignaro difficillimum est. Juncta enim est vena arteriis, his nervi : ita, si nervum scalpellus attingit, sequitur nervorum distentio, eaque hominem crudeliter consumit. At arteria incisa neque coit, neque sanescit; interdum etiam, ut sanguis vehementer erumpat, efficit. Ipsius quoque venae, si forte praecisa est, capita comprimuntur, neque sanguinem emittunt. At si timide scalpellus demittitur, summam cutem lacerat, neque venam incidit. Nonnumquam etiam en latet, neque facile reperitur. Ita multae res id difficile inscio faciunt, quod perito facillimum est. Incidenda ad medium vena est : ex qua cum sanguis erumpit, colorem ejus habitumque oportet attendere. Nam si is crassus et niger est, vitiosus est; ideoque utiliter effunditur : si rubet et pellucet, integer est; eaque missio sanguinis adeo non prodest, ut etiam noceat ; protinusque is supprimendus est. Sed id evenire non potest sub eo medico, qui scit ex quali corpore sanguis mittendus sit. Illud magis fieri solet, ut aeque niger assidue primo die profluat : quod quamvis ita est, tamen si jam satis fluxit, supprimendus est; semperque ante finis faciendus est, quam anima deficiat. Deligandumque brachium superimposito expresso ex aqua frigida penicillo : et postero die adverso medio digito vena ferienda, ut recens coitus ejus resolvatur, iterumque sanguinem fundat. Sive autem primo, sive secundo die sanguis, qui crassus et niger initio fluxerat, et rubere, et pellucere coepit, satis materiae detractum est, atque quod superest, sincerum est : ideoque protinus brachium deligandum, habendumque ita est, donec valens cicatricula sit ; quae celerrime in vena confirmatur.

XI. Cucurbitularum vero duo genera sunt; aeneum, et corneum. Aenea, altera parte patet, altera clausa est : cornea, altera parte aeque patens, altera foramen habet exiguum. In aeneam linamentum ardens conjicitur, ac si os ejus corpori aptatur, imprimiturque, donec inhaereat. Cornea per se corpori imponitur ; deinde, ubi ea parte, qua exiguum foramen est, ore spiritus adductus est. su-

che. Cela fait, on ferme l'ouverture avec un peu de cire, et la ventouse demeure également adhérente. Il n'est pas nécessaire que ces deux sortes de ventouses soient en cuivre ou en corne ; on peut en faire avec toute espèce de matière, et même, à défaut d'autre chose, se servir d'une petite coupe, ou de tout vase dont l'orifice serait rétréci. Après l'application de la ventouse, si l'on fait des scarifications avec la lancette, on obtient du sang ; et si on laisse la peau intacte, on attire l'air. On aura donc recours au premier moyen si la cause du mal est dans le sang, et au second s'il paraît dépendre d'une accumulation d'air. Les ventouses n'ont pas pour objet de remédier à un vice général du corps, mais plutôt à un vice local, qu'il suffit de soustraire pour ramener la santé. Cela prouve encore, lorsqu'un membre est malade, que la saignée par la lancette doit être faite de préférence à l'endroit affecté ; car personne, si ce n'est dans le but de réprimer une hémorragie par révulsion, n'appliquera des ventouses ailleurs qu'au siége du mal et sur le point même que l'on veut guérir. Les maladies chroniques et déjà anciennes, soit qu'elles dépendent de l'altération des humeurs ou de l'état des esprits, peuvent réclamer les ventouses, de même que certaines affections aiguës où il faut soulager le malade, bien que ses forces ne permettent pas de le saigner. Ce remède est ainsi moins violent et plus sûr, et n'offre jamais de danger, même au plus fort de la fièvre et quand la digestion n'est pas faite. Il suit de là qu'il faut préférer les ventouses quand il est nécessaire de tirer du sang et qu'on ne peut ouvrir la veine sans péril, ou lorsqu'il s'agit simplement d'une affection locale.

Mais il est bon de savoir que si ce moyen n'entraîne aucun accident, il est aussi d'un secours moins puissant, et que dans les cas graves les remèdes doivent avoir une énergie égale à l'intensité du mal.

XII. 1. Les anciens sollicitaient le relâchement du ventre dans presque toutes les maladies par des lavements et différents purgatifs. Ils donnaient l'ellébore noir, le polypode, l'écaille de cuivre (en grec λεπὶς, χαλκοῦ) et le suc de tithymale, dont une goutte mêlée à du pain purge abondamment. Ils faisaient prendre aussi le lait d'ânesse, de vache ou de chèvre ; ajoutaient un peu de sel à ce lait, le faisaient bouillir, et, séparant ensuite la partie caillée, prescrivaient comme boisson la partie séreuse. Mais ces médicaments dérangent presque toujours l'estomac ; et s'ils provoquent des selles trop abondantes ou trop rapprochées, ils affaiblissent le malade. On ne doit donc jamais administrer des remèdes de cette espèce dans une maladie, à moins qu'il n'y ait point de fièvre. Ainsi l'on pourra donner l'ellébore noir dans l'atrabile, la folie mélancolique, ou dans une paralysie partielle ; mais, dès que la fièvre existe, il est plus convenable de prendre des aliments et des boissons, qui tout à la fois nourrissent et tiennent le ventre libre. Il y a telles maladies où il est utile de purger avec le lait.

2. La plupart du temps, il est préférable de recourir aux lavements. Cette pratique, adoptée par Asclépiade avec réserve, est à peu près mise en oubli de nos jours ; et cependant l'usage modéré qu'il faisait de ces remèdes me paraît offrir les plus grands avantages : car il n'est pas nécessaire de les prescrire souvent, mais une fois seu-

perque cera cavum id clausum est, æque inhærescit. Utraque non ex his tantum materiæ generibus, sed etiam ex quolibet alio recte fit. Ac si cetera defecerunt, caliculus quoque aut pultarius, oris compressioris, ei rei commode aptatur. Ubi inhæsit, si concisa ante scalpello cutis est, sanguinem extrahit ; si integra est, spiritum. Ergo ubi materia, quæ intus est, lædit, illo modo ; ubi inflatio, hoc imponi solet. Usus autem cucurbitulæ præcipuus est, ubi non in toto corpore, sed in parte aliqua vitium est, quam exhauriri ad confirmandam valetudinem satis est. Idque ipsum testimonium est, etiam scalpello sanguinem, ubi membro succurritur, ab ea potissimum parte, quæ jam læsa est, esse mittendum, quod nemo cucurbitulam diversæ parti imponit, nisi cum profusionem sanguinis eo avertit ; sed ei ipsi, quæ dolet, quæque liberanda est. Opus etiam esse cucurbitulæ potest in morbis longis, quamvis et iis jam spatium aliquod accessit ; sive corrupta materia, sive spiritu male habente : in acutis quoque quibusdam, si et levari corpus debet, et ex vena sanguinem mitti vires non patiuntur. Idque auxilium ut minus vehemens, ita magis tutum ; neque umquam periculosum etiam in medio febris impetu, etiamsi in cruditate adhibetur. Ideoque ubi sanguinem mitti opus est, si incisa vena præceps periculum est, aut si in parte corporis etiam vitium est, huc potius confugiendum est :

cum eo tamen, ut sciamus, hic ut nullum periculum, ita levius præsidium esse ; nec posse vehementi malo, nisi æque vehemens auxilium succurrere.

XII. 1. Dejectionem autem antiqui variis medicamentis, crebraque alvi ductione in omnibus pene morbis moliebantur : dabantque aut nigrum veratrum, aut filiculam, aut squamam æris, quam λεπίδα χαλκοῦ Græci vocant ; aut lactucæ marinæ lac, cujus gutta pani adjecta abunde purgat ; aut lac vel asininum, vel bubulum, vel caprinum, eique salis paulum adjiciebant, decoquebantque id, et sublatis iis, quæ coierant, quod quasi serum supererat, bibere cogebant. Sed medicamenta stomachum fere lædunt : alvus si vehementius fluit, aut sæpius ducitur, hominem infirmat. Ergo numquam in adversa valetudine medicamentum ejus rei causa recte datur, nisi ubi is morbus sine febre est ; ut cum veratrum nigrum aut atra bile vexatis, aut cum tristitia insanientibus, aut iis, quorum nervi parte aliqua resoluti sunt, datur. At ubi febres sunt, satius est ejus rei causa cibos potionesque assumere, qui simul et alant, et ventrem molliant. Suntque valetudinis genera, quibus ex lacte purgatio convenit.

2. Plerumque vero alvus potius ducenda est ; quod ab Asclepiade quoque sic temperatum est, ut tamen servatum sit, video plerumque sæculo nostro præteriri. Est autem ea moderatio, quam is secutus videtur, aptissima : ut ne-

lement ou deux fois au plus, s'il y a pesanteur de tête, obscurcissement de la vue, affection du gros intestin que les Grecs nomment *côlon*, douleurs dans le bas-ventre ou dans les hanches, amas de bile, de pituite ou d'une humeur aqueuse dans l'estomac, difficulté d'expulser les gaz, constipation, séjour trop prolongé des matières fécales dans le rectum ; ou bien encore si le malade, sans pouvoir aller à la selle, rend des gaz d'une odeur stercorale, si les matières alvines sont corrompues, si la diète observée d'abord n'a point enlevé la fièvre, si l'on ne peut faire une saignée nécessaire, parce que les forces du sujet s'y refusent, ou qu'on n'a pas saisi le moment convenable ; si l'on a bu avec excès avant de tomber malade, ou enfin si la constipation succède brusquement à un relâchement du ventre, habituel ou accidentel. Les préceptes à suivre à cet égard sont de ne point ordonner de lavement avant le troisième jour, lorsque la digestion n'est pas tout à fait terminée, ou que le malade est épuisé déjà par une affection de longue durée. On s'en abstiendra de même, s'il y a chaque jour des selles convenables ou de la diarrhée, ou si la fièvre est dans son redoublement, parce qu'alors le liquide injecté et retenu dans les intestins peut de là se porter à la tête, et ajouter beaucoup à la gravité du mal. Pour se préparer à cette médication, le malade devra la veille observer la diète, et le jour même, avant le remède, boire de l'eau chaude, afin d'humecter les parties supérieures. Si l'on veut après cela se contenter d'un effet médiocre, on prendra un lavement d'eau pure, ou d'eau miellée, ce qui le rendra un peu plus actif. S'il doit être adoucissant, on se servira d'une décoction de fénu-grec, d'orge ou de mauve ; et pour qu'il soit astringent, d'une décoction de verveine. L'eau de mer et l'eau chargée de sel, qu'il vaut mieux faire bouillir, composent un remède excitant ; et il devient plus stimulant encore, si l'on ajoute de l'huile, du nitre ou du miel. Plus il est âcre et plus il opère, mais moins il est facile de le supporter. On ne le prendra ni froid ni chaud, pour éviter l'influence fâcheuse de ces deux conditions. Quand il est pris, le malade doit rester au lit le plus longtemps possible, ne point céder au premier besoin d'évacuer, et n'obéir enfin qu'à une nécessité pressante. Presque toujours l'évacuation que produit le remède soulage les parties supérieures et améliore l'état morbide. Si le malade s'est fatigué en allant fréquemment à la selle, il devra se reposer un peu, et ce jour-là prendre de la nourriture pour prévenir une trop grande faiblesse. L'alimentation sera plus ou moins forte, selon qu'on aura à redouter un accès prochain, ou qu'on sera sans inquiétude à ce sujet.

XIII. Le vomissement, qui même en état de santé est souvent nécessaire aux personnes bilieuses, l'est également dans les maladies provoquées par la bile. Il est nécessaire à tous ceux qui éprouvent des frissons et des tremblements avant la fièvre, aux personnes atteintes de choléra, à celles dont le délire est accompagné d'une certaine hilarité, et enfin aux épileptiques. Mais dans les maladies aiguës et dans les fièvres (4) il ne faut pas employer de vomitifs trop violents, ainsi que je l'ai dit plus haut en parlant des évacuations. Il suffit d'exciter le vomissement par les moyens que j'ai conseillés aux personnes bien

que sæpe ea medicina tentetur, et tamen semel, vel summum bis, non omittatur, si caput grave est ; si oculi caligant ; si morbus majoris intestini est, quod Græci χόλον nominant ; si in imo ventre, aut in coxa dolores sunt ; si in stomachum quædam biliosa concurrunt, vel etiam pituita eo se, humorve aliquis aquæ similis confert ; si spiritus difficilius redditur ; si nihil per se venter excernit ; utique, si juxta quoque stercus est, et intus remanet ; aut si stercoris odorem nihil dejiciens æger ex spiritu suo sentit ; aut si corruptum est, quod excernitur ; aut si prima inedia febrem non sustulit ; aut si sanguinem mitti, cum opus sit, vires non patiuntur, tempusve ejus rei præterit ; aut si multum ante morbum aliquis potavit ; aut si is, qui sæpe vel sponte, vel casu purgatus est, subito habet alvum suppressam. Servanda vero illa sunt : ne ante diem tertium ducatur ; ne ulla cruditate substante ; ne in corpore infirmo, diuque in adversa valetudine exhausto ; neve in eo, cui satis alvus quotidie reddit, quive eam liquidam habet ; neve in ipso accessionis impetu, quia, quod tum infusum est, alvo continetur, regestumque in caput, multo gravius periculum efficit. Pridie vero abstineri debet æger, ut aptus tali curationi sit : eodem die ante aliquot horas aquam calidam bibere, ut superiores ejus partes madescant. Tum immittenda in alvum est, si levi medicina contenti sumus, pura aqua ; si paulo valentiori, mulsa ; si leni, ea in qua fœnum græcum, vel ptisana, vel malva decocta sit ; [si reprimendi causa, ex verbenis.] Acris autem est marina aqua, vel alia sale adjecto : atque utraque decocta commodior est. Acrior fit adjecto vel oleo, vel nitro, vel melle : quoque acrior est, eo plus extrahit, sed minus facile sustinetur. Idque quod infunditur, neque frigidum esse oportet, neque calidum ; ne alterutro modo lædat. Cum infusum est, quantum fieri potest, continere se in lectulo debet æger, nec primæ cupiditati dejectionis protinus cedere : ubi necesse est, tum demum desidere. Fereque eo modo dempta materia, superioribus partibus levatis, morbum ipsum mollit. Cum vero, quoties res coegit, desidendo aliquis se exhausit, paulisper debet conquiescere ; et, ne vires deficiant, utique eo die cibum assumere : qui plenior, an exiguus sit dandus, ex ratione ejus accessionis, quæ exspectabitur, aut in metu non erit, æstimari oportebit.

XIII. At vomitus, ut in secunda quoque valetudine sæpe necessarius biliosis est, sic etiam in iis morbis, quos bilis concitavit. Ergo omnibus, qui ante febres horrore et tremore vexantur, omnibus, qui cholera laborant ; omnibus etiam cum quadam hilaritate insanientibus ; et comitiali quoque morbo oppressis necessarius est. Sed si acutus morbus est, si febris est, asperioribus medicamentis opus non est ; sicut in dejectionibus quoque supra dictum est :

portantes. Au contraire, dans les affections violentes et chroniques, mais sans fièvre, comme l'épilepsie ou la folie, on peut administrer l'ellébore blanc. On ne le prescrit jamais avec succès en hiver ou pendant l'été, mais il réussit très-bien au printemps et passablement en automne. Avant de le donner il faut préparer le corps en l'humectant. Il ne faut pas ignorer que les médicaments de ce genre pris en boisson ne sont pas toujours utiles aux malades, et nuisent toujours aux gens bien portants.

XIV. Dans son livre intitulé *Des secours généraux*, Asclépiade s'est occupé de la friction comme s'il était l'inventeur de ce moyen. Ces secours pour lui se réduisent à trois : la friction d'abord à laquelle il a consacré la plus grande place, puis l'eau et la gestation. Sans doute il ne faut enlever aux modernes, ni la gloire de leurs découvertes, ni le mérite de leurs imitations; mais on n'en doit pas moins restituer à des auteurs plus anciens ce qui se trouve consigné déjà dans leurs écrits. Personne assurément n'a exposé avec plus de détails et de clarté qu'Asclépiade comment et sur quelles parties on devait employer les frictions, et cependant à cet égard il n'a rien fait connaître qui ne soit exprimé par le vieil Hippocrate de la manière suivante : Les frictions énergiques durcissent la fibre; légères, elles la ramollissent; continuées longtemps, elles font maigrir; faites avec modération, elles engraissent. Par conséquent, il est bon de s'en servir pour fortifier les organes relâchés, rendre de la souplesse à ceux qui sont trop fermes, dissiper un état de plénitude devenu nuisible, ou donner du corps aux sujets grêles et sans vigueur. Si l'on réfléchit plus attentivement à ces différents modes d'action (ce qui déjà n'appartient pas au médecin), on remarquera facilement qu'ils consistent tous dans la suppression du principe morbide. En effet, on se trouve resserré, après avoir écarté la cause qui produisait le relâchement; on obtient la mollesse des parties en supprimant ce qui leur donnait de la dureté, et l'on engraisse non par un effet direct des frictions, mais parce qu'à l'aide de ce moyen la peau, devenue plus souple, peut se laisser pénétrer ensuite par les substances nutritives. La différence de ces résultats tient au procédé qu'on emploie. L'onction, par exemple, ne ressemble pas à la friction. L'onction et la friction légère sont applicables aux maladies aiguës et récentes, encore faut-il choisir le moment de la rémission, et les pratiquer à jeun; au lieu qu'on doit s'interdire les frictions prolongées dans les affections aiguës, surtout à leur période d'accroissement, excepté pourtant quand il s'agit de favoriser le sommeil chez les frénétiques. Leur secours est utile, au contraire, dans les maladies chroniques qui déjà touchent à leur déclin. On peut dire, je le sais, que tout remède est nécessaire au début des maladies, et non lorsqu'elles se terminent d'elles-mêmes. Mais cela n'est pas exact; car celles qui tendent naturellement à finir doivent encore à la médecine une solution plus prompte; et il faut y recourir pour deux raisons, qui sont d'assurer d'abord le rétablissement de la santé, et d'empêcher ensuite qu'une affection qui se prolonge ne s'exaspère de nouveau sous l'influence de la cause la plus

---

satisque est, ea vomitus causa sumi, quæ sanis quoque sumenda esse proposui. At ubi longi valentesque morbi sine febre sunt, ut comitialis aut insania, veratro quoque albo utendum est. Id neque hieme, neque æstate recte datur; optime vere; tolerabiliter autumno. Quisquis daturus erit, id agere ante debet, ut accepturi corpus humidius sit. Illud scire oportet, omne ejusmodi medicamentum, quod potui datur, non semper ægris prodesse, sem-per sanis nocere.

XIV. De frictione vero adeo multa Asclepiades, tamquam inventor ejus, posuit in eo volumine, quod communium auxiliorum inscripsit, ut, cum trium tantum faceret mentionem, hujus et aquæ et gestationis, tamen maximam partem in hac consumpserit. Oportet autem neque recentiores viros in iis fraudare, quæ vel repererunt, vel recte secuti sunt; et tamen ea, quæ apud antiquiores aliquos posita sunt, auctoribus suis reddere. Neque dubitari potest, quin latius quidem, et dilucidius, ubi et quomodo frictione utendum esset, Asclepiades præceperit; nihil tamen repererit, quod non a vetustissimo auctore Hippocrate paucis verbis comprehensum sit : qui dixit, frictione, si vehemens sit, durari corpus; si lenis, molliri; si multa, minui; si modica, impleri. Sequitur ergo, ut tum utendum sit, cum aut adstringendum corpus sit, quod hebes est; aut molliendum, quod induruit; aut digerendum in eo, quod copia nocet; aut alendum id, quod tenue et infirmum est. Quas tamen species si quis curiosius æstimet, (quod jam ad medicum non pertinet) facile intelliget, omnes ex una causa pendere, quæ demit. Nam et adstringitur aliquid, eo dempto, quod interpositum, ut id laxaretur, effecerat; et mollitur, eo detracto, quod duritiem creabat; et impletur, non ipsa frictione, sed eo cibo, qui postea usque ad cutem, digestione quadam relaxatam, penetrat. Diversarum vero rerum in modo causa est. Inter unctionem autem et frictionem multum interest. Ungi enim, leniterque pertractari corpus, etiam in acutis et recentibus morbis oportet; in remissione tamen, et ante cibum : longa vero frictione uti, neque in acutis morbis, neque increscentibus convenit; præterquam cum phreneticis somnus ea quæritur. Amat autem hoc auxilium valetudo longa, et jam a primo impetu inclinata. Neque ignoro, quosdam dicere, omne auxilium necessarium esse increscentibus morbis, non cum jam per se finiuntur. Quod non ita se habet. Potest enim morbus, etiam qui per se finem habiturus est, citius tamen adhibito auxilio tolli : quod duabus de causis necessarium est; et ut quam primum bona valetudo contingat; et ne morbus, qui remanet, iterum, quamvis levi de causa, exasperetur. Potest morbus minus gravis esse, quam fuerit, neque ideo tamen solvi, sed reliquiis quibusdam inhærere, quas admotum

légère. Une maladie peut avoir perdu de sa gravité, sans cesser d'exister, et ses derniers symptômes seront dissipés par des soins convenables. Les frictions sont donc aussi favorables quand la maladie commence à décliner, qu'elles sont nuisibles lorsque la fièvre augmente. Ainsi pour en faire usage, il faut le plus possible attendre la disparition de l'état fébrile, ou du moins saisir l'instant de la rémission. On exerce des frictions sur tout le corps comme dans le cas où l'on veut fortifier un sujet débile, ou sur une partie seulement, pour remédier à la faiblesse d'un membre ou à quelque autre affection locale. Elles apaisent par exemple les douleurs de tête invétérées, pourvu toutefois qu'on n'agisse pas au plus fort du mal, et rendent quelque vigueur au membre paralysé. Le plus souvent néanmoins, on doit les pratiquer loin du siége de la douleur : ainsi lorsqu'on a pour but de dégager les parties supérieures et moyennes, on frictionne les extrémités inférieures. Ceux qui veulent déterminer le nombre exact de frictions auxquelles on peut être soumis ne méritent pas la moindre attention, car elles se mesurent aux forces des individus. Tel sujet affaibli n'en supportera que cinquante, et tel autre plus robuste ira jusqu'à deux cents. Entre ces deux termes, on procédera selon la vigueur de chacun. Il suit de là que, dans l'emploi de ce moyen, les femmes réclament plus de ménagement que les hommes, les enfants et les vieillards plus que les jeunes gens. Enfin, appliquées à certains membres, les frictions seront faites énergiquement et longtemps, parce qu'en agissant partiellement on n'a pas à craindre l'affaiblissement rapide du corps, et qu'il est nécessaire aussi de résoudre le plus possible la matière morbide, soit pour en débarrasser le membre sur lequel on opère, soit pour la détourner d'une autre partie. Mais si la faiblesse de la constitution nécessite des frictions sur tout le corps, il faut les rendre plus légères et moins longues, en se proposant seulement d'amollir l'épiderme, afin de permettre à la peau de puiser plus facilement, dans les aliments qu'on vient de prendre, des matériaux nouveaux. J'ai déjà noté comme signes fâcheux le refroidissement à la surface, tandis qu'on éprouve à l'intérieur de la chaleur et de la soif. La seule chose à faire dans ce cas, c'est de frictionner le malade ; et si l'on vient à bout de rappeler la chaleur à l'extérieur, il y aura lieu d'employer alors d'autres moyens curatifs.

XV. La gestation n'est pas moins utile dans les maladies chroniques, et qui tirent à leur fin. Elle convient à ceux que la fièvre a quittés, mais qui n'ont pas encore la force de s'exercer eux-mêmes, et réussit également aux personnes chez lesquelles les maladies ont laissé des traces opiniâtres qu'on ne peut effacer autrement. Asclépiade la conseille même au début d'une fièvre intense et principalement d'une fièvre ardente, comme un remède propre à les dissiper. C'est là toutefois une méthode dangereuse, et il vaut mieux subir en repos le premier effort de la maladie. Si cependant on en veut faire l'épreuve, il faut au moins qu'il n'y ait ni sécheresse de la langue, ni tumeur, ni induration, ni douleur dans les viscères, à la tête ou aux hypocondres. Mais on doit plutôt renoncer à la gestation quand on est atteint de douleurs générales ou partielles, à moins qu'elles n'affectent seulement les nerfs. Il faut s'en abstenir aussi, quand la fièvre augmente, et choisir le temps de la rémission. Il y

---

aliquod auxilium discutit. Sed ut, levata quoque adversa valetudine, recte frictio adhibetur ; sic numquam adhibenda est febre increscente : verum, si fieri poterit, cum ex toto corpus ea vacabit ; sin minus, certe cum ea remiserit. Eadem autem modo in totis corporibus esse debet, ut cum infirmus aliquis implendus ; modo in partibus, aut quia ipsius ejus membri imbecillitas id requirit, aut quia alterius. Nam et capitis longos dolores ipsius frictio levat ; non in impetu tamen doloris : et membrum aliquod resolutum ipsius frictione confirmatur. Longe tamen sæpius aliud perfricandum est, cum aliud dolet ; maximeque cum a summis, aut a mediis partibus corporis evocare materiam volumus ; ideoque extremas partes perfricamus. Neque audiendi sunt, qui numero finiunt, quoties aliquis perfricandus sit. Id enim ex viribus hominis colligendum est ; et si is perinfirmus est, potest satis esse quinquagies ; si robustior, potest ducenties esse faciendum ; inter utrumque deinde, prout vires sunt. Quo fit, ut etiam minus sæpe in muliere, quam in viro ; minus sæpe in puero, vel sene, quam in juvene, manus dimovendæ sint. Denique, si certa membra perfricantur, multa valentique frictione opus est. Nam neque totum corpus infirmari cito per partem potest, et opus est quam plurimum materiæ digeri, sive idipsum membrum, sive per id aliud levamus. At ubi totius corporis imbecillitas hanc curationem per totum id exigit, brevior esse debet et lenior ; ut tantummodo summam cutem emolliat, quo facilius capax ex recenti cibo novæ materiæ fiat. In malis jam ægrum esse, ubi exterior pars corporis friget, interior cum siti calet, supra posui. Sed tunc quoque unicum in frictione præsidium est ; quæ si calorem in cutem evocavit, potest alicui medicinæ locum facere.

XV. Gestatio quoque longis et jam inclinatis morbis aptissima est : utilisque est et iis corporibus, quæ jam ex toto febre carent, sed adhuc exerceri per se non possunt ; et iis, quibus lentæ morborum reliquiæ remanent, neque aliter eliduntur. Asclepiades etiam in recenti vehementique, præcipueque ardente febre, ad discutiendam eam, gestatione dixit utendum : sed id periculose fit ; meliusque quiete ejusmodi impetus sustinetur. Si quis tamen experiri volet, sic experiatur, si lingua non erit aspera, si nullus tumor, nulla durities, nullus dolor visceribus, aut capiti, aut præcordiis suberit. Et ex toto numquam gestari corpus dolens debet, sive id in toto, sive in parte est ; nisi tamen solis nervis dolentibus ; neque umquam increscente febre, sed in remissione ejus. Genera autem gestationis plura

a plusieurs manières de pratiquer la gestation, qu'il faut savoir proportionner aux forces et à la fortune des malades, dans le double but d'épargner une fatigue trop grande aux sujets affaiblis, et de ne pas enlever cette ressource à ceux dont la position est humble. La promenade en bateau, dans un port ou sur un fleuve, constitue la gestation la plus douce. Elle devient plus active si l'on gagne la haute mer ou si l'on se fait porter en litière, et l'exercice est encore plus vif s'il a lieu en voiture : chacun de ces moyens est susceptible de développement ou de restriction. Si l'on n'a aucun d'eux à sa disposition, on peut placer le malade dans un lit suspendu, auquel on imprime des impulsions contraires. Il suffit même, faute de mieux, de soulever un pied du lit à l'aide d'une cale, et de lui communiquer ensuite le même balancement. Ces exercices modérés conviennent aux constitutions affaiblies, mais il en faut de plus forts à ceux qui déjà depuis plusieurs jours sont délivrés de la fièvre, ou qui, sans l'avoir encore, ressentent les premières atteintes de maladies graves, ainsi qu'on l'observe dans la phthisie, les affections de l'estomac, l'hydropisie et quelquefois la jaunisse, ou dans d'autres maladies, comme l'épilepsie et la folie, qui persistent longtemps, bien que sans état fébrile. Ces affections réclament aussi les différents exercices qui se trouvent indiqués à l'endroit où nous traçons des règles de conduite aux personnes bien portantes, mais d'une faible constitution.

XVI. Il y a deux sortes de diète : l'une où le malade ne prend rien, l'autre où il ne prend que le nécessaire. Au début des maladies, on doit supporter la faim et la soif. Plus tard, il faut régler l'alimentation avec discernement, tant pour la qualité que pour la quantité ; car il est dangereux de passer brusquement de l'abstinence à la satiété. Si cette transition est à craindre pour les personnes en santé lorsque les circonstances leur ont fait subir un jeûne prolongé, à plus forte raison est-elle à redouter pour les malades. Rien au contraire ne peut leur être plus utile que la diète observée à propos. Il y a chez nous bien des gens qui dans leur intempérance veulent désigner eux-mêmes au médecin les heures où ils doivent prendre de la nourriture ; d'autres lui font la grâce de reconnaître que c'est à lui d'indiquer le moment convenable, mais ils se réservent le droit de fixer l'étendue des repas ; quelques-uns enfin croient se conduire généreusement en laissant juge du traitement celui qui les soigne, pourvu qu'ils aient toute liberté de choisir des aliments à leur goût : comme s'il s'agissait ici des prérogatives du médecin, et non de ce qui est salutaire au malade. Chaque faute que celui-ci commet cependant, relativement à l'opportunité, à la mesure et au choix du régime alimentaire, tourne sérieusement à son préjudice.

XVII. On provoque la sueur de deux manières : par la chaleur sèche et par le bain. La chaleur sèche s'obtient à l'aide du sable chaud, des étuves, des fours, et de quelques étuves naturelles où l'on renferme la vapeur chaude qui s'élève de la terre dans un édifice semblable à celui qu'on trouve au-dessus de Baïes, dans un endroit planté de myrtes. Le soleil et l'exercice favorisent également la transpiration ; et toutes les fois que les humeurs exercent à l'intérieur une influence nuisible et qu'on cherche à les éliminer, ces différents moyens peuvent être employés. Ils produisent aussi d'excellents effets dans certaines affections des nerfs ; mais les premiers conviennent mieux

---

sunt; quæ adhibenda sunt et pro viribus cujusque, et pro opibus ; ne aut imbecillum hominem nimis digerant, aut humili desint. Lenissima est navi, vel in portu, vel in flumine; vehementior vel in alto mari nave, vel lectica ; etiamnum acrior vehiculo. Atque hæc ipsa et intendi et leniri possunt. Si nihil horum est, suspendi lectus debet, et moveri : si id quidem est, at certe uni pedi subjiciendum fulmentum est, atque ita lectus huc et illuc manu impellendus. Et levia quidem genera exercitationis infirmis conveniunt ; valentiora vero iis, qui jam pluribus diebus febre liberati sunt ; aut iis, qui gravium morborum initia sic sentiunt, ut adhuc febre vacent (quod et in tabe, et in stomachi vitiis, et cum aqua cutem subiit, et interdum in morbo regio fit) aut ubi quidam morbi, qualis comitialis, qualis insania est, sine febre, quamvis diu, manent. In quibus affectibus ea quoque genera exercitationum necessaria sunt, quæ comprehendimus eo loco, quo, quemadmodum sani, neque firmi homines se gererent, præcepimus.

XVI. Abstinentiæ vero duo genera sunt : alterum, ubi nihil assumit æger ; alterum, ubi non nisi quod oportet. Initia morborum primum famem, sitimque desiderant : ipsi deinde morbi, moderationem, ut neque aliud quam expedit, neque ejus ipsius nimium sumatur. Neque enim convenit juxta inediam protinus satietatem esse. Quod si sanis quoque corporibus inutile est, ubi aliqua necessitas famem fecit ; quanto inutilius est in corpore etiam ægro ? Neque ulla res magis adjuvat laborantem, quam tempestiva abstinentia. Intemperantes homines apud nos, ipsi cibi tempora curantibus dant. Rursus alii, tempora medicis pro dono remittunt, sibi ipsis modum vindicant. Liberaliter agere se credunt, qui cetera illorum arbitrio relinquunt, in genere cibi liberi sunt ; quasi quæratur, quid medico liceat, non quid ægro salutare sit. Cui vehementer nocet, quoties in ejus, quod assumitur, vel tempore, vel modo, vel genere peccatur.

XVII. Sudor etiam duobus modis elicitur : aut sicco calore, aut balneo. Siccus calor est, et arenæ calidæ, et laconici, et clibani, et quarumdam naturalium sudationum, ubi terra profusus calidus vapor ædificio includitur, sicut super Bajas in myrtetis habemus. Præter hæc, sole quoque, et exercitatione movetur. Utilaque hæc genera sunt, quoties humor intus nocet, isque digerendus est. Ac nervorum quoque quædam vitia sic optime curantur.

aux gens faibles : le soleil et l'exercice ne réussissent qu'aux sujets robustes, et encore il faut qu'ils soient exempts de fièvre, soit au début d'une maladie, soit pendant la durée de quelques affections graves. On ne doit d'ailleurs exciter la sueur par aucune méthode quand la fièvre existe, ou que la digestion n'est pas faite. Le bain répond à un double objet. Tantôt l'état fébrile ayant disparu, il prépare le malade à une nourriture plus substantielle et à un vin plus généreux; tantôt il sert à dissiper la fièvre elle-même. On l'emploie presque toujours dans le but d'assouplir la peau, d'attirer au dehors les humeurs corrompues, et de changer l'habitude du corps. Les anciens faisaient usage du bain avec trop de réserve; Asclépiade l'employait avec exagération. Ce moyen, quand on y a recours à propos, ne donne jamais d'inquiétude; pris à contre-temps, il est nuisible. Quiconque est délivré de la fièvre et ne l'a pas vue reparaître pendant un jour entier, peut dès le lendemain se baigner en toute sécurité, après avoir laissé passer le temps ordinaire de l'accès. Si la fièvre a la forme tierce ou quarte, le bain sera pris impunément dans l'intervalle des accès. On peut de même en faire usage quand les fièvres lentes se prolongent sans intensité, pourvu néanmoins qu'il n'y ait ni dureté, ni gonflement des hypocondres, ni sécheresse de la langue, ni douleur de poitrine ou de tête, et qu'on ne choisisse pas le temps du redoublement fébrile. Dans les fièvres qui parcourent régulièrement leurs périodes, il y a deux temps marqués pour les bains : l'un avant le frisson, et l'autre après l'accès. Dans les fièvres lentes, il faut attendre également la fin complète de l'accès, ou du moins une amélioration aussi prononcée qu'elle peut l'être dans ce genre d'affection. Les personnes faibles auront soin d'éviter le froid avant de se mettre au bain; lorsqu'elles y sont entrées, elles doivent se tenir quelque temps en repos, pour voir s'il se manifeste aux tempes du resserrement et de la sueur. Si l'on n'observe que le premier effet, le bain ne peut leur être utile ce jour-là. Il faut alors en sortir, se faire oindre légèrement, se soustraire à l'action du froid, et garder la diète. Si au contraire la sueur se déclare aux tempes sans qu'il y ait eu resserrement, et si elle se répand ensuite sur les autres parties du corps, on doit fomenter la bouche avec de l'eau chaude, entrer dans le bain, puis examiner de même si le premier contact de l'eau détermine des frissons à la surface du corps; ce qui n'arrive presque jamais quand les signes ont été favorables au début, mais ce qui serait la preuve que le bain est nuisible. C'est l'état particulier du malade qui décide si l'on doit pratiquer les onctions avant ou après le bain. Presque toujours cependant, à moins d'une contre-indication expresse, on commence dès qu'on est en sueur à faire des onctions légères, et ensuite on se met dans l'eau chaude. Pour la durée de l'immersion, il faut encore consulter les forces du sujet, et ne pas l'exposer à tomber en faiblesse par l'excès de la chaleur. Il faut donc le faire sortir du bain avant la défaillance, l'envelopper avec soin, pour que le froid ne puisse pénétrer jusqu'à lui; et, sans sortir de la salle, exciter la transpiration avant de lui donner aucun aliment. On fait aussi des fomentations chaudes avec le millet, le sel et le sable. On emploie l'un ou l'autre de ces remèdes contenu dans un linge; et si même on n'a besoin que d'une action

Sed cetera infirmis possunt convenire : sol, et exercitatio tantum robustioribus; qui tamen sine febre, vel inter initia morborum, vel etiam gravibus morbis tenentur. Cavendum autem est, ne quid horum vel in febre, vel in cruditate tentetur. At balnei duplex usus est. Nam modo, discussis febribus, initium cibi plenioris, vinique firmioris, valetudini facit; modo febrem ipsam tollit. Fereque adhibetur, ubi summam cutem relaxari, evocarique corruptum humorem, et habitum corporis mutari expedit. Antiqui timidius eo utebantur : Asclepiades audacius. Neque terrere autem ea res, si tempestiva est, debet : ante tempus, nocet. Quisquis febre liberatus est, simulatque ea uno die non accessit, eo qui proximus est, post tempus accessionis, tuto lavari potest. At si circuitum habere ea febris solita est, sic ut tertio, quartove die revertatur, quandocumque non accessit, balneum tutum est. Manentibus vero adhuc febribus, si hæ sunt lentæ, lenesque jamdiu male habent, recte medicina ista tentatur : cum eo tamen, ne præcordia dura sint, neve ea tumeant, neve lingua aspera sit, neve aut in medio corpore, aut in capite dolor ullus sit, neve tum febris increscat. Et in iis quidem febribus, quæ certum circuitum habent, duo balnei tempora sunt; alterum, ante horrorem; alterum, febre finita : in iis vero, qui lentis febriculis diu detinentur, cum aut ex toto recessit accessio; aut, si id non solet, certe lenita est, jamque corpus tam integrum est, quam maxime esse in eo genere valetudinis solet. Imbecillus homo, iturus in balneum, vitare debet, ne ante frigus aliquod experiatur : ubi in balneum venit, paulisper resistere, experirique, num tempora adstringantur, et an sudor aliquis oriatur : illud si incidit, hoc non secutum est, inutile eo die balneum est; perungendusque is leniter, et auferendus est, vitandumque omni modo frigus, et abstinentia utendum. At si temporibus integris, primum ibi, deinde alibi sudor incipit, fovendum os aqua calida: tum in solio desidendum est; atque ibi quoque videndum, num sub primo contactu aquæ calidæ summa cutis inhorrescat: quod vix tamen fieri potest, si priora recte cesserunt; certum id autem signum inutilis balnei est. Ante vero, quam in aquam calidam se demittat, an postea aliquis perungi debeat, ex ratione valetudinis suæ cognoscat. Fere tamen, nisi ubi nominatim, ut postea fiat, præcipietur, moto sudore leniter corpus perungendum; deinde in aquam calidam demittendum est. Atque hic quoque habenda virium ratio est, neque committendum, ut per æstum anima deficiat; sed maturius is auferendus, curioseque vestimentis involvendus est, ut neque ad eum frigus aspiret, et ibi quoque,

modérée, le linge chaud suffit; mais si l'on veut produire une excitation plus forte, on promène sur le corps des tisons éteints, et recouverts de vieux linges. Dans le même but, on se sert aussi de petites outres remplies d'huile chaude, ou de vases de terre appelés lentilles en raison de leur forme, dans lesquels on verse de l'eau chaude; ou bien on plonge dans de l'eau bien chaude, un sac de toile rempli de sel, pour l'appliquer après sur la partie que l'on veut fomenter. Enfin, on fait rougir au feu deux morceaux de fer aplatis à leur extrémité : on commence par en enfoncer un dans le sel en l'arrosant d'une petite quantité d'eau, et dès qu'il se refroidit on le remet au feu pour prendre l'autre; on répète à plusieurs reprises cette opération, pendant laquelle il se forme un suc chaud et salé, qui est très-efficace dans les contractions des nerfs. Tous ces moyens agissent en dissipant la matière morbide qui cause l'embarras des hypocondres, la gêne de la respiration, ou qui altère les fonctions d'un autre organe. Je dirai dans quels cas on doit faire usage de chacun d'eux, en traitant des maladies en particulier.

XVIII. Après avoir indiqué les remèdes qui opèrent en retranchant les principes nuisibles, il convient de s'occuper des substances qui nourrissent, c'est-à-dire des aliments solides et liquides, dont l'influence n'est pas moins grande sur la santé que sur la maladie. Il est par conséquent de mon sujet de faire connaître leurs propriétés diverses, d'abord pour que les gens en santé sachent en tirer parti, et en second lieu pour pouvoir désigner aux malades qui réclament nos soins les espèces alimentaires dont ils peuvent faire usage, sans être tenu de leur nommer une à une toutes les substances qui les composent. On doit donc savoir que tous les légumes et les diverses sortes de pain fait avec les céréales sont de la classe des aliments les plus fortifiants (j'appelle ainsi tous ceux qui contiennent beaucoup de matière nutritive). Il en est de même de tous les quadrupèdes domestiques, des grandes bêtes fauves, telles que le chevreuil, le cerf, le sanglier, l'âne sauvage; des grands oiseaux, comme l'oie, le paon et la grue; des gros poissons de mer, comme la baleine et les autres cétacées; de même aussi du miel et du fromage. Il n'est pas étonnant d'après cela que la pâtisserie, où l'on fait entrer du froment, de la graisse, du miel et du fromage, soit un aliment très-nourrissant. Dans la classe moyenne on rangera les plantes potagères dont on mange les bulbes et les racines; le lièvre parmi les quadrupèdes; tous les oiseaux depuis les plus petits jusqu'au flamant; et tous les poissons qu'on ne peut saler, aussi bien que ceux qu'on sale en entier. La dernière classe renfermera toutes les tiges de plantes potagères et les produits qui s'y attachent, comme la citrouille, le concombre, les câpres; toute espèce de fruits, les olives, les escargots et tous les coquillages. Malgré les divisions que nous établissons, il faut reconnaître encore de nombreuses différences entre les aliments d'une même classe, les uns offrant à un haut degré et les autres à un degré plus faible les qualités nutritives. Le pain, par exemple, contient plus de principes nutritifs qu'aucune autre substance. Celui de froment nourrit plus que celui de millet, et ce dernier plus que le pain d'orge. La première fleur de froment

antequam aliquid assumat, insudet. Fomenta quoque calida sunt, milium, sal, arena; quodlibet eorum calefactum, et in linteum conjectum; si minore vi opus est, etiam solum linteum; at si majore, extincti titiones, involutique panniculis, et sic circumdati. Quin etiam calido oleo replentur utriculi; et in vasa fictilia, a similitudine quas lenticulas vocant, aqua conjicitur; et sal sacco linteo excipitur, demittiturque in aquam bene calidam, tum super id membrum, quod fovendum est, collocatur. Juxtaque ignem, ferramenta duo sunt, capitibus paulo latioribus : alterumque ex his demittitur in eum salem, et aqua super leviter aspergitur; ubi frigere coepit, ad ignem refertur, et idem in altero fit; deinde invicem in utroque : inter quae descendit salsus et calidus succus, qui contractis aliquo morbo nervis opitulatur. His omnibus commune est, digerere id, quod vel praecordia onerat, vel fauces strangulat, vel in aliquo membro nocet. Quando autem quoque utendum sit, in ipsis morborum generibus dicetur.

XVIII. Cum de iis dictum sit, quae detrahendo juvant; ad ea veniendum est, quae alunt, id est cibum, et potionem. Haec autem non omnium tantum morborum, sed etiam secundae valetudinis communia praesidia sunt : pertinetque ad rem, omnium proprietates nosse; primum, ut sani sciant, quomodo his utantur; deinde, ut exsequentibus nobis morborum curationes, liceat species rerum quae assumendae erunt, subjicere, neque necesse sit subinde singulas eas nominare. Scire igitur oportet, omnia legumina, quaeque ex frumentis panificia sunt, generis valentissimi esse (valentissimum voco, in quo plurimum alimenti est) item omne animal quadrupes domi natum; omnem grandem feram, quales sunt caprea, cervus, aper, onager; omnem grandem avem; quales sunt anser, et pavo, et grus; omnes belluas marinas, ex quibus cetus est, quaeque his pares sunt : item mel, et caseum. Quo minus mirum est, opus pistorium valentissimum esse, quod ex frumento, adipe, melle, caseo constat. In media vero materia numerari ex oleribus debere ea, quorum radices, vel bulbos assumimus; ex quadrupedibus, leporem; aves omnes a minimis ad phoenicopterum; item pisces omnes, qui salem non patiuntur, solidive saliuntur. Imbecillissimam vero materiam esse, omnem caulem oleris, et quidquid in caule nascitur, qualis est cucurbita, et cucumis et capparis; omnia poma, oleas, cochleas, itemque conchylia. Sed quamvis haec ita discreta sint, tamen etiam, quae sub eadem specie sunt, magna discrimina recipiunt, aliaque res alia vel valentior est, vel infirmior. Siquidem plus alimenti est in pane, quam in ullo alio : firmius est triticum, quam milium; idipsum, quam hordeum; et ex tritico firmissima siligo, deinde simila, deinde cui nihil

vaut mieux que la seconde, et celle-ci mieux que la farine dont on n'a rien enlevé, et que les Grecs appellent αὐτόπυρος. Le pain fait avec la plus fine fleur de farine n'est pas aussi fortifiant, et celui qui soutient le moins est le pain bis. Parmi les légumes, la fève et la lentille sont plus nourrissantes que les pois; et parmi les plantes potagères la rave, le navet et tous les bulbes, au nombre desquels je mets l'oignon et l'ail, offrent une nourriture moins faible que le panais, ou ce qu'on appelle spécialement le raifort. De même le chou, la bette et le poireau valent mieux, comme aliments, que la laitue, la citrouille et l'asperge. On trouve aussi, en passant aux fruits, plus de sucs nourriciers dans le raisin, les figues, les noix et les dattes, que dans les fruits charnus proprement dits, et parmi ceux-ci, les fruits fondants en ont plus que ceux qui sont cassants. Quant aux oiseaux que j'ai placés dans la classe moyenne, les plus nourrissants sont ceux qui marchent plus qu'ils ne volent. Ceux qui sont capables de voler fournissent plus à l'alimentation s'ils sont gros que s'ils sont petits, comme la grive et le bec-figue. Les oiseaux aquatiques ne nourrissent pas autant que ceux qui ne peuvent pas nager. La chair de porc, entre toutes les viandes tirées des quadrupèdes, est celle qui a le moins de qualités nutritives; celle qui en a le plus est la chair de bœuf. Il en est ainsi pour les animaux sauvages : plus l'animal est fort, plus on trouve en lui un aliment substantiel. De tous les poissons de la classe moyenne et qui sont le plus à notre usage, les plus nourrissants sont ceux dont on fait des salaisons, comme le lézard de mer. Viennent ensuite ceux dont la chair quoique plus tendre est encore ferme, comme la dorade, le corbeau marin, le spare, l'*oculata* (5), et les poissons plats; après eux se présentent le loup marin, les mulles, et enfin tous les poissons qui vivent dans les rochers. Les différences qui existent entre les espèces se retrouvent dans l'individu même, et dépendent de l'âge, de la partie qu'on mange, de la nature du sol, du climat, et de l'état du corps. Tout quadrupède qui tette encore ne peut constituer un aliment bien nourrissant, pas plus que les volatiles très-jeunes ou les poissons d'un âge moyen, mais qui n'ont pas encore acquis toute leur grosseur. Dans le cochon, les pieds, le groin, les oreilles et la cervelle nourrissent moins que le reste. Les pieds et la tête dans l'agneau et le chevreau sont d'une nourriture plus faible que les autres parties, et peuvent être rangés dans la classe moyenne. Chez les oiseaux, on peut dire que le cou et les ailes sont presque incapables de nourrir. D'après l'influence exercée par la nature du sol, le blé des collines a plus de qualités nutritives que le blé des plaines; le poisson qu'on rencontre au milieu des rochers est plus léger que celui qu'on trouve dans les endroits sablonneux, et ce dernier l'est plus à son tour que celui qui séjourne dans la vase : de là vient que les mêmes espèces donneront plus ou moins à l'alimentation, selon qu'elles seront tirées d'un étang, d'un lac ou d'une rivière. Enfin les poissons qui vivent en pleine eau seront aussi moins substantiels que ceux qui se tiennent dans les bas fonds. La chair des animaux sauvages ne soutient pas autant que celle des animaux domestiques; et ceux qui vivent dans des lieux humides offrent aussi une nourriture moins forte que ceux qui naissent dans des endroits secs. Les mêmes animaux, pour nourrir davantage, doivent être mangés plutôt gras que maigres, plutôt frais que salés et récemment tués que morts depuis longtemps. Leur

---

ademptum est, quod αὐτόπυρον Græci vocant; infirmior est, ex polline, infirmissimus, cibarius panis. Ex leguminibus vero valentior faba, vel lenticula, quam pisum. Ex oleribus valentior rapa, napique, et omnes bulbi (in quibus cepam quoque, et allium numero) quam pastinaca, vel quæ specialiter radicula appellatur : item firmior brassica, et beta, et porrum, quam lactuca, vel cucurbita, vel asparagus. At ex fructibus sorculorum valentiores uvæ, ficus, nuces, palmulæ, quam quæ poma proprie nominantur : atque ex his ipsis firmiora, quæ succosa, quam quæ fragilia sunt. Item ex iis avibus, quæ in media specie sunt, valentiores eæ, quæ pedibus, quam quæ volatu magis nituntur; et ex iis, quæ volatu fidunt, firmiores quæ grandiores aves, quam quæ minutæ sunt; ut ficedula et turdus. Atque eæ quoque, quæ in aqua degunt, leviorem cibum præstant, quam quæ natandi scientiam non habent. Inter domesticas vero quadrupedes, levissima suilla est; gravissima, bubula : itemque ex feris, quo majus quodque animal, eo robustior ex eo cibus est. Pisciumque eorum, qui ex media materia sunt, quibus maxime utimur, tamen gravissimi sunt ex quibus salsamenta quoque fieri possunt, qualis lacertus est; deinde qui, quamvis teneriores, tamen duri sunt, ut aurata, corvus, sparus, oculata; tum plani; post quos etiamnum leviores, lupi, mullique; et post hos, omnes saxatiles. Neque vero in generibus rerum tantummodo discrimen est, sed etiam in ipsis : quod et ætate fit, et membro, et solo, et cœlo, et habitu. Nam quadrupes omne animal, si lactens est, minus alimenti præstat : itemque quo tenerior pullus cohortalis est : in piscibus quoque media ætas, quæ nondum summam magnitudinem implevit. Deinde ex eodem sue, ungulæ, rostrum, aures, cerebellum; in agno, hœdove, cum petiolis totum caput aliquanto, quam cetera membra, leviora sunt : adeo ut in media materia poni possint. Ex avibus, colla, alæve recte infirmissimis annumerantur. Quod ad solum vero pertinet, frumentum quoque valentius est collinum, quam campestre : levior piscis inter saxa editus, quam in arena : levior in arena, quam in limo : quo fit, ut ex stagno, vel lacu, vel flumine eadem genera graviora sint : leviorque, qui in alto, quam qui in vado vixit. Omne etiam ferum animal domestico levius, et quodcumque humido cœlo, quam quod sicco natum est. Deinde eadem omnia pinguia, quam macra; recentia, quam salsa; nova, quam vetusta, plus alimenti

viande est aussi plus nutritive cuite dans son jus que rôtie, rôtie que bouillie dans l'eau. Les œufs durs sont au nombre des aliments les plus solides, et les œufs frais ou mollets comptent parmi les plus légers. Bien qu'en général le pain soit très-fortifiant, il faut cependant regarder comme très-inférieur celui qui se prépare avec certaines céréales, comme le gruau, le riz et l'orge ; et aussi comme un faible aliment les crêmes et bouillies que l'on fait avec ces dernières substances, de même que le pain trempé dans l'eau.

Quant aux boissons, il faut placer dans la première classe toutes celles qui sont préparées avec le froment, ainsi que le lait, le vin miellé, le vin cuit, le vin de raisins séchés au soleil, le vin doux ou généreux, celui qui sort de la cuve ou qui est déjà vieux. Dans la classe moyenne on trouve le vinaigre, le vin qui n'a encore que peu d'années, celui dont le goût est astringent, ou qui est naturellement épais ; et il convient de n'en pas donner d'autres aux personnes faibles. L'eau est de tous les liquides le moins fortifiant. La boisson faite avec le froment sera d'autant plus nourrissante que le froment sera meilleur. Le vin aura plus de force s'il est d'un bon terroir que s'il provient d'un mauvais cru. Recueilli dans un endroit tempéré, il vaudra mieux que récolté dans des lieux où règne trop d'humidité ou de sécheresse, trop de froid ou de chaleur. Le vin miellé nourrit en raison de la quantité de miel qu'il renferme. La force du vin cuit se mesure à la durée de la cuisson, et le vin de raisins séchés au soleil vaut d'autant mieux que les raisins sont plus secs. L'eau pluviale est la plus légère ; viennent ensuite les eaux de fontaine, de rivière et de puits, et en dernier lieu celle de neige et de glace. L'eau des lacs est plus pesante qu'aucune d'elles, mais elle l'est moins encore que celle des marais. Connaître la qualité de l'eau est aussi facile que nécessaire, car on s'assure de sa légèreté en la pesant ; et à poids égal la meilleure est celle qui s'échauffe et se refroidit le plus promptement, et qui met le moins de temps à cuire les légumes. En général, plus un aliment est substantiel, moins il se prête à la digestion ; mais aussi dès qu'il est digéré il nourrit davantage. Dans le choix des substances alimentaires il faut donc avoir égard à l'état des forces, et se prescrire une certaine mesure pour chaque espèce. Aux gens faibles, par exemple, on appliquera le régime de la dernière classe ; celui de la classe moyenne devra suffire à ceux qui n'ont qu'une santé médiocre, et enfin l'alimentation la plus forte sera réservée aux personnes robustes. Les aliments légers peuvent être pris en plus grande quantité, mais il faut se modérer davantage quand ils sont très-nourrissants.

XIX. Ce ne sont pas les seules différences que présentent les substances alimentaires ; il en est qui sont de bon ou de mauvais suc (εὔχυλος, κακόχυλος), qui sont douces ou âcres, qui épaississent ou atténuent les humeurs. Celles-ci conviennent à l'estomac, celles-là lui sont contraires. Tel aliment produit des flatuosités, et tel autre n'a pas cet inconvénient. Quelques-uns échauffent et d'autres rafraîchissent. Les uns s'aigrissent facilement dans l'estomac, au lieu que les autres résistent longtemps à la décomposition. Il y en a qui tiennent le ventre libre, il en est aussi qui déterminent de la constipation. Ceux-ci favorisent l'écoulement des urines, que ceux-là ralentissent. Quelques-uns portent au sommeil, et d'autres tiennent les sens éveillés. Il faut être instruit de ces diverses particularités, parce qu'elles ré-

habent. Tum res eadem magis alit jurulenta, quam assa ; magis assa, quam elixa. Ovum durum valentissimæ materiæ est ; molle, vel sorbile, imbecillissimæ. Cumque panificia omnia firmissima sint, elota tamen quædam genera frumenti, ut alica, oryza, ptisana, vel ex iisdem facta sorbitio, vel pulticula, et aqua quoque madens panis, imbecillissimis annumerari potest.

Ex potionibus vero, quæcumque ex frumento facta est, itemque lac, mulsum, defrutum, passum, vinum aut dulce, aut vehemens, aut mustum, aut magnæ vetustatis, valentissimi generis est. At acetum, et id vinum quod paucorum annorum, vel austerum, vel pingue est, in media materia est : ideoque infirmis numquam generis alterius dari debet. Aqua omnium imbecillissima est. Firmiorque ex frumento potio est, quo firmius fuit ipsum frumentum : firmior ex eo vino, quod bono solo, quod tenui ; quodque temperato cœlo, quam quod aut nimis humido, aut nimis sicco, nimiumque aut frigido, aut calido natum est. Mulsum, quo plus mellis habet ; defrutum, quo magis incoctum ; passum, quo ex sicciore uva est, eo valentius est. Aqua levissima pluvialis est ; deinde fontana ; tum ex flumine ; tum ex puteo ; posthæc ex nive, aut glacie ; gravior his, ex lacu ; gravissima, ex palude. Facilis etiam, et necessaria cognitio est naturam ejus requirentibus. Nam levis, pondere apparet ; et ex iis, quæ pondere pares sunt, eo melior quæque est, quo celerius et calefit et frigescit, quoque celerius ex ea legumina percoquantur. Fere vero sequitur, ut, quo valentior quæque materia est, eo minus facile concoquatur ; sed si concocta est, plus alat. Itaque utendum est materiæ genere pro viribus ; modusque omnium pro genere sumendus. Ergo imbecillis hominibus, rebus infirmissimis opus est ; mediocriter firmos, media materia optime sustinet ; et robustis apta validissima est. Plus deinde aliquis assumere ex levioribus potest : magis in iis, quæ valentissima sunt, temperare sibi debet.

XIX. Neque hæc sola discrimina sunt ; sed etiam aliæ res boni succi, aliæ mali sunt ; quas εὐχύλους vel κακοχύλους Græci vocant ; aliæ lenes, aliæ acres ; aliæ crassiorem pituitam in nobis faciunt, aliæ tenuiorem ; aliæ idoneæ stomacho, aliæ alienæ sunt : itemque aliæ inflant, aliæ ab hoc absunt ; aliæ calefaciunt, aliæ refrigerant ; aliæ facile in stomacho acescunt, aliæ non facile infus corrumpuntur, aliæ movent alvum, aliæ supprimunt ; aliæ citant urinam, aliæ

4.

pondent aux différents états de la constitution ou de la santé.

XX. Les aliments de bon suc sont, le froment, la fleur de farine, l'épeautre, le riz, l'amidon, le *tragum*, la décoction d'orge, le lait, le fromage mou, le gibier, tous les oiseaux de la classe moyenne, et parmi les gros ceux que j'ai nommés plus haut; les poissons qui ne sont ni trop tendres ni trop fermes, comme les mulles et le loup marin; la laitue de printemps, l'ortie, la mauve, le concombre, la citrouille, les œufs mollets, le pourpier, les colimaçons, les dattes, les fruits qui ni sont ni acerbes ni acides, le vin doux ou léger, le vin de raisins séchés au soleil, le vin cuit, les olives conservées dans l'une ou l'autre de ces liqueurs; les matrices, le groin, les pieds de cochon; toute chair grasse et gélatineuse, et tous les foies d'animaux.

XXI. Les aliments de mauvais suc sont, le millet, le panic, l'orge, les légumes, la chair des animaux domestiques amaigris, la viande salée et toutes les salaisons, le *garum*, le fromage vieux, le chervi, le raifort, la rave, le navet, les bulbes, le chou, ses rejetons surtout, l'asperge, la bette, le concombre, le poireau, la roquette, le cresson, le thym, le pouliot, la sarriette, l'hyssope, la rue, l'aneth, le fenouil, le cumin, l'anis, l'oseille, la moutarde, l'ail, l'oignon, la rate, les reins, les entrailles, les fruits verts et acides, le vinaigre, toutes les substances âcres, acides et acerbes, l'huile, les poissons de rochers, ceux qui sont trop tendres ou trop fermes et d'une mauvaise odeur, comme sont presque toujours les poissons tirés des lacs, des étangs et des ruisseaux bourbeux, ou ceux qui ont acquis une grosseur trop considérable.

XXII. Les aliments doux sont, la crème d'orge, la bouillie, le beignet, l'amidon, la décoction d'orge, la chair grasse et gélatineuse comme celle de presque tous les animaux domestiques, et principalement les pieds et groins de cochon, les pieds et la tête du chevreau, du veau et de l'agneau, et les cervelles en général; les bulbes proprement dits, le lait, le vin cuit, le vin de raisins séchés au soleil, les pignons. Les aliments âcres sont ceux qui ont trop d'astringence, qui sont acides ou salés; le miel qui est d'autant plus âcre qu'il est meilleur; l'ail, l'oignon, la roquette, la rue, le cresson, le concombre, la bette, le chou, l'asperge, la moutarde, le raifort, la chicorée, le basilic, la laitue, et la plupart des plantes potagères.

XXIII. Ceux qui épaississent les humeurs sont, les œufs frais, l'épeautre, l'amidon, la décoction d'orge, le lait, les bulbes, presque toutes les substances gélatineuses. Ceux qui atténuent les humeurs sont toutes les substances salées, âcres et acides.

XXIV. Les aliments les plus convenables à l'estomac sont, les substances astringentes, acides et médiocrement salées; le pain non fermenté, l'épeautre lavé, le riz, la décoction d'orge; les oiseaux, le gibier, rôtis ou bouillis : parmi les animaux domestiques la chair de bœuf, ou si l'on en préfère une autre, il vaut mieux que ce soit d'un animal maigre que d'un gras; les pieds,

---

tardant; quædam somnum movent, quædam sensus excitant. Quæ omnia ideo noscenda sunt, quoniam aliud alii, vel corpori, vel valetudini, convenit.

XX. Boni succi sunt, triticum, siligo, alica, oryza, amylum, tragum, ptisana, lac, caseus mollis, omnis venatio, omnes aves, quæ ex media materia sunt; ex majoribus quoque eæ, quas supra nominavi; medii inter teneros durosque pisces, ut mullus, et lupus; verna lactuca, urtica, malva, cucumis, cucurbita, ovum sorbile, portulaca, cochleæ, palmulæ; ex pomis quodcumque neque acerbum, neque acidum est; vinum dulce, vel lene, passum, defrutum, oleæ, quæ ex his duobus in alterutro servatæ sunt; vulvæ, rostra, trunculique suum, omnis pinguis caro, omnis glutinosa, omne jecur.

XXI. Mali vero succi sunt, milium, panicum, hordeum, legumina, caro domestica permacra, omnisque caro salsa, omne salsamentum, garum, vetus caseus, siser, radicula, rapa, napi, bulbi, brassica, magisque etiam cyma ejus, asparagus, beta, cucumis, porrum, eruca, nasturtium, thymum, nepeta, satureia, hyssopum, ruta, anethum, fœniculum, cuminum, anisum, lapathum, sinapi, allium, cepa, lienes, renes, intestina, pomum quodcumque acidum vel acerbum est, acetum, omnia acria, acida, acerba, oleum, pisces quoque saxatiles, omnesque, qui ex tenerrimo genere sunt, aut qui rursus nimium duri virosique sunt, ut fere quos stagna, lacus, limosique rivi ferunt, quique in nimiam magnitudinem excesserunt.

XXII. Lenes autem sunt, sorbitio, pulticula, laganum, amylum, ptisana, pinguis caro, et quæcumque glutinosa est, quod fere quidem in omni domestica fit, præcipue tamen in ungulis, trunculisque suum, in petiolis capitulisque hœdorum et vitulorum et agnorum, omnibusque cerebellis : item qui proprie bulbi nominantur, lac, defrutum, passum, nuclei pinei. Acria sunt, omnia nimis austera, omnia acida, omnia salsa, et mel quidem, quo melius est, eo magis : item allium, cepa, eruca, ruta, nasturtium, cucumis, beta, brassica, asparagus, sinapi, radicula, intubus, ocimum, lactuca, maximaque olerum pars.

XXIII. Crassiorem autem pituitam faciunt, ova sorbilia, alica, oryza, amylum, ptisana, lac, bulbi, omniaque fere glutinosa. Extenuant eamdem, omnia salsa, atque acria, atque acida.

XXIV. Stomacho autem aptissima sunt, quæcumque austera sunt, etiam quæ acida sunt, quæque contacta sale modice sunt : item panis sine fermento, et elota alica, vel oryza, vel ptisana, omnis avis, omnis venatio; atque utraque vel assa, vel elixa : ex domesticis animalibus bubula : si quid ex ceteris sumitur, macrum potius, quam pingue : ex sue, ungulæ, rostra, aures, vulvæque steriles : ex oleribus, intubus, lactuca, pastinaca, cucurbita elixa, siser : ex pomis, cerasum, morum,

le groin, les oreilles du cochon, et les matrices des femelles qui n'ont point porté : parmi les plantes potagères, la chicorée, la laitue, le panais, la citrouille bouillie, le chervi : parmi les fruits, les cerises, la mûre, la corme, la poire cassante, comme il en vient à Crustume et à Névie, celles qu'on peut garder, comme les poires de Tarente et Signie ; les pommes arrondies de Scandie ou d'Amérie, le coing, la grenade, les raisins de caisse, les œufs frais, les dattes, les pignons, les olives blanches trempées dans de la saumure forte ou marinées dans du vinaigre, les olives noires cueillies bien mûres et gardées dans du vin cuit, ou dans le vin fait avec des raisins séchés au soleil ; le vin astringent ou même âpre, le vin traité par la résine ; les poissons fermes de la classe moyenne, les huîtres, les pectones, tous les murex, les pourpres, les colimaçons ; tous les aliments solides et liquides, froids ou très-chauds ; l'absinthe.

XXV. Les aliments contraires à l'estomac sont, toutes les choses tièdes, salées, préparées au jus, celles qui sont trop douces, toutes les graisses, la crème d'orge, le pain fermenté, le pain de millet ou d'orge, l'huile, les racines potagères et les herbages assaisonnés à l'huile ou au *garum*, le miel, l'hydromel, le vin cuit, le vin de raisins séchés au soleil, le lait, tous les fromages, le raisin nouveau, les figues vertes et sèches, tous les légumes qui donnent des vents, le thym, la cataire, la sariette, l'hysope, le cresson, l'oseille, le chou sauvage, les noix. On peut voir par cette énumération que les aliments de bon suc ne sont pas toujours les plus convenables pour l'estomac, et réciproquement que ceux dont l'estomac s'accommode ne sont pas toujours de bon suc.

XXVI. Les aliments venteux se composent des légumes en général, des substances grasses, douces et succulentes, du moût de vin et même du vin nouveau. Parmi les plantes potagères on compte aussi l'oignon, l'ail, le chou, toutes les racines, excepté le chervi et le panais ; les bulbes, les figues sèches, mais surtout les vertes ; les raisins nouveaux, toute espèce de noix, à l'exception des pignons ; le lait, les diverses sortes de fromage, et enfin toute substance mal cuite. Les aliments qui ne donnent pas de flatuosités sont, le gibier et les oiseaux pris à la chasse, les poissons, les fruits, les olives, les coquillages, les œufs frais et mollets, et le vin vieux. Quant au fenouil et à l'aneth, ils favorisent au contraire l'expulsion des vents.

XXVII. Le poivre, le sel, toute chair succulente, l'ail, l'oignon, les figues sèches et les salaisons, échauffent, de même que le vin, qui sera d'autant plus échauffant qu'on le boira plus pur. Les substances qui rafraîchissent sont, les plantes potagères dont on mange les tiges crues, comme la chicorée et la laitue ; le coriandre, le concombre, la citrouille bouillie, la bette, les mûres, les cerises, les pommes acerbes, les poires cassantes, les viandes bouillies, le vinaigre surtout, et les mets ou les boissons où on le fait entrer.

XXVIII. Les aliments qui se corrompent facilement à l'intérieur sont, le pain fermenté et celui qui n'est point fait avec le froment, le lait, le miel, et par conséquent les aliments préparés avec le lait et les pâtisseries, les poissons tendres, les huîtres, les plantes potagères, le fromage vieux ou nouveau, les viandes fortes ou tendres, le vin doux, l'hydromel, le vin cuit, le vin de raisins séchés au soleil ; tout ce qui est

---

sorbum, pirum fragile, quale Crustuminum vel Nævianum est : item pira, quæ reponuntur, Tarentina atque Sigoina ; malum orbiculatum, aut Scandianum, vel Americum, vel cotoneum, vel Punicum, uvæ ex olla, molle ovum, palmulæ, nuclei pinei, oleæ albæ ex dura muria, eademque aceto intinctæ, vel quæ in arbore bene permaturuerunt, vel quæ in passo, defrutove servatæ sunt : vinum austerum, licet etiam asperum sit, item resinatum : duri ex media materia pisces, ostrea, pectines, murices, purpuræ, cochleæ : cibi, potionesque frigidæ, vel ferventes : absinthium.

XXV. Aliena vero stomacho sunt, omnia tepida, omnia salsa, omnia jurulenta, omnia prædulcia, omnia pinguia, sorbitio, panis fermentatus, idemque vel ex milio vel ex hordeo, oleum, radices olerum, et quodcumque olus ex oleo garove estur, mel, mulsum, defrutum, passum, lac, omnis caseus, uva recens, ficus et viridis et arida, legumina omnia, quæque inflare consueverunt : item thymum, nepeta, satureia, hyssopum, nasturtium, lapathum, lapsana, juglandes. Ex his autem intelligi potest, non, quidquid boni succi est, protinus stomacho convenire ; neque quidquid stomacho convenit, protinus boni succi esse.

XXVI. Inflant autem, omnia fere legumina, omnia pinguia, omnia dulcia, omnia jurulenta, mustum, atque etiam id vinum, cui nihil adhuc ætatis accessit : ex oleribus, allium, cepa, brassica, omnesque radices, excepto sisere et pastinaca, bulbi, ficus etiam aridæ, sed magis virides, uvæ recentes, nuces omnes, exceptis nucleis pineis, lac, omnisque caseus, quidquid deinde subcrudum aliquis assumpsit. Minima inflatio fit ex venatione, aucupio, piscibus, pomis, oleis, conchiliis, ovis vel mollibus vel sorbilibus, vino vetere. Fæniculum vero, et anethum, inflationes etiam levant.

XXVII. At calefaciunt, piper, sal, caro omnis jurulenta, allium, cepa, ficus arida, salsamentum, vinum, et quo meracius est, eo magis. Refrigerant olera, quorum crudi caules assumuntur, ut intubus, et lactuca : item coriandrum, cucumis, elixa cucurbita, beta, mora, cerasa, mala austera, pira fragilia, caro elixa, præcipueque acetum, sive cibus ex eo, sive potio assumitur.

XXVIII. Facile autem intus corrumpuntur, panis fermentatus, et quisquis alius quam ex tritico est, lac, mel ; ideoque etiam lactentia atque omne pistorium opus ; teneri pisces, ostrea, olera, caseus et recens et vetus, crassa vel tenera caro, vinum dulce, mulsum, defrutum,

succulent, trop doux ou trop tendre. Ceux qui cèdent le moins vite à la corruption sont, le pain non fermenté, les oiseaux, particulièrement ceux dont la chair est plus ferme, les poissons durs non-seulement comme la dorade ou le scare, mais aussi le calmar, la langouste, le polype, la chair de bœuf, toute viande dure, surtout si elle est maigre et salée, les salaisons, les colimaçons, les murex, les pourpres, le vin astringent ou mêlé de résine.

XXIX. Les aliments qui relâchent le ventre sont, le pain fermenté, surtout le pain bis ou le pain d'orge, le chou à demi cuit, la laitue, l'aneth, le cresson, le basilic, l'ortie, le pourpier, le raifort, les câpres, l'ail, l'oignon, la mauve, l'oseille, la bette, l'asperge, le concombre, les cerises, les mûres, les fruits doux, les figues sèches et plus encore les vertes, les raisins nouveaux, les petits oiseaux gras, les limaçons, le *garum* (6), les salaisons, les huîtres, les *pélorides*, les hérissons, les moules (7), presque tous les coquillages et principalement leur jus, les poissons de rochers et tous ceux qui sont tendres, la liqueur noire de sèche, la chair grasse, cuite dans son jus ou bouillie, les oiseaux aquatiques, le miel cru, le lait et les choses faites au lait, l'hydromel, le vin doux ou salé, l'eau, toutes les choses tendres, tièdes, douces, grasses, bouillies, succulentes, salées, délayées.

XXX. Les aliments qui resserrent sont, le pain fait avec la fleur de farine de première ou de seconde qualité, surtout quand il n'est pas fermenté, et mieux encore s'il est brûlé; on le rend même plus astringent en le faisant cuire deux fois; la bouillie préparée avec l'épeautre, le panic ou le millet, les crèmes faites des mêmes substances, surtout en les faisant griller d'abord, la lentille également grillée, melée à la bette, à la chicorée ordinaire ou sauvage et au plantain, la chicorée cultivée, seule ou frite avec le plantain et la chicorée sauvage, les petites herbes potagères, le chou cuit deux fois, les œufs durs et principalement rôtis, les petits oiseaux, le merle, le ramier, surtout en les faisant bouillir dans l'oxycrat; la grue, les oiseaux qui courent mieux qu'ils ne volent, le lièvre, le chevreuil, le foie des animaux qui fournissent du suif, entre autres celui du bœuf, et le suif aussi; le fromage auquel le temps ou le transport sur mer a donné plus de force, ou bien le fromage nouveau bouilli avec le miel ou l'hydromel; le miel cuit, les poires encore vertes, les cormes, et de préférence celles qu'on appelle *torminales*, les coings, les grenades, les olives blanches ou très-mûres, les baies de myrte, les dattes, les pourpres et murex, le vin chargé de résine ou d'une saveur âpre, le vin pur, le vinaigre, l'hydromel qui a bouilli, le vin cuit, celui qu'on prépare avec les raisins séchés au soleil, l'eau tiède ou très-froide et dure, c'est-à-dire qui se corrompt difficilement, et par la même raison l'eau de pluie surtout : toutes les choses dures, maigres, astringentes, âpres et grillées, et la viande plutôt rôtie que bouillie.

XXXI. Les aliments qui sollicitent les urines sont, toutes les plantes odoriférantes des jardins, telles que le persil, la rue, l'aneth, le basilic, la menthe, l'hysope, l'anis, le coriandre, le cresson, la roquette, le fenouil, l'asperge, les câpres,

passum; quidquid deinde vel jurulentum est, vel nimis dulce, vel nimis tenue. At minime intus vitiantur, panis sine fermento, aves, et eæ potius duriores, duri pisces ; neque solum aurata puta, aut scarus, sed etiam lolligo, locusta, polypus : item bubula, omnisque dura caro : eademque aptior est, si macra, si salsa est ; omniaque salsamenta; cochleæ, murices, purpuræ; vinum austerum, vel resinatum.

XXIX. At alvum movent, panis fermentatus, magisque si cibarius vel hordeaceus est; brassica, si subcruda est, lactuca, anethum, nasturtium, ocimum, urtica, portulaca, radicula, capparis, allium, cepa, malva, lapathum, beta, asparagus, cucurbita, cerasa, mora, poma omnia mitia, ficus etiam, arida, sed magis viridis, uvæ recentes, pingues minutæ aves, cochleæ, garum, salsamentum, ostrea, pelorides, echini, musculi, et omnes fere conchulæ, maximeque jus earum; saxatiles, et omnes teneri pisces, sepiarum atramentum; si qua caro assumitur pinguis, eadem vel jurulenta, vel elixa; aves, quæ natant; mel crudum, lac, lactentia omnia, mulsum, vinum dulce vel salsum, aqua, tenera omnia, tepida, dulcia, pinguia, elixa, jurulenta, salsa, diluta.

XXX. Contra adstringunt, panis ex siligine, vel ex simila; magis, si sine fermento est; magis etiam si ustus est; intenditurque vis ejus etiam, si bis coquitur : pulticula vel ex alica, vel ex panico, vel ex milio; itemque ex iisdem sorbitio, et magis, si hæc ante fricta sunt : lenticula, cui vel beta, vel intubus, vel ambubeia, vel plantago adjecta est; magisque etiam, si illa ante fricta est : per se etiam intubus, vel ex plantagine, vel ambubeia fricta : minuta olera, brassica bis decocta : dura ova, magisque si assa sunt : minutæ aves, merula, palumbus, magisque si in posca decoctus est; grus, omnes aves, quæ magis currunt, quam volant; lepus, caprea; jecur ex iis, quæ sevum habent, maximeque bubulum, ac sevum ipsum : caseus, qui vehementior vetustate fit, vel ea mutatione, quam in eo transmarino videmus, aut si recens est, ex melle, mulsove decoctus : item mel coctum, pira immatura, sorba, magisque ea, quæ torminalia vocantur, mala cotonea, et Punica, oleæ vel albæ vel permaturæ, myrta, palmulæ, purpuræ, murices, vinum resinatum vel asperum, item meracum, acetum, mulsum quod inferbuit, item defrutum, passum, aqua vel tepida vel præfrigida, dura, id est ea, quæ tarde putescit; ideoque pluvia potissimum : omnia dura, macra, austera, aspera, tosta, et in eadem carne, assa potius, quam elixa.

XXXI. Urinam autem movent, quæcumque in horto nascentia boni odoris sunt, ut apium, ruta, anethum, ocimum, mentha, hyssopum, anisum, coriandrum, nasturtium, eruca, fœniculum : præter hæc, asparagus, capparis, nepeta, thymum, satureia, lapsana, pastinaca,

le pouliot, le thym, la sarriette, le chou sauvage, le panais, surtout celui des champs, le raifort, le chervi, l'oignon; parmi le gibier, le lièvre plus spécialement. Viennent ensuite le vin léger, le poivre rond et long, la moutarde, l'absinthe, les pignons.

XXXII. Ceux qui portent au sommeil sont, le pavot, la laitue, celle d'été principalement dont la tige est déjà pleine de suc laiteux, les mûres, le poireau. Les plantes qui stimulent les sens sont: le calament, le thym, la sarriette, l'hysope, et plus encore le pouliot, puis la rue et l'oignon.

XXXIII. Beaucoup de substances ont la propriété d'attirer les humeurs au dehors; mais comme elles consistent pour la plupart en médicaments étrangers qui ne sont guère applicables que dans les cas où le régime seul est insuffisant, je ne m'en occuperai pas en ce moment. J'indiquerai seulement les remèdes qu'on a pour ainsi dire sous la main, et qui conviennent dans les maladies dont je vais avoir à parler. Ils exercent sur le corps une action irritante, en vertu de laquelle ils attirent les humeurs nuisibles. On trouve cette faculté dans la semence de roquette, de cresson et de raifort, et surtout dans la graine de moutarde; le sel et la figue ont le même pouvoir.

La laine grasse trempée dans du vinaigre ou du vin auquel on a ajouté de l'huile, les dattes écrasées et le son bouilli dans de l'eau salée ou du vinaigre, agissent en même temps comme répercussifs et émollients. Les répercussifs réfrigérants sont, la pariétaire (en grec παρθένιον ou περδίκιον), le serpolet, le pouliot, le basilic, la renouée (πολύγονον), le pourpier, les feuilles de pavot, les vrilles de la vigne, les feuilles de coriandre, la jusquiame, la mousse, le chervi, l'ache, la morelle (στρύχνον), les feuilles de chou, la chicorée, le plantain, la graine de fenouil, les poires ou les pommes écrasées et surtout les coings, la lentille, l'eau froide, et notamment l'eau de pluie; le vin, le vinaigre dans lesquels on fait tremper du pain, de la farine, de l'éponge, de la cendre, de la laine grasse ou même du linge; la terre cimolée, le plâtre, l'huile de coing ou de myrte, l'huile rosat, l'huile acerbe, les feuilles de verveine pilées avec les jeunes tiges d'olivier, de cyprès, de myrte, de lentisque, de tamaris, de troène, de rosier, de ronce, de laurier, de lierre et de grenadier. Les substances qui suivent agissent encore comme répercussifs, mais non plus comme réfrigérants: ainsi les coings bouillis, l'écorce de grenade, l'eau chaude dans laquelle on a fait bouillir la préparation de verveine énoncée plus haut; la poudre faite avec la lie de vin ou les feuilles de myrte, les amandes amères. Les remèdes qui échauffent sont, les cataplasmes faits avec n'importe quelle farine, de froment, de blé dur, d'orge, d'ers, d'ivraie, de millet, de panic, de lentille, de fève, de lupin, de lin, ou de fénugrec. On fait bouillir ces farines, et on les applique chaudes: elles ont plus d'action néanmoins cuites dans l'hydromel que bouillies dans l'eau. Il y a outre cela l'huile de cyprès et d'iris, la moelle, la graisse de chat, l'huile, surtout celle qui est vieille et salée, et unis à l'huile, le nitre, la nielle, le poivre et la quinte-feuille. Presque toujours les remèdes qui sont répercussifs et réfrigérants à un degré très-prononcé durcissent la peau, tandis que ceux qui échauffent sont à la fois résolutifs et émollients. Cette propriété est très-marquée dans le cataplasme fait avec la graine de lin ou de fénu-grec. Voilà tous les moyens que les médecins appliquent à différents usages dans leur

---

magisque agrestis, radicula, siser, cepa; ex venatione, maxime lepus; vinum tenue, piper et rotundum et longum, sinapi, absinthium, nuclei pinei.

XXXII. Somno vero aptum est papaver, lactuca, maximeque aestiva, cujus cauliculus jam lacte repletus est, morum, porrum. Sensus excitant, nepeta, thymum, satureia, hyssopum, præcipueque pulegium, ruta, et cepa.

XXXIII. Evocare vero materiam multa admodum possunt: sed ea, cum ex peregrinis medicamentis maxime constent, aliisque magis, quam quibus ratione victus succurritur, opitulentur, in præsentia differam: ponam vero ea, quæ prompta, et iis morbis, de quibus protinus dicturus sum, apta, corpus erodunt, et sic eo, quod mali est, extrahunt. Habent autem hanc facultatem, semina erucæ, nasturtii, radiculæ; præcipue tamen omnium, sinapi. Salis quoque et fici eadem vis est.

Leniter vero simul et reprimunt et molliunt, lana succida ex aceto vel vino, cui oleum adjectum est; contritæ palmulæ, furfures in salsa aqua vel aceto decocti. At simul reprimunt et refrigerant, herba muralis, παρθένιον vel περδίκιον appellant, serpyllum, pulegium, ocimum, herba sanguinalis, quam Græci πολύγονον vocant, portulaca, papaveris folia, capreolique vitium, coriandri folia, hyoscyamum, muscus, siser, apium, solanum, quam στρύχνον Græci vocant, brassicæ folia, intubus, plantago, fœniculi semen, contrita pira vel mala, præcipueque cotonea, lenticula, aqua frigida, maximeque pluvialis, vinum, acetum, et horum aliquo madens vel panis, vel farina, vel spongia, vel cinis, vel lana succida, vel etiam linteolum, creta Cimolia, gypsum, melinum, myrteum, rosa, acerbum oleum, verbenarum contusa cum teneris caulibus folia, cujus generis sunt olea, cupressus, myrtus, lentiscus, tamarix, ligustrum, rosa, rubus, laurus, hedera, Punicum malum. Sine frigore autem reprimunt, cocta mala cotonea malicorium, aqua calida, in qua verbenæ coctæ sunt, quas supra posui, pulvis vel ex fæce vini, vel ex myrti foliis, amaræ nuces. Calefacit vero, ex qualibet farina cataplasma, sive ex tritici, sive ex farris, sive hordei, sive ervi, vel lolii, vel milii, vel panici, vel lenticulæ, vel fabæ, vel lupini, vel lini, vel fœni græci, ubi ea defervuit, calidaque imposita est. Valentior tamen ad id omnis farina est ex mulso, quam ex aqua cocta. Præterea cyprinum, irinum, medulla, adeps ex fele, oleum, magisque si vetus est, junctaque oleo sal, nitrum, gith, piper, quinquefolium. Fereque, quæ vehementer et reprimunt et refrigerant, durant; quæ calefaciunt, digerunt et emolliunt; præcipueque ad emolliendum potest cataplasma ex lini vel fœni græci semine. His autem omnibus,

état de simplicité ou de combinaison, se conduisant en cela d'après les opinions personnelles qu'ils se sont formées, bien plus que d'après leur propre expérience.

LIVRE III.

I. Après avoir passé en revue ce qui concerne les maladies en général, j'arrive au traitement de chacune d'elles en particulier. Les Grecs ont divisé les maladies en deux classes, qu'ils ont appelées aiguës et chroniques; mais les mêmes affections, n'offrant pas toujours une terminaison semblable, ont été considérées comme aiguës par les uns, et mises par les autres au nombre des affections chroniques. Il suit de là qu'il y a nécessité d'établir encore de nouvelles divisions. En effet, on voit des maladies affecter une marche aiguë et rapide; en peu de temps elles enlèvent le malade ou se dissipent d'elles-mêmes; d'autres traînent en longueur, et sont également éloignées d'une solution favorable ou funeste; dans une troisième classe on trouve celles dont le caractère est tantôt aigu et tantôt chronique; les fièvres où cela s'observe si fréquemment ne sont pas le seul exemple de ces variations, et d'autres maladies en fournissent la preuve. Enfin il reste une quatrième distinction à faire relativement aux affections qu'on ne peut désigner sous le nom d'aiguës parce qu'elles ne sont pas mortelles, et qu'on ne saurait appeler chroniques, attendu qu'il est facile de les guérir en les combattant dès le principe. J'indiquerai successivement leur place en traitant spécialement de chaque affection; mais je diviserai d'abord les maladies en celles qui paraissent résider dans la constitution tout entière, et en celles qui n'intéressent que certaines parties du corps. Je commencerai par les premières, après un court préambule sur les généralités du sujet. Il n'est point de maladies où le hasard ne puisse réclamer une part égale à celle de la science, puisque la médecine est impuissante quand la nature se refuse à seconder ses efforts. Toutefois le médecin est plus excusable d'échouer contre une affection aiguë que contre une maladie chronique. Dans le premier cas, en effet, on a peu le temps d'agir, et si pendant ce court intervalle les accidents ne cèdent pas à l'emploi des remèdes, le malade succombe : dans le second cas, au contraire, on a pour réfléchir et changer la médication la latitude convenable; et quand le médecin est arrivé de bonne heure auprès d'un malade docile, la mort ne peut guère survenir sans qu'il y ait de sa faute. Néanmoins lorsqu'une affection chronique a déjà jeté de profondes racines, elle devient aussi difficile à traiter qu'une affection aiguë. Plus les maladies aiguës sont éloignées de leur début et plus les maladies chroniques sont récentes, plus il est facile de les guérir. Il ne faut pas non plus ignorer que les mêmes remèdes ne conviennent pas à tous les malades; car de là vient que les praticiens les plus célèbres nous ont vanté comme uniques les médicaments les plus différents, selon les résultats que chacun d'eux en avait retirés. Lors donc qu'un moyen ne réussit pas, l'intérêt du malade doit passer avant l'autorité du médecin qui propose le remède, et il ne faut pas craindre d'en essayer d'autres, en observant toutefois de changer promptement dans les maladies aiguës ceux dont on n'a rien obtenu; tandis que dans les maladies qui marchent lentement et se résolvent de même, il convient de ne pas condamner sur-le-champ les médicaments dont l'action n'est pas immédiate; et l'on doit encore moins les repousser, pour peu

---

et simplicibus, et permistis, varie medici utuntur; ut magis, quid quisque persuaserit sibi, appareat, quam quid evidenter compererit.

LIBER TERTIUS.

1. Provisis omnibus, quæ pertinent ad universa genera morborum, ad singulorum curationes veniam. Hos autem in duas species Græci diviserunt; aliosque ex his acutos, alios longos esse dixerunt : ideoque, quoniam non semper eodem modo respondebant, eosdem alii inter acutos, alii inter longos retulerunt. Ex quo, plura eorum genera esse, manifestum est. Quidam enim breves acutique sunt, qui cito vel tollunt hominem, vel ipsi cito finiuntur; quidam longi, sub quibus neque sanitas in propinquo, neque exitium est; tertiumque genus eorum est, qui modo acuti, modo longi sunt; idque non in febribus tantummodo, in quibus frequentissimum est, sed in aliis quoque fit. Atque etiam, præter hos, quartum est, quod neque acutum dici potest, quia non perimit, neque utique longum, quia, si occurritur, facile sanatur. Ego, cum de singulis dicam, cujus quisque generis sit, indicabo; dividam autem omnes in eos, qui in totis corporibus consistere videntur, et eos qui oriuntur in partibus. Incipiam a prioribus, pauca de omnibus præfatus. In nullo quidem morbo minus fortuna sibi vindicare, quam ars potest, utpote cum, repugnante natura, nihil medicina proficiat. Magis tamen ignoscendum medico est parum proficienti in acutis morbis, quam in longis. Hic enim breve spatium est, intra quod, si auxilium non profuit, æger exstinguitur; ibi et deliberationi, et mutationi remediorum tempus patet, adeo ut raro, si inter initia medicus accessit, obsequens æger sine illius vitio pereat. Longus tamen morbus cum penitus insedit, quod ad difficultatem pertinet, acuto par est. Et acutus quidem, quo vetustior est, longus autem, quo recentior, eo facilius curatur. Alterum illud ignorari non oportet, quod non omnibus ægris eadem auxilia conveniunt; ex quo incidit, ut alia atque alia summi auctores, quasi sola, vindicaverint, prout cuique cesserant. Oportet itaque, ubi aliquid non respondet, non tanti putare auctorem, quanti ægrum, et experiri aliud atque aliud : sic tamen, ut in acutis morbis cito mutetur, quod nihil prodest, in longis, quos tempus, ut facit, sic etiam solvit, non statim condemnetur, si quid non statim profuit, minus vero removeatur, si

qu'ils aient amené de soulagement, parce qu'avec le temps ils produiront tout leur effet.

II. Il est facile, au reste, de savoir dès le commencement si la maladie est aiguë ou chronique; et cela n'est pas vrai seulement pour les affections dont la forme est constante, mais pour celles aussi dont le caractère est variable. Une fièvre continue par exemple, accompagnée de violentes douleurs, sera l'expression d'un état aigu; mais si les douleurs et la fièvre sont modérées, s'il existe entre les accès un temps bien marqué, et que de plus on rencontre les signes exposés dans le livre précédent, il est alors évident que la maladie sera de longue durée. On doit encore examiner si le mal est à la période d'augment, d'état ou de déclin, parce que certains remèdes conviennent quand la maladie s'accroît, d'autres en plus grand nombre quand elle décline, et que pour employer les moyens applicables à la première période des affections aiguës, il est préférable d'attendre la rémission. Une maladie prend de l'accroissement quand les douleurs deviennent plus vives, que les accès sont plus violents, et mêlés entre eux de telle façon qu'on en voit se déclarer avant et ne se terminer qu'après l'accès attendu. Dans l'état chronique où les signes que nous indiquons font défaut, on peut juger de même que l'affection s'aggrave, si le sommeil est interrompu, si les digestions sont moins bonnes, les déjections plus fétides, les sens plus lourds et l'esprit plus paresseux; si l'on ressent une impression générale de froid ou de chaleur, et si la peau se décolore. Les signes contraires à ceux-ci témoignent que la maladie touche à sa fin. Il faut en outre nourrir plus tardivement le malade dans un état aigu, et différer jusqu'au déclin, afin de briser la violence du mal en lui enlevant d'abord des matériaux nuisibles; s'il s'agit au contraire d'une maladie chronique, on arrivera plus vite à l'alimentation, pour donner au sujet des forces proportionnées à la durée de son affection. En supposant qu'au lieu d'être générale, la maladie n'intéresse qu'une partie du corps, il serait toujours mieux d'agir sur la constitution entière, puisque par ce moyen on obtiendrait de même la guérison de l'affection locale (1). Il est aussi très-important de savoir si le malade a été bien ou mal traité dès le principe, parce que les remèdes seront moins efficaces s'ils ont échoué déjà contre lui. Si pourtant une mauvaise médication ne lui a pas enlevé ses forces, il est facile encore de le rétablir, en le soumettant à un traitement convenable.

Puisque j'ai d'abord exposé les signes précurseurs de la maladie, je dois commencer aussi par indiquer les moyens curatifs qui répondent à ces prodromes. Si donc quelques-uns des accidents énoncés plus haut viennent à se manifester, il n'y a pas de meilleurs remèdes que le repos, la diète, et l'eau pure pour boisson, dans le cas où l'on devrait accorder à boire. Il suffit quelquefois d'observer ces précautions un jour seulement, ou deux jours au plus, si la persistance des symptômes donne quelque inquiétude. Après la diète il faut prescrire une alimentation restreinte, et toujours de l'eau pour boisson. Le lendemain on peut boire du vin, et l'on prend ensuite alternativement un jour de l'eau et du vin le jour suivant, jusqu'à ce que tout sujet de crainte ait disparu. En se gouvernant ainsi, on fait souvent avorter une maladie grave. L'erreur du plus grand nombre est de croire

---

quid paulum saltem juvat, quia profectus tempore expletur.

II. Protinus autem inter initia scire facile est, quis acutus morbus, quis longus sit, non in iis solum, in quibus semper ita se habet, sed in iis quoque, in quibus variat. Nam ubi sine intermissionibus accessiones et dolores graves urgent, acutus morbus est; ubi lenti dolores, lentæve febres sunt, et spatia inter accessiones porriguntur, acceduntque ea signa, quæ in priore volumine exposita sunt, longum hunc futurum esse, manifestum est. Videndum etiam est, morbus an increscat, an consistat, an minuatur, quia quædam remedia increscentibus morbis, plura inclinatis conveniunt, eaque, quæ crescentibus apta sunt, ubi acutus increscens urget, in remissionibus potius experienda sunt. Increscit autem morbus, dum graviores dolores accessionesque veniunt, hæque et ante, quam proximæ, revertuntur, et postea desinunt. Atque in longis quoque morbis, etiam tales notas non habentibus, scire licet, increscere, si somnus incertus est, si deterior concoctio, si fœdiores dejectiones, si tardior sensus, si pigrior mens, si percurrit corpus frigus aut calor, si id magis pallet. Ea vero, quæ contraria his sunt, decedentis ejus notæ sunt. Præter hæc, in acutis morbis serius æger alendus est, nec nisi jam inclinatis; ut primo dempta materia impetum frangat; in longis maturius, ut sustinere spatium affecturi mali possit. Ac si quando is non in toto corpore, sed in parte agit, magis tamen ad rem pertinet, vim totius corporis moliri, (quam proprie partes ægræ sanentur.) Multum etiam interest, ab initio quis recte curatus sit, an perperam, quia curatio minus iis prodest, in quibus assidue frustra fuit. Si quis temere habitus, adhuc integris viribus vivit, admota curatione momento restituitur.

Sed cum ab iis cœperim, quæ notas quasdam futuræ adversæ valetudinis exhibent, curationum quoque principium ab animadversione ejusdem temporis faciam. Igitur, si quid ex iis, quæ proposita sunt, incidit, omnium optima sunt, quies et abstinentia; si quid bibendum, aqua; idque interdum uno die fieri satis est, interdum, si terrentia manent, biduo; proximeque abstinentiam sumendus est cibus exiguus, bibenda aqua; postero die etiam vinum; deinde invicem alternis diebus, modo aqua, modo vinum, donec omnis causæ metus finiatur. Per hæc enim sæpe instans gravis morbus discutitur. Plurimique falluntur, dum se primo die protinus sublaturos languorem, aut exercitatione, aut balneo, aut coacta dejectione, aut vo-

qu'ils pourront dès le premier jour dissiper leur malaise, soit par l'exercice ou le bain, soit en ayant recours aux purgatifs ou aux vomitifs, en provoquant des sueurs ou en faisant usage du vin. Non que ces moyens ne puissent parfois amener des résultats favorables, mais ils sont le plus souvent infidèles (2); au lieu que l'abstinence est toujours utile sans être jamais dangereuse, puisqu'on reste le maître de la proportionner à la gravité du mal. Si les symptômes sont légers, on se contentera d'interdire le vin, ce qui vaut mieux que de restreindre les aliments. S'ils deviennent un peu plus graves, il est facile non-seulement de se réduire à l'eau, mais de supprimer la viande. Quelquefois aussi on devra manger moins de pain qu'à l'ordinaire et se borner à une nourriture humectante, composée presque exclusivement de plantes potagères. Enfin si les accidents apparaissent plus menaçants, il suffit encore de renoncer à l'usage du vin, de s'imposer une diète rigoureuse, et d'observer en même temps un repos absolu. Il n'est pas douteux que, si l'on a recouru de bonne heure à ces précautions, sans vouloir dissimuler son état, on rend pour ainsi dire impossible toute maladie sérieuse.

III. Ce sont là les règles à suivre par les personnes en santé quand elles n'ont à redouter que l'imminence d'une maladie. Il sera question maintenant du traitement des fièvres qui constituent des affections générales et sont extrêmement communes. On les distingue en fièvres quotidiennes, tierces et quartes; quelques-unes même reviennent à de plus longs intervalles, mais celles-ci sont rares, et se confondent avec les types précédents par leur nature et le traitement qu'elles comportent. Les fièvres quartes sont les plus simples : presque toujours elles débutent par un frisson auquel la chaleur succède; puis l'accès étant terminé, la fièvre disparaît pendant deux jours et revient le quatrième. Il y a deux espèces de fièvres tierces : l'une est semblable aux fièvres quartes pour le début et la terminaison, avec cette seule différence que l'intervalle qui sépare les accès est d'un jour seulement, et qu'ils reparaissent le troisième; l'autre, beaucoup plus pernicieuse, revient également le troisième jour, mais, sur quarante-huit heures, trente-six environ sont données à l'accès, quelquefois plus, d'autres fois moins; il n'y a pas même d'intermission complète, mais seulement une légère rémission. Les médecins, pour la plupart, ont donné le nom d'*hémitritée* à cette dernière espèce. Les fièvres quotidiennes sont variées et nombreuses : il en est qui commencent de suite par la chaleur, d'autres par le froid, d'autres par le frisson (par froid j'entends le refroidissement des extrémités, et il y a frisson lorsque tout le corps est pris de tremblement); on voit de ces fièvres dont les accès se terminent franchement, de manière qu'il y a apyrexie complète : dans certains cas l'état fébrile, bien qu'ayant perdu sa violence, a laissé des traces qui persistent jusqu'au retour du prochain accès; souvent enfin le type quotidien présente à peine quelque rémission, et revêt presque la forme continue. Ces fièvres sont tantôt accompagnées d'une chaleur intense, et tantôt d'une chaleur supportable; les accès reviennent chaque jour les mêmes, ou bien ils sont inégaux; de sorte qu'un jour ils seront moins forts, et plus prononcés le jour suivant; les uns arriveront le lendemain à la même heure, les autres viendront plus tôt, ou plus tard. Tel accès durera un jour

---

nitu, aut sudationibus, aut vino sperant. Non quod non interdum id incidat, sed quod sæpius fallat, solaque abstinentia sine ullo periculo medeatur : cum præsertim etiam pro modo terroris moderari liceat; et si leviora indicia fuerint, satis sit a vino tantum abstinere, quod subtractum plus, quam si cibo quid dematur, adjuvat; si paulo graviora, facile sit non aquam tantum bibere, sed etiam cibo carnem subtrahere; interdum panis quoque minus, quam pro consuetudine assumere, humidoque cibo esse contentum, ex olere potissimum : satisque sit, tum ex toto a cibo, a vino, ab omni motu corporis abstinere, cum vehementes notæ terruerunt. Neque dubium est, quin vix quisquam, qui non dissimulavit, sed per hæc mature morbo occurrit, ægrotet.

III. Atque hæc quidem sanis facienda sunt, tantum causam metuentibus. Sequitur vero curatio febrium, quod et in toto corpore, et vulgare maxime morbi genus est. Ex his una quotidiana, altera tertiana, altera quartana est; interdum etiam longiore circuitu quædam redeunt, sed id raro fit; in prioribus, et morbi sunt, et medicina. Et quartanæ quidem simpliciores sunt : incipiunt fere ab horrore; deinde calor erumpit; finitaque febre biduum integrum est; ita quarto die revertitur. Tertianarum vero duo genera sunt : alterum eodem modo, quo quartana, et incipiens, et desinens, illo tantum interposito discrimine, quod unum diem præstat integrum, tertio redit; alterum longe perniciosius, quod tertio quidem die revertitur, ex octo autem et quadraginta horis fere sex et triginta per accessionem occupat, interdum etiam vel minus, vel plus, neque ex toto in remissione desistit, sed tantum levius est; id genus plerique medici ἡμιτριταῖον appellant. Quotidianæ vero variæ sunt, et multiplices. Aliæ enim protinus a calore incipiunt, aliæ a frigore, aliæ ab horrore (frigus voco, ubi extremæ partes membrorum inalgescunt, horrorem, ubi totum corpus intremit); rursus aliæ sic desinunt, ut ex toto sequatur integritas; aliæ sic, ut aliquantum quidem minuatur ex febre, nihilominus tamen quædam reliquiæ remaneant, donec altera accessio accedat, ac sæpe aliæ vix quidquam aut nihil remittant, sed ita ut continuent. Deinde, aliæ fervorem ingentem habent, aliæ tolerabilem; aliæ quotidie pares sunt, aliæ impares; atque invicem altero die leniores, altero vehementiores; aliæ tempore eodem postridie revertuntur, aliæ vel serius vel celerius; aliæ diem noctemque acces-

et une nuit, tel autre sera plus court ou plus long ; quelques-uns se termineront par la sueur et d'autres sans cela. Tantôt ces sueurs indiquent le retour à la santé, et tantôt elles ne font qu'ajouter à la faiblesse du malade. Quelquefois encore on n'a qu'un accès par jour, et d'autres fois deux, ou plus encore ; d'où il suit que dans le même jour il y a souvent plusieurs redoublements suivis de rémission, et que chacun d'eux répond à celui qui précède. Il arrive aussi que les accès sont tellement confondus qu'on ne peut déterminer ni le moment de leur invasion, ni l'intervalle qui les sépare. Il n'est pas vrai, comme on l'a prétendu, qu'il n'y ait de fièvres irrégulières que celles qui dépendent d'une vomique, d'une inflammation ou d'une plaie ; s'il en était ainsi, le traitement en serait plus facile : mais les effets attribués aux causes évidentes peuvent également reconnaître des causes cachées, et ce n'est pas raisonner, mais disputer sur les mots, que de prétendre, lorsque la fièvre affecte dans le cours d'une maladie des formes variables, qu'il n'y a point la fièvre irrégulière, mais plusieurs fièvres nouvelles. Et d'ailleurs quand cette opinion serait démontrée, elle ne changerait rien au traitement. Dans certains cas, le temps de la rémission est très-étendu, et dans d'autres il est à peu près nul.

IV. Telle est la marche générale des fièvres. Quant aux méthodes curatives, on en peut compter autant qu'il y a d'écrivains sur la matière. D'après Asclépiade, l'office du médecin consiste à guérir sûrement, promptement et agréablement. Cela est à désirer sans doute ; mais d'ordinaire, par trop de précipitation et d'envie de plaire au malade, on l'expose à des dangers. Dans le cours du traitement on recherchera quels sont les ménagements à prendre pour satisfaire autant que possible à ces obligations, sans cesser toutefois de mettre en première ligne la guérison du mal. Ce qu'il y a de plus important d'abord, c'est de fixer le régime qu'on doit dès les premiers jours imposer au malade. Les anciens favorisaient la coction à l'aide de certains médicaments, parce qu'ils redoutaient par-dessus tout la crudité ; ensuite, par un usage plus fréquent des lavements, ils expulsaient la matière qu'ils jugeaient nuisible. Asclépiade supprima les médicaments ; mais pour les lavements, sans les employer aussi souvent, il les prescrivait néanmoins dans la plupart des maladies. Selon lui, le meilleur remède contre la fièvre était la fièvre même ; aussi pensait-il que pour abattre les forces du malade, il fallait l'exposer à la lumière, le fatiguer par l'insomnie, et lui faire endurer la soif à ce point que les premiers jours il ne permettait pas même qu'on se rinçât la bouche. Cela prouve d'autant mieux l'erreur de ceux qui s'imaginent que sa méthode est agréable en toutes choses : si plus tard il cédait aux malades jusqu'à les livrer à leur intempérance, il n'est pas moins vrai qu'au début il se conduisait en bourreau. Je reconnais, quant à moi, que les potions médicamenteuses et les lavements ne doivent être administrés que rarement ; mais il ne suit pas de là qu'il faille affaiblir le malade, puisqu'on a tout à craindre de sa faiblesse. Il suffit donc de diminuer la matière qui se trouve en excès, et qui se dissipe tout naturellement dès qu'on ne cherche pas à la renouveler. Ainsi, les premiers

---

sione et decessione implent, aliæ minus, aliæ plus ; aliæ, cum decedunt, sudorem movent, aliæ non movent ; atque alias per sudorem ad integritatem venitur, alias corpus tantum imbecillius redditur. Accessiones etiam, modo singulæ singulis diebus fiunt, modo binæ pluresve concurrunt : ex quo sæpe evenit, ut quotidie plures accessiones remissionesque sint ; sic tamen, ut unaquæque alicui priori respondeat. Interdum vero accessiones quoque confunduntur, sic, ut notari neque tempora earum, neque spatia possint. Neque verum est, quod dicitur a quibusdam, nullam febrem inordinatam esse, nisi aut ex vomica, aut ex inflammatione, aut ex ulcere ; facilior enim semper curatio foret, si hoc verum esset ; sed quod evidentes causæ faciunt, facere etiam abditæ possunt ; neque de re, sed de verbo controversiam movent, qui, cum aliter aliterque in eodem morbo febres accedunt, non easdem inordinate redire, sed alias aliasque subinde oriri dicunt. Quod tamen ad curandi rationem nihil pertineret, etiamsi vere diceretur. Tempora quoque remissionum modo liberalia, modo vix ulla sunt.

IV. Et febrium quidem ratio maxime talis est. Curationum vero diversa genera sunt, prout auctores aliquos habent. Asclepiades officium esse medici dicit, ut tuto, ut celeriter, ut jucunde curet. Id verum est ; sed fere periculosa esse nimia et festinatio et voluptas solet. Qua vero moderatione utendum sit, ut, quantum fieri potest, omnia ista contingant, prima semper habita salute, in ipsis partibus curationum considerandum erit. Et ante omnia quæritur, primis diebus æger qua ratione continendus sit. Antiqui, medicamentis quibusdam datis, concoctionem moliebantur, eo quod cruditatem maxime horrebant ; deinde eam materiam, quæ lædere videbatur, ducendo sæpius alvum subtrahebant. Asclepiades medicamenta sustulit, alvum non toties, sed fere tamen in omni morbo, subduxit ; febre vero ipsa præcipue se ad remedium uti professus est ; convellendas enim vires ægri putavit luce, vigilia, siti ingenti, sic, ut ne os quidem primis diebus elui sineret. Quo magis falluntur, qui per omnia jucundam ejus disciplinam esse concipiunt ; is enim ulterioribus quidem diebus cubantis etiam luxuriæ subscripsit, primis vero tortoris vicem exhibuit. Ego autem medicamentorum dari potiones, et alvum duci non nisi raro debere, concedo, et id non ideo tamen agendum, ut ægri vires convellantur, existimo, quoniam ex imbecillitate summum periculum est. Minui ergo tantum materiam superantem oportet, quæ naturaliter digeritur, ubi nihil novi accedit. Itaque abstinendus a cibo primis diebus est, in luce habendus æger, nisi infirmus, interdiu est, quoniam corpus

jours on prescrira la diète ; on laissera le malade, s'il n'est pas trop faible, jouir de la lumière du jour, qui sert aussi à résoudre les humeurs, et l'on aura soin de le faire coucher dans la chambre la plus vaste. Relativement au sommeil, on le tiendra éveillé dans le jour, pour qu'il repose le plus possible pendant la nuit ; et quant à la soif, on ne devra ni lui donner à boire avec exagération, ni lui faire subir de privation cruelle. On peut lui permettre encore de se rincer la bouche s'il l'a sèche et mauvaise, lors même que ce ne serait pas le moment indiqué pour les boissons ; et, comme le dit fort bien Érasistrate, la bouche et l'arrière-gorge ont souvent besoin d'être humectées, sans que cela soit nécessaire pour les parties intérieures ; or, il n'y a dans ce cas aucune utilité à faire souffrir le malade. Telle est donc la conduite à tenir en commençant. La nourriture donnée à propos est le meilleur remède ; mais la question est de savoir à quelle époque on en doit accorder. A cet égard les anciens procédaient généralement avec lenteur, et attendaient au cinquième et sixième jour ; peut-être en effet le climat de l'Asie et de l'Égypte permet-il d'agir ainsi. Asclépiade, après avoir épuisé le malade de toutes les façons les trois premiers jours, lui donnait des aliments le quatrième. Dans ces derniers temps, Thémison, prenant en considération non le moment où commence la fièvre, mais celui où elle cesse ou du moins se ralentit, attendait trois jours à partir de ce moment, puis nourrissait immédiatement le malade, si la fièvre n'avait point reparu ; lorsqu'elle se montrait de nouveau, il différait jusqu'à la fin de l'accès, ou jusqu'au temps de la rémission, si la fièvre était continue. Mais ces divers préceptes n'ont rien d'immuable, car on peut prescrire des aliments le premier, le second, le troisième jour, et d'autres fois seulement le quatrième ou le cinquième ; on peut en donner après un seul accès, de même qu'après deux ou plusieurs. Tout cela dépend de la maladie, de la constitution, du climat, de l'âge, et de l'époque de l'année. Au milieu de circonstances si différentes entre elles, il n'est guère possible d'assigner invariablement un temps bien précis. La maladie qui enlève le plus de forces au malade exige une réparation plus prompte ; il en est de même des climats où la déperdition est plus grande, et c'est pour cela qu'en Afrique on se trouverait mal, à ce qu'il paraît, de mettre un malade tout un jour à la diète ; l'enfant veut être nourri plus promptement que le jeune homme, et l'abstinence doit être moins longue en été qu'en hiver. Il n'y a pour le médecin qu'une seule règle, qu'il doit observer partout et toujours : c'est d'examiner attentivement l'état des forces, afin de les combattre par la diète quand elles sont exagérées, ou de venir à leur aide par l'alimentation dès qu'il commence à en redouter l'insuffisance. Son rôle, en effet, consiste à ne pas surcharger le malade de matériaux nuisibles, et à éviter aussi de le jeter dans l'épuisement par un jeûne trop sévère. Je trouve encore cette opinion dans Érasistrate ; et quoiqu'il n'indique pas avec exactitude le moment où l'inanition se fait sentir à l'estomac ou au corps, cependant, en appelant l'attention sur ce point, et en prescrivant de nourrir quand le corps réclame des aliments, il montre assez qu'il n'y a pas lieu d'en donner tant que les forces sont en excès, mais qu'il faut savoir prévenir la défaillance. L'on peut comprendre d'après cela que le même médecin ne saurait soigner à la

---

ista quoque digerit ; isque cubare quam maximo conclavi debet. Quod ad sitim vero somnumque pertinet, moderandum est, ut interdiu vigilet, noctu, si fieri potest, conquiescat, ac neque potet, neque nimium siti crucietur. Os etiam ejus elui potest, ubi et siccum est, et ipsi fœtet ; quamvis id tempus aptum potioni non est ; commodeque Erasistratus dixit, sæpe, interiore parte humorem non requirere, os et fauces requirere, neque ad rem, male haberi ægrum, pertinere. Ac primo quidem sic tenendus est. Optimum vero medicamentum est, opportune cibus datus ; qui quando primum dari debeat, quæritur. Plerique ex antiquis tarde dabant, sæpe quinto die, sæpe sexto, et id fortasse vel in Asia, vel in Ægypto, cœli ratio patitur. Asclepiades, ubi ægrum triduo per omnia fatigaverat, quarto die cibo destinabat. At Themison nuper, non quando cœpisset febris, sed quando desisset, aut certe levata esset, considerabat ; et ab illo tempore exspectato die tertio, si non accesserat febris, statim, si accesserat, ubi ea vel desierat, vel, si assidue inhærebat, certe si se inclinaverat, cibum dabat. Nihil autem horum utique perpetuum est ; nam potest primo die primus cibus dandus esse, potest secundo, potest tertio, potest non nisi quarto, aut quinto ; potest post unam accessionem, potest post duas, potest post plures. Refert enim, qualis morbus sit, quale corpus, quale cœlum, quæ ætas, quod tempus anni : minimeque, in rebus multum inter se differentibus, perpetuum esse præceptum temporis potest. In morbo, qui plus virium aufert, celerius cibus dandus est, itemque eo cœlo, quod magis digerit ; ob quam causam in Africa nullo die æger abstineri recte videtur ; maturius etiam puero, quam juveni, æstate, quam hieme, dari debet. Unum illud est, quod semper, quod ubique servandum est, ut ægri vires subinde assidens medicus inspiciat, et quamdiu supererunt, abstinentia pugnet ; si imbecillitatem vereri cœperit, cibo subveniat. Id enim ejus officium est, ut ægrum, neque supervacua materia oneret, neque [imbecillitatem] fame prodat. Idque apud Erasistratum quoque invenio : qui, quamvis parum docuit, quando venter, quando corpus ipsum exinaniretur, dicendo tamen, hæc esse videnda, et tum cibum dandum, cum corpori deberetur, satis ostendit, dum vires supereesent, dari non oportere ; ne deficerent, consulendum esse. Ex his autem intelligi potest, ab uno medico multos non posse curari, eumque, si artifex est, idoneum esse, qui non multum

fois un grand nombre de personnes, et que le meilleur praticien est celui qui ne perd pas de vue son malade. Mais ceux qui n'exercent que par intérêt, trouvant plus de profit à faire la médecine du peuple, embrassent volontiers des préceptes qui n'exigent pas d'assiduité comme le cas actuel. Il est facile, en effet, sans suivre exactement son malade, de compter les jours et les accès; mais il faut être là quand on s'occupe de la seule chose essentielle, c'est-à-dire de fixer l'instant où le malade va devenir trop faible, s'il ne prend pas de nourriture. Dans la plupart des cas cependant, c'est le quatrième jour qui est le plus convenable pour commencer l'alimentation.

Mais au sujet des jours il règne encore une autre incertitude. Les anciens se réglaient surtout sur les jours impairs, et les nommaient *critiques*, comme s'ils jugeaient la maladie. Ces jours étaient le troisième, le cinquième, le septième, le neuvième, le quatorzième, et le vingt-unième. Au septième jour était attribuée la plus grande puissance; puis venaient le quatorzième et le vingt-unième. En conséquence, ils laissaient passer les accès des jours impairs et donnaient ensuite de la nourriture, persuadés que les accès suivants devaient être moins graves. C'est au point qu'Hippocrate craignait en général une rechute lorsque la fièvre ne cessait pas un jour critique. Asclépiade eut raison de répudier ces idées comme dépourvues de fondement, et de soutenir que les jours n'offrent ni plus ni moins de dangers pour être pairs ou impairs. Quelquefois, en effet, les jours pairs sont les plus fâcheux; et c'est à la fin des accès qu'ils présentent qu'on doit de préférence faire manger le malade. Dans le cours de la fièvre, il arrive encore que l'ordre des jours est interverti, et que le plus grave est celui qui d'ordinaire était le moins violent. Bien plus, le quatorzième, qui, aux yeux des anciens, était doué d'une grande vertu, est précisément un jour pair. D'après eux, le huitième jour ressemblait au premier et commençait le second septenaire : eh bien! ils se contredisaient en cela, puisque c'étaient non le huitième, le dixième et le douzième jour auxquels ils attachaient de l'importance, mais le neuvième et le onzième; et, procédant ainsi sans aucune apparence de raison, ils n'allaient pas du onzième au treizième, mais au quatorzième. Hippocrate a dit aussi que le quatrième jour était le plus pénible pour un malade qui devait être guéri le septième. La fièvre selon cet auteur peut donc devenir plus intense un jour pair, et ce jour néanmoins servir de base à un pronostic assuré. Dans un autre endroit il signale comme ayant cette double signification chaque quatrième jour, par exemple le quatrième, le septième, le onzième, le quatorzième, et le dix-septième; de sorte qu'il passe du nombre impair au pair : et il n'est pas même fidèle à sa proposition, puisqu'à partir du septième il faut cinq jours et non quatre pour arriver au onzième. Tant il est vrai, quelle que soit la manière dont on envisage les nombres, qu'on ne peut rien trouver de raisonnable à ce sujet, dans Hippocrate du moins. Les anciens se laissèrent égarer sur ce point par les nombres pythagoriciens, qui jouissaient alors d'une grande célébrité. Or, le médecin n'a que faire de compter les jours, mais il doit observer les accès pour être en mesure d'indiquer le moment où il convient de prescrire des aliments. Il importe bien plus de savoir si l'on

---

ab ægro recedit. Sed qui quæstui serviunt, quoniam is major ex populo est, libenter amplectuntur ea præcepta quæ sedulitatem non exigunt, ut in hac ipsa re. Facile est enim dies vel accessiones numerare iis quoque, qui ægrum raro vident : ille assideat necesse est, qui, quod solum opus est, visurus est, quando nimis imbecillus futurus sit, nisi cibum acceperit. In pluribus tamen ad initium cibi dies quartus aptissimus esse consuevit.

Est autem alia etiam de diebus ipsis dubitatio; quoniam antiqui potissimum impares sequebantur, eosque, tamquam tunc de ægris judicaretur, χρισίμους nominabant; hi erant dies tertius, quintus, septimus, nonus, undecimus, quartusdecimus, unus et vicesimus, ita ut summa potentia septimo, deinde quartodecimo, deinde uni et vicesimo daretur; igitur sic ægros nutriebant, ut dierum imparium accessiones exspectarent, deinde postea cibum, quasi levioribus accessionibus instantibus, darent : adeo ut Hippocrates, si alio die febris desisset, recidivam timere sit solitus. Id Asclepiades jure ut vanum repudiavit, neque in ullo die, quia par impare esset, iis vel majus vel minus periculum esse dixit. Interdum enim pejores dies pares fiunt, et opportunius post eorum accessiones cibus datur. Nonnumquam etiam in ipso morbo dierum ratio mutatur, fitque gravior, qui remissior esse consueverat. Atque ipse quartusdecimus par est, in quo esse magnam vim antiqui fatebantur. Qui cum octavum primi naturam habere contenderent, ut ab eo secundus septenarius inciperet, ipsi sibi repugnabant, non octavum, neque decimum, neque duodecimum diem sumendo, quasi potentiorem : plus enim tribuebant nono, et undecimo; quod cum fecissent sine ulla probabili ratione, ab undecimo, non ad tertiumdecimum, sed ad quartumdecimum transibant. Est etiam apud Hippocratem, ei, quem septimus dies liberaturus sit, quartum esse gravissimum; ita, illo quoque auctore, in die pari et graviör febris esse potest, et certa futuri nota. Atque idem alio loco quartum quemque diem, ut in utramque efficacissimum apprehendit, id est quartum, septimum, undecimum, quartumdecimum, decimum septimum. In quo et ab imparis ad paris rationem transit, et ne hoc quidem propositum conservavit, cum a septimo die undecimus, non quartus sed quintus sit. Adeo apparet, quacumque ratione ad numerum respexerimus, nihil rationis, sub illo quidem auctore, reperiri. Verum in his quidem antiquos tunc celebres admodum pythagorici numeri fefellerunt : cum hic quoque medicus non numerare dies debeat, sed ipsas accessiones intueri, et ex his conjectare, quando dandus cibus sit. Illud autem magis ad rem pertinet, scire, tum oportet dari, cum jam

doit nourrir le malade quand la fièvre a cessé, ou avant sa disparition complète. Les anciens n'accordaient de nourriture qu'aux malades entièrement exempts de fièvre ; Asclépiade en donnait malgré la persistance de l'état fébrile, pourvu seulement qu'il fût moins intense. Mais en cela sa méthode est mauvaise : non qu'il ne faille parfois songer de bonne heure à l'alimentation, si l'on craint un redoublement prochain, mais parce qu'en général il vaut mieux attendre que le malade soit sans fièvre ; en effet, pris dans le temps de l'apyrexie, les aliments sont moins sujets à se corrompre. Néanmoins, il n'est pas vrai, comme Thémison le pensait, que, s'il y a deux heures d'intermittence, on puisse en tirer parti pour faire manger le malade, de telle sorte que la digestion s'accomplisse dans cet espace de temps. Rien de mieux sans doute si elle pouvait s'effectuer aussi promptement ; mais, l'intervalle étant trop court, il vaut mieux que le travail digestif commence au déclin de la fièvre, que de s'achever au début de l'accès suivant. Si donc l'apyrexie se prolonge davantage, c'est le moment qu'il faut choisir ; si le temps est trop limité, on devra donner des aliments avant que le malade soit entièrement délivré de la fièvre. Ce que l'on dit ici de l'intermittence s'entend également de la rémission, qui peut être très-marquée dans une fièvre continue. On demande ensuite si pour alimenter on doit attendre autant d'heures que l'accès en a pris, ou si, cela n'étant pas toujours possible, il suffit d'en laisser passer une partie. Le plus sûr est de mettre un intervalle égal à la durée de l'accès ; mais si la fièvre s'est prolongée beaucoup, on peut se montrer moins rigoureux, pourvu cependant qu'on attende au moins la moitié du temps. On observera ce précepte, non-seulement dans la fièvre dont il est question, mais dans toutes les autres.

V. Ces considérations sont applicables à toutes les fièvres en général : je vais parler maintenant de ce qui les concerne en particulier. Lorsqu'il n'y a eu qu'un seul accès, provoqué soit par une tumeur à l'aine, soit par la fatigue, la chaleur ou quelque circonstance semblable, et sans qu'on ait à redouter l'influence d'une cause interne, on peut le lendemain donner des aliments, l'heure de l'accès une fois passée, et la fièvre n'ayant point reparu. Mais si l'on ressent une chaleur profonde, accompagnée de pesanteur à la tête ou aux hypocondres, et qu'on n'aperçoive pas la raison de ce désordre, quand bien même ce seul accès serait suivi d'apyrexie complète, comme on peut craindre une fièvre tierce, il faut attendre le troisième jour, et donner des aliments après l'heure de l'accès, mais en petite quantité, parce qu'on peut craindre aussi une fièvre quarte ; enfin si le malade n'a pas éprouvé de nouvel accès au quatrième jour, il est permis de le nourrir en toute assurance. Si au contraire la fièvre est revenue le lendemain, le troisième ou le quatrième jour, c'est qu'il y a maladie déclarée. Quant aux fièvres tierces et quartes dont les retours sont réglés, où l'apyrexie est complète et les intervalles bien tranchés, le traitement en est plus facile, et il en sera question en leur lieu. J'ai à m'occuper en ce moment des fièvres quotidiennes. Accorder des aliments de deux jours l'un est ici le mode le plus convenable ; par ce moyen il y a un jour où la fièvre peut diminuer, et un autre jour où

bene venæ conquieverunt, an etiamnum manentibus reliquis febris. Antiqui enim quam integerrimis corporibus alimentum offerebant ; Asclepiades, inclinata quidem febre, sed adhuc tamen inhærente. In quo vanam rationem secutus est : non quod non sit maturius cibus dandus, si mature timetur altera accessio, sed quod scilicet quam sanissimo dari debeat ; minus enim corrumpitur, quod integro corpori infertur. Neque tamen verum est, quod Themisoni videbatur, si duabus horis integer futurus esset æger, satius esse tum dare, ut ab integro corpore potissimum diduceretur. Nam si diduci tam celeriter posset, id esset optimum ; sed cum hoc breve tempus non præstet, satius est, principia cibi a decedente febre, quam reliquias ab incipiente excipi. Ita, si longius tempus secundum est, quam integerrimo dandus est ; si breve, etiam antequam ex toto integer fiat. Quo loco vero integritas est, eodem est remissio, quæ maxima in febre continua potest esse. Atque hoc quoque quæritur, utrum tot horæ expectandæ sint, quot febrem habuerunt, an satis sit, primum partem earum præteriri, ut ægris jucundius insidat, quibus interdum non vacat. Tutissimum est autem, ante totius accessionis tempus præteriri ; quamvis, ubi longa febris fuit, potest indulgeri ægro maturius, dum tamen ante minimum pars dimidia prætereatur. Idque non in ea sola febre, de qua proxime dictum est, sed in omnibus ita servandum est.

V. Hæc magis per omnia genera febrium perpetua sunt : nunc ad singulas earum species descendam. Igitur si semel tantum accessit, deinde desiit, eaque vel ex inguine, vel ex lassitudine, vel ex æstu, aliave simili fuit, sic, ut interior nulla causa metum fecerit, postero die, cum tempus accessionis ita transiit, ut nihil moverit, cibus dari potest. At si ex alto calor venit, et gravitas vel capitis vel præcordiorum secuta est, neque apparet, quid corpus confuderit ; quamvis unam accessionem secuta integritas est, tamen, quia tertiana timeri potest, exspectandus est dies tertius, et ubi accessionis tempus præterit, cibus dandus est, sed exiguus, quia quartana quoque timeri potest ; et die quarto demum, si corpus integrum est, eo cum fiducia utendum. Si vero postero, tertiove, aut quarto die secuta febris est, scire licet, morbum esse. Sed tertianarum, quartanarumque, quarum et certus circuitus est, et finis integer, et liberalior quieta tempora sunt, expeditior ratio est : de quibus suo loco dicam. Nunc vero eas explicabo, quæ quotidie urgent. Igitur tertio quoque die cibus ægro commodissime datur :

l'on soutient les forces. Mais on peut nourrir le jour même, dans les fièvres quotidiennes dont les accès cessent entièrement sans laisser aucuns vestiges. Quand la fièvre procède non par accès décidés, mais par redoublements quotidiens, suivis de rémissions incomplètes, il faut prendre pour le repas le temps de la rémission la plus longue. Si l'accès est plus grave un jour et plus léger le lendemain, on fera manger le malade après le jour marqué par une fièvre intense; car en général l'accès le plus violent est suivi d'une nuit plus paisible, de même qu'il est précédé d'une nuit plus orageuse. Mais si la fièvre est continue, sans aucune rémission, et qu'il y ait nécessité toutefois d'accorder quelque nourriture, le moment à choisir pour cela devient l'objet d'un grand dissentiment. Les uns pensent qu'il faut préférer le matin, heure où les malades sont généralement plus calmes. Si en effet l'amélioration existe, c'est ce moment qu'on doit saisir, non parce que c'est le matin, mais parce qu'il y a rémission. Si à cette heure même, au contraire, le malade est sans repos, il est d'autant moins opportun de le nourrir que c'est la gravité du mal qui le prive du bénéfice ordinaire de la matinée, et cela doit faire craindre que le milieu de la journée, où presque toujours l'état des malades s'exaspère, ne devienne plus alarmant encore. Aussi d'autres médecins réservent dans ce cas les aliments pour le soir; mais c'est précisément alors que la plupart des malades sont le plus accablés : il y a donc lieu d'appréhender que l'excitation produite par la nourriture n'ajoute à l'intensité du mal. Pour ces divers motifs, j'attends jusqu'au milieu de la nuit, parce que, arrivé là, on a traversé les instants les plus critiques et qu'on en est aussi loin que possible; de plus, les heures qui précèdent le jour sont en général remplies par le sommeil, et l'on a devant soi la matinée, c'est-à-dire le temps le plus favorable aux malades. Mais dans les fièvres irrégulières qui peuvent signaler leur retour immédiatement après le repas du malade, il convient de donner des aliments dès que l'accès est passé. Cependant si plusieurs accès se succèdent dans le même jour, on doit examiner s'ils sont en tout point semblables, ce qui est pour ainsi dire impossible, ou s'ils sont inégaux. Quand il y a similitude entière, il faut permettre l'alimentation après l'accès dont la terminaison n'a pas lieu entre midi et le soir. Quand ils sont dissemblables, il faut rechercher en quoi ils diffèrent; car si un accès se montre plus intense et l'autre plus léger, c'est après le plus grave que le malade doit manger, ou après celui qui a duré le plus de temps, s'il y en a eu un plus long, et un autre plus court; de même si l'on rencontre deux accès dont l'un est plus fort et l'autre plus prolongé, il faut considérer si le malade est plus fatigué de la violence du premier que de la durée du second, et n'accorder d'aliments qu'après l'accès dont il a le plus souffert. Il est encore essentiel de connaître le nombre et la nature des rémissions qui succèdent à ces accès; car si l'un d'eux laisse le malade dans l'agitation et que l'autre soit suivi d'apyrexie, c'est ce dernier état qui se prête le mieux à l'alimentation; si le malade conserve toujours un mouvement fébrile, on choisit alors le temps de la plus longue rémission; de sorte que, dans les accès qui se touchent, c'est au déclin du premier qu'il faut s'empresser de faire manger le malade. En effet, le médecin

---

ut alter febrem minuat, alter viribus subveniat. Sed is dari debet, si quotidiana febris est, quæ ex toto desinat, simul atque corpus integrum factum est; si quamvis non accessiones, febres tamen junguntur, et quotidie quidem increscunt, sed sine integritate tamen remittunt, cum corpus ita se habet, ut major remissio non exspectetur : si altero die gravior, altero levior accessio est, post graviorem; fere vero graviorem accessionem levior nox sequitur; quo fit, ut graviorem accessionem nox quoque tristior antecedat. At si continuatur febris, neque levior unquam fit, et dari cibum necesse est, quando dari debeat, magna dissensio est. Quidam, quia fere remissius matutinum tempus ægris est, tum putant dandum. Quod si responderi, non quia mane sed quia remissius est [ægris]. dari debet; si vero ne tunc quidem ulla requies ægris est, hoc ipso pejus id tempus est, quod cum sua natura melius esse debeat, morbi vitio non est, simulque insequitur tempus meridianum, a quo cum omnis æger fere pejor fiat, timeri potest, ne ille magis etiam, quam ex consuetudine, urgeatur. Igitur alii vespere tali ægro cibum dant; sed cum eo tempore fere pessimi sint, qui ægrotant, verendum est, ne, si quid tunc moverimus, fiat aliquid asperius. Ob hæc ad mediam noctem decurro; id est finito jam gravissimo tempore, eodemque longissime distante; secuturis vero antelucanis horis, quibus omnes fere maxime dormiunt, deinde matutino tempore, quod natura sua levissimum est. Si vero febres vagæ sunt, quia verendum est, ne cibum statim subsequantur, quandocumque quis ex accessione levatus est, tunc debet assumere. At si plures accessiones eodem die veniunt, considerare oportet, pares ne per omnia sint, quod vix fieri potest, an impares. Si per omnia pares sunt, post eam potius accessionem cibus dari debet, quæ non inter meridiem et vesperem desinit. Si impares sunt, considerandum est, quo distent; nam si altera gravior, altera levior est, post graviorem dari debet; si altera longior, altera brevior, post longiorem; si altera gravior, altera longior est, considerandum est, utra magis affligat, illa vi, an hæc tempore, et post eam dandus est. Sed plane plurimum interest, quantæ qualesque inter eas remissiones sint; nam si post alteram febrem motio manet, post alteram integrum corpus est, integro corpore, cibo tempus aptius est : si semper febricula manet, sed alterum tamen longius tempus remissionis est, id potius eligendum est, adeo ut, ubi accessiones continuantur, protinus, inclinata priore, dandus cibus sit. Etenim perpetuum est,

doit considérer comme une règle invariable de prendre d'abord pour le repas le moment le plus éloigné de l'accès attendu, et de choisir ensuite l'heure où le malade se trouve aussi bien que possible ; et ce précepte est d'observation non-seulement entre deux accès, mais quand il y en a plusieurs. Bien qu'il soit toujours préférable de donner des aliments de deux jours l'un, on peut en accorder une fois par jour s'il y a faiblesse, et plus encore s'il s'agit de fièvres continues qui ne présentent pas de rémissions et fatiguent extrêmement le malade, ou lorsque deux ou plusieurs accès surviennent le même jour. En conséquence, à partir du premier jour, l'alimentation sera quotidienne si le pouls est tombé dès le commencement ; et même on y reviendra plusieurs fois dans la journée si le malade a été pris de défaillance au milieu de plusieurs accès. On aura soin pourtant de la restreindre après les accès qui réclameraient la diète si l'état des forces le permettait. Comme la fièvre s'annonce, commence, s'accroît, reste stationnaire ou diminue, pour demeurer à l'état de rémission ou cesser entièrement, il faut savoir que les meilleurs moments pour alimenter le malade sont l'apyrexie, puis la rémission bien tranchée ; et en troisième lieu, quand le cas l'exige, la période de déclin. Hors de là, il y a danger. Si cependant en raison de la faiblesse du malade il est urgent de le nourrir, mieux vaut s'y décider quand la fièvre est arrivée à son dernier degré d'accroissement, que lorsqu'elle est à l'état d'augment, et quand elle est seulement imminente, que lorsqu'elle se déclare. Il n'y a pas d'heure néanmoins où l'on ne puisse être tenu de ranimer le malade qui tombe en défaillance. Ce n'est pas assez que le médecin étudie les fièvres en elles-mêmes, il doit encore avoir égard à toute l'habitude du corps, et en tenir compte dans le traitement, soit qu'il y ait excès ou défaut des forces, soit que d'autres complications surviennent. Il est toujours utile d'inspirer de la sécurité aux malades, afin de ne pas ajouter l'anxiété morale aux souffrances du corps ; cela est important surtout s'ils ont pris quelques aliments : aussi dans le cas où de fâcheuses nouvelles pourraient les agiter, il faut tâcher de leur en dérober la connaissance pendant leur maladie, ou, si cela n'est pas possible, laisser passer du moins les heures du repas et du sommeil, et ne s'ouvrir à eux qu'au réveil.

VI. Relativement à la nourriture, on a facilement raison des malades, parce que souvent leur estomac refuse les aliments qu'ils ont sollicités. Mais pour les boissons on a de grands combats à soutenir ; et la lutte est d'autant plus vive, que la fièvre est plus intense. La fièvre en effet allume la soif, et c'est précisément quand l'eau leur est le plus contraire que le besoin s'en fait le plus sentir. Néanmoins on doit faire comprendre aux malades que leur soif va cesser en même temps que la fièvre ; que l'on prolongerait l'accès en leur faisant prendre quelque chose, et qu'en ne buvant pas ils seront plus tôt soulagés de l'altération qu'ils éprouvent. Mais par la raison qu'en état de santé, on supporte plus facilement la faim que la soif, il y a lieu, la maladie survenant, de montrer plus de tolérance pour les boissons que pour les aliments. Le premier jour cependant, on ne doit accorder aucun liquide, à moins que le pouls ne tombe subitement, et, dans ce cas, il convient aussi de nourrir le

---

ad quod omne consilium dirigi potest, cibum quam maxime semper ab accessione futura reducere, et, hoc salvo, dare quam integerrimo corpore ; quod non inter duas tantum, sed etiam inter plures accessiones servabitur. Sed cum sit aptissimum, tertio quoque die cibum dare ; tamen, si corpus infirmum est, quotidie dandus est, multoque magis, si continentes febres sine remissione sunt, quanto magis corpus affligunt ; aut duæ pluresve accessiones eodem die veniunt. Quæ res efficit ut et a primo die protinus cibus dari quotidie debeat, si protinus venæ conciderunt ; et sæpius eodem die, si inter plures accessiones subinde vis corpori deest. Illud tamen in his servandum est, ut post eas febres minus cibi detur, post quas, si per corpus liceret, omnino non daretur. Cum vero febris instet, incipiat, augeatur, consistat, decedat, deinde in decessione consistat, aut finiatur, scire licet, optimum cibo tempus esse febre finita, deinde, cum decessio ejus consistit, tertium, si necesse est, quandocumque decedit ; cetera omnia periculosa esse. Si tamen propter infirmitatem necessitas urget, satius esse, consistente jam incremento febris, aliquid offerre, quam increscente ; satius esse, instante, quam incipiente : cum eo tamen, ut nullo tempore is, qui deficit, non sit sustinen-

dus. Neque hercule satis est, ipsas tantum febres medicum intueri, sed etiam totius corporis habitum, et ad eum dirigere curationem, seu supersunt vires, seu desunt, seu quidam alii affectus interveniunt. Cum vero semper ægros securos agere conveniat, ut corpore tantum, non etiam animo laborent, tum præcipue, ubi cibum sumpserunt ; itaque, si qua sunt, quæ exasperatura eorum animos sunt, optimum est, ea, dum ægrotant, eorum notitiæ subtrahere ; si id fieri non potest, sustinere tamen post cibum usque somni tempus, et, cum experrecti sunt, tum exponere.

VI. Sed de cibo quidem facilior cum ægris ratio est, quorum sæpe stomachus hunc respuit, etiamsi mens concupiscit ; de potione vero ingens pugna est, eoque magis, quo major febris est. Hæc enim sitim accendit, et tum maxime aquam exigit, cum illa periculosissima est. Sed docendus æger est, ubi febris quieverit, protinus sitim quoque quieturam, longioremque accessionem fore, si quod ei datum fuerit alimentum, ita celerius eum desinere sitire, qui non bibit. Necesse est tamen, quanto facilius etiam sani famem, quam sitim sustinent, tanto magis ægris in potione, quam in cibo indulgere. Sed primo quidem die nullus humor dari debet, nisi subito sic venæ

malade ; le lendemain au contraire, et les jours où la diète est de rigueur, on peut donner à boire si la soif est ardente. Ce n'est pas sans raison qu'Héraclide de Tarente a dit que, lorsqu'il y a chez un malade amas de bile ou de crudités, il est utile de délayer ces matières corrompues à l'aide d'une légère quantité de boissons. Il faut en général les réserver, si on les donne seules, pour l'heure où les repas devraient avoir lieu, ou bien choisir le moment où l'on invite le malade au sommeil, attendu que la soif entraîne presque toujours l'insomnie. On reconnaît assez généralement que les boissons trop abondantes sont nuisibles aux personnes qui ont la fièvre, et principalement aux femmes qui en sont atteintes après l'accouchement.

L'on peut, il est vrai, d'après la nature de la fièvre et de la rémission, fixer les époques convenables pour prescrire des aliments et des boissons ; mais il n'est pas très-facile de savoir quand un malade a la fièvre, quand son état s'améliore, ou quand il tombe dans l'affaiblissement : ce sont là pourtant des circonstances essentielles à connaître pour régler le boire et le manger Ainsi le pouls, auquel nous accordons tant de créance, est souvent la cause des plus grandes erreurs ; car sa lenteur ou sa fréquence varie souvent en raison de l'âge, des sexes et des tempéraments. Chez une personne bien portante, mais dont l'estomac est faible, ou même au début de la fièvre, on observe communément que les pulsations sont si lentes et si faibles que le sujet paraît sans forces, bien qu'il puisse facilement supporter le grave accès qui le menace. Au contraire elles deviennent plus vives et plus développées sous l'excitation produite par le soleil, le bain,

l'exercice, la crainte, la colère, et toute espèce d'affection de l'âme ; il suffit même de la première approche du médecin, pour que le malade, inquiet du jugement qu'il va porter sur son état, éprouve de l'agitation dans le pouls. Aussi le praticien exercé, au lieu de saisir à peine entré le bras du malade, vient s'asseoir près de lui avec un visage ouvert, l'interroge sur sa santé, combat ses craintes, s'il en a, par des raisons plausibles, et arrive ensuite à l'exploration du pouls. Mais le trouble excité par la vue seule du médecin ne peut-il pas se produire encore sous l'influence de mille autres causes? Une seconde indication à laquelle nous ajoutons foi et qui nous trompe également, c'est la chaleur ; car elle peut s'élever par l'effet de la température, du travail, du sommeil, de la peur, et des anxiétés morales. Il faut donc tenir compte de ces conditions diverses, mais ne pas leur accorder une confiance sans bornes. On saura tout d'abord qu'il n'y a point de fièvre quand les pulsations sont régulières, et la chaleur modérée comme dans l'état de santé ; il ne faut pas non plus se presser de conclure que le mouvement fébrile existe, parce que la chaleur sera plus vive et le pouls plus fréquent. Mais la fièvre est réelle si la peau est inégalement aride, si le malade accuse de la chaleur au front et aux hypocondres, si le souffle qui sort des narines est brûlant, s'il y a rougeur ou pâleur inaccoutumée, si les yeux sont pesants, très-secs ou un peu larmoyants, si la sueur lorsqu'elle se déclare ne se répand pas également partout, et si les pulsations des veines n'ont lieu qu'à des intervalles inégaux. Pour se livrer à cet examen le médecin ne doit pas se placer dans l'obscurité, ni au chevet du malade,

---

conciderunt, ut cibus quoque dari debeat : secundo vero, ceterisque etiam, quibus cibus non dabitur, tamen, si magna sitis urgebit, potio dari potest. Ac ne illud quidem ab Heraclide Tarentino dictum ratione caret : ubi aut bilis ægrum, aut cruditas male habet, expedire quoque per modicas potiones misceri novam materiam corruptæ. Illud videndum est, ut qualia tempora cibo leguntur, talia potioni quoque ubi sine illo datur, deligantur aut cum ægrum dormire cupiemus ; quod fere sitis prohibet. Satis autem convenit, cum omnibus febricitantibus nimius humor alienus sit, tum præcipue esse fœminis, quæ ex partu in febres inciderunt.

Sed cum tempora cibo potionique febris et remissionis ratio det, non est expeditissimum scire, quando æger febricitet, quando melior sit, quando deficiat ; sine quibus dispensari illa non possunt. Venis enim maxime credimus, fallacissimæ rei ; quia sæpe istæ leniores celerioresve sunt, et ætate, et sexu, et corporum natura ; et plerumque satis sano corpore, si stomachus infirmus est, nonnumquam etiam incipiente febre, subeunt et quiescunt, ut imbecillus is videri possit, cui facile laturo gravis instat accessio. Contra sæpe eas concitat et resolvit sol, et balneum, et exercitatio, et metus, et ira, et quilibet alius animi affectus ; adeo ut, cum primum medicus ve-

nit, sollicitudo ægri dubitantis, quomodo illi se habere videatur, eas moveat. Ob quam causam, periti medici est, non protinus ut venit, apprehendere manu brachium : sed primum residere hilari vultu, percunctarique quemadmodum se habeat, et, si quis ejus metus est, eum probabili sermone lenire, tum deinde ejus corpori manum admovere. Quas venas autem conspectus medici movet, quam facile mille res turbant! Altera res est, cui credimus, calor, æque fallax : nam hic quoque excitatur æstu, labore, somno, metu, sollicitudine. Igitur intueri quidem etiam ista oportet, sed his non omnia credere. Ac protinus quidem scire, non febricitare eum, cujus venæ naturaliter ordinatæ sunt, teporque talis est, qualis esse sanis solet ; non protinus autem sub calore motuque febrem esse concipere, sed ita, si summa quoque arida inæqualiter cutis est, si calor et in fronte est, et ex imis præcordiis oritur, si spiritus ex naribus cum fervore prorumpit, si color, aut rubore, aut pallore novo mutatus est, si oculi graves, et aut persicci, aut subhumidi sunt, si sudor cum fit, inæqualis est, si venæ non æquis intervallis moventur. Ob quam causam medicus neque in tenebris, neque a capite ægri debet residere, sed illustri loco adversus eum, ut omnes notas ex vultu quoque cubantis perspiciat. Ubi vero febris fuit atque decrevit,

mais en face de lui, au grand jour, afin de pouvoir apprécier tous les signes fournis par le visage. Lorsque après l'invasion de la fièvre il y a eu de l'amendement, il faut voir si les tempes ou quelque autre partie du corps ne sont pas en moiteur, ce qui annonce une sueur prochaine; et quand cette tendance à la transpiration se manifeste, il convient de faire boire au malade de l'eau chaude, dont l'effet sera salutaire s'il survient une sueur générale. Dans ce but, les malades doivent avoir les pieds et les mains sous les couvertures; mais il ne faut pas les en accabler comme on le fait la plupart du temps à leur préjudice, au plus fort de la fièvre, et même de la fièvre ardente. Dès que la sueur se prononce, il faut essuyer chaque membre avec un linge chaud; et lorsqu'elle a entièrement cessé, ou même quand il n'y a pas eu de transpiration, si le malade paraît, autant qu'il peut l'être, en état de prendre quelque nourriture, on doit lui faire des onctions légères sous la couverture, l'essuyer, et lui donner ensuite des aliments. Les meilleurs pour les fébricitants sont les aliments liquides ou ceux qui approchent le plus de cette consistance, et qui sont très-peu nourrissants, comme les crèmes farineuses par exemple; et encore doivent-elles être fort claires si la fièvre est considérable. Pour rendre ces aliments plus substantiels, on y ajoute avec avantage du miel écumé; mais si l'estomac le supporte mal, il faut y renoncer, ainsi qu'aux crèmes elles-mêmes. On peut donner en place de la panade à l'eau, ou bien de la fromentée, qu'on fait bouillir dans de l'eau miellée si l'estomac est en bon état et le ventre resserré, ou que l'on prépare avec de l'oxycrat, si l'estomac est languissant et le ventre relâché. Cela suffit pour une première alimentation. La seconde comporte quelque chose de plus, mais en choisissant toujours parmi les substances peu nutritives, comme les légumes, les coquillages ou les fruits. Ces aliments sont les seuls appropriés à la période d'accroissement des fièvres. Quand elles cessent, ou deviennent moins intenses, on commence de même par la nourriture la plus légère; mais on y joint quelques aliments tirés de la classe moyenne, en ayant toutefois égard aux forces du sujet et à la nature de la maladie. Lorsqu'il y a manque de forces et dégoût pour les aliments, il faut les varier, selon le précepte d'Asclépiade, afin qu'en goûtant un peu de chacun, le malade prévienne le besoin. Mais si l'on n'a à combattre ni la faiblesse ni l'inappétence, il est inutile de solliciter le malade par la variété des mets, de peur qu'il n'en prenne plus qu'il n'en peut digérer. Et il n'est pas vrai, comme le dit Asclépiade, que la digestion se fasse mieux en composant ainsi son régime d'un certain nombre d'aliments. Les malades en effet mangent plus volontiers, mais la digestion dépend toujours de la nature et de la quantité des substances nutritives. Il n'est jamais prudent d'accorder beaucoup de nourriture au malade quand la douleur conserve toute sa violence ou que la maladie s'accroît; on le peut seulement lorsqu'il y a tendance marquée vers la guérison.

Les fièvres nécessitent encore d'autres observations. Aux yeux de quelques-uns, par exemple, la seule chose importante est d'examiner si le corps est resserré ou relâché; car le premier état peut faire périr par suffocation, et le second par épuisement. Si donc il y a resserrement, on doit prescrire des lavements, pousser aux urines

---

exspectare oportet, num tempora, partesve corporis aliæ paulum madescant, quæ sudorem venturum esse testentur; ac si qua nota est, tunc demum dare potui calidam aquam, cujus salubris effectus est, si sudorem per omnia membra diffundit. Hujus antem rei causa, continere æger sub veste satis multa manus debet, eademque crura pedesque contegere; qua mole plerique ægros in ipso febris impetu, potissimeque ubi ardens ea est, male habent. Si sudare corpus cœpit, linteum tepefacere oportet, paulatimque singula membra detergere. At ubi sudor omnis finitus est, aut, si is non venit, ubi, quam maxime potuit, idoneus esse cibo æger videtur, sub veste leniter ungendus est, tum detergendus, deinde ei cibus dandus. Is autem febricitantibus humidus est aptissimus aut humori certe quam proximus, utique ex materia quam levissima, maximeque sorbitio; eaque, si magnæ febres fuerint, quam tenuissima esse debet. Mel quoque despumatum huic recte adjicitur, quo corpus magis nutriatur; sed id, si stomachum offendit, supervacuum est; sicut ipsa quoque sorbitio. Dari vero in vicem ejus potest, vel intrita ex aqua calida, vel alica elota, si firmus est stomachus, et compressa alvus, ex aqua mulsa; si vel ille languet, vel hæc profluit, ex posca. Et primo quidem cibo id satis est. Secundo vero aliquid adjici potest, ex eodem tamen genere materiæ, vel olus, vel conchylium, vel pomum. Et dum febres quidem increscunt, hic solus idoneus cibus est. Ubi vero eæ desinunt, aut levantur, semper quidem incipiendum est ab aliquo ex materia levissima, adjiciendum vero aliquid ex media, ratione habita subinde et virium hominis, et morbi. Ponendi vero ægro varii cibi, sicut Asclepiades præcepit, tum demum sunt, ubi fastidio urgetur, neque satis vires sufficiunt, ut paulum ex singulis degustando, famem vitet. At si neque vis, neque cupiditas deest, nulla varietate sollicitandus æger est; ne plus assumat, quam concoquat. Neque verum est, quod ab eo dicitur, facilius concoqui cibos varios; edantur enim facilius, ad concoctionem autem materiæ genus et modus pertinet. Neque inter magnos dolores, neque increscente morbo, tutum est, ægrum cibo impleri, sed ubi inclinata jam in melius valetudo est.

Sunt aliæ quoque observationes in febribus necessariæ. Atque id quoque videndum est, quod quidam solum præcipiunt, adstrictum corpus sit, an profluat, quorum alterum strangulat, alterum digerit. Nam si adstrictum est, ducenda alvus est, movenda urina, eliciendus omni modo sudor. In hoc genere morborum sanguinem etiam

et provoquer la sueur de toutes les manières. En pareil cas, il est encore utile de tirer du sang, d'imprimer au malade de fortes secousses par la gestation, de l'exposer au grand jour, et de lui faire subir la faim, la soif et l'insomnie. Il est bon aussi de le conduire au bain, de l'oindre en sortant, puis de le baigner de nouveau, et de faire avec l'eau tiède d'abondantes fomentations sur les régions inguinales; quelquefois même on peut mêler de l'huile à l'eau chaude de la cuve. De plus, le malade devra manger plus tard et moins souvent, choisir de préférence des aliments ténus, simples, peu consistants, chauds; les prendre en petite quantité et user surtout de plantes potagères, telles que la patience, l'ortie et la mauve; ou encore faire usage de bouillon de poissons à coquille, celui, par exemple, de moule ou de langouste. Quant à la viande, on ne doit la donner que bouillie. Pour les boissons on peut se montrer plus libéral, en accorder avant et après le repas, et laisser le malade boire, en mangeant, même au delà de sa soif. Au sortir du bain, on peut lui donner du vin plus onctueux ou plus doux, ou lui permettre une ou deux fois du vin grec salé. Au contraire, si le corps est relâché, il faut arrêter la sueur, tenir le malade dans le repos et l'obscurité, le laisser dormir à sa volonté, n'agiter le corps que par une douce gestation, et le gouverner selon la nature du mal. S'il y a dérangement du ventre et si l'estomac ne peut rien garder, il faut, dès que la fièvre a diminué, faire avaler beaucoup d'eau chaude au malade pour le forcer à vomir, à moins que la gorge, l'épigastre ou le côté ne soient douloureux, ou que la maladie ne soit ancienne. S'il y a des sueurs, on rend la peau plus ferme au moyen du nitre ou du sel mêlés à de l'huile. Si la transpiration est faible, les onctions avec l'huile suffisent; mais si elle est abondante, on les pratique avec l'huile de rose, de coing ou de myrte, en y ajoutant un peu de vin astringent. Toutes les fois qu'il y a maladie par évacuation, on ne doit pas négliger, en se rendant au bain, de se faire oindre avant de se baigner. Si c'est la peau qui est frappée de relâchement, il vaut mieux se servir d'eau froide que d'eau chaude. Quand on arrive à l'alimentation, il faut prescrire un régime fortifiant, froid, sec, simple, et peu susceptible de se corrompre; ainsi l'on y fait entrer le pain grillé, la viande rôtie, et du vin plus ou moins astringent. Il faut boire chaud s'il existe un flux de ventre, et boire froid quand les sueurs fatiguent et qu'il survient des vomissements.

VII. 1. Dans les fièvres, le caractère pestilentiel réclame aussi une attention spéciale. La diète, les purgatifs ou les lavements ne sont alors d'aucune utilité, et quand les forces le permettent, le mieux est de tirer du sang, surtout si la fièvre est accompagnée de douleur. Si ce moyen n'offre pas assez de sécurité, il faut, dès que la fièvre est moins forte, débarrasser l'estomac en faisant vomir. La nécessité des bains se fait plus tôt sentir dans les cas de ce genre que dans les autres maladies. Le vin, qu'il faut donner chaud et plus pur, est de même indiqué, ainsi que toutes les substances glutineuses, y compris les viandes de même nature. Plus le malade peut être enlevé rapidement par de pareils orages, plus on est tenu de chercher contre eux des secours expéditifs, en donnant même quelque chose à la témérité. S'il s'agit d'un enfant, et qu'en raison de sa faiblesse il n'y ait pas lieu de le saigner, il faut appliquer des ventouses,

---

misisse, concussisse vehementibus gestationibus corpus, in lumine habuisse, imperasse famem, sitim, vigiliam prodest. Utile est etiam ducere in balneum, prius demittere in solium, tum ungere, iterum ad solium redire, multaque aqua fovere inguina; interdum etiam oleum in solio cum aqua calida miscere; uti cibo serius et rarius, tenui, simplici, molli, calido, exiguo, maximeque oleribus, qualia sunt lapathum, urtica, malva; vel jure etiam concharum, musculorumve, aut locustarum; neque danda caro, nisi elixa, est. At potio esse debet magis liberalis, et ante cibum, et post hunc, et cum hoc, ultra quam sitis coget; poteritque a balneo etiam pinguius, aut dulcius dari vinum; poterit semel, aut bis interponi græcum salsum. Contra vero, si corpus profluet, sudor coercendus, quies adhibenda erit; tenebris, somnoque, quandocumque volet, utendum; non nisi leni gestatione corpus agitandum, et pro genere mali subveniendum. Nam si venter fluit, aut si stomachus non continet, ubi febris decrevit, liberaliter oportet aquam tepidam potui dare, et vomere cogere, nisi aut fauces, aut præcordia, aut latus dolet, aut vetus morbus est. Si vero sudor exercet, duranda cutis est nitro, vel sale, quæ cum oleo miscentur; ac si levius id vitium est, oleo corpus ungendum; si vehementius, rosa, vel melino, vel myrteo, cui vinum austerum sit adjectum Quisquis autem fluore æger est, cum venit in balneum, prius ungendus, deinde in solium demittendus est. Si in cute vitium est, frigida quoque, quam calida aqua, melius utetur. Ubi ad cibum ventum est, dari debet is valens, frigidus, siccus, simplex, qui quam minime corrumpi possit, panis tostus, caro assa, vinum austerum, vel certe subausterum; si venter profluit, calidum; si sudores nocent, vomitusve sunt, frigidum.

VII. 1. Desiderat etiam propriam animadversionem in febribus pestilentiæ casus. In hac minime utile est, aut fame, aut medicamentis uti, aut ducere alvum. Si vires sinunt, sanguinem mittere optimum est, præcipueque, si cum dolore febris est; si id parum tutum est, ubi febris levata est, vomitu pectus purgare. Sed in hoc maturius, quam in aliis morbis, ducere in balneum opus est; vinum calidum, et meracius dare, et omnia glutinosa, inter quæ carnem quoque generis ejusdem. Nam quo celerius ejusmodi tempestates corripiunt, eo maturius auxilia, etiam cum quadam temeritate, rapienda sunt. Quod si puer est, qui laborat, neque tantum robur ejus est, ut

5.

prescrire des lavements avec l'eau simple ou la décoction d'orge, et ne permettre ensuite que des aliments légers. Le traitement des enfants ne saurait être en tout point semblable à celui des hommes faits; et dans cette maladie, de même que dans toutes les autres, on doit, en ce qui les concerne, procéder avec plus de réserve, admettre difficilement l'emploi de la saignée et des lavements, et renoncer à leur imposer comme moyens curatifs la veille, l'abstinence, la soif, ainsi que l'usage du vin. Il est convenable de les faire vomir quand la fièvre est tombée, puis de les nourrir très-légèrement, et de favoriser ensuite leur sommeil. Abstinence le lendemain si la fièvre persévère, et, le troisième jour, même régime que le premier. Enfin il faut autant que possible faire consister le traitement dans l'observance de ces deux préceptes : prescrire la diète à propos, et nourrir en temps opportun.

2. Si le malade est consumé par une fièvre ardente, il ne faut lui donner aucune boisson médicamenteuse, mais chercher à le rafraîchir même dans le temps des redoublements, par des fomentations d'eau et d'huile qu'on mélange avec la main, jusqu'à ce qu'elles blanchissent. La chambre à coucher doit être spacieuse, pour fournir largement à la respiration du malade un air pur. Au lieu de l'étouffer sous le poids des couvertures, on aura soin de n'en mettre sur lui que de légères; on peut en outre appliquer sur l'estomac des feuilles de vigne trempées dans de l'eau froide. Il est inutile de lui faire endurer une soif trop vive; et même on doit le nourrir plus tôt, c'est-à-dire le troisième jour, en pratiquant avant le repas les onctions indiquées plus haut. S'il y a dans l'estomac un amas de pituite, il faut vers la fin de l'accès provoquer le vomissement, et donner ensuite des légumes froids ou des fruits, choisis parmi ceux qui conviennent à l'estomac. Si cet organe au contraire est dans un état de sécheresse, il convient d'administrer aussitôt une décoction d'orge ou de fromentée, ou bien une crème de riz avec laquelle on aura fait bouillir de la graisse nouvelle. Quand la fièvre est dans sa plus grande violence, il faut, s'il existe une soif ardente, faire boire au malade une grande quantité d'eau froide, pourvu que ce ne soit pas avant le quatrième jour; on lui en donnera même bien au delà de sa soif, et lorsque le ventre et l'estomac sont ainsi remplis outre mesure, et se trouvent suffisamment rafraîchis, il faut faire vomir. Quelques médecins ne croient pas le vomissement nécessaire, et se contentent, pour toute médication, d'eau froide administrée jusqu'à satiété. Après avoir suivi l'une ou l'autre pratique, on doit bien couvrir le malade, et lui faire prendre une situation favorable au sommeil. Presque toujours à la suite d'une longue altération, d'une insomnie prolongée, et lorsqu'on a calmé la chaleur au moyen de l'eau prise à discrétion, il survient un sommeil complet accompagné d'une sueur considérable, et c'est là ce qui constitue le meilleur remède dans cette maladie; mais, pour agir ainsi, il faut qu'à l'exception de la chaleur il n'existe ni douleur ni gonflement des hypocondres, ni embarras dans le thorax, les poumons et l'arrière-gorge, ni ulcères, ni déjections alvines (3). Si cette fièvre est accompagnée d'une toux légère et si la soif est modérée, on n'a pas besoin de faire boire de l'eau froide, et l'on se conformera simplement au traitement prescrit pour les autres fièvres.

VIII. Quant à l'espèce de fièvre tierce que

---

sanguis mitti possit, cucurbitulis ei utendum est; ducenda alvus vel aqua vel ptisanæ cremore; tum demum levibus cibis nutriendus. Et ex toto non sic pueri, ut viri, curari debent; ergo, ut in alio quoque genere morborum, parcius in his agendum est : non facile sanguinem mittere, non facile ducere alvum, non cruciare vigilia, fameve, aut nimia siti, non vino curare. Vomitus post febrem eliciendus est; deinde dandus cibus ex levissimis; tum is dormiat; posteroque die, si febris manet, abstineatur; tertio ad similem cibum redeat. Dandaque opera est, quantum fieri potest, ut iste opportunam abstinentiam cibosque opportunos, omissis ceteris, nutriatur.

2. Si vero ardens febris extorret, nulla medicamenti danda potio est; sed in ipsis accessionibus oleo et aqua refrigerandus est, quæ miscenda manu sunt, donec albescant; eo conclavi tenendus, quo multum et purum aerem trahere possit; neque multis vestimentis strangulandus, sed admodum levibus tantum velandus est; possunt etiam super stomachum imponi folia vitis in aqua frigida tincta. Ac ne siti quidem nimia vexandus est. Alendus maturius est, id est a die tertio; et ante cibum iisdem perungendus. Si pituita in stomacho coit, inclinata jam accessione, vomere cogendus est; tum dandum frigidum olus, aut pomum, ex iis, quæ stomacho conveniant. Si siccus manet stomachus, protinus vel ptisanæ, vel alicæ, vel oryzæ cremor dandus est, cum quo recens adeps cocta sit. Cum vero in summo incremento morbus est, utique non ante quartum diem, magna siti antecedente, frigida aqua copiose præstanda est, ut bibat etiam ultra satietatem; et cum jam venter et præcordia ultra modum repleta, satisque refrigerata sunt, vomere debet. Quidam ne vomitum quidem exigunt; sed ipsa aqua frigida tantum, ad satietatem data, pro medicamento utuntur. Ubi utrumlibet factum est, multa veste operiendus est, et collocandus, ut dormiat. Fereque post longam sitim et vigiliam, post multam satietatem, post infractum calorem, plenus somnus venit, per quem ingens sudor effunditur; idque præsentissimum auxilium est, sed in iis tamen, in quibus, præter ardorem, nulli dolores, nullus præcordiorum tumor, nihil prohibens, vel in thorace, vel in pulmone, vel in faucibus; non ulcus, non dejectio, fuit. Si quis autem in ejusmodi febre leviter tussit, is neque vehementi siti conflictatur, neque bibere aquam frigidam debet; sed eo modo curandus est, quo in ceteris febribus præcipitur.

VIII. At ubi id genus tertianæ est, quod ἡμιτριταῖον no-

les médecins appellent *hémitritée*, il faut mettre tous ses soins à ne pas s'en laisser imposer. La plupart du temps, en effet, elle se compose de redoublements et de rémissions si rapprochés, qu'on pourrait la confondre avec une autre maladie; la durée de l'état fébrile varie entre vingt-quatre et trente-six heures, de sorte qu'on croit avoir affaire à un nouvel accès, tandis que c'est le même qui se prolonge. Il est très-important de n'accorder d'aliments que lorsque la rémission est bien franche, et de saisir aussitôt ce moment pour en donner; car beaucoup de malades succombent brusquement par la faute du médecin, qui n'a pas su reconnaître l'indication ou la mettre à profit. On doit dès le principe tirer du sang, à moins qu'un motif sérieux ne s'y oppose, et prescrire ensuite des aliments qui, sans augmenter la fièvre, donnent au malade la force de supporter la longue durée de ses accès.

IX. Quelquefois encore on est atteint de fièvres lentes qui n'offrent pas de rémission, et dès lors il n'y a pas de temps marqué pour donner de la nourriture ou des médicaments. En pareil cas le médecin doit s'appliquer à changer la nature de la maladie, dans l'espoir de la rendre plus accessible aux moyens curatifs. Souvent donc il est à propos de frotter le corps du malade avec de l'eau froide et de l'huile; il en résulte parfois un frisson qui devient le point de départ d'un mouvement nouveau, et ce frisson est suivi d'une augmentation de chaleur à laquelle succède la rémission. Dans ces fièvres, les frictions faites avec de l'huile et du sel paraissent aussi produire de salutaires effets. Mais si le froid, l'engourdissement et l'agitation du corps se prolongent longtemps, il devient convenable de donner, même pendant la fièvre, trois ou quatre verres de *vin miellé*, ou de vin bien trempé, pris avec les aliments; par ce moyen la fièvre acquiert une intensité plus grande, et la chaleur plus vive qui en résulte, en faisant disparaître les premiers symptômes, permet d'espérer une rémission, et par suite la guérison du mal. Rien de moins nouveau assurément que la méthode appliquée de nos jours par certaines gens, et qui guérit quelquefois par des remèdes contraires ceux que des médecins trop circonspects traînaient en longueur. Chez les anciens, en effet, avant Hérophile et Érasistrate, et après Hippocrate, on trouve un certain Pétron qui dès le principe accablait les febricitants de couvertures, pour exciter au plus haut degré la chaleur et la soif. Lorsqu'ensuite la fièvre inclinait vers la rémission, il faisait boire de l'eau froide; et si la sueur s'établissait, le malade, selon lui, ne courait plus aucun danger; s'il n'obtenait pas de transpiration, il ingérait une plus grande quantité d'eau froide, et provoquait après le vomissement. Quand il réussissait par l'un ou l'autre procédé à délivrer le malade de la fièvre, il lui donnait aussitôt de la viande de porc rôtie et du vin; si l'état fébrile persistait, il faisait bouillir de l'eau chargée de sel, et la prescrivait comme boisson, pour produire un effet purgatif par l'excitation du ventre. Sa médecine n'allait pas au delà, et elle ne fut pas moins secourable à ceux que les successeurs d'Hippocrate n'avaient pu guérir, qu'elle ne l'est maintenant aux malades longtemps et vainement traités par les sectateurs d'Hérophile ou d'Érasistrate. Cette méthode cependant n'en est pas moins téméraire, et tue la plupart des malades auxquels on l'applique dès

---

dici appellant, magna cura opus est, ne id fallat. Habet enim plerumque frequentiores accessiones decessionesque, ut aliud morbi genus videri possit; porrigiturque febris inter horas viginti quatuor, et triginta sex, ut, quod idem est, non idem esse videatur. Et magnopere necessarium est, neque dari cibum, nisi in ea remissione, quæ vera est, et ubi ea venit, protinus dari; plurimique sub alterutro curantis errore subito moriuntur. Ac, nisi magnopere aliqua res prohibet, inter initia sanguis mitti debet; tum dari cibus, qui neque incitet febrem, et tamen longum ejus spatium sustineat.

IX. Nonnunquam etiam lentæ febres sine ulla remissione corpus tenent; ac neque cibo, neque ulli remedio locus est. In hoc casu medici cura esse debet, ut morbum mutet; fortasse enim curationi opportunior fiet. Sæpe igitur ex aqua frigida, cui oleum sit adjectum, corpus ejus pertractandum est, quoniam interdum sic evenit, ut horror oriatur, et fiat initium quoddam novi motus; exque eo, cum magis corpus incaluit, sequatur etiam remissio. In his frictio quoque ex oleo et sale salubris videtur. At si diu frigus est, et torpor, et jactatio corporis, non alienum est, in ipsa febre dare mulsi tres aut quatuor cyathos, vel cum cibo vinum bene dilutum; intenditur enim sæpe ex eo febris, et major ortus calor simul et priora mala tollit, et spem remissionis, inque ea curationis ostendit. Neque, hercules, ista curatio nova est, qua nunc quidam traditos sibi ægros, qui sub cautioribus medicis trahebantur, interdum contrariis remediis sanant. Siquidem apud antiquos quoque ante Herophilum et Erasistratum, maximeque post Hippocratem fuit Petro quidam, qui febricitantem hominem ubi acceperat, multis vestimentis operiebat, ut simul calorem ingentem, sitimque excitaret; deinde, ubi paulum remitti cœperat febris, aquam frigidam potui dabat, ac, si moverat sudorem, explicuisse se ægrum judicabat; si non moverat, plus etiam aquæ frigidæ ingerebat, et tum vomere cogebat. Si alterutro modo febre liberaverat, protinus suillam assam, et vinum homini dabat; si non liberaverat, decoquebat aquam sale adjecto, eamque bibere cogebat, ut movendo ventrem purgaret. Et intra hæc omnis ejus medicina erat, eaque non minus grata fuit iis, quos Hippocratis successores non refecerant, quam nunc est iis, quos Herophili vel Erasistrati æmuli diu tractos non expedierunt. Neque ideo tamen non est temeraria ista medicina; quia plures, si protinus a prin-

le début ; mais les mêmes moyens ne pouvant convenir à tous, il arrive souvent que la témérité vient en aide à ceux qu'un traitement rationnel n'a pas su rétablir. Aussi les médecins de cette espèce obtiennent-ils plus de succès sur les personnes que d'autres ont déjà soignées, que sur leurs propres malades. Mais il doit être permis même au médecin prudent de changer quelquefois sa manière d'agir, d'aggraver la maladie et d'allumer la fièvre ; et cela par la raison que, si l'état présent se refuse à la médication, celui qui doit suivre s'y prêtera peut-être davantage.

X. Il faut examiner aussi si la fièvre existe seule, ou si elle est accompagnée d'autres signes fâcheux, c'est-à-dire de douleur de tête, de sécheresse de la langue et de gonflement des hypocondres. On combat le mal de tête par des applications sur le front d'un mélange d'huile rosat et de vinaigre. On dispose pour cela deux bandes de la largeur et de la longueur du front, afin de pouvoir successivement en tenir une sur la partie souffrante et tremper l'autre dans le mélange. Au lieu de linge on peut se servir de la même manière d'une laine grasse. Si le vinaigre paraît contraire, on se contentera d'huile rosat, et si celle-ci ne réussit pas mieux, on prendra de l'huile acerbe. Si ces moyens sont trop faibles, il faut piler de l'iris sèche, des amandes amères ou des herbes rafraîchissantes. En appliquant l'un de ces remèdes trempé dans du vinaigre, on diminue la douleur, mais non chez tous également. Comme calmant on peut employer encore le pain bouilli soit avec du pavot ou des feuilles de roses, soit avec de la céruse ou de la litharge. Il est bon aussi de respirer du serpolet ou de l'aneth. Y a-t-il inflammation et douleur des hypocondres ? il faut appliquer d'abord des cataplasmes répercussifs, car s'ils étaient échauffants, ils détermineraient sur cette partie un plus grand afflux d'humeurs ; puis on les emploie chauds et humectants lorsque l'inflammation a perdu sa première violence, et pour en dissiper les derniers vestiges. L'inflammation se reconnaît aux quatre signes suivants : rougeur, tumeur, chaleur et douleur ; on peut juger par là de l'erreur d'Érasistrate, qui prétend que toute fièvre est accompagnée d'inflammation. Si donc il y a douleur sans inflammation, toute médication externe est inutile, car la fièvre en fera justice. Mais s'il n'y a ni inflammation, ni fièvre, et seulement douleur aux hypocondres, il faut recourir aussitôt à des fomentations chaudes et sèches. Si la langue est raboteuse et sèche, il convient de la nettoyer d'abord avec un pinceau trempé dans l'eau chaude et de l'enduire ensuite d'un mélange d'huile rosat et de miel. Le miel sert à déterger, l'huile rosat est un répercussif qui prévient en même temps la sécheresse. Si la langue est sèche sans âpreté, on se contente, après l'avoir nettoyée avec le linge, de l'enduire d'huile rosat à laquelle on ajoute un peu de cire.

XI. Le froid précède ordinairement la fièvre, et il en résulte un état très-pénible. On doit, lorsqu'on l'attend, refuser toute boisson au malade, parce qu'administrée peu de temps avant l'apparition du frisson, elle ajoute beaucoup à son intensité. Il faut de bonne heure avoir soin de bien couvrir le malade, et pratiquer sur les parties les plus exposées des fomentations sèches et chaudes, non de manière à provoquer la chaleur brusquement et sans mesure, mais à la déve-

---

cipiis excepit, interimit. Sed cum eadem omnibus convenire non possint, fere, quos ratio non restituit, temeritas adjuvat. Ideoque ejusmodi medici melius alienos ægros, quam suos nutriunt. Sed est circumspecti quoque hominis, et novare interdum, et augere morbum, et febres accendere ; quia curationem, ubi id, quod est, non recipit, potest recipere id, quod futurum est.

X. Considerandum est etiam, febres ne solæ sint, an alia quoque his mala accedant ; id est num caput doleat, num lingua aspera, num præcordia intenta sint. Si capitis dolores sunt, rosam cum aceto miscere oportet, et in id ingerere : deinde habere duo pitacia, quæ frontis latitudinem longitudinemque æquent ; ex his invicem alterum in aceto et rosa habere, alterum in fronte ; aut intinctam iisdem lanam succidam imponere. Si acetum offendit, pura rosa utendum est ; si rosa ipsa lædit, oleo acerbo. Si ista parum juvant, teri potest vel iris arida, vel nuces amaræ vel quælibet herba ex refrigerantibus ; quorum quidlibet ex aceto impositum, dolorem minuit, sed magis aliud in alio. Juvat etiam panis cum papavere injectus, vel cum rosa, cerussa, spumave argenti. Olfacere quoque vel serpyllum, vel anethum, non alienum est. At si in præcordiis inflammatio et dolor est, primo superimponenda sunt cataplasmata reprimentia ; ne, si calidiora fuerint, plus eo materiæ concurrat, deinde, ubi prima inflammatio se remisit, tunc demum ad calida et humida veniendum est, ut ea, quæ remanserunt, discutiant. Notæ vero inflammationis sunt quatuor, rubor, et tumor, cum calore et dolore ; quo magis erravit Erasistratus, qui febrem nullam sine hac esse dixit. Ergo si sine inflammatione dolor est, nihil imponendum est ; hunc enim statim ipsa febris solvet. At si neque inflammatio, neque febris, sed tantum præcordiorum dolor est, protinus callidis et siccis fomentis uti licet. Si vero lingua sicca et scabra est, detergenda primum penicillo est ex aqua calida ; deinde ungenda mistis inter se rosa et melle. Mel purgat, rosa reprimit, simulque siccescere non sinit. At si scabra non est, sed arida, ubi penicillo detersa est, ungi rosa debet, cui ceræ paululum sit adjectum.

XI. Solet etiam ante febres esse frigus ; idque vel molestissimum morbi genus est. Ubi id exspectatur, omni potione prohibendus æger est : hæc enim paulo ante data, multum malo adjicit. Item maturius veste multa tegendus est ; admovenda partibus iis, pro quibus metuimus, sicca et calida fomenta, sic, ne statim vehementissimi calores incipiant, sed paulatim increscant ; per-

lopper graduellement : on doit aussi frictionner ces parties avec les mains imbibées de vieille huile, à laquelle on ajoute quelques ingrédients échauffants. Certains médecins se contentent d'une seule friction, faite avec n'importe quelle espèce d'huile. Quelques-uns, dans la rémission des fièvres, permettent trois ou quatre verres de crème d'orge, malgré la persistance de l'état fébrile; et quand l'accès est terminé, ils réparent l'estomac avec une alimentation froide et légère. Je pense, moi, qu'on ne doit faire cet essai que lorsque les aliments donnés au malade en une seule fois et après la fièvre ont eu peu de succès. Mais il faut surveiller la maladie avec une attention vigilante, pour ne pas se laisser tromper sur le temps de la rémission; car il arrive souvent dans les cas de ce genre que la fièvre, au moment même où elle paraît décliner, se ranime de nouveau. Pour pouvoir compter sur la rémission, il faut qu'elle se maintienne, et que l'agitation diminue ainsi que la fétidité de l'haleine (ὄζη en grec). Il est assez convenable, si les accès quotidiens sont semblables, de donner chaque jour un peu de nourriture ; s'ils sont inégaux, on fait prendre des aliments après l'accès le plus grave, et de l'eau miellée après le plus léger.

XII. Le tremblement se déclare avant l'accès dans les fièvres qui affectent des retours bien réglés et des intermittences complètes. Cette forme est par cela même la moins dangereuse, et la plus accessible aux moyens de traitement. Il est impossible en effet, si les périodes n'ont rien de fixe, de prescrire avec opportunité ni lavements, ni bains, ni vin, ni médicament, car on ignore quand la fièvre doit venir ; de sorte que, reparaissant à l'improviste, les remèdes employés pour la combattre peuvent devenir eux-mêmes des agents funestes ; on doit se contenter alors d'observer la diète les premiers jours, et de prendre ensuite quelques aliments au déclin de l'accès le plus grave. Mais quand la fièvre parcourt régulièrement ses périodes, on a plus de facilité pour agir, parce qu'on peut calculer avec plus d'assurance le commencement et la fin des accès. Dans les fièvres déjà anciennes, l'abstinence n'est pas utile, et ne doit être observée que les premiers jours. Le traitement a deux objets à remplir : dissiper le tremblement, puis guérir la fièvre. Il faut donc, lorsque le malade après avoir tremblé passe du frisson à la chaleur, lui faire boire de l'eau tiède salée, et le forcer à vomir; car presque toujours ce frisson reconnaît pour cause un amas de bile dans l'estomac. Il faut revenir à ce moyen si le frisson se reproduit à l'accès suivant, parce que souvent on le dissipe ainsi. Comme on sait déjà de quelle nature est la fièvre, on doit, peu de temps avant l'invasion du troisième accès, conduire le malade au bain, et faire en sorte qu'il y soit au moment du frisson. S'il le ressent dans le bain même, il faut malgré cela renouveler l'épreuve à l'approche du quatrième accès, car ordinairement elle est suivie de succès. Si cependant on n'obtient rien du bain, il faut avant l'accès faire manger de l'ail au malade, ou lui donner de l'eau chaude avec du poivre, car ces substances développent une chaleur incompatible avec le frisson ; on a soin de le couvrir ensuite avant qu'il puisse être saisi de tremblement, en s'y prenant comme nous l'avons dit à l'occasion du froid ; on pratique aussitôt après d'actives fomentations, et l'on dispose

---

fricandæ quoque eæ partes manibus unctis ex vetere oleo sunt, eique adjiciendum aliquid ex calefacientibus; contentique medici quidam una frictione, etiam ex quolibet oleo, sunt. In harum febrium remissionibus nonnulli tres, aut quatuor sorbitionis cyathos, etiamnum manente febre, dant; deinde, ea bene finita, reficiunt stomachum cibo frigido et levi. Ego tum hoc puto tentandum, cum parum cibus, semel et post febrem datus, profuit. Sed curiose prospiciendum est, ne tempus remissionis decipiat : sæpe enim in hoc quoque genere valetudinis jam minui febris videtur, et rursus intenditur ; itaque ei remissioni credendum est, quæ etiam immoratur, et jactationem fœtoremque quemdam oris, quem ὄζην Græci vocant, minuit. Illud satis convenit, si quotidie pares accessiones sunt, quotidie parvum cibum dandum; si impares, post graviorem, cibum ; post leviorem, aquam mulsam.

XII. Horror autem eas fere febres antecedit, quæ certum habent circuitum, et ex toto remittuntur, ideoque tutissimæ sunt, maximeque curationes admittunt. Nam ubi incerta tempora sunt, neque alvi ductio, neque balneum, neque vinum, neque medicamentum aliud recte datur; incertum est enim, quando febris ventura sit : ita fieri potest, ut, si subito venerit, summa in eo pernicies sit, quod auxilii causa sit inventum; nihilque aliud fieri potest, quam ut primis diebus bene abstineatur æger, deinde, sub decessu febris ejus, quæ gravissima est, cibum sumat. At ubi certus circuitus est, facilius omnia illa tentantur, quia magis proponere nobis et accessionum et decessionum vices possumus. In his autem, cum inveteraverint, utilis fames non est : primis tantummodo diebus ea pugnandum est ; deinde dividenda curatio est, et ante horror, tum febris discutienda. Igitur cum primum aliquis inhorruit, et ex horrore incaluit, dare ei oportet potui tepidam aquam subsalsam, et vomere eum cogere : nam fere talis horror ab iis oritur, quæ biliosa in stomacho resederunt. Idem faciendum est, si proximo quoque circuitu æque accessit ; sæpe enim sic discutitur. Jamque quod genus febris sit, scire licet; itaque sub exspectatione proximæ accessionis, quæ instare tertia potest, deducendus in balneum est, dandaque opera, ut per tempus horroris in solio sit. Si ibi quoque senserit, nihilominus idem sub exspectatione quartæ accessionis faciat; siquidem eo quoque modo sæpe is discutitur. Si ne balneum quidem profuit, ante accessionem allium edat, aut bibat calidam aquam cum pipere ; siquidem ea quoque assumpta calorem movent, qui horrorem non admittit ; deinde eodem modo, quo in frigore præceptum est, antequam in

tout le long du corps des briques chaudes et des tisons éteints qu'on enveloppe dans du linge. Si ces précautions sont encore impuissantes à prévenir le frisson, on fait sous les couvertures du malade des onctions avec beaucoup d'huile à laquelle on associe quelques drogues échauffantes ; puis l'on fait des frictions aussi fortes que le malade peut les supporter, surtout aux pieds et aux mains, en l'obligeant à retenir son haleine. Il faut insister sur ces moyens quand même le frisson se prolongerait, car avec de la persévérance on finit souvent par triompher du mal. S'il y a des vomissements, on donne à boire de l'eau tiède pour faire vomir encore, et l'on continue d'agir ainsi jusqu'à ce que le frisson disparaisse. Si ce résultat se fait trop attendre, on a de plus recours aux lavements, qui sont utiles en débarrassant le corps des matières qui le surchargent. Enfin, comme derniers moyens, on emploie la gestation et les frictions. Il est très-important, dans les maladies de ce genre, de faire choix d'une nourriture qui tienne le ventre libre, de prescrire des viandes gélatineuses et du vin astringent.

XIII. Ces préceptes sont relatifs aux fièvres d'accès en général ; mais il importe ensuite de les distinguer entre elles, puisqu'elles ne comportent pas toutes un traitement semblable. S'il s'agit d'une fièvre quotidienne, il faut observer une diète rigoureuse les trois premiers jours, puis donner des aliments de deux jours l'un. Si l'état fébrile est déjà ancien, on doit, après l'accès, essayer du bain et donner du vin, surtout si la fièvre persiste après que le tremblement a cessé.

XIV. S'il est question d'une fièvre tierce ou quarte parfaitement intermittente, il faut, les jours d'apyrexie, se livrer à la promenade ainsi qu'à d'autres exercices, et faire usage des onctions. Parmi les anciens médecins, un nommé Cléophante faisait longtemps avant l'accès répandre sur la tête du malade beaucoup d'eau chaude, et lui faisait ensuite boire du vin. Tout en se conformant à la plupart des préceptes de ce médecin, Asclépiade a cependant rejeté cette pratique, et avec raison, car elle est incertaine. Ce dernier auteur pense qu'il faut, dans la fièvre tierce, prescrire un lavement le troisième jour après l'accès, et faire vomir le cinquième après le tremblement ; puis, quand la fièvre est tombée, donner, selon sa méthode, du vin et des aliments au malade sans attendre que la chaleur l'ait quitté ; le sixième jour il ordonne le repos du lit, dans l'espoir que la fièvre ne reviendra pas le septième. On peut admettre, il est vrai, que souvent les choses se passent ainsi, mais il est plus sûr encore d'adopter l'ordre suivant : le troisième jour prescrire un lavement, faire vomir le cinquième, et ne faire boire du vin au malade que le septième jour après l'accès. Si la maladie n'est pas enlevée dès les premiers jours et qu'elle traîne en longueur, le malade devra garder le lit le jour où il attend la fièvre, se faire frictionner, l'accès une fois terminé, et boire de l'eau après avoir mangé ; le lendemain, jour d'apyrexie, se priver d'exercice et d'onctions, et ne boire que de l'eau. C'est là ce qu'il y a de mieux à faire ; mais si la faiblesse est menaçante, il conviendra de donner du vin après la fièvre, et un peu d'aliments dans le milieu du jour.

---

horrescere possit, operiatur, fomentisque, sed protinus validioribus, totum corpus circumdare convenit, maximeque involutis extinctis testis et titionibus. Si nihilominus horror perruperit, multo oleo calefacto inter ipsa vestimenta perfundatur, cui æque ex calefacientibus aliquid sit adjectum ; adhibeaturque frictio, quantam is sustinere poterit, maximeque in manibus et pedibus, et spiritum ipse contineat. Neque desistendum est, etiamsi horror est ; sæpe enim pertinacia juvantis malum corporis vincit. Si quid evomuit, danda aqua tepida, iterumque vomere cogendus est ; utendumque eisdem est, donec horror finiatur. Sed præter hæc ducenda alvus est, si tardius horror quiescet ; siquidem id quoque exonerato corpore prodest. Ultimaque post hæc auxilia sunt gestatio et frictio. Cibus autem in ejusmodi morbis maxime dandus est, qui mollem alvum præstet ; caro glutinosa ; vinum, cum dabitur, austerum.

XIII. Hæc ad omnes circuitus febrium pertinent ; discernendæ tamen singulæ sunt, sicut rationem habent dissimilem. Si quotidiana est, triduo primo magnopere abstinere oportet ; tum cibis altero quoque die uti. Si res inveteraverit, post febrem experiri balneum et vinum ; magisque si horrore sublato, hæc superest.

XIV. Si vero tertiana, quæ ex toto intermittit, aut quartana est, mediis diebus, et ambulationibus, uti oportet, aliisque exercitationibus et unctionibus. Quidam ex antiquioribus medicis Cleophantus, in hoc genere morborum, multo ante accessionem per caput ægrum multa calida aqua perfundebat, deinde vinum dabat. Quod, quamvis pleraque ejus viri præcepta secutus est Asclepiades, recte tamen præteriit : est enim anceps. Ipse, si tertiana febris est, tertio die post accessionem dicit alvum duci oportere ; quinto, post horrorem vomitum elicere ; deinde post febrem, sicut illi mos erat, adhuc calidis dare cibum et vinum ; sexto die, in lectulo detineri ; sic enim fore, ne septimo die febris accedat. Id sæpe fieri posse, verisimile est. Tutius tamen est, ut hoc ipso ordine utamur : tria remedia, vomitus, alvi ductionis, vini, per triduum, id est die tertio, et quinto, et septimo tentare ; nec vinum, nisi post accessionem, die septimo bibat. Si vero primis diebus discussus morbus non est, inciditque in vetustatem, quo die febris exspectabitur, in lectulo se contineat ; post febrem perfricetur ; tum, cibo assumpto, bibat aquam ; postero die, qui vacat, ab exercitationeque, aqua tantum contentus, conquiescat. Et id quidem optimum est. Si vero imbecillitas urgebit, et post febrem vinum, et medio die paulum cibi debebit assumere.

XV. Le même traitement s'applique à la fièvre quarte ; mais comme la durée de celle-ci est en général beaucoup plus longue quand elle ne cède pas dans les premiers jours, il faut mettre plus de soin encore à régler dès le commencement la méthode curative. Lors donc que la fièvre s'annonce par un tremblement, le malade doit après l'accès se tenir en repos le jour même, le lendemain et le surlendemain, et boire seulement un peu d'eau chaude le premier jour au moment de l'apyrexie ; il fera même bien, s'il le peut, de s'en passer les deux jours suivants. Si la fièvre revient le quatrième jour avec tremblement, on fera vomir comme il a été dit plus haut, et après l'accès on pourra donner une nourriture légère et un setier de vin ; le lendemain et le surlendemain, diète absolue, et seulement un peu d'eau chaude s'il y a de l'altération ; le septième jour il faut prévenir le frisson au moyen du bain, donner un lavement si la fièvre revient, et, dès que le malade est remis de cette fatigue, faire des onctions et des frictions énergiques, prendre ensuite des aliments et du vin dans la mesure indiquée déjà, et garder l'abstinence les deux jours suivants en continuant les frictions ; le dixième jour enfin revenir au bain, et, si la fièvre reparaît, recommencer les frictions, et boire une plus grande quantité de vin. Il arrive souvent que le repos observé pendant tant de jours, ainsi que la diète et les remèdes dont on s'est servi, amènent la cessation de la fièvre. Si néanmoins elle persévère, il faut changer entièrement de méthode, et gouverner le malade de manière à lui conserver les forces qu'exige une maladie de longue durée. Aussi doit-on blâmer la pratique d'Héraclide de Tarente, qui ordonnait un lavement les premiers jours et prescrivait la diète jusqu'au septième. Or, en supposant qu'un malade puisse endurer une telle abstinence, à peine lui resterait-il, une fois délivré de la fièvre, la force de se rétablir, et par conséquent il succomberait d'épuisement si les accès se multipliaient. Lors donc qu'au treizième jour le mal n'a pas cédé, il devient inutile d'employer les bains, soit avant, soit après l'accès, à moins qu'il n'y ait plus de frisson ; et quant à cet accident, on pourra le combattre par les moyens que nous avons déjà fait connaître. Il sera nécessaire en outre, après la fièvre, d'oindre le malade, de le frotter fortement, de lui accorder ensuite une nourriture abondante et substantielle, et du vin selon son désir ; le lendemain, après un repos convenable, promenade, exercice, onctions et frictions énergiques, pas de vin avec les aliments ; diète absolue le surlendemain. Le jour où la fièvre doit venir, le malade fera bien de se lever avant l'accès pour s'exercer, et passer ainsi dans une agitation volontaire le temps de la période fébrile, car l'exercice a souvent le pouvoir de chasser la fièvre ; mais si, pendant qu'il se livre au mouvement, un autre accès vient le surprendre, il doit alors se reposer. On combat cette espèce de fièvre au moyen de l'huile, des frictions, de l'exercice, de l'alimentation et du vin. S'il y a constipation, on a soin de tenir le ventre libre. Les sujets robustes supportent facilement ce traitement ; mais pour les personnes faibles, il faut remplacer l'exercice par la gestation, et si même elle est trop pénible, se contenter des frictions : dans le cas où ce moyen serait encore trop actif, on se bornera au repos, aux onctions et à l'alimentation, en prenant garde toutefois de transformer, par le fait d'une indigestion,

XV. Eadem in quartana facienda sunt. Sed cum hæc tarde admodum finiatur, nisi primis diebus discussa est, diligentius ab initio præcipiendum est, quid in ea fieri debeat. Igitur si cui cum horrore febris accessit, eaque desiit, eodem die et postero tertioque continere se debet, et aquam tantummodo calidam primo die post febrem sumere ; biduo proximo, quantum fieri potest, ne hanc quidem. Si quarto die cum horrore febris revertitur, vomere, sicut ante præceptum est, deinde post febrem, modicum cibum sumere, vini quadrantem ; postero tertioque die abstinere, aqua tantummodo calida, si sitis est, assumpta ; septimo die balneo frigus prævenire ; si febris redierit, ducere alvum, ubi ex eo corpus conquieverit, in unctione vehementer perfricari, eodem modo sumere cibum et vinum, biduo proximo se abstinere, frictione servata, decimo die rursus balneum experiri ; et, si postea febris accessit, æque perfricari, vinum copiosius bibere. Ac sic proximum est, ut quies tot dierum et abstinentia cum ceteris, quæ præcipiuntur, febrem tollant. Si vero nihilominus remanet, aliud ex toto sequendum est curationis genus ; idque agendum, ut, quod diu sustinendum est, corpus facile sustineat. Quo minus etiam curatio probari Heraclidis Tarentini debet, qui primis diebus ducendam alvum, deinde abstinendum in septimum diem dixit. Quod, ut sustinere aliquis possit, tamen, etiam febre liberatus, vix refectioni valebit ; adeo, si febris sæpius accesserit, concidet. Igitur si tertio decimo die morbus manebit, balneum neque ante febrem, neque post eam tentandum erit, nisi interdum jam horrore discusso ; horror ipse per ea, quæ supra scripta sunt, expugnandus ; deinde post febrem oportebit ungi, et vehementer perfricari ; cibum et validum et fortiter assumere ; vino uti quantum libebit ; postero die, cum satis quieverit, ambulare, exerceri, ungi, perfricari fortiter, cibum capere sine vino ; tertio die abstinere. Quo die vero febrem expectabit, ante surgere, et exerceri, dareque operam, ut in ipsam exercitationem febris tempus incurrat ; sic enim sæpe illa discutitur ; at si in opere occupavit, tum demum se recipere. In ejusmodi valetudine, medicamenta sunt, oleum, frictio, exercitatio, cibus, vinum. Si venter adstrictus est, solvendus est. Sed hæc facile validiores faciunt : si imbecillitas occupavit, pro exercitatione gestatio est ; si ne hanc quidem sustinet, adhibenda tamen frictio est ; si hæc quoque vehemens onerat, intra quietem et unctionem et cibum sistendum est ; dandaque opera est, ne qua cruditas in

la fièvre quarte en quotidienne. Sous la forme quarte en effet la fièvre ne tue personne, tandis qu'en prenant le type quotidien elle compromet la vie. Cela n'arrive jamais cependant sans la faute du malade ou du médecin.

XVI. Mais si la fièvre est double quarte, et qu'il soit impossible de se livrer aux exercices que j'ai proposés, il faut se reposer tout à fait, ou, si cela présente des difficultés, se promener doucement; puis dans l'état de repos s'envelopper avec soin la tête et les pieds; à la fin de chaque accès prendre un peu de nourriture et de vin, et le reste du temps, à moins de grande faiblesse, observer la diète. Mais si les deux accès se touchent pour ainsi dire, il faut, quand l'un et l'autre sont passés, prendre quelques aliments, essayer ensuite pendant l'apyrexie de faire un peu d'exercice, employer les onctions et se nourrir. La fièvre quarte invétérée ne se terminant presque jamais qu'au printemps, on doit écarter avec soin tout ce qui pourrait vers cette époque faire obstacle à la guérison. Dans ces fièvres prolongées on se trouve bien de changer de temps en temps le régime, de passer du vin à l'eau, de l'eau au vin, des aliments doux à ceux qui sont âcres, et des âcres aux doux; il est bon aussi de manger du raifort, puis de vomir, ou de se tenir le ventre libre avec du bouillon de poulet, d'ajouter à l'huile pour les frictions quelques drogues échauffantes, de boire avant l'accès deux verres de vinaigre, ou un de moutarde mêlé à trois verres de vin grec salé, ou encore de prendre délayé dans de l'eau un mélange à parties égales de poivre, de castoréum, d'assa fœtida et de myrrhe. En employant ces remèdes et d'autres semblables, on doit avoir pour but d'imprimer au corps une secousse qui le fasse sortir enfin d'un état qui l'opprime. Quand la fièvre a disparu, il faut longtemps encore avoir présents à l'esprit les jours d'accès, et, à ces moments, éviter le froid, la chaleur, les indigestions et la fatigue; car les rechutes sont faciles si l'on ne sait pas veiller sur soi-même après la guérison.

XVII. Mais si la fièvre quarte devient quotidienne par suite de quelque imprudence, on doit pendant deux jours observer la diète, faire usage des frictions, et ne donner à boire de l'eau que le soir seulement. La fièvre, dans ce cas, manque souvent au troisième jour; mais qu'elle reparaisse ou non, c'est après le temps de l'accès qu'il faut accorder des aliments. Si elle persiste, diète nouvelle, aussi rigoureuse que possible, pendant deux jours, et frictions tous les jours.

XVIII. Je viens d'exposer le traitement des fièvres; mais elles se compliquent d'autres affections, et je vais parler immédiatement de celles auxquelles on ne saurait assigner de siége bien déterminé. Je commencerai par le délire, et je traiterai d'abord de la forme aiguë et fébrile que les Grecs appellent *frénésie* (4). Avant tout, il faut savoir que dans certains accès les malades extravaguent et tiennent des propos hors de sens; ce signe a de la gravité, et ne peut exister sans une fièvre intense : cependant il n'a pas toujours des conséquences funestes, parce qu'en général il est de courte durée, et que l'intelligence redevient libre dès que la première violence du mal est passée. Il n'est pas besoin dans ce cas d'autres remèdes que de ceux indiqués pour guérir la fièvre. Mais il y a frénésie déclarée lorsqu'il y a continuité dans le

---

quotidianam id malum vertat. Nam quartana neminem jugulat; sed si ex ea facta quotidiana est, in malis æger est; quod tamen, nisi culpa vel ægri vel curantis, numquam fit.

XVI. At si duæ quartanæ sunt, neque eæ, quas proposui, exercitationes adhiberi possunt, aut ex toto quiescere opus est, aut, si id difficile est, leniter ambulare; considere diligenter involutis pedibus et capite; quoties febris accessit et desiit, cibum modicum sumere, et vinum; reliquo tempore, nisi imbecillitas urget, abstinere. At si duæ febres pene junguntur, post utramque cibum sumere, deinde vacuo tempore et moveri aliquid, et post unctionem cibo uti. Cum vero vetus quartana raro, nisi vere, solvatur, utique eo tempore attendendum est, ne quid fiat, quod valetudinem impediat. Prodestque in vetere quartana, mutare subinde victus genus; a vino ad aquam, ab aqua ad vinum, a lenibus cibis ad acres, ab acribus ad lenes transire; esse radicem, deinde vomere, jureve pulli gallinacei ventrem resolvere; oleo ad frictiones adjicere calefacientia; ante accessionem sorbere, vel aceti cyathos duos, vel unum sinapis cum tribus græci vini salsi, vel mista paribus portionibus, et in aqua diluta, piper, castoreum, laser, myrrham. Per hæc enim similiaque corpus agitandum est, ut moveatur ex eo statu, quo detinetur. Si febris quievit, diu meminisse ejus diei convenit, eoque vitare frigus, calorem, cruditatem, lassitudinem. Facile enim revertitur, nisi a sano quoque aliquamdiu timetur.

XVII. At si ex quartana, quotidiana facta est, cum in vitio inciderit, per biduum abstinere oportet, et frictione uti; aquam tantummodo vespere potui dare. Tertio die sæpe fit, ne febris accedat; sed sive fuit, sive non fuit, cibus post accessionis tempus est dandus; et si manet, per biduum abstinentia, quanta maxima imperari corpori potest, et frictione quotidie utendum est.

XVIII. Et febrium quidem curatio exposita est. Supersunt vero alii corporis affectus, qui huic superveniunt; ex quibus eos, qui certis partibus assignari non possunt, protinus jungam. Incipiam ab insania, primamque hujus ipsius partem aggrediar, quæ et acuta, et in febre est : φρένιτιν Græci appellant. Illud ante omnia scire oportet, interdum in accessione ægros desipere, et loqui aliena; quod non quidem leve est, neque incidere potest, nisi in febre vehementi; non tamen æque pestiferum est, nam plerumque breve esse consuevit, levatoque accessionis impetu, protinus mens redit. Neque id genus morbi remedium aliud desiderat, quam quod in curanda febre præceptum est. Phrenesis vero tum demum est, cum

délire, ou que le malade, sans perdre encore l'usage de sa raison, accueille pourtant des idées chimériques; la frénésie est complète quand l'esprit est dominé par ces vaines imaginations. Les caractères qu'elle présente sont du reste assez variés. On voit des phrénétiques montrer de la gaieté, d'autres de la tristesse; ceux-ci, faciles à contenir, n'extravaguent que dans leurs discours; ceux-là s'agitent violemment et font des gestes désordonnés; parmi ces derniers il en est qui cèdent aveuglément à l'impulsion du mal, tandis que certains autres, employant l'artifice, savent sous les dehors de la raison préparer les occasions favorables à leurs mauvais desseins, et ne se trahissent que dans l'exécution. Pour ceux dont le délire ne s'exhale qu'en paroles, ou qui sont faiblement agités, il est inutile d'en venir aux moyens coercitifs; mais il convient d'attacher ceux qui témoignent plus d'emportement, et de les mettre hors d'état de se nuire à eux-mêmes, ou de nuire à ceux qui les entourent. On ne doit pas croire sur parole un frénétique enchaîné, qui pour se débarrasser de ses liens veut exciter la compassion par des discours bien suivis, car c'est là une ruse familière aux insensés. Chez les anciens ces malades étaient presque toujours tenus dans les ténèbres, parce que, d'après eux, les frénétiques ne devaient rien voir qui pût devenir pour eux un sujet de terreur, et que l'obscurité leur paraissait aussi contribuer au repos de l'esprit. Asclépiade au contraire, regardant les ténèbres elles-mêmes comme une cause d'épouvante, voulait qu'on les laissât constamment jouir de la lumière. Ces deux manières d'agir sont trop absolues; car il est des malades que la lumière agite davantage, d'autres qui sont plus troublés par l'obscurité, d'autres aussi qui semblent ne recevoir aucune impression du jour ou de la nuit. Ce qu'il y a de mieux à faire, c'est d'éprouver l'une et l'autre méthode, de rendre à la lumière celui qui redoute l'obscurité, et de tenir dans les ténèbres celui que la clarté épouvante. Mais lorsque le malade demeure à cet égard dans une complète indifférence, on doit préférer pour lui, s'il a conservé ses forces, un endroit éclairé, et un séjour obscur s'il est trop affaibli. Administrer des remèdes au plus fort du délire est chose vaine, attendu que la fièvre s'accroît alors en même temps. On doit se borner, dans ce cas, à contenir le malade; puis on avise ensuite aux moyens de traitement, dès que son état le permet. Asclépiade a également avancé qu'on tuait les frénétiques en leur tirant du sang; et il donne pour raison que le délire étant toujours accompagné d'une fièvre intense, la saignée n'est convenable qu'au moment de la rémission. Mais lui-même cherchait dans cette situation à favoriser le sommeil par des frictions répétées; et cependant l'ardeur de la fièvre est un obstacle au sommeil, et les frictions ne sont jamais utiles qu'au déclin des accès : par conséquent il devait aussi les proscrire. Que faire donc? Il est permis, quand le péril est pressant, d'appeler à son aide les ressources qu'on devrait s'interdire en d'autres circonstances. La fièvre continue, par exemple, qui n'offre pas de rémission, a néanmoins des instants où elle cesse de croître; et, sans être favorables, ces instants sont encore les meilleurs pour l'administration des remèdes. Il convient donc, lorsque les forces du malade ne s'y refusent pas, de pratiquer la saignée, et l'on doit moins hésiter encore à ordonner des lavements. Après un jour d'intervalle, il faut raser la tête et la soumettre à des fomentations faites avec une décoction de

---

continua dementia esse incipit, aut cum æger, quamvis adhuc sapiat, tamen quasdam vanas imagines accipit; perfecta est, ubi mens illis imaginibus addicta est. Ejus autem plura genera sunt : siquidem ex phreneticis alii hilares, alii tristes sunt ; alii facilius continentur, et intra verba desipiunt, alii consurgunt, et violenter quædam manu faciunt; atque ex his ipsis, alii nihil nisi impetu peccant, alii etiam artes adhibent, summamque speciem sanitatis in captandis malorum operum occasionibus præbent, sed exitu deprehenduntur. Ex his autem eos, qui intra verba desipiunt, aut leviter etiam manu peccant, onerare asperioribus coercitionibus supervacuum est; eos vero, qui violentius se gerunt, vincire convenit, ne vel sibi vel alteri noceant. Neque credendum est, si vinctus aliquis, dum levari vinculis cupit, quamvis prudenter et miserabiliter loquitur, quoniam is dolus insanientis est. Fere vero antiqui tales ægros in tenebris habebant; eo quod illis contrarium esset, exterreri, et ad quietem animi tenebras ipsas conferre aliquid judicabant. At Asclepiades, tamquam tenebris ipsis terrentibus, in lumine habendos eos dixit. Neutrum autem perpetuum est: alium enim lux, alium tenebræ magis turbant; reperiuntur-que, in quibus nullum discrimen deprehendi, vel hoc, vel illo modo possit. Optimum itaque est, utrumque experiri ; et habere eum, qui tenebras horret, in luce; eum, qui lucem, in tenebris. At ubi nullum tale discrimen est, æger, si vires habet, loco lucido; si non habet, obscuro continendus est. Remedia vero adhibere, ubi maxime furor urget, supervacuum est; simul enim febris quoque increscit. Itaque tum nihil nisi continendus æger est; ubi vero res patitur, festinanter subveniendum est. Asclepiades perinde esse dixit, his sanguinem mitti, ac si trucidentur, rationem hanc secutus, quod neque insania esset, nisi febre intenta, neque sanguis, nisi in remissione ejus, recte mitteretur. Sed ipse in his somnum multa frictione quæsivit, cum et intentio febris somnum impediat, et frictio non nisi in remissione ejus utilis sit; itaque hoc quoque auxilium debuit præterire. Quid igitur est? Multa in præcipiti periculo recte fiunt, alias omittenda. Et continua quoque febris habet tempora, quibus, etsi non remittit, non tamen crescit, estque hoc, ut non optimum, sic tamen secundum remediis tempus. Quod si vires ægri patiuntur, sanguis quoque mitti debet; minus deliberari potest, an alvus ducenda sit. Tum, interposito

verveine ou d'autres plantes astringentes; ou bien fomenter d'abord, raser ensuite, et renouveler les fomentations; puis en dernier lieu répandre sur la tête de l'huile rosat, qu'on fait entrer aussi dans les narines; faire respirer de la rue pilée dans du vinaigre, et employer les remèdes convenables pour exciter l'éternument. Ces divers moyens ne sont indiqués qu'autant que le malade n'est pas affaibli; car dans ce cas il faudrait seulement humecter la tête avec de l'huile rosat, en y ajoutant du serpolet ou d'autres substances semblables. Quel que soit l'état des forces, il est avantageux d'arroser la tête avec le suc de morelle et de pariétaire, qu'on exprime en même temps. Au déclin de la fièvre, on peut faire usage des frictions; mais si la frénésie est caractérisée par une joie trop vive, on doit y mettre plus de ménagement que lorsqu'elle a pour expression une tristesse profonde. En traitant ces égarements de l'esprit, il est nécessaire de se plier aux diverses formes qu'ils présentent. Il y a chez les uns de vaines terreurs à dissiper; témoin l'exemple de cet homme qu'agitait, malgré ses richesses, la crainte de mourir de faim, et auquel on annonçait de temps à autre des successions imaginaires. Il y en a d'autres dont il faut maîtriser l'audace, et qu'on ne peut dompter que par des châtiments physiques. C'est par la réprimande et la menace qu'on arrête parfois des éclats de rire insensés; parfois aussi, pour arracher ces malades à leur mélancolie, on a recours à la musique, au son des cymbales, et à d'autres moyens bruyants. En général il vaut mieux entrer dans leur folie que de la combattre ouvertement, et les ramener, par degrés et sans qu'ils s'en doutent, de la déraison à des idées plus saines. Dans certains cas, on doit tâcher de captiver leur attention: aux gens de lettres, par exemple, on fera des lectures, soit d'une manière correcte s'ils y prennent plaisir, soit avec des incorrections calculées s'ils en paraissent choqués, parce qu'en voulant les relever ils sont obligés déjà d'exercer leur jugement; on peut même les contraindre à réciter les passages dont ils ont gardé le souvenir. Il y a de ces frénétiques auxquels on a pu rendre le goût des aliments, en les plaçant à table au milieu des convives. Chez tous ces malades le sommeil est aussi rare qu'il leur est nécessaire, puisque c'est à lui que la plupart d'entre eux doivent leur guérison. Pour les faire dormir, et remédier en même temps au désordre de l'intelligence, on applique sur la tête l'onguent de safran mêlé à celui d'iris. Si néanmoins l'insomnie persiste, on cherche à favoriser le sommeil en faisant boire au malade une décoction de pavot ou de jusquiame, en mettant sous son oreiller des pommes de mandragore, ou encore en appliquant sur le front de l'amome ou du suc de *sycaminum*. Je trouve ce nom dans les auteurs; mais comme les Grecs appellent συκάμινος le mûrier, qui ne fournit aucun suc, cela doit s'entendre du suc recueilli sur un arbre qui croît en Égypte, et qu'on nomme *sycomore*. Souvent aussi on fait sur la tête et le visage des fomentations au moyen d'une éponge trempée dans une décoction d'écorce de pavots. Asclépiade blâme encore ces remèdes, parce que dans bien des cas ils changent la frénésie en léthargie. Selon lui, le malade ne doit, le premier jour, ni boire, ni manger, ni dormir; le soir, il accorde un peu d'eau, et veut que l'on pratique des frictions avec la main, assez doucement toutefois,

die, convenit caput ad cutem tondere, deinde aqua fovere, in qua verbenæ aliquæ decoctæ sint ex reprimentibus; aut prius fovere, deinde tondere, et iterum fovere; ac novissime rosa caput naresque implere; offerre etiam naribus rutam, ex aceto contritam; movere sternutamenta medicamentis in id efficacibus. Quæ tamen facienda sunt in iis, quibus vires non desunt. Si vero imbecillitas est, rosa tantum caput, adjecto serpyllo, similive aliquo, madefaciendum est. Utiles etiam in quibuscunque viribus herbæ duæ sunt, solanum et muralis, si simul ex utraque succo expresso caput impletur. Cum se febris remiserit, frictione utendum est; parcius tamen in iis, qui nimis hilares, quam in iis, qui nimis tristes sunt. Adversus omnium autem sic insanientium animos gerere se cujusque natura necessarium est; quorumdam enim vani metus levandi sunt; sicut in homine prædivite famem timente incidit, cui subinde falsæ hæreditates nuntiabantur; quorumdam audacia coercenda est, sicut in iis fit, in quibus continendis plagæ quoque adhibentur; quorumdam etiam intempestivus risus objurgatione et minis finiendus; quorumdam discutiendæ tristes cogitationes, ad quod symphoniæ et cymbala strepitusque proficiunt. Sæpius tamen assentiendum, quam repugnandum est, paulatimque, et non evidenter, ab iis, quæ stulte dicentur, ad meliora mens adducenda. Interdum etiam elicienda ipsius intentio, ut fit in hominibus studiosis litterarum, quibus liber legitur, aut recte, si delectantur, aut perperam, si id ipsum eos offendit; emendando enim convertere animum incipiunt; quin etiam recitare, si qua meminerunt, cogendi sunt. Ad cibum quoque quosdam non desiderantes reduxerunt ii, qui inter epulantes eos collocarunt. Omnibus vero sic affectis somnus et difficilis, et præcipue necessarius est: sub hoc enim plerique sanescunt. Prodest ad id, atque etiam ad mentem ipsam componendam, crocinum unguentum cum irino in caput datum. Si nihilominus vigilant, quidam somnum moliuntur potui dando aquam, in qua papaver, aut hyoscyamus decocta sit; alii mandragoræ mala pulvino subjiciunt; alii vel amomum, vel sycamini lacrimam fronti inducunt. Hoc nomen apud medicos reperio; sed cum Græci morum συκάμινον appellant, mori nulla lacrima est; sic vero significatur lacrima arboris in Ægypto nascentis, quam ibi μοροσύκον appellant. Plurimi, decoctis papaveris corticibus, ex ea aqua spongia os et caput subinde fovent. Asclepiades ea supervacua esse dixit, quoniam in lethargum sæpe converterint. Præcepit autem, ut primo die, a cibo, potione, somno abstineretur; vespere ei daretur potui aqua; tum frictio admoveretur

pour que la peau n'en conserve qu'une légère empreinte ; le lendemain, même régime ; le soir, crème d'orge, eau pour boisson et frictions nouvelles ; car c'est, dit-il, en insistant sur ce moyen qu'on obtient du sommeil. Il survient en effet quelquefois, et même, de l'aveu d'Asclépiade, il peut devenir léthargique quand les frictions sont portées trop loin. Si néanmoins l'insomnie se prolonge, il faut s'adresser enfin aux médicaments dont je viens de parler ; mais ceux-ci n'exigent pas moins de réserve, car en voulant faire dormir le malade on s'expose à ne pouvoir plus le tirer de son assoupissement. Le bruit de l'eau qui tombe d'un tuyau placé près du malade, la gestation après le repas et pendant la nuit, et surtout le balancement d'un lit suspendu, sont aussi des moyens d'inviter au sommeil. Si déjà le malade n'a pas été saigné, si son intelligence est troublée, et s'il ne dort pas, il est encore utile de lui poser à l'occiput des ventouses scarifiées, parce que ce remède, en diminuant la violence du mal, peut faciliter le retour du sommeil. Il faut savoir aussi régler l'alimentation : ne point donner trop de nourriture dans la crainte d'exciter le délire, et ne pas imposer non plus un jeûne trop sévère qui pourrait amener la défaillance. Il faut s'en tenir à des aliments légers, à la crème d'orge principalement ; et pour boisson se contenter d'eau miellée qu'on donne à la dose de trois verres, deux fois par jour en hiver, et quatre fois en été.

La seconde espèce de folie est généralement plus longue, parce qu'elle commence sans fièvre et détermine plus tard un état fébrile. Cette affection est caractérisée par une tristesse qui paraît dépendre de l'atrabile. La saignée est utile dans ce cas ; mais si quelque raison défend de la pratiquer, l'abstinence alors vient se placer en première ligne. La seconde chose à faire est d'évacuer, en faisant vomir au moyen de l'ellébore blanc. Il faut joindre à l'une ou l'autre médication deux frictions par jour : si le malade est robuste, il doit s'exercer fréquemment, vomir à jeun, et prendre sans vin des aliments de la classe moyenne. Toutes les fois que j'indiquerai cette classe, on saura qu'on peut aussi puiser dans la dernière ; il faut seulement ne pas la mettre seule à contribution, et ne rien choisir dans la première. Indépendamment de ces précautions, il faut entretenir constamment la liberté du ventre, éloigner du malade toute cause d'épouvante, et mieux encore lui redonner bon espoir. On tâchera de le distraire par les contes et les jeux qui lui plaisaient le plus en état de santé. Ses ouvrages, s'il en a fait, seront vantés avec complaisance, et lui seront remis sous les yeux. On combattra ses tristes imaginations par de douces remontrances, en lui faisant sentir que dans les choses qui le tourmentent il devrait trouver plutôt un sujet de contentement que d'inquiétude. Si la fièvre survient, on la traitera comme les autres fièvres.

La démence la plus longue est celle de la troisième espèce. Celle-ci ne compromet pas la vie, et n'attaque d'ordinaire que les individus fortement constitués. Elle se présente sous deux formes distinctes ; les uns, sans être aliénés, sont déçus par de trompeuses images : telle était, d'après les poëtes, la folie d'Ajax ou d'Oreste : d'autres au contraire sont pris d'aberration mentale. Quand le malade voit des fantômes, il faut s'assurer d'abord si ces illusions excitent la tristesse ou la gaieté. En cas de mélancolie, on purge avec l'ellé-

---

lenis, ut ne manum quidem, qui perfricaret, vehementer imprimeret ; postero deinde die, iisdem omnibus factis, vespere ei daretur sorbitio et aqua, rursusque frictio adhiberetur : per hanc enim nos consecuturos, ut somnus accedat. Id interdum fit, et quidem adeo, ut, illo confitente, nimia frictio etiam lethargi periculum afferat. Sed si sic somnus non accessit, tum demum illis medicamentis arcessendus est ; habita scilicet eadem moderatione, quæ hic quoque necessaria est, ne, quem dormire volumus, excitare postea non possimus. Confert etiam aliquid ad somnum silanus juxta cadens, vel gestatio post cibum et noctu, maximeque suspensi lecti motus. Neque alienum est, si neque sanguis ante missus est, neque mens constat, neque somnus accedit, occipitio inciso cucurbitulam admovere ; quæ quia levat morbum, potest etiam somnum facere. Moderatio autem in cibo quoque adhibenda est : nam neque implendus æger est, ne insaniat ; neque jejunio utique vexandus, ne imbecillitate in cardiacum incidat. Opus est cibo infirmo, maximeque sorbitione, potione aquæ mulsæ, cujus ternos cyathos bis hieme, quater æstate dedisse satis est.

Alterum insaniæ genus est, quod spatium longius recipit, quia fere sine febre incipit, leves deinde febriculas excitat. Consistit in tristitia, quam videtur bilis atra contrahere. In hac utilis detractio sanguinis est ; si quid hanc prohibet, prima est abstinentia ; secunda, per album veratrum vomitumque purgatio. Post utrumlibet, adhibenda his die frictio est ; si magis valet, frequens etiam exercitatio, in jejuno vomitus ; cibus, sine vino, dandus ex media materia est. Quam quoties posuero, scire licet, etiam ex infirmissima dari posse ; dum ne ea sola quis utatur, valentissima tantummodo esse removenda. Præter hæc, servanda alvus est quam tenerrima ; removendi terrores, et potius bona spes afferenda ; quærenda delectatio ex fabulis ludisque, quibus maxime capi sanus assueverat ; laudanda, si qua sunt, ipsius opera, et ante oculos ejus ponenda ; leviter objurganda vana tristitia ; subinde admonendus, in iis ipsis rebus, quæ sollicitant, cur non potius lætitiæ, quam sollicitudinis causa sit. Si febris quoque accessit, sicut aliæ febres curanda est.

Tertium genus insaniæ est ex his longissimum ; adeo ut vitam ipsam non impediat, quod robusti corporis esse consuevit. Hujus autem ipsius species duæ sunt. Nam quidam imaginibus, non mente falluntur, quales insanientem Ajacem vel Orestem percepisse poëtæ ferunt ; quidam animo desipiunt. Si imagines fallunt, ante omnia videndum est, tristes, an hilares sint. In tristitia, nigrum veratrum dejectionis causa ; in hilaritate, album, ad vo-

bore noir, et s'il y a de l'hilarité, on provoque des vomissements avec l'ellébore blanc ; on les administre l'un et l'autre dans du pain, pour abuser plus facilement le malade, lorsqu'il refuse de les prendre en potion. Si ces purgatifs agissent bien, le mal en sera notablement diminué ; aussi doit-on, dans le cas où une première dose produirait peu d'effet, en donner une seconde quelque temps après. On n'oubliera pas que la folie gaie est moins grave que la folie triste. Il est de précepte invariable dans toutes les maladies de tenir d'abord le ventre libre lorsqu'on veut purger par en bas, et de le resserrer, au contraire, si l'on veut purger par en haut. Si le malade a perdu le jugement, on a recours avec succès à certaines corrections. Dès que ses actes ou ses paroles attestent sa déraison, il faut pour le dompter employer le jeûne, les chaînes et les châtiments ; le forcer ensuite d'être attentif, d'exercer sa mémoire sur certains sujets et de se les rappeler. La crainte l'oblige ainsi par degrés à se rendre compte de ses actions. On se trouve bien encore d'exciter chez ces malades des terreurs soudaines, ou d'imprimer par un moyen quelconque une secousse profonde à leur intelligence. Cet ébranlement en effet peut être utile en les arrachant à leur situation première. Il n'importe pas moins d'observer si de temps à autre on les surprend à rire sans motifs, ou s'ils sont dominés par la tristesse et le découragement : contre leur folle hilarité, il est mieux de faire agir la crainte, comme je l'ai dit plus haut ; et quand l'humeur devient trop sombre, il est bon d'employer deux fois par jour des frictions légères, mais longtemps prolongées : on doit faire aussi des affusions froides sur la tête, et prescrire des bains d'eau et d'huile. Voici les moyens généraux : les personnes affectées de démence feront beaucoup d'exercice, et seront frictionnées souvent ; elles ne prendront ni viande grasse, ni vin ; seulement, après avoir été purgées, elles choisiront les aliments les plus légers de la classe moyenne. Il ne convient pas de les laisser seules ou avec des inconnus, non plus qu'avec des gens qu'elles dédaignent ou qui leur sont indifférents. Elles devront changer de pays, et, si la raison leur revient, voyager tous les ans.

Rarement, mais quelquefois cependant, la crainte donne naissance au délire. Celui-ci n'est pas d'une autre espèce que les précédents, et n'exige pas un traitement distinct ; à cette exception près, que c'est la seule démence où il soit utile de donner du vin.

XIX. La maladie que les Grecs ont nommée *cardiaque* (5) est essentiellement opposée à la frénésie, bien qu'elle succède souvent à cette affection : dans un cas le malade n'a plus l'usage de sa raison, et dans l'autre il la conserve. Le mal cardiaque est caractérisé par une extrême faiblesse, accompagnée de langueurs d'estomac et de sueurs immodérées. On le reconnaît aussitôt à la misère du pouls, à sa petitesse, ainsi qu'à des sueurs insolites dans leur forme et leur durée, qui envahissent en entier la poitrine, le cou, la tête même, tandis que les jambes et les pieds demeurent secs et froids. Ce mal est de la classe des affections aiguës. On commence par appliquer un cataplasme répercussif sur la région de l'estomac, et l'on tâche en second lieu d'arrêter la sueur. On a, pour remplir cette indication, l'huile astringente de roses et celle de coing ou de myrte : elles servent

---

mitum excitandum, dari debet, idque, si in potione non accipit, pani adjiciendum est, quo facilius fallat. Nam si bene se purgaverit, ex magna parte morbum levabit. Ergo etiam si semel datum veratrum parum profecerit, interposito tempore iterum dari debet. Neque ignorare oportet, leviorem esse morbum cum risu, quam serio insanientium. Illud quoque perpetuum est in omnibus morbis : ubi ab inferiore parte purgandus aliquis est, ventrem ejus ante solvendum esse ; ubi a superiore, comprimendum. Si vero consilium insanientem fallit, tormentis quibusdam optime curatur. Ubi perperam aliquid dixit, aut fecit, fame, vinculis, plagis coercendus est ; cogendus est et attendere, et ediscere aliquid, et meminisse : sic enim fiet, ut paulatim metu cogatur considerare, quid faciat. Subito etiam terreri, et expavescere, in hoc morbo prodest, et fere quidquid animum vehementer perturbat. Potest enim quædam fieri mutatio, cum ab eo statu mens, in quo fuerat, abducta est. Interest etiam, is ipse sine causa subinde rideat, an mœstus demississque sit . nam demens hilaritas terroribus iis, de quibus supra dixi, melius curatur ; si nimia tristitia est, prodest lenis, sed multa bis die frictio, item per caput aqua frigida infusa, demissumque corpus in aquam et oleum. Illa communia sunt : insanientes vehementer exerceri debere ; multa frictione uti ; neque pinguem carnem, neque vinum assumere ; cibis uti post purgationem, ex media materia, quam levissimis ; non oportere esse vel solos, vel inter ignotos, vel inter eos, quos aut contemnant, aut negligant ; mutare debere regiones, et, si mens redit, annua peregrinatione esse jactandos.

Raro, sed aliquando tamen, ex metu delirium nascitur. Quod genus insanientium, specie simile, similique victus genere curandum est, præterquam quod in hoc insaniæ genere solo recte vinum datur.

XIX. His morbis præcipue contrarium est id genus, quod καρδιακόν a Græcis nominatur, quamvis sæpe ad eum phrenetici transeunt : siquidem mens in illis labat, in hoc constat. Id autem nihil aliud est, quam nimia imbecillitas corporis, quod, stomacho languente, immodico sudore digeritur. Licetque protinus scire id esse, ubi venarum exigui imbecilliique pulsus sunt ; sudor autem supra consuetudinem, et modo, et tempore, ex toto thorace, et cervicibus atque etiam capite prorumpit, pedibus tantummodo et cruribus siccioribus atque frigentibus. Acutique morbi genus est. Curatio prima est, supra præcordia imponere, quæ reprimant, cataplasmata ; secunda, sudorem prohibere. Id præstat acerbum oleum, vel rosa, vel melinum, aut myrteum, quorum aliquo corpus leni-

à faire des onctions légères sur le corps, et on les remplace ensuite par du cérat où l'on fait entrer un de ces ingrédients. Si la sueur ne cesse point, on frotte doucement le malade avec du plâtre, de la litharge d'argent ou de la terre cimolée, ou bien l'on répand sur lui l'une de ces substances à l'état pulvérulent. Les feuilles sèches de myrte ou de ronce réduites en poudre, ou la lie d'un bon vin astringent desséchée et bien triturée, peuvent rendre le même service, ainsi que beaucoup d'autres substances semblables : à leur défaut d'ailleurs on a la poussière des chemins. Pour diminuer la transpiration, il faut peu couvrir le malade, le tenir dans un endroit frais, et laisser les fenêtres ouvertes, afin que l'air extérieur puisse arriver jusqu'à lui. La troisième indication qui se présente est de réparer l'épuisement des forces par le vin et l'alimentation. On ne doit pas sans doute donner beaucoup de nourriture à la fois, mais en donner à plusieurs reprises le jour et la nuit, dans le but de soutenir le malade, sans le surcharger. Ces aliments seront fournis par la dernière classe, et appropriés à l'état de l'estomac. Hors le cas d'urgence, on ne se pressera pas d'accorder du vin. Si l'on craint une défaillance, on peut permettre du pain trempé dans du vin astringent, et même laisser boire ce vin, pourvu qu'il soit léger, pas tout à fait pur et tiède ; on le prescrit alors libéralement de temps à autre, en ajoutant, si le malade ne prend pas assez de nourriture, de la farine de froment séchée au feu ; le vin ne doit être ni trop fort, ni trop faible ; et la mesure convenable pour le jour et la nuit sera de trois hémines, ou plus encore si le sujet est d'une taille élevée. Quand les aliments sont refusés par le malade, on a recours aux onctions, que l'on fait suivre d'affusions froides, et l'on essaye encore de le nourrir. Mais si l'estomac frappé d'inertie peut à peine garder les substances alimentaires, on excite le vomissement avant et après leur ingestion, et l'on fait manger une seconde fois le malade lorsqu'il a vomi. Si l'on n'obtient pas encore la tolérance de l'estomac, il faut que le malade prenne un verre de vin d'abord, et une heure après un second. Dans le cas où ce liquide serait également rejeté, il conviendrait d'enduire tout le corps d'oignons pilés, lesquels une fois secs auraient pour effet d'arrêter le vomissement, et de permettre dès lors au vin de rendre au corps sa chaleur, et aux vaisseaux toute leur énergie. Comme dernière ressource, on fera prendre un lavement de crème d'orge ou de fromentée ; car on peut aussi par ce moyen soutenir les forces. Il n'est pas inutile non plus de faire respirer au malade quelque chose de fortifiant, de l'huile rosat par exemple, ou du vin ; et enfin, si les extrémités sont froides, il est bon de les frotter avec les mains, en prenant la précaution de les chauffer et de les graisser. Si par tous ces soins on réussit à modérer le mouvement sudoral et à prolonger les jours du malade, il a déjà pour lui le bénéfice du temps. Lorsque le sujet ne paraît plus en péril, on peut craindre cependant qu'il ne soit repris des mêmes faiblesses ; aussi, tout en supprimant l'usage du vin, doit-on lui donner chaque jour une nourriture plus substantielle, jusqu'à ce que les forces soient suffisamment revenues.

XX. Il existe encore une maladie qui, sous d'autres rapports, n'est pas moins opposée à la frénésie. Dans celle-ci, en effet, le sommeil est très-rare, et l'esprit est toujours prêt aux actions d'audace ; dans l'autre, au contraire, on observe de l'engourdissement, et un penchant presque insurmontable au sommeil. Les Grecs ont appelé cet état *léthargie* (6). C'est également une affection aiguë, et si l'on n'y porte remède, elle devient promptement mortelle. Certains praticiens essayent de réveiller ces malades au moyen de substances qui provoquent l'éternument, ou qui peuvent les stimuler par leur odeur fétide. Tels sont : la poix crue, la laine grasse, le poivre, l'ellébore, le castoréum, le vinaigre, l'ail, l'oignon ; on brûle encore près d'eux du galbanum, des poils, de la corne de cerf, ou, faute de mieux, toute autre drogue semblable, dont la combustion développe une mauvaise odeur. Un nommé Tharrias a prétendu que la léthargie dépendait d'un accès de fièvre, et finissait avec lui ; d'où il concluait que c'est mal à propos qu'on cherche à secouer les malades. Mais il importe d'examiner si le léthargique s'éveille à la fin de l'accès, ou s'il reste endormi pendant le cours de la fièvre, et lorsqu'elle a cessé. S'il sort en effet de son assoupissement, il est inutile d'employer des remèdes propres à l'en tirer ; car ce n'est pas parce qu'il est éveillé qu'il va mieux, mais c'est parce qu'il va mieux qu'il s'éveille de lui-même. Si au contraire l'état soporeux se prolonge, il faut chercher à le troubler, en choisissant pour cela les heures où la fièvre offre le plus d'amendement, afin que le ventre fasse ses fonctions et qu'on puisse alimenter le malade. C'est par des affusions froides et subites qu'on produit l'excitation la plus forte : en conséquence, dans le temps de la rémission, le corps du malade est oint avec beaucoup d'huile, et mouillé tout entier avec trois ou quatre amphores d'eau froide qu'on lui verse sur la tête. Mais on n'aura recours à ce moyen que si la respiration est égale, et si les hypocondres présentent de la souplesse ; autrement, il faudrait user, de préférence, des remèdes indiqués plus haut. Cette méthode est sans doute la plus convenable pour combattre l'assoupissement ; mais pour guérir la maladie elle-même, on doit raser la tête, et la fomenter avec de l'oxycrat dans lequel on aura fait bouillir du laurier ou de la rue ; le lendemain, on y appliquera du castoréum, ou de la rue pilée dans du vinaigre, des baies de laurier, ou du lierre pilé dans de l'huile rosat et du vinaigre. La moutarde placée sous les narines est un excellent moyen pour dissiper le sommeil, ou, mise en contact avec la tête et le front, peut même guérir la léthargie. La gestation est encore utile en pareil cas ; mais ce qui constitue le meilleur remède, c'est la nourriture donnée à propos, par conséquent au moment de la plus grande rémission. La crème d'orge est presque le seul aliment convenable, jusqu'à ce que la maladie commence à décliner ; aussi faut-il en donner chaque jour, s'il y a chaque jour un accès violent ; s'il ne revient que de deux jours l'un, on donne la crème d'orge après l'accès le plus grave, et de l'eau miellée après le plus léger. Le vin, mêlé aux aliments que l'on doit prendre en temps opportun, n'est pas non plus d'un secours indifférent. Quand la léthargie succède à des fièvres de longue durée, cela ne change rien à la médication : trois ou quatre heures avant l'accès, on administre le castoréum avec la scammonée si le ventre est resserré ; et s'il ne l'est pas, on donne seulement le castoréum dans de l'eau. On accorde une nourriture plus substantielle lorsque les hypocondres sont souples ; s'ils sont durs, il faut s'en tenir à l'usage de la crème d'orge, et appliquer sur cette région des médicaments qui agissent à la fois comme résolutifs et comme émollients.

---

daciam mens est ; in hoc marcor, et inexpugnabilis pene dormiendi necessitas. Ἀήθαργον Græci nominant. Atque id quoque genus acutum est, et, nisi succurritur, celeriter jugulat. Hos ægros quidam subinde excitare nituntur, admotis iis, per quæ sternutamenta evocantur, et iis, quæ odore fœdo movent, qualis est pix cruda, lana succida, piper, veratrum, castoreum, acetum, allium, cepa. Juxta etiam galbanum incendunt, aut pilos, aut cornu cervinum ; si id non est, quodlibet aliud. [Hæc enim cum comburuntur, odorem fœdum movent.] Tharrias vero quidam accessionis id malum esse dixit, leva ipse, cum ea decessit, itaque eos, qui subinde excitant, sine usu male habere. Interest autem, in decessione expergiscatur æger, an, cum febris non levetur, aut, levata quoque ea, somnus urgeat. Nam si expergiscitur, adhibere ei, ut sopito, supervacuum est ; neque enim vigilando melior fit, sed per se, si melior est, vigilat. Si vero continens ei somnus est, utique excitandus est, sed iis temporibus, quibus febris levissima est, ut et excernat aliquid, et sumat. Excitat autem validissime repente aqua frigida infusa : post remissionem itaque, perunctum oleo multo corpus, tribus aut quatuor amphoris totum per caput perfundendum est. Sed hoc utemur, si æqualis ægro spiritus erit, si mollia præcordia ; sin aliter hæc erunt, ea potiora, quæ supra comprehensa sunt. Et quod ad somnum quidem pertinet, commodissima hæc ratio est. Medendi autem causa, caput radendum, deinde posca fovendum est, in qua laurus, aut ruta decocta sit ; altero die imponendum castoreum, aut ruta ex aceto contrita, aut lauri baccæ, aut hedera cum rosa et aceto. Præcipueque proficit, et ad excitandum hominem, naribus admotum, et ad morbum ipsum depellendum, capiti frontive impositum sinapi. Gestatio etiam in hoc morbo prodest ; maximeque opportune cibus datus, id est in remissione, quanta maxima inveniri poterit. Aptissima autem sorbitio est, donec morbus decrescere incipiat, sic ut, si quotidie gravis accessio est, hæc quotidie detur ; si alternis, post graviorem, sorbitio, post leviorem, mulsa aqua. Vinum quoque cum tempestivo cibo datum non mediocriter adjuvat. Quod si post longas febres ejusmodi torpor accessit, cetera eadem servanda sunt ; ante accessionem autem, tribus quatuorve horis, castoreum, si venter adstrictus est, m'stum cum scammonia ; si non est, per se ipsum cum aqua dandum est. Si præcordia mollia sunt, cibis utendum est plenioribus ; si dura in iisdem sorbitionibus subsistendum ; imponendumque præcordiis, quod simul et reprimat et emolliat.

XXI. La léthargie, disons-nous, est une affection aiguë; celle au contraire que les Grecs appellent *hydropisie*, devient facilement chronique lorsqu'elle est caractérisée par un épanchement d'eau sous les téguments, à moins qu'on ne parvienne à la dissiper dès les premiers jours. On reconnaît trois espèces d'hydropisie : tantôt il y a forte tension du ventre, accompagnée d'une résonnance fréquente, due au déplacement de l'air qu'il renferme; tantôt la surface du corps présente des inégalités qui tiennent au développement d'un certain nombre de tumeurs; tantôt, l'abdomen est le siége d'un épanchement, et les secousses communiquées au corps rendent sensible la fluctuation du liquide. La première espèce a reçu des Grecs le nom de *tympanite*, la seconde celui de *leucophlegmatie* ou *hyposarque*, et la troisième celui *d'ascite*. Elles ont pour cause commune une trop grande abondance des humeurs : de là vient que, chez les malades qui en sont atteints, les ulcères guérissent difficilement. Souvent cette maladie se déclare spontanément, souvent aussi elle survient à la suite d'une affection ancienne, et principalement de la fièvre quarte. Elle est plus facile à guérir chez les esclaves que chez les hommes libres. Comme, en effet, elle exige qu'on supporte la faim, la soif, mille autres sujétions fâcheuses, et qu'il faut s'armer d'une longue patience, ceux auxquels on peut imposer tout le traitement arrivent plus vite à la guérison que ceux qui jouissent d'une liberté nuisible. Mais les sujets même placés sous la domination d'un maître ne sont pas délivrés de leur maladie, s'ils sont absolument incapables de s'astreindre à toutes ces rigueurs. En voici la preuve : un médecin distingué, disciple de Chrysippe, se trouvant à la cour d'Antigone, soutint qu'un favori du roi, légèrement attaqué de cette maladie, mais bien connu par son intempérance, ne reviendrait pas à la santé : et comme un autre médecin d'Épire, nommé Philippe, promettait la guérison, il répondit que son confrère ne considérait que la maladie, et que lui tenait compte des habitudes du malade. L'événement justifia le pronostic; car, malgré la surveillance la plus sévère exercée par le médecin et le roi lui-même, il parvint, en avalant ses cataplasmes et en buvant son urine, à devenir ainsi l'artisan de sa perte. En général cependant, on réussit assez bien au début de la maladie en prescrivant le repos et l'abstinence complète d'aliments et de boissons; mais si le mal a pris racine, il ne cède plus qu'à de très-grands efforts. On rapporte que Métrodore, disciple d'Épicure, affligé d'hydropisie, et n'ayant pas la force de supporter la soif ainsi qu'il le fallait, avait pris l'habitude de boire après une longue privation, et de rejeter ensuite le liquide en se faisant vomir. Si l'estomac restitue tout ce qu'il a reçu, on apaise sans doute par ce moyen bien des sensations pénibles; mais s'il ne rend rien, la maladie s'aggrave : cette méthode n'est donc pas applicable dans tous les cas. Si la fièvre accompagne l'hydropisie, il faut lui opposer d'abord le traitement dont on a fait connaître l'efficacité contre l'état fébrile; mais si le malade en est exempt, on se sert alors de remèdes propres à guérir la maladie spéciale. De quelque espèce que soit l'hydropisie, elle réclame les mêmes secours tant qu'elle n'a pas fait de trop grands progrès. Il faut marcher beaucoup, courir quelquefois, faire des frictions, notamment sur les parties supérieures, et pendant ce temps retenir son haleine; non-seulement exciter la sueur par l'exercice, mais

---

XXI. Sed hic quidem acutus est morbus. Longus vero fieri potest eorum, quos aqua inter cutem male habet, nisi primis diebus discussus est : ὕδρωπα Græci vocant. Atque ejus tres species sunt : nam modo, ventre vehementer intento, creber intus ex motu spiritus sonus est; modo corpus inæquale est, tumoribus aliter aliterque per totum id orientibus; modo intus in uterum aqua contrahitur, et moto corpore ita movetur, ut impetus ejus conspici possit. Primum, τυμπανίτην; secundum, λευκοφλεγματίαν, vel ὑπὸ σάρκα; tertium, ἀσκίτην Græci nominarunt. Communis tamen omnium est humoris nimia abundantia; ob quam ne ulcera quidem in his ægris facile sanescunt. Sæpe vero hoc malum per se incipit; sæpe alteri vetusto morbo, maximeque quartanæ, supervenit. Facilius in servis, quam in liberis tollitur, quia, cum desideret famem, sitim, mille alia tædia, longamque patientiam, promptius iis succurritur, qui facile coguntur, quam quibus inutilis libertas est. Sed ne ii quidem, qui sub alio sunt, si ex toto sibi temperare non possunt, ad salutem perducuntur; ideoque non ignobilis medicus, Chrysippi discipulus, apud Antigonum regem, amicum quemdam ejus, notæ intemperantiæ, mediocriter eo morbo implicitum, negavit posse sanari; cumque alter medicus Epirotes Philippus se sanaturum polliceretur, respondit, illum ad morbum ægri respicere; se, ad animum. Neque eum res fefellit; ille enim cum summa diligentia non medici tantummodo, sed etiam regis custodiretur, tamen malagmata sua devorando, bibendoque suam urinam, in exitium sese præcipitavit. Inter initia tamen, non difficillima curatio est, si imperata sunt corpori quies, sitis, inedia; at si malum inveteravit, non nisi magna mole discutitur. Metrodorum tamen, Epicuri discipulum, ferunt, cum hoc morbo tentaretur, neque æquo animo necessariam sitim sustineret, ubi diu abstinuerat, bibere solitum, deinde evomere. Quod si redditur, quidquid receptum est, multum tædio demit; si a stomacho retentum est, morbum auget, ideoque in qualibet tentandum non est. Sed si febris quoque est, hæc in primis submovenda est per eas rationes, per quas huic succurri posse propositum est; si sine febre æger est, tum demum ad ea veniendum est, quæ ipsi morbo mederi solent. Atque hic quoque quæcumque species est, si nondum nimis occupavit, iisdem auxiliis opus est : multum ambulandum, currendum aliquid est; superiores maxime partes sic perfricandæ, ut spiritum ipse contineat; evocandus est sudor, non per exercitationem tantum, sed etiam in arena calida, vel la-

employer encore les bains de sable chaud, les poêles, les fours et autres moyens semblables. Les plus utiles sont les étuves sèches et naturelles, comme celles que nous avons au-dessus de Baies, dans un endroit planté de myrtes. Les autres bains seraient contraires, de même que tout ce qui est humide. Il convient de faire prendre à jeun des pilules composées de deux parties d'absinthe et d'une partie de myrrhe. Les aliments doivent être tirés de la classe moyenne, en choisissant toutefois les plus fermes. Quant aux boissons, il n'en faut pas donner au delà de ce qui est nécessaire à l'entretien de la vie; et l'on doit préférer celle qui pousse aux urines. Encore vaut-il mieux obtenir cette évacuation par le fait de l'alimentation que par le secours des médicaments. Si cependant le cas l'exige, on pourra prescrire une décoction de quelque substance douée de propriétés diurétiques. Cette vertu paraît exister dans l'iris, le nard, le safran, la cannelle, l'amome, le cassia, la myrrhe, le baume, le galbanum, le ladanum, la lambrusque, le panax, le cardamome, l'ébène, les semences de cyprès, les raisins de bois que les Grecs nomment *staphisaigre*, l'aurone, les feuilles de roses, l'acore, les amandes amères, l'origan, le styrax, le costus, enfin les semences du jonc carré et de celui qui est rond. Les Grecs appellent l'un κύπειρος et l'autre σχοῖνος : toutes les fois qu'il en sera question, j'entendrai parler, non de ceux qui viennent ici, mais de ceux qu'on nous apporte avec les aromates. On commence par employer les plus doux de ces remèdes, les feuilles de rose par exemple, ou l'épi de nard. Le vin astringent, mais très-léger, produit aussi de bons effets. Il n'est pas inutile de mesurer chaque jour le ventre avec un fil, et d'en déterminer la grosseur, afin de juger le lendemain s'il y a augmentation ou diminution du volume, car ce dernier changement attesterait les bons effets de la médication. On doit également tenir compte de la quantité des boissons et de celle des urines, attendu que si le malade rend plus d'eau qu'il n'en a bu, il y a lieu d'espérer que la maladie se terminera favorablement. Asclépiade a laissé l'observation d'un homme qui, étant devenu hydropique à la suite d'une fièvre quarte, fut par lui mis à la diète et aux frictions pendant deux jours; le troisième, il n'avait déjà plus ni fièvre ni épanchement, et l'on put lui donner du vin et des aliments.

Jusqu'ici le traitement est le même pour toute espèce d'hydropisie; mais à un degré plus élevé le mal exige des moyens spéciaux. Ainsi lorsque la tympanite existe et qu'il en résulte des douleurs fréquentes, il est bon de faire vomir tous les jours ou tous les deux jours après le repas, et de recourir à des fomentations chaudes et sèches. Si la douleur ne cède pas, on applique des ventouses non scarifiées, et si elle résiste encore, on pratique des scarifications, suivies d'une nouvelle application de ventouses. La dernière ressource à tenter quand ce moyen n'a rien produit, consiste à faire prendre en lavement une grande quantité d'eau chaude, que le malade doit rendre immédiatement. De plus, on pratiquera trois ou quatre fois par jour de fortes frictions sur le corps avec de l'huile et des drogues échauffantes; mais au lieu de frictionner le ventre, on le recouvre de sinapismes qu'on renouvelle souvent, jusqu'à produire l'érosion de la peau. On cautérise plusieurs points de l'abdomen avec le fer rouge, et on laisse suppurer longue-

---

conico vel clibano, similibusque aliis; maximeque utiles naturales, et siccæ sudationes sunt, [quales super Bajas in myrtetis habemus.] Balneum, atque omnis humor alienus est. Jejuno recte catapotia dantur, facta ex absinthii duabus, myrrhæ tertia parte. Cibus esse debet ex media quidem materia, sed tamen generis durioris; potio non ultra danda est, quam ut vitam sustineat, optimaque est, quæ urinam movet. Sed id ipsum tamen moliri cibo, quam medicamento melius est. Si tamen res coget, ex iis aliquid, quæ id præstant, erit decoquendum, eaque aqua potui danda. Videntur autem hanc facultatem habere iris, nardum, crocum, cinnamum, amomum, casia, myrrha, balsamum, galbanum, ladanum, œnanthe, panaces, cardamomum, hebenum, cupressi semen, uva taminia, σταφίδα-ἀγρίαν Græci nominant, abrotonum, rosæ folia, acorum, amaræ nuces, tragoriganum, styrax, costum, junci quadrati et rotundi semen; illum κύπειρον, hunc σχοῖνον Græci vocant: quæ quoties posuero, non quæ hic nascuntur, sed, quæ inter aromata afferuntur, significabo. Primo tamen, quæ levissima ex his sunt, id est rosæ folia, vel nardi spica, tentanda sunt. Vinum quoque utile est austerum, sed quam tenuissimum. Commodum est etiam, lino quotidie ventrem metiri, et qua comprehendit alvum notam imponere; posteroque die videre, plenius corpus sit, an extenuetur: id enim, quod extenuatur, medicinam sentit. Neque alienum est, metiri et potionem ejus, et urinam: nam si plus humoris excernitur, quam assumitur, ita demum secundæ valetudinis spes est. Asclepiades in eo, qui ex quartana in hydropa deciderat, se abstinentia bidui, et frictione usum; tertio die, jam et febre et aqua liberato, cibum et vinum dedisse, memoriæ prodidit.

Hactenus communiter de omni specie præcipi potest: si vehementius malum est, diducenda ratio curandi est. Ergo si inflatio, et ex ea dolor creber est, utilis quotidianus, aut altero quoque die post cibum, vomitus est; fomentis siccis calidisque utendum est. Si per hæc dolor non finitur, necessariæ sunt sine ferro cucurbitulæ; si ne per has quidem tormentum tollitur, incidenda cutis est, et tum his utendum. Ultimum auxilium est, si cucurbitulæ nihil profuerunt, per alvum infundere copiosam aquam calidam, eamque recipere. Quin etiam quotidie ter quaterve opus est uti frictione vehementi, cum oleo et quibusdam calefacientibus; sed in hac frictione a ventre abstinendum est. Imponendum vero in eum crebrius sinapi, donec cutem erodat; ferramentisque candentibus

ment les plaies qui en résultent. Le malade se trouvera bien aussi de sucer de la scille cuite ; mais longtemps encore après la disparition de la tympanite il devra s'abstenir de tout ce qui peut produire des flatuosités.

Si l'on a affaire à la maladie qu'on nomme *leucophlegmatie*, il faut exposer au soleil les parties enflées, et ne pas les y laisser trop longtemps, de peur d'allumer la fièvre. Si le soleil est trop fort, on aura soin de couvrir la tête. On doit faire aussi des frictions avec les mains, en les trempant seulement dans de l'eau chargée de sel, de nitre et d'un peu d'huile ; mais ce soin ne sera confié qu'aux femmes ou aux enfants, pour que le frottement soit plus doux. Ces frictions, si les forces le permettent, devront durer une heure entière avant midi, et, passé ce temps, une demi-heure seulement. Les cataplasmes astringents sont avantageux, surtout quand les sujets sont délicats. On doit en outre pratiquer au bas de la jambe, du côté interne, une incision d'environ quatre doigts, pour faciliter pendant plusieurs jours l'écoulement du liquide ; il faut de même inciser profondément les parties tuméfiées ; ensuite on agite fortement le malade au moyen de la gestation ; et quand les plaies commencent à se cicatriser, on augmente l'exercice et l'alimentation jusqu'à ce que le corps soit revenu à son premier état. Les aliments doivent être fortifiants et glutineux, principalement la viande ; le vin, si l'estomac le supporte, sera plus doux qu'à l'ordinaire, mais le malade s'arrangera pour boire alternativement pendant deux ou trois jours du vin et de l'eau. La boisson faite avec la semence de la laitue marine, qui sur les bords de la mer arrive à une grande hauteur, est également utile. Si le malade est robuste, on peut lui faire sucer de la scille cuite, comme je l'ai dit plus haut. Les auteurs recommandent pour la plupart de frapper les tumeurs aqueuses avec des vessies remplies d'air.

S'il s'agit de la maladie caractérisée par un épanchement d'eau dans le ventre, la promenade est avantageuse, mais elle doit être plus modérée. Il faut appliquer des cataplasmes résolutifs sur l'abdomen, et les recouvrir d'une étoffe pliée en trois et assujettie par une bande, qu'on évitera de trop serrer. C'est un conseil donné par Tharrias, et que je vois généralement suivi. S'il y a des signes évidents d'une affection du foie ou de la rate, on fera sur l'organe malade une application de figues grasses, après les avoir écrasées et mêlées au miel. Si, nonobstant ces remèdes, l'épanchement ne se résout pas et que la quantité de liquide augmente, on prend la voie la plus prompte, en lui ouvrant une issue par le ventre même. Je sais qu'Érasistrate a désapprouvé cette opération : dans sa pensée, l'ascite reconnaissant pour cause une maladie du foie, c'est là d'abord ce qu'il faut traiter ; et l'évacuation des eaux ne conduit à rien, puisqu'elles se reproduisent plus tard sous l'influence de la lésion qu'il indique. Mais, en premier lieu, le foie n'est pas le seul viscère dont l'altération puisse donner naissance à l'hydropisie, car elle dépend aussi d'une affection de la rate et de l'état cachectique du corps. Ensuite, quelle qu'en soit l'origine, il n'en faut pas moins évacuer le liquide qui se trouve là contre nature, parce qu'il exerce une action nuisible sur le foie et les autres parties internes. Cela fait, il importe sans doute de soigner la maladie réelle, car on n'obtient pas

---

pluribus locis venter exulcerandus est, et servanda ulcera diutius. Utiliter etiam scilla cocta delingitur. Sed diu post has inflationes abstinendum est ab omnibus inflantibus.

At si id vitium est, cui λευκοφλεγματία nomen est, eas partes, quæ tument, subjicere soli oportet, sed non nimium, ne febriculam incendat ; si is vehementior est, caput velandum est ; utendumque frictione, madefactis tantum manibus aqua, cui sal et nitrum et olei paulum sit adjectum ; sic ut aut pueriles aut muliebres manus adhibeantur, quo mollior earum tactus sit ; idque si vires patiuntur, ante meridiem, tota hora, post meridiem, semihora fieri oportet. Utilia etiam sunt cataplasmata, quæ reprimunt ; maximeque si corpora teneriora sunt. Incindendum quoque est super talum, quatuor fere digitis, ex parte interiore, qua per aliquot dies frequens humor feratur ; atque ipsos tumores incidere altis piagis oportet ; concutiendumque multa gestatione corpus est ; atque, ubi inductæ vulneribus cicatrices sunt, adjiciendum et exercitationibus et cibis, donec corpus ad pristinum habitum revertatur. Cibus valens esse debet, et glutinosus, maximeque caro ; vinum, si per stomachum licet, dulcius, sed ita, ut invicem bidno triduove, modo aqua, modo id bibatur. Prodest etiam lactucæ marinæ, quæ grandis juxta mare nascitur, semen, cum aqua potui datum. Si valens est, qui id accipit, et scilla cocta, sicut supra dixi, delingitur. Auctoresque multi sunt, inflatis vesicis pulsandos tumores esse.

Si vero id morbi genus est, quo in uterum multa aqua contrahitur, ambulare, sed magis modice oportet ; malagma, quod digerat, imposito habere ; idque ipsum superimposito triplici panno, fascia, non nimium tamen vehementer, astringere ; quod a Tharria profectum, servatum esse a pluribus video. Si jecur, aut lienem affectum esse, manifestum est, ficum pinguem contusam, adjecto melle, superponere. Si per talia auxilia venter non siccatur, sed humor nihilominus abundat, celeriori via succurrere, ut is per ventrem ipsum emittatur. Neque ignoro ; Erasistrato displicuisse hanc curandi viam ; morbum enim hunc jocinoris putavit, ita illud esse sanandum, frustraque aquam emitti, quæ, vitiato illo, subinde nascatur. Sed primum, non hujus visceris unius hoc vitium est : nam et liene affecto, et in totius corporis malo habitu fit. Deinde, ut inde cœperit, tamen aqua nisi emittitur, quæ contra naturam ibi substitit, et jocinori et ceteris interioribus partibus nocet. Conveniatque, corpus nihilominus esse curandum ; neque enim sanat emissus humor, sed medi-

la guérison par l'écoulement des eaux, mais on laisse le champ libre aux moyens curatifs que la présence du liquide empêchait d'agir. On doit reconnaître aussi sans contestation que tous les malades affectés d'ascite ne guérissent pas après l'opération : elle ne réussit bien que chez les sujets jeunes et robustes, entièrement exempts de fièvre, ou jouissant au moins de longs intervalles d'apyrexie. Ceux au contraire dont l'estomac est vicié, que l'atrabile a conduits à l'hydropisie, ou qui sont dans un état cachectique, présentent de mauvaises conditions pour le succès de cette méthode. Le jour même où l'on donne issue à la collection aqueuse, il n'y a pas lieu de nourrir le malade, à moins qu'il n'y ait affaissement des forces; les jours suivants, on peut accorder des aliments et donner le vin plus pur, mais dans une juste mesure. Le malade ensuite arrivera par degrés à supporter l'exercice, les frictions, la chaleur du soleil, les sueurs abondantes, et les promenades sur l'eau : quant aux aliments, il faut les choisir avec discernement, jusqu'à ce que la guérison soit complète. Cette maladie s'accommode rarement des bains; on doit provoquer plus fréquemment le vomissement à jeun ; enfin pendant l'été il est utile pour le malade de se livrer à la natation dans l'eau de mer. Les personnes atteintes d'hydropisie doivent, longtemps encore après leur rétablissement, éloigner d'elles les plaisirs de Vénus.

XXII. Ceux qui sont attaqués par la consomption ont souvent une maladie plus longue et plus dangereuse que la précédente. On en distingue aussi plusieurs espèces. Dans l'une, le corps ne prend pas de nourriture, et les pertes continuelles qui ont lieu naturellement n'étant pas réparées, il en résulte un marasme extrême, auquel le malade succombe s'il n'est point secouru. Cette espèce a reçu des Grecs le nom d'*atrophie*, et se rattache ordinairement à deux causes : en effet, ou le malade, dominé par une crainte exagérée, se refuse les aliments nécessaires, ou bien, cédant à son intempérance, il en prend immodérément; de sorte que s'il ne mange pas assez, il s'affaiblit, et s'il mange trop, la corruption s'empare des matériaux pris en excès. La seconde espèce est celle que les Grecs appellent *cachexie*; elle consiste dans une mauvaise habitude du corps, d'après laquelle tous les aliments se corrompent. Cela s'observe presque toujours lorsque l'état général du corps, vicié par une affection de longue durée, ne se prête plus à la nutrition, bien que le mal ait disparu : cette disposition se rencontre encore quand on a subi l'action de médicaments pernicieux, qu'on a longtemps manqué du nécessaire, qu'on a fait usage d'aliments inusités et nuisibles, ou qu'il s'est présenté quelque circonstance semblable. Indépendamment de la consomption, la cachexie s'accompagne de pustules ou d'ulcères qui occupent la peau; ou bien il y a tuméfaction de certaines parties du corps. La troisième espèce, et sans contredit la plus grave, est connue des Grecs sous le nom de *phthisie*. Elle commence le plus souvent par la tête, d'où elle se porte sur les poumons et y produit des ulcérations : de là naît une fièvre légère, qui cesse et reparaît ensuite. La toux est fréquente, les crachats sont purulents et quelquefois sanglants; et si l'on jette sur le feu le produit de l'expectoration, il s'en dégage une mauvaise odeur : c'est un caractère auquel on a recours quand on a des doutes sur l'existence de la maladie.

Puisqu'il y a trois sortes de consomptions, il

---

cinæ locum facit, quam intus inclusus impedit. Ac ne illud quidem in controversiam venit, quin non omnes in hoc morbo sic curari possint, sed juvenes robusti, qui vel ex toto carent febre, vel certe satis liberales intermissiones habent. Nam quorum stomachus corruptus est, quive ex atra bile huc deciderunt, quive malum corporis habitum habent, idonei huic curationi non sunt. Cibus autem, quo die primum humor emissus est, supervacuus est, nisi si vires desunt; insequentibus diebus, et is, et vinum meracius quidem, sed non ita multum dari debet, paulatimque evocandus æger est ad exercitationes, frictiones, solem, sudationes, navigationes, et idoneos cibos, donec ex toto convalescat. Balneum rarum res amat; frequentiorem in jejuno vomitum. Si æstas est, in mari natare commodum est. Ubi convaluit aliquis, diu tamen alienus ei veneris usus est.

XXII. Diutius sæpe et periculosius tabes eos male habet, quos invasit. Atque hujus quoque plures species sunt. Una est, qua corpus non alitur, et, naturaliter semper aliquibus decedentibus, nullis vero in eorum locum subeuntibus, summa macies oritur; et, nisi occurritur, tollit. Ἀτροφίαν hanc Græci vocant. Ea duabus fere de causis incidere consuevit : aut enim nimio tumore aliquis minus, aut aviditate nimia plus, quam debet, assumit; ita vel, quod deest, infirmat, vel, quod superat, corrumpitur. Altera species est, quam Græci καχεξίαν appellant, ubi malus corporis habitus est, ideoque omnia alimenta corrumpuntur. Quod fere fit, cum longo morbo vitiata corpora, etiamsi illo vacant, refectionem tamen non accipiunt; aut cum malis medicamentis corpus affectum est; aut cum diu necessaria defuerunt; aut cum inusitatos et inutiles cibos aliquis assumpsit, aliquidve simile incidit. Huic, præter tabem, illud quoque nonnumquam accidere solet, ut per assiduas pustulas aut ulcera summa cutis exasperetur, vel aliquæ corporis partes intumescant. Tertia est longeque periculosissima species, quam Græci φθίσιν nominarunt. Oritur fere a capite; inde in pulmonem destillat ; huic exulceratio accedit; ex hac febricula levis fit, quæ etiam, cum quievit, tamen repetit; frequens tussis est; pus exscreatur; interdum cruentum aliquid. Quidquid exscreatum est, si in ignem impositum est, mali odoris est; itaque, qui de morbo dubitant, hac nota utuntur.

Cum hæc genera tabis sint, animadvertere primum

faut d'abord examiner de quelle nature est celle dont le malade est attaqué. S'il y a seulement défaut de nutrition, on doit en rechercher la cause ; et si l'on voit que le malade n'a pris qu'une nourriture insuffisante, il faut y ajouter, mais graduellement, dans la crainte de provoquer une indigestion, en surchargeant tout à coup l'estomac par une masse d'aliments à laquelle il n'est pas préparé. Si le malade au contraire a pour habitude de manger au delà de ses besoins, il faut le mettre à la diète pendant un jour, le lendemain le nourrir très-légèrement, et augmenter chaque jour son régime, jusqu'à ce qu'on ait atteint la mesure convenable. On doit lui conseiller en outre de se promener dans des lieux où règne une douce température, d'éviter le soleil, et de se livrer à des exercices manuels : s'il est trop faible, il aura recours à la gestation, aux onctions et aux frictions ; autant que possible il fera les frictions lui-même, et y reviendra souvent dans la journée, avant et après avoir mangé : il mêlera à l'huile quelques drogues qui raniment la chaleur, et se frottera jusqu'à ce qu'il entre en transpiration. Il fera bien encore, étant à jeun, de se prendre la peau en plusieurs endroits, et d'exercer des tractions sur elle, pour qu'elle se relâche ; dans le même but, on peut appliquer sur la peau des emplâtres résineux, et les arracher ensuite. Le bain est quelquefois utile, mais après un repas léger ; et dans le bain même il convient de donner quelque nourriture. Si l'on n'a rien pris avant de se frictionner, il faut manger aussitôt après. On choisira les aliments parmi ceux qui sont de facile digestion et très-nourrissants. Il suit de là que l'usage d'un vin astringent est également nécessaire. Il faut solliciter le cours des urines.

S'il y a cachexie, on commencera par la diète ; ensuite on prescrira des lavements ; et l'on reprendra peu à peu l'alimentation, en joignant à cela l'exercice, les onctions et les frictions. Les bains pris fréquemment, mais à jeun, sont plus utiles dans les cas de ce genre, et l'on doit y rester jusqu'à ce que la sueur se prononce. Il faut donner au malade une nourriture abondante et variée, en y faisant entrer les aliments de bon suc, ceux qui résistent le mieux à la corruption, et le vin astringent. Quand les remèdes indiqués ne produisent pas d'effet, on doit tirer du sang plusieurs jours de suite, mais en petite quantité, et sans cesser d'employer les autres moyens de traitement.

Si le mal est plus grave et qu'il y ait phthisie véritable, il est nécessaire d'y porter remède dès le principe ; car il n'est pas facile de détruire cette affection lorsqu'elle a jeté de profondes racines. Quand le malade en a la force, il doit entreprendre de longues navigations et changer de climat, pour trouver un air plus épais que celui du pays dont il s'éloigne. On fait très-bien, par exemple, de quitter l'Italie pour Alexandrie. En général, on supporte facilement le voyage au début de cette maladie, d'autant mieux qu'elle se déclare à l'époque de la vie où l'homme a le plus de vigueur, c'est-à-dire de dix-huit à trente-cinq ans. Mais lorsque la faiblesse du sujet s'oppose à ces courses lointaines, il devient très-convenable alors d'essayer de courtes promenades en mer ; et si quelque raison les interdit également, on doit se faire porter en litière, ou chercher d'autres moyens de mettre le corps en mouvement. Dans cette position il faut renoncer aux affaires, éloigner de soi toute cause d'inquiétude, et s'abandonner au sommeil ; de plus, se tenir en garde contre les rhumes, qui pourraient dé-

oportet, quid sit, quo laboretur. Deinde, si tantum non ali corpus apparet, causam ejus attendere ; et si cibi minus aliquis, quam debet, assumpsit, adjicere, sed paulatim, ne, si corpus insuetum subita multitudine oneraverit, concoctionem impediat. Si vero plus justo quis assumere solitus est, abstinere uno die ; deinde ab exiguo cibo incipere ; quotidie adjicere, donec ad justum modum perveniat. Præter hæc convenit ambulare locis quam minime frigidis, sole vitato ; per manus quoque exerceri ; si infirmior est, gestari, ungi, perfricari, si potest, maxime per seipsum, sæpius eodem die, et ante cibum, et post eum, sic ut interdum oleo quædam adjiciantur calefacientia, donec insudet. Prodestque jejuno prehendere per multas partes cutem, et attrahere, ut relaxetur ; aut, imposita resina et abducta, subinde idem facere. Utile est etiam interdum balneum, sed post cibum exiguum ; atque in ipso solio recte cibi aliquid assumitur ; aut, si sine hoc frictio fuit, post eam protinus. Cibi vero esse debent ex iis, qui facile concoquuntur, qui maxime alunt. Ergo vini quoque, sed austeri, necessarius usus est. Movenda urina.

At si malus corporis habitus est, primum abstinendum est ; deinde alvus ducenda ; tum paulatim cibi dandi, adjectis exercitationibus, unctionibus, frictionibus. Utilius his frequens balneum est, sed jejunis, etiam usque sudorem. Cibis vero opus est copiosis, variis, boni succi, quique etiam minus facile corrumpantur, vino austero. Si nihil reliqua proficiunt, sanguis mittendus est, sed paulatim, quotidieque pluribus diebus, cum eo, ut cetera quoque eodem modo serventur.

Quod si mali plus est, et vera phthisis est, inter initia protinus occurrere necessarium est ; neque enim facile is morbus, cum inveteraverit, evincitur. Opus est, si vires patiuntur, longa navigatione, cœli mutatione, sic ut densius quam id est, ex quo discedit æger, petatur : ideoque aptissime Alexandriam ex Italia itur. Fereque id posse inter principia corpus pati debet, cum hic morbus ætate firmissima maxime oriatur, id est ab anno duodevicesimo ad annum quintum et tricesimum. Si id imbecillitas non sinit, nave tamen non longe gestari commodissimum est ; si navigationem aliqua res prohibet, lectica, vel alio modo corpus movendum est. Tum a negotiis abstinendum est omnibusque rebus, quæ sollicitare animum possunt ; somno indulgendum ; cavendæ destillationes, ne, si quid cum

truire l'amélioration due aux soins qu'on a pris ; éviter par le même motif les indigestions, l'ardeur du soleil et l'action du froid ; avoir la bouche couverte et le cou bien enveloppé, guérir la toux par les moyens qu'elle comporte, et combattre la fièvre chaque fois qu'elle reparait, tantôt par la diète et tantôt par la nourriture donnée à propos ; pendant ce temps, on doit boire de l'eau. Le lait, qu'on peut considérer comme un poison dans les douleurs de tête, dans les fièvres aiguës, dans la soif ardente qu'elles excitent, et qui n'est pas moins nuisible, soit qu'il y ait gonflement des hypocondres, urines bilieuses ou flux de sang, le lait, disons-nous, convient dans la phthisie, de même que dans toutes les fièvres longues et difficiles à guérir. Si le malade n'a pas encore eu de fièvre, ou si elle a disparu, il faut recourir à des exercices modérés, à la promenade surtout, et aux frictions légères. Le bain est contraire. Il faut donner d'abord des aliments âcres, comme l'ail et le poireau assaisonnés avec du vinaigre, ou comme la chicorée, le basilic et la laitue, qu'on prépare de même ; on passe ensuite à une nourriture adoucissante qui se compose de crèmes faites avec l'orge mondé, la fromentée ou l'amidon, auxquels on ajoute du lait. Ces substances peuvent être remplacées par le riz ou toute autre céréale. On fait usage alternativement de ces deux sortes d'aliments, et l'on en prend quelques-uns dans la classe moyenne. La première peut fournir entre autres des cervelles, de petits poissons, et d'autres substances alimentaires semblables. On emploie comme médicament la farine mêlée à la graisse de brebis ou de chèvre, et soumise à la cuisson. Le vin dont on fait usage doit être astringent et léger. Jusque-là, la maladie peut être combattue sans de trop grands efforts ; mais si les symptômes s'aggravent, que la fièvre et la toux persévèrent sans relâche et que le dépérissement survienne, il est nécessaire d'en appeler à des moyens plus puissants. A l'aide du fer rouge, on fait alors une cautérisation sous le menton, une autre à la gorge, deux vers les mamelles, deux encore au-dessous des os que les Grecs nomment *omoplates* ; et l'on entretient les plaies qui en résultent, jusqu'à ce que la toux ait cessé. Cette toux réclame aussi un traitement spécial. Alors il faut trois ou quatre fois par jour pratiquer de fortes frictions sur les extrémités, mais les faire d'une main légère sur la poitrine, et une heure après le repas frotter de nouveau les bras et les jambes ; au bout de dix jours on fait prendre au malade un bain d'eau chaude et d'huile ; pendant ce temps il ne doit boire que de l'eau, qu'on remplace enfin par du vin, en le donnant froid s'il n'y a plus de toux, et tiède s'il en existe encore. Il convient aussi d'accorder chaque jour des aliments pendant la rémission de la fièvre, et de s'aider des frictions et de la gestation ; tous les quatre ou cinq jours on revient aux aliments âcres, et de temps en temps on fait usage de renoée ou de plantain, trempés dans du vinaigre. Au nombre des remèdes on trouve encore le suc de plantain, qu'on donne seul, ou celui de marrube cuit avec du miel ; on prescrit un verre du premier, et du second, une cuillerée, qu'on avale peu à peu : on mêle aussi et l'on fait cuire ensemble une demi-partie de résine de térébenthine, et une partie de beurre et de miel. Mais en tête des moyens curatifs il faut placer le régime, l'exercice en voiture, la navigation, et les crèmes farineuses. Il faut surtout éviter la trop grande liberté du ventre. C'est un signe fâcheux dans

---

levarit, exasperent ; et ob id vitanda cruditas, simulque et sol, et frigus ; os obtegendum, fauces velandæ, tussicula suis remediis finienda ; et, quamdiu quidem febricula incursat, huic interdum abstinentia, interdum etiam tempestivis cibis medendum ; eoque tempore bibenda aqua. Lac quoque, quod in capitis doloribus, et in acutis febribus, et per eas facta nimia siti, ac, sive præcordia tument, sive biliosa urina est, sive sanguis fluxit, pro veneno est ; in phthisi tamen, sicut in omnibus longis difficilibusque febriculis, recte dari potest. Quod si febris aut nondum incursat, aut jam remisit, decurrendum est ad modicas exercitationes, maximeque ambulationes ; item lenes frictiones. Balneum alienum est. Cibus esse debet primo acer, ut allium, porrum, idque ipsum ex aceto, vel ex eodem intubus, ocimum, lactuca ; deinde lenis, ut sorbitio ex ptisana, vel ex alica, vel ex amylo, lacte adjecto. Idem oryza quoque, et, si nihil aliud est, far præstat. Tum invicem modo his cibis, modo illis utendum est ; adjiciendaque quædam ex media materia, præcipueque vel ex prima cerebellum, vel pisciculus, et his similia. Farina etiam cum sevo ovillo caprinove mista, deinde incocta, pro medicamento est. Vinum assumi debet leve, austerum. Hactenus non magna mole pugnatur ; si vehementior noxa est, ac neque febricula, neque tussis quiescit, tenuariaque corpus apparet, validioribus auxiliis opus est. Exulcerandum est ferro candeati, uno loco sub mento, altero in gutture, duobus ad mammam utramque, item sub imis ossibus scapularum, quas ὠμοπλάτας Græci vocant, sic ne sanescere ulcera sinamus, nisi tussi finita ; cui per se quoque medendum esse, manifestum est. Tunc ter quaterve die vehementer extremæ partes perfricandæ, thorax levi manu pertractandus, post cibum intermittenda hora, et perfricanda crura, brachiaque ; interpositis denis diebus, demittendus est æger in solium, in quo sit aqua calida et oleum : ceteris diebus bibenda aqua ; tum vinum, si tussis non est, potui frigidum dandum, si est, egelidum. Utile est etiam in remissionibus quotidie cibos dari ; frictiones gestationesque similiter adhiberi ; eadem acria quarto aut quinto die sumere ; interdum herbam sanguinalem ex aceto, vel plantaginem esse. Medicamentum est etiam vel plantaginis succus per se, vel marrubii cum melle incoctus, ita ut illius cyathus sorbeatur, hujus cochleare plenum paulatim delingatur ; vel inter se mista, et incocta resinæ terebinthinæ pars dimidia, butyri et mellis pars ai-

cette maladie que de vomir souvent, et il devient beaucoup plus grave si l'on vomit du sang. Quand le malade commence à se trouver un peu mieux, il doit insister davantage sur l'exercice et les frictions, et augmenter sa nourriture; ensuite se frotter lui-même en retenant son haleine, et renoncer pendant longtemps à l'usage du bain, du vin, et aux plaisirs de Vénus.

XXIII. Une maladie des plus connues est celle qu'on appelle le mal des comices, ou le haut mal. Celui qui en est atteint tombe subitement, rend de l'écume par la bouche, puis, au bout d'un certain temps, revient à lui et se relève de lui-même. Les hommes sont plus sujets que les femmes à cette affection. Elle est en général de longue durée, et sans abréger la vie se prolonge jusqu'à la mort; néanmoins, lorsqu'elle est récente elle peut tuer le malade. Souvent aussi quand les remèdes ont échoué, les garçons doivent leur guérison aux premières jouissances de l'amour, et les filles à l'apparition des menstrues. La chute du malade peut avoir lieu avec ou sans convulsions. On voit des gens employer, pour faire revenir les épileptiques, les moyens qu'ils croient propres à réveiller les léthargiques, et ce sont là de vaines tentatives. Dans la léthargie d'abord, ces moyens ne sont nullement curatifs; mais on peut craindre que le malade ne périsse d'inanition s'il ne sort pas de son assoupissement, tandis qu'on est certain que l'épileptique reprendra ses sens. Lorsqu'une attaque survient, s'il n'y a pas de mouvements convulsifs, il faut toujours tirer du sang; dans le cas contraire on s'en abstiendra, à moins qu'on n'y soit conduit par d'autres indications. Mais il est nécessaire de faire prendre un lavement, de purger avec l'ellébore noir, ou même d'ordonner l'un et l'autre, si les forces le permettent: on doit ensuite raser la tête pour y faire des fomentations d'huile et de vinaigre, et n'accorder d'aliments que le troisième jour, et quand l'heure de l'attaque est passée. On ne doit composer l'alimentation ni de crèmes farineuses, ni des autres aliments doux et légers, non plus que de la chair des animaux, et surtout de celle de porc, mais tirer les substances nutritives de la classe moyenne; car d'une part il faut soutenir les forces, et de l'autre se tenir en garde contre les indigestions. Les épileptiques doivent fuir le soleil, les bains, le feu, et tout ce qui peut donner de la chaleur; ils fuiront également le froid, le vin, les plaisirs de l'amour, éviteront l'aspect des précipices et de tous les objets effrayants, ne chercheront pas à vomir, et s'interdiront la fatigue, les soucis, et le soin des affaires. Après avoir laissé manger le malade le troisième jour, il faut revenir à la diète le quatrième, et ne permettre ensuite d'alimentation que de deux jours l'un, jusqu'au quatorzième jour inclusivement. Passé ce terme, le mal a perdu son acuité, et doit être traité, s'il persiste, comme une affection chronique. Si le médecin n'a pas été appelé le jour où le malade est tombé pour la première fois, et si déjà les chutes sont devenues habituelles, il commencera par prescrire le régime indiqué plus haut, attendra le jour de l'attaque, et aura recours alors, soit à la saignée, soit aux lavements ou à l'ellébore noir, selon le précepte qui vient d'être établi. Les jours suivants on nourrira le malade avec les aliments que j'ai proposés, et l'on aura soin d'éviter tout ce que j'ai signalé comme contraire. Si la maladie ne cède pas à ces moyens, il faut

tera. Præcipua tamen ex his omnibus sunt victus, vehiculum, et navis, et sorbitio. Alvus cita utique vitanda est. Vomitus in hoc morbo frequens, perniciosus est, maximeque sanguinis. Qui meliusculus esse cœpit, adjicere debet exercitationes, frictiones, cibos; deinde ipse se, suppresso spiritu, perfricare; diu abstinere a vino, balneo, venere.

XXIII. Inter notissimos morbos est etiam is, qui comitialis, vel major nominatur. Homo subito concidit; ex ore spumæ moventur; deinde interposito tempore ad se redit, per se ipse consurgit. Id genus sæpius viros, quam fœminas occupat. Ac solet quidem etiam longum esse, usque ad mortis diem, et vitæ non periculosum; interdum tamen cum recens est, hominem consumit; et sæpe eum, si remedia non sustulerunt, in pueris veneris, in puellis menstruorum initium tollit. Modo cum distentione nervorum prolabitur aliquis, modo sine illa. Quidam hos quoque iisdem, quibus lethargicos, excitare conantur; quod admodum supervacuum est, et quia ne lethargicus quidem his sanatur, et quia, cum possit ille humquam expergisci atque ita fame interire, hic ad se utique revertitur. Ubi concidit aliquis, si nulla nervorum distentio accessit, utique sanguis mitti debet; si accessit, non utique mittendus est, nisi alia quoque, hortantur. Necessarium autem est, ducere alvum, vel nigro veratro purgare, vel utrumque facere, si vires patiuntur; tunc caput tondere, oleoque et aceto perungere; cibum post diem tertium, simul transiit hora, qua concidit, dare. Neque sorbitiones autem his, aliique molles et faciles cibi, neque caro, minimeque suilla conveniet; sed mediæ materiæ; nam et viribus opus est, et cruditates cavendæ sunt. Cum quibus fugere oportet solem, balneum, ignem, omniaque calefacientia; item frigus, vinum, venerem, loci præcipitis conspectum omniumque terrentium, vomitum, lassitudinem, sollicitudines, negotia omnia. Ubi tertio die cibus datus est, intermittere quartum, et invicem alterum quemque, eadem hora cibi servata, donec quatuordecim dies transeant. Quos ubi morbus excessit, acuti vim deposuit; ac, si manet, curandus jam ut longus est. Quod si, non quo die primum id incidit, medicus accessit, sed is, qui cadere consuevit, ei traditus est, protinus eo genere victus habito, qui supra comprehensus est, exspectandus est dies, quo prolabatur; utendumque tum vel sanguinis missione, vel ductione alvi, vel nigro veratro, sicut præceptum est; insequentibus deinde diebus, per eos cibos, quos proposui, vitatis omnibus, quæ cavenda dixi, nutriendus. Si per

en venir à l'ellébore blanc, le prescrire trois ou quatre fois, à peu de jours de distance, mais de telle façon que le malade n'en prenne jamais deux fois de suite, à moins d'une attaque inaccoutumée. Pendant les jours intermédiaires on entretiendra les forces du malade, et l'on ajoutera quelques moyens à ceux que j'ai fait connaître. Dès le matin à son réveil, il faut avec de l'huile vieille lui frotter bien doucement le corps, à l'exception de la tête et du ventre ; l'obliger ensuite à se promener aussi loin que possible, et en ligne droite ; au retour de la promenade, le tenir dans un endroit où la chaleur soit tiède, et s'il n'est pas trop faible le frictionner fortement et longtemps, c'est-à-dire deux cents fois au moins. Cela fait, il faut lui verser sur la tête une grande quantité d'eau froide, lui faire prendre un peu de nourriture et le laisser reposer ; avant la nuit, nouvelle promenade suivie des mêmes frictions, à la réserve toujours de la tête et du ventre ; puis vient le repas du soir ; enfin, au bout de trois ou quatre jours, on lui donnera pendant un jour ou deux des aliments âcres. Si par ce traitement on n'obtient pas encore la guérison du malade, on doit lui raser la tête, y faire des onctions avec de l'huile vieille, du vinaigre et du nitre, et l'arroser d'eau salée ; ensuite lui faire boire à jeun du castoréum dissous dans de l'eau, et pour boisson ordinaire n'accorder que de l'eau qu'on ait fait bouillir. Quelques épileptiques se sont délivrés de cette affreuse maladie en buvant le sang d'un gladiateur récemment égorgé ; déplorable secours que pouvait seul faire supporter un mal plus déplorable encore (7). Quant au médecin, il devra, comme dernières tentatives, pratiquer une légère saignée aux deux pieds, faire des incisions à l'occiput et les recouvrir de ventouses ; au-dessous de cette région appliquer le fer rouge au point d'articulation de la première vertèbre avec la tête, et, au moyen de deux cautérisations, donner issue aux humeurs nuisibles. Quand tous ces remèdes n'ont pu faire justice de la maladie, il y a tout lieu de penser qu'elle sera désormais incurable ; et, dans le but de soulager le malade, on lui conseillera seulement de faire beaucoup d'exercice, de revenir souvent aux frictions, de se borner à l'usage des aliments que j'ai prescrits plus haut, et d'éviter surtout les choses dont j'ai signalé le danger.

XXIV. La maladie qu'on nomme quelquefois jaunisse, et d'autres fois royale, est également connue. Hippocrate ne la regarde point comme dangereuse si elle survient le septième jour de la fièvre, pourvu toutefois que les hypocondres restent souples. Dioclès va jusqu'à dire qu'elle est salutaire lorsqu'elle se déclare après la fièvre ; mais que le malade succombe, si la fièvre paraît après la jaunisse. Cette maladie se reconnaît à la couleur de la peau, à celle des yeux surtout, dont le blanc devient jaune. Elle s'accompagne ordinairement de soif, de douleur de tête, de hoquets fréquents, de dureté dans l'hypocondre droit, et, dès que le corps est agité fortement, de difficulté de respirer et de résolution des membres : enfin, quand la maladie s'est prolongée quelque temps, tout le corps devient d'un jaune pâle. Le premier jour le malade doit observer la diète, et le lendemain prendre un lavement. S'il y a fièvre, il faut la combattre par un régime convenable ; s'il n'y a pas d'état fébrile, administrer la scammonée en lavage, ou du suc de poirée blanche étendu d'eau, ou des amandes amères, de l'ab-

hæc morbus finitus non fuerit, confugiendum erit ad album veratrum, ac ter quoque aut quater eo utendum, non ita multis interpositis diebus ; sic tamen, ne iterum umquam sumat, nisi conciderit. Mediis autem diebus vires ejus erunt nutriendæ ; quibusdam, præter ea, quæ supra scripta sunt, adjectis. Ubi mane experrectus est, corpus ejus leniter ex oleo vetere, cum capite excepto ventre, permulceatur ; tum ambulatione quam maxime longa et recta utatur ; post ambulationem loco tepido vehementer et diu, ac non minus ducenties, nisi infirmus erit, perfricetur ; deinde per caput multa aqua frigida perfundatur ; paulum cibi assumat ; conquiescat : rursus ante noctem ambulatione utatur ; iterum vehementer perfricetur, sic ut neque venter, neque caput contingatur : post hæc cœnet ; interpositisque tribus aut quatuor diebus, uno aut altero acria assumat. Si ne per hæc quidem fuerit liberatus, caput radat ; ungatur oleo vetere, adjecto aceto et nitro ; perfundatur aqua salsa ; bibat jejunus ex aqua castoreum ; nulla aqua, nisi decocta, potionis causa utatur. Quidam jugulati gladiatoris calido sanguine epoto tali morbo se liberarunt : apud quos miserum auxilium tolerabile miserius malum fecit. Quod ad medicum vero pertinet, ultimum est, juxta talum ex utroque crure paulum sanguinis mittere ; occipitium incidere, et cucurbitulas admovere ; ferro candenti in occipitio quoque et infra, qua summa vertebra cum capite committitur, adurere duobus locis, ut per ea perniciosus humor evadat. Quibus si finitum malum non fuerit, prope est, ut perpetuum sit. Ad levandum id, tantummodo utendum erit exercitatione multa, frictione, cibisque iis, qui supra comprehensi sunt, præcipueque vitanda omnia, quæ ne fierent, excepimus.

XXIV. Æque notus est morbus, quem interdum arquatum, interdum regium nominant. Quem Hippocrates ait, si post septimum diem febricitante ægro supervenit, tutum esse, mollibus tantummodo præcordiis substantibus ; Diocles, ex toto, si post febrem oritur, etiam prodesse, si post hunc febris, occidere. Color autem cum morbum detegit, maxime oculorum, in quibus, quod album esse debet, fit luteum. Soletque accedere et sitis, et dolor capitis, et frequens singultus, et præcordiorum dextra parte durities, et, ubi corporis vehemens motus est, spiritus difficultas, membrorumque resolutio : atque, ubi diutius manet morbus, totum corpus cum pallore quodam inalbescit. Primo die abstinere ægrum oportet ; secundo ducere alvum ; tum, si febris est, eam victus genere discutere ;

sinthe, et une très-petite quantité d'anis en infusion miellée. Asclépiade prescrivait aussi l'eau salée, qu'il donnait deux jours de suite comme purgatif, et rejetait les diurétiques. Quelques médecins au contraire les préfèrent aux remèdes précédents, et avec le secours d'aliments atténuants prétendent arriver au même but. Pour moi, je donne la préférence aux médicaments énergiques, quand le malade a de la vigueur; mais s'il a peu de force, il faut, je crois, en employer de moins actifs. S'il a été purgé, il ne doit prendre les trois premiers jours qu'un peu de nourriture tirée de la classe moyenne, et boire du vin grec salé, pour entretenir la liberté du ventre. Les trois autres jours, l'alimentation sera plus substantielle, et l'on pourra manger un peu de viande, tout en s'en tenant à l'usage de l'eau. On peut reprendre ensuite son régime habituel et se rassasier davantage; au lieu de vin grec salé, on boira du vin astringent et sans mélange, et l'on variera sa manière de vivre en revenant quelquefois aux aliments âcres, et d'autres fois au vin salé. Pendant tout ce temps il faut ordonner l'exercice et les frictions, le bain en hiver, et la natation dans l'eau froide en été. Le malade enfin, couché dans une chambre bien ornée, sera distrait par une compagnie livrée aux jeux, à la joie, aux plaisirs qui disposent l'esprit aux idées riantes; et c'est pour cela sans doute que cette affection a reçu le nom de maladie royale. On se trouve bien encore d'appliquer sur les hypocondres des cataplasmes résolutifs ou des figues sèches, s'il existe un état morbide du foie ou de la rate.

XXV. Une maladie presque ignorée en Italie, mais très-répandue dans certains pays, est celle que les Grecs appellent *éléphantiasis* : elle est au nombre des affections chroniques. Ce mal affecte la constitution tout entière, au point que les os même sont altérés. La surface du corps est parsemée de taches et de tumeurs nombreuses, dont la couleur rouge prend par degrés une teinte noirâtre. La peau devient inégale, épaisse, mince, dure, molle, et comme écailleuse; il y a amaigrissement du corps et gonflement du visage, des jambes et des pieds. Quand la maladie a acquis une certaine durée, les doigts des pieds et des mains disparaissent en quelque sorte sous ce gonflement; puis une petite fièvre se déclare, qui suffit pour emporter le malade, accablé déjà par tant de maux. En conséquence il faut dès le commencement tirer du sang deux jours de suite, ou purger avec l'ellébore noir; faire observer ensuite une diète aussi rigoureuse que possible; réparer peu à peu les forces et prescrire des lavements. Si ces moyens amènent du soulagement, on conseillera l'exercice, et principalement la course. C'est par le travail du corps qu'on doit d'abord appeler la sueur, pour l'exciter après à l'aide des étuves sèches. Les frictions sont de même indiquées; mais l'emploi de ces différents remèdes demande beaucoup de réserve, afin que les forces du malade n'en reçoivent aucune atteinte. Les bains conviennent rarement; les aliments ne doivent être ni gras, ni glutineux, ni venteux; et le vin peut être prescrit avec avantage, excepté dans les premiers jours. Le plantain pilé, et appliqué sur le corps, paraît constituer dans cette maladie un remède très-efficace.

XXVI. Nous avons rarement aussi l'occasion

---

si non est, scammoniam potui dare, vel cum aqua betam albam contritam, vel cum aqua mulsa nuces amaras, absinthium, anisum, sic ut pars hujus minima sit. Asclepiades aquam quoque salsam, et quidem per biduum, purgationis causa bibere cogebat, iis, quæ urinam movent, rejectis. Quidam, superioribus omissis, per hæc, et per eos cibos, qui extenuant, idem se consequi dicunt. Ego utique, si satis virium est, validiora; si parum, imbecilliora auxilia præfero. Si purgatio fuit, post eam triduo primo modice cibum oportet assumere ex media materia, et vinum bibere Græcum salsum, ut resoluto ventris maneat; tum altero triduo validiores cibos, et carnis quoque aliquid esse, intraque aquam manere; deinde ad superius genus victus reverti, cum eo, ut magis satietur; omisso Græco vino bibere integrum, austerum; atque ita per hæc variare, ut interdum acres quoque cibos interponat, interdum ad salsum vinum redeat. Per omne vero tempus utendum est exercitatione, frictione; si hiems est, balneo, si æstas, frigidis natationibus; lecto etiam et conclavi cultiore, lusu, joco, ludis, lascivia, per quæ mens exhilaretur : ob quæ regius morbus dictus videtur. Malagma quoque, quod digerat, super præcordia datum prodest, vel arida ibi ficus imposita, si jecur aut lienis affectus est.

XXV. Ignotus autem pene in Italia, frequentissimus in quibusdam regionibus is morbus est, quem ἐλεφαντίασιν Græci vocant; isque longis annumeratur. Totum corpus afficitur ita, ut ossa quoque vitiari dicantur. Summa pars corporis crebras maculas crebrosque tumores habet; rubor earum paulatim in atrum colorem convertitur; summa cutis inæqualiter crassa, tenuis, dura, mollisque, quasi squamis quibusdam exasperatur; corpus emacrescit, os, suræ, pedes intumescunt; ubi vetus morbus est, digiti in manibus pedibusque sub tumore conduntur, febricula oritur, quæ facile tot malis obrutum hominem consumit. Protinus ergo inter initia sanguis per biduum mitti debet, aut nigro veratro venter solvi; adhibenda tum, quanta sustineri potest, inedia est paulum deinde vires reficiendæ, et ducenda alvus. Post hæc, ubi corpus levatum est, utendum est exercitatione, præcipueque cursu : sudor primum labore ipsius corporis, deinde etiam siccis sudationibus evocandus : frictio adhibenda, moderandumque inter hæc, ut vires conserventur. Balneum rarum esse debet; cibus sine pinguibus, sine glutinosis, sine inflantibus; vinum, præterquam primis diebus, recte datur. Corpus contrita plantago et illita optime tueri videtur.

XXVI. Attonitos quoque raro videmus, quorum et corpus et mens stupet. Fit interdum ictu fulminis, inter-

d'observer une maladie dans laquelle le corps et l'esprit sont frappés de stupeur. Elle est quelquefois produite par un coup de foudre, d'autres fois par une maladie, et les Grecs la nomment *apoplexie*. Il faut dans ce cas tirer du sang, purger avec l'ellébore blanc, ou donner des lavements. On arrive ensuite aux frictions, et l'on choisit dans la classe moyenne des aliments qui ne soient pas gras ; on en prend aussi quelques-uns d'âcres ; et l'on s'abstient de boire du vin.

XXVII. 1. La résolution des nerfs est au contraire une maladie qu'on rencontre fréquemment dans tous les pays, et qui peut envahir tout le corps ou n'affliger que certaines parties. Les anciens donnaient le nom d'*apoplexie* au premier état, et celui de *paralysie* au second ; mais je vois que la dernière dénomination sert à désigner aujourd'hui ces deux formes de la maladie. En général, ceux qui sont fortement paralysés de tous les membres sont rapidement enlevés, et quand la mort n'est pas immédiate, ils peuvent bien prolonger leurs jours quelque temps, mais il est rare que la santé leur soit rendue : le plus souvent ils traînent une existence misérable, et ne retrouvent plus la mémoire. La paralysie partielle n'existe jamais à l'état aigu, c'est souvent une affection de longue durée, mais que l'on peut guérir. Lorsque la résolution générale des membres est très-prononcée, la saignée a pour effet de tuer ou de sauver le malade ; les autres moyens de traitement, presque toujours impuissants à ramener la santé, ne font souvent que différer la mort, tout en compromettant la vie. Si l'intelligence et le mouvement ne se rétablissent pas après l'émission sanguine, il n'y a plus d'espoir ; s'ils se raniment au contraire, la guérison devient probable. Dès qu'un organe est paralysé, on doit, selon la force du sujet et l'intensité du mal, recourir à la saignée ou donner des lavements. Il y a les mêmes précautions à prendre dans les deux espèces de paralysie, c'est-à-dire qu'il faut éviter le froid avec le plus grand soin ; chercher, en s'exerçant graduellement, à ressaisir bientôt la faculté de marcher, et, si la faiblesse des jambes s'y oppose, se servir de la gestation, ou se faire bercer dans son lit. Le malade essayera d'imprimer lui-même quelque mouvement au membre affecté ; s'il n'en a pas le pouvoir, il s'aidera du secours d'autrui, et l'on fera même violence à la partie pour la rendre à son état naturel. Il est avantageux aussi d'exciter fortement la peau du membre paralysé par la flagellation avec des orties, ou par des sinapismes ; mais il faut renoncer à ces moyens dès que les téguments commencent à rougir. On obtient le même effet en appliquant sur la peau de la scille et des oignons pilés, avec de l'encens. Il n'est pas indifférent non plus d'employer tous les trois jours des emplâtres résineux, pour opérer des tractions prolongées sur différents points de l'enveloppe extérieure ; et quelquefois il convient de faire usage de ventouses scarifiées. Les agents les plus convenables pour pratiquer des onctions sont, l'huile vieille, ou le nitre mêlé à l'huile et au vinaigre. Il est très-nécessaire de faire des fomentations chaudes avec de l'eau de mer, ou, à son défaut, avec de l'eau salée ; et si l'on peut avoir à sa disposition des bains salés naturels ou artificiels, on s'en servira de préférence, en ayant bien soin de faire mouvoir dans l'eau les parties les plus affaiblies. Faute de mieux, les bains ordinaires sont encore utiles. Les aliments doivent être tirés de la classe moyenne, et consister surtout en gibier ; pour boisson on donnera de

---

dum morbo : ἀποπληξίαν hunc Græci appellant. His sanguis mittendus est ; veratro quoque albo, vel alvi ductione utendum. Tum adhibendæ frictiones, et ex media materia minime pingues cibi ; quidam etiam acres ; et a vino abstinendum.

XXVII. 1. At resolutio nervorum frequens ubique morbus est, sed interdum tota corpora, interdum partes infestat. Veteres auctores illud ἀποπληξίαν, hoc παράλυσιν nominaverunt : nunc utrumque παράλυσιν appellari video. Solent autem, qui per omnia membra vehementer resoluti sunt, celeriter rapi ; ac si correpti non sunt, diutius quidem vivunt, sed raro tamen ad sanitatem perveniunt, et plerumque miserum spiritum trahunt, memoria quoque amissa. In partibus vero numquam acutus, sæpe longus, fere sanabilis morbus est. Si omnia membra vehementer resoluta sunt, sanguinis detractio vel occidit, vel liberat : aliud curationis genus vix umquam sanitatem restituit, sæpe mortem tantum differt, vitam interim infestat. Post sanguinis missionem, si non redit et motus et mens, nihil spei superest ; si redit, sanitas quoque prospicitur. At ubi pars resoluta est, pro vi et malo corporis, vel sanguis mittendus, vel alvus ducenda. Cetera eadem in utroque casu facienda sunt : siquidem vitare præcipue convenit frigus ; paulatimque ad exercitationes revertendum est, sic, ut ingrediatur ipse protinus, si potest ; si id crurum imbecillitas prohibet, vel gestetur, vel motu lecti concutiatur ; tum id membrum, quod deficit, si potest, per se, sin minus, per alium moveatur, et vi quadam ad consuetudinem suam redeat. Prodest etiam torpentis membri summam cutem exasperasse, vel urticis cæsam, vel imposito sinapi, sic ut, ubi rubere cœperit corpus, hæc removeantur. Scilla quoque contrita, bulbique contriti cum thure recte imponuntur. Neque alienum est, resina cutem tertio quoque die diutius vellere, pluribus etiam locis ; aliquando sine ferro cucurbitulas admovere. Unctioni vero aptissimum est vetus oleum, vel nitrum aceto et oleo admistum. Quin etiam fovere aqua calida marina, vel, si ea non est, tamen salsa, magnopere necessarium est. Ac si quo loco vel naturales, vel etiam mannfactæ tales natationes sunt, iis potissimum utendum est ; præcipueque in his agitanda membra, quæ maxime deficiunt ; si id non est, balneum tamen prodest. Cibus esse debet ex media materia, maximeque ex venatione ; potio sine vino, aquæ calidæ : si tamen vetus morbus est, interponi

l'eau chaude sans vin : cependant, si la maladie est ancienne, on pourra, dans le but de tenir le ventre libre, prescrire du vin grec salé tous les quatre ou cinq jours. Il est avantageux de faire vomir après dîner.

2. La douleur peut aussi s'emparer des nerfs : dans ce cas, on ne doit employer ni les vomitifs, ni les diurétiques, ni provoquer la sueur par l'exercice comme le veulent certains médecins. Il faut boire de l'eau deux fois par jour, se faire frotter doucement dans le lit pendant quelque temps, puis faire recommencer les frictions en retenant son haleine. On doit principalement exercer les parties supérieures, prendre rarement des bains, et de temps en temps voyager, pour changer d'air. Au moment de la douleur, il convient de fomenter la partie qu'elle occupe avec de l'eau nitrée sans huile, de l'envelopper ensuite, et de l'exposer aux vapeurs de soufre qui se dégagent d'un petit brasier. On continue ces fumigations pendant un certain temps, mais à jeun, et quand la digestion est bien faite. On peut encore appliquer des ventouses sur le point douloureux, ou frapper légèrement la partie malade avec des vessies de bœuf remplies d'air. Il est de même utile d'employer comme topique un mélange à parties égales de suif, de semences de jusquiame et d'ortie pilées; de faire des fomentations locales avec de l'eau dans laquelle on a fait bouillir du soufre, ou d'appliquer au siége même de la douleur de petites outres remplies d'eau chaude ou du bitume, mêlé à de la farine d'orge. C'est surtout au plus fort de ce mal qu'il faut user d'une gestation très-vive : dans toute autre douleur cet exercice est, au contraire, extrêmement nuisible.

3. Le tremblement nerveux s'exaspère également sous l'influence des vomitifs et des diurétiques, et ne s'accommode pas mieux des bains et des étuves sèches. Le malade doit boire de l'eau, se promener beaucoup, recourir aux onctions, et se frictionner lui-même; la paume et d'autres exercices semblables lui serviront à fortifier les parties supérieures. On peut laisser la nourriture à son choix, pourvu qu'il s'applique à bien digérer. Après le repas, il faut cesser toute affaire, et n'user que bien rarement des plaisirs de l'amour. Si l'on s'y est livré, il faut se faire frictionner dans son lit doucement et longtemps, et employer pour cela la main d'un enfant, de préférence à celle d'un homme.

4. Lorsqu'il y a des indices d'une suppuration interne, il faut appliquer d'abord des cataplasmes répercussifs, afin de prévenir l'amas d'une matière nuisible. Si l'on ne peut empêcher la formation du foyer, on doit tâcher de le résoudre par des topiques convenables; et si l'on n'en vient pas à bout, il est nécessaire d'attirer dans ce cas l'humeur au dehors, et de hâter la maturité du dépôt. La vomique alors se termine toujours par rupture; le pus qu'on rend par les selles ou par la bouche en est la preuve, et l'on ne doit rien faire qui puisse en empêcher l'évacuation complète. Le malade fera principalement usage de crèmes farineuses et d'eau chaude; la suppuration une fois tarie, on lui accordera des aliments de facile digestion, mais plus substantiels; et il devra les prendre tièdes d'abord, ainsi que l'eau, pour arriver à boire et à manger froid. Dans les premiers temps, on peut manger avec du miel des pignons, des noix grecques ou des avelines; mais il convient

d'y renoncer ensuite, afin de laisser la cicatrice se former plus promptement. Alors vient le moment de prendre, comme cicatrisant, du suc de poireau ou de marrube, et de mêler du poireau à tous ses aliments. Il importe aussi de pratiquer des onctions sur les parties qui ne sont point affectées, de faire de petites promenades, et d'éviter, soit en luttant, soit en courant, ou de toute autre manière, de ranimer les plaies qui sont en voie de guérison. En effet, le vomissement de sang est très-grave dans cette maladie, et l'on doit employer tous ses soins à s'en garantir.

LIVRE IV.

I. J'ai jusqu'à présent exposé les caractères propres aux maladies qui intéressent tellement la constitution entière, qu'on ne saurait leur assigner aucun siége précis. Je parlerai maintenant des affections locales, et l'on arrivera plus facilement à la connaissance des maladies internes et de leur traitement, si je décris d'abord en peu de mots les parties qu'elles occupent. L'étude de la tête et des organes contenus dans la bouche ne se borne pas à l'examen de la langue et du palais; elle comprend encore tout ce que nos regards peuvent atteindre. A droite et à gauche, autour du gosier, nous trouvons deux grandes veines appelées jugulaires (σφαγίτιδες), et deux artères nommées carotides (καρωτίδες) qui se dirigent en haut, et passent au delà des oreilles. Dans l'arrière-bouche sont situées deux glandes, qui se tuméfient quelquefois et deviennent douloureuses. On aperçoit ensuite deux conduits, dont l'un s'appelle trachée-artère et l'autre œsophage; la trachée placée en avant se rend aux poumons, et l'œsophage postérieurement situé mène à l'estomac; l'un de ces conduits donne passage à l'air, et l'autre aux aliments. Comme ils n'ont pas la même destination, il existe au fond de la gorge, à leur point de réunion, une petite languette fournie par la trachée, qui se soulève au moment de la respiration, et détermine, en s'abaissant, l'occlusion de la trachée dans l'acte de boire et de manger. La trachée-artère, dure et cartilagineuse, fait saillie dans la région gutturale, et devient profonde dans le reste de son étendue; elle est formée d'une suite d'anneaux disposés à peu près comme les vertèbres de l'épine, avec cette circonstance, néanmoins, qu'elle est rugueuse au dehors, et lisse intérieurement comme l'œsophage; c'est en descendant vers la poitrine qu'elle s'unit au poumon. Ce viscère est spongieux, et par conséquent perméable à l'air: en arrière il s'attache à l'épine même, et présente deux divisions semblables à un pied de bœuf. Au poumon est annexé le cœur, de nature musculeuse, situé dans la poitrine, sous la mamelle gauche, et pourvu de deux espèces de ventricules. Au-dessous du cœur et du poumon existe une cloison transversale formée par une forte membrane, qui sépare le ventre de la poitrine, et dont la texture est fibreuse, et parcourue par un grand nombre de vaisseaux. Cette cloison ne sépare pas seulement les intestins des parties supérieures, mais aussi le foie et la rate. Ces organes sont immédiatement en rapport avec le diaphragme, au-dessous duquel ils sont placés à droite et à gauche. Le foie est à droite et tient à la cloison même; il

edenda; ut nuclei pinei, vel Graecae nuces, vel avellanae; postea submovendum id ipsum, quo maturius induci cicatrix possit. Medicamentum eo tempore ulceri est, succus assumptus vel porri vel marrubii, et omni cibo porrum ipsum adjectum. Oportebit autem uti in iis partibus, quae non afficiuntur, frictionibus; item ambulationibus lenibus; vitandumque erit, ne vel luctando, vel currendo, vel alia ratione sanescentia ulcera exasperentur. In hoc enim morbo perniciosus, ideoque omni modo cavendus sanguinis vomitus est.

LIBER QUARTUS.

I. Hactenus reperiuntur ea genera morborum, quae in totis corporibus ita sunt, ut iis certae sedes assignari non possint: nunc de iis dicam, quae sunt in partibus. Facilius autem omnium interiorum morbi curationesque in notitiam venient, si prius eorum sedes breviter ostendero. Caput igitur, eaque, quae in ore sunt, non lingua tantummodo palatoque terminantur; sed etiam, quatenus oculis nostris exposita sunt. In dextra sinistraque circa guttur venae grandes, quae σφαγίτιδες nominantur; itemque arteriae, quas καρωτίδας vocant, sursum procedentes ultra aures feruntur. At in ipsis cervicibus glandulae positae sunt, quae interdum cum dolore intumescunt. Deinde duo itinera incipiunt: alterum, asperam arteriam nominant; alterum, stomachum. Arteria exterior ad pulmonem; stomachus interior ad ventriculum fertur: illa spiritum; hic cibum recipit. Quibus cum diversae viae sint, qua coeunt, exigua in arteria sub ipsis faucibus lingua est, quae, cum spiramus, attollitur, cum cibum potionemque assumimus, arteriam claudit. Ipsa autem arteria, dura et cartilaginosa, in gutture assurgit, ceteris partibus residit. Constat ex circulis quibusdam, compositis ad imaginem earum vertebrarum, quae in spina sunt: ita tamen, ut ex parte exteriore aspera, ex interiore, stomachi modo laevis sit, eaque descendens ad praecordia cum pulmone committitur. Is spongiosus, ideoque spiritus capax, et a tergo spinae ipsi junctus, in duas fibras, ungulae bubulae modo, dividitur. Huic cor annexum est, natura musculosum, in pectore sub sinisteriore mamma situm; duosque quasi ventriculos habet. At sub corde atque pulmone, transversum ex valida membrana septum est, quod a praecordiis uterum diducit; idque nervosum, multis etiam venis per id discurrentibus, a superiore parte, non solum intestina, sed jecur quoque lienemque discernit. Haec viscera proxime, sed infra tamen posita, dextra sinistraque sunt. Jecur a dextra parte sub praecordiis ab ipso septo orsum, intrinsecus cavum, extrinsecus gibbum est; quod promi-

est concave intérieurement et convexe extérieurement ; il forme une certaine saillie, appuie légèrement sur le ventricule, et se divise en quatre lobes. La vésicule du fiel s'attache à la partie inférieure. A gauche, la rate n'est point fixée au diaphragme, mais aux intestins ; la texture en est molle et peu dense, la longueur et la grosseur médiocres ; de la région des côtes, qui la recouvrent presque en entier, elle s'étend un peu vers le bas-ventre. Ces organes sont unis, mais les reins demeurent distincts ; fixés aux lombes sous les dernières côtes, ils sont arrondis de ce côté et échancrés du côté opposé ; ils sont vasculaires, présentent des cavités, et sont revêtus d'une enveloppe. Telle est la position de ces viscères. L'œsophage, organe nerveux, qui n'est en réalité que le point de départ des intestins, commence à la septième vertèbre de l'épine, et s'unit au ventricule vers la région précordiale. Le ventricule, qui sert de réservoir aux aliments, est composé de deux membranes ; il est situé entre la rate et le foie, qui le débordent un peu l'un et l'autre. Il existe de petites membranes minces, à l'aide desquelles ces trois viscères sont unis entre eux, et fixés à la cloison transversale dont je viens de parler. La partie inférieure du ventricule se dirige un peu à droite, et se termine en se rétrécissant au premier intestin. Les Grecs nomment *pylore* ce point de réunion, qui s'ouvre comme une espèce de porte pour laisser passer dans les parties inférieures les matières que nous devons expulser. Du pylore naît l'intestin *jejunum*, qui présente peu de circonvolutions, et qu'on a ainsi nommé parce qu'il ne conserve jamais les matières qu'il reçoit, et les transmet immédiatement plus bas. Vient ensuite l'intestin grêle, avec ses nombreuses circonvolutions, qui toutes sont assujetties dans le ventre par de petites membranes : cet intestin se porte à droite, et se termine à la région iliaque ; mais il remplit surtout la partie supérieure du ventre ; il se joint ensuite au gros intestin transverse. Celui-ci part du côté droit, où il est court et sans ouverture, de là le nom de *cæcum* qui lui est donné ; mais à gauche il est ouvert, et présente de la longueur. La portion qui est ouverte est très-étendue, flexueuse, et moins nerveuse que les premiers intestins ; les circonvolutions s'étendent des deux côtés, mais elles occupent surtout la partie gauche et inférieure du ventre ; cet intestin touche le foie et le ventricule, reçoit quelques attaches du rein gauche, et se recourbe vers la droite, pour se terminer par un trajet direct à l'endroit où il doit expulser les matières fécales, ce qui lui a fait donner le nom de *rectum*. Tous ces organes sont recouverts par l'*épiploon*, qui est lisse et serré en dessous, et d'un tissu plus lâche en dessus. Dans l'épiploon il se forme de la graisse, qui, de même que le cerveau et la moelle, est dépourvue de sensibilité. Deux vaisseaux d'une couleur blanche se rendent des reins à la vessie ; on les appelle *uretères*, parce que les Grecs supposent qu'ils servent à conduire l'urine dans ce réservoir. Le corps de la vessie est nerveux, et composé de deux membranes ; son col épais et charnu s'unit par des vaisseaux aux intestins, et adhère à l'os du pubis, tandis que la vessie proprement dite demeure libre et sans attaches. La position n'en est pas la même chez l'homme que chez la femme : dans l'homme, elle est placée auprès de l'intestin rectum, et se porte plutôt à gauche ;

---

nens leviter ventriculo insidet, et in quatuor fibras dividitur. Ex inferiore vero parte ei fel inhæret. At lienis sinistra, non eidem septo, sed intestino innexus est, natura mollis et rarus, longitudinis crassitudinisque modicæ, isque paulum a costarum regione in uterum excedens, ex maxima parte sub his conditur. Atque hæc quidem juncta sunt. Renes vero diversi ; qui lumbis sub imis costis inhærent, a parte earum rotundi, ab altera resimi ; qui et venosi sunt, et ventriculos habent, et tunicis super conteguntur. Ac viscerum quidem hæ sedes sunt. Stomachus vero, qui intestinorum principium est, nervosus a septima spinæ vertebra incipit ; circa præcordia cum ventriculo committitur. Ventriculus autem, qui receptaculum cibi est, constat ex duobus tergoribus ; isque inter lienem et jecur positus est, utroque ex his paulum super eum ingrediente. Suntque etiam membranulæ tenues, per quas inter se tria ista connectuntur, jungunturque ei septo, quod transversum esse, supra posui. Inde ima ventriculi pars paulum in dexteriorem partem conversa, in summum intestinum coarctatur. Hanc juncturam πυλωρὸν Græci vocant, quoniam portæ modo in inferiores partes ea, quæ excreturi sumus, emittit. Ab ea jejunum intestinum incipit, non ita implicitum : cui tale vocabulum est, quia numquam, quod accipit, continet, sed protinus in inferiores partes transmittit. Inde tenuius intestinum est, in sinus vehementer implicitum ; orbes vero ejus per membranulas singuli cum interioribus connectuntur ; qui in dexteriorem partem conversi, et e regione dexterioris coxæ finiti, superiores tamen partes magis complent. Deinde id intestinum cum crassiore altero transverso committitur, quod a dextra parte incipiens, in sinisteriorem pervium et longum est, in dexteriorem non est ; ideoque cæcum nominatur. At id, quod pervium est, late fusum atque sinuatum, minusque quam superiora intestina nervosum, ab utraque parte huc atque illuc volutum, magis tamen sinisteriores inferioresque partes tenens, contingit jecur atque ventriculum, deinde cum quibusdam membranulis a sinistro rene venientibus jungitur, atque hinc dextra recurvatum in imo dirigitur, qua excernit ; ideoque id ibi rectum intestinum nominatur. Contegit vero universa hæc omentum, ex inferiore parte læve et strictum, ex superiore mollius ; cui adeps quoque innascitur ; quæ immus, sicut cerebrum quoque et medulla, caret. At a renibus singulæ venæ, colore albæ, ad vesicam feruntur : οὐρητῆρας Græci vocant, quod per eas inde descendentem urinam in vesicam destillare concipiunt. Vesica autem in ipso sinu nervosa et duplex, cervice plena atque carnosa, jungitur per venas cum intestino, eoque osse, quod pubi subest ; ipsa soluta atque liberior est ; aliter in viris atque in fœminis posita. Nam in viris juxta

chez la femme elle se trouve au-dessus des organes de la génération, et la portion libre est soutenue par la matrice. Le conduit de l'urine, plus long et plus étroit chez l'homme, s'étend du col de la vessie à l'extrémité de la verge ; plus court et plus épais chez la femme, il se montre au-dessus de l'orifice du vagin. La matrice des vierges est très-petite ; celle des femmes, hors l'état de grossesse, n'excède guère le volume que la main pourrait contenir. Faisant suite à un col droit et aminci qu'on appelle vagin, la matrice remonte vers le milieu du ventre, se dirige un peu vers la hanche droite, s'avance ensuite sur le rectum, et s'attache par ses côtés aux os des îles. Ces os sont situés au bas du ventre entre les hanches et le pubis ; c'est de là que l'abdomen s'étend jusqu'aux hypocondres, recouvert extérieurement par la peau, et intérieurement par une membrane lisse qui se trouve en rapport avec l'épiploon, et que les Grecs appellent *péritoine*.

II. 1. Après avoir en quelque sorte placé nos organes sous les yeux du médecin, et seulement pour lui donner les notions nécessaires à la pratique, j'exposerai les moyens curatifs appropriés aux affections de chaque partie, en commençant par la tête : je n'applique en ce moment cette dénomination qu'au cuir chevelu ; car je me réserve de parler ailleurs des maladies des yeux, des oreilles, des dents, et d'autres affections analogues. La tête est quelquefois le siége d'une affection aiguë et fort grave, connue des Grecs sous le nom de κεφαλαία, et dont voici les symptômes : frisson violent, paralysie, obscurcissement de la vue, aliénation mentale, vomissement suivi d'aphonie, ou bien hémorragie nasale, portée jusqu'au refroidissement général et à la syncope ; ces accidents se compliquent encore d'une douleur intolérable qui occupe principalement la région des tempes ou de l'occiput. D'autres fois on ressent une faiblesse de tête habituelle, qui n'a rien de violent ni de dangereux, mais qui persiste toute la vie. Dans certains cas il se déclare une douleur plus vive, qui toutefois disparaît promptement et n'est pas mortelle ; celle-ci se manifeste sous l'influence du vin, d'une indigestion, du froid, de la chaleur du feu ou de l'ardeur du soleil. Toutes ces douleurs peuvent exister avec ou sans fièvre, envahir la tête en entier ou se fixer sur un point seulement, et parfois se faire sentir dans le voisinage de la bouche. A ces affections il faut en joindre une autre qui peut être de longue durée : ici, la peau, distendue et soulevée par l'infiltration de la sérosité, cède à la pression du doigt, et c'est là ce que les Grecs appellent *hydrocéphale*. Quant à l'espèce de douleur que j'ai placée en second lieu, et qui est légère, j'ai indiqué les moyens de la combattre, en donnant aux personnes en santé les préceptes à suivre pour remédier à la faiblesse de certaines parties. Le chapitre où j'ai exposé le traitement des fièvres comprend également les remèdes à employer contre la céphalalgie avec fièvre : il me reste à parler maintenant des autres douleurs. Celles qui sont aiguës, qui deviennent plus fortes que de coutume, ou qui se déclarent brusquement avec violence, sans être pour cela mortelles, réclament pour premier secours une émission sanguine. La saignée, pourtant, n'est utile qu'autant que les douleurs sont intolérables ; autrement

---

rectum intestinum est, potius in sinistram partem inclinata ; in fœminis super genitale earum sita est, supraque lapsa, ab ipsa vulva sustinetur. Tum in masculis iter urinæ spatiosius et compressius a cervice hujus descendit ad colem ; in fœminis brevius et plenius, super vulvæ cervicem se ostendit. Vulva autem in virginibus quidem admodum exigua est ; in mulieribus vero, nisi ubi gravidæ sunt, non multo major, quam ut manu comprehendatur. Ea, recta tenuataque cervice, quem canalem vocant, contra mediam alvum orsa, inde paulum ad dexteriorem coxam convertitur ; deinde super rectum intestinum progressa, iliis fœminæ latera sua innectit. Ipsa autem ilia inter coxas et pubem imo ventre posita sunt. A quibus ac pube abdomen sursum versus ad præcordia pervenit ; ab exteriore parte, evidenti cute ; ab interiore levi membrana inclusum, quæ omento jungitur ; περιτόναιος autem a Græcis nominatur.

II. 1. His veluti in conspectum quemdam, quatenus scire curanti necessarium est, adductis, remedia singularum laborantium partium exsequar, orsus a capite : sub quo nomine nunc significo eam partem, quæ capillo tegitur ; nam oculorum, aurium, dentium dolor, et si quis similis est, alias erit explicandus. In capite autem interdum acutus et pestifer morbus est, quam κεφαλαίαν Græci vocant : cujus notæ sunt, horror validus, nervorum resolutio, oculorum caligo, mentis alienatio, vomitus, sic ut vox supprimatur ; vel sanguinis ex naribus cursus, sic, ut corpus frigescat, anima deficiat : præter hæc, dolor intolerabilis, maxime circa tempora, vel occipitium. Interdum autem in capite longa imbecillitas, sed neque gravis, neque periculosa, per hominis ætatem est : interdum gravior dolor, sed brevis, neque tamen mortiferus, qui vel vino, vel cruditate, vel frigore, vel igne, aut sole contrahitur. Hique omnes dolores modo in febre, modo sine hac sunt ; modo in toto capite, modo in parte ; interdum sic, ut oris quoque proximam partem excrucient. Præter hæc etiamnum invenitur genus, quod potest longum esse, ubi humor cutem inflat, eaque intumescit, et prementi digito cedit : ὑδροκέφαλον Græci appellant. Ex his id, quod secundo loco positum est, dum leve est, qua sit ratione curandum, dixi, cum persequerer ea, quæ sani homines in imbecillitate partis alicujus facere deberent. Quæ vero auxilia sint accutis, ubi cum febre dolor est, eo loco explicitum est, quo febrium curatio exposita est. Nunc de ceteris dicendum est. Ex quibus id, quod acutum est, et id quod supra consuetudinem intenditur, idque, quod ex subita causa, etsi non pestiferum, tamen vehemens est, primam curationem habet, qua sanguis mittatur. Sed id, nisi intolerabilis dolor est, supervacuum est, satiusque est abstinere a cibo ; si fieri potest, etiam a

il suffit d'observer la diète, et, si la chose est possible, de s'interdire toute boisson; dans le cas contraire, on boira de l'eau. Si la douleur persévère le lendemain, il faut prendre des lavements, employer des sternutatoires, et ne boire que de l'eau. Grâce à cette méthode, il arrive souvent qu'au bout d'un jour ou deux le mal disparaît entièrement, surtout s'il reconnaît pour cause le vin pris en excès, ou une indigestion. Toutefois, si l'on n'obtient ainsi qu'un soulagement médiocre, il faut raser la tête, et rechercher avec soin d'où provient la douleur. Si elle dépend de la chaleur, on fera sur la tête, d'abondantes affusions froides; on y laissera à demeure une éponge de forme concave, qu'on imbibera de temps en temps d'eau froide; on aura recours aux fomentations avec l'huile rosat et le vinaigre, ou mieux encore à l'application d'une laine grasse chargée de ces deux liquides, ou enfin à d'autres topiques réfrigérants. Si le froid est la cause du mal, on doit arroser la tête avec de l'eau de mer chaude ou de l'eau salée, ou encore avec une décoction de feuilles de lauriers, la frotter ensuite fortement, puis y verser de l'huile chaude et la couvrir; quelques-uns même enveloppent la tête avec des bandes. Certains malades trouvent du soulagement à se charger d'oreillers et de couvertures; d'autres emploient avec succès les cataplasmes chauds. En conséquence, lorsque la cause est inconnue, il faut voir ce qui réussit le mieux des remèdes chauds ou froids, et s'en tenir à ceux qui ont reçu la sanction de l'expérience. S'il y a doute sur l'origine de la maladie, on doit d'abord arroser la tête, comme il est dit plus haut, avec de l'eau chaude ou de l'eau salée, ou bien avec une décoction de feuilles de laurier, et continuer ensuite les affusions avec l'oxycrat froid. Voici les remèdes généraux dans toutes les douleurs de tête invétérées: provoquer l'éternument, frictionner avec force les parties inférieures, employer les gargarismes propres à exciter la salivation, appliquer les ventouses aux tempes et à l'occiput, obtenir un écoulement de sang par les narines, exercer de temps à autre des tractions sur les régions temporales à l'aide d'un emplâtre de résine, déterminer au moyen de la moutarde une ulcération de la partie malade, sur laquelle un linge est disposé d'avance pour que l'érosion n'aille pas trop loin; cautériser le point douloureux avec le fer brûlant, prendre peu de nourriture, et ne boire que de l'eau. Dès que la douleur est calmée, on doit se rendre au bain, et là se faire verser sur la tête beaucoup d'eau chaude d'abord, et de l'eau froide après; si le mal a disparu tout à fait, on peut se remettre au vin, mais par la suite il vaut toujours mieux donner la préférence à l'eau sur toute autre chose. L'hydrocéphale est d'une espèce différente; il est nécessaire en pareil cas de bien raser la tête, d'appliquer un sinapisme pour excorier la peau, et, s'il n'agit pas assez, de recourir au scalpel. De même que l'hydropisie, cette maladie se traite par l'exercice, les sueurs, les fortes frictions, ainsi que par l'usage des aliments et des boissons diurétiques.

2. Il survient à la face une maladie que les Grecs nomment *spasme cynique*. Commençant en général par une fièvre aiguë, cette affection imprime aux lèvres des mouvements déréglés et n'est autre chose en effet qu'une convulsion de la bouche. Il s'y joint une altération fréquente dans la couleur du visage et du corps, et il y a tendance à l'assoupissement. La saignée dans ce

cas est le meilleur remède; mais lorsqu'elle n'a pas triomphé du mal, il faut donner des lavements, et si le spasme est opiniâtre, faire vomir avec l'ellébore blanc. De plus, il est nécessaire d'éviter le soleil, la fatigue et le vin. Si la maladie ne cède pas à ce traitement, il faut se livrer à la course, pratiquer sur l'endroit malade des frictions douces et prolongées, et en faire de moins longues, mais de plus fortes sur les autres parties du corps. Il est encore utile d'exciter l'éternument, de raser la tête, puis de l'arroser d'eau de mer chaude ou d'eau salée, dans laquelle on mettra du soufre; après l'affusion on doit renouveler les frictions, mâcher de la moutarde, en même temps enduire de cérat les parties affectées, et sur le côté sain appliquer de la moutarde jusqu'à érosion. Les aliments tirés de la classe moyenne sont les plus convenables.

3. Dans la paralysie de la langue, qui peut être essentielle ou dépendre d'une autre maladie, et mettre le malade dans l'impossibilité de s'exprimer, il faut employer des gargarismes préparés avec une décoction de thym, d'hysope et de calament, boire de l'eau, frictionner fortement le dessous du menton, la tête, le visage et le cou, frotter la langue avec le suc d'assa fœtida, mâcher les substances les plus âcres, comme la moutarde, l'ail, l'oignon; faire tous ses efforts pour articuler les mots, s'exercer en retenant sa respiration, recourir souvent aux affusions froides, manger parfois beaucoup de raifort, et vomir ensuite.

4. Quelquefois une humeur qui provient de la tête se jette sur les narines, ce qui est peu grave, d'autres fois elle se jette sur la gorge, ce qui est plus fâcheux; et d'autres fois sur le poumon, ce qui est bien plus pernicieux encore. Quand elle se porte sur les narines, il y a écoulement d'une pituite ténue, la tête est un peu douloureuse et pesante, les éternuments sont fréquents; si c'est sur la gorge, il en résulte de l'irritation et une petite toux; si c'est sur le poumon, outre l'éternument et la toux il y a pesanteur de tête, lassitude, soif, chaleur, urines bilieuses. L'enchifrènement est une maladie voisine de celle-ci, mais cependant distincte: il y a dans ce cas occlusion des narines, enrouement, toux sèche, goût salé de la salive, tintement d'oreilles, battement des vaisseaux de la tête, et trouble des urines. Ces diverses affections ont reçu d'Hippocrate le nom commun de *coryza*; mais je vois qu'aujourd'hui les Grecs n'appliquent ce mot qu'à l'enchifrènement, et qu'ils appellent *catarrhe* (καταστταγμὸς) toute fluxion pituiteuse. En général, ces maladies sont de courte durée; toutefois, quand on les néglige, elles peuvent se prolonger longtemps; mais elles ne deviennent jamais funestes, si ce n'est lorsque le poumon s'ulcère. Dès qu'on en ressent quelques atteintes, il faut immédiatement se tenir à l'abri du soleil, et s'interdire les bains, le vin, et les plaisirs de Vénus, sans renoncer pour cela aux onctions et à son régime ordinaire: on devra se promener vivement, mais à couvert, et après la promenade se faire frotter cinquante fois au moins la tête et le visage. Si l'on a pris ces précautions pendant deux ou trois jours, il est rare que le mal n'en reçoive pas de soulagement. L'amendement une fois obtenu, si la pituite devient plus épaisse, comme on l'observe dans le catarrhe, ou si les narines sont plus libres, comme dans le cas d'enchifrènement, on pourra se mettre au

est, ducere alvum; si ne sic quidem discussum est, albo veratro vomitum movere. Præter hæc necessarium est vitare solem, lassitudinem, vinum. Si discussum his non est, utendum est cursu; frictione in eo, quod læsum est, leni et multa; in reliquis partibus breviore, sed vehementi. Prodest etiam movere sternutamenta; caput radere; idque perfundere aqua calida, vel marina, vel certe salsa, sic, ut ei sulphur quoque adjiciatur; post perfusionem iterum perfricari; sinapi manducare; eodemque tempore affectis oris partibus ceratum, integris idem sinapi, donec arrodat, imponere. Cibus aptissimus ex media materia est.

3. At si lingua resoluta est, quod interdum per se, interdum ex morbo aliquo fit, sic, ut sermo hominis non explicetur, oportet gargarizare ex aqua, in qua vel thymum, vel hyssopum, vel nepeta decocta sit; aquam bibere; caput, et os, et ea quæ sub mento sunt, et cervicem vehementer perfricare; lasere linguam ipsam linere; manducare quæ sunt acerrima, ut est sinapi, allium, cepam; magna vi luctari, ut verba exprimantur; exerceri retento spiritu; caput sæpe aqua frigida perfundere; nonnumquam multam esse radiculam, deinde vomere.

4. Destillat autem humor de capite interdum in nares, quod leve est; interdum in fauces, quod pejus est; interdum etiam in pulmonem, quod pessimum est. Si in nares destillavit, tenuis per has pituita profluit, caput leviter dolet, gravitas ejus sentitur, frequentia sternutamenta sunt. Si in fauces, has exasperat, tussiculam movet. Si in pulmonem, præter sternutamenta et tussim est etiam capitis gravitas, lassitudo, sitis, æstus, biliosa urina. Aliud autem, quamvis non multum distans, malum, gravedo est. Hæc nares claudit, vocem obtundit, tussim siccam movet: sub eadem salsa est saliva, sonant aures, venæ moventur in capite, turbida urina est. Hæc omnia κόρυζας Hippocrates nominat: nunc video apud Græcos in gravedine hoc nomen servari, destillationem, καταστταγμὸν appellari. Hæc autem et brevia, et si neglecta sunt, longa esse consueverunt; nihil pestiferum est, nisi quod pulmonem exulceravit. Ubi aliquid ejusmodi sensimus, protinus abstinere a sole, balneo, vino, venere debemus: inter quæ unctione et assueto cibo nihilominus uti licet. Ambulatione tantum acri, sed tecta utendum est, et post eam caput atque os supra quinquagies perfricandum. Raroque fit, ut si biduo, vel certe triduo nobis temperavimus, id vitium non levetur. Quo levato, si in destillatione crassa facta pituita est, vel in gravedine nares magis patent, balneo utendum est, multaque aqua

bain, et se fomenter abondamment la tête et la bouche, d'abord avec de l'eau chaude, puis avec de l'eau tiède; faire ensuite un repas plus abondant, et boire du vin. Mais si le quatrième jour la pituite est également ténue, et si les narines ne sont pas moins embarrassées, il faudra prendre du vin astringent d'Amine, revenir à l'eau pendant deux jours, après cela faire usage du bain, et retourner à ses habitudes. D'ailleurs, les jours mêmes où l'on s'impose certaines privations, il n'est pas besoin de se constituer malade, et pour tout le reste on doit se gouverner comme en santé : il faut excepter pourtant les personnes chez lesquelles ces maladies ont coutume de se montrer plus opiniâtres et plus violentes, car elles réclament alors plus de ménagements. Si donc la pituite afflue vers les narines ou la gorge, ces personnes doivent, indépendamment des soins dont je viens de parler, faire dès les premiers jours de longues promenades, frotter rudement les parties inférieures et plus doucement la poitrine et la tête, retrancher la moitié de leurs aliments, prendre des œufs, de l'amidon et autres choses semblables qui épaississent la pituite, et enfin lutter contre la soif le plus longtemps possible. Lorsque par là elles se sont mises en état de prendre un bain et qu'elles en ont fait usage, elles peuvent ajouter à leur nourriture un petit poisson ou de la viande, en ayant soin cependant de rester pour les aliments au-dessous de leur mesure ordinaire; mais elles peuvent boire du vin pur avec moins de réserve. Si la pituite s'est jetée sur le poumon, la promenade et les frictions sont encore bien plus nécessaires; on adoptera le même régime alimentaire, et si cela ne suffit pas, on y ajoutera des substances plus âcres; il faudra donner plus de temps au sommeil, renoncer complètement aux affaires, et plus tard essayer quelquefois du bain. Dans l'enchifrènement, on doit se tenir en repos le premier jour, s'abstenir de manger et de boire, se couvrir la tête, et au moyen de la laine s'envelopper la gorge; le lendemain se lever, ne se permettre aucune boisson, ou, si la soif est trop impérieuse, ne pas aller au delà d'une hémine d'eau; le troisième jour manger en petite quantité de la mie de pain avec un petit poisson ou un peu de viande légère, et boire de l'eau : si l'on ne peut s'empêcher de manger davantage, il faut se faire vomir après le repas. On doit, lorsqu'on est au bain, fomenter la tête et la bouche avec beaucoup d'eau chaude, jusqu'à ce que la sueur s'établisse, et reprendre ensuite l'usage du vin. Il est pour ainsi dire impossible, après avoir suivi cette méthode, que l'indisposition persiste; si pourtant elle n'a pas disparu, il faut user d'aliments froids, secs et légers, boire le moins possible, et continuer les frictions et l'exercice, qui sont indispensables dans toutes les affections de ce genre.

III. De la tête nous passons au cou, qui est souvent exposé à des maladies graves. Il n'en est pas cependant de plus fâcheuse et de plus aiguë que celle où, par l'effet d'une certaine rigidité de nerfs, la tête peut ou se renverser sur les épaules, ou venir toucher la poitrine avec le menton, ou rester droite et immobile. Les Grecs appellent *opisthotonos* le premier état, le second *emprosthotonos*, et le dernier *tétanos*; d'autres, moins subtils, emploient indistinctement l'une ou l'autre de ces expressions. Cette affection enlève souvent le malade en quatre jours; mais passé ce terme on ne

---

prius calida, post egelida, fovendum os, caputque; deinde cum cibo pleniore vinum bibendum. At si tenuis quarto die pituita est, vel nares æque clausæ videntur, assumendum est vinum Amineum austerum; deinde rursus biduo aqua; post quæ ad balneum, et ad consuetudinem revertendum est. Neque enim illis ipsis diebus, quibus aliqua omittenda sunt, expedit tamquam ægros agere; sed cetera omnia quasi sanis facienda sunt, præterquam si diutius aliquem et vehementius ista sollicitare consuerunt : huic enim quædam curiosior observatio necessaria est. Igitur huic, si in nares vel in fauces destillavit, præter ea, quæ supra retuli, protinus primis diebus multum ambulandum est; perfricandæ vehementer inferiores partes; levior frictio adhibenda thoraci erit; levior capiti; demenda assueto cibo pars dimidia; sumenda ova, amylum, similiaque, quæ pituitam faciunt crassiorem; siti contra, quanta maxima sustineri potest, pugnandum. Ubi per hæc idoneus aliquis balneo factus, eoque usus est, adjiciendus est cibo pisciculus, aut caro; sic tamen, ne protinus justus modus cibi sumatur : vino meraco copiosius utendum est. At si in pulmonem quoque destillat, multo magis et ambulatione et frictione opus est; eademque adhibita ratione in cibis, si non satis illi proficiunt, acrioribus utendum est; magis somno indulgendum, abstinendumque a negotiis omnibus; aliquando, sed serius, balneum tentandum. In gravedine autem, primo die quiescere, neque esse, neque bibere, caput velare, fauces lana circumdare; postero die surgere, abstinere a potione, aut, si res coegerit, non ultra heminam aquæ assumere; tertio die panis non ita multum ex parte interiore cum pisciculo, vel levi carne sumere, aquam bibere : si quis sibi temperare non potuerit, quo minus pleniore victu utatur, vomere : ubi in balneum ventum est, multa calida aqua caput et os fovere usque ad sudorem; tum ad vinum redire. Post quæ vix fieri potest, ut idem incommodum maneat; sed si manserit, utendum erit cibis frigidis, aridis, levibus, humore quam minimo, servatis frictionibus exercitationibusque, quæ in omni tali genere valetudinis necessariæ sunt.

III. A capite transitus ad cervicem est, quæ gravibus admodum morbis obnoxia est. Neque tamen alius importunior acutiorque morbus est, quam is, qui quodam rigore nervorum, modo caput scapulis, modo mentum pectori adnectit, modo rectam et immobilem cervicem intendit. Priorem Græci ὀπισθότονον, insequentem ἐμπροσθότονον, ultimum τέτανον appellant; quamvis

court plus aucun danger. Le même traitement s'applique aux diverses formes de la maladie, et sur ce point on est d'accord; mais, d'après Asclépiade, il faut saigner dans tous les cas, et, selon d'autres, on ne doit jamais recourir à ce moyen, par la raison qu'alors surtout le corps a besoin de chaleur, et que celle-ci réside dans le sang. Cette opinion au reste est mal fondée, car il n'est pas de la nature du sang d'être constamment chaud; seulement, de tous les éléments qui entrent dans le corps humain, c'est celui qui s'échauffe ou se refroidit le plus promptement. Les règles que j'ai posées au sujet des émissions sanguines feront connaître si, dans le cas présent, il est convenable ou non de tirer du sang. Mais il est toujours utile d'administrer le castoréum associé au poivre ou à l'assa fœtida, et d'employer ensuite des fomentations chaudes et humides : beaucoup de médecins font même diriger à plusieurs reprises des affusions chaudes sur le cou, et ce remède en effet procure un soulagement momentané; mais il rend les nerfs plus sensibles au froid, ce qu'on ne saurait trop éviter. Il vaut mieux commencer dès lors par enduire le cou de cérat liquide, et ensuite appliquer des vessies de bœuf ou de petites outres remplies d'huile chaude, ou des cataplasmes de farine chauds, ou bien du poivre long qu'on écrase avec des figues. Mais il est beaucoup plus avantageux encore de fomenter le cou avec du sel humide, et j'ai déjà dit comment on devait s'y prendre. Après avoir employé l'un de ces moyens, il faut approcher le malade du feu, ou, si c'est en été, l'exposer au soleil, et frotter le cou, les épaules et l'épine avec de l'huile vieille, de préférence à toute autre ; à son défaut on se servira d'huile de Syrie, ou même, faute de mieux, de graisse aussi vieille que possible. On se trouve bien sans doute des frictions pratiquées sur toutes les vertèbres ; mais elles sont principalement utiles dans la région cervicale, et l'on doit par conséquent les employer jour et nuit, sauf néanmoins quelques instants de relâche, pendant lesquels on appliquera des cataplasmes préparés avec des drogues échauffantes. Il faut particulièrement que le malade soit garanti du froid ; et à cet effet on entretiendra sans cesse du feu dans sa chambre à coucher, surtout avant le jour, temps où le froid se fait le plus sentir. Il ne sera pas non plus sans utilité de raser la tête, de l'oindre avec de l'huile chaude d'iris ou de troène, et de la couvrir ensuite d'un bonnet; quelquefois même on pourra prendre un bain entier d'huile chaude, ou d'eau chaude dans laquelle on aura fait bouillir du fénu grec, avec addition d'un tiers d'huile. Les lavements contribuent souvent aussi à diminuer la tension des parties supérieures; mais si la douleur devient plus intense, il faut appliquer au cou des ventouses scarifiées, et à cet endroit même cautériser la peau, à l'aide du fer ou des sinapismes. Dès que la douleur est calmée et que le cou peut exécuter quelques mouvements, il y a lieu de penser que la maladie va céder aux remèdes. Néanmoins on doit pendant longtemps s'interdire les aliments qui rendent la mastication nécessaire, se contenter de crèmes farineuses, d'œufs frais ou mollets, et de quelques bouillons : si cela passe bien et que l'état du cou soit tout à fait convenable, il sera temps d'arriver aux bouillies et aux panades bien délayées. L'usage du pain devra précéder celui

---

minus subtiliter quidam indiscretis his nominibus utuntur. Ea saepe intra quartum diem tollunt; si hunc evaserunt, sine periculo sunt. Eadem omnia ratione curantur; idque convenit. Sed Asclepiades utique mittendum sanguinem credidit; quod quidam utique vitandum esse dixerunt, eo quod maxime tum corpus calore egeret, isque esset in sanguine. Verum hoc quidem falsum est. Neque enim natura sanguinis est, ut utique caleat; sed ex iis, quae in homine sunt, hic celerrime vel calescit, vel refrigescit. Mitti vero nec ne debeat, ex iis intelligi potest, quae de sanguinis missione praecepta sunt. Utique autem recte datur castoreum, et cum hoc piper, vel laser ; deinde opus est fomento humido et calido : itaque plerique aqua calida multa cervices subinde perfundunt. Id in praesentia levat; sed opportuniores nervos frigori reddit, quod utique vitandum est. Utilius igitur est, cerato liquido primum cervicem perungere; deinde admovere vesicas bubulas vel utriculos oleo calido repletos, vel ex farina calidum cataplasma, vel piper rotundum cum ficu contusum. Utilissimum tamen est, humido sale fovere, quod quomodo fieret, jam ostendi. Ubi eorum aliquid factum est, admovere ad ignem, vel, si aestas est, in sole aegrum oportet ; maximeque oleo vetere, si id non est, Syriaco, si ne id quidem est, adipe quam vetustissima cervicem, et scapulas, et spinam perfricare. Frictio cum omnibus in homine vertebris utilis sit, tum iis praecipue, quae in collo sunt. Ergo die nocteque, interpositis tamen quibusdam temporibus, hoc remedio utendum est ; dum intermittitur, imponendum malagma aliquid ex calefacientibus. Cavendum vero praecipue frigus; ideoque in eo conclavi, quo cubabit aeger, ignis continuus esse debebit, maximeque tempore antelucano, quo praecipue frigus intenditur. Neque inutile erit, caput attonsum habere, idque irino vel cyprino calido madefacere, et superimposito pileo velare; nonnumquam etiam in calidum oleum totum descendere, vel in aquam calidam, in qua foenum graecum decoctum sit, et adjecta olei pars tertia. Alvus quoque ducta saepe superiores partes resolvit. Si vero etiam vehementius dolor crevit, admovendae cervicibus cucurbitulae sunt, sic, ut cutis incidatur: eadem aut ferramentis, aut sinapi adurenda. Ubi levatus est dolor, moverique cervix coepit, scire licet, cedere remediis morbum. Sed diu vitandus cibus, quisquis mandendus est : sorbitionibus utendum, itemque ovis sorbilibus, aut mollibus ; aut aliquod assumendum. Id si bene processerit, jamque ex toto recte se habere cervices videbuntur, incipiendum erit a puticula, vel lotrita bene madida. Celerius tamen etiam panis mandendus, quam vinum gustandum : siquidem hu-

du vin, car dans le tétanos le vin est éminemment contraire; et par cette raison il faut, pour en accorder, qu'il s'écoule un plus long espace de temps.

IV. 1. A côté de cette maladie qui affecte extérieurement toute la région cervicale, il s'en trouve une autre non moins grave et non moins aiguë, dont le siége ordinaire est dans la gorge. Nous l'appelons *angine*, mais chez les Grecs le nom varie selon la forme particulière qu'elle présente. Il y a des cas, par exemple, où l'on n'aperçoit ni gonflement ni rougeur, et pourtant la peau est sèche, le malade respire à peine, et les membres sont dans un état de résolution : c'est là ce qu'ils appellent συνάγχη. D'autres fois la langue et l'arrière-gorge sont rouges et tuméfiées, la voix n'est plus articulée, les yeux sont renversés, la face est pâle et le malade a des hoquets : cette forme prend le nom de κυνάγχη. Les signes communs à ces deux états sont l'impossibilité d'avaler ni solide ni liquide et la difficulté de respirer. Lorsque la rougeur et le gonflement ne sont accompagnés d'aucun autre symptôme, le mal est moins grave, et se nomme alors παρασυνάγχη. Quelle que soit au reste la nature de l'angine, il faut saigner si les forces le permettent (1), et en second lieu prescrire des lavements. Il est bon aussi d'appliquer des ventouses sous le menton et autour de la gorge, pour appeler au dehors l'humeur qui détermine la suffocation. On ne doit employer ensuite que des fomentations humides, car les sèches coupent la respiration; on se servira d'éponges, qu'on trempera de temps en temps dans l'huile chaude, de préférence à l'eau chaude. Le suc de sel (2) appliqué chaud constitue de même un excellent remède. On se trouve bien encore d'employer des gargarismes, qu'on prépare en faisant bouillir dans de l'eau miellée soit de l'hysope, du calament, de l'absinthe, soit du son ou des figues sèches. Il convient après les gargarismes d'oindre le palais avec du fiel de taureau, ou quelque préparation de mûres, ou bien de le saupoudrer avec du poivre. Si ces moyens sont insuffisants, il faut en dernier lieu faire des incisions assez profondes sous la mâchoire, à la partie supérieure du cou, et, dans le palais, scarifier autour de la luette, ou bien ouvrir les veines situées sous la langue, afin de donner par là une issue à la matière morbide. Quand le malade n'est pas soulagé par un pareil traitement, c'est qu'il est vaincu par la maladie; si au contraire son état s'améliore, si le gosier donne un libre accès au passage de l'air et des aliments, le retour à la santé s'effectue sans effort. Quelquefois aussi la nature apporte son utile secours; et cela a lieu lorsque le mal passe d'un endroit resserré dans un autre plus étendu : ainsi de la rougeur et du gonflement se manifestant à la région précordiale, on en peut conclure que la gorge est débarrassée. Quelle que soit d'ailleurs la cause de la guérison, il faut prescrire d'abord un régime humectant, l'eau miellée bouillie principalement; arriver ensuite à des aliments un peu plus consistants, mais sans âcreté, et en continuer l'usage jusqu'à ce que la gorge ait repris son état naturel. J'entends dire communément qu'en mangeant un petit d'hirondelle on est préservé de l'angine pendant toute l'année; on prétend aussi qu'on peut le conserver dans du sel, et que, la maladie survenant, on le fait brûler pour le donner en poudre au malade; ce qui est suivi de succès. Cette opinion populaire ayant pour elle l'autorité de gens dignes de foi, et ne pouvant d'ailleurs entraîner aucun danger, j'ai cru devoir lui donner une

---

jus usus præcipue periculosus; ideoque in longius tempus differendus est.

IV. 1. Ut hoc autem morbi genus circa totam cervicem, sic alterum æque pestiferum acutumque in faucibus esse consuevit. Nostri anginam vocant : apud Græcos nomen, prout species est. Interdum enim neque rubor, neque tumor ullus apparet; sed corpus aridum est, vix spiritus trahitur, membra solvuntur : id συνάγχην vocant. Interdum lingua faucesque cum rubore intumescunt, vox nihil significat, oculi vertuntur, facies pallet, singultusque est : id κυνάγχην vocatur. Illa communia sunt; æger non cibum devorare, non potionem potest; spiritus ejus intercluditur. Levius est, ubi tumor tantummodo et rubor est, cetera non sequuntur : id παρασυνάγχην appellant. Quidquid est, si vires patiuntur, sanguis mittendus est : [si non abundat,] secundum est, ducere alvum. Cucurbitula quoque recte sub mento et circa fauces admovetur, ut id, quod strangulat, evocet. Opus est deinde fomentis humidis ; nam sicca spiritum elidunt. Ergo admovere spongias oportet, quæ melius in calidum oleum, quam in calidam aquam subinde demittuntur; efficacissimusque est hic quoque, salis calidus succus. Tum commodum est, hyssopum, vel nepetam, vel thymum, vel absinthium, vel etiam furfures, aut ficus aridas, cum mulsa aqua decoquere, eaque gargarizare ; post hæc palatum ungere vel felle taurino, vel eo medicamento, quod ex moris est. Polline etiam piperis id recte respergitur. Si per hæc parum proficitur, ultimum est, incidere satis altis plagis sub ipsis maxillis supra collum, et in palato circa uvam, vel eas venas, quæ sub lingua sunt, ut per ea vulnera morbus erumpat. Quibus si non fuerit æger adjutus, scire licet, malo victum esse. Si vero his morbus levatus est, jamque fauces et cibum et spiritum capiunt, facilis ad bonam valetudinem recursus est. Atque interdum natura quoque adjuvat, si ex angustiore sede vitium transit in latiorem : itaque rubore et tumore in præcordiis orto, scire licet fauces liberari. Quidquid autem eas levarit, incipiendum est ab humidis, maximeque aqua mulsa decocta; deinde assumendi molles et non acres cibi sunt, donec fauces ad pristinum habitum revertantur. Vulgo audio, si quis pullum hirundinis ederit, angina toto anno non periclitari ; servatumque eum ex sale, cum is morbus urget, comburi, carbonemque ejus contritum in aquam mulsam, quæ potui datur, infriari, et prodesse. Id cum idoneos

place dans mon ouvrage, bien que je n'aie rien vu de semblable dans les écrits des médecins.

2. La région gutturale est encore le siége d'une maladie à laquelle les Grecs ont imposé des noms divers, destinés à représenter différents degrés d'intensité. Le caractère essentiel de cette affection est une difficulté de respirer ; mais quand la difficulté n'est pas très-prononcée et ne fait pas craindre la suffocation, on l'appelle *dyspnée* ; si la gêne est plus grande, et que la respiration se fasse avec bruit et anhélation, la maladie prend le nom d'*Asthme*, et quand le malade ne peut respirer qu'en se tenant droit sur son séant, on dit qu'il y a *orthopnée*. Le premier de ces états peut devenir chronique ; les deux autres sont généralement aigus. Voici ce qu'ils ont de commun : la respiration est accompagnée d'un sifflement produit par le resserrement du conduit aérien ; on ressent dans la poitrine et les hypocondres des douleurs qui quelquefois s'étendent jusqu'aux épaules ; ces douleurs cessent et se reproduisent tour à tour, et de plus une petite toux s'ajoute à ces symptômes. Quand rien ne s'y oppose, le remède est dans la saignée ; ce secours toutefois est insuffisant, et l'on doit relâcher le ventre par l'usage du lait, et parfois même donner des lavements purgatifs. Ces moyens ont pour effet d'atténuer les humeurs, et de rendre ainsi la respiration plus libre. Dans son lit le malade doit avoir la tête élevée ; il convient d'agir sur la poitrine à l'aide de fomentations ou d'épithèmes chauds, secs ou humides ; ensuite on applique un cataplasme, ou au moins du cérat préparé avec la pommade de troène ou d'iris. Pour boisson on fait prendre à jeun de l'eau miellée, dans laquelle on a fait bouillir de l'hysope ou de la racine de câprier pilée. Il est bon aussi de sucer une préparation faite avec le nitre ou le cresson blanc frit : on écrase l'un ou l'autre, et on le mélange avec du miel : on peut encore faire bouillir ensemble du miel, du galbanum et de la térébenthine ; et quand la mixtion est complète, on en prend tous les jours la grosseur d'une fève, qu'on fait fondre sous la langue : ou bien on prend de soufre qui n'a point été au feu p. *. =. d'aurone p. *. qu'on écrase dans un verre de vin, et qu'on avale après l'avoir fait tiédir. Ce n'est pas non plus sans raison qu'on recommande le foie de renard bien desséché, réduit en poudre et administré en potion ; de même on peut manger le poumon de cet animal tout fraîchement rôti, mais sans le secours du fer. Il faut en outre mettre le malade aux crèmes farineuses et aux aliments adoucissants ; lui accorder de temps à autre un peu de vin léger et astringent, et le faire vomir quelquefois. Les diurétiques sont également avantageux, mais rien n'est plus favorable que de se promener à pas lents jusqu'à ce qu'il y ait commencement de lassitude, et que de pratiquer soi-même ou par le secours d'autrui des frictions sur les parties inférieures, en les exposant au soleil ou au feu, et en continuant de les frotter jusqu'à la sueur.

3. Il existe quelquefois des ulcérations dans la gorge, pour le traitement desquelles la plupart des médecins appliquent à l'extérieur des cataplasmes chauds, et emploient des fomentations humides ; ils conseillent même de soumettre l'intérieur de la bouche à des fumigations chaudes, qui ont l'inconvénient, selon d'autres, de trop relâcher les parties, et de favoriser l'extension du

---

auctores ex populo habeat, neque habere quidquam periculi possit, quamvis in monumentis medicorum non legerim, tamen inserendum huic operi meo credidi.

2. Est etiam circa fauces malum, quod apud Græcos aliud aliudque nomen habet, prout se intendit. Omne in difficultate spirandi consistit : sed hæc dum modica est, neque ex toto strangulat, δύσπνοια appellatur ; cum vehementior est, ut spirare æger sine sono et anhelatione non possit, ἆσθμα ; cum accessit id quoque, ne nisi recta cervice spiritus trahatur, ὀρθόπνοια. Ex quibus id, quod primum est, potest diutius trahi ; duo insequentia acuta esse consuerunt. His communia sunt : quod propter angustias, per quas spiritus evadit, sibilum edit, dolor in pectore præcordiisque est, interdum etiam in scapulis, isque modo decedit, modo revertitur ; ad hæc tussicula accedit. Auxilium est, nisi aliquid prohibet, in sanguinis detractione. Neque id satis est, sed lacte quoque [venter solvendus est] liquanda alvus, interdum etiam ducenda ; quibus extenuatum corpus incipit spiritum trahere commodius. Caput autem etiam in lecto sublime habendum est ; thorax fomentis, cataplasmatisque calidis, aut siccis, aut etiam humidis adjuvandus est ; et postea vel malagma superimponendum, vel certe ceratum ex cyprino, vel irino unguento. Sumenda deinde jejuno potui mulsa aqua, cum qua vel hyssopus cocta, vel contrita capparis radix sit. Delingitur etiam utiliter, aut nitrum, aut nasturtium album frictum, deinde contritum et cum melle mistum : simulque coquuntur mel, galbanum, resina terebinthina, et ubi coierunt, ex his, quod fabæ magnitudinem habet, quotidie sub lingua liquatur : aut sulphuris ignem non experti p. *. =. abrotoni p *. in vini cyatho teruntur, idque tepefactum sorbetur. Est etiam non vana opinio, vulpinum jecur, ubi siccum et aridum factum est, contundi oportere, polentamque ex eo potioni aspergi ; vel ejusdem pulmonem quam recentissimum assum, sed sine ferro coctum, edendum esse. Præter hæc, sorbitionibus et lenibus cibis utendum est ; interdum vino tenui austero, nonnumquam vomitu. Prosunt etiam, quæcumque urinam movent ; sed nihil magis, quam ambulatio lenta pene usque ad lassitudinem ; frictio multa, præcipue inferiorum partium, vel in sole, vel ad ignem, et per seipsum, et per alios, usque ad sudorem.

3. In interiore vero faucium parte interdum exulceratio esse consuevit. In hac plerique extrinsecus cataplasmatis calidis, fomentisque humidis utuntur ; volunt etiam vaporem calidum ore recipi ; per quæ molliores alii partes eas fieri dicunt, opportunioresque vitio jam hærenti. Sed, si bene vitari frigus potest, tuta illa præsidia ; si metus ejus est, supervacua sunt. Utique autem perfricare fauces pe-

mat. Ces moyens sont cependant utiles, si le froid peut être évité ; si on le redoute au contraire, ils cessent d'être indiqués. Dans tous les cas il y a danger à faire des frictions sur la gorge; car elles produiraient des ulcérations. Les diurétiques ne conviennent pas davantage ici, parce qu'en passant par le gosier ils pourraient rendre la pituite plus fluide, et qu'il vaut mieux en supprimer le cours. Asclépiade, auquel il faut rapporter bien des préceptes utiles que nous avons adoptés nous-mêmes, conseille dans ce cas de boire du vinaigre très-concentré, persuadé qu'on resserre ainsi l'ulcération, sans amener aucun accident. Mais ce remède, convenable pour arrêter un écoulement de sang, ne peut déterminer la guérison d'un ulcère. Il est préférable d'employer le lycium, que le même auteur prescrit aussi, ou de choisir entre les sucs de poireau et de marrube, ou bien entre les noix grecques pilées avec la gomme adragant et mêlées au vin de raisins cuits au soleil, ou la graine de lin pulvérisée, et délayée dans du vin doux. La promenade et la course sont encore des exercices nécessaires, non moins que les frictions, qui doivent être faites avec force depuis la poitrine jusqu'aux membres inférieurs. Il faut s'interdire les aliments âcres et acerbes : les plus convenables sont le miel, la lentille, la décoction de froment, le lait, la crème d'orge, la viande grasse, le poireau surtout, et toutes les préparations dans lesquelles on le fait entrer. Il faut boire le moins possible, et l'on peut donner de l'eau pure, ou une décoction de coings ou de dattes. On doit employer des gargarismes adoucissants ; mais s'ils n'agissent pas assez, il est bon d'en ordonner d'astringents. Cette maladie n'est pas aiguë, et peut n'être pas chronique : elle réclame néanmoins une prompte médication, si l'on veut en borner les progrès et la durée.

4. La toux, qui se développe de bien des manières, accompagne ordinairement les ulcérations du gosier ; cette toux est incommode, mais elle disparaît dès que les ulcères sont guéris. Celle au contraire qui se déclare spontanément est en général plus grave, et devient presque insurmontable lorsqu'elle est ancienne. Quelquefois elle est sèche, et d'autres fois pituiteuse. Pour la combattre il faut boire de l'hysope tous les deux jours, courir en retenant son haleine, et dans un endroit où il n'y ait pas de poussière ; faire la lecture à haute voix, malgré la toux qui d'abord s'y oppose, mais qui se dissipe ensuite sous l'influence de cet exercice ; enfin, se promener, puis s'exercer avec les mains, et frictionner la poitrine pendant longtemps. Cela fait, on prend trois onces de figues très-grasses, et cuites sur la braise. De plus, si la toux est humide, il convient de pratiquer de fortes frictions avec des drogues échauffantes, en ayant soin en même temps de frotter rudement la tête. On applique encore des ventouses sur la poitrine, et des sinapismes à l'extérieur de la gorge, de manière à produire une légère excoriation ; on prescrit une potion avec de la menthe, des noix grecques et de l'amidon ; et l'on conseille en premier lieu du pain sec, et ensuite quelques aliments doux. Quand la toux est sèche, il est avantageux, lorsqu'elle a le plus de violence, de prendre un verre de vin astringent, à la condition cependant de ne pas y revenir plus de trois ou quatre fois, et de laisser entre chaque verre une distance convenable ; on se trouve bien aussi d'avaler soit un peu d'assa fœtida de la meilleure qualité, soit du suc de poireau ou de marrube ; ou

riculosum est : exulcerat enim. Neque utilia sunt, quæ urinæ movendæ sunt, quia possunt, dum transeunt, ibi quoque pituitam extenuare, quam supprimi melius est. Asclepiades multarum rerum, quas ipsi quoque secuti sumus, auctor bonus, acetum ait quam acerrimum esse sorbendum : hoc enim sine ulla noxa comprimi ulcera. Sed id supprimere sanguinem potest, ulcera ipsa sanare non potest. Melius huic rei lycium est, quod idem quoque æque probat, vel porri, vel marrubii succus, vel nuces Græcæ cum tragacantho contritæ et cum passo mistæ, vel lini semen contritum et cum dulci vino mistum. Exercitatio quoque ambulandi currendique necessaria est : frictio a pectore vehementi toti inferiori parti adhibenda. Cibi vero esse debent, neque nimium acres, neque asperi ; mel, lenticula, tragum, lac, ptisana, pinguis caro, præcipueque porrum, et quidquid cum hoc mistum est. Potionis quam minimum esse convenit. Aqua dari potest, vel pura, vel in qua malum cotoneum, palmulæve decoctæ sunt. Gargarizationes quoque lenes ; sin hæ parum proficiunt, reprimentes utiles sunt. Hoc genus neque acutum est, et potest esse non longum, curationem tamen maturam, ne vehementer et diu lædat, desiderat.

4. Tussis vero fere propter faucium exulcerationem molesta est, quæ multis modis contrahitur. Itaque, illis restitutis, ipsa finitur. Solet tamen interdum per se quoque male habere ; et vix, cum vetus facta est, eliditur. Ac modo arida est, modo pituitam citat. Oportet hyssopum altero quoque die bibere ; spiritu retento currere, sed minime in pulvere ; ac lectione uti vehementi, quæ primo impeditur a tussi, post eam vincit ; tum ambulare ; deinde per manus quoque exerceri, et pectus diu perfricare : post hæc quam pinguissimæ ficus uncias tres, super prunam incoctas, esse. Præter hæc, si humida est, prosunt frictiones validæ, cum quibusdam calefacientibus, sic, ut caput quoque simul vehementer perfricetur ; item cucurbitulæ pectori admotæ ; sinapi ex parte exteriore faucibus impositum, donec leviter exulceret ; potio ex mentha, nucibusque Græcis et amylo ; primoque assumptus panis aridus, deinde aliquis cibus lenis. At si sicca tussis est, cum ea vehementissime urget, adjuvat vini austeri cyathus assumptus, dum ne amplius id, interposito tempore aliquo, quam ter aut quater flat ; item laseris quam optimi paulum devorare opus est ; porri vel marrubii succum assumere ; scillam delingere ; acetum ex ea, vel certe acre sorbere, aut cum spica allii contriti duos vini cyathos. Utilis etiam in omni tussi est peregrinatio, navigatio longa, loca mari

encore de sucer de la scille, de boire du vinaigre scillitique ou du moins du vinaigre fort, ou même deux verres de vin contenant une gousse d'ail écrasée. Les voyages, les longues navigations, l'habitation sur les bords de la mer et la natation doivent être recommandés dans toute espèce de toux. Tantôt les aliments seront adoucissants, comme la mauve et l'ortie; tantôt ils seront âcres, comme le lait qu'on a fait bouillir avec de l'ail. On peut mêler aux crèmes d'orge de l'assa fœtida, ou bien y faire bouillir du poireau jusqu'à ce qu'il ait abandonné tout son suc; on fait prendre des œufs frais, dans lesquels on met du soufre; pour boisson on donne de l'eau chaude d'abord, puis par jours alternatifs de l'eau et du vin.

5. On peut avec raison se montrer plus inquiet quand on crache du sang : cet accident toutefois présente plus ou moins de danger. Tantôt le sang vient des gencives, et tantôt de la bouche; quelquefois même il s'échappe abondamment de cette dernière partie, sans qu'il y ait ni toux, ni ulcère, ni maladie des gencives qui fournisse à l'exspuition; l'hémorragie ressemble alors à celle du nez. Dans certains cas le sang est pur, dans d'autres il est comme de l'eau qui aurait servi à laver de la chair fraîche. Il peut aussi provenir de l'arrière-gorge, qu'il y ait ulcère ou non, parce qu'alors il s'écoule d'un vaisseau ouvert, ou de petites tumeurs qui s'y sont formées. Quand l'écoulement dépend de cette dernière cause, les boissons et les aliments passent sans accident, et il n'y a pas l'expectoration qui accompagne les ulcères. Les fréquents accès de toux produits par l'ulcération du gosier et de la trachée font aussi cracher le sang; il n'est pas rare non plus de le voir venir du poumon, de la poitrine, de la plèvre ou du foie; et enfin les femmes chez lesquelles il y a suppression de règles sont souvent prises de crachement de sang. Les écrivains médicaux prétendent que le sang se fait jour par suite de l'érosion ou de la rupture d'une partie, ou parce que l'orifice de quelque vaisseau est resté béant. Les Grecs appellent le premier cas διάβρωσις, le second ῥῆξις, et le troisième ἀναστόμωσις. Ce dernier état est sans gravité, mais le premier est des plus dangereux, car souvent l'expectoration purulente remplace les crachats sanglants. Pour guérir, il suffit quelquefois d'arrêter le sang; mais s'il existe en même temps des ulcères, des crachats purulents et de la toux, on établira, d'après le siége de la lésion, des différences dans la gravité des symptômes. Quand il n'y a qu'un simple écoulement de sang, le remède se présente plus promptement, et la guérison se fait moins attendre. Il importe aussi de savoir que cet écoulement, lorsqu'il est modéré, n'a rien de désavantageux chez les personnes qui y sont sujettes, ou qui ressentent des douleurs dans l'épine ou dans les hanches, soit après une course, violente soit au retour d'une promenade, pourvu néanmoins qu'il n'y ait point de fièvre. Le sang même rendu par les urines dissipe la lassitude; ce n'est pas un accident redoutable que de cracher le sang à la suite d'une chute, si les urines n'éprouvent aucun changement. On peut même sans danger le vomir à plusieurs reprises, si d'abord on a pu raffermir et développer les forces du sujet. Enfin quand la constitution est robuste, si la perte de sang n'est pas excessive et ne s'accompagne ni de toux ni de fièvre, elle ne peut avoir aucune conséquence fâcheuse. Ceci s'applique d'une manière générale au sang ex-

tima, natationes; cibus interdum mollis, ut malva, ut urtica; interdum acer, ut lac cum allio coctum; sorbitiones, quibus laser sit adjectum, aut in quibus porrum incoctum tabuerit; ovum sorbile, sulphure adjecto; potui primum aqua calida, deinde invicem aliis diebus hæc, aliis vinum.

5. Magis terreri potest aliquis, cum sanguinem exspuit; sed id modo minus, modo plus periculi habet. Exit modo ex gingivis, modo ex ore, et quidem ex hoc interdum etiam copiose, sed sine tussi, sine ulcere, sine gingivarum ullo vitio, ita ut nihil exscreetur; verum ut ex naribus aliquando, sic ex ore prorumpit. Atque interdum sanguis profluit, interdum simile aquæ quiddam, in qua caro recens lota est. Nonnumquam autem is a summis faucibus fertur, modo exulcerata ea parte, modo non exulcerata, sed aut ore venæ alicujus adaperto, aut tuberculis quibusdam natis, exque his sanguine erumpente. Quod ubi incidit, neque lædit potio, aut cibus, neque quidquam, ut ex ulcere, exscreatur. Aliquando vero, gutture et arteriis exulceratis, frequens tussis sanguinem quoque extundit: interdum etiam fieri solet, ut aut ex pulmone, aut ex pectore, aut ex latere, aut ex jocinore feratur: sæpe fœminæ, quibus sanguis per menstrua non respondet, hunc exspuunt. Auctoresque medici sunt, vel exesa parte aliqua sanguinem exire, vel rupta, vel ore alicujus venæ patefacto. Primam διάβρωσιν, secundam ῥῆξιν, tertiam ἀναστόμωσιν appellant. Ultima minime nocet; prima gravissime. Ac sæpe quidem evenit, uti sanguinem pus sequatur. Interdum autem, qui sanguinem ipsum suppresserit, satis ad valetudinem profuit. Sed si secuta ulcera sunt, si pus, si tussis est, prout sedes ipsa est, ita varia et periculosa genera morborum sunt. Si vero sanguis tantum fluit, expeditius et remedium et finis est. Neque ignorari oportet, eis, quibus fluere sanguis solet, aut quibus spina dolet, coxæve, aut post cursum vehementem vel ambulationem, dum febris absit, non esse inutile sanguinis mediocre profluvium; idque per urinam redditum ipsam quoque lassitudinem solvere; ac ne in eo quidem terribile esse, qui ex superiore loco decidit, si tamen in ejus urina nihil novavit; neque vomitum hujus afferre periculum, etiam cum repetit, si ante confirmare et implere corpus licuit; et ex toto nullum nocere, qui in corpore robusto, neque nimius est, neque tussim aut calorem movet. Hæc pertinent ad universum: nunc ad ea loca, quæ proposui, veniam. Si ex gingivis exit, portulacam manducasse satis est. Si ex ore, continuisse

pectoré; je dois tenir compte maintenant des différentes parties qui, comme je l'ai dit, en sont le point de départ. Si le sang est fourni par les gencives, il suffit de mâcher du pourpier; s'il vient de la bouche, il faut se gargariser avec du vin pur, et s'il n'agit pas assez, avec du vinaigre. Si malgré cela l'hémorragie prend de la gravité, comme elle peut enlever le malade, il est très à propos d'en détourner le cours, en appliquant à l'occiput des ventouses scarifiées. C'est aux aines qu'il faut les mettre, s'il s'agit d'une femme dont les menstrues sont arrêtées. Mais si l'hémoptysie provient du gosier ou des parties internes, il y a plus à craindre, et les soins devront être plus actifs. On pratiquera la saignée; et si le malade continue à rendre du sang par la bouche, on y reviendra le lendemain, le surlendemain, et même il y aura chaque jour une petite émission sanguine. On fera boire immédiatement au malade du vinaigre ou du suc de plantain ou de poireau, avec de l'encens; ensuite on recouvrira le point douloureux d'une laine grasse trempée dans du vinaigre, et de temps en temps on rafraîchira la partie avec une éponge. En pareil cas, Érasistrate posait à chaque membre, aux jambes, aux cuisses et aux bras, un certain nombre de ligatures. Asclépiade a prétendu que ce moyen, loin d'être utile, offrait des inconvénients; mais l'expérience a prouvé qu'on pouvait souvent en retirer de bons effets; seulement il n'est pas nécessaire de multiplier autant les ligatures, et il suffit d'en faire au-dessous des aines, au bas des jambes, au sommet des épaules, et aux bras. S'il y a fièvre, on accordera de la crème d'orge pour aliment, et pour boisson une décoction de substances astringentes. S'il n'y a pas d'état fébrile, on prescrira de la fromentée bouillie, ou du pain trempé dans de l'eau froide, et des œufs mollets; on fera usage soit de la boisson indiquée plus haut, soit de vin doux ou d'eau froide. Mais en buvant il ne faut pas oublier que dans cette maladie il est avantageux de supporter la soif. A tous ces moyens on ajoutera le repos, la tranquillité d'esprit, le silence. On doit faire coucher le malade la tête haute, lui raser les cheveux, et renouveler fréquemment sur le visage des fomentations d'eau froide. Voici ce qui est contraire : le vin, les bains, l'usage des plaisirs de Vénus, les aliments préparés à l'huile, toutes les substances âcres et les fomentations chaudes; il est nuisible de tenir le malade dans une chambre close et d'une température élevée, de l'accabler de couvertures, et de lui faire des frictions. C'est seulement lorsque le sang est bien arrêté qu'on peut employer ce dernier moyen; alors on frictionne les bras et les jambes, et l'on s'abstient de toucher à la poitrine. Le malade doit pendant l'hiver habiter sur les bords de la mer, et vivre à l'intérieur des terres pendant l'été.

V. Au-dessous de l'œsophage est situé l'estomac, et cet organe est le siège ordinaire de plusieurs affections chroniques : en effet, tantôt il s'y développe une chaleur intense, tantôt du gonflement, d'autres fois de l'inflammation, et dans certains cas des ulcérations; il peut s'y former encore un amas de bile ou de pituite; mais le mal auquel il est le plus exposé consiste dans le relâchement, et il n'y a pas d'état dont l'influence s'exerce d'une manière plus fâcheuse sur l'organe lui-même, ou sur la constitution générale. Ces maladies, étant distinctes, exigent des remèdes particuliers. Lorsqu'il y a de la chaleur à l'estomac, on fait de temps à autre des fomentations sur l'épigastre avec du vinaigre rosat; on

---

eo merum vinum; si id parum proficit, acetum. Si inter hæc quoque graviter erumpit, quia consumere hominem potest, commodissimum est, impetum ejus, admota occipitio cucurbitula, sic, ut cutis quoque incidatur, avertere. Si id mulieri, cui menstrua non feruntur, evenit, eamdem cucurbitulam, incisis inguinibus ejus, admovere. At si ex faucibus, interioribusve partibus processit, et metus major est, et cura major adhibenda. Sanguis mittendus est; et si nihilominus ex ore processit, iterum tertioque et quotidie paulum aliquid; protinus autem debet sorbere vel acetum, vel cum thure plantaginis aut porri succum; imponendaque extrinsecus supra id, quod dolet, lana succida ex aceto est, et id spongia subinde refrigerandum. Erasistratus horum crura quoque et femora brachiaque pluribus locis deligabat. Id Asclepiades adeo non prodesse, etiam inimicum esse proposuit. Sed id sæpe commode respondere experimenta testantur. Neque tamen pluribus locis deligari necesse est, sed sat est infra inguina, et super talos, summosque humeros, etiam brachia. Tum, si febris urget, danda est sorbitio, et potui aqua, in qua aliquid ex iis, quæ alvum adstringunt, decoctum sit; at si abest febris, vel elota alica, vel panis ex aqua frigida, et molle quoque ovum dari potest; potui, vel idem, quod supra scriptum est, vel vinum dulce, vel aqua frigida. Sed sic bibendum erit, ut sciamus, huic morbo sitim prodesse. Præter hæc necessaria sunt quies, securitas, silentium. Caput hujus quoque cubantis sublime esse debet, recteque tondetur. Facies sæpe aqua frigida fovenda est. At inimica sunt vinum, balneum, venus, in cibo oleum, acria omnia, item calida fomenta, conclave calidum et inclusum, multa vestimenta corpori injecta, etiam frictiones; ubi bene sanguis conquievit, tum vero incipiendum est a brachiis cruribusque; a thorace abstinendum. In hoc casu per hiemem, locis maritimis; per æstatem, mediterraneis opus est.

V. Faucibus subest stomachus, in quo plura longa vitia incidere consuerunt. Nam modo ingens calor, modo inflatio hunc, modo inflammatio, modo exulceratio afficit; interdum pituita, interdum bilis oritur; frequentissimumque ejus malum est, quo resolvitur, neque ulla re magis aut afficitur, aut corpus afficit. Diversa autem, ut vitia ejus, sic etiam remedia sunt. Ubi exæstuat, aceto cum rosa extrinsecus subinde fovendus est, imponendusque pulvis cum oleo, et ea cataplasmata, quæ simul et repri-

le recouvre aussi d'un mélange d'huile et de poudre de roses, et de cataplasmes qui soient en même temps répercussifs et émollients : si rien ne s'y oppose, on donnera pour boisson de l'eau glacée. Quand il y a gonflement, on se trouve bien d'appliquer des ventouses, même sans scarifications, et de pratiquer des fomentations chaudes et sèches, qui ne doivent pas cependant dépasser une certaine mesure. Il faut de même observer la diète, et il est avantageux de faire boire à jeun une infusion d'absinthe, d'hysope ou de rue. L'exercice sera pris d'abord avec modération ; on s'y livrera davantage ensuite, et l'on choisira surtout celui qui met en mouvement les parties supérieures, car on en obtient les meilleurs effets dans toutes les affections de l'estomac. Après l'exercice, viennent les onctions et les frictions; on peut faire usage du bain, mais plus rarement, et quelquefois on prescrit des lavements. Il faut que les aliments soient chauds et non venteux ; il en est de même des boissons, et l'on boira de l'eau pour commencer, puis, quand le gonflement aura disparu, du vin astringent. Un précepte applicable à toutes les maladies de l'estomac, c'est de continuer, une fois guéri, l'usage des moyens auxquels on doit son rétablissement ; car il faut s'attendre au retour du mal, à moins que le régime qui a ramené la santé ne serve encore à la maintenir. Dans le cas d'inflammation, qui presque toujours est accompagnée de tumeur et de douleur, on conseille au début le repos et la diète ; on fait porter au malade une ceinture de laine soufrée, et on lui fait prendre à jeun de l'absinthe. S'il accuse de la chaleur à l'estomac, on a recours aux fomentations avec le vinaigre rosat, et l'on accorde ensuite un peu de nourriture; on applique des topiques à la fois répercussifs et émollients, et on les remplace par des cataplasmes chauds préparés avec la farine, lesquels doivent achever de résoudre l'inflammation ; de temps en temps on ordonne des lavements, puis on recommande l'exercice et une alimentation plus forte. Si l'estomac est ulcéré, il faut à peu de chose près suivre le traitement indiqué pour les ulcérations de la gorge. On doit s'exercer, faire des frictions sur les parties inférieures, user d'aliments doux et glutineux, mais rester au-dessous de son appétit, éviter toutes les choses âcres et acides ; s'il n'y a pas de fièvre boire du vin doux, ou si celui-ci donne des flatuosités, en boire de très-léger, et qui ne soit ni trop froid ni trop chaud. Quand la pituite remplit l'estomac, il est nécessaire de vomir, tantôt à jeun, et tantôt après avoir mangé; il faut employer l'exercice, la gestation, la navigation, les frictions, ne rien boire et ne rien manger qui ne soit chaud, et s'abstenir seulement de ce qui peut provoquer la pituite. Le cas est plus grave lorsque l'estomac est tourmenté par la bile. Au bout de quelques jours les personnes affectées de cette maladie vomissent ordinairement de la bile, et même, ce qui est beaucoup plus fâcheux, de l'atrabile. Il est utile alors de donner des lavements, et de prescrire des préparations d'absinthe. On se trouve bien de la gestation et de la navigation; dans ce dernier cas, il est bon que le vomissement succède aux nausées. On doit éviter les indigestions, ne faire usage que d'aliments légers et appropriés à l'état de l'estomac, puis boire du vin astringent. Enfin, la maladie de l'estomac la plus commune et la plus fâcheuse consiste dans le relâchement : je désigne par là l'impuissance de ce viscère à garder les aliments; d'où il suit que le corps, ne recevant plus de nourriture, est miné par la con-

---

munt, et emolliunt. Potui, nisi quid obstat, gelida aqua præstanda. Si inflatio est, prosunt admotæ cucurbitulæ ; neque incidere cutem necesse est ; prosunt sicca et calida fomenta, sed non vehementissima. Interponenda abstinentia est. Utilis in jejuno potio est absinthii, aut hyssopi, aut rutæ. Exercitatio primo lenis, deinde major adhibenda est; maximeque, quæ superiores partes moveat; quod genus in omnibus stomachi vitiis aptissimum est. Post exercitationem opus est unctione, frictione, balneo quoque nonnumquam, sed rarius; interdum alvi ductione; cibis deinde calidis, neque inflantibus ; eodemque modo calidis potionibus, primo aquæ, post, ubi resedit inflatio, vini austeri. Illud quoque in omnibus stomachi vitiis præcipiendum est, ut, quo modo se quisque æger refecerit, eo sanus utatur; nam redit huic imbecillitas sua, nisi iisdem defenditur bona valetudo, quibus reddita est. At si inflammatio aliqua est, quam fere tumor et dolor sequitur, prima sunt quies et abstinentia, lana sulphurata circumdata, in jejuno absinthium. Si ardor stomachum urget, aceto cum rosa subinde fovendus est ; deinde cibis quidem utendum est modicis; imponenda vero extrinsecus quæ simul et reprimunt et emolliunt; deinde, his detractis, utendum calidis ex farina cataplasmatis, quæ reliquias digerant; interdum alvus ducenda ; adhibenda exercitatio, et cibus plenior. At si exulceratio stomachum infestat, eadem fere facienda sunt, quæ in faucibus exulceratis præcepta sunt : exercitatio, frictio inferiorum partium adhibenda; adhibendi lenes et glutinosi cibi, sed citra satietatem; omnia acria atque acida removenda; vino, si febris non est, dulci, aut, si id inflat, certe leni utendum ; sed neque perfrigido, neque nimis calido. Si vero pituita stomachus impletur, necessarius modo in jejuno, modo post cibum vomitus est; utilis exercitatio, gestatio, navigatio, trictio; nihil edendum, bibendumque, nisi calidum ; vitatis tantum iis, quæ pituitam contrahere consuerunt. Molestius est, si stomachus bile vitiosus est. Solent autem ii, qui sic tentantur, interpositis quibusdam diebus, hanc, et quidem, quod pessimum est, atram vomere. Ilis recte alvus ducitur; potiones ex absinthio dantur; necessaria gestatio, navigatio est; si fieri potest, ex nausea vomitus ; vitanda cruditas; sumendi cibi faciles et stomacho non alieni, vinum austerum. Vulgatissimum vero pessimumque stomachi vitium est resolutio, id est cum cibi non tenax est, soletque desinere ali corpus, ac sic tabe consumi. Huic

somption. Les bains ne sont ici d'aucune utilité ; mais il faut lire à haute voix, exercer les parties supérieures, pratiquer des onctions et des frictions, employer les affusions froides, nager aussi dans l'eau froide, prendre des douches à la même température, et les diriger sur l'estomac, ou mieux encore les faire tomber depuis les épaules jusqu'aux parties correspondantes à cet organe. Il est salutaire de se baigner aux sources médicales dont la température est froide : telles sont les eaux de *Cutilies* et de *Sumbruines*. Les aliments seront froids aussi ; et mieux vaut qu'ils soient de difficile digestion que disposés à se corrompre. Beaucoup de malades, par exemple, pour qui tout est indigeste, digéreront pourtant la viande de bœuf : et ce qu'on en peut conclure, c'est qu'il faut interdire les oiseaux, le gibier et le poisson, à moins que la chair n'en soit très-ferme. Comme boisson, rien n'est plus convenable que le vin froid, ou le vin pur bien chaud, et surtout le vin rhétique ou allobroge ; on peut boire aussi tout autre vin astringent et traité par la résine, et à défaut de celui-ci en prendre de très-dur, comme le vin de *Signine*. Si les aliments ne sont pas supportés, on doit donner de l'eau, provoquer un vomissement assez fort, revenir à l'alimentation, puis appliquer des ventouses deux doigts au-dessous de l'estomac, et les laisser en place pendant deux ou trois heures. S'il existe en même temps de la douleur et des vomissements, il convient d'appliquer sur l'épigastre une laine grasse, une éponge trempée dans du vinaigre, ou un cataplasme réfrigérant ; de pratiquer de courtes mais de fortes frictions sur les jambes, et d'échauffer ces parties. Si la douleur augmente, on fait une application de ventouses quatre doigts au-dessous de la région épigastrique, puis on donne immédiatement du pain trempé dans de l'oxycrat froid ; si ce pain est rejeté, on fait prendre après le vomissement quelque aliment léger, et convenable à l'estomac ; et s'il n'est pas mieux toléré, le malade doit boire un verre de vin d'heure en heure, jusqu'à ce qu'il ne vomisse plus. Le suc de raifort est encore un bon remède ; mais il en est un meilleur qui se compose de suc de grenade acide et de suc de grenade douce, de chaque, parties égales, auxquelles on ajoute du suc de chicorée et de menthe (ce dernier à plus faible dose), en délayant le tout dans une quantité d'eau froide qui doit représenter celle de ces divers sucs réunis : ce médicament en effet est plus efficace que le vin pour raffermir l'estomac. Il faut arrêter les vomissements spontanés ; si au contraire il y a des nausées (3), si les aliments s'aigrissent et se corrompent dans l'estomac, ce que l'on juge par la nature des éructations, il y a lieu de faire vomir le malade, et de lui donner sur-le-champ, pour rétablir l'estomac, les aliments dont je viens de parler. Quand on n'a plus d'accident à craindre, on revient au régime prescrit plus haut.

VI. L'estomac se trouve compris entre les régions latérales, et ces parties sont également exposées à de violentes douleurs. Elles naissent sous l'influence du froid, à la suite d'un coup, d'une course excessive, ou dépendent d'un état morbide : quelquefois cependant la douleur existe seule, et disparait plus ou moins promptement ; d'autres fois elle prend un caractère pernicieux, et se convertit en une affection aiguë que les Grecs nomment *pleurésie*. Au point de côté se joignent alors de la fièvre et de la toux, puis une expectoration pituiteuse quand le mal a peu d'in-

---

generi inutilissimum balneum est ; lectiones, exercitationesque superioris partis necessariæ ; item unctiones, frictionesque. His perfundi frigida, atque in eadem natare ; canalibus ejusdem subjicere etiam stomachum ipsum, et magis etiam a scapulis id quod contra stomachum est ; consistere in frigidis medicatisque fontibus, quales Cutiliarum Sumbruinarumque sunt, salutare est. Cibi quoque assumendi sunt frigidi, qui potius difficulter coquuntur, quam facile vitiantur. Ergo plerique, qui nihil aliud concoquere possunt, bubulam coquunt. Ex quo colligi potest, neque avem, neque venationem, neque piscem dari debere, nisi generis durioris. Potui quidem aptissimum est vinum frigidum, vel certe bene calidum, meracum, potissimum Rheticum, vel Allobrogicum, aliudve, quod et austerum et resina conditum est ; si id non est, quam asperrimum, maximeque Signinum. Si cibus non continetur, danda aqua, et eliciendus plenior vomitus est, iterumque dandus cibus ; et tum admovendæ duobus infra stomachum digitis cucurbitulæ, ibique duabus aut tribus horis continendæ sunt. Si simul et vomitus, et dolor est, imponenda supra stomachum est lana succida, vel spongia ex aceto, vel cataplasma, quod refrigeret ; perfricanda vero non diu, sed vehementer brachia et crura, et calefacienda. Si plus doloris est, infra præcordia quatuor digitis cucur-bitula utendum est ; et protinus dandus panis ex posca frigida ; si non continuit, post vomitum leve aliquid ex iis, quæ non aliena stomacho sint ; si ne id quidem tenuit, singuli cyathi vini, singulis interpositis horis, donec stomachus consistat. Valens etiam medicamentum est, radiculæ succus ; valentius, acidi Punici mali, cum pari modo succi, qui ex dulci Punico malo est, adjecto etiam intubi succo, et menthæ, sed hujus minima parte ; quibus tantumdem, quantum in his omnibus est, aquæ frigidæ quam optime miscetur. Id enim plus quam vinum ad comprimendum stomachum potest. Supprimendus autem vomitus est, qui per se venit, etsi nausea est. Sed si coacuit intus cibus, aut computruit, quorum utrumlibet ructus ostendit, ejiciendus est ; protinusque, cibis assumptis iisdem, quos proxime posui, stomachus restituendus. Ubi sublatus est præsens metus, ad ea redeundum est, quæ supra præcepta sunt.

VI. Stomachus lateribus cingitur, atque in his quoque vehementes dolores esse consuerunt. Et initium vel ex frigore, vel ex ictu, vel ex nimio cursu, vel ex morbo est ; sed interdum id malum intra dolorem est, isque modo tarde, modo celeriter solvitur ; interdum ad perniciem quoque procedit, oriturque acutus morbus, qui πλευριτικός a Græcis nominatur. Huic dolori lateris, fe-

tensité, et des crachats sanglants quand il est plus grave. Quelquefois aussi la toux est sèche, et n'est point suivie d'expectoration : ce dernier cas, plus fâcheux que le premier, ne l'est pas autant que le second. Si la douleur est vive et récente, on la combat par la saignée; mais si le mal est léger ou déjà chronique, ce remède est inutile, ou vient trop tard, et l'on doit avoir recours aux ventouses scarifiées. On obtient encore de bons effets de l'application sur la poitrine de sinapismes préparés avec du vinaigre; on les laisse à demeure jusqu'à ce qu'ils déterminent des plaies et des phlyctènes, et l'on se sert ensuite d'un médicament qui puisse appeler sur ce point un afflux d'humeurs. Il faut de plus recouvrir le côté d'un morceau de laine soufrée, et, lorsque l'inflammation commence à décliner, employer les fomentations chaudes et sèches, et de là passer aux cataplasmes. Si néanmoins la douleur plus opiniâtre ne cède pas à ces moyens, on la dissipe enfin à l'aide d'un emplâtre résineux. On doit boire et manger chaud, se garantir du froid, et, pour seconder ce régime, frotter les extrémités avec de l'huile et du soufre. Quand la toux est calmée, on peut lire doucement, user d'aliments âcres, et boire du vin plus pur. Ce sont là les ordonnances des médecins, dont le secours cependant est inutile aux gens de nos campagnes, qui viennent à bout de se guérir en buvant simplement de la tisane de germandrée. Toutes les fois qu'il y a douleur de côté, on peut suivre ces préceptes; mais il y a plus à faire si la douleur se convertit en maladie aiguë. Aux recommandations énoncées plus haut, il faut ajouter celles-ci : n'accorder que des aliments très-légers et très-doux, de la crème d'orge entre autres, et plutôt encore la décoction d'orge, ou du bouillon de poulet dans lequel on a fait cuire du poireau, et n'en donner que tous les trois jours, si pourtant les forces le permettent; pour boisson, décoction miellée d'hyssope ou de rue. Le moment convenable pour prendre ces aliments sera déterminé par l'état d'augment ou de déclin de la fièvre, et l'on aura soin de choisir le temps de la plus grande rémission. Mais, malgré cela, lorsque la toux est sèche, il faut prévenir l'aridité de la gorge, car souvent cette espèce de toux où l'expectoration est nulle ne discontinue pas, et peut suffoquer le malade; aussi ai-je dit qu'elle était plus grave que la toux suivie de crachats pituiteux. Cette maladie ne permettant pas de boire, comme nous l'avons prescrit plus haut, il convient de donner en place de la crème d'orge mondé. C'est par ce régime qu'on soutient le malade au fort même de la maladie; de sorte que lorsque son état commence à s'améliorer, on peut donner des aliments plus solides et du vin en petite quantité, pourvu toutefois qu'on n'accorde rien qui puisse refroidir le malade, ou irriter la gorge. Si pendant la convalescence la toux n'a pas encore disparu, il faudra s'imposer un jour de diète, et le lendemain reprendre avec ses aliments un peu plus de vin. Il n'est pas inutile, dès que la toux commence, de faire boire quelques verres de vin, comme je l'ai dit ci-dessus; mais c'est le vin doux ou léger qui convient le mieux dans cette maladie. Quand le mal est invétéré, il faut donner des forces au malade en le mettant au régime des athlètes.

VII. Des parois des viscères nous passerons

---

bris et tussis accedit, et per hanc exscreatur, si tolerabilis morbus est, pituita; si gravis, sanguis. Interdum etiam sicca tussis est, quæ nihil emolitur : idque primo vitio gravius, secundo tolerabilius est. Remedium vero est magni et recentis doloris, sanguis missus. At, sive levior sive vetustior casus est, vel supervacuum, vel serum id auxilium est; confugiendumque ad cucurbitulas est, ante summa cute incisa. Recte etiam sinapi ex aceto super pectus imponitur, donec ulcera pustulasque excitet; et tum medicamentum, quod humorem illuc citet. Præter hæc, circumdare primum oportet latus lapso lanæ sulphuratæ; deinde, cum paulum inflammatio se remisit, siccis et calidis fomentis uti; ab his transitus ad malagmata est. Si vetustior dolor remanet, novissime resina imposita discutitur. Utendum cibis potionibusque calidis; vitandum frigus; inter hæc tamen non alienum est extremas partes oleo et sulphure perfricare. Si levata tussis est, leni lectione uti; jamque et acres cibos, et vinum meracius assumere. Quæ a medicis præcipiuntur, ut tamen sine his rusticos nostros epota ex aqua herba trixago satis adjuvet. Hæc in omni lateris dolore communia sunt; plus negotii est, si acutus quoque morbus is factus est. In hoc, præter ea, quæ supra posita sunt, hæc animadvertenda sunt : ut cibus sit quam maxime tenuis et lenis, præcipueque sorbitio, eaque ex ptisana potissimum, aut jus in quo porrus cum pullo gallinaceo coctus sit; idque non nisi tertio quoque die detur, si tamen per vires licebit; potui vero aqua mulsa, in qua hyssopum, aut ruta decocta sit. Quæ quibus temporibus danda sint, ex ratione vel adauctæ, vel levatæ febris apparebit, sic, ut in remissione quam maxima dentur; cum eo tamen, ut sciamus, non esse ejus generis tussi aridas fauces committendas : sæpe enim, ubi nihil est, quod exscreetur, continuatur, et strangulat. Ob quam causam dixi etiam pejus id genus esse tussis, quod nihil, quam quod pituitam moveret. Sed hic vinum sorbere, ut supra præcepimus, morbus ipse non patitur; in vicem ejus, cremor ptisanæ sumendus est. Ut his autem in ipso morbi fervore sustinendus æger est, sic, ubi paulum is se remisit, alimenta pleniora, et vini quoque aliquid dari potest; dum nihil detur, quod aut refrigeret corpus, aut fauces asperet. Si in refectione quoque manserit tussis, intermittere oportebit uno die; posteroque cum cibo vini paulo plus assumere. Atque incipiente quoque tussi, tum non erit alienum, ut supra quoque positum est, vini cyathos sorbere; sed in hoc genere valetudinis, dulce, vel certe lene commodius est. Si malum inveteravit, athletico victu corpus firmandum est.

VII. A compagine corporis ad viscera transeundum est; et in primis ad pulmonem veniendum; ex quo vehemens et

aux viscères mêmes, et nous nous occuperons d'abord des poumons, qui peuvent être le siège d'une maladie grave et aiguë, que les Grecs appellent *péripneumonie*. Voici en quoi elle consiste : l'organe entier est affecté ; il y a toux avec expectoration de bile ou de pus, pesanteur dans la région précordiale et dans toute la poitrine, difficulté de respirer, fièvre intense, insomnie continuelle, dégoût des aliments, amaigrissement général. Dans cette maladie la douleur ne répond pas au danger réel. Quand les forces le permettent, il faut tirer du sang ; si le sujet est trop faible, on applique sur la poitrine des ventouses non scarifiées, et l'on cherche à résoudre le mal par la gestation, si le malade peut la supporter ; dans le cas contraire, on doit se borner à lui faire prendre chez lui un peu de mouvement. On donnera pour boisson une décoction d'hysope et de figues sèches, ou de l'eau miellée dans laquelle on aura fait bouillir de l'hysope ou de la rue. On devra frictionner très-longtemps les épaules, les bras, les jambes et les pieds, frotter légèrement la poitrine, et en user ainsi deux fois par jour. Quant aux aliments, il faut éviter ceux qui sont salés, âcres, amers, de nature à resserrer le ventre, et en choisir de plus doux. En conséquence on prescrira, les premiers jours, de la crème d'orge, de fromentée ou de riz, qu'on fait cuire avec un peu de graisse nouvelle : on donnera en même temps un œuf frais, des pignons incorporés dans du miel, du pain, ou de la fromentée lavée dans de l'eau miellée ; on fera boire ensuite non-seulement de l'eau pure, mais de l'eau miellée, tiède, ou même froide si c'est l'été, et que rien ne s'y oppose. C'est seulement dans la première période de la maladie qu'on peut donner ces aliments de deux jours l'un ; lorsqu'elle est à son plus haut degré, on doit autant que possible observer une diète absolue, et ne prendre que de l'eau tiède, ou encore de l'eau miellée, s'il y a lieu de soutenir les forces. On combat avec succès la douleur à l'aide de topiques chauds, ou de cataplasmes à la fois répercussifs et émollients ; il est utile aussi d'appliquer sur la poitrine du sel bien écrasé et mêlé avec du cérat, parce qu'il en résulte une légère érosion de la peau, qui sert à provoquer sur ce point l'afflux de la matière dont le poumon est accablé. Les cataplasmes révulsifs produisent aussi de bons effets. Il convient de tenir les fenêtres fermées quand le mal est dans toute sa force, et de les entr'ouvrir trois ou quatre fois par jour dès que l'état s'améliore, afin de donner un peu d'air. Dans la convalescence, il faut s'interdire le vin pendant plusieurs jours, employer la gestation et les frictions ; puis aux crèmes farineuses et aux aliments dont j'ai parlé, il est bon d'ajouter le poireau parmi les légumes ; en fait de viande, les pieds d'animaux et la chair des petits poissons, de manière que le régime se compose pendant longtemps d'aliments tendres et légers.

VIII. La maladie d'un autre viscère, c'est-à-dire du foie, se présente également sous la forme aiguë ou chronique : c'est *l'hépatite* des Grecs. Elle est caractérisée par une vive douleur qui se manifeste sous l'hypocondre droit, gagne la région latérale, le cou, l'épaule, et quelquefois jusqu'à la main du même côté ; on éprouve un violent frisson : quand le mal est grave, il survient des vomissements de bile, et dans certains cas des hoquets qui rendent la suffocation imminente. Ce sont là les symptômes de l'état aigu.

---

acutus morbus oritur, quem περιπνευμονικὸν Græci vocant. Ejus hæc conditio est ; pulmo totus afficitur ; hunc casum ejus subsequitur tussis, bilem vel pus trahens, præcordiorum totiusque pectoris gravitas, spiritus difficultas, magnæ febres, continua vigilia, cibi fastidium, tabes. Id genus morbi plus periculi quam doloris habet. Oportet, si satis validæ vires sunt, sanguinem mittere ; sin minores, cucurbitulas sine ferro præcordiis admovere ; tum, si satis valet, gestando ægrum, digerere ; si parum, intra domum tamen dimovere. Potionem autem hyssopi dare, cum quo ficus arida sit incocta ; aut aquam mulsam, in qua vel hyssopum vel ruta decocta sit ; frictione uti diutissime in scapulis, proxime ab his in brachiis et pedibus et cruribus, leniter contra pulmonem ; idque bis quotidie facere. Quod ad cibum vero pertinet, huic nec salsis opus est, neque acribus, neque amaris, neque alvum astringentibus, sed paulo lenioribus. Ergo primis diebus danda est sorbitio ptisanæ, vel alicæ, vel oryzæ, cum qua recens adeps cocta sit ; cum hac, sorbile ovum, nuclei pinei ex melle, panis, vel elota alica ex aqua mulsa ; potui deinde non solum pura aqua, sed etiam mulsa egelida, aut, si æstas est, etiam frigida, nisi quid obstat. Hæc autem altero quoque die, increscente morbo, dare satis est ; ubi in incremento constitit, quantum res patitur, ab omnibus abstinendum est, præterquam aqua egelida. Si vires desunt, adjuvandæ sunt aqua mulsa. Prosuntque adversus dolores imposita calida fomenta, vel ea, quæ simul et reprimunt et emolliunt ; prodest impositus super pectus sal bene contritus, cum cerato mistus, quia leviter cutem erodit, eoque impetum materiæ, quo pulmo vexatur, evocat. Utile etiam aliquod malagma est ex iis, quæ materiam trahunt. Neque alienum est, dum premit morbus, clausis fenestris ægrum continere ; ubi paulum levatus est, ter aut quater die, fenestris aliquantum apertis, parvum aerem recipere ; deinde in refectione pluribus diebus a vino abstinere ; gestatione, frictione uti ; sorbitionibus et prioribus cibis adjicere ex oleribus porrum, ex carne ungulas et summa trunculorum atque pisciculos, sic, ut diu nihil nisi molle et lene sumatur.

VIII. Alterius quoque visceris morbus, id est jocinoris, æque modo longus, modo acutus esse consuevit : ἡπατικὸν Græci vocant. Dextra parte sub præcordiis vehemens dolor est ; idemque ad latus dextrum, et ad jugulum, humerumque partis ejusdem pervenit, nonnumquam manus quoque dextra torquetur ; horror validus est ; ubi

On reconnaît l'état chronique à la suppuration du foie, à la douleur qui cesse et reparaît intense, à la dureté et au gonflement de l'hypocondre droit, à la difficulté de respirer, qui devient plus grande après le repas; et enfin, à un certain relâchement des mâchoires. Lorsque l'hépatite a duré longtemps, il se déclare de l'enflure au ventre, aux jambes et aux pieds, tandis que la poitrine, les épaules et les régions claviculaires sont profondément amaigries. Il est essentiel au début de tirer du sang; ensuite il faut tenir le ventre libre, et purger même avec l'ellébore noir, si on n'a pas le choix; puis appliquer des cataplasmes répercussifs, et les remplacer par d'autres qui soient chauds et résolutifs en ayant soin d'y ajouter de l'iris ou de l'absinthe; à ces derniers succèdent les cataplasmes émollients. On doit prescrire les crèmes farineuses, les aliments chauds, peu nourrissants, et tous ceux à peu près qui conviennent dans l'inflammation du poumon; on donne en outre ceux qui sont diurétiques, et les boissons douées de la même propriété. Dans cette maladie, on se trouve bien d'employer le thym, la sarriette, l'hysope, le calament, l'anis (4), le sésame, les baies de laurier, les fleurs de pin, la renouée, la menthe, la pulpe de coing, ainsi que le foie de pigeon frais et cru. Quelques-uns de ces médicaments se prennent seuls, d'autres peuvent entrer dans les boissons et la crème d'orge, mais en petite quantité. Il est utile encore d'avaler chaque jour une pilule composée d'absinthe pulvérisée, de poivre et de miel. On devra principalement s'abstenir des choses froides, car rien n'est plus contraire au foie. On pratiquera des frictions sur les extrémités, et l'on aura soin d'éviter tout travail, tout mouvement trop violent, et même tout effort pour retenir longtemps sa respiration; la colère, la frayeur, l'action de porter ou de lancer un corps, ont, de même que la course, une influence fâcheuse. Les affusions sur le corps produisent de bons effets; elles doivent être chaudes en hiver, et tièdes en été; il n'est pas moins utile de faire beaucoup d'onctions, et de transpirer dans le bain. S'il se forme un abcès dans le foie, on doit suivre le traitement indiqué pour les suppurations internes; quelques médecins cependant ouvrent la vomique avec l'instrument, et même avec le fer chaud.

IX. Lorsque la rate est affectée, elle se gonfle, ainsi que l'hypocondre gauche, qui devient dur et résiste à la pression; il y a tension du ventre, et même un peu d'enflure aux jambes: si le malade a des ulcères, ils ne guérissent point, ou ne se cicatrisent qu'avec la plus grande difficulté; on ne peut ni marcher avec force, ni courir sans ressentir de la gêne ou de la douleur. Cependant comme la maladie s'accroît par le repos, on doit se livrer au travail et à l'exercice, avec la précaution toutefois de ne pas les porter assez loin pour exciter la fièvre. Il est nécessaire de pratiquer des onctions et des frictions, et de provoquer la sueur. Toutes les choses douces sont contraires, de même que le lait et le fromage; mais les acides sont parfaitement convenables: aussi fera-t-on bien de boire sans mélange du vinaigre fort, et mieux encore de prendre du vinaigre scillitique. On choisira pour aliments les salaisons, les olives conservées dans de la saumure forte, la laitue et la chicorée trempées dans du vinaigre, la poirée assaisonnée de moutarde, les asperges, les raves sauvages, les panais, les pieds et la tête des animaux, les oiseaux mai-

---

male est, bilis evomitur; interdum singultus prope strangulat. Et hæc quidem acuti morbi sunt. Longioris vero, ubi suppuratio in jocinore est; dolorque modo finitur, modo intenditur; dextra parte præcordia dura sunt, et tument; post cibum major spiritus difficultas est; accedit maxillarum quædam resolutio. Ubi inveteravit malum, venter et crura pedesque intumescunt; pectus atque humeri, circaque jugulum utrumque extenuatur. Initio sanguinem mittere optimum est; tum venter solvendus est, si non potest aliter, imponenda veratrum; imponenda extrinsecus cataplasmata, primum quæ reprimant, deinde calida, quæ diducant, quibus recte iris vel absinthium adjicitur; post hæc, malagma. Dandæ vero sorbitiones sunt, omnesque cibi, et calidi, et qui non multum alunt, et fere qui pulmonis quoque dolori conveniunt; præterque eos, qui urinam movent, potionesque ad id efficaces. Utilia in hoc morbo sunt thymum, satureia, hyssopum, nepeta, anisum, sesamum, lauri baccæ, pini flos, herba sanguinalis, mentha, ex malo cotoneo medium, columbæ jecur recens et crudum; ex quibus quædam per se esse, quædam adjicere vel sorbitioni vel potioni licet, sic tamen, ut parce assumantur. Neque alienum est, absinthium contritum ex melle et pipere, ejusque catapotium quotidie devorare. Abstinendum utique est ab omnibus frigidis: neque enim res ulla magis jecur lædit. Frictionibus utendum in extremis partibus; vitandus omnis labor, omnis vehementior motus; ne spiritus quidem diutius continendus est. Ira, trepidatio, pondus, jactus, cursus, inimica sunt. Perfusio corporis multa prodest ex aqua, si hiems est, calida; si æstas, tepida; item liberalis unctio, et in balneo sudor. Si vero jecur vomica laborat, eadem facienda sunt, quæ in ceteris interioribus suppurationibus. Quidam etiam contra id scalpello aperiunt, et ipsam vomicam adurunt.

IX. At lienis ubi affectus est, intumescit, simulque cum eo pars sinistra; eaque dura est, et prementi renititur; venter intentus est; aliquis etiam cruribus tumor est; ulcera aut omnino non sanescunt, aut certe cicatricem vix recipiunt; in intenta ambulatione cursuque dolor et quædam difficultas est. Hoc vitium quies anget: itaque exercitatione et labore opus est, habita tamen ratione, ne febrem ista, si nimium processerint, excitent. Unctiones, frictionesque, et sudores necessarii sunt. Dulcia omnia inimica sunt, item lac et caseus; acida autem maxime conveniunt. Ergo acetum acre per se sorbere, et magis etiam, quod scilla conditum est, expedit. Edenda sunt salsamenta, vel oleæ ex muria dura; tinctæ in aceto lactucæ, intubique ex eodem, betæ ex sinapi, asparagus,

gres, et le gibier de même nature. Pour boisson on doit donner à jeun une décoction d'absinthe, et après le repas de l'eau de forge, dans laquelle on a plusieurs fois éteint le fer rouge : cette eau en effet a la propriété de réduire le volume de la rate, et l'on a remarqué que les animaux élevés dans les forges ont cet organe très-peu développé. On peut donner aussi du vin léger et astringent, et en fait d'aliments et de boisson, tout ce qui pousse aux urines. A cet effet on prescrit principalement la semence de trèfle, le cumin, l'ache, le serpolet, le cytise, le pourpier, le calament, le thym, l'hysope, la sarriette, toutes substances qui paraissent éminemment diurétiques. Il y a de l'avantage à faire manger aussi de la rate de bœuf, et surtout de la roquette et du cresson, qui ont la propriété de faire fondre la rate. Les remèdes externes ne doivent pas être négligés : on applique par exemple un mélange d'onguent et de dattes que les Grecs nomment *myrobolan*, ou un topique composé de graine de lin et de raifort, avec addition de vin et d'huile ; on prépare un médicament avec du cyprès vert et des figues sèches, ou bien l'on en fait un autre avec de la moutarde et une quatrième partie de suif de bouc pris autour des reins ; on triture au soleil et on applique sur-le-champ le remède. Les câpres s'emploient utilement de plusieurs manières, car on peut les mêler aux aliments, et en avaler la saumure avec du vinaigre ; enfin il est utile pour l'usage externe de broyer la racine ou l'écorce du câprier, et de la mêler avec du son, ou d'écraser la câpre elle-même et de l'incorporer dans du miel. Les cataplasmes conviennent aussi dans cette affection.

X. Les maladies des reins, une fois déclarées, sont généralement opiniâtres ; et elles prennent un caractère plus grave lorsqu'il survient de fréquents vomissements de bile. Il faut garder le repos, et se coucher mollement ; favoriser le relâchement du ventre ; si les purgatifs n'agissent pas, employer les lavements ; prendre souvent des demi-bains d'eau chaude ; éviter de boire et de manger froid ; s'interdire toutes les choses salées, âcres, acides, ainsi que les fruits ; boire beaucoup ; ajouter alternativement aux aliments et aux boissons du poivre, du poireau, de la férule, du pavot blanc, substances dont l'action diurétique est très-prononcée. Le remède suivant convient aussi à l'ulcération des reins, quand les ulcères ont encore besoin d'être détergés : on prend soixante graines de concombre dépouillées d'écorce, douze pignons de pin sauvage, une pincée d'anis, et un peu de safran ; le tout, pilé ensemble, doit être administré dans deux verres d'hydromel. Si l'on cherche simplement à calmer la douleur, on écrase ensemble trente graines de concombre, vingt pignons, cinq noix grecques, très-peu de safran, et l'on donne ce mélange dans du lait. On fait bien encore d'appliquer des cataplasmes, et principalement ceux qui attirent l'humeur au dehors.

XI. Des viscères nous allons passer aux intestins qui sont exposés à des maladies aiguës et chroniques. Il faut parler d'abord du choléra, parce qu'il semble affecter en même temps l'estomac et les intestins ; en effet, on observe à la fois des déjections et des vomissements ; de plus, il y a gonflement, tranchées, évacuation de bile par haut et par bas ; au début cette bile est sembla-

---

armoracia, pastinaca, ungulæ, rostra, aves macræ, ejusdem generis venatio. Potui vero jejuno dari debet absinthium incoctum ; at post cibum aqua a ferrario fabro, in qua candens ferrum subinde tinctum sit, hæc enim vel præcipue lienem coercet. Quod animadversum est in iis animalibus, quæ apud hos fabros educata exiguos lienes habent. Potest etiam dari vinum tenue, austerum ; omniaque in cibis et potionibus, quæ urinæ movendæ sunt. Præcipueque ad id valet vel trifolii semen, vel cuminum, vel apium, vel serpyllum, vel cytisus, vel portulaca, vel nepeta, vel thymum, vel hyssopum, vel satureia : hæc enim inde commodissime videntur humorem educere. Lienis quoque bubulus utiliter esui datur ; præcipueque eruca et nasturtium lienem extenuant. Imponenda quoque extrinsecus sunt, quæ levent. Fit ex unguento et palmulis, quod μυροβάλανον Græci vocant ; fit ex lini et nasturtii semine, quo vinum et oleum adjicitur ; fit ex cupresso viridi, et arida ficu ; fit ex sinapi, cui sevi hircini a renibus quarta pars ponderis adjicitur, teriturque in sole, et protinus imponitur. Multisque modis huic rei cappari aptum est : nam et ipsum cum cibo assumere, et muriam ejus cum aceto sorbere commodum est. Quin etiam extrinsecus radicem contritam, vel corticem ejus cum furfuribus, aut ipsum cappari cum melle contritum imponere expedit. Malagmata quoque huic rei aptantur.

X. At renes ubi affecti sunt, diu male habent. Pejus est si frequens biliosus vomitus accedit. Oportet conquiescere ; cubare molliter ; solvere alvum ; si aliter non respondet, etiam ducere ; sæpe desidere in aqua calida ; neque cibum, neque potionem frigidam assumere ; abstinere ab omnibus salsis, acribus, acidis, pomis ; bibere liberaliter ; adjicere modo cibo, modo potioni piper, porrum, ferulam, album papaver, quæ maxime inde urinam movere consuerunt. Auxilio quoque his exulceratis sunt, si adhuc ulcera purganda sunt, cucumeris semina detractis corticibus sexaginta, nuclei ex pinu silvestri duodecim, anisi quod tribus digitis sumi possit, croci paulum, contrita et in duas mulsi potiones divisa. Si vero dolor tantum levandus est, ejusdem cucumeris semina triginta, iidem nuclei viginti, nuces Græcæ quinque, croci paululum, contrita et cum lacte potui data. Ac super quoque recte quædam malagmata injiciuntur, maximeque ea, quæ humori extrahendo sunt.

XI. A visceribus ad intestina veniendum est, quæ sunt et acutis et longis morbis obnoxia. Primoque facienda mentio est choleræ, quia communis id stomachi atque intestinorum vitium videri potest. Nam simul et dejectio et vomitus est ; præterque hæc inflatio est. intestina torquentur, bilis supra infraque erumpit, primum aquæ similis, deinde ut in ea recens caro lota esse videatur,

ble à de l'eau claire, puis à de l'eau dans laquelle on aurait lavé de la chair fraîche; elle est quelquefois blanche, d'autres fois noire, ou de différentes couleurs. C'est d'après le caractère des évacuations que les Grecs ont appelé cette maladie *choléra*. Indépendamment des symptômes que nous venons d'énoncer, on remarque souvent des contractions dans les bras et les jambes; il existe une soif ardente, et la défaillance survient. Quand tous ces accidents se rencontrent, il n'est pas étonnant que le malade soit aussitôt enlevé. Cependant il n'est pas de maladie à laquelle on puisse remédier plus promptement. Ainsi, dès l'apparition des premiers symptômes, il faut boire beaucoup d'eau chaude et vomir; presque toujours le résultat suit de près l'emploi du remède; mais quand même on ne rendrait rien, il serait toujours avantageux de mêler des matières nouvelles à celles qui sont corrompues; et l'absence de vomissement, d'ailleurs, annonce un commencement de guérison. Si le malade vomit, on doit suspendre immédiatement toute boisson. S'il y a des tranchées, il convient de fomenter l'épigastre avec de l'eau froide; ou si le ventre est douloureux, on emploie de l'eau tiède, et l'on a soin d'entretenir dans cette région une chaleur modérée. Quand le vomissement, les évacuations alvines et la soif tourmentent violemment le malade, et que les matières vomies offrent des traces de crudité, il n'est pas temps encore de donner du vin; et l'eau qu'on fait boire ne doit pas non plus être froide, mais tiède. Il est bon de faire respirer du pouliot trempé dans du vinaigre, ou de la farine d'orge grillée et arrosée de vin, ou seulement de la menthe. Quand les crudités ont disparu, ce qu'on a le plus à craindre c'est la défaillance, et le vin alors se présente comme ressource. Il faut le prendre léger, odoriférant, le couper avec de l'eau froide, ou le mêler soit avec de la farine d'orge grillée, soit avec du miel. Ces préparations sont appelées à réparer les forces autant de fois qu'il y a des vomissements ou des déjections. D'après Érasistrate, on ne doit faire entrer d'abord dans les boissons que trois ou cinq gouttes de vin, et ensuite on en augmente peu à peu la dose. S'il agissait ainsi dès le principe par crainte des crudités, il pouvait avoir raison; mais il se trompait s'il pensait remédier à une grande faiblesse avec trois gouttes de vin. Quand le sujet est épuisé et qu'il y a des contractions dans les jambes, il faut, même dans l'intervalle des boissons vineuses, donner une potion d'absinthe. Si les extrémités se refroidissent, on pratique pour les ranimer des onctions avec de l'huile chaude à laquelle on ajoute un peu de cire, et l'on fait des fomentations également chaudes. Lorsque ces moyens n'amènent pas de soulagement, on applique une ventouse ou un sinapisme sur la région épigastrique. Dès que le repos arrive, il faut dormir, ne rien boire le lendemain, aller au bain le troisième jour; chercher dans une bonne alimentation et dans le sommeil, si l'on dort facilement, le retour progressif des forces, et se préserver de la fatigue et du froid (5). Si même après la disparition du choléra on voit persister un mouvement fébrile, il devient nécessaire de prescrire des lavements, et l'on accorde ensuite des aliments et du vin.

XII. Il s'agit là d'une affection aiguë, et dans laquelle les intestins et l'estomac sont tellement intéressés, qu'il n'est pas facile de dire quel en est le siége principal; celle au contraire que les Grecs

---

interdum alba, nonnumquam nigra, vel varia. Ergo eo nomine morbum hunc χολέραν Græci nominarunt. Præter ea vero, quæ supra comprehensa sunt, sæpe etiam crura manusque contrahuntur, urget sitis, anima deficit : quibus concurrentibus non mirum est, si subito quis moritur. Neque tamen ulli morbo minori momento succurritur. Protinus ergo, ubi ista cœperunt, aquæ tepidæ quam plurimum bibere oportet, et vomere. Vix unquam sic non vomitus sequitur; sed etiamsi non incidit, miscuisse tamen novam materiam corruptæ prodest, parsque sanitatis est, vomitum esse suppressum. Si id incidit, protinus ab omni potione abstinendum est. Si vero tormina sunt, oportet frigidis et humidis fomentis stomachum fovere; vel, si venter dolet, iisdem egelidis, sic ut venter ipse mediocriter calentibus juvetur. Quod si vehementer et vomitus, et dejectio, et sitis vexant, et adhuc subcruda sunt, quæ vomuntur, nondum vino maturum tempus est; aqua, neque ea ipsa frigida, sed potius egelida danda est, admovendumque naribus est pulegium ex aceto, vel polenta vino aspersa, vel mentha secundum naturam est. At cum crassas cruditas est, tum magis verendum est, ne anima deficiat. Ergo tum confugiendum est ad vinum. Id esse oportet tenue, odoratum, cum aqua frigida mistum; vel polenta adjecta, vel melle quoque assumere expedit; quotiesque aliquid aut stomachus, aut venter effudit, toties per hæc vires restituere. Erasistratus primo tribus vini guttis, aut quinis aspergendam potionem esse dixit; deinde paulatim merum adjiciendum. Is, si et ab initio vinum dedit, et metum cruditatis secutus est, non sine causa fecit; sed vehementem infirmitatem adjuvari posse tribus guttis putavit, erravit. At si inanis est homo, et crura ejus contrahuntur, interponenda potio absinthii est. Si extremæ partes corporis frigent, ungendæ sunt calido oleo, cui ceræ paulum sit adjectum, calidioque fomentis utriendæ. Si ne sub his quidem quies facta est, extrinsecus contra ventriculum ipsum cucurbitula admovenda est, aut sinapi superimponendum. Ubi is constitit, dormire oportet; postero die utique a potione abstinere; die tertio in balneum ire; paulatim se cibo reficere; somno quisquis facile adquiescit; itemque lassitudine et frigore. Si post suppressam choleram febricula manet, alvum duci necessarium est : tum cibis vinoque utendum est.

XII. Sed hic quidem morbus et acutus est, et inter intestina stomachumque versatur, sic ut, cujus potissimum

nomment *cœliaque* réside positivement dans l'orifice de l'estomac, et revêt en général la forme chronique. Sous l'influence de cette affection, le ventre devient dur et douloureux; il y a de la constipation, et même impossibilité d'expulser les gaz; les extrémités se refroidissent, et le malade respire difficilement. La meilleure chose à faire en commençant, c'est de couvrir le ventre de cataplasmes chauds, afin de calmer la douleur; puis on fait vomir après le repas, pour que le ventre se trouve ainsi dans un état de vacuité; les jours suivants, on applique sur l'abdomen et les hanches des ventouses non scarifiées; on procure des évacuations alvines en donnant du lait et du vin salé froid, ou même des figues vertes, si l'on est dans la saison; mais c'est par degrés et non tout à la fois qu'il faut donner à boire ou à manger. En conséquence, on se contentera de prendre par intervalle deux ou trois verres de boisson, et pour les aliments on établira la même proportion. Il convient aussi de donner un verre de lait étendu d'une égale quantité d'eau. Les aliments flatueux et âcres sont les plus convenables; de telle sorte qu'on fait bien d'ajouter au lait de l'ail écrasé. Au bout d'un certain temps, il y a lieu d'employer la gestation, et surtout de naviguer; trois ou quatre fois par jour, on doit faire des frictions avec de l'huile et du nitre; après le repas, il est bon de recourir aux affusions chaudes, puis d'appliquer sur tous les membres, la tête exceptée, des sinapismes qu'on laisse jusqu'à ce qu'ils aient produit de la rougeur et de l'érosion : ce moyen sera surtout employé chez les sujets fermes et robustes. On arrive ensuite par degrés aux remèdes astringents. La viande doit être rôtie, nourrissantes et peu facile à se corrompre; pour boisson, on prendra deux ou trois verres d'eau pluviale, qu'on aura fait bouillir. Si le mal est invétéré, il faut avaler gros comme un grain de poivre d'assa-fœtida de la meilleure qualité, et boire alternativement un jour du vin, et de l'eau le jour suivant; quelquefois on peut prendre un verre de vin après chaque repas; enfin on devra prescrire des lavements d'eau pluviale dégourdie, surtout s'il y a dans le bas-ventre des douleurs persévérantes.

XIII. Le conduit intestinal est sujet à deux maladies dont l'une occupe l'intestin grêle, et l'autre, le gros intestin. La première est aiguë, la seconde peut exister à l'état chronique. Dioclès de Caryste a nommé *chordapse* l'affection de l'intestin grêle, et *iléus*, celle du gros intestin; mais aujourd'hui je vois que ce nom d'*iléus* s'applique à la première maladie, et que l'autre est appelée *colique*. Quand le mal réside dans la portion grêle, il détermine de la douleur au-dessus ou au-dessous de l'ombilic, et le point douloureux devient le siége d'une inflammation; le cours des évacuations par bas est interrompu, et l'expulsion des gaz impossible; si la partie supérieure est affectée, on vomit ses aliments, et l'on rend par la bouche des matières stercorales si le mal s'est porté sur la partie inférieure; mais dans les deux cas il faut que déjà l'affection soit ancienne. Des vomissements bilieux, de mauvaise odeur, noirs ou de couleurs variées, augmentent le danger. Comme moyen de traitement il faut employer la saignée, ou faire des applications de ventouses en plusieurs endroits, sans y joindre partout des scarifications; on se contente d'inciser la peau sur deux ou trois points, et ailleurs il suffit d'attirer l'air. On doit déterminer

---

partis sit, non facile dici possit. In ipsius vero ventriculi porta consistit is, qui et longus esse consuevit : κοιλιακὸς a Græcis nominatur. Sub hoc venter indurescit, dolorque ejus est; alvus nihil reddit, ac ne spiritum quidem transmittit; extremæ partes frigescunt; difficulter spiritus redditur. Commodissimum est inter initia calida cataplasmata toti ventri imponere, ut dolorem leniant; post cibum vomere, ut ita ventrem exinanire; proximis deinde diebus cucurbitulas sine ferro ventri et coxis admovere; ventrem ipsum liquare dato lacte, et vino salso, frigido; si tempus anni patitur, etiam viridibus ficis; sic tamen, ne quis aut cibus, aut humor universus detur, sed paulatim. Ergo per intervalla temporis sat est cyathos bino ternosve sumere, et cibum pro portione hujus, commodeque facit cyatho lactis cyathus aquæ mistus, et sic datus; cibique inflantes et acres utiliores sunt, adeo ut lacti quoque recte contritum allium adjiciatur. Procedente vero tempore, opus est gestari; maximeque navigare; perfricari ter aut quater die, sic, ut nitrum oleo adjiciatur; perfundi aqua calida post cibum; deinde sinapi imponere per omnia membra, excepto capite, donec arrodatur et rubeat, maximeque si corpus durum et virile est; paulatim deinde faciendus est transitus ad ea, quæ ventrem comprimunt. Assa caro danda, valens, et quæ non facile corrumpatur; potui vero, pluvialis aqua decocta, sed quæ per binos ternosve cyathos bibatur. Si vetus vitium est, oportet laser quam optimum ad piperis magnitudinem devorare; altero quoque die vinum vel aquam libere; interdum interposito cibo, singulos vini cyathos sorbere; ex inferiori parte infundere pluvialem egelidam aquam, maximeque si dolor in imis partibus remanet.

XIII. Intra ipsa vero intestina consistunt duo morbi, quorum alter in tenuiore, alter in pleniore est. Prior acutus est; insequens esse longus potest. Diocles Carystius tenuioris intestini morbum χόρδαψον, plenioris εἰλεὸν nominavit. A plerisque video nunc illum priorem εἰλεὸν, hunc κωλικὸν nominari. Sed prior modo supra umbilicum, modo sub umbilico dolorem movet; fit alterutro loco inflammatio; nec alvus, nec spiritus infra transmittitur; si superior pars affecta est, cibus, si inferior, stercus per os redditur, si utrumlibet vetus est. Adjicit periculo vomitus biliosus, mali odoris, aut varius, aut niger. Remedium est, sanguinem mittere; vel cucurbitulas pluribus locis admovere, non ubique cute incisa, id enim duobus aut tribus locis satis est, ex ceteris spiritum evocare abunde est. Tum animadvertere oportet, quo loco malum sit, solet enim contra id tumere. Et si supra umbilicum est,

ensuite le siége du mal, et d'ordinaire il se reconnaît à la présence d'une tumeur. Si l'iléus se trouve au-dessus de l'ombilic, les lavements sont inutiles; mais s'il est au-dessous, on ne peut mieux faire que d'en prescrire comme le veut Érasistrate; et souvent même on n'a pas besoin d'autre secours. On prépare ces remèdes avec de la crème d'orge mondé qu'on a filtrée, et l'on y ajoute simplement du miel et de l'huile. Si l'on ne voit pas de tumeur, on placera les deux mains sur le ventre; puis, en le parcourant lentement de haut en bas, on appréciera la situation du mal par la rénitence qu'il offrira nécessairement au toucher : cette exploration permettra de juger s'il est utile ou non de recourir aux lavements. Voici les moyens généraux : appliquer des cataplasmes chauds depuis les mamelles jusqu'aux aines et à l'épine, et les renouveler souvent; frictionner les bras et les jambes; faire prendre au malade un bain entier d'huile chaude, et donner en lavement, si la douleur ne cesse pas, trois ou quatre verres de cette huile. Lorsqu'à l'aide de ce traitement les gaz ont déjà pu s'échapper par la partie inférieure, il convient d'accorder au malade de l'hydromel tiède, mais en petite quantité; et avant ce temps il doit s'interdire avec soin toute boisson. Si l'hydromel réussit, on peut donner aussi de la crème d'orge; et l'on passe enfin à un régime plus substantiel dès que la douleur et la fièvre ont cessé, en évitant toutefois les aliments venteux, durs ou trop nourrissants, dans la crainte de fatiguer les intestins encore faibles. On ne boira que de l'eau pure, car tout ce qui est vineux ou acide est contraire à cette maladie. Il faut de même renoncer au bain, à la promenade, à la gestation et aux autres exercices du corps, attendu que ce mal se reproduit facilement, et que si les intestins ne sont pas entièrement rétablis, l'impression du froid ou la moindre agitation occasionne une rechute.

XIV. La maladie du gros intestin est située principalement dans la portion cœcale. On observe, surtout à droite, un gonflement considérable et de violentes douleurs; l'intestin semble se tordre, et le malade en perd pour ainsi dire la respiration. Le froid et les indigestions sont les causes les plus ordinaires de cette affection, qui dans le cours de la vie passe et reparaît souvent, faisant souffrir le malade sans jamais abréger ses jours. Dès que la douleur se déclare, il faut pratiquer sur le ventre des fomentations chaudes et sèches; on les fait d'abord avec lenteur, et ensuite on les rend plus actives; en même temps, pour détourner la matière, on exerce des frictions sur les extrémités, c'est-à-dire sur les bras et les jambes; si le mal résiste, on applique des ventouses sèches sur le point douloureux. On possède encore un médicament composé spécialement pour cette maladie, et qu'on appelle *colicon* : Cassius se glorifiait de l'avoir trouvé. Ce remède agit mieux pris en boisson; mais employé même extérieurement, il apaise la douleur en dissipant les flatuosités. Le malade ne doit prendre ni aliments ni boissons que lorsque les coliques ont cessé. J'ai déjà fait connaître le régime convenable aux personnes atteintes de cette maladie. Voici la composition du remède appelé *colicon* : Costus, anis, castoréum, de chaque p. *. III, persil p. den. III, poivre long et rond de chaque p. *. II, suc de pavot, jonc rond, myrrhe, nard, de cha-

---

alvi ductio utilis non est; si infra est, alvum ducere, ut Erasistrato placuit, optimum est, et sæpe id auxilii satis est. Ducitur autem percolato ptisanæ cremore, cum oleo et melle, sic, ut præterea nihil adjiciatur. Si nihil tumet, duas manus imponere oportet supra summum ventrem, paulatimque deducere : invenietur nihil mali locus, qui necesse est renitatur, et ex eo deliberari poterit, ducenda, nec ne alvus sit. Illa communia sunt : calida cataplasmata admovere, eaque imponere a mammis usque ad inguina et spinam, ac sæpe mutare; brachia cruraque perfricare; demittere totum hominem in calidum oleum; si dolor non quiescit, etiam in alvum ex parte inferiore tres aut quatuor cyathos calidi olei dare. Ubi per hæc consecuti sumus, ut jam ex inferiore parte spiritus transmittatur, offerre potui mulsum tepidum non multum : nam ante magna cura vitandum est, ne quid bibat; si id commode cessit, adjicere sorbitionem. Ubi dolor et febricula quierunt, tum demum uti cibo pleniore, sed neque inflante, neque duro, neque valido, ne intestina adhuc imbecilla lædantur. Potui vero nihil, præterquam puram aquam; nam sive quid vinolentum sive acidum est, id huic morbo alienum est. Ac postea quoque vitare oportet balneum, ambulationem, gestationem, ceterosque corporis motus. Nam facile id malum redire consuevit; et sive cum frigus subit, sive aliqua jactatio, nisi bene jam confirmatis intestinis, revertitur.

XIV. Is autem morbus, qui in intestino pleniore est, in ea maxime parte est, quam cæcam esse proposui. Vehemens fit inflatio, vehementes dolores, dextra magis parte; intestinum, quod verti videtur, prope spiritum elidit. In plerisque post frigora cruditatesque oritur, deinde quiescit; et per ætatem sæpe repetens sic cruciat, ut vitæ spatio nihil demat. Ubi is dolor cœpit, admovere sicca et calida fomenta oportet, sed primo lenta, deinde validiora; simulque frictione ad extremas partes, id est crura brachiaque materiam evocare; si discussus non est, qua dolet, cucurbitulas sine ferro defigere. Est etiam medicamentum ejus rei causa comparatum, quod κωλικὸν nominatur. Id se repperisse Cassius gloriabatur. Magis prodest potui datum; sed impositum quoque extrinsecus, digerendo spiritum, dolorem levat. Nisi finito vero tormento, recte neque cibus neque potio assumitur. Quo victu sit utendum iis, qui hoc genere tentantur, jam mihi dictum est. Confectio medicamenti, quod κωλικὸν nominatur, ex his constat : Costi, anisi, castorei, singulorum p. *. III. petroseleni p. den. III. piperis longi, et rotundi, singulorum p. *. II. papaveris lacrimæ, junci rotundi, myrrhæ, nardi, singulorum p. *. VI. quæ melle excipiun-

que p. *. 11; le tout incorporé dans du miel. On peut prendre ce médicament à l'état solide, ou délayé dans de l'eau chaude.

XV. Les tranchées se rapprochent singulièrement des maladies intestinales dont on vient de parler; elles constituent la *dyssenterie* des Grecs. Dans ce cas, il existe à l'intérieur des intestins des ulcérations d'où s'écoule du sang mêlé soit à des matières stercorales toujours liquides, soit à des mucosités; quelquefois il s'échappe en même temps comme des débris de chair. Le malade éprouve des envies fréquentes d'aller à la selle, et de la douleur au siége; c'est avec douleur aussi qu'il cède au besoin, pour rendre peu de chose chaque fois, et chaque fois avec des tranchées plus vives; il obtient ensuite un peu de soulagement, mais le repos est de courte durée; le sommeil est interrompu, et une petite fièvre se déclare. Cette maladie, lorsqu'elle a pris un caractère invétéré, finit par enlever le malade, ou si elle le guérit, elle laisse encore à sa suite de longs ressentiments. Il faut d'abord garder le repos, car toute agitation favorise les ulcérations; puis on doit prendre à jeun un verre de vin, auquel on ajoute de la racine de quintefeuille écrasée; on applique sur le ventre des cataplasmes répercussifs, ce qui ne convient pas dans les maladies intestinales qui sont situées plus haut; toutes les fois qu'on va à la selle, il faut se laver avec une décoction chaude de verveine. On mangera du pourpier cuit, ou confit dans de la saumure forte; et les aliments solides et liquides seront tous astringents. Si la maladie dure déjà depuis un certain temps, on peut donner des lavements avec les substances suivantes : crème d'orge mondé, lait, graisse fondue, moelle de cerf, huile, beurre avec l'huile rosat, blancs d'œufs crus, mêlés à la même huile, décoction de graine de lin, ou bien jaunes d'œufs délayés dans une décoction de feuilles de roses, si le malade est sans sommeil. Ces remèdes apaisent la douleur, rendent les ulcères plus bénins; ils deviennent surtout utiles lorsqu'il y a du dégoût pour les aliments. Thémison prescrivait en pareil cas de la saumure forte et très-âcre. Il faut que les aliments soient de nature à tenir le ventre légèrement resserré. Les moyens qu'on regarde comme diurétiques ont l'avantage de changer le cours des humeurs quand ils produisent l'effet attendu; mais s'ils font défaut sur ce point, ils augmentent le mal; aussi ne doit-on les donner qu'aux malades chez lesquels cette action spéciale est prompte à se manifester. S'il existe un peu de fièvre, on fera boire de l'eau pure chaude, ou de l'eau qui soit astringente; s'il n'y a pas de mouvement fébrile, on pourra prendre du vin léger et astringent. Lorsqu'au bout de plusieurs jours ces remèdes n'ont rien produit, et que le mal est déjà ancien, l'eau bien froide prise en boisson a le pouvoir de resserrer les ulcères et de préparer la guérison; mais dès que le flux de ventre est arrêté, il faut s'empresser de revenir à l'eau chaude. Quelquefois on remarque dans les évacuations une sanie putride d'une extrême fétidité; d'autres fois on ne rend que du sang pur. Contre les déjections sanieuses on emploie les lavements d'eau miellée et ceux que je viens d'indiquer. Le minium en substance, pilé avec une hémine de sel et délayé dans de l'eau, compose aussi un lavement efficace contre l'ulcère putride des intestins. Quant à l'écoulement de sang, on le réprime à l'aide des boissons et des aliments qui resserrent.

XVI. La dyssenterie donne quelquefois nais-

---

tur. Id autem et devorari potest, et ex aqua calida sumi.

XV. Proxima his inter intestinorum mala tormina esse consueverunt : δυσεντερία græce vocatur. Intus intestina exulcerantur; ex his cruor manat, isque modo cum stercore aliquo semper liquido, modo cum quibusdam quasi mucosis excernitur; interdum simul quædam carnosa descendunt; frequens dejiciendi cupiditas, dolorque in ano est; cum eodem dolore exiguum aliquid emittitur; atque eo quoque tormentum intenditur; idque post tempus aliquod levatur; exiguaque requies est; somnus interpellatur; febricula oritur; longoque tempore id malum, cum inveteraverit, aut tollit hominem, aut, etiamsi finitur, excruciat. Oportet in primis conquiescere; siquidem omnis agitatio exulcerat; deinde jejunum sorbere vini cyathum, cui contrita radix quinquefolii sit adjecta; imponere cataplasmata super ventrem, quæ reprimunt; quod in superioribus ventris morbis non expedit; quotiesque desidit, subluere aqua calida, in qua decoctæ verbenæ sint; portulacam vel coctam, vel ex dura muria edisse [cibos potionesque eas, quæ astringunt alvum]. Si vetustior morbus est, ex inferioribus partibus tepidum infundere vel ptisanæ cremorem, vel lac, vel adipem liquatam, vel medullam cervinam, vel oleum, vel cum rosa butyrum, vel cum eadem album crudum ex ovis, vel aquam, in qua lini semen decoctum sit; vel, si somnus non accedit, vitellos cum aqua, in qua rosæ floris folia cocta sint. Levant enim dolorem hæc, et mitiora ulcera efficiunt, maximeque utilia sunt, si cibi quoque secutum fastidium est. Themison muria dura quam asperrima sic utendum memoriæ prodidit. Cibi vero esse debent, qui leniter ventrem adstringant. At ea, quæ urinam movent, si id consecuta sunt, in aliam partem humorem avertendo, prosunt; si non sunt consecuta, noxam augent : itaque nisi in quibus prompte id facere consuerunt, non sunt adhibenda. Potui, si febricula est, aqua pura calida, vel ea, quæ ipsa quoque adstringat, dari debet; si non est, vinum leve, austerum. Si pluribus diebus nihil remedia alia juverunt, vetusque jam vitium est, aquæ bene frigidæ potio assumpta ulcera adstringit, et initium secundæ valetudinis facit; sed ubi venter suppressus est, protinus ad calidam potionem revertendum est. Solet autem interdum etiam putris sanies, pessimique odoris descendere : solet purus sanguis profluere. Si superius vitium est, alvus aqua mulsa duci debet; tum deinde eadem infundi, quæ supra comprehensa sunt. [Valensque est etiam adversus cancerem intestino-

sance à la lienterie, état dans lequel les intestins ne peuvent rien garder, et rendent immédiatement et mal digérés tous les aliments pris par le malade. Cette affection traîne parfois en longueur, et dans certains cas marche rapidement vers une terminaison funeste. Il y a toujours nécessité d'employer ici les astringents, dans le but de rendre aux intestins la force de conserver ce qui leur est confié. On applique un sinapisme sur la poitrine; et quand il a produit l'érosion de la peau, on le remplace par un cataplasme qui attire l'humeur au dehors; on fait baigner le malade dans une décoction de verveine; on lui prescrit les aliments et les boissons qui ont la faculté de resserrer le ventre, et on le soumet à des affusions froides. Par prévoyance cependant, on ne fera pas agir tous ces remèdes à la fois, dans la crainte de développer un vice contraire, c'est-à-dire des flatuosités excessives. On cherchera donc à fortifier ces organes peu à peu, en ajoutant chaque jour quelque chose aux moyens de traitement. Il est nécessaire dans tous les flux de ventre, et bien plus encore dans celui-ci, de résister aux fréquentes envies d'aller à la selle, et d'attendre que le besoin soit irrésistible, afin que, par le fait même des retards qu'on s'impose, les intestins reprennent l'habitude de garder leur fardeau. Une autre recommandation dont il faut surtout tenir compte dans la lienterie, bien qu'elle concerne aussi toutes les maladies semblables, est celle-ci : les remèdes à employer ayant pour la plupart une saveur désagréable, comme le plantain, la mûre sauvage, et tout ce qu'on mélange avec l'écorce de grenade, il faut choisir exclusivement ceux que le malade préfère; et si chacun d'eux soulève en lui la même répugnance, on devra, pour réveiller son appétit, lui en présenter d'autres moins efficaces sans doute, mais plus propres à flatter son goût. L'exercice et les frictions ne sont pas moins utiles dans cette affection; il faut y joindre l'influence du soleil, celle du feu et l'usage du bain; on peut aussi, selon le conseil d'Hippocrate, faire vomir et recourir même à l'ellébore blanc, si les autres vomitifs sont insuffisants.

XVII. Des vers séjournent quelquefois dans les intestins; ils sortent tantôt par le siége, et tantôt (ce qui est plus repoussant) par la bouche. On en voit de plats (et ce sont les plus nuisibles), et d'autres dont la forme est cylindrique. Quand ils sont plats, on fait prendre une décoction de lupin ou d'écorce de mûrier; ou bien l'on compose une boisson soit avec l'hysope écrasé, soit avec un acétabule de poivre, ou avec un peu de scammonée. On peut encore manger beaucoup d'ail la veille, et vomir; puis le lendemain boire à jeun une potion faite avec une poignée de petites racines de grenadier qu'on écrase, et qu'on fait bouillir dans trois setiers d'eau jusqu'à réduction à un tiers, en ajoutant ensuite un peu de nitre. Trois heures après on prend deux doses de cette décoction, à laquelle on peut mêler aussi de la saumure forte (6); et l'on se met ensuite sur un bassin d'eau chaude. Si les vers sont cylindriques, comme on le remarque surtout chez les enfants, on donne ces préparations, et quelques autres plus légères; ainsi on fait boire de l'eau dans laquelle on a pilé les semences d'ortie, de chou, de cumin ou de menthe, ou l'on prend une décoction d'absinthe, de l'hysope dans de l'hydromel, ou de la semence de cresson pilée dans du vinaigre. Il est bon aussi de manger

rum, minii gleba cum salis hemina contrita, si mista his aqua in alvum datur.] At si sanguis profluit, cibi potionesque esse debent, quæ adstringant.

XVI. Ex torminibus interdum intestinorum lævitas oritur; qua continere nihil possunt, et quidquid assumptum est, imperfectum protinus reddunt. Id interdum ægros trahit, interdum præcipitat. In hoc utique adhibere oportet comprimentia; quo facilius tene at al quid intestinis vis sit. Ergo et super pectus ponatur sinapi, exulcerataque cute, malagma, quod humorem evocet; et ex verbenis decocta in aqua desidat; et cibos potionesque assumat, quæ alvum adstringunt; et frigidis utatur perfusionibus. Oportet tamen prospicere, ne, simul his omnibus admotis, vitium contrarium per immodicas inflationes oriatur. Paulatim ergo firmari intestina debebunt, aliquibus quotidie adjectis. Et cum in omni fluore ventris, tum in hoc præcipue necessarium est, non quoties libet desidere, sed quoties necesse est, ut hæc ipsa mora in consuetudinem ferendi oneris intestina deducat. Alterum quoque, quod æque ad omnes similes affectus pertinet, in hoc maxime servandum est, ut, cum pleraque utilia insuavia sint, qualis est plantago, et rubi, et quidquid malicorio mistum est, ea potissimum ex his dentur, quæ maxime æger volet; deinde, si omnia ista fastidiet, ad excitan-

dam cibi cupiditatem, interponatur aliquid minus utile, sed magis gratum. Exercitationes et frictiones huic quoque morbo necessariæ sunt; et cum his sol, ignis, balneum, vomitus, ut Hippocrati visum est, etiam albo veratro, si cetera parum proficient, evocatus.

XVII. Nonnumquam autem lumbrici quoque occupant alvum; hique modo ex inferioribus partibus, modo fœdius ore redduntur; atque interdum latos eos, qui pejores sunt, interdum teretes videmus. Si lati sunt, aqua potui dari debet, in qua lupinum, aut cortex mori decoctus sit, aut cui adjectum sit contritum vel hyssopum, vel piperis acetabulum, vel scammoniæ paulum. Vel etiam pridie, cum multum allium ederit, vomat; posteroque die mali Punici tenues radiculas colligat, quantum manu comprehendet; eas contusas in aquæ tribus sextariis decoquat, donec tertia pars supersit; huc adjiciat nitri paulum, et jejunus bibat. Interpositis deinde tribus horis, duas potiones sumat, aut aquæ, vel muriæ duræ sit adjecta; tum desidat subjecta calida aqua in pelve. Si vero teretes sunt, qui pueros maxime exercent, et eadem dari possunt, et quædam leviora; ut contritum semen urticæ, aut brassicæ, aut cumim cum aqua, vel mentha cum eadem, vel absinthium decoctum, vel hyssopum ex aqua mulsa, vel nasturtii semen cum aceto contritum. Edisse etiam et lupi-

du lupin et de l'ail, ou de prendre un lavement huileux.

XVIII. Une maladie moins grave que les précédentes est celle que les Grecs nomment *ténesme*. On ne saurait la mettre au nombre des maladies aiguës, non plus que des affections chroniques; car elle est facile à guérir, et par elle-même ne devient jamais mortelle. Comme dans la dyssenterie, on éprouve de fréquentes envies d'aller à la selle, et une douleur semblable pour évacuer. Les matières alvines sont pituiteuses et ressemblent à des mucosités; quelquefois aussi elles sont légèrement sanguinolentes, mais parfois elles sont bien liées, et conformes au genre d'alimentation. Il faut prendre des bains chauds, et appliquer souvent des topiques au siége même; plusieurs médicaments répondent à cette indication, le beurre par exemple avec l'huile rosat, le suc d'acacia dissous dans du vinaigre, l'emplâtre *tétrapharmaque* des Grecs ramolli avec l'huile rosat, l'alun enfin, étendu sur de la laine et appliqué sans autre préparation. On emploie les mêmes lavements que dans la dyssenterie, et l'on pratique également avec une décoction de verveine des fomentations sur les parties inférieures. Un jour on boit de l'eau, et, le jour suivant, du vin léger et astringent. Les boissons doivent être tièdes et presque froides; et quant au régime, c'est encore celui que j'ai prescrit pour la dyssenterie.

XIX. La diarrhée constituée par des selles liquides, et plus rapprochées que de coutume, est une maladie moins sérieuse encore lorsqu'elle est récente. Les douleurs dont elle s'accompagne, tolérables quelquefois, sont quelquefois aussi très-violentes, et l'affection alors devient plus grave. Mais souvent c'est au profit de la santé qu'on a pendant un jour un flux de ventre; il peut même en durer plusieurs, pourvu qu'il ne soit compliqué d'aucun mouvement de fièvre, et qu'il s'arrête dans l'espace de sept jours. Le dévoiement alors sert à purger le corps, et à le débarrasser heureusement des matières dont le séjour à l'intérieur aurait été nuisible. Au contraire, il y a danger lorsqu'il excède la durée convenable, car il provoque des tranchées et de la fièvre, et consume les forces. Le premier jour, il faut simplement se reposer, sans chercher à supprimer le cours de ventre. S'il cesse de lui-même, on doit se mettre au bain, et manger un peu; s'il persiste, il faudra non-seulement observer la diète, mais de plus s'interdire toute boisson; garder encore le repos le lendemain, si les déjections sont toujours liquides, et prendre quelques aliments astringents; le troisième jour, aller au bain, frictionner fortement toutes les parties du corps, à l'exception du ventre; exposer au feu la région lombaire et les épaules, faire usage d'une nourriture astringente, et boire un peu de vin pur; le quatrième jour enfin, si le dévoiement persévère, manger davantage, mais se faire vomir ensuite. Ainsi l'on combat la diarrhée jusqu'à disparition complète par la soif, la diète et le vomissement, et il est presque impossible que ces moyens n'amènent pas le resserrement du ventre. Pour arriver au même résultat, il est encore une autre voie : c'est de dîner et de vomir après, de passer dans le lit la journée du lendemain, de se faire oindre le soir, mais légèrement; de manger ensuite environ une demi-livre de pain trempé dans du vin d'Aminée; puis quelque chose de rôti, et de

---

num, et allium prodest; vel in alvum oleum subter dedisse.

XVIII. Est autem aliud levius omnibus proximis, de quibus supra dictum est, quod τεινεσμόν Græci vocant. Id neque acutis neque longis morbis adnumerari debet, cum et facile tollatur, neque unquam per se jugulet. In hoc æque atque in torminibus frequens desidendi cupiditas est; æque dolor, ubi aliquid excernitur. Descendunt autem pituitæ mucisque similia, interdum etiam leviter subcruenta; sed his interponuntur nonnumquam ex cibo quoque recte coacta. Desidere oportet in aqua calida; sæpiusque ipsum anum nutrire; cui plura medicamenta idonea sunt : butyrum cum rosa; acacia ex aceto liquata; emplastrum id, quod τετραφάρμακον Græci vocant, rosa liquatum; alumen lana circumdatum, et ita appositum; eademque ex inferiore parte indita, quæ torminum auxilia sunt; eædem verbenæ decoctæ, ut inferiores partes foveantur. Alternis vero diebus aqua, alternis leve et austerum vinum bibendum est. Potio esse debet egelida et frigidæ propior; ratio victus talis, qualem ad tormina supra præcepimus.

XIX. Levior etiam, dum recens, dejectio est, ubi et liquida alvus, et sæpius quam ex consuetudine fertur; atque interdum tolerabilis dolor est, interdum gravissimus, idque pejus est. Sed uno die fluere alvum sæpe pro valetudine est; atque etiam pluribus, dum febris absit, et intra septimum diem id conquiescat. Purgatur enim corpus, et, quod intus læsurum erat, utiliter effunditur. Verum spatium periculosum est; interdum enim tormina ac febriculas excitat, viresque consumit. Primo die quiescere satis est, neque impetum ventris prohibere. Si per se desiit, balneo uti, paulum cibi capere; si mansit, abstinere non solum a cibo, sed etiam a potione. Postero die, si nihilominus liquida alvus est, æque conquiescere; paulum adstringentis cibi sumere. Tertio die in balneum ire; vehementer omnia præter ventrem perfricare; ad ignem lumbos, scapulasque admovere; cibis uti, sed ventrem contrahentibus; vino non multo, meraco. Si postero quoque die fluet, plus edisse, sed vomere etiam. Ex toto, donec conquiescat, contra siti, fame, vomitu niti. Vix enim fieri potest, ut, post hanc animadversionem, alvus non contrahatur. Alia via est, ubi velis supprimere : cœnare, deinde vomere; postero die in lecto conquiescere; vespere ungi, sed leniter; deinde panis circa selibram ex vino Aminæo mero sumere; tum assum aliquid, maximeque avem et postea vinum idem bibere aqua pluviali mistum; idque usque quintum diem facere, iterumque vomere. Frigidam autem assidue potionem esse debere, contra priores auctores A-

8.

préférence un oiseau; il convient après cela de boire du vin coupé avec de l'eau de pluie, de continuer ce régime jusqu'au cinquième jour, et de provoquer encore une fois le vomissement. Contrairement à l'opinion des anciens auteurs, Asclépiade a prétendu que les boissons devaient être froides, et même aussi froides que possible. Quant à moi, j'estime que chacun pour boire chaud ou froid doit se régler sur son expérience personnelle. Il peut se faire que ce mal, négligé plusieurs jours de suite, soit plus difficile à guérir. Dans ce cas on débute par le vomissement, puis, le lendemain soir, on a recours aux onctions dans un endroit doucement échauffé; on fait un repas modeste en y joignant du vin pur du goût le plus âpre, et l'on applique sur l'abdomen de la rue incorporée dans du cérat. La promenade et les frictions ne sont ici d'aucune utilité; mais il n'en est pas de même de l'exercice en voiture, et surtout de l'équitation, car rien n'est plus convenable pour raffermir les intestins. S'il y a lieu d'employer aussi des médicaments, on n'en peut trouver de meilleur que celui qu'on prépare avec les fruits : au temps des vendanges, on jette dans un grand vase des poires et des pommes sauvages; à leur défaut, on prend des poires vertes de Tarente ou de Signie, des pommes de Scandie ou d'Amérine, et des *myrapies* (7); on y ajoute des coings, des grenades avec leur écorce, des cormes, et même celles de l'espèce dite torminale, dont nous faisons le plus d'usage. Ces fruits doivent monter jusqu'au tiers du vase, qu'on achève de remplir avec du moût; puis on fait bouillir le tout jusqu'à fusion complète en un seul et même corps. Ce remède n'est pas désagréable au goût, et, pris modérément chaque fois que l'indication s'en présente, il tient le ventre resserré, sans aucun inconvénient pour l'estomac; la dose convenable est de deux ou trois cuillerées dans le jour. On compose un remède plus actif avec des baies de myrte : on en fait du vin, qu'on traite par ébullition jusqu'à ce qu'il n'en reste que la dixième partie, et on en donne un verre. Il est un troisième médicament qu'on prépare en tout temps : on creuse une grenade dont on retire les pépins, et après avoir replacé les cloisons qui les séparaient, on y fait entrer des œufs crus, et on mêle avec une spatule; ensuite on place sur de la braise la grenade, qui n'est point exposée à brûler tant qu'elle renferme des parties humides; dès qu'elle commence à sécher, on retire avec une cuiller ce qui est à l'intérieur, et on le mange. En ajoutant quelques ingrédients, on rend ce remède encore plus efficace; ainsi on peut le prescrire avec un mélange de sel et de poivre. De la bouillie dans laquelle on a fait cuire une petite portion de vieux rayon de miel, de la lentille cuite avec l'écorce de grenade, ou des sommités de mûrier sauvage bouillies, et mangées avec de l'huile et du vinaigre, constituent également de bonnes préparations. Il est bon aussi de donner à boire une décoction de dattes, ou de coings, ou de cormes sèches, ou de mûres sauvages; et c'est une décoction de ce genre que je veux désigner, chaque fois que je conseille l'usage d'une potion astringente. Ce n'est pas tout : on fait bouillir une hémine de froment dans du vin d'Aminée, on le fait prendre à jeun, lorsque le malade a soif, et l'on donne du vin ensuite. Ce remède est un des plus sûrs. On fait boire aussi du vin de Signie, ou du vin astringent traité par la résine, ou tout autre vin au choix, pourvu qu'il ait de l'astringence. Enfin on peut mêler à

clepiades affirmavit, et quidem quam frigidissimam. Ego experimentis quemque in se credere debere existimo, calida potius, an frigida utatur. Interdum autem evenit, ut id pluribus diebus neglectum, curari difficilius possit. A vomitu oportet incipere; deinde postero die vespere tepido loco ungi; cibum modicum assumere, vinum meracum quam asperrimum; impositam super ventrem habere cum cerato rutam. In hoc affectu corporis neque ambulatione, neque frictione opus est; vehiculo sedisse, vel magis etiam equo, prodest; neque enim ulla res magis intestina confirmat. Si vero etiam medicamentis utendum est, aptissimum est id, quod ex pomis fit : vindemiæ tempore in grande vas conjicienda sunt pira atque mala silvestria; si ea non sunt, pira Tarentina viridia, vel Signina, mala Scandiana vel Amerina, myrapia; hisque adjicienda sunt cotonea, et cum ipsis corticibus suis Punica, sorba, et, quibus magis utimur, etiam torminalia, sic, ut hæc tertiam ollæ partem teneant; tum deinde ea musto implenda est; coquendumque id, donec omnia, quæ indita sunt, liquata, in unitatem quamdam coeant. Id gustui non insuave est; et, quandocumque opus est, assumptum leniter, sine ulla stomachi noxa, ventrem tenet. Duo aut tria cochlearia uno die sumpsisse, satis est. Alterum valentius genus : myrti baccas legere, ex his vinum exprimere, id decoquere, ut decima pars remaneat, ejusque cyathum sorbere. Tertium, quod quandocumque fieri potest : malum Punicum excavare, exemptisque omnibus seminibus, membranas, quæ inter ea fuerunt, iterum conjicere; tum infundere cruda ova, rudiculaque miscere; deinde malum ipsum super prunam imponere, quod, dum humor intus est, non aduritur; ubi siccum esse cœpit, removere oportet, extractumque cochleari, quod intus est, edisse. Aliquibus adjectis, majus momentum habet : itaque etiam in piperatum conjicitur, misceturque cum sale et pipere, est quid ex his edendum est. Pulticula etiam, cum qua paulum ex favo vetere coctum sit, et lenticula cum malicorio cocta, rubique cacumina in aqua decocta, et ex oleo atque aceto assumpta, efficacia sunt; atque ea aqua in qua vel palmulæ, vel malum cotoneum, vel arida sorba, vel rubi decocti sunt, potata : quod genus significo, quoties potionem dandam esse dico, quæ adstringat. Tritici quoque hemina in vino Aminæo austero decoquitur; idque triticum jejuno ac sitienti datur, superque id vinum id sorbetur : quod jure valentissimis medicamentis adnumerari potest. Atque etiam potui datur vinum Signinum, vel resinatum austerum, vel quodlibet austerum. Conditurque cum

l'un de ces vins une grenade qu'on écrase avec son écorce et ses semences, et l'on donne au malade cette boisson, pure ou étendue d'eau. Mais ces divers remèdes ne sont utiles qu'autant que le dévoiement a pris de la gravité.

XX. 1. La matrice expose les femmes à une maladie grave; c'est même après l'estomac l'organe le plus souvent affecté, et celui dont l'état a le plus d'influence sur le reste du corps. Les personnes atteintes de ce mal perdent parfois le sentiment, et tombent comme dans l'épilepsie; mais il y a cette différence que dans le cas présent on n'observe ni le renversement des yeux, ni l'écume à la bouche, ni les convulsions: il y a seulement de l'assoupissement. Chez certaines femmes les attaques de cette maladie sont fréquentes, et se reproduisent toute la vie. Il est utile de saigner dès le principe, quand les forces le permettent; si le sujet est trop faible, il faut au moins appliquer des ventouses aux aines. Si, par le fait d'une circonstance accidentelle ou habituelle, la malade est trop longtemps sans connaissance, il faut, pour la réveiller, lui faire respirer la fumée d'une mèche de lampe éteinte, ou quelqu'une des odeurs fétides dont j'ai déjà parlé. On emploie de même avec succès les affusions froides, et il convient d'appliquer sur les parties naturelles jusqu'au pubis, soit de la rue pilée avec du miel, soit du cérat où l'on fait entrer de l'huile de troène, ou toute autre espèce d'épithème chaud et humide. On doit en même temps frictionner les hanches et les jarrets. Quand la malade est rendue à son état naturel, il faut supprimer l'usage du vin pendant l'année entière, lors même qu'elle n'éprouverait plus d'accident. Il est nécessaire de pratiquer chaque jour des frictions sur toutes les parties du corps, mais principalement sur le ventre et aux jarrets; les aliments seront pris dans la classe moyenne, et tous les trois ou quatre jours on posera des sinapismes au bas-ventre, jusqu'à ce qu'ils aient produit de la rougeur. S'il reste quelque dureté (8), on donnera de la souplesse aux parties en employant le solanum trempé dans du lait et pilé ensuite, ou de la cire blanche et de la moelle de cerf, avec de la pommade d'iris; le suif de taureau ou de chèvre associé à l'huile rosat remplira le même but. On peut encore faire entrer dans les boissons du castoréum, de la nielle ou de l'aneth. Si la matrice est encore chargée d'humeurs, on la déterge avec le jonc carré; si elle est ulcérée, on prépare un topique avec du cérat, de l'huile rosat, de l'axonge récente et des blancs d'œufs, puis on l'applique au siége du mal; on se sert aussi de blancs d'œufs battus avec l'huile rosat, et l'on ajoute des feuilles de roses pulvérisées pour donner plus de consistance à la préparation. Lorsqu'il y a des douleurs à la matrice, on doit recourir aux fumigations avec le soufre. Quand l'écoulement des règles devient à craindre par son exagération, il y a lieu d'appliquer des ventouses scarifiées aux aines ou au-dessous des seins. Si ce flux est de mauvaise nature, il faut placer sous.... (9). C'est l'effet que produisent aussi les olives blanches, le pavot noir pris avec du miel, et la gomme liquide, qu'on donne en même temps que la semence d'ache pilée dans un verre de vin de raisins cuits au soleil. On prescrit en outre, dans toutes les douleurs de vessie, des boissons préparées avec des substances odorantes telles que l'épi de nard, le safran, le cinnamome, le cassia, et autres de même nature. La décoction de lentisque est également utile. Mais si la douleur est intolérable et que le ma-

---

corticibus seminibusque suis Punicum malum, vinoque tali miscetur : idque vel merum sorbet aliquis, vel bibit mistum. Sed medicamentis uti, nisi in vehementibus malis, supervacuum est.

XX. 1. Ex vulva quoque fœminis vehemens malum nascitur, proximeque ab stomacho, vel afficitur hæc, vel corpus afficit. Interdum etiam sic exanimat, ut tamquam comitiali morbo prosternat. Distat tamen hic casus, eo quod neque oculi vertuntur, nec spumæ profluunt, nec nervi distenduntur : sopor tantum est. Idque quibusdam fœminis crebro revertens perpetuum est. Ubi incidit, si satis virium est, sanguis missus adjuvat; si parum est, cucurbitulæ tamen defigendæ sunt in inguinibus. Si diutius aut jacet aut alioqui jacere consuevit, admovere oportet naribus extinctum ex lucerna linamentum, vel aliud ex iis, quæ fœdioris esse odoris retuli, quod mulierem excitet. Idemque aquæ quoque frigidæ perfusio efficit. Adjuvatque ruta contrita cum melle, vel ex cyprino ceratum, vel quodlibet calidum et humidum cataplasma, naturalibus pube tenus impositum. Inter hæc etiam perfricare coxas, et poplites oportet. Deinde, ubi ad se rediit, circumcidendum vinum est in totum annum, etiamsi casus idem non revertitur; frictione quotidie utendum totius quidem corporis, præcipue vero ventris et poplitum; cibus ex media materia dandus; sinapi super imum ventrem tertio quoque aut quarto die imponendum, donec corpus rubeat. Si durities manet, mollire commode videtur solanum in lac demissum, deinde contritum; et cera alba atque medulla cervina cum irino, aut sevum taurinum vel caprinum cum rosa mistum. Dandum etiam potui vel castoreum est, vel gith, vel anethum. Si parum pura est, purgetur junco quadrato. Si vero vulva exulcerata est, ceratum ex rosa fiat, et recens suilla adeps et ex ovis albis misceatur, idque apponatur; vel album ex ovo cum rosa mistum, adjecto, quo facilius consistat, contritæ rosæ pulvere. Dolens vero ea sulphure suffumigari debet. At si purgatio nimia mulieri nocet, remedio sunt cucurbitulæ, cute incisa, inguinibus vel etiam sub mammis admotæ. Si maligna purgatio est, subjicienda sunt coementia..... Id faciunt etiam albæ olivæ, et nigrum papaver cum melle assumptum, et gummi cum trito semine apii liquatum, et cum cyatho passi datum. Præter hæc, in omnibus vesicæ doloribus idoneæ potiones sunt, quæ ex odoribus fiunt, id est spica nardi, croco, cinnamo, casia, similibusque; idemque etiam decocta lentiscus præstat. Si tamen intolerabilis dolor est, et sanguis profluit, etiam sanguinis detractio apta est; aut certe coxis admotæ cucurbitulæ cute incisa.

lade perde du sang, il faut pratiquer la saignée, ou du moins appliquer aux hanches des ventouses scarifiées.

2. Lorsque les urines, bien que rendues sans douleur, excèdent la quantité de boissons qu'on a prises, et qu'il en résulte un amaigrissement général et du danger pour la vie, il faut, si elles sont ténues, employer l'exercice, et les frictions, surtout au soleil ou devant le feu. Le bain ne doit être pris qu'à de longs intervalles, et l'on fera bien d'en sortir promptement. Les aliments seront de nature astringente, ainsi que le vin, qu'on boira pur; on le prendra froid en été, tiède en hiver, mais toujours en très-petite quantité. Pour tenir le ventre libre, on donnera des lavements, ou l'on purgera avec le lait. Quand les urines sont épaisses, il faut rendre l'exercice plus actif et les frictions plus énergiques, rester davantage dans le bain, ne manger que des aliments tendres, et boire le même vin que dans le premier cas. Mais l'une et l'autre affection commandent de s'abstenir de toutes les substances diurétiques.

XXI. Les parties naturelles sont encore le siège d'une maladie qui consiste dans une perte immodérée de semence, laquelle, survenant sans acte vénérien et sans rêves nocturnes, fait au bout d'un certain temps périr le malade d'épuisement. Les frictions faites avec vigueur, les affusions froides, et la natation dans de l'eau également très-froide, sont en pareil cas des remèdes salutaires; il importe aussi de boire et de manger froid, mais il faut éviter toute substance indigeste et de nature à donner des flatuosités, éviter de même les aliments qui paraissent avoir la faculté d'augmenter la semence, tels que le froment ordinaire et celui de première qualité, les œufs, l'épeautre,

l'amidon, toute chair glutineuse, le poivre, la roquette, les bulbes, les pignons. Il est utile encore de fomenter les parties inférieures avec une décoction de verveine, de couvrir le bas-ventre et les aines de cataplasmes faits avec la même plante, et surtout avec la rue infusée dans du vinaigre. Le malade aura soin aussi de ne pas s'endormir couché sur le dos.

XXII. Il me reste à parler des extrémités du corps qui s'unissent entre elles au moyen des articulations, et je commencerai par les hanches. Les douleurs qui se déclarent dans cette région sont généralement violentes, elles estropient souvent les malades, et sévissent même sans relâche sur certains sujets. Ce qui rend ces affections si difficiles à guérir, c'est qu'à la suite des maladies de longue durée, le principe morbide tend presque toujours à se porter vers les articulations et même à s'y fixer, en dégageant ainsi les parties primitivement affectées. Il faut d'abord employer les fomentations d'eau chaude, puis les cataplasmes chauds. L'écorce de câprier concassée, et mêlée soit à de la farine d'orge, soit à des figues bouillies dans l'eau, compose un excellent topique, aussi bien que la farine d'ivraie bouillie dans du vin étendu d'eau, et mêlée ensuite à de la lie desséchée; mais comme ces préparations se refroidissent promptement, il est préférable d'appliquer des cataplasmes pendant la nuit. Un des meilleurs remèdes est la racine d'aunée écrasée et bouillie dans du vin astringent, puis appliquée sur toute la hanche. Quand ces moyens sont impuissants, on a recours au sel chaud et humide; si la douleur ne cesse pas encore ou qu'il survienne du gonflement, il faut employer les ventouses scarifiées, solliciter le cours des urines, et, lorsqu'il y a constipation, donner des lavements.

---

2. At cum urina super potionum modum etiam sine dolore profluens maciem et periculum facit, si tenuis est, opus est exercitatione et frictione, maximeque in sole, vel ad ignem; balneum rarum esse debet, neque longa in eo mora; cibus comprimens; vinum austerum meracum, per aestatem, frigidum, per hiemem, egelidum; sed tantum, quantum minimum sit. Infima alvus quoque vel ducenda vel lacte purganda est. Si crassa urina est, vehementior esse debet et exercitatio, et frictio; longior in balneo mora; cibis opus est teneris; vinum idem. In utroque morbo vitanda omnia sunt, quae urinam movere consuerunt.

XXI. Est etiam circa naturalia vitium, nimia profusio seminis, quod sine venere, sine nocturnis imaginibus sic fertur, ut, interposito spatio, tabe hominem consumat. In hoc affectu salutares sunt vehementes frictiones, perfusiones, natationesque quam frigidissimae; neque cibi, nec potio, nisi frigida assumpta. Vitare autem oportet cruditates, et omnia inflantia, nihil ex iis assumere, quae contrahere semen videntur, qualia sunt, siligo, simila, ova, alica, amylum, omnis caro glutinosa, piper, eruca, bulbi, nuclei pinei. Neque alienum est, fovere inferiores partes

aqua decocta ex verbenis comprimentibus; ex iisdem aliqua cataplasmata imo ventri inguinibusque circumdare, praecipueque ex aceto rutam; vitare et ne supinus obdormiat.

XXII. Superest, ut ad extremas partes corporis veniam, quae articulis inter se conseruntur. Initium a coxis faciam. Harum ingens dolor esse consuevit; isque hominem saepe debilitat, et quosdam non dimittit. Eoque id genus difficillime curatur, quod fere post longos morbos vis pestifera huc se inclinat: quae ut alias partes liberat, sic hanc ipsam quoque affectam prehendit. Fovendum primum aqua calida est; deinde utendum calidis cataplasmatis. Maxime prodesse videtur aut cum hordeacea farina, aut cum ficu ex aqua decocta mistus capparis cortex concisus; vel lolii farina ex vino diluto cocta, et mista cum arida faece: quae quia refrigescunt, imponere noctu malagmata commodius est. Inulae quoque radix contusa, et postea ex vino austero cocta, et late super coxam imposita, inter valentissima auxilia est. Si ista non solverint, sale calido et humido utendum est. Si ne sic quidem finitus dolor est, aut tumor ei accedit, incisa cute admovendae sunt cucurbitulae; movenda urina; alvus, si compressa est, ducenda.

Une dernière ressource, qui est aussi très-efficace dans d'autres maladies invétérées, consiste à cautériser la hanche en trois ou quatre endroits avec le fer rouge. On ne doit pas oublier les frictions, qu'il importe surtout de faire au soleil et à plusieurs reprises dans le même jour, afin de résoudre plus facilement l'amas d'humeurs qui constitue la maladie : ces frictions doivent être pratiquées sur les hanches mêmes quand il n'y a pas d'ulcérations ; et si la peau n'est pas intacte, on les dirige sur d'autres parties du corps. L'occasion se présente souvent d'en venir à la cautérisation avec le fer chaud, pour donner issue à la matière nuisible ; et dans ce cas il est de règle constante de ne pas chercher à cicatriser les plaies de ce genre dans le plus court délai, mais au contraire de les entretenir jusqu'à la disparition du mal qu'elles sont appelées à guérir.

XXIII. Après l'articulation des hanches vient celle des genoux, où la douleur se fixe aussi quelquefois. Les cataplasmes et les ventouses sont encore ici d'un utile secours, de même que dans les douleurs des épaules ou des autres jointures. Rien n'est plus contraire à cette affection des genoux que de monter à cheval ; et, lorsqu'elle a pris racine, il est presque impossible d'en triompher sans l'application du feu.

XXIV. Les articulations des pieds et des mains sont exposées, chez les sujets goutteux, à des maux plus fréquents et plus opiniâtres. En général, la goutte n'attaque ni les eunuques, ni les jeunes gens encore étrangers aux rapports sexuels, ni les femmes, à moins de suppression des règles. Dès qu'on en ressent les premières atteintes, il faut tirer du sang ; car on voit souvent, après une saignée ainsi faite au début, le mal disparaître pendant un an, ou même cesser tout à fait. Quelques-uns se sont mis pour toujours à l'abri de ses attaques en se purgeant avec du lait d'ânesse ; et d'autres, qui avaient su renoncer toute une année au vin, à l'hydromel et aux plaisirs de l'amour, ont dû à ces privations le repos de leur vie entière. C'est toujours après la première douleur, et lors même qu'elle cesse naturellement, qu'on doit se prescrire ces règles de conduite. Si déjà la goutte est devenue habituelle, on peut être moins sévère dans les instants de relâche ; mais il faut redoubler de précautions vers les époques où elle a coutume de reparaître, c'est-à-dire au printemps ou à l'automne. Quand elle tourmente le malade, il doit le matin user de la gestation, se faire porter ensuite à la promenade (10), et s'y donner quelque mouvement : si c'est une podagre, il faut, à de courts intervalles, rester assis et marcher alternativement ; puis, avant le repas, se faire frotter doucement dans un endroit chaud sans se mettre au bain, transpirer, passer aux affusions d'eau tiède, prendre après cela des aliments de la classe moyenne, en y joignant quelques diurétiques, et se faire vomir chaque fois qu'il y a plénitude. Dès que la douleur s'exaspère, il importe d'examiner s'il existe en même temps une tumeur, si celle-ci présente de la chaleur, ou si déjà l'état calleux prédomine. En l'absence de toute tuméfaction, les fomentations chaudes sont nécessaires. Il faut aussi faire bouillir de l'eau de mer ou de la saumure forte, la jeter dans un vase, y plonger les pieds du malade dès qu'il peut le supporter, couvrir le bain d'un manteau ou d'une couverture, et verser avec ménagement près des bords du vase une nouvelle quantité d'eau, pour empêcher la première de se refroidir ; la nuit, on applique des cataplasmes propres à entretenir la

---

ultimum est, et in veteribus quoque morbis efficacissimum, tribus aut quatuor locis super coxam cutem candentibus ferramentis exulcerare. Frictione quoque utendum est, maxime in sole, et eodem die sæpius ; quo facilius ea, quæ coeundo nocuerunt, digerantur : eaque, si nulla exulceratio est, etiam ipsis coxis ; si est, ceteris partibus adhibenda est. Cum vero sæpe aliquid exulcerandum candenti ferramento sit, ut materia inutilis evocetur, illud perpetuum est, non, ut primum fieri potest, hujus generis ulcera sanare, sed ea trahere, donec id vitium, cui per hæc opitulamur, conquiescat.

XXIII. Coxis proxima genua sunt, in quibus ipsis nonnumquam dolor esse consuevit. In iisdem autem cataplasmatis cucurbitulisque præsidium est : sicut etiam, cum in humeris aliisve commissuris dolor aliquis exortus est. Equitare ei, cui genua dolent, inimicissimum omnium est. Omnes autem ejusmodi dolores, ubi inveteraverunt, vix citra ustionem finiuntur.

XXIV. In manibus pedibusque articulorum vitia frequentiora longioraque sunt ; quæ in podagris chiragrisve esse consuerunt. Ea raro vel castratos, vel pueros ante feminæ coitum, vel mulieres, nisi quibus menstrua suppressa sunt, tentant. Ubi sentiri cœperunt, sanguis mittendus est : id enim inter initia statim factum, sæpe annuam, nonnumquam perpetuam valetudinem bonam præstat. Quidam etiam, cum asinino lacte epoto sese eluissent, in perpetuum hoc malum evaserunt. Quidam, cum toto anno a vino, mulso, venere sibi temperassent, securitatem totius vitæ consecuti sunt. Idque utique post primum dolorem servandum est, etiamsi quievit. Quod si jam consuetudo ejus facta est, potest quidem aliquis esse securior iis temporibus, quibus dolor se remisit, majorem vero curam adhibere debet iis, quibus id revertitur ; quod fere vere autumnove fieri solet. Cum vero dolor urget, mane gestari debet ; deinde ferri in ambulationem, ibi se dimovere, et, si podagra est, interpositis temporibus exiguis, invicem modo sedere, modo ingredi ; tum, antequam cibum capiat, sine balneo, loco calido leniter perfricari, sudare, perfundi aqua egelida ; deinde cibum sumere ex media materia, interpositis rebus urinam moventibus ; quotiesque plenior est, evomere. Ubi dolor vehemens urget, interest, sine tumore is sit, an tumor cum calore, an tumor jam etiam obcalluerit. Nam si tumor nullus est, calidis fomenti opus est. Aquam marinam, vel muriam duram fervefacere oportet, deinde in pelvem conjicere, et, cum jam homo potest, pedes demittere, superque pallam dare, et vestimento te-

chaleur, et on les prépare principalement avec la racine de guimauve bouillie dans du vin. Au contraire, lorsqu'il y a tumeur et chaleur, il vaut mieux recourir aux réfrigérants, et l'on se trouve bien de plonger les articulations malades dans de l'eau très-froide : il ne faut pas cependant répéter ces immersions tous les jours, ni les rendre trop prolongées, dans la crainte d'offenser les nerfs; on emploiera des cataplasmes réfrigérants, mais on n'insistera pas longtemps sur ces moyens, et on les remplacera par d'autres qui soient à la fois répercussifs et émollients. Si la douleur est plus forte, on fait bouillir des têtes de pavot dans du vin, et on ajoute du cérat fait avec l'huile rosat; ou bien on prend parties égales de cire et de graisse de porc qu'on fait fondre ensemble; on fait entrer du vin dans ce mélange, qu'on applique sur l'endroit douloureux, avec la précaution de le renouveler dès qu'il s'est échauffé. Quand les tumeurs sont devenues calleuses et font souffrir le malade, on le soulage par l'application d'une éponge trempée dans de l'huile et du vinaigre, ou dans de l'eau froide; ou bien l'on se sert d'un mélange à parties égales de poix, de cire et d'alun. On possède encore d'autres topiques non moins utiles contre la goutte des pieds et des mains. Mais si l'excès de la douleur ne permet l'emploi d'aucun de ces moyens, il faut, dans le cas où il n'existe pas de tumeur, faire des fomentations avec une éponge trempée dans une décoction d'écorces de pavots ou de racines de concombre sauvage, et enduire ensuite les articulations d'un médicament composé de safran, de suc de pavot et de lait de brebis; s'il y a tumeur, on la fomente avec une décoction tiède de lentisque, de verveine ou d'autres plantes astringentes;

puis on la recouvre d'un topique fait avec des amandes amères pilées dans du vinaigre, ou préparé avec de la céruse délayée dans du suc de pariétaire. Il est encore une pierre qui consume les chairs, et que les Grecs nomment *sarcophage*: on la creuse de manière à recevoir les pieds du malade, et lorsqu'il les y laisse un certain temps, il est ordinairement soulagé. De là vient la faveur dont jouit en Asie la pierre dite Asienne. Quand la douleur et l'inflammation ont disparu (ce qui a lieu le plus souvent dans l'espace de quarante jours, à moins que le mal ne se prolonge par la faute du malade), on doit prendre un exercice modéré, observer la diète, faire des onctions légères avec des liniments calmants, ou le cérat liquide de troëne. L'exercice du cheval est contraire aux podagres. Les personnes dont les articulations redeviennent douloureuses à des époques fixes doivent, avant le retour des attaques, prévenir par un régime sévère et des vomitifs répétés tout amas de matières nuisibles; et si l'on a quelque inquiétude sur l'état du corps, il faut recourir aux lavements et se purger avec le lait. Érasistrate interdit les évacuants à ceux qui ont la goutte aux pieds, dans la crainte d'attirer l'humeur vers les extrémités; mais il est évident que tout purgatif produit la déplétion aussi bien des parties inférieures que des supérieures.

XXV. Dans toute espèce de maladie, quand la convalescence est lente à se confirmer, il faut dès le point du jour se tenir éveillé, et toutefois rester au lit; puis vers la troisième heure se frotter doucement le corps avec les mains imprégnées d'huile; se promener ensuite pour se distraire, sans autre limite que le caprice et en laissant de côté toute affaire sérieuse; faire succéder à la pro-

---

gere; paulatim deinde juxta labrum ipsum ex eadem aqua leniter infundere, ne calor intus destituat; ac deinde noctu cataplasmata calefacientia imponere, maximeque hibisci radicem ex vino coctam. Si vero tumor calorque est, utiliora sunt refrigerantia, recteque in aqua quam frigidissima articuli continentur; sed neque quotidie, neque diu, ne nervi lædantur. Imponendum vero est cataplasma, quod refrigeret; neque tamen in hoc ipso diu permanendum, sed ad ea transeundum, quæ sic reprimunt, ut emolliant. Si major est dolor, papaveris cortices in vino coquendi, miscendique cum cerato sunt, quod ex rosa factum sit : vel ceræ et adipis suillæ tantumdem una liquandum, deinde his vinum miscendum, atque ubi, quod ex eo impositum est, incaluit, detrahendum, et subinde aliud imponendum est. Si vero tumores etiam obcalluerunt et dolent, levat spongia imposita, quæ subinde ex oleo, et aceto, vel aqua frigida exprimitur; aut pari portione inter se mista pix, cera, alumen. Sunt etiam plura idonea manibus pedibusque malagmata. Quod si nihil superimponi dolor patitur, id, quod sine tumore est, fovere oportet spongia, quæ in aquam calidam demittatur, in qua vel papaveris cortices, vel cucumeris silvestris radix decocta sit; tum inducere articulis crocum cum succo papaveris et ovillo lacte. At si tumor est, foveri quidem debet aqua egelida, in qua lentiscus, aliave verbena ex reprimentibus decocta sit; induci vero medicamentum ex nucibus amaris cum aceto tritis; aut ex cerussa, cui contritæ herbæ muralis succus sit adjectus. Lapis etiam, qui carnem exedit, quem σαρκοφάγον Græci vocant, excisus, sic, ut pedes capiat, demissos eos, cum dolent, retentesque ibi levare consuevit. Ex quo in Asia lapidi Asio gratia est. Ubi dolor et inflammatio se remiserunt (quod intra dies quadraginta fit, nisi vitium hominis accessit), medicis exercitationibus, abstinentia, unctionibus lenibus utendum est, sic, ut etiam acopo, vel liquido cerato cyprino articuli perfricentur. Equitare podagricis quoque alienum est. Quibus vero articulorum dolor certis temporibus revertitur, hos ante et curioso victu cavere oportet, ne inutilis materia corpori supersit, et crebriore vomitu : et, si quis ex corpore metus est, vel alvi ductione uti, vel lacte purgari. Quod Erasistratus in podagricis expulit, ne in inferiores partes factus cursus pedes repleret : cum evidens sit, omni purgatione non superiora tantummodo, sed etiam inferiora exinaniri.

XXV. Ex quocumque autem morbo quis convalescit, si tarde confirmatur, vigilare prima luce debet; nihilominus in lecto conquiescere; circa tertiam horam leniter unctis manibus corpus permulcere; deinde delectationis causa,

menade une longue gestation ; multiplier les frictions ; changer souvent de lieu, d'air et de nourriture ; après avoir bu du vin pendant trois ou quatre jours, boire de l'eau pendant un jour ou deux. En suivant cette marche, on ne doit redouter aucun des accidents qui mènent à la consomption, et l'on parvient promptement à réparer ses forces. Cependant, lors même que la guérison est complète, il y a péril à supprimer brusquement le genre de vie qu'on s'était prescrit, et à se gouverner sans méthode, ce n'est que par degrés qu'on peut s'affranchir de toutes ces entraves, pour arriver enfin à vivre selon sa convenance.

LIVRE V.

J'ai parlé jusqu'ici des maladies qu'on traite surtout par le régime : je vais passer maintenant à cette partie de la médecine qui puise dans les médicaments ses principales ressources. Les anciens médecins, ainsi qu'Érasistrate et ceux qui prirent le nom d'empiriques, ont attribué de grandes vertus aux remèdes ; mais Hérophile et ses sectateurs les ont préconisés bien plus encore, puisqu'ils les faisaient intervenir dans le traitement de toutes les maladies. Ils ont aussi laissé de nombreux écrits sur les propriétés des médicaments ; et l'on peut citer ceux de Zénon, d'Andréas ou d'Apollonius, auquel on donna le surnom de Mys (rat). Mais ce n'est pas sans raison qu'Asclépiade a presque entièrement banni l'usage de ces moyens curatifs ; et comme pour la plupart ils dérangent l'estomac et sont de mauvais suc, il a reporté tous ses soins vers l'application du régime. S'il est vrai que pour le plus grand nombre de nos maladies le régime constitue le meilleur traitement, il n'est pas moins évident que nous sommes sujets à beaucoup d'affections qui ne peuvent guérir sans le secours des remèdes. Ce qu'il importe avant tout de savoir, c'est que toutes les parties de la médecine sont tellement liées entre elles, qu'il est impossible de les séparer complétement ; et le nom qui les distingue indique seulement la prédominance des méthodes. Celle par exemple qui est fondée sur le régime s'adresse aussi quelquefois aux médicaments ; et celle qui s'applique principalement à combattre les maladies par l'action de ces agents thérapeutiques est obligée d'y joindre l'observance du régime, dont l'utilité se fait si vivement sentir dans toutes les affections du corps. Comme les médicaments sont doués de propriétés particulières, que souvent on les emploie seuls, et souvent combinés entre eux, il paraît convenable d'en exposer d'abord les noms, les vertus et les mélanges ; car c'est le moyen d'épargner du temps à ceux qui cultivent l'exercice de l'art.

I. Les substances qui arrêtent l'écoulement de sang sont le vitriol (en grec χάλκανθος), le chalcitis, l'acacia, le lycium traité par l'eau, l'encens, l'aloès, la gomme, le plomb brûlé, le misy, l'eau froide, le vin, le vinaigre, l'alun, l'huile de coing, l'écaille de fer et de cuivre : cette dernière est de deux espèces, l'une de cuivre simple, et l'autre de cuivre rouge.

II. Pour cicatriser les blessures, on a la myrrhe, l'encens, la gomme, et principalement celle qui est fournie par l'acanthe, le psyllium, la gomme adragant, le cardamome, les bulbes, la graine de lin, le cresson, le blanc d'œuf, la colle, l'ich-

quantum juvat, ambulare, circumcisa omni negotiosa actione ; tum gestari diu ; multa frictione uti ; loca, cœlum, cibos sæpe mutare ; ubi triduo quatriduove vinum bibit, uno aut etiam altero die interponere aquam. Per hæc enim fiet, ne in vitia tabem inferentia incidat, et ut mature vires suas recipiat. Cum vero ex toto convaluerit, periculose vitæ genus subito mutabit et inordinate aget. Paulatim ergo debebit, omissis his legibus, eo transire, ut arbitrio suo vivat.

LIBER QUINTUS.

Dixi de iis malis corporis, quibus victus ratio maxime subvenit : nunc transeundum est ad eam medicinæ partem, quæ magis medicamentis pugnat. His multum antiqui auctores tribuerunt, et Erasistratus, et ii qui se ἐμπειρικοὺς nominaverunt ; præcipue tamen Herophilus, deductique ab illo viri, adeo ut nullum morbi genus sine his curarent. Multaque etiam de facultatibus medicamentorum memoriæ prodiderunt, qualia sunt vel Zenonis, vel Andreæ, vel Apollonii, qui Mys cognominatus est. Horum autem usum ex magna parte Asclepiades non sine causa sustulit ; et, cum omnia fere medicamenta stomachum lædant, malique succi sint, ad ipsius victus rationem potius omnem curam suam transtulit. Verum, ut illud in plerisque morbis utilius est, sic multa admodum corporibus nostris incidere consuerunt, quæ sine medicamentis ad sanitatem pervenire non possunt. Illud ante omnia scire convenit, quod omnes medicinæ partes ita innexæ sunt, ut ex toto separari non possint, sed ab eo nomen trahant, a quo plurimum petunt. Ergo et illa, quæ victu curat, aliquando medicamentum adhibet, et illa, quæ præcipue medicamentis pugnat, adhibere etiam rationem victus debet, quæ multum admodum in omnibus malis corporis proficit. Sed cum omnia medicamenta proprias facultates habeant, ac sæpe simplicia opitulentur, sæpe mista, non alienum videtur ante proponere et nomina, et vires, et misturas eorum, quo minor ipsas curationes exsequentibus mora sit.

I. Sanguinem supprimunt, atramentum sutorium, quod Græci χάλκανθον appellant, chalcitis, acacia, et ex aqua lycium, thus, aloe, gummi, plumbum combustum, porrum, herba sanguinalis, creta vel Cimolia vel figularis, misy, frigida aqua, vinum, acetum, alumen, melinum, squama et ferri et æris ; atque hujus quoque duæ species sunt, alia tantum æris, alia rubri æris.

II. Glutinant vulnus, myrrha, thus, gummi, præcipueque acanthinum, psyllium, tragacantha, cardamomum, bulbi, lini semen, nasturtium, ovi album, gluten, ichthyo-

thyocolle, la vigne blanche, les limaçons pilés avec leurs coquilles, le miel cuit, l'éponge imbibée d'eau froide, de vin ou de vinaigre, la laine imprégnée de ces liquides; et même la toile d'araignée quand la blessure est légère.

Pour réprimer les plaies, on a l'alun en morceau, qu'on appelle *schiste*; l'alun liquide, l'huile de coing, l'orpiment, le vert de gris, le chalcitis, et le vitriol.

III. Les maturatifs sont le nard, la myrrhe, le costus, le baume, le galbanum, la propolis, le styrax, la suie, et l'écorce du bois qui donne l'encens, le bitume, la poix, le soufre, la résine, le suif, la graisse et l'huile.

IV. Les apéritifs qui maintiennent ouverts les pores (στόματα des Grecs) sont le cinnamome, le baume, le panax, le jonc carré, le pouliot, la fleur de violette blanche, le bdellium, le galbanum, les résines du térébinthe et du pin, la propolis, la vieille huile, le poivre, le pyrèthre, l'ivette, la staphysaigre, le soufre, l'alun, la semence de rue.

V. Les détersifs sont le vert de gris, l'orpiment nommé par les Grecs *arsenic*, lequel jouit des mêmes propriétés que la sandaraque, mais est encore plus énergique; l'écaille de cuivre, la pierre ponce, l'iris, le baume, le styrax, l'encens et l'écorce du bois qui le fournit, les résines du pin et du térébinthe liquides, l'œnanthe, la fiente de lézard, le sang de pigeon, de ramier et d'hirondelle, la gomme ammoniaque, le bdellium, qui agit comme l'ammoniaque, mais avec plus de force; l'aurone, la figue sèche, les baies du gnidium, la râclure d'ivoire, le verjus, le raifort, la présure, celle du lièvre principalement, qui, sans avoir des propriétés différentes des autres présures, est cependant plus active; le fiel, le jaune d'œuf cru, la corne de cerf, la colle de taureau, le miel cru, le misy, le chalcitis, le safran, la staphysaigre, la litharge, la noix de galle, la limaille d'airain, la pierre hématite, le minium, le costus, le soufre, la poix crue, le suif, la graisse, l'huile, la rue, le poireau, la lentille et l'orobe.

VI. Les corrosifs sont l'alun liquide, et plus encore celui qui est rond, le vert de gris, le chalcitis, le misy, l'écaille de cuivre et surtout celle de cuivre rouge, l'airain brûlé, la sandaraque, le minium de Sinope, la noix de galle, le baume, la myrrhe, l'encens et l'écorce du bois qui le porte, le galbanum, la térébenthine liquide, les deux sortes de poivre, mais plutôt le rond, le cardamome, l'orpiment, la chaux, le nitre et son écume, la semence d'ache, la racine de narcisse, le verjus, l'écume de mer, l'huile de noix amères, l'ail, le miel cru, le vin, le lentisque, l'écaille de fer, le fiel de taureau, la scammonée, la staphysaigre, le cinnamome, le styrax, la semence de ciguë, celle de narcisse, la résine, le fiel, les noix amères, l'huile qu'elles fournissent, le vitriol, le borax, l'ellébore, la cendre.

VII. Les substances qui consument les chairs sont le suc d'acacia, l'ébène, le vert de gris, l'écaille de cuivre, le borax, la cendre de Chypre, le nitre, la calamine, la litharge, l'hypociste, le diphryge, le sel, l'orpiment, le soufre, la ciguë, la sandaraque, la salamandre, l'écume de mer, les fleurs d'airain, le chalcitis, le vitriol, l'ocre, la chaux, la noix de galle, l'alun, le suc laiteux du figuier sauvage, ou celui de

---

colla, vitis alba, contusæ cum testis suis cochleæ, mel coctum, spongia vel ex aqua frigida, vel ex vino, vel ex aceto expressa; ex iisdem lana succida; si levis plaga est, etiam aranea.

Reprimunt, alumen et scissile, quod σχιστὸν vocatur, et liquidum, melinum, auripigmentum, ærugo, chalcitis, atramentum sutorium.

III. Concoquunt et movent pus, nardum, myrrha, costum, balsamum, galbanum, propolis, styrax, thuris et fuligo et cortex, bitumen, pix, sulphur, resina, sevum, adeps, oleum.

IV. Aperiunt tamquam ora in corporibus, quod στόμα Græce dicitur, cinnamomum, balsamum, panaces, juncus quadratus, pulegium, flos albæ violæ, bdellium, galbanum, resina terebinthina et pinea, propolis, oleum vetus, piper, pyrethrum, chamæpitys, uva taminia, sulphur, alumen, rutæ semen.

V. Purgant, ærugo, auripigmentum, quod ἀρσενικὸν a Græcis nominatur (huic autem et sandarachæ in omnia eadem vis, sed validior est); squama æris, pumex, iris, balsamum, styrax, thus, thuris cortex, resina, et pinea, et terebinthina, liquida, œnanthe, lacerti stercus, sanguis columbæ, et palumbi, et hirundinis, ammoniacum, bdellium (quod in omnia idem, quod ammoniacum, potest, sed valentius est); abrotonum, ficus arida, coccum Gnidium, scobis eboris, omphacium, radicula, coagulum, sed maxime leporinum (cui eadem, quæ ceteris coaguli, facultas, sed utique validior est); fel, vitellus crudus, cornu cervinum, gluten taurinum, mel crudum, misy, chalcitis, crocum, uva taminia, spuma argenti, galla, squama æris, lapis hæmatites, minium, costum, sulphur, pix cruda, sevum, adeps, oleum, ruta, porrum, lenticula, ervum.

VI. Rodunt, alumen liquidum, sed magis rotundum, ærugo, chalcitis, misy, squama æris, sed magis rubri, æs combustum, sandaracha, minium Sinopicum, galla, balsamum, myrrha, thus, thuris cortex, galbanum, resina terebinthina humida, piper utrumque, sed rotundum magis, cardamomum, auripigmentum, calx, nitrum, et spuma ejus, apii semen, narcissi radix, omphacium, alcyonium, oleum ex amaris nucibus, allium, mel crudum, vinum, lentiscus, squama ferri, fel taurinum, scammonia, uva taminia, cinnamomum, styrax, cicutæ semen, resina, narcissi semen, fel, nuces amaræ, oleumque earum, atramentum sutorium, chrysocolla, veratrum, cinis.

VII. Exedunt corpus, acaciæ succus, hebenus, ærugo, squama æris, chrysocolla, cinis Cyprius, nitrum, cadmia, spuma argenti, hypocistis, diphryges, sal, auripigmentum, sulphur, cicuta, sandaracha, salamandra, alcyonium, æris flos, chalcitis, atramentum sutorium, ochra, calx,

la laitue marine que les Grecs appellent *tithymale*, le fiel, la suie d'encens, la tutie, la lentille, le miel, les feuilles d'olivier, le marrube, diverses pierres : hématite, phrygienne, asienne et scissile, le misy, le vin, le vinaigre.

VIII. Celles qui brûlent sont l'orpiment, le vitriol, le chalcitis, le misy, le vert de gris, la chaux, le papyrus brûlé, le sel, l'écaille de cuivre, la lie brûlée, la myrrhe, la fiente de lézard, de pigeon, de ramier et d'hirondelle, le poivre, les baies de gnidium, l'ail, le diphryge, les deux sucs laiteux dont il est question dans le chapitre précédent, les ellébores blanc et noir, les cantharides, le corail, le pyrèthre, l'encens, la salamandre, la roquette, la sandaraque, la staphysaigre, le borax, l'ocre, l'alun, la fiente de brebis, l'œnanthe.

IX. Ces mêmes substances déterminent des croûtes sur les plaies, comme s'il y avait eu cautérisation avec le feu : cet effet est produit particulièrement par le chalcitis, surtout quand on l'a fait bouillir, par les fleurs de cuivre, le vert de gris, l'orpiment et le misy, si de même il a été soumis à l'ébullition.

X. On fait tomber ces croûtes avec la farine mêlée à la rue, ou encore avec le poireau ou la lentille, à laquelle on ajoute un peu de miel.

XI. Les médicaments les plus propres à résoudre les dépôts d'humeur sont l'aurone, l'aunée, la marjolaine, la violette blanche, le miel (1), le serpolet, le lait, le mélilot, le lis, le cyprès, le cèdre, l'iris, la violette pourpre, le narcisse, la rose, le safran, le vin de raisins cuits au soleil, le jonc carré, le nard, le cinnamome, le casia, la gomme ammoniaque, la cire, la résine, la staphysaigre, la litharge, le styrax, la figue sèche, l'origan, la graine de lin et celle de narcisse, le bitume, les ordures ramassées aux gymnases, la pyrite, la pierre de meule, les jaunes d'œuf crus, les noix amères, le soufre.

XII. Les remèdes qui attirent les humeurs et les poussent au dehors, sont le ladanum, l'alun rond, l'ébène, la graine de lin, le verjus, le fiel, le chalcitis, le bdellium, les résines du térébinthe et du pin, la propolis, la figue sèche bouillie, la fiente de pigeon, la pierre ponce, la farine d'ivraie, la figue verte bouillie dans de l'eau, l'élatérium, les baies de laurier, le nitre, le sel.

XIII. Ceux qui enlèvent les aspérités sont la tutie, l'ébène, la gomme, le blanc d'œuf, le lait, la gomme adragant.

XIV. Ceux qui favorisent la régénération des chairs et la cicatrisation des plaies, sont la résine de pin, l'ocre attique, la pierre étoilée (2), la cire, le beurre.

XV. Les émollients sont l'airain brûlé, la terre d'Érétrie, le nitre, les larmes de pavots, la gomme ammoniaque, le bdellium, la cire, le suif, la graisse, l'huile, la figue sèche, le sésame, le mélilot, la semence et la racine de narcisse, les feuilles de rose, la présure, le jaune d'œuf cru, les noix amères, toutes espèces de moelle, l'antimoine, la poix, les escargots bouillis, la semence de ciguë, les scories de plomb (en grec σκωρία μολύβδου), le panax, le cardamome, le galbanum, la résine, la staphysaigre, le styrax, l'iris, le baume, les ordures du gymnase, le soufre, le beurre, la rue.

XVI. On emploie, pour nettoyer la peau, le

---

galla, alumen, lac caprifici, vel lactucæ marinæ, quæ τιθύμαλλος a Græcis nominatur, fel, thuris fuligo, spodium, lenticula, mel, oleæ folia, marrubium, lapis hæmatites, et Phrygius, et Asius, et scissilis, misy, vinum, acetum.

VIII. Adurunt, auripigmentum, atramentum sutorium, chalcitis, misy, ærugo, calx, charta combusta, sal, squama æris, fæx combusta, myrrha, stercus et lacerti, et columbæ, et palumbi, et hirundinis, piper, coccum gnidium, allium, diphryges, lac utrumque, quod proximo capite supra comprehensum est, veratrum et album et nigrum, cantharides, corallium, pyrethrum, thus, salamandra, eruca, sandaracha, uva taminia, chrysocolla, ochra, alumen scissile, ovillum stercus, œnanthe.

IX. Eadem fere crustas ulceribus tamquam igne adustis inducunt; sed præcipue chalcitis, utique si cocta est, flos æris, ærugo, auripigmentum, misy, et id quoque magis coctum.

X. Crustas vero has resolvit farina triticea cum ruta, vel porro, aut lenticula, cui mellis aliquid adjectum est.

XI. Ad discutienda vero ea, quæ in corporis parte aliqua coierunt, maxime possunt, abrotonum, helenium, amaracus, alba viola, mel, lilium, sampsucus Cyprius, lac, sertula Campana, serpyllum, cupressus, cedrus, iris, viola purpurea, narcissus, rosa, crocum, passum, juncus quadratus, nardum, cinnamomum, casia, ammoniacum, cera, resina, uva taminia, spuma argenti, styrax, ficus arida, tragoriganus, lini et narcissi semen, bitumen, sordes ex gymnasio, pyrites lapis, aut molaris, crudus vitellus, amaræ nuces, sulphur.

XII. Evocat et educit ladanum, alumen rotundum, hebenus, lini semen, omphacium, fel, chalcitis, bdellium, resina terebinthi et pinea, propolis, ficus arida decocta, stercus columbæ, pumex, farina lolii, grossi in aqua cocti, elaterium, lauri baccæ, nitrum, sal.

XIII. Lævat id, quod exasperatum est, spodium, hebenus, gummi, ovi album, lac, tragacanthum.

XIV. Carnem alit et ulcus implet resina pinea, ochra Attice, vel asterace, cera, butyrum.

XV. Molliunt, æs combustum, terra Eretria, nitrum, papaveris lacrima, ammoniacum, bdellium, cera, sevum, adeps, oleum, ficus arida, sesamum, sertula Campana, narcissi et radix et semen, rosæ folia, coagulum, vitellus crudus, amaræ nuces, medulla omnis, stibi, pix, cochlea cocta, cicutæ semen, plumbi recrementum (σκωρίαν μολύβδου Græci vocant); panaces, cardamomum, galbanum, resina, uva taminia, styrax, iris, balsamum, sordes ex gymnasio, sulphur, butyrum, ruta.

XVI. Cutem purgat mel, sed magis, si est cum galla, vel ervo, vel lenticula, vel marrubio, vel iride, vel ruta, vel nitro, vel ærugine.

miel, surtout quand il est mêlé à la noix de galle, l'ers, la lentille, le marrube, l'iris, la rue, le nitre ou le vert-de-gris.

XVII. 1. Après avoir exposé les propriétés des médicaments à l'état simple, je dois parler de leur mélange et des remèdes qui en résultent. Ce mélange a lieu diversement et n'est soumis à aucune limite, puisqu'on peut ajouter ou retrancher telles ou telles substances, et que même en les réunissant il se présente encore des différences relativement au poids. Il suit de là que les médicaments, sans avoir des vertus infinies, se prêtent néanmoins à des combinaisons sans nombre, dont il serait oiseux de s'occuper alors même qu'on pourrait les embrasser toutes, attendu que les mêmes effets se retrouvent dans un petit nombre de compositions qu'il est facile ensuite de modifier à son gré quand on en connaît bien les propriétés. Je me contenterai donc de noter ici les remèdes qui ont le plus de renommée; et j'indiquerai dans ce livre ceux qui ne se rencontrent pas dans nos livres précédents, ou qui sont relatifs au traitement des maladies qui vont suivre, tout en ayant soin de ranger ces préparations d'après leur analogie. S'il en est quelques-unes qui ne s'appliquent qu'à certains cas particuliers, j'en parlerai à l'occasion de ces maladies spéciales. Mais avant tout je tiens à établir que l'once pèse sept deniers, qu'ensuite j'ai divisé le denier en six parties, c'est-à-dire en sixièmes, et que pour moi chaque sixième répond à l'obole des Grecs; ce qui, rapporté aux poids romains, fait un peu plus qu'un demi-scrupule.

2. Les onguents, les emplâtres, et les pastilles que les Grecs nomment *trochisques*, ont bien entre eux quelques rapports; mais ils diffèrent en ce sens, que les onguents sont principalement composés de fleurs aromatiques et de leurs tiges, tandis qu'il entre plutôt des substances métalliques dans la préparation des emplâtres et des pastilles. Ensuite les onguents se ramollissent facilement par la simple contusion, et s'appliquent sur la peau intacte; au contraire, les ingrédients qui servent à faire les emplâtres et les pastilles sont broyés avec soin, à l'effet de ménager les blessures qu'ils doivent recouvrir. Ce qui distingue les emplâtres des trochisques, c'est qu'on emploie toujours, pour les préparer, quelque chose de liquéfié, au lieu que les trochisques se composent de médicaments secs, qui sont liés ensuite au moyen de quelque liqueur. L'emplâtre au reste se prépare de la manière suivante : On broie d'abord les substances isolément, puis, après les avoir mêlées, on verse dessus du vinaigre ou un autre liquide qui n'ait rien d'onctueux, et on les écrase de nouveau alors : les médicaments qui peuvent se liquéfier se fondent en même temps au feu, et l'on ajoute enfin de l'huile, si cela paraît nécessaire; quelquefois on commence par faire bouillir quelque drogue sèche dans l'huile; et lorsqu'on a traité chaque substance en particulier, on mêle le tout ensemble. Voici maintenant comment on fait les trochisques : Les matières sèches étant broyées, on les lie au moyen d'un liquide qui ne doit pas être gras : ainsi, l'on prend le vin ou le vinaigre; le médicament composé se sèche de nouveau, et pour l'usage il faut le délayer avec le liquide employé déjà. On applique simplement l'emplâtre, et l'on doit enduire le trochisque, ou le mêler à quelque substance plus molle, comme le cérat.

XVIII. 1. Ces distinctions une fois connues, je vais d'abord m'occuper des onguents, qui ne

---

XVII. 1. Expositis simplicibus facultatibus, dicendum est, quemadmodum misceantur, quæque ex his fiant. Miscentur autem varie, neque hujus ullus modus est, cum ex simplicibus alia demantur, alia adjiciantur, iisdemque servatis, ponderum ratio mutetur. Itaque, cum facultatum materia non ita multiplex sit, innumerabilia misturarum genera sunt; quæ comprehendi si possent, tamen esset supervacuum. Nam et iidem effectus intra paucas compositiones sunt, et mutare eas cuilibet, cognitis facultatibus, facile est. Itaque contentus iis ero, quas accepi velut nobilissimas. In hoc autem volumine eas explicabo, quæ vel desiderari in prioribus potuerunt, vel ad eas curationes pertinent, quas protinus hic comprehendam, sic, ut tamen, quæ magis communia sunt, simul jungam. Si qua singulis, vel etiam paucis accommodata sunt, in ipsarum locum differam. Sed et ante sciri volo, in uncia pondus denariorum septem esse; unius deinde denarii pondus dividi a me in sex partes, id est sextantes; ut idem in sextante denarii habeam, quod Græci habent in eo, quem ὀβολὸν appellant. Id ad nostra pondera relatum paulo plus dimidio scripulo facit.

2. Malagmata vero, atque emplastra, pastillique, quos τροχίσκους Græci vocant, cum plurima eadem habeant, differunt eo, quod malagmata maxime ex odoribus eorumque etiam surculis, emplastra pastillique magis ex quibusdam metallicis fiunt. Deinde malagmata contusa abunde mollescunt, nam super integram cutem injiciuntur; laboriose vero conteruntur ea, ex quibus emplastra pastilique fiunt, ne lædant vulnera, cum imposita sunt. Inter emplastrum autem et pastillum hoc interest, quod emplastrum utique liquati aliquid accipit, in pastillo tantum arida medicamenta aliquo humore junguntur. Tum emplastrum hoc modo fit : arida medicamenta per se teruntur; deinde mistis his instillatur aut acetum, aut si quis alius non pinguis humor accessurus est, et ea rursus ex eo teruntur: ea vero, quæ liquari possunt, ad ignem simul liquantur; et si quid olei misceri debet, tum infunditur; interdum etiam aridum aliquod ex oleo prius coquitur; ubi facta sunt, quæ separatim fieri debuerunt, in unum omnia miscentur. At pastilli hæc ratio est : arida medicamenta contrita humore non pingui, ut vino vel aceto, coguntur, et rursus coacta, inarescunt; atque, ubi utendum est, ejusdem generis humore diluantur. Tum emplastrum imponitur, pastillus illinitur, aut alicui molliori, ut cerato, miscetur.

XVIII. 1. His cognitis, primum malagmata subjiciam, quæ fere non sunt refrigerandi, sed calefaciendi causa

sont presque jamais destinés à rafraîchir, mais à échauffer. Il en est un cependant qui est réfrigérant, et dont l'usage est indiqué dans la podagre accompagnée de chaleur : il est composé de noix de galle vertes et mûres, de semences de coriandre, de ciguë, de suc de pavots desséchés, et de gomme : on prend un acétabule de chaque, et l'on ajoute une demi-livre de cérat lavé. Presque tous les autres onguents échauffent, quelques-uns néanmoins agissent comme résolutifs, d'autres comme attractifs, et ces derniers reçoivent le nom d'*épispastiques*. En général ils sont appropriés à certaines parties du corps.

2. S'il y a lieu d'attirer la matière au dehors, comme dans l'hydropisie et la pleurésie, au début d'un abcès, ou lorsqu'il existe une suppuration peu abondante, on peut employer l'onguent dont voici la composition : résine sèche, nitre, gomme ammoniaque, galbanum, de chaque p. *.; cire p. *.; ou cet autre, dans lequel il entre verdet ratissé, encens, ana p. *. II, sel ammoniac p. *. VI.; écaille de cuivre, cire, ana p. *. VIII, résine sèche p. *. XII, et un verre de vinaigre. La farine de cumin mêlée avec l'herbe au foulon, et le miel, produit le même effet.

3. Contre les douleurs du foie on se sert d'un onguent qui se compose de larmes de baume p. *. XII, de costus, cinnamome, écorce de cassia, myrrhe, safran, jonc rond, semence de l'arbre qui fournit le baume, iris d'Illyrie, cardamome, amome, nard, ana p. *. XVI.; à quoi on ajoute onguent de nard quantité suffisante pour avoir la consistance de cérat. Il faut l'employer récemment préparé. Pour le conserver, on prend de térébenthine solide p. *. XVI, et de cire p. *. X, qu'on broie en les mélangeant dans du vin léger.

4. Si l'on souffre de la rate, l'onguent sera formé d'écorce de gland (βάλανος μυρεψική en grec), broyée avec partie égale de nitre et arrosée de très-fort vinaigre. Dès que le mélange a pris la consistance de cérat, on l'étend sur un linge trempé d'avance dans l'eau froide; et dans cet état on l'applique, sans oublier de répandre pardessus de la farine d'orge. Mais on ne doit pas le laisser en place plus de six heures, de peur qu'il ne détruise la rate. Il vaut mieux en renouveler deux ou trois fois l'application.

5. Pour les maladies du foie et de la rate, pour les abcès, les scrofules, les parotides, les douleurs des articles et du talon, avec ou sans suppuration, enfin pour faciliter même la digestion, Lysias a composé l'onguent suivant : opopanax, styrax, galbanum, résine, ana p. *. II.; gomme ammoniaque, bdellium, cire, suif de taureau, iris sec p. *. IV.; graine de romarin un acétabule, et quarante grains de poivre : on tempère l'activité de ces substances broyées ensemble, en les incorporant dans de la pommade d'iris.

6. Voici la préparation d'Apollophane contre les douleurs de côté : térébenthine sèche, suie d'encens, ana p. *. IV.; bdellium, gomme ammoniaque, iris, suif de veau ou de chèvre pris sur les reins, gui, ana p. *. IV. Ce remède calme toute espèce de douleur, ramollit les parties indurées, et échauffe modérément.

7. On emploie dans le même cas l'onguent d'Andréas, qui de plus agit comme résolutif, attire l'humeur au dehors, accélère la formation du pus, et, quand l'abcès est mûr, détermine la rupture des téguments et favorise ensuite la cicatrisation. On l'applique utilement sur les abcès

---

reperta. Est tamen, quod refrigerare possit, ad calidas podagras aptum. Habet gallæ et immaturæ et alterius, coriandri seminis, cicutæ, lacrimæ aridæ, gummi, singulorum plenum acetabulum, cerati eloti, quod πεπλυμένον Græci vocant, selibram. Reliqua fere calefaciunt; sed quædam digerunt materiam, quædam extrahunt, quæ ἐπισπαστικά vocantur; pleraque certis magis partibus membrorum accommodata sunt.

2. Si materia extrahenda est, ut in hydropico, in lateris dolore, in incipiente abscessu, in suppuratione quoque mediocri, aptum est id quo habet resinæ aridæ, nitri, ammoniaci, galbani, singulorum pondo, ceræ pondo. Aut in quo hæc sunt : æruginis rasæ, thuris, singulorum p. *. II. ammoniaci salis p. *. VI. squamæ æris, ceræ, singulorum p. *. VIII. resinæ aridæ. p. *. XII. aceti cyathus. Idem præstat cumini farina cum struthio, et melle.

3. Si jecur dolet, id in quo est balsami lacrimæ p. *. XII. costi, cinnamomi, casiæ corticis, myrrhæ, croci, junci rotundi, balsami seminis, iridis Illyricæ, cardamomi, amomi, nardi, singulorum p. *. XVI. quibus adjicitur nardinum unguentum, donec cerati crassitudo sit. Et hujus quidem recentis usus est : si vero servandum est, resinæ terebinthinæ p. *. XVI. ceræ p. *. X. ex vino leni contunduntur, tum eo miscentur.

4. At si lienis torquet, glandis, quam βάλανον μυρεψικήν Græci vocant, cortex et nitrum paribus portionibus contunduntur, respergunturque aceto quam acerrimo : ubi cerati crassitudinem habet, linteo, ante in aqua frigida madefacto, illinitur, et sic imponitur, supraque farina hordeacea injicitur : sed manere ibi non amplius sex horis debet, ne lienem consumat; satiusque est id bis, aut ter fieri.

5. Commune autem et jocinori, et lieni, et abscessibus, et strumæ, parotidibus, articulis, calcibus quoque suppurantibus, aut aliter dolentibus, etiam concoctioni ventris, Lysias composuit ex his : opopanacis, styracis, galbani, resinæ, singulorum p. * II. ammoniaci, bdellii, ceræ, sevi taurini, iridis aridæ p. *. IV. cachryos acetabulum, piperis granis quadraginta : quæ contrita irino unguento temperantur.

6. Ad laterum autem dolores compositio est Apollophanis : in qua sunt resinæ terebinthinæ, thuris fuliginis, singulorum p. *. IV. bdellii, ammoniaci, iridis, sevi vitulini, aut caprini a renibus, visci, singulorum p. *. IV. Hæc autem eadem omnem dolorem levant, dura emolliunt, mediocriter calefaciunt.

7. Ad idem Andreæ quoque malagma est; quod etiam resolvit, humorem educit, pus maturat, ubi id maturum

grands ou petits, et dans les douleurs des articulations des hanches et des pieds : s'il y a quelque chose de froissé à l'intérieur, il y remédie, assouplit les hypocondres s'ils sont durs et gonflés, détache les esquilles d'os, et réussit enfin dans tous les cas où la chaleur est secourable. On y fait entrer les substances suivantes : cire p. *. xi.; gui, et suc de figuier qu'on appelle ailleurs sycomore, ana p. *. i.; poivre rond et long, gomme ammoniaque en larmes, bdellium, iris d'Illyrie, cardamome, amome, balsamier, encens mâle, myrrhe, résine sèche, ana p. *. x.; pyrèthre, baies de gnidium, écume de nitre, sel ammoniac, aristoloche de Crète, racine de concombre sauvage, térébenthine liquide, ana p. *. xx. : ajoutez onguent d'iris, quantité suffisante pour lier les substances et les ramollir.

8. Un remède excellent pour amener le relâchement des parties resserrées, ainsi que pour amollir et résoudre celles qui sont dures et engorgées, est celui dont on attribue la composition à Polyarque : il est fait avec parties égales de jonc carré, de cardamome, de suie d'encens, d'amome, de cire et de résine liquide.

9. L'onguent de Niléer remplit le même but. On prend : crocomagma, qui est en quelque sorte le résidu du safran p. *. iv ; gomme ammoniaque en larmes, cire, ana p. *. xx. ; les deux premières substances sont broyées dans du vinaigre, la cire est liquéfiée par l'huile rosat, et le tout est mêlé ensemble.

10. L'onguent composé, dit-on, par Moschus, agit aussi comme émollient. Il y entre : de galbanum une once; de suie d'encens p. =.; de cire, de gomme ammoniaque en larmes, un tiers; de poix sèche p. ii., et de vinaigre trois hémines.

11. On doit à ce qu'il paraît, à Médius, un autre onguent résolutif, qui se compose de cire p. =., de panax p. *. s., d'écailles de cuivre, d'alun rond et scissile, ana p. *. i., de plomb brûlé, p. *. i. s.

12. Panthême employait également comme résolutif ce mélange : chaux p. s., moutarde pulvérisée, fénu, alun, ana p. i., suif de bœuf, p. ii. s.

13. 14. Je trouve dans les auteurs un grand nombre d'onguents contre les maladies strumeuses. Le caractère grave et opiniâtre de ces affections explique, selon moi, cette multiplicité de remèdes qui ont donné des résultats divers selon les sujets. Andréas a composé celui-ci : semence d'ortie p. *. i.; poivre rond, bdellium, galbanum, gomme ammoniaque en larmes, résine sèche, ana p. *. iv. ; résine liquide, cire, pyrèthre, poivre long, semence de tithymale, soufre non traité par le feu (ἄπυρος), lie desséchée de vinaigre, écume de nitre, sel ammoniac, moutarde, cardamome, racine de concombre sauvage, résine, ana p. *. viii., le tout broyé dans un vin doux.

15. L'onguent suivant est plus efficace encore contre la scrofule : semence de gui, fiente de…, résine et soufre non traité par le feu, parties égales. Ou bien l'on prend : soufre p. *. i.; pierre appelée pyrite, p. *. iv., cumin un acétabule; ou encore on mêle une partie de pierre pyrite, deux

---

est, cutem rumpit, et ad cicatricem perducit. Prodest impositum minutis majoribusque abscessibus : item articulis, ideoque et coxis, et pedibus dolentibus ; item, si quid in corpore collisum est, reficit, præcordia quoque dura et inflata emollit : ossa extrahit : ad omnia denique valet, quæ adjuvare calor potest. Id habet ceræ p. *. xi. visci, sycamini, quam alias sycomorum vocant, lacrimæ, singulorum p. *. i. piperis et rotundi, et longi, ammoniaci thymiamatis, bdellii, iridis Illyricæ, cardamomi, amomi, xylobalsami, thuris masculi, myrrhæ, resinæ aridæ, singulorum p. *. x. pyrethri, cocci Gnidii, spumæ nitri, salis Ammoniaci, aristolochiæ Creticæ, radicis ex cucumere agresti, resinæ terebinthinæ liquidæ, singulorum p. *. xx. quibus adjicitur unguenti irini, quantum satis est ad ea mollienda atque cogenda.

8. Præcipuum vero est ad resolvenda, quæ adstricta sunt, mollienda, quæ dura sunt, digerenda, quæ coeunt, id, quod ad Polyarchum auctorem refertur. Habet junci quadrati, cardamomi, thuris fuliginis, amomi, ceræ, resinæ liquidæ pares portiones.

9. Aliud ad eadem Nilei : crocomagmatis, quod quasi recrementum ejus est, p. *. iv. ammoniaci thymiamatis, ceræ, singulorum p. *. xx. ex quibus duo priora ex aceto teruntur, cera cum rosa liquatur, et tum omnia junguntur.

10. Proprie etiam dura emollit id, quod Moschi esse dicitur. Habet galbani unciam, thuris fuliginis p. =. ceræ, ammoniaci thymiamatis trientes, picis aridæ p. ii. aceti heminas tres.

11. Fertur etiam ad digerenda, quæ coeunt, sub auctore Medio, quod habet ceræ p. =. panacis p. *. s. squamæ æris, aluminis rotundi, item scissilis, singulorum p. x. i. plumbi combusti p. *. i. s.

12. Ad eadem Panthemus utebatur, calcis p. s. sinapis contriti, item fœni Græci, aluminis, singulorum p. i. sevi bubuli p. ii. s.

13. 14. Ad strumam multa malagmata invenio. Credo autem, quo pejus id malum est, minusque facile distitur, eo plura esse tentata ; quæ in personis varie responderunt. Andréas auctor est, ut hæc misceantur : urticæ seminis p. *. i. piperis rotundi, bdellii, galbani, ammoniaci thymiamatis, resinæ aridæ, singulorum p. *. iv. resinæ liquidæ, ceræ, pyrethri, piperis longi, lactucæ marinæ seminis, sulphuris ignem non experti, quod ἄπυρον vocatur, fæcis aridæ aceti, spumæ nitri, salis Ammoniaci, sinapis, cardamomi, radicis ex cucumere silvestri, resinæ, singulorum p. x. viii, quæ ex leni vino contundantur.

15. Expeditius ad idem fit, quod habet visci seminis, stercoris, resinæ, sulphuris ignem non experti pares portiones. Et in quo est sulphuris p. x. i. lapidis, quem πυρίτην vocant, p. *. iv. cumini acetabulum. Item in quo est lapidis ejusdem pars una, sulphuris duæ partes, resinæ terebinthinæ partes tres.

parties de soufre, et trois parties de résine térébenthine.

16. L'onguent d'un certain Arabe a la propriété de dissiper les écrouelles, et de résoudre les tumeurs appelées φύματα. On le prépare avec la myrrhe, le sel ammoniac, l'encens, la résine sèche et liquide, la lie de safran, la cire, ana P. *. I., la pierre pyrite, P. *. IV., et l'on ajoute quelquefois de soufre P. *. II.

17. Toujours contre les écrouelles, et aussi contre les tumeurs qui suppurent difficilement et celles qui sont de nature cancéreuse, on fait usage d'un onguent où l'on fait entrer : soufre, P. *. II.; nitre P. *. VI.; myrrhe P. *. VI; suie d'encens P. S., sel ammoniaci P. ═.; cire P. I.

18. Protarchus se servait pour guérir les parotides, le méliceris, le favus, les tubercules dits φύματα et les ulcères malins, de cette composition : pierre ponce, résine de pin liquide, suie d'encens, écume de nitre, iris, ana P. *. VIII.; il y mêlait de cire P. *. IX., et ajoutait un verre et demi d'huile.

19. On combat le *panis* (φύγεθλον) dès qu'il commence à paraître, de même que tout tubercule connu sous le nom de φῦμα, avec cet onguent : on mêle de l'ocre attique avec deux parties de fleur de froment, on triture le tout en ajoutant de temps en temps un peu de miel, pour obtenir la consistance d'onguent.

20. On vient à bout de résoudre tous les tubercules dits φύματα, en combinant la chaux, l'écume de nitre, le poivre rond, ana P. *. I.; le galbanum P. *. II; le sel P. *. IV., et en donnant pour excipient à ces substances le cérat fait avec l'huile rosat.

21. Pour arrêter toute espèce de suppuration, on prend galbanum, fève écrasée, ana P. *. I, myrrhe, encens, écorce de racine de câprier, ana P. *. IV.; et pour résoudre les abcès il suffit d'employer le murex brûlé, qu'on écrase bien, en y ajoutant de temps en temps du vinaigre.

22. Quand le sang s'est extravasé (3), on se trouve bien d'appliquer un onguent qui convient aussi dans le traitement des tubercules (φύματα). Il consiste en bdellium, styrax, gomme ammoniaque, galbanum, résine sèche et liquide de pin et de lentisque, encens, iris, ana P. *. II.

23. Les tubercules cancéreux reçoivent du soulagement des substances qui suivent : galbanum, gui, gomme ammoniaque, térébenthine solide, ana P. *. I.; suif de taureau P. S.; lie brûlée quantité aussi grande que possible, sans rendre cependant l'onguent plus sec qu'il ne doit être.

24. La meurtrissure de la face par contusion se guérit au moyen de la composition suivante, appliquée de nuit et de jour : aristoloche, férule, ana P. *. II.; bdellium, styrax, gomme ammoniaque en larmes, galbanum, résine sèche et résine liquide de lentisque, encens mâle, iris d'Illyrie, cire, ana P. *. IV. La fève seule employée comme topique convient aussi dans ce cas.

25. Il y a des onguents que les Grecs ont appelés στομωτικά, parce qu'ils sont doués d'une force apéritive. Tel est celui qu'on prépare avec ces substances : poivre long, écume de nitre, ana P. *. II.; erysimum P. *. IV., le tout mêlé avec du miel. Ces onguents sont également propres à faire ouvrir les écrouelles; un des plus actifs en ce genre est ainsi fait : chaux P. *. IV., poivre six

---

16. Arabis autem cujusdam est ad strumam, et orientia tubercula, quæ φύματα vocantur, quod hæc digerit. Habet myrrhæ, salis Ammoniaci, thuris, resinæ et liquidæ et aridæ, crocomagmatis, ceræ, singulorum p. *. I. lapidis ejus, quem πυρίτην vocant, p. *. IV. quibus quidam adjiciunt sulphuris p. *. II.

17. Est etiam proficiens in struma, et in iis tuberibus, quæ difficiliter concoquuntur, et in iis, quæ καρκινώδη vocantur, quod ex his constat; sulphuris p. * II. nitri p. *. IV. myrrhæ p. *. VI. fuliginis thuris p. s. salis Ammoniaci. p. ═. ceræ p. I.

18. Protarchus autem ad παρωτίδας, eaque tubercula, quæ μελικήρια, id est favi, vel φύματα nominantur, item mala ulcera, pumicis, resinæ pineæ liquidæ, thuris fuliginis, spumæ nitri, iridis, singulorum p. *. VIII. cum ceræ p. *. IX. miscebat, hisque olei cyathum et dimidium adjiciebat.

19. At adversus panem, tum primum orientem, quod φύγεθλον Græci vocant, et omne tuberculum, quod φῦμα nominatur, miscetur ochra, quæ Attice nominatur, cum duabus partibus similæ, hisque, dum contunduntur, subinde mel instillatur, donec malagmatis crassitudo sit.

20. Discutit etiam omne tuberculum, quod φῦμα vocatur, id, quod habet calcis, nitri spumæ, piperis rotundi, singulorum p. *. I. galbani p. *. II. salis p. *. IV. quæ excipiuntur cerato ex rosa facto.

21. Supprimitque omne, quod abscedit, id, in quo est galbani, fabæ fressæ, singulorum p. *. I. myrrhæ, thuris, ex radice capparis corticis, singulorum p. *. IV. Satisque omnia abscedentia digerit murex combustus, et bene contritus, aceto subinde adjecto.

22. At si satis sanguis subit, recte imponitur, quod adversus phymata quoque potest. Constat ex his : bdellii, styracis, ammoniaci, galbani, resinæ et aridæ et liquidæ pineæ, item ex lentisco, thuris, iridis, singulorum p. *. II.

23. Καρκινώδη vero phymata commode his leniuntur : galbani, visci, ammoniaci, resinæ terebenthinæ, singulorum p. *. I. sevi taurini p. s. fæcis combustæ quam maxima portione, dum id siccius non faciat, quam esse malagma oportet.

24. Quod si facie contusa livor subcruentus est, hæc compositio nocte et die imposita tollit. Aristolochiæ, thapsiæ, singulorum p. *. II. bdellii, styracis, ammoniaci thymiamatis, galbani, resinæ aridæ, et ex lentisco liquidæ, thuris masculi, iridis Illyricæ, ceræ, singulorum p. *. IV. Idem faba quoque imposita proficit.

25. Sunt etiam quædam malagmata, quæ στομωτικά Græci vocant, quoniam aperiendi vim habent. Quale est,

grains, nitre, cire, ana p. *. x, miel p. ⸗; huile une hémine.

26. Celui de Micon est à la fois résolutif, apéritif et détersif. Il y entre parties égales d'écume de mer, de soufre, de nitre, de pierre ponce, et suffisante quantité de poix et de cire pour lui donner la consistance de cérat.

27. Un autre d'Aristogène pour les os, consiste en soufre p. *. I.; térébenthine, écume de nitre, scille (les parties intérieures), plomb lavé, ana p. *. II.; suie d'encens p. *. VIII.; figue sèche très-grasse, suif de taureau, ana p. *. VIII; cire p. *. XII.; iris de Macédoine p. *. VI.; sésame grillé un acétabule.

28. Les onguents conviennent principalement dans les affections des tendons et des articles; aussi celui d'Euthyclée doit-il être employé lorsqu'il y a maladie des articulations; il est de même utile contre toute espèce de douleur, celles de la vessie par exemple, et se trouve également indiqué quand il faut combattre l'immobilité des articulations produite par une cicatrisation récente, état que les Grecs nomment *ankylose*. En voici la composition : suie d'encens un acétabule, et de résine même quantité, galbanum sans les tiges une demi-once, gomme ammoniaque, bdellium, ana p. ⸗; cire p. s. On remplit les mêmes indications (4) avec celui-ci : iris, gomme ammoniaque, galbanum, nitre, ana p. *. XIV; résine liquide p. *. VI.; cire p. *. XVI.

29. Onguent de Sosagoras : plomb brûlé, larmes de pavot, écorce de jusquiame, styrax, queue de pourceau, suif, résine et cire, mêlés à parties égales.

30. De Chrysippe : résine liquide, sandaraque, poivre, ana p. *. XII. ; ajoutez un peu de cire.

31. De Ctésiphon; cire de Crète, résine térébenthine, nitre très-rouge, ana p. s., huile trois verres. Quand on emploie ce nitre, il faut auparavant le triturer pendant trois jours en y versant de l'eau peu à peu, puis le faire bouillir dans un setier de ce liquide jusqu'à complète évaporation. Cette composition peut encore être utile dans les parotides, les tubercules, les strumes, et sert à ramollir tous les dépôts d'humeur.

32. On fera bien encore dans les douleurs articulaires de prescrire une partie de figue sèche mêlée au calament, ou de la staphysaigre sans les semences, qu'on mêle avec le pouliot.

33. Tous ces remèdes procurent aussi du soulagement dans la goutte; mais Ariston employait dans ce cas une recette particulière, composée de nard, de cinnamome, de cassia, de caméléon, de jonc rond, ana p. *. VIII.; de suif de chèvre liquéfié avec l'onguent d'iris p. *. XX.; d'iris p. *. I., qu'on doit faire macérer dans le plus fort vinaigre pendant vingt jours. Cet onguent est également bon pour résoudre les tubercules récents et dissiper les douleurs.

34. Pour combattre les douleurs des pieds, Théoxène mêlait un tiers de suif pris sur les reins avec deux parties de sel; il enduisait de ce mélange une petite peau, et la recouvrait ensuite d'ammoniaque en larmes liquéfié dans du vinaigre.

35. Dans la podagre, ou lorsque d'autres articles étaient affectés d'induration, Numénius parvenait à rendre un peu de souplesse aux par-

---

quod ex his constat : piperis longi, spumae nitri, singulorum p. * II. erysimi p. *. IV. quae cum melle miscentur. Idoneaque etiam strumae aperiendae sunt. Ejus generis, vehementiusque ex his est id, quod habet calcis p. *. IV. piperis grana sex, nitri, cerae, singulorum p. *. X. mellis p. =. olei heminam.

26. Miconis quoque est, quod resolvit, aperit, purgat. Habet alcyonium, sulphur, nitrum, pumicem, paribus portionibus; quibus tantum picis et cerae adjicitur, ut fiat cerati crassitudo.

27. Ad ossa autem Aristogenis, fit ex his : sulphuris p. *. I. resinae terebinthinae, nitri spumae, et ex scilla partis interioris, plumbi eloti, singulorum p. *. II. thuris fuliginis p. *. VIII. ficus aridae quam pinguissimae, sevi taurini, singulorum p. *. VIII. cerae p. * XII. iridis Macedonicae p. *. VI. sesami fricti acetabulum.

28. Maximeque nervis et articulis malagma convenit. Igitur Euthyclei est, et ad articulos, et ad omnem dolorem, et ad vesicae, et ad recenti cicatrice contractos articulos, quas ἀγχύλας Graeci nominant, quod habet fuliginis thuris acetabulum, resinae tantumdem, galbani sine surculis sescunciam, ammoniaci, bdellii, singulorum p. =. cerae p. s. Ad eosdem digitos : iridis, ammoniaci, galbani, nitri, singulorum p. *. XIV. resinae liquidae p. *. VI. cerae p. *. XVI.

29. Ad dolores articulorum Sosagorae : plumbi combusti, papaveris lacrimae, corticis hyoscyami, styracis, peucedani, sevi, resinae, cerae pares portiones.

30. Chrysippi : resinae liquidae, sandarachae, piperis, singulorum p. *. XII quibus cerae paululum adjicitur.

31. Ctesiphontis : cerae Creticae, resinae terebinthinae, nitri quam ruberrimi, singulorum p. s. olei cyathi tres. Sed id nitrum ante per triduum, instillata aqua, teritur, et cum sextario ejus incoquitur, donec omnis humor consumatur. Potest vero ea compositio etiam ad parotidas, phymata, strumam, omnemque coitum humoris emolliendum.

32. Ad articulos, fici quoque aridi partem nepetae mistam; vel uvam taminiam sine seminibus cum pulegio recte aliquis imponit.

33. Eadem podagrae praesidio sunt. Sed ad eam fit Aristonis quoque, quod habet nardi, cinnamomi, casiae, chamaeleontis, junci rotundi, singulorum p. *. VIII. sevi caprini ex irino liquati p. *. XX. iridis p. *. I. quae in aceto quam acerrimo jacere per xx. dies debet. Idem autem etiam recentia phymata doloresque omnes discutit.

34. At Theoxenus ad pedum dolores, sevi a renibus partem tertiam, salis partes duas miscebat, hisque membranulam illitam imponebat; tum superinjiciebat ammoniacum thymiama in aceto liquatum.

35. At Numenius podagram, ceterosque articulos induratos hoc molliebat : abrotoni, rosae aridae, papaveris

ties au moyen de cette préparation : aurone, roses sèches, larmes de pavot, ana P. *. III.; résine térébenthine P. *. IV.; encens, écume de nitre, ana P. *. VIII; iris, aristoloche, ana P. *. XII.; cire P. III. Ajoutez huile de cèdre un verre, huile de laurier trois verres, huile acerbe un setier.

36. Contre les callosités qui peuvent se former dans les articulations, Dexius a prescrit cet onguent : chaux P. *. IV.; céruse P. *. VIII.; résine de pin P. *. XX.; grains de poivre XXX.; cire P. ⹀. On verse sur ces drogues, à mesure qu'on les broie, une hémine de vin doux.

XIX. Les emplâtres dont on obtient le plus de succès sont ceux qu'on applique immédiatement sur les blessures encore saignantes; on les appelle en grec ἔναιμα. Ils font disparaître l'inflammation, à moins qu'elle ne soit trop vive, et, dans ce cas-là même, ils en diminuent la violence. Ils déterminent l'agglutination dans les plaies dont les lèvres peuvent se réunir, et favorisent la formation des cicatrices. Comme il n'entre pas de corps gras dans leur composition, ils ont reçu des Grecs le nom d'ἀλιπαίνη.

1. Parmi les médicaments de ce genre, un des meilleurs est l'emplâtre appelé barbare. Il consiste en verdet ratissé P. *. XII.; litharge P. *. XX.; alun, poix sèche, résine sèche de pin, ana P. *. I., auxquels on ajoute une hémine d'huile et une de vinaigre.

2. L'emplâtre dit coaque, qui jouit des mêmes propriétés, se compose de litharge P. *. C. et d'autant de résine sèche; mais auparavant la litharge a dû bouillir dans trois hémines d'huile. La couleur de ces deux emplâtres est noire, ce qui dépend presque toujours de la poix et de la résine qu'ils contiennent; le bitume rend cette coloration noire beaucoup plus prononcée; le vert-de-gris ou l'écaille de cuivre leur communiquent un ton vert, le minium fait dominer le rouge, et la céruse le blanc.

3. Il est peu de compositions dans lesquelles la variété du mélange produise quelques changements; ainsi l'emplâtre basilic est également noir : on le fait avec panax P. *. I.; galbanum P. *. II.; poix et résine, ana P. *. X.; huile un demi-verre.

4. On donne le nom de smaragdin à un emplâtre d'un vert très-intense, dans lequel on trouve : résine de pin P. *. III.; cire P. *. I.; vert-de-gris P. s.; suie d'encens P. ⹀.; huile même quantité, et vinaigre à dose suffisante pour lier ensemble la suie d'encens et le vert-de-gris.

5. Un autre emplâtre d'une couleur presque rousse paraît activer rapidement la cicatrisation des plaies; il est ainsi fait : encens P. *. I; résine P. *. II.; écaille de cuivre P. * IV.; litharge P. *. XX.; cire P. *. C.; huile une hémine.

6. On a de plus un emplâtre dit *paracollétique*, d'après sa vertu agglutinative. Voici les substances : bitume et alun en morceau P. *. IV.; litharge P. *. XL.; huile vieille une hémine.

7. Il y a encore d'autres préparations du même genre auxquelles les Grecs ont donné le nom de *céphaliques*, parce qu'elles sont plus spécialement applicables dans les fractures du crâne. L'emplâtre de Philotas consiste en terre d'Érétrie, chalcitis, ana P. *. IV.; myrrhe, cuivre brûlé, ana P. *. X.; ichthyocolle P. *. VI.; verdet ratissé, alun rond, misy cru, aristoloche, ana P. *. VIII.; écaille de cuivre P. *. X.; encens mâle

lacrimæ, singulorum p. *. III. resinæ terebenthinæ p. *. IV. thuris, spumæ nitri, singulorum p. * VIII. iridis, aristolochiæ, singulorum p. *. XII. ceræ p. III. quibus adjicitur cedri cyathus unus, olei laurei cyathi tres, olei acerbi sextarius.

36. Si quando autem in articulis callus increvit, Dexius docuit imponere, calcis p. *. IV. cerussæ p. *. VIII. resinæ pineæ p. *. XX. piperis grana XXX. ceræ p. ⹀ quibus, dum contunduntur, hemina vini lenis instillatur.

XIX. Ex emplastris autem nulla majorem usum præstant, quam quæ cruentis protinus vulneribus injiciuntur : ἔναιμα Græci vocant. Hæc enim reprimunt inflammationem, nisi magna vis eam cogit, atque illius quoque impetum minuunt : tum glutinant vulnera, quæ id patiuntur, cicatricem iisdem inducunt. Constant autem ex medicamentis non pinguibus, ideoque ἀλιπαίνη nominantur.

1. Optimum ex his est, quod barbarum vocatur. Habet æruginis rasæ p. *. XII. spumæ argenti p. *. XX. aluminis, picis aridæ, resinæ pineæ aridæ, singulorum p. *. I. quibus adjiciuntur olei et aceti singulæ heminæ.

2. Alterum ad idem, quod coacon vocant, habet spumæ argenti p. *. C. resinæ aridæ tantumdem : sed spuma prius ex tribus olei heminis coquitur. His duobus emplastris color niger est, qui fere talis fit ex pice atque resina : at ex bitumine nigerrimus; ex ærugine, aut æris squama, viridis; ex minio ruber; ex cerussa albus.

3. Paucæ admodum compositiones sunt, in quibus aliqui misturæ varietas novat. Ergo id quoque nigrum est, quod βασιλικὸν nominatur. Habet panacis p. *. I. galbani p. *. II. picis, et resinæ, singulorum p. * X. olei dimidium cyathum.

4. At quod perviride est, smaragdinum appellatur : in quo sunt resinæ pineæ p. *. III. ceræ p. *. I. æruginis p. s. thuris fuliginis p. ⹀. olei tantumdem, aceti, quo fuligo et ærugo in unum cogantur.

5. Est etiam coloris fere rufi, quod celeriter ad cicatricem vulnera perducere videtur. Habet thuris p. *. I. resinæ p. *. II. squamæ æris p. *. IV. spumæ argenti p. *. XX. ceræ p. *. C. olei heminam.

6. Præterea est, quam παρακολλητικὴν a glutinando vocant. Constat ex his : bituminis, aluminis scissilis, p. * IV. spumæ argenti p. *. XL. olei veteris hemina.

7. Præterea sunt quædam generis ejusdem, quæ, quia capitibus fractis maxime conveniunt, κεφαλικά a Græcis nominantur. Philotæ compositio habet terræ Eretriæ, chalcitidis, singulorum p. *. IV. myrrhæ, æris combusti, singulorum p. *. X. ichthyocollæ p. *. VI. æruginis rasæ, aluminis rotundi, misy crudi, aristolochiæ, singulorum

P. *. II.; cire P. *. I.; huile rosat et huile acerbe trois verres, vinaigre quantité suffisante pour pouvoir y broyer toutes ces substances sèches.

8. Un autre emplâtre vert convient aussi dans les mêmes cas. On prend : airain brûlé, écaille de cuivre, myrrhe, ichthyocolle, ana P. *. VI.; misy cru, verdet ratissé, aristoloche, alun rond, ana P. *. VIII.; cire P. *. I.; huile une hémine, vinaigre Q. S.

9. En fait d'emplâtres suppuratifs, le meilleur et le plus facile à faire est celui que les Grecs appellent *tétrapharmaque*. On mêle parties égales de cire, de poix, de résine et de suif de taureau, sinon, de suif de veau.

10. L'emplâtre suivant, suppuratif aussi, mais plus détersif, a reçu le nom d'*ennéapharmaque*. Il y entre ces neuf substances : cire, miel, suif, résine, myrrhe, huile rosat, moelle de cerf, de veau ou de bœuf, suint et beurre; on fait le mélange à parties égales.

11. Certains emplâtres possèdent en effet les deux propriétés indiquées ci-dessus, et à défaut d'autres on fait bien de s'en servir; mais si l'on peut choisir, on doit préférer ceux qui sont faits de manière à répondre à l'indication du moment. J'en fournirai deux exemples. Ainsi pour les blessures on a l'emplâtre d'Attale, qui se compose d'écaille de cuivre P. *. XVI.; suie d'encens P. *. XV.; gomme ammoniaque même quantité, térébenthine liquide P. *. XXV.; et autant de suif de taureau, vinaigre trois hémines, huile un setier. Parmi les emplâtres dont on doit faire usage dans les fractures du crâne, on signale celui-ci attribué à Judée, et composé des substances suivantes : sel P. *. IV.; écaille de cuivre rouge, cuivre brûlé, ana P. *. XII.; gomme ammoniaque en larmes, suie d'encens, résine sèche, ana P. *. XVI.; colophane, cire, suif de veau préparé, ana P. *. XX.; vinaigre un demi-verre, et un peu moins d'un verre d'huile. Nous appelons médicaments préparés ce que les Grecs nomment τεθεραπευμένα, comme dans le cas où l'on ôte soigneusement du suif ou de quelque autre médicament les pellicules qui les recouvrent.

12. Il y a encore quelques emplâtres très-employés comme attractifs, et qui reçoivent aussi le nom d'*épispastiques*. Tel est celui qu'on nomme *diadaphnidon*, parce qu'il entre des baies de laurier dans sa composition. Les ingrédients sont : térébenthine P. *. X.; nitre, cire, poix sèche, baies de laurier, ana P. *. XX.; plus, un peu d'huile. Toutes les fois que j'indiquerai les baies de laurier, les amandes ou autres substances semblables, on saura qu'il faut, avant d'en faire usage, les dépouiller de leurs pellicules.

13. En voici un autre du même nom, qui active aussi la suppuration. Il résulte d'un mélange à parties égales de suif de veau, gomme ammoniaque en larmes, poix, cire, nitre, baies de laurier, résine sèche, aristoloche et pyrèthre.

14. Nous avons en outre l'emplâtre de Philocrate, composé de sel ammoniac P. *. VII.; aristoloche P. *. VIII; cire, térébenthine, suie d'encens, ana P. *. XV.; litharge P. *. XXXII.; auxquels on ajoute, toujours comme suppuratifs, iris P. * IV. et galbanum P. VI.

15. Un des meilleurs attractifs est l'emplâtre dont le nom grec ῥυπῶδες est tiré de sa ressem-

---

p. *. VIII. squamæ æris p. *. X. thuris masculi p. * II. ceræ p. I. rosæ, et olei acerbi, ternos cyathos, aceti quantum satis est, dum arida ex eo conteruntur.

8. Aliud ad idem viride : æris combusti, squamæ æris, myrrhæ, ichthyocollæ, singulorum p. *. VI. misy crudi, æruginis rasæ, aristolochiæ, aluminis rotundi, singulorum p. *. VIII. ceræ p. *. I. olei hemina, aceti quod satis sit.

9. Puri autem movendo non aliud melius, quam quod expeditissimum est : τετραφάρμακον a Græcis nominatur. Habet pares portiones ceræ, picis, resinæ, sevi taurini; si id non sit, vitulini.

10. Alterum ad idem, ἐννεαφάρμακον nominatur; quod magis purgat. Constat ex novem rebus, cera, melle, sevo, resina, myrrha, rosa, medulla vel cervina vel vitulina vel bubula, œsypo, butyro : quorum ipsorum quoque pondera paria miscentur.

11. Sunt autem quædam emplastra, quibus utriusque rei facultas est : quæ, si singula habenda sunt, meliora sunt; sed in copia rejicienda sunt, iis potius adhibitis, quæ proprie id, quod eo tempore opus est, consequuntur. Exempli causa duo proponam. Est igitur ad vulnera Attalum; quod habet squamæ æris p. *. XVI. thuris fuliginis p. *. XV. ammoniaci tantumdem, resinæ terebinthinæ liquidæ p. *. XXV. sevi taurini tantumdem, aceti heminas tres, olei sextarium. At inter ea, quæ fracto capiti accommodantur, habent quidam id, quod ad auctorem Judæum refertur. Constat ex his : salis p. *. IV. squamæ æris rubri, æris combusti, singulorum p. *. XII. ammoniaci thymiamatis, thuris fuliginis, resinæ aridæ, singulorum p. *. XVI. resinæ Colophoniacæ, ceræ, sevi vitulini curati, singulorum p. *. XX. aceti sesquicyatho, olei minus cyatho. [Τεθεραπευμένα Græci appellant, quæ] curata vocant, cum ex sevo puta omnes membranulæ diligenter exemptæ sunt [ex alio medicamento.]

12. Sunt etiam quædam emplastra nobilia ad extrahendum, quæ ipsa quoque ἐπισπαστικά nominantur : quale est, quod, quia lauri baccas habet, διαδαφνίδιον appellatur. In eo est, resinæ terebinthinæ p. *. X. nitri, ceræ, picis aridæ, baccarum lauri, singulorum p. *. XX. olei paulum. Quoties aut baccam, aut nucem, aut simile aliquid posuero, scire oportebit, antequam expendatur, ei summam pelliculam esse demendam.

13. Aliud eodem nomine, quod puri quoque movendo est. Sevi vitulini, ammoniaci thymiamatis, picis, ceræ, nitri, baccarum lauri, resinæ aridæ, aristolochiæ, pyrethri pares portiones.

14. Præter hæc, est Philocratis; quod habet salis Ammoniaci p. *. VII. aristolochiæ p. *. VIII. ceræ, resinæ terebinthinæ, fuliginis thuris, singulorum p. *. XV. spumæ argenti p. *. XXXII. Quibus, ut pus quoque moveant, iridis p. *. IV. et galbani p. VI. adjiciuntur.

blance avec des ordures. Il a pour ingrédients : myrrhe, safran, iris, propolis, bdellium, grains de grenade, alun rond et en morceaux, misy, chalcitis, vitriol bouilli, panax, sel ammoniac, gui, ana P. *. IV.; aristoloche P. *. VIII.; écaille de cuivre P. *. XVI; térébenthine P. *. LXXV.; cire, suif de taureau ou de bouc P. *. C.

16. L'emplâtre du même genre, que l'on doit à Hécatée, se compose de galbanum P. *. II.; suie d'encens P. *. IV.; poix P. *. VI.; cire et térébenthine, ana P. *. VIII., auxquels il faut mêler un peu d'onguent d'iris.

17. On peut se servir dans le même but de l'emplâtre vert, dit Alexandrin. Substances : alun en morceaux P. * VIII; sel ammoniac P. * VIII. =; écaille de cuivre P. *. XVI.; myrrhe, encens, ana P. *. XVIII.; cire P. *. CL.; colophane, ou résine de pin, P. *. CC.; huile une hémine, vinaigre un setier.

18. Il y a certains emplâtres rongeants auxquels les Grecs ont donné le nom de *septiques*. Tel est celui qu'on prépare avec térébenthine et suie d'encens, ana P. =; écaille de cuivre P. *. I.; ladanum P. *. II.; alun même quantité, litharge P. *. IV.

19. Il en existe un qui a sur le corps une action puissante ; il altère même les os et consume les chairs fongueuses. Il entre dans sa composition : litharge, écaille de cuivre, ana une once, nitre non soumis au feu, pierre asienne, aristoloche, ana un sixième, cire, térébenthine, encens, huile vieille, vitriol, sel ammoniac P. S. ; verdet ratissé huit onces, vinaigre scillitique une hémine, et autant de vin d'Aminée.

20. D'autres préparations sont employées contre les morsures. Tel est l'emplâtre noir de Diogène, où l'on trouve : bitume, cire, résine sèche de pin, ana P. *. XX ; litharge d'argent P. *. C.; huile un setier ; ou celui-ci, composé d'écaille de cuivre P. *. IV.; céruse et verdet ratissé, ana P*. VIII.; gomme ammoniaque P. *. XII.; cire, résine de pin, ana P. *. XXV; litharge P. *. C.; huile un setier ; ou cet autre, dans lequel on fait entrer écaille de cuivre P. *. XIV. ; galbanum P. *. VI.; céruse et verdet ratissé, ana P. *. VIII; gomme ammoniaque P. *. XII. ; cire, résine de pin, ana P. *. XXXV. On doit faire bouillir la litharge d'argent.

21. L'emplâtre rouge d'Éphèse convient dans les mêmes cas. Pour le faire on prend : térébenthine P. *. II.; galbanum P. *. IV.; minium de Sinope P. *. VI.; suie d'encens P. *. VI.; cire P. *. VIII. ; litharge d'argent P. *. XXXVI.; huile vieille une hémine.

22. Il en est de même de celui-ci : écaille de cuivre, suie d'encens, ana P. *. IV. ; galbanum P. *. VI.; sel ammoniac P. *. XII.; cire P. *. XXV.; huile trois hémines. On peut encore appliquer ces emplâtres sur d'autres blessures quand elles sont récentes.

23. Des emplâtres blancs émollients réussissent encore dans les blessures récentes et légères, surtout chez les vieillards. En voici un, qui se compose de céruse P. *. XXXII; suif de veau préparé,

15. Optimum tamen ad extrahendum est id, quod a similitudine sordium ῥυπῶδες Graeci appellant. Habet myrrhae, croci, iridis, propolis, bdellii, capitulorum Punici mali, aluminis et scissilis et rotundi, misy, chalcitidis, atramenti sutorii cocti, panacis, salis Ammoniaci, visci, singulorum p. *. IV. aristolochiae p. *. VIII. squamae aeris p. *. XVI. resinae terebinthinae p. *. LXXV. cerae, et sevi vel taurini vel hircini, singulorum p. *. C.

16. Hecataeo quoque auctore emplastrum generis ejusdem fit exhis : galbani p. *. II. fuliginis thuris p. *. IV. picis p. *. VI. cerae, et resinae terebinthinae, singulorum p. *. VIII. quibus paulum irini unguenti miscetur.

17. Valensque ad idem emplastrum viride Alexandrinum est. Habet aluminis scissilis p. *. VIII. salis Ammoniaci p. *. VIII. =. squamae aeris p. *. XVI. myrrhae, thuris, singulorum p. *. XVIII. cerae p. *. CL. resinae Colophoniacae aut pineae p. *. CC. olei heminam, aceti sextarium.

18. Quaedam autem sunt emplastra exedentia, quae σηπτά Graeci vocant : quale est id, quod habet resinae terebinthinae, fuliginis thuris, singulorum p. =. squamae aeris p. *. I. ladani p. *. II. aluminis tantumdem, spumae argenti p. *. IV.

19. Exest etiam vehementer corpus, atque ossa quoque resolvit, et supercrescentem carnem coercet, id quod habet spumae argenti, squamae aeris, uncias singulas, nitri ignem non experti, lapidis Asii, aristolochiae p sextantes, cerae, resinae terebinthinae, thuris, olei veteris, atramenti sutorii, salis Ammoniaci p. s. aeruginis rasae p. bessem, aceti scillitici heminam, vini Aminaei tantumdem.

20. Sunt etiam adversus morsus quaedam accommodata ; quale est Diogeni nigrum, quod habet bituminis, cerae, resinae pineae aridae, singulorum p. *. XX. spumae argenti p. *. C. olei sextarium. Aut in quo sunt squamae aeris p. *. IV. cerussae, et aeruginis rasae, singulorum p. *. VIII. ammoniaci p. *. XII. cerae, resinae pineae, singulorum p. *. XXV. spumae argenti p. *. C. olei sextarium. Aut in quo sunt squamae aeris p. * XIV. galbani p. *. VI. cerussae, et aeruginis rasae, singulorum p. * VIII. ammoniaci p. *. XII. cerae, resinae pineae, singulorum p. *. XXXV. spuma argenti concoquitur.

21. Rubrum quoque emplastrum, quod Ephesium vocatur, huc aptum est. Habet resinae terebinthinae p. *. II. galbani p. *. IV. minii Sinopici p. * VI. thuris fuliginis p. *. VI. cerae p. *. VIII. spumae argenti p. *. XXXVI. olei veteris heminam.

22. Item id, quod ex his constat : squamae aeris, thuris fuliginis, singulorum p. *. IV. galbani p. *. VI. salis Ammoniaci p. *. XII. =. cerae p. *. XXV. olei tribus heminis. Haec autem aliis quoque recentioribus vulneribus recte imponuntur.

23. Sunt etiam alba lenia (λευκά Graeci vocant) fere non gravibus vulneribus accommodata, praecipueque senilibus : quale est quod habet cerussae p. *. XXXII. sevi vitulini curati, et cerae, singulorum p. *. XLVIII. olei heminas tres, ex quibus cerussa coquitur.

cire, ana p. *. XLVIII.; huile trois hémines, dans lesquelles on fait bouillir la céruse.

24. Autre préparation émolliente : céruse p. *. XX.; cire p. *. XXXV.; huile une hémine, eau un setier : chaque fois qu'on ajoute à la céruse ou à la litharge d'argent ces deux liquides, on doit savoir qu'il faut les soumettre à l'ébullition. Cette composition est extrêmement blanche, aussi l'appelle-t-on éburnée.

25. Quelques emplâtres adoucissants ont reçu des Grecs le nom de λιπαραί. Tel est celui qu'on prépare avec minium p. *. IV.; litharge d'argent p. *. XXV.; cire et graisse de porc, ana p. * XXXVII.; jaunes d'œuf n° IV.

26. Autre composition du même genre : cire, térébenthine, ana p. *. VI.; céruse p. *. VIII.; litharge d'argent, scories de plomb, ana p. *. XX.; huile de ricin et de myrte, ana une hémine.

27. Archagathus passe pour avoir composé cette troisième recette : misy bouilli, cuivre brûlé, ana p. *. IV.; céruse bouillie p. *. VIII.; térébenthine p. *. X.; litharge d'argent p. *. VI.

28. Les préparations suivantes sont encore de la même espèce : 1° litharge d'argent, cire, axonge, ana p. * XXVII.; jaunes d'œuf cuits, quatre, huile rosat une hémine. 2° Cérat fait avec l'huile de myrte, trois parties, axonge un quart, scories de plomb petite quantité. 3° Litharge d'argent demi-livre : faire bouillir dans une hémine d'huile, et autant d'eau de mer, jusqu'à réduction complète des liquides, et ajouter un peu de cire 4° Cire, suif, antimoine, litharge d'argent et céruse, ana parties égales.

XX. 1. Les trochisques jouissent également de propriétés diverses, et quelques-uns sont employés avec succès pour la réunion et la guérison des plaies récentes. Tel est celui-ci, qui a pour ingrédients : chalcitis, misy, écume de nitre, fleurs de cuivre, noix de galle, alun en morceau traité légèrement par ébullition, ana p. *. I.; cuivre brûlé, grains de grenade, ana p. *. III. Cette composition doit être délayée dans du vinaigre; puis on l'étend sur la plaie qu'on veut cicatriser; mais si la partie blessée est nerveuse ou musculeuse, il vaut mieux mêler au trochisque du cérat dans la proportion de huit parties sur neuf.

On remplit les mêmes indications avec un autre trochisque ainsi préparé : bitume, alun en morceau, ana p. *. I.; cuivre brûlé p. *. IV.; litharge d'argent p. *. XI.; huile un setier.

2. Mais le trochisque de Polybe est beaucoup plus célèbre, on l'appelle en grec σφραγίς. On y fait entrer comme ingrédients : alun en morceau p. *. I. ⚌.; vitriol p. *. II.; myrrhe p. *. V.; aloès même quantité, grains de grenade, fiel de taureau, ana p. *. VI.; après avoir broyé ces substances on leur donne du vin astringent pour excipient.

3. Pour combattre les ulcères sordides et gangréneux des oreilles, des narines et des parties honteuses, et dissiper l'inflammation qui s'y développe, on prend : borax p. *. I.; vitriol, alun en morceau, ana p. *. II.; écorce de physalis p. *. IV.; minium p. *. VI.; litharge d'argent p. *. XII.; céruse p. *. XVI. Le vinaigre sert à lier ces remèdes, et à les délayer au moment de s'en servir.

4. Dans les cas d'inflammation de la luette, d'ulcères sordides et de chancres survenant aux

---

24. Aliud, quod habet cerussæ p. *. xx. ceræ p. *. xxxv. olei heminam, aquæ sextarium. Quæ quoties adjiciuntur cerussæ vel spumæ argenti, scire licet, illa ex bis coquenda esse. Est autem ea percandida compositio, quæ supra posita est, ideoque ἐλεφαντίνη nominatur.

25. Lenia quoque quædam emplastra sunt, quas λιπαρὰς fere Græci nominant; ut id quod habet minii p. *. IV. spumæ argenti p. *. XXV. ceræ, et adipis suillæ, singulorum p. *. XXXVII. vitellos quatuor.

26. Alia compositio generis ejusdem : ceræ, resinæ terebinthinæ, singulorum p. *. VI. cerussæ p. *. VIII. spumæ argenti, plumbi recrementi, σκωρίαν μολύβδου Græci vocant, singulorum P. *. XX. cicini olei, et myrtei, singulorum heminæ.

27. Tertia, quæ ad auctorem Archagathum refertur : misy cocti, æris combusti, singulorum p. *. IV. cerussæ coctæ p. *. VIII. resinæ terebinthinæ p. *. X. spumæ argenti p. * VI.

28. Etiamnum generis ejusdem : spumæ argenti, ceræ, adipis suillæ, singulorum p. *. XXVII. vitelli cocti quatuor, rosæ hemina. Aut, cerati ex oleo myrteo facti partes tres, adipis suillæ pars quarta, paulum ex plumbi recremento. Aut, spumæ argenti selibra, ex olei hemina, et aquæ marinæ altera, cocta, donec bullire desierit, cui paulum ceræ sit adjectum. Aut, pares portiones ceræ, sevi, stibis, spumæ argenti, cerussæ.

XX. 1. Pastilli quoque facultates diversas habent. Sunt enim ad recentia vulnera glutinanda sanandaque apti : qualis est, qui habet chalcitidis, misy, spumæ nitri, floris æris, gallæ, aluminis scissilis modice cocti, singulorum p. *. I. æris combusti, capitulorum mali Punici, singulorum p. *. III. Hunc oportet diluere aceto, ac sic, ubi vulnus glutinandum est, illinere. At, si nervosus aut musculosus is locus est, commodius est cerato miscere, sic, ut illius octo partes, nona hujus sit.

Alius ad idem constat ex his : bituminis, aluminis scissilis, singulorum p. *. I. æris combusti p. *. IV. spumæ argenti p. *. XI. olei sextario.

2. Sed longe Polybi celeberrimus est; σφραγὶς autem nominatur : qui habet aluminis scissilis p. *. I. ⚌. atramenti sutorii p. *. II. myrrhæ p. * V. aloes tantumdem, capitulorum Punici mali, fellis taurini, singulorum p. *. VI. quæ contrita vino austero excipiuntur.

3. Ad ulcera sordida, et nigritiem in auribus, naribus, obscœnis partibus, inflammationesque eorum : chrysocollæ p. *. I. atramenti sutorii, aluminis scissilis, singulorum p. *. II. halicacabi corticis p. *. IV. minii p. *. VI. spumæ argenti p. *. XII. cerussæ p. *. XVI. quæ ex aceto et coguntur, et, ubi utendum est, diluuntur.

4. Andronis vero est ad uvam inflammatam, ad naturalia sordida, etiam cancro laborantia : gallæ, atramenti sutorii, myrrhæ, singulorum p. *. I. aristolochiæ, alumi-

parties naturelles, on fait usage du trochisque d'Andron, que voici : noix de galle, vitriol, myrrhe, ana p. *. i.; aristoloche, alun en fragments, ana p. *. ii.; grains de grenade p. *. xxv. On conserve ce mélange dans du vin cuit, et pour l'usage on le délaye avec du vinaigre ou du vin, selon que le mal auquel on doit remédier est plus ou moins grave.

5. Celui-ci convient spécialement dans les fissures de l'anus, la rupture des vaisseaux sanguins, et le chancre; on y trouve : vert-de-gris p. *. ii.; myrrhe p. *. xii.; antimoine, larmes de pavot, acacia, ana p. *. xvi. Le tout broyé dans du vin et délayé pour l'usage dans le même liquide.

6. La composition suivante paraît avoir la propriété d'expulser les calculs de la vessie en même temps que l'urine : casia, safran, myrrhe, costus, nard, cinnamome, réglisse, baume, hypericum, ana parties égales qu'on doit broyer ensemble; on verse ensuite du vin doux sur le mélange, on en forme des pastilles qui représentent chacune p. *. =, et on en fait prendre une à jeun tous les matins.

XXI. 1. Ces trois espèces de préparations, onguents, emplâtres et trochisques, sont d'un usage aussi varié qu'étendu; mais il est d'autres remèdes non moins utiles, parmi lesquels il faut noter ceux qui sont réservés à l'usage des femmes. Ils ont reçu des Grecs le nom de *pessaires*. Voici comment on procède : Les agents médicamenteux étant préparés, on les étend sur une laine douce, et on introduit cette laine dans les parties naturelles.

Comme ingrédients d'un pessaire destiné à provoquer les menstrues, on prend deux figues de Caunus, auxquelles on ajoute de nitre p. *. i.

Ou bien on écrase de l'ail qu'on mêle avec un peu de myrrhe, et on les incorpore dans de l'onguent de lis; ou encore on prend l'intérieur du concombre sauvage, et on le délaye dans du lait de femme.

2. Les pessaires émollients se préparent avec un jaune d'œuf, du fenugrec, de l'huile rosat et du safran, mêlés ensemble; ou bien on y fait entrer : élatérium p. *. =.; sel même quantité, staphysaigre p. *. vi, avec le miel pour excipient.

3. On peut employer aussi le pessaire de Boëthus ainsi formé : safran, térébenthine, ana p. *. iv.; myrrhe p. *. = =.; huile rosat p. *. i.; suif de veau p. *. i.; cire, p. *. ii. Mêler.

4. Contre l'inflammation de la matrice un des meilleurs pessaires est celui de Numénius, dont voici la composition : safran p. *. =.; cire p. *. i.; beurre p. *. viii.; graisse d'oie p. *. xii.; jaunes d'œuf cuits n° 2; huile rosat moins d'un verre.

5. Si l'enfant est mort dans la matrice, il faut, pour en faciliter l'expulsion, se servir d'un pessaire préparé avec de l'écorce de grenadier bien écrasée dans de l'eau.

6. Quand il s'agit d'une femme sujette par maladie de matrice à des accès d'hystérie, on compose un pessaire avec des limaçons pilés et brûlés avec leurs coquilles, puis incorporés dans du miel.

7. Si la femme est stérile, le pessaire sera fait avec de la graisse de lion et de l'huile rosat.

XXII. 1. Il y a certains mélanges de médicaments qu'on emploie sous forme sèche, et dont les parties ne sont pas liées entre elles; on s'en sert alors pour saupoudrer; ou bien ces diverses parties sont unies au moyen d'un liquide, et on en fait usage en onctions. Voici d'abord un mode de préparation pour réprimer les chairs fougueuses:

---

nis scissilis, singulorum p. *. ii. capitulorum Punici mali p. *. xxv. ex passo coacta, et, cum usus exigit, aceto vel vino diluta, prout valentius aut levius vitium est, cui medendum est.

5. Proprie autem ad ani fissa, vel ora venarum fundentia sanguinem, vel cancrum : æruginis p. *. ii. myrrhæ p. * xii. stibis, lacrimæ papaveris, acaciæ, singulorum p. *. xvi. quæ ex vino et teruntur, et in ipso usu deliquantur.

6. Expellere autem ex vesica cum urina calculum videtur hæc compositio : casiæ, croci, myrrhæ, costi, nardi, cinnamomi, dulcis radicis, balsami, hyperici pares portiones conterantur; deinde vinum lene instillatur, et pastilli fiunt, qui singuli habeant p. *. =. hique singuli quotidie mane jejuno dantur.

XXI. 1. Hæc tria compositionum genera, id est, quæ in malagmatis, emplastris, pastillisque sunt, maximum præcipuaque variumusum præstant. Sed alia quoque utilia sunt; ut ea quæ fæminis subjiciuntur : πεσσοὺς Græci vocant. Eorum hæc proprietas est : medicamenta composita molli lana excipiuntur, eaque lana naturalibus conditur.

Ad sanguinem autem evocandum, cauneis duabus adjicitur nitri p. *. i. aut allii semen conteritur, adjicitur myrrhæ paululum, et unguento susino miscetur : aut cucumeris silvestris pars interior ex lacte muliebri diluitur.

2. Ad vulvam molliendam, ovi vitellus, et fœnum Græcum, et rosa, et crocum temperantur. Aut elaterii p. *. =. salis tantumdem, uvæ taminiæ p. *. vi. melle excipiuntur.

3. Aut Boetho auctore : croci, resinæ terebinthinæ, singulorum p. *. iv. myrrhæ p. *. = =. rosæ p. *. i. sevi vitulini p. *. i. ceræ p. *. ii. miscentur.

4. Optima autem adversus inflammationis vulvæ Numenii compositio est, quæ habet croci p. *. =. ceræ p. *. i. butyri p. *. viii. adipis anserinæ p. *. xii. vitellos coctos duos, rosæ minus cyatho.

5. Si vero infans intus decessit, quo facilius ejiciatur, malicorium ex aqua terendum, eoque utendum est.

6. Si concidere vitio locorum mulier solet, cochleæ cum testis suis comburendæ, conterendæque, deinde his mel adjiciendum est.

7. Si non comprehendit, adeps leonina ex rosa mollienda est.

XXII. 1. Quædam autem misturæ medicamentorum sunt, quibus aridis neque coactis utimur, sic, ut inspergamus, aut cum aliquo liquido mista illinamus : quale est, ad carnem supercrescentem exedendam, quod habet squamæ æris, fuliginis thuris, singulorum p. *. i. æruginis p. *. ii Hæc autem eadem cum melle purgant ulcera; cum cera,

on prend : écaille de cuivre, suie d'encens, ana p. *. 1.; vert-de-gris p. *. 11. Les mêmes substances servent avec le miel à déterger les plaies, et avec la cire, à les cicatriser. Le misy et la noix de galle mêlés à parties égales consument aussi les chairs ; on peut les employer à l'état sec et pulvérulent, ou les incorporer dans de la cadmie pour faire des onctions.

2. Pour réprimer doucement les chairs, s'opposer à la pourriture et l'empêcher de s'étendre, on prend du miel, auquel on incorpore de la lentille, ou du marrube, ou des feuilles d'olivier, qu'on a fait bouillir auparavant dans du vin. Le pouliot bouilli dans de l'hydromel et ensuite écrasé, ou bien la chaux mélangée avec le cérat, remplissent le même but; et il en est ainsi de toutes les préparations qui vont suivre : noix amères mêlées avec un tiers d'ail et un peu de safran : — litharge d'argent p. *. vi.; corne de bœuf brûlée p. *. xii.; huile de myrte et vin trois verres : — fleurs de grenadier, vitriol, aloès, ana p.*. 11.; alun en fragments, encens, ana p. * iv.; noix de galle p. *. viii.; aristoloche p. *. x. — Associé au chalcitis, au nitre, à la chaux, ou au papier brûlé, l'orpiment est plus actif et va jusqu'à cautériser ; il en est de même du sel et du vinaigre, ou de cette composition dans laquelle il entre : chalcitis, grains de grenade, aloès, ana p. *. 11.; alun en fragments, encens, ana p. *. iv.; noix de galle p. *. viii.; aristoloche p. *. x.; miel q. s. pour lier les substances. Autres préparations : cantharides *. 1.; soufre p. *1.; ivraie p.* 111. Ajouter de poix liquide q. s. pour réunir : — chaux, résine et rue mêlées ensemble : — dyphryges et résine : — staphysaigre et poix liquide : — lie de vin brûlée, chaux et nitre, ana parties égales : — alun en fragments p. *. ==. encens, sandaraque, nitre, ana p. *. 1.; noix de galle p. * viii.; aristoloche p. *. x.; miel q. s.

3. La composition d'Héra a pour ingrédients : myrrhe, chalcitis, ana p. *. 11.; aloès, encens, alun en fragments, ana p. *. iv.; aristoloche, noix de galle encore vertes, ana p. *. viii.; écorce de grenade pilée p. *. x.

4. Celle de Judéus renferme deux parties de chaux, un tiers de nitre très-rouge, qu'on lie ensemble avec l'urine d'un jeune enfant, pour donner au mélange la consistance de râclures. Mais il faut de temps en temps humecter la partie sur laquelle on l'applique.

5. Jollas mêlait ensemble une partie de papier brûlé et de sandaraque, et deux parties de chaux et d'orpiment.

6. Si le sang s'écoule de la membrane qui recouvre le cerveau, il faut appliquer sur ce point un jaune d'œuf brûlé et réduit en poudre. Quand l'hémorragie prend sa source dans un autre endroit, on emploie, toujours à l'état pulvérulent, le mélange suivant : orpiment, écaille de cuivre, ana p.*. 1.; sandaraque p. *. 11.; marbre calciné p. *. iv. Les mêmes substances arrêtent les progrès du chancre. On compose un remède cicatrisant avec l'écaille de cuivre, la suie d'encens, ana p. *. 11., et la chaux p.*. iv. Ce mélange est également propre à réprimer les chairs fongueuses.

7. Contre le feu sacré et le chancre, Timée employait ces ingrédients : myrrhe p. *11.; encens, vitriol, ana p.*. 111.; sandaraque, orpiment, écaille de cuivre, ana p.*. iv.; noix de galle

implent. Misy quoque et galla, si paribus portionibus misceantur, corpus consumunt : eaque vel arida inspergere licet, vel excepta cadmia illinere.

2. Putrem vero carnem continet, neque ultra serpere patitur, et leniter exest, mel vel cum lenticula, vel cum marrubio, vel cum oleæ foliis, ante ex vino decoctis : item sertula Campana in mulso cocta, deinde contrita : aut calx cum cerato : aut amaræ nuces cum allio, sic, ut hujus pars tertia sit, paulumque his croci adjiciatur : aut quod habet spumæ argenti p. *. vi. cornu bubuli combusti p. *xii. lei myrtei, et vini cyathos ternos : aut quod ex his constat : floris Punici mali, atramenti sutorii, aloes, singulorum p. *. 11. aluminis scissilis, thuris, singulorum p. *. iv. gallæ p. *. viii. aristolochiæ p. *. x. Vehementius idem facit, etiam adurendo, auripigmentum cum chalcitide, et aut nitro, aut calce, aut charta combusta : item sal cum aceto : vel ea compositio, quæ habet chalcitidis, capitolorum Punici mali, aloes, singulorum p. *. 11. aluminis scissilis, thuris, singulorum p. *. iv. gallæ p. *. viii. aristolochiæ p. *. x. mellis quantum satis sit ad ea cogenda : vel cantharides *. 1. sulphuris p. *. 1. lolii p. *. 111. quibus adjicitur picis liquidæ quantum satis est ad jungendum : vel chalcitis quoque cum resina et ruta mista : aut cum eadem resina diphryges : aut uva taminia cum pice liquida. Idem vero possunt et fæces vini combustæ, et calcis et

nitri pares portiones : vel aluminis scissilis p. *. ==. thuris, sandarachæ, nitri, singulorum p. *. 1. gallæ p. *. viii. aristolochiæ p. *. x. mellis quantum satis est.

3. Est etiam Heræ compositio, quæ habet myrrhæ, chalcitidis, singulorum p. *. 11. aloes, thuris, aluminis scissilis, singulorum p. *. iv. aristolochiæ, gallæ immaturæ, singulorum p. *. viii. malicorii contriti p. *. x.

4. Est Judæi, in qua sunt calcis partes duæ, nitri quam ruberrimi pars tertia : quæ urina impuberis pueri coguntur, donec strigmenti crassitudo sit. Sed subinde is locus, cui id illinitur, madefaciendus est.

5. At Jollas, chartæ combustæ, sandarachæ, singulorum p. *. 1. calcis p. *. 11. auripigmenti tantumdem miscebat.

6. Si vero ex membrana, quæ super cerebrum est, profluit sanguis, vitellus combustus et contritus inspergi debet : si alio loco sanguinis profluvium est, auripigmenti, squamæ æris, singulorum p. *. 1. sandarachæ p. *. 11. marmoris cocti p. *. iv. inspergi debet. Eadem cancro quoque obsistunt. Ad inducendam cicatricem, squamæ æris, thuris fuliginis, singulorum p. *. 11. calcis p. *. iv. Eadem increscentem quoque carnem coercent.

7. Timæus autem ad ignem sacrum, et ad cancrum his utebatur : myrrhæ p. *. 11. thuris, atramenti sutorii, singulorum p. *. 111. sandarachæ, auripigmenti, squamæ æris,

p. *. vi.; céruse brûlée p. *. viii. Ils peuvent servir sous forme de poudre, ou bien incorporés au miel.

8. L'ellébore blanc, ou l'herbe au foulon, introduits dans les narines, provoquent l'éternûment, et l'on obtient le même effet avec cette préparation : poivre, ellébore blanc, ana p. *. ═.; castoréum p. *. i.; écume de nitre p. *. i.; herbe au foulon p. *. iv.

9. Les gargarismes ont pour but de lubréfier, de réprimer ou d'attirer. Le lait, la crème d'orge, ou le son, lubréfient; la lentille, les roses, les ronces, les coings ou les dattes, pris en décoction, servent à faire des gargarismes astringents; et on en fait d'attractifs au moyen de la moutarde et du poivre.

XXIII. 1. Les antidotes, qu'on emploie rarement, sont parfois de la plus grande utilité, puisqu'ils doivent remédier aux accidents les plus graves. Il est convenable de les administrer, si, par suite d'un coup ou d'une chute d'un lieu élevé, il y a quelque chose de brisé dans le corps, ou s'il existe des douleurs dans les viscères, les plèvres, la gorge, et les parties intérieures. Mais ils sont plus spécialement indiqués contre les poisons qui pénètrent dans l'économie par le fait d'une morsure, ou d'un mélange avec nos aliments ou nos boissons.

Il y a un antidote qui renferme les substances suivantes : larmes de pavots p. * ══.; acore, malobathrum, p. *v.; iris d'Illyrie, gomme, ana p. *. ii.; anis p. *. iii.; nard des Gaules, feuilles de rose sèches, cardamome, ana p. *. iv.; persil p. *. iv. ══.; trèfle p. *. v.; cannelle noire, ocre, bdellium, semence de balsamier, poivre blanc, ana p. *. v. ══.; styrax p. *. v. ══.; myrrhe, opopanax, nard de Syrie, encens mâle, suc d'hypocyste, ana p. *. vi.; castoréum p. *. vi.; costus, poivre blanc, galbanum, résine térébenthine, safran, fleurs de jonc rond, ana p. *. vi. ══ ══.; réglisse p. *. viii. ══ ══. Le miel ou le vin cuit servent d'excipient.

2. En voici un autre préparé, dit-on, par Zopyre pour le roi Ptolémée, et auquel il donna le nom d'ambroisie. On y fait entrer : costus, encens mâle, ana p. *. v.; poivre blanc p. *. ══.; fleurs de jonc rond p. *. ii.; cinnamome p. *. iii.; cannelle noire p. *. iv.; safran de Cilicie p. *. iv. ══.; myrrhe en larmes (στακτή) p. *. v.; nard indien p. *. v. ══. Ces substances doivent être broyées séparément, puis incorporées dans du miel cuit, et lorsqu'on veut s'en servir, on en prend la grosseur d'une fève d'Égypte, et on délaye le remède dans du vin.

3. L'antidote le plus célèbre est celui de Mithridate, et l'on rapporte que, grâce à l'usage journalier qu'il en faisait, ce prince sut se garantir de tous les poisons. On y trouve comme ingrédients : costus p. *. §. ii. ══.; acore p. *. v.; hypericum, gomme, sagapenum, suc d'acacia, iris d'Illyrie, cardamome, ana p. *. ii.; anis p. *. iii.; nard des Gaules, racine de gentiane, feuilles sèches de rose, ana p. *. iv.; larmes de pavot, persil, ana p. *. iv. ══.; cannelle, ocre, polium, poivre long, ana p. *. vi.; styrax p. *. v. ══.; castoréum, encens, suc d'hypocyste, myrrhe, opopanax, ana p. *. vi.; feuilles de malobathrum p. *. vi.; fleurs de jonc rond,

---

singulorum p. *. iv. gallæ p. *. vi. cerussæ combustæ p. *. viii. Ea vel arida inspersa, vel melle excepta idem præstant.

8. Sternutamenta vero vel albo veratro, vel struthio conjecto in nares excitantur, vel his mistis : piperis, veratri albi, singulorum p. *. ══. castorei p. *. i. spumæ nitri p. *. i. struthii p. *. iv.

9. Gargarizationes autem aut lævandi causa fiunt, aut reprimendi, aut evocandi. Lævant, lac, cremor vel ptisanæ, vel furfurum : reprimit aqua, in qua vel lenticula, vel rosa, vel rubus, vel cotoneum malum, vel palmulæ decoctæ sunt : evocant, sinapi, piper.

XXIII. 1. Antidota raro, sed præcipue interdum necessaria sunt, quia gravissimis casibus opitulantur. Ea recte quidem dantur collisis corporibus vel per ictus, vel ubi ex alto deciderunt, vel in viscerum, laterum, faucium, interiorumque partium doloribus : maxime autem desideranda sunt adversus venena, vel per morsus, vel per cibos, aut potiones nostris corporibus inserta.

Unum est, quod habet lacrimæ papaveris p. *. ══. acori, malobathri, p. *. v. iridis Illyricæ, gummi, singulorum p. *. ii. anisi p. *. iii. nardi Gallici, foliorum rosæ aridorum, cardamomi, singulorum p. *. iv. petroselini p. *. iv. ══ trifolii p. *. v. casiæ nigræ, silis, bdellii, balsami seminis, piperis albi, singulorum p. *. v. ══. styracis p. *. v. ════. myrrhæ, opopanacis, nardi, Syri thuris masculi, hypocistidis succi, singulorum p. *. vi. castorei p. *. vi. costi, piperis albi, galbani, resinæ terebinthinæ, croci, floris junci rotundi, singulorum p. *. vi. ══. dulcis radicis p. *. viii. ══. quæ vel melle vel passo excipiuntur.

2. Alterum, quod Zopyrus regi Ptolemæo dicitur composuisse, atque Ambrosiam nominasse, ex his constat : costi, thuris masculi, singulorum p. *. v. piperis albi p. *. ══. floris junci rotundi p. *. ii. cinnamomi p. *. iii. casiæ nigræ p. *. iv. croci Cilicii p. *. iv. ══. myrrhæ, quam στακτήν nominant, p. *. v. nardi Indici p. *. v. ══. quæ singula contrita melle cocto excipiuntur; deinde, ubi utendum est, id, quod Ægyptiæ fabæ magnitudinem impleat, in potione vini diluitur.

3. Nobilissimum autem est Mithridatis, quod quotidie sumendo rex ille dicitur adversus venenorum pericula totum corpus suum reddidisse : in quo hæc sunt : costi p. *. §. ══. acori p. *. v. hyperici, gummi, sagapeni, acaciæ succi, iridis Illyricæ, cardamomi, singulorum p. *. ii. anisi p. *. iii. nardi Gallici, gentianæ radicis, aridorum rosæ foliorum, singulorum p. *. iv. papaveris lacrimæ, petroselini, singulorum p. *. iv. ══. casiæ, silis, polii, piperis longi, singulorum p. *. vi. styracis p. *. v. ══. castorei, thuris, hypocistidis succi, myrrhæ, opopanacis, singulorum p. *. vi. malobathri folii p. *. vi. floris junci rotundi, resinæ terebinthinæ, galbani, dauci Cretici semi-

térébenthine, galbanum, semences de carotte de Crète, ana p. *. vi. ⸗.; nard, opobalsamum, ana p.*. vi.⸗. ; sénevé p. *. v. ⸗⸗.; racine de Pont p.*. vii. ; safran, gingembre, cinnamome, ana p. *. viii. Ces drogues sont pulvérisées et incorporées dans du miel ; comme contrepoison, on en prend la grosseur d'une noix grecque dans du vin; dans les autres maladies, il suffira, selon leur nature, d'en donner la valeur d'une fève d'Egypte, ou d'une semence d'orobe.

XXIV. 1. Les *acopes* sont bons pour les nerfs : tel est celui qui se compose de fleurs de jonc rond p. *. ii. ⸗⸗.; de costus, de jonc carré, de baies, de laurier, de gomme-ammoniaque, de cardamome, ana p. *. iv. ⸗.; de myrrhe et cuivre brûlé, ana p. *. vii. ; d'iris d'Illyrie et de cire, ana p. *. xiv.; de calamus d'Alexandrie, d'aspalath, de balsamier, ana p. *. xxviii.; de suif p. i.; d'onguent d'iris un verre.

2. Un autre, appelé en grec εὐῶδες, est ainsi fait : cire p. ⸗., huile même quantité, de térébenthine la grosseur d'une noix ; on fait bouillir le tout ensemble, on le pile ensuite dans un mortier, et de temps en temps on ajoute un acétabule d'excellent miel, puis enfin d'huile d'iris et d'huile rosat trois verres.

3. Les médicaments liquides nommés en grec ἔγχριστα servent à enduire les parties. En voici un de ce genre, destiné à déterger et à cicatriser les plaies, surtout quand elles sont situées aux environs des nerfs; on y fait entrer à parties égales le beurre, la moelle et le suif de veau, la graisse d'oie, la cire, le miel, la térébenthine, l'huile rosat et l'huile de ricin : ces substances doivent être fondues séparément, puis mêlées et battues à l'état liquide. Préparé de cette manière, le remède est plus détersif; mais on le rend plus émollient, si l'on substitue l'huile de troëne à l'huile rosat.

4. Contre le feu sacré, prenez : litharge d'argent p. *. vi. et corne de bœuf brûlée p. *. xii. ; broyez ensemble, et ajoutez vin et huile de myrte, de chaque environ trois verres (5).

XXV. 1. Il existe un grand nombre de pilules qui répondent à des indications différentes. On appelle *anodines* celles qui apaisent la douleur en procurant le sommeil. Il faut pour s'en servir qu'il y ait nécessité pressante, car elles se composent de remèdes violents et contraires à l'estomac. En voici une néanmoins qui facilite la digestion, elle renferme : larmes de pavot, galbanum, ana p. *. i.; myrrhe, castoréum, poivre, ana p. *. ii. Il suffit d'en prendre la grosseur d'une semence d'orobe.

2. Une autre pilule moins favorable à l'estomac, mais qui dispose davantage au sommeil, se prépare avec la mandragore p. *. ⸗. , la semence d'ache et de jusquiame, ana p. *. iv.; le tout broyé dans du vin. La dose est la même que pour la précédente.

3. Dans les douleurs de tête, les plaies, l'ophthalmie, les maux de dents, l'embarras de la respiration, les tranchées, l'inflammation de la matrice, les affections des hanches, du foie ou de la rate, dans le point de côté, dans les attaques d'hystérie avec chute et perte de la parole, la pilule suivante préviendra la souffrance du malade en lui donnant du repos. On y fait entrer : ocre,

---

nis, singulorum p. *. vi. ⸗. nardi, opobalsami, singulorum p. *. vi. ⸗. thlaspis p. *. v. ⸗ ⸗. radicis Ponticæ p. *. vii. croci, zingiberis, cinnamomi, singulorum p. *. viii. Hæc contrita melle excipiuntur, et adversus venenum, quod magnitudinem nucis Græcæ impleat, ex vino datur : in ceteris autem affectibus corporis pro modo eorum, vel quod Ægyptiæ fabæ, vel quod ervi magnitudinem impleat, satis est.

XXIV. 1. Acopa quoque utilia nervis sunt : quale est, quod habet floris junci rotundi p. *. ii: ⸗ ⸗. costi, junci quadrati, lauri baccarum, ammoniaci, cardamomi, singulorum p. *. iv. ⸗. myrrhæ, æris combusti, singulorum p. * vii. iridis Illyricæ, ceræ, singulorum p. *. xiv. Alexandrini calami, aspalathi, xylobalsami, singulorum p. *. xxviii. sevi p. i. unguenti irini cyathum.

2. Alterum, quod εὐῶδες vocant, hoc modo fit : ceræ p. ⸗. olei tantumdem, resinæ terebinthinæ ad nucis juglandis magnitudinem, simul incoquuntur; deinde in mortario teruntur, instillaturque subinde quam optimi mellis acetabulum, tum irini unguenti, et rosæ terni cyathi.

3. Ἔγχριστα autem Græci vocant liquida, quæ illinuntur : quale est, quod fit ad ulcera purganda et implenda, maxime inter nervos, paribus portionibus inter se mistis, butyri, medullæ vitulinæ, sevi vitulini, adipis anserinæ, ceræ, mellis, resinæ terebinthinæ, rosæ, olei cicini : quæ separatim omnia liquantur, deinde liquida miscentur, et tum simul teruntur. Et hoc quidem magis purgat, magis vero emollit, si pro rosa cyprus infunditur.

4. Ad sacrum ignem : spumæ argenti p. *. vi. cornu bubuli combusti p. * xii. conteruntur, adjiciturque invicem vinum, [et id, quod specialiter sic vocatur], et myrteum, donec utriusque terni cyathi conficiantur.

XXV. 1. Catapotia quoque multa sunt, variisque de causis fiunt. Ἀνώδυνα vocant, quæ somno dolorem levant : quibus uti, nisi nimia necessitas urget, alienum est. Sunt enim ex vehementibus medicamentis, et stomacho alienis. Prodest tamen etiam ad concoquendum, quod habet papaveris lacrimæ, galbani, singulorum p. *. i. myrrhæ, castorei, piperis, singulorum p. *. ii. ex quibus, quod ervi magnitudinem habet, satis est devorasse.

2. Alterum, stomacho pejus, ad somnum valentius, ex his fit : mandragoræ p. *. ⸗. apii seminis, item hyoscyami seminis, singulorum p. *. iv. quæ ex vino teruntur. Unum autem ejusdem magnitudinis, quæ supra posita est, abunde est sumpsisse.

3. Sive autem capitis dolores, sive ulcera, sive lippitudo, [sive dentes], sive spiritus difficultas, sive intestinorum tormenta, sive inflammatio vulvæ est, sive coxa, sive jecur, aut lienis, aut latus torquet, sive vitio locorum aliqua prolabitur et obmutescit, occurrit dolori per quietem ejusmodi catapotium. Silis, acori, rutæ silvestris seminis, singulorum p. *.i. castorei, cinnamomi singulo-

acore, semences de rue sauvage, ana p. *. 1. ; castoréum, cinnamome, ana p.*. 11. ; larmes de pavot, racine de panax, pommes de mandragore sèches, fleurs de jonc rond, ana p. *. 111. ; grains de poivre LVI. Broyées d'abord séparément, ces substances sont de nouveau triturées ensemble dans du vin de raisins secs, jusqu'à consistance de lie. Sous cette forme on avale une petite portion de ce médicament, ou bien on le prend délayé dans de l'eau.

4. Mettez aussi dans un vase une poignée de coquelicot assez avancé déjà pour donner du suc, versez ensuite une quantité d'eau suffisante pour recouvrir la plante, et faites bouillir ; lorsque l'ébullition aura été convenablement prolongée, retirez le pavot après l'avoir bien exprimé, et ajoutez au liquide une égale quantité de vin de raisins secs ; ce mélange doit bouillir encore jusqu'à consistance de lie, et quand il est refroidi, on le divise en pilules de la grosseur d'une fève ordinaire. Ces pilules sont utiles de plusieurs manières : prises seules ou dans de l'eau, elles sont somnifères ; si l'on ajoute un peu de suc de rue et de vin de raisins secs, elles servent à dissiper les douleurs d'oreilles ; fondues dans du vin, elles arrêtent la dyssenterie ; par leur mélange avec du cérat d'huile rosat et un peu de safran, elles dissipent les inflammations de matrice ; et enfin, détrempées dans de l'eau, puis appliquées sur le front, elles empêchent la pituite de se jeter sur les yeux.

5. On emploie dans l'insomnie causée par les douleurs de matrice : safran p. *. ⸺ ⸺. ; anis, myrrhe, ana p. *. 1. ; larmes de pavots p. *. 111. ; semences de ciguë p.*. VIII. ; ces substances, mêlées ensemble, ont le vin vieux pour excipient ; on en prend la grosseur d'une graine de lupin délayée dans trois verres d'eau. Il y aurait danger cependant à administrer ces pilules pendant la fièvre.

6. Pour guérir le foie : nitre p. *. ⸺. ; safran, myrrhe, nard des Gaules, ana p. * 1.; le tout est incorporé dans du miel ; on en fait prendre gros comme une fève d'Égypte.

7. Pour enlever le point de côté : poivre, aristoloche, nard, myrrhe, de chaque parties égales.

8. Contre les douleurs de poitrine : nard p. *. 1.; encens, cassia, ana p. *. 111.; myrrhe, cinnamome, ana p. *. VI.; safran p. *. VIII.; térébenthine un quart, miel trois hémines.

9. On prescrit contre la toux les pilules d'Athénion : myrrhe, poivre, ana p. *. 1. ; castoréum, larmes de pavot, ana p. *. 1. Les drogues sont d'abord écrasées séparément, puis mêlées ensemble, et on en compose des pilules grosses comme une fève ordinaire. On en prend deux le matin, et deux le soir en se couchant.

10. Si la toux empêche de dormir, on a recours aux pilules d'Héraclide de Tarente, ainsi préparées : safran p. *. ⸺. ; myrrhe, poivre long, costus, galbanum p. *. ⸺. ; cinnamome, castoréum, larmes de pavot, ana p. *. 1.

11. Pour déterger les ulcères de la gorge qui sont accompagnés de toux, prenez : panax, myrrhe, térébenthine, ana une once ; galbanum p. *. ⸺. ; hyssope p. *. ⸺. ; broyez, et ajoutez une hémine de miel. On fait avaler de cette préparation ce qu'on en peut prendre avec le bout du doigt.

12. Le remède de Cassius contre la colique renferme comme ingrédients : safran, anis, casto-

rum p. *. 11. papaveris lacrimæ, panacis radicis, mandragoræ malorum aridorum, junci rotundi floris, singulorum p. *. 111. piperis grana LVI. Hæc per se contrita, rursus instillato subinde passo simul omnia teruntur, donec crassitudo sordium fiat. Ex eo paulum aut devoratur, aut aqua diluitur, et potui datur.

4. Quin etiam silvestris papaveris, cum jam ad excipiendam lacrimam maturum est, manipulus, [qui manu comprehendi potest], in vas demittitur, et superinfunditur aqua, quæ id contegat, atque ita coquitur. Ubi jam bene manipulus is coctus est, ibidem expressus projicitur, et cum eo humore passum pari mensura miscetur, infervetque, donec crassitudinem sordium habeat. Cum infrixit, catapotia ex eo fiunt, ad nostræ fabæ magnitudinem, habentque usum multiplicem. Nam et somnum faciunt, vel per se assumpta, vel ex aqua data : et aurium dolores levant, adjectis exiguo modo rutæ succo, ac passo : et tormina supprimunt ex vino liquata : et inflammationi vulvæ coercent mista cerato ex rosa facto, cum paulum his croci quoque accessit : et ex aqua fronti inducta, pituitam in oculos decurrentem tenent.

5. Item, si vulva dolens somnum prohibet : croci p. *. ⸺. anisi, myrrhæ, singulorum p.*. 1. papaveris lacrimæ p. *. 111. cicutæ seminis p. *. VIII. miscentur, excipianturque vino vetere, et, quod lupini magnitudinem habet, in tribus cyathis aquæ diluitur. Id tamen in febre periculose datur.

6. Ad sanandum jecur : nitri p. *. ⸺. croci, myrrhæ, nardi Gallici, singulorum p. *. 1. melle excipiuntur, daturque, quod Ægyptiæ fabæ magnitudinem habeat.

7. Ad lateris dolores finiendos : piperis, aristolochiæ, nardi, myrrhæ pares portiones.

8. Ad thoracis : nardi p. *. 1. thuris, casiæ, singulorum p. *. 111. myrrhæ, cinnamomi, singulorum p. *. VI. croci p. *. VIII. resinæ terebinthinæ quadrans, mellis heminæ tres.

9. Ad tussim, Athenionis : myrrhæ, piperis, singulorum p. *. 1. castorei, papaveris lacrimæ, singulorum p. *. 1. quæ separatim contusa postea junguntur, et ad magnitudinem fabæ nostræ, bina catapotia mane, bina noctu dormituro dantur.

10. Si tussis somnum prohibet, ad utrumque Heraclidis Tarentini : croci p. *. ⸺. myrrhæ, piperis longi, costi, galbani, singulorum p. *. ⸺. cinnamomi, castorei, papaveris lacrimæ, singulorum p. *. 1.

11. Quod si purganda ulcera in faucibus tussientibus sunt, panacis, myrrhæ, resinæ terebinthinæ, singulorum p. uncia, galbani p. *.⸺. hyssopi p. *.⸺. conterenda sunt, hisque hemina mellis adjicienda, et quod digito excipi potest, devorandum est.

ana p. *. iii.; persil, p. *. iv.; poivre long et rond, ana p. *. v.; larmes de pavot, jonc rond, myrrhe, nard, ana p. *. vi.; avec le miel pour excipient. On peut prendre ce médicament à l'état solide, ou délayé dans de l'eau chaude.

13. Pour expulser l'enfant mort ou l'arrière-faix, on donne en potion de sel ammoniac p. *. i., ou de dictame de Crète même quantité.

14. Après un accouchement laborieux on doit donner à jeun une infusion de velar dans du vin tiède.

15. L'encens administré à la dose de p. *. i., dans deux verres de vin, fortifie la voix.

16. On combat la difficulté d'uriner avec les substances suivantes : poivre long, castoréum, myrrhe, galbanum, larmes de pavot, safran, costus, de chaque une once; styrax et térébenthine deux onces, miel et absinthe de chaque un verre. En donner gros comme une fève d'Égypte le matin et après dîner.

17. Voici comment se prépare le remède contre les maladies de la trachée : casia, iris, cinnamome, nard, myrrhe, encens, ana p. *. i.; safran p.*i. ⸗.; grains de poivre xxx. On fait bouillir le tout dans trois setiers de vin de raisins secs, jusqu'à consistance de miel. Ou bien l'on prend : safran, myrrhe, encens, ana p.*. i., mêlés dans la même quantité de vin, et traités aussi par ébullition. On peut encore faire bouillir trois hémines de ce vin, jusqu'à ce que les gouttes qu'on en retire se durcissent, puis on ajoute de casia trituré p. *. i.

XXVI. 1. Après avoir exposé les vertus des médicaments, je vais faire connaître les diverses manières dont le corps peut être lésé. Ces lésions sont de cinq espèces, savoir : celles qui résultent d'un agent externe, comme on le voit pour les blessures; celles qui dépendent d'un vice interne, comme le cancer; celles qui tiennent à la formation de corps étrangers, comme les calculs dans la vessie; celles qui sont dues à un développement anomal, ainsi qu'on l'observe pour les veines variqueuses; enfin les lésions par défaut, c'est-à-dire celles où une partie est trop courte. Parmi ces affections, les unes réclament le secours des médicaments, et les autres sont plus spécialement du ressort de la chirurgie. Je ne m'occuperai pas en ce moment des maladies où l'on fait surtout agir la main et l'instrument, et je traiterai de celles qui nécessitent plutôt l'emploi des remèdes. J'adopterai, pour cette partie de l'art de guérir, l'ordre que j'ai suivi pour la première; je parlerai d'abord des affections qui peuvent se manifester sur tous les points du corps, puis de celles qui ont toujours un siége déterminé. Je commencerai par les blessures.

Sur ce point, il importe avant tout que le médecin sache distinguer les blessures incurables, celles qui sont difficiles à guérir, et celles dont la cicatrisation est plus prompte. La prudence en effet conseille au praticien de ne pas se charger d'un malade qu'il ne peut sauver, et d'éviter ainsi l'apparence d'un meurtre qui ne doit être imputé qu'à la destinée. Il convient ensuite, lorsqu'on a de vives inquiétudes, sans cependant désespérer tout à fait, de faire connaître à ceux qui sont près du malade que le cas est grave, afin que si le mal triomphe des ressources de l'art, on ne puisse l'accuser d'avoir ignoré le danger, ou d'avoir voulu le dissimuler. Mais

---

12. Colice vero Cassii ex his constat : croci, anisi, castorei, singulorum p. *. iii. petroselini p. *. iv. piperis et longi et rotundi, singulorum p. *. v. papaveris lacrimæ, junci rotundi, myrrhæ, nardi, singulorum p. *. vi. quæ melle excipiuntur. Id autem et devorari potest, et ex aqua calida sumi.

13. Infantem vero mortuum, aut secundas expellit aquæ potio, cui salis Ammoniaci p. *. i. aut cui dictami Cretici p. *. i. adjectum est.

14. Ex partu laboranti erysimum ex vino tepido jejunæ dari debet.

15 Vocem adjuvat thuris p. *. i. in duobus cyathis vini datum.

16. Adversus urinæ difficultatem : piperis longi, castorei, myrrhæ, galbani, papaveris lacrimæ, croci, costi, unciæ singulæ, styracis, resinæ terebinthinæ, pondo sextantes, mellis, absinthii, cyathi singuli : ex quibus ad magnitudinem fabæ Ægyptiæ et mane et cœnato dari debet.

17. Arteriace vero hoc modo fit : casiæ, iridis, cinnamomi, nardi, myrrhæ, thuris, singulorum p. *. i. croci p. *. i. ⸗. piperis grana xxx. ex passi tribus sextariis decoquuntur, donec mellis crassitudo his fiat : aut croci, myrrhæ, thuris, singulorum p. *. i. conjiciuntur in passi eumdem modum, eodemque modo decoquuntur : aut ejusdem passi heminæ tres usque eo coquuntur, donec extracta inde gutta indurescat; eo adjicitur tritæ casiæ p. *. i.

XXVI. 1. Cum facultates medicamentorum proposuerim, genera, in quibus noxa corpori est, proponam. Ea quinque sunt : cum quid extrinsecus læsit, ut in vulneribus; cum quid intra seipsum corruptum est, ut in cancro; cum quid innatum est, ut in vesica calculus; cum quid increvit, ut vena, quæ intumescens in varicem convertitur; cum quid deest, ut cum curta pars aliqua est. Ex his alia sunt, in quibus medicamenta, alia in quibus plus manus proficit. Ergo, dilatis iis, quæ præcipue scalpellum et manum postulant, nunc de iis dicam, quæ maxime medicamentis egent. Dividam autem hanc quoque curandi partem, sicut priorem; et ante dicam de iis, quæ in quamlibet partem corporis incidunt; tum de iis, quæ certas partes infestant. Incipiam a vulneribus.

In his autem ante omnia scire medicus debet, quæ insanabilia sint, quæ difficilem curationem habeant, quæ promptiorem. Est enim prudentis hominis, primum eum, qui servari non potest, non attingere, nec subire speciem ejus, ut occisi, quem sors ipsius interemit; deinde, ubi gravis metus sine certa tamen desperatione est, indicare necessariis periclitantis, in difficili rem esse, ne, si victa ars malo fuerit, vel ignorasse, vel fefellisse videatur. Sed

si cette conduite est d'un homme sage, en revanche il est digne d'un charlatan d'exagérer le péril, pour se donner plus d'importance. En reconnaissant que l'affection est facile à guérir, on s'oblige à des soins plus attentifs, parce que, bien que légère en elle-même, elle pourrait, par la négligence du traitement, devenir plus sérieuse.

2. Il n'y a pas de remèdes contre les blessures de la base du crâne, du cœur, de l'œsophage, de la veine-porte, de la moelle épinière, du milieu du poumon, du jejunum, de l'intestin grêle, du ventricule, ou des reins. Les blessures des jugulaires et des carotides sont également incurables.

3. Il est très-rare qu'on puisse guérir les blessures qui intéressent une partie quelconque des poumons, du foie, de la membrane qui enveloppe le cerveau, de la rate, de la matrice, de la vessie, des gros intestins, ou du diaphragme. La mort est encore imminente, lorsque la pointe du corps vulnérant a pénétré jusqu'aux grands vaisseaux du creux de l'aisselle et du jarret. En général, toutes les fois qu'un vaisseau considérable est ouvert, il y a lieu de craindre, parce que l'hémorragie peut enlever le malade. Cet accident ne s'observe pas seulement à l'aisselle et au jarret, il résulte encore de la lésion des veines qui se rendent à l'anus et au testicule. De plus, toute blessure est grave quand elle occupe l'aisselle, la région inguinale, les cavités, les articulations, l'espace qui sépare les doigts, les muscles, les tendons, les artères, les membranes, les os ou les cartilages. Les plus favorables sont les blessures qui n'intéressent que les chairs.

4. Ces lésions entraînent plus ou moins de dangers d'après leur siége; et quant à l'étendue, celles qui sont considérables sont toujours à craindre.

5. La forme des blessures est aussi pour quelque chose dans leur gravité : ainsi une plaie contuse est plus fâcheuse que celle où les parties sont simplement divisées; d'où il suit qu'il vaut mieux être blessé par un trait aigu que par un trait émoussé. Les blessures avec perte de substance, ou dans lesquelles les chairs sont enlevées d'un côté et pendantes de l'autre, offrent de même plus de danger. Les plus désavantageuses sont les plaies de forme circulaire, et les plus simples celles qui sont faites en ligne droite : par conséquent la blessure donnera plus ou moins d'inquiétude, selon qu'elle se rapprochera de la ligne courbe ou de la droite.

6. Il faut reconnaître encore l'influence de l'âge, de la constitution, du régime ordinaire de la vie, et des saisons. C'est ainsi qu'un enfant ou un jeune homme guérit plus facilement qu'un vieillard; un homme robuste, plus aisément qu'un sujet débile; celui qui n'est ni trop gras ni trop maigre, plus vite aussi que s'il était affligé d'un excès de maigreur ou d'embonpoint. De même la guérison est plus prompte quand l'habitude générale du corps est satisfaisante, que lorsqu'elle est viciée; quand on prend de l'exercice, que lorsqu'on mène une vie oisive; quand on est sobre et tempérant, que lorsqu'on s'adonne au vin et aux plaisirs de l'amour. La saison la plus favorable à la cicatrisation des blessures est le printemps; et il faut au moins que le temps ne soit ni trop froid ni trop chaud, car elles ont également à souffrir d'une chaleur excessive ou d'un froid rigoureux. Rien n'est plus à craindre cependant

---

ut hæc prudenti viro conveniunt, sic rursus histrionis est, parvam rem attollere, quo plus præstitisse videatur. Obligari æquum est confessione promptæ rei, quo curiosius etiam circumspiciat, ne, quod per se exiguum est, majus curantis negligentia fiat.

2. Servari non potest, cui basis cerebri, cui cor, cui stomachus, cui jocinoris portæ, cui in spina medulla percussa est; ænigne aut pulmo medius, aut jejunum, aut tenuius intestinum, aut ventriculus, aut renes vulnerati sunt; cuive circa fauces grandes venæ, vel arteriæ præcisæ sunt.

3. Vix autem ad sanitatem perveniunt, quibus ulla parte pulmo, aut jocinoris crassum, aut membrana, quæ continet cerebrum, aut lienis, aut vulva, aut vesica, aut ullum intestinum, aut septum transversum vulneratum est. Ii quoque in præcipiti sunt, in quibus usque ad grandes intusque conditas venas in alis vel popliltibus mucro desedit. Periculosa etiam vulnera sunt, ubicumque venæ majores sunt, quoniam exhaurire hominem profusione sanguinis possunt: idque evenit non in alis tantum, atque popliltibus, sed etiam in iis venis, quæ ad anum testiculosque perveniunt. Præter hæc malum vulnus est, quodcumque in alis vel feminibus, vel inanibus locis, vel in articulis, vel inter digitos est: item quodcumque musculum, aut nervum, aut arteriam, aut membranam, aut os, aut cartilaginem læsit. Tutissimum omnium, quod in carne est.

4. Et hæc quidem loco vel pejora, vel meliora sunt. Modo vero periculum facit, quodcumque magnum est.

5. Aliquid etiam in vulneris genere figuraque est. Nam pejus est, quod etiam collisum, quam quod tantum discissum est, adeo ut acuto quoque, quam retuso telo, vulnerari commodius sit. Pejus etiam vulnus est, ex quo aliquid excisum est; ex quove caro alia parte abscissa, alia dependet. Pessimaque plaga in orbem est; tutissima, quæ lineæ modo recta est. Quo deinde propius huic illive figuræ vulnus est, eo vel deterius vel tolerabilius est.

6. Quin etiam confert aliquid et ætas, et corpus, et vitæ propositum, et anni tempus : quia facilius sanescit puer vel adolescens, quam senior; valens, quam infirmus; neque nimis tenuis, neque nimis plenus, quam si alterum ex his est; integri habitus, quam corrupti; exercitatus, quam iners; sobrius et temperans, quam vino venerique deditus. Opportunissimumque curationi tempus, vernum est, et certe neque fervens, neque frigidum : siquidem vulnera et nimius calor et nimium frigus infestant; maxime tamen horum varietas : ideoque perniciosissimus autumnus est.

que les brusques variations de température ; et c'est là précisément ce qui rend l'automne si pernicieux.

7. La plupart des blessures sont exposées aux regards. Pour quelques-unes les indices se tirent du siége même qu'elles occupent, ainsi que nous l'avons démontré ailleurs en décrivant la position des parties internes. Mais comme certains organes sont très-voisins l'un de l'autre, et qu'il importe de savoir si la plaie est superficielle ou pénétrante, il devient nécessaire de reproduire les signes qui font reconnaître la lésion de telle ou telle partie, et sur lesquels on peut fonder un pronostic heureux ou funeste.

8. Ainsi dans les blessures du cœur le sang s'échappe avec abondance, le pouls s'affaiblit ; le malade, d'une pâleur excessive, est comme arrosé d'une sueur froide et de mauvaise odeur ; les extrémités se refroidissent, et la mort ne se fait pas attendre.

9. Quand le poumon est blessé, il y a difficulté de respirer ; le sang qui sort par la bouche est écumeux, celui de la plaie est vermeil, et en même temps l'air s'échappe par l'ouverture avec sifflement ; les malades tendent à se coucher sur la blessure, les uns se lèvent sans raison, beaucoup d'autres ne parlent qu'en s'appuyant sur la plaie, et ne peuvent plus articuler dès qu'ils changent de situation.

10. Les blessures du foie ont pour signes un épanchement de sang considérable sous l'hypocondre droit, la rétraction des flancs vers l'épine, le soulagement qu'on éprouve à se coucher sur le ventre, les douleurs pongitives qui s'étendent du foie à la clavicule et à l'omoplate : signes auxquels s'ajoute quelquefois un vomissement bilieux.

11. Lorsque les reins sont blessés, la douleur s'étend aux aines et aux testicules ; l'urine, rendue avec difficulté est sanguinolente, et quelquefois même il ne s'écoule que du sang.

12. Dans les blessures de la rate, on voit sortir à gauche un sang noir ; de ce côté aussi le ventricule et l'hypocondre présentent de la dureté, une soif ardente se déclare, et de même que pour les blessures du foie, la douleur se propage jusqu'à la clavicule.

13. On reconnaît que la matrice est blessée à la douleur qui se fait sentir dans les aines, les hanches et les cuisses ; au sang qui s'échappe tant par la plaie que par les parties naturelles, et au vomissement bilieux qui survient : quelques femmes perdent l'usage de la parole, d'autres celui de la raison ; celles qui conservent leur intelligence accusent des douleurs dans les nerfs et dans les yeux, et celles qui succombent présentent les mêmes symptômes que dans une blessure du cœur.

14. Quand une blessure intéresse le cerveau ou la dure-mère, il se fait par les narines, quelquefois aussi par les oreilles, un écoulement de sang, qui presque toujours est suivi d'un vomissement de bile. Certains blessés tombent dans la stupeur, et n'entendent pas quand on les appelle ; quelques-uns ont un air farouche, et d'autres promènent çà et là des regards éteints. Le plus souvent le délire se déclare du troisième au cinquième jour ; chez un grand nombre il est accompagné de mouvements convulsifs, et la plupart avant de mourir déchirent l'appareil dont leur tête est enveloppée, et exposent leur plaie nue à l'action du froid.

15. Le hoquet et les vomissements de bile an-

---

7. Sed pleraque ex vulneribus oculis subjecta sunt : quorumdam ipsæ sedes indices sunt, quas alio loco demonstravimus, cum positus interiorum partium ostendimus. Verumtamen, quia quædam vicina sunt, interestque, vulnus in summa parte sit, an penitus penetraverit, necessarium est notas subjicere, per quas quid intus ictum sit, scire possimus ; et ex quibus vel spes, vel desperatio oriatur.

8. Igitur, corde percusso, sanguis multus fertur, venæ languescunt, color pallidissimus, sudores frigidi, malique odoris, tamquam irrorato corpore oriuntur, extremisque partibus frigidis matura mors sequitur.

9. Pulmone vero icto, spirandi difficultas est ; sanguis ex ore spumans, ex plaga rubens, simulque etiam spiritus cum sono fertur ; in vulnus inclinari juvat ; quidam sine ratione consurgunt ; multi si in ipsum vulnus inclinati sunt, loquuntur ; si in aliam partem, obmutescunt.

10. Jocinoris autem vulnerati notæ sunt : multus sub dextra parte præcordiorum profusus sanguis ; ad spinam reducta præcordia ; in ventrem cubandi dulcedo ; punctiones, doloresque usque ad jugulum, junctumque ei latum scapularum os, intenti : quibus nonnumquam etiam biliosus vomitus accedit.

11. Renibus vero percussis, dolor ad inguina testiculos-

que descendit ; difficulter urina redditur ; eaque aut est cruenta, aut cruor fertur.

12. At liene icto, sanguis niger a sinistra parte prorumpit ; præcordia cum ventriculo ab eadem parte indurescunt ; sitis ingens oritur ; dolor ad jugulum, sicut jocinore vulnerato, venit.

13. At cum vulva percussa est, dolor in inguinibus, et coxis, et feminibus est ; sanguinis pars per vulnus, pars per naturale descendit ; vomitus bilis insequitur ; quædam obmutescunt ; quædam mente labuntur ; quædam, sui compotes, nervorum oculorumque dolore urgeri se confitentur ; morientesque eadem, quæ corde vulnerato, patiuntur.

14. Sin cerebrum membranave ejus vulnus accipit, sanguis per nares, quibusdam etiam per aures exit ; fereque bilis vomitus insequitur ; quorumdam sensus obtunduntur, appellatique ignorant ; quorumdam trux vultus est ; quorumdam oculi, quasi resoluti, huc atque illuc moventur ; fereque tertio, vel quinto die delirium accedit ; multorum etiam nervi distenduntur : ante mortem autem plerique fascias, quibus caput deligatum est, lacerant, ac nudum vulnus frigori objiciunt.

15. Ubi stomachus autem percussus est, singultus et bilis vomitus insequitur ; si quid cibi vel potionis assum-

noncent que l'estomac est blessé; les aliments solides ou liquides qu'il contient sont aussitôt rejetés, le pouls se ralentit, de petites sueurs se manifestent, qui entraînent le refroidissement des extrémités.

16. Les blessures du ventricule et du jejunum ont des signes communs : les aliments et les boissons se font jour par la plaie, la région épigastrique devient dure, et quelquefois on vomit de la bile; seulement la blessure de l'intestin est située plus bas. Les autres perforations intestinales se reconnaissent aux matières fécales ou à l'odeur stercorale qui s'échappent par l'ouverture.

17. Dans les lésions de la moelle épinière, il y a paralysie ou mouvements convulsifs, et privation de sentiment; au bout d'un certain temps, la semence, l'urine et même les matières fécales sont rendues involontairement.

18. S'il y a lésion du diaphragme, les hypocondres se rétractent en haut, on ressent des douleurs dans l'épine, la respiration devient rare, et le sang qui sort de la plaie est écumeux.

19. Y a-t-il blessure de la vessie? la douleur se fait sentir dans les aines, le région sus-pubienne est tendue, le sang sort par le canal au lieu d'urine, et l'urine s'échappe par la plaie; l'estomac prend part au désordre, ce qui se révèle ou par des vomissements de bile ou par des hoquets; le froid survient, et la mort s'ensuit.

20. Ces notions ne sont pas les seules qu'il faille acquérir; il en est d'autres qui se rapportent à tous les ulcères et blessures dont nous avons à traiter. Des plaies et des ulcères il s'écoule du sang, de la sanie, du pus. Le sang est connu de tout le monde; plus ténue que ce liquide, la sanie peut être plus ou moins épaisse, gluante et colorée; le pus est très-épais, très-blanc, et plus gluant que le sang et la sanie. Le sang se fait jour quand la blessure est récente ou qu'elle est en voie de cicatrisation; la sanie s'observe entre ces deux époques de la lésion, et le pus est fourni par les plaies lorsqu'elles tendent à guérir. Les Grecs ont distingué diverses espèces de pus et de sanie, auxquelles ils ont donné des noms particuliers. Il est une sorte de sanie qu'ils appellent aqueuse (ὕδρωψ), et une autre qu'ils nomment μελίκηρα (blanchâtre); il est de même un genre de pus désigné sous le nom d'ἐλαιῶδες (onctueux). La sanie ichoreuse (ὕδρωψ), ténue et tirant sur le blanc, provient des ulcères de mauvaise nature, et accompagne surtout l'inflammation qui s'empare des tendons blessés. La sanie mélicérique est plus épaisse, plus gluante, blanchâtre, et a quelque ressemblance avec un rayon de miel blanc; elle appartient également aux plaies de mauvais caractère que présentent les blessures des tendons dans le voisinage des articulations, et notamment de celles du genou. Le pus dit ἐλαιῶδες est ténu, presque blanc, comme onctueux, et se rapproche assez, pour la couleur et la consistance, de l'huile blanche; on l'observe dans les grandes plaies qui marchent vers la guérison. Le sang est vicié, s'il est trop ténu ou trop épais, s'il est livide ou noir, mêlé de pituite ou de diverses couleurs; le meilleur est celui qui est chaud, rouge, médiocrement épais, et non gluant. Aussi les blessures dont le sang présente ces qualités sont-elles d'une guérison plus prompte; de même, dans la suite, le pronostic est d'autant plus favorable que les différentes humeurs que les plaies fournissent sont plus louables. Il suit de

---

ptum est, id redditur cito; venarum motus elanguescunt; sudores tenues oriuntur, per quos extremæ partes frigescunt.

16. Communes vero jejuni intestini et ventriculi vulnerati notæ sunt : nam cibus et potio per vulnus exeunt; præcordia indurescunt; nonnumquam bilis per os redditur : intestino tantum sedes inferior est. Cetera intestina icta vel stercus, vel odorem ejus exhibent.

17. Medulla vero, quæ in spina est, percussa, nervi resolvuntur, aut distenduntur; sensus intercidit; interposito tempore aliquo, sine voluntate inferiores partes vel semen, vel urinam, vel etiam stercus excernunt.

18. At si septum transversum percussum est, præcordia sursum contrahuntur; spina dolet; spiritus rarus est; sanguis spumans fertur.

19. Vesica vero vulnerata, dolent inguina; quod super pubem est, intenditur; pro urina, sanguis; at ex ipso vulnere urina descendit; stomachus afficitur; itaque aut bilem vomunt, aut singultiunt; frigus, et ex eo mors sequitur.

20. His cognitis, etiamnum quædam alia noscenda sunt, ad omnia vulnera ulceraque, de quibus dicturi sumus, pertinentia. Ex his autem exit sanguis, sanies, pus. Sanguis omnibus notus est; sanies est tenuior hoc, varie crassa, et glutinosa, et colorata; pus crassissimum albidissimumque, glutinosius et sanguine et sanie. Exit autem sanguis ex vulnere recenti, aut jam sanescente; sanies est inter utrumque tempus; pus ex ulcere jam ad sanitatem spectante. Rursus et sanies et pus quasdam species Græcis nominibus distinctas habent. Est enim quædam sanies, quæ vel ὕδρωψ, vel μελίκηρα nominatur : est pus, quod ἐλαιῶδες appellatur. Ὕδρωψ tenuis, subalbidus, ex malo ulcere exit, maximeque ubi, nervo læso, inflammatio secuta est. Μελίκηρα crassior est, glutinosior, subalbida, mellique albo subsimilis. Fertur hæc quoque ex malis ulceribus, ubi nervi circa articulos læsi sunt; et inter hæc loca, maxime ex genibus. Ἐλαιῶδες tenue, subalbidum, quasi unctum, colore atque pinguitudine oleo albo non dissimile apparet in magnis ulceribus sanescentibus. Malus autem est sanguis, nimium aut tenuis, aut crassus, colore vel lividus, vel niger, aut pituita mistus, aut varius : optimus calidus, rubens, modice crassus, non glutinosus. Itaque protinus ejus vulneris expedita magis curatio est, ex quo sanguis bonus fluxit : itemque postea spes in iis major est, ex quibus melioris generis quæque proveniunt. Sanies igitur mala est, multa, nimis tenuis, livida, aut

là que les conditions seront mauvaises si la sanie est abondante, très-ténue, livide, pâle ou noire, gluante, d'une odeur fétide, et si elle produit l'érosion de l'ulcère et des téguments; au contraire, elle a les qualités convenables quand elle n'est pas abondante, que la consistance en est médiocre, et la couleur légèrement rouge ou blanchâtre. L'état est plus grave, si la sanie ichoreuse est très-abondante, presque livide ou pâle, gluante, noire, chaude, et de mauvaise odeur; mais si elle est presque blanche, et que les autres caractères soient opposés à ceux-ci, il y a moins de danger. La sanie mélicerique ne doit pas non plus être abondante, ni épaisse; et il vaut mieux la voir s'écouler ténue et en petite quantité. De ces diverses matières, la meilleure est le pus; mais il offre aussi des conditions fâcheuses quand il dépasse une certaine mesure, qu'il se montre ténu, délayé, et cela dès le principe; qu'il a la couleur de petit-lait, qu'il est pâle, livide ou bourbeux, qu'enfin il est fétide, à moins toutefois que la fétidité ne dépende du siége même de la plaie. Il est d'autant plus louable qu'il est moins abondant, plus épais et plus blanc; il est encore louable s'il est lisse, homogène et sans odeur. L'écoulement du reste doit être en rapport avec la grandeur et la durée du mal; car si la plaie est vaste ou soumise encore à l'inflammation, la suppuration sera naturellement considérable. Le pus nommé ἐλαιῶδες est d'autant plus à craindre, qu'il est plus abondant et moins onctueux, et d'autant plus favorable que la quantité en est plus restreinte et la consistance plus graisseuse.

21. Quand l'examen a fait reconnaître qu'une blessure est susceptible d'être guérie, il faut s'occuper aussitôt de prévenir deux accidents qui pourraient être mortels, savoir, l'hémorragie et l'inflammation. S'il y a lieu de redouter l'hémorragie (ce que l'on juge d'après le siége et l'étendue de la blessure, non moins que par la violence avec laquelle le sang se fait jour), il faut remplir la plaie de charpie sèche, recouvrir celle-ci d'une éponge imbibée d'eau froide, qu'on exprime avec la main. Si par ce moyen l'écoulement de sang n'est pas assez maîtrisé, il faut renouveler la charpie plus souvent; et s'il ne suffit pas de l'employer sèche, on la trempe dans du vinaigre. Ce liquide est un remède efficace contre l'hémorragie; aussi certains médecins en versent même dans la plaie. Mais, d'un autre côté, il est à craindre que le vinaigre, en resserrant trop brusquement les vaisseaux de la partie blessée, ne provoque ensuite une inflammation violente. Par cette considération les escharotiques et les caustiques, qui déterminent la formation d'une croûte, doivent-être rejetés, bien que pour la plupart ils arrêtent le sang; mais si par cas on est obligé de s'en servir, on devra choisir, parmi les substances qui ont les mêmes propriétés, celles qui ont le moins d'énergie. Si l'hémorragie est plus forte encore que ces remèdes, il faut saisir les vaisseaux qui la fournissent, les embrasser par un double lien vers l'endroit où se trouve la lésion, puis en faire la section entre ces deux ligatures pour qu'ils s'oblitèrent, et que les orifices n'en soient plus béants. Quand ce procédé n'est pas applicable, on peut en venir à la cautérisation avec le fer rouge. S'il paraît nécessaire de réprimer l'hémorragie provenant d'une région dépourvue de tendons et de muscles, comme le front ou le sommet de la tête, on fera très-bien de poser des ventouses sur un point éloigné, vers lequel on détourne ainsi le cours du sang.

---

pallida, aut nigra, aut glutinosa, aut mali odoris, aut quæ, et ipsum ulcus, et junctam ei cutem erodit : melior est non multa, modice crassa, subrubicunda, aut subalbida. Ὕδρωψ autem pejor est multus, crassus, sublividus aut subpallidus, glutinosus, ater, calidus, mali odoris : tolerabilior est subalbidus, qui cetera omnia contraria prioribus habet. Μελίκηρα autem mala est, multa, et percrassa : melior, quæ et tenuior, et minus copiosa est. Pus inter hæc optimum est. Sed id quoque pejus est, multum, tenue, dilutum ; magisque, si ab initio tale est : itemque, si colore sero simile, si pallidum, si lividum, si fœculentum est : præter hæc, si male olet ; nisi tamen locus hunc odorem excitat. Melius est, quo minus est, quo crassius, quo albidius : itemque, si læve est, si nihil olet, si æquale est. Modo tamen convenire et magnitudini vulneris, et tempori debet : nam plus ex majore, plus nondum solutis inflammationibus naturaliter fertur. Ἐλαιῶδες quoque pejus est multum, et parum pingue : quo minus ejus, quoque id ipsum pinguius, eo melius est.

21. Quibus exploratis, ubi aliquis ictus est, qui servari potest, protinus prospicienda duo sunt : ne sanguinis profusio, neve inflammatio interimat. Si profusionem timemus (quod ex sede vulneris, et ex magnitudine ejus, et ex impetu ruentis sanguinis intelligi potest), siccis linamentis vulnus implendum est, supraque imponenda spongia ex aqua frigida expressa, ac manu super comprimenda. Si parum sic sanguis conquiescit, sæpius linamenta mutanda sunt ; et, si sicca parum valent, aceto madefacienda sunt. Id vehemens ad sanguinem supprimendum est, ideoque quidam id vulneri infundunt. Sed alius rursus metus subest, ne nimis valenter ibi retenta materia, magnam inflammationem postea moveat. Quæ res efficit, ut neque rodentibus medicamentis, neque adurentibus, et ob id ipsum inducentibus crustam, sit utendum, quamvis pleraque ex his sanguinem supprimunt : sed, si semel ad ea decurritur, iis potius, quæ minus idem efficiunt. Quod si illa quoque profluvio vincuntur, venæ, quæ sanguinem fundunt, apprehendendæ, circaque id, quod ictum est, duobus locis deligandæ, intercidendæque sunt, ut et in se ipsæ coeant, et nihilominus ora præclusa habeant. Ubi ne id quidem res patitur, possunt ferro candenti aduri. Sed etiam satis multo sanguine effuso ex eo loco, quo neque nervus, neque musculus est, ut puta in fronte, vel superiore capitis parte, commodissimum tamen est, cu-

22. Tels sont les moyens employés contre l'écoulement sanguin ; mais contre l'inflammation, cet écoulement est lui-même un remède. Les accidents inflammatoires sont à craindre après la lésion d'un os, d'un tendon, d'un cartilage ou d'un muscle, ou lorsque le sang perdu ne répond pas à l'étendue de la blessure. En conséquence, chaque fois que de semblables cas se présentent, on doit, au lieu de réprimer l'hémorragie presque immédiatement, lui laisser tout le développement que la prudence autorise ; et si même elle paraît insuffisante, il faut y joindre la saignée du bras. C'est ainsi qu'il convient d'agir si le sujet est jeune, robuste, exercé ; mais cela devient plus urgent encore si le blessé se trouvait en état d'ivresse au moment de l'accident. Quand on juge qu'un muscle a subi quelque violence, il est nécessaire de le couper, car la blessure en est mortelle ; tandis qu'en le divisant on obtient la guérison.

23. Après s'être rendu maître de l'hémorragie si elle était trop considérable, ou l'avoir laissée s'épuiser si elle coulait modérément, ce qu'il y a de mieux à faire c'est d'affronter les bords de la plaie. La réunion peut s'opérer dans les blessures qui divisent les téguments ou pénètrent jusque dans les chairs, pourvu qu'il n'existe pas de complications ; on peut aussi réunir les chairs quand elles sont pendantes et ne tiennent plus que d'un côté, à la condition pourtant qu'elles ne seront point altérées, et conserveront quelque vie par leur union avec le corps. Il y a deux manières de déterminer l'adhésion des plaies. Ainsi la suture est indiquée pour les blessures des parties molles ; elle s'applique surtout à celles du lobe de l'oreille, des narines, du front, des joues, des paupières, des lèvres, de la peau qui recouvre le gosier, et convient de même aux plaies du ventre. Si au contraire les chairs sont divisées et béantes, et qu'on ne puisse les rapprocher sans efforts, la suture devient inutile ; il faut alors employer la boucle nommée par les Grecs ἀγκτήρ (6), laquelle, en exerçant des tractions sur les bords de la plaie, sert à diminuer plus tard l'étendue de la cicatrice. D'après ce qui précède on est en mesure de juger s'il y a lieu d'appliquer la suture ou la boucle dans les blessures où les chairs encore saines tombent d'un côté, en conservant de l'autre des adhérences. Quel que soit d'ailleurs le procédé qu'on adopte, il faut préalablement nettoyer la plaie pour la débarrasser de tout caillot sanguin, attendu que cette concrétion se convertit en pus, provoque l'inflammation, et s'oppose à l'adhésion des parties. On ne doit pas non plus laisser séjourner la charpie dont on s'est servi pour arrêter le sang, car c'est encore une cause d'inflammation. En faisant usage de la suture ou de la boucle, on aura soin de saisir, en même temps que la peau, une portion des chairs sous-jacentes, s'il y en a, afin que le moyen d'union soit mieux assujetti, et ne déchire pas les téguments. Dans l'une et l'autre méthode, il faut de préférence employer un fil souple et qui ne soit pas trop tordu, parce qu'il ménage davantage les tissus qu'il traverse. Les points de suture ou les points d'attache des boucles ne doivent être ni trop rares, ni trop multipliés. S'ils sont trop éloignés, la plaie se trouve mal contenue ; mais trop rapprochés, ils font beaucoup souffrir, parce que l'inflammation qui survient est d'autant plus violente, en été surtout, qu'on a fait passer l'aiguille un plus grand nombre de fois, et que les points de su-

---

curbitulam admovere a diversa parte, ut illuc sanguinis cursus revocetur.

22. Et adversus profusionem quidem in his auxilium est : adversus inflammationem autem, in ipso sanguinis cursu. Ea timeri potest, ubi læsum est vel os, vel nervus, vel cartilago, vel musculus ; aut ubi parum sanguinis pro modo vulneris fluxit. Ergo quoties quid tale erit, sanguinem mature supprimere non oportebit ; sed pati fluere, dum tutum erit, adeo ut, si parum fluxisse videbitur, mitti quoque ex brachio debeat ; utique, si corpus juvenile, et robustum, et exercitatum est : multoque magis, si id vulnus ebrietas præcessit. Quod si musculus læsus videbitur, præcidendus erit : nam percussus, mortiferus est ; præcisus, sanitatem recipit.

23. Sanguine autem vel suppresso, si nimius erumpit ; vel exhausto, si per se parum fluxit, longe optimum est, vulnus glutinari. Potest autem id, quod vel in cute, vel etiam in carne est, si nihil ei præterea mali accedit ; potest caro, alia parte dependens, alia inhærens, si tamen etiamnum integra est, et conjunctione corporis fovetur. In iis vero, quæ glutinantur, duplex curatio est. Nam si plaga in molli parte est, sui debet ; maximeque, si discissa auris ima est, vel imus nasus, vel frons, vel bucca, vel palpebra, vel labrum, vel circa guttur cutis, vel venter. Si vero in carne vulnus est, hiatque, neque in unum oræ facile attrahuntur, sutura quidem aliena est ; imponendæ vero fibulæ sunt (ἀγκτῆρας Græci nominant) quæ oras, paulum tamen, contrahant, quo minus lata postea cicatrix sit. Ex his autem colligi potest, id quoque, quod alia parte dependens, alia inhærebit, si alienatum adhuc non est, suturam, an fibulam postulet. Ex quibus neutra ante debet imponi, quam intus vulnus purgatum est, ne quid ibi concreti sanguinis relinquatur. Id enim et in pus vertitur, et inflammationem movet, et glutinari vulnus prohibet. Ne linamentum quidem, quod supprimendi sanguinis causa inditum est, inibi relinquendum est : nam id quoque inflammat. Comprehendi vero sutura, vel fibula, non cutem tantum, sed etiam aliquid ex carne, ubi suberit hæc, oportebit ; quo valentius hæreat, neque cutem abrumpat. Utraque optima est ex acia molli, non nimis torta, quo mitius corpori insidat. Utraque neque nimis rara, neque nimis crebra injicienda est. Si nimis rara est, non continet : si nimis crebra est, vehementer afficit ; quia, quo sæpius acus corpus transiit, quoque plura loca injectum vinculum mordet, eo majores inflammationes oriuntur ; magisque æstate. Neutra etiam vim ullam desiderat ; sed eatenus utilis est, qua cutis ducentem quasi sua sponte subsequitur. Fere tamen fibulæ latius vulnus esse pa-

ture se trouvent moins écartés. Ces deux procédés n'exigent aucune violence, et la peau doit en quelque sorte se prêter d'elle-même aux manœuvres qu'on lui fait subir. La boucle laisse presque toujours plus d'espace entre les lèvres de la plaie, qu'on réunit plus exactement par la suture; il ne faut pas néanmoins qu'elles se touchent entièrement, afin de ménager une issue aux humeurs épaissies qui séjourneraient dans la plaie. Les blessures auxquelles ces modes de réunion ne seraient pas applicables n'en doivent pas moins être détergées, après quoi on les recouvre d'une éponge imbibée de vinaigre; et si ce moyen est trop violent pour le malade, on le remplace par du vin. L'éponge trempée seulement dans l'eau froide convient encore dans les cas légers: quel que soit d'ailleurs le liquide dont elle est chargée, elle soulage tant qu'elle est humide; aussi doit-on empêcher qu'elle ne se dessèche; et de cette façon on arrive à guérir les plaies sans recourir à des médicaments étrangers, rares et composés. Si ce moyen pourtant ne paraît pas assez efficace, on pourra se servir de remèdes préparés sans suif, que l'on prendra parmi ceux que j'ai dit convenir au traitement des plaies sanglantes: on emploiera surtout l'emplâtre barbare, si les chairs sont intéressées; et le *sphragis* de Polybe, s'il y a lésion des tendons, des cartilages, ou de quelque partie saillante, comme les oreilles ou les lèvres. L'emplâtre vert Alexandrin convient de même dans les blessures des tendons; et, contre celles des parties saillantes, on peut faire usage de la composition que les Grecs appellent ῥάπτουσα. Dans les blessures faites par contusion, il arrive ordinairement que la peau n'est que faiblement divisée; et dans ce cas il n'est pas inutile d'agrandir l'ouverture avec l'instrument, pourvu qu'il n'y ait pas, dans le voisinage, des tendons et des muscles qu'il faut prendre garde de couper. Après avoir suffisamment dilaté la plaie, on passe à l'application des médicaments topiques. Mais si la proximité des tendons et des muscles ne permet pas de donner à une blessure étroite une étendue plus grande, il faut s'aider des remèdes qui attirent doucement l'humeur au dehors, et faire notamment usage de ceux que j'ai dit avoir reçu des Grecs le nom de ῥυπῶδες. Il est bon encore dans toute blessure grave, lorsqu'on a posé le topique indiqué, de le recouvrir de laine en suint humectée de vinaigre et d'huile, ou d'un cataplasme légèrement répercussif, si les parties blessées sont d'une texture molle, ou d'un cataplasme émollient, si elles sont pourvues de tendons et de muscles.

24. Les bandes de toile sont les plus convenables pour le pansement des blessures; elles doivent avoir assez de largeur pour que, mises sur la plaie, elles en dépassent un peu de chaque côté la limite. Si le retrait des chairs est plus marqué d'un côté que de l'autre, c'est sur ce point que le bandage doit agir pour les ramener; mais si des deux côtés l'écartement est le même, il faut que la bande vienne embrasser obliquement les bords de la plaie; ou si la disposition de la blessure ne comporte pas ce pansement, on appliquera d'abord la bande par le milieu, puis on la dirigera à droite et à gauche. L'appareil sera posé de manière à contenir les parties sans les serrer; car, mal contenues, elles échappent au bandage, et, trop comprimées, elles peuvent être frappées de gangrène. On doit multiplier les tours de bande en hiver, et ne pas aller au delà du nécessaire pendant l'été. Enfin il convient de coudre inférieurement l'extrémité de la bande, car un nœud ne peut qu'incommoder la blessure,

---

tiuntur: sutura oras jungit, quæ ne ipsæ quidem inter se contingere ex toto debent; ut, si quid intus humoris concreverit, sit qua emanet. Si quod vulnus neutrum horum recipit, id tamen purgari debet. Deinde omni vulneri primo imponenda est spongia ex aceto expressa; si sustinere aliquis aceti vim non potest, vino utendum est. Levis plaga juvatur etiam, si ex aqua frigida expressa spongia imponitur. Sed ea, quocumque modo imposita est, dum madet, prodest: itaque, ut inarescat, non est committendum. Licetque sine peregrinis, et conquisitis, et compositis medicamentis vulnus curare. Sed si quis huic parum confidit, imponere medicamentum debet, quod sine sevo compositum sit ex iis, quæ cruentis vulneribus apta esse proposui; maximeque si caro est, Barbarum, si nervi, vel cartilago, vel aliquid ex eminentibus, quales aures, vel labra sunt, Polybi sphragidem. Alexandrinum quoque viride nervis idoneum est; eminentibusque partibus ea, quam Græci ῥάπτουσαν vocant. Solet etiam, colliso corpore, exigua parte findi cutis. Quod ubi incidit, non alienum est, scalpello latius aperire, nisi musculi, nervique juxta sunt, quos incidi non expedit; ubi satis diductum est, medicamentum imponendum est. At si id, quod collisum est, quamvis parum diducitur est, latius tamen aperiri propter nervos aut musculos non licet, adhibenda sunt ea, quæ humorem leniter extrahant; præcipueque ex his id, quod ῥυπῶδες vocari proposui. Non alienum est etiam, ubicumque vulnus grave est, imposito quo id juvetur, insuper circumdare lanam succidam ex aceto et oleo; vel cataplasma, si mollis is locus est, quod leniter reprimat; si nervosus, aut musculosus, quod emolliat.

24. Fascia vero ad vulnus deligandum lintea aptissima est; eaque lata esse debet, ut semel injecta non vulnus tantum, sed paulum utrimque etiam oras ejus comprehendat. Si ab altera parte caro magis recessit, ab ea melius attrahitur; si æque ab utraque, transversa comprehendere oras debet; aut si id vulneris ratio non patitur, media primum injicienda est, ut tum in utramque partem ducatur. Sic autem deliganda est, ut et contineat, nec adstringat: quod non continetur, elabitur; quod nimis adstrictum est, cancro periclitatur. Hieme sæpius fascia circuire debet, æstate, quoties necesse est. Tum extrema pars ejus inferioribus acu assuenda est: nam nodus vulnus lædit, nisi tamen longe est. Illo neminem decipi decet, ut

à moins qu'il n'en soit suffisamment éloigné. Ce serait une erreur de croire que les plaies des viscères, dont j'ai parlé plus haut, réclament des moyens spéciaux. La plaie proprement dite sera traitée extérieurement, à l'aide de la suture ou d'une autre manière; et l'on n'a pas à s'occuper des viscères, à moins qu'une portion du foie, de la rate ou du poumon ne vienne faire saillie au dehors; auquel cas, il faudrait la retrancher. Du reste, les plaies pénétrantes guériront sous l'influence du régime et des remèdes que j'ai dit convenir à chaque viscère.

25. Le malade, ainsi traité le premier jour, est placé dans son lit, et, si la blessure est grave, soumis, avant que l'inflammation surgisse, à une diète aussi sévère que l'état des forces peut le permettre. Tant que durera la soif, il devra boire de l'eau chaude, ou même de l'eau froide, si c'est en été, et qu'il n'y ait ni fièvre, ni douleur. Ces préceptes pourtant n'ont rien d'immuable, et l'on doit toujours se régler sur la situation du malade, dont la faiblesse peut même exiger qu'on le nourrisse immédiatement. L'alimentation toutefois sera ténue et réduite à la quantité nécessaire pour soutenir les forces. Il y a aussi nombre de blessés, mourants pour ainsi dire d'hémorragie, et qu'il faut avant tout traitement ranimer avec du vin, bien que dans toute autre circonstance l'influence de cette boisson sur les blessures soit des plus pernicieuses.

26. Quand les plaies sont accompagnées d'une tuméfaction trop grande, il y a danger; mais lorsqu'elles ne présentent aucun gonflement, le péril est extrême : le premier état est l'indice d'une inflammation violente, et le second annonce la mort de la partie blessée. On peut dès le principe juger qu'une plaie ne sera pas longue à guérir, si le malade conserve son intelligence, et s'il ne survient aucun mouvement fébrile. La fièvre d'ailleurs n'a rien d'effrayant, si dans une forte blessure elle ne dure pas plus que l'inflammation. Elle est pernicieuse au contraire, si elle vient compliquer une blessure légère, si elle se prolonge au delà de la période inflammatoire, provoque le délire, et ne fait pas cesser le tétanos ou les convulsions que la blessure a fait naître. Le vomissement bilieux et involontaire qui se déclare au moment même où l'on se sent blessé, ou qui survient pendant l'inflammation, n'est un signe fâcheux qu'autant qu'il y a lésion des nerfs ou des parties nerveuses. Vomir spontanément n'est pas un mal, surtout quand on en a l'habitude, pourvu que ce ne soit pas aussitôt après avoir mangé, ni dans le temps de l'inflammation, ni lorsque la plaie a son siége dans les parties supérieures.

27. Après avoir pendant deux jours laissé la blessure enveloppée de ce premier appareil, il faut la visiter le troisième jour, enlever la sanie avec de l'eau froide, et ne rien changer au pansement. Au cinquième jour, l'inflammation manifeste déjà toute la violence qu'elle doit avoir; alors on met de nouveau la plaie à découvert pour en examiner la couleur; si elle est livide, blafarde, noire, ou composée de nuances diverses, on peut considérer le mal comme étant de mauvaise nature, et cet état particulier devra toujours donner de l'inquiétude. Pour une plaie, la meilleure condition est d'être blanche et vermeille. C'est encore une circonstance grave que la peau soit dure, épaisse et douloureuse; il est au contraire d'un favorable augure de la trouver mince,

---

propriam viscerum curationem requirat, de quibus supra posui. Nam plaga ipsa curanda extrinsecus, vel sutura, vel alio medicinæ genere est. In visceribus nihil movendum est; nisi, si quid aut ex jocinore, aut liene, aut pulmone dumtaxat extremo dependet, id præcidatur. Alioquin vulnus interius ea victus ratio eaque medicamenta sanabunt, quæ cuique visceri convenire superiore libro proposui.

25. His ita primo die ordinatis, homo in lecto collocandus est; isque, si grave vulnus est, abstinere, quantum vires patiuntur, ante inflammationem, cibo debet; bibere, donec sitim finiat, aquam calidam, vel, si æstas est, ac neque febris, neque dolor est, etiam frigidam. Adeo tamen nihil perpetuum est, sed semper pro vi corporis æstimandum, ut imbecillitas etiam cibum protinus facere necessarium possit; tenuem scilicet, et exiguum, qui tantum sustineat. Multique etiam ex profluvio sanguinis intermorientes ante ullam curationem vino reficiendi sunt; quod alioqui inimicissimum vulneri est.

26. Nimis vero intumescere vulnus, periculosum; nihil intumescere, periculosissimum est : illud indicium est magnæ inflammationis; hoc, emortui corporis. Protinusque, si mens homini consistit, si nulla febris accessit, scire licet, mature vulnus sanum fore. Ac ne febris quidem terrere debet, si in magno vulnere, dum inflammatio est, permanet. Illa perniciosa est, quæ vel levi vulneri supervenit, vel ultra tempus inflammationis durat, vel delirium movet; vel si nervorum rigorem aut distentionem, quæ ex vulnere orta est, ea non finit. Vomitus quoque biliosus non voluntarius, vel protinus, ut percussus est aliquis, vel dum inflammatio manet, malum signum est in iis dumtaxat, quorum vel nervi, vel etiam nervosi loci vulnerati sunt. Sponte tamen vomere, non alienum est; præcipue iis, quibus in consuetudine fuit : sed neque protinus post cibum, neque jam inflammatione orta, neque cum in superioribus partibus plaga est.

27. Biduo sic vulnere habito, tertio die id aperiendum, detergendaque sanies ex aqua frigida est, eademque rursus injicienda sunt. Quinto jam die, quanta inflammatio futura est, se ostendit. Quo die, rursus detecto vulnere, considerandus color est : qui si lividus, aut pallidus, aut varius, aut niger est, scire licet, malum vulnus esse; idque, quandocumque animadversum est, terrere nos potest. Album, aut rubicundum esse ulcus, commodissimum est. Item cutis dura, crassa, dolens, periculum ostendit : bona signa sunt, ubi hæc sine dolore, tenuis, et mollis est. Sed si glutinator vulnus, aut leviter intumuit,

souple et indolente. S'il existe un commencement d'adhésion, et s'il n'y a qu'une tuméfaction légère, il faut s'en tenir au premier pansement; mais si l'inflammation est vive, et qu'il n'y ait pas lieu d'espérer l'agglutination, on doit employer les suppuratifs. L'usage de l'eau chaude est nécessaire aussi pour résoudre l'engorgement des parties, en diminuer la dureté, et rendre la suppuration plus active. La chaleur de l'eau doit être telle que la main plongée dans le liquide en reçoive une sensation agréable; et il est bon de continuer l'emploi de ce moyen jusqu'à ce que la plaie paraisse moins gonflée et présente une couleur plus naturelle. Immédiatement après ces fomentations, il faut, si la blessure n'est pas trop béante, la recouvrir d'un emplâtre; et, si elle est considérable, on se servira principalement de celui qu'on nomme *tétrapharmaque*; dans les blessures des articulations, des parties cartilagineuses et des doigts, on a recours à l'emplâtre, *rhypode*. Mais quand les bords de la plaie sont trop écartés, on fait fondre ce topique dans l'onguent d'iris, on étend le mélange sur de la charpie pour en couvrir la partie blessée, par-dessus on applique un autre emplâtre sur lequel on dispose encore de la laine grasse, et on a soin de tenir cet appareil un peu moins serré que le précédent.

28. Relativement aux articulations, il y a des circonstances particulières dont il faut tenir compte. Toute articulation est frappée d'infirmité, lorsque les tendons qui servaient à la maintenir ont été coupés. S'il y a doute à cet égard, et que la blessure ait été faite par un trait acéré, il vaut mieux que la plaie soit oblique; si le corps vulnérant est gros et émoussé, la forme de la lésion est indifférente; mais l'on doit rechercher si la suppuration s'établit au-dessus ou au-dessous de l'articulation. Si le foyer s'établit au-dessous, et que pendant longtemps il fournisse un pus blanc et épais, il est à croire que les tendons sont divisés; et cette présomption est d'autant plus forte que les douleurs et l'inflammation sont à la fois plus violentes et plus promptes à se manifester. Mais quand les ligaments n'auraient pas été partagés, si le pourtour de la plaie reste longtemps dur et saillant, la guérison est nécessairement très-lente à s'opérer, et même, une fois obtenue, on voit persister les callosités. On doit de plus s'attendre que l'extension et la flexion du membre ne se rétabliront que tardivement. Il faut néanmoins plus de temps pour étendre un membre qu'on a tenu fléchi pendant le traitement, qu'il n'en faut pour fléchir celui qu'il a fallu tenir étendu. La position à donner aux membres blessés est aussi déterminée par des règles fixes : la situation devra être élevée s'il s'agit de réunir la plaie, horizontale pendant le temps de l'inflammation, et déclive si le pus commence à se faire jour au-dehors. Le remède par excellence, c'est le repos; le mouvement et la marche ne conviennent qu'aux membres sains. L'inconvénient est moins grave néanmoins quand les blessures occupent la tête ou les bras, que lorsqu'elles atteignent les parties inférieures. La marche notamment est essentiellement contraire dans les blessures de la cuisse, de la jambe et du pied. L'endroit où couche le malade doit être d'une douce température. Rien de plus pernicieux que le bain, tant que la plaie n'est pas bien nette; car il la rend molle et sordide, et de cet état elle passe souvent à la gangrène. De légères frictions peuvent être utiles, mais il faut les faire sur des points très-éloignés du mal.

29. Dès que l'inflammation a cessé, il faut déterger la plaie. On remplit parfaitement cette

---

eadem sunt imponenda, quæ primo fuerunt : si gravis inflammatio est, neque glutinandi spes est, ea quæ pus movent. Jamque aquæ quoque calidæ necessarius usus est, ut et materiam digerat, et duritiam emolliat, et pus citet. Ea sic temperanda est, ut manu contingenti jucunda sit; et usque eo adhibenda, donec aliquid minuisse ex tumore, coloremque ulceri magis naturalem reddidisse videatur. Post id fomentum, si late plaga non patet, imponi protinus emplastrum debet; maximeque, si grande vulnus est, tetrapharmacum; si in articulis, digitis, locis cartilaginosis, rhypodes : at si latius hiat, illud emplastrum liquari ex irino unguento oportet, eoque illita linamenta disponi per plagam; deinde emplastrum supra dari, et super id succidam lanam; minusque etiam, quam primo, fasciæ adstringendæ sunt.

28. Propria quædam in articulis visenda sunt. In quibus si præcisi nervi sunt, qui continebant, debilitas ejus partis sequitur. Si id dubium est, et ex acuto telo plaga est, ea transversa commodior est : si ex retuso et gravi, nullum in figura discrimen est; sed videndum est, pus supra articulum, an infra nascatur. Si sub eo nascitur, albumque et crassum diu fertur, nervum præcisum esse credibile est; magisque, quo majores dolores inflammationesque, et quo maturius excitatæ sunt. Quamvis autem non abscissus nervus est, tamen, si circa tumor durus diu permanet, necesse est, et diuturnum ulcus esse, et, sano quoque eo, tumorem permanere : futurumque est, ut tarde membrum id vel extendatur, vel contrahatur. Major tamen in extendendo mora est, ubi recurvato articulo curatio adhibita est, quam in recurvando eo, quod rectum continuerimus. Collocari quoque membrum, quod ictum est, ratione certa debet : si glutinandum est, ut superius sit; si in inflammatione est, ut in neutram partem inclinatum sit; si jam pus profluit, ut devexum sit. Optimum etiam medicamentum, quies est : moveri, et ambulare, nisi sanis, alienum est. Minus tamen iis periculosum, qui in capite vel brachiis, quam qui in inferioribus partibus vulnerati sunt. Minimeque ambulatio convenit, femine, aut crure, aut pede laborante. Locus, in quo cubabit, tepidus esse debebit. Balneum quoque, dum parum vulnus purum est, inter res infestissimas est : nam id et humidum et sordidum reddit; ex quibus

indication avec de la charpie qu'on enduit de miel, et qu'on recouvre avec l'emplâtre *tétrapharmaque*, ou *ennéapharmaque*. Enfin la plaie est en bon état lorsqu'elle devient vermeille, et qu'elle n'est ni trop sèche, ni trop humide ; mais elle est mal détergée si elle est insensible ou douée d'une sensibilité anomale, si elle offre trop de sécheresse ou d'humidité, et si elle est blanche ou blafarde, livide ou noire.

30. La plaie bien détergée, il reste à la cicatriser. L'eau chaude n'est nécessaire que pour enlever la sanie ; l'usage de la laine grasse est inutile, et il vaut mieux employer celle qui est lavée. Il est même certains médicaments qui favorisent la reproduction des chairs, et il n'est pas indifférent de s'en servir : tels sont le beurre avec l'huile rosat, et un peu de miel ; l'emplâtre *tétrapharmaque* associé de même à l'huile rosat, ou cette huile encore servant à imbiber la charpie. Toutefois il y a plus à espérer de l'usage modéré des bains, et d'une nourriture plus substantielle, prise parmi les aliments de bon suc, et sans aucun mélange de ceux qui sont âcres. On peut alors donner un oiseau, du gibier, et de la chair de porc bouillie. Dans tous les cas, il est nuisible d'accorder du vin pendant la durée de la fièvre et de l'inflammation ; et si même il y a eu lésion des tendons ou des muscles, ou si la blessure a pénétré profondément dans les chairs, on doit attendre jusqu'à la formation de la cicatrice. Mais quand la plaie n'intéresse que les téguments, comme elle est moins grave, il est possible que le vin, s'il n'est pas trop vieux et qu'on en donne en petite quantité, vienne alors en aide à la cicatrisation. Pour ramollir les parties, ce qui est indispensable dans les régions tendineuses et musculeuses, on fait des applications de cérat sur la blessure ; si les chairs sont trop bourgeonnantes, on les réprime doucement au moyen de la charpie sèche, et plus efficacement avec la limaille de cuivre ; si ces excroissances sont en plus grand nombre, on les emporte avec des caustiques plus énergiques. Il est bon ensuite d'employer comme cicatrisant, soit le lycium délayé dans du vin de raisins secs ou dans du lait, ou tout simplement de la charpie sèche.

31. C'est ainsi qu'on fait marcher les blessures vers une heureuse terminaison ; mais assez souvent la guérison se trouve entravée par divers accidents. Quelquefois la plaie passe à l'état chronique, les bords en deviennent calleux, épais et livides, et les médicaments alors, quels qu'ils soient, n'ont plus grande efficacité ; c'est presque toujours ce qui arrive aux plaies traitées avec négligence. D'autres fois, une inflammation trop vive, une chaleur immodérée, un froid trop rigoureux, une compression trop forte, l'âge avancé du malade ou sa mauvaise constitution, amènent à leur suite une dégénérescence *cancéreuse*. Ce genre d'affection est divisé par les Grecs en plusieurs espèces, et nous n'avons point de termes pour les exprimer. Tout *cancer* non-seulement détruit les tissus qu'il a d'abord envahis, mais encore il tend à s'étendre, et l'on en reconnaît la présence à différents signes. Tantôt les bords de l'ulcère sont rouges, enflammés, douloureux ; c'est là ce que les Grecs nomment *érysipèle*. Tantôt le fond de l'ulcère est noir, ce qui dépend de la corruption des chairs ; les progrès de cette putréfaction sont encore plus rapides quand la plaie est humide, et

---

ad cancrum transitus esse consuevit. Levis frictio recte adhibetur, sed iis partibus, quæ longius absunt a vulnere.

29. Inflammatione finita, vulnus purgandum est. Id optime faciunt tincta in melle linamenta ; supraque idem emplastrum, vel enneapharmacum dandum est. Tum demum vero purum ulcus est, cum rubet, ac nimium neque siccum, neque humidum est. At quodcumque sensu caret, quod non naturaliter sentit, quod nimium aut aridum aut humidum est, quod aut albidum, aut pallidum, aut lividum, aut nigrum est, id purum non est.

30. Purgato, sequitur ut impleatur. Jamque calida aqua eatenus necessaria est, ut sanies removeatur. Lanæ succidæ supervacuus usus est : lota melius circumdatur. Ad implendum autem vulnus proficiunt quidem etiam medicamenta aliqua : itaque ea adhiberi non alienum est, ut butyrum cum rosa, et exigua mellis parte, aut cum eadem rosa tetrapharmacum, aut ex rosa linamenta. Plus tamen proficit balneum rarum, cibi boni succi, vitatis omnibus acribus, sed jam pleniores. Nam et avis, et venatio, et suilla elixa dari potest. Vinum omnibus, dum febris, dum inflammatio est, alienum est : itemque usque ad cicatricem, si nervi, musculive vulnerati sunt ; etiam, si alte caro. At si plaga in summa cute, generis lutioris est, potest non pervetus, modice tamen datum, ad implendum quoque proficere. Si quid molliendum est, quod in nervosis locis, musculosisque necessarium est, cerato quoque super vulnus utendum est. At si caro supercrevit, modice reprimit siccum linamentum ; vehementius squama æris. Si plus est, quod tolli opus est, adhibenda sunt etiamnum vehementiora, quæ corpus exedunt. Cicatricem, post omnia hæc, commode inducit lycium ex passo aut lacte dilutum ; vel etiam per se impositum siccum linamentum.

31. Hic ordo felicis curationis est : sed quædam tamen pericula incidere consuerunt. Interdum enim vetustas ulcus occupat, induciturque ei callus, et circum oræ crassæ livent : post quæ, quidquid medicamentorum ingeritur, parum proficit : quod fere negligenter curato ulceri supervenit. Interdum vel ex nimia inflammatione, vel ob æstus immodicos, vel ob nimia frigora, vel quia nimis vulnus adstrictum est, vel quia corpus senile, aut mali habitus est, cancer occupat. Id genus a Græcis diductum in species est ; nostris vocabulis non est. Omnis autem cancer non solum id corrumpit, quod occupavit ; sed etiam serpit : deinde aliis aliisque signis discernitur. Nam modo super inflammationem rubor ulcus ambit, isque cum dolore procedit ; ἐρυσίπελας Græci nominant. Modo ulcus nigrum est, quia caro ejus corrupta est ; idque vehementius etiam putrescendo intenditur, ubi vulnus hu-

que de l'ulcère noir il s'écoule une sanie blanchâtre et de mauvaise odeur. L'altération ne se borne pas aux chairs, elle comprend les nerfs et les membranes, et lorsqu'on introduit le stylet, il pénètre ou sur le côté ou en bas. Quelquefois aussi le mal s'empare même des os. Dans certains cas, on voit se manifester l'état auquel les Grecs ont donné le nom de *gangrène*. Sous les formes qui précèdent, le mal attaque indistinctement toutes les parties du corps; sous celle-ci, il occupe l'extrémité supérieure et inférieure des membres, c'est-à-dire les doigts, l'aisselle, la région inguinale; et il survient le plus souvent chez les vieillards et les sujets mal constitués. Les ulcères alors deviennent noirs ou livides, mais en même temps secs et arides. La plupart du temps la peau qui les avoisine est parsemée de pustules noirâtres; au delà elle est pâle ou livide, presque toujours rugueuse, et privée de sentiment; plus loin encore elle est enflammée. Tous ces accidents marchent ensemble, l'ulcère envahit la peau devenue pustuleuse, les pustules s'emparent des téguments qui étaient pâles ou livides, la pâleur ou la lividité remplacent le cercle inflammatoire, lequel à son tour s'étend sur les parties saines. Au milieu de ces ravages, une fièvre aiguë se déclare, accompagnée d'une soif ardente; quelques malades tombent dans le délire; d'autres, tout en conservant leur intelligence, peuvent à peine, en balbutiant, rendre compte de ce qu'ils éprouvent. L'estomac commence à s'affecter, et l'haleine est fétide. Ce mal attaqué dès le principe est susceptible de guérison; mais lorsqu'il a jeté de profondes racines, il est incurable, et beaucoup de malades meurent couverts d'une sueur froide.

32. Ce sont là les accidents qui peuvent compliquer les blessures. Quant aux ulcères invétérés, il faut les traiter avec l'instrument, exciser les bords, et emporter tout ce qui présente une teinte livide. S'il existe intérieurement de petites varices qui s'opposent à la guérison, il faut aussi les enlever; ensuite, dès que le sang s'est écoulé et qu'on a renouvelé la plaie, on doit suivre le traitement exposé déjà pour les blessures récentes. Si l'on répugne à se servir de l'instrument, on peut obtenir la guérison au moyen d'un emplâtre fait avec le ladanum, et lorsqu'il a rongé la surface de l'ulcère, on le remplace par un autre, destiné à cicatriser la plaie.

33. L'affection que j'ai désignée sous le nom d'*érysipèle* ne se déclare pas seulement à la suite des blessures, mais se manifeste assez souvent sans ces lésions. Quelquefois même l'érysipèle présente alors plus de gravité, surtout quand il occupe la tête ou la région cervicale. Il faut dans ce cas tirer du sang si les forces le permettent, et employer ensuite des topiques à la fois répercussifs et réfrigérants, entre autres la céruse mêlée au suc de solanum, la terre cimolée délayée dans de l'eau de pluie, la farine détrempée dans la même eau, à laquelle on ajoute de la poudre de cyprès; ou celle de lentille si le malade est d'une faible complexion. Le topique, quel qu'il soit, doit être recouvert d'une feuille de bette, et sur le tout il faut appliquer un linge trempé dans de l'eau froide. Si par eux-mêmes les réfrigérants n'ont pas assez d'efficacité, on pourra faire usage du mélange suivant : soufre p.* 1., céruse et safran ana p. *. XII. s. Après avoir broyé ces substances dans du vin, on s'en sert en forme de liniment. Si la partie malade offre trop de dureté, on incorpore dans de l'axonge des feuilles de solanum

---

midum est, et ex nigro ulcere humor pallidus fertur, malique odoris est; carunculæque corruptæ, interdum etiam nervi ac membranæ resolvuntur; specillumque demissum descendit aut in latus, aut deorsum : eoque vitio nonnumquam os quoque afficitur. Modo oritur ea, quam Græci γάγγραιναν appellant. Priora in qualibet parte corporis fiunt : hoc in prominentibus membris, id est inter ungues, et alas, vel inguina; fereque in senibus, vel in iis, quorum corpus mali habitus est. Caro in ulcere vel nigra, vel livida est, sed sicca et arida; proximaque cutis plerumque subnigris pustulis impletur : deinde et proxima, vel pallida, vel livida, fereque rugosa et sine sensu est; ulterior in inflammatione est : omniaque ea simul serpunt : ulcus, in locum pustulosum; pustulæ, in eum, qui pallet aut livet; pallor aut livor, in id, quod inflammatum est; inflammatio, in id, quod integrum est, transit. Inter hæc deinde febris acuta oritur, ingensque sitis : quibusdam etiam delirium accedit : alii, quamvis mentis suæ compotes sunt, balbutiendo tamen vix sensus suos explicant : incipit affici stomachus : fit fœdi spiritus ipse odoris. Atque initium quidem ejus mali recipit curationem : ubi vero penitus insedit, insanabile est; plurimique sub frigido sudore moriuntur.

32. Ac pericula quidem vulnerum hæc sunt. Vetus autem ulcus scalpello concidendum est, excidendæque ejus oræ, et quidquid super eas livet æque incidendum. Si varicula intus est, quæ id sanari prohibet, ea quoque excidenda. Deinde, ubi sanguis emissus, novatumque vulnus est, eadem curatio adhibenda, quæ in recentibus vulneribus exposita est. Si scalpello aliquis uti non vult, potest sanare id emplastrum, quod ex ladano fit ; et, cum ulcus sub eo exesum est, id, quo cicatrix inducitur.

33. Id autem, quod ἐρυσίπελας vocari dixi, non solum vulneri supervenire, sed sine hoc quoque oriri consuevit : atque interdum periculum majus affert, utique, si circa cervices aut caput constitit. Oportet, si vires patiuntur, sanguinem mittere : deinde imponere simul reprimentia et refrigerantia; maximeque cerussam solani succo, aut Cimoliam cretam aqua pluviali exceptam, aut ex eadem aqua subactam farinam, cupressio adjecta, aut, si tenerius corpus est, lenticula. Quidquid impositum est, betæ folio contegendum est, et super linteolum frigida aqua madens imponendum. Si per se refrigerantia parum proderunt, miscenda erunt hoc modo : sulphuris p. *. 1. cerussæ et croci, singulorum p. *. XII. s., eaque cum vino conterenda sunt, et id his illinendum : aut, si durior locus est, solani folia contrita suillæ adipi miscenda sunt, et illita linteolo superinjicienda.

pilées, et l'on emploie ce liniment étendu sur un linge.

Si l'érysipèle prend une couleur noire, sans faire encore de nouveaux progrès, il faut consumer les chairs corrompues à l'aide de légers caustiques, puis traiter l'ulcère ainsi ravivé comme les autres plaies. Si l'altération putride est plus considérable, et s'avance en rampant sur les parties voisines, il faut recourir à des caustiques plus puissants, et, s'ils ne suffisent pas, appliquer le fer chaud jusqu'à ce que l'endroit cautérisé ne soit plus humide; parce qu'en effet ce qui est sain reste sec sous l'action du feu. Après la cautérisation, on doit recouvrir l'ulcère putride de médicaments propres à détacher des parties vives les croûtes ou *escarres*. Il convient, dès qu'elles sont tombées, de déterger la plaie, en se servant principalement de miel et de résine. On peut employer aussi les remèdes détersifs indiqués pour les plaies qui suppurent, et marcher de la même manière vers la guérison.

34. Quand la gangrène est encore incomplète et commençante, il n'est pas très-difficile de la guérir, surtout si le sujet est jeune; et mieux encore si les muscles sont intacts, si les tendons ne sont point intéressés, ou n'ont reçu qu'une légère atteinte; si aucune articulation importante n'est dénudée, si la partie frappée de gangrène n'est pas très-pourvue de chairs, et n'a dès lors que peu d'aliments à lui offrir; enfin si le mal est limité à un seul point, comme cela peut se voir principalement au doigt. En pareil cas, la première chose à faire, si les forces le permettent, c'est de pratiquer la saignée, et ensuite de couper jusqu'au vif tout ce qui est desséché, et même tout ce qui dans le voisinage présente un mauvais aspect. Tant que le mal fait des progrès, on ne doit employer aucun remède suppuratif, pas même l'eau chaude. Il en sera de même des topiques répercussifs, mais pesants; les plus légers sont les seuls convenables, et l'on appliquera des réfrigérants sur les parties enflammées. Si néanmoins la gangrène s'établit définitivement, on doit cautériser entre le mort et le vif, et dans cette circonstance ne pas en appeler seulement aux médicaments, mais puiser aussi ses ressources dans le régime, attendu que l'affection locale est ici produite par un vice général de la constitution. A moins donc que la faiblesse du sujet ne s'y oppose, il faut commencer par prescrire la diète, et donner ensuite en aliments et en boissons des substances légères, mais capables de resserrer le ventre et de raffermir le corps. Si la maladie persiste, on appliquera sur la plaie les remèdes que nous avons ordonnés contre les ulcères putrides; après quoi l'on passera à des aliments plus substantiels tirés de la classe moyenne, et qui cependant exercent une action desséchante sur le ventre et tous les organes. L'eau de pluie froide sera donnée comme boisson. Le bain n'est utile que lorsque la guérison du malade est bien assurée, car, en ramollissant l'ulcère, il déterminerait promptement le retour du mal. Il n'est pas rare de voir tous les secours échouer, et le *cancer* continuer ses ravages. On n'a plus alors qu'un triste moyen de sauver le reste du corps : c'est de retrancher le membre que la mort gagne ainsi de proche en proche.

35. Tel est le traitement des blessures les plus graves; mais les autres ne doivent pas non plus

---

At si nigrities est, nequedum serpit, imponenda sunt, quæ carnem putrem lenius exedunt, repurgatumque ulcus, sic, ut cetera, nutriendum est. Si magis putre est, jamque procedit ac serpit, opus est vehementius erodentibus. Si ne hæc quidem evincunt, aduri locus debet, donec ex eo nullus humor feratur : nam quod sanum est, siccum est, cum aduritur. Post ustionem putris ulceris, superponenda sunt, quæ crustas a vivo resolvant; eas ἐσχάρας Græci nominant. Ubi eæ exciderunt, purgandum ulcus, maxime melle et resina est : sed aliis quoque purgari potest, quibus purulenta curantur, eodemque modo ad sanitatem perducendum est.

34. Gangrænam vero, si nondum plane tenet, sed adhuc incipit, curare non difficillimum est ; utique in corpore juvenili, et magis etiam, si musculi integri sunt; si nervi vel læsi non sunt, vel leviter affecti sunt; neque ullus magnus articulus nudatus est; aut carnis in eo loco paulum est, ideoque non multum, quod putresceret, fuit; consistitque eo loco vitium; quod maxime fieri in digito potest. In ejusmodi casu primum est, si vires patiuntur, sanguinem mittere ; deinde, quidquid aridum est, et intentione quadam proximum quoque locum male habet, usque sanum corpus concidere. Medicamenta vero, dum malum serpit, adhibenda nulla sunt, quæ pus movere consuerunt ; ideoque ne aqua quidem calida. Gravia quoque, quamvis reprimentia, aliena sunt; sed his quam levissimis opus est, superque ea, quæ inflammata sunt, utendum est refrigerantibus. Si nihilo magis malum constitit, uri id, quod est inter integrum ac vitiatum locum, debet. Præcipueque in hoc casu petendum, non a medicamentis solum, sed etiam a victus ratione præsidium est : neque enim id malum, nisi corrupti vitiosique corporis est. Ergo primo, nisi imbecillitas prohibet, abstinentia utendum; deinde danda, quæ per cibum potionemque alvum, ideoque etiam corpus adstringant, sed ea levia. Postea, si vitium constitit, imponi super vulnus eadem debent, quæ in putri ulcere præscripta sunt. Ac tum quoque plenioribus cibis uti licebit ex media materia, sed tamen non nisi alvum, corpusque siccantibus : aqua vero pluviali frigida. Balneum, nisi jam certa fiducia reddita sanitatis est, alienum est : siquidem emolliendo in eo vulnus cito rursus eodem malo afficitur. Solent vero nonnumquam nihil omnia auxilia proficere, ac nihilominus serpere is cancer : inter quæ miserum, sed unicum auxilium est, ut cetera pars corporis tuta sit, membrum, quod paulatim emoritur, abscindere.

35. Hæ gravissimorum vulnerum curationes sunt. Sed ne illa quidem negligenda, ubi integra cute interior pars

être négligées, soit que, les téguments demeurant intacts, il y ait lésion des parties sous-jacentes, soit qu'il y ait perte de substance ou écrasement, soit qu'un corps étranger soit logé dans la plaie, ou qu'enfin une ouverture étroite cache néanmoins une blessure profonde. Dans le premier cas, le meilleur remède consiste à faire bouillir dans du vin l'écorce de grenade et à écraser la partie intérieure, pour mêler le tout au cérat fait avec l'huile rosat, et l'appliquer sur la blessure. Lorsque la peau même est rugueuse, il faut employer des topiques adoucissants, tels que les emplâtres onctueux. S'il y a perte de substance et écrasement, on doit recourir à l'emplâtre tétrapharmaque, diminuer les aliments, et supprimer le vin. On aurait tort de refuser son attention aux blessures de ce genre parce qu'elles ne sont pas toujours profondes, car il arrive souvent que la gangrène s'en empare. Toutefois, quand la plaie est superficielle et très-circonscrite, on peut se borner à l'emploi d'un topique adoucissant. On retirera les échardes avec les mains, si la chose est possible, ou bien avec l'instrument; et si elles sont brisées, ou situées trop profondément pour se prêter à l'extraction, on tâchera de les ramener à la surface à l'aide des médicaments attractifs. La propriété attractive existe au plus haut degré dans la racine de roseau; quand elle est tendre, on se contente de l'écraser au moment de s'en servir; lorsqu'elle est dure, il faut d'abord la faire bouillir dans de l'hydromel; et dans tous les cas y ajouter du miel seul, ou de l'aristoloche et du miel. Les échardes de roseau sont très à craindre, parce qu'elles sont pleines d'aspérités: les mêmes inconvénients se retrouvent dans la fougère; mais on sait par expérience que l'une de ces plantes sert de remède à l'autre, et qu'il suffit de l'appliquer broyée. Au reste, tous les médicaments attractifs ont la vertu de faire sortir les échardes, et ce sont aussi les meilleurs remèdes contre les blessures étroites et profondes. L'emplâtre de Philocrate convient parfaitement dans le premier cas, et celui d'Hécatée dans le second.

36. Quand le moment est venu de cicatriser une blessure, c'est-à-dire lorsqu'elle est bien détergée, et que la plaie commence à se remplir, on emploie d'abord, pendant que les chairs se reproduisent, de la charpie trempée dans de l'eau froide, et, pour les empêcher de devenir exubérantes, on se sert de charpie sèche jusqu'à ce que la cicatrisation soit complète; on applique alors, sur la cicatrice, du plomb blanc, qui a pour effet de la déprimer et de lui donner une couleur tout à fait semblable à celle des parties saines. La racine de concombre sauvage a la même propriété, ainsi que la composition dans laquelle on fait entrer: élatérium p. *. i.; litharge d'argent p. *. ii.; onguent p. *. iv.; le tout incorporé dans de la résine de térébenthine, jusqu'à consistance d'emplâtre. On emploie la même résine avec parties égales de verdet et de plomb lavé, pour effacer doucement la couleur noire de certaines cicatrices. On fait usage de ce mélange en liniment appliqué sur la cicatrice; ce qui peut se faire au visage, ou sous forme d'emplâtre, ce qui est plus commode pour les autres parties du corps. Que la cicatrice au reste soit trop saillante ou trop déprimée, il y aurait folie à subir par vanité la douleur d'un nouveau traitement; mais enfin il y a moyen de corriger l'une ou l'autre difformité. Ainsi, l'on peut emporter la cicatrice avec l'instrument, ou, si l'on préfère les topiques, on a recours aux caustiques déjà connus. Après avoir ravivé la plaie, on réprime, s'il y a lieu, les

---

collisa est; aut ubi derasum, attritumve aliquid est; aut ubi surculus corpori infixus est; aut ubi tenue, sed altum vulnus insedit. In primo casu commodissimum est malicorium ex vino coquere, interioremque ejus partem conterere, et cerato miscere ex rosa facto, idque superponere: deinde, ubi cutis ipsa exasperata est, inducere lene medicamentum, qualis lipara est. Deraso vero, detritoque, imponendum est emplastrum tetrapharmacum, minuendusque cibus, et vinum subtrahendum. Neque id, quia non habebit altiores ictus, contemnendum erit: siquidem ex ejusmodi casibus sæpe cancri fiunt. Quod si levius id erit, et in parte exigua, contenti esse poterimus eodem leni medicamento. Surculum vero, si fieri potest, oportet vel manu, vel etiam ferramento ejicere. Si vel præfractus est, vel altius descendit, quam ut id ita fieri possit, medicamento evocandus est. Optime autem educit superimposita arundinis radix, si tenera est, protinus contrita, si jam durior, ante in mulso decocta; cui semper mel adjiciendum est: aut aristolochia cum eodem melle. Pessima ex surculis, arundo est; quia aspera est: eademque offensa etiam in filice est. Sed usu cognitum est, utramque adversus alteram medicamentum esse, si contrita ac superimposita est. Facit autem idem in omnibus surculis, quodcumque medicamentum extrahendi vim habet. Idem altis tenuibusque vulneribus aptissimum est. Priori rei Philocratis; huic Hecatæi emplastrum maxime convenit.

36. Ubi vero in quolibet vulnere ventum ad inducendam cicatricem est (quod perpurgatis jam, repletisque ulceribus necessarium est), primum ex aqua frigida linamentum, dum caro alitur; deinde, cum jam continenda est, siccum imponendum est, donec cicatrix inducatur: tum deligari super album plumbum oportet, quo et reprimitur cicatrix, et colorem maxime sano corpori similem accipit. Idem radix silvestris cucumeris præstat: idem compositio, quæ habet elaterii p. *. i. spumæ argenti p. *. ii. unguenti p. *. iv. quæ excipiuntur resina terebinthina, donec emplastri crassitudo ex omnibus fiat. At nigras quoque cicatrices leniter purgant, paribus portionibus mista, ærugo et plumbum elotum, eademque resina coacta; sive ungitur cicatrix, quod in facie fieri potest; sive id ut emplastrum imponitur, quod in aliis partibus commodius est. At si vel excrevit cicatrix, vel concava est, stultum est, decoris causa, rursus et dolorem et medicinam sustinere: alioquin res utrique succurri pa-

excroissances de chair à l'aide de ces médicaments ; et si la cicatrice est profonde, on emploie les remèdes qui favorisent la reproduction des bourgeons charnus. On continue le traitement indiqué jusqu'à ce que la plaie soit au niveau des parties saines, et on la laisse ensuite se cicatriser.

XXVII. 1. Je viens de parler des blessures qui sont généralement produites par les traits : je vais m'occuper de celles qui résultent des morsures de l'homme, du singe, du chien, des bêtes féroces et des serpents. Presque toutes les morsures ont quelque chose de venimeux ; aussi, quand la blessure est grave, doit-on faire usage des ventouses. Pour les plaies légères, il suffit d'appliquer immédiatement un emplâtre, et de préférence celui de Diogène. Si ce dernier fait défaut, on en choisit un autre parmi ceux que j'ai conseillés contre les morsures ; si l'on n'a aucun d'eux à sa disposition, on a recours à l'emplâtre vert d'Alexandrie ; et, dans le cas où l'on ne pourrait pas même employer celui-là, ou prendrait l'un des emplâtres sans graisse appropriés au traitement des blessures récentes. On combat aussi les accidents de ce genre, et ceux notamment que produit la morsure du chien, en appliquant du sel sur la plaie ; on frappe par-dessus avec deux doigts ; et c'est un moyen de faire sortir la sanie. Toute salaison employée de même comme topique est également utile.

2. C'est principalement quand la morsure provient d'un chien enragé, qu'il faut, à l'aide des ventouses, en extraire le virus. Après cette opération, il faut brûler la plaie, si la partie qu'elle occupe est dépourvue de muscles et de tendons ; mais s'il est impossible de cautériser, il convient de tirer du sang. Lorsqu'on a fait usage du fer chaud, on traite ensuite la plaie comme toutes celles qu'on a soumises à la cautérisation ; et l'on doit se servir de caustiques très-énergiques, si la blessure n'est pas de nature à supporter l'emploi du feu. Cela fait, on passe, sans autre préparation magistrale, aux moyens prescrits plus haut pour la reproduction des chairs et la cicatrisation des blessures. Quelques médecins ont coutume, lorsqu'une personne vient d'être mordue par un chien atteint de la rage, de la mettre aussitôt dans le bain, de l'y faire suer autant que ses forces le permettent, et de laisser la plaie à découvert, afin de faciliter la sortie du virus. Ils lui font prendre ensuite une grande quantité de vin pur, lequel agit efficacement contre tous les poisons ; et dans leur opinion le malade ne court plus aucun danger, après avoir suivi ce traitement pendant trois jours. Quand on n'a pu soigner qu'imparfaitement une morsure de ce genre, il en résulte ordinairement une horreur de l'eau, que les Grecs appellent *hydrophobie*, affection déplorable, dans laquelle cette frayeur de l'eau et le supplice de la soif torturent à la fois le malade. A ce degré du mal il n'y a plus grand'chose à espérer ; toutefois on peut, comme unique ressource, jeter le patient à l'improviste dans une piscine, qu'il n'a pu voir ; puis, s'il ne sait point nager, le laisser aller au fond pour le forcer à boire, et de temps en temps le retirer. S'il est exercé à la natation, on l'oblige de même à avaler du liquide, en le tenant sous l'eau à plusieurs reprises. C'est ainsi qu'on triomphe simultanément et de la soif et de l'horreur de l'eau. Mais cette tentative amène un nouveau danger, et l'on doit craindre qu'un sujet malade, plongé violem-

---

titur. Siquidem utraque cicatrix exulcerari scalpello potest : si medicamentum aliquis mavult, idem efficiunt compositiones eæ, quæ corpus exedunt. Cute exulcerata, super eminentem carnem exedentia medicamenta conjicienda sunt ; super concavam, implentia ; donec utrumque ulcus sanæ cuti æquetur : et tum cicatrix inducatur.

XXVII. 1. Dixi de iis vulneribus, quæ maxime per tela inferuntur : sequitur, ut de iis dicam, quæ morsu fiunt, interdum hominis, interdum simiæ, sæpe canis, nonnumquam ferorum animalium, aut serpentium. Omnis autem fere morsus habet quoddam virus. Itaque si vehemens vulnus est, cucurbitula admovenda est ; si levius, protinus emplastrum injiciendum, præcipueque Diogenis ; si id non est, quodlibet ex iis, quæ adversus morsus proposui ; si ea non sunt, viride Alexandrinum ; si ne id quidem est, quodlibet non pingue ex iis, quæ recentibus vulneribus accommodantur. Sal quoque his, præcipueque ei, quod canis fecit, medicamentum est, [si manus] vulneri imponitur, superque id duobus digitis verberatur : exsaniat enim. Ac salsamentum quoque recte super id vulnus deligatur.

2. Utique autem, si rabiosus canis fuit, cucurbitula virus ejus extrahendum est. Deinde, si locus neque nervosus, neque musculosus est, vulnus id adurendum est : si uri non potest, sanguinem homini mitti non alienum est. Tum usto quidem vulneri superimponenda, quæ ceteris ustis sunt : ei vero, quod expertum ignem non est, ea medicamenta, quæ vehementer exedunt. Post quæ nullo novo magisterio, sed jam supra posito ulcus erit implendum, et ad sanitatem perducendum. Quidam post rabiosi canis morsum protinus in balneum mittunt, ibique patiuntur desudare, dum vires corporis sinunt, vulnere adaperto, quo magis ex eo quoque virus destillet ; deinde multo meracoque vino excipiunt, quod omnibus venenis contrarium est. Idque cum ita per triduum factum est, tutus esse homo a periculo videtur. Solet autem ex eo vulnere, ubi parum occursum est, aquæ timor nasci : ὑδροφόβιαν Græci appellant. Miserrimum genus morbi ; in quo simul æger et siti et aquæ metu cruciatur : quo oppressis in angusto spes est. Sed unicum tamen remedium est, nec opinantem in piscinam non ante ei provisam projicere, et, si natandi scientiam non habet, modo mersum bibere pati, modo attollere ; si habet, interdum deprimere, ut invitus quoque aqua satietur : sic enim simul et sitis, et aquæ metus tollitur. Sed aliud periculum excipit, ne infirmum corpus in aqua frigida vexatum, nervorum dis-

ment dans l'eau froide, ne soit pris de convulsions mortelles. On prévient cet accident, en le faisant immédiatement passer de la piscine dans un bain d'huile chaude. L'antidote que j'ai fait connaître en premier lieu convient particulièrement ici ; mais quand on ne peut l'administrer, on en fait prendre un autre dans de l'eau, s'il n'y a pas encore d'aversion pour ce liquide, et l'on dissimule l'amertume du remède en ajoutant du miel. Lorsque déjà l'hydrophobie existe, on donne l'antidote en pilules.

3. La morsure des serpents réclame un traitement à peu près semblable, bien que les anciens aient beaucoup varié sur ce point ; ils portaient même si loin la divergence d'opinions, qu'ils avaient pour chaque espèce de serpent un remède particulier, et que la recette de l'un n'était pas celle de l'autre. Les mêmes moyens cependant conviennent très-bien dans tous les cas. On commence par poser une ligature au-dessus de l'endroit blessé, en ayant soin de ne pas la serrer assez pour engourdir le membre, et l'on procède ensuite à l'extraction du venin. Les ventouses remplissent parfaitement cette indication, et l'on doit, avant de les appliquer, pratiquer des scarifications autour de la plaie, afin que le sang qui a déjà pu subir quelque altération s'écoule en plus grande quantité ; si l'on n'a pas de ventouses à sa disposition, ce qui n'est guère présumable, on les remplace par un vase quelconque d'une forme analogue, et si cette ressource fait défaut, il ne faut pas craindre de sucer la plaie. En effet, il est bien certain que les gens connus sous le nom de Psylles (7) ne possèdent à cet égard aucune notion spéciale ; ils montrent seulement une audace que l'expérience encourage. Car il en est du venin des serpents comme du poison dont les Gaulois notamment font usage pour leurs armes de chasse, il ne devient délétère qu'en s'introduisant par la blessure et non par la bouche : la preuve en est qu'on mange impunément la couleuvre, tandis que sa morsure est mortelle. On peut même, après avoir jeté ce reptile dans l'engourdissement au moyen de certaines drogues employées par les charlatans, introduire avec sécurité le doigt dans la gueule, la salive n'offrant rien de nuisible quand on n'est pas mordu. Si donc, à l'exemple d'un Psylle, quelqu'un s'aventurait à sucer la plaie, il pourrait, sans nul danger pour lui, sauver la vie du blessé. Toutefois il devrait s'assurer d'abord qu'il n'existe aucune ulcération aux gencives, au palais, ou sur quelque autre point de la bouche. Le malade, ayant reçu ces premiers soins, doit être mis dans une chambre chaude, et couché de telle façon que la partie lésée se trouve dans une position déclive. Si personne ne se présente pour sucer le venin, et qu'on ne puisse l'exprimer à l'aide des ventouses, on fait prendre au malade du bouillon d'oie, de mouton ou de veau ; puis on le fait vomir. On peut aussi couper en deux un poulet vivant, et appliquer immédiatement sur la plaie l'intérieur encore chaud. En recouvrant la blessure des chairs palpitantes d'un agneau ou d'un chevreau qu'on vient d'éventrer, on obtient le même résultat. On tire également parti des emplâtres indiqués plus haut, et, parmi les meilleurs, on compte celui d'Éphèse, ou celui qui est décrit immédiatement après. Les antidotes sont aussi d'un secours réel ; mais faute de ce moyen, on prescrira du vin pur avec du poivre, ou toute autre substance en état de provoquer la chaleur et de prévenir intérieurement l'épaississement des humeurs. C'est en effet par le froid que la plupart

---

tentio absumat. Id ne incidat, a piscina protinus in oleum calidum demittendus est. Antidotum autem, præcipue id, quod primo loco posui ; ubi id non est, aliud, si nondum æger aquam horret, potui ex aqua dandum est, et, si amaritudine offenditur, mel adjiciendum est : si jam is morbus occupavit, per catapotia sumi potest.

3. Serpentium quoque morsus non nimium distantem curationem desiderant : quamvis in ea multum antiqui variarunt ; adeo ut in singula genera anguium singula medendi genera præciperent ; aliique alia. Sed in omnibus eadem maxime proficiunt. Igitur in primis super vulnus id membrum deligandum est ; non tamen nimium vehementer, ne torpeat : dein venenum extrahendum est. Id cucurbitula optime facit : neque alienum est, ante scalpello circa vulnus incidere, quo plus vitiati jam sanguinis extrahatur. Si cucurbitula non est, quod tamen vix incidere potest, tum quodlibet simile vas, quod idem possit : si ne id quidem est, homo adhibendus est, qui vulnus exsugat. Neque hercules scientiam præcipuam habent ii, qui Psylli nominantur, sed audaciam usu ipso confirmatam. Nam venenum serpentis, ut quædam etiam venatoria venena, quibus Galli præcipue utuntur, non gustu, sed in vulnere nocent. Ideoque colubra ipsa tuto estur : ictus ejus occidit. Et si stupente ea, quod per quædam medicamenta circulatores faciunt, in os digitum quis indidit, neque percussus est, nulla in ea saliva noxa est. Ergo quisquis exemplum Psylli secutus, id vulnus exsuxerit, et ipse tutus erit, et tutum hominem præstabit. Illud interea ante debebit attendere, ne quod in gingivis, palatove, aliave parte oris ulcus habeat. Post hæc is homo loco calido collocandus est, sic, ut id, quod percussum erit, in inferiorem partem inclinetur. Si neque qui exsugat, neque cucurbitula est, sorbere oportet jus anserinum, vel ovillum, vel vitulinum, et vomere : vivum autem gallinaceum pullum per medium dividere, et protinus calidum super vulnus imponere, sic, ut pars interior corpori jungatur. Facit id etiam hœdus agnusve discissus, et calida ejus caro statim super vulnus imposita : emplastra quoque, quæ supra comprehensa sunt ; aptissimumque est, vel Ephesium, vel id quod ei subjectum est. Præsensque in aliquo antidoto præsidium est. Sin id non est, necessarium est exsorbere potionem meri vini cum pipere, vel quidlibet aliud, quod calori movendo est, nec humorem intus coire patitur : nam maxima pars venenorum frigore interimit.

des poisons donnent la mort. D'autre part, tous les diurétiques, qui agissent comme atténuants, sont également utiles.

4. Tel est le traitement général de toutes ces blessures; mais, relativement à la morsure de l'aspic, l'expérience a prouvé qu'il valait mieux boire du vinaigre. Comme preuve de l'utilité du remède, on rapporte l'observation d'un enfant mordu par ce reptile : cruellement tourmenté de la soif, tant par le fait de sa blessure qu'en raison des chaleurs extrêmes qui régnaient alors, et n'ayant aucun moyen de se désaltérer dans des lieux arides, il se mit à boire du vinaigre qu'il portait sur lui par hasard, et se trouva guéri. Cela tient, je crois, à ce que le vinaigre, quoique réfrigérant, est aussi doué d'une vertu résolutive; car lorsqu'on en répand sur la terre, il s'y produit une effervescence : il est donc vraisemblable que c'est en atténuant les humeurs qui tendent à s'épaissir, que ce remède procure la guérison.

5. On possède encore des moyens assurés contre les blessures produites par d'autres bêtes venimeuses. Ainsi, dans les piqûres du scorpion, l'animal lui-même devient le meilleur remède. Les uns l'écrasent dans du vin et le font prendre en boisson, d'autres emploient comme topique la même préparation, d'autres encore le mettent sur la braise et dirigent la fumée vers la partie malade, laquelle est enveloppée de manière à condenser la vapeur; puis, quand l'animal est réduit en charbon, ils l'assujettissent sur la plaie. On prescrit encore à l'intérieur les semences ou tout au moins les feuilles de l'herbe solaire, ou *héliotrope* des Grecs, qu'on administre dans du vin. Il est bon aussi d'appliquer sur la blessure du son bouilli dans du vinaigre, ou de la rue sauvage, ou du miel qu'on mélange avec du sel desséché au feu. J'ai néanmoins connu des médecins qui pour la piqûre du scorpion se contentaient de pratiquer une saignée du bras.

6. C'est aussi contre cette piqûre, ou celle de l'araignée, qu'on se trouve bien d'appliquer sur la plaie un mélange d'ail et de rue écrasés dans de l'huile.

7. Lorsqu'on a été mordu par un céraste (8), un dipsas, ou un hœmorrhois, il faut prendre gros comme une fève d'Égypte, d'asphodèle desséchée, ajouter un peu de rue, et diviser le remède en deux doses. On doit aussi recommander le trèfle, la menthe sauvage et le panax pris dans du vinaigre, de même que le costus, le cassia et la cannelle administrés en boisson.

8. Contre la morsure du chersydre (9), on prend de panax et d'assa-fœtida, scrupules III. s. *. I., ou du suc de poireau dans une hémine de vin, et l'on mange en outre beaucoup de sarriette. Sur la blessure on applique de la fiente de chèvre bouillie dans du vinaigre, ou de la farine d'orge soumise à l'ébullition dans le même liquide, ou encore de la rue et du calament écrasés avec du sel et incorporés dans du miel. Ces remèdes guérissent également les morsures du céraste.

9. Si la piqûre a été faite par un phalangien (10), il faut, indépendamment du traitement manuel, faire prendre fréquemment des bains au malade et lui donner, à parties égales, de la myrrhe et de la staphysaigre dans une hémine de vin de raisins secs, ou bien de la semence de raifort, ou de la racine d'ivraie dans du vin. On appliquera sur l'endroit malade du son bouilli dans du vinaigre, et l'on prescrira le repos.

10. Parmi ces espèces de serpents, les plus à

Omnia etiam urinam moventia, quia materiam extenuant, utilia sunt.

4. Hæc adversus omnes ictus communia sunt : usus tamen ipse docuit, eum, quem aspis percussit, acetum potius bibere debere. Quod demonstrasse dicitur casus cujusdam pueri, qui, cum ab hac ictus esset, et partim ob ipsum vulnus, partim ob immodicos æstus siti premeretur, ac locis siccis alium humorem non reperiret, acetum, quod forte secum habebat, ebibit, et liberatus est. Credo, quoniam id, quamvis refrigerandi vim habet, tamen habet etiam dissipandi. Quo fit, ut terra respersa eo spumet. Eadem ergo vi verisimile est spissescentem quoque intus humorem hominis ab eo discuti, et sic dari sanitatem.

5. In quibusdam etiam aliis serpentibus certa quædam auxilia satis nota sunt. Nam scorpio ipse sibi pulcherrimum medicamentum est. Quidam contritum cum vino bibunt : quidam eodem modo contritum super vulnus imponunt; quidam, super prunam eo imposito, vulnus suffumigant, undique vaste circumdata, ne is fumus dilabatur; tum carbonem ejus super vulnus deligant. Bibere autem oportet herbæ solaris, quam ἡλιοτρόπιον Græci vocant, semen, vel certe folia ex vino. Super vulnus vero etiam furfures ex aceto, vel ruta silvatica recte imponitur, vel cum melle sal tostus. Cognovi tamen medicos, qui ab scorpione ictis nihil aliud, quam ex brachio sanguinem miserunt.

6. Et ad scorpionis autem et ad aranei ictum, allium cum ruta recte miscetur, ex oleoque contritum superimponitur.

7. At si cerastes, aut dipsas, aut hæmorrhois percussit, asphodeli, quod Ægyptiæ fabæ magnitudinem æquet, arefactum, in duas potiones dividendum est, sic ut ei rutæ paulum adjiciatur. Trifolium quoque et mentastrum, et cum aceto panaces æque proficiunt. Costumque, et cassia, et cinnamomum recte per potionem assumuntur.

8. Adversus chersydri vero ictum, panaces, aut laser, quod sit scripulorum III. s. * I. vel porri succus cum hemina vini sumendus est, et edenda multa satureia. Imponendum autem super vulnus stercus caprinum ex aceto coctum; aut ex eodem hordeacea farina; aut ruta, vel nepeta, cum sale contrita, melle adjecto. Quod in eo quoque vulnere, quod cerastes fecit, æque valet.

9. Ubi vero phalangium nocuit, præter eam curationem, quæ manu redditur, sæpe homo demittendus in solium est, dandusque ei myrrhæ et uvæ taminiæ par modus ex passi hemina; vel radiculæ semen, aut lolii radix ex

craindre appartiennent aux pays étrangers, et se trouvent surtout dans les climats très-chauds. Il suit de là que l'Italie et les régions plus froides présentent encore cet avantage que les reptiles y sont moins redoutables. Il suffit, pour neutraliser leur venin, d'employer la bétoine, la giroflée sauvage, la centaurée, l'aigremoine, la germandrée, la bardane, le panais maritime. Après avoir écrasé une ou deux de ces substances, on en fait prendre à l'intérieur dans du vin, et on s'en sert pour panser la plaie. Il est important de savoir que les blessures faites par tous les reptiles venimeux sont plus dangereuses quand la faim les presse, et lorsque l'individu blessé est lui-même à jeun. Ainsi pendant le temps où ils couvent, ils sont beaucoup plus terribles; et si l'on craint leur rencontre, on fera très-bien de ne pas se mettre en route avant d'avoir mangé.

11. Il n'est pas aussi facile de secourir ceux qui ont avalé du poison dans leurs aliments ou dans leurs boissons, d'abord parce qu'ils n'en ressentent pas les effets aussi promptement que s'ils avaient été mordus par un serpent, et que dès lors ils ne peuvent mettre autant d'empressement à prévenir le danger. La seconde raison, c'est que le mal se déclare à l'intérieur, au lieu de commencer par les téguments. Aux premiers symptômes de l'empoisonnement, la meilleure chose à faire est de provoquer le vomissement en buvant beaucoup d'huile; puis, quand on a vidé l'estomac, il convient de prendre un antidote, ou, faute de ce moyen, du vin pur.

12. Il existe pourtant des spécifiques à l'aide desquels on peut neutraliser certains poisons, et ce sont, il est vrai, les moins violents. Si l'on a par exemple avalé des cantharides, il faut adminis-

trer du panax écrasé dans du lait, ou du galbanum dans du vin, ou bien du lait pur.

13. Si c'est la ciguë qui produit les accidents, il faut prendre une grande quantité de vin chaud avec de la rue, puis le rejeter par le vomissement. On donne ensuite de l'assa-fœtida dans du vin, et si le malade est sans fièvre, on le met au bain; s'il existe de la fièvre, on pratique des onctions avec des drogues échauffantes, et après cela le repos devient nécessaire.

14. Si le poison vient de la jusquiame, on devra boire de l'hydromel bien chaud, ou toute espèce de lait, mais de préférence celui d'ânesse.

15. S'il vient de la céruse, on se trouve très-bien de prendre du suc de mauve, ou des noix écrasées dans du vin.

16. Si on a avalé une sangsue, on doit boire du vinaigre avec du sel. Si du lait s'est caillé dans l'estomac, il faut prendre du vin de raisins cuits au soleil, ou de la présure, ou de l'assa-fœtida dans du vinaigre.

17. Si l'on a mangé de mauvais champignons, on devra faire usage de raifort, soit avec l'oxycrat, soit avec le sel et le vinaigre. On peut au reste, d'après la forme extérieure, distinguer les champignons nuisibles de ceux qui ne le sont pas; il y a même une manière de les apprêter qui enlève aux premiers tout principe malfaisant. Il suffit pour cela de les faire cuire dans de l'huile, ou d'ajouter pendant la cuisson une petite branche de poirier.

18. Les brûlures dépendent également de causes extérieures; aussi me paraît-il à propos d'en parler ici. On guérit parfaitement ces lésions par l'application immédiate de feuilles de lis, de cynoglosse, ou de bette, qu'on fait bouillir dans

---

vino; et super vulnus furfures ex aceto cocti, imperandumque, ut is conquiescat.

10. Verum hæc genera serpentium et peregrina, et aliquanto magis pestifera sunt; maximeque æstuosis locis gignuntur. Italia frigidioresque regiones hac quoque parte salubritatem habent, quod minus terribiles angues edunt. Adversus quos satis proficit herba Vettonica, vel Cantabrica, vel centaurion, vel argemonia, vel trixago, vel personina, vel marina pastinaca, singulæ binæve tritæ, et cum vino potui datæ, et super vulnus impositæ. Illud ignorari non oportet, omnis serpentis ictum et jejuni et jejuno magis nocere: ideoque perniciosissimi sunt, cum incubant; utilissimumque est, ubi ex anguibus metus est, non ante progredi, quam quis aliquid assumpsit.

11. Non tam facile iis opitulari est, qui venenum, vel in cibo, vel in potione sumpserunt : primum, quia non protinus sentiunt, ut ab angue icti; ita ne succurrere quidem statim sibi possunt : deinde, quia noxa non a cute, sed ab interioribus partibus incipit. Commodissimum est tamen, ubi primum sensit aliquis, protinus oleo multo epoto vomere : deinde, ubi præcordia exhausit, bibere antidotum; si id non est, vel merum vinum.

12. Sunt tamen quædam remedia propria adversus quædam venena, maximeque leviora. Nam si cantharidas ali-

quis ebibit, panaces cum lacte contusa, vel galbanum vino adjecto dari, vel lac per se debet.

13. Si cicutam, vinum merum calidum cum ruta quamplurimum ingerendum est, deinde is vomere cogendus; posteaque laser ex vino dandum : isque, si febre vacat, in calidum balneum mittendus; si non vacat, ungendus ex calefacientibus est : post quæ quies ei necessaria est.

14. Si hyoscyamum, fervens mulsum bibendum est, aut quodlibet lac, maxime tamen asininum.

15. Si cerussam, jus malvæ vel juglandis ex vino contritæ maxime prosunt.

16. Si sanguisuga epota est, acetum cum sale bibendum est. Si lac intus coit, aut passum, aut coagulum, aut cum aceto laser.

17. Si fungos inutiles quis assumpsit, radicula aut e posca, aut cum sale et aceto edenda est. Ipsi vero hi et specie quidem discerni possunt ab utilibus, et cocturæ genere idonei fieri. Nam sive ex oleo inferbuerunt, sive piri surculus cum his inferbuit, omni noxa vacant.

18. Adustis quoque locis extrinsecus vis infertur : itaque sequi videtur, ut de his dicam. Hæc autem optime curantur foliis aut lilii, aut linguæ caninæ, aut betæ in vetere vino oleoque decoctis : quorum quidlibet protinus impositum ad sanitatem perducit. Sed dividi quoque cu-

du vin vieux et de l'huile. Le traitement des brûlures comporte aussi deux sortes de moyens curatifs : les uns, à titre de légers cathérétiques et de répercussifs, préviennent d'abord la formation de phlyctènes et durcissent l'épiderme ; les autres, dont on se sert ensuite, achèvent comme émollients la guérison du mal. Au nombre des premiers, se trouvent la farine de lentille mêlée avec le miel, la myrrhe délayée dans du vin, et la terre cimolée, broyée avec l'écorce de l'arbre qui porte l'encens ; ces deux matières sont liées ensemble avec de l'eau, et, pour l'usage, délayées dans du vinaigre. Les seconds se composent de tous les topiques appelés *lipares* ; mais les meilleurs sont ceux dans lesquels on fait entrer des scories de plomb, ou des jaunes d'œufs. Une autre méthode consiste encore à appliquer pendant la période inflammatoire un mélange de lentille et de miel, puis, l'inflammation passée, à se servir, jusqu'à la chute des escarres, soit de farine et de rue, soit de poireau ou de marrube. Pour déterger la plaie, on fait usage ensuite d'ers incorporé dans du miel, ou, si l'on veut, d'iris, ou de térébenthine ; et l'on panse en dernier lieu avec de la charpie sèche.

XXVIII. 1. Des lésions produites par des causes externes, nous devons passer à celles qui résultent de la corruption des organes situés à l'intérieur du corps. Parmi ces dernières, il n'en est pas de plus grave que le charbon, qu'on reconnaît aux caractères suivants : le point affecté présente de la rougeur et des pustules peu saillantes, noires le plus souvent, et d'autres fois presque livides ou pâles, dans lesquelles il paraît exister de la sanie ; au-dessous la couleur est noire ; l'endroit charbonneux, sec et plus dur que dans l'état naturel, est couvert d'une espèce de croûte environnée d'un cercle inflammatoire ; la peau, qu'on ne peut soulever, paraît fortement adhérente aux tissus sous-jacents ; il y a somnolence, quelquefois frisson ou fièvre, ou ces deux états à la fois. Ce mal fait des progrès en envoyant des espèces de racines à l'intérieur, et la marche en est plus ou moins rapide. En s'étendant, il blanchit au sommet, devient ensuite livide, et est entouré de petites pustules. Lorsqu'il envahit l'œsophage ou l'arrière-gorge, il détermine souvent la suffocation. Le meilleur traitement consiste à cautériser sur-le-champ ; et cela peut se faire sans gravité, puisque les chairs étant mortes, le malade n'éprouve aucune douleur. On cesse la cautérisation quand toute la surface est devenue douloureuse, puis on traite la plaie comme toute autre brûlure. Par suite de l'application des caustiques, il se forme une escarre qui se sépare entièrement des parties vivantes, emportant avec elle le principe vicieux, de sorte qu'il ne reste plus qu'une plaie de bonne nature, qu'on panse à l'aide des cicatrisants. Si le charbon n'intéresse que les téguments, on peut se contenter d'employer des cathérétiques, ou même des caustiques dont l'énergie doit se trouver en rapport avec le degré du mal. Mais le remède, quel qu'il soit, s'il agit convenablement, produit une séparation immédiate entre le mort et le vif ; et l'on ne peut guère douter d'un bon résultat, en voyant les parties en contact avec le médicament se détacher de tous côtés. Quand cela n'a pas lieu, c'est que le mal est plus fort que le remède, et dans ce cas il faut se hâter de faire usage du feu. Mais il importe alors de supprimer les aliments et le vin ; en revanche, il convient de boire beaucoup d'eau. Ces précautions seront encore plus nécessaires s'il survient un mouvement fébrile.

2. Le cancer n'entraîne pas le même danger,

---

ratio potest in ea, quæ mediocriter exedentia reprimentiaque, primo et pustulas prohibeant, et summam pelliculam exasperent : deinde ea, quæ lenia ad sanitatem perducant. Ex prioribus est lenticulæ cum melle farina, vel myrrha cum vino, vel creta Cimolia cum thuris cortice contrita, et aqua coacta, atque ubi usus necessitas incidit, aceto diluta : ex insequentibus, quælibet lipara ; sed idonea maxime est, quæ vel plumbi recrementum, vel vitellos habet. Est etiam illa adustorum curatio, dum inflammatio est, impositam habere cum melle lenticulam : ubi ea declinavit, farinam cum ruta, vel porro, vel marrubio, donec crustæ cadant : tum ervum cum melle, aut irim, aut resinam terebinthinam, donec ulcus purum sit : novissime siccum linamentum.

XXVIII. 1. Ab his, quæ extrinsecus incidunt, ad ea veniendum est, quæ interius, corrupta aliqua corporum parte, nascuntur. Ex quibus non aliud carbunculo pejus. Ejus hæ notæ sunt : rubor est superque eum non nimium pustulæ eminent, maxime nigræ, interdum sublividæ, aut pallidæ ; in his sanies esse videtur ; infra color niger est ; ipsum corpus aridum, et durius, quam naturaliter oportet ; circaque quasi crusta est ; eaque inflammatione cingitur ; neque in eo loco levari cutis potest, sed inferiori carni quasi affixa est ; somnus urget ; nonnunquam horror, aut febris oritur, aut utrumque. Idque vitium subtractis quasi quibusdam radicibus serpit, interdum celerius, interdum tardius : supra quoque, procedens, inalbescit ; dein lividum fit, circumque exiguæ pustulæ oriuntur : et si circa stomachum faucesve incidit, subito spiritum sæpe elidit. Nihil melius est, quam protinus adurere. Neque id grave est, nam non sentit, quoniam ea caro mortua est. Finisque adurendi est, dum ex omni parte sensus doloris est. Tum deinde vulnus, sicut cetera adusta, curandum est. Sequitur enim sub medicamentis erodentibus crusta, undique a viva carne diducta, quæ trahit secum, quidquid corruptum erat ; purusque jam sinus curari potest implentibus. At si in summa cute vitium est, possunt succurrere quædam vel exedentia tantum, vel etiam adurentia : vis pro magnitudine adhibenda est. Quodcumque vero medicamentum impositum est, si satis proficiet, protinus a viva corruptam partem resolvit ; certaque esse fiducia potest fere, ut undique vitiosa caro excedat, quia hujusce rei medicamen exest. Si id non sit, medicamentumque malo vincitur, utique ad ustionem properandum est. Sed in

à moins qu'il ne soit exaspéré par des pratiques imprudentes. Cette affection attaque principalement les parties supérieures, et se rencontre à la face, au nez, aux oreilles, et, chez les femmes, aux mamelles ; on peut lui assigner pour cause le mauvais état du foie ou de la rate (11). Des douleurs comme pongitives se font sentir vers l'endroit affecté, et là se manifeste une tumeur immobile et bosselée ; quelquefois encore il s'y joint de l'engourdissement. Les vaisseaux environnants sont gonflés et deviennent flexueux ; ils sont pâles ou livides, et dans certains cas même disparaissent. Le cancer, douloureux au toucher chez les uns, est indolent chez les autres ; il est quelquefois plus dur ou plus mou que dans l'état naturel, sans être ulcéré ; et d'autres fois l'ulcération vient s'ajouter à tous ces symptômes. Tantôt la tumeur n'a pas de caractère particulier, et tantôt, par le volume et les inégalités qu'elle présente, elle se rapproche de ce que les Grecs appellent *condylome*. La couleur en est rouge, ou semblable à celle de la lentille. Les chocs extérieurs sont à craindre, car ils ont pour conséquence immédiate les convulsions ou la paralysie ; et souvent il arrive qu'à la suite d'un coup, le malade demeure sans connaissance et sans voix. Si l'on comprime la tumeur chez certaines personnes, on remarque tout autour de la tension et du gonflement. Par tous ces motifs, on voit que ce mal est des plus graves. Presque toujours, après avoir débuté par la forme que les Grecs nomment κακόηθες, il passe à l'état de cancer non ulcéré, s'ulcère ensuite, et prend l'aspect du *thymion* (12). Le premier degré (κακόηθες) est le seul qu'on puisse guérir ; les autres s'exaspèrent en raison même des moyens plus ou moins violents employés pour les combattre. Parmi les médecins, les uns cautérisent avec des médicaments, d'autres avec le fer, et quelques-uns enlèvent la tumeur avec l'instrument. Mais ces divers procédés ne sont jamais couronnés de succès. Traité par la cautérisation, le cancer est stimulé dans sa marche, et ne cesse de s'accroître jusqu'à ce qu'il ait entraîné la mort du malade ; si on l'emporte par excision, il n'en revient pas moins, même après la formation de la cicatrice, apportant avec lui une cause de mort. Au lieu de ces traitements énergiques à l'aide desquels on espère triompher de la maladie, il vaut donc mieux employer des remèdes adoucissants qui en tempèrent en quelque sorte la violence, et n'empêchent pas le malade de parvenir à l'extrême vieillesse. Mais ce n'est que par la durée du cancer, et par les tentatives déjà faites, qu'on parvient à distinguer l'affection dite *cacoethe*, laquelle est accessible aux ressources de l'art, de l'état carcinomateux, qui est absolument incurable. En conséquence, dès que le mal apparaît sous la première forme, on doit recourir aux caustiques. Si l'on obtient par là l'amélioration de la tumeur et la diminution des symptômes locaux, on peut pousser le traitement jusqu'à l'emploi du feu ou de l'instrument tranchant. S'il en résulte au contraire une aggravation soudaine, cela prouve que le cancer est déjà formé, et l'on doit alors écarter tous les remèdes âcres et violents. Quand la tumeur est dure, mais non ulcérée, il suffit d'appliquer dessus des figues très-grasses, ou l'emplâtre rhypodes. Si la partie est ulcérée, mais unie, on se sert du cérat fait avec l'huile rosat, auquel on ajoute de la poudre prise dans le vase où les forgerons ont coutume de tremper le fer rouge. Si la surface ulcérée présente des excrois-

---

ejusmodi casu abstinendum a cibo, a vino est : aquam liberaliter bibere expedit : magisque ea servanda sunt, si febricula quoque accessit.

2. Non idem periculum καρκίνωμα affert, nisi imprudentia curantis agitatum est. Id vitium fit maxime in superioribus partibus, circa faciem, nares, aures, labra, mammas fœminarum. [Et in jecore autem, aut splene hoc nascitur.] Circa locum aliqua quasi puncta sentiuntur ; isque immobilis, inæqualis tumet ; interdum etiam torpet. Circa eum inflatæ venæ quasi recurvantur, hæque pallent, aut livent ; nonnumquam etiam in quibusdam delitescunt : tactusque is locus, aliis dolorem affert, in aliis eum non habet : et nonnumquam sine ulcere durior aut mollior est, quam esse naturaliter debet ; nonnumquam iisdem omnibus ulcus accedit : interdumque nullam habet proprietatem ; interdum simile iis est, quæ vocant Græci χονδυλώματα, aspredine quadam et magnitudine sua : colorque ejus ruber est, aut lenticulæ similis ; neque tuto feritur : nam protinus aut resolutio nervorum, aut distentio insequitur. Sæpe homo ictus obmutescit, atque ejus anima deficit. Quibusdam etiam, si id ipsum pressum est, quæ circa sunt, intenduntur et intumescunt. Ob quæ pessimum id genus est. Fereque primum id fit, quod κακόηθες a Græcis nominatur : deinde ex eo id carcinoma quod sine ulcere est : deinde ulcus : ex eo thymium. Tolli nihil, nisi cacoethes potest : reliqua curationibus irritantur ; et quo major vis adhibita est, eo magis. Quidam usi sunt medicamentis adurentibus ; quidam ferro adusserunt ; quidam scalpello exciderunt : neque ulla umquam medicina profecit : sed adusta, protinus concitata sunt, et increverunt, donec occiderent ; excisa, etiam post inductam cicatricem, tamen reverterunt, et causam mortis attulerunt : cum interim plerique nullam vim adhibendo, qua tollere id malum tentent, sed imponendo tantum lenia medicamenta, quæ quasi blandiantur, quominus ad ultimam senectutem perveniant, non prohibeantur. Discernere autem cacoethes, quod curationem recipit, a carcinomate, quod non recipit, nemo scire potest, nisi tempore et experimento. Ergo ubi primum id vitium notatum est, imponi debent medicamenta adurentia. Si levatur malum, minuunturque ejus indicia, procedere curatio potest et ad scalpellum et ad ustionem : si protinus irritatum est, scire licet, jam carcinoma esse ; removendaque sunt omnia acria, omnia vehementia. Sed si sine ulcere is locus durus est, imponi ficum quam pinguissimam, aut rhypodes emplastrum satis est. Si ulcus æquale est, ceratum ex rosa injiciendum est, adjiciendusque ei pulvis ex contrita testa, ex qua faber ferrarius tingere candens ferrum solitus est.

sances trop considérables, on peut essayer l'écaille de cuivre, qui est un cathérétique extrêmement léger, et en continuer l'usage jusqu'à ce qu'il n'y ait plus de fongosités, mais toujours à condition que l'ulcère n'en sera pas exaspéré ; sans quoi, on se contenterait d'employer le cérat ci-dessus indiqué.

3. Il existe encore un ulcère que les Grecs appellent θηρίωμα (13) ; et celui-ci peut se développer spontanément, ou remplacer un ulcère produit par une autre cause. La couleur en est livide ou noire, l'odeur fétide ; et il s'en échappe une humeur abondante, semblable à des mucosités. Toute la surface est insensible au toucher comme à l'action des médicaments, et l'on peut seulement y exciter de la démangeaison ; mais les bords au contraire sont douloureux et enflammés. Quelquefois la fièvre se déclare, et dans certains cas il s'écoule du sang de l'ulcère, qui est aussi de nature serpigineuse. Souvent les désordres augmentent, et l'on voit naître l'ulcère appelé par les Grecs *phagédénique*, parce que, dans les rapides progrès qu'il fait de proche en proche, il pénètre jusqu'aux os, et dévore tout ce qu'il rencontre. Cet ulcère est inégal et bourbeux ; il fournit abondamment une humeur visqueuse d'une odeur intolérable, et l'inflammation qui existe est plus forte que ne semblerait le comporter l'étendue du mal. Ces deux sortes d'ulcères, de même que les tumeurs cancéreuses, s'observent principalement chez les vieillards, et chez les sujets dont la constitution est mauvaise. A l'un et à l'autre, on oppose un traitement semblable ; seulement la forme la plus grave réclame des moyens plus actifs. On commence par régler le genre de vie du malade, qui doit garder le lit, faire diète les premiers jours, boire beaucoup d'eau, et prendre des lavements. L'inflammation dissipée, il pourra choisir des aliments de bon suc, en évitant ceux qui sont âcres ; boire à sa volonté, mais de l'eau seulement pendant la journée, puis à dîner un peu de vin astringent. L'abstinence sera moins sévère pour les sujets atteints d'ulcères phagédéniques, que pour ceux chez lesquels le mal est encore à l'état de *thériôme*. Ces règles sont relatives au régime : quant à l'ulcère, il faut répandre dessus de l'œnanthe desséchée et réduite en poudre, ou du chalcitis pulvérisé, dans le cas où le premier moyen serait insuffisant. Si quelque tendon est mis à nu par suite de la destruction des chairs, il faut le recouvrir d'un linge, pour le soustraire à l'effet de ce dernier caustique. S'il y a nécessité de recourir à des remèdes encore plus énergiques, on arrive aux préparations qui cautérisent plus fortement ; mais, quel que soit le médicament, c'est avec le dos de la sonde qu'il faut le porter sur la plaie. On applique ensuite par-dessus de la charpie chargée de miel, ou des feuilles d'olivier ou de marrube bouillies dans du vin ; et le tout est recouvert d'un linge trempé dans l'eau froide, et bien exprimé. Là où l'inflammation a fait naître du gonflement, on emploie les cataplasmes résolutifs. Quand ces moyens échouent, on cautérise avec le fer, en ayant soin d'abord de garantir les tendons qui seraient apparents. Une fois la cautérisation produite par le fer ou les médicaments, il est bien évident d'après ce qui précède qu'il faut déterger la plaie, et chercher ensuite à la cicatriser.

4. Le feu sacré doit être aussi rangé parmi les ulcères de mauvaise nature (14). On en reconnaît

---

Si id nimium supercrevit, tentanda squama æris est, quæ lenissima ex adurentibus est ; eatenus, ne quid eminere patiatur : sed ita, si nihil exacerbavit : sin minus, eodem cerato contenti esse debebimus.

3. Est etiam ulcus, quod θηρίωμα Græci vocant. Id et per se nascitur, et interdum ulceri ex alia causa facto supervenit. Color est vel lividus, vel niger ; odor fœdus ; multus, et muco similis humor : ipsum ulcus neque tactum, neque medicamentum sentit ; pruriginem tantum movetur : at circa dolor est, et inflammatio : interdum etiam febris oritur : nonnumquam ex ulcere sanguis erumpit : atque id quoque malum serpit. Quæ omnia sæpe intenduntur ; fitque ex his ulcus, quod φαγέδαιναν Græci vocant ; quia celeriter serpendo, penetrandoque usque ossa, corpus vorat. Id ulcus inæquale est, cœno simile : inestque multus humor glutinosus, odor intolerabilis, majorque, quam pro modo ulceris, inflammatio. Utrumque, sicut omnis cancer, fit maxime in senibus, vel iis, quorum corpora mali habitus sunt. Curatio utriusque eadem est : sed in majore malo major vis necessaria. Ac primum a victus ratione ordinandum est ; ut quiescat in lectulo : ut primis diebus a cibo abstineat, aquam quamplurimam assumat : alvus quoque ei ducatur : dein, post inflammationem, cibum boni succi capiat, vitatis omnibus acribus ; potionis quantum volet, sic, ut interdiu quidem aqua contentus sit ; in cœna vero etiam vini austeri aliquid bibat. Non æque tamen fame in iis, quos φαγέδαινα urgebit, atque iis, qui θηρίωμα adhuc habebunt, utendum erit. Et victus quidem talis necessarius est. Super ulcus vero inspergenda arida œnanthe est, et, si parum proficiet, chalcitis. Ac si quis nervus exesa carne nudatus est, contegendus ante linteolo est, ne sub eo medicamento aduratur. Si validioribus etiamnum remediis opus est, ad eas compositiones veniendum est, quæ vehementius adurunt. Quidquid autem inspergitur, averso specillo infundi debet. Superdanda cum melle sunt vel linamenta, vel oleæ folia ex vino decocta, vel marrubium : eaque linteolo contegenda in aqua frigida madefacto, dein bene expresso ; circaque, qua tumor ex inflammatione est, imponenda, quæ reprimant, cataplasmata. Si sub his nihil proficitur, ferro locus aduri debet ; diligenter nervis, si qui apparent, ante contectis. Adustum vel medicamentis vel ferro corpus, primum purgandum, deinde implendum esse, apparere cuilibet ex prioribus potest.

4. Sacer quoque ignis malis ulceribus adnumerari debet. Ejus duæ species sunt. Alterum est subrubicundum, aut

deux espèces. La première est caractérisée par une couleur rougeâtre, ou bien elle est mêlée de blanc et de rouge ; l'aspect rugueux de la peau est dû à l'apparition de pustules confluentes, qui sont toutes d'un égal volume, et presque toujours très-petites ; la plupart du temps elles renferment du pus, et sont souvent accompagnées de rougeur et de chaleur. Quelquefois l'endroit primitivement affecté se guérit, et la maladie se propage sur un autre point ; d'autres fois les pustules venant à se rompre ne forment plus qu'une plaie, d'où s'écoule une humeur qui paraît tenir le milieu entre le pus et la sanie. Ce mal envahit principalement la poitrine, les côtés, les parties saillantes du corps, et surtout la plante des pieds. Le feu sacré de la seconde espèce consiste dans l'ulcération superficielle de la peau, et gagne plutôt en largeur ; les taches qu'il présente sont presque livides, mais inégalement, et, tout en guérissant au centre, il continue de s'étendre par les extrémités ; souvent même les parties dont la guérison paraissait assurée s'ulcèrent de nouveau. Dans le voisinage, les téguments que le mal est sur le point d'envahir sont plus gonflés, plus durs, et d'une couleur rouge qui tire sur le noir. Cette maladie attaque également de préférence les sujets avancés en âge, ainsi que ceux dont la constitution est détériorée ; et les jambes en sont le siége le plus ordinaire. De tous les ulcères qui s'étendent de proche en proche, le feu sacré est le moins grave sans doute, mais il n'en est pas moins un des plus difficiles à guérir. Quand la fièvre survient pour un jour seulement, elle devient le remède fortuit de cette affection, en absorbant les humeurs vicieuses. Plus le pus est épais et blanc, moins il y a de péril. Pour en faciliter l'écoulement, et obtenir l'évacuation du foyer, il est utile de pratiquer une ouverture au-dessous de l'ulcère ; mais de plus, s'il survient une petite fièvre, il est nécessaire de prescrire la diète, le repos du lit, et des lavements. Dans le traitement de tout feu sacré on ne doit faire usage ni des aliments doux et visqueux, ni de ceux qui sont âcres et salés ; et l'on choisira ceux qui tiennent le milieu entre les uns et les autres, tels que le pain non fermenté, le poisson, le chevreau, les oiseaux, le gibier en général, à l'exception du sanglier. Si le malade est sans fièvre, on obtient de bons effets de la gestation, de la promenade, de l'usage du vin astringent, et des bains. C'est aussi le cas où les boissons doivent l'emporter sur les aliments solides. Quand les ulcères ne s'étendent pas d'une manière bien sensible, il suffit de les fomenter avec de l'eau chaude ; mais s'ils font des progrès trop marqués, il faut employer du vin chaud, percer ensuite toutes les pustules avec une aiguille, puis appliquer des topiques propres à consumer les chairs corrompues. Dès que l'inflammation a disparu et que l'ulcère est détergé, on le panse avec des remèdes émollients. Dans le feu sacré de la seconde espèce, on se sert avec succès de coings écrasés et bouillis dans du vin ; on peut appliquer aussi l'emplâtre d'Hiéra (15) ou le tétrapharmaque, auquel on ajoute une cinquième partie d'encens ; le lierre noir bouilli dans du vin astringent est encore indiqué ; et même il n'est pas de meilleur remède pour mettre un terme à la rapide extension du mal. Après avoir détergé cet ulcère, que j'ai dit être superficiel, il suffit, pour le conduire à bonne fin, d'employer des remèdes adoucissants.

5. On donne le nom de chironiens à de grands ulcères dont les bords sont durs, calleux et

mistum rubore atque pallore, exasperatumque per pustulas continuas, quarum nulla altera major est, sed plurimæ perexiguæ ; in his semper fere pus, et sæpe rubor cum calore est : serpitque id nonnumquam sanescente eo, quod primum vitiatum est : nonnumquam etiam exulcerato, ubi ruptis pustulis ulcus continuatur, humorque exit, qui esse inter saniem et pus videri potest. Fit maxime in pectore, aut lateribus, aut eminentibus partibus, præcipueque in plantis. Alterum autem est in summæ cutis exulceratione, sed sine altitudine, latum, sublividum, inæqualiter tamen, mediumque sanescit, extremis procedentibus : ac sæpe id, quod jam sanum videbatur, iterum exulceratur : at circa, proxima cutis, quæ vitium receptura est, tumidior et durior est, coloremque habet ex rubro subnigrum. Atque hoc quoque malo fere corpora seniora tentantur, aut quæ mali habitus sunt ; sed in cruribus maxime. Omnis autem sacer ignis, ut minimum periculum habet ex iis, quæ serpunt, sic prope difficillime tollitur. Medicamentum ejus fortuitum est, uno die febris, quæ humorem noxium absumat. Pus, quo crassius et albidius est, eo periculi minus est. Prodest etiam infra os ulcerum lædi, quo plus puris exeat ; et id, quo ibi corruptum corpus est, extrahatur. Sed tamen, si febricula accessit, abstinentia, lectulo, alvi ductione opus est. In omni vero sacro igni, neque lenibus et glutinosis cibis, neque salsis et acribus utendum est ; sed iis, quæ inter utrumque sunt : qualis est panis sine fermento, piscis, hœdus, aves, exceptoque apro, omnis fere venatio. Si non est febricula, et gestatio utilis est, et ambulatio, et vinum austerum, et balneum. Atque in hoc quoque genere potio magis liberalis esse, quam cibus, debet. Ipsa autem ulcera, si mediocriter serpunt, aqua calida ; si vehementius, vino calido fovenda sunt : deinde acu pustulæ, quæcumque sunt, aperiendæ : tum imponenda ea, quæ putrem carnem exedunt. Ubi inflammatio sublata, ulcusque purgatum est, imponi lene medicamentum debet. In altero autem genere, possunt proficere mala cotonea in vino cocta, atque contrita : potest emplastrum vel Heræ, vel tetrapharmacum, cui quinta pars thuris adjecta sit : potest nigra hedera ex vino austero cocta ; ac, si celeriter malum serpit, non aliud magis proficit. Purgato ulcere, quod in summa cute esse proposui, satis ad sanitatem eadem lenia medicamenta proficient.

5. Chironium autem ulcus appellatur, quod et magnum

épais; la sanie qu'ils fournissent est peu abondante, mais ténue; ces ulcères, non plus que l'humeur qui en découle, n'exhalent point de mauvaise odeur; exempts d'inflammation et médiocrement douloureux, ils ne cherchent point à s'étendre, et par conséquent n'entraînent aucun danger; mais ils n'en sont pas moins difficiles à guérir. Il s'établit parfois une très-mince cicatrice, qui se déchire ensuite, et laisse l'ulcère se reproduire. Ce mal affecte principalement les pieds et les jambes. Le topique dont on se sert dans ce cas doit être doué tout à la fois de propriétés adoucissantes, stimulantes et résolutives; avantages qu'on trouve dans la préparation suivante : écaille de cuivre, plomb lavé et brûlé, ana P. *. IV.; cadmie et cire, ana P. *. VIII.; huile rosat, quantité suffisante pour malaxer la cire avec les autres substances.

6. Il est encore d'autres ulcères qui reconnaissent pour cause le froid de l'hiver, et qui se déclarent de préférence chez les enfants; on les observe surtout aux pieds et aux orteils, mais ils peuvent aussi envahir les mains. Il y a de la rougeur et peu d'inflammation; dans certains cas il se forme des pustules suivies d'ulcérations, et néanmoins la douleur est toujours moins forte que la démangeaison. Quelquefois on voit suinter, à la surface, une petite quantité d'humeur qui paraît se rapprocher du pus ou de la sanie. On doit dès le principe fomenter abondamment la partie malade avec une décoction chaude de raves, ou, faute de ce moyen, employer des feuilles de verveine, bouillies avec d'autres substances astringentes. Si le mal n'est pas encore ulcéré, il faut appliquer dessus du cuivre aussi chaud que possible. Si déjà l'ulcération existe, on se servira d'alun et d'encens broyés, à parties égales et dissous dans du vin, ou bien d'écorce de grenade bouillie dans de l'eau, puis écrasée. Lorsqu'il n'y a que l'épiderme d'enlevé, il vaut mieux s'en tenir aux remèdes adoucissants.

7. Les strumes sont des tumeurs formées par la concrétion d'une certaine quantité de pus et de sang, et qui se développent sous les téguments à la manière des glandes. En général, le traitement de ces tumeurs finit par lasser le médecin, parce qu'en effet elles excitent de la fièvre, n'arrivent qu'à grand'peine à maturité, et que pour la plupart, malgré la guérison obtenue par le fer ou les médicaments, on les voit se reproduire à côté même des points cicatrisés : cette récidive a lieu surtout après l'emploi des agents médicamenteux; et ce qui ajoute encore aux difficultés, c'est que toujours les maladies strumeuses sont de longue durée. Elles occupent principalement la région cervicale, mais on les rencontre aussi aux aisselles, aux aines et aux côtés. Meges prétend même en avoir observé aux mamelles chez les femmes. En raison de ces circonstances, il convient de prescrire l'ellébore blanc, et même d'en rapprocher les doses jusqu'à la résolution des tumeurs. On peut appliquer en même temps les emplâtres suppuratifs ou résolutifs dont on a parlé plus haut. Certains praticiens font usage aussi des caustiques pour produire une escarre sur la partie malade, et la traiter ensuite comme un autre ulcère. Quelle que soit d'ailleurs la méthode curative, il faut, quand l'ulcère est détergé, fortifier le corps par l'exercice et l'alimentation, jusqu'à ce qu'on ait obtenu la cicatrisation. C'est là ce qu'enseigne la médecine; mais l'expérience des gens de la campagne nous apprend aussi qu'on peut se débarrasser des affections strumeuses en mangeant un serpent.

---

est, et habet oras duras, callosas, tumentes. Exit sanies non multa, sed tenuis; odor nullus, neque in ulcere, neque in ejus humore est; nulla inflammatio, dolor modicus est; nihil serpit : ideoque nullum periculum adfert; sed non facile sanescit. Interdum tenuis cicatrix inducitur, deinde iterum rumpitur, ulcusque renovatur. Fit maxime in pedibus et cruribus. Super id imponi debet, quod et lene aliquid, et vehemens, et reprimens habeat; quale ejus rei causa fit ex his; squamæ æris, plumbi eloti combusti, singulorum p. *. IV. cadmiæ, ceræ, singulorum p. *. VIII. rosæ quantum satis est ad ceram simul cum eis molliendam.

6. Fiunt etiam ex frigore hiberno ulcera, maxime in pueris, et præcipue pedibus, digitisque eorum. nonnumquam etiam in manibus. Rubor cum inflammatione mediocri est : interdum pustulæ oriuntur, deinde exulceratio : dolor autem modicus est; prurigo major est : nonnumquam humor exit, sed non multus, qui referre vel pus, vel saniem videtur. In primis multa calida aqua fovendum est, in qua rapa decocta; aut si ea non sunt, aliquæ verbenæ ex reprimentibus. Si nondum adapertum ulcus est, æs, quam maxime calidum quis pati potest, admovendum est. Si jam exulceratio est, imponi debet alumen æqua portione cum thure contritum, vino adjecto, aut malicorium in aqua coctum, deinde contritum. Si summa detracta pellicula est, hic quoque melius lenia medicamenta proficiunt.

7. Struma quoque est tumor, in quo subter concreta quædam ex pure et sanguine quasi glandulæ oriuntur : quæ vel præcipue fatigare medicos solent; quoniam et febres movent, nec umquam facile maturescunt; et sive ferro, sive medicamentis curantur, plerumque iterum juxta cicatrices ipsas resurgunt; multoque post medicamenta sæpius : quibus illud quoque accedit, quod longo spatio detinent. Nascuntur maxime in cervice; sed etiam in alis, et inguinibus, et in lateribus. In mammis quoque fœminarum se reperisse, Meges auctor est. Propter hæc et album veratrum recte datur, atque etiam sæpius, donec ea digerantur : et medicamenta imponuntur, quæ humorem vel educant, vel dissipent; quorum supra mentio facta est. Adurentibus quoque quidam utuntur, quæ exedant, crustaque eum locum adstringant : tum vero ut ulcus curant. Quæcumque autem ratio curandi est, corpus, puro ulcere, exercendum atque alendum est, donec ad

8. Le furoncle est une petite tumeur qui se termine en pointe, et s'accompagne d'inflammation et de douleur, surtout au moment où la suppuration s'établit. Lorsqu'il est ouvert et que le pus s'est écoulé, on voit qu'une partie des chairs est tout à fait purulente, que l'autre est corrompue, et d'une couleur qui tire sur le blanc et le rouge ; c'est là ce que quelques-uns nomment bourbillon du furoncle. Même en l'absence de tout traitement, ce mal est sans aucun danger, car il mûrit naturellement et s'ouvre de lui-même ; mais la douleur fait qu'on demande à la médecine une guérison plus prompte. Ici le galbanum est le spécifique du mal, mais il y a lieu d'employer aussi les remèdes indiqués plus haut (16). A défaut d'autre chose, on doit appliquer comme résolutif un emplâtre préparé sans graisse ; et s'il n'agit pas, on le remplace par tout autre remède capable d'exciter la suppuration ; si même on est privé de ce dernier moyen, on emploie la résine ou le levain. Une fois le pus évacué, il est inutile de pousser le traitement plus loin.

9. On donne le nom de *phyma* (17) à un tubercule semblable au furoncle, mais plus arrondi, moins élevé, et souvent aussi plus volumineux ; car le furoncle égale rarement la grosseur de la moitié d'un œuf et ne l'excède jamais, tandis que le volume du phyma est ordinairement plus considérable ; en revanche, la douleur et l'inflammation sont moindres. Quand on en fait l'ouverture, il en sort également du pus ; seulement, on ne trouve pas de bourbillon comme dans le furoncle, et toutes les chairs altérées sont à l'état purulent. Ce mal est plus fréquent dans l'enfance, et plus facile à guérir ; plus rare chez les jeunes gens, il est aussi plus opiniâtre ; à un âge plus avancé, on ne l'observe jamais. Quant aux moyens curatifs, ils ont été mentionnés plus haut.

10. La tumeur appelée φύγεθλον (18) est peu élevée, large, et présente quelque chose d'analogue à une pustule. La douleur et la tension sont considérables, sans proportion même avec le développement de la tumeur, et quelquefois il s'y joint un mouvement fébrile. Ce mal entre lentement en suppuration, et ne fournit qu'une faible quantité de pus ; il a pour siége habituel le cou, l'aisselle ou les aines. Les Latins le nomment *panis*, d'après sa forme extérieure. J'ai fait connaître précédemment les remèdes qui lui sont applicables.

11. Ces différentes affections ne constituent guère que de petits abcès, bien que par ce dernier mot on désigne généralement des maladies plus étendues, et qui constamment tendent à la suppuration. Presque toujours l'abcès succède aux fièvres, ou aux douleurs ressenties dans quelque partie du corps, et surtout dans le ventre. Il est le plus souvent appréciable aux regards, et, quoique un peu plus large, s'élève comme le phyma dont j'ai parlé ; la tumeur s'accompagne de rougeur, de chaleur, et bientôt après de dureté ; elle devient alors plus douloureuse, et provoque la soif et l'insomnie. Dans certains cas cependant l'abcès ne se révèle par aucun de ces signes extérieurs, surtout quand la suppuration est profonde ; mais il y a de l'altération, de l'insomnie, et on ressent des élancements dans la partie malade. L'indice est favorable quand la dureté disparaît rapidement, et que la couleur de la peau, sans être

cicatricem perveniat. Quæ cum medici doceant, quorumdam rusticorum experimento cognitum, quem struma male habet, eum, si anguem edit, liberari.

8. Furunculus vero est tuberculum acutum cum inflammatione, et dolore; maximeque ubi jam in pus vertitur. Qui ubi adapertus est, et exiit pus, apparet pars carnis in pus versa, pars corrupta subalbida, subrubra; quem ventriculum quidam furunculi nominant. In eo nullum periculum est, etiamsi nulla curatio adhibeatur : maturescit enim per se, atque erumpit. Sed dolor efficit, ut potior medicina sit, quæ maturius liberet. Proprium ejus medicamentus galbanum est : sed alia quoque supra comprehensa sunt. Si cetera desunt, imponi debet, primum non pingue emplastrum, ut id reprimat : deinde, si non repressit, quodlibet puri movendo accommodatum : si ne id quidem est, vel resina, vel fermentum. Expresso pure, nulla ultra curatio necessaria est.

9. Φῦμα vero nominatur tuberculum furunculo simile, sed rotundius et planius, sæpe etiam majus. Nam furunculus ovi dimidii magnitudinem raro explet, numquam excedit : phyma etiam latius patere consuevit ; sed inflammatio dolorque sub eo minores sunt. Ubi divisum est, pus eodem modo apparet : ventriculus, qui in furunculo, non invenitur : verum omnis corrupta caro in pus vertitur. Id autem in pueris et sæpius nascitur et facilius tollitur : in juvenibus rarius oritur, et difficilius curatur : ubi ætas induravit, ne nascitur quidem. Quibus vero medicamentis discuteretur, supra propositum est.

10. Φύγεθλον autem est tumor, non altus, latus, in quo quiddam pustulæ simile est. Dolor distentioque vehemens est, et major quam pro magnitudine tumoris; interdum etiam febricula : idque tarde maturescit, neque magnopere in pus convertitur. Fit maxime aut in cervice, aut in alis, aut in inguinibus. Panem, ad similitudinem figuræ, nostri vocant. Atque id ipsum quo medicamento tolleretur, supra demonstravi.

11. Sed cum omnes hi nihil nisi minuti abscessus sint, generale nomen trahit latius vitium ad suppurationem spectans. Idque fere fit aut post febres, aut post dolores partis alicujus, maximeque eos, qui ventrem infestarunt. Sæpiusque oculis expositum est ; siquidem latius aliquid intumescit ad similitudinem ejus, quod φῦμα vocari proposui, rubetque cum calore, et paulo post etiam cum duritia, magisque nocenter indolescit, et sitim vigiliamque exprimit. Interdum tamen nihil horum in cute deprehendi potest ; maximeque, ubi altius pus movetur : sed cum siti vigiliaque sentiuntur intus aliquæ punctiones. Et quod de subito durius non est, melius est : et quamvis non rubet,

rouge, n'est pourtant pas naturelle; c'est une preuve que la suppuration commence à s'établir, puisque la tumeur et la rougeur existent bien avant la formation du pus. Si la partie affectée présente de la mollesse, il faut en détourner l'humeur à l'aide de cataplasmes à la fois répercussifs et réfrigérants; tels sont ceux que j'ai conseillés ailleurs, et tout à l'heure encore dans l'érysipèle. Lorsque déjà la tumeur est dure, on doit en venir aux digestifs et aux résolutifs, parmi lesquels on trouve la figue sèche écrasée, ou la lie mêlée au cérat fait avec l'axonge, ou la racine de concombre, à laquelle on ajoute deux parties de farine, qu'on fait bouillir préalablement dans de l'hydromel. On peut employer aussi un mélange à parties égales de gomme ammoniaque, de galbanum, de propolis, de gui, et y faire entrer la myrrhe, mais à une dose plus faible de moitié que celle des autres ingrédients. Les cataplasmes et les emplâtres dont j'ai donné plus haut la composition produisent le même effet. Quand ces moyens ne font pas avorter l'abcès, il arrive nécessairement à maturité. Afin d'accélérer la suppuration, il convient d'appliquer des cataplasmes de farine d'orge, et l'on y mêle avec succès... (19). Au surplus, tous les remèdes indiqués pour les petits abcès dont je viens d'exposer les noms et les caractères conviennent également ici. Le traitement est le même pour tous, et n'offre que des différences de degrés. On juge qu'un abcès n'est pas mûr encore lorsqu'on y ressent des battements violents comme ceux des veines, qu'il y a pesanteur, chaleur, tension, douleur, rougeur et dureté, et quand l'abcès est considérable, frisson, ou même, mouvement fébrile persistant. Si la suppuration est située trop profondément, au lieu de la constater par l'état des téguments, on la reconnaît aux élancements internes. Dès qu'il y a rémission dans les symptômes, que la peau sur ce point devient le siége d'une démangeaison, et prend une teinte presque livide ou blanchâtre, c'est que le pus est formé; et l'on doit lui donner une issue en ouvrant le foyer à l'aide de certains topiques ou de l'instrument tranchant. Il faut panser sans tente de charpie les abcès de l'aisselle et de l'aine, et ne pas en employer non plus pour ceux des autres régions, lorsqu'il n'existe qu'une ouverture étroite, que la suppuration est médiocre, peu profonde, et que le sujet est robuste et sans fièvre. On peut en faire usage dans les autres abcès, avec réserve toutefois, et seulement quand ils présentent une grande ouverture. Pardessus la tente, ou même sans cet intermédiaire, il convient d'appliquer de la lentille qu'on fait bouillir avec du miel, ou de l'écorce de grenade bouillie dans du vin : ces substances peuvent servir seules ou mélangées. Si la base de l'abcès offre trop de dureté, il faut, pour ramollir les parties, les recouvrir de mauve écrasée, de semences de fenugrec ou de lin, bouillies dans de l'hydromel. On doit ensuite, quelque soit le topique, avoir soin de ne serrer le bandage que modérément. Dans ces pansements, employer le cérat serait une faute qu'il est bon d'éviter. Quant aux moyens de déterger les plaies, de favoriser la régénération des chairs et la cicatrisation, ils se trouvent exposés au chapitre des blessures.

12. Les abcès de ce genre et les autres espèces de plaie donnent quelquefois naissance à des fistules. On nomme ainsi des ulcères profonds, étroits et calleux, qu'on observe sur presque toutes les parties du corps, et qui empruntent aux sié-

---

coloris tamen aliter mutati est. Quæ signa jam pure oriente nascuntur : tumor ruborque multo ante incipiunt. Sed si locus mollis est, avertendus materiæ aditus est per cataplasmata, quæ simul et reprimunt, et refrigerant : qualia et alias et paulo ante in erysipelate proposui. Si jam durior est, ad ea veniendum est, quæ digerant, et resolvant : qualis est ficus arida contusa; aut fæx mista cum cerato, quod ex adipe suilla coactum sit; aut cucumeris radix, cui ex farina duæ partes adjectæ sint, ante ex mulso decoctæ. Licet etiam miscere æquis portionibus ammoniacum, galbanum, propolim, viscum; pondusque adjicere myrrhæ dimidio minus, quam in prioribus singulis erit. Atque emplastra quoque et malagmata idem efficiunt, quæ supra explicui. Quod per hæc discussum non est, necesse est, maturescat. Idque quo celerius fiat, imponenda est farina hordeacea, ex aqua cocta *** recte miscetur. Eadem autem hæc in minoribus quoque abscessibus, quorum nomina proprietatesque supra reddidi, recte fiunt. Eademque omnium curatio : tantum modo distat. Crudum est autem, in quo major quasi venarum motus est, et gravitas, et ardor, et distentio, et dolor, et rubor, et duritics; et, si major abscessus est, horror, aut etiam febricula permanet : penitusque condita suppuratione, si pro his, quæ alibi cutis ostendit, punctiones sunt. Ubi ista se remiserunt, jamque is locus prurit, et aut sublividus, aut subalbidus est, matura suppuratio est : eaque, ubi vel per ipsa medicamenta, vel etiam ferro aperta est, pus debet emitti. Tum si qua in alis, vel inguinibus sunt, sine linamento nutrienda sunt. In ceteris quoque partibus, si una plaga exigua est, si mediocris suppuratio fuit, si non alte penetravit, si febris non est, si valet corpus, æque linamenta supervacua sunt : in reliquis, parce tamen, nec, nisi magna plaga est, imponi debent. Commode vero vel super linamenta, vel sine his imponitur lenticula ex melle, aut malicorium ex vino coctum : quæ et per se et mista idonea sunt. Si qua circa duriora sunt, ad ea mollienda, vel malva contrita, vel fœni Græci linive semen ex passo cœlum superdandum est. Quidquid deinde impositum est, non adstringi, sed modice deligari debet. Illo neminem decipi decet, ut in hoc genere cerato utatur. Cetera, quæ pertinent ad purgandum ulcus, ad implendum, ad cicatricem inducendam, conveniunt quæ in vulneribus exposita sunt.

12. Nonnumquam autem ex ejusmodi abscessibus, et ex aliis ulcerum generibus, fistulæ oriuntur. Id nomen est ulceri alto, angusto, calloso. Fit in omni fere parte corpo-

ges divers qu'ils occupent certains caractères spéciaux. J'exposerai d'abord les généralités du sujet. Il y a plusieurs sortes de fistules : les unes ont un court trajet, les autres sont pénétrantes; les unes se portent directement en dedans, les autres, et c'est le plus grand nombre, sont obliques; il en est de simples, de doubles ou de triples, c'est-à-dire que, partant d'une origine commune, elles se divisent en deux, trois, ou même en un plus grand nombre de sinus; elles sont droites, obliques ou tortueuses, se terminent au milieu des chairs, aboutissent aux os ou aux cartilages, ou, si ces organes ne se trouvent pas sous-jacents, elles parviennent jusqu'aux cavités. Certaines fistules sont faciles à guérir, d'autres résistent longtemps au traitement, et quelques-unes sont absolument incurables. La guérison ne se fait pas attendre quand la fistule est simple, récente, et située au milieu des chairs; si le malade est jeune et robuste, sa bonne constitution lui vient encore en aide. En revanche, les conditions opposées sont défavorables, et l'on en peut dire autant des cas où la fistule intéresse un os, un cartilage, un tendon ou des muscles, de ceux où elle attaque une articulation, vient s'ouvrir dans la vessie, le poumon, la matrice, les grands vaisseaux artériels et veineux, ou pénètre dans des cavités, comme le gosier, l'œsophage, et le thorax. Si elle s'étend jusqu'aux intestins, elle détermine aussi des accidents qui sont toujours graves et souvent funestes. Le danger est encore beaucoup plus grand lorsqu'il s'agit d'un sujet valétudinaire, avancé en âge, ou mal constitué. La première chose à faire est d'introduire une sonde dans la fistule, pour en connaître la direction et la profondeur, et s'assurer au même instant si elle est sèche ou humide : c'est ce qu'on voit en retirant la sonde. Par le même moyen, un os étant dans le voisinage, il est permis de savoir si la fistule a pénétré jusqu'à lui, et quels progrès elle a pu faire. En effet, quand l'extrémité de la sonde ne rencontre que des parties molles, on en conclut que le mal ne va pas encore au delà des chairs; mais si l'on éprouve une résistance plus forte, c'est qu'on est arrivé jusqu'à l'os. On juge ensuite que celui-ci n'est pas carié, si l'instrument glisse sur la surface; la carie existe, mais elle est peu profonde, quand le bout de la sonde est retenu sans qu'on puisse constater d'inégalités; l'os enfin est altéré plus profondément lorsqu'on sent à l'exploration qu'il est inégal et rugueux. Le siége même de la fistule peut indiquer s'il se trouve au-dessous d'elle un cartilage, et le degré de résistance fait juger si le trajet fistuleux s'étend jusqu'à lui. D'après ce qui précède, on est en mesure d'apprécier la situation, l'étendue, non moins que la gravité des fistules. La quantité de pus qu'elles fournissent permet de reconnaître si elles sont simples ou multiples; en effet, si la suppuration est trop abondante pour venir d'un seul endroit, il s'ensuit manifestement qu'il y a plusieurs sinus. Comme il y a presque toujours, dans le voisinage de ces ulcères, des chairs, des nerfs et des parties tendineuses, telles que sont en général les tuniques et les membranes, on peut juger aussi par la nature du pus si ces trajets fistuleux ont pénétré différents organes. Ainsi le pus fourni par les chairs est homogène, blanc, et plus abondant; s'il s'écoule d'un endroit tendineux, il offre bien la même couleur, mais il est plus ténu et moins abondant; s'il provient d'un nerf, il est gras, et assez semblable à de l'huile. On apprend enfin par les attitudes du corps si les fistules intéres-

ris : habetque quædam in singulis locis propria. Prius de communibus dicam. Genera igitur fistularum plura sunt : siquidem aliæ breves sunt, aliæ altius penetrant; aliæ rectæ intus feruntur, aliæ multoque plures transversæ; aliæ simplices sunt, aliæ duplices triplicesve, ab uno ore intus orsæ quæ fiunt, aut etiam in plures sinus dividuntur : aliæ rectæ, aliæ flexæ, et tortuosæ sunt : aliæ intra carnem desinunt, aliæ ad ossa aut cartilaginem penetrant, aut, ubi neutrum horum subest, ad interiora perveniunt : aliæ deinde facile, aliæ cum difficultate curantur, aliae etiam quædam insanabiles reperiuntur. Expedita curatio est in fistula simplici, recenti, intra carnem : adjuvatque ipsam corpus, si juvenile, si firmum est. Inimica contraria his sunt : itemque, si fistula os, vel cartilaginem, vel nervum, vel musculos læsit; si articulum occupavit : si vel ad vesicam, vel ad pulmonem, vel ad vulvam, vel ad grandes venas arteriasve, vel ad inania, ut guttur, stomachum, thoracem penetravit. Ad intestina quoque eam tendere, semper periculosum, sæpe pestiferum est. Quibus multum mali accedit, si corpus vel ægrum, vel senile, vel mali habitus est. Ante omnia autem demitti specillum in fistulam convenit, ut, quo tendat, et quam alte perveniat, scire possimus; simul etiam protinus humida, an siccior sit : quod extracto specillo patet. Si vero os in vicino est, id quoque disci potest, si jam, nec ne, eo fistula penetravit, quatenus nocuerit. Nam si molle est quod ultimo specillo contingitur, intra carnem adhuc vitium est : si magis id renititur, ad os ventum est. Ibi deinde si labitur specillum, nondum caries est : si non labitur, sed æquali innititur, caries quidem, verum adhuc levis est : si inæquale quoque et asperum subest, vehementius os exesum est. At cartilago ubi subsit, ipsa sedes docet; perventumque esse ad eam, ex renisu patet. Et ex his quidem colliguntur fistularum sedes, spatia, noxæ. Simplices vero eæ sint, an in plures partes diducantur, cognosci potest ex modo puris : cujus si plus fertur, quam quod simplici spatio convenit, plures sinus esse manifestum est. Cumque fere juxta sint caro, et nervus, et aliqua nervosa, quales fere tunicæ membranæque sunt, genus quoque puris docebit, num plures sinus intus diversa corporis genera perroserint. Siquidem ex carne pus læve, album, copiosius fertur : at ex nervoso loco, coloris quidem ejusdem, sed tenuius et minus : ex nervo, pingue et oleo non dissimile. Denique etiam corporis inclinatio docet, num in

sent plusieurs parties à la fois; car souvent en changeant le décubitus, ou bien en donnant au membre une position nouvelle, on voit reparaître la suppuration qui semblait tarie; et cela prouve non-seulement qu'il existe un autre sinus, mais que le trajet en outre affecte une direction différente. Si la fistule est située dans les chairs, si elle est simple, récente, sans inégalités, si elle occupe non pas une cavité ou une articulation, mais une partie immobile par elle-même et qui n'est mise en mouvement qu'avec la totalité du corps, on peut se contenter de l'emplâtre employé dans les blessures récentes, pourvu qu'il entre dans sa composition ou du sel, ou de l'alun, ou de l'écaille de cuivre, ou du verdet, ou quelque préparation métallique. On dispose cet emplâtre de façon qu'il présente un bout aminci et un autre plus épais; et c'est par le bout le plus mince qu'on l'introduit dans la fistule, où il doit rester jusqu'à ce qu'il s'écoule du sang pur. Dans tous les cas semblables, le procédé doit être le même. On étend ensuite cet emplâtre sur un linge, qu'on recouvre d'une éponge trempée dans du vinaigre; et il suffit de lever l'appareil le cinquième jour. Le régime à suivre est celui que j'ai indiqué pour la régénération des chairs. Quand la fistule se trouve à une certaine distance de la région précordiale, il faut par intervalles manger à jeun du raifort, et vomir ensuite. Avec le temps les fistules deviennent calleuses, et personne ne peut se tromper à ces callosités, qui sont dures, blanches ou pâles. Mais ce cas nécessite des remèdes plus énergiques, tels que les préparations suivantes : larmes de pavot, P. *. I, gomme P. *. III. =.; cadmie, P. *. IV; vitriol, P. *. VIII.; le tout malaxé avec de l'eau pour faire un onguent. Ou bien : noix de galle P. *. =., verdet, sandaraque, alun d'Égypte, ana P. *. I., vitriol calciné P. *. II.; ou encore : chaux et chalcitis mélangés, auxquels on ajoute de l'orpiment dans une proportion moitié moindre, pour incorporer le tout dans du miel cuit. Mais il est beaucoup plus simple, d'après la formule de Meges, de piler P. *. II de verdet ratissé, puis de faire fondre dans du vinaigre P. *. II de gomme ammoniaque, afin de donner au verdet la consistance convenable. Ce remède est même un des meilleurs. Quelle que soit néanmoins l'efficacité de ces moyens, il est facile encore, quand on ne les a pas sous la main, de détruire les callosités avec le premier caustique venu; et l'on n'a simplement qu'à l'étendre sur du papyrus ou sur du linge, que l'on roule en forme de tente. La scille cuite et mêlée à de la chaux consume également ces bords calleux. Quand la fistule présente une direction transverse d'une assez grande étendue, il faut porter au fond le stylet, et, après avoir pratiqué sur le bout de l'instrument une contre-ouverture, introduire une tente par les deux orifices. Mais si l'on suppose que la fistule est double ou multiple, avec des sinus peu profonds toutefois et situés au milieu des chairs, on ne doit pas se servir de tente, car on ne pourrait agir que sur un point, et les autres seraient négligés; il faut dans ce cas faire entrer les mêmes substances à l'état pulvérulent dans un roseau à écrire, adapter le tuyau de celui-ci à l'ouverture de la fistule, et chasser les poudres par insufflation au fond des différents sinus. On peut encore injecter ces médicaments en les faisant dissoudre dans du vin,

---

plures partes fistulæ penetrarint; quia sæpe, cum quis aliter decubuit, aliterque membrum collocavit, pus ferri, quod jam desierat, iterum incipit; testaturque, non solum alium sinum esse, ex quo descendat, sed etiam in aliam corporis partem eum tendere. Sed si et in carne et recens et simplex est, ac neque rugosa neque cava sede, neque in articulo, sed in eo membro, quod per se immobile, non nisi cum toto corpore movetur, satis proficiet emplastrum, quod recentibus vulneribus imponitur, dum habeat vel salem, vel alumen, vel squamam æris, vel æruginem, vel ex metallicis aliquid : exque eo collyrium fieri debet altera parte tenuius, altera paulo plenius, idque ea parte, qua tenuius est, antecedente demitti oportet in fistulam, donec purus sanguis se ostendat : quæ in omnibus fistularum collyriis perpetua sunt. Idem deinde emplastrum in linteolo superimponendum, supraque injicienda spongia est, in acetum ante demissa : solvique quinto die satis est. Genus victus adhibendum est, quo carnem ali docui. Ac si longius a præcordiis fistula est, ex intervallo jejunum radiculas esse, deinde vomere, necessarium est. Vetustate callosa fit fistula. Callus autem neminem fallit, quia durus est, et aut albus, aut pallidus. Sed tum validioribus medicamentis opus est : quale est, quod habet papaveris lacrimæ p. *. I. gummi p. *. III. =. cadmiæ p. *. IV. atramenti sutorii p. *. VIII. ex quibus aqua coactis collyrium fit : aut in quo sunt gallæ p. *. =. æruginis, sandarachæ, aluminis Ægyptii, singulorum p. *. I. atramenti sutorii combusti p. *. II : aut quod constat ex chalcitide, et saxo calcis; quibus auripigmenti dimidio minus, quam in singulis prioribus est, adjicitur, eaque melle cocto excipiuntur. Expeditissimum autem est ex præcepto Megetis, æruginis rasæ p. *. II. conterere, deinde ammoniaci thymiamatis p. *. II. aceto liquare, eoque infuso æruginem cogere : idque ex primis medicamentis est. Sed ut hæc maximi effectus sunt, si cui ista non adsunt, facile tamen est callum quibuslibet adurentibus medicamentis erodere : satisque vel papyrus intortum, vel aliquid ex penicillo in modum collyrii adstrictum eo illinere. Scilla quoque cocta et mista cum calce, callum exest. Si quando vero longior et transversa fistula est, demisso specillo, contra principium hujus incidi commodissimum est, et collyrium utrimque demitti. At si duplicem esse fistulam vel multiplicem existimamus, sic tamen, ut brevis, intraque carnem sit, collyrio uti non debemus; quod unam partem curet, reliquas omittat; sed eadem medicamenta arida in calamum scriptorium conjicienda sunt, isque ori fistulæ aptandus, inspirandumque, ut ea medicamenta intus compellantur : aut eadem ex vino liquanda sunt; vel si sordidior fistula est,

11.

ou dans de l'hydromel si la fistule est sordide, ou, si elle offre des callosités, dans du vinaigre. Quel que soit le liquide injecté, il faut appliquer ensuite des topiques réfrigérants et répercussifs, car presque toujours il se manifeste un peu d'inflammation autour de la fistule. Il convient, après avoir enlevé l'appareil, et avant d'introduire d'autres médicaments, de nettoyer les trajets à l'aide d'une seringue à oreille, qu'on peut remplir soit avec du vin si la suppuration est abondante, soit avec du vinaigre s'il y a de fortes callosités, soit enfin, si la fistule commence à se déterger, avec de l'hydromel ou une décoction d'orobe légèrement miellée. La plupart du temps il arrive que la membrane qui existe entre les chairs intactes et l'orifice fistuleux, cédant à l'action des remèdes, se détache en entier, et laisse au-dessous d'elle un ulcère très-net. Il y a lieu d'employer alors les agglutinatifs, et principalement l'éponge enduite de miel cuit. Beaucoup de médecins, je le sais, sont d'avis d'introduire dans la fistule de la charpie roulée en forme de tente, et chargée de miel. Mais dans les cas de ce genre on obtient plus promptement l'adhésion des parties que la régénération des chairs; et l'on n'a pas à craindre que la réunion ne se fasse pas entre deux surfaces vives, surtout en employant les moyens convenables, puisque souvent dans l'ulcération des doigts ce n'est qu'avec un soin extrême qu'on peut les empêcher de contracter, en se cicatrisant, des adhérences entre eux.

13. Il est un autre ulcère appelé κηρίον en grec, par comparaison avec un rayon de miel (20). On en reconnaît deux espèces. Dans l'une, le *favus*, d'une couleur blanchâtre, ressemble au furoncle, mais il est plus gros et plus douloureux. On observe, dès qu'il commence à suppurer, un certain nombre de trous qui donnent passage à une humeur glutineuse et purulente; néanmoins il n'arrive jamais à maturité complète. Quand on l'ouvre, il laisse voir beaucoup plus de matières corrompues que le furoncle, et le siége en est aussi plus profond. Rarement on le rencontre ailleurs qu'au cuir chevelu. Le favus (κηρίον) de la seconde espèce est moins gros, et se produit en relief; il est dur, large, et d'un vert pâle; les ulcérations y sont plus nombreuses, car chaque racine des cheveux en présente par où s'échappe une humeur visqueuse, blanchâtre, ayant la consistance du miel ou de la glu, et quelquefois celle de l'huile. Les chairs offrent à l'incision une couleur verte. La douleur et l'inflammation sont en général assez intenses pour exciter une fièvre aiguë. On applique avec succès sur le cérion de la première espèce des figues sèches, de la graine de lin bouillie dans de l'hydromel, ainsi que les emplâtres et les cataplasmes doués de propriétés attractives, ou enfin les médicaments que j'ai indiqués plus haut à ce sujet. Les mêmes moyens conviennent à l'autre ulcère; on se sert aussi de farine cuite dans de l'hydromel avec moitié de térébenthine, ou de figues sèches bouillies dans de l'hydromel, en y ajoutant un peu d'hyssope écrasé, ou bien un quart de staphysaigre. Si ces diverses préparations n'ont pas assez d'efficacité, il faut emporter tout l'ulcère jusqu'aux parties saines, et après l'excision panser la plaie avec des remèdes qui seront d'abord suppuratifs, puis détersifs, et enfin cicatrisants.

14. Il y a des excroissances qui ressemblent à des verrues, et qui diffèrent autant par le nom que par les caractères. Les Grecs appellent ἀκρο-

---

ex mulso; si callosior, ex aceto; idque intus infundendum. Quidquid inditum est, superponenda sunt, quæ refrigerent et reprimant: nam fere, quæ circa fistulam sunt, habent aliquid inflammationis. Neque alienum est, ubi quis resolverit, antequam rursus alia medicamenta conjiciat, per oricularium clysterem fistulam eluere, si plus puris fertur, vino; si callus durior est, aceto; si jam purgatur, mulso, vel aqua, in qua ervum coctum sit, sic, ut huic quoque mellis paulum adjiciatur. Fere vero fit, ut ea tunica, quæ inter foramen et integram carnem est, victa medicamentis tota exeat, infraque ulcus purum sit. Quod ubi contigit, imponenda glutinantia sunt; præcipueque spongia melle cocto illita. Neque ignoro multis placuisse, linamentum in modum collyrii compositum tinctum melle demitti : sed celerius id glutinatur, quam impletur. Neque verendum est, ne purum corpus puro corpori junctum non coeat, adjectis quoque medicamentis ad id efficacibus; cum sæpe exulceratio digitorum, nisi magna cura prospeximus, sanescendo in unum eos jungat.

13. Est etiam ulceris genus, quod a favi similitudine κηρίον a Græcis nominatur : idque duas species habet. Alterum est subalbidum, furunculo simile; sed majus, et cum dolore majore : quod ubi maturescit, habet foramina, per quæ fertur humor glutinosus et purulentus; nec tamen ad justam maturitatem pervenit. Si divisum est, multo plus intus corrupti, quam in furunculo, apparet, altiusque descendit. Raro fit nisi in capillis. Alterum est minus, super corpus eminens, durum, latum, subviride, subpallidum, magis exulceratum : siquidem ad singulorum pilorum radices foramina sunt, per quæ fertur humor glutinosus, subpallidus, crassitudinem mellis, aut visci referens, interdum olei : si inciditur, viridis intra caro apparet. Dolor autem, et inflammatio ingens est, adeo ut acutam quoque febrem movere consuerint. Super id, quod minus crebris foraminibus exasperatum est, recte inponitur et ficus arida, et lini semen in mulso coctum, et emplastra ac malagmata materiam educentia, aut quæ proprie huc pertinentia supra posui. Super alterum, et eadem medicamenta, et farina ex mulso cocta, sic, ut ei dimidium resinæ terebinthinæ misceatur; et ficus in mulso decocta, cui paulum hyssopi contriti sit adjectum; et uvæ taminiæ pars quarta fico adjecta. Quod si parum in utrolibet genere medicamenta proficiunt, totum ulcus usque ad sanam carnem excidi oportet. Ulcere ablato, super plagam medicamenta danda sunt, primum, quæ pus citent; deinde, quæ purgent; tum, quæ impleant.

14. Sunt vero quædam verrucis similia; quorum diversa nomina, ut vitia sunt. Ἀκροχορδόνα Græci vocant, ubi

χορδῶν (21) des tumeurs sous-cutanées qui sont dures, parfois marquées d'aspérités, et sans changement de couleur à la peau. Minces inférieurement, elles sont plus larges au sommet, et n'ont qu'un volume médiocre, puisqu'elles excèdent rarement la grosseur d'une fève. Il est très-rare de n'en voir qu'une à la fois; le plus souvent elles surviennent en assez grand nombre, surtout chez les enfants. Ces tumeurs dans certains cas disparaissent subitement, et d'autres fois elles excitent une inflammation légère, qui suffit pour en déterminer la suppuration. On donne le nom de θύμιον à une excroissance qui s'élève sur le corps comme une petite verrue. Celle-ci est mince du côté de la peau, plus large supérieurement, un peu dure et remplie d'aspérités au sommet, dont la couleur, rappelant celle de la fleur de thym, l'a fait nommer *thymion*. C'est aussi le sommet qui est sujet à se fendre, à prendre l'aspect sanguinolent, ou même à fournir une certaine quantité de sang. Le thymion est en général un peu moins gros qu'une fève d'Égypte; rarement il dépasse ce volume, et quelquefois il est beaucoup plus petit. On le rencontre, seul ou multiple, à la paume des mains ou à la plante des pieds. Les plus fâcheux ont pour siége les parties honteuses, et là spécialement se fait remarquer l'écoulement sanguin. Sous le nom de μυρμήκια, les Grecs ont désigné des tumeurs plus petites que le thymion et plus dures, qui ont des racines plus profondes, et causent une douleur plus vive; elles sont larges à la base, étroites au sommet, laissent échapper moins de sang, et n'excèdent presque jamais la grosseur d'un lupin. Elles choisissent également comme lieu d'élection la paume des mains ou la plante des pieds. C'est surtout aux pieds que les cors surviennent, bien qu'ils puissent se manifester ailleurs. La plupart du temps produits par une contusion, ils dépendent parfois d'une autre cause, et, lors même qu'ils ne sont pas douloureux dans certains moments, ils le deviennent en marchant. Parmi ces tumeurs verruqueuses, l'acrochordon et le thymion disparaissent souvent d'eux-mêmes, et d'autant plus facilement qu'ils sont moins développés. Mais les *myrmécies* et les cors guérissent très-difficilement sans traitement. L'acrochordon, une fois coupé, ne laisse aucune racine après lui; aussi ne peut-il plus se reproduire; tandis que malgré l'excision on verra reparaître le thymion et les cors, tant qu'on n'aura pas extirpé les racines rondes qu'ils envoient jusque dans les chairs. Les myrmécies ont des racines trop étendues, pour qu'il soit possible de les exciser sans amener une grande ulcération. Relativement aux cors, le mieux est de les couper superficiellement de temps à autre; on les ramollit ainsi sans violence, et s'il s'écoule un peu de sang, il en résulte souvent qu'ils cessent de se reproduire. On les enlève aussi en les détachant tout autour, puis en appliquant dessus de la résine, à laquelle on ajoute un peu de poudre de pierre meulière. Quant aux autres verrues, on les brûle avec des caustiques. Quelques-uns trouvent un excellent remède dans la lie de vin, mais pour les myrmécies le meilleur moyen consiste dans un mélange d'alun et de sandaraque : toutefois il faut avoir soin de protéger avec des feuilles les parties voisines, afin qu'elles ne soient pas elles-mêmes ulcérées. On se sert ensuite de la lentille comme topique. La figue cuite dans l'eau emporte aussi le thymion.

15. C'est principalement au printemps que les

---

sub cute coit aliquid durius, et interdum paulo asperius, coloris ejusdem; infra tenue, ad cutem latius : idque modicum est, quia raro fabæ magnitudinem excedit. Vix unum tantum eodem tempore nascitur; sed fere plura, maximeque in pueris; eaque nonnumquam subito desinunt, nonnumquam mediocrem inflammationem excitant; sub qua etiam in pus convertuntur. At θύμιον nominatur, quod super corpus quasi verrucula eminet, ad cutem tenue, supra latius, subdurum, et in summo perasperum : idque summum colorem floris thymi repræsentat, unde el nomen est; ibique facile finditur, et cruentatur; nonnumquam aliquantum sanguinis fundit : fereque citra magnitudinem fabæ Ægyptiæ est, raro majus, interdum perexiguum. Modo autem unum, modo plura nascuntur, vel in palmis, vel in inferioribus pedum partibus: pessima tamen in obscœnis sunt; maximeque ibi sanguinem fundunt. Μυρμήκια autem vocantur humiliora thymio durioraque : quæ radices altius exigunt, majoremque dolorem movent; infra lata, supra autem tenuia; minus sanguinis mittunt; magnitudine vix unquam lupini modum excedunt. Nascuntur ea quoque aut in palmis, aut in inferioribus partibus pedum. Clavus autem nonnumquam quidem etiam alibi, sed in pedibus tamen maxime nascitur, præcipue ex contuso; quamvis interdum aliter : doloremque, etiamsi non alias, tamen ingredienti movet. Ex his acrochordon et thymium sæpe etiam per se finiuntur; et quo minora sunt, eo magis : myrmecia et clavi sine curatione vix unquam desinunt. Acrochordon, si excisa est, nullam radiculam relinquit, ideoque ne renascitur quidem : thymio clavoque excisis, subter rotunda radicula nascitur, quæ penitus descendit ad carnem; eaque relicta idem rursus exigit. Myrmecia latissimis radicibus inhærent; ideoque ne excidi quidem sine magna exulceratione possunt. Clavum subinde radere, commodissimum est : nam sine ulla vi sic mollescit; ac si sanguinis quoque aliquid emissum est, sæpe emoritur. Tollitur etiam, si quis eum circumpurgat, deinde imponit resinam, cui miscuit pulveris paulum, quem ex lapide molari contrito fecit. Cetera vero genera medicamentis adurenda sunt : aliisque id, quod ex fæce vini; myrmeciis id, quod ex alumine et sandaracha fit, aptissimum est. Sed ea, quæ circa sunt, foliis contegi debent, ne ipsa quoque exulcerentur : deinde postea lenticula imponi. Tollit thymium etiam ficus in aqua cocta.

15. At pustulæ maxime vernis temporibus oriuntur. Earum plura genera sunt. Nam modo circa totum corpus

pustules apparaissent, et on les distingue en plusieurs espèces. Quelquefois en effet toute la surface du corps, et d'autres fois une partie seulement, est couverte d'aspérités semblables aux pustules qui résultent de la piqûre des orties, ou qui surviennent après la sueur. On les nomme en grec *exanthèmes*, et tantôt elles sont rouges, tantôt elles conservent la couleur de la peau. Il est de ces pustules qui ressemblent à des boutons, d'autres qui sont plus grosses; on en trouve de livides, de pâles, de noires ou d'une couleur qui n'est pas naturelle, et elles renferment de l'humeur. Dès qu'elles viennent à se rompre, on dirait que les chairs sous-jacentes sont ulcérées. Elles ont reçu des Grecs le nom de *phlyctènes*, et naissent sous l'influence du froid, du feu, ou de certains médicaments. Le *phlyzacion* est une pustule un peu plus dure, blanchâtre pointue, et de laquelle on exprime quelque chose d'humide. On remarque quelquefois, à la suite des pustules, de petits ulcères plus ou moins secs ou humides, dont les uns déterminent seulement du prurit, et dont les autres s'accompagnent en outre de douleur et d'inflammation. Il en sort du pus ou de la sanie, et dans certains cas l'un et l'autre. Ces ulcères sont surtout communs dans l'enfance; rarement ils attaquent le milieu du corps, mais souvent au contraire les extrémités. La forme pustuleuse la plus grave est celle qu'on appelle *épinyctis* (22); elle est en général d'une couleur presque livide, ou noirâtre ou blanche, entourée d'un cercle inflammatoire très-marqué; et, lorsqu'elle est ouverte, on trouve à l'intérieur une ulcération couverte de mucosités dont la couleur est semblable au liquide qu'elle contenait. La douleur est plus vive que ne paraît le comporter le volume de la pustule, qui n'excède pas celui d'une fève; elle envahit également les membres inférieurs, et se déclare presque toujours pendant la nuit; de là même vient le nom que les Grecs lui ont imposé. La promenade, l'exercice, et, en cas d'empêchement, la gestation, tels sont les moyens que l'on doit employer d'abord dans le traitement général des pustules. Il faut en second lieu diminuer la nourriture, et s'abstenir d'aliments âcres et atténuants. Le même régime sera prescrit aux nourrices, si l'enfant qu'elles allaitent est atteint d'une affection pustuleuse. Il faut en outre, quand le sujet est robuste et que les pustules sont peu développées, le faire suer dans le *tepidarium*, saupoudrer en même temps les pustules avec du nitre, pratiquer des onctions avec l'huile et le vin mélangés, puis enfin le mettre au bain. Si l'on n'obtient rien de ce traitement, ou si les pustules sont plus grosses, on passe aux applications de lentille, et lorsque la première pellicule est enlevée, on arrive aux remèdes adoucissants. Après la lentille, on emploie avec succès, contre l'*épinyctis*, la renouée ou la coriandre verte. On guérit les ulcères que les pustules ont fait naître, au moyen de la litharge d'argent, à laquelle on ajoute de la semence de fenugrec, de l'huile rosat et du suc de chicorée, jusqu'à ce que le tout ait acquis la consistance du miel. Pour traiter les pustules auxquelles les enfants sont sujets, on prend de pierre pyrite P.*. VIII; plus, quarante amandes amères et trois verres d'huile. Mais avant d'employer le topique, on aura soin d'oindre les pustules avec la céruse.

16. La gale (23) est caractérisée par une dureté plus grande de la peau, accompagnée de rougeur, et donnant naissance à des pustules dont les unes sont humides et les autres sèches. De quelques-

---

partemve aspritudo quædam fit, similis iis pustulis, quæ ex urtica, vel ex sudore nascuntur : ἐξανθήματα Græci vocant. Eæque modo rubent, modo colorem cutis non excedunt. Nonnumquam plures similes varis oriuntur; nonnumquam majores : pustulæ lividæ, aut pallidæ, aut nigræ, aut aliter naturali colore mutato; subestque his humor : ubi eæ ruptæ sunt, infra quasi exulcerata caro apparet : φλύκταιναι Græce nominantur. Fiunt vel ex frigore, vel ex igni, vel ex medicamentis. Φλυζάκιον autem paulo durior pustula est, subalbida, acuta; ex qua ipsa quod exprimitur, humidum est. Ex pustulis vero nonnumquam etiam ulcuscula fiunt, aut aridiora, aut humidiora; et modo tantum cum prurigine, modo etiam cum inflammatione ac dolore; exitque aut pus, aut sanies, aut utrumque. Maximeque id evenit in ætate pueriti; raro in medio corpore; sæpe in eminentibus partibus. Pessima pustula est, quæ ἐπινυκτὶς vocatur. Ea colore vel sublivida, vel subnigra, vel alba esse consuevit : circa hanc autem vehemens inflammatio est; et cum adaperta est, reperitur intus exulceratio mucosa, colore humori suo similis. Dolor ex ea supra magnitudinem ejus est : neque enim ea faba major est. Atque hæc quoque oritur in eminentibus partibus, et fere noctu; unde nomen quoque a Græcis ei est impositum. In omni vero pustularum curatione primum est, multum ambulare atque exerceri; si quid ista prohibet, gestari : secundum est, cibum minuere; abstinere ab omnibus acribus et extenuantibus : eademque nutrices. facere oportet, si lactens puer ita affectus est. Præter hæc is, qui jam robustus est, si pustulæ minutæ sunt, desudare in balneo debet; simulque super eas nitrum inspergere, oleoque vinum miscere, et sic ungi; tum descendere in solium. Si nihil sic proficitur, aut si majus pustularum genus occupavit, imponenda lenticula est; detractaque summa pellicula, ad medicamenta lenia transeundum. Epinyctis post lenticulam, recte herba quoque sanguinali, vel viridi coriandro curatur. Ulcera vero ex pustulis facta tollit spuma argenti cum semine fœni Græci mista, sic, ut his invicem rosa atque intubi succus adjiciatur, donec mellis crassitudo ei fiat. Proprie ad eas pustulas, quæ infantes male habent, lapidis, quem πυρίτην vocant, p. *. VIII. Cum quinquaginta amaris nucibus miscetur, adjiciunturque olei cyathi tres. Sed prius ungi ex cerussa pustulæ debent, tum hoc illini.

16. Scabies vero est durior cutis, rubicunda; ex qua pustulæ oriuntur, quædam humidiores, quædam siccioræ. Exit ex quibusdam sanies, fitque ex his continuata

unes il s'écoule de la sanie qui détermine une ulcération habituelle de la peau avec prurit, et le mal chez certaines personnes fait de rapides progrès. Les uns finissent par s'en débarrasser entièrement, et chez d'autres elle revient à des époques fixes de l'année. Plus il y a d'aspérités à la peau, plus la démangeaison est vive et plus l'affection est rebelle. A ce degré la gale est appelée par les Grecs ἀγρία, c'est-à-dire féroce. Ici le régime à suivre est le même que je viens d'indiquer. Un bon remède contre la gale, lorsqu'elle est récente, est la préparation suivante : tutie, safran, verdet, ana, P.*. =; poivre blanc, verjus, ana, P.*. I.; calamine, P. *. VIII. Mais quand elle est déjà compliquée d'ulcérations, on doit préférer celui-ci : soufre, P.*. I.; cire, P. *. IV.; poix liquide, une hémine et deux setiers d'huile; faire bouillir le tout ensemble jusqu'à consistance de miel. Il y a encore une autre formule attribuée à Protarchus, et ainsi conçue : Farine de lupin un setier, nitre quatre verres, poix liquide une hémine, résine liquide demi-livre, et vinaigre trois verres. On se trouve bien aussi de mêler, à parties égales, du safran, du lycium, du verdet, de la myrrhe et de la cendre, puis de les faire bouillir dans du vin de raisins cuits au soleil. Ce remède sert, dans tous les cas, à corriger le vice des humeurs. Faute de mieux, le marc d'huile bouilli jusqu'à réduction des deux tiers, ou le soufre et la poix liquide mélangés, formules que j'ai recommandées pour les animaux (24), seront également utiles aux hommes attaqués de la gale.

17. Il y a quatre espèces d'impétigo (25). La moins fâcheuse est celle qui ressemble à la gale; elle s'en rapproche par la rougeur, la dureté, l'ulcération et l'érosion de la peau; mais elle en diffère en ce que l'ulcération est plus considérable, et que les pustules sont semblables à des boutons. De plus, cet impétigo présente de petites bulles qui tombent par désquammation au bout d'un certain temps, et il a aussi des retours plus périodiques que la gale. La seconde espèce est plus grave, elle offre presque l'aspect d'une dartre, mais elle est plus remplie d'aspérités, plus rouge, et elle affecte des formes variables; il y a en outre exfoliation de l'épiderme, et l'érosion est plus profonde, plus prompte et plus étendue; enfin les époques d'apparition et de disparition sont encore mieux déterminées que dans la première espèce. On désigne celle-ci sous le nom d'*impétigo rouge*. La troisième forme de cette affection est plus à craindre que les deux autres. En effet, elle est plus épaisse, plus dure et plus saillante. Elle détermine des fentes à l'épiderme et ronge les chairs plus profondément. Cette forme, qui est squammeuse aussi, mais noire, s'étend rapidement en largeur, se montre et disparaît à des époques plus constantes, et ne guérit jamais entièrement. On l'a surnommée la *noire*. La quatrième espèce, qui résiste à tous les traitements, se distingue des précédentes par une couleur blanchâtre et analogue à celle d'une cicatrice récente; les écailles qu'elle présente sont pâles ou blanchâtres, ou semblables à une lentille; quand on les fait tomber, il s'écoule quelquefois du sang, mais ordinairement l'humeur est blanche. Dans cette espèce, qui s'étend plus que les autres, la peau est dure et crevassée. Ces divers impétigo attaquent particulièrement les pieds et les mains, et n'épargnent pas même les ongles. Le remède de Protarchus contre la gale, que j'ai déjà fait

connaître, est encore ici le plus convenable. Sérapion se servait de nitre p. * ii, soufre p. * iv, avec une forte partie de résine, comme excipient.

18. On reconnaît deux sortes de dartres. Dans l'une, la peau, semée d'aspérités dues à la présence de très-petites pustules, est rouge, légèrement excoriée, et un peu plus lisse au centre. Cette dartre s'accroît lentement; elle est ronde dès le principe, aussi s'étend-elle circulairement. Les Grecs ont donné le nom d'*agria* à la seconde espèce, dans laquelle la peau se présente encore, mais à un degré plus prononcé, rugueuse, ulcérée et rouge; quelquefois même cet état est suivi de la chute des poils. Plus ces affections s'éloignent de la forme ronde, plus elles sont rebelles au traitement; et quand on ne réussit pas à les guérir, elles se changent en impétigo. Toutefois, lorsqu'elles sont légères, on en vient à bout, en les frottant chaque jour à jeun avec sa salive. Si elles sont plus larges, on parvient sûrement à les enlever en appliquant dessus de la pariétaire écrasée. Relativement aux médicaments composés, celui de Protarchus, déjà cité, a d'autant plus de vertu contre les dartres qu'elles ont pris moins de développement. En voici un autre de Myron : Nitre rouge, encens, aun, p. *. i.; cantharides émondées, p. *. ii.; soufre non brûlé, même dose; térébenthine liquide, p. *. xx.; farine d'ivraie sext., iii. nielle, trois verres; poix crue, un setier.

19. Bien que les taches n'entraînent par elles-mêmes aucun danger, elles sont d'un aspect repoussant, et l'indice d'une mauvaise constitution. On en distingue trois espèces. On appelle ἄλφος (26) une tache blanche, un peu rude au toucher, mais dont les aspérités, au lieu d'être confluentes, paraissent disséminées comme des gouttelettes. Cette tache est quelquefois assez large, et s'étend, en laissant çà et là quelques intervalles. Le μέλας présente les mêmes caractères que l'*alphos*, à l'exception de la couleur, qui est noire et semblable à celle de l'ombre. La tache dite λευκή rappelle assez bien l'*alphos*, mais elle est plus blanche et plus profonde; sur ce point, les poils deviennent blancs et lanugineux. Toutes ces taches font des progrès; mais ils sont plus rapides chez les uns, et plus lents chez les autres. L'*alphos* et le *mélas* surviennent et disparaissent à des époques indéterminées; la *leucé*, au contraire, abandonne très-difficilement la place qu'elle a une fois envahie. Les deux premières espèces sont assez accessibles aux moyens de traitement, tandis que la dernière est pour ainsi dire incurable; et, lors même qu'on obtient quelque amélioration, la peau ne reprend jamais une coloration naturelle. Il est facile, au reste, de savoir par expérience quelles sont les taches susceptibles ou non d'être guéries. Il suffit d'inciser la peau ou de la piquer avec une aiguille : s'il en sort du sang (ce qui presque toujours arrive dans les deux formes précédentes), il y a lieu de médicamenter; mais s'il s'écoule une humeur blanchâtre, le cas est sans remède, et l'on ne doit par conséquent faire aucune tentative. Sur les taches qui ont quelque chance de guérir, on fait des applications de lentille écrasée dans du vinaigre, et mêlée avec du soufre et de l'encens. On regarde Irénée comme l'auteur de cette formule, faite pour le même objet : Parties égales d'écume de mer, de nitre, de cumin, de feuilles sèches de figuier, broyées et mêlées ensemble dans du vinaigre; ce mélange

---

camentum non aliud valentius est, quam quod ad scabiem quoque pertinere sub auctore Protarcho retuli. Serapion autem, nitri p. *. ii. sulphuris p. *. iv. excipiebat resina copiosa, eoque utebatur.

18. Papularum vero duo genera sunt. Alterum, in quo per minimas pustulas cutis exasperatur, et rubet, leviterque roditur; medium habet pauxillo lævius; tarde serpit : idque vitium maxime rotundum incipit, eademque ratione in orbem procedit. Altera autem est, quam ἀγρίαν Græci appellant : in qua similiter quidem, sed magis cutis exasperatur, exulceraturque, ac vehementius et roditur, et rubet, et interdum etiam pilos remittit. Quæ minus rotunda est, difficilius sanescit : nisi sublata est, in impetiginem vertitur. Sed levis papula etiam, si jejuna saliva quotidie defricatur, sanescit : major, commodissime murali herba tollitur, si super eadem trita est. Ut vero ad composita medicamenta veniamus, idem illud Protarchi tanto valentius in his est, quanto minus in his vitii est. Alterum ad idem Myronis : nitri rubri, thuris, singulorum p. *. i. cantharidum purgatarum p. *. ii. sulphuris ignem non experti tantundem, residæ terebinthinæ liquidæ p. *. xx. farinæ loliis sext. iii. gith cyathi tres, picis crudæ sextarius.

19. Vitiligo quoque, quamvis per se nullum periculum adfert, tamen et fœda est, et ex malo corporis habitu fit. Ejus tres species sunt. Ἄλφος vocatur, ubi color albus est, fere subasper et non continuus, ut quædam quasi guttæ dispersæ esse videantur : interdum etiam latius, et cum quibusdam intermissionibus serpit. Μέλας colore ab hoc differt, quia niger est, et umbræ similis : cetera eadem sunt. Λευκή habet quiddam simile alpho, sed magis albida est, et altius descendit; in eaque albi pili sunt, et lanugini similes. Omnia hæc serpunt : sed in aliis celerius, in aliis tardius. Alphos et melas in quibusdam variis temporibus et oriuntur et desinunt : leuce, quem occupavit, non facile dimittit. Priora curationem non difficillimam recipiunt : ultimum vix umquam sanescit; ac, si quid ex vitio demptum est, tamen non ex toto sanus color redditur. Utrum autem aliquid horum sanabile sit, an non sit, experimento facile colligitur. Incidi enim cutis debet, aut acu pungi : si sanguis exit, quod fere fit in duobus prioribus, remedio locus est; si humor albidus, sanari non potest. Itaque ab hoc quidem abstinendum est. Super id vero, quod curationem recipit, imponenda lenticula mista cum sulphure et thure, sic, ut ea contrita ex aceto sit. Aliud ad idem, quod ad Irenæum auctorem refertur : alcyonium, nitrum, cuminum, fici folia arida paribus portionibus contunduntur, adjecto aceto. His in sole viti-

sert à frotter la tache au soleil, et peu de temps après on a soin de la laver, pour éviter une trop forte érosion. Le remède suivant, composé par Myron, est spécialement employé contre l'alphos : soufre, p. *. ⹀. ; alun de plume, p.*. ⹀. ; nitre, p. *. ⹀⹀. ; myrte sec, écrasé, un acétabule. On doit mêler le tout ; puis, dans le bain, on répand de la farine de fève sur le mal, après quoi l'on fait usage du topique. Pour guérir les taches mélaniques, on broie et on mêle ensemble de l'écume de mer, de l'encens, de l'orge et des fèves. C'est dans le tépidarium, et avant la sueur, qu'il faut appliquer ce mélange sans huile ; on s'en sert ensuite pour frotter les taches.

LIVRE VI.

I. J'ai traité des maladies qui, se manifestant sur tous les points du corps, réclament le secours des médicaments : j'arrive maintenant à celles qui d'ordinaire n'affectent que certaines parties, et je commencerai par la tête. Le plus sûr moyen d'arrêter la chute des cheveux est de les raser souvent. Un mélange d'huile et de ladanum leur donne encore une certaine force qui les conserve. Je n'entends d'ailleurs parler ici que de l'alopécie, qu'on observe si fréquemment après une maladie ; car, pour celle que l'âge amène, il n'est aucun moyen d'y remédier.

II. Le porrigo (1) est caractérisé par des espèces d'écailles qui s'élèvent entre les cheveux et se détachent de la peau ; elles sont quelquefois humides, et sèches le plus souvent. Cette affection peut exister avec ou sans ulcération, tantôt exhaler une mauvaise odeur, et d'autrefois ne rien sentir. Dans la plupart des cas elle occupe le cuir chevelu, plus rarement la barbe, et parfois les sourcils. Constamment lié à quelque vice de la constitution, le porrigo n'est pas toujours sans utilité. Il ne se montre pas, il est vrai, quand la tête est exempte de toute lésion ; mais si elle devient le siège d'un principe vicieux, il n'y a pas d'inconvénient que le mal se jette sur les téguments du crâne, plutôt que d'envahir une partie plus importante. En conséquence, au lieu de chercher à guérir la maladie radicalement, il vaut mieux entretenir la propreté de la tête en la peignant souvent. Si pourtant le porrigo finit par importuner le malade, ce qui arrive s'il est suivi d'écoulement, et plus encore s'il contracte une odeur fétide, il faut alors raser la tête à plusieurs reprises, et seconder ce moyen par l'application de légers astringents, tels que le nitre associé au vinaigre, le ladanum mélangé avec l'huile de myrte et le vin, ou le myrobolanum administré dans du vin. Si ces remèdes sont insuffisants, on en donnera de plus énergiques ; mais on n'oubliera pas que ceux-ci ne conviennent pas lorsque l'affection est récente.

III. Un autre ulcère a reçu des Grecs le nom de σύκωσις (2), d'après la ressemblance qu'il offre avec une figue. Ici la chair fait excroissance, et c'est même un caractère général de cette maladie, dont il existe deux espèces. La première est constituée par un ulcère dur et rond, la seconde par un ulcère humide et inégal. De celui qui est dur, suinte une humeur gluante ; celui qui est humide fournit un écoulement plus abondant et de mauvaise odeur. L'un et l'autre envahissent les parties garnies de poils ; mais l'ulcère calleux

---

ligo perungitur ; deinde non ita multo post, ne nimis erodatur, eluitur. Proprie quidam, Myrone auctore, eos, quos alphos vocari dixi, hoc medicamento perungunt : sulphuris p. *. ⹀. aluminis scissilis p. *. ⹀. nitri p. *. ⹀⹀. myrti aridæ contritæ acetabulum miscent, deinde in balneo super vitiliginem inspergunt farinam ex faba, tum hæc inducunt. Ii vero, quos melanas vocari dixi, curantur, cum simul contrita sunt alcyonium, thus, hordeum, faba, eaque sine oleo in balneo ante sudorem insperguntur ; tum genus id vitiliginis defricatur.

LIBER SEXTUS.

I. Dixi de iis vitiis, quæ per totum corpus orientia, medicamentorum auxilia desiderant : nunc ad ea veniam, quæ non nisi in singulis partibus incidere consuerunt, orsus a capite. In hoc igitur capillis fluentibus maxime quidem sæpe radendo succurritur. Adjicit autem vim quamdam ad continendum ladanum cum oleo mistum. Nunc de iis capillis loquor, qui post morbum fere fluunt. Nam, quominus caput quibusdam ætate nudetur, succurri nullo modo potest.

II. Porrigo autem est, ubi inter pilos quædam quasi squamulæ surgunt, eæque a cute resolvuntur ; et interdum madent, multo sæpius siccæ sunt. Idque evenit modo sine ulcere, modo exulcerato loco : huic quoque modo malo odore, modo nullo accedente. Fereque id in capillo fit, rarius in barba, aliquando etiam in supercilio. Ac neque sine aliquo vitio corporis nascitur, neque ex toto inutile est. Nam bene integro capite, non exit : ubi aliquod in eo vitium est, non incommodum est, summam cutem potius subinde corrumpi, quam id, quod nocet, in aliam partem magis necessariam verti. Commodius est ergo subinde pectendo repurgari, quam id ex toto prohibere. Si tamen ea res nimium offendit (quod humore sequente fieri potest ; magisque si is etiam mali odoris sit), caput sæpe radendum est ; dein id super adjuvandum aliquibus ex leviter reprimentibus ; quale est nitrum cum aceto, vel ladanum cum myrteo et vino, vel myrobalanum cum vino. Si parum per hæc proficitur, vehementioribus uti licet ; cum eo, ut sciamus, utique in recenti vitio id inutile esse.

III. Est etiam ulcus, quod a fici similitudine σύκωσις a Græcis nominatur. Caro excrescit : et id quidem generale est. Sub eo vero duæ species sunt. Alterum ulcus durum et rotundum est : alterum humidum et inæquale. Ex duro exiguum quiddam et glutinosum exit : ex humido plus, et mali odoris. Fit utrumque in iis partibus, quæ pilis

et rond attaque principalement la barbe, et l'ulcère humide plus spécialement le cuir chevelu. Tous deux doivent être recouverts soit d'élatérium ou de graine de lin dont on fait des cataplasmes avec de l'eau, soit de figues bouillies dans de l'eau, ou de l'emplâtre tétrapharmaque malaxé avec du vinaigre. Il est bon aussi d'enduire le *sycosis* de terre d'Érétrie, qu'on détrempe dans du vinaigre.

IV. On reconnaît également deux espèces d'*aréa* (3), et elles ont cela de commun que l'épiderme étant privé de vie, les cheveux se dessèchent d'abord, et finissent par tomber. Si l'endroit affecté reçoit un coup, il en sort un sang liquide et de mauvaise odeur. Sous ces deux formes l'*aréa* fait des progrès; mais ils sont rapides chez les uns et plus lents chez les autres. Le mal le plus grave est celui qui rend la peau épaisse, assez grasse et tout à fait lisse. L'espèce dite *alopécie* se développe dans tous les sens, et attaque les cheveux et la barbe; celle au contraire qu'on nomme *ophiase*, par comparaison avec un serpent, commence à la région occipitale; elle n'excède pas la largeur de deux doigts, et envoie deux prolongements qui rampent jusqu'aux oreilles, quelquefois même jusqu'au front, sur lequel ils se confondent. On observe la première espèce à tout âge; la seconde ne se rencontre guère que dans l'enfance; l'alopécie ne guérit presque jamais sans traitement, tandis que l'ophiase s'arrête souvent d'elle-même. Quelques médecins irritent avec le scalpel la surface de ces deux sortes d'aréa; d'autres ont recours à des applications de caustiques mêlés avec de l'huile, et emploient surtout le papyrus brûlé; il en est enfin qui se servent de résine de térébenthine, mélangée avec de la férule. Mais le mieux est de passer chaque jour le rasoir sur le siège du mal, parce qu'en enlevant peu à peu l'épiderme, on met à découvert les racines des poils; et l'on doit insister sur ce moyen jusqu'à ce qu'on voie les nouvelles pousses se développer rapidement. Quant aux parties rasées, il suffit de les frotter avec de l'encre.

V. Il y a presque de la sottise à s'occuper des boutons, des lentilles et des éphélides; mais on ne peut arracher les femmes au culte de leur personne. Les boutons et les taches en forme de lentille sont déjà connus de tout le monde; parmi ces dernières toutefois, il en est de plus rouges, de plus inégales, que les Grecs ont appelées *signes*, et qui se présentent plus rarement. On connaît beaucoup moins l'*éphélide*, laquelle n'est simplement qu'une tache inégale, dure, et d'une couleur désagréable. Les éphélides et les boutons ne viennent jamais qu'au visage; les lentilles, il est vrai, se montrent quelquefois ailleurs, mais je n'ai pas vu là de raison suffisante pour en faire l'objet d'un chapitre spécial. Les boutons disparaissent très-facilement, à l'aide d'un topique composé de résine et d'alun en morceaux mêlés à parties égales, et additionnés d'un peu de miel. Les lentilles s'effacent, si on les couvre d'un mélange à parties égales de galbanum et de nitre, broyés dans du vinaigre jusqu'à consistance de miel. Ce médicament, après une application de plusieurs heures, est enlevé le matin à l'aide de lotions, et on le remplace par de légères onctions d'huile. L'éphélide cède à l'emploi de la résine, à laquelle on ajoute un tiers de sel fossile et un

---

conteguntur : sed id quidem, quod callosum et rotundum est, maxime in barba; id vero, quod humidum, præcipue in capillo. Super utrumque oportet imponere elaterium, aut lini semen contritum et aqua coactum, aut ficum in aqua decoctam, aut emplastrum tetrapharmacum ex aceto subactum. Terra quoque Eretria ex aceto liquata recte illinitur.

IV. Arearum quoque duo genera sunt. Commune utrique est, quod emortua summa pellicula pili primum extenuantur, deinde excidunt : ac, si ictus is locus est, sanguis exit liquidus, et mali odoris : increscitque utrumque in aliis celeriter, in aliis tarde. Pejus est, quod densam cutem, et subpinguem, et ex toto glabram facit. Sed ea, quæ ἀλωπεκία nominatur, sub qualibet figura dilatatur. Fit et in capillo, et in barba. Id vero, quod a serpentis similitudine ὀφίασις appellatur, incipit ab occipitio; duorum digitorum latitudinem non excedit; ad aures duobus capitibus serpit; quibusdam etiam ad frontem, donec se duo capita in priorem partem committant. Illud vitium in qualibet ætate est; hoc fere in infantibus : illud vix unquam sine curatione, hoc per se sæpe finitur. Quidam hæc genera arearum scalpello exasperant : quidam illinunt adurentia ex oleo; maximeque chartam combustam : quidam resinam terebenthinam cum thapsia inducunt. Sed nihil melius est, quam novacula quotidie radere : quia, cum paulatim summa pellicula excisa est, adaperiuntur pilorum radiculæ. Neque ante oportet desistere, quam frequentem pilum nasci apparuerit. Id autem, quod subinde raditur, illini atramento scriptorio satis est.

V. Pene ineptiæ sunt, curare varos, et lenticulas, et ephelidas : sed eripi tamen fœminis cura cultus sui non potest. Ex his autem, quæ supra proposui, vari lenticulæque vulgo notæ sunt; quamvis rarior ea species est, quam seniom Græci vocant; cum sit ea lenticula rubicundior, et inæqualior. Ephelis vero a plerisque ignoratur: quæ nihil est, nisi asperitas quædam et durities mali coloris. Cetera non nisi in facie : lenticula etiam in alia parte nonnumquam nasci solet; de qua per se scribere alio loco, visum operæ pretium non est. Sed vari commodissime tolluntur imposita resina, cui non minus quam ipsa est, aluminis scissilis, et paulum mellis adjectum est. Lenticulam tollunt galbanum et nitrum, cum pares portiones habent, contritaque ex aceto sunt, donec ad mellis crassitudinem venerint. His corpus illinendum est, et, impositis pluribus horis, mane eluendum est, oleoque leviter ungendum. Ephelidem tollit resina, cui tertia pars salis fossilis et paulum mellis adjectum est. Ad omnia vero ista, atque etiam ad colorandas cicatrices, potest ea composi-

peu de miel. La composition dont Tryphon le père est l'inventeur peut aussi servir à emporter ces différentes taches, et à donner aux cicatrices une couleur convenable. On y fait entrer parties égales d'extrait de myrobolanum, de terre cimolée bleuâtre, d'amandes amères, de farine d'orge et d'orobe, d'herbe à foulon blanche et de graines de mélilot. Toutes ces drogues, mêlées ensemble, sont liées avec du miel extrêmement amer; on étend le soir sur les taches une couche de ce mélange, qu'on enlève le matin par des lotions.

VI. 1. Ce sont là des affections bien légères sans doute, à côté surtout des accidents graves et variés qui menacent les yeux, organes trop nécessaires aux besoins comme aux agréments de la vie pour qu'on ne mette pas tous ses soins à les conserver. L'ophthalmie s'accompagne, dès le principe, de certains indices qui permettent d'établir un pronostic assuré. Ainsi quand il y a tout à la fois gonflement, écoulement de larmes et de pituite épaisse; quand la pituite est mêlée de larmes, mais que celles-ci ne sont pas chaudes; que la pituite est blanche et douce; qu'enfin l'induration ne se joint pas au gonflement, il n'y a pas lieu de craindre que la maladie se prolonge. Au contraire, si les larmes sont abondantes et chaudes, s'il y a peu d'écoulement d'humeur, peu de gonflement, et qu'un seul œil soit affecté, l'affection sera longue, mais sans danger. Dans ce cas l'ophthalmie n'excite pour ainsi dire aucune douleur, mais elle ne disparaît guère avant le vingtième jour, et quelquefois persiste pendant deux mois. Au moment de la guérison la pituite devient blanche, douce, et se mêle aux larmes. Si les deux yeux sont pris en même temps, la durée du mal sera plus courte peut-être, mais on devra redouter quelque ulcération. La chassie, lorsqu'elle est sèche et dure, provoque, il est vrai, de la douleur; et toutefois le mal se dissipe plus promptement, à moins qu'il ne se fasse une ulcération. Un gonflement considérable, qui n'est point douloureux et ne fournit pas d'écoulement, n'entraîne aucun péril : si cependant, avec cet état de sécheresse, la douleur survient, il se forme presque toujours un ulcère, par suite duquel les paupières sont quelquefois collées au globe de l'œil. Il y a également sujet de redouter une ulcération des paupières ou de la pupille, lorsqu'indépendamment d'une douleur intense, les larmes sont salées et chaudes ; ou bien lorsque, le gonflement ayant disparu, il se fait longtemps encore un écoulement de larmes et de pituite. Le pronostic est plus grave quand la pituite est pâle ou livide, que les larmes sont chaudes et coulent en abondance, que la tête est brûlante, que la douleur se propage des tempes aux yeux, et qu'il y a de l'insomnie. L'œil se crève alors dans la plupart des cas, et l'on doit faire des vœux pour qu'il soit simplement ulcéré. Si la rupture de l'œil se fait intérieurement, une petite fièvre est un auxiliaire utile; mais le cas est sans remède, si l'œil une fois rompu fait saillie au dehors. Si quelque partie de l'organe passe du noir au blanc, cet état est de longue durée; d'un autre côté, s'il s'y forme des inégalités et des épaississements, on aperçoit toujours, même après la guérison, quelque vestige du mal. Nous tenons d'Hippocrate, l'un de nos plus anciens auteurs, qu'on guérit les maladies des yeux par la saignée, les médicaments, le bain et l'usage du vin ; mais il ne s'est pas suffisamment étendu sur les raisons de recourir à l'un plutôt qu'à l'autre, et sur l'opportunité de ces divers remèdes ; ce sont là pourtant des choses capitales

---

tio, quæ ad Tryphonem patrem auctorem refertur. In ea pares portiones sunt myrobalani magmatis, cretæ Cimoliæ subcæruleæ, nucum amararum, farinæ hordei atque ervi, struthii albi, sertulæ Campanæ seminis : quæ omnia contrita, melle quam amarissimo coguntur, illitumque a vespere usque mane eluitur.

VI. 1. Sed hæc quidem mediocria sunt. Ingentibus vero et variis casibus oculi nostri patent : qui cum magnam partem ad vitæ simul et usum et dulcedinem conferant, summa cura tuendi sunt. Protinus autem orta lippitudine, quædam notæ sunt, ex quibus, quid eventurum sit, colligere possimus. Nam si simul et lacrima et tumor et crassa pituita cœperint ; si ea pituita lacrimæ mista est ; neque lacrima calida est, pituita vero alba et mollis, tumor non durus, longæ valetudinis metus non est. At si lacrima multa et calida, pituitæ paulum, tumor modicus est, idque in uno oculo est ; longum id, sed sine periculo, futurum est. Idque lippitudinis genus minime cum dolore est ; sed vix ante vicesimum diem tollitur : nonnumquam per duos menses durat. Quandoque finitur, pituita alba et mollis esse incipit, lacrimæque miscetur. At si simul ea utrumque oculum invaserunt, potest esse brevior, sed periculum ulcerum est. Pituita autem sicca et arida dolorem quidem movet, sed maturius desinit ; nisi quid exulceravit. Tumor magnus, si sine dolore est, et siccus, sine ullo periculo est : si siccus quidem, sed cum dolore est, fere exulcerat ; et nonnumquam ex eo casu fit, ut palpebra cum oculo glutinetur. Ejusdem exulcerationis timor in palpebris pupillisve est, ubi super magnum dolorem lacrimæ salsæ calidæque sunt ; aut etiam si, tumore jam finito, diu lacrima cum pituita profluit. Pejus etiamnum est, ubi pituita pallida aut livida est, lacrima calida et multa profluit, caput calet, a temporibus ad oculos dolor pervenit, nocturna vigilia urget : siquidem sub his oculus plerumque rumpitur ; votumque est, ut tantum exulceretur. Intus ruptum oculum febricula juvat; medicamento, balneo, vino, vetustissimus auctor Hippocrates memoriæ prodidit. Sed eorum tempora et causas parum explicuit : in quibus medicinæ summa est. Neque minus in abstinentia et alvi ductione sæpe auxilii est. Hos igitur inter-

en médecine, et souvent aussi la diète et les lavements ne sont pas d'un secours moins efficace que les moyens qu'il indique. Les yeux sont quelquefois le siège d'une inflammation caractérisée par du gonflement et de la douleur, suivis bientôt de l'écoulement d'une pituite abondante et âcre, mais qui sous ce double rapport peut varier en plus ou en moins. Les ophthalmies de ce genre doivent être combattues d'abord par le repos et l'abstinence. En conséquence le malade doit dès le premier jour coucher dans une chambre obscure, observer le silence, se priver de tout aliment, ne rien boire, pas même de l'eau, ou du moins n'en prendre que le moins possible. Quand les douleurs sont intenses, il vaut mieux pratiquer la saignée le second jour; en cas d'urgence cependant, on n'attendra pas au lendemain, surtout si les veines du front sont gonflées, et si le sujet est d'une constitution forte et pléthorique. La maladie, lorsqu'elle se déclare avec moins d'intensité, n'exige pas un traitement aussi actif; on se borne alors à prescrire des lavements, administrés seulement le second ou le troisième jour. On peut dans une inflammation légère se dispenser de ces remèdes, ainsi que de la saignée, et se contenter du repos et de la diète. Il ne faut pas néanmoins imposer un long jeûne aux malades, car la pituite en deviendrait plus ténue et plus âcre; aussi, le second jour on choisira, parmi les aliments les plus légers, ceux qui, comme les œufs mollets, peuvent épaissir les humeurs. Si le mal a perdu de sa violence, on permettra de la bouillie ou du pain trempé dans du lait; et les jours suivants, à mesure que l'inflammation diminuera, il sera possible d'augmenter l'alimentation, pourvu que les substances soient de la même espèce. Par conséquent on ne donnera jamais rien de salé, rien d'âcre, rien d'atténuant, et l'eau sera la seule boisson. Tel est le régime qu'il est absolument nécessaire d'observer. Le premier jour on doit immédiatement se servir d'un topique composé de safran p. *. I. et de farine blanche très-fine p. *. II, auxquels on donne des blancs d'œuf pour excipient jusqu'à consistance de miel; on enduit un linge de ce mélange agglutinatif, qu'on applique sur le front pour modérer le cours de la pituite en comprimant les veines. Si le safran vient à manquer, l'encens peut en tenir lieu, et il n'est pas moins indifférent d'employer du linge ou de la laine. Pour appliquer en onctions sur les yeux mêmes, on prend de safran une pincée, de myrrhe la grosseur d'une fève, et gros comme une lentille de larmes de pavot; on broie le tout dans du vin de raisins secs, et, à l'aide d'une sonde, on met le médicament en contact avec l'organe malade. Autre préparation pour le même objet: myrrhe p. *. I.; suc de mandragore p. *. I.; larmes de pavot p. *. II.; feuilles de roses, semences de ciguë, ana p. *. III.; acacia p. *. IV.; gomme p. *. VIII. On fait usage de ces remèdes pendant le jour. La nuit, il convient, pour rendre le sommeil plus facile, de prescrire un cataplasme de mie de pain blanc qu'on a fait détremper dans du vin. Ce topique, en effet, arrête la pituite, absorbe les larmes, et empêche les yeux de se coller. Mais s'il paraît dur et pesant en raison de l'extrême sensibilité qui existe, il faut mettre dans un vase le blanc et le jaune d'un œuf, ajouter un peu d'hydromel, opérer le mélange avec le doigt, puis, lorsqu'il est bien fait, étendre le remède sur de la laine molle et bien car-

---

dum inflammatio occupat: ubi cum tumore in his dolor est; sequiturque pituitæ cursus, nonnumquam copiosior vel acrior, nonnumquam utraque parte moderatior. In ejusmodi casu prima omnium sunt quies et abstinentia. Ergo primo die, loco obscuro cubare debet, sic, ut a sermone quoque abstineat; nullum cibum assumere; si fieri potest, ne aquam quidem; sin minus, certe quam minimum ejus. Quod si graves dolores sunt, commodius secundo die; si tamen res urget, etiam primo sanguis mittendus est; utique si in fronte venæ tument, si firmo corpore materia superest. Si vero minor impetus minus acrem curationem requirit, alvum, sed non nisi secundo tertiove die duci oportet. At modica inflammatio neutrum ex his auxilium desiderat; satisque est, uti quiete et abstinentia. Neque tamen in lippientibus longum jejunium necessarium est, ne pituita tenuior atque acrior fiat: sed secundo die dari debet id, quod levissimum videri potest ex iis, quæ pituitam faciunt crassiorem; qualia sunt ova sorbilia: si minor vis urget, pulticula quoque, aut panis ex lacte. Insequentibusque diebus, quantum inflammationi detrahetur, tantum adjici cibis poterit; sed generis ejusdem: utique ut nihil salsum, nihil acre, nihil ex iis, quæ extenuant, sumatur; nihil potui præter aquam. Et victus quidem ratio talis maxime necessaria est. Protinus autem primo die, croci p. *. I. et farinæ candidæ quam tenuissimæ p. *. II. excipere oportet ovi albo, donec mellis crassitudinem habeat: idque in linteolum illinere, et fronti agglutinare, ut, compressis venis, pituitæ impetum cohibeat. Si crocum non est, thus idem facit. Linteolo an lana excipiatur, nihil interest. Superinungi vero oculi debent, sic, ut croci quantum tribus digitis comprehendi potest, sumatur, myrrhæ ad fabæ, papaveris lacrimæ ad lenticulæ magnitudinem, eaque cum passo conterantur, et specillo super oculum inducantur. Aliud ad idem : myrrhæ p. *. I. mandragoræ succi p. *. I. papaveris lacrimæ p. *. II. foliorum rosæ, cicutæ seminis, singulorum p. *. III. acaciæ p. *. IV. gummi p. *. VIII. Et hæc quidem interdiu : noctu vero, quo commodior quies veniat, non alienum est, superimponere candidi panis interiorem partem ex vino subactam : nam et pituitam reprimit, et, si quid lacrimæ processit, absorbet, et oculum glutinari non patitur. Si grave id et durum, propter magnum oculorum dolorem, videtur, ovi et album et vitellus in vas defundendum est, adjiciendumque eo mulsi paulum, idque digito permiscendum : ubi facta unitas est, demitti debet lana mollis bene-carpta, quæ id excipiat, superque oculos imponi. Ea res

dée, et l'appliquer sur le siége du mal. Ce médicament a l'avantage d'être léger, de prévenir comme réfrigérant l'afflux de la pituite, de ne pas se dessécher, et de s'opposer au collement des yeux. On obtient aussi de bons effets d'un cataplasme préparé avec de la farine d'orge bouillie et de la pulpe de coing bien cuite. Il n'y a rien d'irrationnel enfin à se servir simplement de compresses qu'on trempe dans de l'eau si l'inflammation est légère, ou dans de l'oxycrat quand elle est plus forte. Les autres topiques ont besoin d'être assujettis avec des bandes, parce qu'ils pourraient se déranger pendant le sommeil, tandis qu'il suffit d'appliquer les compresses, puisque le malade peut facilement les replacer lui-même, et que de plus, lorsqu'elles se dessèchent, il a la faculté de les humecter de nouveau. Si le mal est assez violent pour entraîner des insomnies prolongées, il faut recourir aux médicaments que les Grecs appellent *anodins*. La dose sera représentée par la grosseur d'un orobe pour un enfant, et par celle d'une fève pour un homme. Le premier jour, on ne doit rien injecter dans l'œil, à moins que l'inflammation ne soit légère; car par là on excite bien plus qu'on ne modère l'afflux de la pituite. Le second jour, au contraire, les injections sont avantageuses, même dans les ophthalmies intenses, lorsque d'abord on a tiré du sang ou prescrit des lavements, ou que du moins on s'est rendu certain de l'inutilité de ces moyens.

2. Il existe pour les maladies des yeux une multitude de collyres, composés par une infinité de médecins, et qui peuvent se prêter encore à de nouvelles combinaisons; car il est facile de mêler en proportions diverses des substances adoucissantes et légèrement résolutives. J'indiquerai seulement les préparations les plus importantes.

3. Collyre de Philon : de céruse lavée, de tutie, de gomme, ana p. *. i.; de larme de pavôt brûlée p. *. ii. Il est bon de savoir à ce sujet qu'en général les médicaments, après avoir été broyés isolément, doivent être une seconde fois triturés ensemble à l'aide d'un peu d'eau ou d'un autre liquide, qu'on ajoute peu à peu. Il faut savoir aussi que la gomme, entre autres propriétés, a celle de conserver gluants et non friables les collyres que le temps a pu dessécher.

4. Collyre de Denys : larmes de pavot brûlées jusqu'au point de les ramollir p. *. i.; encens brûlé, gomme, ana p. *. ii.; tutie p. *. iv.

5. Collyre de Cléon (celui-ci jouit d'une grande renommée) : Larme de pavot frite p. *. i.; safran p. *. ⸺.; gomme p. *. i.; broyez et ajoutez du suc de roses. Autre collyre du même, et plus actif : écaille de cuivre (στόμωμα des Grecs) p. *. i.; safran p. *. ii.; tutie p. *. iv.; plomb lavé et brûlé p. *. vi.; gomme même quantité. Le collyre d'Attale a les mêmes usages, et s'emploie principalement quand il y a un écoulement considérable de pituite. Le voici : castoreum p. *. —.; aloès p. *. ⸺.; safran p. *. i., myrrhe p. *. ii.; lycium p. *. iii.; cadmie préparée p. *. viii.; antimoine même proportion; suc d'acacia p. *. xii. Comme cette préparation ne contient pas de gomme, on la conserve liquide dans une petite boîte. Théodote y fait de plus entrer, opium brûlé p. *. i.; cuivre brûlé et lavé p. *. ii.; amandes de dattes torréfiées n° xx.; gomme p. *. xii.

6. On conserve de Théodote le collyre suivant, que quelques-uns appellent ἀχάριστον: Castoreum,

nard indien, ana ᵽ. *. i.; lycium ᵽ. *. =. autant de suc de pavot; myrrhe ᵽ. *. ii; safran, céruse lavée, aloès, ana ᵽ. *. iii.; cadmie en grappe et lavée, cuivre brûlé, ana ᵽ. *. viii.; gomme ᵽ. *. xviii.; suc d'acacia ᵽ.*. xx., antimoine même dose, et quantité suffisante d'eau pluviale.

7. Un des collyres dont l'usage est le plus répandu, indépendamment de ceux qui précèdent, est celui que les uns appellent κύθιον, et les autres τέφριον, parce qu'il est d'une couleur cendrée. Il a pour ingrédients : amidon, gomme adragant, suc d'acacia; gomme, ana ᵽ.*. i.; opium ᵽ. *. ii.; céruse lavée ᵽ. *. iv.; litharge d'argent lavée ᵽ. *. viii.; le tout trituré comme ci-dessus dans de l'eau de pluie.

8. Évelpide, fameux oculiste de nos jours, employait un collyre de sa composition qu'il nommait τρυγῶδες. Le voici : Castoreum ᵽ. *. = =.; lycium, nard, opium, ana ᵽ.*. i. safran, myrrhe, aloès, ana ᵽ. *. iv.; cuivre brûlé ᵽ. *. viii; cadmie et antimoine, ana ᵽ. *. xii.; suc d'acacia ᵽ. *. xxvi. et gomme même quantité.

Plus l'inflammation est grave, plus il est urgent de rendre les collyres adoucissants par l'addition d'un blanc d'œuf ou d'une certaine quantité de lait de femme. L'un de ces agents même suffit souvent pour diminuer la violence du mal, lorsqu'en l'absence du médecin, ou à défaut d'autre remède, on applique sur l'œil à l'aide d'un pinceau disposé pour cela. Quand on est en voie de guérison, et que déjà la pituite cesse d'affluer, les bains et l'usage du vin emportent les derniers vestiges de la maladie. Il y a donc lieu de se baigner, mais en commençant par de légères frictions huileuses, qui devront être plus prolongées sur les cuisses et les jambes; il faut aussi préalablement se bassiner amplement les yeux avec de l'eau chaude, diriger ensuite des affusions chaudes sur la tête, et les remplacer par des affusions tièdes. Il importe au sortir du bain d'éviter l'impression de l'air et du froid. Ces précautions observées, on rendra la nourriture un peu plus substantielle que les jours précédents, en excluant toutefois les aliments qui atténueraient la pituite. Le vin qu'on prendra sera léger, sans trop d'astringence et médiocrement vieux. Il faut en boire avec assurance, mais avec réserve ; c'est-à-dire dans une assez juste mesure pour que, sans troubler la digestion, il puisse favoriser le sommeil, et corriger intérieurement l'âcreté des humeurs. Si l'on sent augmenter dans le bain le trouble de l'organe visuel (ce qui arrive ordinairement à ceux qui pour se baigner n'ont pas attendu que la pituite cessât de couler), il faut alors se hâter de sortir de l'eau, ne pas boire de vin ce jour-là, manger moins que la veille, et revenir à l'usage du bain dès que l'afflux pituiteux sera suffisamment arrêté. Néanmoins, sous l'influence d'une saison contraire, ou par suite d'une mauvaise disposition du corps, il n'est pas rare de voir la douleur, l'inflammation et l'écoulement de pituite se prolonger pendant plusieurs jours. En pareil cas, et lorsque par cette durée même le mal est déjà mûr, il y a lieu de réclamer le secours de ces derniers moyens, c'est-à-dire du vin et des bains. Dangereux en effet au début des affections, parce qu'ils peuvent les exaspérer et les enflammer, ils deviennent en général d'une grande efficacité contre les maladies chroniques qui ont résisté à tous les autres remèdes. On observe ici,

---

6. At ipsius Theodoti, quod a quibusdam ἀχάριστον nominatur, ejusmodi est : castorei, nardi Indici, singulorum p. *. i. lycii p. *. =. papaveris lacrimæ tantumdem, myrrhæ p. *. ii. croci, cerussæ elotæ, aloes, singulorum p. *. iii. cadmiæ botryitidis elotæ, æris combusti, singulorum p. *. viii. gummi p. *. xviii. acaciæ succi p. *. xx. stibis tantumdem ; quibus aqua pluviatilis adjicitur.

7. Præter hæc, ex frequentissimis collyriis est id, quod quidam κύθιον, quidam a cinereo colore τέφριον appellant. Amyli, tragacanthæ, acaciæ succi, gummi, singulorum p. *. i. papaveris lacrimæ p. *. ii. cerussæ elotæ p. *. iv. spumæ argenti elotæ p. *. viii. quæ æque ex aqua pluviatili conteruntur.

8. Evelpides autem, qui ætate nostra maximus fuit ocularius medicus, utebatur eo, quod ipse composuerat : τρυγῶδες nominabat. Castorei p. *. = =. lycii, nardi, papaveris lacrimæ, singulorum p. *. i. croci, myrrhæ, aloes, singulorum p. *. iv. æris combusti p. *. viii. cadmiæ, et stibis, singulorum p. *. xii. acaciæ succi p. *. xxvi. gummi tantumdem.

Quo gravior vero quæque inflammatio est, eo magis leniri medicamentum debet, adjecto vel albo ovi, vel muliebri lacte. At si neque medicus, neque medicamentum præsto est, sæpius utrumlibet horum in oculos penicillo ad id ipsum facto infusum, id malum lenit. Ubi vero aliquis relevatus est, jamque cursus pituitæ constitit, reliquias fortasse leviores futuras discutiunt balneum et vinum. Igitur lavari debet, leviter ante ex oleo perfricatus, diutiusque in cruribus et feminibus; multaque calida aqua fovere oculos; deinde per caput prius calida, tum egelida perfundi : a balneo cavere ne quo frigore afflatuve lædatur : post hæc cibo paulo pleniore, quam ex eorum dierum consuetudine, uti, vitatis tamen omnibus pituitam extenuantibus; vinum bibere leve, subausterum, modice vetus, neque effuse, neque timide; ut neque cruditas ex eo, ut tamen somnus fiat, lenianturque intus latentia acria. Sed si quis in balneo sensit majorem oculorum perturbationem, quam attulerat; quod incidere iis solet, qui manente adhuc pituitæ cursu festinarunt; quamprimum discedere debet; nihil eo die vini assumere, cibi minus etiam, quam pridie : deinde cum primum satis pituita substitit, iterum ad usum balnei redire. Solet tamen evenire nonnumquam, sive tempestatum vitio, sive corporis, ut pluribus diebus neque dolor, neque inflammatio, et minime pituitæ cursus finiatur. Quod ubi incidit, jamque ipsa vetustate res matura est, ab his eisdem auxilium petendum est, id est balneo ac vino. Hæc enim ut in recentibus malis aliena sunt, quia concitare ea possunt,

comme dans d'autres circonstances, qu'après avoir échoué dans une médication convenable, on obtient de bons résultats par des moyens contraires. Avant d'en venir là pourtant, il faut raser la tête, la fomenter dans le bain, ainsi que les yeux, avec une grande quantité d'eau chaude; essuyer ces parties avec une compresse, et employer la pommade d'iris en onctions sur le cuir chevelu. Cela fait, on doit garder le lit jusqu'à ce que la chaleur acquise dans le bain soit passée, et que la sueur, qui a dû nécessairement se porter sur la tête, ait aussi disparu. On passe ensuite à l'alimentation indiquée plus haut, et l'on boit son vin pur. Il faut avoir soin enfin de tenir la tête couverte et d'observer le repos; car souvent alors l'écoulement pituiteux se termine par un sommeil profond, par une sueur, ou par une évacuation alvine. Quand le mal diminue (et c'est le cas le plus ordinaire), il faut pendant plusieurs jours encore suivre le même traitement, jusqu'à ce que la santé soit entièrement rétablie. S'il n'y a pas eu de selles durant cet intervalle, on donnera des lavements pour mieux dégager les parties supérieures. Quelquefois cependant l'inflammation se déclare avec tant de violence, que les yeux sont pour ainsi dire chassés de leur orbite. Les Grecs ont donné le nom de *proptose* à cet accident, parce qu'en effet il y a procidence du globe de l'œil. Dans ces conditions, il est toujours nécessaire de tirer du sang, si les forces le permettent, ou, si la faiblesse est trop grande, de prescrire des lavements et de prolonger la diète. On a besoin aussi des remèdes les plus adoucissants; c'est ce qui fait préférer le premier collyre de Cléon au second; mais le meilleur est celui de Niléé, et sur ce point il n'y a pas la moindre contestation entre les médecins.

9. En voici la composition : nard indien, suc de pavot, ana P. *. —.; gomme P. *. I.; safran P. *. II.; feuilles de roses fraîches P. *. IV.; le tout mêlé dans de l'eau de pluie, ou dans du vin léger et un peu astringent. On peut aussi faire bouillir, dans du vin, de l'écorce de grenade, ou des fleurs de mélilot, pour les broyer ensuite; ou bien on fait un mélange soit de myrrhe noire et de feuilles de roses; soit de feuilles de jusquiame et d'un jaune d'œuf cuit; soit de farine délayée dans du suc d'acacia, dans du vin de raisins cuits, ou dans de l'hydromel. Ces divers collyres deviennent encore plus efficaces par l'addition de feuilles de pavot. Après avoir préparé l'un de ces collyres, on commence par se bassiner les yeux avec un linge trempé dans une décoction chaude de feuilles de myrte ou de roses, puis on passe à l'application du remède. De plus, on doit poser des ventouses scarifiées à la région occipitale. Si, par le concours de tous ces moyens, l'œil ne rentre pas dans l'orbite, et fait toujours la même saillie au dehors, il faut savoir que la lumière est perdue sans retour, et que la maladie se terminera par induration ou par suppuration. Si la suppuration devient manifeste, c'est à l'angle temporal que l'œil doit être incisé, pour amener par l'évacuation du pus, la cessation de l'inflammation et de la douleur, et diminuer aussi la difformité ultérieure, en remettant les tuniques en place. On fait usage ensuite des mêmes collyres, auxquels on ajoute un œuf ou du lait, ou du safran mélangé avec un blanc d'œuf. Quand l'œil est frappé d'induration, et par cela même

---

et accendere; sic in veteribus, quæ nullis aliis auxiliis cesserunt, admodum efficacia esse consuerunt : videlicet hic quoque, ut alibi, cum secunda vana fuerint, contrariis adjuvantibus. Sed ante tonderi ad cutem convenit : deinde in balneo aqua calida quamplurima caput atque oculos fovere : tum utrumque penicillo detergere, et ungere caput irino unguento; continereque in lectulo se, donec omnis calor, qui conceptus et, finiatur, desinatque sudor, qui necessario in capite collectus est : tum ad idem cibi vinique genus veniendum, sic, uti potiones meracæ sint; obtegendumque caput, et quiescendum. Sæpe enim post hæc gravis somnus, sæpe sudor, sæpe alvi dejectio pituitæ cursum finit. Si levatum malum est; quod aliquanto sæpius fit; per plures dies idem fieri oportet, donec ex toto sanitas restituatur. Si diebus iisdem alvus nihil reddit, ducenda est; quo magis superiores partes leventur. Nonnumquam autem ingens inflammatio tanto impetu erumpit, ut oculos sua sede propellat : πρόπτωσιν id, quoniam oculi procidunt, Græci appellant. Iis utique, si vires patiuntur, sanguinem mitti; si id fieri non potest, alvum duci, longioremque inediam indici, necessarium est. Opus autem lenissimis medicamentis est : ideoque Cleonis collyrio quidam, quod ex duobus ante positum est, utuntur. Sed optimum est Nileï; neque de ullo magis inter omnes auctores convenit.

9. Id habet nardi Indici, papaveris lacrimæ, singulorum p.*. — gummi p. *. I. croci p. *. II. foliorum rosæ recentium p. *. IV. quæ vel aqua pluviatili, vel vino levi, subaustero coguntur. Neque alienum est, malicorium, vel sertulam Campanam ex vino coquere, deinde conterere; aut myrrham nigram cum rosæ foliis miscere; aut hyosciami folia cum ovi cocti vitello; aut farinam cum acaciæ succo, vel passo, aut mulso : quibus si folia quoque papaveris adjiciuntur, aliquanto valentiora sunt. Horum aliquo præparato, penicillo fovere oculos oportet, ex aqua calida expresso, in qua ante vel myrti vel rosæ folia decocta sint : deinde, ex illis aliquid imponi. Præter hæc ab occipitio, incisa cute, cucurbitula admovenda est. Quod si per hæc restitutus oculus in sedem suam non est, eodemque modo prolapsus permanet, scire oportet, lumen esse amissum; deinde futurum, ut aut induresçat, in aut in pus vertatur. Si suppuratio se ostendit, ab eo angulo, qui tempori propior est, incidi oculus debet; ut, effuso pure, inflammatio ac dolor finiatur, et intus tunicæ residant, quo minus fœda postea facies sit : utendum deinde vel iisdem collyriis est ex lacte aut ovo; vel croco, cui album

assez privé de vie pour ne pas suppurer, il faut emporter tout ce qui fait une saillie difforme en saisissant la tunique externe à l'aide d'un crochet, au delà duquel on pratique l'excision avec le scalpel. On injecte après cela dans l'œil les mêmes médicaments, dont on doit se servir également lorsque cet organe, sorti de l'orbite, présente des fissures en plusieurs endroits.

10. Il est encore assez commun de voir à la suite d'une inflammation survenir des charbons qui peuvent avoir pour siége, soit le globe oculaire, soit la face interne ou externe des paupières. Dans ce cas, il faut prescrire des lavements, restreindre l'alimentation et faire boire du lait, pour tempérer l'âcreté des humeurs, qui est la source du mal. En fait de cataplasmes et de médicaments, on emploiera ceux que nous avons indiqués contre l'inflammation. Le collyre de Nilée est aussi de la plus grande utilité. Si le charbon néanmoins existe à la face externe de la paupière, le mieux est d'appliquer un cataplasme de graine de lin bouillie dans de l'hydromel, ou, s'il n'y a pas de graine de lin, d'en mettre un de farine de froment, qu'on fait bouillir de la même manière.

11. Quelquefois aussi l'inflammation donne naissance à des pustules; et quand cet accident a lieu dès le principe, c'est une raison de plus de se conformer aux règles que j'ai posées plus haut relativement au repos et à la saignée. Si elles paraissent trop tard pour qu'on puisse tirer du sang, il faut cependant donner des lavements, et, dans le cas où quelque raison s'y opposerait, le régime au moins sera scrupuleusement observé. Il est nécessaire en même temps de recourir aux topiques adoucissants, comme le collyre de Nilée et celui de Cléon.

12. Le collyre appelé *Philalèthe* est utile aussi dans cette affection. Voici les substances : myrrhe, suc de pavot, ana P. *. I.; plomb lavé, terre de Samos dite *aster*, gomme adragant, ana P. *. IV.; antimoine bouilli, amidon, ana P. *. VI.; tutie lavée, céruse lavée, ana P. *. VIII.; l'eau de pluie sert de véhicule, et pour l'usage on ajoute un œuf ou du lait.

13. Les pustules peuvent se convertir en ulcères; ceux-ci, quand ils sont récents, réclament des remèdes adoucissants, et ce sont presque toujours les mêmes que j'ai prescrits contre les pustules. Mais on leur applique aussi un collyre spécial qu'on appelle *dialiban*. Il se compose de cuivre brûlé et lavé, d'extrait de pavot frit, ana P. *. I.; de tutie lavée, d'encens, d'antimoine brûlé et lavé, de myrrhe, de gomme, ana P. *. II.

14. Il arrive encore qu'un œil devient plus petit que l'autre, ou que les deux yeux sont moins grands que dans l'état naturel. Cela est produit par l'écoulement d'une pituite âcre qui accompagnait l'ophthalmie, par un larmoiement continuel, ou par une violence extérieure dont on a négligé le traitement. C'est toujours le cas d'employer les collyres adoucissants et d'y ajouter du lait de femme. Le régime alimentaire sera très-substantiel et très-nourrissant. Il importe d'éviter tout ce qui pourrait faire couler les larmes, il faut renoncer aux soins domestiques, et s'il survient quelque embarras à ce sujet, on en dérobera la connaissance au malade. Les remèdes et les aliments âcres ne sont vrai-

---

ovi misceatur. At si induruit, et sic emortuus est, ne in pus verteretur, quatenus fœde prominebit, excidendum erit, sic, ut hamo summa tunica apprehendatur, infra id deinde scalpellus incidat : tum eadem medicamenta erunt conjicienda, donec omnis dolor finiatur. Iisdem medicamentis in eo quoque oculo utendum est, qui primum procidit, deinde per plura loca fissus est.

10. Solent etiam carbunculi ex inflammatione nasci, nonnumquam in ipsis oculis, nonnumquam in palpebris : et in his ipsis, modo ab interiore, modo ab exteriore parte. In hoc casu alvus ducenda est; cibus minuendus; lac potui dandum, ut acria, quæ læserunt, leniantur. Quod ad cataplasmata et medicamenta pertinet, iis utendum, quæ adversus inflammationes proposita sunt : atque hic quoque Nilei collyrium optimum est. Si tamen carbunculus in exteriore palpebræ parte est, ad cataplasmata aptissimum est lini semen ex mulso coctum; aut, si id non est, tritici farina eodem modo cocta.

11. Pustulæ quoque ex inflammatione interdum oriuntur. Quod si inter initia protinus incidit, magis etiam servanda sunt, quæ de sanguine et quiete supra proposui : sin serius, quam ut sanguis mitti possit, alvus tamen ducenda est : si id quoque aliqua res inhibet, utique victus ratio servanda est. Medicamentis autem hic quoque lenibus opus est, quale Nilei, quale Cleonis est.

12. Id quoque, quod Philalethes vocatur, huic aptum est. Myrrhæ, papaveris lacrimæ, singulorum p. *. I. plumbi eloti, terræ Samiæ, quæ ἀστήρ vocatur, tragacanthæ, singulorum p. *. IV. stibis cocti, amyli, singulorum p. *. VI. spodii eloti, cerussæ elotæ, singulorum p. *. VIII. quæ aqua pluviatili excipiuntur. Usus collyrii, vel ex ovo, vel ex lacte est.

13. Ex pustulis ulcera interdum fiunt; eaque recentia æque lenibus medicamentis nutrienda sunt, et iisdem fere, quæ supra in pustulis posui. Fit quoque proprie ad hæc, quod διὰ λιβάνου vocatur. Habet æris combusti et eloti, papaveris lacrimæ frictæ, singulorum p. *. I. spodii eloti, thuris, stibis combusti et eloti, myrrhæ, gummi, singulorum p. *. II.

14. Evenit etiam, ut oculi, vel ambo, vel singuli, minores fiant, quam esse naturaliter debeant : idque et acer pituitæ cursus in lippitudine efficit, et continuati fletus, et ictus parum bene curati. In his quoque iisdem lenibus medicamentis ex muliebri lacte utendum est : cibis vero iis, qui maxime corpus alere, et implere consueverunt : vitandaque omni modo causa, quæ lacrimas excitet, curaque domesticorum : quorum etiam si quid tale incidit, ejus notitiæ subtrahendum. Atque acria quoque medicamenta, et acres cibi non alio magis nomine his nocent, quam quod lacrimas movent.

ment nuisibles, dans ce genre d'affection, qu'en provoquant l'écoulement des larmes.

15. Il existe une maladie particulière, nommée *phthiriase* par les Grecs, et qui fait venir des poux entre les poils des paupières. Cette maladie reconnaissant pour cause le mauvais état du corps, il est rare qu'elle n'aille pas plus loin. Presque toujours, au contraire, il se déclare au bout d'un certain temps un écoulement de pituite très-âcre, qui détermine de graves ulcérations aux yeux et compromet sérieusement la vue. Il faut alors prescrire des lavements, raser la tête, et chaque jour à jeun la frotter longtemps; il faut aussi se promener et s'exercer activement; faire usage en gargarisme de calament et de figues grasses bouillis dans de l'hydromel; fomenter souvent la tête avec beaucoup d'eau chaude, quand on est dans le bain; éviter les aliments âcres; prendre du lait et du vin onctueux, et plutôt boire que manger. A l'intérieur on ne doit administrer que des médicaments adoucissants, pour ne pas ajouter à l'âcreté de la pituite. Enfin on se sert, pour tuer les poux et s'opposer à leur reproduction, de topiques convenables. En voici un composé d'écume de nitre p. *. 1.; de sandaraque p. *. 1.; de staphysaigre p. *. 1.; on broie le tout ensemble, et l'on ajoute parties égales d'huile vieille et de vinaigre, jusqu'à consistance de miel.

16. Les maladies des yeux n'ont exigé jusqu'ici que des remèdes adoucissants, mais il en est d'autres qui sollicitent l'emploi de moyens différents. De ce nombre sont les ophthalmies auxquelles l'inflammation a donné naissance, et qui s'étendent au delà de la période inflammatoire; quelques-unes notamment sont caractérisées par l'écoulement opiniâtre d'une pituite ténue. Il convient dans ce cas de provoquer, par les lavements, des évacuations alvines, puis de restreindre la nourriture; il est bon aussi de faire des onctions sur le front avec la composition d'Andréas que voici : gomme p. *. 1.; céruse, antimoine, ana p. *. 11.; litharge d'argent bouillie et lavée p. *. 1v. On fait bouillir la litharge dans de l'eau de pluie, et les autres médicaments pris à l'état sec sont broyés dans du suc de myrte. Par-dessus les onctions faites avec ce mélange, on met un cataplasme de farine délayée dans de l'eau froide, avec addition de suc d'acacia ou de cyprès. Des ventouses scarifiées, appliquées au sommet de la tête, ou des émissions sanguines pratiquées aux tempes, sont encore de bons moyens de traitement. On peut aussi se servir en onctions de cette autre préparation : écaille de cuivre, suc de pavot, ana p. *. 1.; corne de cerf brûlée et lavée, plomb lavé, gomme, ana p. *. 1v.; encens p. *. x11. La corne que renferme ce collyre lui a fait donner le nom de *diakéra*. Toutes les fois que je ne désigne pas spécialement le liquide qu'il faut ajouter au collyre, c'est de l'eau que j'entends parler.

17. On emploie dans les mêmes cas le collyre d'Évelpide qu'il appelait μεμιγμένον. Il se compose de suc de pavot et de poivre blanc, de chaque une once, de gomme une livre, de cuivre brûlé p. *. 1. s. Il est bon de suspendre de temps à autre l'application de ces remèdes, pour faire usage des bains et du vin. Si dans toutes les ophthalmies on doit éviter une nourriture atténuante, cela devient bien plus nécessaire encore quand elles sont marquées par l'écoulement chronique d'une humeur ténue. Lorsque le

---

15. Genus quoque vitii est, quod inter pilos palpebrarum pediculi nascuntur : φθειρίασιν Græci nominant. Quod cum ex malo corporis habitu fiat, raro non ultra procedit : sed fere tempore interposito pituitæ cursus acerrimus sequitur; exulceratisque vehementer oculis, aciem quoque ipsam corrumpit. His alvus ducenda est; caput ad cutem tondendum, diuque quotidie jejunis perfricandum : his ambulationibus aliisque exercitationibus diligenter utendum; gargarizandum ex mulso, in quo nepeta et pinguis ficus decocta sit; sæpe in balneo multa calida aqua fovendum caput; vitandi acres cibi; lacte vinoque pingui utendum; bibendumque liberalius, quam edendum est. Medicamenta vero intus quidem lenia danda sunt; ne quid acrioris pituitæ concitent : super ipsos vero pediculos alia, quæ necare eos, et prohibere, ne similes nascantur, possint. Ad id ipsum spumæ nitri p. *. 1. sandarachæ p. *. 1. uvæ taminiæ p. *. 1. simul teruntur, adjiciturque vetus oleum pari portione, atque acetum, donec mellis ei crassitudo sit.

16. Hactenus oculorum morbi lenibus medicamentis nutriuntur. Genera deinde alia sunt, quæ diversam curationem desiderant; fereque ex inflammationibus nata, sed finitis quoque his manentia. Atque inprimis in quibusdam perseverat tenuis pituitæ cursus. Quibus alvus ab inferiore parte evocanda est, demendumque aliquid ex cibo. Neque alienum est, illini frontem compositione Andreæ : quæ habet gummi p. *. 1. cerussæ, stibis, singulorum p. *. 11. spumæ argenti coctæ et elotæ p. *. 1v. Sed et ea spuma ex aqua pluviatili coquitur, et arida hæc medicamenta ex succo myrti conteruntur. His illita fronte, cataplasma quoque superinjiciendum est ex farina, quæ frigida aqua coacta sit, cuique aut acaciæ succus, aut cupressus adjecta sit. Cucurbitula quoque, inciso vertice, recte accommodatur; aut ex temporibus sanguis emittitur. Inungi vero eo debet, quod habet squamæ æris, papaveris lacrimæ, singulorum p. *. 1. cervini cornu combusti et eloti, plumbi eloti, gummi, singulorum p. *. 1v. thuris p. *. x11. Hoc collyrium quia cornu habet, διὰ κέρατος nominant. Quotiescumque non adjicio, quod genus humoris adjiciendum sit, aquam intelligi volo.

17. Ad idem Evelpidis, quod μεμιγμένον nominabat. In eo papaveris lacrimæ, et albi piperis, singulæ unciæ sunt, gummi libra, æris combusti p. *. 1. s. Inter has autem curationes, post intermissionem aliquam, prosunt balneum et vinum. Cumque omnibus lippientibus vitandi cibi sint, qui extenuant; tum præcipue, quibus tenuis humor diu fertur. Quod si jam fastidium est eorum, quæ pituitam

malade témoigne, pour les aliments qui peuvent épaissir la pituite, un dégoût que ce genre d'alimentation soulève du reste assez promptement, on le met à un régime astringent, lequel en resserrant le ventre agit de la même manière sur le corps.

18. Quand les ulcères ne disparaissent pas avec l'inflammation, ils deviennent fongueux, sordides ou profonds, ou tout au moins ils passent à l'état chronique. On réprime parfaitement les fongosités avec le collyre μεμιγμένον, qui déterge également les ulcères sordides, de même que le collyre connu sous le nom de *smilion*.

19. Celui-ci a pour ingrédients : cuivre P. *. IV.; gomme même quantité; ammoniac, minium de Sinope, ana P. *. XVI. Les uns se contentent de broyer ces substances dans l'eau; d'autres, pour rendre le collyre plus actif, les écrasent dans du vinaigre.

20. On tire aussi parti, dans le traitement de ces ulcères, du collyre suivant, qu'Évelpide appelait Χειρῶνα (4) : safran, P. *. I.; suc de pavot, gomme, ana P. *. II.; cuivre brûlé et lavé, myrrhe, ana P. *. IV.; poivre blanc P. *. VI. Mais, avant d'employer cette préparation, il faut avoir fait usage d'un collyre adoucissant.

21. Le collyre nommé *sphærion* par Évelpide jouit des mêmes propriétés. Le voici : pierre hématite lavée P. *. I. ⸺.; poivre six grains, calamine lavée, myrrhe, suc de pavot, ana P. *. II.; safran P. *. IV.; gomme P. *. VIII.; le tout est broyé dans du vin d'Aminée.

22. Évelpide employait aussi dans les mêmes cas une composition liquide, dans laquelle entraient les substances suivantes : verdet P. *. ⸺.; misy brûlé, vitriol, cannelle, ana P. *. I.; safran, nard, suc de pavot, ana P. *. I; myrrhe P. *. II; cuivre brûlé P. *. III.; cendres de parfums P. *. IV.; poivre grains XV. Broyez le tout dans du vin astringent; faites bouillir ensuite le mélange jusqu'à fusion complète dans trois hémines de vin de raisins cuits. Ce remède en vieillissant devient encore plus efficace.

23. Les deux collyres *Philalèthe* et *sphærion*, indiqués ci-dessus, favorisent parfaitement la régénération des chairs dans les ulcères profonds; et le second est aussi d'un très-utile secours contre les ulcères invétérés, dont il est si difficile d'obtenir la cicatrisation.

24. Un autre collyre, bien qu'employé déjà dans un certain nombre d'ophthalmies, paraît surtout applicable au traitement de ces ulcères. On attribue cette formule à Hermon : poivre long P. *. I. ⸺.; poivre blanc P. *.; cannelle, costus, ana P. *. I.; vitriol, nard, casia, castoreum, ana P. *. II.; noix de galle P. *. V.; myrrhe, safran, encens, lycium, céruse, ana P. *. VIII.; suc de pavot P. *. XII.; aloès, cuivre brûlé, calamine, ana P. *. XVI.; acacia, antimoine, gomme, ana P. *. XXV.

25. Les cicatrices qui se forment à la suite de ces ulcères présentent deux inconvénients : elles sont trop déprimées, ou trop épaisses. Dans le premier cas, on peut effacer la dépression en faisant usage du collyre sphærion, ou de celui qu'on nomme *Asclépios*. Ce dernier est ainsi formé : suc de pavot P. *. II.; sagapenum, opopanax, ana P. *. III.; cuivre P. *. IV.; gomme P. *. VIII.; poivre P. *. XII.; calamine lavée, céruse, ana P. *. XVI. Si les cicatrices au contraire

---

crassiorem reddunt, sicut in hoc genere materiæ maxime promptum est; confugiendum est ad ea, quæ, quia ventrem, corpus quoque adstringunt.

18. At ulcera, si cum inflammatione finita non sunt, aut supercrescentia, aut sordida, aut cava, aut certe vetera esse consuerunt. Ex his supercrescentia collyrio, quod μεμιγμένον vocatur, optime reprimuntur. Sordida purgantur et eodem, et eo, quod σμίλιον nominatur.

19. Habet æruginis p. *. IV. gummi tantumdem, ammoniaci, minii Sinopici, singulorum p. *. XVI. quæ quidam ex aqua, quidam, quo vehementiora sint, ex aceto terunt.

20. Id quoque Evelpidis, quod Χειρῶνα appellabat, huic, utile est. Croci p. *. I. papaveris lacrimæ, gummi, singulorum p. *. II. æris combusti et eloti, myrrhæ, singulorum p. *. IV. piperis albi p. *. VI. Sed ante levi, tum hoc inungendum est.

21. Id quoque ejusdem, quod sphærion nominabat, eodem valet. Lapidis hæmatitis eloti p. *. I. ⸺. piperis grana sex, cadmiæ elotæ, myrrhæ, papaveris lacrimæ, singulorum p. *. II. croci p. *. IV. gummi p. *. VIII. quæ cum vino Aminæo conteruntur.

22. Liquidum quoque medicamentum ad idem componebat, in quo erant hæc : æruginis p. *. ⸺. misy combusti, atramenti sutorii, cinnamomi, singulorum p. *. I. croci, nardi, papaveris lacrimæ, singulorum p. *. I. ⸺. myrrhæ p. *. II. æris combusti p. *. III. cineris ex odoribus p. *. IV. piperis grana XV. Hæc ex vino austero leruntur; deinde cum passi tribus heminis decoquuntur, donec corpus unum sit : idque medicamentum vetustate efficacius fit.

23. Cava vero ex ulcera commodissime implent ex iis, quæ supra posita sunt, sphærion, et id, quod Philalethes vocatur. Idem sphærion vetustis ulceribus, et vix ad cicatricem venientibus optime succurrit.

24. Est etiam collyrium, quod cum ad plura valeat, plurimum tamen proficere in his ulceribus videtur : refertur ad Hermonem auctorem. Habet piperis longi p. *. I. ⸺. albi p. *. cinnamomi, costi, singulorum p. *. I. atramenti sutorii, nardi, casiæ, castorei, singulorum p. *. II. gallæ p. *. V. myrrhæ, croci, thuris, lycii, cerussæ, singulorum p. *. VIII. papaveris lacrimæ p. *. XII. aloes, æris combusti, cadmiæ, singulorum p. *. XVI. acaciæ, stibis, gummi, singulorum p. *. XXV.

25. Factæ vero ex ulceribus cicatrices duobus vitiis periclitantur; ne aut cavæ, aut crassæ sint. Si cavæ sint, potest eas implere id, quod Sphærion vocari dixi; vel id, quod Asclepios nominatur. Habet papaveris lacrimæ p. *. II. sagapeni, opopanacis, singulorum p. *. III. æruginis p. *. IV. gummi p. *. VIII. piperis p. *. XII. cadmiæ elotæ, cerussæ, singulorum p. *. XVI. At si crassæ cicatrices

sont trop saillantes, on en diminue l'épaisseur à l'aide de la préparation dite smilion, ou du collyre de Canope, qui se compose de cannelle, d'acacia, ana P. *. I.; de calamine lavée, de safran, de myrrhe, de suc de pavot, de gomme, ana P. *. II.; de poivre blanc, d'encens, ana P. *. III.; de cuivre brûlé P. *. IX. On peut se servir aussi d'un collyre d'Évelpide nommé *pyxinum*, et dont voici les substances : sel fossile P. *. IV.; gomme ammoniaque en larmes P. *. VIII.; suc de pavot P. *. XII.; céruse P. *. XV.; poivre blanc, safran de Sicile, ana P. *. XXXII.; gomme P. *. XIII.; calamine lavée P. *. IX. La meilleure préparation cependant pour diminuer la cicatrice paraît être celle-ci : gomme P. *. ⸺.; verdet P. *. I.; lie de safran P. *. IV.

26. L'inflammation existe encore sous une autre forme, caractérisée par le gonflement, la tension et la douleur des yeux. Il est nécessaire de pratiquer la saignée du front, de fomenter amplement la tête et les yeux avec de l'eau chaude, d'employer un gargarisme fait avec la lentille ou le suc de figuier, et de faire usage en onctions des médicaments âcres indiqués plus haut, entre autres du collyre sphærion, qui contient de la pierre hématite. On peut aussi tirer parti des substances propres à effacer les granulations dont je vais parler.

27. Ces granulations, qui presque toujours succèdent à l'inflammation, sont plus ou moins prononcées. Quelquefois elles produisent elles-mêmes une autre ophthalmie qui, à son tour, augmente les granulations. Cette affection est de courte durée chez les uns, plus longue chez les autres, et dans certains cas se prolonge presque indéfiniment. Quelques personnes ont coutume de frotter les paupières, devenues dures et épaisses, avec une feuille de figuier, ou bien avec une sonde en forme de râpe; parfois même elles se servent du scalpel pour les ratisser; et, après les avoir renversées, elles les frottent chaque jour avec différents topiques. Ces moyens ne sont indiqués que pour les fortes granulations qui sont passées à l'état chronique; et encore on ne doit pas y revenir souvent, car on arrive plus facilement au même but à l'aide de remèdes particuliers et d'un régime convenable. On conseillera donc l'exercice et l'usage fréquent des bains; on aura soin de bassiner les yeux avec beaucoup d'eau chaude : le régime ensuite se composera d'aliments âcres et atténuants, et enfin pour collyre on prendra celui qu'on appelle *césarien*. Il est ainsi fait : vitriol P. *. I.; misy P. *. ⸺.; poivre blanc P. *. ⸺ ⸺.; suc de pavot, gomme, ana P. * II.; cadmie lavée P. *. III.; antimoine P. *. VI. Il est constant que ce collyre jouit d'une grande efficacité contre toutes les ophthalmies qui ne réclament pas l'emploi de remèdes adoucissants.

28. On guérit aussi ces granulations avec le collyre d'Hiérax, dont voici la composition : myrrhe P. *. I.; gomme ammoniaque en larmes P. *. II.; verdet ratissé P. *. IV. Les collyres de *Canope*, *smilion*, *pyxinum* et *sphærion*, sont également convenables. Si ces préparations font défaut, on vient encore à bout d'effacer les granulations en se servant de fiel de chèvre ou d'excellent miel.

29. Il existe aussi une ophthalmie sèche qui a reçu des Grecs le nom de *xérophthalmie* (5), et dans laquelle on n'observe ni écoulement, ni

---

sunt, extenuat vel smilion, vel Canopite collyrium; quod habet cinnamomi, acaciæ, singulorum p. *. I. cadmiæ elotæ, croci, myrrhæ, papaveris lacrimæ, gummi, singulorum p. *. II. piperis albi, thuris, singulorum p. *. III. æris combusti p. *. IX. Vel Evelpidis pyxinum, quod ex his constat : salis fossilis p. *. IV. ammoniaci thymiamatis p. *. VIII. papaveris lacrimæ p. *. XII. cerussæ p. *. XV. piperis albi, croci Siculi, singulorum p. *. XXXII. gummi p. *. XIII. cadmiæ elotæ p. *. IX. Maxime tamen tollere cicatricem videtur id, quod habet gummi p. *. ⸺ æruginis p. *. I. crocomagmatis p. *. IV.

26. Est etiam genus inflammationis, in qua, si cui tument ac distenduntur cum dolore oculi, sanguinem ex fronte mitti necessarium est; multaque aqua calida caput atque oculos fovere; gargarizare ex lenticula, vel ex fici cremore; inungi acribus medicamentis, quæ supra comprehensa sunt; maximeque eo, quod sphærion nominatur, quod lapidem hæmatiten habet. Atque alia quoque utilia sunt, quæ ad extenuandam asperitudinem fiunt; de qua protinus dicam.

27. Hæc autem inflammationem oculorum fere sequitur; interdum major, interdum levior. Nonnumquam etiam ex asperitudine lippitudo fit; ipsam deinde asperitudinem auget, fitque ea in aliis brevis, in aliis longa, et quæ vix umquam finiatur. In hoc genere valetudinis quidam crassas, durasque palpebras, et ficulneo folio, et asperato specillo, et interdum scalpello eradunt; versasque quotidie medicamentis sufficant. Quæ neque nisi in magna vetustaque aspritudine, neque sæpe facienda sunt : nam melius eodem ratione victus et idoneis medicamentis pervenitur. Ergo exercitationibus utemur, et balneo frequentiore; multaque oculos aqua calida fovebimus : cibos autem sumemus acres et extenuantes; at medicamentum id, quod Cæsarianum vocatur. Habet atramenti sutorii p. *. I. misy p. *. ⸺. piperis albi p. *. ⸺ ⸺. papaveris lacrimæ, gummi, singulorum p. *. II. cadmiæ lotæ p. *. III. stibis p. *. VI. Satisque constat, hoc collyrium adversus omne genus oculorum valetudinis idoneum esse; exceptis iis, quæ lenibus nutriuntur.

28. Id quoque, quod Hieracis nominatur, ad aspritudinem potest. Habet myrrhæ p. *. I. ammoniaci thymiamatis p. *. II. æruginis rasæ p. *. IV. Ad idem idoneum est etiam id, quod Canopite, et id quod smilion vocatur, et id quod pyxinum, et id quod sphærion. Si composita medicamenta non adsunt, felle caprino, vel quam optimo melle satis commode aspritudo curatur.

29. Est etiam genus aridæ lippitudinis : ξηροφθαλμίαν Græci appellant. Neque tument, neque fluunt oculi, sed

12.

tumeur; seulement les yeux sont rouges, pesants et douloureux, et les paupières se trouvent collées pendant la nuit par une chassie épaisse. La durée de cette ophthalmie est d'autant plus longue, qu'elle s'est montrée moins violente au début. Il faut, en pareil cas, se promener et s'exercer beaucoup, se baigner souvent, transpirer dans le bain, et faire de nombreuses frictions. Pour le régime, il faut garder un juste milieu entre les aliments qui ont trop d'âcreté et ceux qui sont trop nourrissants. Le matin, dès qu'on est certain que la digestion est faite, il convient de se gargariser avec une décoction de moutarde, puis de s'en frotter pendant longtemps la tête et la bouche.

30. Contre cette affection le meilleur collyre est celui qu'on appelle *rhinion*. Il renferme : myrrhe p. *. =; suc de pavot, suc d'acacia, poivre, gomme, ana p. *. i.; pierre hématite, pierre phrygienne, lycium, schiste, ana p. *. ii.; cuivre brûlé p. *. iv. Le collyre *pyxinum* peut se prêter au même usage.

31. Quand les yeux présentent des granulations, ce qui se rencontre principalement aux angles, on se sert avec succès, soit du collyre rhinion dont on vient de parler, soit d'un autre qui se compose de verdet ratissé, de poivre long, d'extrait de pavot, ana p. *. ii.; de poivre blanc, de gomme, ana p. *. iv.; de cadmie lavée, de céruse, ana p. *. vi. Aucun cependant n'est préférable à celui qu'Évelpide nommait *basilicon*. On y fait entrer suc de pavot, céruse, pierre asienne, ana p. *. ii.; gomme p. *. iii.; poivre blanc p. *. iv.; safran p. *. vi.; *psoricum* p. *. xiii. Ce dernier mot désigne non une substance en particulier, mais bien un mélange de chalcitis et de cadmie qu'on broie dans une quantité double de vinaigre. La préparation, placée dans un vase d'argile, et recouverte de feuilles de figuier, doit rester sous terre pendant vingt jours, au bout desquels on la retire pour être triturée de nouveau, et elle prend alors le nom de *psoricum*. On regarde le collyre basilicon comme propre à combattre tous les maux d'yeux auxquels les remèdes adoucissants ne sont pas applicables. A défaut de médicaments composés, le miel et le vin réussissent à enlever les granulations des angles de l'œil. De même que dans l'ophthalmie sèche, on se trouve bien ici d'appliquer sur les yeux de la mie de pain trempée dans du vin. Ces maladies en effet dépendant presque toujours d'une humeur âcre qui produit les granulations des yeux, des angles ou des paupières, ce cataplasme sert à l'absorber si elle se fait jour au dehors, ou bien à la dissiper si elle occupe les parties voisines.

32. L'obscurcissement de la vue survient quelquefois après une ophthalmie, et d'autres fois il résulte simplement de la vieillesse ou d'une autre cause débilitante. Quand ce désordre est la suite d'une ophthalmie, on le traite avec succès, soit à l'aide du collyre dit Asclépios, soit en prenant celui qu'on prépare avec la lie de safran.

33. Le collyre que les Grecs appellent διὰ κρόκου est spécialement composé pour remédier à cet accident. On y fait entrer : poivre p. *. i.; safran de Cilicie, opium, céruse, ana p. *. ii.; psoricum, gomme, ana p. *. iv.

34. Mais si le trouble de la vue n'est que la

---

rubent tantum, et cum dolore quodam graves sunt, et noctu præ gravi pituita inhærescunt : quantoque minor generi huic impetus, tanto finis minus expeditus est. In hoc vitio multum ambulare, multum exerceri, lavari sæpe, ibique desudare, multaque frictione uti necessarium est. Cibi neque qui implent, neque nimium acres, apti sunt, sed inter hos medii. Mane, ubi concoxisse manifestum est, non est alienum ex sinapi gargarizare; tum deinde caput atque os diutius defricare.

30. Collyrium vero aptissimum est, quod rhinion vocatur. Habet myrrhæ p. *. =. papaveris lacrimæ, acaciæ succi, piperis, gummi, singulorum p. *. i. lapidis hæmatitis, lapidis Phrygii, lycii, lapidis scissilis, singulorum p. *. ii. æris combusti p. *. iv. Ac pyxinum quoque eodem accommodatum est.

31. Si vero scabri oculi sunt, quod maxime in angulis esse consuevit, potest prodesse rhinion, id quod supra positum est; potest similiter id, quod habet æruginis rasæ, piperis longi, papaveris lacrimæ, singulorum p. *. ii. piperis albi, gummi singulorum p. *. iv. cadmiæ elotæ, cerussæ, singulorum p. *. vi. Nullum tamen melius est, quam Evelpidis, quod βασιλικὸν nominabat. Habet papaveris lacrimæ, cerussæ, lapidis Asii, singulorum p. *. ii. gummi p. *. iii. piperis albi p. *. iv. croci p. *. vi. psorici p. *. xiii. Nulla autem per se materia est, quæ psoricum nominetur; sed chalcitidis aliquid, et cadmiæ dimidio plus ex aceto simul conteruntur, idque in vas fictile additum, et contectum ficulneis foliis, sub terra reponitur, sublatumque post dies viginti rursus teritur, et sic appellatur. Verum in basilico quoque collyrio convenit, ad omnes affectus oculorum id esse idoneum, qui non lenibus medicamentis curantur. Ubi non sunt autem medicamenta composita, scabros, angulos lævant et mel et vinum : succurritque et his et aridæ lippitudini, si quis panem ex vino subactum super oculum imponit. Nam, cum fere sit humor aliquis, qui modo ipsum oculum, modo angulos, aut palpebras exasperat, sic, et si quid prodit humoris, extrahitur, et si quid juxta est, repellitur.

32. Caligare vero oculi nonnumquam ex lippitudine, nonnumquam etiam sine hac, propter senectutem, imbecillitatemve aliam, consuerunt. Si ex reliquiis lippitudinis id vitium est, adjuvat collyrium, quod Asclepios nominatur; adjuvat id, quod ex crocomagmate fit.

33. Proprie etiam ad id componitur, quod διὰ κρόκου vocant. Habet piperis p. *. i. croci Cilicii, papaveris lacrimæ, cerussæ, singulorum p. *. ii. psorici, gummi, singulorum p. *. iv.

34. At si ex senectute, aliave imbecillitate id est, recte

conséquence de la vieillesse ou de quelque infirmité, il convient de frotter les yeux avec un mélange d'excellent miel, d'huile de troêne et de vieille huile. Il vaut beaucoup mieux cependant mêler une partie de baume, deux parties d'huile vieille ou d'huile de troêne, et trois parties de miel très-âcre. Les remèdes que nous venons d'indiquer contre le trouble visuel de la première espèce, et ceux qu'on a signalés plus haut comme destinés à diminuer l'épaisseur des cicatrices, peuvent aussi dans ce cas recevoir des applications utiles. Les personnes dont la vue s'obscurcit devront marcher et s'exercer beaucoup, se baigner souvent, et, une fois au bain, se faire frotter tout le corps et principalement la tête avec de l'huile d'iris, en ayant soin de pousser les frictions jusqu'à la sueur; elles devront être bien couvertes, et n'enlever chez elles aucun vêtement avant d'avoir donné à la chaleur et à la sueur le temps de disparaître. Ensuite on choisira des aliments âcres et atténuants, puis, quelques jours après, il faudra faire usage de gargarismes à la moutarde.

35. La cataracte, que les Grecs nomment ὑπόχυσις, intercepte quelquefois la lumière de l'œil. Quand cette affection est ancienne, il faut en venir à l'opération; mais en l'attaquant dès le principe, on peut en obtenir la résolution par l'emploi de certains moyens. Il faut dans ce cas pratiquer des émissions sanguines au front ou aux narines, appliquer le feu aux veines des tempes, provoquer par des gargarismes l'écoulement de la pituite, recourir aux fumigations, et n'employer que des collyres âcres. Quant au régime, le meilleur est celui qui atténue la pituite.

36. Le même régime et le traitement qui précède s'appliquant également à la paralysie des yeux, il nous suffira de dire un mot de cette maladie. Elle peut n'attaquer qu'un œil ou les deux yeux à la fois, et d'ordinaire elle se manifeste à la suite d'un coup, d'une attaque d'épilepsie, ou sous l'influence de mouvements convulsifs qui agissent tellement sur l'organe visuel, qu'il perd la faculté de se diriger vers un point quelconque et de se fixer sur aucun objet. Les yeux du malade errent çà et là sans but, et sont désormais impuissants à lui transmettre l'image des corps.

37. La *mydriase* des Grecs diffère peu de la paralysie. Il y a dans ce cas relâchement et dilatation de la pupille, puis affaiblissement et obscurcissement de la vue. C'est une infirmité très-difficile à guérir; mais on doit la combattre, ainsi que la paralysie, par tous les moyens indiqués déjà contre l'obscurcissement de la vue. Il y a du moins peu de chose à changer, puisqu'il suffit d'ajouter tantôt du vinaigre, et tantôt du nitre, à l'huile d'iris destinée à frotter la tête. Quant aux onctions, elles seront faites simplement avec du miel. Quelques personnes ont été guéries de la mydriase, pour avoir fait usage des eaux thermales; d'autres, sans raison appréciable, sont devenues subitement aveugles. Parmi ces dernières, il en est qui, après une cécité plus ou moins longue, ont pu recouvrer la vue par suite d'une diarrhée soudaine. On peut inférer de là qu'il n'est pas inutile d'employer de temps en temps, dès le commencement du mal, des purgatifs, qui chassent par les voies inférieures toute la matière nuisible.

38. Indépendamment de cet affaiblissement,

---

inungi potest, et melle quam optimo, et cyprino, et oleo vetere. Commodi. simum tamen est, balsami partem unam, et olei veteris, aut cyprini partes duas, mellis quam acerrimi partes tres miscere. Utilia huic quoque medicamenta sunt, quæ ad caliginem proxime, quæque ad extenuandas cicatrices supra comprehensa sunt. Cuicumque vero oculi caligabunt, huic opus erit multa ambulatione, atque exercitatione; frequenti balneo; ubi totum quidem corpus perfricandum est, præcipue tamen caput, et quidem irino, donec insudet; velandumque postea, nec detegendum, antequam sudor et calor domi conquierint. Tum cibis utendum acribus, et extenuantibus; interpositisque aliquibus diebus, ex sinapi gargarizandum.

35. Suffusio quoque, quam Græci ὑπόχυσιν nominant, interdum oculi potentiæ, qua cernit, se opponit. Quod, si inveteravit, manu curandum est: inter initia nonnumquam certis observationibus discutitur. Sanguinem ex fronte vel naribus mittere; in temporibus venas adurere; gargarizando pituitam evocare; suffumigare; oculos acribus medicamentis inungere, expedit. Victus optimus est, qui pituitam extenuat.

36. Ac ne resolutio quidem oculorum, quam παράλυσιν Græci nominant, alio victus modo, vel aliis medicamen-

tis curanda est. Exposuisse tantum genus vitii satis est. Igitur interdum evenit, modo in altero oculo, modo in utroque, aut ex ictu aliquo, aut ex morbo comitiali, aut ex. distentione nervorum, qua vehementer ipse oculus concussus est, ut is neque quoquam intendi possit, neque omnino consistat; sed huc illucve sine ratione moveatur, ideoque ne conspectum quidem rerum præstet.

37. Non multum ab hoc malo distat id, quod μυδρίασιν. Græci vocant. Pupilla funditur et dilatatur, aciesque ejus hebetescit; ac pene caligat. Difficillime genus id imbecillitatis eliditur. In utraque vero [id est et paralysi, et mydriasi], pugnandum est per eadem omnia, quæ in caligine oculorum præcepta sunt, paucis tantum mutatis: siquidem ad caput irino interdum acetum, interdum nitrum adjiciendum est; melle inungi satis est. Quidam in posteriore vitio calidis aquis usi, relevatique: quidam sine ulla manifesta causa subito obcæcati sunt. Ex quibus nonnulli, cum aliquandiu nihil vidissent, repentina profusione alvi, lumen receperunt. Quo minus alienum videtur, et recenti re, et interposito tempore, medicamentis quoque moliri dejectiones, quæ omnem noxiam materiam in inferiora depellant.

38. Præter hæc imbecillitas oculorum est, ex qua qui-

visuel, il en existe un autre qui consiste à distinguer passablement les objets dans le jour, et à ne plus rien voir pendant la nuit. Les femmes bien réglées ne sont pas sujettes à cette maladie. Ceux qui en sont atteints doivent faire rôtir un foie de bouc, ou toutau moins un foie de chèvre, et se servir du jus qui découle pendant la cuisson, pour faire des onctions sur les yeux, et manger ensuite le foie même. On peut aussi tirer parti des médicaments employés pour diminuer les cicatrices, et enlever les granulations des yeux. Quelques-uns ajoutent aux semences de pourpier, préalablement écrasées, une suffisante quantité de miel pour que le médicament ne puisse dégoutter de la sonde, et ils s'en servent en onctions. L'exercice, les bains, les frictions, les gargarismes, recommandés déjà dans les affections précédentes, conviennent encore dans celle-ci.

39. Ces diverses maladies prennent naissance pour ainsi dire à l'intérieur du corps; mais l'œil est encore exposé à des lésions externes, et c'est ainsi qu'un coup peut produire un épanchement de sang. La meilleure manière de remédier à cet accident est d'appliquer sur les yeux du sang de pigeon, de ramier ou d'hirondelle. Cette pratique en effet n'est pas dépourvue de raison; car lorsque ces oiseaux ont reçu quelque blessure à l'œil, cet organe revient bientôt à son intégrité première, et cela même a lieu très-promptement chez l'hirondelle. Telle est l'origine de la fable qui donne à celle-ci la science de guérir ses petits au moyen d'une herbe, tandis que la guérison s'opère spontanément. Ce sont donc là d'excellents remèdes contre les lésions externes de l'œil, et voici l'ordre à suivre relativement aux vertus que le sang de ces oiseaux possède pour eux-mêmes et pour nous : d'abord le sang d'hirondelle, qui est le meilleur ; puis celui du ramier; et en dernier lieu celui du pigeon, qui est le moins efficace. On ne doit pas négliger en outre, quand l'œil a subi quelque violence, d'appliquer des cataplasmes ; pour calmer l'inflammation. On prend à cet effet du sel ammoniac ou tout autre sel, qu'on pile très-exactement; on ajoute peu à peu de l'huile pour avoir la consistance convenable ; et l'on y mêle ensuite de la farine d'orge bouillie dans de l'hydromel. En résumé cependant, lorsqu'on a passé en revue tout ce que les médecins ont écrit à ce sujet, il est facile de reconnaître que parmi les affections dont nous avons parlé, il n'en est pas une peut-être qu'on ne puisse guérir aussi bien par des remèdes très-simples, et qui se trouvent pour ainsi dire sous la main.

VII. 1. Nous venons de signaler les maladies des yeux, que l'on parvient le plus souvent à guérir par le secours des médicaments ; nous arrivons maintenant aux affections de l'oreille, dont les fonctions dans l'ordre de la nature sont immédiatement placées après celles de l'œil. Ces nouvelles affections présentent beaucoup plus de danger; car les maux d'yeux ne sévissent que sur l'organe même, tandis que, pour l'oreille, on voit parfois la douleur et l'inflammation amener brusquement le délire et la mort. De là nécessité de combattre le mal dès le principe, afin de prévenir des accidents plus redoutables. En conséquence, il faut à la première douleur observer le repos et la diète, puis le lendemain, si le mal est plus intense, raser la tête, y faire des onctions chaudes avec la pommade d'iris, et la bien couvrir. Une vive douleur, accompagnée de fièvre et d'insomnie, exige de plus une saignée ; et si quelque raison ne permet pas de la faire, on prescrira des lavements. Des cataplasmes chauds

---

dam interdiu satis, noctu nihil cernunt : quod in fœminam bene respondentibus menstruis non cadit. Sed sic laborantes inungi oportet sanie jocinoris, maxime hircini; sin minus, caprini, ubi id assum coquitur, excepta : atque edi quoque ipsum jecur debet. Licet tamen etiam iisdem medicamentis non inutiliter in iis, quæ vel cicatrices, vel aspritudinem extenuant. Quidam contrito semine portulacæ mel adjiciunt eatenus, ne id ex specillo destillet, eoque inungunt. Exercitationibus, balneo, frictionibus, gargarizationibus iisdem his quoque utendum est.

39. Et hæc quidem in ipsis corporibus oriuntur. Extrinsecus vero interdum sic ictus oculum lædit, ut sanguis in eo suffundatur. Nihil commodius est, quam sanguine vel columbæ, vel palumbi, vel hirundinis inungere. Neque id sine causa sit; cum horum acies extrinsecus læsa, interposito tempore in antiquum statum redeat, celerrimeque hirundinis. Unde etiam locus fabulæ factus est, per parentes id herba restitui, quod per se sanescit. Eorum ergo sanguis nostros quoque oculos ab externo casu commodissime tuetur, hoc ordine ; ut sit hirundinis optimus, deinde palumbi, minime efficax columbæ, et illi ipsi, et nobis. Supra percussum vero oculum, ad inflammationem leniendam, non est alienum imponere etiam cataplasmata. Sal ammoniacus, vel quilibet alius quam optime teri debet, sic, ut ei paulatim oleum adjiciatur, donec crassitudo strigmenti fiat; id deinde miscendum est cum hordeacea farina, quæ ex mulso decocta sit. Facile autem, recognitis omnibus, quæ medici prodiderunt, apparere cuilibet potest, vix ullam ex iis, quæ supra comprehensa sunt, oculi vitium esse, quod non simplicibus quoque, et promptis remediis submoveri possit.

VII. 1. Hactenus in oculis ea reperiuntur, in quibus medicamenta plurimum possunt : ideoque ad aures transeundum est, quarum usum proximum a luminibus natura nobis dedit. Sed in his aliquanto majus periculum est : nam vitia oculorum intra ipsos nocent ; aurium inflammationes dolorosque, interdum etiam ad dementiam mortemque præcipitant. Quo magis inter initia protinus succurrendum est, ne majori periculo locus sit. Ergo ubi primum dolorem aliquis sensit, abstinere et continere se debet. Postero die, si vehementius malum est, caput tondere, idque irino unguento calido perungere, et operire. At magnus cum febre vigiliaque dolor exigit, ut sanguis quoque mittatur. Si id aliquæ causæ prohibent, alvus solvenda

et souvent renouvelés produisent aussi de bons effets; on les prépare avec la farine de lin, de fenugrec, ou quelque autre semblable, bouillie dans de l'hydromel. On se trouve bien encore d'appliquer sur l'oreille des éponges imbibées d'eau chaude. Lorsque la douleur est calmée, on enduit le contour de l'organe malade de cérat fait avec l'huile d'iris ou de troëne : dans certains cas cependant on doit préférer celui dans lequel il entre de l'huile rosat. Si la violence de l'inflammation fait perdre entièrement le sommeil, on ajoute aux cataplasmes moitié de têtes de pavots frites et écrasées; et le tout bien mélangé est traité par ébullition dans du vin de raisins secs. Il convient encore d'injecter dans l'oreille certains liquides médicamenteux, qu'on doit toujours employer tièdes : le *strigil* (6) est un instrument très-convenable pour ces injections : dès que l'oreille est remplie, il faut en boucher l'entrée avec une laine molle, pour contenir le liquide à l'intérieur; la règle constante est d'agir ainsi. Les médicaments dont on se sert sont l'huile rosat, le suc de la racine du roseau, l'huile dans laquelle on a fait bouillir des vers de terre, l'huile d'amandes amères, ou celle qu'on exprime des noyaux de pêche. Comme compositions destinées à calmer la douleur et l'inflammation, on fait généralement usage des préparations suivantes : castoreum et larmes de pavot, que l'on triture à parties égales, et auxquels on ajoute du vin de raisins secs; opium, safran, myrrhe, qu'on écrase de même à parties égales, en versant alternativement de l'huile rosat et du vin de raisins secs : la partie amère de la fève d'Égypte pilée et additionnée d'huile rosat : quelquefois on fait entrer dans ce mélange un peu de myrrhe, ou d'opium, ou de l'encens, avec du lait de femme. Autres mélanges : huile d'amandes amères et huile rosat : ou castoreum, myrrhe, opium, de chaque parties égales; plus, du vin de raisins secs, ou safran P. *. —; myrrhe, alun de plume, ana P. *. ⸗ : ajoutez peu à peu pendant la trituration trois verres de vin de raisins secs et moins d'un verre de miel. C'est un des meilleurs remèdes. L'opium dissous dans du vinaigre est également en usage. On peut employer enfin la préparation de Thémison qui a pour ingrédients : castoreum, opopanax, suc de pavot, ana P. *. II.; écume de lycium P. *. IV. Ces substances, triturées dans du vin de raisins secs jusqu'à consistance de cérat, sont ensuite mises en réserve. Quand vient le moment de s'en servir, on y ajoute une nouvelle quantité de vins de raisins secs, et on les délaye avec la sonde. Règle générale : toutes les fois qu'une de ces préparations est devenue trop épaisse pour qu'on puisse l'injecter dans l'oreille, il faut lui rendre la liquidité convenable, en y versant une nouvelle quantité de la liqueur qui doit entrer dans la composition.

2. S'il se forme une suppuration dans l'oreille, il est utile d'y introduire soit du lycium seul, soit de l'onguent d'iris; ou encore, du suc de poireau et du miel, ou du suc de centaurée et du vin de raisins secs, ou du suc de grenade qu'on fait bouillir dans l'écorce même, et en ajoutant un peu de myrrhe. Le mélange suivant n'est pas moins convenable : myrrhe en larmes P. *. I.; safran même quantité; amandes amères XXV.; miel un demi-verre : on broie ces substances en-

est. Cataplasmata quoque calida, subinde mutata, proficiunt; sive fœni Græci, sive lini, sive alia farina ex mulso decocta. Recte etiam subinde admoventur spongiæ, ex aqua calida expressæ. Tum, levato dolore, ceratum circumdari debet ex irino, aut cyprino factum : in quibusdam tamen melius, quod ex rosa est, proficit. Si vehemens inflammatio somnum ex toto prohibet, adjici cataplasmati debent papaveris cortices fricti atque contriti, sic, ut ex his pars dimidia sit; eaque tum simul mixta ex passo decoquuntur. In aurem vero infundere aliquod medicamentum oportet; quod semper ante tepefieri convenit : commodissimeque per strigilem instillatur. Ubi auris repleta est, super lana mollis addenda est, quæ humorem intus contineat. Et hæc quidem communia sunt. Medicamentum vero est et rosa, et radicum arundinis succus, et oleum, in quo lumbrici cocti sunt, et humor ex amaris nucibus, aut ex nucleo mali Persici expressus. Composita vero ad inflammationem doloremque leniendum hæc fere sunt : castorei, papaveris lacrimæ pares portiones conteruntur, deinde adjicitur his passum : vel papaveris lacrimæ, croci, myrrhæ par modus sic teritur, ut invicem modo rosa, modo passum instilletur : vel id, quod amarum in Ægyptia faba est, conteritur, rosa adjecta; quibus myrrhæ quoque paulum a quibusdam miscetur, vel papaveris lacrimæ, aut thus cum muliebri lacte : vel amararum nucum cum rosa succus : vel castorei, myrrhæ, papaveris lacrimæ pares portiones cum passo : vel croci p. *. ⸗. myrrhæ, aluminis scissilis, singulorum p. *. ⸗. quibus, dum teruntur, paulatim miscentur passi cyathi tres, mellis minus cyatho; idque ex primis medicamentis est : vel papaveris lacrima ex aceto. Licet etiam compositione uti Themisonis; quæ habet castorei, opopanacis, papaveris lacrimæ, singulorum p. *. II. spumæ lycii p. *. IV. quæ contrita passo excipiuntur, donec cerati crassitudinem habeant, atque ita reponuntur. Ubi usus requirit, rursus id medicamentum, adjecto passo, specillo teritur. Illud perpetuum est, quotiescumque crassius medicamentum est, quam ut in aurem instillari possit, adjiciendum cum esse humorem, ex quo id componi debet, donec satis liquidum sit.

2. Si vero pus quoque aures habent, recte lycium per se infunditur, aut irinum unguentum; aut porri succus cum melle; aut centaurii succus cum passo; aut dulcis mali Punici succus in ipsius cortice tepefactus, adjecta myrrhæ exigua parte. Recte etiam miscentur myrrhæ, quam σταχτὴν cognominant, p. *. I. croci tantumdem, nuces amaræ XXV; mellis sesquicyathus : quæ contrita, cum utendum est, in cortice mali Punici tepefiunt. Ea

semble, et pour l'usage on les fait tiédir dans une écorce de grenade. Les médicaments composés pour faire disparaître les ulcères de la bouche, guérissent également ceux des oreilles. Quand ces ulcères sont invétérés et qu'il s'en écoule beaucoup de sanie, on a recours utilement à cette préparation, dont Érasistrate paraît avoir donné la formule : poivre p.*.⚌.; safran p.*. ⚌.; myrrhe, misy bouilli, ana p. *. I; cuivre brûlé p. *. II. Le tout est broyé dans du vin; puis, dès que le mélange est sec, on y verse trois hémines de vin de raisins secs, on fait bouillir de nouveau, et au moment de s'en servir on y ajoute une dose de miel et de vin. Il y a encore le remède du chirurgien Ptolémée, qui se compose de lentisque p. *. ⚌.; noix de galle p. *. ⚌.; verjus p.*. I.; et de suc de grenade. Celui de Ménophile est de même très-efficace, et se prépare ainsi : poivre long p. *. I; castoreum p.*. II.; myrrhe, safran, suc de pavot, nard de Syrie, encens, écorce de grenade, fève d'Égypte, seulement l'intérieur, amandes amères et miel d'excellente qualité, ana p.*. IV.; on ajoute pendant la trituration une suffisante quantité de très-fort vinaigre, pour donner au mélange la consistance de vin de raisins secs. En voici un autre de Craton : cannelle, casia, ana p. *. ⚌.; lycium, nard, myrrhe, ana p.*. I.; aloès p.*. II.; miel trois verres, vin un setier : on fait d'abord bouillir le lycium dans le vin, puis on y fait entrer les autres drogues. Si la suppuration est abondante et fétide, on prend : verdet ratissé, encens p.*. II; miel deux verres et quatre de vinaigre; on fait bouillir le tout ensemble, et pour l'usage on ajoute du vin doux. On mêle aussi, à parties égales, alun de plume, suc de pavot et d'acacia; l'on ajoute du suc de jusquiame, mais à une dose plus faible de moitié qu'une seule partie des autres ingrédients; ensuite on écrase le tout, et on délaye dans du vin. Le suc de jusquiame est déjà par lui-même un assez bon remède.

3. Asclépiade est l'auteur d'un remède qui s'applique à toutes les maladies de l'oreille, et qui a déjà reçu la sanction de l'expérience. On y trouve : cannelle, casia, ana p. *. I; fleurs de jonc rond, castoreum, poivre blanc et long, amome, myrobolan, ana p.*. II.; encens mâle, nard de Syrie, myrrhe grasse, safran, écume de nitre, ana p. *. III. Ces substances, broyées séparément, sont ensuite mêlées ensemble, et triturées de nouveau dans du vinaigre. On conserve ainsi ce mélange, et, au moment de s'en servir, on prend du vinaigre pour le délayer. Le *sphragis* de Polybe, liquéfié dans du vin doux, est aussi un remède général contre les maladies de l'oreille. J'en ai donné la formule dans le livre précédent. Lorsqu'il y a tumeur et écoulement de sanie, il faut déterger l'oreille en y injectant du vin mixtionné à l'aide d'une petite seringue; on y introduit ensuite par le même moyen, soit du vin astringent mêlé avec de l'huile rosat et un peu de tutie, soit du lycium et du lait, soit du suc de renouée et de l'huile rosat, soit du suc de grenade avec une légère quantité de myrrhe.

4. Quand les ulcères sont sordides, il vaut mieux les déterger avec de l'hydromel, puis injecter dans l'oreille une des préparations indiquées plus haut, ayant le miel pour ingrédient. Si la suppuration devient plus abondante, il faut se faire raser la tête, l'arroser abondamment d'eau chaude,

---

quoque medicamenta, quæ oris exulcerati causa componuntur, æque ulcera aurium sanant. Quæ si vetustiora sunt, et multa sanies fluit, apta compositio est, quæ ad auctorem Erasistratum refertur : piperis p. *. —. croci p. *. —. myrrhæ, misy cocti, singulorum p. *. I. æris combusti p. *. II. Hæc ex vino teruntur : deinde ubi inaruerunt, adjiciuntur passi heminæ tres, et simul incoquuntur : cum utendum est, adjicitur his mel et vinum. Est etiam Ptolemæi chirurgi medicamentum, quod habet lentisci p. *. —. gallæ p. *. —. omphacii p. *. I. succum Punici mali. Est Menophili validum admodum, quod ex his constat : piperis longi p. *. I. castorei p. *. II. myrrhæ, croci, papaveris lacrimæ, nardi Syriaci, thuris, malicorii, ex Ægyptia faba partis interioris, nucum amararum, mellis quam optimi, singulorum p. *. IV. quibus, dum teruntur, adjicitur acetum quam acerrimum, donec crassitudo in his passi fiat. Est Cratonis : cinnamomi, casiæ, singulorum p. *. —. lycii, nardi, myrrhæ, singulorum p. *. I. aloes p. *. II. mellis cyathi tres, vini sextarius : ex quibus lycium cum vino decoquitur, deinde his alia miscentur. At si multum puris, malusque odor est, æruginis rasæ, thuris, singulorum p. *. II. mellis cyathi duo, aceti quatuor simul incoquuntur : ubi utendum est, dulce vinum miscetur. Aut aluminis scisailis, papaveris lacrimæ, acaciæ succi par pondus miscetur, hisque adjicitur hyoscyami succi dimidio minor, quam unius ex superioribus, portio; eaque trita ex vino diluuntur. Per se quoque hyoscyami succus satis proficit.

3. Commune vero auxilium adversus omnes aurium casus, jamque usu comprobatum Asclepiades composuit. In eo sunt cinnamomi, casiæ, singulorum p. *. I. floris junci rotundi, castorei, albi piperis, longi, amomi, myrobalani, singulorum p. *. II. thuris masculi, nardi Syriaci, myrrhæ pinguis, croci, spumæ nitri, singulorum p. *. III. quæ separatim contrita, rursus mista, ex aceto conteruntur; atque ita condita, ubi utendum est, aceto diluuntur. Eodem modo commune auxilium auribus laborantibus est Polybi sphragis ex dulci vino liquata : quæ compositio priori libro continetur. Quod si et sanies profluit, et tumor est, non alienum est, misto vino per oricularium clysterem eluere; et tum infundere vinum austerum cum rosa mistum, cui spodii paulum sit adjectum, aut lycium cum lacte, aut herbæ sanguinalis succum cum rosa, aut mali Punici succum cum exigua myrrhæ parte.

4. Si sordida quoque ulcera sunt, melius mulso eluuntur; et tum aliquod ex iis, quæ supra scripta sunt, quod mel habeat, infunditur. Si magis pus profluit, et caput utique tondendum, et multa calida aqua perfundendum,

employer les gargarismes, se promener jusqu'à la fatigue, et prendre peu d'aliments. Si ces ulcères sont en même temps sanguinolents, on fait des injections avec du lycium et du lait, ou bien avec une décoction de feuilles de roses, à laquelle on ajoute du suc de renouée ou d'acacia. S'il se forme des chairs fongueuses d'où s'écoule une sanie fétide, on commence par déterger avec de l'eau tiède, et l'on se sert en injection d'une préparation composée d'encens, de verdet, de vinaigre et de miel; ou l'on prend simplement du miel bouilli avec du verdet. On peut encore insuffler, à l'aide d'un chalumeau, de l'écaille de cuivre pilée avec de la sandaraque.

5. Lorsque des vers ont pris naissance dans l'oreille, on doit, s'ils sont à proximité, les extraire avec un cure-oreille; s'ils sont trop éloignés, il faut employer, pour les tuer, des remèdes convenables, et les empêcher de se reproduire. L'ellébore blanc écrasé dans du vinaigre atteint ce double but. Il est nécessaire aussi de nettoyer l'oreille avec du vin dans lequel on a fait bouillir du marrube. Les vers une fois privés de vie tombent dans l'oreille externe, d'où il est très-facile de les retirer.

6. Si l'orifice externe est bouché, et s'il séjourne en dedans une sanie épaisse, il faut désobstruer l'oreille en y introduisant du miel de la meilleure qualité. Quand ce moyen est insuffisant, on fait bouillir ensemble pour le même usage un verre et demi de miel, et de verdet ratissé P. * II. On obtient d'aussi bons effets en se servant d'iris et de miel, ou d'un mélange composé de galbanum P. *. II.; myrrhe et fiel de taureau, ana P. *. == =.; vin quantité suffisante pour délayer la myrrhe.

7. Dès qu'il existe un commencement de surdité (ce qu'on observe le plus souvent après des céphalalgies opiniâtres), on doit en premier lieu bien examiner l'oreille; car on peut y découvrir, soit une croûte comme il s'en forme sur les ulcères, soit un amas d'ordures. Dans le premier cas on fait une injection avec de l'huile chaude, ou l'on se sert de verdet et de miel, ou de suc de poireau, ou d'un peu de nitre dissous dans de l'hydromel. Quand la croûte se détache, on l'entraîne par des injections d'eau chaude, et il devient alors plus facile de l'enlever au moyen de la sonde auriculaire. S'il s'est amassé dans l'oreille des ordures sans consistance, le même instrument suffit pour les retirer; mais si elles offrent trop de dureté, on doit injecter du vinaigre tenant en dissolution un peu de nitre; et, après les avoir ramollies, on nettoie par le même procédé l'intérieur de l'organe, qu'on débarrasse entièrement. Si la tête est toujours pesante, il faut la raser, et pratiquer sur le cuir chevelu des frictions légères, mais longtemps prolongées, avec de l'huile d'iris ou de laurier, en ajoutant à l'une ou à l'autre une petite quantité de vinaigre; il faut aussi faire de longues promenades, et, après les onctions, fomenter doucement la tête avec de l'eau chaude. Les aliments seront tirés de la dernière classe et de la moyenne; et quant aux boissons, elles seront très-affaiblies. Il sera bon parfois d'employer les gargarismes. On fera des injections avec un mélange de castoreum, de vinaigre, d'huile de laurier et de suc tiré de l'écorce de raifort, ou bien avec du suc de concombre sauvage, auquel on ajoute des feuilles de roses écrasées. Le jus de raisin encore vert, injecté dans l'oreille avec de l'huile rosat, est

---

et gargarizandum, et usque ad lassitudinem ambulandum, et cibo modico utendum est. Si cruor quoque ex ulceribus apparuit, lycium cum lacte debet infundi; vel aqua, in qua rosa decocta sit, succo aut herbæ sanguinalis, aut acaciæ adjecto. Quod si super ulcera caro increvit, eaque mali odoris saniem fundit, aqua tepida elui debet; tum infundi id, quod ex thure et ærugine et aceto et melle fit; aut mel cum ærugine incoctum. Squama quoque æris cum sandaracha contrita per fistulam recte instilletur.

5. Ubi vero vermes orti sunt, si juxta sunt, protrahendi oriculario specillo sunt : si longius, medicamentis enecandi, cavendumque, ne postea nascantur. Ad utrumque proficit album veratrum cum aceto contritum. Elui quoque aurem oportet vino, in quo marrubium decoctum sit. Emortui vermes in primam auris partem prolabuntur, unde facillime educi possunt.

6. Sin foramen auris compressum est, et intus crassa sanies subest, mel quam optimum addendum est. Si id parum proficit, mellis cyatho et dimidio, æruginis rasæ P. *. II. adjiciendum est, incoquendumque, et eo utendum. Iris quoque cum melle idem proficit. Item galbani P. *. II. myrrhæ et fellis taurini, singulorum P. *. == =. vini quantum satis est ad myrrham diluendam.

7. Ubi vero gravius aliquis audire cœpit (quod maxime post longos capitis dolores evenire consuevit), in primis aurem ipsam considerare oportet : apparebit enim aut crusta, qualis super ulcera innascitur, aut sordium coitus. Si crusta est, infundendum est aut oleum calidum, aut cum melle ærugo, vel porri succus, aut cum mulso nitri paulum : atque ubi crusta a corpore jam recedit, eluenda auris aqua tepida est, quo facilius ea per se diducta oriculario specillo protrahatur. Si sordes, eæque molles sunt, eodem specillo eximendæ sunt : at si duræ sunt, acetum et cum eo nitri paulum conjiciendum est ; cumque emolitæ sunt, eodem modo elui aurem, purgarique oportet. Quod si capitis gravitas manet, attondendum idem, et leniter, sed diu perfricandum est, adjecto vel irino vel laureo oleo, sic, ut utrilibet paulum aceti misceatur; tum diu ambulandum, leniterque post unctionem aqua calida caput fovendum ; cibisque utendum ex imbecillissima et media materia; magisque assumendæ dilutæ potiones; nonnumquam gargarizandum est. Infundendum autem in aurem castoreum cum aceto et laureo oleo et succo radiculæ corticis; aut cucumeris agrestis succus, adjectis contritis rosæ foliis. Immaturæ quoque uvæ succus cum rosa instillatus, adversus surditatem satis proficit.

aussi d'un utile secours contre la surdité.

8. L'audition peut encore être troublée par des bourdonnements d'oreille qui s'opposent à la perception des sons extérieurs. Produit par un coryza, ce mal ne constitue qu'une très-légère incommodité; il est plus fâcheux, s'il dépend de quelque maladie ou de maux de tête persévérants; et il devient des plus à craindre lorsqu'il paraît occasionné par une affection grave, et notamment par l'épilepsie. Si le bourdonnement a pour cause un coryza, il faut nettoyer soigneusement l'oreille, et retenir ensuite son haleine jusqu'à ce qu'un peu d'humeur écumeuse sorte par le conduit auditif. S'il est dans la dépendance d'une céphalalgie ou d'un état morbide, on doit faire tout ce qui a déjà été prescrit relativement à l'exercice, aux frictions, aux affusions et aux gargarismes, et quant au régime, ne prendre que des aliments atténuants. On fera des injections avec du suc de raifort associé à l'huile rosat ou au suc de concombre sauvage, ou l'on se servira d'un mélange de castoreum, de vinaigre et d'huile de laurier. On peut écraser aussi de l'ellébore dans du vinaigre, prendre du miel cuit comme excipient, et, après avoir disposé ce remède en forme de tente, l'introduire dans l'oreille. Le bourdonnement qui ne reconnaît aucune des causes indiquées ci-dessus inspire par cela même une nouvelle inquiétude; et, dans ce cas, il convient d'injecter du castoreum mélangé soit avec du vinaigre, soit avec de l'huile d'iris ou de laurier. On emploie de même le castoreum et l'huile de laurier en y ajoutant du suc d'amandes amères; ou bien la myrrhe et le nitre, additionnés d'huile rosat et de vinaigre. On doit plus attendre néanmoins du régime que du traitement; aussi faut-il observer avec une attention plus grande tout ce que j'ai prescrit plus haut, et en outre s'abstenir de vin jusqu'à ce que les bourdonnements aient disparu. S'il existe en même temps de l'inflammation, il suffira de verser dans l'oreille de l'huile de laurier, ou celle qu'on exprime des amandes amères. Quelques-uns croient devoir y ajouter du castoreum ou de la myrrhe.

9. Il n'est pas rare non plus que des corps étrangers, comme une pierre ou un insecte, pénètrent dans l'oreille. Si c'est une puce, on cherche à l'expulser au moyen d'un flocon de laine sous lequel elle vient se placer, de sorte qu'on retire le tout ensemble. Si elle n'est pas sortie, ou s'il s'agit d'un autre insecte, il faut envelopper une sonde avec de la laine trempée dans une résine très-gluante, telle que la térébenthine; porter ensuite l'instrument au fond de l'oreille, et l'y faire tourner à plusieurs reprises, afin de saisir et de ramener l'animal. S'il est question d'un corps inanimé, on l'extrait avec le cure-oreille, ou bien avec un crochet mousse et légèrement recourbé. Quand ces moyens échouent, on emploie la résine comme on vient de le dire. Les sternutatoires contribuent encore à chasser les corps étrangers, de même que les injections faites avec la seringue à oreille, et poussées avec force. On se sert aussi d'une table fixée par le milieu, et libre aux deux extrémités; on y étend la personne du côté de l'oreille malade, et de manière que la tête ne dépasse pas la table; on frappe alors avec un maillet l'extrémité qui est vers les pieds, et l'ébranlement qui en résulte dans l'oreille détermine l'expulsion du corps.

VIII. 1. Dans les ulcérations des narines, il

8. Aliud vitii genus est, ubi aures intra se ipsæ sonant. Atque hoc quoque fit, ne externum sonum accipiant. Levissimum est, ubi id ex gravedine est : pejus, ubi ex morbo, capitisve longis doloribus incidit : pessimum, ubi, magnis morbis venientibus, maximeque comitiali, provenit. Si ex gravedine est, purgare aurem oportet, et spiritum continere, donec inde humor aliquis exspumet. Si ex morbo vel capitis dolore, quod ad exercitationem, frictionem, perfusionem, gargarizationem pertinet, eadem facienda sunt : cibis non utendum nisi extenuantibus : in aurem dandus radiculæ succus cum rosa, vel cum succo radicis ex cucumere agresti; vel castoreum cum aceto, et laureo oleo. Veratrum quoque ex aceto conteritur, deinde melle cocto excipitur, et inde collyrium factum in aurem demittitur. Si sine his cœpit, ideoque novo metu terret, in aurem dari debet castoreum cum aceto, vel irino, vel laureo oleo; aut huic mistum castoreum cum succo nucum amararum; aut myrrha et nitrum cum rosa et aceto. Plus tamen in hoc quoque proficit victus ratio : eademque facienda sunt, quæ supra comprehendi, cum majore quoque diligentia; et præterea, donec is sonus finiatur, a vino abstinendum. Quod si simul et sonus est, et inflammatio, laureum oleum conjiciere abunde est, aut id, quod ex amaris nucibus exprimitur; quibus quidam vel castoreum, vel myrrham miscent.

9. Solet etiam interdum in aurem aliquid incidere, ut calculus, aliquodve animal. Si pulex intus est, compellendum eo lanæ paululum est; quo ipse is subit, et simul extrahitur. Si non est secutus, aliudve animal est, specillum lana involutum in resinam quam glutinosissimam, maximeque terebinthinam demittendum, idque in aurem conjiciendum, ibique vertendum est : utique enim comprehendet et eximet. Sin aliquid exanime est, specillo oriculario protrahendum est, aut hamulo retuso paulum recurvato : si ista nihil proficiunt, potest eodem modo resina protrahi. Sternutamenta quoque admota id commode elidunt, aut oriculario clystere aqua vehementer intus compulsa. Tabula quoque collocatur media inhærens, capitibus utrimque pendentibus, superque eam homo deligatur in id latus versus, cujus auris eo modo laborat, sic, ut extra tabulam non emineat : tum malleo caput tabulæ, quod a pedibus est, feritur; atque, ita concussa aure, id quod inest, excidit.

VIII. 1. Nares vero exulceratas fovere oportet vapore aquæ calidæ. Id et spongia expressa atque admota fit, et subjecto vase oris angusti, calida aqua repleto. Post id

faut recourir à des fumigations d'eau chaude. On reçoit la vapeur d'une éponge imbibée de ce liquide et placée sous le nez, ou d'un vase à ouverture étroite et contenant aussi de l'eau chaude. Cela fait, on enduit les ulcérations d'un liniment préparé avec les scories de plomb, la céruse ou la litharge d'argent; et, quelle que soit la substance, on doit pendant la trituration ajouter alternativement du vin et de l'huile de myrte, jusqu'à ce que le médicament ait pris consistance de miel. Mais si ces ulcères sont situés dans le voisinage de l'os, s'ils sont couverts de croûtes et d'une odeur fétide, ce qui constitue l'affection que les Grecs nomment ozène, il faut savoir qu'il est presque impossible d'y remédier. Voici néanmoins ce qu'il est permis d'essayer : tenir la tête rasée, la frictionner fortement et longtemps, puis diriger sur ce point d'abondantes affusions d'eau chaude; il faut aussi marcher beaucoup, prendre peu d'aliments, et éviter ceux qui sont âcres ou trop nourrissants. Enfin, à l'aide d'une sonde enveloppée de laine, on peut porter, dans les narines mêmes, du miel mêlé d'un peu de térébenthine; on fait faire alors au malade de fortes aspirations nasales, jusqu'à ce que le goût de ces substances arrive dans la bouche; car par ce moyen les croûtes se détachent, et l'on parvient à les expulser en provoquant des éternuments. Quand les ulcères sont détergés, on fait respirer de la vapeur d'eau chaude, et l'on se sert ensuite ou de lycium dissous dans du vin, ou de marc d'huile, ou de verjus, ou de menthe, ou de suc de marrube, ou de vitriol blanchi au feu, puis trituré, ou de scille dont on écrase la partie intérieure. A ces divers remèdes on ajoutera du miel, mais en petite quantité, à moins qu'on n'emploie le vitriol, qui en exige une dose assez forte pour former une mixture liquide, ou la scille, qui en absorbe encore davantage. On panse ensuite les ulcères au moyen de la sonde, enveloppée d'une laine qu'on a trempée dans cette préparation; après quoi l'on introduit dans les narines une tente roulée, de forme oblongue, laquelle est chargée du même médicament, et doit être assujettie par son extrémité inférieure à l'aide d'un léger bandage. On renouvelle le pansement deux fois par jour en hiver et au printemps, et trois fois en été et pendant l'automne.

2. On voit quelquefois se former, dans l'intérieur du nez, des caroncules semblables aux mamelons des femmes; et ces productions adhèrent aux parties inférieures des narines qui sont les plus charnues. Le traitement consiste à les consumer entièrement par l'application des caustiques. Le polype est une caroncule blanche ou rougeâtre, adhérente aux os du nez, qui dans certains cas s'étend vers les lèvres et remplit la narine, et d'autres fois se dirige vers la gorge par les fosses nasales, en prenant un tel développement qu'on peut l'apercevoir derrière la luette. Le malade est alors menacé de suffocation, surtout quand le vent du midi ou le vent d'est vient à souffler. Presque toujours d'une consistance molle, le polype offre rarement de la dureté; mais quand il a ce caractère, il rend la respiration plus difficile, et fait subir aux narines une dilatation plus grande. Cette espèce étant presque toujours de nature carcinomateuse, on doit se garder d'y toucher. En général, on traite avec le fer le polype mou; mais on réussit parfois à le dessécher en introduisant dans les narines, à l'aide d'une mèche ou d'une tente, une préparation qui a pour ingrédients : minium de Sinope, chalcitis, chaux, sandaraque, ana p. *. 1.; vitriol p. *. 11.

---

fomentum, illinenda ulcera sunt, aut plumbi recrementa, aut cerussa, aut argenti spuma; cum quodlibet horum aliquis conterit, eique, dum teritur, invicem vinum et oleum myrteum adjicit, donec mellis crassitudinem fecerit. Sin autem ea ulcera circa os sunt, pluresque crustas et odorem fœdum habent : quod genus Græci ὄζαιναν appellant; sciri quidem debet, vix ei malo posse succurri : nihilominus tamen hæc tentari possunt; ut caput ad cutem tondeatur, assidueque vehementer perfricetur; multa calida aqua perfundatur; multa eidem ambulatio sit; cibus modicus, neque acer, neque valentissimus. Tum in narem ipsam mel cum exiguo modo resinæ terebinthinæ conjiciatur (quod specillo quoque involuto lana fit), attrahaturque spiritu is succus, donec in ore gustus ejus sentiatur : sub his enim crustæ resolvuntur, quæ tum per sternutamenta elidi debent. Puris ulceribus vapor aquæ calidæ subjiciendus est : deinde adhibendum aut lycium ex vino dilutum, aut amurca, aut omphacium, aut menthæ, aut marrubii succus; aut atramentum sutorium, quod candefactum, deinde contritum sit; aut interior scillæ pars contrita; sic, ut horum cuilibet mel adjiciatur (cujus in ceteris admodum exigua pars esse debet; in atramento sutorio tanta, ut ea mistura liquida sit; cum scilla utique pars major. Involvendumque lana specillum est, et in eo medicamento tingendum, eoque ulcera implenda sunt : rursusque linamentum involutum et oblongum eodem medicamento illinendum, demittendumque in narem, et ab inferiore parte leniter deligandum. Idque per hiemem et ver bis die; per æstatem et autumnum, ter fieri debet.

2. Interdum vero in naribus etiam carunculæ quædam similes muliebribus mammis nascuntur, eæque imis partibus, quæ carnosissimæ sunt, inhærent. Has curare oportet medicamentis adurentibus, sub quibus ex toto consumuntur. Polypus vero est caruncula, modo alba, modo subrubra, quæ narium ossibus inhæret; modo ad labra tendens narem implet, modo retro per id foramen, quo spiritus a naribus ad fauces descendit, adeo increscit, ut post uvam conspici possit; strangulatque hominem, maxime Austro aut Euro flante : fereque mollis est, raro dura; eaque magis spiritum impedit, et nares dilatat; quæ fere καρκινώδης est; itaque attingi non debet. Illud aliud genus fere quidem ferro curatur; interdum tamen inarescit, si addita in narem per linamentum aut penicillum ea compositio est, quæ habet minii Sinopici, chalcitidis, calcis, sandarachæ, singulorum p. *. 1. atramenti sutorii p. *. 11.

IX. In dentium autem dolore, qui ipse quoque maxi-

IX. Les maux de dents, que l'on peut mettre au nombre des plus cruelles souffrances, doivent faire interdire le vin. La diète est aussi de rigueur dans le commencement, et plus tard il ne faut prendre en petite quantité que des aliments sans résistance, pour que la douleur ne soit pas exaspérée par la mastication. On expose ensuite la partie malade à des vapeurs d'eau chaude qui se dégagent d'une éponge; et l'on emploie, comme topique, du cérat fait avec l'huile de troëne ou d'iris, en recouvrant le remède d'un morceau de laine : l'on tient la tête couverte. Si la douleur devient plus intense, il est utile de prendre des lavements, d'appliquer sur la mâchoire des cataplasmes chauds, et de tenir dans la bouche un liquide médicamenteux et chaud, qu'on renouvelle souvent. On remplit cette dernière indication en faisant bouillir dans du vin mixtionné de la racine de quintefeuille ou de jusquiame; pour celle-ci on se sert aussi d'oxycrat, et l'on ajoute à l'une et à l'autre un peu de sel. On fait bouillir de la même manière de l'écorce de pavot prise avant d'être trop desséchée, ou de la racine de mandragore; mais il faut avoir soin de ne point avaler l'une de ces trois dernières substances. On se trouve bien aussi d'employer l'écorce blanche de la racine de peuplier bouillie dans le vin mixtionné, la râpure de corne de cerf bouillie dans du vinaigre, la décoction de calament, de pin chargé de résine, et de figue grasse dans l'hydromel ou le vinaigre, avec addition de miel : on filtre la liqueur lorsque la figue a suffisamment bouilli. On peut encore plonger dans de l'huile chaude un stylet enveloppé de laine, puis le porter sur la dent malade. Quelques-uns même appliquent sur la dent des médicaments en forme de cataplasmes. On prend pour cela la pulpe d'une grenade acide et desséchée, qu'on écrase avec parties égales de noix de galle, d'écorce de pin, de minium, et on lie le tout avec de l'eau de pluie : ou bien on triture ensemble parties égales de panax, d'opium, de queue de pourceau et de staphysaigre, sans les graines; ou l'on mêle trois parties de galbanum avec une d'opium. Quelque médicament qu'on ait mis en contact avec la dent, il n'en faut pas moins appliquer sur la mâchoire l'un des cérats dont j'ai déjà parlé, et recouvrir le topique d'un morceau de laine. On conseille encore la préparation suivante : myrrhe, cardamome, ana p. *. i., safran, pyrèthre, figue, ana p. *. iv.; moutarde p.*. viii : après avoir broyé ces substances, on les étend sur un linge qu'on applique au bras du côté de la dent malade; si celle-ci tient à la mâchoire supérieure, on pose le topique en arrière, et on le met en avant si elle appartient au maxillaire inférieur. Ce remède calme ordinairement la douleur, et on doit l'enlever dès qu'il a produit de l'amendement. A moins d'indication pressante, il ne faut point se hâter d'extraire la dent lors même qu'elle serait cariée; et, comme auxiliaires à tous les moyens indiqués plus haut, on joindra des préparations qui apaisent encore plus efficacement la douleur. Celle-ci, par exemple : opium p. *. i.; poivre p. *. ii.; sory p. *. x. Le tout, écrasé, a le galbanum pour excipient, et est mis en contact avec la dent. La composition de Ménémachus, efficace surtout pour les dents molaires, se compose de safran p.*. i.; cardamome, suie d'encens, figues, pyrèthre, ana p.* iv.; moutarde p. *. viii. D'autres font un mélange de pyrèthre, de poivre, d'elatérium, ana p. *. i.; d'alun de plume, d'opium, de staphysaigre, de soufre non brûlé, de bitume, de baies

---

mis tormentis annumerari potest, vinum ex toto circumcidendum est : cibo quoque primo abstinendum, deinde eo modico mollique utendum, ne mandentis dentes irritet : tum extrinsecus admovendus per spongiam vapor aquæ calidæ, imponendumque ceratum ex cyprino aut irino factum, lanaque id comprehendendum, caputque velandum est. Quod si gravior dolor est, utiliter et alvus ducitur, et calida cataplasmata super maxillam injiciuntur, et ore humor calidus cum medicamentis aliquibus continetur, sæpiusque mutatur. Cujus rei causa et quinquefolii radix in vino misto coquitur; et hyoscyami radix vel in posca, vel in vino misto coquitur, sic, ut paulum his salis adjiciatur; et papaveris non nimium aridi cortices, et mandragoræ radix, eodem modo. Sed in his tribus utique vitandum est, ne, quod haustum erit, devoretur. Ex populo quoque alba cortex radicis in hunc usum in vino misto recte coquitur; et in aceto cornu cervini ramentum; et nepeta cum teda pingui, ac ficu item pingui vel in mulso, vel in aceto et melle, ex quibus cum ficus decocta est, is humor percolatur. Specillum quoque lana involutum in calidum oleum demittitur, eoque ipse dens fovetur. Quin etiam quædam quasi cataplasmata in dentem ipsum illinuntur : ad quem usum ex malo Punico acido atque arido malicorii pars inferior cum pari portione et gallæ et pinei corticis conteritur, misceturque his minium; eaque contrita aqua pluviatili coguntur : aut panacis, papaveris lacrimæ, peucedani, uvæ taminiæ sine seminibus pares portiones conteruntur : aut galbani partes tres, papaveris lacrimæ pars quarta. Quidquid dentibus admotum est, nihilominus supra maxillam ceratum, quale supra posui, esse debet, lana oblectum. Quidam etiam myrrhæ, cardamomi, singulorum p. *. i. croci, pyrethri, ficorum partes, singulorum p. *. iv. sinapis p. *. viii. contrita linteolo illinunt, imponuntque in humero partis ejus, qua dens dolet; si is superior est, a scapulis; si inferior, a pectore : idque dolorem levat; et, cum levavit, protinus submovendum est. Si vero exesus est dens, festinare ad eximendum eum, nisi res coegit, non est necesse : sed tum omnibus fomentis, quæ supra posita sunt, adjiciendæ quædam valentiores compositiones sunt, quæ dolorem levant; qualis fere est : habet autem papaveris lacrimæ p. *. i. piperis p. *. ii. soreos p. *. x. quæ contrita galbano excipiuntur, idque circumdatur. Aut Menemachi, maxime ad maxillares dentes ; in qua sunt, croci p. *. i. cardamomi, thuris fuliginis, ficorum partes, pyrethri, singulorum p. *. iv. sinapis p. *. viii. Quidam autem miscent pyrethri, piperis, elaterii, singulorum p. *. i. aluminis scissilis, papaveris lacrimæ, uvæ taminiæ, sulphuris ignem

de laurier, de moutarde, ana p. *. ii. Quand la douleur exige qu'on sacrifie la dent, on introduit, dans le creux qu'elle présente, de la graine de moutarde, dont on ôte la pellicule, ou bien une baie de lierre dépouillée de la même façon. Par l'action de ces substances, la dent se fend et s'en va par esquilles. On obtient le même résultat en appliquant le dard du poisson plat que les Romains appellent *pastinaca* et les Grecs τρυγών (7); après avoir torréfié cette partie, on la réduit en poudre, et on la mêle à de la résine. L'alun de plume, placé dans la dent cariée, en accélère aussi la chute : toutefois il vaut mieux l'envelopper d'un petit flocon de laine et le porter au fond du trou, parce qu'on apaise ainsi la douleur, tout en conservant la dent. Ce sont là les remèdes que les médecins prescrivent; voici celui que l'expérience enseigne aux gens de la campagne contre ces maux de dents : Ils arrachent la menthe sauvage avec les racines, la mettent dans un bassin rempli d'eau auprès du malade, qui est assis et bien enveloppé : ils font alors tomber dans l'eau des cailloux brûlants, et le malade ouvrant la bouche reçoit la vapeur qui s'élève, et ne peut trouver aucune issue sous les couvertures. Ce remède excite une sueur abondante, et détermine par la bouche un écoulement de pituite. La guérison qui en résulte est souvent durable, et se prolonge pour le moins une année entière.

X. Quand, par suite d'une inflammation, les amygdales présentent du gonflement sans être ulcérées, il faut avoir soin de se couvrir la tête, diriger extérieurement vers l'endroit malade quelque vapeur chaude, se promener beaucoup; dans le lit, avoir la tête élevée, et faire usage de gargarismes astringents. Il est bien aussi d'employer la réglisse concassée et bouillie dans du vin de raisins secs ou dans de l'hydromel. Il convient encore de toucher les amygdales avec des liniments préparés comme il suit : suc exprimé de grenade douce, un setier, qu'on fait réduire à petit feu jusqu'à consistance de miel; broyez ensuite séparément safran, myrrhe, alun de plume, ana p. *. ii., et ajoutez peu à peu deux verres de vin doux et un de miel; mêlez ces substances au suc de grenade, et faites de nouveau bouillir le tout à un feu modéré. Prenez encore de jus de grenade, traité comme il est dit, un setier, et ajoutez, après les avoir triturés de la même manière, nard p. *. —.; verjus p. *. i.; cannelle, casia, ana p. *. i. Ces préparations peuvent également servir dans l'écoulement purulent des oreilles et du nez. Un régime doux n'est pas moins nécessaire dans l'affection qui nous occupe, pour éviter de l'exaspérer. Si l'inflammation arrive au point de menacer la respiration, on devra se mettre au lit, observer la diète, et ne boire que de l'eau chaude : il y aura lieu aussi de prendre des lavements, et d'employer des gargarismes préparés avec des figues et de l'hydromel, ainsi que des liniments faits avec le miel et le verjus. A l'extérieur, on aura recours aux fumigations, dont on continuera l'usage jusqu'à ce que les amygdales parviennent à la suppuration et s'ouvrent d'elles-mêmes. Si le pus tarde trop à se faire jour, il faut inciser ces tumeurs, et prescrire ensuite des gargarismes avec de l'hydromel chaud. Si le gonflement des amygdales n'est pas très-prononcé et qu'il y ait toutefois des ulcérations, il faudra se gargariser avec de l'eau de son et un peu de miel,

---

non experti, bituminis, lauri baccarum, sinapis, singulorum p. *. ii. Quod si dolor eximi eum cogit, et piperis semen cortice liberatum, et eodem modo bacca hederæ conjecta in ejus foramen, dentem findit, isque per testas excidet : et plani piscis, quam pastinacam nostri, τρυγόνα Græci vocant, aculeus torretur, deinde conteritur, resinaque excipitur quæ denti circumdata hunc solvit : et alumen scissile in id foramen conjectumdentem citat. Sed id tamen involutum lanula demitti commodius est, quia sic, dente servato, dolorem levat. Hæc a medicis accepta sunt. Sed, agrestium experimento cognitum est, cum dens dolet, herbam mentastrum cum suis radicibus evelli debere, et in pelvem mitti supraque aquam infundi, collocarique juxta sedentem hominem undique veste contectum; tum in pelvem candentes silices demitti, sic, ut aqua tegantur, hominemque eum hiante ore vaporem excipere, ut supra dictum est, undique inclusum. Nam et sudor plurimus sequitur, et per os continens pituita defluit; idque sæpe longiorem, semper annuam valetudinem bonam præstat.

X. Si vero tonsillæ sine exulceratione per inflammationem intumuerunt, caput velandum est; extrinsecus utendum est locus vapore calido fovendus; multa ambulatione utendum; caput in lecto sublime habendum, gargarizandumque reprimentibus. Radix quoque ea, quam dulcem appellant, contusa et in passo mulsove decocta, idem præstat. Leniterque quibusdam medicamentis eas illini non alienum est; quæ hoc modo fiunt. Ex malo Punico dulci succus exprimitur, et ejus sextarius in leni igne coquitur, donec ei mellis crassitudo sit; tum croci, myrrhæ, aluminis scissilis, singulorum p. *. ii. per se conteruntur, paulatimque his adjiciuntur vini lenis cyathi duo, mellis unus; deinde priori succo ista miscentur, et rursus leniter incoquuntur : aut ejusdem succi sextarius eodem modo coquitur, atque eadem ratione trita hæc adjiciuntur, nardi p. *. —. omphacii p. *. i. cinnamomi, myrrhæ, casiæ, singulorum p. *. i. Eadem autem hæc et auribus et naribus purulentis accommodata sunt. Cibus in hac quoque valetudine lenis esse debet, ne exasperet. Quod si tanta inflammatio est, ut spiritum impediat, in lecto conquiescendum; cibo abstinendum neque assumendum quidquam præter aquam calidam est; alvus quoque ducenda est; gargarizandum ex fico et mulso; illinendum mel cum omphacio; extrinsecus admovendus, sed aliquanto diutius, vapor calidus, donec ea suppurent, et per se aperiantur. Si pure modicus non rumpuntur li tumores, incidendi sunt : deinde ex mulso calido gargarizandum. At si modicus quidem tumor, sed exulceratio est, furfurum cremori ad gargarizandum paulum mellis adji-

puis toucher les ulcères avec le liniment suivant : vin de raisins cuits au soleil, trois hémines, réduites à une par ébullition ; encens p. *. i.; safran, myrrhe, ana p. *. ⊤. Faites une seconde fois bouillir le tout ensemble à petit feu. Quand les ulcères sont détergés, on revient aux gargarismes de son ou de lait. Il importe aussi de ne choisir que des aliments adoucissants, et l'on peut y ajouter du vin doux.

XI. Si la bouche présente des ulcérations enflammées, rouges et presque sordides, on trouve un excellent remède dans les gargarismes préparés, comme on l'a dit plus haut, avec le jus de grenade, et il est utile aussi de tenir souvent dans la bouche une décoction astringente additionnée d'un peu de miel. Il faut en même temps conseiller la promenade et défendre les aliments âcres. Quand les ulcères commencent à se déterger, il est bon de conserver dans la bouche une liqueur douce, ou simplement de l'eau très-pure ; on peut encore prendre du vin pur et rendre l'alimentation plus substantielle, pourvu qu'on évite tout ce qui aurait de l'âcreté. On doit ensuite saupoudrer les ulcères avec de l'alun de plume, auquel on ajoute, dans une proportion plus forte de moitié, de la noix de galle, prise avant la maturité. S'il s'est formé des croûtes semblables à celles des brûlures, on a recours à ces compositions que les Grecs appellent *anthères* : jonc carré, myrrhe, sandaraque, alun, parties égales ; ou bien safran, myrrhe, ana p. * ii.; iris, alun de plume, sandaraque, ana p. *. iv.; jonc carré p. *. viii.; ou encore, noix de galle, myrrhe, ana p. *. i.; alun de plume p. *. ii.; feuilles de roses p. *. iv. Quelques-uns font un mélange de safran p. *. ⊤.; d'alun de plume, de myrrhe, ana p. *. i.; de sandaraque p. *. ii.; de jonc carré p. *. iv. Les premières préparations sont employées à l'état sec et pulvérulent ; la dernière a le miel pour excipient, et sert à toucher nonseulement les ulcères, mais encore les amygdales.

Les ulcères appelés *aphthes* en grec sont beaucoup plus à craindre, mais seulement chez les enfants, qu'ils font souvent périr. Ils n'entraînent point le même danger pour les adultes, hommes ou femmes. C'est d'abord aux gencives que ces ulcères se déclarent ; ils envahissent ensuite le palais et toute la bouche, puis s'étendent jusqu'à la luette et au gosier. Il n'est pas facile alors de guérir les enfants qui en sont atteints ; et, pour ceux qui sont à la mamelle, le cas est encore plus grave, parce qu'il est pour ainsi dire impossible de leur faire prendre aucun remède. Dès le principe cependant, il faut prescrire à la nourrice l'exercice et la promenade, l'occuper à des travaux qui mettent en mouvement les parties supérieures, et, en l'envoyant au bain, lui recommander de diriger sur les seins des affusions d'eau chaude : son régime alimentaire sera doux, et composé d'aliments peu faciles à se corrompre : si l'enfant a la fièvre, l'eau sera la seule boisson ; mais s'il n'y a pas d'état fébrile, elle pourra boire du vin étendu d'eau. On ordonnera des lavements si la nourrice éprouve de la constipation, et des vomitifs, s'il se fait vers la bouche un afflux de pituite. Quant aux ulcères, il faut les toucher avec du miel, auquel on ajoute du sumac de Syrie ou des amandes amères ; on se sert aussi, soit d'un mélange de feuilles de roses sèches, de pignons, de sommités de menthe, et de miel, soit d'une préparation faite avec des mûres dont le jus, comme celui de grenade, doit

---

ciendum est, illinendaque ulcera hoc medicamento : passi quam dulcissimi tres heminæ ad unam coquuntur ; tum adjicitur thuris p. *. i. croci, myrrhæ, singulorum p. *. ⊤. leviterque omnia rursus fervescunt. Ubi pura ulcera sunt, eodem furfurum cremore, vel lacte gargarizandum est. Atque hic quoque cibis lenibus opus est ; quibus adjici dulce vinum potest.

XI. Ulcera autem oris, si cum inflammatione sunt, et parum pura ac rubicunda sunt, optime iis medicamentis curantur, quæ supra posita ex malis Punicis fiunt : continendusque sæpe ore reprimens cremor est, cui paulum mellis sit adjectum. Utendum ambulationibus, et non acri cibo. Simul atque vero pura ulcera esse cœperunt, lenis humor, interdum etiam quam optima aqua ore continenda est : prodestque assumptum purum vinum, plenriorque cibus, dum acribus vacet : inspergique ulcera debent alumine scissili, cui dimidio plus gallæ immaturæ sit adjectum. Si jam crustas habent, quales in adustis esse consuerunt, adhibendæ sunt eæ compositiones, quas Græci ἀνθηρὰς nominant. Junci quadrati, myrrhæ, sandarachæ, aluminis, pares portiones : aut croci, myrrhæ, singulorum p. *. ii. iridis, aluminis scissilis, sandarachæ, singulorum p. *. iv. junci quadrati p. *. viii. aut gallæ, myrrhæ, sin- gulorum p. *. i. aluminis scissilis p. *. ii. rosæ foliorum p. *. iv. Quidam autem croci p. *. ⊤. aluminis scissilis, myrrhæ, singulorum p. *. i. sandarachæ p. *. ii. junci quadrati p. *. iv. miscent. Priora arida insperguntur ; hoc cum melle illinitur ; neque ulceribus tantum, sed etiam tonsillis.

Verum ea longe periculosissima sunt ulcera, quas ἄφθα Græci appellant ; sed in pueris : hos enim sæpe consumunt. In viris et mulieribus idem periculum non est. Hæc ulcera a gingivis incipiunt : deinde palatum, totumque os occupant : tum ad uvam faucesque descendunt ; quibus obsessis, non facile fit, ut puer convalescat. Ac miserius etiam est, si lactens adhuc infans est ; quo minus imperari remedium aliquod potest. Sed in primis nutrix cogenda est exerceri et ambulationibus, et iis operibus, quæ superiores partes movent : mittenda in balneum, jubendaque ibi calida aqua mammas perfundere : tum alenda cibis lenibus, et iis qui non facile corrumpuntur : potione, si febricitat puer, aquæ ; si sine febre est, vini diluti : ac si alvus nutrici substitit, ducenda est. Si pituita in os ejus coit, vomere debet. Tum ipsa ulcera perungenda sunt melle, cui rhus, quem Syriacum vocant, aut amaræ nuces adjectæ sunt ; vel mistis inter se rosæ foliis aridis, pineis nucleis, menthæ coliculo, melle : vel

être réduit par ébullition à la consistance du miel; après quoi l'on ajoute, selon la même formule, du safran, de la myrrhe, de l'alun et du miel. Il importe encore de ne rien donner qui puisse attirer les humeurs. Si le malade n'appartient déjà plus à la première enfance, il devra faire usage des gargarismes indiqués plus haut. Lorsque les remèdes adoucissants ne triomphent pas de cette affection, il y a lieu d'employer les escarotiques, tels que l'alun de plume, le chalcitis ou le vitriol; et l'on seconde l'emploi de ces moyens en prescrivant le jeûne le plus sévère, auquel succède ensuite une alimentation très-douce. Il convient toutefois, pour déterger les ulcères, d'accorder de temps à autre du fromage mêlé avec du miel.

XII. Les ulcères de la langue n'exigent pas un traitement différent de celui qu'on a fait connaître dans la première partie du chapitre précédent. Il faut noter cependant que les ulcérations qui se forment sur les bords sont en général de très-longue durée; et l'on doit s'assurer qu'elles ne sont pas entretenues par les aspérités de quelque dent voisine, car dans ce cas il n'y aurait qu'à faire usage de la lime.

XIII. Quelquefois encore il survient aux gencives et près des dents de petites tumeurs douloureuses, que les Grecs appellent *parulies*. On a soin, dès qu'elles apparaissent, de les frotter légèrement avec du sel écrasé, ou bien avec un mélange de sel fossile brûlé, de cyprès et de calament : cela fait, on emploie la décoction d'orge pour se rincer la bouche, et on la tient ouverte jusqu'à ce qu'il se soit écoulé une quantité suffisante de pituite. Quand l'inflammation devient plus intense, on a recours aux médicaments prescrits contre les ulcères de la bouche : il faut aussi prendre un peu de charpie molle, la rouler dans une des préparations connues sous le nom d'anthères, puis l'insinuer entre la dent et la gencive. Si la dureté de celle-ci s'oppose à l'introduction, on dirige vers la partie malade de la vapeur d'eau chaude au moyen d'une éponge, et l'on fait sur ce point des onctions avec le cérat. Si la suppuration paraît imminente, il convient d'insister sur l'emploi des fumigations, et de conserver dans la bouche une décoction de figues dans de l'hydromel chaud; il faut enfin ouvrir l'abcès aux premiers signes de ramollissement, de peur que le séjour trop prolongé du pus n'entraîne l'altération de l'os. Quand la tumeur est volumineuse, il vaut mieux en faire l'excision complète, afin que la dent soit entièrement libre. La suppuration une fois tarie, si la plaie est étroite, il suffit de tenir dans la bouche de l'eau chaude, et de faire à l'extérieur des fumigations; si elle est plus étendue, on doit se servir d'une décoction de lentille, ainsi que des médicaments destinés à guérir les autres ulcères de la bouche. Ces ulcères, pour la plupart, peuvent également affecter les gencives, et ce lieu d'élection ne change rien au traitement. Il est très-convenable cependant de mâcher du troëne et d'en conserver le suc dans sa bouche. Dans certains cas, à la suite d'un ulcère des gencives précédé ou non de parulie, on observe pendant longtemps un écoulement de pus qui peut dépendre d'une dent cariée ou cassée, ou de quelque maladie de l'os, et qui le plus souvent se fait jour par un conduit fistuleux. Il faut alors mettre à découvert l'endroit suspect, extraire la dent, enlever les esquilles d'os qui peuvent se détacher, gratter

---

eo medicamento, quod ex moris fit; quorum succus eodem modo, quo Punici mali, ad mellis crassitudinem coquitur, eademque ratione ei crocum, myrrha, alumen, vinum, mel miscetur. Neque quidquam dandum, a quo humor evocari possit. Si vero jam firmior puer est, gargarizare debet iis fere, quæ supra comprehensa sunt. Ac, si lenia medicamenta in eo parum proficiunt, adhibenda sunt ea, quæ adurendo crustas ulceribus inducant, quale est scissile alumen, vel chalcitis, vel atramentum sutorium. Prodest etiam fames et abstinentia, quanta maxima imperari potest. Cibus esse debet lenis : ad purganda tamen ulcera, interdum caseus ex melle recte datur.

XII. Linguæ quoque ulcera non aliis medicamentis egent, quam quæ prima parte superioris capitis exposita sunt. Sed quæ in latere ejus nascuntur, diutissime durant. Videndumque est, num contra dens aliquis acutior sit, qui sanescere sæpe ulcus eo loco non sinit; ideoque limandus est.

XIII. Solent etiam interdum juxta dentes in gingivis tubercula quædam oriri dolentia. : παρουλίδας Græci appellant. Hæc initio leniter sale contrito perfricare oportet; aut inter se mistis sale fossili combusto, cupresso, nepeta; deinde eluere os cremore lenticulæ, et inter hæc hiare, donec pituitæ satis profluat. In majore vero inflammatione iisdem medicamentis utendum est, quæ ad ulcera oris supra posita sunt : et mollis linamenti paulum involvendum aliqua compositione ex iis, quas ἀνθηρὰς vocari dixi, demittendumque id inter dentem et gingivam. Quod si durior erit, et id prohibebit, extrinsecus admovendus erit spongia vapor calidus, imponendumque ceratum. Si suppuratio se ostendet, diutius eo vapore utendum erit, et continendum ore calidum mulsum, in quo ficus decocta sit : idque suberudum incidendum, ne, si diutius ibi pus permanserit, os lædat. Quod si major is umor est, commodius totus exciditur, sic, ut utraque parte dens liberetur. Pure exempto, si levis plaga est, satis est ore calidam aquam continere, et extrinsecus fovere eodem vapore; si major est, lenticulæ cremore uti, iisdemque medicamentis, quibus cetera ulcera oris curantur. Alia quoque ulcera in gingivis plerumque oriuntur; quibus eadem, quæ in reliquo ore, succurrunt : maxime tamen mandere ligustrum oportet, succumque eum ore continere. Fit etiam interdum, ut ex gingivæ ulcere, sive παρουλὶς fuit, sive non fuit, diutius pus feratur : quod aut corrupto dente, aut fracto, vel aliter vitiato osse, maximeque id per fistulam evenire consuevit. Ubi incidit,

tout ce qui paraît altéré, et, pour le surplus, agir comme dans le traitement des ulcères. Si les gencives se détachent des dents, les préparations dites *anthères* doivent y remédier. Dans le même but, on fera bien encore de manger des poires ou des pommes vertes, et d'en conserver le suc dans la bouche. On obtient d'ailleurs un résultat semblable en employant du vinaigre qui ne soit pas trop fort.

XIV. L'inflammation de la luette, quand elle est violente, peut aussi donner de l'inquiétude, et, pour la combattre, il est nécessaire de prescrire la diète et de tirer du sang, ou de faire prendre des lavements, si quelque raison s'oppose à la saignée. Il faut de plus se couvrir la tête, et la tenir toujours élevée. Comme gargarisme, on fait usage d'une décoction de ronce et de lentille, et, pour toucher la luette même, on emploie du verjus, de la noix de galle ou de l'alun de plume, en ajoutant du miel à la substance qu'on a choisie. Il est encore un médicament qui convient spécialement dans ce cas, et qu'on appelle *Andronien*. En voici la composition : alun de plume, écaille de cuivre rouge, vitriol, noix de galle, myrrhe, misy : on mêle les ingrédients après les avoir triturés séparément, puis on y ajoute peu à peu du vin astringent en les écrasant de nouveau, jusqu'à ce que le mélange ait la consistance du miel. On se trouve très-bien aussi de porter au fond de la gorge une cuiller contenant du suc de chélidoine, pour y faire tremper la luette ; presque toujours en effet l'emploi de ces différents remèdes est suivi d'un abondant écoulement de pituite, et lorsqu'il a cessé, on doit se gargariser avec du vin chaud.

Si l'inflammation a perdu de son intensité, on se contentera de porter sous la luette, à l'aide d'une cuiller, de l'assa-fœtida écrasé, et délayé dans de l'eau froide. Celle-ci, du reste, peut être employée seule quand le gonflement n'est pas considérable, et, après avoir baigné la luette, servir encore en gargarisme ainsi que l'assa-fœtida.

XV. Quand la gangrène s'empare des ulcères de la bouche, on doit d'abord examiner si la constitution est mauvaise, et s'occuper d'améliorer l'état général, avant d'entreprendre le traitement des ulcères. Si la gangrène est humide et superficielle, il suffit de saupoudrer l'ulcère avec une des préparations dites *anthères* ; et l'on ajoute un peu de miel, si la gangrène est sèche. Quand le mal ne s'arrête pas à la surface, on prend comme topique deux parties de papyrus brûlé et une partie d'orpiment ; et s'il gagne toujours en profondeur, on ajoute une troisième partie de papyrus, ou l'on emploie parties égales de sel et d'iris grillés, ou bien mêmes quantités de chalcitis, de chaux et d'orpiment. Il est nécessaire toutefois de recouvrir les escarotiques d'un plumasseau trempé dans de l'huile rosat, afin de garantir contre l'action de ces remèdes les parties saines qui avoisinent l'ulcère. Quelques-uns font dissoudre, dans une hémine de fort vinaigre, du sel grillé jusqu'à saturation complète, traitent le liquide par ébullition jusqu'à siccité, puis répandent sur l'ulcère le sel réduit en poudre. Chaque fois qu'on se sert d'un médicament, il faut, avant et après, se rincer la bouche avec une décoction légèrement miellée soit de lentille ou d'orobe, soit d'olives ou de verveine. Le vi-

---

locus aperiendus ; dens eximendus ; testa ossis, si qua abscessit, recipienda est ; si quid vitiosi est, radendum. Post quæ, quid fieri debeat, supra in aliorum ulcerum curatione comprehensum est. Si vero a dentibus gingivæ recedunt, eædem antheræ succurrunt. Utile est etiam pira aut mala non permatura mandere, et ore eum humorem continere. Idemque præstare non acre acetum in ore retentum potest.

XIV. Uvæ vehemens inflammatio terrere quoque debet. Itaque in hac et abstinentia necessaria est ; et sanguis recte mittitur ; et, si id aliqua res prohibet, alvus utiliter ducitur : caputque super hæc velandum, et sublimius habendum est ; tum aqua gargarizandum, in qua simul rubus et lenticula decocta sit. Illinenda autem ipsa uva vel omphacio, vel galla, vel alumine scissili, sic, ut cuilibet eorum mel adjiciatur. Est etiam medicamentum huic aptum, quod Andronium appellatur. Constat ex his ; alumine scissili, squama æris rubri, atramento sutorio, galla, myrrha, misy : quæ per se contrita, mistaque, rursus, paulatim adjecto vino austero, teruntur, donec his mellis crassitudo sit. Chelidoniæ quoque succo per cochlear illita uva maxime prodest. Ubi horum aliquo illita uva est, fere multa pituita decurrit : cumque ea quievit, ex vino calido gargarizandum. Quod si minor in-

flammatio est, laser terere, eique adjicere frigidam aquam satis est, eamque aquam cochleari exceptam ipsi uvæ subjicere. Ac mediocriter eam tumentem aqua quoque frigida, eodem modo subjecta, reprimit. Ex eadem autem aqua gargarizandum quoque est, quæ vel cum lasere, vel sine eo hac ratione uvæ subjecta est.

XV. Si quando autem ulcera oris cancer invasit, primum considerandum est, num malus corporis habitus sit, eique occurrendum : deinde ipsa ulcera curanda. Quod si in summa parte id vitium est, satis proficit anthera, humido ulceri arida inspersa ; sicciori, cum exigua parte mellis illita : si paulo altius, chartæ combustæ partes duæ, auripigmenti pars una : si penitus malum descendit, chartæ combustæ partes tres, auripigmenti pars quarta ; aut pares portiones salis fricti, et iridis frictæ : aut item pares portiones chalcitidis, calcis, auripigmenti. Necessarium autem est linamentum in rosa tingere, et super adurentia medicamenta imponere ; ne vicinum et sanum locum lædant. Quidam etiam in acris aceti heminam frictum salem conjiciunt, donec tabescere desinat ; deinde id acetum coquunt, donec exsiccetur ; eumque salem contritum inspergunt. Quoties autem medicamentum injicitur, et ante et post os diluendum est vel cremore lenticulæ, vel aqua, in qua aut ervum, aut oleæ, aut ver-

naigre scillitique, gardé un certain temps dans la bouche, est encore un assez bon remède contre les ulcères, ainsi que le sel traité, comme on l'a dit ci-dessus, par le vinaigre, et de nouveau dissous dans ce liquide. Mais il est nécessaire que ces médicaments soient longtemps en contact avec la surface gangrenée, et l'on doit en réitérer l'usage deux ou trois fois par jour, suivant la violence du mal. Si l'on soigne un enfant pour un cas semblable, il faut garnir une sonde d'un morceau de laine imprégné du remède, porter l'instrument sur l'ulcère, et ne pas le quitter, dans la crainte que le malade, dépourvu de prudence, n'avale le médicament caustique. Lorsque les gencives sont douloureuses et que les dents sont ébranlées, il faut arracher celles qui vacillent, car elles font sérieusement obstacle à la guérison. Quand les remèdes sont sans effet, on doit cautériser les ulcères avec le feu, à moins qu'ils ne soient situés sur les lèvres, auquel cas il est préférable de les exciser. Qu'on emploie du reste la cautérisation ou l'excision, il est certain qu'on n'arrive à cicatriser ces ulcères que par le secours de la main. Les os restent constamment dénudés par suite de la cautérisation des gencives ; et, bien que les chairs ne puissent plus se reproduire, il n'en faut pas moins faire sur ce point des applications de lentille, afin de ramener les parties au meilleur état possible.

XVI. Telles sont les maladies de la tête qui réclament l'emploi des médicaments. Quant aux *parotides*, c'est au-dessous des oreilles qu'on les observe. Tantôt elles surviennent dans l'état de santé, produites par une inflammation locale, et tantôt elles succèdent à des fièvres de longue durée, dont tout l'effort s'est détourné vers ce point. La parotide n'étant qu'une espèce d'abcès, n'exige pas de traitement spécial. On fera seulement remarquer que si la tumeur se déclare en l'absence de toute autre affection, il est permis d'employer les résolutifs au début ; mais que si elle n'est au contraire que la dernière expression d'un état morbide, on doit, au lieu de chercher à la résoudre, en favoriser la suppuration, pour l'ouvrir dès que la chose est faisable.

XVII. Dans les exomphales, pour éviter le secours de la main et l'emploi du fer, on doit d'abord prescrire la diète, des lavements, et un topique dont voici la composition : ciguë et suie, ana p. *. I.; céruse lavée p. *. IV. ; plomb lavé p. *. VIII. œufs n° 2 ; on ajoute à ces substances du suc de solanum. Il faut prolonger longtemps l'application de ce remède sur l'ombilic, consacrer le même temps au repos, manger peu, et s'interdire tous les aliments flatulents.

XVIII. 1. Les maladies qui se présentent maintenant sont celles des parties honteuses. Les Grecs ont, pour traiter un pareil sujet, des expressions plus convenables, et qui d'ailleurs sont consacrées par l'usage, puisqu'elles reviennent sans cesse dans les écrits et le langage ordinaire des médecins. Les mots latins nous blessent davantage, et ils n'ont pas même en leur faveur de se trouver parfois dans la bouche de ceux qui parlent avec décence ; c'est donc une difficile entreprise de respecter la bienséance, tout en maintenant les préceptes de l'art. Cette considération n'a pas dû cependant retenir ma plume, parce que d'abord je ne veux pas laisser incomplets les utiles enseignements que j'ai reçus, et qu'ensuite il importe précisément de répandre dans le vulgaire les notions médicales relatives au traitement de ces

---

bene decoctæ sint, sic, ut cuilibet eorum paulum mellis misceatur. Acetum quoque ex scilla, retentum ore, satis adversus hæc ulcera proficit : et ex aceto cocto sali, sicut supra demonstratum est, rursus mistum acetum. Sed diu continere utrumlibet, et id bis aut ter die facere, prout vehemens malum est, necessarium est. Quod si puer est, cui id incidit, specillum lana involutum in medicamentum demittendum est, et super ulcus tenendum ; ne per imprudentiam adurentia devoret. Si dolor in gingivis est, moventurque aliqui dentes, refigi eos oportet : nam curationem vehementer impediunt. Si nihil medicamenta proficient, ulcera erunt adurenda. Quod tamen in labris ideo non est necessarium, quoniam excidere commodius est. Et id quidem, æque adustum, atque excisum, sine ea curatione, quæ corpori manu adhibetur, impleri non potest. Gingivarum vero ossa, quæ hebetia sunt, in perpetuum ustione nudantur : neque enim postea caro increscit. Imponenda tamen adustis lenticula est, donec sanitatem, qualis esse potest, recipiant.

XVI. Hæc in capite fere medicamentis egent. Sub ipsis vero auribus oriri παρωτίδες solent ; modo in secunda valetudine, ibi inflammatione orta ; modo post longas febres, illuc impetu morbi converso. Id abscessus genus est : itaque nullam novam curationem desiderat. Animadversionem tantummodo hanc habet necessariam ; quia si sine morbo id intumuit, primum reprimentium experimentum est ; si ex adversa valetudine, illud inimicum est ; maturarique et quamprimum aperiri commodius est.

XVII. Ad umbilicos vero prominentes, ne manu ferroque utendum sit, ante tentandum est, ut abstineant ; alvus his ducatur, imponatur super umbilicum id, quod ex his constat ; cicutæ et fuliginis, singulorum p. *. I. cerussæ elotæ p. *. IV. plumbi eloti p. *. VIII. ovis duobus, quibus etiam solani succus adjicitur. Hoc diutius impositum esse oportet ; et interim conquiescere hominem ; cibo modico uti, sic, ut vitentur omnia inflantia.

XVIII. 1. Proxima sunt ea, quæ ad partes obscœnas pertinent : quarum apud Græcos vocabula et tolerabilius se habent, et accepta jam usu sunt ; cum in omni fere medicorum volumine atque sermone jactentur : apud nos fœdiora verba, ne consuetudine quidem aliqua verecundius loquentium commendata sunt : ut difficilis hæc explanatio sit, simul et pudorem, et artis præcepta servantibus. Neque tamen ea res a scribendo deterrere me debuit : primum, ut omnia, quæ salutaria accepi, comprehenderem : dein, quia in vulgus eorum curatio etiam

maladies, qu'on ne révèle jamais à d'autres que malgré soi.

2. Lorsqu'une inflammation a produit le gonflement de la verge, et que cet état ne permet plus de ramener le prépuce en avant ou en arrière, on doit faire sur ce point d'abondantes fomentations d'eau chaude. Si le gland est recouvert, il faut, à l'aide d'une seringue à oreille, injecter de l'eau chaude entre cet organe et la peau ; et si par ces procédés l'enflure et la tension disparaissent au point que la peau puisse suivre les mouvements de la main, la guérison complète ne se fait pas attendre. Quand la tuméfaction persiste, il convient d'appliquer des cataplasmes de lentilles, de marrube ou de feuilles d'olivier qu'on fait bouillir dans du vin, et, pendant la trituration, on ajoute un peu de miel à la substance qu'on a choisie. Il faut aussi fixer la verge sur l'abdomen, et c'est un soin à prendre dans tous les cas de ce genre. Quant au malade, il doit garder le repos, observer la diète et boire de l'eau, seulement pour apaiser sa soif. Le lendemain, sans se relâcher de ce régime, on renouvelle les fomentations, et l'on essaye, en déployant quelque violence, de faire mouvoir le prépuce ; s'il n'obéit pas à ces tentatives, on fait une incision légère à la peau, et l'écoulement de *sanie* qui se fait jour par là amène plus tard un affaissement local qui rend la réduction plus facile. Après avoir surmonté la résistance du prépuce avec ou sans le concours de ces moyens, on découvre des ulcères qui occupent ou la face interne de la peau, ou le gland, ou la verge elle-même : ces ulcères apparaissent secs et détergés, ou bien humides et purulents. Quand ils sont secs, on emploie d'abord des fomentations d'eau chaude, puis on les panse soit avec du lycium ou du marc d'huile bouillis dans du vin, soit avec un mélange de beurre et d'huile rosat. S'ils ne laissent suinter que très-peu d'humeur, il faut les laver avec du vin, et se servir ensuite d'un liniment composé de beurre, d'un peu de miel et d'un quart de térébenthine. Lorsqu'ils sont purulents, on commence par les déterger avec de l'hydromel chaud, après quoi l'on fait usage de la préparation suivante : poivre p. *. 1. myrrhe p. *. *. safran, milsy bouilli, ana p. *. 11.; le tout bouilli dans du vin astringent jusqu'à consistance de miel. Cette préparation est également applicable aux ulcérations des amygdales, de la luette, de la bouche et des narines. En voici une autre, douée des mêmes propriétés : poivre p. *. ⊤. myrrhe p. *. ⊤. safran p. *. ⊤ ⊤. misy bouilli p. *. 1.; cuivre brûlé p. *. 11. Ces ingrédients sont d'abord broyés ensemble dans du vin astringent ; puis, quand le mélange est sec, on le triture une seconde fois en ajoutant trois verres de vin de raisins secs, et l'on traite le remède par ébullition, jusqu'à ce qu'il ait acquis une consistance de glu. Le verdet associé au miel cuit, et tous les médicaments indiqués plus haut contre les ulcères de la bouche, conviennent aussi dans le cas présent ; et l'on applique de même avec succès, sur les ulcères purulents des parties naturelles, la composition d'Érasistrate ou celle de Craton. Cette autre n'est pas moins utile : on fait bouillir des feuilles d'olivier dans neuf verres de vin, et on y mêle alun de plume p. *. iv.; lycium p. *. viii; plus, un demi-verre de miel. Il faut incorporer le médicament dans du miel, si la suppuration est abondante, et le délayer dans du vin, si l'écoulement est médiocre. Règle générale,

---

præcipue cognoscenda est, quæ invitissimus quisque alteri ostendit.

2. Igitur si ex inflammatione coles intumuit, reducique summa cutis, aut rursus induci non potest, multa calida aqua fovendus locus est : ubi vero glans contecta est, oriculario quoque clystere inter eam cutemque aqua calida inserenda est. Si mollita sic et extenuata cutis ducenti paruit, expeditior reliqua curatio est : si tumor vicit, imponenda est vel lenticula, vel marrubium, vel oleæ folia ex vino cocta, sic, ut cuilibet eorum, dum teritur, mellis paulum adjiciatur : sursumque coles ad ventrem deligandus est, quod in omni curatione ejus necessarium est : isque homo continere se, et abstinere a cibo debet, et potione aquæ tantum a siti vindicari. Postero die rursus adhibendum iisdem rationibus aquæ fomentum est, et cum vi quoque experiundum, an cutis sequatur : eaque, si non parebit, leviter summa scalpello concidenda erit : nam, cum sanies profluxerit, extenuabitur is locus, et facilius cutis ducetur. Sive autem hoc modo victa erit, sive numquam repugnaverit, ulcera vel in cutis ulteriore parte, vel in glande, ultrave eam in cole reperientur : quæ necesse est, aut pura siccaque sint, aut humida et purulenta. Si sicca sunt, primum aqua calida fovenda sunt : deinde imponendum lycium ex vino est, aut amurca cocta cum eodem, aut cum rosa butyrum. Si levis iis humor inest, vino eluenda sunt : tum butyro et mellis paulum, et resinæ terebinthinæ pars quarta adjicienda est, eoque utendum. At si pus ex iis profluit, ante omnia elui mulso calido debent : tum imponi piperis p. *. 1. myrrhæ p. *. ⊤. croci, misy cocti, singulorum p. *. 11. quæ ex vino austero coquuntur, donec mellis crassitudinem habeant. Eadem autem compositio tonsillis, uvæ madenti, oris nariumque ulceribus accommodata est. Aliud ad eadem; piperis p. *. ⊤. myrrhæ p. *. ⊤. croci p. *. ⊤ ⊤. Misy cocti p. *. 1. æris combusti p. *. 11. quæ primum ex vino austero conteruntur ; deinde, ubi inaruerunt, iterum teruntur ex passi tribus cyathis, et incoquuntur, donec visci crassitudinem habeant. Ærugo quoque cum cocto melle, et ea, quæ ad oris ulcera supra comprehensa sunt, curant. Aut Erasistrati compositio, aut Cratonis, recte super purulenta naturalia imponitur. Folia quoque oleæ ex novem cyathis vini coquuntur ; his adjicitur aluminis scissilis p. *. iv. lycii p. *. viii. mellis sesquicyathus : ac, si plus puris est, id medicamentum ex melle; si minus, ex vino diluitur. Illud perpetuum est; post curationem, dum inflammatio manet, quale

lorsque l'inflammation persévère après le traitement, il faut appliquer des cataplasmes, comme il est dit ci-dessus, et panser les ulcères chaque jour. Dès qu'ils commencent à fournir un pus abondant et fétide, on doit les déterger avec une décoction de lentille légèrement miellée. Pour remplir la même indication, on peut faire bouillir des feuilles d'olivier, de lentisque ou de marrube, avec addition de miel; se servir de verjus et de miel, ou recourir soit au mélange de verdet et de miel préparé pour les maladies de l'oreille, soit à la composition d'Andron, ou enfin à l'une des anthères, additionnée toujours d'une légère quantité de miel. Quelques médecins se contentent de traiter tous les ulcères dont on a parlé jusqu'ici, avec du lycium bouilli dans du vin. Il faut, si l'ulcère s'étend en largeur et en profondeur, le déterger d'abord d'après la manière indiquée déjà, puis faire usage en topique d'un mélange de verdet ou de verjus avec du miel, ou bien appliquer la composition d'Andron. Il est possible encore d'employer une préparation ainsi faite : marrube, myrrhe, safran, alun de plume bouilli, feuilles de roses sèches, noix de galle, ana p. *. i.; minium de Sinope p. *. ii. Ces substances, broyées d'abord isolément, sont ensuite soumises à une trituration commune; et l'on ajoute une suffisante quantité de miel, pour donner au mélange la consistance de cérat liquide. Cela fait, la préparation étant mise dans un vase d'airain, on doit la faire bouillir doucement, pour empêcher qu'elle ne déborde; et lorsque les gouttes qu'on laisse tomber se prennent, on la retire du feu : selon l'indication du moment, il faut ensuite la délayer dans du miel ou du vin. Ce médicament peut également s'approprier au traitement des fistules. L'ulcère quelquefois pénètre jusqu'aux tendons, et il s'en écoule une humeur abondante, une sanie ténue, fétide, mal liée, et semblable à de la lavure de chair fraîche. Là se font sentir en même temps de la douleur et des élancements. Bien qu'on ait réellement affaire à un ulcère purulent, il n'en faut pas moins lui opposer des remèdes adoucissants, tels que l'emplâtre tétrapharmaque, qu'on liquéfie dans de l'huile rosat en y ajoutant un peu d'encens; ou cet autre, formé de beurre, d'huile rosat, de résine et de miel, dont j'ai déjà fait mention. Ces sortes d'ulcères ont surtout besoin d'abondantes fomentations d'eau chaude; on doit aussi les couvrir, et les soustraire à l'influence du froid. La verge, dans certains cas, est tellement rongée sous la peau, qu'il en résulte la chute du gland. Il devient nécessaire alors d'exciser en même temps le prépuce. Chaque fois en effet que le gland ou quelque partie de la verge se sépare du corps ou doit en être retranché, il est de règle constante de ne point conserver les téguments, parce que, venant à contracter des adhérences avec la plaie, ils ne pourraient plus être abaissés, et ne serviraient peut-être qu'à déterminer l'occlusion de l'urètre.

On voit encore se former, autour du gland, de ces tubercules que les Grecs nomment φύματα. Il faut les cautériser avec le fer ou les médicaments, et, lorsque les escarres sont tombées, les saupoudrer avec de la limaille de cuivre, pour prévenir toute récidive.

3. Ces divers symptômes n'appartiennent pas à la gangrène, qui peut compliquer les ulcères de toutes les parties du corps, mais plus spécialement ceux de la verge. On la reconnaît à la couleur noire qu'elle prend au début; et lorsqu'elle est

supra positum est, cataplasma super dare et quotidie ulcera eadem ratione curare. Quod si pus et multum, et cum malo odore cœpit profluere, elui cremore lenticulæ debet, sic, ut ei mellis paulum adjiciatur : aut oleæ, vel lentisci folia, vel marrubium decoquendum est, eoque humore eodem modo cum melle utendum : imponendaque eadem; aut etiam omphacium cum melle; aut id, quod ex ærugine et melle ad aures fit; aut compositio Andronis; aut anthera, sic, ut ei paulum mellis adjiciatur. Quidam ulcera omnia, de quibus adhuc dictum est, lycio ex vino curant. Si vero ulcus latius atque altius serpit, eodem modo elui debet : imponi vero, aut ærugo aut omphacium cum melle; aut Andronis compositio; aut marrubii, myrrhæ, croci, aluminis scissilis cocti, rosæ foliorum aridorum, gallæ, singulorum p. *. i. minii Sinopici p. *. ii. quæ per se singula primum teruntur, deinde juncta iterum, melle adjecto, donec liquidi cerati crassitudinem habeant; tum in æneo vase leniter coquuntur, ne superfluant; cum jam guttæ indurescunt, vas ab igne removetur : idque medicamentum, prout opus est, aut ex melle aut ex vino liquatur. Idem autem per se etiam ad fistulas utile est. Solet etiam interdum ad nervos ulcus descendere; profluitque pituita multa; sanies tenuis

malique odoris, non coacta, at aquæ similis, in qua caro recens lota est; doloresque is locus, et punctiones habet. Id genus quamvis inter purulenta est, tamen lenibus medicamentis curandum est; quale est emplastrum τετραφάρμαχον ex rosa liquatum, sic, ut thuris quoque paulum ei misceatur; aut id, quod ex butyro, rosa, resina, melle fit; supra vero a me positum est. Præcipueque id ulcus multa calida aqua fovendum est, velandumque, neque frigori committendum. Interdum autem per ipsa ulcera coles sub cute exesus est, sic, ut glans excidat. Sub quo casu cutis ipsa circumcidenda est. Perpetuumque est, quoties glans, aut ex cole aliquid, vel excidit, vel obscinditur, hanc non esse servandam, ne considat, ulcerique agglutinetur, ac neque reduci possit postea, et fortasse fistulam quoque urinæ claudat.

Tubercula etiam, quæ φύματα Græci vocant, circa glandem oriuntur : quæ vel medicamentis, vel ferro aduruntur; et cum crustæ exciderunt, squama æris inspergitur, ne quid ibi rursus increscat.

3. Hæc citra cancrum sunt; qui cum in reliquis partibus, tum in his quoque vel præcipue ulcera infestat. Incipit a nigritie : quæ si cutem occupavit, protinus specillum subjiciendum, eaque incidenda est, deinde oræ

située sur la peau, on doit immédiatement, à l'aide d'une sonde glissée sous les téguments, pratiquer une incision, saisir avec les pinces les lèvres de la plaie, emporter tout ce qui paraît altéré, en coupant même un peu dans le vif, et cautériser ensuite. Il faut toujours faire suivre la cautérisation d'une application de lentilles; et, dès que les escarres sont détachées, on panse ces plaies comme toutes les autres. Mais si la gangrène attaque le corps même de la verge, il y a lieu d'employer certains caustiques en poudre, et surtout celui qu'on prépare avec la chaux, le chalcitis et l'orpiment. Quand les médicaments ne peuvent triompher du mal, on emporte les parties viciées avec l'instrument, qui doit empiéter aussi sur le vif; et, conformément au précepte, on cautérise l'ulcère après l'excision de la gangrène. Cependant, lorsque les escarres qui succèdent à la cautérisation par le fer ou les médicaments prennent une forme calleuse, il est bien à craindre qu'en se détachant elles n'entraînent une hémorragie de la verge. Aussi faut-il condamner le malade au repos et presque à l'immobilité, jusqu'à ce que les escarres bien détergées tombent doucement d'elles-mêmes. Si l'on commet volontairement ou non l'imprudence de marcher trop tôt, que de là résulte une déchirure de l'escarre et par suite un écoulement de sang, il faut recourir à des applications d'eau froide, et, en cas d'insuccès, aux remèdes connus contre l'hémorragie, ou même, s'ils échouent, à la cautérisation faite exactement, mais avec réserve. De plus, on doit s'interdire tout mouvement, pour ne pas donner lieu à de nouveaux accidents.

4. La verge est aussi le siége d'une espèce de chancre que les Grecs ont nommé *phagédénique*. Cet ulcère n'exige pas d'autres remèdes que le précédent; mais il ne souffre aucun retard, et doit être brûlé avec le fer, si les premiers moyens sont insuffisants. Ce mal est parfois accompagné d'une sorte de gangrène, sans douleur, il est vrai, mais dont les progrès, quand on ne parvient pas à les arrêter, peuvent s'étendre jusqu'à la vessie; et le cas est alors au-dessus de toutes les ressources de l'art. Si l'ulcère occupe l'extrémité du gland près du méat urinaire, on introduit dans le canal une sonde assez mince pour prévenir l'occlusion, puis on cautérise avec le fer. Si le chancre est situé plus profondément, il faut enlever par excision tous les tissus envahis, et suivre ensuite le traitement indiqué pour les autres ulcères chancreux.

5. On rencontre encore sur la verge une sorte de tumeur calleuse presque entièrement indolente, et qu'il faut de même exciser. Quant au charbon qui peut se manifester sur ce point, il faut dès le principe le déterger à l'aide d'injections faites avec une seringue à oreille, puis employer les caustiques, notamment le chalcitis et le miel, ou le verdet et le miel cuit, ou la fiente de brebis grillée, et triturée avec du miel. Les médicaments liquides qu'on met en usage contre les ulcères de la bouche, peuvent être appliqués ici, dès que le charbon est tombé.

6. Dans les inflammations du testicule qui n'ont été précédées d'aucune violence extérieure, il faut pratiquer la saignée du pied, prescrire la diète, et appliquer les topiques suivants : farine de fève bouillie dans de l'hydromel, et mêlée à du cumin écrasé, et bouilli avec du miel; cumin trituré, puis incorporé dans du cérat d'huile rosat; graine de lin grillée, écrasée, et bouillie dans de l'hydromel; farine de froment bouillie dans

---

vulsella prehendendæ, tum, quidquid corruptum est, excidendum, sic, ut ex integro quoque paulum dematur, idque adurendum. Quoties quid ustum est, id quoque sequitur, ut imponenda lenticula sit; deinde, ubi crustæ exciderunt, ulcera sicut alia curentur. At si cancer ipsum colem occupavit, inspergenda aliqua sunt ex adurentibus, maximeque id, quod ex calce, chalcitide, auripigmento componitur. Si medicamenta vincuntur, hic quoque scalpello, quidquid corruptum est, sic, ut aliquid etiam integri trahat, præcidi debet. Illud quoque æque perpetuum est; exciso cancro, vulnus esse adurendum. Sed sive ex medicamentis, sive ex ferro crustæ occalluerunt, magnum periculum est, ne, his decidentibus, ex cole profusio sanguinis insequatur. Ergo longa quiete et immobili pene corpore opus est, donec ex ipso crustæ puræ leniter resolvantur. At si vel volens aliquis, vel imprudens, dum ingreditur immature, crustas diduxit, et fluit sanguis, frigida aqua adhibenda est : si hæc parum valet, decurrendum est ad medicamenta, quæ sanguinem supprimunt : si ne hæc quidem succurrunt, aduri diligenter et timide debet; neque ullo postea motu dandus eidem periculo locus est.

4. Nonnumquam etiam id genus ibi cancri, quod φαγέδαινα a græcis nominatur, oriri solet. In quo minime differendum, sed protinus iisdem medicamentis, et, si parum valent, ferro adurendum. Quædam etiam nigrities est, quæ non sentitur, sed serpit, ac, si substituimus, usque ad vesicam tendit; neque succurri postea potest. Si id in summa glande circa fistulam urinæ est, prius in eam tenue specillum demittendum est, ne claudatur; deinde id ferro adurendum : si vero alte penetravit, quidquid occupatum est præcidendum est. Cetera eadem, quæ in aliis cancris, facienda sunt.

5. Occallescit etiam in cole interdum aliquid; idque omni pene sensu caret : quod ipsum quoque excidi debet. Carbunculus autem ibi natus, ut primum apparet, per oricularium clysterem eluendus est : deinde ipse quoque medicamentis urendus, maximeque chalcitide cum melle, aut ærugine cum cocto melle, aut ovillo stercore fricto et contrito cum eodem melle. Ubi is excidit, liquidis medicamentis utendum est, quæ ad oris ulcera componuntur.

6. In testiculis vero, si qua inflammatio sine ictu orta est, sanguis ex talo mittendus est : a cibo abstinendum, imponenda ex faba farina ex mulso cocta cum cumino contrito et ex melle cocto; aut contritum cuminum cum cerato ex rosa facto; aut lini semen frictum, contritum, et in mulso coctum; aut tritici farina ex mulso cocta

de l'hydromel avec du cyprès; oignon de lis écrasé. Quand les testicules deviennent durs, on emploie la graine de lin ou de fenugrec bouillie dans de l'hydromel, ou bien le cérat de troëne; ou la farine de froment triturée dans du vin, avec addition d'un peu de safran. Si l'induration paraît passer à l'état chronique, on obtient de très-bons effets de la racine de concombre sauvage, bouillie dans de l'hydromel, puis écrasée. Si le gonflement des testicules se manifeste à la suite d'un coup, il est nécessaire de tirer du sang; et cela devient plus urgent encore s'ils présentent une teinte livide. On doit faire usage de l'une des préparations désignées plus haut et qui renferment du cumin, ou encore appliquer cette composition : nitre bouilli P. *. I ; résine de pin, cumin, ana P. *. II. ; staphysaigre sans les graines P. *. IV. ; miel, quantité suffisante pour lier ces substances entre elles. Quand par le fait d'une lésion externe le testicule éprouve une perte de substance (8), il entre presque toujours en suppuration; et dans ce cas la seule chose à faire est de fendre le scrotum, d'évacuer le foyer, et d'enlever le testicule même.

7. Il peut se déclarer à l'anus un grand nombre de maladies toujours très-importunes, et qui comportent des moyens de traitement à peu près semblables. C'est ainsi qu'on rencontre sur plusieurs points de cette région des fissures que les Grecs appellent *rhagades*. Si le mal est récent, il faut garder le repos et prendre des demi-bains d'eau chaude. On fait durcir ensuite deux œufs de pigeon, dont on enlève la coquille; on en laisse un dans de l'eau bien chaude, tandis qu'on frotte doucement la partie malade avec l'autre, et ils doivent ainsi servir alternativement. Pour appliquer sur les fissures, on choisit, entre l'emplâtre tétrapharmaque, ou l'emplâtre rhypodes malaxé avec l'huile rosat, ou la graisse de la laine en suint mêlée au cérat liquide, auquel on ajoute du plomb lavé, ou la myrrhe avec la térébenthine, ou la litharge d'argent avec de l'huile vieille. Si les rhagades sont tout à fait extérieures et ne s'étendent pas jusqu'à l'intestin, il faut appliquer dessus de la charpie trempée dans l'un de ces médicaments, et recouvrir le tout de cérat. Dans les affections de ce genre, on doit éviter les aliments âcres, grossiers, ou de nature à resserrer le ventre : quand ils sont secs, il est bon de n'en prendre qu'en petite quantité; et mieux vaut faire usage de ceux qui sont liquides, doux, onctueux et gélatineux. Aucune raison n'interdit l'usage d'un vin doux.

8. Le condylôme (9) est une excroissance qui d'ordinaire se manifeste après une inflammation. Dès que le mal existe, il faut, relativement au repos, aux aliments et aux boissons, se conformer aux préceptes que nous venons d'établir. On peut de même frotter le tubercule avec des œufs de pigeon, mais il convient auparavant de prendre un bain de siége préparé avec une décoction de verveine et de plantes astringentes. On se trouve bien alors d'employer, en topiques, de la lentille avec un peu de miel; du mélilot bouilli dans du vin; des feuilles de ronces écrasées, puis incorporées au cérat d'huile rosat; des coings écrasés avec le même cérat; la partie intérieure de l'écorce de grenade, qu'on fait bouillir dans du vin; le chalcitis calciné, broyé, puis mêlé à la graisse de laine et à l'huile rosat; ou enfin la composi-

---

cum cupresso; aut lilii radix contrita. At si iidem induruerunt, imponi debet lini vel fœni græci semen ex mulso coctum; aut ex cyprino ceratum; aut simila ex vino contrita, cui paulum croci sit adjectum. Si vetustior jam durities est, maxime proficit cucumeris agrestis radix ex mulso cocta, deinde contrita. Si ex ictu tument, sanguinem mitti necessarium est; magisque, si etiam livent. Imponendum vero utrumlibet ex iis, quæ cum cumino componuntur, supraque posita sunt; aut ea compositio, quæ habet nitri cocti p. *. I. resinæ pineæ, cumini, singulorum p. *. II. uvæ taminiæ sine seminibus p. *. IV. mellis quantum satis sit ad ea cogenda. Quod si ex ictu testiculis aliquid desit, fere pus quoque increscit; neque aliter succurri potest, quam si, inciso scroto, et pus emissum, et ipse testiculus excisus est.

7. Anus quoque multa tædiique plena mala recipit, nec inter se multum abhorrentes curationes habet. Ac primum in eo sæpe, et quidem pluribus locis, cutis scinditur : ῥαγάδια Græci vocant. Id si recens est, quiescere homo debet, et in aqua calida desidere. Columbina quoque ova coquenda sunt, et, ubi induruerunt, purganda : deinde alterum jacere in aqua bene calida debet, altero calido foveri locus, sic, ut invicem utroque aliquis utatur. Tum tetrapharmacum, aut rhypodes rosa diluendum est; aut œsypum recens miscendum cum cerato liquido ex rosa facto; aut eidem cerato liquido plumbum elotum adjiciendum; aut resinæ terebinthinæ myrrha; aut spumæ argenti vetus oleum; et quolibet ex his id perungendum. Si quidquid læsum est, extra est, neque intus reconditum, eodem medicamento tinctum linamentum superdandum est, et quidquid ante adhibuimus, cerato contegendum. In hoc autem casu, neque acribus cibis utendum, neque asperis, nec alvum comprimentibus : ne aridum quidem quidquam satis utile est, nisi admodum paulum. Liquida, lenia, pinguia, glutinosa, meliora sunt. Vino leni uti nihil prohibet.

8. Condyloma autem est tuberculum, quod ex quadam inflammatione nasci solet. Id ubi ortum est, quod ad quietem, cibos, potionesque pertinet, eadem servari debent, quæ proxime scripta sunt. Iisdem etiam ovis recte tuberculum id fovetur : sed desidere ante homo in aqua debet, in qua verbenæ decoctæ sunt ex reprimentibus. Tum recte imponitur et lenticula cum exigua mellis parte; et sertula Campana ex vino cocta; et rubi folia contrita cum cerato ex rosa facto; et cum eodem cerato contritum vel cotoneum malum, vel malicorii ex vino cocti pars interior; et chalcitis cocta atque contrita, deinde œsypo ac rosa excepta; et ex ea compositione, quæ habet thuris p. *. I. aluminis scissilis p. *. II. cerussæ p. *. III. spumæ argenti p.

tion dont voici les substances : encens p. *. i. ; alun de plume p. *. ii. ; céruse p. *. iii. ; litharge d'argent p. *. v., auxquels on ajoute alternativement, pendant la trituration, de l'huile rosat et du vin. Ces diverses applications sont maintenues à l'aide d'un morceau de linge ou d'étoffe dont la forme est carrée ; les quatre extrémités présentent deux anses d'un côté et deux bandes de l'autre. On dispose le bandage de façon que les ouvertures se trouvent sur le ventre, et puissent donner passage aux cordons fixés en arrière et ramenés en avant : après les avoir serrés, on porte à gauche la bande qui est à droite, et à droite celle qui est à gauche ; et lorsqu'elles ont fait le tour du ventre, on les noue. Si le condylôme existant déjà depuis longtemps est devenu trop dur pour céder à ces préparations, on peut le cautériser avec un médicament composé de verdet p. *. ii. ; myrrhe p. *. iv. ; gomme p. *. viii. ; encens p. * xii. ; antimoine, opium, acacia, ana p. *. xvi. Quelques médecins ont recours à cet ingrédient pour raviver les ulcères dont j'ai tout récemment parlé ; mais s'ils sont impuissants contre le condylôme, il ne faut pas craindre d'appliquer des caustiques plus énergiques. Dès que le tubercule est détruit, on ne doit plus employer que des topiques adoucissants.

9. Une troisième maladie de l'anus consiste dans le gonflement des veines, qui se groupent en plusieurs capitules et fournissent souvent du sang. Ces tumeurs, qui ont reçu des Grecs le nom d'*hémorroïdes*, peuvent occuper chez les femmes l'orifice de la vulve. La suppression du flux hémorroïdal n'est pas toujours sans danger ; car pour certaines personnes cet écoulement n'est point une cause d'affaiblissement, et constitue plutôt une évacuation salutaire qu'une maladie ; quelques-unes même ont expié par des affections graves et soudaines la guérison de leurs hémorroïdes, parce que le sang n'ayant plus de voie d'élimination s'est jeté sur la poitrine et les viscères. Toutefois si l'on souffre trop de cet écoulement sanguin, il convient de prendre un bain de siége préparé avec une décoction de verveine, et d'appliquer, sur les tumeurs, de l'écorce de grenade pilée et des feuilles de roses sèches écrasées, ou d'autres plantes astringentes. Assez ordinairement on voit survenir de l'inflammation, et cela a lieu surtout quand la dureté des matières vient blesser ces parties. Il faut se mettre alors dans un demi-bain d'eau douce, frotter doucement le siége avec des œufs, et appliquer dessus des jaunes d'œuf servant de liaison à des feuilles de roses bouillies dans du vin de raisins secs. Si les hémorroïdes sont internes, on porte le liniment avec le doigt ; si elles sont externes, on emploie le topique étendu sur un linge. Les remèdes indiqués contre les rhagades récentes sont encore ici d'une utile application, et l'on fera bien aussi d'adopter le même régime alimentaire. Quand ces moyens ne sont pas assez efficaces, il faut en venir à l'emploi des caustiques, pour consumer les tumeurs ; et si elles paraissent trop anciennes, on doit, d'après Denys, les saupoudrer avec de la sandaraque, puis les recouvrir d'un mélange ainsi fait : écaille de cuivre, orpiment, ana p. *. v. ; pierre à chaux p. *. viii. On a soin le lendemain de les piquer avec une aiguille. Lorsque ces tumeurs ont été cautérisées, elles sont remplacées par une cicatrice qui s'oppose a l'écoulement de sang. Pour prévenir cependant les dangers de cette suppression, il est bon de dissiper les humeurs en faisant beaucoup d'exercice ; et de plus il est nécessaire de prescrire de

---

*. v. quibus, dum teruntur, invicem rosa et vinum instillatur. Vinculum autem ei loco linteolum aut panniculus quadratus est, qui ad duo capita duas ausas, ad altera duo totidem fascias habet ; cumque subjectus est ; ansis ad ventrem datis, a posteriore parte in eas adductæ fasciæ conjiciuntur, atque, ubi arctatæ sunt, dexterior sinistra, sinisterior dextra procedit, circumdataeque circa alvum inter se novissime deligantur. Sed si vetus condyloma jam induruit, neque sub his curationibus desidit, aduri medicamento potest, quod ex his constat ; æruginis p. *. ii. myrrhæ p. *. iv. gummi p. *. viii. thuris p. *. xii. stibis, papaveris lacrimæ, acaciæ, singulorum p. *. xvi. Quo medicamento quidam etiam ulcera, de quibus proxime dixi, renovant. Si hoc parum in condylomate proficit, adhiberi possunt etiam vehementius adurentia. Ubi consumptus est tumor, ad medicamenta lenia transeundum est.

9. Tertium vitium est, ora venarum tamquam capitulis quibusdam surgentia, quæ sæpe sanguinem fundunt : αἱμοῤῥοΐδας Græci vocant. Idque etiam in ore vulvæ fœminarum incidere consuevit. Atque in quibusdam parum tuto supprimitur ; qui sanguinis profluvio imbecilliores non fiunt : habent enim purgationem hanc, non morbum. Ideoque curati quidam, cum sanguis exitum non haberet, inclinata in præcordia ac viscera materia, subitis et gravissimis morbis correpti sunt. Si cui vero id nocet, is desidere in aqua ex verbenis debet : imponere maxime malicorium, cum aridis rosæ foliis contritum ; aut ex iis aliqua, quæ sanguinem supprimunt. Solet autem oriri inflammatio, maxime ubi dura alvus eum locum læsit. Tum in aqua dulci desidendum est, et id fovendum ovis : imponendi vitelli cum rosæ foliis ex passo subactis ; idque, si intus est, digito illinendum ; si extra, superillitum panniculo imponendum est. Ea quoque medicamenta, quæ recentibus scissuris posita sunt, hic idonea sunt. Cibis vero in hoc casu iisdem, quibus in prioribus, utendum est. Si ista parum juvant, solent imposita medicamenta adurentia ea capitula absumere. Ac si jam vetustiora sunt, sub auctore Dionysio inspergenda sandaracha est : deinde imponendum, quod ex his constat : squamæ æris, auripigmenti, singulorum p. *. v. saxi calcis p. * viii. Postero die acu compungendum. Adustis capitulis fit cicatrix, quæ sanguinem fundi prohibet. Sed quoties is suppressus est, ne quid periculi afferat, multa exercitatione digerenda

temps en temps une saignée du bras tant aux hommes, qu'aux femmes dont les menstrues ont cessé de couler.

10. S'il y a chute du fondement ou de la matrice (car cet accident se présente quelquefois), il faut d'abord examiner si l'organe atteint de prolapsus est ou n'est pas chargé de mucosités. S'il est bien détergé, on doit prendre un bain de siége à l'eau salée, ou préparé avec une décoction de verveine ou d'écorce de grenade. Si l'on trouve un enduit muqueux, on lave la partie avec du vin astringent, et l'on applique dessus de la lie de vin brûlée. Après avoir rempli l'une ou l'autre indication, on fait rentrer l'organe, et comme topique on se sert de plantain écrasé ou de feuilles de saule bouillies dans du vinaigre; le remède étant couvert d'un linge, puis d'un morceau de laine, on maintient le tout à l'aide d'un bandage qui doit tenir les jambes rapprochées.

11. L'anus et la matrice peuvent aussi être affectés d'un ulcère qui ressemble à un fongus. Si le mal se déclare pendant l'hiver, on devra le fomenter avec de l'eau tiède, et se servir d'eau froide dans toute autre saison. Il faut après les fomentations saupoudrer l'ulcère avec de l'écaille de cuivre, et faire des applications de cérat préparé avec l'huile de myrte, auquel on incorpore un peu de limaille de cuivre, de suie et de chaux. Si ce traitement ne fait pas disparaître le fongus, on passe à des caustiques plus énergiques, ou l'on cautérise avec le fer.

XIX. Il est très-facile de guérir les vieux ulcères des doigts avec le lycium ou le marc d'huile bouilli; mais il faut ajouter du vin à l'un ou à l'autre. On observe quelquefois à la base des ongles une excroissance charnue et fort douloureuse, que les Grecs appellent *ptérygion*. Il faut alors faire dissoudre, dans de l'eau, de l'alun rond de l'île de Mélos, jusqu'à ce que la solution ait acquis la consistance du miel; on ajoute ensuite autant de miel qu'on avait pris d'alun à l'état sec, et on mêle le tout avec une spatule jusqu'à ce que le mélange ait pris la couleur du safran : cela fait, on en frotte le ptérygion. D'autres aiment mieux employer, pour les cas de ce genre, parties égales de miel et d'alun traités par ébullition. Si les excroissances ne tombent pas par l'effet des remèdes, il faut les couper, plonger les doigts malades dans une décoction de verveine, et les recouvrir d'un médicament ainsi préparé : chalcitis, écorce de grenade, écaille de cuivre; ces substances ont pour excipient une figue grasse qu'on a fait cuire doucement dans du miel. On prend encore soit du papyrus brûlé, de l'orpiment, du soufre non brûlé, de chaque parties égales, mêlées à du cérat d'huile de myrte; soit du verdet ratissé p. *. i., et de l'écaille de cuivre p. *. ii., qu'on lie ensemble avec un verre de miel; soit enfin de la pierre à chaux, du chalcitis et de l'orpiment qu'on mêle à parties égales. Le topique, quel qu'il soit, doit toujours être recouvert d'un linge trempé dans l'eau. Le troisième jour on examine le doigt, et si l'excroissance présente quelque chose de desséché, on en fait de nouveau l'excision, et on renouvelle le pansement. Quand le mal l'emporte sur ces procédés curatifs, il faut l'effleurer avec le scalpel et le brûler avec des fers minces; après quoi le traitement s'achève comme dans les autres cas de cautérisation. Lorsque les ongles sont raboteux, il faut les isoler des parties où ils prennent racine, et appliquer dessus la composition suivante : sanda-

---

materia est : praetereaque et viris, et foeminis, quibus menstrua non proveniunt, interdum ex brachio sanguis mittendus est.

10. At si anus ipse, vel os vulvae procidit (nam id quoque interdum fit), considerari debet, purum ne id sit, quod provolutum est, an humore mucoso circumdatum. Si purum est, in aqua desidere homo debet, aut salsa, aut cum verbenis vel malicorio incocta : si humidum, vino austero subluendum est, illinendumque faece vini combusta. Ubi utrolibet modo curatum est, intus reponendum est; imponendaque plantago contrita, vel folia salicis in aceto cocta; tum linteolum et super lana; eaque deliganda sunt, cruribus inter se devinctis.

11. Fungo quoque simile ulcus in eadem sede nasci solet. Id, si hiems est, egelida; si aliud tempus, frigida aqua fovendum est : dein squama aeris inspergenda, supraque ceratum ex myrteo factum, cui paulum squamae, fuliginis, calcis sit adjectum. Si hac ratione non tollitur, vel medicamentis vehementioribus, vel ferro adurendum est.

XIX. Digitorum autem vetera ulcera commodissime curantur, aut lycio, aut amurca cocta, cum utrilibet vinum adjectum est. In iisdem recedere ab ungue carun-cula cum magno dolore consuevit : πτερύγιον Graeci appellant. Oportet alumen melinum rotundum in aqua liquare, donec mellis crassitudinem habeat : tum, quantum ejus aridi fuit, tantumdem mellis infundere, et radicula miscere, donec similis croco color fiat, eoque illinere. Quidam ad eumdem usum decoquere simul malunt, cum paria pondera aluminis aridi et mellis miscuerunt. Si hac ratione ea non exciderunt, excidenda sunt : deinde digiti fovendi aqua ex verbenis, imponendumque super medicamentum ita factum : chalcitis, malicorium, squama aeris excipiuntur fico pingui leniter cocta ex melle; aut chartae combustae, auripigmenti, sulphuris ignem non experti par modus cerato misceatur ex myrteo facto : aut aeruginis rasae p. *. i. squama aeris p. *. ii. mellis cyatho coguntur : aut pares portiones misceantur, saxi calcis, chalcitidis, auripigmenti. Quidquid horum impositum est, tegendum linteolo aqua madefacto est. Tertio die digitus resolvendus, et, si quid aridi est, iterum excidendum, similisque adhibenda curatio est. Si non vincitur, purgandum est scalpello; tenuibusque ferramentis adurendum, et, sicut reliqua usta, curandum est. At ubi scabri ungues sunt, circum aperiri debent, qua corpus contingunt : tum super eos ex hac compositione aeque imponi : sandarachae sul-

raque, soufre, ana P. *. II.; nitre, orpiment, ana P. *. IV.; résine liquide P. *. VIII. Sous l'influence de ce médicament, qu'on enlève aussi le troisième jour, on voit tomber les ongles déformés, que d'autres plus réguliers ne tardent pas à remplacer.

LIVRE VII.

La troisième partie de la médecine a pour objet de guérir par le secours de la main; c'est là ce que personne n'ignore et ce que j'ai eu déjà l'occasion d'établir. Il ne s'ensuit pas cependant qu'elle oublie de tenir compte des remèdes et du régime; seulement elle place en première ligne les opérations manuelles. Des diverses branches de l'art, il n'en est pas non plus dont les résultats soient plus évidents. On peut dire en effet que, dans les maladies abandonnées au régime, la fortune intervient pour une large part, et qu'en voyant souvent les mêmes choses se montrer parfois utiles et d'autres fois impuissantes, il est permis de douter si le retour à la santé atteste plutôt les bienfaits de la médecine que l'excellence du tempérament. La même observation s'applique aux maladies contre lesquelles on veut surtout éprouver les vertus des médicaments; et, bien qu'ici l'influence des moyens curatifs soit plus facile à saisir, il est encore manifeste que, dans nombre de cas, on en attend vainement une guérison qui s'opère d'elle-même : cela est vrai notamment de certaines affections des yeux qui, après avoir été longtemps en butte aux tentatives des médecins, disparaissent ensuite tout naturellement. Il est incontestable au contraire que la chirurgie, malgré l'appui qu'elle reçoit des autres méthodes, est seule en état de décider le succès. Cette partie de l'art de guérir est celle aussi dont l'antiquité est le plus reculée, et néanmoins aucun de ceux qui précédèrent Hippocrate ne sut la cultiver avec autant de soin que ce père de toute la médecine. Séparée plus tard des autres branches, elle eut des maîtres particuliers et fit des progrès en Égypte, grâce surtout à Philoxène, qui a composé sur la matière un traité spécial en plusieurs volumes. Gorgias, Sostrate, Héron, les deux Apollonius, Ammon d'Alexandrie et bien d'autres chirurgiens célèbres lui ont également apporté le tribut de leurs découvertes. Rome eut à son tour des professeurs habiles, parmi lesquels nous citerons dans ces derniers temps Tryphon le père, Évelpiste et Mégès, le plus savant de tous, comme on peut le voir par ses écrits. C'est en introduisant dans la pratique d'importantes améliorations que ces hommes ont agrandi le domaine de l'art. Il faut que le chirurgien soit jeune ou voisin encore de la jeunesse; il doit avoir la main exercée, ferme, jamais tremblante, et se servir aussi facilement de la gauche que de la droite; sa vue sera nette et perçante, son cœur inaccessible à la crainte; et, dans sa pitié, se proposant avant tout de guérir le malade, loin de se laisser ébranler par ses cris au point de montrer plus de précipitation que le cas ne l'exige ou de couper moins qu'il ne faut, il règlera son opération comme si les plaintes du patient n'arrivaient pas jusqu'à lui. Mais on demandera peut-être quelles sont les attributions réelles de la chirurgie, puisque ceux qui la cultivent réclament pour elle le traitement des plaies et des blessures que j'ai cru devoir exposer ail-

---

phuris, singulorum p. *. II. nitri, auripigmenti, singulorum p. *. IV. resinæ liquidæ p. *. VIII. tertioque id die resolvendum est. Sub quo medicamento vitiosi ungues cadunt, et in eorum locum meliores renascuntur.

LIBER SEPTIMUS.

Tertiam esse medicinæ partem, quæ manu curat, et vulgo notum, et a me propositum est. Ea non quidem medicamenta atque victus rationem omittit; sed manu tamen plurimum præstat : estque ejus effectus inter omnes medicinæ partes evidentissimus. Siquidem in morbis cum multum fortuna conferat, eademque sæpe salutaria, sæpe vana, sint, potest dubitari, secunda valetudo medicinæ, an corporis beneficio contigerit. In iis quoque, in quibus medicamentis maxime nitimur, quamvis profectus evidentior est, tamen sanitatem et per hæc frustra quæri, et sine his reddi sæpe, manifestum est : sicut in oculis quoque deprehendi potest, qui a medicis diu vexati, sine his interdum sanescunt. At in ea parte, quæ manu curat, evidens est, omnem profectum, ut aliquid ab aliis adjuvetur, hinc tamen plurimum trahere. Hæc autem pars, cum sit vetustissima, magis tamen ab illo parente omnis medicinæ Hippocrate, quam a prioribus exculta est : deinde, posteaquam diducta ab aliis habere professores suos cœpit, in Ægypto quoque increvit, Philoxeno maxime auctore, qui pluribus voluminibus hanc partem diligentissime comprehendit. Gorgias quoque et Sostratus, et Heron, et Apollonii duo, et Ammonius Alexandrinus, multique alii celebres viri, singuli quædam repererunt. Ac Romæ quoque non mediocres professores, maximeque nuper Tryphon pater, et Evelpistus, et, ut ex scriptis ejus intelligi potest, horum eruditissimus Meges, quibusdam in melius mutatis, aliquantum ei disciplinæ adjecerunt. Esse autem chirurgus debet adolescens, aut certe adolescentiæ propior; manu strenua, stabili, nec umquam intremiscente, eaque non minus sinistra, quam dextra promptus; acie oculorum acri, claraque; animo intrepidus, misericors sic, ut sanari velit eum, quem accepit, non ut clamore ejus motus, vel magis, quam res desiderat, properet, vel minus, quam necesse est, secet; sed perinde faciat omnia, ac si nullus ex vagitibus alterius affectus oriatur. Potest autem requiri, quid huic parti propriæ vindicandum sit : quia vulnerum quoque ulcerumque multorum curationes, quas alibi exsecutus sum, chirurgi

leurs. J'admets quant à moi que le même homme peut embrasser la science dans son ensemble, et, malgré les divisions établies, j'applaudis à celui qui se rapproche le plus de l'universalité. Toutefois, il faut, je crois, laisser à la chirurgie les cas où les blessures sont le fait de l'opérateur, et non le résultat d'un accident. J'en dis autant des plaies et des ulcères où j'estime le secours de la main plus efficace que l'application des remèdes, et je lui abandonne aussi tout ce qui concerne les os. Je vais donc parler des lésions chirurgicales, à l'exception de celles des os, que je réserve pour le livre suivant; et je m'occuperai des affections qui n'ont pas de siège déterminé, avant de passer à celles qui sont propres à certaines parties du corps.

I. Quel que soit le siège de l'entorse, il faut, dès qu'elle existe, pratiquer sur le point douloureux des incisions répétées, en ayant soin d'enlever avec le dos du scalpel le sang qui en découle. Si l'on n'arrive pas au premier moment, et qu'il y ait déjà rougeur et gonflement, ces scarifications ainsi faites sur la partie malade sont encore le meilleur remède. On doit recourir ensuite à des applications astringentes, et employer surtout la laine en suint trempée dans de l'huile et du vinaigre. Les mouchetures deviennent même inutiles quand le cas est léger, et les topiques peuvent suffire à la guérison. A défaut d'autre chose on prendrait de la cendre, celle de sarment entre autres, ou, faute de mieux, une substance quelconque incinérée, à laquelle on donnerait par le moyen du vinaigre ou même de l'eau la consistance convenable.

II. Ici nulle difficulté dans le traitement; mais il n'en est plus de même lorsque, par suite d'un vice interne, les parties se tuméfient et tendent à la suppuration. J'ai dit ailleurs que toutes ces affections constituaient des espèces d'abcès, et j'en ai donné tous les remèdes; il me reste à parler maintenant de l'emploi des moyens chirurgicaux que ces cas exigent. Ainsi, l'on doit, avant que ces tumeurs aient acquis de la dureté, dissiper à l'aide des ventouses scarifiées l'amas des matières nuisibles et corrompues; et il convient d'en renouveler l'application deux ou trois fois, jusqu'à ce que tout signe d'inflammation ait cessé. Il peut arriver cependant que les ventouses soient sans effet; car, bien que cela se présente rarement, on trouve parfois des foyers de suppuration enveloppés d'une membrane à laquelle les anciens donnaient le nom de tunique. Mégès, convaincu que toute tunique est nerveuse, a prétendu qu'une trame de cette nature ne pouvait s'organiser sous l'influence d'un principe morbide dont l'action s'exerce en consumant les chairs, et il ne voyait là qu'une sorte de callosité produite par le séjour trop prolongé du pus. Cette opinion, au surplus, est indifférente au traitement, qui doit rester le même dans l'une ou l'autre supposition; et rien n'empêche d'ailleurs, même en admettant la callosité, de l'appeler tunique, puisqu'elle fait l'office d'enveloppe. Quelquefois aussi la membrane existe avant la formation du pus, d'où il suit que les ventouses sont impuissantes à dissiper les matières enkystées. C'est une conviction qu'il est facile d'acquérir dès qu'une première application n'est suivie d'aucun changement. En conséquence, soit qu'on ait fait une expérience infructueuse, soit qu'il y ait déjà de l'induration, il n'y a plus de secours à espérer de ce moyen, et l'on doit avoir

---

sibi vindicant. Ego eumdem quidem hominem posse omnia ista præstare concipio : atque, ubi se diviserunt, eum laudo, qui quamplurimum percipit. Ipse autem huic parti ea reliqui, in quibus vulnus facit medicus, non accipit; et in quibus vulneribus ulceribusve plus profici manu, quam medicamento, credo : tum, quidquid ad ossa pertinet, quæ deinceps exsequi aggrediar; dilatisque in aliud volumen ossibus, in hoc cetera explicabo; præpositisque iis, quæ in qualibet parte corporis fiunt, ad ea, quæ proprias sedes habent, transibo.

I. Luxata igitur in quacumque parte corporis sunt, quamprimum sic curari debent, ut, qua dolor est, ea scalpello cutis crebro incidatur, detergeaturque eodem averso profluens sanguis. Quod si paulo tardius subvenitur, jamque etiam rubor est, qua rubet corpus; si tumor quoque accessit, quacumque is est, idem optimum auxilium est. Tum superdanda reprimentia sunt; maximeque lana succida ex aceto et oleo. Quod si levior is casus est, possunt, etiam sine scalpello, imposita eadem mederi : et, si nihil aliud est, cinis quoque, maxime ex sarmentis; si is non est, quilibet alius ex aceto, vel etiam ex aqua coactus.

II. Verum hoc quidem promptum est. In iis autem negotium majus est, quæ per se, vitio intus orto, intumescunt, et ad suppurationem spectant. Ea omnia genera abscessuum esse alias proposui, medicamentaque his idonea exsecutus sum : nunc superest, ut dicam, in iisdem quæ manu fieri debeant. Ergo, priusquam indurescant, cutem incidere, et cucurbitulam accommodare oportet, quæ quidquid illuc malæ corruptæque materiæ coiit, extrahat : idque iterum, tertioque recte fit, donec omne indicium inflammationis excedat. Neque tamen fas non est, nihil cucurbitulam agere. Interdum enim fit, sed raro, ut quidquid abscedit, velamento suo includatur. Id antiqui tunicam nominabant. Meges, quia tunica omnis nervosa est, dixit, non nasci sub eo vitio nervum, quo caro consumeretur, sed, subjecto jam vetustiore pure, callum circumdari. Quod ad curationis rationem nullo loco pertinet; quia quidquid, si tunica est, idem, si callus est, fieri debet. Neque ulla res prohibet, etiamsi callus est, tamen, quia cingit, tunicam nominari. Tum pure quoque maturius hæc interdum esse consuevit : ideoque, quod sub ea est, extrahi per cucurbitulam non potest. Sed facile id intelligitur, ubi nihil admota illa mutavit. Ergo, sive id incidit, sive jam durities est, in hac auxilii nihil est; sed, ut alias scripsi, vel avertenda concurrens eo

en vue ou de détourner le cours des humeurs, ou d'en provoquer la résolution, ou de conduire l'abcès à maturité. Si les deux premières terminaisons peuvent être obtenues, il n'y a rien à faire ultérieurement. Si la suppuration s'est établie, il est rarement nécessaire d'en venir aux incisions, quand le foyer se trouve dans l'aisselle ou la région inguinale; cela n'est pas indiqué non plus tant pour les abcès médiocres, quel que soit le siége qu'ils occupent, que pour ceux qui se déclarent à la surface de la peau, ou même dans les chairs superficielles. A moins que la faiblesse du malade n'oblige à se hâter, il suffira de recourir aux cataplasmes pour déterminer l'ouverture spontanée du foyer, et il peut se faire alors que les parties soustraites à l'action du fer portent à peine l'empreinte d'une cicatrice. Quand le mal est situé plus profondément, il importe d'examiner si l'endroit affecté est nerveux ou non, par la raison que, s'il est dépourvu de nerfs, il convient d'ouvrir l'abcès avec le fer rouge, procédé qui a l'avantage de ne faire qu'une petite plaie, laquelle reste plus longtemps ouverte à l'évacuation du pus, et ne donne lieu plus tard qu'à la formation d'une cicatrice étroite. S'il existe au contraire des nerfs dans le voisinage, il faut renoncer à l'emploi du feu, dans la crainte d'entraîner des convulsions ou l'affaiblissement du membre; et c'est le cas de faire agir le scalpel. Pour les abcès autrement situés, on peut les ouvrir à demi ramollis; mais, relativement à ceux qui se développent au milieu d'un tissu nerveux, il y a nécessité d'attendre que, par le fait d'une maturité complète, les téguments soient amincis, le pus tout à fait sous-jacent, et, par conséquent, plus à portée de l'instrument. Quelques abcès veulent être ouverts en ligne droite. Dans le panis, on est obligé d'enlever en entier la peau qui recouvre le foyer, parce qu'elle est singulièrement amincie. Il faut toujours avoir pour précepte, en employant le scalpel, de faire les incisions aussi courtes et aussi peu nombreuses que possible, en se réglant toutefois, quant au nombre et à l'étendue, sur l'exigence des cas. Lorsqu'en effet les abcès sont considérables, il y a lieu d'ouvrir plus largement, et même deux ou trois incisions sont quelquefois nécessaires. On aura soin de pratiquer l'ouverture à la partie la plus déclive, pour empêcher que du pus ne séjourne dans le foyer, et n'altère, en formant de nouveaux sinus, les parties voisines encore saines. Les circonstances peuvent exiger aussi qu'on emporte une large portion des téguments. Il en est ainsi, quand la constitution générale est viciée par des maladies de longue durée, et que l'abcès s'étend au loin, recouvert déjà par une peau livide. On peut affirmer alors que cette peau n'a plus de vie et devient inutile; aussi vaut-il mieux l'exciser, surtout si le mal est situé aux environs d'une grande articulation, et si le sujet, épuisé par la diarrhée, n'est plus même en état de réparer ses forces par l'alimentation. Mais pour rendre la guérison plus facile, on fera l'excision de manière à donner à la plaie la forme d'une feuille de myrte; et cette règle ne souffre pas d'exception, quel que soit le siége du mal, et quels que soient les motifs de l'opération. Dans les abcès de l'aine ou de l'aisselle, il n'est pas besoin d'employer la charpie après l'évacuation du pus; on se contente d'appliquer une éponge trempée dans du vin. Quant aux abcès qui occupent une autre région, s'il n'y a pas lieu non plus de les panser avec la charpie, on se sert, pour les déterger, d'un peu de miel, et par-dessus on applique des agglutinatifs. Lorsque la charpie paraît utile, il n'en faut pas moins la recouvrir d'une éponge trempée dans du vin et expri-

---

materia, vel digerenda, vel ad maturitatem perducenda est. Si priora contigerunt, nihil præterea necessarium est. Si pus maturuit, in alis quidem et inguinibus raro secandum est; item ubicumque mediocris abscessus est; item quoties in summa cute, vel etiam carne vitium est : nisi festinare cubantis imbecillitas cogit : satisque est cataplasmatibus efficere, ut per se pus aperiatur. Nam fere vix cicatrice potest esse is locus, qui expertus ferrum non est. Si autem altius malum est, considerari debet, nervosusne is locus sit, an non sit. Nam, si sine nervis est, candenti ferramento aperiri debet : cujus hæc gratia est, quod exigua plaga diutius ad pus evocandum patet, parvaque postea cicatrix fit. At si nervi juxta sunt, ignis alienus est; ne vel distendantur, vel membrum debilitent : necessaria vero opera scalpelli est. Sed cetera etiam subcruda aperiri possunt : inter nervos ultima exspectanda maturitas est, quæ cutem extenuet, eique pus jungat, quo propius reperiatur. Jamque alia rectam plagam desiderant : in pane, quia fere vehementer cutem extenuat, tota ea super pus excidenda est. Semper autem, ubi scalpellus admovetur, id agendum est, ut et quam minimæ et quam paucissimæ plagæ sint : cum eo tamen, ut necessitati succurramus, et in modo, et in numero. Nam majores sinus, latius; interdum etiam duabus, aut tribus lineis incidendi sunt. Dandaque opera, ut imus sinus exitum habeat; ne quis humor intus subsidat, qui proxima et adhuc sana rodendo sinuet. Est etiam in rerum natura, ut cutis latius excidenda sit. Nam, ubi post longos morbos totius corporis habitus vitiatus est, lateque se sinus suffudit, et in eo jam cutis pallet; scire licet, eam jam emortuam esse, et inutilem futuram : ideoque excidere commodius est; maxime, si circa articulos majores id evenit, cubantemque ægrum fluens alvus exhaurit, neque per alimenta quidquam corpori accedit. Sed excidi ita debet, ut plaga ad similitudinem myrtei folii fiat, quo facilius sanescat : idque perpetuum est, ubicumque medicus et quacumque de causa cutem excidit. Pure effuso, in alis vel inguinibus linamento opus non est : spongia ex vino imponenda est. In ceteris partibus, si æque linamenta supervacua sunt, purgationis causa paulum mellis infundendum; dein glutinantia superdanda : si illa necessaria sunt, super ea quoque similiter dari spongia eodem

mée. Au surplus, j'ai fait connaître ailleurs les cas où la charpie est nécessaire, et ceux où l'on peut s'en passer. Après l'ouverture d'un abcès par l'incision, il faut se conduire exactement comme je l'ai dit pour les cas où la rupture du foyer n'est due qu'à l'application des médicaments.

III. A l'aide de plusieurs indices, on peut apprécier aussitôt le degré d'influence de la médication, et savoir jusqu'à quel point on doit espérer ou craindre. Ces indices sont en général ceux que nous avons exposés au chapitre des blessures. Ainsi, dormir, respirer librement, n'être point tourmenté de la soif, ne pas éprouver de répugnance pour les aliments, ne plus ressentir de mouvement fébrile, s'il y en avait, voilà des signes favorables; et quand le pus est blanc, homogène et sans mauvaise odeur, c'est encore de bon augure. Voici les indices contraires : insomnies, embarras de la respiration, soif, dégoût des aliments, fièvre, écoulement d'un pus noir ou bourbeux et d'une odeur fétide. Le présage n'est pas meilleur, si pendant le pansement il survient une hémorragie, ou si avant que la régénération des chairs ait comblé l'abcès, les bords mêmes deviennent mous et fongueux. Rien n'est plus grave toutefois que de voir pendant ou après le pansement le malade tomber en défaillance. La maladie même qui a donné lieu à l'abcès excitera de légitimes inquiétudes, si, disparaissant soudainement, elle est remplacée par la suppuration, ou si le pus étant complètement évacué, elle se prolonge. Enfin il y a lieu de s'alarmer également quand la plaie demeure insensible à l'action des médicaments caustiques. Quelles que soient du reste les conditions que le hasard présente au médecin, c'est à lui de chercher les moyens de ramener la santé. A chaque pansement, par exemple, il aura soin de laver la plaie, en employant pour cela, s'il est nécessaire de modérer l'écoulement du pus, du vin étendu d'eau pluviale, ou bien une décoction de lentille; et s'il convient de déterger, il devra faire usage d'hydromel, puis recourir aux topiques déjà connus. La suppuration une fois tarie, et la plaie bien détergée, il faudra, pour favoriser la reproduction des chairs, faire des fomentations avec le vin et le miel mêlés à parties égales, et par-dessus appliquer une éponge imbibée de vin et d'huile rosat. Bien que ces moyens en effet contribuent à régénérer les chairs, c'est encore le régime, ainsi que je l'ai dit ailleurs, qui prend à ce résultat la part la plus grande. Lors donc que la fièvre a cessé et que l'appétit est revenu, on peut se baigner, mais à de longs intervalles, user tous les jours d'une douce gestation, et choisir parmi les aliments solides et liquides les plus propres à donner du corps. Ces préceptes s'appliquent également aux abcès ouverts à l'aide des médicaments; et, si je me suis réservé d'en parler ici, c'est qu'il est peu d'abcès considérables qu'on puisse conduire à bonne fin sans l'emploi de l'instrument.

IV. 1. Contre les fistules qui ont pénétré trop profondément pour qu'on puisse en remplir tout le trajet avec une tente, contre celles aussi qui sont tortueuses et multiples, l'opération est encore d'un secours plus efficace que les médicaments, et elle offre moins de difficultés quand les fistules ont une direction transversale et sont situées sous la peau, que lorsqu'elles s'enfoncent perpendiculairement dans les chairs. Si donc il s'agit de fistules horizontales et sous-cutanées, il faut y introduire la sonde sur laquelle on pratiquera l'incision ; et si l'on rencontre plusieurs

---

modo ex vino expressa debet. Quando autem linamentis opus sit, quando non sit, alias dictum est. Cetera eadem, incisa suppuratione, facienda sunt, quæ, ubi per medicamenta rupta est, facienda esse proposui.

III. Protinus autem, quantum curatio efficiat, quantumque aut sperari aut timeri debeat, ex quibusdam signis intelligi potest; fereque iisdem, quæ in vulneribus exposita sunt. Nam bona signa sunt, somnum capere ; facile spirare; siti non confici; cibum non fastidire; si febricula fuit, ea vacare : itemque habere pus album, læve, non fœdi odoris. Mala sunt vigilia, spiritus gravitas, sitis, cibi fastidium, febris, pus nigrum, aut fæculentum, et fœdi odoris; item procedente curatione eruptio sanguinis; aut si, antequam sinus carne impleatur, oræ carnosæ fiunt, illa quoque ipsa carne hebete, nec firma. Deficere tamen animam, vel in ipsa curatione, vel postea, pessimum omnium est. Quin etiam morbus ipse, sive subito solutus est, dein suppuratio exorta est, sive effuso pure permanet, non injuste terret. Estque inter causas timoris, si sensus in vulnere rodentium non est. Sed ut hæc ipsa fortuna huc illucve discernit; sic medici partium est, eniti ad reperiendam sanitatem. Ergo, quoties ulcus resolverit, eluere id, si reprimendus humor videbitur, vino ex aqua pluviatili misto, vel aqua, in qua lenticula cocta sit, debebit : si purgandum erit, mulso; rursusque imponere eadem. Ubi jam repressus videbitur humor, ulcusque purum erit, produci carnem conveniet, et foveri vulnus pari portione vini ac mellis, superque imponi spongiam ex vino et rosa tinctam. Per quæ cum caro producatur, plus tamen, ut alias quoque dixi, victus ratio eo confert; id est, solutis jam febribus et cibi cupiditate reddita, balneum rarum; quotidiana, sed lenis gestatio; cibi potionesque corpori faciendo aptæ. Quæ omnia, per medicamenta quoque suppuratione rupta, sequuntur : sed, quia magno malo vix sine ferro mederi licet, in hunc locum reservata sunt.

IV. 1. Adversus fistulas quoque, si altius penetrant, ut ad ultimas demitti collyrium non possit, si tortuosæ sunt, si multiplices, majus in manu, quam in medicamentis præsidium est : minusque operæ est, si sub cute transversæ feruntur, quam si recta intus tendunt. Igitur, si sub cute transversa fistula erit, demitti specillum debet, supraque id ea incidi. Si flexus reperiuntur, hi quoque simul specillo et ferro persequendi sunt : idemque faciendum, si plures se quasi ramuli ostendunt. Ubi ad fines fistulæ ventum est, excidendus ex ea totus callus est,

sinus, on les ouvrira par le même procédé, sans laisser subsister aucune ramification. Dès qu'on est au fond du conduit fistuleux, il faut emporter toutes les parties calleuses, et rapprocher les bords au moyen de la boucle et des remèdes agglutinatifs. Si la fistule est perpendiculaire et profonde, après en avoir exploré la direction principale avec la sonde, il faut l'exciser, puis, pour réunir les lèvres de la plaie, faire également usage des agglutinatifs et de la boucle. Mais si le fond de l'ulcère est sordide (ce qui arrive quelquefois quand l'os est carié), c'est aux suppuratifs qu'il faut avoir recours, aussitôt que cette altération est guérie.

2. Les fistules peuvent occuper aussi l'espace intercostal, et dans ce cas il est nécessaire d'exciser et d'emporter la côte aux deux points correspondants, afin de ne laisser à l'intérieur aucune partie altérée. Ces fistules, en franchissant les côtes, vont parfois intéresser le diaphragme; et l'on peut reconnaître la lésion de la cloison transverse d'après le siège de la fistule et l'intensité de la douleur, non moins que par l'air écumeux qui s'échappe quelquefois à travers la plaie, surtout quand le malade retient sa respiration. La médecine demeure entièrement nulle contre les affections de ce genre; quant aux fistules établies dans le voisinage des côtes, elles sont susceptibles de guérir, mais il faut écarter les médicaments onctueux, se servir des autres topiques appropriés au traitement des blessures; ou mieux encore les panser soit avec de la charpie sèche, soit avec de la charpie enduite de miel, s'il paraît nécessaire de les déterger.

3. Il n'existe point d'os sous les parois du ventre, et néanmoins les fistules de cette région sont tellement graves que Sostrate les regardait comme incurables. L'expérience, toutefois, a fait voir qu'il n'en est pas toujours ainsi; et ce qui doit le plus surprendre, c'est que les fistules situées près du foie et de la rate sont moins à craindre que celles qui répondent aux intestins; non que ces dernières aient en elles-mêmes rien de plus pernicieux, mais parce que le lieu qu'elles occupent expose à un autre danger. Quelques auteurs en tenant compte de ce fait en ont tiré des conséquences extrêmes. Car il est certain que, dans les plaies pénétrantes de l'abdomen produites souvent par des traits, on réduit les intestins qui font hernie, et qu'on réunit les bords de la plaie au moyen d'une suture dont j'indiquerai bientôt le procédé; l'opération et la réunion par suture sont donc applicables aux fistules abdominales lorsqu'elles sont étroites. Mais si elles ont à l'intérieur une grande ouverture, l'excision laissera une perforation encore plus large, qu'on ne pourra coudre qu'avec une extrême difficulté, du côté surtout de la membrane qui tapisse tout l'abdomen, et que les Grecs appellent *péritoine*; alors, aux premiers mouvements du malade, ou sous les seuls efforts de la marche, la suture se rompant, et les intestins s'échappant au dehors, il y aura péril de mort. Les choses, il est vrai, ne vont pas toujours jusque-là; mais c'est un motif pour n'opérer que les fistules étroites.

4. Il y a pour les fistules à l'anus une pratique particulière. On introduit jusqu'au fond la sonde, sur le bout de laquelle on doit inciser la peau; et par cette nouvelle ouverture on retire l'instrument chargé d'un fil, l'extrémité libre se trouvant à cet effet percée d'un trou. On ramène ensuite les deux bouts de fil, et on les noue de fa-

---

superque fibulæ dandæ, et medicamentum, quo glutinetur. At si recta subter tendit, ubi, quo maxime ferat, specillo exploratum est, excidi is sinus debet : dein fibula oris cutis injicienda est, et æque glutinantia medicamenta superdanda sunt; aut, si corruptius ulcus est (quod interdum osse vitiato fit), ubi id quoque curatum est, pus movenda.

2. Solent autem inter costas fistulæ subter exire. Quod ubi incidit, eo loco costa ab utraque parte præcidenda et eximenda est, ne quid intus corruptum relinquatur. Solent, ubi costas transierunt, septum id, quod transversum a superioribus visceribus intestina discernit, violare. Quod intelligi et ex loco, et ex magnitudine doloris, potest; et quia nonnumquam spiritus ea cum humore quasi bullante prorumpit, maximeque, si hunc ore ille continuit. In eo medicinæ locus nullus est. In ceteris vero, quæ circa costas sanabilia sunt, pinguia medicamenta inimica sunt; ceteris, quæ ad vulnera accommodantur, uti licet : optime tamen sicca linamenta, vel, si purgandum aliquid videtur, in melle tincta imponuntur.

3. Ventri nullum os subest; sed ibi perniciosæ admodum fistulæ fiunt : adeo ut Sostratus insanabiles esse crediderit. Id non ex toto ita se habere usus ostendit. Et quidem, quod maxime mirum videri potest, tutior fistula est contra jecur, et lienem, et ventriculum, quam contra intestina : non quo perniciosior ibi sit, sed quo alteri periculo locum faciat. Cujus experimento moti quidam auctores parum modum rei cognoverunt. Nam venter sæpe etiam telo perforatur, prolapsaque intestina conduntur, et oras vulneris suturæ comprehendunt : quod quemadmodum fiat, mox indicabo. Itaque etiam, ubi tenuis fistula abdomen perrupit, excidere eam licet, suturaque oras conjungere. Si vero ea fistula intus patuit, excisa necesse est latius foramen relinqui : quod nisi permagna vi, utique ab interiore parte, sui non potest, qua quasi membrana quædam finit abdomen, quam περιτόναιον Græci vocant. Ergo, ubi aliquis ingredi ac moveri cœpit, rumpitur illa sutura, atque intestina evolvuntur : quo fit, ut pereundum homini sit. Sed non omni modo res ea desperationem habet : ideoque tenuioribus fistulis adhibenda curatio est.

4. Propriam etiamnum animadversionem desiderant eæ, quæ in ano sunt. In has demisso specillo, ad ultimum ejus caput incidi cutis debet : dein novo foramine specillum educi lino sequente, quod in aliam ejus partem, ob id ipsum perforatam, conjectum sit. Ibi linum prehenden-

çon à ne pas serrer les téguments qui recouvrent le trajet fistuleux. Le fil dont on se sert doit être écru et mis en double ou en triple, mais tellement tordu que les brins ne fassent plus qu'un. Par ce procédé, le malade peut continuer de vaquer à ses affaires, se promener, se baigner, et se nourrir comme en parfaite santé. Deux fois par jour seulement, il devra tirer le fil sans défaire le nœud, de sorte que la portion qui était en dehors pénètre à son tour dans la fistule. Il ne faut pas non plus attendre que le lien se pourrisse; en conséquence il convient de le dénouer tous les trois jours, pour attacher à l'un des bouts un nouveau fil qu'on introduit dans le conduit fistuleux, et auquel on fait un nœud semblable au premier. Ainsi s'opère par degrés la section de la peau, et il arrive que les points abandonnés par le fil se guérissent, tandis que ceux qui en subissent l'action se divisent. Cette méthode curative est lente, il est vrai, mais exempte de douleur. Les malades impatients de guérir doivent, afin de rendre la division plus prompte, étreindre les téguments dans la ligature; et même ils auront soin la nuit d'introduire une petite tente dans la fistule pour obtenir par distension l'amincissement de la peau. Tout cela néanmoins ne peut se faire sans douleur. Le procédé devient encore plus expéditif et aussi plus douloureux, si l'on enduit le fil et la tente de quelque médicament propre à consumer les callosités. Il y a des circonstances cependant où l'on est obligé d'employer l'instrument tranchant, soit parce que la fistule s'ouvre à l'intérieur, soit parce qu'elle est multiple. Dans les cas de ce genre, après avoir fait pénétrer la sonde, on pratique deux incisions parallèles, puis on enlève la petite bride qui les sépare, afin de prévenir la réunion immédiate, et de pouvoir introduire tant soit peu de charpie dans la plaie. On se conforme ensuite à toutes les règles établies au sujet des abcès. Quand le même orifice conduit à plusieurs sinus, on incise selon le trajet le plus direct, après quoi l'on traite par la ligature les sinus qui se trouvent mis à découvert. S'il s'en trouve un trop profondément situé pour que le fer puisse y pénétrer sans danger, on y pourvoit par l'introduction d'une tente. Chirurgical ou médical, le traitement des fistules doit toujours être secondé par un régime humectant, des boissons abondantes, et un usage prolongé de l'eau pure. Lorsque les chairs commencent à se régénérer, on prend des bains de temps à autre, et l'on rend l'alimentation plus substantielle.

V. 1. Les traits dont le corps a reçu l'atteinte, et qui y demeurent engagés, n'en sont retirés souvent qu'avec de grandes difficultés, et ces difficultés dépendent ou de la forme des traits ou des parties qu'ils occupent. L'extraction de ces projectiles a lieu par l'ouverture d'entrée ou par l'endroit vers lequel ils tendent. Dans le premier cas, la voie de retour est déjà frayée, et dans le second le scalpel ouvre une autre issue en incisant les chairs sur la pointe du trait. Si ce corps n'est pas entré profondément, s'il n'a fait qu'effleurer les chairs, ou si du moins il n'a pénétré au delà ni de vaisseaux importants, ni de tissus nerveux, le mieux est assurément de l'extraire par la route qu'il s'est faite. Si cette route au contraire est plus longue que celle qu'il faudrait pratiquer, et si déjà le projectile se trouve au delà des nerfs et des vaisseaux, il est préférable de compléter le trajet et de retirer le trait par l'incision, car il est ainsi plus près de

dum vinciendumque cum altero capite est, ut laxe cutem, quæ super fistulam est, teneat : idque linum debet esse crudum, et duplex triplexve, sic tortum, ut unitas facta sit. Interim autem licet negotia agere, ambulare, lavari, cibum capere, perinde atque sanissimo. Tantummodo id linum bis die, salvo nodo, ducendum est, sic, ut subeat fistulam pars, quæ superior fuit. Neque committendum est, ut id linum putrescat, sed tertio quoque die nodus resolvendus erit, et ad caput alterum recens linum alligandum, eductoque vetere, id in fistula cum simili nodo relinquendum. Sic enim id paulatim cutem, quæ supra fistulam est, incidit : simulque et id sanescit, quod a lino relictum est; et id, quod ab eo mordetur, inciditur. Hæc ratio curationis longa, sed sine dolore est. Qui festinant, adstringere cutem lino debent, quo celerius secent; noctuque ex penicillo tenuia quædam intus demittere, ut cutis hoc ipso extenuetur, quo extendatur. Sed hæc dolorem movent. Adjicitur celeritati, sicut tormento quoque, si et linum, et id, quod ex penicillo est, aliquo medicamento illinitur ex iis, quibus callum exedi posui. Potest tamen fieri, ut ad scalpelli curationem etiam illo loco veniendum sit, si intus fistula fert, si multiplex est. Igitur in hæc genera demisso specillo, duabus lineis incidenda cutis est; ut media inter eas habenula tenuis admodum ejiciatur, ne protinus oræ coeant; sitque locus aliquis linamentis, quæ quam paucissima superinjicienda sunt : omniaque eodem modo facienda, quæ in abscessibus posita sunt. Si vero ab uno ore plures sinus erunt, recta fistula scalpello erit incidenda : ab eo ceteræ, quæ jam patebunt, lino excipiendæ. Si intus aliqua procedet, quo ferrum tuto pervenire non poterit, collyrium demittendum erit. Cibus autem in omnibus ejusmodi casibus, sive manu, sive medicamentis agetur, dari debet humidus; potio liberalis, diuque aqua. Ubi jam caro increscit, tum demum et balneis raris utendum erit, et cibis corpus implentibus.

V. 1. Tela quoque, quæ illata corporibus intus hæserunt, magno negotio sæpe ejiciuntur. Suntque quædam difficultates ex generibus eorum; quædam ex iis sedibus, in quas illa penetrarunt. Omne autem telum extrahitur, aut ab ea parte, qua venit, aut ab ea, in quam tetendit : illic viam, qua redeat, ipsum sibi fecit; hic, a scalpello accipit. Nam contra mucronem caro inciditur. Sed si non alte telum insedit, et in summa carne est, aut certe magnas venas et loca nervosa non transiit; nihil melius est, quam, qua venit, id evellere. Si vero plus est, per quod telo revertendum est, quam quod perrumpendum est, jamque venas nervosque id transiit, commodius est aperire quod superest, eaque extrahere. Nam et propius petitur, et tu

l'opérateur et plus sûrement amené. Il faut agir de même pour un membre considérable, quand l'arme en a traversé plus de la moitié; ce qui est percé d'outre en outre se guérit plus facilement, parce qu'on peut y introduire des médicaments par les deux ouvertures. Quand on retire le trait en lui faisant rebrousser chemin, il est nécessaire d'agrandir la plaie avec l'instrument, tant pour faciliter l'extraction, que pour rendre l'inflammation moins vive qu'elle ne le serait si on laissait encore le projectile déchirer les chairs. De même, si on veut l'extraire par la contre-ouverture, il faut qu'elle soit assez large pour n'avoir plus à s'agrandir par le passage du trait. Que l'extraction, au surplus, s'opère par l'ouverture d'entrée ou de sortie, il n'en faut pas moins éviter avec un soin extrême de couper des nerfs, des veines et des artères. Si quelques-uns de ces organes sont mis à découvert, il faut, en les saisissant avec un crochet mousse, les éloigner de l'instrument. Dès que l'incision a reçu l'étendue convenable, on doit extraire le corps vulnérant en suivant la marche indiquée, et toujours avec la précaution de n'intéresser aucune des parties que j'ai dit devoir être ménagées.

2. Nous donnons là les règles générales; mais il y a, selon l'espèce de traits, des indications particulières à remplir, et je vais m'en occuper immédiatement. Rien ne pénètre plus aisément et plus profondément dans le corps que la flèche; ce qui tient d'abord à la force d'impulsion qui l'anime, puis au peu d'épaisseur qu'elle présente. Aussi doit-on le plus souvent la retirer par une contre-ouverture, d'autant mieux que les pointes dont elle est armée déchireraient bien plus les chairs dans un mouvement rétrograde que dans un mouvement en avant. Après avoir frayé la route, il faut tenir les chairs écartées à l'aide d'un instrument qui reçoit la forme de la lettre grecque... V (1); puis, dès qu'on aperçoit la pointe de la flèche, on examine si le bois y tient encore, et on le pousse alors devant soi jusqu'à ce qu'on puisse le saisir par la contre-ouverture et l'extraire. Mais si le bois s'est détaché et que le fer reste seul dans la plaie, il faut s'en emparer par la pointe avec les doigts ou avec des pinces, et l'amener ainsi au dehors. On devra procéder de la même manière, s'il paraît préférable d'opérer l'extraction par l'ouverture d'entrée. Ainsi, la plaie étant d'abord agrandie, on arrachera le bois s'il s'y trouve, ou le fer lui-même. Quant aux pointes, si elles sont courtes et minces, on les brisera sur place avec la pince, et on retirera la flèche privée de ces aspérités; mais si elles sont trop longues et trop fortes pour être brisées, on les empêchera de lacérer les chairs en les enfermant dans un roseau à écrire fendu en deux, et de cette façon on s'en rendra maître. Ces observations sont relatives à l'extraction des flèches.

3. Mais s'il s'agit d'un large trait enfoncé dans les chairs, on ne cherchera pas à le retirer par une contre-ouverture, pour n'avoir pas ainsi deux grandes plaies au lieu d'une. On emploie, dans ce cas, un instrument particulier appelé par les Grecs *cyathisque de Dioclès* (2), parce qu'il a pour inventeur Dioclès, que j'ai déjà cité au nombre des plus grands médecins de l'antiquité. Composé d'une lame de fer ou de cuivre, cet instrument est pourvu, à une extrémité, de deux crochets qui en regardent le dos; à l'autre bout, la lame est relevée sur les bords, et se termine par une légère courbure dans cette partie qui forme gouttière

---

tius evellitur : et in majore membro, si medium mucro transiit, facilius sanescit, quod pervium est; quia utrimque medicamento fovetur. Sed, si retro telum recipiendum, amplianda scalpello plaga est; quo facilius id sequatur, quoque minor oriatur inflammatio : quæ major fit, si ab illo ipso telo, dum redit, corpus laniatur. Item, si ex alia parte vulnus aperitur, laxius esse debet, quam ut telo postea transeunte amplietur. Summa autem utraque parte habenda cura est, ne nervus, ne vena major, ne arteria incidatur. Quorum ubi aliquid detectum est, excipiendum hamo retuso est, abducendumque a scalpello. Ubi autem satis incisum est, telum eximendum est : tunc quoque eodem modo, et eadem cura habita, ne sub eo, quod eximitur, aliquid eorum lædatur, quæ tuenda esse proposui.

2. Hæc communia. Sunt propria quædam in singulis telorum generibus, quæ protinus subjiciam. Nihil tam facile in corpus, quam sagitta, conditur, eademque altissime insidit. Hæc autem eveniunt, et quia magna vi fertur illa, et quia ipsa in angusto est. Sæpius itaque ab altera parte, quam ex qua venit, recipienda est; præcipueque, quia fere spiculis cingitur, quæ magis laniant, si retro, quam si contra trahuntur. Sed inde aperta via, caro diduci debet ferramento facto ad similitudinem Græcæ litteræ : deinde, ubi apparuit mucro, si arundo inhæret, propellenda est, donec ab altera parte apprehendi et extrahi possit : si jam illa decidit, solumque intus ferrum est, mucro vel digitis apprehendi, vel forfice, atque ita educi debet. Neque alia ratio extrahendi est, ubi ab ea parte, qua venit, evelli magis placuit. Nam, ampliato magis vulnere, aut arundo, si inest, evellenda est; aut, si ea non est, ferrum ipsum. Quod si spicula apparuerunt, eaque brevia et tenuia sunt, forfice ibi continueri debent, vacuumque ab his telum educi : si ea majora valentioraque sunt, fissis scriptoriis calamis contegenda, ac, ne quid lacerent, sic evellenda sunt. Et in sagittis quidem hæc observatio est.

3. Latum vero telum, si conditum est, ab altera parte educi non expedit; ne ingenti vulneri ipsi quoque ingens vulnus adjiciamus. Evellendum est ergo genere quodam ferramenti, quod Διοκλεῖον κυαθίσκον Græci vocant; quoniam auctorem Dioclem habet : quem inter priscos maximosque medicos fuisse, jam posui. Lamina vel ferrea, vel etiam ænea, ab altero capite duos utrimque deorsum conversos uncos habet; ab altero duplicata lateribus, leviterque extrema in eam partem inclinata, quæ sinuata est, insuper ibi etiam perforata est. Hæc juxta telum transversa demittitur : deinde, ubi ad imum mucronem ventum est, paulum torquetur, ut telum foramine suo exci-

et qui est en même temps perforée. On applique l'instrument le long du trait dans une direction transversale, puis, dès qu'on en sent la pointe, on la fait entrer dans l'ouverture du cyathisque en donnant à celui-ci un léger mouvement de rotation; et aussitôt que le trou qu'il présente a reçu le corps vulnérant, on saisit avec deux doigts les crochets de l'extrémité libre, et l'on retire à la fois le trait et l'instrument.

4. Souvent encore on est obligé d'extraire une troisième espèce de projectiles : ainsi des balles de plomb, des pierres ou d'autres corps semblables, après avoir déchiré la peau, peuvent rester tout entiers dans les chairs. Il faut toujours, dans les cas de ce genre, dilater la plaie, puis à l'aide des pinces retirer le corps étranger par le chemin qu'il s'est ouvert. Mais l'extraction devient plus difficile toutes les fois que le projectile s'est logé dans un os, ou qu'en pénétrant dans une articulation il se trouve placé entre deux surfaces osseuses. Si le corps est engagé dans l'os, il faut chercher à le mouvoir jusqu'à ce qu'il soit ébranlé, et essayer ensuite de l'enlever avec les doigts ou les pinces, comme on le pratique pour l'évulsion des dents. La plupart du temps on amène ainsi le projectile au dehors; si pourtant il résiste, on pourra lui donner de nouvelles secousses avec un instrument, et, en cas d'insuccès, on devra, comme ressource dernière, perforer l'os auprès de la blessure au moyen de la tarière. A partir de cette perforation on excisera l'os en forme de V, de telle sorte que les deux lignes que cette lettre présente viennent aboutir au corps étranger; cela fait, on ne peut manquer de l'ébranler, et il est facile ensuite de l'extraire. Mais si le projectile s'est logé dans une articulation, c'est-à-dire entre deux os, on applique au-dessus et au-dessous de la partie blessée des ligatures faites avec des bandes ou des courroies, puis on pratique l'extension et la contre-extension pour allonger les tendons. Il en résulte que les os laissent alors entre eux plus d'espace, et qu'on peut retirer le corps vulnérant sans difficulté. Pendant l'extraction, on aura soin, comme je l'ai dit ailleurs, d'éviter la lésion des nerfs, des veines et des artères, et l'on emploiera pour cela les moyens indiqués plus haut.

5. Si la blessure est produite par un trait empoisonné, il faut procéder à l'extraction de la même manière, mais avec plus de promptitude encore, s'il est possible; et, de plus, recourir au traitement prescrit contre les poisons pris à l'intérieur, ou contre les morsures de serpents. Le trait une fois retiré, on panse la blessure comme une plaie ordinaire, et c'est un sujet dont on a déjà suffisamment parlé.

VI. Ces différentes lésions peuvent affecter toutes les parties du corps; mais celles qui vont suivre ont des sièges déterminés. Je m'occuperai d'abord de la tête. On y rencontre diverses tumeurs auxquelles on a donné les noms de *ganglions*, de *mélicéris* et d'*athéromes*, ou d'autres dénominations encore, d'après certains auteurs; pour moi, j'y joindrai les *stéatomes*. Bien que ces tumeurs s'observent également au cou, aux aisselles et aux côtés, je n'ai pas dû les suivre dans chaque région, parce qu'elles n'ont entre elles que de légères différences, que d'ailleurs elles sont sans gravité, et réclament un traitement semblable. Elles sont toutes au début d'un très-petit volume, s'accroissent par degrés et lentement, et sont renfermées dans un kyste. Les unes sont dures et rénitentes, les autres sont

piat : cum in cavo mucro est, duo digiti, subjecti partis alterius uncis, simul et ferramentum id extrahunt, et telum.

4. Tertium genus telorum est, quod interdum evelli debet, plumbea glans, aut lapis, aut simile aliquid, quod, perrupta cute, integrum intus insedit. In omnibus his latius vulnus aperiendum, idque, quod inest, ea, qua venit, forfice extrahendum est. Accedit vero aliquid difficultati sub omni ictu, si telum vel ossi inhæsit, vel in articulo se inter duo ossa demersit. In osse usque eo movendum est, donec laxetur is locus, qui mucronem momordit ; et tunc vel manu vel forfice telum extrahendum est : quæ ratio in dentibus quoque ejiciendis est. Vix unquam ita telum non sequitur : sed, si morabitur, excuti quoque, ictum aliquo ferramento, poterit. Ultimum est, ubi non evellitur, terebra juxta forare, ab eoque foramine, ad speciem litteræ V, contra telum os excidere, sic, ut lineæ, quæ diducuntur, ad telum spectent : eo facto, id necesse est labet, et facile auferatur. Inter duo vero ossa si per ipsum articulum perruperit, circa vulnus duo membra fasciis habenisve deliganda, et per has in diversas partes diducenda sunt, ut nervos distendant : quibus extentis, laxius inter ossa spatium est, et sine difficultate telum recipiatur. Illud videndum est sicut in aliis locis posui, ne quis nervus, aut vena, aut arteria a telo lædatur, dum id extrahitur : eadem scilicet ratione, quæ supra posita est.

5. At si venenato quoque telo quis ictus est, iisdem omnibus, si fieri potest, etiam festinantius actis, adjicienda curatio est, quæ vel epoto veneno, vel a serpente ictis adhibetur. Vulneris autem ipsius, extracto telo, medicina non alia est, quam quæ esset, si corpore icto nihil inhæsisset : de qua satis alio loco dictum est.

VI. Hæc evenire in qualibet parte corporis possunt : reliqua certas sedes habent. De quibus dicam, orsus a capite. In hoc multa variaque tubercula oriuntur; γάγγλια, μελικηρίδας, ἀθερώματα nominant ; aliisque etiamnum vocabulis quædam alii discernunt : quibus ego στεατώματα quoque adjiciam. Quæ quamvis et in cervice, et in alis, et in lateribus oriri solent, per se tamen non posui; cum omnia ista mediocres differentias habeant, ac neque periculo terreant, neque diverso genere curentur. Omnia autem ista, et ex parvulo incipiunt, et diu paulatimque increscunt, et tunica sua includuntur. Quædam ex his dura ac renitentia, quædam mollia cedentiaque sunt : quædam spatio nudantur, quædam tecta capillo suo permanent :

molles et cèdent à la pression; on en voit qui par places sont dépouillées de cheveux, et d'autres qui en demeurent couvertes. Pour la plupart, elles sont indolentes. On peut bien par conjecture deviner la matière qu'elles contiennent, mais on n'a de certitude à cet égard qu'après les avoir enlevées. Le plus ordinairement cependant on trouve dans les tumeurs rénitentes des espèces de petites pierres, ou des amas de cheveux agglutinés; dans celles qui ne résistent pas à la pression, il y a soit une matière semblable à du miel ou à de la bouillie claire, soit comme des débris de cartilages, soit de la chair molle et sanguinolente; et ces diverses matières sont diversement colorées. Les ganglions sont presque toujours rénitents; l'athérome renferme une sorte de bouillie claire; le mélicéris est plein d'une humeur plus liquide, qui est fluctuante au toucher; et le stéatome est rempli d'une substance graisseuse; ce dernier présente en général une base très-large, et relâche la peau qui le recouvre au point de la rendre mobile, tandis que, dans les autres cas, il y a resserrement des tissus. Après avoir rasé la tumeur lorsqu'elle est garnie de cheveux, on l'incise par le milieu. Dans le stéatome, il est nécessaire de fendre aussi l'enveloppe pour la vider entièrement des matières qu'elle contient, parce qu'en effet on vient difficilement à bout de séparer le kyste des téguments et des chairs sous-jacentes. Dans les autres tumeurs au contraire, il faut respecter la tunique, qui se montre blanche et tendue, dès qu'on a divisé la peau. On doit l'isoler alors des téguments et des chairs avec le manche du scalpel, puis emporter en même temps le contenant et le contenu. Si pourtant la partie inférieure du kyste avait contracté des adhérences avec un muscle, il faudrait, pour ménager celui-ci, exciser seulement la partie supérieure du sac et laisser l'autre. Lorsqu'on a tout enlevé, on rapproche les lèvres de la plaie au moyen de la boucle, et l'on a recours aux topiques agglutinatifs. Mais s'il a fallu laisser tout ou partie du kyste, il y a lieu d'employer les remèdes suppuratifs.

VII. 1. Si la nature et le traitement de ces diverses tumeurs ne nous offrent que des différences légères, il n'en est pas de même des affections des yeux, qui réclament le secours de la chirurgie : celles-ci constituent des maladies distinctes, qu'il faut combattre par des médications également variées. Il survient quelquefois aux paupières supérieures des vésicules remplies d'un corps onctueux et pesant, qui permettent à peine à l'œil de s'ouvrir, et provoquent un écoulement de pituite peu considérable, mais opiniâtre. C'est presque toujours dans l'enfance qu'on les rencontre. Pour s'en défaire, il faut tendre la peau en comprimant la paupière avec deux doigts, et faire ensuite une incision transversale, mais d'une main légère, afin de laisser intacte la vésicule même, qui devient saillante dès qu'elle est mise à nu. On la saisit alors avec les doigts, et on l'arrache sans difficulté. Cela fait, on applique un des collyres indiqués contre les ophthalmies, et au bout de très-peu de jours la cicatrice est formée. Le cas est plus embarrassant lorsque la vésicule est ouverte, parce qu'elle se vide du corps qu'elle contient; et, comme elle est fort mince, on ne peut plus la saisir. Quand cet accident se présente, on excite la suppuration par un topique convenable.

2. On observe aussi sur le bord ciliaire des paupières un petit tubercule appelé par les Grecs

---

fereque sine dolore sunt. Quid intus habeant, ut conjectura præsagiri potest; sic ex toto cognosci, nisi cum ejecta sunt, non potest. Maxime tamen in iis, quæ renituntur, aut lapillis quædam similia, aut concreti confertique pili reperientur : in iis vero, quæ cedunt, aut melli simile aliquid, aut tenui pulticulæ, aut quasi rasæ cartilagini, aut carni hebeti et cruentæ; quibus alii aliique colores esse consuerunt. Fereque ganglia renituntur : atheromati subest quasi tenuis pulticula : meliceridi liquidior humor; ideoque pressus circumfluit : steatomati pingue quiddam; idque latissime patere consuevit, resolvitque totam cutem superpositam, sic, ut ea labet; cum in ceteris sit adstrictior. Omnia, derasa ante, si capillis conteguntur, per medium oportet incidere. Sed steatomatis tunica quoque secanda est, ut effundatur quidquid intus coiit; quia non facile a cute et subjecta carne ea separatur : in ceteris ipsa tunica inviolata servanda est. Protinus autem alba et intenta se ostendit. Tum scalpelli manubriolo diducenda a cute et carne est, ejiciendaque cum eo, quod intus tenet. Si quando tamen ab inferiore parte tunicæ musculus inhæsit, ne is lædatur, superior pars illius decidenda, alia ibidem relinquenda est. Ubi tota exempta est, committendæ oræ, fibulaque his injicienda, et super medicamentum glutinans dandum est. Ubi vel tota tunica, vel aliquid ex ea relictum est, pus moventia adhibenda sunt.

VII. 1. Sed ut hæc neque genere vitii, neque ratione curationis inter se multum distant; sic in oculis, quæ manum postulant, et ipsa diversa sunt, et aliter aliterque curantur. Igitur in superioribus palpebris vesicæ nasci solent, pingues gravesque; quæ vix attollere oculos sinunt, levesque pituitæ cursus, sed assiduos, in oculis movent. Fere vero in pueris nascuntur. Oportet, compresso digitis duobus oculo, atque ita cute intenta, scalpello transversam lineam incidere, suspensa leviter manu, ne vesica ipsa vulneretur : et, ut locus ei patefactus est, ipsa prorumpit. Tum digitis eam apprehendere, et evellere. Facile autem sequitur. Dein superinungi collyrio debet ex iis aliquo, quo lippientes oculi superinunguntur : paucissimisque diebus cicatricula inducitur. Molestius est, ubi incisa vesica est : effundit enim humorem; neque postea, quia tenuis admodum est, potest colligi. Si forte id incidit, eorum aliquid imponendum est, quæ puri movendo sunt.

2. In eadem palpebra super pilorum locum tuberculum parvulum nascitur, quod a similitudine hordei, a Græcis

χριθή, d'après sa ressemblance avec un grain d'orge. Renfermée dans un kyste, la matière qui le compose arrive difficilement à suppuration. Il faut dans ce cas fomenter le tubercule avec du pain chaud, ou de la cire qu'on fait chauffer de temps en temps, mais non pas au point d'incommoder la partie malade; et souvent on obtient ainsi, soit la résolution, soit la suppuration de l'orgeolet. Quand le pus devient manifeste, on doit ouvrir le foyer et le vider entièrement. On renouvelle ensuite les fomentations chaudes et les onctions jusqu'à parfaite guérison.

3. Les paupières sont encore le siége de petites tumeurs qui, sans différer beaucoup des précédentes, n'ont cependant pas le même aspect, et sont assez mobiles pour obéir à l'impulsion qu'elles reçoivent du doigt. Elles ont reçu des Grecs le nom de *chalazions*. Il faut les ouvrir à l'extérieur quand elles sont situées sous la peau, et à l'intérieur quand elles sont sous le cartilage. On doit ensuite les isoler des parties saines avec le manche du scalpel. Si l'on a fait l'incision en dedans, on emploie d'abord des topiques adoucissants, remplacés en temps utile par de plus énergiques; et si la plaie est externe, on la panse avec un emplâtre agglutinatif.

4. L'onglet ou le ptérygion des Grecs consiste en une membrane nerveuse qui à l'angle de l'œil s'étend quelquefois jusqu'à la cornée, et fait obstacle à la vision. C'est à l'angle voisin de la racine du nez qu'on l'observe le plus souvent, mais quelquefois aussi elle se manifeste du côté des tempes. Lorsque le mal est récent, on en vient facilement à bout à l'aide des médicaments dont on se sert pour effacer les cicatrices de l'œil; il faut au contraire l'exciser quand il est invétéré,

et caractérisé déjà par une certaine épaisseur. En conséquence, après avoir préparé le malade par un jour de diète, on le fait asseoir devant l'opérateur, ou bien en sens opposé, c'est-à-dire la tête renversée en arrière et reposant sur la poitrine du médecin. Selon quelques-uns, le malade doit se placer en face quand il s'agit de l'œil gauche, et prendre pour l'œil droit la position inverse. Dans le premier cas, la paupière inférieure est abaissée par le chirurgien, et la supérieure est relevée par un aide, tandis que dans le second cas le contraire a lieu. L'opérateur saisit ensuite un crochet aigu, dont la pointe un peu recourbée est dirigée vers le sommet du ptérygion, où elle doit s'implanter; cela fait, il abandonne à l'aide le soin d'écarter les paupières, et, soulevant la membrane avec le crochet, il la traverse au moyen d'une aiguille chargée d'un fil : débarrassé de l'aiguille, il doit s'emparer des deux bouts de fil pour tirer sur l'onglet; et en même temps, s'il y a des adhérences, il les détruit avec le manche du scalpel jusqu'à l'angle de l'œil. Les tractions sont continuées avec des intervalles de repos, et ont pour but de mettre à découvert l'origine de l'onglet et le point où l'angle se termine. Il y a, en effet, deux dangers à redouter : l'un consiste à laisser une partie de la membrane, qui, une fois ulcérée, devient pour ainsi dire incurable; et l'autre à couper la caroncule située dans l'angle de l'œil. Celle-ci par le fait d'une traction trop forte peut suivre l'onglet à l'insu du médecin, et de cette excision il résulte alors un pertuis par où les larmes s'échappent continuellement : c'est l'état que les Grecs ont désigné sous le nom de *rhyade*. Il faut donc apprécier bien exactement les limites de cet organe, et, après

---

χριθή nominatur. Tunica quiddam, quod difficulter maturescit, comprehensum est. Id vel calido pane, vel cera subinde calefacta foveri oportet, sic, ne nimius is calor sit, sed facile ea parte sustineatur : hac enim ratione sæpe discutitur, interdum concoquitur. Si pus se ostendit, scalpello dividi debet, et, quidquid intus humoris est, exprimi : eodem deinde vapore postea quoque foveri, et superinungi, donec ad sanitatem perveniat.

3. Alia quoque quædam in palpebris huic non dissimilia nascuntur; sed neque utique figuræ ejusdem, et mobilia, simul atque digito huc vel illuc impelluntur : ideoque ea χαλάζια Græci vocant. Hæc incidi debent, si sub cute sunt, ab exteriore parte; si sub cartilagine, ab interiore : dein scapelli manubriolo diducenda ab integris partibus sunt. Ac, si intus plaga est, inungendum primo lenibus, deinde acrioribus : si extra, superdandum emplastrum, quo id glutinetur.

4. Unguis vero, quod πτερύγιον Græci vocant, est membranula nervosa oriens ab angulo, quæ nonnumquam ad pupillam quoque pervenit, eique officit. Sæpius a narium, interdum etiam a temporum parte nascitur. Hunc recentem non difficile est discutere medicamentis, quibus cicatrices in oculis extenuantur : si inveteravit, jamque ei

crassitudo quoque accessit, excidi debet. Post abstinentiam vero unius diei, vel adversus in sedili contra medicum is homo collocandus est, vel sic aversus, ut in gremium ejus caput resupinus effundat. Quidam, si in sinistro oculo vitium est, adversum : si in dextro, resupinum collocari volunt. Alteram autem palpebram a ministro diduci oportet, alteram a medico : sed ab hoc, si illa adversus est, inferiorem; si supinus, superiorem. Tum idem medicus hamulum acutum, paulum mucrone intus recurvato, subjicere extremo ungui debet, eumque infigere; atque eam quoque palpebram tradere alteri : ipse, hamulo apprehenso, levare unguem, eumque acu trajicere linum trabente : deinde acum ponere, lini duo capita apprehendere, et per ea erecto ungue, si qua parte oculo inhæret, manubriolo scalpelli diducere, donec ad angulum veniat : deinde invicem modo remittere, modo attrahere, ut sic et initium ejus, et finis anguli reperiatur. Duplex enim periculum est; ne vel ex ungue aliquid relinquatur, quod exulceratum vix ullam recipiat curationem; vel ex angulo quoque caruncula abscindatur, quæ, si vehementius unguis ducitur, sequitur; ideoque decipit. Abscissa, patefit foramen, per quod postea semper humor descendit : ῥυάδα Græci vocant. Verus ergo anguli finis utique nus-

les avoir reconnues, soulever la membrane avec ménagement, et l'exciser en ayant soin de n'intéresser aucune partie de l'angle de l'œil. On panse ensuite la plaie avec de la charpie enduite de miel, et par-dessus on applique une compresse, une éponge, ou de la laine grasse. Il sera bon dans le commencement d'ouvrir les yeux chaque jour, afin de s'opposer à la réunion des paupières entre elles, car c'est là un troisième accident à prévenir. Après avoir employé la charpie, on fait en dernier lieu des onctions avec un collyre cicatrisant. C'est au printemps ou du moins avant l'hiver qu'on doit opérer le ptérygion, et cela pour des raisons communes à différents cas, et qu'il suffira d'énoncer une fois. Il y a en effet deux sortes d'opérations : pour les unes, on n'a pas à choisir le temps, et l'on est forcé d'obéir à l'indication présente, comme dans les blessures et les fistules. Les autres, au contraire, ne réclamant pas un jour précis, il est facile et en même temps beaucoup plus sûr d'attendre, ainsi qu'on le pratique dans les maladies qui se développent lentement et n'éveillent pas de vives douleurs. On peut dans ce cas renvoyer l'opération au printemps, ou, s'il y a quelque motif de ne pas différer autant, il faut alors préférer l'automne à l'été et à l'hiver, et prendre même le milieu de l'automne, temps où les grandes chaleurs sont tombées, et où le froid ne se fait pas encore sentir. En général, l'opération sera d'autant plus grave qu'on agira sur une partie plus nécessaire à la vie, et il sera d'autant plus urgent de la pratiquer dans une saison favorable, que la plaie qui devra s'en suivre aura plus d'étendue.

5. Certaines affections qui reconnaissent aussi d'autres causes sont quelquefois, comme je l'ai dit, la conséquence de l'excision de l'onglet. Soit qu'on n'ait pas tout enlevé, ou que d'autres influences s'exercent, il survient parfois à l'angle de l'œil une petite tumeur qui permet difficilement l'écartement des paupières, et c'est ce qui constitue l'*encanthis* des Grecs. Il faut saisir le tubercule avec une érigne et l'exciser ; mais on doit conduire l'instrument d'une main prudente, afin de conserver la caroncule intacte. On applique ensuite sur l'angle de l'œil, en écartant les paupières, un peu de charpie imprégnée de cadmie et de vitriol, et on la maintient au moyen d'un bandage. Les jours suivants, on renouvelle ce pansement ; et, au début seulement, on bassine la partie malade avec de l'eau tiède ou même froide.

6. Quelquefois les paupières sont collées entre elles, et l'œil ne peut plus s'ouvrir. Souvent à ce premier mal il s'en joint un second qui consiste dans l'adhérence des paupières au blanc de l'œil. Ces deux états reconnaissent pour cause un ulcère mal soigné, et pendant la guérison duquel on a négligé d'isoler ces diverses parties ; ce qui pouvait et devait se faire. Les Grecs désignent ce double accident sous le nom d'*ankyloblépharon*. Quand l'adhérence n'est qu'entre les paupières, il n'est pas difficile de la détruire, mais c'est quelquefois inutilement, car on la voit se reproduire ; et cependant, comme les cas où l'on réussit sont encore les plus nombreux, il n'en faut pas moins essayer de maintenir l'écartement nécessaire. On doit donc, pour diviser les paupières, y introduire le dos d'une sonde, et interposer ensuite une petite tente qu'on laisse à demeure jusqu'à ce qu'il n'y ait plus aucune ulcération. Mais lorsque la paupière a contracté des adhérences avec le globe de l'œil, Héraclide

cendus est ; qui ubi satis constitit, non nimium adducto ungue, scalpellus adhibendus est ; deinde sic excidenda ea membranula, ne quid ex angulo lædatur. Eo deinde ex melle linamentum superdandum est, supraque linteolum, et aut spongia aut lana succida : proximisque diebus diducendus quotidie oculus est, ne cicatrice inter se palpebræ glutinentur ; siquidem id quoque tertium periculum accedit : eodemque modo linamentum imponendum, ac novissime inungendum collyrio, quo ulcera ad cicatricem perducuntur. Sed ea curatio vere esse debet, aut certe ante hiemem de qua re, aut loca pertinente, semel dixisse satis erit. Nam duo genera curationum sunt : alia, in quibus eligere tempus non licet, sed utendum est eo, quod incidit ; sicut in vulneribus, et in fistulis : alia, in quibus nullus dies urget, et exspectare tutissimum et facile est ; sicut evenit in iis, quæ et tarde increscunt, et dolore non cruciant. In his ver exspectandum est : aut, si quid magis pressit, melior tamen autumnus est, quam æstas, vel hiems ; atque is ipse medius, jam fractis æstibus, nondum ortis frigoribus. Quo magis autem necessaria pars erit, quæ tractabitur, hoc quoque majori periculo subjecta est : et sæpe, quo major plaga facienda, eo magis hæc temporis ratio servabitur.

5. Ex curatione vero unguis, ut dixi, vitia nascuntur, quæ ipsa aliis quoque de causis oriri solent. Interdum enim fit in angulo, parum ungue exciso, vel aliter, tuberculum, quod palpebras parum diduci patitur : ἐγκανθὶς Græce nominatur. Excipi hamulo, et circumcidi debet ; hic quoque diligenter temperata manu, ne quid ex ipso angulo abscindatur. Tum exiguum linamentum respergendum est vel cadmia, vel atramento sutorio ; inque eum angulum, diductis palpebris, inserendum, supraque eodem modo deligandum : proximisque diebus similiter nutriendum ; tantum ut primis aqua egelida, vel etiam frigida foveatur.

6. Interdum inter se palpebræ coalescunt, aperirique non potest oculus. Cui malo solet etiam illud accedere, ut palpebra cum albo oculi cohærescat ; scilicet, cum in utrovis fuit ulcus negligentius curatum. Sanescendo enim, quod diduci potuit et debuit, glutinavit. Ἀγκυλοβλεφάρου sub utroque vitio Græci vocant. Palpebræ tantum inter se cohærentes, non difficulter diducuntur ; sed interdum frustra : nam rursus glutinantur. Experiri tamen oportet ; quia bene res sæpius cedit. Igitur aversum specillum inserendum, diducendæque eo palpebræ sunt : deinde exigua penicilla interponenda, donec exulceratio ejus loci finiatur. At ubi albo ipsius oculi palpebra inhæsit, Heraclides Tarentinus auctor est, adverso scalpello subsecare,

de Tarente prescrit de les emporter au moyen du scalpel, dont le tranchant est dirigé en haut, et de procéder avec une grande circonspection pour n'intéresser ni l'œil, ni les paupières, ou du moins pour ne blesser que celles-ci, si cela devient inévitable. Après le débridement, on applique en onctions sur l'œil les topiques destinés à détruire les granulations, et l'on fait mouvoir les paupières chaque jour, non-seulement pour mettre le médicament en contact avec les points ulcérés, mais pour prévenir aussi de nouvelles adhérences; de plus, on recommande au malade de soulever souvent la paupière avec deux doigts. Quant à moi, je n'ai point souvenir d'avoir vu personne guérir par cette méthode. Mégès aussi déclare avoir fait bien des expériences semblables et toujours en vain, parce que l'adhérence entre l'œil et la paupière se reproduit constamment.

7. On observe encore à l'angle de l'œil situé près de la racine du nez une petite fistule produite par quelque principe vicieux, et d'où s'écoule sans relâche une humeur pituiteuse. Cette maladie s'appelle en grec *ægilops*; elle constitue pour l'œil une incommodité perpétuelle, et quelquefois, après avoir carié l'os, elle pénètre jusque dans les narines. Dans certains cas même on lui voit prendre un caractère carcinomateux, et alors les veines sont gonflées et flexueuses, la peau devient dure, décolorée, sensible au moindre toucher, et l'inflammation envahit les parties voisines. Il est dangereux de vouloir guérir les fistules qui ont cet aspect carcinomateux, car le traitement a pour effet de rendre la mort plus prompte. Quant à celles qui se font jour dans les narines, il n'est pas moins inutile de les attaquer, puisqu'elles sont incurables. Mais on peut combattre par des moyens curatifs les fistules qui n'affectent que l'angle nasal, et toutefois il ne faut pas ignorer qu'on réussit rarement. La difficulté sera d'autant plus grande, que le pertuis fistuleux sera situé plus près de l'angle de l'œil, parce qu'on est beaucoup plus gêné pour y porter la main. Lorsque le mal est récent cependant, il est plus facile d'en venir à bout. On doit saisir avec une érigne l'orifice externe du conduit, puis exciser tout le trajet jusqu'à l'os, comme je l'ai dit en parlant des fistules : ensuite, l'œil et les parties voisines étant bien couverts, on porte sur l'os le fer brûlant, et si déjà il est atteint de carie, on le cautérise plus profondément, afin d'obtenir une exfoliation plus considérable. Quelques médecins appliquent des caustiques tels que le vitriol, le chalcitis ou le verdet ratissé; mais ces moyens agissent avec plus de lenteur et moins d'efficacité. L'os une fois cautérisé, on se conforme au traitement concernant les brûlures.

8. Les cils peuvent irriter l'œil de deux manières : ainsi, dans certains cas la face cutanée des paupières se trouve relâchée et s'abaisse, mais, le cartilage tarse n'éprouvant pas le même relâchement, il en résulte que les cils sont tournés vers le globe de l'œil; d'autres fois, au-dessous du bord ciliaire il existe une autre rangée de cils, qui se portent directement sur l'œil. Voici maintenant les procédés à suivre : si le mal est causé par des cils venus d'une manière anomale, on fait chauffer une aiguille de fer élargie en forme de spatule, et, quand elle est brûlante, on renverse la paupière pour bien apercevoir les cils qui sont nuisibles; puis, à partir du grand angle jusqu'au tiers de la paupière, on promène le

---

magna cum moderatione, ut neque ex oculo, neque ex palpebra quidquam abscindatur; ac, si necesse est, ex palpebra potius. Post hæc, inungatur oculus medicamentis, quibus aspritudo curatur : quotidieque palpebra vertatur, non solum ut ulceri medicamentum inducatur, sed etiam ne rursus inhæreat : ipsique etiam præcipiatur, ut sæpe eam duobus digitis attollat. Ego sic restitutum esse neminem memini. Meges se quoque multa tentasse, neque unquam profuisse, quia semper iterum oculo palpebra inhæserit, memoriæ prodidit.

7. Etiamnum in angulo, qui naribus propior est, ex aliquo vitio quasi parva fistula aperitur, per quam pituita assidue destillat : αἰγίλωπα Græci vocant. Idque assidue male habet oculum : nonnumquam etiam exeso osse, usque ad nares penetrat. Atque interdum naturam carcinomatis habet; ubi intentæ venæ et recurvatæ sunt, color pallet, cutis dura est, et levi tactu irritatur, inflammationemque in eas partes, quæ conjunctæ sunt, evocat. Ex his eos, qui quasi carcinoma habent, curare periculosum est : nam mortem quoque ea res maturat. Eos vero, quibus ad nares tendit, supervacuum : neque enim sanescunt. At, quibus id in angulo est, potest adhiberi curatio; cum eo, ne ignotum sit, esse difficilem : quantoque angulo propius id foramen est, tanto difficilior est; quoniam perangustum est, in quo versari manus possit. Recenti tamen re mederi facilius est. Sed hamulo summum ejus foraminis excipiendum; deinde totum id cavum, sicut in fistulis dixi, usque ad os excidendum, oculoque et ceteris junctis partibus bene obtectis, os ferramento adurendum est; vehementiusque, si jam carie vexatum est, quo crassior squama abscedat. Quidam adurentia imponunt, ut atramentum sutorium, vel chalcitidem, vel æruginem rasam : quod et tardius et non idem facit. Osse adusto, curatio sequitur eadem, quæ in ceteris ustis.

8. Pili vero, qui in palpebris sunt, duabus de causis oculum irritare consuerunt. Nam modo palpebræ summa cutis relaxatur, et procidit; quo fit, ut ejus pili ad ipsum oculum convertantur, quia non simul cartilago quoque se remisit : modo sub ordine naturali pilorum alius ordo suberescit, qui protinus intus ad oculum tendit. Curationes hæ sunt. Si pili nati sunt, qui non debuerunt, tenuis acus ferrea ad similitudinem spathæ lata, in ignem conjicienda est : deinde candens, sublata palpebra, sic, ut ipsi perniciosi pili in conspectum curantis veniant, sub ipsis pilorum radicibus ab angulo immittenda est, ut ea tertiam partem palpebræ transuat; deinde iterum, tertioque usque

cautère sur les racines, et, à l'aide d'une seconde et d'une troisième cautérisation, on arrive jusqu'à l'angle externe. Par ce moyen les poils brûlés dans leurs racines ne repoussent plus. On applique ensuite les topiques convenables pour prévenir l'inflammation, et à la chute des escarres on favorise la cicatrisation des points ulcérés, qui guérissent avec la plus grande facilité. D'après certains médecins, il faut traverser la paupière supérieure en dehors et tout près du bord ciliaire, avec une aiguille enfilée d'un cheveu de femme mis en double. Dans ce double on engage le cil dont la direction est vicieuse, et on le ramène sur la paupière supérieure, où l'on doit le fixer avec un agglutinatif. On a recours après cela aux cicatrisants pour guérir le trou fait par l'aiguille. En suivant ce procédé, on espère que désormais le cil ne se portera plus en dedans. Mais d'abord il n'est possible d'agir ainsi que sur des poils plus longs que ne le sont ordinairement ceux qui naissent en cet endroit ; en second lieu, s'il y en a plusieurs, la souffrance prolongée qui résulte du passage de l'aiguille pour chacun d'eux peut susciter une inflammation violente ; enfin, l'œil irrité déjà par le frottement des cils, puis par les perforations des paupières, venant à se remplir d'eau, la glu destinée à maintenir le poil sera presque inévitablement délayée, et alors le cil, affranchi de la résistance qu'on lui opposait, reprendra sa direction première. L'opération au contraire ne présente aucune incertitude, quand la déviation n'est due qu'au relâchement des paupières. On s'y prend de la manière suivante : l'œil étant fermé, on saisit, avec les doigts et par le milieu, les téguments de la paupière inférieure ou supérieure, et on les soulève pour voir ce qu'il en faut retrancher, afin de ramener les choses à l'état naturel. Ici encore il y a deux inconvénients à redouter : si l'on coupe en effet une portion trop considérable, la paupière ne peut plus recouvrir l'œil, et, d'un autre côté, si le lambeau est insuffisant, c'est comme si l'on n'avait rien fait, et le malade en est pour une excision inutile. On trace avec de l'encre deux lignes qui comprennent la portion de peau à retrancher, et on a soin de laisser entre le bord ciliaire et la ligne la plus voisine, un certain espace pour appliquer les points d'aiguille. Ces précautions prises, on pratique l'incision au-dessus des cils quand il y a prolapsus de la paupière supérieure, et au-dessous quand le relâchement existe à la paupière inférieure ; il faut commencer l'incision par l'angle temporal s'il s'agit de l'œil gauche, par l'angle nasal lorsqu'on opère sur l'œil droit, et emporter tous les téguments compris entre les deux lignes qu'on a tracées. On réunit ensuite les lèvres de la plaie par une seule suture, et l'on ferme l'œil. Si la paupière ne descend pas assez, on relâche la suture ; si au contraire elle offre encore trop de laxité, on tient les fils plus serrés, ou même on enlève, aux dépens du bord le plus éloigné, une nouvelle bandelette de peau ; après quoi l'on ajoute d'autres points de suture aux premiers, sans cependant les porter au delà de trois. Il faut de plus, relativement à la paupière supérieure, conduire une incision au-dessous des cils, pour qu'une fois redressés, ils ne se dirigent plus qu'en dehors ; et cette incision même peut suffire quand le renversement n'est pas trop marqué ; mais il est inutile d'en venir là pour la paupière inférieure. L'opération terminée, on applique sur l'œil une éponge trempée

ad alterum angulum : quo fit, ut omnes pilorum radices adustæ emoriantur. Tum superimponendum medicamentum est, quod inflammationem prohibeat : atque ubi crustæ exciderunt, ad cicatricem perducendum. Facillime autem id genus sanescit. Quidam ajunt, acu transui juxta pilos exteriorem partem palpebræ oportere, eamque transmitti duplicem capillum muliebrem ducentem ; atque ubi acus transiit, in ipsius capilli sinum, qua duplicatur, pilum esse conjiciendum, et per eum in superiorem palpebræ partem attrahendum, ibique corpori adglutinandum, et imponendum medicamentum, quo foramen glutinetur : sic enim fore, ut is pilus in exteriorem partem postea spectet. Id primum fieri non potest, nisi in pilo longiore ; cum fere breves eo loco nascantur. Deinde, si plures pili sunt, necesse est longum tormentum, toties acu trajecta, magnam inflammationem moveat. Novissime, cum humor aliquis ibi subsit, oculo et ante per pilos et tum per palpebræ foramina affecto, vix fieri potest, ut gluten, quo vinctus est pilus, non resolvatur : eoque fit, ut is eo, unde vi abductus est, redeat. Ea vero curatio, quæ palpebræ laxioris ab omnibus frequentatur, nihil habet dubii. Siquidem oportet contecto oculo mediam palpebræ cutem, sive ea superior, sive inferior est, apprehendere digitis, ac levare : tum considerare, quantulo detracto futurum sit, ut naturaliter se habeat. Siquidem hic quoque duo pericula circumstant : si nimium fuerit excisum, ne contegi oculus non possit; si parum, ne nihil actum sit, et frustra sectus aliquis sit. Qua deinde incidendum videbitur, per duas lineas atramento notandum est, sic, ut inter oram, quæ pilos continet, et propiorem ei lineam, aliquid relinquatur, quod apprehendere acus postea possit. His constitutis, scalpellus adhibendus est : et, si superior palpebra est, ante ; si inferior, postea propius ipsis pilis incidendum : initiumque faciendum in sinistro oculo, ab eo angulo, qui tempori ; in dextro, ab eo, qui naribus propior est : idque, quod inter duas lineas est, excidendum. Deinde oræ vulneris inter se simplici sutura committendæ, operiendusque oculus est ; et, si parum palpebra descendet, laxanda sutura ; si nimium, aut adstringenda, aut etiam rursus tenuis habenula ab ulteriore ora excidenda : ubi secta est, aliæ suturæ adjiciendæ, quæ supra tres esse non debent. Præter hæc, in superiore palpebra sub pilis ipsis incidenda linea est, ut ab inferiore parte diducti pili sursum spectent : idque, si levis inclinatio est, etiam solum satis tuetur. Inferior palpebra eo non eget. His factis, spongia, ex aqua frigida expressa, super deliganda est ;

dans l'eau froide, maintenue au moyen d'un bandage, et remplacée le lendemain par un emplâtre agglutinatif : le quatrième jour, on enlève les points de suture, et l'on fait des onctions avec un collyre propre à réprimer l'inflammation.

9. Il arrive parfois que, pour n'avoir pas assez ménagé la peau dans cette opération, l'œil ne peut plus se fermer ; et cet accident, qui reconnaît aussi d'autres causes, a reçu des Grecs le nom de *lagophthalmie*. Si la perte de substance est trop considérable, le cas est sans remède ; mais il n'est pas impossible de la réparer, quand elle est légère. On fait alors un peu au-dessous du sourcil une incision en forme de croissant, dont les pointes sont dirigées en bas ; l'incision doit pénétrer jusqu'au cartilage sans l'intéresser, car il résulterait de cette lésion un prolapsus de la paupière, auquel on ne pourrait plus remédier. On ne divisera donc que les téguments pour les attirer vers le bord palpébral, laissant à la face supérieure une plaie béante où l'on introduit de la charpie. On prévient par là une réunion immédiate, et l'on favorise la reproduction des chairs qui doivent combler l'intervalle. Ce résultat obtenu, l'œil recouvre en effet la faculté de se fermer régulièrement.

10. Si dans certains cas la paupière supérieure ne s'abaisse plus assez pour couvrir l'œil, il arrive aussi que l'inférieure ne remonte pas suffisamment, et demeure renversée et béante sans pouvoir se réunir à la supérieure. Cet état est parfois la conséquence d'une excision mal faite, et d'autres fois il est produit par la vieillesse ; les Grecs lui ont donné le nom d'*ectropion*. Quand cette infirmité dépend d'une mauvaise opération, on emploie, pour y remédier, la méthode indiquée plus haut ; seulement, les pointes de l'incision semi-lunaire sont tournées vers la mâchoire, et non plus vers l'œil. Si l'ectropion est le résultat de l'âge, on cautérise avec un fer mince tout ce qui fait bourrelet en dehors, puis on panse avec le miel : au bout de quatre jours on fait des fumigations avec la vapeur d'eau chaude, et l'on a recours ensuite aux cicatrisants.

11. En général ces maladies n'affectent que les parties extérieures de l'œil, c'est-à-dire les angles et les paupières ; mais sur le globe oculaire lui-même, par suite du relâchement ou de la rupture des membranes internes, on observe quelquefois un soulèvement de la tunique externe, dont la forme est semblable à un grain de raisin, ce qui lui a valu des Grecs le nom de *staphylôme*. Il y a deux méthodes curatives : la première consiste à traverser la tumeur à la base et par le milieu avec une aiguille chargée de deux fils : on noue en haut et en bas les deux bouts de chaque fil ; de sorte que le staphylôme est étranglé dans cette double ligature, qui le coupe insensiblement et le fait tomber. Dans le second procédé, on enlève gros comme une lentille du sommet de la tumeur, après quoi on la saupoudre avec de la tutie ou de la cadmie. Quelle que soit la méthode, il faut, dès qu'on a terminé l'opération, recouvrir l'œil d'une laine imbibée d'un blanc d'œuf, diriger vers cet organe des fumigations d'eau chaude, et faire des onctions avec des collyres adoucissants.

12. Sous le nom de clous, on désigne des tubercules calleux qu'on observe sur le blanc de l'œil, et dont le nom est tiré de la forme qu'ils présentent. Ce qu'il y a de mieux à faire, c'est d'en traverser la racine avec une aiguille, de pratiquer l'excision au-dessous, et d'appliquer ensuite des topiques émollients.

---

postero die glutinans emplastrum injiciendum : quarto suturæ tollendæ, et collyrio, quod inflammationes reprimit, superinungendum.

9. Nonnumquam autem, nimium sub hac curatione excisa cute, evenit, ut oculus non contegatur : idque interdum etiam alia de causa fit. Λαγωφθάλμους Græci appellant. In quo si nimium palpebræ deest, nulla id restituere curatio potest : si exiguum, mederi licet. Paulum infra supercilium cutis incidenda est lunata figura, cornibus ejus deorsum spectantibus. Altitudo esse plagæ usque ad cartilaginem debet, ipsa illa nihil læsa : nam, si ea incisa est, palpebra concidit, neque attolli postea potest. Cute igitur tantum diducta fit, ut paulum in ima oculi ora descendat ; hiante scilicet super plaga ; in quam linamentum conjiciendum est, quod et conjungi diductam cutem prohibeat, et in medio carunculam citet : quæ ubi eum locum implevit, postea recte oculus operitur.

10. Ut superioris autem palpebræ vitium est, quo parum descendat, ideoque oculum non contegit ; sic inferioris, quo parum sursum attollitur, sed pendet et hiat, neque potest cum superiore committi. Atque id quoque evenit interdum ex simili vitio curationis, interdum etiam senectute. Ἐκτρόπιον Græci vocant. Si ex mala curatione est, eadem ratio medicinæ est, quæ supra posita est : plagæ tantum cornua ad maxillas, non ad oculum convertenda sunt. Si ex senectute est, tenui ferramento id totum extrinsecus adurendum est, deinde melle inungendum : a quarto die vapore aquæ calidæ fovendum, inungendumque medicamentis ad cicatricem perducentibus.

11. Hæc fere circa oculum in angulis palpebrisque incidere consuerunt. In ipso autem oculo nonnumquam summa attollitur tunica, sive ruptis intus membranis aliquibus, sive laxatis ; et similis figura acino fit : unde id σταφύλωμα Græci vocant. Curatio duplex est : altera, ad ipsas radices per medium transuere acu, duo lina ducente ; deinde alterius lini duo capita ex superiore parte, alterius ex inferiore adstringere inter se ; quæ paulatim secando id excidunt : altera, in summa parte ejus ad lenticulæ magnitudinem excidere ; deinde spodium aut cadmiam infriare. Utrolibet autem facto, album ovi lana excipiendum et imponendum ; posteaque vapore aquæ calidæ fovendus oculus, et lenibus medicamentis inungendus est.

12. Clavi autem vocatur callosa in albo oculi tubercula ; quibus nomen a figuræ similitudine est. Hos ad imam radicem perforare acu commodissimum est, infraque eam excidere, deinde lenibus medicamentis inungere.

13. J'ai déjà fait mention de la cataracte dans un autre endroit, parce qu'en effet, quand elle est récente, les agents médicamenteux parviennent souvent à la résoudre; tandis que, lorsqu'elle est ancienne, elle réclame le secours de la main, c'est-à-dire une opération des plus délicates. Avant de la décrire, je dois faire connaître en peu de mots l'organisation de l'œil; car cette connaissance, importante dans plusieurs autres cas, est spécialement utile dans celui-ci. Le globe de l'œil a deux enveloppes, dont l'une, appelée *kératoïde* (*sclérotique*) par les Grecs, est extérieurement située; assez épaisse dans sa partie blanche, elle s'amincit vers la pupille. En dedans elle est tapissée par la seconde tunique, qui laisse voir au centre, là où est la pupille, une petite ouverture. Cette membrane est mince autour du cercle pupillaire, et, comme la première, acquiert plus d'épaisseur dans le reste de son étendue; c'est la *choroïde* des Grecs. Ces deux tuniques, qui contiennent les parties internes de l'œil, viennent se réunir en arrière, et, après s'être amincies et confondues en passant par la fente orbitaire, elles se rendent à la membrane du cerveau, où elles s'attachent. A l'endroit où se trouve la pupille, elles laissent dans leur intérieur un espace vide. Puis se présente une troisième membrane d'une extrême ténuité, nommée par Hérophile *arachnoïde* : celle-ci, déprimée au centre, renferme dans sa cavité un corps appelé *hyaloïde*, à cause de sa ressemblance avec le verre. Ce corps vitré n'est ni solide ni liquide, mais forme une espèce d'humeur condensée. C'est de lui que le cercle pupillaire tire sa couleur noire ou bleue, tandis que l'enveloppe externe est entièrement blanche. Au-dessous de ces membranes, on remarque une goutte d'humeur semblable à du blanc d'œuf, et dans laquelle réside la faculté de voir. On la nomme en grec *cristallin*.

14. Or, il peut arriver que l'humeur placée à l'intérieur des deux premières membranes, dans l'espace vide que j'ai dit y exister, vienne à s'épaissir à la suite d'un coup ou d'un état morbide, et que peu à peu, en se condensant davantage, elle s'oppose à la vision. Cette maladie se distingue en plusieurs espèces; il en est de curables, et d'autres qui ne le sont pas. Si la cataracte est étroite, immobile, de couleur d'eau de mer ou de fer luisant; si par les côtés elle laisse passer encore quelques rayons de lumière, il y a lieu d'espérer. Si au contraire elle est large, accompagnée d'une déformation de la pupille, d'une teinte bleuâtre ou jaune, et si elle est mobile et vacillante, il est pour ainsi dire impossible d'y remédier. Elle permet en général d'autant moins d'espoir qu'elle succède à une maladie plus grave, à de plus grands maux de tête, ou à des coups plus violents. L'âge avancé n'est pas non plus favorable à l'opération, parce qu'indépendamment de toute autre cause, la vue se trouve alors naturellement affaiblie. L'enfance est également une époque fâcheuse, et la plus convenable est l'âge mûr. On rencontre aussi plus de difficulté quand les yeux sont petits et enfoncés; et enfin il importe que la cataracte ait acquis une certaine maturité. En conséquence il faut attendre que l'humeur ne soit plus fluide, et paraisse au contraire offrir une assez grande dureté. On prépare le malade à l'opération en le faisant peu manger, en ne lui laissant boire que de l'eau pendant trois jours, et en lui imposant la veille une diète absolue. Toutes choses ainsi disposées, on fait asseoir

---

13. Suffusionis jam alias feci mentionem; quia cum recens incidit, medicamentis quoque sæpe discutitur: sed, ubi vetustior facta est, manus curationem desiderat: quæ inter subtilissimas haberi potest. De qua antequam dico, paucis ipsius oculi natura indicanda est: cujus cognitio, cum ad plura loca pertineat, tum vel præcipue ad hunc pertinet. Is igitur summas habet duas tunicas : ex quibus superior a Græcis κερατοειδής vocatur. Ea, qua parte alba est, satis crassa, pupillæ loco extenuatur. Huic interior adjuncta est, media parte, qua pupilla est, modico foramine concava, circa tenuis, ulterioribus partibus ipsa quoque plenior: quæ χοριοειδής a Græcis nominatur. Hæ duæ tunicæ, cum interiora oculi cingant, rursus sub his coeunt; extenuatæque et in unum coactæ per foramen, quod inter ossa est, ad membranam cerebri perveniunt, eique inhærescunt. Sub his autem, qua parte pupilla est, locus vacuus est: deinde infra rursus tenuissima tunica, quam Herophilus ἀραχνοειδή nominavit. Ea media subsidit; eoque cavo continet quiddam, quod a vitri similitudine ὑαλοειδές Græci vocant. Id neque liquidum, neque aridum est, sed quasi concretus humor: ex cujus colore pupillæ color vel niger est, vel cæsius; cum summa tunica tota alba sit. Id autem superveniens ab interiore parte membranula includit. Sub his gutta humoris est, ovi albo similis; a qua videndi facultas proficiscitur: χρυσταλλοειδής a Græcis nominatur.

14. Igitur vel ex morbo, vel ex ictu concrescit humor sub duabus tunicis, qua locum vacuum esse proposui; isque paulatim indurescens, interiori potentiæ se opponit. Vitiique ejus plures species sunt; quædam sanabiles, quædam quæ curationem non admittunt. Nam si exigua suffusio est, si immobilis, colorem vero habet marinæ aquæ, vel ferri nitentis, et a latere sensum aliquem fulgoris relinquit, spes superest. Si magna est, si nigra pars oculi, amissa naturali figura, in aliam vertit, si suffusioni color cœruleus est, aut auro similis, si labat, et hac atque illac movetur, vix umquam succurritur. Fere vero pejor est, quo ex graviore morbo, majoribusve capitis doloribus, vel ictu vehementiore orta est. Neque idonea curationi senilis ætas est; quæ sine novo vitio, tamen aciem hebetem habet: ac ne puerilis quidem; sed inter has media. Oculus quoque curationi neque exiguus, neque concavus, satis opportunus est. Atque ipsius suffusionis quædam maturitas est. Exspectandum igitur est, donec jam non fluere, sed duritie quadam concrevisse videatur. Ante curationem autem modico cibo uti, bibere aquam triduo debet; pridie, ab omnibus abstinere. Post hæc in adverso sedili collocandus est loco lucido, lumine adverso, sic, ut

le malade dans un endroit bien éclairé, la face tournée du côté du jour, tandis que l'opérateur se place devant lui sur un siège un peu plus élevé. Par derrière, un aide maintient la tête immobile, car au plus léger mouvement le patient serait en danger de perdre la vue sans retour. Pour mieux s'opposer à la mobilité de l'œil qu'on doit guérir, on applique sur l'autre un morceau de laine assujetti par un bandage. L'opération se fait sur l'œil gauche avec la main droite, et sur l'œil droit avec la main gauche. Au moment d'agir, le chirurgien prend une aiguille acérée, mais offrant une certaine largeur, et il l'enfonce en droite ligne à travers les deux premières tuniques, entre l'angle externe et la pupille, et au niveau du milieu de la cataracte, de manière à ne blesser aucun vaisseau ; il peut au reste l'enfoncer avec assurance, parce qu'elle pénètre dans un espace vide. Lorsqu'elle y est parvenue (et l'absence de toute résistance ne permet à personne de s'y tromper), le chirurgien l'incline vers la cataracte, et, par un léger mouvement de rotation, il abaisse doucement le cristallin au-dessous de la pupille. Il doit alors appuyer plus fortement sur la cataracte pour la fixer en bas. Si elle reste dans cette situation, l'opération est terminée ; mais si elle remonte, il faut la diviser en plusieurs parties avec le tranchant de l'aiguille, parce que ces fragments demeurent plus facilement abaissés, et ne font plus du moins autant d'obstacle à la vision. Cela fait, on retire l'aiguille en droite ligne, on couvre l'œil d'une laine douce enduite de blancs d'œuf, par-dessus on applique des médicaments pour combattre l'inflammation, et l'on maintient le tout par un bandage. On prescrit ensuite au malade le repos, la diète, des liniments adoucissants, et le lendemain au plus tôt quelques aliments qui d'abord doivent être liquides pour qu'il n'y ait pas de mouvement des mâchoires. L'inflammation une fois disparue, on suit le traitement indiqué pour les blessures, en y joignant seulement l'obligation de ne boire que de l'eau pendant longtemps.

15. Je me suis occupé déjà de l'écoulement de pituite ténue qui se jette sur les yeux, en tant que cette maladie pouvait céder à l'action des remèdes ; je vais signaler maintenant les cas où l'on doit réclamer les secours de la chirurgie. On peut remarquer que chez certaines personnes l'œil n'est jamais sec, mais est au contraire constamment baigné d'une humeur ténue, qui a pour effet d'entretenir des granulations, d'exciter, à la moindre occasion, des inflammations et des ophthalmies, et de faire enfin le tourment de la vie entière. Il y a de ces sujets dont l'état ne peut être amélioré par aucun moyen, et d'autres pour lesquels la guérison est possible. Cette première distinction est importante à connaître, en ce qu'elle permet d'appliquer à ceux-ci le traitement chirurgical qu'il faut épargner à ceux-là. Il serait par exemple inutile de vouloir guérir ceux qui traînent cette affection depuis l'enfance, attendu qu'elle doit nécessairement se prolonger jusqu'à la mort. Les procédés manuels ne sont pas moins superflus, quand l'écoulement pituiteux, sans être abondant, présente néanmoins un caractère d'âcreté ; et dans ce dernier cas, où l'opération n'amènerait aucun soulagement, on obtient la cessation du mal en rendant la pituite épaisse à l'aide d'un régime et de médicaments convenables. Les personnes qui ont la tête large opposent par cela même à la médecine des difficultés pres-

---

contra medicus paulo altius sedeat : a posteriore autem parte caput ejus, qui curabitur, minister contineat, ut immobile id præstet : nam levi motu eripi acies in perpetuum potest. Quin etiam ipse oculus, qui curabitur, immobilior faciendus est, super alterum lana imposita et deligata. Curari vero sinister oculus dextra manu, dexter sinistra debet. Tum acus admovenda est, acuta, sed non nimium tenuis, eaque demittenda, recta, est per summas duas tunicas medio loco inter oculi nigrum et angulum tempori propiorem, e regione mediæ suffusionis, sic, ne qua vena lædatur. Neque tamen timide demittenda est, quia inani loco excipitur. Ad quem cum ventum est, ne mediocriter quidem peritus falli potest ; quia prementi nihil renititur. Ubi eo ventum est, inclinanda acus ad ipsam suffusionem est, leniterque ibi verti, et paulatim eam deducere infra regionem pupillæ debet ; ubi deinde eam transiit, vehementius imprimi, ut inferiori parti insidat. Si hæsit, curatio expleta est : si subinde natat, eadem acu concidenda, et in plures partes dissipanda est ; quæ singulæ et facilius conduntur, et minus late officiunt. Post hæc educenda acus recta est, imponendumque lana molli exceptum ovi album, et supra, quod inflammationem coerceat, atque ita devinciendum. Post hæc opus est quiete, abstinentia, leninum medicamentorum inunctionibus, cibo (qui postero die satis mature datur) primum liquido, ne maxillæ laborent ; deinde, inflammatione finita, tali, qualis in vulneribus propositus est. Quibus, ut aqua quoque diutius bibatur, necessario accedit.

15. De pituita quoque tenuis cursu, qui oculos infestat, quatenus medicamentis agendum est, jam explicui. Nunc ad ea veniam, quæ curationem manus postulant. Animadvertimus autem quibusdam numquam siccescere oculos, sed semper humore tenui madere : quæ res asperitudinem continuat, et ex levibus momentis inflammationes et lippitudines excitat, totam denique vitam hominis infestat. Idque in quibusdam nulla ope adjuvari potest, in quibusdam sanabile est. Quod primum discrimen nosse oportet, ut alteris succurratur, alteris manus non injiciatur. Ac primum supervacua curatio est in iis, qui ab infantibus id vitium habent ; quia necessario mansurum est usque mortis diem. Deinde non necessaria etiam in iis, quibus non multa, sed acris pituita est : siquidem manu nihil adjuvantur ; medicamentis, et victus ratione, quæ crassiorem pituitam reddit, ad sanitatem perveniunt. Lata etiam capita vix medicinæ patent. Tum interest, venæ pituitam emittant, quæ inter calvariam et cutem sunt, an quæ

que insurmontables : alors, il est d'un grand intérêt de savoir par quelles veines est fournie la pituite, si elle provient de celles qui rampent entre le crâne et le cuir chevelu, ou de celles qui sont situées entre la membrane du cerveau et le crâne; les premières arrosent l'œil par les tempes, les secondes par les membranes qui du fond de l'œil se rendent au cerveau. Lorsque l'écoulement a pour origine les veines placées en dehors du crâne, on peut y porter remède; mais s'il dépend des veines intra-crâniennes, le mal est incurable. Il l'est encore si la pituite descend des deux côtés à la fois; car, si l'on vient à bout de la supprimer sur un point, on ne réussit pas à la tarir de l'autre. Voici donc le moyen de remonter à la source. On commence par raser la tête, puis, à partir des sourcils jusqu'au sommet du crâne, on applique les remèdes destinés à suspendre le cours de la pituite. Si les yeux cessent d'être humides, on acquiert la preuve que l'écoulement n'est dû qu'aux veines sous-cutanées; mais s'ils sont toujours remplis d'humeur, il faut évidemment s'en prendre aux vaisseaux situés en dedans du crâne; enfin, si la pituite devient seulement moins abondante, on en doit conclure l'existence d'une double cause. Cependant comme ce flux d'humeur est le plus souvent entretenu par les vaisseaux extérieurs, on le combat avec succès dans la plupart des cas. Le traitement que ce mal exige n'est pas seulement en vogue chez les Grecs, mais chez d'autres nations encore, et même il n'en est pas en médecine de plus universellement répandu. Quelques chirurgiens en Grèce pratiquaient neuf incisions sur le cuir chevelu; savoir, deux en droite ligne à l'occiput, rencontrées par une incision transversale; deux au-dessus des oreilles séparées par une autre également transversale, et les trois dernières toujours en ligne droite, conduites du sommet de la tête au front. D'autres menaient directement l'incision du sommet aux tempes, et, après avoir reconnu par le mouvement des mâchoires l'insertion des muscles, ils coupaient légèrement au-dessus les téguments, qu'ils maintenaient écartés à l'aide de crochets mousses; ils remplissaient ensuite de charpie l'intervalle, afin de s'opposer à la réunion des lèvres de la plaie, et de pouvoir par la production de chairs nouvelles comprimer les vaisseaux d'où s'échappait l'humeur. D'autres praticiens encore traçaient avec de l'encre deux lignes, dont la première partant du milieu d'une oreille devait se rendre au milieu de l'oreille opposée, tandis que la seconde allait de la racine du nez au sommet de la tête; puis, au point de jonction de ces deux lignes, ils faisaient une incision, et cautérisaient l'os après avoir laissé couler le sang quelque temps. Ils n'en touchaient pas moins avec le fer rouge les veines superficielles des tempes, et de l'espace compris entre le front et le sommet. Une méthode assez générale consiste à brûler les veines temporales, qui sont presque toujours dilatées dans les cas de ce genre; mais, pour les gonfler davantage et les rendre encore plus apparentes, on applique autour du cou une ligature médiocrement serrée, et l'on cautérise ensuite avec un fer mince et obtus, jusqu'à ce que le cours de la pituite soit tari. A ce signe en effet on peut reconnaître que les vaisseaux qui la charriaient sont oblitérés. Le traitement devient plus énergique quand les veines sont si petites et si profondes qu'on ne peut les distinguer; on applique alors, comme je l'ai dit, une ligature autour du cou, et le malade doit en même temps retenir sa

---

inter membranam cerebri et calvariam. Superiores fere per tempora oculos rigant; inferiores, per eas membranas, quæ ab oculis ad cerebrum tendunt. Potest autem adhiberi remedium iis, quæ supra os fluunt; non potest iis, quæ sub osse. Ac ne iis quidem succurritur, quibus pituita utrinque descendit : quia levata altera parte, nihilominus altera infestat. Quid sit autem, hac ratione cognoscitur. Raso capite ea medicamenta, quibus in lippitudine pituita suspenditur, a superciliis usque in verticem illini debent : si sicci oculi esse cœperunt, apparet per eas venas, quæ sub cute sunt, irrigari; si nihilominus madent, manifestum est sub osse descendere : si est humor, sed levior, duplex vitium est. Plurimi tamen ex laborantibus reperiuntur, quos superiores venæ exerceant; ideoque pluribus etiam opitulari licet. Idque non in Græcia tantummodo, sed in aliis quoque gentibus celebre est : adeo ut nulla medicinæ pars magis per nationes quasque exposita sit. Reperti in Græcia sunt, qui novem lineis cutem capitis inciderent : duabus in occipitio rectis, una super eas transversa, dein duabus super aures, una inter eas item transversa : tribus inter verticem et frontem rectis. Reperti sunt, qui a vertice rectas lineas ad tempora deducerent, cognitisque, ex motu maxillarum, musculorum initiis, leviter super eos cutem inciderent, diductisque per retusos hamos oris, insererent linamenta, ut neque inter se cutis antiqui fines committerentur, et in medio caro incresceret quæ venas, ex quibus humor ad oculos transiret adstringeret. Quidam etiam atramento duas lineas duxerunt, a media aure ad mediam alteram aurem, deinde a naribus ad verticem: tum ubi lineæ committebantur, scalpello inciderunt; et post, sanguine effuso, os ibidem adusserunt. Nihilominus autem et in temporibus, et inter frontem atque verticem eminentibus venis idem candens ferrum admoverunt. Frequens curatio est, venas in temporibus adurere : quæ fere quidem in ejusmodi malo tument; sed tamen, ut inflentur magisque se ostendant, cervix ante modice deliganda est : tenuibusque ferramentis, et retusis venæ adurendæ, donec in oculis pituitæ cursus conquiescat. Id enim signum est quasi excæcatorum itinerum, per quæ humor ferebatur. Valentior tamen medicina est, ubi tenues conditæque venæ sunt, ideoque legi non possunt, eodem modo cervice deligata, retentoque ab ipso spiritu, quo magis venæ prodeant, atramento notare eas contra tempora, et inter verticem ac frontem : deinde cervice

respiration pour faire saillir les veines ; cela fait, on marque avec de l'encre celles qui se trouvent dans la région temporale et dans l'espace compris entre le front et le sommet de la tête ; après quoi, la ligature étant enlevée, on ouvre les veines marquées de noir ; et, lorsqu'on juge que le sang a coulé suffisamment, on les cautérise avec un fer mince. Sur les tempes la cautérisation doit être faite d'une main timide, afin de ne pas intéresser les muscles placés au-dessous, et qui soutiennent la mâchoire. On peut au contraire porter le cautère hardiment entre le front et le sommet, pour produire l'exfoliation de l'os. La méthode des Africains est plus efficace encore, car ils cautérisent le vertex jusqu'à ce qu'il se détache de l'os une lame exfoliée. Rien n'est préférable cependant à la pratique usitée dans la Gaule chevelue, où l'on choisit toujours les veines temporales et celles du sommet de la tête. J'ai dit ailleurs comment on doit traiter les brûlures ; mais j'ajoute ici qu'après avoir cautérisé les veines, il ne faut pas se hâter de faire tomber les escarres et de cicatriser les plaies, tant pour éviter une hémorragie, que pour ne pas supprimer trop tôt la suppuration ; car il s'agit ici de rendre les parties plus sèches par la suppuration, et non de les épuiser de sang par l'hémorragie. Si cependant elle survient, on a recours aux topiques, qui peuvent arrêter l'écoulement sanguin sans produire un effet caustique. En parlant des varices des jambes, je dirai quelles sont les veines à choisir, et comment on doit opérer.

VIII. A côté des affections de l'œil qui non-seulement exigent des remèdes multipliés, mais réclament souvent encore le secours de la main, viennent se ranger les maladies de l'oreille, pour lesquelles les soins de la chirurgie se réduisent à peu de chose. Quelquefois cependant, par vice de naissance ou par le fait d'une cicatrice qui remplace une ulcération, le conduit auditif est fermé, ce qui enlève au malade la faculté de l'ouïe. Il faut alors employer le stylet pour voir si l'oblitération s'étend au loin dans le conduit, ou si elle n'est que superficielle. Quand l'obstacle est profond, il résiste à l'introduction de l'instrument, et se laisse au contraire franchir immédiatement s'il n'occupe que l'orifice externe. Dans le premier cas on s'abstiendra de toute manœuvre, attendu que, sans espoir de succès, on peut jeter le malade dans des convulsions et le mettre en péril de mort. Il n'en est pas ainsi du second cas, dont la guérison est facile. Au point même où doit se trouver le trou auditif, on applique soit des agents caustiques, soit le fer rouge, ou bien l'on fait une incision avec le scalpel. Après avoir ainsi rétabli l'ouverture et détergé la plaie, on y introduit une tente imprégnée d'un remède cicatrisant ; de ce remède on enduit encore l'orifice externe, pour que les parties vives se cicatrisent autour de la tente ; car il suit de là que, ce corps étranger étant ensuite retiré, le malade recouvre la faculté d'entendre. Si quelqu'un rougit d'avoir les oreilles percées (3), il suffit de faire passer rapidement dans l'ouverture une aiguille brûlante, afin d'en ulcérer légèrement les bords ; on atteint le même but à l'aide d'un médicament caustique, et l'on s'occupe ensuite de déterger la plaie, puis de combler le vide par la formation d'une cicatrice. Cependant, s'il s'agit d'une large ouverture, comme on en observe chez ceux qui ont porté des anneaux pesants, il faut achever de fendre le lobe de l'oreille, rafraîchir avec l'instrument la partie supérieure des bords de la division, employer la suture et recourir aux aggluti-

---

resoluta, qua notæ sunt, venas incidere, et sanguinem mittere : ubi satis fluxit, tenuibus ferramentis adurere : contra tempora quidem, timide ; ne subjecti musculi, qui maxillas tenent, sentiant : inter frontem vero et verticem, vehementer, ut squama ab osse secedat. Efficacior tamen etiamnum est Afrorum curatio, qui verticem usque ad os adurunt, sic, ut squamam remittat. Sed nihil melius est, quam quod in Gallia quoque comata fit, ubi venas in temporibus et in superiore capitis parte legunt. Adusta quo modo curanda sint, jam explicui. Nunc illud adjicio ; neque ut crustæ decidant, neque ut ulcus impleatur, adustis venis, esse properandum ; ne vel sanguis erumpat, vel cito pus supprimatur : cum per hoc siccescere eas partes opus sit ; per illud exhauriri opus non sit. Si quando tamen sanguis eruperit, infrianda medicamenta esse, quæ sic sanguinem supprimant, ne adurant. Quemadmodum autem veuæ deligendæ sint, quidque lectis his faciendum sit, cum venero ad crurum varices, dicam.

VIII. Verum ut oculi multiplicem curationem, etiam manus exigunt ; sic in auribus admodum pauca sunt, quæ in hac medicinæ parte tractentur. Solet tamen evenire vel a primo natali die protinus, vel postea facta exulceratione, deinde per cicatricem aure repleta, ut foramen in ea nullum sit, ideoque audiendi usu careat. Quod ubi inciderit, specillo tentandum est, alte ne id repletum, an in summo tantum glutinatum sit. Nam si alte est, prementi non cedit : si in summo, specillum protinus recipit. Illud attingi non oportet : ne sine effectus spe distentio oriatur nervorum, et ex ea mortis periculum sit : hoc facile curatur. Nam qua cavum esse debet, vel medicamentum aliquod imponendum est ex adurentibus, vel candente ferro aperiendum, vel etiam scalpello incidendum. Cumque id patefactum, et jam ulcus purum est, conjicienda eo pinna est, illita medicamento cicatricem inducente : circaque idem medicamentum dandum, ut cutis circa pinnam sanescat : quo fit, ut, ea remota, postea facultas audiendi sit. At ubi aures, in viro puta, perforatæ sunt, et offendunt, trajicere id cavum celeriter candente acu satis est, ut leviter ejus oræ exulcerentur ; aut etiam adurente medicamento idem exulcerare : postea deinde imponere id quod purget ; tum quod eum locum repleat, et cicatricem inducat. Quod si magnum id foramen est, sicut solet esse in iis, qui majora pondera auribus gesserunt, incidere, quod superest, ad extremum oportet : supra deinde oras scal-

natifs. Une troisième application de la chirurgie consiste à réparer les pertes de substance; mais comme la méthode pour l'oreille est la même que pour les restaurations du nez et des lèvres, j'en traiterai dans un seul article.

IX. Il est possible, en effet, de remédier aux mutilations de ces trois organes quand elles ne sont pas trop considérables; si ce dernier cas se présente, l'opération est impossible, ou bien elle a pour résultat de rendre encore plus choquante la difformité des parties. Pour le nez et les oreilles, cette difformité est le seul inconvénient qu'on ait à craindre; au lieu que, si le raccourcissement des lèvres est porté trop loin, elles ne peuvent plus agir, et par conséquent la préhension des aliments et l'articulation des mots deviennent plus difficiles. Les restaurations se font non à l'aide d'un corps nouveau que l'on crée, mais aux dépens des parties voisines qu'on attire; si le changement qu'on leur fait subir est léger, on peut en imposer aux yeux, et paraître n'avoir rien enlevé, tandis que l'illusion est impossible quand l'état des choses est notablement modifié. Les sujets avancés en âge, ou mal constitués, et ceux qui sont atteints d'ulcères rebelles, se prêtent mal à cette opération; car il n'en est pas où la gangrène se déclare plus promptement, et persévère avec plus d'opiniâtreté. Voici maintenant le procédé curatif. On commence par donner une forme carrée à l'endroit mutilé, puis, à partir des angles internes (4), on mène deux incisions transversales, qui doivent complètement séparer les chairs d'en bas de celles d'en haut; cela fait, on tâche de réunir les deux lambeaux, et, si le contact n'est pas assez intime, il faut au delà des premières incisions en conduire deux autres en forme de croissant, et les pointes tournées vers la plaie. Celles-ci n'intéressent que la peau, et suffisent pour rendre la réunion plus facile. Il n'est pas nécessaire pour cela d'employer la force, et les téguments doivent obéir à des tractions ménagées, à tel point qu'abandonnés à eux-mêmes, ils n'éprouvent plus qu'un retrait peu sensible. Quelquefois cependant, faute d'avoir suffisamment attiré la peau d'un côté, il existe une difformité à l'endroit qu'elle ne recouvre pas. Dans ce cas, on complète l'incision de ce côté sans toucher à l'autre. Ce n'est ni de la partie inférieure des oreilles, ni du milieu ou de l'extrémité du nez, non plus que des commissures des lèvres, qu'il faut rien enlever; c'est sur les côtés qu'on doit prendre le lambeau, s'il y a perte de substance dans ces diverses parties (5). Quelquefois la mutilation porte sur deux points à la fois, mais cela ne change rien à la méthode curative. S'il se trouve un cartilage dans le lambeau qu'on a détaché, on doit le retrancher parce qu'il s'oppose à la réunion des chairs, et qu'il n'est pas prudent de le traverser avec une aiguille. Il importe de ne pas inciser trop profondément, dans la crainte de voir se former de chaque côté un amas de pus entre les bords libres de la division. On procède ensuite à la réunion par suture en traversant les deux lèvres de la plaie, et l'on réunit de la même façon les premières incisions. Quant aux parties sèches comme le nez, il suffit d'employer en topique de la litharge d'argent. Dans les secondes incisions en forme de croissant, il faut introduire de la charpie, pour que de nouvelles chairs remplissent l'espace privé de téguments. Parler, comme je l'ai fait plus haut, du danger de la gangrène, c'est dire qu'il faut surveiller les sutures avec le plus grand

---

pello exulcerare, et postea suere, ac medicamentum, quo id glutinetur, imponere. Tertium est, si quid ibi curti est, sarcire : quæ res cum in labris quoque et naribus fieri possit, eamdem etiam rationem habeat, simul explicanda est.

IX. Curta igitur in his tribus, si qua parva sunt, curari possunt : si qua majora sunt, aut non recipiunt curationem, aut ita per hanc ipsam deformantur, ut minus indecora ante fuerint. Atque in aure quidem et naribus deformitas sola timeri potest : in labris vero, si nimium contracta sunt, usus quoque necessario jactura fit; quia minus facile et cibus assumitur, et sermo explicatur. Neque enim creatur ibi corpus, sed ex vicino adducitur : quod in levi mutatione, et nihil eripere, et fallere oculum potest; in magna, non potest. Neque senile autem corpus neque quod mali habitus est, neque in quo difficulter ulcera sanescunt, huic medicinæ idoneum est; quia nusquam celerius cancer occupat, aut difficilius tollitur. Ratio curationis ejusmodi est : id quod curtum est, in quadratum redigere; ab interioribus ejus angulis lineas transversas incidere, quæ citeriorem partem ab ulteriore ex toto diducant; deinde ea, quæ sic resolvimus, in unum adducere. Si non satis junguntur, ultra lineas, quas ante fecimus, alias duas lunatas, et ad plagam conversas immittere, quibus summa tantum cutis diducatur : sic enim fit, ut facilius quod adducitur, sequi possit. Quod non vi cogendum est; sed ita adducendum, ut ex facili subsequatur, et dimissum non multum recedat. Interdum tamen ab altera parte cutis haud omnino adducta deformem, quem reliquit locum, reddit. Hujusmodi loci altera pars incidenda, altera intacta habenda est. Ergo neque ex imis auribus, neque ex medio naso imisve narium partibus, neque ex angulis labrorum quidquam attrahere tentabimus. Utrimque autem petemus, si quid summis auribus, si quid imis, si quid aut medio naso, aut mediis naribus, aut mediis labris deerit. Quæ tamen interdum etiam duobus locis curta esse consueverunt : sed eadem ratio curandi est. Si cartilago in eo, quod incisum est, eminet, excidenda est : neque enim aut glutinatur, aut acu tuto trajicitur. Neque longe tamen excidi debet, ne inter duas oras liberæ cutis utrimque coitus puris fieri possit. Tum junctæ oræ inter se suendæ sunt, utrimque cute apprehensa ; et qua priores lineæ sunt, ea quoque suturæ injiciendæ sunt. Siccis locis, uti naribus, illita spuma argenti, satis proficit. In ulterioris vero, lunatasque plagas, linamentum daudum est; ut caro increscens vulnus impleat. Summaque cura, quod ita sutum est, tuendum esse, apparere ex eo potest,

soin. En conséquence, de trois jours l'un on dirigera sur ce point de la vapeur d'eau chaude, et l'on fera de même des applications de litharge d'argent. En général, l'adhésion est complète au bout de sept jours; alors il ne s'agit plus que d'enlever les sutures, et de conduire la plaie jusqu'à parfaite cicatrisation.

X. Ainsi que je l'ai dit ailleurs, c'est surtout avec le fer qu'il convient d'attaquer les polypes du nez. A l'aide d'un instrument pointu fait en forme de spatule, on doit donc détacher le polype de l'os, en ayant soin de ne pas blesser le cartilage qui se trouve au-dessous, attendu que cette lésion est difficile à guérir. Dès que l'excision est faite, on attire la production morbide au dehors avec une érigne; on dispose ensuite une tente roulée, ou bien un plumasseau chargé d'un médicament pour réprimer l'hémorragie, et l'on en remplit doucement la narine. Quand il n'y a plus d'écoulement sanguin, il faut déterger la plaie avec la charpie, puis, comme je l'ai prescrit pour l'oreille, introduire dans le nez une tente qu'on enduit d'un remède cicatrisant, et qu'on laisse à demeure jusqu'à guérison complète.

XI. Quant à la maladie que les Grecs appellent *ozène*, je n'ai trouvé dans les écrits des grands chirurgiens aucun procédé curatif qui pût suppléer à l'insuffisance des remèdes. La raison en est, je crois, que les moyens chirurgicaux sont rarement suivis de succès, et que de plus ils produisent une assez vive douleur. Quelques-uns, néanmoins, conseillent de porter au fond des narines et jusqu'à l'os une sonde ou un roseau à écrire sans nœuds, afin de conduire par ce canal un stylet rougi qui doit cautériser la partie osseuse. Le verdet et le miel servent ensuite à déterger l'endroit qui a subi l'action du feu, et le lycium sert à guérir la plaie quand elle est bien nette. Ils croient possible aussi de faire une incision depuis l'aile du nez jusqu'à l'os, pour mieux découvrir le siége du mal, et l'atteindre plus facilement avec le fer chaud. Cela fait, on recoud la narine, et on panse la plaie comme une brûlure ordinaire. Sur la suture on applique de la litharge d'argent, ou quelque autre agglutinatif.

XII. 1. Les secours de la chirurgie sont indiqués aussi dans certaines affections de la bouche. Les dents deviennent quelquefois vacillantes, soit parce que les racines sont mauvaises, soit parce que les gencives se flétrissent. Dans ce double cas, il faut employer le fer rouge, et le porter légèrement et rapidement sur les gencives. La cautérisation doit être suivie d'onctions avec le miel et l'hydromel; puis, quand la plaie prend un bon aspect, on applique dessus quelque poudre astringente. Mais s'il existe des douleurs dentaires, et qu'on juge à propos d'extraire la dent malade, après avoir éprouvé l'inefficacité des remèdes, il faut d'abord la déchausser, c'est-à-dire l'isoler des gencives, la percuter ensuite jusqu'à ce qu'elle soit bien ébranlée, attendu que l'avulsion d'une dent fortement enracinée peut offrir le plus grand danger, et qu'il en résulte parfois une luxation de la mâchoire. Les conséquences sont encore plus graves au maxillaire supérieur, parce que l'ébranlement peut se communiquer aux yeux et aux tempes. Dès que la dent vacille, on essaye de la saisir avec les doigts, ou, s'il n'y a pas moyen, avec la pince; si elle est cariée, on remplit d'abord le trou qu'elle présente avec de la charpie ou du plomb convenablement préparé, pour éviter de la briser

---

quod de cancro supra posui. Ergo etiam tertio quoque die fovendum erit vapore aquæ calidæ; rursusque idem medicamentum injiciendum : fereque septimo die glutinatum est. Tum suturæ eximi, et ulcus ad sanitatem perduci debet.

X. Polypum vero, qui in naribus nascitur, ferro præcipue curari jam alias posui. Ergo etiam hunc ferramento acuto, in modum spathæ facto, resolvere ab osse oportet : adhibita diligentia, ne infra cartilago lædatur, in qua difficilis curatio est. Ubi abscissus est, unco ferramento extrahendus est. Tum implicitum linamentum, vel aliquid ex penicillo respergendum est medicamento, quo sanguis supprimitur, eoque naris leviter implenda. Sanguine suppresso, linamento ulcus purgandum est. Ubi purum est, eo pinna, eodem modo, quo in aure supra positum est, medicamento illita, quo cicatrix inducitur, intus demittenda, donec ex toto id sanescat.

XI. Id. autem vitium, quod ὄζαινα a Græcis vocatur, si medicamentis non cederet, quemadmodum manu curandum esset, apud magnos chirurgos non reperi : credo, quia res raro ad sanitatem satis proficit, cum aliquod in ipsa curatione tormentum habeat. Apud quosdam tamen positum est, vel sutilem fistulam, vel enodem scriptorium calamum in narem esse conjiciendum donec sursum ad os perveniat : tum per id tenue ferramentum candens dandum esse ad ipsum os : deinde adustum locum purgandum esse ærugine et melle : ubi purus est, lycio ad sanitatem perducendum. Vel narem incidendam esse ab ima parte ad os ut et conspici locus possit, et facilius candens ferramentum admoveri. Tum sui narem debere; et adustum quidem ulcus eadem ratione curari : suturam vero illini vel spuma argenti, vel alio glutinante.

XII. 1. In ore quoque quædam manu curantur. Ubi in primis dentes nonnumquam moventur, modo propter radicum imbecillitatem, modo propter gingivarum arescentium vitium. Oportet in utrolibet candens ferramentum gingivis admovere, ut attingat leviter, non insidat. Adustæ gingivæ melle illinendæ, et mulso eluendæ sunt. Ut pura ulcera esse cœperunt, arida medicamenta infrianda sunt ex iis, quæ reprimunt. Si vero dens dolores movet, eximique eum, quia medicamenta nihil adjuvant, placuit, circumradi debet, ut gingiva ab eo resolvatur; tum concutiendus est : eaque facienda, donec bene moveatur : nam dens hærens cum summo periculo evellitur, ac nonnumquam maxilla loco movetur. Idque etiam majore periculo in superioribus dentibus fit; quia potest tempora oculosve concutere. Tum, si fieri potest, manu; si minus, forfice dens excipiendus est : ac, si exesus est,

sous la pression de l'instrument. On aura soin de faire agir la pince perpendiculairement, de peur que les racines en s'inclinant ne déterminent quelque fracture de l'os spongieux dans lequel elles sont implantées. Cet accident est à craindre en effet, et surtout pour les dents courtes, dont les racines sont presque toujours plus longues; et il arrive souvent que les mors de la pince, ne pouvant embrasser la dent ou n'ayant qu'une prise insuffisante, portent sur le bord gingival et brisent l'alvéole. On reconnaît aussitôt qu'il y a fracture à l'écoulement de sang, qui devient plus considérable. Il faut alors, à l'aide d'un stylet, rechercher l'esquille qui s'est détachée, et l'extraire avec une pince plus petite. En cas d'insuccès, on fait à la gencive une incision convenable pour saisir directement cette portion osseuse. Quand l'extraction n'a pas lieu sur-le-champ, on observe à l'extérieur de la mâchoire une induration qui ne permet plus d'ouvrir la bouche. Dans ce cas, on applique sur la partie malade des cataplasmes chauds de farine et de figue jusqu'à ce que la suppuration s'établisse, et on lui donne une issue par une incision faite aux gencives. L'abondance du pus dénonce également la fracture de l'os, et c'est encore un cas où il faut extraire l'esquille. Les fistules succèdent quelquefois à cette lésion de l'os, et nécessitent l'emploi de la rugine. Il faut de même râcler les dents noires et rugueuses, et les frotter avec des roses pilées, auxquelles on ajoute un quart de noix de galle et autant de myrrhe. De plus, on doit se rincer fréquemment la bouche avec du vin pur, se tenir la tête couverte et la frictionner, puis se promener beaucoup, et éviter les aliments âcres. S'il y a des dents ébranlées à la suite d'un coup ou de quelque autre accident, on les maintient au moyen d'un fil d'or que l'on attache aux dents qui tiennent bien. On fait usage ensuite de gargarismes astringents; et l'on peut prendre entre autres du vin dans lequel on aura fait bouillir de l'écorce de grenade, ou jeté de la noix de galle brûlante. Si, dans l'enfance, il survient une dent nouvelle avant que la première soit tombée, on doit déchausser celle-ci et l'extraire; puis, pour mettre à sa place celle qui pousse, on exercera chaque jour une pression avec le doigt, jusqu'à ce qu'elle ait atteint la grandeur convenable. Lorsqu'en arrachant la dent on a laissé la racine, il faut immédiatement en faire l'extraction avec un davier, que les Grecs appellent ῥιζάγρα.

2. Quand l'induration succède à l'inflammation des tonsilles (en grec ἀντιάδες), il faut avec le doigt isoler ces corps revêtus d'une mince tunique, et les arracher. Si l'on ne parvient pas à les détacher ainsi, on devra les saisir avec une érigne et les exciser. On se sert ensuite de vinaigre pour laver la plaie, puis de certains médicaments pour arrêter l'écoulement du sang.

3. Lorsque l'inflammation détermine un prolongement de la luette et que cet organe est en même temps rouge et douloureux, on ne saurait le couper sans danger, car il en résulte ordinairement une perte de sang considérable. Aussi vaut-il mieux dans ce cas recourir aux moyens que j'ai prescrits ailleurs. Si au contraire il n'existe pas d'inflammation, et que l'abaissement exagéré de la luette ne soit dû qu'à un afflux de pituite, si de plus elle est grêle, pointue et blanche, on doit en pratiquer l'excision. On agira de même si l'extrémité libre est épaisse et livide, tandis que la partie supérieure est mince. Le meilleur

---

ante id foramen vel linamento, vel bene accommodato plumbo replendum est, ne sub forfice confringatur. Recta vero forfex ducenda est, ne inflexis radicibus os rarum, cui dens inhæret, parte aliqua frangatur. Neque ideo nullum ejus rei periculum est; utique in dentibus brevibus, qui fere longiores radices habent: sæpe enim forfex, cum dentem comprehendere non possit, aut frustra comprehendat, os gingivæ prehendit et frangit. Protinus autem, ubi plus sanguinis profluit, scire licet, aliquid ex osse fractum esse. Ergo specillo conquirenda est testa, quæ recessit, et vulsella protrahenda est: si non sequitur, incidi gingiva debet, donec labans ossis testa recipiatur. Quod si factum statim non est, indurescit extrinsecus maxilla, ut is hiare non possit. Sed imponendum calidum ex farina et fico cataplasma est, donec ibi pus moveatur: tum incidi gingiva debet. Pus quoque multum profluens, ossis fracti nota est. Itaque etiam tum id extrahi convenit. Nonnumquam etiam, eo læso, fistula fit: quæ eradi debet. Dens autem scaber, qua parte niger est, radendus est, illinendusque rosæ flore contrito, cui gallæ quarta pars et altera myrrhæ sit adjecta: continendumque ore crebro vinum meracum; Atque in eo casu velandum caput, ambulatione multa, frictione capitis, cibo non acri utendum est. At si ex ictu vel alio casu aliqui labant dentes, auro cum iis, qui bene hærent, vinciendi sunt; continendaque ore reprimentia; ut vinum, in quo malicorium decoctum, aut in quod galla candens conjecta sit. Si quando etiam in pueris ante alter dens nascitur, quam prior excidat, is, qui cadere debuit, circumpurgandus et evellendus est; is, qui natus est, in locum prioris quotidie digito adurgendus, donec ad justam magnitudinem perveniat. Quotiescumque dente exempto radix relicta est, protinus ea quoque ad id facta forfice, quam ῥιζάγραν Græci vocant, eximenda est.

2. Tonsillas autem, quæ post inflammationes induruerunt, ἀντιάδες autem a Græcis appellantur, cum sub levi tunica sint, oportet digito circumradere et evellere: si ne sic quidem resolvuntur, hamulo excipere, et scalpello excidere: tum ulcus aceto eluere, et illinere vulnus medicamento, quo sanguis supprimitur.

3. Uva, si cum inflammatione descendit, dolorique est, et subrubicundi coloris, præcidi sine periculo non potest: solet enim multum sanguinem effundere: itaque melius est iis uti, quæ alias proposita sunt. Si vero inflammatio quidem nulla est, nihilominus autem ea ultra justum modum a pituita deducta est, et tenuis, acuta, alba est, præcidi debet: itemque, si ima, livida et crassa; summa, tenuis est. Neque quidquam commodius est, quam vul-

procédé consiste à saisir la luette avec la pince, au-dessous de laquelle on peut retrancher ce qui paraît superflu. On n'est point exposé par là à couper plus ou moins qu'il ne faut, puisqu'on est libre de ne laisser dépasser que la portion reconnue inutile, et qu'alors on excise simplement ce qui excède la longueur naturelle de la luette. Les soins qui doivent suivre l'opération, ne diffèrent point de ceux que je viens d'indiquer pour l'extirpation des amygdales.

4. Chez certains sujets, la langue reste, dès la naissance, adhérente aux parties sous-jacentes, et ce vice les met dans l'impossibilité de parler : pour y remédier, il faut saisir avec la pince l'extrémité de la langue, et diviser la membrane qui est au-dessous, mais en ayant grand soin de ne pas ouvrir les veines qui sont latéralement situées, si l'on veut éviter une hémorragie redoutable. On trouvera, dans les cas énoncés plus haut, ce qu'il convient de faire après l'incision. Dès que la blessure est cicatrisée, on voit le plus grand nombre recouvrer l'usage de la parole; j'ai connu cependant une personne à laquelle cette faculté n'a pas été rendue, bien qu'il lui fût permis de porter librement la langue au delà des dents. Tant il est vrai qu'en médecine les résultats ne sont pas toujours conformes aux règles les plus constantes!

5. Il se forme quelquefois sous la langue un abcès qui le plus souvent est renfermé dans un kyste, et provoque de violentes douleurs. Une seule incision doit suffire quand il n'est pas considérable. Mais s'il est volumineux, on divise les téguments jusqu'à la tunique; avec des érignes, on tient écartés les bords de la division, puis on détache le kyste des parties qui l'envi-

ronnent. Pendant l'opération on prendra de grandes précautions pour n'intéresser aucun gros vaisseau.

6. Les lèvres sont sujettes à se fendre, et ce mal, indépendamment de la douleur qu'il entraîne, est encore importun en ce qu'il empêche de parler. Lorsqu'on veut en effet articuler des mots, les gerçures, se trouvant tiraillées, deviennent douloureuses et saignantes. Si ces gerçures sont superficielles, il est plus simple de les traiter avec les remèdes employés contre les ulcères de la bouche. Mais quand elles sont profondes, il est nécessaire de les cautériser avec un fer mince, en forme de spatule, qu'on fait passer rapidement et sans appuyer sur la fissure. Les moyens de traitement sont ensuite les mêmes que pour les oreilles cautérisées.

XIII. Dans la région du cou, entre la peau et la trachée-artère, il se développe quelquefois une tumeur que les Grecs appellent *bronchocèle*, et qui renferme tantôt une chair inerte, tantôt une humeur semblable à de l'eau ou à du miel, et, parfois même, des poils mêlés à de petits os. Cette matière, quelle qu'elle soit, est toujours contenue dans un kyste. On peut guérir la tumeur par l'application des caustiques, qui doivent perforer la peau et le kyste sous-jacent. Cela fait, la matière s'écoule d'elle-même si elle est fluide, ou, si elle a trop de consistance, on la retire avec les doigts, puis on panse la plaie avec la charpie. Mais le scalpel offre encore un moyen plus expéditif. On fait sur le milieu de la tumeur une incision qui pénètre jusqu'à la tunique; avec le doigt, on isole le dépôt morbide des parties saines, et on l'emporte en entier, sans rien laisser du kyste. Il faut ensuite laver la plaie avec du

---

sella prehendere, sub eaque, quod volumus, excidere. Neque enim ullum periculum est, ne plus minusve præcidatur : cum liceat tantum infra vulsellam relinquere, quantum inutile esse manifestum est; idque præcidere, quo longior uva est, quam esse naturaliter debet. Post curationem eadem facienda sunt, quæ in tonsillis proxime posui.

4. Lingua vero quibusdam cum subjecta parte a primo natali die juncta est; qui ob id ne loqui quidem possunt. Horum extrema lingua vulsella prehendenda est ; sub eaque membrana incidenda : magna cura habita, ne venæ, quæ juxta sunt, violentur, et profusione sanguinis noceant. Reliqua curatio vulneris in prioribus posita est. Et plerique quidem, ubi consanuerunt, loquuntur. Ego autem cognovi, qui, succisa lingua, cum abunde super dentes eam promeret, non tamen loquendi facultatem consecutus est. Adeo in medicina, etiam ubi perpetuum est, quod fieri debet, non tamen perpetuum est id, quod sequi convenit.

5. Sub lingua quoque interdum aliquid abscedit; quod fere consistit in tunica, doloresque magnos movet. Quod, si exiguum est, incidi semel satis est : si majus, summa cutis usque ad tunicam excidenda est, deinde utrimque oræ hamulis excipiendæ, et tunica, undique circumdata,

liberanda est : magna diligentia per hanc curationem habita, ne qua major vena incidatur.

6. Labra autem sæpe finduntur ; eaque res habet cum dolore etiam hanc molestiam, quod sermo prohibetur ; qui subinde eas rimas cum dolore diducendo sanguinem citat. Sed has, si in summo sunt, medicamentis curare commodius est, quæ ad ulcera oris fiunt : si vero altius descenderunt, necessarium est tenui ferramento adurere, quod spathæ simile, quasi transcurrere, non imprimi debet. Postea facienda eadem sunt, quæ in auribus adustis exposita sunt.

XIII. At in cervice, inter cutem et asperam arteriam, tumor increscit (βρογχοκήλην Græci vocant) quo, modo caro hebes, modo humor aliquis, melli aquæve similis, includitur; interdum etiam minutis ossibus pili immisti. Ex quibus quidquid est, tunica continetur. Potest autem adurentibus medicamentis curari : quibus summa cutis cum subjecta tunica exeditur. Quo facto, sive humor est, profluit; sive quid densius, digitis educitur : tum ulcus sub linamentis sanescit. Sed scalpelli curatio brevior est. Medio tumore una linea inciditur usque ad tunicam : deinde vitiosus sinus ab integro corpore digito separatur, totusque cum velamento suo eximitur : tum aceto, cui vel salem vei nitrum aliquis adjecit, eluitur; oræque una su-

vinaigre additionné de sel et de nitre, et procéder à la réunion par un point de suture. On fait usage après cela des topiques employés dans les autres cas de suture, et l'on a soin de serrer modérément le bandage pour ne pas gêner la respiration. Quand le kyste n'a pu être enlevé, on y introduit des caustiques pulvérulents, et l'on achève le pansement avec la charpie et d'autres suppuratifs.

XIV. Les affections qui se développent dans la région ombilicale sont assez rares, et cette raison explique le peu d'accord qui règne à ce sujet entre les médecins. Il est vraisemblable que chacun a passé sous silence ce qu'il ne savait point par expérience personnelle, et qu'aucun d'eux n'a imaginé des cas qu'il n'avait pas vus. Chez tous néanmoins, il est question de la saillie difforme de l'ombilic, mais il s'agit d'en trouver les causes. Selon Mégès, il y en a trois : la tumeur est formée tantôt par l'intestin, tantôt par l'épiploon, et tantôt par de l'humeur. Sostrate ne dit rien de l'épiploon, mais aux deux autres causes il joint celle-ci : savoir, l'excroissance de chairs qui peuvent être saines ou carcinomateuses. Gorgias ne fait pas non plus mention de l'épiploon, mais, en reconnaissant les trois espèces qui précèdent, il prétend que la hernie est due quelquefois à la présence de vents. A ces quatre variétés, Héron ajoute la hernie épiploïque, et celle qui se compose à la fois de l'épiploon et de l'intestin. On peut fixer de la manière suivante les caractères de chaque espèce : S'il y a hernie intestinale, la tumeur n'offre ni dureté, ni mollesse ; elle diminue sous l'influence du froid, augmente au contraire par l'action de la chaleur, et devient aussi plus volumineuse quand le malade retient sa respiration ; quelquefois elle fait entendre un bruit particulier, et si le patient est couché sur le dos, l'intestin rentre, et la tumeur disparaît. S'il y a sortie de l'épiploon, les signes sont en partie les mêmes, mais la tumeur est plus molle, elle va en se rétrécissant de la base au sommet, et si l'on cherche à la saisir, elle fuit sous la main. Si la hernie est en même temps épiploïque et intestinale, les signes sont mixtes, et la tumeur tient de ces deux espèces. Y a-t-il excroissance de chair ? la tumeur est plus dure, ne disparaît pas par le décubitus dorsal, et, comme les premières, ne cède point à la pression. S'il y a dégénérescence cancéreuse, on rencontrera les signes que j'ai fait connaître en parlant du carcinome. Si c'est un amas d'humeurs, on sent de la fluctuation en comprimant ; si ce sont des vents, la tumeur se laisse déprimer par le doigt, mais reprend aussitôt sa forme, qu'on ne change pas davantage en faisant coucher le malade sur le dos. Parmi ces tumeurs, celles qui sont formées par des gaz n'admettent aucun traitement ; il n'y a pas à s'occuper non plus des excroissances de chair qui paraissent carcinomateuses, parce qu'il serait dangereux d'y toucher. Mais celles qui sont saines doivent être excisées, et la plaie est ensuite pansée avec la charpie. Quelques-uns ouvrent au sommet les tumeurs qui renferment du liquide, et se servent également de charpie pour guérir l'incision. Quant aux autres hernies, les avis sont partagés ; il va sans dire qu'on doit donner au malade le décubitus dorsal, pour que l'intestin ou l'épiploon puisse rentrer dans le ventre. Certains praticiens ont coutume alors d'étrangler le sac ombilical devenu vide entre deux morceaux de bois qu'ils serrent assez fortement, pour le faire tomber en mortification. D'autres le traver-

---

tura junguntur ; ceteraque eadem, quæ in aliis suturis, superinjiciuntur : leniter deinde, ne fauces urgeat, deligatur. Si quando autem tunica eximi non potuerit, intus inspergenda adurentia, linamentisque id curandum est, et ceteris pus moventibus.

XIV. Sunt etiam circa umbilicum plura vitia ; de quibus, propter raritatem, inter auctores parum constat. Verisimile est autem, id a quoque prætermissum, quod ipse non cognoverat : a nullo id, quod non viderat, fictum. Commune omnibus est, umbilicum indecore prominere : causæ requiruntur. Meges tres has posuit : modo intestinum eo irrumpere, modo omentum, modo humorem. Sostratus nihil de omento dixit ; duobus iisdem adjecit, carnem ibi interdum increscere ; eamque modo integram esse, modo carcinomati similem. Gorgias ipse quoque omenti mentionem omisit : sed eadem tria causatus, spiritum quoque interdum eo dixit irrumpere. Heron omnibus his quatuor positis, et omenti mentionem habuit, et ejus, quod simul et omentum et intestinum habuerit. Quid autem horum sit, his indiciis cognoscitur. Ubi intestinum prolapsum est, tumor neque durus, neque mollis est ; omni frigore minuitur ; non solum sub omni calore, sed etiam retento spiritu crescit ; sonat interdum ; atque, ubi resupinatus est aliquis, delapso intestino, ipse desidit. Ubi vero omentum est, cetera similia sunt ; tumor mollior, et ab ima parte latus, extenuatus in verticem est ; si quis apprehendit, elabitur. Ubi utrumque est, indicia quoque mista sunt, et inter utrumque mollities. At caro durior est, semperque etiam resupinato corpore tumet, prementique non cedit, prioribus facile cedentibus. Si vitiosa est, easdem notas habet, quas in carcinomate exposui. Humor autem, si premitur, circumfluit. At spiritus pressus cedit, sed protinus redit : resupinato quoque corpore tumorem in eadem figura tenet. Ex his id, quod ex spiritu vitium est, medicinam non admittit. Caro quoque, carcinomati similis, cum periculo tractatur : itaque omittenda est. Sana excidi debet ; idque vulnus linamentis curari. Humorem quidam vel inciso summo tumore effundunt, et vulnus iisdem linamentis curant. In reliquis variæ sententiæ sunt. Ac resupinandum quidem corpus esse, res ipsa testatur ; ut in uterum, sive intestinum, sive omentum est, delabatur. Sinus vero umbilici, tum vacuus, a quibusdam duabus regulis exceptus est, vehementerque earum capitibus deligatis, ibi emoritur : a

sent à la base, avec une aiguille chargée de deux fils ; puis ils nouent chaque fil en sens contraire, comme cela se pratique dans l'opération du staphylôme ; et, par ce moyen, ce qui se trouve au-dessus de la ligature doit mourir. Quelques-uns enfin, avant de lier le sac, font une incision à la partie supérieure, afin de pouvoir, en introduisant le doigt, réduire plus facilement ce qui constituait la hernie ; après quoi ils appliquent la ligature. Il suffit de recommander au malade de retenir sa respiration, pour que la tumeur acquière tout le développement qu'elle peut avoir. Il faut alors en circonscrire la base avec de l'encre, puis, le malade étant couché sur le dos, comprimer la hernie avec les doigts afin d'achever de la réduire, si elle n'est pas tout à fait rentrée. Cela fait, on attire à soi l'ombilic, et, au point même où se trouvent les marques d'encre, on établit une ligature fortement serrée. Il n'y a plus ensuite qu'à se servir du fer ou des médicaments, pour cautériser les parties placées au-dessus du fil jusqu'à mortification complète, et en dernier lieu à panser la plaie comme dans les autres cas de cautérisation. Cette méthode est celle dont on obtient les meilleurs succès, non-seulement quand on l'applique aux hernies intestinales et épiploïques, mais aussi quand on veut guérir les tumeurs formées par une collection d'humeur. Il ne faut néanmoins en venir à la ligature qu'après s'être assuré qu'elle n'entraîne aucun danger. Le très-jeune enfant, l'homme dans la force de l'âge ou le vieillard se prêtent mal à ce moyen curatif, qu'il vaut mieux employer à partir de la septième jusqu'à la quatorzième année. L'intégrité du corps est aussi une condition favorable ; mais le mauvais état de la constitution, et l'existence de dartres ou de papules, sont des conditions fâcheuses. Cette méthode, dont l'application est facile aux tumeurs peu volumineuses, ne peut être essayée sans péril sur celles qui sont devenues trop considérables. Relativement à la saison, il ne faut choisir ni l'automne, ni l'hiver, et préférer le printemps ou du moins la première partie de l'été. De plus, il faut, la veille de l'opération, observer la diète ; et cela même ne suffit pas encore, car il est nécessaire de prendre des lavements, afin de faciliter la rentrée des parties qui sont sorties du ventre.

XV. J'ai dit ailleurs qu'il fallait évacuer les eaux des hydropiques ; je vais indiquer maintenant la manière dont on doit s'y prendre. Les uns font la ponction à gauche au-dessous de l'ombilic et à quatre doigts environ de distance ; d'autres placent le lieu d'élection à l'ombilic même. Selon quelques-uns, il vaut mieux commencer par cautériser la peau et fendre ensuite la membrane interne, attendu que les parties divisées par le feu se réunissent moins promptement. Il faut en enfonçant l'instrument avoir grand soin de n'ouvrir aucun vaisseau. On donne à cet instrument une forme telle que le tranchant ait à peu près un tiers de doigt de largeur, et on le fait pénétrer assez avant pour traverser aussi la membrane qui tapisse intérieurement les chairs. La ponction faite, on introduit dans l'ouverture une canule de plomb ou d'airain, dont les bords sont recourbés à l'extrémité libre, ou dont le milieu présente un renflement circulaire pour l'empêcher de tomber dans le ventre. La partie qui plonge dans l'abdomen, devant dépasser le péritoine, est un peu plus longue que celle qui reste en dehors. C'est

---

quibusdam, ad imum acu trajecta, duo lina ducente, deinde utriusque lini duobus capitibus diversæ partes adstrictæ ; quod in uva quoque oculi fit : nam sic id, quod supra vinculum est, moritur. Adjecerunt quidam, ut, antequam vincirent, summum una linea inciderent ; quo facilius digito demisso, quod illuc irrupisset, depellerent : tum deinde vinxerunt. Sed abunde est, jubere spiritum continere, ut tumor, quantus maximus esse potest, se ostendat : tum imam basim ejus atramento notare ; respinatoque homine, digitis tumorem eum premere, ut, si quid delapsum non est, manu cogatur : post hæc, umbilicum adtrahere, et, qua nota atramenti est, lino vehementer adstringere : deinde partem superiorem aut medicamentis, aut ferro adurere, donec emoriatur : atque, ut cetera usta, ulcus nutrire. Idque non solum ubi intestinum, vel omentum, vel utrumque est, sed etiam, ubi humor est, optime proficit. Sed ante quædam visenda sunt, ne quod ex vinculo periculum sit. Nam curationi neque infans, neque aut robustus annis, aut senex aptus est ; sed a septimo fere anno ad quartumdecimum. Deinde ei corpus idoneum est id, quod integrum est : at quod mali habitus est, quodque papulas, impetigines, similiaque habet, idoneum non est. Levibus quoque tumoribus facile subvenitur : at in eorum, qui nimis magni sunt, curatione periculum est. Tempus autem anni et autumnale, et hibernum vitandum est : ver idoneum maxime est ; ac prima æstas non aliena est. Præter hæc, abstinere pridie debet. Neque id satis est : sed alvus quoque ei ducenda est ; quo facilius omnia quæ excesserunt, intra uterum considant.

XV. Aquam iis, qui hydropici sunt, emitti oportere, alias dixi. Nunc, quemadmodum id fiat, dicendum est. Quidam autem sub umbilico, fere quatuor interpositis digitis a sinistra parte : quidam, ipso umbilico perforato, id facere consueverunt : quidam, cute primum adusta, deinde interiore abdomine inciso ; quia, quod per ignem divisum est, minus celeriter coit. Ferramentum autem demittitur magna cura habita, ne qua vena incidatur. Id tale esse debet, ut fere tertiam digiti partem latitudo mucronis impleat ; demittendumque ita est, ut membranam quoque transeat, quæ caro ab interiore parte finitur : eo tum plumbea aut ænea fistula conjicienda est, vel recurvatis in exteriorem partem labris, vel in media circumsurgente quadam mora ; ne tota intus delabi possit. Hujus ea pars, quæ intra, paulo longior esse debet, quam quæ extra ; ut ultra interiorem membranam procedat. Per hanc effunden-

par la canule qu'il faut faire écouler les eaux, et, après en avoir évacué la plus grande partie, on bouche le conduit avec du linge, qu'on laisse à demeure dans la plaie lorsqu'on n'a pas d'abord employé la cautérisation. Les jours suivants, on retire chaque fois la valeur d'une hémine d'eau, et l'on continue, jusqu'à ce qu'il n'y ait plus vestige d'hydropisie. Certains chirurgiens enlèvent immédiatement la canule, lors même qu'ils n'ont pas cautérisé la peau, et sur l'ouverture appliquent une éponge mouillée qu'ils maintiennent par un bandage. Le lendemain, il leur est facile de replacer la canule en écartant légèrement les lèvres de cette plaie récente, et ils épuisent ainsi en deux fois seulement toute la collection aqueuse.

XVI. Le ventre est quelquefois atteint de blessures pénétrantes, par lesquelles les intestins peuvent s'échapper au dehors. Quand un pareil accident arrive, il faut examiner sur-le-champ si les intestins sont intéressés, et s'ils conservent une coloration naturelle. J'ai déjà dit que, dans les perforations de l'intestin grêle, il n'y a rien à faire. On peut traiter par suture celles du gros intestin, non que ce moyen mérite une entière confiance, mais parce qu'il vaut mieux tenter une chance incertaine que de laisser le malade sans aucun espoir ; et quelquefois en effet la réunion s'opère. Au reste, quel que soit l'intestin hernié, s'il est livide, pâle ou noir, et par conséquent privé de sentiment, toute médecine est impuissante. S'il conserve au contraire une bonne coloration, il faut agir sans retard ; car, soumis accidentellement à l'influence de l'air extérieur, auquel il n'est point fait, il s'altérerait en un moment. Le blessé doit être couché sur le dos, les cuisses relevées ; et si la blessure n'est pas assez large pour qu'on puisse commodément refouler l'intestin, on lui donne au moyen d'une incision l'étendue convenable. Si déjà les intestins sont dans un état de sécheresse, on les lave avec de l'eau à laquelle on ajoute même un peu d'huile. Alors un aide tient légèrement écartées les lèvres de la plaie, soit avec les doigts, soit avec deux érignes qui doivent saisir le péritoine ; puis le chirurgien fait rentrer d'abord les intestins qui sont sortis les derniers, de manière à conserver l'ordre des circonvolutions. La réduction terminée, on agite doucement le malade, afin que chaque partie des intestins se retrouve dans la situation première et s'y tienne. On examine ensuite l'épiploon, et s'il offre des points noirs et gangrenés, on les emporte avec des ciseaux ; s'il n'a souffert aucune altération, on le replace avec ménagement sur les intestins. Recoudre isolément le péritoine ou la peau ne suffirait pas, et l'un et l'autre doivent être réunis par suture ; il faut même la pratiquer avec un fil double, pour lui donner plus de force que partout ailleurs, attendu qu'ici les mouvements du ventre rendraient la rupture plus facile, et qu'ensuite cette partie du corps est moins exposée que les autres aux grandes inflammations. Chaque main sera donc armée d'une aiguille chargée d'un fil double, et l'on commencera par coudre le péritoine de telle sorte que l'aiguille de la main gauche traverse le côté droit de la plaie et celle de la main droite le côté gauche, à partir de l'origine de la blessure, et en procédant toujours de dedans en dehors, afin que l'extrémité mousse des aiguilles soit seule voisine des intestins (6). Les deux bords de la plaie se trouvant ainsi compris dans cette première su-

---

dus humor est : atque ubi major pars ejus evocata est, claudenda demisso linteolo fistula est ; et in vulnere, si id ustum non est, relinquenda. Deinde per insequentes dies circa singulas heminas emittendum, donec nullum aquæ vestigium appareat. Quidam tamen etiam non usta cute, protinus fistulam recipiunt, et super vulnus spongiam expressam deligant : deinde postero die rursus fistulam demittunt (quod recens vulnus paulum diductum patitur) ut, si quid humoris superest, emittatur : idque bis ita fecisse contenti sunt.

XVI. Nonnumquam autem venter ictu aliquo perforatur ; sequiturque, ut intestina evolvantur. Quod ubi incidit, protinus considerandum est, an integra ea sint ; deinde, an iis color suus maneat. Si tenuius intestinum perforatum est, nihil profici posse, jam retuli. Latius intestinum sui potest : non quod certa fiducia sit ; sed quod dubia spes, certa desperatione sit potior : interdum enim glutinatur. Tum, si utrumlibet intestinum lividum, aut pallidum, aut nigrum est, quibus illud quoque necessario accedit, ut sensu careat, medicina omnis inanis est. Si vero adhuc ea sui coloris sunt, cum magna festinatione succurrendum est : momento enim alienantur externo et insueto spiritu circumdata. Resupinandus autem homo est, coxis erectioribus ; et si angustius vulnus est, quam ut intestina commode refundantur, incidendum est, donec satis patet : ac, si jam sicciora intestina sunt, perluenda aqua sunt, cui paulum admodum olei sit adjectum. Tum minister oras vulneris leniter diducere manibus suis, vel etiam duobus hamis, interiori membranæ injectis, debet : medicus priora semper intestina, quæ posteriora prolapsa sunt, condere, sic, ut orbium singulorum locum servet. Repositis omnibus, leniter homo concutiendus est : quo fit, ut per se singula intestina in suas sedes diducantur, et in his considant. His conditis, omentum quoque considerandum est : ex quo, si quid jam nigri et emortui est, forfice excidi debet : si quid integrum est, leniter super intestina deduci. Sutura autem, neque summæ cutis, neque interioris membranæ per se, satis proficit ; sed utriusque : et quidem duobus linis injicienda est, spissior quam alibi ; quia et rumpi facilius motu ventris potest ; et non æque magnis inflammationibus pars ea exposita est. Igitur in duas acus fila conjicienda, eæque duabus manibus tenendæ ; et prius interiori membranæ sutura injicienda est, sic, ut sinistra manus in dexteriore ora, dextra in sinisteriore a principio vulneris orsa, ab interiore parte in exteriorem acum immittat : quo fit, ut ab intestinis ea pars semper acuum sit, quæ retusa est. Semel utraque parte trajecta, permutandæ acus inter manus sunt, ut ea

ture, on change les aiguilles de main ; celle de gauche passant dans la main droite, et dans la main gauche celle de droite. On fait alors de la même manière un second point de suture, puis un troisième et un quatrième pour fermer l'ouverture, et chaque fois on change les aiguilles de main. On se sert après cela des mêmes fils et des mêmes aiguilles pour traverser la peau, et on la coud comme le péritoine, en conduisant toujours les aiguilles de dedans en dehors, sans oublier non plus de les changer de main. On applique ensuite des agglutinatifs qu'on doit recouvrir d'une éponge ou d'une laine grasse trempée dans du vinaigre ; et cela même est assez évident pour qu'on soit dispensé de le répéter sans cesse. Le tout est maintenu par un bandage qui doit être médiocrement serré.

XVII. 1. La rupture du péritoine, sans aucune lésion des téguments externes, s'observe quelquefois ; et cette rupture résulte ou d'une violence extérieure, ou d'un effort exagéré soit en retenant sa respiration, soit en portant un fardeau trop lourd. Chez les femmes, cet accident dépend souvent aussi de la distension de l'utérus, et c'est surtout vers les aines qu'il se manifeste. Il arrive en effet, quand les intestins ne trouvent pas dans les parois du ventre une résistance assez grande, qu'ils poussent devant eux la peau, et lui font faire une saillie difforme. Ici encore se présentent diverses méthodes curatives. Les uns traversent la base de la tumeur avec deux fils, à l'aide desquels ils pratiquent la ligature des deux moitiés de la hernie, comme dans les cas de tumeur ombilicale et de staphylôme, et ils ont également pour but de faire tomber en mortification tout ce qui se trouve au-dessus des fils.

D'autres font dans le milieu de la tumeur une incision en forme de feuille de myrte, et c'est ainsi que je l'ai dit, la forme qu'il faut toujours choisir ; puis ils réunissent par suture. Mais le meilleur procédé consiste, le malade étant couché sur le dos, à déterminer par le toucher la partie de la tumeur qui résiste le moins ; car il est évident que ce point doit répondre à la rupture du péritoine, et que la rénitence est plus grande là où la membrane conserve son intégrité. Alors, à l'endroit où la déchirure paraît exister, on conduit deux incisions ; puis, emportant l'intervalle qui les sépare, on pénètre jusqu'à la lésion du péritoine, dont il faut rafraîchir les bords, parce qu'une plaie non récente ne se prête pas à la suture. Si même, après avoir mis le péritoine à découvert, on voit encore des traces de l'ancienne rupture, on les fait disparaître par l'excision d'une bandelette fort mince. Quant aux détails relatifs à la suture et au pansement, ils se trouvent expliqués plus haut.

2. Quelques sujets sont affectés aussi de varices au ventre, dont le traitement ne diffère en rien de celui qu'on suit ordinairement pour les varices des jambes ; je me réserve donc d'en parler en m'occupant de ces dernières.

XVIII. J'arrive maintenant aux maladies qui peuvent attaquer les parties naturelles et les testicules ; et, pour me faire mieux comprendre, je vais d'abord décrire en peu de mots cette région. Les testicules ont une structure analogue à celle de la moelle, car ils sont privés de sang, et dépourvus de toute sensibilité. Il y a douleur au contraire lorsque les tuniques dans lesquelles ils sont contenus subissent des violences extérieures ou des inflammations.

sit in dextra, quæ fuit in sinistra, ea veniat in sinistram, quam dextra continuit : iterumque eodem modo per oras immittendæ sunt : atque ita tertio et quarto, deincepsque permutatis inter manus acubus plaga includenda. Post hæc, eadem fila, eædemque acus ad cutem transferendæ, similique ratione ei quoque parti sutura injicienda ; semper ab interiore parte acubus venientibus, semper inter manus trajectis : dein glutinantia injicienda. Quibus aut spongiam, aut succidam lanam ex aceto expressam accedere debere, manifestius est, quam ut semper dicendum sit. Impositis his leniter deligari venter debet.

XVII. 1. Interdum tamen vel ex ictu aliquo, vel retento diutius spiritu, vel sub gravi fasce, interior abdominis membrana, superiore cute integra, rumpitur. Quod fœminis quoque ex utero sæpe evenire consuevit : fitque præcipue circa ilia. Sequitur autem, cum superior caro mollis sit, ut non satis intestina contineat, hisque intenta cutis indecore intumescat. Atque id quoque aliter an aliis curatur. Quidam enim per acum duobus linis ad imam basim immissis sic utrimque devinciunt, quemadmodum et in umbilico, et in uva positum est, ut, quidquid super vinculum est, emoriatur. Quidam medium tumorem excidunt, ad similitudinem myrtacei folii ; quod semper eodem modo servandum esse jam posui ; et tum oras sutura jungunt. Commodissimum est autem, resupinato corpore, experiri manu, qua parte is tumor maxime cedat, quia necesse est, ea parte rupta membrana sit ; quaque integra est, ea magis obnitatur : tum, qua rupta videbitur, immittendæ scalpello duæ lineæ sunt, ut, exciso medio, interior membrana utrimque recentem plagam habeat ; quia quod vetus est, sutura non coit. Loco patefacto, si qua parte membrana non novam plagam, sed veterem habet, tenuis excidenda habena est quæ tantum oras ejus exulceret. Cetera, quæ ad suturam reliquamque curationem pertinent, supra comprehensa sunt.

2. Præter hæc evenit, ut in quorumdam ventribus varices sint, quarum quia nulla alia curatio est, quam quæ in cruribus esse consuevit, tum eam partem explanaturus, hanc quoque eo differo.

XVIII. Venio autem ad ea, quæ in naturalibus partibus circa testiculos oriri solent : quæ quo facilius explicem, prius ipsius loci natura paucis proponenda est. Igitur testiculi simile quiddam medullis habent : nam sanguinem non emittunt, et omni sensu carent : dolent autem in ictibus et inflammationibus tunicæ, quibus ii continentur. Dependent vero ab inguinibus per singulos nervos, quos

Deux muscles, que les Grecs appellent *crémastères*, tiennent les testicules suspendus au-dessous des aines, et chaque muscle est accompagné de deux veines et de deux artères. Ces parties sont revêtues d'une tunique mince, nerveuse, privée de sang, blanche, et nommée par les Grecs *élytroïde*. Elle est elle-même recouverte d'une membrane plus épaisse, qui, par la face interne et inférieure, lui est fortement adhérente : c'est le *dartos* des Grecs. Un grand nombre de petites productions membraneuses servent de gaînes aux veines, aux artères et aux crémastères, et viennent en s'amincissant se terminer entre les deux premières enveloppes. Indépendamment de ces tuniques qui entourent et protégent chaque testicule, il en existe une troisième commune à l'un et à l'autre, et tout à fait extérieure. Les Grecs ont donné le nom d'ὄσχεον, et nous celui de *scrotum*, à cette dernière, qui, légèrement adhérente en bas aux tuniques moyennes, ne fait que les recouvrir en haut. C'est en dedans du scrotum qu'on observe plusieurs maladies ; tantôt elles succèdent à la déchirure des membranes, lesquelles, ainsi que je l'ai dit, partent de la région inguinale ; et tantôt elles se produisent sans cette rupture. Quelquefois il arrive que le péritoine, qui doit séparer les intestins des parties inférieures, se rompt sous le poids qu'il supporte, après avoir été le siége d'une inflammation, ou se déchire brusquement à la suite d'un coup. Alors l'épiploon ou même les intestins, entraînés par leur pesanteur, se présentent à cette ouverture, et, de la région inguinale faisant effort sur les parties situées au-dessous, ils écartent peu à peu les tuniques nerveuses, qui, par leur texture, ne résistent pas à la dilatation. Les Grecs appellent *entérocèle* et *épiplocèle*, les tumeurs formées par l'intestin ou l'épiploon. L'une et l'autre sont désignées parmi nous sous le nom général et peu convenable de hernie. Quand il y a descente de l'épiploon, la tumeur du scrotum ne s'affaisse jamais, et c'est inutilement qu'on prescrit la diète, qu'on tourne le malade en différents sens, ou qu'on lui fait prendre telle ou telle position. De plus, s'il retient sa respiration, la tumeur n'augmente pas beaucoup ; elle est inégale au toucher, molle et glissante. Dans la hernie intestinale, la tumeur, sans inflammation, augmente ou diminue de volume ; elle est presque toujours indolente, disparaît entièrement par le repos ou le décubitus dorsal, ou du moins s'affaisse tellement qu'il en reste à peine dans le scrotum une très-minime partie ; les cris, l'état de plénitude alimentaire, ou les efforts qu'exigent certains fardeaux, la rendent au contraire plus volumineuse ; se resserrant sous l'influence du froid, elle se dilate à la chaleur, et donne enfin au scrotum une forme ronde, et douce au toucher ; en comprimant, on sent la hernie glisser sous le doigt, remonter vers l'aine, puis retomber avec un bruit particulier, dès qu'on retire la main. Cela se passe ainsi dans les cas les moins graves ; mais quelquefois la tumeur, renfermant des matières fécales, prend un développement plus considérable, et ne peut plus être réduite. Alors se font sentir des douleurs dans le scrotum, la région inguinale et l'abdomen. Parfois le mal s'étend jusqu'à l'estomac, et l'on vomit de la bile, qui d'abord est jaune, puis verte, et même quelquefois noire. Dans certains cas aussi, et sans rupture des membranes, le scrotum est distendu par un liquide qui produit deux sortes de tumeurs : ainsi, tantôt il s'accumule entre les tuniques des testicules, et tantôt il s'infiltre dans les membranes qui servent de

---

χρεμαστῆρας Græci nominant : cum quorum utroque binæ descendunt et venæ et arteriæ. Hæc autem tunica conteguntur tenui, nervosa, sine sanguine, alba, quæ ἐλυτροειδής a Græcis nominatur. Super eam valentior tunica est, quæ interiori vehementer ima parte inhæret : δαρτόν Græci vocant. Multæ deinde membranulæ venas et arterias, eosque nervos comprehendunt ; atque inter duas quoque tunicas superioribus partibus leves parvulæque sunt. Hactenus propria utrique testiculo et velamenta et auxilia sunt. Communis deinde utrique, omnibusque interioribus sinus est, qui etiam conspicitur a nobis : ὄσχεον Græci, scrotum nostri vocant. Isque ab ima parte mediis tunicis leviter innexus, a superiore tantum circumdatus est. Sub hoc igitur plura vitia esse consuerunt : quæ modo ruptis tunicis, quas ab inguinibus incipere proposui, modo his integris fiunt. Siquidem interdum vel ex morbo primum inflammatur, deinde postea pondere abrumpitur ; vel ex ictu aliquo protinus rumpitur tunica, quæ diducere ab inferioribus partibus intestina debuit : tum pondere eo devolvitur, aut omentum, aut etiam intestinum : idque ibi reperta via, paulatim ab inguinibus in inferiores quoque partes nisum, subinde nervosas tunicas, et ob id ejus rei patientes, diducit. Ἐντεροκήλην et ἐπιπλοκήλην Græci vocant : apud nos indecorum, sed commune his, herniæ nomen est. Deinde si descendit omentum, numquam in scroto tumor tollitur, sive inedia fuit, sive corpus huc illucve conversum, aut aliquo modo collocatum : itemque, si retentus est spiritus, non magnopere increscit, tactu vero inæqualis est, et mollis, et lubricus. At si intestinum quoque descendit, tumor is sine inflammatione modo minuitur, modo increscit ; estque fere sine dolore, et, cum conquiescit aliquis aut jacet, interdum ex toto desidit, interdum sic dividitur, ut in scroto exiguæ reliquiæ maneant : at clamore, et satietate, et si sub aliquo pondere is homo nisus est, crescit : frigore omni contrahitur, calore diffunditur ; estque tum scrotum et rotundum, et tactu læve ; idque, quod subest, lubricum est : si pressum est, ad inguen revertitur ; dimissumque, iterum cum quodam quasi murmure devolvitur. Et id quidem in levioribus malis evenit. Nonnumquam autem stercore accepto vastius tumor, retroque compelli non potest : adfertque tum dolorem et scroto, et inguinibus, et abdomini : nonnumquam stomachus quoque affectus primum rufam bilem per os reddit, deinde viridem, quibusdam etiam nigram. Integris vero membranis interdum eam partem humor distringit. Atque ejus quoque species duæ sunt. Nam vel inter tunicas is

gaînes aux veines et aux artères, ce qui les rend durs par engorgement. Entre les tuniques même, le siége de l'épanchement varie. Il peut se faire, soit entre l'enveloppe externe et la tunique moyenne, soit entre celle-ci et la tunique interne. Les Grecs donnent à ces deux espèces le nom commun d'*hydrocèle*. Pour les Latins, qui ne connaissent pas assez les caractères différentiels de ces diverses tumeurs, ce sont encore là des hernies. Celles-ci ont sans doute des signes communs, mais il y en a de propres à chacune d'elles. Les premiers servent à constater la présence du liquide, et les seconds à déterminer le siége qu'il occupe. Nous savons qu'un épanchement existe, quand la tumeur, au lieu de disparaître entièrement, devient seulement plus petite, à la suite d'une longue abstinence ou d'un accès de fièvre, comme on le voit surtout chez les enfants. Si l'épanchement est médiocre, la tumeur est molle; mais s'il est considérable, elle devient rénitente comme une outre pleine et fortement serrée. Les veines du scrotum sont également gonflées, et si l'on pèse avec le doigt sur la tumeur, le liquide, cédant à la pression, soulève en refluant les parties voisines qui ne sont pas comprimées. La présence de l'eau se décèle enfin à travers le scrotum, comme au travers d'une corne ou d'un verre. Voici la manière de déterminer le siége de cette affection, qui par elle-même n'est point douloureuse. Si l'épanchement existe entre la tunique externe et la moyenne, on sent en comprimant avec deux doigts que le liquide va lentement de l'un à l'autre. Le scrotum lui-même est plus blanc, et si l'on cherche à le tirer, on le trouve peu ou point extensible; dans cette partie, le testicule devient inappréciable à l'œil et au toucher. Quand l'eau est renfermée dans la tunique moyenne, le scrotum est encore plus distendu, et la verge même peut disparaître sous le développement de la tumeur. Indépendamment de ces hernies qui se produisent sans rupture des membranes, il en est une autre que les Grecs appellent *cirsocèle*. Celle-ci se reconnaît à la dilatation des veines, qui sont tordues et agglomérées dès la partie supérieure, et remplissent ou le scrotum même, ou la tunique moyenne, ou la tunique interne. C'est quelquefois en dedans de cette dernière membrane, autour même du testicule et du crémastère, que ces vaisseaux se développent. Les varices du scrotum s'aperçoivent au premier aspect; quant à celles qui rampent sous les tuniques moyenne ou interne, comme elles sont situées plus profondément, il est plus difficile sans doute de les voir, mais néanmoins elles sont encore accessibles aux regards. Outre cela, la tumeur qui existe est en rapport avec la grosseur et le développement des veines; plus rénitente au toucher, elle offre aussi des inégalités qui sont dues à l'état variqueux des veines. Enfin, de ce côté le testicule descend plus bas que dans l'état naturel. C'est encore ce qui a lieu quand le cirsocèle occupe le corps même du testicule et le crémastère; ce testicule est à la fois plus bas que l'autre, et moins gros parce qu'il ne reçoit plus de nourriture. Il y a des cas assez rares où l'on observe des excroissances de chair entre les tuniques, et c'est ce que les Grecs appellent *sarcocèle*. L'inflammation provoque aussi quelquefois le gonflement du testicule même; alors il survient de la fièvre, et si l'état inflammatoire ne diminue pas rapidement, la douleur gagne les aines et les flancs, et ces parties se tuméfient. Il arrive encore que le crémastère, organe suspen-

---

increscit, vel in membranis, quæ ibi circa venas et arterias sunt, ubi eæ gravatæ occalluerunt. Ac ne ei quidem humori, qui inter tunicas est, una sedes est. Nam modo inter summam et mediam, modo inter mediam et imam consistit. Græci communi nomine, quidquid est, ὑδροκήλην appellant: nostri, ut scilicet nullis discriminibus satis cognitis, hæc quoque sub eodem nomine, quo priora, habent. Signa autem quædam communia sunt, quædam propria: communia, quibus humor deprehenditur; propria, quibus locus. Humorem subesse discimus, si tumor est, numquam ex toto se remittens, sed interdum levior, aut propter famem, aut propter febriculam, maximeque in pueris: isque mollis est, si non nimius humor subest, at si is vehementer increvit, renititur sicut uter repletus et arcte adstrictus: venæ quoque in scroto inflantur; et, si digito pressimus, cedit humor, circumfluensque id, quod non premitur, attollit, et tamquam in vitro cornuve per scrotum apparet; isque, quantum in ipso est, sine dolore est. Sedes autem ejus sic deprehenditur. Si inter summam mediamque tunicam est, cum digitis duobus pressimus, paulatim humor inter eos revertens subit: scrotum ipsius albidius est; si ducitur, aut nihil, aut parvulum intenditur: testiculus ea parte neque visu, neque tactu sentitur. At si sub media tunica est, intentum scrotum magis se attollit, adeo ut superior coles sub tumore eo delitescat. Præter hæc æque integris tunicis ramex innascitur: κιρσοκήλην Græci appellant. Venæ intumescunt; eæque intortæ, conglomerataeque a superiore parte, vel ipsum scrotum implent, vel mediam tunicam, vel imam: interdum etiam sub ima tunica, circa ipsum testiculum nervumque ejus, increscunt. Ex his eæ, quæ in ipso scroto sunt, oculis patent: eæ vero, quæ mediæ imæve tunicæ insident, ut magis conditæ non æque quidem cernuntur, sed tamen etiam visui subjectæ sunt: præterquam quod et tumoris aliquid est, pro venarum magnitudine et modo, et id prementi magis renititur, ac per ipsos venarum toros inæquale est; et, qua parte id est, testiculus magis justo dependet. Cum vero etiam super ipsum testiculum nervumque ejus id malum increvit, aliquanto longius testiculus ipse descendit, minorque altero fit, utpote alimento amisso. Raro, sed aliquando caro quoque inter tunicas increscit: σαρκοκήλην Græci vocant. Interdum etiam ex inflammatione tumet ipse testiculus, ac febres quoque inde affert; et, nisi celeriter ea inflammatio conquievit, dolor ad inguina atque

seur du testicule, devient en même temps plus gros et plus dur. Enfin il peut se former dans l'aine une hernie appelée par les Grecs *bubonocèle*.

XIX. Ces maladies étant connues, il faut parler de la méthode curative, qui se compose de quelques moyens communs à toutes les hernies, et de certains procédés propres à chacune d'elles. J'exposerai d'abord le traitement général, en commençant par les hernies qui réclament l'emploi de l'instrument; car pour celles qui sont incurables ou que la chirurgie ne peut guérir, il en sera question quand j'entrerai dans les détails relatifs à chaque espèce. L'incision se pratique quelquefois à l'aine, et d'autres fois au scrotum. Dans l'un et l'autre cas, le malade ne boira que de l'eau trois jours avant l'opération, et la veille il s'abstiendra de tout aliment. Le jour même, on fait coucher le patient sur le dos; s'il y a lieu d'inciser la région inguinale et qu'elle soit couverte de poils, on la rase préalablement, après quoi l'on tend les téguments de l'aine en tirant sur le scrotum, puis on pratique l'incision au bas-ventre, au point de réunion des enveloppes du testicule avec l'abdomen. Il faut ouvrir hardiment la tunique externe qui appartient au scrotum, pour arriver à la tunique moyenne. L'incision faite, on rencontre une ouverture qui regarde en bas, et dans laquelle il est nécessaire d'introduire le doigt index de la main gauche, afin d'écarter les prolongements membraneux et de dégager le sac herniaire. Un aide alors, saisissant le scrotum de la main gauche, doit l'élever en le tirant à lui, et le tenir, ainsi que le testicule, le plus loin possible de la région inguinale, pendant que le chirurgien coupe avec le scalpel, s'il ne peut séparer avec le doigt, toutes les brides membraneuses qui se trouvent au-dessus de la tunique moyenne. L'aide abandonne ensuite le testicule, afin que, cet organe se présentant à l'entrée de l'incision, on puisse le retirer du scrotum et le placer sur le ventre, revêtu de ces deux enveloppes. Dans cette situation on excise les points qui paraissent viciés. Parmi les nombreux vaisseaux qui se distribuent à ces parties, on peut couper immédiatement les plus petits; mais, pour éviter une hémorragie redoutable, il faut auparavant lier les plus gros avec un long fil. Si la tunique moyenne est endommagée, ou si le mal se développe au-dessous, on incisera cette tunique profondément vers le pli de l'aine, en ayant soin toutefois de ne pas l'emporter entièrement, car à la base du testicule elle adhère fortement à la tunique interne; et, comme sur ce point on ne saurait l'enlever sans un péril extrême, il convient de la respecter. On se conduira de même pour les lésions de la tunique interne; mais, au lieu de faire partir l'incision du sommet de la région inguinale, on devra la pratiquer un peu plus bas, de peur que la blessure du péritoine ne suscite une inflammation violente. Néanmoins il n'en faut pas laisser une trop grande partie, car cette portion de membrane pourrait, en se dilatant de nouveau, servir une seconde fois d'enveloppe à la hernie. Après avoir ainsi dégagé le testicule, on le fait rentrer doucement par la même ouverture, suivi de ses veines, de ses artères et de son muscle. On doit en même temps empêcher le sang de tomber dans le scrotum, et sur aucun point ne laisser ce liquide se former en caillot. Si le chirurgien a cru devoir lier quelque vaisseau, il laissera pendre les bouts de

---

ilia pervenit, partesque eæ intumescunt; nervus, ex quo testiculus dependet, plenior fit, simulque indurescit. Super hæc, inguen quoque nonnumquam ramices implent : βουβωνοκήλην appellant.

XIX. His cognitis, de curatione dicendum est : in qua quædam communia omnium sunt, quædam propria singulorum. Prius de communibus dicam. Loquar autem nunc de iis, quæ scalpellum desiderant : nam quæ vel sanari non possint, vel aliter nutriri debeant, dicendum erit, simul ad species singulas venero. Inciditur autem interdum inguen, interdum scrotum. In utraque curatione homo ante triduum biberit aquam; pridie abstinere etiam a cibo debet : ipso autem die collocari supinus; deinde, si inguen incidendum est, idque jam pube contegitur, ante radendum est; et tum, extento scroto, ut cutis inguinis intenta sit, id incidendum sub imo ventre, qua cum abdomine tunicæ inferiores committuntur. Aperiendum autem audacter est, donec summa tunica, quæ ipsius scroti est, incidatur, perveniaturque ad eam, quæ media est. Plaga facta, foramen deorsum versus subest. In id demittendus est sinistræ manus digitus index, ut diductis intervenientibus membranulis, sinum laxet. Minister autem, sinistra manu comprehenso scroto, sursum versus eum debet extendere, et quam maxime ab inguinibus abducere; primum cum ipso testiculo, dum medicus omnes membranulas, quæ super mediam tunicam sunt, si digito diducere non potest, scalpello abscindat : deinde sine eo, ut is delapsus ipsi plagæ jungatur, digitoque inde promatur, et super ventrem cum duabus suis tunicis collocetur. Inde, si qua vitiosa sunt, circumcidenda sunt. In quibus cum multæ venæ discurrant, tenuiores quidem præcidi protinus possunt : majores vero ante longiore lino deligandæ sunt, ne periculose sanguinem fundant. Sin media tunica vexata erit, aut sub ea malum increverit, excidenda erit, sic, ut alte ad ipsum inguen præcidatur. Infra tamen non tota demenda est : nam quod ad basim testiculi vehementer cum ima tunica connexum est, excidi sine summo periculo non potest : itaque ibi relinquendum est. Idem in ima quoque tunica, si læsa est, faciendum est. Sed non a summa inguinis plaga, verum infra paulum ea abscindenda; ne læsa abdominis membrana inflammationes moveat. Neque tamen nimium ex ea sursum relinquendum est; ne postea sinuetur, et sedem eidem malo præstet. Purgatus ita testiculus per ipsam plagam cum venis, et arteriis, et nervo suo leniter demittendus est; videndumque, ne sanguis in scrotum descendat, neve concretus aliquo loco maneat.

fil hors de la plaie ; et, la suppuration une fois établie, les ligatures tomberont sans causer aucune douleur. Quant à la plaie, on en rapproche les bords avec deux boucles, et par-dessus on applique des remèdes agglutinatifs. Quelquefois il est nécessaire d'aviver l'un des bords pour donner à la cicatrice plus d'étendue en longueur et en largeur. La charpie dans ce cas ne doit pas comprimer la plaie, mais doit être simplement superposée, et recouverte de substances propres à combattre l'inflammation, telles que la laine grasse ou l'éponge imbibée de vinaigre. Puis, quand le moment est venu d'exciter la suppuration, on passe aux remèdes destinés à remplir cette indication. Lorsqu'on opère au-dessous de l'aine, il faut, le malade étant couché sur le dos, glisser la main gauche sous le scrotum, le saisir fortement et l'ouvrir. Si le mal est peu développé, on conserve intact le tiers inférieur du scrotum pour soutenir le testicule ; mais si la tumeur est considérable, on agrandit l'incision de telle façon qu'il reste seulement au fond de la cavité scrotale de quoi loger le testicule. Le scalpel doit d'abord être tenu droit, pour diviser légèrement le scrotum ; on incline ensuite la pointe de l'instrument pour couper les membranes situées transversalement entre la tunique externe et la moyenne. Il ne faut point toucher à celle-ci quand le mal est immédiatement au-dessous de la première ; mais s'il se trouve en dedans de la tunique moyenne, il faut ouvrir cette membrane, et même la tunique interne si elle cache l'altération. Quel que soit au reste le siège de la tumeur, l'aide aura soin de tirer le scrotum en le pressant doucement par en bas, tandis que le chirurgien, détruisant, avec le doigt ou le manche du scalpel, les adhérences qui existent à la partie inférieure, amènera la tunique en dehors. Il doit ensuite, au moyen d'un instrument que d'après sa forme on appelle bec de corbeau, l'inciser assez largement pour laisser passer l'index et le médius. Ces deux doigts introduits dans l'ouverture, on fait glisser entre eux le scalpel pour diviser le reste de la tunique, et retrancher ou détacher tout ce qui est vicié. Lorsqu'on a ouvert une enveloppe, n'importe laquelle, on doit en faire l'excision ; mais si c'est celle du milieu, on la pratiquera très-haut près de l'aine, comme je l'ai dit ci-dessus, et plus bas, s'il s'agit de la dernière. Au reste, avant d'exciser les tuniques, il convient de lier les veines, sans oublier de laisser pendre les bouts de fil en dehors, ainsi qu'on doit l'observer pour les autres vaisseaux dont la ligature est devenue nécessaire (7). Cela fait, on remet le testicule en place, puis on réunit par suture les bords de l'incision faite au scrotum. Les points de suture ne seront ni trop éloignés, parce que la réunion serait imparfaite et que la guérison traînerait en longueur, ni trop multipliés, parce qu'ils ajouteraient à l'inflammation. Ici encore, on prendra garde que du sang ne séjourne dans le scrotum, et l'on aura recours ensuite aux agglutinatifs. Si pourtant il existe dans la cavité scrotale un épanchement sanguin, ou s'il y est tombé quelque caillot, il faut en débarrasser l'organe par une incision pratiquée en dessous, et appliquer sur la plaie une éponge imbibée de fort vinaigre. Dans toutes les incisions de ce genre, s'il ne survient pas de douleur, on ne doit lever l'appareil que le cinquième jour, et se-

ita fient, si venis vinciendo medicus prospexerit. Lina, quibus capita earum continebuntur, extra plagam dependere debebunt : quæ, pure orto, sine ullo dolore excident. Ipsi autem plagæ injiciendæ duæ fibulæ sunt ; et insuper medicamentum, quo glutinetur. Solet autem interdum ab altera ora necessarium esse aliquid excidi, ut cicatrix major et latior fiat. Quod ubi incidit, linamenta super, non fulcienda, sed leviter tantum ponenda sunt ; supraque ea, quæ inflammationem repellant, id est, ex aceto vel lana succida, vel spongia : cetera eadem, quæ, ubi pus moveri debet, adhibenda sunt. At cum infra incidi oportet, resupinato homine, subjicienda sub scroto sinistra manus est ; deinde id vehementer apprehendendum et incidendum ; si parvulum est, quod nocet, modice, ut tertia pars integra, ad sustinendum testiculum, infra relinquatur : si majus est, etiam amplius, ut paulum tantummodo ad imum, cui testiculus insidere possit, integrum maneat. Sed primo rectus scalpellus quam levissima manu teneri debet, donec scrotum ipsum diducat : tum inclinandus mucro est, ut transversas membranas secet, quæ inter summam mediamque tunicam sunt. Ac, si vitium in proximo est, mediam tunicam attingi non oportet : si illa quoque conditur, etiam illa incidenda est ; sicut tertia quoque, si illa vitium tegit. Ubicumque autem repertum malum est, ministrum ab inferiore parte exprimere moderate scrotum oportet : medicum, digito manubriolove scalpelli diductam inferiore parte tunicam extra collocare ; deinde eam ferramento, quod a similitudine corvum vocant, incidere, sic, ut intrare duo digiti, index et medius, possint : his deinde conjectis, excipienda reliqua pars tunicæ, et inter digitos scalpellus immittendus est, eximendumque aut effundendum quidquid est noxium. Quamcumque autem tunicam quis violavit, illam quoque debet excidere ; ac mediam quidem, ut supra dixi, quam altissime ad inguen ; imam autem, paulo infra. Ceterum antequam excidantur, venæ quoque vinciri lino summæ debent ; et ejus lini capita extra plagam relinquenda sunt, sicut in aliis quoque venis, quæ id requisierint. Eo facto, testiculus intus reponendus est : oræque scroti suturis inter se committendæ ; neque paucis, ne parum glutinentur, et longior fiat curatio ; neque multis, ne inflammationem augeant. Atque hic quoque videndum est, ne quid in scroto sanguinis maneat : tum imponenda glutinantia sunt. Si quando autem in scrotum sanguis defluxit, aliquidve concretum ex eo decidit, incidi subter id debet ; purgatoque eo, spongia, acri aceto madens, circumdari. Deligatum autem vulnus omne, quod ex his causis factum est, si dolor nullus est, quinque primis diebus non est resolvendum, sed bis die tantum aceto irroranda lana vel spongia ; si dolor est, tertio die resolvendum ; et, ubi

contenter d'arroser deux fois par jour de vinaigre la laine ou l'éponge dont on s'est servi. Quand il y a douleur, on renouvelle le pansement le troisième jour ; on coupe les boucles s'il y en a ; ou si c'est de la charpie, on la change, et on l'imbibe d'huile rosat et de vin. Si l'inflammation augmente, on ajoute à ces premiers moyens des cataplasmes préparés, soit avec de la lentille et du miel, soit avec de l'écorce de grenade bouillie dans du vin astringent, soit avec tous ces ingrédients ensemble. Si ces remèdes ne diminuent pas l'état inflammatoire, il faudra, le cinquième jour écoulé, fomenter abondamment la plaie avec de l'eau chaude, jusqu'à ce que le scrotum s'affaisse et devienne rugueux. C'est alors le moment d'employer des cataplasmes de farine d'orge et de résine de pin. On fait bouillir ces substances dans du vinaigre si le sujet est robuste, ou dans du miel s'il est délicat. Quelle que soit la nature du mal, il n'est pas douteux, quand l'inflammation est considérable, qu'il faut appliquer des suppuratifs. Si la suppuration a pour foyer le scrotum même, on devra lui donner issue par une petite ouverture qu'on recouvrira avec un peu de charpie. L'inflammation éteinte, on se servira, pour ménager les nerfs, du dernier cataplasme dont je viens de parler, et ensuite de cérat. Voilà ce que ces plaies offrent de particulier : quant au reste du traitement et au régime à suivre, il n'y a rien à changer à ce que nous avons prescrit pour toute espèce de blessure.

XX. Après avoir établi ces notions générales, nous allons passer aux cas particuliers. Si la hernie intestinale s'observe sur un très-jeune enfant, il faut, avant d'en venir à l'opération, essayer d'un bandage. A cet effet, on dispose une bande à l'extrémité de laquelle est cousue une pelote remplie de chiffons ; on applique celle-ci contre l'intestin même pour l'empêcher de s'échapper, et l'on serre fortement la bande autour du corps. Souvent par ce moyen on réussit à maintenir l'intestin dans l'abdomen, et à provoquer l'adhérence des tuniques entre elles. Dans un âge plus avancé, et lorsqu'on juge par le volume de la tumeur qu'une grande portion d'intestin est sortie du ventre, lorsque le prolapsus intestinal, produisant des arrêts de matières fécales et des indigestions, amène aussi, comme conséquence ordinaire, de la douleur et des vomissements, il devient manifeste que, dans ce cas, on ne pourrait sans danger employer l'instrument. On doit se proposer seulement d'adoucir le mal, et tenter de le réduire par d'autres moyens. Il faut alors recourir à la saignée du bras, et, si les forces le permettent, prescrire la diète pendant trois jours ; si la faiblesse du malade s'y refuse, on la prolongera du moins aussi loin que possible. On aura soin d'appliquer en même temps des cataplasmes préparés d'abord avec la graine de lin bouillie dans de l'hydromel, et faits ensuite avec de la farine d'orge et de la résine. Le malade sera mis aussi dans un bain d'eau chaude auquel on ajoutera de l'huile, puis on lui fera prendre chaud quelque aliment léger. D'après certains praticiens, on doit en outre administrer des lavements ; mais ces remèdes peuvent bien faire arriver quelque chose dans le scrotum, ils n'en peuvent rien faire sortir. Si les moyens indiqués ci-dessus ont amené du soulagement, on les renouvellera dans le cas où la douleur se reproduirait. Lorsqu'une portion considérable d'intestins s'est échappée sans provoquer de souffrance, il n'est pas moins inutile de recourir à l'incision. L'opération, il est

---

fibulæ sunt, hæ incidendæ ; ubi linamentum, id immutandum est ; rosaque et vino madefaciendum id, quod imponitur. Si inflammatio increscit, adjiciendum prioribus cataplasma ex lenticula et melle ; vel ex malicorio, quod in austero vino coctum sit ; vel ex his mistis. Si sub his inflammatio non conquierit, post diem quintum multa calida aqua vulnus fovendum, donec scrotum ipsum et extenuetur, et rugosius fiat : tum imponendum cataplasma ex triticea farina, cui resina pinea adjecta sit : quæ ipsa, si robustus curatur, ex aceto ; si tener, ex melle coquenda sunt. Neque dubium est, quodcumque vitium fuit, si magna inflammatio est, quin ea, quæ pus movent, imponenda sint. Quod si pus in ipso scroto ortum est, paulum id incidi debet, ut exitus detur ; linamentumque eatenus imponendum est, ut foramen tegat. Inflammatione finita, propter nervos propiore cataplasmate, dein cerato utendum est. Hæc proprie ad ejusmodi vulnera pertinent : cetera, et in curatione, et in victu, similia iis esse debent, quæ in alio quoque vulnerum genere præcepimus.

XX. His propositis ad singulas species veniendum est. Ac si cui parvulo puero intestinum descendit, ante scalpellum experienda vinctura est. Fascia ejus rei causa fit, cui imo loco pila assuta est ex panniculis facta, quæ ad repellendum intestinum ipsi illi subjicitur : deinde reliqua fasciæ pars arcte circumdatur. Sub quo sæpe et intus compellitur intestinum, et inter se tunicæ glutinantur. Rursus, si ætas processit, multumque intestini descendisse ex tumore magno patet, adjiciunturque dolor et vomitus ; quæ ex stercore, ex cruditate eo delapso, fere accidunt ; scalpellum adhiberi sine pernicie non posse, manifestum est : levandum tantummodo malum, et per alias curationes extrahendum est. Sanguis mitti ex brachio debet : deinde, si vires patiuntur, imperanda tridui abstinentia est ; si minus, certe pro vi corporis quam longissima. Eodem vero tempore superhabendum cataplasma ex lini semine, quod ante aliquis ex mulso decoxerit. Post hæc, et farina hordeacea cum resina injicienda ; et is demittendus in solium aquæ calidæ, cui oleum quoque adjectum sit ; dandumque aliquid cibi levis, calidi. Quidam etiam alvum ducunt. Id deducere aliquid in scrotum potest, educere ex eo non potest. Per ea vero, quæ supra scripta sunt, levato malo, si quando alias dolor reverterit, eadem erunt facienda. Sine dolore quoque si multa intestina prolapsa sunt, secari supervacuum est : non quo non

vrai, peut servir à débarrasser le scrotum quand l'inflammation toutefois ne s'y oppose pas, mais il suit de là que les intestins refoulés s'arrêtent à l'aine, où ils forment tumeur; de sorte qu'il y a seulement déplacement et non guérison du mal. S'il y a lieu cependant de faire agir l'instrument, on incisera le pli de l'aine jusqu'à la tunique moyenne, et un aide saisira cette enveloppe avec deux érignes placées près des bords de l'incision, pour donner le temps au chirurgien de la séparer des petites membranes qui l'entourent. On n'a pas à craindre en effet de blesser l'enveloppe, puisqu'on doit l'exciser; et quant à l'intestin, on sait qu'il est nécessairement au-dessous. Ainsi, la tunique étant bien isolée, on l'ouvrira depuis l'aine jusqu'au testicule, qu'on aura soin d'éviter; puis on fera l'excision. Dans l'enfance, et quand le mal est peu considérable, c'est là le procédé qu'il faut suivre. S'il s'agit d'un sujet robuste et que la tumeur soit plus forte, on devra laisser le testicule en place, et non le retirer du scrotum. On s'y prend alors de la manière suivante : On commence de même par diviser les téguments de l'aine jusqu'à la tunique moyenne, que l'on saisit également avec deux érignes, et l'aide est, en même temps, chargé de contenir le testicule pour l'empêcher de sortir par la plaie. On ouvre ensuite par en bas cette tunique moyenne, et, de l'index de la main gauche, que l'on porte en dessous à la base du testicule, on pousse l'organe vers l'incision. Cela fait, on sépare de la tunique supérieure, avec le pouce et l'index de la main droite, l'artère, la veine et le crémastère, ainsi que la gaîne de ce cordon; puis on coupe toutes les brides membraneuses qui se présentent, jusqu'à ce que la tunique soit mise entièrement à nu. Après avoir retranché tout ce que l'opération exige, et remis le testicule en place, on agrandit un peu, aux dépens des bords de l'incision, l'ouverture faite à l'aine, afin d'avoir une plaie plus étendue, et par suite plus de bourgeons charnus.

XXI.1. S'il y a descente de l'épiploon, il faut encore, d'après le procédé qu'on vient d'exposer, pratiquer une ouverture à la région inguinale, et isoler les tuniques. Il importe aussi d'examiner si la tumeur est volumineuse ou non, parce qu'en effet, lorsqu'elle est petite, on peut la repousser dans le ventre, en la refoulant au delà de l'aine avec le doigt ou le manche du scalpel; tandis que, si elle est considérable, il faut la laisser pendre telle qu'elle est sortie de l'abdomen, et la toucher avec des caustiques jusqu'à ce que la mortification la fasse tomber d'elle-même. Quelques-uns traversent la tumeur avec une aiguille enfilée d'un double fil, et l'étranglent en serrant les deux bouts de chaque fil en sens opposé. Cette ligature entraîne aussi, mais plus lentement, la mortification de la hernie. On peut cependant en accélérer l'effet en appliquant par-dessus les substances que les Grecs appellent *septiques*, et qui consument les chairs sans les ronger. Certains chirurgiens sont allés jusqu'à retrancher l'épiploon avec des ciseaux; ce qui n'est pas nécessaire quand la hernie est médiocre, et ce qui expose à une hémorragie quand elle est volumineuse, attendu qu'il y a dans l'épiploon un entrelacement de vaisseaux et même de gros vaisseaux. Le précepte que j'ai donné d'enlever avec des ciseaux l'épiploon, qui fait hernie dans les blessures du ventre, n'est pas applicable ici; car, dans le cas de blessure intestinale, la portion.

excludi a scroto possint; nisi tamen id inflammatio prohibuit; sed quo repulsa inguinibus immorentur, ibique tumorem excitent, atque ita fiat mali non finis, sed mutatio. At in eo, quem scalpello curari oportebit, simul atque ad mediam tunicam vulnus in inguine factum pervenerit, duobus hamulis ea juxta ipsas oras apprehendi debebit, dum diductis omnibus membranulis medicus eam liberet. Neque enim cum periculo læditur, quæ excidenda est; cum intestinum esse, nisi sub ea, non possit. Ubi diducta autem erit, ab inguine usque ad testiculum incidi debebit, sic, ne is ipse lædatur; tum excidi. Fere tamen hanc curationem puerilis ætas, et modicum malum recipit. Si vir robustus est, majusque id vitium est, extrahi testiculus non debet, sed in sua sede permanere. Id hoc modo fit. Inguen eadem ratione usque ad mediam tunicam scalpello aperitur; eaque tunica eodem modo duobus hamis excipitur, sic, ut a ministro testiculus eatenus contineatur, ne per vulnus exeat : tum ea tunica deorsum versus scalpello inciditur, sub eaque index digitus sinistræ manus ad imum testiculum demittitur, eumque ad plagam compellit : deinde dextræ manus duo digiti, pollex atque index, venam et arteriam et nervum tunicamque eorum a superiore tunica diducunt. Quod si aliquæ membranulæ prohibent, scalpello resolvuntur donec ante oculos tota jam tunica sit. Excisis, quæ excidenda sunt, repositoque testiculo, ab ora quoque ejus vulneris, quod in inguine est, demenda habenula paulo latior est; quo major plaga sit, et plus creare carnis possit.

XXI. 1. At si omentum descendit, eodem quidem modo, quo supra scriptum est, aperiendum inguen, diducendæque tuniæ sunt : considerandum autem est, majorne is modus, an exiguus sit. Nam quod parvulum est, super inguen in alvum vel digito vel averso specillo repellendum est : si plus est, sinere oportet dependere, quantum ex utero prolapsum est; idque adurentibus medicamentis illinere, donec emoriatur et excidat. Quidam hic quoque duo lina acu trajiciunt, binisque singulorum capitibus diversas partes adstringunt; sub quo æque, sed tardius emoriatur. Adjicitur tamen hic quoque celeritati, si omentum super vinculum illinitur medicamentis, quæ sic exedunt, ne erodant : σηπτά Græci vocant. Fuerunt etiam, qui omentum forfice præciderent : quod in parvulo non est necessarium : si majus est, potest profusionem sanguinis facere; siquidem omentum quoque venis quibusdam, etiam majoribus, illigatum est. Neque vero, si discisso ventre id prolapsum forfice præciditur, cum et emortuum sit, et aliter tutius.

épiploïque étant bien morte, il n'y a pas de plus sûr moyen de s'en débarrasser. Lorsqu'on a fait rentrer l'épiploon (8), on doit réunir la plaie par suture ; mais si la hernie, trop considérable pour être réduite, est tombée par mortification, il faut alors, après avoir excisé les bords de l'incision, obtenir une cicatrice, comme on l'a dit plus haut.

2. Si la tumeur contient de l'eau, il faut, chez les enfants, faire une incision à l'aine, à moins que la trop grande quantité de liquide ne s'y oppose : chez les hommes, et toutes les fois que l'épanchement est considérable, c'est le scrotum qu'il faut ouvrir. Quand l'opération a lieu dans la région inguinale, on doit tirer les tuniques par l'incision pratiquée, et donner issue au liquide ; si c'est le scrotum qu'on divise, et que l'épanchement soit tout à fait sous-jacent, il suffit d'évacuer l'eau, et de retrancher les membranes qui pouvaient la contenir ; puis, pour nettoyer le scrotum, on y injecte de l'eau qui tient en dissolution du sel ou du nitre. Si l'hydrocèle s'est formée sous la tunique interne ou moyenne, il convient d'extraire entièrement ces membranes du scrotum, et de les exciser.

XXII. Quand le cirsocèle existe sur le scrotum même, il faut cautériser avec un fer mince et pointu qu'on enfonce dans les veines dilatées, sans rien brûler au delà ; et le fer doit porter surtout sur les pelotons variqueux qui résultent de l'entrelacement de ces vaisseaux. On applique ensuite des cataplasmes de farine préparés à l'eau froide, et on les maintient à l'aide du bandage que j'ai dit convenir dans le traitement des hémorrhoïdes. Le troisième jour, on emploie comme topique la lentille et le miel. Après la chute des escarres le miel sert aussi à déterger la plaie ; puis on fait usage d'huile rosat pour régénérer les chairs et de charpie sèche pour arriver à la cicatrisation. Si les varices se développent sur la tunique moyenne, on devra faire à l'aine une incision vers laquelle on attirera la membrane, pour l'isoler de ces veines avec le doigt ou le manche d'un scalpel. Au-dessus et au-dessous des points où elles seront adhérentes, il faudra les lier, et les couper près de chaque ligature, puis replacer le testicule. Mais quand le cirsocèle est situé sur la troisième enveloppe, il est nécessaire d'emporter la seconde ; et si l'on ne découvre que deux ou trois veines variqueuses, et que le mal, ainsi restreint, laisse intacte la plus grande partie de la tunique profonde, on procédera comme on vient de l'expliquer, c'est-à-dire que, les vaisseaux étant liés et coupés entre l'aine et le testicule, cet organe sera remis en place. Si, au contraire, les varices ont envahi toute la tunique, il faut, en pénétrant par la plaie, glisser le doigt sous les veines, et les soulever peu à peu jusqu'à ce que le testicule de ce côté soit à la hauteur de l'autre. Les boucles, qu'on applique alors aux lèvres de l'incision, doivent en même temps embrasser les veines ; et voici le procédé qu'on emploie : On traverse de dehors en dedans l'un des bords de l'incision avec une aiguille à laquelle on fait traverser aussi, non la veine elle-même, mais la membrane qui l'entoure, puis on vient percer le bord opposé. Dans la crainte d'une hémorragie, on évitera de piquer les veines ; or, il y a toujours entre elles un tissu qu'on peut blesser sans danger, et qui, assujetti par un fil, maintient convenablement les varices. Deux boucles même suffisent pour remplir cette indication. Il faut après cela repousser dans l'aine, avec le manche

---

avelli non possit, inde huc exemplum transferendum est. Vulnus autem curari, si relictum omentum est, sutura debet : si id amplius fuit, et extra emortuum est, excisis oris, sicut supra propositum est.

2. Si vero humor intus est, incidendum est, in pueris quidem, inguen; nisi in his quoque id liquoris ejus major modus prohibet : in viris vero, et ubicumque multus humor subest, scrotum. Deinde, si inguen incisum est, eo protractis tunicis, humor effundi debet : si scrotum, et sub hoc protinus vitium est, nihil aliud quam humor effundendus, abscindendaeque membranae sunt, si quae illum continuerunt; deinde eluendum id ex aqua, quae vel salem adjectum, vel nitrum habeat ; si sub media, imave tunica, totae eae extra scrotum collocandae, excidendaeque sunt.

XXII. Ramex autem, si super ipsum scrotum est, adurendus est tenuibus et acutis ferramentis, quae ipsis venis infigantur ; cum eo, ne amplius quam has urant; maximeque, ubi inter se implicatae glomerantur, eo ferrum id admovendum est ; tum super farina ex aqua frigida subacta injicienda est ; utendumque eo vinculo, quod idoneum esse ani curationibus posui : tertio die lenticula cum melle imponenda est : post, ejectis crustis, ulcera melle purganda, rosa implenda, ad cicatricem aridis linamentis perducenda sunt. Quibus vero super mediam tunicam venae tument, incidendum inguen est, atque tunica promenda ab eaque venae digito vel manubriolo scalpelli separandae. Qua parte vero inhaerebunt, et ab superiore et ab inferiore parte fino vinciendae, tum sub ipsis vinculis praecidendae, reponendusque testiculus est. At ubi supra tertiam tunicam ramex insedit, mediam excidi necesse est. Deinde, si duae tresve venae tument, et ita pars aliqua obsidetur, ut major eo vitio vacet, idem faciendum, quod supra scriptum est ; ut et ab inguine, et a testiculo deligatae venae praecidantur, isque condatur. Sin totum id ramex obsederit, per plagam demittendus digitus index erit, subjiciendusque venis, sic, ut paulatim eas protrahas ; eaeque adducenda, donec is testiculus par alteri fiat : tum fibulae oris sic injiciendae, ut simul eas quoque venas comprehendant. Id hoc modo fit. Acus ab exteriore parte oram vulneris perforat : tum non per ipsam venam, sed per membranam ejus immittitur, per eamque in alteram oram compellitur. Venae vulnerari non debent, ne sanguinem fundant. Membrana semper inter has venas est, ac neque periculum affert, et filo comprehensa illas abunde tenet. Itaque etiam satis est, duas fibulas esse. Tum venae, quaecumque protractae sunt, in ipsum inguen averso specillo compelli debent. Solvendi fibulas tempus, inflammatione finita, et purgato vulnere, est ; ut una simul et

d'un scalpel, toutes les veines qu'on avait soulevées. Lorsqu'il n'y a plus d'inflammation, et que la plaie se trouve détergée, il est temps d'enlever les boucles, afin qu'une même cicatrice réunisse simultanément les bords de l'incision et les veines. Mais quand les varices ont pris naissance entre la tunique profonde, le testicule même et le cordon, l'ablation du testicule est la seule ressource qui se présente. Cet organe, en effet, complétement inhabile à la génération, devient, par la manière dont il pend, une difformité pour tous, et pour quelques-uns une cause de douleur. Dans ce cas, c'est encore à l'aine qu'il faut pratiquer l'incision. On soulève ensuite la tunique moyenne qu'on emporte, et l'on agit de même pour la tunique interne et le crémaster. Cela fait, on lie dans l'aine les veines et les artères, pour en faire l'excision au-dessous de la ligature.

XXIII. S'il s'est formé des excroissances de chair entre les tuniques, nul doute qu'il ne les faille enlever; seulement, il vaut mieux ici pratiquer l'incision au scrotum. Mais si le cordon lui-même est affecté, l'opération n'est pas moins inutile que l'emploi des médicaments; car bientôt s'allume une fièvre ardente, des vomissements noirs et verdâtres se déclarent; de plus, il y a soif intense, sécheresse, âpreté de la langue, et, dès le troisième jour, le malade rend le plus souvent par les selles de la bile écumeuse, avec des tranchées violentes. Il est hors d'état, pour ainsi dire, de prendre et de garder des aliments; les extrémités ne tardent pas à se refroidir, un tremblement survient, les mains s'étendent sans motif, et le front se couvre d'une sueur froide, indice précurseur de la mort.

XXIV. Quand la dilatation des veines se rencontre dans la région inguinale, on peut, si la tumeur est médiocre, se contenter d'une seule incision. Mais il est nécessaire d'en faire deux lorsqu'elle est considérable, pour emporter ce qui est entre elles. Il faut ensuite, sans amener le testicule au dehors, comme je l'indique aussi en certains cas de hernies intestinales, rassembler les veines, les lier aux points où elles adhèrent aux tuniques, et les couper entre les deux ligatures. Le pansement qui doit suivre n'exige rien de particulier.

XXV. 1. Les affections des testicules nous conduisent à celles de la verge. Si quelqu'un a le gland découvert, et que, par bienséance, il veuille le recouvrir, cela peut se faire, mais plus facilement chez l'enfant que chez l'adulte; quand cette conformation est naturelle, que lorsqu'elle est le résultat de la circoncision en usage chez certaines nations; plus aisément encore quand le gland est petit, entouré d'une peau très-ample, et qu'enfin la verge elle-même offre peu de longueur, que dans les circonstances opposées. On traite de la manière suivante ceux qui tiennent cette disposition de la nature: On saisit le prépuce, que l'on force à s'étendre jusqu'à ce que le gland en soit tout à fait recouvert; on le maintient dans cet état par une ligature, puis on divise la peau près du pubis par une incision circulaire qui met la verge à nu, sans toutefois intéresser l'urèthre ou les vaisseaux qui se trouvent là. On abaisse ensuite les téguments vers la ligature, de manière à laisser autour du pubis un espace vide qu'on remplit de charpie; et cela, dans l'espoir de combler l'intervalle par des chairs nouvelles, et d'avoir une plaie assez grande pour rendre au prépuce la longueur convenable. Il ne faut cependant enlever la ligature que lorsque la cicatrice est complète, et réserver seulement un étroit pas-

---

oras et venas cicatrix devinciat. Ubi vero inter imam tunicam et ipsum testiculum nervumque ejus ramex ortus est, una curatio est, quæ totum testiculum abscindit. Nam neque ad generationem quidquam is confert, et omnibus indecore, quibusdam etiam cum dolore dependet. Sed tum quoque inguen incidendum; media tunica promenda, atque excidenda est; idem in ima faciendum; nervusque, ex quo testiculus dependet, præcidendus: post id venæ et arteriæ ad inguen lino deligandæ, et infra vinculum abscindendæ sunt.

XXIII. Caro quoque, si quando inter tunicas increvit, nihil dubii est, quin eximenda sit : sed id, ipso scroto inciso, fieri commodius est. At si nervus induruit, curari res neque manu, neque medicamento potest. Urgent enim febres ardentes, et aut virides, aut nigri vomitus; præter hæc, ingens sitis, et linguæ aspritudo; fereque a die tertio spumans bilis alvo cum rosione redditur: ac neque assumi facile cibus, neque contineri potest : neque multo post extremæ partes frigescunt, tremor oritur, manus sine ratione extenduntur; deinde in fronte frigidus sudor, cumque mors sequitur.

XXIV. Ubi vero in ipso inguine ramex est, si tumor modicus est, semel incidi; si major, duabus lineis debet, ut medium excidatur : deinde, non extracto testiculo, sicut intestinis quoque prolapsis interdum fieri docui, colligendæ venæ, vinciendæque, ubi tunicis inhærebunt, et sub his nodis præcidendæ sunt. Neque quidquam novi curatio vulneris ejus requirit.

XXV. 1. Ab his ad ea transeundum est, quæ in cole ipso fiunt. In quo si glans nuda est, vultque aliquis eam decoris causa tegere, fieri potest : sed expeditius in puero, quam in viro; in eo, cui id naturale est, quam in eo, qui quarumdam gentium more circumcisus est; in eo, cui glans parva juxtaque eam cutis spatiosior, brevis ipse coles est, quam in quo contraria his sunt. Curatio autem eorum, quibus id naturale est, ejusmodi est. Cutis circa glandem prehenditur et extenditur, donec illam ipsam condat; ibique deligatur : deinde, juxta pubem, in orbem tergus inciditur, donec coles nudetur; magnaque cura cavetur, ne vel urinæ iter, vel venæ, quæ ibi sunt, incidantur. Eo facto, cutis ad vinculum inclinatur, nudaturque circa pubem velut circulus; eoque linamenta dantur, ut caro increscat, et id impleat : satisque velamenti supra latitudo plagæ præstat. Sed, donec cicatrix sit, vinctum

sage aux urines. Chez le circoncis, on doit détacher la peau par la face interne, au-dessous de la couronne du gland. Cette opération est peu douloureuse, parce que, le prépuce étant devenu libre, on peut, avec la main, le ramener jusqu'au pubis, sans effusion de sang. On fait subir alors aux téguments rendus mobiles une nouvelle extension qui les porte au delà du gland. Cela fait, on trempe fréquemment la verge dans l'eau froide, et on la recouvre d'un emplâtre qui ait assez d'efficacité pour combattre l'inflammation. Les jours suivants, il faut que le malade soit presque abattu par la diète, pour éviter les érections que pourrait produire une trop forte alimentation. Aussitôt que l'inflammation a disparu, on doit lier la verge depuis le pubis jusqu'à l'incision circulaire, et ramener la peau sur le gland, dont elle doit être séparée par un emplâtre. Il suit de là que les parties se réunissent en bas, tandis qu'en haut le prépuce guérit sans contracter d'adhérence.

2. Si au contraire le gland est tellement recouvert qu'on ne puisse plus le mettre à nu (ce qui constitue le *phimosis* des Grecs), il faut chercher à le découvrir, et voici le procédé qu'on emploie : on fait au dessous du prépuce, à partir du bord libre jusqu'au frein, une incision longitudinale qui a pour effet de relâcher les téguments qui sont en dessus, et de permettre par conséquent de les abaisser. Si, par suite du resserrement du prépuce, ou de la dureté qu'il présente, cette incision est insuffisante, on enlève immédiatement un lambeau triangulaire dont le sommet répond au frein, et la base à l'extrémité libre du prépuce. On se sert ensuite de charpie et de topiques convenables pour guérir la plaie; mais le malade doit garder le repos jusqu'à parfaite cicatrisation, parce que les frottements produits par la marche produiraient un ulcère sordide.

3. Quelques chirurgiens sont dans l'usage de soumettre les jeunes sujets à l'infibulation; et cela, dans l'intérêt de leur voix ou de leur santé. Cette opération se pratique ainsi : on tire en avant le prépuce, et, après avoir marqué d'encre les points opposés que l'on veut percer, on laisse les téguments revenir sur eux-mêmes. Si les marques sont en rapport avec le gland, c'est une preuve qu'on a pris trop de peau, et il faut les reporter plus loin; mais si le gland n'est pas compris dans ces limites, c'est là qu'il convient de placer la boucle. On traverse alors le prépuce à l'endroit désigné avec une aiguille chargée d'un fil dont on noue les deux bouts, et qu'on fait mouvoir chaque jour jusqu'à ce que le pourtour de ces ouvertures soit bien cicatrisé. Ce résultat obtenu, on remplace le fil par une boucle, et la meilleure sera toujours la plus légère. Néanmoins cette opération est plus souvent inutile que nécessaire.

XXVI. 1. On est quelquefois obligé de rétablir avec la main le cours des urines interrompu, soit par l'atonie dont ce canal est frappé dans la vieillesse, soit par la présence d'un calcul ou d'un caillot sanguin. Il peut arriver aussi qu'une inflammation légère s'oppose au libre écoulement des urines; et, dans ces divers cas, non-seulement chez les hommes, mais aussi chez les femmes, le secours de la chirurgie devient parfois nécessaire. A cet effet, on emploie des sondes d'airain, et le chirurgien doit toujours en avoir trois pour les hommes, et deux pour les femmes, afin d'en pouvoir faire usage sur tous les sujets grands ou

esse id debet; in medio tantum relicto exiguo urinæ itinere. At in eo, qui circumcisus est, sub circulo glandis scalpello diducenda cutis ab interiore cole est. Non ita dolet, quia, summo soluto, diduci deorsum usque ad pubem manu potest; neque ideo sanguis profluit. Resoluta autem cutis rursus extenditur ultra glandem : tum multa frigida aqua fovetur; emplastrumque circa datur, quod valenter inflammationem reprimat; proximisque diebus, et prope a fame victus est, ne forte eam partem satietas excitet. Ubi jam sine inflammatione est, deligari debet a pube usque circulum : super glandem autem, adverso emplastro imposito, induci. Sic enim fit, ut inferior pars glutinetur; superior ita sanescat, ne inhæreat.

2. Contra, si glans ita contecta est, ut nudari non possit (quod vitium Græci φίμωσιν appellant), aperienda est : quod hoc modo fit. Subter a summa ora, cutis inciditur recta linea usque ad frenum; atque ita superius tergus relaxatum, cedere retro potest. Quod si parum sic protectum est, aut propter angustias, aut propter duritiem tergoris, protinus triangula forma cutis ab inferiore parte excidenda est, sic, ut vertex ejus ad frenum, basis in tergo extremo sit. Tum superdanda linamenta sunt, aliaque medicamenta quæ ad sanitatem perducant. Necessa- rium autem est, donec cicatrix sit, conquiescere : nam ambulatio, atterendo ulcus sordidum reddit.

3. Infibulare quoque adolescentulos interdum vocis, interdum valetudinis causa quidam consuerunt : ejusque hæc ratio est. Cutis, quæ super glandem est, extenditur, notaturque utrimque a lateribus atramento, qua perforetur; deinde remittitur. Si super glandem notæ revertuntur, nimis apprehensum est, et ultra notari debet : si glans ab his libera est, is locus idoneus fibulæ est. Tum, qua notæ sunt, cutis acu filum ducente transuitur, ejusque fili capita inter se deligantur, quotidieque id movetur, donec circa foramina cicatriculæ fiant. Ubi eæ confirmatæ sunt, exempto filo fibula additur, quæ, quo levior, eo melior est. Sed hoc quidem sæpius inter supervacua, quam inter necessaria est.

XXVI. 1. Res vero interdum cogit emoliri manu urinam, cum illa non redditur, aut quia senectute iter ejus collapsum est, aut quia calculus, vel concretum aliquid ex sanguine intus se opposuit : ac mediocris quoque inflammatio sæpe eam reddi naturaliter prohibet. Idque non in viris tantummodo, sed in fœminis quoque interdum necessarium est. Ergo æneæ fistulæ fiunt; quæ, ut omni corpori, ampliori minorique sufficiant, ad mares, tres;

petits. Les sondes destinées aux hommes doivent être, la plus grande de quinze doigts, la moyenne de douze, et la plus petite de neuf: elles auront pour les femmes neuf doigts au plus, et six au moins. Les unes et les autres, et surtout celles à l'usage de l'homme, présenteront une légère courbure; enfin ces sondes, bien polies, ne seront ni trop grosses, ni trop minces. Lorsqu'on veut sonder un homme, on le fait coucher sur un banc ou sur un lit; et le chirurgien, se plaçant au côté droit du malade (9), saisit la verge de la main gauche, tandis que de la droite il introduit la sonde dans l'urèthre. Parvenu au col de la vessie, il incline la verge et la sonde de manière à faire pénétrer celle-ci dans la vessie, et il la retire après avoir évacué l'urine. Chez les femmes, l'orifice de l'urèthre ressemble à un mamelon, et se trouve situé au-dessus du vagin entre les grandes lèvres; elles ont aussi le conduit urinaire plus court et plus droit; et par cette raison, bien qu'elles aient, tout autant que les hommes, besoin d'être sondées, l'opération offre moins de difficulté. Quelquefois un calcul, après s'être engagé dans l'urèthre, qu'il dilate, vient s'arrêter non loin du méat urinaire. Il faut alors essayer de le retirer, soit avec le cure-oreille, soit avec l'instrument qui sert à l'extraction de la pierre. Quand ces moyens échouent, on doit allonger le prépuce le plus possible, et le lier dès que le gland est bien couvert; on fait ensuite à la verge une incision longitudinale par côté, et l'on retire le calcul. L'opération terminée, on laisse le prépuce revenir sur lui-même, de sorte que l'incision est recouverte par des téguments intacts et que l'urine peut reprendre son cours naturel.

2. Puisqu'il est question des calculs et de la vessie, c'est ici le lieu, ce me semble, de parler de l'opération qu'on doit faire subir aux personnes attaquées de la pierre, quand les autres moyens sont demeurés impuissants. Cette opération est trop périlleuse pour souffrir aucune précipitation. On ne doit pas non plus l'entreprendre en tout temps, à tout âge, ni dans tous les cas; mais au printemps seulement, sur les sujets de neuf à quatorze ans, lorsque le mal est de nature à résister à tous les remèdes, et qu'un plus long retard exposerait les jours du malade. Ce n'est pas qu'on ne puisse trouver en médecine d'heureuses témérités; mais c'est qu'ici les espérances sont trop souvent déçues, et qu'à diverses, époques surviennent des accidents divers, que j'aurai soin de signaler en décrivant la taille elle-même. Lors donc qu'on est résolu d'en venir à cette extrémité, il faut, quelques jours avant, y préparer le malade en ne lui laissant prendre en petite quantité que des aliments salubres et non glutineux, et de l'eau pour toute boisson. Il devra pendant ce temps se livrer à la marche pour favoriser la descente du calcul vers le col de la vessie. C'est par le toucher, comme je le dirai dans le cours de l'opération, qu'on peut reconnaître si la pierre occupe cette position. Dès qu'on a constaté la présence du corps, il faut prescrire un jour de jeûne à l'enfant, et le lendemain, dans un endroit chaud, procéder à la taille de la manière suivante: Un homme vigoureux et intelligent, s'asseyant sur un siège élevé, prend l'enfant sur ses genoux; il lui fait ensuite plier les jambes, l'oblige à tenir les mains appliquées aux jarrets en les écartant le plus possible, et lui-

---

ad fœminas, duæ medico habendæ sunt : ex virilibus maxima, decem et quinque digitorum; media, duodecim; minima, novem : ex muliebribus major, novem; minor, sex. Incurvas vero esse eas paulum, sed magis viriles oportet, lœvesque admodum; ac neque nimis plenas, neque nimis tenues. Homo tum resupinus [eo modo, quo in curatione ani figuratur], super subsellium aut lectum collocandus est. Medicus autem a dextro latere, sinistra quidem manu colem masculi continere, dextra vero fistulam demittere in iter urinæ debet : atque ubi ad cervicem vesicæ ventum est, simul cum cole fistulam inclinatam in ipsam vesicam compellere, eamque, urina reddita, recipere. Fœmina brevius urinæ iter, simul et rectius habet; quod mammulæ simile, inter imas oras super naturale positum, non minus sæpe auxilio eget, aliquanto minus difficultatis exigit. Nonnumquam etiam prolapsus in ipsam fistulam calculus, quia subinde ea extenuatur, non longe ab exitu inhærescit. Eum, si fieri potest, oportet evellere, vel oriculario specillo, vel eo ferramento, quo in sectione calculus protrahitur. Si id fieri non potuit, cutis extrema quamplurimum attrahenda, et, condita glande, lino vincienda est : deinde a latere recta plaga coles incidendus, et calculus eximendus est : tum cutis remittenda. Sic enim fit, ut incisum colem integra pars cutis contegat, et urina naturaliter profluat.

2. Cum vesicæ vero, calculique facta mentio sit; locus ipse exigere videtur, ut subjiciam, quæ curatio calculosis, cum aliter succurri non potest, adhibeatur. Ad quam festinare, cum præceps sit, nullo modo convenit. Ac neque omni tempore, neque in omni ætate, neque in omni vitio id experiendum est : sed solo vere; in eo corpore, quod jam novem annos, nondum quatuordecim excessit : et si tantum mali subest, ut neque medicamentis vinci possit, neque etiam trahi posse videatur, quominus interposito aliquo spatio interimat. Non quo non interdum etiam temeraria medicina proficiat; sed quo sæpius utique in hoc fallat, in quo plura et genera et tempora periculi sunt. Quæ simul cum ipsa curatione proponam. Igitur, ubi experiri statutum est, ante aliquot diebus victu corpus præparandum est : ut modicos, ut salubres cibos, ut minime glutinosos assumat, ut aquam bibat. Ambulandi vero inter hæc exercitatione utatur, quo magis calculus ad vesicæ cervicem descendat. Quod an inciderit, digitis quoque, sicut in curatione docebo, demissis cognoscitur. Ubi ejus rei fides est, pridie is puer in jejunio continendus est; et tum loco calido curatio adhibenda, quæ hoc modo ordinatur. Homo prævalens et peritus in sedili alto considit, supinumque eum et aversum, super genua sua coxis ejus collocatis, comprehendit; reductisque ejus cruribus, ipsum quoque jubet, manibus ad suos poplites datis,

même le maintient dans cette situation. Quand le sujet peut faire plus de résistance, on rapproche deux siéges qui sont alors occupés par deux hommes robustes; les siéges et les jambes de ces aides sont attachés ensemble de manière à prévenir tout déplacement, et l'enfant se trouve également assis sur deux genoux. Puis, selon que ces hommes sont placés, l'un contient la jambe gauche et l'autre la droite, pendant que le sujet tient lui-même ses jarrets écartés. Qu'il y ait au surplus un ou deux aides, c'est toujours contre la poitrine qu'on doit appuyer les épaules du patient. Les téguments au-dessus du pubis, entre les îles, sont ainsi bien tendus et sans rides; et la vessie étant resserrée dans un espace étroit, il est plus facile de saisir la pierre. Indépendamment de ces précautions, on fait mettre sur les côtés deux hommes doués d'une force assez grande pour empêcher celui ou ceux qui tiennent l'enfant de chanceler. Alors le chirurgien, dont les ongles doivent être soigneusement coupés, introduit avec précaution, dans l'anus, d'abord l'index, puis le médius de la main gauche, qu'il a frottée d'huile. En même temps il appuie la main droite sur le ventre, mais doucement, de peur que les doigts, pressant ainsi le calcul par deux points opposés, n'arrivent à blesser la vessie. Ce n'est point ici le lieu de se hâter, comme on peut le faire dans tant d'autres opérations; et l'on ne doit au contraire procéder qu'avec la plus grande sûreté, car, en blessant la vessie, on détermine des convulsions qui peuvent devenir mortelles. On commencera donc par chercher le calcul autour du col, et, s'il s'y trouve en effet, il est moins difficile de l'extraire; aussi ai-je dit qu'on ne devait opérer qu'après avoir reconnu par des signes précis que la pierre occupe cette position. Si elle n'est point arrivée là, ou qu'elle soit retombée en arrière, il faut explorer le fond de la vessie avec les doigts de la main gauche; et de la main droite, appuyée doucement sur le ventre, en suivre tous les mouvements. Lorsqu'on a rencontré la pierre, qui ne peut manquer de s'offrir au doigt, il faut la conduire vers le col, avec d'autant plus de soin qu'elle est plus petite et plus lisse, et qu'en la laissant échapper on fatiguerait trop souvent la vessie. Ainsi donc la main droite, placée comme on a dit, s'oppose au retour du calcul en arrière, tandis que les deux doigts de la main gauche le font cheminer en avant jusqu'au col. Arrivé là, si la forme du calcul est oblongue, on le pousse dans le sens de sa longueur; s'il est plat, on le dispose transversalement; s'il est carré, on le fait reposer sur deux angles; s'il est plus gros d'un côté que de l'autre, on le présente par le bout le plus mince. Lorsqu'il est rond, la forme indique assez qu'il est indifférent de le placer de telle façon ou de telle autre; à moins cependant qu'il ne soit plus lisse par un point, car ce serait alors cette partie qu'il faudrait engager la première. Dès que la pierre est parvenue dans le col de la vessie, on fait aux téguments près de l'anus une incision semi-lunaire(10), qui doit pénétrer jusqu'au col, et dont les angles sont un peu tournés vers les aines; puis, dans l'intérieur du croissant, on pratique, sous la peau, une autre incision transversale qui ouvre assez largement le col de la vessie pour que la plaie qui en résulte soit un peu plus grande que le calcul n'est gros. Ceux qui par crainte d'une fistule que les Grecs nomment dans cette région...... (11), ménagent trop l'incision,

---

eos, quam maxime possit, attrahere; simulque ipse sic eos continet. Quod si robustius corpus ejus est, qui curatur, duobus sedilibus junctis, duo valentes insidunt; quorum et sedilia et interiora crura inter se deligantur, ne diduci possint : tum is super duorum genua eodem modo collocatur; atque alter, prout consedit, sinistrum crus ejus, alter dextrum, simulque ipse poplites suos attrahit. Sive autem unus, sive duo continent, super humeros ejus suis pectoribus incumbunt. Ex quibus evenit, ut inter ilia sinus super pubem sine ullis rugis sit extentus, et, in angustum compulsa vesica, facilius calculus capi possit. Praeter haec, etiamnum a lateribus duo valentes objiciuntur, qui circumstantes, labare vel unum vel duos, qui puerum continent, non sinunt. Medicus deinde, diligenter unguibus circumcisis, unctaque sinistra manu, duos ejus digitos, indicem et medium, leniter prius unum, deinde alterum in anum ejus dimittit; dextreque digitos super imum abdomen leniter imponit; ne, si utrimque digiti circa calculum vehementer concurrerint, vesicam laedant. Neque vero festinari in hac re, ut in plerisque, agendum est; sed ita, ut quam maxime id tuto fiat : nam laesa vesica nervorum distentiones cum periculo mortis excitat. Ac primum circa cervicem quaeritur calculus : ubi repertus, minore negotio expellitur. Et ideo dixi, ne curandum quidem, nisi cum hoc indiciis suis cognitum est. Si vero aut ibi non fuit, aut recessit retro, digiti ad ultimam vesicam dantur; paulatimque dextra quoque manus ejus ultra translata subsequitur. Atque ubi repertus est calculus; qui necesse est in manus incidat; eo curiosius deducitur, quo minor laeviorque est; ne effugiat, id est, ne saepius agitanda vesica sit. Ergo ultra calculum dextra semper manus ejus opponitur; sinistrae digiti deorsum eum compellunt, donec ad cervicem pervenitur. In quam, si oblongus est, sic compellendus est, ut pronus exeat; si planus, sic, ut transversus sit; si quadratus, ut duobus angulis sedeat; si altera parte plenior, sic, ut prius ea, qua tenuior sit, evadat. In rotundo nihil interesse, ex ipsa figura patet; nisi, si laevior altera parte est, ut ea antecedat. Cum jam eo venit, incidi juxta anum cutis plaga lunata usque ad cervicem vesicae debet, cornibus ad coxas spectantibus paulum : deinde ea parte, qua resima plaga est, etiamnum sub cute altera transversa plaga facienda est, qua cervix aperiatur; donec urinae iter pateat, sic, ut plaga paulo major, quam calculus sit. Nam, qui metu fistulae (quam illo loco χοιράδα Graeci vocant) parum patefaciunt, cum majore periculo eodem

tombent précisément dans cet inconvénient, et le rendent plus grave, attendu que le calcul, tiré avec force, est obligé de se frayer une voie, s'il ne la trouve établie ; ce qui est pernicieux, et peut le devenir plus encore par la forme ou les aspérités du calcul. Les convulsions et l'hémorragie sont en effet les conséquences possibles de ces violences, et si le malade y échappe, la déchirure du col lui laissera certainement une fistule beaucoup plus grande que l'incision. Le col de la vessie étant ouvert, on aperçoit le calcul, dont la couleur est ici sans importance. S'il est d'un petit volume, on réussit, en le poussant en avant avec les doigts d'une main, à l'extraire avec l'autre main ; mais s'il est trop gros, on applique à sa partie supérieure un crochet disposé pour cette opération. Aminci par une extrémité, où il prend la forme demi-circulaire, cet instrument est poli par la face qui est en rapport avec les chairs, tandis que la face interne qui doit saisir le calcul est inégale et raboteuse. Il est préférable de le choisir plutôt long que court, car le défaut de longueur lui enlève la force nécessaire pour l'extraction du calcul. Ce crochet une fois en place, on s'assure par un double mouvement latéral que le calcul est bien saisi ; et si on le tient en effet, il est en même temps ébranlé. Cette épreuve est nécessaire, parce qu'on peut craindre que le calcul, au moment où l'on cherche à l'attirer au dehors, ne s'échappe en dedans, et que l'instrument, venant alors heurter les bords de l'incision, ne les froisse violemment, ce qui constituerait, comme je viens de le dire, un accident fort grave. Quand on est sûr de bien tenir la pierre, il faut, pour ainsi dire, dans le même instant, exécuter trois mouvements, un à droite, l'autre à gauche et le troisième en avant, mais le tout sans secousse, et de façon à faire avancer la pierre par degrés. Cela fait, on élève l'extrémité du crochet pour l'engager plus avant, et ramener plus facilement le corps étranger. S'il est difficile de le saisir par la partie supérieure, on le prendra de côté. Telle est la manière la plus simple d'opérer. Mais la diversité des cas qui peuvent se présenter nécessite quelques observations. Certains calculs, en effet, n'ont pas seulement des aspérités, et ils sont parfois armés de pointes. Or, quand ceux-ci tombent d'eux-mêmes dans le col de la vessie, on peut les en retirer sans aucun danger ; mais, dans le fond de la vessie, il y a péril à les chercher ou à les extraire, parce que les convulsions qu'ils provoqueraient en blessant l'organe pourraient accélérer la mort, surtout si, quelque épine étant fortement adhérente, les manœuvres d'extraction amenaient le plissement des parois. On reconnaît à la difficulté d'uriner que la pierre est engagée dans le col de la vessie ; et l'on juge qu'elle est armée de pointes, quand l'urine charrie du sang. Mais le toucher dénonce bien mieux encore l'existence du calcul, et l'on ne doit jamais opérer que lorsqu'on est guidé par cette exploration. Il faut pratiquer avec précaution le toucher interne, de peur de blesser la vessie par une pression trop forte : après quoi vient le moment d'inciser ; et pour cela, bien des chirurgiens se contentent du scalpel. Mais Mégès, trouvant l'instrument trop faible, a prétendu que, si le calcul offrait plusieurs saillies, le scalpel diviserait seulement les parties dont ces inégalités seraient recouvertes, sans toucher à celles qui se trouveraient dans les anfractuosités : d'où la nécessité de pratiquer une nouvelle incision. En conséquence, il a imaginé un instrument droit, muni d'un rebord à l'extrémité supérieure, et s'élar-

revolvuntur : quia calculus iter, cum vi promitur, facit, nisi accipit : idque etiam perniciosius est, si figura quoque calculi, vel aspritudo aliquid eo contulit. Ex quo et sanguinis profusio, et distentio nervorum fieri potest : quæ si quis evasit, multo tamen patentiorem fistulam habiturus est rupta cervice, quam habuisset, incisa. Cum vero ea patefacta est, in conspectum calculus venit : in cujus colore nullum discrimen est. Ipse, si exiguus est, digitis ab altera parte propelli, ab altera extrahi potest : si major, injiciendus a superiore ei parte uncus est, ejus rei causa factus. Is est ad extremum tenuis, in semiculi speciem retusæ latitudinis ; ab exteriore parte lævis, qua corpori jungitur ; ab interiore asper, qua calculum attingit. Isque longior potius esse debet : nam brevis extrahendi vim non habet. Ubi injectus est, in utrumque latus inclinandus est, ut appareat, an calculus teneatur ; quia, si apprehensus est, ille simul inchoatur. Idque eo nomine opus est, ne, cum adduci uncus cœperit, calculus intus effugiat, hic in oram vulneris incidat, eamque convulneret. In qua re, quod periculum esset, jam supra posui. Ubi satis teneri calculum patet, eodem pene momento triplex motus adhibendus est : in utrum-que latus ; deinde extra, sic tamen, ut leniter id fiat, paulumque primo calculus attrahatur : quo facto, attollendus uncus extremus est, uti intus magis maneat ; faciliusque illum producat. Quod si quando a superiore parte calculus parum commode comprehendetur, a latere erit apprehendendus. Hæc est simplicissima curatio. Sed varietas rerum quasdam etiamnum animadversiones desiderat. Sunt enim quidam non asperi tantummodo, sed spinosi quoque calculi, qui per se quidem delapsi in cervicem, sine ullo periculo eximuntur : in vesica vero, non tuto vel hi conquiruntur, vel attrahuntur ; quoniam, ubi illam convulnerarunt, ex distentione nervorum mortem maturant ; multoque magis, si spina aliqua vesicæ inhæret, eamque, cum duceretur, duplicavit. Colligitur autem eo, quod difficilius urina redditur, in cervice calculum esse ; eo, quod cruenta destillat, illum esse spinosum : maximeque id sub digitis quoque experiundum est, neque adhibenda manus, nisi id constitit. Ac tum quoque leniter intus digiti objiciendi, ne violenter promovendo convulnerent : tum incidendum. Multi hic quoque scalpello usi sunt. Meges (quoniam is infirmior est, potestque in aliqua prominentia incidere, incisoque super illa corpore, qua cavum

gissant en bas pour constituer un tranchant de forme demi-circulaire (12). Alors saisissant l'instrument entre deux doigts, l'index et le médius, et le pouce étant appliqué par-dessus, il le faisait agir en appuyant assez fortement pour couper à la fois et les chairs et les inégalités du calcul, s'il y en avait. Par ce moyen, il donnait de suite à l'incision l'étendue convenable. Quel que soit, au surplus, le procédé qu'on emploie pour ouvrir le col, il faut, quand la pierre est rugueuse, l'amener doucement au dehors, et ne se permettre aucune violence, sous prétexte de rendre l'extraction plus prompte.

3. On peut savoir d'avance que le calcul est sablonneux, puisque les urines charrient du sable ; et cela devient manifeste aussi pendant l'opération, parce que la pierre offre moins de résistance au toucher, et glisse plus facilement. L'urine, en entraînant avec elle des espèces d'écailles, indique également que la pierre est molle et composée d'un certain nombre d'autres beaucoup plus petites, et qui ont entre elles peu de cohésion. Il faut chercher à conduire vers le col tous ces calculs en agitant alternativement les doigts, mais avec précaution, dans la crainte de blesser la vessie, ou de détacher quelques fragments, dont le séjour dans cet organe ferait ensuite obstacle à la guérison. Dès qu'un calcul se présente à l'ouverture, il faut, quel qu'il soit, l'extraire avec les doigts ou le crochet. S'il y en a plusieurs, l'extraction doit se faire isolément pour chacun ; mais s'il reste une dernière pierre d'un très-petit volume, le mieux est de l'abandonner, car il serait difficile de la rencontrer dans la vessie, et, même après l'avoir trouvée, on la perdrait bientôt. Or, la vessie ne peut manquer de souffrir de ces longues recherches ; de là naissent des inflammations mortelles ; et des personnes en effet ont succombé sans avoir subi la taille, mais parce que leur vessie avait été longuement et vainement tourmentée par ces explorations. Joignez à cela que ce calcul, étant très-petit, sera plus tard entraîné par l'urine, et chassé par la plaie. Néanmoins quand la pierre est trop grosse pour qu'on puisse espérer de la retirer sans déchirure du col, il faut la fendre en deux. Ammonius est l'inventeur de ce procédé, qui lui a valu le surnom de *lithotomiste*, et qu'on exécute de la manière suivante. Le crochet doit d'abord embrasser le calcul assez fortement pour le maintenir au moment de la percussion, et l'empêcher de fuir en arrière. On prend ensuite un instrument d'une grosseur médiocre, et qui va en s'amincissant par un bout pour former une pointe émoussée. C'est cette extrémité qu'on appuie sur la pierre, tandis qu'on frappe sur l'autre bout pour la diviser. On évitera soigneusement de porter l'instrument jusqu'à la vessie, comme aussi d'y laisser tomber des fragments du calcul.

4. Pour les femmes, la méthode opératoire est la même ; mais il y a pourtant, à leur occasion, quelques particularités à noter. Ainsi, l'emploi du scalpel est inutile quand la pierre est d'un petit volume, parce qu'elle est poussée par l'urine dans le col de la vessie, lequel est naturellement plus court et plus large chez la femme que chez l'homme. Il suit de là que le calcul tombe souvent de lui-même, ou que, s'il s'arrête près de l'orifice de l'urètre, qui est la partie la plus resserrée du canal, on peut, sans le moindre accident, l'en retirer avec le crochet. Néanmoins, quand la pierre est considérable, il y a nécessité d'en venir à l'opération. Alors, si on la pratique sur une vierge, il faut, comme chez les garçons, in-

---

subest, non secare, sed relinquere, quod iterum incidi necesse sit) ferramentum fecit rectum, in summa parte labrosum, in ima semicirculatum acutumque. Id receptum inter duos digitos, indicem ac medium, super pollice imposito sic deprimebat, ut simul cum carne, si quid ex calculo prominebat, incideret : quo consequebatur, ut semel, quantum satis esset, aperiret. Quocumque autem modo cervix patefacta est, leniter extrahi, quod asperum est, debet ; nulla, propter festinationem, vi admota.

3. At calculus arenosus, et ante manifestus est ; quoniam urina quoque redditur arenosa : et in ipsa curatione ; quoniam inter subjectos digitos neque æque renititur, et insuper dilabitur. Item molles calculos, et ex pluribus minutisque, sed inter se parum adstrictis, compositos indicat urina, trahens quasdam quasi squamulas. Hos omnes, leniter permutatis subinde digitorum vicibus, sic opportet adducere, ne vesicam lædant, neve intus aliquæ dissipatæ reliquiæ maneant, quæ postmodum curationi difficultatem faciant. Quidquid autem ex his in conspectum venit, vel digitis, vel unco eximendum est. At si plures calculi sunt, singuli protrahi debent ; sic tamen, ut, si quis exiguus supererit, potius relinquatur : siquidem in vesica difficulter invenitur, inventusque celeriter effugit. Ita longa inquisitione vesica læditur, excitatque inflammationes mortiferas ; adeo ut quidam non secti, cum diu frustraque per digitos vesica esset agitata, decesserint. Quibus accedit etiam, quod exiguus calculus ad plagam urina postea promovetur, et excidit. Si quando autem is major non videtur, nisi rupta cervice, extrahi posse, findendus est : cujus repertor Ammonius, ob id λιθοτόμος cognominatus est. Id hoc modo fit. Uncus injicitur calculo, sic, ut facile eum concussum quoque teneat, ne is retro revolvatur : tum ferramentum adhibetur crassitudinis modicæ, prima parte tenui, sed retusa, quod admotum calculo, et ex altera parte ictum, eum findit ; magna cura habita, ne aut ad ipsam vesicam ferramentum perveniat, aut calculi fractura ne quid incidat.

4. Hæ vero curationes in fœminis quoque similes sunt ; de quibus tamen proprie quædam dicenda sunt. Siquidem in his, ubi parvulus calculus est, scalpellus supervacuus est ; quia is urina in cervicem compellitur ; quæ et brevior, quam in maribus, et laxior est. Ergo et per se sæpe excidit, et si in primo, quod est angustius, inhæret, eodem tamen unco sine ulla noxa educitur. At in majoribus calculis necessaria eadem curatio est. Sed virgini subjici digiti tamquam masculo, mulieri per naturale ejus debent.

troduire les doigts dans l'anus, et les placer au contraire dans le vagin s'il s'agit d'une femme. On doit pratiquer l'ouverture au bas de la grande lèvre chez la jeune fille ; et chez la femme, entre le conduit urinaire et l'os pubis. Dans les deux cas, l'incision sera transversale. Enfin, il n'y a pas lieu de s'alarmer, si l'on remarque chez la femme un écoulement de sang plus considérable.

5. Après l'extraction de la pierre, quand le sujet est robuste et qu'il n'a pas beaucoup souffert, on laisse couler le sang, pour tempérer la violence de l'inflammation. Il est utile aussi de marcher un peu, afin de faciliter la chute des caillots sanguins, s'il en est demeuré dans la vessie. Lorsque l'hémorragie ne cesse point d'elle-même, il convient de l'arrêter, car elle pourrait amener l'entier épuisement des forces. On cherchera même à la maîtriser dès que l'opération sera faite, si le malade paraît trop faible. En effet, les convulsions qui résultent des manœuvres pratiquées sur la vessie ne sont point le seul péril à redouter ; il faut craindre aussi que l'hémorragie, si l'on n'y porte aucun secours, ne devienne assez forte pour entraîner la mort. Il faut donc, pour détourner un pareil danger, faire prendre au malade un bain de siége composé de fort vinaigre et d'un peu de sel. Sous l'influence de ce moyen, il arrive ordinairement que l'hémorragie s'arrête, que la vessie se resserre, et que par suite l'inflammation est moins vive. Si pourtant ce remède est insuffisant, on doit en outre appliquer des ventouses aux aines, aux hanches et au pubis. Soit que le sang ait coulé suffisamment, soit qu'on ait maîtrisé l'hémorragie, il faut, aussitôt après, faire coucher le malade sur le dos, la tête basse et le bassin élevé, puis recouvrir la plaie d'un linge mis en double ou en triple, et bien imbibé de vinaigre. Au bout de deux heures, on plonge le malade dans un bain d'eau chaude, mais depuis les genoux jusqu'à l'ombilic seulement, le reste du corps étant couvert, à l'exception des pieds et des mains ; et cela pour qu'il soit moins affaibli, et puisse rester plus longtemps dans l'eau. Il se déclare ordinairement une sueur abondante, qu'on essuie de temps en temps au visage avec une éponge ; et le terme de ce bain est indiqué par un commencement de lassitude. On oint ensuite le malade avec beaucoup d'huile, et on enveloppe, avec de la laine mollement cardée et imbibée d'huile tiède, le pubis, les hanches, les aines et la plaie même, tout en laissant à demeure le linge dont on a déjà dû la recouvrir. On verse encore à plusieurs reprises de l'huile tiède sur l'appareil, pour soustraire la vessie à l'action du froid, et relâcher doucement les nerfs. Quelques chirurgiens font usage de cataplasmes chauds ; mais, en pesant sur la vessie, ils irritent la plaie, et ce poids devient plus nuisible que la chaleur qu'ils possèdent ne peut être utile. Par cette raison, il n'est pas même besoin d'appliquer aucun bandage. Le lendemain, si la respiration s'embarrasse, s'il y a rétention d'urine, si l'on remarque de bonne heure du gonflement au pubis, on en doit conclure qu'il y a dans la vessie du sang qui s'y est pris en caillot. Il faut alors, comme on l'a dit, introduire deux doigts dans l'anus, et secouer doucement la vessie, pour détacher ce sang caillé des parois et le diriger vers la plaie. Il est bon aussi, à l'aide d'une seringue à oreille qu'on place entre les bords de la plaie, de pousser dans la vessie des injections de nitre et de vinaigre ; car lorsqu'il y a des caillots sanguins, elles peuvent également en faciliter

---

Tum, virgini quidem, sub ima sinisteriore ora ; mulieri vero, inter urinæ iter et os pubis, incidendum est, sic, ut utroque loco plaga transversa sit. Neque terreri convenit, si plus ex muliebri corpore sanguinis profluit.

5. Calculo evulso, si valens corpus est, neque magnopere vexatum, sinere oportet sanguinem fluere, quo minor inflammatio oriatur : atque ingredi quoque eum paulum, non alienum est, ut excidat, si quid intus concreti sanguinis mansit. Quod si per se non destitit, rursus, ne vis omnis intereat, supprimi debet : idque protinus, in imbecillioribus, ab ipsa curatione faciendum est : siquidem, ut distentione nervorum periclitatur aliquis, dum vesica ejus agitatur ; sic alter metus excipit, remotis medicaminibus, ne tantum sanguinis profluat, ut occidat. Quod ne incidat, desidere is debet in acre acetum, cui aliquantum salis sit adjectum : sub quo et sanguis fere conquiescit, et adstringitur vesica, ideoque minus inflammatur. Quod si parum proficit, agglutinanda cucurbitula est, et inguinibus, et coxis, et super pubem. Ubi jam satis vel evocatus est sanguis, vel prohibitus, resupinus collocandus est, sic, ut caput humile sit, coxæ paulum excitentur : ac super vulnus imponendum est duplex aut triplex linteolum, aceto madens. Deinde, interpositis duabus horis, in solium is aquæ calidæ resupinus demittendus est, sic, ut a genibus ad umbilicum aqua teneat, cetera vestimentis circumdata sint ; manibus tantummodo pedibusque nudatis, ut et minus digeratur, et ibi diutius maneat. Ex quo sudor multus oriri solet ; qui spongia subinde in facie detergendus est : finisque ejus fomenti est, donec infirmando offendat. Tum multo oleo perungendus, inducendusque hapsus lanæ mollis, tepido oleo repletus, qui pubem, et coxas, et inguina, et plagam ipsam, contectam eodem ante linteolo, protegat : isque subinde oleo tepido madefaciendus est ; ut neque frigus ad vesicam admittat, et nervos leniter molliat. Quidam cataplasmatis calefacientibus utuntur. Ea plus pondere nocent, quo vesicam urgendo vulnus irritant, quam calore proficiunt. Ergo ne vinculum quidem ullum necessarium est. Proximo die, si spiritus difficilius redditur, si urina non excedit, si locus circa pubem mature intumuit, scire licet, in vesica sanguinem concretum remansisse. Igitur, demissis eodem modo digitis, leniter pertractanda vesica est, et discutienda, si qua coierunt : quo fit, ut per vulnus postea procedant. Non alienum etiam est, oriculario clystere acetum nitro mistum per plagam in vesicam compellere : nam sic quoque discutiuntur, si qua cruenta coierunt. Eaque facere etiam

l'expulsion. Si l'on craint en effet qu'il n'y ait à l'intérieur du viscère des concrétions sanguines, on devra dès le premier jour employer ces moyens ; et l'on aura même un motif de plus, si la faiblesse du malade ne lui a pas permis d'essayer l'influence de la marche pour débarrasser la vessie. Pour le surplus, on se conforme au traitement déjà prescrit, c'est-à-dire qu'on baigne le malade, et qu'on applique, comme on l'a dit, un linge d'abord, puis de la laine cardée. Toutefois l'enfant sera baigné moins souvent, et tenu moins longtemps dans l'eau que l'adolescent ; le sujet faible, moins que le sujet robuste ; la personne affectée d'une inflammation légère, moins aussi que celle qui est gravement atteinte ; et celui dont le corps est habituellement relâché, moins enfin que tel autre qui est naturellement resserré. Au milieu de ces circonstances diverses, si le sommeil est bon, la respiration égale, la langue humide, la soif modérée ; si le bas-ventre ne se tend pas, que la douleur soit supportable et la fièvre sans intensité, cela permet d'espérer que l'opération sera suivie de succès. L'inflammation alors disparaît le plus souvent vers le cinquième ou septième jour, et, lorsqu'elle a cessé, le bain devient inutile. Il faut seulement faire conserver au malade le décubitus dorsal, et bassiner sa plaie avec de l'eau chaude, pour empêcher l'urine de produire des excoriations. On applique ensuite des suppuratifs, et si la plaie paraît devoir être détergée, on la panse avec du miel, sauf à le mitiger avec de l'huile rosat s'il est trop excitant. Le remède le plus convenable en pareil cas est l'emplâtre ennéapharmaque ; car il contient du suif pour favoriser la suppuration, et du miel pour déterger la plaie ; il y entre aussi de la moelle, et celle du veau surtout, qui réussit très-bien à prévenir la formation des fistules. A ce moment, il n'est plus nécessaire d'appliquer un linge sur la plaie ; et il ne sert plus alors qu'à recouvrir les topiques qu'il maintient. Mais dès que la plaie se trouve bien détergée, on cherche à la cicatriser en ne faisant usage que de charpie sèche. Lorsque l'opération n'est pas heureuse cependant, c'est vers la même époque que divers accidents se manifestent. On peut les présager dès le début, s'il y a insomnie continuelle, embarras de la respiration, sécheresse de la langue, soif ardente, tuméfaction du bas-ventre, état béant de la plaie ; si cette plaie devient insensible au contact de l'urine, et s'il s'en détache avant le troisième jour quelque chose de livide ; si le malade ne répond pas ou ne répond que lentement ; si les douleurs sont violentes ; si, passé le cinquième jour, il y a fièvre intense ; si le dégoût des aliments persiste, et si le patient se trouve mieux couché sur le ventre. Rien de plus grave cependant que les phénomènes convulsifs, et que les vomissements bilieux qui surviennent avant le neuvième jour. Aussi faut-il, dès qu'on a la crainte d'une inflammation, tâcher de la prévenir par la diète, puis par un choix sévère d'aliments donnés en petite quantité, et, pour seconder le régime, recourir aux fomentations et aux autres moyens que déjà nous avons prescrits.

XXVII. Ce qu'on a le plus à redouter ensuite, c'est la gangrène. On reconnaît qu'elle existe lorsque par l'incision, et par la verge même, s'écoule une sanie fétide, dans laquelle on trouve et des matières assez semblables à des caillots sanguins, et de petites caroncules, qui ont l'apparence de flocons de laine. Joignez à cela les caractères suivants : sécheresse des bords de la plaie, douleur aux aines, persistance de la fièvre

---

primo die convenit, si timemus, ne quid intus sit : maximeque, ubi ambulando id elicere imbecillitas prohibuit. Cetera eadem facienda sunt : ut demittatur in solium, ut eodem modo panniculus, eodem lana superinjiciatur. Sed neque sæpe, neque tamdiu in aqua calida puer habendus, quam adolescens est ; infirmus, quam valens ; levi, quam graviore inflammatione affectus ; is, cujus corpus digeritur, quam is, cujus adstrictum est. Inter hæc vero, si somnus est, et æqualis spiritus, et madens lingua, et sitis modica, si venter imus sedet, et mediocris est cum febre modica dolor, scire licet, recte curationem procedere. Atque in his inflammatio fere quinto vel septimo die finitur : qua levata, solium supervacuum est : supini tantummodo vulnus aqua calida fovendum est, ut, si quid urinæ rodit, eluatur. Imponenda autem medicamenta sunt pus moventia ; et, si purgandum ulcus videbitur, melle linendum. Id si rodet, rosa temperabitur. Huic curationi aptissimum videtur enneapharmacum emplastrum : nam et sevum habet ad pus movendum, et mel ad ulcus repurgandum : medullam etiam, maximeque vitulinam ; quod in id, ne fistula relinquatur, præcipue proficit. Linamenta vero tum super ulcus non sunt necessaria ; super medicamentum, ad id continendum, recte imponuntur. At ubi ulcus purgatum est, puro linamento ad cicatricem perducendum est. Quibus temporibus tamen, si felix curatio non fuit, varia pericula oriuntur. Quæ præsagire protinus licet, si continua vigilia est, si spiritus difficultas, si lingua arida est, si sitis vehemens, si venter imus tumet, si vulnus hiat, si transfluens urina id non rodit, si similiter ante tertium diem quædam livida excidant, si is aut nihil aut tarde respondet, si vehementes dolores sunt, si post diem quintum magnæ febres urgent, et fastidium cibi permanet, si cubare in ventrem jucundius est. Nihil tamen pejus est distentione nervorum, et, ante nonum diem, vomita bilis. Sed cum inflammationis sit metus, succurri abstinentia, modicis et tempestivis cibis ; inter hæc, fomentis, et quibus supra scripsimus, oportet.

XXVII. Proximus cancri metus est. Is cognoscitur, si, et per vulnus, et per ipsum colem, fluit sanies mali odoris, cumque ea quædam a concreto sanguine non abhorrentia, tenuesque carunculæ lanulis similes : præter hæc, si oræ vulneris aridæ sunt, si dolent inguina, si febris non desinit, eaque in noctem augetur, si inordinati horrores accedunt. Considerandum autem est, in quam partem

avec redoublement dans la nuit, et frissons irréguliers. Il importe de bien déterminer la direction du mal. S'il tend à gagner la verge, cette partie devient dure, rouge et douloureuse au toucher, et les testicules se gonflent. S'il envahit la vessie, on ressent de la douleur au siége, il y a de l'induration au haut des cuisses, et les jambes ne s'étendent plus qu'avec peine. Si l'un des côtés de la plaie est affecté de gangrène, l'état morbide est alors appréciable aux regards, et les symptômes, également prononcés à droite ou à gauche, sont les mêmes que dans les cas précédents, et seulement moins intenses. Il faut commencer par placer convenablement le malade; c'est-à-dire qu'on donnera toujours la position la plus élevée à la partie menacée de gangrène. Ainsi, le malade sera couché sur le dos si le mal se dirige vers la verge; sur le ventre, s'il attaque la vessie; et, s'il occupe un des côtés de la plaie, sur celui qui restera intact. Passant ensuite aux moyens curatifs, il faut faire prendre au malade un bain préparé avec une décoction de marrube, de cyprès ou de myrte, et se servir du même liquide pour l'injecter dans la vessie. Cela fait, on applique des cataplasmes de lentille et d'écorce de grenade qu'on a fait bouillir ensemble dans du vin; ou des feuilles de ronces et d'olivier traitées de même par ébullition. On fait usage aussi de quelques-uns des topiques auxquels nous avons attribué la propriété de réprimer et de déterger les chancres; et ceux de ces remèdes qui sont à l'état pulvérulent doivent être insufflés sur le mal avec un roseau à écrire. Dès que la gangrène ne cherche plus à s'étendre, on doit déterger l'ulcère avec l'hydromel, et ne jamais employer de cérat, parce qu'en relâchant les parties il les rend plus accessibles à l'action du mal. Mieux vaut alors faire des lotions avec un mélange de vin et de plomb lavé, puis recouvrir la plaie d'un linge trempé dans la même préparation. Ces remèdes peuvent conduire à la guérison; mais on ne doit pas ignorer que dans ces cas de gangrène l'estomac se trouve souvent affecté, en raison de la sympathie qui existe entre cet organe et la vessie. De là résulte que le malade n'a plus le pouvoir de garder ses aliments, ou que le peu qu'il conserve n'est pas digéré, et que le corps ne prend plus de nourriture; par une conséquence naturelle, la plaie ne peut ni se déterger, ni faire place à de nouvelles chairs, et ce concours de circonstances amène inévitablement une mort prochaine. Mais l'impuissance où l'on est de triompher de pareils accidents, n'empêche pas de prendre dès le premier jour les précautions convenables; et l'attention devra se porter notamment sur le boire et le manger. Ainsi, dans le commencement, on n'accordera que des aliments humectants; puis on permettra ceux de la classe moyenne, dès que l'ulcère sera détergé. Quant aux légumes et aux salaisons, ils sont constamment contraires. Les boissons doivent être données dans une juste mesure; car si le malade ne boit pas assez, la plaie s'enflamme, le sommeil se perd, et les forces déclinent; et s'il boit trop, la vessie se trouve fréquemment remplie, et par cela même irritée. On conçoit trop bien que l'eau doit constituer la seule boisson, pour qu'il soit nécessaire de le répéter. La constipation, il est vrai, est la conséquence ordinaire de ce régime; mais on donne alors en lavement une décoction de fenugrec ou de mauve. On peut, au moyen d'une seringue à oreille, se servir aussi de cette décoction mêlée à de l'huile rosat pour l'injecter dans la plaie, lorsque l'urine en irrite les bords et les empêche de

---

cancer is fendat. Si ad colem, indurescit is locus, et rubet, et tactu dolorem excitat, testiculique intumescunt : si in ipsam vesicam, ani dolor sequitur, coxæ duræ sunt, non facile crura extendi possunt : si in alterutrum latus, oculis id expositum est, paresque utrimque easdem notas, sed minores, habet. Primum autem ad rem pertinet corpus recte jacere, ut superior pars semper ea sit, in quam vitium fertur. Ita, si ad colem it, supinus is collocari debet; si ad vesicam, in ventrem; si in latus, in id, quod integrius est. Deinde, ubi ventum fuerit ad curationem, homo in aquam demittetur, in qua marrubium decoctum sit, aut cupressus, aut myrtus; idemque humor clystere intus adigetur : tum superponetur lenticula cum malicorio mista; quæ utraque ex vino decocta sint; vel rubus, aut oleæ folia, eodem modo decocta; aliave medicamenta, quæ ad cohibendos purgandosque cancros proposuimus. Ex quibus, si qua arida sunt, per scriptorium calamum inspirabuntur. Ubi stare cœperit cancer, mulso vulnus eluetur : vitabiturque eo tempore ceratum, quod, ad recipiendum id malum, corpus emollit : potius plumbum elotum cum vino inungetur; superque idem linteolo illitum imponetur. Sub quibus pervenire ad sanitatem potest : cum eo tamen, quod non ignoremus, orto cancro sæpe affici stomachum, cui cum vesica quædam consortio est : exque eo fieri, ut neque retineatur cibus, neque, si quis retentus est, concoquatur, neque corpus alatur; ideoque ne vulnus quidem aut purgari, aut ali possit : quæ necessario mortem maturant. Sed ut his succurri nullo modo potest, sic a primo tamen die tenenda ratio curationis est. In qua quædam observatio, ad cibum quoque potionemque pertinens, necessaria est. Nam cibus inter principia, non nisi humidus dari debet : ubi ulcus purgatum est, ex media materia : olera et salsamenta semper aliena sunt. Potione opus est, modica. Nam, si parum bibitur, accenditur vulnus, et vigilia urget, et vis corporis minuitur : si plus æquo assumitur, subinde vesica impletur, eoque irritatur. Non nisi aquam autem bibendam esse, manifestius est, quam ut subinde dicendum sit. Solet vero sub ejusmodi victu evenire, ut alvus non reddatur. Hæc aqua ducenda est, in qua vel fœnum Græcum, vel malva decocta sit. Idem humor rosa mistus in ipsum vulnus oriculario clystere agendus est, ubi id rodit urina, neque purgari patitur. Fere vero primo per vulnus exit hæc : deinde, eo sanescente, dividitur, et pars per colem descendere in-

se déterger. C'est presque toujours par la plaie que l'urine s'échappe dans les premiers temps; puis, à mesure que l'incision avance vers la guérison, elle se divise pour sortir en partie par l'urètre, jusqu'à ce que l'autre voie soit complètement fermée. Ce résultat s'observe quelquefois au bout de trois mois; mais d'autres fois il n'arrive pas avant le sixième mois, ou se fait même attendre une année entière. Il ne faut renoncer à l'espoir d'obtenir une cicatrice définitive que lorsque le col a souffert une violente rupture, ou lorsqu'on a vu se détacher après la gangrène, et cela dans une proportion notable, de grands débris de chair et de parties nerveuses. Il importe essentiellement de prévenir sur ce point la formation d'une fistule, ou de la réduire du moins aux plus étroites limites. Aussi, dès que la plaie commence à se cicatriser, le malade doit rester couché, les cuisses et les jambes étendues; à moins que les calculs dont on a fait l'extraction ne fussent mous et sablonneux. Dans ce cas, en effet, la vessie se débarrassant avec plus de lenteur, il devient nécessaire de maintenir plus longtemps l'ouverture de la plaie, et de ne laisser la cicatrice s'établir que lorsque les urines ne charrient plus aucun gravier. Permettre à la plaie de se réunir avant que la vessie soit bien détergée, c'est provoquer le retour des douleurs et de l'inflammation; et l'on est alors obligé de rétablir la division avec les doigts ou le dos d'une sonde, afin de frayer une issue aux fragments qui font souffrir le malade. Une fois ces corps expulsés, si les urines restent claires pendant un certain temps, on peut enfin recourir aux cicatrisants, en tenant, comme je viens de le dire, les jambes et les cuisses étendues, et aussi rapprochées que possible. Quand les accidents dont j'ai parlé font redouter une fistule, il faut, pour en obtenir l'occlusion, ou tout au moins pour la restreindre, introduire dans l'anus une canule de plomb, puis tenir les jambes étendues et liées entre elles, jusqu'à ce que la cicatrice soit définitivement ce qu'elle doit être.

XXVIII. Ces affections, il est vrai, sont communes aux deux sexes; mais quelques autres sont le partage exclusif de la femme. Il peut se faire, notamment, que la réunion des bords de la vulve ne lui permette pas de recevoir les approches de l'homme. C'est quelquefois dans le sein de la mère qu'il faut chercher l'origine de ce vice de conformation; mais d'autres fois il arrive qu'à la suite d'ulcérations des parties naturelles, et par le fait d'un mauvais traitement, les lèvres ne se guérissent qu'en contractant des adhérences entre elles. Quand l'occlusion vient de naissance, c'est une membrane qui ferme l'entrée du vagin; au lieu que le même espace est rempli par une substance charnue, quand cette disposition vicieuse succède à des ulcérations. Dans le premier cas, on divise la membrane au moyen de deux incisions qui se croisent obliquement comme les lignes de la lettre X; on a grand soin de ne pas ouvrir le conduit urinaire, puis on excise chaque lambeau. S'il s'agit d'une substance charnue, il faut la fendre dans le sens longitudinal, et saisir un des bords de l'incision avec des pinces ou une érigne, pour en détacher une bandelette. On introduit ensuite dans la plaie une tente oblongue (*lemnisque* des Grecs), trempée dans du vinaigre, par-dessus laquelle on assujettit une laine grasse, également imbibée de vinaigre. Le troisième jour, on lève l'appareil, et le pansement a lieu comme pour toute autre plaie. Lorsque celle-ci tend à guérir, on place entre les lèvres une canule de plomb, enduite d'un remède cicatrisant; et l'on se sert, en topique, du

---

cipit, donec ex toto plaga claudatur. Quod interdum tertio mense, interdum non ante sextum, nonnumquam exacto quoque anno fit. Neque desperari debet solida glutinatio vulneris, nisi ubi aut vehementer rupta cervix est, aut ex cancro multæ magnæque carunculæ, simulque nervosa aliqua exciderunt. Sed, ut vel nulla ibi fistula, vel exigua admodum relinquatur, summa cura providendum est. Ergo, cum jam ad cicatricem vulnus intendit, extentis jacere feminibus et cruribus oportet; nisi tamen molles arenosive calculi fuerunt. Sub his enim tardius vesica purgatur: ideoque diutius plagam patere necessarium est; et tum demum, ubi jam nihil tale extra fertur, ad cicatricem perduci. Quod si, antequam vesica purgata est, oræ se glutinarunt, dolorque et inflammatio redierunt, vulnus digitis vel averso specillo diducendum est; ut torquentibus exitus detur: hisque effusis, cum diutius pura urina descendit, tum demum, quæ cicatricem inducant, imponenda sunt; extendendique, ut supra docui, pedes, quam maxime juncti. Quod si fistulæ metus, ex his causis quas proposui, subesse videbitur, quo facilius claudatur ea, vel certe coangustetur, in anum quoque danda plumbea fistula est, extentisque cruribus femina talique inter se deligandi sunt, donec, qualis futura est, cicatrix sit.

XXVIII. Et hoc quidem commune esse maribus et fœminis potest. Proprie vero quædam ad fœminas pertinent: ut in primis, quod earum naturalia nonnumquam, inter se glutinatis oris, concubitum non admittunt. Idque interdum evenit protinus in utero matris: interdum exulceratione in his partibus facta, et per malam curationem his oris sanescendo junctis. Si ex utero est, membrana ori vulvæ opposita est: si ex ulcere, caro id replevit. Oportet autem membranam duabus lineis, inter se transversis, incidere ad similitudinem litteræ X, magna cura habita, ne urinæ iter violetur: deinde undique eam membranam excidere. At si caro increvit, necessarium est recta linea patefacere: tum ab ora vel vulsella vel hamo apprehensa, tamquam habenulam excidere; et intus implicitum in longitudinem linamentum (ληµνίσκον Græci vocant) in aceto tinctum demittere; supraque succidam lanam aceto madentem deligare: tertio die solvere ulcus, et, sicut alia ulcera, curare. Cumque jam ad sanitatem tendet, plumbeam fistulam medicamento cicatricem inducente illinere,

même médicament jusqu'à la formation de la cicatrice.

XXIX. Lorsque, dans la grossesse, l'enfant venu presque à terme meurt dans le sein de la mère, et ne peut en sortir par un travail naturel, il faut bien se résoudre à l'opération, et la chirurgie n'en a pas de plus difficile. Elle exige, en effet, une rare prudence et des ménagements extrêmes, parce qu'elle fait courir un immense danger. Mais ici, comme en bien d'autres cas, on est amené à reconnaître combien est admirable la structure de la matrice (13). On doit d'abord, la femme étant couchée sur le dos, la placer en travers du lit, les cuisses fléchies sur les flancs. Le bas-ventre se trouve alors en face du chirurgien, et dans cette situation l'enfant est poussé vers l'orifice de la matrice. Cet orifice, il est vrai, se resserre sur le fœtus mort, mais par intervalle il s'entr'ouvre un peu. Mettant cette circonstance à profit, le chirurgien doit, après avoir huilé la main entière, introduire d'abord dans l'utérus le doigt index qu'il y maintient, jusqu'à ce que de nouvelles dilatations du col lui permettent d'insinuer un second doigt, et successivement toute la main. Le succès de cette manœuvre est puissamment aidé par la grandeur de la matrice et la vigueur de ses muscles, non moins que par l'habitude générale du corps et la fermeté d'âme de la malade. Ces conditions sont même d'autant plus utiles, qu'on est quelquefois obligé d'introduire les deux mains. Il est encore essentiel de tenir le bas-ventre et les extrémités aussi chauds que possible, et, sans attendre que l'inflammation se déclare, d'agir quand le cas est récent; car si déjà les parties sont gonflées, on ne peut qu'avec une extrême difficulté introduire la main et retirer l'enfant. Souvent alors il survient des vomissements, des tremblements et des convulsions mortelles. Lorsque la main engagée dans la matrice a rencontré le fœtus mort, elle reconnaît aussitôt la position qu'il occupe; car il présente ou la tête, ou les pieds, ou bien il est placé en travers; mais, dans ce dernier cas, il est presque toujours facile d'atteindre un pied ou une main. Le but du chirurgien est d'amener l'enfant à présenter la tête, ou même les pieds, dans la situation opposée. S'il n'a pu saisir qu'un pied ou une main, il doit redresser l'enfant; c'est-à-dire que s'il tient une main, il le tournera pour avoir la tête, et s'il n'a qu'un pied, il fera la version pour avoir l'autre. Ensuite, si la tête est à proximité, il se servira d'un crochet mousse et poli pour l'enfoncer dans un œil, une oreille, dans la bouche, quelquefois même dans le front; puis, tirant sur ce crochet, il ramènera l'enfant. Il ne faut pas cependant exercer ces tractions en tout temps; et si l'on veut, en effet, s'y livrer quand l'orifice de la matrice est resserré et qu'il refuse de s'ouvrir, l'instrument s'échappe en déchirant l'enfant, et vient froisser l'orifice même avec la partie recourbée. De là naissent des convulsions qui mettent la malade en péril de mort. On doit donc s'arrêter quand la matrice se resserre, tirer doucement lorsqu'elle se dilate, et profiter ainsi des instants de relâchement pour amener l'enfant par degrés. C'est avec la main droite qu'on tire sur le crochet, pendant que la gauche, placée dans l'utérus, sert à diriger l'enfant. Il peut encore arriver que le corps du fœtus soit distendu par un liquide, et qu'il s'en écoule une sanie fétide. Dans ce cas on déchire les téguments avec l'in-

---

eamque intus dare : supraque idem medicamentum injicere, donec ad cicatricem plaga perveniat.

XXIX. Ubi conceipt autem aliqua, si jam prope maturus partus intus emortuus est, neque excidere per se potest, adhibenda curatio est : quæ numerari inter difficillimas potest. Nam et summam prudentiam moderationemque desiderat, et maximum periculum affert. Sed vulvæ natura mirabilis, cum in multis aliis, tum in hac re quoque facile cognoscitur. Oportet autem ante omnia resupinam mulierem transverso lecto sic collocare, ut feminibus ejus ipsius ilia comprimantur : quo fit, ut et imus venter in conspectu medici sit, et infans ad os vulvæ compellatur; quæ, emortuo partu, id comprimit : ex intervallo vero paulum dehiscit. Hac occasione usus medicus, unctæ manus indicem digitum primum debet inserere, atque ibi continere, donec iterum id os aperiatur, rursusque alterum digitum demittere debebit, et per easdem occasiones alios, donec tota esse intus manus possit. Ad cujus rei facultatem multum confert et magnitudo vulvæ, et vis nervorum ejus, et corporis totius habitus, et mentis etiam robur : cum præsertim nonnumquam etiam duæ manus dari debeant. Pertinet etiam ad rem, quam calidissimum esse imum ventrem, et extrema corporis ; nequedum inflammationem cœpisse, sed recenti re protinus adhiberi medicinam. Nam, si corpus jam intumuit, neque demitti manus, neque educi infans, nisi ægerrime potest : sequiturque sæpe cum vomitu, et cum tremore, mortifera nervorum distentio. Verum intus emortuo corpori manus injecta protinus habitum ejus sentit : nam aut in caput, aut in pedes conversum est; aut transversum jacet ; fere tamen sic, ut vel manus ejus, vel pes in propinquo sit. Medici vero propositum est, ut eum manu dirigat vel in caput, vel etiam in pedes, si forte aliter compositus est. Ac, si nihil aliud est, manus vel pes apprehensus, corpus rectius reddit : nam manus in caput, pes in pedes eum convertit. Tum, si caput proximum est, demitti debet uncus, undique lævis, acuminis brevis, vel oculo, vel auri, vel ori, interdum etiam fronti recte injicitur; deinde attractus infantem educit. Neque tamen quolibet is tempore extrahi debet. Nam, si compresso vulvæ ore id tentatum est, non emittente eo, infans abrumpitur, et unci acumen in ipsum os vulvæ delabitur; sequiturque nervorum distentio, et ingens periculum mortis. Igitur, compressa vulva, conquiescere; hiante, leniter trahere oportet ; et per has occasiones paulatim eum educere. Trahere autem dextra manus uncum ; sinistra, intus posita, infantem ipsum, simulque dirigere eum debet. Solet etiam evenire, ut is infans humore distendatur, exque eo pro-

dex, pour diminuer le volume de l'enfant, en évacuant les humeurs ; après quoi il faut tâcher d'en faire doucement l'extraction avec les mains seulement ; car le crochet, en pénétrant dans ce faible corps atteint de putréfaction, échapperait facilement, et c'est un accident dont je viens de signaler le danger. Quand les pieds se présentent, il n'est pas difficile d'avoir l'enfant, puisqu'il suffit de le tirer avec les mains par ces extrémités. Mais s'il est placé en travers, et qu'on ne puisse le redresser, il faut appliquer le crochet sous l'aisselle, et l'attirer graduellement. En agissant ainsi, le cou se replie ordinairement, et la tête se porte en arrière. On a la ressource alors de couper le cou de l'enfant, afin d'extraire isolément la tête et le tronc. On se sert pour cela d'un instrument semblable au premier, avec cette différence seulement que la partie recourbée est tout à fait tranchante. Il faut s'y prendre de manière à faire sortir la tête d'abord, et le corps ensuite ; parce qu'en commençant par extraire le tronc, on laisserait presque toujours retomber la tête au fond de la matrice, d'où elle ne pourrait plus être arrachée qu'avec le plus grand péril. Le cas arrivant toutefois, il faudrait, après avoir couvert le ventre de la femme d'un linge double, placer à sa gauche un homme intelligent et robuste, qui, de ses deux mains appuyées l'une sur l'autre, aurait à comprimer le bas-ventre, de telle sorte que la tête refoulée vers l'orifice utérin pût être amenée au dehors à l'aide du crochet, comme on l'a dit plus haut. Si le chirurgien ne rencontre qu'un pied, l'autre étant replié sur le corps, il doit retrancher peu à peu tout ce qui sort de la matrice ; si les fesses viennent peser sur l'orifice, il doit aussi les repousser, et rechercher l'autre pied pour faire l'extraction. Il peut s'offrir encore d'autres difficultés qui, ne permettant pas d'extraire le corps en entier, obligent à l'arracher par parties. Mais toutes les fois qu'on vient à bout d'amener l'enfant, on le confie à un aide qui le tient couché sur ses mains ; de son côté le chirurgien fait de la main gauche des tractions ménagées sur le cordon ombilical, pour éviter de le rompre ; et, de la main droite, il l'accompagne jusqu'aux *secondines*, qui servaient d'enveloppe au fœtus dans le sein de la mère. Saisissant ensuite cet arrière-faix, il détache de la matrice, avec les mêmes précautions, les petites veines et les productions membraneuses, et fait l'extraction du tout, sans oublier les caillots sanguins qui peuvent rester à l'intérieur. La délivrance de la malade opérée, on lui fait rapprocher les cuisses l'une de l'autre, et on la place dans une chambre d'une température modérée, et à l'abri de tout courant d'air. On applique ensuite sur le bas-ventre de la laine en suint, trempée dans du vinaigre et de l'huile rosat. Pour le surplus, on se conforme au traitement suivi dans les inflammations et les blessures des parties nerveuses.

XXX. 1. Les maladies de l'anus, quand elles ne cèdent point aux remèdes, réclament aussi les secours de la chirurgie. Ainsi contre les fissures qui sont devenues avec le temps dures et calleuses, ce qu'il y a de mieux à faire, c'est d'administrer des lavements, d'appliquer sur le mal une éponge imbibée d'eau chaude, afin d'amollir les rhagades et de les faire saillir au dehors ; puis, dès qu'elles sont visibles, de les exciser l'une après l'autre. On renouvelle par là les ulcères, que l'on panse ensuite avec de la charpie molle ; par-

fluat fœdi odoris sanies. Quod si tale est, indice digito corpus illud forandum est, ut, effuso humore, extenuetur : tum id leniter per ipsas manus recipiendum est. Nam uncus injectus facile hebeti corpusculo elabitur : in quo quid periculi sit, supra positum est. In pedes quoque conversus infans non difficulter extrahitur ; quibus apprehensis per ipsas manus commode educitur. Si vero transversus est, neque dirigi potuit, uncus alæ injiciendus, paulatimque attrahendus est. Sub quo fere cervix replicatur, retroque caput ad reliquum corpus spectat. Remedio est, cervix præcisa ; ut separatim utraque pars auferatur. Id unco fit, qui, priori similis, in interiore tantum parte per totam aciem exacuitur. Tum id agendum est, ut ante caput, deinde reliqua pars auferatur : quia fere, majore parte extracta, caput in vacuam vulvam prolabitur, extrahique sine summo periculo non potest. Si tamen id incidit, super ventrem mulieris duplici panniculo injecto, valens homo, non imperitus, a sinistro latere ejus debet assistere, et super imum ventrem ejus duas manus imponere, alteraque alteram premere : quo fit, ut illud caput ad os vulvæ compellatur ; idque eadem ratione, quæ supra posita est, unco extrahitur. At si pes alter juxta repertus est, alter retro cum corpore est, quidquid protractum est, paulatim abscindendum est : et, si clunes os vulvæ urgere cœperunt, iterum retro repellendæ sunt, conquisitusque pes ejus adducendus. Aliæque etiamnum difficultates faciunt, ut, qui solidus non exit, concisus eximi debeat. Quoties autem infans protractus est, tradendus ministro est. Is eum supinis manibus sustinere ; medicus deinde sinistra manu leniter trahere umbilicum debet, ita, ne abrumpat, dextraque eum sequi usque ad eas, quas secundas vocant, quod velamentum infantis intus fuit ; hisque ultimis apprehensis, venulas membranulasque omnes eadem ratione manu diducere a vulva, totumque illud extrahere, et si quid intus præterea concreti sanguinis remanet. Tum compressis in unum feminibus, illa conclavi collocanda est, modicum calorem, sine ullo perflatu, habente : super imum ventrem ejus imponenda lana succida, in aceto et rosa tincta. Reliqua curatio talis esse debet, qualis in inflammationibus, et in iis vulneribus, quæ in nervosis locis sunt, adhibetur.

XXX. 1. Ani quoque vitia, ubi medicamentis non vincuntur, manus auxilium desiderant. Ergo, si qua scissa in eo vetustate inhorruerunt, jamque callum habent, commodissimum est, ducere alvum ; tum spongiam calidam admovere, ut relaxentur illa, et foras prodeant : ubi in conspectu sunt, scalpello singula excidere, et ulcera renovare ; deinde imponere linamentum molle, et super linteo-

dessus on applique un linge enduit de miel, recouvert à son tour d'une laine bien cardée, et le tout est maintenu par un bandage. Le lendemain et les jours suivants, on fait usage des topiques émollients que j'ai recommandés ailleurs contre ces fissures, lorsqu'elles sont récentes. Dans le commencement, on ne doit soutenir le malade qu'avec des crèmes farineuses ; et, tout en rendant par degrés le régime plus substantiel, on n'accordera que les aliments dont il est question au même endroit. Si ces rhagades s'enflamment et suppurent, il faut les inciser dès que la suppuration se manifeste, dans la crainte qu'elle ne s'étende jusqu'à l'anus même. Mais encore faut-il attendre que l'abcès soit mûr ; car, en l'ouvrant trop tôt, on ajoute singulièrement à la violence de l'inflammation, et l'écoulement du pus devient par là beaucoup plus abondant. Les plaies après l'opération seront pansées avec les remèdes émollients indiqués ci-dessus ; et le régime alimentaire sera de même adoucissant.

2. Lorsque les tubercules appelés *condylômes* sont à l'état d'induration, voici la marche à suivre : On prescrit d'abord des lavements, et, saisissant ensuite le tubercule avec des pinces, on le coupe à la racine. Cela fait, on observe le traitement que j'ai conseillé après ces opérations ; seulement, s'il survient quelques excroissances, on les réprime avec l'écaille de cuivre.

3. C'est par le procédé suivant qu'on enlève les hémorroïdes, qui entretiennent un flux de sang. Quand ce sang est mêlé de sanie, on donne d'abord des lavements âcres, afin que les orifices des veines, devenus par là plus saillants, se montrent sous forme de capitules. Alors, si ces tumeurs sont étroites à la base et d'un petit volume, il faut les lier avec un fil qu'on place à peu de distance de l'endroit où elles se joignent à l'anus. On les recouvre ensuite d'une éponge imbibée d'eau chaude, jusqu'à ce qu'elles soient livides ; puis on se sert de l'ongle ou du scalpel pour les ulcérer au-dessus de la ligature. Sans cette précaution, il survient de vives douleurs, et quelquefois même une difficulté d'uriner. Si les hémorroïdes sont plus grosses et plus larges à la base, on les saisit avec une ou deux érignes, et l'on en fait l'excision un peu au-dessus de la base même, de manière à ne rien laisser de la tumeur, et à ne rien emporter de l'anus ; double accident qui résulte de ce que les tractions exercées par les érignes sont ou trop fortes ou trop faibles. A l'endroit même de l'excision, on traverse les tissus avec une aiguille, et l'on applique une ligature au-dessous. S'il n'y a que deux ou trois hémorroïdes, on emporte d'abord la plus profonde ; mais s'il s'en trouve un plus grand nombre, on ne doit pas les enlever à la fois, car tout le pourtour de l'anus serait dans le même moment envahi par des cicatrices sans résistance. On étanchera le sang, s'il y a lieu, avec une éponge ; après quoi l'on fera des applications de charpie. Des onctions seront pratiquées sur les cuisses, les aines et toutes les parties qui avoisinent l'ulcère ; l'ulcère lui-même sera recouvert de cérat et de farine d'orge chaude, que l'on maintiendra avec un bandage. Le lendemain on doit faire prendre un bain de siége et renouveler les cataplasmes. Deux fois par jour, avant et après le pansement, il faudra faire des onctions sur les hanches (14) et les cuisses avec du cérat liquide, en tenant le malade dans un endroit chaud. Au bout de cinq ou six jours, on enlève

lum illitum melle ; locumque eum molli lana implere, et ita vincire : altero die, deincepsque ceteris, lenibus medicamentis uti, quæ ad recentia eadem vitia necessaria esse, alias proposui : et utique per primos dies sorbitionibus eum sustinere ; paulatim deinde cibis adjicere aliquid, generis tamen ejus, quod eodem loco præceptum est. Si quando autem ex inflammatione pus in his oritur, ubi primum id apparuit, incidendum est, ne anus ipsa suppuret. Neque tamen ante properandum est : nam, si crudum incisum est, inflammationi multum accidit, et puris aliquanto amplius concitatur. His quoque vulneribus, lenibus cibis, iisdemque medicamentis opus est.

2. At tubercula, quæ κονδυλώματα appellantur, ubi induruerit, hac ratione curantur. Alvus ante omnia ducitur : tum vulsella tuberculum apprehensum, juxta radices exciditur. Quod ubi factum est, eadem sequuntur, quæ supra post curationem adhibenda esse proposui : tantummodo, si quid increscit, squama æris coercendum est.

3. Ora etiam venarum, fundentia sanguinem, sic tolluntur. Ubi sanguini, qui effluit, sanies adjicitur, alvus acribus ducitur, quo magis ora promoveantur : coque fit, ut omnia venarum quasi capitula conspicua sint. Tum, si capitulum exiguum est, basimque tenuem habet, adstringendum lino paulum supra est, quam ubi cum ano committitur : imponenda spongia ex aqua calida est, donec id liveat : deinde aut ungue, aut scalpello, supra nodum id exulcerandum est. Quod nisi factum est, magni dolores subsequuntur : interdum etiam urinæ difficultas. Si id majus est, et basis latior, hamulo uno aut altero excipiendum est, paulumque supra basim incidendum, neque relinquendum quidquam ex eo capitulo, neque quidquam ex ano demendum est : quod consequitur is, qui neque nimium, neque parum hamos ducit. Qua incisum est, acus debet immitti, infraque eam lino id capitulum alligari. Si duo triave sunt, imum quodque primum curandum est : si plura, non omnia simul ; ne tempore eodem undique teneræ cicatrices sint. Si sanguis profluit, excipiendus est spongia : deinde linamentum imponendum, ungenda femina, et inguina, et quidquid juxta ulcus est, ceratumque superdandum, et farina hordeacea calida implendus is locus, et sic deligandus est. Postero die is desidere in aqua calida debet, eodemque cataplasmate foveri. Ac bis die, et ante curationem, et post eam, coxendices ac femina liquido cerato perungenda sunt ; tepidoque is loco continendus. Interpositis quinque aut sex diebus, oricularo specillo linamenta educenda : si capitula simul

la charpie avec un cure-oreille; et si les hémorroïdes ne tombent point dans le même moment, on achève de les détacher avec les doigts. Il reste ensuite à cicatriser la plaie par les topiques adoucissants que j'ai fait connaître ailleurs; et, la guérison obtenue, on suit la marche qui se trouve également indiquée plus haut.

XXXI. Des maladies de l'anus, nous passons immédiatement à celles des jambes. Les membres inférieurs sont sujets à des varices qu'il n'est point difficile de faire disparaître. Quand j'ai parlé des dilatations veineuses de la tête et du ventre, je me suis réservé d'indiquer ici les moyens curatifs, parce qu'ils sont les mêmes pour toute la surface du corps. Je dirai donc que toute varice qui devient nuisible doit être réprimée par le feu, ou retranchée par l'instrument. La cautérisation est préférable lorsque la veine est droite; il vaut mieux y recourir encore si, malgré l'obliquité qu'elle présente, elle se trouve isolée, et d'un volume médiocre. Si, au contraire, les varices sont flexueuses au point même de former des espèces de circonvolutions et d'entrelacements, il est plus utile de les exciser. Voici la manière de cautériser: on incise les téguments, et, après avoir mis la veine à découvert, on la touche modérément avec un fer rouge, dont l'extrémité est mince et obtuse. On évitera facilement de brûler les bords de la plaie en les tenant écartés au moyen d'érignes. On laisse environ quatre doigts de distance entre ces érignes qu'on dispose sur tout le trajet de la veine; et quand la cautérisation est faite, on fait usage des remèdes employés contre les brûlures. Voici maintenant comment on pratique l'excision. Après avoir divisé la peau comme dans le cas précédent, on saisit les bords de la division avec les crochets; puis on a recours au scalpel pour isoler entièrement la veine des parties qui l'entourent, sans toutefois la blesser elle-même. Cela fait, on glisse des crochets mousses au-dessous du vaisseau, en maintenant entre eux la distance dont on vient de parler. Pour connaître la direction des varices, il suffit de soulever le crochet, et lorsqu'on a constaté par ce moyen tous les points variqueux, on coupe la veine à l'endroit où un crochet la soulève; on passe ensuite au crochet le plus proche, où l'on répète la même manœuvre; et la jambe étant ainsi débarrassée de toute varice, on rapproche les lèvres de la plaie, par-dessus lesquelles on applique un emplâtre agglutinatif.

XXXII. Lorsque, par un vice de naissance, ou par le fait d'une ulcération qui les affectait simultanément, les doigts ont contracté des adhérences entre eux, il faut les séparer avec le scalpel, et envelopper ensuite chacun d'eux d'un emplâtre dessiccatif, de telle sorte qu'ils puissent se cicatriser isolément. S'il s'agit d'un doigt ulcéré, et dont une cicatrice difforme a déterminé la flexion, il faut d'abord essayer des onguents; en cas d'insuccès (ce qui a lieu d'ordinaire lorsque la cicatrice est ancienne et que les tendons sont intéressés), on doit examiner si la flexion est produite par le raccourcissement des tendons ou de la peau. S'il y a lésion des tendons, on ne doit rien tenter, parce que le mal est sans remède. Si la cause ne réside que dans les téguments, on emportera toute la cicatrice, dont la forme presque toujours calleuse s'oppose à l'extension du doigt. Une fois celui-ci redressé, on favorise la formation d'une nouvelle cicatrice.

XXXIII. J'ai dit ailleurs que la gangrène pouvait se déclarer entre les extrémités supérieures et l'aisselle, ou bien entre les inférieures et les

---

non exciderunt, digito promovenda; tum lenibus medicamentis, iisdemque, quæ alibi posui, ulcera ad sanitatem perducenda. Finito vitio, quemadmodum agendum esset, jam alias superius exposui.

XXXI. Ab his ad crura proximus transitus est. In quibus orti varices non difficili ratione tolluntur. Huc autem et earum venularum, quæ in capite nocent; et eorum varicum, qui in ventre sunt, curationem distuli: quoniam ubique eadem est. Igitur vena omnis, quæ noxia est, aut adusta tabescit, aut manu eximitur. Si recta; si, quamvis transversa, tamen simplex; si modica est, melius aduritur. Si curva est, et velut in orbes quosdam implicatur, plures que inter se involvuntur, utilius eximere est. Adurendi ratio hæc est. Cutis superinciditur: tum patefacta vena, tenui et retuso ferramento candente modice premitur; vitaturque ne plagæ ipsius oræ adurantur: quas reducere hamulis facile est. Id interpositis fere quaternis digitis per totum varicem fit: et tum superimponitur medicamentum, quo adusta sanantur. At exciditur hoc modo. Cute eadem ratione super venam incisa, hamulo oræ excipiuntur; scalpelloque undique a corpore vena diducitur; caveturque, ne inter hæc ipsa lædatur; eique retusus hamulus subjicitur; interpositoque eodem fere spatio, quod supra positum est, in eadem vena idem fit: quæ, quo tendat, facile hamulo extento cognoscitur. Ubi jam idem, quacumque varices sunt, factum est, uno loco adducta per hamulum vena præciditur: deinde, qua proximus hamus est, attrahitur et evellitur: ibique rursus abscinditur. Ac sic undique varicibus crure liberato, tum plagarum oræ committuntur, et super emplastrum glutinans injicitur.

XXXII. At, si digiti vel in utero protinus, vel propter communem exulcerationem postea cohæserunt, scalpello diducuntur: dein separatim uterque non pingui emplastro circumdatur: atque ita per se uterque sanescit. Si vero fuit ulcus in digito, posteaque male inducta cicatrix curvum eum reddidit, primum malagma tentandum est: dein, si id nihil prodest (quod et in veteri cicatrice, et, ubi nervi læsi sunt, evenire consuevit) videre oportet, nervine id vitium, an cutis sit. Si nervi attingi non debet: neque enim sanabile est. Si cutis, tota cicatrix excidenda; quæ fere callosa extendi digitum minus patiebatur; tum rectus sic ad novam cicatricem perducendus est.

XXXIII. Gangrænam inter ungues alasque, aut inguina nasci; et, si quando medicamenta vincuntur, membrum

aines, et qu'alors, si les médicaments ne triomphaient pas du mal, il fallait en venir à l'amputation du membre. Mais ce moyen est des plus périlleux ; car souvent, au milieu même de l'opération, le malade meurt d'hémorragie ou de syncope. Devant l'unique ressource qui se présente cependant, on n'a plus à considérer si elle laisse encore trop de chances à courir. Il faut donc inciser les chairs jusqu'à l'os, en coupant entre le mort et le vif ; mais on évitera d'une part de trop s'approcher de l'articulation, et de l'autre on aura soin d'empiéter sur les parties saines, plutôt que d'en laisser de gangrénées. Dès qu'on est arrivé sur l'os, il faut en détacher les chairs demeurées intactes par une incision circulaire, puis les refouler, afin de mettre l'os à nu dans une certaine longueur, et de le scier ensuite le plus près possible des parties saines qui y sont restées adhérentes. Après avoir enlevé de l'extrémité de l'os les petites esquilles produites par l'action de la scie, on abaisse la peau, et elle doit alors se trouver assez lâche pour recouvrir, si faire se peut, la totalité du moignon. Sur l'endroit qui serait à découvert, on appliquerait de la charpie, puis une éponge imbibée de vinaigre, et le tout serait maintenu par un bandage. Les autres soins à prendre ne diffèrent point de ceux qu'on a prescrits pour les blessures où l'on doit provoquer la suppuration.

LIVRE VIII.

I. Ce dernier livre appartient aux maladies des os, dont j'indiquerai d'abord la situation et la forme, pour mieux faire comprendre les faits qui s'y rattachent. En premier lieu se présente le crâne, concave en dedans, convexe en dehors, également poli par la face interne et externe, l'une recouvrant la membrane du cerveau, et l'autre étant recouverte par le cuir chevelu. De l'occiput aux tempes, les os du crâne n'ont qu'une seule table ; mais du front au sommet ils en ont deux. Durs à l'extérieur, ces os sont moins résistants à l'intérieur vers les points où ils se réunissent. Entre ces parties osseuses, se distribuent des veines chargées sans doute de les nourrir. Rarement trouve-t-on des crânes d'une seule pièce, c'est-à-dire sans sutures ; toutefois il s'en rencontre dans les pays chauds, et ce sont les plus solides et les mieux protégés contre la douleur. D'après cela, moins un crâne offrira de sutures, moins il y aura pour la tête d'accidents à craindre. On ne peut déterminer d'une manière constante le nombre et la situation de ces sutures ; mais en général il y en a au-dessus des oreilles deux qui séparent les tempes de la partie supérieure de la tête. Une troisième s'étend d'une oreille à l'autre, passant par le sommet, qu'elle sépare de l'occiput. Une quatrième, à partir du vertex, se dirige vers le front en suivant la ligne médiane, et tantôt elle ne va pas au delà du cuir chevelu, tantôt, divisant le front en deux parties, elle ne s'arrête qu'entre les sourcils. Ces diverses sutures se joignent par engrenure, excepté celles qui, placées transversalement au-dessus des oreilles, s'amincissent insensiblement vers les bords, de telle sorte que les os situés au-dessous viennent s'appliquer légèrement sur ceux de dessus. L'os de la tête le plus épais se trouve derrière l'oreille, et cette épaisseur explique peut-être pourquoi les cheveux ne viennent pas à cet endroit. Au-des-

---

præcidi oportere, alio loco mihi dictum est. Sed id quoque cum periculo summo fit : nam sæpe in ipso opere, vel profusione sanguinis vel animæ defectione moriuntur. Verum hic quoque nihil interest, an satis tutum præsidium sit, quod unicum est. Igitur inter sanam vitiatamque partem incidenda scalpello caro usque ad os est, sic, ut neque contra ipsum articulum id fiat, et potius ex sana parte aliquid excidatur, quam ex ægra relinquatur. Ubi ad os ventum est, reducenda ab eo sana caro, et circa os subsecanda est, uteaquoque parte aliquid os nudetur : dein id serrula præcidendum est, quam proxime sanæ carni etiam inhærenti : ac tum frons ossis, quam serrula exasperavit, lævanda est, supraque inducenda cutis, quæ sub ejusmodi curatione laxa esse debet, ut quam maxime undique os contegat. Quo cutis inducta non fuerit, id linamentis erit contegendum, et super id spongia ex aceto deliganda. Cetera postea sic facienda, ut in vulneribus, in quibus pus moveri debet, præceptum est.

LIBER OCTAVUS.

I. Superest ea pars, quæ ad ossa pertinet : quæ quo facilius accipi possit, prius positus figurasque eorum indicabo. Igitur calvaria incipit ex interiore parte concava, extrinsecus gibba, utrimque lævis, et qua cerebri membranam contegit, et qua cute, capillum gignente, contegitur : eaque simplex, ab occipitio et temporibus, duplex, usque in verticem a fronte, est : ossaque ejus, ab exterioribus partibus, dura ; ab interioribus, quibus inter se connectuntur, molliora sunt : interque ea venæ discurrunt, quas his alimentum subministrare, credibile est. Raro autem calvaria solida, sine suturis est : locis tamen æstuosis facilius invenitur ; et id caput firmissimum, atque a dolore tutissimum est. Ex ceteris, quo suturæ pauciores sunt, eo capitis valetudo commodior est. Neque enim certus earum numerus est, sicut ne locus quidem. Fere tamen duæ, super aures, tempora a superiore capitis parte discernunt : tertia, ad aures per verticem tendens, occipitium a summo capite diducit : quarta ab eodem vertice per medium caput ad frontem procedit ; eaque modo sub imo capillo desinit, modo frontem ipsam secans inter supercilia finitur. Ex his ceteræ quidem suturæ in unguem committuntur : eæ vero, quæ super aures transversæ sunt totis oris paulatim extenuantur, atque ita inferiora ossa superioribus leniter insidunt. Crassissimum vero in capite os post aurem est ; qua capillus, ut verisimile est, ob id gigni non gignitur. Sub his quoque musculis, qui tempora con-

sous des muscles qui maintiennent les tempes, est placé l'os du milieu (*sphénoïde*), qui est convexe extérieurement (1). La face présente une très-grande suture qui va d'une tempe à l'autre, en passant transversalement au milieu des yeux et de la racine du nez. Des angles intérieurs de cette suture, il en part deux petites qui se dirigent en bas. Les pommettes ont aussi de chaque côté une suture transversale à la partie supérieure. Du milieu des narines ou de l'os maxillaire supérieur, une suture divise sur la ligne médiane le palais, qu'une autre suture partage aussi transversalement. Telles sont les sutures que l'on rencontre dans la grande majorité des cas. Les trous les plus grands de la tête sont les trous orbitaires, ensuite ceux des narines, et en dernier lieu ceux des oreilles. Les trous orbitaires sont simples, et se rendent directement au cerveau. Une cloison osseuse sépare les deux ouvertures des narines. A partir des sourcils et des angles orbitaires internes, le nez est osseux jusqu'au tiers à peu près de sa longueur; il devient ensuite cartilagineux, et prend une consistance charnue à mesure qu'il descend vers la bouche. Quant aux ouvertures nasales, qui par un seul trajet s'étendent de la racine à l'extrémité du nez, elles se divisent après en deux conduits, dont l'un, s'ouvrant dans l'arrière-gorge, sert à l'inspiration et à l'expiration, et dont l'autre, se dirigeant vers le cerveau, aboutit à une infinité de petits trous, par lesquels nous est transmise la sensation des odeurs. De même pour l'oreille, le conduit auditif, d'abord simple et direct, devient flexueux en se prolongeant, et dans le voisinage du cerveau se termine par un grand nombre de petites ouvertures à l'aide desquelles s'exerce la faculté de l'ouïe. A côté des trous auditifs, on remarque deux petits enfoncements; et c'est au-dessus d'eux que vient s'arrêter l'os qui, se dirigeant horizontalement à partir des joues, se trouve soutenu par les os situés plus bas. On peut l'appeler os jugal, d'après la similitude qui lui a valu des Grecs le nom de *zygóma*. La mâchoire inférieure est formée d'un seul os, d'une texture spongieuse; c'est la partie moyenne et inférieure qui constitue le menton, et de chaque côté les branches s'élèvent vers les tempes. Cette mâchoire est la seule douée de mobilité; car les os de la face, y compris celui qui reçoit les dents supérieures, sont immobiles. Les branches de l'os maxillaire inférieur sont comme bifurquées; des deux éminences qui en résultent, l'une, plus large à la base et plus mince au sommet, s'avance sous l'arcade zygomatique, pour fournir au-dessus d'elle (2) un point d'attache aux muscles temporaux. L'autre apophyse, plus courte et plus arrondie, est reçue dans l'enfoncement situé près du conduit auditif; elle fait là l'office de pivot, et, par la mobilité dont elle jouit, permet à la mâchoire d'exécuter ses mouvements. Les dents, qui sont plus dures que les os, s'implantent également dans la mâchoire inférieure et supérieure. En haut et en bas, les quatre premières se nomment en grec τομικοί, parce qu'elles sont incisives. Elles sont comprises entre les quatre dents canines, au delà desquelles se trouvent les dents molaires. Celles-ci sont ordinairement au nombre de cinq de chaque côté; mais il faut excepter les cas où les dernières dents, qui ne paraissent que plus tard, manquent tout à fait. Les dents de devant n'ont qu'une racine; les molaires en ont au moins deux, et quelquefois

tinent, os medium, in exteriorem partem inclinatum, positum est. At facies suturam habet maximam; quæ a tempore incipiens, per medios oculos, naresque transversa pervenit ad alterum tempus. A qua breves duæ sub interioribus angulis deorsum spectant. Et malæ quoque in summa parte singulas transversas suturas habent. A mediisque naribus, aut superiorum dentium gingivis, per medium palatum una procedit; aliaque transversa idem palatum secat. Et suturæ quidem in plurimis hæ sunt. Foramina autem, intra caput, maxima oculorum sunt; deinde narium, tum quæ in auribus habemus. Ex his, quæ oculorum sunt, recta simpliciaque ad cerebrum tendunt. Narium duo foramina osse medio discernuntur : siquidem hæ primum a superciliis, anguloque oculorum, osse inchoantur ad tertiam fere partem : deinde in cartilaginem versæ, quo propius ori descendunt, eo magis caruncula quoque molliuntur. Sed ea foramina, quæ a summis ad imas nares simplicia sunt, ibi rursus in bina itinera dividuntur: aliaque ex his, ad fauces pervia, spiritum et reddunt et accipiunt; alia, ad cerebrum tendentia, ultima parte in multa et tenuia foramina dissipantur, per quæ sensus odoris nobis datur. In aure quoque primo rectum et simplex iter, procedendo flexuosum, juxta cerebrum in multa et tenuia foramina diducitur, per quæ facultas audiendi est. Juxtaque ea duo parvuli quasi sinus sunt; superque eos finitur os, quod transversum a genis tendens, ab inferioribus ossibus sustinetur. Jugale appellari potest ab eadem similitudine, a qua id Græci ζυγῶδες appellant. Maxilla vero est molle os, eaque una est : cujus eadem et media, et etiam ima pars, mentum est : a quo utrimque procedit ad tempora : solaque ea movetur. Nam malæ cum toto osse, quod superiores dentes exigit, immobiles sunt. Verum ipsius maxillæ partes extremæ quasi bicornes sunt. Alter processus, infra latior, vertice ipso tenuatur, longiusque procedens sub osse jugali subit, et super id temporum musculis illigatur. Alter brevior et rotundior, et in eo sinu, qui juxta foramina auris est, cardinis modo fit; ibique huc et illuc se inclinans maxillæ facultatem motus præstat. Duriores osse dentes sunt : quorum pars maxillæ, pars superiori ossi malarum hæret. Ex his quaterni primi, quia secant, τομικοί a Græcis nominantur. Hi deinde quatuor caninis dentibus ex omni parte cinguntur. Ultra quos utrimque fere maxillares quini sunt, præterquam in iis, in quibus ultimi, qui sero gigni solent, non increverunt. Ex his priores singulis radicibus; maxillares utique binis, quidam etiam ternis, quaternisve nituntur. Fereque longior radix breviorem dentem edit; rectique dentis recta etiam radix, curvi flexa est. Exuae eadem radice in pue-

trois ou quatre. En général, les dents dont le corps est court ont une longue racine; si les dents sont droites, les racines le sont aussi, de même qu'elles sont courbées, quand les dents affectent cette disposition. Sous cette racine, il pousse chez les enfants une dent nouvelle, qui le plus souvent fait tomber la première. Quelquefois cependant elle se montre au-dessus ou au-dessous de l'ancienne. La tête est supportée par l'épine, qui se compose de vingt-quatre vertèbres; sept pour le cou, douze pour les côtes, et les cinq dernières placées immédiatement au-dessous. Ces vertèbres rondes et courtes ont une apophyse de chaque côté, et sont percées au centre pour laisser passer la moelle épinière, qui vient du cerveau. Latéralement les apophyses sont traversées par deux petits trous qui donnent passage à de petites membranes semblables à la dure-mère. Toutes les vertèbres, excepté les trois premières (3), ont à leur partie supérieure, dans les apophyses mêmes, des dépressions peu profondes, tandis que de la partie inférieure naissent d'autres apophyses tournées en bas. Ainsi la première vertèbre s'articule immédiatement avec la tête, qu'elle soutient en recevant dans les dépressions indiquées les deux petites éminences que l'on remarque au-dessous du crâne; et ce mode d'articulation permet à la tête de se porter en haut et en bas (4). La face supérieure de la seconde vertèbre s'articule avec la face inférieure de la première. Quant à la circonférence, cet os forme en haut un anneau plus étroit que le précédent, en sorte que la première vertèbre s'appliquant sur la seconde, la tête peut aussi se mouvoir latéralement. La troisième s'articule ensuite avec la seconde (5), et de cette articulation résulte la facilité des mouvements du cou. Les vertèbres, toutefois, ne pourraient soutenir la tête, si elles n'étaient de part et d'autre assujetties par de forts ligaments droits que les Grecs appellent τένοντες, et dont l'un, toujours tendu dans les mouvements où l'autre est fléchi, empêche la tête de se porter au delà des limites convenables. Les apophyses inférieures de la troisième vertèbre sont reçues dans les enfoncements de la quatrième, et ce mode d'articulation s'étend aux vertèbres suivantes, dont les apophyses tournées en bas viennent s'insérer dans les facettes articulaires placées de chaque côté de la vertèbre inférieure. Ces os sont maintenus entre eux par un grand nombre de muscles et de cartilages; et de cette conformation il résulte qu'un mouvement modéré de flexion en avant étant combattu par une force contraire, l'homme se tient droit, de même qu'il peut s'incliner pour les actes qu'il veut remplir. Au-dessous du cou, près de l'humérus, est placée la première côte. Les six autres se succèdent jusqu'à la base de la poitrine; elles sont arrondies à l'extrémité postérieure, de manière à former une petite tête, et s'articulent avec les apophyses transverses des vertèbres, au point où celles-ci sont légèrement échancrées. De là les côtes aplaties et courbées se dirigent en avant, où elles dégénèrent en cartilage. Elles présentent encore à cet endroit une légère courbure en dedans, puis viennent s'unir au sternum. Cet os, qui est dur et résistant, commence au-dessous du gosier, est échancré de chaque côté, et se termine également par un cartilage au bas de la poitrine. Aux côtes que nous venons d'indiquer, il faut en ajouter cinq autres que les Grecs ont appelées *fausses*. Plus courtes et plus minces que les précédentes, elles passent, comme elles, à l'état cartilagineux, et adhèrent aux parois latérales de l'abdomen. Quant à la dernière, elle est presque

---

ris novus dens subit, qui multo sæpius priorem expellit : interdum tamen supra infrave eum se ostendit. Caput autem spina excipit. Ea constat ex vertebris quatuor et viginti. Septem in cervice sunt, duodecim ad costas, reliquæ quinque sunt proximæ costis. Eæ teretes brevesque, ab utroque latere, processus duos exigunt : mediæ perforatæ, qua spinæ medulla cerebro commissa descendit : circa quoque per duos processus tenuibus cavis perviæ, per quæ a membrana cerebri similes membranulæ deducuntur. Omnesque vertebræ, exceptis tribus summis, à superiore parte in ipsis processibus parum desidentes sinus habent : ab inferiore alios deorsum versus processus exigunt: Summa igitur protinus caput sustinet, per duos sinus receptis exiguis ejus processibus. Quo fit, ut caput sursum deorsum versum tuberibus exasperetur. Secunda superiori parti inferiore. Quod ad circuitum pertinet, pars summa angustiore orbe finitur : ita superior ei summæ circumdata in latera quoque caput moveri sinit. Tertia eodem modo secundam excipit. Ex quo facilis cervici mobilitas est. Ac, ne sustinere quidem caput posset, nisi utrimque recti valentesque nervi collum contineret, quos τένοντας Græci appellant : siquidem horum inter omnes flexus alter semper intentus ultra prolabi superiora non patitur. Jamque vertebra tertia tubercula, quæ inferiori inserantur, exigit. Ceteræ processibus deorsum spectantibus in inferiores insinuantur, ac per sinus, quos utrimque habent, superiores accipiunt; multisque nervis et multa cartilagine continentur. Ac sic, uno flexu modico in pronum dato, ceteris negatis, homo erectus insistit, et aliquid ad necessaria opera curvatur. Infra cervicem vero summa costa contra humerum sita est. Inde sex inferiores usque ad imum pectus perveniunt : eæque, primis partibus rotundæ, et leniter quasi capitulatæ vertebrarum transversis processibus, ibi quoque paulum sinuatis, inhærent : inde latescunt, et in exteriorem partem recurvatæ paulatim in cartilaginem degenerant; eæque parte rursus in interiora leniter flexæ committuntur cum osse pectoris. Quod valens et durum a faucibus incipit, ab utroque latere lunatum, et a præcordiis, jam ipsius quoque cartilagine mollitum, terminatur. Sub costis vero prioribus quinque, quas νόθας Græci nominant, breves tenuioresque, atque ipsæ quoque paulatim in cartilaginem versæ, extremis abdominis partibus inhæres-

entièrement cartilagineuse. On trouve encore au-dessous du cou deux os larges qui se portent vers chaque épaule. Nous appelons, nous, écussons recouverts, ces os, que les Grecs nomment *omoplates*. Ils sont échancrés par leurs bords supérieurs, et s'élargissent en triangle en se dirigeant vers l'épine; mais les parties les plus larges sont en même temps les plus minces. L'angle inférieur est cartilagineux, et l'omoplate même est comme flottante en arrière, attendu qu'elle ne s'articule avec aucun os, si ce n'est en haut. Sur ce point, il est vrai, l'omoplate est maintenue par des muscles et des ligaments très-forts. Au-dessus de la première côte, et un peu en deçà de la partie moyenne de cet os, est une apophyse qui, mince à cet endroit, devient d'autant plus solide et plus large qu'elle s'approche davantage de la partie plate du scapulum; un peu courbée en dehors, elle se termine par une extrémité légèrement renflée (*acromion*) qui soutient la clavicule. La clavicule, os courbe qu'on ne doit pas ranger parmi les plus durs, s'articule d'un côté avec l'omoplate, et de l'autre avec la petite échancrure du sternum. Elle reçoit quelque mobilité des mouvements du bras, et s'unit au scapulum au-dessous de l'acromion, à l'aide de ligaments et de cartilages. Vient ensuite l'humérus, renflé à ses deux extrémités, qui sont spongieuses, privées de moelle, et recouvertes de cartilages. Le corps de l'os au contraire est dur, de forme cylindrique, et contient de la moelle. Antérieurement et extérieurement l'humérus présente une légère courbure. Or, la partie antérieure est tournée vers la poitrine, la postérieure regarde l'épaule, l'interne se rapproche des côtes, et l'externe s'en éloigne. C'est une chose dont il faut se rendre compte pour

toutes les articulations, ainsi qu'on le verra plus loin. La tête, qui constitue l'extrémité supérieure de l'humérus, plus ronde que celle des os que j'ai décrits jusqu'ici, n'entre pas profondément dans la cavité de l'omoplate; la plus grande partie reste au dehors et est retenue par des ligaments. A l'extrémité inférieure, il y a deux apophyses divisées par des échancrures moins profondes sur les côtés qu'au milieu; et cette disposition est favorable pour recevoir l'avant-bras, qui se compose de deux os. L'un, le radius, que les Grecs nomment κερκίς, se trouve en dessus; il est plus court que l'autre, plus grêle en haut qu'en bas, et reçoit, dans la cavité superficielle qu'il présente à l'extrémité supérieure, la petite tête de l'humérus. Des ligaments et des cartilages servent là de moyens d'union. Le second os, appelé cubitus, est situé au-dessous; il est plus long que le radius, et plus gros aussi dès l'origine. On remarque, au sommet, deux éminences qui viennent se placer dans l'échancrure que j'ai dit exister entre les deux apophyses inférieures de l'humérus. Unis en haut, les deux os de l'avant-bras s'écartent peu à peu, pour se rapprocher au poignet, où ils sont, quant à l'épaisseur, dans un rapport inverse; c'est-à-dire que là le radius est devenu plus gros et le cubitus plus grêle. Puis, à cette extrémité, le radius est recouvert de cartilage, et creusé par une cavité dans laquelle vient se loger la tête du cubitus, qui, sur le point opposé, est pourvu d'une petite apophyse. Pour éviter de trop fréquentes répétitions, il serait bon de retenir que les os pour la plupart se terminent par un cartilage, et que dans toutes les articulations on en rencontre. Les os en effet ne pourraient exécuter aucun mouvement, s'ils ne se trouvaient en con-

cunt; imaque ex his, majore jam parte nihil, nisi cartilago est. Rursus a cervice duo lata ossa utrimque ad scapulas tendunt : nostri scutula operta, ὠμοπλάτας Græci nominant. Ea in summis verticibus sinuata, ab his triangula, paulatimque latescentia ad spinam tendunt, et quo latiora quaque parte sunt, hoc hebetiora. Atque ipsa quoque, in imo cartilaginosa, posteriore parte velut innatant, quoniam, nisi in summo, nulli ossi inhærescunt. Ibi vero validis musculis nervisque constricta sunt. At a summa costa paulo interius, quam ubi ea media est, os excrescit, ibi quidem tenue, procedens vero, quo propius lato scapularum ossi fit, eo plenius latiusque, et paulum in exteriora curvatum, quod altera verticis parte modice intumescens, sustinet jugulum. Id autem ipsum recurvum, ac neque inter durissima ossa numerandum, altero capite in eo, quod posui, altero in exiguo sinu pectoralis ossis insidit, paulumque ossi brachii movetur, cum lato osse scapularum, infra caput ejus, nervis et cartilagine connectitur. Hinc humerus incipit, extremis utrimque capitibus tumidus, mollis, sine medulla, cartilaginosus : medius teres, durus, medullosus, leniter gibbus et in priorem et in exteriorem partem. Prior autem pars est, quæ a pectore est; posterior, quæ ab scapulis; interior, quæ ad latus tendit; exterior, quæ ab eo recedit : quod ad omnes articulos

pertinere, in ulterioribus patebit. Superius autem humeri caput rotundius, quam cetera ossa, de quibus adhuc dixi, parvo excessu vertici lati scapularum ossis inseritur, ac majore parte extra situm nervis deligatur. At inferius duos processus habet : inter quos, quod medium est, magis etiam extremis partibus sinuatur. Quæ res sedem brachio præstat : quod constat ex ossibus duobus. Radius, quem κερκίδα Græci appellant, superior breviorque, et primo tenuior, rotundo et leniter cavo capite exiguum humeri tuberculum recipit; atque ibi nervis et cartilagine continetur. Cubitus inferior longiorque, et primo plenior, in summo capite duobus quasi verticibus extantibus in sinum humeri, quem inter duos processus ejus esse proposui, se inserit. Primo vero duo brachii ossa juncta paulatim dirimuntur, rursusque ad manum coeunt, modo crassitudinis mutato : siquidem ibi radius plenior, cubitus admodum tenuis est. Dein radius, in caput cartilaginosum consurgens, in vertice ejus sinuatur : cubitus rotundus in extremo, parte altera paulum procedit. Ac ne sæpius dicendum sit, illud ignorari non oportet, plurima ossa in cartilaginem desinere, nullum articulum non sic finiri. Neque enim aut moveri posset, nisi lævi inniteretur; aut cum carne nervisque conjungi, nisi ea media quædam materia committeret. In manu vero prima palmæ pars ex

tact avec une surface glissante ; de même que, sans ce cartilage intermédiaire, ils ne pourraient s'unir avec les chairs et les tendons. Il entre dans la composition du poignet beaucoup de petits os, dont le nombre n'est pas constant. Ils sont tous oblongs et triangulaires, et s'adaptent tellement par leur forme alternativement anguleuse et déprimée, qu'ils semblent ne former qu'un seul os, légèrement concave à l'intérieur. Deux de ces os s'articulent avec le radius. Cinq os droits faisant suite au poignet, et se dirigeant vers les doigts, constituent la paume de la main : puis viennent les doigts, formés chacun de trois os, dont la disposition est la même pour toute la main. Ainsi le premier est marqué d'une dépression au sommet pour loger la petite tubérosité du second ; celui-ci se comporte de même avec le troisième, et ces articulations sont assujetties par des ligaments. De ces ligaments naissent les ongles, qui sont durs au dehors, et qui, sans adhérence avec les os, tiennent surtout par les racines qu'ils implantent dans les chairs. Tel est l'arrangement des os pour les parties supérieures. L'épine se termine à l'os des hanches, lequel, situé transversalement, et doué d'une grande force de résistance, protège la matrice, la vessie, et l'intestin rectum. Convexe extérieurement, l'os coxal est recourbé vers l'épine, et présente de chaque côté une cavité circulaire. De cette double cavité part l'os appelé pubis, qui se dirige transversalement au-devant des intestins, et derrière les téguments de la région pubienne. Cet os, qui fournit des points d'appui aux parois du ventre, est plus droit chez l'homme, et plus bombé chez la femme, pour ne pas gêner l'accouchement. Après l'os coxal, vient le fémur, dont la tête est encore plus arrondie que celle de l'humérus, qui était jusqu'ici la plus ronde de toutes. Au-dessous de cette tête il y a deux éminences, l'une antérieure, et l'autre postérieure. Le corps de l'os est dur, contient de la moelle, et présente une convexité en dehors. En bas, il se termine également par des protubérances. La tête du fémur en haut est reçue dans la cavité de l'os coxal, comme l'est celle de l'humérus dans la cavité de l'omoplate. De là les os de la cuisse se portent un peu en dedans, pour soutenir plus également les parties supérieures. Entre les protubérances inférieures, il existe une échancrure au moyen de laquelle le fémur s'emboîte plus aisément avec l'os de la jambe. Cette articulation est recouverte par un petit os spongieux et cartilagineux qu'on appelle rotule. Libre et mobile en avant, nullement adhérente aux os, mais maintenue par les chairs et les tendons, la rotule se porte un peu plus vers la cuisse, et protège l'articulation dans tous les mouvements de la jambe. La jambe est aussi composée de deux os ; car, de même que le fémur répond à l'humérus, de même les os de la jambe répondent à ceux de l'avant-bras ; et cette analogie, qui commence par les os, se retrouve dans les chairs ; de sorte que l'examen d'un membre suffit pour faire juger de la forme et de la beauté de l'autre. Des deux os dont nous parlons, l'un se trouve placé au côté externe du gras de la jambe, ce qui lui a fait donner le nom de *sura* ; il est plus court et plus grêle en haut, et devient plus gros vers le talon. Le second os antérieurement situé est appelé *tibia* ; il est plus long et plus gros vers l'extrémité supérieure, et s'articule seul avec le fémur, comme le cubitus avec l'os du bras. Ces os, unis en haut et en bas,

---

multis minutisque ossibus constat, quorum numerus incertus est. Sed oblonga omnia, et triangula, structura quadam inter se connectuntur, cum invicem superior alterius angulus alterius planities sit : eoque fit ex his unius ossis paulum in interiora concavi species. Verum ex manu duo exigni processus in sinum radii conjiciuntur. Tum ex altera parte recta quinque ossa, ad digitos tendentia, palmam explent. A quibus ipsi digiti oriuntur ; qui ex ossibus ternis constant : omniumque eadem ratio est. Interius os in vertice sinuatur, recipitque exterioris exigunm tuberculum ; nervique ea continent. A quibus orti ungues indurescunt : ideoque non ossi, sed carni magis radicibus suis inhærent. Ac superiores quidem partes sic ordinatæ sunt. Ima vero spina in coxarum osse desidit ; quod transversum longeque valentissimum, vulvam, vesicam, rectum intestinum tuetur. Idque ab exteriore parte gibbum ; ad spinam, resupinatum ; a lateribus, id est in ipsis coxis, sinus rotundos habet. A quibus oritur os quod pectinem vocant ; idque, super intestina sub pube transversum, ventrem firmat : rectius in viris, recurvatum magis in exteriora in foeminis, ne partum prohibeat. Inde femina oriuntur. Quorum capita rotundiora etiam, quam humerorum sunt ; cum illa ex ceteris rotundissima sint. Infra vero duos processus a priore et a posteriore parte habent. Dein dura, et medullosa, et ab exteriore parte gibba, rursus ab inferioribus quoque capitibus intumescunt. Superiora in sinus coxæ, sicut humeri in ea ossa, quæ scapularum sunt, conjiciuntur : tum infra introrsus leniter intendunt, quo æqualius superiora membra sustineant. Atque in eo inferiora quoque capita media sinuantur, quo facilius excipi a cruribus possint. Quæ commissura osse parvo, molli, cartilaginoso tegitur : patellam vocant. Hæc super innatans, nec ulli ossi inhærens, sed carne et nervis deligata, paululo magis ad femoris os tendens, inter omnes crurum flexus juncturam tuetur. Ipsum autem crus est ex ossibus duobus. Etenim per omnia femur humero, crus vero brachio simile est : adeo ut habitus quoque et decor alterius ex altero cognoscatur : quod ab ossibus incipiens, etiam in carne respondet. Verum alterum os ab exteriore parte suræ positum est ; quod ipsum quoque sura recte nominatur. Id brevius, supraque tenuius, ad ipsos talos intumescit. Alterum a priore parte positum, cui tibiæ nomen est, longius et in superiore parte plenius, solum cum femoris inferiore capite committitur ; sicut cum humero cubitus. Atque ea quoque ossa, infra supraque conjuncta, media, ut in brachio, dehiscunt. Excipi-

se séparent, comme ceux de l'avant-bras, dans la partie moyenne. Inférieurement, la jambe s'articule avec l'os transverse du tarse (*astragale*), qui se trouve placé au-dessus du *calcaneum*. Ce dernier os est pourvu d'une cavité qui reçoit la saillie de l'astragale, et d'une apophyse qui s'insère dans la cavité de ce même os. Le calcanéum est dur et privé de moelle; il devient plus saillant en arrière, et là prend une forme arrondie. Les autres os du pied ont une articulation semblable à celle de la main; ainsi la plante, les doigts et les ongles de l'un répondent à la paume, aux doigts et aux ongles de l'autre.

II. Tout os qui a subi l'action d'une cause morbifique peut être affecté de carie, de fissure, de fracture, de perforation, d'écrasement et de luxation. Quand un os est altéré, il devient gras d'abord, et prend ensuite une couleur noire ou se carie. C'est là ce qu'on observe à la suite d'ulcères ou de fistules graves, qui passent à l'état chronique ou sont compliqués de gangrène. Avant toutes choses il faut mettre à nu l'os malade, en faisant l'excision des parties ulcérées; si l'affection s'étend au delà de l'ulcère, on doit inciser les chairs, jusqu'à ce que les parties saines de l'os soient complètement à découvert. On cautérise alors une ou deux fois avec le fer l'endroit qui est devenu gras, pour déterminer sur ce point une exfoliation; ou bien l'on racle fortement jusqu'à ce qu'on obtienne un peu de sang; et le sang démontre ici l'intégrité de l'os, car ce qui est vicié est nécessairement accompagné de sécheresse. Si le cartilage est malade, il faut le ratisser de même avec le scalpel, de manière à ne rien laisser de corrompu. Cela fait, il reste à saupoudrer soit l'os, soit le cartilage, avec du nitre bien trituré. Quand l'os est carié ou noirci, mais seulement à la surface, il n'y a pas d'autre conduite à tenir, si ce n'est qu'on doit prolonger un peu plus l'application de l'instrument, à l'effet de cautériser ou de ruginer la partie malade. Si l'on emploie ce dernier moyen, il ne faut pas craindre d'appuyer sur le fer, pour que l'action en soit plus efficace et plus prompte. On s'arrête dès qu'on est arrivé à la partie blanche ou solide de l'os; car il est manifeste d'une part que le mal qui noircit l'os ne va pas au delà de cette coloration noire, et de l'autre que la carie n'existe plus quand l'os présente de la solidité. Un peu de sang prouve aussi, comme je viens de le dire, qu'on n'a plus affaire qu'à des portions intactes. Si l'on conserve des doutes sur la profondeur de l'une ou de l'autre affection, on peut, relativement à la carie, les faire cesser promptement, en introduisant un stylet dans l'un des pertuis de l'os; il s'y enfonce en effet plus ou moins, et laisse voir par là si la carie est superficielle ou profonde. Quant à la noirceur de l'os, on peut en apprécier les progrès d'après l'intensité de la douleur et de la fièvre; et si l'une et l'autre sont peu marquées, le mal n'attaque pas l'os profondément. On s'en rend d'ailleurs plus certain encore par l'application de la tarière, puisqu'on atteint les limites de la maladie dès que les sciures de l'os ne sont plus noires. Si donc la carie ne s'arrête pas à la surface, il faut, avec la tarière, pratiquer plusieurs trous dont la profondeur doit égaler celle du mal; puis au fond de ces ouvertures porter le fer rouge jusqu'à ce que l'os soit entièrement sec. Par suite de la cautérisation, les portions d'os altérées se séparent complètement des parties saines situées au-dessous; le vide qui en résulte est rempli plus tard par des chairs nouvelles, et l'afflux des humeurs vers ce point devient nul ou pres-

---

tur autem crus infra osse transverso talorum, idque ipsum super os calcis situm est, quod quadam parte sinuatur, quadam excessum habet, et procedentia ex talo recipit, et in sinum ejus inseritur. Idque sine medulla durum, magisque in posteriorem partem projectum, teretem ibi figuram repraesentat. Cetera pedis ossa ad eorum, quae in manu sunt, similitudinem instructa sunt: planta palmae, digiti digitis, ungues unguibus respondent.

II. Omne autem os, ubi injuria accessit, aut vitiatur, aut finditur, aut frangitur, aut foratur, aut colliditur, aut loco movetur. Id, quod vitiatum est, primo fere pingue fit; deinde vel nigrum, vel cariosum: quae, supernatis gravibus ulceribus aut fistulis, hisque vel longa vetustate, vel etiam cancro occupatis, eveniunt. Oportet autem ante omnia os nudare, ulcere exciso; et, si latius est ejus vitium, quam ulcus fuit, carnem subsecare, donec undique os integrum pateat: tum id, quod pingue est, semel iterumve satis est admoto ferramento adurere, ut ex eo squama secedat; aut radere, donec jam aliquid cruoris ostendatur, quae integri ossis nota est. Nam necesse est aridum sit id, quod vitiatum est. Idem in cartilagine quoque laesa faciendum est: siquidem ea quoque scalpello radenda est, donec integrum id sit, quod relinquitur. Deinde, sive os sive cartilago rasa est, nitro bene trito respergendum est. Neque alia facienda sunt, ubi caries, nigritiesve in summo osse est: siquidem id vel paulo diutius eodem ferramento adurendum, vel radendum est. Qui radit haec, audacter imprimere ferramentum debet, ut et agat aliquid, et maturius desinat. Finis est, cum vel ad album os, vel ad solidum ventum est. Albo finiri ex nigritie vitium, soliditate quadam ex carie, manifestum est. Accedere etiam cruoris aliquid integro, supra dictum est. Si quando autem, an altius descenderit utrumlibet, dubium est, in carie quidem expedita cognitio est. Specillum tenue in foramina demittitur: quod magis minusve intrando, vel in summo cariem esse, vel altius descendisse, testatur. Nigrities colligi quidem potest etiam ex dolore, et ex febre, quae ubi mediocria sunt, illa alte descendisse non potest. Manifestior tamen adacta terebra fit: nam finis vitii est, ubi scobis nigra esse desiit. Igitur, si caries alte descendit, per terebram urgenda crebris foraminibus est, quae altitudine vitium aequent: tum in ea foramina demittenda candentia ferramenta sunt, donec siccum ex toto fiat. Simul enim post haec et resolvetur ab inferiore osse, quodcumque vitiatum est; et is sinus carne replebitur; et humor aut nullus postea feretur, aut mediocris. Sin autem nigri-

que nul. Si la noirceur occupe toute l'épaisseur de l'os, il faut en venir à l'excision, et en faire autant pour la carie lorsqu'elle est arrivée au même degré (6), sans rien laisser de vicié. Si l'on trouve une partie saine, on emportera seulement ce qui est corrompu. Dans les caries du crâne, de l'os de la poitrine ou des côtes, la cautérisation par le feu n'est pas utile, mais il y a nécessité d'exciser. Il ne faut pas non plus suivre la pratique de ceux qui, après avoir mis l'os à nu, attendent trois jours pour opérer; car le plus sûr est d'agir avant l'inflammation. On doit donc autant que possible, dans un seul temps, inciser la peau, découvrir l'os, et le débarrasser de tout ce qui est malade. La carie de l'os de la poitrine est sans comparaison la plus à craindre; car, même après le succès de l'opération, il est bien rare que la santé se rétablisse.

III. Il y a deux manières d'exciser les os. Si la carie n'occupe qu'un point très-limité, on applique le trépan (χοινιχίς en grec); si elle est étendue, on a recours à la tarière. Je vais décrire ces deux procédés. Le trépan est un instrument concave et rond, dont le pourtour offre inférieurement des dents comme une scie, et dont le centre est traversé par un clou, qui lui-même est environné d'un cercle à l'intérieur. Il y a deux sortes de tarières; les unes sont semblables à celles des charpentiers, et les autres ont une tige plus longue, qui commence par une pointe acérée, s'élargit aussitôt après, et se rétrécit ensuite insensiblement jusqu'en haut. Si le mal ne s'étend pas au delà de ce que le trépan peut couvrir, il faut s'en servir de préférence; s'il s'agit d'une carie, on fait entrer dans un pertuis de l'os la pointe qui passe au centre de l'instrument. S'il y a noirceur de l'os, on le creuse légèrement avec le ciseau, pour loger dans cette dépression la pointe du trépan, et l'empêcher par là de s'échapper en tournant. Quand l'instrument est en place, on lui donne un mouvement de rotation comme au vilebrequin, à l'aide de la bride. Il y a une certaine manière d'appuyer sur le trépan, qui doit lui permettre de perforer, sans cesser de tourner. En effet, la perforation n'avance pas si l'on ne presse pas assez; et le mouvement circulaire est arrêté, si l'on appuie trop fort. En versant sur l'os de l'huile rosat ou du lait, on fait mouvoir plus facilement la couronne du trépan; mais, de peur d'en émousser le tranchant, il n'en faut pas trop mettre. Lorsqu'on a tracé le sillon du trépan, on retire le clou du milieu, et l'on fait agir la couronne seulement; puis on l'enlève elle-même, dès qu'on a reconnu par la sciure qu'on n'a plus affaire qu'à des parties saines. Mais si le mal occupe une trop large surface pour qu'on puisse la couvrir avec le trépan, il faut employer la tarière. On s'en sert alors pour pratiquer un trou entre la partie saine et la partie malade; près de ce trou, on en fait un second, puis un troisième, de manière à cerner par ces ouvertures toute la portion d'os que l'on doit enlever. La couleur de la sciure indique toujours jusqu'où doit aller la tarière. Ensuite, au moyen d'un ciseau tranchant sur lequel on frappe avec un maillet, on enlève les ponts qui séparent ces trous, et de la sorte on obtient une ouverture circulaire, semblable à celle que produit le trépan dans un espace plus resserré. Quel que soit au reste l'instrument qu'on emploie, il faut, avec le même ciseau couché à plat, enlever par écailles tout ce qu'il y a de vicié, jusqu'à ce que l'os

ties [est, aut si caries] ad alteram quoque partem ossis transit, oportet excidi. [Atque idem quoque in carie, ad alteram partem ossis penetrante, fieri potest]. Sed, quod totum vitiatum, totum eximendum est : si inferior pars integra est, eatenus, quod corruptum est, excidi debet. Item sive capitis, sive pectoris os, sive costa cariosa est, inutilis ustio est, et excidendi necessitas est. Neque audiendi sunt, qui, osse nudato, diem tertium exspectant, ut tunc excidant : ante inflammationem enim tutius omnia tractantur. Itaque, quantum fieri potest, eodem momento et cutis incidenda est, et os detegendum, et omni vitio liberandum est. Longeque perniciosissimum est, quod in osse pectoris est : quia vix, etiamsi recte cessit curatio, veram sanitatem reddit.

III. Exciditur vero os duobus modis. Si parvulum est, quod laesum est, modiolo, quam χοινιχίδα Graeci vocant : si spatiosius, terebris. Utriusque rationem proponam. Modiolus ferramentum concavum, teres, est, imis oris serratum; per quod medium clavus, ipse quoque interiore orbe cinctus, demittitur. Terebrarum autem duo genera sunt : alterum simile ei, quo fabri utuntur : alterum capituli longioris, quod ab acuto mucrone incipit, deinde subito latius fit; atque iterum ab alio principio paulo minus quam aequaliter sursum procedit. Si vitium in angusto est, quod comprehendere modiolus possit, ille potius aptatur : et, si caries subest, medius clavus in foramen demittitur; si nigrities, angulo scalpri sinus exiguus fit, qui clavum recipiat, ut, eo insistente, circumactus modiolus delabi non possit : deinde is habena, quasi terebra, convertitur. Estque quidam premendi modus, ut et foret, et circumagatur : quia, si leviter imprimitur, parum proficit; si graviter, non movetur. Neque alienum est, instillare paulum rosae, vel lactis, quo magis lubrico circumagatur : quod ipsum tamen, si copiosius est, aciem ferramenti hebetat. Ubi jam iter modiolo pressum est, medius clavus educitur, et ille per se agitur : deinde, cum sanitas inferioris partis scobe cognita est, modiolus removetur. At si latius vitium est, quam ut illo comprehendatur, terebra res agenda est. Ea foramen fit in ipso fine vitiosi ossis atque integri; deinde alterum non ita longe, tertiumque, donec totus is locus, qui excidendus est, his cavis cinctus sit. Atque ibi quoque, quatenus terebra agenda sit, scobis significat. Tum excisorius scalper ab altero foramine ad alterum malleolo adactus id, quod inter utrumque medium est, excidit; ac sic ambitus similis ei fit, qui in angustiorem orbem modiolo imprimitur. Utro modo vero id circumductum est, idem excisorius scalper in osse corrupto planus summam quamque testam laevet,

paraisse entièrement intact. Il est très-rare qu'un os soit occupé dans sa totalité par la noirceur, dans toute son épaisseur par la carie, surtout au crâne. On constate d'ailleurs le degré du mal au moyen du stylet. Si l'instrument est introduit dans un pertuis placé au-dessus d'un plancher solide, il rencontre une certaine résistance et revient humide. Si au contraire il trouve un chemin ouvert, il pénètre profondément entre le crâne et la membrane sans trouver d'obstacle, et on le retire sec; non qu'il n'y ait au-dessous une sanie vicieuse, mais parce qu'ici, l'espace étant plus large, elle y est plus diffuse. Lorsque l'os est ainsi traversé, soit par la noirceur que la tarière a mise à découvert, soit par la carie reconnue à l'aide du stylet, il devient pour ainsi dire inutile de recourir au trépan; car il est impossible qu'à cette profondeur le mal n'ait pas fait aussi de grands progrès en largeur. On doit alors employer la tarière de la seconde espèce, et, pour qu'elle ne s'échauffe pas trop, on la trempe de temps en temps dans l'eau froide. Mais il faut redoubler d'attention dès qu'on a percé la moitié de l'os qui n'a qu'une table, ou perforé la table supérieure de celui qui en a deux. L'épaisseur même de l'os sert de guide dans le premier cas, et dans le second on est averti par un écoulement de sang. Il faut alors tirer plus lentement la bride de la tarière; ne plus exercer avec la main gauche qu'une légère pression; enlever plus souvent aussi l'instrument, puis examiner la profondeur du trou, afin de reconnaître avec certitude le moment où la perforation a lieu, et d'éviter par là de blesser avec la pointe de la tarière la membrane du cerveau. En effet, il résulterait de cette lésion une inflammation grave et péril de mort. Les trous étant pratiqués, on enlève les ponts intermédiaires comme je l'ai dit plus haut, mais en y mettant la plus grande prudence, de peur que l'angle du ciseau ne vienne offenser la dure-mère. On continue l'excision jusqu'à ce que l'ouverture soit assez grande pour recevoir l'instrument qui protége la dure-mère, et que les Grecs appellent μηνιγγοφύλαξ. C'est une lame de cuivre, assez solide, un peu recourbée, et dont la face externe est polie. Elle doit être placée entre la dure-mère et la portion osseuse que l'on veut retrancher; de sorte que si elle reçoit l'atteinte du ciseau, elle ne lui permet pas du moins d'aller au delà. On peut donc par ce moyen frapper plus hardiment et plus sûrement avec le maillet, puis retirer l'os à l'aide de la lame quand l'excision est complète, sans endommager le cerveau. Dès qu'on a retranché toute la portion malade, il faut ruginer et polir les bords de l'ouverture, et ne laisser sur la membrane aucune sciure de l'os. Mais il ne suffit pas de ruginer et de polir les bords, si l'on n'a emporté que la table supérieure; il faut en faire autant à la seconde, pour que les chairs puissent se régénérer sans rencontrer des aspérités qui s'opposeraient à la guérison, et détermineraient de nouvelles douleurs. En traitant des fractures, je dirai ce qu'il convient de faire, une fois que le cerveau est mis à découvert. S'il reste au fond de l'ouverture quelque portion d'os, on doit par-dessus appliquer des médicaments qui ne soient point gras, du genre de ceux qui servent à panser les blessures récentes. Le tout sera recouvert de laine en suint trempée dans de l'huile et du vinaigre. Au bout d'un certain temps, on voit des chairs s'élever de l'os même, et remplir la cavité produite par l'opération. Si même l'os a été cautérisé, les parties mortes se séparent des parties

---

donec integrum os relinquatur. Vix umquam nigrities integrum; caries per totum os perrumpit, maximeque ubi vitiata calvaria est. Id quoque [signi] specillo significatur: quod depressum in id foramen, quod infra solidam sedem habet, et ob id renitens aliquid invenit, et madens exit: si pervium invenit, altius descendens inter os et membranam, nihil oppositum invenit, educiturque siccam: non quo non subsit aliqua vitiosa sanies; sed quoniam ibi, ut in latiore sede, diffusa sit. Sive autem nigrities, quam terebra detexit, sive caries, quam specillum ostendit, is transit, modioli quidem usus fere supervacuus est; quia latius pateat necesse est, quod tam alte processit. Terebra vero ea, quam secundo loco posui, utendum; eaque, ne nimis incalescat, subinde in aquam frigidam demittenda est. Sed tum majore cura agendum est, cum jam aut simplex os dimidium perforatum est; aut in duplici superius: illud spatium ipsum; hoc sanguis significat. Ergo tum lentius ducenda habena est, suspendendaque magis sinistra manus est, et sæpius attollenda, et foraminis altitudo consideranda; ut, quandocumque os perrumpitur, sentiamus, neque periclitemur, ne mucrone cerebri membrana lædatur: ex quo graves inflammationes cum periculo mortis oriuntur. Factis foraminibus, eodem modo media septa, sed multo circumspectius, excidenda sunt; ne forte angulus scalpri eamdem membranam violet; donec fiat aditus, per quem membranæ custos immittatur: μηνιγγοφύλαξ Græci vocant. Lamina ænea est, firma, paulum resima, ab exteriore parte lævis; quæ demissa, sic, ut exterior pars ejus cerebro propior sit, subinde subjicitur, quod scalpro discutiendum est: ac, si excipit ejus angulum, ultra transire non patitur: eoque et audacius, et tutius, scalprum malleolo subinde medicus ferit, donec excisum undique os, eadem lamina levetur, tollique sine ulla noxa cerebri possit. Ubi totum os ejectum est, circumradendæ lævandæque sunt oræ, et, si quid scobis membranæ insedit, colligendum. Ubi, superiore parte sublata, inferior relicta est, non oræ tantum, sed os quoque totum lævandum est; ut sine noxa postea cutis increscat, quæ aspero ossi innascens protinus non sanitatem, sed novos dolores movet. Patefacto cerebro, qua ratione agendum sit, dicam, cum ad fracta ossa venero. Si quis aliqua servata est, superimponenda sunt medicamenta non pinguia, quæ recentibus vulneribus accommodantur: supraque imponenda lana succida, oleo atque aceto madens. Ubi tempus processit, ab ipso osse caro increscit, eaque factum manu sinum complet. Si quod etiam os adustum

vivantes, et il pousse entre elles des bourgeons charnus qui viennent éliminer ce qui s'est détaché. Comme l'esquille est presque toujours, dans ce cas, mince et étroite, les Grecs l'ont appelée λεπίς, c'est-à-dire écaille. Il peut encore arriver qu'à la suite d'un coup l'os ne soit ni brisé ni fendu, mais atteint seulement d'une contusion qui rend la surface inégale. Il suffit alors de ruginer et de polir la partie lésée. Bien que ces maladies affectent plus spécialement les os de la tête, elles sont néanmoins communes à tous ; et, quel que soit d'ailleurs celui qu'elles attaquent, elles réclament le même remède. Quant aux fractures, aux fissures, aux perforations et aux contusions des os, il y a des cas particuliers qui exigent des moyens spéciaux ; mais la plupart du temps le traitement général reste le même. Je vais exposer ces méthodes curatives, en commençant toujours par le crâne.

IV. Dans les coups reçus à la tête, il faut aussitôt rechercher si le malade a vomi de la bile ; si ses yeux se sont voilés ; s'il a perdu la parole ; si du sang s'est écoulé par le nez ou les oreilles ; s'il est tombé sous le coup, et s'il est demeuré par terre privé de sentiment, et comme plongé dans le sommeil. Tous ces signes en effet ne s'observent que dans les fractures du crâne ; et, lorsqu'on les rencontre, on doit savoir que l'opération est nécessaire, mais le succès difficile. Si, de plus, il survient de l'engourdissement ; si l'intelligence s'égare ; s'il y a de la paralysie ou des mouvements convulsifs, il est vraisemblable que la membrane du cerveau a pris part à la lésion, et, par cela même, il est encore moins permis d'espérer. Mais en l'absence de ces symptômes, on peut conserver des doutes sur la fracture de l'os ; et alors il convient d'examiner sans retard si la blessure provient d'une pierre, d'un bâton, d'une épée ou de quelque autre corps vulnérant ; si ce corps est poli ou raboteux, petit ou volumineux ; si le coup a été violent ou léger ; car moins le choc a eu de violence, plus on est fondé à croire que l'os a pu résister. Le plus sûr toutefois est d'en venir à l'exploration directe. En conséquence, on introduit par la plaie un stylet qui ne doit être ni trop mince ni trop aigu ; car, en pénétrant dans un sinus naturel, il y aurait à craindre qu'il ne donnât faussement l'idée d'une fracture. Il ne faut pas non plus qu'il soit trop gros, parce qu'il pourrait faire méconnaître les petites fissures accidentelles. Quand l'instrument ne trouve au fond de la plaie qu'une surface égale et polie, il est à présumer que l'os est intact ; mais s'il rencontre des inégalités sur un point où il n'existe pas de sutures, il y a là l'indice d'une fracture du crâne. Hippocrate a consigné dans ses écrits l'erreur que les sutures lui ont fait commettre, avec cette simplicité habituelle aux hommes supérieurs qui se sentent faits pour les grandes choses. Les esprits médiocres, qui n'ont rien à eux, n'ont garde de s'amoindrir ; mais il sied aux génies élevés, toujours assez riches d'ailleurs, d'avouer ingénument leurs méprises, surtout quand cet aveu, transmis à la postérité, a pour but d'empêcher ceux qui se livreront à l'exercice de l'art, de se laisser tromper par les mêmes apparences. La renommée de cet illustre maître a été pour nous un motif de rappeler ici cet exemple. Les sutures peuvent donc donner le change, en ce qu'elles présentent aussi des rugosités ; d'où il suit qu'on les confond avec

est, a parte sana recedit ; subitaque inter integram atque emortuam partem caruncula, quæ, quod abscessit, expellat. Eaque fere, quia testa tenuis et angusta est, λεπίς, id est squama, a Græcis nominatur. Potest etiam evenire, ut ex ictu neque findatur os, neque perfringatur ; sed summum tamen colliditur, exasperturque. Quod ubi incidit, radi et lævari satis est. Hæc quamvis maxime fiunt in capite, tamen ceteris quoque ossibus communia sunt : ut, ubicumque idem inciderit, eodem remedio sit utendum. At quæ fracta, fissa, forata, collisa sunt, quasdam proprias in singulis generibus, quasdam communes in pluribus curationes requirunt : de quibus protinus dicam, initio ab eadem calvaria accepto.

IV. Igitur, ubi ea percussa, protinus requirendum est, num bilem is homo vomuerit ; num oculi ejus obcæcati sint ; num obmutuerit ; num per nares auresve sanguis effluxerit ; num conciderit ; num sine sensu quasi dormiens jacuerit. Hæc enim non nisi osse fracto eveniunt : atque, ubi inciderunt, scire licet, necessariam, sed difficilem curationem esse. Si vero etiam torpor accessit ; si mens non constat ; si nervorum vel resolutio vel distentio secuta est ; verisimile est, etiam cerebri membranam esse violatam : eoque in angusto magis spes est. At si nihil horum secutum est, potest etiam dubitari, an os fractum sit : et protinus considerandum est, lapide, an ligno, an ferro, an alio telo percussum sit, et hoc ipso levi an aspero, mediocri an vastiore ; vehementer an leviter ; quia quo mitior ictus fuit, eo facilius os et restitisse credibile est. Sed nihil tamen melius est, quam certiore id nota explorare. Ergo, qua plaga est, demitti speculum oportet, neque nimis tenue, neque acutum ; ne, cum in quosdam naturales sinus inciderit, opinionem fracti ossis frustra faciat : neque nimis plenum ; ne parvulæ rimulæ fallant. Ubi speculum ad os venit, si nihil nisi læve et lubricum occurrit, integrum id videri potest : si quid asperi est, utique qua suturæ non sint, fractum os esse constat. A suturis se deceptum esse, Hippocrates memoriæ prodidit ; more scilicet magnorum virorum, et fiduciam magnarum rerum habentium. Nam levia ingenia, quia nihil habent, nihil sibi detrahunt : magno ingenio, multaque nihilominus habituro, convenit etiam simplex veri errorisque confessio ; præcipueque in eo ministerio, quod utilitatis causa posteris traditur ; ne qui decipiantur eadem ratione qua quis ante deceptus est. Sed hæc quidem alioquin memoria magni professoris, uti interponeremus, effecit. Potest autem sutura eo nomine fallere, quia æque aspera est ; ut aliquis hanc esse, etiamsi rima est, existimet eo loco, quo subesse hanc verisimile est. Ergo eo nomine decipi non oportet : sed

les fêlures du crâne ; confusion d'autant plus facile que ces lésions se rapprochent davantage du siége ordinaire des sutures. Aussi le plus sûr moyen d'éviter l'erreur, c'est de mettre l'os à découvert ; car, ainsi que je l'ai dit plus haut, la situation des sutures n'est pas constante, et, de plus, une fissure peut exister à l'endroit même de la suture, ou tout auprès. Dans les contusions violentes, et alors même qu'on n'a rien trouvé avec le stylet, il convient parfois encore de dénuder l'os. Cela même étant fait, si l'on ne voit aucune fissure, il faut verser de l'encre sur l'os, puis le gratter avec la rugine, attendu que, s'il y a fissure, elle sera marquée par l'infiltration du liquide noir. Il arrive aussi que telle partie du crâne ayant été contuse, c'est sur le point opposé que la fissure est produite. D'après cela, lorsque le choc a été violent, et que des symptômes fâcheux se manifestent, sans qu'on ait pu constater de fissure au-dessous des téguments divisés, il n'est pas inutile de rechercher s'il n'y a ni empâtement, ni mollesse au côté opposé, parce qu'alors en y faisant une ouverture, on trouverait au fond la fissure de l'os. En supposant même l'incision inutile, les téguments se réunissent sans grande difficulté, tandis que la fracture de l'os, si elle n'est point traitée dès le principe, suscite de graves inflammations, et se guérit ensuite plus difficilement. Il peut se faire encore, mais le cas se présente rarement, que l'os n'éprouve aucune altération, et qu'il y ait toutefois, par l'effet du choc, rupture à l'intérieur d'un vaisseau de la dure-mère, d'où résulte un épanchement de sang ; or, ce liquide en se coagulant provoque de violentes douleurs, et prive même de la vue certains sujets. Mais en général la douleur se fait sentir à la partie opposée, et, en incisant la peau sur ce point, on trouve que l'os est devenu pâle, ce qui oblige à l'emporter aussi. Quelle que soit la cause qui rende l'application du trépan nécessaire, il faut, si les téguments ne sont pas assez divisés, les ouvrir plus largement, afin d'avoir sous les yeux toute l'étendue de la lésion. En procédant à cette opération, on aura soin de ne laisser aucune portion du péricrâne en contact avec l'os, car les déchirures que lui feraient subir la rugine ou le trépan détermineraient une fièvre intense, puis de l'inflammation. Il vaut donc mieux que la membrane soit entièrement détachée. Quand la division des téguments est le résultat de la blessure, il faut bien la prendre telle qu'elle est ; mais s'il y a lieu de la faire avec l'instrument, on doit lui donner la forme de la lettre X, au moyen de deux incisions qui se rencontrent ; cette forme permettant ensuite d'emporter isolément chaque lambeau. Si la plaie fournit du sang, on l'étanche avec une éponge trempée de temps à autre dans du vinaigre ; on remplit l'ouverture de charpie, et on oblige le malade à tenir la tête élevée. Cette hémorragie d'ailleurs ne pourrait inquiéter qu'autant qu'elle viendrait de la région temporale, et, dans ce cas-là même, rien ne serait plus facile que de la maîtriser. Dans toute fissure ou fracture du crâne, les anciens chirurgiens en venaient de suite à l'application du fer pour emporter la partie malade ; mais il est beaucoup mieux d'essayer d'abord des emplâtres préparés pour guérir les plaies de tête. On ramollit l'un de ces topiques avec du vinaigre, et on l'applique sur l'os fracturé ou félé ; par-dessus on étend un linge enduit de la même composition, et un peu plus large que la blessure ; puis le tout, recouvert d'une laine en suint trem-

---

os aperire tutissimum est. Nam neque utique certa sedes, ut supra posui, suturarum est ; et potest idem et naturaliter commissum et ictu fissum esse, juxtave aliquid fissum habere. Quin aliquando etiam, ubi ictus fuit vehementior, quamvis specillo nihil invenitur, tamen aperire commodius est. At si ne tum quidem rima manifesta est, inducendum super os atramentum scriptorium est, deinde scalpro id deradendum : nigritiem enim continet, si quid fissum est. Solet etiam evenire, ut altera parte fuerit ictus, et os altera siderit. Itaque, si graviter aliquis percussus est, si mala indicia subsecuta sunt, neque ea parte, qua cutis discissa est, rima reperitur ; non incommodum est, parte altera considerare, num quis locus mollior sit, et tumeat ; eumque aperire : siquidem ibi fissum os reperietur. Nec tamen magno negotio cutis sanescit, etiamsi frustra secta est. Os fractum, nisi si succursum est, gravibus inflammationibus afficit, difficiliusque postea tractatur. Raro, sed aliquando tamen, evenit, ut os quidem totum integrum maneat, intus vero ex ictu vena aliqua in cerebri membrana rupta aliquid sanguinis mittat, isque ibi concretus magnos dolores moveat, et oculos quibusdam obcæcet. Sed fere contra id dolor est, et, eo loco cute incisa, pallidum os reperitur : ideoque id quoque os excidendum est. Quacumque autem de causa curatio hæc necessaria est, si nondum satis cutis patefacta est, latius aperienda est, donec, quidquid læsum est, in conspectu sit. In quo ipso videndum est, ne quid ex ipsa membranula, quæ sub cute calvariam cingit, super os relinquatur : siquidem hæc scalpro terebrisve lacerata vehementes febres cum inflammationibus excitat. Itaque eam commodius est ex toto ab osse diduci. Plagam, si ex vulnere est, talem necesse est habeamus, qualem acceperimus : si manu facienda est, ea fere commodissima est, quæ duabus transversis lineis litteræ X figuram accipit : tum deinde a singulis procedentibus lingulis cutis subsecatur. Inter quæ, si sanguis fertur, spongia subinde in aceto tincta cohibendus est, occupandusque objectis linamentis, et caput altius excitandum. Neque id vitium ullum metum, nisi inter musculos, qui tempora continent, adfert : sed ibi quoque nihil tutius fit. In omni vero fisso fractove osse, protinus antiquiores medici ad ferramenta veniebant, quibus id exciderent. Sed multo melius est, ante emplastra experiri, quæ calvariæ causa componuntur : eorumque aliquod oportet ex aceto mollitum per se super fissum fractumve os imponere : deinde super id, aliquanto latius, quam vulnus est, eodem medicamento il-

pée dans du vinaigre, est maintenu par un bandage. Chaque jour l'appareil est levé pour renouveler le pansement, et cela jusqu'au cinquième jour. Le sixième, on fait des fomentations avec une éponge imbibée d'eau chaude, sans rien changer au reste du traitement. Alors, si les chairs commencent à se régénérer, si la fièvre cesse ou devient moins forte, si l'appétit reparaît, et que le sommeil soit assez bon, on devra persévérer dans l'emploi de ce moyen curatif. Au bout d'un certain temps, pour activer la reproduction des chairs, on rendra l'emplâtre plus émollient, en y ajoutant un peu de cérat fait avec de l'huile rosat, car l'emplâtre est par lui-même astringent. Il n'est pas rare de voir, sous l'influence de ce traitement, les fissures comblées par une espèce de cal qui constitue, pour ainsi dire, la cicatrice de l'os. Dans les fractures plus étendues, si les fragments n'ont pu se rapprocher tout à fait, c'est encore le même cal qui leur sert de soudure, et pour le cerveau cette protection vaut beaucoup mieux que les chairs qui remplacent la portion d'os excisée. Mais si, dès les premières applications du remède, la fièvre prend de l'intensité; si le sommeil est rare et troublé par des rêves tumultueux; si l'ulcère devient humide, et ne tend point à guérir; s'il survient des glandes au cou; si le malade accuse enfin de violentes douleurs, et que son dégoût pour les aliments augmente, il faut bien se décider à l'opération, et la pratiquer avec le ciseau. Il y a deux périls à redouter dans les coups à la tête : la fêlure et l'enfoncement du crâne. Si l'os est fendu, les bords de la fêlure peuvent être extrêmement serrés, soit que l'un empiète sur l'autre, soit qu'après avoir été séparés, ils se rapprochent de nouveau très-fortement; d'où il suit que l'humeur, ne trouvant point d'issue au dehors, tombe sur la membrane du cerveau, l'irrite, et provoque de graves inflammations. Lorsque l'os est enfoncé, il comprime cette même membrane, et quelquefois la déchire avec les esquilles qui se détachent de la fracture. Tout en remédiant à ces accidents, il ne faut enlever de l'os que ce qui est indispensable. Si, par exemple, il y a chevauchement, il suffit de retrancher le fragment supérieur avec un ciseau plat; moyennant quoi l'on obtient l'écartement convenable pour la guérison. Si les bords de la fissure sont trop serrés, on pratique sur l'un des côtés, à un doigt de distance, une ouverture avec la tarière, et de ce point l'on conduit deux incisions faites avec le ciseau, et représentant la lettre V; de telle sorte que le sommet se rapporte au trou qu'on vient de faire, et la base à la fissure de l'os. Quand la fêlure est plus considérable, on fait partir d'une seconde ouverture semblable à la première deux incisions nouvelles. Par ce moyen, il ne peut rien rester de caché sous la voûte du crâne, et tout ce qu'il y a de nuisible trouve à s'échapper par une large issue. S'il y a en même temps fracture et enfoncement du crâne, il n'est pas toujours nécessaire d'emporter l'os en entier; mais s'il est brisé tout à fait, et par suite isolé complétement du reste du crâne, ou si même il n'y tient que par un léger fragment, il faut avec le ciseau le séparer des parties saines; puis à côté de cette incision on pratique sur la portion d'os enfoncée deux ou trois perforations, selon que la fracture a plus ou moins d'étendue, et on enlève les ponts qui séparent les trous. Il faut ensuite faire agir le ciseau sur les deux côtés de

---

litum linteolum, et præterea succidam lanam aceto tinctam : tum vulnus deligare, et quotidie resolvere; similiterque curare usque ad diem quintum. A sexto die etiam vapore aquæ calidæ per spongiam fovere : cetera eadem facere. Quod si caruncula increscere cœperit, et febricula aut soluta erit, aut levior, et cupiditas cibi reverterit, satisque somni accedet, in eodem medicamento erit perseverandum. Procedente deinde tempore, emolliendum id emplastrum, adjecto cerato ex rosa facto; quo facilius carnem producat : nam per se reprimendi vim habet. Hac ratione sæpe rimæ callo quodam implentur; estque ea ossis velut cicatrix : et latius fracta ossa, si qua inter se non cohærebant, eodem callo glutinantur; estque id aliquanto melius velamentum cerebro, quam caro, quæ exciso osse increscit. Si vero sub prima curatione febris intenditur, brevesque somni, et iidem per somnia tumultuosi sunt, ulcus madet, neque alitur, et in cervicibus glandulæ oriuntur, magni dolores sunt, cibique super hæc fastidium increscit; tum demum ad manum scalprumque veniendum est. Duo vero sub ictu calvariæ pericula sunt; ne vel findatur, vel medium desidat. Si fissum est, possunt oræ esse compressæ : vel quia altera super alteram excessit; vel etiam, quia vehementer rursus se commise-runt. Ex quo evenit, ut humor ad membranam quidem descendat, exitum vero non habeat; ac sic eam irritet, et graves inflammationes moveat. At ubi medium desedit, eamdem cerebri membranam os urget : interdum etiam ex fractura quibusdam velut aculeis pungentibus. His ita succurrendum est, ut tamen quam minimum ex osse dematur. Ergo, si ora alteri insedit, satis est id, quod eminet, plano scalpro excidere : quo sublato, jam rima hiat quantum curationi satis est. At si oræ inter se comprimuntur, a latere ejus, interposito digiti spatio, terebra foramen faciendum est : ab eoque scalper duabus lineis ad rimam agendus, ad similitudinem litteræ V, sic, ut vertex ejus a foramine, basis a rima sit. Quod si rima longius patet, ab altero foramine rursus similis sinus fieri debet : et ita nihil latens in eo osse concavo est, abundeque exitus datur intus lædentibus. Ne si fractum quidem os desedit, totum excidi necesse est : sed, sive totum perfractum est, et ab alio ex toto recessit, sive circumpositæ calvariæ inhæret exigua parte, ab eo, quod naturaliter se habet, scalpro dividendum est. Deinde in eo, quod desedit, juxta rimam, quam fecimus, foramina addenda sunt, si in angusto nova est, duo; si latius patet, tria; septaque eorum excidenda : et tum scalper utrimque

la fente qu'on a faite, afin d'avoir une ouverture semi-lunaire, dont le fond doit répondre à la fracture, et les angles aux parties saines du crâne. Alors, s'il y a quelques esquilles vacillantes qu'on puisse détacher sans difficulté, on devra les saisir avec une pince disposée à cet effet, et éliminer surtout celles dont les pointes sont assez aiguës pour blesser la dure-mère. Mais si l'extraction ne paraît pas facile, on glissera sous l'os la lame qui sert, comme je l'ai dit, à protéger la membrane du cerveau, et sur ce plancher on fera l'excision de toutes les esquilles pointues et saillantes. Le même instrument est encore employé à relever la portion d'os enfoncée. Cette méthode a pour résultat de consolider les os fracturés au point où ils sont encore adhérents au crâne; ou bien, si la solution de continuité est complète, de déterminer la chute de l'os sans aucune douleur, sous la double influence du temps et des médicaments. De cette façon aussi, les fragments laissent toujours entre eux un espace suffisant pour que la sanie s'écoule au dehors; et enfin le cerveau est mieux garanti par l'os qu'on laisse à demeure, qu'il ne pourrait l'être après l'excision. L'opération terminée, on arrose la dure-mère avec du fort vinaigre, soit pour réprimer l'hémorragie s'il y a lieu, soit pour entraîner les caillots sanguins qui pourraient rester à l'intérieur. On applique ensuite sur la membrane l'emplâtre dont j'ai parlé plus haut, lequel est ramolli de la même manière avec du vinaigre; puis viennent les autres pièces de l'appareil déjà connues, comme le linge enduit du médicament, et la laine en suint. On a soin de placer le malade dans un endroit chaud, et de renouveler le pansement tous les jours, et même deux fois par jour pendant l'été.

Si la dure-mère est prise d'inflammation et se tuméfie, on devra l'arroser d'huile rosat tiède; mais si la tuméfaction est telle qu'elle dépasse les os, il faudra la réduire, en appliquant dessus des lentilles ou des feuilles de vigne écrasées, et mêlées avec du beurre frais ou de la graisse d'oie récente. On cherchera de plus à diminuer la tension du cou, en pratiquant sur cette partie des onctions avec le cérat d'iris liquide. Si la dure-mère présente un mauvais aspect, il faut la recouvrir de l'emplâtre indiqué, en y faisant entrer une égale quantité de miel. Pour maintenir le remède, on applique de la charpie, et tout est recouvert d'un linge enduit du même médicament. Lorsque la membrane est suffisamment détergée, on ajoute du cérat à l'emplâtre, afin de faciliter la reproduction des chairs. Quant à la diète, puis aux aliments solides et liquides qu'on peut successivement accorder, il faut se conformer au régime que j'ai prescrit pour les blessures; cela même est d'autant plus nécessaire que les plaies de tête entraînent avec elles plus de dangers. Mais il y a plus: lorsque, au lieu de soutenir simplement le malade, il s'agira de le nourrir, on ne devra donner encore aucune des substances qui ont besoin de la mastication. On évitera de même de l'exposer à la fumée, et l'on détournera de lui tout ce qui peut exciter l'éternument. Il y a chance certaine de guérison, quand la dure-mère n'a perdu ni la mobilité ni la coloration qu'elle doit avoir, quand les chairs qui repoussent sont vermeilles, et que la mâchoire et le cou continuent à se mouvoir librement. Voici maintenant des signes redoutables: immobilité de la dure-mère, qui devient noire, livide ou diversement altérée; délire, vomissements opiniâtres, paralysie ou

---

ad rimam agendus, sic, ut lunatum sinum faciat: imaque pars ejus intus ad fracturam, cornua ad os integrum spectent. Deinde, si qua labant, et ex facili removeri possunt, forfice ad id facta colligenda sunt, maximeque ea, quæ acuta membranam infestant: si id ex facili fieri non potest, subjicienda lamina est, quam custodem ejus membranæ esse proposui; et super eam, quidquid spinosum est, et intus eminet, excidendum est: eademque lamina, quidquid deorsum insedit, attollendum. Hoc genus curationis efficit, ut, qua parte fracta ossa tamen inhærent, solidentur: qua parte abrupta sunt, sine ullo tormento sub medicamentis tempore excidant, spatiumque inter hæc satis illis magnum ad extrahendam saniem relinquatur; plusque in osse propugnaculi cerebrum habeat, quam habiturum fuit, eo exciso. His factis, ea membrana acri aceto respergenda est; ut, sive aliquid sanguinis ex ea profluit, cohibeatur, sive intus concretus cruor remanet, discutiatur: tum idem medicamentum eodem modo, quo supra positus est, mollitum, ipsi membranæ imponendum est: ceteraque eodem modo facienda sunt, quæ ad linteolum illitum, et lanam succidam pertinent: collocandusque is loco in tepido: et curandum quotidie vulnus; bis etiam, æstate. Quod si membrana per inflammationem intumuerit, infundenda erit rosa tepida. Si usque eo tumebit, ut super ossa quoque emineat, coercebit eam bene trita lenticula, vel folia vitis contrita, et cum recenti vel butyro, vel adipe anserino mista: cervixque molliri debebit liquido cerato, ex irino facto. At si parum pura membrana videbitur, par modus ejus emplastri et mellis miscendus erit; idque superinfundendum; ejusque continendi causa unum act alterum linamentum injiciendum, et super linteolo, cui emplastrum illitum sit, contegendum. Ubi satis pura membrana est, eadem ratione adjicienda emplastro ceratum, ut carnem producat. Quod ad abstinentiam vero, et primos ulterioresque cibos potionesque pertinet, eadem, quæ in vulneribus præcepi, servanda sunt, eo magis, quo periculosius hæc pars afficitur. Quin etiam, cum jam non solum sustineri, sed ali his quoque oportebit, tamen erunt vitanda, quæcumque mandenda sunt: item fumus, et quidquid excitat sternutamentum. Spem vero certam faciunt, membrana mobilis ac sui coloris, caro increscens rubicunda, facilis motus maxillæ atque cervicis. Mala signa sunt, membrana immobilis, nigra, vel livida, vel aliter coloris corrupti,

convulsions, lividité des chairs, et rigidité de la mâchoire et du cou. Les autres signes qui se tirent du sommeil, de l'appétence, de la fievre et de la couleur du pus, sont, comme pour les autres blessures, des présages de mort ou de guérison. Lorsque la maladie prend une tournure favorable, on voit s'élever de la membrane même, ou de la table interne de l'os s'il y a sur ce point un os double, des bourgeons charnus qui remplissent le vide laissé par la fracture. Ces chairs peuvent même faire saillie au-dessus du crâne, et, dans ce cas, il convient de les réprimer avec l'écaille de cuivre, et d'appliquer ensuite des remèdes cicatrisants. On obtient facilement la cicatrisation de toutes les plaies de tête, à l'exception de celles qui sur le front se trouvent placées un peu au-dessus de l'espace qui existe entre les sourcils. Les plaies de ce genre, en effet, laissent presque toujours après elles une ulcération qui dure autant que la vie, et qu'il faut recouvrir d'un linge enduit d'un topique convenable. Dans les fractures du crâne, il importe, jusqu'à ce que la cicatrice soit bien consolidée, d'éviter soigneusement l'ardeur du soleil, les plaisirs de Vénus (7), les bains trop répétés, et le vin pris en excès.

V. L'os et le cartilage du nez peuvent se briser en avant, ou sur les côtés. S'il y a fracture en avant, de ces deux parties ou de l'une d'elles seulement, il en résulte que les narines s'affaissent, et que la respiration devient difficile. Si l'os est cassé latéralement, on remarque une dépression sur ce point; si c'est le cartilage, le nez s'incline vers le côté opposé. Dans les fractures du cartilage, il faut redresser doucement la portion déprimée, en la soulevant avec une sonde, ou en introduisant deux doigts dans les narines. Cela fait, on y laisse à demeure soit une tente roulée en long, et revêtue d'une peau mince et douce qu'on a cousue autour; soit un bourdonnet de charpie sèche, disposé de la même façon; ou encore, un gros tuyau de plume enduit de gomme ou de colle, et recouvert de la même pellicule; tous moyens qui s'opposent à l'affaissement du cartilage. Quand cette partie se brise en avant, il faut remplir également les deux narines; mais si la fracture est latérale, la narine vers laquelle le nez est entraîné doit recevoir un corps plus gros que l'autre. A l'extérieur, on se sert d'une bande assez douce, dont le milieu est enduit d'un mélange de fleur de farine et de suie d'encens. Après avoir fait faire le tour de la tête à cette bande, on en colle les deux bouts sur le front. Ce mélange, en effet, adhère à la peau comme de la colle, et en durcissant il maintient parfaitement les narines. Si l'introduction d'un corps étranger incommode le malade, ce qui arrive principalement quand il y a fracture du cartilage situé à l'intérieur, il faut, après avoir redressé les narines, faire simplement usage de la bande pour les contenir. Au bout de quatorze jours on enlève cet appareil en l'humectant avec de l'eau chaude, qui sert aussi à bassiner chaque jour la partie malade. Si l'os est fracturé, c'est encore avec les doigts qu'on le remet en place; si la fracture a son siège en avant, on remplit de même les deux narines; si elle n'occupe qu'un côté, on remplit seulement celle contre laquelle l'os s'est affaissé. On fait ensuite des applications de cérat, et l'on serre le bandage un peu plus fort, parce qu'ici

---

dementia, acris vomitus, nervorum vel resolutio vel distentio, caro livida, maxillarum rigor, atque cervicis. Cetera, quæ ad somnum, cibi desiderium, febrem, puris colorem attinent, eadem, quæ in ceteris vulneribus, vel salutaria, vel mortifera sunt. Ubi bene res cedit, incipit ab ipsa membrana; vel, si os eo loco duplex est, inde quoque caro jincrescere; eaque id, quod inter ossa vacuum est, replet: nonnumquam etiam super calvariam excrescit. Quod si incidit, inspergenda squama æris est, ut id reprimat cohibeatque: ea carni superdanda, quæ ad cicatricem perducant. Omnibusque ea locis commode inducitur, excepta frontis ea parte, quæ paulum super id est, quod inter supercilia est. Ibi enim vix fieri potest, ut non per omnem ætatem sit exulceratio: quæ linteolo medicamentum habente, contegenda sit. Illa utique, capite fracto, servanda sunt, ut, donec jam valida cicatrix sit, vitentur sol, venus, frequens balneum, major vini modus.

V. In naribus vero, et os, et cartilago frangi solet, et quidem modo adversa, modo a latere. Si adversa fracta sunt, alterumve ex his, nares desidunt, difficulter spiritus trahitur. Si a latere os fractum est, is locus cavus est: si cartilago, in alteram partem nares declinantur. Quidquid in cartilagine incidit, excitanda ea leniter est, aut subjecto specillo, aut duobus digitis utrimque compressis: deinde in longitudinem implicata linamenta, et molli pellicula cincta circumsutaque, intus adigenda sunt; aut eodem modo compositum aliquid ex arido penicillo; aut grandis pinna, gummi, vel fabrili glutine illita, et molli pellicula circumdata, quæ desidere cartilaginem non sinat. Sed, si adversa ea fracta est, æqualiter utraque naris implenda est : si a latere, crassius esse debet ab ea parte, in quam nasus jacet, ab altera tenuius id, quod inseritur. Extrinsecus autem circumdanda habena est mollis, media illita mistis inter se simila et thuris fuligine: eaque ultra aures ducenda, et fronti duobus capitibus agglutinanda est. Id enim corpori quasi gluten inhærescit, et, cum induruit, nares commode continet. Sin, quod intus inditum est, lædit, sicut maxime fit, ubi interior cartilago perfracta est, excitatæ nares eadem tantummodo habena continendæ sunt : deinde, post quatuordecim dies id ipsum demendum est. Resolvitur autem aqua calida; eaque tum is locus quotidie fovendus est. Sin os fractum est, id quoque digitis in suam sedem reponendum est : atque ubi adversum id ictum est, utraque naris implenda est; ubi a latere, ea, in quam os impulsum est : imponendumque ceratum, et paulo vehementius deligandum est; quia callus eo loco non ad sanitatem tantummodo, sed etiam ad tumorem increscit : a tertio die fovendum id aqua calida

17.

le cal, tout en réunissant les os, tend à faire une saillie. A partir du troisième jour, on bassine le nez avec de l'eau chaude, et l'on rend ces fomentations de plus en plus fréquentes, à mesure qu'on approche de la guérison. S'il y a plusieurs fragments, il faut également redresser chacun d'eux avec les doigts, puis appliquer extérieurement le même bandage enduit de cérat, sans aucun autre appareil. Mais si quelque fragment, complétement isolé, ne doit plus se réunir aux autres, ce dont on peut juger par la grande quantité d'humeur qui s'écoule de la plaie, il faudra l'emporter avec des pinces, puis appliquer sur la fracture un remède légèrement astringent. Le cas est plus fâcheux lorsqu'à la fracture de l'os ou du cartilage, se joint une plaie des téguments. Cet accident est rare; mais s'il arrive, il n'en faut pas moins redresser les parties fracturées. On panse ensuite la plaie avec l'un des emplâtres qui conviennent dans les blessures récentes; seulement, on n'applique point de bandage.

VI. Le cartilage de l'oreille se brise aussi quelquefois. Il faut alors, avant que le pus soit formé, se servir d'un emplâtre agglutinatif qui souvent prévient la suppuration, et consolide l'oreille. Pour ces cartilages, comme pour ceux du nez, il est bon de savoir qu'ils ne peuvent se souder entre eux; aussi est-ce au moyen des chairs qui s'élèvent autour des fragments que la consolidation a lieu. D'après cela, s'il y a en même temps rupture du cartilage et déchirure de la peau, on réunit les téguments par un point de suture. Mais je ne parle en ce moment que des cas où le cartilage est brisé, la peau demeurant intacte. En pareille circonstance, s'il y a déjà de la suppuration, il faut inciser la peau du côté opposé, et couper le cartilage en forme de croissant. L'excision faite, on a recours à quelque topique astringent comme le lycium délayé dans de l'eau, et l'on en continue l'usage jusqu'à ce que le sang ait cessé de couler. On étend ensuite sur la plaie un linge enduit d'un emplâtre préparé sans aucun corps gras; puis on remplit avec de la laine bien cardée l'espace qui existe en arrière entre la tête et l'oreille, et l'on maintient cette application à l'aide d'un bandage médiocrement serré. Dès le troisième jour, on fera sur la partie malade des fomentations chaudes, comme je l'ai dit pour les fractures du nez; et l'on prescrira de même l'abstinence au début, jusqu'à ce que l'inflammation soit tombée.

VII. En passant des lésions de ces parties à celles de la mâchoire, il me paraît utile d'établir quelques généralités sur les fractures des os, afin d'éviter des répétitions trop fréquentes. Les os peuvent se fendre dans le sens longitudinal comme le bois, ou bien se briser dans une direction transversale ou oblique. Dans la fracture oblique, les fragments sont tantôt obtus, tantôt aigus; et ce dernier cas est le plus fâcheux, parce qu'alors il n'est pas facile d'en faire la coaptation, et qu'ils arrivent à déchirer les chairs, ou parfois même les tendons et les muscles. Il peut y avoir aussi plusieurs fragments, qui le plus souvent sont complétement isolés les uns des autres, si ce n'est dans les fractures de l'os maxillaire inférieur, où ils conservent toujours entre eux quelque point de contact. Pour la mâchoire, les moyens de réduction consistent à exercer sur les portions fracturées une pression avec deux doigts, dont l'un agit en dedans de la bouche, et l'autre en dehors. Quand il y a fracture

est; tantoque magis, quanto propius esse sanitati debet. Quod si plura erunt fragmenta, nihilominus extrinsecus singula in suas sedes digitis erunt compellenda; imponendaque extrinsecus eadem habena, et super eam ceratum; neque ultra fascia adhibenda est. At si quod fragmentum undique resolutum cum ceteris non glutinabitur, intelligetur quidem ex humore, qui multus ex vulnere feretur; vulsella vero extrahetur: finitisque inflammationibus, imponetur aliquod medicamentum ex iis, quæ leniter reprimunt. Pejus est, ubi aut ossi aut cartilagini fractæ cutis quoque vulnus accessit. Id admodum raro fit. Si incidit, illa quidem nihilominus eadem ratione in suas sedes excitanda sunt : cuti vero superimponendum emplastrum aliquod ex iis, quæ recentibus vulneribus accommodata sunt : sed insuper nullo vinculo deligandum est.

VI. In aure quoque interdum rumpitur cartilago. Quod si incidit, antequam pus oriatur, imponendum glutinans medicamentum est : sæpe enim suppurationem prohibet, et aurem confirmat. Illud et in hac et in naribus ignorari non oportet; non quidem cartilaginem ipsam glutinari, circa tamen carnem increscere, solidarique eum locum. Itaque, si cum cute cartilago rupta est, cutis utrimque suitur. Nunc autem de ea dico, quæ, cute integra, frangitur. In ea vero si jam pus natum est, aperienda altera parte cutis, et ipsa cartilago contra lunata plaga excidenda est : deinde utendum est medicamento leniter supprimente, quale lycium est aqua dilutum, donec sanguis fluere desinat : tum imponendum linteolum cum emplastro, sic, ut pingue omne vitetur; et a parte posteriore lana mollis auri subjicienda est, quæ, quod est inter hanc et caput, compleat : tum ea leniter deliganda est, et a tertio die, vapore, ut in naribus posui, fovenda. Atque in his quoque generibus abstinentia primi temporis necessaria est, donec inflammatio finiatur.

VII. Ab his ad maxillam venturus indicanda quædam puto communiter ad omnia ossa pertinentia, ne sæpius eadem dicenda sint. Omne igitur os, modo rectum, ut lignum in longitudinem finditur; modo frangitur transversum; interdum obliquum; atque id ipsum nonnumquam retusa habet capita, nonnumquam acuta; quod genus pessimum est; quia neque facile committuntur, quæ nulli retuso innituntur : et carnem vulnerant, interdum nervum quoque aut musculum. Quin etiam aliquando plura fragmenta fiunt. Sed in aliis quidem ossibus ex toto sæpe fragmentum a fragmento recedit : maxillæ vero semper aliqua parte, etiam vexata ossa inter se cohærent. Igitur in primis digitis duobus utrimque prementibus, et ab ore, et ab cute, omnia ossa in suam sedem compellenda sunt.

transversale, il arrive ordinairement que les dents ne sont plus de niveau ; alors, après avoir réduit, on attache ensemble à l'aide d'un crin les deux dents qui se touchent à l'extrémité de chaque fragment, et si elles sont trop ébranlées, on s'adresse aux deux dents qui suivent. C'est au reste la seule fracture où cette précaution soit utile. Pour le surplus on procède comme dans les autres cas ; c'est-à-dire qu'on applique sur la partie malade un linge double trempé dans de l'huile et du vin, et enduit, comme je l'ai dit, d'un mélange de fleur de farine de froment et de suie d'encens ; on prend ensuite une bande ou une espèce de bride assez souple que l'on fend par le milieu, afin d'embrasser exactement le menton, et de pouvoir ramener les chefs au-dessus de la tête, où on les lie. Nous établirons encore ce précepte relatif à toutes les fractures : c'est de prescrire la diète au début ; d'accorder ensuite à partir du troisième jour quelques aliments liquides ; puis, dès que l'inflammation est tombée, de passer à une nourriture plus forte et plus substantielle, sans cesser toutefois d'interdire le vin pendant toute la durée du traitement. Le troisième jour, on doit lever l'appareil, pratiquer des fomentations chaudes avec une éponge, et renouveler le premier pansement ; on change encore l'appareil le cinquième jour, pour ne plus l'enlever qu'après la chute de l'inflammation, qui cesse d'ordinaire le septième ou le neuvième jour. L'état inflammatoire ayant disparu, on examine de nouveau la fracture, afin de remettre en place les fragments qui se trouveraient mal réduits, et l'on ne touche plus alors au bandage qu'après avoir attendu les deux tiers du temps nécessaire à la consolidation des fractures. Les os de la mâchoire, les os malaires, la clavicule, le sternum, l'omoplate, les côtes, l'épine, les os coxaux, l'os du cou-de-pied (*astragale*), le calcanéum, les os de la main et de la plante du pied, se consolident entre le quatorzième et le vingt-unième jour ; ceux de la jambe et de l'avant-bras, entre le vingtième et le trentième ; ceux enfin de la cuisse et du bras, entre le vingt-septième et le quarantième jour. Quant aux fractures de la mâchoire, il est bon d'ajouter que le malade devra pendant longtemps se contenter d'aliments liquides ; et plus tard même, s'en tenir à des pâtisseries ou autres substances de consistance légère, jusqu'à ce que l'os maxillaire soit entièrement consolidé par la formation du cal. Ces fractures imposent aussi constamment l'obligation du silence pendant les premiers jours.

VIII. 1. Les fractures transversales de la clavicule se réunissent quelquefois d'elles-mêmes, et la guérison peut avoir lieu sans bandage, pourvu qu'on ne donne à l'os aucun mouvement. Mais dans d'autres cas, et surtout quand la clavicule a reçu quelque secousse, les fragments se déplacent, et la portion sternale se trouve alors au-dessus du fragment huméral. Non que la clavicule jouisse par elle-même d'aucune mobilité ; mais elle obéit aux mouvements du bras ; d'où il suit que cette portion humérale vient naturellement se placer sous l'extrémité sternale, qui demeure immobile. Il est tellement rare de voir l'opposé, c'est-à-dire le fragment qui tient au bras, se porter en avant, que les plus grands maîtres ont déclaré ne l'avoir jamais observé. Nous avons pourtant à cet égard le témoignage formel d'Hippocrate ; et comme ces deux cas ne se ressemblent pas, le traitement doit également différer. Si les fragments se dirigent vers l'omoplate, il faut à la fois pousser l'épaule en arrière avec

---

Deinde, si maxilla transversa fracta est ; sub quo casu fere dens super proximum dentem excedit ; ubi ea in suam sedem collocata est, duo proximi dentes, aut, si hi labant, ulteriores inter se seta deligandi sunt. Id in alio genere fracturæ supervacuum est : cetera eadem facienda sunt. Nam linteolum duplex, madens vino et oleo, superinjiciendum cum eadem simila et eadem thuris fuligine est : deinde aut fascia, aut mollis habena, media in longitudinem incisa, ut utrimque mentum complectatur, et inde capita ejus supra caput adducta ibi deligentur. Illud quoque ad omnia ossa pertinens dictum erit ; famem primum esse necessariam : deinde, a die tertio, humidum cibum : sublata inflammatione, paulo pleniorem, eumque, qui carnem alat : vinum per omne tempus esse alienum. Deinde tertio die resolvi debere ; foveri per spongiam vapore aquæ calidæ ; eademque, quæ primo fuerunt, superdari : idem die quinto fieri, et donec inflammatio finiatur ; quæ vel nono die, vel septimo fere solvitur. Ea sublata, rursus ossa esse tractanda, ut, si quod fragmentum loco suo non est, reponatur : neque id esse solvendum, nisi duæ partes ejus temporis, intra quod quæque ossa confervent, transierint. Fere vero inter quartumdecimum et unum et vicesimum diem sanescunt, maxilla, malæ, jugulum, pectus, latum os scapularum, costæ, spina, coxarum os, tali, calx, manus, planta : inter vicesimum et tricesimum diem, crura, brachiaque : inter septimum et vicesimum et quadragesimum, humeri et femina. Sed in maxilla illud quoque adjiciendum est, quod humidus cibus diu assumendus sit : atque etiam, cum tempus processit, in lagano similibusque aliis perseverandum est, donec ex toto maxillam callus firmarit. Itemque, utique primis diebus, habendum silentium.

VIII. 1. Jugulum vero, si transversum fractum est, nonnumquam per se rursus recte coit, et, nisi movetur, sanari sine vinctura potest : nonnumquam vero, maximeque ubi motum est, elabitur ; fereque id, quod a pectore est, super id, quod ab humero est, in posteriorem partem inclinatur. Cujus ea ratio est, quod per se non movetur, sed cum humeri motu consentit : itaque, eo subsistente, subit humerus agitatus. Raro vero admodum in priorem partem jugulum inclinatur ; adeo ut magni professores numquam se vidisse memoriæ mandarint. Sed locuples tamen ejus rei auctor Hippocrates est. Verum, ut dissimilis uterque casus est, sic quædam dissimilia requirit. Ubi ad scapulas jugulum tendit, simul dextra manu plana propellendus in posteriorem partem humerus

le plat de la main droite, et ramener la clavicule en avant. Réciproquement on devra ramener l'épaule en avant, et repousser l'os en arrière s'il se porte vers la poitrine. Si le fragment huméral se trouve au-dessous du sternal, on ne doit pas tenter d'abaisser au même niveau la portion sternale de la clavicule, puisqu'elle est immobile; mais c'est le bras qu'il faut élever. Si au contraire ce fragment huméral est au-dessus du sternal, il faut soutenir celui-ci avec de la laine, et tenir le bras fixé contre la poitrine. Lorsqu'il y a des fragments aigus, on fait une incision à la peau, pour emporter les esquilles qui déchirent les chairs, puis on réduit la fracture. Si l'on remarque quelque partie saillante, on applique dessus un linge plié en trois, et trempé dans un mélange de vin et d'huile. Quand les fragments sont multiples, on les contient avec des attelles disposées en gouttière, et enduites de cire à l'intérieur, pour que le bandage ne les sépare pas. Dans les fractures de la clavicule, comme dans toutes les autres, il vaut toujours mieux faire plus de tours de bande, et moins serrer l'appareil. On fait passer la bande sous l'aisselle gauche, si la clavicule droite est cassée, et sous l'aisselle droite, si la fracture est à gauche, et de là on la ramène à l'aisselle du côté malade. Si les fragments de la clavicule sont tournés vers l'omoplate, on attache le bras au côté; mais s'ils se portent en avant, le membre est assujetti au moyen d'une écharpe suspendue au cou; et on fait coucher le malade sur le dos. Pour le reste du traitement, on prend tous les soins indiqués plus haut.

2. Il existe un certain nombre d'os, presque dépourvus de mouvement, dont la consistance est dure ou cartilagineuse, et qui peuvent être atteints de fracture, de perforation, d'écrasement ou de fissure. Tels sont les os malaires, le sternum, l'omoplate, les côtes, l'épine, les os coxaux, l'os du cou-de-pied (*astragale*), le calcanéum, les os de la main et du pied. Mais pour tous le traitement est le même. Si ces divers cas se compliquent de plaie, on traite celle-ci avec les remèdes qui lui sont propres; et pendant qu'elle s'achemine vers la cicatrisation, le cal arrive de même à combler les trous ou les fissures de l'os. La seule conduite à tenir, quand la douleur fait présumer que l'os est malade, bien que les téguments soient intacts, c'est d'ordonner le repos et de faire sur ce point des applications de cérat que l'on maintient à l'aide d'un bandage légèrement serré, jusqu'à ce que la douleur disparaisse par la cessation de l'état morbide.

IX. 1. Nous devons signaler ici certaines particularités relatives aux fractures des côtes, parce que le voisinage des viscères expose en effet le malade à des accidents plus redoutables. Quelquefois les côtes se fendent de telle sorte que la lésion atteint non pas à la vérité la face externe, mais la face interne, qui est spongieuse. D'autres fois aussi, elles sont complétement brisées. Quand la fracture est incomplète, le malade ne crache pas de sang, et reste sans fièvre; rarement il survient de la suppuration, et la douleur, peu prononcée, ne se révèle guère qu'à la pression. Mais pour ce cas on n'a qu'à se conformer aux préceptes établis plus haut, en ayant soin seulement de poser d'abord la bande (à deux globes) par le milieu, afin que la peau soit également tendue. Au vingt-unième jour, temps auquel l'os doit être consolidé, il faut donner au malade une nourriture plus succulente, pour que le corps acquière tout l'embonpoint possible, et que par cela même l'os soit mieux recouvert. Dans cette région en effet, la côte, n'offrant pas encore une assez grande résistance, peut se trouver exposée à de nouvelles offenses sous des téguments trop minces. Pendant toute la durée du traitement, il faut éviter les cris, les conversations, l'agitation, la colère, ne s'exposer ni à la fumée, ni à la poussière, à rien enfin de ce qui peut exciter la toux ou l'éternument, et ne faire même aucun effort pour retenir sa respiration. Lorsque la fracture est complète, le cas devient plus épineux, car il survient de graves inflammations, accompagnées de fièvre, de suppuration, de crachements de sang; et la vie du malade est souvent en péril. On doit alors, si les forces le permettent, tirer du sang en prenant le bras voisin de la fracture. Si le sujet est trop faible, on prescrira des lavements émollients, et l'on insistera plus longtemps sur la diète. Il importe de ne point donner de pain avant le septième jour, et de s'en tenir uniquement aux crèmes farineuses. Sur le siége même de la lésion, on appliquera soit du cérat où l'on fait entrer de l'huile de lin et de la résine cuite, soit l'emplâtre de Polyarque, ou bien un morceau d'étoffe trempé dans un mélange de vin, d'huile rosat et d'huile. Le remède employé sera recouvert d'une laine grasse et molle, et l'on appliquera par le milieu deux bandes qu'on aura soin de très-peu serrer. Dans ce cas, bien plus encore que dans celui qui précède, il sera nécessaire de s'astreindre à toutes les précautions que nous avons indiquées; à ce point même que le malade ne devra pas respirer trop souvent. Si la toux est opiniâtre, on fera prendre une potion faite avec la germandrée, la rue ou le stœchas, ou bien avec le cumin et la poivre. Il sera bon aussi, s'il y a de violentes douleurs, d'appliquer des cataplasmes d'ivraie ou d'orge, plus un tiers de figues grasses. Mais ils ne serviront que le jour seulement, parce qu'ils pourraient tomber la nuit; et, jusqu'au lendemain, on les remplacera par le cérat, l'onguent ou l'étoffe dont on vient de parler. On continuera donc de les enlever chaque soir, jusqu'à ce qu'on puisse se borner à des applications de cérat ou d'onguent. Pendant dix jours on soumettra le malade à une diète exténuante. Le onzième, on commencera à le nourrir, et dès lors on devra relâcher l'appareil. La durée du traitement est ordinairement de quarante jours. Si, dans cet intervalle, on a lieu de craindre la suppuration, l'onguent conviendra mieux comme résolutif que le cérat. Mais si, malgré l'emploi de tous les moyens que j'ai fait connaître, on n'a pu prévenir la formation du pus, il faudra sans retard, pour éviter l'altération de l'os, porter le fer rouge sur le sommet de la tumeur, et le tenir appliqué jusqu'à ce qu'il parvienne au foyer purulent, que l'on devra vider. Quand l'abcès ne s'élève pas en pointe, voici comment on arrive à déterminer le siége de la collection. On couvre la partie malade de terre cimolée délayée, puis on attend qu'elle se dessèche. Alors le seul endroit où l'humidité persiste indiquant la présence du pus, c'est ce point-là même qu'il faut cautériser. Si l'abcès est plus étendu, on y pratiquera deux ou trois ouvertures par lesquelles on introduira de la charpie, ou des tentes roulées et attachées à un fil, afin de les retirer plus facilement. On se conformera pour le surplus au traitement des brûlures. Il sera nécessaire ensuite, dès que la plaie sera détergée, de bien nourrir le malade, de peur qu'une con-

tionis, vitandus clamor, sermo quoque, tumultus, ira, motus vehementior corporis, fumus, pulvis, et quidquid vel tussim vel sternutamentum movet: ne spiritum quidem magnopere continere expedit. At si tota costa perfracta est, casus asperior est: nam et graves inflammationes, et febris, et suppuratio, et sæpe vitæ periculum sequitur, et sanguis spuitur. Ergo, si vires patiuntur, ab eo brachio, quod super eam costam est, sanguis mittendus est: si non patiuntur, alvus tamen sine ullo acri ducenda est; diutiusque inedia pugnandum. Panis vero ante septimum diem non assumendus: sed una sorbitione vivendum: imponendumque ei loco ceratum ex lino factum, cui cocta quoque resina adjecta sit; aut Polyarchi malagma; aut panni ex vino et rosa et oleo: superque imponenda lana succida mollis, et duæ fasciæ a mediis orsæ, minimeque adstrictæ: multo vero magis omnia vitanda, quæ supra posui; adeo ut ne spiritus quidem sæpius movendus sit. Quod si tussis infestabit, ad id potio sumenda erit, vel ex trixagine, vel ex ruta, vel ex herba stœchade, vel ex cumino et pipere. Gravioribus vero doloribus urgentibus, cataplasma imponi quoque conveniet, vel ex lolio, vel ex hordeo, cui pinguis fici tertia pars sit adjecta. Et id quidem interdiu superjacebit: noctu vero idem aut ceratum, aut malagma, aut panni; quia potest cataplasma decidere. Ergo quotidie quoque resolvetur, donec jam cerato aut malagmate possimus esse contenti. Et decem quidem diebus extenuabitur fame corpus: ab undecimo vero ali incipiet; ideoque etiam laxior, quam primo, fascia circumligabitur. Fereque ea curatio ad quadragesimum diem perveniet. Sub qua si metus erit suppurationis, plus malagma, quam ceratum ad digerendum proficiet. Si suppuratio vicerit, neque per quæ supra scripta sunt, discuti potuerit; omnis mora vitanda erit, ne os infra vitietur: sed, qua parte maxime tumebit, demittendum erit candens ferramentum, donec ad pus perveniat; idque effundendum. Si nusquam caput se ostendet, ubi maxime pus subsit, sic intelligemus: creta Cimolia totum locum illinemus, et siccari patiemur: quo loco maxime humor in ea perseverabit, ibi pus proximum erit; eaque uri debebit. Si latius aliquid abscedet, duobus aut tribus locis erit perforandum; demittendumque lamentum, aut aliquid ex penicillo, quod summum lino sit devinctum, ut facile educatur. Reliqua eadem, quæ in ceteris adustis, facienda sunt. Ubi purum erit ulcus, ali corpus debebit, ne tabes, perniciosa futura, id malum subsequatur. Nonnumquam etiam, levius ipso osse af-

somption funeste ne succède à cette affection. Parfois encore, lorsque l'os est légèrement altéré, et n'a pas été traité dès le principe, il se forme un amas, non de pus, mais d'une humeur semblable à de la mucosité. Les téguments sur ce point deviennent plus mous, et c'est aussi le cas de recourir à la cautérisation.

2. Les fractures de l'épine nous présentent encore quelques particularités à noter. Si quelque apophyse des vertèbres est brisée, il en résulte une dépression à l'endroit même, des picotements s'y font sentir, parce qu'il est impossible que les fragments ne soient pas aigus, et c'est là ce qui porte le malade à prendre de temps en temps une attitude cambrée. On peut donc à de tels signes reconnaître ces fractures. Quant aux moyens curatifs, nous les avons exposés déjà au commencement de ce chapitre.

X. 1. Entre les fractures du bras et de la cuisse, non moins qu'entre les traitements qu'elles comportent, il existe une grande analogie; et cette analogie se retrouve dans les fractures du bras et de l'avant-bras, comparées à celles de la cuisse et de la jambe, et jusque dans les lésions des doigts de l'une et l'autre extrémité. Les fractures qui occupent la partie moyenne de l'os sont celles qui offrent le moins de danger; mais elles sont d'autant plus à craindre qu'elles sont situées plus près de l'extrémité supérieure ou inférieure, parce que la douleur est alors plus vive et la guérison moins facile. Il vaut infiniment mieux avoir affaire à des fractures simples et transversales, qu'à des fractures obliques et composées de plusieurs fragments; mais le cas est encore beaucoup plus grave quand ces fragments sont aigus. Quelquefois les parties brisées ne changent pas de situation; mais, dans la plupart des cas, elles éprouvent un déplacement, et chevauchent l'une sur l'autre. C'est là ce dont il faut avant tout s'assurer, et l'on a pour cela des indices certains. Quand il y a déplacement, on trouve une dépression à l'endroit fracturé, les fragments donnent la sensation d'une piqûre, et présentent des inégalités au toucher. Si ces fragments, au lieu d'être bout à bout, sont placés obliquement, ce qui arrive lorsque la situation en est changée, le membre affecté devient plus court que l'autre, et les muscles se tuméfient. Le cas étant ainsi constaté, on doit faire immédiatement l'extension du membre; car les muscles et les tendons qui s'attachent aux os ne manquent pas de se contracter, et ce n'est pas sans quelque violence qu'on peut les ramener à leur situation naturelle. L'omission de la réduction dans les premiers jours permet à l'inflammation d'éclater; alors l'emploi de la force devient difficile et dangereux, attendu que les convulsions et la gangrène peuvent être l'effet de la distension des muscles, et que dans les cas les plus favorables il se forme au moins un abcès. Si donc on n'a pas réduit la fracture avant l'inflammation, il faut attendre que celle-ci ait cessé pour confronter les os. Un homme seul peut pratiquer l'extension d'un doigt, ou d'un membre encore peu développé, en saisissant une partie avec la main droite, et l'autre avec la main gauche; mais pour un membre plus vigoureux, il faut deux hommes qui exercent des tractions en sens inverse. Si les tendons et les muscles sont très-résistants, comme ceux des cuisses et des jambes chez les sujets robustes, on attache à chaque extrémité du membre des brides ou des bandes de toile, que plusieurs aides doivent tirer en sens opposé. Lorsque, par suite de cette manœuvre, le membre est un peu plus long que dans l'état naturel,

---

fecto, et inter initia neglecto, non pus, sed humor quidam mucis similis, intus coit; mollescitque contra cutis: in qua simili ustione utendum est.

2. In spina quoque est, quod proprie notemus. Nam si id, quod ex vertebra excedit, aliquo modo fractum est, locus quidem concavus fit; punctiones autem in eo sentiuntur; quia necesse est ea fragmenta spinosa esse: quo fit, ut homo in interiorem partem subinde nitatur. Hæc noscendæ rei causa sunt. Medicamentis vero iisdem opus est, quæ prima parte hujus capitis exposita sunt.

X. 1. Similes rursus ex magna parte casus curationesque sunt humeri et femoris: communia etiam quædam humeris, brachiis, feminibus, cruribus, digitis. Siquidem ea minime periculose media franguntur: quo propior fractura capiti vel superiori vel inferiori est, eo pejor est: nam et majores dolores adfert, et difficilius curatur. Ea maxime tolerabilis est simplex, transversa : pejor, ubi multa fragmenta, atque ubi obliqua: pessimum, ubi eadem acuta sunt. Nonnumquam autem fracta in his ossa in suis sedibus remanent: multo sæpius excidunt, aliudque super aliud effertur: idque ante omnia considerari debet; et sunt notæ certæ. Si suis sedibus sunt mota, resima, punctionisque sensum repræsentant; tactu inæqualia sunt. Si vero non adversa, sed obliqua junguntur; quod fit, ubi loco suo non sunt; membrum id altero latere brevius est, et musculi ejus tument. Ergo, si hoc deprehensum est, protinus id membrum oportet extendere: nam nervi musculique, intenti per ossa, contrahuntur; neque in suum locum veniunt, nisi illos per vim aliquis intendit. Rursus, si primis diebus id omissum est, inflammatio oritur; sub qua et difficile, et periculose, vis nervis adhibetur: nam distentio nervorum, vel cancer sequitur; vel certe, ut mitissime agatur, pus. Itaque, si ante reposita ossa non sunt, postea reponenda sunt. Intendere autem digitum vel aliud quoque membrum, si adhuc tenerum est, etiam unus homo potest; cum alteram partem dextra, alteram sinistra prehendit. Valentius membrum duobus eget, qui in diversa contendant. Si firmiores nervi sunt, ut in viris robustis, maximeque eorum feminibus et cruribus evenit; habenis quoque, vel linteis fasciis utrimque capita articulorum deliganda, et per plures in diversa ducenda sunt. Ubi paulo longius, quam naturaliter esse debet, membrum vis fecit; tum demum ossa manibus in suam sedem compellenda sunt: indiciumque ossis repositi est dolor sublatus, et membrum alteri æquatum. Involvendum duplicibus triplicibusve

on remet les os en place avec les mains ; et si la douleur cesse et que les deux membres soient égaux, on est certain que la fracture est réduite. On l'enveloppe alors d'un morceau d'étoffe, ou mieux encore d'une compresse de toile pliée en deux ou en trois, et trempée dans de l'huile et du vin. Généralement, on a besoin de six bandes. La première, qui est la plus courte, doit faire en montant trois fois le tour du membre en forme de spirale ; il est inutile d'aller au delà. La seconde, plus longue de moitié, s'applique d'abord sur la saillie que l'os peut présenter ; mais, s'il n'a rien d'inégal, on commence indifféremment par tout autre point de la fracture. Cette bande marchant en sens inverse de la précédente, c'està-dire en descendant, est ensuite ramenée vers la fracture, et vient se terminer en haut au delà de la première bande. L'une et l'autre sont maintenues à l'aide d'une large compresse enduite de cérat. Si l'os fait quelque saillie, on applique, sur le lieu même, une compresse pliée en trois, et trempée dans de l'huile et du vin. Le tout est assujetti par la troisième et la quatrième bande, et l'appareil est disposé de telle façon que chaque bande, conduite en sens inverse de celle qui précède, doit se terminer en haut, à l'exception de la troisième qui vient finir en bas. Il vaut mieux multiplier les tours de bandes que de trop serrer, car la compression offense les parties et les dispose à la gangrène. Le bandage ne doit pas non plus porter sur l'articulation, à moins que la fracture ne soit située tout auprès. Il faut laisser l'appareil pendant trois jours, et faire en sorte que le premier jour les liens, sans faire souffrir le malade, ne paraissent pourtant pas trop aisés, que le second jour ils deviennent plus lâches, et que la constriction soit presque nulle le troisième. Le bandage alors est appliqué de nouveau, et l'on y ajoute la cinquième bande. On lève encore l'appareil le cinquième jour, afin de poser la sixième bande, et, pour qu'elles soient toutes dans un ordre convenable, il faut que la troisième et la cinquième se terminent en bas et les autres en haut. Chaque fois que le pansement se renouvelle, on fait sur le membre des fomentations avec de l'eau chaude. Quand la fracture a son siège près de l'articulation, il faut la bassiner longtemps avec du vin additionné d'une légère quantité d'huile, puis continuer le traitement jusqu'à ce qu'il n'y ait plus vestige d'inflammation, et que le membre soit même devenu plus grêle qu'à l'ordinaire ; or, c'est ce qui arrive le septième jour ou le neuvième au plus tard. Il est très-facile alors d'apprécier l'état des os, d'en faire la coaptation s'ils ne sont pas en contact, et de remettre en place les fragments qui font saillie. On réapplique ensuite l'appareil, autour duquel on dispose des attelles pour contenir les fragments, et l'on réserve la plus large et la plus forte pour l'endroit vers lequel la fracture incline. Toutes ces attelles doivent être échancrées dans le voisinage des articulations, de peur qu'elles n'exercent sur ces parties une pression nuisible. D'ailleurs on a soin de ne les serrer qu'autant qu'il est nécessaire pour maintenir les os ; et, comme elles se relâchent toujours au bout d'un certain temps, on en resserre un peu les brides tous les trois jours. S'il ne survient ni démangeaison ni douleur, on persiste dans ce traitement jusqu'à ce que les deux tiers du temps voulu pour la consolidation des fractures soient écoulés. A cette époque on a moins souvent recours aux fomentations d'eau chaude, par la raison que, s'il était utile au début de dissiper les humeurs, plus tard

pannis in vino et oleo tinctis ; quos linteos esse, commodius est. Fere vero fasciis sex opus est. Prima brevissima adhibenda ; quæ circa fracturam ter voluta sursum versum feratur, et quasi in cochlean serpat : satisque est, eam ter hoc quoque modo circuire. Altera dimidio longior : eaque, si qua parte os eminet, ab ea ; si totum æquale est, undelibet super fracturam debet incipere, priori adversa, deorsumque tendere ; atque iterum ad fracturam reversa, in superiore parte ultra priorem fasciam desinere. Super has injiciendum latiore linteo ceratum est, quod eas contineat. Ac, si qua parte os eminet, triplex ea pannus objiciendus, eodem vino et oleo madens. Hæc tertia fascia comprehendenda sunt, quartaque, sic, ut semper insequens priori adversa sit, et tertia tantum in inferiore parte, tres in superiore finiant : quia satius est sæpius circuire, quam adstringi ; siquidem id, quod adstrictum est, alienatur, et cancro opportunum est. Articulum autem quam minime vincire opus est : sed, si juxta hunc os fractum est, necesse est. Deligatum vero membrum in diem tertium continendum est : eaque vinctura talis esse debet, ut primo die nihil offenderit, non tamen laxa visa sit ; secundo laxior ; tertio jam pene resoluta. Ergo tum rursum id membrum deligandum, adjiciendaque prioribus quinta fascia est : iterumque quinto die resolvendum est, et sex fasciis involvendum, sic, ut tertia et quinta infra, ceteræ supra finiantur. Quotiescumque autem solvitur membrum, calida aqua fovendum est. Sed, si juxta articulum fractura est, diu instillandum vinum est, exigua parte olei adjecta ; eademque omnia facienda, donec adeo inflammatio solvatur, vel tenuius quoque, quam ex consuetudine, id membrum fiat : quod si septimus dies non dedit, certe nonus exhibet : tum facillime ossa tractantur. Rursus ergo, si parum commissa sunt, commilti debent : si qua fragmenta eminent, in suas sedes reponenda sunt : deinde eodem modo membrum deligandum, ferulæque super accommodandæ sunt, quæ fissæ circumpositæque ossa in sua sede contineant : et in quam partem fractura inclinat, ab ea latior valentiorque ferula imponenda est. Easque omnes circa articulum esse oportet resimas, ne hunc lædant ; nec ultra adstringi, quam ut ossa contineant : et cum spatio laxentur, tertio quoque die paulum habenis suis coarctari : ac, si nulla prurigo, nullus dolor est, sic manere, donec duæ partes ejus temporis, quo quodque os conferuet, complcantur : postea levius aqua calida fovere, quia primo digeri materiam opus est, tum evocari. Ergo cerato

il devient convenable de les attirer. En conséquence on fait des onctions légères sur la partie malade avec du cérat liquide, on frotte ensuite doucement, et l'on a soin de relâcher le bandage, qu'on renouvelle aussi tous les trois jours. A l'exception de ces fomentations d'eau chaude, on ne change rien au pansement; seulement, on supprime une bande chaque fois qu'on lève l'appareil.

2. Ce sont là les règles générales; en voici de particulières. Dans les fractures de l'humérus, l'extension n'est point la même que pour un autre membre; ainsi le malade doit être placé sur un siége élevé, tandis que le chirurgien, assis plus bas, se tient en face de lui. Une première bande est alors passée autour du cou, pour soutenir l'avant-bras en écharpe; puis, au moyen d'une seconde et d'une troisième bande, on lie fortement le bras en haut et en bas. Cela fait, un aide employant la main droite si c'est le bras droit qu'il faut étendre, et la gauche s'il s'agit du bras gauche, la fait passer derrière la tête du blessé, et, la glissant sous la seconde bande (ligature supérieure), vient saisir un bâton placé entre les cuisses du malade (8). De son côté, le chirurgien appuie le pied droit ou le pied gauche, selon le bras qui est cassé, sur la troisième bande (ligature inférieure), au moment même où son aide attire à lui celle qui est fixée au haut du bras. L'extension du membre se fait ainsi sans violence. Quand l'os est brisé à l'extrémité inférieure ou dans la partie moyenne, il faut que les bandes soient plus courtes; mais elles seront plus longues si la fracture existe à la partie supérieure, parce qu'elles doivent passer sous l'autre aisselle, en couvrant la poitrine et les épaules. Avant d'assujettir l'avant-bras, il importe de lui donner dès le principe la position qu'il doit garder (9), de peur que la situation nouvelle qu'on lui ferait prendre au moment de la déligation ne déplace en même temps les fragments de l'humérus. Lors donc que l'avant-bras est convenablement suspendu, il reste encore à tenir le bras attaché contre la poitrine, à l'aide d'un bandage médiocrement serré. On prévient par là tous les mouvements du bras, et l'on maintient les os dans les rapports où le chirurgien les a placés. Quant aux attelles, il faut qu'elles soient très-longues au côté externe du bras, moins longues au côté interne, et bien plus courtes sous l'aisselle. Il sera nécessaire de les enlever plus souvent si la fracture est située près du coude, afin d'éviter que les tendons, en contractant sur ce point de la rigidité, ne fassent perdre l'usage de l'avant-bras. Chaque fois qu'on renouvelle l'appareil, on doit maintenir la fracture avec les mains; on fait ensuite sur le coude des fomentations d'eau chaude, auxquelles succèdent des frictions avec un cérat émollient. On se gardera d'appliquer des attelles sur l'apophyse du cubitus (*olécrane*), ou, si le cas l'exige, on n'en mettra du moins que de fort courtes.

3. Dans les fractures de l'avant-bras, il faut considérer d'abord si les deux os sont brisés, ou s'il n'y en a qu'un seul. Sans doute, le traitement n'est pas différent; mais quand la fracture est complète, l'extension doit être nécessairement plus forte que lorsqu'il reste un os intact pour diminuer la contraction des muscles et les tenir tendus. Il faut en outre apporter plus de soin à maintenir les fragments en place, lorsqu'on est

quoque liquido id leniter est ungendum, perfricandaque summa cutis est; laxiusque id deligandum sic, ut remota calida aqua, cetera eadem fiant : tantummodo singulæ fasciæ, quoties resolutæ fuerint, subtrahantur.

2. Hæc communia sunt : illa propria. Siquidem humerus fractus, non sic, ut membrum aliud, intenditur : sed homo collocatur alto sedili, medicus autem humiliore adversus. Una fascia, brachium amplexa, ex cervice ipsius, qui læsus est, id sustinet : altera, ab altera parte super caput data, ibi accipit nodum : tertia, vincto imo humero deorsum demittitur, ibi quoque capulos ejus inter se vinctis. Deinde ab occipitio ipsius, minister sub ea fascia, quam secundo loco posui, porrecto, si dexter humerus ducendus est, dextro, si sinister, sinistro brachio, demissum inter femina ejus, qui curatur, baculum tenet : medicus super eam fasciam, de qua tertio loco dixi, plantam injicit dextram, si sinister, sinistram, si dexter humerus curatur; simulque alteram fasciam minister attollit, alteram premit medicus : quo fit, ut leniter humerus extendatur. Fasciis vero, si medium aut imum os fractum est, brevioribus opus est; si summum, longioribus : ut ab eo sub altera quoque ala per pectus et scapulas porrigantur. Protinus vero brachium, cum deligatur, sic inclinandum est : idque efficit, ut ante fascias quoque sic figurandum sit; ne postea suspensum aliter, atque cum deligabatur, humerum inclinet. Brachioque suspenso, ipse quoque humerus ad latus leniter deligandus est : per quæ fit, ut minime moveatur : ideoque ossa sic se habent, ut aliquis composuit. Cum ad ferulas ventum est, extrinsecus esse earum longissimæ debent; a lacerto breviores; sed sub ala brevissimæ : sæpiusque eæ resolvendæ sunt, ubi in vicinia cubiti humerus fractus est; ne ibi nervi rigescant, et inutile brachium efficiant. Quoties solutæ sunt, fractura manu continenda; cubitus aqua calida fovendus, et molli cerato perfricandus; ferulæque vel omnino non imponendæ contra eminentia cubiti, vel aliquanto breviores, sunt.

3. At si brachium fractum est, in primis considerandum est, alterum os, an utrumque comminutum sit : non quo alia in ejusmodi casu curatio sit admovenda; sed primum, ut valentius extendatur, si utrumque os fractum est; quia necesse est minus nervos contrahi altero osse integro, eosque intendente : deinde, ut curiosius omnia in continendis ossibus fiant, ut neutrum alteri auxilio sit. Nam, ubi alterum integrum est, plus opis in eo, quam in fasciis ferulisque est. Deligari autem brachium debet, paulum pollice ad pectus inclinato; siquidem is maxime brachii naturalis habitus sit : idque involutum mitella commodissime excipitur; quæ latitudine ipsi brachio, perangustis

privé de l'appui que l'os sain peut prêter à l'os malade; car cet appui vaut mieux que les bandages et les attelles. On place ensuite l'avant-bras dans une écharpe d'une largeur égale à la longueur du membre, et l'on assujettit le bandage derrière le cou avec des cordons. L'avant-bras se trouve ainsi soutenu sans effort, et doit demeurer un peu plus élevé que le coude de l'autre bras.

4. S'il existe quelque fracture au sommet du cubitus, il ne faut pas chercher à la consolider par l'application d'un bandage, car il en résulterait l'immobilité du membre; mais si on se borne à porter remède à la douleur, la liberté des mouvements se rétablit toujours.

5. Pour la jambe, il importe également d'examiner s'il n'y a qu'un os de cassé. Ici, comme dans la fracture de la cuisse, on doit, après avoir posé l'appareil, placer le membre dans une gouttière dont la partie inférieure est percée de plusieurs trous, afin d'ouvrir une issue aux humeurs si la partie venait à en fournir. Cette gouttière est aussi pourvue, vers la plante du pied, d'une espèce de semelle, qui à la fois arrête l'extrémité du membre et lui sert de soutien. Des ouvertures sont encore pratiquées sur les côtés pour donner passage à des courroies, destinées à maintenir la jambe et la cuisse dans la situation où on les a mises. S'il y a fracture de jambe, la gouttière devra s'étendre de la plante du pied jusqu'au jarret; elle montera jusqu'à la hanche, si la cuisse est brisée, et renfermera la hanche elle-même, si la lésion est située près de la tête du fémur. Toutefois il est bon de savoir que les fractures de la cuisse sont suivies du raccourcissement du membre, attendu que le fémur ne revient jamais à son premier état. Il suit de là qu'on ne peut marcher qu'en appuyant sur la pointe du pied, infirmité qui devient encore plus choquante, si le malade n'a pu recevoir tous les soins convenables.

6. Il suffit pour les fractures des doigts d'appliquer une seule petite attelle, lorsque l'inflammation est passée.

7. A ces prescriptions, relatives aux fractures des membres en particulier, je dois ajouter encore quelques recommandations générales. C'est ainsi que, dans tous les cas, il faut prescrire la diète au début; puis, lorsqu'il s'agira de la formation du cal, on se montrera moins sévère sur les aliments, tout en prolongeant l'interdiction du vin. Pendant la durée de l'inflammation, on fera d'abondantes fomentations d'eau chaude; mais on les rendra plus rares, dès qu'on sera sorti de la période inflammatoire. On doit ensuite frotter longtemps et doucement les parties situées au delà de la fracture avec du cérat liquide. Il importe aussi de ne pas exercer trop tôt le membre fracturé, et c'est seulement par degrés qu'il faut le ramener à ses premières fonctions. Les plaies sont pour les fractures une très-grave complication, surtout quand elles intéressent les muscles de la cuisse ou du bras, parce que l'inflammation est alors beaucoup plus redoutable, et la gangrène plus prompte à se déclarer. Dans les fractures du fémur, si les fragments chevauchent l'un sur l'autre, l'amputation devient presque toujours nécessaire; mais quand le même accident arrive à l'humérus, il est plus facile de conserver le membre. Les dangers que je signale sont encore bien plus à craindre, lorsque la lésion existe dans le voisinage d'une articulation. Ainsi dans les plaies compliquées plus de soins sont nécessaires. On doit couper transversalement les

---

capitibus collo injicitur : atque ita commode brachium ex cervice suspensum est. Idque paulum supra cubiti alterius regionem pendere oportet.

4. Quod si ex summo cubito quid fractum sit, glutinare id vinciendo alienum est : fit enim brachium immobile. At si nihil aliud quam dolori occursum est, idem, qui fuit, ejus usus est.

5. In crure æque ad rem pertinet, alterum saltem os integrum manere. Commune vero ei femoricque est, quod, ubi deligatum est, in canalem conjiciendum est. Is canalis et inferiore parte foramina habere debet, per quæ, si quis humor excesserit, descendat : et a planta moram, quæ simul et sustineat eam, et delabi non patiatur : et a lateribus cava, per quæ loris datis, moræ quædam crus femurque, ut collocatum est, detineant. Esse etiam is debet, a planta, si crus fractum est, circa poplitem; si femur, usque ad coxam; si juxta superius caput femoris, sic, ut ipsa quoque ei coxa insit. Neque tamen ignorari oportet, si femur fractum est, fieri brevius; quia numquam in antiquum statum revertitur; summisque digitis postea cruris ejus insisti : sed multo tamen fœdior debilitas est, ubi fortunæ negligentia quoque accessit.

6. Digitum satis est ad unum surculum post inflammationem deligari.

7. His propriæ ad singula membra pertinentibus, rursus illa communia sunt : primis diebus fames : deinde tum, cum jam increscere callum oportet, liberalius alimentum : longa a vino abstinentia : fomentum aquæ calidæ, dum inflammatio est, liberale, cum ea desiit, modicum : tum etiam longior ulterioribus, e liquido cerato, membris, et mollis tamen unctio. Nec protinus exercendum id membrum, sed paulatim ad antiquos usus reducendum est. Gravius aliquanto est, cum ossis fracturæ carnis quoque vulnus accessit; maximeque, si id musculi femoris aut humeri senserint : nam et inflammationes multo graviores, et promptiores cancros habent. Ac femur quidem, si ossa inter se cesserint, fere præcidi necesse est. Humerus vero quoque in periculum venit; sed facilius conservatur. Quibus periculis etiam magis id expositum, quod juxta ipsos articulos ictum est. Curiosius igitur agendum est; et musculus quidem per mediam plagam transversus præcidendus : sanguis vero, si parum fluxit, mittendus : corpus inedia extenuandum. Ac reliqua quidem membra lentius intendenda, et lenius in iis ossa in

muscles au milieu de la plaie, recourir à la saignée s'il s'est écoulé peu de sang par la blessure, et soumettre ensuite le malade à une diète exténuante. Dans les fractures simples, il faut pratiquer l'extension avec lenteur, et replacer les os avec ménagement; mais, dans ces fractures compliquées, il ne convient ni de tirer sur les muscles, ni de toucher aux fragments; on doit même permettre au malade de prendre la position la moins douloureuse pour lui. Sur toutes ces fractures compliquées de plaies, on applique des compresses, trempées dans du vin additionné d'un peu d'huile rosat; et pour le reste on se conforme au traitement des blessures (10). Dans la déligation, on tiendra les bandes un peu moins serrées que s'il n'y avait pas de plaie, en raison de la disposition qu'ont les lésions de ce genre à prendre une mauvaise nature, et à se laisser envahir par la gangrène (11). On augmentera donc plutôt le nombre des circulaires, afin que l'appareil, quoique plus lâche, soit également contentif. Tel serait le bandage à employer dans les fractures du bras et de la cuisse, si par hasard les fragments étaient affrontés bout à bout; mais s'ils se trouvent dans une autre situation, on ne devra serrer le bandage qu'autant qu'il le faudra pour maintenir en place les médicaments employés. Pour le surplus on agira comme il est dit plus haut, si ce n'est qu'on retranchera les attelles et les gouttières, qui s'opposeraient à la guérison de la plaie, et qu'on emploiera seulement des bandes plus larges et plus nombreuses, en les arrosant de temps en temps d'huile chaude et de vin. Il faut plus que jamais prescrire la diète au début; puis on devra fomenter la plaie avec de l'eau chaude, éviter de toutes les manières l'influence du froid, passer ensuite à l'application des suppuratifs, et enfin donner plus de soin à la plaie qu'à l'os même. En conséquence, il est nécessaire d'enlever l'appareil chaque jour et de renouveler le pansement. Si, pendant le traitement, on voit saillir quelque esquille dont la pointe soit mousse, on la remet en place; si au contraire l'esquille est aiguë, il faut, avant de la réduire, en exciser la pointe si elle est longue, la limer si elle est courte; et dans les deux cas polir le fragment avec la rugine, puis le refouler sous les chairs. Si l'on ne peut y réussir avec les mains, on prend des tenailles pareilles à celles des forgerons; on engage le plat de l'instrument sous le fragment qui ne s'est pas déplacé, et l'on refoule avec la partie arrondie l'esquille qui fait saillie. Si cette portion d'os est plus considérable, et se trouve enveloppée de membranes, il faut attendre qu'elle s'en sépare par l'effet des remèdes suppuratifs, et la retrancher dès qu'elle est mise à nu; or, c'est là le travail qu'il faut accélérer. De cette façon, l'os pourra se consolider, la plaie se cicatriser, et ce double résultat s'obtiendra dans le temps voulu pour chaque lésion. On observe quelquefois à la suite des grandes blessures que certaines parties de l'os se nécrosent, et ne se consolident pas avec les autres. On reconnaît cette altération à l'abondance de la suppuration; et il n'en est que plus nécessaire de renouveler souvent l'appareil, et de panser soigneusement la plaie. Au bout de quelques jours, en effet, la portion nécrosée se détache d'elle-même. Bien que les plaies constituent pour les fractures une condition fâcheuse, il est parfois urgent de les produire soi-même ou de les agrandir (12); car il n'est pas rare de voir des portions d'os déchirer les téguments demeurés intacts, et déterminer

---

suam sedem reponenda sunt : his vero neque intendi nervos, neque ossa tractari, satis expedit : ipsique homini permittendum est, ut sic ea collocata habeat, quemadmodum minime lædunt. Omnibus autem his vulneribus imponendum primo linamentum est, vino madens, cui rosæ paulum admodum adjectum sit : [cetera eadem.] Deligandaque fasciis sunt, aliquanto laxioribus, quam si ea plaga non esset; quanto facilius et alienari et occupari cancro vulnus potest : numero potius fasciarum id agendum est, ut laxæ quoque æque contineant. Quod in femore humeroque sic fiet, si ossa forte recte concurrerint : sin aliter se habebunt, eatenus circumdari fascia debebit, ut impositum medicamentum contineat. Cetera eadem, quæ supra scripsi, facienda sunt : præterquam quod neque ferulis, neque canalibus, inter quæ vulnus sanescere non potest; sed pluribus tantummodo et latioribus fasciis opus est : ingerendumque subinde in eas est calidum oleum, et vinum; magisque in primo fame utendum; vulnus calida aqua fovendum, frigusque omni ratione vitandum, et transeundum ad medicamenta, quæ puri movendo sunt : majorque vulneri, quam ossi cura adhibenda. Ergo quotidie solvendum nutriendumque est. Inter quæ si quod parvulum fragmentum ossis eminet, id, si retusum est, in suam sedem dandum : si acutum, ante acumen ejus, si longius est, præcidendum; si brevius, limandum, et utrumque scalpro lævandum : tum ipsum recondendum est : ac, si id manus facere non potest, vulsella, quali fabri utuntur, injicienda est recte se habenti capiti, ab ea parte, qua sima est; ut ea parte, qua gibba est, eminens os in suam sedem compellat. Si id majus est, membranulisque cingitur, sinere oportet eas sub medicamentis resolvi, idque os, ubi jam nudatum est, abscindere; quod maturius scilicet faciendum est : potestque ea ratione et os coire, et vulnus sanescere : illud suo tempore; hoc, prout se habet. Nonnumquam etiam in magno vulnere evenit, ut fragmenta quædam velut emoriantur, neque cum ceteris coeant : quod hic quoque ex modo fluentis humoris colligitur. Quo magis necessarium est, sæpius ulcus resolvere, atque nutrire. Sequitur vero, ut id os per se post aliquot dies excidat. Cum tam misera antea conditio vulneris sit, tamen id interdum manus diutiusque facit. Sæpe enim integra cutis osse abrumpitur, protinusque prurigo et dolor oritur. Quæ solvere, si accidit, maturius oportet, et fovere aqua, per

aussitôt des démangeaisons et de la douleur. Or, quand cet accident se présente, il faut débrider sans retard, puis fomenter la plaie avec de l'eau dont la température sera froide en été et tiède en hiver; après quoi l'on fera des embrocations avec le cérat d'huile de myrte. Quelquefois aussi les fragments aigus de l'os fracturé viennent blesser les chairs. Alors, averti par les démangeaisons et les élancements que le malade éprouve, le chirurgien doit faire l'excision de ces pointes vulnérantes. Mais dans l'un et l'autre cas il n'y a rien à changer au traitement qu'on doit suivre, lorsque la fracture et la plaie sont le résultat de la même violence. Dès que la plaie paraît suffisamment mondifiée, il faut prescrire au malade une alimentation qui puisse favoriser la reproduction des chairs. Si le membre fracturé se trouve encore plus court que l'autre, et que les os n'aient pas été réduits, on glisse entre les fragments un petit coin très-lisse, dont la tête doit s'élever un peu au-dessus de la plaie; on l'enfonce chaque jour davantage, jusqu'à ce que les deux membres soient égaux, et, cessant alors de s'en servir, on s'occupe de guérir la plaie. Quand la cicatrice est formée, on la fomente avec de l'eau froide dans laquelle on a fait bouillir du myrte, du lierre, de la verveine ou d'autres plantes semblables, et l'on a recours ensuite aux dessiccatifs. Le repos est plus que jamais nécessaire ici, jusqu'au rétablissement du membre. Mais si les os, après la guérison de la plaie, n'ont pu se reprendre, à cause des pansements fréquents et des manœuvres multipliées qu'ils ont dû subir, l'indication évidente est d'en provoquer l'agglutination. Si déjà la fracture est ancienne, il faut pratiquer violemment l'extension du membre, séparer les fragments avec les mains, les frotter l'un contre l'autre pour détacher l'humeur visqueuse qui pourrait exister entre eux, et les remettre enfin dans les conditions d'une rupture récente, en ayant grand soin cependant de ne blesser ni tendons, ni muscles. Cela fait, on fomente la fracture avec du vin qui tient en décoction de l'écorce de grenade, et l'on se sert, comme topique, de cette même écorce mêlée à du blanc d'œuf. Le troisième jour, on doit lever l'appareil et répéter les fomentations avec la décoction de verveine, dont j'ai déjà parlé. On recommence le cinquième jour, puis on applique les attelles. Avant et après ces pansements, on se conforme aux préceptes énoncés plus haut sur le traitement des fractures. Il peut se faire néanmoins que les os se consolident dans l'état de chevauchement; ce qui produit le raccourcissement et la difformité du membre; et si les fragments sont armés de pointes, le malade ressent là des piqûres continuelles. Ces raisons conduisent à renouveler la fracture, pour la mieux réduire. On s'y prend alors de la manière suivante. On commence par faire sur le membre d'abondantes fomentations d'eau chaude, auxquelles succèdent des frictions avec le cérat liquide. On pratique ensuite l'extension, et pendant ce temps le chirurgien, séparant les fragments réunis par un cal encore peu résistant, refoule celui qui fait saillie. Si ces manœuvres sont insuffisantes, il doit appliquer, du côté vers lequel le fragment incline, une éclisse couverte de laine; puis, par le fait de la déligation, il oblige cette portion osseuse à reprendre par degrés sa position naturelle. Quelquefois aussi la consolidation s'est faite régulièrement; mais le cal a pris trop d'accroissement, et de là résulte une proéminence à l'endroit de la fracture. Pour remédier à cet in-

---

æstatem, frigida; per hiemem, egelida: deinde ceratum myrteum imponere. Interdum fractura quibusdam velut aculeis carnem vexat. Quo a prurigine et punctionibus cognito, aperire id medicus, eosque aculeos præcidere necesse habet. Reliqua vero curatio in utroque hoc casu eadem est, quæ, ubi plagam ictus protinus intulit. Puro jam ulcere, cibis hic quoque utendum est carnem producentibus. Si brevius adhuc membrum est, et ossa loco suo non sunt, paxillus tenuis quam lævissimi generis inter ea demitti debet, sic, ut capite paulum supra plens emineat; isque quotidie plenior adigendus est, donec per id membrum alteri fiat. Tum paxillus removendus; vulnus sanandum est; cicatrix inducta fovenda frigida aqua est, in qua myrtus, hedera, aliæve similes verbenæ decoctæ sint, illinendumque medicamentum est, quod siccet: et magis etiam hic quiescendum est, donec id membrum confirmetur. Si quando vero ossa non conferbuerunt, quia sæpe soluta, sæpe mota sunt, in aperto deinde curatio est: possunt enim coire. Si vetustas occupavit, membrum extendendum est, ut aliquid lædatur: ossa inter se manu dividenda, ut concurrendo exasperentur, et, si quid pingue est, eradatur, totumque id quasi recens fiat: magna tamen cura habita, ne nervi musculive lædantur. Tum vino fovendum est, in quo malicorium decoctum sit; imponendumque id ipsum ovi albo mistum: tertio die resolvendum, fovendumque aqua, in qua verbenæ, de quibus supra dixi, decoctæ sint: quinto die idem faciendum, ferulæque circumdandæ: cetera, et ante, et post, eadem facienda, quæ supra scripsi. Solent tamen interdum transversa inter se ossa confervere: eoque et brevius membrum, et indecorum fit; et, si capita acutiora sunt, assiduæ punctiones sentiuntur. Ob quam causam frangi rursus ossa et dirigi debent. Id hoc modo fit. Calida aqua multa membrum id fovetur, et ex cerato liquido perfricatur, intenditurque: inter hæc, medicus pertractans ossa, ut adhuc tenero callo, manibus ea diducit, compellitque id, quod eminet, in suam sedem: et si parum valuit, ab ea parte, in quam os se inclinat, involutam lana regulam objicit; atque ita deligando, assuescere iterum vetustæ sedi cogit. Nonnumquam autem recte quidem ossa conferbuerunt, superincrevit vero nimius callus; ideoque locus intumuit. Quod ubi incidit, diu leniterque id membrum perfricandum est ex oleo, et sale, et nitro; multumque aqua calida salsa fovendum; et imponendum

convénient, il faut frotter le membre doucement et longtemps avec un mélange d'huile, de sel et de nitre; employer en fomentations une grande quantité d'eau chaude, chargée de sel; appliquer un emplâtre résolutif, et tenir le bandage plus serré. Le malade enfin ne devra vivre que de légumes, et de plus se faire vomir à plusieurs reprises. Sous l'influence de ce régime, le cal finit par diminuer, en même temps que l'embonpoint du corps. Il est utile encore de faire sur l'autre membre des applications de moutarde, dans le but d'y produire une érosion, et d'appeler sur ce point l'afflux des humeurs. Dès que ces divers moyens auront amené la diminution du cal, on rendra le malade à sa vie ordinaire.

XI. Je borne là ce que j'avais à dire sur les fractures des os. Quant aux luxations qu'ils présentent, elles se produisent de deux manières. On voit, en premier lieu, les os naturellement joints entre eux s'écarter l'un de l'autre. C'est ainsi que l'omoplate se sépare de l'acromion (13), le radius du cubitus à l'avant-bras, le tibia du péroné à la jambe, et quelquefois, quoique rarement, le calcanéum de l'os du coude-pied (astragale), à la suite d'un saut. En second lieu, il arrive que les os abandonnent leurs cavités articulaires. Mais je parlerai d'abord des luxations de la première espèce. Lorsqu'il survient un déplacement de ce genre, il se fait aussitôt un vide à l'endroit où l'os se déplace, et l'on constate la dépression en y portant le doigt. Bientôt se déclare une violente inflammation, redoutable surtout dans l'écartement de l'astragale; puis apparaissent la fièvre, la gangrène, et les convulsions ou la roideur tétanique des muscles du cou. On doit prévenir ces accidents à l'aide des moyens déjà prescrits pour dissiper la douleur et le gonflement dans les fractures des os mobiles (14). Il est vrai qu'une fois séparés, ces os ne se rejoignent jamais avec exactitude, et il en résulte, au lieu même de la luxation, une certaine déformation, qui, du reste, ne gêne en rien le libre exercice du membre. La mâchoire et les vertèbres, ainsi que tous les os dont l'articulation est maintenue par de forts ligaments, ne peuvent se luxer qu'à l'occasion d'une violence extérieure, ou par suite de la rupture ou du relâchement accidentel de ces ligaments; et c'est ce qui arrive plus facilement dans l'enfance et la première jeunesse, qu'à l'âge où la constitution est plus robuste. Ces luxations peuvent se faire en avant et en arrière, en dedans et en dehors; quelques-unes ont lieu dans tous les sens, d'autres ne sont possibles que dans certaines directions. Il y a des signes communs à tous les déplacements des os; il en est aussi de particuliers à chaque espèce. Ainsi, comme caractère général, on remarquera constamment qu'il y a tumeur à l'endroit que l'os envahit, et par cela même dépression à celui qu'il abandonne. Quant aux signes particuliers, je les ferai connaître en traitant spécialement de chaque luxation. Mais si tous les os peuvent se luxer, ils ne sont pas tous susceptibles d'être réduits. Les tentatives de réduction seront vaines pour la tête et les vertèbres, de même que pour la mâchoire, si celle-ci, se trouvant luxée des deux côtés, est prise d'inflammation avant qu'on ait tenté de la replacer. Les luxations qui dépendent de la faiblesse des ligaments sont sujettes à récidiver après avoir été réduites. Les membres qui ont été luxés dès l'enfance, et qu'on n'a pas remis dans leur situation naturelle, prennent moins d'accroissement que les autres. L'amaigrissement s'empare toujours du membre qui n'a pas été ré-

malagma, quod digerat; adstrictiusque alligandum; oleribusque, et præterea vomitu utendum: per quæ cum carne callus quoque extenuatur. Confertque aliquid de sinapi cum ficu in alterum par membrum impositum, donec id paulum erodat, eoque evocet materiam. Ubi his tumor extenuatus est, rursus ad ordinem vitæ revertendum est.

XI. Ac de fractis quidem ossibus hactenus dictum sit. Moventur autem ea sedibus suis duobus modis. Nam modo, quæ juncta sunt inter se, dehiscunt; ut cum latum scapularum os ab humero recedit; et in brachio, radius a cubito; et in crure, tibia a sura; interdum a saltu, calcis os a talo; quod raro tamen fit: modo articuli suis sedibus excidunt. Ante de prioribus dicam. Quorum ubi aliquid incidit; protinus is locus cavus est, depressusque digitus sinum invenit: deinde gravis inflammatio oritur; atque in talis præcipue: siquidem febres quoque, et cancros, et nervorum vel distentiones, vel rigores, qui caput scapulis annectunt, movere consuevit. Quorum vitandorum causa, facienda eadem sunt, quæ in ossibus mobilibus læsis proposita sunt; ut dolor tumorque per ea tollatur. Nam diducta ossa numquam rursus inter se jungun- tur; et, ut aliquid decoris eo loco, sic nihil usus amittitur. Maxilla vero et vertebræ, omnesque articuli, cum validis nervis comprehendantur, excidunt aut vi expulsi, aut aliquo casu nervis vel ruptis, vel infirmatis; faciliusque in pueris et adolescentulis, quam in robustioribus. Hique elabuntur in priorem et in posteriorem, in interiorem et in exteriorem partem; quidam omnibus modis, quidam certis: suntque quædam communia omnium signa, quædam propria cujusque. Siquidem semper ea parte tumor est, in quam os prorumpit; ea sinus, a qua recessit. Et hæc quidem in omnibus deprehenduntur: alia vero in singulis; quæ, simul atque de quoque dicam, proponenda erunt. Sed ut excidere omnes articuli possunt, sic non omnes reponuntur. Caput enim numquam compellitur, neque in spina vertebra, neque ea maxilla, quæ, utraque parte prolapsa, antequam reponeretur, inflammationem movit. Rursum, qui nervorum vitio prolapsi sunt, compulsi quoque in suas sedes iterum excidunt. Ac quibus in pueritia exciderunt, neque reposiții sunt, minus quam ceteri crescunt. Omniumque, quæ loco suo non sunt, caro emacrescit, magisque in proximo membro, quam in ulteriore: ut puta, si humerus loco suo non est, major in eo ipso fit, quam

duit, et cette émaciation est beaucoup plus marquée dans le voisinage de la luxation que dans les parties plus éloignées : par exemple, l'humérus étant luxé, le bras maigrira plus que l'avant-bras, et celui-ci plus que la main. Selon le siége de la luxation et les causes qui l'auront produite, les fonctions du membre seront plus ou moins conservées; mais plus elles seront libres, moins le membre s'amaigrira. Toutes les fois qu'il y a déplacement d'un os, c'est avant le développement de l'inflammation qu'il faut réduire; et s'il existe déjà des accidents inflammatoires, on doit laisser le malade en repos jusqu'à ce qu'ils aient disparu. Alors seulement on tentera la réduction dans les cas où elle est possible. L'habitude générale du corps et l'état des muscles ont ici une grande influence, car si le sujet est d'un tempérament faible et humide, si ses muscles sont débiles, il faut moins d'efforts pour réduire; mais, par la raison que la luxation s'est produite avec facilité, elle devient plus difficile à maintenir. Quand les individus présentent des conditions contraires, les os, il est vrai, ont plus de peine à se luxer, mais on a de même plus de résistance à vaincre pour les replacer dans leurs cavités. Il faut calmer l'inflammation, en appliquant sur la partie de la laine en suint trempée dans du vinaigre; en s'abstenant, s'il s'agit d'une articulation importante, de tout aliment solide pendant trois ou même cinq jours, et en ne buvant que de l'eau chaude tant que dure la soif. C'est surtout quand les os luxés sont entourés de muscles forts et épais que l'observance de ce régime est indispensable; à plus forte raison sera t-elle nécessaire si la fièvre survient. Le cinquième jour, après avoir enlevé la laine, on fait des affusions chaudes, et l'on emploie comme topique du cérat de souchet, auquel on ajoute un peu de nitre, et dont on continue l'application jusqu'à ce que l'inflammation ait cessé. On passe ensuite aux frictions, puis l'on prescrit une bonne alimentation et l'on permet un peu de vin. On excite enfin le membre à reprendre ses fonctions ; car autant le mouvement était préjudiciable quand la douleur existait, autant il devient salutaire dès qu'elle a disparu. Voilà ce qui est relatif aux luxations en général ; je vais m'occuper maintenant de chacune d'elles en particulier.

XII. Les luxations de la mâchoire s'opèrent en avant, mais elles peuvent porter sur un côté seulement ou sur les deux à la fois. Dans le premier cas, il y a déviation de l'os maxillaire vers le côté opposé à la luxation, et les dents pareilles cessent de se correspondre, c'est-à-dire que les canines inférieures se trouvent sous les incisives supérieures. Si la luxation est double, tout le menton faisant saillie en avant, les dents d'en bas excèdent naturellement celles d'en haut, et les muscles qui s'insèrent à la mâchoire inférieure paraissent fortement tendus. Le traitement consiste à placer immédiatement le malade sur un siége, avec un aide auprès de lui pour maintenir la tête en arrière; ou bien à le faire asseoir contre un mur, en ayant soin de disposer entre la muraille et lui un coussin de cuir bien ferme, sur lequel sa tête doit être assujettie par un aide : alors le chirurgien, après avoir garni ses deux pouces de chiffons ou de bandes pour les empêcher de glisser, les introduit dans la bouche du blessé, tandis que les autres doigts saisissent la mâchoire en dehors. Dès qu'il la sent fortement embrassée, si le déplacement n'a lieu que d'un côté, il secoue le menton, l'amène vers la gorge, et, en même temps que la tête est tenue bien fixe,

in brachio ; major in hoc, quam in manu, macies. Tum pro sedibus, et pro casibus, qui inciderunt, aut major aut minor usus ejus membri relinquitur : quoque in iis membris, usus superest, eo minus id extenuatur. Quidquid autem loco suo motum est, ante inflammationem reponendum est. Si illa occupavit, dum conquiescat, lacessendum non est : ubi finita est, tentandum est in iis membris, quæ id patiuntur. Multum autem eo confert et corporis et nervorum habitus. Nam, si corpus tenue, si humidum est, si nervi infirmi, expeditius os reponitur : sed et primo facilius excidit, et postea minus fideliter continetur. Quæ contraria his sunt, melius continent : sed id, quod expulsum est, difficulter admittunt. Oportet autem ipsam inflammationem levare, super succida lana ex aceto imposita : a cibo, si valentioris articuli casus est, triduo ; interdum etiam quinque diebus abstinere : bibere aquam calidam, dum sitim finiat : curiosiusque hæc facere, iis ossibus motis, quæ validis plenisque musculis continentur : si vero etiam febris accessit, multo magis : deinde ex die quinto fovere aqua calida ; remotaque lana, ceratum imponere ex cyprino factum, nitro quoque adjecto, donec omnis inflammatio finiatur. Tunc infrictionem ei membro adhibere ; cibis uti bonis ; uti vino modice : jamque ad usus quoque suos id membrum promovere ; quia motus, ut in dolore pestifer, sic alias saluberrimus corpori est. Hæc communia sunt : nunc de singulis dicam.

XII. Maxilla in priorem partem propellitur ; sed modo altera parte, modo utraque. Si altera, in contrariam partem ipsa mentumque inclinatur : dentes paribus non respondent ; sed sub iis, qui secant, canini sunt. At si utraque, totum mentum in exteriorem partem promovetur ; inferioresque dentes longius, quam superiores excedunt ; intentique super musculi apparent. Primo quoque tempore homo in sedili collocandus est, sic, ut minister a posteriore parte caput ejus contineat, vel sic, ut juxta parietem is sedeat, subjecto inter parietem et caput ejus scorteo pulvino duro ; eoque caput per ministrum urgeatur, quo sit immobilius : tum medici digiti pollices, linteolis vel fasciis, ne dilabantur, involuti in os ejus conjiciendi, ceteri extrinsecus admovendi sunt. Ubi vehementer maxilla apprehensa est, si una parte procidit, concutiendum mentum, et ad guttur adducendum est : tum simul et caput apprehendendum, et, excitato mento, maxilla in suam sedem compellenda et os ejus comprimendum est, sic, ut omnia pene uno momento fiant. Sin

il doit soulever l'os maxillaire, refouler le condyle dans sa cavité, et fermer la bouche du blessé; tout cela, pour ainsi dire, dans le même instant. Quand les deux branches sont luxées, le procédé de réduction ne change pas; seulement on repousse d'un mouvement égal toute la mâchoire en arrière. L'os étant replacé, si la luxation s'est accompagnée de douleur aux yeux et dans la région cervicale, il faut pratiquer une saignée du bras. Le principe qui veut que, dans toute espèce de luxation, on n'accorde au début que des aliments liquides, est surtout applicable ici, puisque les simples mouvements de la mâchoire nécessaires à l'articulation des mots exercent déjà une influence fâcheuse.

XIII. J'ai dit, au commencement de ce livre, que les deux condyles de la tête étaient reçus dans les deux cavités de la première vertèbre. Quelquefois ces condyles se luxent en arrière; alors les ligaments fixés sous l'occiput se trouvent dans l'extension; le menton se porte sur la poitrine, le malade ne peut ni boire ni parler, et, dans certains cas, il éprouve des pertes de semence involontaires. Ces accidents sont très-promptement suivis de mort. J'ai cru devoir parler ici de cette luxation; non qu'elle soit susceptible d'aucune guérison, mais afin qu'en présence de pareils symptômes on ne puisse pas s'imaginer que c'est par la faute du chirurgien que le malade succombe.

XIV. Le même sort est réservé à ceux qui sont atteints de luxation des vertèbres; car cette lésion ne peut avoir lieu sans la rupture simultanée de la moelle épinière, des cordons qui sortent par les apophyses transverses, et des ligaments qui les maintiennent. Les vertèbres peuvent se luxer en arrière et en avant, au-dessus et au-dessous du diaphragme. De ces deux modes de luxation, il résulte qu'on trouvera soit une tumeur, soit une dépression à la partie postérieure de l'épine. Si le déplacement se fait au-dessus du diaphragme, il y a paralysie des mains; des vomissements ou des convulsions surviennent; la respiration s'embarrasse; le malade accuse de violentes douleurs, et le sens de l'ouïe devient obtus. Si le mal est au-dessous du diaphragme, les membres inférieurs se paralysent, et les urines se suppriment ou s'écoulent involontairement. Bien que dans les cas de ce genre la mort n'arrive pas aussi brusquement que dans les luxations de la tête, le blessé succombe d'ordinaire avant le troisième jour. Car ce que dit Hippocrate (15), que, lorsqu'une vertèbre fait saillie en arrière, on doit faire coucher le malade sur le ventre, et pratiquer l'extension pendant qu'un aide appuie le talon sur la vertèbre luxée pour la réduire, doit s'entendre de celle qui n'a subi qu'un léger déplacement, et non de celle dont la luxation est complète. Quelquefois la faiblesse des ligaments permet à une vertèbre de se porter en avant sans se luxer tout à fait. Le cas n'est pas mortel, mais il est impossible d'agir sur la vertèbre en dedans; on peut repousser celle qui proémine en dehors, mais elle se déplace de nouveau, à moins qu'on ne parvienne, ce qui est extrêmement rare, à restituer aux ligaments la force qu'ils ont perdue.

XV. Les luxations du bras ont lieu quelquefois dans l'aisselle, et d'autres fois en avant. Si la tête de l'humérus a glissé dans l'aisselle, le coude s'éloigne de la poitrine, le blessé ne peut porter l'avant-bras avec le bras le long de l'oreille, et le bras malade est plus long que l'autre. Dans la luxation en avant, il est possible encore d'étendre le bras,

---

utraque parte prolapsa est, eadem omnia facienda; sed æqualiter retro maxilla agenda est. Reposito osse, si cum dolore oculorum et cervicis iste casus incidit, ex brachio sanguis mittendus est. Cum omnibus vero, quorum ossa mota sunt, primo liquidior cibus conveniat, tum his præcipue: adeo ut sermo quoque, frequenti motu oris per nervos, lædat.

XIII. Caput duobus processibus in duos sinus summæ vertebræ demissis super cervicem contineri, in prima parte proposui. Hi processus interdum in posteriorem partem exciderunt: quo fit, ut nervi sub occipitio extendantur, mentum pectori adglutinetur, neque bibere is, neque loqui possit, interdum sine voluntate semen emittat: quibus celerrime mors supervenit. Ponendum autem hoc esse credidi, non quo curatio ejus rei ulla sit; sed ut res indiciis cognosceretur, et non putarent sibi medicum defuisse, si qui sic aliquem perdidissent.

XIV. Idem casus manet eos, quorum in spina vertebræ exciderunt. Id enim non potest fieri, nisi et medulla, quæ per medium, et duabus membranulis, quæ per duos a lateribus processus feruntur, et nervis, qui continent, ruptis. Excidunt autem et in posteriorem partem, et in priorem; et supra septum transversum, et infra. In utramvis partem exciderint, a posteriore parte vel tumor, vel sinus erit. Si super septum id incidit, manus resolvuntur, vomitus, aut distentio nervorum insequitur, spiritus difficulter movetur, dolor urget, et aures obtusæ sunt. Si sub septo, femina resolvuntur, urina supprimitur, interdum etiam sine voluntate prorumpit. Ex ejusmodi casibus, ut tardius, quam ex capitis, sic tamen intra triduum homo moritur. Nam, quod Hippocrates dixit, vertebra in exteriorem partem prolapsa, pronum hominem collocandum esse, et extendendum, tum calce aliquem super ipsum debere consistere, et id intus impellere : in iis accipiendum est, quæ paulum excesserunt; non in iis, quæ totæ loco motæ sunt. Nonnumquam enim nervorum imbecillitas efficit, ut, quamvis non exciderit vertebra, paulum tamen in priorem partem promineat. Id non jugulat : sed ab interiore parte ne contingit quidem posse : ab exteriore si propulsum est, plerumque iterum redit; nisi, quod admodum rarum est, vis nervis restituta est.

XV. Humerus autem modo in alam excidit, modo in partem priorem. Si in alam delapsus est, ei junctus cubitus recedit ab latere; rursum juxta ejusdem partis aurem cum humero porrigi non potest; longiusque altero id brachium est. Si in priorem partem, summum quidem bra-

mais moins que dans l'état naturel, et le coude se porte plus difficilement en avant qu'en arrière. Lorsque l'humérus s'est luxé en bas, si l'on a affaire à un enfant, ou à une personne dont la complexion soit molle et les ligaments faibles, il suffit de placer le patient sur un siége, et d'avoir deux aides dont l'un doit relever doucement la tête de l'omoplate, tandis que l'autre étend le bras ; alors le chirurgien placé derrière le malade applique une main sous l'aisselle pour refouler la tête de l'humérus, et de l'autre main pousse l'avant-bras contre la poitrine (16). Mais si le sujet est un homme robuste, ou si les ligaments sont plus forts, il faut employer une pièce de bois épaisse de deux doigts, et assez longue pour s'étendre depuis l'aisselle jusqu'aux doigts. A l'une de ses extrémités, cette palette prend une forme arrondie et légèrement déprimée, pour recevoir une partie de la tête de l'humérus. De plus, elle est en trois endroits percée de deux trous qui donnent passage à des courroies très-souples. Après l'avoir enveloppée d'une bande pour qu'elle soit moins douloureuse au contact, on la dirige de l'avant-bras vers l'aisselle, de façon que le bout arrondi réponde au sommet de l'aisselle ; puis on l'assujettit au moyen des courroies, dont l'une est fixée un peu au-dessous de la tête de l'humérus, l'autre un peu au-dessus du cubitus, et la troisième au-dessus du poignet. Les trous en effet doivent correspondre à ces trois points. Le bras étant lié comme on l'a dit, on prend une échelle de basse-cour sur laquelle on place le membre en travers, mais à hauteur suffisante pour que les pieds ne puissent plus poser à terre. Le corps est donc suspendu d'un côté, tandis que le bras est fortement tendu de l'autre, et, dans cette situation, l'extrémité supérieure de la pièce de bois agissant sur la tête de l'humérus, celle-ci rentre avec ou sans bruit dans sa cavité naturelle (17). On trouve, en lisant Hippocrate seulement, bien d'autres procédés de réduction ; mais je n'en connais pas qui ait plus que celui-ci reçu la sanction de l'expérience. Si la luxation existe en avant, il faut faire coucher le malade sur le dos, et passer sous l'aisselle une bande ou une bride dont les chefs iront se rejoindre derrière la tête du blessé et seront tenus par un aide, en même temps que le bras sera saisi par un autre. Le premier doit alors tirer sur les chefs de bande, et le second faire l'extension du bras ; le chirurgien ensuite refoulera avec la main gauche la tête de l'humérus, et de la main droite il élèvera le coude et le bras du blessé pour replacer l'os dans sa première situation. Cette luxation est plus facile à réduire que la précédente. La réduction faite, il faut appliquer de la laine sous l'aisselle, soit pour contenir la tête de l'humérus s'il s'est luxé en bas, soit pour placer le bandage plus facilement s'il y a eu luxation en avant. La bande, roulée d'abord sous l'aisselle, doit soutenir la tête de l'os, et de là gagner l'autre aisselle en passant par la poitrine, pour être ramenée par le dos sur la partie luxée. On fait ainsi plusieurs tours de bande, jusqu'à ce que la partie paraisse bien maintenue. On peut assujettir mieux encore le bras, déjà lié de cette manière, en le fixant contre la poitrine à l'aide d'une autre bande.

XVI. D'après la description qu'on trouve en tête de ce dernier livre, on a dû comprendre que trois os concourent à former l'articulation du coude ; savoir, l'humérus, le cubitus et le radius.

---

chium extenditur, minus tamen, quam naturaliter; difficiliusque in priorem partem, quam in posteriorem cubitus porrigitur. Igitur, si in alam humerus excidit, et vel puerile adhuc est corpus, vel molle, certe imbecillibus nervis intentum est, satis est collocare id in sedili, et ex duobus ministris alteri imperare, ut caput lati scapularum ossis leniter reducat ; alteri, ut brachium extendat : ipsum posteriore parte residentem, manum sub alam ejus conjicere, simulque et illa os, et altera manu brachium ejus ad latus impellere. At si vastius corpus, nervive robustiores sunt, necessaria est spatha lignea, quae et crassitudinem duorum digitorum habet, et longitudine ab ala usque ad digitos pervenit : in qua summa capitulum est rotundum et leniter cavum, ut recipere particulam aliquam ex capite humeri possit. In ea bina foramina tribus locis sunt, inter se spatio distantibus ; in quae lora mollia conjiciuntur. Eaque spatha, fascia involuta, quo minus tactu laedat, ad alam a brachio dirigitur, sic, ut caput ejus summae alae subjiciatur : deinde loris suis ad brachium deligatur: uno loco, paulum infra humeri caput, altero, paulum supra cubitum ; tertio, supra manum : cui rei protinus intervalla tunc quoque foraminum aptata sunt. Sic brachium deligatum super scalae gallinariae gradum trajicitur, ita alte, ut consistere homo ipse non possit ; simulque in alteram partem corpus demittitur, in alteram brachium intenditur : eoque fit, ut capite ligni caput humeri impulsum in suam sedem, modo cum sono, modo sine hoc compellatur. Multas alias esse rationes, scire facile est uno Hippocrate lecto ; sed non alia magis usu comprobata est. At si in partem priorem humerus excidit, supinus homo collocandus est ; fasciaque, aut habena media ala circumdanda est, capitaque ejus post caput hominis ministro tradenda, brachium alteri ; praecipiendumque, ut ille habenam, hic brachium extendat : deinde medicus, caput quidem humeri sinistra debet repellere, dextra vero cubitum cum humero attollere, et os in suam sedem compellere : faciliusque id in hoc casu, quam in priore revertitur. Reposito humero, lana alae subjicienda est ; si in interiore parte os fuit, ut ei opponatur, si in priore, ut tamen commodius deligetur. Tum fascia, primum sub ala obvoluta, caput ejus debet comprehendere, deinde per pectus ad alteram alam, ab eaque ad scapulas, rursusque ad ejusdem humeri caput tendere, saepiusque ad eamdem rationem circumagi, donec bene id teneat. Vinctus hac ratione humerus commodius continetur, si adductus ad latus, ad id quoque fascia deligatur.

XVI. In cubito autem tria coire ossa, humeri et radii et cubiti ipsius, ex iis ; quae prima parte hujus voluminis posita sunt, intelligi potuit. Si cubitus, qui annexus humero est, ab hoc excidit, radius, qui adjunctus est, interdum trahitur, interdum subsistit. In omnes vero quatuor par-

Lorsque le cubitus, qui s'articule avec l'humérus, vient à se luxer, il entraîne quelquefois avec lui le radius, et d'autres fois ne lui fait subir aucun déplacement. On admet pour le cubitus quatre espèces de luxations : celle qui se produit en avant tient l'avant-bras dans l'extension, et s'oppose à la flexion; celle qui se fait en arrière tient le bras fléchi, ne permet pas l'extension, et détermine le raccourcissement du membre; dans certains cas il survient de la fièvre et des vomissements bilieux; dans les luxations latérales, externes ou internes, le bras, quoique étendu, s'incline un peu vers le point luxé. Quel que soit le mode de déplacement, il n'y a qu'un procédé de réduction non-seulement pour le cubitus, mais pour tous les os longs qui s'articulent ensemble par une tête allongée; il s'agit toujours de tirer en sens contraire les deux membres dont les rapports sont changés, jusqu'à ce qu'il y ait un espace vide entre les os; on repousse alors, du côté opposé à la luxation, l'os qui s'est déplacé. Quant à l'extension, elle doit varier, suivant la résistance des muscles et la direction dans laquelle s'est opéré le déplacement des os. Souvent il suffit des mains, et souvent aussi il faut s'aider d'un secours étranger. Ainsi, dans la luxation du coude en avant, l'extension et la contre-extension, confiées à deux aides, seront faites soit avec les mains seulement, soit avec des courroies. On applique ensuite sous l'avant-bras quelque chose de rond sur quoi l'on appuie brusquement, pour refouler le cubitus dans la cavité humérale. Mais dans les autres cas, il vaut beaucoup mieux étendre le bras comme on le fait pour les fractures de l'humérus, et réduire ensuite. Cela fait, il n'y a plus qu'à prendre les soins que réclament toutes les luxations; et toutefois, pour celles du coude, il est nécessaire de changer plus souvent l'appareil, de faire plus d'affusions chaudes, et des frictions plus prolongées avec l'huile, le nitre et le sel. En effet, que l'os soit réduit ou non, le cal se forme plus rapidement ici que dans toute autre articulation; et si l'immobilité du coude lui permet de se développer, il s'oppose plus tard aux mouvements du membre.

XVII. On distingue aussi quatre espèces de luxations du poignet. Quand il se luxe en arrière, on ne peut étendre les doigts; et si c'est en avant, on ne peut les fléchir; dans les luxations latérales la main se porte vers le point opposé, c'est-à-dire vers le pouce ou le petit doigt. La réduction ne présente pas de grandes difficultés. On fait poser le poignet sur quelque chose de dur et de résistant; puis on exerce l'extension et la contre-extension en tirant sur l'avant-bras et la main, que l'on place dans la pronation, si la luxation est en arrière; dans la supination, si elle est en avant; et enfin sur le côté, s'il y a luxation en dedans ou en dehors. Dès que les ligaments ont subi l'extension convenable, s'il y a déplacement latéral, on repousse les os avec les mains vers le point opposé; mais si le poignet s'est luxé en avant ou en arrière, on dispose sous la partie malade un corps dur, contre lequel on presse avec la main l'os proéminent. En donnant par ce moyen plus de force à la pression, on rétablit plus facilement les parties dans leur situation naturelle.

XVIII. Les os qui constituent la paume de la main peuvent aussi se luxer en avant ou en arrière, mais non latéralement, parce qu'ils sont disposés

---

les excidere cubitus potest : sed, si in priorem prolapsus est, extentum brachium est, neque recurvatur : si in posteriorem, brachium curvum est, neque extenditur, breviusque altero est; interdum febrem, vomitumque bilis movet : si in exteriorem, interioremve, brachium porrectum est, sed paulum in eam partem, a qua os recessit, recurvatum. Quidquid incidit, reponendi ratio una est; neque in cubito tantum, sed in omnibus quoque membris longis, quæ per articulum longa testa junguntur : utrumque membrum in diversas partes extendere, donec spatium inter ossa liberum sit; tum id os, quod excidit, ab ea parte, in quam prolapsum est, in contrariam impellere. Extendendi tamen alia atque alia genera sunt, prout nervi valent, aut ossa huc illucve se dederunt. Ac modo manibus solis utendum est, modo quædam alia adhibenda. Ergo, si in priorem partem cubitus prolapsus est, extendi per duos manibus, interdum etiam habenis adjectis, satis est : deinde rotundum aliquid a lacerti parte ponendum est, et super id repente cubitus ad humerum impellendus est. At in aliis casibus commodissimum est eadem ratione brachium extendere, quæ fracto humero supra posita est, et tum ossa reponere. Reliqua curatio eadem est, quæ in omnibus. Celerius tantum, et sæpius id resolvendum est; multa magis aqua calida fovendum; diutius ex oleo et nitro ac sale perfricandum. In cubito enim celerius, quam in ullo alio articulo, sive extra remansit, sive intus revertit, callus circumdatur; isque, si per quietem increvit, flexus illius postea prohibet.

XVII. Manus quoque in omnes quatuor partes prolabitur. Si in posteriorem partem excidit, porrigi digiti non possunt : si in priorem, non inclinantur : si in alterutrum latus, manus in contrarium, id est, aut ad pollicem, aut ad minimum digitum convertitur. Reponi non difficillime potest. Super durum locum et renitentem, ex altera parte intendi manus, ex altera brachium debet, sic, ut prona sit, si in posteriorem partem os excidit; supina, si in priorem; si in interiorem exterioremve, in latus. Ubi satis nervi diducti sunt, si in alterutrum latus procidit, manibus in contrarium repellendum est. At iis, quæ in priorem posterioremve partem prolapsa sunt, superimponendum durum aliquid, idque supra prominens os manu urgendum est; per quod vis adjecta facilius id in suam sedem compellit.

XVIII. In palma quoque ossa interdum suis sedibus promoventur, modo in priorem partem, modo in posteriorem : in latus enim moveri, paribus ossibus oppositis, non possunt. Signum id solum est, quod omnium commune est : tumor ab ea parte, in quam os venit; sinus ab

de manière à se faire mutuellement obstacle. On n'observe ici que deux signes communs à toutes les luxations : tumeur à l'endroit où l'os se présente, dépression à celui qu'il abandonne. L'extension n'est pas nécessaire, et il suffit de peser convenablement avec le doigt sur l'os luxé, pour le réduire.

XIX. Les luxations des doigts se produisent à peu près dans les mêmes circonstances, et se reconnaissent aux mêmes signes que celles de la main. Il n'est pas besoin de déployer une grande force pour l'extension, parce que ce sont là de petites articulations dont les ligaments offrent peu de résistance. On doit donc se borner à étendre sur une table les doigts luxés, pour les réduire avec la paume de la main, si le déplacement s'est effectué en avant ou en arrière. Mais s'il a lieu latéralement, c'est avec les doigts qu'il faut faire la réduction.

XX. Ce que j'ai dit sur ces diverses luxations semblerait devoir suffire pour celles des membres inférieurs; car, dans ce cas encore, il y a de l'analogie entre le fémur et l'humérus, le tibia et le cubitus, de même qu'entre le pied et la main. Cependant ces déplacements présentent quelques particularités qu'il ne faut pas omettre. Il y a pour le fémur quatre espèces de luxations. Les plus fréquentes se font en dedans, puis en dehors, et les plus rares s'observent en avant ou en arrière. Si la cuisse est luxée en dedans, le membre devient plus long que l'autre, et se tourne en dehors ainsi que le bout du pied. Au contraire, la jambe est plus courte quand la luxation est en dehors, et il y a rotation de la cuisse et du pied en dedans; le talon, dans la marche, ne pose point à terre, et le malade s'appuie sur la pointe du pied; le membre supporte mieux le poids du corps que dans le premier cas, et le secours d'un bâton n'est pas aussi nécessaire. Si le fémur se luxe en avant, la jambe est placée dans l'extension et ne peut plus être fléchie; les deux talons sont de niveau, mais du côté malade la pointe du pied a plus de peine à s'abaisser. Cet accident est suivi d'une très-vive douleur, et très-souvent il y a rétention d'urine. Mais, aussitôt que la douleur et l'inflammation ont cessé, on voit les malades marcher facilement, et le pied a sa rectitude naturelle. Dans la luxation en arrière, la jambe ne peut être étendue, et se trouve plus courte que l'autre; et si l'on veut se tenir debout, le talon n'arrive pas non plus jusqu'à terre. Le grand danger des luxations du fémur réside, ou dans la difficulté de les réduire, ou dans la facilité qu'elles ont à se reproduire. Certains chirurgiens vont jusqu'à prétendre que la récidive est constante; mais Hippocrate, Dioclès, Philotimus, Nilée et Héraclide de Tarente, tous auteurs célèbres, affirment, dans leurs écrits, que la réduction peut être complète et définitive. D'ailleurs Hippocrate, Andréas, Nilée, Nymphodore, Protarchus, Héraclide, et d'autres encore, n'auraient point inventé tant de machines pour faire l'extension de la cuisse dans les cas de ce genre, si ces appareils avaient dû n'aboutir à rien. Toute fausse que soit cette opinion, il n'en est pas moins vrai que, la cuisse étant pourvue de muscles et de ligaments de la plus grande puissance, les luxations sont très-difficiles à réduire quand ils ont conservé leur force, et que, lorsqu'ils l'ont perdue, ils deviennent pour ainsi dire inhabiles à maintenir la réduction. Il faut donc essayer toujours; et si le sujet est jeune, il suffira, pour pratiquer l'extension et la contre-extension, de placer un lien au haut de la cuisse, et un au-

---

ea, a qua recessit. Sed sine intentione, digito tantummodo lene pressum os in suam sedem revertitur.

XIX. At in digitis totidem fere casus, eademque signa sunt, quæ in manibus. Sed in his extendendis non æque vi opus est; quod articuli breviores, et nervi minus validi sint. Super mensam tantummodo intendi debent, qui vel in priorem vel in posteriorem partem exciderunt; tum jam palma compelli. At id, quod in latus elapsum est, digitis restitui.

XX. Cum de his dixerim, de iis quoque, quæ in cruribus sunt, videri possum dixisse : siquidem etiam in hoc casu quædam similitudo est femori et humero, tibiæ et cubito, pedi et manui. Quædam tamen separatim quoque de his dicenda sunt. Femur in omnes quatuor partes promovetur : sæpissime in interiorem; deinde in exteriorem, raro admodum in priorem, aut posteriorem. Si in interiorem partem prolapsum est, crus longius altero, et valgius est : extra enim pes ultimus spectat. Si in exteriorem, brevius, varumque fit, et pes intus inclinatur; calx ingressu terram non contingit, sed planta ima; meliusque id crus superius corpus, quam in priore casu, fert, minusque baculo eget. Si in priorem, crus extensum est, implicarique non potest; alteri cruri ad calcem par est, sed ima planta minus in priorem partem inclinatur : dolorque in hoc casu præcipuus est, et maxime urina supprimitur. Ubi cum dolore inflammatio quievit, commode ingrediuntur, rectusque eorum pes est. Si in posteriorem, extendi non potest crus, breviusque est; ubi consistit, calx quoque terram non contingit. Magnum autem femori periculum est, ne vel difficulter reponatur, vel repositum, rursus excidat. Quidam semper iterum excidere contendunt : sed Hippocrates, et Diocles, et Philotimus, et Nileus, et Heraclides Tarentinus, clari admodum auctores, ex toto se restituisse memoriæ prodiderunt. Neque tot genera machinamentorum quoque, ad extendendum in hoc casu femur, Hippocrates, Andreas, Nileus, Nymphodorus, Protarchus, Heraclides, aliique quidam reperissent, si id frustra esset. Sed ut hæc falsa opinio est, sic illud verum est : cum ibi valentissimi nervi musculique sint, si suum robur habent, vix admittere, at non habent, postea non continere. Tentandum igitur est, et, si tenerius membrum est, satis est habenam alteram ab inguine, alteram a genu intendi : si validius, melius adducent, qui easdem habenas ad valida bacula deligarint, cumque eorum fustium imas partes oppositas

tre au-dessus du genou. On rendra l'extension plus énergique en attachant les courroies à de forts bâtons dont les bouts inférieurs seront arrêtés en sens contraire ; deux aides en saisiront ensuite les extrémités supérieures, et tireront à eux. Le membre sera tendu plus puissamment encore, si l'on place le malade sur un banc garni à chaque extrémité d'un treuil auquel on attache les courroies ; de sorte qu'en donnant aux deux treuils un mouvement de rotation, comme dans les machines à pressoir, on peut porter la force au point de produire non-seulement l'extension, mais encore la rupture des ligaments et des muscles (18). Le malade doit être couché sur le ventre, le dos ou le côté, de façon que la partie vers laquelle l'os est venu faire saillie soit plus élevée que celle qu'il a quittée. L'extension faite, si l'os est luxé en avant, on applique sur la région inguinale quelque chose de rond, et l'on appuie dessus aussitôt avec le genou, de la même manière et pour la même raison que dans la luxation du bras ; après quoi, si le patient peut fléchir immédiatement la cuisse, elle est réduite. Dans les autres luxations, si le fémur n'a pas subi un grand déplacement, le chirurgien devra refouler la tête de l'os en arrière, tandis que l'aide poussera la hanche en avant. La réduction opérée, le traitement ne demande plus rien de particulier, si ce n'est un séjour au lit plus prolongé, dans la crainte que, le malade faisant agir son membre, alors que les ligaments sont encore trop relâchés, il n'en résulte une luxation nouvelle.

XXI. On sait parfaitement que le genou peut se luxer en dehors, ou dedans et en arrière. Mais la plupart des auteurs n'admettent pas la luxation en avant ; cette opinion a pour elle un grand degré de vraisemblance, parce que la rotule, placée sur l'articulation, doit retenir la tête du tibia. Toutefois, Mégès affirme avoir réduit une luxation de ce genre. On pratique l'extension dans les luxations du genou, comme je l'ai dit pour la cuisse ; et s'il y a déplacement en arrière, on place de même dans le jarret quelque chose de rond, et, en fléchissant la jambe sur ce corps, on remet l'os en situation. Les autres luxations se réduisent par l'extension et la contre-extension, faites avec les mains.

XXII. Le cou-de-pied est sujet à se luxer dans tous les sens. S'il se déplace en dedans, le bout du pied se porte en dehors, et il se porte en dedans si la luxation est externe. Dans la luxation en avant, le large tendon situé en arrière est dur et tendu, et le pied est recourbé. Si le cou-de-pied s'est luxé en arrière, le calcanéum est caché pour ainsi dire, et la plante du pied s'allonge. On réduit ces luxations avec les mains, après avoir exercé des tractions en sens contraire sur le pied et la jambe. Ces accidents exigent aussi qu'on reste plus longtemps au lit, de peur que cette partie mal raffermie ne se luxe de nouveau sous le poids du corps, qu'elle est appelée à supporter. On devra même, en commençant à marcher, ne prendre que des chaussures très-basses, afin que le cou-de-pied ne soit pas gêné par les cordons.

XXIII. Les os de la plante du pied se luxent et se réduisent comme ceux de la paume de la main. Seulement, le bandage doit embrasser aussi le calcanéum ; car, en n'enveloppant que la plante et le bout du pied, on aurait à craindre que le talon, dont la moitié se trouverait libre,

---

moriæ objecerint, superiores ad se utraque manu traxerint. Etiamnum valentius intenditur membrum super scamnum, cui ab utraque parte axes sunt, ad quos habenæ illæ deligantur : qui, ut in torcularibus, conversi, rumpere quoque, si quis perseveraverit, non solum extendere, nervos et musculos possunt. Collocandus autem homo super id scamnum est, aut pronus, aut supinus, aut in latus, sic, ut semper ea pars superior sit, in quam os prolapsum est ; ea etiam inferior, a qua recessit. Nervis extentis, si in priorem partem os venit, rotundum aliquid super inguen ponendum, subitoque super id genu adducendum est eodem modo, eademque de causa, qua idem in brachio fit ; protinusque, si complicari femur potest, intus est. In ceteris vero casibus, ubi ossa per vim paulum inter se recesserunt, medicus debet id, quod eminet, retro cogere ; minister contra coxam propellere. Reposito osse, nihil novi aliud curatio requirit, quam ut diutius is in lecto detineatur, ne, si motum adhuc nervis laxioribus femur fuerit, rursus erumpat.

XXI. Genu vero et in exteriorem, et in interiorem, et in posteriorem partem excidere, notissimum est. In priorem non prolabi, plerique scripserunt : potestque id vero proximum esse, cum inde opposita patella, ipsa quoque caput tibiæ contineat. Meges tamen eum, cui in priorem partem excidisset, a se curatum esse, memoriæ prodidit. In his casibus intendi nervi rationibus iisdem, quas in femore retuli, possunt. Et id quidem, quod in posteriorem partem excidit, eodem modo rotundo aliquo super poplitem imposito, adductoque eo crure, reconditur. Cetera vero manibus simul dum ossa in diversas partes compelluntur.

XXII. Talus in omnes partes prolabitur. Ubi in interiorem partem excidit, ima pars pedis in exteriorem partem convertitur. Ubi huic contrarius casus, contrarium etiam signum est. At si in priorem partem erumpit, a posteriore latus nervus durus et intentus est ; simusque iis pes est. Si in posteriorem, calx pene conditur, planta major fit. Reponitur autem is quoque per manus ; prius in diversa pede et crure diductis. Et in hoc quoque casu diutius in lectulo perseverandum est ; ne is talus, qui totum corpus sustinet, parum confirmatis nervis, ferendo oneri cedat, rursusque prorumpat. Calceamentis quoque humilioribus primo tempore utendum ; ne vinctura talum ipsum lædat.

XXIII. Plantæ ossa iisdem modis, quibus in manibus, prodeunt ; iisdemque conduntur. Fascia tantummodo calcem quoque debet comprehendere : ne cum mediam plantam, imumque ejus vinciri necesse est, liber talus in medio relictus, materiam pleniorem recipiat, ideoque suppuret.

n'attirât vers lui un trop grand afflux d'humeurs, et ne devînt le siége d'un abcès.

XXIV. Les doigts du pied, quand ils sont luxés, ne se réduisent pas autrement que ceux de la main. Cependant on peut placer la partie moyenne ou supérieure du doigt qu'on vient de réduire, dans une petite gouttière qui sert de moyen contentif.

XXV. Tel est le traitement à suivre dans les luxations non compliquées de plaie. Cette complication est grave en effet, et d'autant plus périlleuse que le membre est plus considérable, et se trouve pourvu de muscles et de ligaments plus forts. Un pareil accident survenant au bras ou à la cuisse peut entraîner la mort. La réduction ne laisse aucun espoir, et il y a encore péril si l'on ne réduit pas. Dans l'un et l'autre cas, les alarmes seront d'autant plus vives que la plaie sera plus voisine de l'articulation. Hippocrate prétend que, parmi les luxations de ce genre, celles des doigts, de la plante des pieds et des mains sont les seules qu'on puisse réduire avec sécurité ; encore veut-il qu'on y apporte des ménagements extrêmes, pour éviter une terminaison funeste. Des chirurgiens cependant ont réduit des luxations de l'avant-bras et de la jambe, et ont eu recours à la saignée du bras, afin de prévenir la gangrène ou les convulsions, qui dans des conditions si graves entraînent rapidement la mort. Quoique la luxation des doigts soit de toutes la moins à craindre, elle offre encore quelque danger ; et si déjà elle est ancienne, on ne doit essayer de la réduire ni lorsque l'inflammation existe, ni même lorsqu'elle a cessé. Si des convulsions se déclarent après la réduction, il ne faut pas hésiter à luxer l'os de nouveau. Dans toute luxation compliquée de plaie, et non réduite, on doit donner au membre la position qui paraît le plus soulager le malade, en ayant soin de ne pas remuer ou laisser pendre la partie luxée. L'abstinence prolongée devient aussi d'un grand secours contre de pareilles lésions. Quant au traitement, il se compose des moyens indiqués pour les fractures avec plaie. Si l'os dénudé fait saillie, ce sera toujours un obstacle à la guérison : il y a donc lieu de retrancher ce qui proémine. On applique ensuite sur la plaie de la charpie sèche et des topiques non graisseux, dont on continue l'usage jusqu'à ce qu'on ait obtenu le seul genre de guérison que comportent les accidents de cette nature. Le membre en effet reste débile, et la cicatrice qui se forme est trop mince pour résister plus tard à l'action des causes vulnérantes.

XXIV. In digitis nihil ultra fieri debet, quam quod in iis, qui sunt in manu, positum est. Potest tamen conditus articulus medius, aut summus canaliculo aliquo contineri.

XXV. Hæc facienda sunt in iis casibus, ubi sine vulnere ossa exciderunt. Hic quoque et ingens periculum est, et eo gravius, quo majus membrum est, quove validioribus nervis aut musculis continetur. Ideoque in humeris, femoribusque, metus mortis est : ac, si reposita ossa sunt, spes nulla est ; non repositis tamen, nonnullum periculum est : eoque major in utroque timor est, quo propius vulnus articulo est. Hippocrates nihil tuto reponi posse, præter digitos, et plantas, et manus, dixit : atque in his quoque diligenter esse agendum, ne præcipitarent. Quidam brachia quoque et crura reposuerunt ; et, ne cancri, distendonesque nervorum orirentur, sub quibus in ejusmodi casu fieri solet mors matura, sanguinem ex brachio miserunt. Verum ne digitus quidem, in quo minimum, ut malum, sic etiam periculum est, reponi debet aut in inflammatione, aut postea, cum jam vetus res est. Si quoque reposito osse nervi distenduntur, rursus id protinus expellendum est. Omne autem membrum, quod cum vulnere loco motum, neque repositum est, sic jacere convenit, ut maxime cubantem juvat ; tantum ne moveatur, neve dependeat. In omnique tali morbo magnum ex longa fame præsidium est : deinde ex curatione eadem, quæ proposita est ubi ossibus fractis vulnus accessit. Si nudum os eminet, impedimento semper futurum est : ideo, quod excedit, abscindendum est ; imponendaque super arida linamenta sunt, et medicamenta non pinguia ; donec, quæ sola esse in ejusmodi re sanitas potest, veniat. Nam et debilitas sequitur, et tenuis cicatrix inducitur ; quæ necesse est facile noxæ postea pateat.

NOTES SUR CELSE.

LIVRE PREMIER.

(1) P. 9. *Connaissance que les médecins s'attribuent témérairement.* Le texte que j'ai suivi porte bien *quam temere medici sibi vindicant*, ainsi que l'exige, en effet, le sens général du discours; mais il est à noter que, dans sa deuxième éd. (1810), Targa rétablit *non temere*, conformément à la leçon de Van der Linden, qu'il avait justement combattue d'abord.

(2) P. 11. *Iatralepte.* Ceux qui faisaient profession d'administrer en friction les huiles, les onguents, les parfums liquides et même les substances médicamenteuses, tant aux malades qu'aux personnes en santé, se nommaient *iatraliptæ* (ιατρὸς, médecin, ἀλείφω, j'oins). — Daniel le Clerc, *Hist. de la médecine*, p. 573. — *Dict. des Sc. méd.*, t. XXIII.

(3) P. 13. *Aux tempéraments, aux sexes*, etc. D'après Targa, les deux mots *et sexus* ne peuvent appartenir à Celse, attendu qu'il n'est question dans ce chapitre que des personnes naturellement faibles; or, la faiblesse de la constitution se rencontrant aussi bien chez l'homme que chez la femme, le sexe devient par cela même une circonstance indifférente.

(4) P. 14. *En agissant principalement sur les parties inférieures.* Il y a sur ce point une opposition formelle entre la première et la deuxième éd. Targa; la première portant *magis superiores quam inferiores*, et la deuxième, au contraire, *magis inferiores quam superiores*. J'ai adopté cette dernière leçon, qui est aussi celle de Constantin et de Van der Linden.

(5) P. 16. *Hydromel*. Bien que le mot *mulsum* emporte chez tous les poètes et prosateurs latins la signification de vin miellé, j'ai cru devoir le traduire par hydromel. Il me paraît évident que Celse n'a pu vouloir désigner une boisson destinée surtout à flatter le palais des riches, et dont Pline et Columelle font connaître la préparation; mais bien cette autre boisson adoucissante et laxative qu'il prescrit souvent à l'exclusion du vin, et dont il est tant parlé dans Hippocrate sous le nom de μελίκρατον (hydromel). C'est à tort que le diction. de Forcellini établit la triple synonymie de μελίκρατον, οἰνόμελι et *mulsum*, puisque, entre les deux mots grecs, il y a la différence de l'eau au vin.

(6) P. 18. *Se promener après les repas.* L'incohérence d'idées qu'on peut remarquer dans ce passage paraît tenir à l'intrusion de tout un membre de phrase relatif à l'influence de la lune. Pour avoir un sens plausible il faudrait, d'après Targa (2ᵉ éd., p. 32, note 4), retrancher ces mots : *utileque lunam vitare...* etc., et rétablir ainsi le texte : *Cui caput infirmum est, is si bene concoxit, leniter perfricare id mane manibus suis debet : nunquam id, si fieri potest, veste velare : ad cutem tonderi, sed nunquam post cibum.* En admettant cette correction, on aurait donc pour précepte de se raser jusqu'à la peau, mais jamais après les repas.

(7) P. 20. *Qui ont la goutte aux pieds et aux mains.* Attribuer à Celse ces mots : *quod in podagra chiragrave esse consuevit*, c'est supposer, dit Targa, qu'il confond les douleurs de nerfs et celles des articulations; tandis que, dans tout le cours de l'ouvrage, il les distingue soigneusement.
Voy. Targa, 2ᵉ éd., p. 161, note 1.

LIVRE II.

(1) P. 26. *Entre la dixième heure et la nuit*, ou mieux entre dix heures et la nuit, *inter quartam horam et noctem*.

Les Hébreux, les Grecs et les Romains ont divisé le temps qui s'écoule du lever au coucher du soleil en quatre parties égales, de trois heures chacune. La première commence au lever du soleil, la seconde à la troisième heure du jour, la troisième à midi, et la quatrième à la neuvième heure : d'où les noms de *prime, tierce, sexte* et *none*, qu'on leur a donnés. (Saigey, *Traité de métrolog. anc. et moderne*, p. 203).

(2) P. 27. *L'urine ténue et sans couleur.* (Hippoc., *Aphor.* IV, 72.) (coa. 568). Celse déclare, en commençant ce second livre, qu'il n'hésitera pas à invoquer l'autorité des anciens, et surtout celle d'Hippocrate; il tient parole, et met surtout à contribution le Pronostic et les Aphorismes.

(3) P. 36. *Est un accident funeste.* Suivant les corrections indiquées par Targa (2ᵉ éd.), j'ai dû remplacer *caput* par *vesica*, et ajouter *venter* après *neque*. Le texte ainsi restitué, il est facile de retrouver dans la phrase latine le souvenir et presque la traduction de ce passage du Pronostic, que j'emprunte à l'Hippocrate de M. Littré (t. II, p. 167) : « La tension et la douleur de la vessie sont des accidents excessivement fâcheux, surtout quand il s'y joint une fièvre continue. Tant que dure cet état de l'organe, il n'y a aucune déjection alvine (*neque venter quidquam reddit*). »

(4) P. 44. *Dans les maladies aiguës et dans les fièvres.* Le texte portait : *Sed si acutus morbus est sicut in cholera; si febris est ut inter horrores.* Adoptant les raisons données par Targa, cap. XIII, note 96, 1ʳᵉ éd., et note 1ʳᵉ, 2ᵉ éd., j'ai retranché les mots latins soulignés.

(5) P. 50. *Oculata, sparus melanurus.* Selon Gaza, *oculata* devrait être pris comme synonyme de μελάνουρος.

« Rondelet, Belon et d'autres ont pensé, je crois, avec raison, dit Camus, que le mélanure d'Aristote était un poisson du genre des *sparcs* ou *dorades*, que l'on connaît sous les noms d'*oblade, blade, nigroil, oculata.* » Voy. Camus, *Notes sur l'Hist. des anim. d'Aristote*, in-4°, p. 499, et Artedi, *Synonym. pisc.*, p. 92.

Cette note doit naturellement s'étendre aux autres poissons dont il est question au même endroit :

Dorade, de la famille des sparoïdes. La dorade vulgaire est très-commune sur les côtes de la Bretagne ainsi que dans la Méditerranée. Son nom lui vient de sa couleur dorée, *sparus aurata*.

Corbeau marin. Sous ce nom, Aristote paraît avoir désigné le cormoran (Camus, ouvr. cité); mais le mot *corvus* ne peut désigner ici qu'un poisson, et probablement un de ces dactyloptères célèbres sous les noms de poissons volants (*trigla volitans*, L), d'hirondelles de mer (*trigla hirundo*), etc. Ces poissons ressemblent beaucoup aux trigles, mais s'en distinguent par leurs grandes nageoires pectorales, dont ils se servent comme d'ailes pour se soutenir dans l'air, lorsqu'ils s'élancent hors de l'eau, dans l'espoir d'échapper à leurs ennemis.

(Milne Edwards, *Zoolog. descript.*, p. 708.)

Spare, première tribu des sparoïdes.

Loup marin ou *bars* (labrax), poisson de mer, ressemble beaucoup aux perches. Le *bars commun* abonde sur nos côtes, et porte le nom vulgaire de *loup* et de *loubine*. C'est un grand et excellent poisson, de couleur argentée. Lorsqu'il est jeune, il est ordinairement tacheté de brun. Le bars est de la famille des percoïdes.

(Milne Edwards, p. 706.)

Mulle. C'est le τρίγλα des Grecs, le *triglia* des Italiens modernes, le *rouget* des Provençaux, le *mullus barbatus* de Linnæus. Aucune synonymie n'est mieux prouvée en histoire naturelle. Pline le caractérise parfaitement par la double barbe qu'il porte sous le menton, et par sa couleur rouge. (G. Cuvier, *Notes sur Pline*, liv. IX, trad. Ajass. de Grandsagne.)

La chair des mulles est délicieuse ; et ce sont des poissons célèbres par le plaisir puéril que les Romains prenaient à voir les changements de couleur qu'ils présentent en mourant. Pour mieux jouir de ce spectacle, et pour être certains d'avoir ces poissons le plus frais possible, ils les faisaient venir dans de petites rigoles jusque sous les tables où l'on mangeait, et les faisaient mourir dans des vases de verre que les convives se passaient de main en main. Cette passion pour les mulles fut portée au point de faire payer à des prix exorbitants ceux qui dépassaient la taille ordinaire. Sénèque raconte l'histoire d'un mulle, pesant quatre livres et demie, qui fut présenté à Tibère, et que ce prince, ridiculement économe, fit vendre au marché ; Apicius et Octavius se le disputèrent, et ce dernier l'emporta au prix de 5,000 sesterces, qui, dans ces temps-là, faisaient 974 fr. Pline parle d'un de ces poissons, qui, du temps de Caligula, fut acheté par Asinius Celer pour 8,000 sesterces (1,558 fr.) ; et Suétone nous apprend que, sous Tibère, trois mulles d'une grande taille furent payés 30,000 sesterces (5,844 fr.).

(Milne Edwards, p. 707.)

(6) P. 54. *Le garum*. Les Romains appelaient ainsi un liquide saumâtre qui découlait de la chair des poissons salés et à moitié putréfiés. Cette saumure, convenablement aromatisée, était chez eux un assaisonnement très-recherché.

(7) P. id. *Les moules*. Le mot latin *musculus* ne peut désigner ici qu'un coquillage, et doit se traduire en effet par *moule* ; mais ce n'en est pas moins un exemple de ces confusions de nomenclature si ordinaires aux anciens, et qui ont tant exercé l'esprit des commentateurs. Ainsi, sous le nom de *musculus*, les uns reconnaissaient un poisson dont la taille ne doit pas excéder celle du goujon, et qui, selon les anciens, sert de conducteur à la baleine, tandis que les autres y retrouvaient le plus grand des animaux aquatiques, c'est-à-dire une espèce de baleine que Cuvier suppose être le *rorqual de la Méditerranée*.

LIVRE III.

(1) P. 57. *La guérison de l'affection locale*. Ce passage est altéré ; et j'ai, d'après Targa, placé entre guillemets les mots qui embarrassent la construction de la phrase, et ne fournissent point de sens. Toutefois, comme il en faut un, j'ai cru devoir suivre pour la traduction la leçon de Van der Linden, que je reproduis ici : *at, si quan-*

do is non in toto corpore, sed in parte est ; magis *tamen ad rem pertinet, vim totius corporis moliri, quam partis ; cum per eam partes ægræ sanentur*. Voy. Targa, 1ʳᵉ éd., p. 104, note 55, et 2ᵉ éd., p. 107, note 6.

(2) P. 58. *Amener des résultats favorables : Non quo non interdum id incidat*. Ces mots étaient suivis de *aut non decipiat*, ce qui constituait un non-sens ; je les ai donc retranchés, mais après m'être assuré qu'ils ne se retrouvent pas non plus dans la 2ᵉ édit. Targa.

(3) P. 68. *Ni ulcères, ni déjections alvines*. Après le mot *dejectio*, il y avait dans le texte *non profluvium alvi*, que j'ai supprimé comme n'ayant pas une signification différente, et faisant, par conséquent, double emploi. Targa fait en outre remarquer qu'il n'est pas rare de rencontrer dans Celse le mot *dejectio*, tandis qu'on n'y trouve jamais cette locution *profluvium alvi*, pour exprimer des évacuations alvines.

(4) P. 74. *Que les Grecs appellent frénésie*. Malgré le délire et l'état fébrile qui appartiennent essentiellement à la *phrénitis* des anciens, ce serait à tort qu'on voudrait y retrouver l'encéphalite ou la méningite des modernes. L'assimilation ne serait pas moins erronée, si l'on se bornait à rapprocher la phrénitis des fièvres de nos pays. Pour arriver à la véritable interprétation des faits, il faut, comme M. Littré, demander des termes de comparaison aux auteurs qui ont étudié l'homme malade sous un climat plus analogue que le nôtre à celui de la Grèce et de l'Italie. Or, cet examen comparatif a conduit l'habile et savant traducteur d'Hippocrate à d'incontestables résultats ; et, pour quiconque a lu le remarquable travail qui précède le premier et le troisième livre *Des épidémies*, il demeure évident que la phrénitis n'est réellement pas un symptôme qui puisse appartenir idiopathiquement ou sympathiquement à plusieurs maladies, mais qu'elle doit être considérée comme une variété des fièvres rémittentes et continues des pays chauds. (Littré, t. II, p. 572.)

Il faut le dire pourtant, sous le nom de frénésie, Celse n'a pas seulement décrit le *délire aigu avec fièvre intense* ; sa description paraît comprendre encore diverses formes d'aliénation mentale non fébriles, comme la fureur maniaque et la mélancolie. A cet égard, il est moins clair et moins complet que Cœlius Aurelianus, qui donne très au long le diagnostic différentiel de la frénésie (lib. I, cap. IV, V, VI, *De morbis acutis*, Amstelodami, 1722). Il la distingue soigneusement de la fureur appelée communément folie, de la mélancolie, de la manie même avec fièvre, de la léthargie ; enfin des autres délires produits par certains poisons, ou se manifestant sous l'influence de diverses maladies, pleurésie, pneumonie, etc.

(5) P. 78. *La maladie que les Grecs ont nommée cardiaque*. Qu'est-ce que la maladie cardiaque ? Dalechamp, dans ses *notes sur Cœlius*, croit que les plus anciens médecins avaient confondu l'affection cardiaque avec l'apoplexie. Mais cette opinion ne me paraît nullement justifiée.

Dans ces derniers temps, le professeur Hecker a fait ressortir les analogies frappantes qui existent entre la suette anglaise de 1482, et le mal cardiaque, dont il emprunte la description à Cœlius Aurelianus. Il reconnaît toutefois que, pour établir l'identité de ces deux affections, il manque un caractère essentiel, c'est-à-dire l'éruption miliaire. (Hecker, *Der englische Schweiss*, Berlin, 1834, p. 185-199.)

(6) P. 80. *Les Grecs ont appelé cet état léthargie*. Pour nous, la léthargie est caractérisée par un sommeil excessivement prolongé, et qui existe sans aucun trouble apparent des fonctions ; tandis que ce mot, chez les anciens, emporte constamment l'idée d'un état aigu et fébrile. Un nommé Tharrias, dit Celse (ibid.), a prétendu que la

léthargie dépendait d'un accès de fièvre, et finissait avec lui; d'où il concluait que c'est mal à propos qu'on cherche à secouer les malades. D'un autre côté, Cœlius Aurélianus, après avoir dit que la phrénitis, s'aggravant, devient léthargus, et que le léthargus, déclinant, devient quelquefois phrénitis, ajoute plus loin (p. 74) : « Si un délire croissant subitement avec une fièvre aiguë est la phrénitis, une somnolence avec fièvre est le léthargus. » Dans un autre endroit de son livre, il exprime que le léthargus peut être continu ou rémittent : « Nous reconnaissons le léthargus à l'occlusion et à l'hébétude des sens, à la somnolence, à la fièvre aiguë, *soit continue, soit rémittente.* » Cette possibilité, dit M. Littré, qu'une même fièvre soit tantôt continue, tantôt rémittente, est un des traits le plus caractéristique de la physionomie des fièvres des pays chauds. Ainsi Hippocrate place le léthargus entre la phrénitis et le causus, qui sont des fièvres rémittentes; Galien dit que la phrénitis peut se changer en léthargus; enfin Cœlius Aurelianus y signale des paroxysmes et des rémissions. Tout cela autorise pleinement à conclure que le léthargus des anciens est, comme la phrénitis et le causus, une variété des fièvres rémittentes et continues des pays chauds. (Littré, t. II, p. 573.)

(7) P. 88. *Un mal plus déplorable encore.* Les siècles ont passé vainement sur les combats du cirque, ensevelissant dans la même poussière empereurs et gladiateurs; le préjugé barbare est resté; et, de nos jours, il n'est que trop vrai qu'on peut retrouver dans le vulgaire cette affreuse croyance que le sang humain encore chaud doit guérir de l'épilepsie : seulement, chez les modernes, le gladiateur est remplacé par le supplicié.

Voici, du reste, une preuve à l'appui. Le *National*, racontant, il n'y a pas longtemps, l'exécution d'un homme condamné à mort en Suède, notait, comme particularité du supplice, qu'une vieille femme, atteinte d'épilepsie, se trouvait au pied de l'échafaud, prête, au moment même où la tête serait séparée du corps, à plonger dans le sang tout fumant un morceau de pain qu'elle destinait à sa guérison.

LIVRE IV.

(1) P. 99. *Si les forces le permettent.* On remarquera dans le texte que les trois mots *si non abundat*, placés entre guillemets, n'ont pas été traduits; c'est qu'en effet ils altèrent le sens naturel de la phrase, et qu'il y a tout lieu de penser qu'ils ne sont là que par intrusion. Il est évident que Celse a voulu dire qu'on doit saigner d'abord, si les forces le permettent; puis, en second lieu, prescrire des lavements. Ce précepte est encore exprimé de la même manière, lib. VIII, cap. IX : *Si vires patiuntur, ab eo brachio qui super eam costam est, mittendus est; si non patiuntur, alvus tamen sine ullo acri ducenda est.* Voy. Targa, p. 178, note 89, 1re édit.; et p. 175, note 6, 2e édit.

(2) P. id. *Le suc de sel.* Van der Linden change ainsi tout ce passage : *Efficacissimumque est, hic quoque, salem calidis cum sacellis superponere*; mais cette leçon doit être repoussée pour deux raisons : la première, c'est qu'elle attribue à Celse le mot *sacellus*, dont il ne se sert pas ailleurs; et la seconde, c'est qu'il résulterait de là qu'on ferait une application sèche, alors que Celse vient de dire qu'on ne doit employer que des fomentations humides. Voy. Targa, note 90, 1769.

(3) P. 105. *Si au contraire il y a des nausées.* Ici le texte a souffert, et, tout en le respectant, j'ai adopté pour la traduction la leçon suivante, proposée par Targa : *Supprimendus autem vomitus est, qui per se venit; sed si nausea est, et si coacuit intus cibus, aut computruit, quorum utrum libet ructus ostendit, ejiciendus est.* Targa, p. 190, note 49, 1769.

(4) P. 108. *L'hysope, le calament, l'anis.* Au lieu d'*anisum*, le texte portait *amylum*, que Van der Linden a remplacé par *amaracum* (marjolaine); et, comme le fait observer Targa, si cette substitution a pour elle l'autorité de quelque manuscrit, il est permis d'y souscrire; mais en procédant par analogie, on devrait préférer *anisum vel anethum*, attendu que Celse (lib. II, cap. XXXI) a déjà placé l'un et l'autre au rang des substances diurétiques. Targa, p. 195, note 73, 1re édit.

(5) P. 110. *Se préserver de la fatigue et du froid.* Le texte présente ici une altération manifeste; et, après le verbe *adquiescit*, il existe une lacune indiquée par des astérisques dans la 2e édit. Targa. Je me suis conformé, pour la traduction, à la leçon de Van der Linden, que voici : *somnoque quisquis facile adquiescit; vitetque lassitudinem et frigora.*

(6) P. 114. *On peut mêler aussi de la saumure forte.* La nécessité d'avoir un sens plausible ne m'a pas permis de traduire littéralement ce passage, qui a subi de nombreuses altérations. Après avoir cité les variantes des manuscrits et des éditions anciennes, Targa estime qu'il faudrait lire, *duas potiones sumat aquæ vel muriæ duræ, cui res quædam sit adjecta.* Res quædam représente la lacune qu'il soupçonne, mais qu'il ne peut remplir, les meilleurs manuscrits lui faisant défaut sur ce point.

(7) P. 116. *Des myrapies.* Sorte de poires parfumées, μύρον, parfum, ἄπιον, poires.

(8) P. 117. *S'il reste quelque dureté.* On ne voit pas de quelle dureté Celse a voulu parler : il est probable qu'il manque ici quelques préceptes relatifs aux autres maladies de matrice, et qui se rapporteraient notamment à l'inflammation de cet organe, dont il est fait mention lib. V, cap. XXI, sect. 4, et cap. XXV, sect. 3. Voy. Targa, p. 214, note 82, 1769.

(9) P. id. *Il faut placer sous...* Dans les manuscrits, entre ces mots *subjicienda sunt* et ceux-ci, *coeuntia id faciunt...* etc., qui sont placés au-dessous, il existe une grande lacune; et sur la plupart on trouve écrit en marge : *desunt in vetustissimo exemplari duo folia.* Morgagni pense qu'il manque quatre chapitres à partir de cet endroit. En consultant deux manuscrits dont tous les titres de chapitres sont mis en tête de chaque livre, il a pu relever ceux qui répondent à la lacune, sur l'étendue de laquelle les auteurs varient. Les indications des choses ou des chapitres qui manquent existent encore dans plusieurs manuscrits, savoir, in *Codd. mediceis* II, III, IV, V, VI, VII. Les voici :

Vulva exulcerata est.
De vesica.
De calculis in vesica.
In omni dolore vesicæ.

Il existe à la Bibliothèque royale un très-beau manuscrit (n° 6864), qui n'indique aucune lacune. Au lieu de *coeuntia* que portent tous les manuscrits consultés par Targa, on trouve seulement *coercentia.* Je n'ai pas été plus heureux en collationnant de très-anciens fragments de Celse qui sont également déposés à la bibliothèque du Roi sous le n° 7,028, et que d'ailleurs H. Ninnin avait compulsés avant moi. Voy. Targa, p. 214, note 85, 1769; et p. 207, note 11, 1810.

(10) P. 119. *Se faire porter ensuite à la promenade.* J'ai suivi pour ce passage le texte de la deuxième éd. Targa. La première porte *mane gestari, deinde ferri, inambulatione leni se dimovere*, etc. Pour avoir un sens satisfaisant, il aurait fallu retrancher *ferri*, qui a la même signi-

tication que *gestari*. Du reste, la leçon que je donne, d'après Targa, est celle qu'il a trouvée lui-même *in Codice mediceo*, I.

LIVRE V.

(1) P. 123. *Le miel*. A l'occasion de cette substance, qui se trouve indiquée dans divers chapitres avec des propriétés toutes différentes, je dois faire remarquer que la même confusion s'étend à beaucoup d'autres médicaments auxquels sont souvent attribuées des vertus contraires, et dont le nom est tout au moins inutilement répété dans le même chapitre. Je n'ai pas craint de purger le texte de ces répétitions, qui accusent toujours un certain désordre, et laissent même soupçonner des erreurs plus graves.

(2) Ibid. *La pierre étoilée*. Au lieu de *vel asterace*, la deuxième éd. Targa porte *mel, asteriace*, ce qui est déjà fort différent ; mais il y a bien d'autres variantes à ce sujet, et l'obscurité n'en est, pour ainsi dire, que plus grande. Peut-être s'agit-il ici d'une espèce d'ocre, c'est-à-dire d'une argile colorée par un oxyde ou un sel de fer ; il vaut mieux toutefois s'abstenir, dans le doute, et dire avec Targa : « Qui monstrabit, quid sit asterace, vel asterica, vel asteriaca, vel asteriace, erit mihi magnus Apollo. » Targa, 1re éd., p. 228.

Ajoutons pourtant que, selon Constantin, Celse a dû vouloir désigner la terre de Samos, connue sous le nom d'ἀστήρ (étoile), pour la distinguer sans doute de l'ocre attique. Cette opinion est vivement soutenue par le docteur Édouard Milligan, qui a donné, dans ces derniers temps, une édition de Celse, qui n'est peut-être pas assez connue en France. Voy. *ed. secunda*, Édimbourg, p. 201 ; 1831.

(3) P. 127. *Quand le sang s'est extravasé*. Ce passage est altéré, et les mots *si satis sanguis subit*, font au moins double emploi. Car il ne s'agit pas ici d'hémorragie ; et si l'on doit entendre par là des meurtrissures ou des ecchymoses, il y a répétition, puisque Celse, un peu plus bas, sect. 24, dit la même chose en d'autres termes : *Si facie contusa livor subcruentus est*. Ajoutez à cela que les topiques résolutifs indiqués à la sect. 22 sont exactement reproduits à la sect. 24. Voy. Targa, 1re éd., p. 238, note 49.

(4) P. 128. *On remplit les mêmes indications*. Il y a dans le texte *ad eosdem digitos* ; mais ce dernier mot n'est nullement justifié ; car on ne traite en cet endroit que des topiques appelés à guérir les affections des tendons et des articulations. Il suffirait donc de lire *ad eosdem*, et de sous-entendre *articulos*.

(5) P. 136. *De chaque environ trois verres*. Ce n'est cependant point la dose, mais la composition du remède, qui fait l'objet de cette note. Non-seulement Targa ne reconnaît pas dans ces mots [et id quod specialiter sic vocatur] une locution familière à Celse, mais il les signale comme conduisant à une interprétation erronée. En effet, il résulterait de là qu'on doit faire entrer, dans la préparation du vin proprement dit, plus de vin de myrte ; tandis que le vrai sens est celui-ci : verser tour à tour du vin et de l'huile de myrte : *adjiciturque invicem vinum et myrteum*. Targa, p. 261, note 12, 1re éd.

(6) P. 143. *La boucle nommée par les Grecs* ἀγκτήρ. « Cette boucle, dit naïvement Daniel le Clerc, que je cite ici textuellement, a fait beaucoup de peine aux savants modernes, et a donné lieu à diverses disputes. Comme l'usage des boucles de métal, de toutes sortes de figures, a été anciennement fort commun, qu'il y a un grand nombre d'auteurs qui en parlent, et qu'on en trouve aujourd'hui plusieurs dans les cabinets des curieux, qui sont fort anciennes, cela a fait que plusieurs médecins et chirurgiens, d'ailleurs très-habiles dans leur art et très-versés dans la lecture des anciens, ont cru que la boucle de Celse était aussi de métal. Ils se sont imaginé qu'elle se faisait avec du fer qu'on rendait pointu, et courbé des deux bouts, pour le pouvoir ficher de côté et d'autre dans les bords de la plaie, afin de les rapprocher. Mais ils se sont trompés en confondant *la boucle qui servait anciennement pour les habits, avec la boucle des chirurgiens*. Il n'y a pas, ce me semble, à hésiter sur le sentiment de Rhodius, qui croit que la simple *suture* et la *boucle chirurgicale* étaient la même chose quant à leur matière. Cette boucle, à ce que dit cet auteur, n'était point de métal, mais de *fil de lin* ; et elle ne différait point de la suture que les chirurgiens français appellent *entrecoupée*. Cette suture se fait en passant une aiguille, enfilée d'un double fil, par les deux bords de la plaie, commençant par le milieu ; et après avoir fait un nœud, coupant le fil un peu au-dessus, et continuant ensuite de faire des points d'aiguille et des nœuds de distance en distance, plus près ou plus loin, selon qu'il est nécessaire. Ce que l'on vient de dire explique en même temps ce que Celse a entendu par le mot *acia*, qu'il employe pour marquer la matière dont la boucle devait être faite, qui n'était autre chose que *du fil de lin* ou *de chanvre*. Les Italiens disent encore aujourd'hui *una matassa d'accia*, pour dire un *écheveau de fil*. Comme ce mot latin ne se trouve que dans deux autres auteurs qui ne l'expliquent pas, non plus que Celse, c'est ce qui a donné tant de peine à le deviner. La supposition que quelques-uns ont faite que ce devait être une espèce de *fil de fer*, a fait regarder la chirurgie ancienne, qui était d'ailleurs assez cruelle, comme l'étant beaucoup plus, pour la grande douleur que l'on concevait, avec raison, que ce fil de fer devait causer aux blessés, en demeurant planté dans leurs plaies. » Voy. Daniel le Clerc, *Hist. de la médecine* ; Amsterdam, 1723, p. 541.

(7) P. 152. *Les gens connus sous le nom de Psylles*. Pline nous fait à ce sujet l'un de ces contes absurdes dont il est si prodigue ; et la merveilleuse crédulité du naturaliste contraste ici avec la saine appréciation et le bon sens du médecin. Selon Pline, les Psylles, ainsi nommés de leur roi Psyllus, habitaient l'Afrique. La nature avait armé leurs corps d'un virus mortel pour les serpents ; l'odeur seule était pour ceux-ci un narcotique puissant. Ils avaient coutume d'exposer les enfants nouveau-nés aux serpents les plus cruels, pour éprouver la fidélité des femmes, persuadés que ces reptiles ne fuyaient pas ceux qui provenaient d'un adultère. En Italie, les Marses, ajoute-t-il gravement, ont reçu de la nature le même privilège, et le doivent, dit-on, ainsi que leur origine, au fils de Circé. — *Zoologie de Pline*, traduct. Ajasson de Grandsagne, liv. VII, p. 13.

Les Ophiogènes, les Psylles et autres jongleurs de cette espèce, dit George Cuvier, existent encore dans tous les pays où il y a des serpents venimeux. Quelques-uns de ces hommes rendent de vrais services en suçant les plaies faites par ces reptiles ; d'autres promettent plus qu'ils ne peuvent tenir ; tous, pour en faire accroire au peuple, ont coutume de porter avec eux des serpents auxquels ils ont arraché les dents, et disent que c'est par un pouvoir occulte qu'ils n'ont rien à craindre. En Égypte surtout ils ont conservé toutes les pratiques mentionnées par les anciens, par exemple celle de cracher dans la bouche des serpents ; ils savent particulièrement rendre le serpent immobile, en comprimant sa nuque. Ils lui donnent ainsi une sorte de paralysie ; ils le changent en bâton ; lui rendant ensuite ses mouvements, ils changent le bâton en serpent, comme cela est dit dans la *Genèse* des magiciens de Pharaon. (G. Cuvier, *Notes sur la Zoologie de Pline*, liv. VII, p. 166.)

(8) P. 153. *Mordu par un céraste, un dipsas, un hæmorrhois.*

1° Le *céraste* ou *vipère cornue* (*coluber cerastes* L.), dont les anciens ont souvent parlé, se reconnaît à la petite corne placée sur chaque sourcil. On la trouve dans les sables brûlants de l'Égypte et de la Syrie.

2° Le *dipsas* (*coluber dipsas* L.), sorte de vipère dont la morsure passait pour causer une soif mortelle, δίψα, soif.

Le dipsas est rangé parmi les serpents venimeux, sans crochets mobiles, et se distingue à peine des couleuvres. Comme les serpents non venimeux, les *dipsas* et les *cerbères* qui se trouvent en Amérique et en Afrique ont la bouche garnie en dessus de quatre rangées de dents, sans qu'on leur voie, à la place qu'occupent d'ordinaire les crochets, rien de nature à indiquer l'existence d'un appareil venimeux. Chez eux, en effet, le canal excréteur de la glande du venin vient aboutir à une des dernières dents maxillaires, un peu plus grosse que les autres et creusée d'un simple sillon. (Milne Edwards, p. 673.)

3° L'*hæmorrhois* (*coluber* Redi?). C'est peut-être encore une espèce de vipère. « Les anciens, dit M. Rayer (t. II, p. 529), parlent d'hémorragies universelles, non-seulement par toutes les grandes ouvertures du corps, mais encore par tous les pores de la peau, et qu'ils attribuaient à la morsure du serpent *hæmorrhois*. »

Lucain fait même une peinture effrayante de ces accidents (*Pharsal.*, lib. IX, v. 810); mais plusieurs naturalistes doutent de l'existence de l'hæmorrhois.

(9) P. 153. *Contre la morsure du chersydre.* Dans la deuxième édition, Targa remplace, on ne sait trop pourquoi, *chersydri* par chelydri, et cite à l'appui Lucain (lib. IX, *Phars.*), qui distingue, en effet, l'un de l'autre; mais de quel animal entend-il parler? est-ce le *coluber lutrix*, *vel chersea* L.? et, par conséquent, un reptile très-voisin des premiers? Pline parle du chersydre comme d'un serpent amphibie.

Quant à l'aspic dont il est question même page (sect. 4), son venin est très-actif; et Galien rapporte qu'à Alexandrie on se servait de la morsure de ce serpent pour abréger le supplice des criminels condamnés à mort. C'est incontestablement l'*aspic de Cléopâtre*. Les anciens Égyptiens l'avaient pris pour l'emblème de la divinité protectrice du monde, et l'ont sculpté sur leurs monuments, des deux côtés d'un globe. L'habitude qu'il a de se redresser quand on en approche, leur avait fait croire qu'il gardait les champs où il se trouvait. (Milne Edwards, p. 674.)

(10) P. 153. *Si la piqûre a été faite par un phalangien.* On nomme *phalangium*, dit Pline (lib. XI, p. 59) une araignée venimeuse, dont le corps est bigarré, court, effilé, et qui marche en sautant.

Dalechamps avait cru reconnaître dans le phalangium le *lycore* ou *araignée-loup*, si célèbre sous le nom de tarentule par les fables dont on a chargé son histoire; mais des commentateurs plus récents ont prouvé, par le témoignage même de Pline, que cela ne pouvait être, puisqu'il dit que le phalangium est inconnu à l'Italie. Qui ne sait, au contraire, que l'araignée nommée *tarentule* n'a reçu ce nom que parce qu'elle est commune aux environs de Tarente? (Voy. *Dict. des. Sc. méd.*, t. LIV.)

(11) P. 156. *Le mauvais état du foie et de la rate.* [et in jecore autem, hoc nascitur.] Targa suspecte à bon droit ce membre de phrase, par la raison que Celse, qui traite *ex professo* des maladies du foie et de la rate (lib. II, cap. VIII et IX), ne dit nullement que l'affection cancéreuse, assurément la plus grave de toutes, prenne naissance dans ces viscères. Quelque commentateur a cru, selon lui, pouvoir ajouter ces mots au texte, sur l'autorité de Galien, qui pensait que le cancer provenait de l'atrabile, et par conséquent du foie et de la rate. C'est aussi dans ce sens que j'ai traduit, et comme s'il y avait *ex jecore, aut splene*, leçon adoptée par Van der Linden. Il faut pourtant noter avec Targa que le mot *splen* ne se trouve pas dans Celse, mais bien celui de *lien*, qu'il emploie constamment. (Voy. Targa, 2ᵉ éd., p. 174).

(12) P. 156. *Et prend l'aspect du thymion.* C'est-à-dire, l'aspect d'une espèce de verrue végétante appelée *thymion*, dont il sera question à la sect. 14 de ce même chapitre.

(13) P. 157. *Que les Grecs appellent* θηρίωμα. Hippocrate fait mention d'herpès *rongeants* (ἕρπητες ἐσθιόμενοι) et d'ulcères *rongeants* (θηρία). Celse les a rapprochés et réunis dans sa description du *thérioma*, où l'on trouve indiqués les principaux caractères du lupus. Voy. Rayer, *Malad. de la peau*, 2ᵉ éd., p. 214.

(14) P. 157. *Le feu sacré.* Celse en décrit deux espèces, et l'*herpes zoster* ou *zona* est évidemment indiqué dans la première. D'après Batemann, l'*ignis sacer* de la seconde espèce pourrait se rapporter à l'herpès *circinnatus*; mais, comme le fait observer M. Rayer, le passage de Celse n'est pas susceptible d'une interprétation rigoureuse, et peut-être y retrouverait-on plutôt une variété de psoriasis palmaire (dartre squammeuse centrifuge, Alibert).

On traduit encore tous les jours *ignis sacer* par *érysipèle*; et il faut dire que, par le même défaut de précision, le zona lui-même a été regardé et décrit comme une espèce d'érysipèle.

(15) P. 158. *L'emplâtre d'Hiéra.* Il n'y a pas d'emplâtre de ce nom parmi ceux que Celse a décrits, chap. XIX de ce livre. On trouve seulement (chap. XX, même livre), la composition d'Héra, qui n'est qu'une préparation sèche et sans excipient. Aussi, d'après Constantin, il faudrait lire *emplastrum Hecatæi*. Voy. chap. XIX, sect. 16.

(16) P. 160. *Les remèdes indiqués plus haut.* C'est-à-dire, ceux qui sont indiqués sect. 16 et 19, chap. XVIII de ce livre, contre toute espèce de grosseur ou de tubercules.

(17) Même page. *On donne le nom de phyma.* Chez les Grecs, φύμα est pour ainsi dire le nom général des tumeurs. Dans Celse, il sert à caractériser une tumeur qui diffère du furoncle et du *panis*. Selon M. Rayer, la description du φύμα se rapporte beaucoup mieux à l'anthrax furonculeux que celle qu'il donne du charbon. (Voy. chap. XXVIII, p. 155.) Il pense même que c'est la pustule maligne qui se trouve décrite sous le nom de charbon; et cette opinion est également consignée dans le Nouveau Dict. de médecine.

« Dépourvus de notions précises sur la contagion des maladies, dit M. Rochoux (art. *Pust. maligne*), les anciens ont dû nécessairement confondre le charbon inoculé, ou la pustule maligne, avec le charbon spontané ou symptomatique: c'est du moins ce qui est arrivé à Celse. La courte description qu'il donne du charbon, le traitement qu'il conseille, conviennent bien plus à la pustule maligne qu'au charbon lui-même. »

Relativement au charbon, je ne nierai point la confusion dont on parle. Mais quant au φύμα, pour y retrouver l'anthrax furonculeux, il faut, ce me semble, en appeler à son imagination; car les traits les plus essentiels manquent au rapprochement. Celse dit que le phyma est plus gros que le furoncle, mais qu'il offre moins de douleur et d'inflammation; ce qui n'est certes pas vrai de l'anthrax: on n'y trouve pas non plus de bourbillon comme dans le furoncle, et ce mal, ajoute-t-il, est *plus fréquent dans l'enfance, et plus facile à guérir; plus rare chez les jeunes gens, il est aussi plus opiniâtre; à un âge plus avancé, on ne l'observe jamais.*

Si nous ouvrons maintenant le Dictionnaire de médecine à l'article *Anthrax, furonculeux*, nous y voyons précisément le contraire, c'est-à-dire que *les enfants et les femmes jeunes sont plus rarement affectés de cette maladie que les adultes et les vieillards*. (*Nouv. Dict. de médec.*, t. III.) En tenant compte de tous ces caractères négatifs, il me paraîtrait, je l'avoue, plus naturel d'essayer un rapprochement entre le phyma et les abcès froids, si communs dans l'enfance.

(18) P. 160. *La tumeur appelée* φύγεθλον, *en latin panus* ou plutôt *panis*. Voici ce qu'en dit le Lexicon de Blancard : Est species bubonis, sub axillis, faucibus, auribus et inguinibus, in partibus scilicet glandulosis. Sumitur etiam pro *phygethlo*, et est furunculus erysipelaceus, diffusus, cutaneas glandulas obsidens, difficile suppurans, calore deurente et mordaci stipatus.

(19) P. 161. *Et l'on y mêle avec succès.* Pour remplir la lacune qui existe à cet endroit, Van der Linden introduit dans le texte cette note marginale, qu'on trouve dans l'édition de Constantin : *Ex aqua cocta, cui et olerum aliquid recte miscetur.* Mais pourquoi, dit Targa, ne pas indiquer plutôt le suif, la graisse ou la résine, qui tous excitent la suppuration, comme on le voit chap. III de ce livre V.

(20) P. 164. *Il est un autre ulcère appelé* κηρίον en grec, et en latin *favus*. Ces deux mots exprimaient également la *cellule*, le *rayon*, le *gâteau* où les abeilles déposent leur miel, et, d'après une certaine analogie de forme qui nous frappe encore aujourd'hui, ils servirent à désigner les pustules qui caractérisent l'une des deux formes du porrigo.

(21) P. 164-165. *Les Grecs appellent* ἀκροχορδῶν.
Les descriptions des verrues laissées par les anciens ne sont pas exemptes d'obscurité. L'*acrochordon* paraît correspondre aux verrues pédiculées, les *myrmecia* aux verrues *sessiles* vulgaires, et les *thymi* aux verrues *végétantes*. Rayer, t. III, p. 638.

(22) P. 166. *Epinyctis*. Il vaux mieux, je crois, ranger simplement cette éruption au nombre des maladies disparues, ainsi que l'a fait M. Rayer (t. III, p. 911), que de tenter une assimilation impossible entre la forme pustuleuse, que Celse a soin de signaler comme la plus grave, et l'urticaire, qu'il a d'abord distinguée lui-même, puisqu'il dit un peu plus haut que quelquefois toute la surface du corps, et d'autres fois une partie seulement, est couverte d'élevures analogues à celles qui résultent de la piqûre des orties; et il ajoute : « On les nomme en grec *exanthèmes*, et tantôt elles sont rouges, tantôt elles conservent la couleur de la peau. »

(23) P. 166. *La gale*. M. Rayer, qui a fait avec beaucoup de soin l'histoire des travaux dont chaque maladie cutanée avait été l'objet, n'admet pas que le mot ψώρα, synonyme du mot *scabies* des Latins, puisse être en même temps synonyme du mot *gale*, attendu qu'il désigne diverses affections squameuses de la peau, et non pas celle qui nous occupe : il nie donc que les Grecs aient parlé de cette dernière; et quant au passage de Celse, il le rapporte au *lichen confluent et excorié*, notamment parce qu'il n'y est pas parlé de contagion. Enfin, M. Rayer assigne à la gale le quatorzième siècle pour première date de son apparition dans la pathologie; et c'est dans Guy de Chauliac qu'il la voit signalée pour la première fois d'une manière non équivoque; car cet auteur décrit la *scabie*, et dit la *scabie* contagieuse.

M. Dezeimeris, dont nous venons de citer les paroles, affirme, au contraire, et prouve, selon nous, d'une manière évidente, que l'histoire de la gale remonte bien au delà de Guy de Chauliac; que cette affection fut connue des Arabes, qu'elle fut connue des Romains, qu'elle fut connue des Grecs, et que non-seulement elle ne leur échappa point, mais même qu'ils n'ignorèrent ni son caractère contagieux, ni l'efficacité particulière du soufre dans son traitement. (*Nouv. Dic. de méd.*, GALE, *Histoire et Bibliograph.*)

(24) P. 167. *Que j'ai recommandées pour les animaux.* C'est-à-dire, dans le Traité de l'Agriculture, qui n'est pas venu jusqu'à nous. Il n'est pas sans intérêt toutefois d'avoir sur l'existence de cet ouvrage le témoignage personnel de l'auteur. Ce passage nous donne aussi la preuve que les anciens n'ignoraient pas que la *scabies* existe chez les animaux aussi bien que chez l'homme, et s'y guérit par le même remède. C'est encore un argument en faveur de l'ancienneté de la gale; et M. Dezeimeris n'a pas oublié de s'en servir.

(25) P. 167. *Quatre espèces d'impétigo*. Chez les Latins le mot *impétigo* servait à désigner presque toutes les maladies de la peau, l'eczéma comme le psoriasis. (*Compend. de méd. prat.*, t. V, p. 160.)

D'après M. Rayer, il est, en effet, très-difficile d'assigner des noms à ces diverses espèces. Celse a compris sous le nom d'*impétigo*, non-seulement l'éruption pustuleuse que nous appelons ainsi, mais encore deux affections squameuses (lèpre, psoriasis, 2ᵉ espèce).

Videtur impetiginem vocare Celsus, quam Græci λέπραν appellant. (Targa, lib. V, 28, 17, note 4.)

(26) P. 168. Ἀλφός. La tache blanche, décrite sous ce nom, a été rapportée par M. Rayer au *psoriasis guttata*.

Je joins à cette note quelques mots sur les papules ou dartres dont il est question, même page, sect. 18. En étudiant avec soin ce passage, on peut y retrouver les caractères de divers lichens, entre autres du lichen circonscrit (*in orbem procedit*) et du lichen agrius, *altera est quam* ἀγρίαν, *id est feram*, Græci appellant.

LIVRE VI.

(1) P. 169. *Le porrigo*. Les anciens caractérisaient le genre *porrigo* par des ulcères qui pénétraient le cuir chevelu, et le détruisaient; d'autres le regardaient comme constitué par des affections crustacées : les modernes sont arrivés à observer que le plus souvent ces ulcères étaient précédés de pustules. (Casenave et Schedel, *Malad. de la peau*, p. 253; Paris, 1833).

(2) Même page. Σύκωσις. Celse, Aétius et Paul d'Égine ont indiqué deux variétés de sycosis, dont une correspond évidemment à l'éruption que nous connaissons sous le même nom. Pline a fait une peinture vive et animée de cette maladie, qu'il nomme *mentagra*. (Rayer, p. 661.)

Le sycosis, signalé par Celse et par Paul d'Égine, correspond au moins comme synonyme au *lichen des Grecs*, à la *mentagra* de Pline : c'est la même chose que la *dartre pustuleuse mentagre*, que le *varus mentagra* d'Alibert. (*Nouv. Dict. de médec.*, t. XXIX, p. 84.)

(3) P. 170. *Area*. Ce mot désigne en général une surface, une étendue, une aire, et spécialement un espace de terrain absolument vide, infertile, sur lequel rien ne croît. C'est probablement en raison de cette analogie que Celse a compris sous le nom d'*area* l'alopécie et l'ophiase, caractérisées l'une et l'autre par la chute des poils; en sorte que la surface dépilée offre l'aspect d'un sol aride, et incapable de produire. (*Dict. des Sc. méd.*)

(4) P. 178. *Qu'Evelpide appelait* χειρῶνα. J'ai suivi le texte de la 2ᵉ édit. Targa, qui remplace *phynona* par χειρῶνα. *Phynona* ne donne aucun sens, et le mot grec rappelle au moins le centaure Chiron, à qui la Fable attribue tant de connaissances en médecine.

D'après la même autorité, j'ai séparé le mot *lenitum* en

deux. La 1re édit. porte *sed ante lenitum hoc inungendum est*; et la 2e, *sed ante leni, tum hoc inungendum*; ce qui veut dire qu'avant d'employer ce collyre d'Évelpide, composé de substances excitantes, on doit faire usage d'un autre collyre adoucissant.

(5) P. 179. *Xérophthalmie.* Voici, relativement à l'ophthalmie sèche des anciens, l'opinion de M. le docteur Sichel, telle qu'elle résulte d'une note communiquée par lui à M. Littré (*Hippocr.*, t. IV, p. 418).

Suivant ce médecin, on doit voir dans la xérophthalmie cette conjonctivite palpébro-oculaire si fréquente, désignée sous le nom d'ophthalmie catarrhale. Une sensation de roideur et de sécheresse accompagne cette ophthalmie, surtout à son premier degré, où il n'y a presque pas de sécrétion. Cette sensation devient plus forte pendant les exaspérations qui ont lieu vers le soir. (Voy. Sichel, *Traité de l'ophthalmie*, p. 197 et suiv.) L'ophthalmie *humide*, au contraire, lui paraît présenter les symptômes de la sclérotite ou sclérite, qui, le plus souvent, est de nature rhumatismale. (Sichel, ouvr. cité, p. 54-254 et suiv.)

L'auteur latin semble avoir compris sous le même nom deux variétés d'une même affection :

Ex descriptione ξηροφθαλμίας et σκληροφθαλμίας, quæ est apud Aetium, apparet Celsum utrumque vitium conjunxisse (Targa, p. 34, note 12, 1re éd.)

(6) P. 183. *Strigile.* On appelait ainsi un instrument de fer, de cuivre, d'argent, d'ivoire ou de corne, qui, chez les anciens, servait, au bain comme au gymnase, à enlever de la surface du corps la poussière ou les matières grasses. Notre verbe *étriller*, dérivé de *strigilis*, indique assez le mode d'action du strigile, dont nous donnons ici deux figures : l'une, n° 1, est tirée de Mercurialis, et l'autre, n° 2, a été dessinée d'après un strigile grec qui se trouve à la Bibliothèque royale :

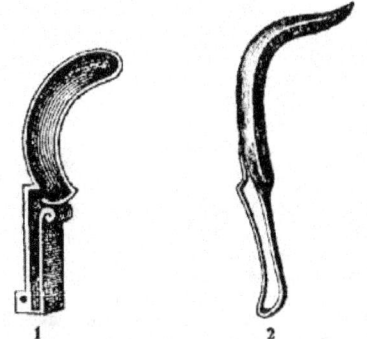

(7) P. 189. *Pastinaca*, τρυγών. Raie dite venimeuse.
Les *pastenagues* ont la tête enveloppée par les nageoires pectorales comme les raies ordinaires, et ont la forme d'un disque en général très-obtus ; mais elles se distinguent de ce dernier genre par leur queue, armée d'un aiguillon dentelé en scie des deux côtés. (Milne Edwards, *Zoolog.*, p. 760.)

(8) P. 197. *Le testicule éprouve une perte de substance.* Je me suis conformé au texte de la 1re édit. ; mais, dans la 2e, Targa remplace *aliquid desit* par *aliquid hæsit*, ce qui donnerait un tout autre sens. Morgagni s'abstient de prononcer sur la difficulté ; et en effet, livres et manuscrits présentent à ce sujet des variantes sans nombre.

(9) Même page. *Le condylome.* « Celse, en traitant des maladies des parties génitales, parle d'abord de l'inflammation simple du prépuce et du gland, du phymosis et du paraphymosis ordinaires, des ulcérations simples qui succè-

dent à ces affections, et qui cèdent facilement aux topiques usuels; puis des petits tubercules (φύματα, peut-être des verrues), qui viennent à la base du gland et qu'il faut brûler avec des médicaments ou avec le fer rouge ; enfin du cancer de la verge. Il s'occupe ensuite de l'inflammation spontanée ou traumatique du testicule, des rhagades ou fissures de l'anus, des tubercules inflammatoires ou condylomes de la même région, auxquels on oppose des topiques émollients ou résolutifs, cathérétiques même au besoin ; enfin des hémorroïdes.... Or, dans tout cela on ne trouve rien qui puisse faire soupçonner l'existence du virus syphilitique, mais bien des maladies locales, et dues aussi le plus souvent à des causes locales non virulentes. Il est donc naturel de conclure, avec Astruc et de la Mettrie, que tous ces maux prétendus *vénériens* dont les anciens ont fait mention étaient des affections *non syphilitiques*, affections qui se présentent encore tous les jours à notre observation, qui peuvent, il est vrai, donner lieu parfois à des erreurs de diagnostic, mais qui, aujourd'hui comme autrefois, cèdent toujours à des remèdes vulgaires, ordinairement inefficaces dans le traitement de la syphilis proprement dite. » (Gibert, *Manuel des malad. vénér.*, introduct., p. 12-13 ; Paris, 1836.

J'ai cité volontiers ce passage, parce qu'il m'a paru résumer nettement l'opinion de ceux qui prétendent que la syphilis n'existait pas avant le quinzième siècle ; et j'avoue même que j'inclinais fortement vers cette opinion, lorsque de nouveaux doutes sont venus suspendre mon jugement.

En effet, je dois à l'amitié de M. Littré la communication de manuscrits du treizième siècle, où toutes les affections des parties génitales signalées par les anciens, et même les accidents que nous regardons comme secondaires, sont formellement rapportés au coït impur. Et cela deux siècles avant l'époque qu'on veut assigner à l'invasion de la maladie vénérienne.

LIVRE VII.

(1) P. 206. *La forme de la lettre grecque...* V. On trouve comme variantes Ψ et V. Targa préfère Λ dans sa 1re éd., et propose Υ dans la seconde.

(2) Ibid. *Cyathisque de Dioclès.* Cet instrument n'est représenté nulle part ; mais la figure que j'en donne ici me paraît répondre à la description de l'auteur romain.

(3) P. 217. *Rougit d'avoir les oreilles percées.* C'est qu'à ce signe, en effet, les Romains pouvaient reconnaître

un étranger ou un affranchi. Les hommes seuls toutefois étaient exposés à se trahir ainsi, puisque les dames romaines portaient également des pendants d'oreilles. Aussi faut-il laisser dans le texte les mots *in viro puta*, retranchés à tort par Van der Linden.

(4) P. 218. *Puis, à partir des angles internes*. Ce passage est vraiment obscur, et l'opération presque inintelligible sans le secours d'une figure. J'ai emprunté celle-ci à un commentaire du docteur Édouard Zeis, de Dresde, qui s'est précisément proposé d'éclaircir les difficultés du texte en cet endroit. Il me paraît impossible, après une lecture attentive, non-seulement de repousser son explication, mais de se faire même une autre idée du procédé chirurgical décrit par Celse.

La note dont je me suis aidé se trouve dans *Zeitschrift für die gesammte Medicin*, t. XVIII, p. 83, Hambourg.

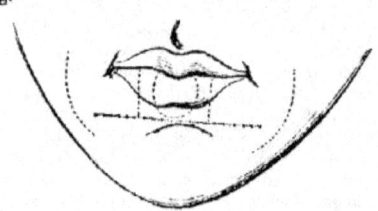

(5) Ibid. *Dans ces diverses parties*. Van der Linden et Constantin ont retranché les mots *si quid aut medio naso*, parce qu'ils leur ont paru sans doute exprimer la même chose que *aut mediis naribus*, dont ils sont immédiatement suivis. Targa les maintient, par la raison qu'ils existent dans tous les manuscrits qu'il a consultés. Tout en respectant le texte de Targa, je me suis rangé à l'opinion des deux premiers commentateurs, et ne me suis pas cru obligé de traduire des mots qui font double emploi. Ma traduction suppose qu'il y a *imis naribus* au lieu de *mediis*.

(6) P. 224. *Soit seule voisine des intestins*. Le sens de ce passage est bien clairement indiqué par la leçon de Constantin, que Van der Linden a fait passer dans le texte, et que j'ai suivie pour la traduction :

Ut ab intestinis ea pars semper acuum longe sit, quæ acuta; propinqua, quæ retusa est.

(7) P. 229. *Dont la ligature est devenue nécessaire*. J'ai adopté la correction faite par Targa, 2ᵉ édit. : il remplace *hæ* par *venæ*. Par conséquent la ligature s'applique aux veines et non aux tuniques, et ce sens est confirmé par les mots qui suivent : *Sicut in aliis quoque venis quæ id requisiverint.*

(8) P. 232. *Lorsqu'on a fait rentrer l'épiploon*. — Le texte porte bien *relictum*; mais j'ai cru devoir traduire comme s'il y avait *reductum*. Cette leçon, adoptée par Constantin, Almeloveen, Van der Linden, etc., est conforme au précepte de l'auteur, qui conseille de réduire l'épiploon si la hernie est petite. Ce sens m'a paru d'autant plus naturel, que Celse dit, immédiatement après, ce qu'il convient de faire si la hernie, trop considérable pour être réduite, est tombée en mortification.

(9) P. 235. *Au côté droit du malade*. La note se rapporte aux mots [*eo modo quo in curatione ani figuratur*], que je n'ai pas traduits. Ces mots, ainsi que l'a déjà fait remarquer Morgagni, n'appartiennent pas au texte, et ne peuvent qu'y jeter la confusion; car il est bien évident que les opérations à faire sur l'anus exigent une position absolument contraire à celle que doivent prendre les malades qu'on veut sonder; et, de plus, Celse ne décrit nulle part la position que nécessiteraient les maladies du siége.

(10) P. 236. *Une incision semi-lunaire*. J'ai suivi pour ce passage le texte de la 2ᵉ éd. Targa; voici celui de la 1ʳᵉ : *cum jam eo venit, incidi super vesicæ cervicem*. Targa, souscrivant à l'observation de Morgagni, a fait disparaître les trois derniers mots *super vesicæ cervicem*, comme d'autant moins nécessaires que Celse dit immédiatement après qu'il faut (la pierre étant engagée dans le col) inciser les téguments *usque ad vesicæ cervicem*.

Quant à l'incision semi-lunaire, je suis très-résolument de l'opinion de ceux qui veulent que les extrémités en soient tournées vers les aines, attendu que je ne vois aucun moyen de rendre *coxas* par *ischions*. Ce n'est là toutefois qu'un scrupule de traducteur; car, au fond, il me paraît presque indifférent que les angles du croissant regardent un peu (*paulum*), soit les ischions, soit les aines, puisque le mode d'extraction est toujours le même.

Ce qu'on a peine à comprendre, c'est que tant d'auteurs, après avoir signalé Celse comme le premier écrivain de l'antiquité qui nous ait parlé de la taille, aient pu s'accorder également à lui attribuer une méthode qui n'est pas la sienne. En d'autres termes, on s'est obstiné à lire, dans un auteur latin du premier siècle, le procédé chirurgical d'un auteur grec du septième. (Voyez Freind, sur Paul d'Égine.)

Je m'explique : la taille *latérale*, décrite encore de nos jours dans presque tous les traités de chirurgie sous le nom de *méthode de Celse*, ne se trouve pas dans Celse.

On ne sait où Sprengel a pris que Celse recommande d'inciser sur le côté gauche du raphé, parce que l'anus, dans l'intérieur duquel on a introduit le doigt, se trouve un peu plus à gauche (*Hist. de la médec.*, t. VII, p. 212). Il suffit pourtant d'avoir le texte sous les yeux pour se convaincre qu'il n'y a pas un seul mot dont on puisse conclure que l'incision doit être faite à droite ou à gauche. C'est bien positivement en travers qu'il a prescrit de faire la seconde incision pour ouvrir le col : *altera transversa plaga facienda est, qua cervix aperiatur.*

Paul d'Égine, au contraire, en opposition avec Celse, veut que l'incision soit pratiquée non pas en travers au milieu du périnée, mais bien sur le côté gauche, vers la fesse (Voy. Paul d'Égine, p. 60, vi.)

« D'après les descriptions données par Celse et Paul d'Égine, dit M. Raige-Delorme, on voit que deux procédés de taille avaient eu cours dans l'antiquité : la méthode transversale ou bilatérale, et la méthode latérale. Mais on méconnut longtemps le procédé de Celse, et on le confondit avec la dernière; au point que celle qui est décrite chez les modernes sous la dénomination de *petit appareil* porta son nom (*methodus celsiana*). Ce n'est pas que divers auteurs ne se soient inscrits contre cette vicieuse interprétation. Déjà Davier en 1734 (thèse *de Cochu*), Heister, Macquart, Portal, Deschamps, Bromfield (*Chir. cases and observ.*, t. II), Chaussier, Morland (*Propositions sur divers objets de médecine*, thèse; Paris, an XIII, in-4°), avaient remarqué que l'incision semi-lunaire qu'indique Celse ne pouvait être que transversale, et devait s'étendre aux deux côtés du raphé. On n'en continuait pas moins de regarder le petit appareil comme étant toute la méthode de Celse. Ce n'est presque que dans ces dernières années, depuis la discussion et les essais de P. A. Béclard (*Proposit. sur quelques points de médec.*, thèse; Paris, 1813, in-4°. Voy. aussi la dissertation de M. Turck, *De l'incision par Celse dans l'opération de la taille chez les hommes*, thèse; Strasbourg, 1818, in-4°], et surtout depuis l'introduction de la taille bilatérale dans la pratique chirurgicale par Dupuytren, que l'on a reconnu définitivement le caractère de la méthode décrite par Celse. » *Nouv. Dict. de méd.*, t. XXIX, art. *Taille* (historique).

(11) Ibid. *Que les Grecs nomment, dans cette région*,

χορυάδα (1ʳᵉ éd.), ῥυάδα (2ᵉ éd.). Targa signale encore beaucoup d'autres variantes ; mais, dans tous les cas, il s'agit évidemment d'une fistule urinaire.

(12) P. 238. *Un tranchant de forme demi-circulaire.* Si l'on veut bien lire le texte avec quelque attention, on arrivera, je crois, à se représenter l'instrument imaginé par Mégès, tel que je l'ai figuré ici.

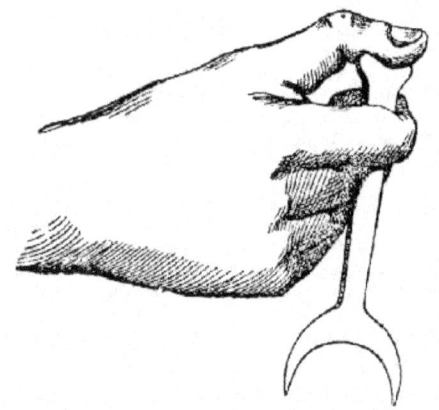

(13) P. 243. *La structure de la matrice.* Toutes les éditions portent *sed ante omnia vulvæ*, etc.; j'ai dû retrancher, sur l'autorité de Morgagni, dont Targa adopte aussi l'opinion, les deux mots *ante omnia*, qui sont visiblement déplacés, et ne peuvent rien ajouter au sens. Ils se retrouvent d'ailleurs à leur place au commencement de la phrase suivante; d'où il suit que cette inutile répétition accuse seulement la négligence des copistes.

(14) P. 245. *Des onctions sur les hanches.* Il y avait dans le texte *cervices*, que j'ai remplacé comme Targa (2ᵉ éd.) par *coxendices*, suivant la leçon de Van der Linden. A quoi peuvent servir, en effet, des onctions sur le cou pour des hémorroïdes? Cependant il faut dire que le mot *coxendices* ne se trouve pas ailleurs dans Celse, et sans doute il avait écrit *coxæ*; il est à présumer qu'un commentateur aura préféré *cervices*, persuadé que *coxæ* et *femina* n'exprimaient qu'une seule et même chose.

LIVRE VIII.

(1) P. 248. *Au-dessous des muscles qui maintiennent les tempes*, qui *tempora connectunt*. Van der Linden croit, avec quelque raison, qu'il faut lire *contegunt*. Morgagni remplace *connectunt* par *continent*, d'après un passage semblable qui se trouve dans le c. IV du même livre: *inter musculos qui tempora continent.* Targa a suivi cette leçon dans sa 2ᵉ éd.

Ces changements, au surplus, n'ajoutent rien à la clarté du texte; et ce n'est pas sans aide à la lettre qu'on arrive à retrouver le *sphénoïde* dans *l'os du milieu.*

La même observation, il est vrai, s'applique d'une manière générale à toute l'anatomie de l'auteur latin; et souvent, malgré le secours des notions modernes, la lumière fait défaut.

(2) Ibid. *Pour fournir au-dessus d'elle.* Ce passage a beaucoup occupé les commentateurs. Ce n'est pourtant qu'une erreur de plus en anatomie, erreur manifestement tirée d'Hippocrate (Voy. *Traité des articulations*, éd. Littré, t. IV, p. 141). Il est certain que, chez l'homme, l'apophyse coronoïde du maxillaire inférieur ne dépasse pas l'arcade zygomatique; mais cette disposition existe réellement chez les singes, qui servaient presque exclusivement aux dissections des anciens. (Voy. à ce sujet la 7ᵉ lettre de Morgagni à Targa, 1ʳᵉ et 2ᵉ éd.)

(3) P. 249. *Excepté les trois premières.* Exceptis tribus summis. Ces trois mots, d'après Morgagni, n'appartiennent pas à Celse, ou du moins il a dû les disposer autrement; car, dit-il, si les trois premières vertèbres n'offrent pas de dépressions à la partie supérieure, et si elles n'ont pas d'apophyses articulaires en bas, comment peut-il dire, à la phrase qui suit, que la première vertèbre a des dépressions pour recevoir les apophyses de la tête; et comment ajoute-t-il un peu plus loin que la troisième vertèbre est pourvue d'éminences qui viennent se placer dans la vertèbre au-dessous? *Jamque vertebra tertia, tubercula, quæ inferiori inserantur, exigit.*

(4) Ibid. *De se porter en haut et en bas.* Quod fit, ut caput sursum deorsum versum tuberibus exasperetur. Morgagni suspecte les deux derniers mots; et, d'après lui, j'ai traduit comme si la phrase était ainsi construite : quo fit, ut caput sursum deorsum vertatur, *aut* verti possit.

(5) Ibid. *S'articule ensuite avec la seconde.* Tertia codem modo secundam excipit. Il est encore impossible de concilier ce passage avec l'anatomie, puisque évidemment la troisième vertèbre ne s'articule pas avec la seconde (*axis*) de la même manière, *eodem modo*, que celle-ci s'articule avec la première (*atlas*). Morgagni croit donc le texte altéré. Targa pense de même, et conjecture seulement que le mot *excipit* n'a peut-être pas ici la signification de *recipit*, mais se trouve là, comme ailleurs, pour *sequitur*.

(6) P. 253. *Arrivée au même degré.* [Atque idem quoque in carie, ad alteram partem ossis penetrante, fieri potest.] Selon Morgagni, cette phrase ne fait que répéter ce qui vient d'être dit sur la noirceur, et devrait, par conséquent, être supprimée. Constantin veut, au contraire, qu'on la maintienne, et fait porter seulement la suppression sur ces quatre mots [*est aut si caries*], qui sont contenus dans la phrase précédente. C'est la leçon que j'ai suivie, parce qu'en effet Celse traite séparément de la noirceur et de la carie; il donne les caractères des deux affections, et ne les confond pas. (Voyez un peu plus haut : *Ubi caries, nigritiesve in summo osse est*).

(7) P. 259. *Les plaisirs de Vénus.* Targa, dans sa 2ᵉ éd., corrige *ventus* par *venus*, suivant la leçon qu'il proposait déjà dans la première, et qui offre, en effet, un sens plus naturel, puisque c'est surtout dans les fractures du crâne que les plaisirs vénériens sont à craindre.

(8) P. 266. *Entre les cuisses du malade.* Tout ce passage a tellement souffert depuis le commencement de la phrase : deinde ab occipitio... jusqu'à la fin : leniter humerus extendatur, qu'il n'y a pas un mot, pour ainsi dire, qui n'ait été l'objet de plusieurs variantes. Il y a même cette circonstance aggravante, que chaque variante donne un sens différent. Pour n'en citer qu'un exemple, au lieu de *baculum*, Morgagni trouve *brachium* dans un manuscrit; et cette leçon lui paraît d'autant plus importante, qu'elle existe également dans la *Chirurgie* de Vésale, lib. II, cap. VIII, où ce passage de Celse est reproduit.

C'est donc entre un *bâton* et l'*avant-bras* que les commentateurs ont à choisir. Quant à moi, je m'explique mal, je l'avoue, comment un bâton placé entre les cuisses du malade, et tenu d'une seule main par un aide, pourrait faciliter l'extension du bras fracturé.

(9) Ibid. *La position qu'il doit garder.* Autre altération du texte. Il est évident, dit Targa, qu'il manque quelque chose après les mots *sic inclinandum est;* car le texte doit indiquer la position du membre, et donner les

raisons de cette position. La lacune est indiquée par trois astérisques dans la 2e édit.

(10) P. 268. *Au traitement des blessures.* J'aurais pu, sur l'autorité de Targa, me dispenser de traduire les mots [cetera eadem], qui, selon toute apparence, ont été transposés par inadvertance de copiste. On les retrouve, en effet, un peu plus loin, à la place qu'ils doivent avoir.

(11) Ibid. *Envahir par la gangrène.* J'ai suivi pour ce passage le texte de la 2e édit. On lit dans la première : *Deligandaque fasciis sunt aliquanto quam vulnus, latioribus ; laxius scilicet, quam si ea playa non esset.* Au lieu de *latioribus*, Targa rétablit *laxioribus*, et retranche les mots *quam vulnus* et *laxius scilicet*, qui lui paraissent avoir été ajoutés au texte par suite d'une fausse interprétation. Ces suppressions rendent, en effet, le sens plus clair et plus précis ; et la recommandation de ne pas trop serrer les bandes reçoit aussitôt son explication. Déjà l'auteur, liv. v, cap. xxvi, sect. 24, à l'occasion du pansement des blessures, a dit formellement *que ce qui est trop serré est exposé à la gangrène* ; il avertit maintenant que ce danger est encore plus à craindre, quand la fracture est compliquée de plaie.

(12) Ibid. *De les produire soi-même ou de les agrandir.* Cette partie du texte est tellement altérée dans tous les manuscrits consultés par Targa, qu'il est impossible de saisir la pensée de l'auteur. Le désordre est, pour ainsi dire, égal dans les éditions imprimées. Au milieu de tant de variantes, la nécessité d'avoir un sens plausible m'a fait adopter celle de Constantin, et j'ai traduit comme s'il y avait : *Cum tam misera antea conditio vulneris sit, tamen id interdum majus latiusque facies.* Voy. Targa, p. 518, note 55, 1re édit.

(13) P. 270. *Se sépare de l'acromion :* Ab humero recedit. Constantin pense qu'il s'agit ici de l'acromion. On ne peut guère douter, en effet, que Celse n'ait eu en vue un passage du Traité des articulations, § 13, où Hippocrate parle de l'arrachement de l'acromion. Qu'entend-il par là ? Ambroise Paré veut que cela s'applique à la luxation de l'extrémité acromiale de la clavicule. C'est aussi l'opinion de Morgagni, qui propose de remplacer *humero* par *jugulo* ; car, dit-il, la clavicule s'articule avec l'acromion comme le tibia avec le péroné, ou, si vous l'aimez mieux, comme le radius avec le cubitus ; et il n'en est pas ainsi de l'humérus et de l'omoplate.

« Les signes que donne Hippocrate, dit M. Littré, sont que l'os arraché fait saillie, que le moignon de l'épaule est bas et creux, et que cette luxation simule une luxation de l'humérus. Ces signes sont ceux de la luxation acromiale de la clavicule. »

C'est le cas de rappeler aussi que, dans l'antiquité, quelques anatomistes faisaient de l'acromion un petit os distinct de l'omoplate. M. Littré cite à ce sujet Eudème, qui paraît avoir été contemporain d'Hérophile, Rufus, Galien et Paul d'Égine. Non-seulement ce dernier admet ce petit os, mais encore, après avoir décrit la luxation acromiale de la clavicule, il décrit, à part, la luxation de cet acromion. (Voy. *Œuvr. compl. d'Hippoc.*, trad. Littré, t. IV, p. 13).

(14) Ibid. *Dans les fractures des os mobiles :* In ossibus mobilibus læsis ; ces mots étaient suivis de ceux-ci : aliquid ubi incidit, protinus is locus..., qui appartiennent précisément à la phrase précédente. En les conservant, le sens devenait absolument inintelligible.

Targa les a de même retranchés dans la 2e édit.

(15) P. 272. *Car ce que dit Hippocrate.* Au procédé de réduction par le talon, Hippocrate en joignait un autre, dont la figure suivante donnera facilement l'idée.

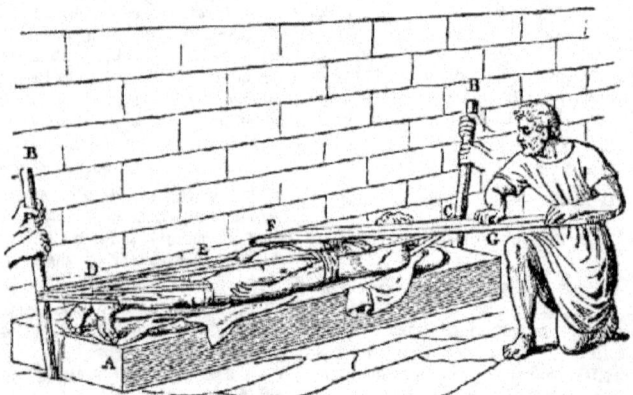

A. Madrier sur lequel se pratiquent l'extension et la contre-extension.

BB. Bois en forme de pilon, avec lesquels on pratique l'extension et la contre-extension.

C. Liens passés autour de la poitrine et sous les aisselles, et attachés au pilon.

D. Liens passés au-dessus des genoux et des talons, et attachés au pilon.

E. Liens passés autour des lombes, et attachés au pilon.

F. Entaille pratiquée dans la muraille, un peu au-dessous du niveau de l'échine ; un des bouts de la planche y est engagé.

G. Planche avec laquelle on exerce la compression sur le lieu de la luxation. (*Hipp.*, t. IV, p. 203, édit. Littré.)

(16) P. 273. *Pousse l'avant-bras contre la poitrine.* Le texte a prodigieusement souffert en cet endroit de l'ignorance des copistes, et l'on ne pourrait en tirer aucun sens plausible, sans les corrections faites par Targa dans sa 2e édit. ; corrections que j'ai dû suivre, parce que le texte ainsi restitué offrait un procédé de réduction facile à comprendre, et beaucoup moins éloigné de celui d'Hippocrate. (Voy. *Traité des articul.*, t. IV, § 2, p. 83, édit. Littré. Voyez aussi Targa, p. 527, note 16 et 17, 1re édit. ; et p. 472, note 4, 2e éd.)

(17) P. 273. *Dans sa cavité naturelle.* Cette figure fera comprendre la réduction par l'échelle ou par l'ambe.

rotation exagéré, on peut, comme le dit Celse, arriver à produire la rupture des ligaments et des muscles.

A est la pièce de bois garnie d'un rebord saillant a une de ses extrémités, et destinée à être mise sous le bras luxé. Voy. la description faite par Celse, p. 273, entre la note 16 et 17. (*Hipp.*, t. IV, p. 91, édit. Littré.)

(18) P. 276. *La rupture des ligaments et des muscles.* Cette planche représente le banc d'Hippocrate, ainsi que les moyens employés chez les anciens pour pratiquer l'extension et la contre-extension; moyens tellement puissants, qu'en donnant aux deux treuils un mouvement de

A. Planchette suffisamment longue, mise sous le membre luxé.
B. Traverse de bois placée entre les supports.
CC. Supports.
D. Membre luxé étendu sur la planchette, et passé par-dessus la traverse.
EE. Extension et contre-extension.

(*Hipp.*, t. IV, p. 301, édit. Littré).

Ces trois dernières planches, empruntées à la chirurgie d'Hippocrate, existaient déjà dans Vidus Vidius et dans l'*Armamentarium chirurgicum* de Scultet; mais, par les heureuses corrections qu'il leur a fait subir, M. Littré les a rendues beaucoup plus exactes, et par suite beaucoup plus faciles à comprendre. Mon choix ne pouvait donc être douteux; et c'est à l'obligeance de son éditeur, M. J. B. Baillère, que je dois d'avoir pu les reproduire ici.

Explication des signes abréviatifs employés pour indiquer les doses des médicaments.

Le P, qui n'est précédé ou suivi d'aucune marque, désigne une livre. Quand une marque le précède ou le suit, il signifie simplement *pondo*; ce qui veut dire *de poids* ou *pesant*. Le signe X indique le denier d'argent ou le drachme; et comme il est souvent représenté sur les monnaies ou dans les manuscrits par une figure qui ressemble un peu à l'astérisque de la typographie, plusieurs éditeurs, pour simplifier, ont remplacé le X par cette astérisque. Le trait unique — désigne une once; les deux traits =, deux onces, et les doubles traits, = = quatre onces. Quant aux figures Z, ⚹ et ⚹, il paraît certain qu'elles désignaient également deux onces, et que cette diversité de signes, pour exprimer une même quantité, est uniquement due à l'habitude ou à la fantaisie des différents copistes.

Il résulte du beau travail de M. Letronne (*Considéra-*

tions générales sur l'évaluation des monnaies grecques et romaines, in-4°; Paris, 1817, p. 8, 9, 126 *et passim*), que la livre romaine contenait environ 6,160 grains, ou 10 onces 5 gros 40 grains, ou 327 grammes 18; que le denier d'argent ou drachme pesait 73,^{397} grains; et le scrupule 21,^{375} grains. Il est assez remarquable que notre gros médicinal ou drachme, ainsi que notre scrupule, soient encore aujourd'hui, à peu de chose près, du même poids qu'au siècle d'Auguste. On trouve aussi mentionnées dans Celse quelques mesures de capacité, qui sont l'hémine, l'acétabule, le sextarius ou setier, et le cyathus ou verrée. La première contenait 60 drachmes, et la seconde en contenait 15. Le sextarius équivalait à deux hémines, et le cyathus à deux onces. (*Voy.* Celse, édit. Delalain, 1821, préface, VII, VIII et IX.)

VITRUVE.

NOTICE SUR VITRUVE.

VITRUVE (Marcus Vitruvius Pollio). Les auteurs qui ont écrit sa vie n'ont pu le faire qu'en rassemblant quelques notions éparses dans ses écrits. On ne trouve aucune mention de lui chez les anciens écrivains, si ce n'est dans Pline, qui le cite parmi les auteurs dont il s'est servi ; et dans Frontin, qui le nomme comme étant réputé l'auteur du *module quinaire* dans les aqueducs. On ne saurait non plus rien affirmer sur le lieu de sa naissance. Quoiqu'il ait été employé dans les bâtiments de l'empire, et qu'on ne puisse douter qu'il ait écrit son Traité d'architecture à Rome, on ne trouve dans tout le contenu de ce livre aucun indice qu'il ait été Romain. Le marquis de Maffei, plein de zèle pour Vérone, sa patrie, s'est efforcé d'en faire aussi celle de Vitruve. Mais l'arc antique sur lequel on voit écrit, dans cette ville, le nom d'un *Vitruvius Cerdo*, prouve bien, si l'on veut, qu'un architecte de ce nom fut chargé, à Vérone, de le construire, mais non pas que cet architecte y soit né. Quant à l'analogie forcée entre le surnom de *Cerdo* et celui de *Pollio*, changé tout exprès contre celui de Pollio, le tout a été suffisamment réfuté par Philander et Barbaro. De ce que, dans un passage, Vitruve a cité avec les villes d'Athènes, d'Alexandrie et de Rome, la ville de Plaisance, quelques-uns ont voulu inférer que cette dernière lui aurait donné le jour ; mais la supposition est tout à fait gratuite. On pourrait tout au plus admettre qu'il y serait allé construire des horloges, à l'occasion desquelles il fait mention de Plaisance, ville de guerre, où il aurait encore pu être employé aux fortifications. L'opinion la plus probable sur le lieu de sa naissance est en faveur de Formies, ville de la Campanie, aujourd'hui *Mola di Gaeta*. C'est ce qu'a reconnu le marquis Poleni, et c'est ce que rendent très-vraisemblable les nombreuses inscriptions antiques découvertes à diverses époques dans les ruines de Formies, où il est question de la famille *Vitruvia* ; toutes inscriptions sépulcrales qui désignent divers personnages de cette famille, morts dans le pays, et qui ne peuvent être applicables à des édifices construits par quelqu'un de ce nom. Quant à l'âge où vécut l'architecte Vitruve, il ne peut y avoir aucun doute que ce fut sous le règne d'Auguste, et au commencement de ce règne ; et l'on ne saurait adopter l'opinion de ceux qui lui ont donné pour époque le règne de Titus (1).

Il suffit de remarquer que dans son ouvrage il ne fait aucune mention des grands et magnifiques monuments dont Rome ne fut embellie que depuis Auguste. Ainsi, il ne parle que d'un seul théâtre en pierre ; d'où l'on est en droit de conclure qu'il vécut précisément alors que Rome n'en comptait qu'un de cette sorte, savoir, celui de Pompée (1). Or, il le désigne d'une manière très-expresse, en parlant des portiques appelés *Pompeiani*, qui étaient vraisemblablement placés derrière ce théâtre. Ajoutons que, dans la dédicace de son ouvrage, il fait clairement entendre qu'Auguste est l'empereur auquel il adressa ses dix livres. On a observé encore de quelle manière différente il cite soit Accius et Ennius, soit Lucrèce, Cicéron et Varron, c'est-à-dire, les deux premiers comme déjà morts depuis quelque temps, les trois autres comme ayant été connus de lui. Or, nous savons qu'Ennius naquit 239 ans avant l'ère chrétienne, Accius 171 ans, Varron 116 ans, Cicéron 107, et Lucrèce 54. Aussi voyons-nous que les éditeurs de Vitruve, à compter des premiers qui ont mis au jour son Traité d'architecture, se sont tous unanimement accordés à l'intituler *M. Vitruvii Pollionis de architectura lib. X, ad Cæsarem Augustum*. Il écrivit son ouvrage étant déjà dans un âge avancé, et il le présenta à l'empereur quelque temps après que celui-ci eut pris le surnom d'Auguste ; ce qui arriva l'an 27 avant notre ère (2) ; or, nous voyons, dans la description que fait Vitruve de la basilique de Fano, qu'il est déjà question d'un temple élevé à Auguste.

Vitruve ne fut certainement pas ce qu'on appelle vulgairement un homme de fortune. Il dut être né de parents aisés ; car il est évident qu'il en reçut une excellente éducation, et qu'il avait fait de très-bonnes études. C'est ce qu'il nous apprend lui-même dans la préface de son sixième livre. Nous trouvons dans celle du troisième sur sa personne d'autres renseignements, desquels on conclut qu'il était d'une petite taille, et qu'il mourut dans un âge fort avancé : *Mihi staturam non tribuit natura ; faciem deformavit ætas ; valetudo detraxit vires*. Qu'il

---

(1) Autre preuve : Vitruve dit dans sa préface qu'il a été recommandé à Auguste par sa sœur ; or, Titus n'avait pas de sœur ; car Suétone dit expressément (*in Vesp.*, c. 3) que Vespasien survécut à sa fille unique. Cette question, au reste, a été parfaitement éclaircie et résolue dans le sens de cet article par M. le marquis Galiani et par M. Hirt, professeur à Berlin, dans un savant mémoire sur le Panthéon. (*Note de M. Quroxoir.*)

(1) Cet argument est décisif : on sait qu'à Rome les deux premiers théâtres de pierre construits après celui de Pompée, ceux de Marcellus et de Balbus, ne furent achevés que l'an 741 de R., l'an 13 avant J. C. Vitruve n'aurait pas manqué d'en faire mention, si des édifices d'une telle importance eussent été bâtis lorsqu'il écrivait son ouvrage. D-r-r. — (2) Cette date répond à l'an 727 de R. M. Hirt place douze ou treize ans plus tard la composition de l'ouvrage de Vitruve, c'est-à-dire, de l'an 738 à l'an 741. Voici ses deux motifs : 1º Vitruve (liv. V, ch. 1) parle d'un temple qui fut construit en l'honneur d'Octave, auquel ce prince ne prit ce nom que l'an 727 ; 2º le même écrivain fait mention (l. III, c. 1) d'un temple de Quirinus, construit à Rome, et qui fut du genre *diptère* ; or, Dion Cassius dit que ce temple de Quirinus, entouré de soixante-seize colonnes, nombre requis pour former ce qu'on appelle un temple diptère, ne fut consacré qu'en 738. D-r-r.

ait réuni, comme cela se pratiquait dans l'antiquité, comme cela eut lieu de même dans les temps modernes, les connaissances propres à tous les genres de son art, surtout à l'architecture militaire et à l'architecture civile, c'est ce qu'il nous montre par ses théories; c'est encore ce que les faits rapportés dans son ouvrage confirment (1). Ainsi nous voyons, par la description qu'il nous en a laissée, que le monument de la basilique de Fano fut son ouvrage; et, dans la préface de son livre Ier, il nous apprend que, de concert avec M. Aurelius Publius Numidius et Lucius Cornelius, il fut employé à la construction des machines de guerre. Vitruve s'est plaint, dans plus d'un endroit de son livre, qu'on avait rendu peu de justice à son mérite. Mais qui est-ce, en quelque carrière que ce soit, qui n'a pas porté plainte plus ou moins contre les arrêts, soit de la fortune, soit de la justice de ses contemporains? Si, par les brigues de ses rivaux, il ne fut donné à Vitruve d'élever aucun autre monument que celui de la basilique de Fano, nous voyons toutefois qu'il était parvenu à un degré d'estime et de considération qui lui valut de l'empereur une pension viagère (2), soit pour le récompenser de ses services, soit en reconnaissance de la dédicace de son ouvrage.

On doit reconnaître que Vitruve fut un homme fort instruit; et il faut lui faire encore un mérite de la modestie avec laquelle il avoue qu'on ne doit le considérer ni comme philosophe, ni comme rhétoricien, ni comme grammairien (liv. I, c. 1), mais se contenter de voir en lui un architecte simplement versé, pour l'usage de son art, dans ces diverses sciences : *sed ut architectus his litteris imbutus*. Comme écrivain, il peut être soumis à deux critiques différentes, celle des mots et celle de la manière de les employer, ou, si l'on veut, du style : quant à la première, il est juste de reconnaître qu'une multitude d'obscurités qu'on lui reproche ont dû provenir du genre même de la matière, qui comporte un grand nombre de termes techniques qu'on ne retrouve chez aucun autre auteur, et qui dès lors restent sans explication. Ajoutons que Vi-

truve se trouva dans la nécessité d'emprunter aux Grecs beaucoup de mots qui, par le manque d'écrivains latins sur l'architecture, ne s'étaient pas encore naturalisés à Rome, et peut-être ne le furent jamais. Pour ce qui regarde la manière d'écrire, ou le style, bien qu'on doive mettre Vitruve dans le petit nombre des écrivains latins de ce siècle qui fut appelé le siècle d'or, il se peut qu'il doive faire autorité sur tout ce qui tend à constater l'état de la langue sous Auguste; mais on y chercherait vainement ce qui constitue l'esprit d'une langue élaborée par l'art et par le goût. Si nous en jugeons par la comparaison des écrivains modernes qui, en diverses langues, nous ont laissé des traités d'architecture, nous serons fondés à croire que, quelle que puisse être la supériorité de l'architecte latin dans l'ensemble et les détails de son plan, dans la justesse des observations et des préceptes, il ne faut lui demander en de telles matières, ni aucune de ces qualités qui forment l'élégance de la diction, ni d'autre talent que celui qui convient au genre purement didactique. C'est la clarté qui en fait le mérite; et malheureusement c'est ce que l'on pourrait contester à Vitruve, si, après dix-huit siècles, il était permis d'élever une telle contestation. Comme c'est dans certaines particularités, et par quelques détails relatifs à sa personne, que Vitruve nous a fourni les seuls renseignements dont son histoire se compose, c'est aussi de tout ce qu'il n'a pas dit qu'on peut tirer quelques conjectures tendantes à faire apprécier, soit la nature, soit l'étendue de ses connaissances historiques en architecture. Ainsi toutes les pages de son traité prouvent qu'il s'était procuré des notions sur les grands monuments de l'architecture grecque. Mais ces notions, il est possible qu'il les ait dues uniquement aux dessins qui avaient cours partout, aux écrits mêmes des grands architectes qui l'avaient précédé. Effectivement nous tenons de lui la note de tous ceux qui ont fait des descriptions de monuments ou des traités sur leur art. Mais il n'y a dans ses dix livres (1) aucun passage d'où l'on puisse inférer qu'il ait vu lui-même ces monuments, ni qu'il soit sorti de l'Italie (2). Ce qui le confirmerait, c'est qu'en aucun endroit, et surtout à l'article où il traite de l'ordre dorique, il ne donne à connaître qu'il ait eu en vue le mode dorique de tous les temples grecs, mode si différent de celui dont il prescrit les règles, soit pour la forme, soit pour la proportion, soit pour

---

(1) Vitruve exige dans l'architecture de nombreuses connaissances, auxquelles son ouvrage prouve qu'il n'était pas étranger. Aussi a-t-on dit de lui qu'il possédait l'*encyclopédie*, c'est-à-dire la connaissance des sept arts libéraux. Le dessin, la géométrie, l'arithmétique, l'optique, la philosophie, la musique, la médecine, la jurisprudence et l'astronomie entrent dans l'énumération des études qu'il prescrit. La raison qu'il donne de l'application à son art de chacune de ces connaissances n'est pas dictée par une vaine préoccupation, et se renferme dans des limites raisonnables. A l'optique, il emprunte seulement la science des effets de lumière; à la musique, les effets d'acoustique; à la médecine, la connaissance des lieux sains ou insalubres; à la jurisprudence, celle des lois concernant les murs mitoyens, les égouts des toits, etc.; enfin, l'astronomie n'entre guère dans son plan que pour l'usage de la confection des cadrans solaires. Quant à l'histoire, elle doit fournir à l'architecte l'idée des ornements qu'il emploie; et, sous ce rapport, il faut convenir que l'ouvrage de Vitruve nous fournit un assez grand nombre de particularités qu'on chercherait vainement ailleurs. Enfin, il veut que la philosophie donne à l'architecte une âme grande et hardie sans arrogance, et qu'elle lui apprenne à être équitable, fidèle, et surtout exempt d'avarice. D-r-r. — (2) Cette pension viagère, ou plutôt des gratifications régulières, lui avaient été accordées par Jules César, auprès duquel, comme le dit Vitruve lui-même, ses services *l'avaient mis autrefois en quelque considération*. Il dut à la protection d'Octavie, sœur d'Auguste, la continuation de ces gratifications sous le prince. C'est ce qu'il dit en propres termes dans la préface de son livre Ier. D-r-r.

(1) Sur ces dix livres, les sept premiers sont consacrés à l'architecture proprement dite. Le 1er traite de cet art en général, des qualités nécessaires à l'architecte, du choix des lieux pour bâtir une ville, etc.; le 2e, des matériaux propres à la bâtisse, de l'extraction des pierres, de la coupe des bois de construction; le 3e, des temples, des quatre ordres d'architecture en général, et particulièrement de l'ionique; le 4e, de l'ordre dorique, du corinthien et du toscan; le 5e, des édifices publics; le 6e, des maisons de ville et de campagne; le 7e, des ornements et de la décoration des édifices particuliers. Le 8e livre est consacré à l'hydraulique; le 9e, à la gnomonique, etc. Vitruve s'y montre pour l'astronomie, ce qu'il appelle l'*astrologie*, à la hauteur des connaissances de son temps. Enfin le 10e livre a pour objet la mécanique, appliquée tant à l'architecture qu'à l'usage des machines de guerre. D-r-r. — (2) Ayant servi longtemps sous Jules César, Vitruve avait vu la Gaule, l'Espagne, et sans doute la Grèce : mais il n'est pas probable que, nous un chef aussi actif, il ait eu beaucoup de temps à donner à des études de monuments. D'ailleurs ses occupations comme officier supérieur du génie devaient lui laisser bien peu de loisir. D-r-r.

les détails du chapiteau de la frise et du fronton. Il paraît que Vitruve se sera borné à présenter les règles de l'architecture d'après l'état de cet art à Rome et de son temps, d'après les modifications qu'il y avait subies, d'après les exemples qu'il avait sous les yeux, et en se conformant aux pratiques établies. Le seul ouvrage sur lequel il serait possible de prendre quelque idée de son talent propre en architecture serait la basilique de Fano, qu'il construisit, et dont il s'est plu à donner une description, si des paroles pouvaient peindre à l'esprit ce qui ne peut guère y arriver que par les yeux. Sa description toutefois nous fait concevoir, dans la composition de ce monument, quelque innovation dont on peut apprécier la valeur ou l'inconvénient. Ainsi l'on sait, et par Vitruve lui-même et par les restes de l'antiquité, que la basilique, dans son intérieur, devait se composer de trois nefs, et par conséquent de deux rangs de colonnes ; qu'au-dessus des colonnes inférieures régnait un ordre de colonnes plus petites, formant une galerie tout à l'entour. Vitruve jugea à propos de n'établir dans la sienne qu'un seul ordre de colonnes, au lieu de deux. Ces colonnes avaient cinquante pieds de hauteur ; mais, pour satisfaire à la donnée indispensable des galeries supérieures, il accola à ses colonnes, dans la face qui regardait les bas-côtés, des pilastres de vingt pieds de haut, larges de deux pieds et demi, et d'un demi-pied d'épaisseur, pour, avec de semblables piliers, sans doute correspondants et adossés aux murs latéraux, supporter les planchers des galeries dont on a parlé. Vitruve fait encore remarquer qu'il a couvert son intérieur en voûte ; ce qui donne à entendre qu'ordinairement ces intérieurs étaient plafonnés, comme il paraît probable que la coutume était d'y établir toutes les architraves en bois de charpente. Nous laisserons à juger du bon effet de ces innovations, dont l'auteur toutefois s'applaudit, et pour la beauté de l'aspect, et en considération encore de l'économie, qui paraît avoir inspiré ces dispositions.

Quoique le traité de Vitruve ne puisse pas nous dédommager de la perte des nombreux ouvrages des architectes grecs, on ne saurait nier qu'il ne soit encore d'une très-grande utilité pour l'artiste et pour celui qui, dans l'étude de l'antiquité, s'est accoutumé à voir, au delà des notions postérieures, les restes et les traditions de documents antérieurs, et à tirer de certains faits isolés des conséquences plus générales. C'est ainsi, pour en donner un exemple, que cette couverture de charpente en cintre qui s'élevait au-dessus de la grande nef de la basilique de Vitruve, peut faire conjecturer qu'on en usa de même dans plus d'une nef de temple, dont souvent l'intérieur ressemblait à celui de la basilique. Ce qui est fort à regretter, c'est que les dessins dont Vitruve avait accompagné ses dix livres se soient perdus. On ne saurait dire combien de difficultés et d'obscurités se seraient éclaircies à l'aide de ce langage, qui dit souvent par un seul trait, et avec la plus grande clarté, ce que tous les mots et toutes les tournures de phrases ne sauraient faire comprendre.

S'il est vrai qu'un auteur se peint ordinairement dans ses ouvrages, Vitruve nous donne de lui l'idée d'un homme fort modeste, éloigné de toute brigue, d'une probité sévère ; et ce qui doit encore le confirmer, c'est qu'il ne parvint que dans un âge fort avancé à recueillir quelque fruit de ses nombreux travaux.

Le premier exemplaire de Vitruve fut découvert dans la bibliothèque du mont Cassin. La première édition est de Venise, 1497, in-fol., sans commentaire et sans figures. La seconde est encore de Venise, avec figures et commentaire par Jocondé, 1511, in-fol., et dédiée au pape Jules II, réimprimée à Florence, 1513, in-fol., et 1522, in-8°. Jocondé est le premier qui ait commencé à donner l'intelligence de cet auteur obscur. Après lui, Guill. Philander donna un commentaire de Vitruve, Rome, 1544 et 1552, dédié au roi François Ier. Cette édition, réimprimée à Amsterdam, 1649, in-fol., Elzevir, avec les notes de quelques autres commentateurs, a été longtemps la plus estimée. On ne se souvient plus guère des travaux de Daniel Barbaro, qui furent cependant estimés de leur temps, de Cesariano, de Caporali et de Baldus, sur Vitruve. En 1553, Jean Martin, secrétaire du cardinal de Lenoncourt, et Jean Goujon, architecte des rois François Ier et Henri II, entreprirent de traduire et de commenter en français Vitruve ; mais leur travail n'eut aucun succès. Claude Perrault fut plus heureux : sa traduction de Vitruve, dédiée à Louis XIV, est encore fort estimée. La première édition parut en 1678, in-folio, sans texte, avec figures : quoique les épreuves de cette édition soient plus belles que dans celle de 1684, on accorde cependant la préférence à cette dernière, à cause des augmentations considérables qu'elle présente. Le même a publié un *Abrégé des dix livres d'architecture de Vitruve*, 1694, in-12. En Italie, la traduction de Vitruve par le marquis Galiani, avec commentaire, Naples, 1758, in-fol., est également fort estimée. Un des plus beaux monuments typographiques de l'Espagne est l'édition de Vitruve, qui a paru sous ce titre : *Los libros de architectura de M. Vitruvio Pollion, traducidos el latin y commentados — Por don Joseph Orlizy San. — De orden superior. — En Madrid, en la imprenta real*, 1787. On a de l'architecte Guillaume Newton un commentaire curieux de Vitruve, en anglais, suivi d'une description des machines de guerre employées par les anciens, avec texte ; Londres, 1771-1791, 2 vol. in-8°, fig. Newton prétend que Vitruve a vécu sous Titus. Il a été réfuté d'une manière victorieuse par M. Hirt, professeur à Berlin, dans le mémoire sur le *Panthéon*, déjà cité, et qui est inséré dans le premier volume du *Museum der alterthum's Wissenschaft* d'Aug. Wolf et Phil. Buttman ; Berlin, 1807, in-8°. On a imprimé avec luxe à Londres, en 1818, une traduction nouvelle en anglais de l'Architecture civile de Vitruve, par W. Wilkins. En 1801 et 1802, il avait paru à Berlin, en 2 vol. in-4°, une édition de Vitruve par M. de Rode ; mais l'édition de Schneider, publiée en 1808 à Leipsig, 3 vol. in-8°, passe avec raison pour être meilleure. Enfin la plus récente est celle de Stratico. Le plus beau manuscrit de Vitruve se trouve dans la bibliothèque de Franeker (1).

(1) Cette notice est empruntée à la Biographie universelle. On la doit au savant M. Quatremère de Quincy, si justement célèbre par d'excellents écrits sur les arts.

M. VITRUVE POLLION.
DE L'ARCHITECTURE.

PRÉFACE DE PERRAULT.

On peut dire que le destin de l'architecture a été pareil en France à celui qu'elle a eu autrefois parmi les Romains. Car de même que cette nation belliqueuse, qui dans ses commencements semblait n'avoir d'inclination que pour les armes et pour le grand art de gouverner les peuples, devint enfin sensible aux charmes de tous les autres arts, ainsi la France, qui durant tant de siècles n'a été possédée que de son humeur guerrière, a fait connaître en nos jours que les nobles inclinations de la guerre ne sont pas incompatibles avec les belles dispositions qui font réussir dans les sciences.

Pendant que les Français se sont persuadés que les vertus militaires étaient les seuls talents qu'ils pouvaient faire valoir, et que les autres peuples avaient les sciences en partage, il ne faut pas s'étonner si leurs esprits, quoique capables des plus excellentes productions, sont demeurés infertiles : ces peuples, accoutumés à vaincre, ont eu de la peine à s'appliquer à des choses dans lesquelles on leur a fait croire que les étrangers les devaient toujours surpasser.

Cette opinion s'est d'autant plus aisément insinuée dans leurs esprits, qu'ils sont naturellement enclins à présumer tout à l'avantage des étrangers, par ce principe d'humanité, d'hospitalité et de courtoisie qui les a fait autrefois appeler xénomanes, c'est-à-dire, admirateurs passionnés du mérite et des ouvrages des autres nations. Mais cette défiance de pouvoir réussir dans les beaux-arts n'a pas été la seule raison qui nous a jusqu'à présent empêchés de nous y adonner; le peu d'estime que l'on en a toujours fait en France en a détourné presque tout le monde; les courages même les moins relevés n'ont pu se résoudre à embrasser une profession si peu considérée; et ceux que la naissance ou une puissante inclination y avait engagés ont passé leur vie hors du commerce des honnêtes gens, dans l'obscurité où la honte de la bassesse de leur condition les a retenus.

Or ce n'est point seulement l'honneur qui nourrit les arts; la conversation avec les honnêtes gens est aussi une chose dont ils ne peuvent se passer : le sens exquis dont on a besoin pour régler les belles connaissances se forme rarement parmi le menu peuple; et il y a mille choses que l'on n'apprend point dans la condition d'un simple artisan ni même dans les écoles, qui néanmoins sont absolument nécessaires pour parvenir au dernier degré d'excellence où les beaux-arts peuvent atteindre.

Cette fierté que la nature a mise dans les esprits qui se sentent capables de quelque chose d'excellent, et qui leur fait dédaigner les emplois qui ne sont pas les plus estimés, passa autrefois à un tel excès parmi les Romains, que plusieurs d'entre eux aimèrent mieux se faire mourir que de travailler à des bâtiments dont la structure n'avait rien d'assez beau pour rendre leur nom recommandable : au lieu que quand la belle architecture commença à être honorée parmi eux, ils s'y employèrent avec tant d'ardeur, qu'en moins de quarante ans elle parvint à sa plus haute perfection.

Pour cela il ne fallut point aller chercher des maîtres en Grèce; il s'en trouva plusieurs à Rome, capables des plus grands desseins et des exécutions les plus hardies : un grand nombre de savants personnages, comme Fussitius, Varron, Septimius et Celsus, écrivirent plusieurs excellents volumes d'architecture. Les Grecs même se servirent en ce temps-là d'architectes romains; et lorsque le roi Antiochus fit achever le temple de Jupiter Olympien dans la ville d'Athènes, ce fut sur les desseins et sous la conduite de Cossutius, citoyen romain.

Enfin l'amour de l'architecture et la magnificence des bâtiments alla jusqu'à un tel excès, que la maison d'un particulier fut trouvée revenir à près de cinquante millions, et qu'un édile fit bâtir en moins d'un an un théâtre orné de trois cent soixante colonnes, dont celles d'en bas, qui étaient de marbre, avaient trente-huit pieds de haut, celles du milieu étaient de cristal et, celles du troisième ordre étaient de bronze doré. On dit que ce théâtre, qui pouvait contenir quatre-vingt mille personnes assises, était encore embelli par trois mille statues de bronze; et l'on ajoute que ce bâtiment si magnifique ne devait servir que six semaines.

Les historiens rapportent encore qu'un autre édile fit bâtir une fontaine, sur l'aqueduc de laquelle il y avait cent trente regards ou châteaux ; que cette fontaine était ornée de quatre cents colonnes de marbre et de trois cents figures de bronze ; que l'eau, qui jaillissait par sept cents jets, était reçue dans plus de cent bassins. Aussi remarque-t-on que parmi toutes les lois romaines, qui ont beaucoup de sévérité pour réprimer le luxe et la profusion, il n'y en a jamais eu qui aient prescrit et réglé la dépense des bâtiments ; tant cette nation généreuse avait de vénération pour tout ce qui sert à honorer la vertu, et qui en peut laisser des marques à la postérité.

La France n'a pas moins fait connaître que l'esprit et le courage peuvent être ensemble dans les grandes âmes, et qu'elles n'attendent que des occasions favorables pour se déterminer à faire paraître les différentes merveilles qu'elles peuvent produire.

Avant le règne de François Ier, la plupart des princes avaient si peu de goût pour les beaux-arts, que tout ce qui n'avait point de rapport à la guerre ne les pouvait toucher ; et il semblait que la chasse, les tournois et le jeu des échecs, qui sont les images de la guerre, étaient les seuls plaisirs dont ils fussent capables ; le bal même ne se faisait qu'au son du fifre et du tambour, et l'architecture ne donnait point d'autre forme à leurs palais que celle d'une forteresse : de sorte que les plus nobles artisans, dont le génie pouvait produire quelque chose de plus achevé et de plus poli, étaient d'excellents instruments qui demeuraient inutiles. Mais aussitôt que ce prince, qui a mérité le nom de premier père des arts et des sciences, témoigna l'amour qu'il avait pour les belles choses, on vit paraître comme en un instant dans toutes les professions d'excellents hommes que son royaume lui fournit, et qui n'eurent pas longtemps besoin du secours et des enseignements qu'ils reçurent des étrangers.

César, dans ses Commentaires, témoigne qu'il fut surpris de voir les grandes tours de bois et les autres machines de guerre que les Gaulois avaient fait construire à l'imitation de celles qui étaient dans son armée ; il admirait que des peuples qui n'avaient jamais employé dans la guerre qu'une valeur singulière, fussent devenus si habiles en si peu de temps dans les autres arts.

Lorsque le roi François Ier fit venir d'Italie Sébastien Serlio, l'un des plus grands architectes de son temps, à qui il donna la conduite des bâtiments de Fontainebleau, où ont été composés les excellents livres d'architecture que nous avons de lui, nos architectes (1) profitèrent si bien de ses instructions, que le roi ayant commandé de travailler au dessin du Louvre, qu'il entreprit de faire bâtir avec toute la beauté et la magnificence possible, le dessin d'un Français fut préféré à celui que Serlio avait fait. Ce dessin fut ensuite exécuté par les architectes du roi ; et la perfection se trouva en un si haut point dans ce premier essai de nos architectes français, que les étrangers même avouent que ce qui a été bâti de ce temps-là au Louvre est encore à présent le modèle le plus accompli que l'on puisse choisir pour la belle architecture.

Cette préférence si honorable à nos architectes releva tellement le courage de tous ceux de la nation qui se trouvèrent avoir quelque disposition pour l'architecture, et les porta à s'appliquer avec tant de soin à la recherche des secrets de cet art, qu'ils acquirent assez de suffisance par aller se faire admirer jusque dans Rome, où ils firent des ouvrages que les Italiens mêmes reconnaissent être des chefs-d'œuvre dignes de servir de règle aux plus savants (2).

Ce fut cette suffisance qui fit que le roi d'Espagne Philippe II se servit d'un architecte français (3) pour son grand bâtiment de l'Escurial, et qui fit que la reine Catherine de Médicis n'employa que des Français pour l'ordonnance et pour l'exécution du superbe édifice de son palais des Tuileries : car la connaissance profonde que cette princesse italienne avait des beaux-arts, et principalement de l'architecture, lui fit voir tant de capacité dans les deux architectes (4) qu'elle choisit, qu'elle crut n'en pouvoir pas trouver de plus habiles dans toute l'Italie.

A son exemple, la reine Marie de Médicis prit en France le grand architecte (5) qui ordonna son incomparable palais du Luxembourg, qui passe pour l'édifice le plus accompli de l'Europe.

Mais l'excellence de ces sortes d'ouvrages, qui eut d'abord quelque estime, n'ayant pas continué à recevoir en France les témoignages avantageux qu'elle a dans les autres pays, où les personnes de la plus haute qualité se font un honneur de la connaissance de ces belles choses, où l'on ne traite point d'artisans et de gens mécaniques ceux qui en font profession, mais où on leur donne la qualité de chevalier et de comte palatin (6), et enfin où l'on parle d'eux avec éloge, les mettant parmi les hommes illustres, il ne faut pas s'étonner si l'architecture, que la première faveur des rois du siècle passé avait

---

(1) L'abbé Cigany, Parisien ; Jean Goujon, Parisien, et M. Ponce. — (2) Vassary, dans sa préface. — (3) Louis de Foix, Parisien, au rapport de M. de Thou. — (4) Philibert de Lorme, Jean Bullant. — (5) Jacques de Brosse. — (6) Le Titien, Paul Jove.

commencé à élever en France, est retombée dans son premier abaissement.

Quand ceux qui pouvaient faire quelque chose de rare ont vu que le nom des grands hommes qui ont travaillé avec un si heureux succès n'était connu de personne, pendant que celui du moindre architecte d'Italie était consacré à l'éternité par les plus excellents écrivains de leur temps; quand ils ont considéré qu'on les avait cent fois importunés à Rome pour leur faire admirer des choses qui ne valaient pas celles que personne ne daignait regarder en France, et que les plus grands seigneurs, dont la plupart ne connaissent point d'autre magnificence que celle de leur dépense ordinaire et journalière, qui surpasse toujours leurs revenus, étaient bien éloignés d'entreprendre celle d'un édifice somptueux; enfin quand ils ont fait réflexion que les plus grands architectes, avec toute la noblesse de leur art, avaient bien de la peine à s'élever au-dessus des moindres artisans, ils ont mieux aimé prendre tout autre parti que d'embrasser une profession si peu capable de satisfaire la passion qu'ils avaient pour la gloire.

On ne peut pas, ce me semble, faire réflexion sur toutes ces choses sans avouer que si la France, à cause du peu de beaux édifices qu'elle a eus jusqu'à présent, donne sujet aux étrangers de dire qu'elle n'est pas le théâtre de l'architecture (1), cela ne doit pas être imputé à l'incapacité des architectes, mais au peu de soin que l'on a eu de reconnaître leur mérite. Aussi y a-t-il lieu d'espérer que ceux de notre nation qui s'appliquent maintenant à l'architecture, animés par le soin que le roi prend de faire fleurir les arts, ne manqueront pas de montrer qu'en cela même ils ne cèdent point aux autres peuples, et de faire connaître par leurs beaux ouvrages que le génie des Français les peut faire réussir dans tout ce qu'ils entreprennent, quand ils sont excités par la gloire qu'il y a de travailler pour celle d'un si grand monarque.

Et certainement S. M. ne pouvait témoigner davantage combien elle a d'estime pour toutes les belles choses, qu'en jetant les yeux sur cet art, qui comprend en soi la connaissance aussi bien que la direction de tous les autres, et en honorant l'architecture jusqu'au point de ne la pas juger indigne d'avoir une place entre les différents soins auxquels un grand roi s'emploie pour rendre son règne merveilleux, non-seulement par les grandes choses qu'il entreprend pour le bien et pour la gloire de son État, mais aussi par les ornements qui peuvent relever l'éclat des heureux succès qui suivent les hautes entreprises.

(1) Henri Wotton, liv. 1, Element architect.

Or, pour rendre à l'architecture son ancienne splendeur, il a fallu ôter les obstacles qui peuvent s'opposer à son avancement, dont les principaux sont que ceux qui jusqu'à présent ont embrassé cette profession ne pouvaient être instruits des préceptes de leur art, faute de les pouvoir puiser dans leur véritable source, à cause de l'obscurité de Vitruve, qui est le seul des anciens écrivains que nous ayons sur cette matière; et aussi parce qu'ils n'avaient pas les moyens et la commodité de s'exercer sur les exemples et sur les modèles que l'on trouve dans les restes des ouvrages les plus renommés, qui ont donné le fondement et l'autorité aux préceptes mêmes; la plupart de ces exemples et de ces modèles ne se voyant que dans les pays étrangers; et qu'enfin les ouvriers ne trouvaient rien qui leur pût donner le courage d'entreprendre cette étude si difficile, vu le peu de goût et d'estime qu'ils voyaient dans l'esprit des grands pour la magnificence des bâtiments.

Ces considérations ont fait que le roi a mis ordre à ce que tous ceux qui sont curieux de l'architecture ne manquassent point des secours nécessaires à leurs études, en établissant des académies non-seulement à Paris, où la plus grande partie des savants du royaume se viennent rendre, mais encore dans Rome, où les édifices anciens conservent les caractères les plus significatifs et les plus capables d'enseigner les préceptes de cet art. Outre cela, en attendant que les somptueux édifices que S. M. fait construire en France soient en état de servir eux-mêmes de modèle à la postérité, elle a envoyé dans l'Italie, dans l'Égypte, dans la Grèce, dans la Syrie, dans la Perse, et enfin par tous les lieux où il reste des marques de la capacité et de la hardiesse des anciens architectes, plusieurs personnes savantes et bien instruites, pour les remarques que l'on y peut faire; et elle a proposé des récompenses à tous ceux qui peuvent produire quelque chose d'excellent et de rare. Enfin, pour animer le courage de ceux à qui il ne manquait que cette seule disposition pour s'élever au plus haut degré où les arts puissent atteindre, elle a voulu donner les marques éclatantes de l'estime qu'elle fait des beaux-arts, en honorant les personnes qu'un génie extraordinaire, joint à une heureuse application, a rendues illustres.

Entre les différents soins que l'on a employés en faveur de l'architecture, la traduction de Vitruve n'a pas semblé peu importante : on a estimé que les préceptes de cet excellent auteur, que les critiques mettent au premier rang des grands esprits de l'antiquité, étaient absolument nécessaires pour conduire ceux qui désirent de se perfectionner dans cet art, en établissant, par la grande autorité que ses écrits ont toujours eue, les véritables règles du beau et du parfait dans les édifices; car la beauté n'ayant guère d'autre fondement que la fantaisie, qui fait que les choses plaisent selon qu'elles sont conformes à l'idée que chacun a de leur perfection, on a besoin de règles qui forment et qui rectifient cette idée; et il est certain que ces règles sont tellement nécessaires en toutes choses, que si la nature les refuse à quelques-unes, ainsi qu'elle a fait au langage, aux caractères de l'écriture, aux habits, et à tout ce qui dépend du hasard, de la volonté et de l'accoutumance, il faut que l'institution des hommes en fournisse, et que pour cela on convienne d'une certaine autorité qui tienne lieu de raison positive.

Or la grande autorité de Vitruve n'est pas seulement fondée sur la vénération que l'on a pour l'antiquité, ni sur toutes les autres raisons qui portent à estimer les choses par prévention. Il est vrai que la qualité d'architecte de Jules César et d'Auguste, et la réputation du siècle auquel il a vécu, où l'on croit que tout s'est trouvé dans la dernière perfection, doivent beaucoup faire présumer du mérite de son ouvrage; mais il faut avouer que la grande suffisance avec laquelle cet excellent homme traite une infinité de différentes choses, et le soin judicieux qu'il a employé à les choisir et à les recueillir d'un grand nombre d'auteurs dont les écrits sont perdus, font avec beaucoup de raison regarder ce livre par les doctes comme une pièce singulière et comme un trésor inestimable.

Mais par malheur ce trésor a toujours été caché sous une si grande obscurité de langage, et la difficulté des matières que ce livre traite l'a rendu si impénétrable, que plusieurs l'ont jugé tout à fait inutile aux architectes. En effet, la plupart des choses qu'il contient étant aussi peu entendues qu'elles le sont, avaient besoin d'une explication plus claire et plus exacte que n'est le texte qui nous reste: car l'auteur ne s'est pas tant efforcé de le rendre clair que succinct, dans la confiance où il était que les figures qu'il y avait ajoutées expliqueraient assez les choses, et suppléeraient suffisamment à ce qui pourrait manquer au langage.

Or ces figures ont été perdues par la négligence des premiers copistes, qui ne savaient pas dessiner, et qui d'ailleurs ne les ont pas vraisemblablement jugées tout à fait nécessaires, parce que la vue de ces figures les ayant instruits des choses mêmes dont il est parlé dans le texte, il leur a semblé assez intelligible; de même qu'il arrive toujours que l'on entend bien ce qui est dit, quoique obscurément, quand les choses sont claires d'elles-mêmes. Ainsi il a été presque impossible que ceux qui ensuite ont copié les exemplaires où il n'y avait point de figures n'aient fait beaucoup de fautes, écrivant des choses où ils ne comprenaient rien; et l'on ne doit pas aussi s'étonner que maintenant les plus éclairés à qui non-seulement les figures manquent, mais, s'il faut dire ainsi, le texte même, aient tant de peine à trouver un bon sens en quantité d'endroits, dans lesquels le changement ou la transposition d'un mot, ou seulement d'un point ou d'une virgule, a été capable de corrompre entièrement le discours, qui s'est trouvé d'autant plus sujet à une corruption irréparable, que sa matière y est plus disposée qu'aucune autre: car dans les traités de morale, ou dans les histoires, qui sont dans un genre de choses connues de tout le monde, et qui ont été traitées par un nombre infini d'autres auteurs, il est difficile que les copistes se méprennent; et si cela arrive par quelque raison extraordinaire, les fautes sont plus aisées à corriger.

C'est ce qui m'a fait souvent étonner du jugement que plusieurs font touchant l'obscurité des écrits de Vitruve, et touchant la difficulté qu'il y a de les traduire. Les uns, comme Léon-Baptiste Alberti et Serlio, croient que cet auteur a affecté l'obscurité à dessein et malicieusement, de peur que les architectes de son temps, pour qui il avait de la jalousie, ne profitassent de ses écrits; ce qui aurait été une grande bassesse à un homme qui fait profession de générosité, et qui la demande principalement dans l'architecte. Mais ce lui aurait encore été une plus grande simplicité de s'imaginer qu'il pourrait être obscur pour ceux qu'il haïssait, sans l'être pour ceux qu'il avait intention d'instruire: outre que l'amour que l'on a pour ses propres ouvrages ne porte jamais à une jalousie qui empêche de souhaiter que leur bonté ne soit connue, aimée, possédée de tout le monde. Ce qui fait que je ne puis être du sentiment de ceux qui tiennent qu'Héraclite, Épicure et Aristote ont été de cette humeur, et qu'ils n'ont pas voulu qu'on entendît leur physique. Car si les Égyptiens et les chimistes métalliques ont toujours caché leur philosophie, ç'a plutôt été la honte que la jalousie qui les y a obligés.

D'autres écrivains, comme Gualterus Rivius, qui a traduit et commenté Vitruve en allemand, et Henry Wotton, qui a écrit de l'architecture en anglais, ne se plaignent point de l'obscurité de Vitruve, mais seulement de la peine qu'ils ont à trouver dans leur langue des termes qui puissent exprimer ceux que Vitruve a employés; et d'autres, avec plus de raison, mettent toute la difficulté dans l'intelligence des mots barbares et des manières de parler qui sont particulières à cet auteur. Mais personne n'accuse le peu de connaissance que l'on a des choses dont il est parlé, sans laquelle il me semble que l'intelligence des termes n'aide pas beaucoup; par exemple, dans la description des portes des temples, quand on saurait ce que signifie *replum*, on n'entendrait guère mieux quelle est la structure de ces portes, tant que la chose sera en elle-même aussi obscure et aussi peu entendue qu'elle l'est. Et je ne puis croire que ce qui a arrêté tous les savants qui ont tâché de comprendre la catapulte soit l'incertitude où l'on est du mot *camillum*, et de quelques autres termes peu usités qui se trouvent dans sa description.

Il me semble donc que la difficulté qui se rencontre dans la traduction de Vitruve vient de ce qu'il n'est pas aisé de trouver en une même personne les différentes connaissances qui sont nécessaires pour y réussir : car l'intelligence parfaite de ce qu'on appelle les belles-lettres, et l'application assidue à la critique et à la recherche de la signification des termes, qu'il faut recueillir avec beaucoup de jugement dans un grand nombre d'auteurs de l'antiquité, se trouvent rarement jointes avec ce génie qui dans l'architecture, de même que dans tous les beaux-arts, est quelque chose de pareil à cet instinct différent que la nature seule donne à chaque animal, et qui les fait réussir dans certaines choses avec une facilité qui est déniée à ceux qui ne sont pas nés pour cela. Car enfin les esprits qui sont naturellement éclairés de cette belle lumière qui fait découvrir les qualités et les propriétés des choses, se soucient peu d'aller chercher avec un grand travail les noms que les temps et les peuples différents leur ont donnés; étant plus curieux d'apprendre les choses que les doctes ont sues, que les termes avec lesquels ils les ont expliquées.

Mais l'expérience ayant fait connaître que c'est vainement que l'on espère et que l'on attend si longtemps cet homme pourvu de toute la suffisance requise pour expliquer cet auteur, le besoin que nos architectes français ont de savoir les préceptes qui sont contenus dans cet excellent livre, en a fait entreprendre la traduction, telle qu'on l'a pu faire avec le secours des plus célèbres interprètes qui y ont travaillé depuis cent soixante ans, dont les principaux sont J. Jocundus, César Cisaranus, J. Baptista Caporali, Guillel Philander, Daniel. Barbaro et Bernardinus Baldus.

Il y a six vingt ans que deux hommes savants, l'un dans les belles-lettres, l'autre en architecture, savoir, J. Martin, secrétaire du cardinal de Lenoncourt, et J. Goujon, architecte des rois François I et Henri II, entreprirent ce même ouvrage, auquel ils s'appliquèrent conjointement et avec beaucoup de soin. Mais le peu de succès que leur travail a eu fait bien connaître que, pour venir à bout de cette entreprise, il faut que la connaissance des lettres et celle de l'architecture soient jointes en une même personne, et en un degré qui soit au-dessus du commun. En effet, César Cisaranus, qui avait quelque teinture des belles-lettres, comme il paraît par ses commentaires, et qui s'était aussi adonné à l'étude de l'architecture, étant l'un des disciples de Bramante, le premier architecte des modernes, n'a point réussi dans son ouvrage sur Vitruve, parce qu'il n'était que médiocrement pourvu de ces deux qualités; et Baldus dit qu'il n'est estimable que parce qu'il était laborieux.

Les versions de ces auteurs ne sont point lues par les architectes, à cause de leur obscurité, que l'on ne doit pas tant imputer au langage, qui est fort différent de celui qui est présentement en usage, qu'à l'impossibilité qu'il y a de faire entendre ce que l'on ne comprend pas bien soi-même.

Quoique pour les mêmes raisons on ait sujet de croire que cette nouvelle traduction ne produira un guère meilleur effet, et que le peu d'éclaircissement qu'elle peut avoir ajouté à celui que tant de grands personnages se sont déjà inutilement efforcés de donner à cet auteur soit peu considérable, en comparaison du grand nombre de difficultés qui restent à surmonter, on ne désespère pas néanmoins qu'il ne puisse être de quelque utilité, même à ceux qui savent la langue latine, et que plusieurs personnes qui pouvaient entendre tout ce qui est ici expliqué, s'ils s'y étaient appliqués comme on a fait, ne soient bien aises de n'être point obligés de s'en donner la peine.

A l'égard de ceux qui n'ont pas l'intelligence du latin, et des termes grecs dont cet ouvrage est rempli, et qui sont proprement les personnes pour lesquelles cette traduction est faite, ils trouveront dans la lecture de ce livre une facilité qui n'est point dans les autres traductions, où la plupart des interprètes ne se sont pas donné la peine d'expliquer les phrases ni les mots difficiles, mais les ont travestis et seulement, comme l'on dit, écorchés, expliquant, par exemple, *angulos jugumentare, jugumentare li anguli; trabes everganeæ, le trabi everganei; scapi cardinales, scapi cardinali*. D'autres ont mis dans le texte même l'interprétation ensuite des mots; ce qui est incommode, parce que l'on ne sait si ces sortes d'interprétations sont du texte, comme en effet il y en a quelquefois qui en sont, ou si c'est le traducteur qui les a ajoutées; comme quand on trouve ces mots, *doron Græci appellant palmum*, traduits en cette manière : *ce que les Grecs disent doron, c'est proprement ce que nous appelons un dour*. Car on a sujet de douter si c'est Vitruve qui dit que ce que les Grecs appellent *doron* est dit *dour* par les Latins, ou si c'est le traducteur qui ajoute que *doron* est ainsi appelé en français. C'est pourquoi on a mis ces sortes d'explications à la marge (1), dans laquelle on trouve aussi les mots grecs et latins qui ont pu être rendus par d'autres mots français dans le texte.

Mais on a été contraint de laisser quelquefois les mots latins et les grecs dans le texte, lorsqu'ils n'auraient pu être rendus en français que par de longues circonlocutions, qui sont importunes quand on a besoin d'un seul mot : par exemple on a laissé, *abies*, au lieu de mettre *une espèce de sapin qui a les pointes de ses pommes tournées vers le ciel*; *odeum*, au lieu d'*un petit théâtre qui était fait pour entendre les musiciens lorsqu'ils disputaient un prix*; *pnigeus*, au lieu de *cette partie de la machine hydraulique qui était faite comme une hotte de cheminée*. On a encore été obligé de laisser des mots dans le texte sans les traduire, lorsqu'il s'agit d'étymologie; par exemple, quand Vitruve dit que le mot *columna* vient de *columen*; on n'aurait pas pu dire que colonne est un mot qui vient de *poinçon*, qui est le mot français qui signifie *columen*.

Les mots du texte qui ont rapport avec ceux de la marge, soit qu'ils soient grecs, soit qu'ils soient latins ou français, sont d'un caractère italique, comme aussi tous les mots du texte que l'on a été obligé de laisser en grec ou en latin, ou qui ont rapport avec ceux de la marge, soit qu'ils soient grecs ou latins ou français; afin d'avertir et de faire entendre ou qu'ils ne sont pas français ou qu'ils ont rapport ensemble, et qu'ils s'expliquent les uns les autres; par exemple, quand il y a : L'ordonnance qui est appelée *taxis* par les Grecs; la disposition qui est ce qu'ils nomment *diathesis*; l'*eurythmie* ou *proportion*; la *bienséance*; et la distribution, qui en grec est appelée *œconomia*, etc. Les mots grecs *taxis*, *diathesis* et *œconomia*, qui ont dû être laissés en grec dans le texte, ont été écrits en italique pour faire connaître qu'ils ne sont pas français; *eurythmie*, *proportion* et *bienséance* sont aussi en italique, parce qu'ils ont rapport aux mots qui sont à la marge, savoir, à *proportion*, qui est l'explication d'*eurythmie*, à *symmetria* et à *decor*, dont proportion et bienséance sont l'explication. Mais si quelques mots écrits en italique, comme *taxis* et *diathesis*, n'ont point d'explication à la marge, c'est parce que l'explication en est dans le texte.

Il faut encore remarquer que les mots grecs ou latins qui sont expliqués dans le texte sont mis avec leur terminaison naturelle, parce qu'il n'aurait pas été à propos de dire : l'ordonnance que les Grecs appellent *taxe*, la disposition qui est ce qu'ils appellent *diathèse*: mais quand on a dû laisser le mot grec ou latin dans le texte, seulement par la raison que notre langue n'en a point d'autre, on a mis l'explication à la marge, et on lui a donné une terminaison française, à l'imitation de ce que l'usage a déjà établi en plusieurs autres mots grecs, comme en *physique*, *rhétorique*, *physionomie*. Mais on a estimé qu'on n'en devait user ainsi qu'aux mots à qui l'usage commun a fait cette grâce, tels que sont par exemple, *stybolata*, *echinus*, *astragalus*, *thorus*, *tympanum*, *acroterium*, *denticulus*, *mutulus*, etc., que les architectes expriment ordinairement par *stylobate*, *echine*, *astragale*, *thore*, *tympan*, *acrotère*, *denticule*, *mutule*, etc. Les autres, qui n'ont point encore ce privilége, ont été laissés avec les terminaisons grecque et latine, comme *gnomon*, *amussium*, *manucla*, *pnigeus*, *camillum*, *replum*, *cuccula*, etc., et l'on a cru que cela embarrasserait moins le discours que si l'on avait mis *gnome*, *camille*, *buccule*, parce que la terminaison étrangère faisant connaître d'abord que les mots ne sont point français, l'esprit ne se met point inutilement en peine de les entendre; comme il arrive quand une terminaison familière, faisant soupçonner qu'ils sont français, augmente le chagrin que l'on a de ne les pas entendre. Mais, sans chercher de meilleure raison pour autoriser l'usage, qui s'en passe bien, je m'en suis tenu à ce qu'il en a établi, sans me vouloir hasarder d'introduire aucune nouveauté; et j'ai suivi l'exemple de tous ceux qui jusqu'à présent n'ont point écrit *Cyre* pour *Cyrus*, ni *Tane* pour *Tanais*, ni *Lesbe* pour *Lesbos*, ni *larynge* pour *larynx*, ni *Phyllirée* pour *Phyllirea*, quoiqu'on dise *Dédale* au lieu de *Dædalus*, *Èbre* au lieu d'*Ebrus*, *Érymanthe* au lieu d'*Erymanthus*, *œsophage* au lieu d'*œsophagus*, *chicorée* au lieu de *cichoreum*.

Or, ces mots étrangers, tant ceux qui ont été laissés avec leur terminaison naturelle que ceux à qui l'on en a donné une française, sont expliqués à la marge par une circonlocution, ou même par un seul mot, lorsqu'il s'en est trouvé de propres pour cela; par exemple, l'on a rendu *triglyphe* par *gravé par trois endroits*; *stylo-*

---

(1) Dans cette édition, l'on n'a mis au bas des pages que les notes nécessaires; les autres sont renvoyées à la fin de l'ouvrage.

bate, par *porte-colonne*; *eurythmie*, par *proportion*; *decor*, par *bienséance*.

Pour ce qui regarde l'orthographe des mots grecs, comme l'on n'a point voulu les écrire avec les caractères qui leur sont particuliers, on a suivi l'exemple des Latins et celui même des Grecs, lorsqu'ils ont inséré dans leur discours des mots d'une langue étrangère; car de même qu'ils se sont servis de ceux de leurs caractères qui expriment le son et la prononciation des mots qu'ils ont empruntés, et que les Grecs ont écrits, par exemple le *Quintius* des Latins Κοίντιος, parce qu'ils n'ont point de *q*; et que les Latins ont écrit l'εἴδωλον et l'εἰρωνεία des Grecs, *idolon* et *ironia*, parce qu'ils n'ont point d'*ei*; ainsi, quand il a fallu écrire, par exemple, τέλειον avec des caractères français, on a écrit *telion*, parce qu'il n'y a point de diphthongue *ei* en français, et que l'*i* y a le même son que l'*ei* grec. Tout de même quand on a mis ἀντίβασις, ἀμφίρευσις, ἔντασις, on a écrit *antibacis*, *amphireucis*, *entacis*, et non pas *antibasis*, *amphireusis* et *entasis*, parce que l's en français entre deux voyelles ne sonne que comme un *z*, et que le *c* y sonne comme le σ des Grecs. J'en ai usé de la même manière dans les mots extraordinaires, et dont l'usage n'a pas encore réglé l'orthographe; dans les autres, j'ai été obligé de suivre la bizarrerie de l'usage, qui donne, par exemple, au χ tantôt la prononciation du *ch*, tantôt celle du *qu*; faisant écrire *orchestre* par un *ch*, de même qu'*architrave*, quoique la prononciation de ces deux mots soit fort différente, et que celle d'*orchestre* demandât qu'on écrivît *orquestre*.

Outre toutes ces précautions que l'on a cherchées contre l'obscurité du texte, on a encore mis des notes à la fin de chaque page (1), dans lesquelles on trouve l'explication qui a été jugée nécessaire pour l'intelligence du texte, que la signification littérale des mots qui sont à la marge ne donnait pas suffisamment.

On a été religieux à ne rien changer au texte, non pas même en des choses qui en rendent la lecture peu agréable, et qui ne sont d'aucune utilité pour l'intelligence des matières qui y sont traitées, telle qu'est, par exemple, l'affectation importune que l'auteur a d'apporter les mots grecs dont il avertit que les mots latins qu'il a mis ont la signification; comme quand il dit *architectura constat ex ordinatione quæ græce taxis dicitur*. On en a ainsi usé, parce que si l'on avait voulu retrancher du texte tout ce qui n'est point nécessaire, on aurait été obligé d'ôter beaucoup d'autres choses; et peut-être qu'on se serait trompé dans le choix que l'on aurait fait de ce qu'il y a à retrancher.

Je ne fais point d'excuse de la liberté que j'ai prise de changer les phrases, parce que je croirais avoir beaucoup failli si j'en avais usé autrement, puisque les manières de parler du latin sont encore plus différentes de celles du français que les mots ne le sont; et j'ai fait consister toute la fidélité que je dois à mon auteur, non pas à mesurer exactement mes pas sur les siens, mais à le suivre soigneusement où il va. J'en ai toujours usé de cette sorte, si ce n'est quand l'obscurité de la chose m'a obligé de rendre mot pour mot; car alors je l'ai fait afin que s'il se rencontre quelque esprit éclairé dans ces matières à qui il ne manque que l'intelligence de la langue latine, il puisse découvrir le sens ou le suppléer, en changeant quelque chose.

Il est vrai que ces changements sont très-dangereux, et qu'il est à craindre que l'on n'augmente le mal en voulant y remédier, ainsi qu'il y a apparence que les copistes ont souvent fait lorsqu'ils ont corrompu le texte en pensant corriger des endroits qu'ils croyaient corrompus, parce qu'ils ne les entendaient pas. Il y a un exemple de cela à la fin du huitième chapitre du deuxième livre, où le copiste qui a écrit un manuscrit dont je me suis servi, ayant lu, dans l'original qu'il copiait, *ex veteribus tegulis tecti structi*, a cru qu'il y avait un solécisme, s'imaginant que *tecti* était au pluriel, et qu'il fallait mettre *ex veteribus tegulis tecta structa*, c'est-à-dire *des toits faits avec de vieilles tuiles*; car, au lieu de corriger une faute, il a effectivement gâté le sens du discours, qui demande qu'il y ait *ex veteribus tegulis tecti, structi parietes*, ainsi qu'il y a dans les livres imprimés, qui ont en cela suivi un bon manuscrit. J'ai cru néanmoins que cela ne devait pas m'empêcher de proposer mes conjectures sur les endroits de Vitruve qui sont manifestement corrompus : car si les remèdes sont quelquefois dangereux quand on en fait user à ceux qui se portent bien, il est certain que, quelque douteux qu'ils puissent être, ils ne sauraient nuire quand on ne fait que les proposer. C'est pourquoi je ne mets jamais dans la traduction les corrections que les conjectures m'ont fait faire, sans en avertir dans les notes; et ainsi je ne contrains point le lecteur de suivre mon opinion, mais je tâche à la lui persuader.

Il se trouve dans les notes un grand nombre de ces corrections, dont il y a quelques-unes qui sont assez importantes; tous les autres interprètes ensemble n'en avaient point tant. Il serait à souhaiter qu'il y en eût encore davantage; car,

---

(1) La plupart des notes dont parle Perrault ont été rejetées à la fin de l'ouvrage, dans cette édition.

bien loin d'approuver la modestie de ceux qui n'ont osé toucher au texte de Vitruve, par le respect qu'ils ont eu pour les copistes au préjudice de la vérité, la grande vénération que j'ai pour l'auteur même m'a porté à déclarer mes sentiments sur ses pensées; en quoi je n'ai pas cru faire tort à l'opinion que l'on doit avoir de la suffisance d'un si grand personnage, puisque, sans rien décider, je propose seulement les doutes que j'ai qu'il ne se soit trompé en quelque chose; car je ne crois pas que quand on entreprend d'expliquer un auteur, on s'engage à faire son panégyrique ni à soutenir tout ce qu'il a écrit.

Bien que les notes soient principalement pour rendre raison de la traduction et des corrections nouvelles du texte, comme aussi de celles qui ont été prises dans les autres interprètes, on n'a pas laissé de faire des remarques en passant, pour servir d'explication aux termes obscurs et aux choses même où il se rencontre un grand nombre de difficultés.

Quelques-uns pourront trouver que ces notes sont en trop petit nombre, et qu'elles ne sont pas les plus nécessaires et les plus importantes. A la vérité, il aurait été facile de les faire plus amples en traduisant tout ce que Cisaranus, Philander, Barbaro, Baldus, Budée, Turnèbe, Lipse, Saumaise et plusieurs autres auteurs célèbres ont recherché et rapporté fort au long dans leurs commentaires, et même d'y ajouter beaucoup d'autres choses, parce que le sujet, de la manière que Vitruve le traite, est si vaste qu'il est facile d'y trouver place pour tout ce que l'on sait, quand on n'a pas d'autre dessein que de faire connaître que l'on sait beaucoup de choses. Mais on a considéré qu'il y a longtemps que l'usage a retranché les grands commentaires, et qu'ils ne sont soufferts que par les doctes qui sont accoutumés à lire dans les anciens ces amas de recherches curieuses, qui sont fort à propos, mais le plus souvent peu nécessaires ou peu utiles à l'éclaircissement de la pensée de l'auteur.

On a encore considéré que la plus grande partie des matières que Vitruve traite, et sur lesquelles on peut faire des recherches curieuses, n'appartiennent point à l'architecture d'aujourd'hui, comme sont toutes les choses qu'il rapporte de la musique des anciens pour les vases d'airain qui servaient à l'écho des théâtres, des machines pour la guerre, des appartements des maisons des Grecs et des Romains, de leurs palestres et de leurs bains; ou si elles sont renfermées sous un genre de science qui puisse servir à notre architecture aussi bien qu'à celle des anciens, la connaissance et l'exacte discussion des particularités qu'il rapporte n'est d'aucune utilité; telle qu'est la longue histoire, les stratagèmes de la reine Artémise et l'histoire de la fontaine de Salmacis, pour montrer que les grands palais n'étaient autrefois bâtis que de briques; l'énumération des propriétés de toutes les eaux du monde, pour faire entendre quelle doit être la structure des aqueducs et des tuyaux des fontaines; les raisons du cours des planètes et la description de toutes les étoiles fixes, pour servir à faire des cadrans au soleil. Car ce grand amas de diverses choses, dont Vitruve a voulu orner son livre, a plus d'ostentation et d'éclat pour amuser que de lumière pour conduire l'esprit d'un architecte, supposé même qu'il soit capable de toutes ces belles connaissances; et elles éblouissent ceux qui n'en sont pas capables, et font qu'ils se défient de pouvoir comprendre les choses utiles et essentielles qu'ils pouvaient entendre, parce qu'ils les trouvent mêlées parmi cent autres où ils ne connaissent rien.

L'importance des remarques qui peuvent être faites sur Vitruve et mises dans des notes semble consister en deux choses; car elles appartiennent à l'explication des endroits célèbres et remarquables seulement par leur obscurité et par la peine que les savants se sont donnée pour les expliquer, tels que sont les piédestaux des colonnes appelés *scamilli impares,* la musique des anciens, les clepsydres, la machine hydraulique, la catapulte et les béliers; les autres regardent d'autres choses obscures aussi et difficiles, mais qui contiennent des préceptes nécessaires et utiles pour l'architecture, comme sont le changement des proportions suivant les différents aspects, le renflement des colonnes, la disposition des points ou centres qui se prennent dans l'œil de la volute ionique pour la tracer, la manière de bâtir au fond de la mer pour les jetées et pour les môles des ports, et quelques autres remarques de cette espèce. Or on les a toutes traitées le plus succinctement et le plus clairement qu'il a été possible.

Que si l'on s'est arrêté en passant à quelques autres choses moins célèbres, comme de savoir ce que c'est que *albarium opus,* le *sil,* etc., ou peu nécessaires à savoir, quoiqu'elles appartiennent à toute sorte d'architecture, telle qu'est la raison de l'endurcissement de la chaux dans la composition du mortier, de la chaleur des eaux minérales et de quelques autres choses semblables, ce n'est pas qu'elles aient été choisies par aucune raison particulière, entre cent autres de pareille nature; mais le peu de temps que l'on a eu pour achever cet ouvrage n'a pas permis d'en faire davantage, ainsi que l'on s'était proposé.

Pour ce qui est des auteurs allégués dans les notes, on s'est contenté de les nommer, sans marquer l'endroit de leurs ouvrages d'où sont pris les témoignages que l'on leur fait rendre, parce que l'on n'a pas tant affecté l'apparence d'érudition que la netteté et l'éclaircissement des choses que l'on a expliquées : car le discours aurait paru plus confus et plus embarrassé s'il eût été interrompu par des citations et par des renvois importuns.

Il reste un avertissement que j'ai réservé pour le dernier, parce que ceux qui liront ce livre y ont peu d'intérêt, et qu'il ne regarde que le dessein de ceux qui m'ont fait entreprendre cet ouvrage. C'est qu'on ne prétend point lui avoir donné toute la perfection dont il est capable, parce que cette traduction n'est pas tant faite pour les doctes curieux, que pour les architectes français, que l'on n'a pas voulu faire attendre aussi longtemps qu'il aurait été nécessaire pour chercher les diverses leçons dans les manuscrits de toutes les bibliothèques du monde, pour amasser les observations qui se peuvent faire sur les monuments d'architecture ancienne qui se trouvent épars dans tous les pays étrangers, pour traiter à fond toutes les questions de physique, d'histoire et de mathématiques qui se rencontrent dans ce livre, pour décrire exactement toutes les machines tant anciennes que modernes, et enfin pour rencontrer une personne qui eût assez de génie, d'érudition et de patience pour venir à bout d'un ouvrage si difficile. Mais il faut ajouter à cela que la hardiesse que j'ai eue de l'entreprendre m'a été principalement inspirée par le désir de satisfaire au commandement qui m'en a été fait; et, pour avoir la gloire d'être obéissant (car il y en a à l'être dans les choses difficiles), j'ai bien voulu me mettre au hasard de faire connaître ma faiblesse, s'il est vrai néanmoins que l'on en puisse juger par le peu de succès d'un travail où personne n'a encore réussi.

LIVRE PREMIER.

Préface.

Lorsque je considère, empereur César, que, par la force de votre divin génie, vous vous êtes rendu maître de l'univers; que votre valeur invincible, en terrassant tous vos ennemis et couvrant de gloire ceux qui sont sous votre empire, vous fait recevoir les hommages de toutes les nations de la terre; que le peuple romain et le sénat fondent l'assurance de la tranquillité dont ils jouissent sur la seule sagesse de votre gouvernement, je doute si je dois vous présenter cet ouvrage d'architecture. Car, bien que je l'aie achevé avec un très-grand travail, en m'efforçant par de longues méditations de rendre cette matière intelligible, je crains qu'avec un tel présent je ne laisse pas de vous être importun, en vous interrompant mal à propos de vos grandes occupations. Toutefois, lorsque je fais réflexion sur la grande étendue de votre esprit, dont les soins ne se bornent pas à ce qui regarde les affaires les plus importantes de l'État, mais qui descend jusqu'aux moindres utilités que le public peut recevoir de la bonne manière de bâtir ; et quand je remarque que, non content de rendre la ville de Rome maîtresse de tant de provinces que vous lui soumettez, vous la rendez encore admirable par l'excellente structure de ses grands bâtiments, et que vous voulez que leur magnificence égale la majesté de votre empire, je crois que je ne dois pas différer plus longtemps à vous faire voir ce que j'ai écrit sur ce sujet, espérant que cette profession, qui m'a mis autrefois en quelque considération auprès de l'empereur votre père, m'obtiendra de vous une pareille faveur. L'extrême passion que j'eus pour son service se renouvelle en moi pour votre auguste personne, depuis que le conseil des dieux lui a donné le ciel pour demeure,

M. VITRUVII POLLIONIS
DE ARCHITECTURA.

LIBER PRIMUS.

Præfatio.

Cum divina mens tua et numen, imperator Cæsar, imperio potiretur orbis terrarum, invictaque virtute cunctis hostibus stratis, triumpho victoriæque tua cives gloriarentur, et gentes omnes subactæ tuum spectarent nutum, populusque romanus et senatus, liberatus timore, amplissimis tuis cogitationibus consiliisque gubernaretur, non audebam tantis occupationibus de architectura scripta et magnis cogitationibus explicata edere, metuens, ne non apto tempore interpellans subirem tui animi offensionem. Cum vero attenderem, te non solum de vita communi omnium curam publicæque rei constitutione habere, sed etiam de opportunitate publicorum ædificiorum, ut civitas per te non solum provinciis esset aucta, verum etiam ut majestas imperii publicorum ædificiorum egregias haberet auctoritates, non putavi prætermittendum, quin primo quoque tempore de his rebus ea tibi ederem : ideo quod primum parenti tuo [de eo] fueram notus, et ejus virtutis studiosus ; cum autem concilium cælestium in sedibus immortalium eum dedicavisset, et imperium parentis in tuam potestatem transtulisset, idem studium meum in

et a remis en vos mains son empire. Vous avez eu en effet, à la recommandation de la princesse votre sœur, la bonté de me faire avoir les mêmes gratifications que je recevais pendant que j'ai exercé, avec M. Aurélius, P. Numisius et Cn. Cornélius, la commission qui m'avait été donnée pour la construction et pour l'entretien des balistes, scorpions et autres machines de guerre. Je me sens donc obligé par tant de bienfaits, qui m'ont mis hors d'état de craindre la nécessité pour le reste de mes jours, de les employer à écrire de cette science, avec d'autant plus de raison que je vois que vous vous êtes toujours plu à faire bâtir, et que vous continuez, avec dessein d'achever plusieurs édifices tant publics que particuliers, pour laisser à la postérité d'illustres monuments de vos belles actions. Ce livre contient les dessins de plusieurs édifices, et tous les préceptes nécessaires pour atteindre à la perfection de l'architecture, afin que vous puissiez juger vous-même de la beauté des édifices que vous avez faits et que vous ferez à l'avenir.

CHAPITRE PREMIER.

Ce que c'est que l'architecture, et quelles connaissances sont requises dans un architecte.

L'architecture est une science qui doit être accompagnée d'une grande diversité d'études et de connaissances, par le moyen desquelles elle juge de tous les ouvrages des autres arts qui s'y rapportent. Cette science s'acquiert par la pratique et par la théorie. La pratique consiste dans une application continuelle à l'exécution des desseins que l'on s'est proposés, suivant lesquels la forme convenable est donnée à la matière dont toutes sortes d'ouvrages se font. La théorie explique et démontre la convenance des proportions que doivent avoir les choses que l'on veut exécuter. Cela fait que les architectes qui ont essayé de parvenir à la perfection de leur art sans le secours des lettres, et par le seul exercice de la main, ne s'y sont guère avancés, quelque grand qu'ait été leur travail, non plus que ceux qui ont cru que la seule connaissance des lettres et le seul raisonnement les y pouvaient conduire; car ils n'en ont jamais vu que l'ombre. Mais ceux qui ont joint la pratique à la théorie ont seuls réussi dans leur entreprise, comme s'étant munis de tout ce qui est nécessaire pour en venir à bout. Dans l'architecture, comme dans toutes les sciences, on remarque deux choses : celle qui est signifiée, et celle qui signifie. La chose signifiée est celle dont on traite, et celle qui signifie est la démonstration que l'on en donne par le raisonnement soutenu de la science. C'est pourquoi il est nécessaire que l'architecte connaisse l'une et l'autre parfaitement. Ainsi, il faut qu'il soit ingénieux et laborieux tout ensemble; car l'esprit sans le travail ni le travail sans l'esprit, ne rendirent jamais aucun ouvrier parfait. Il doit donc être lettré, savoir dessiner, être instruit dans la géométrie, et n'être pas ignorant de l'optique; avoir appris l'arithmétique et s'être nourri de la lecture de l'histoire; avoir étudié avec soin la philosophie, connaître la musique, et avoir quelque teinture de la médecine, de la jurisprudence, de l'astrologie et du mouvement des astres. J'en donnerai les raisons suivantes. L'architecte doit être versé dans les lettres, pour dresser de bons mémoires de ce qu'il se propose de faire. Ensuite il doit

---

ejus memoria permanens in te contulit favorem. Itaque cum M. Aurelio et P. Numisio et Cn. Cornelio ad apparationem balistarum et scorpionum reliquorumque tormentorum perfectionem fui præsto, et cum eis commoda accepi; quæ cum primo mihi tribuisti, recognitionem per sororis commendationem servasti. Cum ergo eo beneficio essem obligatus, ut ad exitum vitæ non haberem inopiæ timorem, hæc tibi scribere cœpi, quod animadverti, multa te ædificavisse et nunc ædificare, reliquoque tempore et publicorum et privatorum ædificiorum, pro amplitudine rerum gestarum ut posteris memoriæ traderentur, curam habiturum. Conscripsi præscriptiones terminatas, ut eas attendens et antefacta et futura qualia sint opera per te, nota posses habere; namque his voluminibus aperui omnes disciplinæ rationes.

CAPUT I.

Quid sit architectura, et de architectis instituendis.

Architecti est scientia pluribus disciplinis et variis eruditionibus ornata, cujus judicio probantur omnia, quæ ab ceteris artibus perficiuntur opera. Ea nascitur ex fabrica et ratiocinatione. Fabrica est continuata ac trita usu meditatio, qua manibus perficitur materia uniuscujusque generis opus et ad propositum deformationis. Ratiocinatio autem est, quæ res fabricatas solertia ac ratione proportionis demonstrare atque explicare potest. Itaque architecti qui sine litteris contenderunt ut manibus essent exercitati, non potuerunt efficere, ut haberent pro laboribus auctoritatem : qui autem ratiocinationibus et litteris solis confisi fuerunt, umbram non rem persecuti videntur. At qui utrumque perdidicerunt, uti omnibus armis ornati, citius cum auctoritate quod fuit propositum, sunt assecuti. Cum in omnibus enim rebus, tum maxime etiam in architectura hæc duo insunt, quod significatur et quod significat. Significatur proposita res de qua dicitur : hanc autem significat demonstratio rationibus doctrinarum explicata. Quare videtur utraque exercitatus esse debere, qui se architectum profiteatur. Itaque eum et ingeniosum esse oportet, et ad disciplinas docilem; neque enim ingenium sine disciplina, aut disciplina sine ingenio perfectum artificem potest efficere : et ut litteratus sit, peritus graphidos, eruditus geometria, et optices non ignarus, instructus arithmetica, historias complures noverit, philosophos diligenter audiverit, musicam sciverit, medicinæ non sit ignarus, responsa juris consultorum noverit, astrologiam cœlique rationes cognitas habeat. Quæ cur ita sint, hæ sunt causæ. Litteras architectum scire oportet, uti commentariis memoriam firmiorem efficere possit. Deinde graphidos scientiam habere, quo facilius exemplaribus pictis quam velit

savoir dessiner, afin de pouvoir, avec plus de facilité, sur les dessins qu'il aura tracés, exécuter tous les ouvrages qu'il projette. La géométrie lui est aussi d'un grand secours, particulièrement pour lui apprendre à se bien servir de la règle et du compas, et pour prendre les alignements des édifices, et dresser toutes les choses à l'équerre et au niveau. L'optique lui sert à savoir prendre les jours et faire les ouvertures à propos, suivant la disposition du ciel. L'arithmétique est pour le calcul de la dépense des ouvrages qu'il entreprend et pour régler les mesures et les proportions, qui se trouvent quelquefois mieux par le calcul que par la géométrie. La connaissance de l'histoire lui est nécessaire, parce qu'elle lui fournit la plupart des ornements d'architecture, dont il doit savoir rendre raison. Si, par exemple, sous les mutules (1) et les corniches, il met, au lieu de colonnes, des statues de femmes en marbre, avec la robe traînante, et qu'on appelle Cariatides, il pourra en dire ainsi le motif à ceux qui le lui demanderaient. Les habitants de Carie, qui est une ville du Péloponnèse, se joignirent autrefois avec les Perses, qui faisaient la guerre aux autres peuples de la Grèce. Les Grecs, ayant par leurs victoires glorieusement mis fin à cette guerre, la déclarèrent ensuite d'un commun accord aux Cariates. Après avoir pris et ruiné leur ville, et passé tous les hommes au fil de l'épée, ils emmenèrent leurs femmes en captivité, sans leur permettre de quitter les robes qui indiquaient leur qualité, ni leurs ornements accoutumés, afin que non-seulement elles fussent une fois menées en triomphe, mais qu'elles eussent la honte de s'y voir en quelque façon mener ignominieusement toute leur vie, et qu'elles portassent ainsi la peine que leur ville avait méritée. Or, pour laisser un exemple éternel de la punition que l'on avait fait souffrir aux Cariates, et pour apprendre à la postérité quel avait été leur châtiment, les architectes de ce temps-là mirent, au lieu de colonnes, ces sortes de statues aux édifices publics. Les Lacédémoniens firent la même chose lorsque, sous la conduite de Pausanias, fils d'Agésipolide, ils eurent défait, avec peu de gens, une puissante armée de Perses, à la bataille de Platée. Car, après avoir mené avec pompe leurs captifs en triomphe, ils bâtirent, avec le produit du butin et des dépouilles des ennemis, un portique appelé Persique, dans lequel, en guise de trophée, des statues représentant des Perses captifs, avec leurs vêtements ordinaires, soutenaient la voûte ; afin de punir cette nation par un opprobre que son orgueil avait mérité, et de laisser à la postérité un monument dont la vue fît redouter aux ennemis le courage des Lacédémoniens, et entretînt dans les cœurs des citoyens la glorieuse ambition de défendre la liberté. Depuis ce temps, plusieurs architectes firent soutenir les architraves (1) et autres ornements par des statues persiques, et enrichirent ainsi leurs ouvrages de belles inventions. Il y a encore plusieurs autres histoires de ce genre, dont il est nécessaire que l'architecte ait connaissance. L'étude de la philosophie sert aussi à rendre parfait l'architecte, qui doit avoir l'âme grande et hardie sans arrogance, qui doit être juste et fidèle, et, ce qui est le plus important, tout à fait exempt d'avarice ; car il est impossible que, sans fidélité et sans honneur, on puisse jamais rien faire de bien. Il ne doit donc point être intéressé, et doit moins songer à s'enrichir qu'à acquérir de

(1) Modillon carré dans la corniche de l'ordre dorique.

(1) Membre d'architecture qui pose immédiatement sur le chapiteau des colonnes ou des pilastres, et au-dessus duquel est la frise.

operis speciem deformare valeat. Geometria autem plura præsidia præstat architecturæ : et primum euthygrammi et circini tradit usum, e quo maxime facilius ædificiorum in areis expediuntur descriptiones, normarumque et librationum et linearum directiones. Item non Opticen in ædificiis ab certis regionibus cæli lumina recte ducuntur. Per Arithmeticen vero sumptus ædificiorum consummantur, mensurarum rationes explicantur : difficilesque quæstiones geometricis (arithmeticis) rationibus et methodis inveniuntur. Historias autem plures novisse oportet, quod multa ornamenta sæpe in operibus architecti designant, de quibus argumentis rationem, cur fecerint, quærentibus reddere debent. Quem ad modum si quis statuas marmoreas muliebres stolatas, quæ Caryatides dicuntur, pro columnis in opere statuerit, et insuper mutulos et coronas collocaverit, percontantibus ita reddet rationem. Carya civitas Peloponnensis cum Persis hostibus contra Græciam consensit : postea Græci per victoriam gloriose bello liberati communi consilio Caryatibus bellum indixerunt. Itaque oppido capto, viris interfectis, civitate deleta, matronas eorum in servitutem abduxerunt, nec sunt passi stolas neque ornatus matronales deponere ; uti non uno triumpho ducerentur, sed æterno servitutis exemplo, gravi contumelia pressæ, pœnas pendere viderentur pro civitate. Ideo qui tunc architecti fuerunt, ædificiis publicis designaverunt earum imagines oneri ferendo collocatas ; ut etiam posteris nota pœna peccati Caryatium memoriæ traderetur. Non minus Lacones, Pausania Agesipolidos filio duce, Platææ prælio pauca manu infinitum numerum exercitus Persarum cum superavissent, acto cum gloria triumpho, [spoliorum et prædæ] porticum Persicam ex manubis laudis et virtutis civium indicem [victoriæ] posteris pro tropæo constituerunt, ibique captivorum simulacra barbarico vestis ornatu, superbia meritis contumeliis punita, sustinentia tectum collocaverunt ; uti et hostes horrescerent timore eorum fortitudinis affecti, et cives id exemplum virtutis aspicientes, gloria erecti, ad defendendam libertatem essent parati. Itaque ex eo multi statuas Persicas, sustinentes epistylia et ornamenta eorum, collocaverunt · et ita ex eo argumento varietates egregias auxerunt operibus. Item sunt aliæ ejusdem generis historiæ, quarum notitiam architectos tenere oportet. Philosophia vero perficit architectum animo magno, et uti non sit arrogans, sed potius facilis, æquus et fidelis, sine avaritia, quod est maximum ;

l'honneur et de la réputation par l'architecture, ne faisant jamais rien d'indigne d'une profession si honorable; car c'est ce que prescrit la philosophie. D'ailleurs, cette partie de la philosophie qui traite des choses naturelles, et qui en grec est appelée physiologie, le rendra capable de résoudre quantité de questions diverses; ce qui lui est nécessaire en plusieurs rencontres, comme dans la conduite des eaux. Il doit, en effet, savoir que dans les tuyaux qui les conduisent, soit par des détours en montant et en descendant, soit de niveau, il s'enferme naturellement des vents, tantôt d'une manière, tantôt d'une autre; ce qui fait qu'on ne peut remédier aux désordres qui arrivent, sans connaître les principes et les causes des choses naturelles. De plus, l'architecte ne pourra jamais comprendre, sans la connaissance de la philosophie, ce qui est écrit dans les livres de Ctésibius, d'Archimède et d'autres auteurs semblables. Pour ce qui est de la musique, il y doit être consommé, afin de connaître la proportion canonique et mathématique nécessaire pour bander comme il faut les machines de guerre, comme balistes, catapultes et scorpions. La structure des catapultes est telle, en effet, qu'après avoir passé dans deux trous, à droite et à gauche, par lesquels on tend également les bras de ces machines, aux chapiteaux de ces mêmes machines, des câbles faits de cordes à boyaux que l'on bande avec des vindas, des moulinets et des leviers, l'on ne doit point arrêter ces câbles pour mettre la catapulte en état de décocher, que le maître ne les entende rendre un même son quand on les touche, parce que les bras que l'on arrête, après les avoir bandés, doivent frapper d'une égale force; ce qu'ils ne feront point s'ils ne sont tendus également; et il sera impossible qu'ils poussent bien droit ce qu'ils doivent lancer. La connaissance de la musique est encore nécessaire pour savoir disposer les vases d'airain que l'on met dans des chambres sous les degrés des théâtres, et que les Grecs appellent *échéia* : ces vases doivent être placés par proportion mathématique, et selon la différence des sons qu'ils ont : ils doivent aussi être faits suivant les symphonies ou accords de musique, et pour cela avoir des différentes grandeurs tellement compassées et proportionnées les unes aux autres, qu'ils soient à la quarte, à la quinte ou à l'octave, afin que la voix des comédiens frappe les oreilles des spectateurs avec plus de force, de distinction et de douceur. Enfin, la structure des machines hydrauliques et d'autres semblables instruments ne peut être entendue sans la science de la musique. Il faut aussi que l'architecte ait étudié la médecine, pour savoir quelles sont les différentes situations des lieux de la terre, lesquelles sont appelées *climata* par les Grecs, afin de pouvoir connaître la qualité de l'air, s'il est sain ou dangereux, et quelles sont les diverses propriétés des eaux; car il n'est pas possible de construire une habitation qui soit saine si l'on n'a bien examiné toutes ces choses. L'architecte doit aussi savoir la jurisprudence et les coutumes des lieux pour la construction des murs mitoyens, des égouts, des toits et des cloaques, pour les vues des bâtiments, pour l'écoulement des eaux et autres choses du même genre, afin qu'avant que de commencer un édifice il pourvoie à tous les procès qui pourraient, l'ouvrage étant achevé, être faits sur ce sujet aux propriétaires. Ces connaissances le rendront, en outre, capable de donner de bons conseils pour dresser les baux à l'utilité réciproque des preneurs et des bailleurs; car, en y mettant toutes les clauses sans ambiguïté,

nullum enim opus vere sine fide et castitate fieri potest : ne sit cupidus, neque in muneribus accipiendis habeat animum occupatum, sed cum gravitate suam tueatur dignitatem, bonam famam habendo. Hæc enim philosophia præscribit. Præterea de rerum natura, quæ græce φυσιολογία dicitur, philosophia explicat : quam necesse est studiosius novisse, quod habet multas et varias naturales quæstiones, ut etiam in aquarum ductionibus : in cursibus enim et circuitionibus et librata planitie expressionibus spiritus naturales aliter atque aliter fiunt, quorum offensionibus mederi nemo poterit, nisi qui ex philosophia principia rerum naturæ noverit. Item qui Ctesibii aut Archimedis libros et ceterorum, qui ejusdem generis præcepta conscripserunt, leget, sentire non poterit, nisi his rebus a philosophis fuerit institutus. Musicen autem sciat oportet, uti canonicam rationem et mathematicam notam habeat : præterea balistarum, catapultarum, scorpionum temperaturas possit recte facere. In capitulis enim dextra ac sinistra sunt foramina hemitoniorum, per quæ tenduntur ergatis aut suculis et vectibus e nervo torti funes, qui non præcluduntur nec præligantur, nisi sonitus ad artificis aures certos et æquales fecerint. Brachia enim, quæ in eas tensiones includuntur cum extenduntur, æqualiter et pariter utraque plagam emittere debent. Quod si non homotona fuerint, impedient directam telorum missionem. Item in theatris vasa ærea, quæ Græci ἠχεῖα vocant, in cellis sub gradibus collocantur, et mathematica ratione sonitum discrimina ad symphonias musicas sive concentus componuntur divisa circinatione in diatessaron et diapente et diapason : uti vox scenici sonitus conveniens in dispositionibus, tactu cum offenderit, aucta cum incremento, clarior et suavior ad spectatorum perveniat aures. Hydraulicas quoque machinas et cætera, quæ sunt similia his organis, sine musicis rationibus efficere nemo poterit. Disciplinam vero medicinæ novisse oportet, propter inclinationes cœli, quas Græci climata dicunt, et aeres locorum, qui sunt salubres aut pestilentes, aquarumque usus. Sine his enim rationibus nulla salubris habitatio fieri potest. Jura quoque nota habeat oportet ea, quæ necessaria sunt ædificiis communium parietum ad ambitum stillicidiorum et cloacarum et luminum. Item aquarum ductiones et cætera, quæ ejus modi sunt, nota oportet sint architectis, uti ante caveant, quam instituant ædificia, ne controversiæ, factis operibus, patribus familiarum relinquantur : et ut legibus scribendis prudentia cavere possit et locatori et conductori : namque si lex perite fuerit scri-

il sera facile d'empêcher qu'ils ne se trompent l'un l'autre. L'astrologie lui servira aussi pour la confection des cadrans solaires, par la connaissance qu'elle lui donne de l'orient, de l'occident, du midi et du septentrion ; des équinoxes, des solstices et du cours des astres.

Donc, puisque l'architecture est enrichie de la connaissance de tant de diverses choses, il n'y a pas d'apparence de croire qu'un homme puisse devenir bientôt architecte. Il ne doit pas prétendre à cette qualité, à moins qu'il n'ait commencé dès son enfance à monter par tous les degrés des sciences et des arts qui peuvent élever jusqu'à la dernière perfection de l'architecture. Il se pourra faire que les ignorants auront de la peine à comprendre que l'entendement et la mémoire d'un seul homme soient capables d'un si grand nombre de connaissances. Mais quand ils auront remarqué que toutes les sciences ont une communication et une liaison entre elles, ils seront facilement persuadés que cela est possible. Car l'encyclopédie est composée de toutes ces sciences, comme un corps l'est de ses membres. Ceux qui se sont appliqués dès leur jeune âge à l'étude des différentes sciences le reconnaissent aisément aux convenances qu'ils remarquent entre certaines choses communes à toutes les sciences, dont l'une sert à apprendre l'autre plus facilement. C'est pourquoi Pythius, cet ancien architecte, qui s'est rendu illustre par la construction du temple de Minerve dans la ville de Priène, dit, dans ses Commentaires, que l'architecte doit être capable de mieux réussir à l'aide de toutes les sciences dont il a la connaissance, que tous ceux qui ont excellé par une industrie singulière dans chacune de ces sciences. Cela pourtant ne se trouve point véritable ; car il n'est ni possible ni même nécessaire qu'un architecte soit aussi bon grammairien qu'Aristarque, aussi grand musicien qu'Aristoxène, aussi excellent peintre qu'Apelle, aussi bon sculpteur que Myron ou Polyclète, ni enfin aussi grand médecin qu'Hippocrate. C'est assez qu'il ne soit pas ignorant de la grammaire, de la musique, du dessin, de la sculpture et de la médecine, l'esprit d'un seul homme n'étant pas capable d'atteindre à la perfection de tant d'excellentes et diverses connaissances. Or la perfection dans toutes ces choses n'est pas seulement déniée à l'architecte, mais même à ceux qui, s'adonnant particulièrement à chacun des arts, s'efforcent de s'y rendre profonds et consommés, par l'exacte connaissance de ce qu'il y a de plus particulier et de plus fin dans chacun de ces arts. De sorte que, s'il est même difficile de trouver dans chaque siècle une personne qui excelle dans une seule profession, comment peut-on concevoir qu'un architecte puisse seul posséder toutes les sciences que l'on a bien de la peine à acquérir séparément, de manière qu'il ne lui en manque aucune, et que dans toutes il surpasse ceux qui ne se sont adonnés qu'à une seule avec tout le soin et toute l'industrie dont un homme est capable ? C'est pourquoi il me semble que Pythius s'est trompé en cela, et qu'il n'a pas pris garde qu'en toute sorte d'arts il y a deux choses, la pratique et la théorie ; que de ces deux choses il y en a une, la pratique, qui appartient particulièrement à ceux qui font profession de cet art ; et que l'autre, la théorie, est

pta, erit ut sine captione uterque ab utroque liberetur. Ex Astrologia autem cognoscitur oriens, occidens, meridies, septentrio, et cœli ratio, æquinoctium, solstitium, astrorum cursus : quorum notitiam si quis non habuerit, horologiorum rationem omnino scire non poterit.

Cum ergo tanta hæc disciplina sit condecorata et abundans eruditionibus variis ac pluribus, non puto posse juste repente se profiteri architectos, nisi qui ab ætate puerili his gradibus disciplinarum scandendo, scientia plurium litterarum et artium nutriti, pervenerint ad summum templum architecturæ. At fortasse mirum videbitur imperitis hominibus, posse naturam tantum numerum doctrinarum perdiscere et memoria continere : cum autem animadverterint, omnes disciplinas inter se conjunctionem rerum et communicationem habere, fieri posse faciliter credent. Encyclios enim disciplina, uti corpus unum, ex his membris est composita. Itaque qui a teneris ætatibus eruditionibus variis instruuntur, omnibus litteris agnoscunt easdem notas, communicationemque omnium disciplinarum, et ea re facilius omnia cognoscunt. Ideoque de veteribus architectis Pythius, qui Prienæ ædem Minervæ nobiliter est architectatus, ait in suis commentariis, architectum omnibus artibus et doctrinis plus oportere posse facere, quam qui singulas res suis industriis et exercitationibus ad summam claritatem perduxerunt. Id autem re non expeditur. Non enim debet nec potest esse architectus grammaticus, uti fuit Aristarchus sed non agrammatos : nec musicus, ut Aristoxenus, sed non amusos ; nec pictor, ut Apelles, sed graphidos non imperitus : nec plastes, quemadmodum Myron seu Polycletus, sed rationis plasticæ non ignarus : nec denuo medicus, ut Hippocrates, sed non aniatrologetos : nec in ceteris doctrinis singulis excellens, sed in his non imperitus. Non enim in tantis rerum varietatibus elegantias singulares quisquam consequi potest, quod earum ratiocinationes cognoscere et percipere vix cadit in potestatem. Nec tamen non tantum architecti non possunt in omnibus rebus habere summum effectum, sed etiam ipsi, qui privatim proprietates tenent artium, non efficiunt, ut habeant omnes summum laudis principatum. Ergo si in singulis doctrinis singuli artifices neque omnes sed pauci ævo perpetuo nobilitatem vix sunt consecuti, quemadmodum potest architectus, qui pluribus artibus debet esse peritus, non id ipsum mirum ac magnum facere, ne quid ex his indigeat, sed etiam ut omnes artifices superet, qui singulis doctrinis assiduitatem cum industria summa præstiterunt. Igitur in hac re Pythius errasse videtur, quod non animadverterit ex duabus rebus singulas artes esse compositas, ex opere et ejus ratiocinatione ; ex his autem unum proprium esse eorum, qui singulis rebus sunt exercitati, id est operis effectum, alterum commune cum omnibus doctis, id est ratiocinationem : uti medicis et musicis et de venarum sphygmo et de pedum motu. At si vulnus mederi aut ægrum eripere de periculo oportuerit, non accedet musicus, sed id opus

commune à tous les doctes; de sorte qu'un médecin et un musicien peuvent bien parler, par exemple, de la proportion du mouvement de l'artère dont le pouls est composé, et de celui des pieds dans les pas de la danse: mais s'il est question de guérir une plaie ou de soigner un malade, on ne s'en fiera pas au musicien, et l'on y appellera le médecin; de même que, s'il s'agit de récréer les oreilles par le son de quelque instrument, ce n'est pas entre les mains du médecin, mais dans celles du musicien, qu'on le mettra. Il en sera de même des astrologues et des musiciens, lesquels pourront raisonner sur les sympathies des étoiles et sur celles des consonnances, parce qu'elles se font par aspects quadrats et trines en astrologie, par quartes et quintes en musique. Ils pourront aussi les uns et les autres conférer et disputer avec les géomètres sur les choses qui appartiennent à la vue, science qu'on appelle en grec *logos opticos*, et sur plusieurs autres choses qui sont communes à toutes ces sciences. Toutefois s'il est nécessaire de venir à la pratique exacte de ces choses-là, il faudra que chacun traite de celles où il s'est particulièrement exercé. Ainsi, l'architecte doit être réputé en savoir assez s'il est médiocrement instruit dans chacun des arts qui sont nécessaires pour l'architecture, afin que, s'il faut en juger et les examiner, il n'ait pas la honte de demeurer court. S'il se rencontre des personnes à qui la nature ait donné assez d'intelligence, d'esprit, de mémoire, pour savoir parfaitement la géométrie, l'astrologie, la musique et les autres sciences, leur capacité doit être considérée comme quelque chose au delà de ce qui est requis pour l'architecture; ce sont les mathématiciens, qui peuvent traiter aisément, et avec toutes sortes d'avantages, de ces différentes sciences. Mais ces génies sont rares; et il s'en trouve peu de tels qu'ont été Aristarque à Samos, Philolaüs et Archytas à Tarente, Apollonius à Perga, Ératosthène à Cyrène, Archimède et Scopinas à Syracuse; lesquels ont laissé à la postérité beaucoup de belles découvertes dans la mécanique et dans la gnomonique, par la connaissance qu'ils avaient des nombres et des choses naturelles. Mais puisque la nature n'a donné cette capacité qu'à fort peu d'esprits, chez un très-petit nombre de peuples, et qu'il est cependant nécessaire que l'architecte s'occupe de toutes ces sciences, une médiocre connaissance de chacune d'elles pouvant lui suffire, je vous supplie, César, et tous ceux qui liront mes volumes, d'excuser les fautes qui s'y trouveront contre les règles de la grammaire, et de considérer que ce n'est ni un grand philosophe, ni un rhéteur éloquent, ni un grammairien consommé; mais que c'est un architecte à qui ces connaissances ne sont pas étrangères qui l'a écrit. Pour ce qui appartient au fond de l'architecture, et à tout ce qui se rapporte à cette science, je puis dire avec quelque assurance que non-seulement les ouvriers trouveront dans ces volumes les instructions dont ils ont besoin, mais même que tout esprit raisonnable y rencontrera la satisfaction que l'on peut désirer dans la connaissance de cette science.

CHAPITRE II.

En quoi consiste l'architecture.

L'architecture consiste en cinq choses, savoir: l'ordonnance, appelée *taxis* par les Grecs; la disposition, qui est ce qu'ils nomment *diathésis*;

---

proprium erit medici. Item in organo non medicus sed musicus modulabitur, ut aures suam cantionibus recipiant jucunditatem. Similiter cum astrologis et musicis est disputatio communis de sympathia stellarum et symphoniarum in quadratis et trigonis, diatessaron et diapente : cum geometris de visu, qui græce λόγος ὀπτικός appellatur, ceterisque omnibus doctrinis multæ res vel omnes communes sunt duntaxat ad disputandum. Operum vero ingressus, qui manu ac tractationibus ad eleganciam perducuntur, ipsorum sunt, qui proprie una arte ad faciendum sunt instituti. Ergo satis abunde videtur fecisse, qui ex singulis doctrinis partes et rationes earum mediocriter habet notas, easque quæ necessariæ sunt ad architectandum; uti si quid de his rebus et artibus judicare et probare opus fuerit, ne deficiatur. Quibus vero natura tantum tribuit solertiæ, acuminis, memoriæ, ut possint geometriam, astrologiam, musicen, ceterasque disciplinas penitus habere notas, prætereunt officia architectorum, et efficiuntur mathematici. Itaque faciliter contra eas disciplinas disputare possunt, quod pluribus telis disciplinarum sunt armati. Hi autem inveniuntur raro, ut aliquando fuerunt Aristarchus Samius, Philolaus et Archytas Tarentini, Apollonius Pergæus, Eratosthenes Cyrenæus, Archimedes et Scopinas ab Syracusis, qui multas res organicas et gnomonicas numero naturalibusque rationibus inventas atque explicatas posteris reliquerunt. Cum ergo talia ingenia a naturali solertia non passim cunctis gentibus sed paucis viris habere concedatur; officium vero architecti omnibus eruditionibus debeat esse exercitatum, et ratio propter amplitudinem rei permittat non juxta necessitatem summas, sed etiam mediocres scientias habere disciplinarum; peto, Cæsar, et a te et ab his, qui mea volumina sunt lecturi, ut si quid parum ad artis grammaticæ regulam fuerit explicatum, ignoscatur. Namque non uti summus philosophus, nec rhetor disertus, nec grammaticus summis rationibus artis exercitatus, sed ut architectus his litteris imbutus hæc nisus sum scribere. De artis vero potestate, quæque insunt in ea ratiocinationes, polliceor, uti spero, his voluminibus non modo ædificantibus sed etiam omnibus sapientibus cum maxima auctoritate me sine dubio præstaturum.

CAPUT II.

Ex quibus rebus architectura constet.

Architectura autem constat ex ordinatione, quæ græce τάξις dicitur, et ex dispositione : hanc autem Græci διάθε-

l'*eurhythmie* ou proportion ; la bienséance et la distribution, qui en grec est appelée *œconomia*. L'ordonnance est ce qui donne à toutes les parties d'un bâtiment leur juste grandeur, par rapport à leur usage, soit qu'on les considère séparément, soit qu'on ait égard à la proportion ou symétrie de tout l'ouvrage. Cette ordonnance dépend de la quantité appelée en grec *ποςότε*. Or, la quantité dépend du module qui a été pris pour régler l'œuvre entière, et chacune de ses parties séparément. La disposition est l'arrangement convenable de toutes les parties, en sorte qu'elles soient placées selon la qualité de chacune. Les représentations, ou, pour parler comme les Grecs, les *idées* de la disposition, se font de trois manières, savoir : par l'*ichnographie*, par l'*orthographie*, et par la *scénographie*.

L'ichnographie consiste à tracer avec la règle et le compas, dans un espace médiocre, le plan d'un édifice, comme si c'était sur le terrain. L'orthographie représente aussi dans un petit espace l'élévation d'une des faces, avec les mêmes proportions que doit avoir l'ouvrage qu'on veut bâtir. La scénographie fait voir non-seulement l'élévation d'une des faces, mais aussi le retour des côtés par le concours de toutes les lignes qui aboutissent à un centre. Ces choses se font par le moyen de la méditation et de l'invention. La méditation est l'effort que fait l'esprit, invité par le plaisir qu'il a de réussir dans la recherche de quelque chose. L'invention est l'effet de cet effort d'esprit, qui donne une explication nouvelle aux choses les plus obscures. Par le moyen de ces trois manières, on fait une représentation parfaite et achevée de la disposition d'un bâtiment. L'eurhythmie est cette beauté agréable aux yeux, qui résulte de l'assemblage de toutes les parties de l'œuvre, lorsque la hauteur répond à la largeur, et la largeur à la longueur, le tout ayant sa juste mesure. La proportion aussi est le rapport de l'œuvre tout entière avec ses parties, et celui qu'elles ont séparément à l'idée du tout, suivant la mesure d'une certaine partie. Car, de même que dans le corps humain il y a un rapport, une convenance entre le coude, le pied, la paume de la main, le doigt et les autres parties, ainsi, dans les ouvrages qui ont atteint leur perfection, un membre en particulier fait juger de la grandeur de l'œuvre. Par exemple, le diamètre d'une colonne ou le module d'un triglyphe fait juger de la grandeur d'un temple. Dans une baliste, le trou que les Grecs appellent *péritréton* fait connaître combien elle est grande ; de même que l'espace compris entre une rame et un autre espace, qui se nomme *dipéchaïcé*, fait voir quelle est la grandeur d'une galère. Il en est ainsi de tous les autres ouvrages. La bienséance est une qualité qui résulte de la parfaite correction de l'édifice, où il n'y a rien qui ne soit approuvé et fondé sur quelque autorité. Pour y atteindre, il faut avoir égard à l'état des choses, qui est appelé en grec *thématismos*, à l'usage, et à la nature des lieux. Par exemple, si l'on a égard à l'état des choses, on ne fera point de toit au temple de Jupiter Foudroyant, ni à celui du Ciel, non plus qu'à celui du Soleil ou de la Lune ; ils seront découverts, parce que ces divinités se font connaître en plein jour et dans toute l'étendue de l'univers. Par la même raison, les temples de Minerve, de Mars et d'Hercule seront d'ordre dorique, parce que le caractère de ces divinités a une gravité qui répugne à la délicatesse des autres ordres ; au lieu que les temples de Vénus, de Flore, de Proserpine et des Nymphes des Fontaines doivent être

σιν vocant : et eurhythmia et symmetria et decore et distributione, quæ græce οἰκονομία dicitur. Ordinatio est modica membrorum operis commoditas separatim, universæque proportionis ad symmetriam comparatio. Hæc componitur ex quantitate, quæ græce ποσότης dicitur. Quantitas autem est modulorum ex ipsius operis sumptione e singulisque membrorum partibus universi operis convenientis effectus. Dispositio autem est rerum apta collocatio, elegansque in compositionibus effectus operis cum qualitate. Species dispositionis, quæ græce dicuntur ἰδέαι, hæ sunt : ichnographia, orthographia, scenographia.

Ichnographia est circini regulæque modice continens usus, ex qua capiuntur formarum in solis arearum descriptiones. Orthographia autem est erecta frontis imago modiceque picta rationibus operis futuri figura. Item scenographia est frontis et laterum abscedentium adumbratio, ad circinique centrum omnium linearum responsus. Hæc nascuntur ex cogitatione et inventione. Cogitatio est cura studii plena et industriæ vigilantiæque, effectus propositi cum voluptate. Inventio autem est quæstionum obscurarum explicatio, ratioque novæ rei vigore mobili reperta. Hæ sunt terminationes dispositionis. Eurhythmia est venusta species commodusque in compositionibus membrorum aspectus. Hæc efficitur, cum membra operis convenientia sunt, altitudinis ad latitudinem, latitudinis ad longitudinem et ad summam omnia respondent suæ symmetriæ. Item symmetria est ex ipsius operis membris conveniens consensus ex partibusque separatis ad universæ figuræ speciem ratæ partis responsus : ut in hominis corpore e cubito, pede, palmo, digito ceterisque partibus symmetros est eurhythmiæ qualitas ; sic et in operum perfectionibus. Et primum in ædibus sacris aut e columnarum crassitudinibus aut e triglypho embates ; in balista autem e foramine, quod Græci περίτρητον vocitant ; in navibus interscalmio, quod διπηχαϊκή dicitur ; item ceterorum operum e membris invenitur symmetriarum ratiocinatio. Decor autem est emendatus operis aspectus probatis rebus compositi cum auctoritate. Is perficitur statione, qui græce θεματισμός dicitur, seu consuetudine aut natura. Statione, cum Jovi Fulguri et Cœlo et Soli et Lunæ ædificia sub divo hypæthraque constituuntur. Horum enim deorum et species et effectus in aperto mundo atque lucenti præsentes videmus. Minervæ et Marti et Herculi ædes doricæ fient : his enim diis propter virtutem sine deliciis ædificia constitui decet. Veneri,

d'ordre corinthien, d'autant que la gentillesse des fleurs, des feuillages et des volutes, dont cet ordre est embelli, paraît fort convenable à la délicatesse de ces déesses ; et de tels ornements dans ces édifices contribuent beaucoup à la bienséance. On aura pareillement soin de choisir l'ordre ionique pour les temples de Junon, de Diane, de Bacchus et des autres dieux de cette espèce, parce que le rang que tient cet ordre, entre la sévérité du dorique et la délicatesse du corinthien, représente assez bien la nature particulière de ces divinités. Pour ce qui est de la bienséance par rapport aux usages, elle consiste à donner aux vestibules, quand l'intérieur des bâtiments est enrichi d'ornements magnifiques, une élégance appropriée à cette richesse. Car si les dedans sont élégants et beaux, et que les entrées et les vestibules soient pauvres et chétifs, il n'y aura ni agrément ni bienséance. De même, si l'on met sur des architraves doriques des corniches dentelées, ou si au-dessus des architraves ioniques, soutenus de colonnes à chapiteaux oreillés, l'on taille des triglyphes, et qu'ainsi les choses qui sont propres à un ordre soient attribuées et transférées à un autre, les yeux en seront choqués, parce qu'ils sont accoutumés de voir ces choses disposées d'une autre manière. La bienséance que requiert la nature des lieux consiste à choisir, pour l'emplacement de tous les temples, les endroits où l'air est le plus salubre, et l'eau des sources la plus saine. Cette précaution est particulièrement nécessaire pour les temples qu'on bâtit au dieu Esculape, à la déesse Santé, et aux autres divinités par qui l'on croit généralement que les maladies sont guéries. Car le changement d'un air malsain en un air salubre, et l'usage de meilleures eaux, rendront plus prompte la guérison des malades ; ce qui augmentera beaucoup la dévotion du peuple, qui attribuera à ces divinités des guérisons dues à la nature salutaire du lieu. Il y a encore une autre bienséance que demande la nature du lieu, qui est de prendre garde que les chambres où l'on doit coucher et les bibliothèques soient tournées au levant ; que les bains et les appartements d'hiver soient au couchant d'hiver (1), et que les cabinets de tableaux, et d'autres curiosités qui veulent un jour toujours égal, le reçoivent du septentrion ; d'autant que ce côté du ciel, n'étant point tour à tour éclairé par le soleil ou privé de sa clarté, demeure à peu près dans le même état tout le long du jour. La distribution consiste à faire le meilleur emploi possible des matériaux et des terrains, en suivant les règles d'une économie bien entendue. Pour cela, le premier soin de l'architecte devra être de ne pas employer les choses que l'on ne peut trouver, ou préparer qu'à grands frais ; car il y a des lieux où l'on ne trouve en quantité suffisante ni de bon sable de cave, ni de bonnes pierres, ni de l'abiès, ni du sapin, ni du marbre, et où il faudrait, pour avoir toutes ces choses, les faire venir de loin avec beaucoup de peine et de dépense. Il faut donc, si l'on n'a pas de sable de cave, se servir de sable de rivière ou de mer lavé en eau douce : à défaut d'abiès ou de sapin, on emploiera le cyprès, le peuplier, l'orme, le pin ; mais nous donnerons à cet égard et pour le reste les explications nécessaires. Une autre partie de la distribution est d'avoir égard, dans la construction d'un bâtiment, à l'usage auquel on le destine, à l'argent qu'on y veut employer, et à la beauté que l'on veut qu'il ait, parce que, suivant ces diverses considérations, la distribution doit être différente. Car il

(1) Voyez plus bas le livre V, ch. 10, 6, 7.

Floræ, Proserpinæ, Fonti cum Nymphis Corinthio genere constitutæ aptas videbuntur habere proprietates, quod his diis propter teneritatem graciliora et florida foliisque et volutis ornata opera facta augere videbuntur justum decorem. Junoni, Dianæ, Libero patri, ceterisque diis, qui eadem sunt similitudine, si ædes Ionicæ construentur, habita erit ratio mediocritatis, quod et ab severo more Doricorum et a teneritate Corinthiorum temperabitur earum institutio proprietatis. Ad consuetudinem autem decor sic exprimitur, cum ædificiis interioribus magnificis item vestibula convenientia et elegantia erunt facta : si enim interiora perfectus habuerint elegantes, aditus autem humiles et inhonestos, non erunt cum decore. Item si Doricis epistyliis in coronis denticuli sculpentur, aut in pulvinatis capitulis et (columnis) Ionicis epistyliis exprimentur triglyphi, translatis ex alia ratione proprietatibus in aliud genus operis, offendetur aspectus, alius ante ordinis consuetudinibus institutis. Naturalis autem decor sic erit, si primum omnibus templis saluberrimæ regiones aquarumque fontes in his locis idonei eligentur, in quibus fana constituantur : deinde maxime Æsculapio, Saluti et eorum deorum, quorum plurimi medicinis ægri curari videntur. Cum enim ex pestilenti in saluhrem locum corpora ægra translata fuerint, et e fontibus salubribus aquarum usus subministrabuntur, celerius convalescent. Ita efficietur, uti ex natura loci majores, auctasque cum dignitate, divinitus excipiat opiniones. Item naturæ decor erit, si cubiculis et bibliothecis ab oriente lumina capientur, balneis et hibernaculis ab occidente hiberno, pinacothecis et quibus certis luminibus opus est partibus a septentrione ; quod ea cœli regio neque exclaratur neque obscuratur solis cursu ; sed est certa et immutabilis die perpetuo. Distributio autem est copiarum locique commoda dispensatio, parcaque in operibus sumptus cum ratione temperatio. Hæc ita observabitur, si primum architectus ea non quæret, quæ non poterunt inveniri aut parari nisi magno. Namque non omnibus locis arenæ fossitiæ, nec cæmentorum, nec abietis, nec sappinorum, nec marmoris copia est, sed aliud alio loco nascitur, quorum comportationes difficiles sunt et sumptuosæ. Utendum autem est, ubi non est arena fossitia, fluviatica aut marina lota. Inopiæ quoque abietis aut sappinorum vitabuntur utendo cupresso, populo, ulmo, pinu : reliqua quoque his similiter erunt explicanda. Alter gradus erit distributionis, cum ad usum

faut distribuer une maison de ville autrement qu'une maison de campagne, laquelle doit être appropriée aux usages rustiques d'une telle propriété. La maison qu'on bâtit pour les bureaux de gens d'affaires doit être autrement disposée que celle qu'on fait pour des gens heureux et délicats, ou pour de grands personnages dont les fonctions sont de gouverner l'État. Il faut enfin ordonner diversement les édifices, selon les différentes conditions de ceux pour lesquels on bâtit.

CHAPITRE III.

Des parties de l'architecture qui sont la distribution des édifices publics et particuliers, la gnomonique et la mécanique.

L'architecture a trois parties, qui sont : la construction, la gnomonique et la mécanique. La construction est elle-même divisée en deux parties, dont l'une a pour objet la construction des murailles des villes et des édifices publics, et dont l'autre s'applique aux maisons des particuliers. Les ouvrages publics sont de trois sortes ; ils regardent la sûreté des villes, ou la religion, ou la commodité du peuple. Les ouvrages qui sont faits pour la sûreté des villes sont les murs, les tours, les portes, et tout ce qui a été inventé pour servir de défense perpétuelle contre les entreprises des ennemis. Les monuments de la religion sont les temples des dieux immortels et tous les édifices sacrés ; les bâtiments d'utilité sont tous les édifices destinés aux usages publics, comme les ports, les places publiques, les portiques, les bains, les théâtres, les promenoirs, toutes les choses enfin dont l'usage est commun à tout le monde. Toutes ces constructions doivent être faites de manière que la solidité, l'utilité et la beauté s'y rencontrent. Pour la solidité, on doit avoir soin que les fondements soient creusés jusqu'au solide, et bâtis avec les meilleurs matériaux que l'on pourra choisir, sans regarder à la dépense. L'utilité veut que l'on dispose l'édifice avec art, de façon que rien n'en puisse empêcher l'usage, et que chaque chose mise en sa place ait tout ce qui lui est propre et nécessaire. Enfin la beauté, pour être accomplie dans un bâtiment, demande que la forme en soit agréable et élégante, par la juste proportion de toutes ses parties.

CHAPITRE IV.

Comment on peut connaître si un lieu est sain, et ce qui l'empêche de l'être.

Quand on veut bâtir une ville, la première chose qu'il faut faire est de choisir un lieu sain. Or, ce lieu doit être élevé ; il faut, en outre, qu'il ne soit point sujet aux brouillards ni aux bruines ; qu'il ait une bonne température d'air ; qu'il ne soit exposé ni aux grandes chaleurs ni aux grands froids. De plus, il ne doit pas être dans le voisinage des marécages ; car il y aurait à craindre qu'un lieu où le vent du matin pousserait les vapeurs que le soleil en se levant aurait attirées de l'haleine infecte et vénéneuse des animaux qui s'engendrent dans les marécages, ne fût malsain et pestilentiel. De même une ville bâtie sur le bord de la mer, et exposée au midi ou au couchant, ne peut être saine, parce que, dans les lieux exposés au midi, le soleil, durant l'été,

patrum familiarum aut ad pecuniæ copiam aut ad elegantiæ dignitatem ædificia aliter disponentur : namque aliter urbanas domos oportere constitui videtur, aliter quibus ex possessionibus rusticis influunt fructus : non item fœneratoribus : aliter beatis et delicatis : potentibus vero, quorum cogitationibus respublica gubernatur, ad usum collocabuntur : et omnino faciendæ sunt aptæ omnibus personis ædificiorum distributiones.

CAPUT III.

De partibus et terminationibus architecturæ.

Partes ipsius architecturæ sunt tres : ædificatio, gnomonice, machinatio. Ædificatio autem divisa est bipartito, e quibus una est mœnium et communium operum in publicis locis collocatio : altera est privatorum ædificiorum explicatio. Publicorum autem distributiones sunt tres, e quibus una est defensionis, altera religionis, tertia opportunitatis. Defensionis est murorum turriumque et portarum ratio ad hostium impetus perpetuo repellendos excogitata. Religionis, deorum immortalium fanorum ædiumque sacrarum collocatio. Opportunitatis, communium locorum ad usum publicum dispositio, uti portus, fora, porticus, balnea, theatra, inambulationes, ceteraque, quæ iisdem rationibus in publicis designantur locis. Hæc autem ita fieri debent, ut habeatur ratio firmitatis, utilitatis, venustatis. Firmitatis erit habita ratio, cum fuerit fundamentorum ad solidum depressio, et ex quaque materia copiarum sine avaritia diligens electio. Utilitatis autem, emendata et sine impeditione usus locorum dispositio, et ad regiones sui cujusque generis apta et commoda distributio. Venustatis vero, cum fuerit operis species grata et elegans, membrorumque commensus justas habeat symmetriarum ratiocinationes.

CAPUT IV.

De electione locorum salubrium.

In ipsis vero mœnibus ea erunt principia. Primum electio loci saluberrimi. Is autem erit excelsus et non nebulosus, non pruinosus, regionesque cœli spectans neque æstuosas neque frigidas sed temperatas : deinde si evitabitur palustris vicinitas. Cum enim auræ matutinæ cum sole oriente ad oppidum pervenient, et iis ortæ nebulæ adjungentur, spiritusque bestiarum palustrium venenatos cum nebula mixtos inhabitatorum corpora flatus spargent, efficient locum pestilentem. Item si secundum mare erunt mœnia spectabuntque ad meridiem aut ad occidentem, non erunt salubria ; quia per æstatem cœlum meridianum sole exoriente calescit, meridie ardet : item quod spectat ad occidentem, sole exorto tepescit, meridie calet, vespere fervet. Igitur mutationibus caloris et refrigerationis corpora, quæ

est fort chaud dès son lever, et brûlant à midi; et dans ceux qui sont exposés au couchant, l'air, ne commençant à s'échauffer que quand le soleil se lève, est déjà chaud à midi et très-brûlant au coucher du soleil. Aussi ces changements soudains du chaud au froid altèrent considérablement la santé de ceux qui y sont exposés. On a même remarqué que cela est d'importance pour les choses inanimées; car personne n'a jamais fait les fenêtres des celliers du côté du midi ni du couchant, mais bien vers le septentrion, parce que ce côté-là du ciel n'est point sujet au changement, mais demeure continuellement le même. C'est pourquoi les greniers dans lesquels le soleil donne tout le long du jour ne conservent rien de bon; la viande et les fruits ne s'y gardent pas longtemps : il faut les placer dans un lieu qui ne reçoive point les rayons du soleil; car la chaleur, qui altère incessamment toutes choses, leur ôte leur force par les vapeurs chaudes qui viennent à dissoudre et épuiser leurs vertus naturelles. Le fer même, tout dur qu'il est, s'amollit tellement dans les fourneaux par la chaleur du feu, qu'il est aisé de lui faire prendre telle forme que l'on veut; et il ne retourne en son premier état que quand il se refroidit, ou lorsqu'on lui redonne, en le trempant, la dureté qui lui est propre. Cela est si vrai, que pendant l'été la chaleur affaiblit les corps, non-seulement dans les lieux malsains, mais même dans ceux où l'air est le meilleur; et qu'au contraire en hiver l'air le plus dangereux ne nous peut nuire, parce que le froid nous affermit et nous fortifie. L'on voit aussi que les habitants des pays froids, qui passent en des pays chauds, ont de la peine à y demeurer sans devenir malades, et que ceux qui vont habiter les froides régions du septentrion, bien loin de ressentir aucun mal de ce changement, s'en trouvent beaucoup mieux. C'est pourquoi il faut avoir grand soin, quand on choisit un lieu pour bâtir une ville, de fuir celui où les vents chauds ont coutume de souffler. Tous les corps sont composés de principes appelés *stoichéia* par les Grecs, qui sont le chaud, l'humide, le terrestre, et l'aérien, du mélange desquels il résulte un tempérament naturel qui fait le caractère de chaque être animé. Si, dans quelques circonstances, l'un de ces principes, par exemple le chaud, est augmenté, il corrompt tout le tempérament en dissipant ses forces. C'est ce qui arrive lorsque le soleil, agissant sur les corps, y fait entrer, par les veines qui sont ouvertes aux pores de la peau, plus de chaleur qu'il n'en faut pour la température naturelle de l'animal; ou bien lorsque l'humidité trop abondante, s'insinuant aussi dans les conduits des corps, change la proportion qu'elle doit y avoir avec la sécheresse; parce que cela fait perdre de leur force à toutes les autres qualités, qui n'existent qu'autant qu'elles conservent la juste proportion qu'elles doivent avoir les unes à l'égard des autres. L'air et les vents froids et humides rendent aussi les corps malades; le principe terrestre, venant à prédominer, détruit également l'équilibre nécessaire aux corps, en augmentant ou en diminuant leurs autres qualités naturelles; ce qui arrive lorsqu'ils prennent trop de nourriture solide, ou qu'ils respirent un air trop grossier. Pour mieux se rendre compte de la différence des tempéraments, il faut considérer ceux des animaux

in iis locis sunt, vitiantur. Hoc autem licet animadvertere etiam ex iis, quæ non sunt animalia. In cellis enim vinariis tectis lumina nemo capit a meridie nec ab occidente, sed a septentrione; quod ea regio nullo tempore mutationes recipit, sed est firma perpetuo et immutabilis. Ideo etiam granaria, quæ ad solis cursum spectant, bonitatem cito mutant; obsoniaque et poma, quæ non in ea cœli parte ponuntur, quæ est aversa a solis cursu, non diu servantur. Nam semper calor cum exocquit a rebus, firmitatem eripit, et vaporibus fervidis exsugendo naturales virtutes dissolvit eas et fervore mollescentes efficit imbecillas : ut etiam in ferro animadvertimus, quod quamvis natura sit durum, in fornacibus ab ignis vapore percalefactum ita mollescit, uti in omne genus formæ faciliter fabricetur, et idem cum molle et candens refrigeratur tinctum frigida, redurescit et restituitur in antiquam proprietatem. Licet etiam considerare hæc ita esse ex eo, quod æstate non solum in pestilentibus locis sed etiam in salubribus omnia corpora calore fiunt imbecilla, et per hiemem etiam quæ sunt pestilentissimæ regiones efficiantur salubres, ideo quod a refrigerationibus solidantur. Non minus etiam quæ a frigidis regionibus corpora traducuntur in calidas, non possunt durare, sed dissolvuntur : quæ autem ex calidis locis sub septentrionum regiones frigidas, non modo non laborant immutatione loci valetudinibus, sed etiam confirmantur. Quare cavendum esse videtur in mœnibus collocandis ab iis regionibus, quæ caloribus flatus ad corpora hominum possunt spargere. Namque ex principiis, quæ Græci στοιχεῖα appellant, ut omnia corpora sunt composita, id est ex calore et humore et terreno et aëre, ita his mixtionibus naturali temperatura figurantur omnium animalium in mundo generatim qualitates. Ergo in quibus corporibus cum exuberat e principiis calor, tunc interficit, dissolvit que cetera fervore. Hæc autem vitia efficit servidum ab certis partibus cœlum, cum insidit in apertas venas plus quam patitur e mixtionibus naturali temperatura corpus. Item si humor occupavit corporum venas imparesque eas fecit, cetera principia, ut a liquido corrupta, diluuntur, et dissolvuntur compositionis virtutes. Item e refrigerationibus humoris, ventorum et aurarum infunduntur vitia corporibus. Non minus aëris etiamque terreni in corpore naturalis compositio, augendo aut minuendo, infirmat cetera principia : terrena, cibi plenitate, aëria, gravitate cœli. Sed si quis voluerit diligentius hæc sensu percipere, animadvertat attendatque naturas avium et piscium et terrestrium animalium, et ita considerabit discrimina temperaturæ. Aliam enim mixtionem habet genus avium, aliam piscium, longe aliam terrestrium natura. Volucres minus habent terreni, minus humoris, caloris temperate et aëris multum : igitur levioribus principiis compositæ

terrestres et ceux des poissons et des oiseaux, et les comparer ensemble ; car leur composition diffère entièrement, les oiseaux ayant peu de terrestre et encore moins d'humide, mais beaucoup d'air avec une chaleur tempérée ; ce qui fait qu'ils s'élèvent aisément en l'air, n'étant composés que d'éléments fort légers. Les poissons ont une chaleur tempérée avec beaucoup d'air et de terrestre, et très-peu d'humide ; d'où vient qu'ils vivent aisément dans l'eau, et qu'ils meurent quand ils en sortent. Au contraire, les animaux terrestres, ayant médiocrement d'air et de chaleur, peu de terrestre et beaucoup d'humide, ne peuvent longtemps vivre dans l'eau. Que si cela est ainsi, et que les corps des animaux soient composés, comme nous voyons, de ces principes et de ces qualités, dont l'excès et le défaut causent les maladies, il est de très-grande importance, afin que les villes que l'on doit bâtir n'y soient point sujettes, de choisir les lieux que l'on reconnaît les plus tempérés. C'est pourquoi j'approuve fort l'usage où étaient les anciens de commencer, dans les endroits où ils voulaient bâtir ou camper, par immoler des animaux qui paissaient d'ordinaire en ces lieux, pour en examiner le foie. Si, après en avoir ouvert et examiné plusieurs, ils en trouvaient de livides et de corrompus, et s'ils jugeaient que cela n'était l'effet que de quelque maladie particulière, et non de la mauvaise nourriture, puisque le foie des autres était sain et entier, grâce à l'usage des bonnes eaux et des bons pâturages, alors ils y bâtissaient leurs villes. Si, au contraire, ils trouvaient les foies des animaux généralement gâtés, ils concluaient que ceux des hommes étaient de même, et que les eaux et la nourriture ne pouvaient être bonnes dans ce pays-là ; aussi l'abandonnaient-ils incontinent pour se transporter ailleurs, cherchant en toutes choses ce qui peut entretenir la santé. Mais, pour faire voir qu'on peut connaître si un endroit est sain par la qualité des herbes qui y croissent, et de la nourriture, il ne faut que comparer les deux pays qui sont sur les bords du fleuve Pothérée, qui coule entre les deux villes de Gnosos et de Gortyne, en Crète. Il y a des animaux qui paissent à droite et à gauche de ce fleuve : mais ceux qui paissent près de Gnosos ont une rate, tandis que ceux qui paissent de l'autre côté, près de Gortyne, n'en ont point d'apparente. Les médecins qui en ont cherché la cause, ont trouvé qu'il croît en ce lieu une herbe qui a la vertu de diminuer la rate des animaux qui en mangent ; et ils se sont servis depuis de cette même herbe pour guérir les rateleux. C'est pourquoi les Crétois l'appellent *asplénon* (1). Cet exemple fait voir qu'il y a des lieux que la mauvaise qualité naturelle des fruits et des eaux rend tout à fait malsains. Mais les villes qui sont bâties dans les marécages pourront n'être pas tout à fait mal placées, si ces marécages sont sur le bord de la mer, s'ils sont au septentrion à l'égard de la ville, ou bien entre le septentrion et le levant, surtout si ces marais sont plus élevés que le rivage de la mer. L'on pourra, en effet, creuser des fossés et des tranchées par où l'eau des marais s'écoulera dans la mer, et par lesquels la mer y entrera, poussée par les tempêtes ; en sorte que le mélange de ces eaux avec celles de la mer empêchera de naître les animaux ordinaires des marais ; et ceux qui, de ces endroits

(1) Qui consume la rate.

facilius in aërem nituntur. Aquatiles autem piscium naturæ ; quod temperatæ sunt a calido, plurimumque ex aere et terreno sunt compositæ, sed humoris habent oppido quam paulum, quo minus habent e principiis humoris in corpore, facilius in humore perdurant : itaque cum ad terram perducuntur, animam cum aqua relinquunt. Item terrestria, quod e principiis ab aëre caloreque sunt temperata, minusque habent terreni plurimumque humoris, quod abundant humidæ partes, non diu possunt in aqua vitam tueri. Ergo si hæc ita videntur, quemadmodum proposuimus, et ex iis principiis animalium corpora composita sensu percipimus, et exuberationibus aut defectionibus ea laborare dissolvique indicavimus : non dubitamus, quin diligentius quæri oporteat, uti temperatissimas cœli regiones eligamus, cum quærenda fuerit in mœnium collocationibus salubritas. Itaque etiam atque etiam veterem revocandam censeo rationem : majores enim pecoribus immolatis, quæ pascebantur in iis locis, quibus aut oppida aut castra stativa constituebantur, inspiciebant jecinora, et si erant livida et vitiosa prima, alia immolabant, dubitantes utrum morbo an pabuli vitio læsa essent : cum pluribus experti erant, et probaverant integram et solidam naturam jecinorum ex aqua et pabulo, ibi constituebant munitiones ; si autem vitiosa inveniebant indicio, transferebant : item in humanis corporibus pestilentem futuram nascentem in iis locis aquæ cibique copiam : et ita transmigrabant et mutabant regiones, quærentes omnibus rebus salubritatem. Hoc autem fieri, uti pabulo ciboque salubres proprietates terræ videantur, licet animadvertere et cognoscere ex agris Cretensium, qui sunt circa Pothereum flumen, quod est Cretæ inter duas civitates Gnoson et Gortynam : dextra enim et sinistra ejus fluminis pascuntur pecora ; sed ex iis, quæ pascuntur proxime Gnoson, splenem habent ; quæ autem ex altera parte proxime Gortynam, non habent apparentem splenem. Unde etiam medici quærentes de ea re invenerunt in iis locis herbam, quam pecora rodendo imminuerant lienes : ita eam herbam colligendo curant lienosos hoc medicamento, quod etiam ἄσπληνον Cretenses vocitant. Ex eo licet scire, cibo atque aqua proprietates locorum naturaliter pestilentes aut salubres esse. Item si in paludibus mœnia constituta erunt, quæ paludes secundum mare fuerint, spectabuntque ad septentrionem, aut inter septentrionem et orientem, eæque paludes excelsiores fuerint, quam littus marinum, ratione videbuntur esse constituta. Fossis enim ductis aquæ exitus ad littus, et mari tempestatibus aucto, in paludes redundantia motu

plus élevés que la mer, gagneront en nageant le plus prochain rivage, périront bientôt dans ces eaux salées, où ils ne sont pas faits pour vivre. L'expérience l'a fait voir dans les marécages de la Gaule Cisalpine, qui sont aux environs d'Altinum, de Ravenne, d'Aquilée, et des autres municipes de cette province, où les marais n'empêchent point que l'air ne soit merveilleusement sain. Mais, au contraire, quand les eaux des marais sont stagnantes et ne s'écoulent dans aucune rivière ni dans aucun fossé, comme celles des marais Pontins, ces eaux, faute d'agitation, se corrompent et infectent l'air. C'est pourquoi les habitants de l'ancienne Salpie, ville de la Pouille, bâtie dans un lieu de cette nature par Diomède, à son retour de Troie, ou, comme quelques-uns l'ont écrit, par le Rhodien Elphias, se voyant tous les ans affligés de maladies, vinrent trouver M. Hostilius, et lui demandèrent publiquement qu'il leur fût permis de transporter leur ville en un lieu plus convenable, dont ils lui laissèrent le choix ; ce qu'il leur accorda sans difficulté. Ayant donc examiné, avec beaucoup de soin et de prudence, les qualités d'un endroit voisin de la mer, qu'il jugea fort sain, il y bâtit une nouvelle ville avec la permission du sénat et du peuple romain, en faisant payer à chacun des habitants seulement un sesterce (1) pour la place de chaque maison. Ensuite il fit une ouverture à un grand lac qui était près de la ville, pour y laisser entrer la mer et en faire un port ; de manière que les habitants de Salpie sont à présent dans un lieu fort sain, à quatre milles de leur ancienne ville.

(1) Un sesterce équivalait à peu près à 20 de nos centimes.

CHAPITRE V.

Des fondements des murs et des tours.

Lorsque, d'après ce qui a été dit, l'on se sera assuré de la salubrité du lieu où l'on veut fonder une ville par la connaissance que l'on aura de la qualité de son air, de l'abondance des fruits qui croissent dans les pays d'alentour, et de la facilité que les chemins, les fleuves et les ports de mer donneront pour les approvisionnements qui seront nécessaires, il faudra travailler de cette manière aux fondements des tours et des remparts. Il faut creuser, s'il se peut, jusqu'au solide et dans le solide même, en raison de la pesanteur des murailles, et bâtir le fondement avec la pierre la plus dure que l'on pourra trouver, mais avec plus de largeur que les murailles n'en doivent avoir au-dessus du rez-de-chaussée. Les tours doivent s'avancer hors des murs, afin que, lorsque les ennemis s'en approchent, celles qui sont à droite et à gauche leur donnent dans le flanc. Il faut surtout rendre difficile à l'ennemi l'approche des murailles, en les environnant de précipices ; il faut aussi que les chemins qui vont aux portes ne soient pas droits, mais qu'ils tournent à gauche de la porte ; car par ce moyen les assiégeants présenteront à ceux qui seront sur la muraille le côté droit, qui n'est point couvert du bouclier. La figure d'une place ne doit être ni carrée, ni composée d'angles trop avancés ; mais elle doit faire simplement une enceinte, afin que l'on puisse voir l'ennemi de plusieurs endroits ; les angles avancés ne sont point propres pour la défense, et sont plus favorables aux assiégeants qu'aux assiégés. J'estime que l'épaisseur de la

---

nibus concitatur, amarisque mixtionibus non patitur bestiarum palustrium genera ibi nasci ; quæque de superioribus locis natando proxime littus perveniunt, inconsueta salsitudine necantur. Exemplar autem hujus rei Gallicæ paludes possunt esse, quæ circum Altinum, Ravennam, Aquileiam aliaque quæ in ejusmodi locis municipia sunt proxima paludibus ; quod his regionibus habent incredibilem salubritatem. Quibus autem insidentes sunt paludes, et non habent exitus profluentes neque per flumina neque per fossas, uti Pomtinæ, stando putrescunt, et humores graves et pestilentes in his locis emittunt. Item in Apulia oppidum Salpia vetus, quod Diomedes ab Troia rediens constituit, sive, quemadmodum nonnulli scripserunt, Elphias Rhodius, in ejusmodi locis fuerat collocatum ; ex quo incolæ quotannis ægrotando laborantes aliquando pervenerunt ad M. Hostilium, ab eoque publice petentes impetraverunt, uti his idoneum locum ad mœnia transferenda conquireret eligeretque. Tunc is moratus non est, sed statim rationibus doctissime quæsitis secundum mare mercatus est possessionem loco salubri, ab senatuque populoque romano petiit, ut liceret transferre oppidum, constituitque mœnia et areas divisit, numoque sestertio singulis municipibus mancipio dedit. His confectis lacum aperuit in mare, et portum e lacu municipio perfecit : itaque nunc Salpini quatuor millia passus progressi ab oppido vetere habitant in salubri loco.

CAPUT V.

De fundamentis murorum et turrium.

Cum ergo his rationibus erit salubritatis in mœnibus collocandis explicatio, regionesque electæ fuerint fructibus ad alendam civitatem copiosæ, et viarum munitiones, aut opportunitates fluminum, seu per portus marinæ subvectiones habuerint ad mœnia comportationes expeditas, tunc turrium murorumque fundamenta sic sunt facienda, uti fodiantur (si queat inveniri) ad solidum, et in solido, (quantum ex amplitudine operis pro ratione videatur,) crassitudine ampliore, quam parietum, qui supra terram sunt futuri ; et ea impleantur quam solidissima structura. Item turres sunt projiciendæ in exteriorem partem, uti, cum ad murum hostis impetu velit appropinquare, a turribus dextra ac sinistra, lateribus apertis, telis vulneretur. Curandumque maxime videtur, ut non facilis sit aditus ad oppugnandum murum, sed ita circumdandum ad loca præcipitia, et excogitandum, uti portarum itinera non sint directa sed scæva : namque cum ita factum fuerit, tunc dextrum latus accedentibus, quod scuto non erit tectum, proximum erit muro. Collocanda autem oppida sunt non

muraille doit être assez grande pour que deux hommes armés, venant à la rencontre l'un de l'autre, puissent passer aisément et sans s'incommoder. Dans cette épaisseur, il doit y avoir de grands pieux de bois d'olivier un peu brûlés et placés fort dru, afin que les deux parements de la muraille, ainsi joints ensemble comme par des tirants et des clefs, aient une solidité en quelque sorte indestructible; car ce bois, ainsi préparé, peut demeurer éternellement dans la terre et dans l'eau sans se manger aux vers, ni se corrompre en quelque manière que ce soit. Cela doit se pratiquer dans la construction non-seulement des murailles, mais même de leurs fondements; et quand on aura besoin, pour d'autres édifices que des remparts, de murailles fort épaisses, il en faudra user ainsi : grâce à cette liaison, elles dureront fort longtemps. Les espaces entre les tours doivent être tels, qu'ils ne soient pas plus longs que la portée des traits et des flèches, afin de repousser les assiégeants en les blessant à droite et à gauche, avec les traits lancés par les scorpions et les autres machines de guerre. Il faut de plus qu'à la droite des tours le mur soit coupé en dedans de la largeur de la tour, et que les chemins, ainsi interrompus, ne soient joints et continués que par des solives posées sur les deux extrémités, sans être attachées avec du fer, afin que, si l'ennemi s'est rendu maître de quelque partie du mur, les assiégés puissent enlever ce pont de bois; car s'ils le font promptement, l'assiégeant ne pourra passer du mur qu'il a occupé aux autres murs, ni dans les tours qu'en se précipitant du haut en bas. Les tours doivent être rondes ou à plusieurs pans; car celles qui sont carrées sont bientôt ruinées par les machines de guerre, et les béliers en rompent aisément les angles : tandis que, dans la forme ronde, les pierres taillées comme des coins résistent mieux aux coups, qui ne peuvent les pousser que vers le centre. Mais il n'y a rien qui rende ces remparts si fermes que quand les murs tant des courtines que des tours sont soutenus par de la terre; car alors ni les béliers, ni les mines, ni toutes les autres machines, ne peuvent les ébranler. Toutefois, les terrasses ne sont nécessaires que lorsque les assiégeants ont une éminence très-rapprochée des murs, sur lesquels ils peuvent s'avancer de plain-pied. Pour bien faire ces terrasses, il faut premièrement creuser des fossés fort profonds et fort larges, au fond desquels on doit encore creuser le fondement du mur; et il faut donner à ce mur une épaisseur suffisante pour soutenir la terre. Il faut, en outre, bâtir un autre mur en dedans, à une distance telle, que l'on puisse faire une terrasse capable de contenir au-dessus ceux qui doivent y être placés pour la défense, et rangés comme en bataille. De plus, entre ces deux murs, il est nécessaire d'en bâtir plusieurs autres qui aillent du mur extérieur au mur intérieur, et qui soient disposés comme les dents d'une scie ou d'un peigne. Grâce à ce moyen, la terre, divisée en plusieurs parties qui ne peut agir, n'aura pas autant de force ni autant de poids pour pousser les murailles. Je ne détermine point quelle doit être la matière des murailles, parce que l'on ne trouve pas en tous lieux ce que l'on pourrait souhaiter. Il faudra employer ce qui se

quadrata nec procurrentibus angulis, sed circuitionibus, uti hostis ex pluribus locis conspiciatur. In quibus enim anguli procurrunt, difficilius defenditur, quod angulus magis hostem tueatur quam civem. Crassitudinem autem muri ita faciendam censeo, uti armati homines, supra obviam venientes, alius alium sine impeditione praeterire possint : tum in crassitudine perpetuae taleae oleagineae ustulatae quam creberrime instruantur, uti utraeque muri frontes inter se, quemadmodum fibulis, his taleis colligatae aeternam habeant firmitatem : namque ei materiae nec tempestas nec caries nec vetustas potest nocere, sed ea et in terra obruta et in aqua collocata permanet sine vitiis utilis sempiterno. Itaque non solum in muro sed etiam in substructionibus, quique parietes murali crassitudine erunt faciendi, hac ratione religati non cito vitiabuntur. Intervalla autem turrium ita sunt facienda, ut ne longius sit alia ab alia sagittae missione; uti si qua oppugnetur, tum a turribus, quae erunt dextra ac sinistra, scorpionibus reliquisque telorum missionibus hostes rejiciantur. Etiam contra inferiora turrium dividendus est murus intervallis tam magnis quam erunt turres; et itinera sint interioribus partibus turrium contignata, neque ea ferro fixa : hostis enim si quam partem muri occupaverit, qui repugnabunt, rescindent, et si celeriter administraverint, non patientur reliquas partes turrium murique hostem penetrare, nisi se voluerit praecipitare. Turres itaque rotundae aut polygoniae sunt faciendae; quadratas enim machinae celerius dissipant, quod angulos arietes tundendo frangunt : in rotundationibus autem uti cuneos, ad centrum adigendo, laedere non possunt. Item munitiones muri turriumque aggeribus conjunctae maxime tutiores sunt; quod neque arietes neque suffossores neque machinae ceterae eis valent nocere. Sed non in omnibus locis est aggeris ratio facienda, nisi quibus extra murum ex alio loco plano pede accessus fuerit ad moenia oppugnanda. Itaque in ejusmodi locis primum fossae sunt faciendae latitudinibus et altitudinibus quam amplissimis : deinde fundamentum muri deprimendum est intra alveum fossae, et id exstruendum est ea crassitudine, ut opus terrenum facile sustineatur. Item interiore parte substructionis fundamentum, distans ab exteriore, introrsus amplo spatio constituendum est, ita uti cohortes possint, quemadmodum in acie, instructae ad defendendum supra latitudinem aggeris consistere. Cum autem fundamenta ita distantia inter se fuerint constituta, tunc inter ea alia transversa, conjuncta exteriori et interiori fundamento, pectinatim disposita, quemadmodum serrae dentes solent esse, collocentur. Cum enim sic erit factum, tunc ita oneris terreni magnitudo distributa in parvas partes, neque universo pondere premens, non poterit ulla ratione extrudere muri substructiones. De ipso autem muro e qua materia struatur aut perficiatur, ideo non est praefiniendum, quod in omnibus locis, quas optamus

trouvera, des quartiers de pierre, de gros cailloux, des moellons, des briques cuites ou non cuites; car on ne peut pas dans tous les pays, comme à Babylone, où il y a grande abondance de bitume, se servir de cette matière au lieu de mortier pour bâtir des murs de briques. Chaque pays produit des matériaux qui ont chacun des propriétés particulières; et c'est en les utilisant de la manière la plus convenable qu'on fait des constructions qui peuvent durer éternellement.

CHAPITRE VI.
De la distribution des bâtiments qui se font dans l'enceinte des murailles des villes, et comme ils doivent être tournés pour être à l'abri des vents contraires.

L'enceinte des murs étant achevée, il faut tracer l'emplacement des maisons, et prendre les alignements des grandes et des petites rues, selon l'aspect du ciel le plus avantageux. On doit éviter d'abord avec soin que les vents n'enfilent directement les rues, parce qu'ils sont toujours nuisibles, ou par leur froid qui blesse, ou par leur chaleur qui corrompt, ou par leur humidité qui nuit à la santé. Il faut donc bien prendre garde à ces inconvénients, afin de n'y pas tomber, comme il est arrivé à plusieurs villes, particulièrement à Mytilène en l'île de Lesbos, où les bâtiments sont élégants et magnifiques, mais disposés avec peu de prévoyance. Dans cette ville, le vent du midi rend les habitants malades; celui qui souffle entre le couchant et le septentrion les fait tousser; et celui du septentrion, qui leur rend la santé, est si froid qu'il est impossible de rester dans les rues et sur les places quand il souffle. Or, le vent n'est autre chose que le flux de l'air, agité d'un mouvement inégalement violent qui se fait lorsque la chaleur, agissant sur l'humidité, en détache par son action impétueuse une grande quantité d'air nouveau, qui pousse l'autre avec violence. L'expérience faite avec les *éolipiles* (1) d'airain, prouve la vérité de ce que j'avance, et fait voir qu'à l'aide de machines artificielles, on peut découvrir les mystères de la nature. Les éolipiles sont des boules d'airain creuses; elles n'ont qu'un très-petit trou, par lequel on les remplit d'eau. Ces boules, avant d'être échauffées, ne poussent aucun air au dehors; mais si on les place devant un brasier, aussitôt qu'elles sentent la chaleur, elles envoient vers le feu un vent impétueux : elles servent donc à connaître, par une petite et très-courte expérience, des vérités importantes sur la nature de l'air et des vents. Si l'on s'établit à l'abri des vents, l'on aura pour habitation un lieu non-seulement propre à conserver la santé à ceux qui se portent bien, mais même à guérir promptement les maladies qui, dans d'autres endroits, ont besoin du secours de la médecine; et cela à cause de la bonne température qui résulte de cet abri. Les maladies qui sont de difficile guérison, dans les lieux dont il est question, sont les rhumes, la goutte, la toux, la pleurésie, la phthisie, le flux de sang, et telles autres que l'on ne peut guérir en affaiblissant le corps, mais bien en le fortifiant. Ce qui rend surtout ces maladies difficiles à guérir, c'est qu'elles sont causées par le froid; que les forces étant diminuées par la longueur de la maladie, l'agitation des vents dissipe et épuise

(1) Ouvertures pour le vent.

copias, eas non possumus habere : sed ubi sunt saxa quadrata sive silex sive cæmentum aut coctus later sive crudus, his erit utendum. Non enim, uti Babylone abundantes liquido bitumine, pro calce et arena, et cocto latere factum habent murum, sic item possunt omnes regiones, sed locorum proprietates habere tantas ejusdem generis utilitates, uti ex his comparationibus ad æternitatem perfectus habeatur sine vitio murus.

CAPUT VI.
De divisione et dispositione operum, quæ intra muros sunt.

Mœnibus circumdatis, sequuntur intra murum arearum divisiones platearumque et angiportuum ad cœli regionem directiones. Dirigentur hæc autem recte, si exclusi erunt ex angiportis venti prudenter : qui si frigidi sunt, lædunt; si calidi, vitiant; si humidi, nocent. Quare vitandum videtur hoc vitium, et advertendum, ne fiat, quod in multis civitatibus usu solet venire; quemadmodum in insula Lesbo oppidum Mitylene magnificenter est ædificatum et eleganter, sed positum non prudenter. In qua civitate Auster cum flat, homines ægrotant, cum Corus, tussiunt, cum Septentrio, restituuntur in sanitatem, sed in angiportis et plateis non possunt consistere propter vehementiam frigoris. Ventus autem est aëris fluens unda cum incerta motus redundantia. Nascitur cum fervor offendit humorem, et impetus fervoris exprimit vim spiritus flatu. Id autem verum esse, ex æolipilis aereis licet aspicere, et de latentibus cœli rationibus artificiosis rerum inventionibus divinalis exprimere veritatem. Fiunt enim æolipilæ æreæ cavæ; hæ habent punctum angustissimum, quo aquæ infunduntur, collocanturque ad ignem, et ante quam calescant, non habent ullum spiritum; simul autem ut fervere cœperint, efficiunt ad ignem vehementem flatum. Ita scire et judicare licet e parvo brevissimoque spectaculo de magnis et immanibus cœli ventorumque naturæ rationibus. Qui si exclusi fuerint, non solum efficient corporibus valentibus locum salubrem, sed etiam si qui morbi ex aliis vitiis forte nascentur, qui in ceteris salubribus locis habent curationes medicinæ contrariæ, in his propter temperaturam exclusionis ventorum expeditius curabuntur. Vitia autem sunt, quæ difficulter curantur in regionibus, quæ sunt supra scriptæ, hæc, gravitudo, arteriaca, tussis, pleuritis, phthisis, sanguinis ejectio et cetera, quæ non detractionibus, sed adjectionibus curantur. Hæc ideo difficulter medicantur, primum quod ex frigoribus concipiuntur; deinde quod defatigatis morbo viribus eorum, aër agitatus ex ventorum agitationibus extenuatur, unaque vitiosis corporibus detrahit succum, et efficit exiliora. Contra

en quelque sorte les sucs des corps et finit par les exténuer ; tandis qu'un air doux et nourrissant, qui n'est point fréquemment agité, les fortifie, à cause de sa tranquillité, même et rétablit leurs forces. Les vents, selon l'opinion de quelques-uns, ne sont qu'au nombre de quatre, savoir : *Solanus*, qui souffle du côté du levant équinoxial, *Auster* du côté du midi, *Favonius* du côté du couchant équinoxial, et *Septentrio* du côté du nord (1). Mais ceux qui ont recherché avec le plus de soin les différences des vents, en ont compté huit, et particulièrement Andronic Cyrrhestes, qui bâtit pour cet effet, à Athènes, une tour de marbre, de figure octogone, sur chacun des côtés de laquelle était l'image de l'un des vents, à l'opposite du lieu d'où il souffle. Sur cette tour, qui se terminait en pyramide, il posa un triton d'airain qui tenait une baguette de la main droite ; et la machine était ajustée de sorte que le triton, en tournant, se tenait toujours opposé au vent qui soufflait, et l'indiquait avec sa baguette. Les quatre autres vents, placés entre ceux que nous avons déjà désignés, sont *Eurus*, qui est entre Solanus et Auster, au levant d'hiver ; *Africus*, entre Auster et Favonius, au couchant d'hiver ; *Caurus* (que plusieurs appellent *Corus*), entre Favonius et Septentrio ; et *Aquilo*, entre Septentrio et Solanus (2). Ces noms leur ont été donnés pour en désigner le nombre, et faire connaître les endroits d'où ils soufflent. Cela étant ainsi établi, il faut, pour trouver les points des régions d'où partent les vents, procéder de cette manière. On placera, au milieu de la ville, une table de marbre qui soit de niveau ; ou bien, après avoir dressé et nivelé le terrain avec soin, on mettra au centre un style ou gnomon d'airain, qui sert à marquer l'ombre du soleil, et est appelé en grec *sciathéras* (1). Il faut observer l'ombre qu'il fera avant midi, vers la cinquième heure du jour (2), et en marquer l'extrémité avec un point par lequel il faut faire passer avec le compas une ligne circulaire, dont le style d'airain soit le centre ; ensuite on observera l'ombre d'après midi ; et, lorsque cette ombre aura atteint, en croissant, la ligne circulaire, et qu'elle aura, par conséquent, fait une ligne pareille à celle d'avant midi, il faudra en marquer l'extrémité par un second point ; de ces deux points, il faudra tracer avec le compas deux lignes circulaires qui s'entrecoupent, et du point où elles se seront coupées, tirer par le centre, où est le style, une ligne qui donnera la direction du midi et du septentrion. Après cela on prendra la seizième partie de toute la circonférence dont le style est le centre, et l'on marquera cette distance à droite et à gauche du point où la ligne du midi coupe la ligne circulaire, et, l'on en fera autant au point où la même ligne coupe le cercle vers le septentrion. De ces quatre points, on tirera des lignes qui, s'entrecoupant au centre, iront d'une des extrémités de la circonférence à l'autre extrémité ; cela marquera pour le midi et pour le septentrion deux huitièmes parties, et ce qui restera des deux côtés de la circonférence sera partagé de chaque côté en trois parties égales, afin de donner les

(1) Est. Sud. Ouest. Nord. — (2) Sud-est. Sud-ouest. Nord-ouest. Nord-est.

(1) Qui trouve l'ombre. — (2) Onze heures du matin.

vero lenis et crassus aër, qui perflatus non habet neque crebras redundantias, propter immotam stabilitatem adjiciendo ad membra eorum, alit eos et reficit, qui in his impliciti sunt morbis. Nonnullis placuit esse ventos quatuor, ab oriente æquinoctiali Solanum, a meridie Austrum, ab occidente æquinoctiali Favonium, a septentrionali Septentrionem. Sed qui diligentius perquisiverunt, tradiderunt eos esse octo, maxime quidem Andronicus Cyrrhestes, qui etiam exemplum collocavit Athenis, turrim marmoream octogonon, et in singulis lateribus octogoni singulorum ventorum imagines exsculptas contra suos cujusque designavit, supraque eam turrim metam marmoream perfecit, et insuper Tritonem æreum collocavit, dextra manu virgam porrigentem : et ita est machinatus, uti vento circumageretur, et semper contra flatum consisteret, supraque imaginem flantis venti indicem virgam teneret. Itaque sunt collocati inter Solanum et Austrum ab oriente hiberno Eurus, inter Austrum et Favonium ab occidente hiberno Africus, inter Favonium et Septentrionem Caurus (quem plures vocant Corum), inter Septentrionem et Solanum Aquilo. Hoc modo videtur esse expressum, uti capiatur numerus et nomina et partes, unde flatus ventorum certi spirent. Quod cum ita exploratum habeatur, ut inveniantur regiones et ortus eorum, sic erit ratiocinandum. Collocetur ad libellam marmoreum amussium mediis mœnibus, aut locus ita expoliatur ad regulam et libellam, ut amussium non desideretur : supraque ejus loci centrum medium collocetur æneus gnomon, indagator umbrae, qui græce σκιαθήρας dicitur. Hujus antemeridianam circiter horam quintam sumenda est extrema gnomonis umbra et puncto signanda : deinde circino diducto ad punctum, quod est gnomonis umbrae longitudinis signum, ex eoque a centro circumagenda linea rotundationis. Itemque observanda postmeridiana istius gnomonis crescens umbra, et cum tetigerit circinationis lineam, et fecerit parem antemeridianæ umbræ postmeridianam, signanda puncto. Ex his duobus signis circino decussatim describendum, et per decussationem et medium centrum linea perducenda ad extremum, ut habeatur meridiana et septentrionalis regio. Tunc postea sumenda est sexta decima pars circinationis lineæ totius rotundationis, centrumque collocandum in meridiana linea, qua tangit circinationem, et signandum dextra ac sinistra in circinatione, et meridiana et septentrionali parte. Tunc ex signis his quatuor per centrum medium decussatim lineæ ab extremis ad extremas circinationes perducendæ. Ita austri et septentrionis habebitur octavæ partis designatio. Reliquæ partes dextra ac sinistra tres æquales distribuendæ sunt in tota rotundatione, ut æquales divisiones octo ventorum designatæ sint in descriptione : tum per angulos, inter duas ventorum regiones, et platearum et angiportorum videntur debere dirigi descriptiones.

huit divisions pour les vents. Il faudra donc tracer les alignements des rues entre deux régions, pour ne pas être incommodé par les vents : car s'ils parcouraient les rues directement, il n'y a point de doute que leur impétuosité, déjà si grande dans l'air libre et ouvert, augmenterait beaucoup étant resserrée dans des rues étroites. C'est pourquoi on donnera aux rues une telle direction, que les vents, soufflant sur les angles formés par les maisons, se brisent et se dissipent. On pourra s'étonner que nous ne comptions que huit vents, puisque l'on en connaît un bien plus grand nombre, qui ont chacun leur nom. Mais si l'on considère qu'Érastosthène de Cyrène, à l'aide du gnomon et des ombres équinoxiales, observant en des lieux où l'inclinaison du pôle est différente, a trouvé, par des calculs mathématiques et les règles de la géométrie, que le tour de la terre est de deux cent cinquante-deux mille stades, qui font trente-un millions cinq cent mille pas, et que la huitième partie de cette circonférence de la terre, qui est la région d'un vent, est de trois millions neuf cent trente-sept mille cinq cents pas, il ne faut pas s'étonner qu'un même vent paraisse en former plusieurs en soufflant dans un si grand espace, soit qu'il s'approche ou qu'il s'éloigne. C'est pourquoi le vent Auster a, à droite et à gauche, les vents *Leucomotus* et *Altanus* (1); aux côtés d'Africus sont *Libonotus* et *Subvesperus* (2); aux côtés de Favonius sont *Argeste* et les *Étésiens* (3), qui soufflent en certains temps de l'année; autour de Caurus sont *Circius* et *Corus* (4); aux côtés de Septentrio sont *Thrascias* et *Gallicus* (1); à droite et à gauche d'Aquilo sont *Supernas* et *Boréas* (2); auprès de Solanus sont *Carbas*, et en certains temps les *Ornithies* (3); et enfin, aux côtés d'Eurus, sont *Eurocircias* et *Vulturnus* (4).

Il y a encore beaucoup d'autres noms de vents qui sont pris des terres, des fleuves et des montagnes d'où ils viennent; on peut encore y ajouter ceux qui soufflent au matin, excités par les rayons dont le soleil frappe, en se levant, l'humidité que la nuit a laissée dans l'air. Ils viennent ordinairement du côté du vent Eurus, auquel il semble que les Grecs aient donné le nom d'Euros, parce qu'il est engendré par les vapeurs du matin; ils nomment aussi Aurion le jour du lendemain, à cause de ces vents du matin. Or, il y en a qui nient qu'Ératosthène ait pu trouver la véritable mesure du tour de la terre; mais, soit que sa supputation soit vraie ou fausse, cela n'empêche pas que notre division des régions d'où soufflent les vents ne soit bonne; et il suffit, encore que cette mesure soit incertaine, que l'on soit assuré néanmoins qu'il y a des vents plus impétueux les uns que les autres. Mais, parce que ces choses ont été expliquées en trop peu de paroles, j'ai cru, pour les faire plus facilement comprendre, qu'il était à propos de mettre à la fin de ce livre une de ces figures que les Grecs appellent *schéma* (5), et cela à deux intentions : la première, pour marquer précisément les régions d'où partent les vents; la seconde, pour indiquer la manière de diriger les rues, en sorte que les vents ne puissent les rendre incommodes.

(1) Sud tiers de sud-est. — Sud tiers de sud-ouest. — (2) Sud-ouest tiers de sud. — Sud-ouest tiers d'ouest. — (3) Ouest tiers de sud-ouest. — Ouest tiers de nord-ouest. — (4) Nord-ouest tiers d'ouest. — Nord-ouest tiers de nord.

(1) Nord tiers de nord-ouest. — Nord tiers de nord-est. — (2) Nord-est tiers de nord. — Nord tiers d'est. — (3) Sud-est tiers d'est. — Sud-est tiers de sud. — (4) Est tiers de nord-est. — Est tiers de sud-est. — (5) Plan raccourci.

His enim rationibus et ea divisione exclusa erit ex habitationibus et vicis ventorum vis molesta. Cum enim plateæ contra directos ventos erunt conformatæ, ex aperto cœli spatio impetus ac flatus frequens, conclusus in faucibus angiportorum, vehementioribus viribus pervagabitur. Quas ob res convertendæ sunt ab regionibus ventorum directiones vicorum, uti advenientes ad angulos insularum frangantur, repulsique dissipentur. Fortasse mirabuntur ii, qui multa ventorum nomina noverunt, quod a nobis expositi sunt tantum octo esse venti. Si autem animadverterint, orbis terræ circuitionem per solis cursum et gnomonis æquinoctialis umbras ex inclinatione cœli ab Eratosthene Cyrenæo rationibus mathematicis et geometricis methodis esse inventam ducentorum quinquaginta duum millium stadiorum, quæ fiunt passus trecenties quindecies centena millia : hujus autem octava pars, quam ventus tenere videtur, est tricies nongenties triginta septem millia et passus quingenti : non debebunt mirari, si in tam magno spatio unus ventus vagando, inclinationibus et recessionibus varietates mutatione flatus faciat. Itaque dextra et sinistra Austrum Leuconotus et Altanus flare solet, Africum, Libonotus et Subvesperus, circa Favonium Argestes et certis temporibus Etesiæ : ad latera Cauri Circius et Corus : circa Septentrionem Thrascias et Gallicus : dextra ac sinistra Aquilonem Supernas et Boreas : circa Solanum Carbas et certo tempore Ornithiæ : Euri vero medias partes tenentis in extremis Eurocireias et Vulturnus. Sunt autem et alia plura nomina flatusque ventorum a locis aut fluminibus aut montium procellis tracta. Præterea auræ matutinæ, quas sol, cum emergit de subterranea parte, versando pulsat aëris humorem, et impetu scandendo procedens exprimit aurarum antelucano spiritu flatus, qui cum exorto sole permanserint, Euri venti tenent partes. Et ea re, quod ex auris procreatur, a Græcis εὖρος videtur esse appellatus. Crastinus quoque dies propter auras matutinas αὔριον fertur esse vocitatus. Sunt autem nonnulli, qui negant Eratosthenem veram mensuram orbis terræ potuisse colligere : quæ sive est certa sive non vera, non potest nostra scriptura non veras habere terminationes regionum, unde ventorum spiritus oriuntur. Ergo si ita est, tantum erit, uti non certam mensuræ rationem, sed aut majores impetus aut minores habeant singuli venti. Quoniam hæc a nobis sunt breviter exposita, ut facilius intelligantur, visum est mihi in extremo volumine formas, sive uti Græci σχήματα dicunt, duo explicare : unum ita deformatum, ut appareat, unde certi ventorum spiritus oriantur : alterum, quemadmodum ab

On marquera sur une table bien unie le centre A, et l'ombre que le gnomon fait avant midi sera aussi marquée à la droite de B; et, posant au centre A une branche du compas, on étendra l'autre jusqu'à B, d'où l'on décrira un cercle; et ayant remis le style dans le centre où il était, on attendra que l'ombre décroisse, et qu'ensuite, recommençant à croître, elle devienne pareille à celle de devant midi; ce qui aura lieu lorsqu'elle touchera la ligne circulaire au point C; il faudra alors du point B et du point C décrire, avec le compas, deux lignes qui s'entrecoupent à D, duquel point D on tirera par le centre une ligne marquée E F, qui déterminera les régions méridionale et septentrionale; après quoi l'on prendra, avec le compas, la seizième partie du cercle; et mettant une branche au point E, qui est celui par lequel la ligne méridienne touche le cercle, on marquera avec l'autre branche, à droite et à gauche, les points G et H. De même dans la partie septentrionale, mettant une branche de compas sur le point F, on marquera avec l'autre les points I et K, et l'on tirera des lignes de G à K et de H à I, qui passeront par le centre; de sorte que l'espace qui est de G à H sera pour le vent du midi et pour toute la région méridionale, et celui de I à K sera pour la région septentrionale; les autres parties, qui sont trois à droite et autant à gauche, seront divisées également, savoir : celles qui sont à l'orient, marquées L et M, et celles qui sont à l'occident, marquées N et O ; et de M à O et de L à N on tirera des lignes qui se croiseront, et ainsi l'on aura dans toute la circonférence huit espaces égaux pour les vents. Cette figure étant ainsi faite, on trouvera dans chaque angle de l'octogone une lettre, savoir, entre Eurus et Auster la lettre G ; entre Auster et Africus, H ; entre Africus et Favonius, N ; entre Favonius et Caurus, O ; entre Caurus et Septentrio, K ; entre Septentrio et Aquilo, I ; entre Aquilo et Solanus, L ; entre Solanus et Eurus, M. Toutes ces choses étant ordonnées de cette sorte, il faudra mettre l'équerre aux angles de l'octogone, pour marquer l'alignement et la division des rues, qui sont au nombre de huit.

CHAPITRE VII.

Du choix des lieux propres pour les édifices publics.

Après avoir ordonné la division des rues, il faudra choisir la place des édifices qui sont d'un usage commun à toute la ville, tels que les temples, le forum et autres lieux de réunion pour les citoyens. Si la ville est sur le bord de la mer, il faudra que l'endroit où l'on veut bâtir la place publique soit près du port; tandis que, si la ville est éloignée de la mer, le forum devra se trouver au centre. Les temples des dieux tutélaires de la ville, de même que ceux de Jupiter, de Junon et de Minerve, seront placés dans l'endroit le plus élevé, afin que de là on découvre la plus grande partie des murailles. Le temple de Mercure sera dans le forum, ou même, comme ceux d'Isis et de Sérapis, dans le marché; ceux d'Apollon et de Bacchus seront situés près du théâtre; celui d'Hercule, s'il n'y a point de lieu particulièrement destiné pour les exercices, ni d'amphithéâtre, sera dans le voisinage du cirque; celui de Mars, dans un champ,

impetu eorum aversis directionibus vicorum et platearum evitentur nocentes flatus. Erit autem in exæquata planitie centrum, ubi est littera A, gnomonis autem antemeridiana umbra ubi est B, et ab centro, ubi est A, diducto circino ad id signum umbræ, ubi est B, circumagatur linea rotundationis : reposito autem gnomone, ubi antea fuerat, exspectanda est dum decrescat, faciatque iterum crescendo parem antemeridianæ umbræ post meridianam, tangatque lineam rotundationis ubi erit littera C. Tunc a signo, ubi est B, et ab signo, ubi est C, circino decussatim describatur ubi erit D; deinde per decussationem, ubi est D, et centrum perducatur linea ad extremum, in qua erunt litteræ E et F. Hæc linea erit index meridianæ et septentrionalis regionis. Tunc circino totius rotundationis sumenda est pars sexta decima, circinique centrum ponendum in meridiana linea, quæ tangit rotundationem, ubi est littera E, et signandum dextra ac sinistra, ubi erunt litteræ G. H : item in septentrionali parte centrum circini ponendum in rotundationis septentrionali linea, ubi est littera F, et signandum dextra ac sinistra, ubi sunt litteræ I et K, et ab G ad K et ab H ad I per centrum lineæ perducendæ. Ita, quod erit spatium ab G ad H, erit spatium venti Austri et partis meridianæ : item, quod erit spatium ab I ad K, erit Septentrionis. Reliquæ partes, dextra ac sinistra tres, dividendæ sunt æqualiter : quæ sunt ad orientem, in quibus litteræ L et M, et ab occidente, in quibus sunt litteræ N et O : ab M ad O, et ab L ad N perducendæ sunt lineæ decussatim, et ita erunt æqualiter ventorum octo spatia in circuitionem. Quæ cum ita descripta erunt in singulis angulis octogoni, cum a meridie incipiemus, inter Eurum et Austrum in angulo erit littera G, inter Austrum et Africum H, inter Africum et Favonium N, inter Favonium et Caurum O, inter Caurum et Septentrionem K, inter Septentrionem et Aquilonem I, inter Aquilonem et Solanum L, inter Solanum et Eurum M. Ita his confectis inter angulos octogoni gnomon ponatur, et ita dirigantur angiportorum divisiones IIX.

CAPUT VII.

De electione locorum ad usum communem civitatis.

Divisis angiportis et plateis constitutis, arearum electio ad opportunitatem et usum communem civitatis est explicanda ædibus sacris, foro, reliquisque locis communibus. Et si erunt mœnia secundum mare, area, ubi forum constituatur, eligenda proxime portum; sin autem mediterranea, in oppido medio. Ædibus vero sacris, quorum deorum maxime in tutela civitas videtur esse, et Jovi et Junoni et Minervæ in excelsissimo loco, unde mœnium maxima pars conspiciatur, areæ distribuantur. Mercurio autem in foro, aut etiam, uti Isidi et Serapi, in emporio : Apollini Patrique Libero secundum theatrum : Herculi, in quibus civitatibus non sunt gymnasia neque amphitheatra, ad cir-

hors de la ville, de même que celui de Vénus, qui doit être près des portes. La raison de toutes ces choses se voit dans les écrits des aruspices étrusques, qui veulent que les temples de Vénus, de Vulcain et de Mars soient bâtis hors de la ville, pour préserver les jeunes gens et les mères de famille des occasions de débauche qui se présenteraient si le temple de Vénus était dans la ville, et pour garantir les maisons du danger des incendies, en éloignant de la ville, par des sacrifices à Vulcain, les funestes effets de la puissance de ce dieu. Enfin, ils pensent, en plaçant le temple de Mars hors les murailles, empêcher les querelles et les meurtres parmi les citoyens, et les assurer contre les entreprises des ennemis. Le temple de Cérès doit aussi être bâti hors de la ville, dans un lieu reculé, et où l'on ne soit obligé d'aller que pour y sacrifier, parce que ce lieu doit être abordé avec beaucoup de respect et avec une grande sainteté de mœurs. Les temples des autres dieux doivent avoir aussi des emplacements commodes pour les sacrifices. Je traiterai, dans le troisième et dans le quatrième livres, de la manière de bâtir les temples et de leurs proportions, parce que j'ai voulu parler d'abord, dans le second, des matériaux qui doivent servir à la construction, de leurs qualités et de leurs usages. Je donnerai dans chacun des autres livres toutes les mesures, la description de tous les ordres, et les différentes proportions des édifices.

LIVRE SECOND.

Préface.

L'architecte Dinocrate, se fiant sur son esprit et sur ses grandes idées, partit de Macédoine pour se rendre à l'armée d'Alexandre, afin de se faire connaître de ce grand prince, qui faisait alors la conquête du monde. Il prit des lettres de recommandation de ses parents et de ses amis pour les premiers et les plus qualifiés de la cour de ce prince, afin d'avoir un accès plus facile auprès de lui. Il fut fort bien reçu de ceux à qui il s'adressa ; et, les ayant priés de le présenter le plus tôt qu'ils pourraient à Alexandre, ils lui firent de belles promesses ; mais, comme ils différaient à les exécuter, sous prétexte d'attendre une occasion favorable, Dinocrate, prenant leurs remises pour une défaite, résolut de se produire lui-même. Il était d'une taille avantageuse ; il avait le visage agréable, et l'abord d'une personne de naissance et de qualité. Se fiant donc sur les avantages qu'il tenait de la nature, il se dépouilla de ses habits ordinaires dans l'endroit où il était logé, s'huila tout le corps, se couronna d'une branche de peuplier, couvrit son épaule gauche d'une peau de lion, et, prenant une massue en sa main droite, s'approcha du trône sur lequel le roi était assis et rendait la justice. La nouveauté de ce spectacle ayant fait écarter la foule, il fut aperçu d'Alexandre, qui en montra une grande surprise, et, qui, ayant commandé qu'on le laissât approcher, lui demanda qui il était. Je suis, répondit-il, l'architecte Dinocrate, Macédonien, qui vous apporte des pensées et des desseins dignes de votre grandeur : j'ai donné au mont Athos la

cum : Marti extra urbem, sed ad Campum : itemque Veneri ad portam. Id autem etiam Hetruscis aruspicibus disciplinarum scriptis ita est dedicatum : Extra murum Veneris, Vulcani, Martis fana ideo collocari, uti non insuescat in urbe adolescentibus seu matribus familiarum Venerea libido, Vulcanique vi e mœnibus religionibus et sacrificiis evocata, ab timore incendiorum ædificia videantur liberari : Martis vero divinitas cum sit extra mœnia dedicata, non erit inter cives armigera dissensio, sed ab hostibus ea defensa et belli periculo conservabit. Item Cereri extra urbem, loco, quo non semper homines nisi per sacrificium necesse habeant adire : cum religione caste sanctisque moribus is locus debet tueri. Ceterisque diis ad sacrificiorum rationes aptæ templis areæ sunt distribuendæ. De ipsis autem ædibus sacris faciendis et de earum symmetriis in tertio et quarto volumine reddam rationes, quia in secundo visum est mihi primum de materiæ copiis, quæ in ædificiis sunt parandæ, quibus sint virtutibus, et quem habeant usum, exponere ; commensus ædificiorum et ordines et genera singula symmetriarum peragere et in singulis voluminibus explicare.

LIBER SECUNDUS.

Præfatio.

Dinocrates architectus cogitationibus et solertia fretus, cum Alexander rerum potiretur, profectus est a Macedonia ad exercitum, regiæ cupidus commendationis. Is e patria a propinquis et amicis tulit ad primos ordines et purpuratos litteras, ut aditus haberet faciliores, ab eisque exceptus humane petiit, uti quam primum ad Alexandrum perduceretur. Cum polliciti essent, tardiores fuerunt, idoneum tempus exspectantes. Itaque Dinocrates, ab iis se existimans ludi, ab se petiit præsidium. Fuerat enim amplissima statura, facie grata, forma dignitateque summa. His igitur naturæ muneribus confisus vestimenta posuit in hospitio, et oleo corpus perunxit, caputque coronavit populnea fronde, lævum humerum pelle leonina texit, dextraque clavam tenens incessit contra tribunal regis jus dicentis. Novitas populum cum advertisset, conspexit eum Alexander. Admirans jussit ei locum dari, ut accederet, interrogavitque quis esset ? At ille, Dinocrates, inquit, architectus Macedo, qui ad te cogitationes et formas affero dignas tua claritate : namque Athon montem

forme d'un homme tenant dans sa main gauche une grande ville, et dans sa droite une coupe où il reçoit les eaux de tous les fleuves qui coulent de cette montagne, pour les verser dans la mer. Alexandre ayant pris plaisir à cette invention, lui demanda aussitôt s'il y avait des campagnes aux environs de cette ville qui pussent fournir du blé pour la faire subsister; et ayant reconnu qu'il en aurait fallu faire venir par mer, il lui dit : Dinocrate, j'avoue que votre dessein est beau, et il me plaît fort; mais je crois que l'on accuserait de peu de prévoyance celui qui établirait une colonie dans une ville située au lieu que vous proposez, parce que, de même qu'un enfant ne se peut nourrir ni prendre croissance sans le lait d'une nourrice, ainsi une ville ne peut ni faire subsister son peuple, ni encore moins s'augmenter et s'accroître, sans avoir abondance de vivres; de sorte que si je loue la beauté de votre dessein, je désapprouve le choix que vous avez fait du lieu où vous prétendez l'exécuter. Mais je désire que vous demeuriez auprès de moi, parce que je veux me servir de vous. Depuis ce temps-là, Dinocrate ne quitta point le roi, et le suivit en Égypte. Là Alexandre, ayant remarqué un port qui était naturellement sûr, d'un abord facile, environné des campagnes fertiles de l'Égypte, auquel le voisinage du grand fleuve du Nil donnait de nombreuses commodités, il commanda à Dinocrate d'y bâtir une ville, qui fut de son nom appelée Alexandrie. C'est ainsi que Dinocrate, recommandé auprès d'Alexandre par sa figure et ses avantages corporels, parvint à une haute fortune et à une grande élévation. Pour moi, César, à qui la nature n'a point donné une taille avantageuse, à qui l'âge a gâté le visage, et à qui la mauvaise santé a ôté les forces, j'espère suppléer par ce que je puis avoir de connaissances et de science à ce qui me manque de ces dons naturels. J'ai écrit, dans le premier livre de cet ouvrage, tout ce qui appartient à l'architecture en général et à toutes ses parties : ensuite j'ai traité des murailles des villes et de l'emplacement des maisons. Maintenant, quoique, dans l'ordre naturel de l'architecture, je dusse écrire de la construction des temples et des édifices publics et particuliers, comme aussi des proportions qui doivent y être gardées, je n'ai pourtant pas estimé le devoir faire, que je n'eusse premièrement traité des matériaux qui servent à la construction, de leurs principes, de leurs qualités, de leur emploi. Avant même que d'expliquer ces premiers principes concernant les matériaux, j'ai trouvé à propos de parler des diverses manières de bâtir, de leur origine et de leurs progrès, et de rechercher dans l'antiquité ceux qui, les premiers, ont donné ces préceptes, et laissé à la postérité les principes de cet art. Telle est la tâche que j'essayerai de remplir, suivant ce que j'ai appris des anciens auteurs.

CHAPITRE I.

De la manière de vivre des premiers hommes, et quels ont été les commencements et le progrès de leur société et de leurs bâtiments.

Anciennement les hommes naissaient dans les forêts, dans les cavernes et dans les bois, comme les bêtes, et n'avaient comme elles qu'une nourriture sauvage. Mais un vent impétueux étant

formavi in statuæ virilis figuram, cujus manu læva designavi civitatis mœnia, dextera pateram, quæ exciperet omnium fluminum, quæ sunt in eo monte, aquam, ut inde in mare profunderetur. Delectatus Alexander ratione formæ, statim quæsivit si essent agri circa, qui possent frumentaria ratione eam civitatem tueri. Cum invenisset, non posse nisi transmarinis subvectionibus, Dinocrates, inquit, attendo egregiam formæ compositionem et me delector, sed animadverto, si quis deduxerit eo loci coloniam, fore ut judicium ejus vituperetur. Ut enim natus infans sine nutricis lacte non potest ali, neque ad vitæ crescentis gradus perduci, sic civitas sine agris et eorum fructibus in mœnibus affluentibus non potest crescere, nec sine abundantia cibi frequentiam habere populumque sine copia tueri. Itaque quemadmodum formationem puto probandam, sic judico locum improbandum : teque volo esse mecum, quod tua opera sum usurus. Ex eo Dinocrates ab rege non discessit, et in Ægyptum est eum prosecutus. Ibi Alexander, cum animadvertisset portum naturaliter tutum, emporium egregium, campos circa totam Ægyptum frumentarios, immanis fluminis Nili magnas utilitates, jussit eum suo nomine civitatem Alexandriam constituere. Itaque Dinocrates a facie dignitateque corporis commendatus ad eam nobilitatem pervenit. Mihi autem, Imperator, staturam non tribuit natura, faciem deformavit ætas, valetudo detraxit vires; itaque quoniam ab his præsidiis sum desertus, per

auxilia scientiæ scriptaque, ut spero, perveniam ad commendationem. Cum autem in primo volumine de officio architecturæ terminationibusque artis perscripserim, item de mœnibus et intra mœnia arearum divisionibus, insequaturque ordo de ædibus sacris et publicis ædificiis itemque privatis, quibus proportionibus et symmetriis debeant esse, uti explicetur, non putavi ante ponendum, nisi prius de materiæ copiis, e quibus collatis ædificia structuris et materiæ rationibus perficiuntur, quas habeant in usu virtutes, exposuissem, quibusque rerum naturæ principiis essent temperatæ, dixissem. Sed ante quam naturales res incipiam explicare, de ædificiorum rationibus, unde initia ceperint, et uti creverint eorum inventiones, anteponam, et insequar ingressus antiquitatis rerum naturæ et eorum, qui initia humanitatis et inventiones perquisitas scriptorum præceptis dedicaverunt. Itaque quemadmodum ab his sum institutus, exponam.

CAPUT I.

De priscorum hominum vita, et de initiis humanitatis atque tectorum et incrementis eorum.

Homines veteri more, ut feræ, in silvis et speluncis et nemoribus nascebantur, ciboque agresti vescendo vitam exigebant. Interea quodam in loco ab tempestatibus et ventis densæ crebritatibus arbores agitatæ et inter se teren-

venu, dans un certain endroit, à pousser avec violence des arbres qui étaient serrés les uns contre les autres, ces arbres se choquèrent si rudement que le feu y prit. La flamme étonna d'abord et fit fuir ceux qui se trouvaient là; mais, s'étant rassurés, et ayant éprouvé, en s'approchant, que la chaleur tempérée du feu était une chose agréable, ils entretinrent ce feu avec d'autre bois, y amenèrent d'autres hommes, et par signes leur firent entendre combien le feu était utile. Les hommes, étant ainsi rassemblés, poussèrent différents sons et formèrent par hasard des paroles; puis, employant souvent ces mêmes sons à signifier certaines choses, ils commencèrent à se parler réciproquement. Ainsi, le feu donna occasion aux hommes de s'assembler, de faire société les uns avec les autres et d'habiter en un même lieu, ayant pour cela des dispositions particulières que la nature n'a point données aux autres animaux, comme de marcher droits et levés, d'être capables de connaître ce qu'il y a de beau et de magnifique dans l'univers, et de pouvoir faire, à l'aide de leurs mains et de leurs doigts, toutes choses avec une grande facilité. Ils commencèrent donc les uns à se faire des huttes avec des feuilles, les autres à se creuser des retraites dans les montagnes; d'autres, imitant l'industrie que les hirondelles déploient dans la construction de leurs nids, se faisaient des habitations avec de petites branches d'arbres et de la terre grasse : chacun alors, considérant l'ouvrage de son voisin, perfectionnait ses propres inventions par les remarques qu'il faisait sur celles d'autrui; et il se faisait de jour en jour un grand progrès dans la bonne manière de bâtir des cabanes; car les hommes, naturellement dociles et portés à l'imitation, se glorifiaient de leurs inventions, et se communiquaient tous les jours ce qu'ils avaient trouvé pour bien réussir dans leurs constructions; et c'est ainsi qu'exerçant leur esprit, ils formaient leur jugement dans la recherche de tout ce qui peut contribuer à ce dessein. L'ordre qu'ils suivirent au commencement fut de planter des fourches, et d'y entrelacer des branches d'arbres, qu'ils remplissaient ensuite et enduisaient de terre grasse, pour faire les murailles. Ils en bâtirent aussi avec des morceaux de terre grasse desséchée, sur lesquels ils posaient des pièces de bois en travers, couvrant le tout de joncs et de feuilles d'arbres, pour se défendre du soleil et de la pluie. Mais comme cette espèce de couverture ne suffisait pas contre le mauvais temps de l'hiver, ils élevèrent des combles inclinés et bien enduits de terre grasse, pour faire écouler les eaux. Ce qui peut faire juger que les premiers bâtiments ont été faits de cette manière, c'est que nous voyons encore aujourd'hui des habitations construites avec ces mêmes matériaux chez les nations étrangères, comme en Gaule, en Espagne, en Portugal et en Aquitaine, où les maisons sont couvertes de chaume, ou de bardeaux faits de chêne fendu en manière de tuiles. Au royaume de Pont, dans la Colchide, où les forêts fournissent le bois en grande abondance, voici comme on s'y prend pour bâtir : Après avoir couché des arbres sur terre, dans toute leur longueur, à droite et à gauche, en laissant autant d'espace entre eux qu'il est nécessaire pour placer d'autres arbres en travers, on assemble ceux-ci avec les premiers par les extrémités, de manière qu'ils enferment tout l'espace destiné pour l'habitation; ensuite, en posant des quatre côtés d'autres arbres qui portent les uns sur les autres au droit des angles, et en les mettant à plomb de ceux

---

tes ramos ignem excitaverunt : et eo, flamma vehementi perterriti qui circa eum locum fuerunt, sunt fugati. Postea requie data, propius accedentes cum animadvertissent commoditatem esse magnam corporibus ad ignis teporem, ligna adjicientes et eum conservantes alios adducebant, et nutu monstrantes ostendebant quas haberent ex eo utilitates. In eo hominum congressu cum profunderentur aliter e spiritu voces, quotidiana consuetudine vocabula, ut obtigerant, constituerunt : deinde significando res sæpius in usu, ex eventu fari fortuito cœperunt, et ita sermones inter se procreaverunt. Ergo cum propter ignis inventionem conventus initio apud homines et concilium et convictus esset natus, et in unum locum plures convenirent, habentes ab natura præmium præter reliqua animalia, ut non proni sed erecti ambularent, mundique et astrorum magnificentiam aspicerent, item manibus et articulis quam vellent rem faciliter tractarent : cœperunt in eo cœtu alii de fronde facere tecta, alii speluncas fodere sub montibus, nonnulli hirundinum nidos et ædificationes earum imitantes de luto et virgultis facere loca, quæ subirent. Tunc observantes aliena tecta, et adjicientes suis cogitationibus res novas, efficiebant in dies meliora genera casarum. Cum essent autem homines imitabili docilique natura, quotidie inventionibus gloriantes alius alii ostendebant ædificiorum effectus : et ita exercentes ingenia certationibus in dies melioribus judiciis efficiebantur. Primumque furcis erectis et virgultis interpositis, luto parietes texerunt. Alii luteas glebas arefacientes struebant parietes, materia eos jugamentantes, vitandoque imbres et æstus tegebant arundinibus et fronde. Postea quoniam per hibernas tempestates tecta non poterant imbres sustinere, fastigia facientes luto inducto, proclinatis tectis stillicidia deducebant. Hæc autem ex iis, quæ supra scripta sunt, originibus instituta esse, possumus sic animadvertere, quod ad hunc diem nationibus exteris ex his rebus ædificia constituuntur, ut in Gallia, Hispania, Lusitania, Aquitania scandulis robusteis, aut stramentis. Apud nationem Colchorum in Ponto propter silvarum abundantiam arboribus perpetuis planis dextra ac sinistra in terra positis, spatio inter eas relicto quanto arborum longitudines patiuntur, collocantur : in extremis partibus earum supra alteræ transversæ, quæ circumcludunt medium spatium habitationis : tunc insuper alternis trabibus ex quatuor partibus angulos jugamentantes, et ita parietes arboribus statuentes ad perpendiculum imarum, educunt ad altitudinem turres, intervallaque, quæ relinquuntur propter crassitudinem materiæ, schidiis et luto obstruunt.

d'en bas, on élève ainsi les murailles et les tours, en ayant soin de remplir les intervalles d'entre les arbres avec des échalas et de la terre grasse. Pour faire le toit, on accourcit les arbres vers les coins, en les diminuant insensiblement et par degrés, à mesure qu'on les élève des quatre côtés, de manière à former au milieu une pyramide : l'on recouvre tout l'ouvrage de feuilles et de limon, et c'est ainsi que l'on fait un toit en croupe d'une manière rustique. Les Phrygiens, qui habitent un pays où il n'y a point de forêts qui leur fournissent du bois pour bâtir, creusent de petits tertres naturellement élevés, et font des chemins creux pour entrer dans l'espace qu'ils ont vidé, espace qu'ils font aussi grand que le lieu le permet; sur les bords de ces creux ils mettent plusieurs perches liées ensemble et assemblées en pointe par le haut; ils couvrent ce toit avec des cannes et du chaume; et sur cet ouvrage ils amassent de la terre en monceaux, rendant ainsi leurs habitations très-chaudes en hiver et très-fraîches en été. Chez d'autres peuples, on couvre les cabanes avec des herbes prises dans les étangs, et c'est ainsi que, suivant les pays, on pratique différentes manières de bâtir. A Marseille, au lieu de tuile, les maisons sont couvertes de terre grasse pétrie avec de la paille. A Athènes, on montre encore, comme une chose curieuse pour son antiquité, les toits de l'Aréopage faits de terre grasse; et dans le temple du Capitole la cabane de Romulus, couverte de chaume, peut donner une idée des habitudes de cette époque. Toutes ces observations font assez juger quels étaient les bâtiments des anciens. Mais comme de jour en jour, à force de travailler aux bâtiments, les mains se sont rendues plus habiles et les esprits sont devenus aussi plus éclairés par l'exercice, ceux qui se sont adonnés à l'art de bâtir en ont fait une profession particulière. Or, comme les hommes n'excellent pas seulement par la subtilité des sens, qui leur sont communs avec les autres animaux, mais principalement par la supériorité de l'esprit, qui les rend maîtres de tout, il est arrivé que l'industrie qu'ils se sont acquise par la nécessité de bâtir leur a servi comme de degré pour parvenir à la connaissance des autres arts, et passer d'une vie sauvage à la politesse et à la civilisation dont la nature humaine est capable. C'est ce qui a fait que relevant leur courage, et portant plus avant les belles pensées que la variété des sciences leur peut fournir, ils ont conçu quelque chose au-dessus de ces petites cabanes dont ils s'étaient d'abord contentés. Ils ont alors commencé à élever sur des fondements solides des murailles de pierres et de briques; et, les couvrant de bois et de tuiles, ils ont exécuté quelque chose de plus accompli que ce qu'ils avaient fait jusqu'alors. Ils réfléchirent ensuite sur les observations qu'ils avaient faites et qui les laissaient irrésolus au commencement; et ils arrivèrent ainsi à la connaissance des règles certaines de la proportion. Mais après avoir remarqué que la nature leur fournissait toutes sortes de matériaux pour les édifices, ils ont tellement cultivé par la pratique cet art de bâtir, qu'ils l'ont porté à une haute perfection avec le secours des autres arts, ajoutant au nécessaire les ornements et les superfluités qui font le charme de la vie. J'expliquerai ces choses le mieux qu'il me sera possible, rapportant tout ce que l'on peut

Item tecta recidentes ad extremos angulos transtra trajiciunt gradatim contrahentes, et ita ex quatuor partibus ad altitudinem educunt medio metas, quas et fronde et luto tegentes efficiunt barbarico more testudinata turrium tecta. Phryges vero, qui campestribus locis sunt habitantes, propter inopiam silvarum egentes materia, eligunt tumulos naturales, eosque medios fossura exinanientes, et itinera perfodientes, dilatant spatia, quantum natura loci patitur. Insuper autem stipites inter se religantes metas efficiunt, quas arundinibus et stramentis tegentes exaggerant supra habitationes maximos grumos e terra : ita hiemes calidissimas, æstates frigidissimas efficiunt tectorum rationes. Nonnulli ex ulva palustri componunt tuguria tecta. Apud ceteras quoque gentes et nonnulla loca pari similique ratione casarum perficiuntur constitutiones. Non minus etiam Massiliæ animadvertere possumus sine tegulis subacta cum paleis terra tecta. Athenis Areopagi antiquitatis exemplar ad hoc tempus luto tectum. Item in Capitolio commonefacere potest et significare mores vetustatis Romuli casa in arce sacrorum stramentis tecta. Ita his signis de antiquis inventionibus ædificiorum sic ea fuisse ratiocinantes possumus judicare. Cum autem quotidie faciendo tritiores manus ad ædificandum perfecissent, et solertia ingenia exercendo per consuetudinem ad artes pervenissent, tum etiam industria in animis eorum adjecta perfecit, ut qui fuerunt in his studiosiores, fabros esse se profiterentur. Cum ergo hæc ita fuerint primo constituta, et natura non solum sensibus ornavisset gentes, quemadmodum reliqua animalia, sed etiam cogitationibus et consiliis armavisset mentes, et subjecisset cetera animalia sub potestate, tunc vero e fabricationibus ædificiorum gradatim progressi ad ceteras artes et disciplinas e fera agrestique vita ad mansuetam perduxerunt humanitatem. Tum autem instruentes animose et prospicientes majoribus cogitationibus ex varietate artium natis non casas sed etiam domos fundatas et lateritiis parietibus aut e lapide structas materiaque et tegula tectas perficere cœperunt : deinde observationibus studiorum e vagantibus judiciis et incertis ad certas symmetriarum rationes perduxerunt. Postea cum animadverterunt profusos esse partus naturæ ad materiam, et abundantem copiam ad ædificationes ab ea comparatam, tractando nutriverunt et auctam per artes ornaverunt voluptatibus elegantiam vitæ. Igitur de his rebus, quæ sunt in ædificiis ad usum idoneæ, quibusque sint qualitatibus, et quas habeant virtutes, ut potero, dicam. Sed si quis de ordine hujus libri disputare voluerit, quod putaverit, eum primum institui oportuisse, ne putet me erravisse, sic reddam rationem. Cum corpus architecturæ scriberem, primo volumine putavi, quibus eruditionibus et disciplinis esset ornata, exponere, finireque terminationibus ejus spe-

dire sur les propriétés, la commodité et les usages des édifices. Si quelqu'un cependant n'approuve pas le rang que j'ai donné à ce livre, estimant qu'il devait être le premier, je réponds qu'ayant formé le dessein d'écrire de toute l'architecture, j'ai cru devoir parler premièrement des différentes connaissances qui sont nécessaires à cet art, des parties dont il est composé, et de son origine. C'est ce que j'ai fait en disant quelles doivent être les qualités d'un architecte. C'est pourquoi, après avoir parlé de ce qui dépend de l'art, je traite en ce second livre des différents matériaux que la nature fournit pour les édifices; je ne traite plus de l'origine de l'art de bâtir, mais de celle des bâtiments, et je dis par quelle suite de progrès ils sont parvenus à la perfection où nous les voyons à présent. Pour revenir donc aux choses qui sont nécessaires à la construction d'un édifice, je vais raisonner sur les matériaux qu'on y emploie, et expliquer clairement par quel mélange de principes la nature les produit; car il n'y a point de matériaux ni de corps, quels qu'ils soient, qui n'aient plusieurs principes; et ce qui appartient à la nature ne peut être expliqué en physique avec quelque clarté, si on ne démontre, par de bonnes raisons, quelles sont les causes de chaque chose.

CHAPITRE II.

Des principes de toutes choses, selon l'opinion des philosophes.

Thalès est le premier qui ait cru que l'eau était le principe de toutes choses. Héraclite d'Éphèse, qui, à cause de l'obscurité de ses écrits, fut surnommé *Scotinos* (1), disait que c'était le feu. Démocrite et son sectateur Épicure voulaient que ce fussent les atomes, qui sont des corps qui ne peuvent être coupés ni divisés. La doctrine des pythagoriciens, outre l'eau et le feu, admettait encore pour principes l'air et la terre. Que si Démocrite n'a pas donné ces mêmes noms aux principes qu'il établit, mais les a seulement proposés avec la qualité de corps indivisibles, il semble pourtant qu'il ait prétendu signifier la même chose; car, s'il les a établis comme incapables d'altération et de corruption, leur donnant une nature éternelle, infinie et solide, c'est parce qu'il les considérait comme n'étant point encore joints les uns aux autres. De sorte que, puisqu'il paraît que toutes choses sont composées et naissent de ces principes, et que ces atomes sont différents en une infinité de choses différentes, je crois qu'il est à propos de parler de leurs qualités et des divers usages que l'on peut en faire dans la construction des édifices, afin que ceux qui veulent bâtir, en ayant connaissance, ne soient pas sujets à se tromper, mais qu'ils puissent faire un bon choix de tout ce qui leur peut être nécessaire.

CHAPITRE III.

Des briques, de quelle terre, en quel temps et de quelle forme elles doivent être faites.

Il faut premièrement savoir de quelle terre les briques doivent être faites; car la terre qui est pleine de gravier, de cailloux et de sable ne vaut rien, en ce qu'elle rend les briques trop

(1) Ténébreux.

---

cies, et e quibus rebus esset nata dicere : itaque quid oporteat esse in architecto, ibi pronunciavi. Ergo in primo de artis officio, in hoc de naturalibus materiæ rebus, quem habeant usum disputabo. Namque hic liber non profitetur, unde architectura nascatur, sed unde origines ædificiorum sint institutæ, et quibus rationibus enutritæ et progressæ sint gradatim ad hanc finitionem. Ergo ita suo ordine et loco hujus erit voluminis constitutio. Nunc revertar ad propositum, et de copiis, quæ aptæ sunt ædificiorum perfectionibus, quemadmodum videantur esse ab natura rerum procreatæ, quibusque mixtionibus principiorum congressus temperentur, ne obscura sed perspicua legentibus sint, ratiocinabor. Namque nulla materiarum genera neque corpora neque res sine principiorum cœtu nasci neque subjici intellectui possunt, neque aliter natura rerum præceptis physicorum veras patitur habere explicationes, nisi causæ, quæ insunt in his rebus, quemadmodum et quid ita sint, subtilibus rationibus habeant demonstrationes.

CAPUT II.

De principiis rerum secundum physicorum opiniones.

Thales quidem primum aquam putavit omnium rerum esse principium. Heraclitus Ephesius, qui propter obscuritatem scriptorum a Græcis σκοτεινός est appellatus, ignem. Democritus quique eum secutus est Epicurus, atomos, quæ nostri insecabilia corpora, nonnulli individua, vocitaverunt. Pythagoreorum vero disciplina adjecit ad aquam et ignem aëra et terrenum. Ergo Democritus etsi non proprie res nominavit, sed tantum individua corpora proposuit, ideo ea ipsa dixisse videtur, quod ea, cum sunt disjuncta, nec lædantur, nec interitionem recipiunt, nec sectionibus dividuntur, sed sempiterno ævo perpetuo infinitam retinent in se soliditatem. Ex his ergo congruentibus cum res omnes coire nascique videantur, et eæ in infinitis generibus rerum natura essent disparatæ, putavi oportere de varietatibus et discriminibus usus earum, quasque haberent in ædificiis qualitates, exponere, uti, cum fuerint notæ, non habeant qui ædificare cogitant, errorem, sed aptas ad usum copias ædificiis comparent.

CAPUT III.

De lateribus.

Itaque primum de lateribus, qua de terra duci eos oporteat, dicam. Non enim de arenoso neque calculoso neque sabuloso luto sunt ducendi; quod ex his generibus cum sunt ducti, primum fiunt graves; deinde, cum ab imbribus in parietibus sparguntur, dilabuntur et dissol-

pesantes, et qu'elle fait qu'elles se détrempent et se fendent, si elles sont mouillées par la pluie. D'ailleurs, cette terre, qui est rude, n'est pas assez liante pour faire corps avec les pailles qu'on y mêle : il les faut donc faire avec de la terre blanchâtre, semblable à de la craie, ou avec de la terre rouge, ou bien encore avec du sablon mâle, parce que ces matières, à cause de leur douceur, sont plus compactes, ne pèsent point dans l'ouvrage, et se corroient aisément. Le temps le plus favorable pour mouler les briques est le printemps et l'automne, parce que, durant l'une et l'autre de ces saisons, elles peuvent sécher également partout; au lieu qu'en été le soleil, consumant d'abord l'humidité du dehors, fait croire qu'elles sont entièrement sèches, et n'achève néanmoins de les sécher qu'en les rétrécissant; ce qui fend et rompt leur superficie aride, et les gâte tout à fait. C'est pourquoi le meilleur serait de les garder deux ans entiers; car, lorsqu'elles sont employées nouvellement faites, et avant d'être entièrement sèches, l'enduit que l'on met dessus s'étant séché promptement et ayant pris de la consistance, elles s'affaissent, et, en se resserrant, se séparent de cet enduit, qui, n'étant plus attaché à la muraille, n'est pas capable de se soutenir de lui-même, à cause de son peu d'épaisseur. Il finit donc par se rompre; et alors la muraille, s'affaissant çà et là inégalement, se gâte et se ruine aisément. C'est pour cela qu'à Utique le magistrat ne permet point qu'on emploie de brique qu'il ne l'ait visitée, et qu'il n'ait reconnu qu'il y a cinq ans qu'elle est moulée. Il se fait de trois sortes de briques. La première est celle dont nous nous servons, qui est appelée en grec *didoron* (1); elle est longue d'un pied et large d'un demi-pied. Les deux autres, qui sont le *pentadoron* (2) et le *tétradoron* (3), sont employées par les Grecs. Le palme est appelé *doron* par les Grecs, parce que *doron*, qui signifie un présent, se porte ordinairement dans la paume (ou palme) de la main : et ainsi la brique qui a cinq palmes en carré est appelée *pentadoron*, et celle qui en a quatre, *tétradoron*. Les ouvrages publics se font avec le pentadoron, et les ouvrages particuliers avec le tétradoron. En faisant toutes sortes de briques, on fait aussi des demi-briques; par ce moyen, lorsque l'on bâtit une muraille, on met alternativement d'un côté un rang de briques, et de l'autre un rang de demi-briques; en sorte qu'étant mises en ligne à chaque parement, celles d'une assise s'entrelacent avec celles d'une autre. De plus, le milieu de chaque brique se rencontrant sur un joint montant, cela rend la structure encore plus solide, et plus agréable à la vue. Les briques que l'on fait à Calente, ville d'Espagne, à Marseille, ville des Gaules, et à Pitane, ville de l'Asie, nagent sur l'eau lorsqu'elles sont sèches. Cette propriété leur vient de ce que la terre dont elles sont faites est de la nature de la pierre-ponce, et qu'elles joignent à la légèreté une grande dureté, qui empêche que l'eau ne les pénètre. Telle est la raison qui fait que l'humidité ne peut rien sur ces briques, et que, quel que soit leur poids, elles sont soutenues sur l'eau, comme si c'étaient des pierres-ponces. Ces espèces de briques sont d'une grande utilité dans la construction; car, d'un côté, elles ne chargent point les murailles,

(1) De deux palmes. — (2) De cinq palmes. — (3) De quatre palmes.

---

vuntur, paleæque in his non cohærescunt propter asperitatem. Faciendi autem sunt ex terra albida cretosa, sive de rubrica, aut etiam masculo sabulone. Hæc enim genera propter levitatem habent firmitatem, et non sunt in opere ponderosa, et faciliter aggerantur. Ducendi autem sunt per vernum tempus et autumnale, ut uno tenore siccescant : qui enim per solstitium parantur, ideo vitiosi fiunt, quod summum corium sol acriter cum percoquit, efficit ut videantur aridi, interior autem (humor) sit non siccus, et cum postea siccescendo contrahit et perrumpit ea, quæ erant arida, ita rimosi facti efficiuntur imbecilli. Maxime autem utiliores erunt, si sit aridus et ante biennium fuerint ducti; namque non ante possunt penitus siccescere. Itaque cum recentes et non aridi sunt structi, tectorio inducto rigideque obsolidato permanente, subsidentes non possunt eandem altitudinem, qua est tectorium, tenere, contractioneque moti non hærent cum eo, sed a conjunctione ejus disparantur : igitur tectoria ab structura sejuncta propter tenuitatem per se stare non possunt, sed franguntur, ipsique parietes fortuito sidentes vitiantur. Ideoque etiam Uticenses latere, si sit aridus et ante quinquennium ductus, cum arbitrio magistratus fuerit ita probatus, tunc utuntur in parietum structuris. Fiunt autem laterum genera tria : unum quod græce Lydium appellatur; id est, quo nostri utuntur, longum sesquipede, latum pede : ceteris duobus Græcorum ædificia struuntur. Ex his unum pentadoron, alterum tetradoron dicitur. Doron autem Græci appellant palmum, quod munerum datio græce δῶρον appellatur : id autem semper geritur per manus palmam. Ita quod est quoquo versus quinque palmorum, pentadoron, quod quatuor, tetradoron dicitur : et quæ sunt publica opera pentadoro, quæ privata, tetradoro struuntur. Fiunt autem cum his lateribus semilateria, quæ cum struuntur, una parte e lateribus ordines altera semilateriis ponuntur : ergo ex utraque parte, ad lineam cum construuntur alternis choris parietes, alligantur, et medii lateres supra coagmenta collocati et firmitatem et speciem faciunt utraque parte non invenustam. Est autem in Hispania ulteriore civitas Maxilua et in Galliis et in Asia Pitane, ubi lateres cum sunt ducti et arefacti, projecti natant in aqua. Natura autem eos posse ideo videtur, quod terra est, de qua ducuntur, pumicosa : ita cum est levis, aëre solidata, non recipit in se nec combibit liquorem. Igitur levi raraque cum sint proprietate, non patiantur penetrare in corpus humidam potestatem, quocunque pondere fuerint, coguntur ab rerum natura, quemadmodum pumex, uti ab aqua sustineantur. Sic autem

et de l'autre elles ne sont point sujettes à se détremper par la violence des orages.

CHAPITRE IV.
Du sable et de ses espèces.

Dans les bâtiments qui se font en moellons, il faut principalement prendre garde quel sable on emploie pour faire le mortier; il faut surtout qu'il ne soit point terreux. Les espèces de sable de cave sont le noir, le gris, le rouge et le carbunculus. Le meilleur sable, en général, est celui qui fait du bruit quand on le frotte entre les mains : mais il n'est pas bon s'il est terreux, s'il n'est point âpre, et si, étant mis sur une étoffe blanche, il y laisse des marques après avoir été secoué ou frappé. Si l'on n'a point d'endroits d'où l'on puisse tirer de bon sable de cave, il faudra prendre ce qui s'en trouvera de bon parmi le gravier. On pourra même en tirer du bord de la mer. Ce sable a néanmoins ce défaut, que le mortier qui en est fait est longtemps à sécher, et les murailles qui en sont bâties ne peuvent pas porter une grande charge, si on ne prend la précaution de les maçonner à plusieurs reprises. Mais, de quelque manière que ce soit, il ne peut servir à des enduits de plafonds. Il a encore cela de mauvais, que les murailles qui en sont crépies suintent à cause du sel qui se dissout et qui fait tout fondre. Mais le mortier de sable de cave se sèche promptement. Les enduits des murailles et les plafonds qui en sont faits durent longtemps, principalement si on l'emploie aussitôt qu'il a été fouillé; car si on le garde longtemps, le soleil et la lune finissent par l'altérer, en sorte que la pluie le dissout et le change presque tout entier en terre; ce qui fait qu'il ne vaut plus rien pour bien lier les pierres et faire des murailles qui soient fermes, et capables de soutenir un grand fardeau. Toutefois ce sable, si nouvellement tiré de terre, n'est pas si bon pour les enduits que pour la maçonnerie, parce qu'il est si gras et sèche avec tant de promptitude, qu'étant mêlé avec la chaux et la paille, il fait un mortier qu'on ne saurait empêcher de se gercer. Aussi le sable de rivière, qui est moins gras, est-il meilleur pour les enduits, si, de même que le ciment, il est bien corroyé, et repoussé après avoir été employé.

CHAPITRE V.
De la chaux, et quelle est la meilleure pierre dont elle se fait.

Après avoir dit de quel sable on se doit fournir, il faut rechercher avec soin ce qui appartient à la chaux, et prendre garde qu'elle ne soit faite avec des pierres blanches ou des cailloux. Il faut aussi savoir que celle qui sera faite avec les pierres ou les cailloux les plus compacts et les plus durs sera la meilleure pour la maçonnerie, et que celle qui sera faite avec des pierres un peu spongieuses sera préférable pour les enduits. Quand la chaux sera éteinte, il la faudra mêler avec le sable, en telle proportion qu'il y ait trois parties de sable de cave ou deux parties de sable de rivière ou de mer, contre une de chaux. Telle est, en effet, la plus juste proportion de leur mélange, qui sera encore beaucoup meilleur si on ajoute au sable de mer et de rivière une troisième partie de tuileaux pilés et sassés. Or, pour savoir

magnas habent utilitates, quod neque in ædificationibus sunt onerosi, et cum ducuntur, a tempestatibus non dissolvuntur.

CAPUT IV.
De arena.

In cæmentitiis autem structuris primum est de arena quærendum, ut ea sit idonea ad materiam miscendam, neque habeat terram commixtam. Genera autem arenæ fossitiæ sunt hæ, nigra, cana, rubra, carbunculus. Ex his quæ in manu confricata fecerit stridorem, erit optima : quæ autem terrosa fuerit, non habebit asperitatem : item si in vestimentum candidum ea conjecta fuerit, postea excussa vel icta id non inquinaverit, neque ibi terra subsiderit, erit idonea. Sin autem non erunt arenaria, unde fodiatur, tum de fluminibus [aut] e glarea erit excernenda, non minus etiam de littore marino. Sed ea in structuris hæc habet vitia, difficulter siccescit, neque onerari se continenter paries patitur, nisi intermissionibus requiescat : neque concamerationes recipit. Marina autem hoc amplius, quod etiam parietes, cum in his tectoria facta fuerint, remittentes salsuginem corium dissolvunt. Fossitiæ vero celeriter in structuris siccescunt, et tectoria permanent, et concamerationes patiuntur, sed hæ, quæ sunt de arenariis recentes. Si enim exemptæ diutius jaceant, ab sole et luna et pruina concoctæ resolvuntur, et fiunt terrosæ. Ita cum in structuram conjiciuntur, non possunt continere cæmenta, sed ea ruunt et labuntur, oneraque parietes non possunt sustinere. Recentes autem fossitiæ cum in structuris tantas habeant virtutes, eæ in tectoriis ideo non sunt utiles, quod pinguitudini ejus calx, palea commixta, propter vehementiam non potest sine rimis inarescere : fluviatica vero propter macritatem, uti Signinum, bacillorum subactionibus in tectorio recipit soliditatem.

CAPUT V.
De calce.

De arenæ copiis cum habeatur explicatum, tum etiam de calce diligentia est adhibenda, uti de albo saxo aut silice coquatur; et quæ erit ex spisso et duriore, erit utilis in structura, quæ autem ex fistuloso, in tectoriis. Cum ea erit extincta, tunc materia ita misceatur, ut si erit fossitia, tres arenæ et una calcis confundantur; si autem fluviatica aut marina, duæ arenæ in unam calcis conjiciantur : ita enim erit justa ratio mixtionis temperaturæ. Etiam in fluviatica aut marina si quis testam tusam et succretam ex tertia parte adjecerit, efficiet materiæ temperaturam ad usum

par quelle raison ce mélange de chaux, de sable et d'eau fait un corps si dur et si solide, il faut considérer que les pierres, de même que tous les autres corps, sont composées d'éléments, et que ceux qui contiennent le plus d'air sont les plus tendres, ceux qui contiennent plus d'eau sont plus tenaces, ceux dans lesquels il y a plus de terre sont plus durs, et enfin ceux qui renferment plus de feu sont plus fragiles. Il faut encore remarquer que si on pilait les pierres dont on fait la chaux sans être cuites, et qu'on mêlât cette poudre avec du sable, on n'en pourrait jamais rien faire de propre à lier de la maçonnerie; mais si l'on cuit tellement les pierres que la force du feu leur fasse perdre leur première solidité, elles deviennent poreuses et pleines d'ouvertures. Alors leur humidité naturelle s'épuise, et l'air qu'elles contenaient se retirant pour ne laisser qu'une chaleur cachée, il est aisé de concevoir que lorsqu'elles viennent à être plongées dans l'eau avant que cette chaleur soit dissipée, elles doivent acquérir une nouvelle force et s'échauffer par suite de l'humidité qui pénètre leurs cavités, et qui, en les refroidissant, pousse en dehors la chaleur qu'elles avaient en soi. C'est ce qui fait que les pierres à chaux ne sont pas de même poids quand on les tire du fourneau qu'elles étaient quand on les y a mises, et que si on les pèse après qu'elles sont cuites, on les trouvera diminuées de la troisième partie de leur poids, quoiqu'elles aient conservé leur première grandeur. Ainsi les ouvertures qu'elles ont dans toutes leurs parties sont cause qu'elles s'attachent avec le sable quand on les mêle ensemble, et qu'en se séchant elles joignent et lient fermement les pierres pour faire une masse fort solide.

CHAPITRE VI.

De la pouzzolane, et comme il s'en faut servir.

Il y a une espèce de poudre à laquelle la nature a donné une vertu admirable; elle se trouve au pays de Baies, et dans les terres des municipes qui sont autour du mont Vésuve. Cette poudre, mêlée avec la chaux et les pierres, donne à la maçonnerie une telle fermeté, que non-seulement dans les édifices ordinaires, mais même au fond de la mer, elle fait corps et s'endurcit merveilleusement. Ceux qui en ont cherché la raison ont remarqué que, sous ces montagnes et dans tout le territoire, il y a quantité de fontaines bouillantes; ce qu'ils ont conjecturé ne pouvoir provenir que d'un grand feu allumé de soufre, d'alun ou de bitume. Or, la vapeur de ce feu souterrain passant par les veines de la terre, la rend plus légère, et donne au tuf une aridité qui lui fait attirer à soi l'humidité. C'est pourquoi lorsque ces trois choses (1), engendrées de la même façon par la violence du feu, sont mêlées ensemble par le moyen de l'eau, elles s'endurcissent promptement, et font une masse tellement solide que les flots de la mer ne la peuvent rompre ni dissoudre. Pour juger qu'il y a du feu sous les montagnes voisines de Cumes et de Baies, il ne faut que considérer les grottes qu'on y a creusées pour servir d'étuves; une vapeur chaude, continuellement entretenue par la force du feu, et dont la terre est pénétrée, s'amasse dans ces lieux et produit les admirables vertus qu'éprouvent ceux qui y vont pour suer. On raconte aussi que ces feux, qui s'allument sous le

(1) Vitruve entend la pouzzolane, la chaux et le tuf ou moellon du pays, qui est en quelque façon brûlé, de même que la pouzzolane.

CAPUT VI.

De pulvere Puteolano.

Est etiam genus pulveris, quod efficit naturaliter res admirandas. Nascitur in regionibus Baianis et in agris municipiorum, quæ sunt circa Vesuvium montem, quod commixtum cum calce et cæmento non modo ceteris ædificiis præstat firmitates, sed etiam moles, quæ construuntur in mari, sub aqua solidescunt. Hoc autem fieri hac ratione videtur, quod sub his montibus et terra ferventes sunt fontes crebri; qui non essent, si non in imo haberent aut de sulfure aut alumine aut bitumine ardentes maximos ignes. Igitur penitus ignis et flammæ vapor per intervenia permanans et ardens efficit levem eam terram, et ibi qui nascitur tophus exugens est et sine liquore. Ergo cum tres res, consimili ratione ignis vehementia formatæ, in unam pervenerint mixtionem, repente recepto liquore una cohæerescunt, et celeriter humore duratæ solidantur, neque eas fluctus neque vis aquæ potest dissolvere. Ardores autem esse in his locis etiam hæc res potest indicare, quod in montibus Cumanorum et Baianis sunt loca sudationibus excavata, in quibus vapor fervidus ab imo nascens ignis vehementia perforat eam terram, per eamque manando in his locis oritur, et ita sudationum egre-

meliorem. Quare autem, cum recipit aquam et arenam calx, tunc confirmat structuram, hæc esse causa videtur, quod e principiis, uti cetera corpora, ita et saxa sunt temperata, et quæ plus habent aëris, sunt tenera, quæ aquæ, lenta sunt ab humore, quæ terræ, dura, quæ ignis, fragiliora. Itaque ex his saxa si, antequam coquantur, contusa minute mixtaque arenæ conjiciantur in structuram, non solidescunt, nec eam poterunt continere : cum vero conjecta in fornacem ignis vehementi fervore correpta amiserint pristinæ soliditatis virtutem, tunc exustis atque exhaustis eorum viribus relinquuntur patentibus foraminibus et inanibus. Ergo liquor qui est in ejus lapidis corpore et aër cum exustus et ereptus fuerit, habueritque in se residuum calorem, latentem, priusquam ex igni vim recipiat, intinctus in aqua, et humore penetrante in foraminum raritates conferverscit, et ita refrigeratus rejicit ex calcis corpore fervorem. Ideo autem quo pondere saxa conjiciuntur in fornacem, cum eximuntur, non possunt ad id respondere; sed cum expendentur, eadem magnitudine permanente, excocto liquore, circiter tertia parte ponderis imminuta esse invenientur. Igitur cum patent foramina eorum et raritates, arenæ mixtionem in se corripiunt et ita cohærescunt, siccescendoque cum cæmentis coëunt et efficiunt structurarum soliditatem.

Vésuve, ont autrefois éclaté avec une grande force, et jeté beaucoup de flammes dans tous les pays d'alentour. De cet embrasement sont provenues les pierres que l'on appelle spongieuses ou ponces pompéiennes, qui sont une espèce de pierres auxquelles le feu a donné, en les cuisant, une qualité particulière. L'espèce de pierres spongieuses qu'on tire de ces endroits ne se rencontre point en d'autres, si ce n'est autour du mont Etna et aux collines de Mysie, qui sont appelées *catakekaumeni*(1) par les Grecs ; de sorte que si des sources d'eau bouillante se trouvent dans ces lieux, si des vapeurs chaudes s'amassent dans les grottes qu'on y creuse, et si ces montagnes ont autrefois lancé des flammes sur les contrées voisines, il paraît certain que c'est la véhémence du feu qui a desséché et épuisé toute l'humidité de la terre et du tuf, comme il fait celle de la chaux qu'il cuit dans les fourneaux. Car il faut savoir que certaines matières, quoique différentes, acquièrent, lorsqu'elles sont brûlées, une même nature, savoir une aridité chaude, qui, leur faisant boire promptement l'eau dont elles sont mouillées, confond et mêle ensemble les parties semblables, par l'effort d'une chaleur occulte qui les fait prendre en fort peu de temps et les durcit extraordinairement. Tout ce que l'on pourrait dire contre ce raisonnement, c'est qu'il y a, dans la Toscane, quantité de bains d'eaux chaudes, et qu'il ne s'y trouve point de poudre qui ait cette qualité merveilleuse d'endurcir le mortier au fond de l'eau. Mais, avant d'élever cette objection, il faut faire attention que tous les pays n'ont point des terres de même nature, ni les mêmes pierres ; qu'il y a des lieux où la terre a beaucoup de fonds, et d'autres où il n'y a que du sablon, du gravier ou du sable ; et qu'ainsi, selon les différentes régions, il se trouve une infinité de diverses qualités dans la terre. Par exemple, dans la Toscane et dans les autres pays d'Italie que renferme le mont Apennin, il n'y a presque point de lieu où l'on ne trouve du sable de cave ; tandis qu'au contraire, au delà de cette montagne, vers la mer Adriatique, il n'y en a point, non plus qu'en Achaïe, ni en Asie au delà de la mer, où l'on n'en a même jamais entendu parler. Ce n'est donc pas merveille si tous les lieux où l'on voit quantité de fontaines bouillantes ne présentent pas toujours les qualités qui sont requises pour faire cette poudre, cela arrivant tantôt d'une façon, tantôt d'une autre, selon ce que la nature en a ordonné. Ainsi, dans les endroits où les montagnes ne sont pas terreuses, mais pleines de rochers, le feu, en pénétrant leurs veines, consume ce qu'il y a de plus tendre, et n'y laisse que les parties assez dures pour lui résister. Il faut donc se figurer que, de même que dans la Campanie la terre étant brûlée se change en cette poudre, celle de Toscane produit le sable appelé *carbunculus* ; et ces deux sortes de matières sont admirables pour la solidité de la maçonnerie ; mais l'une est plus propre pour les édifices qui se bâtissent sur terre, l'autre pour ceux qui se font dans la mer. Or cette matière, dont le sable, nommé *carbunculus*, est formé par la force des vapeurs chaudes qui le cuisent, est plus molle que le tuf, et plus solide que la terre ordinaire.

(1) Brûlées.

gias efficit utilitates. Non minus etiam memoratur antiquitus crevisse ardores et abundavisse sub Vesuvio, et inde evomuisse circa agros flammam. Ideoque nunc qui spongia sive pumex Pompeianus vocatur, excoctus ex alio genere lapidis, in hanc redactus esse videtur generis qualitatem. Id autem genus spongiæ, quod inde eximitur, non in omnibus locis nascitur, nisi circum Ætnam et collibus Mysiæ, quæ a Græcis κατακεκαυμένη nominatur, et si quæ ejusmodi sunt locorum proprietates. Si ergo in his locis aquarum ferventes inveniuntur fontes, et in montibus excavatis calidi vapores, ipsaque loca ab antiquis memorantur pervagantes in agris habuisse ardores, videtur esse certum, ab ignis vehementia ex topho terraque, quemadmodum in fornacibus et a calce, ita ex his ereptum esse liquorem. Igitur dissimilibus et disparibus rebus correptis et in unam potestatem collatis, calida humoris jejunitas, aqua repente satiata, communibus corporibus latenti calore conferveseit, et vehementer efficit ea coire, celeriterque una soliditatis percipere virtutem. Relinquetur desideratio, quoniam sunt in Hetruria ex aqua calida crebri fontes, quid ita non etiam ibi nascitur pulvis, e quo eadem ratione sub aqua structura solidescat ? Itaque visum est, antequam desideraretur de his rebus, quemadmodum esse videantur, exponere. Omnibus locis et regionibus non eadem genera terræ nec lapides nascuntur, sed nonnulla sunt terrosa, alia sabulosa, itemque glareosa, aliis locis arenosa non minus materia ; et omnino dissimili disparique genere in regionum varietatibus qualitates insunt in terra. Maxime autem id licet considerare, quod, qua mons Apenninus regiones Italiæ Hetruriæque circumcingit, prope omnibus locis non desunt fossitia arenaria : trans Apenninum vero, quæ pars est ad Adriaticum mare, nulla inveniuntur : item Achaia, Asia et omnino trans mare ne nominantur quidem. Igitur non in omnibus locis, quibus effervent aquæ calidæ crebri fontes, eædem opportunitates possunt similiter concurrere, sed omnia uti natura rerum constituit, non ad voluntatem hominum sed fortuito disparata procreantur. Ergo quibus locis non sunt terrosi montes, sed genere materiæ, ignis vis per ejus venas egrediens adurit eam, et quod molle est et tenerum, exurit ; quod autem asperum, relinquit : itaque uti in Campania, exusta terra cinis, sic in Hetruria excocta materia efficitur carbunculus. Utraque autem sunt egregia in structuris ; sed alia in terrenis ædificiis, alia etiam in maritimis molibus habent virtutem. Est autem materiæ potestas mollior quam tophus, solidior quam terra ; qua penitus ab imo vehementia vaporis adusta, nonnullis locis procreatur id genus arenæ, quod dicitur carbunculus.

CHAPITRE VII.

Des carrières d'où l'on tire les pierres, et de leurs qualités.

Après avoir traité de la chaux et du sable, ainsi que des qualités et de l'usage de ces matières, il convient maintenant de parler des carrières d'où l'on tire les pierres de taille et le moellon propre à la bâtisse. Toutes les pierres ne sont pas d'une même sorte; car il y en a de tendres, comme les pierres rouges que l'on trouve aux environs de Rome, et celles qu'on appelle *Pallienses*, *Fidénates* et *Albanes*; d'autres sont un peu plus dures, comme celles de Tivoli, celles d'Amiterne et les *Soractines*; d'autres sont dures comme du caillou. Il y en a encore de plusieurs autres espèces, comme sont le tuf rouge et le noir dans la Campanie, et le tuf blanc dans l'Ombrie, dans le Picenum et près de Venise, lequel se coupe avec la scie comme le bois. Les pierres qui ne sont pas dures ont cela de commode qu'elles se taillent aisément, et rendent un assez bon service, quand on les fait servir dans des lieux couverts : mais si on les emploie au dehors, la gelée et les pluies les font tomber en poussière; si l'on s'en sert pour des bâtiments voisins de la mer, la salure les ronge et la grande chaleur même les gâte. Les pierres de Tivoli résistent bien à la charge et aux injures de l'air, mais non pas au feu, qui, pour peu qu'il les touche, les fait éclater, à cause du peu d'éléments humides et terrestres, et de la grande quantité d'air et de feu qui entre dans leur composition naturelle. Car le peu d'éléments humides et terrestres qu'elles contiennent ne peut empêcher que la force du feu et de la vapeur ne pénètre dans les vides qui s'y rencontrent après en avoir chassé l'air, et que, ne trouvant rien qui lui soit contraire, le feu n'embrase toutes ces matières. Il y a dans le territoire des Tarquiniens d'autres carrières qu'on appelle Anitiennes, d'où on tire des pierres qui sont de même couleur que celles d'Albe, et dont un grand nombre se taille auprès du lac de Balsène et dans le gouvernement Statonique : elles ont plusieurs bonnes qualités, comme de résister à la gelée et au feu, à cause de leur composition, où il entre peu d'air et de feu, beaucoup de parties terrestres et médiocrement d'humidité; cette composition les rend dures et compactes, et fait qu'elles résistent aux injures du temps, ainsi qu'on peut le remarquer dans les anciens monuments qui en ont été faits avec cette pierre, et qui subsistent encore auprès de la ville de Férente. On y voit, en effet, de grandes et belles statues, de petits bas-reliefs et plusieurs ornements très-délicats, imitant des roses et des feuilles d'acanthe, qui, malgré leur ancienneté, semblent aussi récents que si on venait de les terminer. Ces pierres sont encore d'un excellent usage pour les fondeurs en bronze, qui les trouvent fort bonnes pour faire leurs moules; en sorte que si ces carrières étaient plus proches de Rome, on n'emploierait point d'autres pierres pour tous les ouvrages qu'on y fait. Mais comme les carrières de pierres rougeâtres et celles de Palliense sont fort proches de la ville, et qu'il est fort aisé d'en avoir des pierres, on est contraint de s'en servir, en prenant toutefois certaines précautions qui les rendent moins sujettes à se détériorer.

CAPUT VII.

De lapidicinis.

De calce et arena quibus varietatibus sint et quas habeant virtutes, dixi; sequitur ordo de lapidicinis explicare; de quibus et quadrata saxa et cæmentorum ad ædificia eximuntur copiæ et comparantur. Hæ autem inveniuntur esse disparibus et dissimilibus virtutibus. Sunt enim aliæ molles, uti sunt circa urbem Rubræ, Pallienses, Fidenates, Albanæ : aliæ temperatæ, uti Tiburtinæ, Amiterninæ, Soractinæ, et quæ sunt his generibus: nonnullæ duræ, uti siliceæ. Sunt etiam alia genera plura, uti in Campania ruber et niger tophus, in Umbria et Piceno et Venetia albus, qui etiam serra dentata uti lignum secatur. Sed hæc omnia, quæ mollia sunt, hanc habent utilitatem, quod ex his saxa cum sunt exempta, in opere faciliter tractantur, et si sint in locis tectis, sustinent laborem; sin autem in apertis et patentibus, gelicidiis et pruina congesta friantur et dissolvuntur : item secundum oras maritimas ab salsugine exesa diffluunt, neque perferunt æstus. Tiburtina vero et quæ eodem genere sunt omnia, sufferunt et ab oneribus et a tempestatibus injurias, sed ab igni non possunt esse tuta, simulque ut sunt ab eo tacta, dissiliunt et dissipantur, ideo quod temperatura naturali parvo sunt humore, item quod non multum habent terreni, sed aëris plurimum et ignis. Igitur cum et humor et terrenum in his minus inest, tum etiam ignis, tactu et vi vaporis ex his aëre fugato, penitus insequens et intervenorium vacuitates occupans, fervescit et efficit ea suis ardentia corporibus similia. Sunt vero item lapidicinæ complures in finibus Tarquiniensium quæ dicuntur Anitianæ, colore quemadmodum Albanæ, quarum officinæ maxime sunt circa lacum Vulsiniensem item præfectura Statoniensi. Eæ autem habent infinitas virtutes : neque enim his gelicidiorum tempestas neque tactus ignis potest nocere, sed sunt firmæ et ad vetustatem ideo permanentes, quod parum habent e naturæ mixtione aëris et ignis, humoris autem temperate, plurimumque terreni : ita spissis compactionibus solidatæ neque ab tempestatibus neque ab ignis vehementia nocentur. Id autem maxime judicare licet e monumentis, quæ sunt circa municipium Ferentis ex his facta lapidicinis : namque habent et statuas amplas, factas egregie, et minora sigilla, floresque et acanthos eleganter sculptos, quæ cum sint vetusta, sic apparent recentia, uti si sint modo facta. Non minus etiam fabri ærarii ex his lapidicinis in æris flatura formis comparatis habent ex his ad æs fundendum maximas utilitates. Quæ si prope urbem essent, dignum esset, ut ex his officinis omnia opera perficerentur. Cum ergo propter propinquitatem necessitas cogat ex Rubris lapidicinis et Palliensibus et quæ sunt urbi proximæ, copiis uti, si qui voluerint sine vitiis perficere, ita erit præparandum. Cum ædificandum fuerit, ante biennium ea saxa non hieme,

Ces précautions consistent à les tirer de la carrière en été et non pas en hiver, et à les exposer à l'air dans un lieu découvert deux ans avant que de les mettre en œuvre, afin que celles que le mauvais temps a endommagées soient jetées dans les fondements, et que les autres qui, après avoir été éprouvées par la nature même, se trouvent être bonnes, soient employées à la maçonnerie qui sera faite hors de terre. Cette méthode doit être observée tant à l'égard du moellon que des pierres de taille.

CHAPITRE VIII.

Des diverses espèces de maçonnerie, de leurs propriétés, et de la différente manière dont elles doivent être faites suivant les lieux.

Il y a deux sortes de maçonnerie : l'une est la *maillée*, qui est à présent partout en usage ; l'autre, qui est l'ancienne, est faite en *liaison*. La maillée est la plus agréable à la vue ; mais l'ouvrage est sujet à se fendre, parce que les lits et les joints se rompent et s'écartent aisément de tous côtés ; au lieu que la maçonnerie qui est faite en liaison, et dans laquelle les pierres sont posées les unes sur les autres comme des tuiles, est bien meilleure, quoiqu'elle ne fasse pas un aussi beau parement. Dans l'une et l'autre de ces maçonneries, il faut que les murailles soient bâties de petites pierres, afin que le mortier de chaux et de sable, pénétrant les pierres en plus d'endroits, les retienne mieux ; car les pierres, étant d'une substance rare et molle, boivent et absorbent l'humidité du mortier. Il est donc à souhaiter qu'il y ait dans la maçonnerie beaucoup de chaux et de sable, afin que, l'humidité étant la plus abondante, la force de la muraille en soit moins aisément détruite ; car si les pierres tirent toute l'humidité par leurs pores, elles ne pourront plus être attachées ensemble par le moyen du mortier, parce que la chaux quittera le sable, et alors les murailles seront bientôt ruinées. Cela est arrivé autour de Rome à plusieurs anciens bâtiments, dont les murailles sont faites de marbre et d'autres grandes pierres carrées, et garnies de remplages à l'intérieur. Ces pierres tombent en ruine par suite de la dissolution de leurs joints, parce que la force du mortier dont elles sont faites s'est évanouie et dissipée au travers des pores, que le temps a élargis dans ces pierres en les séchant. Pour obvier à ces inconvénients, il faut laisser un vide entre les parements, emplir le dedans ou de pierres rouges taillées carrément, ou de tuileaux ou de cailloux communs ; donner aux murailles deux pieds d'épaisseur, et joindre les parements avec du fer et du plomb. De cette sorte, l'ouvrage, s'il n'est pas fait tout à la fois, mais par reprises, pourra durer éternellement, parce que, d'une part, les lits des pierres et les joints se rapportant bien et étant liés avec art, empêcheront que le mur ne s'affaisse, et que, de l'autre, les parements, qui seront bien joints ensemble, ne pourront être ébranlés. Il y a encore une espèce de maçonnerie qui ne doit pas être méprisée, et dont les Grecs se servent lorsqu'ils ne bâtissent pas de pierres de taille soigneusement polies, et qu'ils n'emploient point des pierres équarries. Ils se bornent à mettre les unes sur les autres des rangées de cailloux ou de pierres dures, en sorte que les pierres sont posées alternativement comme des briques ; et cette disposition donne aux murailles une force qui les fait durer à jamais. Ils font cela de deux

sed æstate eximantur, et jacentia permaneant in locis patentibus ; quæ autem a tempestatibus eo biennio tacta læsa fuerit, ea in fundamenta conjiciantur, cetera quæ non erunt vitiata, ab natura rerum probata, durare poterunt supra terram ædificata. Nec solum ea in quadratis lapidibus sunt observanda, sed etiam in cæmentitiis structuris.

CAPUT VIII.

De generibus structuræ.

Structurarum genera sunt hæc : reticulatum, quo nunc omnes utuntur, et antiquum, quod incertum dicitur. Ex his venustius est reticulatum, sed ad rimas faciendas ideo paratum, quod in omnes partes dissoluta habet cubilia et coagmenta. Incerta vero cæmenta, alia super alia sedentia inter seque implicata, non speciosam sed firmiorem quam reticulata præstant structuram. Utraque autem ex minutissimis sunt instruenda, uti materia ex calce et arena crebriter parietes satiati diutius contineantur. Molli enim et rara potestate cum sint, exsiccant sugendo e materia succum : cum autem superarit et abundarit copia calcis et arenæ, paries plus habens humoris non cito fiet evanidus, sed ab his continebitur. Simul autem humida potestas e materia per cæmentorum raritatem fuerit exucta, calx quoque ab arena discedit et dissolvitur, item cæmenta non possunt cum his cohærere, sed in vetustatem parietes efficiunt ruinosos. Id autem licet animadvertere etiam de nonnullis monumentis, quæ circa urbem facta sunt e marmore seu lapidibus quadratis, intrinsecusque medio calcata farturis : vetustate evanida facta materia, cæmentorumque exucta raritate, proruunt et coagmentorum ab ruina dissolutis juncturis dissipantur. Quod si quis noluerit in id vitium incidere, medio cavo, servato secundum orthostatas intrinsecus, ex rubro saxo quadrato aut ex testa aut ex silicibus ordinariis struat bipedales parietes, et cum his ansis ferreis et plumbo frontes vinctæ sint. Ita enim non acervatim sed ordine structum opus poterit esse sine vitio sempiternum, quod cubilia et coagmenta eorum inter se sedentia et juncturis alligata non protrudent opus, neque orthostatas inter se religatos labi patientur. Itaque non est contemnenda Græcorum structura : non enim utuntur e molli cæmento structura polita, sed cum discesserint a quadrato, ponunt de silice seu de lapide duro ordinario, et ita, uti lateritia struentes, alligant eorum alternis choris coagmenta, et sic maxime ad æternitatem firmas perficiunt virtutes. Hæc autem duobus generibus struuntur : ex his unum isodomum alterum pseudisodomum appellatur. Isodomum dicitur, cum omnia choria

manières : l'une est appelée *isodomum* (1); c'est celle où les assises sont d'égale épaisseur ; l'autre, *pseudisodomum* (2), est celle où les assises sont inégales. La grande solidité qui résulte de ces deux manières de bâtir vient de ce que les pierres étant compactes et solides, elles ne peuvent pas boire et consumer toute l'humidité du mortier, qui la conserve ainsi à jamais; et les lits des pierres étant égaux et bien nivelés empêchent que les matériaux ne s'affaissent, et ne fassent crever et entr'ouvrir la muraille; ce qui l'entretient fort longtemps. Une troisième manière, appelée *emplecton* (3), et communément en usage parmi les gens de la campagne, s'exécute en faisant les parements assez unis, en remplissant le milieu avec du mortier et des pierres comme elles viennent, et en mettant par-ci par-là des liaisons. Nos maçons, qui veulent avoir bientôt fait, font les assises un peu hautes, n'ayant égard qu'aux parements, et garnissent le milieu d'éclats de pierre mêlés avec le mortier. Ils couchent ainsi le mortier en trois façons, dont deux sont pour l'enduit des parements, et le troisième se met par-dessus le garni du milieu. Les Grecs font autrement; les pierres qu'ils posent sont couchées, et leurs assises sont composées, tout le long de la muraille, de pierres qui, de deux en deux, vont d'un parement à l'autre; et, sans qu'il y ait de garni à l'intérieur, ils entretiennent la muraille dans une égale épaisseur par le moyen de ces pierres à deux parements, qu'ils appellent *diatonous* (4), et qui lient et affermissent fortement les murailles. Ceux donc qui voudront observer le précepte que j'ai donné dans ce livre, y pourront trouver la manière de faire des bâtiments durables ; car la maçonnerie qui paraît belle à la vue parce qu'elle est faite de pierres qui ont été aisées à tailler, n'est pas la meilleure, ni celle qui dure le plus. Pour cette raison, les experts qui sont nommés pour apprécier les murs mitoyens, ne les estiment pas ce qu'ils ont coûté à faire. Mais, après s'être assurés, par les baux à loyer, du temps qu'il y a que les murs sont faits, ils déduisent du prix qu'ils ont coûté autant de quatre-vingtièmes parties qu'il y a d'années que le mur est achevé; et ils n'en font payer que ce qui reste de toute la somme, leur avis étant qu'ils ne peuvent pas durer plus de quatre-vingts ans. On ne procède pas ainsi pour l'estimation des murailles de brique, du prix desquelles on ne déduit rien, pourvu qu'elles soient encore bien à plomb, mais qu'on estime toujours ce qu'elles ont coûté. C'est pourquoi il y a beaucoup de villes où les édifices tant publics que particuliers, et même les maisons royales, ne sont que de briques : tels sont, à Athènes, le mur qui regarde le mont Hymette et le Pentelense, les murailles du temple de Jupiter et les chapelles de celui d'Hercule, qui sont de briques, quoique par dehors les architraves et les colonnes soient de pierre. En Italie, dans la ville d'Arezzo, on voit un ancien mur de briques, fort bien bâti, de même qu'à Trabli on remarque la maison des rois attaliques, qui est affectée à la résidence de celui qui a été élu souverain prêtre de la ville. A Sparte, on a ôté des peintures de dessus un mur de briques, pour les enchâsser dans du bois; et elles ont été apportées dans cette ville pour orner le lieu de l'assemblée, pendant la magistrature des édiles Varron et Muréna. La maison de Crésus, que les

(1) Égale structure. — (2) Inégale structure. — (3) Entrelacé. — (4) Étendues.

æqua crassitudine fuerint structa: pseudisodomum, cum impares et inæquales ordines choriorum diriguntur. Ea utraque sunt ideo firma, primum quod ipsa cæmenta sunt spissa et solida proprietate, neque de materia possunt exugere liquorem, sed conservant eam in suo humore ad summam vetustatem; ipsaque eorum cubilia primum plana et librata posita non patiuntur ruere materiam, sed perpetua parietum crassitudine religata continent ad summam vetustatem. Altera est, quam ἔμπλεκτον appellant, qua etiam nostri rustici utuntur : quorum frontes poliuntur, reliqua, ita uti sunt nata, cum materia collocata alternis alligant coagmentis. Sed nostri, celeritati studentes, erectos choros locantes frontibus serviunt, et in medio farciunt fractis separatim cum materia cæmentis : ita tres suscitantur in ea structura crustæ, duæ frontium et una media farturæ. Græci vero non ita; sed plana collocantes, et longitudines choreorum alternis coagmentis in crassitudinem instruentes, non media farciunt, sed e suis frontatis perpetuum et in unam crassitudinem parietum consolidant. Præterea interponunt singulos perpetua crassitudine utraque parte frontatos, quos διατόνους appellant, qui maxime religando confirmant parietum soliditatem. Itaque si quis voluerit ex his commentariis animadvertere et eligere genus structuræ, perpetuitatis poterit rationem habere. Non enim quæ sunt e molli cæmento subtili facie venustatis, eæ possunt esse in vetustatem non ruinosæ. Itaque cum arbitria communium parietum sumuntur, non æstimant eos quanti facti fuerint, sed cum ex tabulis inveniunt eorum locationis pretia, præteritorum annorum singulorum deducunt octogesimas, et ita ex reliqua summa partem reddi jubent pro his parietibus, sententiamque pronuntiant, eos non posse plus quam annos octoginta durare. De lateritiis vero, dummodo ad perpendiculum sint stantes, nihil deducitur, sed quanti fuerint olim facti, tanti esse semper æstimantur. Itaque nonnullis civitatibus et publica opera et privatas domos, etiam regias, e latere structas licet videre : et primum Athenis murum, qui spectat ad Hymettum montem et Pentelensem : item patris in æde Jovis et Herculis lateritias cellas, cum circa lapidea in æde epistylia sint et columnæ : in Italia Aretii vetustum egregie factum murum : Trallibus domum regibus Attalicis factam, quæ ad habitandum semper datur ei, qui civitatis gerit sacerdotium : item Lacedæmone e quibusdam parietibus etiam picturæ excisæ, intersectis lateribus, inclusæ sunt in ligneis formis, et in comitium ad ornatum ædilitatis Varronis et Murænæ fuerunt allatæ. Croesi domus, quam Sardiani civibus ad requiescendum ætatis otio seniorum collegio Gerusiam dedicaverunt, item

Sardiens ont destinée à ceux des habitants de la ville qui, par leur grand âge, ont acquis le privilége de vivre en repos dans un collége de vieillards qu'ils appellent Géronsie, est aussi bâtie en briques. Dans la ville d'Halicarnasse, le palais du puissant roi Mausole a des murailles de briques, quoiqu'il soit partout orné de marbre de Proconèse; et l'on voit encore aujourd'hui ces murailles, fort belles et fort entières, couvertes d'un enduit si poli, qu'il ressemble à du verre. On ne peut pas dire pourtant que ce roi n'ait pas eu le moyen de faire des murailles d'une matière plus précieuse, lui qui était si puissant, et qui commandait à toute la Carie. On ne peut pas dire non plus que ce soit faute de connaître la belle architecture, si l'on considère les bâtiments qui sont son ouvrage. Car ce roi, quoiqu'il fût né à Mylasse, ayant remarqué que la ville d'Halicarnasse était située dans une position naturellement fortifiée, et offrait un emplacement commode pour le commerce, ainsi qu'un très-bon port, résolut d'aller y fixer sa demeure. Ce lieu était disposé en forme de théâtre; il en destina le bas, qui approchait du port, pour la place publique; au milieu de la pente de cette colline, il fit une grande et large rue, où fut bâti cet admirable ouvrage qu'on appelle le Mausolée, et qui est l'une des sept merveilles du monde. Au-dessus du château, placé au milieu de la ville, il construisit le temple de Mars, dans lequel était une statue colossale nommée *Acrolithos* (1), qui fut faite par l'excellent ouvrier Léocharis, ou, suivant l'opinion de quelques-uns, par Timothée. Sur la pointe droite de la colline, il bâtit le temple de Vénus et de Mercure, auprès de la fontaine de Salmacis, qu'on dit rendre malades d'amour ceux qui boivent de son eau; mais comme cette opinion est tout à fait fausse, et pourtant répandue par tout l'univers, il ne sera pas inutile de dire ce qui a pu accréditer une telle fable. Il est certain que ce qu'on dit de la vertu de cette fontaine, qui donne à ceux qui en boivent le goût de la mollesse et de la débauche, n'a d'autre fondement que la merveilleuse limpidité et l'agréable saveur de cette eau. Lorsque Mélas et Arévanias menèrent dans ce pays une colonie des habitants de la ville d'Argos et de Trézène, ils en chassèrent les Cariens et les Lélègues, peuples barbares qui, s'étant retirés dans les montagnes, se mirent à faire ensemble des courses dans le pays, le pillèrent, et y commirent toutes sortes de cruautés. Peu de temps après, un des nouveaux habitants ayant reconnu la qualité de cette fontaine, et espérant en tirer quelque profit, bâtit près de là un cabaret, qu'il garnit de toutes les choses nécessaires pour le commerce. Il réussit si bien, que les barbares y vinrent comme les autres. Ils s'accoutumèrent ainsi, en vivant avec les Grecs, à la douceur de leurs mœurs, et changèrent leur naturel farouche volontairement et sans contrainte. De sorte que ce qu'on dit de la vertu de cette eau ne se doit pas entendre d'une mollesse qui corrompt les âmes, mais de la douceur qu'elle a communiquée à celles des barbares. Revenant maintenant à la description des bâtiments de Mausole, je la donnerai tout entière. De même qu'au côté droit il y a le temple de Vénus et la fontaine dont nous avons parlé, il y a aussi à l'autre coin, qui est à gauche, le palais que ce roi avait disposé comme il avait jugé à propos. Ce palais est situé de telle façon qu'il a vue vers la droite sur la place publique et sur le port, et généralement sur tous les remparts de la ville; à gauche, il

(1) Pierre haute.

Halicarnassi potentissimi regis Mausoli domus cum Proconnesio marmore omnia haberet ornata, parietes habet latere structos, qui ad hoc tempus egregiam præstant firmitatem, ita tectoriis operibus expoliti, ut vitri perluciditatem videantur habere. Neque is rex ab inopia id fecit; infinitis enim vectigalibus erat fartus, quod imperabat Cariæ toti. Acumen autem ejus et solertiam ad ædificia paranda sic licet considerare. Cum esset enim natus Mylasis et animadvertisset Halicarnassi locum naturaliter munitum emporiumque idoneum, portum utilem, ibi sibi domum constituit. Is autem locus est theatri curvaturæ similis. Itaque in imo secundum portum forum est constitutum; per mediam autem altitudinis curvaturam præcinctionemque platea ampla latitudine facta, in qua media Mausoleum ita egregiis operibus est factum, ut in septem spectaculis nominetur. In summa autem media Martis fanum habens statuam colossicam Ἀκρόλιθον nobili manu Leocharis factam. Hanc autem statuam alii Timothei putant esse. In cornu autem summo dextro Veneris et Mercurii fanum ad ipsum Salmacidis fontem. Is autem falsa opinione putatur Venereo morbo implicare eos, qui ex eo biberint. Sed hæc opinio quare per orbem terrarum falso rumore sit pervagata, non pigebit exponere. Non enim quod dicitur, molles et impudicos ex ea aqua fieri, id potest esse; sed est ejus fontis potestas perlucida saporque egregius. Cum autem Melas et Arevanias ab Argis et Trœzene coloniam communem eo loci deduxerunt, barbaros Caras et Lelegas ejecerunt. Hi autem, ad montes fugati, inter se congregati discurrebant, et ibi latrocinia facientes crudeliter eos vastabant. Postea de colonis unus ad eum fontem propter bonitatem aquæ quæstus causa tabernam omnibus copiis instruxit, eamque exercendo eos barbaros allectabat. Ita singulatim decurrentes et ad cœtus convenientes e duro feroque more commutati in Græcorum consuetudinem et suavitatem, sua voluntate reducebantur. Ergo ea aqua, non impudico morbi vitio sed humanitatis dulcedine mollitis animis barbarorum, eam famam est adepta. Relinquitur nunc, quoniam ad explicationem mœnium eorum sum invectus, tota uti sunt definiam. Quemadmodum enim in dextra parte fanum est Veneris et fons supra scriptus, ita in sinistro cornu regia domus, quam rex Mausolus ad suam rationem collocavit. Conspicitur enim ex ea ad dextram partem forum et portus mœniumque tota finitio; sub sinistra secretus sub montibus

domine un autre port caché par la montagne, en sorte qu'on ne voit point ce qui s'y fait. Le roi seul, de son palais, peut donner les ordres aux soldats et aux matelots, sans que personne en sache rien. Après la mort de Mausole, la reine Artémise, sa femme, ayant pris le gouvernement du royaume, et les Rhodiens ne pouvant souffrir qu'une femme régnât sur toute la Carie, amenèrent une flotte pour se rendre maîtres du royaume. Artémise, avertie de ce complot, donna ordre qu'il y eût une armée navale cachée dans ce port avec les forçats et les gens de guerre qui ont accoutumé de combattre sur mer, et que le reste parût sur les remparts. Les Rhodiens ayant fait avancer jusque dans le grand port leur armée navale fort bien équipée, la reine leur fit faire un signal de dessus les murailles, comme pour faire entendre que la ville voulait se rendre. Alors les Rhodiens étant sortis de leurs vaisseaux pour entrer dans la ville, Artémise fit aussitôt ouvrir le petit port à son armée navale, qui entra dans le grand port, où se trouvaient les vaisseaux des Rhodiens vides. On les emmena en pleine mer, après les avoir garnis de soldats et de rameurs; et les Rhodiens, n'ayant plus aucun moyen de se retirer, furent massacrés dans la place publique, où ils se trouvèrent enfermés. Cependant la reine, avec les navires des Rhodiens, sur lesquels elle avait mis de ses soldats et de ses matelots, alla droit à l'île de Rhodes. Les habitants, voyant venir leurs vaisseaux couronnés de lauriers, et croyant que c'étaient leurs compatriotes qui revenaient victorieux, reçurent cette armée ennemie. Alors Artémise, après avoir pris Rhodes et tué tous les principaux habitants de cette île, y fit élever un trophée avec deux statues de bronze, dont l'une représentait la ville de Rhodes, et l'autre sa propre image, qui imprimait sur le front de la statue de la ville les stigmates de la servitude. Longtemps après, les Rhodiens, retenus par des scrupules religieux, parce qu'il n'est pas permis d'abattre des trophées solennellement dédiés, s'avisèrent, pour ôter la vue de celui-là, de bâtir tout autour, à la façon des Grecs, un édifice fort élevé, qu'ils appelèrent *Abaton* (1). Puisqu'il est vrai que des rois si puissants n'ont point méprisé les bâtiments de briques, eux qui, avec l'argent qu'ils levaient dans leurs États et avec les dépouilles des ennemis, pouvaient faire les dépenses nécessaires pour bâtir avec du moellon, des pierres de taille et même du marbre, je ne pense pas qu'on doive rejeter la maçonnerie de briques, pourvu qu'on prenne soin de la faire comme il faut. Il est bien vrai qu'elle n'est pas permise dans la ville de Rome; mais en voici la raison. Les lois défendent de donner aux murs mitoyens plus d'un pied et demi d'épaisseur; et, pour gagner de la place, on ne veut pas que les autres murs soient plus épais. Or, les murs de briques ne valent rien, à moins que d'avoir deux ou trois rangs d'épaisseur; si on ne les faisait que d'un pied et demi de large, ils ne pourraient soutenir qu'un étage; ce qui serait un grand inconvénient dans une ville où il est nécessaire, pour loger le nombre infini de ses habitants, que la hauteur des édifices puisse compenser le défaut d'espace. C'est pour cette raison qu'il faut qu'il y ait des chaînes de pierre qui fortifient les murs bâtis avec des tuileaux ou du moellon, et qui les

(1) Où l'on ne va point.

latens portus ita, ut nemo possit quid in eo geratur aspicere nec scire : ut rex ipse de sua domo remigibus et militibus sine ullo sciente quæ opus essent imperaret. Itaque post mortem Mausoli Artemisia uxore ejus regnante, Rhodii indignantes mulierem imperare civitatibus Cariæ totius, armata classe profecti sunt, ut id regnum occuparent. Tunc Artemisiæ cum esset id renuntiatum, in eo portu abstrusam classem, celatis remigibus et epibatis, comparavit ; reliquos autem cives in muro esse jussit. Cum autem Rhodii ornatam classem in portum majorem exposuissent, plausum jussit ab muro dari pollicerique se oppidum tradituros : qui cum penetrassent intra murum relictis navibus inanibus, Artemisia repente fossa facta in pelagus eduxit classem ex portu minore, et ita invecta est in majorem. Expositis autem militibus et remigibus classem Rhodiorum inanem abduxit in altum. Ita Rhodii non habentes quo se reciperent, in medio conclusi, in ipso foro sunt trucidati. Ita Artemisia, in navibus Rhodiorum suis militibus et remigibus impositis, Rhodum est profecta : Rhodii autem cum prospexissent suas naves laureatas venire, opinantes cives victores reverti, hostes receperunt. Tunc Artemisia Rhodo capta, principibus occisis, tropæum in urbe Rhodo suæ victoriæ constituit, æneasque duas statuas fecit, unam Rhodiorum civitatis, alteram suæ imaginis, et istam figuravit Rhodiorum civitati stigmata imponentem. Postea autem Rhodii religione impediti, (quod nefas est tropæa dedicata removeri) circa eum locum ædificium struxerunt, et id erecta graia statione texerunt, ne quis posset aspicere, et id ἄβατον vocitari jusserunt. Cum ergo tam magna potentia reges non contempserint lateritiorum parietum structuras, quibus et vectigalibus et præda sæpius licitum fuerat non modo cæmentitio aut quadrato saxo sed etiam marmoreo habere, non puto oportere improbari quæ e lateritia sunt structura facta ædificia, dummodo recte sint perfecta. Sed id genus quid ita a populo romano in urbe fieri non oporteat, ponam, quæque sunt ejus rei causæ et rationes non prætermittam. Leges publicæ non patiuntur majores crassitudines quam sesquipedales constitui loco communi; ceteri autem parietes, ne spatia angustiora fierent, eadem crassitudine collocantur. Lateritii vero, nisi diplinthii aut triplinthii fuerint, sesquipedali crassitudine non possunt plus quam unam sustinere contignationem. In ea autem majestate urbis et civium infinita frequentia innumerabiles habitationes opus fuit explicare. Ergo cum recipere non posset area plana tantam multitudinem ad habitandum in urbe, ad auxilium altitudinis ædificiorum res ipsa coegit devenire. Itaque pilis lapideis, structuris testaceis, parietibus cæmentitiis altitudines extructæ et contignationibus crebris coaxatæ cœnaculorum ad summas utilitates

rendent capables, étant liés par les solives des planchers, de s'élever assez haut pour la commodité du logement et pour l'agrément de la vue. De plus, la multiplication des étages et des balcons que l'on y peut faire rend les habitations de Rome fort belles sans occuper beaucoup de place. Voilà pourquoi la maçonnerie de briques n'est point en usage dans Rome, à cause du défaut de place ; mais si l'on veut, hors de la ville, faire des constructions qui durent longtemps, il faudra employer ce genre de maçonnerie, et s'y prendre de cette manière : Sur le haut des murailles, au-dessous du toit, il faut faire un massif bâti avec des tuiles, de la hauteur d'environ un pied et demi, qui déborde en manière de corniche. On obviera par ce moyen à ce qui peut gâter ces murailles. Ainsi, lorsqu'une tuile de l'entablement est cassée ou emportée par le vent, la pluie ne manque point à couler par là sur la muraille ; mais ce massif de tuiles empêchera que les briques ne soient endommagées, parce que la saillie de la corniche rejettera l'eau, et, la faisant écouler par delà le nu du mur, ne souffrira pas qu'elle détériore la maçonnerie. A l'égard des tuiles, il est difficile de juger si elles sont bonnes ou mauvaises, avant d'avoir éprouvé si elles conservent leur dureté, malgré la chaleur de l'été et toutes les injures du temps ; car si elles n'ont pas été faites de bonne terre, et si elles sont mal cuites, la gelée et les pluies feront bientôt reconnaître qu'elles ne valent rien. Or les tuiles qui ne peuvent servir longtemps pour la toiture sans se gâter, ne sont pas propres à faire de la maçonnerie. C'est pourquoi il faut choisir des tuiles qui aient longtemps servi sur les toits, pour faire de la maçonnerie qui puisse durer longtemps. Pour ce qui est des murailles qui sont faites de bois entrelacé, il serait à souhaiter qu'on n'y eût jamais pensé ; car si elles ont quelques commodités à raison du peu de temps et du peu de place qu'il faut pour les bâtir, elles sont si dangereuses à cause du feu pour lequel il semble qu'elles sont des fagots tout préparés, qu'il vaut beaucoup mieux faire la dépense des murailles de tuiles maçonnées, que de s'exposer au danger que l'on court en construisant des murs de bois entrelacé, pour la seule facilité de leur construction. De plus, ceux même qui sont recouverts d'enduit se fendent nécessairement le long des montants et des travers ; car lorsqu'on les couvre de mortier, le bois s'enfle d'abord à cause de l'humidité, et, venant ensuite à se sécher, il se resserre ; ce qui fait casser l'enduit. Néanmoins, si l'on veut faire usage de cette espèce de murs, pour avoir plus tôt fait et pour épargner la dépense, ou parce que la place est embarrassée, voici comme on les peut construire. Il faut les asseoir sur un empatement un peu plus élevé que le sol, afin qu'ils ne touchent point aux pierrailles ni aux pavés ; car s'ils y sont engagés, ils se pourrissent, et en s'affaissant ils rompent et gâtent toute la beauté des enduits du mur. Voilà ce que j'avais à dire de la construction des murailles, de leurs matériaux en général, de leurs bonnes et de leurs mauvaises qualités. J'ai traité cette matière le mieux qu'il m'a été possible. Il me reste à parler des planchers, à dire de quels matériaux ils doivent être faits et comme il les faut choisir, afin qu'ils fassent un ouvrage qui soit durable, autant qu'on peut juger de leurs qualités par la connaissance que l'on a de leur composition.

---

proficiunt disparatione. Ergo mœnibus e contignationibus variis alto spatio multiplicatis, populus romanus egregias habet sine impeditione habitationes. Quoniam ergo explicata ratio est, quid ita in urbe propter necessitatem angustiarum non patiantur esse lateritios parietes, cum extra urbem opus erit his uti, sine vitiis ad vetustatem sic erit faciendum. Summis parietibus structura testacea sub tegula subjiciatur altitudine circiter sesquipedali, habeatque projecturas coronarum : ita vitari poterunt quæ solent in his fieri vitia. Cum enim in tecto tegulæ fuerint fractæ aut a ventis dejectæ, qua possit ex imbribus aqua perpluere, non patietur lorica testacea lædi laterem, sed projectura coronarum rejiciet extra perpendiculum stillas, et ea ratione servabit integras lateritiorum parietum structuras. De ipsa autem testa, si sit optima seu vitiosa ad structuram, statim nemo potest judicare, quod in tempestatibus et æstate, in tecto cum est collocata, tunc si firma est, probatur. Nam quæ non fuerit ex creta bona aut parum erit cocta, ibi se ostendet esse vitiosa gelicidiis et pruina tacta. Ergo quæ non in tectis poterit pati laborem, ea non potest in structura oneri ferendo esse firma. Quare maxime ex veteribus tegulis tecti structi parietes firmitatem poterunt habere. Cratitii vero velim quidem ne inventi essent. Quantum enim celeritate et loci laxamento prosunt, tanto majori et communi sunt calamitati, quod ad incendia uti faces sunt parati. Itaque satius esse videtur, impensa testaceorum in sumptu, quam compendio cratitiorum esse in periculo. Etiam qui in tectoriis operibus rimas [in iis] faciunt arrectariorum et transversariorum dispositione. Cum enim linuntur, recipientes humorem turgescunt, deinde siccescendo contrahuntur, et ita extenuati disrumpunt tectoriorum soliditatem. Sed quoniam nonnullas celeritas aut inopia aut impendentis loci disseptio cogit, sic erit faciendum. Solum substruatur alte, ut sint intacti ab rudere et pavimento. Obruti enim in his cum sunt, vetustate marcidi fiunt ; deinde subsidentes proclinantur et disrumpunt speciem tectoriorum. De parietibus et apparatione generatim materiæ eorum, quibus sint virtutibus et vitiis, quemadmodum potui, exposui : de contignationibus autem et copiis earum, quibus comparantur et ad vetustatem non sunt infirmæ, uti natura rerum monstrat, explicabo.

CHAPITRE IX.

De ce qu'il faut observer en coupant le bois pour bâtir, et des qualités particulières de quelques arbres.

Le temps qui convient pour couper le bois propre à la construction est depuis le commencement de l'automne jusqu'au printemps, avant que le vent Favonius ne commence à souffler. En effet, au printemps, la tige de tous les arbres est comme enceinte de toutes les feuilles et de tous les fruits qui poussent chaque année; et les arbres emploient à cette nutrition toute la vertu de leur subsistance. Alors l'humidité dont la saison les emplit nécessairement les rend, en les raréfiant, beaucoup plus faibles, de même que les femmes, qui pendant leur grossesse ne sont pas réputées être en une entière et parfaite santé; ce qui fait qu'on ne garantit point celles des esclaves que l'on vend grosses. La raison en est que ce qui a été conçu, venant à croître, attire à soi une bonne partie de la meilleure nourriture; en sorte que plus le fruit se fortifie en mûrissant, et plus il diminue la force et la fermeté de ce qui l'a produit. Mais, après l'accouchement, toute cette nourriture qui servait à l'accroissement de ce nouvel être, n'étant plus nécessairement employée à la production d'une chose étrangère, se retire dans les veines qui étaient épuisées, et le corps de la mère se fortifie et revient à son premier état. Ainsi lorsqu'en automne les fruits sont mûrs et que les feuilles commencent à se flétrir, les arbres retiennent en eux tout le suc que leurs racines tirent de la terre; ils reprennent leur ancienne force, et le froid de l'hiver venant ensuite, il les resserre et les affermit. C'est pourquoi c'est là le temps le plus propre pour couper les arbres, ainsi qu'il a été dit.

La manière de les couper consiste à les cerner par le pied jusqu'à la moitié du cœur, et à les laisser dans cet état quelque temps, afin que l'humidité inutile en sorte, et que, coulant par cette entaille au travers de l'aubour, elle ne vienne point à se corrompre dans le bois et à le gâter. Quand l'arbre sera bien sec et qu'il n'en sortira plus d'humidité, il faudra l'abattre, et il sera fort bon alors à être mis en œuvre. Il est aisé de juger combien cette méthode est utile, par ce qui se pratique pour les arbrisseaux que l'on veut faire durer longtemps : on leur ôte ce qu'ils ont d'humidité superflue et vicieuse, en les perçant par le bas à certaines époques; et on les voit demeurer faibles et languissants quand on n'attire pas au dehors cette humidité, qui s'amasse et se pourrit au dedans. Les arbres qu'on fera ainsi sécher sur pied, avant qu'ils soient morts ou épuisés par la vieillesse, deviendront, par ce moyen, excellents pour la construction et dureront fort longtemps. Les arbres dont on se sert pour les édifices, comme le chêne, l'orme, le peuplier, le cyprès et le sapin, n'y sont pas aussi propres les uns que les autres; et l'on ne peut pas faire du chêne ce que l'on fait du sapin, ni du cyprès ce que l'on fait de l'orme, chacun ayant des propriétés différentes, à cause des principes dont ils sont composés, principes qui ne produisent pas les mêmes effets. Ainsi le sapin, qui contient beaucoup d'air et de feu, et peu d'eau et de terre, selon la quantité des choses qui le composent, a aussi fort peu de pesanteur; et sa nature est d'être ferme et tendu,

CAPUT IX.
De materia.

Materies cædenda est a primo autumno ad id tempus, quod erit ante quam flare incipiat Favonius. Vere enim omnes arbores fiunt prægnantes, et omnes suæ proprietatis virtutem efferunt in frondes anniversariosque fructus. Cum ergo inanes et humidæ temporum necessitate cæsæ fuerint, vanæ fiunt et raritatibus imbecillæ : uti etiam corpora muliebria cum conceperint, a fœtu ad partum non judicantur integra; neque in venalibus ea, cum sunt prægnantia, præstantur sana, ideo quod in corpore præseminatio crescens ex omnibus cibi potestatibus detrahit alimenta in se, et quo firmior efficitur ad maturitatem partus ; eo minus patitur esse solidum id, ex quo ipsum procreatur. Itaque edito fœtu, quod prius in aliud genus incrementi detrahebatur, cum ab disparatione procreationis est liberatum, inanibus et patentibus venis in se recipit et lambendo succum etiam solidescit, et redit in pristinam naturæ firmitatem. Eadem ratione autumnali tempore maturitate fructuum flaccescente fronde, ex terra recipientes radices arborum in se succum recuperantur et restituuntur in antiquam soliditatem. At vero aëris hiberni vis comprimit et consolidat eas per id (ut supra scriptum est) tempus. Ergo si ea ratione et eo tempore, quod supra scriptum est, cædetur materies, erit tempestiva. Cædi autem ita oportet, ut incidatur arboris crassitudo ad mediam medullam, et relinquatur, uti per eam exsiccescat stillando succus. Ita qui inest in his inutilis liquor effluens per torulum, non patietur emori in eo saniem, nec corrumpi materiæ qualitatem. Tunc autem cum sicca et sine stillis erit arbor, dejiciatur, et ita erit optima in usu. Hoc autem ita esse, licet animadvertere etiam in arbustis : ea enim cum suo quæque tempore ad imum perforata castrantur, profundunt e medullis quam habent in se superantem et vitiosum per foramina liquorem, et ita siccescendo recipiunt in se diuturnitatem. Qui autem non habent ex arboribus exitus humores, intra concrescentis putrescunt, et efficiunt inanes eas et vitiosas. Ergo si stantes et vivæ siccescendo consenescunt, sine dubio cum eædem ad materiam dejiciuntur, cum ea ratione curatæ fuerint, habere poterunt magnas in ædificiis ad vetustatem utilitates. Eæ autem inter se discrepantes et dissimiles habent virtutes, ut robur, ulmus, populus, cupressus, abies et ceteræ quæ maxime in ædificiis sunt idoneæ. Namque non potest id robur, quod abies, nec cupressus, quod ulmus, nec ceteræ easdem habent inter se natura rerum similitates; sed singula genera principiorum proprietatibus comparata alios alii generis præstant in operibus effectus. Et primum abies aëris habens plurimum et ignis minimum-

de ne pas plier sous le faix, et de tenir les planchers fort droits ; mais sa trop grande chaleur fait qu'il est sujet à engendrer des vers qui le gâtent et à prendre feu aisément, à raison de sa nature aérée, qui le rend très-inflammable. Le sapin, avant que d'être coupé, est, dans sa partie inférieure, uni et sans nœuds, à cause de l'humidité que ses racines puisent dans la terre ; mais la partie d'en haut, qui jette beaucoup de branches à raison de la chaleur dont elle abonde, est fort noueuse ; et lorsqu'elle est coupée de la longueur de vingt pieds et équarrie, elle est appelée *fusterna*, à cause de la dureté de ses nœuds. Pour ce qui est de la partie inférieure de l'arbre, si elle est assez grosse pour que les fibres différentes fassent quatre séparations, on la décharge de son aubour, et ce qui reste est fort bon pour la menuiserie ; cette partie du sapin est appelée *sapinea*. Au contraire, le *grand chêne*, dont les principes sont tout à fait terrestres, et qui a peu d'eau, d'air et de feu, dure éternellement dans la terre, parce qu'en raison de sa solidité il ne reçoit point dans ses pores l'humidité, qu'il fuit tellement et dont il est si peu rempli, qu'il se tourmente, se gerce et se fend, lorsqu'on le met en œuvre hors de terre. Mais le *petit chêne*, qui est composé d'éléments tempérés, est de fort bon usage dans les édifices : toutefois, il ne résiste pas à l'humidité ; il la reçoit aisément par ses pores, et elle fait sortir ce qu'il a d'air et de feu ; aussi se corrompt-il en peu de temps. Le *cerrus*, le liége et le hêtre, qui ont beaucoup d'air avec peu de principes humides, terrestres et ignés, sont d'une substance si peu solide, qu'ils se gâtent pour peu qu'ils reçoivent d'humidité. Le peuplier, tant le blanc que le noir, le saule, le tilleul et l'*agnus castus*, semblent être fort bons pour les constructions où la légèreté est requise, à cause de l'abondance du feu et de l'air, de la médiocre quantité d'eau et du peu de terre qui entre dans leur composition ; ainsi leur bois, n'étant point dur parce qu'il contient peu d'éléments terrestres, et ayant beaucoup de blancheur à cause qu'il est poreux, est propre pour la sculpture. L'aune, qui croît au bord des rivières et dont le bois n'est pas fort estimé, possède pourtant de précieuses qualités : comme l'air et le feu sont les principaux éléments de sa composition, qu'il a peu de principes terrestres, et encore moins d'humides, il est admirable pour soutenir les fondements que l'on construit dans les marécages. Les pilotis serrés que l'on fait avec ces arbres ont cet avantage, qu'ils peuvent boire beaucoup d'humidité sans qu'elle leur nuise, parce qu'ils en ont peu naturellement : c'est ainsi que, sans se gâter, ils soutiennent la charge des bâtiments les plus massifs ; et ce bois, qui se corrompt le plus tôt sur la terre, est celui qui dure le plus longtemps dans l'eau. Cela se voit à Ravenne, qui est une ville dont toutes les maisons, tant publiques que particulières, sont fondées sur ces pilotis. L'orme et le frêne, qui ont beaucoup d'humidité, peu d'air et de feu, et médiocrement de terre, ont cette propriété qu'ils ne s'éclatent pas aisément quand on les emploie, et qu'ils n'ont point de roideur qui les empêche de plier, à moins qu'ils ne soient tout à fait desséchés par le temps, ou par cette manière d'ôter aux arbres leur humidité ;

que humoris et terreni, levioribus rerum natura potestatibus comparata non est ponderosa. Itaque rigore naturali contenta non cito flectitur ab onere, sed directa permanet in contignatione ; sed ea quod habet in se plus caloris, procreat et alit tarmitem, ab eoque vitiatur : etiamque ideo celeriter accenditur, quod quæ inest in eo corpore raritas aëris patens accipit ignem, et ita vehementem ex se mittit flammam. Ex ea autem, antequam est excisa, quæ pars est proxima terræ, per radices recipiens ex proximitate humorem enodis et liquida efficitur, quæ vero est superior, vehementia caloris eductis in aëra per nodos ramis, præcisa alte circiter pedes XX et perdolata propter nodationis duritiem dicitur esse fusterna. Ima autem cum excisa quadrifluviis disparatur, ejecto torulo ex eadem arbore, ad intestina opera comparatur et sappinea vocatur. Contra vero quercus terrenis principiorum satietatibus abundans parumque habens humoris et aëris et ignis, cum in terrenis operibus obruitur, infinitam habet æternitatem, ex eo quod cum tangitur humore, non habens foraminum raritates propter spissitatem non potest in corpus recipere liquorem, sed fugiens ab humore resistit et torquetur, et efficit in quibus est operibus ea rimosa. Esculus vero, quod est omnibus principiis temperata, habet in ædificiis magnas utilitates ; sed ea cum in humore collocatur, recipiens penitus per foramina liquorem, ejecto aëre et igni, operatione humidæ potestatis vitiatur. Cerrus, quercus, fagus, quod pariter habent mixtionem humoris et ignis et terreni, aëris plurimum, pervia raritate humores penitus recipiendo celeriter marcescunt. Populus alba et nigra, item salix, tilia, vitex, ignis et aëris habendo satietatem, humoris temperate, parum autem terreni habentes, leviori temperatura comparata egregiam habere videntur in usu rigiditatem. Ergo cum non sint duræ terreni mixtione, propter raritatem sunt calidæ, et in sculpturis commodam præstant tractabilitatem. Alnus autem quæ proxima fluminum ripis procreatur, et minime materies utilis videtur, habet in se egregias rationes : etenim aëre est et igni plurimo temperata, non multum terreno, humore paulo : itaque quod minus habet in corpore humoris, in palustribus locis infra fundamenta ædificiorum palationibus crebre fixa, recipiens in se quod minus habet in corpore liquoris, permanet immortalis ad æternitatem, et sustinet immania pondera structuræ, et sine vitiis conservat. Ita quæ non potest extra terram paulum tempus durare, ea in humore obruta permanet ad diuturnitatem. Est autem maxime id considerare Ravennæ, quod ibi omnia opera et publica et privata sub fundamentis ejus generis habent palos. Ulmus vero et fraxinus maximos habent humores minimumque aëris et ignis, sed terreni temperata mixtione comparatæ, sunt in operibus, cum fabricantur, lentæ et ab pondere humoris non habent rigorem sed celeriter pandant : simul

ce qui se fait en les cernant pendant qu'ils sont encore sur pied. Or, cette fermeté, qui les empêche d'éclater, fait qu'ils sont fort propres pour des assemblages par tenons et par mortaises. Le charme, dans la composition duquel il entre peu de feu et de terre, et médiocrement d'eau et d'air, ne se rompt pas aisément; mais il est très-flexible, et, pour cette raison, il est appelé *zygia* par les Grecs, qui en font le joug de leurs bêtes, parce qu'ils appellent ces jougs *zyga*. C'est une chose assez remarquable que les bois de cyprès et de pin, qui ont beaucoup d'eau et qui sont tempérés par le mélange des autres principes, se courbent ordinairement lorsqu'ils sont mis en œuvre, à cause de leur excessive humidité; et cependant ils demeurent très-longtemps sans se gâter, parce que cette même humidité, par son extrême amertume, empêche la vermoulure, et tue les insectes qui les rongent; c'est ce qui fait que les ouvrages dans lesquels on emploie ces bois durent à jamais. Le cèdre et le genièvre possèdent les mêmes vertus et les mêmes propriétés, et contiennent de la résine, de même que le pin et le cyprès; mais le cèdre a une huile, appelée *cedrium*, qui peut servir à conserver toutes sortes d'objets : ainsi les livres qui en sont frottés ne sont point sujets aux vers, ni à la moisissure. Les feuilles du cèdre sont semblables à celles du cyprès, et les fibres de son bois sont fort droites. Dans le temple d'Éphèse, la statue de Diane est en bois de cèdre, ainsi que les lambris des planchers, pour lesquels ce bois est employé dans tous les autres grands temples. Ces arbres naissent principalement en Candie : on en trouve aussi en Afrique et dans quelques endroits de la Syrie. Le larix, qui ne se voit guère que sur les bords du Pô et près des rivages de la mer Adriatique, a aussi une amertume qui empêche les vers de le détériorer. Mais, de plus, il a cela de particulier qu'il ne s'enflamme point; il faut, pour le brûler, qu'on le mette dans un feu d'autre bois, de même que les pierres que l'on cuit dans un fourneau pour faire de la chaux : encore ne peut-il jeter aucune flamme, ni faire de charbon ; mais il faut un long temps pour le consumer ; car il entre peu de feu et d'air dans sa composition, dans laquelle l'eau et la terre dominent. Cette propriété donne à son bois tant de consistance et de solidité, que, n'ayant point de pores qui puissent être pénétrés par le feu, il lui résiste longtemps, avant d'en être endommagé. Il est d'ailleurs si pesant, qu'il ne flotte point sur l'eau ; il faut, pour le transporter, le charger dans des bateaux ou sur des radeaux faits avec du sapin. Quant à cette propriété particulière du larix, on en doit la découverte à un événement qu'il est à propos de faire connaître. Jules César ayant campé près des Alpes, et donné ordre dans tous les pays circonvoisins de lui fournir les choses nécessaires pour la subsistance de son armée, il se trouva, dans un fort château appelé Larignum, des gens assez hardis pour refuser de lui obéir, sur l'opinion qu'ils avaient que leur place était imprenable. César, ayant fait approcher ses troupes, trouva devant la porte du château une tour faite avec des poutres de ce bois, mises en travers l'une sur l'autre en forme de bûcher, et d'une telle hauteur que ceux qui étaient dedans pouvaient aisément, avec des leviers et des pierres, en empêcher l'approche. Comme on vit que les assiégés n'avaient point d'autres armes, et que

---

autem vetustate sunt aridæ factæ aut in agro præsectæ, qui inest eis liquor stantibus, emoritur, fiuntque duriores, et in commissuris et in coagmentationibus ab lentitudine firmas recipiunt catenationes. Item carpinus, quod est minima ignis et terreni mixtione, aëris autem et humoris summa continetur temperatura, non est fragilis, sed habet utilissimam tractabilitatem. Itaque Græci, quod ex ea materia juga jumentis comparant, quod apud eos juga ζυγὰ vocitantur, item et eam ζυγίαν appellant. Non minus est admirandum de cupressu et pinu, quod eæ habentes humoris abundantiam æquamque ceterorum mixtionem , propter humoris satietatem in operibus solent esse pandæ, sed in vetustatem sine vitiis conservantur, quod is liquor, qui inest penitus in corporibus earum, habet amarum saporem, qui propter acritudinem non patitur penetrare cariem, neque eas bestiolas, quæ sunt nocentes. Ideoque quæ ex his generibus opera constituuntur, permanent ad æternam diuturnitatem. Item cedrus et juniperus easdem habent virtutes et utilitates; sed quemadmodum ex cupressu et pinu resina sic ex cedro oleum, quod cedrium dicitur, nascitur, quo reliquæ res unctæ, uti etiam libri, a tineis et a carie non læduntur. Arboris autem ejus sunt similes cupresseæ foliaturæ, materiæ vena directa. Ephesi in æde simulacrum Dianæ etiam lacunaria ex ea et ibi et in ceteris nobilibus fanis propter æternitatem sunt facta. Nascuntur autem hæ arbores maxime Cretæ et Africæ et nonnullis Syriæ regionibus. Larix vero, qui non est notus nisi his municipalibus, qui sunt circa ripam fluminis Padi et littora maris Adriatici, non solum ab succi vehementi amaritate ab carie aut a tinea non nocetur, sed etiam flammam ex igni non recipit, nec ipse per se potest ardere, nisi (uti saxum in fornace ad calcem coquendam) aliis lignis uratur : nec tamen tunc flammam recipit nec carbonem remittit, sed longo spatio tarde comburitur, quod est minima ignis et aëris a principiis temperatura, humore autem et terreno est materia spisse solidata et non habens spatia foraminum, qua possit ignis penetrare, rejicitque ejus vim nec patitur ab eo sibi cito noceri : propter que pondus ab aqua non sustinetur, sed cum portatur, aut in navibus aut supra abiegnas rates collocatur. Ea autem materies quemadmodum sit inventa, est causa cognoscere. Divus Cæsar cum exercitum habuisset circa Alpes imperavissetque municipiis præstare commeatus, ibique esset castellum munitum, quod vocaretur Larignum, tunc qui in eo fuerant, naturali munitione confisi, noluerunt imperio parere. Itaque imperator copias jussit admoveri. Erat autem ante ejus castelli portam turris ex hac materia alternis trabibus transversis (uti pyra) inter se composita alte, ut posset de summo sudibus et lapidibus accedentes repellere. Tunc vero cum animad-

les leviers ne pouvaient pas être lancés bien loin à cause de leur pesanteur, on ordonna, à ceux qui étaient commandés pour faire les approches, de jeter au pied de la tour quantité de fagots et d'y mettre le feu; ce qui fut incontinent exécuté. La flamme qui environna la tour, et qui s'éleva à une grande hauteur, fit croire qu'elle était réduite en cendres. Mais le feu s'étant éteint de lui-même, César fut bien étonné de voir la tour entièrement conservée. Cette circonstance lui fit prendre la résolution de pratiquer une tranchée tout autour, hors de la portée des armes des assiégés, qui, craignant d'être pris de vive force, finirent par se rendre. César s'étant alors informé quel était ce bois qui ne pouvait brûler, les habitants lui firent voir ces sortes d'arbres qui sont fort communs dans le pays, et qui avaient fait donner à ce château le nom de Larignum, parce que ce bois est appelé larix : on le fait venir sur le Pô, à Ravenne, à Pésaro, à Tano, à Ancône et autres villes d'alentour. Il serait fort à souhaiter qu'on en pût aisément apporter à Rome, où il serait d'une grande utilité pour tous les bâtiments, ou du moins pour les planchers qui sont sous les tuiles, et pour les entablements des maisons situées aux extrémités des rues; car cela empêcherait que, dans les incendies, le feu ne passât d'une rue à l'autre, ce bois n'étant point capable d'être endommagé par les flammes ou par les charbons qui tombent, ni de faire lui-même du charbon. Les feuilles de ces arbres ressemblent à celles du pin : le bois a le fil long, et est aussi bon pour la menuiserie que le sapin. Il y a une résine liquide, semblable au miel attique, et qui est propre à guérir les phthisies. Je pense avoir traité assez amplement des espèces et des propriétés naturelles des arbres et de leurs principes. Il me reste à expliquer pour quelle raison le sapin qu'on appelle à Rome *supernas* est plus mauvais que celui qu'on nomme *infernas*, lequel est très-bon pour les édifices, à cause de sa durée. C'est ce que je vais faire, en expliquant, par les principes qui me sembleront les plus évidents, pourquoi les différents lieux sont cause de la bonté ou des vices qui se remarquent dans les arbres.

CHAPITRE X.

Du sapin qu'on appelle supernas, et de celui qui est nommé infernas, avec la description de l'Apennin.

L'Apennin commence à la mer de Toscane, et longe l'Étrurie jusqu'aux Alpes : les croupes de cette montagne, qui décrivent, en s'avançant, comme un demi-cercle, touchent presque, du milieu de leur courbure, la mer Adriatique. Les pays de Toscane et de Naples, qu'elles enferment, sont découverts et fort exposés à la chaleur du soleil : ceux qui sont au delà vers la mer Supérieure, et qui regardent le septentrion, sont partout couverts et fort ombragés. C'est pourquoi les arbres y sont nourris de beaucoup d'humidité, ce qui les fait croître extrêmement, et remplit leurs fibres de telle sorte, que quand ils sont coupés et équarris, et qu'ils ont perdu leur faculté végétative, ils se dessèchent; leurs fibres demeurent alors en leur premier état, sans se serrer les unes contre les autres; le bois devient si lâche, qu'il est incapable de durer longtemps dans les édifices

versum est alia eos tela præter sudes non habere, neque posse longius a muro propter pondus jaculari, imperatum est fasciculos ex virgis alligatos et faces ardentes ad eam munitionem accedentes mittere. Itaque celeriter milites congesserunt. Postquam flamma circa illam materiam virgas comprehendisset, ad cœlum sublata effecit opinionem, uti videretur jam tota moles concidisse. Cum autem ea per se extincta esset et requieta, turrisque intacta apparuisset, admirans Cæsar jussit extra telorum missionem eos circumvallari. Itaque timore coacti oppidani cum se dedidissent, quæsitum unde essent ea ligna, quæ ab igni non læderentur? Tunc ei demonstraverunt eas arbores, quarum in his locis maximæ sunt copiæ, et ideo id castellum Larignum item materies larigna est appellata. Hæc autem per Padum Ravennam deportatur, in colonia Fanestri, Pisauri, Anconæ, reliquisque, quæ sunt in ea regione, municipiis præbetur. Cujus materiei si esset facultas apportationibus ad urbem, maximæ haberentur in ædificiis utilitates; etsi non in omnibus, certe tabulæ in subgrundiis circum insulas, si essent ex ea collocatæ, ab trajectionibus incendiorum ædificia periculo liberarentur, quod eæ nec flammam nec carbonem possunt recipere nec facere per se. Sunt autem eæ arbores foliis similes pini, materia earum prolixa, tractabilis ad intestinum opus non minus quam sappinea, habetque resinam liquidam mellis Attici colore, quæ etiam medetur phthisicis. De singulis generibus, quibus proprietatibus e natura rerum videantur esse comparatæ, quibusque procreantur rationibus, exposui : insequitur animadversio, quid ita, quæ in urbe supernas dicitur abies, deterior est, quæ infernas, egregios in ædificiis ad diuturnitatem præstat usus. Et de his rebus, quemadmodum videantur e locorum proprietatibus habere vitia aut virtutes, uti sint considerantibus apertiora, exponam.

CAPUT X.

De abiete supernate et infernate, cum Apennini descriptione.

Montis Apennini primæ radices ab Tyrrheno mari in Alpes et in extremas Hetruriæ regiones oriuntur : ejus vero montis jugum se circumagens et media curvatura prope tangens oras maris Adriatici pertingit circuitionibus contra fretum. Itaque citerior ejus curvatura, quæ vergit ad Hetruriæ Campaniæque regiones, apricis est potestatibus : namque impetus habet perpetuos ad solis cursum. Ulterior autem, quæ est proclinata ad supernum mare, septentrionali regioni subjecta, continetur umbrosis et opacis perpetuitatibus. Itaque quæ in ea parte nascuntur arbores, humida potestate nutritæ, non solum ipsæ augentur amplissimis magnitudinibus, sed earum quoque venæ humoris copia repletæ, turgentes liquoris abundantia, saturantur. Cum autem excisæ et dolatæ vitalem potestatem amiserint,

LIVRE TROISIÈME.

Préface.

Socrate, qui fut déclaré le plus sage de tous les hommes par les oracles qu'Apollon rendait dans la ville de Delphes, disait, avec beaucoup de raison, qu'il eût été à souhaiter que nous eussions eu une ouverture à la poitrine, afin que nos pensées et nos desseins ne fussent point demeurés si cachés. Car si la nature, suivant le sentiment de ce grand homme, nous avait donné le moyen de découvrir les pensées les uns des autres, outre l'avantage qu'on aurait de voir le fort et le faible de tous les esprits, la science et la capacité des hommes pouvant s'apprécier avec le seul secours de la vue, leur mérite ne serait point sujet au jugement qu'on en porte bien souvent par des conjectures fort incertaines, et les doctes enseigneraient avec bien plus d'autorité. Mais puisque la nature en a autrement disposé, il ne nous est pas possible de pénétrer dans l'esprit des hommes, où les sciences sont renfermées et cachées, pour savoir certainement quelles elles sont. Et quoique les meilleurs ouvriers promettent d'employer toute leur industrie pour faire réussir ce qu'ils entreprennent, toutefois s'ils n'ont acquis quelque fortune et quelque réputation par la longue suite de leurs travaux, et qu'ils n'aient pas en outre assez d'adresse pour se faire valoir, et une facilité à s'expliquer qui soit proportionnée à leur science, ils n'auront jamais le crédit de faire croire qu'ils connaissent bien les arts dont ils font profession. Cette vérité se justifie par les

---

où il est employé. Au contraire, les arbres qui sont nés dans les lieux découverts, et entre les fibres desquels il n'y a pas tant de vide, s'affermissent en séchant, parce que le soleil qui, en attirant l'humidité de la terre, absorbe aussi l'humidité des arbres, fait que ceux qui sont en des lieux découverts ont les fibres plus serrées et moins séparées entre elles, par l'effet d'une trop grande humidité : ce qui les rend bien plus propres pour faire une charpenterie qui soit de longue durée. Voilà, en un mot, la raison pour laquelle les sapins appelés *infernates*, et qui sont pris dans des lieux découverts, sont meilleurs que ceux qu'on nomme *supernates*, et qui viennent des pays couverts.

Telles sont les recherches que j'ai faites avec le plus grand soin qu'il m'a été possible sur toutes les choses qui sont nécessaires pour la construction des édifices, expliquant, par les principes dont elles sont naturellement composées, leurs bonnes et leurs mauvaises qualités. Ceux qui pourront suivre ces préceptes en feront leur profit, et se rendront capables de choisir les meilleurs matériaux pour leurs ouvrages. Après avoir ainsi parlé de tous les préparatifs qui sont nécessaires, je vais, dans les livres suivants, donner les règles qu'il faut observer dans la construction de tous les édifices, et je commence, comme le demande la raison, par les temples des dieux, en traitant d'abord de leurs symétries et de leurs proportions.

LIBER TERTIUS.

Præfatio.

Delphicus Apollo Socratem omnium sapientissimum Pythiæ responsis est professus. Is autem memoratur prudenter doctissimeque dixisse, oportuisse hominum pectora fenestrata et aperta esse, uti non occultos haberent sensus sed patentes ad considerandum. Utinam vero rerum natura, sententiam ejus secuta, explicata et apparentia ea constituisset! Si enim ita fuisset, non solum laudes aut vitia animorum ad manum aspicerentur, sed etiam disciplinarum scientiæ sub oculorum considerationem subjectæ non incertis judiciis probarentur, sed et doctis et scientibus auctoritas egregia et stabilis adderetur. Igitur quoniam hæc non ita, sed uti natura rerum voluit, sunt constituta, non efficitur, ut possint homines, obscuratis sub pectoribus ingeniis, scientias artificiorum penitus latentes, quemadmodum sint, judicare. Ipsi autem artifices, etiamsi polliceantur suam prudentiam, si non pecunia sint copiosi, seu vetustate officinarum habuerint notitiam, aut etiam gratia et forensi eloquentia non fuerint parati, pro industria studiorum auctoritates non possunt habere, ut eis, quod profitentur, scire id credatur. Maxime autem id ani-

---

venarum rigore permanente, siccescendo propter raritatem fiunt inanes et evanidæ, ideoque in ædificiis non possunt habere diuturnitatem. Quæ autem ad solis cursum spectantibus locis procreantur, non habentes interveniorum raritates, siccitatibus exuctæ solidantur, quia sol non modo ex terra lambendo sed etiam ex arboribus educit humores. Itaque quæ sunt in apricis regionibus spissis venarum crebritatibus solidatæ, non habentes ex humore raritatem, cum in materiam perdolantur, reddunt magnas utilitates ad vetustatem. Ideo infernates, quæ ex apricis locis apportantur, meliores sunt, quam quæ ab opacis de supernatibus advehuntur.

Quantum animo considerare potui, de copiis, quæ sunt necessariæ in ædificiorum comparationibus, et quibus temperaturis e rerum natura principiorum habere videantur mixtionem, quæque insunt in singulis generibus virtutes et vitia, uti non sint ignota ædificantibus, exposui. Ergo quoniam de apparationibus explicatum, in ceteris voluminibus de ipsis ædificiis exponetur, et primum de deorum immortalium ædibus sacris et de earum symmetriis et proportionibus (uti ordo postulat) in sequenti perscribam.

exemples des sculpteurs et des peintres de l'antiquité : puisque nous ne voyons pas que d'autres que ceux qui ont eu quelque recommandation et quelque marque d'honneur aient fait connaître leurs noms à la postérité ; car Myron, Polyclète, Phidias, Lysippe, et tous les autres qui se sont ennoblis par leur talent, ne sont devenus célèbres que parce qu'ils ont travaillé pour des rois, pour de grandes villes, ou pour des particuliers puissants et élevés en dignité. Il s'en est trouvé, au contraire, quelques autres qui, n'ayant pas moins d'esprit, d'adresse et de capacité, ont fait pour des personnes de peu de considération des ouvrages excellents, et qui néanmoins n'ont point laissé de réputation après eux ; ce qui n'a pas été faute d'industrie et de mérite, mais faute de bonheur, comme il est arrivé à Hellas, Athénien ; à Chion, Corinthien ; à Myagrus, Phocéen ; à Pharax, Éphésien ; à Bédas, Byzantin, et à plusieurs autres. Il en est de même des peintres ; car Aristomène, Rhodien ; Polyclès, Atramitain ; Nicomachus, et d'autres encore, n'ont manqué ni de science ni d'adresse, ni d'application à leur art : mais le peu de bien qu'ils avaient, ou leur mauvaise destinée, ou le malheur d'avoir eu du désavantage dans quelque contestation avec leurs adversaires, ont été des obstacles à leur avancement et à leur élévation. Mais s'il ne faut pas s'étonner que d'excellents artistes, dont on ignore la capacité, manquent de réputation, il est douloureux de voir qu'on fait servir très-souvent la bonne chère et les festins à corrompre la vérité et à faire violence aux jugements, jusqu'à faire approuver des choses qui ne méritent aucune estime. Si donc, suivant le souhait de Socrate, les sentiments des hommes, leur mérite, leur science étaient visibles, la faveur et la brigue ne prévaudraient pas comme elles font ; et on choisirait pour l'exécution des grands ouvrages ceux qui, par leur travail, seraient parvenus à la perfection de leur art. Mais comme ces choses ne sont point découvertes ni apparentes, ainsi qu'il aurait été à souhaiter qu'elles fussent, et que je sais par expérience que les ignorants l'emportent bien souvent par faveur sur les plus habiles, je suis résolu de ne me commettre point avec ces sortes de gens pour tâcher de l'emporter contre leurs brigues, mais d'établir par de bons et solides préceptes la science dont je fais profession. C'est pourquoi, empereur César, j'ai dit dans mon premier livre en quoi consiste cette science, ce qui en fait la perfection, et quelles connaissances sont nécessaires à l'architecte ; j'ai exposé les raisons qui lui rendent ces connaissances nécessaires ; et, de plus, j'ai donné les divisions et les définitions de cet art. Ensuite j'ai raisonné sur le choix du lieu où l'on doit bâtir une ville, afin que l'habitation en soit saine, ce qui n'est pas de peu d'importance ; j'ai fait voir encore par des figures quels sont les vents, et de quelle région chacun d'eux souffle ; enfin j'ai enseigné de quelle manière il faut disposer les places publiques et les rues. Après avoir traité de toutes ces choses dans le premier livre, j'ai parlé dans le second des matériaux, de leurs qualités naturelles, et de leur importance pour la bonté des ouvrages. Maintenant je me propose de traiter dans le troisième livre de la construction des temples, et de quelle manière ils doivent être destinés et ordonnés.

madvertere possumus ab antiquis statuariis et pictoribus ; quod ex his qui dignitatis notas et commendationis gratiam habuerunt, æterna memoria ad posteritatem sunt permanentes, uti Myron, Polycletus, Phidias, Lysippus ceterique, qui nobilitatem ex arte sunt consecuti. Namque uti civitatibus magnis aut regibus aut civibus nobilibus opera fecerunt, ita id sunt adepti. At qui non minori studio et ingenio solertiaque fuerunt nobilibus, et humili fortuna civibus non minus egregie perfecta fecerunt opera, nullam memoriam sunt assecuti, quod hi non ab industria neque artis solertia sed a felicitate fuerunt deserti, ut Hellas Atheniensis, Chion Corinthius, Myagrus Phocæus, Pharax Ephesius, Bedas Byzantius, etiamque alii plures. Non minus item pictores, uti Aristomenes Thasius, Polycles Adramytenus, Nicomachus ceterique, quos neque industria neque artis studium neque solertia defecit, sed aut rei familiaris exiguitas aut imbecillitas fortunæ seu in ambitione certationis contrariorum superatio obstituit eorum dignitati. Nec tamen id admirandum, si propter ignorantiam artis virtutes obscurantur ; sed maxime indignandum, cum etiam sæpe blandiantur gratia conviviorum a veris judiciis ad falsam probationem. Ergo, uti Socrati placuit, si ita sensus et sententiæ scientiæque disciplinis auctæ perspicuæ et perlucidæ fuissent, non gratia neque ambitio valeret, sed si qui veris certisque laboribus doctrinarum pervenissent ad scientiam summam, eis ultro opera traderentur. Quoniam autem ea non sunt illustria neque apparentia in aspectu, ut putamus oportuisse, et animadverto potius indoctos quam doctos gratia superare, non esse certandum judicans cum indoctis ambitione, potius his præceptis editis ostendam nostræ scientiæ virtutem. Itaque, Imperator, in primo volumine tibi de arte et quas habeat ea virtutes, quibusque disciplinis oporteat esse auctum architectum, exposui, et subjeci causas, quid ita earum oporteat eum esse peritum, rationesque summæ architecturæ partitione distribui finitionibusque terminavi. Deinde, quod erat primum et necessarium, de mœnibus, quemadmodum eligantur loci salubres, ratiocinationibus explicui, ventique qui sint et e quibus regionibus singuli spirent, deformationibus grammicis ostendi ; platearumque et vicorum uti emendatæ fiant distributiones in mœnibus, docui ; et ita finitionem primo volumini constitui. Item in secundo de materia, quas habeat in operibus utilitates, et quibus virtutibus e natura rerum est comparata, peregi. Nunc in tertio de deorum immortalium ædibus sacris dicam, et uti oporteat perscriptas esse exponam.

CAPUT I.

(*Unde symmetriæ fuerint ad ædes sacras translatæ.*)

Ædium compositio constat ex symmetria, cujus ratio-

CHAPITRE I.

De l'ordonnance des temples, et de leurs proportions avec la mesure du corps humain.

Pour bien ordonner un édifice, il faut avoir égard à la proportion, qui est une chose que les architectes doivent surtout observer exactement. Or, la proportion dépend du rapport que les Grecs appellent analogie; et il faut entendre par rapport la convenance de mesure qui se trouve entre une certaine partie des membres et le reste de tout le corps de l'ouvrage, et par laquelle toutes les proportions sont réglées. Car jamais un bâtiment ne sera bien ordonné, s'il n'a cette proportion et ce rapport, et si toutes les parties ne sont à l'égard les unes des autres ce que sont entre elles les parties du corps d'un homme bien formé, quand on les compare ensemble. Le corps humain a naturellement et ordinairement cette proportion, que le visage, qui comprend l'espace qu'il y a du menton jusqu'au haut du front, où est la racine des cheveux, en est la dixième partie; la même longueur se trouve depuis le pli du poignet jusqu'à l'extrémité du doigt qui est au milieu de la main; toute la tête, laquelle comprend ce qui est entre le menton et le sommet, est la huitième partie de tout le corps; la même mesure se retrouve depuis l'extrémité inférieure du col par derrière : il y a, depuis le haut de la poitrine jusqu'à la racine des cheveux, une sixième partie, et jusqu'au sommet une quatrième : la troisième partie du visage est depuis le bas du menton jusqu'au-dessous du nez; il y en a autant depuis le dessous du nez jusqu'aux sourcils, et autant encore de là jusqu'à la racine des cheveux, qui termine le front. Le pied a la sixième partie de la hauteur de tout le corps; le coude, la quatrième, de même que la poitrine. Les autres parties ont chacune leurs mesures et leurs proportions, sur lesquelles les peintres et les sculpteurs les plus célèbres de l'antiquité, ceux dont on estime tant les ouvrages, se sont toujours réglés. Il faut aussi que les parties dont se compose un temple aient chacune un rapport convenable avec le tout. Le centre du corps est naturellement au nombril; car un homme étant couché les mains et les pieds étendus, si on lui met le centre d'un compas au nombril, et que l'on décrive un cercle, ce cercle touchera l'extrémité des doigts des mains et des pieds : et comme le corps ainsi étendu peut être enfermé dans un cercle, on trouvera qu'il peut aussi être renfermé dans un carré. Si, en effet, l'on prend la distance qu'il y a de l'extrémité des pieds à celle de la tête, et qu'on la rapporte à celle des mains étendues, on trouvera que la largeur et la longueur sont pareilles, de même qu'elles le sont dans un carré fait à l'équerre. Si donc la nature a composé le corps de l'homme de telle façon que chaque membre a une proportion avec le tout, ce n'est pas sans raison que les anciens ont voulu que, dans leurs ouvrages, ce même rapport des parties avec le tout fût exactement observé. Mais entre tous les ouvrages dont ils ont réglé les mesures, ils ont principalement porté leur attention sur les proportions des temples des dieux, dans lesquels ce qu'il y a de bien ou de mal fait reste exposé au jugement de la postérité. La division même des mesures nécessaires pour tous les ouvrages a été empruntée aux différentes parties du corps humain : c'est ainsi que l'on a eu le doigt, le palme, le pied, la coudée; et ces divisions ont été réduites à un nombre parfait, que les Grecs appellent *teleion*.

nem diligentissime architecti tenere debent. Ea autem paritur a proportione, quæ græce ἀναλογία dicitur. Proportio est ratæ partis membrorum in omni opere totiusque commodulatio, ex qua ratio efficitur symmetriarum. Namque non potest ædes ulla sine symmetria atque proportione rationem habere compositionis, nisi uti ad hominis bene figurati membrorum habuerit exactam rationem. Corpus enim hominis ita natura composuit, uti os capitis a mento ad frontem summamque radices imas capilli esset decimæ partis : item manus palma ab articulo ad extremum medium digitum tantundem : caput a mento ad summum verticem octavæ : tantundem ab imis cervicibus : ab summo pectore ad imas radices capillorum sextæ : ab summo verticem quartæ. Ipsius autem oris altitudinis tertia pars est ab imo mento ad imas nares : nasus ab imis naribus ad finem medium superciliorum tantundem; ab ea fine ad imas radices capilli, ubi frons efficitur, item tertiæ partis. Pes vero altitudinis corporis sextæ : cubitus quartæ : pectus item quartæ. Reliqua quoque membra suos habent commensus proportionis, quibus etiam antiqui pictores et statuarii nobiles usi magnas et infinitas laudes sunt assecuti. Similiter vero sacrarum ædium membra ad universam totius magnitudinis summam ex partibus singulis convenientissimum debent habere commensuum responsum. Item corporis centrum medium naturaliter est umbilicus. Namque si homo collocatus fuerit supinus, manibus et pedibus pansis, circinique collocatum centrum in umbilico ejus, circumagendo rotundationem utrarumque manuum et pedum digiti linea tangentur. Non minus quemadmodum schema rotundationis in corpore efficitur, item quadrata designatio in eo invenitur. Nam si a pedibus imis ad summum caput mensum erit, eaque mensura relata fuerit ad manus pansas, invenietur eadem latitudo uti altitudo, quemadmodum areæ, quæ ad normam sunt quadratæ. Ergo si ita natura composuit corpus hominis, uti proportionibus membra ad summam figurationem ejus respondeant, cum causa constituisse videntur antiqui, ut etiam in operum perfectionibus singulorum membrorum ad universam figuræ speciem habeant commensus exactionem. Igitur cum in omnibus operibus ordines traderent, id maxime in ædibus deorum, [*in quibus*] operum et laudes et culpæ æternæ solent permanere. Nec minus mensurarum rationes, quæ in omnibus operibus videntur necessariæ esse, ex corporis membris collegerunt, uti digitum, palmum, pedem, cubitum, et eas

Or ce nombre parfait, établi par les anciens, est dix, à cause des dix doigts dont se compose la main ; de même que la mesure du palme a été prise des doigts, et celle du pied des palmes. La nature ayant donné dix doigts aux deux mains, Platon a pensé que ce nombre était parfait, d'autant que les unités, qui sont appelées *monades* par les Grecs, accomplissent la dizaine; et si de ce nombre dix on va jusqu'à onze ou douze, on ne trouve point de nombre parfait jusqu'à ce que l'on soit parvenu à la seconde dizaine, parce que les unités sont des fractions de ce nombre. Ceux des mathématiciens qui ont voulu contredire Platon ont dit que le nombre le plus parfait était six, parce que toutes ses parties aliquotes sont égales au nombre de six, chacune selon sa proportion; car le *sextans* a une de ces parties ; le *triens* en a deux ; le *semisse* trois ; le *bes*, qu'ils appellent *dimoeron*, quatre ; le *quintarium*, qu'ils appellent *pentamoeron*, cinq ; et le nombre parfait, six. Que si, allant au delà de six, on y ajoute quelque chose en recommençant un second as, on obtient le nombre appelé *ephecton*; si on va jusqu'à huit, en ajoutant la troisième partie de six, on a le *tertiaire*, dit *épitritos*; et en ajoutant à six la moitié de ce nombre, qui fait neuf, on trouve le sesquialtère, appelé *hemiolios*; et en ajoutant deux tiers de six pour faire la dizaine, on fait le *bisalterum*, appelé *epidimoeron*; si on fait le nombre onze, en ajoutant cinq, on a le *quintarium alterum* appelé *epipentamoeron*; et on fait enfin la douzaine, nommée *diplaciona*, en joignant ensemble les deux six simples. De plus, pour montrer la perfection du nombre six, ils ont fait remarquer que la longueur du pied de l'homme est la sixième partie de toute sa hauteur; et que, suivant le nombre des pieds que cette hauteur contient, on a estimé que la proportion la plus parfaite est celle où la hauteur contient six fois la grandeur du pied ; que le coude a six palmes et vingt-quatre doigts de long; que les villes de Grèce ont partagé la drachme en six parties, de même que la coudée est divisée en six palmes; qu'elles ont composé la drachme de six pièces d'airain, marquées de même que les as, appelés oboles; et que les quarts de ces oboles, que quelques-uns appellent *dichalca* et d'autres *trichalca*, y ont été mis à cause des vingt-quatre doigts. Mais nos ancêtres ont premièrement reçu les dizaines comme un nombre très-ancien ; et ils ont fait le denier de dix as d'airain ; c'est pour cela que la monnaie qui en est composée a toujours été appelée jusqu'à présent *denarius*, et sa quatrième partie *sesterce*, monnaie qui valait deux as et demi. Ayant ensuite considéré que les deux nombres parfaits sont six et dix, ils en ont composé un seul avec les deux, et ils en ont fait un nombre très-parfait, qui est le *decussissexis* (1), six ajouté à dix, ou seize. Ce qui les a conduits à ce résultat, c'est le pied, qui provient de ce qu'en ôtant deux palmes de la coudée, les quatre palmes qui restent font le pied ; le palme ayant quatre doigts, le pied en doit avoir seize, ce qui est autant que le denier a d'as d'airain. Puis donc qu'il est constant que le nombre des doigts de l'homme est l'origine de tous les autres nombres, et qu'il existe un rapport de mesure entre les parties de son corps, comparées

(1) Six ajouté à dix.

distribuerunt in perfectum numerum, quem Græci τέλειον dicunt. Perfectum autem antiqui instituerunt numerum, qui decem dicitur. Namque ex manibus denarius digitorum numerus, ex digitis vero palmus, et ab palmo pes est inventus. Si autem in utrisque palmis ex articulis ab natura decem sunt perfecti, etiam Platoni placuit esse eum numerum ea re perfectum, quod ex singularibus rebus, quæ μονάδες apud Græcos dicuntur, perficitur decussis; quæ simul ac undecim aut duodecim sunt factæ, quot superaverint, non possunt esse perfectæ, donec ad alterum decussim pervenerint. Singulares enim res particulæ sunt ejus numeri. Mathematici vero contra disputantes ea re perfectum esse dixerunt numerum, qui sex dicitur, quod is numerus habet partitiones eorum rationibus sex numero convenientes, sic sextantem unum, trientem duo, semissem tria, bessem (quem δίμοιρον dicunt) quatuor, quintarium (quem πεντάμοιρον dicunt) quinque, perfectum sex. Cum ad supputationem crescat, supra sex adjecto asse, ἔφεκτον; cum facta sunt octo, (quod est tertia adjecta) ad tertiarium, qui ἐπίτριτος dicitur; dimidia adjecta cum facta sunt novem, sesquialterum, qui ἡμιόλιος appellatur; duabus partibus additis et decussi facto, bes alterum, quem ἐπιδίμοιρον vocitant; in undecim numero quod adjecti sunt quinque, quintarium, quem ἐπίπεμπτον dicunt; duodecim autem, quod ex duobus simplicibus numeris est effectus, διπλασίωνα. Non minus etiam quod pes hominis altitudinis sextam habet partem, ita etiam ex eo quod perficitur pedum sex numero corporis altitudinis terminatio, eum perfectum constituerunt; cubitumque animadverterunt ex sex palmis constare digitisque viginti quatuor. Ex eo etiam videntur civitates Græcorum fecisse, quemadmodum cubitus est sex palmorum, in drachma, qua numo uterentur, æreos signatos uti asses exæquet sex, quos obolos appellant, quadrantesque obolorum, quæ alii dichalca nonnulli trichalca dicunt, pro digitis viginti quatuor in drachma constituisse. Nostri autem primo decem fecerunt antiquum numerum, et in denario denos æris constituerunt, et ea re compositio nominis ad hodiernum diem denarium retinet; etiamque pars quarta quod efficiebatur ex duobus assibus et tertio semisse, sestertium vocitaverunt. Postea autem quam animadverterunt utrosque numeros esse perfectos, et sex et decem, utrosque in unum conjecerunt, et fecerunt perfectissimum decussissexis. Hujus autem rei auctorem invenerunt pedem : e cubito enim cum dempti sunt palmi duo, relinquitur pes quatuor palmorum : palmus autem habet quatuor digitos : ita efficitur, uti habeat pes sexdecim digitos et totidem retinet æreus denarius. Ergo si convenit, ex articulis hominis numerum inventum esse, et ex membris separatis ad universam corporis speciem ratæ partis commensus fieri

au tout, nous devons avoir de l'estime pour ceux qui ont montré dans la construction des temples des dieux immortels un tel art, que la symétrie et la proportion se rencontrent aussi bien dans les détails que dans l'ensemble du monument.

CHAPITRE II (ou I, sect. 10 et suiv.)
De la composition et de l'ordonnance des temples.

On a classé les différentes espèces de temples d'après les différences de configurations et d'aspects qu'ils peuvent avoir. La première espèce est le temple à antes, que les Grecs appellent *naos en parastasi* (1); les autres sont le prostyle, l'amphiprostyle, le périptère, le pseudodiptère, le diptère, et l'hypètre. On les distingue par les différences que voici. Le temple *à antes* est celui où l'on voit à la face de devant, et entre les antes du mur qui enferment le dedans de l'édifice, deux colonnes seulement placées au milieu et qui soutiennent un fronton, ayant les proportions et les mesures qui seront enseignées plus loin. On en trouve un exemple dans les trois temples de la Fortune, et principalement dans celui qui est proche la porte Colline. Le *prostyle* n'est différent du temple à antes qu'en ce qu'il a des colonnes opposées aux antes angulaires, lesquelles soutiennent des architraves qui retournent de chaque côté : le temple de Jupiter et de Faune, dans l'île du Tibre, en offre un modèle. L'*amphiprostyle* (2) est composé des mêmes parties que le prostyle ; mais il a de plus, aux deux faces de devant et de derrière, des colonnes et un fronton. Le *périptère* (3) a six colonnes à la face de devant, six autres à la face de derrière, et onze de chaque côté, en comptant celles des angles. Ces colonnes sont placées de telle sorte que l'espace qui existe entre les murailles et le rang des colonnes qui les environnent est égal à l'entre-colonnement ; ce qui forme un passage pour se promener autour du temple, comme on le voit au portique que Métellus a fait bâtir par Hermodorus autour du temple de Jupiter Stator, et à celui que Mutius a aussi ajouté au temple érigé par Marius à l'Honneur et à la Vertu ; édifices qui n'ont point d'issue par derrière. Le *pseudodiptère* (1) doit avoir huit colonnes à la face de devant, le même nombre à celle de derrière, et quinze sur les faces de côté, en comptant celles des angles ; de plus, les murs de la face de devant et de celle de derrière ne doivent correspondre qu'aux quatre colonnes du milieu ; de sorte qu'il reste, depuis les murailles jusqu'aux rangs des colonnes extérieures, l'espace de deux entre-colonnements et le diamètre du bas d'une colonne. Il ne se voit point à Rome d'exemple de cette sorte de temple ; mais il s'en trouve à Magnésie, dans le temple de Diane bâti par Hermogène Alabandin, et dans celui d'Apollon bâti par Ménesthes. Le *diptère* (2) est *octostyle* (3) tant à la face d'entrée qu'à la face opposée, et il a tout alentour deux rangs de colonnes. C'est ainsi que sont construits le temple de Quirinus, d'ordre dorique, et celui de Diane d'Éphèse, d'ordre ionique, ouvrage de Chersiphron. L'*hypètre* (4) est *décastyle* (5) devant et derrière ; du reste, il est comme le diptère ; mais il a cela de particulier qu'à l'intérieur il a tout alentour deux ordres de colonnes posées les unes sur les autres, et séparées de la muraille pour faire des portiques, comme aux *péristyles* (6). Le milieu

(1) Temple avec des antes. — (2) Qui a des colonnes aux deux côtés. — (3) Qui a des colonnes tout alentour.

(1) Faux diptère. — (2) Où les colonnes sont doublées dans les ailes. — (3) Qui a huit colonnes. — (4) Découvert. — (5) Qui a dix colonnes. — (6) Qui ont des colonnes tout alentour.

responsum, relinquitur, ut suspiciamus eos, qui etiam ædes deorum immortalium constituendas ita operum ordinaverunt, ut proportionibus et symetriis separatæ atque universæ convenientes efficerentur eorum distributiones.

CAPUT II. (vulgo I. sect. 10. seqq.)
De sacrarum ædium compositione et ~metriis.

Ædium autem principia sunt, e quibus constat figurarum aspectus : Primum in antis, quod græce ναὸς ἐν παραστάσι dicitur : deinde prostylos, amphiprostylos, peripteros, pseudodipteros, dipteros, hypæthros. Horum exprimuntur formationes his rationibus. In antis erit ædes, cum habebit in fronte antas parietum, qui cellam circumcludunt, et inter antas in medio columnas duas supraque fastigium symmetria ea collocatam, quæ in hoc libro fuerit perscripta. Hujus autem exemplar erit ad tres Fortunas, ex tribus, quod est proxime portam Collinam. Prostylos omnia habet, quemadmodum in antis, columnas autem contra antas angulares duas, supraque epistylia, quemadmodum et in antis, et dextra ac sinistra in versuris singula. Hujus exemplar est in insula Tiberina in æde Jovis et Fauni. Amphiprostylos omnia habet ea, quæ prostylos, præterea que habet in postico ad eundem modum columnas et fastigium. Peripteros autem erit, quæ habet in fronte et postico senas columnas, in lateribus cum angularibus undenas, ita ut sint hæ columnæ collocatæ, ut intercolumnii latitudinis intervallum sit a parietibus circum ad extremos ordines columnarum, habeatque ambulationem circa cellam ædis, quemadmodum est in porticu Metelli, Jovis Statoris Hermodi, et ad Mariana Honoris et Virtutis sine postico a Mutio facta. Pseudodipteros autem sic collocatur, ut in fronte et postico sint columnæ octonæ, in lateribus cum angularibus quindenæ, sint autem parietes cellæ contra quaternas columnas medianas in fronte et postico. Ita duorum intercolumniorum et imæ crassitudinis columnæ spatium erit a parietibus circa ad extremos ordines columnarum. Hujus exemplar Romæ non est, sed Magnesiæ Dianæ Hermogenis Alabandi et Apollinis a Menesthe facta. Dipteros autem octastylos et pronao et postico, sed circa ædem duplices habet ordines columnarum, uti est ædes Quirini Dorica et Ephesiæ Dianæ Ionica a Chersiphrone constituta. Hypæthros vero decastylos est in pronao et postico : reliqua omnia eadem habet quæ dipteros, sed interiore parte columnas in altitudine duplices, remotas a parietibus, ad circuitionem ut porticus

est découvert, et il a des portes à la face de devant, de même qu'à la face de derrière. Nous n'avons point non plus de temple de cette espèce à Rome; il n'y en a pas d'autre exemple que le temple de Jupiter Olympien à Athènes, qui n'est qu'*octostyle*.

CHAPITRE III (OU II).
Des cinq espèces de bâtiments.

Il y a cinq espèces de bâtiments, qui sont le *pycnostyle* (1), lorsque les colonnes sont fort près l'une de l'autre; le *systyle* (2), quand elles sont un peu moins pressées; le *diastyle* (3), quand elles sont encore un peu plus écartées; l'*aréostyle* (4), quand elles le sont un peu trop, et l'*eustyle* (5), quand elles sont espacées d'une manière convenable. Dans le pycnostyle, l'entre-colonnement doit avoir la largeur d'un diamètre et demi de colonne, comme on l'a pratiqué pour le temple de Jules César, pour celui de Vénus, qui est dans la place publique qu'il a fait bâtir, et pour plusieurs autres édifices qui sont construits d'après cette règle. Dans le systyle, la largeur de l'entre-colonnement est de deux fois le diamètre des colonnes, et les plinthes de leurs *bases* sont égales à l'espace qui est entre les plinthes, comme il se voit au temple de la Fortune Équestre, auprès du théâtre de pierre, et en plusieurs autres. Ces deux manières ont plusieurs inconvénients : d'abord, lorsque les dames vont au temple pour faire leurs prières, elles ne peuvent passer par les entre-colonnements en se tenant par la main, à moins de se placer à la suite les unes des autres; ensuite le peu d'espace qu'il y a entre les colonnes, interceptant la vue à travers les portes, empêche de voir les images des dieux, et rend presque impossible la circulation autour du temple. L'ordonnance du diastyle doit être telle que les entre-colonnements aient la largeur de trois diamètres de colonne, comme cela existe au temple d'Apollon et de Diane; l'inconvénient de cette disposition est que les architraves sont en danger de se rompre, à cause de la grandeur des intervalles. Dans les aréostyles, on ne peut pas se servir des architraves de pierre ni de marbre, comme on les emploie dans les autres genres; et l'on est contraint de former les architraves avec des poutres couchées tout de leur long. Mais cette disposition rend les faces des édifices écartées, pesantes, basses et larges. On a coutume d'orner leurs frontons de statues de terre cuite ou de cuivre doré, suivant la mode toscane, comme cela se voit aux temples de Cérès et d'Hercule, qui sont proches du grand cirque, et au Capitole qui est dans la ville de Pompéi. Quant à l'eustyle, qui est le genre le plus approuvé, et qui l'emporte sans contredit sur tous les autres pour la commodité, la beauté et la solidité, il se fait en donnant deux diamètres et un quart à la largeur des entre-colonnements, excepté toutefois que l'entre-colonnement du milieu, tant au devant qu'au derrière du temple, a la largeur de trois diamètres de colonne. Cette disposition rend l'aspect de l'édifice plus agréable, et l'entrée plus dégagée; elle donne aussi plus de liberté pour se promener tout autour du temple. Pour le bien ordonner, il faut diviser la face du portique, sans compter la saillie de l'empatement des bases des colonnes, en onze parties et demie, si on veut faire un *tétrastyle* (1); en dix-huit, si l'on veut faire un *hexastyle*, et en vingt-quatre et demie, si ce doit être un *octo-*

---

(1) Colonnes serrées. — (2) Colonnes jointes. — (3) Colonnes distantes. — (4) Colonnes rares. — (5) Colonnes bien placées.

(1) A quatre colonnes.

---

peristyliorum. Medium autem sub divo est sine tecto, aditusque valvarum ex utraque parte in pronao et postico. Hujus autem exemplar Romæ non est, sed Athenis octastylos, et in templo Olympio.

CAPUT III. (vulgo II.)
De quinque ædium speciebus.

Species autem ædium sunt quinque, quarum ea sunt vocabula : Pycnostylos, id est crebris columnis : Systylos, paulo remissioribus : Diastylos, amplius spatiis intercolumniorum patentibus : rarius quam oportet inter se dilunctis, Aræostylos : Eustylos intervallorum justa distributione. Ergo Pycnostylus est, cujus intercolumnio unius et dimidiatæ columnæ crassitudo interponi potest : quemadmodum est divi Julii et in Cæsaris foro Veneris, et si quæ aliæ sic sunt compositæ. Item Systylos est, in qua duarum columnarum crassitudo in intercolumnio poterit collocari, et spirarum plinthides æque magnæ sint eo spatio, quod fuerit inter duas plinthides : quemadmodum est Fortunæ Equestris ad theatrum lapideum, et reliquæ, quæ eisdem rationibus sunt compositæ. Hæc utraque genera vitiosum habent usum. Matres enim familiarum cum ad supplicationem gradibus ascendunt, non possunt per intercolumnia amplexæ adire, nisi ordines fecerint. Item valvarum aspectus abstruditur columnarum crebritate, ipsaque signa obscurantur. Item circa ædem propter angustias impediuntur ambulationes. Diastyli autem hæc erit compositio, cum trium columnarum crassitudinem intercolumnio interponere possumus, tanquam est Apollinis et Dianæ ædis. Hæc dispositio hanc habet difficultatem, quod epistylia propter intervallorum magnitudinem franguntur. In Aræostylis autem nec lapideis nec marmoreis epistyliis uti datur, sed imponendæ de materia trabes perpetuæ; et ipsarum ædium species barycæ barycephalæ, humiles, latæ; ornantque signis fictilibus aut æreis inauratis earum fastigia Tuscanico more, uti est ad Circum maximum Cereris, et Herculis Pompeiani, item Capitolii. Reddenda nunc est Eustyli ratio, quæ maxime probabilis et ad usum et ad speciem et ad firmitatem rationes habet explicatas : namque facienda sunt intervallis spatia duarum columnarum et quartæ partis columnæ crassitudinis, mediumque intercolumnium unum, quod erit in fronte, alterum quod erit in postico, trium columnarum crassitudine. Sic enim habebit et figurationis aspectum venustum et aditus usum sine impeditionibus, et circa cellam ambulatio auctoritatem. Hujus autem rei ratio, explicabitur sic. Frons loci, quæ in æde constituta fuerit,

style (1) : Or, soit que l'on fasse un *tétrastyle*, un *hexastyle* (2) ou un *octostyle*, une de ces parties sera le module, c'est-à-dire, la mesure qui déterminera la grosseur des colonnes ; de sorte que chaque entre-colonnement, excepté celui du milieu, aura deux modules et un quart, et les entre-colonnements du milieu, tant au devant qu'au derrière, auront chacun trois modules. La hauteur de chaque colonne sera de huit modules et demi ; et, par cette division, les entre-colonnements se trouveront dans un juste rapport avec la hauteur des colonnes. Nous n'avons point d'exemple de l'eustyle à Rome. Mais il s'en voit un qui est octostyle, dans le temple de Bacchus à Théo, ville d'Asie. Hermogène est celui qui a trouvé toutes ces proportions, et qui le premier a inventé l'octostyle et le pseudodiptère, lorsqu'il eut l'idée de supprimer dans le diptère le rang des colonnes du milieu, qui sont au nombre de trente-quatre, afin qu'il y eût moins d'ouvrage et de dépense. Ce qui fait surtout le mérite de cette invention, c'est qu'il a trouvé par là le moyen d'augmenter l'espace qui est fait pour se promener autour du temple, sans diminuer le nombre des colonnes qui font l'aspect du dehors ; et il a si bien combiné cette nouvelle disposition, qu'il n'a rien retranché au diptère de ce qu'il a de recommandable, et à quoi l'on pût avoir regret ; mais seulement ce qui pouvait être regardé comme superflu. Car on a inventé ces ailes de colonnes, ainsi arrangées autour des temples, pour leur donner plus de majesté par l'âpreté des entre-colonnements. La suppression de ce rang intérieur de colonnes donne en outre la facilité, dans un moment de pluie, de mettre à couvert un grand nombre de personnes. Cette disposition et cette ordonnance des pseudodiptères font connaître avec quelle subtilité d'esprit Hermogène conduisait ses ouvrages, qui méritent d'être considérés comme la source où la postérité a puisé les meilleurs préceptes de l'architecture. Les colonnes de l'aréostyle doivent avoir pour diamètre la huitième partie de leur hauteur. Pour le diastyle, il faut diviser la hauteur de la colonne en huit parties et demie, et en donner une partie à la grosseur de la colonne. A l'égard du systyle, la hauteur de la colonne doit être divisée en neuf parties et demie, et il faut en donner une à sa grosseur. Pour un temple pycnostyle, il faut diviser la hauteur en dix parties, et en prendre une pour le diamètre de la colonne. Les colonnes dans l'eustyle doivent être divisées en huit parties et demie comme dans le diastyle, et il faut donner au diamètre du bas la grosseur d'une partie. De cette façon les entre-colonnements augmenteront ou diminueront en raison de la grosseur des colonnes. On conçoit en effet qu'il faut grossir les colonnes en raison de ce que l'on fait les entre-colonnements plus larges. Si par exemple, dans un aréostyle, le diamètre des colonnes n'était que la neuvième ou la dixième partie de leur hauteur, elles paraîtraient trop menues et trop déliées, parce que l'air qui est dans le large espace des entre-colonnements diminue et dérobe à la vue une partie de la grosseur de la tige de la colonne. Si, au contraire, dans le pycnostyle, on donnait au diamètre de la colonne la huitième partie de la hauteur, les entre-colonnements étroits feraient paraître les colonnes si enflées que cela aurait mauvaise grâce. Il faut donc

(1) A huit colonnes. — (2) A six colonnes.

si tetrastylos facienda fuerit, dividatur in partes undecim semis præter crepidines et projecturas spirarum : si sex erit columnarum, in partes decem et octo : si octastylos constituetur, dividatur in XXIIII et semissem. Item ex his partibus, sive tetrastyli sive hexastyli sive octastyli, una pars sumatur, eaque erit modulus : cujus moduli unius erit crassitudo columnarum. Intercolumnia singula præter mediana modulorum duorum et moduli quartæ partis; mediana in fronte et postico singula ternum modulorum. Ipsarum columnarum altitudo erit modulorum octo et dimidiæ moduli partis. Ita ex ea divisione intercolumnia altitudinesque columnarum habebunt justam rationem. Hujus exemplar Romæ nullum habemus, sed in Asia Teo hexastylon Liberi Patris. Eas autem symmetrias constituit Hermogenes, qui etiam primus hexastylum pseudodipterive rationem invenit. Ex Dipteri enim ædis symmetria sustulit interiores ordines columnarum XXXVIII, eaque ratione sumptus operasque compendii fecit. Is in medio ambulationi laxamentum egregie circa cellam fecit, de aspectuque nihil imminuit, sed sine desiderio supervacuorum conservavit auctoritatem totius operis distributione. Pteromatos enim ratio et columnarum circum ædem dispositio ideo est inventa, ut aspectus propter asperitatem intercolumniorum haberet auctoritatem : præterea si et imbrium aquæ vis occupaverit et intercluserit hominum multitudinem, ut habeat in æde circaque cellam cum laxamento liberam moram. Hæc autem ita explicantur in Pseudodipteris ædium dispositionibus. Quare videtur acuta magnaque solertia effectus operum Hermogenes fecisse, reliquisseque fontes, unde posteri possent haurire disciplinarum rationes. Ædibus Aræostylis columnæ sic sunt faciendæ, uti crassitudines earum sint partis octavæ ad altitudines : item in Diastylo dimetienda est altitudo columnæ in partes octo et dimidiam, et unius partis crassitudo columnæ collocetur. In Systylo altitudo dividatur in novem et dimidiam partem, et ex eis una ad crassitudinem columnæ detur : item in Pycnostylo dividenda est altitudo in partes decem, et ejus una pars facienda est columnæ crassitudo. Eustyli autem ædis columnæ ut Systyli in novem partes altitudo dividatur et dimidiam, et ejus una pars constituatur in crassitudine imi scapi : ita habebitur pro rata parte intercolumniorum ratio. Quemadmodum enim crescunt spatia inter columnas, ita proportionibus adaugendæ sunt crassitudines scaporum. Namque si in Aræostylo nona aut decima pars crassitudinis fuerit, tenuis et exilis apparebit, ideo quod per latitudinem intercolumniorum aër consumit et imminuit aspectus scaporum crassitudinem. Contra vero Pycnostylis si octava pars crassitudinis fuerit, propter crebritatem et angustias intercolumniorum tumidam et invenustam efficiet speciem. Itaque ge-

étudier avec le plus grand soin la proportion qui est propre à chaque manière. Les colonnes placées aux angles doivent aussi être grossies d'une cinquantième partie de leur diamètre, parce qu'il semble que l'air et le grand jour auxquels elles sont plus exposées que celles du milieu les mange et les rend plus petites; du moins elles paraissent telles aux yeux, et il faut que l'art remédie aussi à l'erreur de la vue. La partie supérieure des colonnes, qui est comme leur *col*, demande aussi à être diminuée, de telle sorte que si les colonnes sont hautes de quinze pieds, on divisera le diamètre du bas en six parties, afin d'en donner cinq au diamètre du haut; pour les colonnes, qui auront de quinze à vingt pieds, le bas de la tige sera divisé en six parties et demie, et l'on en donnera cinq et demie au haut ; pour celles qui auront de vingt à trente pieds, le bas de la tige sera divisé en sept parties, afin que le haut soit diminué jusqu'à six; pour celles qui seront hautes de trente à quarante pieds, le bas sera divisé en sept parties et demie, et l'on en donnera six et demie au haut. Celles qui auront de quarante à cinquante pieds seront divisées par le bas en huit parties, et le haut de la tige, à l'endroit qui en fait comme le col, ne sera que de sept; enfin, s'il s'en trouve encore de plus hautes, il faudra les diminuer à proportion. On diminue ainsi diversement les colonnes, parce que la grande hauteur trompe facilement l'œil, quand il regarde de bas en haut; et comme il aime ce qui est beau, si l'on ne rectifie pas cette erreur causée par l'éloignement en augmentant la grosseur des colonnes, si on ne le flatte pas par le plaisir qu'il reçoit des proportions convenables qui dépendent de l'augmentation des modules, les monuments seront toujours d'un aspect désagréable. Pour ce qui est de l'accroissement qu'on ajoute au milieu des colonnes, et qui est appelé par les Grecs *entasis*, j'en donne une figure à la fin de ce livre, pour faire connaître la méthode au moyen de laquelle on peut le rendre doux et imperceptible.

CHAPITRE IV. (OU III.)
Des fondements qui se font dans les terres fermes et dans les terres rapportées.

Pour faire les fondements, il faut, après avoir creusé la tranchée dans le solide ou jusqu'au solide, les bâtir sur ce fond avec tout le soin possible, en leur donnant une épaisseur proportionnée à la grandeur du bâtiment que l'on veut construire. Lorsqu'ils seront élevés hors de terre, on construira le mur qui doit porter les colonnes avec une largeur qui surpasse de la moitié celle des colonnes qui seront posées dessus, afin que cette partie basse, qui s'appelle *stéréobate* parce qu'elle porte le faix, soit plus forte que le haut, et que la saillie des bases n'excède point la largeur de ces murs. Il faudra diminuer aussi, dans la même proportion, l'épaisseur du mur qui s'élèvera au-dessus. Mais il faut, pour consolider les petits murs qui supportent les colonnes, affermir les intervalles par des arcs de voûte, ou tout au moins rendre la terre plus solide, en la battant avec la machine qui sert à enfoncer les pilotis. Si on ne peut pas aller jusqu'à la terre ferme, et que le lieu ne soit composé que de terres rapportées ou marécageuses, il faudra le creuser autant que l'on pourra, pour tâcher d'épuiser les eaux et ficher des pieux de bois d'aune, d'olivier ou de chêne un peu brûlés, que l'on enfoncera avec les machines fort près

---

neris operis oportet persequi symmetrias. Etiamque angulares columnas crassiores faciendæ sunt ex suo diametro quinquagesima parte, quod eæ ab aëre circumciduntur, et graciliores esse videntur aspicientibus. Ergo quod oculos fallit, ratiocinatione est exæquandum. Contracturæ autem in summis columnarum hypotracheliis ita faciendæ videntur, uti si columna sit ab minimo ad pedes quindenos, ima crassitudo dividatur in partes sex, et earum partium quinque summa constituatur : item quæ erit ab quindecim pedibus ad pedes viginti, scapus imus in partes sex et semissem dividatur, ex earumque partium quinque et semisse superior crassitudo columnæ fiat : item quæ erit a pedibus viginti ad pedes triginta, scapus imus dividatur in partes septem, earumque sex summa contractura perficiatur: quæ autem ab triginta pedibus ad quadraginta alta erit, ima crassitudo dividatur in partes septem et dimidiam, ex his sex et dimidiam in summo habeat contracturæ ratione. Quæ erunt a quadraginta pedibus ad quinquaginta, item dividendæ sunt in octo partes, et earum septem in summo scapo sub capitulo contrahantur: item si quæ altiores erunt, eadem ratione pro rata constituantur contracturæ. Hæ autem propter altitudinis intervallum scandentis oculi speciem adjiciuntur crassitudinibus temperaturæ : venustatem enim persequitur visus; cujus si non blandimur voluptati proportione et modulorum adjectionibus, uti, quo fallitur, temperatione id augeatur, vastus et invenustus conspicientibus remittetur aspectus. De adjectione, quæ adjicitur in mediis columnis, quæ apud Græcos ἔντασις appellatur, in extremo libro erit forma et ratio ejus, quemadmodum mollis et conveniens efficiatur, subscripta.

CAPUT IV. (vulgo III.)
De fundationibus tam in locis solidis quam in congestitiis.

Fundationes eorum operum fodiantur, si queat inveniri, ad solidum, et in solido quantum ex amplitudine operis pro ratione videbitur; exstruaturque structura totum solum quam solidissima : supraque terram parietes exstruantur sub columnis dimidio crassiores quam columnæ sunt futuræ, uti firmiora sint inferiora superioribus; quæ stereobatæ appellantur, nam excipiunt onera. Spirarumque projecturæ non procedant extra solidum. Item supra parietis ad eundem modum crassitudo servanda est : intervalla autem concameranda aut solidanda fistucationibus, uti distineantur. Sin autem solidum non invenietur, sed locus erit congestitius ad imum aut paluster, tunc is locus fodiatur exinaniaturque, et palis salignéis aut oleaginéis

les uns des autres : ensuite on emplira de charbon les entre-deux des pilotis, et alors on pourra bâtir dans toute la tranchée une maçonnerie très-solide. Les fondements étant achevés, il faut dresser les *stylobates* de niveau, en observant pour les intervalles les proportions qui ont été indiquées, soit que l'on fasse le temple pycnostyle, ou systyle, ou diastyle, ou eustyle ; car pour l'aréostyle, il n'y a point de règle. Pour les périptères, les colonnes doivent être disposées de sorte qu'il y ait deux fois autant d'entre-colonnements sur les côtés qu'il y en a sur la face; et qu'ainsi le bâtiment soit une fois aussi long qu'il est large. Car ceux qui, au lieu de doubler le nombre des entre-colonnements, ont doublé celui des colonnes, semblent avoir commis une erreur, en ce qu'il se trouve sur les côtés un entre-colonnement de plus qu'il ne faut pour cette proportion de la longueur à la largeur. Les degrés sur la face de devant doivent toujours être en nombre impair, afin qu'ayant mis le pied droit en montant sur le premier degré, il arrive qu'on le mette aussi le premier sur le haut des degrés pour entrer dans le temple. L'épaisseur des degrés, à mon avis, ne doit jamais être de plus de dix pouces, ni moindre de neuf ; car cette hauteur rendra la montée facile. Les *paliers* de *repos* ne doivent avoir ni moins d'un pied et demi, ni plus de deux pieds de largeur; et si l'on fait des degrés tout autour du temple, ils doivent avoir partout la même largeur. Si on veut faire sur les trois côtés du temple un *accoudoir*, il faut qu'il soit ordonné de telle sorte que le *socle*, la *base*, le *dé*, la *corniche*, et la *cymaise* de l'accoudoir, se rapportent avec les mêmes parties du stylobate qui supporte les colonnes. Pour ce qui est du stylobate, les piédestaux dont il est composé doivent être placés sur un même alignement, et articulés au droit de chaque colonne par des saillies en manière d'*escabeaux qui fassent une inégalité*. Autrement, si un stylobate était *tout d'une venue, il ressemblerait à un canal*. Mais on trouvera à la fin de ce livre une figure qui fera voir comment ces stylobates en manière d'escabeau doivent être faits.

CHAPITRE V. (OU III, sect. 6 et suiv.)
Des colonnes de l'ordre Ionique, et de leurs ornements.

Ces choses étant ainsi ordonnées, il faudra placer les bases en leur lieu, et ne leur donner d'épaisseur, y compris la plinthe, que la moitié du diamètre de la colonne, et faire que la saillie, qui est appelée par les Grecs *ecphora*, soit d'un quart de chaque côté, en sorte que la largeur de la base soit du diamètre et demi de la colonne. Si on veut faire une base *atticurge* (1), il la faut ainsi diviser : On prendra la troisième partie (2) du diamètre de la colonne, qui sera pour le haut de la base, le reste demeurant pour la plinthe (3). Ce haut de la base sera divisé en quatre, dont la partie supérieure sera pour le tore supérieur; les trois qui restent seront divisées en deux ; la moitié inférieure sera pour le tore d'en bas, l'autre pour la scotie (4),

(1) Travaillée à la manière attique. — (2) Il faut supposer que la hauteur de toute la base, ainsi qu'il a été dit, est de la moitié du diamètre de la colonne, et par conséquent que cette troisième partie du diamètre de la colonne comprend les deux tiers de la hauteur de toute la base. — (3) Il faut entendre que ce reste qui demeure pour la plinthe n'est pas le reste du diamètre de la colonne, mais le reste de la hauteur de la base, qui n'est que le dernier diamètre de la colonne. — (4) Le mot *scotos* signifie obscurité. La partie qui est enfoncée dans la base est appelée scotie, parce qu'elle est la plus ombragée ; on lui donne aussi le nom de *trochytos*, qui signifie une poulie, parce que cette partie en a la figure. On la nomme nacelle en français, à cause de sa cavité.

aut robusteis ustulatis configatur, sublicæque machinis adigantur quam creberrime, carbonibusque expleantur intervalla palorum, et tunc structuris solidissimis fundamenta impleantur. Exstructis autem fundamentis ad libramentum, stylobatæ sunt collocandæ. Supra stylobatas columnæ disponendæ, quemadmodum supra scriptum est, sive in Pycnostylo, quemadmodum Pycnostylo, sive Systylo aut Diastylo aut Eustylo, quemadmodum supra scripta sunt et constituta. In Aræostylis enim libertas est, quantum cuique libet constituendi ; sed ita columnæ in Peripteris collocentur, uti quot intercolumnia sunt in fronte, totidem bis intercolumnia fiant in lateribus : ita enim erit duplex longitudo operis ad latitudinem. Namque qui columnarum duplicationes fecerunt, erravisse videntur, quod unum intercolumnium in longitudine plus quam oporteat procurreat videtur. Gradus in fronte ita constituendi sunt, uti sint semper impares : namque cum dextro pede primus gradus adscendatur, item in summo primus erit ponendus. Crassitudines autem eorum graduum ita finiendas censeo, ut neque crassiores dextante neque tenuiores dodrante sint collocatæ : sic enim durus non erit ascensus. Retractiones autem graduum nec minus quam sesquipedales nec plus quam bipedales faciendæ videntur. Item si circa ædem gradus futuri sunt, ad eundem modum fieri debent. Sin autem circa ædem ex tribus lateribus podium faciendum erit, ad id constituatur, uti quadræ, spiræ, trunci, coronæ, lysis ad ipsum stylobaten, qui erit sub columnarum spiris, conveniant. Stylobaten ita oportet exæquari, uti habeat per medium adjectionem per scamillos impares. Si enim ad libellam dirigetur, alveolatum oculo videbitur. Hoc autem uti scamilli ad id convenientes fiant, item in extremo libro forma et demonstratio erit descripta.

CAPUT V. (vulgo III. sect. 6. sqq.)
De columnis Ionicis atque earum ornatu.

His perfectis in suis locis spiræ collocentur, eæque ad symmetriam sic perficiantur, uti crassitudo cum plintho sit columnæ ex dimidia crassitudine, projecturamque, quam Græci ἐκφοράν vocitant, habeant quadrantem. Ita tum lata et longa erit columnæ crassitudinis unius et dimidiæ. Altitudo ejus, si Atticurges erit, ita dividatur, ut superior pars tertia parte sit crassitudinis columnæ, reliquum plintho relinquatur : dempta plintho reliquum dividatur in partes quatuor, fiatque superior torus quartæ, reliquæ tres æqualiter dividantur, et una sit inferior torus, altera pars cum suis quadris scotia, quam Græci τρόχιλον dicunt. Sin autem Ionicæ erunt faciendæ, sym-

appelée par les Grecs *trochylos*, y comprenant les deux petits carrés. Les proportions de la base ionique doivent être telles, que sa largeur soit le diamètre de la colonne, en y ajoutant la quatrième et la huitième partie (1), et que sa hauteur soit pareille à celle de la base atticurge : la plinthe doit être aussi de même que dans l'atticurge ; mais le surplus au-dessus de la plinthe, qui est la troisième partie du diamètre de la colonne, doit être divisé en sept parties ; il en faut donner trois au tore d'en haut, puis diviser en deux parties égales les quatre qui restent, et faire de la moitié d'en haut la scotie supérieure avec son astragale et ses filets ; l'autre moitié sera pour la scotie inférieure, qui paraîtra plus grande, parce qu'elle s'étend jusqu'au bord de la plinthe. Les astragales auront la huitième partie de la scotie, et la saillie de la base sera de la huitième et de la seizième partie du diamètre de la colonne. Les bases étant achevées et assises, il faudra que les colonnes du *milieu*, tant au devant qu'au derrière du temple, soient posées directement à plomb sur leurs centres ; mais il faut faire en sorte que les colonnes des angles, de même que celles qui doivent les suivre dans les rangs qui sont à droite et à gauche aux côtés du temple, aient le côté du dedans, c'est-à-dire celui qui regarde les murs du temple, absolument à plomb, et il faut donner aux parties du dehors la diminution dont il a été parlé ; car cette diminution rendra la figure et l'aspect de l'édifice fort agréable. Après que le *fût* de chaque colonne aura été posé, la proportion du chapiteau, s'il est en forme d'oreiller, sera ainsi ordonnée : le *tailloir* aura en carré le diamètre du bas de la colonne, en y ajoutant une dix-huitième partie, et la moitié du tailloir sera la hauteur du chapiteau, en y comprenant la rondeur de la volute. Pour tracer la volute, il faut se retirer de l'extrémité du tailloir en dedans sur chacune des faces où sont les volutes, et cela d'une dix-huitième partie et demie ; et, le long du tailloir dans les quatre endroits où l'on doit tracer les volutes, tirer depuis le listeau qui est au haut du tailloir jusqu'en bas, des lignes que l'on appelle *cathètes* (1), et ensuite diviser toute l'épaisseur du chapiteau en neuf parties et demie, et en laisser une et demie pour l'épaisseur du tailloir, afin de faire les volutes des huit qui restent. Alors à côté de la ligne que l'on a fait descendre près de l'extrémité du tailloir, on en tracera une autre en dedans, éloignée de la longueur d'une demi-partie. Ensuite, après avoir laissé sous le tailloir l'espace de quatre parties et demie, on coupera ces deux lignes ; et à l'endroit qui divise la volute, de manière à laisser en haut quatre parties et demie, et en bas trois et demie, il faudra marquer le centre de l'œil ; de ce centre on décrira un cercle qui aura de diamètre une des huit parties, et cela fera la grandeur de l'œil ; enfin, dans la perpendiculaire, on tracera une diagonale qui la traversera. Alors commençant sous le tailloir au haut de la volute, il faudra en la traçant aller par le centre de chacun de ses quatre quartiers en les diminuant dans la moitié de l'espace de l'œil, jusqu'à ce que l'on soit venu au droit du quartier qui est sous le tailloir. Il faut, au reste, que l'épaisseur de tout le chapiteau soit partagée en sorte que, de neuf parties et demie qu'elle contient, la volute pende de la largeur de trois au-dessous de l'astragale du haut de la colonne, tout le reste étant employé à l'ove, au tailloir qui est mis au-

(1) C'est-à-dire qu'on donne a la largeur de la base onze parties, des huit que contient le diamètre du bas de la colonne.

(1) C'est-à-dire *pendantes* ou *perpendiculaires*.

metriæ earum sic erunt constituendæ, uti latitudo spiræ quoquoversus sit columnæ crassitudinis, adjecta crassitudine quarta et octava ; altitudo uti Atticurgis ; ita et ejus plinthos : reliquamque præter plinthon, quod erit tertia pars crassitudinis columnæ dividatur in partes septem. Inde trium partium torus, qui est in summo : reliquæ quatuor partes dividendæ sunt æqualiter, et una pars fiat cum suis astragalis et supercilio superior trochilus, altera pars inferiori trochilo relinquatur : sed inferior major apparebit ideo, quod habebit ad extremam plinthon projecturam. Astragala faciendi sunt octavæ partis trochili ; projectura erit spiræ pars octava et sexta decima crassitudinis columnæ. Spiris perfectis et collocatis, columnæ sunt medianæ in pronao et postico ad perpendiculum medii centri collocandæ : angulares autem quæque e regione earum futuræ sunt in lateribus ædis dextra ac sinistra, uti partes interiores quæ ad parietes cellæ spectant, ad perpendiculum latus habeant collocatum. Exteriores autem partes uti fieri debet de earum contractura. Sic enim erunt figuræ compositionis ædium contracturæ justa ratione exactæ, scapis columnarum statutis. Capitulorum ratio. Si pulvinata erunt, his symmetriis conformabuntur, uti quam crassus imus scapus fuerit addita octava decima parte scapi, abacus habeat longitudinem et latitudinem crassitudinem cum volutis ejus dimidiam. Recedendum autem est ab extremo abaco in interiorem partem frontibus volutarum parte duodevigesima, et ejus dimidia, et secundum abacum in quatuor partibus volutarum secundum extremi abaci quadram lineæ demittendæ, quæ catheti dicuntur. Tunc crassitudo dividenda est in partes novem et dimidiam ; ex novem partibus et dimidia una pars et dimidia abaci crassitudo relinquatur, reliquæ octo volutis constituantur. Tunc ab linea, quæ secundum abaci extremam partem demissa erit, in interiorem partem alia recedat unius et dimidiatæ partis latitudine. Deinde eæ lineæ dividantur ita, ut quatuor partes et dimidia sub abaco relinquantur. Tunc in eo loco, qui locus dividit quatuor et dimidiam et tres et dimidiam partem, centrum oculi signetur, ducaturque ex eo centro rotunda circinatio, tam magna in diametro, quam una pars ex octo partibus est : ea erit oculi magnitudo, et in ea catheto respondens diametros agatur. Tunc ab summo sub abaco inceptum in singulis tetrantorum actionibus dimidiatum oculi spatium minuatur, donicum in eundem tetrantem, qui est sub abaco, veniat. Capituli autem crassitudo sic est facienda, ut ex novem partibus et dimidia tres partes

dessus, et au canal. La saillie de l'ove hors le carré du tailloir sera de la grandeur de l'œil de la volute; et la *ceinture* de la partie latérale du chapiteau, qui est en forme d'oreiller, avancera aussi hors du tailloir, en telle sorte que, mettant une pointe du compas à l'endroit où le chapiteau est partagé en quatre, l'autre sera conduite jusqu'à l'extrémité de l'ove; et à l'aide de cette mesure on décrira la circonférence de la ceinture. La grosseur de l'axe des volutes ne doit point excéder la grandeur de leur œil; et il faut que les volutes soient taillées de sorte qu'elles ne soient point creusées plus profondément que la douzième partie de leur largeur. Voilà quelle doit être la proportion des chapiteaux, lorsque les colonnes seront de quinze pieds. Celles qui en auront davantage demandent des proportions de la même manière; de sorte que le tailloir sera quelquefois de la grandeur du diamètre du bas de la colonne, en y ajoutant une neuvième partie, afin qu'une colonne, qui doit être d'autant moins diminuée par en haut qu'elle est plus haute, n'ait pas un chapiteau dont la saillie soit moindre que ne le requiert la proportion de sa hauteur. Pour ce qui est de la manière de tourner les volutes et de les tracer comme il faut avec le compas, cela se trouvera dans la figure et dans l'explication qui sont à la fin du livre. Les chapiteaux étant faits et posés sur l'extrémité du haut des colonnes, les architraves seront placées, non pas tout d'une venue, mais de manière à répéter dans les membres supérieurs les saillies que l'on a données aux piédestaux. La mesure des architraves doit être ainsi réglée : si la colonne a moins de douze à quinze pieds, on donne à l'architrave pour hauteur un demi-diamètre du bas de la colonne; si la colonne est de quinze à vingt pieds, on divisera la hauteur de la colonne en treize parties, afin d'en donner une à l'architrave; si elle est de vingt à vingt-cinq pieds, cette hauteur sera divisée en douze parties et demie, afin que l'architrave en ait une; enfin si la colonne est de vingt-cinq à trente pieds, elle sera divisée en douze parties, afin d'en donner une à l'architrave : c'est ainsi que la hauteur des colonnes réglera la proportion à donner aux architraves, parce que plus la vue s'étend en haut, et plus elle a de peine à pénétrer l'épaisseur de l'air; car, se dissipant dans un grand espace, elle n'a pas assez de force pour rapporter avec fidélité quelle est précisément la grandeur des modules. C'est pourquoi il faut toujours suppléer avec raison à chacun des membres ce qui leur manquerait pour avoir la juste proportion, afin que les ouvrages qui seront placés dans des lieux fort élevés, quand même ils seraient d'une grandeur énorme, ne laissent pas de paraître avoir une grandeur raisonnable. L'architrave doit avoir par le bas qui pose sur le chapiteau la même largeur que le haut de la colonne a sous le chapiteau, et le haut de l'architrave doit être aussi large que le bas de la colonne. La cymaise de l'architrave doit avoir la septième partie de la hauteur de l'architrave, et sa saillie doit être égale à sa hauteur; le reste doit être divisé en douze parties, dont il en faut donner trois à la première bande, quatre à la seconde, et cinq à celle d'en haut. La *frise*, qui est sur l'architrave, doit être plus petite que l'architrave d'une quatrième partie, à moins qu'on n'y veuille tailler quelques ornements; car alors, afin que la sculpture ait quel-

præpendeant infra astragalum summi scapi, cymatio, adempto abaco et canali reliqua sit pars. Projectura autem cymatii habeat extra abaci quadram oculi magnitudinem. Pulvinorum baltei ab abaco hanc habeant projecturam, uti circini centrum unum cum sit positum in capituli tetrante et alterum diducatur ad extremum cymatium, circumactum balteorum extremas partes tangat. Axes volutarum ne crassiores sint quam oculi magnitudo, volutæque ipsæ sic cædantur, uti altitudinis habeant latitudinis suæ duodecimam partem. Hæ erunt symmetriæ capitulorum, quæ columnæ futuræ sunt ab minimo ad pedes XV; quæ supra erunt reliquæ, habebunt ad eundem modum symmetrias. Abacus autem erit longus et latus, quam crassa columna est ima, adjecta parte nona, uti quo minus habuerit altior columna contractum, eo ne minus habeat capitulum suæ symmetriæ projecturam et in altitudine ratæ partis adjectionem. De volutarum descriptionibus, uti ad circinum sint recte involutæ, quemadmodum describantur, in extremo libro forma et ratio earum erit subscripta. Capitulis perfectis deinde columnarum, [et] non ad libellam sed ad æqualem modulum collocatis, ut quæ adjectio in stylobatis facta fuerit, in superioribus membris respondeat, [*Symmetria epistyliorum*] epistyliorum ratio sic est habenda, ut si columnæ fuerint a minimo XII pedum ad XV pedes, epistylii sit altitudo dimidiæ crassitudinis imæ columnæ : item ab XV pedibus ad viginti columnæ altitudo dimetiatur in partes tredecim, et unius partis altitudo epistylii fiat : item si a XX ad XXV pedes, dividatur altitudo in partes duodecim et semissem, et ejus una pars epistylium in altitudine fiat : item si a XXV pedibus ad XXX, dividatur in partes XII, et ejus una pars altitudo fiat : item rata parte ad eundem modum ex altitudine columnarum expediendæ sunt altitudines epistyliorum. Quo altius enim scandit oculi species, non facile persecat aeris crebritatem; dilapsa itaque altitudinis spatio et viribus extrita incertam modulorum renuntiat sensibus quantitatem. Quare semper adjiciendum est rationis supplementum in symmetriarum membris, cum fuerint aut altioribus locis opera, aut etiam ipsa colossicoteram habeant magnitudinum rationem. Epistylii latitudo in imo quæ supra capitulum erit, quanta crassitudo summæ columnæ sub capitulo erit, tanta fiat; summum, quantus imus scapus. Cymatium epistylii septima parte suæ altitudinis est faciendum, et in projectura tantundem : reliqua pars præter cymatium dividenda est in partes XII, et earum trium prima fascia est facienda, secunda quatuor, summa quinque. Item zophorus supra epistylium quarta parte minus, quam epistylium : sin autem sigilla designari oportuerit, quarta parte altior, quam epistylium, uti auctoritatem habeant sculpturæ. Cymatium suæ altitu-

que grâce, elle devra au contraire être plus grande que l'architrave d'une quatrième partie. Sur la frise, il faudra faire une cymaise haute de la septième partie de la frise, avec une pareille saillie. La coupure des denticules, nommée par les Grecs *métopé*, doit être faite de telle sorte que la largeur de chaque denticule soit la moitié de sa hauteur, et que la cavité de la coupure qui est entre les denticules ait deux parties des trois qui font la largeur du denticule ; la cymaise aura la sixième partie de sa hauteur. Il faut que la couronne avec sa petite cymaise, sans la grande *simaise*, soit de la même hauteur que la face du milieu de l'architrave. La saillie de la corniche, y compris le denticule, doit être égale à l'espace qu'il y a depuis la frise jusqu'au-dessus de la cymaise qui termine la corniche ; et en général toutes les saillies auront bien meilleure grâce quand elles seront égales à la hauteur des membres saillants. La hauteur du tympan qui est au fronton doit être fixée ainsi qu'il suit : il faut diviser toute la largeur de la couronne, d'une des extrémités de sa cymaise à l'autre, en neuf parties, dont l'une sera la hauteur de la pointe du tympan, qui doit être à plomb de l'architrave et de la *gorge* de la colonne. Les corniches qui se font sur le tympan doivent être pareilles à celles de dessous, qui pourtant n'ont point de dernière simaise : mais il faut mettre sur les corniches du tympan ces sortes de simaises qui sont appelées par les Grecs *epitathedes* (1). Elles doivent avoir de hauteur une huitième partie de plus que la couronne. Les *acrotères* (2) des coins doivent être aussi hauts que le milieu du tympan ; mais l'acrotère du milieu doit être plus haut que les autres de la huitième partie. Tous les membres qui seront mis au-dessus des chapiteaux des colonnes, c'est-à-dire les architraves, frises, corniches, tympans, faîtes, acrotères, doivent être inclinés en devant, chacun de la douzième partie de leur hauteur, parce que, si l'on regarde la face d'un édifice, on conçoit que deux lignes partent de l'œil, dont l'une touche le bas, et l'autre le haut de ce que l'on regarde ; or, il est certain que celle qui touche le haut sera plus longue ; et plus une ligne s'étend vers le haut, et plus elle fait paraître cette partie renversée en arrière. Si donc on penche un peu sur le devant, comme il a été dit, les membres qui font partie de la face d'en haut, le tout paraîtra être à plomb et fort droit. Il faut faire aux colonnes vingt-quatre *cannelures*, creusées de telle sorte que si l'on pose une équerre dans la cavité et si on la fait tourner, elle touche continuellement de ses deux *branches* les arêtes de l'*entre-deux* des cannelures, tandis que la pointe parcourt toute la *concavité* de la cannelure. La largeur de cet entre-deux des cannelures doit être modifiée selon le renflement que l'on doit faire au milieu de la colonne, et dont on trouvera ci-après la description. Dans les simaises qui sont sur la corniche aux côtés des temples, il faudra tailler des têtes de lions, qui soient tellement disposées qu'il y en ait premièrement une au droit de chaque colonne, et que les autres soient distribuées par espaces égaux, en sorte que chacune réponde au milieu de chacune des pierres qui font la couverture. Celles qui sont au droit des colonnes seront percées dans la gouttière, où est reçue l'eau qui tombe du toit. Les autres d'entre-deux ne seront point percées, afin que l'eau qui coule en abondance sur le toit ne trouve point là d'ouverture qui la

(1) Mises dessus. — (2) Les extrémités.

---

dinis partis septimæ ; projectura cymatii, quanta ejus crassitudo. Supra zophorum denticulus est faciendus tam altus, quam epistylii media fascia ; projectura ejus, quantum altitudo. Intersectio quæ græce μετόπη dicitur, sic est dividenda, uti denticulus altitudinis suæ dimidiam partem habeat in fronte, cavus autem intersectionis hujus frontis e tribus duas partes : hujus cymatium altitudinis ejus sextam partem. Corona cum suo cymatio præter simam quantum media fascia epistylii. Projectura coronæ cum denticulo facienda est, quantum erit altitudo a zophoro ad summum coronæ cymatium : et omnino omnes ecphoræ venustiorem habent speciem, quæ quantum altitudinis, tantundem habeant projecturæ. Tympani autem, quod est in fastigio, altitudo sic est facienda, uti frons coronæ ab extremis cymatiis tota dimetiatur in partes novem, et ex eis una pars in medio cacumine tympani constituatur, dum contra epistylia columnarumque hypotrachelia ad perpendiculum respondeat. Coronæ quæ supra [*tympanum sunt*,] æqualiter imis præter simas sunt collocandæ ; insuper coronas simæ, quas Græci ἐπαιτίδας dicunt, faciendæ sunt altiores octava parte coronarum altitudinis. Acroteria angularia tam alta, quantum est tympanum medium ; mediana altiora octava parte, quam angularia. Membra omnia, quæ supra capitula columnarum sunt futura, id est epistylia, zophori, coronæ, tympana, fastigia, acroteria, inclinanda sunt in frontis suæ cujusque altitudinis parte XII, ideo quod cum steterimus contra frontes, ab oculo lineæ duæ si extensæ fuerint, et una tetigerit imam operis partem, altera summam, quæ summam tetigerit longior fiet. Ita quo longior visus lineæ in superiorem partem procedit, resupinatam facit ejus speciem. Cum autem, uti supra scriptum est, in fronte inclinatæ fuerint, tunc in aspectu videbuntur esse ad perpendiculum et normam. Columnarum striæ faciendæ sunt XXIV, ita excavatæ, uti norma in cavo striæ cum fuerit conjecta, circumacta anconibus, striarum dextra ac sinistra tangat, acumenque normæ circum rotundatione tangendo pervagari possit. Crassitudines striarum faciendæ sunt, quantum adjectio in media columna ex descriptione invenietur. In simis, quæ supra coronam in lateribus sunt ædium, capita leonina sunt scalpenda ita posita, uti contra columnas singulas primum sint designata, cetera æquali modo disposita, uti singula singulis mediis tegulis respondeant : hæc autem, quæ erunt contra columnas, perterebrata sint ad canalem, qui excipit e tegulis aquam cœlestem : mediana autem sint solida, uti quæ cadit vis aquæ per tegulas in canalem, ne dejiciatur per intercolumnia, neque transeun-

jette entre les colonnes sur ceux qui passent; c'est assez que celles qui sont au droit des colonnes vomissent toute l'eau de leur gueule avec impétuosité.

J'ai traité dans ce livre, le plus exactement qu'il m'a été possible, de l'ordonnance des temples ioniques; je vais, dans le suivant, expliquer quelles sont les proportions des ordres dorique et corinthien.

LIVRE QUATRIÈME.

Préface.

La plupart de ceux qui ont écrit de l'architecture n'ont fait que des amas confus et sans ordre de quelques préceptes, dont ils ont composé leurs ouvrages. Pour moi, j'ai cru que l'on pouvait faire quelque chose de meilleur et de plus utile, en réduisant comme en un corps parfait et accompli toute cette science, et rangeant dans chaque livre chaque genre des choses qui lui appartiennent. C'est pourquoi j'ai expliqué dans le premier quel est le devoir de l'architecte, et quelles sont les choses qu'il doit savoir. Dans le second, j'ai examiné les matériaux dont on construit les édifices. Dans le troisième, j'ai enseigné quelle doit être la disposition des temples, la diversité des ordres d'architecture, leur nombre et leurs espèces; quelles doivent être les distributions des parties dans chaque ordre, et principalement dans ceux qui sont plus délicats, à cause de la proportion de leurs modules. Mais je me suis particulièrement étendu sur les propriétés de l'ordre ionique. Présentement je vais expliquer dans ce livre les règles de l'ordre dorique et de l'ordre corinthien, avec toutes leurs particularités et différences.

CHAPITRE I.

Des trois ordres de colonnes, de leur origine et de leur invention.

Les colonnes corinthiennes ont toutes leurs proportions pareilles à celles des colonnes ioniques, à la réserve du chapiteau, dont la hauteur fait qu'elles sont à proportion plus hautes et plus grêles; car la hauteur du chapiteau ionique n'est que la troisième partie du diamètre de la colonne, au lieu que le chapiteau corinthien est aussi haut que tout le diamètre; et ces deux parties du diamètre, qui accroissent le chapiteau corinthien, donnent à la colonne une hauteur qui la fait paraître plus déliée. Les autres membres, qui sont posés sur les colonnes, sont empruntés de l'ordre dorique ou de l'ordre ionique; car l'ordre corinthien n'a point d'ordonnance propre et particulière pour sa corniche, ni pour les autres ornements; mais il a quelquefois une corniche dorique avec des mutules, tels que sont ceux qui conviennent aux triglyphes, et des gouttes dans son architrave: sa frise est souvent ornée de sculptures, de même que la frise ionique, et sa corniche a presque toujours des denticules. De sorte que de deux ordres on en a composé un troisième, qui n'a rien de particulier que le chapiteau. La forme différente de ces colonnes a produit trois ordres, qui sont appelés dorique, ionique et corinthien : la colonne dorique, qui est la première et la plus ancienne de ces colonnes, a été inventée de cette sorte. Dorus, fils d'Hellène et de la nymphe

---

tes perfundat, sed quæ sunt contra columnas videantur emittere vomentia ructus aquarum ex ore.

Ædium Ionicarum quam aptissime potui dispositiones hoc volumine descripsi; Doricarum autem et Corinthiarum quæ sint proportiones in sequenti libro explicabo.

LIBER QUARTUS.

Præfatio.

Cum animadvertissem, Imperator, plures de architectura præcepta voluminaque commentariorum non ordinata sed incepta, uti particulas errabundas, reliquisse, dignam et utilissimam rem putavi, antea disciplinæ corpus ad perfectam ordinationem perducere, et præscriptas in singulis voluminibus singulorum generum qualitates explicare. Itaque, Cæsar, primo volumine tibi de officio ejus, et quibus eruditum esse rebus architectum oporteat, exposui; secundo de copiis materiæ, e quibus ædificia constituuntur, disputavi; tertio autem de ædium sacrarum dispositionibus et de earum generum varietate, quasque et quot habeant species, earumque quæ sint in singulis generibus distributiones. Ex tribus generibus quæ subtilissimas haberent proportionibus modulorum quantitates Ionici generis moribus docui : nunc hoc volumine de Doricis Corinthiisque institutis et moribus dicam, eorumque discrimina et proprietates explicabo.

CAPUT I.

De tribus generibus columnarum earumque inventione et de capituli Corinthii symmetria.

Columnæ Corinthiæ præter capitula omnes symmetrias habent uti Ionicæ, sed capitulorum altitudines efficiunt eas pro rata excelsiores et graciliores : quod Ionici capituli altitudo tertia pars est crassitudinis columnarum, Corinthii tota crassitudo scapi. Igitur quod duæ partes e crassitudine Corinthiarum adjiciuntur, efficiunt excelsitate speciem earum graciliorem. Cetera membra, quæ supra columnas imponuntur, aut e Doricis symmetriis aut Ionicis moribus in Corinthiis columnis collocantur : quod ipsum Corinthium genus propriam coronarum reliquorumque ornamentorum non habuerat institutionem, sed aut e triglyphorum rationibus mutuli in coronis et in epistyliis guttæ Dorico more disponuntur, aut ex Ionicis institutis zophori sculpturis ornati cum denticulis et coronis distribuuntur. Ita e generibus duobus, capitulo interposito, tertium genus in operibus est procreatum. E columnarum enim formationibus trium generum facta sunt nominationes, Dorica, Ionica, Corinthia; e quibus prima et antiqui-

Orséide, roi d'Achaïe et de tout le Péloponèse, ayant autrefois fait bâtir un temple à Junon dans l'ancienne ville d'Argos, ce temple se trouva par hasard avoir des colonnes dans le genre de celles que nous appelons doriques : ensuite, dans toutes les autres villes de l'Achaïe, on en fit de ce même ordre, n'y ayant encore aucune règle établie pour les proportions de l'architecture. En ce temps-là, les Athéniens, après avoir consulté l'oracle d'Apollon à Delphes, par un commun accord de toute la Grèce, envoyèrent en Asie treize colonies, chacune ayant son chef, sous la conduite générale d'Ion, fils de Xuthus et de Créuse, et qu'Apollon, par son oracle rendu à Delphes, avait avoué pour son fils. Ion étant entré en Asie conquit toute la Carie, et y fonda treize grandes villes, savoir : Éphèse, Milet, Myunte, qui fut abîmée dans la mer, et dont on transféra tous les droits aux Milésiens; Priène, Samos, Téos, Célophon, Chios, Érythrée, Phocée, Clazomène, Lébède et Mélite. Cette dernière fut ruinée par toutes les autres villes, qui se liguèrent contre elle et lui déclarèrent la guerre, à cause de l'arrogance de ses habitants : quelque temps après, la ville de Smyrne fut reçue à sa place parmi les villes ioniennes, par une grâce particulière du roi Attalus et de la reine Arsinoé. Ces treize villes ayant chassé les Cariens et les Lélègues, appelèrent le pays Ionie, à cause d'Ion, leur chef, et y bâtirent des temples, dont le premier, qu'ils dédièrent à Apollon Panionius, fut fait à la manière de ceux qu'ils avaient vus en Achaïe; et ils l'appelèrent Dorique, parce qu'il y en avait eu de pareils bâtis dans les villes des Doriens. Mais comme ils ne savaient pas bien quelle proportion il fallait donner aux colonnes qu'ils voulaient mettre à ce temple, ils cherchèrent le moyen de les faire assez fortes pour soutenir le faix de l'édifice, et de les rendre agréables à la vue. Pour cela ils prirent la mesure du pied d'un homme, qui est la sixième partie de sa hauteur, et ils se réglèrent sur cette proportion ; de sorte qu'en donnant une grosseur quelconque à la tige de la colonne, ils la firent six fois aussi haute, en comprenant le chapiteau : c'est ainsi que la colonne dorique fut premièrement employée dans des édifices, avec la proportion, la force et la beauté du corps de l'homme. Quelque temps après, voulant bâtir un temple en l'honneur de Diane, et cherchant quelque nouvelle manière de proportionner leurs colonnes, ils suivirent les mêmes principes, et donnèrent cette fois aux colonnes la délicatesse du corps d'une femme. Premièrement ils firent le diamètre de la colonne de la huitième partie de sa hauteur, afin qu'elle s'élevât plus agréablement : ensuite ils imaginèrent d'y mettre des bases faites en manière de cordes entortillées, et semblables aux liens de la chaussure ; puis ils taillèrent des volutes aux chapiteaux, pour représenter cette partie des cheveux qui pend par boucles à droite et à gauche ; les cymaises et les *gousses* étant comme des cheveux arrangés sur le front des colonnes. Ils firent avec cela des *cannelures* tout le long du tronc, à l'instar des plis des robes. Et ils inventèrent ainsi ces deux genres de colonnes, imitant dans les unes la simplicité nue et négligée du corps de l'homme, et dans les autres la délicatesse et les ornements de celui de la femme. Les architectes qui succédèrent à ceux-là et qui se rendirent de plus en plus habiles, approuvant grandement la délicatesse des petits modules, donnèrent à la hauteur

---

tus Dorica est nata. Namque Achaia Peloponnesoque tota Dorus Hellenis et Orseidos Nymphæ filius regnavit, isque Argis, vetusta civitate, Junonis templo ædificavit ejus generis fortuito formæ fanum : deinde iisdem generibus in ceteris Achaiæ civitatibus, cum etiamnum non esset symmetriarum ratio nota. Postea autem quam Athenienses ex responsis Apollinis Delphici communi consilio totius Hellados tredecim colonias uno tempore in Asiam deduxerunt, ducesque singulis coloniis constituerunt, et summam imperii potestatem Ioni, Xuthi et Creusæ filio, dederunt, quem etiam Apollo Delphis suum filium in responsis est professus; isque eas colonias in Asiam deduxit, et Cariæ fines occupavit, ibique civitates amplissimas constituit Ephesum, Miletum, Myunta, (quæ olim ab aqua devorata, cujus sacra et suffragium Milesiis Iones attribuerunt) Prienem, Samum, Teon, Colophona, Chium, Erythras, Phocæam, Clazomenas, Lebedum, Meliten. Hæc Melite propter civium arrogantiam ab his civitatibus bello indicto communi consilio est sublata : cujus loco postea regis Attali et Arsinoes beneficio Smyrnæorum civitas inter Ionas est recepta. Hæ civitates cum Caras et Lelegas ejecissent, eam terræ regionem a duce suo Ione appellaverunt Ioniam : ibique templa deorum immortalium constituentes cœperunt fana ædificare, et primum Apollini Panionio ædem, uti viderant in Achaia, constituerunt, et eam Doricam appellaverunt, quod in Dorieon civitatibus primum factam eo genere viderunt. In ea æde cum voluissent columnas collocare, non habentes symmetrias earum et quærentes, quibus rationibus efficere possent, uti et onus ferendum essent idoneæ, et in aspectu probatam haberent venustatem, dimensi sunt virilis pedis vestigium, et id retulerunt in altitudinem in homine : idem in columnam transtulerunt, et qua crassitudine fecerunt basim scapi, tantam sexies cum capitulo in altitudinem extulerunt. Ita Dorica columna virilis corporis proportionem et firmitatem et venustatem in ædificiis præstare cœpit. Item postea Dianæ constituere ædem quærentes novi generis, speciem iisdem vestigiis ad muliebrem transtulerunt gracilitatem, et fecerunt primum columnæ crassitudinem altitudinis octava parte, ut haberet speciem excelsiorem. Basi spiram supposuerunt pro calceo, capitulo volutas, uti capillamento concrispatos cincinnos præpendentes dextra ac sinistra, collocaverunt, et cymatiis et encarpis pro crinibus dispositis frontes ornaverunt, truncoque toto strias uti stolarum rugas matronali more demiserunt. Ita, duobus discriminibus, columnarum inventionem unam, virili sine ornatu nudam specie, alteram muliebri subtilitate et ornatu symmetriæ sunt mutuati. Posteri vero elegantia

de la colonne dorique sept de ses diamètres, et huit et demi à la colonne ionique, qu'ils appelèrent de ce nom parce que les Ioniens en avaient été les premiers inventeurs. Le troisième genre de colonnes, appelé corinthien, représente la délicatesse d'une jeune fille, à qui l'âge rend la taille plus dégagée et plus susceptible de recevoir les ornements qui peuvent augmenter la beauté naturelle. L'invention de son chapiteau est fondée sur cette circonstance : Une jeune fille de Corinthe, prête à se marier, étant morte, sa nourrice alla porter sur son tombeau, dans un panier, quelques petits vases que cette fille avait aimés pendant sa vie; et afin que le temps ne les gâtât pas si tôt, étant à découvert, elle mit une tuile sur le panier, qu'elle posa par hasard sur la racine d'une plante d'acanthe. Il arriva, lorsqu'au printemps les feuilles et les tiges commencèrent à sortir, que le panier étant sur le milieu de la racine, les tiges de la plante s'élevèrent le long des côtés de ce panier, et que, rencontrant les coins de la tuile, elles furent contraintes de se recourber, et produisirent le contournement des volutes. Le sculpteur Callimachus, que les Athéniens appelèrent *Catatechnos*, à cause de la délicatesse et de l'habileté avec lesquelles il taillait le marbre, passant auprès de ce tombeau, vit le panier, et la manière dont ces feuilles naissantes l'avaient environné : cette forme nouvelle lui plut infiniment, et il l'imita dans les colonnes qu'il fit depuis à Corinthe, établissant et réglant sur ce modèle la proportion et la manière de l'ordre corinthien. Les proportions du chapiteau corinthien doivent être ainsi prises : Il faut que le chapiteau, avec le tailloir, ait autant de hauteur que le bas de la colonne a d'épaisseur; que la largeur du tailloir soit telle, que la diagonale qui est depuis un de ses angles jusqu'à l'autre ait deux fois la hauteur du chapiteau, et c'est de là que l'on prendra la juste mesure des quatre côtés du tailloir : la courbure de ces côtés en dedans sera de la neuvième partie du côté, à prendre de l'extrémité d'un des angles à l'autre. Le bas du chapiteau sera de même largeur que le haut de la colonne, sans le *congé* et l'astragale. L'épaisseur du tailloir sera de la septième partie de tout le chapiteau : et après que cette épaisseur qui est pour le tailloir sera ôtée, le reste doit être divisé en trois parties, dont on en donnera une à la feuille d'en bas, une autre à la seconde feuille, et la troisième restera pour les *caulicoles* (1), d'où sortent d'autres feuilles qui s'étendent pour aller soutenir le tailloir. Il faut que des feuilles des caulicoles il sorte des *volutes*, qui s'étendent vers les angles du chapiteau; et qu'il y ait encore d'autres volutes plus petites au-dessous de la *rose* qui est au milieu de la face du tailloir. Ces roses, qu'on met aux quatre côtés, seront aussi grandes que le tailloir est épais. Le chapiteau corinthien doit avoir ces proportions pour être bien fait. On met sur ces mêmes colonnes des chapiteaux qui ont d'autres noms; mais ces noms ne doivent point faire changer celui des colonnes, puisqu'elles ont les mêmes proportions; car on ne leur a données ces noms qu'à cause de quelques parties qui ont été prises des chapiteaux corinthiens ou ioniques, et même des chapiteaux doriques, dont on a assemblé les différentes proportions pour compo-

(1) Petites tiges.

subtilitateque judiciorum progressi et gracilioribus modulis delectati, septem crassitudinis diametros in altitudinem columnæ Doricæ, Ionicæ novem constituerunt. Id autem genus, quod Iones fecerunt primo, Ionicum est nominatum. Tertium vero, quod Corinthium dicitur, virginalis habet gracilitatis imitationem, quod virgines propter ætatis teneritatem gracilioribus membris figuratæ effectus recipiunt in ornatu venustiores. Ejus autem capituli prima inventio sic memoratur esse facta. Virgo civis Corinthia, jam matura nuptiis, implicita morbo decessit : post sepulturam ejus, quibus ea virgo joculis delectabatur, nutrix collecta et composita in calatho pertulit ad monumentum, et in summo collocavit, et uti ea permanerent diutius sub divo, tegula texit. Is calathus fortuito supra acanthi radicem fuerat collocatus : interim pondere pressa radix acanthi media folia et caulicolos circa vernum tempus profudit, cujus cauliculi secundum calathi latera crescentes, et ab angulis tegulæ ponderis necessitate expressi, flexuras in extremas partes volutarum facere sunt coacti. Tunc Callimachus, qui propter elegantiam et subtilitatem artis marmoreæ ab Atheniensibus Catatechnos fuerat nominatus, præteriens hoc monumentum animadvertit eum calathum et circa foliorum nascentem teneritatem, delectatusque genere et formæ novitate ad id exemplar columnas apud Corinthios fecit, symmetriasque constituit ex eo, quod in operum perfectionibus Corinthii generis distribuit rationes. Ejus autem capituli symmetria sic est facienda, uti quanta fuerit crassitudo imæ columnæ, tanta sit altitudo capituli cum abaco : abaci latitudo ita habeat rationem, ut quanta fuerit altitudo, tantæ duæ sint diagonioi ab angulo ad angulum. Spatia enim ita justas habebunt frontes quoquoversus. Latitudinis frontes sinentur introrsum ab extremis angulis abaci suæ frontis latitudinis nona. Ad imum capituli tantam habeant crassitudinem, quantam habet summa columna præter apothesin et astragulum. Abaci crassitudo septima capituli altitudinis. Dempta abaci crassitudine dividatur reliqua pars in partes tres, ex quibus una imo folio detur; secundum folium mediam altitudinem teneat; cauliculi eamdem habeant altitudinem, e quibus folia nascentur projecta, uti excipiant quæ ex cauliculis natæ procurrunt ad extremos angulos volutæ; minoresque helices intra suum medium floribus, qui sunt in abaco, subjecti scalpantur. Flores in quatuor partibus quanta erit abaci crassitudo, tam magni formentur. Ita his symmetriis Corinthia capitula suas habebunt exactiones. Sunt autem, quæ iisdem columnis imponuntur capitulorum genera, variis vocabulis nominata : quorum nec proprietates symmetriarum nec columnarum genus aliud nominare possumus, sed ipsorum vocabula traducta et commutata ex Corinthiis et pulvinatis et Doricis videmus,

ser une nouvelle manière de tailler les chapiteaux avec plus de délicatesse.

CHAPITRE II.

Des ornements des colonnes.

Après avoir traité des différents genres des colonnes et de ce qui leur a donné naissance, il ne sera pas hors de propos de parler de leurs ornements, et de faire voir quelle a été leur origine. Dans tous les édifices, les parties de dessus sont faites de charpenterie, à laquelle on donne divers noms, selon les différents usages qu'elle a. Le *poitrail* est ce que l'on met sur les colonnes, sur les *piédroits* et sur les *pilastres*; les *solives* et les *ais* sont pour les planchers. Aux toits, si l'espace est fort grand, on met sous le faîtage le *column*, d'où les colonnes ont pris leur nom; on y met aussi des *entraits* et des *contre-fiches*. Mais si l'espace n'est que médiocre, le *poinçon* descend avec les *forces* jusqu'au droit de l'*entablement* : sur les forces on met les *pannes*, et enfin les *chevrons*, qui sont sous les tuiles, et qui avancent aussi loin qu'il faut pour protéger les murailles. C'est ainsi que chaque chose dans les édifices doit être mise par ordre en sa place, selon son espèce; et c'est à l'imitation de cet assemblage de plusieurs pièces de bois dont les charpentiers font les maisons ordinaires, que les architectes ont inventé la disposition de toutes les parties qui composent les grands bâtiments de pierre et de marbre. La manière que les ouvriers ont suivie de tout temps est qu'ayant posé sur les murs leurs poutres de telle sorte que du dedans du mur elles passaient jusqu'au dehors, ils remplissaient de maçonnerie les *espaces qui sont entre chaque poutre* pour soutenir la corniche et le toit, qu'ils embellissaient de ce qu'il y a de plus délicat dans leur art; ensuite le bout des poutres, qui sortait hors du mur, était coupé à plomb; et parce que cela leur semblait avoir mauvaise grâce, ils clouaient sur ces bouts de poutres coupées de petits ais taillés comme nous voyons les triglyphes, et ils les couvraient de cire bleue, pour cacher ces coupures qui offensaient la vue; et c'est de cette couverture de bouts de poutres qu'est venue la disposition des triglyphes, des opes, et des intervalles qui sont entre les poutres dans les ouvrages doriques. Quelques-uns ensuite, en d'autres édifices, ont laissé sortir au-dessus des triglyphes les bouts des forces, et les ont repliés; et de même que la disposition des poutres a conduit à l'invention des triglyphes, les saillies des forces ont aussi donné lieu à la disposition des mutules qui soutiennent les corniches; et assez souvent, dans des ouvrages de pierre et de marbre, ces mutules sont taillés en penchant, pour représenter la pente des forces qui doivent être ainsi nécessairement pour faire écouler les eaux. Il est donc constant que l'invention des triglyphes et des mutules dans l'ordre dorique est venue de ces imitations, et non point, comme quelques-uns l'ont cru mal à propos, de ce que les triglyphes représentent des fenêtres; car on met des triglyphes dans les encoignures et sur le milieu des colonnes, tous endroits où il ne peut y avoir de fenêtres. Si, en effet, l'on pratiquait des ouvertures aux angles, il ne pourrait point y avoir de liaison dans la construction; et si les endroits où sont les triglyphes étaient l'emplacement des fenêtres, on

quorum symmetriæ sunt in novarum sculpturarum translatæ subtilitatem.

CAPUT II.

De ornamentis columnarum (eorumque origine.)

Quoniam autem de generibus columnarum origines et inventiones supra sunt scriptæ, non alienum mihi videtur iisdem rationibus de ornamentis eorum, quemadmodum sunt prognata et quibus principiis et originibus inventa, dicere. In ædificiis omnibus insuper collocatur materiatio variis vocabulis nominata : ea autem uti in nominationibus ita in re varias habet utilitates. Trabes enim supra columnas et parastaticas et antas ponuntur : in contignationibus tigna et axes : sub tectis, si majora spatia sunt, columen in summo fastigio culminis, unde et columnæ dicuntur, et transtra et capreoli ; si commoda, columen et cantherii prominentes ad extremam subgrundationem. Supra cantherios templa, deinde insuper sub tegulas asseres ita prominentes, uti parietes projecturis eorum tegantur. Ita unaquæque res et locum et genus et ordinem proprium tuetur, e quibus rebus et a materiatura fabrili in lapideis et marmoreis ædium sacrarum ædificationibus artifices dispositiones eorum sculpturis sunt imitati, et eas inventiones persequendas putaverunt. Ideo quod antiqui fabri quodam in loco ædificantes, cum ita ab interioribus parietibus ad extremas partes tigna prominentia habuissent collocata, inter tigna struxerunt, supraque coronas et fastigia venustiore specie fabrilibus operibus ornaverunt : tum projecturas tignorum, quantum eminebat, ad lineam et perpendiculum parietum præsecuerunt : quæ species cum invenusta iis visa esset, tabellas ita formatas, uti nunc fiunt triglyphi, contra tignorum præcisiones in fronte fixerunt, et eas cærula depinxerunt, uti præcisiones tignorum tectæ non offenderent visum. Ita divisiones tignorum tectæ triglyphorum dispositione intertignium et opam habere in Doricis operibus cœperunt. Postea alii in aliis operibus ad perpendiculum triglyphorum cantherios prominentes projecerunt, eorumque projecturas simaverunt. Ex eo, uti e tignorum dispositionibus triglyphi, ita e cantheriorum projecturis mutulorum sub coronis ratio est inventa. Ita fere in operibus lapideis et marmoreis mutuli inclinati sculpturis deformantur, quod imitatio est cantheriorum : etenim necessario propter stillicidia proclinati collocantur. Ergo et triglyphorum et mutulorum in Doricis operibus ratio ex ea imitatione inventa est. Non enim, quemadmodum nonnulli errantes dixerunt fenestrarum imagines esse triglyphos, ita potest esse : quod in angulis contraque tetrantes columnarum triglyphi constituuntur; quibus in locis omnino non patitur res fenestras fieri. Dissolvuntur enim angulorum in ædificiis juncturæ, si in his fuerint fenestra-

pourrait dire, par la même raison, que les denticules de l'ordre ionique sont les ouvertures des fenêtres; car les espaces qui sont entre les denticules, aussi bien que ceux qui sont entre les triglyphes, sont appelés *métopes* (1), parce que les Grecs appellent *opes* (2) ces espaces où les poutres sont logées, qui est ce que nous appelons *columbaria* (3); et c'est pour cela que l'espace qui est entre les deux opes a été appelé métope. De même que dans l'ordre dorique les triglyphes et les mutules ont été inventés pour imiter ce qui se pratique dans les bâtiments de charpenterie, les mutules représentant les bouts des forces, ainsi dans l'ordre ionique on a mis des denticules pour représenter la saillie du bout des chevrons. C'est pourquoi, dans les édifices des Grecs, jamais on n'a mis de denticules au-dessous des mutules, parce que les chevrons ne peuvent pas être sous les forces; et c'est une grande faute que ce qui, dans la vérité de la construction, doit être posé sur des forces et sur des pannes, soit mis dessous dans la représentation. Par cette même raison, les anciens n'ont point voulu non plus mettre aux frontons des mutules ni des denticules; ils n'y ont placé que des corniches simples, parce que ni les forces ni les chevrons ne sont pas du même sens que les pontons, du long desquels ces pièces de bois ne peuvent pas sortir; mais seulement au droit de l'égout vers lequel ils se penchent. Enfin ils n'ont pas cru pouvoir avec raison faire dans la représentation ce qui ne se fait point dans la vérité, parce qu'ils ont fondé toutes les particularités de leurs ouvrages sur la nature des choses, et ils n'ont approuvé que ce qu'ils pouvaient soutenir et expliquer par des raisons certaines et véritables. C'est d'après ces règles qu'ils ont établi dans chaque ordre les proportions qu'ils nous ont laissées, ainsi que je l'ai expliqué et que je continuerai de l'expliquer en peu de paroles pour l'ordre dorique, comme j'ai déjà fait pour les ordres ionique et corinthien.

CHAPITRE III.
De l'ordre Dorique.

Il y a eu quelques anciens architectes qui n'ont pas cru que l'ordre dorique fût propre aux temples, parce qu'il y a quelque chose d'incommode et d'embarrassant dans ses proportions. Tarchesius et Pytheus ont été de ce sentiment; l'on dit aussi qu'Hermogène ayant beaucoup de marbre pour bâtir un temple d'ordre dorique à Bacchus, changea de dessein, et le fit ionique. Ce n'est pas que le dorique ne soit beau et majestueux; mais la distribution des triglyphes et des *plafonds* est trop assujettissante, parce qu'il faut nécessairement que les triglyphes se rapportent sur le milieu des colonnes, et que les métopes qui se font entre les triglyphes soient aussi longues que larges. Cependant les triglyphes qui se mettent à l'extrémité des encoignures ne peuvent se rapporter au milieu des colonnes, et la métope qui est auprès du triglyphe de l'encoignure ne peut pas être carrée; mais elle doit être plus longue de la moitié de la largeur des triglyphes; et si l'on veut que les métopes soient égales, il faut que le dernier entre-colonnement soit plus étroit que les au-

(1) Entre les opes. — (2) Cavernes. — (3) Trous de boulins de colombier.

---

rum lumina relicta : etiamque ubi nunc triglyphi constituuntur, si ibi luminum spatia fuisse judicabuntur, iisdem rationibus denticuli in Ionicis fenestrarum occupavisse loca videbuntur. Utraque enim, et inter denticulos et inter triglyphos, quæ sunt intervalla metopæ nominantur : ὀπὰς enim Græci tignorum cubilia et asserum appellant, uti nostri ea cava columbaria : ita quod inter duas opas est intertignium, id metopa est apud eos nominatum. Ita uti ante in Doricis triglyphorum et mutulorum est inventa ratio, item in Ionicis denticulorum constitutio propriam in operibus habet rationem : et quemadmodum mutuli cantheriorum projecturæ ferunt imaginem, sic in Ionicis denticuli ex projecturis asserum habent imitationem. Itaque in græcis operibus nemo sub mutulo denticulos constituit : non enim possunt subtus cantherios asseres esse. Quod ergo supra cantherios et templa in veritate debet esse collocatum, id in imaginibus si infra constitutum fuerit, mendosam habebit operis rationem. Etiamque antiqui non probaverunt neque instituerunt, in fastigiis denticulos fieri sed puras coronas : ideo quod nec cantherii nec asseres contra fastigiorum frontes distribuuntur, nec possunt prominere, sed ad stillicidia proclinati collocantur. Ita quod non potest in veritate fieri, id non putaverunt in imaginibus factum posse certam rationem habere. Omnia enim certa proprietate et a veris naturæ deductis moribus traduxerunt in operum perfectiones, et ea probaverunt, quorum explicationes in disputationibus rationem possunt habere veritatis. Itaque ex eis originibus symmetrias et proportiones uniuscujusque generis constitutas reliquerunt : quorum ingressus persecutus de Ionicis et Corinthiis institutionibus supra dixi; nunc vero Doricam rationem summamque ejus speciem breviter exponam.

CAPUT III.
De ratione Dorica.

Nonnulli antiqui architecti negaverunt Dorico genere ædes sacras oportere fieri, quod mendosæ et disconvenientes in his symmetriæ conficiebantur : itaque negavit Tarchesius, item Pytheus, non minus Hermogenes. Nam is, cum paratam habuisset marmoris copiam in Doricæ ædis perfectionem, commutavit ex eadem copia et eam Ionicam Libero Patri fecit : sed tamen non quod invenusta est species aut genus aut formæ dignitas, sed quod impedita est distributio et incommoda in opere triglyphorum et lacunariorum. Namque [in] distributione necesse est triglyphos constitui contra medios tetrantes columnarum, metopasque, quæ inter triglyphos fient, æque longas esse quam altas; contraque in angulares triglyphi in extremis partibus constituuntur et non contra medios tetrantes. Ita metopæ, quæ proxime ad angulares triglyphos fiunt, non exeunt quadratæ, sed oblongiores triglyphi di-

tres de la moitié de la largeur d'un triglyphe. Or, soit qu'on élargisse la métope, soit qu'on étrécisse l'entre-colonnement, il y a toujours un défaut quelque part. On peut croire que c'est pour cette raison que les anciens ne se sont point servis des proportions de l'ordre dorique dans la construction des temples; mais nous ne laissons pas de les mettre ici en leur rang, telles que nous les avons apprises de nos maîtres, afin que si quelqu'un veut s'en servir, il puisse donner aux temples d'ordre dorique leurs justes proportions, et les faire avec toute la perfection que cet ordre peut avoir. Dans un temple d'ordre dorique, la face en laquelle sont placées les colonnes doit être divisée en vingt-sept parties, si l'on veut qu'elle soit *tétrastyle*; et en quarante-deux, si l'on veut qu'elle soit *hexastyle*. L'une de ces parties sera le module qui est appelé par les Grecs *embates* (1), et c'est ce module qui devra régler toutes les mesures de la distribution de l'édifice. Le diamètre des colonnes doit être de deux modules; la hauteur, y compris le chapiteau, de quatorze; la hauteur du chapiteau, d'un module; la largeur, de deux modules et demi. Le chapiteau doit être divisé, selon sa hauteur, en trois parties, dont l'une est pour la plinthe avec sa cymaise, l'autre pour le quart de rond avec les annelets, et la troisième pour la *gorge* du chapiteau. La diminution de la colonne doit être pareille à celle de la colonne ionique, comme il a été dit au troisième livre. La hauteur de l'architrave, avec sa *plate-bande* et les gouttes, doit être d'un module; la plate-bande, de la septième partie d'un module; les gouttes sous la plate-bande, au droit des triglyphes avec la *tringle*, doivent pendre

(1) Entrant.

de la sixième partie d'un module. La largeur du dessous de l'architrave aura celle de la gorge du haut de la colonne. Sur l'architrave seront placés les triglyphes avec leurs métopes; ils auront un module et demi de haut, et un module de large. Les triglyphes doivent être placés de manière qu'il y en ait sur le milieu des colonnes angulaires, et qu'il y en ait aussi qui répondent au droit des colonnes du milieu; dans les entre-colonnements il doit y en avoir deux, et trois aux entre-colonnements du milieu, tant à l'entrée qu'à la sortie, afin que ces intervalles soient assez larges pour que l'on puisse entrer aisément dans les temples. La largeur des triglyphes doit se diviser en six parties, dont cinq sont pour le milieu; et on laissera deux demi-parties, l'une à droite et l'autre à gauche. Dans la partie du milieu, on tracera une règle que nous appelons *fémur*, et les Grecs *méros*: aux côtés de cette règle, on creusera à droite et à gauche deux canaux enfoncés selon la carne de l'équerre; de chaque côté des canaux, il y aura encore un *fémur*; et à leurs côtés il y aura des demi-canaux tournés en dehors. Les triglyphes étant placés, il faut faire les métopes entre les triglyphes aussi hautes que larges; et aux angles il doit y avoir des demi-métopes, dont il faut retrancher la moitié de la diminution de la colonne. Par ce moyen on remédiera à tous les défauts des métopes, des entre-colonnements et des plafonds, dont les divisions seront égales. Le chapiteau du triglyphe aura la sixième partie d'un module, et le larmier qui est sur ce chapiteau aura de saillie un demi-module et une sixième partie de module: sa hauteur sera d'un demi-module, y compris la cymaise dorique qu'il a au-dessous, et l'autre cymaise qui est au-

---

midia latitudine. At qui metopas æquales volunt facere, intercolumnia extrema contrahunt triglyphi dimidia latitudine. Hoc autem sive in metoparum longitudinibus sive intercolumniorum contractionibus efficiatur, est mendosum. Quapropter antiqui vitare visi sunt in ædibus sacris Doricæ symmetriæ rationem. Nos autem exponimus, uti ordo postulat, quemadmodum a præceptoribus accepimus; uti si quis voluerit his rationibus attendens ita ingredi, habeat proportiones explicatas, quibus emendatas et sine vitiis efficere possit ædium sacrarum Dorico more perfectiones. Frons ædis Doricæ in loco, quo columnæ constituuntur, dividatur, si tetrastylos erit, in partes XXVII, si hexastylos, XXXXII: ex his pars una erit modulus, qui græce ἐμβάτης dicitur, cujus moduli constitutione ratiocinationibus efficiuntur omnis operis distributiones. Crassitudo columnarum erit duorum modulorum; altitudo cum capitulo XIV; capituli crassitudo unius moduli; latitudo duorum et moduli sextæ partis. Crassitudo capituli dividatur in partes tres, e quibus una plinthus cum cymatio fiat, altera echinus cum annlis, tertia hypotrachelion. Contrahatur columna ita, uti in tertio libro de Ionicis est scriptum. Epistylii altitudo unius moduli cum tænia et guttis: tænia moduli septima; guttarum longitudo sub tænia contra triglyphos alta cum regula parte sexta moduli præpendeat: item epistylii latitudo ima respondeat hypotrachelio summæ columnæ. Supra epistylium collocandi sunt triglyphi cum suis metopis alti unius et dimidiati moduli, lati in fronte unius moduli, ita divisi, ut in angularibus columnis et in mediis contra tetrantes medios sint collocati, et intercolumniis reliquis bini, in mediis pronao et postico terni. Ita relaxatis mediis intervallis, sine impeditionibus aditus accedentibus erit ad deorum simulacra. Triglyphorum latitudo dividatur in partes sex, ex quibus quinque partes in medio, duæ dimidiæ dextra ac sinistra designentur: regula una in medio deformetur femur, quod græce μηρὸς dicitur; secundum eam canaliculi ad normæ cacumen imprimantur. Ex ordine eorum dextra ac sinistra altera femora constituantur, in extremis partibus semicanaliculi intervertantur. Triglyphis ita collocatis, metopæ, quæ sunt inter triglyphos, æque altæ sint quam longæ: item in extremis angulis semimetopia sint impressa dimidia moduli latitudine. Ita enim erit, ut omnia vitia et metoparum et intercolumniorum et lacunariorum, quod æquales divisiones factæ erunt, emendentur. Triglyphi capitula sexta parte moduli sunt facienda: supra triglyphorum capitula corona est collocanda in projectura dimidia et sexta parte, habens cymatium doricum in imo, alterum in summo: item cum

dessus. Aux plafonds de la corniche il faut creuser *comme des chemins droits* au-dessus des triglyphes et au droit du milieu des métopes. Les gouttes doivent être disposées de telle sorte qu'il y en ait six sur la longueur et trois sur la largeur; et comme l'espace qui est au droit des métopes est plus grand que celui qui est au droit des triglyphes, il n'y faut rien tailler, si ce n'est des foudres. De plus, il faudra vers *le bord* de la corniche graver une gouttière, que l'on appelle cotie. Tous les autres membres, comme tympans, cymaises et corniches, seront pareils à ceux qui ont été décrits pour l'ordre ionique. Toutes ces mesures sont pour les ouvrages *diastyles*; si, au contraire, on fait un *systyle* et un *monotriglyphe* (1), la face du temple doit être divisée en vingt-deux parties si elle est *tétrastyle*, ou en trente-deux si elle est *hexastyle*; et une de ces parties sera le module sur lequel tout l'ouvrage doit être mesuré, comme il a été dit. Au-dessus de chaque entre-colonnement il y aura seulement deux métopes et un triglyphe; dans les intervalles qui sont depuis le dernier triglyphe jusqu'à l'angle, la grandeur d'un demi-triglyphe; et sur le milieu du *fronton*, l'espace de trois triglyphes et de quatre métopes, afin que cet entre-colonnement du milieu rende l'entrée plus large, et n'empêche pas la vue des images des dieux. Sur les chapiteaux des triglyphes il faudra mettre la corniche, qui aura, comme il a été dit, une cymaise dorique au-dessous et une autre cymaise au-dessus; et cette corniche, en y comprenant les cymaises, sera haute d'un demi-mo-

(1) A un triglyphe.

dule. On tracera aussi au-dessous de la corniche, au droit des triglyphes et des métopes, des chemins droits avec des rangées de gouttes, et toutes les autres choses qui ont été prescrites pour le *diastyle*. Il faudra faire vingt cannelures aux colonnes. Si on les veut seulement à pans, il y aura vingt angles; mais si l'on y veut des cannelures, il les faudra faire de cette manière : On tracera un carré dont le côté sera aussi grand que toute la cannelure, et, mettant le centre du compas au milieu du carré, on tracera, d'un angle de la cannelure à l'autre, une ligne courbe, qui déterminera la forme et la cavité de la cannelure : c'est ainsi que la colonne dorique aura la cannelure qui lui est particulière. Le renflement qui doit se faire au milieu de la colonne sera déterminé de la même manière que pour l'ordre ionique, et ainsi qu'il a été enseigné au troisième livre.

Après avoir dit quelle doit être la proportion des colonnes corinthiennes, doriques et ioniques, qui comprend tout ce qui appartient aux formes extérieures des temples, il reste à montrer de quelle façon les parties du dedans et celles du porche doivent être ordonnées et distribuées.

CHAPITRE IV.

De la distribution du dedans des temples.

La proportion d'un temple doit être telle, que sa largeur soit la moitié de la longueur; et que le *dedans du temple*, y compris la muraille où est la porte, soit plus long d'une quatrième partie qu'il n'est large. Les trois parties qui appartiennent au porche doivent aller jusqu'aux autels qui terminent les murailles, et ces antes doivent

---

cymatiis corona crassa ex dimidia moduli. Dividendæ autem sunt in corona ima ad perpendiculum triglyphorum et ad medias metopas viarum directiones et guttarum distributiones ita, uti guttæ sex in longitudinem, tres in latitudinem pateant : reliqua spatia, quod latiores sunt metopæ quam triglyphi, pura relinquantur, aut fulmina scalpantur; ad ipsumque mentum coronæ incidatur linea, quæ scotia dicitur. Reliqua omnia, tympana, simæ, coronæ, quemadmodum supra scriptum est in Ionicis ita perficiantur. Hæc ratio in operibus diastylis erit constituta. Si vero systylon et monotriglyphon opus erit faciendum, frons ædis, si tetrastylos erit, dividatur in partes XVIIII. S. si hexastylos erit, dividatur in partes XXVIIII. S. ex his pars una erit modulus, ad quem, uti supra scriptum est, opera dividantur. Ita supra singula epistylia et metopæ duæ et triglyphi singuli erunt collocandi : in angularibus hoc amplius; quantum est spatium hemitriglyphi, id accedit in mediano. Contra fastigium duorum triglyphorum et trium metoparum spatium distabit, ut latius medium intercolumnium accedentibus ad ædem habeat laxamentum, et adversus simulacra deorum aspectus dignitatem. Insuper triglyphorum capitula corona est collocanda habens, uti supra scriptum est, cymatium doricum in imo, alterum in summo : item cum cymatiis corona crassa ex dimidia moduli. Dividendæ autem sunt in corona ima ad perpendiculum triglyphorum et ad medias

metopas viarum directiones et guttarum distributiones et reliqua quoque, quemadmodum dictum est in diastylis. Columnas autem striari XX striis oportet; quæ si planæ erunt, angulos habeant XX designatos : sin autem excavabuntur, sic est forma facienda, [*ita*] uti quam magnum est intervallum striæ, tam magnis, striaturæ paribus, lateribus quadratum describatur : in medio autem quadrato circini centrum collocetur, et agatur linea rotundationis, quæ quadrationis angulos tangat; et quantum erit curvaturæ inter rotundationem et quadratam descriptionem, tantum ad formam excavetur. Ita Dorica columna sui generis striaturæ habebit perfectionem. De adjectione ejus, quæ media adaugetur, uti in tertio volumine de Ionicis est perscripta, ita et in his transferatur.

Quoniam exterior species symmetriarum et Corinthiorum et Doricorum et Ionicorum est perscripta, necesse est etiam interiores cellarum pronaique distributiones explicare.

CAPUT IV.

De interiore cellarum et pronai distributione.

Distribuitur autem longitudo ædis, uti latitudo sit longitudinis dimidiæ partis, ipsaque cella parte quarta longior sit, quam est latitudo, cum pariete, qui paries valvarum habuerit collocationem : reliquæ tres partes pronai ad antas parietum procurrant, quæ antæ columnarum crassitudinem habere debent. Etsi ædes erit latitudine major

être de la grosseur des colonnes. Si le temple a plus de vingt pieds de large, il faut, entre les deux antes, mettre deux colonnes, afin qu'elles ferment l'espace qui est entre les deux ailes, c'est-à-dire le porche; et dans les trois entre-colonnements qui sont entre ces deux antes et les deux colonnes, il faut faire des *cloisons* de marbre ou de menuiserie, avec des portes par lesquelles on puisse entrer dans le porche. Si le temple a plus de quarante pieds de large, il faudra mettre des colonnes en dedans, au droit de celles qui sont entre les antes, et leur donner autant de hauteur qu'à celles du devant; mais leur grosseur doit être diminuée, de sorte qu'elles ne soient grosses que de la neuvième partie de leur hauteur, si celles de devant le sont de la huitième; ou si elles étaient de la neuvième ou de la dixième partie, il faudrait diminuer les autres à proportion; car on ne s'apercevra pas de ce rétrécissement, parce qu'elles sont dans un lieu plus obscur: si néanmoins cela devait s'apercevoir, il faudrait faire à ces colonnes vingt-huit ou trente deux cannelures, supposé que les colonnes du dehors n'en aient que vingt-quatre, afin de compenser par l'augmentation du nombre des cannelures ce qui a été diminué de la tige des colonnes. Elles seront alors jugées plus grosses qu'elles ne sont en effet, et paraîtront de même grosseur que les autres, parce que l'œil juge les choses plus grandes lorsqu'elles ont plusieurs et différentes marques, qui font que la vue semble se promener sur plusieurs objets; car si l'on conduit un fil sur deux colonnes d'une même grosseur, l'une étant cannelée et l'autre sans cannelures,

il est certain que la ligne qui aura été conduite dans toutes les cavités et sur les angles des cannelures, sera la plus longue : c'est pourquoi on peut mettre dans des lieux étroits des colonnes plus grêles sans qu'elles paraissent l'être, à cause du remède qu'y apporte l'augmentation des cannelures. L'épaisseur des murs des temples doit être proportionnée à leur grandeur, et l'on fera leurs antes de la grosseur des colonnes. Si on veut les bâtir en moellon, il faudra y employer le plus petit; si on les veut de pierres de taille ou de marbre, il faut que les quartiers soient médiocres et égaux; parce que des pierres médiocres, avec des jointures médiocres, feront une liaison plus ferme et plus durable. De plus, si autour des joints montants et des joints des assises les pierres sont un peu élevées, cela aura beaucoup meilleure grâce.

CHAPITRE V.

De quel côté les temples doivent être tournés.

Les temples des dieux doivent être orientés de telle sorte que, pourvu qu'il n'y ait rien qui l'empêche, l'image qui est dans le temple regarde vers le couchant, afin que ceux qui iront sacrifier soient tournés à la fois vers l'orient et vers l'image, et qu'ainsi, en faisant leurs prières, ils voient tout ensemble et le temple et la partie du ciel qui est au levant, et que les statues semblent se lever avec le soleil pour regarder ceux qui les prient dans les sacrifices; enfin il faut toujours que les autels soient tournés au levant. Si néanmoins cela ne se peut pas faire commo-

---

quam pedes XX, duæ columnæ inter duas antas interponantur, quæ disjungant pteromatos et pronai spatium : item intercolumnia tria, quæ erunt inter antas et columnas, pluteis marmoreis sive ex intestino opere factis, intercludantur ita, uti fores habeant, per quas itinera pronao fiant. Item si major erit latitudo, quam pedes XL, columnæ contra regiones columnarum, quæ inter antas sunt, introrsus collocentur, et eæ altitudinem habeant æque quam quæ sunt in fronte; crassitudines autem earum extenuentur his rationibus, uti si octava parte erunt, quæ sunt in fronte, hæ fiant novem partes : sin autem nona aut decima, pro rata parte fiant. In concluso enim aere si quæ extenuatæ erunt, non discernentur : sin autem videbuntur graciliores, cum exterioribus fuerint striæ [XX aut] XXIV, in his faciendæ erunt XXVIII aut XXXII. Ita quod detrahitur de corpore scapi, striarum numero adjecto adaugetur ratione quod minus videbitur, et ita exæquabitur dispari ratione columnarum crassitudo. Hoc autem efficit ea ratio, quod oculus plura et crebriora signa tangendo majore visus circuitione pervagatur. Namque si duæ columnæ æque crassæ lineis circummetiantur, e quibus una sit non striata et altera striata, et circa strigium cava et angulos striarum linea corpora tangat, tametsi columnæ æquæ crassæ fuerint, lineæ quæ circumdatæ erunt, non erunt æquales; quod striarum et strigium circuitus majorem efficiet lineæ longitudinem. Sin autem hoc

ita videbitur, non est alienum in angustis locis et in incluso spatio graciliores columnarum symmetrias in opere constituere, cum habeamus adjutricem striarum temperaturam. Ipsius autem cellæ parietum crassitudinem pro rata parte magnitudinis fieri oportet, dum antæ eorum crassitudine columnarum sint æquales : et si exstructi futuri sint, quam minutissimis cæmentis struantur; sin autem quadrato saxo aut marmore, maxime modicis paribusque videtur esse faciendum, quod media coagmenta medii lapides continentes firmiorem facient omnis operis perfectionem : item circum coagmenta et cubilia eminentes expressiones graphicoteram efficient in aspectu delectationem.

CAPUT V.

De ædibus constituendis secundum regiones.

Ædes autem sacræ deorum immortalium ad regiones, quas spectare debent, sic erunt constituendæ, uti, si nulla ratio impedierit, liberaque fuerit potestas ædis, signum quod erit in cella collocatum, spectet ad vespertinam cœli regionem, uti qui adierint ad aram immolantes aut sacrificia facientes, spectent ad partem cœli orientis et simulacrum, quod erit in æde, et ita vota suscipientes contineantur ædem et orientem cœli, ipsæque simulacra videantur exorientia contueri supplicantes et sacrificantes ; quod aras omnes deorum necesse esse videatur ad

dément, le temple doit être tourné de telle sorte que du lieu où il sera l'on puisse voir une grande partie de la ville ; ou s'il est près d'un fleuve, comme en Égypte, où l'on bâtit les temples sur le bord du Nil, il regardera vers la rive du fleuve. La même chose sera aussi observée, si l'on bâtit le temple près d'une grande rue; car il le faudra tourner en sorte que tout le monde puisse le voir et le saluer en passant.

CHAPITRE VI.
De la proportion des portes des temples et de leurs chambranles.

La manière de faire les portes et leurs *chambranles* est telle qu'il faut premièrement convenir de quel genre on les veut; car il y a trois sortes de portes, savoir, la dorique, l'ionique et l'atticurge. Pour donner à la porte dorique ses proportions, il faut que le haut de la couronne, qui est sur la partie du *chambranle qui traverse le haut de la porte*, soit à l'alignement du haut des chapiteaux des colonnes qui sont au porche. Pour avoir la hauteur de l'ouverture de la porte, il faut partager tout l'espace qu'il y a depuis le pavé d'en bas jusqu'au fond du plancher d'en haut en trois parties et demie, dont il en faut donner deux à la hauteur de l'ouverture de la porte. Cette hauteur étant divisée en douze parties, il en faudra cinq et demie pour la largeur du bas; car le haut doit être plus étroit, savoir : de la troisième partie du chambranle, si l'ouverture depuis le bas jusqu'en haut est de seize pieds, ou de la quatrième, si cette ouverture est de seize à vingt-cinq, ou de la huitième, si elle est de vingt-cinq à trente pieds ;

et ainsi plus elle sera grande, plus les jambages doivent approcher de la ligne à plomb. La largeur du chambranle sera la douzième partie de la hauteur de l'ouverture de la porte, et ce chambranle doit être étréci par le haut de la quatorzième partie de sa largeur. Le *chambranle qui traverse* sera de la même largeur que le haut des parties qui font les jambages. Il faut faire la cymaise de la sixième partie du chambranle, et sa saillie doit être égale à sa hauteur. Cette cymaise doit être lesbienne, avec un astragale : sur la cymaise qui couronne la partie du chambranle qui traverse, il faut placer l'*hyperthyron*(1), qui doit être de la même largeur que le chambranle qui traverse ; et à cet *hyperthyron* il faut faire une cymaise dorique, avec un astragale lesbien, qui aient l'un et l'autre peu de saillie. Enfin il faut poser la couronne plate avec la cymaise, et lui donner autant de saillie que la traverse du chambranle a de largeur. Les saillies doivent être telles, que les extrémités des cymaises débordant à droite et à gauche, elles se joignent exactement. Si l'on veut faire les portes d'ordre ionique, il faut observer la même proportion que pour celles de l'ordre dorique pour la hauteur de l'ouverture; mais, pour trouver la largeur, il faut diviser la hauteur en deux parties et demie, et en donner une et demie à la largeur d'en bas; le rétrécissement du haut doit se faire comme aux portes doriques : la largeur du chambranle sera de la quatorzième partie de la hauteur de l'ouverture de la porte; la cymaise du chambranle sera de la sixième partie de la largeur; et le reste de cette largeur étant divisé

(1) Qui est sur la porte.

orientem spectare. Sin autem loci natura interpellaverit, tunc convertendæ sunt earum ædium constitutiones, uti quam plurima pars mœnium e templis deorum conspiciatur. Item si secundum flumina ædes sacræ fient, ita uti Ægypto circa Nilum, ad fluminis ripas videntur spectare debere. Similiter si circum vias publicas erunt ædificia deorum, ita constituantur, uti prætereuntes possint respicere et in conspectu salutationes facere.

CAPUT VI.
De ostiorum et antepagmentorum sacrarum ædium rationibus.

Ostiorum autem et eorum antepagmentorum in ædibus hæ sunt rationes, uti primum constituantur, quo genere sint futuræ. Genera sunt enim thyromaton hæc, Doricum, Ionicum, Atticurges. Horum symmetriæ conspiciuntur his rationibus, uti corona summa, quæ supra antepagmentum superius imponitur, æque librata sit capitulis summis columnarum, quæ in pronao fuerint : lumen autem hypætri constituatur sic, uti quæ altitudo ædis a pavimento ad lacunaria fuerit, dividatur in partes tres semis, et ex eis duæ partes lumini valvarum altitudine constituantur. Hæc autem dividatur in partes duodecim, et ex eis quinque et dimidia latitudo luminis fiat in imo : et in summo contrahatur, si erit lumen ab imo ad sexdecim pedes, antepag-

menti tertia parte; sexdecim pedum ad viginti quinque, superior pars luminis contrahatur antepagmenti parte quarta; si a pedibus viginti quinque ad triginta, summa pars contrahatur antepagmenti parte octava : reliqua quæ altiora erunt, ad perpendiculum videntur oportere collocari. Ipsa autem antepagmenta [*crassa fiant in fronte altitudine luminis parte duodecima,*] contrahantur in summo suæ crassitudinis quarta decima parte. Crassitudo supercilii quanta antepagmentorum in summa parte erit crassitudo. Cymatium faciendum est antepagmenti parte sexta : projectura autem quanta est ejus crassitudo. Sculpendum est cymatium Lesbium cum astragalo : supra cymatium, quod erit in supercilio, collocandum est hyperthyrum crassitudine supercilii, et in eo scalpendum est cymatium Doricum, astragalum Lesbium sima scalptura. Corona plana cum cymatio : projectura autem ejus erit quanta altitudo supercilii, quod supra antepagmenta imponitur. Dextra ac sinistra projecturæ sic sunt faciendæ, uti crepidines excurrant, et in ungue ipso cymatio conjungantur. Sin autem Ionico genere futuræ erunt, lumen altum ad eundem modum, quemadmodum in Doricis, fieri videtur : latitudo constituatur, ut altitudo dividatur in partes duas et dimidiam, ejusque partis unius ima luminis fiat latitudo : contracturæ ita ut in Doricis. Crassitudo antepagmentorum altitudine luminis in fronte quarta decima parte : cymatium hujus crassitudinis sexta : reliqua pars

en douze parties, on en donnera trois à la première *face*, en y comprenant son astragale, quatre à la seconde, et cinq à la troisième : ces faces avec leur astragale régneront aux trois côtés du chambranle. L'*hyperthyron* aura les mêmes proportions que celui de la porte dorique. Les consoles appelées *prothyrides* (1) seront taillées à droite et à gauche, et descendront jusqu'au bas de la traverse du chambranle, non compris leur partie inférieure, qui est terminée en feuillage. Leur largeur par le haut doit être de la troisième partie de celle du chambranle, et par le bas il faut qu'elles soient plus étroites d'une quatrième partie que par le haut. La menuiserie des *portes* doit être faite de telle sorte que les *montants où sont les gonds* soient larges de la dix-huitième partie de la hauteur de l'ouverture de la porte ; que les *panneaux* qui sont entre les montants aient trois parties sur douze ; que les *traversants* soient tellement espacés, que, les hauteurs ayant été divisées en cinq, on en marque deux pour la partie d'en haut et trois pour celle d'en bas ; que le traversant du milieu soit placé un peu plus haut que le milieu, et que les autres soient joints, l'un en haut et l'autre en bas. Il faut aussi que la largeur du traversant soit de la troisième partie du panneau, et la cymaise de la sixième partie du traversant ; que les épaisseurs des montants soient de la moitié du traversant ; que le *châssis* des panneaux soit large de cette moitié et de la sixième partie ; enfin que les montants qui font le second assemblage aient la moitié du traversant. Si les portes sont à deux battants, il ne faudra rien changer aux hauteurs de toutes ces parties, mais seulement augmenter leur largeur : néanmoins si la porte est coupée en quatre, il sera nécessaire d'ajouter quelque chose à la hauteur. Les portes atticurges se font de la même manière que les doriques ; la seule différence, c'est qu'aux chambranles on fait des *plate-bandes* sous les cymaises, dont la mesure est que ce qui reste du chambranle, hors la cymaise, étant divisé en sept parties, on leur en donne deux : de plus, ces portes ne sont point ornées de *marqueterie* ; elles ne sont point non plus à *deux battants*, n'en ayant qu'un seul qui s'ouvre habituellement en dehors. Après avoir expliqué comment on bâtit les temples selon les ordres dorique, ionique et corinthien, d'après les règles que j'ai trouvées les plus certaines, je vais traiter de ce qui concerne les temples toscans, et de la manière dont il faut les ordonner.

(1) Qui sont au devant des portes.

CHAPITRE VII.

Des temples à la manière toscane.

La longueur de la place où l'on veut bâtir un temple à la manière toscane étant divisée en six parties, il en faut prendre cinq pour la largeur. Après avoir partagé la longueur en deux parties, celle de derrière sera pour les chapelles, et celle de devant pour les colonnes du porche. La largeur doit se diviser en dix parties, dont trois à droite et trois à gauche seront pour les petites chapelles ou pour les ailes, s'il y en a ; les quatre autres seront pour le milieu. L'espace destiné au porche sera divisé pour placer les colonnes de manière à ce que celles des angles répondent à celles des antes qui sont au bout des murs,

---

præter cymatium dividatur in partes duodecim ; harum trium prima corsa fiat cum astragalo, secunda quatuor, tertia quinque : eæque corsæ cum astragalis circumcurrant. Hyperthyra autem ad eundem modum componantur, quemadmodum in Doricis. Ancones sive parotides vocentur, exsculptæ dextra ac sinistra præpendeant ad imi supercilii libramentum præter folium. Eæ habeant in fronte crassitudinem ex antepagmenti tribus partibus unam, in imo quarta parte graciliores quam superiora. Fores ita compingantur, uti scapi cardinales sint ex altitudine luminis totius duodecima parte : inter duos scapos tympana ex duodecim partibus habeant ternas partes. Impagibus distributiones ita fient, uti, altitudinibus in partes quinque, duæ superiori, tres inferiori designentur : super medium medii impages collocentur : ex reliquis alii in summo alii in imo compingantur : altitudo impagis fiat tympani tertia parte ; cymatium sexta parte impagis, Scaporum latitudines impagis dimidia parte : item replum de impage dimidia et sexta parte. [Scapi qui sunt ante secundum pagmentum dimidium impagis constituantur.] Sin autem valvatæ erunt, altitudines ita manebunt, in latitudinem adjicietur amplius foris latitudo ; si quadriforis futura est, altitudo adjicietur. Atticurges autem iisdem rationibus perficiuntur, quibus Dorica : præterea corsæ sub cymatiis in antepagmentis circumdantur, quæ ita distribui debent, uti antepagmenta præter cymatium ex partibus septem habeant duas partes, ipsaque non sunt cœlostrata neque bifora, sed valvata, et aperturas habent in exteriores partes.

Quas rationes ædium sacrarum in formationibus oporteat fieri Doricis, Ionicis, Corinthiisque operibus, quoad potui attingere, veluti legitimis moribus exposui : nunc de Tuscanicis dispositionibus quemadmodum institui oporteat dicam.

CAPUT VII.

De ratione Tuscanica.

Locus, in quo ædis constituetur, cum habuerit in longitudine sex partes, una dempta reliquum quod erit latitudini detur. Longitudo autem dividatur bipartito : et quæ pars erit interior, cellarum spatiis designetur ; quæ erit proxima fronti, columnarum dispositioni relinquatur. Item latitudo dividatur in partes decem : ex his ternæ partes dextra ac sinistra cellis minoribus sive ibi alæ futuræ sint dentur, reliquæ quatuor mediæ ædi attribuantur. Spatium quod erit ante cellas in pronao, ita columnis designetur, ut angulares contra antas, parietum extremorum e regione, collocentur : duæ mediæ e regione parietum, qui inter antas et mediam ædem fuerint, ita distribuantur, et inter

et que devant les murs qui sont entre les antes et le milieu du temple, il y ait deux autres colonnes, disposées de telle sorte qu'elles soient entre les antes, et qu'entre ces colonnes de devant il y en ait d'autres disposées de la même manière. La grosseur des colonnes par en bas doit être de la septième partie de leur hauteur, et cette hauteur doit avoir la troisième partie de la largeur du temple. La colonne doit s'étrécir par le haut de la quatrième partie de la grosseur qu'elle a par le bas. Il faut donner aux bases la moitié de la grosseur du bas des colonnes. La plinthe de ces bases, qu'il faut faire ronde, aura de hauteur la moitié de la base; de sorte qu'elle sera aussi haute à elle seule que le tore avec le *congé* réunis ensemble. La hauteur du chapiteau sera de la moitié de la grosseur de la colonne, et on fera la largeur du tailloir égale à toute cette grosseur. La hauteur du chapiteau étant divisée en trois, il en faut donner une à la plinthe qui lui sert de tailloir, l'autre à l'échine, et la troisième à la gorge, avec l'astragale et le congé. On mettra sur les colonnes des pièces de bois jointes ensemble, afin qu'elles fassent un *assemblage* qui soit de la hauteur que demande le module de l'ouvrage, et qu'étant ainsi jointes, elles égalent la largeur du haut des colonnes. Cet assemblage, fait par le moyen de plusieurs *tenons* en *queue d'aronde*, doit laisser entre chaque pièce de bois un vide de la largeur de deux doigts; car si elles se touchaient, elles s'échaufferaient, faute d'avoir de l'air, et se pourriraient bientôt. Ces pièces de bois, avec les murs qui sont dessus et les mutules qui font saillie, auront en tout la quatrième partie de la hauteur de la colonne. Il faudra sur les bouts des poutres qui sont aux faces clouer des ais, et sur cela élever le *fronton* de maçonnerie ou de charpenterie qui soutienne le *faîtage*, les *forces* et les *pannes*; le tout de telle sorte que la pente du toit soit pareille à celle du *fronton*, qui doit être fort élevée.

CHAPITRE VIII (OU VII, sect. 6 et suiv.).

Des temples ronds, et des autres genres de temples.

On fait aussi des temples ronds, dont ceux qui n'ont que des colonnes, sans murailles à l'intérieur, s'appellent *monoptères* (1); les autres sont appelés *périptères* (2). Les temples monoptères sont comme un tribunal, et sont élevés sur des degrés qui doivent avoir la troisième partie du diamètre du temple. Les colonnes posées sur les piédestaux auront pour hauteur le diamètre intérieur du temple, pris d'une extrémité de la muraille qui fait le piédestal à la muraille opposée. Leur grosseur sera la dixième partie de toute la colonne, en y comprenant la base et le chapiteau; la hauteur de l'architrave sera de la moitié du diamètre de la colonne; et la frise, avec ce reste qui est au-dessus, aura les proportions qui ont été prescrites dans le troisième livre. Si le temple est *périptère*, les piédestaux seront posés sur deux degrés, et la muraille sera éloignée des piédestaux environ de la cinquième partie de tout le temple, en laissant au milieu un espace pour la porte. Le diamètre du dedans de ce temple doit être égal à la hauteur des colonnes sans le piédestal. Les colonnes qui sont autour du temple auront les mêmes proportions que celles du temple monoptère. La toiture du milieu doit être proportionnée de manière à ce que la *coupole*, sans

(1) Qui n'ont qu'une aile. — (2) Qui ont une aile tout autour.

---

antas et columnas priores per medium iisdem regionibus alteræ disponantur : eæque sint ima crassitudine altitudinis parte septima; altitudo tertia parte latitudinis templi; summaque columna quarta parte crassitudinis imæ contrahatur. Spiræ earum altæ dimidia parte crassitudinis fiant : habeant spiræ earum plinthum ad circinum altam suæ crassitudinis dimidia parte : torum insuper cum apophysi crassum quantum plinthus. Capituli altitudo dimidia crassitudinis : abaci latitudo, quanta ima crassitudo columnæ : capitulique crassitudo dividatur in partes tres; e quibus una plintho, quæ est in abaco, detur, altera echino, tertia hypotrachelio cum apophysi. Supra columnas trabes compactiles imponantur, uti sint altitudinis modulis iis, qui a magnitudine operis postulabuntur : eæque trabes compactiles ponantur, ut eam habeant crassitudinem, quanta summæ columnæ erit hypotrachelium, et ita sint compactæ subscudibus et securiclis, ut compactura duorum digitorum habeat laxationem. Cum enim inter se tangunt et non spiramentum et perflatum venti recipiunt, concalefaciuntur et celeriter putrescunt. Supra trabes et supra parietes trajecturæ mutulorum parte quarta altitudinis columnæ projiciantur : item in eorum frontibus antepagmenta figantur, supraque ea tympanum fastigii structura seu de materia collocetur : supraque id fastigium columen, cantherii, templa ita sunt collocanda, ut stillicidium tecti absoluti tertiario respondeat.

CAPUT VIII (vulgo VII. sect. 6. seqq.).

De ædibus rotundis aliisque generibus ædium sacrarum.

Fiunt autem ædes rotundæ, e quibus aliæ monopteræ sine cella columnatæ constituuntur; aliæ peripteræ dicuntur. Quæ sine cella fiunt, tribunal habent et ascensum ex sua diametro tertiæ partis : insuper stylobatas columnæ constituuntur tam altæ, quanta ab extremis partibus est diametros stylobatarum, crassitudine altitudinis suæ cum capitulis et spiris decimæ partis. Epistylium altum columnæ crassitudinis dimidia parte : zophorus et reliqua, quæ insuper imponuntur, ita uti in tertio volumine de symmetriis scripsi. Sin autem peripteros ea ædes constituetur, duo gradus et stylobatæ ab imo constituantur; deinde cellæ paries collocetur cum recessu ejus a stylobata circa partem latitudinis quintam; mediaque valvarum locus ad aditus relinquatur : eaque cella tantam habeat diametron præter parietes et circuitionem, quantam altitudinem columna supra stylobatam. Columnæ circum cellam iisdem proportionibus symmetriisque disponantur. Tecti ratio ita

le *fleuron*, ait de hauteur la moitié du diamètre de tout le temple. La grandeur du fleuron qui est au delà de la pyramide sera pareille à celle d'un des chapiteaux des colonnes. Le reste doit être fait selon les règles qui ont été données.

Il y a encore d'autres temples qui, bien qu'ils aient les mêmes proportions que celles que nous avons enseignées, sont néanmoins différents, à cause de leur disposition, comme l'on peut s'en convaincre en voyant le temple de Castor dans le cirque de Flaminius, et celui de Véjovis qui est entre deux bois sacrés, ou celui de Diane chasseresse, qui offre l'ingénieuse invention de colonnes ajoutées à droite et à gauche aux côtés du porche. Or, la manière dont est bâti le temple de Castor qui est dans le cirque a été premièrement pratiquée pour le temple de Minerve dans la citadelle d'Athènes, et pour le temple de Pallas sur la montagne de Sunium, dans l'Attique : leurs proportions sont toutes pareilles ; car ils sont intérieurement deux fois aussi longs que larges, et l'on a ajouté aux côtés tout ce que les autres n'ont qu'à la face du devant.

Il y a aussi des temples dont on a disposé les colonnes à la manière toscane, quoiqu'ils soient d'ordre corinthien ou ionique : tels sont ceux où les murs s'avancent des deux côtés avec des antes pour former un porche, où l'on a placé deux colonnes au droit des murs qui séparent le porche d'avec le dedans du temple, et où l'on a fait aussi un mélange de la manière grecque et de la manière toscane. D'autres architectes, en éloignant l'un de l'autre les murs de la cella jusqu'à les joindre aux colonnes des ailes, ont élargi considérablement le dedans du temple ; et, sans rien changer aux proportions des autres parties du temple, ils lui ont donné une autre figure, et ont appelé ce genre du nouveau nom de *pseudopériptère*. Ils ont introduit ces changements pour la commodité des sacrifices ; car on ne peut pas faire pour tous les dieux des temples d'une même sorte, à cause de la diversité des cérémonies, qui sont particulières à chacun d'eux.

J'ai décrit toutes les manières dont on fait les temples, comme je les ai apprises, et j'ai distingué les différents ordres selon les proportions qui leur conviennent ; j'ai aussi tâché d'expliquer exactement en quoi leurs figures sont différentes les unes des autres : il me reste à enseigner comment les autels des dieux doivent être construits et placés pour la commodité des sacrifices.

CHAPITRE IX (OU VIII.)

Comment les autels des dieux doivent être placés.

Les autels doivent être tournés vers l'orient, et moins hauts que les images des dieux qui sont dans le temple ; mais ces hauteurs sont différentes, et dépendent de l'importance et de la dignité de chaque divinité, en sorte qu'ils soient plus ou moins élevés au-dessus de ceux qui font des prières et des sacrifices : cette différence doit être telle que les autels de Jupiter et des autres dieux du ciel soient très-élevés, tandis que ceux de Vesta et des dieux de la terre et de la mer soient très-bas : et ainsi les autels seront placés dans les temples selon les lois de la religion. Après avoir traité dans ce livre de l'ordonnance des temples, je

---

habeatur, uti quanta diametros totius operis erit futura, dimidia altitudo fiat tholi præter florem : flos autem tantam habeat magnitudinem, quantum habuerit in columnis capitulum, præter pyramidem. Reliqua uti supra scripta sunt ea, proportionibus atque symmetriis facienda videntur.

Item generibus aliis constituuntur ædes ex iisdem symmetriis ordinatæ ; et alio genere dispositiones habentes, uti et Castoris in Circo Flaminio, et inter duos lucos Vejovis, item argutius Nemori Dianæ columnis adjectis dextra ac sinistra ad humeros pronai. Hoc autem genere primo facta ædes, uti est Castoris in Circo, Athenis in astu et in Attica Sunii Palladis Minervæ. Earum non aliæ sed eædem sunt proportiones. Cellæ enim longitudines duplices sunt ad latitudines, uti reliqua exisona, quæ solent esse in frontibus, ad latera sunt translata.

Nonnulli etiam de Tuscanicis generibus sumentes columnarum dispositiones transferunt in Corinthiorum et Ionicorum operum ordinationes, et quibus in locis in pronao procurrunt antæ in iisdem e regione cellæ parietum columnas binas collocantes efficiunt Tuscanicorum et Græcorum operum communem ratiocinationem. Alii vero removentes parietes ædis et applicantes ad intercolumnia, pteromatos spatio sublati efficiunt amplum laxamentum cellæ : reliqua autem proportionibus et symmetriis iisdem conservantes aliud genus figuræ nominisque videntur Pseudo- peripterum procreavisse. Hæc autem genera propter usum sacrificiorum convertuntur. Non enim omnibus diis iisdem rationibus ædes sunt faciendæ ; quod alius alios, varietate sacrorum, religionum habet effectus.

Omnes ædium sacrarum ratiocinationes, uti mihi traditæ sunt, exposui, ordinesque et symmetrias earum partitionibus distinxi ; et quarum dispares sunt figuræ, et quibus discriminibus inter se sunt disparatæ, quoad potui significare scriptis, exposui. Nunc de aris deorum immortalium, uti aptam constitutionem habeant ad sacrificiorum rationem, dicam.

CAPUT IX. (vulgo VIII.)

De aris deorum ordinandis.

Aræ spectent ad orientem, et semper inferiores sint collocatæ quam simulacra, quæ fuerint in æde ; uti suspicientes divinitatem qui supplicant et sacrificant disparibus altitudinibus ad sui cujusque dei decorem componantur. Altitudines autem earum sic sunt explicandæ, uti Jovi omnibusque cœlestibus quam excelsissimæ constituantur, Vestæ Matrique Terræ humiles collocentur : ita idoneæ his institutionibus explicabuntur in meditationibus ararum deformationes.

Explicatis ædium sacrarum compositionibus in hoc libro, in sequenti de communium operum reddemus distributionibus explicationes.

donnerai dans celui qui suit les règles qui regardent la distribution des autres édifices publics.

LIVRE CINQUIÈME.

Préface.

Bien qu'il soit vrai que ceux qui ont composé de grands ouvrages remplis de belles pensées et d'excellents préceptes aient toujours acquis une grande renommée, et quoique je puisse certainement penser que mes études m'ont mis à même d'étendre ma réputation par des ouvrages considérables, il y a néanmoins des raisons qui font que cela ne me serait pas si aisé qu'on pourrait le croire ; car traiter de l'architecture, écrire une histoire, et composer un poëme, sont des choses bien différentes. L'histoire intéresse par elle-même et divertit le lecteur, dont elle soutient toujours l'attention par l'attente de quelques nouveaux événements. Dans un poëme, la mesure et la cadence des vers, et les ornements du langage qui est particulier à la poésie, avec les entretiens des différentes personnes que l'on y introduit, remplissent l'esprit et les sens d'une certaine douceur dont on ne se lasse point, quelque long que soit l'ouvrage. Il n'en est pas ainsi d'un traité d'architecture, où les termes dont on est obligé de se servir sont pour la plupart si étranges et si éloignés de l'usage ordinaire, qu'il est impossible qu'il n'en résulte pas beaucoup d'obscurité dans le langage ; de sorte que celui qui voudrait expliquer des préceptes déjà fort vagues, par de longs discours composés de termes que l'on n'entend point, ne produirait que confusion dans l'esprit des lecteurs, qui demandent dans ces sortes de matières peu de paroles et beaucoup de clarté. Étant donc contraint de me servir de termes peu connus pour expliquer les mesures des édifices, je suis résolu d'abréger mon discours autant qu'il me sera possible, afin de ne pas charger la mémoire de ceux qui s'appliquent à cette science. De plus, quand je considère combien les affaires publiques et particulières occupent tout le monde dans cette ville, je conçois qu'il y ait peu de personnes qui puissent avoir le loisir de lire mon livre, s'il n'est bien court. C'est pour cette raison que Pythagore et ceux de sa secte se servaient de nombres cubiques pour enseigner leurs préceptes, et qu'ils réduisirent leurs vers au nombre de deux cent seize, mais en sorte qu'ils n'en mettaient pas plus de trois à chaque sentence. Or, on sait que le cube est un corps composé de six faces, qui étant toutes d'égale largeur font un carré ; et quand le cube est jeté, si on n'y touche plus, il demeure immobile sur le côté où il s'est arrêté, comme il arrive aux dés quand les joueurs les ont jetés. Et cette manière d'expliquer leurs préceptes leur a plu, à cause du rapport que la stabilité du cube a naturellement avec la durée de l'impression que ce petit nombre de vers fait dans la mémoire. C'est ainsi que les poëtes comiques grecs, afin de permettre aux acteurs de se reposer après de longs récits, partageaient leurs fables en plusieurs parties par le moyen des chœurs, qui produisaient le même effet que la figure cubique. C'est pourquoi, voyant que les anciens ont observé toutes ces choses pour s'accommoder à l'infirmité de la nature, et considé-

LIBER QUINTUS.

Præfatio.

Qui amplioribus voluminibus, Imperator, ingenii cogitationes præceptaque explicaverunt, maximas et egregias adjecerunt suis scriptis auctoritates, quod etiam vel in nostris quoque studiis res pateretur, ut amplificationibus auctoritas et in his præceptis augeretur : sed id non est, quemadmodum putatur, expeditum. Non enim de architectura sic scribitur ut historiæ aut poemata. Historiæ per se tenent lectores ; habent enim novarum rerum varias expectationes ; poematicorum vero carminum metra ac pedes, ac verborum elegans dispositio et sententiarum inter personas distinctas, et versuum pronunciatio prolectando sensus legentium perducit sine offensa ad summam scriptorum terminationem. Id autem in architecturæ conscriptionibus non potest fieri, quod vocabula ex artis propria necessitate concepta inconsueto sermone objiciunt sensibus obscuritatem. Cum ea ergo per se non sint aperta, nec pateant eorum in consuetudine nomina, tum etiam præceptorum late vagantes scripturæ si non contrahantur, et paucis et perlucidis sententiis explicentur, frequentia multitudineque sermonis impediente incertas legentium efficient cogitationes. Itaque occultas nominationes commensusque e membris operum pronuncians, ut memoriæ tradantur, breviter exponam : sic enim expeditius ea recipere poterunt mentes. Non minus cum animadvertissem distentam occupationibus civitatem publicis et privatis negotiis, paucis judicavi scribendum, uti angusto spatio vacuitatis ea legentes breviter percipere possent. Etiam qui Pythagoram quique ejus hæresim fuerunt secuti, placuit cubicis rationibus præcepta in voluminibus scribere, constitueruntque cubum CCXVI versus, eosque non plus tres in una conscriptione oportere esse putaverunt. Cubus autem est corpus ex VI lateribus æquali latitudine planitiarum perquadratum. Is cum est jactus, quam in partem incubuit, dum est intactus, immotam habet stabilitatem : uti sunt etiam tesseræ, quas in alveo ludentes jaciunt. Hanc autem similitudinem ex eo sumpsisse videntur, quod is numerus versuum, uti cubus, in quemcunque sensum insederit, immotam efficiat ibi memoriæ stabilitatem. Græci quoque poëtæ comici interponentes e choro canticum, diviserunt spatia fabularum ; ita partes cubica ratione facientes, intercapedinibus levant actorum pronunciationes. Cum ergo hæc naturali modo sint a majoribus observata, animoque advertam inusitatas et obscuras multis res esse mihi scribendas, quo facilius ad sensus legentium pervenire possint, brevibus voluminibus judicavi scribere ;

rant que ce que j'ai à écrire est obscur et inconnu à la plus grande partie du monde, j'ai jugé que, pour être intelligible, je devais abréger mes livres, et qu'il était à propos de séparer les matières et de réunir dans chacun d'eux tout ce qui a rapport à une même chose, afin que l'on n'ait pas la peine de la chercher en plusieurs endroits. Ayant donc traité des temples dans le troisième et dans le quatrième livres, j'explique dans celui-ci quelle doit être la disposition des édifices publics, et en premier lieu de quelle manière la place publique doit être faite, afin que les magistrats y puissent régler commodément les affaires publiques et celles des particuliers.

CHAPITRE I.
De la place publique, et quelle doit être sa disposition.

Les places publiques chez les Grecs sont carrées, et ont tout alentour de doubles et amples portiques, dont les colonnes sont serrées les unes contre les autres, et soutiennent des architraves de pierre ou de marbre, avec des galeries par en haut. Mais cela ne se doit pas pratiquer ainsi dans les villes d'Italie, parce que l'ancienne coutume étant de faire voir au peuple les combats des gladiateurs dans ces places, il faut pour de tels spectacles qu'elles aient tout alentour des entrecolonnements beaucoup plus larges, et que, sous les portiques, les boutiques des changeurs, aussi bien que les *galeries* qui sont au-dessus, aient l'espace nécessaire pour qu'on puisse faire le trafic et la recette des deniers publics. La grandeur des places *publiques* doit être proportionnée à la population, de peur qu'elles ne soient trop petites, si beaucoup de personnes y ont affaire, ou qu'elles ne paraissent trop vastes, si la ville n'est pas très-peuplée. La largeur doit être telle, qu'ayant divisé la longueur en trois parties, on lui en donne deux ; par ce moyen, la forme en sera longue, et cette disposition donnera plus de commodité pour les spectacles. Les colonnes du second étage seront moins grandes d'une quatrième partie que celles du premier, parce que celles du bas étant plus chargées doivent être plus fortes : précepte recommandé par la nature, qu'il faut toujours imiter, car il en est ainsi pour toutes les productions qui sortent de terre ; par exemple, les arbres qui sont droits et alignés, comme le sapin, le cyprès et le pin, sont toujours plus gros par le bas ; et à mesure qu'ils croissent et qu'ils s'élèvent, ils s'étrécissent naturellement jusqu'à la cime. Les architectes ont donc eu raison d'établir pour règle, que les membres qui sont en haut doivent être moindres en grosseur et en longueur que ceux qui sont en bas. Les basiliques qui sont dans les places publiques doivent être situées dans l'endroit le plus chaud, afin que ceux qui y viennent trafiquer pendant l'hiver n'y ressentent pas autant la rigueur de cette saison. Leur largeur doit être au moins de la troisième partie de leur longueur, ou de la moitié tout au plus, à moins que le lieu ne permette pas d'observer cette proportion. Car s'il y a beaucoup d'espace en longueur, on fera des chalcidiques aux deux extrémités, comme la basilique Julienne, à Aquilée, en offre un exemple. La hauteur des colonnes des basiliques doit être égale à la largeur des portiques, et cette largeur sera de la troisième partie de l'espace du milieu. Les colonnes de l'étage supérieur doivent

---

ita enim expedita erunt ad intelligendum ; eorumque ordinationes institui, uti non sint quærentibus separatim colligenda, sed e corpore uno, et in singulis voluminibus generum haberent explicationes. Itaque, Cæsar, tertio et quarto volumine ædium sacrarum rationes exposui, hoc libro publicorum locorum expediam dispositiones, primumque forum uti oportet constitui dicam, quod in eo et publicarum et privatarum rerum rationes per magistratus gubernantur.

CAPUT I.
De foro basilicisque.

Græci in quadrato amplissimis et duplicibus porticibus fora constituunt, crebrisque columnis et lapideis aut marmoreis epistyliis adornant, et supra ambulationes in contignationibus faciunt. Italiæ vero urbibus non eadem est ratione faciendum, ideo quod a majoribus consuetudo tradita est, gladiatoria munera in foro dari. Igitur circum spectacula spatiosiora intercolumnia distribuantur, circaque in porticibus argentariæ tabernæ mœnianaque superioribus coaxationibus collocentur, quæ et ad usum et ad vectigalia publica recte erunt disposita. Magnitudines autem ad copiam hominum oportet fieri, ne parvum spatium sit ad usum, aut ne propter inopiam populi vastum forum videatur. Latitudo autem ita finiatur, uti longitudo in tres partes cum divisa fuerit, ex his duæ partes ei dentur : ita enim oblonga erit ejus formatio, et ad spectaculorum rationem utilis dispositio. Columnæ superiores quarta parte minores quam inferiores sunt constituendæ, propterea quod oneri ferendo quæ sunt inferiora firmiora debent esse quam superiora : non minus quod etiam nascentium oportet imitari naturam, ut in arboribus teretibus abiete, cupressu, pinu, e quibus nulla non crassior est ab radicibus, deinde crescendo progreditur in altitudinem, naturali contractura peræquata nascens ad cacumen. Ergo si natura nascentium ita postulat, recte est constitutum, et altitudinibus et crassitudinibus superiora inferiorum fieri contractiora. Basilicarum loca adjuncta foris quam calidissimis partibus oportet constitui, ut per hiemem sine molestia tempestatum se conferre in eas negotiatores possint : earumque latitudines ne minus quam ex tertia, ne plus quam ex dimidia longitudinis [parte] constituantur, nisi loci natura impedierit, et aliter coegerit symmetriam commutari. Sin autem locus erit amplior in longitudine, Chalcidica in extremis partibus constituantur, uti sunt in Julia Aquiliana. Columnæ basilicarum tam altæ quam porticus latæ fuerint, faciendæ videntur : porticus, quam medium spatium est, ex tertia finiatur. Columnæ superiores minores quam inferiores, uti supra scriptum

être plus petites que celles d'en bas, comme il a été dit. La cloison qui est entre les colonnes d'en haut ne doit avoir de hauteur que les trois quarts de ces mêmes colonnes, afin que ceux qui se promènent sur cette galerie ne soient pas vus des gens qui trafiquent en bas. Les architraves, les frises et les corniches, auront les proportions telles que nous les avons expliquées au troisième livre. Les basiliques peuvent réunir tout ce qu'il y a de beau et de majestueux dans l'architecture. J'en ai fait bâtir une dans la colonie Julienne de Fano, où j'ai observé les proportions qui suivent : La voûte du milieu est longue de cent vingt pieds, et large de soixante. Les portiques qui sont aux côtés de la grande voûte entre les murs et les colonnes, ont vingt pieds de largeur ; les colonnes avec les chapiteaux ont toutes cinquante pieds de hauteur, et cinq de diamètre ; elles ont derrière elles des *pilastres* de vingt pieds de haut, larges de deux pieds et demi et épais d'un pied et demi, pour soutenir les poutres qui portent les planchers des portiques. Sur ces pilastres, il y en a d'autres de dix-huit pieds de hauteur, de deux pieds de largeur, et d'un seul d'épaisseur ; ceux-là soutiennent les poutres qui portent les forces et tout le toit des seconds portiques, lequel est un peu plus bas que la grande voûte. Les espaces qui sont entre les poutres posées sur les pilastres, et celles qui sont sur les colonnes, sont ménagés pour donner du jour par les entre-colonnements. Les colonnes qui sont à droite et à gauche dans la largeur de la grande voûte sont au nombre de quatre, y compris celle des angles ; dans la longueur, sur le côté parallèle à la place publique, il y en a huit, en y comprenant aussi celles des angles ; mais au côté opposé il n'y en a que six, parce qu'on a supprimé les deux du milieu, afin qu'elles n'empêchent point la vue du temple d'Auguste, qui est placé au milieu de cette face, dans l'axe de la place publique et du temple de Jupiter. Il y a aussi dans le temple d'Auguste un tribunal en demi-cercle, qui n'est pourtant pas entier, parce que le demi-cercle, qui a quarante-six pieds de front, en a seulement quinze de profondeur, afin que les gens qui sont dans la basilique pour trafiquer n'incommodent point les plaideurs qui sont devant les juges. Il y a sur les colonnes un assemblage de charpenterie, composé de trois poutres de deux pieds d'épaisseur, qui sont jointes ensemble : ces poutres se détournent au droit de la troisième colonne du dedans de la basilique, pour aller jusqu'aux antes qui sont à l'extrémité du porche, au droit des murs qui sont à droite et à gauche, jusqu'au demi-cercle. Sur cette charpenterie, au droit des chapiteaux des colonnes, il y a des piles hautes de trois pieds et larges de quatre en carré ; elles soutiennent d'autres assemblages de charpentes, composées de poutres de deux pieds d'épaisseur *bien jointes*, et sur lesquelles sont les *entraits* et les *contrefiches* au droit de la frise, qui est sur les antes des murs du porche ; elles soutiennent le faîte qui va tout le long de la basilique, et celui qui la traverse du milieu de la basilique au porche. Le toit a quelque chose d'agréable, à cause de la double disposition qu'il a, savoir : celle du dehors qui est en pente, et celle du dedans qui est en voûte. De plus, on s'épargne beaucoup de peine et de dépense en suivant cette méthode, qui permet de supprimer les orne-

est, constituantur. Pluteum, quod fuerit inter superiores [et inferiores] columnas, item quarta parte minus quam superiores columnæ fuerint, oportere fieri videtur ; uti supra basilicæ contignationem ambulantes ab negotiatoribus ne conspiciantur. Epistylia, zophori, coronæ, ex symmetriis columnarum, uti in tertio libro diximus, explicentur. Non minus summam dignitatem et venustatem possunt habere comparationes basilicarum, quo genere coloniæ Juliæ Fanestri collocavi curavique faciendam : cujus proportiones et symmetriæ sic sunt constitutæ. Mediana testudo inter columnas est longa pedes CXX, lata pedes LX. Porticus ejus circa testudinem inter parietes et columnas lata pedes viginti. Columnæ altitudinibus perpetuis cum capitulis pedum quinquaginta, crassitudinibus quinum, habentes post se parastaticas altas pedes viginti, latas pedes duos semis, crassas pedem unum semis ; quæ sustinent trabes, in quibus invehuntur porticuum contignationes : supraque eas aliæ parastaticæ pedum decem et octo, latæ binum, crassæ pedem, quæ excipiunt item trabes sustinentes cantherium et porticus quæ sunt submissa infra testudinem tecta. Reliqua spatia inter parastaticarum et columnarum trabes per intercolumnia luminibus sunt relicta. Columnæ sunt in latitudine testudinis cum angularibus dextra ac sinistra quaternæ, in longitudine, quæ est foro proxima, cum iisdem angularibus octo : ex altera parte cum angularibus sex, ideo quod mediæ duæ in ea parte non sunt positæ, ne impediant aspectus pronai ædis Augusti, quæ est in medio latere parietis basilicæ collocata spectans medium forum et ædem Jovis. Item tribunal est in ea æde hemicycli schematis minore curvatura formatum : ejus autem hemicycli in fronte est intervallum pedum quadraginta sex, introrsus curvatura pedum quindecim, uti, qui apud magistratus starent, negotiantes in basilica ne impedirent. Supra columnas ex tribus tignis bipedalibus compactis trabes sunt circa collocatæ, eæque ab tertiis columnis, quæ sunt in interiori parte, revertuntur ad antas, quæ a pronao procurrunt, dextraque ac sinistra hemicyclum tangunt. Supra trabes contra capitula ex fulmentis dispositæ pilæ sunt collocatæ altæ pedibus tribus, latæ quoquo versus quaternis. Supra eas ex duobus tignis bipedalibus trabes everganeæ circa sunt collocatæ, quibus insuper transtra cum capreolis columnarum contra corpora et antas et parietes pronai collocata sustinent unum culmen perpetuum basilicæ, alterum a medio supra pronaum ædis. Ita fastigiorum duplex tecti nata dispositio, extrinsecus et interioris altæ testudinis, præstat speciem venustam. Item sublata epistyliorum ornamenta et pluteorum columnarumque superiorum distributio operosam detrahit moles-

ments qui sont au-dessus des architraves, les balustrades et le second rang des colonnes. Cependant ces hautes colonnes, qui ne soutiennent que *l'architrave sur laquelle la voûte est posée*, ajoutent encore à la majesté et à la magnificence de cet ouvrage.

CHAPITRE II.
De la disposition du trésor public, des prisons et de l'hôtel de ville.

Le trésor public, la prison et l'*hôtel de ville* doivent être sur la *place*, et leur grandeur doit être proportionnée à celle de la place. Il faut surtout que l'hôtel de ville soit en rapport avec l'importance et la dignité de la ville. Sa proportion sera ainsi réglée : s'il est carré, il doit être une fois et demie aussi haut qu'il est large ; mais s'il est plus long que large, il faut réunir la longueur et la largeur, et prendre la moitié du tout pour la hauteur au-dessous du plancher. Il faut de plus que les murs à l'intérieur aient tout autour, à la moitié de la hauteur environ, une corniche en *menuiserie* ou en *stuc*; car autrement la voix de ceux qui parlent avec action dans ces lieux s'élèverait si haut qu'elle se perdrait : or, la corniche remédiera à cet inconvénient ; car elle ne permettra pas à la voix de s'élever et de se dissiper en l'air, mais elle la renverra aux oreilles.

CHAPITRE III.
Comment il faut bâtir le théâtre, pour qu'il soit sain.

Après avoir déterminé le lieu où doit être la place publique, il faut choisir l'endroit où l'on veut bâtir le théâtre pour les spectacles qui se donnent aux fêtes des dieux. Or, il est très-important que ce lieu soit sain, et il le faut examiner au moyen de la méthode qui a été enseignée dans le premier livre, au sujet des murailles des villes ; car les spectateurs, qui restent assis fort longtemps au même endroit avec leurs femmes et leurs enfants, seraient incommodés dans leur santé, si l'air voisin était corrompu par les vapeurs des marécages ou par d'autres exhalaisons malsaines. Dans ces circonstances, en effet, les pores de la peau étant dilatés et ouverts par le plaisir, reçoivent bien plus aisément toutes les impressions de l'air. Mais ce n'est pas assez d'éviter les dangers qui peuvent résulter de la corruption de l'air ; il faut encore prendre garde que le théâtre ne soit pas exposé au midi ; car les rayons du soleil enfermés dans l'enceinte du théâtre échaufferaient fortement l'air qui y est arrêté, et cet air, ne pouvant être agité, deviendrait si ardent et si enflammé qu'il brûlerait et diminuerait les humeurs du corps. On conçoit, d'après cela, combien il faut apporter de soin dans le choix des lieux les plus sains, quand il s'agit de la construction d'un théâtre. Si on veut le bâtir sur une montagne, il ne sera pas difficile de lui donner de solides fondements ; mais si l'on est obligé de le construire dans un lieu plat ou marécageux, on n'en pourra rendre les fondements fermes et solides qu'en suivant les préceptes que j'ai donnés pour cela dans le troisième livre de cet ouvrage, lorsque j'ai traité des fondements des temples. Sur les fondements on élèvera les degrés, qui seront construits en pierre ou en marbre. *Les paliers en forme de ceinture* doivent être faits selon la proportion que l'on

---

tiam, sumptusque imminuit ex magna parte summam. Ipsæ vero columnæ in altitudine perpetua sub strabes testudinis perductæ et magnificentiam impensæ et auctoritatem operi adjungere videntur.

CAPUT II.
De ærario, carcere et curia ordinandis.

Ærarium, carcer, curia foro sunt conjungenda, sed ita uti magnitudo symmetriæ eorum foro respondeat. Maxime quidem curia inprimis est facienda ad dignitatem municipii sive civitatis : et si quadrata erit, quantum habuerit latitudinis, dimidia addita constituatur altitudo ; sin autem oblonga fuerit, longitudo et latitudo componatur, et summæ compositæ ejus dimidia pars sub lacunariis altitudini detur. Præterea præcingendi sunt parietes medii coronis ex intestino opere aut albario ad dimidiam partem altitudinis. Quæ si non erunt, vox ibi disputantium elata in altitudinem intellectui non poterit esse audientibus : cum autem coronis præcincti parietes erunt, vox ab imis morata, prius quam in aëra elata dissipabitur, auribus erit intellecta.

CAPUT III.
De theatro ejusque salubri constitutione.

Cum forum constitutum fuerit, tum deorum immortalium diebus festis ludorum spectationibus eligendus est locus theatro quam saluberrimus, uti in primo libro de salubritatibus in mœnium collocationibus est scriptum. Per ludos enim cum conjugibus et liberis persedentes delectationibus detinentur, et corpora propter voluptatem immota patentes habent venas, in quas insidunt aurarum flatus, qui si a regionibus palustribus aut aliis regionibus vitiosis advenient, nocentes spiritus corporibus infundent. Itaque si curiosius eligetur locus theatro, vitabuntur vitia. Etiamque providendum est, ne impetus habeat a meridie : sol enim cum implet ejus rotunditatem, aër conclusus curvatura, neque habens potestatem vagandi, versando confervescit, et candens adurit excoquitque et imminuit e corporibus humores. Ideo maxime vitandæ sunt vitiosæ regiones et eligendæ salubres. Fundamentorum autem, si in montibus fuerit, facilior erit ratio ; sed si necessitas coegerit in plano aut palustri loco ea constitui, solidationes substructionesque ita erunt faciendæ quemadmodum de fundationibus ædium sacrarum in tertio libro est scriptum. Insuper fundamenta lapideis et marmoreis copiis gradationes ab substructione fieri debent. Præcinctiones ad altitudines theatrorum pro rata parte faciendæ videntur, neque altiores quam quanta præcinctionis itineris sit latitudo : si enim excelsiores fuerint, repellent et ejicient e superiore parte vocem, nec patientur

donne à tous les théâtres, afin qu'ils aient une hauteur convenable à leur largeur. Si, en effet, ils étaient trop relevés, ils rejetteraient la voix en haut, et empêcheraient qu'elle ne vînt frapper les oreilles, et se faire entendre distinctement de ceux qui sont assis au-dessus des paliers. Il en est de même pour tous les degrés, qui doivent être tellement disposés qu'en tirant une ligne depuis celui du bas jusqu'à celui du haut, elle touche les angles de tous les degrés; par ce moyen, la voix ne rencontrera point d'obstacle. Les entrées et les sorties doivent être en grand nombre, et spacieuses; il ne faut pas non plus que celles du haut se rencontrent avec celles du bas : elles doivent aussi être droites et sans détours, et faire des passages séparés, qui ne s'empêchent point l'un l'autre, afin que le peuple ne soit point trop pressé en sortant des spectacles. Il faut surtout avoir soin que le lieu ne soit pas sourd, mais, au contraire, que la voix s'y puisse étendre sans être étouffée : on choisira pour cela un endroit où rien ne puisse en empêcher le retentissement. La voix n'est, en effet, autre chose que l'haleine qui, étant poussée, fait impression sur l'organe de l'ouïe par le moyen de l'air qu'elle a frappé, et dont l'agitation forme une infinité de cercles. Mais, de même que, lorsqu'on jette une pierre dans un étang, on voit s'y former une grande quantité de cercles qui vont toujours en s'élargissant depuis le centre, et qui s'étendent fort loin, s'ils n'en sont pas empêchés par le peu d'espace ou par d'autres obstacles, et que s'ils rencontrent quelque chose, les premiers cercles qui sont arrêtés arrêtent et troublent l'ordre de ceux qui les suivent ; ainsi la voix s'étend en rond, et fait plusieurs cercles. Il y a pourtant cette différence que, dans un étang, les cercles ne se font que sur la surface de l'eau, au lieu que les cercles qui sont faits par la voix vont toujours en s'étendant non-seulement en largeur, mais même en hauteur, montant comme par degrés ; en sorte que si le premier cercle n'est arrêté par rien, ni le second, ni ceux qui suivent ne sont point troublés. C'est ainsi que la voix arrive distinctement et sans confusion aux oreilles de ceux qui sont assis en haut, aussi bien que de ceux qui sont en bas. C'est pourquoi les anciens architectes ayant étudié la nature de la voix, et remarqué qu'elle s'élève en l'air par degrés, ont réglé, d'après cette connaissance, l'élévation que les degrés du théâtre doivent avoir, conformément aux règles de la proportion canonique des mathématiciens et de la proportion musicale ; ils ont fait en sorte que tout ce qui serait prononcé sur la scène parvînt clairement et aisément aux oreilles de tous les spectateurs. Car, de même que les anciens ont su tirer des instruments à vent, faits d'airain ou de corne, des sons parfaitement d'accord avec ceux des instruments à cordes; de même, avec le secours de la science harmonique, ils ont trouvé le moyen d'augmenter le son de la voix dans les théâtres.

CHAPITRE IV.

De la musique harmonique, selon la doctrine d'Aristoxène.

La musique harmonique est une science obscure et difficile, principalement pour ceux qui ne savent pas la langue grecque. Cependant nous ne pouvons pas expliquer ici ce qu'il est nécessaire d'en savoir sans nous servir de quantité de mots grecs, parce qu'il y a beaucoup de choses pour

in sedibus summis, quæ supra præcinctiones, verborum casus certa significatione ad aures pervenire. Et ad summam ita est gubernandum, uti linea cum ad imum gradum et ad summum extenta fuerit, omnia cacumina graduum angulosque tangat; ita vox non impedietur. Aditus complures et spatiosos oportet disponere, nec conjunctos superiores inferioribus, sed ex omnibus locis perpetuos et directos sine inversuris faciendos; uti cum populus dimittitur de spectaculis, ne comprimatur, sed habeat ex omnibus locis exitus separatos sine impeditione. Etiam diligenter est animadvertendum ne sit locus surdus, sed ut in eo vox quam clarissime vagari possit. Hoc vero fieri ita poterit, si locus electus fuerit, ubi non impediatur resonantia. Vox autem est spiritus fluens et aëris ictu sensibilis auditui. Ea movetur circulorum rotundationibus infinitis, uti in stantem aquam lapide immisso nascantur innumerabiles undarum circuli crescentes a centro quam latissime possunt evagantes, nisi angustia loci interpellaverit aut aliqua offensio, quæ non patitur designationes earum undarum ad exitus pervenire. Itaque cum interpellentur offensionibus, primæ redundantes insequentium disturbant designationes. Eadem ratione vox ictu ad circinum efficit motiones. Sed in aqua circuli planitiæ in latitudinem moventur; vox et in latitudinem progreditur, et altitudinem gradatim scandit. Igitur ut in aqua undarum designationibus, ita in voce cum offensio nulla primam undam interpellaverit, non disturbat secundam, nec insequentes, sed omnes sine resonantia perveniunt ad imorum et summorum aures. Ergo veteres architecti naturæ vestigia persecuti indaginibus vocis scandentis theatrorum perfecerunt gradationes, et quæsiverunt per canonicam mathematicorum et musicam rationem, ut quæcunque vox esset in scena, clarior et suavior ad spectatorum perveniret aures. Uti enim organa in æneis laminis aut corneis echeis ad chordarum sonitus claritatem perficiuntur, sic theatrorum per harmonicen ad augendam vocem ratiocinationes ab antiquis sunt constitutæ.

CAPUT IV.

De Harmonica.

Harmonica autem est musica litteratura obscura et difficilis, maxime quidem quibus Græcæ litteræ non sunt notæ; quam si volumus explicare, necesse est etiam græcis verbis uti, quod nonnulla eorum latinas non habent appellationes. Itaque ut potero quam apertissime ex Aris-

lesquelles notre langue n'a point de termes significatifs. Je ferai néanmoins ce que je pourrai pour expliquer le plus intelligiblement possible ce qu'en a écrit Aristoxène; et même je rapporterai sa table, et marquerai au juste la place de tous les sons, afin que ceux qui y voudront apporter un peu d'attention n'aient point de peine à comprendre ce que j'en dirai. La voix a deux sortes de mouvements : l'un se fait quand elle est continue et toujours égale; l'autre, quand elle procède par des intervalles séparés. Le mouvement qui fait la voix continue n'est borné par aucun terme ni aucun lieu, et ses extrémités ne paraissent point à l'ouïe, n'y ayant que les intervalles du milieu qui s'entendent, comme il arrive quand on prononce *sol*, *lux*, *flos*, *nox*; car alors on ne discerne point d'où elle part ni où elle se termine, et l'oreille ne s'aperçoit point qu'elle aille de haut en bas ou de bas en haut, ni que de haute elle soit devenue basse, ou que de basse elle soit devenue haute. Mais le contraire arrive dans le mouvement qu'elle fait par des intervalles séparés; car lorsque la voix fait des inflexions différentes, alors elle devient tantôt haute et tantôt basse; elle s'arrête à un certain son déterminé, puis elle passe à un autre; et ainsi parcourant souvent différents intervalles, elle paraît inégale à l'oreille, comme il arrive lorsqu'on chante, et que la voix se fléchit diversement par la modulation. En effet, quand elle parcourt différents intervalles, les sons qu'elle rend sont tellement marqués et déterminés, que l'on connaît aisément d'où elle vient, par où elle commence et où elle finit; tandis que les sons du milieu, qui s'étendent en de grands intervalles, sont obscurcis. Or, il y a trois genres de chants, que les Grecs appellent enharmonique, chromatique, et diatonique. L'*enharmonique* (1) est une manière de fléchir la voix, dans laquelle l'art dispose tellement les intervalles, que le chant acquiert beaucoup de force pour toucher et pour émouvoir. Le genre *chromatique* (2), en serrant les intervalles avec une certaine finesse, a plus de douceur et de délicatesse. Le *diatonique* (3), qui est le plus naturel, est aussi le plus facile de tous, à cause de ses intervalles. La différence de ces trois genres a donné naissance aux trois différentes dispositions du *tétracorde* (4); d'autant que le *tétracorde* de l'enharmonique a un *ditonum* (5) et deux dièzes (6). Or, le dièze est la quatrième partie d'un ton, et ainsi dans le demi-ton il y a deux dièzes. Dans le chromatique il y a deux demi-tons de suite, et le troisième intervalle est de trois demi-tons. Dans le diatonique il y a deux tons de suite, auxquels on ajoute un demi-ton, qui remplit l'étendue du tétracorde; de sorte que dans chacun de ces trois genres les tétracordes sont composés de deux tons et d'un demi-ton. Ces intervalles sont différents dans chaque genre pris séparément; car c'est la nature qui a déterminé les intervalles des tons et des demi-tons des tétracordes, et qui en a établi et déterminé les propriétés et les proportions, d'après lesquelles les ouvriers qui font les instruments de musique se règlent pour leur donner leurs justes mesures. Dans chacun de ces genres il y a dix-huit sons, appelés *phthongoi* par les Grecs : de ces sons, il y en a huit qui ne varient point et qui sont toujours stables dans les trois genres : les dix autres sont mobiles dans les modulations ordinaires. Les sons stables sont ceux qui, placés entre les sons mobiles, joignent les tétracordes

(1) Tempéré. — (2) Coloré. — (3) Tendu. — (4) Qui a quatre cordes. — (5) L'espace de deux tons. — (6) Dissolution.

---

toxeni scripturis interpretabor, et ejus diagramma subscribam finitionesque sonituum designabo, uti qui diligentius attenderit, facilius percipere possit. Vox enim duobus modis movetur; e quibus unus habet effectus continuatos, alter distantes. Continuata vox neque in finitionibus consistit neque in loco ullo, efficitque terminationes non apparentes, intervalla autem media patentia; uti sermone cum dicimus sol, lux, flos, nox. Sic enim, nec unde incipit nec ubi desinit, intelligitur, quod neque ex acuta facta [est] gravis nec ex gravi acuta apparet auribus. Per distantiam autem e contrario : namque cum flectitur immutatione vox, alias fit acuta alias gravis; statuit se in alicujus sonitus finitione, deinde in alterius, et id ultro citro crebre faciendo inconstans apparet sensibus, uti in cantionibus cum flectentes vocem varietatem facimus modulationis. Itaque intervallis ea cum versatur, et unde initium fecit, et ubi desiit, apparet in sonorum patentibus finitionibus : media autem carentia intervallis obscurantur. Genera vero modulationum sunt tria : primum quod Græci nominant ἁρμονίαν, secundum χρῶμα, tertium διάτονον. Est autem Harmonia modulatio ab arte concepta, et ea re cantio ejus maxime gravem et egregiam habet auctoritatem. Chroma subtili solertia ac crebritate modulorum suaviorem habet delectationem. Diatoni vero, quod naturalis est, facilior est intervallorum distantia. In his tribus generibus dissimiles sunt tetrachordorum dispositiones, quod Harmonia tetrachordorum et tonos et dieses habet binas. Diesis autem est toni pars quarta; ita in hemitonio duæ dieses sunt collocatæ. Chromati duo hemitonia in ordine sunt incomposita; tertium trium hemitoniorum est intervallum. Diatoni duo sunt continuati toni; tertium hemitonium finit tetrachordi magnitudinem. Ita in tribus generibus tetrachorda ex duobus tonis et hemitonio sunt peræquata, sed ipsa cum separatim uniuscujusque generis finibus considerantur, dissimilem habent intervallorum designationem. Igitur intervalla tonorum et hemitoniorum [et] tetrachordorum in voce divisit natura, finivitque terminationes eorum [mensuris] intervallorum quantitate, modisque certis distantibus constituit qualitates : quibus etiam artifices, qui organa fabricant, ex natura constitutis utendo comparant ad concentus convenientes eorum perfectiones. Sonitus, qui græce φθόγγοι dicuntur, in unoquoque genere sunt decem et octo : e quibus octo sunt in tribus generibus perpetui et stantes; reliqui decem cum communiter modulantur, sunt vagantes. Stantes autem sunt qui inter mobiles interpositi continent tetrachordi conjunctionem, et e ge-

les uns aux autres; ils ont toujours les mêmes limites dans les trois genres. On les appelle *proslambanomenos, hypaté hypaton, hypaté meson, mésé, neté synemmenon, paramesé, neté diezeugmenon, neté hyperbolæon*. Les sons mobiles sont ceux qui, étant placés dans les tétracordes entre les sons immobiles, changent de place selon les lieux et les genres différents; ils s'appellent *parhypaté hypaton, lichanos hypaton, parhypaté meson, lichanos meson, trité synemmenon, paranété synemmenon, trité diezeugmenon, paranété diezeugmenon, trité hyperbolæon, paranété hyperbolæon*. Quand ces sons mobiles changent de place, ils changent aussi de nature, parce que leurs intervalles peuvent être différents : ainsi le parhypaté, qui, dans l'enharmonique, est distant de l'hypaté d'un dièze, change dans le chromatique et a l'intervalle d'un demi-ton, de même que dans le diatonique. Celui qu'on appelle *lichanos* (1) est distant de l'hypaté d'un demi-ton dans l'enharmonique; dans le chromatique, il avance jusqu'à deux demi-tons, et dans le diatonique jusqu'à trois; de telle sorte que ces dix sons étant transposés, et placés différemment dans chaque genre, produisent trois modulations différentes. Or il y a cinq espèces de tétracordes, dont le premier, qui est le plus grave, est appelé en grec *hypaton* (2); le second, qui sort au milieu, est appelé *néson* (3); le troisième est appelé *synemmenon*, c'est-à-dire, joint aux autres; le quatrième est nommé *diezeugmenon*, c'est-à-dire disjoint; enfin le cinquième, qui est le plus aigu, est appelé pour cela *hyperbolæon* (4). Pour ce qui est des consonnances que la voix humaine peut exprimer, et que les Grecs appellent symphonies, elles sont au nombre de six, savoir : le *diatessaron* (1), le *diapente* (2), le *diapason* (3), le *diapason* avec *diatessaron* (4), le *diapason* avec *diapente* (5), et le *disdiapason* (6). Ces noms leur ont été donnés à cause du nombre des sons où la voix s'arrête en passant de l'un à l'autre : ainsi, lorsqu'elle passe de son premier ton au quatrième, on l'appelle *diatessaron*; quand elle passe au cinquième, on l'appelle *diapente*; au huitième, *diapason*; au onzième, *diapason* avec *diatessaron*; au douzième, *diapason* avec *diapente*; et enfin, si elle passe au quinzième, on l'appelle *disdiapason*. Car il ne se peut faire de consonnance du premier ton au second, ni au troisième, ni au sixième, ni au septième; soit qu'on se serve de la voix, ou des cordes d'un instrument. Mais, comme il a été dit, il faut s'arrêter ou au *diatessaron*, ou au *diapente*, ou à leurs doubles jusqu'au *disdiapason*, qui est toute l'étendue que la voix peut avoir sans se trop forcer. L'union de ces différents sons forme les accords qui sont appelés *phthongoi* par les Grecs.

CHAPITRE V.

Des vases de théâtre.

Suivant les principes et à l'aide des proportions géométriques, on fait des vases d'airain en rapport avec la grandeur du théâtre; on les fabrique d'une telle façon que quand on les frappe, ils sonnent à la quarte ou à la quinte l'un de l'autre, et parcourent ainsi toutes les autres consonnances jusqu'à la double octave. Ces vases

(1) Entr'ouvert. — (2) Supérieur. — (3) Moyen. — (4) Extrême.

(1) La quarte. — (2) La quinte. — (3) L'octave. — (4) La quarte redoublée. — (5) La quinte redoublée. — (6) La double octave.

nerum discriminibus suis finibus sunt permanentes. Appellantur autem sic : proslambanomenos, hypate hypaton, hypate meson, mese, nete synemmenon, paramese, nete diezeugmenon, nete hyperbolæon. Mobiles autem sunt, qui in tetrachordo inter immotos dispositi, in generibus et locis loca mutant: vocabula autem habent hæc : parhypate hypaton, lichanos hypaton, parhypate meson, lichanos meson, trite synemmenon, paranete synemmenon, trite diezeugmenon, paranete diezeugmenon, trite hyperbolæon, paranete hyperbolæon. Ei autem, qui moventur, recipiunt virtutes alias : intervalla enim et distantias habent crescentes. Itaque parhypate, quæ in harmonia distat ab hypate diesi, in chromate mutata habet hemitonium, in diatono vero tonum : qui lichanos in harmonia dicitur ab hypate distat hemitonium, in chroma translatus progreditur duo hemitonia, in diatono distat ab hypate tria hemitonia. Ita decem sonitus propter translationes in generibus efficiunt triplicem modulationum varietatem. Tetrachorda autem sunt quinque : primum gravissimum, quod græce dicitur ὕπατον; secundum medianum, quod appellatur μέσον; tertium conjunctum, quod συνημμένον dicitur; quartum disjunctum, quod διεξευγμένον nominatur; quintum, quod est acutissimum, græce ὑπερβόλαιον dicitur. Concentus, quos natura hominis modulari potest, græceque συμφωνίαι dicuntur, sunt sex, diatessaron, diapente, diapason, diapason cum diatessaron, diapason cum diapente, disdiapason. Ideoque et a numero nomina receperunt; quod, cum vox constiterit in una sonorum finitione ab eaque se flectens mutaverit et pervenerit in quartam terminationem, appellatur diatessaron, in quintam diapente, in octavam diapason, in octavam et dimidiam diapason et diatessaron, in nonam et dimidiam diapason et diapente, in quintam decimam disdiapason. Non enim inter duo intervalla cum chordarum sonitus aut vocis cantus factus fuerit, nec in tertia aut sexta aut septima possunt consonantiæ fieri; sed, ut supra scriptum est, diatessaron et diapente et ex ordine ad disdiapason convenientes ex natura vocis congruentis habent finitiones; et ei concentus procreantur ex conjunctione sonituum, qui græce φθόγγοι dicuntur.

CAPUT V.

De theatri vasis.

Ita ex his indagationibus mathematicis rationibus fiant vasa ærea pro ratione magnitudinis theatri; eaque ita fabricentur, ut, cum tanguntur, sonitum facere possint inter se diatessaron, diapente, et ex ordine ad disdiapa-

doivent être placés, d'après les règles de la proportion musicale, dans de petites chambres pratiquées entre les siéges du théâtre, et de manière qu'ils ne touchent point aux murailles, mais qu'ils aient tout autour d'eux et par-dessus un espace vide. Il faut aussi qu'ils soient inclinés, et que du côté qui regarde la scène, ils soient élevés et soutenus à la hauteur d'un demi-pied au moins par des coins. Ces petites chambres doivent avoir, au droit des degrés d'en bas, les ouvertures longues de deux pieds et larges d'un demi-pied. Ces petites chambres seront disposées de cette manière. Si le théâtre n'est pas fort grand, il faut tracer au milieu de toute sa hauteur un plan de niveau, que l'on divisera pour treize petites chambres; on laissera entre elles douze espaces égaux, et l'on placera dans les deux petites chambres qui sont aux extrémités les vases qui sonnent la *neté hyperbolæon*, et dont nous avons déjà parlé. Les chambres qui suivent et qui sont proches de ces deux extrémités seront pour les vases qui sont accordés à la quarte avec les premières, et qui sonnent la *neté diézeugménon*. Les troisièmes seront pour les vases qui sont accordés à la quarte, et qui sonnent la *paramesé*. Les quatrièmes seront pour ceux qui sont accordés à la quinte, et qui sonnent la *neté synemménon*. Les cinquièmes seront pour ceux qui sont à la quarte, et qui sonnent la *mesé*. Les sixièmes seront pour ceux qui sont à la quarte, et qui sonnent l'*hypaté meson*; et enfin dans la chambre du milieu on placera le vase qui est accordé à la quarte, et qui sonne l'*hypaté hypaton*. Cette disposition des vases d'airain fera que la voix, qui viendra de la scène comme d'un centre, s'étendra en rond, ira frapper dans les cavités des vases, et en sortira plus forte et plus claire, selon le rapport de consonnance qu'elle aura avec quelqu'un des vases. Mais si le théâtre est fort grand, il faudra partager sa hauteur en quatre parties, et l'on fera trois rangs de petites chambres, dont l'un sera pour le genre enharmonique, l'autre pour le chromatique, et l'autre pour le diatonique. Le rang des chambres du bas sera disposé pour l'enharmonique, de la même manière que nous venons de décrire pour le petit théâtre. La disposition du rang du milieu sera celle-ci : l'on mettra dans les chambres qui sont aux deux extrémités les vases qui sonnent l'*hyperbolæon* du chromatique; dans celles qui suivent en revenant au centre, on placera les vases qui sont accordés à la quinte, et qui sonnent, le *diézeugménon* du chromatique; dans les troisièmes, ceux qui sont accordés à la quarte, et qui sonnent le *synemménon* du chromatique; dans les quatrièmes, ceux qui sont accordés à la quarte, et qui sonnent le *méson* du chromatique; dans les cinquièmes, ceux qui sont à la quarte, et qui sonnent l'*hypaton* du chromatique; dans les sixièmes, ceux qui sonnent la *paremesé*, et qui sont accordés ,de telle sorte que, par une consonnance commune, ils sont à la quinte avec l'*hyperbolæon* du chromatique, et à la quarte avec le *méson* du chromatique. Dans la petite chambre du milieu il ne faudra rien mettre, parce que, dans le genre chromatique, les tons qui viennent d'être désignés sont les seuls qui puissent faire des consonnances. Au rang des petites chambres d'en haut, l'on placera, dans celles qui sont aux extrémités, les vases qui sonnent l'*hyperbolæon* du diatonique; dans les secondes, ceux qui sont à la quarte, et qui sonnent le *diézeugménon* du diatonique; dans les troisièmes, ceux qui sont à la quinte, et qui sonnent le *synemménon* du diatonique; dans les quatrièmes, ceux qui sont à la quarte, et qui son-

son. Postea inter sedes theatri constitutis cellis ratione musica ibi collocentur ita, uti nullum parietem tangant, circaque habeant locum vacuum et a summo capite spatium ; ponanturque inversa, et habeant in parte quæ spectat ad scenam suppositos cuneos ne minus altos semipede; contraque eas cellas relinquantur aperturæ inferiorum graduum cubilibus longæ pedes duos altæ semipedem. Designationes autem earum quibus in locis constituantur sic explicentur. Si non erit ampla magnitudine theatrum, media altitudinis transversa regio designetur, et in ea tredecim cellæ duodecim æqualibus intervallis distantes cornicentur, uti ea echea, quæ supra scripta sunt, ad neten hyperbolæon sonantia in cellis, quæ sunt in cornibus extremis, utraque parte prima collocentur; secunda ab extremis diatessaron ad neten diezeugmenon; tertia diatessaron ad neten parameson; quarta [*diapente*] ad neten synemmenon; quinta diatessaron ad mesen; sexta diatessaron ad hypaten meson; in medio unum diatessaron ad hypaten hypaton. Ita hac ratiocinatione vox ab scena uti ab centro profusa, se circumagens tactuque feriens singulorum vasorum cava, excitaverit aucta claritate ex concentu convenientem sibi consonantiam. Sin autem amplior erit magnitudo theatri, tunc altitudo dividatur in partes quatuor; uti tres efficiantur regiones cellarum transversæ designatæ, una harmoniæ, altera chromatos, tertia diatoni : et ab imo quæ erit prima, ea ex harmonia collocetur ita, uti in minore theatro supra scriptum est. In mediana autem parte prima in extremis cornibus ad chromaticen hyperbolæon habentia sonitum ponantur ; in secundis ab his diatessaron ad chromaticen diezeugmenon; in tertiis diapente ad chromaticen synemmenon; in quartis diatessaron ad chromaticen meson; quintis diatessaron ad chromaticen hypaton; sextis ad paramesen, quod et ad chromaticen hyperbolæon diapente, et ad chromaticen meson diatessaron habent consonantiæ communitatem. In medio nihil est collocandum ideo, quod sonituum nulla alia qualitas in chromatico genere symphoniæ consonantiam potest habere. In summa vero divisione et regione cellarum, in cornibus primis ad diatonon hyperbolæon fabricata vasa sonitu ponantur; in secundis diatessaron ad diatonon diezeugmenon; tertiis diatessaron ad diatonon synemmenon; quartis diatessaron ad diatonon meson; quintis diatessaron ad diatonon hypaton; sextis diatessaron ad proslambanomenon; in medio ad mesen, quod ea

nent l'hypaton du diatonique; dans les sixièmes, ceux qui sont à la quarte, et qui sonnent le *proslambanoménon*. Le vase de la chambre du milieu sonnera la *mésé*, parce qu'elle est accordée à l'octave du *proslambanoménon* et à la quinte de l'*hypaton* du diatonique. Pour exécuter facilement toutes ces choses avec précision, il faut voir, à la fin de ce livre, la figure qu'Aristoxène a faite selon les règles de la musique, et dans laquelle il est parvenu, à force de travail et d'intelligence, à réunir tous les accords et les consonnances qui peuvent entrer dans les modulations de la musique. On pourra encore donner aux théâtres toute la perfection possible, si, observant attentivement les règles que contient cette table, on connaît l'effet que produit la voix, et les moyens qui peuvent la rendre agréable aux oreilles des auditeurs. Quelqu'un pourra dire que, dans la quantité de théâtres que l'on construit tous les ans à Rome, on ne voit point que l'on mette ces moyens en pratique : mais, pour ne se pas tromper en cela, il faut remarquer que tous nos théâtres publics sont construits en bois avec plusieurs planches, ce qui les rend naturellement sonores; et c'est ce que les musiciens nous font bien connaître lorsque, voulant chanter sur les tons les plus hauts, ils se tournent vers les portes de la scène, pour donner à leur voix plus de retentissement; mais quand les théâtres sont construits avec des matériaux solides, avec de la pierre ou du marbre, qui ne retentissent point, il faut alors observer toutes les règles que j'ai consignées. Si on demande quels sont les théâtres où ces moyens ont été pratiqués, il est certain que nous n'en avons point à Rome; mais on en voit dans plusieurs autres endroits de l'Italie et dans beaucoup de villes de la Grèce. C'est ainsi que L. Mummius, après avoir fait abattre le théâtre de Corinthe, apporta à Rome les vases d'airain qui s'y trouvaient, et les dédia, avec d'autres dépouilles, dans le temple de la Lune. Un grand nombre de bons architectes, ayant bâti des théâtres dans de petites villes qui ne pouvaient pas faire de grandes dépenses, se sont servis de vases de poterie propres à la résonnance; et, après les avoir placés de la manière que j'ai indiquée, ils ont fort bien réussi.

CHAPITRE VI.

De la construction du théâtre.

Pour dessiner le plan du théâtre, il faut, après avoir placé son centre au milieu, décrire un cercle dont la circonférence soit la grandeur du bas du théâtre. Dans cette circonférence il faut faire quatre triangles équilatéraux et disposés par intervalles égaux, de sorte que les sommets de leurs angles touchent la ligne circulaire, et la divisent de la même manière que le font les astrologues lorsqu'ils veulent marquer la place des douze signes célestes, d'après le rapport qui existe entre l'astronomie et la musique. Le côté de ces triangles qui est le plus près de la scène en marquera la face, à l'endroit où il fait une section dans ce cercle; on tracera ensuite une autre ligne parallèle à celle-ci, et qui, passant par le centre, séparera le pupitre du *proscenium* d'avec l'orchestre. Le pupitre sera ainsi plus large que celui des Grecs; et cela est nécessaire, parce que chez nous tous ceux qui jouent demeurent sur la scène, et que l'orchestre est réservé pour les sièges des sénateurs. La hauteur du pupitre

et ad proslambanomenon diapason, et ad diatonon hypaton diapente habet symphoniarum communitates. Hæc autem si quis voluerit ad perfectum facile perducere, animadvertat in extremo libro diagramma musica ratione designatum, quod Aristoxenus magno vigore et industria generatim divisis modulationibus constitutum reliquit : de quo si quis ratiocinationibus his attenderit, et ad naturam vocis et ad audientium delectationes facilius valuerit theatrorum efficere perfectiones. Dicet aliquis forte, multa theatra Romæ quotannis facta esse, neque ullam rationem harum rerum in his fuisse. Sed erravit in eo, quod omnia publica lignea theatra tabulationes habent complures, quas necesse est sonare. Hoc vero licet animadvertere etiam a citharœdis, qui superiore tono cum volunt canere, advertunt se ad scenæ valvas, et ita recipiunt ab earum auxilio consonantiam vocis. Cum autem ex solidis rebus theatra constituuntur, id est ex structura cæmentorum, lapide, marmore, quæ sonare non possunt, tunc ex his hac ratione sunt explicanda. Sin autem quæritur, in quo theatro ea sint facta, Romæ non possum ostendere; sed in Italiæ regionibus et in pluribus Græcorum civitatibus : etiamque auctorem habemus L. Mummium, qui diruto theatro Corinthiorum ejus ænea Romam deportavit, et de manubiis ad œdem Lunæ dedicavit. Multi autem solertes architecti, qui in oppidis non magnis theatra constituerunt, propter inopiam fictilibus doliis ita sonantibus electis, hac ratiocinatione compositis perfecerunt utilissimos effectus.

CAPUT VI.

De conformatione theatri facienda.

Ipsius autem theatri conformatio sic est facienda, uti quam magna futura est perimetros imi, centro medio collocato circumagatur linea rotundationis, in æque quatuor scribantur trigona paribus lateribus et intervallis, quæ extremam lineam circinationis tangant : quibus etiam in duodecim signorum cœlestium descriptione astrologi ex musica convenientia astrorum ratiocinantur. Ex his trigonis cujus latus fuerit proximum scenæ ea regione, qua præcidit curvaturam circinationis, ibi finiatur scenæ frons, et ab eo loco per centrum parallelos linea ducatur, quæ disjungat proscenium pulpitum et orchestræ regionem. Ita latius factum fuerit pulpitum quam Græcorum, quod omnes artifices in scena dant operam : in orchestra autem senatorum sunt sedibus loca designata : et ejus pulpiti altitudo sit ne plus pedum quinque, uti qui in orchestra sederint,

ne doit pas être de plus de cinq pieds, afin que ceux qui sont assis dans l'orchestre puissent voir tout ce que font les acteurs. Les amas des degrés où sont placés les spectateurs dans le théâtre doivent être disposés de telle sorte que les angles des triangles qui sont dans la circonférence règlent l'alignement des escaliers qui font les séparations de ces amas jusqu'au premier palier. Les amas des degrés supérieurs doivent être séparés par d'autres passages qui, dans le plan d'en bas, partent du milieu des amas des degrés inférieurs. Les angles qui donnent l'alignement aux escaliers qui sont entre les amas d'en bas, doivent être au nombre de sept : les cinq autres angles serviront à régler la disposition des parties dont la scène est composée : ainsi, au droit de l'angle du milieu on fera la porte royale, et les deux angles qui sont à droite et à gauche marqueront les endroits où sont les entrées des étrangers ; enfin, au droit des deux derniers angles seront les passages qui se trouvent dans les coins. Les degrés sur lesquels on place les siéges des spectateurs ne doivent pas avoir moins d'un pied et un palme de hauteur, ni plus d'un pied et six doigts; leur largeur ne doit pas être de plus de deux pieds et demi, ni de moins de deux pieds. [Ici commence, dans l'édition de Perrault, le chapitre VII, qu'il a intitulé. *De la couverture du portique du théâtre*.] La couverture du portique qu'il faut élever au-dessus des degrés doit être de la même hauteur que celle de la scène, parce que la voix qui monte en passant sur l'extrémité des degrés, et qui va ainsi jusqu'au haut de ce toit, se perdrait aussitôt qu'elle serait parvenue à l'endroit où il manquerait, s'il était plus bas. Il faut prendre la sixième partie du diamètre de l'orchestre, c'est-à-dire de l'espace qui est enfermé par les degrés d'en bas, et, suivant la ligne qui sera élevée à plomb sur cette mesure, couper les degrés au droit des coins du théâtre et des entrées, et faire à l'endroit de chaque retranchement les linteaux qui couvrent ces entrées ; car il se trouvera assez d'échappée par-dessous. Il faut que la scène soit deux fois aussi longue que le diamètre de l'orchestre. Le *piédestal*, qu'il faut poser au niveau du pupitre, doit avoir de hauteur, y compris sa corniche et sa cymaise, la douzième partie du diamètre de l'orchestre. Sur ce piédestal il faudra poser les colonnes, qui, avec leurs chapiteaux et leurs bases, auront la quatrième partie de ce diamètre. Les architraves et les autres ornements auront ensemble la cinquième partie des colonnes. Là-dessus il y aura un autre *piédestal*, qui, avec sa corniche et sa cymaise, n'aura que la moitié du piédestal d'en bas. Les colonnes que l'on posera sur ce piédestal seront moins hautes du quart que celles d'en bas. Les architraves et les autres ornements de ces colonnes seront de la cinquième partie de la colonne; et si l'on met un troisième ordre de colonnes sur la scène, il faudra que le piédestal d'en haut soit de la moitié du piédestal du milieu. Ces colonnes du dernier ordre doivent être plus courtes de la quatrième partie que celles du second, et il faut que leurs architraves et autres ornements soient ensemble de la cinquième partie, comme les autres. Mais il ne faut pas croire que les mêmes proportions puissent servir à toutes sortes de théâtres; et l'architecte doit avoir égard à la nature des lieux et à la grandeur de l'édifice, pour appliquer les mesures qui sont le plus convenables. Il y a, en effet, beaucoup de choses que l'usage auquel elles sont destinées oblige de faire d'une même gran-

---

spectare possint omnium agentium gestus. Cunei spectaculorum in theatro ita dividantur, uti anguli trigonorum, qui currunt circum curvaturam circinationis, dirigant ascensus scalasque inter cuneos ad primam præcinctionem. Supra autem alternis itineribus superiores cunei medii dirigantur. Hi autem, qui sunt in imo et dirigunt scalaria, erunt numero septem [*anguli*] reliqui quinque scenæ designabunt compositionem; et unus medius contra se valvas regias habere debet, et qui erunt dextra ac sinistra hospitalium designabunt compositionem; extremi duo spectabunt itinera versurarum. Gradus spectaculorum, ubi subsellia componantur, ne minus alti sint palmopede, ne plus pede et digitis sex : latitudines eorum ne plus pedes duos semis, ne minus pedes duo constituantur. [*Sequitur vulgo Caput VII. de tecto porticus theatri*.] Tectum porticus, quod futurum est in summa gradatione, cum scenæ altitudine libratum perficiatur ideo, quod vox crescens æqualiter ad summas gradationes et tectum perveniet. Namque si non erit æquale, quo minus fuerit altum, vox præripietur ad eam altitudinem, ad quam perveniet primo. Orchestra inter gradus imos quam diametron habuerit, ejus sexta pars sumatur, et in cornibus utrinque aditus ad ejus mensuræ perpendiculum inferiores sedes præcidantur, et qua præcisio fuerit, ibi constituantur itinerum supercilia; ita enim satis altitudinem habebunt eorum confornicationes. Scenæ longitudo ad orchestræ diametron duplex fieri debet ; podii altitudo ab libramento pulpiti cum corona et lysi duodecima orchestræ diametri : supra podium columnæ cum capitulis et spiris altæ quarta parte ejusdem diametri : epistylia et ornamenta earum columnarum altitudinis quinta parte : pluteum insuper cum unda et corona inferioris plutei dimidia parte : supra id pluteum columnæ quarta parte minore altitudine sint quam inferiores : epistylia et ornamenta earum columnarum quinta parte. Item si tertia episcenos futura erit, mediani plutei summum sit dimidia parte : columnæ summæ medianarum minus altæ sint quarta parte : epistylia cum coronis earum columnarum item habeant altitudinis quintam partem. Nec tamen in omnibus theatris symmetriæ ad omnes rationes et effectus possunt respondere: sed oportet architectum animadvertere, quibus proportionibus necesse sit sequi symmetriam, et quibus rationibus ad loci naturam aut magnitudinem operis debeat temperari. Sunt enim res, quas et in pusillo et in magno theatro necesse est eadem magnitudine

deur dans les petits théâtres comme dans les grands, par exemple, les degrés, les *paliers*, les *balustrades*, les chemins, les escaliers, les pupitres, les tribunaux, et toutes les autres choses semblables, qui, par leur destination particulière, ne peuvent pas être assujetties à la proportion générale de l'édifice. On peut aussi, quand on n'a pas les pièces de marbre ou de charpente ou les autres matériaux de la grandeur requise, retrancher quelque chose dans l'ouvrage, pourvu que cela ne soit pas trop éloigné de la raison ; ce qui demande une grande expérience dans l'architecte, et un esprit inventif pour trouver de nouveaux expédients quand il en est besoin. La scène doit être dégagée, et disposée de telle sorte qu'il y ait au milieu une porte ornée comme celle d'un palais royal, et à droite et à gauche deux autres portes pour les étrangers. Derrière ces ouvertures on placera les décorations que les Grecs appellent *périactous* (1), à cause des machines faites en triangle qui tournent à volonté. Sur chacune de ces machines il doit y avoir des ornements de trois espèces, destinés aux changements de décorations, qui se font en tournant leurs différentes faces, ainsi que cela est nécessaire dans la représentation des fables, comme quand il faut faire paraître des dieux avec des tonnerres. Au delà de cette face de la scène, on doit faire les retours qui s'avancent, ayant deux autres entrées, l'une par laquelle on vient de la place publique, et l'autre par laquelle on arrive de la campagne sur la scène. [Ici commence, dans l'édition suivie par Perrault, le chapitre VIII, qu'il a intitulé *Des trois sortes de scènes*.]

(1) Que l'on fait tourner.

Il y a trois sortes de scènes, savoir : la tragique, la comique, et la satirique. Les décorations en sont différentes, en ce que la scène tragique a des colonnes, des frontons élevés, des statues, et tels autres ornements qui conviennent à un palais royal. La décoration de la scène comique représente des maisons particulières, avec leurs balcons et leurs croisées disposées comme les habitations ordinaires. La scène satirique est ornée de bocages, de cavernes, de montagnes, et de tout ce qu'on voit représenté dans les paysages des tapisseries.

CHAPITRE VII (OU VIII, sect. 2, 3).

Des théâtres des Grecs.

Les théâtres des Grecs se font d'une autre manière que les nôtres. Au lieu des quatre triangles qui marquent la distribution du théâtre des Latins, et que l'on décrit dans un cercle qui a été tracé sur terre, ils tracent trois carrés, dont les angles touchent la circonférence du cercle ; et le côté du carré qui est le plus proche de la scène, et qui fait une section dans le cercle, termine le devant du *proscenium* ; on trace encore une autre ligne parallèle à celle-ci, et qui touche l'extrémité du cercle pour terminer le front de la scène. Ensuite on tire une autre ligne, qui est aussi parallèle aux deux autres, et qui, passant par le centre de l'orchestre vis-à-vis du *proscenium*, va couper le cercle à droite et à gauche : dans ces sections, aux cornes du demi-cercle on marque deux centres, d'où l'on trace avec le compas, posé au centre du côté droit, une ligne courbe depuis l'intervalle gauche jusqu'au côté droit du

---

fieri propter usum ; uti gradus, diazomata, pluteos, itinera, adscensus, pulpita, tribunalia, et si qua alia intercurrunt, ex quibus necessitas cogit discedere ab symmetria, ne impediatur usus. Non minus si qua exiguitas copiarum, id est marmoris, materiæ, reliquarumque rerum, quæ parantur, in opere defuerint, paululum demere aut adjicere, dum id ne nimium improbe fiat sed cum sensu, non erit alienum. Hoc autem erit, si architectus erit usu peritus, præterea ingenio mobili solertiaque non fuerit viduatus. Ipsæ autem scenæ suas habeant rationes explicatas ita, uti mediæ valvæ ornatus habeant aulæ regiæ ; dextra ac sinistra hospitalia : secundum autem spatia ad ornatus comparata, quæ loca Græci περιάκτους dicunt ab eo, quod machinæ sunt in iis locis versatiles trigonoe, habentes in singula tres species ornationis, quæ cum aut fabularum mutationes sunt futuræ, seu deorum adventus cum tonitribus repentinis, versentur mutentque speciem ornationis in frontes : secundum ea loca versuræ sunt procurrentes, quæ efficiunt una a foro altera a peregre aditus in scenam. [*Sequitur vulgo Caput VIII, de tribus scenarum generibus et theatris Græcorum, cujus posterior pars nunc separatim legitur.*] Genera autem sunt scenarum tria : unum, quod dicitur tragicum, alterum comicum, tertium satyricum. Horum autem ornatus sunt inter se dissimili disparique ratione : quod tragicæ deformantur columnis et fastigiis et signis reliquisque regalibus rebus : comicæ autem ædificiorum privatorum et meniarorum habent speciem, prospectusque fenestris dispositos imitatione communium ædificiorum rationibus : satyricæ vero ornantur arboribus, speluncis, montibus, reliquisque agrestibus rebus in τοπειώδη speciem deformatis.

CAPUT VII (vulgo VIII. sect. 2, 3).

De theatris Græcorum.

In Græcorum theatris non omnia iisdem rationibus sunt facienda ; quod primum in ima circinatione, ut in latino trigonorum quatuor, in eo quadratorum trium anguli circinationis lineam tangunt : et cujus quadrati latus est proximum scenæ præciditque curvaturam circinationis, ea regione designatur finitio proscenii ; et ab ea regione ad extremam circinationem curvaturæ parallelos linea designatur, in qua constituitur frons scenæ : per centrumque orchestræ proscenii e regione parallelos linea describitur, et qua secat circinationis lineas dextra ac sinistra in cornibus hemicycli, centra designantur, et circino collocato in

proscenium; on pose également une pointe du compas au centre gauche, et on trace de l'intervalle droit une ligne courbe vers le côté gauche du *proscenium*. Ainsi, par le moyen de ces trois centres et d'après cette disposition, les Grecs ont leur orchestre bien plus large et leur scène plus éloignée; ils ont aussi leur pupitre, qu'ils appellent *logeion*, plus étroit. C'est pourquoi il n'y a chez eux que les acteurs tragiques et comiques qui jouent sur la scène; les autres entrent dans l'orchestre: et c'est par cette raison qu'en grec les uns sont appelés *scenici*, les autres *thymelici*. Le *logeion* ne doit pas avoir moins de dix pieds de hauteur, ni plus de douze. Les escaliers qui séparent les amas de degrés doivent être alignés d'après le milieu des angles, des carrés, jusqu'au premier palier, au-dessus duquel d'autres escaliers doivent monter entre les premiers jusqu'au dernier palier, en sorte qu'à mesure qu'on multipliera les paliers il faudra toujours élargir les amas de degrés.

CHAPITRE VIII (ou VIII, sect. 4, 5).

Du choix des lieux consonnants pour les théâtres.

Toutes ces choses étant exactement expliquées, il faut s'appliquer à choisir un endroit où la voix s'arrête doucement, et où l'écho n'occasionne aucune confusion lorsqu'elle parvient aux oreilles; car il y a des lieux qui empêchent le mouvement naturel de la voix; tels sont tous les lieux sourds, ou dissonnants, que les Grecs appellent *catechountes*; les circonsonnants, qu'ils appellent *periechountes*; les résonnants, qu'ils appellent *antechountes*, et les consonnants, qu'ils appellent *synechountes*. Les lieux sourds sont ceux dans lesquels la première partie de la voix, après avoir monté jusqu'au haut, est repoussée par quelques corps solides, en sorte qu'en retournant en bas elle étouffe l'autre partie qui la suit. Les circonsonnants sont ceux dans lesquels la voix, étant renfermée, se perd en tournoyant, et ne paraît pas bien articulée. Les résonnants sont ceux où il se fait une réflexion qui forme une image de la voix, en sorte que les dernières syllabes sont répétées. Mais les consonnants sont ceux qui, aidant la voix et augmentant sa force à mesure qu'elle monte, la conduisent nette et distincte jusqu'aux oreilles. C'est donc en apportant beaucoup de soin dans le choix d'un emplacement convenable, que la voix pourra être bien ménagée et produire un bon effet dans les théâtres.

Pour bien tracer le plan de ces théâtres, il faudra employer les différentes règles qui leur sont particulières; car ceux qui seront dessinés par le moyen des carrés conviendront aux Grecs, et ceux qui le seront par des triangles équilatéraux seront pour les Latins. Ce n'est qu'en suivant ces préceptes que l'on construira des théâtres avec toute la perfection possible.

CHAPITRE IX.

Des portiques et des promenoirs qui sont derrière la scène.

Il doit y avoir des portiques derrière la scène, afin que quand il surviendra inopinément des

---

dextra, ab intervallo sinistro circumagatur circinatio ad proscenii dextram partem · item centro collocato in sinistro cornu, ab intervallo dextro circumagatur ad proscenii sinistram partem. Ita a tribus centris hac descriptione ampliorem habent orchestram Græci et scenam recessiorem minoreque latitudine pulpitum, quod λογεῖον appellant, ideo quod apud eos tragici et comici actores in scena peragunt, reliqui autem artifices suas per orchestram præstant actiones. Itaque ex eo scenici et thymelici græce separatim nominantur. Ejus logei altitudo non minus debet esse pedum decem, non plus duodecim. Gradationes scalarum inter cuneos et sedes contra quadratorum angulos dirigantur ad primam præcinctionem: ab ea præcinctione inter eas iterum mediæ dirigantur, et ad summam quotiens præcinguntur, altero tanto semper amplificantur.

CAPUT VIII (vulgo Capitis VIII. sect. 4. 5).

De locis consonantibus ad theatra eligendis.

Cum hæc omnia summa cura solertiaque explicata sint, tunc etiam diligentius est animadvertendum, uti sit electus locus, in quo leniter applicet se vox, neque repulsa resiliens incertas auribus referat significationes. Sunt enim nonnulli loci naturaliter impedientes vocis motus, uti dissonantes, qui græce dicuntur κατηχοῦντες: circumsonantes, qui apud eos nominantur περιηχοῦντες: item resonantes, qui dicuntur ἀντηχοῦντες: consonantesque, quos appellant συνηχοῦντας. Dissonantes sunt, in quibus vox prima, cum est elata in altitudinem, offensa superioribus solidis corporibus, repulsaque resiliens in imum, opprimit insequentis vocis elationem. Circumsonantes autem sunt, in quibus circumvagando coacta vox se solvens in medio sine extremis casibus sonans, ibi extinguitur incerta verborum significatione. Resonantes vero, in quibus, cum in solido tactu percussa resiliat, imagines exprimendo novissimos casus duplices faciunt auditu. Item consonantes sunt, in quibus ab imis auxiliata, cum incremento scandens, ingreditur ad aures diserta verborum claritate. Ita si in locorum electione fuerit diligens animadversio, emendatus erit prudentia ad utilitatem in theatris vocis effectus.

Formarum autem descriptiones inter se discriminibus his erunt notatæ, uti quæ ex quadratis designantur, Græcorum habeant usus, latine paribus lateribus trigonorum. Ita his præscriptionibus qui voluerit uti, emendatas efficiet theatrorum perfectiones.

CAPUT IX.

De porticibus post scenam et ambulationibus.

Post scenam porticus sunt constituendæ, uti cum imbres repentini ludos interpellaverint, habeat populus,

pluies au milieu des jeux, le peuple s'y puisse abriter en sortant du théâtre. Il faut aussi que les lieux où doivent se retirer ceux qui dansent les ballets soient assez spacieux pour qu'ils puissent s'y exercer commodément : tels sont les portiques de Pompée, et à Athènes les portiques d'Eumène et le temple de Bacchus. Il faut aussi qu'il y ait au côté gauche du théâtre en sortant un *odeum* (1), pareil à celui que Périclès fit construire à Athènes avec des colonnes de pierre, et qu'il couvrit avec les mâts et les antennes des navires pris sur les Perses ; mais cet édifice ayant été brûlé pendant la guerre de Mithridate, il fut ensuite rebâti par le roi Ariobarzane. On pourra faire aussi l'*odeum* pareil au *strategeum* (2) de Smyrne, ou au portique qui est aux deux côtés d'une scène sur le stade, à Tralles. Dans toutes les villes qui ont eu des architectes instruits et soigneux, on voit près des théâtres des portiques et des promenoirs construits de telle sorte qu'ils sont doubles, et qu'ils ont des colonnes extérieures d'ordre dorique avec leurs architraves et autres ornements, proportionnés selon les règles de cet ordre. La largeur des portiques doit être réglée de manière à ce que la distance depuis la partie extérieure des colonnes du dehors jusqu'à celles du milieu, et la distance de celles du milieu jusqu'au mur dans lequel sont enfermés les promenoirs qui sont dans l'enclos de ces portiques, soit égale à la hauteur des colonnes du dehors. Les colonnes du milieu, qu'il faut faire d'ordre ionique ou corinthien, doivent être plus hautes d'une cinquième partie que les colonnes extérieures. Ces colonnes doivent avoir d'autres proportions que celles que nous avons données aux colonnes des temples ; car celles-ci doivent avoir plus de gravité, et celles des portiques plus de délicatesse. C'est pourquoi, si l'on veut faire les colonnes d'ordre dorique, il faut partager toute leur hauteur, y compris le chapiteau, en quinze parties, dont l'une fera le module de tout l'ordre : on donnera deux modules à l'épaisseur de la colonne, cinq et demi à l'entre-colonnement, et quatorze à la colonne sans le chapiteau. La hauteur du chapiteau sera d'un module, et la largeur de deux modules et un sixième. Les autres mesures seront les mêmes que celles qui ont été prescrites dans le quatrième livre pour les temples. Si l'on veut faire des colonnes d'ordre ionique, il faudra diviser la tige de la colonne, sans le chapiteau et sans la base, en huit parties et demie, pour en donner une à la grosseur de la colonne, et une demie à la base avec sa plinthe ; les proportions du chapiteau seront telles qu'elles ont été données au troisième livre. Si les colonnes sont corinthiennes, elles auront le fût et la base comme dans l'ordre ionique ; les chapiteaux se feront d'après les règles prescrites au quatrième livre. Les piédestaux auront aussi des saillies inégales en manière d'escabeaux, ainsi qu'il a été expliqué dans le troisième livre. Les architraves, les corniches, et tous les autres membres d'architecture, seront mesurés selon les règles qui ont été données dans les livres précédents. Les espaces découverts qui sont dans l'enclos des portiques seront ornés de palissades de verdure, parce que les promenades qui se font à découvert dans ces lieux contribuent beaucoup à la santé. Leur premier effet est de donner une plus grande portée à la vue ; car la verdure rend l'air plus subtil, et le mou-

(1) Lieu pour chanter. — (2) Arsenal.

---

quo se recipiat ex theatro, choragiaque laxamentum habeant ad comparandum : uti sunt porticus Pompeianæ itemque Athenis porticus Eumenia, Patrisque Liberi fanum, et exeuntibus e theatro sinistra parte Odeum, quod Themistocles columnis lapideis navium malis et antennis e spoliis Persicis pertexit; idem autem [etiam] incensum Mithridatico bello rex Ariobarzanes restituit : Smyrnæ Stratoniceum, Trallibus porticus ex utraque parte ut scenæ supra stadium : ceterisque civitatibus, quæ diligentiores habuerunt architectos, circa theatra sint porticus et ambulationes. Quæ videntur ita oportere collocari, uti duplices sint, habeantque exteriores columnas doricas cum epistyliis et ornamentis ex ratione modulationis doricæ perfectas. Latitudines autem earum ita oportere fieri videntur, uti quanta altitudine columnæ fuerint exteriores, tantam latitudinem habeant ab inferiore parte columnarum extremarum ad medias, et a medianis ad parietes, qui circumcludunt porticus ambulationes : mediæ autem columnæ quinta parte altiores sint quam exteriores, sed aut Ionico aut Corinthio genere deformentur. Columnarum autem proportiones et symmetriæ non erunt iisdem rationibus, quibus, in ædibus sacris scripsi. Aliam enim in templis debent habere gravitatem, aliam in porticibus et ceteris operibus subtilitatem. Itaque si dorici generis erunt columnæ, dimetiantur earum altitudines cum capitulis in partes quindecim, et ex eis partibus una constituatur et fiat modulus; ad cujus moduli rationem omnis operis erit explicatio; et in imo columnæ crassitudo fiat duorum modulorum : intercolumnium quinque et moduli dimidia parte : altitudo columnæ præter capitulum quatuordecim modulorum : capituli altitudo moduli unius, latitudo modulorum duorum et moduli sextæ partis : cæteri operis modulationes, uti in ædibus sacris in libro quarto scriptum est, ita perficiantur. Sin autem Ionicæ columnæ fient, scapus præter spiram et capitulum in octo partes et dimidiam dividatur, et ex his una crassitudini columnæ detur : spira cum plintho dimidia crassitudine constituatur : capituli ratio ita fiat, uti in tertio libro est demonstratum. Si Corinthia erit, scapus et spira, uti in Ionica, capitulum autem, quemadmodum in quarto libro est scriptum, ita habeat rationem : stylobatisque adjectio, quæ fit per scamillos impares, ex descriptione, quæ supra scripta est in libro tertio, sumatur : epistylia, coronæ, ceteraque omnia ad columnarum rationem ex scriptis voluminum superiorum explicentur. Media vero spatia, quæ erunt sub divo inter porticus, adornanda viridibus videntur, quod habent ambulationes habent magnam salubritatem, et primum oculorum, quod ex viridibus subtilis et extenuatus aër propter motionem corporis influens perlimat speciem, et ita auferens ex oculis humo-

vement ouvre les conduits du corps ; ce qui contribue à dissiper les humeurs grossières qui sont autour des yeux. Secondement, la chaleur douce qui est excitée par l'exercice consume et attire en dehors les humeurs, et généralement tout ce qui est superflu et à charge à la nature. Il sera aisé de juger que cela est vrai, si l'on considère que, des eaux qui sont à couvert et enfermées sous terre, il ne s'élève aucune vapeur, tandis, au contraire, que le soleil attire assez d'humidité pour en former les nuages, de celles qui sont exposées à l'air. Si donc il est prouvé que dans les lieux découverts les mauvaises humeurs sont attirées hors du corps comme les vapeurs le sont hors de la terre, il n'y a point de doute que les promenades dans les lieux découverts sont un grand ornement pour les villes, et d'une grande utilité pour les habitants. Or, afin que les allées soient toujours exemptes d'humidité, il faut creuser et vider la terre bien profondément, et bâtir à droite et à gauche des égouts, dans lesquels il y ait des canaux qui descendent des deux côtés des allées. Après avoir empli de charbon ces canaux, il faudra y mettre du sable par-dessus, et dresser l'allée, qui, à cause de la rareté naturelle du charbon, sera exempte d'humidité, parce que les conduits l'épuiseront en la déchargeant dans les égouts. L'intention de nos ancêtres a encore été que ces promenoirs fussent comme des magasins dans lesquels les villes trouvassent de quoi subvenir à de grandes nécessités. On sait que pendant un siége il n'y a rien dont on manque sitôt que de bois : car il n'est pas difficile d'avoir des provisions de sel pour longtemps; on peut approvisionner les greniers publics et ceux des particuliers d'une quantité suffisante de blé, et les herbages, la viande et les légumes peuvent suppléer à son défaut : de même, si les eaux viennent à manquer, on peut faire des puits ou amasser les eaux de la pluie. Mais les provisions de bois, dont on a toujours besoin pour la cuisine, sont difficiles à faire, parce qu'il s'en consume une si grande quantité qu'il faut beaucoup de temps pour en amasser suffisamment. Or, dans ces besoins pressants, on peut couper les arbres de ces promenoirs, et en distribuer à chacun sa part; de sorte qu'on peut retirer de ces promenoirs deux grands avantages, puisqu'ils contribuent à la santé pendant la paix, et suppléent au défaut de bois en temps de guerre. Il serait donc à propos qu'il y en eût dans toutes les villes, non-seulement derrière les scènes des théâtres, mais encore auprès de tous les temples.

Ces choses étant, ce nous semble, suffisamment expliquées, nous allons passer à la description des bains.

CHAPITRE X.

De quelle manière les bains doivent être disposés, et de quelles parties ils se composent.

Il faut commencer par choisir l'exposition la plus chaude, c'est-à-dire celle qui ne regarde pas le septentrion. Les étuves chaudes et les tièdes doivent avoir leurs fenêtres au couchant d'hiver; ou si l'on y éprouve quelque empêchement, il faut les tourner au midi, parce que le moment de se baigner est ordinairement depuis le midi jusqu'au

---

rem crassum aciem tenuem et acutam speciem relinquit. Præterea cum corpus motionibus in ambulatione calescat, humores ex membris aër exugendo imminuit plenitates, extenuatque dissipando quod plus inest, quam corpus potest sustinere. Hoc autem ita esse ex eo licet animadvertere, quod sub tectis cum sint aquarum fontes aut etiam sub terra palustris abundantia, ex his nullus surgit humor nebulosus, sed in apricis hypæthrisque locis, cum sol oriens vapore tangit mundum, ex humidis et abundantibus excitat humores, et etiam conglobatos in altitudinem tollit. Ergo si ita videtur, uti in hypæthris locis ab aëre humores ex corporibus exugantur molestiores, quemadmodum ex terra per nebulas videntur, non puto dubium esse, quin amplissimas et ornatissimas sub divo hypæthrisque collocari oporteat in civitatibus ambulationes. Eæ autem uti sint semper siccæ et non lutosæ, sic erit faciendum. Fodiantur et exinaniantur quam altissime, et dextra ac sinistra structiles cloacæ fiant, inque earum parietibus, qui ad ambulationem spectaverint, tubuli instruantur inclinati fastigio in cloacas. His perfectis compleantur ea loca carbonibus; deinde insuper sabulone eæ ambulationes sternantur et exæquentur : ita propter carbonum naturalem raritatem et tubulorum in cloacas instructionem excipientur aquarum abundantiæ, et ita siccæ et sine humore perfectæ fuerint ambulationes. Præterea in his operibus thesauri sunt civitatibus in necessariis rebus a majoribus constituti : in conclusionibus enim reliqui omnes faciliores sunt apparatus quam lignorum. Sal enim facile ante importatur : frumenta publice privatimque expeditius congeruntur, et si desint, oleribus, carne, seu leguminibus defenditur : aquæ fossuris puteorum et de cœlo repentinis tempestatibus ex tegulis excipiuntur : de lignatione, quæ maxime necessaria est ad cibum excoquendum, difficilis et molesta est apparatio, quod et tarde comportatur et plus consumitur. In ejusmodi temporibus tunc eæ ambulationes aperiuntur, et mensuræ tributim singulis capitibus designantur. Ita duas res egregias hypæthræ ambulationes præstant, unam in pace salubritatis, alteram in bello salutis. Ergo his rationibus ambulationum explicationes non solum post scænam theatri, sed etiam omnium deorum templis effectæ magnas civitatibus præstare poterunt utilitates.

Quoniam hæc a nobis satis videntur esse exposita, nunc insequentur balnearum dispositionum demonstrationes.

CAPUT X.

De balnearum dispositionibus et partibus.

Primum eligendus locus est quam calidissimus, id est, aversus a septentrione et aquilone. Ipsa autem caldaria tepidariaque lumen habeant ab occidente hiberno : sin autem natura loci impedierit, utique a meridie, quod

soir. Il faut aussi faire en sorte que le bain chaud qui est pour les hommes ainsi que celui des femmes soient près l'un de l'autre, parce qu'on pourra échauffer avec un même fourneau les chambres où sont les vases de ces deux bains. On mettra sur ce fourneau trois grands vases d'airain, dont l'un sera pour l'eau chaude, l'autre pour l'eau tiède, et le troisième pour l'eau froide : les vases seront placés et disposés de manière que de celui qui contient l'eau tiède, il entrera dans celui qui contient l'eau chaude autant d'eau qu'il en aura été tiré de chaude ; et qu'il en entrera ensuite la même quantité de celui qui contient l'eau froide dans celui qui contient l'eau tiède. Le dessous des bains sera échauffé par un seul fourneau. Le plancher des étuves, qui doit être creux et comme suspendu, sera établi de la manière suivante : Il faut premièrement faire un pavé avec des carreaux d'un pied et demi, qui aillent en penchant vers le fourneau, en sorte que si l'on y jette une balle, elle n'y puisse demeurer, mais qu'elle retourne vers l'entrée du fourneau : par ce moyen la flamme se dirigera plus facilement sous tout le plancher suspendu. Sur ce pavé, on bâtira des piles avec des briques de huit pouces, disposées et espacées de telle sorte qu'elles puissent soutenir des carreaux de deux pieds, en carré. Ces piles seront hautes de deux pieds et seront maçonnées avec de la terre grasse mêlée avec de la bourre ; elles porteront, ainsi qu'il a été dit, des carreaux de deux pieds en carré, sur lesquels sera le pavé. Pour ce qui est de la voûte des bains, le meilleur est qu'elle soit en pierre ; mais si elle n'est que de charpenterie, il la faudra garnir et lambrisser de poterie de cette manière. On fera des tringles ou des arcs de fer, qu'on attachera à la charpenterie avec des crampons de fer ; on les placera assez près les uns des autres pour que des carreaux de poterie qui doivent être sans rebord posent chacun sur deux arcs ou verges de fer, et de façon que tout le lambris de la voûte soit soutenu sur du fer : le dessus de ce lambris sera enduit de terre grasse mêlée avec de la bourre ; et par-dessous, la face qui regarde le pavé sera également enduite, mais avec de la chaux et du ciment, que l'on recouvrira de stuc ou de quelque autre enduit plus délié. Dans les bains chauds, il sera bon que cette voûte soit double, afin que la vapeur qui pénétrera la première dans l'entre-deux s'y dissipe, et ne pourrisse pas si tôt la charpenterie. La grandeur des bains doit être proportionnée à la population ; mais cette proportion doit être telle qu'il faut que la largeur ait un tiers de moins que la longueur, sans comprendre le reposoir qui est autour du bain, et le corridor. Ce bain doit être éclairé par en haut, afin qu'il ne soit pas obscurci par ceux qui sont alentour. Il faut que les reposoirs qui sont autour du bain soient assez grands pour contenir ceux qui attendent que les premiers venus qui sont dans le bain en sortent. Le corridor, qui est entre le mur et la balustrade, ne doit pas avoir moins de six pieds de large, parce que le degré qui est au-dessous, et l'appui de dessus, en emportent deux. Le *laconicum* ou étuve à faire suer doit être jointe avec l'étuve tiède ; et il faut que l'une et l'autre aient autant de largeur qu'elles ont de hauteur jusqu'au commencement de la voûte, qui est en demi-rond : au milieu de cette voûte on doit laisser une ouverture, pour donner du jour et y suspendre avec des chaînes un bouclier d'airain, par le moyen duquel, en le haussant ou en le baissant, on pourra augmenter ou diminuer la

---

maxime tempus lavandi a meridiano ad vesperum est constitutum. Et item est animadvertendum, uti caldaria muliebria viriliaque conjuncta et in iisd m regionibus sint collocata ; sic enim efficietur, ut [in] vasarin et hypocausis communis sit [usus] eorum utrisque. Ahena supra hypocausin tria sunt componenda, unum caldarium, alterum tepidarium, tertium frigidarium, et ita collocanda, uti ex tepidario in caldarium quantum aquæ caldæ exierit, influat de frigidario in tepidarium ad eumdem modum : testudinesque alveolorum ex communi hypocausi calefaciantur. Suspensuræ caldariorum ita sunt faciendæ, uti primum sesquipedalibus tegulis solum sternatur inclinatum ad hypocausim, uti pila cum mittatur, non possit intro resistere, sed rursus redeat ad præfurnium ; ipsa per se ita flamma facilius pervagabitur sub suspensione : supraque laterculis bessalibus pilæ struantur ita dispositæ, uti bipedales tegulæ possint supra esse collocatæ. Altitudinem autem pilæ habeant pedum duorum ; eæque struantur argilla cum capillo subacta : supraque collocentur tegulæ bipedales, quæ sustineant pavimentum. Concamerationes vero si ex structura factæ fuerint, erunt utiliores : sin autem contignationes fuerint, figlinum opus subjiciatur. Sed hoc ita erit faciendum : regulæ ferreæ aut arcus fiant, eæque uncinis ferreis ad contignationem suspendantur quam creberrimis, eæque regulæ sive arcus ita disponantur, ut tegulæ sine marginibus sedere in duabus invehi qui possint, et ita totæ concamerationes in ferro nitentes sint perfectæ : earumque camerarum superiora coagmenta ex argilla cum capillo subacta liniantur. Inferior autem pars, quæ ad pavimentum spectat, primum, testa cum calce trullisetur, deinde opere albario sive tectorio poliatur. Eæque cameræ in caldariis si duplices factæ fuerint, meliorem habebunt usum ; non enim a vapore humor corrumpere poterit materiem contignationis, sed inter duas cameras vagabitur. Magnitudines autem balnearum videntur fieri pro copia hominum. Sint autem ita compositæ : quanta longitudo fuerit, tertia dempta latitudo sit præter scholam labri et alvei : labrum utique sub lumine faciendum videtur, ne stantes circum suis umbris obscurent lucem. Scholas autem labrorum ita fieri oportet spatiosas, ut, cum priores occupaverint loca, circumspectantes reliqui recte stare possint. Alvei autem latitudo inter parietem et pluteum ne minus sit pedes senos, ut gradus inferior inde auferat et pulvinus duos pedes. Laconicum sudationesque sunt conjungendæ tepidario, eæque quam latæ fuerint, tantam altitudinem habeant ad imam curvaturam hemisphærii : mediumque lumen in hemisphærio relinquatur, ex eoque clypeum æneum catenis pendeat, per

chaleur qui fait suer. Ce lieu doit être arrondi au compas, pour qu'il reçoive aussi dans le milieu la *force de la vapeur chaude*, qui tourne et se répand dans toute sa cavité.

CHAPITRE XI.

Comment il faut bâtir les palestres et les xystes.

Bien que les palestres ne soient pas en usage en Italie, je ne laisserai pas de dire ici comment elles doivent être bâties, et de quelle manière les Grecs ont coutume de les faire. Dans les palestres, il faut faire des péristyles carrés ou longs, qui aient deux stades de tour, qui est ce que les Grecs appellent *diaulon*(1). Trois des portiques de ce péristyle doivent être simples; et le quatrième, qui regarde le midi, doit être double, afin que le vent ne puisse pousser la pluie jusqu'au fond. Le long des trois autres portiques, on bâtit de grandes *salles* (2), où sont plusieurs bancs sur lesquels viennent s'asseoir les philosophes, les rhéteurs et les autres gens de lettres, pour y discuter sur les sciences. Le long du double portique doivent se trouver les pièces suivantes : au milieu, l'*éphebeum*(3), qui est une salle spacieuse et garnie de siéges; elle est plus longue de la troisième partie qu'elle n'est large; à sa droite est le *coriceum* ou *jeu de paume*, et ensuite le *conisterium* (4) : près du et dans l'angle du portique, est le bain d'eau froide, que les Grecs appellent *loutros*(5). Au côté gauche de l'éphébeum, est l'*elæothesium* (6), près duquel est la chambre froide d'où l'on va par un passage au *propnigeum* (7), qui est

(1) Long comme une flûte. — (2) Lieu pour les jeunes garçons. — (3) Lieu où s'exerçaient les jeunes gens. — (4) Le magasin de la poussière. — (5) Le lavoir. — (6) Le lieu où l'huile était serrée. — (7) L'avant-fourneau.

dans le retour de l'autre portique. Tout proche de là en dedans, et en face de la chambre froide, est l'étuve voûtée pour faire suer; cette pièce doit être deux fois plus longue que large. Dans l'intérieur, sur le côté, se trouve le laconicum, bâti de la même manière qu'il a déjà été dit. A l'opposite du laconicum, est le bain d'eau chaude. C'est ainsi que les péristyles de la palestre doivent être disposés. Il y a de plus en dehors trois autres portiques, dans l'un desquels on entre en sortant du péristyle. Les deux autres sont à droite et à gauche, et on peut s'y exercer comme dans le stade. Celui de ces portiques qui regarde le septentrion doit être double et fort large; l'autre sera simple, mais construit de telle sorte que, le long du mur et le long des colonnes, il y aura comme des chemins élevés, larges de dix pieds, qui laisseront au milieu un autre chemin bas, où l'on descendra par deux degrés, qui occuperont un pied et demi depuis le chemin haut jusqu'au chemin bas, lequel n'aura pas moins de douze pieds. Par ce moyen, ceux qui se promèneront avec leurs vêtements sur ces chemins hauts ne seront point incommodés par ceux qui s'exerceront dans le bas. Cette sorte de portique est appelée *xystos* par les Grecs, d'autant qu'il forme un stade couvert où les athlètes peuvent s'exercer pendant l'hiver. Pour bien faire ces xystes, on fait entre les deux portiques une plantation de platanes avec des allées, dans lesquelles on place, d'espace en espace, des siéges en maçonnerie de mortier de chaux et de ciment. Le long du xyste couvert et du double portique, il faudra tracer des allées découvertes, que les Grecs appellent *peridromidas* (1), et qui sont nos xystes décou-

(1) Fait pour courir tout alentour.

cujus reductiones et demissiones perficietur sudationis temperatura; ipsumque ad circinum fieri oportere videtur, ut æqualiter a medio flammæ vaporisque vis per curvaturæ rotundationes pervagetur.

CAPUT XI.
De palæstrarum ædificatione et xystis.

Nunc mihi videtur, tametsi non sint Italicæ consuetudinis, palæstrarum ædificationes tradere tamen explicare, et quemadmodum apud Græcos constituantur monstrare. In palæstris peristylia quadrata sive oblonga ita sunt facienda, uti duorum stadiorum habeant ambulationis circuitionem, quod Græci vocant δίαυλον; ex quibus tres porticus simplices disponantur, quartæque, quæ ad meridianas regiones est conversa, duplex; uti cum tempestates ventosæ sunt, non possit aspergo in interiorem partem pervenire. Constituantur autem in tribus porticibus exedræ spatiosæ, habentes sedes, in quibus philosophi, rhetores, reliquique qui studiis delectantur sedentes disputare possint. In duplici autem porticu collocentur hæc membra, ephebeum in medio; hoc autem est exedra amplissima cum sedibus, quæ tertia parte longior sit quam lata : sub dextro coryceum : deinde proxime conisterium : a conisterio in versura porticus frigida lavatio, quam Græci λοῦτρον vocitant :

ad sinistram ephebei elæothesium : proxime autem elæothesium frigidarium, ab eoque iter in propnigeum in versura porticus : proxime autem introrsus e regione frigidarii collocetur concamerata sudatio, longitudine duplex quam latitudine, quæ habeat in versuris ex una parte Laconicum, ad eundem modum uti supra scriptum est compositum : ex adverso Laconici caldam lavationem. In palæstra peristylia, quemadmodum supra scriptum est, ita debent esse perfecte distributa. Extra autem disponantur porticus tres, una ex peristylio exeuntibus, duæ dextra atque sinistra stadiatæ; ex quibus una quæ spectaverit ad septentrionem, perficiatur duplex, amplissima latitudine; alteræ simplices, ita factæ, uti in partibus, quæ fuerint circa parietes et quæ erunt ad columnas, margines habeant uti semitas non minus pedum denum, mediumque excavatum, uti gradus bini sint in descensu a marginibus sesquipedem ad planitiem; quæ planities sit ne minus pedes XII. Ita qui vestiti ambulaverint circum in marginibus non impedientur ab unctis se exercentibus. Hæc autem porticus ξυστός apud Græcos vocitatur, quod athletæ per hiberna tempora in tectis stadiis exercentur. Proxime autem xystum et duplicem porticum designentur hypæthræ ambulationes, quas Græci παραδρομίδας, nostri xysta appellant, in quas per hiemem ex xysto sereno cœlo ath-

verts; c'est là que les athlètes s'exercent en hiver, quand il fait beau temps. Au delà de ce xyste, il faut bâtir un stade assez ample pour contenir beaucoup de monde, qui puisse voir à l'aise les exercices des athlètes.

Voilà ce que j'avais à dire touchant la disposition des édifices qui se font dans l'enceinte des murs d'une ville.

CHAPITRE XII.
Des ports, et de la maçonnerie qui se fait dans l'eau.

La commodité des ports est une chose assez importante pour nous obliger à expliquer ici par quel art on les peut rendre capables de mettre les vaisseaux à couvert des tempêtes. Il n'y a rien de si aisé quand la nature du lieu s'y rencontre favorable, et qu'il se trouve des hauteurs et des promontoires qui s'avancent, et laissent au milieu un lieu naturellement courbé : car il n'y a plus alors qu'à construire autour du port des portiques, des arsenaux et des passages pour aller du port dans les marchés, et à élever des tours aux deux extrémités d'où l'on puisse tendre des chaînes, au moyen de machines qui les soutiennent. Mais si l'endroit n'est pas naturellement convenable pour abriter les vaisseaux et les défendre contre la tempête, voici ce que l'on peut faire, pourvu qu'il n'y ait point de fleuve qui en empêche et que la profondeur soit suffisante d'un côté : il faut bâtir de l'autre côté un môle qui s'avance dans la mer et qui enferme le port. La manière de bâtir le môle qui s'avance dans l'eau est celle-ci : Il faut faire apporter de cette poudre qui se trouve dans les lieux compris entre Cumes et le promontoire de Minerve : on fait un mortier composé des deux tiers de cette poudre et d'un tiers de chaux. Ensuite, à la place où l'on veut bâtir le môle, on enfonce dans la mer et l'on affermit solidement une enceinte de poteaux rainés, et attachés ensemble par de forts liens; on remplit après cela les entre-deux avec des ais; après avoir égalisé le fond et ôté ce qui pourrait nuire dans l'espace compris entre les pieux. La propriété de la poudre dont il a été parlé est telle, qu'il n'y aura qu'à jeter le mortier qui en sera fait, et à l'entasser avec les pierres jusqu'à ce que l'on ait ainsi rempli tout l'espace qui aura été destiné pour le môle. Mais si l'agitation de la mer est telle que l'on ne puisse suffisamment arrêter ces poteaux, il faudra bâtir dans la terre même, au bord de la mer, un *massif* qui s'élève jusqu'au niveau de la terre, en sorte néanmoins qu'il n'y en ait pas la moitié à niveau, parce que l'autre partie qui est la plus proche de la mer doit être en talus. Ensuite on bâtira, tant du côté de l'eau que des deux côtés du massif, des rebords d'environ un pied et demi, jusqu'à la hauteur de la partie du massif qui est à niveau avec le sol, ainsi qu'il a été dit ; et on remplira de sable le creux du talus jusqu'au haut des rebords. Cette esplanade étant faite, on bâtira dessus une masse de maçonnerie de la grandeur que l'on jugera suffisante, et, l'ayant laissée sécher au moins pendant deux mois, on abattra les rebords qui soutiennent le sable, et le sable étant emporté par les vagues, laissera tomber et glisser cette masse dans la mer; par ce moyen, on pourra peu

letæ prodeuntes exercentur. Facienda autem xysta sic videntur, ut sint inter duas porticus sylvæ aut platanones, et in his perficiantur inter arbores ambulationes, ibique ex opere signino stationes. Post xystum autem stadium ita figuratum, ut possint hominum copiæ cum laxamento athletas certantes spectare.

Quæ in moenibus necessaria videbantur esse, ut apte disponantur, perscripsi.

CAPUT XII.
De portibus et structuris in aqua faciendis.

De opportunitate autem portuum non est prætermittendum, sed quibus rationibus tueantur naves in his ab tempestatibus, explicandum. Hi autem naturaliter si sint bene positi, habeantque acroteria sive promontoria procurrentia, ex quibus introrsus curvaturæ sive versuræ ex loci natura fuerint conformatæ, maximas utilitates videntur habere. Circum enim porticus sive navalia sunt facienda, sive ex porticibus aditus ad emporia, turresque ex utraque parte collocandæ, ex quibus catenæ traduci per machinas possint. Sin autem non naturalem locum neque idoneum ad tuendas ab tempestatibus naves habuerimus, ita videtur esse faciendum, uti si nullum flumen in his locis impedierit, sed erit ex una parte statio, tunc ex altera parte structuris sive aggeribus expediatur progressus, et ita conformanda portuum conclusiones. Eæ autem structuræ, quæ in aqua sunt futuræ, videntur sic faciendæ, uti portetur pulvis a regionibus, quæ sunt a Cumis continuatæ ad promontorium Minervæ, isque misceatur uti in mortario duo ad unum respondeant. Deinde tunc in eo loco, qui definitus erit, arcæ stipitibus robusteis et catenis inclusæ in aquam demittendæ destinandæque firmiter ; deinde inter eas ex transtillis inferior pars sub aqua exæquanda et purganda, et cæmentis ex mortario materia mixta (quemadmodum supra scriptum est) ibi congerendum, donicum compleatur structuræ spatium, quod fuerit inter arcas. Sin autem propter fluctus aut impetus aperti pelagi destinæ arcas non potuerint continere, tunc ab ipsa terra sive crepidine pulvinus quam firmissime struatur ; isque pulvinus exæquata struatur planitie minus quam dimidiæ partis ; reliquum, quod est proxime littus, proclinatum latus habeat. Deinde ad ipsam aquam et latera pulvino circiter sesquipedales margines struantur æquilibres ei planitiæ, quæ supra scripta est. Tunc proclinatio ea impleatur arena, et exæquetur cum margine et planitia pulvini : deinde insuper eam exæquationem pila quam magna constituta fuerit, ibi struatur, eaque cum erit extructa, relinquatur ne minus duo menses, ut siccescat : tunc autem succidatur margo, quæ sustinet arenam : ita arena fluctibus subruta efficiet in mare pilæ præcipitationem. Hac ratione quotiescunque opus fuerit,

à peu s'avancer dans la mer autant qu'il sera nécessaire. Dans les endroits où l'on ne pourra pas se procurer cette poudre, on emploiera ce moyen : On enfoncera dans la mer, autour de l'espace qu'on aura choisi, de doubles rangées de poteaux liés et consolidés ensemble, comme il a été dit ; et l'on remplira les intervalles de ces doubles rangs avec de l'argile mise dans des *sacs* faits d'herbes de marais, et que l'on aura bien battus pour les bien affermir ; et alors, avec des machines hydrauliques faites en limaçon, avec des roues ou des tympans, on videra l'eau qui est entre ces deux digues. Puis, dans cet espace qui aura été desséché, on creusera les fondements jusqu'au solide, si l'on creuse dans la terre ; et on les bâtira de libages joints avec de la chaux et du sable, les faisant plus larges que le mur qu'ils doivent soutenir. Si le terrain n'est pas ferme, on y enfoncera des pilotis d'aune à demi brûlés, ou d'olivier, ou de chêne, dont les intervalles seront remplis de charbon, comme il a été dit en parlant des fondements des théâtres et des autres murailles. Là-dessus on élèvera le mur de pierres de taille, dont celles qu'on posera en boutisses auront le plus de longueur possible, afin que celles qui sont entre les boutisses soient plus fermement liées ; on remplira le dedans du mur avec du mortier fait de chaux et de cailloux, ou avec de la maçonnerie ; ce qui formera une masse assez forte pour soutenir une tour, si on veut en bâtir une dessus. Ce travail étant achevé, on aura soin, en bâtissant les arsenaux pour les navires, de les tourner vers le septentrion ; car l'aspect du midi, à cause de la chaleur, est sujet à engendrer et à entretenir les vers et les autres insectes qui carient le bois. Il faut aussi se donner de garde de les couvrir de bois, de crainte du feu : leur grandeur ne saurait être définie ; mais elle doit être capable de contenir aisément les plus grands vaisseaux.

Après avoir enseigné dans ce livre tout ce que j'ai jugé être nécessaire et utile aux villes en ce qui regarde la perfection des édifices publics, je me propose de traiter, dans celui qui suit, des usages et des proportions des bâtiments qui se font pour les particuliers.

LIVRE SIXIÈME.

Préface.

On dit que le philosophe Aristippe, disciple de Socrate, s'étant sauvé d'un naufrage sur les côtes de l'île de Rhodes, 'et' ayant aperçu des figures géométriques tracées sur le sable, dit en s'écriant à ceux qui étaient avec lui : Ne craignons rien, je vois des traces d'hommes ! et que de là, s'étant rendu à la ville, il entra dans les écoles publiques, y disputa sur la philosophie, et se fit tellement admirer, que les habitants lui firent des présents capables de l'entretenir honnêtement ainsi que tous ses compagnons. Ceux-ci ayant envie de retourner dans leur pays, et lui ayant demandé ce qu'il voulait faire dire à ses enfants, il les chargea de leur recommander de s'appliquer de bonne heure à acquérir des biens qui fussent de telle nature que, s'il leur arrivait quelque

in aquam poterit esse progressus. Hoc autem munus naturale habent ea loca, quæ supra scripta sunt. In quibus autem locis pulvis non nascitur, his rationibus erit faciendum, uti arcæ duplices relatis tabulis et catenis colligatæ in eo loco, qui finitus erit, constituantur, et inter destinas creta eronibus ex ulva palustri factis calcetur. Cum ita bene calcatum et quam densissime fuerit, tunc cochleis, rotis, tympanis collocatis, locus qui in ea septione finitus fuerit, exinaniatur sicceturque, et ibi inter septiones fundamenta fodiantur. Si terrena erunt, usque ad solidum crassiora quam qui murus supra futurus erit exinaniatur, sicceturque, et tunc structura ex cæmentis calce et arena compleatur. Sin autem mollis locus erit, palis ustulatis alneis aut oleagineis [aut robusteis] configatur, et carbonibus compleatur, quemadmodum in theatrorum et muri fundationibus est scriptum. Deinde tunc quadrato saxo murus ducatur juncturis quam longissimis, uti maxime medii lapides coagmentis contineantur. Tunc qui locus erit inter murum, ruderatione sive structura compleatur. Ita erit, uti possit turris insuper ædificari. His perfectis, navaliorum ea erit ratio, ut constituantur spectantia maxime ad septentrionem ; nam meridianæ regiones propter æstus cariem, tineam, teredines, reliquaque bestiarum nocentium genera procreant alendoque conservant : eaque ædificia minime sunt materianda propter incendia. De magnitudine autem finitio nulla debet esse, sed facienda ad maximum navium modum, uti, etsi majores naves subductæ fuerint, habeant cum laxamento ibi collocationem.

Quæ necessaria ad utilitatem in civitatibus publicorum locorum succurrere mihi potuerunt, quemadmodum constituantur et perficiantur, in hoc volumine scripsi : privatorum autem ædificiorum utilitates et eorum symmetrias in sequenti volumine ratiocinabor.

LIBER SEXTUS.

Præfatio.

Aristippus philosophus Socraticus, naufragio cum ejectus ad Rhodiensium littus animadvertisset geometrica schemata descripta, exclamavisse ad comites ita dicitur : Bene speremus ! hominum enim vestigia video : statimque in oppidum Rhodum contendit, et recta gymnasium devenit, ibique de philosophia disputans muneribus est donatus, ut non tantum se ornaret, sed etiam eis, qui una fuerant, et vestitum et cetera, quæ opus essent ad victum, præstaret. Cum autem ejus comites in patriam reverti voluissent, interrogarentque eum, quidnam vellet domum renunciari, tunc ita mandavit dicere : ejusmodi possessiones et viatica liberis oportere parari, quæ etiam

jour de faire naufrage, ces biens pussent en quelque sorte nager avec eux et les suivre à terre, parce qu'il avait reconnu que l'on ne devait compter dans la vie que sur ce qui n'est point assujetti aux chances de la fortune, au renversement des républiques, et aux malheurs de la guerre. Théophraste, qui était aussi de cet avis, conseillait de se fier plutôt sur la science que sur les richesses; et il disait qu'entre tous les hommes, il n'y a que ceux qui sont savants qui ne soient point étrangers hors de leur pays; qui, après avoir perdu leurs amis, trouvent encore des personnes qui les aiment; qui se puissent dire citoyens de toutes les villes, et qui, dans les dangers les plus terribles, soient toujours à l'abri du mal et au-dessus de la crainte : au lieu que celui qui se fie sur sa fortune, et croit être ainsi à couvert de toutes sortes d'accidents fâcheux, reconnaît enfin que, faute d'instruction, le cours de sa vie se fait dans un chemin peu solide, et où il est impossible de ne pas tomber. Épicure n'avait pas d'autres sentiments, quand il disait que ce que l'on peut attendre de la fortune est peu de chose pour le sage, qui ne doit fonder ses espérances que sur la grandeur et sur la force de son esprit. Beaucoup d'autres philosophes ont dit la même chose : les poëtes même, comme Eucrate, Chionide, Aristophane, l'ont fait dire sur le théâtre, dans les anciennes comédies; Alexis, entre autres, dit que les Athéniens méritent beaucoup de louanges pour avoir corrigé cette loi commune dans toute la Grèce, qui oblige les enfants de nourrir leurs pères, en ordonnant que ceux-là seulement y seraient contraints, dont les parents auraient eu soin de les faire instruire; car si la fortune nous fait quelque bien, elle peut nous l'ôter en peu d'instants; au lieu que les sciences que nous avons acquises étant comme attachées à nos âmes, leur possession nous est tellement assurée que nous ne la saurions jamais perdre qu'avec la vie. C'est pourquoi je reconnais que j'ai beaucoup de grâce à rendre à mes parents, qui, étant persuadés de la justice de cette loi des Athéniens, m'ont fait étudier un art qui demande beaucoup de connaissances, et qui comprend comme en un cercle toutes les sciences. Grâce au soin qu'ils ont pris de me faire instruire dans toutes les choses qui appartiennent aux belles-lettres et aux arts libéraux, et grâce au plaisir que j'ai pris à la lecture des bons livres, j'ai enrichi mon esprit jusqu'au point d'être parfaitement content, et de ne manquer de rien, ce qui est la véritable richesse. Je sais bien qu'une grande partie du monde estime que la principale sagesse est celle qui nous rend capables d'amasser des richesses, et qu'il s'est trouvé des gens qui ont été assez heureux pour acquérir des biens et de la réputation tout ensemble. Mais quant à moi, je puis assurer que les richesses ne sont point le but que je me suis proposé dans mes études, ayant toujours moins aimé l'argent que l'estime et la bonne réputation. Si la renommée a fait très-peu de chose pour moi jusqu'à présent, j'espère que mes livres me rendront assez recommandable pour qu'il n'en soit pas de même dans la postérité. Au reste, je ne m'étonne pas que mon nom soit aussi peu connu qu'il l'est. Les autres mettent tous leurs soins à briguer les grands emplois, et moi j'ai appris de mes maîtres qu'il faut qu'un architecte attende qu'on le prie de prendre la conduite d'un ouvrage, et qu'il ne peut sans rougir faire une demande

e naufragio una possent enatare. Namque ea vera præsidia sunt vitæ, quibus neque fortunæ tempestas iniqua neque publicarum rerum mutatio neque belli vastatio potest nocere. Non minus eam sententiam augendo Theophrastus, hortandos doctos potius esse quam pecuniæ confidentes, ita ponit : doctum ex omnibus solum neque in alienis locis peregrinum neque amissis familiaribus et necessariis inopem amicorum, sed in omni civitate esse civem, difficilesque fortunæ sine timore posse despicere casus; at qui non doctrinarum sed felicitatis præsidiis putaret se esse vallatum, labidis itineribus vadentem non stabili sed infirma conflictari vita. Epicurus vero non dissimiliter ait, pauca sapientibus fortunam tribuere; quæ autem maxima et necessaria sunt, animi mentisque cogitationibus gubernari. Hæc ita esse plures philosophi dixerunt. Non minus poetæ, qui antiquas comœdias græce scripserunt, easdem sententias versibus in scena pronunciaverunt, ut Eucrates, Chionides, Aristophanes, maxime etiam cum his Alexis, qui Athenienses ait ideo oportere laudari, quod omnium Græcorum leges cogunt parentes ali a liberis, Atheniensium non omnes, nisi eos, qui liberos artibus erudissent. Omnia enim munera a fortuna cum dantur, ab ea facillime adimuntur; disciplinæ vero conjunctæ cum animis nullo tempore deficiunt, sed permanent stabiliter ad summum exitum vitæ. Itaque ego maximas infinitasque parentibus ago atque habeo gratias, quod Atheniensium legem probantes me arte erudiendum curaverunt, et ea, quæ non potest esse probata sine literatura encyclioque doctrinarum omnium disciplina. Cum ergo et parentum cura et præceptorum doctrinis auctas haberem copias disciplinarum, philologis et philotechnis rebus commentariorumque scripturis me delectans, eas possessiones animo paravi, e quibus hæc est fructuum summa : nullam plus habendi esse necessitatem, eamque esse proprietatem divitiarum maxime, nihil desiderare. Sed forte nonnulli hæc levia judicantes putant, eos esse tantum sapientes, qui pecunia sunt copiosi. Itaque plerique ad id propositum contendentes audacia adhibita cum divitiis etiam notitiam sunt consecuti. Ego autem, Cæsar, non ad pecuniam parandam ex arte dedi studium, sed potius tenuitatem cum bona fama, quam abundantiam cum infamia sequendam probavi; ideo notities parum est assecuta : sed tamen his voluminibus editis, ut spero, posteris etiam ero notus. Neque est mirandum, quid ita pluribus sim ignotus. Ceteri architecti rogant et ambiunt, ut architectentur; mihi autem a præceptoribus est traditum, rogatum non rogantem oportere suscipere curam; quod ingenuus color movetur pudore,

qui le fait paraître intéressé, puisqu'on sait qu'on ne sollicite pas les gens pour leur faire du bien, mais pour en recevoir. Que doit, en effet, penser celui que l'on prie de donner son bien pour être employé à une grande dépense, sinon que celui qui le demande espère y faire un grand profit, au préjudice de celui à qui il le demande? Aussi demandait-on autrefois, avant d'employer un architecte, quelle était sa naissance, et s'il avait été honnêtement élevé; et l'on se fiait davantage à celui dans lequel on reconnaissait de la modestie, qu'à ceux qui voulaient paraître fort capables. La coutume de ce temps-là était aussi que les architectes n'instruisaient que leurs enfants et leurs parents, ou ceux qu'ils croyaient capables d'acquérir les grandes connaissances qui sont nécessaires à un architecte, et de la fidélité desquels ils pouvaient répondre. Mais quand je considère qu'aujourd'hui une science si noble et si importante est traitée par des gens qui ignorent non-seulement les règles de l'architecture, mais même celles de la maçonnerie, je trouve que c'est avec beaucoup de raison que ceux qui font bâtir prennent le soin de conduire eux-mêmes les travaux, et qu'ils aiment mieux, s'il faut que ces travaux soient conduits par des ignorants, que du moins ils le soient selon leur fantaisie, puisque ce sont eux qui en font la dépense. Aussi ne voit-on point que des personnes de condition s'amusent à surveiller l'exécution d'autres ouvrages que des bâtiments, parce que, si l'on peut se fier assez sur la capacité des ouvriers que l'on emploie à faire des souliers, des draps de laine, ou telles autres choses qui sont assez aisées, on reconnaît tous les jours que ceux qui font profession de l'architec-

ture n'y entendent souvent que fort peu de chose. Ce sont ces raisons qui m'ont porté à composer un traité complet d'architecture, où toutes les règles soient posées avec une grande exactitude; et j'ose me flatter que cet ouvrage sera accueilli favorablement par beaucoup de monde. Ayant donc enseigné dans le cinquième livre les règles qu'il faut suivre dans la construction des édifices publics, je vais expliquer dans celui-ci quelles doivent être les proportions des maisons particulières.

CHAPITRE I.

Des différentes manières de disposer les maisons, suivant les différentes qualités des régions et les aspects du ciel.

Pour bien disposer une maison, il faut avoir égard au pays et au climat où on la veut bâtir; car elle doit être autrement construite en Egypte qu'en Espagne, et autrement encore au royaume de Pont qu'à Rome; et ces différences dépendent toujours de celles des pays, parce qu'il y en a qui sont plus voisins du cours du soleil, d'autres qui en sont plus éloignés, et d'autres encore qui sont entre ces extrêmes. L'aspect du ciel étant donc différent suivant les divers lieux de la terre, à cause du rapport qu'ils ont avec le zodiaque et avec le cours du soleil, il faut que la disposition des bâtiments réponde à la diversité des pays et des climats. Dans les pays septentrionaux, les bâtiments doivent être voûtés, avoir peu d'ouvertures, et être tournés vers les parties du monde où règne la chaleur. Il faut au contraire, dans les régions chaudes et méridionales, faire de grandes ouvertures, qui soient tournées vers

---

petendo rem suspiciosam. Nam beneficium dantes non accipientes ambiuntur. Quid enim putemus suspicari, qui rogetur de patrimonio sumptus faciendos committere gratiæ petentis, nisi quod prædæ compendiique ejus causa judicet faciendum? Itaque majores primum a genere probatis opera tradebant architectis; deinde quærebant, si honeste essent educati, ingenuo pudori non audaciæ protervitatis committendum judicantes. Ipsi autem artifices non erudiebant nisi suos liberos aut cognatos, et eos viros bonos instituebant, quibus tantarum rerum fidei pecuniæ sine dubitatione permitterentur. Cum autem animadverto ab indoctis et imperitis tantæ disciplinæ magnitudinem jactari, et ab his, qui non modo architecturæ sed omnino ne fabricæ quidem notitiam habent; non possum non laudare patres familias eos, qui literaturæ fiducia confirmati per se ædificantes ita judicant, si imperitis sit committendum, ipsos potius digniores esse ad suam voluntatem quam ad alienam pecuniæ consumere summam. Itaque nemo artem ullam aliam conatur domi facere, uti sutrinam vel fullonicam aut ex ceteris quæ sunt faciliores, nisi architecturam; ideo quod qui profitentur, non arte vera sed falso nominantur architecti. Quas ob res corpus architecturæ rationesque ejus putavi diligentissime conscribendas, opinans id munus omnibus gentibus non ingratum futurum. Igitur quoniam

in quinto de opportunitate communium operum perscripsi, in hoc volumine privatorum ædificiorum ratiocinationes et commensus symmetriarum explicabo.

CAPUT I.

De ædificiis disponendis secundum locorum proprietates.

Hæc autem ita erunt recte disposita, si primo animadversum fuerit, quibus regionibus aut quibus inclinationibus mundi constituantur. Namque aliter Ægypto, aliter Hispania, non eodem modo Ponto, dissimiliter Romæ item ceteris terrarum et regionum proprietatibus oportere videntur constitui genera ædificiorum: quod alia parte solis cursu premitur tellus, alia longe ab eo distat; alia per medium temperatur. Igitur uti constitutio mundi ad terræ spatium inclinatione signiferi circuli et solis cursu disparibus qualitatibus naturaliter est collocata, ad eundem modum etiam ad regionum rationes cœlique varietates videntur ædificiorum debere dirigi collocationes. Sub septentrione ædificia testudinata et maxime conclusa et non patentia, sed conversa ad calidas partes oportere fieri videntur. Contra autem sub impetu solis meridianis regionibus, quod premuntur a calore, patentiora conversaque ad septentrionem et aquilonem sunt facienda. Ita quod ultro

le septentrion. C'est ainsi que l'art et l'industrie peuvent remédier à ce que la nature du lieu a d'incommode, et que dans chaque région l'on donne une température convenable aux habitations, par une exposition habilement appropriée à leur position sur la terre. Pour y parvenir, il faut examiner la nature de chaque chose, et principalement du corps humain chez les différents peuples. Dans les lieux où la chaleur du soleil ne suffit pas pour attirer beaucoup de vapeurs, les corps sont d'une constitution tempérée; dans les pays qu'il brûle à cause de la proximité de son cours, il consume l'humidité qui entretient la bonne température; et au contraire, dans les pays froids et éloignés du midi, comme il n'y a pas assez de chaleur pour épuiser l'humidité, l'air, dans lequel beaucoup de vapeurs sont mêlées, remplit les corps d'humeurs, les rend plus massifs, et grossit la voix. Cela fait aussi que vers le septentrion les hommes sont de grande taille et généralement puissants, que leur peau est blanche, qu'ils ont les cheveux plats et roux, les yeux bleus, et beaucoup de sang, à cause de l'abondance de l'humeur et de la froideur de l'air. Ceux qui sont plus près du midi et du cours du soleil sont de petite taille, ont la peau basanée, les cheveux frisés, les yeux noirs, les jambes faibles, et peu de sang dans les veines, à cause de l'ardeur du soleil ; ce qui fait qu'ils craignent les blessures, mais qu'ils supportent aisément la chaleur de l'air et celle de la fièvre, parce qu'ils y sont accoutumés; au lieu que ceux qui sont nés vers le septentrion redoutent les fièvres qui les affaiblissent, mais ne craignent pas, ayant beaucoup de sang, de le perdre par des blessures. Le son de la voix diffère aussi selon les pays, et suivant les diverses positions qu'ils occupent par rapport à la ligne de séparation qui fait le lever et le coucher du soleil, ligne qui partage la terre en deux parties, l'une supérieure et l'autre inférieure, et que les mathématiciens appellent horizon. L'exactitude de cette vérité se peut concevoir si l'on s'imagine que, du bord de l'horizon qui est vers le septentrion, on tire une ligne vers l'autre endroit du même horizon qui est au midi, et que de cet endroit on tire obliquement une ligne qui s'élève vers le pôle septentrional : il n'y a point de doute, en effet, que ces lignes formeront dans le monde une figure triangulaire qui sera semblable à l'instrument de musique appelé sambuc par les Grecs ; de sorte que si, dans l'espace qui est le plus proche du pôle souterrain, c'est-à-dire qui est dans les régions méridionales, les habitants, à cause du peu d'élévation polaire, ont le ton de la voix plus aigu, comme cela arrive pour le son des cordes qui dans l'instrument sont plus rapprochées de l'angle ; si, d'après les règles de cette proportion, les peuples qui habitent le milieu de la Grèce ont la voix moins haute, et si enfin ceux qui habitent depuis ce milieu jusqu'à l'extrémité du septentrion ont le ton de la voix naturellement plus bas et plus grave, c'est qu'il semble que tout soit réglé dans l'univers par une proportion de consonnance, qui varie selon la température que produit la différence de hauteur du soleil. Ainsi les peuples qui sont entre les régions méridionales et les régions septentrionales ont le ton de la voix moyen, comme dans la figure qui représente

natura lædit, arte erit emendandum. Item reliquis regionibus ad eundem modum temperari, quemadmodum cœlum est ad inclinationem mundi collocatum. Hæc autem ex natura rerum sunt animadvertenda, et consideranda, atque etiam ex membris corporibusque gentium observanda. Namque sol quibus locis mediocriter profundit vapores, in his conservat corpora temperata : quæque proxime currendo deflagrat, eripit exurendo temperaturam humoris. Contra vero refrigeratis regionibus, quod absunt a meridie longe, non exhauritur a caloribus humor, sed ex cœlo roscidus aër, in corpora fundens humorem, efficit ampliores corporaturas vocisque sonitus graviores. Ex eo quoque sub septentrionibus nutriuntur gentes immanibus corporibus, candidis coloribus, directo capillo et rufo, oculis cæsiis, sanguine multo, quoniam ab humoris plenitate cœlique refrigerationibus sunt conformati. Qui autem sunt proximi ad axem meridianum subjectique solis cursui, brevioribus corporibus, colore fusco, crispo capillo, oculis nigris, cruribus invalidis, sanguine exiguo, solis impetu perficiuntur. Itaque etiam propter sanguinis exiguitatem timidiores sunt ferro resistere ; sed ardores ac febres sufferunt sine timore, quod nutrita sunt eorum membra cum fervore. Itaque corpora quæ nascuntur sub septentrione, a febri sunt timidiora et imbecilla, sanguinis autem abundantia ferro resistunt sine timore. Non minus sonus vocis in generibus gentium dispares et varias habet qualitates; ideo quod terminatio orientis et occidentis circa terræ librationem, qua dividitur pars superior et inferior mundi, habere videtur libratam naturali modo circuitionem, quam etiam mathematici horizonta dicunt. Igitur quoniam id habemus certum animo sustinentes, a labro, quod est in regione septentrionali, linea trajecta ad id quod est super meridianum axem, ab eoque altera obliqua in altitudinem ad summum cardinem, qui est post stellas septentrionum, sine dubitatione animadvertemus ex eo, esse schema trigoni mundo, uti organi, quam σαμβύκην Græci dicunt. Itaque quod est spatium proximum imo cardini ab axis linea in meridianis finibus, sub eo loco quæ sunt nationes, propter brevitatem altitudinis ad mundum sonitum vocis faciunt tenuem et acutissimum, uti in organo chorda quæ est proxima angulo : secundum eam autem reliquæ ad mediam Græciam remissiores efficiunt in nationibus sonorum scansiones : item a medio in ordinem crescendo ad extremos septentriones sub altitudine cœli nationum spiritus sonitibus gravioribus ab natura rerum exprimuntur. Ita videtur mundi conceptio tota propter inclinationem consonantissime per solis temperaturam ad harmoniam esse composita. Igitur quæ nationes sunt inter axis meridiani cardinem ac septentrionalis medio positæ, uti in diagrammate musico, mediæ vocis habent sonitum in sermone : quæque progredientes ad septentrionem sunt nationes, quod altiores habent distantias ad mundum,

les différents tons de la musique ; ceux qui approchent du septentrion, et qui ont le pôle le plus élevé, ont le ton de la voix bas, comme l'*hypaté* ou le *proslambanoménos*, à cause de l'humidité qui remplit les conduits de la voix ; et, par la même raison, la voix de ceux qui sont depuis la région moyenne jusqu'au midi est aiguë et grêle, de même que la *paraneté*. Cette vérité, que les lieux humides grossissent la voix, et que ceux qui sont chauds la rendent plus aiguë, peut se prouver par l'expérience suivante. Que l'on prenne deux godets de terre, de même poids, cuits dans un même fourneau, et qui aient un même ton, et qu'après avoir plongé l'un des deux dans l'eau et l'avoir retiré, on les frappe tous les deux, on trouvera une grande différence entre leurs tons, et ils ne se trouveront plus avoir le même poids. Il en est de même pour les hommes, qui, bien qu'ils soient formés de la même manière et composés des mêmes éléments, auront des tons de voix différents : les uns aigus, à cause de la chaleur ; les autres graves, à cause de l'humidité du climat. C'est aussi par cette raison que les peuples méridionaux ont l'esprit plus vif et plus pénétrant, à cause de la subtilité de l'air et de la chaleur qui règne dans leur pays ; tandis que les peuples du Nord, comme étouffés par l'épaisseur de l'air et par les vapeurs humides qu'ils respirent, ont l'esprit beaucoup plus lourd. Les serpents nous donnent une autre preuve de cette vérité ; car pendant la chaleur, qui épuise leur humidité froide, ils sont fort agiles, et ils sont, dans l'hiver, mornes et assoupis ; de sorte qu'il ne faut pas s'étonner si la chaleur aiguise l'esprit, et si le froid l'émousse. Mais si les habitants du Midi ont l'esprit plus pénétrant, plus fécond et plus inventif, ils sont souvent sans vigueur quand il s'agit de faire quelque action de bravoure, parce que le soleil a comme épuisé par son ardeur toute la force de leur courage ; tandis que ceux qui sont nés dans les pays froids sont plus propres au métier des armes, et plus prompts à courir avec assurance au-devant de toute sorte de dangers ; mais c'est avec une pesanteur d'esprit inconsidérée et sans aucune maturité de conseil. La nature ayant ainsi partagé l'univers en deux climats d'une température tout à fait opposée, qui rendent toutes les nations différentes les unes des autres, les dieux ont voulu que les Romains fussent placés au milieu de ces deux différents espaces du monde ; ce qui fait que généralement les peuples d'Italie sont également pourvus de la force du corps et de celle de l'esprit, qui font la valeur et le courage. C'est ainsi que la planète de Jupiter est tempérée, parce qu'elle est entre celle de Mars qui est très-chaude, et celle de Saturne qui est très-froide ; et l'on peut dire que les Romains, placés entre le nord et le midi, possèdent tout ce qu'il y a de meilleur entre ces deux extrémités du monde ; car ils jouissent d'un climat tempéré, et par leur prudence ils triomphent de la force des barbares ; de même que, par leur valeur, ils déjouent l'astuce et l'adresse des peuples méridionaux. Le ciel a donc placé la capitale du peuple romain dans une région merveilleusement tempérée, pour qu'elle fût capable de commander à toute la terre. Or, s'il est vrai que la diversité des régions, qui dépend de l'aspect du ciel, cause des effets si différents sur les peuples qui y naissent, que ces peuples soient d'une nature différente pour ce qui

spiritus vocis habentes humore repulsos ad hypatas et proslambanomenon, a natura rerum sonitu graviore coguntur uti : eadem ratione e medio progredientes ad meridiem gentes paranetarum netarumque acutissimam sonitu vocis perficiunt tenuitatem. Hoc autem verum esse, ex humidis naturæ locis graviora fieri et ex fervidis acutiora, licet ita experiendo animadvertere. Calices duo in una fornace æque cocti æquoque pondere ad crepitumque uno sonitu sumantur : ex his unus in aquam demittatur, postea ex aqua eximatur : tunc utrique tangantur. Cum enim ita factum fuerit, largiter inter eos sonitus discrepabit, æquoque pondere non poterunt esse. Ita et hominum corpora uno genere figurationis et una mundi conjunctione concepta alia propter regionis ardorem acutum spiritum aëris exprimunt tactu, alia propter humoris abundantiam gravissimas effundunt sonorum qualitates. Item propter tenuitatem cœli meridianæ nationes ex acuto fervore mente expeditius celeriusque moventur ad consiliorum cogitationes. Septentrionales autem gentes, infusa crassitudine cœli, propter obstantiam aëris humore refrigeratæ, stupentes habent mentes. Hoc autem ita esse, a serpentibus licet aspicere, quæ per calorem cum exhaustam habent humoris refrigerationem, tunc acerrime moventur ; per brumalia autem et hiberna tempora mutatione cœli refrigeratæ, immotæ sunt stupore. Ita non est mirandum, si acutiores efficit calidus aer hominum mentes, refrigeratus autem contra tardiores. Cum sint autem meridianæ nationes animis acutissimis infinitaque solertia consiliorum, simul ut ad fortitudinem ingrediuntur, ibi succumbunt ; quod habent exustas ab sole animorum virtutes. Qui vero refrigeratis nascuntur regionibus, ad armorum vehementiam paratiores sunt, magnisque virtutibus [sunt] sine timore, sed tarditate animi sine considerantia irruentes, sine solertia, suis consiliis refragantur. Cum ergo ab natura rerum hæc ita sint in mundo collocata, ut omnes nationes immoderatis mixtionibus sint disparatæ, veros inter spatium totius orbis terrarum regionumque medio mundi populus romanus possidet fines. Namque temperatissimæ ad utramque partem et corporum membris animorumque vigoribus pro fortitudine sunt in Italia gentes. Quemadmodum enim Jovis stella inter Martis ferventissimam et Saturni frigidissimam media currens temperatur, eadem ratione Italia inter septentrionalem meridianamque ab utraque parte mixtionibus temperatas et invictas habet laudes. Itaque refringit barbarorum virtutes forti manu, consiliis meridianorum cogitationes. Ita divina mens civitatem populi romani egregia temperataque regione collocavit, uti orbis terrarum imperio potiretur. Quodsi ita est, uti dissimiles regiones ab inclinationibus cœli variis generibus sint comparatæ, et ut etiam naturæ gentium dis-

concerne la structure du corps et pour ce qui appartient à la disposition de l'esprit, il est hors de doute que c'est une chose de la plus grande importance que d'approprier les édifices à la nature et au climat de chaque nation ; ce qui n'est pas difficile, puisque la nature nous enseigne ce qu'il faut faire.

C'est pourquoi j'ai fait tous mes efforts pour expliquer exactement les propriétés naturelles de chaque lieu, et de quelle manière il faut disposer les édifices, suivant l'aspect du ciel et la nature des peuples. Je vais m'occuper maintenant de décrire en détail, et pourtant avec toute la brièveté possible, les mesures et les proportions qu'il convient de donner en général et en particulier à ces édifices.

CHAPITRE II.

Des proportions et des mesures que les édifices des particuliers doivent avoir, d'après la nature des lieux.

Le plus grand soin qu'un architecte doive avoir, c'est de proportionner l'ensemble de l'édifice avec toutes les parties qui le composent ; et il n'y a rien qui fasse tant paraître son esprit que lorsque, sans se départir des règles générales qui sont établies pour la proportion, il peut ôter ou ajouter quelque chose, selon que la nécessité de l'usage et la nature du lieu le demandent, sans que l'on puisse y rien trouver à redire, ou que la vue en soit offensée. En effet, les objets nous paraissent autrement quand nous pouvons les toucher que quand ils sont fort élevés ; et ce qui est dans un lieu enfermé a un tout autre effet que ce qui est à découvert. Or, dans ces choses il faut un grand jugement pour bien réussir, d'autant que la vue n'est pas toujours certaine et que son jugement nous trompe souvent, comme on l'éprouve dans la peinture, où des colonnes, des mutules et des statues paraissent saillantes et avancées hors du tableau, que l'on sait être une surface unie. Il en est de même des rames des navires, qui, quoique droites, nous paraissent rompues dans l'eau ; car il n'y a que la partie qui est hors de l'eau qui semble droite comme elle l'est en effet, tandis que celle qui est au-dessous, passant jusqu'à la superficie de l'eau que sa rareté rend diaphane, renvoie son image, et ce mouvement la fait paraître rompue. Or, soit que nous voyions ces choses par l'émission que les objets font des images, ou par les rayons que nos yeux répandent sur les objets, comme les physiciens le prétendent, il est toujours vrai que les jugements que nous faisons des choses sur le rapport de nos yeux ne sont point véritables. De sorte que puisque ce qui est vrai paraît faux, et que les choses semblent être autrement qu'elles ne sont, je ne crois pas qu'on doive douter qu'il ne soit nécessaire d'ajouter ou de retrancher quelque chose aux proportions d'un bâtiment quand la nature des lieux le demande, pourvu que l'on ne touche point aux choses essentielles ; et c'est pour cela qu'il faut joindre à beaucoup d'intelligence une parfaite connaissance des règles de l'art. On doit donc en premier lieu établir la proportion selon les règles, afin de voir précisément jusqu'à quel point l'on peut s'en écarter ; on trace ensuite le plan du bâtiment que l'on entreprend en longueur et en largeur, et l'on en fixe les proportions de manière à reproduire cette beauté d'aspect qui fait qu'en voyant un édi-

---

paribus animis et corporum figuris qualitatibusque nascerentur, non dubitemus ædificiorum quoque rationes ad nationum gentiumque proprietates apte distribuere, cum habeamus ab ipsa rerum natura solertem et expeditam monstrationem.

Quoad potui summa ratione proprietates locorum ab natura rerum dispositas animadvertere, exposui, et quemadmodum ad solis cursum et inclinationes cœli oporteat ad gentium figuras constituere ædificiorum qualitates, dixi. Itaque nunc singulorum generum in ædificiis commensus symmetriarum et universos et separatos breviter explicabo.

CAPUT II.

De ædificiorum privatorum proportionibus et mensuris secundum naturam locorum.

Nulla architecto major cura esse debet, nisi uti proportionibus ratæ partis habeant ædificia rationum exactiones. Cum ergo constituta symmetriarum ratio fuerit, et commensus ratiocinationibus explicati, tunc etiam acuminis est proprium providere ad naturam loci aut usum aut speciem detractionibus vel adjectionibus temperatas efficere, uti, cum de symmetria sit detractum aut adjectum, id videatur recte esse formatum, in aspectuque nihil desideretur. Alia enim ad manum species esse videtur, alia in excelso ; non eadem in concluso, dissimilis in aperto : in quibus magni judicii est opera, quid tandem faciendum sit. Non enim veros videtur habere visus effectus, sed fallitur sæpius judicio ab eo mens. Quemadmodum etiam in scenis pictis videntur columnarum projecturæ, mutulorum ecphoræ, signorum figuræ prominentes, cum sit tabula sine dubio ad regulam plana. Similiter in navibus remi, cum sint sub aqua directi, tamen oculis infracti videntur, et quatenus eorum partes tangunt summam planitiem liquoris, apparent uti sunt directi ; cum vero sub aqua sunt demissi, per naturæ perlucidam raritatem remittunt enatantes ab suis corporibus fluentes imagines ad summam aquæ planitiem, atque hæ ibi commotæ efficere videntur infractum remorum oculis aspectum. Hoc autem sive simulacrorum impulsu seu radiorum ex oculis effusionibus (uti physicis placet) videmus, utraque ratione videtur ita esse, uti falsa judicia oculorum habeat aspectus. Cum ergo quæ sunt vera falsa videantur, et nonnulla aliter quam sunt oculis probentur, non puto oportere esse dubium, quin ad locorum naturas aut necessitates detractiones aut adjectiones fieri debeant, sed ita uti nihil in his operibus desideretur. Hæc autem etiam ingeniorum acuminibus non solum doctrinis efficiuntur. Igitur statuenda est primum ratio symmetriarum, a qua sumatur sine dubitatione commutatio : deinde explicetur operis futuri et locorum imum spatium longitu-

fice ou s'aperçoit aisément qu'on a bien observé l'eurhythmie (1), dont je vais parler présentement, en enseignant par quel moyen on y peut parvenir. Je commence par les cours des maisons, et j'explique comme elles doivent être faites.

CHAPITRE III.

Des cours des maisons; des vestibules et de leurs ailes; des cabinets et des péristyles, sect. 8, 9 (ou chap. V); *des salles à manger; des grandes salles; des cabinets de conversation; des cabinets de tableaux et leurs proportions*, sect. 10, 11 (ou chap. VI); *des grandes salles à la manière des Grecs.*

Les cours des maisons sont de cinq espèces; on les appelle, à cause de leur figure, ou toscanes, ou corinthiennes, ou tétrastyles (2), ou découvertes, ou voûtées. Les cours toscanes sont celles où les poutres qui traversent le long des murs de la cour ont des potences ou des coyers, qui vont se rendre de l'angle que font les murs aux angles que font les poutres, et qui ont des chevrons qui avancent et forment des auvents, pour jeter l'eau dans un chéneau qui tourne tout alentour. Dans les cours corinthiennes, les poutres et le *compluvium* (3) sont placés de la même manière que dans les cours toscanes; mais ces poutres s'éloignent un peu plus des murs qui sont autour de la cour, et elles sont posées sur des colonnes. Les cours tétrastyles sont celles où il y a des colonnes seulement dans les angles qui font les quatre poutres : ce qui soutient suffisamment les poutres et fortifie beaucoup les murailles, parce que cela se fait lorsque les poutres ne sont pas fort grandes, et il arrive aussi que les murs ne sont point chargés par les potences. Les cours découvertes sont celles où les coyaux soutiennent le chéneau, et ne forment point d'auvent. Cette manière est bien plus avantageuse pour les appartements d'hiver, parce que les chéneaux ainsi élevés n'ôtent point la lumière aux chambres; mais l'incommodité qui en résulte, c'est qu'il y faut souvent travailler, parce que les tuyaux de descente, placés le long des murs, ne pouvant pas quelquefois laisser couler assez vite l'eau amassée dans les chéneaux, et qui provient de l'écoulement du toit, il arrive qu'elle déborde, et qu'elle gâte en s'infiltrant, la menuiserie et les décorations intérieures qui sont particulières à ce genre d'édifice. Les cours voûtées se font lorsque l'on a peu d'espace, et qu'on veut donner plus d'étendue aux appartements des étages supérieurs. Il y a trois sortes de vestibules, dont la différence dépend de la proportion qu'on leur donne en longueur et en largeur. La première espèce est quand, ayant divisé la longueur en cinq parties, on en donne trois à la largeur; la seconde, lorsque, ayant divisé la longueur en trois parties seulement, on en donne deux à la largeur; et la troisième, lorsque, ayant tracé un carré équilatéral, dont un côté fait la largeur du vestibule, on prend la diagonale de ce carré pour en déterminer la longueur. La hauteur de ces vestibules, prise au-dessous des poutres, est moindre que la longueur d'une quatrième partie. Le surplus de la hauteur, qui provient de l'enfoncement des plafonds du plancher, où il y a des cavités qui le font élever au-dessus des poutres, n'est pas compris dans cette mesure. Les ailes que l'on fait à droite et à gauche doivent avoir la troisième partie de la

(1) La belle proportion. — (2) A quatre colonnes. — (3) Le réceptacle des eaux.

---

dinis et latitudinis, cujus cum semel constituta fuerit magnitudo, sequatur eam proportionis ad decorem apparatio, uti non sit considerantibus aspectus eurythmiae dubius. De qua, quibus rationibus efficiatur, est mihi pronunciandum; primumque de cavis aedium, uti fieri debeant, dicam.

CAPUT III.

De cavis aedium sive atriis, de alis, tablino et peristylio, sect. 8. 9. (vulgo Cap. V.) *de tricliniis, aecis, exedris, pinacothecis et eorum dimensionibus,* sect. 10. 11. (vulgo Cap. VI.) *de aecis more Graeco.* (Cyzicenis.)

Cava aedium quinque generibus sunt distincta, quorum ita figurae nominantur : Tuscanicum, Corinthium, Tetrastylon, Displuviatum, Testudinatum. Tuscanica sunt, in quibus trabes in atrii latitudine trajectae habeant interpensiva et collicias ab angulis parietum ad angulos tignorum intercurrentes, item asseribus stillicidiorum in medium compluvium dejectis. In Corinthiis iisdem rationibus trabes et compluvia collocantur, sed a parietibus trabes recedentes in circuitione circa columnas componuntur. Tetrastyla sunt, quae subjectis sub trabibus angularibus columnis et utilitatem trabibus et firmitatem praestant, quod neque ipsae magnum impetum coguntur habere, neque ab interpensivis onerantur. Displuviata autem sunt, in quibus deliciae arcam sustinentes stillicidia rejiciunt. Haec hibernaculis maximas praestant utilitates, quod compluvia erecta non obstant luminibus tricliniorum. Sed ea habent in refectionibus molestiam magnam, quod circa parietes stillicidia confluentia continent fistulae, quae non celeriter recipiunt ex canalibus aquam defluentem : itaque redundantes restagnant, et intestinum opus et parietes in eis generibus aedificiorum corrumpunt. Testudinata vero ibi fiunt, ubi non sunt impetus magni, et in contignationibus supra spatiosae redduntur habitationes. Atriorum vero longitudines et latitudines tribus generibus formantur : et primum genus distribuitur, uti longitudo cum in quinque partes divisa fuerit, tres partes latitudini dentur. Alterum cum in tres partes dividatur, duae partes latitudini tribuantur. Tertium, uti latitudo in quadrato paribus lateribus describatur, inque eo quadrato diagonios linea ducatur, et quantum spatium habuerit ea linea diagonios, tanta longitudo atrio detur. Altitudo eorum, quanta longitudo fuerit, quarta dempta sub trabes extollatur, reliquum lacunariorum et arcae supra trabes ratio habeatur. Alis dextra ac sinistra latitudo, cum sit atrii longitudo ab triginta pedibus ad pedes quadraginta, ex tertia parte ejus constitua-

longueur du vestibule, s'il est de trente à quarante pieds; mais si la longueur est de quarante à cinquante pieds, on la divisera en trois parties et demie, dont une sera pour les ailes; si elle est de cinquante à soixante pieds, les ailes en auront la quatrième partie; si elle est de soixante à quatre-vingts pieds, on la divisera en quatre parties et demie, et on en donnera une à la largeur des ailes; enfin, si la longueur est de quatre-vingts à cent pieds, la cinquième partie sera justement la largeur des ailes. Les architraves des ailes devront être placées assez haut pour que la hauteur soit égale à la largeur. Il faut donner au cabinet les deux tiers de la largeur du vestibule, s'il est de vingt pieds; s'il est de trente à quarante pieds, on ne lui en donnera que la moitié; et si le vestibule est de quarante à cinquante pieds, on divisera cette largeur en cinq parties, et l'on en donnera deux au cabinet; car les petits vestibules ne doivent pas être faits suivant les mêmes proportions que les grands, parce que, si l'on suivait les proportions des grands vestibules pour les petits, les cabinets et les ailes des vestibules ne seraient d'aucun usage; si, au contraire, on se servait des proportions des petits vestibules pour les grands, les ailes et les cabinets seraient trop vastes. C'est pourquoi je pense qu'en général il faut régler la grandeur des vestibules de manière qu'ils offrent toute la commodité que leur usage demande, et qu'ils soient en même temps d'un aspect agréable à la vue. La hauteur du cabinet, prise sous les poutres, doit être plus grande que la largeur, d'une huitième partie. L'enfoncement des plafonds du plancher ajoutera à cette hauteur la sixième partie de la largeur. La grande entrée des plus petits vestibules aura les deux tiers de la largeur du cabinet, et dans les plus grands elle sera de la moitié. La hauteur des images avec leurs ornements sera proportionnée à la largeur des ailes. La largeur des portes sera proportionnée à leur hauteur, selon les règles de l'ordre dorique si elles sont doriques, ou suivant les proportions de l'ordre ionique si elles sont ioniques. Les mêmes proportions seront observées à l'égard de la menuiserie des portes, comme il a été prescrit au quatrième livre. La largeur de l'ouverture du haut ne doit jamais être moindre que du quart, ni plus grande que du tiers de la largeur du vestibule; la longueur sera proportionnée à celle du vestibule. Les péristyles doivent être plus longs en travers de la troisième partie qu'ils ne sont en avant: leurs colonnes seront aussi hautes que les portiques sont larges : les entre-colonnements n'auront pas moins de trois diamètres de colonnes, ni plus de quatre diamètres de largeur, à moins que l'on ne veuille faire à ces péristyles des colonnes d'ordre dorique. Dans ce cas, il faudra régler leurs proportions et celles des triglyphes sur ce que j'ai dit dans le quatrième livre. Les salles à manger doivent être deux fois aussi longues que larges : quant à la hauteur, c'est une règle que, pour avoir celle de tous les appartements qui sont plus longs que larges, il faut réunir leur longueur et leur largeur, et prendre la moitié de cette somme pour leur hauteur. Si les grandes salles et les cabinets de conversation sont carrés, on leur donnera pour hauteur une fois et demi leur largeur. Les cabinets de tableaux, de même que les cabinets de conversation, doivent être amples et spacieux. Les grandes salles corinthiennes, celles que l'on nomme tétrastyles, et celles que l'on appelle égyptiennes, doivent avoir, pour leur longueur et leur largeur, les proportions

tur. Ab quadraginta ad pedes quinquaginta longitudo dividatur in partes tres et dimidiam : ex his una pars alis detur. Cum autem erit longitudo ab quinquaginta pedibus ad sexaginta, pars quarta longitudinis alis tribuatur. Ab pedibus sexaginta ad octoginta longitudo dividatur in partes quatuor et dimidiam : ex his una pars fiat alarum latitudo. Ab pedibus octoginta ad pedes centum in quinque partes divisa longitudo justam constituerit latitudinem alarum. Trabes earum liminares ita altæ ponantur, ut altitudines latitudinibus sint æquales. Tablino, si latitudo atrii erit pedum viginti, dempta tertia ejus spatio, reliquum tribuatur. Si erit ab pedibus triginta ad quadraginta, ex atrii longitudine tablino dimidium tribuatur. Cum autem ab quadraginta ad sexaginta, latitudo dividatur in partes quinque, et ex his duæ tablino contribuantur. Non enim atria minora ac majora easdem possunt habere symmetriarum rationes. Si enim minorum symmetriis utemur in majoribus, neque tablina neque alæ utilitatem poterunt habere; sin autem majorum in minoribus utemur, vasta et immania in his ea erunt membra. Itaque generatim magnitudinum rationes exquisitas et utilitati et aspectui conscribendas putavi. Altitudo tablini ad trabem adjecta latitudinis octava constituatur. Lacunaria ejus tertia latitudinis ad altitudinem adjecta extollantur. Fauces minoribus atriis e tablini latitudine dempta tertia, majoribus dimidia, constituantur. Imagines item alte cum suis ornamentis ad latitudinem alarum sint constitutæ. Latitudines ostiorum ad altitudinem, si Dorica erunt, uti Dorica, si Ionica erunt, uti Ionica perficiantur, quemadmodum de thyromatis; in quibus quarto libro rationes symmetriarum sunt expositæ. Compluvii lumen latum latitudinis atrii ne minus quarta, ne plus tertia parte relinquatur; longitudo uti atrii pro rata parte fiat. Peristylia autem in transverso tertia parte longiora sint quam introrsus : columnæ tam altæ quam porticus latæ fuerint. Peristyliorum intercolumnia ne minus trium, ne plus quatuor columnarum crassitudine inter se distent. Sin autem Dorico more in peristylio columnæ erunt faciundæ, uti in quarto libro de Doricis scripsi, ita moduli sumantur, et ad eos modulos triglyphorumque rationes disponantur. Tricliniorum quanta latitudo fuerit, bis tanta longitudo fieri debebit. Altitudines omnium conclaviorum, quæ oblonga fuerint, sic habere debent rationem, uti longitudinis et latitudinis mensura componatur, et ex ea summa dimidium sumatur, et quantum fuerit, tantum altitudini detur. Sin autem exedræ aut œci quadrati fuerint, latitudinis dimidia addita, altitudines educantur. Pinacothecæ, uti exedræ, amplis magnitudinibus sunt constituendæ : œci Corinthii, tetrastyliique, quique Ægyptii vocantur, latitudinis et longitu-

pareilles à celles qui ont été prescrites pour les salles à manger ; mais il faut les faire très-spacieuses, à causes des colonnes. Les grandes salles corinthiennes et égyptiennes sont différentes, en ce que les salles corinthiennes n'ont qu'un ordre de colonnes posées sur un piédestal, ou même seulement sur le pavé, qui ne soutiennent que leur architrave et leur corniche de menuiserie ou de stuc, sur lesquelles s'élève ensuite le plancher haut, qui forme une voûte surbaissée : tandis que les salles égyptiennes ont des architraves sur les colonnes, et sur les architraves des planchers qui vont des colonnes jusqu'au mur d'alentour. Ces planchers, qui sont d'assemblage, sont pavés, et font une terrasse découverte et circulaire. Sur l'architrave, et à plomb des colonnes d'en bas, on élève un autre ordre de colonnes, d'un quart plus petites que les premières, et sur lesquelles il y a d'autres architraves et d'autres ornements, avec les planchers sans plafonds. Entre les colonnes d'en haut on place les fenêtres ; ce qui fait bien plus ressembler cette salle à une basilique qu'à une salle corinthienne. On fait encore de grandes salles d'une autre manière que celles que l'on voit en Italie, et que les Grecs appellent *cyzicènes*. Ces salles sont toujours tournées au septentrion ; on fait aussi en sorte qu'elles aient vue sur les jardins, et que leurs portes soient dans le milieu. Ces salles doivent être assez larges pour contenir deux tables à trois lits, opposées l'un à l'autre, avec la place qui est nécessaire tout alentour pour le service. Elles ont à droite et à gauche des fenêtres qui s'ouvrent comme des portes, afin que de dessus les lits on puisse voir dans les jardins. La hauteur de ces salles est d'une fois et demie leur largeur. Il faut, dans toutes ces sortes d'édifices, s'accommoder, pour les proportions, à la situation du lieu, et avoir soin qu'il n'en résulte aucun inconvénient. On doit surtout prendre garde que la hauteur des murs voisins ne puisse point intercepter le jour. Si cela arrivait à cause du peu d'espace, ou pour quelque autre raison, il faudrait augmenter ou diminuer les proportions que nous avons prescrites, avec assez d'intelligence et d'adresse pour qu'on ne puisse pas le remarquer, et que les pièces conservent leur beauté et leur symétrie.

CHAPITRE IV (OU VII).

Vers quelle région du ciel chaque genre de bâtiment doit être tourné, pour que les logements soient commodes et sains.

Il faut expliquer maintenant quels sont les avantages que doivent avoir les différents genres de bâtiments, eu égard à l'usage auquel ils sont destinés, et vers quelles parties du ciel on doit les tourner. Les salles à manger d'hiver, ainsi que les bains, doivent regarder le couchant d'hiver, parce que l'on y a principalement besoin de la clarté du soir, et que le soleil couchant, les éclairant directement, y répand une chaleur assez douce vers le soir. Les chambres à coucher et les bibliothèques doivent être tournées au soleil levant, parce que leur destination leur rend nécessaire la lumière du matin, et en outre parce que les livres ne se gâtent pas si facilement dans ces bibliothèques que dans celles qui regardent le midi et le soleil couchant, lesquelles sont sujettes aux vers et à l'humidité, parce que la même humidité des vents, qui fait naître et qui nourrit les vers, fait aussi moisir les livres. Les salles à manger pour le printemps et pour l'automne doivent être tour-

---

dinis, uti supra tricliniorum symmetriæ scriptæ sunt, ita habeant rationem, sed propter columnarum interpositiones spatiosiores constituantur. Inter Corinthios autem et Ægyptios hoc erit discrimen : Corinthii simplices habent columnas aut in podio positas aut in imo, supraque habent epistylia et coronas aut ex intestino opere aut albario; præterea supra coronas curva lacunaria ad circinum delumbata. In Ægyptiis autem supra columnas epistylia, et ab epistyliis ad parietes, qui sunt circa, imponenda est contignatio, supra coaxationem pavimentum, sub dio ut sit circuitus. Deinde supra epistylium ad perpendiculum inferiorum columnarum imponendæ sunt minores quarta parte columnæ : supra earum epistylia et ornamenta lacunariis ornantur, et inter columnas superiores fenestræ collocantur; ita basilicarum ea similitudo, non Corinthiorum tricliniorum, videtur esse. Fiunt autem etiam non Italicæ consuetudinis œci, quos Græci Κυζικηνοὺς appellant. Hi collocantur spectantes ad septentrionem, et maxime viridia prospicientes, valvasque habent in medio. Ipsi autem sunt ita longi et lati, uti duo triclinia cum circuitionibus inter se spectantia possint esse collocata, habentque dextra ac sinistra lumina fenestrarum valvata, uti viridia de lectis per spatia fenestrarum prospiciantur. Altitudines eorum dimidia latitudinis addita constituantur. In his ædificiorum generibus omnes sunt faciendæ earum symmetriarum rationes, quæ sine impedimento loci fieri poterunt : luminaque parietum, altitudinibus si non obscurabuntur, faciliter erunt explicata : sin autem impedientur ab angustiis aut aliis necessitatibus, tum erit, ut ingenio et acumine de symmetriis detractiones aut adjectiones fiant, uti non dissimiles veris symmetriis perficiantur venustates.

CAPUT IV (VULGO VII).

Ad quas cœli regiones quæque ædificiorum genera spectare debeant, ut usui et salubritati sint idonea.

Nunc explicabimus quibus proprietatibus genera ædificiorum ad usum et cœli regiones apte debeant spectare. Hiberna triclinia et balnearia uti occidentem hibernum spectent, ideo quod vespertino lumine opus est uti ; præterea quod etiam sol occidens adversus habens splendorem, calorem remittens, efficit vespertino tempore regionem tepidiorem. Cubicula et bibliothecæ ad orientem spectare debent; usus enim matutinum postulat lumen : item in bibliothecis libri non putrescent. Nam quæcunque ad meridiem et occidentem spectant, a tineis et humore libri vitiantur, quod venti humidi advenientes procreant eas et alunt, infundentesque humidos spiritus pallore volumina corrumpunt. Triclinia verna et autumnalia ad orien-

nées vers l'orient, parce que les fenêtres en étant tenues fermées jusqu'à ce que le soleil soit tourné vers le couchant, on y entretient une température moyenne dans la saison où l'on a coutume de s'en servir. Les salles qui sont pour l'été regarderont le septentrion; car cet aspect du ciel rend les habitations toujours fraîches, saines et agréables, puisqu'elles ne sont point exposées aux ardeurs du soleil, dont la chaleur est insupportable, surtout pendant le solstice d'été. Cet aspect est aussi le meilleur pour les cabinets de tableaux, et pour les ateliers des brodeurs et des peintres, parce que le jour, qui est égal à toute heure, entretient les couleurs toujours dans un même état.

CHAPITRE V (OU VIII).

De la disposition des bâtiments suivant la condition de ceux qui les habitent.

Ce n'est pas assez d'avoir donné l'exposition la plus convenable à chaque partie d'un bâtiment; il faut savoir, dans la disposition d'une maison particulière, de quelle manière on doit construire les pièces qui sont destinées au logement du maître de la maison, et celles qui doivent être communes aux étrangers; car dans les appartements particuliers, comme les chambres à coucher, les salles à manger, les bains et les autres endroits de cette nature, il n'entre que les personnes qui sont invitées, tandis que tout le monde peut entrer sans y être appelé dans les lieux qui sont publics, tels que les vestibules, les cours, les péristyles et les autres parties qui sont destinées à des usages communs. Or les gens qui ne sont pas d'une condition élevée n'ont pas besoin de vestibules ni de cabinets grands et spacieux, parce qu'ils vont ordinairement faire leur cour aux autres, et que l'on ne les leur vient point faire chez eux. Ceux qui font trafic des fruits de la terre doivent avoir à l'entrée de leur maison des étables, des boutiques, et au-dedans des caves, des greniers, des celliers et d'autres pièces de ce genre, qui servent à serrer leur marchandise plutôt qu'à l'ornement et à la beauté de leur maison. Les gens d'affaires et les financiers ont besoin d'appartements un peu plus beaux et plus commodes, mais qui soient bien fermés, afin d'être en sûreté contre les voleurs. Les avocats et les savants les veulent encore plus élégants et plus spacieux, à cause de la multitude de monde qu'ils sont obligés de recevoir. Enfin les personnes d'une haute condition, qui occupent de grandes charges dans la magistrature et dans les affaires, doivent avoir, pour recevoir le public, des vestibules magnifiques, de grandes salles, des péristyles spacieux, des jardins avec de longues allées d'arbres; il faut enfin que tout soit beau et majestueux. Ils doivent aussi avoir des bibliothèques, des galeries de tableaux, et des basiliques, qui rivalisent de magnificence avec celles qui font partie des édifices publics, parce que dans ces maisons il se tient souvent des assemblées, soit pour les affaires de l'État, soit pour des jugements et des arbitrages, qui terminent les différends des particuliers. Les édifices étant ainsi disposés selon les différentes conditions des personnes, on peut dire que l'on aura satisfait aux règles de la bienséance dont il a été parlé dans le premier livre, parce que chaque maison aura tout ce qui se peut désirer pour la commodité et pour la convenance. Ces règles ne serviront pas seulement pour l'ordonnance et la distribution des maisons de la ville, mais aussi pour celles de la campagne, qui ne sont différen-

---

tem prætenta luminibus; tum enim adversus solis impetus progrediens ad occidentem efficit ea temperata ad id tempus, quo opus [solitum] est uti. Æstiva ad septentrionem, quod ea regio non ut reliquæ per solstitium propter calorem efficitur æstuosa, eo quod est aversa a solis cursu, semper refrigerata et salubritatem et voluptatem in usu præstat. Non minus pinacothecæ et plumariorum textrina pictorumque officinæ, uti colores eorum in opere propter constantiam luminis immutata permaneant qualitate.

CAPUT V (vulgo VIII).

De ædificiorum propriis locis et generibus ad quascunque personarum qualitates convenientibus.

Cum ad regiones cœli ita ea fuerint disposita, tunc etiam animadvertendum est, quibus rationibus privatis ædificiis propria loca patribus familiarum, et quemadmodum communia cum extraneis ædificari debeant. Namque ex his quæ propria sunt, in ea non est potestas omnibus introeundi nisi invitatis; quemadmodum sunt cubicula, triclinia, balneæ ceteraque, quæ easdem habent usus rationes. Communia autem sunt, quibus etiam invocati suo jure de populo possunt venire, id est vestibula, cava ædium, peristylia, quæque eundem habere possunt usum. Igitur his qui communi sunt fortuna, non necessaria magnifica vestibula, nec tablina neque atria, quod hi aliis officia præstant ambiundo, quæ ab aliis ambiuntur. Qui autem fructibus rusticis servient, in eorum vestibulis stabula, tabernæ, in ædibus cryptæ, horrea, apothecæ ceteraque, quæ ad fructus servandos magis quam ad elegantiæ decorem possunt esse, ita sunt facienda. Item feneratoribus et publicanis commodiora et speciosiora et ab insidiis tuta: forensibus autem et disertis elegantiora et spatiosiora ad conventus excipiundos: nobilibus vero, qui honores magistratusque gerendo præstare debent officia civibus, facienda sunt vestibula regalia, alta atria, et peristylia amplissima, silvæ, ambulationesque laxiores, ad decorem majestatis perfectæ: præterea bibliothecæ, pinacothecæ, basilicæ, non dissimili modo quam publicorum operum magnificentia comparatæ, quod in domibus eorum sæpius et publica consilia et privata judicia arbitriaque conficiuntur. Ergo si his rationibus ad singulorum generum personas, uti in libro primo de decore est scriptum, ita disposita erunt ædificia, non erit quod reprehendatur: habebunt enim ad omnes res commodas et emendatas explicationes. Earum autem rerum

tes les unes des autres qu'en ce que dans les maisons de la ville les vestibules sont près de la porte, et que dans celles de la campagne, qui ne sont pas de simples métairies, la partie qui est pour le logement du maître a d'abord un péristyle et ensuite un vestibule entouré de portiques pavés, qui ont vue sur les palestres et sur les jardins.

Après avoir enseigné sommairement et le mieux que j'ai pu, comme je l'avais promis, de quelle manière il faut disposer les maisons de la ville, il me reste à expliquer quelle doit être la disposition qu'il faut donner à celles de la campagne, pour qu'elles aient toutes les commodités que réclame leur destination.

CHAPITRE VI (OU IX).
De la manière de bâtir les maisons à la campagne.

Pour donner une bonne situation à une maison de campagne, il faut d'abord, et suivant les principes que nous avons établis pour la construction des murs d'une ville, chercher quelle est l'exposition la plus saine, et tourner la maison de ce côté-là. La grandeur d'une maison de campagne doit être proportionnée aux terres qui en dépendent et aux fruits que l'on y recueille; la grandeur de ses cours et leur nombre seront déterminés par la quantité du bétail et des charrues qui seront nécessaires. La cuisine sera dans l'endroit le plus chaud de la cour, et l'on bâtira près de là l'étable à bœufs, qu'il faudra disposer de telle sorte que des crèches on voie la cheminée et le soleil levant : grâce à cette précaution, les bœufs, voyant ordinairement la lumière et le feu, ne deviendront point hérissés. C'est pourquoi les laboureurs qui n'ignorent pas l'influence des différents aspects du ciel, croient qu'il ne faut tourner les étables des bœufs que vers le soleil levant. La largeur de ces étables ne doit pas être moindre de dix pieds, ni plus grande que de quinze. La longueur doit être établie d'après cette règle, que chaque couple de bœufs ait au moins sept pieds d'espace. Les bains seront aussi près de la cuisine, afin que l'on n'ait pas loin à aller pour le service qu'exigent des bains de village. Le pressoir ne doit pas non plus être éloigné de la cuisine, pour faciliter le travail nécessaire à la préparation des olives; après le pressoir sera le cellier, dont les fenêtres doivent regarder le septentrion; car si elles étaient opposées au midi, la chaleur du soleil ferait tourner le vin, ou en affaiblirait la qualité. Au contraire, le lieu où l'on serre les huiles demande à être tourné vers le midi, parce qu'il faut éviter que l'huile ne se gèle, et faire en sorte que la chaleur douce du soleil l'entretienne toujours liquide. La grandeur des celliers doit être proportionnée aux fruits qui se recueillent et au nombre des vases nécessaires, qui peuvent occuper vers le milieu une place de quatre pieds de diamètre, s'ils sont de la grande jauge. Si le pressoir n'est point à vis, mais à arbre, il faut qu'il ait au moins quarante pieds de longueur et seize de largeur, ce qui suffira pour que l'on puisse y travailler à l'aise; et si l'on avait besoin de deux pressoirs, il faudrait alors que l'emplacement eût vingt-quatre pieds de largeur. La grandeur des bergeries et des étables pour les chèvres doit être telle que chaque bête n'ait pas moins de quatre pieds et demi d'espace, ni plus de six. Les greniers seront élevés, et tournés au septentrion ou à la bise, afin que la

---

non solum erunt in urbe ædificiorum rationes, sed etiam ruri, præterquam quod in urbe atria proxima januis solent esse, ruri vero pseudourbanis statim peristylia, deinde tum atria habentia circum porticus pavimenta spectantia ad palæstras et ambulationes.

Quoad potui urbanas rationes ædificiorum summatim perscripsi, ut proposui : nunc rusticorum expeditionem, ut sint ad usum commoda, quibusque rationibus collocare oporteat ea, dicam.

CAPUT VI (VULGO IX).
De rusticorum ædificiorum rationibus.

Primum de salubritalibus, uti in primo volumine de mœnibus collocandis scriptum est, regiones aspiciantur, et ita villæ collocentur. Magnitudines earum ad modum agri copiasque fructuum comparentur : cortes magnitudinesque earum ad pecorum numerum, atque quot juga boum opus fuerit ibi versari, ita finiantur. In corte culina quam calidissimo loco designetur, conjuncta autem habeat bubilia, quorum præsepia ad focum et orientis cœli regionem spectent; ideo quod boves lumen et ignem spectando horridi non fiunt. Item agricolæ regionum periti non putant oportere aliam regionem cœli boves spectare nisi ortum solis.

Bubilium autem debent esse latitudines nec minores pedum denum nec majores quindenum : longitudo, uti singula juga ne minus occupent pedes septenos. Balnearia item conjuncta sint culinæ, ita enim lavationi rusticæ ministratio non erit longe. Torcular item proximum sit culinæ; ita enim ad olearios fructus commoda erit ministratio : habeatque conjunctam vinariam cellam, habentem ad septentrionem lumina fenestrarum, cum enim alia parte habuerit, qua sol calefacere possit, vinum quod erit in ea cella, confusum ab calore efficietur imbecillum. Olearia autem ita est collocanda, ut habeat a meridie calidisque regionibus lumen; non enim debet oleum congelari, sed tepore caloris extenuari. Magnitudines autem earum ad fructuum rationem et numerum doliorum sunt faciendæ, quæ cum sint cullearia, per medium occupare debent pedes quaternos. Ipsum autem torcular, si non cochleis torquetur sed vectibus et prelo premitur, ne minus longum pedes quadraginta constituatur; ita enim erit vectiario spatium expeditum : latitudo ejus ne minus pedum senum denum; nam sic erit ad plenum opus facientibus libera versatio et expedita. Si autem duobus prelis loco opus fuerit, quatuor et viginti pedes latitudini dentur. Ovilia et caprilia ita magna sunt facienda, ut singula pecora areæ ne minus pedes quaternos et semipedem, ne plus senos possint habere. Granaria

fraîcheur du vent empêche les grains de s'échauffer, et les conserve plus longtemps ; car les autres aspects du ciel les rendent sujets à engendrer des charançons et autres insectes qui gâtent le blé. Les écuries pour les chevaux doivent être bâties près de la maison, dans le lieu le plus chaud, pourvu qu'elles ne soient pas tournées vers la cheminée ; car les chevaux qui sont ordinairement près du feu deviennent hérissés. Il est bon aussi que les étables des bœufs, qui sont éloignées de la cuisine, aient leur entrée et tirent le jour du côté de l'orient, parce que les bœufs que l'on y renferme pendant l'hiver paraissent plus beaux lorsqu'ils sortent le matin pour aller paître au dehors. Les granges et les greniers pour serrer le foin et la paille, de même que les moulins, doivent être bâtis assez loin de la maison, à cause du danger du feu. Si l'on veut faire de l'habitation une maison agréable et ornée, il faudra suivre les proportions qui ont été indiquées précédemment pour les bâtiments de la ville, pourvu que cela se puisse faire sans nuire en rien aux commodités que requiert le ménage des champs. Dans la construction de toutes sortes d'édifices, il faut avoir soin qu'ils soient bien éclairés, ce qui n'est pas difficile à la campagne, où il n'y a point d'autres maisons assez proches pour ôter le jour ; mais il n'en est pas de même dans les villes, où les maisons voisines sont assez proches et assez hautes pour donner de l'obscurité. Afin de savoir si l'on aura assez de jour et d'où il le faut tirer, on tend une corde du haut du mur qui peut ôter le jour jusqu'au lieu qui le doit recevoir ; et si, en regardant en haut le long de cette corde, le ciel se voit à découvert, on sera assuré que ce lieu pourra recevoir la lumière sans empêchement. Mais si l'on voit que les poutres, ou le haut des fenêtres et des planchers, doivent ôter le passage à la lumière, il faudra faire les ouvertures plus grandes et plus élevées, et si bien disposer les choses que les fenêtres se trouvent aux endroits d'où le ciel se voit à découvert. Ces précautions sont surtout nécessaires pour les salles à manger, pour les chambres, et surtout pour les passages et les escaliers, qui ont grand besoin d'être bien éclairés, parce qu'il arrive souvent que des personnes chargées d'un fardeau s'y rencontrent l'une devant l'autre.

Je crois avoir expliqué d'une façon assez claire la manière dont nous distribuons habituellement les édifices en Italie, pour que ceux qui voudront bâtir n'y trouvent point d'obscurité. Afin qu'on n'ignore pas non plus la manière dont les Grecs ordonnent leurs habitations, je la ferai sommairement.

CHAPITRE VII (ou X).

De la distribution des habitations chez les Grecs.

Les Grecs bâtissent autrement que nous, car ils n'ont point de vestibules ; mais, de la première porte, on entre dans un passage qui n'est pas fort large ; d'un côté sont les écuries, de l'autre est la loge du portier ; au bout de ce passage, est la porte de l'intérieur. Ce passage, placé entre deux portes, est appelé *thyroréion* (1). De là on entre dans le péristyle, qui a des portiques de trois côtés : du côté qui regarde le midi, il y a deux

(1) Qui appartient à celui qui garde la porte.

---

sublimata et ad septentrionem aut aquilonem spectantia disponantur; ita enim frumenta non poterunt cito concalescere, sed afflatu refrigerata diu servantur : namque ceteræ regiones procreant curculionem et reliquas bestiolas, quæ frumentis solent nocere. Equilibus quæ maxime in villa loca calidissima fuerint constituantur, dum ne ad focum spectent; cum enim jumenta proxime ignem stabulantur, horrida fiunt. Item non sunt inutilia præsepia, quæ collocantur extra culinam in aperto contra orientem; cum enim in hieme anni sereno cœlo in ea traducuntur, matutino boves ad solem pabulum capientes, fiunt nitidiores. Horrea, fœnilia, farraria, pistrina extra villam facienda videntur, ut ab ignis periculo sint villæ tutiores. Si quid delicatius in villa faciendum fuerit, ex symmetriis, quæ in urbanis supra scripta sunt, constituta ita struantur, et sine impeditione rusticæ utilitatis ædificentur. Omnia ædificia ut luminosa sint, oportet curari ; sed quæ sunt ad villas, faciliora videntur esse, ideo quod paries nullius vicini potest obstare : in urbe autem aut communium parietum altitudines aut angustiæ loci impediundo faciunt obscuritates. Itaque de ea re sic erit experiundum : ex qua parte lumen oporteat sumere linea tendatur ab altitudine parietis, qui videtur obstare ad eum locum, cui [lumen] oporteat immittere; et si ab ea linea, in altitudinem cum prospicietur, poterit spatium puri cœli amplum videri, in eo loco lumen erit sine impeditione. Sin autem officiunt trabes seu limina aut contignationes, de superioribus partibus aperiatur, et ita immittatur : et ad summam ita est gubernandum, ut e quibuscumque partibus cœlum prospici poterit, per eas fenestrarum loca relinquantur; sic enim lucida erunt ædificia. Cum autem in tricliniis ceterisque conclavibus maximus est usus luminis, tum etiam in itineribus clivis scalisque ; quod in his sæpius alius alii obviam venientes ferentes sarcinas solent incurrere.

Quoad potui distributiones operum nostrarum, uti sint ædificatoribus non obscuræ, explicui : nunc etiam quemadmodum Græcorum consuetudinibus ædificia distribuantur, uti non sint ignota, summatim exponam.

CAPUT VII (vulgo X).

De Græcorum ædificiorum eorumque partium dispositione.

Atriis Græci quia non utuntur, neque ædificant, sed ab janua introeuntibus itinera faciunt latitudinibus non spatiosis, et ex una parte equilia, ex altera ostiariis cellas, statimque januæ interiores finiuntur. Hic autem locus inter duas januas græce θυρωρεῖον appellatur. Deinde est introitus in peristylion : id peristylion in tribus partibus habet porticus ; in ea parte, quæ spectat ad meridiem, duas

antes fort éloignées l'une de l'autre, qui soutiennent un poitrail ; et si l'on retranche la troisième partie de l'espace qui est entre ces antes, le reste est égal à l'enfoncement de cette pièce. Elle est appelée par quelques-uns *prostas* (1), et par d'autres *parastas* (2). Au dedans de ce lieu, il y a de grandes salles où les mères de famille filent avec leurs servantes. Dans le passage appelé prostas, il y a à droite et à gauche des chambres, dont l'une est appelée *thalamus* (3), l'autre *antithalamus* (4). Autour des portiques sont des salles à manger, des chambres et des garde-robes ; cette partie de la maison s'appelle *gynæconitis* (5). A cette première partie en est jointe une autre plus grande et plus étendue, qui a des péristyles plus larges et dont les quatre portiques sont de pareille hauteur, si ce n'est que quelquefois les colonnes de celui qui regarde le midi, et qu'ils appellent à cause de cela péristyle rhodien, sont plus hautes. Cette partie de la maison a de plus beaux vestibules et des portes plus magnifiques que l'autre. Les portiques des péristyles sont ornés de stuc et lambrissés de menuiserie. Le long du portique que regarde le septentrion, il y a des salles à manger que l'on appelle cyzicènes, et des cabinets de tableaux ; du côté de l'orient sont les bibliothèques ; du côté du couchant sont des cabinets de conversation, et du côté du midi de grandes salles carrées, si vastes et si spacieuses qu'elles peuvent aisément contenir quatre tables à trois sièges en forme de lits, avec la place nécessaire pour le service et pour les jeux. C'est dans ces salles que se font les festins des hommes ; car chez eux ce n'est pas la coutume que les femmes se mettent à table avec les hommes. Ces péristyles sont appelés *andronitides* (1), parce que les hommes seuls y habitent, et n'y sont point importunés par les femmes. A droite et à gauche de ces bâtiments, qui ont des péristyles, il y a de petits appartements dégagés, qui ont des portes particulières, et renferment des salles et des chambres fort commodes, que l'on destine aux étrangers, lesquels ne logent point dans les appartements où sont les péristyles. Car ceux des Grecs qui étaient opulents et magnifiques avaient des appartements de réserve avec toutes leurs commodités, pour y recevoir les étrangers qui étaient venus de loin loger chez eux. La coutume était qu'après les avoir traités le premier jour seulement à leur table, ils leur envoyaient ensuite tous les jours, comme présents, des choses qui leur venaient de la campagne, des poulets, des œufs, des herbages, des fruits. C'est pourquoi les peintres qui ont représenté ces choses que chacun envoyait à ses hôtes, les ont appelées *xenia* (2). Ainsi ceux qui voyageaient étaient logés comme chez eux, et pouvaient vivre en leur particulier et en toute liberté dans ces appartements. Entre ces péristyles dont nous avons parlé, et les appartements destinés aux étrangers, il y a des passages appelés *mesaules*, mot qui signifie entre deux palais, parce qu'ils sont entre deux angles ou palais ; nous les appelons *andronas* (3) ; mais c'est une chose surprenante que ce mot ne signifie point en grec ce qu'il signifie pour les Latins ; car les Grecs désignent par *andronas* les grandes salles où les hommes font habituellement leurs festins, et où les femmes ne pénètrent point. Nous nous servons ainsi de quantité de noms grecs avec le même abus ; comme de *xystus*, de *prothyrum*,

(1) Ce qui est proche. — (2) Ce qui est à côté. — (3) La chambre. — (4) L'antichambre. — (5) Appartement des femmes.

(1) Pour les hommes. — (2) Choses destinées aux étrangers. (3) Palais appartenant aux hommes.

antas inter se spatio amplo distantes, in quibus trabes invehuntur, et quantum inter antas distat, ex eo tertia dempta spatium datur introrsus. Hic locus apud nonnullos προστὰς apud alios παραστὰς nominatur. In his locis introrsus constituuntur œci magni, in quibus matres familiarum cum lanificiis habent sessionem. In prostadii autem dextra ac sinistra cubicula sunt collocata, quorum unus thalamus, alterum amphithalamus dicitur. Circum autem in porticibus triclinia quotidiana, cubicula etiam et cellæ familiaricæ constituuntur. Hæc pars ædificii Gynæconitis appellatur. Conjunguntur autem his domus ampliores habentes latiora peristylia, in quibus pares sunt quatuor porticus altitudinibus, aut una, quæ ad meridiem spectat, excelsioribus columnis constituitur. Id autem peristylium, quod unam altiorem habet porticum, Rhodiacum appellatur. Habent autem eæ domus vestibula egregia et januas proprias cum dignitate porticusque peristyliorum albariis et tectoriis et ex intestino opere lacunariis ornatas, et in porticibus, quæ ad septentrionem spectant, triclinia Cyzicena et pinacothecas ; ad orientem autem bibliothecas ; exedras ad occidentem ; ad meridiem vero spectantes œcos quadratos tam ampla magnitudine, uti faciliter in eis tricliniis quatuor stratis ministrationum ludorumque operis locus possit esse spatiosus. In his œcis fiunt virilia convivia ; non enim fuerat institutum matres familiarum eorum moribus accumbere. Hæc autem peristylia domus andronitides dicuntur, quod in his viri sine interpellationibus mulierum versantur. Præterea dextra ac sinistra domunculæ constituuntur habentes proprias januas, triclinia et cubicula commoda, uti hospites advenientes non in peristylia sed in ea hospitalia recipiantur. Nam cum fuerunt Græci delicatiores et fortuna opulentiores, hospitibus advenientibus instruebant triclinia, cubicula cum penu cellas, primoque die ad cœnam invitabant, postero mittebant pullos, ova, olera, poma reliquasque res agrestes. Ideo pictores ea, quæ mittebantur hospitibus, picturis imitantes xenia appellaverunt. Ita patres familiarum in hospitio non videbantur esse peregre, habentes secretam in his hospitalibus libertatem. Inter duo autem peristylia itinera sunt, quæ mesaulæ dicuntur, quod inter duas aulas media sunt interposita ; nostri autem eas andronas appellant. Sed hoc valde est mirandum, nec enim græce nec latine potest convenire. Græci enim ἀνδρῶνας appellant œcos, ubi convivia virilia solent esse, quod eo mulieres non accedunt. Item aliæ res sunt similes, uti xystus, prothyrum, telamones et nonnulla alia ejus modi ; ξυστὸς enim græca appellatione est

de *télamones* et de plusieurs autres. Car *xystos* en grec signifie un large portique où les athlètes s'exercent pendant l'hiver; et nous autres nous appelons *xysta* des allées découvertes où l'on se promène, et que les Grecs nomment *paridromidas* (1). De même les Grecs appellent *protyra* (2) les vestibules qui sont devant les portes, et ce mot désigne parmi nous ce que les Grecs appellent *diathyra* (3). Nous appelons aussi *telamones* (4) les figures d'hommes qui soutiennent les mutules ou les corniches; mais ce nom ne se trouve avoir aucun fondement dans l'histoire. Ces figures sont appelées *atlantes* par les Grecs, parce que Atlas ayant été le premier qui ait fait connaître le cours du soleil et de la lune, le lever et le coucher des étoiles, et tous les mouvements du ciel que son génie et son travail lui avaient fait découvrir, les peintres et les sculpteurs, pour lui rendre hommage, l'ont représenté soutenant le ciel sur ses épaules. C'est aussi pour cette raison que ses filles Atlantides, qui sont appelées *Pléiades* (5) par les Grecs et *Vergiliæ* (6) par les Latins, ont été mises au rang des étoiles. Mon dessein n'est pas toujours de changer les noms que l'usage a consacrés; mais ce que j'en ai dit a été pour apprendre à ceux qui se plaisent à cette étude les différentes significations de ces mots. J'ai traité les différentes manières dont les habitants de l'Italie et ceux de la Grèce construisent les édifices, et des règles qui déterminent la symétrie et les proportions de chaque genre; et comme j'ai parlé aussi précédemment de la beauté qui résulte de ces dispositions, il me reste maintenant à dire par quel moyen on peut leur donner une solidité qui les fasse durer longtemps en bon état.

CHAPITRE VIII (OU XI).

Des différents moyens par lesquels on donne une longue durée aux édifices.

Les édifices qui se font sur le rez-de-chaussée auront toute la solidité nécessaire, si leurs fondements sont construits d'après les règles que nous avons données ci-dessus pour les fondements des murs des villes et des théâtres; mais s'ils ont des voûtes sous terre, il faudra faire des fondements plus épais que pour les murs des édifices qui ne se bâtissent que hors de terre. Il faut aussi que les murailles, les pieds droits et les colonnes soient bien d'aplomb, en sorte que celles de dessus soient justement au milieu de celles de dessous; et que le solide réponde toujours au solide, parce que, s'il y a quelque partie du mur ou quelque colonne qui porte à faux, il est impossible que l'ouvrage dure longtemps. Il est encore nécessaire de mettre des poteaux au-dessous de chaque linteau, au droit de l'un et de l'autre jambage, afin d'empêcher que les linteaux ou les poitrails, chargés du mur qu'ils soutiennent, ne plient à l'endroit du vide, et ne causent bientôt la ruine du mur en se rompant; mais ces poteaux ainsi placés dessous et bien fixés empêcheront que les linteaux ne s'enfoncent. Il faut aussi faire en sorte de soulager les murs par des décharges faites de pierres taillées en manière de coin, et disposées en arcs; car les deux bouts de l'arcade de la décharge étant posés sur les bouts du linteau ou du poitrail, le bois ne pliera

(1) Promenoirs. — (2) Avant-portes. — (3) Bannières. — (4) Souffrants. — (5) Qui montrent le temps propre à la navigation. — (6) Qui annoncent le printemps.

---

porticus ampla latitudine, in qua athletæ per hiberna tempora exercentur. Nostri autem hypæthras ambulationes xysta appellant, quas Græci παραδρομίδας dicunt. Item prothyra græce dicuntur, quæ sunt ante januas vestibula; nos autem appellamus prothyra, quæ græce dicuntur διάθυρα. Item si qua virili figura signa mutulos aut coronas sustinent, nostri telamones appellant; cujus rationes, quid ita aut quare dicantur, ex historiis non inveniuntur : Græci vero eos ἄτλαντας vocitant. Atlas enim historia formatur sustinens mundum, ideo quod is primum cursum solis et lunæ siderumque omnium ortus et occasus, mundique versationum rationes vigore animi solertiaque curavit hominibus tradendas, eaque re a pictoribus et statuariis deformatur pro eo beneficio sustinens mundum; filiæque ejus Atlantides (quas nos Vergilias, Græci autem Πλειάδας nominant) cum sideribus in mundo sunt dedicatæ. Nec tamen ego ut mutetur consuetudo nominationum aut sermonis, ideo hæc proposui; sed ut ea non sint ignota philologis, exponenda judicavi. Quibus consuetudinibus ædificia Italico more et Græcorum institutis conformantur exposui, et de symmetriis singulorum generum proportiones perscripsi; ergo quoniam de venustate decoreque ante est scriptum, nunc exponemus de firmitate, quemadmodum ea sine vitiis permaneat et ad vetustatem collocetur.

CAPUT VIII (vulgo XI).

(*De hypogæis, concamerationibus et quæ pilatim aguntur ædificiis.*)

Ædificia quæ plano pede instituuntur, si fundamenta eorum facta fuerint ita, ut in prioribus libris de muro et theatris a nobis est expositum, ad vetustatem ea erunt sine dubitatione firma. Sin autem hypogea concamerationesque instituentur, fundationes eorum fieri debent crassiores quam quæ in superioribus ædificiis structuræ sunt futuræ, eorumque parietes, pilæ, columnæ ad perpendiculum inferiorum medio collocentur, uti solido respondeant: nam si in pendentibus onera fuerint parietum aut columnarum, non poterunt habere perpetuam firmitatem. Præterea inter limina secundum pilas et antas postes si supponantur, erunt non vitiosæ : limina enim et trabes structuris cum sint oneratæ, medio spatio pandantes frangunt sublisæ structuras. Cum autem subjecti fuerint et subcuneati postes, non patiuntur insidere trabes, neque eas lædere. Item administrandum est, uti levent onus parietum fornicationes cuneorum divisionibus et ad centrum respondentes earum conclusuræ : cum enim extra trabes aut liminum capita arcus cuneis erunt conclusi, primum non pandabit materies levata onere; deinde si quod e ve-

point, parce qu'il sera déchargé d'une partie de son faix; et s'il éprouvait quelque détérioration par la vétusté, on pourrait le rétablir sans qu'il fût besoin d'étayer. Dans les édifices qui sont bâtis sur des piles jointes par des arcades, il faut avoir soin de donner plus de force et d'épaisseur aux piles des extrémités, afin qu'elles puissent résister à l'effort des pierres taillées en coin, qui, en se pressant l'une l'autre, à cause du poids des murs qui sont au-dessus, pourraient pousser les *impostes*; mais si les piles des angles sont très-larges, l'ouvrage aura beaucoup plus de solidité. Outre toutes ces choses, qui doivent être exactement observées, il faut encore prendre garde que la maçonnerie soit bien d'aplomb, et que rien ne penche ni d'un côté ni de l'autre : on doit surtout apporter le plus grand soin aux ouvrages qui se font sous le rez-de-chaussée, à cause de la terre qu'ils soutiennent, qui peut causer une infinité d'inconvénients; car la terre n'est jamais en un même état, variant selon les saisons : en hiver, elle s'enfle et devient plus pesante qu'en été, à cause des pluies qui la pénètrent; ce qui fait qu'elle presse et qu'elle rompt la maçonnerie. Pour remédier à cet inconvénient, il faut commencer par donner au mur une épaisseur proportionnée à la terre qu'il doit soutenir; il faut, en outre, le renforcer en dehors avec des éperons et des arcs-boutants, qui seront construits en même temps que le mur, et seront séparés les uns des autres par des espaces égaux à la largeur que l'on a donnée au mur qui soutient la terre. Mais il faut qu'ils avancent dans la terre par le pied, autant que le mur même a de hauteur; qu'ils aillent en diminuant par degrés depuis le bas, et qu'ils aient autant de saillie vers le haut que le mur a d'épaisseur. De plus, il faudra faire au dedans des dentelures en forme de scie, qui soient jointes au mur et opposées à la terre; en sorte que chaque dentelure ait la même épaisseur que le mur, et qu'elle s'éloigne autant du mur qu'elle soutient, que la terre qu'elle soutient est haute. Enfin, vers l'extrémité des angles, après s'être éloigné de l'angle intérieur d'un espace égal à la hauteur du mur qui soutient la terre, on fera une marque de chaque côté, et de l'une de ces marques à l'autre on fera une muraille diagonale, du milieu de laquelle une autre partira, qui ira joindre l'angle du mur. Par ce moyen, les dentelures avec cette diagonale empêcheront que la terre ne presse et ne pousse le mur avec autant de force. J'ai donné ces conseils à ceux qui entreprennent des bâtiments, afin qu'ils se gardent des fautes que l'on peut commettre en bâtissant les fondations. Pour ce qui est des précautions qui sont nécessaires pour la charpente, elles ne sont pas de si grande importance, parce que, s'il s'y découvre quelques défauts, on peut y remédier facilement. Tels sont les moyens qu'on doit employer pour rendre solides et durables dans un édifice les parties qui par leur nature semblent ne pouvoir pas l'être. Mais le choix des matériaux nécessaires pour l'exécution de ce que j'ai prescrit ne dépend pas toujours de l'architecte, parce que, comme il a été dit précédemment, on ne trouve pas en tous lieux ce dont on a besoin; et il dépend de la volonté du maître qui fait bâtir d'employer la brique, le moellon ou la pierre de taille. On apprécie généralement les ouvrages sous trois rapports différents, selon que l'on

lustate vitium ceperit, sine molitione fulturarum faciliter mutabitur. Itemque quæ pilatim aguntur ædificia et cuneorum divisionibus, coagmentis ad centrum respondentibus, fornices concluduntur, extremæ pilæ in his latiores spatio sunt faciundæ, uti vires eæ labentes resistere possint, cum cunei ab oneribus parietum pressi per coagmenta ad centrum se prementes extrudunt incumbas. Itaque si angulares pilæ erunt spatiosis magnitudinibus, continendo cuneos firmitatem operibus præstabunt. Cum in his rebus animadversum fuerit, uti ea diligentia in his adhibeatur, non minus etiam observandum est, uti omnes structuræ perpendiculo respondeant, neque habeant in ulla parte proclinationes. Maxima autem esse debet cura substructionum, quod in his infinita vitia solet facere terræ congestio : ea enim non potest esse semper uno pondere, quo solet esse per æstatem; sed hibernis temporibus recipiendo ex imbribus aquæ multitudinem, crescens et pondere et amplitudine disrumpit et extrudit structurarum septiones. Itaque ut huic vitio medeatur, sic erit faciundum, uti primum pro amplitudine congestionis crassitudo structuræ constituatur; deinde in frontibus anterides sive erismæ sint una struantur, eæque inter se distent tanto spatio, quanta altitudo substructionis est futura, crassitudine eadem qua substructio. Procurrant autem ab imo per quam crassitudo constituta fuerit substructionis, deinde contrahantur gradatim ita, uti summam habeant prominentiam quanta operis est crassitudo. Præterea introrsus contra terrenum uti dentes conjuncti muro serratim struantur, uti singuli dentes ab muro tantum distent, quanta altitudo futura erit substructionis : crassitudines autem habeant dentium structuræ uti muri. Item in extremis angulis cum recessum fuerit ab interiore angulo spatio altitudinis substructionis, in utramque partem signetur, et ab his signis diagonios structura collocetur; et ab ea media altera conjuncta cum angulo muri. Ita dentes et diagoniæ structuræ non patientur tota vi premere murum, sed dissipabunt retinendo impetum congestionis. Quemadmodum opera sine vitiis oporteat constitui, et uti caveatur incipientibus exposui; namque de tegulis aut tignis aut asseribus immutandis non eadem est cura, quemadmodum de his; quod ea quamvis sint vitiosa, faciliter mutantur. Ita quæ nec solida quidem putantur esse, quibus rationibus hæc poterunt esse firma, et quemadmodum instituantur exposui. Quibus autem copiarum generibus oporteat uti, non est architecti potestas; ideo quod non in omnibus locis omnia genera copiarum nascuntur, uti in proximo volumine est expositum. Præterea in domini est potestate, utrum lateritio an cæmentitio an saxo quadrato velit ædificare. Itaque

considère le fini du travail, ou la magnificence ou la disposition de l'ensemble. Quand on voit un ouvrage où l'on a employé tout ce que peut fournir la richesse d'une personne puissante, on loue la dépense ; si l'on remarque que le travail est fini et délicat, on estime l'artiste qui en est l'auteur ; mais quand l'édifice se recommande par la beauté de ses proportions, c'est alors que l'on admire l'architecte. Il faut pourtant qu'il sache que, pour bien réussir, il ne doit pas négliger les avis que les moindres artisans, et ceux même qui ne sont point de sa profession, peuvent lui donner ; car ce ne sont pas les architectes seuls, mais généralement tout le monde, qui doit juger ses ouvrages. Il y a néanmoins cette différence, que ceux qui ne sont point architectes ne peuvent juger de l'ouvrage qu'après qu'il est achevé ; tandis que l'architecte connaît la beauté du bâtiment dont il a conçu l'idée avant même que d'avoir commencé à l'exécuter.

Ayant donné les règles qu'il faut suivre dans la construction des édifices particuliers le plus clairement qu'il m'a été possible, il me reste à parler des ornements qui servent à les embellir, et des moyens qu'il faut employer pour les conserver longtemps et les empêcher de se gâter. C'est ce que je vais faire dans le livre suivant.

LIVRE SEPTIÈME.

Préface.

Il faut avouer que nos ancêtres ne pouvaient rien faire de plus sage ni de plus utile que de mettre par écrit leurs belles inventions. Car c'est ce qui nous en a conservé la mémoire ; et il est arrivé que chaque siècle ayant ajouté quelque chose aux connaissances des siècles précédents, les arts et les sciences ont été portés à la perfection où nous les voyons maintenant. On ne saurait donc avoir assez de reconnaissance pour ceux qui ne nous ont point envié par leur silence les belles connaissances qu'ils ont eues, mais qui ont pris le soin de les communiquer à leurs descendants. Car on aurait éternellement ignoré ce qui s'est passé à Troie, et nous ne saurions point quelles ont été les opinions de Thalès, de Démocrite, d'Anaxagore, de Xénophane et de tous les autres philosophes, touchant les choses naturelles, ni par quels préceptes Socrate, Platon, Aristote, Zénon, Épicure et les autres ont réglé les mœurs et toute la conduite de la vie ; enfin, jamais nous n'aurions entendu parler des actions de Crésus, d'Alexandre, de Darius ni des autres rois, si nos ancêtres n'eussent pris le soin d'écrire des livres qui conservassent la mémoire de toutes ces choses pour en faire part à toute la postérité. Mais si ces grands personnages méritent beaucoup de louanges, il faut avouer que l'on ne peut assez blâmer ceux qui ont dérobé leurs écrits pour en paraître les auteurs, et que l'envie qui les a portés à vouloir supprimer les ouvrages d'autrui pour s'en faire honneur, demande quelque chose de plus que le blâme et mérite une punition très-sévère. L'on voit des exemples d'une telle punition parmi les anciens, et je crois qu'il n'est pas hors de propos de rapporter ici quel a été le jugement qui fut autrefois rendu contre ceux qui se trouvèrent coupables d'un tel crime. Les rois At-

---

omnium operum probationes tripartito considerantur, id est fabrili subtilitate, magnificentia et dispositione. Cum magnificenter opus perfectum aspicietur a domini potestate, impensæ laudabuntur : cum subtiliter, officinatoris probabitur exactio : cum vero venustate, proportionibus et symmetriis habuerit auctoritatem, tunc fuerit gloria architecti. Hæc autem recte constituuntur, cum is et a fabris et ab idiotis patiatur accipere se consilia. Namque omnes homines, non solum architecti, quod est bonum possunt probare ; sed inter idiotas et eos hoc est discrimen, quod idiota nisi factum viderit, non potest scire quid futurum sit ; architectus autem simul animo constituerit, antequam inceperit, et venustate et usuet decore quale sit futurum, habet definitum.

Quas res privatis ædificiis utiles putavi, et quemadmodum sint facinudæ, quam apertissime potui perscripsi. De expolitionibus autem eorum, ut sint elegantes et sine vitiis ad vetustatem, in sequenti volumine exponam.

LIBER SEPTIMUS.

Præfatio.

Majores cum sapienter tum etiam utiliter instituerunt, per commentariorum relationes cogitata tradere posteris, uti ea non interirent, sed singulis ætatibus crescentia voluminibus edita gradatim pervenirent vetustatibus ad summam doctrinarum subtilitatem. Itaque non mediocres sed infinitæ sunt his agendæ gratiæ, quod non invidiose silentes prætermiserunt, sed omnium generum sensus conscriptionibus memoriæ tradendos curaverunt. Namque si non ita fecissent, non potuissemus scire, quæ res in Troja fuissent gestæ ; nec quid Thales, Democritus, Anaxagoras, Xenophanes reliquique physici sensissent de rerum natura ; quasque Socrates, Plato, Aristoteles, Zenon, Epicurus aliique philosophi hominibus agendæ vitæ terminationes finivissent ; seu Crœsus, Alexander, Darius ceterique reges quas res aut quibus rationibus gessissent, fuissent notæ, nisi majores præceptorum comparationibus omnium memoriæ ad posteritatem commentariis extulissent. Itaque, quemadmodum his gratiæ sunt agendæ, sic contra qui eorum scripta furantes pro suis prædicant vituperandi, quique non propriis cogitationibus nituntur scriptorum, sed invidis moribus aliena violantes gloriantur, non modo sunt reprehendendi, sed etiam, quia impio more vixerunt, pœna condemnandi. Nec tamen hæ res non vindicatæ curiosius ab antiquis esse memorantur ; quorum exitus judiciorum qui fuerint, non est alienum quemadmodum sint nobis traditi explicare. Reges Attalici magnis

taliques, qui aimaient extrêmement les belles-lettres, ayant formé à Pergame une vaste bibliothèque pour l'usage commun, le roi Ptolémée, excité par une noble émulation, prit soin d'en former une pareille à Alexandrie ; et, non content de l'avoir enrichie, à force de zèle, d'un grand nombre de livres, il chercha le moyen de l'augmenter tous les jours autant qu'il lui était possible, en jetant, pour ainsi dire, les semences d'une infinité de nouveaux ouvrages. Il fonda, pour cet effet, des jeux en l'honneur des Muses et d'Apollon, comme il y en avait pour les athlètes, et il promit des honneurs et des récompenses à tous les écrivains qui y remporteraient le prix. Or, ces jeux ayant été établis, quand on vint à choisir des juges parmi les gens de lettres qui étaient dans la ville, il ne s'en trouva d'abord que six qui fussent estimés capables de remplir ces fonctions; et le roi, qui en voulait trouver un septième, ayant demandé à ceux qui avaient soin de sa bibliothèque s'ils ne connaissaient pas quelqu'un qui en fût digne, ils lui proposèrent un certain Aristophane, qui était sans cesse occupé à lire les livres qu'elle contenait. Les juges ayant pris place au milieu des jeux sur leurs siéges, Aristophane y fut appelé et s'y plaça avec eux. La dispute commença par les poëtes, qui lurent chacun leurs ouvrages, sur lesquels le peuple porta aussitôt son jugement, en désignant aux juges, par ses applaudissements, ceux auxquels il donnait la préférence. Les juges étant invités à donner leurs avis, les six premiers décernèrent le premier prix à celui en faveur duquel le peuple s'était prononcé, et le second à celui qui le suivait dans son approbation. Mais Aristophane donna, au contraire, le premier prix à celui qui avait reçu le moins de marques de la faveur du peuple. Ce jugement ayant causé quelque indignation au roi et à toute l'assemblée, Aristophane se leva ; et ayant demandé qu'on lui permît de parler, il déclara, quand on eut fait silence, que, de tous ceux qui s'étaient présentés, il n'y en avait qu'un qui fût poëte ; que tous les autres n'avaient récité que ce qu'ils avaient dérobé dans des livres ; et qu'il se prononçait ainsi, persuadé que les juges étaient établis pour récompenser les auteurs, et non ceux qui volent les ouvrages d'autrui. Pendant que le peuple admirait cette réponse, et que le roi ne savait encore ce qu'il en devait penser, Aristophane fit apporter de plusieurs armoires différents livres, dans lesquels il se souvenait d'avoir lu ce qui venait d'être récité ; et l'ayant montré dans ces livres, il obligea ces prétendus poëtes à avouer leurs larcins. Alors le roi leur ayant fait faire leur procès comme à des voleurs, récompensa magnifiquement Aristophane, et lui donna la charge d'intendant de sa bibliothèque. Quelques années après, Zoïle, qui se faisait appeler le fléau d'Homère, vint de Macédoine à Alexandrie, et présenta au roi les livres qu'il avait composés contre l'Iliade et contre l'Odyssée. Ptolémée, indigné que l'on attaquât si insolemment le père des poëtes, et que l'on maltraitât ainsi celui que tous les savants reconnaissaient pour leur maître, dont toute la terre admirait les écrits, et qui n'était pas là présent pour se défendre, ne fit point de réponse. Cependant Zoïle ayant longtemps attendu, et étant pressé de la nécessité, fit supplier le roi de lui faire donner quelque chose. Le roi lui répondit, à ce qu'on prétend, que puisque Homère, depuis mille ans qu'il était mort, avait nourri plusieurs milliers de

---

philologiæ dulcedinibus inducti cum egregiam bibliothecam Pergami ad communem delectationem instituissent, tunc item Ptolemaeus, infinito zelo cupiditatisque incitatus studio, non minoribus industriis ad eundem modum contenderat Alexandriæ comparare. Cum autem summa diligentia perfecisset, non putavit id satis esse, nisi propagationibus in seminando curaret augendam. Itaque Musis et Apollini ludos dedicavit, et quemadmodum athletarum sic communium scriptorum victoribus præmia et honores constituit. His ita institutis cum ludi adessent, judices literati, qui ea probarent, erant legendi. Rex cum jam ex civitate sex lectos habuisset, nec tam cito septimum idoneum inveniret, retulit ad eos, qui supra bibliothecam fuerant, et quæsiit, si quem novissent ad id expeditum. Tunc ei dixerunt, esse quendam Aristophanem, qui summo studio summaque diligentia quotidie omnes libros ex ordine perlegeret. Itaque in conventu ludorum cum secretæ sedes judicibus essent distributæ, cum ceteris Aristophanes citatus, quemadmodum fuerat locus ei designatus, sedit. Primo poetarum ordine ad certationem inducto, cum recitarentur scripta, populus cunctus significando monebat judices, quos probarent. Itaque cum ab singulis sententiæ sunt rogatæ, sex una dixerunt, et quem maxime animadverterunt multitudini placuisse ei primum præmium, insequenti secundum tribuerunt. Aristophanes vero, cum ab eo sententia rogaretur, eum primum pronunciari jussit, qui minime populo placuisset. Cum autem rex et universi vehementer indignarentur, surrexit et rogando impetravit, ut paterentur se dicere. Itaque silentio facto docuit unum ex his eum esse poetam, ceteros aliena recitavisse ; oportere autem judicantes non furta sed scripta probare. Admirante populo et rege dubitante, fretus memoria e certis armariis infinita volumina eduxit, et ea cum recitatis conferendo coegit ipsos furatos de se confiteri. Itaque rex jussit cum his agi furti, condemnatosque cum ignominia dimisit : Aristophanem vero amplissimis muneribus ornavit, et supra bibliothecam constituit. Insequentibus annis a Macedonia Zoilus, qui adoptavit cognomen, ut Homeromastix vocitaretur, Alexandriam venit suaque scripta contra Iliadem et Odysseam comparata regi recitavit. Ptolemæus vero cum animadvertisset poetarum parentem philologiæque omnis ducem absentem vexari, et cujus ab cunctis gentibus scripta suspicerentur, ab eo vituperari, indignatus nullum ei dedit responsum. Zoilus autem cum diutius in regno fuisset, inopia pressus summisit ad regem postulans ut aliquid sibi tribueretur. Rex vero respondisse dicitur, Homerum, qui ante annos mille decessisset, ævo perpetuo multa millia hominum pascere :

personnes, Zoïle devait bien avoir l'industrie, non-seulement de vivre comme eux de sa gloire, mais d'en nourrir plusieurs autres encore, lui qui se prétendait beaucoup plus savant que le grand poëte. On raconte diversement les circonstances de sa mort : les uns disent que Ptolémée le fit mettre en croix, ceux-ci qu'il fut lapidé, et ceux-là qu'il fut brûlé tout vif à Smyrne; mais tous s'accordent à dire qu'il fut puni comme parricide. Mais, de quelque façon qu'il pérît, il est certain qu'il méritait cette punition, puisqu'il n'y a pas de crime plus odieux que de critiquer un écrivain qui n'est pas en état de rendre raison de ce qu'il a écrit. Quant à moi, je ne cherche point, en écrivant cet ouvrage, à cacher d'où j'ai pris ce que je produis sous mon nom, ni à blâmer les inventions d'autrui pour faire valoir les miennes. Je professe, au contraire, la plus grande reconnaissance envers tous les écrivains qui ont recueilli, comme je fais, tout ce que les auteurs plus anciens ont préparé et amassé, chacun dans sa profession; car leurs ouvrages sont comme une source où nous pouvons puiser abondamment; nous profitons du travail de ceux qui nous ont précédés pour composer avec assurance de nouveaux ouvrages; et j'avoue ingénument que cela m'a donné une très-grande facilité pour l'exécution de mon dessein, pour lequel j'ai trouvé une infinité de choses toutes prêtes. C'est ainsi qu'Agatharchus ayant été instruit par Eschyle, à Athènes, de la manière dont il faut faire les décorations des théâtres pour la tragédie, et ayant fait le premier un livre sur l'art de les peindre, il apprit ensuite ce qu'il en savait à Démocrite et à Anaxagore, lesquels ont aussi écrit sur ce sujet, et principalement sur l'artifice au moyen duquel on peut, en plaçant un point à une certaine place, imiter si bien la disposition naturelle des lignes qui sortent des yeux en s'élargissant, que, bien que cette disposition des lignes soit une chose qui nous est inconnue, on ne laisse pas de faire une illusion complète en représentant fort bien les édifices dans les perspectives dont on décore les théâtres, où ce qui est peint sur une surface plate paraît s'avancer en certains endroits et s'éloigner en d'autres. Après ces écrivains, Silène fit un livre sur les proportions de l'ordre dorique; Théodorus écrivit sur le temple de Junon à Samos, qui est d'ordre dorique; Chersiphron et Métagène, sur celui de Diane, qui est à Éphèse et qui est d'ordre ionique; Philéos sur celui de Minerve, qui est à Priène et d'ordre ionique aussi; Ictinus et Carpion, sur un autre temple de Minerve, d'ordre ionique, qui est à Athènes dans la citadelle; Théodorus, Phocéen, sur le *thole* (1) qui est à Delphes; Philon, sur les proportions des temples, et sur l'arsenal qui était au port de Pirée; Hermogène, sur le temple de Diane, qui est pseudodiptère et d'ordre ionique, à Magnésie, et sur celui de Bacchus, qui est monoptère, dans l'île de Téos; Argélius, sur les proportions de l'ordre corinthien et sur le temple d'Esculape, qui est d'ordre ionique, dans le pays des Tralliens, et que l'on dit avoir été fait de sa propre main; et enfin Satyrus et Phitéus, sur le Mausolée, auquel ils ont travaillé avec tant de succès, que cet ouvrage a mérité l'approbation de tous les siècles, qui ont loué et admiré l'art incomparable qu'ils y ont déployé. Léocharès, Bryaxis, Scopas et Praxitèle, et, selon quelques-uns, Timothée, ornèrent cet édifice à l'envi l'un de l'autre. Chacun d'eux entre-

(1) Dôme.

item debere qui meliori ingenio se profiteretur non modo se unum, sed etiam plures alere posse. Et ad summam mors ejus ut parricidii damnati varie memoratur : alii enim scripserunt a Philadelpho esse in crucem fixum; nonnulli Chii in eum lapides esse conjectos; alii Smyrnæ vivum in pyram esse conjectum. Quorum utrum ei acciderit, mereri digna constitit pœna : non enim aliter videtur promereri, qui citat eos, quorum responsum, quid senserint scribentes, non potest coram indicari. Ego vero, Cæsar, neque alienis indiciis mutatis, interposito nomine meo id profero corpus, neque ullius cogitata vituperans institui ex eo me approbare : sed omnibus scriptoribus infinitas ago gratias, quod egregiis ingeniorum solertiis ex ævo collatis abundantibus alius alio genere copias præparaverunt, unde nos uti fontibus haurientes aquam et ad proposita traducentes fœcundiores et expeditiores habemus ad scribendum facultates, talibusque confidentes auctoribus audemus institutiones novas comparare. Igitur tales ingressus eorum habens, quos ad propositi mei rationes animadverti præparatos, inde sumendo progredi cœpi. Namque primum Agatharchus Athenis, Æschylo docente tragœdiam, scenam fecit, et de ea commentarium reliquit. Ex eo moniti Democritus et Anaxagoras de eadem re scripserunt, quemadmodum oporteat ad aciem oculorum radiorumque extensionem, certo loco centro constituto, [ad] lineas ratione naturali respondere, uti de incerta re certæ imagines ædificiorum in scenarum picturis redderent speciem, et quæ in directis planisque frontibus sint figurata, alia abscedentia alia prominentia esse videantur. Postea Silenus de symmetriis Doricorum edidit volumen; de æde Junonis, quæ est Sami dorica, Theodorus; [de] ionica Ephesi, quæ est Dianæ, Chersiphron et Metagenes; de fano Minervæ, quod est Prienæ Ionicum, Phileos; item de æde Minervæ dorica, quæ est Athenis in arce, Ictinus et Carpion; Theodorus Phocæus de tholo, qui est Delphis; Philo de ædium sacrarum symmetriis et de armamentario, quod fecerat Piræei in portu; Hermogenes de æde Dianæ Ionica, quæ est Magnesiæ pseudodipteros, et Liberi Patris Teo monopteros; item Argelius de symmetriis Corinthiis et Ionico Trallibus Æsculapio, quod etiam ipse sua manu dicitur fecisse; de Mausoleo Satyrus et Phiteus, quibus vera felicitas summum maximumque contulit munus. Quorum enim artes ævo perpetuo nobilissimas laudes et sempiterno florentes habere judicantur, et cogitatis egregias operas præstiterunt. Namque singulis frontibus singuli artifices sumpserunt certatim partes ad ornandum et probandum, Leochares, Bryaxis, Scopas, Praxiteles; nonnulli etiam putant Timotheum; quorum artis eminens

prit une face, et leur ouvrage fut trouvé si parfait que cet édifice a été mis au nombre des sept merveilles du monde. Il y a encore eu d'autres artistes moins célèbres qui n'ont pas laissé d'écrire sur les proportions, savoir, Nexaris, Théocyde, Démophilos, Pollis, Léonidas, Silanion, Mélampus, Sarnacus, Euphranor. Ceux qui ont écrit sur les machines sont Diadès, Archytas, Archimède, Ctésibius, Nymphodorus, Philon, Byzantin, Diphilos, Démoclès, Charitas, Polyidos, Pyrrhos, Agésistratos. Or, j'ai pris dans les livres de tous ces auteurs ce que j'ai jugé pouvoir me servir, pour en faire un recueil, parce que j'ai remarqué que les Grecs ont composé beaucoup de livres sur ce sujet, et que nos auteurs en ont fort peu écrit : car Fusitius a été le premier qui en ait fait un excellent volume : Térentius Varron a aussi écrit neuf livres sur les sciences, dont il y en a un qui traite de l'architecture. Publius Septimius en a écrit deux ; mais nous n'avons point d'autres écrivains sur cette matière, quoique de tout temps il y ait eu des citoyens romains, grands architectes, qui en auraient pu écrire fort pertinemment. De ce nombre sont les architectes Antistates, Calleschros, Antimachide et Porinos. Ils avaient commencé à Athènes les fondements du temple que Pisistrate faisait élever à Jupiter Olympien ; et l'ouvrage étant demeuré imparfait après sa mort, à cause des troubles qui survinrent dans la république, le roi Antiochus, deux cents ans plus tard, promit de faire la dépense nécessaire pour achever la nef du temple, qui était fort grande, et pour les colonnes du portique, qui devait être diptère, avec les architraves et autres ornements, suivant leurs proportions. C'est ce que Cossutius, citoyen romain, exécuta, et il y acquit beaucoup d'honneur ; cet édifice n'ayant pas seulement l'approbation du vulgaire, mais étant estimé tel qu'il y en avait peu qui pussent en égaler la magnificence. En effet, il n'y a en Grèce que quatre temples qui soient bâtis de marbre, et enrichis de si beaux ornements, que les noms en sont demeurés à ceux dont nous nous servons ; enfin, l'exécution de ces temples est si parfaite, qu'ils ont été admirés jusque dans le conseil des dieux. Le premier de ces ouvrages est le temple de Diane, à Éphèse, d'ordre ionique, qui fut commencé par Chersiphron, natif de Candie, et par son fils Métagène, et qui fut achevé par Démétrius, servant de Diane, et par Péonius, Éphésien. Le second est celui que le même Péonius et Daphnis, Milésien, bâtirent en l'honneur d'Apollon dans la ville de Milet, et qu'ils firent aussi selon les proportions de l'ordre ionique. Le troisième est le temple de Cérès et de Proserpine à Éleusis, qu'Ictinus fit d'ordre dorique, d'une grandeur extraordinaire, sans colonnes au dehors, afin de laisser plus de place pour les sacrifices ; mais pendant le temps que Démétrius de Phalère commandait à Athènes, Philon le fit prostyle, en mettant des colonnes sur le devant ; ce qui rendit cet édifice plus majestueux, et donna aussi plus de place à ceux qui n'étaient pas encore admis aux mystères des sacrifices de ces déesses. Le quatrième enfin est le temple de Jupiter Olympien, que Cossutius, comme nous avons dit, entreprit à Athènes ; il le fit d'ordre corinthien, et le décora avec la plus grande magnificence. Cependant on ne trouve point que Cossutius ait rien écrit sur ce sujet ; et ce ne sont pas ces écrits-là seulement qui nous

excellentia coegit ad septem spectaculorum ejus operis pervenire famam. Præterea minus nobiles multi præcepta symmetriarum conscripserunt, ut Nexaris, Theocydes, Demophilos, Pollis, Leonidas, Silanion, Melampus, Sarnacus, Euphranor. Non minus de machinationibus, uti Diades, Archytas, Archimedes, Ctesibios, Nymphodorus, Philo Byzantius, Diphilos, Democles, Charitas, Polyidos, Pyrrhos, Agesistratos. Quorum ex commentariis quæ utilia esse his rebus animadverti, collecta in unum coegi corpus, et ideo maxime, quod animadverti in ea re ab Græcis volumina plura edita, ab nostris oppido quam pauca. Fusitius enim mirum de his rebus primus instituit edere volumen : item Terentius Varro de novem disciplinis, unum de architectura, Publius Septimius duo. Amplius vero in id genus scripturæ adhuc nemo incubuisse videtur, cum fuissent et antiqui cives magni architecti, qui potuissent non minus eleganter scripta comparare. Namque Athenis Antistates et Callæschros et Antimachides et Porinos architecti Pisistrato, ædem Jovi Olympio facienti, fundamenta constituerunt : post mortem autem ejus propter interpellationem reipublicæ incepta reliquerunt. Itaque circiter annis quadringentis post Antiochus rex cum in id opus impensam esset pollicitus, cellæ magnitudinem et columnarum circa dipteron collocationem, epistyliorumque et ceterorum ornamentorum ad symmetriam distributionem magna solertia scientiaque summa civis Romanus Cossutius nobiliter est architectatus. Id autem opus non modo vulgo sed etiam in paucis a magnificentia nominatur. Nam quatuor locis sunt ædium sacrarum marmoreis operibus ornatæ dispositiones, e quibus proprie de his nominationibus clarissima fama nominantur. Quorum excellentiæ prudentesque cogitationum apparatus suspectos habent in deorum sessimonio. Primumque ædes Ephesi Dianæ Ionico genere a Chersiphrone Gnosio et filio ejus Metagene est instituta, quam postea Demetrius ipsius Dianæ servus et Pæonius Ephesius dicuntur perfecisse. Mileti Apollini item Ionicis symmetriis idem Pæonius Daphnisque Milesius instituerant. Eleusine Cereris et Proserpinæ cellam immani magnitudine Ictinus Dorico more sine exterioribus columnis ad laxamentum usus sacrificiorum pertexuit. Eam autem postea, cum Demetrius Phalereus Athenis rerum potiretur, Philon, ante templum in fronte columnis constitutis, prostylon fecit : ita aucto vestibulo laxamentum initiantibus operique summam adjecit auctoritatem. In asty vero Olympium amplo modulorum comparatu, Corinthiis symmetriis et proportionibus (uti supra scriptum est) architectandum Cossutius suscepisse memoratur : cujus commentarium nullum est inventum. Nec tamen a Cossutio solum de his rebus scripta sunt desideranda, sed etiam a C. Mutio, qui magna scien-

manquent, mais nous n'en avons point non plus de C. Mutius, qui fit preuve du plus grand talent dans la construction des temples de l'Honneur et de la Vertu, érigés par Marius, et dans l'application qu'il fit des préceptes de l'art pour régler toutes les proportions des colonnes et de leurs architraves. Ce temple pourrait certainement être mis au nombre des plus admirables ouvrages, s'il avait été bâti en marbre, et si la richesse de la matière eût répondu à la grandeur du dessein et à la perfection du travail. Voyant donc que parmi nos ancêtres il s'est rencontré d'aussi grands architectes que parmi les Grecs, et qu'il y en a eu de notre temps un assez grand nombre, mais que très-peu d'entre eux se sont occupés de donner des préceptes de leur art, j'ai cru que je ne devais pas garder le silence; et j'ai entrepris de traiter de chaque chose à part, dans chacun de ces livres. C'est pourquoi, après avoir enseigné la manière de bâtir les édifices particuliers dans le sixième livre, je vais dans celui-ci, qui est le septième, traiter des diverses manières de faire les enduits au moyen desquels on conserve et on embellit tout à la fois les édifices.

CHAPITRE I.

De la manière de bien faire la rudération.

Je m'occuperai d'abord de la rudération, qui est principalement nécessaire pour faire de bons enduits; et je recommanderai avant tout de l'appliquer sur un fond bien solide. Lorsqu'on veut faire la rudération pour un plancher qui soit à rez-de-chaussée, il faut commencer par aplanir la terre si l'endroit est solide, et étendre ensuite la composition dont est faite la rudération sur une première couche de cailloux. Mais si le lieu est entièrement ou même en partie de terre rapportée, il faudra l'affermir avec le plus grand soin, et le battre avec le bélier dont on se sert pour enfoncer les pilotis. Pour les planchers des autres étages, il faut prendre garde qu'il ne se rencontre point de murs au-dessous, tels que sont ceux qui ne montent pas jusqu'au haut de l'édifice; et s'il s'en trouve quelqu'un, il faut qu'il soit un peu plus bas que le plancher, qui ne doit pas le toucher, de peur que s'il vient à s'affaisser, le mur, demeurant ferme, ne rompe le plancher, qui baissera des deux côtés. Il faut aussi avoir soin de ne pas mettre des planches d'escule avec des planches de chêne, parce que le chêne, sitôt qu'il a reçu l'humidité, se déjette et fait fendre le pavé. Toutefois, si l'on n'avait point d'escule et que l'on fût obligé de se servir de chêne, il faudrait employer des planches fort minces, afin qu'étant affaiblies, on les pût arrêter plus aisément avec des clous. On attachera donc les planches sur les solives avec des clous de chaque côté, afin d'empêcher qu'en se tourmentant elles ne se relèvent par les bords. Pour ce qui est du *cerrus*, du *farnus* et du *phagus*, ce sont des bois qui ne peuvent pas durer longtemps. Les planches étant clouées, il faudra les couvrir de fougère si l'on en a, ou de paille, pour empêcher la chaux de gâter le bois : on mettra là-dessus la première couche, faite avec des cailloux qui ne seront pas moins gros que le poing, et par-dessus on étendra la rudération, dans laquelle on mettra une partie de chaux pour trois de cailloux, si ces cailloux sont neufs; car s'ils proviennent de vieilles démolitions, on ne mettra que deux parties de chaux pour cinq parties de cailloux. La matière de la rudération étant couchée, on la fera battre

---

tia confisus ædes Honoris et Virtutis Marianæ cellæ columnarumque et epistyliorum symmetrias legitimis artis institutis perfecit. Id vero si marmoreum fuisset, ut haberet, quemadmodum ab arte subtilitatem sic ab magnificentia et impensis auctoritatem, in primis et summis operibus nominaretur. Cum ergo et antiqui nostri inveniantur non minus quam Græci fuisse magni architecti, et nostra memoria satis multi, et ex his pauci præcepta edidissent, non putavi silendum, sed disposite singulis voluminibus de singulis exponendum. Itaque quoniam sexto volumine privatorum ædificiorum rationes perscripsi, in hoc qui septimum tenet numerum, de expolitionibus, quibus rationibus et venustatem et firmitatem habere possint, exponam.

CAPUT I.

De ruderatione (et pavimentis).

Primumque incipiam de ruderatione, quæ principia tenet expolitionum, uti curiosius summaque providentia soliditatis ratio habeatur. Et si plano pede erit eruderandum, quæratur solum si sit perpetuo solidum, et ita exæquetur, et inducatur cum statumine rudus : sin autem omnis aut ex parte congestitius locus fuerit, fistucationibus cum magna cura solidetur. In contignationibus vero diligenter est animadvertendum, ne, qui paries non exeat ad summum, sit extructus sub pavimentum, sed potius relaxatus supra se pendentem habeat coaxationem. Cum enim solidus exit, contignationibus arescentibus aut pandatione sidentibus, permanens structuræ soliditas dextra ac sinistra secundum se facit in pavimentis necessario rimas. Item danda est opera, ne commisceantur axes æsculini quernis, quod querni, simul humorem perceperint, se torquentes rimas faciunt in pavimentis. Sin autem æsculus non erit, et necessitas coegerit propter inopiam uti quernis, sic videtur esse faciundum, ut secentur tenuiores; quo minus enim valuerint, eo facilius clavis fixi continebuntur. Deinde in singulis tignis extremis axes binis clavis ligantur, uti nulla ex parte possint se torquendo angulos excitare. Namque de cerro aut fago seu farno nullus ad vetustatem potest permanere. Coaxationibus factis, si erit, silex, si non, palea substernatur, uti materies ab calcis vitiis defendatur. Tunc insuper statuminetur ne minore saxo quam quod possit manum implere. Statuminationibus inductis rudus, si novum erit, ad tres partes una calcis misceatur; si redivivum fuerit, quinque ad duum mixtiones habeant responsum. Deinde rudus inducatur et vectibus ligneis, decuriis inductis, crebriter pinsatione solidetur et id pinsum absolutum non minus crassi-

longtemps avec des leviers par des hommes disposés dix à dix, en sorte qu'après avoir été suffisamment battu, elle n'ait pas moins de neuf pouces d'épaisseur; là-dessus on fera le noyau, qui n'aura pas moins de six doigts d'épaisseur, et qui sera fait avec du ciment auquel on aura mêlé une partie de chaux pour deux de ciment. Sur ce noyau on mettra le pavé bien dressé avec la règle, soit qu'on le fasse de pièces rapportées, ou que ce soient seulement des carreaux. Quand le pavé sera posé, et qu'il aura la pente nécessaire, on l'usera avec le grès, en sorte que s'il est fait de petites pièces taillées en carrés oblongs, en triangles, en carrés ou en hexagones, elles n'offrent rien de raboteux, et que les jointures soient parfaitement unies. On prendra les mêmes précautions si le pavé est composé de grandes pièces carrées; et l'on aura soin d'user si bien tous les angles, qu'ils soient parfaitement égaux. Lorsque l'on emploiera les carreaux de briques faits en épis de blé que l'on fabrique à Tivoli, il faudra les bien choisir et prendre garde qu'ils n'aient point de creux ni de bosses, mais qu'ils soient bien dressés. Lorsqu'à force d'user les éminences les carreaux seront égaux, bien unis, on sassera du marbre, et par-dessus on couchera une composition faite de chaux et de sable. Mais pour les pavés qui sont à découvert il faut encore plus de précaution, parce que la charpente qui les soutient, venant à se tourmenter par l'humidité qui l'enfle et par la sécheresse qui la rétrécit, les ferait bientôt entr'ouvrir, et que la gelée et les brouillards achèveraient aisément de les gâter; de sorte que si l'on a besoin d'un bon pavé qui resiste aux injures de l'air, il y faudra travailler de cette manière: ayant cloué un rang d'ais, on en couchera par-dessus un autre en travers, que l'on arrêtera aussi par des clous, ce qui formera un double plancher; sur ce double plancher, l'on mettra la première couche, faite de cailloux neufs, mêlés avec une troisième partie de tuileaux pilés, ajoutant à cinq parties de cette mixtion deux parties de chaux: cette couche étant faite, on mettra la matière de la rudération, laquelle, étant bien battue, aura encore au moins l'épaisseur d'un pied. Sur cette rudération l'on fera le noyau comme il a été dit, et dessus l'on mettra de grands carreaux épais de deux doigts, et posés de manière qu'ils soient élevés par le milieu de deux doigts pour six pieds. Cet ouvrage, s'il est bien fait et poli comme il faut, ne sera point sujet à se gâter : or, afin d'empêcher que la gelée, en pénétrant par les joints des carreaux, ne pourrisse les planchers de bois, il sera bon tous les ans, avant l'hiver, de faire boire au carreau de la lie d'huile, et de l'en imbiber autant que possible; c'est un sûr moyen pour que l'humidité ne le puisse pas pénétrer. Si l'on veut encore mieux faire, c'est de mettre sur la rudération des carreaux de briques de deux pieds, qui auront tout autour des rainures creusées d'un doigt, que l'on remplira de chaux détrempée avec de l'huile, pour bien boucher les jointures, qui seront fort serrées, en sorte que la chaux, enfermée dans ces rainures, venant à durcir, empêche l'eau et toute espèce d'humidité de pénétrer par ces jointures. Sur ces grands carreaux ainsi assemblés on fera le noyau, sur lequel, après qu'il aura été bien battu, on pavera, comme il a été dit, soit avec de grandes pierres carrées, soit avec de petits carreaux de Tivoli en forme d'épis, en ayant soin de tenir le pavé un peu élevé par le milieu : et l'on peut être assuré que cet ouvrage durera longtemps sans se gâter.

tudine sit dodrantis. Insuper ex testa nucleus inducatur, mixtionem, habens ad tres partes unam calcis, ne minore sit crassitudine pavimentum digitorum senum. Supra nucleum ad regulam et libellam exacta pavimenta struantur sive sectilia seu tesseris. Cum ea extructa fuerint, et fastigia sua extructiones habuerint, ita fricentur, uti si sectilia sint, nulli gradus in scutulis aut trigonis aut quadratis seu favis extent, sed coagmentorum compositio planam habeat inter se directionem. Si tesseris structum erit, ut eae omnes angulos habeant æquales, [nullibique a fricatura extantes:] cum enim anguli non fuerint omnes æqualiter plani, non erit exacta ut oportet fricatura. Item testacea spicata Tiburtina sunt diligenter exigenda, ut non habeant lacunas nec extantes tumulos, sed sint extenta et ad regulam perfricata. Super fricaturam, levigationibus et polituris cum fuerint perfecta, incernatur marmor, et supra loricæ ex calce et arena inducantur. Sub dio vero maxime idonea facienda sunt pavimenta, quod contignationes humore crescentes aut siccitate decrescentes seu pandationibus sidentes movendo se faciunt vitia pavimentis præterea gelicidia et pruinæ non patiuntur [ea] integra permanere. Itaque si necessitas coegerit, ut minime vitiosa fiant, sic erit faciundum. Cum coaxatum fuerit, super altera coaxatio transversa sternatur, clavisque fixa duplicem præbeat contignationi loricationem; deinde rudere novo tertia pars testæ tunsæ admisceatur calcisque duæ partes ad quinque mortarii mixtionibus præstent responsum. Statuminatione facta, rudus inducatur; idque pinsum absolutum ne minus pede sit crassum. Tunc autem nucleo inducto, (uti supra scriptum est) pavimentum e tessera grandi circiter binum digitum cæsa struatur, fastigium habens in pedes denos digitos binos; quod, si bene temperabitur et recte fricatum fuerit, ab omnibus vitiis erit tutum. Uti autem inter coagmenta materies ab gelicidiis ne laboret, fracibus quotannis ante hiemem saturetur; ita non patietur in se recipere gelicidii pruinam. Sin autem curiosius videbitur fieri oportere, tegulæ bipedales inter se coagmentatæ supra rudus substrata materia collocentur, habentes singulis coagmentorum frontibus excisos canaliculos digitales, quibus junctis impleantur calce ex oleo subacta, confricenturque inter se coagmenta compressa. Ita calx quæ erit hærens in canalibus, durescendo non patietur aquam neque aliam rem per coagmenta transire. Cum ergo fuerit hoc ita perstratum, supra nucleus inducatur, et virgis cædendo subigatur; supra autem sive ex tessera grandi sive ex spica testacea struantur

CHAPITRE II.

Comment il faut préparer la chaux pour le stuc et les autres enduits.

Après avoir recherché tout ce qui concerne le pavé, j'expliquerai ce qui est nécessaire pour faire le stuc. Le point le plus essentiel pour cette préparation est que les pierres à chaux soient éteintes depuis un peu de temps, afin que s'il s'y trouve quelques morceaux qui aient été un peu moins cuits que les autres dans le fourneau, ils puissent, étant ainsi éteints à loisir, se détremper aussi aisément que ceux qui ont été parfaitement cuits. Car dans la chaux qui est employée en sortant du fourneau, et avant qu'elle soit suffisamment éteinte, il reste quantité de petites pierres moins cuites, qui font sur l'ouvrage comme des pustules ; parce que ces petites pierres venant à s'éteindre plus tard que le reste de la chaux, elles rompent l'enduit et en gâtent tout le poli. Pour savoir si la chaux est bien éteinte et suffisamment détrempée, il faut la couper avec un hoyau comme on fend le bois avec une cognée : si le hoyau rencontre de petites pierres, c'est une marque qu'elle n'est pas encore bien éteinte ; si après l'en avoir retiré on trouve le fer clair et net, cela signifie que la chaux est maigre et n'est pas assez abreuvée ; au lieu que si elle est assez grasse et assez gluante pour s'attacher au fer, on ne pourra plus douter qu'elle ne soit assez détrempée. On devra alors apprêter les instruments qui sont nécessaires pour faire les voûtes des chambres dont les planchers ne sont point en plafonds.

CHAPITRE III.

De la manière de faire les planchers en voûte, la trullisation et les enduits.

Quand on voudra faire des planchers en voûte, il faudra espacer de deux pieds en deux pieds des membrures en bois de cyprès, parce que celles de sapin se carient trop tôt. Quand elles auront été disposées en demi-cercle, on les attachera fortement avec des liens que l'on fixe avec des clous de fer au plancher et au toit, et il faudra pour ces liens choisir du bois qui ne soit point sujet à se gâter par la vermoulure, ni par l'humidité ; on emploiera donc le buis, le genévrier, l'olivier, le robur, le cyprès et plusieurs autres bois, mais non pas le chêne commun, parce qu'il se tourmente et fait fendre les ouvrages où on l'emploie. Les membrures étant bien arrêtées, on y attachera des cannes grecques, battues et écachées, afin qu'elles se puissent aisément plier dans le sens de la courbure des voûtes, et elles seront liées avec des cordes faites de genêt d'Espagne. On étendra par-dessus une couche de mortier de chaux et de sable, pour retenir l'eau qui pourrait tomber des planchers ou des toits : si l'on n'a point de cannes grecques, on prendra dans les étangs celles qui sont le plus menues ; on les liera ensemble avec des joncs de même espèce, pour en faire des fascines d'une longueur convenable, et de la grosseur la plus égale que l'on pourra ; on attachera ces fascines, comme on vient de dire, avec des cordes de genêt, en laissant tout au plus deux pieds de distance entre les nœuds que ces cordes feront sur

fastigiis, quibus est supra scriptum ; et, cum sic erunt facta, non cito vitiabuntur.

CAPUT II.

De maceratione calcis ad albaria opera perficienda.

Cum a pavimentorum cura discessum fuerit, tunc de albariis operibus est explicandum. Id autem erit recte, si glebæ calcis optimæ ante multo tempore, quam opus fuerit, macerabuntur ; uti, si qua gleba parum fuerit in fornace cocta, in maceratione diuturna liquore defervere coacta uno tenore concoquatur. Namque cum non penitus macerata sed recens sumitur, cum fuerit inducta habens latentes crudos calculos, pustulas emittit, quia calculi in opere, uno tenore cum [*non*] permacerantur, dissolvunt et dissipant tectorii politiones. Cum autem habita erit ratio macerationis, et id curiosius opere præparatum erit, sumatur ascia, et quemadmodum materia dolatur, sic calx in lacu macerata ascietur. Si ad eam offenderint calculi, non erit temperata : cumque siccum et purum ferrum educetur, indicabit eam evanidam et siticulosam ; cum vero pinguis fuerit et recte macerata, circa id ferramentum uti glutinum hærens, omni ratione probabit esse temperatam. Tunc autem machinis comparatis camerarum dispositiones in conclavibus expediantur, nisi lacunariis ea fuerint ornata.

CAPUT III.

De camerarum dispositione, albario et tectorio opere.

Cum ergo camerarum postulabitur ratio, sic erit facunda. Asseres directi disponantur inter se ne plus spatium habentes pedes binos, et hi maxime cupressini ; quod abiegni ab carie et ab vetustate celeriter vitiantur : hique asseres cum ad formam circinationis fuerint distributi, catenis dispositis ad contignationes sive tecta erunt crebriter clavis ferreis fixi religentur : eæque catenæ ex ea materia comparentur, cui nec caries nec vetustas nec humor possit nocere, id est e buxo, junipero, olea, robore, cupresso ceterisque similibus præter quercum, quod ea se torquendo rimas faciat quibus inest operibus. Asseribus dispositis, tum tomice ex sparto Hispanico arundines Græcæ tunsæ ad eos uti forma postulat religentur : item supra cameram materies ex calce et arena mixta subinde inducatur, ut, si quæ stillæ ex contignationibus aut tectis ceciderint, sustineantur. Sin autem arundinis Græcæ copia non erit, de paludibus tenues colligantur, et mataxæ tomice ad justam longitudinem una crassitudine alligationibus temperentur, dum ne plus inter duos nodos alligationibus binos pedes distent ; et hæ ad asseres (uti supra scriptum est) tomice religentur, cultellique lignei in eas configantur : cetera omnia uti supra scriptum

les lambourdes; ces nœuds seront faits sur des chevilles de bois fichées dans les membrures; le reste se fera comme il a été dit ci-dessus. Les planchers en voûte ainsi préparés, on commencera à crépir le dessous avec un premier enduit composé de chaux et de gravier; puis on l'égalise avec du mortier de chaux et de sable, pour le polir enfin avec une composition de chaux et de craie ou de marbre. La voûte étant polie, on fera les corniches, aussi petites et aussi légères que possible; car celles qui sont grosses et massives sont en danger de tomber, à cause de leur pesanteur. Il n'y faut pas non plus mêler de plâtre; elles doivent être entièrement faites avec du marbre en poudre, de peur que l'ouvrage ne se sèche inégalement, le plâtre venant à se prendre et à s'endurcir plus tôt que le marbre. C'est pourquoi il ne faut pas suivre la manière des anciens, les corniches dont ils ont chargé leurs plafonds étant dangereuses à cause de leur pesanteur. Il y a deux sortes de corniches : les unes sont simples, les autres sont ornées de sculptures. Dans les endroits où l'on fait du feu et où l'on allume beaucoup de lumières, on doit les faire simples, afin que l'on puisse essuyer aisément la suie qui s'y attache; mais dans les appartements d'été, où l'on s'assemble sans y rien faire qui produise de la fumée ou de la suie, on les peut sculpter. Car c'est une maxime, que la blancheur de ces sortes d'ouvrages est une chose si délicate, que la moindre fumée, même des lieux d'alentour, s'y attache et les gâte aisément. Après avoir achevé ces corniches, il faudra enduire les murailles grossièrement; et avant que cet enduit soit tout à fait sec, on aura soin d'ébaucher les moulures que l'on veut faire avec le mortier de chaux et de sable, en sorte que celles qui traversent soient bien droites et de niveau, que celles qui descendent soient à plomb, et que leurs angles se répondent à l'équerre ; de cette manière les encadrements des peintures pourront être faits avec toute la perfection possible. A mesure que cet ouvrage se séchera, il faudra étendre une seconde et une troisième couche de mortier; parce que plus il y aura de ces couches pour fonder la saillie des corniches, plus elles seront fermes, et moins elles seront sujettes à se rompre. Lorsque sur le premier dégrossissement les trois couches de mortier auront été appliquées, on y mettra celles qui sont faites avec de la poudre de marbre; cette composition doit être tellement corroyée et pétrie, qu'elle ne tienne point à la *petite truelle*, et que le fer de cet instrument en sorte bien net. Sur la première couche de mortier de poudre de marbre à gros grain, et avant qu'elle soit sèche, il en faut mettre une seconde de la même poudre un peu plus fine; et après qu'elle aura été bien battue et repoussée, on mettra la troisième, faite de poussière très-fine. Les murs étant ainsi couverts de trois couches de mortier de sable et d'autant de mortier de marbre, ils ne seront sujets ni à se fendre ni à se gâter d'aucune manière. En outre, si ces différentes couches de mortier de stuc ont été bien battues et repoussées, le marbre aura une blancheur et une dureté qui rendra les couleurs que l'on y mettra très-vives et très-éclatantes. Or les couleurs appliquées sur le stuc avant qu'il soit sec se conservent toujours, parce que la chaux, privée de son humidité dans le fourneau, et devenue tout à fait aride, boit avec avidité tout ce qui la touche; aussi sèche-t-elle avec les couleurs : en sorte que du mélange de l'un et de l'autre il naît, ainsi que de diverses semences et de principes diffé-

est expediantur. Cameris dispositis ex intextis, imum cœlum earum trullissetur, deinde arena dirigatur, postea aut creta aut marmore poliatur. Cum cameræ politæ fuerint, sub eas coronæ sunt subjiciendæ; [*eæque*] quam maxime tenues et subtiles oportere fieri videntur : cum enim grandes sunt, pondere deducuntur nec possunt se sustinere : in hisque minime gypsum debet admisceri, sed ex creto marmore uno tenore perduci, uti ne præcipiendo non patiatur uno tenore opus inarescere. Etiamque cavendæ sunt in cameris priscorum dispositiones, quod earum planitiæ coronarum gravi pondere impendentes sunt periculosæ. Coronarum autem aliæ sunt puræ aliæ cælatæ. Conclavibus, aut ubi ignis aut plura lumina sunt ponenda, puræ fieri debent, ut eo facilius extergeantur : in æstivis et exedris, ubi minime fumus est nec fuligo potest nocere, ibi cælatæ sunt faciendæ : semper enim album opus propter superbiam candoris non modo ex propriis sed etiam ex alienis ædificiis concipit fumum. Coronis explicatis parietes quam asperrime trullissentur ; postea autem supra trullissationem subarescentem deformentur directiones arepati, ut longitudines ad regulam et lineam, altitudines ad perpendiculum, anguli ad normam respondentes exigantur; namque sic emendata tectoriorum in picturis erit species. Subarescente, iterum ac tertio inducatur : ita quo fundatior erit ex arenato directura, eo firmior erit ad vetustatem soliditas tectorii. Cum ab arena præter trullissationem non minus tribus coriis fuerit deformatum, tunc e marmore grandi directiones sunt subigendæ, dum ita materies temperetur, uti, cum subigitur, non hæreat ad rutrum, sed purum ferrum e mortario liberetur. Grandi inducto et inarescente, alterum corium mediocre dirigatur : id cum subactum fuerit et bene fricatum, subtilius inducatur. Ita cum tribus coriis arenæ et item marmoris solidati parietes fuerint, neque rimas neque aliud vitium in se recipere poterunt. Sed et baculorum subactionibus fundatæ soliditates, marmorisque candore firmo levigatæ, coloribus cum politionibus inductis nitidos exprimunt splendores. Colores autem udo tectorio cum diligenter sunt inducti, ideo non remittunt, sed sunt perpetuo permanentes, quod calx, in fornacibus excocto liquore, et facta raritatibus evanida jejunitate coacta corripit in se quæ res forte [*eam*] contigerunt, mixtionibusque ex aliis potestatibus collatis seminibus seu principiis, una solidescendo in quibuscunque membris est formata, cum sit arida, redigitur uti sui generis proprias videatur habere qualitates. Itaque tectoria, quæ recte sunt facta, neque vetustatibus

rents, un composé qui conserve les qualités de ces principes : car le mortier se revêt de la forme que la peinture lui donne, et la peinture reçoit la solidité, s'il faut ainsi dire, qui est propre au mortier. C'est pourquoi, lorsque les enduits sont faits comme il faut, les couleurs ne se gâtent point par le temps, et ne peuvent même s'effacer quand on les lave, à moins qu'elles n'aient été couchées sur le stuc quand il était trop sec. Mais si l'on ne mettait qu'une couche de mortier de sable et une de marbre, cet enduit serait si mince qu'il se romprait aisément, et il ne pourrait jamais recevoir de polissure, à cause de son peu d'épaisseur. Il en est de même d'un miroir fait d'une lame d'argent trop déliée; il ne reluit que faiblement et d'une manière incertaine, tandis que celui qui est fort et solide est clair et représente les images plus distinctement, parce qu'il supporte mieux la polissure. Ainsi, les enduits qui sont minces sont sujets à se gercer, et ils perdent incontinent tout leur lustre; mais les enduits que plusieurs couches de mortier de sable et de mortier de marbre ont rendus assez épais pour recevoir la polissure, à force d'être bien repoussés et battus, demeurent si luisants que l'on s'y peut voir comme en un miroir. Les ouvriers qui travaillent en Grèce à ces enduits font encore battre avec des bâtons et corroyer longtemps par des dizaines d'hommes, dans un grand mortier, le sable et la chaux mêlés ensemble, avant que de l'employer; ce qui fait un corps si solide, que l'on se sert de ces morceaux d'enduits, arrachés de vieilles murailles, pour en faire des tables, et que les pièces qui sont restées sur la muraille ainsi fendue font l'effet de pièces d'*abaques* et de miroirs. Si l'on veut faire des enduits contre des cloisonnages de bois, il faut prendre d'autres précautions; car il est presque impossible que les pièces montantes et celles qui traversent ne fassent fendre l'enduit, parce que quand on les couvre de terre grasse elles s'humectent, et qu'en se séchant elles se retirent. Voici ce qu'il faut faire pour éviter cet inconvénient. Quand la cloison sera couverte de terre grasse, on y attachera tout du long, avec des *clous à tête*, des cannes sur lesquelles on mettra de la terre grasse; on mettra encore un autre rang de cannes qui seront droites, si les premières ont été mises en travers; puis on enduira, comme il a été dit, avec du mortier de sable, et ensuite avec du mortier de marbre. Ce double rang de cannes posées en sens contraire les unes des autres, et arrêtées partout, empêchera que l'ouvrage ne se rompe et ne se fende.

CHAPITRE IV.

Des enduits que l'on fait aux lieux qui sont humides.

Après avoir dit de quelle manière les enduits doivent être faits dans les lieux secs, je vais enseigner comment, dans les lieux humides, on peut faire qu'ils durent longtemps sans se gâter. Les appartements qui sont à rez-de-chaussée doivent être enduits par le bas environ à la hauteur de trois pieds avec un mortier de chaux et de tuiles concassées, au lieu de mortier de chaux et de sable, pour défendre cette partie du mur contre l'humidité. Mais si le lieu était tellement disposé que la muraille fût continuellement humide, il

fiunt horrida, neque cum extergentur, remittunt colores, nisi si parum diligenter et in arido fuerint inducti. Cum ergo ita in parietibus tectoria facta fuerint, uti supra scriptum est, et firmitatem et splendorem et ad vetustatem permanentem virtutem poterunt habere. Cum vero unum corium arenæ et unum minuti marmoris erit inductum, tenuitas ejus minus valendo faciliter rumpitur, nec splendorem politionibus propter imbecillitatem crassitudinis proprium obtinebit. Quemadmodum enim speculum argenteum tenui lamella ductum incertas et sine viribus habet remissiones splendoris, quod autem e solida temperatura fuerit factum, recipiens in se firmis viribus politionem, fulgentes in aspectu certasque considerantibus imagines reddit : sic tectoria, quæ ex tenui sunt ducta materia, non modo fiunt rimosa, sed etiam celeriter evanescunt. Quæ autem fundata arenationis et marmoris soliditate sunt crassitudine spissa, cum sunt politionibus crebris subacta, non modo fiunt nitentia, sed etiam imagines expressas aspicientibus ex eo opere remittunt. Græcorum tectores non solum his rationibus utendo faciunt opera firma, sed etiam mortario collocato, calce et arena ibi confusa, decuria hominum inducta, ligneis vectibus pinsant materiam, et ita ad certamen subacta tunc utuntur. Itaque veteribus parietibus nonnulli crustas excidentes pro abacis utuntur; ipsaque tectoria abacorum et speculorum di-

visionibus circa se prominentes habent expressiones. Sin autem in cratitiis tectoria erunt facienda, quibus necesse est in arrectariis et transversariis rimas fieri ideo, quod luto cum linuntur necessario recipiunt humorem; cum autem arescunt extenuati, in tectoriis faciunt rimas; id ut non fiat, hæc erit ratio. Cum paries luto inquinatus fuerit tunc in eo opere cannæ clavis muscariis perpetuæ figantur : deinde iterum luto inducto et priores transversariis ordinibus fixæ sunt, secundæ erectis figantur, et ita, uti supra scriptum est, arenatum et marmor et omne tectorium inducatur. Ita cannarum duplex in parietibus ordinibus transversis fixa perpetuitas nec segmina nec rimam ullam fieri patiatur.

CAPUT IV.

De politionibus in humidis locis, [et pavimento hibernaculorum græcanico.]

Quibus rationibus siccis locis tectoria oporteat fieri, dixi; nunc quemadmodum humidis locis politiones expediantur, ut permanere possint sine vitiis, exponam. Et primum conclavibus, quæ plano pede fuerint, ab imo pavimento alte circiter pedibus tribus pro arenato testa trullissetur et dirigatur, uti eæ partes tectoriorum ab humore ne vitientur. Sin autem aliquis paries perpetuos habuerit humores, paulum ab eo recedatur, et struatur alter

faudrait bâtir un autre mur plus étroit en dedans et éloigné du gros mur autant qu'il est besoin, laissant entre les deux murs un canal qui soit plus bas que le pavé de l'appartement, et qui ait des ouvertures libres en un lieu découvert. Le petit mur étant élevé à hauteur, doit avoir aussi des soupiraux ; car si l'humidité ne s'écoulait point par les conduits d'en bas et ne pouvait s'évaporer par les soupiraux d'en haut, cette construction d'un nouveau mur ne rendrait pas l'enduit moins sujet à se gâter. Cela étant fait, le petit mur sera enduit de mortier de ciment, puis dressé avec le mortier de chaux et de sable, et enfin recouvert de stuc. S'il arrivait que le lieu ne permît pas de bâtir ce petit mur, il faudrait faire des canaux ayant leur ouverture, comme il a été dit, en un lieu découvert, et poser ensuite sur un des bords du canal des carreaux de deux pieds en carré, et sur l'autre côté bâtir des piles avec de petites briques de huit pouces, sur lesquelles les angles de deux carreaux pussent poser; de sorte que cela soit éloigné du mur tout au plus d'un palme : ensuite, par-dessus et jusqu'au haut, il faudrait incruster dans le mur des *canaux qui ont des rebords*, et les enduire de poix fort soigneusement par dedans, afin qu'ils ne s'imprègnent point d'humidité. Il faudra aussi que les soupiraux aient leur ouverture au-dessus de la voûte. Après cela on blanchira tout cet ouvrage avec de la chaux détrempée seulement dans l'eau, afin que le ciment s'y attache; car la grande sécheresse que les carreaux ont contractée dans le fourneau empêcherait que le ciment ne puisse y tenir, si la chaux qui est mise entre deux ne les liait pas l'un à l'autre. Après avoir fait l'enduit, qui doit être de ciment et non de mortier de sable, le reste s'achèvera suivant la méthode qui a été prescrite pour les enduits. La manière de polir les enduits et de les orner doit être différente selon les lieux, et dépend des raisons que l'on a de les rendre plus somptueux et plus magnifiques. Ainsi, dans les salles à manger d'hiver, il n'est pas nécessaire de faire les enduits de cette composition, ni des peintures de grande importance. Il ne faut pas non plus orner les corniches de sculptures délicates, parce que la fumée du feu, et la suie des lumières qui y sont presque toujours allumées, gâteraient tout cela en fort peu de temps. On peut seulement faire au-dessus des lambris, à hauteur d'appui, quelques tables d'attente, avec un mélange d'encre que l'on polit, et diversifier les entre-deux par des triangles de sil et de minium. Les voûtes doivent être aussi toutes simples et polies. Pour ce qui est du plancher, la manière dont les Grecs le font convient à beaucoup de personnes, parce qu'elle coûte peu et qu'elle a beaucoup d'avantages. Pour faire ce pavé, on creuse le sol à deux pieds de profondeur ; puis la terre ayant été affermie avec le bélier dont on bat les pilotis, on étend une couche de mortier et de ciment, qui, un peu élevée au milieu, va en pente des deux côtés vers des canaux où il y a des ouvertures. Là-dessus on met du charbon, que l'on bat et que l'on tasse fortement; on le couvre ensuite d'un autre enduit composé de chaux, de sable et de cendre, de l'épaisseur d'un demi-pied, que l'on dresse à la règle et au niveau ; et le dessus ayant été emporté avec la pierre à aiguiser, on a un plancher fort noir et très-commode, en ce que tout ce que l'on répand dessus, soit quand on rince les verres, soit quand on se lave la bouche, est aussitôt séché, et que ceux qui servent à table peuvent marcher nu-pieds, sans être beaucoup incommodés du froid.

---

tenuis distans ab eo quantum res patietur, et inter duos parietes canalis ducatur inferior quam libramentum conclavis fuerit, habens nares ad locum patentem. Item cum in altitudinem perstructus fuerit, relinquantur spiramenta : si enim non per nares humor et in imo et in summo habuerit exitus, non minus in nova structura se dissipabit. His perfectis, paries testa trullisetur et dirigatur, et tunc tectorio poliatur. Sin autem locus non patietur structuram fieri, canales fiant, et nares exeant ad locum patentem. Deinde tegulæ bipedales ex una parte supra marginem canalis imponantur, ex altera parte bessalibus laterculis pilæ substruantur, in quibus duarum tegularum anguli sedere possint; et ita a pariete hæ distent, ut ne plus pateat palmum ; deinde insuper erectæ mammatæ tegulæ ab imo ad summum parietem figantur, quarum interiores partes curiosius picentur, ut ab se respuant liquorem : item in [imo et in] summo supra cameram habeant spiramenta. Tum autem calce ex aqua liquida dealbentur, uti trullisationem testaceam non respuant; namque propter jejunitatem, quæ est a fornacibus excocta, [trullisationem] non possunt recipere nec sustinere, nisi calx subjecta utrasque res inter se conglutinet et cogat coire. Trullisatione inducta pro arenato testa dirigatur, et cetera omnia (uti supra scripta sunt in tectoriorum rationibus) perficiantur. Ipsi autem politionis eorum ornatus proprias debent habere decoris rationes, uti et [ex] locis aptas et generum discriminibus non alienas habeant dignitates. Tricliniis hibernis non est utilis [hæc] compositio nec megalographia nec camerarum coronario opere subtilis ornatus, quod ea et ab igni fumo et ab luminum crebris fuliginibus corrumpuntur. In his vero supra podia abaci ex atramento subigendi et poliendi, cuneis silaceis seu miniaceis interpositis : explicata camera pura et polita, etiam pavimentorum non erit displiceus, si quis animadvertere voluerit, græcorum ad hibernaculorum usum minime sumptuosus et utilis apparatus. Foditur enim infra libramentum triclinii altitudo circiter pedum binum, et solo fistucato inducitur aut rudus aut testaceum pavimentum ita fastigatum, ut in canali habeat nares. Deinde congestis et spisse calcatis carbonibus inducitur ex sabulone et calce et favilla mixta materies crassitudine semipedali ad regulam et libellam, et summo libramento cote despumato redditur species nigri pavimenti. Ita conviviis eorum et quod poculis et pytismatis effunditur, simul cadit siccescitque, atque versantur ibi ministrantes, etsi nudis pedibus fuerint, non recipiunt frigus ab ejusmodi genere pavimenti.

CHAPITRE V.

Comment il faut faire les peintures dans les édifices.

Dans les appartements que l'on habite pendant le printemps, l'automne ou l'été, et même dans les vestibules et dans les péristyles, les anciens avaient coutume de faire des peintures avec de certaines couleurs et d'une façon particulière, suivant la destination de chaque pièce. La peinture est la représentation des choses qui sont ou qui peuvent être connues d'un homme, d'un édifice, d'un navire, ou de tout autre objet dont on imite la forme et la figure. Les premières choses que les anciens aient représentées sur les enduits sont les différentes bigarrures du marbre. Ensuite ils ont fait des compartiments de ronds et de triangles jaunes et rouges. Ils essayèrent après cela de représenter les édifices, leurs colonnes et leurs amortissements élevés : et quand ils ont voulu peindre en des endroits spacieux, ils y ont fait des perspectives, comme sont celles des faces des théâtres pour les tragédies, pour les comédies et pour les pastorales. Dans les longues galeries, ils peignaient des *paysages* représentant différents sites; les uns ont représenté des ports, des promontoires, des rivages, des fleuves, des fontaines, des ruisseaux; les autres, des temples, des bocages, des troupeaux, des bergers; et en quelques endroits ils ont peint l'*histoire*, qui est un genre de peinture qui représente les dieux comme ils sont dépeints dans les fables, ou certains événements, comme les guerres de Troie, et les voyages d'Ulysse dans les diverses parties du monde; de manière que le paysage avait toujours sa place. Mais, dans toutes leurs compositions, ils imitaient la nature, et rendaient les objets tels qu'ils sont naturellement. Cependant, par je ne sais quel caprice, on ne suit plus cette règle, que les anciens s'étaient prescrite, de prendre toujours pour modèle de leurs peintures les choses comme elles sont dans la vérité; car on ne peint à présent sur les murailles que des monstres extravagants, au lieu de choses véritables et régulières. On met pour colonnes des roseaux qui soutiennent un *entortillement* de tiges de plantes cannelées, avec leurs feuillages refendus et tournés en manière de volutes; on fait des chandeliers qui portent de petits châteaux, desquels, comme si c'étaient des racines, il sort quantité de branches délicates, sur lesquelles des figures sont assises; en d'autres endroits, ces branches aboutissent à des fleurs dont on fait sortir des demi-figures, les unes avec des visages d'hommes, les autres avec des têtes d'animaux; toutes choses qui ne sont point, qui ne peuvent être et qui n'ont jamais été. Toutefois, ces nouvelles fantaisies prévalent tellement aujourd'hui, qu'il ne se trouve presque personne qui soit capable de découvrir ce qu'il y a de bon dans les arts, et qui en puisse juger sainement. Car quelle apparence y a-t-il que des roseaux soutiennent un toit, qu'un chandelier porte des châteaux, et que les faibles branches qui sortent du faîte de ces châteaux portent les figures qui y sont comme à cheval? enfin, que de leurs racines, de leurs tiges, et de leurs fleurs, il puisse naître des moitiés de figures? Personne pourtant ne reprend ces impertinents mensonges; mais on s'y plaît, sans prendre garde si ce sont des choses qui soient possibles ou non; tant les esprits sont peu capables de connaître ce qui,

CAPUT V.

De ratione pingendi parietes.

Ceteris conclavibus, id est vernis, autumnalibus, aestivis, etiam atriis et peristyliis constitutae sunt ab antiquis ex certis rebus certae rationes picturarum : namque pictura imago fit ejus, quod est seu potest esse, uti hominis, aedificii, navis reliquarumque rerum, e quarum finibus certisque corporibus figurata similitudine sumuntur exempla. Ex eo antiqui, qui initia expolitionibus instituerunt, imitati sunt primum crustarum marmorearum varietates et collocationes; deinde coronarum et silaceorum [miniaceorumque] cuneorum inter se varias distributiones. Postea ingressi sunt, ut etiam aedificiorum figuras columnarumque et fastigiorum eminentes projecturas imitarentur : patentibus autem locis, uti exedris, propter amplitudinem parietum scenarum frontes tragico more aut comico seu satyrico designarent : ambulationes vero propter spatia longitudinis varietatibus topiorum ornarent ab certis locorum proprietatibus imagines exprimentes : pinguntur enim portus, promontoria, littora, flumina, fontes, euripi, fana, luci, montes, pecora, pastores : nonnullis locis item signarent megalographiam habentem deorum simulacra, seu fabularum dispositas explicationes, non minus Trojanas pugnas seu Ulyssis errationes,..... per topia, ceteraque quae sunt eorum similibus rationibus ab rerum natura procreata. Sed haec, quae [a veteribus] ex veris rebus exempla sumebantur, nunc iniquis moribus improbantur. Nam pinguntur tectoriis monstra potius quam ex rebus finitis imagines certae : pro columnis enim statuuntur calami, pro fastigiis harpaginetuli striati cum crispis foliis et volutis teneris, item candelabra aedicularum sustinentia figuras, supra fastigia earum surgentes ex radicibus cum volutis coliculi teneri plures habentes in se sine ratione sedentia sigilla, non minus etiam ex coliculis flores dimidiata habentes ex se exeuntia sigilla alia humanis alia bestiarum capitibus [similia]. Haec autem nec sunt nec fieri possunt nec fuerunt. Ergo ita novi mores coegerunt, uti inertia mali judicis conniverent artium virtutes. Quemadmodum enim potest calamus vere sustinere tectum aut candelabrum [aediculas et] ornamenta fastigii, seu coliculus tam tenuis et mollis sustinere sedens sigillum, aut de radicibus et coliculis ex parte flores dimidiataque sigilla procreare? At haec falsa videntes homines non reprehendunt, sed delectantur, neque animadvertunt si quid eorum fieri potest nec ne. Judiciis autem infirmis

dans les ouvrages, mérite l'approbation des hommes. Pour moi, je crois que l'on ne doit point estimer la peinture si elle ne représente la vérité; car ce n'est pas assez que les choses soient bien peintes, il faut aussi que le dessin soit raisonnable, et qu'il ne s'y trouve rien qui choque le bon sens. Autrefois, dans la ville de Tralles et dans un petit théâtre appelé par les habitants *Ecclesiasterium* (1), Apaturius, Alabandin, peignit une scène dans laquelle, au lieu de colonnes, il représenta des statues de centaures qui soutenaient des architraves, des toits en rond, des dômes, des frontons avec de grandes saillies, des corniches avec des têtes de lion, enfin toutes les choses qui appartiennent à un toit. Cependant sur tout cela il peignit encore un *second ordre*, au-dessus duquel il y avait d'autres dômes, des porches, des faîtes que l'on ne voyait qu'à demi, et différents objets qui font partie des toits des édifices. Tout l'aspect de cette scène paraissait fort beau, à cause de l'art avec lequel le peintre avait ménagé les différentes teintes, pour faire valoir les saillies; de façon qu'il semblait que cette architecture eût, en effet, toutes ses saillies en relief. On était près de lui donner de grands éloges, quand le mathématicien Licinius se présenta, et dit qu'à la vérité les Alabandius étaient estimés fort grands politiques; mais qu'une petite inconvenance avait fait grand tort à l'opinion que l'on avait de leur jugement, en ce que les statues qui sont dans le lieu de leurs exercices représentent des avocats plaidant des causes, et que celles qui sont dans l'auditoire représentent des personnes s'exerçant à la course et jouant au palet et à la paume; et que cette faute d'avoir ainsi mis les choses hors de leur place avait fait tort à la réputation de toute la ville. Prenons donc bien garde, dit-il ensuite, que la peinture d'Apaturius ne nous fasse passer pour des Alabandins ou pour des Abdéritains; car qui est-ce qui a jamais vu des maisons et des colonnes posées sur les toits et sur les tuiles d'autres maisons? Ne sait-on pas que ces choses se mettent sur les planchers, et non sur les toits? Et ne voyez-vous pas que si nous approuvons une peinture qui représente une chose qui ne peut être, notre ville est en danger d'être mise au nombre de celles dont les habitants, pour avoir commis de semblables fautes, ont été réputés manquer tout à fait d'esprit et de jugement? Apaturius, n'osant rien répondre à cette critique, fit ôter son tableau, y corrigea ce qui était contre la vérité et contre la raison, et mérita par ces changements l'approbation générale. Nous aurions grand besoin que Licinius pût ressusciter, pour nous reprendre d'un pareil abus, et abolir les erreurs qui se sont introduites dans la peinture. Mais il ne sera pas hors de propos de dire ici d'où vient que cette fausse manière de peindre l'a emporté sur la bonne. En voici, je pense, la raison. Les anciens ne recherchaient et n'estimaient que le talent de l'artiste et la perfection du travail, tandis qu'aujourd'hui on n'estime qu'une seule chose, qui est l'éclat des couleurs. La science du peintre n'est plus comptée pour rien, et l'on n'apprécie que la dépense faite par celui qui le fait travailler: on sait, par exemple, que les anciens épargnaient le minium, comme étant une drogue fort rare, et à présent on en couvre des murailles tout entières; on emploie avec la même profusion la chrysocolle, la couleur de pourpre et celle d'azur. Les peintures qui sont faites avec ces couleurs, quoique sans art, ne laissent pas d'avoir beaucoup

(1) Lieu d'assemblée.

---

obscuratæ mentes non valent probare quod potest esse cum auctoritate et ratione decoris. Neque enim picturæ probari debent, quæ non sunt similes veritati; nec si factæ sunt elegantes ab arte, ideo de his statim debet recte judicari, nisi argumentationis certas habuerint rationes sine offensionibus explicatas. Etenim etiam Trallibus cum Apaturius Alabandeus eleganti manu finxisset scenam in minusculo theatro, quod ἐκκλησιαστήριον apud eos vocitatur, in eaque fecisset columnas, signa, Centauros sustinentes epistylia, tholorum rotunda tecta, fastigiorum prominentes versuras, coronasque capitibus leoninis ornatas, quæ omnia stillicidiorum e tectis habent rationem; præterea supra eam nihilominus episcenium, in quo tholi, pronai, semifastigia, omnisque tecti varius picturis fuerat ornatus: itaque cum aspectus ejus scenæ propter asperitatem eblandiretur omnium visus, et jam id opus probare fuissent parati, tum Licinius mathematicus prodiit et ait: Alabandeos satis acutos ad omnes res civiles haberi: sed propter non magnum vitium indecentiæ insipientes eos esse judicatos, quod in gymnasio eorum quæ sunt statuæ omnes sunt causas agentes, in foro autem discos tenentes aut currentes seu pila ludentes: ita indecens inter locorum proprietates status signorum publice civitati vitium existimationis adjecit. Videamus item nunc ne Apaturii scena efficiat et nos Alabandeos aut Abderitas. Quis enim vestrum domos supra tegularum tecta solet habere aut columnas seu fastigiorum explicationes? Hæc enim supra contignationes ponuntur, non supra tegularum tecta. Si ergo quæ non possunt in veritate rationem habere facti, in picturis probaverimus, accedemus et nos his civitatibus, quæ propter hæc vitia insipientes sunt judicatæ. Itaque Apaturius contra respondere non est ausus, sed sustulit scenam, et ad rationem veritatis commutatam postea correctam approbavit. Utinam dii immortales fecissent, ut Licinius revivisceret, et corrigeret hanc amentiam tectoriorumque errantia instituta! Sed quare vincat veritatem ratio falsa, non erit alienum exponere. Quod enim antiqui insumentes laborem et industriam probare contendebant artibus, id nunc coloribus et eorum eleganti specie consequuntur; et quam subtilitas artificis adjiciebat operibus auctoritatem, nunc dominicus sumptus efficit ne desideretur. Quis enim antiquorum non uti medicamento minio parce videtur usus esse? At nunc passim plerumque toti parietes inducuntur: accedit huc chrysocolla, ostrum, armenium. Hæc vero cum inducuntur, etsi non ab arte sunt posita, fulgentes tamen

d'éclat ; mais elles sont si chères, que les lois ont ordonné qu'elles ne soient point fournies par les peintres, mais par ceux qui les font travailler.

J'ai donné cet avis pour tâcher de prévenir les fautes que l'on peut commettre en faisant les enduits. J'enseignerai maintenant la manière de préparer les matériaux pour faire le stuc ; et comme j'ai déjà parlé de la chaux, je vais à présent parler du marbre.

CHAPITRE VI.

Du marbre, et comment on doit le préparer pour faire le stuc.

La nature du marbre est différente suivant les pays : il y a des endroits où on le trouve par blocs, remplis de petits grains luisants comme du sel. Ce marbre, étant pilé et broyé, est le meilleur pour les enduits, les corniches et les festons. Dans les autres pays, où celui-là ne se trouve pas, on se sert des éclats que font tomber ceux qui travaillent le marbre ; on les pile et on les casse, de manière à former trois sortes de poudre. La plus grosse, que l'on mêle avec de la chaux, sert à faire, comme il a été dit, la première couche de l'enduit ; celle qui est de moyenne grosseur s'emploie ensuite ; et la plus fine sert pour la dernière couche. Ces couches, bien frottées et bien repoussées, sont en état de recevoir les couleurs, auxquelles on donne le lustre convenable par la préparation dont on use selon leur différente nature ; je vais dire comment.

CHAPITRE VII.

Des couleurs naturelles.

Il y a des couleurs qui, en certains pays, se trouvent dans la terre, d'où on les extrait : il y en a d'autres qui se font artificiellement, au moyen de l'amalgame de plusieurs choses qui, mêlées ensemble, font dans les ouvrages le même effet que les couleurs simples et naturelles. Parmi les couleurs qui se tirent de la terre, celle que les Grecs appellent *ochra*(1) est la première dont nous parlerons. On la trouve en plusieurs endroits, et même en Italie. Mais la meilleure ocre, qui venait de l'Attique, ne se trouve plus, parce qu'à l'époque où une grande quantité d'hommes travaillaient aux mines d'argent qui sont à Athènes, s'il arrivait qu'en creusant des puits bien avant dans la terre pour chercher ce minéral, on découvrait des veines d'ocre, on les suivait et on les fouillait aussitôt, comme si c'eût été de l'argent. Aussi dans ce temps-là avait-on une grande quantité de bon sil, dont on faisait de fort beaux ouvrages. La rubrique ou terre rouge se tire en abondance de plusieurs endroits, mais il est rare d'en trouver d'une bonne qualité ; la meilleure vient de Sinope dans le royaume de Pont, en Égypte, à Majorque et à Minorque, près de l'Espagne ; il y en a aussi dans l'île de Lemnos, dont les revenus ont été laissés aux Athéniens par le sénat et le peuple romain. La couleur parœtonienne a pris son nom du lieu où elle se trouve. La méline est aussi appelée de ce nom, parce qu'il s'en trouve une grande quantité dans l'île de Melo, qui est l'une des Cyclades. La terre verte se trouve également dans plusieurs lieux ; mais la meilleure vient de Smyrne. Les Grecs l'appellent *théodotion*, parce qu'elle fut premièrement trouvée dans un endroit qui appartenait

(1) Jaune-pâle.

---

oculorum reddunt visus ; et ideo quod pretiosa sunt, legibus excipiuntur, ut ab domino non a redemptore repræsententur.

Quæ commonefacere potui, ut ab errore discedant in opere tectorio, satis exposui : nunc de apparationibus, ut succurrere potuerit, dicam, et primum, quoniam de calce initio est dictum, nunc de marmore ponam.

CAPUT VI.

De marmore quomodo paretur ad tectoria.

Marmor non eodem genere omnibus regionibus procreatur, sed quibusdam locis glebæ ut salis micas perlucidas habentes nascuntur, quæ contusæ et molitæ præstant [tectoriis et coronariis] operibus utilitatem. Quibus autem locis hæ copiæ non sunt, cæmenta marmorea sive assulæ dicuntur, quæ marmorarii ex operibus dejiciunt, pilis ferreis contunduntur cribrisque excernuntur. Eæ autem excretæ tribus generibus seponantur ; et quæ pars grandior fuerit, quemadmodum supra scriptum est, arenato primum cum calce inducitur, deinde sequens ac tertia, quæ subtilior fuerit. Quibus inductis et diligenti tectoriorum fricatione lævigatis, de coloribus ratio habeatur, uti in his perlucentes exprimant splendores ; quorum hæc erit differentia et apparatio. Colores alii sunt, qui per se certis locis procreantur et inde fodiuntur : nonnulli ex aliis rebus tractationibus aut mixtionibus seu temperaturis compositi perficiuntur, uti præstent eandem in operibus utilitatem.

CAPUT VII.

De nativis coloribus.

Primum autem exponemus quæ per se nascentia fodiuntur, uti sil, quod græce ὤχρα dicitur. Hæc vero multis locis, ut etiam in Italia, invenitur, sed quæ fuerat optima Attica, ideo nunc non habetur, quod Athenis argenti fodinæ cum habuerint familias, tunc specus sub terra fodiebantur ad argentum inveniendum, cum ibi vena forte inveniretur, nihilominus uti argentum persequebantur ; itaque antiqui egregia copia silis ad politionem operum sunt usi. Item rubricæ copiose multis locis eximuntur, sed optimæ paucis, ut Ponto Sinope, et Ægypto, in Hispania Balearibus, non minus etiam Lemno, cujus insulæ vectigalia Atheniensibus Senatus populusque romanus concessit fruenda. Parætonium vero ex ipsis locis unde foditur habet nomen. Eadem ratione melinum, quod ejus vis metalli insulæ cycladi Melo dicitur esse. Creta viridis item pluribus locis nascitur, sed optima Smyrnæ : hanc autem Græci Θεοδότιον vocant, quod Theodotus nomine fuerat, cujus in fundo id genus cretæ primum est inventum. Auripigmentum, quod ἀρσενικόν græce dicitur, fodi-

à Théodotus. L'orpin, qui, en grec, est appelé *arsenicqn*, se tire du royaume de Pont. La sandaraque se trouve en plusieurs pays; mais la meilleure est encore celle du royaume de Pont, dont les mines sont auprès du fleuve Hypanis. Il y a d'autres endroits, comme les confins de Magnésie et d'Éphèse, où on la trouve toute prête à être mise en œuvre; en sorte qu'il n'est point besoin de la broyer ni de la passer, car elle est aussi fine que celle qui a été longtemps broyée.

CHAPITRE VIII.
Du minium et du vif-argent.

Je vais maintenant parler de ce qui concerne le *minium*. On tient qu'il a été premièrement trouvé au pays des Cilbians, près d'Éphèse : la manière de l'extraire et de le préparer a quelque chose de curieux. On trouve par mottes une espèce de terre qui est appelée *anthrax* (1) avant que la préparation l'ait fait devenir minium. La veine de ce minéral est de couleur de fer un peu roussâtre, et elle est couverte d'une poussière rouge. Lorsque l'on fouille le minium, les coups de pic font sortir de toutes les fentes quantité de gouttes de vif-argent, que les ouvriers s'empressent de recueillir. On amasse et on jette dans le fourneau ces mottes de terre, afin d'en faire sortir l'humidité dont elles sont pleines ; car la chaleur du feu fait élever une fumée qui, en retombant sur l'aire du fourneau, se change en vif-argent. Quand on retire ces mottes du fourneau, les gouttes de vif-argent qui sont éparses dans la fournaise, et que l'on ne saurait ramasser à

(1) Charbon.

cause de leur petitesse, sont balayées dans un vaisseau plein d'eau, où elles se joignent et se confondent ensemble. De ces gouttes ainsi amassées, la mesure de quatre setiers pèse cent livres ; et si l'on en remplit quelque vaisseau, une pierre du poids de cent livres nagera dessus, sans pouvoir, malgré sa pesanteur, presser assez cette liqueur pour la séparer et s'y enfoncer. Mais si, au lieu de cette pierre, on met seulement un scrupule d'or, il ira au fond. Ce qui fait voir que la pesanteur des choses ne se doit pas mesurer par l'abondance de la matière pesante dont elles sont composées, mais par leur propre nature. Le vif-argent sert à beaucoup de choses, car on ne peut pas bien dorer l'argent ni le cuivre sans l'employer. Lorsque les étoffes tissues d'or sont usées, il faut, pour retirer l'or, les brûler dans des creusets ; puis on en jette la cendre dans l'eau, on y ajoute du vif-argent, et toutes les petites parcelles d'or viennent s'y réunir et s'y attacher. Cette réunion opérée, on jette l'eau, et on met le vif-argent dans un linge, qui, étant pressé avec les mains, laisse passer le vif-argent, qui est liquide et retient l'or, qui reste pur dans le linge malgré la compression.

CHAPITRE IX.
De la préparation du minium.

Revenons maintenant à la préparation du minium. Quand les mottes sont bien séchées, on les pile dans des mortiers de fer, et l'on en fait sortir la couleur au moyen de plusieurs coctions et lotions. Cette couleur a quelque chose de la nature du vif-argent ; aussi est-elle très-délicate et sujette

---

tur Ponto. Sandaraca item pluribus locis, sed optima Ponto proxime flumen Hypanim habet metallum. Aliis locis, ut inter Magnesiæ et Ephesi fines, sunt loca, unde effoditur parata, quam nec molere nec cernere opus est, sed sic est subtilis, quemadmodum si qua est manu contusa et subcreta.

CAPUT VIII.
De minio et argento vivo.

Ingrediar nunc minii rationes explicare. Id autem agris Ephesiorum Cilbianis primum memoratur esse inventum, cujus et res et ratio satis magnas habet admirationes. Foditur enim gleba, quæ anthrax dicitur, antequam tractationibus ad minium perveniant, vena uti ferri, magis subrufo colore, habens circa se rubrum pulverem. Cum id foditor, ex plagis ferramentorum crebras emittit lacrimas argenti vivi, quæ a fossoribus statim colliguntur. Hæ glebæ cum collectæ sunt in officinam, propter humoris plenitatem conjiciuntur in fornacem, ut interarescant : et is qui ex his ab ignis vapore fumus suscitatur, cum resedit in solum furni, invenitur esse argentum vivum. Exemptis glebis, guttæ eæ, quæ residebunt, propter brevitatem non possunt colligi, sed in vas aquæ converruntur, et ibi inter se congruunt et una confunduntur. Eæ autem cum sint quatuor sextariorum mensuræ, cum expenduntur, inveniuntur esse pondo centum. Cum in aliquo vase est

confusum, si supra id lapidis centenarii pondus imponatur, natat in summo neque eum liquorem potest onere suo premere nec elidere nec dissipare : centenario sublato si ibi auri scripulum imponatur, non natabit, sed ad imum per se deprimetur. Ita non amplitudine ponderis sed genere singularum rerum gravitatem esse, non est negandum. Id autem multis rebus est ad usum expeditum : neque enim argentum neque æs sine eo potest recte inaurari : cumque in veste intextum sit aurum, eaque vestis contrita propter vetustatem usum non habeat honestum, panni in fictilibus vasis impositi supra ignem comburuntur ; is cinis conjicitur in aquam, et additur ei argentum vivum : id autem omnes micas auri corripit in se, et cogit secum coire ; aqua defusa cum id in pannum infunditur, et ibi manibus premitur, argentum per panni raritates propter liquorem extra labitur, aurum compressione coactum intra purum invenitur.

CAPUT IX.
De minii temperatura, (de chrysocolla, Armenio et Indico).

Revertar nunc ad minii temperaturam. Ipsæ enim glebæ, cum sunt aridæ, pilis ferreis contunduntur et moluntur, et lotionibus et cocturis crebris relictis stercoribus efficitur ut adveniant colores. Cum ergo hæ emissæ sunt ex minio per argenti vivi relictionem quas in se naturales

à se gâter aisément, à moins d'être employée dans des lieux renfermés, et couverts comme des chambres et des salons ; car dans ceux qui sont découverts, comme dans les péristyles, dans les *galeries en forme de loges*, et enfin dans tous les endroits où la lumière du soleil et de la lune vient frapper et donner en plein, elle perd bientôt sa force et son éclat, et elle se noircit. C'est ce que plusieurs ont éprouvé, entre autres le scribe Fabérius, qui, ayant voulu orner de belles peintures sa maison du mont Aventin, fit peindre tous les murs des péristyles et des galeries avec du minium : mais au bout de trente jours tout fut gâté ; la couleur changea en plusieurs endroits ; et il fut contraint de les faire peindre une seconde fois avec d'autres couleurs. Mais les personnes curieuses de conserver à cette belle couleur son éclat, s'y prennent de cette manière : Quand le mur en est entièrement peint et qu'il est bien séché, on étend par-dessus avec une brosse une couche de cire punique, fondue dans un peu d'huile ; ensuite on tient un réchaud de charbons allumés très-près de la muraille, et on l'échauffe en même temps que la cire, qui devient alors liquide ; on la polit partout en la frottant d'abord avec une bougie, puis avec des linges bien nets, comme on fait lorsqu'on cire les statues de marbre. Cela s'appelle *coniasis* (1) en grec, et cette croûte de cire empêche que la lumière du soleil et de la lune ne mange et ne ternisse la couleur. La préparation du minium, qui se faisait autrefois à Éphèse, a été transférée à Rome, parce qu'on a trouvé en Espagne des mines de ce minéral, que l'on transporte

(1) Brûlure.

plus aisément en cette ville, où la fabrication s'en fait par des gens qui n'ont pas d'autre occupation, et qui ont leurs ateliers entre le temple de Flore et celui de Quirinus. On sophistique le minium avec de la chaux ; ce que l'on reconnaît en le mettant sur une lame de fer que l'on fait chauffer jusqu'à ce qu'elle rougisse et que le minium paraisse noirci ; car si, en se refroidissant, il reprend sa première couleur, on est assuré qu'il est naturel ; tandis que s'il reste noir, il est certain que c'est du minium artificiel.

Voilà tout ce que j'ai pu recueillir sur la préparation du minium. On apporte la chrysocolle de Macédoine, et on la tire des lieux qui sont voisins des mines de cuivre. L'armenium et l'indicum font connaître par leurs noms les pays d'où ils viennent.

CHAPITRE X.

Des couleurs artificielles, et particulièrement du noir de fumée.

Il faut maintenant traiter des couleurs que l'on fait de diverses choses qui perdent leur qualité naturelle pour en prendre une nouvelle, afin que l'on ait connaissance de l'artifice par lequel se fait la préparation de toutes ces choses. En premier lieu il faut parler du noir, qui est d'un grand usage et très-nécessaire dans un grand nombre d'ouvrages ; et je vais faire connaître les moyens qu'on emploie pour le préparer. On fait un petit édifice en forme d'*étuve*, et enduit par dedans avec du stuc, que l'on a soin de bien polir. Au-devant de cette étuve, on bâtit un petit fourneau ayant un conduit qui entre dans l'étuve. Il faut

habuerat virtutes, efficitur tenera natura et viribus imbecilla. Itaque cum est in expolitionibus conclavium tectis inductum, permanet sine vitiis suo colore : apertis vero, id est peristyliis aut exedris aut ceteris ejusmodi locis, quo sol et luna possit splendores et radios immittere, cum ab iis locus tangitur, vitiatur et amissa virtute coloris denigratur. Itaque cum et alii multi tum etiam Faberius scriba cum in Aventino voluisset habere domum eleganter expolitam peristyliis, parietes omnes induxit minio, qui post dies triginta facti sunt invenusto varioque colore. Itaque primo locavit inducendos alios colores. At si quis subtilior fuerit, et voluerit expolitionem miniaceam suum colorem retinere, cum paries expolitus et aridus fuerit, tunc ceram Punicam igni liquefactam paulo oleo temperatam seta inducat : deinde postea carbonibus in ferreo vase compositis eam ceram apprime cum pariete calefaciundo sudare cogat, fiatque ut peraequetur : deinde tunc candela linteisque puris subigat, uti signa marmorea nuda curantur. Hæc autem κονίασις græce dicitur : ita obstans ceræ Punicæ lorica non patitur nec lunæ splendorem nec solis radios lambendo eripere ex his politionibus colorem. Quæ autem in Ephesiorum metallis fuerunt officinæ, nunc trajectæ sunt ideo Romam, quod id genus venæ postea est inventum Hispaniæ regionibus, ex quibus metallis glebæ portantur, et per publicanos Romæ curantur. Eæ autem officinæ sunt inter aedem Floræ et Quirini. Vitiatur mi-

nium admixta calce : itaque si quis velit experiri id sine vitio esse, sic erit faciundum. Ferrea lamna sumatur, eo minium imponatur, ad ignem collocetur, donec lamna candescat ; cum e candore color immutatus fuerit eritque ater, tollatur lamna ab igne, et si refrigeratum restituatur in pristinum colorem, sine vitio esse probabitur : sin autem permanserit nigro colore, significabit eo esse vitiatum.

Quæ succurrere potuerunt mihi de minio dixi. Chrysocolla apportatur a Macedonia ; foditur autem ex his locis, qui sunt proximi ærariis metallis. Armenium et Indicum nominibus ipsis indicatur quibus in locis procreantur.

CAPUT X.

De coloribus qui arte fiunt ; de atramento.

Ingrediar nunc ad ea quæ ex aliis generibus tractationum temperaturis commutata recipiunt colorum proprietates : et primum exponam de atramento, cujus usus in operibus magnas habet necessitates, ut sint notæ, quemadmodum præparentur certis rationibus artificiorum ad id, temperaturæ. Namque ædificatur locus uti Laconicum, et expolitur marmore subtiliter et lævigatur : ante id fit fornacula habens in Laconicum nares, et ejus præfurnium magna diligentia comprimitur, ne flamma extra dissipetur. In fornace resina collocatur : hanc autem ignis

que la porte du cendrier se puisse fermer exactement, afin que par cet endroit la flamme ne puisse sortir du fourneau, dans lequel on met brûler de la résine; car la fumée étant poussée par la force du feu dans l'étuve, y laisse sa suie, qui s'attache aux parois et à la voûte. C'est cette suie que l'on amasse et que l'on détrempe avec de la gomme, pour faire l'encre à écrire. Ceux qui peignent les murailles s'en servent avec de la colle. Si l'on n'a pas ce qui est nécessaire pour faire le noir, et que l'on ait besoin de cette couleur, on peut, si l'on ne veut pas retarder les travaux, en faire de cette manière. Il faut allumer du sarment ou des copeaux de pin résineux, et quand ils sont en charbon les éteindre. Ce charbon, broyé avec de la colle, est un noir assez beau pour la peinture des murailles. La lie de vin desséchée, puis brûlée dans un fourneau, fait aussi, étant broyée avec de la colle, un fort beau noir, surtout si la lie est de bon vin : car on en peut faire un noir qui approche de la couleur de l'indicum.

CHAPITRE XI.
Du bleu d'azur et de l'ocre brûlé.

La préparation du bleu a été premièrement inventée à Alexandrie, et Vestorius en a depuis établi la fabrique à Pouzzole. L'invention en est admirable, vu les choses dont cette couleur est composée. On broie du sable avec de la fleur de nitre, aussi menue que de la farine : on les mêle avec de la limaille de cuivre de Chypre, faite avec de grosses limes ; puis on arrose le tout d'un peu d'eau pour en faire une pâte, dont on forme avec les mains plusieurs boules, qu'on laisse sécher : ensuite on emplit de ces boules un pot de terre, que l'on met dans la fournaise ; là le cuivre et le sable, étant échauffés et desséchés par le feu, se communiquent réciproquement ce qui se liquéfie de l'un et de l'autre, et, quittant chacun leur propre nature, se changent en bleu d'azur. Pour ce qui est de l'*usta* (1), que l'on emploie fort souvent dans les ouvrages de peinture, on la prépare de cette manière : On fait rougir au feu un morceau de bon sil, et on l'éteint dans du vinaigre ; ce qui lui donne une couleur de pourpre.

CHAPITRE XII.
De la manière de faire la céruse, le vert de gris et la sandaraque.

Il n'est pas hors de propos de dire ici de quelle manière on fait la céruse et le vert de gris, que nous appelons *æruca*. Les Rhodiens mettent du sarment dans des tonneaux, au fond desquels ils versent du vinaigre ; et, après avoir arrangé des lames de plomb sur le sarment, ils couvrent les tonneaux et bouchent bien toutes les ouvertures : après un certain temps, ils ouvrent les tonneaux, et trouvent le plomb changé en céruse. Le vert de gris se fait : de la même manière, si ce n'est qu'on se sert de lames de cuivre au lieu de lames de plomb. La sandaraque se fait en brûlant de la céruse dans une fournaise ; car la force du feu change la couleur, et la transforme en sandaraque. Cette propriété a été découverte par hasard dans les incendies, et l'expérience a montré que cette couleur artificielle est meilleure que celle qu'on tire des mines, et qui est naturelle.

(1) Brûlée.

CHAPITRE XIII.
De la pourpre.

Il faut parler maintenant de la teinture de *pourpre*, qui est de toutes les couleurs la plus précieuse, la plus chère, et la plus agréable à la vue. On tire d'un coquillage de mer cette teinture, qui est regardée comme une des plus admirables choses du monde par ceux qui considèrent les merveilles de la nature. En effet, cette couleur n'est pas la même partout : elle varie suivant que les climats qui la produisent sont plus ou moins rapprochés du soleil. Celle que l'on tire du royaume de Pont et de la Gaule est fort obscure, parce que ces régions approchent du septentrion ; celle qui vient des pays situés entre le couchant et le septentrion est livide ; vers l'orient et l'occident équinoxial, elle tire sur le violet : enfin elle est tout à fait rouge dans les pays méridionaux et dans l'île de Rhodes, ainsi que dans les autres contrées qui sont plus rapprochées du cours du soleil. Quand on a amassé un grand nombre de ces coquillages, on les cerne avec un couteau, pour en faire distiller une humeur pourprée, que l'on achève d'exprimer en les pilant dans des mortiers. Cette teinture s'appelle *ostrum* (1), parce qu'on la tire des huîtres qu'on trouve dans la mer. Mais elle est sujette à se dessécher à cause de la salure, si on ne la garde dans du miel.

CHAPITRE XIV.
Des couleurs qui imitent la pourpre, le sil attique, la chrysocolle et l'indicum.

On fait des couleurs pourprées, en teignant la craie avec le suc des *racines* de la garance et

(1) Huître.

de l'*hysgine* ; de même qu'avec le suc de plusieurs autres fleurs on peut faire d'autres couleurs. Ainsi, par exemple, lorsque les teinturiers veulent imiter le sil attique, ils font bouillir des violettes sèches dans de l'eau ; quand l'eau est teinte, ils la passent dans un linge, l'expriment avec les mains dans un mortier, où ils la mêlent avec de la craie Érétrienne, et en font une couleur pareille au sil attique. De la même manière, ils font une couleur de pourpre fort belle, en mêlant du lait avec la teinture qu'ils ont tirée du vaccinium. Ceux qui ne veulent pas employer la chrysocolle, parce qu'elle est trop chère, teignent de la terre d'azur avec le jus de l'herbe appelée *lutum*, et obtiennent ainsi un fort beau vert. Toutes ces préparations s'appellent teinture. Aussi, quand on n'a pas d'indicum, on peut l'imiter, en teignant la craie sélinusienne ou l'annulaire avec le verre, que les Grecs appellent *isatis*.

J'ai enseigné dans ce livre tout ce qu'il est nécessaire de connaître sur les couleurs, sur leurs propriétés, et sur les moyens par lesquels on peut les rendre belles et durables pour la peinture. J'ai recueilli dans les sept livres précédents tout ce qui peut contribuer à la perfection des édifices et à les rendre commodes. Je vais expliquer dans le huitième tout ce qui concerne les eaux, et dire comment on les peut trouver dans les lieux qui en manquent, comment il faut les conduire, et à quels signes on peut connaître si elles sont bonnes

---

CAPUT XIII.
De ostro.

Incipiam nunc de ostro dicere, quod et carissimam et excellentissimam habet præter hos colores aspectus suavitatem. Id autem excipitur ex conchylio marino, e quo purpura inficitur, cujus non minores sunt quam ceterarum naturæ rerum considerantibus admirationes ; quod habet non in omnibus locis quibus nascitur unius generis colorem, sed solis cursu naturaliter temperatur. Itaque quod legitur Ponto et Galatia, quod hæ regiones sunt proximæ ad septentrionem, est atrum : progredientibus inter septentrionem et occidentem invenitur lividum : quod autem legitur ad æquinoctialem orientem et occidentem, invenitur violaceo colore : quod vero meridianis regionibus excipitur, rubra procreatur potestate ; et ideo hoc [rubrum] Rhodo etiam insula creatur ceterisque ejusmodi regionibus, quæ proximæ sunt solis cursui. Ea conchylia cum sunt lecta, ferramentis circa scinduntur, e quibus plagis purpurea sanies, uti lacrima profluens, excussa in mortariis terendo comparatur : et, quod ex concharum marinarum testis eximitur, ideo ostrum est vocitatum. Id autem propter salsuginem cito fit siticulosum, nisi mel habeat circumfusum.

CAPUT XIV.
(De coloribus qui imitantur purpuram, sil Atticum, chrysocollam et Indicum.)

Fiunt etiam purpurei colores infecta creta rubiæ radice et hysgino ; non minus et ex floribus alii colores. Itaque tectores cum volunt sil Atticum fimitari, violam aridam conjicientes in vas cum aqua, confervescere faciunt ad ignem ; deinde cum est temperatum, conjiciunt in linteum, et inde manibus exprimentes recipiunt in mortarium aquam ex violis coloratam, et eo cretam infundentes et eam terentes efficiunt silis Attici colorem. Eadem ratione vaccinium temperantes et lac miscentes purpuram faciunt elegantem. Item qui non possunt chrysocolla propter caritatem uti, herba, quæ lutum appellatur, cæruleum inficiunt, et utuntur viridissimo colore : hæc autem infectiva appellatur. Item propter inopiam Indici cretam Selinusiam aut anulariam vitro, quod Græci ἰσάτιν appellant, inficientes, imitationem faciunt Indici coloris.

Quibus rationibus et rebus ad dispositionem firmiter quibusque decoris oporteat fieri picturas, item quas habeant omnes colores in se potestates, ut mihi succurrere potuit in hoc libro perscripsi. Itaque omnes ædificiorum perfectiones quam habere debeant opportunitatem ratio-

LIVRE HUITIÈME.

Préface.

Thalès de Milet, l'un des sept sages, estimait que l'eau est le principe de toutes choses; Héraclite disait que c'est le feu; les prêtres mages admettaient deux principes, le feu et l'eau; Euripide, qui avait été disciple d'Anaxagore et que les Athéniens appelaient le philosophe du théâtre, pensait que l'air et la terre, rendus féconds par les pluies qui tombent du ciel, ont engendré les hommes et tous les animaux qui sont au monde, et que tout ce qui a été créé retourne et se change en ces mêmes principes, lorsque le temps les contraint de se dissoudre; en sorte que ce qui provient de l'air retourne dans l'air, que rien ne périt, mais que les choses changent seulement leurs propriétés dans la dissolution, et les reprennent ensuite pour être ce qu'elles étaient auparavant. Pythagore, Empédocle, Épicharme, et les autres philosophes et physiciens, ont établi quatre principes, savoir : l'air, le feu, l'eau et la terre, lesquels mêlés ensemble et combinés de diverses manières, suivant leur nature et leurs qualités, ont produit tout ce qui existe. En effet, nous voyons que non-seulement ces éléments ont engendré tout ce qui prend naissance, mais qu'ils ont aussi la vertu de nourrir, d'augmenter et de conserver tout : car les animaux ne sauraient vivre sans l'air, dont ils s'emplissent par la respiration, et qu'ils rejettent alternativement, par un mouvement continuel. Ainsi les esprits qui sont les principaux instruments de l'âme ne pourraient s'engendrer, et ne seraient pas capables de soutenir le corps et d'entretenir sa vigueur, ni de cuire les aliments et de leur donner la vertu de nourrir, s'il n'y avait en nous une chaleur que la justesse du tempérament nous rend propre et convenable. Tout de même, sans la nourriture terrestre qui entretient les parties de notre corps, il ne pourrait pas subsister, étant destitué du plus solide de ses principes. Enfin tous les animaux seraient secs et privés de sang, s'ils n'avaient pas l'élément liquide, qui entretient en eux l'humidité. C'est pourquoi la Providence divine n'a pas voulu que ces principes, absolument nécessaires à tous les hommes, fussent des choses rares et difficiles à trouver, comme sont les perles, l'or, l'argent, et toutes les autres choses dont notre corps et notre nature ne sauraient tirer aucun avantage. Elle a, au contraire, répandu par tout l'univers et mis à la portée de tout le monde les choses dont on ne se peut passer dans la vie : car si le corps manque d'esprits, l'air, qui est destiné à les réparer, est toujours prêt, de même que la chaleur du soleil et du feu ne manque jamais de secourir et d'aider celle qui nous est naturelle et qui entretient notre vie. Les fruits de la terre sont la matière de la nourriture, qui répare incessamment dans les corps ce qu'ils perdent par les évacuations insensibles. Pour ce qui est de l'eau, outre la boisson, elle sert encore à une infinité d'usages, qui la rendent d'autant plus agréable qu'elle est la chose qui coûte le moins. Les prêtres égyptiens, pour faire entendre que toutes les choses ne subsistent que par la

---

cinationis, septem voluminibus sunt finitæ : in sequenti autem de aqua, si quibus locis non fuerit, quemadmodum inveniatur, et qua ratione inducatur, quibusque rebus si erit salubris et idonea probetur, explicabo.

LIBER OCTAVUS.

Præfatio.

De septem sapientibus Thales Milesius omnium rerum principium aquam est professus, Heraclitus ignem, Magorum sacerdotes aquam et ignem; Euripides auditor Anaxagoræ, quem philosophum Athenienses scenicum appellaverunt, aëra et terram, eamque ex cœlestium imbrium conceptionibus inseminatam fetus gentium et omnium animalium in mundo procreavisse, et quæ ex ea essent prognata cum dissolverentur temporum necessitate coacta, in eandem redire, quæque de aëre nascerentur item in cœli regiones reverti, neque interitiones recipere, sed dissolutione mutata in eandem recidere in qua fuerant proprietatem. Pythagoras vero, Empedocles, Epicharmus aliique Physici et Philosophi hæc principia quatuor esse proposuerunt, aërem, ignem, aquam, terram, eorumque inter se cohærentiam naturali figuratione ex generum discriminibus efficere qualitates. Animadvertimus vero non solum nascentia ex his esse procreata, sed etiam res omnes non ali sine eorum potestate neque crescere nec tueri. Namque corpora sine spiritus redundantia non possunt habere vitam, nisi aër influens cum incremento fecerit auctus et remissiones continenter. Caloris vero si non fuerit in corpore justa comparatio, non erit spiritus animalis neque erectio firma, cibique vires non poterunt habere concoctionis temperaturam. Item si non terrestri cibo membra corporis alantur, deficient, et ita a terreni principii mixtione erunt deserta. Animalia vero si fuerint sine humoris potestate, exsanguinata et exucta a principiorum liquore interarescent. Igitur divina mens quæ proprie necessaria essent gentibus non constituit difficilia et cara, uti sunt margaritæ, aurum, argentum, ceteraque, quæ nec corpus nec natura desiderat, sed sine quibus mortalium vita non potest esse tuta, effudit ad manum parata per omnem mundum. Itaque ex his si quid forte desit in corpore spiritus, ad restituendum aër assignatus id præstat : apparatus autem ad auxilia caloris solis impetus et ignis inventus tutiorem efficit vitam : item terrenus fructus escarum præstans copiis supervacuis desiderationes alit et nutrit animales pascendo continenter : aqua vero, non solum potus sed infinitas usui præbendo necessitates, gratas quod est gratuita præstat utilitates. Ex eo etiam qui sacerdotia gerunt moribus Ægyptiorum, ostendunt omnes res e liquoris potestate consistere : itaque

vertu de cet élément, portent solennellement dans le temple où leur dieu réside, et avec un respect religieux, un vase rempli d'eau et orné ; là, se prosternant à terre et les mains élevées au ciel, ils rendent grâce à la bonté divine de ses admirables inventions. Puisque les physiciens, les philosophes et les prêtres ont estimé que tout subsiste par la vertu de l'eau, j'ai cru qu'après avoir expliqué dans mes sept premiers livres tout ce qui appartient à la structure des édifices, je devais dans celui-ci traiter des moyens de trouver les eaux, et dire quelles sont leurs différentes propriétés, suivant les différents lieux, et ce qu'il faut faire pour les bien conduire.

CHAPITRE I.

Des moyens de trouver l'eau.

L'eau est, en effet, on ne peut plus nécessaire et pour la vie, et pour nos plaisirs, et pour une infinité d'usages. Quand on a une source toute trouvée, et qui fournit une grande quantité d'eau, c'est beaucoup de peine épargnée ; mais il n'en est pas de même quand il faut l'aller chercher sous terre et la recueillir. Pour connaître les lieux où il y a de ces sources souterraines, il faut, un peu avant le lever du soleil, se coucher sur le ventre, en ayant le menton appuyé sur la terre où l'on cherche de l'eau, et regarder le long de la campagne : car le menton étant ainsi affermi, la vue ne s'élèvera pas plus haut qu'il est nécessaire, mais assurément elle s'étendra au niveau de l'horizon. Alors si l'on voit en quelque endroit une vapeur humide s'élever en ondoyant, il y faudra fouiller ; car cela n'arrive point aux lieux qui sont sans eau. De plus, quand on cherche de l'eau, il faut examiner la nature du sol, parce que la qualité de l'eau dépend en grande partie des terres où elle se trouve, et qu'en certains lieux elle est bien plus abondante qu'en d'autres. Ainsi l'eau que l'on trouve dans la craie n'est jamais abondante, ni très-élevée ; elle n'est pas non plus d'un très-bon goût ; dans le sable mouvant, elle est en petite quantité, à une assez grande profondeur, bourbeuse et désagréable à boire ; dans la terre noire, elle est excellente quand elle s'y amasse des pluies qui tombent pendant l'hiver, et qui, ayant traversé la terre, s'arrêtent dans les endroits où cette terre est assez compacte pour la retenir. L'eau que l'on trouve dans les terres sablonneuses, pareilles à celles qui sont au bord des rivières, est aussi fort bonne : mais elle y est en petite quantité, et les sources sont sujettes à tarir. Elles sont plus abondantes et assez bonnes dans le sablon mâle, dans le gravier et dans le carboncle. Dans la pierre rouge elles sont bonnes aussi, et abondantes, pourvu qu'elles ne s'échappent point par les jointures des pierres. Mais c'est au pied des montagnes, parmi les rochers et les cailloux, que sont les sources les plus abondantes, et celles dont les eaux sont les plus fraîches, les plus saines et les plus salutaires. Dans les vallées, l'eau est ordinairement saumâtre, pesante, tiède et peu agréable à boire, à moins qu'elle ne vienne des montagnes, et qu'elle ne soit conduite sous terre jusque dans ces lieux, ou que l'ombre des arbres ne lui donne la douceur agréable que l'on remarque dans celles qui sortent des lieux élevés. Outre les moyens que nous avons indiqués, il y en a d'autres qui aident à connaître les endroits où l'on peut trouver de l'eau sous la terre. Par exemple, il y en a ordinairement dans les endroits où l'on voit de petits joncs, des saules qui sont venus

cum hydria aquæ ad templum ædemque casta religione refertur, tunc in terra procumbentes, manibus ad coelum sublatis inventionibus gratias agunt divinæ benignitatis. Cum ergo et a physicis et a philosophis et ab sacerdotibus judicetur ex potestate aquæ omnes res constare, putavi, quoniam in prioribus septem voluminibus rationes ædificiorum sunt expositæ, in hoc oportere de inventionibus aquæ, quasque habeat in locorum proprietatibus virtutes, quibusque rationibus ducatur, et quemadmodum interea probetur, scribere.

CAPUT I.

De aquæ inventionibus.

Est enim maxime necessaria et ad vitam et ad delectationes et ad usum quotidianum. Ea autem facilior erit, si fontes erunt aperti et fluentes : sin autem non profluent, quærenda sub terra sunt capita et colligenda, quæ sic erunt experienda : uti procumbatur in dentes, antequam sol exortus fuerit, in locis quibus erit quærendum, et in terra mento collocato et fulto prospiciantur eæ regiones. Sic enim non errabit excelsius quam oporteat visus, cum erit immotum mentum, sed libratam altitudinem in regionibus certa finitione designabit. Tunc in quibus locis videbuntur humores concrispantes et in aëra surgentes, ibi fodiatur : non enim in sicco loco hoc signum potest fieri. Item animadvertendum est quærentibus aquam, quo genere sint loca ; certa enim sunt in quibus nascitur. In creta tenuis et exilis et non alta est copia ; ea erit non optimo sapore. Item sabulone soluto tenuis sed [si] inferioribus locis invenietur ; ea erit limosa et insuavis. In terra autem nigra sudores et stillæ exiles inveniuntur, quæ ex hibernis tempestatibus collectæ in spissis et solidis locis subsidunt ; eæ habent optimum saporem. Glarea vero mediocres et non certæ venæ reperiuntur ; eæ quoque egregia sunt suavitate. Item sabulone masculo arenaque et carbunculo certiores et stabiliores sunt copiæ, cæque sunt bono sapore. Rubro saxo et copiosæ et bonæ, si non per intervenia dilabantur et liquescant. Sub radicibus autem montium et in saxis silicibus uberiores et affluentiores, eæque frigidiores sunt et salubriores. Campestribus autem fontibus salsæ, graves, tepidæ, non suaves, nisi quæ ex montibus sub terra submanantes erumpunt in medios campos ibique arborum umbris contectæ præstant montanorum fontium suavitatem. Signa autem quibus terrarum generibus supra scriptum est ea invenientur nascentia, tenuis juncus, salix erratica, alnus, vitex, arundo, hedera, aliaque, quæ ejusmodi sunt, quæ non possunt nasci per se sine humore.

d'eux-mêmes, des aunes, du vitex, des roseaux, du lierre, et toutes les autres plantes qui ne naissent et ne se nourrissent que dans les lieux où il y a de l'eau. Il ne faut pas pourtant se fier à ces indices, si ces plantes croissent dans des marais, qui, étant des lieux plus bas que le reste du terrain, reçoivent et amassent les eaux de la pluie qui tombe dans les champs d'alentour pendant l'hiver, et la conservent assez longtemps. Mais si dans tout autre endroit que des marais ces plantes se trouvent pousser naturellement, et sans y avoir été mises, on peut y chercher de l'eau. Si tous ces indices venaient à manquer, il faudrait faire cette épreuve. Après avoir creusé dans la terre un trou de la largeur de trois pieds en tous sens, et de la profondeur de cinq au moins, on posera au fond de ce trou, au moment du coucher du soleil, un vase d'airain ou de plomb, ou un bassin quelconque, mais renversé, et que l'on aura frotté d'huile à l'intérieur ; puis on remplira la fosse avec des cannes et des feuilles, et enfin avec de la terre : si le lendemain on trouve des gouttes d'eau attachées au dedans du vase, c'est un signe qu'il y a de l'eau en cet endroit. On peut mettre aussi un vase de terre non cuite dans cette même fosse, que l'on remplira comme il vient d'être dit ; et lorsqu'on la découvrira, s'il y a de l'eau en ce lieu-là, le vase sera moite et détrempé par l'humidité. Si on laisse aussi dans cette même fosse de la laine, et que le lendemain, lorsqu'on la tordra, on en exprime de l'eau, ce sera une marque qu'il y en a beaucoup dans cet endroit. On peut encore y enfermer une lampe pleine d'huile et allumée ; et si le lendemain on ne la trouve pas tout à fait épuisée, si l'huile et la mèche ne sont pas entièrement consumées, ou même si la lampe est mouillée, ce sera une marque qu'il y a de l'eau au-dessous, parce qu'une chaleur douce attire à soi l'humidité. Enfin l'on peut faire aussi cette autre épreuve : On allume un grand feu dans un endroit ; et si, lorsque la terre sera très-échauffée, il s'élève une vapeur épaisse, c'est un signe qu'il y a de l'eau. Quand on aura fait toutes ces épreuves, et que les signes que nous venons d'indiquer se rencontreront quelque part, il faudra y creuser un puits ; si l'on y trouve une source, il faudra faire plusieurs autres puits tout alentour, et les joindre ensemble par des conduits souterrains. Mais il faut savoir que c'est principalement sur la pente des montagnes qui regardent le septentrion qu'on doit chercher les eaux, et que c'est là qu'elles se trouvent et meilleures, et plus saines, et plus abondantes, parce que ces lieux ne sont pas exposés au soleil, étant couverts d'arbres fort épais ; et la descente de la montagne, se faisant ombre à elle-même, ne reçoit qu'obliquement les rayons du soleil, qui sont dès lors incapables de dessécher la terre. C'est aussi dans les endroits creux qui sont au sommet des montagnes que l'eau des pluies s'amasse ; les arbres qui y croissent en grand nombre y conservent la neige fort longtemps ; et lorsqu'elle vient à fondre peu à peu, elle s'écoule insensiblement par les veines de la terre, et c'est cette eau qui, parvenue au pied des montagnes, y produit des fontaines. Mais celles qui sortent du fond des vallées ne peuvent pas avoir beaucoup d'eau ; et quand même il y en aurait en abondance, elle ne saurait être bonne, parce que le soleil, qui échauffe les plaines sans qu'aucun ombrage l'en empêche, consume et épuise toute l'humidité, ou du moins il en tire ce qu'elle a de plus léger,

Solent autem eadem in lacunis nata esse, quæ sedentes præter reliquum agrum excipiunt ex imbribus et agris per hiemem diutiusque propter capacitatem conservant humorem, quibus non est credendum : sed quibus regionibus et terris, non lacunis, ea signa nascuntur non sata, sed naturaliter per se creata, ibi est quærenda. In quibus si hæ non significabuntur inventiones, sic erunt experiundæ. Fodiatur quoquoversus locus latus ne minus pedes quinque, in eoque collocetur circiter solis occasum scaphium æreum aut plumbeum aut pelvis, (ex his quod erit paratum,)idque intrinsecus oleo ungatur ponaturque inversum, et summa fossura operiatur arundinibus aut fronde, supra terra obruatur ; tum postero die aperiatur, et, si in vase stillæ sudoresque erunt, is locus habebit aquam. Item si vas ex creta factum non coctum in ea fossione eadem ratione opertum positum fuerit, si is locus aquam habuerit, cum apertum fuerit, vas humidum erit, et etiam dissolvetur ab humore. Vellusque lanæ si collocatum erit in ea fossura, insequenti autem die de eo aqua expressa erit, significabit eum locum habere copiam. Non minus si lucerna concinnata oleique plena et accensa in eo loco operta fuerit collocata, et postero die non erit exusta, sed habuerit reliquias olei et ellychnii, ipsaque humida invenietur, indicabit eum locum habere aquam, ideo quod omnis tepor ad se ducit humores. Item in eo loco ignis si factus fuerit, et percalefacta terra et adusta vaporem nebulosum ex se suscitaverit, is locus habebit aquam. Cum hæc ita erunt pertentata, et quæ supra scripta sunt signa inventa, tum deprimendus est puteus in eo loco ; et si caput erit aquæ inventum, plures sunt circa fodiendi et per specus in unum locum omnes conducendi. Hæc autem maxime in montibus et regionibus septentrionalibus sunt quærenda, eo quod in his et suaviora et salubriora et copiosiora inveniuntur ; aversi enim sunt solis cursui, et in his locis primum crebræ sunt arbores et silvosæ, ipsique montes suas habent umbras obstantes, ut radii solis non directi perveniant ad terram, nec possint humores exurere. Intervalla quoque montium maxime recipiunt imbres, et propter silvarum crebritatem nives ibi ab umbris arborum et montium diutius conservantur : deinde liquatæ per terræ venas percolantur, et ita perveniunt ad infimas montium radices, ex quibus profluentes fontium erumpunt ructus. Campestres autem loci e contrario non possunt habere copias, et quæcumque sunt, non possunt habere salubritatem, quod solis vehemens impetus propter nullam obstantiam umbrarum eripit exhauriendo fervens ex planitie camporum humorem ; et si quæ ibi sunt aquæ apparentes, ex his, quod est levissimum tenuissimumque et subtili salubritate, aër avocans dissipat

CHAPITRE II.
De l'eau de pluie et de ses qualités.

Il n'y a point de meilleure eau que celle de la pluie, parce qu'elle est composée des parties les plus légères et les plus subtiles qui ont été extraites de toutes les autres eaux, et que l'air les a longtemps purifiées par son agitation, jusqu'à ce que, dans les orages, elles se liquéfient pour tomber sur la terre. Or les pluies ne tombent pas si souvent dans les plaines que sur les montagnes, parce que les vapeurs que le soleil attire le matin poussent, en s'élevant, l'air vers le côté où elles sont attirées; et elles attirent aussi à elles l'air qui les suit en ondoyant, afin de ne point laisser de vide. Cet air, en suivant la vapeur qui l'attire, en augmente le mouvement et l'impétuosité; ce qui produit les bouffées des vents, qui, amassant et amoncelant ces vapeurs que la chaleur du soleil a tirées de l'eau des fontaines, des fleuves, des étangs et de la mer, forment les nuées que nous voyons flotter dans les airs. Si elles rencontrent celui qui est sur les montagnes, elles sont refoulées et pressées à cause de son épaisseur et de son poids, en sorte qu'elles se liquéfient, et produisent les orages qui tombent sur la terre. Ce n'est pas sans raison que l'on croit que les vapeurs, les nuées et l'humidité sortent de la terre; car il est constant qu'elle a en elle-même beaucoup de chaleur, beaucoup d'esprits volatils et de la froideur aussi, mais surtout qu'elle est remplie d'une grande quantité d'eau. De toutes ces choses, lorsque la terre est refroidie par l'absence du soleil, il s'engendre des vents pendant la nuit; les nuées s'élèvent des lieux humides, et ce sont les rayons du soleil qui, frappant la terre au matin, font monter l'humidité qui produit la rosée. Les bains peuvent faire comprendre de quelle façon cela se fait. Ainsi, quoiqu'il n'y ait point d'eau sur les planchers voûtés des étuves, il en tombe pourtant quelquefois des gouttes sur la tête de ceux qui se baignent, parce que l'air qui est dans ce lieu étant échauffé par le feu qui est dans les fourneaux, attire à soi l'eau qui a été répandue sur le pavé, et l'élève pour l'apporter jusqu'à la concavité de la voûte, la vapeur chaude se portant toujours en haut. Les gouttes y demeurent d'abord sans s'écouler, à cause qu'elles sont trop petites; mais peu à peu l'humidité qui s'amasse les rend plus pesantes, et elles finissent par tomber. Par la même raison, l'air que les rayons du soleil ont échauffé attire de toutes parts l'humidité qu'il amasse, pour en faire des nuées. Car la terre étant échauffée pousse l'humidité hors de son sein, de la même façon que nos corps jettent la sueur, quand ils sont échauffés. Cela se prouve aussi par les vents: ceux qui viennent des régions froides, comme l'Aquilon et le vent appelé Septentrion, dessèchent et épuisent tout par leur haleine; l'Auster et tous ceux qui viennent du midi sont très-humides et donnent toujours de la pluie, parce qu'étant échauffés par la chaleur des régions qu'ils traversent, ils enlèvent à la terre son humidité, et

---

in impetum cœli, quæque gravissimæ duræque et insuaves sunt partes, eæ in fontibus campestribus relinquuntur.

CAPUT II.
De aqua imbrium.

Itaque quæ ex imbribus aqua colligitur salubriores habet virtutes, [eo] quod eligitur ex omnibus fontibus levissimis subtilibusque tenuitatibus; deinde per aëris exercitationem percolata tempestatibus liquescendo pervenit ad terram. Etiamque non crebriter in campis confluunt imbres, sed in montibus aut ad ipsos montes, ideo quod humores ex terra matutino solis ortu moti cum sunt egressi, in quamcunque partem cœli sunt proclinati, trudunt aëra, deinde cum sunt moti, propter vacuitatem loci post se recipiunt aëris ruentes undas. Aër autem qui ruit trudens quocunque humorem per vim spiritus et impetus et undas crescentes facit ventorum. A ventis autem quocunque feruntur humores conglobati ex fontibus et fluminibus et paludibus et pelago, cum tepore solis colliguntur, exhauriuntur et ita tolluntur in altitudinem nubes : deinde cum aëris unda nitentes, cum perventum fuerit ad montes, ab eorum offensa et procellis propter plenitatem et gravitatem liquescendo disperguntur et ita diffunduntur in terras. Vaporem autem et nebulas et humores ex terra nasci, hæc videtur efficere ratio, quod ea habet in se et calores fervidos et spiritus immanes refrigerationesque et aquarum magnam multitudinem. Ex eo cum refrigeratum noctu sol oriens impetu tangit orbem terræ et ventorum flatus oriuntur per tenebras, et ab humidis locis egrediuntur in altitudinem nubes : aër autem tunc a sole percalefactus cum rorationibus ex terra tollit humores. Licet ex balneis exemplum capere; nullæ enim cameræ, quæ sunt caldariorum, supra se possunt habere fontes, sed cœlum quod est ibi, ex præfurniis ab ignis vapore percalefactum corripit ex pavimentis aquam et aufert secum in camerarum curvaturas et sustinet; ideo quod semper vapor calidus in altitudinem se trudit, et primo non remittitur propter brevitatem; simul autem plus humoris habet congestum, non potest sustineri propter gravitatem, sed stillat supra lavantium capita. Item eadem ratione cœlestis aër cum ab sole percepit calorem, ex omnibus locis hauriendo tollit humores et congregat ad nubes. Ita enim terra fervore tacta ejicit humores, ut corpus hominis ex calore emittit sudores. Indices autem sunt ejus rei venti, ex quibus qui a frigidissimis partibus veniunt procreati, septentrio et aquilo, extenuatos siccitatibus in aëre flatus spirant; auster vero et reliqui qui a solis cursu impetum faciunt, sunt humidissimi, et semper apportant imbres; quod percalefacti ab regionibus fervidis adveniunt, et ex omnibus terris lambentes eripiunt humores, et ita eos profundunt ad septentrionales regiones. Hæc autem sic fieri testimonia

vont la répandre vers le septentrion. Cette vérité est d'ailleurs confirmée par l'observation que l'on peut faire, que les sources des grands fleuves qui sont marqués sur les cartes géographiques, se trouvent pour la plupart venir du septentrion : comme, dans les Indes, le Gange et l'Inde, qui descendent du mont Caucase; dans l'Assyrie, le Tigre et l'Euphrate; en Asie et dans le royaume de Pont, le Borysthène, l'Hypanis et le Tanaïs; en Colchide, le fleuve Phasis; dans la Gaule, le Rhône ; dans la Gaule Belgique, le Rhin; en deçà des Alpes, le Timave et le Pô; en Italie, le Tibre ; en Maurusie, que nous appelons Mauritanie, le fleuve Dyris, qui, descendant du mont Atlas, va du septentrion par l'occident se jeter dans le lac Heptagone, y change de nom, et est appelé Nigir ; puis, sortant du lac Heptabole après avoir passé sous des montagnes désertes, il coule au travers des régions méridionales jusque dans les marais Caloë, qui entourent le royaume de Méroé, dans l'Éthiopie méridionale; et après être sorti de ces marais, il fait plusieurs détours, et s'étant divisé en deux bras nommés Astansobas et Astaboas, et en plusieurs autres encore, il vient entre des montagnes jusqu'à la cataracte, d'où il court vers le septentrion; de là il passe dans l'île Éléphantine et à Syène, et par les campagnes de la Thébaïde en Égypte, où il prend le nom de Nil. Or, on juge que la source du Nil est en Mauritanie, parce que dans la partie opposée du mont Atlas on voit les sources de beaucoup d'autres fleuves, qui se déchargent dans l'océan Occidental, à l'endroit où naissent les ichneumons, les crocodiles et plusieurs autres genres d'animaux et de poissons, outre les hippopotames. Puisqu'on voit, dans la description du monde, que les plus grands fleuves semblent tous venir du septentrion, et que les campagnes d'Afrique qui sont dans les régions méridionales, fort proches du cours du soleil, ne paraissent point avoir d'humidité, et n'ont en effet que fort peu de fontaines et de rivières, il est certain que les meilleures sources des fontaines sont celles qui coulent vers le septentrion, à moins qu'elles ne passent par des lieux sulfurés, alumineux ou bitumineux, qui changent leur qualité et qui les rendent chaudes ; ou qui, sans les échauffer, leur communiquent une mauvaise odeur ou quelque goût désagréable. Car il ne faut pas croire qu'il y ait aucune eau qui soit chaude de sa nature ; cette chaleur vient de ce qu'elle s'échauffe en passant par un lieu brûlant ; ce qui le prouve , c'est qu'étant sortie bouillante des veines de la terre, elle ne peut demeurer longtemps chaude, et se refroidit bientôt. Or si elle était naturellement chaude, elle ne perdrait pas sa chaleur ; elle la conserverait, au contraire, comme elle garde le goût, l'odeur et la couleur qu'elle a contractés, parce que la nature subtile de cet élément lui permet de s'imprégner fortement des qualités des matières qu'elle traverse.

CHAPITRE III (sect. 24, ou ch. IV).
Des eaux chaudes, et de la nature de plusieurs fontaines, fleuves et lacs.

Il y a des sources chaudes dont l'eau paraît si bonne à boire, que celle qui se puise à la fontaine des Camœnes, ou à la fontaine Martienne, n'est pas meilleure. Or voici comment la chaleur se communique aux eaux. Lorsque le feu s'allume sous terre dans l'alun, le bitume ou le sou-

---

possunt esse capita fluminum, quæ orbe terrarum chorographis picta itemque scripta plurima maximaque inveniuntur egressa ad septentrionem. Primumque in India Ganges et Indus a Caucaso monte oriuntur; Syria Tigris et Euphrates; Asiæ item Ponto Borysthenes, Hypanis, Tanais; Colchis Phasis; Gallia Rhodanus; Celtica Rhenus; citra Alpes Timavus et Padus; Italia Tibris; Maurusia, quam nostri Mauritaniam appellant, ex monte Atlante Dyris, qui ortus ex septentrionali regione progreditur per occidentem ad lacum Heptagonum, et mutato nomine dicitur Nigir, deinde ex lacu Heptabolo sub montes desertos subterfluens per meridiana loca manat et influit in paludem, quæ appellatur . . . . . circumcingit Meroen, quod est Æthiopum meridianorum regnum : ab hisque paludibus se circumagens per flumina Astansobam et Astaboam et alia plura pervenit per montes ad catarrhactam, ab eaque se præcipitans per septentrionalem pervenit inter Elephantida et Syenem Thebaicosque in Ægyptum campos, et ibi Nilus appellatur. Ex Mauritania autem caput Nili profluere ex eo maxime cognoscitur, quod ex altera parte montis Atlantis sunt alia capita item profluentia ad occidentem oceanum, ibique nascuntur ichneumones, crocodili et aliæ similes bestiarum pisciumque naturæ præter hippopotamos. Ergo cum omnia [maxima] flumina [magnitudinibus] in orbis terrarum descriptionibus ab septentrione videantur profluere, Africæ campi, qui sunt in meridianis partibus subjecti solis cursui, latentes penitus habeant humores, nec fontes crebros amnesque raros, relinquitur uti multo meliora inveniantur capita fontium, quæ ad septentrionem aquilonemve spectant, nisi si inciderint in sulphurosum locum aut aluminosum seu bituminosum; tunc enim permutantur, et aut calidæ aquæ aut frigidæ odore malo et sapore perfundunt fontes. Neque enim calidæ aquæ est ulla proprietas; sed frigida aqua cum incidit percurrens in ardentem locum effervescit, et percalefacta egreditur per venas extra terram : ideo diutius non potest permanere, sed brevi spatio fit frigida. Namque si naturaliter esset calida, non refrigeraretur calor ejus. Sapor autem et odor et color ejus non restituitur, quod intinctus et commixtus est propter naturæ raritatem.

CAPUT III (a sect. 24. vulgo Caput IV).
De aquis calidis et de variorum fontium, fluminum lacuumque natura.

Sunt autem etiam nonnulli fontes calidi, ex quibus profluit aqua sapore optimo, quæ in potione ita est suavis, uti nec fontinalis ab Camœnis nec Marcia saliens desideretur. Hæc autem a natura perficiuntur his rationibus. Cum in imo per alumen aut bitumen seu sulphur ignis excitatur,

fre, cette chaleur se répand tout alentour, et la terre s'échauffe à un tel point qu'il en sort une vapeur très-brûlante, en sorte que les fontaines d'eau douce qui sont au-dessus s'échauffent dans leurs conduits souterrains, sans que leur goût soit aucunement changé. D'un autre côté, il y a des sources d'eau froide dont l'odeur et le goût sont désagréables, parce qu'ayant passé sous terre par quelques-uns de ces terrains brûlants, elles coulent encore longtemps cachées, et ne sortent de terre qu'après avoir perdu toute leur chaleur; mais leur goût, leur odeur et leur couleur ont conservé ce qu'elles ont contracté de mauvais : telles sont les eaux appelées *Albulæ*, près de Tivoli, celles de la fontaine qui est auprès d'Ardée, et d'autres fontaines semblables, où les eaux froides ont une odeur sulfureuse. Mais ces eaux froides bouillonnent comme si elles étaient chaudes, parce que, lorsqu'elles passent bien avant sous terre dans un lieu brûlant, le combat qui se fait à la rencontre du feu et de l'eau cause un fracas dont il s'élève avec beaucoup d'impétuosité quantité de vents, qui, après avoir été retenus, sortent enfin à plusieurs reprises, et produisent ce bouillonnement. Il arrive aussi que les eaux resserrées dans les espaces qui sont entre les rochers ou dans quelques autres conduits étroits, et qui sont poussées par la violence de ces vents, s'élèvent souvent jusqu'au sommet de quelques montagnes; et ceux qui croient que la première source de ces fontaines est aussi élevée que ces terres, reconnaissent qu'ils se sont trompés, lorsqu'ils y font inutilement creuser de larges puits. Il en est de même lorsqu'on met près du feu un pot qui n'est pas plein jusqu'au bord, mais seulement jusqu'aux deux tiers : si on le ferme avec son couvercle, l'eau, qui est naturellement capable de raréfaction, s'enflera en s'échauffant, et non-seulement s'élèvera jusqu'à emplir le vase, mais sera même portée par les esprits jusque par-dessus le couvercle; mais si l'on ôte le couvercle, l'eau retournera à sa première hauteur, parce que ce qui causait cette enflure dans l'eau se perd dans l'air, lorsqu'une grande ouverture lui en donne la liberté. C'est ainsi que les fontaines qui sont resserrées se poussent et s'élèvent très-haut par le bouillonnement que cause le vent enfermé dans l'eau; et sitôt que les conduits sont élargis, ces vents, s'échappant par les pores qui sont dans toutes les choses liquides, les laissent s'affaisser et reprendre leur équilibre naturel. Or toutes les fontaines chaudes ont une vertu médicinale, parce qu'après avoir été échauffées et comme cuites par les minéraux qu'elles traversent, elles ont une nouvelle force et des qualités particulières, que n'a pas l'eau commune. Ainsi les eaux sulfureuses sont bonnes aux maladies des nerfs, qu'elles fortifient en les échauffant et en consumant les mauvaises humeurs; les alumineuses guérissent les corps affaiblis par la paralysie, ou par quelque autre maladie pareille, en combattant l'intempérie froide des parties attaquées par une chaleur qui les remet en leur état naturel, et en les fomentant continuellement après s'être insinuées dans les pores qu'elles ont ouverts. Les bitumineuses, lorsqu'on en boit, chassent par la purgation les maladies des parties internes. Il y a des eaux froides qui sont nitreuses, comme auprès de Penna, dans le pays des Vestins, à Cutilies et ailleurs; on en boit pour se purger, et pour fondre les écrouelles. Quantité de sour-

---

ardore percandefacit terram, quæ est [circa se] : supra se autem fervidum emittit in superiora loca vaporem, et ita si qui in his locis qui sunt supra, fontes dulcis aquæ nascuntur, offensi eo vapore effervescunt inter venas, et ita profluunt incorrupto sapore. Sunt etiam odore et sapore non bono frigidi fontes, qui ab inferioribus locis penitus orti, per loca ardentia transeunt, et ab his per longum spatium terræ percurrentes, refrigerati perveniunt supra terram, sapore odore coloreque corrupto, uti in Tiburtina via flumen Albula et in Ardeatino fontes frigidi eodem odore, qui sulphurati dicuntur, et reliquis locis similibus. Hi autem cum sint frigidi, ideo videntur aspectu fervere, quod cum in ardentem locum alte penitus inciderunt, humore et igni inter se congruentibus, offensi vehementi fragore validos in se recipiunt spiritus, et ita inflati vi venti coacti, bullientes crebro per fontes egrediuntur. Ex his autem qui non sunt aperti, sed a saxis [aut alia vi] continentur, per angustas venas vehementia spiritus extruduntur ad summos grumorum tumulos. Itaque qui putant tanta se altitudine qua sunt grumi capita fontium posse habere, cum aperiunt fossuras latius, decipiuntur. Namque uti æneum vas non in summis labris plenum, sed aquæ mensuram suæ capacitatis habens e tribus duas partes, operculumque in eo collocatum, cum ignis vehementi fervore tangatur, percalefieri cogit aquam. Ea autem propter naturalem raritatem in se recipiens fervoris validam inflationem, non modo implet vas, sed spiritus extollens operculum et crescens abundat : sublato autem operculo, emissis inflationibus in aëre patenti, rursus ad suum locum residet. Ad eundem modum [ea] capita fontium, cum ab angustiis compressa, ruunt in summo spiritus aquæ bullitus : simul autem latius sunt aperti, exanimati per raritatem liquidæ potestatis resident et restituuntur in libramenti [sui] proprietatem. Omnis autem aqua calida ideo quidem est medicamentosa, quod in pravis rebus percocta aliam virtutem recipit ad usum. Namque sulphurosi fontes nervorum labores reficiunt percalefaciendo exurendoque caloribus e corporibus humores vitiosos : aluminosi autem, cum dissoluta membra corporum paralysi aut aliqua vi morbi receperunt, fovendo per patentes venas refrigerationem contraria caloris vi reficiunt, et [ex] hoc continenter restituuntur in antiquam membrorum curationem. Bituminosi autem interioris corporis vitia potionibus purgando solent mederi. Est autem aquæ frigidæ genus nitrosum, uti Pinnæ Vestina, Cutiliis aliisque locis similibus, quod potionibus depurgat, per alvumque transeundo etiam strumarum minuit tumores. Ubi vero aurum, argentum, ferrum, æs, plumbum reliquæque res earum similes

ces sortent des mines d'or, d'argent, de fer, de cuivre, de plomb, et d'autres métaux ; mais elles sont fort mauvaises, et ont des qualités entièrement opposées à celles des eaux chaudes qui viennent des endroits où il y a du soufre, de l'alun ou du bitume : car lorsqu'on a bu de ces eaux et qu'elles ont passé par les veines dans le corps, elles endurcissent et enflent les nerfs ; ce qui cause aux pieds et aux mains une grande faiblesse ; en sorte que les parties dont les nerfs sont ainsi enflés et raccourcis deviennent sujettes à la goutte et aux autres maladies des parties nerveuses, parce que les porosités du corps sont abreuvées par des humeurs crues, épaisses et froides. Il y a une autre eau qui n'est pas fort claire, et à la surface de laquelle surnage une espèce d'écume ou de fleurs couleur de verre rouge. On en voit de pareille principalement auprès d'Athènes ; des canaux la conduisent dans la ville même et près du port de Pirée, où elle fait des jets d'eau ; mais on n'en boit point ; on s'en sert pour laver et pour quelques autres usages ; et la crainte que l'on a qu'elle ne nuise, fait que l'on ne boit que de l'eau de puits. Les Trézéniens ne peuvent pas faire de même, car ils n'ont d'autre eau que celle de Cibdèle ; aussi ont-ils presque tous la goutte aux pieds. Au contraire, le fleuve Cydnus, qui passe dans la ville de Tarse, en Cilicie, a cette propriété que ceux qui s'y lavent les jambes sont soulagés des douleurs de goutte. Il se trouve encore plusieurs autres espèces d'eau qui ont différentes propriétés, comme le fleuve Himère en Sicile, lequel, après être sorti de sa source, se divise en deux bras, dont l'un, qui descend vers le mont Etna, est d'une eau bonne à boire parce qu'il passe sur une terre douce, et dont l'autre, qui coule sur une terre d'où l'on tire du sel, a son eau extrêmement salée. Dans les champs Parætoniens, par où l'on va au temple de Jupiter Ammon, et de Casium en Égypte, on rencontre des lacs marécageux qui sont si salés que le sel y surnage congelé. Il y a encore en beaucoup d'autres lieux des fontaines, des fleuves et des lacs qui sont salés, à cause des mines de sel par lesquelles ils passent. D'autres, qui coulent à travers des veines de terre onctueuse, paraissent être mêlés d'huile : tel est le fleuve Liparis, qui passe à Soli, ville de Cilicie ; ceux qui y nagent ou qui s'y baignent sortent de l'eau tout huilés. Il y a un lac, en Éthiopie, qui produit le même effet ; et dans les Indes il s'en voit un autre qui jette une grande abondance d'huile quand le ciel est serein. A Carthage, on voit une fontaine sur laquelle il nage aussi de l'huile qui a l'odeur de la raclure de citron, et dont on a coutume d'oindre le bétail. A Zacynthe, et près de Dyrrachium et d'Apollonie, il y a des sources qui jettent parmi l'eau une grande quantité de poix. A Babylone il se trouve un très-grand lac appelé *limné Asphaltis* (1), sur lequel il nage un bitume liquide, que Sémiramis employa pour joindre les briques dont elle bâtit les murailles de la ville. Il y a aussi en Syrie près de Joppé, et dans la partie de l'Arabie qui est voisine de l'Afrique, des lacs fort larges qui jettent de grandes pièces de bitume, que les habitants des environs attirent sur les bords ; cela vient de ce qu'il se trouve près de là quantité de carrières d'où l'on tire du bitume dur, et que l'eau en arra-

(1) Le bitumineux.

fodiuntur, fontes inveniuntur copiosi ; sed hi maxime sunt vitiosi : habent enim vitia [*contraria*] aquæ calidæ, [*quam*] sulphur, alumen, bitumen [*emittit; qui*] eædemque per potiones cum in corpus ineunt et per venas permanando nervos attingunt et artus, eos durant inflando : igitur nervi inflatione turgentes ex longitudine contrahuntur, et ita aut neuricos aut podagricos efficiunt homines, ideo quod ex durissimis et spissioribus frigidissimisque rebus intinctas habent venarum raritates. Aquæ autem species est, quæ cum habeat non satis perlucidas venas, spuma uti flos natat in summo, colore similis vitri purpurei. Hæc maxime consideratur Athenis ; ibi enim ex ejusmodi locis et fontibus in Asty et ad portum Piræeum ducti sunt salientes, e quibus bibit nemo propter eam causam, sed lavationibus et reliquis rebus utuntur : bibunt autem ex puteis, et ita vitant eorum vitia. Trœzene non potest id vitari, quod omnino aliud genus aquæ non reperitur nisi quod Cibdeli habent ; itaque in ea civitate aut omnes aut maxima ex parte sunt pedibus vitiosi. Ciliciæ vero civitate Tarso flumen est nomine Cydnos, in quo podagrici crura macerantes levantur dolore. Sunt autem et alia multa genera, quæ suas habent proprietates, uti in Sicilia flumen est Himeras, quod a fonte cum est progressum, dividitur in duas partes ; quæ pars profluit contra Hetruriam, quod per terræ dulcem succum percurrit, est infinita dulcedine ; altera pars, quæ per eam terram currit unde sal foditur, salsum habet saporem. Item Parætonio et quod iter ad Hammonem, et Casio ad Ægyptum lacus sunt palustres, qui ita sunt salsi, ut habeant insuper se salem congelatum. Sunt [*autem*] et aliis pluribus locis et fontes et flumina et lacus, qui per salis fodinas percurrentes necessario salsi perficiuntur. Alii autem per pingues terræ venas profluentes uncti oleo fontes erumpunt, uti Solis (quod oppidum est Ciliciæ) flumen nomine Liparis, in quo natantes aut lavantes ab ipsa aqua unguntur. Similiter Æthiopiæ lacus est, qui unctos homines efficit, qui in eo nataverint ; et in India, qui sereno cœlo emittit olei magnam multitudinem. Item Carthagine fons est, in quo natat insuper oleum odore ut e scobe citreo ; quo oleo etiam pecora solent ungi. Zacyntho et circa Dyrrhachium et Apolloniam fontes sunt, qui picis magnam multitudinem cum aqua vomunt. Sub Babylone lacus amplissima magnitudine qui λίμνη Ἀσφαλτῖτις appellatur, habet supra natans liquidum bitumen, quo bitumine et latere testaceo structo muro Semiramis circumdedit Babylonem. Item Joppe in Syria, Arabiaque Numidarum lacus sunt immani magnitudine, qui emittunt bituminis maximas moles, quas diripiunt qui habitant circa. Id autem non est mirandum ; nam crebræ sunt ibi lapicidinæ bituminis duri. Cum ergo per bituminosam terram vis erumpit aquæ, secum

che en passant une grande quantité, qu'elle pousse dans le lac. Il y a encore en Cappadoce, près du chemin qui est entre Mazaca et Tuana, un très-grand lac qui a cette propriété, que si l'on y met tremper une canne ou une autre chose, on la trouve le lendemain, quand on la tire, pétrifiée par la partie qui a été dans l'eau, celle qui était dehors étant demeurée en son état naturel. On voit aussi, auprès de Hiérapolis en Phrygie, une fontaine d'eau bouillante qui donne beaucoup d'eau, et qui, dans les fossés creusés autour des jardins et des vignes où elle coule, produit de chaque côté une croûte de pierre que l'on enlève tous les ans, et dont on se sert pour faire les séparations des terres. Cette particularité tient à une cause naturelle : c'est qu'en ces lieux la terre d'où sortent ces eaux contient une substance qui a la vertu de se durcir et de se coaguler; de manière que lorsqu'une grande quantité de cette substance se trouve être mêlée avec l'eau de ces fontaines, la chaleur du soleil et l'air la coagulent et l'épaississent, comme on voit que cela arrive dans les marais où se forme le sel. Il y a aussi des fontaines que les sucs de la terre d'où elles sortent rendent très-amères. Tel est le fleuve Hypanis, dans le royaume de Pont ; dans l'espace d'environ quarante milles depuis sa source, l'eau en est douce; mais quand il est parvenu à une distance de cent soixante milles de son embouchure dans la mer, il reçoit l'eau d'une petite fontaine qui rend la sienne fort amère, quoiqu'il soit un très-grand fleuve. Cette amertume vient d'une mine de sandaraque à travers laquelle passe la source, et qui communique son amertume aux eaux du fleuve. Il faut croire que les diverses propriétés de la terre sont aussi bien la cause des différents goûts dans les eaux que dans les fruits ; car si les racines des arbres et des vignes, et les semences des plantes, ne prenaient pas chacune pour la production de leurs fruits un suc qui fût de la nature de la terre, les mêmes fruits auraient le même goût dans tous les pays. Cependant on sait que le vin nommé protyron croit dans l'île de Lesbos; celui qui est appelé *catakekaumenos* (1), dans la Méonie; le Méliton en Lydie, le Mamertin en Sicile, le Falerne dans la terre de Labour, le Cécube à Terracine et à Fundi, et que tous les vins que l'on recueille en différents lieux sont d'une nature différente. Or on peut l'expliquer ainsi : l'humeur qui est dans la terre communique sa propriété aux racines des arbres, lesquelles la reçoivent pour la faire passer dans le bois, qui la porte jusqu'au sommet des branches, où elle donne aux fruits un goût différent, suivant la qualité particulière de la terre. Car si la terre n'était remplie de sucs différents, la Syrie et l'Arabie ne seraient pas les seules régions où il y aurait de si suaves odeurs dans les roseaux, dans les joncs et dans toutes les plantes; elles ne produiraient pas les arbres d'où coule l'encens, ni ceux qui portent le poivre ou qui donnent la myrrhe; enfin la Cyrénaïque ne serait pas la seule contrée qui produise la plante ferrulacée du laser ; mais dans tous les pays on verrait indifféremment croître toutes choses. Or, cette variété que l'on remarque dans la qualité du sol des différents pays vient de l'inclinaison du monde ; c'est-à-dire que chaque climat étant plus ou moins chaud, suivant qu'il s'approche ou qu'il s'éloigne

(1) Brûlé.

extrahit, et cum sit egressa extra terram secernitur, et ita rejicit ab se bitumen. Etiamque est in Cappadocia in itinere, quod est inter Mazaca et Tuana, lacus amplus, in quem lacum pars sive arundinis sive alii generis si demissa fuerit et postero die exempta, ea pars, quæ fuerit exempta, invenietur lapidea, quæ autem pars extra aquam manserit, permanet in sua proprietate. Ad eundem modum Hierapoli Phrygiæ effervet aquæ calidæ multitudo, ex qua circum hortos et vineas fossis ductis immittitur. Hæc autem efficitur post annum crusta lapidea, et ita quotannis dextra ac sinistra margines ex terra faciendo inducunt eam, et efficiunt his crustis in agris septa. Hoc autem ita videtur naturaliter fieri, quod in his locis et ea terra, quibus est [*fons*] nascitur succus subest coaguli naturæ similis : deinde cum commixta vis egreditur per fontes extra terram, a solis et aëris calore cogitur congelari ; ut etiam in areis salinarum videtur. Item sunt ex amaro succo terræ fontes exeuntes vehementer amari, ut in Ponto est flumen Hypanis, qui a capite profluit circiter millia quadraginta sapore dulcissimo; deinde cum pervenit ad locum, qui est ab ostio ad millia centum sexaginta, admiscetur ei fonticulus oppido quam parvulus : is cum in eum influit, tunc tantam magnitudinem fluminis facit amaram, ideo quod per id genus terræ et venas, unde sandaraca foditur, ea aqua manando perficitur amara. Hæc autem dissimilibus saporibus a terræ proprietate perficiuntur, uti etiam in fructibus videtur. Si enim radices arborum aut vitium aut reliquorum seminum non ex terræ proprietatibus succum capiendo temperarent fructus, uno genere essent in omnibus locis et regionibus omnium sapores. Sed animadvertimus insulam Lesbon vinum protyrum, Mæoniam catacecaumeniten, item Lydiam Tmoliten, Siciliam Mamertinum, Campaniam Falernum, in Terracina et Fundis Cæcubum, reliquisque locis pluribus innumerabili multitudine genera vini virtutesque procreare, quæ non aliter possunt fieri, nisi cum terrenus humor suis proprietatibus saporum in radicibus infusus enutrit materiam, per quam egrediens ad cacumen profundat proprium loci et generis sui fructus saporem. Quod si terra generibus humorum non esset dissimilis et disparata, non tantum in Syria et Arabia in arundinibus et juncis herbisque omnibus essent odores, neque arbores turiferæ neque piperis darent baccas, nec myrrhæ glebulas, nec Cyrenis in ferulis laser nasceretur, sed in omnibus terræ regionibus et locis eodem genere omnia procrearentur. Has autem varietates regionibus et locis inclinatio mundi et solis impetus propius aut longius cursum faciendo tales efficit terræ humores : quæ qualitates non solum in his rebus sed etiam in

davantage de la région du ciel où se fait le cours du soleil, cette différence influe non-seulement sur les sucs de la terre, mais encore sur les animaux. Il est certain que cette diversité n'existerait pas si les propriétés des terrains étaient semblables, malgré leur différente situation à l'égard du soleil. L'expérience, en effet, a fait découvrir dans les eaux du fleuve Céphise et du Mélès en Béotie, du Crathis en Lucanie, du Xanthe à Troie, et de plusieurs fontaines et rivières qui coulent aux environs de Clazomène, d'Érythrée et de Laodicée, une vertu particulière. Les animaux que l'on y envoie boire, à l'époque de l'année où ils ont coutume de s'accoupler, font, suivant l'endroit où ils s'abreuvent, et quoiqu'ils soient tout à fait blancs, des petits dont les uns sont de couleur grise, d'autres de couleur plus brune, et d'autres tout à fait noirs: ce qui prouve la propriété que possèdent les liquides, de communiquer suivant leur nature une couleur particulière à chaque chose qui est engendrée. C'est pour cette raison que les Troyens ont appelé *Xanthe* (1) la rivière qui passe près de leur ville; car les vaches qui naissent le long de ses rives sont rousses, et les moutons d'un *roussâtre tirant sur le rouge brun*. Il se trouve aussi des eaux dont l'usage est pernicieux et mortel, à cause du suc venimeux de la terre sur laquelle elles coulent; telle était, à ce que l'on dit, la fontaine appelée Neptunienne, à Terracine: ceux qui par mégarde buvaient de son eau mouraient incontinent, ce qui fut cause qu'on la combla; tel était aussi un lac près de Chrobsus en Thrace: non-seulement on ne pouvait pas boire de ses eaux, mais on ne pouvait même s'y laver sans mourir. Il y a encore en Thessalie une fontaine, ombragée par un arbre dont les fleurs sont couleur de pourpre, de l'eau de laquelle aucun troupeau ne veut boire, ni aucun animal s'approcher. Il y a de même en Macédoine, près du tombeau d'Euripide, deux ruisseaux qui se joignent après l'avoir côtoyé à droite et à gauche; l'eau de l'un de ces ruisseaux est si bonne, que les passants s'y arrêtent pour se rafraîchir; mais celle qui coule de l'autre côté a la réputation d'être si pernicieuse, que personne n'en approche. Dans la partie de l'Arcadie qui est appelée Nonacris, il distille de certaines montagnes une eau très-froide, que les Grecs appellent *Stygos hydor* (1), que l'on ne peut recevoir dans aucun vase d'argent, ni de cuivre, ni de fer, sans qu'elle le rompe; et il n'y a que la seule corne du pied d'un mulet où on puisse la garder. On dit qu'Antipater fit porter de cette eau par son fils Iolas dans la province où était Alexandre, et qu'elle fut le poison qui fit mourir ce roi. Il y a encore une autre eau, dans les Alpes Cottiennes, qui fait périr subitement ceux qui en boivent. Au pays des Falisques, près du chemin qui conduit à Naples, dans un bocage qui est au milieu d'un champ appelé Cornetus, il sort de terre une fontaine dans laquelle on trouve des os de serpents, de lézards et d'autres bêtes venimeuses. Il y a d'autres sources dont les eaux sont aigres; telles sont celles du Lynceste, celles de Vélino en Italie, celles de Téano dans la Campanie, et de plusieurs autres endroits: elles ont la vertu de dissoudre, chez ceux qui en boivent, les pierres de la vessie. Cette propriété vient de ce que ces eaux sont imprégnées des sucs de substances âcres et acides, qu'elles rencontrent dans la terre; de sorte

(1) Jaune.

(1) Eau de tristesse.

pecoribus et armentis discernuntur. Hæc non ita dissimiliter efficerentur, nisi proprietates singularum terrarum in regionibus ad solis potestatem temperarentur. Sunt enim Bœotiæ flumina Cephisos et Melas, Lucaniæ Crathis, Troiæ Xanthus, inque agris Clazomeniorum et Erythræorum et Laodicensium fontes ac flumina, cum pecora suis temporibus anni parantur ad conceptionem partus, per id tempus adiguntur eo quotidie potum, ex eoque, quamvis sint alba, procreant aliis locis leucophæa, aliis locis pulla, aliis coracino colore. Ita proprietas liquoris, cum init in corpus, proseminat intinctam sui cujusque generis qualitatem. Igitur quoniam in campis Troianis proxime flumen armenta rufa et pecora leucophæa nascuntur, ideo id flumen Ilienses Xanthum appellavisse dicuntur. Etiamque inveniuntur aquæ genera mortifera, quæ per maleficum succum terræ percurrentia recipiunt in se vim venenatam, uti fuisse dicitur Terracinæ fons, qui vocabatur Neptunius; ex quo qui biberant imprudentes vita privabantur: quapropter antiqui fontem obstruxisse dicuntur. Et Chrobsi Thraciæ lacus, ex quo non solum qui biberint moriuntur, sed etiam qui laverint: item in Thessalia fons est profluens, ex quo fonte nec pecus ullum gustat nec bestiarum genus ullum propius accedit; ad quem fontem proxime est arbor floreus purpureo colore. Non minus in Macedonia, quo loci sepultus est Euripides, dextra ac sinistra monumenti advenientes duo rivi concurrunt in unum, e quibus ad unum accumbentes viatores pransitare solent propter aquæ bonitatem; ad rivum autem, qui est ex altera parte monumenti, nemo accedit, quod mortiferam aquam dicitur habere. Item est in Arcadia Nonacris nominata terræ regio, quæ habet in montibus e saxo stillantes frigidissimos humores. Hæc autem aqua Στυγὸς ὕδωρ nominatur, quam neque argenteum neque æneum neque ferreum vas potest sustinere, sed dissilit et dissipatur: conservare autem eam et continere nihil aliud potest nisi mulina ungula; quæ etiam memoratur ab Antipatro in provinciam, ubi erat Alexander, par Iollam filium perlata esse, et ab eo ea aqua regem esse necatum. Item Alpibus in Cotti regno est aqua, quam qui gustant statim concidunt. Agro autem Falisco via Campana in campo Corneto est lucus, in quo fons oritur ibique avium et lacertarum reliquarumque serpentium ossa jacentia apparent. Item sunt nonnullæ acidæ venæ fontium, uti Lyncesto, et in Italia Velino, Campania Teano, aliisque locis pluribus, quæ habent virtutem, uti calculos in vesicis qui nascuntur in corporibus hominum, potionibus discutiant. Fieri autem hoc naturaliter ideo videtur, quod acer

que, quand on en fait usage comme boisson, elles dissipent dans notre corps ce qui est coagulé et endurci par la résidence des eaux. Pour comprendre comment les choses aigres peuvent dissoudre ce qui est endurci, il n'y a qu'à laisser tremper quelque temps un œuf dans du vinaigre ; on verra sa coquille s'amollir et se fondre. Il en est de même du plomb, qui ne s'éclate pas aisément et qui est très-pesant : si on le met avec du vinaigre dans un vaisseau bouché bien exactement, il se dissout et se change en céruse. Le cuivre, qui est encore plus dur, se dissout par la même opération, et devient vert de gris : les perles et même les cailloux, que le fer ni le feu ne peuvent rompre, se cassent et tombent en éclats, si, après les avoir échauffés, on les arrose de vinaigre ; ce qui fait aisément juger que si les acides agissent sur ces choses, ils pourront aussi produire le même effet pour la guérison de ceux qui sont malades de la pierre. Il se trouve même des fontaines dont il semble que les eaux soient mêlées avec du vin ; telle est celle qui est en Paphlagonie, de laquelle on peut s'enivrer sans que l'on y ait mis du vin. Dans la ville d'Équicoli, qui est en Italie, et dans le pays des Médulliens, qui fait partie des Alpes, il y a des eaux qui font enfler la gorge de ceux qui en boivent. En Arcadie, il y a une ville assez connue, appelée Clitor, auprès de laquelle est une caverne d'où sort une fontaine qui fait haïr le vin à ceux qui boivent de son eau. Sur cette fontaine, il se lit une épigramme en vers grecs, qui signifie qu'elle n'est pas bonne pour se laver et qu'elle est ennemie de la vigne, parce que c'est dans cette fontaine que Mélampus, après avoir sacrifié aux dieux, purifia les filles de Prétus pour les guérir de leur folie, et qu'il leur rendit, en effet, leur première sagesse. Voici cette épigramme :

> Près des antres obscurs d'où coule ce ruisseau,
> Si la chaleur t'invite à mener ton troupeau,
> Berger, tu peux y boire, et, dans leurs promenades,
> Suivre parmi ces prés les errantes Naïades.
> Mais ne t'y baigne pas : ces eaux, par un poison
> Qui fait haïr le vin, corrompent la raison.
> Fuis donc cette liqueur si contraire à la vigne,
> Où Mélampe purgea l'humeur noire et maligne
> Qui des filles de Prète avait troublé le sens,
> Lorsqu'il passa d'Argos en ces lieux mal plaisants.

Il se trouve de même dans l'île de Chio une fontaine qui fait perdre l'esprit à ceux qui en boivent sans y penser. On a gravé aussi sur cette fontaine une épigramme qui avertit que son eau, fort agréable à boire, rend l'esprit dur comme une pierre. En voici le sens :

> Cette eau, par sa fraîcheur et par son doux murmure,
> Charme tous les sens à l'abord ;
> Mais elle rend l'âme plus dure
> Que le rocher dont elle sort.

A Suse, qui est la capitale du royaume de Perse, il y a une petite fontaine qui fait tomber les dents. On y lit de même une épigramme, dont le sens est que l'eau de cette fontaine est très-bonne pour se laver, mais qu'elle fait tomber les dents de ceux qui en boivent. Voici cette épigramme :

> Passant, l'eau que tu vois est une eau qu'il faut craindre,

---

et acidus succus subest in ea terra, per quam egredientes venæ intinguntur acritudine, et ita cum in corpus ierunt, dissipant quæ ex aquarum subsidentia in corporibus et concrescentia offenderunt. Quare autem discutiantur ex acidis eæ res, sic possumus animadvertere. Ovum in aceto si diutius positum fuerit, cortex ejus mollescet et dissolvetur : item plumbum, quod est lentissimum et gravissimum, si in vase collocatum fuerit, et in eo acetum suffusum, id autem opertum et oblitum [si] erit, efficietur, uti plumbum dissolvatur et fiat cerussa. Eisdem rationibus æs, quod etiam solidiore est natura, similiter curatum si fuerit, dissipabitur et fiet ærugo. Item margarita, non minus saxa silicea, quæ neque ferrum neque ignis potest per dissolvere, cum ab igni sunt percalefacta, aceto sparso dissiliunt et dissolvuntur. Ergo cum has res ante oculos ita fieri videamus, ratiocinemur iisdem rationibus ex acidis propter acritudinem succi etiam calculosos e natura rerum similiter posse curari. Sunt autem etiam fontes uti vino mixti, quemadmodum est unus Paphlagoniæ, ex quo eam aquam sine vino potantes fiunt temulenti. Æquiculis autem in Italia et in Alpibus natione Medullorum est genus aquæ, quam qui bibunt efficiuntur turgidis gutturibus. In Arcadia vero civitas est non ignota Clitori, in cujus agris est spelunca profluens aquæ, quam qui biberint fiunt abstemii. Ad eum autem fontem epigramma est in lapide inscriptum hac sententia versibus græcis, eam non esse idoneam ad lavandum, sed etiam inimicam vitibus, quod apud eum fontem Melampus sacrificiis purgasset rabiem Prœti filiarum restituissetque earum virginum mentes in pristinam sanitatem. Epigramma autem est id quod est subscriptum :

Ἀγρότα σὺν ποίμναις τὸ μεσημβρινὸν ἤν σε βαρύνῃ
δίψος ἀν' ἐσχατιὰς Κλείτορος ἐρχόμενον,
τῆς μὲν ἀπὸ κρήνης ἀρύσαι πόμα, καὶ παρὰ Νύμφαις
Ὑδριάσι στῆσον πᾶν τὸ σὸν αἰπόλιον·
ἀλλὰ σὺ μήτ' ἐπὶ λουτρὰ βάλῃς χρόα, μή σε καὶ αὔρη
πημήνῃ θερμῆς ἐντὸς ἐόντα μέθης·
φεῦγε δ' ἐμὴν πηγὴν μισάμπελον, ἔνθα Μελάμπους
λουσάμενος λύσσης Προιτίδας ἀργαλέης,
πάντα καθαρμὸν ἔχοψεν ἀπόκρυφον, εὖτ' ἂν ἀπ' Ἄργους
οὔρεα τρηχείης ἤλυθεν Ἀρκαδίης.

Item est in insula Chio fons, e quo qui imprudentes biberint, fiunt insipientes, et ibi epigramma insculptum ea sententia : jucundam esse potionem fontis ejus, sed qui biberit, saxeos habiturum sensus. Sunt autem versus hi :

Ἡδεῖα ψυχροῦ πόματος λιβάς, ἥν ἀνίησι
πηγή, ἀλλὰ νόῳ πέτρος ὁ τῆσδε πιών.

Susis autem, in qua civitate est regnum Persarum, fonticulus est, ex quo qui biberint amittunt dentes. Item in eo est scriptum epigramma, quod significat hanc sententiam : egregiam esse aquam ad lavandum, sed eam, si bibatur, excutere e radicibus dentes : et hujus epigrammatos sunt versus græce :

Ὕδατα κραναέντα βλέπεις, ξένε, τῶν ἀπὸ χερσὶ

> Tu peux bien pourtant sans danger
> T'en rafraîchir les mains, et même t'y plonger ;
> Mais si dans son cristal ta soif se veut éteindre,
> En la touchant un peu des lèvres seulement,
> Elle fera tomber tes dents en ce moment.

Il y a des pays où il se trouve des fontaines qui rendent la voix de ceux qui y naissent admirablement belle, comme à Tarse dans la Magnésie, et en d'autres lieux. A vingt milles environ de Zama, ville d'Afrique, que le roi Juba fit enfermer dans une double muraille, et où il fit bâtir son palais, il y a un château appelé Ismuc, autour duquel s'étend une campagne d'une grandeur incroyable. Là, quoique l'Afrique produise et nourrisse un grand nombre d'animaux dangereux, et principalement des serpents, il ne s'en trouve d'aucune sorte, et si l'on y en apporte quelques-uns, ils meurent incontinent : ce qui n'arrive pas seulement sur le lieu même, mais partout où l'on a transporté de cette terre. On dit que la terre de Majorque est de cette nature ; mais la terre dont je vais parler a une vertu encore bien plus merveilleuse. Pendant que C. Julius, fils de Masinissa, à qui appartenaient toutes les terres qui sont autour de ce château, était dans l'armée que commandait César, votre père, il passa par chez moi, et y demeura quelque temps. Comme nous nous entretenions chaque jour et conférions des belles-lettres, une fois que nous vînmes à parler de la nature des eaux et de leur vertu, il m'assura qu'il y avait dans le pays dont j'ai parlé plusieurs de ces fontaines qui rendaient fort belle la voix de ceux qui y naissaient, et que les habitants avaient coutume d'acheter des esclaves de l'un et de l'autre sexe, les plus beaux et les mieux faits qu'ils pouvaient trouver, afin que les enfants qui naîtraient d'eux dans ce pays eussent tout ensemble la beauté du corps et celle de la voix. Or, puisque la nature a mis une si grande diversité de propriété dans des choses si différentes, et que le corps humain, qui est en partie composé de terre, contient plusieurs sortes de liquides, comme le sang, le lait, l'urine, la sueur, les larmes ; si cette petite portion de terre renferme une si grande quantité de choses dont les qualités sont différentes, il ne faut pas s'étonner si, dans toute la terre, il se trouve une diversité innombrable de sucs, et si les eaux qui les traversent dans leur cours souterrain s'en imprègnent, et communiquent aux sources des fontaines les diverses qualités des propriétés de la terre ; qualités qui varient dans chaque pays. De toutes ces choses, il y en a quelques-unes que j'ai vérifiées par mes expériences ; j'ai lu le reste dans les auteurs grecs, tels que Théophraste, Timée, Posidonius, Hégésias, Hérodote, Aristide et Métrodore, qui ont écrit avec un grand soin ce qu'ils ont appris sur les propriétés de chaque espèce de terre et sur les vertus des eaux, qu'ils attribuent à la situation différente des pays à l'égard du ciel. J'ai tâché de suivre et d'imiter ces auteurs en composant ce livre, dans lequel j'ai traité avec assez d'étendue des diverses qualités des eaux, afin que l'on puisse plus facilement choisir les sources qui pourront être le plus utiles aux villes dans lesquelles on les veut conduire. Car il n'y a rien dont l'usage soit si nécessaire que l'eau ; parce que les animaux se peuvent passer de blé,

λουτρὰ μὲν ἀνθρώποις ἀθλαβὴ ἐστιν ἔχειν·
ἢν δὲ βάλῃς κοίλης ποτὶ νηδύος ἀγλαὸν ὕδωρ,
ἄκρα μόνον δολιχοῦ χείλεος ἀψάμενος,
αὐτῆμαρ πριστῆρες ἐπὶ χθονὶ δαιτὸς ὀδόντες
πίπτουσι, γενύων ὀρφανὰ θέντες ἕδη.

Sunt etiam nonnullis locis fontium proprietates, quæ procreent qui ibi nascuntur egregiis vocibus ad cantandum, uti Tarso, Magnesiæ aliisque ejusmodi regionibus. Etiamque Zama est civitas Afrorum cujus mœnia rex Juba duplici muro sepsit, ibique regiam domum sibi constituit : ab ea millia passuum viginti est oppidum Ismuc, cujus agrorum regiones incredibili finitæ sunt terminatione. Cum esset enim Africa parens et nutrix ferarum bestiarum, maxime serpentium, in ejus agris oppidi nulla nascitur, et si quando allata ibi ponatur, statim moritur : neque id solum, sed etiam terra ex his locis si alio translata fuerit, et ibi. Id genus terræ etiam Balearibus dicitur esse ; sed aliam mirabiliorem virtutem ea habet terra, quam ego sic accepi. C. Julius, Masinissæ filius, cujus erant totius oppidi agrorum possessiones, cum patre Cæsare militavit : is hospitio meo est usus ; ita quotidiano convictu necesse fuerat de philologia disputare. Interim cum esset inter nos de aquæ potestate et ejus virtutibus sermo, exposuit esse in ea terra ejusmodi fontes, ut qui ibi procrearentur voces ad cantandum egregias haberent : ideoque semper transmarinos catulastros emere formosos et puellas maturas, eosque conjungere, ut qui nascerentur ex his, non solum egregia voce sed etiam forma essent non invenusta. Cum hæc tanta varietas sit disparibus rebus natura distributa, quod humanum corpus est ex aliqua parte terrenum, in eo autem multa genera sunt humorum, uti sanguinis, lactis, sudoris, urinæ, lacrimarum : ergo si in parva particula terreni tanta discrepantia invenitur saporum, non est mirandum, si in tanta magnitudine terræ innumerabiles succorum reperiuntur varietates, per quarum venas aquæ vis percurrens tincta pervenit ad fontium egressus, et ita ex eo dispares variique perficiuntur in propriis generibus fontes propter locorum discrepantiam et regionum qualitates terrarumque dissimiles proprietates. Ex his autem rebus sunt nonnulla, quæ ego per me perspexi ; cetera in libris Græcis scripta inveni, quorum scriptorum hi sunt auctores : Theophrastus, Timæus, Posidonius, Hegesias, Herodotus, Aristides, Metrodorus, qui magna vigilantia et infinito studio locorum proprietates, regionumque qualitates [et] aquarum virtutes ab inclinatione cœli ita distributas esse scriptis declaraverunt. Quorum secutus ingressus in hoc libro perscripsi quæ satis esse putavi de aquæ varietatibus ; quo facilius ex his perscriptionibus eligant homines aquæ fontes, quibus ad usum salientes possint ad civitates municipiaque perducere. Nulla enim

des fruits des arbres, de la chair et du poisson, et il leur suffit d'avoir quelqu'une de toutes ces choses dont on se nourrit ordinairement : mais sans l'eau, les animaux et tout ce qui sert à leur nourriture ne peuvent pas naître ni se conserver. C'est pourquoi il faut apporter un grand soin pour choisir des sources dont les eaux puissent contribuer à entretenir les hommes dans une parfaite santé.

CHAPITRE IV (OU V).

Comment on pourra connaître la qualité des eaux.

On pourra, au moyen de plusieurs observations, connaître la qualité des eaux d'un pays. Si elles coulent à découvert sur la terre, il faut, avant de les enfermer dans des conduits, considérer quel est l'état du corps des habitants. S'ils sont robustes, s'ils ont de bonnes couleurs, s'ils ne sont sujets ni aux maux de jambe ni aux fluxions sur les yeux, on sera assuré que les eaux sont bonnes. Pour éprouver la qualité des eaux d'une fontaine nouvellement découverte, il faut en jeter quelques gouttes sur du cuivre de Corinthe ou sur d'autre bon cuivre; et si elles n'y font point de taches, c'est une marque que l'eau est excellente. Il en sera de même si l'eau, après avoir été bouillie, ne laisse au fond du vase ni sable ni limon, et si l'on remarque que les légumes bouillis dans cette eau se cuisent promptement. Enfin on connaîtra qu'elle est légère et très-saine, si, étant claire et belle dans sa source, elle ne produit dans les lieux par où elle passe ni mousse, ni joncs, ni d'autres saletés.

CHAPITRE V (OU VI).

De la conduite des eaux, et des instruments pour niveler.

Il faut maintenant expliquer les moyens qu'on emploie pour conduire les eaux dans l'intérieur des villes et dans les habitations. Il est essentiel d'en bien prendre le niveau; ce qui se fait ou avec le *dioptres* (1), ou avec les balances dont on se sert ordinairement pour niveler les eaux, ou avec le *chorobate* (2), qui est plus sûr; car l'on peut se tromper avec le dioptres et avec les balances. Le chorobate est composé d'une règle longue environ de vingt pieds, à laquelle sont jointes, aux deux extrémités et à l'équerre, deux autres règles en forme de coude, et deux autres tringles placées entre la règle et les extrémités des pièces coudées, sur lesquelles on marque des lignes perpendiculaires; sur ces lignes, pendent des plombs attachés de chaque côté de la règle. L'usage du chorobate est que, lorsqu'il est placé, si les plombs touchent également les lignes qui sont marquées sur les tringles traversantes, ils indiquent que la machine est de niveau. Si l'on craint que le vent empêche les plombs de s'arrêter et de laisser voir s'ils tombent sur la ligne perpendiculairement, il faut creuser dans la partie supérieure de la règle un canal de la longueur de cinq pieds, large d'un doigt et creux d'un doigt et demi, et y verser de l'eau : si l'eau touche également le haut des bords du canal, on sera certain que le chorobate est de niveau; et par ce moyen l'on pourra être assuré de la hauteur où se trouve l'eau, et quelle

(1) Instrument pour regarder. — (2) Qui parcourt les régions.

---

ex omnibus rebus tantas videtur habere ad usum necessitates quantas aqua; ideo quod omnium animalium natura si frumenti fructu privata fuerit arbustisve aut carne aut piscatu aut etiam qualibet ex his rebus, reliquis escarum utendo poterit tueri vitam; sine aqua vero nec corpus animalium nec ulla cibi virtus potest nasci nec tueri nec parari. Quare magna diligentia industriaque quærendi sunt et eligendi fontes ad humanæ vitæ salubritatem.

CAPUT IV (vulgo V).

De aquarum experimentis.

Expertiones autem et probationes eorum sic sunt providendæ. Si erunt profluentes et aperti antequam duci incipiantur, aspiciantur, animoque advertantur qua membratura sint qui circa eos fontes habitant homines : et, si erunt corporibus valentibus, coloribus nitidis, cruribus non vitiosis, non lippis oculis, erunt probatissimi. Item si fons novus fuerit fossus, et in vas Corinthium sive alterius generis, quod erit ex ære bono, ea aqua sparsa maculam non fecerit, optima erit. Itemque in æneo si ea aqua defervefacta et postea requieta et defusa fuerit, neque in ejus ænei fundo arena aut limus invenietur, ea aqua erit item probata. Item si legumina in vas eum ea aqua conjecta, ad ignem posita celeriter percocta fuerint, indicabunt [eam] aquam esse bonam et salubrem. Non etiam minus ipsa aqua, quæ erit in fonte, si fuerit limpida et perlucida, et, quocumque pervenerit aut perfluxerit [si] muscus non nascetur neque juncus, neque inquinatus ab aliquo inquinamento is locus fuerit, sed puram habuerit speciem, innuetur his signis esse tenuis et in summa salubritate.

CAPUT V (vulgo VI).

De librationibus aquarum et instrumentis ad hunc usum.

Nunc de perductionibus ad habitationes moeniaque, ut fieri oporteat, explicabo : cujus ratio est prima perlibratio. Libratur autem dioptris aut libris aquariis aut chorobate; sed diligentius efficitur per chorobatem, quod dioptræ libræque fallunt. Chorobates autem est regula longior circiter pedum viginti : ea habet ancones in capitibus extremis æquali modo perfectos inque regulæ capitibus ad normam coagmentatos, et inter regulam et ancones a cardinibus compacta transversaria; quæ habent lineas ad perpendiculum recte descriptas pendentiaque ex regula perpendicula in singulis partibus singula : quæ, cum regula est collocata, eaque tangent æque ac pariter lineas descriptionis, indicant libratæ collocationem. Sin autem ventus interpellaverit, et motionibus lineæ non potuerint certam significationem facere, tunc habeat in superiore parte canalem longum pedes quinque, latum digitum, altum sesquidigitum, eoque aqua infundatur; et si æquali-

sera sa pente. Ceux qui auront lu les livres d'Archimède diront peut-être que l'eau n'est point propre à niveler juste, parce que cet auteur estime que l'eau n'a point cette ligne droite qui est nécessaire pour bien niveler, d'autant qu'elle conserve toujours à sa superficie une rondeur qui fait une portion de cercle, dont le centre est celui de la terre. Mais que l'eau s'étende en ligne droite ou qu'elle soit courbée à sa superficie, il est toujours vrai que les deux bords du canal creusé dans la règle soutiennent l'eau également, et que si le canal penche d'un côté, l'eau qui sera à l'autre bout, plus élevé que l'autre, ne touchera plus le haut du bord du canal. Car quoique l'eau, quelque part qu'on la mette, s'élève toujours dans le milieu où elle fait une courbe, il est impossible que les deux extrémités ne soient parfaitement de niveau. La figure du chorobate se trouvera à la fin du livre. Si l'eau est très-élevée et qu'elle ait beaucoup de pente, elle sera plus aisée à conduire; et s'il arrive que le chemin par où elle doit passer ait des vallées et des fondrières, il faudra y remédier au moyen de constructions particulières.

CHAPITRE VI (OU VII).

De plusieurs manières de conduire les eaux; de la manière de creuser les puits et de faire les citernes.

On peut conduire les eaux de trois manières différentes : ou par un canal en maçonnerie, ou par des tuyaux de plomb, ou par des tuyaux de poterie. Voici les règles qu'il faut observer : Si l'on fait des canaux en maçonnerie, ils doivent être fort solidement construits et avoir une pente suffisante, c'est-à-dire, pour le moins un demi-pied sur cent pieds de long. Il est aussi très-nécessaire que ces grands aqueducs soient couverts par des voûtes, afin que le soleil ne donne point sur l'eau; et lorsque l'eau sera arrivée près des murs de la ville, il faut construire un *regard*, où sera enfermé un bassin, près duquel il y aura trois réservoirs, alimentés par trois tuyaux qui distribueront l'eau également. Ces réservoirs seront disposés de telle manière que, lorsqu'il y aura beaucoup d'eau, le réservoir du milieu recevra celle qui sera de reste dans les deux autres, et l'enverra par des tuyaux à tous les lavoirs et à toutes les fontaines jaillissantes. L'eau de l'un des deux autres réservoirs ira aux bains publics, dont la ville tirera un revenu tous les ans. L'eau du troisième réservoir sera conduite dans les maisons des particuliers, et ainsi le public aura ce qui lui est nécessaire pour cette distribution, qui empêchera que l'eau destinée aux nécessités publiques ne soit détournée de son cours, puisqu'elle viendra du regard par des conduits particuliers. Il y a encore une autre raison de cette distribution : c'est que les particuliers à qui l'on aura accordé de l'eau pour leurs maisons, paieront aux receveurs des impôts de quoi aider à entretenir les aqueducs publics. S'il se rencontre des montagnes entre la source de la fontaine et la ville, il faudra les percer pour y faire passer l'aqueduc, en conservant toujours la pente nécessaire, comme il a été dit. Si l'on trouve du tuf ou de la pierre, on y taillera l'aqueduc; si c'est de la terre ou du sable, on bâtira dans ce qui aura été creusé deux murailles qui porteront une voûte pour continuer la conduite, dans laquelle il faudra faire des puits que l'on espacera de *quarante toises*. Si l'on conduit l'eau dans des tuyaux de plomb, ou

---

ter aqua canalis summa labra tanget, scietur esse libratum. Ita eo chorobate cum perlibratum ita fuerit, scietur, quantum habuerit fastigii. Fortasse qui Archimedis libros legit, dicet non posse fieri veram ex aqua librationem; quod ei placet, aquam non esse libratam, sed sphæroides habere schema, et ibi habere centrum quo loci habet orbis terrarum. Hoc autem, sive plana est aqua seu sphæroides, necesse est, extrema capita [canalis] regulæ [dextra ac sinistra] cum librata regula erit, pariter sustinere aquam : sin autem proclinatum erit ex una parte, quæ erecta altiorem habuerit regulæ canalem, in summis labris aquam non esse. Necesse enim est, quocunque aqua sit infusa, in medio inflationem curvuturamque habere, sed capita dextra ac sinistra inter se librata esse. Exemplar autem chorobatis erit in extremo volumine descriptum. Et si erit fastigium magnum, facilior erit decursus aquæ : sin autem intervalla erunt lacunosa, substructionibus erit succurrendum.

CAPUT VI (vulgo VII).

De ductionibus aquarum : de puteorum fossionibus : de cisternis : [et de signinis operibus.]

Ductus autem aquæ fiunt generibus tribus : rivis per canales structiles, aut fistulis plumbeis, seu tubulis fictilibus : quorum hæ sunt rationes. Si canalibus, ut structura fiat quam solidissima, solumque rivi libramenta habeat fastigata ne minus in centenos pedes sempede : eæque structuræ conforniceutur, ut minime sol aquam tangat : cumque venerit ad mœnia, efficiatur castellum, et castello conjunctum ad recipiendum aquam triplex immissarium, collocenturque in castello tres fistulæ æqualiter divisæ inter receptacula conjuncta, uti cum abundaverit ab extremis, in medium receptaculum (*aqua*) redundet. Ita in medio ponentur fistulæ in omnes lacus et salientes : ex altero in balneas vectigal quotannis populo præstent : ex [quibus] tertio in domos privatas. Hæc autem quare divisa constituerim, hæ sunt causæ : uti ne desit in publico; non enim poterunt avertere, cum habuerint a capitibus proprias ductiones; et qui privatim ducent in domos, vectigalibus tueantur per publicanos aquarum ductus. Sin autem medii montes erunt inter mœnia et caput fontis, sic erit faciendum, uti specus fodiantur sub terra, librenturque ad fastigium, quod supra scriptum est; et si tophus erit aut saxum, in suo sibi canalis excidatur : sin autem terrenum aut arenosum erit solum, parietes cum camera in specu struantur, et ita perducatur : puteique ibi sint facti, ut inter duos sit actus. Sin autem fistulis plumbeam

fera sur la source un regard ; et depuis ce regard jusqu'à l'autre, qui est à l'entrée de la ville, on posera des tuyaux dont les lames auront une épaisseur proportionnée à la quantité d'eau. Les tuyaux que l'on fondra pour cet usage auront la longueur de dix pieds au moins, et chaque tuyau pèsera douze cents livres, s'il est de cent doigts ; s'il est de quatre-vingts doigts, il pèsera neuf cent soixante livres ; s'il est de cinquante, il pèsera six cents livres ; s'il est de quarante, il pèsera quatre cent quatre-vingts livres ; s'il est de trente, il pèsera trois cent soixante livres ; s'il est de vingt, il pèsera deux cent quarante livres ; s'il est de quinze, il pèsera cent quatre-vingts livres ; s'il est de dix, il pèsera cent vingt livres ; s'il est de huit, il pèsera quatre-vingt-seize livres ; s'il est de cinq, il pèsera quarante livres. Or, ces tuyaux sont appelés tuyaux de cent ou de cinquante doigts, à cause de la largeur qu'ont les lames dont ils sont faits avant d'être courbés. C'est ainsi que les tuyaux de plomb doivent être faits pour la conduite des eaux. S'il arrive que, depuis la source de la fontaine jusqu'à la ville, il y ait une pente convenable, et que les montagnes qui se rencontrent en chemin ne l'interrompent point par leur hauteur, il faudra remplir de maçonnerie les intervalles qui sont entre les montagnes, en observant pour la pente les règles prescrites pour les aqueducs ; mais si l'on rencontre de hautes montagnes, il faudra que la conduite des tuyaux se fasse en tournant autour de la montagne, pourvu que le détour ne soit pas grand. Si l'on trouve de longues vallées, on y conduira les tuyaux, en descendant selon la pente du coteau ; et à quelque distance du fond de la vallée on les appuiera à niveau sur un ouvrage en maçonnerie peu élevé, et autant qu'il sera nécessaire pour que l'eau puisse remonter de l'autre côté, après avoir traversé toute la vallée : cet ouvrage forme un ventre, appelé *koilia* par les Grecs. Par ce moyen, lorsque les tuyaux seront parvenus au côté opposé, ils contraindront l'eau qu'ils resserrent à remonter assez doucement, à cause de la longueur de ce ventre ; car s'ils n'avaient pas été conduits par ce long espace, qui est à niveau le long de la vallée, ils feraient, en remontant brusquement, un coude qui forcerait l'eau à faire un effort capable de rompre toutes les jointures des tuyaux. Dans cet espace qui s'appelle ventre il faudra faire des *ventouses*, par lesquelles les vents qui seront enfermés puissent sortir. C'est ainsi qu'en resserrant l'eau dans des tuyaux de plomb, on pourra fort commodément la conduire, soit en droite ligne, soit par des détours, soit en montant ou en descendant. Il sera encore fort à propos, quand on aura une pente raisonnable depuis la source jusqu'aux murailles de la ville, de bâtir des *regards*, distants l'un de l'autre de la longueur de *quatre mille pieds*, afin que, s'il y a quelque chose à refaire aux tuyaux, on ne soit pas obligé de fouiller tout le long de la conduite, mais que l'on trouve plus aisément l'endroit où est le mal. Ces regards ne doivent point être faits sur les pentes, ni dans les enfoncements que nous avons appelés ventres, ni aux endroits où l'eau est forcée de remonter, ni dans les vallées, mais seulement dans les lieux où les tuyaux auront une longue et égale suite. Si l'on veut conduire l'eau avec moins de dépense, on emploiera des tuyaux de poterie, qui doivent être épais pour le moins de deux doigts et plus étroits par un bout, afin qu'ils puissent s'emboîter l'un dans l'autre. Leurs extrémités seront jointes avec de la chaux détrempée dans de l'huile. Aux

---

ducetur, primum castellum ad caput struatur, deinde ad copiam aquæ lumen fistularum constituatur, eæque fistulæ ab eo castello collocentur ad castellum quod erit in mœnibus. Fistulæ ne minus longæ pedum denum fundantur : quæ si centenariæ erunt, pondus habeant in singulas pondo MCC, si octogenariæ, pondo DCCCLX, si quinquagenariæ, pondo DC, quadragenariæ, pondo CCCCLXXX, tricenariæ, pondo CCCLX, vicenariæ, pondo CCXL, quindenum, pondo CLXXX, denum, pondo CXX, octonum, pondo XCVI, quinariæ, pondo LX. Ex latitudine autem lamnarum, quot digitos habuerint, antequam in rotundationem flectantur, magnitudinum ita nomina concipiunt fistulæ : namque quæ lamna fuerit digitorum quinquaginta, cum fistula perficietur ex ea lamna, vocabitur quinquagenaria, similiterque reliquæ. Ea autem ductio, quæ per fistulas plumbeas est futura, hanc habebit expeditionem : quod si caput habeat libramenta ab mœnia, montesque medii non fuerint altiores ut possint interpellare, sic intervalla necesse est substruere ad libramenta, quemadmodum in rivis et canalibus : sin autem . . . [et] non longa erit circumitio, circumductionibus : sin autem valles erunt perpetuæ, in declinato loco cursus dirigentur ; cum venerit ad imum, non alte substruitur, ut sit libramenti quam longissimum : hoc autem erit venter, quod Græci appellant κοιλίαν : deinde cum venerit adversus clivum, ex longo spatio ventris leniter tumescit et exprimitur in altitudinem summi clivi. Quod si non venter in vallibus factus fuerit, nec substructum ad libram factum, sed geniculus erit, erumpet et dissolvet fistularum commissuras. Etiam in ventre colluviaria sunt facienda, per quæ vis spiritus relaxetur. Ita per fistulas plumbeas aquam qui ducent, his rationibus bellissime poterunt efficere, quod et decursus et circumductiones et ventres et expressus possunt fieri hac ratione, cum habebunt a capitibus ad mœnia fastigii libramenta. Item inter actus ducentos non est inutile castella collocari, ut si quando vitium aliquis locus fecerit, non totum omneque opus contundatur, et in quibus locis sit factum, facilius inveniatur. Sed ea castella neque in decursu neque in ventris planitie neque in expressionibus neque omnino in vallibus, sed in perpetua fiant æqualitate. Sin autem minore sumptu voluerimus aquam ducere, sic erit faciendum. Tubuli crasso corio ne minus digitorum duorum fiant ; sed uti hi tubuli ex una parte sint lingulati, ut alius in alium inire convenireque possint : coagmenta autem eorum calce viva ex oleo subacta sunt illinenda, et in declinationibus libramenti ven-

endroits ou ils descendent pour faire le ventre, on mettra à l'endroit où se fait le coude un morceau de rocher rouge, qui sera percé, afin de recevoir le dernier des tuyaux qui descendent, et le premier de ceux qui doivent aller à niveau pour faire le ventre; et tout de même le dernier de ces tuyaux qui font le ventre entrera dans une autre pierre, dans laquelle le premier des tuyaux qui remontent sera aussi emboîté de la même manière. Quand on aura ainsi réglé la conduite et la pente de l'eau, tant dans la plaine que dans les endroits où l'on est obligé de la faire descendre et de la faire remonter, on n'aura pas à craindre que la violence de l'eau ne fasse éclater les tuyaux; car il arrive souvent qu'il s'enferme des vents dans les conduits, et que ces vents ont assez de force pour rompre même les pierres, si l'on ne prend garde de faire entrer l'eau peu à peu par la première embouchure, et de renforcer par de bons liens, ou par la pesanteur du sable, les endroits où les tuyaux font des coudes et des détours. Pour tout le reste, il n'y a point d'autres précautions à prendre pour les tuyaux de poterie que pour ceux de plomb. Mais avant d'introduire l'eau dans les tuyaux il faudra y jeter de la cendre fort menue, afin qu'elle puisse remplir les petites fentes qui pourraient se rencontrer aux jointures. Les tuyaux de poterie ont cet avantage, qu'il est fort aisé de les raccommoder quand il en est besoin, et que l'eau y est beaucoup meilleure que dans des tuyaux de plomb, dans lesquels il s'engendre de la céruse, que l'on regarde comme fort dangereuse pour le corps. Et en effet, il y a apparence que le plomb doit être réputé nuisible à la santé, si ce qui s'engendre de ce métal est dangereux. C'est ce que prouve l'exemple des plombiers, que l'on voit d'ordinaire être pâles, à cause de la vapeur qui s'élève du plomb quand on le fond, et qui, pénétrant dans le corps, en brûle les parties et en corrompt le sang : de sorte que pour avoir de bonne eau, il ne faut pas la faire venir dans des tuyaux de plomb. Elle est même plus agréable à boire quand elle a été conduite par des tuyaux de poterie : aussi voit-on que ceux qui ont des buffets garnis de quantité de vases d'argent trouvent l'eau meilleure quand ils la boivent dans de la terre. Dans les lieux où l'on ne pourra trouver de sources d'où l'on puisse amener de l'eau, il faudra nécessairement faire des puits; mais avant de les creuser, il ne faut pas négliger la considération de plusieurs choses qui dépendent de la nature des lieux; car la terre, qui, ainsi que toutes les autres choses, est composée des quatre premiers principes, contient plusieurs et différentes substances. Ainsi, outre sa partie terrestre, elle contient l'eau des sources; elle renferme du feu, qui donne naissance au soufre, à l'alun, au bitume, et à quantité de vapeurs très-fortes et tout à fait insupportables, qui passent par ses veines dans le fond des puits et nuisent grandement aux ouvriers; car, en pénétrant par le nez et la bouche, elles obstruent les conduits des esprits animaux, en sorte que ceux qui ne se retirent pas promptement sont étouffés. Pour se mettre en garde contre cet accident, on descend une lampe allumée au fond du puits; quand elle y demeure sans s'éteindre, on peut descendre sans danger : mais si la force de la vapeur l'éteint, il faut creuser aux deux côtés du puits, et faire des soupiraux par lesquels les vapeurs puissent sortir. Cela étant ainsi fait, et la fouille étant conduite jusqu'à l'eau, il faut bâtir les murs du

---

tris lapis est ex saxo rubro in ipso geniculo collocandus, isque perterebratus, uti ex decursu tubulus novissimus in lapide coagmentetur et primus [*similiter*] librati ventris : ad eundem modum adversum clivum novissimus librati ventris in cavo saxi rubri hæreat, et primus expressionis ad eundem modum coagmentetur. Ita librata planitia tubulorum ac decursus et expressionis non extolletur : namque vehemens spiritus in aquæ ductione solet nasci, ita ut etiam saxa perrumpat, nisi primum leniter et parce a capite aqua immittatur, et in geniculis aut versuris alligationibus aut pondere saburræ contineatur : reliqua omnia uti fistulis plumbeis ita sunt collocanda. Item cum primo aqua a capite immittitur, ante favilla immittetur, uti coagmenta si qua sunt non satis oblita, favilla oblinantur. Habent autem tubulorum ductiones ea commoda : primum in opere, quod si quod vitium factum fuerit, quilibet id potest reficere : etiamque multo salubrior est ex tubulis aqua quam per fistulas; quod per plumbum videtur esse ideo vitiosa, quod ex eo cerussa nascitur : hæc autem dicitur esse nocens corporibus humanis. Ita si, quod ex eo procreatur, id est vitiosum, non est dubium, quin ipsum quoque non sit salubre. Exemplar autem ab artificibus plumbariis possumus accipere, quod palloribus occupatos habent corporis colores; namque cum fundendo plumbum flatur, vapor ex eo insidens corporis artus, et in dies exurens, eripit ex membris eorum sanguinis virtutes. Itaque minime fistulis plumbeis aqua duci videtur, si volumus eam habere salubrem : saporemque meliorem ex tubulis esse, quotidianus potest indicare victus, quod omnes extructas cum habeant vasorum argenteorum mensas, tamen propter saporis integritatem fictilibus utuntur. Sin autem fontes non sunt, unde ductiones aquarum faciamus, necesse est puteos fodere. In puteorum autem fossionibus non est contemnenda ratio, sed acuminibus solertiaque magna naturales rerum rationes considerandæ; quod habet multa variaque terra in se genera. Est enim uti reliquæ res ex quatuor principiis composita : et primum est ipsa terrena, habetque ex humore aquæ fontes : item, calores, unde etiam sulphur, alumen, bitumen nascitur, aerisque spiritus immanes, qui cum graves per intervenia fistulosa terræ perveniunt ad fossionem puteorum, et ibi homines offendunt fodientes, ut naturali vapore obturant in eorum naribus spiritus animales, ita qui non celerius inde effugiunt, ibi interimuntur. Hoc autem quibus rationibus caveatur, sic erit faciendum. Lucerna accensa demittatur; quæ si permanserit ardens, sine periculo descendetur. Sin autem eripietur lumen vi vaporis, tunc secundum puteum dextra ac sinistra defodiantur æstuaria : ita, quemadmodum per

puits de telle sorte que le passage soit laissé libre aux sources. Enfin si le sol est si dur que l'on ne puisse creuser de puits, ou si l'on ne trouve point de source dans le fond, il faut amasser l'eau qui tombe des toits ou des autres lieux élevés dans des réservoirs ou citernes, au moyen d'une préparation appelée *opus signinum*. Or voici comment se fait cet enduit. Il faut avoir de bon sable, le plus net et le plus âpre que l'on pourra trouver, des cailloux cassés qui ne pèsent pas plus d'une livre chacun ; et avec la plus forte chaux que l'on pourra faire, on composera un mortier qui aura deux parties de cette chaux avec cinq parties de sable. A ce mortier l'on mêlera les cailloux ; on jettera tout cela dans une tranchée qui sera de la profondeur que doit avoir la citerne ; on le battra avec de gros leviers ferrés par le bout, et l'on fera ainsi les quatre murailles. Ensuite on videra la terre qui est au milieu jusqu'au bas des murailles ; et le fond étant bien aplani, on le recouvrira du même mortier, que l'on battra bien pour en faire le pavé, auquel on donnera une épaisseur convenable. Si l'on fait deux ou trois de ces réservoirs, en sorte que l'eau puisse passer de l'un dans l'autre pour s'y purifier, elle deviendra bien meilleure, parce que, le limon demeurant dans l'un des réservoirs, l'eau sera conservée dans l'autre bien plus claire, et elle y gardera son goût propre et son odeur naturelle : sinon il faudra y ajouter du sel, qui la rendra plus pure.

J'ai écrit dans ce livre tout ce que j'ai pu savoir sur les vertus des eaux, sur leurs différences, et sur leur utilité dans l'usage ordinaire ; j'ai dit comment il faut les conduire, et de quelle manière on éprouve leurs qualités : je traiterai dans le livre suivant de la gnomonique, et de la manière de faire les cadrans au soleil.

LIVRE NEUVIÈME.

Préface.

Les anciens Grecs accordaient de si grands honneurs aux célèbres athlètes qui avaient remporté le prix aux jeux Olympiques, Pythiens, Isthmiques et Néméens, que non-seulement on les comblait de louanges dans les assemblées publiques, où ils paraissaient avec des palmes et des couronnes, mais qu'on leur permettait aussi de retourner en leur pays dans des chars de triomphe, et que la république leur assignait des pensions pour tout le reste de leur vie. Aussi ai-je lieu de m'étonner que l'on n'ait pas rendu les mêmes honneurs, et de plus grands encore, à ceux dont les écrits profitent infiniment à tous les siècles et à toutes les nations ; car il est certain que cela aurait été plus juste, puisque les exercices des athlètes ne servent qu'à rendre leurs corps plus robustes, au lieu que le travail de ceux qui font des livres, en perfectionnant leur esprit, dispose celui des autres à apprendre les sciences. En effet, quel bien Milon de Crotone a-t-il fait aux hommes, pour n'avoir jamais été vaincu ? Et qu'ont fait tous ceux qui ont remporté de pareilles victoires, que d'avoir acquis, durant le cours de leur vie, beaucoup de célébrité parmi leurs concitoyens ? Mais les enseignements de Pythagore, de Démocrite, de Platon, d'Aristote et des autres sages de l'antiquité, médités tous les jours et mis en pratique, profitent sans cesse non-seu-

---

nares, spiritus ex æstuariis dissipabuntur. Cum hæc sic explicata fuerint, et ad aquam erit perventum, tunc sepiatur structura, ne obturentur venæ. Sin autem loca dura erunt aut nimium venæ penitus fuerint, tunc signinis operibus ex tectis aut a superioribus locis excipiendæ sunt copiæ. In signinis autem operibus hæc sunt facienda : uti arena primum purissima asperrimaque paretur : cæmentum de silice frangatur ne gravius quam librarium : calx quam vehementissima mortario misceatur, ita ut quinque partes arenæ ad duas calcis respondeant : mortario cæmentum addatur : ex eo fossa ad libramentum altitudinis quod est futurum calcetur vectibus ligneis ferratis. Parietibus calcatis, in medio quod erit terrenum exinaniatur ad libramentum infimum parietum : hoc exæquato solum calcetur ad crassitudinem, quæ constituta fuerit. Ea autem si duplicia aut triplicia facta fuerint, uti percolationibus transmutare possint, multo salubriorem et suaviorem ejus usum efficient. Limus enim cum habuerit quo subsidat, limpidior aqua fiet, et sine odoribus conservabit saporem : si non, salem addi necesse erit, et extenuari.

Quæ potui de aquæ virtute et varietate, quasque habeat utilitates, quibusque rationibus ducatur et probetur, in hoc volumine posui : de gnomonicis vero rebus et horologiorum rationibus in sequenti perscribam.

LIBER NONUS.

Præfatio.

Nobilibus athletis, qui Olympia, Pythia, Isthmia, Nemea vicissent, Græcorum majores ita magnos honores constituerunt, uti non modo in conventu stantes cum palma et corona ferant laudes, sed etiam cum revertantur in suas civitates cum victoria, triumphantes quadrigis in mœnia et in patrias invehantur, e reque publica perpetua vita constitutis vectigalibus fruantur. Cum ergo id animadvertam, admiror, quid ita non scriptoribus iidem honores etiamque majores sint tributi, qui infinitas utilitates ævo perpetuo omnibus gentibus præstant. Id enim magis erat institui dignum ; quod athletæ sua corpora exercitationibus efficiunt fortiora ; scriptores non solum suos sensus sed etiam omnium animos exacuendo libris ad discendum præparant præcepta. Quid enim Milo Crotoniates, quod fuit invictus, prodest hominibus ? aut ceteri qui eo genere fuerunt victores ? nisi quod dum vixerunt ipsi, inter suos cives habuerunt nobilitatem. Pythagoræ vero præcepta, Democriti, Platonis, Aristotelis, ceterorumque sapientum quotidiana, perpetuis industriis culta,

lement à leurs concitoyens, mais à tous les peuples, de quelque nation qu'ils soient. Ceux, en effet, qui sont imbus de ces bonnes doctrines dès leur jeunesse possèdent les meilleurs principes de la sagesse, et deviennent capables de régir les villes par de bonnes institutions et par de bonnes lois, sans lesquelles il est impossible que les États puissent subsister. Que si les grands personnages procurent tant de bien à tous les hommes en général et en particulier par l'excellence de leurs ouvrages, j'estime qu'ils ne méritent pas seulement d'être honorés par des palmes et par des couronnes, mais qu'il faut leur décerner des triomphes et les mettre au rang des dieux. Je me suis proposé de rapporter quelques exemples des inventions les plus utiles pour la vie et pour la société des hommes, que les auteurs de l'antiquité ont trouvées et laissées par écrit ; on avouera que ces inventions les ont rendus dignes de grands honneurs et de notre reconnaissance. Je commencerai par l'une des plus utiles découvertes dont Platon nous ait laissé l'explication. Si l'on veut doubler la grandeur d'une pièce de terre qui soit carrée, en sorte que le double de cette pièce soit aussi un carré, il faudra se servir de lignes, parce que cela ne se peut faire par la multiplication des nombres. Voici comment on le démontre. Pour que cette surface carrée, ayant par exemple dix pieds de long et dix pieds de large, ce qui fait par conséquent cent pieds de surface, soit doublée, et qu'elle contienne deux cents pieds, en conservant toujours la figure carrée, il faudra faire en sorte que les côtés de ce carré soient assez grands pour que la multiplication de ces côtés produise les deux cents pieds que la surface doit avoir ; ce qu'il est impossible de trouver par les nombres. Car si l'on fait les côtés de quatorze pieds, la multiplication de ces côtés donnera cent quatre-vingt-seize ; si on les fait de quinze pieds, ils produiront deux cent vingt-cinq ; de sorte que cela ne pouvant être expliqué par les nombres, il faut dans ce carré, qui a dix pieds de long et dix pieds de large, tirer une ligne diagonale d'un des angles à l'autre, pour le diviser en deux triangles égaux, qui aient chacun cinquante pieds de surface, et sur la longueur de cette ligne diagonale décrire un autre carré ; car il se trouvera que le grand carré aura quatre triangles égaux et pareils en grandeur, et qui contiendront chacun le même nombre de pieds que les deux triangles de cinquante pieds chacun, lesquels ont pour base la diagonale du petit carré. C'est ainsi que Platon a expliqué la manière de doubler le carré en se servant de lignes, comme la figure le fait clairement voir. De même Pythagore a inventé la manière de tracer un angle droit sans avoir besoin de l'équerre dont se servent les artisans ; et l'on tient de lui la raison et la méthode nécessaire pour faire avec justesse cette équerre, que les ouvriers ont bien de la peine à fabriquer d'une manière exacte. On prend trois règles, dont l'une soit de trois pieds, l'autre de quatre, et l'autre de cinq ; puis on les dispose de manière que leurs extrémités se joignent, et elles composeront ainsi un triangle qui sera une équerre parfaite. Si l'on fait trois carrés qui aient chacun pour côtés la longueur de chacune de ces trois règles, celui dont le côté sera de trois pieds aura une superficie de neuf pieds, celui dont le côté en aura quatre aura seize pieds de superficie, et celui dont le côté sera

non solum suis civibus sed etiam omnibus gentibus recentes et floridos edunt fructus : e quibus qui a teneris ætatibus doctrinarum abundantia satiantur, optimos habent sapientiæ sensus, instituuntque civitatibus humanitatis mores, æqua jura, leges, quibus absentibus nulla potest esse civitas incolumis. Cum ergo tanta munera ab scriptorum prudentia privatim publiceque fuerint hominibus præparata, non solum arbitror palmas et coronas his tribui oportere, sed etiam decerni triumphos, et inter deorum sedes eos dedicandos judicari. Eorum autem cogitata utiliter hominibus ad vitam explicandam, e pluribus singula paucorum uti exempla ponam ; quæ recognoscentes, necessario his tribui honores oportere homines confitebuntur. Et primum Platonis e multis ratiocinationibus utilissimis unam, quemadmodum ab eo explicata sit, ponam. Locus aut ager paribus lateribus si erit quadratus, eumque oportuerit duplicari, quod opus fuerit genere numeri, quod multiplicationibus non invenitur, ex descriptionibus linearum reperitur. Est autem ejus rei hæc demonstratio. Quadratus locus, qui erit longus et latus pedes denos, efficit areæ pedes centum. Si ergo opus fuerit eum duplicari, et pedes ducentos item ex paribus lateribus facere, quærendum erit, quam magnum latus ejus quadrati fiat, ut ex eo ducenti pedes duplicationibus areæ respondeant. Id autem numero nemo potest invenire : namque si XIIII constituentur, erunt multiplicati pedes CXCVI : si XV, pedes CCXXV. Ergo quoniam id non explicatur numero, in eo quadrato longo et lato pedes decem quæ fuerit linea ab angulo ad angulum diagonios perducatur, uti dividantur duo trigona æqua magnitudine, singula areæ pedum quinquagenum, ad ejusque lineæ diagonalis longitudinem locus quadratus paribus lateribus describatur : ita quam magna duo trigona in minore quadrato quinquagenum pedum linea diagonio fuerint designata, eadem magnitudine et eodem pedum numero quatuor in majore erunt effecta. Hac ratione duplicatio grammicis rationibus a Platone, uti schema subscriptum est, explicata est in ima pagina. Item Pythagoras normam sine artificis fabricationibus inventam ostendit, et quam magno labore fabri normam facientes vix ad verum perducere possunt, id rationibus et methodis emendatum ex ejus præceptis explicatur. Namque si sumantur regulæ tres, e quibus una sit pedes tres altera pedes quatuor tertia pedes quinque, hæque regulæ inter se compositæ tangant alia aliam suis cacuminibus extremis schema habentes trigoni, deformabunt normam emendatam. Ad autem regularum singularum longitudines si singula quadrata paribus lateribus describantur, quod erit pedum trium latus, areæ habebit pedes novem ; quod erit quatuor, sexdecim ; quod quinque erit, viginti quinque. Ita

de cinq pieds en aura vingt-cinq de superficie. Ainsi le nombre des pieds contenus dans les superficies des deux carrés, dont l'un a trois pieds et l'autre quatre de côté, sera égalé par le nombre des pieds renfermés dans la superficie du carré qui a cinq pieds à chacun de ses côtés. On dit qu'après avoir fait cette découverte, Pythagore en rendit grâces aux Muses, et qu'il leur immola des victimes, ne doutant point qu'elle ne lui eût été inspirée par ces déesses. Or, cette méthode, qui est très-utile en beaucoup de circonstances, et principalement pour mesurer, est surtout d'un grand usage dans la construction des édifices, pour régler la hauteur des degrés des escaliers : car si l'espace qui est depuis le rez-de-chaussée jusqu'au premier étage est divisé en trois parties, il en faudra donner cinq au *limon de l'échiffre* (1), pour qu'elle ait une longueur convenable; car, à proportion de la grandeur des trois parties qui sont depuis le *plancher du premier étage* jusqu'au rez-de-chaussée, les quatre qui vont depuis la perpendiculaire en se retirant marqueront l'endroit où doit être posé le *patin de l'échiffre*, et par ce moyen les degrés et toutes les choses qui appartiennent aux escaliers se trouveront être comme il faut. De tout cela on verra la description dans la figure qui est plus bas. Entre les inventions merveilleuses d'Archimède, qui sont en grand nombre, celle dont je vais parler me semble marquer une subtilité d'esprit presque incroyable. Hiéron, qui régnait à Syracuse, étant heureusement sorti de quelque affaire d'importance, fit vœu d'offrir dans un certain temple une couronne d'or aux dieux immortels. Il convint avec un ouvrier d'une grande somme d'argent pour la façon, et lui donna l'or au poids. Celui-ci livra son ouvrage le jour qu'il l'avait promis; le roi le trouva parfaitement bien exécuté, et la couronne ayant été pesée parut avoir le poids de l'or qui avait été donné. Mais lorsqu'on éprouva l'or par la pierre de touche, on reconnut que l'ouvrier en avait gardé une partie, qu'il avait remplacée par autant d'argent. Hiéron, indigné de se voir ainsi trompé, et ne pouvant trouver de moyens pour convaincre l'ouvrier du vol qu'il avait fait, pria Archimède d'en chercher un dans son esprit. Un jour qu'Archimède, tout préoccupé de cette affaire, se mettait au bain, il s'aperçut qu'à mesure qu'il s'enfonçait dans le bain, l'eau s'en allait par-dessus les bords. Cette observation lui fit découvrir la raison de ce qu'il cherchait; alors, transporté de joie, il sortit précipitamment du bain, et il courut tout nu à sa maison, criant en chemin qu'il avait trouvé ce qu'il cherchait, et disant en grec : « Je l'ai trouvé, je l'ai trouvé ! » En conséquence de cette première découverte, il fit, dit-on, faire deux masses du même poids que la couronne, l'une d'or et l'autre d'argent; ensuite il plongea dans un vase rempli d'eau jusqu'aux bords la masse d'argent, qui, à mesure qu'elle s'enfonça, fit sortir une quantité d'eau égale à son volume; puis l'ayant ôtée, il remit dans le vase autant d'eau qu'il en manquait, le remplissant jusqu'aux bords comme auparavant; et ayant mesuré l'eau qui était sortie, il connut quelle quantité d'eau répond à une masse d'argent d'un certain poids. Après cette expérience, il plongea de même la masse d'or dans le vase plein d'eau ; et, après l'avoir retirée, il mesura de nouveau l'eau qui était sortie, et il trouva que la masse d'or n'avait pas fait sortir autant d'eau que

---

(1) Les degrés des escaliers ronds sont appuyés en dedans sur un poteau qui est mis droit à plomb, et que l'on appelle le noyau. Les degrés des escaliers qui sont carrés oblongs et qui ont des rampes droites sont appuyés sur des poteaux inclinés suivant la pente des rampes; les charpentiers appellent ces poteaux *les limons de l'échiffre*.

---

quantum areæ pedum numerum duo quadrata ex tribus pedibus longitudinis laterum et quatuor efficiunt, æque tantum numerum unum ex quinque descriptum. Id Pythagoras cum invenisset, non dubitans a Musis se in ea inventione monitum, maximas gratias agens, hostias dicitur iis immolavisse. Ea autem ratio quemadmodum in multis rebus et mensuris est utilis, etiam in ædificiis [in] scalarum ædificationibus, uti temperatas habeant graduum librationes, est expedita. Si enim altitudo contignationis ab summa coaxatione ad imum libramentum divisa fuerit in partes tres, erit earum quinque in scalis scaporum justa longitudine inclinatio, [quam magnæ fuerint inter contignationem et imum libramentum altitudinis partes tres] quatuor a perpendiculo recedant et ibi collocentur inferiores calces scaporum : Ita enim erunt temperatæ graduum et ipsarum scalarum collocationes. Item ejus rei erit subscripta forma. Archimedis vero cum multa miranda inventa et varia fuerint, ex omnibus etiam infinita solertia id quod exponam videtur esse expressum nimium. Hiero enim Syracusis auctus regia potestate, rebus bene gestis cum auream coronam votivam diis immortalibus in quodam fano constituisset ponendam, manupretio locavit faciendam, et aurum ad sacoma appendit redemptori. Is ad tempus opus manu factum subtiliter regi approbavit et ad sacoma pondus coronæ visus est præstitisse. Posteaquam indicium est factum, dempto auro tantumdem argenti in id coronarium opus admixtum esse, indignatus Hiero se contemptum esse, neque inveniens qua ratione id furtum reprehenderet, rogavit Archimedem, uti in se sumeret sibi de eo cogitationem. Tunc is, cum haberet ejus rei curam, casu venit in balneum, ibique cum in solium descenderet, animadvertit, quantum corporis sui in eo insideret, tantum aquæ extra solium effluere. Itaque cum ejus rei rationem explicationis offendisset, non est moratus, sed exilivit gaudio motus de solio, et nudus vadens domum versus significabat clara voce invenisse quod quæreret. Nam currens identidem græce clamabat εὕρηκα, εὕρηκα. Tum vero ex eo inventionis ingressu dicitur fecisse massas æquo pondere, quo etiam fuerat corona, unam ex auro alteram ex argento. Cum ita fecisset, vas amplum ad summa labra implevit aqua; in quo demisit argenteam massam : cujus quanta magnitudo in vase depressa est, tantum aquæ effluxit. Ita exempta massa, quanto minus factum fuerat, refudit sextario mensus, ut eodem modo, quo prius fuerat, ad labra æquaretur. Ita ex eo invenit, quantum [ad certum] pon-

la précédente, et que la différence en moins était égale à la différence du volume de la masse d'or, comparée au volume de la masse d'argent qui était de même poids. Enfin il remplit encore le vase, et y plongea la couronne, qui fit sortir plus d'eau que la masse d'or, laquelle était de même poids, n'en avait déplacé; et calculant, d'après ces expériences, de combien la quantité d'eau que la couronne avait fait sortir était plus grande que celle que la masse d'or avait aussi fait déborder, il connut combien il y avait d'argent mêlé avec l'or, et fit voir clairement que l'ouvrier en avait dérobé. Si nous portons nos réflexions sur les pensées ingénieuses d'Archytas de Tarente et d'Ératosthène le Cyrénéen, nous trouverons qu'ils ont fait aussi des découvertes importantes et utiles dans les mathématiques : or, quoique leurs inventions soient toutes fort intéressantes, c'est principalement à cause des moyens qu'ils ont employés concurremment pour résoudre le problème suivant, que je les trouve admirables. Chacun d'eux, en effet, résolut la difficulté qu'avait posée l'oracle d'Apollon de Délos, en ordonnant aux habitants de cette île de lui élever, pour être délivrés des maux que leur avait attirés la colère des dieux, un autel qui fût en pieds cubiques le double de l'ancien. Archytas parvint à le faire par le moyen des *hémicylindres* (1), et Ératosthène, par l'invention d'une machine appelée *mésolabe* (2). Toutes ces choses n'ayant pu être découvertes que par des hommes qui avaient de grandes lumières, et notre esprit étant naturellement touché quand il considère les effets de chaque chose, je ne puis m'empêcher d'admirer, entre tous les livres, ceux que Démocrite a écrits sur la nature, et principalement celui qu'il a intitulé « Choix d'expériences, » dans lequel il a marqué, avec son anneau et de la cire rouge, les choses qu'il avait expérimentées. Les ouvrages de ces grands hommes seront à jamais utiles non-seulement pour l'amélioration des mœurs, mais aussi pour toutes les nécessités de la vie; tandis que ce qui rend les athlètes illustres périt en peu de temps avec la force de leur corps; et l'on peut dire que ni les victoires qu'ils ont remportées dans l'âge de leur plus grande vigueur, ni les préceptes qu'ils ont laissés à ceux qui devaient les suivre, n'ont procuré aux hommes aucun profit comparable à celui que l'on reçoit des inventions des savants. Cependant, quoiqu'il n'y ait point de coutume ni de lois qui décernent des honneurs aux grands écrivains, ils ne laissent pas de s'élever eux-mêmes; et, se servant de ce qu'ils ont appris des autres comme de degrés, ils montent, s'il faut ainsi dire, jusque dans le ciel, d'où ils voient les choses les plus relevées, et les font savoir à la postérité par les écrits et par les figures qu'ils en laissent. Car, parmi ceux qui ont quelque teinture des belles-lettres, est-il quelqu'un qui n'ait l'image du poëte Ennius gravée dans l'âme, comme si c'était celle d'un dieu? Ceux qui font leur étude et leurs délices des vers d'Accius, ne portent-ils pas en eux, avec la vertu de ses paroles, son portrait toujours présent? Et ne pouvons-nous pas croire que la plupart de ceux qui viendront après nous prendront plaisir à s'entretenir avec Lucrèce, et comme en sa présence, des secrets de la nature, et avec Cicéron de l'art de la rhétorique, ou avec Varron des propriétés de la langue latine? Combien n'y en a-t-il pas aussi, entre

(1) Colonnes coupées par la moitié. — (2) Qui sert à prendre deux moyennes proportionnelles.

dus argenti ad certam aquæ mensuram responderet. Cum id expertus esset, tum auream massam similiter pleno vase demisit, et ea exempta, eadem ratione mensura addita invenit ex aqua non tantum defluxisse sed [tantum] minus, quanto minus magno corpore eodem pondere auri massa esset quam argenti. Postea vero repleto vase in eadem aqua ipsa corona demissa, invenit plus aquæ defluxisse in coronam, quam in auream eodem pondere massam : et ita ex eo, quod plus defluxerat aquæ in corona quam in massa, ratiocinatus deprehendit argenti in auro mixtionem et manifestum furtum redemptoris. Transferatur mens ad Archytæ Tarentini et Eratosthenis Cyrenæi cogitata. Hi enim multa et grata a mathematicis rebus hominibus invenerunt. Itaque cum in ceteris inventionibus fuerint grati, in ejus rei concertationibus maxime sunt suspecti. Alius enim alia ratione explicarunt, quod Delo imperaverat responsis Apollo, uti aræ ejus quantum haberent pedum quadratorum, id duplicaretur, et ita fore, ut hi qui essent in ea insula tunc religione liberarentur. Itaque Archytas hemicylindrorum descriptionibus, Eratosthenes organica mesolabi ratione idem explicaverunt. Cum hæc sint tam magnis doctrinarum jucunditatibus animadversa, et cogamur naturaliter inventionibus, singularum rerum considerantes effectus, moveri; multas res attendens admiror etiam Democriti de rerum natura volumina et ejus commentarium, quod inscribitur Χειροχμήτων, in quo etiam utebatur anulo signans cera molli quæ esset expertus. Ergo eorum virorum cogitata non solum ad mores corrigendos sed etiam ad omnium utilitatem perpetuo sunt præparata. Athletarum autem nobilitates brevi spatio cum suis corporibus senescunt; itaque neque cum maxime sunt florentes, neque posteritati [neque] institutis hi, quemadmodum sapientium cogitata hominum vitæ, prodesse possunt. Cum vero neque moribus neque institutis scriptorum præstantibus tribuantur honores, ipsæ autem per se mentes, aeris altiora prospicientes, memoriarum gradibus ad cœlum elatæ, ævo immortali non modo sententias sed etiam figuras eorum posteris cogunt esse notas. Itaque qui literarum jucunditatibus instinctas habent mentes non possunt non in suis pectoribus dedicatum habere, sicuti deorum, sic Ennii poetæ simulacrum. Accii autem carminibus qui studiose delectantur, non modo verborum virtutes sed etiam figuram ejus videntur secum habere præsentem. Item plures post nostram memoriam nascentes cum Lucretio videbuntur velut coram de rerum natura disputare, de arte vero rhetorica cum Cicerone ; multi posterorum cum Varrone conferent sermonem de lingua latina ; non minus etiam plures phi-

les amateurs des belles-lettres, qui penseront conférer avec les sages de la Grèce comme s'ils leur communiquaient leurs plus secrètes pensées, et qui trouveront plus de plaisir et d'avantage dans les conseils et dans les avis de ces anciens philosophes, quoique absents, que s'ils s'entretenaient avec tous ceux de leur temps? C'est pourquoi, César, me sentant appuyé de l'autorité de ces grands hommes, et étant guidé par leurs préceptes, j'ai écrit cet ouvrage. Les sept premiers livres traitent des édifices, et le huitième traite des eaux. Dans celui-ci j'explique les règles de la gnomonique; je dis comment tout cela a été trouvé par l'ombre que le gnomon fait aux rayons du soleil, et dans quelle proportion cette ombre augmente pendant un certain espace de temps, et diminue ensuite.

CHAPITRE I (OU IV).

Des choses qui appartiennent à la gnomonique, lesquelles ont été trouvées par les rayons du soleil; et de la description du monde et des planètes.

Il y a des choses dans la gnomonique qui semblent avoir été inventées par un esprit divin, tant elles paraissent admirables à ceux qui les considèrent avec attention, comme de voir que l'ombre d'un gnomon (1), pendant l'équinoxe, est de différente grandeur à Athènes, à Alexandrie, à Rome, à Plaisance, et en d'autres lieux de la terre; et que par cette raison les cadrans sont différents quand on change de lieu. Car c'est suivant la grandeur des ombres équinoxiales que l'on décrit

(1) Le mot *gnomon* signifie *connaisseur* ou qui fait connaître. Il y a deux sortes de *gnomons* : l'un est le géométrique, qui est l'équerre; l'autre est l'astronomique, qui n'est rien autre chose qu'un style planté perpendiculairement sur un plan.

les analemmes, et ce sont eux qui règlent les heures selon les lieux et l'ombre des gnomons. L'analemme n'est autre chose qu'une pratique acquise par l'expérience pour bien tracer le cours du soleil, selon l'accourcissement qui arrive aux ombres depuis le solstice d'hiver, et par laquelle aussi, à l'aide du compas bien conduit, l'on décrit tous les effets que cet astre produit dans le monde. On entend par le monde tout ce que comprend la nature, et même le ciel et les étoiles. Le ciel est ce qui tourne incessamment autour de la terre et de la mer sur un essieu, dont les extrémités sont comme deux pivots qui le soutiennent; car en ces deux endroits la puissance qui gouverne la nature a fabriqué et placé ces deux pivots comme deux centres, dont l'un va de la terre et de la mer jusqu'au haut du monde, auprès des étoiles du septentrion, et l'autre se dirige au contraire sous terre, vers le midi. Autour de ces pivots, comme autour de deux centres, elle a mis ce qu'on appelle en grec des *pôles* (1), c'est-à-dire, de petits moyeux pareils à ceux d'une roue ou d'un tour, et sur lesquels le ciel tourne continuellement. La terre et la mer sont naturellement au milieu pour servir de centre. Ces choses sont disposées par la nature de telle sorte que le pôle le plus élevé est vers la région septentrionale, et que l'autre, du côté du midi, est caché sous la terre. De plus, entre ces deux pôles il y a comme une ceinture qui traverse obliquement vers le midi; elle est composée de douze signes, qui sont naturellement représentés par la disposition des étoiles, divisées en douze parties égales. Ces étoiles, avec le reste des astres qui brillent dans l'espace, tournent autour de la terre et de

(1) Essieux.

lologi cum Græcorum sapientibus multa deliberantes secretos cum his videbuntur habere sermones : et ad summam sapientium scriptorum sententiæ, corporibus absentibus, vetustate florentes eum insunt inter consilia et disputationes, majores habent, quam præsentium sunt auctoritates, omnes. Itaque, Cæsar, his auctoribus fretus, sensibus eorum adhibitis et consiliis, ea volumina conscripsi : et prioribus septem de ædificiis, octavo de aquis; in hoc de gnomonicis rationibus, quemadmodum de radiis solis in mundo sunt per umbras gnomonis inventæ, quibusque rationibus dilatentur aut contrahantur, explicabo.

CAPUT I (vulgo IV).

(De zona duodecim signorum et septem astrorum contrario cursu.)

Ea autem sunt divina mente comparata, habentque admirationem magnam considerantibus, quod umbra gnomonis æquinoctialis alia magnitudine est Athenis, alia Alexandriæ, alia Romæ, non eadem Placentiæ ceterisque orbis terrarum locis. Itaque longe aliter distant descriptiones horologiorum locorum mutationibus. Umbrarum enim æquinoctialium magnitudinibus designantur analemmatorum formæ, ex quibus perficiuntur ad rationem locorum et umbræ gnomonum horarum descriptiones. Analemma est ratio conquisita solis cursu et umbræ crescentis a bruma observatione inventa, e qua per rationes architectonicas circinique descriptionibus est inventus effectus in mundo. Mundus autem est omnium naturæ rerum conceptio summa cœlumque sideribus conformatum. Id volvitur continenter circum terram atque mare per axis cardines extremos. Namque in his locis naturalis potestas ita architectata est collocavitque cardines tanquam centra, unum a terra et a mari in summo mundo ac post ipsas stellas septentrionum, alterum transcontra sub terra in meridianis partibus; ibique circum eos cardines orbiculos, [*tanquam*] circum centra ut in torno, perfecit, qui græce πόλοι nominantur; per quos pervolitat sempiterno cœlum : ita media terra cum mari centri loco naturaliter est collocata. His natura dispositis ita, uti septentrionali parte a terra excelsius habeat altitudine centrum, in meridiana autem parte in inferioribus locis subjectum a terra obscuretur; tunc etiam per medium transversa et inclinata in meridiem zona duodecim signis est conformata; quæ eorum species stellis dispositis duodecim partibus peræquatis exprimit depictam a natura figurationem. Itaque lucentia cum mundo reliquoque siderum ornatu circum terram mareque pervolantia cursus perficiunt ad

la mer, et font leur cours suivant la rondeur du ciel. Or, toutes ces étoiles sont nécessairement et en un certain temps tantôt visibles, tantôt invisibles, parce qu'il y a toujours six des signes qui tournent dans le ciel et sur l'horizon, et six autres qui, étant sous la terre, ne se voient point. La raison pour laquelle il y a toujours six de ces signes sur l'horizon, est qu'autant qu'il y a de parties cachées du dernier signe qui s'abaisse sous la terre, à cause du tournoiement du ciel qui l'emporte nécessairement, autant il y en a du côté opposé, que la même nécessité du tournoiement fait sortir des lieux où ce signe était caché, pour paraître à nos yeux. Les douze signes, qui occupent chacun la douzième partie du ciel, ont leur cours perpétuellement dirigé d'orient en occident; et au-dessous d'eux, par un mouvement contraire, la lune, Mercure, Vénus, et le soleil même, ainsi que Mars, Jupiter et Saturne, vont comme s'ils montaient par des degrés de l'occident à l'orient, chacun par un cours particulier, dont la durée est différente; car la lune fait le sien en vingt-huit jours et un peu plus d'une heure, et fait le tour du ciel, à prendre du point d'un signe jusqu'au même point, ce qui est le mois lunaire. Le soleil, dans l'espace d'un mois, parcourt un signe qui est la douzième partie du ciel; et en passant ainsi dans l'espace de douze mois par l'intervalle de douze signes, il se trouve, lorsqu'il est revenu au point du signe d'où il était parti, qu'il a accompli une année. Il ne fait ainsi qu'une fois en douze mois le circuit que la lune fait treize fois. L'étoile de Mercure et celle de Vénus, se mouvant autour du soleil qui leur sert de centre, s'arrêtent quelquefois et retournent quelquefois en arrière, faisant comme des stations, à cause du tour particulier qu'elles décrivent : ce qui se voit manifestement lorsque l'étoile de Vénus, suivant le soleil, paraît encore après son coucher fort luisante, et est appelée *Vesperugo* (1); ou lorsqu'elle le précède et se lève avant le retour de la lumière, auquel cas on la nomme *Lucifer* (2). Il résulte aussi de là que ces deux planètes emploient quelquefois plusieurs jours à parcourir un signe; d'autres fois, elles passent plus promptement dans un autre; et quoique le temps qu'elles mettent à passer dans chaque signe soit inégal, leur cours est pourtant toujours égal en durée, parce qu'autant qu'elles se sont arrêtées au commencement dans quelques signes, autant s'avancent-elles ensuite dans d'autres, lorsqu'elles ont franchi les obstacles qui les arrêtaient. Le cours de l'étoile de Mercure est tel, qu'après avoir passé en trois cent soixante jours par tous les signes, elle parvient jusqu'au point d'où elle était partie pour commencer sa course, faisant un chemin toujours égal, de sorte qu'elle est environ trente jours dans chaque signe. L'étoile de Vénus parcourt l'espace d'un signe en trente jours, lorsqu'elle n'est point empêchée par les rayons du soleil. Que si elle y demeure pendant quarante jours en s'y arrêtant, elle regagne ce nombre de jours durant lesquels elle est restée dans un signe, et, revenant au même signe d'où elle a commencé son cours, elle l'accomplit en quatre cent quatre-vingt-cinq jours. L'étoile de Mars fait son cours en six cent quatre-vingt-trois jours ou environ. Elle passe dans tous les signes, et, reve-

(1) L'étoile du soir. — (2) L'étoile du matin.

cœli rotunditatem. Omnia autem visitata et invisitata temporum necessitudine sunt constituta : ex quibus sex signa numero supra terram cum cœlo pervagantur, cetera sub terram subeuntia ab ejus umbra obscurantur. Sex autem ex his semper supra terram nituntur : quanta pars enim novissimi signi depressiore coacta versatione subiens sub terram occultatur, tantumdem ejus contrariæ versationis necessitate suppressa rotatione circumactum trans e locis non patentibus et obscuris egreditur ad lucem. Namque vis una et necessitas utrumque simul orientem et occidentem perficit. Ea autem signa cum sint numero XII, partesque duodecimas singula possideant mundi, versanturque ab oriente ad occidentem continenter, tunc per ea signa contrario cursu Luna, stella Mercurii, Veneris, ipse Sol, itemque Martis et Jovis et Saturni, ut per graduum ascensionem percurrentes, alius alia circuitionis magnitudine ab occidente ad orientem in mundo pervagantur. Luna die octavo et vigesimo et amplius circiter hora cœli circuitionem percurrens, ex quo cœperit signo ire, ad id signum revertendo perficit lunarem mensem. Sol autem signi spatium quod est duodecima pars mundi mense vertente vadens transit : ita duodecim mensibus duodecim signorum intervalla pervagando cum redit ad id signum unde cœperit, perficit spatium vertentis anni. Ex eo quem circulum Luna terdecies in duodecim mensibus percurrit, eum sol iisdem mensibus semel permetitur. Mercurius autem et Veneris stellæ circum Solis radios, [*solem ipsum*] uti centrum, itineribus eum coronantes, regressus retrorsus et retardationes faciunt, etiam stationibus propter eam circinationem morantur in spatiis signorum. Id autem ita esse, maxime cognoscitur ex Veneris stella; quod ea cum solem sequatur, post occasum ejus apparens in cœlo, clarissimeque lucens Vesperugo vocitatur; aliis autem temporibus eum antecurrens et oriens ante lucem Lucifer appellatur. Ex eoque nonnunquam plures dies in uno signo commorantur, alias celerius ingrediuntur in alterum signum. Itaque, quod non æque peragunt numerum dierum in singulis signis, quantum sunt moratæ prius, transiliendo celerioribus itineribus perficiunt, uti, quod demorentur in nonnullis signis, nihilo minus cum eripiunt se a necessitate moræ, celeriter consequantur justam circuitionem. Iter autem in mundo Mercurii stella ita pervolitat, uti trecentesimo et sexagesimo die per signorum spatia currens perveniat ad id signum, ex quo priore circulatione cœpit facere cursum : et ita peræquatur ejus iter, ut circiter tricenos dies in singulis signis habeat numeri rationem. Veneris autem, cum est liberata ab impeditione radiorum solis, XXXX diebus percurrit signi spatium, quod minus quadragenos dies in singulis signis patitur, cum stationem fecerit, restituit eam summum numeri in uno signo morata. Ergo totam circuitionem in cœlo quadringentesimo et octogesimo et quinto die permensa iterum

nant à celui d'où elle est d'abord partie, elle accomplit toujours ce même nombre de jours, parce que, si elle a été plus vite en certains signes, elle s'arrête en d'autres. Jupiter va plus lentement par un cours opposé au mouvement commun du ciel. Il parcourt chaque signe en trois cent soixante-cinq jours ou environ. Il est onze ans et trois cent soixante-trois jours à revenir au signe dans lequel il était douze ans auparavant. Saturne est trente et un mois et quelques jours à parcourir un signe, et il se retrouve, après vingt-neuf ans et cent soixante jours, au même signe où il était trente ans auparavant; le mouvement de cette planète étant d'autant plus tardif qu'elle est plus proche de l'extrémité du ciel, et qu'elle décrit un plus grand cercle. Quand les planètes qui accomplissent leur révolution au-dessus du soleil font un trine aspect avec lui, elles n'avancent plus, mais elles s'arrêtent, ou même reculent en arrière jusqu'à ce que le soleil, changeant cet aspect, passe en un autre signe. Il y en a qui croient que cela se fait, parce qu'alors le soleil étant fort éloigné de ces planètes, il ne leur envoie que peu de lumière, et que n'en ayant plus assez, s'il faut ainsi dire, pour se conduire dans leur chemin, qui est fort obscur, elles s'arrêtent. Mais je ne puis être de cette opinion, parce que la lumière du soleil s'étend trop visiblement partout le ciel pour laisser croire qu'elle soit affaiblie et comme obscurcie par l'éloignement, puisque nous ne laissons pas de la voir pendant que ces étoiles retardent ainsi leur course. Car si notre vue est assez bonne pour voir la lumière du soleil qui est si éloigné, pourra-t-on croire que ces planètes, qui sont des êtres divins, demeurent dans l'obscurité, faute de pouvoir apercevoir cette lumière? C'est pourquoi j'aimerais mieux dire que cet effet est dû à la chaleur, qui attire à soi toutes choses; et comme l'on voit les fruits s'élever de la terre par la force de la chaleur, et les vapeurs monter des fontaines jusqu'aux nuées quand il se fait un arc-en-ciel, ainsi l'ardeur puissante que le soleil a lorsque ses rayons sont envoyés en triangle, attire à soi les étoiles qui le suivent, arrête celles qui le devancent, et modérant leur course les empêche de s'avancer, en les contraignant de retourner en arrière, pour rentrer dans le signe d'un autre triangle. On pourra demander pourquoi le soleil, par la force de sa chaleur, retient plutôt les planètes qui sont éloignées, comme quand elles sont dans le quatrième signe, que celles qui sont dans le second ou dans le troisième. Ce que j'ai à dire là-dessus est qu'il faut supposer que les rayons, pour former la figure d'un triangle équilatéral dans le ciel, ne peuvent être ni plus ni moins étendus que jusqu'au quatrième signe; et que si ces rayons, pour faire leur effet, se répandaient en rond par tout le monde, et qu'il ne fût pas nécessaire qu'ils s'étendissent en droite ligne pour former un triangle, il est certain que les corps seraient plus échauffés à mesure qu'ils seraient plus près du soleil. C'est ce que le poëte grec Euripide paraît avoir remarqué lorsqu'il dit que plus on est éloigné du soleil, plus on en est échauffé, et que ce qui en est proche n'a qu'une chaleur modérée; car c'est ainsi qu'il l'exprime dans la fable de Phaéton :

De loin sa chaleur est brûlante ;
De près elle est moins violente.

De sorte que la raison, confirmée par le témoi-

in id signum redit, ex quo signo prius iter facere coepit. Martis vero circiter sexcentesimo octogesimo tertio die siderum spatia pervagando pervenit eo, ex quo initium faciendo cursum fecerat ante : et in quibus signis celerius percurrit, cum stationem fecit, explet dierum numeri rationem. Jovis autem, placidioribus gradibus scandens contra mundi versationem, circiter tricenis sexaginta diebus singula signa permetitur, et consistit per annos undecim et dies trecentos sexaginta tres, et redit in id signum, in quo ante duodecim annos fuerat. Saturni vero, mensibus XXXI et amplius paucis diebus pervadens per signi spatium, anno nono et vigesimo et circiter diebus CLX in quo ante tricesimo fuerat anno in id restituitur, ex eoque quo minus ab extremo distat mundo, tanto majorem circinationem rotæ percurrendo tardior videtur esse. Hi autem qui supra solis iter circinationes peragunt, maxime cum in trigono fuerint, quod is inierit, tum non progrediuntur, sed regressus facientes morantur, donicum idem sol ea trigono in aliud signum transitionem fecerit. Id autem nonnullis sic fieri placet, quod aiunt solem, cum longius absit abstantia quadam, non lucidis itineribus errantia per eam sidera obscuritatis morationibus impedire. Nobis vero id non videtur. Solis enim splendor perspicibilis et patens sine ullis obscurationibus est per omnem mundum, ut etiam nobis apparet, cum faciunt eæ stellæ regressus et morationes. Ergo si tantis intervallis nostra species potest id animadvertere, quid ita divinitatibus splendoribusque astrorum judicamus obscuritates objici posse? Ergo potius ea ratio nobis constabit, quod fervor, quemadmodum omnes res evocat et ad se ducit, ut etiam fructus ex terra surgentes in altitudinem per calorem videmus, non minus aquæ vapores a fontibus ad nubes per arcus excitari ; eadem ratione solis impetus vehemens radiis trigoni forma porrectis insequentes stellas ad se perducit, et ante currentes veluti refrenando retinendoque non patitur progredi, sed ad se cogit regredi et in alterius trigoni signum esse. Fortasse desiderabitur, quid ita sol quinto a se signo potius quam secundo aut tertio, quæ sunt propriora, faciat in his fervoribus retentiones? Ergo quemadmodum id fieri videatur, exponam. Ejus radii in mundo, uti trigoni paribus lateribus forma, lineationibus extenduntur : id autem nec plus nec minus est ad quintum ab eo signo. Igitur si radii per omnem mundum fusi circinationibus vagarentur, neque extentionibus porrecti ad trigoni formam linearentur, propiora flagrarent. Id autem etiam Euripides Græcorum poeta animadvertisse videtur : ait enim, quæ longius a sole essent, hæc vehementius ardere, propiora vero eum temperata habere. Itaque scribit in fabula Phaethonte sic : καίει τὰ πόρρω, τἀγγύθεν δ' εὔκρατ' ἔχει. Si ergo res et ratio et testimonium poetæ veteris id osten-

gnage de cet ancien poëte, semble, à mon avis, devoir faire juger que la chose est telle que je l'ai expliquée. La planète de Jupiter, qui fait son cours entre Mars et Saturne, le fait plus grand que Mars et moins grand que Saturne. Il en est de même des autres étoiles : plus elles sont éloignées de l'extrémité du ciel et voisines de la terre, moins elles semblent employer de temps à achever leur cours, parce que celles qui l'achèvent dans un plus petit cercle passent plusieurs fois, en les devançant, par-dessous celles qui sont plus hautes. De même que si sur une roue de potier il y avait sept fourmis dans autant de canaux creusés autour du centre de la roue et tous plus grands l'un que l'autre, en sorte que les fourmis fussent contraintes de marcher dans cette voie circulaire pendant que la roue va d'un mouvement contraire à celui des fourmis, il est certain qu'elles ne laisseraient pas, malgré le mouvement opposé de la roue, de poursuivre leur chemin, et que celle qui marcherait le plus près du centre de la roue aurait bien plus tôt achevé son tour que celle qui serait dans le dernier canal, quoique celle-ci marchât aussi vite que la première, parce que l'une a un bien plus grand cercle à parcourir que l'autre : de même les astres qui vont contre le cours universel du ciel font chacun leur circuit particulier ; mais ce cours universel, qui s'achève en un jour, les rapporte inégalement vers le lieu d'où ils sont partis. Or, parmi les étoiles il y en a de tempérées, il y en a de chaudes, il y en a de froides, et cela paraît venir de ce que tout feu pousse sa flamme en haut. C'est par cette raison que le soleil enflamme et brûle par ses rayons tout cet espace appelé *éther* qu'il a au-dessus de lui, et que l'étoile de Mars, qui passe par ces régions, est fort ardente. Celle de Saturne, qui est plus éloignée et qui touche les extrémités du ciel toujours gelées, est extrêmement froide ; et Jupiter, dont le cours se fait entre l'une et l'autre, étant également éloigné de ces deux causes de chaleur et de froid, ne paraît ressentir que des effets médiocres.

Après avoir exposé tout ce qui m'a été enseigné par mes maîtres touchant le cercle des douze signes, et sur la diversité de puissance et de mouvement des sept planètes ; après avoir dit par quelles raisons et selon quels nombres, en passant d'un signe dans un autre, elles achèvent leur cours, je dirai maintenant comment la lumière de la lune croit et décroît, ainsi que je l'ai appris des anciens.

CHAPITRE II (ou IV, sect. 17 et suiv.).

De la lumière croissante et décroissante de la lune.

Bérose, qui est venu du pays des Chaldéens en Asie, où il a enseigné la science de la Chaldée, enseigne que la lune est une boule dont une moitié est éclatante de lumière, et l'autre est de couleur azurée. Cela, dit-il, lui arrive lorsque dans son cours, elle se trouve sous le globe du soleil, parce qu'alors elle s'enflamme par l'ardeur des rayons de cet astre, et devient éclatante à cause de la propriété qu'elle a de s'illuminer par l'effet d'une autre lumière. Lorsqu'elle est attirée au droit du soleil, cette partie éclatante est tournée vers la partie supérieure ; l'autre, qui ne l'est pas, n'est point visible, parce qu'elle est semblable à l'air, et

dit, non puto aliter oportere judicari, nisi quemadmodum de ea re supra scriptum habemus. Jovis autem inter Martis et Saturni circinationem currens majorem quam Mars, minorem quam Saturnus, pervolat cursum : idem reliquæ stellæ, quo majore absunt spatio ab extremo cœlo proximamque habent terræ circinationem, celerius percurrere videntur ; quod quæcunque earum minorem circinationem peragens, sæpius subiens præterit superiorem. Quemadmodum si in rota, qua figuli utuntur, impositæ fuerint septem formicæ, canalesque totidem in rota facti sint circum centrum in imo accrescentes ad extremum, in quibus hæ cogantur circinationem facere, versetúrque rota in alteram partem, necesse erit eas contra rotæ versationem nihilo minus adversa itinera perficere, et quæ proximum centrum habuerit celerius pervagari, quæque extremum orbem rotæ peraget, etiamsi æque celeriter ambulet, propter magnitudinem circinationis multo tardius perficere cursum : similiter astra nitentia contra mundi cursum suis itineribus perficiunt circuitum, sed cœli versatione redundationibus referuntur quotidiana temporis circulatione. Esse autem alias stellas temperatas, alias ferventes etiamque frigidas, hæc esse causa videtur, quod omnis ignis in superiora loca habet scandentem flammam. Ergo Sol æthera, qui est supra se, radiis exurens efficit candentem, in quibus locis habet cursum Martis stella ; itaque fervens ab ardore solis efficitur. Saturni autem, quod est proxima extremo mundo tangitque congelatas cœli regiones, vehementer est frigida. Ex eo Jovis cum inter utriusque circuitiones habeat cursum, a refrigeratione caloreque eorum medio convenientes temperatissimosque habere videtur effectus.

De zona duodecim signorum et septem astrorum contrario opere ac cursu, quibus rationibus et numeris transeant ex signis in signa, et circuitum eorum, uti a præceptoribus accepi, exposui : nunc de crescenti lumine Lunæ deminutioneque, uti traditum est nobis a majoribus, dicam.

CAPUT II (vulgo IV. sect. 17. seqq.).

(*De lunæ lumine crescenti et deminutione.*)

Berosus, qui a Chaldæorum civitate seu natione progressus in Asiam etiam disciplinam Chaldaicam patefecit, ita est professus, pilam esse ex dimidia parte candentem, reliqua habere cœruleo colore. Cum autem cursum itineris sui peragens subiret sub orbem Solis, tunc eam radiis et impetu caloris corripi convertique candentem, propter ejus proprietatem luminis, ad lumen : cum autem evocata ad Solis orbem superiora spectent, tunc inferiorem partem ejus, quod candens non sit, propter aeris similitudinem obscuram videri : cum ad perpendiculum esset ad ejus radios, totum lumen ad superiorem speciem retineri, et tunc

ainsi étant perpendiculairement sous le soleil, toute la lumière est retenue au-dessus; on l'appelle en cet état première lune. Lorsque, passant vers les parties orientales du ciel, elle n'est plus si fortement attirée par le soleil, l'extrémité de sa partie éclatante se laisse voir à la terre comme une petite ligne de lumière, et elle est alors appelée seconde lune. Quelques jours après, étant plus éloignée encore, elle est appelée troisième et enfin quatrième lune. Au septième jour, le soleil étant vers l'occident, et la lune entre l'orient et l'occident, c'est-à-dire au milieu des régions célestes, elle tourne vers la terre la moitié de sa partie éclatante, parce qu'elle est éloignée du soleil de la moitié du ciel; mais lorsqu'il y a entre le soleil et la lune toute l'immensité du ciel, et qu'elle a passé à l'occident quand le soleil regarde l'orient, alors l'éloignement le plus grand possible où elle se trouve des rayons du soleil fait qu'elle montre toute sa partie brillante, ce qui arrive le quatorzième jour. Puis diminuant de jour en jour, elle accomplit le mois lunaire en s'approchant et en s'éloignant du soleil. Le mathématicien Aristarque, de Samos, a une autre opinion, qu'il fonde sur de très-fortes raisons, tirées de la connaissance qu'il avait de plusieurs sciences; et voici quel est son sentiment. Il tient que c'est une chose évidente que la lune n'a point de lumière par elle-même, et qu'elle est comme un miroir qui réfléchit celle du soleil. En effet, la lune, qui est celle des sept planètes qui fait son cours le plus près de la terre, le fait aussi en moins de temps que les autres. Passant chaque mois sous le soleil, il arrive que le premier jour, avant qu'elle en soit séparée, elle devient obscure; et étant conjointe au soleil, il n'y a que la partie qui regarde le soleil qui soit éclairée; en cet état, elle est appelée nouvelle. Le jour suivant, qui est le second, passant plus avant et s'éloignant un peu du soleil, elle laisse voir une petite partie de l'extrémité de sa rondeur. Le troisième jour, comme elle s'éloigne un peu davantage, cette lumière commence à croître, et on la voit mieux; puis, s'éloignant tous les jours, lorsqu'elle est arrivée au septième, et qu'elle se trouve, quand le soleil se couche, éloignée de cet astre environ de la moitié du ciel, elle ne fait voir que la moitié de sa partie éclairée. Le quatorzième jour, lorsqu'elle est diamétralement opposée au soleil, elle est pleine, et elle se lève lorsque cet astre se couche, parce que tout l'espace du ciel est entre deux, et qu'elle renvoie toute la splendeur qu'elle reçoit du soleil. Le dix-septième, lorsque le soleil se lève, elle est proche du couchant. Le vingt et unième, après le lever du soleil, la lune est environ au milieu du ciel, et la partie qui regarde le soleil est illuminée, le reste ne paraissant point. Continuant ainsi sa course, elle se trouve le vingt-huitième jour sous le soleil, et alors elle achève le mois. Il me reste à expliquer comment le soleil, passant chaque mois dans un signe, augmente ou diminue et les jours et les heures.

CHAPITRE III (ou V).

Du cours du soleil dans les douze signes du zodiaque, et comment il augmente et diminue la longueur des jours et des heures.

Lorsque le soleil a passé jusqu'à la huitième partie du signe du Bélier, il fait l'équinoxe du printemps; alors passant à la queue du Taureau, et s'avançant ensuite vers les Pléiades, au delà

---

eam vocari primam. Cum præteriens vadat ad orientis cœli partes, relaxari ab impetu Solis, extremamque ejus partem candentiæ oppido quam tenui linea ad terram mittere splendorem; et ita ex eo eam secundam vocari. Quotidiana autem versationis remissione tertiam quartam in dies numerari: septimo die Sol cum sit ad occidentem, Luna autem inter orientem et occidentem medias cœli teneat regiones, quod dimidia parte cœli [spatio] distet a Sole, item dimidiam candentiæ conversam habere ad terram. Inter Solem vero et Lunam cum distet totum mundi spatium, et Lunæ orientis [*orbem*] Sol [*retrospiciens*] cum transit ad occidentem, eam, quod longius absit a radiis, remissam quarta decima die plena rota totius orbis mittere splendorem, reliquosque dies decrescentia quotidiana ad perfectionem lunaris mensis versationibus et cursus a Sole revocationibus subire sub rotam radiosque ejus et menstruas dierum efficere rationes. Uti autem Aristarchus, Samius mathematicus, vigore magno rationes varietatis disciplinis de eadem reliquit, exponam. Non enim latet Lunam suum propriumque non habere lumen, sed esse uti speculum, et a Solis impetu recipere splendorem. Namque Luna de septem astris circulum proximum terræ in cursibus minimum pervagatur. Itaque quot mensibus sub rotam Solis radiosque uno die, antequam præterit, latens obscuratur, cum est cum Sole, nova vocatur: postero autem die, quo numeratur secunda, præteriens a Sole visitationem facit tenuem extremæ rotundationis. Cum triduum recessit a Sole, crescit et plus illuminatur: quotidie vero discedens cum pervenit ad diem septimum, distans a Sole occidente circiter medias cœli regiones, dimidia lucet, et ejus quæ ad Solem pars spectat ea est illuminata. Quarto autem decimo die cum in diametro spatio totius mundi absit a Sole, perficitur plena et oritur, cum Sol sit ad occidentem, ideo quod toto spatio mundi distans consistit contra et impetu Solis totius orbis in se recipit splendorem. Septimo decimo die cum Sol oriatur, ea pressa est ad occidentem: vigesimo et altero die cum Sol est exortus, Luna tenet circiter medias cœli regiones, et id quod spectat ad Solem habet lucidum, in reliquis obscura. Item quotidie cursum faciendo circiter octavo et vigesimo die subit sub radios Solis, et ita menstruas perficit rationes. Nunc ut in singulis mensibus Sol signa pervadens auget et minuit dierum et horarum spatia dicam.

CAPUT III (vulgo V).

(*Quemadmodum Sol signa pervadens augeat et minuat dierum et horarum spatia.*)

Namque cum Sol Arietis signum init et partem octavam pervagatur, perficit æquinoctium vernum: cum progreditur ad caudam Tauri sidusque Vergiliarum, e quibus emi-

desquelles paraît la première moitié du Taureau, il s'avance jusqu'au delà de la moitié du ciel, en se rapprochant des régions septentrionales. Sortant du Taureau pour entrer dans le signe des Gémeaux au lever des Pléiades, il s'élève davantage au-dessus de la terre, et les jours croissent de plus en plus. Il s'avance encore depuis les Gémeaux jusqu'à l'Écrevisse, qui est celui des signes célestes qui occupe le moins d'espace : et lorsqu'il est parvenu à la huitième partie de ce signe, il marque le solstice d'été ; puis, continuant son cours, il va jusqu'à la tête et jusqu'à la poitrine du Lion, qui sont des parties attribuées à l'Écrevisse. Depuis la poitrine du Lion et les extrémités de l'Écrevisse, le soleil, dépassant le reste du signe du Lion, diminue la longueur des jours en diminuant les arcs qu'il fait sur l'horizon, et il recommence à faire les jours égaux à ceux qu'il faisait dans les Gémeaux. Passant ensuite du Lion dans la Vierge, et s'avançant jusqu'au repli qui pend de son vêtement, il diminue encore les arcs qu'il décrit sur l'horizon, et les jours sont alors pareils à ceux qu'il faisait étant dans le Taureau. Passant de là par le repli du vêtement de la Vierge, qui occupe le commencement de la Balance, et arrivant au huitième degré de la Balance, il marque l'équinoxe d'automne, faisant des arcs égaux à ceux qu'il faisait étant dans le signe du Bélier. Après cela, entrant dans le Scorpion lorsque les Pléiades se couchent, il diminue les jours en s'approchant des parties méridionales, et il les rend encore plus petits quand, sortant du Scorpion, il touche aux cuisses du Sagittaire. Mais lorsqu'ayant commencé aux cuisses du Sagittaire, partie du ciel attribuée aussi au Capricorne, il occupe sa huitième partie, il parcourt l'espace du ciel qui est le plus petit ; et c'est de cette brièveté des jours que vient le nom de *bruma* et des jours brumeux. Après son passage du Capricorne dans le Verseau, il fait croître les jours, et les rend égaux à ceux du Sagittaire. Du Verseau entrant dans le signe des Poissons, qui est l'époque où le vent Favonius souffle, il égale les jours à ceux du Scorpion. Ainsi le soleil allonge ou accourcit les jours et les heures, en passant par les signes en des temps différents. Il reste à parler des autres constellations qui sont à droite et à gauche du zodiaque, et qui sont placées et représentées aux régions méridionales ou septentrionales du monde.

CHAPITRE IV (ou VI).

Des constellations qui sont au côté du zodiaque qui est vers le septentrion.

La constellation que les Grecs appellent *Arctos* (1) ou *Hélice* (2), et qui est située au septentrion, a son gardien placé auprès d'elle ; et non loin de là est la Vierge, qui a dans son épaule droite une étoile fort brillante, que les Latins appellent *Provindemiam* (3), et les anciens Grecs *Protrygeton* : mais celle qui est dans l'Épi est encore plus éclatante. Il y a à l'opposite une étoile qui est au milieu des genoux du gardien de l'Ourse, appelé *Arcturus* (4) : à peu de distance de là, au droit de la tête de l'Ourse, le long des pieds des Gémeaux, est le Charretier, dont les pieds sont au-dessus de la corne gauche du Taureau.

(1) Ourse. — (2) Tournoyante. — (3) Qui devance les vendanges. — (4) La queue de l'Ourse.

---

net dimidia pars prior Tauri, in majus spatium mundi quam dimidium procurrit, procedens ad septentrionalem partem. E Tauro cum ingreditur in Geminos exorientibus Vergiliis magis crescit supra terram, et auget spatia dierum : deinde e Geminis cum init ad Cancrum, qui brevissimum tenet cœli spatium, cum pervenit in partem octavam, perficit solstitiale tempus ; et pergens pervenit ad caput et pectus Leonis, quod eæ partes Cancro sunt attributæ. Ex pectore autem Leonis et finibus Cancri Solis exitus, percurrens reliquas partes Leonis, imminuit diei magnitudinem et circinationis, reditque in Geminorum æqualem cursum. Tunc vero a Leone transiens in Virginem progrediensque ad sinum vestis ejus contrahit circinationem et æquat eam, quam Taurus habet, cursus rationem. E Virgine autem progrediens per sinum, qui sinus Libræ partes habet primas, in Libræ parte octava perficit æquinoctium autumnale ; qui cursus æquat eam circinationem, quæ fuerat in Arietis signo. Scorpionem autem cum Sol ingressus fuerit occidentibus Vergiliis, minuit progrediens ad meridianas partes longitudines dierum. E Scorpione cum percurrendo init in Sagittarium ad femina ejus, contractiorem diurnum pervolat cursum. Cum autem incipit a feminibus Sagittarii, quæ pars est attributa Capricorno, ad partem octavam, brevissimum cœli percurrit spatium.

Ex eo a brevitate diurna bruma ac dies brumales appellantur. E Capricorno autem transiens in Aquarium adauget et exæquat Sagittarii longitudine diei spatium. Ab Aquario cum ingressus est in Pisces Favonio flante, Scorpionis comparat æqualem cursum. Ita Sol ea signa pervagando certis temporibus auget aut minuit dierum et horarum spatia. Nunc de ceteris sideribus quæ sunt dextra ac sinistra zonam signorum meridiana septentrionalique parte mundi stellis disposita figurataque dicam.

CAPUT IV (vulgo VI).

(De Sideribus ad dextram orientis inter zonam signorum et septentrionem.)

Namque Septentrio, quem Græci nominant ἄρκτον sive ἑλίκην, habet post se collocatum Custodem : ab eo non longe conformata est Virgo, cujus supra humerum dextrum lucidissima stella nititur, quam nostri provindemiatorem, Græci προτρυγητὴν vocitant : colorata item alia contra est stella media genuorum custodis arcti, qui Arcturus dicitur. Est ibi dedicatus e regione capitis Septentrionis transversus ad pedes Geminorum Auriga ; stant in summo cornu lævo Tauri pedes Aurigæ, itemque sinistra manu Auriga tenet stellas, qui appellantur Hœdi, Capram

Cette constellation a une étoile que l'on nomme la main du Charretier ; les Chevreaux et la Chèvre se voient dans son épaule gauche. Au-dessus des signes du Bélier et du Taureau est placée la constellation de Persée, dont les étoiles qui sont à droite passent au-dessus des Pléiades, et celles qui sont à gauche, au-dessus de la tête du Bélier. Persée s'appuie de la main droite sur Cassiopée, tenant de la gauche, qui est au-dessus du Charretier, la tête de Gorgone par le sommet, et la posant sous les pieds d'Andromède. Les Poissons sont près d'Andromède, le long de son ventre et du dos du Cheval, au ventre duquel il y a, vers l'extrémité, une étoile fort luisante, qui est aussi l'extrémité de la tête d'Andromède. La main droite d'Andromède est au-dessus de la constellation de Cassiopée, et la gauche sur le Poisson septentrional. Le Verseau est au-dessous de la tête du Cheval, dont les pieds touchent les ailes du Cygne. Cassiopée est au milieu ; et le Capricorne a au-dessus de lui l'Aigle et le Dauphin, qui lui sont dédiés ; le long de ces constellations s'étend la Flèche, près de laquelle est placé le Cygne, dont l'aile droite touche la main et le sceptre de Céphée, et dont l'aile gauche s'étend sur Cassiopée ; sous sa queue sont cachés les pieds du Cheval. Le Serpent est au-dessus du Sagittaire, du Scorpion et des Balances ; et il touche du bout de sa tête à la Couronne. Le Serpentaire tient en ses mains le Serpent par le milieu, et pose le pied gauche sur la tête du Scorpion. Non loin de la tête du Serpentaire est celui que l'on appelle l'Agenouillé, et il est fort aisé de connaître les deux sommets des têtes de ces signes, parce que les étoiles qui les forment ne sont pas obscures. Le pied de l'Agenouillé s'appuie sur la tête du Serpent, qui est entre les Ourses appelées *Septentriones*. Le Dauphin se courbe au droit de la tête du petit Cheval ; la Lyre est posée contre le bec du Cygne, et la Couronne est placée entre l'épaule du Gardien de l'Ourse et celle de l'Agenouillé. Les deux Ourses sont placées dans le cercle Arctique, en sorte qu'elles se touchent par le dos, ayant le ventre tourné l'une d'un côté et l'autre de l'autre. La petite est appelée par les Grecs *Cynosure* (1), et la grande, *Hélice*. Leurs têtes sont opposées, et leurs queues s'éloignent aussi l'une de l'autre : car chaque tête s'avançant de chaque côté est au droit de chaque queue. Parmi les étoiles du Serpent, qui s'étend fort loin, il y en a une nommée Polaire, qui est celle que l'on voit fort lumineuse auprès de la tête de la grande Ourse ; car une partie du Serpent, qui est près du Dragon, tourne autour de sa tête ; une autre tourne autour de celle de la petite Ourse, et s'étend encore le long de ses pieds ; ses replis se réfléchissent depuis la tête de la petite Ourse jusqu'à la grande, non loin de son museau et de sa tempe droite. Les pieds de Céphée sont au-dessus de la queue de la petite Ourse ; et non loin de là, au-dessus du Bélier, se voient les étoiles qui composent un triangle ayant deux côtés égaux. Il y a de plus beaucoup d'étoiles de la petite Ourse et de Cassiopée, qui sont mêlées confusément ensemble.

Après avoir parlé des étoiles qui sont dans la partie de l'orient entre le zodiaque et les étoiles septentrionales, il me reste à traiter de celles qui sont dans la partie gauche de l'orient et aux régions méridionales.

(1) Queue de chien.

lævo humero. Tauri quidem et Arietis insuper Perseus dexteriori supercurrens basi Vergilias sinisteriori caput Arietis et manu dextra innitens Cassiopeæ simulacro supra Aurigam, læva tenet Gorgoneam adsumens caput subjiciensque Andromedæ pedibus : ibique ad summum cacumen facientes stellæ sunt trigonum paribus lateribus insuper Arietis signum. Item Pisces supra Andromedam et [*ejus ventris et Equi quæ sunt*] supra spinam Equi, cujus ventris lucidissima stella finit ventrem Equi et caput Andromedæ. Manus Andromedæ dextra supra Cassiopeæ simulacrum est constituta, læva [supra] aquilonalem piscem. Item Aquarius supra Equi caput : Equi ungulæ attingunt Cassiopeam : Aquarii genua media....., dedicata Capricorni. Supra in altitudinem Aquilæ et Delphinus : secundum eos est Sagitta : ab ea autem Volucris, cujus penna dextra Cephei manum attingit et sceptrum, læva supra Cassiopeæ innititur : sub Avis cauda pedes Equi sunt subjecti. Inde Sagittarii, Scorpionis, Libræ insuper Serpens summo rostro Coronam tangit : at eum medium Ophiuchus in manibus tenet Serpentem, lævo pede calcans mediam frontem Scorpionis. Ad dextram partem Ophiuchi capitis non longe positum est caput ejus qui dicitur Nixus in genibus : eorum autem faciliores sunt capitum vertices ad cognoscendum, quod non obscuris stellis sunt conformati. Pes Ingeniculati ad id fulcitur capitis tempus Serpentis, qui est inter Arctos, qui Septentriones dicuntur, implicatus : [parve per eos flectitur Delphinus]. Contra Volucris rostrum est proposita Lyra. Inter humeros Custodis et Geniculati Corona est ordinata. In septentrionali vero circulo duæ positæ sunt Arcti scapularum dorsis inter se compositæ [et] pectoribus aversæ, e quibus minor Κυνόσουρα major Ἑλίκη a Græcis appellatur, earumque capita inter se dispicientia sunt constituta ; caudæ capitibus earum adversæ contrariæque dispositæ figurantur : utrarumque enim superando eminent in summo. Per caudas earum esse dicitur item Serpens exporrecta ; eaque stella, quæ dicitur polus, elucet circum caput majoris Septentrionis : namque qua est proxime, [Draconem] circum caput ejus involvitur, una vero circum Cynosuræ caput injecta est flexu porrectaque proxime ejus pedes : hic autem intorta replicataque se attollens reflectitur a capite minoris ad majorem circa rostrum et capitis tempus dextrum. Item supra caudam minoris pedes sunt Cephei. Septentrionis autem minoris et Cephei simulacri complures sunt stellæ confusæ.

Quæ sunt ad dextram orientis inter zonam signorum et septentrionum sidera in cœlo disposita dixi : nunc explicabo quæ ad sinistram orientis meridianisque partibus ab natura sunt distributa.

CHAPITRE V (OU VII).

Des constellations qui sont à côté du zodiaque vers le midi.

Premièrement le Poisson méridional est placé sous le Capricorne, ayant sa queue tournée vers le Sagittaire. De là il y a un endroit vide jusqu'au Sagittaire. L'autel où l'on brûle l'encens est au-dessous de l'aiguillon du Scorpion. Près de la Balance et du Scorpion, se voient les parties antérieures du Centaure, qui tient dans ses mains cette constellation que les astronomes appellent la Bête. Près de la Vierge, du Lion et de l'Écrevisse, le Serpent étend une bande d'étoiles; il entoure dans ses replis la région de l'Écrevisse, et élève sa tête vers le Lion, soutenant la Tasse sur le milieu de son corps, et étendant sous la main de la Vierge sa queue, sur laquelle est le Corbeau. Les étoiles placées sur ses épaules sont également luisantes. Le Centaure est au droit de la courbure du ventre du Serpent, et au-dessus de sa queue; auprès de la Tasse et du Lion est le navire nommé Argo, dont la proue est obscure, mais dont le mât et les parties voisines du gouvernail sont plus apparentes. Le Chien est joint par le bout de sa queue avec le Navire. Le petit Chien, qui suit les Gémeaux, est auprès de la tête du Serpent, et le grand Chien suit le petit. Orion est en travers sous le Taureau, qui le foule sous un pied. Il tient dans sa main gauche une massue, qu'il lève vers les Gémeaux; il a sous lui comme pour base le Lièvre, suivi de près par le Chien. La Baleine est sous le Bélier et sous les Poissons. Il sort de sa crête une suite d'étoiles rangées par ordre, étoiles appelées en grec *Hermedone* (1), et qui, après s'être étendues assez loin, viennent depuis les Poissons se serrer en un nœud au haut de la crête de la Baleine. L'Éridan est comme un flux d'étoiles, qui a sa source sous le pied gauche d'Orion. L'eau qui est versée par Aquarius passe entre la tête du Poisson méridional et la queue de la Baleine. J'ai parlé ici des constellations dont les figures ont été formées dans le ciel par l'esprit divin, qui est l'auteur de la nature, ainsi que le philosophe Démocrite les a désignées; j'entends seulement celles qui se lèvent et se couchent à notre horizon. Car de même que celles qui sont au septentrion, et qui, faisant leur cours autour du pôle septentrional, ne se couchent point et ne passent jamais sous la terre; ainsi il y en a d'autres sous la terre qui tournent aussi autour du pôle méridional, et qui restent toujours cachées sans se lever sur la terre, ce qui fait que l'on ne sait point quelle est leur figure. La preuve nous en est donnée par l'étoile appelée *Canopus* (2), que nous ne connaissons que par le rapport des marchands qui ont voyagé vers les extrémités de l'Égypte, et jusqu'aux terres situées au bout du monde.

CHAPITRE VI (OU VII, sect. 5, 6, 7).

De l'astrologie, appliquée à la divination et à la connaissance de la destinée des hommes.

J'ai enseigné exactement quel est le cours des astres autour de la terre, et quels sont les douze signes du zodiaque, avec la disposition des étoiles

---

(1) Les délices de Mercure. — (2) Nom du pilote de Ménélaüs.

CAPUT V (vulgo VII).

(De sideribus ad sinistram orientis inter zonam signorum et meridiem).

Primum sub Capricorno subjectus Piscis austrinus caudam prospiciens Ceti : ab eo ad Sagittarium locus est inanis. Turibulum sub Scorpionis aculeo. Centauri priores partes proximæ sunt Libræ et Scorpioni : tenet in manibus simulacrum id, quod Bestiam astrorum periti nominaverunt. At Virginem et Leonem et Cancrum Anguis, porrigens agmen stellarum, intortus succingit, regione Cancri erigens rostrum, ad Leonem medioque corpore sustinens Craterem, ad manumque Virginis caudam subjiciens, in qua inest Corvus. Quæ autem sunt supra scapulas peræque sunt lucentia. Ad Anguis interius ventris sub cauda subjectus est Centaurus : juxta Craterem et Leonem Navis est quæ nominatur Argo, cujus prora obscuratur; sed malus et quæ sunt circa gubernacula eminentia videntur; ipsaque navicula et puppis per summam caudam Cani jungitur. Geminos autem minusculus Canis sequitur contra Anguis caput : major item sequitur minorem. Orion vero transversus est subjectus, pressus ungula Tauri, manu læva tenens [clipeum,] clavam altera ad Geminos tollens. Apud vero ejus basim Canis parvo intervallo insequens Leporem. Arieti et Piscibus Cetus est subjectus, a cujus crista ordinate utrisque Piscibus disposita est tenuis fusio stellarum, quæ græce vocitatur ἁρπεδόναι : magnoque intervallo introrsus pressus nodus Piscium attingit summam Ceti cristam. Eridani per speciem stellarum flumen profluit, initium fontis capiens a lævo pede Orionis : quæ vero ab Aquario fundi memoratur aqua, profluit inter Piscis austrini caput et caudam Ceti. Quæ figurata formataque sunt siderum in mundo simulacra, natura divinaque mente designata, ut Democrito physico placuit, exposui; sed ea tantum, quorum ortus et occasus possumus animadvertere et oculis contueri. Namque uti Septentriones circum axis cardinem versantes non occidunt, neque sub terram subeunt; sic et circa meridianum cardinem, qui est propter inclinationem mundi subjectus terræ, sidera versabunda latentiaque non habent egressus orientes supra terram. Itaque eorum figurationes propter obstantiam terræ non sunt notæ. Hujus autem rei index est stella Canopi, quæ his regionibus est ignota; renunciant autem negotiatores, qui ad extremas Ægypti regiones proximasque ultimis finibus terræ terminationes fuerunt.

CAPUT VI (vulgo VII. sect. 5. 6. 7).

(De astrologia ad divinationes genethliacas et tempestatum translata.)

De mundi circa terram pervolitantia duodecimque signorum ex septentrionali meridianaque parte siderum dis-

situées vers le septentrion et vers le midi, parce que la construction des analèmes dépend de ce tournoiement du monde, du cours que fait le soleil dans les signes du zodiaque par un mouvement contraire, et des ombres équinoxiales des gnomons. Car pour ce qui est du reste, savoir quelle est la puissance des douze signes, quelle est celle du soleil, de la lune et des cinq autres planètes sur la vie des hommes, il faut s'en rapporter à l'astrologie et aux Chaldéens, qui possèdent particulièrement cette science *Généthliologique* (1), laquelle enseigne pourquoi l'on peut savoir, par la connaissance des vertus des astres, le passé et l'avenir. Les inventions qu'ils nous ont laissées dans leurs écrits font voir quels ont été le savoir et l'esprit des grands personnages qui sont sortis de cette nation des Chaldéens. Bérose, le premier d'entre eux, étant venu dans l'île de Cos, y a enseigné cette science; et Antipater l'ayant ensuite étudiée ainsi qu'Achinapolus, ils ont montré tous deux que la généthiologie doit être fondée plutôt sur la conception que sur la naissance. Quant à la connaissance des choses naturelles, des puissances qui gouvernent la nature, et des causes qui produisent tous les effets qui se voient dans le monde, Thalès Milésien, Anaxagore Clazoménien, Pythagore Samien, Xénophane Colophonien, et Démocrite Abdéritain, ont laissé par écrit tout ce qu'ils en ont pensé; et, suivant leurs opinions, Eudoxus, Euctémon, Callippus, Méto, Philippus, Hipparchus, Aratus et les autres astrologues, ont fait, à l'aide de la *parapegmatique* (2), des observations plus exactes, qu'ils ont laissées à la postérité, sur le lever et sur le coucher des étoiles, et sur les saisons de l'année. Ces sciences doivent nous faire admirer ces grands personnages, qui ont étudié avec tant de soin, que les prédictions qu'ils ont faites des changements du temps ont paru venir d'une connaissance plus qu'humaine : aussi est-il raisonnable de s'en rapporter à eux, après la peine qu'ils ont prise pour examiner soigneusement toutes ces choses.

CHAPITRE VII (OU VIII).

De la manière de faire les cadrans au soleil, et des ombres des gnomons au temps des équinoxes à Rome et en d'autres lieux.

Nous nous contenterons d'expliquer la manière de faire les cadrans solaires, et de connaître, outre la grandeur des jours dans chaque signe, la proportion de l'ombre équinoxiale à son gnomon au point du midi. Car le soleil étant au temps de l'équinoxe dans le signe du Bélier ou de la Balance si l'on divise en neuf parties la longueur du gnomon, l'ombre en aura huit à l'élévation du pôle de Rome. Ainsi, à Athènes, si le gnomon a quatre parties, l'ombre en a trois; à Rhodes, s'il est long de sept, l'ombre l'est de neuf; à Tarente, s'il l'est de douze, l'ombre est de neuf; à Alexandrie, s'il a cinq parties, l'ombre en a trois, et ainsi en différents lieux les ombres équinoxiales des gnomons se trouvent naturellement différentes. C'est pourquoi, lorsque l'on voudra faire des cadrans en quelque lieu, il faudra premièrement savoir quelle est l'ombre équinoxiale de ce lieu-là ; car si elle est de huit parties, le gnomon en ayant neuf comme à Rome, on devra tirer sur un plan une ligne au milieu de laquelle on en élèvera une autre à angles droits et à l'équerre.

(1) Qui raisonne sur les naissances. — (2) L'usage des instruments qui servent aux observations astronomiques.

positione, ut sit perfectus, docui : namque ex ea mundi versatione et contrario solis per signa cursu, gnomonumque æquinoctialibus umbris, analemmatorum inveniuntur descriptiones. Cetera ex astrologia, quos effectus habeant signa duodecim, stellæ quinque, Sol, Luna, ad humanæ vitæ rationem, Chaldæorum ratiocinationibus est concedendum : quod propria est eorum genethliologiæ ratio, uti possint antefacta et futura ex ratiocinationibus astrorum explicare. Eorum autem inventiones [quas scriptis] reliquerunt, atque solertia acuminibusque fuerunt magnis, qui ab ipsa natione Chaldæorum profluxerunt ; [ostendunt] primusque Berosus in insula et civitate Co consedit, ibique aperuit disciplinam; postea studens Antipater itemque Achinapolus, qui etiam non e nascentia sed ex conceptione genethliologiæ rationes explicatas reliquit. De naturalibus autem rebus Thales Milesius, Anaxagoras Clazomenius, Pythagoras Samius, Xenophanes Colophonius, Democritus Abderites, rationes quibus natura rerum gubernaretur, quemadmodum quosque effectus habeant, excogitatas reliquerunt. Quorum inventa secuti siderum ortus et occasus tempestatumque significatus Eudoxus, Euctemon, Callippus, Meto, Philippus, Hipparchus, Aratus ceterique ex astrologia invenerunt, et [eas] parapegmatorum disciplinas posteris explicatas reliquerunt. Quorum scientiæ sunt hominibus suspiciendæ, quod tanta cura fuerunt, ut etiam videantur divina mente tempestatum significare post futuros ante pronunciare : quas ob res hæc eorum curis studiisque sunt concedenda.

CAPUT VII (VULGO VIII).

(Docetur analemmatos deformatio.)

Nobis autem ab his separandæ sunt [horologiorum] rationes et explicandæ menstruæ dierum brevitates itemque depalationes. Namque sol æquinoctiali tempore Ariete Libraque versando quas ex gnomone partes habet novem, eas umbras facit octo in declinatione cœli quæ est Romæ : itemque Athenis quam magnæ sunt gnomonis partes quatuor, umbræ sunt tres : ad septem Rhodo quinque : at Tarenti novem ad undecim : Alexandriæ tres ad quinque : ceterisque omnibus locis aliæ alio modo umbræ gnomonum æquinoctiales ab natura rerum inveniuntur disparatæ. Ita in quibuscunque locis horologia erunt describenda, eo loci sumenda est æquinoctialis umbra : et si erunt (quemadmodum Romæ) gnomonis partes novem, umbræ octonæ, describatur linea in planitia, et ex media πρὸς ὀρ-

Cette ligne, qui est appelée gnomon, sera divisée avec le compas en neuf parties, à partir de cette première ligne qui a été tirée sur le plan ; puis au milieu, où est la marque de la neuvième partie, on mettra le centre marqué A, et, ouvrant le compas de la grandeur qu'il y a depuis ce centre jusqu'à la ligne du plan où l'on mettra la lettre B, on décrira avec ce compas un cercle appelé le méridien. Après cela, dans les neuf parties marquées depuis la ligne du plan jusqu'au centre, qui est l'extrémité du gnomon, on prendra la grandeur de huit parties, que l'on marquera sur la ligne du plan au droit où sera la lettre C ; ce qui est l'ombre équinoxiale du gnomon. De ce point C, par le centre, où est la lettre A, on tirera une ligne, qui est le rayon du soleil lorsqu'il est à l'équinoxe. Cela étant fait, on ouvrira le compas pour mesurer l'espace qu'il y a depuis la ligne du plan jusqu'au centre, et l'on fera deux marques égales sur les extrémités du cercle, l'une à gauche vers E, et l'autre à droite vers I ; puis on tirera par le centre une ligne qui séparera le cercle en deux, et qui est appelée horizon par les mathématiciens. Ensuite on ouvrira le compas de la quinzième partie de tout le cercle, et on en mettra une branche sur l'intersection qui est faite par le cercle et par la ligne du rayon équinoxial où sont les lettres F et H. Après cela on tirera deux lignes par ces points et par le centre jusque sur la ligne du plan, où l'on mettra les lettres T et R ; ce qui représentera le rayon que le soleil fait en hiver, et celui qu'il fait en été. Or, il faut que la lettre I soit à l'opposite de la lettre E, au point où la ligne passant par le centre coupe le cercle en deux, et que les lettres K et L soient à l'opposite de G et de H, et qu'ainsi la lettre N soit à l'opposite de C et de F et de A : cela étant, on tirera deux lignes diamétrales, l'une depuis G jusqu'à L, et l'autre depuis H jusqu'à K ; celle de dessus sera pour l'hiver, et celle de dessous pour l'été. Ces lignes diamétrales seront divisées par le milieu aux points M et O, par lesquels et par le centre A on tirera une ligne, qui ira d'une extrémité du cercle à l'autre, où l'on mettra les lettres P et Q. Cette ligne, qui est appelée *axon* (1) par les mathématiciens, sera perpendiculaire à l'équinoxiale. Ensuite, mettant un pied du compas sur chaque centre, et étendant l'autre à l'extrémité des lignes diamétrales, on décrira deux demi-cercles, dont l'un sera pour l'été et l'autre pour l'hiver ; puis, au point où les parallèles coupent la ligne de l'horizon, on mettra la lettre S à droite et la lettre V à gauche : ensuite on tirera une ligne parallèle à celle qui est appelée axon, depuis l'extrémité du demi-cercle où est la lettre G jusqu'à l'autre demi-cercle où est la lettre H : cette ligne parallèle est appelée *Lacotomus* (2). Enfin on mettra encore une branche du compas sur la section que cette ligne fait avec l'équinoxiale marquée X, et l'autre à l'endroit où le rayon d'été coupe le cercle au droit de la lettre H ; et sur ce centre, qui est la ligne équinoxiale, commençant à cet intervalle du rayon d'été, on tracera un cercle pour les mois, qui est appelé *manacus* (3). Cela étant fait, on aura la figure de l'analème. On pourra décrire, au moyen de

(1) Essieu. — (2) Coupure. — (3) Pour les mois.

ὁὰς erigatur, uti sit ad normam, quæ dicitur gnomon : et a linea, quæ erit planitiæ, in linea gnomonis circino novem spatia dimetiantur, et quo loco nonæ partis signum fuerit, centrum constituatur, ubi erit litera A : et diducto circino ab eo centro ad lineam planitiæ, ubi erit litera B, circinatio circuli describatur, quæ dicitur meridiana. Deinde ex novem partibus, quæ sunt a planitia ad gnomonis centrum, octo sumantur et signentur in linea, quæ est in planitia, ubi erit litera C. Hæc autem erit gnomonis æquinoctialis umbra : et ab eo signo et litera C per centrum, ubi est litera A, linea perducatur, ubi erit solis æquinoctialis radius. Tunc ab centro diducto circino ad lineam planitiæ æquilatatio signetur, ubi erit litera E sinisteriore parte, et I dexteriore in extremis lineis circinationis, et per centrum perducenda linea, ut æqua duo hemicyclia sint divisa : hæc autem linea a mathematicis dicitur horizon. Deinde circinationis totius sumenda pars est quinta decima, et circini centrum collocandum in linea circinationis quo loci secat eam lineam æquinoctialis radius, ubi erit litera F, et signandum dextra ac sinistra ubi sunt literæ G, H. Deinde ab his lineæ usque ad lineam planitiæ perducendæ sunt, ubi erunt literæ T, R ; ita erit solis radius unus hibernus alter æstivus. Contra autem E litera I erit ubi secat circinationem linea, quæ est trajecta per centrum ; et contra G et H literæ erunt K et L, et contra C et F et A erit litera N. Tunc perducendæ sunt diametri ab G ad L et ab H ad K : quæ erit inferior, partis erit æstivæ, superior hibernæ. Quæ diametri sunt æque mediæ dividendæ ubi erunt literæ M et O, ibique centra signanda, et per ea signa et centrum A linea ad extremas lineas circinationis est perducenda ubi erunt literæ P, Q. Hæc erit linea πρὸς ὀρθὰς radio æquinoctiali : vocabitur autem hæc linea mathematicis rationibus axon : et ab eisdem centris diducto circino ad extremas diametros describantur hemicyclia duo, quorum unum erit æstivum alterum hibernum. Deinde in quibus locis secant lineæ parallelæ lineam eam, quæ dicitur horizon, in dexteriore parte erit litera S, in sinisteriore V, et ab extremo hemicyclio ubi est litera G, ducatur linea parallelos axoni ad sinistram hemicyclium, ubi est litera H. Hæc autem parallelos linea vocatur lacotomos : et tum circini centrum collocandum est eo loci, quo secat circinationem æquinoctialis radius, ubi erit litera X, et deducendum ad eum locum, quo secat circinationem æstivus radius, ubi est litera H. E centro æquinoctiali intervallo æstivo circinatio circuli menstrui agatur, qui menæus dicitur. Ita habebitur analemmatos deformatio. Cum hoc ita sit descriptum et explicatum sive per hibernas lineas sive per æstivas sive per æquinoctiales aut etiam per menstruas, in subjectionibus rationes horarum erunt ex analemmatis describendæ subjicienturque in eo multæ varietates et genera horologiorum, et describentur rationi-

cet artifice, toutes sortes de cadrans au soleil, en quelque plan que ce puisse être, sur les divisions des lignes des deux tropiques et de l'équinoxiale, ou même des autres signes, par le moyen de l'analème, pourvu que dans toutes les descriptions on divise les jours de l'équinoxe et ceux des deux tropiques en douze parties égales. Si je ne suis pas entré pour cette méthode dans plus de détails, c'est moins pour n'en avoir pas voulu prendre la peine que dans la crainte d'être long et ennuyeux, et à cause du désir que j'ai de dire par qui a été inventée chaque espèce de cadran. Je ne suis point capable d'en inventer de nouveaux, et il ne serait pas convenable que je m'attribuasse les inventions d'autrui : c'est pourquoi je vais dire quels sont les inventeurs des cadrans que nous connaissons.

CHAPITRE VIII (OU IX).

De la construction et de l'usage de certaines horloges ; des horloges à eau, et des horloges d'hiver ou anaphoriques.

L'*hémicycle* (1), creusé dans un carré et coupé en sorte qu'il soit incliné comme l'équinoxial, est, à ce qu'on dit, de l'invention de Bérose, Chaldéen. Le *navire* ou *hémisphère* (2) est d'Aristarque de Samos, de même que le disque posé sur un plan : l'astrologue Eudoxus a trouvé l'*araignée*. Quelques-uns disent que c'est Apollonius. Le plinthe ou carreau, qui a même été placé dans le cirque de Flaminius, est de l'invention de Scopinas de Syracuse; Parménion a trouvé celui que l'on appelle *prostahistoroumena* (3) ; Théodose et Andréas, le *prospancli-*

ma (1) ; Patrocle, le *pélécinon* (2) ; Dionysodore, le cône ; Apollonius, le carquois. D'autres ont encore inventé différentes sortes d'horloges, comme le *conarque* (3), l'*engonate* (4) et l'*antiborée* (5). Il y en a aussi quelques-uns qui ont fait pour ceux qui voyagent des cadrans portatifs, qu'ils ont décrits dans les livres, où chacun peut prendre des modèles pour en faire, pourvu que l'on sache la description de l'analème. Ces mêmes auteurs ont encore donné la manière de faire des horloges au moyen de l'eau ; parmi eux Ctésibius, natif d'Alexandrie, est le premier qui ait découvert la force que le vent a naturellement dans la *pneumatique* (6), et je crois que les curieux seront bien aises de savoir comment ces choses ont été trouvées. Ctésibius, natif d'Alexandrie, était fils d'un barbier ; il naquit avec un esprit tellement inventif, qu'il excellait entre tous aux mécaniques, pour lesquelles il avait une forte inclination. Un jour, ayant envie de pendre un miroir dans la boutique de son père, de telle sorte que l'on pût aisément le hausser et le baisser par le moyen d'une corde cachée, il exécuta ainsi cette machine. Il mit un canal en bois sous la poutre où il avait attaché des poulies, sur lesquelles passait la corde en faisant un angle, pour descendre dans ce bois qu'il avait creusé, afin qu'une boule de plomb y pût glisser ; or, il arriva que lorsque cette boule, allant et venant dans ce canal étroit, faisait sortir par la violence de son mouvement l'air enfermé et épaissi par la compression, et le poussait contre l'air du dehors, cette rencontre et ce choc rendaient un son assez clair. S'étant donc aperçu que l'air ainsi resserré

(1) Demi-cercle. — (2) Demi-globe. — (3) Pour les lieux dont il est fait mention dans les histoires.

(1) Pour tous les climats. — (2) La hache. — (3) Angulaire. — (4) Fait en genou. — (5) Opposé au septentrion. — (6) Qui se fait par le moyen du vent.

bus his artificiosis. Omnium autem figurarum descriptio numquam earum effectus unus, uti dies æquinoctialis brumalisque itemque solstitialis in duodecim partes æqualiter sit divisus. Quas res non pigritia deterritus prætermisi, sed ne multa scribendo offendam : a quibusque inventa sunt genera descriptionesque horologiorum exponam. Neque enim nunc nova genera invenire possum, nec aliena pro meis prædicanda videntur. Itaque quæ nobis tradita sunt et a quibus sint inventa, dicam.

CAPUT VIII (vulgo IX).

(*De quorundam horologiorum inventionibus : de horologiis ex aqua : et de horologiis hibernis vel anaphoricis.*)

Hemicyclium excavatum ex quadrato ad enclimaque succisum Berosus Chaldæus dicitur invenisse : Scaphen sive hemisphærium Aristarchus Samius : idem etiam discum in planitia : Arachnen Eudoxus astrologus ; nonnulli dicunt Apollonium. Plinthium sive lacunar, quod etiam in Circo Flaminio est positum, Scopinas Syracusius ; πρὸς τὰ ἱστορούμενα Parmenion : πρὸς πᾶν κλίμα Theodosius et Andreas : Patrocles Pelecinon, Dionysodorus conum,

Apollonius Pharetram : aliaque genera et qui supra scripti sunt et alii plures inventa reliquerunt, uti conarchenen conatum, plinthium, antiboræum. Item ex his generibus viatoria pensilia uti fierent plures scripta reliquerunt : ex quorum libris si quis velit subjectiones invenire, poterit ; dummodo sciat analemmatos descriptiones. Item sunt ex aqua conquisitæ ab eisdem scriptoribus horologiorum rationes, primumque a Ctesibio Alexandrino, qui etiam spiritales pneumaticasque res invenit. Sed uti fuerint ea exquisita, dignum studiosis [*est*] agnoscere. Ctesibius enim fuerat Alexandriæ natus patre tonsore : is ingenio et industria magna præter reliquos excellens, dictus est artificiosis rebus se delectare. Namque cum voluisset in taberna sui patris speculum ita pendere, ut, cum duceretur sursumque reduceretur, linea latens pondus deduceret, ita collocavit machinationem. Canalem ligneum sub tigno fixit, ibique trochleas collocavit ; per canalem lineam in angulum deduxit, ibique tubulos struxit : in eos pilam plumbeam per lineam demittendam curavit. Ita pondus cum decurrendo in angustias tubulorum premeret cœli crebritatem, vehementi decursu per fauces frequentiam cœli compressam solidatam extrudens in aërem patentem offensione et tactu sonitus expresserat claritatem. Ergo Cte-

et poussé avec véhémence rendait un son pareil à la voix, il fut le premier qui sur ce principe inventa les *machines hydrauliques* (1), comme aussi tous les *automates* (2) qui se font par l'impulsion des eaux renfermées, les machines qui sont fondées sur la force du *cercle* ou sur celle du *levier*, et plusieurs autres belles et agréables inventions, mais principalement les horloges qui se font par le moyen de l'eau. Pour faire réussir ces machines, il perça une lame d'or ou une pierre précieuse, et il choisit ces matières parce qu'elles ne sont pas capables d'être usées par le passage continuel de l'eau, ni sujettes à engendrer des ordures qui puissent boucher l'ouverture. Cela étant ainsi fait, l'eau qui coule également par ce petit trou fait monter un *morceau de liège*, ou un vaisseau renversé, que les ouvriers appellent *tympanum* (3), et sur lequel est une règle avec des roues également dentelées, en sorte que par le moyen de ces dents, dont l'une pousse l'autre, ces roues tournent fort lentement. Il se fait encore d'autres règles et d'autres roues dentelées de la même manière, et ces roues produisent en tournant plusieurs effets par un seul mouvement, comme de faire marcher diversement de petites figures à l'entour de quelques pyramides, de jeter des pierres semblables à des œufs, de faire tourner des trompettes et d'autres choses encore, qui ne sont point de l'essence de l'horloge. On fait aussi des horloges en marquant les heures sur des colonnes ou sur des pilastres, et une petite figure montre ces heures avec une baguette pendant tout le jour, à mesure qu'elle s'élève de bas en haut. Or, afin que la grandeur des heures, qui est inégale et qui change tous les mois, soit exactement marquée, l'on ajoute ou l'on ôte des coins qui arrêtent l'eau et l'empêchent de couler trop vite. Pour cela on fait deux cônes, dont l'un est creux, l'autre solide, et tous deux arrondis avec tant de justesse, qu'entrant l'un dans l'autre ils se joignent parfaitement; de sorte que par une même règle, en les serrant ou les lâchant, on peut donner plus ou moins de force au cours de l'eau. C'est par de semblables artifices que l'on fait des horloges avec de l'eau pour le temps de l'hiver. Que si l'on trouve que l'accourcissement ou l'augmentation des jours ne se peut pas faire commodément à l'aide de ces coins, parce qu'il y peut arriver plusieurs inconvénients, on pourra faire autrement. On marquera par le moyen de l'analème, sur une petite colonne, les différences des heures par des lignes, lesquelles traverseront celles qui marquent les mois; et cette colonne, qui sera mobile, tournant incessamment, fera que le bout de la baguette de la petite figure, qui en s'élevant montre les heures, indiquera des heures plus grandes ou plus petites, selon qu'elles le sont en chaque mois. Il se fait encore d'autres horloges d'hiver, que l'on appelle *anaphoriques* (1); voici comment. On marque les heures sur des filets de cuivre tout autour d'un centre, selon la description de l'analème; ce centre est aussi entouré de cercles disposés selon les mois, et derrière ces filets est une roue sur laquelle le ciel est peint, ainsi que le zodiaque et les douze signes, avec leurs espaces inégaux, qui sont indiqués par des lignes partant du centre. Cette roue est attachée par derrière à son essieu, autour duquel est entortillée une petite chaîne de cuivre;

(1) Machines composées d'eau et de tuyaux. — (2) Les choses qui se remuent d'elles-mêmes. — (3) Tambour.

(1) Montants.

sibius cum animadvertisset, ex tactu cœli et expressionibus spiritus voces [que] nasci, his principiis usus hydraulicas machinas primus instruxit. Item aquarum expressione automatopœtas machinas multaque deliciarum genera, in his etiam horologiorum ex aqua comparationes explicuit. Primumque constituit cavum ex auro perfectum aut ex gemma terebrata; ea enim nec teruntur percussu aqua, nec sordes recipiunt, ut obturentur. Namque æqualiter per id cavum influens aqua sublevat scaphium inversum, quod ab artificibus phellos sive tympanum dicitur; in quo collocata regula versatilia tympana denticulis æqualibus sunt perfecta: qui denticuli alius alium impellentes versationes modicas faciunt et motiones. Item aliæ regulæ aliaque tympana, ad eundem modum dentata, una motione coacta versando faciunt effectus varietatesque motionum, in quibus moventur sigilla, vertuntur metæ, calculi aut ova projiciuntur, buccinæ canunt, reliquaque parerga. In his etiam aut in columna aut parastatica horæ describuntur, quas sigillum egrediens ab imo virgula significat in diem totum; quarum brevitates aut crescentias cuneorum adjectus aut exemptus in singulis diebus et mensibus perficere cogit. Præclusiones aquarum ad temperandum ita sunt constitutæ. Metæ sunt duæ, una solida, altera cava, ex torno ita perfectæ, ut alia in aliam inire conveniraque possit; et eadem regula laxatio earum aut coartatio efficiat aut vehementem aut lenem in ea vasa aquæ influentem cursum. Ita his rationibus et machinatione ex aqua componuntur horologiorum ad hibernum usum collocationes. Sin autem cuneorum adjectionibus et detractionibus correptiones dierum aut crescentiæ non probabuntur, quod cunei sæpissime vitia faciunt, sic erit explicandum. In columella horæ ex analemmatis transverse describantur menstrueæque lineæ in columella signentur; eaque columella versatilis perficiatur, uti ad sigillum virgulamque (qua virgula egrediens sigillum ostendit horas), columna versando continenter suas cujusque mensis brevitates et crescentias faciat horarum. Fiunt etiam alio genere horologia hiberna, quæ anaphorica dicuntur, perficiunturque rationibus his. Horæ disponuntur ex virgulis æneis ex analemmatos descriptione, ab centro dispositæ in fronte: in ea circuli sunt circumdati, menstrua spatia finientes. Post has virgulas tympanum collocatur, in quo descriptus et depictus sit mundus signiferque circulus, descriptione duodecim cœlestium signorum sit figurata, cujus e centro deformatur cujuslibet signi spatium, unum majus alterum minus. Posteriori autem parti tympano medio axis versatilis est inclusus, inque eo axi ænea mollis catena est involuta, ex qua pendet ex una parte phellos sive tympanum, quod ab

à cette chaîne pend d'un côté le liége ou tympan, qui est soutenu par l'eau, et de l'autre un sac plein de sable du même poids que le liége : cela fait qu'à mesure que l'eau soulève le liége, le sac que son poids tire en bas fait tourner l'essieu, et par conséquent la roue ; ce qui est cause que tantôt une plus grande partie du zodiaque, tantôt une moindre, marque en passant les différences des heures selon les temps. Car dans le signe de chaque mois on fait justement autant de trous qu'il y a de jours, et dans l'un de ces trous on met une espèce de clou à tête, qui représente le soleil et qui marque les heures. Ce clou passant d'un trou dans un autre, décrit ainsi le cours d'un mois : et de même que le soleil, en parcourant les espaces des signes, fait les jours ou plus grands ou plus petits, ainsi le clou dans ces horloges allant de trou en trou, par une progression contraire à celle de la roue, lorsqu'il est changé tous les jours, passe en un certain temps par des espaces plus larges, et en d'autres temps par de plus étroits ; de sorte qu'il représente fort bien la longueur différente que les jours et les heures ont dans divers mois. Mais si l'on veut que l'eau tombe dans une proportion convenable, pour marquer cette inégalité de jours et d'heures, on pourra le faire de cette manière : Derrière la plaque qui est devant l'horloge, il faut placer en dedans un vase qui serve de réservoir, et dans lequel l'eau tombe par un tuyau. Ce vase a par le bas un conduit, au bout duquel est soudé un tambour de cuivre qui est aussi percé, en sorte que l'eau du château peut couler par ce trou. Ce tambour en renferme un autre plus petit, et l'un et l'autre sont joints ensemble comme un essieu l'est au moyeu d'une roue. Ces deux parties sont appelées l'une mâle et l'autre femelle, et sont ajustées en sorte que le petit tambour tourne dans le grand fort juste et fort doucement, de même que fait un robinet sur le bord du grand tambour. Tout alentour on marque trois cent soixante-cinq points, également distants les uns des autres ; et le petit tambour, dans un endroit de sa circonférence, a une petite pointe qui sert à l'adresser au droit de chacun des points du grand tambour. De plus, il y a au petit tambour une ouverture tellement ajustée, qu'elle ne laisse sortir l'eau que dans une mesure proportionnée ; ce qui se fait ainsi : Après avoir marqué autour du grand tambour, qui est immobile, les signes du zodiaque, en sorte que celui de l'Écrevisse soit en haut, ayant au bas le Capricorne, opposé à plomb, à droite les Balances et à gauche le Bélier, et ainsi les autres signes comme ils sont dans le ciel lorsque le soleil est au signe du Capricorne, on place la pointe du petit tambour au droit du Capricorne qui est marqué sur le grand, et ainsi chaque jour on l'adresse à chacun des points de ce signe. Par ce moyen, il arrive que l'eau pressant à plomb sur l'ouverture du petit tambour, passe plus vite dans le vaisseau qui la reçoit, lequel étant rempli en moins de temps, accourcit les heures et les jours. Ensuite, lorsque, continuant à faire tourner le petit tambour, on adresse sa pointe au droit du Verseau, sa plus grande ouverture, qui n'est plus au droit de la ligne à plomb, étant un peu descendue, ne laisse plus sortir une si grande quantité d'eau ; et ainsi le vaisseau, en recevant moins, rend les heures plus longues. De même, lorsque l'on continue à faire monter la

aqua sublevatur, ex altera æquo pondere phelli sacoma saburrale. Ita quantum ab aqua phellos sublevatur, tantum saburræ pondus infra deducens versat axem, axis autem tympanum ; cujus tympani versatio alias efficit uti major pars circuli signiferi alias minor in versationibus suis temporibus designet horarum proprietates. Namque in singulis signis sui cujusque mensis dierum numeri cava sunt perfecta, cujus bulla, quæ solis imaginem horologiis tenere videtur, significat horarum spatia : ea translata ex terebratione in terebrationem mensis vertentis perficit cursum suum. Itaque quemadmodum sol per siderum spatia vadens dilatat contrahitque dies et horas, sic bulla in horologiis ingrediens per puncta contra centri tympani versationem, quotidie cum transfertur aliis temporibus per latiora aliis per angustiora spatia, menstruis finitionibus imagines efficit horarum et dierum. De administratione autem aquæ, quemadmodum se temperet ad rationem, sic erit faciendum. Post frontem horologii intra collocetur castellum, in idque per fistulam saliat aqua, et in imo habeat cavum. Ad id autem affixum sit ex ære tympanum habens foramen, per quod ex castello in id aqua influat. In eo autem minus tympanum includatur cardinibus ex torno masculo et femina inter se coartatis, ita uti minus tympanum quemadmodum epistomium in majore circumagendo arte leniterque versetur. Majoris autem tympani labrum æquis intervallis CCCLXV puncta habeat signata ; minor vero orbiculus in extrema circinatione fixam habeat lingulam, cujus cacumen dirigat ad punctorum regiones : inque eo orbiculo temperatum sit foramen, quia in tympanum aqua influit per id, et servat administrationem. Cum autem in majoris tympani labro fuerint signorum cœlestium deformationes, id autem sit immotum, et in summo habeat deformatum Cancri signum, ad perpendiculum ejus in imo Capricorni ad dextram spectantis Libræ ad Arietem. Signa quoque cetera inter eorum spatia designata sint, uti in cœlo videntur. Igitur cum Sol fuerit in Capricorno, orbiculi lingula in majoris tympani parte Capricorni quotidie singula puncta tangens, ad perpendiculum habens aquæ currentis vehemens pondus, celeriter per orbiculi foramen id extrudit ad vas, tum excipiens eam, (quoniam brevi spatio impletur,) corripit et contrahit dierum minora spatia et horarum. Cum autem quotidiana versatione minoris tympani lingula ingreditur in Aquarium, tum descendit foramen a perpendiculo, et aquæ minus vehementi cursu cogitur tardius emittere salientem. Ita quo minus celeri cursu vas excipit aquam, dilatat horarum spatia. Aquarii vero Piscium que punctis, uti gradibus scandens, orbiculi foramen in Ariete tangendo octavam partem, aquæ temperate salienti præstat æquinoctiales horas. Ab Ariete per Tauri et Geminorum spatia ad

pointe comme par degrés le long des points qui appartiennent aux signes du Verseau et des Poissons, et que l'on est au droit de la huitième partie de l'Écrevisse, l'ouverture du petit tambour, qui par ce moyen poursuit son cours, est encore plus rétrécie; et l'eau sortant en moindre quantité, et plus lentement, rend les heures telles qu'elles sont dans l'Écrevisse, au solstice d'été. Enfin descendant de l'Écrevisse, et passant par le Lion et par la Vierge, jusqu'à la huitième partie des Balances, les espaces des heures diminuent par degrés, jusqu'à ce qu'étant au droit des Balances, elles deviennent telles qu'elles doivent être à l'équinoxe. De même, lorsque l'on fait encore descendre davantage la pointe par le Scorpion et par le Sagittaire, pour parvenir à la huitième partie du Capricorne, dont on était premièrement parti, alors, à cause de la grande abondance de l'eau qui sort, les heures reviennent à la courte durée qu'elles ont au solstice d'hiver.

J'ai traité le mieux qu'il m'a été possible de la manière de construire des horloges, et j'ai tâché d'en faciliter l'usage. Il me reste à parler des machines et de leurs principes, pour achever le corps entier de l'architecture. C'est ce que je vais faire dans le livre qui suit.

LIVRE DIXIÈME.

Préface.

On dit qu'à Éphèse, qui est une des plus grandes et des plus célèbres villes de la Grèce, il y avait autrefois une loi très-sévère, mais très-juste, par laquelle des architectes qui entreprenaient un ouvrage public étaient tenus de déclarer ce qu'il devait coûter, de le faire pour le prix qu'ils avaient demandé, et d'y obliger tous leurs biens. Quand l'ouvrage était achevé, ils étaient récompensés et honorés publiquement si la dépense était telle qu'ils l'avaient annoncée : si elle n'excédait que du quart ce qui était demandé dans le marché, le surplus était fourni sur les deniers publics; mais quand elle dépassait le quart, l'excédant était fourni par les architectes. Il serait à souhaiter que les Romains eussent un semblable règlement pour leurs bâtiments tant publics que particuliers : cela empêcherait qu'une infinité d'ignorants ne se mêlassent impunément de l'architecture; il n'y aurait que d'habiles gens qui en feraient profession; les particuliers ne se ruineraient pas comme ils font par des dépenses excessives; la crainte de la peine introduite par la loi porterait les architectes à ne pas dissimuler la dépense qu'ils prévoient être nécessaire; et par ce moyen on ferait faire les bâtiments pour le prix que l'on se serait proposé, ou du moins à peu de chose près. Car celui qui veut dépenser quatre cents livres pour son bâtiment pourra bien y en ajouter encore cent autres, pour avoir le plaisir de voir achever son ouvrage; mais quand on est trompé de la moitié dans la dépense à laquelle on s'était résolu, on perd courage, et bien souvent on est contraint d'abandonner ce que l'on a entrepris. Et ce n'est pas seulement dans la construction des bâtiments que l'on est trompé de la sorte; la même surprise se fait dans les jeux publics, soit de gladiateurs,

---

summa Cancri puncta partis octavæ foramen seu tympanum versationibus peragens, et in altitudinem eo rediens viribus extenuatur : et ita tardius fluendo dilatat morando spatia, et efficit horas in Cancri signo solstitiales. A Cancro cum proclinat et peragit per Leonem et Virginem ad Libræ partis octavæ puncta revertendo et gradatim corripiendo spatia contrahit horas, et ita perveniens ad puncta Libræ æquinoctiales rursus reddit horas. Per Scorpionis vero spatia et Sagittarii proclivius deprimens sese foramen rediensque circumactione ad Capricorni partem octavam, restituitur celeritate salientis ad brumales horarum brevitates.

Quæ sunt in horologiorum descriptionibus rationes et apparatus, uti sint ad usum expeditiores, quam aptissime potui, perscripsi : restat nunc de machinationibus et de earum principiis ratiocinari. Itaque de his, ut corpus emendatum architecturæ perficiatur, in sequenti volumine incipiam scribere.

LIBER DECIMUS.

Præfatio.

Nobili Græcorum et ampla civitate, Ephesi, lex vetusta dicitur a majoribus dura conditione sed jure esse non iniquo constituta. Nam architectus cum publicum opus curandum recipit, pollicetur quanto sumptu id sit futurum; tradita æstimatione magistratui bona ejus obligantur, donec opus sit perfectum : absoluto autem cum ad dictum impensa respondet, decretis et honoribus ornatur. Item si non amplius quam quarta ad æstimationem est adjicienda, de publico præstatur, neque ulla pœna tenetur : cum vero amplius quam quarta in opere consumitur, ex ejus bonis ad perficiendum pecunia exigitur. Utinam dii immortales fecissent ea lex etiam populo romano non modo publicis sed etiam privatis ædificiis esset constituta : namque non sine pœna grassarentur imperiti; sed qui summa doctrinarum subtilitate essent prudentes, sine dubitatione profiterentur architecturam; neque patres familiarum inducerentur ad infinitas sumptuum profusiones, et ut ex bonis ejicerentur; ipsique architecti pœnæ timore coacti diligentius modum impensarum ratiocinantes explicarent, uti patres familiarum ad id quod præparavissent seu paulo amplius adjicientes ædificia expedirent. Nam qui quadringenta ad opus possunt parare, si adjiciant centum, habendo spem perfectionis delectationibus tenentur; qui autem adjectione dimidia aut ampliore sumptu onerantur, amissa spe et impensa abjecta, fractis rebus et animis, desistere coguntur. Nec solum id vitium in ædificiis sed etiam in muneribus,

soit de comédiens, que les magistrats donnent au peuple; car ces choses ne souffrent point de retard, et il y a un temps fixé, dans lequel on doit avoir mis en état les amphithéâtres, les voiles que l'on y étend, les décorations des théâtres, et toutes les machines qui se font pour les spectacles, et qui exigent beaucoup de soins et une grande application d'esprit, parce que rien de tout cela ne se fait sans le secours d'inventions nouvelles et nombreuses. Il serait donc de la dernière importance d'ordonner qu'avant d'entreprendre ces sortes d'ouvrages on examinât soigneusement tous les moyens que l'on a de les exécuter. Mais comme il n'y a ni loi ni ordonnance qui oblige d'en user de la sorte, et que tous les ans les préteurs et les édiles sont obligés de préparer des machines pour les jeux et pour les spectacles publics, j'ai cru, César, que je ne ferais pas une chose inutile, après avoir traité des bâtiments dans mes premiers livres, d'expliquer dans le dernier les principes de toutes sortes de machines, et la manière de les construire.

CHAPITRE I.

Des machines, et comment elles diffèrent de ce qu'on appelle les organes.

Machine est un assemblage de bois bien joint, par le moyen duquel on peut remuer de très-lourds fardeaux. L'effet de la machine dépend de l'art, et il est fondé sur le mouvement circulaire, que les Grecs appellent *cycliken kinecin* (1). Le premier genre de machine sert à monter; les Grecs l'appellent *acrobaticon* (2). Le second genre, qu'ils nomment *pneumaticon* (1), a pour principe le vent; le troisième est pour tirer; ils l'appellent *banauson* (2). La machine pour monter est disposée de telle sorte qu'au moyen de deux pièces de bois d'une certaine hauteur, et jointes par plusieurs pièces traversantes, on peut monter sans danger pour voir et reconnaître les travaux des ennemis. La machine pneumatique est celle qui, par l'impulsion de l'air, imite le son des instruments, et même la voix humaine. La machine faite pour tirer est celle qui transporte ou qui élève de grands fardeaux. Pour monter à des lieux élevés, on n'a pas tant besoin d'artifice que de hardiesse. Tout l'artifice consiste à assembler des montants et des échelons, en sorte que l'on en compose une machine pliante, dont une partie sert de soutien à l'autre. L'art de faire agir les machines par le moyen de l'air est très-ingénieux, et produit des effets merveilleux. Pour ce qui est de l'art de tirer de grands fardeaux, il est très-utile pour quantité de choses, mais particulièrement pour faire de grands et magnifiques ouvrages, quand on s'en sert avec prudence et discrétion. Toutes ces machines se remuent ou mécaniquement ou organiquement; car il semble qu'il y a quelque différence entre machine et organe, et que machine est ce qui exige, pour produire son effet, un plus grand appareil, et qui a besoin de la force de plusieurs hommes, comme les balistes et les pressoirs; au lieu que les organes font le leur à l'aide d'un seul homme qui les conduit avec adresse : les *arbalètes* et les *anisocycles* (3) sont de ce genre. Mais les ma-

(1) Mouvement circulaire. — (2) Qui monte en haut.

(1) Qui agit par le vent. — (2) Qui tire. — (3) Instruments composés de cercles inégaux.

quæ a magistratibus foro gladiatorum scenisque ludorum dantur; quibus nec mora neque expectatio conceditur, sed necessitas finito tempore perficere cogit, id est sedes spectaculorum velorumque inductiones et ea omnia, quæ scenicis moribus per machinationem ad spectationes populo comparantur. In his vero opus est prudentia diligenti et ingenii doctissimi cogitatu; quod nihil eorum perficitur sine machinatione studiorumque vario ac solerti vigore. Igitur quoniam hæc ita sunt tradita et constituta, non videtur esse alienum, uti caute summaque diligentia, antequam instituantur opera, eorum expediantur rationes. Ergo quoniam neque lex neque morum institutio id potest cogere, et quotannis et prætores et ædiles ludorum causa machinationes præparare debent, visum mihi est, Imperator, non esse alienum, quoniam de ædificiis in prioribus voluminibus exposui, in hoc, quod finitionem summam corporis habet constitutam, quæ sint principia machinarum, ordinata præceptis explicare.

CAPUT I.

De machina et ejus ab organo differentia.

Machina est continens ex materia conjunctio maximas ad onerum motus habens virtutes. Ea movetur ex arte circulorum rotundationibus, quam Græci κυκλικὴν κίνησιν appellant. Est autem unum genus scansorium, quod græce ἀκροβατικὸν dicitur : alterum spiritale, quod apud eos πνευματικὸν appellatur : tertium tractorium; id autem Græci βαρουλκον vocitant. Scansoriæ autem machinæ ita fuerunt collocatæ, ut ad altitudinem tignis statutis et transversariis colligatis sine periculo scandatur ad apparatus spectationem : ut spiritales, cum spiritus expressionibus impulsus et plagæ vocesque ὀργανικῶς exprimuntur. Tractoriæ vero, cum onera machinis pertrahuntur aut ad altitudinem sublata collocantur. Scansoria ratio non arte sed audacia gloriatur : ea catenationibus et [transversariis et] plexis colligationibus et erismatorum fulturis continetur. Quæ autem spiritus potestate assumit ingressus, elegantes artis subtilitatibus consequitur effectus. Tractoria autem majores et magnificentia plenas habet ad utilitatem opportunitates et in agendo cum prudentia summas virtutes. Ex his sunt quæ μηχανικῶς, alia ὀργανικῶς moventur. Inter machinas et organa id videtur esse discrimen, quod machinæ pluribus operis aut vi majore coguntur effectus habere, uti balistæ torculariorumque prela. Organa autem unius operæ prudenti tactu perficiunt quod propositum est, uti scorpionis seu anisocyclorum versationes. Ergo et organa et machinarum ratio ad usum sunt necessaria, sine quibus nulla res potest esse non impedita. Omnis autem machinatio est

chines et les organes ont cela de commun, que l'on ne peut commodément s'en passer pour les choses auxquelles on les emploie. Or, toute la mécanique est fondée ou sur la nature des choses, ou sur l'étude que l'on a faite des mouvements circulaires du monde. Car si nous considérons le soleil et la lune, et les cinq autres planètes, nous remarquerons que leur mouvement, qui nous apporte la lumière et fait mûrir les fruits, est causé par une machine qui les fait tourner. C'est d'après ce parfait modèle que les anciens ont fait des inventions si utiles et si nécessaires à la vie. Ils ont rendu les ouvrages plus aisés à faire par le moyen des machines et des organes, qu'ils ont perfectionnés de plus en plus par leur étude et par leur industrie, à mesure qu'ils en ont reconnu la nécessité. Ce qui est le plus nécessaire, et a dû être inventé avant toutes les autres choses, c'est le vêtement; pour l'inventer, il a fallu, à l'aide de plusieurs instruments, trouver le moyen d'entrelacer la chaîne avec la trame, et cet entrelacement a produit une chose qui n'est pas seulement nécessaire pour couvrir le corps, mais qui lui sert aussi d'ornement. Nous n'aurions jamais eu en aussi grande abondance les fruits qui servent à notre nourriture, si l'on n'avait imaginé de se servir de bœufs et de charrues; sans les moulinets et les leviers, dont on fait usage pour les pressoirs, on ne pourrait faire des huiles claires et des vins agréables comme nous les avons; et tous ces biens ne pourraient être portés d'un lieu dans un autre, si l'on n'avait inventé les charrettes, les haquets et les bateaux, pour les transporter sur la terre et sur l'eau. Les balances et les trébuchets ont aussi été inventés pour savoir quel est le poids de chaque chose, et pour empêcher les tromperies qui se font contre les lois. Il y a une infinité d'autres machines, dont il n'est point nécessaire de parler présentement, parce qu'elles sont assez connues, comme les roues, les soufflets des ouvriers, les carrosses, les *chaises roulantes*, le tour, et les autres instruments dont on use d'ordinaire. Mais il faut commencer par parler des machines qui sont le plus rares, et en expliquer le mécanisme.

CHAPITRE II (OU II, III, IV, V, VI, VII).

Des machines qui sont faites pour tirer.

Nous traiterons en premier lieu des machines qui sont nécessaires pour la construction des temples et pour les autres ouvrages publics. Voici comment on les fait : on dresse trois pièces de bois proportionnées à la pesanteur des fardeaux que l'on veut élever; on les joint par en haut avec une cheville, et on les écarte par en bas. Le haut, qui est attaché et retenu des deux côtés par des écharpes, soutient une moufle appelée par quelques-uns *réchamus*, dans laquelle on met deux poulies, qui tournent sur leurs goujons. Le câble qui doit tirer ayant été passé sur la poulie d'en haut, on le fait passer ensuite sur une autre poulie, qui est dans la moufle inférieure; ensuite on le fait revenir sur la poulie qui est au bas de la moufle supérieure, et l'on fait encore descendre la corde, pour en attacher le bout au trou qui est dans la moufle inférieure. L'autre bout de la corde descend en bas, vers l'endroit où les grandes pièces de bois équarries se retirent en arrière en s'écartant, et auxquelles sont attachées les amarres qui reçoivent les deux bouts du moulinet, afin

---

a rerum natura procreata ac praeceptrice et magistra mundi versatione instituta. Namque animadvertamus primum et aspiciamus continentem Solis, Lunae, quinque etiam stellarum naturam, quae ni machinata versarentur, non habuissemus interdiu lucem nec fructuum maturitates. Cum ergo majores haec ita esse animadvertissent, e rerum natura sumpserunt exempla, et ea imitantes, inducti rebus divinis, commodas vitae perfecerunt explicationes. Itaque comparaverunt, ut essent expeditiora, alia machinis et earum versationibus, nonnulla organis : et ita quae ad usum utilia essent studiis artibus institutis, gradatim augenda doctrinis curaverunt. Attendamus enim primum inventum de necessitate, ut vestitus, quemadmodum telarum organicis administrationibus connexus staminis ad subtegmen non modo corpora tegendo tueatur sed etiam ornando adjiciat honestatem. Cibi vero non habuissemus abundantiam, nisi juga et aratra bobus jumentisque [omnibus] essent inventa : suculurumque et prelorum et vectium si non fuisset torcularis praeparatio, neque olei nitorem neque vineum fructum habere potuissemus ad jucunditatem : portationesque eorum non essent, nisi plaustrorum seu sarracorum per terram navicularum per aquam inventae essent machinationes. Trutinarum vero librarumque ponderibus examinatio reperta vindicat ab iniquitate justis moribus vitam : non minusque sunt innumerabili modo rationes machinationum ; de quibus non necesse videtur disputare, quoniam sunt ad manum quotidianae, ut sunt rotae, folles fabrorum, rhedae, cisia, torni, ceteraque quae communes ad usum consuetudinibus habent opportunitates. Itaque incipiemus de his, quae raro veniunt ad manus, ut nota sint, explicare.

CAPUT II. (VULGO II III. IV. V. VI. VII).

De machinis tractoriis.

Primumque instituemus de his, quae aedibus sacris ad operumque publicorum perfectionem necessitate comparantur, quae fiunt ita. Tigna tria ad onerum magnitudinem ratione expediuntur, a capite fibula conjuncta et in imo divaricata eriguntur, funibus in capitibus collocatis et circa dispositis erecta retinentur : alligatur in summo trochlea, quem etiam nonnulli rechamum dicunt. In trochleam induntur orbiculi duo per axiculos versationes habentes per orbiculum summum trajicitur ductarius funis, deinde demittitur et traducitur circa orbiculum trochleae inferioris; refertur autem ad orbiculum imum trochleae superioris, et ita descendit ad inferiorem, et in foramine ejus religatur : altera pars funis refertur inter imas machinae partes. In quadris autem tignorum posterioribus, quo loci sunt divaricata, figuntur chelonia, in quae conjiciuntur sucularum capita, ut faciliter axes versentur. Eae sucula-

qu'ils y puissent tourner aisément. Le moulinet vers chacun de ses bouts a deux trous disposés en sorte que l'on y puisse passer des leviers. On attache à la partie inférieure de la moufle des tenailles de fer, dont les crochets s'adaptent aux trous que l'on fait pour cela dans les pierres. L'effet de toute cette machine, qui est d'élever et de poser en haut les fardeaux, vient de ce que l'on attache le bout de la corde au moulinet, qui, étant tourné par les leviers, bande la corde entortillée alentour. La machine dont nous venons de parler, et où il y a trois poulies, s'appelle *trispastos* (1) ; quand il y en a deux à la partie inférieure et trois à la partie supérieure, on l'appelle *pentaspastos* (2). Si l'on veut avoir des machines capables de lever de plus grands fardeaux, il faudra employer des pièces de bois plus longues et plus grosses, et augmenter à proportion la force des chevilles et autres liens qui sont en haut, ainsi que celle des moulinets qui sont en bas. Ces choses étant ainsi préparées, les *câbles qui sont dans la partie de devant de la machine* seront laissés lâches et sans être tendus, et l'on attachera assez loin de là les *écharpes qui tiennent au haut de la machine :* ensuite l'on fichera *des pieux de travers* en terre, et on les y enfoncera bien avant avec des maillets, s'il n'y a point d'autre chose où l'on puisse attacher fermement une corde. Après cela il faut lier la partie supérieure de la moufle au haut de toute la machine, et de ce même endroit faire conduire un câble vers un pieu auquel la partie inférieure sera attachée ; puis, l'ayant passé par-dessus la poulie de cette partie inférieure, le faire retourner à la partie supérieure, et de là le faire descendre vers le moulinet qui est en bas, et l'y attacher. Le moulinet étant bandé par les leviers, la machine s'élèvera elle-même sans aucun danger, parce que par le moyen des écharpes qui seront disposées de çà et de là, et attachées à des pieux, la machine sera fortement arrêtée : alors on se pourra servir de la moufle et du câble, comme il a été dit ci-dessus. Si l'on doit avoir à remuer dans un ouvrage des fardeaux d'une grandeur et d'un poids énormes, il ne faut pas se fier à un moulinet ; mais il faudra passer un essieu dans les amarres, dans lesquelles tournent les deux bouts du moulinet : cet essieu aura au milieu un grand tympan, que quelques-uns appellent une roue, et les Grecs *amphireucin* (1), ou *peritrochion* (2). Il faudra aussi que les moufles de cette machine soient autrement faites que les autres ; car celle du haut de même que celles du bas doivent avoir deux rangs de poulies. Il faut aussi que le câble soit passé dans le trou de la moufle inférieure, en sorte que ses deux bouts soient égaux quand il sera étendu, et que par son milieu, qui est dans le trou de la moufle inférieure, il y soit si bien attaché avec une petite corde, qu'il ne puisse glisser ni d'un côté ni d'autre. Cela étant ainsi, il faut passer les deux bouts du câble dans la moufle supérieure par la partie extérieure, et sur les poulies basses pour redescendre et repasser sous les poulies de la moufle inférieure par sa partie intérieure, et ensuite retourner encore à droite et à gauche, pour passer sur les poulies qui sont au haut de la moufle supérieure, où, étant passés par sa partie supérieure, ils descendent des deux côtés du tympan,

(1) Tirant par trois. — (2) Tirant par cinq.

(1) Qui roule alentour. — (2) Qui tourne alentour.

proxime capita habent foramina bina ita temperata, ut vectes in ea convenire possint. Ad rechamum autem imum ferrei forfices religantur, quorum dentes in saxa forata accommodantur. Cum autem funis habet caput ad suculam religatum et vectes ducentes eam versant, funis involvendo circum suculam extenditur, et ita sublevat onera ad altitudinem et operum collocationes. Hæc autem ratio machinationis, quod per tres orbiculos circumvolvitur, trispastos appellatur. Cum vero in ima trochlea duo orbiculi in superiore tres versantur, id pentaspaston dicitur. Sin autem majoribus oneribus erunt machinæ comparandæ, amplioribus tignorum longitudinibus et crassitudinibus erit utendum, et eadem ratione in summo fibulationibus in imo sucularum versationibus expediundum. His explicatis antarii funes ante laxi collocentur retinacula supra scaputas machinæ longe disponantur ; et non erit ubi religentur, pali resupinati defodiantur, et circum fistucationibus solidentur, quo funes alligantur. Trochlea in summo capite machinæ rudenti contineatur, et ex eo funis perducatur ad palum et quæ est in palo trochleæ illigata ; circa ejus orbiculum funis indatur et referatur ad eam trochleam, quæ erit ad caput machinæ religata. Circum autem orbiculum ab summo trajectus funis descendat et redeat ad suculam, quæ est in ima machina ibique religetur. Vectibus autem coacta sucula versabitur, et eriget per se machinam sine periculo : ita circa dispositis funibus et retinaculis in palis hærentibus ampliore modo machina collocabitur. Trochleæ et ductarii funes uti supra scriptum est expediantur. Sin autem colossicotera amplitudinibus et ponderibus onera in operibus fuerint, non erit suculæ committendum ; sed quemadmodum sucula cheloniis retinetur, ita axis includatur, habens in medio tympanum amplum, quod nonnulli rotam appellant, Græci autem ἀμφίρευσιν alii περιτρόχιον vocitant. In his autem machinis trochleæ non eodem sed alio modo comparantur. Habent enim et in imo et in summo duplices ordines orbiculorum ; ita funis ductarius trajicitur in inferioris trochleæ foramen, uti æqualia duo capita sint, funis cum erit extensus ; ibique secundum inferiorem trochleam resticula circumdata et contenta utræque partes funis continentur, ut neque in dextram neque in sinistram partem possit prodire. Deinde capita funis referuntur in summa trochlea ab exteriore parte, et dejiciuntur circa orbiculos imos, et redeunt ad imum conjicianturque infimæ trochleæ ad orbiculos ex interiore parte, et referuntur dextra ac sinistra ad caput circa orbiculos summos. Trajecta autem ab exteriori parte referuntur dextra ac sinistra tympanum in axe, ibique ut hæreant, colligantur. Tum autem circa tympa-

et s'attachent à son essieu. Outre ce câble, il y en a un autre qui du tympan autour duquel il est entortillé va s'attacher à un *vindas*, qui, étant bandé et faisant tourner le tympan, tire également les câbles qui sont autour de son essieu, et ainsi lève insensiblement les fardeaux sans danger. Cela se fera encore plus aisément, si l'on veut faire le tympan fort grand; car, sans se servir de vindas, on pourra le faire tourner en faisant marcher des hommes dedans au droit du milieu, ou en les faisant agir vers l'une des extrémités. On obtiendra aussi, par ce moyen, des effets plus prompts. Il y a une autre machine assez ingénieuse, et qui est fort commode pour lever des fardeaux en peu de temps; mais il faut beaucoup d'adresse pour s'en servir. On a une longue pièce de bois, que l'on place debout et que l'on arrête, en la retenant des quatre côtés avec des cordes. Au haut de cette pièce de bois, un peu au-dessous de l'endroit où ces cordes sont attachées, on cloue deux amarres, auxquelles on attache une moufle avec des cordes. On appuie la moufle au moyen d'une règle longue environ de deux pieds, large de six doigts et épaisse de quatre. Les moufles ont chacune, dans leur largeur, trois rangs de poulies; en sorte qu'il y a trois câbles qui, étant attachés au haut de la machine, viennent passer du dedans au dehors sous les trois poulies qui sont au haut de la moufle inférieure, et, retournant à la moufle supérieure, passent de dehors en dedans sur les poulies qu'elle a en bas : de là, descendant à la moufle inférieure, ces câbles passent encore de dedans en dehors sous les poulies qui sont au second rang, et retournent à la moufle supérieure, pour passer sur les poulies qui sont au second rang, et ensuite retourner à la moufle inférieure, puis de nouveau à la moufle supérieure, où, ayant passé sur les poulies qui sont en haut, ils descendent au bas de la machine, où est une troisième moufle que les Grecs appellent *epagon* (1), et nous *artemon* (2). Cette moufle, qui est attachée au pied de la machine, a trois poulies, sur lesquelles passent les trois câbles, qui sont tirés par des hommes. Ainsi, trois rangs d'hommes peuvent tirer et élever promptement les fardeaux sans vindas. Cette espèce de machine est appelée *polyspastos* (3), à cause que, par le moyen d'un grand nombre de poulies, elle tire avec beaucoup de facilité et de promptitude. Elle offre encore une grande commodité, en ce que, n'y ayant qu'une seule pièce de bois dressée sur elle-même, on peut la faire pencher en devant ou à côté, à droite ou à gauche, afin de poser les fardeaux où l'on veut. Toutes les machines dont nous venons de faire la description sont utiles non-seulement pour ce que nous avons dit, mais aussi pour charger et pour décharger les navires. Pour s'en servir, il faut dresser les unes et coucher les autres sur des pièces de bois, sur lesquelles on puisse les faire glisser, afin de les tourner de tous les côtés qu'il sera besoin. On peut aussi, sans élever cette pièce de bois dont il a été parlé, tirer les navires hors de l'eau, en se servant seulement des câbles passés dans les moufles. Il ne sera pas hors de propos de rapporter l'invention ingénieuse à laquelle Chersiphron eut recours, pour transporter les colonnes qui devaient servir au temple de Diane. Cet architecte ayant à amener les fûts de ces colonnes depuis les carrières où on les prenait jusqu'à Éphèse, et n'osant pas se fier à des charrettes, parce que, les chemins étant peu solides, il prévoyait que la pesanteur des fardeaux qu'il

(1) Qui tire à soi. — (2) Qui est ajouté. — (3) Qui tire par plusieurs poulies.

---

num involutus alter funis refertur ad ergatam, et is circumactum tympanum et axem se involvendo funes qui in axe religati sunt, pariter se extendunt, et ita leniter levant onera sine periculo. Quod si majus tympanum collocatum aut in medio aut in una parte extrema habuerit sine ergata calcantes homines, expeditiores habere poterit operis effectus. Est autem aliud genus machinæ satis artificiosum et ad usum celeritatis expeditum, sed in eo dare operam non possunt nisi periti. Est enim tignum, quod erigitur et distenditur retinaculis quadrifariam ; sub retinaculis chelonia duo figuntur; trochlea funibus supra chelonia religatur; sub trochlea regula longa circiter pedes duos, lata digitos sex, crassa quatuor supponitur. Trochleæ ternos ordines orbiculorum in latitudinem habentes collocantur : ita tres ductarii funes in summo machinæ religantur, deinde referuntur ad imam trochleam et trajiciuntur ex interiore parte per ejus orbiculos summos : deinde referuntur ad superiorem trochleam et trajiciuntur ab exteriore parte in interiorem per orbiculos imos. Cum descenderint ad imum, ex interiore parte et per secundos orbiculos traducuntur in exteriorem et referuntur in summum ad orbiculos secundos; trajecti redeunt ad imum ; ex imo referuntur ad caput, et trajecti per summos redeunt ad machinam imam. In radice autem machinæ collocatur tertia trochlea; eam autem Græci ἐπάγοντα, nostri artemonem appellant. Ea trochlea religatur ad machinæ radicem habens orbiculos tres, per quos trajecti funes traduntur hominibus ad ducendum. Ita tres ordines hominum ducentes sine ergata celeriter onus ad summum perducunt. Hoc genus machinæ polyspaston appellatur, quod multis orbiculorum circuitionibus et facilitatem summam præstat et celeritatem. Una autem statutio tigni hanc habet utilitatem, quod ante quantum velit a dextra ac sinistra ad latera declinando onus deponere potest. Harum machinationum omnium, quæ supra scriptæ, rationes non modo ad has res sed etiam ad onerandas et exonerandas naves sunt paratæ, aliæ erectæ, aliæ planæ in carchesiis versatilibus collocatæ. Non minus sine tignorum erectionibus in plano etiam eadem ratione et temperatis funibus et trochleis subductiones navium efficiuntur. Non est autem alienum etiam Chersiphronis ingeniosam rationem exponere. Is enim scapos columnarum ex lapidicinis cum deportare vellet Ephesum ad Dianæ fanum, propter magnitudinem onerum et viarum campestrem

avait à conduire ferait enfoncer les roues, s'y prit de cette manière. Il assembla quatre pièces de bois de quatre pouces en carré, dont il y en avait deux qui étaient jointes en travers avec les deux autres, lesquelles étaient plus longues, et égales au fût de chaque colonne. Il ficha aux deux bouts de chaque colonne des boulons de fer faits à queue d'aronde, et les y scella avec du plomb, après avoir mis dans les pièces de bois transversales des anneaux de fer dans lesquels les boulons entraient comme dans des moyeux. De plus, il attacha aux deux bouts de la machine des bâtons de chêne; en sorte que lorsque les bœufs la tiraient par ces bâtons, les boulons qui étaient dans les anneaux de fer y pouvaient tourner assez librement pour que les fûts des colonnes roulassent aisément sur la terre : et il les fit ainsi amener tous où il voulait. Sur le modèle de cette machine, Métagène, fils de Chersiphron, en fit une autre pour amener les architraves. Elle était composée de roues de douze pieds ou environ, et il enferma les deux bouts des architraves dans le milieu des roues : il y mit aussi des boulons et des anneaux de fer, en sorte que, lorsque les bœufs tiraient la machine, les boulons mis dans les anneaux de fer faisaient tourner les roues. C'est ainsi que les architraves, qui étaient enfermées dans les roues comme des essieux, furent traînées et amenées sur place, de même que les fûts des colonnes. L'invention de cette machine est fondée sur les cylindres, avec lesquels on aplanit les allées des palestres; et il ne fut pas difficile de la faire réussir, à cause du peu de distance qu'il y avait depuis les carrières jusqu'au temple, cette distance n'étant que de huit mille pas; et la disposition du lieu était favorable, en ce que l'on avait à traverser une campagne unie, où il n'y a ni à monter ni à descendre. Il est arrivé de notre temps que, dans le temple d'Apollon, la base de la statue colossale de ce dieu s'étant trouvée rompue et gâtée par le temps; dans la crainte qu'on eut que la statue ne tombât et ne fût brisée, on fit marché avec Péonius pour tailler dans la carrière une autre base. Elle était longue de douze pieds, large de huit, et épaisse de six. Péonius, s'étant piqué de l'honneur de la faire apporter, ne voulut pas employer le même moyen que Métagène : il l'imita bien en quelque chose, mais il fit pourtant une autre machine. Il composa la sienne de deux roues d'environ quinze pieds, et il enchâssa les bouts de la pierre dans les roues; ensuite il fit passer des fuseaux de bois de la grosseur de deux pouces d'une roue à l'autre ; en sorte qu'étant disposés en rond, et distants l'un de l'autre seulement d'un pied, ils enfermaient la pierre. Autour de tous ces fuseaux il entortilla un câble qu'il fit tirer par des bœufs, qui en dévidant le câble faisaient tourner les roues; mais la difficulté était de faire marcher cette machine régulièrement et en droite ligne, car elle se détournait toujours ou à droite ou à gauche ; ce qui faisait qu'il fallait retourner. Cela fut cause que Péonius fut obligé de tourner et de retourner si souvent sa machine, qu'il ne put fournir à la dépense qui était nécessaire pour cela. Je ne puis m'empêcher de faire ici une petite digression pour dire comment les carrières d'Éphèse ont été découvertes. Il y avait un berger, nommé Pixodare, qui menait souvent ses troupeaux aux environs d'Éphèse, dans le temps que les Éphésiens se proposaient de faire venir de Paros, de Proconèse, d'Héraclée ou de Thasus, les marbres dont ils voulaient construire le temple de Diane. Un jour qu'il y était allé comme à l'ordinaire avec son

mollitudinem, non confisus carris, ne rotæ devorarentur sic est conatus. De materia trientali scapos quatuor, duos transversarios interpositos duobus longis, quanta longitudo scapi fuerat, complectit et compegit, et ferreos cnodaces uti subscudes in capitibus scaporum implumbavit et armillas in materia ad cnodaces circumdandos infixit, item baculis lignels capita religavit. Cnodaces autem in armillis inclusi liberam habuerunt versationem tantam, uti cum boves ducerent subjuncti, scapi versando in cnodacibus et armillis sine fine volverentur. Cum autem scapos omnes ita vexissent, et instaret epistyliorum vecturæ, filius Chersiphronis Metagenes transtulit eam rationem e scaporum vectura etiam in epistyliorum deductione. Fecit enim rotas circiter pedum duodenum, et epistyliorum capita in medias rotas inclusit; eadem ratione cum cnodaces et armillas in capitibus inclusit. Ita cum trientes a bubus ducerentur, in armillis inclusi cnodaces versabant rotas; epistylia vero inclusa uti axes in rotis eadem ratione qua scapi sine mora ad opus pervenerunt. Exemplar autem erit ejus, quemadmodum in palæstris cylindri exæquant ambulationes. Neque hoc potuisset fieri, nisi primum propinquitas esset : non enim plus sunt ab lapidicinis ad fanum quam millia pedum octo : nec ullus est clivus, sed perpetuus campus. Nostra vero memoria cum colossici Apollinis in fano basis esset a vetustate defracta, et metuentes ne caderet ea statua et frangeretur, locaverunt ex eisdem lapidicinis basim excidendam. Conduxit quidam Pæonius. Hæc autem basis erat longa pedes duodecim, lata pedes octo, alta pedes sex : quam Pæonius gloria fretus non uti Metagenes apportavit, sed eadem ratione alio genere constituit machinam facere. Rotas enim circiter pedum quindecim fecit, et in his rotis capita lapidis inclusit : deinde circa lapidem fusos sextantales ab rota ad rotam ad circinum compegit ita, uti fusus a fuso non distaret pedem nisi unum. Deinde circa fusos funem involvit et bubus junctis funem ducebat ; ita cum explicaretur, volvebat rotas, sed non poterat ad lineam via recta ducere, sed exibat in unam [*vel alteram*] partem. Ita necesse erat rursus retroducere. Sic Pæonius ducendo et reducendo pecuniam contrivit, ut ad solvendum non esset. Pusillum extra progrediar, et de his lapidicinis, quemadmodum sint inventæ, exponam. Pixodarus fuerat pastor : is in his locis versabatur. Cum autem cives Ephesiorum cogitarent fanum Dianæ ex marmore facere, decernerentque a Paro Proconneso Heraclea Thaso uti marmor petatur, propulsis ovibus Pixodarus in eodem loco pecus pascebat, ibique

troupeau, il arriva que deux béliers, qui couraient pour se choquer, passèrent l'un d'un côté et l'autre de l'autre, sans se toucher; de sorte que l'un alla donner de ses cornes contre un rocher dont il rompit un éclat. Cet éclat parut au berger d'une blancheur si vive, qu'à l'heure même, laissant ses moutons dans la montagne, il courut le porter à Éphèse, où l'on était en grande peine pour le transport des marbres. On dit qu'on lui décerna aussitôt de grands honneurs : son nom de Pixodare fut changé en celui d'Évangelus (1); et à présent encore le magistrat de la ville va tous les mois sur le lieu de cette découverte, pour y faire un sacrifice; et s'il y manque, on le condamne à l'amende.

CHAPITRE III (OU VIII).

De la force que la ligne droite et la circulaire ont dans les machines pour lever des fardeaux.

J'ai expliqué en peu de mots ce que j'ai cru être nécessaire pour l'intelligence des machines qui sont faites pour tirer; machines dans lesquelles il faut considérer deux mouvements ou puissances, qui sont des choses différentes et dissemblables, mais qui concourent à être les principes de deux actions. L'une de ces puissances est la force de la ligne droite, appelée *eutheia* par les Grecs; l'autre est la force de la ligne circulaire, appelée *cyclotes*. Néanmoins la vérité est que le mouvement en ligne droite n'agit point sans celui de la ligne circulaire, ni celui de la ligne circulaire sans celui de la ligne droite, quand on élève des fardeaux en tournant des machines. Pour bien entendre ce que je veux dire, il faut se figurer que dans les moufles les poulies ont des pivots qui les traversent comme des centres, et que la corde qui passe sur les poulies, et qui va droit au moulinet où on l'attache, fait que les fardeaux sont élevés lorsqu'on la bande en tournant le moulinet. Il faut encore remarquer qu'avec les leviers les deux bouts du moulinet, qui est étendu d'une amarre à l'autre, sont aussi comme des centres dans les trous des amarres, et que les extrémités des leviers décrivent un cercle, lorsque le moulinet tourne en levant les fardeaux. Ainsi, un seul homme, au moyen d'une pince, peut lever un fardeau que plusieurs hommes ne sauraient remuer, si, lorsqu'il appuie sur le manche de la pince, elle est posée comme sur un centre que les Grecs appellent *hypomochlion*, son bec étant sous le fardeau; et alors la force d'un seul homme qui appuiera sur l'autre bout suffira pour le remuer. C'est pour cela que la partie de la pince qui est depuis le centre qu'elle presse, jusqu'au fardeau qu'elle lève, est beaucoup plus courte que celle qui va du centre jusqu'à l'autre bout; et lorsqu'on appuie dessus avec la main, ou qu'on la fait aller par cet espace, on peut, par la vertu du mouvement circulaire, rendre la force de cette main égale à la pesanteur d'un très-grand fardeau. Mais si l'on met le bec de la pince sous le fardeau, et qu'au lieu de poser sur l'autre bout, on le lève, le bec, appuyant sur la terre, agira contre elle comme il faisait auparavant contre le fardeau, et la pince pressera l'angle du fardeau qu'elle lève, de même qu'elle pressait l'hypomochlion; et bien qu'elle ne lève pas si aisément le fardeau, elle ne laissera pas pourtant d'avoir beaucoup de force pour surmonter sa pesanteur. Aussi lorsque la pince est posée sur l'hypomochlion, si son bec passe si avant sous le far-

(1) Porteur de bonnes nouvelles.

---

duo arietes inter se concurrentes alius alium præterierunt, et impetu facto unus cornibus percussit saxum, ex quo crusta candidissimo colore fuerat dejecta. Ita Pixodarus dicitur oves in montibus reliquisse, et crustam cursim Ephesum, cum maxime de ea re ageretur, detulisse. Ita statim honores ei decreverunt, et nomen mutaverunt, et pro Pixodaro Evangelus nominaretur : hodieque quot mensibus magistratus in eum locum proficiscitur, et ei sacrificium facit, et, si non fecerit, pœna tenetur.

CAPUT III (vulgo VIII).

(De linea recta et rotunda, motus omnis principiis.)

De tractoriis rationibus, quæ necessaria putavi, breviter exposui. Quarum motus et virtutes duæ res diversæ et inter se dissimiles [uti] congruentes uti principia pariunt ad eos perfectus, unum porrecti, quam Græci εὐθεῖαν vocitant, alterum rotunditatis, quam Græci κυκλωτὴν appellant : sed vero neque sine rotunditate motus porrecti nec sine porrecto rotationis versationis onerum possunt facere levationes. Id autem ut intelligatur, exponam. Inducuntur uti centra axiculi in orbiculos et in trochleis collocantur, per quos orbiculos funis circumactus directis ductionibus et in sucula collocatus vectium versationibus onerum facit egressus in altum : cujus suculæ cardines, uti centra, porrecti in cheloniis, foraminibusque ejus vectes conclusi, capitibus ad circinum circumactis, torni ratione versando faciunt oneris elationes. Quemadmodum etiam ferreus vectis cum est admotus ad onus, quod manuum multitudo non potest movere, supposita uti centro cito porrecta pressione, quod Græci ὑπομόχλιον appellant, et lingua sub onus subdita, caput ejus unius hominis viribus pressum id onus extollit. Id autem [fit], quod brevior pars prior vectis ab ea pressione, quod est centrum, subit sub onus, et quod longius ab eo centro distans caput ejus per id cum ducitur, faciundo motus circinationis, cogit pressionibus examinari paucis manibus oneris maximi pondus. Item si sub onus vectis ferrei lingua subjecta fuerit, neque ejus caput pressione in imum sed adversus in altitudinem extolletur, lingua fulta in areæ solo habebit eam pro onere, oneris autem ipsius angulum pro pressione; ita non tam faciliter quam oppressione sed adversus nihilominus id pondus oneris erit excitatum. Igitur si plus lingua vectis supra hypomochlion posita sub onus sub-

deau que l'autre bout sur lequel on presse se trouve être trop proche du centre sur lequel la pince appuie, elle ne pourra lever le fardeau; à moins, comme il a été dit, qu'en appuyant sur l'extrémité du manche et non pas près du fardeau, on ait rencontré l'égalité qui doit se trouver entre la pesanteur du fardeau et la puissance qui le lève. Cela se peut aisément voir dans cette sorte de balance que l'on appelle statère; car l'anse qui est comme le centre du fléau étant attachée comme elle l'est, proche de l'extrémité à laquelle le bassin est pendu, plus on fait avancer vers l'autre extrémité du fléau le poids qui roule dessus, sur les points qui y sont marqués, plus il aura de force pour égaler une grande pesanteur, selon que le poids, étant éloigné du centre, aura mis le fléau en équilibre. C'est ainsi qu'un poids qui était faible lorsqu'il était trop près du centre peut acquérir en un moment une grande force, et élever en haut, sans beaucoup de peine, un très-lourd fardeau. C'est encore par cette même raison de la force qui agit loin du centre, que les vaisseaux chargés de marchandises sont remués en un moment par la main du pilote qui tient la barre du gouvernail, que les Grecs appellent *oiax*; et c'est pour cela aussi que les voiles qui ne sont haussées que jusqu'à la moitié du mât ne font pas aller le vaisseau aussi vite que lorsque l'on élève les antennes jusqu'au haut; parce que les voiles n'étant pas près du pied du mât, qui est comme le centre, mais en étant éloignées, elles sont poussées par le vent avec plus de force. De même que si l'on appuie sur le milieu d'un levier, on a beaucoup de peine à remuer le fardeau qu'il lève, et que cela se fait sans peine lorsqu'on le prend par l'extrémité du manche; de même aussi, lorsque les voiles sont attachées au milieu du mât, elles ont beaucoup moins de force que quand elles sont en haut, parce qu'étant plus éloignées du centre, quoique le vent ne soit pas plus fort, l'impulsion qui se fait au sommet force le vaisseau à aller plus vite. Par la même raison, les rames qui sont attachées à leurs chevilles avec des cordes, lorsqu'elles sont plongées et ramenées à force de bras, poussent le vaisseau avec beaucoup d'impétuosité, et lui font fendre les vagues plus aisément, si leur extrémité s'avance bien loin de ce centre, qui est au droit de la cheville jusqu'à la mer. Lorsque les *portefaix*, *six à six*, ou *quatre à quatre*, veulent soulever de lourds fardeaux, ils mesurent les bâtons dont ils se servent pour cela, et font en sorte que le centre qui doit porter soit au milieu, afin de partager la charge également sur les épaules de chacun. Pour cet effet, il y a des chevilles de fer au milieu de leurs bâtons, pour empêcher que les courroies qui portent le fardeau ne glissent d'un côté ou d'un autre. Or, quand le fardeau s'éloigne du centre, il pèse sur celui des porteurs vers lequel il a coulé, de même que lorsque l'on fait aller le poids et l'anneau d'une romaine vers son extrémité. Ainsi les bœufs tirent également, si la courroie qui soutient le timon est liée justement au milieu de leur joug; mais s'il arrive que les bœufs n'étant pas d'égale force, l'un fasse trop travailler l'autre, on passe d'ordinaire la courroie en sorte qu'il y ait un des côtés du joug plus long que l'autre, afin de soulager le bœuf qui est le plus faible. Il en est de même des bâ-

ierit, et caput ejus propius centrum pressiones habuerit, non poterit onus elevare, nisi (quemadmodum supra scriptum est) examinatio vectis longius per caput deductionibus fuerit facta. Id autem ex trutinis, quæ stateræ dicuntur, licet considerare : cum enim ansa propius caput, unde lancula pendet, uti ad centrum est collocata, et æquipondium in alteram partem scapi, per puncta vagando quo longius aut etiam ad extremum perducitur, paulo et impari pondere amplissimam pensionem parem perficit per scapi librationem examinatio longius a centro recedens. Ita imbecillior æquipondii brevitas majorem vim ponderis momento deducens sine vehementia molliter ab imo sursum versum egredi cogit [futurum]. Quemadmodum etiam navis onerariæ maximæ gubernator ansam gubernaculi tenens, qui οἴαξ a Græcis appellatur, una manu, momento per centrum pressionibus [ex] ratione artis agitans, versat eam amplissimis et immanibus mercis et penus ponderibus oneratam; ejusque vela cum sunt per altitudinem mediam mali pendentia, non potest habere navis celerem cursum; cum autem in summo cacumine antennæ subductæ sunt, tunc vehementiori progreditur impetu, quod non proxime calcem mali, quod est loco centri, sed in summo et longius ab eo progressa recipiunt in se vela ventum. Itaque uti vectis sub onere subjectus si per medium premitur, durior est neque incumbit; cum autem caput ejus summum deducitur, faciliter onus extollit : similiter vela cum sunt per medium temperata, minorem habent virtutem; quæ autem in capite mali summo collocantur discedentia longius a centro, non acriore sed eodem flatu, pressione cacuminis vehementius cogunt progredi navem. Etiam remi circa scalmos struppis religati cum manibus impelluntur et reducuntur, extremis progredientibus a centro, palmis maris undis spumantibus impulsu vehementi protrudunt porrectam navem, secante prora liquoris raritatem. Onerum vero maxima pondera cum feruntur a phalangariis hexaphoris et tetraphoris, examinantur per ipsa media centra phalangarum, ut ita diviso oneris solido pondere certa quadam divisionis ratione æquas partes collis singuli ferant operarii. Mediæ enim partes phalangarum, quibus lora tetraphororum invehuntur, clavis sunt finitæ, ne labantur in unam [vel alteram] partem. Cum enim extra finem centri promoveantur, premunt eum locum, ad quem propius accesserunt; quemadmodum in statera pondus cum [ab] examine progreditur ad fines ponderationum. Eadem ratione jumenta, cum juga eorum subjugiorum loris per medium temperantur, æqualiter trahunt onera; cum autem impares sunt eorum virtutes, et unum plus valendo premit alterum, loro trajecto fit una pars jugi longior, quæ imbecilliori auxiliatur jumento. Ita in phalangis et jugis, cum in medio lora non sunt

tons à porter que des jougs, lorsque les courroies ne sont pas au milieu, et qu'il y a une partie du bâton plus longue et une autre plus courte, savoir, celle vers laquelle la courroie a coulé : car cela étant ainsi, si l'on fait tourner le bâton sur l'endroit où est la courroie qui est le centre, la partie la plus longue décrira par son extrémité un plus grand cercle, et la plus courte un plus petit. C'est encore pour cette raison que les petites roues ont plus de peine à rouler, et que les bâtons et les jougs pèsent davantage du côté où est l'intervalle le plus court, depuis le centre jusqu'à l'extrémité; et qu'au contraire ils soulagent d'autant ceux qui les portent qu'il y a un plus long espace depuis le centre jusqu'à l'extrémité. Ces exemples font voir que l'action de toutes les machines dépend du mouvement droit et circulaire, en raison de la distance du centre; et les charrettes, les carrosses, les pignons, les roues, les vis, les arbalètes, les balistes, les presses, et toutes les autres machines, produisent les effets pour lesquels elles sont faites, par la force de la ligne droite, du centre, et de la ligne circulaire.

CHAPITRE IV (OU IX).

Des diverses machines pour élever l'eau, et en premier lieu du tympan.

Il faut parler maintenant des diverses machines qui ont été inventées pour tirer de l'eau : je commence par le tympan. Cette machine n'élève pas l'eau très-haut, mais elle en élève une grande quantité en peu de temps. On fait un essieu arrondi au tour et au compas, et ferré par les deux bouts, qui traverse un tympan fait avec des ais joints ensemble; tout est posé sur deux pieux,

dont les bouts sont armés de lames de fer, pour soutenir les extrémités de l'essieu. Dans la cavité du tympan, on met huit planches en travers, depuis la circonférence jusqu'à l'essieu ; ces planches divisent le tympan en espaces égaux : on ferme le devant avec d'autres planches, auxquelles on fait des ouvertures d'un demi-pied, pour que l'eau puisse entrer dedans. De plus, le long de l'essieu, on creuse des *canaux* au droit de chaque espace, et on les fait aboutir au long des côtés de l'essieu. Tout cela ayant été enduit de poix, de même que le sont les navires, on fait tourner la machine par des hommes qui la font aller avec les pieds; alors elle puise l'eau par les ouvertures qui sont à l'extrémité du tympan, et elle la rejette par les conduits des canaux qui sont le long de l'essieu. L'eau, qui est reçue dans une auge de bois, coule en grande quantité par un tuyau que l'on y a adapté, et elle est conduite dans les jardins que l'on veut arroser, ou dans les salines où l'on fait le sel. Si l'on veut élever l'eau plus haut que l'essieu du tympan, il y a peu de chose à changer à la machine. Il faut faire autour de l'essieu une roue assez grande pour atteindre à la hauteur où l'on veut élever l'eau, et autour de la circonférence de la roue attacher des caisses de bois enduites de poix et de cire; on fait tourner cette roue par des hommes qui marchent dedans, et les caisses, ainsi remplies d'eau, s'élèvent jusqu'au réservoir placé en haut, et où elles versent elles-mêmes en redescendant l'eau qu'elles contiennent. Si l'on a besoin d'élever l'eau encore plus haut, il n'y a qu'à mettre sur l'essieu d'une roue une double chaîne de fer qui descende jusque dans l'eau, et attacher à cette chaîne *des vases de cuivre de cinq pintes*; car, lorsque

---

collocata sed in una parte, qua progreditur lorum a medio, unam breviorem, alteram efficit partem longiorem : ea ratione si per id centrum, quo loci perductum est lorum, utraque capita circumagentur, longior pars ampliorem brevior minorem aget circinationem. Quemadmodum vero minores rotæ duriores et difficiliores habent motus, sic phalangæ et juga, in quibus partibus habent minora a centro ad capita intervalla, premunt duriter colla; quæ autem longiora habent ab eodem centro spatia, levant oneribus extrahentes et ferentes. Cum hæc ita ad centrum porrectionibus et circinationibus recipiant motus, tum vero plostra, rhedæ, tympana, rotæ, cochleæ, scorpiones, balistæ, prela, ceteræque machinæ iisdem rationibus per porrectum centrum et rotationem circini versantium faciunt ad propositum effectus.

CAPUT IV (vulgo IX).

De organorum ad aquam hauriendam generibus.

Nunc de organis, quæ ad hauriendam aquam inventa sunt, quemadmodum variis generibus comparentur, exponam : et primum dicam de tympano. Id autem non alte tollit aquam, sed exhaurit expeditissime multitudinem magnam. Fit axis ad tornum aut circinum fabricatus, ca-

pitibus lamina ferratis, habens in medio circa se tympanum ex tabulis inter se coagmentatis, collocaturque in stipitibus habentibus in se sub capite axis ferreas laminas. Ejus tympani cavo interponuntur octo tabulæ transversæ, tangentes axem et extremam tympani circumitionem, quæ dividant æqualia in tympano spatia. Circa frontem ejus figuntur tabulæ, relictis semipedalibus aperturis ad aquam intra concipiendam : item secundum axem columbaria fiunt excavata in singulis spatiis ex una parte. Id autem cum est navali ratione picatum, hominibus calcantibus versatur, et hauriendo aquam per aperturas, quæ sunt in frontibus tympani, reddit per columbaria secundum axem supposito labro ligneo habenti una secum conjunctum canalem. Ita hortis ad irrigandum vel ad salinas ad temperandum præbetur aquæ multitudo. Cum autem altius extollendum erit, eadem ratio commutabitur sic : rota fiet circum axem ea magnitudine, ut ad altitudinem, qua opus fuerit, convenire possit : circum extremum latus rotæ figentur modioli quadrati, pice et cera solidati. Ita cum rota a calcantibus versabitur, modioli pleni ad summum elati rursus ad imum revertentes infundunt in castellum ipsi per se quod extulerint. Sin autem magis altis locis erit præbendum, in ejusdem rotæ axe involuta duplex ferrea catena demissaque ad imum libramentum col-

la roue tournera, la chaîne qui est sur l'essieu élèvera les vases de cuivre, lesquels, en passant sur cet essieu, seront contraints de se renverser, et de jeter dans le réservoir l'eau qu'ils ont portée en haut.

CHAPITRE V (OU X).

Des roues et des tympans qui servent à moudre la farine.

Les roues dont nous venons de parler servent aussi à élever l'eau des rivières. On attache à la circonférence de la roue des ailerons, qui, étant poussés par le cours de l'eau, font tourner la roue; en sorte que, sans qu'il soit besoin d'hommes pour faire aller la machine, les caisses puisent l'eau et la portent en haut. Les *moulins à eau* sont presque faits de la même manière. Il y a cette différence, que l'une des extrémités de l'essieu passe au travers d'une roue dentelée, qui est posée à plomb et en couteau, et qui tourne avec la grande roue. Joignant cette roue en couteau, il y en a une autre plus petite, dentelée aussi, et située horizontalement, dont l'essieu est armé à son extrémité d'en haut d'un fer en forme de hache, qui l'affermit dans la meule : cela étant ainsi, les dents de cette roue traversée par l'essieu de la grande qui est dans l'eau, en poussant les dents de l'autre roue qui est située horizontalement, font tourner la meule sur laquelle est pendue la trémie qui fournit le grain aux meules, dont le tournoiement le broie et en fait la farine.

CHAPITRE VI (OU XI).

De la limace, avec laquelle on peut élever beaucoup d'eau, mais non pas bien haut.

Il y a une sorte de limace qui puise beaucoup d'eau, mais qui ne l'élève pas si haut que la roue : elle se fait de cette manière : On prend une pièce de bois, qui a autant de doigts d'épaisseur qu'elle a de pieds de long. Après l'avoir bien arrondie, on divise le cercle qui est à chaque bout en quatre parties égales ou en huit, et dans ces divisions l'on trace autant de lignes; en sorte que la pièce de bois étant levée debout, les extrémités de toutes les lignes se répondent à plomb. De ces extrémités, on tire tout le long de la pièce de bois d'autres lignes, distantes l'une de l'autre de la huitième partie de la circonférence de la pièce de bois; après cela, on marque, tout le long de l'une de ces lignes, des espaces égaux à ceux de leur distance l'une de l'autre; et ayant tiré par les extrémités de ces espaces des lignes qui traversent toutes celles qui sont selon la longueur, on marque des points aux endroits où les lignes s'entre-croisent. Cela étant ainsi fait avec exactitude, on prend une petite tringle de bois de saule ou d'osier, laquelle étant frottée de poix liquide, est appliquée sur le premier point; on la conduit ensuite obliquement sur tous les autres points d'intersection que font les lignes transversales qui sont autour de la pièce de bois avec celles qui sont marquées sur la longueur; et après avoir ainsi en tournant traversé les huit distances, et passé par les huit points qui sont sur la lon-

locabitur, habens situlos pendentes æreos congiales. Ita versatio rotæ catenam in axem involvendo efferet situlos in summum; qui cum super axem pervehuntur, cogentur inverti et infundere in castellum id aquæ quod extulerint.

CAPUT V (vulgo X).

(De rotis aquariis et hydraletis.)

Fiunt etiam in fluminibus rotæ eisdem rationibus, quibus supra scriptum est. Circa earum frontes affiguntur pinnæ, quæ cum percutiuntur ab impetu fluminis, cogunt progredientes versari rotam, et ita modiolis aquam haurientes et in summum referentes sine operarum calcatura, ipsius fluminis impulsu versatæ, præstant quod opus est ad usum. Eadem ratione etiam versantur hydraletæ, in quibus eadem sunt omnia, præterquam quod in uno capite axis [habent] tympanum dentatum est inclusum. Id autem ad perpendiculum collocatum in cultrum versatur cum rota pariter : secundum id tympanum majus, item dentatum, planum est collocatum, quo continetur [axis habens in summo capite subscudem ferream, qua mola continetur.] Ita dentes ejus tympani, quod est in axe inclusum, impellendo dentes tympani plani, cogunt fieri molarum circinationem; in qua machina impendens infundibulum subministrat molis frumentum, et eadem versatione subigitur farina.

CAPUT VI (vulgo XI).

De cochlea quæ magnam copiam extollit aquæ sed non tam alte.

Est autem etiam cochleæ ratio, quæ magnam vim haurit aquæ, sed non tam alte tollit, quam rota. Ejus autem ratio sic expeditur. Tignum sumitur, cujus tigni quanta fuerit pedum longitudo, tanta digitorum expeditur crassitudo. Id ad circinum rotundatur : in capitibus circino dividuntur circinationes eorum tetrantibus in partes quatuor et octantibus in partes octo [ductis lineis,] eæque lineæ ita collocentur, uti, plano posito tigno ad libellam, utriusque capitis lineæ inter se respondeant: item in tigno plano collocata lineæ ab capite ad alterum caput perducantur ad perpendiculum convenientes, et quam magna pars sit octava circinationis tigni, tam magna spatia dividantur in longitudinem. Sic et in rotundatione et in longitudine æqualia spatia fient. Ita quo loci describuntur lineæ, quæ sunt in longitudinem spectantes, faciendæ decussationes, et in decussationibus finita puncta. His ita emendate descriptis, sumitur salignea tenuis aut de vitice secta regula, quæ uncta liquida pice figitur in primo decussis puncto; deinde trajicitur oblique ad insequentes longitudines et circuitiones [decussim :] item ex ordine progrediens, singula puncta præterundo et circumvolvendo, collocatur in singulis decussationibus, et ita pervenit et figitur ad eam lineam, recedens a prima in octavum punctum, in qua prima pars

gueur, on va jusqu'à la même ligne par laquelle on avait commencé. On attache de la même manière d'autres tringles obliquement sur toutes les autres intersections qui sont faites jusqu'au bout par les lignes droites et les lignes transversales ; et, suivant la division qui a été faite en huit parties, on forme des canaux entortillés, et tout à fait semblables à ceux que l'on voit dans les coquilles des limaçons. Sur les premières tringles, qui servent comme de fondement, on en applique d'autres, frottées aussi de poix liquide ; et l'on en met autant qu'il en faut les unes sur les autres, pour que la grosseur de la limace soit tout au plus égale à la huitième partie de sa longueur. Autour des circonvolutions des tringles on attache des ais que l'on frotte encore de poix liquide, et que l'on affermit avec des cercles de fer, afin que la pesanteur de l'eau ne puisse pas les rompre. Les deux bouts de la pièce de bois sont ferrés avec des viroles qui y sont clouées, et l'on y enfonce aussi des boulons. Ensuite, à droite et à gauche de chacun des bouts de la machine, on plante des pieux, qui sont liés ensemble par d'autres pieux mis en travers, et où il y a des viroles de fer enchâssées, dans lesquelles on enfonce les boulons. C'est là-dessus que la limace tourne, quand des hommes la mettent en mouvement avec les pieds. La mesure de l'élévation suivant laquelle la limace doit être inclinée se prend sur la description du triangle rectangle de Pythagore, qui se fait en divisant la longueur de la limace en cinq parties, dont trois sont données à l'élévation d'un des bouts, en sorte qu'il y en ait quatre depuis les ouvertures qui sont au bas, jusqu'à la ligne perpendiculaire de l'élévation.

La figure qui est à la fin du livre fait comprendre aisément comment il faut que cela soit fait. J'ai décrit le plus clairement qu'il m'a été possible les machines qui se font avec du bois pour élever les eaux, et j'ai tâché de faire comprendre les manières dont on peut les construire et les faire mouvoir, pour en tirer les avantages pour ainsi dire infinis qu'elles donnent.

CHAPITRE VII (OU XII).
De la machine de Ctésibius, qui élève l'eau très-haut.

Il faut maintenant parler de la machine de Ctésibius, qui élève l'eau à une très-grande hauteur. On met deux *barillets* de cuivre assez près l'un de l'autre au bas de la machine. De ces barillets sortent des tuyaux, qui font une fourche en se joignant pour entrer dans un *petit bassin* placé au milieu, et dans lequel sont des *soupapes* appliquées bien juste sur le haut de l'ouverture du tuyau pour empêcher de ressortir ce qui a été poussé avec force dans le bassin au moyen de l'air. Sur le bassin il y a une *chape* en manière d'entonnoir renversé, qui est jointe fort juste et attachée avec des *clavettes* qui passent dans des *pistons*, de crainte qu'elle ne soit enlevée par la force de l'eau, lorsqu'elle est puissamment poussée. Au-dessus on soude avec la chape un autre tuyau, qui est dressé à plomb, et que l'on nomme la *trompe*. Au-dessous de l'entrée des tuyaux qui sont au bas des barillets, il y a des soupapes qui ferment les trous qui sont au fond des barillets. De plus, on fait entrer par le haut des barillets des *pistons* polis au tour et frottés d'huile, lesquels

---

ejus est fixa. Eo modo quantum progreditur oblique spatium [et] per octo puncta, tantumdem in longitudine procedit ad octavum punctum. Eadem ratione per omne spatium longitudinis et rotunditatis singulis decussationibus oblique fixæ regulæ per octo crassitudinis divisiones involutos faciunt canales et justam cochleæ naturalemque imitationem. Ita per id vestigium aliæ super alias figuntur unctæ pice liquida, et exaggerantur ad id, uti longitudinis octava pars fiat summa crassitudo. Supra eas circumligantur et figuntur tabulæ, quæ pertegant eam involutionem : tunc eæ tabulæ pice saturantur, et laminis ferreis colligantur, ut ab aquæ vi ne dissolvantur. Capita tigni ferreis clavis et laminis continentur, isque infiguntur stili ferrei : dextra autem ac sinistra cochleam tigna collocantur in capitibus utraque parte habentia transversaria confixa. In his foramina ferrea sunt inclusa, inque ea inducuntur stili, et ita cochlea hominibus calcantibus facit versationes. Erectio autem ejus ad inclinationes sic erit collocanda, uti quemadmodum Pythagoricum trigonum orthogonum describitur, sic id habeat responsum ; id est uti dividatur longitudo in partes quinque : earum trium extollatur caput cochleæ : ita erit ad perpendiculum ad imas nares spatium earum quatuor. Qua ratione autem oporteat id esse, in extremo libro ejus forma descripta est [in ipso tempore].

Quæ de materia fiunt organa quibus rationibus perficiantur, quibusque rebus motus recipientia præstent versationibus infinitas utilitates, ut essent notiora, quam apertissime potui, perscripsi.

CAPUT VII. (VULGO XII.)
De Ctesibica machina, quæ altissime extollit aquam.

Insequitur nunc de Ctesibica machina quæ in altitudinem aquam educit, monstrare. Ea fit ex ære, cujus in radicibus modioli fiunt gemelli paulum distantes, habentes fistulas (furcillæ sunt figura) similiter cohærentes, in medium catinum concurrentes : in quo catino fiunt asses, in superioribus naribus fistularum coagmentatione subtili collocati ; qui præobturantes foramina narium non patiuntur [exire] spiritum qui in catino est expressus. Supra catinum penula ut infundibulum inversum est attemperata et per fibulam cum catino cuneo trajecto continetur, ne vis inflationis aquæ eam cogat elevare. Insuper fistula, quæ tuba dicitur, coagmentata in altitudinem fit erecta. Modioli autem habent infra nares inferiores fistularum asses interpositos supra foramina eorum, quæ sunt in fundis. Ita de supernis in modiolis emboli masculi torno politi et oleo subacti conclusique regulis et vectibus commoventur, [qui ultro citroque frequenti motu prementes] aerem

étant ainsi enfermés dans les barillets, sont alternativement soulevés et baissés par un mouvement fréquent à l'aide des barres et des leviers, et pressent tantôt l'air environnant, tantôt l'eau enfermée par les soupapes qui bouchent les ouvertures par lesquelles elle est entrée dans les barillets : la compression la force ainsi d'aller dans le petit bassin par les tuyaux qui y aboutissent; et là, rencontrant la chape qui est dessus, elle est obligée de s'élever dans la trompe. Par ce moyen, une eau qui est basse peut être élevée dans un réservoir, et former une fontaine jaillissante. Mais cette machine n'est pas la seule que Ctésibius ait inventée : il y en a beaucoup d'autres et de différentes sortes, qui font voir que les liquides comprimés au moyen de l'air produisent des effets semblables à ceux de la nature; telles sont les machines qui imitent le chant des oiseaux, et les *petites figures* que l'on fait courir dans des vases de verre où l'on a mis de l'eau; et plusieurs autres inventions de ce genre, qui sont faites pour le plaisir de la vue ou de l'ouïe. De toutes ces machines j'ai choisi celles qui peuvent être de quelque utilité, et j'en ai parlé dans le livre précédent lorsque j'ai traité des horloges, de même que j'ai décrit dans ce livre-ci celles qui agissent par l'impulsion de l'eau. Ceux qui seront curieux de connaître les machines qui ne sont pas tant pour l'utilité que pour le plaisir, en pourront trouver la description dans les livres mêmes de Ctésibius.

CHAPITRE VIII (OU XIII).

Des machines hydrauliques qui font jouer des orgues.

Je ne veux pas négliger d'expliquer ici, avec le moins de paroles et le mieux qu'il me sera possible, par quel artifice on fait des orgues qui jouent au moyen de l'eau. On met un coffre de cuivre sur une base faite avec du bois, et on élève sur cette base deux règles à droite et deux à gauche, qui sont jointes ensemble en forme d'échelle : entre ces règles on enferme des barillets de cuivre avec *de petits fonds qui se haussent et qui se baissent*, étant parfaitement bien arrondis au tour. On les attache à des *barres de fer soudées* par des *charnières*, qui les joignent à des leviers enveloppés de peaux ayant encore leur laine. Il y a des trous de la largeur d'environ trois doigts dans la *plaque qui couvre le haut des barillets*, auprès desquels sont des dauphins d'airain attachés aussi avec des charnières; et ces dauphins soutiennent avec des chaînes des cymbales pendues à leur gueule. Un peu plus bas, sont les trous par lesquels les barillets communiquent avec le coffre de cuivre qui contient l'eau. Dans ce coffre on met le *pnigeus* (1), qui est une sorte d'entonnoir renversé, sous lequel sont des billots de l'épaisseur d'environ trois doigts, qui soutiennent son bord d'en bas à une égale distance du fond du coffre. Le haut, qui va en s'étrécissant et qui fait comme un col, est joint à un petit coffre qui soutient la partie supérieure de toute la machine : cette partie s'appelle *canon musicos* (2), et elle a des canaux creusés tout du long, au nombre de quatre, si l'instrument est *à quatre jeux*, ou de six, s'il est *à six*, ou de huit, s'il est *à huit*. Chacun de ces canaux a un robinet, dont la clef est de fer; au moyen de cette clef, lorsqu'on la tourne, on ouvre chaque conduit par où l'air qui est dans le coffre passe dans les canaux; le long de ces conduits, il y a une ran-

(1) Suffoquant. — (2) Règle musicale.

---

qui crit ibi cum aqua, assibus obturantibus foramina, cogunt et extrudunt inflando pressionibus per fistularum nares aquam in catinum; e quo recipiens penula spiritus exprimit, per fistulam in altitudinem; et ita ex inferiore loco castello collocato ad saliendum aqua subministratur. Nec tamen hæc sola ratio Ctesibii fertur exquisita, sed etiam plures et variis generibus ab eo liquore pressionibus coacto spiritus efferre ab natura mutuatos effectus ostenduntur, uti merularum aquæ motu voces, atque engibata, quæ bibentia tandem movent sigilla, ceteraque quæ delectationibus oculorum et aurium usu sensus eblandiuntur. E quibus quæ maxime utilia et necessaria judicavi, selegi et in priore volumine de horologiis [*posui*]; in hoc de expressionibus aquæ dicendum putavi. Reliqua, quæ non sunt ad necessitatem sed ad deliciarum voluptatem, qui cupidiores erunt ejus subtilitatis, ex ipsius Ctesibii commentariis potuerunt invenire.

CAPUT VIII (vulgo XIII).

De hydraulicis (organis).

De hydraulicis autem quas habeant ratiocinationes, quam brevissime proximeque attingere potero et scriptura consequi, non prætermittam. De materia compacta basi, arca in ea ex ære fabricata collocatur supra basim eriguntur regulæ dextra ac sinistra scalari forma compactæ, quibus includuntur ærei modioli, fundulis ambulatilibus ex torno subtiliter subactis habentibus fixos in medio ferreos ancones, et verticulis cum vectibus conjunctos, pellibusque lanatis involutos, item in summa planitia foramina circiter digitorum ternum; quibus foraminibus proxime in verticulis collocati ærei delphini pendentia habent e catenis cymbalia ex ære infra foramina modiolorum chalata. Intra arcam, quo loci aqua sustinetur, inest pnigeus uti infundibulum inversum, quem subter taxilli alti circiter digitorum ternum suppositi, librant spatium imum [ima] inter labra pnigeos et arcæ fundum. Supra autem cerviculam ejus coagmentata arcula sustinet caput machinæ, quæ græce κανὼν μουσικὸς appellatur : in cujus longitudine canales, si tetrachordos est, sunt quatuor, si hexachordos sex, si octochordos, octo. Singulis autem canalibus singula epistomia sunt, inclusa manubriis ferreis, collocata : quæ manubria cum torquentur, ex arca patefaciunt nares in canales. Ex canalibus autem canon habet ordinata in transverso foramina respondentia naribus, quæ sunt in tabula summa; quæ tabula græce πίναξ dicitur. Inter tabulam et

gée de trous répondant à d'autres qui sont dans la table placée au-dessus, et appelée en grec *pinax*. Entre cette table et le *canon*, on met des règles percées ensemble, et qui sont huilées, afin qu'elles soient aisément poussées et qu'elles puissent aussi facilement revenir; on les appelle *plinthides*. Elles sont faites pour boucher et pour ouvrir les trous qui sont le long des canaux, lorsqu'elles vont et qu'elles viennent. Des *ressorts* de fer, cloués à ces règles, sont joints aussi avec les *marches*, lesquelles, étant mises en mouvements, font remuer les règles. Dans la table, sont des trous qui répondent à ceux des canaux pour la sortie du vent, et il y a encore d'autres règles qui ont des trous qui tiennent les *pieds de tous les tuyaux*. Il y a, depuis les barillets jusqu'au col du *pnigeus*, des conduits qui vont si avant qu'ils ont leur ouverture dans le petit coffre : en cet endroit ces conduits ont des faussets faits au tour, qui servent à boucher leur extrémité, et empêchent que le vent qui est entré dans le petit coffre ne ressorte par là. Ainsi lorsqu'on lève le bout des leviers, les barres de fer soudées font descendre les petits fonds jusqu'au bas des barillets; ce qui fait que les dauphins qui se remuent par des charnières laissent descendre les cymbales qui pendent à leur gueule, et donnent entrée à l'air dans la cavité des barillets. Ensuite, lorsque les barres de fer, par leurs mouvements réitérés, font remonter les petits fonds, ces dauphins font que les trous qui sont au-dessus des cymbales en sont bouchés, et que l'air enfermé dans les barillets est pressé par les petits fonds et forcé d'entrer dans les conduits qui le portent au pnigeus, et de là par son col dans le petit coffre;

de sorte que l'air, étant ainsi pressé par de fréquentes impulsions, entre par les ouvertures des robinets et emplit les canaux. Ainsi, en touchant les marches, on pousse les règles qui reviennent aussitôt, en sorte que les trous sont tantôt ouverts et tantôt fermés ; et si celui qui touche sait jouer de cette sorte d'instrument, il produit une grande variété de sons et des chants pleins de mélodie.

J'ai fait ce que j'ai pu pour expliquer clairement une chose qui, de soi, est assez obscure, et ne peut être aisément entendue que par ceux qui ont, dans ce genre, quelques connaissances et quelque pratique; mais je suis assuré que ceux à qui ce que j'en ai dit n'aura pu faire comprendre l'artifice de cette machine, seront contraints d'admirer, quand ils la verront exécutée, la curieuse subtilité avec laquelle tout y est fait.

CHAPITRE IX (OU XIV).

Par quel moyen on peut savoir, en allant en carrosse ou en bateau, combien on a fait de chemin.

Passons maintenant à une autre invention qui peut être de quelque utilité, et qui est une des choses des plus ingénieuses que nous tenions des anciens. Il s'agit du moyen de savoir combien on a fait de milles étant en carrosse ou allant sur l'eau. Les roues du carrosse doivent avoir quatre pieds de diamètre, afin qu'ayant fait une marque sur la roue à l'endroit où elle commence à rouler sur la terre, on soit assuré qu'elle aura parcouru un espace d'environ douze pieds et demi, quand, après avoir roulé, elle sera revenue à cette même marque par laquelle elle a commencé. Au moyen de

---

canona regulæ sunt interpositæ, ad eundem modum foratæ et oleo subactæ, ut faciliter impellantur et rursus introrsus reducantur, quæ obturant ea foramina, plinthidesque appellantur: quarum itus et reditus alias obturat alias aperit terebrationes. Hæ regulæ habent ferrea choragia fixa et juncta cum pinnis, quarum pinnarum tactus motiones efficit regularum. Continentur supra tabulam foramina, quæ ex canalibus habent egressum spiritus : iis sunt anuli agglutinati, quibus lingulæ omnium includuntur organorum. E modiolis autem fistulæ sunt continentes conjunctæ pnigeos cervicibus pertingentesque ad nares, quæ sunt in arcula : in quibus asses sunt ex torno subactæ ibi collocati, qui, cum recipit arcula animam, spiritum non patientur obturantes foramina rursus redire. Ita cum vectes extolluntur, ancones deducunt fundos modiolorum ad imum, delphinique, qui sunt in verticulis inclusi, chalantes in eos cymbalia replent spatia modiolorum, atque ancones, extollentes fundos intra modiolos vehementi pulsus crebritate et obturantes foramina cymbalis superiora, aera qui est ibi clausus pressionibus coactum in fistulas cogunt, per quas in pnigea concurrit, et per ejus cervices in arcam: motione vero vectium vehementiore spiritus frequens compressus epistomiorum aperturis influit, et replet anima canales. Itaque cum pinnæ manibus tactæ propellunt et reducunt

continenter regulas alternis obturando foramina alternis aperiundo, ex musicis artibus multiplicibus modulorum varietatibus sonantes excitant voces.

Quantum potui niti, ut obscura res per scripturam dilucide pronunciaretur, contendi : sed hæc non est facilis ratio neque omnibus expedita ad intelligendum præter eos, qui in his generibus habent exercitationem. Quod si qui parum intellexerint e scriptis, cum ipsam rem cognoscent, profecto invenient curiose et subtiliter omnia ordinata.

CAPUT IX (VULGO XIV).

Qua ratione rheda vel navi vecti peractum iter dimetiantur.

Transferatur nunc cogitatio scripturæ ad rationem non inutilem sed summa solertia a majoribus traditam, qua in via rheda sedentes vel mari navigantes scire possimus, quot millia numero itineris fecerimus. Hoc autem erit sic. Rotæ, quæ erunt in rheda, sint latæ per mediam diametron pedum quaternum, ut, cum finitum locum habeat in se rota, ab eoque incipiat progrediens in solo viæ facere versationem, perveniendo ad eam finitionem, a qua cœperit versari, certum modum spatii habeat peractum pedum XII S. Ilis ita præparatis tunc in rotæ modiolo ad partem

la roue, il faut attacher fermement un tympan qui ait une petite dent qui excède sa circonférence, et placer dans le corps du carrosse une boîte qui soit aussi fermement arrêtée, et qui renferme un autre tympan, mais un tympan mobile, placé verticalement et traversé d'un essieu. Ce tympan doit être également divisé en quatre cents dents, qui se rapportent à la petite dent du premier tympan. Il faut de plus que ce second tympan ait sur le côté une petite dent qui s'avance au delà de celles qui sont à sa circonférence. Il faut encore un troisième tympan placé de champ, divisé en autant de dents que le second, et enfermé dans un autre boîte, en sorte que ses dents se rapportent à la petite dent qui est sur le côté du second tympan. Dans ce troisième tympan, on fera autant de trous à peu près que le carrosse peut faire de milles par jour, et on mettra dans chaque trou un petit caillou rond, qui pourra tomber lorsqu'il sera arrivé au droit d'un autre trou fait à la boîte, dans laquelle ce dernier tympan sera enfermé comme dans un étui ; et ce caillou coulera par un canal dans un vaisseau d'airain placé au fond du carrosse. Cela étant ainsi, lorsque la roue du carrosse emportera avec soi le premier tympan dont la petite dent pousse à chaque tour une dent du second, il arrivera que 400 tours du premier tympan feront faire un tour au second, et que la petite dent qu'il a sur le côté ne fera avancer le troisième tympan que d'une dent. Ainsi le premier tympan en 400 tours n'en faisant faire qu'un au second, on aura fait 5000 pieds, qui sont mille pas, quand le second tympan aura achevé son tour. Le bruit que fera chaque caillou en tombant avertira que l'on a fait un mille ; et chaque jour l'on saura par le nombre des cailloux, qui se trouveront au fond du vase, combien on aura fait de milles. Il suffit de changer peu de chose à cette machine pour obtenir le même résultat en allant sur l'eau. On fait traverser le navire d'un bord à l'autre par un essieu dont les deux bouts dépassent les bords, et l'on y attache des roues de quatre pieds de diamètre, avec des ailerons tout autour qui touchent l'eau. Cet essieu, vers le milieu du navire, traverse un tympan ayant une petite dent qui excède un peu sa circonférence : on place à cet endroit une boîte, dans laquelle il y a un second tympan divisé également en quatre cents dents, proportionnées à la petite dent du premier tympan que l'essieu traverse, et qui a aussi une petite dent qui avance par delà sa circonférence. On y joint une autre boîte, qui enferme un tympan posé sur champ et dentelé comme l'autre ; en sorte que la petite dent qui est sur le côté du tympan posé en couteau fasse tourner le tympan qui est sur champ, en poussant à chaque tour une de ses dents. De plus, ce tympan sur champ a aussi des trous dans lesquels sont des cailloux ronds ; et la boîte ou étui qui l'enferme a une ouverture et un canal par lequel le caillou, qui n'est plus arrêté par l'étui où il était retenu, tombe et fait sonner le vase d'airain. Ainsi lorsque le navire sera poussé par le vent ou par le mouvement des rames, il arrivera que les roues du vaisseau tourneront, parce que l'eau, rencontrant les ailerons, les poussera en arrière avec beaucoup de force.

interiorem tympanum stabiliter includatur, habens extra frontem suæ rotundationis extantem denticulum unum. Insuper autem ad capsum rhedæ loculamentum firmiter figatur, habens tympanum versatile in cultro collocatum et in axiculo conclusum : in cujus tympani fronte denticuli perficiantur æqualiter divisi numero quadringenti, convenientes denticulo tympani inferioris. Præterea superiori tympano ad latus figatur alter denticulus prominens extra dentes. Super autem [tertium tympanum] planum eadem ratione dentatum inclusum in altero loculamento collocetur, convenientibus dentibus denticulo, qui in secundi tympani latere fuerit fixus : in eoque tympano foramina fiant, quantum diurni itineris milliariorum numero cum rheda possit exiri : minus plusve rem nihil impediet : et in his foraminibus omnibus calculi rotundi collocentur, inque ejus tympani theca (sive id loculamentum est) fiat foramen unum habens canaliculum, qua calculi, qui in eo tympano impositi fuerint, cum ad eum locum venerint, in rhedæ capsum et vas æneum, quod erit suppositum, singuli cadere possint. Ita cum rota progrediens secum agat tympanum imum, et denticulum ejus singulis versationibus tympani superioris denticulos impulsu cogat præterire, efficiet, ut, cum quatercenties imum versatum fuerit, superius tympanum semel circumagatur, et denticulus, qui est ad latus ejus fixus, unum denticulum tympani plani producat. Cum ergo quadringentis versationibus imi tympani semel superius versabitur, progressus efficiet spatia pedum millia quinque, id est passus mille. Ex eo quot calculi deciderint, sonando singula millia exisse monebunt. Numerus vero calculorum ex imo collectus, summa diurni milliariorum itineris numerum indicabit. Navigationibus vero similiter, paucis rebus commutatis, eadem ratione efficiuntur. Namque trajicitur per latera parietum axis habens extra navem prominentia capita, in quæ includuntur rotæ diametro pedum quaternum, habentes circa frontes affixas pinnas aquam tangentes : item medius axis in media navi habet tympanum cum uno denticulo extanti extra suam rotunditatem. Ad eum locum collocatur loculamentum habens inclusum in se tympanum, peræquatis dentibus quadringentis convenientibus denticulo tympani, quod est in axe inclusum : præterea ad latus affixum extantem extra rotunditatem alterum dentem. Unum insuper in altero loculamento cum eo confixo inclusum tympanum planum ad eundem modum dentatum [*collocetur, convenientibus*] dentibus denticulo, qui est ad latus fixus tympani quod est in cultro collocatus, *ita ut* eos dentes, qui sunt plani tympani, singulis versationibus singulos dentes impellendo in orbem planum tympanum verset. In plano autem tympano foramina fiant, in quibus foraminibus collocabuntur calculi rotundi : in theca ejus tympani (sive loculamentum est) unum foramen excavetur habens canaliculum, qua calculus liberatus ab obstantia cum ceciderit in vas æneum, sonitum significet. Ita navis cum habuerit impetum aut remorum aut vento-

Les roues venant ainsi à tourner, l'essieu auquel elles tiennent fera aussi tourner le tympan, dont la petite dent, à chaque tour, poussera une dent du second tympan, et le fera tourner médiocrement vite. D'après cela, quand les ailerons auront fait faire quatre cents tours aux roues du vaisseau, ils n'auront fait faire qu'un tour au tympan qui est en couteau, par l'impulsion de la dent qui est au premier tympan. Cependant, à mesure que le tympan qui est sur champ fera son tour, et qu'il amènera les cailloux au droit du trou qui est à son étui, ils tomberont par le conduit, et indiqueront, par le son qu'ils rendront, le nombre des milles que l'on aura faits sur l'eau.

Les machines dont j'ai parlé jusqu'à présent sont celles dont on peut tirer quelque utilité en temps de paix, et qui servent pour le plaisir; et je crois avoir expliqué assez clairement de quelle manière elles doivent être construites.

CHAPITRE X (ou XV).
Des catapultes et des scorpions.

Je vais traiter maintenant des proportions qu'il est nécessaire d'observer pour la construction des machines de guerre inventées pour la défense des hommes, telles que les scorpions, les catapultes et les balistes. Je commencerai par les catapultes et les scorpions. La proportion de ces machines se règle sur la longueur du dard que l'on veut lancer : on en prend la neuvième partie pour déterminer la grandeur des trous de la catapulte, par lesquels on bande les cordes, faites de boyau, qui attachent les bras de ces machines. Or, afin que les chapiteaux où sont les trous aient une largeur et une épaisseur convenables, on les fait de cette manière. Les pièces de bois que l'on appelle parallèles, et qui composent le haut et le bas du chapiteau, doivent avoir d'épaisseur le diamètre d'un des trous; leur largeur doit être d'un diamètre et de trois quarts d'un diamètre; elles n'auront vers l'extrémité que la largeur d'un diamètre et demi. Les poteaux qui sont à droite et à gauche doivent, outre les tenons, avoir la hauteur de quatre diamètres et la largeur de cinq; les tenons doivent être de trois quarts de diamètre, et depuis le trou jusqu'au poteau du milieu il doit y avoir aussi trois quarts de diamètre. La largeur du poteau du milieu doit être d'un diamètre et d'un quart de diamètre, et son épaisseur d'un diamètre. L'espace où l'on place le javelot dans le poteau doit être de la quatrième partie d'un diamètre. Il faut que les quatre angles qui sont tant aux côtés qu'en avant de la machine soient garnis de bandes de fer attachées avec des clous de cuivre ou de fer. La longueur du petit canal, qui est appelé *syrinx* (1) en grec, doit être de dix-neuf diamètres. Les tringles, appelées par quelques-uns *bucula* (2), qui sont attachées à droite et à gauche pour former le petit canal, doivent avoir également dix-neuf diamètres de longueur; et il faut que leur épaisseur soit de la grandeur d'un diamètre, ainsi que leur largeur. On ajoute en cet endroit deux règles, dans lesquelles est passé un moulinet long de trois diamètres et gros de la moitié d'un diamètre. L'épaisseur du bucula qui s'y attache est appelée *scamillum* (3) par quelques-uns, et *loculamentum* (4) par d'autres. Ce bucula est joint par des tenons à queue d'aronde longs de la grandeur d'un diamètre, et larges d'un demi-diamètre. La longueur

(1) Canal. — (2) Les lèvres. — (3) Petit banc. — (4) Étui.

rum flatu, pinnæ quæ erunt in rotis tangentes aquam adversum, vehementi retrorsus impulsu coactæ versabunt rotas : eæ autem involvendo se agent axem, axis vero tympanum : cujus dens circumactus singulis versationibus singulos secundi tympani dentes impellendo modicas efficit circinationes. Ita cum quater centies ab pinnis rotæ fuerint versatæ, semel tympanum circumactum impellet dentem, qui ad latus est fixus tympani plani : igitur circuitio tympani plani quotiescunque ad foramen perducet calculos, emittet per canaliculum. Ita et sonitu et numero indicabit milliaria spatia navigationis.

Quæ pacatis et sine metu temporibus ad utilitatem et delectationem paranda, quemadmodum debeant fieri, peregisse videor.

CAPUT X (vulgo XV).
De [catapultarum et] *scorpionum rationibus.*

Nunc vero quæ ad præsidia periculi et necessitatem salutis sunt inventa, id est scorpionum [catapultarum et] balistarum rationes, quibus symmetriis comparari possint, exponam. Omnes proportiones eorum organorum ratiocinantur ex proposita sagittæ longitudine, quam id organum mittere debet, ejusque nonæ partis sit foraminum in capitulis magnitudo, per quæ tenduntur nervi torti, qui brachia continere debent. Ipsa tum eorum foraminum capituli deformatur altitudo et latitudo. Tabulæ, quæ sunt in summo et in imo capituli peritretique vocantur, fiant crassitudine unius foraminis, latitudine unius et ejus dodrantis : in extremis foraminis unius et S. Parastatæ dextra ac sinistra præter cardines altæ foraminum quatuor, crassæ foraminum quinum : cardines [dimidia parastatica, ad foramen spatium foraminis S T.] A foramine ad medianam parastatam item foraminis S 9. Latitudo parastados mediæ unius foraminis et ejus I. L. crassitudo foraminis unius. Intervallum, ubi sagitta collocatur in media parastade, foraminis partis quartæ. Anguli quatuor, qui sunt circa in lateribus et frontibus, laminis ferreis aut stilis æreis et clavis configantur. Canaliculi (qui græce σύριγξ dicitur) longitudo foraminum XIX. Regularum, quas nonnulli bucculas appellant, quæ dextra ac sinistra canalem figantur, foraminum XIX, altitudo foraminis unius et crassitudo : et affiguntur regulæ duæ, in quas inditur sucula, habentes longitudinem foraminum trium, latitudinem dimidium foraminis. Crassitudo bucculæ, quæ affigitur, vocitatur camillum, seu, quemadmodum nonnulli, loculamentum, securiclatis cardinibus fixa, foraminis I, altitudo foraminis S, bucculæ longitudo ⋮⋮ foraminum ⫶⫶ crassitudo bucculæ

du moulinet est de neuf diamètres et de la neuvième partie d'un diamètre. Le gros rouleau est de neuf diamètres. La longueur de l'*épitoxis* (1) est d'un demi-diamètre et d'un huitième, et son épaisseur d'un huitième de diamètre. Le *chelo*, qui s'appelle aussi *manucla* (2), est long de trois diamètres. Son épaisseur est d'un demi-diamètre et d'un huitième, ainsi que sa largeur. La longueur du canal qui est en bas est de seize diamètres. L'épaisseur est de la neuvième partie d'un diamètre, et la largeur d'un demi-diamètre et d'un huitième. La petite colonne, avec sa base, qui est près de terre, a huit diamètres; et au droit de la plinthe qui est sur la petite colonne, elle a un demi-diamètre et un huitième. L'épaisseur est d'un douzième et d'un huitième de diamètre. La longueur de la petite colonne, jusqu'au tenon, a douze neuvièmes de diamètre; la largeur est d'un demi-diamètre et d'un huitième. L'épaisseur est du tiers de cette largeur; les trois liens de la petite colonne ont de longueur neuf diamètres, de largeur un demi-diamètre et un neuvième, et d'épaisseur un huitième. Le tenon est long de la neuvième partie d'un diamètre. La longueur de la tête de la petite colonne est d'un diamètre et demi et d'un quart de diamètre. La largeur de la pièce de bois qui est plantée devant est d'un diamètre et demi et de la neuvième partie d'un diamètre, en y joignant un neuvième de neuvième : l'épaisseur est d'un diamètre. La plus petite colonne qui est derrière, et qui est appelée en grec *antibasis* (3), a huit diamètres ; la largeur est d'un diamètre et demi; son épaisseur, d'un douzième et d'un huitième de diamètre. Le chevalet a douze diamètres de largeur; son épaisseur est égale à la grosseur de la plus petite colonne. Le *chelonium* (4), ou oreiller, qui est au-dessus de la plus petite colonne, a deux diamètres et demi, un neuvième de long, et autant de haut; sa largeur est d'un demi-diamètre et d'une huitième partie. Les mortaises du moulinet ont deux diamètres et demi et un neuvième. Leur profondeur est de deux diamètres et demi et d'un neuvième; la largeur, d'un diamètre et demi. Les traversants avec les tenons ont dix diamètres et un neuvième de long, un diamètre et demi et un neuvième de large, et dix d'épaisseur. La longueur des bras est de huit diamètres et demi ; leur épaisseur vers le bas est d'une douzième partie de diamètre et d'une huitième; vers le haut, d'une troisième partie du diamètre et d'un huitième. Leur courbure est de huit diamètres. Telles sont les proportions que l'on doit donner à ces bras; il faut aussi, quand le chapiteau est plus haut que la longueur des bras ne le demande, ce qui le fait appeler *anatonum* (1), les accourcir, afin que cette élévation ou hauteur du chapiteau, qui est cause que les bras sont moins tendus, étant compensée par l'accourcissement des bras, la machine puisse frapper avec une force suffisante; si, au contraire, le chapiteau est moins haussé, ce qui le fait appeler *catatonum* (2), les bras doivent être plus tendus : c'est pourquoi on les allonge, afin qu'ils puissent être courbés aisément jusqu'où il faut. Car, de même qu'un levier qui, long de quatre pieds, est suffisant pour que quatre hommes puissent remuer un fardeau, permettra à deux hommes de remuer le même fardeau s'il est long de huit pieds, de même aussi plus les bras de la catapulte seront longs, plus il y aura de facilité à les bander; comme il y aura plus de difficulté, en proportion de ce qu'ils seront plus courts. J'ai traité des parties dont la catapulte est composée, et de leurs proportions.

---

(1) Qui est sur le dard. — (2) Petite main. — (3) Arc-boutant. — (4) Tortue.

(1) Qui bande vers le haut. — (2) Qui bande vers le bas.

---

foraminum IX. Epitoxidos longitudo foraminum S — crassitudo —: Item chelae sive manulea dicitur longitudo foraminum III, latitudo et crassitudo S : —. Canalis fundi longitudo foraminum XVI, crassitudo foraminis, ⋮ latitudo S :—. Columellæ basis in solo foraminum octo, latitudo in plinthide, in qua statuitur columella, foraminis S : —, crassitudo F Z, columellæ longitudo ad cardinem foraminum XII ⋮ latitudo foraminis S : —, crassitudo Ū ɡ̄. Ejus capreoli tres, quorum longitudo foraminum IX, latitudo dimidium foraminis ⋮⋮ crassitudo Z, cardinis longitudo foraminis ⋮, columellæ capitis longitudo L. S. K. antefixa latitudo foraminis a. s. ⋮ 9 crassitudo I. Posterior minor columna, quæ græce dicitur ἀντίβασις, foraminum octo, latitudo foraminis S.1, crassitudinis F Z. subjectio foraminis ⋮, latitudinis et crassitudinis ejusdem, cujus minor columna illa. Supra minorem columnam chelonium sive pulvinus dicitur foraminum II S ⋮ altitudinis II S ⋮ latitudinis S I : —. Carchesia sucularum foraminum II S. I ⋮ crassitudo foraminis S II ⋮ latitudo I. S. Transversariis cum cardinibus longitudo foraminum X ⋮ latitudo I. S. ⋮ decem et crassitudo. Brachii longitudo I S. foraminum VII, crassitudo ab radice foraminis F Z, in summo foraminis U Z, curvaturæ foraminum octo. Hæc iis proportionibus aut adjectionibus aut detractionibus comparantur. Nam si capitula altiora, quam erit latitudo, facta fuerint, (quæ anatona dicuntur) de brachiis demetur; ut quo mollior est tonus propter altitudinem capituli, brachii brevitas faciat plagam vehementiorem. Si minus altum capitulum fuerit, (quod catatonum dicitur) propter vehementiam brachia paulo longiora constituentur, uti facile ducantur. Namque quemadmodum vectis cum est longitudine pedum quatuor, quod onus quatuor hominibus extollitur, is si est pedum octo, a duobus elevatur: eodem modo brachia quo longiora sunt, mollius, quo breviora, durius ducuntur. Catapultarum rationes ex quibus membris et portionibus componantur dixi.

CHAPITRE XI (ou XVI et XVII).

Des balistes.

Pour ce qui est des balistes, elles se font de diverses manières, quoique pour un même effet. Il y en a que l'on bande avec des moulinets et des leviers, d'autres avec des moufles, d'autres avec des vindas, et d'autres avec des roues à dents. Mais la grandeur de toutes ces machines doit être proportionnée à la pesanteur de la pierre qu'elles doivent lancer; et il n'est pas aisé de concevoir quelles doivent être ces proportions, si l'on n'est bien exercé dans l'arithmétique, et principalement dans la multiplication. On fait au chapitre de la baliste des trous par où l'on passe des câbles faits avec des cheveux de femme ou avec des boyaux; ces câbles doivent être gros à proportion de la pesanteur de la pierre que doit jeter la baliste, de même que dans les catapultes les proportions se règlent sur la grandeur des javelots. Or, afin que ceux qui ne savent pas les règles de la géométrie et de l'arithmétique puissent pourtant s'instruire de ces choses, et que dans les périls de la guerre ils n'aient pas à tant réfléchir, je veux mettre ici par écrit ce que j'en ai appris tant de mes maîtres que par ma propre expérience; et j'y ajouterai le calcul que j'ai fait pour réduire à nos poids ceux qui sont en usage parmi les Grecs. La baliste qui jette une pierre de deux livres doit avoir le trou de son chapiteau de la largeur de cinq doigts : si la pierre est de quatre livres, il doit être de six à sept doigts; si elle est de dix livres, il sera de huit doigts; si elle est de vingt livres, il sera de dix doigts; si elle est de quarante livres, il sera de douze doigts et trois quarts; si elle est de soixante livres, il sera de treize doigts et d'une huitième partie; si elle est de quatre-vingts livres, il sera de quinze doigts; si elle est de cent vingt livres, il sera d'un pied et demi et d'un demi-doigt; si elle est de cent soixante livres, il sera de deux pieds; si elle est de cent quatre-vingts livres, il sera de deux pieds et cinq doigts; si elle est de deux cents livres, il sera de deux pieds et six doigts; si elle est de deux cent dix livres, il sera de deux pieds et sept doigts; si elle est de deux cent cinquante livres, il sera de deux pieds et onze doigts et demi. Après avoir réglé la grandeur de ce trou, qui est appelé en grec *peritretos* (1), il faut chercher les proportions du *gros rouleau*. Sa longueur doit être de deux diamètres du trou, avec une douzième et une huitième partie de ce diamètre; sa largeur, de deux diamètres et un sixième : mais il faut diviser la moitié de la ligne qui a été décrite, et après cela resserrer son extrémité de telle sorte qu'étant tournée obliquement, elle ait de longueur une sixième partie et un quart de largeur vers l'endroit où elle commence à tourner, et un sixième à l'endroit où est la plus grande courbure, qui est où les points des angles se rencontrent, et où les trous et le rétrécissement de la largeur tendent. Ce trou doit être un peu plus long que large, et proportionné à l'épaisseur de l'*épisygis* (2). Après en avoir tracé la circonférence, il faut polir l'extrémité en la courbant doucement : son épaisseur est d'un diamètre et un sixième. Il faut que les barillets aient onze huitièmes de diamètre : leur largeur doit être d'un diamètre et trois quarts; leur épaisseur, d'un demi-diamètre, sans ce qui se met dans le trou; et leur largeur par l'extrémité doit être d'un diamètre et un sixième. Les

(1) Percé tout alentour. — (2) Qui est sur le joug.

CAPUT XI (vulgo XVI et XVII).
De balistarum rationibus et proportionibus.

Balistarum autem rationes variæ sunt et differentes unius effectus causa comparatæ. Aliæ enim vectibus et suculis, nonnullæ polyspastis, aliæ ergatis, quædam etiam tympanorum torqueantur rationibus. Sed tamen nulla balista perficitur nisi ad propositam magnitudinem ponderis saxi, quod id organum mittere debet. Igitur de ratione earum non est omnibus expeditum nisi qui geometricis rationibus numeros et multiplicationes habent notas. Namque fiunt in capitibus foramina, per quorum spatia contenduntur capillo maxime muliebri vel nervo funes, qui magnitudine ponderis lapidis, quem debet ea balista mittere, ex ratione gravitatis proportione sumuntur, quemadmodum catapultis de longitudinibus sagittarum. Itaque ut etiam qui geometrice non noverint, habeant expeditum, ne in periculo bellico cogitationibus detineantur, quæ ipse faciendo certa cognovi, quæque ex parte accepi a præceptoribus finita, exponam; et quibus rebus Græcorum pensiones ad modulos habeant rationem, ad eam ut etiam nostris ponderibus respondeant, tradam explicata. Nam quæ balista duo pondo saxum mittere debet, foramen erit in ejus capitulo digitorum V, si pondo quatuor, digitorum VI, et digitorum VII ☉, decem pondo, digitorum VIII ☉, viginti pondo, digitorum X ☉, quadraginta pondo, digitorum XII. S. K. sexaginta pondo, digitorum XIII et digiti octava parte ☉, octoginta pondo, digitorum XV ☉, centum vigenti pondo, pedis I S. et sesquidigiti ☉, centum et sexaginta pondo, pedum II ☉, centum et octoginta pondo, pedum II et digitorum V, ducenta pondo, pedum II et digitorum VI, ducenta decem pondo, pedum II et digitorum VII ☉, CCL pondo, XIS. Cum ergo foraminis magnitudo fuerit instituta, describatur scutula, quæ græce περίτρητος appellatur, cujus longitudo foraminum II. F. Z. latitudo duo et sextæ partis : dividatur medium lineæ descriptæ, et cum divisum erit, contrahantur extremæ partes ejus formæ, in quibus procurrunt cacumina angulorum, ut obliquam deformationem habeat longitudinis sexta parte, latitudinis ubi est versura quarta parte. In qua parte autem est curvatura, et foramina convertantur, et contracta latitudines redeant introrsus sexta parte. Foramen autem oblongius sit tanto, quantam epizygis habet crassitudinem. Cum deformatum fuerit, circumlævigentur extrema, ut habeat curvaturam molliter circumactam. ☉ Crassitudo ejus foraminis SI constituatur. Modioli foraminum II : — latitudo IS9 ☉, crassitudo, præterquam quod in foramine inditur, foraminis SI, ad extremum autem

poteaux auront de longueur cinq diamètres et demi et un sixième ; de tour, un demi-diamètre ; d'épaisseur, un tiers et un neuvième de diamètre. Il faut ajouter à la moitié de leur largeur autant que l'on a fait auprès du trou, lorsque l'on en a tracé la largeur et l'épaisseur, savoir cinq diamètres, et leur donner un quart de diamètre de hauteur. La règle qui est à la table doit avoir huit diamètres de long ; sa largeur et son épaisseur doit être d'un demi-diamètre ; l'épaisseur du tenon, de deux diamètres et d'un huitième ; la courbure de la règle, d'un seizième et cinq quarts de seizième ; la largeur et l'épaisseur de la règle extérieure doit être pareille. La longueur que donnera sa courbure, avec la largeur du poteau et sa courbure, sera d'un quart de diamètre ; mais il faudra que les règles supérieures soient égales aux inférieures. Les travers de la table seront de deux tiers et un douzième de diamètre. Le fût du *climakis* (1) doit être long de treize neuvièmes de diamètre, et épais de trois quarts. L'intervalle du milieu doit être large d'un diamètre et un quart, et épais d'un huitième et un quart de huitième. Toute la longueur de la partie du climakis supérieur, laquelle est proche des bras et jointe à la table, se doit diviser en cinq parties, dont deux seront données à la partie appelée *chelone* (2), qui sera large d'un quart de diamètre, épaisse d'un seizième et longue de trois diamètres et demi et un huitième ; les parties qui s'avancent hors du *chelo* auront un demi-diamètre ; la saillie du *pterygoma* (3) sera de la douzième partie d'un diamètre et d'un sicilique. Mais ce qui est vers l'essieu, qui est appelé *frons transversarius* (4), doit être long de trois diamètres et un neuvième ; et les règles de dedans doivent être longues d'un neuvième et épaisses d'un douzième et un quart de douzième. Le *rebord* du chelo, qui sert de couverture à la queue d'hirondelle, doit être long d'un quart de diamètre ; la largeur des montants du climakis doit être d'un huitième, et la grosseur d'un douzième et un quart de douzième. L'épaisseur du carré qui est au climakis doit être d'un douzième et d'une huitième partie de douzième, et vers l'extrémité d'un quart de douzième ; mais le diamètre de l'essieu rond sera égal au chelo, et vers les clavicules il sera plus petit de la moitié et d'une seizième partie. La longueur des *arcs-boutants* sera d'une douzième partie et de trois quarts de douzième. La largeur en bas, d'une treizième partie de diamètre ; l'épaisseur au haut, d'un huitième et un quart de huitième. La base qui est appelée *eschara* (1) aura de longueur une neuvième partie de diamètre. La *pièce qui est au devant de la base* aura quatre diamètres et un neuvième de diamètre. L'épaisseur et la largeur de l'une et de l'autre seront d'un neuvième de diamètre. La demi-colonne aura de hauteur un quart de diamètre, et de largeur et d'épaisseur un demi-diamètre : pour ce qui est de sa hauteur, il n'est point nécessaire qu'elle soit proportionnée au diamètre, mais à l'usage auquel elle est destinée ; sa longueur sera de six neuvièmes de diamètre ; son épaisseur vers le bas, d'un demi-diamètre ; et à son extrémité, d'un douzième de diamètre.

Après avoir donné les proportions des balistes et des catapultes, que j'ai jugées les plus convenables, je veux expliquer le plus clairement que je pourrai comment il faut régler leur bandage, qui se fait avec des cordes de boyau ou de cheveux.

(1) Petite échelle. — (2) Tortue. — (3) Aile. — (4) La face qui traverse.

(1) Grille.

latitudo foraminis II. Parastatarum longitudo foraminis VSI, curvatura foraminis pars dimidia, crassitudo U et partis LX : adjicitur autem ad mediam latitudinem quantum est prope foramen factum in descriptione, latitudine et crassitudine foraminis V : altitudo parte IV. Regulæ, quæ est in mensa, longitudo foraminum VIII, latitudo et crassitudo dimidium foraminis : cardinis IIZ ⁙ crassitudo foraminis 199 ⁙ : curvatura regulæ I 5 K. Exterioris regulæ latitudo et crassitudo tantundem, longitudo quam dederit ipsa versura deformationis et parastatæ latitudo, ad suam curvaturam K. Superiores autem regulæ æquales erunt inferioribus K. Mensæ transversarii foraminis UUK. Climacidos scapi longitudo foraminum XIII ⁙, crassitudo IIIK, intervallum medium latitudo foraminis ex quarta parte ⁙, crassitudo pars octava K ; climacidos superioris pars quæ est proxima brachiis, quæ conjuncta est mensæ, tota longitudine dividatur in partes quinque : ex his dentur duæ partes ei membro, quod Græci χηλήν vocant, ⁙ latitudo Γ, crassitudo 9 ⁙, longitudo foraminum III et semis K, extantia cheles foraminis S, pterygomatos foraminis ξ et sicilicus : quod autem est ad axona, quod appellatur frons transversarius, foraminum trium ⁙. Interiorum regularum latitudo foraminis Γ, crassitudo ξ K. Cheloni replum, quod est operimentum, securiculæ includitur K. Scapi climacidos latitudo Z 5, crassitudo foraminum XIIK. Crassitudo quadrati, quod est ad climacida, foraminis F 5, in extremis K, rotundi autem axis diametros æqualiter erit cheles. Ad clavicuals autem S minus parte sexta decima K. Anteridon longitudo foraminum F III 9, latitudo in imo foraminis Γ ⁙, in summo crassitudo ZK. Basis, quæ appellatur eschara, longitudo foraminum ⁙, antibasis foraminum IV ⁙, utriusque crassitudo et latitudo foraminis ⁙ : compingitur autem dimidia altitudinis K. Columnæ latitudo et crassitudo I S ; altitudo autem non habet foraminis proportionem, sed erit quod opus erit ad usum. Brachii ⁙ longitudo foraminum VI ⁙, crassitudo in radice foraminis in extremis F.

De balistis et catapultis symmetrias, quas maxime expeditas putavi exposui : quemadmodum autem contentionibus eæ temperentur e nervo capilloque tortis rudentibus, quantum comprehendere scriptis potuero, non prætermittam.

CHAPITRE XII (OU XVIII).

De la manière de bander les catapultes et les balistes avec la justesse qui est nécessaire.

Il faut avoir deux longues pièces de bois, sur lesquelles on attache des amarres pour passer des moulinets. Au milieu de chacune de ces pièces de bois on fait une entaille, où l'on met le chapiteau de la catapulte, qui y est affermi avec des chevilles, afin que l'effort du bandage ne le puisse arracher. Après cela, on enchâsse dans ce chapiteau des *barillets* de cuivre, dans lesquels on met des chevilles de fer, que les Grecs appellent *épischidas*. Ensuite on passe par l'un des trous qui sont au travers du chapiteau le bout du câble, que l'on attache au moulinet, autour duquel il s'entortille lorsqu'on le fait tourner avec les leviers ; et on le bande jusqu'à ce qu'étant frappé avec la main, il sonne le ton qu'il doit avoir. Alors on met la cheville au trou du chapiteau, pour servir d'arrêt et empêcher que rien ne lâche : puis après avoir passé le câble à l'autre côté de la même manière, on le bande avec des leviers et le moulinet, jusqu'à ce qu'il sonne le même ton que l'autre ; et c'est par cet arrêt, fait avec des chevilles de fer, que l'on tend la catapulte avec la justesse nécessaire, en observant le ton que sonnent les câbles.

Après avoir traité de ces choses le mieux qu'il m'a été possible, il me reste à expliquer avec quelles machines on peut attaquer ou défendre une ville avec succès.

CHAPITRE XIII (OU XIX).

Des machines qui servent à battre ou à défendre les places ; de l'invention du bélier, et en quoi consiste cette machine.

Le bélier fut, à ce que l'on dit, la première machine de guerre que l'on inventa, et voici dans quelles circonstances. Lorsque les Carthaginois mirent le siége devant Gades, ils jugèrent à propos de démolir promptement un château qui avait été pris : mais n'ayant point les outils nécessaires, ils se servirent d'une poutre que plusieurs hommes soutenaient de leurs mains, et, frappant du bout de cette poutre le haut de la muraille à coups redoublés, ils firent tomber les pierres des rangs d'en haut ; puis, allant ainsi d'assise en assise, ils abattirent toutes les fortifications. Après cela, un charpentier de la ville de Tyr, nommé Péphasmenos, instruit par cette première expérience, planta un mât, auquel il en pendit un autre comme une balance ; et, par la force des grands coups que le mât frappait en allant et venant, il abattit les murs de la ville de Gades. Cétras, Chalcédonien, fut le premier qui fit pour cette machine une base de charpenterie portée sur des roues. Sur cette base il éleva un assemblage de *montants* et de *traversants* dont il fit une *hutte*, dans laquelle il suspendit un bélier, et qu'il couvrit de peaux de bœufs, afin de mettre en sûreté ceux qui travaillaient à battre la muraille. Depuis ce temps-là, on appela cette hutte une tortue à bélier, parce qu'elle n'avançait que fort lentement. Tels furent les commencements de ces sortes de machines. Polyidus, Thessalien, leur donna la dernière perfection pendant le siége que le

CAPUT XII (vulgo XVIII).

De catapultarum balistarumque contentionibus et temperaturis.

Sumuntur tigna amplissima longitudine, supra figuntur chelonia, in quibus includuntur suculæ : per media autem spatia tignorum insecantur et exciduntur formæ, in quibus excisionibus includuntur capitula catapultarum, cuneisque distinctur, ne in contentionibus moveantur. Tum vero modioli ærei in ea capitula includuntur, et in eos cuneoli ferrei, quos ἐπιζυγίδας Græci vocant, collocantur. Deinde ansæ rudentum induntur per foramina capitulorum et in alteram partem trajiciuntur ; deinde in suculas conjiciuntur, involvunturque, vectibus uti per eas extenti rudentes, cum manibus sunt tacti, æqualem in utraque sonitus habeant responsum. Tunc autem cuneis ad foramina concluduntur, ut non possint se remittere : ita trajecti in alteram partem eadem ratione vectibus per suculas extenduntur, donec æqualiter sonent. Ita cuneorum conclusionibus ad sonitum musicis auditionibus catapultæ temperantur.

De his rebus quæ potui dixi : restat mihi de oppugnatoriis rebus quemadmodum machinationibus et duces victores et civitates defensæ esse possint.

CAPUT XIII (vulgo XIX).

De oppugnatoriis rebus.

Primum ad oppugnationes aries sic inventus memoratur esse. Carthaginienses ad Gades oppugnandas castra posuerunt : cum autem castellum ante cepissent, id demoliri sunt conati. Posteaquam non habuerunt ad demolitionem ferramenta, sumpserunt tignum, idque manibus sustinentes capiteque ejus summum murum continenter pulsantes, summos lapidum ordines dejiciebant, et ita gradatim ex ordine totam communitionem dissipaverunt. Postea quidam faber Tyrius, nomine Pephasmenos, hac ratione et inventione inductus, malo statuto, ex eo alterum transversum uti trutinam suspendit et in reducendo et impellendo vehementibus plagis dejecit Gaditanorum murum. Cetras autem Chalcedonius de materia primum basim subjectis rotis fecit, supraque compegit arrectariis et jugis varas, et in his suspendit arietem, coriisque bubulis texit, uti tutiores essent, qui in ea machinatione ad pulsandum murum essent collocati. Id autem quod tardos conatus habueret, testudinem arietariam appellare cœpit. His tunc primis gradibus positis ad id genus machinationis, postea cum Philippus, Amyntæ filius, Byzantium oppugnaret, Polyidus Thessalus pluribus generibus et faci-

roi Philippe, fils d'Amyntas, fit de la ville de Byzance; et il en inventa de plusieurs autres sortes, dont on se servit avec beaucoup de facilité. Il eut pour disciples Diadès et Chéréas, qui servirent sous le grand Alexandre. Diadès a laissé quelques écrits, dans lesquels il prétend être l'inventeur des tours roulantes; et il dit qu'il les faisait porter démontées quand l'armée était en marche. Il ajoute que c'est lui qui a aussi inventé la tarière et une machine montante, à l'aide de laquelle on passait de plain-pied sur la muraille, ainsi que le corbeau démolisseur, que l'on appelle aussi grue. Il se servait du bélier posé sur des roues, dont il a expliqué la structure. Il dit que la plus petite tour qui se fasse ne doit pas avoir moins de soixante coudées de hauteur et dix-sept de largeur, et qu'il faut qu'elle aille en se rétrécissant de sorte que le haut n'ait de largeur que la cinquième partie de l'empâtement. Il veut que les montants aient par en bas les trois quarts d'un pied, et un demi-pied par le haut. Il lui donne dix étages, qui ont tous des fenêtres. Il fait la plus grande tour de cent vingt coudées de haut et de vingt-trois coudées et demi de large : le rétrécissement du haut est aussi de la cinquième partie; les montants sont de la grosseur d'un pied par en bas et d'un demi-pied par en haut. Il faisait à cette grande tour vingt étages, qui avaient chacun leurs *parapets* de trois coudées, et il la couvrait de peaux nouvellement écorchées, pour la défendre de toute sorte de coups. Il bâtissait la tortue à bélier à peu près de la même manière. Elle était large de trente coudées et haute de quinze, sans le toit, qui en avait sept depuis la plate-forme jusqu'au haut. Outre cette hauteur, elle avait encore une petite tour qui s'élevait sur le milieu de son toit : cette petite tour était large pour le moins de douze coudées, et elle comprenait quatre étages, dans le dernier desquels on plaçait les scorpions et les catapultes; dans les étages d'en bas on amassait une grande quantité d'eau, pour éteindre le feu qui pouvait être jeté. On plaçait dans cette tortue la machine à bélier appelée en grec *criodoche* (1), dans laquelle on mettait un rouleau arrondi parfaitement au tour; le bélier posé sur ce rouleau, et tiré par des câbles, allait et venait, et produisait de très-grands effets. Le bélier était couvert de cuirs fraîchement écorchés, de même que la tour. Pour ce qui est de la tarière, voici comment il l'a décrite. Elle ressemblait beaucoup à la tortue. Il y avait au milieu de la machine, sur des *montants*, un canal pareil à celui des catapultes et des balistes, et qui avait cinquante coudées de long et une coudée de large; au travers de ce canal on mettait un moulinet en devant; à droite et à gauche il y avait des poulies, par le moyen desquelles on faisait remuer une poutre ferrée par le bout, laquelle était passée dans le canal et sous cette poutre; il y avait des rouleaux, qui servaient à la pousser avec beaucoup de force et de promptitude. Au-dessus de la poutre on faisait comme une voûte qui la couvrait, et qui soutenait les peaux fraîchement écorchées dont la machine était couverte. A l'égard du *corbeau*, il n'a pas cru en devoir rien écrire, parce qu'il avait reconnu que cette machine ne produisait pas un grand effet. Il avait promis d'expliquer la structure de la *machine montante* qui est appelée *épibathra*, et des ma-

(1) Machine à bélier.

---

lioribus explicavit; a quo receperunt doctrinam Diades et Chæreas, qui cum Alexandro militaverunt. Itaque Diades scriptis suis ostendit se invenisse turres ambulatorias, quas etiam dissolutas in exercitu circumferre solebat; præterea terebram et ascendentem machinam, qua ad murum plano pede transitus esset, etiam corvum demolitorem, quem nonnulli gruem appellant. Non minus utebatur ariete subrotato, cujus rationes scriptas reliquit. Turrem autem minimam ait oportere fieri ne minus altam cubitorum LX, latitudinem XVII, contracturam autem summam imæ partis quintam : arrectaria in turris imo dodrantalia, in summo semipedalia. Fieri autem ait oportere eam turrem tabulatorum decem, singulis partibus in ea fenestratis. Majorem vero turrem altam cubitorum CXX, latam cubitorum XXIII S⸪ : contracturam item [*summam*] quinta parte ⸪, arrectaria pedalia in imo, in summo semipedalia. Hanc magnitudinem turris faciebat tabulatorum XX, cum haberent singula tabulata circuitionem cubitorum ternum : tegebat autem coriis crudis, ut ab omni plaga essent tutæ. Testudinis arietariæ comparatio eadem ratione perficiebatur : habuerat autem intervallum cubitorum XXX, altitudinem præter fastigium XVI, fastigii autem altitudo ab strato ad summum cubita VII. Exibat autem in altum et supra medium tectum fastigium non minus cubita duo, et supra extollebatur turricula [cubitum] IV tabulatorum, in qua tabulato summo statuebantur scorpiones et catapultæ, in inferioribus congerebatur magna aquæ multitudo ad extinguendum, si qua vis ignis immitteretur. Constituebatur autem in ea arietaria machina, quæ græce χριοδόχη dicitur, in qua collocabatur torus perfectus in torno; in quo insuper constitutus aries rudentium ductionibus et reductionibus efficiebat magnos operis effectus : tegebatur autem is coriis crudis, quemadmodum turris. De terebra has explicuit scriptas rationes : ipsam machinam uti testudinem in medio habentem collocatum in orthostatis canalem [*faciebat,*] quemadmodum in catapultis aut balistis fieri solet, longitudine cubitorum L, altitudine cubiti, in quo constituebatur transversa sucula. In capite autem dextra ac sinistra trochleæ duæ, per quas movebatur quod inerat in eo canali capite ferrato tignum : sub eo autem in ipso canali inclusi tori crebriter celeriores et vehementiores efficiebant ejus motus. Supra autem id tignum, quod inibi erat, arcus tegebantur ad canalem crebriter, uti sustinerent corium crudum, quo ea machina erat involuta. De corace nihil putavit scribendum, quod animadverteret eam machinam nullam habere virtutem. De ascensu, quæ ἐπιβάθρα græce dicitur, et de marinis machinationibus, quæ per navim aditus habere posse scripsit, tantum pollicitum esse

chines navales avec lesquelles on peut entrer dans les navires; mais j'apprends avec regret qu'il n'a pas exécuté sa promesse.

Après avoir parlé de la structure des machines dont Diadès a écrit, il me reste à dire ce que j'en ai appris de mes maîtres, et à quoi elles peuvent être utiles.

CHAPITRE XIV (OU XX).
Comment se fait la tortue au moyen de laquelle on comble les fossés.

La tortue dont on se sert pour combler les fossés et pour approcher des murailles à couvert, se construit de cette manière. On fait une base carrée, appelée en grec *eschara*, dont chaque côté est de vingt-cinq pieds : ces côtés sont joints par quatre traversants qui sont arrêtés par deux autres, épais d'une dix-huitième partie de leur longueur, et larges de la moitié de leur épaisseur : ces traversants doivent être distants l'un de l'autre d'environ un pied et demi, et dans chaque intervalle il faut mettre par-dessous de petits arbres appelés en grec *hamaxopodes* (1), dans lesquels tournent les essieux des roues, qui sont affermis avec des lames de fer. Les petits arbres sont ajustés de telle sorte qu'au moyen de leur pivot, et des trous dans lesquels sont passés des leviers, on adresse les roues au droit du chemin que l'on veut tenir, soit qu'il faille aller à droite ou à gauche, ou de travers. De plus, on pose sur la base et de chaque côté une poutre qui a six pieds de saillie, et sur cette saillie, en avant et en arrière, on met deux autres poutres qui ont sept pieds de saillie, et qui sont de l'épaisseur et de la largeur du bois dont la base est faite. Sur cet assemblage on élève des *poteaux assemblés* qui ont neuf pieds sans les tenons, et qui en tout sens sont épais d'un pied et d'un palme, et distants l'un de l'autre d'un pied et demi; ils sont joints en haut par des *sablières qui ont des tenons* : sur ces sablières sont placées les *contrefiches*, qui sont attachées l'une à l'autre par des tenons, et qui s'élèvent de neuf pieds. Sur chaque contre-fiche il doit y avoir une pièce de bois carrée avec laquelle on l'assemble. On doit encore se arrêter avec des *chevrons en travers* qu'il faut cheviller sur les pièces de bois carrées, et recouvrir d'ais de bois de palmier, ou de quelque autre bois fort, celui que l'on voudra, pourvu que ce ne soit ni du pin ni de l'aune, parce que ces bois sont aisés à rompre et à brûler. Il faut garantir les côtés avec des claies faites d'osier vert, entrelacé et fort serré, et recouvrir le tout de peaux fraîchement écorchées, que l'on doublera d'autres peaux semblables, en mettant entre deux de l'*herbe marine* ou de la paille trempée dans du vinaigre, afin que cette couverture soit à l'épreuve des balistes et du feu.

CHAPITRE XV (OU XXI).
D'autres sortes de tortues.

Il y a une espèce de tortue qui a toutes les parties dont se compose celle qui vient d'être décrite, à la réserve des contre-fiches; mais elle a de plus un *parapet* tout à l'entour et des *créneaux* faits avec des ais, et par-dessus des *auvents* qui pendent de la couverture, laquelle est faite de

(1) Pieds de chariot.

---

vehementer animadverti, neque rationes earum eum explicuisse.

Quæ sunt ab Diade de machinis scripta, quibus sint comparationibus, exposui : nunc quemadmodum a præceptoribus accepi, et utilia mihi videntur, exponam.

CAPUT XIV. (VULGO XX.)
De testudine ad congestionem fossarum paranda.

Testudo, quæ ad congestionem fossarum paratur, eaque etiam accessus ad murum potest habere, sic erit facienda. Basis compingatur, quæ græce ἐσχάρα dicitur, quadrata, habens quoquoversus latera singula pedum XXV et transversaria quatuor : hæc autem continentur ab alteris duobus crassis F. S. latis S. Distent autem transversaria inter se circiter pede et S, supponanturque in singulis intervallis eorum arbusculæ, quæ græce ἁμαξόποδες dicuntur; in quibus versantur rotarum axes conclusi laminis ferreis : eæque arbusculæ ita sint temperatæ, ut habeant cardines et foramina, quo vectes trajecti versationes earum expediant, uti ante et post et ad dextrum seu sinistrum latus sive oblique ad angulos opus fuerit, ad id per arbusculas versati progredi possint. Collocentur autem insuper basim tigna duo in utramque partem projecta pedes senos; quorum circa projecturas figantur altera projecta duo tigna ante frontes pedes VII, crassa et lata uti in basi sunt scripta. Insuper hanc compactionem erigantur postes compactiles præter cardines pedum IX, crassitudine quoquoversus palmipedales, intervalla habentes inter se sesquipedis. Eæ concludantur superne interordinatis trabibus : supra trabes collocentur capreoli cardinibus alius in alium conclusi, in altitudinem excitati pedes IX : supra capreolos collocetur quadratum tignum, quo capreoli conjungantur. Ipsi autem laterariis circa fixis contineantur, tegaturque tabulis maxime primis, si non, ex cetera materia, quæ maxime habere potest virtutem, præter pinum aut alnum. Hæc enim sunt fragilia et faciliter recipiunt ignem. Circum tabulata collocentur crates ex tenuibus virgis creberrime textæ, maximeque recentibus percrudis coriis duplicibus consutis, fartis alga aut paleis in aceto maceratis circa tegatur machina tota : ita ab his rejicientur plagæ balistarum et impetus incendiorum.

CAPUT XV (VULGO XXI).
De aliis testudinibus.

Est autem et aliud genus testudinis, quod reliqua omnia habet, quemadmodum quæ supra scripta sunt, præter capreolos; sed habet circa pluteum et pinnas ex tabulis, et superne subgrundas proclinatas, supraque tabulis et coriis firmiter fixis continentur : insuper vero argilla cum capillo subacta ad eam crassitudinem inducatur, ut ignis om-

planches et de cuirs attachés fermement ensemble. On met de l'argile pétrie avec du crin sur cette couverture, et l'on fait cet enduit si épais que le feu ne puisse endommager la machine. Ces tortues peuvent être soutenues sur huit roues, selon que la disposition du lieu le demande. Celles qui servent à couvrir les pionniers qui travaillent aux mines s'appellent *oryges* en grec, et ne diffèrent en rien de celles qui viennent d'être décrites : on les fait en triangle par devant, afin que ce qui est jeté de dessus la muraille ne les frappe pas en plein, mais que, recevant les coups par le côté, elles couvrent plus sûrement les pionniers qui travaillent dessous. Il me semble qu'il ne sera pas hors de propos de parler des proportions de la tortue qui fut faite par Hégétor, Byzantin. Sa base avait soixante pieds de long et dix-huit de large. Les quatre montants qui étaient posés sur l'assemblage étaient composés chacun de deux poutres de trente-six pieds de hauteur, sur un pied et un palme d'épaisseur et un pied et demi de largeur. Cette base roulait sur huit roues hautes de cinq pieds et trois quarts, et épaisses de trois pieds; elles étaient faites de trois pièces de bois jointes ensemble par des tenons à queue d'aronde, et bandées de fer battu à froid. Elles étaient aussi enchâssées dans ces pivots appelés hamaxopodes, sur lesquels elles tournaient. Sur l'assemblage de poutres posé sur sa base il y avait encore des montants élevés, qui avaient dix-huit pieds et un quart de longueur, trois quarts de pied de largeur, et un douzième avec un huitième d'épaisseur; et ils étaient distants l'un de l'autre d'un pied et demi et d'un neuvième. Sur ces montants il y avait d'autres poutres qui leur étaient jointes, et qui affermissaient tout cet assemblage; elles étaient larges d'un pied et d'un neuvième, et épaisses d'un demi-pied et d'un neuvième. Au-dessus de cela s'élevaient les contre-fiches de la hauteur de douze pieds, et elles avaient au-dessus une pièce de bois avec laquelle elles étaient jointes. Il y avait aussi des *chevrons* en travers, qui étaient chevillés; et par-dessus un plancher tout alentour, qui couvrait le bas. Il y avait encore au milieu un autre plancher posé sur des soliveaux, et sur lequel étaient des scorpions et des catapultes. Outre cela, on élevait deux forts montants longs de trente-cinq pieds, épais d'un pied et demi, larges de deux pieds, liés en haut par une pièce traversante ayant des tenons, et par une autre pièce qui liait encore les montants ensemble au moyen des tenons; le tout bandé de lames de fer. Entre les montants et le traversant, il y avait deçà et delà des dosses attachées fermement avec des *équerres*, et percées de deux rangs de trous disposés alternativement pour servir d'*amarres*. Dans ces dosses il y avait deux chevilles faites au tour, et auxquelles s'attachaient les cordes qui tenaient le bélier suspendu. Il y avait, au-dessus de ceux qui travaillaient au bélier, une *guérite* en forme de tourelle, où deux soldats étaient logés à couvert, pour découvrir et faire connaître tout ce que les ennemis entreprenaient. Le bélier était long de cent six pieds, gros d'un pied et d'un palme, et épais d'un pied par le bas. Il allait en étrécissant depuis la tête jusqu'à un pied sur la largeur, et jusqu'à un demi-pied et un neuvième sur son épaisseur. Sa tête était armée de fer comme le sont les longs vaisseaux, et de cette tête partaient quatre bandes de fer longues environ de quatre

nino non possit ei machinæ nocere. Possunt autem, si opus fuerit, eæ machinæ ex octo rotis esse, si ad loci naturam ita opus fuerit temperare. Quæ autem testudines ad fodiendum comparantur, (ὄρυγες græce dicuntur) cetera omnia habent, uti supra scriptum est : frontes autem earum fiunt, quemadmodum anguli trigonorum, uti, a muro tela cum in eas mittantur, non planis frontibus excipiant plagas, sed ab lateribus labentes, sine periculoque fodientes qui intus sunt tueantur. Non mihi etiam videtur esse alienum de testudine, quam Hegetor Byzantius fecit, quibus rationibus sit facta, exponere. Fuerat enim ejus baseos longitudo pedum LX, latitudo XII; arrectaria, quæ supra compactionem erant quatuor collocata, ex binis tignis fuerant compacta, in altitudinibus singulorum pedum XXXVI, crassitudine palmipedali, latitudine sesquipedali. Basis ejus habuerat rotas octo, quibus agebatur : fuerat autem earum altitudo pedum VIS —, crassitudo pedum trium, ita fabricata triplici materia, alternis se contra subscudibus inter se coagmentata, laminisque ferreis ex frigido ductis alligata. Hæ in arbusculis, sive hamaxopodes dicantur, habuerant versationes. Ita supra transtrorum planitiem, quæ supra basim fuerat, postes erant erecti pedum XVIII : —, latitudinis S : —, crassitudinis F. Z. distantes inter se I S : —; supra eos trabes circumclusæ continebant totam compactionem ⋮⋮⋮ latæ pedem I. — crassæ S. —, supra eam capreoli extollebantur altitudine pedum XII, supra capreolos tignum collocatum conjungebat capreolorum compactiones. Item fixa habuerant lateraria in transverso, quibus insuper contabulatio circumdata contegebat inferiora. Habuerat autem mediam contabulationem supra trabeculas, ubi scorpiones et catapultæ collocabantur : erigebantur et arrectaria duo compacta pedum XXXV ⋮⋮⋮ crassitudine sesquipedali ⋮⋮⋮ latitudine pedum II, conjuncta capitibus transversario cardinato tigno et altero mediano inter duos scapos cardinato et laminis ferreis religato : quo insuper collocata erat alternis materies inter scapos et transversarium trajecta, cheloniis et anconibus firmiter inclusa. In ea materia fuerant ex torno facti axiculi duo, e quibus funes alligati retinebant arietem. Supra caput eorum qui continebant arietem, collocatum erat pluteum turriculæ similitudine ornatum, uti sine periculo duo milites tuto stantes prospicere possent et renunciare, quas res adversarii conarentur. Aries autem ejus habuerat longitudinem pedum CIV ⋮⋮⋮, latitudine in imo palmipedali ⋮⋮⋮, crassitudine pedali ⋮⋮⋮, contractum a capite in latitudine pes ⋮⋮⋮ — crassitudine S. —. Is autem aries habuerat de ferro duro rostrum, ita uti naves longæ solent habere, et ex ipso rostro laminæ ferreæ quatuor circiter pedum XV fixæ fuerant in materia. A capite autem ad imam calcem tigni contenti fuerant funes quatuor crassitudine digitorum

pieds, par lesquelles elle était attachée au bois. Depuis la tête jusqu'à l'autre bout de la poutre, il y avait quatre câbles étendus, de la grosseur de huit doigts, qui y étaient attachés de même que le mât d'un navire l'est à la poupe et à la proue; et ces câbles étaient serrés contre le bélier par des cordes mises en travers comme des ceintures, distantes l'une de l'autre d'un pied et d'un palme. Tout le bélier était couvert de peaux fraîchement écorchées. A l'endroit où la tête du bélier était attachée aux câbles, il y avait quatre chaînes de fer recouvertes aussi de peaux fraîchement écorchées. Il y avait de plus sur la saillie de la machine un coffre lié avec de grosses cordes bien tendues, afin que leur âpreté permît de marcher dessus sans danger de glisser, quand on voulait aller jusqu'à la muraille. Cette machine se mouvait de trois façons, savoir : en la faisant avancer en ligne droite, ou en la faisant détourner à droite ou à gauche, ou en la faisant hausser ou baisser. On l'élevait, pour battre la muraille, jusqu'à près de deux cents pieds, et elle pouvait aussi frapper à droite et à gauche à une distance de cent pieds. Elle était gouvernée par cent hommes, et elle pesait quatre mille talents, c'est-à-dire quatre cent quatre-vingt mille livres.

CHAPITRE XVI (OU XXII).
Des moyens de défense des assiégés.

J'ai rapporté tout ce qui mérite d'être su touchant les scorpions, les catapultes, les balistes, les tortues et les tours; j'ai dit quels ont été les inventeurs de ces machines, et comment elles doivent être faites. Pour ce qui est des échelles et des *guindages*, je n'ai pas jugé qu'il fût nécessaire d'en rien écrire, parce que tout cela est fort aisé, et se fait ordinairement par les soldats eux-mêmes. D'ailleurs ces machines ne pourraient pas être employées en tout lieu, si elles étaient toutes faites de la même manière. La diversité qui se rencontre dans les fortifications et dans le courage des différents peuples, fait que l'on doit avoir d'autres machines pour attaquer ceux qui sont hardis et téméraires, d'autres pour ceux qui sont vigilants, et d'autres pour ceux qui sont timides. Mais je crois que si l'on suit les préceptes que j'ai donnés, et si l'on sait bien choisir ce qui est le plus convenable, suivant les circonstances, parmi les choses diverses dont j'ai traité, on ne manquera jamais de trouver les expédients auxquels on devra recourir, selon la nature des lieux, pour toutes les choses que l'on voudra entreprendre. Quant à ce qui appartient aux moyens que les assiégés peuvent avoir pour se défendre, cela ne se peut pas écrire, parce que les ennemis ne se conformeront peut-être pas à nos préceptes, quand ils entreprendront quelques travaux pour un siège; et il est arrivé assez souvent que les machines des ennemis ont été renversées sans machines, par des moyens que la présence d'esprit des ingénieurs a trouvés sur-le-champ, ainsi qu'il arriva autrefois aux Rhodiens. Il y avait à Rhodes un architecte nommé Diognète, à qui la république faisait tous les ans une pension fort honorable à cause de son mérite : un autre architecte nommé Callias, étant venu d'Aradum à Rhodes, et ayant demandé au peuple à être entendu, proposa un modèle de rempart, sur lequel il avait posé une machine qui était à guindage, que l'on tourne si aisément; et il prit à l'aide de cette machine et

---

octo, ita religati, quemadmodum navis a puppi ad proram continetur ; ejusque præcincturæ funes transversis erant ligati, habentes inter se palmipedalia spatia. Insuper coriis crudis totus aries erat involutus ; ex quibus autem funibus pendebant, eorum capita fuerant ex ferro factæ quadruplices catenæ, et ipsæ coriis crudis erant involutæ. Item habuerat projectura ejus ex tabulis arcam compactam, et confixam, in qua . . . . . rudentibus majoribus extentis, per quorum asperitates non labentibus pedibus faciliter ad murum perveniebatur. Atque ea machina sex modis movebatur, progressu, item latere dextra ac sinistra, porrectione non minus in altitudinem extollebatur, et in imum inclinatione demittebatur. Erigebatur autem machina in altitudinem ad disjiciendum murum circiter pedes C ; item a latere dextra ac sinistra procurrendo perstringebat non minus pedes C ; gubernabant eam homines C, habentem pondus talentum quatuor millium, quod fit CCCCLXXX pondo.

CAPUT XVI (vulgo XXII.)
De repugnatoriis rebus.

De scorpionibus et catapultis et balistis etiamque testudinibus et turribus quæ maxime mihi videbantur idonea et a quibus essent inventa et quemadmodum fieri debe-
rent, explicui. Scalarum autem et carchesiorum et eorum, quorum rationes sunt imbecilliores, non necesse habui scribere : hæc etiam milites per se solent facere ; neque ea ipsa omnibus locis neque eisdem rationibus possunt utilia esse ; quod differentes sunt munitiones munitionibus nationumque fortitudines. Namque alia ratione ad audaces et temerarios, alia ad diligentes, aliter ad timidos machinationes debent comparari. Itaque his præscriptionibus si quis attendere voluerit, ex varietate eorum eligendo et in unam comparationem conferendo non indigebit auxiliis, sed quascunque res aut rationibus aut locis opus fuerit, sine dubitatione poterit explicare. De repugnatoriis vero non est scriptis explicandum : non enim ad nostra scripta hostes comparant res oppugnatorias, sed machinationes eorum ex tempore solerti consiliorum celeritate sine machinis sæpius evertuntur. Quod etiam Rhodiensibus memoratur usu venisse. Diognetus enim fuerat Rhodius architectus ; et ei de publico quotannis certa merces pro artis dignitate tribuebatur ad honorem. Eo tempore quidam architectus ab Arado nomine Callias Rhodum cum venisset , acroasin fecit, exemplarque protulit muri, et supra id machinam in carchesio versatili constituit, qua helepolim ad mœnia accedentem corripuit et transtulit intra murum. Hoc exemplar Rhodii cum vidissent, admirati ademerunt Diogneto quod fuerat ei quotannis constitutum, et

enleva une *hélépole* (1) qu'il avait fait approcher de la muraille, et qu'il transporta au dedans du rempart. Les Rhodiens voyant avec admiration l'effet de ce modèle, ôtèrent à Diognète la pension qu'ils lui avaient accordée, et la donnèrent à Callias. Quelque temps après, le roi Démétrius, qui fut appelé *Poliorcètes* (2), à cause de l'opiniâtreté avec laquelle il s'attachait à tout ce qu'il entreprenait, déclara la guerre aux Rhodiens. Ce roi avait dans son armée un excellent architecte athénien, nommé Épimachus, qu'il chargea de la construction d'une hélépole qui exigea une dépense et un travail tout à fait extraordinaires ; car elle avait cent vingt-cinq pieds de haut et soixante de large ; elle était couverte de tissus de poil et de cuirs nouvellement écorchés, de manière qu'elle était à l'épreuve d'une baliste qui eût jeté une pierre de trois cent soixante livres, et la machine en pesait trois cent soixante mille. Les Rhodiens ayant demandé à Callias de mettre la machine en œuvre, d'enlever l'hélépole et de la transporter au delà du rempart, comme il avait promis de le faire, il leur déclara qu'il ne le pouvait pas, d'autant que toutes choses ne se font pas d'une même manière, et qu'il y a des machines qui réussissent aussi bien en grand qu'elles ont fait en petit ; d'autres qui sont de nature à ne pouvoir être représentées par des modèles, mais qui se comprennent mieux d'elles-mêmes ; et d'autres qui produisent un fort bel effet en modèle, mais qui ne réussissent pas quand on les veut exécuter en grand. Il est aisé d'être convaincu de cette vérité, si l'on considère qu'on fait assez aisément avec une tarière un trou de la grandeur d'un demi-doigt, d'un doigt et d'un doigt et demi ; mais qu'il n'en est pas de même si l'on en veut faire un d'un palme, et qu'enfin en percer un d'un demi-pied ou davantage, cela ne se peut pas même imaginer ; qu'ainsi, quoique ce qui a été fait en petit semble pouvoir être exécuté dans des proportions moyennes, il n'y a pourtant aucune apparence que la même chose puisse réussir en grand. Les Rhodiens, s'apercevant que, faute d'avoir pensé à ces raisons, ils avaient mal à propos offensé Diognète, et voyant cependant l'ennemi s'opiniâtrer à la prise de la place par le moyen de cette machine, craignirent d'être réduits en captivité, et de voir bientôt ruiner leur ville. La peur les contraignit donc à venir prier Diognète de secourir sa patrie : il s'y refusa d'abord ; mais lorsqu'il vit que les prêtres, les enfants des plus nobles de la ville, et les jeunes filles nées libres, lui faisaient la même prière, il leur promit de faire ce qu'ils demandaient, à condition que la machine serait à lui s'il la pouvait prendre. Cela lui ayant été accordé, il fit percer le mur de la ville en face de l'endroit où s'avançait la machine, et il ordonna que chacun apportât en cet endroit ce qu'il pourrait d'eau, de fumier et de boue, pour faire couler ces choses par des canaux au travers de cette ouverture, et les répandre au devant du mur. Cela ayant été exécuté pendant la nuit, il arriva que le lendemain lorsqu'on voulut faire avancer l'hélépole, avant qu'elle fût approchée de la muraille, elle s'enfonça dans la terre qui avait été abreuvée, en sorte qu'il fut impossible de la faire avancer ni reculer ; et Démétrius, se voyant frustré de son espérance par la sagesse de Diognète, leva le siège et remonta sur ses vaisseaux. Alors les Rhodiens, délivrés par l'industrie de Diognète, s'assemblèrent pour le remercier, et lui accordèrent tous les priviléges et tous les honneurs qui pouvaient témoigner leur

(1) Qui ruine des villes. — (2) Ruineur de villes.

eum honorem ad Calliam transtulerunt. Interea rex Demetrius, qui propter animi pertinaciam Poliorcetes est appellatus, contra Rhodum bellum comparando Epimachum Atheniensem nobilem architectum secum adduxit. Is autem comparavit helepolim sumptibus immanibus, industria laboreque summo ; cujus altitudo fuerat pedum CXXV latitudo pedum LX : ita eam ciliciis et coriis crudis confirmavit, ut posset pati plagam lapidis balista immissi pondo CCCLX, ipsa autem machina fuerat millia pondo CCCLX. Cum autem Callias rogaretur a Rhodiis, ut contra eam helepolim machinam pararet, et illam, uti pollicitus erat, transferret intra murum, negavit posse. Non enim omnia eisdem rationibus agi possunt, sed sunt aliqua, quæ exemplaribus in non magnis similiter magna facta habent effectus ; alia autem exemplaria non possunt habere, sed per se constituuntur : nonnulla vero sunt, quæ in exemplaribus videntur veri similia, cum autem crescere cœperunt, dilabuntur : ut etiam possumus hic animadvertere. Terebratur terebra foramen semidigitale, digitale, sesquidigitale ; si eadem ratione voluerimus palmare facere, non habet explicationem ; semipedale autem [majus] ne cogitandum quidem videtur omnino. Sic item nonnulla quemadmodum in minimis fieri videntur exemplaribus, non eodem modo in majoribus fiunt. Rhodii eadem ratione decepti injuriam cum contumelia Diogneto fecerunt. Itaque posteaquam viderunt hostem pertinaciter infestum et machinationem ad capiendam urbem comparatam, periculum servitutis metuentes, et nil nisi civitatis vastitatem expectandam, procubuerunt Diognetum rogantes, ut auxiliaretur patriæ. Is primo negavit se facturum ; posteaquam ingenuæ virgines et ephebi cum sacerdotibus venerunt ad deprecandum, tunc est pollicitus his legibus, ut, si eam machinam cepisset, sua esset. His ita constitutis, qua machina accessura erat, ea regione murum pertudit, et jussit omnes publice et privatim quod quisque habuisset aquæ, stercoris, luti per eam fenestram per canales progredientes effundere ante murum. Cum ibi magna vis aquæ, luti, stercoris nocte profusa fuisset, postero die helepolis accedens antequam appropinquaret ad murum, in humido voragine facta consedit, nec progredi nec regredi postea potuit. Itaque Demetrius cum vidisset sapientia Diogneti se deceptum esse, cum classe sua discessit. Tunc Rhodii Diogneti solertia liberati bello publice gratias egerunt, honoribusque omnibus eum et ornamentis exornaverunt ;

reconnaissance. Diognète fit entrer l'hélépole dans la ville, et la mit dans la place publique, avec cette inscription : DIOGNÈTE A FAIT CE PRÉSENT AU PEUPLE, DE LA DÉPOUILLE DES ENNEMIS. On voit par cet exemple que pour la défense des places l'esprit et l'industrie peuvent autant que les machines. Un même expédient sauva les habitants de Chio, lorsqu'on les vint assiéger avec des machines appelées sambuques, et posées sur des vaisseaux; les assiégés ayant jeté pendant la nuit quantité de terre, de sable et de pierres dans la mer qui battait leurs murailles, il arriva, lorsque les ennemis pensèrent approcher le lendemain, que leurs navires échouèrent sur ces bancs, et s'y engravèrent tellement qu'il leur fut impossible d'aller plus avant ni de se retirer; en sorte que les assiégés ayant attaché des *brûlots* à ces machines, ils les consumèrent et les réduisirent en cendre. La ville d'Apollonie étant aussi assiégée, et les ennemis ayant creusé une mine pour entrer dans la ville sans qu'on s'en aperçût, les assiégés, avertis de ce dessein, furent fort épouvantés, ne sachant ni en quel temps ni par quel endroit les ennemis devaient pénétrer ainsi dans leur ville. Cette incertitude leur faisait perdre courage, lorsque Tryphon, architecte d'Alexandrie, qui était avec eux, s'avisa de faire plusieurs contre-mines qui passaient par-dessous les remparts environ à la longueur d'un trait d'arc, et de pendre des vases d'airain dans tous ces conduits souterrains. Il arriva que, dans le conduit qui était le plus proche de celui où les ennemis travaillaient, les vases frémissaient à chaque coup de pic que l'on donnait, et l'on sut ainsi quel était l'endroit vers lequel les pionniers s'avançaient pour percer jusqu'au dedans de la ville. Dès qu'on le sut précisément, Tryphon fit apprêter de grandes chaudières pleines d'eau bouillante et de poix, avec du sable rougi au feu, au-dessus de l'endroit où les ennemis faisaient leur travail; et ayant fait la nuit plusieurs ouvertures dans leur mine, il y fit jeter tout d'un coup toutes ces choses, dont ceux qui travaillaient furent tués. Au siége de Marseille, les habitants étant avertis qu'il y avait plus de trente conduits fouillés par les ennemis, résolurent de creuser tout autour de la place; et ils firent leur fossé si profond, que toutes les mines des ennemis furent ouvertes. En face des endroits où ils ne purent creuser, ils firent un grand fossé en manière de vivier, et l'emplirent des eaux qu'ils tirèrent des puits et du port; en sorte que cette eau venant à entrer tout à coup dans les mines, en abattit les étais et étouffa tous ceux qui s'y rencontrèrent, tant par la quantité de l'eau que par la chute des terres. Les assiégeants ayant aussi élevé comme un autre rempart en face de la muraille, avec plusieurs arbres coupés et entassés les uns sur les autres, les Marseillais brûlèrent tout ce travail en y jetant, avec des balistes, plusieurs barres de fer rougies. Lorsque la tortue s'approcha pour battre la muraille, ils descendirent une corde armée d'un nœud coulant, dans lequel ils prirent le bélier, et lui levèrent la tête si haut, à l'aide d'une roue appliquée à un engin, qu'ils l'empêchèrent de frapper la muraille; et enfin à coups de brûlots et de balistes ils ruinèrent toute la machine. C'est ainsi que ces villes se défendirent victorieusement, bien moins avec des machines que par l'adresse des architectes, qui rendirent les machines inutiles.

Diognetus autem eam helepolim reduxit in urbem et in publico collocavit et inscripsit : *Diognetus e manubiis id populo dedit munus.* Ita in repugnatoriis rebus non tantum machinæ, sed etiam maxime consilia sunt comparanda. Non minus Chio, cum supra naves sambucarum machinas hostes comparavissent, noctu Chii terram, arenam, lapides projecerunt in mare ante murum. Ita illi postero die cum accedere voluissent, naves supra aggerationem, quæ fuerat sub aqua, sederunt, nec ad murum accedere nec retrorsus se recipere potuerunt, sed ibi malleolis confixæ incendio sunt conflagratæ. Apollonia quoque cum circumsideretur, et specus hostes fodiendo cogitarent sine suspicione intra moenia penetrare, id autem a speculatoribus esset Apolloniatibus renunciatum, perturbati nuntio, propter timorem consiliis indigentes, animis deficiebant, quod neque tempus neque locum scire poterant, quo emersum facturi fuissent hostes. Tum vero Trypho Alexandrinus, qui ibi fuerat architectus, intra murum plures specus designavit, et fodiendo terram progrediebatur extra murum duntaxat extra sagittæ emissionem, et in omnibus vasa ænea suspendit. Ex his in una fossura, quæ contra hostium specus fuerat, vasa pendentia ad plagas ferramentorum sonare cœperunt : ita ex eo intellectum est, qua regione adversarii specus agentes intra penetrare cogitabant. Sic limitatione cognita, temperavit ahena aquæ ferventis et picis desuperne contra capita hostium, et stercoris humani et arenæ coctæ candentis, dein noctu pertudit crebra foramina, et per ea repente perfundendo, qui in eo opere fuerunt hostes, omnes necavit. Item Massilia cum oppugnaretur, et numero supra XXX specus tum agerent, Massilitani suspicati totam quæ fuerat ante murum fossam altiore fossura depresserunt; ita specus omnes exitus in fossam habuerunt : quibus autem locis fossa non potuerat fieri infra murum, harathrum amplissima longitudine et amplitudine uti piscinam fecerunt contra eum locum, qua specus agebantur, eamque e puteis et e portu impleverunt. Itaque cum specus essent repente naribus apertis, vehemens aquæ vis immissa supplantavit tulturas, quique intra fuerunt et ab aquæ multitudine et ab ruina specus omnes sunt oppressi. Etiam cum agger ad murum contra eos compararetur, et arboribus excisis eoque collocatis locus operibus exaggeraretur, balistis vectes ferreos candentes in id mittendo, totam munitionem coegerunt conflagrare. Testudo autem arietaria cum ad murum pulsandum accessisset, demiserunt laqueum, et eo ariete constricto, per tympanum ergata circumagentes suspenso capite ejus, non sunt passi tangi murum. Denique totam machinam candentibus malleolis et balistarum plagis dis-

Voilà ce que j'avais à dire, dans ce livre, de toutes les machines qui peuvent être nécessaires pendant la paix et pendant la guerre. J'ai parlé dans les neuf autres livres des choses qui appartiennent plus particulièrement à mon sujet; de sorte que j'ai compris en dix livres tout ce qui compose le corps entier de l'architecture.

sipaverunt. Ita hæ victoria civitates non machinis sed contra machinarum rationem architectorum solertia sunt liberatæ.

Quas potui de machinis expedire rationes et pacis bellique temporibus utilissimas putavi, in hoc volumine perfeci. In prioribus vero novem de singulis generibus et partibus comparavi, uti totum corpus omnia architecturæ membra in decem voluminibus haberet explicata.

NOTES SUR VITRUVE.

LIVRE I.

PRÉFACE.

Imperator Cæsar. Quelques-uns doutent quel est l'empereur à qui Vitruve dédie son livre, parce qu'il n'y a point d'adresse, dans les anciens exemplaires, qui nomme Auguste, Philander étant le premier qui a intitulé cet ouvrage *M. Vitruvii Pollionis de Architectura, lib. X, ad Cæsarem Augustum.* Il y a néanmoins plusieurs choses qui peuvent faire croire que c'est Auguste à qui ce livre est dédié, et non Titus, ainsi que quelques-uns veulent. Premièrement, le style tient beaucoup plus de la rudesse que la langue latine avait dans les temps qui ont précédé celui d'Auguste, que de la corruption qu'elle a eue dans ceux qui l'ont suivi, et que l'on commençait à sentir dans Sénèque, dans Pline et dans Tacite; ainsi qu'il paraît par les vieux mots dont Vitruve se sert, tels que sont *donicum* pour *donec*, *quot mensibus* pour *singulis mensibus*, et plusieurs autres, qui se lisent dans Ennius, dans Pacuvius et dans Lucrèce, dont il parle comme des écrivains les plus polis qui lui fussent connus, sans faire mention des autres auteurs, dans le langage desquels on trouve cette beauté particulière à celui du siècle d'Auguste, et qu'apparemment Vitruve ne goûtait pas, suivant l'humeur des personnes de son âge, qui méprisent ordinairement les choses nouvelles : car cela doit empêcher qu'on ne soit étonné de ce qu'il n'a pas mis Cicéron et Virgile au nombre des excellents écrivains de son temps. En second lieu, les exemples pris des bâtiments de Rome dans plusieurs endroits de cet ouvrage font voir que ni le Panthéon ni le théâtre de Marcellus, qui ont été bâtis sous Auguste, ne l'étaient pas encore du vivant de Vitruve, qui a composé son livre avant qu'Auguste fût empereur, et le lui a dédié au commencement de son empire. Car si Titus était l'empereur pour qui Vitruve a fait son livre, cet auteur n'aurait pas affecté de ne faire aucune mention des beaux édifices construits du temps d'Auguste et depuis, et principalement du Colisée, achevé par Vespasien. Mais ce qui me paraît bien fort est ce qui est au troisième livre, où Vitruve parle d'un temple qu'il dit être proche du théâtre de pierre; car cela fait voir que du temps de Vitruve il n'y avait à Rome qu'un théâtre de pierre, savoir, celui de Pompée; ce qui n'était pas vrai au temps de Vespasien, où il y avait à Rome plus d'un théâtre de pierre; et il n'est pas croyable que le théâtre de Pompée eût retenu le nom de théâtre de pierre, de même que le nom de Pont-Neuf est demeuré à un des ponts de Paris, quoiqu'il y en ait plusieurs autres de plus neufs. Si cela était, Pline, qui parle du théâtre de Pompée comme du premier bâti de pierre à Rome, n'aurait pas oublié de dire que le nom de théâtre de pierre lui était demeuré. Ces conjectures, qui, à la vérité, ne sont point convaincantes, me semblent néanmoins plus fortes que celles qu'on a du contraire, telles que sont celles qu'on prend du temple de la Fortune Équestre de Rome, dont il est parlé au deuxième chapitre du troisième livre, et que quelques-uns veulent n'avoir été bâti que depuis Auguste; de même que celle qui est prise du fils de Massinissa, dont Vitruve fait mention au quatrième chapitre du huitième livre, qu'on croit être un autre que le fils du grand Massinissa, qui vivait plus de cent ans avant Auguste : car de ces conjectures on ne saurait tirer des arguments qui soient sans réponses. Mais je ne les mettrai point dans cette note, qui est déjà assez longue : je les réserve pour les endroits du livre desquels ces remarques sont prises. (Note de Perrault.)

Perrault a traduit les mots *Imperator Cæsar* par *Seigneur*, que nous n'avons pas cru devoir laisser. En effet, Suétone dit formellement, dans la *Vie d'Auguste*, ch. 53, « que ce prince eut toujours horreur du titre de maître, comme d'une injure et d'un opprobre. » Tibère affecta le même mépris pour ce nom (*Voyez* Suétone, *Tib.* 27). Domitien paraît avoir été le premier qui l'ait accepté (*Id.*, *Domit.* ch. 13). Longtemps encore après, Alexandre Sévère défendit qu'on le lui donnât (Lamprid., *Alex. Sev.* ch. 4).

Imperium parentis. Auguste n'était point, en effet, fils d'empereur; mais comme chacun sait qu'il était fils adoptif de l'empereur Jules-César, cette particularité ne doit encore rien faire pour l'opinion de ceux qui soutiennent qu'Auguste n'est point l'empereur à qui Vitruve a dédié son livre.

Cum M. Aurelio et P. Numisio. Le texte d'après lequel a traduit Perrault portait *Minidio*, qui est la leçon de la plupart des éditions. On lit aussi dans d'autres *Numidico*, *Numidio*, et *Numicio*.

Ch. I. *Architecti est scientia*, etc. La définition de l'architecture, telle que la donne Vitruve, ne semble pas assez précise, parce qu'elle n'explique pas le nom d'architecture, selon le grec; et elle lui attribue même une signification plus vague que n'est celle du mot grec *architectonice*, en lui donnant la direction de toute sorte d'ouvriers, dont il peut y avoir un grand nombre qui ne sont point compris dans le mot *tecton*, qui ne signifie que les ouvriers qui sont employés aux bâtiments. Mais l'intention de Vitruve a été d'exagérer le mérite et la dignité de cette science, ainsi qu'il l'explique dans le reste du chapitre, où il fait entendre que toutes les sciences sont nécessaires à un architecte; et en effet, l'architecture est celle de toutes les sciences à qui les Grecs aient donné un nom qui signifie une supériorité et une intendance sur les autres; et quand Cicéron donne des exemples d'une science qui a une vaste étendue, il allègue l'architecture, la médecine et la morale. Platon a été dans le même sentiment quand il a dit que la Grèce, toute savante qu'elle était de son temps, aurait eu de la peine à fournir un architecte. On pourrait dire la même chose aujourd'hui de la France, qui, bien que remplie de personnages experts en toutes sortes de professions, n'a point d'architectes, tels que Vitruve les demande; ceux qui font profession de cette science n'étant point des gens de lettres, ainsi qu'ils étaient autrefois.

Omnia quæ ab ceteris artibus perficiuntur opera. Nous avons, comme Perrault, entendu par cette phrase les arts *qui se rapportent à l'architecture.* « Ces mots, dit-il, ne sont point expressément dans le texte; mais ils doivent y être, parce qu'il n'est point vrai que l'architecture juge de tous les autres arts, mais seulement de ceux qui lui appartiennent; et il n'est point croyable que Vitruve ait voulu pousser si avant la louange de l'architecture. »

Ea nascitur ex fabrica et ratiocinatione. Les mots de *fabrica* et de *ratiocinatio*, de la manière que Vitruve les explique, ne pouvaient être autrement traduits que par pratique et *théorie*, parce que *raisonnement* est un mot trop général, et que *fabrique* (dans ce sens-là) n'est pas français.

In architectura hæc duo insunt, quod significatur et quod significat. Je crois que Vitruve entend par la chose signifiée celle qui est considérée absolument et simplement telle qu'elle paraît être ; et par la chose qui signifie, celle qui fait que l'on connaît la nature interne d'une chose par ses propres causes. Ainsi, dans l'architecture, un édifice qui paraît bien bâti est la chose signifiée ; et les raisons qui font que cet édifice est bien bâti sont la chose qui signifie, c'est-à-dire qui fait connaître quel est le mérite de l'ouvrage (Perrault). — Vitruve paraît avoir eu en vue de rendre ici les expressions grecques τὸ σημαινόμενον, et τὸ σημαῖνον.

Litteratus sit. « Je n'ai pas cru, dit Perrault, devoir traduire à la lettre le mot *litteratus*, qui signifie proprement celui qui est pourvu d'une érudition non commune, et qui sait du moins la grammaire en perfection. Vitruve s'explique assez là-dessus, quand il réduit toute cette littérature de l'architecte à être capable de faire ses devis et ses mémoires, et quand il explique dans la suite *litteratus* par *scire litteras*, qui signifie savoir écrire ; et c'est en ce sens que Néron dit une fois, lorsqu'au commencement de son empire on lui fit signer une sentence de mort, *Vellem nescire litteras.* »

Nous avons pensé, au contraire, que Vitruve, qui exige tant de connaissances de l'architecte, lui demande autre chose que de savoir simplement écrire. Étudier avec soin la philosophie, bien connaître l'histoire, etc., cela n'est possible qu'à un homme *lettré*.

Per opticen.... lumina recte ducuntur. L'optique a des usages bien plus importants, selon les architectes modernes et même selon Vitruve, que de faire faire les ouvertures à propos pour donner le jour. Vitruve, au second et au troisième chapitre du troisième livre, et au second chapitre du sixième, emploie cette science à régler les changements qu'il dit devoir être faits des proportions des membres de l'architecture suivant les différents aspects ; sur quoi je me suis expliqué assez au long dans mes notes sur ces endroits touchant l'opinion particulière que j'ai sur ce changement des proportions, et j'en ai même fait un grand chapitre dans mon traité De l'ordonnance des cinq espèces de colonnes.

Difficilesque quæstiones geometricis (arithmeticis) rationibus..... inveniuntur. La division qui se fait par le calcul et qui s'explique par des chiffres est bien meilleure et plus sûre que celle qui se fait par le compas, tant pour les distributions de toutes les parties d'un bâtiment, lorsqu'on en veut faire le dessin, que pour la donner à exécuter aux ouvriers (Perrault). — C'est à Galiani qu'on doit ici la leçon *arithmeticis*, leçon que préférait aussi Philander ; et Gottlob Schneider l'a reçue dans son édition.

Statuas marmoreas muliebres stolatas quæ Caryatides dicuntur. On voit encore à Rome quelques restes de ces sortes de statues antiques. Montiosius, qui s'est beaucoup mis en peine de chercher quelques marques des cariatides que Pline dit avoir été mises par Diogène, architecte athénien, pour servir de colonnes dans le Panthéon, rapporte qu'il en a vu quatre en l'an 1580, qui étaient enterrées jusqu'aux épaules au côté droit du portique en demi-relief, et qui soutenaient sur leurs têtes une manière d'architrave de la même pierre. Et il y a lieu de croire qu'elles étaient au-dessus des colonnes qui sont placées au dedans du temple, et à la place des pilastres de l'attique qui est sur ces colonnes ; la commune opinion étant que cet attique est un ouvrage ajouté depuis peu, et qui est plus moderne que le reste. On voyait encore à Bordeaux, il y a dix ans, dans un bâtiment fort ancien et très-magnifique, appelé les Tutèles, de ces espèces de cariatides, qui sont des statues presque en demi-relief, de neuf pieds de haut, posées sur dix-neuf colonnes de quarante-cinq pieds de haut, qui étaient restées des vingt-quatre qu'il y avait autrefois. Ces cariatides étaient au nombre de trente-quatre, y en ayant dedans et dehors l'édifice (Perrault).

— On assigne à l'invention des cariatides une autre origine que celle qui est rapportée ici. Quelques auteurs voient dans ces figures l'image des jeunes filles de Laconie, dansant en l'honneur de Diane Caryatis, ainsi nommée de la ville de Caryum. *Voyez* Pausanias, III, 11 ; — Pline, XXXVI, 4, sect. 5, et 10.

Mutulos. J'ai interprété *mutulos* par le mot de *mutules*, et non de *modillons*, qui est italien et qui signifie la même chose, quoiqu'on le distingue, et que les mutules soient pour l'ordre dorique seulement, de même que les triglyphes, ainsi qu'il est enseigné au deuxième chapitre du quatrième livre ; et que les *modillons* soient un mot mis en usage par les modernes pour les *mutules* des autres ordres.

Pausania Agesipolidos filio duce. Perrault avait traduit d'après un texte qui porte *Cleombroti* au lieu de *Agesipolidos*, leçon adoptée par Gottlob Schneider.

Sustinentes epistylia. J'ai mis le mot d'architrave au lieu du grec épistyle, qui signifie posé sur la colonne ; parce qu'architrave, quoiqu'il ne soit pas français, est plus connu qu'épistyle. Architrave est un mot barbare, moitié grec et moitié latin, quoique Bernardinus Baldus veuille qu'il soit tout latin, et composé des mots *arcus* et *trabs*, comme étant une pièce de bois qui est mise sur les colonnes, au lieu d'arcades. Mais la vérité est que l'on a toujours écrit architrave et non arcutrave, et qu'*archi*, dans la composition des mots grecs, signifie ce qui est le premier et le principal ; ce qui convient fort bien à la pièce de bois qui se met sur les colonnes, qui est la première et la principale et qui soutient les autres, savoir les poutres et les solives, et qui d'ailleurs fait un effet bien différent de celui des arcades, qui ne lient point les colonnes les unes aux autres ; ce qui est le principal usage de l'architrave, qui est proprement ce que nous appelons en français *poitrail* ou *sablière*.

Et ornamenta corum. Le mot d'*ornamenta*, dans Vitruve, signifie particulièrement les trois parties qui sont posées sur la colonne, savoir, l'architrave, la frise et la corniche, qui est une signification bien différente de la signification ordinaire, qui comprend toutes les choses qui ne sont point des parties essentielles, mais qui sont ajoutées seulement pour rendre l'ouvrage plus riche et plus beau, telles que sont les sculptures de feuillages, de fleurs et de compartiments, que l'on taille dans les moulures, dans les frises, dans les plafonds, et dans les autres endroits qu'on veut orner.

Spiritus naturales aliter atque aliter fiunt. Il y a apparence que Vitruve, parlant ici des vents qui se rencontrent souvent mêlés avec l'eau dans les tuyaux des fontaines, entend qu'ils y sont engendrés, parce que le mot de *fiunt*, dans un discours où il s'agit de physique, semble signifier le changement de l'eau en un corps de nature aérienne ; et c'est ce qui est exprimé au chapitre sept du huitième livre par le mot de *nascuntur*; mais parce que la vérité est que cette production du corps aérien est une chose qui ne saurait arriver dans les tuyaux des fontaines, parce qu'il est besoin pour cela d'une cause extraordinaire qui produise une soudaine raréfaction qui ne se rencontra point dans les fontaines, j'ai cru pouvoir traduire, avec plus de vérité, *spiritus fiunt*, il s'enferme des vents, que si j'avais mis il s'engendre des vents ; parce que c'est la même chose, et que l'air qui est seulement enfermé, aussi bien que celui qui serait engendré dans les tuyaux, fait du vent en effet, lorsque la violence du mouvement et la compression le fait couler ; le vent n'étant autre chose que le cours et le flux impétueux de l'air. Vitruve s'explique assez bien sur cela au lieu qui vient d'être allégué, et fait entendre que ces vents ne sont autre chose que l'air qui s'enferme avec l'eau, lorsqu'elle entre impétueusement dans les tuyaux.

Uti canonicam rationem et mathematicam notam habent. Ces deux proportions sont la même chose, qui sont opposées à la proportion musicale ou harmonique, comme Vitruve l'entend au chapitre trois du cinquième livre, où il dit que les architectes ont réglé les proportions des théâtres pour faire que la voix y fût conservée et fortifiée, sur les proportions tant canoniques et mathématiques que musicales. *Quæsiverunt,* dit-il, *per canonicam mathematicorum, et musicam rationem.* Ces deux proportions sont telles, que la musicale et harmonique est seulement fondée sur l'ouïe, qui juge, par exemple, que la double octave en contient deux simples; et la canonique ou mathématique est fondée sur la même géométrie, qui fait voir qu'une corde partagée par la moitié sonne l'octave de la corde entière. Boetius Sévérinus dit que la proportion mathématique est appelée canonique, c'est-à-dire régulière, parce qu'elle est plus certaine, et qu'elle démontre plus clairement la proportion des tons que ne fait l'oreille, qui s'y peut quelquefois tromper. L'opinion d'Aulu-Gelle, qui oppose la proportion canonique à la proportion optique, attribuant l'une à la géométrie et l'autre à la musique, semblerait fonder le doute qu'on pourrait avoir que Vitruve eût eu l'intention d'opposer la proportion mathématique à la canonique. (Perrault.)

— Gottlob Schneider regarde comme une interpolation les mots *et mathematicam.*

Foramina hemitoniorum. Les exemplaires sont différents; les uns ont *foramina homotonorum,* les autres *hemitoniorum.* Je lis *homotonorum,* contre l'avis de Turnèbe, qui se fonde sur Héron, qui dit que quelques-uns des anciens appelaient la corde que l'on passait dans les trous *tonon,* quelques-uns *enatonon,* et d'autres *hemitonion.* Mais il peut y avoir faute dans le texte de Héron aussi bien que dans les exemplaires de Vitruve, qui ont *hemitoniorum,* parce qu'il est évident que Héron donne ces trois noms pour synonymes; or, cela ne peut être, si on ne lit *homotonon* au lieu de *hemitonion* ; un ton signifié par *tonon,* et un semi-ton signifié par *hemitonion,* n'étant point synonymes. Pour ce qui est du texte de Vitruve, le sens demande qu'il y ait *homotonorum,* puisqu'il ne s'agit que de cette *homotonie* ou *égalité de tension,* qui peut être attribuée ou aux bras également bandés, ou aux cordes également tendues.

Ergastis aut suculis. Le moulinet, appelé par les Latins *sucula,* est une partie du vindas ou singe, qu'ils appelaient *ergata. Sucula,* qui signifie une petite truie, est aussi appelée en latin *asellus, bucula,* et *oniscos* en grec, à cause des leviers qui sont passés dans le treuil du moulinet, que l'on prétend représenter les oreilles d'un âne ou d'une truie, ou les cornes d'une vache. *Ergata,* qui est notre vindas, est une machine composée d'un moulinet qui est passé et posé tout droit, et accolé par des amarres, dont l'une est en haut et l'autre en bas, et qui sont avec un grand empatement pour tenir ferme contre le bandage. On s'en sert dans les bateaux pour les monter aux endroits où les chevaux ne les peuvent tirer, et aux navires pour lever les mâts.

Quod si non homotona fuerint, impedient directam telorum missionem. On fera voir, dans l'explication qui est faite plus au long de cette machine au dixième livre, que ce qui rend l'égalité de la tension des deux bras nécessaire, n'est pas seulement cette direction du javelot dont Vitruve parle ici, mais aussi le besoin qu'il a d'une grande force pour être poussé; car il est évident que si la tension des bras est inégale, leur mouvement le sera aussi lorsque la détente se fera, et ainsi celui des deux bras qui sera le plus tendu ayant un mouvement plus vite, poussera tout seul le javelot, qui n'attendra pas que le bras qui est moins tendu, et qui va plus lentement, le touche; et, par conséquent, sa force demeurera inutile : et cette même inégalité peut aussi empêcher la direction du javelot, étant impossible qu'il aille droit lorsqu'il n'est poussé que par l'un des deux arbres qui ne le frappe que par un des côtés de son bout, et non par le milieu, comme il ferait si la machine n'avait qu'un bras. Mais il faut, ainsi qu'il a été dit, avoir compris la structure de la machine pour entendre ce qui est dit ici.

Telorum. Je traduis par les mots « ce qu'ils doivent jeter, » le mot *tela,* qui est un mot général pour tout ce qui peut offenser. Nous n'en avons point en français qui soit propre pour cela : cependant il aurait été nécessaire d'en trouver, parce qu'il s'agit ici de balistes et de catapultes, qui étaient des machines qui jetaient les unes des pierres, et les autres des javelots, qui sont toutes choses comprises par la signification du mot *tela.*

Quæ Græci ἠχεῖα *vocant.* Philander croit que Vitruve veut faire entendre que *vocum discrimina* sont appelés *echeia* par les Grecs; mais Baldus estime que c'est *ænea vasa* que Vitruve appelle *echeia.* Laet soupçonne le texte d'être corrompu, et qu'il faudrait lire *sonituum discrimine.*

Divisa circinatione in diatesseron et diapente et diapason. On voit bien ce que Vitruve veut dire; la difficulté est de l'exprimer par un tour qui rende la chose claire, sans employer des termes dont la signification soit beaucoup différente de celle des siens. — Je traduis par « tellement compassées, » les mots *in circinatione,* comme si Vitruve voulait dire *divisées avec le compas,* parce que les tons sont ainsi divisés sur le monocorde. Il est vrai que cela se peut entendre aussi de la division du demi-cercle qui était la figure des théâtres, ce demi-cercle étant divisé en treize cellules, dans lesquelles les vases d'airain étaient placés.

Hydraulicas... machinas. Vitruve n'entend pas ici toutes sortes de machines hydrauliques, c'est-à-dire qui appartiennent à l'eau et aux flûtes d'orgues ou tuyaux des fontaines, mais seulement les machines que nous appelons à présent les orgues, telles qu'elles étaient chez les anciens, et dont il est traité plus amplement au chapitre treize du dixième livre.

Astrologia. Ce mot est général et commun à l'astronomie, qui est la connaissance du cours des astres, et à l'astrologie, qui est particulièrement la science que l'on prétend avoir de leur vertu pour prédire l'avenir ; qui n'est point celle dont Vitruve entend parler, parce que cette connaissance ne sert point à faire des cadrans au soleil. Platon est le premier qui a fait la distinction d'astrologie et d'astronomie.

Encyclios... disciplina. Le mot *encyclopédie* est tellement commun dans la langue française, que j'ai cru pouvoir le mettre pour expliquer l'*encyclios disciplina* de Vitruve, qui, de même que l'encyclopédie, signifie le cercle des sciences, c'est-à-dire, l'enchaînement qu'elles ont naturellement les unes avec les autres, qui est fondé sur la facilité que la connaissance d'une chose donne pour en connaître une autre.

Nec musicus, ut Aristoxenus. Aristoxène n'était point musicien de profession ; mais c'était un philosophe disciple d'Aristote, et qui avait prétendu être son successeur dans son école. Ce qui l'a fait appeler musicien par Vitruve, est qu'il n'est resté de tous ses écrits que les trois livres des éléments de la musique harmonique. Il en est parlé amplement au chapitre quatre du cinquième livre.

De venarum sphygmo. Perrault, qui a traduit, d'après un texte qui portait *de venarum rhythmo,* dit : « J'interprète ces mots par la proportion des mouvements de l'artère dont le pouls est composé. » Vitruve, ajoute-t-il, s'est servi du mot général de veine pour signifier artère, de même que de celui d'*astrologie* pour *astronomie*. Les anciens et Hippocrate même confondaient ces deux sortes de vaisseaux, et les expliquaient par le mot de veine. — Pour ce qui est de *rhythmus*, c'est un mot qui signifie généralement la proportion que les parties d'un mouvement ont les unes avec les autres ; je l'ai traduit « la proportion du mouvement des artères, » parce que les médecins appellent ainsi la proportion qu'il y a entre les deux mouvements et les deux repos qui s'observent dans le pouls, dont les mouvements sont le systole, ou rétrécissement du cœur et des artères, et le diastole, qui en est l'élargissement ; les repos sont celui qui est entre la fin du systole et le commencement du diastole, et la fin du diastole et le commencement du systole. Ces proportions ne peuvent être bien observées que dans les pouls extrêmement véhéments, comme remarque Galien. Les médecins ont emprunté ce terme des musiciens, qui s'en servent pour expliquer les proportions et les mesures du chant. Il est aussi commun à la proportion du mouvement et de la figure des pas de la danse.

Res.... gnomonicas. La gnomonique enseigne la manière de faire toutes sortes de cadrans au soleil par le moyen du gnomon, qui est un style ou aiguille posée perpendiculairement sur un plan, et que l'on fait de telle longueur que l'extrémité de son ombre puisse marquer les heures ou les signes sur des lignes qui sont tracées sur le plan. Gnomon signifie aussi un équerre.

Si quid parum ad artis grammaticæ regulam fuerit explicatum. L'obscurité de cet ouvrage vient en partie de la matière, qui de soi est peu connue ; mais la vérité est qu'elle doit aussi être attribuée à la manière dont il est écrit, et il faut présumer qu'il y a beaucoup de fautes qui viennent non-seulement de la part des copistes, mais même de celle de l'auteur, comme il l'assure lui-même, car son style n'est pas fort correct en ce qui regarde la grammaire ; et même il n'a pas toute la netteté que l'on pourrait désirer au tour qu'il donne à son discours.

Ch. II. *Architectura...constat ex ordinatione*, etc. Cette division des choses qui appartiennent à l'architecture est fort obscure, tant à cause de sa subtilité qu'à cause des fautes qui sont, selon toute apparence, dans le texte. Henric Votton, dans ses Éléments d'architecture, semble être de cette opinion, quand il dit que cet endroit de Vitruve est disloqué. Il a paru si embrouillé à Philander, qu'il n'y a point voulu toucher du tout dans ses Commentaires. Daniel, Barbaro et Scamozzi s'étendent fort au long pour l'expliquer, mais avec peu de succès ; car les différences essentielles qu'il y a entre l'ordonnance, la disposition et la distribution des parties d'un bâtiment, est une chose dont on ne s'aperçoit pas d'abord ; et il est assez difficile de comprendre que la proportion sans laquelle il n'y a point d'ordonnance, de disposition ni de distribution dans un édifice, soit une espèce séparée de toutes ces choses.

Ordinatio est modica membrorum operis commoditas. Il faut deviner le sens de cette définition de l'ordonnance, ou supposer qu'il y a faute au texte, et y corriger quelque chose. Mon opinion est qu'au lieu de *operis commoditas separatim, universæque proportionis ad symmetriam comparatio*, il faut lire *universique proportioni ac symmetriæ comparata*. Cela étant, le sens sera que l'ordonnance d'un bâtiment consiste dans la division de la place qu'on y veut employer ; cette division se faisant de telle sorte que chaque partie ait sa juste grandeur, convenable à son usage et proportionnée à la grandeur de tout l'édifice. Par exemple, l'ordonnance d'un bâtiment, si on la compare à la disposition, est quand la cour, la salle et les chambres ne sont ni trop grandes ni trop petites pour servir aux usages auxquels elles sont destinées, savoir : la cour, pour donner le jour aux appartements et pour contenir ce qui y doit entrer ; la salle, pour recevoir les grandes compagnies, et les chambres, pour y coucher ; ou bien quand ces parties ne sont ni trop grandes ni trop petites, étant comparées à la grandeur de toute la place ; c'est à savoir quand on n'a pas fait une grande cour dans une petite place ou de petites chambres dans une grande place ; au lieu que la disposition est quand toutes les parties sont mises en leur lieu suivant leur qualité, c'est-à-dire dans l'ordre qu'elles doivent avoir selon leur nature et leur usage, et que le vestibule, par exemple, est suivi de la salle, ensuite de laquelle sont les antichambres, les chambres, les cabinets et les galeries.

L'ordonnance, suivant la définition que Vitruve en donne ici, peut convenir à la disposition des colonnes, qui font le pycnostyle, l'eustyle, l'aréostyle, etc., dont il est traité au chapitre II du troisième livre. Car cette disposition, qui en ce lieu est appelée *compositio* et *dispositio*, n'est rien autre chose que la manière de déterminer la grandeur du diamètre des colonnes à l'égard de celle de leurs entre-colonnements, en donnant, par exemple, six pieds aux entre-colonnements du pycnostyle et à ceux de l'eustyle, si les colonnes ont quatre pieds de diamètre.

Or, parce que, pour bien faire tant cette ordonnance des grandeurs que cette disposition ou situation de tout le bâtiment ou de ses parties selon leurs qualités, il faut se régler par la proportion qui fait que toutes les parties s'accordent bien ensemble, à cause qu'on a eu égard à la bienséance et à l'économie, Vitruve a ajouté la proportion, la bienséance et l'économie à l'ordonnance et à la distribution, non comme des parties de l'architecture, mais comme ce qui les perfectionne ; et il a voulu dire sans doute que l'architecture a deux parties, savoir, l'ordonnance et la disposition, qui donnent à tous les membres de l'édifice leur perfection, lorsque la proportion est telle que la bienséance et l'économie le requièrent ; car il est difficile de faire entendre que ces cinq choses soient cinq espèces comprises sous un même genre.

Species dispositionis, quæ græce dicuntur ἰδέαι, *hæ sunt : ichnographia, orthographia*, etc. Les interprètes entendent que cela signifie qu'il y a trois espèces de distribution, qui sont l'ichnographie, l'orthographie, etc., sans prendre garde que le latin *species*, de même que le grec *idea*, ne signifie pas seulement espèce, mais encore *figure, apparence* et *représentation* qu'on appelle vulgairement *dessin*, aussi bien qu'*espèce* ; et que le sens du texte ne saurait souffrir que le plan, l'élévation et la vue perspective d'un bâtiment soient les espèces de sa disposition, mais bien ses représentations. Car la vérité est que ces trois manières de dessiner appartiennent autant à l'ordonnance qu'à la disposition, parce qu'un plan et une élévation ne servent pas moins à marquer les grandeurs des parties qu'à en faire voir l'ordre et la situation ; de sorte que quand Vitruve attribue la représentation et le dessin à la disposition, il faut entendre qu'il comprend aussi l'ordonnance, qui, en effet, n'est proprement qu'une espèce de disposition de toute l'œuvre, laquelle appartient ou à la grandeur de toute l'œuvre et de ses parties, qu'on appelle ordonnance, ou à la situation du tout et des parties, qu'on appelle spécialement disposition.

Ichnographia. Ce mot signifie la représentation ou le dessin du vestige d'un édifice. C'est ce que nous appelons le plan. *Ichnos*, en grec, signifie le vestige ou l'impression qu'une chose laisse sur la terre où elle a été posée.

Orthographia. Ce mot, en grec, signifie la représentation d'un édifice faite par des lignes droites, c'est-à-dire horizontales. Nous l'appelons l'élévation géométrale. Elle est appelée orthographie en grec, parce que *orthos* signifie droit : et c'est cette rectitude des lignes parallèles à la ligne de l'horizon qui distingue l'orthographie de la scénographie ou élévation perspective, où toutes les lignes horizontales ne sont pas droites; celles qui sont aux endroits qui s'enfoncent au dedans ou qui fuient par les côtés étant obliques dans la perspective.

Scenographia. Barbaro a mis sciographie, au lieu de scénographie, que Hermolaus Barbarus, en ses gloses sur Pline, a restitué avec beaucoup de raison, puisque la définition que Vitruve apporte du mot dont il s'agit, et qui est proprement celle de la perspective, convient tout à fait au mot de la scénographie, qui signifie la représentation d'une tente, c'est-à-dire la représentation entière d'un édifice, laquelle est mieux faite par la perspective que par l'ichnographie, qui ne trace que le plan, ni que par l'orthographie, qui ne donne que l'élévation d'une des faces. Si la scénographie ou perspective fait voir plusieurs côtés à la fois, les modèles en relief qui peuvent être compris sous la scénographie le font encore mieux. Mais la sciographie, qui, selon Barbaro, n'est autre chose que l'élévation en tant qu'elle est ombrée avec le lavis, ne peut faire une troisième espèce de dessin, parce que ces ombres ou ce lavis n'ajoutent rien d'essentiel à l'orthographie; et le reproche que Barbaro apporte contre la scénographie, savoir, que la perspective corrompt les mesures, n'est point considérable, parce que les plans géométriques et les élévations orthographiques suffisent pour faire voir distinctement toutes les proportions, et la scénographie sert à représenter l'effet de l'exécution parfaite de tout l'édifice.

Il y a néanmoins une sorte de sciographie qui pourrait, avec beaucoup de raison, être ajoutée aux trois espèces de dessin que Vitruve a décrites, qui est l'élévation de dedans, que l'on appelle profil. Et on pourrait dire qu'elle est ainsi appelée à cause qu'elle représente des lieux plus ombragés que ne sont les dehors; ce que le mot de sciographie semble signifier.

Eurhythmia. Ce mot, que l'on écrit aussi *eurithmia*, est pris de la musique et de la danse, et il signifie la proportion des mesures du chant et des pas de la danse. Il n'y a point de mot français, que je sache, pour l'exprimer, que proportion; car celui de rime est trop particulièrement affecté à la terminaison des mots, pour le pouvoir appliquer à autre chose. Tous les interprètes ont cru que l'eurhythmie et la proportion, que Vitruve appelle *symmetria*, sont ici deux choses différentes, parce qu'il semble qu'il en donne deux définitions; mais ces définitions, si on les prend bien, ne disent que la même chose; l'une et l'autre ne parlant, par un discours également embrouillé, que de la convenance, de la correspondance et de la proportion que les parties ont au tout.

Symmetria. Bien que le mot symétrie soit devenu français, je n'ai pu m'en servir ici, parce que symétrie, en français, ne signifie point ce que *symmetria* signifie en grec et en latin, ni ce que Vitruve entend ici par *symmetria*, qui est le rapport que la grandeur d'un tout a avec ses parties, lorsque ce rapport est pareil dans un autre tout à l'égard aussi de ses parties, où la grandeur est différente. Par exemple, on dit que deux statues, dont l'une a huit pieds de haut et l'autre huit pouces, sont de même proportion, lorsque celle de huit pieds a à la tête haute d'un pied, et celle de huit pouces l'a d'un pouce. Mais on n'entend au ve chose par le mot de symétrie en français; car il signifie le rapport que les parties droites ont avec les gauches et celui que les hautes ont avec les basses, et celles de devant avec celles de derrière, en grandeur, en figure, en hauteur, en couleur, en nombre, en situation, et généralement en tout ce qui les peut rendre semblables les unes aux autres; et il est assez étrange que Vitruve n'ait point parlé de cette sorte de symétrie, qui fait une grande partie de la beauté des édifices, ou plutôt qui ne saurait y manquer sans les rendre tout à fait difformes, si ce n'est que ce soit cette même raison qui a fait qu'il n'en a point parlé, comme si cette espèce de symétrie était une chose si facile à observer qu'il n'a pas jugé qu'elle méritât d'être mise au rang des autres, pour lesquelles il faut plus de finesse. Je crois néanmoins qu'on doit établir deux espèces de symétrie, dont l'une est le rapport de raison des parties proportionnées, qui est la symétrie des anciens, et l'autre est le rapport d'égalité, qui est notre symétrie, dont il y a encore deux espèces. Car si ce rapport est pareil, et que les parties gauches et les droites, par exemple, soient de même grandeur et de situation pareille, il s'appelle simplement symétrie; mais s'il est contraire et opposé, il est appelé contraste, et alors il appartient à la peinture et à la sculpture, et non à l'architecture. Il y a néanmoins un endroit où Vitruve parle de la symétrie suivant la signification que nous lui donnons en français; c'est à la fin du troisième livre, où il dit que la symétrie des architraves doit répondre à celle des piédestaux, en sorte que si ces piédestaux sont coupés en manière d'escabeaux, les architraves le soient aussi; car cette symétrie ne signifie point une proportion de raison, mais seulement une parité de forme et de figure.

E triglypho embates. Vitruve explique au deuxième chap. du quatrième livre ce que c'est que *triglyphe*, et quel était son usage dans l'ordre dorique. C'est un mot grec qui signifie gravé en trois endroits.

J'ai suivi dans ma traduction la correction de Philander, qui lit *triglypho aut etiam embate* au lieu de *embatere*, qui se trouve dans tous les autres exemplaires. Il se fonde sur ce que Vitruve, au chapitre III du quatrième livre, dit que le module s'appelle en grec *embates*.

On lit, suivant les éditions : *aut etiam e batere balistæ foramine*, ou bien *aut etiam embatere balistæ foramine*; ou bien *triglypho embate, in batista foramine*, leçon approuvée par Philander.

In navibus interscalmio. Scalmus est la cheville où on attache chaque rame; de sorte que *interscalmium* est l'espace qui est depuis une cheville jusqu'à l'autre, ce qui est la même chose que l'espace d'une rame à l'autre.

Διπηχική. Ce mot grec est fait de *dis*, qui signifie deux fois, et de *pechys*, qui signifie une coudée. A dire la vérité, cet exemple ne convient point à la chose qu'il doit expliquer; parce que, s'agissant de la connaissance qu'on peut avoir de la grandeur d'un tout par la connaissance que l'on a de la grandeur d'une de ses parties, il ne faut pas que cette partie ait une grandeur déterminée, ainsi qu'elle l'est dans l'intervalle des rames; car ce n'est point la grandeur de ces intervalles qui peut faire juger de celle d'une galère, mais c'est leur nombre.

Nous donnons ce mot tel que le lisait Jocundus. Nous ne savons pourquoi Gottlob Schneider l'a supprimé dans son texte de Vitruve et dans ses notes.

Decor autem est emendatus operis aspectus. Toute l'architecture est fondée sur deux principes, dont l'un est positif et l'autre arbitraire. Le fondement positif est l'usage et la fin utile et nécessaire pour laquelle un édifice est fait, telle qu'est la solidité, la salubrité et la commodité. Le fondement qui s'appelle arbitraire est la beauté qui dépend de l'autorité et de l'accoutumance. Car bien que la beauté soit aussi en quelque façon établie sur un fondement positif, qui est la convenance raisonnable et l'aptitude que chaque partie a pour l'usage auquel elle est destinée, néanmoins, parce qu'il est vrai que chacun ne se croit pas capable de découvrir et d'apercevoir tout ce qui appartient à cette raisonnable convenance, on s'en rapporte d'abord au jugement et à l'approbation de ceux qu'on estime être éclairés et intelligents en cette matière ; ce qui imprime dans notre imagination une idée qui n'est formée que de la prévention et de l'accoutumance dans laquelle l'opinion nous engage sans que nous nous en apercevions, et qui fait ensuite que nous ne saurions approuver les choses qui ne sont pas conformes à ce que nous avons accoutumé de trouver beau, quoiqu'elles aient autant ou plus de convenance et de raison positive. Car on ne saurait dire, par exemple, ce qui fait que ceux qui ont ce qu'on appelle le goût de l'architecture auraient de la peine à souffrir des denticules placés au-dessus des modillons, ou dans un fronton des modillons qui ne seraient pas perpendiculaires à l'horizon, mais qui le seraient à la corniche qu'ils soutiennent, quoique ces manières fussent plus conformes à la raison que celles qui sont en usage; sinon que l'on est accoutumé de voir ces choses ainsi exécutées dans des ouvrages qui ont d'ailleurs tant de beautés fondées sur la véritable raison, qu'elles font excuser et même aimer par compagnie ce qu'on juge en eux n'être pas tout à fait raisonnable.

Jovi Fulguri. *Fulguri* est ici pour *Fulguratori.* C'est ainsi que Vitruve dit plus bas (IV, 7) *Dianæ nemori.*

Ad consuetudinem decor sic exprimitur. Vitruve semble faire entendre que l'accoutumance a la principale autorité dans l'architecture, quand il veut que la coutume que les anciens avaient de rendre toutes les pièces des appartements également ornées, soit une loi inviolable, quoiqu'elle soit contraire à la raison, qui demande que les chambres et les cabinets soient plus ornés que les escaliers et les vestibules.

Si enim interiora perfectus habuerint elegantes. Tous les exemplaires imprimés ont *nam si interiora perfectus habeant elegantes;* je trouve dans un ancien manuscrit : *si prospectus habeant elegantes.*

On lit aussi, dans quelques éditions, *perspectus* et *perfectos.*

Denticuli. Les corniches avec les denticules, qui sont propres et particuliers à l'ordre ionique, ont été mises dans l'ordre dorique du théâtre de Marcellus; ce qui est une des raisons qu'on a de croire que cet édifice n'a pas été construit par Vitruve, quoique Auguste l'ait fait bâtir en faveur de sa sœur Octavie, dont Vitruve était la créature.

In pulvinatis capitulis et (columnis). Vitruve appelle les colonnes ioniques *pulvinatas columnas,* parce que leurs chapiteaux ont en quelque façon la figure d'un oreiller, lorsqu'ils sont regardés par le côté.

Item naturæ decor erit, si cubiculis et bibliothecis, etc. Tout ce qui est dit de l'exposition des appartements destinés à servir en différentes saisons, et pour les bibliothèques et les cabinets de tableaux, est répété au septième chapitre du sixième livre.

Distributio est copiarum locique commoda dispensatio. Vitruve, qui donne au commencement de ce chapitre la distribution et l'économie pour une même chose, semble après néanmoins en faire deux. Car il entend ici par la distribution l'égard que l'architecte a aux matériaux qu'il peut aisément recouvrer et à l'argent que celui qui fait bâtir veut employer, qui sont des choses qui appartiennent à l'économie. Il rapporte aussi à la distribution l'égard qu'il faut avoir à l'usage, et à la condition de ceux qui y doivent loger; ce qui semble n'avoir aucun rapport à l'économie, mais plutôt à la bienséance, si ce n'est qu'il est vrai qu'il faut un plus grand fonds pour entreprendre un palais que pour bâtir un bureau pour des gens d'affaires. C'est en partie pour cette raison que j'ai toujours employé le mot d'économie dans les notes où il a été nécessaire de comparer les parties d'architecture les unes avec les autres; en partie aussi pour éviter la confusion qui aurait pu être causée par le peu de distinction que les idées d'ordonnance, de disposition et de distribution ont ordinairement dans notre esprit.

Abietis. Belon fait deux espèces de sapin, l'un mâle qui est le vrai sapin des Latins, dont les pommes tendent en haut; l'autre femelle, qui est le *sapinus,* dont les pommes sont tournées en bas. Quelquefois *sapinus* ne signifie pas une espèce, mais une partie d'arbre, savoir, le bas du tronc du sapin, ainsi qu'il est rapporté au chap. II du deuxième livre.

Arena fossitia. J. Martin, dans la traduction française de Vitruve, appelle le sable qui se tire de terre du sable *de fossé;* Philibert de Lorme, du sable *terrain.* Je ne me suis point voulu servir de ce nom, de peur qu'on ne prît *terrain* pour *terreux,* qui est la plus mauvaise qualité qu'un sable puisse avoir, dont le sable qu'on fouille dans la terre est tout à fait exempt: ce qui le rend le meilleur de tous. Nos entrepreneurs l'appellent du sable de cave, qui est la *rena di cava* des Italiens.

Cupresso. Je ne sais pas pourquoi le bois de cyprès est mis ici au nombre de ceux qui ne sont pas les meilleurs pour les bâtiments, puisqu'il est sans comparaison meilleur que l'abiès et le sapin. Théophraste en parle comme du plus durable et du moins sujet aux vers et à la pourriture, étant celui dont on trouve que les plus anciens édifices ont été bâtis.

Aliter disponentur. Aliter est une correction de Philander. On lit dans la plupart des manuscrits *alte.*

Ch. III. *Partes ipsius architecturæ sunt tres.* Ce chapitre est un sommaire de tout l'ouvrage, qui est divisé en trois parties. La première regarde la construction des bâtiments, dont il est traité dans les huit premiers livres. La seconde est pour la gnomonique, qui traite du cours des astres et de la confection des cadrans et des horloges, qui est traité dans le neuvième livre; et la troisième est pour les machines qui servent à l'architecture et à la guerre, ce qui est traité dans le dernier livre. La partie qui traite des bâtiments est double, car les bâtiments sont ou publics ou particuliers. Il est parlé des bâtiments particuliers au sixième livre. Pour ce qui est des bâtiments publics, la partie qui en traite est encore divisée en trois, qui sont : celle qui appartient à la sûreté, qui consiste dans les fortifications des villes, dont il est traité au Ier chapitre de ce livre; celle qui appartient à la religion, c'est-à-dire aux temples, dont il est traité dans le troisième et le quatrième livres; et celle qui appartient à la commodité publique, dont il est traité au cinquième et au huitième livres. Il y a encore trois choses qui appartiennent généralement à tous les bâtiments, qui sont la solidité, l'utilité ou commodité, et la beauté, dont il est traité, savoir, de la solidité, dans le onzième chapitre du sixième livre, de l'utilité, au septième chapitre du sixième livre, et de la beauté, dans tout le septième livre, au moins pour ce qui regarde les ornements de peinture et de sculpture : car pour ce qui regarde la proportion, qui est un des principaux fondements de la beauté, cette partie se trouve traitée dans tous les endroits de l'ouvrage.

Communium locorum. J'ai restitué cet endroit suivant un ancien manuscrit, où il y a *communium locorum* au lieu de *omnium locorum,* qui se lit dans les exemplaires imprimés.

Firmitatis erit habita ratio. La seconde division que Vitruve fait ici de l'architecture en trois parties n'ajoute rien à la première division qu'il a déjà faite dans l'autre chapitre, que la solidité; car la beauté et l'utilité ou commodité sont comprises dans l'ordonnance et dans la disposition, faite avec proportion et bienséance. Ce n'est pas que l'ordonnance, la disposition et la proportion ne comprennent aussi en quelque sorte la solidité; mais il y a beaucoup de choses qui appartiennent à la solidité, que l'ordonnance, la disposition et la proportion n'enferment point : telle qu'est la condition des matériaux et le mélange qui s'en fait.

Ch. IV. Tous les exemplaires, dans le titre de ce chapitre, après *quæ obsint salubritati,* ont ces mots, *et unde lumina capiantur.* Barbaro, qui les avait omis dans sa traduction italienne, les a mis dans sa seconde édition latine. J'ai suivi son premier dessein dans ma traduction, parce que ce chapitre ne parle qu'en passant, et comme par exemple, des jours que l'on doit donner aux celliers et aux greniers; et d'ailleurs je n'ai pas cru devoir faire conscience de toucher aux titres, étant constant qu'ils ne sont point de l'auteur, qui n'a divisé son ouvrage que par livres, selon la coutume de son temps, qui n'était point de partager les livres en chapitres, sections, articles et paragraphes, ni d'y mettre des titres et des sommaires, comme nous faisons.

Spiritus bestiarum palustrium venenatos, etc. Voyez, sur ce même sujet, Columelle, 1, 5, 6; et Varron, 1, 12.

Nam semper calor cum excoquit a rebus, firmitatem eripit. Vitruve fait voir en cet endroit qu'un parfait architecte comme lui sait autre chose que la maçonnerie. Ce raisonnement sur les véritables causes de la corruption interne et non violente des choses, dont la principale est la dissipation de leur chaleur propre, quand elle est attirée au dehors par la chaleur étrangère, est la pure doctrine d'Aristote et de Galien, qui sont les philosophes qui ont le mieux raisonné sur ce sujet. Néanmoins ce qui est dit ici du fer, qui s'amollit par le feu, n'est point un bon exemple de l'affaiblissement qui arrive au corps par la chaleur ; car elle ne corrompt point le fer parce qu'elle l'amollit, mais parce qu'elle le brûle, et qu'elle consume les parties les plus volatiles de la surface; ce qui fait que quand on rougit le fer, il demeure sur la surface des écailles, qui sont les parties terrestres du métal. Et cette dissipation des parties volatiles, qui arrive au fer par l'action du feu, est ce qu'il a de commun avec tous les autres corps, que la chaleur altère et corrompt enfin, par la perte qu'ils souffrent des meilleures et des plus essentielles parties de leurs substances. Les exemplaires sont différents en cet endroit : les uns ont *acribus*, les autres *a rebus*. J'ai choisi le dernier, parce que *vaporibus*, qui est ensuite, ferait une répétition vicieuse.

Cum exuberat e principiis calor. J'ai interprété de la manière qu'on a vu *exuperat*, quoique *excède* eût été plus selon la lettre. Mais j'ai cru que Vitruve l'a dû entendre de cette manière, parce que le degré d'une qualité, quel qu'il puisse être, n'est jamais contraire à une chose que parce qu'il est différent de celui qu'elle doit avoir naturellement; de sorte qu'une chaleur excessive, qui corrompt un sujet à qui elle n'est pas convenable, en conserve et perfectionne un autre à qui elle est propre. C'est pourquoi il faut croire que quand Vitruve a dit : *Cum e principiis calor exuperat*, il a entendu dire *gradum qui unicuique corpori conveniens est et naturalis*. — On trouve, dans quelques éditions, *exsuperat*, qui ne nous semble pas une bonne leçon.

Apertas venas. Rufus Éphésius dit que les anciens Grecs appelaient les artères des vaisseaux pneumatiques, c'est-à-dire des soupiraux par le moyen desquels le cœur envoyait la chaleur aux parties et la fraîcheur de dehors par les pores de la peau. Les nouvelles expériences de la circulation du sang ont fait voir que les artères ne font que la moitié de cet ouvrage, et que comme il n'y a qu'elles qui portent la chaleur et la nourriture que le cœur envoie aux parties, il n'y a aussi que les veines qui lui puissent porter le rafraîchissement ou les autres qualités que l'air de dehors lui peut communiquer.

Il y a grande apparence que c'est par hasard que Vitruve a si bien rencontré ici, quand il n'a pas accordé aux artères cet office d'introduire les qualités de ce qui touche le corps par dehors, mais aux veines, puisque ci devant il leur a attribué le pouls, auquel elles n'ont aucune part, comme il a été remarqué.

Levioribus principiis compositæ facilius in aerem nituntur (*volucres*). La facilité que les oiseaux ont à s'élever en l'air ne vient pas tant de la légèreté de leurs corps que de la grandeur et de la force de leurs ailes. Cela est si vrai qu'un poulet d'Inde, qui a de la peine à s'élever de terre, n'est pas plus pesant qu'un aigle, qui vole si haut et si aisément qu'il peut même enlever d'autres animaux avec lui. Il est pourtant vrai que la chair et les os sont plus légers aux oiseaux qu'aux animaux terrestres.

Plurimum ex aere et terreno sunt compositæ (*pisces*). Cette opinion, que Vitruve a prise d'Empédocle, est réfutée par Aristote au livre de la respiration, où il montre que chaque chose est conservée et entretenue par ce qui est conforme à sa nature, et que la facilité que les poissons ont de vivre dans l'humidité est une marque assurée qu'ils sont naturellement fort humides : car on ne peut pas dire qu'ils s'aiment dans l'eau, parce que ses qualités, qui sont contraires à leur tempérament, le réduisent à une louable médiocrité, puisque lorsque le tempérament est conforme à la nature de quelque chose, il ne doit pas être réputé excessif; et si les poissons meurent hors de l'eau, par l'excès de quelque qualité de l'air qui les offense, c'est celui de la chaleur et de la sécheresse, qui détruit la froideur et l'humidité qui leur est naturelle. Mais une des principales raisons qui font que les poissons meurent hors de l'eau est la légèreté de l'air, qui ne comprime pas les vaisseaux de leurs branchies autant qu'il est nécessaire pour la circulation du sang, laquelle ne peut être faite que par la pesanteur de l'eau, qui oblige le sang de passer des branchies dans le cœur, de même que la compression du thorax est nécessaire pour le faire aller du poumon dans le cœur aux animaux qui respirent. — *Voyez* sur tout cela, parmi les anciens, Aristote (*de Part. anim.* II, 2; *de Respiratione*, ch. XIV); Plutarque (*De placitis Philosoph.* IV, 7).

Herbam, quam pecora rodendo imminuerant lienes. Cette herbe, que l'on appelle communément du nom arabe *ceterach*, est la véritable scolopendre, qui est ainsi nommée à cause qu'elle ressemble à un ver de ce nom.

Spectabuntque ad septentrionem. Les marais étant ainsi situés, leurs vapeurs ne pourront être apportées dans la ville que par des vents qui sont capables de les diminuer et d'en corriger les mauvaises qualités.

Oppidum Salpia. Ce mot se lit aussi *Salapiæ*. Mais il est très-diversement écrit suivant les différents auteurs (*Salalia, Allatia*, etc.)

Ch. V. *Fundamenta.* Ceux du métier disent ordinairement *fondation*, au lieu de *fondement*, qui est le mot propre dont Philibert de Lorme, M. de Chambray et la plupart de ceux qui ont écrit de l'architecture en français se servent. J'ai cru qu'à leur exemple il m'était permis de me dispenser de parler comme les maçons, quand je le pourrais faire avec raison. Les termes particuliers sont nécessaires dans les arts, quand ils expriment les choses avec plus de distinction; mais celui-ci fait tout le contraire; car le mot de *fondation* est ambigu; sa signification est figurée, et elle désigne les biens et les revenus qui sont établis pour entretenir une église et pour y faire dire le service, au lieu que le *fondement* est proprement la maçonnerie solide qui est établie pour entretenir et faire subsister le bâtiment de l'église. Par la même raison, j'ai toujours écrit *le plinthe* d'une base, et non *la plinthe*, ainsi que les ouvriers disent; non plus que *le pourtour, la théorique* et *l'arquitrave*, bien ces mots ne soient pas équivoques comme celui de *fondation* et de *plinthe*, qui, au féminin, signifie autre chose que la partie inférieure d'une base. Mais j'ai cru que je pouvais parler comme le reste du monde, qui dit *le tour, la théorie* et *l'architrave*, parce que ces termes sont entendus et par les maçons et par le reste du monde.

Crassitudine ampliore, quam parietum. Scamozzi réduit cette largeur des fondements à la huitième partie de l'épaisseur du mur de chaque côté pour le plus à la douzième pour le moins; c'est-à-dire que si un mur a quatre pieds d'épaisseur, son fondement aura par en bas cinq pieds, ou quatre pieds deux tiers pour le moins. D'autres architectes, comme de Lorme, donnent beaucoup plus d'empatement aux fondements, savoir, une moitié de largeur de plus que le mur; c'est-à-dire que si le mur est de deux pieds, le fondement sera de trois; ce qui semble être fondé sur Vitruve au troisième livre du chapitre III, où il dit que les murs qui sont au-dessous des colonnes doivent être plus larges que les colonnes de la moitié. Mais Palladio donne encore plus de largeur aux fondements; car il veut qu'ils aient le double du mur, et Scamozzi donne aux fondements des grosses tours trois fois la largeur du mur, et en fait déborder le haut de chaque côté de la moitié de la largeur du mur. Or, supposé que la largeur de l'empatement des fondements contribue à leur solidité, ainsi qu'il y a beaucoup d'apparence, il y a lieu de s'étonner que généralement les architectes ne proportionnent cette largeur d'empatement qu'à la largeur des murailles, et qu'ils n'aient pas plutôt égard à leur hauteur et à la pesanteur de ce qu'elles doivent soutenir; car une muraille de trois pieds d'épaisseur, qui doit porter des voûtes de pierres, plus leurs grands planchers et des toits chargés de tuiles ou de plomb, aura besoin d'une plus grande solidité en son fondement que ne ferait un mur de six pieds d'épaisseur qui n'aurait pas un grand faix à soutenir; car, quoiqu'un mur fort large ait plus de pesanteur que celui qui est étroit, il a aussi davantage de terre qui le soutient; et un mur de six pieds a la force de deux murs de trois, de même qu'il en a la pesanteur, et même il en a davantage à cause de la liaison des pierres qui le soutiennent et s'entretiennent; de sorte que je crois qu'il faudrait régler la largeur de l'empatement par la hauteur et par la charge des murs, plutôt que par leur largeur. Lorsqu'on bâtit les fondements de l'arc de triomphe de la porte Saint-Antoine, les architectes eurent de la peine à approuver le peu de largeur que je donnais à l'empatement, qui, selon leurs règles, aurait dû être huit fois plus grand qu'il n'est, à cause de la grande masse de cet édifice, dont la hauteur, qui est de vingt toises, n'est pas le triple de sa largeur; car ayant huit toises de large, il en aurait fallu donner vingt-quatre, selon Scamozzi, ce qui aurait fait huit toises d'empatement de chaque côté, et il n'en a pas plus d'une. Il faut voir ce qui est écrit sur ce sujet à la fin du dernier chapitre du sixième livre.

Collocanda... oppida sunt..... circuitionibus. Végèce n'est pas de l'avis de Vitruve; car il croit que les anciens voulaient que les murs de leurs villes eussent des sinuosités, *urbes claudebant sinuosis anfractibus veteres.* La raison de Vitruve est, à mon avis, que les remparts étant tournés en rond font que les assiégeants sont toujours exposés aux traits de près de la moitié de ceux qui défendent les murailles; au lieu qu'en une place carrée, l'assiégeant étant à la droite d'une des faces, est à couvert des trois autres. Tacite, parlant des murs de Jérusalem, dit : *Urbem claudebant muri obliqui et introrsus sinuati, ut latera oppugnantium ad ictus patescerent :* cela semble faire entendre que ce n'était pas la coutume de les faire de cette manière, qui est celle que l'on pratique dans l'architecture militaire moderne.

Perpetuæ taleæ. Ce que Vitruve appelle ici *taleas perpetuas*, César, dans la description des murs dont les Gaulois fermaient leurs villes, l'appelle *trabes perpetuæ.* Il dit que ces poutres étaient posées d'un parement du mur à l'autre alternativement avec des rangées de pierres, qui allaient aussi d'un parement à l'autre, et qui faisaient à chaque parement comme un échiquier, chaque poutre étant enfermée entre quatre rangées de pierres, et chaque rangée de pierres étant enfermée entre quatre poutres.

Sco pionibus. Les anciens appelaient *scorpion* une machine fort semblable à celle que nous appelons arbalète. Il en est amplement parlé au dixième livre.

Cœmentum. J'interprète *cœmenta* par *moellons*, non-seulement parce que notre ciment n'est pas le *cœmentum* des anciens, mais aussi parce que Vitruve opposant le *cœmentum* aux gros quartiers de pierre et aux gros cailloux, qui sont, avec le moellon, les trois espèces de *cœmentum* pris généralement, il donne à entendre que le *cœmentum* en cet endroit est le moellon. Or, le *cœmentum* en général signifie toute sorte de pierre qui est employée entière, et telle qu'elle a été produite dans la terre; ou, si on lui a donné quelque coup de marteau afin d'ôter ce qui empêche qu'elle ne soit grossièrement carrée, cela ne change point son espèce, et ne la saurait faire appeler pierre de taille; car la pierre de taille est ce que les Latins appellent *politus lapis*, qui est différent de ce qui est appelé *cæsus*, en ce que *cæsus* est seulement rompu par quelque grand coup, et que *politus* est exactement dressé par une infinité de petits coups. Nos maçons font trois espèces de ces pierres *non taillées*, qui ont rapport avec les trois espèces de *cœmentum* des anciens; mais elles ne diffèrent que par la grosseur. Les plus grosses sont les trois quartiers, qu'ils appellent de deux et de trois à la voie; les moyennes sont appelées libages, et les petites sont les moellons. Vitruve, au sixième chapitre du septième livre, appelle les éclats de marbre que l'on pile pour faire le stuc *cœmenta marmorea.* Saumaise néanmoins entend par *cœmentum* une pierre taillée et polie; et parce qu'il semblerait que *cœmentum* serait la même chose que *quadratum saxum*, il dit que *cœmentum* est différent de *quadratum saxum* en ce qu'il n'est pas carré. Mais il est assez difficile d'entendre ce qu'il veut dire; car il n'y a pas d'apparence que *cœmentum* soit une pierre taillée en forme triangulaire, pentagone ou hexagone; ce qui devrait être, si la figure faisait la différence qu'il y a entre *cœmentum* et *quadratum saxum*; car une pierre taillée n'est appelée *quadratum saxum* que parce que la figure carrée est la plus ordinaire dans les pierres taillées, et non parce qu'elle est la seule qu'on leur donne. Tacite dit que le théâtre de Pompée était bâti *quadrato lapide :* cependant il est certain que les pierres carrées ne sont pas propres à bâtir un théâtre dont la forme est ronde.

Coctus later sive crudus. Les anciens se servaient de briques crues, qu'ils laissaient sécher pendant un long espace de temps, jusqu'à quatre et cinq ans, comme il est dit au chapitre III du deuxième livre; et il fallait qu'ils eussent une grande opinion de la bonté de ces matériaux, puisqu'ils les employaient à des murs faits pour soutenir des terres, sans craindre que l'humidité ne les détrempât.

Sed locorum proprietates habere. Il faut sous-entendre ici *possunt.*

Ch. VI. *Cum septentrio, restituuntur in sanitatem.* Il faut qu'il y ait quelque disposition particulière du lieu qui fasse que le vent du nord guérisse la toux dans la ville de Mytilène, parce que ce vent, considéré dans sa nature en général, ne saurait faire cet effet : car étant froid et sec, il est plus capable de causer la toux que le Corus, qui, étant plus humide, n'est capable de soi que de produire l'enrouement et le catarrhe, qui sont des maladies auxquelles la toux est accidentelle; au lieu que le vent du nord, qui est froid et sec, blessant le poumon et son artère immédiatement par ses qualités, qui sont contraires à ces parties, doit être réputé la cause immédiate de la toux. Mais il peut arriver que le vent du septentrion soit humide en un lieu, quand il y a de fort grands lacs de ce côté-là; et que celui du couchant soit sec, quand il y a beaucoup de terres sans eaux interposées. Par cette raison, le vent du couchant est bien moins humide en Allemagne qu'en France, qui a tout l'Océan du côté du couchant.

Gravitudo. Le mot de *gravitudo*, que Vitruve a mis au

lieu de *gravedo*, par lequel Celse explique le *corysa* d'Hippocrate, signifie particulièrement ce que l'on appelle en français enchiffrenement; mais il se prend en général pour toutes sortes de rhumes.

Nonnullis placuit esse ventos quatuor. La distribution des vents, leur nombre et leurs noms parmi les anciens auteurs, est une chose fort embrouillée; et Aristote, Sénèque, Pline, Ætius, Strabon, Aulu-Gelle, Isidore, etc., en ont parlé fort diversement entre eux, et pas un n'est d'accord avec Vitruve. Ce que j'ai cru devoir faire en cette traduction est d'attribuer les noms modernes aux vents que Vitruve nomme, et cela selon le lieu où il les a placés. La difficulté est que Vitruve n'en ayant mis que vingt-quatre, et même la plupart des anciens que douze, au lieu de trente-deux que nous avons, il n'y a que les quatre cardinaux *nord*, *ouest*, *sud* et *est*, avec les collatéraux *nord-ouest*, *sud-ouest*, *sud-est* et *nord-est*, qui se puissent rencontrer juste avec ceux de Vitruve; les seize autres qui se trouvent placés au milieu n'ont pu être interprétés que par la proportion de la distance qu'ils ont des cardinaux ou des collatéraux auprès desquels ils sont.

Par exemple, entre *auster* ou *sud* et son collatéral *eurus* ou *sud-est*, où les modernes mettent trois vents, savoir, *sud-quart-sud-est*, *sud-sud-est* et *sud-est-quart-sud*, les anciens n'en mettaient que deux, savoir, *euronotus* et *vulturnus*, que j'ai désignés par l'espace qu'ils occupent et par le voisinage du vent auprès duquel ils sont, qui est ou cardinal ou collatéral. C'est pourquoi, par exemple, *euronotus*, qui occupe le tiers de l'espace qui est entre *auster* ou *sud* et *eurus* ou *sud-est*, et qui est proche du collatéral *eurus* ou *sud-est*, a été nommé *sud-tiers-sud-est*; et *vulturnus*, qui occupe le tiers de l'espace qui est entre *eurus* ou *sud-est* et *auster* ou *sud*, et qui est proche du collatéral *eurus* ou *sud-est*, a été nommé *sud-est-tiers-sud*, et ainsi des autres. On a cru en pouvoir user ainsi par la même raison qui fait que, parmi les modernes, le vent qui occupe le quart de l'espace qui est entre *sud* et *sud-est*, et qui est voisin de *sud*, a été nommé *sud-quart-sud-est*; et celui qui occupe l'autre quart du même espace a été nommé *sud-est-quart-sud*, parce qu'il est voisin de *sud-est*.

Andronicus Cyrrhestes. Voyez Varron, *De R. R.* III, 5.

Et ita est machinatus, uti vento circumageretur. A l'imitation de cette machine d'Athènes, on en a fait une depuis peu à Paris, au jardin de la bibliothèque du Roi, où il y a un cadran haut de 90 pieds et large de 50, qui marque les heures équinoxiales et les degrés des signes. Au-dessus de ce cadran, qui est carré, il y en a un autre rond, de 13 pieds de diamètre, qui a une aiguille mobile comme les cadrans des horloges ordinaires; et cette aiguille montre les vents qui soufflent, et qui sont marqués par des caractères autour du cadran, au haut duquel il y a une girouette qui fait tourner l'aiguille. Cette machine est plus commode que celle d'Andronic, en ce que d'un seul aspect on voit toujours quel est le vent qui souffle; au lieu qu'à la machine d'Andronic il fallait chercher en tournant autour de la tour le vent que le triton marquait.

Locus ita expolitur ad regulam et libellam, ut amussium non desideretur. Cet endroit est obscur; car *locus ad regulam et libellam expolitus*, n'est rien autre chose que l'*amussium* même, selon les interprètes. Cependant il est dit qu'on n'a qu'à dresser un lieu bien à niveau et bien poli, et qu'on n'aura pas à faire d'*amussium*. Ce qui n'a point de sens, si ce n'est qu'*amussium* ne signifie pas seulement un lieu bien à niveau, mais encore une table de marbre qui porte avec elle le plomb et l'eau qui fait voir si elle est de niveau. Cœlius Rhodiginus s'est trompé quand il a cru qu'*amussium était ventis reperiendis excogitatum organum*; car *amussium* n'est point de soi propre à trouver les vents; mais on les écrit seulement après que la ligne méridienne et l'octogone y ont été tracées, comme il est dit ensuite.

Leuconotus. Perrault avait traduit d'après une leçon qui donnait *Euronotus*.

Eurocircias. Il avait également suivi pour ce mot la Vulgate, où on lit *cœcias*. On ne sait pas d'après quel auteur Vitruve a donné cette table assez confuse des vingt-quatre vents. Voici dans quel ordre un éditeur moderne, Gottlob Schneider, les a rétablis : *Euronotus, Auster, Altanus, Libonotus, Africus, Subvesperus, Argestes, Favonius, Etesiæ, Circius vel Cercias, Caurus, Corus, Thrascias, Septentrio, Gallicus, Supernas, Aquilo, Cæcias* (appelé quelquefois *Boreas*), *Carbas, Solanus, Ornithiæ, Eurocercias, Eurus, Volturnus.*

Εὖρος. Il y a plus d'apparence que le vent de *sud-est* est appelé *Euros* par les Grecs, à cause qu'il souffle doucement, ce que la particule *eu* signifie, qu'à cause que le mot grec *aura* signifie le souffle; car le souffle simplement lui est commun avec tous les autres vents.

Sunt.... qui negant Eratosthenem veram mensuram orbis terræ potuisse colligere. Depuis qu'Ératosthène a fait son observation pour la mesure du tour de la terre, par laquelle il a trouvé qu'elle était de 252,000 stades, plusieurs autres y ont travaillé, comme Possidonius, qui n'en a trouvé que 239,700; et Ptolémée, qui en a encore trouvé moins, savoir seulement, 180,000. Mais ces observations, non plus que celles d'Ératosthène, ne nous apprennent rien de certain, à cause qu'on ignore quelle était précisément la grandeur de leurs stades, qui étaient même différents entre eux; les stades d'Alexandrie, où Ptolémée a fait ses observations, étant autres que les stades de la Grèce, où Possidonius a fait les siennes, ainsi qu'il paraît par la grande différence qu'il y a de 30,000 à 22,500. Les Arabes ont fait depuis des observations sous Almamon, calife de Babylone, et ont trouvé 56 milles deux tiers par degré; mais ces observations ne nous instruisent guère mieux, à cause que nous ignorons aussi quel était leur mille au juste. Les modernes se sont remis depuis cent cinquante ans à faire ces observations. Le premier qui y a travaillé a été Jean Fernel, premier médecin du roi Henri II, que la science de mathématiques n'a rendu guère moins célèbre que celle de la médecine, qui l'a fait appeler le prince des médecins modernes. Il a trouvé 68,096 pas géométriques de cinq pieds de roi, pour chaque degré, qui valent 56,746 toises quatre pieds, de la mesure de Paris. Après lui, Snellius, Hollandais, a trouvé 28,500 perches du Rhin, qui font 55,021 toises de Paris. Le père Riccioli, jésuite, a trouvé ensuite 64,363 pas de Boulogne, qui font 62,900 toises. Mais les mathématiciens de l'Académie royale des sciences ont trouvé 57,060 toises pour chaque degré, c'est-à-dire 28 lieues et demie et 60 toises, qui, multipliées par 360, qui est le nombre des degrés, fait 10,270 lieues 1,600 toises, mettant pour la lieue 2,000 toises, qui font 2,400 pas de cinq pieds. La méthode que l'on a suivie a été de mesurer un espace en un lieu plat et droit de 5,663 toises, pour servir de première base à plusieurs triangles, par lesquels on a conclu la longueur d'une ligne méridienne de la valeur d'un degré. Ce qu'il y a de particulier pour la certitude de cette observation est, en premier lieu, que personne n'avait mesuré une base si grande, la plus grande des observations précédentes n'étant que de mille toises; en second lieu, que l'on a employé, pour prendre les angles de position, des instruments fort justes, et avec lesquels on pointe avec une précision fort exacte, par le moyen des lunettes d'approche, qui y sont accommodées d'une manière toute particulière. M. Picart, l'un des mathématiciens qui ont été commis par l'Académie pour travailler aux observations et au calcul de cette mesure, en a fait un traité, où la méthode que l'on a suivie est déduite tout au long, et où les instruments dont on s'est servi sont représentés.

Non potest nostra scriptura non veras habere terminationes regionum. Cette observation des régions des vents prise en général, ainsi que Vitruve l'entend, ne peut être que de fort peu d'usage. L'observation particulière des vents qui règnent dans chaque pays, dont la violence dépend de la disposition des lieux d'alentour, est bien plus considérable, y ayant des lieux où certains vents sont impétueux, qui ne soufflent presque point en d'autres; et les régions de vents, ainsi qu'elles sont marquées tant par les anciens que par les modernes, n'étant point tellement fixes qu'il n'y puisse s'en trouver d'autres entre deux, ainsi que Vitruve même le prouve par les observations d'Ératosthène, qui a fait voir que la région de chacun des vingt-quatre vents est de trois millions neuf cent trente-sept mille cinq cents pas.

Inter angulos. Il y a dans le texte *inter angulos*; je lis *in angulis*, afin qu'il y ait quelque sens au discours.

Divisiones IIX. La plupart des interprètes de Vitruve ont mis douze rues, quoiqu'il soit évident, par le texte et par la figure, qu'il n'y en peut avoir que huit. Ils se sont trompés, faute d'avoir pris garde que le chiffre IIX, qu'ils ont pris pour douze, n'est que de huit, de même que IX est neuf, et IV quatre, et non pas onze ou six.

— C'est Barbaro qui a rétabli ici le chiffre IIX; car la plupart des éditions donnaient XII; d'autres, XI. Voyez Turnèbe (*Advers.*, 30, 36).

Ch. VII. *Veneri ad portam.* On lit dans quelques éditions *ad portum.* En adoptant cette leçon, il faut entendre ici *Vénus marine*, sur le temple de laquelle il y a plusieurs épigrammes dans l'Anthologie grecque.

Id.... Hetruscis aruspicibus disciplinarum scriptis ita est dedicatum. Il ne se trouve pas que ce précepte des aruspices toscans ait été observé à Rome; car le temple de Mars Vengeur était dans la place d'Auguste, et celui de Vénus était dans la place de Jules César; plusieurs temples même de divinités malfaisantes étaient dans la ville, comme celui de la Fièvre, de Vulcain, de la Mauvaise Fortune, et de la Paresse.

Vulcanique vi. Je traduis cet endroit suivant les corrections d'un exemplaire que j'ai, qui ont été faites sur un manuscrit où il y a *Vulcanique vis*, au lieu de *Vulcanique vi*, qui est dans les exemplaires imprimés.

— Plutarque a donné la même raison que Vitruve pour l'emplacement du temple de Vulcain dans ses *Questions romaines*, n° 47, où il cherche pourquoi Romulus a bâti le temple de Vulcain hors de la ville. — Tite-Live parle d'un temple de Vulcain, dans le champ de Mars (XXIV, 10). — Du reste, on a remarqué que les Romains n'avaient pas suivi rigoureusement la règle dont Vitruve parle ici. Il y avait un temple de la Fièvre dans le Palatium; un temple de Mars Vengeur, dans le forum d'Auguste; de Vénus, dans le forum de César et près du grand Cirque; un temple de Vulcain, dans le cirque de Flaminius et dans le Comitium; de la Mauvaise Fortune, dans les Esquilies; enfin de la Paresse, sous le nom de Murcia, au pied du mont Aventin.

De earum symmetriis. Il y a, dans tous les exemplaires imprimés, *de arearum symmetriis*: mon manuscrit a *de earum.*

Ordines. Ce que Vitruve appelle ici *ordines*, il le nomme *genera* au commencement du quatrième livre. Ces genres sont au nombre de trois, savoir le dorique, l'ionique et le corinthien. En cet endroit, l'ordre corinthien est appelé *corinthia instituta.* Les modernes ont retenu le mot d'ordre.

M. de Chambray, dans son excellent livre du Parallèle de l'architecture antique avec la moderne, fait un jugement de la définition que Scamozzi donne de l'ordre d'architecture en général, que j'approuve fort; je veux dire que cette définition ne me plaît pas, non plus qu'à lui; car cet architecte définit l'ordre *un certain genre d'excellence qui accroît beaucoup la bonne grâce et la beauté des édifices sacrés ou profanes.* Mais je ne puis être du sentiment de M. de Chambray, quand il dit que Vitruve a entendu définir l'ordre d'architecture quand il a défini ce qui est appelé *ordinatio* au chap. II de ce livre; car, en ce livre, Vitruve entend, par *ordinatio* ou *ordonnance*, ce qui détermine la grandeur des pièces dont les appartements sont composés; et il l'oppose à la *distribution*, qui détermine la situation, la suite et la liaison de ces pièces; ce qui fait voir que ce que nous appelons *ordonnance*, qui est ce qui donne les règles des proportions et des différents caractères des cinq ordres d'architecture, est autre chose que ce que Vitruve appelle *ordinatio.*

LIVRE II.

Cum Alexander rerum potiretur. Alexandre n'a pu être appelé maître de tout le monde, de la manière que Vitruve l'entend, qu'après la mort de Darius, qui ne pouvait pas encore être arrivée lorsque Dinocrate fut trouver Alexandre, parce que la guerre contre Darius ne fut commencée qu'après la fondation de la ville d'Alexandrie, qui, selon Vitruve même, ne fut bâtie que longtemps après que Dinocrate fut retenu par Alexandre pour être son architecte.

Jussit eum.... civitatem Alexandriam constituere. Pline et Solin nomment Dinocrate l'architecte qui bâtit la ville d'Alexandrie, de même que Vitruve. D'autres auteurs lui donnent d'autres noms, et Philander dit qu'il se trouve même encore dans la ville une ancienne inscription grecque qui le nomme Démocharès.

Voyez Arrien, *Anab.*, III, 1, 8; Pline, V, 10; Solin, ch. XXXII; Ammien Marcellin, l. XXII, et Valère Maxime, I, 4.

Ch. I. *Apud nationem Colchorum in Ponto*, etc. La description de cette construction de cabanes est assez difficile à entendre, tant à cause de l'obscurité des termes, qu'à cause des fautes qui sont dans le texte. Pour ce qui est des termes, les auteurs interprètent différemment les mots *d'arboribus perpetuis*, *de planis*, *de in terra positis*, *de jugumentantes.* Les uns entendent par *perpetuis*, *durables*; les autres, *entiers* et non équarris; les autres, *rangés.* Les uns, par *planis*, entendent *couchés*; les autres, *aplanis*: *in terra positis*, signifie selon les uns, *fichés*; selon les autres, *couchés en terre*: et *jugumentare*, qui est faire qu'une poutre pose en travers sur deux autres, de même qu'un joug est sur deux bœufs, n'est pas entendu par tous les interprètes d'une même manière.

La faute que je soupçonne dans le texte consiste en la transposition du point que tous les exemplaires ont après *collocantur*, qui, étant mis devant, rendra ce qui manque à la construction du discours.

Arboribus perpetuis. Le mot *perpetuus* signifie une chose qui a une étendue continuée au loin ou longtemps d'une même manière; en sorte qu'ici des arbres *perpétuels* sont des arbres qui continuent et s'étendent pour un long espace. Vitruve appelle ainsi *perpetuam basilicam*, au premier chapitre du cinquième livre, l'endroit de la basilique qui est tout droit et étendu en longueur; et au huitième chapitre de ce livre, il appelle *perpetuam lapidum crassitudinem* les pierres qui vont d'un parement du mur à l'autre avec une même grosseur. César dit aussi *trabes perpetuas*, dans la description qu'il fait des murs des villes des Gaulois, pour signifier des poutres qui vont d'un parement à l'autre.

Angulos jugumentantes. Je traduis ces mots par *des arbres qui portent les uns sur les autres, à droite des coins* (ou angles); car *jugumentare* est mis pour *jugare*, qui signifie poser une perche en travers qui pose des deux bouts sur deux pieux, ainsi que les anciens en mettaient à leurs vignes. Ils appelaient aussi *jugumenta* les linteaux des portes et des fenêtres, par la même raison.

Gradatim contrahentes. La manière d'arranger des pièces de bois comme pour faire un bûcher convient fort bien aux toits, en les posant alternativement les uns sur les autres, et les tirant en dedans à mesure qu'on les accourcit, pour leur donner la forme de degrés. Mais cette manière ne saurait être si propre pour les murs, parce qu'on n'y peut faire de portes ni de fenêtres commodément, à cause de la situation des pièces de bois qui sont en travers. Cela m'avait obligé dans la première édition de donner une autre disposition à ces arbres. Mais parce qu'il fallait pour cela un peu trop forcer le texte de Vitruve, j'ai cru que l'explication que je lui donne ici serait meilleure et plus naturelle.

Testudinata turrium tecta. Il y a deux sortes de toit : l'un est appelé *displuviatum*, lorsque le faîtage, allant d'un pignon à l'autre, l'eau est jetée à droite et à gauche. L'autre est *testudinatum*, par le moyen duquel l'eau tombe des quatre côtés. Sextus Pompeius appelle *tecta testudinata* ceux qui sont *in quatuor partes devexa*, qu'il oppose à ceux qu'il appelle *pectinata*, qui sont les *displuviata* de Vitruve. Ils sont appelés *pectinata*, peut-être parce que les chevrons qui descendent du faîtage sur l'entablement ont la forme d'un peigne ; ce qui pourrait faire croire que notre mot de *pignon* viendrait du *pectinatum tectum* des Latins, parce qu'il soutient ces espèces de *peignes*.

Romuli casa in arce sacrorum. Voyez les interprètes de Virgile, *Énéid.*, VIII, 654, et Ovide, *Fast.*, III, 189 et suiv.

Ch. II. *Individua corpora..... disjuncta, nec læduntur.* Il me semble qu'il n'est pas difficile de voir qu'il faut lire *individua corpora non læduntur*, au lieu de *non teguntur*, comme il y a dans tous les exemplaires ; et que le sens est que les corps ne sont capables de corruption ni d'altération que parce qu'ils sont composés.

Ex his ergo congruentibus. Voy. Senec., Q. N., VII, 17 ; Cicéron, *De N. D.*, I, 20.

Uti.... non habeant qui ædificare cogitant, errorem. Ceux qui veulent faire passer Vitruve pour un bonhomme demi-savant, qui dit à propos ou non tout ce qu'il sait ou qu'il ne sait pas, allèguent ce chapitre, dans lequel il promet beaucoup plus de philosophie qu'il n'en sait, et qu'il n'en est besoin pour connaître et pour choisir les matériaux qu'on emploie en architecture. Mais la vérité est que c'était la coutume de son temps à Rome, où l'étude de la philosophie était une chose rare et nouvelle, d'en faire parade avec une ostentation qui ne rendait pas un auteur aussi ridicule qu'elle ferait à présent. Varron et Columelle, en une pareille occasion, en usent de même que Vitruve ; car le premier, au commencement de son livre d'agriculture, qu'il dédie à sa femme, s'excuse sur son peu de loisir de n'avoir pas traité la matière de son ouvrage comme il aurait été nécessaire ; et il lui conseille, pour suppléer à ce défaut, de lire les livres des philosophes, dont il lui en nomme jusqu'à cinquante, et entre autres Démocrite, Xénophon, Aristote, Théophraste, Archytas et Magon, qui ont tous écrit ou en grec ou en langue punique. L'autre, savoir Columelle, dit qu'il faut qu'un jardinier et un laboureur ne soient guère moins savants en philosophie que Démocrite et Pythagore.

Ch. III. *Cum ab imbribus in parietibus sparguntur.* Les briques dont Vitruve parle ici ne sont point cuites, mais seulement séchées par un long temps, comme de quatre et cinq années. C'est pourquoi on y mêlait de la paille ou du foin, de même qu'on fait en plusieurs endroits en France, où les cloisonnages et les planchers sont faits d'une composition de terre grasse, pétrie avec du foin, appelée *torchis*, parce que cette composition est entortillée autour de plusieurs bâtons en forme de torches.

Quoiqu'on ne trouve plus dans les vieux bâtiments de ces briques non cuites, on ne peut pas douter que les anciens ne s'en servissent : ce qui est dit, que l'on y mêlait de la paille, et qu'elles étaient sujettes à se détremper à la pluie, est tout à fait convainquant ; mais la raison que Scamozzi apporte de ce qu'on ne trouve plus de briques crues à Rome, savoir, que le feu dont Néron embrasa la ville les a cuites, est moins probable que celle du peu de fermeté que cette construction doit avoir pour résister à l'humidité qui la détrempe, lorsque les enduits et les incrustations qui la couvraient ont commencé à tomber ; car cela a fait ruiner toutes ces sortes de bâtiments pendant que ceux qui étaient de briques cuites sont demeurés.

Masculo sabulone. Les interprètes sont bien en peine de savoir ce que c'est que ce sablon mâle dont parle Vitruve, et que Pline dit aussi pouvoir être employé à faire des briques. Philander tient que c'est une terre sablonneuse et solide. Daniel Barbaro croit que c'est un sable de rivière qui est gras, et que l'on trouve par pelottes comme l'encens mâle. Baldus dit qu'il est appelé mâle à cause qu'il n'a pas une aridité stérile comme l'autre sable.

Propter levitatem. On appelle douce une terre qui n'est point pierreuse ni âpre, telle qu'est l'argile ; car *levitas* ne signifie pas ici *légèreté*, comme J. Martin a interprété ; mais ce mot est mis au lieu de *lævitas* ou *lævor* ; ce que Pline a expliqué quand il a dit de la pierre parœtonienne, qu'il appelle *lapidem pinguissimum et tectoriis tenacissimum propter lævorem.*

Faciliter aggerantur. Ce qu'on dit pétrir en la pâte s'appelle corroyer dans la terre grasse, et il me semble qu'*aggerare* ne peut signifier autre chose ici : car *aggerare* est proprement faire une masse avec de la terre en la foulant et en la battant, et les cuirs se corroient et se préparent de la même façon, en les foulant et maniant, après les avoir mouillés ; en sorte que Vitruve entend que la terre douce et grasse se manie, se lie, et se réduit aisément en pâte et en masse, à cause de l'égalité et de la ténuité de ses parties.

Unum quod græce lydium appellatur. Perrault a suivi la leçon donnée par Jocundus, διάφορον.

Longum sesquipede, latum pede. Pline ne donne point cette mesure au *didoron* ; mais il le fait large d'un pied et long d'un pied et demi, ce qui ne convient point au nom de *didoron*, qui signifie deux palmes, si ce n'est que Pline entende parler du grand palme, qui en valait trois petits, ayant douze doigts, qui avec les quatre du petit faisaient le pied entier de seize doigts ; en sorte que deux grands palmes qui faisaient vingt-quatre doigts valaient le pied et demi ; et ainsi, suivant cette manière, Pline aurait entendu de le *didoron*, ou double palme, signifie la longueur de la brique ; au lieu que Vitruve l'entend de la largeur, parce que le demi-pied, qui était de huit doigts, avait deux petits palmes, qui n'étaient chacun que de quatre doigts. Mais cette proportion que Pline donne aux briques est bien moins commode pour la construction que n'est celle de Vitruve, qui est suivie et observée dans tous les bâtiments tant anciens que modernes qui se voyaient dans l'Europe, ainsi que Scamozzi a remarqué. C'est pourquoi Barbaro estime qu'il faut corriger le texte de Pline sur celui de Vitruve ; ce qui n'est pas le sentiment de Philander.

Quod est quoquo versus quinque palmorum, pentadoron. Ces briques carrées des Grecs sont cause que J. Martin a interprété *carreaux* les briques dont Vitruve parle en général ; mais il me semble qu'il n'a pas eu raison de traduire *lateres*, qui est un mot latin, par un mot français qui désigne une autre figure que celle qu'avaient les *lateres* des Latins, qui étaient plus larges que longs; et le mot de carreau ne peut être bon que pour expliquer le mot *plinthos*, qui signifie en grec leur brique, qui était carrée, et dont il y avait de deux sortes : les grandes qui avaient vingt doigts en carré, ce qui revient à peu près à treize pouces et demi, et les petites qui étaient de douze doigts, qui revenaient environ à huit pouces.

Una parte e lateribus ordines altera semilateriis ponuntur. Ce que Vitruve veut dire est si clair, qu'on ne saurait douter qu'il n'y ait faute au texte, et qu'il ne faille lire *una parte laterum ordines, altera semilaterum ponuntur*, au lieu de *una parte lateribus ordines, altera semilateres ponuntur*, parce que cela n'a aucun sens.

Alternis choris. J'interprète des *assises, coria*, qui signifie des couches quand il s'agit d'enduit de stuc. Les assises, lits ou rangées de briques ou de pierres, ou les couches de mortier, sont appelés *coria*, à cause qu'elles font dans la muraille des rangs qui sont les uns sur les autres, comme si c'étaient des cuirs. Saumaise écrit *choria* ou *choros*, pour signifier que les briques ou les pierres qui sont ainsi toutes d'un rang semblent s'entretenir par la main et danser un branle.

Medii lateres. J'ajoute dans ma traduction *de plus*, pour faire entendre que Vitruve veut qu'il y ait deux sortes de liaison dans les murs de brique, dont l'une est d'assise à assise ; l'autre liaison est de brique à brique. La première sorte ne se voit point, parce que c'est en dedans du mur qu'elle se fait ; l'autre, qui est au dehors, est visible : c'est pourquoi Vitruve dit qu'elle rend la structure plus belle.

Speciem facient.... non invenustam. Cela montre que les anciens ne couvraient pas toujours leurs murs de brique crue avec un enduit, ou par des incrustations de marbre, puisqu'on avait égard à la figure que les joints faisaient, comme étant une chose belle à voir.

Est autem in Hispania ulteriore civitas Maxilua et in Galliis, etc. Perrault a encore traduit ce passage d'après la leçon suivante de Jocundus : *ulterior Calentum et in Galliis Massilia et*, etc., leçon conforme à un passage de Pline l'Ancien.

Sic... magnas habent utilitates. Il est assez étrange que Vitruve ne parle point du tout de la cuisson des briques, qui était une chose de tout temps en usage, comme il paraît par la périphrase dont Ovide se sert pour faire entendre que les murs de Babylone étaient de briques, en disant qu'ils étaient cuits, et ainsi qu'il est aisé de juger par ce qui est dit dans la Genèse des briques dont la tour de Babel fut bâtie ; et il y a lieu de croire qu'on s'avisa depuis de les employer toutes crues, telles qu'il y a apparence qu'étaient celles dont il est parlé dans l'Exode, qu'on faisait avec de la paille, ainsi que sont celles dont il est ici parlé ; et que l'on cessa de les cuire, à cause des bonnes qualités que Vitruve leur attribue, savoir, d'être moins pesantes que celles qui sont cuites, et de résister assez à l'humidité par le resserrement de leurs pores, qu'un long desséchement a produit.

Ch. IV. *Ad materiam miscendam.* Je traduis ces mots par ceux-ci, *pour faire le mortier*, quoiqu'en termes de maçonnerie, *materia* ne signifie pas proprement les choses qui entrent dans la composition du mortier ; mais le mot de *miscere* fait qu'il est impossible de douter que Vitruve n'ait voulu signifier la chaux et le sable dont le mortier est composé. Au chapitre qui suit, *materia* signifie le *sable*, et le plus souvent, en latin, on entend par ce mot le bois qu'on emploie dans le bâtiment pour la charpenterie et pour la menuiserie.

Arenæ fossitiæ. Ce sable *de cave* est ainsi appelé qu'il se tire de dessous terre ; il est différent de celui de rivière et de celui de la mer. Il en est parlé sur le chap. II du premier livre.

Carbunculus. Vitruve définit ce que c'est que *carbunculus* au sixième chapitre de ce livre, où il dit que c'est un sable brûlé par les vapeurs chaudes qui sortent de dessous terre dans la Toscane ; de même qu'auprès de Naples la terre et le tuf ainsi brûlés font la pozzolane. Il ajoute aussi que ce sable est une matière plus solide que la terre et moins que le tuf. Columelle dit que, quand il a été quelque temps à découvert et à la pluie, il se change en terre. Baldus confesse qu'il ne sait ce que c'est proprement que ce *carbunculus*, ni comme il s'appelle en Italie. Cosimo Bartoli, qui a traduit en italien les livres d'architecture de Léon-Baptiste Alberti, nomme *carbunculus rena incarbonchiata*, c'est-à-dire sable noirci et comme charbonné, ou ressemblant à un escarboucle, qui sont des choses aussi différentes qu'un charbon éteint l'est de celui qui est allumé. J. Martin, qui a suivi la seconde signification, en interprétant *carbunculus, sable en couleur d'escarboucle*, a déclaré son ignorance avec moins d'ingénuité que Baldus.

Sin autem non erunt arenaria. Voy. Pline, XXXVI, 54 ; Varron, *De R. R.*, I, 2, 23, et Cicéron, *Pro Cluent.*, 13, *De agrar. leg.*, 27.

E glarea erit excernenda. Alberti et Scamozzi font cette remarque sur le sable de rivière et sur le gravier, qu'ils ne valent rien ni l'un ni l'autre, si on ne sépare la partie utile d'avec l'inutile ; car ils disent que le sable de rivière ne vaut rien si on ne racle le dessus, afin d'ôter ce qu'il a de terreux, qui s'amasse et qui fait une croûte sur la superficie ; et que le gravier, au contraire, n'a rien de bon que le dessus, parce que le dessous est trop gros. Cette remarque fait voir que ce n'est pas sans raison que Vitruve s'est servi du mot d'*excernenda*, qui sans cela semblerait être mis au lieu de celui de *sumenda*, ainsi qu'il a semblé à J. Martin, qui a interprété *excernenda, qui doit être tiré* simplement, au lieu d'ajouter, *avec choix des parties utiles*.

Glarea. J. Martin s'est encore trompé quand il a cru que *glarea* était ce qu'on appelle en français *terre glaise*, qui est une substance grasse, et composée de particules fort déliées et fort subtiles, et par conséquent une chose tout à fait différente de *glarea*, qui est proprement ce que l'on appelle *sable de ravine et gravier*, qui diffère principalement en cela du sable, que le sable est menu et composé de petits grains, et le gravier est plus gros et composé de petits cailloux mêlés avec des fragments de pierres. Alberti et Scamozzi tiennent que tout sable, et même celui qui est sous terre, n'est autre chose que de petits fragments de grosses pierres, qui se sont arrondis en émoussant leurs cornes à force de s'être longtemps frottés les uns contre les autres. Mais le sable paraît d'une substance particulière, qui est fort dissemblable de celle des pierres, étant beaucoup plus dur et plus solide que ne sont les grandes pierres ; outre qu'il semble qu'il n'y a guère d'apparence que des fragments si menus se puissent frotter assez rudement pour se polir comme ils sont, la plupart étant trop légers, à cause de leur petitesse, pour soutenir l'effort qu'il serait nécessaire qu'ils souffrissent pour cela ; ce qui n'est pas aux galets ou gros cailloux qui sont sur le bord de la mer, qui se polissent et s'arrondissent par le frottement, d'autant qu'ils sont si pesants qu'ils ne peuvent se frotter l'un contre l'autre que rudement.

De littore marino. Alberti dit qu'au pays de Salerne le sable du rivage de la mer est aussi bon pour bâtir que celui de cave, pourvu qu'il ne soit pas pris sur les rivages qui sont exposés au midi, où le sable ne vaut rien du tout.

Ab sole et luna et pruina concoctæ resolvuntur. Perrault a eu raison de suivre la leçon d'un savant qui lisait : *ab sole et luna concoctæ, pruina resolvuntur*.

Uti Signinum. J'ai interprété *Signinum du ciment*, par

ce que Pline dit que le *signinum* était fait avec des tuiles pilées et de la chaux. Ce mortier était ainsi appelé à cause du pays des *Signins*, où se prenaient les meilleurs tuileaux pour faire le ciment. Vitruve néanmoins entend quelquefois par *signinum* toute sorte de mortier, ainsi qu'il se voit au dernier chapitre du huitième livre, où, en parlant d'un mortier fait de chaux, de sable et de gros cailloux mêlés ensemble, dont on faisait les citernes, il appelle cette mixtion *signinum*.

Ch. V. *Cum recipit aquam et arenam calx..... hæc esse causa videtur.* Tout ce que Vitruve dit ici de la chaux est très-vrai ; mais il n'en tire point de conclusion qui fasse entendre la raison des effets étranges que sa cuisson produit, et comment une pierre, après avoir perdu sa dureté dans le feu, la reprend par le moyen de l'eau, étant mêlée avec du sable. Car cette rareté spongieuse, qu'il dit être dans les pierres que le feu a ouvertes et épuisées de leur humidité naturelle, les disposant à se pouvoir dissoudre dans l'eau, les rend à la vérité capables de s'appliquer et de se joindre fort exactement au sable ; mais ce n'est que parce qu'elle leur a ôté la dureté ; de sorte que la difficulté est de savoir d'où et comment la chaux reprend cette dureté. Car on ne peut pas dire que c'est l'exsiccation violente que le feu y a introduite qui fait cette ferme coagulation, parce que la chaux seule et sans le sable ne devient point fort solide, et qu'au contraire, étant mêlée avec le sable, elle fait une masse qui se durcit même avant que d'être sèche, puisque cela lui arrive au fond de l'eau, où le mortier ne laisse pas de durcir, et qu'aussi, quoique parfaitement séché, il n'a pas encore toute la dureté dont il est capable ; mais que cette dureté va toujours s'augmentant avec le temps, qui lui donne sans doute autre chose que la sécheresse, puisque les autres causes, comme le feu, le soleil et le vent, qui dessèche aussi bien que le temps, ne rendent point le mortier plus solide à proportion qu'ils agissent plus puissamment, ainsi que le temps fait quand il agit plus longuement : au contraire, l'extrême sécheresse le gâte et l'affaiblit, ainsi que Vitruve remarque au huitième chapitre, où il dit que les murailles qui sont bâties de petites pierres sont meilleures, parce que les grandes pierres consument trop promptement l'humidité de la chaux.

Il faut donc nécessairement que la dureté que la chaux acquiert dans le mortier lui vienne des pierres et du sable, qui lui communiquent quelque chose qui est capable de produire cette ferme coagulation. Philibert de Lorme est d'une opinion contraire ; car il croit (suivant, comme il semble, la pensée de Vitruve) que les pierres et le sable attirent et boivent la force de la chaux, à raison de leur humidité naturelle. Mais quand cela serait, on ne voit pas comment cette attraction de la force de la chaux peut donner au mortier la force dont il s'agit. On pourrait seulement induire de là que les pierres et les cailloux en deviennent plus durs ; mais ce n'est pas ce que l'on cherche. La difficulté est de trouver comment ils communiquent une partie de leur dureté à la chaux. Si l'on veut recevoir les principes des chimistes, il n'est pas difficile d'éclaircir ces difficultés ; car on peut dire avec beaucoup de vraisemblance que la concrétion et la solidité de tous les corps provenant de leur sel, il faut nécessairement que, lorsque la pierre perd sa solidité par la violence du feu, il se fasse une évacuation de la plus grande partie des sels volatils et sulfurés, qui étaient le vrai lien des parties terrestres de la pierre, et que comme la perte que tous les corps, même inanimés, en souffrent continuellement par la transpiration insensible, est la cause de la dissolution que le temps fait à la fin des choses les plus solides, l'introduction aussi et le passage de ces sels d'un corps dans un autre fait la coagulation des choses, qui s'endurcissent par un autre moyen que par l'exsiccation ; et ainsi que la pierre à chaux, qui, pour avoir perdu dans le feu beaucoup de ses sels, était devenue rare par la séparation de ses parties, par sa dissolution dans l'eau est devenue capable de faire approcher ces parties éloignées, et de les rejoindre par la force du principe de coagulation qui est dans le sel fixe qui leur est resté, qui, quoique insuffisant pour une parfaite concrétion, ne laisse pas de la faire par un mouvement assez soudain et assez violent pour exciter la chaleur qui s'allume dans la chaux lorsque l'on l'éteint, et qui y demeure longtemps après, quoiqu'on ne la sente pas. Cette chaleur, qui la rend, comme on dit communément, capable de brûler les autres corps qu'elle touche, quoiqu'elle n'ait plus de chaleur actuelle, mais seulement une très-grande disposition à s'échauffer, est ce que j'entends par une chaleur cachée.

Or, on ne peut dire que cette chaleur, en agissant sur les cailloux et sur le sable, en fait sortir des sels volatils et sulfurés, de même que le feu les avait fait sortir des pierres à chaux, et que ce sont ces sels qui, se mêlant dans la chaux et reprenant la place de ceux que leur feu en avait fait sortir, lui rendent la solidité qu'elle avait perdue. Et d'autant que ce mouvement excité dans les sels fixes ne cesse pas lorsque la chaleur évidente qui arrive à la chaux quand on l'éteint est passée, mais continue jusqu'à ce que toutes les parties se soient rejointes, il arrive que le mortier, longtemps après qu'il paraît séché, ne laisse pas d'acquérir de jour en jour une plus grande solidité, à mesure que les sels volatils sortent du sable et des pierres pour se communiquer à la chaux ; ce qui est confirmé par l'expérience, qui fait voir que plus le mortier a été broyé et raboté, plus il devient dur ensuite ; parce que le froissement fait sortir du sable et entrer dans la chaux une plus grande quantité de ses sels volatils, et qu'enfin la chaux ne brûle les autres choses que parce qu'elle les dissout, en faisant sortir ces sortes de sels, qui étaient le lien qui tenait leurs parties unies et assemblées. Il semble que Philibert de Lorme a eu quelque idée de cette philosophie, lorsqu'il conseille de faire la chaux des mêmes pierres dont le bâtiment est construit ; comme si son dessein était de faire que les sels volatils qui ont été ôtés à la chaux lui soient plus aisément rendus, par des pierres qui en contiennent de semblables.

Enfin ces principes et ces causes, et la manière d'expliquer leurs effets, semblent avoir quelque rapport avec les principes et les pensées de Vitruve, qui dit *que le feu fait perdre aux pierres à chaux leur solidité, et qu'il les rend plus rares en leur étant leur humidité naturelle et aérienne,* qui n'est rien autre chose que ce sel volatil et sulfuré que les chimistes considèrent comme le lien qui unit les parties des choses qui sont solides ; qu'après cette perte que les pierres font de leurs parties sulfurées, *il leur demeure une chaleur cachée,* c'est-à-dire une disposition à s'échauffer par le mouvement des sels fixes, qui, se détachant promptement par le moyen de l'eau qui les dissout, produit une effervescence qui est l'effet d'un mouvement précipité, par lequel les parties sont raréfiées, à cause de la division soudaine qu'elles souffrent en s'entre-choquant ; que cette effervescence arrive à la chaux vive, *lorsqu'elle est plongée dans l'eau avant que cette chaleur cachée soit dissipée,* c'est-à-dire, avant qu'elle ait perdu tout son sel, étant ou éventée ou trop brûlée ; qu'enfin *les ouvertures que la chaux a en toutes ses parties sont cause que le sable s'y attache,* c'est-à-dire que la chaux et le sable ne font que comme un corps par le mélange de leurs parties, lorsqu'une portion de la substance du sable et des pierres pénètre dans les vides qui sont dans la chaux ; mais ces vides ne doivent pas être entendus comme si c'étaient des cavités dans lesquelles des éminences du sable et des pierres puissent entrer comme des chevilles et des tenons entrent dans des trous et dans des mortaises, ainsi que Vitruve le fait entendre : ces vides signifient seulement l'effet de l'évacuation des sels volatils et sulfurés dans la chaux, qui la rend capable de recevoir ceux qui sortent du sable et des pierres ; car il arrive que le sable s'amollissant en quelque sorte par l'évacuation qu'il souffre, et la chaux s'endurcissant que le mortier emporte la réception de ce qui s'écoule du sable, ces deux choses reçoivent des dispositions mutuelles à se lier fermement les unes aux autres. Cela se voit lorsque par succession de temps les pierres quittent le mortier, en sorte que le mortier emporte la superficie de la pierre à laquelle il est attaché : car si cette superficie n'avait point été amollie par la chaux, la pierre se romprait aussi bien par un autre endroit que par celui qui est proche du mortier, ce qui n'arrive jamais.

Calorem, latentem. Il y a grande [apparence que Vitruve n'entend point par cette chaleur cachée la disposition que les corps peuvent avoir à s'échauffer, dont il a été parlé dans la note précédente ; mais une chaleur qui procède d'une substance éthérée *qui entre* dans la composition de tous les corps et que l'on appelle communément l'élément du feu, comme si le feu était autre chose que la modification des corps enflammés, de même que le mouvement, la couleur, la figure, sont la modification des corps qui changent de place, ou qui réfléchissent la lumière, ou qui sont diversement terminés dans leurs différentes parties.

Ch. VI. *Cum calce et cœmento.* J. Martin s'est trompé quand il a cru que *cœmentum* signifiait ici du ciment, qui est proprement une poudre de tuileaux battus, ou généralement toute sorte de mortier, ainsi que l'a entendu l'auteur de la traduction latine de la Bible, qu'on appelle la Vulgate, qui dit que ceux qui bâtirent la ville de Babylone se servirent de bitume, *pro cœmento*. La vérité est néanmoins que s'il y avait eu quelque exemple qui fît voir que du temps de Vitruve on eût ainsi appelé les tuileaux pilés, il semblerait qu'il y aurait quelque raison de croire que Vitruve en a voulu ici parler, quand il fait un mélange de pozzolane, de chaux et de *cœmentum.* Car il a dit au chapitre précédent que le mortier de chaux et de sable est meilleur si on y mêle quelque peu de tuileaux battus.

Quod sub his montibus et terra ferventes sunt fontes. J'ai suivi la correction de quelques exemplaires, où il y a : *quod sub his montibus et terra*, au lieu de *et terræ*, ainsi qu'il se lit dans tous les autres.

Aut de sulfure, aut alumine, aut bitumine ardentes maximis ignes. Il n'y a rien de plus commun que les fontaines bouillantes, et rien dont on ignore davantage la cause ; car de croire avec Vitruve qu'il y ait des feux souterrains entretenus par l'embrasement du soufre, de l'alun et du bitume, qui fassent bouillir ces fontaines, il n'y a point d'apparence, parce que les feux souterrains, tels que sont ceux du mont Vésuve et des autres lieux, ne sauraient s'embraser s'ils n'ont de l'air ; ce qui fait qu'ils ne peuvent échauffer la terre que proche du lieu où l'embrasement paraît et éclate au dehors ; et l'eau qui aurait été échauffée par ce feu ne saurait conserver sa chaleur dans un espace aussi long qu'est celui qui est entre les fontaines bouillantes et les feux qui sortent de dessous la terre, c'est-à-dire, de trois à quatre cents lieues ; car l'espace dans lequel est renfermée l'activité de la chaleur de ses feux est si petit qu'on voit au pied du mont Etna quantité de fontaines froides.

Strabon rapporte l'opinion de Pindare, qui veut que tous les embrasements qui paraissent en différents endroits du monde ne soient qu'un seul feu, qui se communique par des canaux souterrains. Si cela est, il n'est pas difficile de s'imaginer que ces canaux de feu passant immédiatement sous des fontaines, les puissent faire bouillir ; mais il n'est pas aisé de concevoir que du feu puisse être entretenu dans un canal de deux ou trois cents lieues sans prendre d'air, à moins que de supposer avec Pindare que ce feu est miraculeusement conservé en ces endroits pour la punition des géants.

De dire aussi que l'eau passe par des veines de terre qui s'échauffe étant arrosée, de même que la chaux s'enflamme quand on la mouille, il est impossible de comprendre comment cette chaleur ne s'éteint pas à la fin ainsi qu'elle fait dans la chaux, ni par quelle raison le *passage* continuel de l'eau ne lave et n'emporte pas les sels qui causent cette chaleur. De sorte qu'il y a plus d'apparence de croire que cette chaleur des eaux minérales est causée par une manière de fermentation qui agite les parties du corps fermenté, avec une violence capable d'exciter une puissante chaleur. Or, cette fermentation est une chose qui se peut bien plus aisément concevoir dans la terre que non pas, un embrasement : car à l'égard de la quantité suffisante de la matière qui est nécessaire pour cette fermentation continuelle, il n'est pas difficile de la trouver si l'on considère que la nature de la plupart des ferments est telle qu'ils se perpétuent à l'infini, pourvu qu'on leur fournisse à l'infini la matière qu'ils peuvent fermenter ; car supposé qu'en certains endroits souterrains il se rencontre un suc de telle nature qu'étant mêlé avec l'eau il la fermente (car l'on peut ainsi parler de l'ébullition qui arrive à l'eau quand elle est mêlée avec un suc fermentatif, il est aisé de concevoir qu'une partie de cette eau fermentée peut incessamment s'écouler, sans que la masse de l'eau fermentée soit jamais épuisée quand il lui viendra de l'eau nouvelle, parce qu'elle fermentera aussi facilement la dernière venue que la première ; de même qu'une masse de pâte fermentée fermente aussi facilement la pâte qu'on y ajoute la dernière, qu'elle a fait la première. Ce qui peut y avoir à redire à la comparaison, est que la pâte fermentée a en soi un principe de fermentation que l'on ne peut pas dire être dans l'eau simple ; mais il faut supposer aussi que cette eau qui se fermente est imprégnée de sels fermentatifs qui lui sont particuliers, et il ne reste plus qu'à chercher une source et une minière inépuisable de ce sel fermentatif qui manque à l'eau commune, et qu'il est aisé de trouver dans l'air, dans le soleil et dans les pluies, qui sont des choses qui agissant éternellement sur la terre, et qui la pénétrant, peuvent la rendre capable d'être fermentée par les sucs fermentatifs, que l'on suppose être dans les lieux souterrains où elle passe. Toutes les hypothèses qui fondent ce système de la chaleur des eaux minérales ne sont pas à la vérité démontrées ; mais elles la rendent, ce me semble, un peu plus probable que les autres.

Correptis. Je suppose qu'il faut lire *incendio* ou *igne correptis*, au lieu de *correptis* simplement, ainsi qu'il y a dans le texte, qui sans cela n'a pas de sens.

In unam potestatem collatis. Si ce que dit ici Vitruve est vrai, il est difficile que les raisons qui ont été ci-devant apportées dans les notes de la concrétion du mortier de chaux et de sable ne soient point fausses, parce qu'elles supposent que la chaux et le sable sont dissemblables, et que la chaux ayant perdu, par la violence du feu, les parties qui faisaient le lien qui la rendait solide, elle les emprunte du sable, qui a beaucoup de parties de cette nature ; de sorte qu'il est nécessaire d'examiner s'il est vrai que la pozzolane et la chaux soient d'une même nature, et si cette conformité peut être estimée la cause de la concrétion du mortier qui se fait de leur mélange. Or, à l'égard du premier, il est constant que la matière de la chaux et celle de la pozzolane sont fort différentes, celle-ci étant une terre ou un tuf qui n'ont rien d'approchant de la dureté de la pierre à chaux ; et ce que Vitruve dit de la vertu du feu, savoir, qu'il peut faire que des matières différentes deviennent d'une même nature, est contraire à ce qu'il ajoute ensuite de la terre de Toscane, et à ce qu'il a avancé un peu auparavant, au chapitre cinq, où il dit que les pierres spongieuses et celles qui sont solides font une chaux différente. Joint que la diversité des matières dans la chaux et dans la pozzolane est encore moindre que celle du feu qui les cuit, celui qui cuit la chaux étant ardent, et celui qui fait la pozzolane étant doux et vaporeux. Mais enfin quand il serait vrai que la chaux et la pozzolane seraient d'une nature plus semblable, il ne s'ensuit point qu'elles doivent faire par cette raison une concrétion plus dure et plus ferme quand elles sont mêlées ensemble; au contraire, il faut attribuer cette dureté à ce que ces choses ont de dissemblable, parce que cette dureté provient de la mixtion, qui ne produit rien de nouveau si elle n'est de choses différentes : par exemple, quand le cuivre et l'étain fondus ensemble font une composition beaucoup plus dure que ces métaux ne sont séparément, cela n'arrive point de l'union de ce qu'ils ont de semblable, mais par le mélange de leurs parties différentes; de sorte qu'il faut entendre que ce qui opère la dureté du mortier de chaux et de pozzolane ne vient pas plutôt des parties qui sont brûlées de celles qui ne le sont pas dans la pozzolane, lorsqu'elle est mêlée avec de la chaux qui est entièrement brûlée, parce que les parties qui sont brûlées tout à fait dans la pozzolane sans chaux, et celles qui ne sont pas encore brûlées ont conservé ce sel volatil qui est nécessaire pour redonner à la chaux celui qu'elle a perdu dans le feu, y ayant grande apparence que si la pozzolane était aussi parfaitement brûlée que la chaux, elle ne donnerait point de dureté au mortier qui se fait de leur mélange; non plus que les tuileaux, s'ils étaient entièrement calcinés, ne feraient point de bon ciment; car il me semble qu'il n'y a rien qui puisse mieux exprimer la nature de la pozzolane que la poudre de tuileaux que nous appelons ciment, supposé que la pozzolane soit engendrée par le feu, comme Vitruve dit, parce que la dureté qui n'était point dans la terre dont les tuileaux sont faits avant qu'ils fussent cuits, donne assez lieu de croire qu'elle arrive à ceux qui sont cuits, par le moyen d'un mélange que le feu fait de plusieurs et divers sels qui étaient dans les différentes parties dont la terre à potier est composée. Car outre les parties terreuses qui sont déliées et impalpables dans cette terre, elle a quantité de petits grains de sable; et de ces différentes parties les unes se calcinent au fourneau, et les autres demeurent non calcinées : ce qui fait que les unes et les autres sont pourvues de sels différents, dont la mixtion produit une dureté dans la terre cuite, qu'elle n'avait pas avant que le feu eût détaché les sels de quelques particules de la terre, pour les faire passer dans d'autres. Or il y a lieu de douter que la pozzolane soit faite par le feu, si on en croit Pline, qui dit qu'elle n'est point différente du sable du Nil, qui, selon toutes les apparences, n'est point engendré par le feu.

Efficitur carbunculus. Voy. Varron, *De R. R.*, I, 9, 2; Columelle, III, 11, 7; Pline, XVII, 4, 3.

Ch. VII. *Circa urbem Rubræ.* J'entends que *lapidicinæ circa urbem Rubræ* signifie *les carrières qui sont autour de Rome*, dont on tire des pierres rouges; parce que, dans le chapitre suivant, il est dit qu'il faut garnir le dedans des grands murs *ex rubro saxo quadrato*. J. Martin a traduit *circa urbem Rubræ*, auprès de la ville de *Rubra*. Les traducteurs italiens mettent *intorno à Roma le Rosse*, et tous *Rosse* avec un grand R, qui semble signifier plutôt le nom du lieu d'où la pierre est tirée que sa couleur, principalement parce que les autres pierres, dont il est parlé ensuite, sont dénommées des lieux où sont leurs carrières, savoir, les Palliennes, les Fidénates et les Albanes. Dans cette incertitude, je me suis servi du mot de *rouges* parce qu'il est indifférent, et peut signifier et la couleur des pierres et le lieu d'où on les tire; car il y a plusieurs lieux de ce nom, comme *Rubra Saxa* dans la Toscane, et le village *Rubra* dans l'île de Corse.

Tiburtina. Cette pierre est la plus belle qui s'emploie à Rome; elle conserve longtemps sa blancheur, et quoique spongieuse elle prend un poli qui la fait ressembler de loin à du marbre, parce que les trous qu'elle a sont petits. Vasari, dans son Traité d'architecture, parle des beaux ouvrages qui en sont faits à Rome, dans l'église de Saint-Louis, par des ouvriers français qu'il loue beaucoup, surtout un sculpteur nommé M. Jean. Cet endroit est remarquable, n'y ayant rien de plus rare que des Italiens qui louent les Français de réussir dans les beaux-arts.

Ideo quod... parvo sunt humore. Le défaut qu'ont ces pierres d'être sujettes à s'éclater au feu, ne peut être attribué à leur composition aérienne et ignée; car cela ne les pourrait rendre capables que de brûler, qui est une chose bien différente d'éclater, et qui n'arrive d'ordinaire qu'aux pierres qui sont par écailles, à cause que les différents lits que font ces écailles sont séparés par une matière moins sèche que le reste; ce qui fait que lorsque cette matière vient à être raréfiée par le feu, elle pousse ces écailles dures et solides qui l'enferment, et achève de séparer des parties qui ne sont déjà en quelque sorte de leur nature.

Neque tactus ignis potest nocere. Tacite a dit aussi, en parlant d'une de ces espèces de pierre : *ædificiaque ipsa* (*Romæ*) *certa sui parte sine trabibus saxo Gabino Albanove solidarentur, quod is lapis ignibus impervius est* (*Ann.*, XV, 43). Voyez aussi Quintilien, V, 13, 40, et Suétone, *Aug.*, 72.

Minora sigilla. J'ai cru que *minora sigilla* devait signifier ici *de petits bas-reliefs*, et non pas *de petites figures*, parce qu'outre qu'il était inutile d'ajouter à *sigilla*, qui signifie de petites figures, le mot de *minora*, qui signifie petites, on peut dire avec raison qu'un cachet, dont l'empreinte n'est autre chose que ce qu'on appelle *bas-reliefs*, est appelé *sigillum*, non-seulement parce que les figures que l'on y grave sont ordinairement petites ; mais aussi parce que les figures des cachets, de même que celles de tous les bas-reliefs, sont plates et peu relevées ; ce que de *sigillum* semble signifier.

Fabri ærarii. Les fondeurs en bronze ont trouvé ici depuis peu le moyen de fondre des statues à peu de frais, faisant les moules avec du plâtre mêlé avec une certaine terre qui se trouve près de Paris, laquelle n'empêche point le plâtre de prendre, et l'empêche d'être brûlé par l'excès de la chaleur, que doivent soutenir les moules où l'on fond le bronze. Par le moyen de ce secret, on épargne beaucoup de temps et de peines qu'il faut employer dans la manière ordinaire de faire ces moules, pour lesquels il est nécessaire de faire la statue de cire ; et, pour y appliquer la terre qui doit faire le moule, il la faut mettre avec des pinceaux par plusieurs couches, qu'il faut laisser sécher à loisir les unes après les autres ; et ensuite la cire doit être fondue ; car sans avoir la peine de faire la statue de cire, laquelle doit auparavant être faite de terre, on n'a besoin que de la figure de terre, sur laquelle, lorsqu'elle est encore toute molle, on jette le plâtre, qui se prend et se durcit en peu de temps ; alors on le sépare en plusieurs morceaux, desquels on tire aisément la terre molle, et on le rejoint ensuite avec beaucoup de facilité.

Ch. VIII. *Structurarum genera sunt hæc.* Vitruve rapporte en ce chapitre plusieurs espèces de maçonnerie, dont on peut classer les différences avec plus de méthode qu'il n'a fait ; car les deux premières sortes de maçonnerie dont il parle au commencement, comme de deux genres qui doivent avoir sous eux plusieurs espèces, ne sont que deux espèces des trois qui sont comprises sous le premier genre; ce qu'il est fort aisé de comprendre quand on a lu tout le chapitre dans lequel il est parlé de sept espèces de maçonnerie qui se rapportent à trois genres, dont l'un est la maçonnerie qui est de pierres taillées et polies ; l'autre, celle qui est de pierres brutes ; et la troisième, celle qui est composée de deux espèces de pierres. La maçonnerie de pierres taillées est de deux espèces, savoir, la *maillée*, appelée en latin *reticulatum*, et celle qui est en liaison, appelée *insertum*. La maillée, qui est ainsi appelée à cause que ses joints représentent un réseau, est faite de pierres dont les parements sont parfaitement carrés, et qui sont posées en sorte que les joints vont obliquement en diagonale. Dans celle qui est en liaison, les joints sont droits et horizontaux, et les pierres sont mutuellement engagées les unes entre les autres; ce qui fait que les joints sont de deux espèces, savoir, ceux des lits qui sont continus, ainsi que ceux de la maillée, et les montants qui sont interrompus, parce que ceux qui sont entre deux pierres se rapportent au milieu de deux autres pierres, dont l'une est dessus et l'autre dessous. Cette espèce se subdivise en deux autres, dont l'une est celle qui est appelée simplement *insertum*, en laquelle toutes les pierres sont égales par leurs parements; l'autre est *la structure des Grecs*, dans laquelle les pierres sont liées comme dans l'autre; mais elles sont inégales par leurs parements, parce qu'entre deux pierres qui sont couchées de front, il y en a une en boutisse qui fait parement des deux côtés, dont les têtes qui font les parements n'ont de largeur que la moitié des autres.

L'autre genre de structure, qui est de pierres brutes et non taillées, est de deux espèces, dont l'une est appelée *la structure des Grecs*, de même que la dernière des espèces du premier genre, mais qui est différente, non-seulement parce que les pierres ne sont pas taillées à cause de leur dureté, mais aussi parce qu'elles n'ont point de grandeur réglée, et qu'elles manquent des liaisons régulières que font les pierres à deux têtes que l'on appelle en boutisse. Cette espèce est encore subdivisée en deux : l'une est appelée *isodontum*, parce que les assises sont d'égale hauteur; l'autre, *pseudisodomum*, à cause que les assises sont inégales. L'autre espèce de maçonnerie faite de pierres non taillées est appelée *emplecton*, dans laquelle les assises ne sont point déterminées par l'épaisseur des pierres; mais l'épaisseur de chaque assise est faite d'une ou de plusieurs pierres s'il y échoit, et l'espace d'un parement à l'autre est rempli de pierres jetées à l'aventure, sur lesquelles on verse du mortier qu'on enduit uniment; et quand cette assise est achevée, on en recommence une autre par-dessus. Cette manière me semble être celle dont nos Limousins se servent, quand ils bâtissent de pierre de meulière ou de cailloux; et ils appellent ces assises des arases, qui est, ce me semble, ce que Vitruve appelle *erecta coria*, ainsi qu'il sera expliqué ci-après.

Le troisième genre de maçonnerie, auquel Vitruve n'a point donné de nom, mais que j'ai cru que l'on pouvait appeler *revinctum*, c'est-à-dire cramponné, est composé des deux premiers genres; car dans cette structure, les deux parements sont bâtis en liaison avec des pierres taillées et équarries, que des crampons de fer lient en passant d'un parement à l'autre, pour empêcher qu'ils ne se séparent par la poussée du garni du milieu, qui est fait de pierres brutes ou de cailloux jetés à l'aventure dans du mortier.

Reticulatum. Il se voit peu de cette espèce de structure dans les anciens bâtiments qui nous restent; et cela peut vérifier ce que Vitruve dit, savoir, qu'elle n'est pas durable. Pour ce qui est de la beauté qu'on y trouvait du temps de Vitruve, elle n'est pas trop bien fondée, selon le goût de l'architecture grecque, qui ne saurait trouver de la beauté dans une structure qui paraît n'avoir pas de solidité, au contraire du goût gothique, qui aime l'apparence du merveilleux, faisant des colonnes très-longues et très-menues, pour soutenir de grandes voûtes qui retombent sur des impostes en culs-de-lampe suspendues en l'air. Le seul cas où elle peut avoir quelque beauté est dans les pignons et dans les tympans des frontons, parce que les joints sont parallèles aux corniches du fronton. On voit un exemple de cette structure à Trèves, au fronton de la grande église.

Quelques textes donnent *reticulatum*. Voyez sur ce genre de construction, Pline, XXXVI, 51.

Et antiquum, quod incertum dicitur. Tous les exemplaires ont *incertum* avec un *c*, mais mal, selon mon avis, parce que cette structure *incertaine*, ainsi qu'ils l'entendent, c'est-à-dire en laquelle les pierres ne sont point arrangées suivant un certain ordre, mais mises seulement à l'aventure comme elles viennent, n'est point de la première manière de bâtir dont il s'agit, mais de la dernière appelée *emplecton*, où les pierres sont mises *uti sunt nata*. C'est pourquoi je lis *insertum* avec un *s*, c'est-à-dire, lié et entrelacé; car c'est ce que la définition que Vitruve donne du mot explique clairement, puisqu'il est dit que les pierres sont placées les unes sur les autres en manière de tuiles, dont on sait que la disposition est telle, que le joint montant de deux tuiles répond au milieu d'une autre.

Utraque autem ex minutissimis sunt instruenda. Ceci est rappelé au quatrième chapitre du quatrième livre; et la maxime est vraie quand la solidité et la fermeté de la structure doivent dépendre de la liaison que les pierres ont avec le mortier, et non pas quand elle consiste dans la figure et dans la coupe des pierres, qui sont taillées si juste que leur situation seule et leur poids est suffisant pour donner à l'ouvrage toute la fermeté possible; car en ce cas le mortier sert plutôt pour empêcher, en prêtant et obéissant, que la dureté des grandes pierres ne fasse rompre les cornes des joints, que pour les coller les unes aux autres; ce que la manière de joindre les pierres par le moyen des lames de plomb qu'on met entre deux fait voir assez clairement. Il y a même des structures fort anciennes dans lesquelles de très-grandes pierres ont été posées immédiatement les unes sur les autres, sans mortier ni sans plomb, dont les joints n'ont point éclaté, mais sont demeurés presque invisibles par la jonction des pierres, qui ont été taillées si juste qu'elles se touchent en un assez grand nombre de parties, pour avoir empêché que rien n'éclatât, ainsi qu'il arrive lorsque les pierres sont démaigries, c'est-à-dire, plus creuses au milieu que vers les extrémités, ainsi que l'on a coutume de le pratiquer afin de pouvoir rendre les joints fort serrés, parce que les pierres venant à s'approcher et à se joindre lorsque le mortier qui est dans le démaigrissement commence à se sécher, et ne portant que sur l'extrémité du joint, ce joint n'est pas assez fort pour soutenir le faix, et ne manque jamais à s'éclater. Les entrepreneurs qui travaillent au Louvre ont trouvé peu un expédient pour empêcher ce mauvais effet, qui est de poser à d'abord les pierres immédiatement les unes sur les autres, et après avoir rempli les démaigrissements avec du mortier que l'on coule par des abreuvoirs faits dans les joints montants; lorsque le mortier est séché, on élargit les joints des lits aux parements avec une scie qui fait une séparation entre les pierres, et on a soin, de temps en temps, de passer la scie dans cette séparation, pour empêcher que l'ouvrage, en s'affaissant, ne fasse éclater les joints, que l'on remplit de mortier fin et délié, lorsque l'édifice a pris son faix. Mais la vérité est que la structure est meilleure lorsque les joints des pierres sont égaux, parce que ces démaigrissements affaiblissent beaucoup un mur, en privant de la partie la plus considérable qu'il ait pour être affermi, savoir, celle qui est la plus proche du parement, et qui demeure inutile, parce que le mortier fin que l'on met dans le joint ne doit être compté pour rien; et on peut dire que le mur est moins épais de deux pouces de chaque côté, et que ces deux pouces que la pierre a, au lieu de porter le mur, lui sont à charge.

À l'arc de triomphe qui se bâtit hors la porte Saint-Antoine, on pratique cette manière de structure dont j'ai dit que les anciens se servaient, qui est de poser les pierres à sec et sans mortier ; et c'est une chose curieuse à savoir que les soins que l'on prend pour tailler, polir et poser ces pierres qui sont très-dures, et qui, ayant dix à douze pieds de long sur trois à quatre de large, et deux d'épaisseur, ont une pesanteur qui les rend très-difficiles à remuer. Cependant elles sont maniées par le moyen d'une machine fort commode et fort simple, de la même manière qu'on manierait une pierre de six à sept pouces ; or, la facilité de ce maniement est nécessaire, parce que pour faire que les joints soient assez droits, afin que les pierres se touchant également par toutes leurs parties, leur grande longueur ne les mette pas en danger d'être cassées par l'énorme pesanteur de l'édifice, l'on n'a point trouvé d'expédient plus sûr que de les frotter l'une contre l'autre, jetant de l'eau entre deux. Et c'est une chose remarquable que ces pierres, quoique très-dures, sont dressées et polies presque en un moment, à cause de la force extraordinaire avec laquelle leur pesanteur fait qu'elles sont frottées ; cette force étant telle, qu'il ne faut pas la dixième partie de temps pour les polir, qu'il faudrait pour en polir de petites.

L'avantage de cette structure est, ainsi qu'il a été dit, la durée et la beauté ; car il est certain que les édifices bâtis de grandes pierres périssent à cause du mortier, qui tasse et s'affaisse en un endroit plus qu'en l'autre, ce qui produit des plantes et se change en terre ; et qui fait que les murs sortent de leur aplomb et tombent bientôt en ruine. Et c'est aussi une grande beauté à un bâtiment, que de paraître n'être fait que d'une pierre, les joints étant imperceptibles, ainsi qu'ils sont non-seulement à cause de leur petitesse, mais principalement par la précaution qu'on apporte de laisser un demi-pouce de velu aux pierres, qu'on retaille en ravalant ; et par ce moyen on évite les écornements qui se font ordinairement aux carnes des pierres en les taillant et en les posant.

Calx quoque ab arena discedit. Les parties du mortier ne sauraient être attachées ensemble, ni le mortier faire liaison avec les pierres, s'il ne demeure longtemps humide ; car lorsqu'il se sèche trop tôt, la chaux quitte le sable, ainsi qu'il est dit, c'est-à-dire que ces deux substances étant séparées l'une de l'autre par l'interposition de l'air que la sécheresse introduit, les parties volatiles qui sortant du sable devraient passer dans la chaux pour lui rendre sa dureté, ne la pénétrent point, mais se perdent dans l'air. Or, cela n'arrive point lorsque le mortier est humide ; car par le moyen de l'humidité la chaux et le sable sont immédiatement joints l'un à l'autre, et les parties volatiles du sable étant longtemps retenues par l'humidité, ont le loisir de pénétrer la chaux. C'est ce qui fait que l'on met moins de chaux dans le mortier dont on maçonne les fondements et les murs qui sont sous terre, que dans ceux qui sont à l'air ; parce que dans les derniers il faut rendre la chaux assez forte par sa quantité, pour tirer promptement et suffisamment la substance volatile du sable, pendant le peu de temps que le mortier demeure humide, et qu'il n'est pas besoin d'une si grande force de chaux au mortier qui est longtemps à sécher ; parce que cette force, quoique moindre, agissant pendant un long temps, fait le même effet qu'une plus grande qui n'agit que pendant peu de temps.

Secundum orthostatas intrinsecus. Je traduis *parements*, le mot *orthostatæ*, qui signifie, à la lettre, *les choses qui sont dressées*, et élevées à plomb. Car, quoique proprement ce mot signifie des *étais*, *poteaux*, *chaînes*, *piédroits*, *pilastres*, *éperons* et *jambes de force*, il y a néanmoins lieu de croire que Vitruve s'en est servi pour signifier le parement de la muraille, parce qu'il est toujours fait de pierres qui s'élèvent également droit les unes sur les autres, et que nous appelons *dressées* à la règle ; ce qui ne se rencontre pas aux pierres qui font la garniture du dedans de la muraille, lesquelles ne feraient pas une structure fort droite, si on avait ôté les pierres qui font les parements. Tous les traducteurs qui ont interprété *orthostatæ* par les mots *de jambes de force* ou *d'éperons*, n'ont pas, ce me semble, si bien expliqué cet endroit, qui est fort obscur. Tout ce qu'on peut objecter à l'explication que je donne de cette structure, est qu'il semble qu'elle a un grand rapport avec celle qui est appelée *emplecton*. Mais elle en est, en effet, différente, en ce que l'*emplecton* est tout fait de pierres brutes, et la structure dont il s'agit est en partie de pierres taillées, équarries et jointes ensemble avec du fer et du plomb, et en partie de pierres brutes et jetées à l'aventure. J'en ai fait un genre particulier de maçonnerie, que j'appelle *revinctum*, à cause qu'il est dit qu'en cette sorte de structure, *cum antis ferreis et plumbo frontes vinctæ sunt*. On la pourrait néanmoins ranger sous le genre d'*insertum*, à cause de la liaison qu'elle a par le moyen des crampons de fer, de même que les autres liaisons se font par le moyen des pierres engagées et entrelacées les unes avec les autres.

E molli cœmento structura polita. Je n'ai pu être de l'avis des traducteurs italiens, qui interprètent *molle cæmentum*, du moellon tendre, *molle e tenero* ; car, quoiqu'il s'agisse de cailloux et de pierres dures dans cette structure des Grecs, il est évident que cette dureté n'est pas ce qui fait l'essence et la différence de cette structure ; c'est seulement que les pierres ne soient pas carrées et polies comme dans le *reticulatum* et dans l'*insertum*, qui, pour avoir la figure qui leur est nécessaire, doivent être faits avec le *cæmentum molle*, c'est-à-dire, avec une pierre qui ne soit pas incapable de la taille et du poli, comme sont les cailloux ; mais qui ne doit pas aussi être molle et tendre, parce que de ces sortes de structures, principalement de celle qui est appelée *insertum*, tous les meilleurs et les plus solides bâtiments sont faits.

Cum discesserint a quadrato. Il paraît que cette espèce de structure des Grecs, qui est différente d'une autre structure des Grecs dont il est parlé dans la suite, consistait en deux choses : l'une est qu'elle était faite de pierres non taillées ; l'autre, que les pierres étaient seulement d'une même épaisseur tout le long d'une assise ; car *quadratus lapis*, dont il est dit que ces murailles n'étaient point faites, est la pierre qu'on employait dans le *reticulatum* et dans l'*insertum*, qui était non-seulement d'une même hauteur dans toutes les assises, mais dont la longueur était aussi toujours pareille ; et par conséquent les pierres de cette espèce de structure des Grecs pouvaient être inégales dans leur longueur.

Pontunt de silice seu de lapide duro ordinario. J'interprète par *des rangées* la structure qui est appelée *ordinaria*, parce qu'elle consiste seulement à mettre les pierres qui sont d'une même épaisseur selon des *ordres* ou *rangées*, qu'on appelle *assises* ou *lits*. Cette structure, selon Philander, est moyenne entre celle qui se fait de pierres taillées et de celles qui sont mises sans ordre, parce que les pierres y sont mises par assises, les joints des lits faisant des lignes droites et parallèles.

Cum omnia choria æqua crassitudine fuerint structa. Ce que Vitruve appelle ici *coria* n'est autre chose que les *ordres*, les *rangées* et les *assises*. Autre part *coria* signifie les *couches* de mortier qu'on met ou entre les assises ou les unes sur les autres aux planchers ou aux enduits.

Ἔμπλεκτον. On ne peut douter de ce que Vitruve entend par ce mot, parce qu'il décrit la chose ; et Pline l'explique encore plus clairement, quand il dit que l'*emplecton* est lorsque les parements sont faits avec des pierres arrangées, et que dans le milieu elles sont jetées au hasard ; mais l'étymologie est incertaine. Baldus croit qu'*emplecton*, qui signifie *entrelacé*, est mis au lieu d'*empleon*, qui signifie *rempli*. Saumaise, sur Solin, remarque que ce mot, qui proprement signifie *lié*, est particulièrement affecté à la polissure que les femmes donnent à leurs cheveux au sommet de la tête, lorsqu'en passant le peigne légèrement dessus, elles en égalent seulement la superficie; et il y a apparence que c'est pour cette raison qu'une coiffeuse est appelée *emplectria* par Suidas. On peut dire que cela a quelque rapport avec une muraille, en laquelle les pierres des seuls parements sont arrangées. Il reste néanmoins une difficulté, qui est que l'*insertum*, que nous avons expliqué *en liaison*, semble n'être point différent de l'*emplecton*, que nous traduisons *entrelacé*, et qui est entrelacé en effet, à cause des couches de mortier qui sont entre les assises, et à cause des pierres longues et mises en travers pour attacher un parement à l'autre. Mais la vérité est que ces deux structures sont différentes, l'*insertum* étant du genre de structure où les pierres sont taillées et où les assises n'ont la hauteur que d'une pierre, et l'*emplecton* étant du genre où les pierres sont brutes, et où les assises sont composées de plusieurs pierres qui en font la hauteur. Il y a une pareille difficulté à l'égard de l'espèce de structure que nous avons appelée *revinctum*. Il en a été parlé ci-devant.

Sed nostri.... erectos choros.... serviunt. Je suppose que Vitruve a entendu qu'il y avait deux espèces d'assises, dont l'une était particulière à la structure appelée *emplecton*, et que l'autre était commune à toutes les autres espèces de structure; que la commune et plus ordinaire était celle où les assises n'avaient qu'une pierre qui en faisait la hauteur, et que les assises qui étaient particulières à l'*emplecton* étaient composées de plusieurs pierres mises les unes sur les autres; en sorte que deux, trois ou quatre pierres de différente épaisseur fissent la hauteur de l'assise. Il me semble que *erecta coria*, que j'ai interprété *des assises un peu hautes*, ne saurait signifier autre chose.

Pentelensem. Strabon dit qu'on tire de fort beau marbre du mont Hymette et du Pentélique. Il y a des exemplaires où, au lieu de *Pentelensem*, on lit *Thentelensem*. Caporali croit qu'il doit y avoir *Patarensem*, parce que dans la ville de Patare il y avait, à ce qu'il dit, un mur de brique bâti par Sémiramis, d'une structure fort admirable.

In æde epistylia sint et columnæ. Il parait en plusieurs endroits de Vitruve que les anciens supprimaient quelquefois la frise et la corniche, et qu'ils se contentaient du seul architrave dans les dedans, les corniches étant faites pour couvrir les murailles et les défendre de la pluie; ce qui est inutile dans un lieu qui est couvert par un toit. On verra dans la suite d'autres exemples de cette pratique, comme dans la basilique de Vitruve, dans les salles égyptiennes, etc.

Ad ornatum ædilitatis Varronis et Murænæ fuerunt allatæ. Pline (XXXV, 14) a raconté ainsi la même fait : *Domum Trallibus regiam Attali, item Sardibus Crœsi, quam Gerusiam fecere, Halicarnassi, Mausoli, quæ etiam nunc durant. Lacedæmone quidem excisum lateritiis parietibus opus tectorium propter excellentiam picturæ ligneis formis inclusum, Romam deportavere in ædilitate, ad Comitium exornandum, Muræna et Varro. Cum opus per se mirum esset, translatum tamen magis mirabantur.*

Mausoleum.. egregiis operibus... factum. Voyez aussi sur ce célèbre monument, Pline, XXXVI, 5.

Structura testacea sub tegula subjiciatur. Voyez Palladius, I, 11.

Maxime ex veteribus tegulis tecti structi parietes firmitatem poterunt habere. Il y a dans le texte *ex veteribus tegulis tecti, structi parietes*. Le copiste qui a écrit un ancien manuscrit sur lequel a été corrigé un exemplaire que j'ai, a cru qu'il y avait un solécisme, prenant *tecti* pour un pluriel; et il a mis *ex veteribus tegulis tecta structa*; ce qui donne des sens tout à fait différents au texte. Je fais cette remarque pour faire voir que ce n'est pas sans raison qu'on se donne quelquefois la liberté de proposer quelques changements au texte d'un auteur qui a été si mal traité par les copistes.

Impendentis loci disceptio cogit. Le texte a *impendentis loci deceptio cogit*. Je lis *impediti loci interceptio*, parce que la même chose a déjà été exprimée un peu auparavant en d'autres termes : car il est dit que les murs de cloisonnage dont il s'agit sont commodes, parce qu'ils sont bientôt faits, et qu'ils tiennent si peu de place qu'ils n'embarrassent point. *Celeritate et loci laxamento prosunt.*

Solum substruatur alte. Il semble que le texte ne dise pas ce que j'ai mis, et que *solum substruatur alte* signifie que le fondement doit être profond; mais la suite du discours fait voir clairement que Vitruve n'a pas voulu dire autre chose, car la profondeur d'un fondement ne fait rien pour empêcher qu'un mur de cloisonnage ne se pourrisse; mais c'est l'empatement de maçonnerie qui le peut empêcher; joint que l'on peut dire en quelque façon que les petits murs de maçonnerie que l'on fait au bas des murs de cloisonnage sont comme la partie supérieure du fondement qui sera hors de terre, et que *solum substruatur* a été mis au lieu de *solo substruatur*, c'est-à-dire *supra solum*.

Ch. IX. *Materia cædenda est a primo autumno.* Les précautions que les anciens ont prises pour ne couper le bois à bâtir qu'en bonne saison, tendent toutes à ce qu'il soit le plus exempt qu'il est possible d'une humidité crue et superflue, à laquelle tous les vices des bois doivent être attribués; car il est vrai que le bois se déjette et se tourmente lorsque cette humidité s'évapore inégalement, et qu'il s'emplit de vers, qu'il s'échauffe et se pourrit lorsqu'elle se corrompt. La raison de cela est que cette humidité est de deux sortes : l'une est aqueuse, qui s'évapore assez tôt; l'autre est plus huileuse, qui est plus sujette à se corrompre; l'une et l'autre est la matière de la nourriture et de l'accroissement des arbres, et de la production de leurs fruits et de leurs semences. Ces humeurs que les arbres reçoivent journellement de la terre et du ciel sont différentes de celles qu'ils ont dès leur naissance, qui est la principale et la plus noble partie de leur substance, laquelle n'est point sujette à se corrompre, et ne s'évapore que difficilement. De sorte qu'en général toute sorte de bois est d'autant meilleur qu'il a moins de cette humidité crue et superflue; ce qui arrive aux arbres en certains temps de l'année, dans lesquels cette humidité est comme épuisée, savoir, lorsque ce qu'ils en avaient amassé au printemps, en recevant dans leurs racines les vapeurs qui s'élèvent en ce temps-là de la terre avec abondance, et qui s'y introduisent avec force, a été consumé et employé en feuilles, en fruits et en semences ; lorsque la terre desséchée par les chaleurs de l'été est moins capable de fournir cette humidité, et lorsque les fibres des arbres, resserrées par le froid, sont moins disposées à la recevoir. C'est pourquoi le premier temps propre à couper le bois à bâtir est lorsque les feuilles, en tombant des arbres, font voir que l'humidité qui les nourrissait commence à manquer; et ce temps commode dure jusqu'au printemps.

Mais outre cette observation générale de la saison de l'année, il y en a une autre du temps de la lune, qu'on tient aussi être de grande importance, et qui est fondée sur la croyance qu'on a qu'en toutes choses l'humidité augmente ou diminue selon que la lune croit ou décroit ; de sorte qu'on estime qu'il est meilleur de couper les arbres en décours, à cause qu'ils ont moins d'humidité; et Columelle avertit que ce doit être pendant les dix derniers jours de la lune. Végèce, au contraire, estime que le meilleur temps est un peu après la pleine lune. A ces observations générales on en ajoute de plus particulières, qui sont prises du naturel des différents arbres. M. Cato veut qu'on coupe les chênes en été; que les arbres qui ne portent point de fruit peuvent être coupés en tout temps, et ceux qui en portent seulement lorsque leurs fruits sont mûrs; que les ormes ne doivent être abattus que quand leurs feuilles sont tombées. Théophraste veut qu'on coupe le sapin, le pin et le picéa, lorsqu'ils ont poussé leurs premiers jetons; et le tilleul, l'érable, l'orme et le frêne, après les vendanges.

Cum...... humidæ temporum necessitate cæsæ fuerint. J'interprète les mots *cum humidæ temporum necessitate fuerint*, par *l'humidité dont la disposition du temps emplit nécessairement les arbres*, c'est-à-dire que la disposition du temps étant telle au printemps que les vapeurs de l'humidité, qui a été retenue et digérée dans la terre pendant l'hiver, étant contraintes, par la chaleur et par la fermentation qui les fait gonfler, de chercher quelques issues, elles entrent nécessairement dans les pores des racines, que la même chaleur dilate; d'où vient que toutes les plantes poussent au printemps, ainsi qu'il a été expliqué.

Vanæ fiunt et raritatibus imbecillæ. Vitruve montre la vérité de cette proposition dans le chapitre suivant, par la comparaison qu'il y fait des arbres qui croissent en deçà du mont Apennin avec ceux qui sont au delà; parce que ceux-ci, qui, étant exposés au midi, sont nourris d'un suc plus cuit et moins abondant, ont leurs fibres plus serrées; et les autres, qui ont reçu beaucoup d'humidité entre leurs fibres, demeurent raréfiés lorsque cette humidité s'est évaporée; et c'est cette rareté par laquelle les fibres sont écartées, qui fait que ces bois sont plus faibles que les autres.

Neque in venalibus ea, cum sunt prægnantia, præstantur sana. Si Vitruve ne s'est point trompé, la jurisprudence a changé depuis son temps; car Ulpien dit le contraire : *Si mulier vænierit prægnans, inter omnes convenit sanam esse eam; maximum enim et præcipuum munus fœminarum, concipere ac tueri conceptum.* Il faut voir la seconde note du chapitre qui suit.

Cum ab disparatione procreationis est liberatum. J'interprète, comme on l'a vu, *disparationem procreationis*, parce qu'il est manifeste que Vitruve veut dire qu'autant que la nature emploie de sang à la production de l'enfant, elle diminue autant des forces de la mère, qui est privée de sa nourriture, dont la meilleure partie est employée à une chose étrangère, supposant que la production et la nourriture sont deux générations, mais qui sont différentes. Et cette *disparatio procreationis* n'est rien autre chose que ce qu'il a appelé auparavant *aliud genus incrementi*. Cela étant, comme il me semble, fort clair, je n'ai point fait difficulté de corriger cet endroit, en lisant *a disparatione procreationis est liberatum*, au lieu de *ad disparationem procreationis est liberatum*. Pour ce qui est de cette comparaison des femmes grosses, il semble qu'on a de la peine à en faire l'application aux arbres, sans abandonner les principes que Vitruve a établis, qui sont que l'abondance de l'humidité affaiblit les femmes grosses. Ce qui est dit ensuite, savoir, qu'il faut cerner les arbres par le bas pour en faire écouler l'humidité, confirme aussi la première pensée de Vitruve, que je crois être la meilleure.

Incidatur arboris crassitudo ad mediam medullam. Le cœur, qui est la partie que l'aubour couvre, est ce que Vitruve appelle *medulla.* Ce mot est équivoque, parce qu'il signifie non-seulement la partie la plus solide du bois, laquelle est au milieu, mais aussi cette partie tendre et mollasse qui se trouve au milieu des premiers rejetons, et que les branches et les troncs même de quelques arbres ont, tels que sont le sureau, le figuier, la vigne.

Pour ce qui est de cerner les arbres par le pied, Pline dit seulement *ad medullam*, et Palladius, *usque ad medullam*; mais Vitruve dit *usque ad mediam medullam*, pour faire entendre qu'il est plus sûr de couper un peu avant dans le cœur, afin que s'il est passé quelque humidité de l'aubour dans les parties du cœur qui lui soient voisines, elle s'épuise entièrement.

Per torulum. Le mot latin *torulus*, que j'ai expliqué *aubour*, est un mot particulier à Vitruve pour cela. Dans Plaute, il signifie un petit chapeau; on peut aussi dire qu'il signifie un petit matelas, peut-être à cause de la mollesse de cette partie du bois; ce qui pourrait convenir aussi au feutre d'un chapeau. Notre nom français *aubour* est pris du mot latin dont Pline s'est servi, qui appelle cette partie des arbres *alburnum propter albedinem*, parce qu'en effet l'aubour est plus blanc que le reste du bois. Pline dit que c'est la graisse du bois qui est immédiatement sous l'écorce, ainsi que la graisse est sous la peau; et de même qu'elle est une partie moins ferme que la chair et qui se consume la première, ainsi l'aubour est la partie du bois qui se carie et qui se pourrit plus aisément. Mais s'il est permis, à l'exemple de Pline, de rapporter les parties des plantes à celles des animaux, j'aimerais mieux dire que, dans les plantes, l'aubour, ce qui tient lieu de l'aubour, fait l'office des veines, et que l'office des artères est fait par l'écorce, qui reçoit la nourriture de la racine, comme les artères reçoivent le sang du cœur, et qu'elles le portent à toutes les parties de l'arbre; que ce que l'écorce contient est un peu plus parfait, mieux cuit et destiné à la nourriture; et que le reste de cette nourriture est renvoyé à la racine par l'aubour, ou entre l'écorce et le bois, ou même entre les fibres du bois, afin d'être de nouveau cuit et perfectionné, pour remonter par l'écorce, et ainsi, par une circulation continuelle, imiter celle qui se fait dans le corps des animaux. L'écoulement de cette humeur aqueuse, qui arrive quand on a cerné l'arbre jusqu'au cœur du bois, fait concevoir de quelle manière se fait ce différent mouvement de diverses liqueurs, qui est, que la disposition des pores et des fibres de l'aubour ou du cœur du bois est telle, qu'ils laissent aisément couler l'humeur en bas, et que les fibres et les pores de l'écorce sont une disposition contraire, qui fait que, quoique ce cerne coupe l'écorce aussi bien que l'aubour, il ne tombe néanmoins que l'humeur aqueuse et crue; de même qu'en l'amputation d'un membre d'un animal il ne coule qu'une espèce de sang, savoir l'artériel, l'autre espèce étant retenue et suspendue par les valvules qui sont dans les veines. Cette matière est traitée plus amplement dans le premier tome de mes *Essais de physique*, où je tire de ce système de la nourriture des plantes un théorème et un précepte assez important pour l'emploi du bois dans les bâtiments, qui est de poser les pièces qui sont debout en une situation contraire à celle qu'elles ont naturellement étant sur pied; car par ce moyen on peut empêcher que l'eau, qui tombe dessus ne les gâte, comme elle ferait si le bois était en sa situation naturelle; par la raison que les conduits qui sont dans les bois, disposés pour laisser couler l'humidité superflue vers la racine, laissent aisément pénétrer l'eau, qui est de même nature que cette humidité superflue; ce qui n'arrive pas si facilement le bois étant renversé, parce qu'alors l'eau ne rencontre que des conduits disposés à faire couler l'humeur huileuse destinée à la nourriture de la plante, avec laquelle une substance simplement aqueuse, telle qu'est celle de la pluie, ne se mêle pas facilement.

Voyez Palladius, XII, 15, 1; et Pline, XVI, sect. 74.

Dicitur esse fusterna. Ce mot est primitif, selon la plus commune opinion. Néanmoins Baldus et Saumaise croient qu'il est dérivé de *fustis*, qui signifie un bâton noueux.

Excisa quadrifluviis disparatur. Les troncs des gros

sapins étant coupés de travers ont deux cercles de différentes fibres, lesquelles, lorsque l'arbre est fendu par le milieu et selon le fil, font quatre séparations de différentes ondes ; ce qui fait appeler ces troncs, ainsi coupés, *quadrifluviatos* par Pline.

Quercus. Les auteurs ne s'accordent pas bien sur les différences des arbres qui sont comprises sous le nom de *quercus*; car il y a l'*ilex*, le *robur*, l'*hemeris*, le *platyphyllos*, le *phegos*, l'*esculus*, etc., qui sont pris souvent les uns pour les autres. Mais comme Vitruve ne parle ici que de deux, et qu'il oppose le *quercus* à l'*esculus*, qui est le petit chêne, comme il sera montré ci-après, j'ai cru pouvoir appeler *quercus* le grand chêne, vu que l'auteur de l'histoire des plantes de Lyon, qui a été faite sur les mémoires de Dalechamp, est de cet avis, quand il dit : *Quercus, in specie, est arborum omnium maxime procera*, c'est-à-dire que le chêne simplement, et pris pour une espèce, est un très-grand arbre.

Sed fugiens ab humore resistit et torquetur. La raison pour laquelle le chêne est sujet à se tourmenter et à se déjeter n'est pas parce qu'il est rempli de peu d'humidité, car il y a des bois plus secs qui ne se tourmentent point ; mais c'est parce qu'il est composé de parties inégales, y en ayant de sèches, dures et fibreuses, qui demeurent fermes, pendant que les autres, qui étaient plus humides, se retirent, lorsque leur humidité s'évapore après que le bois est mis en œuvre.

Esculus. L'espèce de chêne appelée *esculus* est décrite bien différemment par les auteurs. Virgile représente l'*esculus* comme un très-grand arbre, dont les racines, qui sont aussi longues que les branches, descendent jusqu'aux enfers. Bruel et Belon croient aussi qu'*esculus* est le *platyphyllos* de Théophraste, qui est un chêne qui non-seulement a les feuilles larges, comme le nom, qui est grec, le porte, mais dont les branches sont aussi fort grandes. Dalechamp, au contraire, le fait un petit arbre tortu, dont les feuilles sont étroites, suivant Pline, qui dit aussi qu'il n'est pas fort haut. Cette opinion est la plus reçue par les botanistes, qui croient que l'*esculus* est le *phegos* de Théophraste, à qui les Latins ont donné le nom d'*esculus* à cause que son gland est bon à manger, ce que le nom de *phegos* signifie aussi ; et le *phegos* est décrit par Théophraste comme un petit chêne qui ne s'élève pas fort haut, mais qui s'étend seulement en rond.

Cerrus. Cet arbre est une espèce de chêne appelé *ægilops* par les Grecs. Dalechamp dit qu'il n'a point de nom français, parce qu'il ne croît point en France ; et Pline assure qu'il n'est pas même connu en la plus grande partie de l'Italie. Ruel croit que c'est le hêtre, à cause de la ressemblance qu'il trouve aux noms ; mais le *cerrus* et le hêtre sont des arbres qui n'ont aucun rapport. Le *cerrus* est différent des autres chênes en deux choses principales : l'une, que ses glands sont petits, ronds et presque recouverts par leur calice, qui est assez âpre, et en quelque façon comme la première écorce d'une châtaigne ; l'autre est qu'il pend d'ordinaire de ses branches une mousse longue comme le bras. Son bois est cassant et se corrompt aisément, comme dit Vitruve.

Vitex. Parce que nous n'avons point d'autre nom français pour exprimer le *vitex* des Latins, il a fallu nécessairement se servir de celui que les apothicaires ignorants ont mis en usage, qui est composé de deux mots, l'un grec et l'autre latin, qui signifient la même chose, savoir, *chaste*. On tient que ce nom a été donné à cet arbrisseau à cause de la vertu que l'on dit qu'il a de conserver la chasteté ; d'où vient que les femmes grecques se couchaient sur ses feuilles quand elles devaient assister aux fêtes de Cérès, qu'il fallait célébrer avec une grande pureté. Mais ce que Vitruve dit de la fermeté de son bois n'a aucune vraisemblance ; et je crois qu'au lieu de *rigiditatem* il

doit y avoir *lenitatem* ; parce que ce bois est fort léger, et propre aux ouvrages qui ne demandent pas tant de fermeté que de légèreté ; ce qui est encore confirmé par ce qu'il est dit qu'il a *tractabilitatem*, qui est l'opposé de *rigiditatem*.

Propter raritatem. La quantité des pores n'est point une cause évidente de la blancheur : et il y a plus d'apparence qu'elle doive produire la noirceur, par le défaut de la réflexion de la lumière, qui se perd dans les pores.

Recipiens in se quod minus habet in corpore liquoris. Ceci est dit conformément aux principes qui ont été établis au quatrième chapitre du premier livre, où, suivant l'opinion d'Empédocle, Vitruve estime que les poissons aiment l'eau à cause de l'excès de la chaleur de leur tempérament ; mais il n'y a pas d'apparence à l'un et à l'autre ; et l'aune résiste à l'eau, parce qu'il en est naturellement plein ; et quand il est exposé à l'air et au chaud, qui consume facilement son humidité naturelle, parce qu'elle n'est point huileuse, mais aqueuse, il se pourrit aisément.

Aut in agro præsectæ. Je lis, avec Jocundus, *cum fuerint in agro perfectæ*, au lieu de *persectæ*, qui est dans la plupart des exemplaires, et que J. Martin interprète *en les purgeant*.

Zuya. Pline (XVI, sect. 26) a dit du même bois : *Tertium genus zygiam rubentem fissili ligno, cortice livido et scabro. Hoc alii generis proprii esse malunt, et latine carpinum appellant.*

Habent humoris abundantiam. L'amertume qui est dans ces sortes de bois est une marque plus assurée de la sécheresse de leur tempérament que leur facilité à plier l'est de leur humidité. Car il est aisé de trouver des raisons de cette faiblesse dans la rareté de leurs fibres, qui, étant dispersées et non ramassées, ne sont pas capables de résister à la pesanteur qui les fait plier. Mais il est fort difficile de faire comprendre que l'amertume, l'odeur forte et agréable, la résistance à toute sorte de corruption, et l'inflammabilité, soient des marques d'une grande humidité.

Arboris ejus (cedri) sunt similes cupresseæ foliaturæ. Il faut dire le texte de Vitruve soit corrompu, de même que celui de Dioscoride, en ce qui regarde la description du cèdre ; car Dioscoride lui donne du fruit semblable à celui du cyprès, et Vitruve dit qu'il a des feuilles comme le cyprès. Cependant il n'y a ni l'un ni l'autre ne se trouvent véritables. Il n'y a que l'*oxycedrus lycia* qui ait des feuilles en quelque façon semblables à celles des cyprès ; mais il y a grande apparence que le cèdre dont Vitruve parle ici est le grand cèdre appelé *cedretato* ou cèdre phénicien, qui est celui qui sert à bâtir, dont les feuilles n'ont aucun rapport avec celles du cyprès, étant beaucoup plus semblables à celles du genièvre.

Ephesi.... lacunaria ex ea.... sunt facta. Voy. Plin., XVI, sect. 79.

Nascuntur autem hæ arbores maxime Cretæ. Je lis, *nascuntur arbores hæ maxime in Cretæ et Syriæ regionibus*, suivant mon manuscrit, au lieu de *nascuntur maximæ*, etc. Philander a corrigé une faute de cette même nature à la fin de ce chapitre, où les exemplaires ont *certæ tabulæ*, au lieu de *certe tabulæ*, etc.

Larix. Le doute qu'on peut avoir raisonnablement, si le mot *larix* de Vitruve, de Pline et de Palladius est le nôtre, qui s'appelle en français *mélèze*, m'a empêché de changer son nom en latin, qui est devenu assez français. Car la principale qualité du larix de ces trois auteurs, qui est de ne pouvoir brûler, manque à notre mélèze, qui brûle fort bien et fait de bon charbon, ainsi que Scaliger assure, et dont on se sert pour fondre les mines de fer aux montagnes de Trente et d'Ananie ; et même on ne brûle point d'autre bois dans tout le pays d'alentour, à ce que dit Mathiole. Ceux qui croient que le larix des anciens est notre mélèze, s'arrêtent davantage à la description que Vitruve fait de l'arbre et de ses propriétés pour la guérison des maladies, qu'à celle d'être incombustible, qui doit passer pour fabuleuse, non-seulement dans le larix, mais en toute autre sorte de bois qui est résineux et odorant, de même que Vitruve dit qu'est son larix.

Ch. X. *Venarum rigore permanente.* Le texte a *venarum rigorem permutantes*; je trouve dans mon manuscrit *venarum rigore permanente*; et je suis ce texte, qui signifie que les fibres des arbres dont les intervalles sont remplis d'humidité étant éloignées les unes des autres lorsque le bois est vert, le rendent spongieux et lâche quand il vient à se sécher, à cause du grand vide que cette humidité y laisse après qu'elle est consumée; ce qui n'arriverait pas si, en séchant, les fibres changeaient de place, se rapprochant et se joignant les unes aux autres.

Fiunt inanes et evanidæ. Cet exemple confirme ce qui a été dit au chapitre précédent, savoir, que la trop grande abondance d'humidité rend le bois plus faible et de moins de durée. Ce qui est contraire néanmoins à la philosophie de quelques-uns de nos illustres jardiniers, qui prétendent que l'abondance d'humidité qui fait produire beaucoup de bois ou de feuilles aux arbres est un effet de leur force, et qu'ils ne produisent des fleurs et des fruits que parce qu'ils n'ont pas la force de faire du bois; d'autant, disent-ils, que la première intention de la nature est de se conserver et de s'accroître, et non pas de produire son semblable; et en suite que, suivant ce raisonnement, on conclurait que les arbres qui croissent lentement, et qui ne deviennent jamais extrêmement grands, seraient les plus faibles. Mais on ne trouve point dans les ouvrages de la nature que la promptitude de leur accomplissement, ni la grandeur de leur masse, soit une marque de leur force, qui ne se doit mesurer que par la qualité noble et importante des effets, qui ne peuvent être produits que par une vigueur et une puissance extraordinaires. Par la même raison, il n'est pas vrai que la production des fruits procède d'une moindre force que la production des branches, parce qu'il n'est pas nécessaire que la puissance qu'un être emploie pour se conserver soit plus grande que celle dont il a besoin pour en produire un autre : au contraire, il y a apparence que les actions dont l'usage est le plus ordinaire et le plus nécessaire sont celles qui doivent être les plus faciles, et que celles qui sont moins nécessaires ne sont faites que de l'abondance de la force, qui, après avoir satisfait à ce qu'il y a de plus nécessaire, se trouve encore suffisante pour autre chose.

LIVRE III.

Phidias. Cet illustre sculpteur est remarquable entre les autres par la faveur de Périclès; car Plutarque rapporte que ce grand personnage, qui a orné la ville d'Athènes de plusieurs excellents édifices, était prévenu d'une si grande affection pour Phidias, qui n'était que sculpteur, que, bien que la république eût des architectes très-capables, il voulait que les dessins de Phidias fussent suivis, c'est-à-dire que les ouvrages fussent en danger d'avoir les défauts dont de savants architectes auraient pu les rendre exempts.

Animadverto potius indoctos quam doctos gratia superare. Il paraît par cet endroit que Vitruve n'a pas eu grande vogue de son vivant, et qu'il avait plus de doctrine que de génie; ou du moins que sa capacité, qui consistait principalement dans la connaissance de l'antiquité, le rendait trop exact à la vouloir imiter, et l'empêchait d'inventer quelque chose qui plût au vulgaire, qui aime la nouveauté. On peut encore juger combien on faisait peu d'estime de lui de ce que le théâtre de Marcellus étant un des plus considérables édifices qu'Auguste ait fait bâtir, il n'a point été conduit par Vitruve, ainsi qu'il est aisé à juger, parce qu'en parlant de l'ordre dorique il désapprouve d'y mettre des denticules; ce qui se voit avoir été pratiqué en cet édifice, qu'Auguste fit bâtir pour son neveu, à la prière de sa sœur, qui était la protectrice de Vitruve, mais qu'elle n'estimait peut-être pas assez pour lui commettre la direction de cet ouvrage.

Ch. I. *Ædium compositio.* Je crois qu'*ædium compositio* n'est point autre chose en ce chapitre que ce qui a été appelé ci-devant *ordinatio* : car, et la définition qui est donnée de l'ordonnance en cet endroit-là, et la suite du discours en ce chapitre, semblent le devoir faire croire; bien qu'il soit assez étrange que l'auteur ait oublié que ce qu'il appelle ici *compositio* a été appelé *ordinatio* un peu auparavant, et qu'il lui redonne encore le même nom un peu après, lorsque, vers la fin de ce chapitre, il est parlé de ceux *qui deorum ædes constituentes, ita membra operum ordinaverunt, ut,* etc.

L'ordonnance est définie, au deuxième chapitre du premier livre, *ce qui donne à toutes les parties d'un bâtiment leur juste grandeur, soit qu'on les considère séparément, soit qu'on ait égard à la proportion de tout l'ouvrage.* Ici ce que Vitruve appelle *compositio*, et que je ne puis appeler *composition* avec J. Martin, est défini *le rapport et la convenance de mesure qui se trouvent entre une certaine partie des membres et le reste de tout le corps de l'ouvrage, par laquelle toutes les proportions sont réglées.*

La suite que Vitruve observe fait encore voir que ces deux noms différents ne signifient qu'une même chose; car, après avoir fait l'énumération de ce qui appartient à l'architecture, et après avoir mis *l'ordonnance* la première, l'auteur ne fait que suivre l'ordre qu'il a établi lorsque, commençant à traiter en détail de ce dont il n'avait parlé qu'en général, il commence ce traité par *l'ordonnance*. Dans le chapitre suivant, l'ordonnance du diastyle est appelée *diastyli compositio*.

Constat ex symmetria. Pline dit que de son temps la langue latine n'avait point de terme propre à exprimer le mot grec *symmetria*, quoique Cicéron se soit servi du verbe *commetiri*, d'où vient le *commensus* dont Vitruve use dans ce chapitre, et qui contient toute la signification du mot grec; car *commensus*, de même que *symmetria*, signifie l'amas et le concours ou rapport de plusieurs mesures qui, dans diverses parties, ont une proportion entre elles qui est convenable à la parfaite composition.

Il a été remarqué ci-devant, dans le deuxième chapitre du premier livre, que nous entendons présentement par *symétrie* autre chose que ce que les anciens signifient par *symmetria* ; car notre symétrie est proprement l'égalité et la parité qui se rencontrent entre les parties opposées, qui fait que si, par exemple, un œil est plus haut ou plus gros que l'autre, si les colonnes sont plus serrées à droite qu'à gauche, et si le nombre ou la grandeur n'en est pas pareille, on dit que cela est un défaut de symétrie à notre mode; au lieu que si un chapiteau est plus grand ou qu'une corniche ait plus de saillie que les règles de l'ordre dont est la colonne ne demandent, c'est un défaut de symétrie suivant les anciens.

Proportione. Quoique le mot de *proportion* soit français, je n'ai pas pu m'en servir pour traduire celui de *proportio*, parce que Vitruve employant les mots de *symmetria* et de *proportio*, qui signifient la même chose en latin, il a fallu trouver dans le français deux mots qui signifiassent aussi la même chose; ce que *symétrie* et *proportion* ne peuvent pas faire, parce qu'ils signifient des choses différentes, ainsi qu'il a été remarqué. C'est pourquoi j'ai cru que je pouvais rendre *symmetria* par *proportion*, et *proportio* par *rapport*. Je sais qu'il est fâcheux de ne pas rendre *proportio* par *proportion*; mais *audendum est aliquid quoniam hæc primum a nobis novantur*, ainsi que disait Cicéron, étant en une pareille peine pour traduire des mots grecs en sa langue.

Commodulatio. Le mot de *commodulatio* exprime encore celui de *symmetria*, et il n'est guère moins latin que celui de *commensus*, dont use Cicéron. Suétone dit que Néron étant résolu de se faire tuer, fit faire en sa présence une fosse de sa grandeur, *ad corporis modulum*. Le mot de convenance dont je me sers est un peu rude; mais je ne crois pas qu'il y en ait d'autre pour dire en cet endroit *ce qui est propre et juste*; car *justesse* n'aurait pas été si bon, à mon avis.

Ab summo pectore.... sextæ. Je pense qu'il entend les clavicules par le haut de la poitrine. Mais il y a plus que la sixième partie dans cet espace, et il va jusqu'à six et demi.

Ad summum verticem quartæ. C'est avec raison que Philander soupçonne qu'il y a faute au texte, et qu'il faut lire, au lieu d'une quatrième, quelque peu de chose de plus qu'une cinquième; autrement il s'ensuivrait que l'espace qui est depuis la racine des cheveux jusqu'au sommet serait presque aussi grand que tout le visage. Je trouve, selon la proportion d'Albert Durer, qui a recherché cette matière avec beaucoup de curiosité, qu'en un corps dont toute la tête est la huitième partie du tout, l'espace qui est depuis le haut de la poitrine jusqu'au sommet de la tête est la cinquième et demie de tout le corps.

Pes vero altitudinis corporis sextæ. Cette proportion du pied est encore mal établie; et il ne se trouve point qu'un corps bien fait, dont la tête est le huitième de tout le corps, ait le pied plus grand que de la septième partie. La même chose est répétée au commencement du quatrième livre. Léon-Baptiste Alberti, dans son Traité de peinture, est dans un excès opposé; car il fait le pied si petit, qu'il ne lui donne qu'autant qu'il y a depuis le menton jusqu'au sommet de la tête.

Cubitus quartæ : pectus item quartæ. On entend par le coude l'espace qui est depuis le pli du bras jusqu'à l'extrémité des doigts : cette proportion est encore véritable, suivant Albert; mais celle de la poitrine ne se trouve en aucun sujet. Il faut croire qu'il y a faute au texte, ou que Vitruve par la poitrine entend l'espace qui est de l'extrémité d'une épaule à l'autre.

Pectus. Il n'est pas aisé de juger ce que Vitruve entend par la poitrine, vu la grandeur qu'il lui donne; car si la poitrine est prise depuis la clavicule jusqu'au cartilage xiphoïde, appelé vulgairement le creux de l'estomac, elle n'a tout au plus qu'une septième partie; et si on la prend d'une extrémité des côtes à l'autre, elle n'en a qu'une cinquième. Je ne sais si, au lieu de *pectus item quartæ*, il ne faudrait pas lire *ad medium pectus quartæ*, parce qu'il est vrai que l'espace qu'il y a de l'extrémité des doigts au pli du coude est égal à celui qu'il y a du pli du coude au milieu de la poitrine, l'un et l'autre étant le quatrième de la hauteur de tout le corps.

Rotundationem utrarumque manuum et pedum digiti linea tangentur. Cela ne se trouve point encore être vrai dans les corps bien proportionnés, où l'extrémité des doigts des pieds passe d'une vingt-quatrième partie au delà du cercle dont le centre est au nombril, et la circonférence passe par l'extrémité des doigts. De sorte qu'il y a apparence que Vitruve a entendu, par l'extrémité des doigts des pieds, simplement l'extrémité des pieds ou des jambes, qui peut être entendue des talons.

Quod is numerus habet partitiones eorum rationibus sex numero convenientes. Cet endroit est très-obscur. Je crois qu'au lieu de *partitiones eorum rationibus*, il faut lire *earum rationibus*, que j'ai traduit *chacune selon sa proportion*. Pour comprendre le sens de ce passage, il faut considérer que la perfection du nombre de six, suivant la définition qu'Euclide donne du nombre parfait, consiste dans ce qu'il est égal à toutes ses parties aliquotes assemblées, c'est-à-dire à 3, 2 et 1, qui sont $^1/_2$, $^1/_3$ et $^1/_6$ de six. Le nombre 28 est encore parfait par la même raison, parce qu'il est égal à 14, 7, 4, 2, 1, qui sont $^1/_2$, $^1/_4$, $^1/_7$, $^1/_{14}$ et $^1/_{28}$ de 28. Il y a encore plusieurs nombres de cette nature.

Sextantem. Les Romains divisaient l'as, qui était la livre d'airain, en douze onces : l'once était dite *uncia*, du mot *unum*; les deux onces, *sextans*, qui étaient la sixième partie des douze onces qui composaient l'as ou livre; les trois, *quadrans*, parce que trois est quatre fois en douze; les quatre, *triens*, parce que quatre y est trois fois; les cinq, *quincunx*, qui signifie cinq onces; les six, *semis*, parce que c'est la moitié de douze; les sept, *septunx*; les huit, *bes*, pour *bis*, qui est deux *triens*, qui valent chacun quatre; les neuf, *dodrans*, qui est trois moins que tout l'as; les dix, *dextans*, qui est deux moins que tout l'as; les onze, *deunx*, qui est une once moins que tout l'as : les douze, l'*as* même.

Vitruve, qui ne divise l'as qu'en six, fait que l'once est le *sextans*, qui est le plus petit nombre compris dans son as; les deux sont le *triens*, qui font la troisième partie de six; les trois sont le *semis*, qui est la moitié du tout; quatre sont le *bes*, qui contient deux tiers de six; cinq sont le *quintarium*; six, l'as entier; sept est appelé *ephecton*, qui est un au-dessus de six; huit, *tertiarium*, qui est la troisième partie de six, c'est-à-dire deux ajoutés au-dessus de six; neuf, *sesquialtera*, qui est un demi ajouté au tout composé de deux parties, dont la première est un entier et la seconde un demi; dix, *bes alterum*, qui est le *bes* valant quatre ajoutés à six; onze, *quintarium alterum*, qui est les cinq ajoutés à six; et douze, *diplacion*, qui est le double de six.

Cum ad supputationem crescat, supra sex adjecto asse. J'ai suivi l'explication que Barbaro donne à ce passage, plutôt que celle de Philander, qui croit qu'au lieu d'*adjecto asse*, il faut lire *adjecto sextante*, parce qu'à ce qu'il dit, l'*as* ajouté à six ferait douze et non pas sept. Mais, selon Barbaro, *supra sex adjecto asse* signifie que lorsque l'on passe au delà de six, qui, selon Vitruve, est un as, si on veut ajouter un second as, c'est-à-dire une seconde sixaine, le premier nombre que l'on ajoutera produira l'*éphecton*, qui est sept. Meibomius a voulu éclaircir ce passage, en y ajoutant et changeant beaucoup de choses qui ne m'ont point semblé nécessaires.

Ita etiam ex eo quod perficitur pedum sex numero. Je suis la correction de Philander et de Barbaro, qui mettent *ex eo quo perficitur pedum numero*, au lieu de *quod*, qui, dans tous les autres exemplaires, ôte le sens au texte.

In drachma, qua numo uterentur. La drachme était composée de trois scrupules, et chaque scrupule de deux oboles; les oboles étaient de six æréoles ou chalques, et chaque æréole de sept minutes, que les Grecs appelaient *lepta*. L'obole se divisait encore autrement, savoir : en trois siliques, et chaque silique en quatre grains, et chaque grain avait une lentille et demie; de sorte que la drachme avait six oboles dix-huit siliques soixante et douze grains et cent huit lentilles. Pour ce qui est de la proportion que la drachme des Grecs avait avec l'once des Romains, Q. Remnius, dans son poëme des poids et des mesures, fait que la drachme est la huitième partie de l'once, qui est ce que nous appelons le gros dans notre marc, et qui n'est guère différent de l'écu des Arabes, qui était quelque peu plus pesant que la drachme.

Quæ alii dichalca, nonnulli trichalca dicunt. Il est impossible que si deux sont la quatrième partie de l'obole dans les dichalques, trois le puissent être auss dans les trichalques ; si ce n'est que les plus petites pièces de cuivre dont étaient composées celles qu'on appelait *dichalca* ou *trichalca* fussent de différents poids, en sorte qu'il y en eût de plus légères, dont il fallait trois pour faire le quart de l'obole, et d'autres moins légères, dont il fallait seulement deux.

Et ea re compositio nominis ad hodiernum diem denarium retinet. Il faut entendre dans la traduction la monnaie qui est composée de dix as. Car le *numus* des Romains signifiait en général toute sorte de monnaie, qui était spécifiée en y ajoutant un adjectif ; et on disait *numus denarius* et *numus sestertius*, pour signifier le nombre des as dont il était composé, qui était dix dans le *denarius*, et deux et demi dans le *sestertius*, dont le *denarius* contenait quatre. Villalpande corrige ce passage, qui a *in denario denos œreos asses constituerunt, et ea re compositio nummi ad hodiernum diem denarii nomen retinet* : il ôte *compositio nummi*, qu'il prétend avoir été pris dans la marge pour le mettre dans le texte.

Decussissexis. Villalpande aime mieux lire *decussisex*, pour exprimer le *decaex* du grec.

E cubito cum dempti sunt palmi duo. Philander remarque qu'il y avait trois sortes de coudées, savoir, la grande, qui était de neuf pieds, qui faisaient environ huit pieds et deux pouces de roi ; la moyenne, qui était de deux pieds, qui revenaient environ à un pied dix pouces de roi ; et la petite, qui était d'un pied et demi, et qui faisait environ un pouce et demi moins que notre pied et demi de roi ; de sorte qu'il faut que la petite coudée soit celle dont Vitruve entend parler.

Palmus habet quatuor digitos. Il y avait aussi deux sortes de palmes, savoir, un grand et un petit, qui partageaient le pied en deux parties inégales ; le grand était de douze doigts, et le petit de quatre.

Efficitur, uti habeat pes sexdecim digitos. Le pied des anciens était divisé en palmes, onces ou pouces et doigts, ayant quatre palmes, douze pouces et seize doigts. Celui dont Vitruve parle est le pied romain, que nous appelons l'antique romain, qui était plus petit que notre pied de roi de treize lignes, et de ⅔, suivant la mesure du pied qui est à Rome au Capitole, dit de Luc. Petus, qui a 1306 parties de 1440 qui divisent notre pied de roi, en partageant en dix chaque ligne, dont il a 144. Car il y a d'autres pieds antiques qui sont plus grands, tels que sont celui qui est gravé sur le tombeau d'un architecte à Belveder, qui a 1311 de ces parties ; et celui qui est gravé en la vigne de Mathei, qui en a jusqu'à 1315. On trouve ainsi de la diversité dans les mesures des anciens, et le pied des Grecs n'a pas aussi toujours été pareil. Mais il paraît que le pied le plus commun parmi les Grecs était plus grand d'une vingt-quatrième partie que celui qui était aussi le plus commun parmi les Romains ; et cela se prouve par Hérodote, Suidas et tous les autres auteurs grecs, qui disent que leur stade avait 600 pieds, auquel les écrivains latins, comme Pline et Columelle, en donnent 625. Ce qui fait voir que le pied grec était plus grand que le romain d'une vingt-quatrième partie, qui est environ cinq lignes de notre pied de roi, et qu'il était plus petit que notre pied de roi environ de huit lignes. Et cela se rapporte assez bien avec la mesure d'un pied grec qui se trouve dans le Capitole, qui a 1358 des parties dont le nôtre a 1440.

Et totidem asses œreus denarius. J'ai corrigé suivant Philander, en lisant *œreos* au lieu d'*œreus denarius*, et rapportant *œreos* à *asses*, et non pas à *denarius*, parce que le *denarius* n'a jamais été que d'or ou d'argent. Mais il y a une autre difficulté dans ce passage, à cause de la contradiction qui s'y rencontre avec ce qui a été dit auparavant, savoir, que le denier était composé de dix as d'airain ; et il est dit ici qu'il en a seize. Pour expliquer cette difficulté, il faut savoir qu'anciennement, à Rome, les as, dont les dix faisaient un denier, pesaient chacun douze onces, et qu'ensuite, au temps de la première guerre punique, la république étant endettée, on trouva à propos de rabaisser les monnaies en réduisant les as à deux onces ; et ensuite, pendant les guerres d'Annibal, jusqu'à une once. Mais en même temps on réforma aussi la valeur du denier en le faisant de seize as, au lieu de dix que l'ancien valait. Pline et Festus sont les auteurs de qui nous apprenons cette particularité de l'histoire.

Relinquitur, ut suspiciamus eos. Il y a dans tous les exemplaires *relinquitur, ut suspiciamus eos* : je lis *ut suspiciamus*.

Separatæ atque universæ convenientes... eorum distributiones. Ceci est une conclusion de tout ce qui a été dit ci-devant, savoir, que de même que les proportions des parties du corps humain ont un rapport à une mesure médiocre, laquelle se trouve être multipliée différemment en diverses parties, par exemple, que la tête est huit fois dans tout le corps, trois fois dans le bras, quatre dans la cuisse jointe à la jambe, deux dans l'espace qui est de l'extrémité d'une épaule à l'autre, et dans celui qui est du sommet aux mamelles ; de même aussi que le doigt est quatre fois dans la palme, seize dans le pied, et vingt-quatre dans la coudée ; et qu'encore la lentille est cent huit fois dans la drachme, dix-huit dans l'obole, six dans le silique, et une et demie dans le grain : tout de même, dans un temple, le diamètre des colonnes, par exemple, doit être dix fois dans la hauteur de ses colonnes, si l'ordre est corinthien, deux et un quart dans les entre-colonnements, si la distribution est eustyle, et dix-huit fois dans toute la largeur de la face, si c'est un hexastyle, et ainsi du reste.

Ch. II. *E quibus constat figurarum aspectus.* Il faut entendre ici par l'aspect la figure extérieure du temple, qui se voit de tous côtés, et par le dehors, qui était la partie des temples la plus considérable dans toutes les espèces de temples qui sont ici décrites, à la réserve de l'hypæthre, qui était orné de colonnes en dedans de même qu'en dehors. Vitruve ne parle ici que de sept espèces de temples ; il y en a pourtant une huitième, qui est le pseudopériptère, dont il est parlé à la fin du septième chapitre du quatrième livre.

Primum in antis. Les mots latins *antæ* et *antes* signifient la même chose parmi la plupart des grammairiens, et ils viennent tous deux du mot *ante*, qui signifie devant. Quelques-uns y mettent cette différence, que *antes* sont les premiers ceps qui bordent les pièces de vignes, et *antæ* les colonnes carrées qui font les coins des édifices, ou même les pilastres qui sont aux côtés des portes.

Qui cellam circumcludunt. J'explique *cellam* le dedans du temple, parce que c'était la partie qui était au milieu. Les temples ordinairement avaient quatre parties, savoir, les ailes, en forme de galerie ou portique ; le *pronaos* ou porche, appelé aussi *prodomos* et *propylæa*, et même *vestibulum* à la préface du septième livre ; le *posticum* ou *opistodomos*, qui était opposé au *pronaos* ; et *cella* ou *secos*, qui était au milieu des trois autres parties. Quelquefois le temple n'avait que le *pronaos*, le *posticum* et la partie appelée *cella*, sans ailes ; et il était appelé pseudopériptère, ainsi qu'il sera dit ci-après au septième chapitre du quatrième livre. Quelquefois le temple avait des ailes sans *pronaos* ni *posticum* ; quelquefois il n'avait que les ailes sans *cella* et sans murailles, et il était appelé, à cause de cela, monoptère. Il sera parlé des proportions des deux parties appelées *pronaos* et *cella* ci-après, au quatrième chapitre du quatrième livre.

Pour ce qui est de la proportion du temple à antes, qui n'a ni *pronaos* ni *posticum*, Barbaro l'a faite différente dans les figures de ses deux éditions ; car, dans la première édition, il lui donne quatre parties de largeur sur dix de longueur; en la seconde édition, il la fait de trois sur cinq. Mais ni l'une ni l'autre n'est conforme aux proportions que Vitruve donne généralement à tous les autres temples, qui est d'avoir en longueur le double de leur largeur, à la réserve du diamètre d'une colonne qui manque à la longueur, et qui empêche qu'elle n'ait le double de la largeur, comme il sera dit ci-après. C'est pourquoi, bien que le temple à antes n'ait point de colonnes à ses ailes qui déterminent et qui définissent cette proportion, j'ai cru que je lui devais donner celles qu'il aurait s'il était *tétrastyle*, parce que les deux antes angulaires, avec les deux colonnes du milieu, font une espèce de *tétrastyle* à sa face de devant.

In medio columnas duas. La description que Vitruve fait ici du temple à antes est assez ambiguë pour avoir fait croire, à Cisarianus et à d'autres, que les deux colonnes sont sur la même ligne que les antes; en sorte que le fronton couvre et les antes et les colonnes; et pour cela ils mettent les antes aux bouts des murs du temple, qui s'avancent comme deux ailes pour former un porche. Jocundus, Barbaro et le reste des interprètes suivent mon opinion, qui est que les antes et les colonnes sont dans un plan différent, et que le fronton n'est que sur les colonnes. Les raisons qui m'ont déterminé sont premièrement que cette manière de temple, où les antes et les colonnes sont en un même plan, est décrite fort clairement au quatrième chapitre du quatrième livre, où ce temple n'est point appelé à antes. Secondement, il est dit ici que les antes dont il s'agit sont celles des murailles qui enferment la partie appelée *cella*, qui sont nommées angulaires un peu plus bas, lorsqu'il est parlé du prostyle, qui est dit être en cela semblable à un temple à antes. Or, les antes qui sont dans le même plan que les colonnes ne sauraient être angulaires, ni être les antes des murailles qui enferment la partie appelée *cella*; mais elles sont proprement les antes de chaque muraille qui, en forme d'ailes, font le porche, et non des murailles qui enferment la partie appelée *cella*.

Supraque epistylia, quemadmodum et in antis, et dextra ac sinistra in versuris singula. Jocundus, J. Martin et presque tous les interprètes n'ont expliqué cet endroit que par leurs figures. Il n'y a que Barbaro qui, dans sa traduction italienne, a expliqué le texte conformément à ses figures, dans lesquelles il a mis des colonnes non-seulement au droit des antes angulaires en devant, mais même dans les retours, ce que le texte ne dit point; si ce n'est qu'on mît *singulas* au lieu de *singula*, et qu'on lût *habet columnas contra antas angulares duas*, etc., et *dextra ac sinistra in versuris singulas*; au lieu que le texte porte, *habet epistylia, dextra ac sinistra in versuris singula.* Cette correction, qui ne consiste qu'à ajouter un *s*, aurait été recevable s'il y avait eu quelque vraisemblance en la chose; mais il n'y a point d'apparence que les anciens, qui ne mettaient point de colonnes qui n'eussent quelque usage, et qui évitaient les recoupures et les retraites de corniches qui sont sans nécessité, eussent pratiqué ce retour de colonnes, qui ne sont pas comme celles de devant, qui portent une saillie dont l'entrée du temple est couverte, mais qui ne soutiennent que des avances et des saillies étroites en forme d'orillons, qui sont de si mauvaise grâce que les interprètes qui les ont mises dans leurs figures ont été contraints de les approcher jusque contre les antes, afin de n'être pas obligés d'allonger cet orillon, s'ils avaient fait un portique au-devant du temple en éloignant les colonnes. Rusconi, qui a eu égard à cet inconvénient et qui a suivi le texte, n'a point mis les colonnes de retour dans sa figure. Je crois donc qu'il faut entendre par *epistylia in versuris*, les entablements qui tournent tout autour du temple, et qui ne laissent pas de couronner les murs des côtés, quoiqu'il n'y ait point de colonnes en cet endroit.

Amphiprostylos. Ce mot signifie un double prostyle qui a deux faces pareilles, c'est-à-dire qui a un portail derrière, pareil à celui qui n'est que devant au prostyle. Saumaise remarque que cette espèce de temple a été particulière aux païens, et que jamais les chrétiens n'ont fait de porte aux derrières de leurs églises avec un porche semblable à celui de devant. C'est pourquoi nous n'avons point de mot pour exprimer le *posticum* des Latins, comme nous avons celui de *porche* pour signifier leur *pronaos*.

Columnas et fastigium. Des colonnes et un fronton, c'est-à-dire, un fronton sur des colonnes; car avoir un fronton à la face de derrière n'est point une chose qui distingue l'amphiprostyle du prostyle, puisque le prostyle y en a nécessairement un; mais ce fronton de derrière au prostyle est différent de celui de l'amphiprostyle, en ce qu'il n'est pas soutenu par des colonnes, et qu'il n'est que le pignon du toit qui, du fronton de devant que des colonnes soutiennent, va jusqu'au fronton de derrière, qui est posé sur la corniche dont le mur est couronné.

Peripteros. Les noms de péristyle, diptère et pseudodiptère viennent du mot grec *piera*, qui signifie une aile. Cette aile, en général, dans les temples, se prend pour tout ce qui enferme les côtés, soit que cela se fasse par des colonnes ou par la muraille même, et soit que l'on mette ces colonnes au dehors ou que l'on les mette au dedans du temple. Au dedans des basiliques, les ailes sont appelées portiques au premier chapitre du cinquième livre. Ici la signification d'aile s'étend encore plus loin; car elle comprend généralement tout le portique et toutes les colonnes qui sont autour d'un temple, c'est-à-dire, celles des faces aussi bien que celles des côtés. Car péristyle signifie qui a des ailes tout alentour, et par conséquent les colonnes des faces de devant et de derrière sont des ailes.

Il faut de plus remarquer que péristyle, qui est le nom d'un genre qui comprend toutes les espèces de temples qui ont des portiques de colonnes tout alentour, est mis ici pour la première espèce, qui est celle où il n'y a seulement qu'un rang de colonnes tout alentour, distantes du mur de la largeur d'un entre-colonnement. Car le diptère, le pseudodiptère et l'hypethre sont des espèces de péristyle, parce que ces temples ont aussi des colonnes tout alentour; mais elles sont différentes du simple péristyle, en ce que le diptère a huit colonnes de front, au lieu qu'il n'y en a que six au simple péristyle, et de plus il y a deux rangs de colonnes tout alentour. Le pseudodiptère a ses colonnes éloignées du mur de l'espace de deux entre-colonnements et d'une colonne, et l'hypethre a dix colonnes de front et deux rangs comme le diptère, et de plus il a encore en dedans du temple un rang de colonnes tout alentour.

Hermodi. Je lis *Hermodorus* au lieu de *Hermodus*, suivant la correction de Turnèbe, qui croit que cet architecte du temple de Jupiter Stator était le même qui ordonna le temple de Mars dans le cirque de Flaminius, ainsi que Priscien rapporte de Nepos, et qui est assez connu par la contestation qu'il eut avec un autre architecte pour l'entreprise d'un grand arsenal, cette contestation étant remarquable à cause du jugement qui intervint en faveur du compétiteur d'Hermodore, parce qu'il était le plus éloquent; car Cicéron se sert de l'exemple de l'architecte Hermodore pour faire voir qu'un excellent orateur peut mieux parler des choses qu'il n'entend que médiocrement, que ne saurait faire celui qui, les possédant parfaitement, n'est que médiocrement orateur.

Imæ crassitudinis columnæ spatium erit. Je ne sais pas par quelle raison J. Martin ne met que la largeur de deux entre-colonnements depuis le mur jusqu'aux colonnes, sans parler de l'espace qu'occupe dans le diptère la colonne qu'Hermogène en a ôtée.

Alabandi. Entre tous les peuples de la Grèce, les Cariens étaient réputés les moins polis, et les Alabandins, entre les Cariens, passaient pour tellement stupides qu'on en avait fait des proverbes ; car on disait un ouvrage, un discours, un solécisme alabandin. Homère même leur donne une épithète qui signifie que leur langage était barbare. Cependant tous les exemples qu'on apporte de leur stupidité et de leur manque de jugement se réduisent aux fautes grossières que leurs architectes avaient commises dans leurs bâtiments publics ; et il se trouve qu'Hermogène, qui était Alabandin, est le premier père de la belle architecture, qui lui est redevable non-seulement de l'invention du pseudodiptère, mais de la plupart des autres par lesquels la rudesse et la simplicité que cet art avait à sa naissance a été polie et enrichie. Il faut voir ce qui est dit à ce sujet dans le cinquième chapitre du septième livre.

Apollinis a Menesthe facta. La plus grande partie des exemplaires ont *Apollinis Amnestæ facta*, au lieu de *Apollinis a Mneste facta*, qui se lit dans la première édition de Jocundus.

Dipteros. Baldus interprète mal *dipterum quasi duas alas habentem* ; il fallait mettre *duplices*, au lieu de *duas*. Car le temple diptère n'est pas celui qui a deux ailes, mais celui qui a a doubles de chaque côté. C'est le périptère et le pseudo-périptère qui en ont deux, une de chaque côté. Le diptère a cela de commun avec l'hypœthre, qu'ils ont tous deux les ailes doubles de chaque côté ; mais ils sont différents en ce que le diptère est octostyle, c'est-à-dire qu'il a huit colonnes aux faces de devant et de derrière ; au lieu que l'hypœthre est décastyle, ayant dix colonnes en chacune des principales faces, et en ce que l'hypœthre est découvert, et qu'il a un péristyle en dedans, ce qui n'est point au diptère.

Ephesiæ Dianæ Ionica. Pline dit, comme Vitruve, que le temple de Diane d'Éphèse était diptère ; mais ils ne sont pas d'accord sur le nom de l'architecte. Vitruve aussi, dans la préface du septième livre et au quarante-sixième chapitre du dixième livre, nomme deux architectes du temple de Diane d'Éphèse, savoir, Ctésiphon et Métagène.

Ad circuitionem ut porticus peristyliorum. Péristyle en grec signifie un lieu qui a des colonnes tout alentour, comme aux palestres dont il est parlé au onzième chapitre du cinquième livre, ou de trois côtés, tels que sont les péristyles des maisons des Grecs, dont il est parlé au dixième chapitre du sixième livre. Pollux dit que ce lieu s'appelait aussi *péricion*, parce que *cion*, de même que *stylos*, signifie une colonne. La vérité néanmoins que tout ce qui est entouré de colonnes n'est pas un péristyle : car les temples appelés monoptères, dont il est parlé au septième chapitre du quatrième livre, et les périptères, tant les carrés, dont il est parlé dans ce chapitre, que les ronds, dont Vitruve traite avec les monoptères, ne sont point des péristyles, bien qu'ils aient des colonnes tout alentour ; mais ce qui fait l'essence des péristyles est que ces portiques qui les composent aient les colonnes en dedans et les murs au dehors, et non pas les colonnes en dehors et les murs en dedans, comme aux temples et aux portiques de derrière les théâtres, dont il est parlé au neuvième chapitre du cinquième livre. Cette disposition des colonnes et du mur empêche les périptères et les monoptères d'être péristyles, parce que les monoptères n'ont point de mur, et que celui des périptères est en dedans.

Ch. III. *Species œdium sunt quinque.* Bien que le mot d'*œdes* en latin, au pluriel, ne signifie pourtant les temples, si on n'y joint *sacræ* ou quelque autre adjectif, il y a néanmoins grande apparence que Vitruve entend parler des temples dans ce chapitre. Mais parce que ces différentes manières d'espacer des colonnes, dont seulement il s'agit ici, sont communes à toute sorte de bâtiments, j'ai cru qu'il n'y avait rien qui obligeât d'interpréter *œdes* des temples, comme Palladio a fait, plutôt que des maisons, et d'attribuer à une espèce de bâtiments des différences qui conviennent à tout le genre, les différences des temples étant prises de ce qui le fait prostyles, amphiprostyles, périptères, etc. Pour exprimer la chose avec plus de netteté, je crois qu'il faudrait dire que les espèces dont il s'agit ici ne sont point des espèces ni de temples ni de bâtiments, mais seulement des espèces de *disposition de colonnes*.

Plinthides. Le bas des bases des colonnes est fort semblable aux briques des anciens, qui étaient carrées comme les carreaux dont on pave les âtres des cheminées. Ces briques ou carreaux étaient appelés *plinthia* par les Grecs, dont est venu le mot de plinthe. La partie supérieure du chapiteau toscan, qui est son tailloir, est aussi appelée plinthe au troisième chapitre du quatrième livre, parce qu'elle est de la forme d'un carreau, n'ayant point la cymaise qui est au chapiteau dorique et à l'ionique.

Spirarum. Les tores ou anneaux des bases, à cause de la ressemblance, sont appelés *spiræ*, qui signifie les replis d'un serpent quand il est couché en rond, ou ceux d'un câble de navire qui est plié : à cause de ces parties, les bases entières sont appelées *spiræ*.

Æque magnæ sint eo spatio, quod fuerit inter duas plinthides. Il s'ensuit de là que l'empatement des bases déborde toujours de la moitié du diamètre de la colonne, c'est-à-dire, d'un quart de chaque côté ; ce qui ne se trouve point avoir été pratiqué dans les restes que nous voyons de l'antiquité, où le débordement de l'empatement des bases ioniques et corinthiennes ne va que jusqu'à la troisième partie du diamètre ; et Vitruve même ne donne au débordement de la base ionique, au troisième chapitre de ce livre, que la quatrième partie et une huitième de la quatrième du diamètre. Ceci encore éclairci dans les notes sur le chapitre qui suit.

Quemadmodum est Fortunæ Equestris. On trouve dans Tacite que, sous Tibère, les chevaliers romains firent un vœu à la Fortune Équestre, et que, parce qu'il n'y avait point de temple de ce nom à Rome, ils furent rendre leur vœu à Antium. Ceux qui ne veulent pas que Vitruve ait été du temps d'Auguste, allèguent cet endroit de Tacite, comme s'il signifiait que le temple de la Fortune Équestre, dont Tacite parle, ayant été bâti depuis Tibère, il faut que Vitruve soit longtemps depuis Tibère. Mais tout ce qu'il y a de critiques demeurent d'accord qu'il y avait à Rome un temple de la Fortune Équestre du temps d'Auguste : quelques-uns croient qu'il y a faute dans Tacite, qui est un auteur dont le texte est presque aussi corrompu que celui de Vitruve, et que dans Tacite, au lieu de *Fortuna Equestris*, il faut lire *Sequestris*, c'est-à-dire *quæ media est inter bonam et malam fortunam*, de même que *pax sequestra*, dans Virgile, signifie *inducias quæ media sunt inter pacem et bellum* : y ayant apparence que cette faute vient de l'ignorance des copistes de Tacite, qui ont jugé qu'un vœu fait par des chevaliers à la Fortune devait être à la Fortune Équestre, et qui ne savaient pas qu'il y avait alors un temple de la Fortune Équestre à Rome. Au reste, il paraît, par cet endroit de Vitruve, que ce que Pyrrho Ligori a dit dans ses Paradoxes n'est pas vrai, savoir, que tous les temples de la Fortune étaient ronds ; car il est certain que celui dont il est ici parlé était carré.

Ad theatrum lapideum. Les théâtres anciennement ne se bâtissaient que de bois et ne servaient qu'une fois, de même que les échafauds que nous faisons pour nos cérémonies. Pompée fut le premier qui fit bâtir un théâtre de pierre, et Tacite remarque qu'il fut blâmé par le sénat. Il y a apparence que Vitruve entend parler de ce théâtre ; et la manière dont il en parle, en l'appelant simplement le théâtre de pierre, est encore un témoignage qu'il vivait au temps d'Auguste.

Diastyli hæc erit compositio. Je traduis par *ordonnance* le mot de *compositio*, suivant la définition que Vitruve a donnée de *l'ordonnance* au deuxième chapitre du premier livre, où il dit que l'ordonnance est ce qui détermine les grandeurs des parties par proportion au tout. La manière de disposer les colonnes, dont il s'agit ici, n'est rien autre chose, ce me semble, que de déterminer les grandeurs des entre-colonnements, en réglant la proportion qu'ils doivent avoir à l'égard du diamètre des colonnes. Vitruve se sert encore du mot *dispositio* pour signifier la même chose que *compositio*.

In aræostylis. Vitruve ne détermine point la proportion de l'entre-colonnement de l'aræostyle. Barbaro croit que l'aræostyle est lorsque l'entre-colonnement a plus que trois diamètres de la colonne. Suivant la progression des autres genres, qui est de faire croître les entre-colonnements d'un diamètre, l'aræostyle devrait avoir son entre-colonnement seulement de trois diamètres et demi. Nous lui en avons donné quatre. Ruscovi lui en donne plus de cinq, par la raison que ce grand écartement, que Vitruve exprime seulement en général, semble demander quelque plus grande différence entre le diastyle et l'aræostyle, que d'un demi-diamètre.

Baricæ barycephalæ. Les mots de *baricæ* et de *barycephalæ* donnent bien de la peine aux grammairiens. J'ai suivi l'interprétation et la correction de Turnèbe à l'égard du mot de *baricæ*, qui lit *varicæ*, comme qui dirait *divaricatæ*, c'est-à-dire écartées. Pour ce qui est du mot *barycephalæ*, que Turnèbe voudrait ôter du texte, je l'interprète comme venant des mots grecs *bary* et *cephale*, qui signifient *pesanteur* et *tête*. Galien explique par *baros cephales* le *caribaria* d'Hippocrate, qui signifie pesanteur de tête. Je n'ai pu approuver la pensée de Turnèbe, qui croit que ce mot a été ajouté au texte; parce qu'il me semble que Vitruve a voulu faire allusion du mot latin *variæ* avec le mot grec *barycephalæ*; mots qui, quoique semblables, signifient des choses fort différentes, mais qui conviennent l'un et l'autre assez bien à celle dont il s'agit : car il veut dire que les temples aræostyles semblent avoir les jambes écartées, et la tête grosse, large et pesante, à cause de la grandeur des frontons qui semblent être la tête d'un édifice, de même que les colonnes en sont les jambes.

Earum fastigia. J'interprète par *frontons* le mot *fastigia*, parce que les statues ne se mettaient que sur les acrotères qui étaient sur les frontons, et non pas le long des faîtes des temples. Et ainsi j'ai suivi l'opinion de Baldus, qui dit que *fastigium*, dans les auteurs d'architecture, signifie *partem quæ in aciem desinens tympano, corona et acroteriis constat*; ce qui est la propre définition du fronton. Autrement *fastigium* ne signifie qu'un toit élevé par le milieu, qui était propre et particulier aux temples parmi les Romains, les maisons des particuliers étant couvertes en plate-forme; en sorte que César fut le premier à qui on permit d'élever le toit de sa maison en pointe, à la manière des temples. Pline dit même que la partie des édifices appelée *fastigium* a été premièrement faite pour élever les statues, et qu'elle fut nommée *plasta*, à cause qu'on avait accoutumé de l'enrichir de sculpture; ce qui fait voir que *fastigia* peut signifier indifféremment ou les frontons, ou tout le toit qui les soutiennent.

Herculis Pompeiani, item Capitolii. J'ai traduit cet endroit suivant le sentiment de Turnèbe, qui croit qu'il faut interpréter *Pompeiani item Capitolii*, comme s'il y avait *Capitolii item quod est Pompeiis*; parce qu'il est constant qu'en plusieurs villes d'Italie la maison où les magistrats s'assemblaient a été appelée *Capitolium*.

Aspectum venustum. Cette beauté d'aspect que l'élargissement de l'entre-colonnement du milieu peut apporter, consiste en deux choses. La première est que l'entrée du milieu n'est pas serrée comme aux autres espèces, où cet entre-colonnement est toujours beaucoup plus étroit que l'ouverture de la porte ; la seconde beauté d'aspect consiste dans la proportion de tout le temple, que cet agrandissement d'entre-colonnement rend plus large à proportion de la longueur, ainsi qu'il est expliqué dans le chapitre qui suit.

Una pars sumatur, eaque erit modulus. Module est défini, au troisième chapitre du quatrième livre, une grandeur que l'on établit pour régler toutes les mesures de la distribution de l'édifice. En cet endroit-là, où il s'agit des mesures de l'ordre dorique, Vitruve établit pour module la moitié du diamètre de la colonne; au premier livre, chapitre second, module est la largeur du triglyphe, qui est la même chose; et module ici est le diamètre entier du bas du fût de la colonne.

Sustulit interiores ordines. J'ai mis au singulier ce que le texte dit au pluriel, *sustulit interiores ordines*. Je l'ai fait pour éviter l'équivoque qui a trompé Montiosius, ainsi qu'il sera dit ci-après : car on sait ce que c'est que le pseudodiptère, et personne ne disconvient qu'il ne soit fait du diptère, duquel on a ôté le *rang* intérieur des colonnes, que Vitruve a appelé les *rangs* au pluriel, parce qu'y ayant quatre côtés au dehors d'un temple entouré de deux rangs de colonnes, qui est ce que l'on appelle diptère, il est vrai de dire que lorsque l'on ôte le rang intérieur, on l'ôte en quatre endroits, qui sont quatre rangs : mais c'est parler improprement.

Columnarum XXXVIII. Il y a dans tous les exemplaires trente-huit ; mais Philander lit trente-quatre, ce qui est fort raisonnable. Et il n'est pas difficile de voir que cette erreur peut être venue de ce que le copiste ayant trouvé dans l'original le premier I des quatre qui sont après trente un peu tortu, comme en cette manière XXX/III, a cru que cet I était une des branches du V, dont l'autre branche était effacée; et qu'il fallait écrire XXXVIII, au lieu de XXXIIII.

Montiosius corrige ce nombre autrement, et veut qu'il y ait quarante-huit ; ce qui est fondé sur une opinion qui lui est fort particulière, en ce qu'il entend que l'octostyle était ainsi appelé à cause qu'il avait huit rangs, chacun de douze colonnes ; de sorte qu'en ôtant quatre rangs de ces colonnes, elles faisaient ce nombre de quarante-huit. Mais tout cela n'a point d'autre fondement qu'un qu'il dit avoir vu dans une médaille ; et la figure qu'il en rapporte dans son livre est le plan d'une basilique et non pas d'un temple, parce que les murs y sont en dehors et les colonnes en dedans, contre l'ordinaire des temples, dans pas un desquels, hors l'hypœthre, Vitruve ne met de colonnes.

Propter asperitatem intercolumniorum. Cette façon de parler est assez significative pour représenter l'inégalité de superficie qu'un grand nombre de colonnes donne aux côtés d'un temple lorsqu'on le regarde par les angles. L'effet de cet aspect est de faire paraître les colonnes serrées l'une contre l'autre ; et cette manière plaisait grandement aux anciens, parmi lesquels on trouve beaucoup moins de diastyles et d'eustyles que de pycnostyles et de systyles, n'y ayant que la seule commodité qui leur fît rechercher les manières dégagées. Le goût de notre siècle ou du moins de notre nation est fort différent de celui des anciens, et peut-être qu'en cela il tient un peu du gothique ; car nous aimons l'air, le jour et les dégagements. Cela nous a fait inventer une sixième manière de disposer ces colonnes, qui est de les accoupler et de les joindre deux à deux, et de mettre aussi l'espace de deux entre-colonnements en un.

Cela a été fait à l'imitation d'Hermogène, qui, dans l'eustyle, élargit l'entre-colonnement du milieu, qui rendait l'entrée des temples trop étroite; et pour dégager aussi le diptère, qui était étouffé par la confusion de deux rangs de colonnes fort serrées, fit le pseudodiptère, mettant en une les deux ailes que ces deux rangs de colonnes formaient avec le mur tout à l'entour des temples. Mais ce qu'il fit en ôtant un rang de colonnes dans chaque aile, nous le faisons dans chaque rang en ôtant une colonne du milieu de deux autres colonnes où elle était, pour la ranger contre une de ses voisines. Cette manière pourrait être appelée *pseudosystyle*, par analogie au *pseudodiptère* d'Hermogène, ou *aréosystyle*, à cause que de ces colonnes les unes sont élargies comme en l'aréostyle, les autres sont serrées comme dans la systyle. Plusieurs désapprouvent cette manière, comme n'étant point autorisée par les anciens ; mais s'il est permis d'ajouter quelque chose aux inventions des anciens, à l'exemple des anciens mêmes, qui, comme Hermogène, n'ont point été blâmés pour avoir changé quelque chose en l'architecture, et pour n'avoir pas exactement suivi tous les exemples de ceux qui les avaient précédés, on peut dire que cette nouvelle manière n'est point à rejeter, puisqu'elle a seule tous les avantages que les autres n'ont que séparément; car, outre la beauté de l'âpreté et du serrement de colonnes que les anciens aimaient tant, elle a le dégagement que les modernes recherchent, sans que la solidité y manque ; car les architraves, que les anciens ne faisaient que d'une pierre qui portait d'une colonne à l'autre, n'étaient pas si bien affermis, ne posant que sur la moitié de la colonne, que lorsqu'ils portent sur toute la colonne ; et les poutres étant doublées de même que des colonnes, elles ont beaucoup de force pour soutenir les planchers.

Cette manière a été pratiquée avec beaucoup de magnificence aux deux grands portiques qui sont à la face du Louvre, où les colonnes, qui ont plus de trois pieds et demi de diamètre, sont jointes deux à deux, et ont leurs entre-colonnements de onze pieds, étant distantes d'autant de leurs pilastres qui sont au mur. Cela a été fait ainsi pour garder la symétrie, en donnant un espace égal à tous les entre-colonnements dans le reste de l'édifice, qui n'a que des pilastres un à un, mais qui n'ont pu être plus proches que de onze pieds, à cause de la largeur des croisées qui sont ornées de chambranles, de consoles et de frontons, qui demandaient cette distance entre les pilastres ; et ces grandes distances dans les portiques n'auraient pas été supportables si les colonnes n'avaient été doublées.

M. Blondel, dans ses doctes leçons d'architecture, desquelles il a composé un cours, emploie trois chapitres entiers, qui sont le dixième, le onzième et le douzième du premier livre de sa troisième partie, pour faire voir que l'usage universel, reçu aujourd'hui, de doubler les colonnes, est une licence qui ne doit point être soufferte ; et comme personne, que je sache, n'avait cherché les raisons qui peuvent établir cette nouvelle pratique, il s'étend principalement sur la réfutation de celles que je viens de rapporter. La chose me semble assez importante pour mériter d'être examinée, et je crois qu'on ne trouvera pas hors de propos que j'ajoute à cette note ce que j'ai à répondre à la réfutation qui en a été faite.

La principale objection, sur laquelle on appuie le plus, est fondée sur un préjugé, et sur la fausse supposition qu'il n'est pas permis de se départir des usages des anciens ; que tout ce qui n'imite pas leurs manières doit passer pour bizarre et pour capricieux ; et que si cette loi n'est pas inviolablement gardée, on ouvre la porte à une licence qui met le déréglement dans tous les arts. Mais comme cette raison prouve trop, elle ne doit rien prouver ; car il y a beaucoup plus d'inconvénients à fermer la porte aux belles inventions qu'à l'ouvrir à celles qui, étant ridicules, se doivent détruire d'elles-mêmes. Si cette loi avait eu lieu, l'architecture ne serait jamais parvenue au point où l'ont mise les inventions des anciens, qui ont été nouvelles en leur temps ; et il ne faudrait point chercher de nouveaux moyens pour acquérir les connaissances qui nous manquent, et que nous acquérons tous les jours dans l'agriculture, dans la navigation, dans la médecine et dans les autres arts, à la perfection desquels les anciens ont travaillé, et à laquelle ils n'ont jamais prétendu être parvenus : du moins il ne se trouve point qu'aucun d'eux ait jamais prononcé d'anathème contre ceux qui voudraient ôter ou ajouter quelque chose aux règles que l'on se figure nous avoir été prescrites par ces grands personnages, qui, dans toutes les apparences, auraient été aussi surpris s'ils avaient prévu la manière dont la postérité les a honorés, que Jupiter et Saturne l'auraient pu être si, lorsqu'ils vivaient en Crète et dans l'Italie, on leur eût prédit qu'on devait un jour leur élever des autels. C'est dans cet esprit d'adoration pour tout ce qui vient des anciens, qu'on dit que les inventeurs de la nouvelle manière de placer les colonnes n'étant point des Hermogènes, ils n'ont point eu droit de l'entreprendre : comme si ce n'était pas être Hermogène que d'inventer quelque chose de bon dans l'architecture, et que ce fût une chose si difficile que d'être Hermogène en ce sens, puisque Hermogène, tout Hermogène qu'il est, a inventé des choses qui n'ont point été approuvées dans la suite, ainsi qu'il paraît par les changements introduits depuis lui, nonobstant l'autorité qu'on veut attribuer à son nom, et qui n'est due qu'au mérite et à l'excellence des inventions.

C'est pourquoi, sans examiner les autres objections qui sont faites au sujet d'Hermogène, comme de dire qu'il n'est pas vrai qu'on ait imité Hermogène, puisqu'il a ôté absolument une colonne dans le pseudodiptère, laquelle n'est que simplement déplacée dans le pseudosystyle, et ne vouloir pas comprendre que, s'agissant seulement de faire voir qu'Hermogène a pris une licence, il n'est point nécessaire pour l'imiter de prendre la même licence, mais qu'il suffit d'en prendre une pareille, et à plus forte raison une moindre comme on a fait, puisque déplacer simplement une colonne est quelque chose de moins que de l'ôter absolument ; je me réduis à examiner les autres objections faites contre ce que j'ai avancé pour prouver que ce n'est point sans raison et par caprice que cette nouveauté a été introduite.

On dit qu'il n'est point vrai que le pseudosystyle ait le dégagement que je prétends, puisque les colonnes couplées rendent leur entre-colonnement encore plus étroit que le plus étroit des anciens, qui est le pycnostyle : comme s'il était nécessaire que le dégagement fût partout, et si l'on pouvait dire que l'élargissement que les derniers des anciens ont introduit dans l'entre-colonnement du milieu n'est pas un dégagement pour l'entrée des temples, parce que l'élargissement n'est pas à tous les entre-colonnements ! On dit encore, avec aussi peu de raison, que le grand entre-colonnement du pseudosystyle fait un écartement qui rend l'architrave trop faible ; car cet entre-colonnement n'est pas plus grand que celui du diastyle, qui est de trois diamètres, puisque le systyle, dont le pseudosystyle est composé, donnant un diamètre des quatre qu'il faut pour deux de ses entre-colonnements, au petit entre-colonnement du pseudosystyle, il n'en reste que trois pour le grand entre-colonnement. Et l'on peut dire encore que cette objection n'est pas de bonne foi, n'étant fondée que sur le nom de pseudosystyle, que l'on sait ne rien faire à la chose, puisque l'on voit aisément que celui de pseudopycnostyle aurait pu être mis en sa place, et alors son grand entre-colonnement n'aurait été que de deux diamètres : car le nom de pseudosystyle ou faux systyle n'a été choisi que parce que sa prononciation est plus douce, ne s'agissant que de figurer un genre différent de ceux des anciens, désigné par le mot de *faux*, de même qu'Hermogène avait désigné par le mot de faux diptère une espèce de temple différente de toutes celles qui étaient en usage avant lui.

Je ne comprends pas aussi pourquoi l'on veut que le

bout d'un architrave, qui pose sur une colonne entière, n'y soit pas mieux affermi que quand il ne pose que sur la moitié de la colonne, et qu'il ne plie pas plus facilement quand il n'est soutenu que par son extrémité, que quand cette extrémité passe au delà de la colonne qui le soutient; parce que j'ai toujours cru que ce bout qui passe par delà la colonne au droit du petit entre-colonnement a une pesanteur qui résiste au pliement de la partie opposite, qui est celle qui est au droit du grand entre-colonnement.

Mais le plus grand reproche que l'on croit faire à notre pseudosystyle est de dire qu'il tient du gothique. J'étais demeuré d'accord du fait dans ma note; mais, supposé que le gothique en général, à considérer tout ce qui le compose, ne fût pas le plus beau genre d'architecture, je ne pensais pas que tout ce qui est dans le gothique fût à rejeter. Le jour dans les édifices, et les dégagements dont il s'agit, sont des choses en quoi les gothiques diffèrent des anciens; mais ce n'est pas en cela que le gothique est à reprendre; et les anciens, qui, dans les commencements, s'éloignaient beaucoup de cette manière, l'ont approuvée dans la suite lorsqu'ils ont fait des fenêtres à leurs temples, qui auparavant ne prenaient de jour que par la porte; et avant cela ils avaient élargi les entre-colonnements du milieu, ainsi qu'il a été dit.

Ce qui me reste à ajouter est qu'il faut que les architectes reçoivent comme bonne cette nouvelle manière de placer les colonnes, ou qu'ils renoncent au principe qu'ils tiennent pour le plus infaillible dans l'architecture, savoir, que les véritables proportions sont des choses qui se font approuver et aimer naturellement comme les accords de la musique le font, et que ce qui se fait ainsi aimer et approuver doit avoir la véritable beauté. Car il est constant que, depuis que l'on a vu des colonnes couplées, tout le monde les a aimées; et que les modernes, comme Bramante, Michel-Ange, Sangallo, Labaco, Serlio, Palladio, Scamozzi, de Lorme, Jean Goujon, du Cerceau, Métezeau, de Brosse, Lemercier, Mansard, et tous les grands architectes, les ont aimées; et qu'il est croyable que les anciens en auraient fait autant, s'ils se fussent avisés de les mettre en usage.

Eustyli.... columnæ.... in novem partes altitudo dividatur et dimidiam. Pour suivre exactement l'ordre des proportions établies dans les autres genres, il faudrait partager en neuf, et non en huit et demi, la colonne de l'eustyle, et ne lui pas donner la même proportion qu'au diastyle; car comme la division des quatre autres genres va croissant d'un demi-diamètre, par une progression égale la colonne de l'aræostyle étant divisée en huit, et celle du diastyle en huit et demi, il faudrait que celle de l'eustyle, dont le genre est moyen entre le diastyle et le systyle, fût partagée en neuf, puisque le diastyle, qui est l'eustyle dans l'ordre des genres, l'est en neuf et demi, et le pycnostyle, qui suit de même, est partagé en dix.

Quemadmodum enim ita crescunt spatia inter columnas, ita, etc. Les différentes proportions des grosseurs des colonnes à leur hauteur dans les quatre ordres des anciens s'accordent assez bien avec cette règle : la colonne corinthienne, dont la grosseur est la dixième partie de la hauteur, est propre pour le pycnostyle; la colonne ionique, qui ajoute quelque chose de plus à la grosseur de la colonne, convient au systyle : mais la colonne dorique, dont la grosseur croît encore de même, et qui par conséquent serait propre à la disposition du diastyle, n'y saurait être employée à cause des métopes et des triglyphes, dont les espaces ne souffrent point d'autre disposition que celle du pycnostyle, en mettant seulement un triglyphe entre chaque colonne, ou celle de l'aræostyle en y en mettant trois.

Tenuis et exilis apparebit. Pline est de cette opinion quand il dit que les colonnes paraissent plus grosses, plus elles sont serrées les unes contre les autres; mais il n'apporte point de raison de cela.

Quod.... aer. Si l'air signifie ici la lumière, comme il y a grande apparence, il semble que les colonnes serrées les unes contre les autres doivent faire un effet contraire à ce qui est dit ici, c'est-à-dire que plus elles sont pressées, plus elles doivent paraître menues, parce qu'une colonne à qui ses voisines dérobent le jour qui l'illuminerait ses côtés, si elles étaient plus éloignées, est obscurcie à droite et à gauche de deux ombrages qui se confondent avec celui qui est derrière, et qui règne le long du portique; ce qui diminue l'apparence de sa grosseur, qui paraîtrait tout autrement si ses côtés, étant illuminés, coupaient plus distinctement cette ombre qui est derrière. On peut donc dire que la véritable raison de cette apparence de la diminution de la grosseur des colonnes, quand elles sont éloignées, est qu'il semble qu'elles ne sont pas suffisantes pour porter un long entablement, et qu'ainsi la nécessité de grossir les colonnes, à mesure qu'on les éloigne l'une de l'autre, est fondée sur ce que la plus grande charge qui est soutenue demande quelque chose de plus fort qui la soutienne. Serlio est tellement persuadé de cette raison, que, lorsqu'une colonne est à demi-engagée dans le mur, il la fait plus grêle de plus du tiers qu'une autre qui est isolée. Et c'est par cette même raison que les colonnes des coins sont grosses, parce qu'elles ont besoin de plus de force, à cause qu'elles sont aux extrémités. Et cette règle se doit toujours observer, que les encognures soient plus larges que les trumeaux qui sont entre les fenêtres.

Contracturæ... faciendæ videntur. Je traduis *diminution* ce qui est appelé *contractura* par Vitruve, quoique *rétrécissement* eût mieux signifié la chose dont il est question; parce que *diminution* est équivoque, puisqu'il appartient également et à la diminution de la largeur et à la diminution de la hauteur, dont il ne s'agit point ici. Mais je n'ai pas cru me pouvoir dispenser de parler comme les ouvriers en une chose dont il n'y a guère que les ouvriers qui parlent.

In summis columnarum hypotracheliis. Trachelos signifie le col, et *hypotrachelium* ce qui est immédiatement au-dessous du col. Cette partie de la colonne est aussi appelée en français *gorgerin*.

Hæ autem propter altitudinis intervallum scandentis oculi speciem adjiciuntur crassitudinibus temperaturæ. Ce raisonnement de Vitruve sur les fausses apparences que l'éloignement donne aux objets est examiné ci-après sur le chapitre second du sixième livre, où, de même qu'ici, je dis librement ma pensée sur l'abus que je prétends que les architectes font ordinairement du changement des proportions suivant les différents aspects; mon opinion étant que l'on ne le doit pratiquer que rarement, parce que je ne demeure pas d'accord des raisons que l'on croit avoir de le faire; car ce que Vitruve appelle ici une tromperie est plutôt un remède que la nature nous a donné contre la tromperie dont les objets pourraient user envers la vue, en lui cachant leur éloignement, et ôtant à l'œil un des moyens qu'il a de connaître leur distance. On sait qu'en général il y a deux choses qui font juger de la distance des objets, savoir, la grandeur et la couleur, qui sont des accidents qui se diminuent et s'affaiblissent à mesure que les objets s'éloignent. La diminution de la couleur se fait par l'augmentation de la quantité de l'air interposé, parce que l'air est un corps qui, bien que transparent, ne laisse pas d'avoir quelque couleur qui se charge et se fortifie par la multiplication de plusieurs couches qui dans l'éloignement se trouvent entre l'œil et l'objet, qui est ce que Vitruve appelle *crebritatem aeris* dans le chapitre suivant. La grandeur aussi est diminuée par l'étrécissement des angles que font les lignes qui viennent des extrémités de chaque corps. Mais, bien que les images des choses éloignées soient effectivement plus petites dans l'œil, on ne peut point dire qu'il soit trompé pour cela, parce qu'il ne laisse pas de juger de la grandeur de ces corps par la connaissance qu'il a de leur éloignement; et on pourrait dire que l'éloignement trompe en faisant paraître les objets enfumés et bleuâtres, avec le même abus que l'on dit qu'il les fait paraître petits : cependant la vérité est que c'est ce changement de couleurs qui empêche l'œil de se tromper dans le jugement qu'il fait de la distance des objets, et qu'il ne connaîtrait pas si bien la différence des distances, si les objets et près et loin paraissaient d'une même couleur, non plus que s'ils paraissaient d'une même grandeur; de sorte que cette augmentation que Vitruve donne à la grosseur du haut des grandes colonnes, dans le dessein qu'il a d'empêcher que l'éloignement que la hauteur apporte ne les fasse paraître si rétrécies par en haut, est proprement une tromperie. Quoi qu'il en soit, cette règle ne se trouve point avoir été pratiquée dans les ouvrages de l'antique que se voient à Rome, où les grandes et les petites colonnes n'ont point leur diminution différente, et où même quelquefois les grandes en ont davantage que les petites, ainsi que je le fais voir dans le traité que j'ai donné au public, de l'ordonnance des cinq espèces de colonnes suivant la méthode des anciens, au septième chapitre de la seconde partie.

De adjectione, quæ adjicitur. Cet accroissement, qui est appelé *entasis* en grec, et *renflement* en français, est fait pour imiter, à ce qu'on dit, la figure du corps d'un homme, qui est plus large au droit du ventre que vers la tête et vers les pieds. La plupart des auteurs désapprouvent ce renflement à l'égard du rétrécissement par en bas, et ils opposent à la comparaison du corps de l'homme celle du tronc des arbres, qui ont été le premier et le plus naturel modèle de la tige des colonnes, comme Vitruve enseigne au premier chapitre du cinquième livre. Et ce qui est plus considérable que ces comparaisons, la raison veut que les colonnes, qui sont faites pour soutenir une autre figure qui les rende plus fermes, telle qu'est celle qui, d'un empatement plus large, va toujours en se rétrécissant. Philander, Palladio, Serlio, de Lorme, Scamozzi, Wotton, et la plupart des architectes, n'ont point enseigné ni pratiqué ce renflement. Il n'y a presque qu'Alberti, qui l'a fait avec un tel excès que cela est une des raisons sur lesquelles Scamozzi s'est fondé, quand il a dit que cet auteur est un des premiers qui a gâté l'architecture des anciens, quoiqu'on ne puisse douter qu'ils n'aient pratiqué ce renflement, ainsi que Vitruve témoigne en cet endroit et encore à la fin du chapitre suivant, où il enseigne que la mesure de l'entre-deux des cannelures doit être prise sur celle du renflement de la colonne.

Villalpande prétend que Vitruve n'a point donné ce précepte du renflement des colonnes, comme l'ayant trouvé dans les livres ou dans les ouvrages des anciens architectes, mais comme l'ayant appris par la lecture de la sainte Écriture; et il aime tellement ce renflement, qu'il ne saurait souffrir ceux qui ne l'approuvent pas; il va même jusqu'à assurer que les arbres sont plus gros par le milieu que par le bas, n'ayant rien autre chose à répondre au puissant argument qui se tire de la proportion des arbres. Il paraît cependant que les plus célèbres architectes ont été dans un sentiment contraire, puisqu'il ne se trouve aucun exemple, dans les ouvrages antiques qui sont à Rome, où ce renflement ait été pratiqué, et qu'il est même vrai que la plus grande partie des colonnes dans ces excellents édifices commencent à avoir leur diminution dès le bas.

In mediis columnis. Le milieu ne doit pas être entendu comme étant également distant des extrémités, mais seulement comme leur étant simplement opposé; et, en ce sens, ce qui n'est point extrémité peut être appelé le milieu; car, après avoir parlé de la diminution qui se fait vers les extrémités, la suite du discours fait entendre, lorsqu'il est parlé du renflement qui se fait au milieu, que le milieu comprend tout l'espace qui est entre les extrémités. La pratique ordinaire, fondée sur les observations des ouvrages antiques, est de faire ce renflement au droit du tiers de la colonne, vers le bas. Léon-Baptiste Alberti le met plus haut; car ayant divisé la colonne en sept, il met le renflement à la troisième partie, laissant les quatre qui restent au-dessus; en sorte que le renflement est fort proche du milieu, suivant le texte de Vitruve pris à la lettre.

Ch. IV. Ce chapitre est ainsi intitulé dans quelques éditions : *De fundationibus et columnis atque earum ornatu et epistyliis, tam in locis solidis quam in congestitiis.* J'ai cru, dit Perrault, ne devoir pas faire difficulté de corriger une transposition qui est dans le titre de ce chapitre, laquelle lui ôte le sens qu'il doit avoir. Ce qui pourrait faire quelque difficulté serait de savoir si j'ai dû traduire *ornatus columnarum* comme s'il y avait *ornamenta*; la raison qui me l'a fait faire est que ni Vitruve, ni les autres architectes qui ont écrit en latin, n'ont jamais parlé *de ornatu columnarum*, et que *ornamenta* est partout en usage pour signifier l'architrave, la frise et la corniche, qui sont sur les colonnes. Joint aussi que quand même *ornatus* pourrait signifier *ce qui rend les colonnes plus riches et plus ornées*, Vitruve ne l'aurait pas dû mettre au titre de ce chapitre, mais au titre de celui dans lequel il est parlé du chapiteau corinthien, qui est celui qui a tout ce qui peut rendre les colonnes plus riches et plus ornées.

Stereobatæ. Ce mot grec signifie toute sorte de structure solide qui est faite pour soutenir une autre partie de l'édifice moins massive. Alberti l'appelle *arula* et *pulvinus*; son interprète italien l'explique par *zocolo*, qui signifie une sandale. Philander et Barbaro confondent *stéréobate* avec *stylobate*, qui est un piédestal continu pour soutenir plusieurs colonnes. Ils les distinguent néanmoins en quelque façon, et font *stéréobate* comme le genre qui comprend tant le premier socle qui règne tout le long d'un bâtiment, que le *stylobate* qui est la partie plus élevée, qui étant sur ce premier socle soutient immédiatement un rang de colonnes. Mais il y a apparence qu'en cet endroit *stéréobate* signifie le mur qui s'élevait au-dessus du rez-de-chaussée pour soutenir les colonnes lorsqu'il n'y avait point de *stylobate*, et que les colonnes posaient immédiatement sur une aire élevée au-dessus du rez-de-chaussée, et sur laquelle on montait par des degrés.

Item supra parietis ad eumdem modum crassitudo servanda est. C'est-à-dire que si, au lieu de colonnes, on veut bâtir un mur, il faudra lui faire une retraite avec la même proportion.

Fistucationibus. On peut enfoncer les pilotis avec deux sortes de machines, comme remarquent Philander et Baldus : l'une est de plus grand appareil, appelée *mouton*, qui s'élève avec des cordes et qu'on laisse retomber; l'autre est plus légère, appelée *demoiselle*, à cause qu'elle a deux anses qui représentent deux bras. On s'en sert d'ordinaire pour enfoncer le pavé fait de grosses pierres. Je n'ai pu spécifier ni l'une ni l'autre de ces machines, parce qu'il est incertain de laquelle Vitruve entend parler quand il veut qu'on affermisse la terre *fusticatione*, *fustica* étant un nom commun à l'une et à l'autre de ces machines.

Aut paluster. Les pilotis sont inutiles dans les terres marécageuses; et l'expérience a fait voir que de grosses pièces de bois couchées sur terre suffisent et même sont meilleures que des pilotis. Ces pièces de bois étant mises autant plein que vide, on remplit l'entre-deux de libages, et on met d'autres pièces en travers, remplies de libages de même que les premières, et ces dernières étant recouvertes de gros ais ou madriers, on bâtit dessus.

Sublicæque machinis adigantur. J'ai seulement mis *les* pour traduire *sublicas*, afin de ne point répéter le mot de pilotis, qui avait déjà été mis pour *pali*, qui est ici la même chose que *sublicæ*.

Ita columnæ in peripteris collocentur. Périptère est le nom d'un genre qui comprend toutes les espèces de temples qui ont des portiques de colonnes qui tournent tout alentour; mais il est mis ici pour la première espèce, savoir, celle où il y a seulement un rang de colonnes tout alentour, distantes du mur seulement de la largeur d'un entre-colonnement. Car le diptère, le pseudodiptère et l'hypœthre, sont des espèces de périptères, parce que ces temples ont aussi des colonnes tout alentour; mais ces espèces sont différentes du simple périptère, en ce que le diptère a huit colonnes de front, au lieu qu'il n'y en a que six au simple périptère, et de plus il y a deux rangs de colonnes tout alentour. Le pseudodiptère a ses colonnes éloignées du mur de l'espace de deux entre-colonnements et d'une colonne, et l'hypœthre a dix colonnes de front et deux rangs comme le diptère, et de plus il a encore en dedans du temple un rang de colonnes tout alentour.

Mais il faut remarquer qu'il y a beaucoup de temples anciens, dont on voit les restes dans la Grèce, où la règle que Vitruve donne ici n'est point observée. Le temple de Pallas dans l'Acropolis d'Athènes, qui est octostyle, et qui, selon la règle de Vitruve, ne devrait avoir que quinze colonnes dans chaque côté, en a dix-sept. Et le temple de Thésée, bâti aussi à Athènes, qui est hexastyle, a treize colonnes dans les côtés, où il devrait n'y en avoir que onze. Ces particularités m'ont été communiquées par M. de Monceaux, qui a fait des remarques fort curieuses sur les antiquités de la Grèce et de l'Égypte.

Il faut encore remarquer qu'il n'est pas vrai qu'en donnant aux côtés le double des entre-colonnements qui sont en la face, le temple soit deux fois aussi long qu'il est large; car, pour cela, il manque le diamètre d'une colonne, et la même chose arrive au pycnostyle, au diastyle et à l'aræostyle. Dans l'eustyle, il manque jusqu'à deux diamètres et demi; mais le même inconvénient de n'avoir pas cette proportion double arriverait aussi en doublant dans les côtés le nombre des colonnes de la face; en sorte que je crois que la véritable raison pour laquelle les anciens ont choisi le doublement des seuls entre-colonnements est pour éviter la trop grande longueur que leurs temples auraient eue à proportion de leur largeur, s'ils avaient aussi doublé les colonnes; et l'on peut même dire qu'une des perfections de l'eustyle consiste en ce qu'il est moins long que les autres à proportion de sa largeur, à cause de l'élargissement de son entre-colonnement du milieu.

Crassitudines eorum graduum ita finiendas censeo, ut neque crassiores dextante neque tenuiores dodrante sint collocatæ. Le *dextans* et le *dodrans* que Vitruve donne à la hauteur des degrés, signifient les dix et les neuf pouces du pied romain antique. Cette hauteur est bien différente de celle que l'on donne à présent aux marches des escaliers; car les dix pouces du pied romain antique faisaient neuf pouces et demi de notre pied de roi, et les neuf pouces un peu plus que nos huit. Il s'ensuit aussi de là que les plus grands de leurs degrés n'avaient de giron guère plus d'un de nos pieds, et que les petits n'avaient pas onze de nos pouces, suivant la proportion que les anciens donnaient ordinairement à leurs degrés; car ils leur donnaient de hauteur les trois quarts de leur largeur, ainsi que Vitruve l'enseigne au deuxième chapitre du neuvième livre; de sorte que ceux qui sont accoutumés à monter nos escaliers auraient de la peine à accorder à Vitruve ce qu'il dit ici, savoir, qu'en donnant neuf pouces de hauteur à des degrés, on rend un escalier facile à monter.

Retractiones graduum. J'ai traduit par *paliers de repos*, *retractiones graduum*, quoiqu'il semble que ces mots devraient signifier la largeur de la marche qu'on appelle giron, dont il aurait été fort naturel de parler après avoir défini son épaisseur. Mais la grande largeur qui est ici donnée à ces retraites, qui est de vingt-deux pouces, ne saurait convenir à la largeur de la marche, qu'on sait être ordinairement bien plus étroite, à proportion de la hauteur, aux bâtiments des anciens, que nous ne les faisons aux nôtres, ainsi qu'il sera dit ci-après au deuxième chapitre du neuvième livre; de sorte qu'il faut entendre nécessairement que cette grandeur de la retraite du degré appartient aux paliers de repos que les anciens faisaient lorsqu'il y avait beaucoup de marches; car alors, de sept en sept ou de neuf en neuf, ils faisaient des paliers de repos : ce qu'ils observaient aussi aux degrés des théâtres, où ils appelaient ces paliers *præcinctiones*, ainsi qu'il sera dit ci-après, au troisième chapitre du cinquième livre.

Ad eumdem modum fieri debent. Il y avait deux manières de degrés pour monter aux temples : les uns étaient seulement en la face de devant, en manière de perron, et quelquefois les stylobates, qui élevaient les colonnes des trois autres côtés, s'allongeaient en devant, et faisaient comme des ailes qui embrassaient les marches. L'autre manière de degrés était également tout autour du temple; et ce sont ces degrés qui doivent avoir tout alentour une même largeur, c'est-à-dire qui ne doivent point être séparés et distingués par des paliers comme aux perrons, où l'on faisait, de cinq en cinq et de sept en sept, des paliers de repos.

Podium. La manière la plus ordinaire parmi les anciens était de placer les colonnes immédiatement sur la dernière marche. Quelquefois, quand leurs colonnes étaient trop courtes, ils les allongeaient en leur mettant des piédestaux, qu'ils joignaient l'un à l'autre par une balustrade et par un parapet qu'ils appelaient *podium*. Palladio dit n'avoir jamais vu de temple ancien où les colonnes eussent de *podium*, que le temple de Scisi. Ce temple n'a de colonnes qu'au porche, et par conséquent il n'en a que de trois côtés; savoir, à droite et à gauche et au-devant du porche. Il n'est pas aisé de déterminer si c'est de cette manière-là que Vitruve entend *podium ex tribus lateribus*, c'est-à-dire, *un accoudoir aux trois côtés du temple, ou aux trois côtés d'un porche.*

Quadra, spiræ, trunci, coronæ, lysis. Le socle est appelé *quadra*, parce que c'est un membre carré, qui sert comme de plinthe à la base du piédestal; les autres membres qui sont posés immédiatement sur le socle sont appelés *spira*, du même nom que la base de la colonne : la partie qui suit s'appelle le *dé*, à cause qu'elle est carrée, et *truncus*, parce qu'elle est posée sur une base, comme le tronc ou fût de la colonne l'est sur la sienne. Ce *truncus* est appelé *paries* au septième chapitre du quatrième livre, où il est parlé des piédestaux des temples ronds. La corniche s'appelle aussi *corona*, et son talon, *lysis*. Le nom de socle est italien, et vient du latin *soccus*, qui signifie une sandale. Et, en effet, cette partie en architecture sert à élever le pied des bâtiments.

Lysis. Le mot *lysis*, que j'interprète cymaise, est un de ceux que les grammairiens n'entendent point dans Vitruve, et de la signification duquel ils ne conviennent point. C'est un mot grec, qui ailleurs signifie *solution, rupture ou séparation*. Vitruve s'en sert au onzième chapitre du sixième livre; mais en cet endroit-là, ainsi que Philander remarque, il ne signifie point un membre d'architecture, mais simplement à la lettre la séparation qui se fait à une muraille qui se fend. Les grammairiens estiment que *lysis* en cet endroit signifie l'ouverture et le vide des portes et des fenêtres. Mais ici on ne peut douter que *lysis* ne soit le dernier membre d'une corniche; et on peut croire qu'il est ainsi appelé à cause qu'il fait la séparation d'une partie d'architecture d'avec une autre, par exemple du piédestal d'avec la colonne, de la tige de la colonne d'avec le chapiteau, du chapiteau d'avec l'architrave, de l'architrave d'avec la frise, et de la grande corniche d'avec ce qu'elle soutient. On l'appelle généralement cymaise en français, parce qu'elle est à la cime et au haut de chaque partie : les Grecs l'appelaient *cymation* à raison de sa figure, parce que *cyma*, en grec, signifie une onde, et qu'il se trouve que la plupart des espèces de cymaises sont comme ondoyées.

Si enim ad libellam dirigetur. J'ai interprété *ad libellam* tout d'une venue, parce que, quoique *libellam* soit proprement un niveau, ce mot est néanmoins quelquefois mis simplement pour une règle, comme quand on dit qu'une chose est à niveau selon sa pente, par une liberté pareille à celle que les géomètres se donnent quand ils appellent une ligne perpendiculaire, quoiqu'elle ne pende point, mais seulement parce qu'en arrivant sur une autre, elle fait avec elle des angles droits, de même que celle que le plomb fait pendre et descendre sur une ligne horizontale.

Ch. V. *Projecturam, quam Græci* ἐκφορὰν *vocant.* Il a déjà été remarqué sur le chapitre précédent que cette proportion de la saillie des bases est excessive, et que même Vitruve en donne une autre dans ce chapitre, qui est la huitième et la seizième partie du diamètre de la colonne pour la saillie de chaque côté, c'est-à-dire onze huitièmes pour la saillie de toute la base.

Habeant quadrantem. Je trouve dans mon manuscrit *sextantem*, au lieu de *quadrantem* qui est dans tous les exemplaires, conformément à ce qui a été dit dans le chapitre précédent. Cette correction, qui donne la véritable proportion de la saillie des bases suivant l'antique, serait fort bonne si elle ne répugnait point à ce qui est dans la suite, où il est dit que la largeur de la base doit être d'un diamètre et demi. Cela fait voir jusqu'où s'étend la licence que les copistes ont prise pour corrompre le texte de Vitruve.

Si atticurges erit. La base atticurge qui est ici décrite est celle dont on se sert quand on en met dans l'ordre dorique. Atticurge, au commencement du sixième chapitre du quatrième livre, signifie l'ordre corinthien ; mais ordinairement on appelle atticurges les colonnes carrées. Le mot grec signifie ouvrage athénien.

Superior torus. Le tore, en latin *torus*, signifie un lit, ou matelas, ou bourrelet. Les gros anneaux des bases sont ainsi appelés à cause de la ressemblance qu'ils ont avec le bord d'un matelas ou bourrelet. Les petits anneaux sont appelés astragales dans la base ionique.

Reliquæ tres æqualiter dividantur. La manière de prescrire les grandeurs des membres d'architecture, dont Vitruve se sert, est, ce me semble, plus certaine et plus facile que celle dont les modernes ont accoutumé d'user ; car ils partagent le module en un certain nombre de petites parties qu'ils appellent minutes, dont ils prennent ce qu'il faut pour chaque membre ; mais cela est incommode, en ce qu'il arrive souvent qu'il faut subdiviser ces minutes en beaucoup d'autres particules. Par exemple, ayant divisé la hauteur de la base atticurge, qui est un module en trente minutes, on en donne dix à la hauteur du plinthe, qui doit avoir le tiers de toute la base ; cinq au tore supérieur, qui est le quart des vingt qui restent ; sept et demi au tore d'en bas, qui est la moitié des quinze qui restent. Mais, pour donner aux filets de la scotie la septième partie qu'ils doivent avoir des sept et demi qui restent, il faut partager la demi-minute en sept, pour donner à chaque filet une minute, et une quatorzième partie de minute, ou quinze quatorzièmes ; et ainsi il s'ensuit que, pour ne point faire de fractions, il faudrait partager le module en quatre cent vingt minutes, pour en donner cent quarante au plinthe,

cent cinq au tore d'en bas, soixante dix au tore d'en haut, soixante-quinze à la scotie, et quinze à chaque filet.

Cum suis astragalis. En grec, *astragale* signifie *le talon*. On appelle ainsi en architecture les petits membres ronds, à cause de la rondeur du talon qu'ils imitent. On leur a aussi donné le nom de *chapelet*, parce qu'on les taille ordinairement en forme de petites boules enfilées ; mais le membre de moulure qu'on appelle vulgairement talon en français est tout autre chose que ce qu'on appelle *astragale*.

Et supercilio. La scotie est une gouttière ronde qui est terminée par deux petits filets ou carrés. Je suppose que *supercilium* signifie ici ce petit carré ou filet, parce qu'il s'avance sur la cavité de la scotie, de même que le sourcil a une saillie sur le creux de l'orbite de l'œil ; mais je crois qu'il faut lire *cum suo astragalo et superciliis*, au lieu de *cum suis astragalis et supercilio*, parce que *la moitié d'en haut*, dont il est parlé ici, a deux filets et n'a qu'un astragale, la moitié d'en bas étant composée des mêmes parties.

Il faut remarquer que cette base ionique que Vitruve décrit ici ne se trouve point avoir été exécutée par les anciens : les modernes qui l'ont voulu mettre en usage n'en ont pas été loués, à cause de la disproportion des parties qui la composent et de leur situation peu raisonnable, parce que la grosseur du tore, qui est sur des scoties et des astragales fort petits, les fait paraître trop faibles pour le soutenir. Au palais des Tuileries, bâti à Paris, il y a plus de cent ans, par la reine Catherine de Médicis, Philibert de Lorme, architecte français, a exécuté l'ordre ionique avec tant de justesse, et lui a donné une beauté si charmante, que ses colonnes font l'admiration de tous ceux qui ont du goût pour ces sortes de beautés ; mais personne n'a jamais pu louer les bases qui sont en cet ouvrage, suivant la manière que Vitruve a prescrite.

Astragali faciendi sunt octavæ partis trochili. Il faut entendre par la scotie toute cette moitié de ce qui reste après que le grand tore a été pris.

Projectura erit spiræ pars, etc. Cette saillie est pour chaque côté, qui est une confirmation de ce qui a été dit, savoir, que toute la base est plus large que la colonne d'un quart et d'une huitième partie de la colonne. Cela étant, il faut entendre *projectura erit spiræ*, comme s'il y avait *projectura spiræ erit*.

Columnæ... medianæ. Cet endroit est fort corrompu, et les exemplaires, tant manuscrits qu'imprimés, sont presque tous différents. La correction de Philander, que j'ai suivie, donne un sens raisonnable au discours ; mais la chose est étrange, en ce qu'étant de l'importance qu'elle est, il ne se trouve point qu'elle ait été pratiquée, n'y ayant aucune apparence que Vitruve veuille que tout le rétrécissement des colonnes soit en dehors, et que leur côté qui regarde le dedans du portique soit à plomb, et cela seulement aux ailes et non aux faces de devant et de derrière ; si ce n'est que les colonnes appelées *medianæ, du milieu*, et qui sont dites devoir être absolument à plomb, soient les colonnes qui sont aux porches, parce qu'elles sont entre le mur et les autres colonnes ; car en ce cas les colonnes qui sont aux faces auraient aussi tout leur rétrécissement en dehors, de même que les colonnes des ailes ; et cette structure, dont nous avons un exemple au temple de Tivoli, serait fort bonne pour soutenir la poussée des travées lorsqu'elle sont de pierre, à cause de la difficulté qui se rencontre à faire des cintres droits qui soient bien fermes, étant de plusieurs pierres ; ce que les anciens ne faisaient pas, parce que leurs architraves étaient d'une seule pierre qui posait sur deux colonnes ; ou bien ils les faisaient de bois quand les travées étaient fort larges, comme aux pseudodiptères, où le rang des colonnes du milieu est ôté. Aux Tutèles, à Bordeaux, les architraves étaient de plusieurs pierres, y ayant un sommier sur chaque colonne, de manière que deux sommiers soutenaient une pierre qui était au milieu : il est vrai qu'au droit de cette pierre du milieu le dessus était vide, n'y ayant ni frise ni corniches, mais seulement des piédroits formant les arcades.

Scapis columnarum statutis. On appelle *fût* le corps de la colonne qui est appuyé sur la base comme sur ses pieds, et qui soutient le chapiteau qui lui tient lieu de tête. Vitruve l'appelle *scapus* par une autre métaphore, et Baldus dit que c'est *translativum vocabulum a fustibus seu caulibus herbarum ad ipsas columnas;* c'est-à-dire que c'est comme la tige ou le tronc de la colonne; de sorte qu'il y a apparence que *fût* vient du latin *fustis,* qui signifie un bâton.

Si pulvinata erunt. J'ai traduit *s'il est en forme d'oreiller,* c'est-à-dire, si ce sont des chapiteaux ioniques, dans lesquels la partie qui va d'une volute à l'autre par le côté, et qu'on nomme le balustre, est appelée *pulvinus, oreiller,* à cause de sa forme, qui représente un oreiller posé sur le haut de la colonne.

Abacus. Autrefois, en France, le menu peuple ne se servait que d'assiettes de bois qui étaient carrées, qu'on appelait tailloirs, à cause qu'elles servaient particulièrement à tailler et à couper la viande. Les architectes ont donné ce nom à la partie des chapiteaux qui est appelée *abacus* par les anciens. *Abacus* était proprement ce que nous appelons un buffet, savoir, une petite table carrée, sur laquelle on posait les pots et les verres. *Abacus* signifie aussi un petit ais carré et fort poli, sur lequel on traçait des figures géométriques ou les caractères arithmétiques. En architecture, c'est la partie supérieure des chapiteaux qui sert comme de couvercle au vase ou tambour, lequel est la principale partie du chapiteau. Ce couvercle est parfaitement carré au chapiteau toscan, au dorique et à l'ionique antique; mais au corinthien, au composite et à l'ionique moderne, mis en œuvre par Michel-Ange et par Scamozzi, qui l'ont pris du temple de la Concorde et d'autres temples anciens, il est creusé et recoupé en dedans; ce qui fait qu'il n'est appelé *abaque* que parce qu'il est à la place où les autres ordres ont un véritable abaque. Le tailloir ou abaque dans l'ordre toscan est appelé plinthe au cinquième chapitre du quatrième livre, parce que, n'ayant point de cymaise comme les autres, il est carré comme le plinthe des bases.

Cum volutis ejus. Le chapiteau ionique, le composite et le corinthien ont des volutes qui représentent, à ce qu'on prétend, des écorces d'arbre desséchées et tortillées. Elles sont différentes de ces trois ordres; car celles de l'ionique, que Vitruve dit, au premier chapitre du quatrième livre, représenter les boucles des cheveux qui pendent des deux côtés du visage aux femmes, représentent aussi les deux coins de l'oreille dont il a été parlé. Les volutes dans les chapiteaux corinthiens sont d'une autre sorte, et bien plus petites que dans les chapiteaux ioniques; mais elles sont aussi en plus grand nombre, car il y en a seize à chaque chapiteau, au lieu qu'en l'ionique il n'y en a que quatre, et huit au composite.

Recedendum autem est ..... parte duodevigesima, et ejus dimidia. Les auteurs ne s'accordent point sur l'explication de cet endroit. La plupart, comme Alberti, Palladio, de Lorme, Bullant, Vignole et Goldmannus, prennent cette dix-huitième partie dans le diamètre du bas de la colonne, et ne font la retraite que de cette dix-huitième partie, sans parler de la demie. Serlio entend aussi que cette dix-huitième partie doit être prise dans le diamètre du bas de la colonne; mais il ajoute la demie; ce qui fait une si grande retraite, que la saillie de la cymaise du tailloir est énorme. Scamozzi, qui trouve aussi que les anciens, qui ont supprimé la demie, font une retraite trop petite, sans se mettre en peine d'expliquer le texte, fait sa retraite de la dix-huitième partie et du quart de la dix-huitième. Barbaro, qui, comme Scamozzi, n'approuve point la trop grande retraite de Serlio, ni la trop petite des autres architectes, la fait médiocre et un peu plus petite que celle de Scamozzi; et, pour trouver cette proportion dans le texte de Vitruve, il l'explique d'une manière assez étrange; car il interprète *parte duodevigesima,* qui sont les termes par lesquels Vitruve exprime cette dix-huitième partie, comme si le mot de *duodevigesima* était trois mots séparés, ou plutôt comme s'il y avait *partibus duabus de viginti.* Car dans sa dernière édition, qui est latine, lorsque pour expliquer le texte il le paraphrase, il dit *recedamus ab extremo abaco, duas partes et dimidiam ex illis viginti.* En sorte qu'il partage toute la largeur du tailloir en vingt parties, dont il prend deux et demie pour en faire un tout, dont il donne la moitié à chaque retraite : et cette proportion est, à la vérité, fort raisonnable, étant conforme aux ouvrages les plus approuvés; mais elle ne se trouve pas dans le texte de la manière qu'il l'explique.

C'est pourquoi, pour le mieux faire cadrer à cette proportion, qui est en effet la meilleure, et que Palladio, qui a beaucoup contribué au travail des commentaires de Barbaro, a faite, j'ai cru qu'il fallait supposer que le texte est corrompu en cet endroit comme en beaucoup d'autres, et qu'il y a grande apparence qu'un copiste a écrit *duodevigesima* pour *duodecima;* car il n'est pas croyable que Vitruve ait mis *duodevigesima* au lieu de *decima octava,* qu'il a mis deux lignes plus haut, sa manière n'étant point de chercher à varier ses phrases. Mais comme Vitruve ne dit point de quoi cette dix-huitième ou douzième partie est prise, j'ai cru que je pouvais me donner la liberté de la prendre dans la hauteur de tout le chapiteau; et il n'y a point de raison d'aller prendre cette partie dont il s'agit, comme font tous les interprètes, dans le diamètre du bas de la colonne, dont il ne s'agit plus. Mais ce qui rend encore cela plus vraisemblable, c'est que cette douzième partie et demie de la hauteur de tout le chapiteau fournit une retraite qui est pareille à celle que Barbaro a prise, et qui est conforme, à la plupart des ouvrages de l'antique, parce que l'une et l'autre est la huitième partie d'une même grandeur, puisqu'une partie et demie est la huitième partie de douze, de même que deux et demi sont la huitième partie de vingt; et la vérité étant ainsi que la hauteur de tout le chapiteau, que je divise en douze, est la moitié de la largeur du tailloir que Barbaro divise en vingt, et que les deux parties et demie qu'il prend dans cette largeur du tailloir pour les deux retraites font le même effet que la douzième partie et demie, que je prends dans la hauteur du chapiteau pour une retraite.

In quatuor partibus volutarum. Pour expliquer ce texte à la lettre, il faudrait dire : dans les quatre parties des volutes; mais il y a grande apparence qu'après avoir parlé des deux faces du chapiteau, dans chacune desquelles on doit tracer deux volutes, il faut que ces quatre parties des volutes signifient les quatre endroits où doivent être les quatre volutes du chapiteau.

Secundum extremi abaci quadram. Le mot *quadra* signifie proprement tout le tailloir; mais il est assez souvent pris, comme ici, pour le filet, listeau, ou petit carré d'une moulure ou d'une base, ainsi qu'en ce même chapitre, lorsqu'il est parlé de la base atticurge. J'ai interprété *extremi abaci quadram, le listeau qui est au bas du tailloir,* parce que Vitruve ne fait pas servir cette ligne seulement pour être le milieu de l'œil de la volute, quand il la retire *ab extremo abaco,* c'est-à-dire du coin du tailloir, mais aussi pour être partagée en neuf parties et demie, d'où se prennent les proportions de la volute.

Lineæ... quæ catheti dicuntur. Pour plus de clarté, il aurait fallu dire seulement une ligne, parce que ces lignes sont pour quatre volutes qui sont à chaque chapiteau, et que Vitruve n'enseigne à tracer qu'une volute. Le peu d'exactitude que notre auteur a pour ces choses le rend obscur en beaucoup d'endroits; car ici, par exemple, s'il avait toujours suivi cette méthode d'exprimer les choses qui sont doubles par le pluriel, il n'aurait pas parlé de l'œil de la volute au singulier, puisqu'il y en a deux à chaque face du chapiteau ionique.

Tunc ab linea, quæ secundum abaci extremam partem, etc. Cette seconde ligne que Vitruve fait tracer à côté de la cathète est manifestement inutile; car elle ne peut servir qu'à régler la largeur de l'œil, qui est d'ailleurs assez bien définie quand il est dit qu'il doit avoir de diamètre une des neuf parties qui font la division de tout le chapiteau, à prendre à l'extrémité du filet ou listeau qui est au haut du tailloir.

Unius et dimidiatæ partis. J'ai suivi la correction de Goldmannus, qui ôte la particule *et*.

In singulis tetrantorum actionibus. Je lis *in singulis tetrantorum anconibus*, non pas *in singulis retrantorum actionibus*, ainsi qu'il y a dans le texte, qui n'a aucun sens; au lieu que *anconibus* en a un fort bon, en expliquant *ancon retrantorum*, le centre de chaque quartier, parce que *ancon*, qui est l'angle d'un quartier, peut être appelé son centre.

Dimidiatum oculi spatium minuatur. Cet endroit, qui est fort obscur, de même que tout le reste de la description du chapiteau ionique, a donné bien de la peine aux interprètes et aux architectes. Il n'y a que Philander qui n'y trouve point de difficulté; mais l'explication qu'il donne est encore moins intelligible que le texte, quand il veut qu'on trace les quatre quartiers de la volute, en laissant toujours le pied du compas immobile au milieu de l'œil. Car cela n'est pas aller en diminuant dans l'espace de la moitié de l'œil, comme Vitruve l'a ordonné.

Philibert de Lorme prétend être le premier qui a trouvé la manière de placer dans l'œil de la volute les centres différents qui servent à la tracer. Il dit qu'il a établi la règle de cette diminution de l'œil sur un ancien chapiteau ionique qui est dans l'église de Notre-Dame au delà du Tibre; que ce chapiteau a encore une face qui n'est point achevée, et où la volute est seulement tracée, en sorte qu'on peut voir dans l'œil les centres marqués pour former les différents contours de la volute.

Néanmoins Palladio et Barbaro avaient déjà suivi cette méthode avant lui, qui est de tracer dans le cercle de l'œil de la volute un carré qui, étant partagé en quatre, et chaque ligne qui va du milieu d'un côtés du carré à l'autre, savoir, depuis 1 jusqu'à 3 et depuis 2 jusqu'à 4, étant partagée en six, donne les douze centres qui sont nécessaires pour tracer les quatre quartiers de la volute.

Dimidiatum oculi spatium. Les anciens grammairiens ont fait un grand mystère de la différence qu'il y a entre *dimidium* et *dimidiatum*. M. Varron et Aulu-Gelle ont dit beaucoup de choses sur ce sujet, qui sont assez obscures, et qu'il y a apparence que Vitruve n'a jamais sues, lui qui fait profession de n'être pas grammairien. De sorte que je crois que *dimidiatum spatium*, qui, suivant ces grammairiens, signifie un espace dont on a ôté la moitié, n'est point ici autre chose que *dimidium spatii*; en sorte qu'il croit qu'on doit tracer un carré qui soit de la grandeur du demi-diamètre de l'œil, et le placer à côté de la cathète, pour prendre dans ce carré les vingt-quatre centres; mais outre qu'il y a quelques centres, savoir le 2 et le 3, qui sont hors cette moitié de l'espace de l'œil, dans lequel généralement tous les auteurs ont estimé qu'ils doivent être placés, il y a encore cela à redire, que le contour de la volute ne va pas en diminuant avec une proportion si égale qu'en la volute de de Lorme.

Mais, pour faire mieux cadrer cette manière de de Lorme au texte, qui veut que la diminution soit faite dans la moitié de l'espace de l'œil, il faut, au lieu du carré qui, dans l'œil de la volute de de Lorme, va jusqu'à la circonférence du cercle de l'œil, en faire un qui n'ait que la moitié du diamètre de l'œil, de même que celui de Goldmannus, mais qui soit placé au milieu de l'œil. Car ce carré ainsi placé sera *dimidiatum oculi spatium*, aussi bien que celui de Goldmannus qui est à côté; mais la volute en sera mieux tournée et ira plus également en diminuant, ainsi qu'il a été dit.

Alberti et Serlio ont une autre manière de placer les centres dans l'œil de la volute, qui est bien plus aisée que la nôtre. Mais leur volute n'est pas si bien arrondie que celle de Vitruve. Ils partagent la cathète de l'œil en six, et, mettant le pied immobile du compas sur le premier point, et l'autre sous l'abaque, ils tracent un demi-cercle qui fait les deux premiers quartiers, et, le mettant ensuite sur le point 2, ils tracent l'autre demi-cercle qui fait le troisième et le quatrième quartier; et puis le mettant sur le point 3, ils tracent le cinquième et le sixième, et ainsi le reste. Jean Bullant enseigne aussi cette méthode d'Alberti et de Serlio, quoique ses figures soient selon la méthode de Lorme, de Barbaro et de Palladio, qui, à mon avis, est celle de Vitruve.

Infra astragalum. Il s'ensuit de là que l'astragale doit répondre directement à l'œil de la volute; ce que Vignole, Serlio, Barbaro, et l'auteur du chapiteau du temple de la Fortune Virile, n'ont pas observé, ayant mis l'œil plus haut que l'astraga.

Astragalum summi scapi. J'interprète ces mots *l'astragale du haut de la colonne*. Et cet endroit me semble remarquable, parce qu'il peut servir à réfuter l'opinion de ceux qui estiment que l'astragale du haut de la colonne ionique appartient au chapiteau, et non pas au fût de la colonne. Ils se fondent peut-être sur ce qu'il est dit ci-après, au premier chapitre du quatrième livre, que le chapiteau ionique est de la troisième partie du diamètre de la colonne; ce qui ne peut être, si on n'y comprend l'astragale. On peut encore appuyer cette opinion, sur ce que cet astragale est ordinairement taillé en chapelet, et que la taille appartient au chapiteau. Mais la vérité est qu'il y a dans l'antique des chapiteaux ioniques, comme au théâtre de Marcellus, où l'astragale n'est point taillé; et il est à remarquer que plusieurs des modernes, comme Barbaro, Vignole, de Lorme et Scamozzi, ne l'ont point taillé. Quoi qu'il en soit, ce texte, qui attribue ici l'astragale au fût de la colonne, est plus exprès que celui qui ne le donne au chapiteau que par une conséquence.

Cymatio. Ce membre d'architecture est autrement appelé en français *quart de rond*, à cause de sa figure, et quelquefois *échine*, du mot grec *echinos*, qui signifie un hérisson, parce que ce membre, lorsqu'il est taillé de sculpture, a quelque chose qui approche de la forme d'une châtaigne à demi-enfermée dans son écorce piquante, qui ressemble à un hérisson. Les Italiens, qui ont trouvé que ces ovales que l'on taille dans le quart de rond, et qui, selon les anciens, représentaient les châtaignes dans leurs coques entr'ouvertes, ressemblaient mieux à des œufs, ont appelé ce membre *vovolo*. Or, bien que dans le texte il y ait *cymation*, j'ai traduit *ove* pour éviter la confusion; car l'ove, qui est assurément le membre de moulure dont Vitruve veut parler, aurait été mal exprimé par celui de cymaise, qui est trop général et qui a beaucoup d'espèces, du nombre desquelles l'échine ou quart de rond est, ainsi qu'il a été dit. Cependant il y a sujet de s'étonner de ce que Vitruve appelle toujours ce membre d'architecture *echinos* dans les chapiteaux dorique et toscan, où ils sont rarement taillés, et par conséquent peu ressemblants à des châtaignes ou hérissons, et qu'il ne l'appelle que *cymation* dans le chapiteau ionique, où il est toujours taillé.

Canali. Il faut que *canalis* soit l'enfonçure qui est un

peu creusée dans la volute, suivant la proportion dont il sera parlé ci-après.

Pulvinorum baltei. J'ai ajouté le mot *latérale*, qui n'est point dans le texte, mais qui semble être compris et enfermé dans le mot de *pulvinus*, qui signifie un oreiller; parce qu'il est constant que ce qui ressemble à un oreiller dans le chapiteau ionique est sa partie latérale, qui est ordinairement appelée le balustre.

Uti circini centrum, etc. Cet endroit est difficile, parce qu'il manque quelque chose au texte. Mais ce que le texte veut dire est si clair, que j'ai cru qu'il me serait permis de suppléer ce qui y manque. Ce qu'il y a de clair et de certain est que le diamètre de cette ceinture, dont il s'agit, se prend avec un compas, depuis le centre de l'œil jusqu'à l'extrémité de l'ove; car le texte dit : *ut circini centrum unum cum sit positum in capituli tetrante, et alterum diducatur ad extremum cymatium.* Il est encore certain que, pour décrire cette ceinture, il ne faut pas laisser le pied immobile du compas au centre de l'œil; car il faut que la ceinture commence sous le tailloir, et aille finir au-dessous, de l'astragale. Le peu de mots que j'ai ajouté n'est pas suffisant pour expliquer tout cela bien nettement, mais il sert seulement pour donner quelque sens au texte; car ces mots que j'ajoute, qui sont, *et par le moyen de cette mesure*, font entendre qu'on ne met un pied du compas au centre de l'œil, et l'autre à l'extrémité de l'ove, que pour lui donner l'ouverture qui doit définir la grandeur de la ceinture.

Circumactum balteorum extremas partes tangat. Dans ce que nous avons d'ionique dans l'antique, qui est le théâtre de Marcellus, le temple de la Fortune Virile, et le Colisée, cette ceinture n'a point un contour qui puisse être décrit avec un seul trait de compas, étant fort approchant du contour de la cymaise. Sa descente n'est point non plus terminée au-dessus de l'astragale; car avant que de venir là, elle descend jusqu'au droit du dessous de l'astragale au temple de la Fortune Virile, et encore plus bas au théâtre de Marcellus, pour de là remonter au-dessus de l'astragale.

Axes volutarum. Les interprètes expliquent bien diversement ce que c'est que l'axe des volutes. Barbaro croit que c'est l'œil même; mais Vitruve dit que l'axe doit être grand comme l'œil; ce qui fait voir que l'axe n'est point l'œil. Goldmannus prend l'axe pour le rebord que la volute a en sa face; mais ce rebord n'a de grosseur que la moitié de l'œil : c'est pourquoi il y a apparence qu'à la vérité l'axe est ce rebord de la volute; mais parce qu'il a deux largeurs, l'une qui est en la face de la volute, et l'autre qui est à son côté, je crois que la largeur dont parle Vitruve ne se doit point entendre de la partie qui est en la face, parce que, comme il a été dit, elle n'est que de la moitié de l'œil, qu'elle va toujours en diminuant à mesure que la volute approche de l'œil, et ainsi qu'elle n'a point de largeur certaine, mais qu'elle se doit entendre de la partie qui est à côté, laquelle en effet est fort approchante de la largeur de l'œil dans les ouvrages antiques, et qui ne s'étrécit point, mais conserve une même largeur.

Il faut remarquer que Vitruve a mis le mot d'*axis*, qui signifie un *essieu*, pour *curvatura rotæ*, qui signifie la *jante*. Il y a apparence que Palladio n'a pas, non plus que les autres, entendu l'axe comme nous; car dans sa volute ionique, qu'il a figurée en grand, il fait ce que nous appelons l'axe plus grand que l'œil d'une septième partie.

Uti altitudinis habeant latitudinis suæ duodecimam partem. J'entends que la largeur de chaque écorce ou canal qui compose la volute soit divisée en douze parties, savoir, depuis six jusqu'à huit, et que ce canal ne soit point plus creux que cette douzième partie; en sorte qu'à mesure que le canal s'étrécit, il soit aussi moins creux, étant toujours de la douzième.

Quæ columnæ futuræ sunt. Tous les exemplaires ont *quæ columnæ futuræ sunt*; je lis *quum columnæ*; le sens semble demander cela, et il a été facile de changer *quum* en *quæ*.

Quæ supra erunt reliquæ, habebunt ad eundem modum symmetrias. Cet endroit est obscur, et l'on ne saurait qu'entrevoir ce que Vitruve veut dire. Le texte est tel : *Hæ erunt symmetriæ capitulorum, quum columnæ futuræ sunt ab minimo ad pedes* 15. *Quæ supra erunt reliqua, habebunt ad eundem modum symmetrias.* Cela signifie, à la lettre, que les autres parties qui sont posées sur les chapiteaux, savoir, les architraves, les frises et les corniches, doivent avoir leurs proportions de même que les chapiteaux ont les leurs. Mais cela ne dit rien ; de sorte qu'il y a apparence qu'au lieu de *reliqua*, il faut lire *reliquæ*, *scilicet columnæ* : cela néanmoins peut encore signifier deux choses ; la première est que les proportions qui ont été données sont pour le chapiteau des colonnes de quinze pieds, et que celles qui seront au-dessus de quinze pieds auront les mêmes proportions. Mais cette interprétation ne saurait s'accorder avec ce qui suit, parce qu'il est dit immédiatement après que les chapiteaux des grandes colonnes doivent être plus grands que ceux des petites. La seconde interprétation, que j'estime meilleure, est que les colonnes qui auront plus de quinze pieds demanderont des proportions de la même manière, c'est-à-dire, des proportions qui soient convenables à des colonnes, par exemple, de vingt, trente, quarante ou cinquante pieds, de même que les proportions qui ont été données sont convenables à des colonnes de quinze pieds ; car quand il est dit que le tailloir doit quelquefois avoir jusqu'à une neuvième partie de large plus que le diamètre du bas de la colonne, savoir, lorsque les colonnes sont beaucoup au-dessus de quinze pieds, il s'ensuit de là qu'on doit quelquefois changer les proportions du chapiteau, et que de même que le tailloir, qui, dans une colonne de quinze pieds, n'a qu'une dix-huitième partie d'ajoutée au diamètre du bas de la colonne, en doit avoir quelquefois une neuvième, quand la colonne est plus grande et qu'elle est moins diminuée par le haut : il faut aussi en ce cas augmenter les largeurs des autres parties.

Or, ma pensée est que la règle de cet élargissement du chapiteau ionique doit être prise sur la largeur du haut de la colonne, c'est-à-dire que le chapiteau doit être plus large aux grandes colonnes à proportion qu'elles sont plus larges par en haut, lorsque leur grandeur demande qu'elles aient moins de diminution.

À la vérité un précepte de cette importance aurait mérité que Vitruve l'eût expliqué un peu plus clairement ; mais cet ouvrage ne fournit que trop d'exemples de la négligence que son auteur a eue en de pareilles rencontres.

Quam crassa columna est ima. J'ai ajouté *quelquefois*, bien qu'il ne soit pas dans le texte, où il y a simplement : *abacus autem erit longus et latus quam crassa columna est ima, adjecta parte nona.* Je l'ai fait pour une plus grande clarté, et parce qu'il est vrai que cette neuvième partie ne doit pas toujours être ajoutée, puisqu'il a été dit ci-devant que, dans les colonnes de quinze pieds, il ne faut ajouter qu'une dix-huitième partie du diamètre du bas de la colonne.

Capitulis perfectis..... collocatis. Cet endroit est manifestement corrompu ; le texte a, *capitulis perfectis deinde in summis columnarum scapis non ad libettam, sed ad æqualem modulum collocatis ;* car la suite du discours fait aisément comprendre que ce qui est dit des chapiteaux, savoir, qu'ils ne doivent pas être tout d'une venue, qu'il a été dit ci-devant que, d'après *scapis* il faut ajouter ces mots, *cum epistyliis*, et poursuivre, *non ad libettam*, etc. ; ce qui donne un sens raisonnable, qui est que Vitruve veut que les architraves soient *interrompus et recoupés* quand les piédestaux le sont en manière d'escabeaux, comme il a été dit. Il se voit pourtant peu d'exemples de ce recoupement des architraves, même quand les piédestaux sont interrompus, si ce n'est quand les colonnes sont seules et fort éloignées les unes des autres, comme aux arcs de triomphe, où un entablement continu qui passerait sur les arcades aurait mauvaise grâce, étant mal soutenu et ayant une trop grande portée.

Ad œqualem modulum. J'interprète ces mots *selon une manière égale*, parce que le mot de *module* n'aurait rien signifié de convenable à la chose dont il s'agit; et il se pourrait bien qu'il y eût faute, et qu'il fallût lire *ad œqualem modum*.

Symmetria epistyliorum. Le mot de *symmetria* signifie ici ce que symétrie signifie en français, savoir, un rapport de parité, et non pas un rapport de proportion ou de raison; car le sens est que les architraves auront des saillies de même que les piédestaux, afin que la symétrie soit observée; car pour ce qui appartient à la proportion que les architraves doivent avoir suivant la différente grandeur des colonnes, qui est proprement ce qui est signifié par le mot latin *symmetria*, Vitruve l'explique ici par le mot *ratio*, en disant: *epistyliorum ratio sic est habenda*.

Or, cette proportion des architraves, de la manière que Vitruve la donne ici, qui est de diminuer leur hauteur, et par conséquent celle de tout le reste de l'entablement, à proportion que les colonnes sont petites, cela ne se trouve point avoir été pratiqué dans les restes que nous avons de l'antiquité, où quelquefois les petites colonnes ont leur entablement beaucoup plus grand à proportion, ainsi qu'il se voit au Panthéon, où les colonnes du portique, qui sont quatre fois plus grandes que celles des autels, ont l'entablement beaucoup plus petit à proportion.

Epistyliorum ratio sic est habenda. Il n'est point parlé de la mesure des autres parties de l'entablement, parce que les anciens les supprimaient souvent lorsqu'elles sont inutiles, comme dans les dedans, où les corniches ne font qu'offusquer la lumière, et empêcher qu'on ne voie ce qui est au-dessus. Cela est distinctement prescrit au premier chapitre du cinquième livre pour la basilique de Fano, et au cinquième chapitre du sixième livre pour les salles égyptiennes. La même chose se pratiquait aussi dans les dehors quand les colonnes ne soutenaient pas l'entablement de la couverture, ainsi qu'il se voit au premier chapitre du cinquième livre, où Vitruve décrit les places publiques, aux portiques desquelles il ne met que des architraves sur les colonnes d'en bas, parce qu'elles soutenaient des galeries, et que la corniche était réservée pour les colonnes du second ordre, qui soutenaient l'entablement de la couverture.

Quo altius enim scandit oculi species. Vitruve attribue à l'épaisseur de l'air la diminution des choses élevées, qui ne dépend que de l'angle des rayons visuels, qui est plus petit lorsque les objets sont éloignés; car l'épaisseur de l'air ne diminue et ne change que le coloris, et non pas la figure des choses. Les lunettes d'approche font voir cette vérité bien clairement; car, lorsqu'elles agrandissent de beaucoup les choses qui sont fort éloignées, elles ne changent point la couleur bleue et semblable à un nuage qui paraît aux choses éloignées.

Aut etiam ipsa colossicoteram habeant magnitudinum rationem. J'ai interprété *opera colossicotera*, *des ouvrages d'une grandeur énorme*, et non pas *des ouvrages colossaux*, parce que colossal en français ne se dit que des statues, et non pas des architraves, corniches et autres parties de l'architecture. J'ai aussi considéré que le mot de colosse, en grec et en latin, n'est point un mot primitif pour signifier une grande statue, ainsi que quelques-uns estiment; mais qu'il est dérivé du mot κόλον, qui, selon Eusthatius, signifie quelquefois grand, ou de κῶλον, qui signifie un membre, de même que *membrosus* en latin et *membru* en français signifie grand et puissant. C'est pourquoi j'ai cru devoir interpréter ce mot selon sa propre et première étymologie.

Summum, quantus imus scapus. Cette saillie du haut de l'architrave est bien petite, et il ne s'en voit point d'exemple dans les ouvrages approuvés; de sorte qu'il semblerait que le haut de l'architrave se devrait entendre de la face supérieure, sans comprendre sa cymaise, parce que les anciens ont donné à cette face supérieure une saillie qui est à peu près toujours égale au nu du bas de la colonne, outre qu'il est parlé ensuite de la saillie de la cymaise de l'architrave à part.

Zophorus supra epistylium. La partie qui est entre l'architrave et la corniche est appelée par les Grecs *zophoros*, c'est-à-dire qui porte des figures d'animaux, à cause que cette partie est ordinairement ornée de sculpture. Philander croit que notre mot de *frise* signifie la même chose, par la raison de l'étymologie; son opinion étant que le mot français *frise* vient du latin *phygio*, qui signifie *un brodeur*, parce que les brodeurs représentent à l'aiguille des animaux, des plantes, et toutes les autres choses dont on orne les frises.

Media fascia. On appelle communément face cette partie de l'architrave que Vitruve appelle ici *fascia*, qui signifie en latin une bandelette: ce mot exprime assez bien la chose, parce que les trois faces des architraves, qui sont de différentes largeurs, ressemblent en quelque façon à des bandes ou rubans qui sont étendus. Cela fait qu'on l'appelle quelquefois *bande*. Pour ce qui est des proportions du denticule, celle que Vitruve donne à sa saillie, qu'il fait égale à la hauteur, n'est observée que rarement dans les bâtiments les plus estimés; car, hormis le temple de la Fortune Virile et le temple de la Paix, la saillie est toujours plus petite que la hauteur.

Μετόχη. Ce mot, que Vitruve a écrit en grec, ne se trouve point ailleurs que dans son livre avec la signification qu'il lui donne, savoir, de la *coupure* du denticule; car *métoché* signifie seulement participation. Laët trouve dans un manuscrit, au lieu de *métoché*, *metatome*, qui signifie coupure.

Hujus cymatium altitudinis ejus sextam partem. Cette cymaise, qui doit être posée sur le denticule, est si petite qu'il est impossible de ne pas soupçonner cet endroit d'être corrompu; et il est aisé de juger que le nombre étant écrit en chiffre, un copiste a pris facilement le nombre de trois marqué XII, pour VI. Cela se voit fort souvent dans les médailles anciennes, où le nombre de cinq est ainsi marqué par deux I qui s'approchent un peu, mais qui ne sont pas tout à fait joints par le bas. La même faute se rencontre encore au sixième chapitre du quatrième livre, où il est parlé de la cymaise du chambranle de la porte dorique.

Corona cum suo cymatio. J'ai interprété jusqu'à présent le mot de *corona* par celui de *corniche*, pour plus grande clarté, parce que *corona* signifie en général une corniche, quoique ce n'en soit qu'une partie, savoir, celle que l'on appelle *larmier* ou *la mouchette*. Mais parce qu'il ne s'agit ici que de cette partie de la corniche, il ne fallait pas la confondre avec les autres dans un mot qui leur appartient également à toutes.

Cum suo cymatio. J'ai ajouté *petite*, qui n'est point dans le texte, pour distinguer les deux cymaises qui sont l'une sur l'autre au haut des grandes colonnes, dont la dernière, qui est ordinairement la plus grande, est la doucine, et la petite qu'elle a dessous soi est le talon; mais je n'ai pu leur donner ces noms particuliers, parce que les grandes corniches ne sont pas toujours de cette sorte, et que quelquefois au lieu du talon on met l'astragale;

quelquefois, comme au portique du Panthéon, il n'y a qu'un filet, qui, avec son congé, tient lieu de la petite cymaise.

Præter simam. Il a fallu encore ajouter le mot de *grande*, pour l'opposer à la petite. Vitruve l'appelle ci-après *la dernière simaise* pour cette même raison. Or, la signification du mot *sima*, qui est grec et latin, est assez ambiguë dans l'une et dans l'autre langue, aussi bien que celui de *camus*, qui est le mot français. Car de même que *camus*, qui est une figure qui s'attribue proprement au nez, signifie indifféremment le raccourcissement, l'aplatissement et l'enfonçure de cette partie, *simus* aussi signifie quelquefois retroussé comme au nez des chèvres et des moutons, quelquefois aplati comme au nez des hommes, dans lesquels *simitas* est toujours entendu aplatissement par les grammairiens, qui la définissent *narium depressionem*; quelquefois elle signifie l'enfonçure dans les autres choses dans lesquelles souvent *simum* est opposé à *gibbum*. Ainsi, dans Galien, la partie cave du foie est appelée *sima hepatos*.

Le peu de certitude qu'il y a dans toutes ces significations fait qu'il serait malaisé de dire ce que Vitruve entend par *simam*, si la chose n'était claire d'elle-même; car il est difficile de trouver, dans toutes les manières dont le *simus* se peut entendre, quelque chose qui ressemble à la saillie considérable que l'on donne à l'espèce de cymaise dont il s'agit ici, qui est celle qui termine les grandes corniches, et qu'on appelle communément *doucine* ou *cymaise renversée*. Pour distinguer cette cymaise des autres, je l'ai écrite *simaise* avec une *s* et sans *y*, suivant l'étymologie de l'une et de l'autre.

Ad summum coronæ cymatium. Ce que Vitruve appelle ici *summum coronæ cymatium* n'est rien autre chose que ce qu'il a un peu auparavant appelé du nom de *sima*, dont il se sert encore ensuite plusieurs fois, selon la distinction qui a déjà été remarquée, et suivant la différence qu'il y a entre *cymaise* et *simaise*, qu'il n'a pas néanmoins suivie en cet endroit, où il l'appelle *summum coronæ cymatium*.

Et omnino omnes ecphoræ. Cette égalité de saillie et de hauteur ne se trouve point pratiquée dans tous les membres d'architecture; car il est constant que les saillies des faces d'un architrave et celles d'un denticule, ainsi qu'il a déjà été dit, sont beaucoup moindres que leur hauteur. Il y a des architectes qui prétendent que les saillies des corniches doivent surpasser leurs hauteurs dans les grandes et énormes masses d'ouvrages; ce qui ne me semble point avoir de fondement dans l'optique, parce que les œuvres colossales ayant une plus grande élévation au-dessus de l'œil, elles augmentent davantage l'apparence des saillies, en élargissant les angles qu'elles font dans l'œil.

Tympani. Tympanum signifie ici le dedans du fronton; il a d'autres significations ailleurs dans Vitruve; car, en matière de menuiserie, c'est un panneau; en horlogerie, c'est une roue dentelée; en hydraulique, c'est une roue creuse. Il signifie en français un tambour; et il y a apparence qu'il est ainsi appelé dans les frontons, parce qu'il semble que cette partie soit tendue par les corniches qui composent le fronton, de même que la peau l'est sur les bords de la caisse d'un tambour.

Et ex eis una pars in medio cacumine tympani constituatur. Il y a peu d'exemples de frontons si abaissés; car, si l'on en croit Scamozzi, celui que décrit Vitruve l'est trop de la moitié; de sorte qu'au lieu de l'une des neuf parties, il voudrait en mettre deux. Mais il faut considérer que Scamozzi entend que Vitruve parle de la hauteur de tout le fronton, et la vérité est qu'il ne parle que de celle du tympan, à laquelle il faut ajouter l'épaisseur de la corniche pour faire le fronton entier, pour lequel Scamozzi entend qu'il faut les deux neuvièmes dont il s'a-

git: et encore cela n'est vrai que dans les frontons qui ont été faits depuis le temps de Vitruve, car on peut juger, par ceux qui se voient encore en la plupart des ruines de la Grèce, que du temps de Vitruve ils étaient de la proportion qui est ici prescrite.

Simæ, quas Græci ἐπωτίδας, dicunt. Vitruve appelle *simas* les simaises qui sont au haut de la grande corniche : il dit que les Grecs les appelaient *epotidas*, c'est-à-dire mises au-dessus et au plus haut, parce que les cymaises qu'il appelle *cymatia* n'étaient point au-dessus d'autres cymaises, mais seulement au haut de la corniche du piédestal au haut de l'architrave, et dans la grande corniche au-dessous de la grande simaise.

Acroteria angularia. Acrotère, généralement chez les anciens, signifie en grec toute extrémité du corps, comme sont dans les animaux le nez, les oreilles et les doigts; et dans les bâtiments les amortissements des toits, de même que dans les navires les éperons qu'ils appelaient *rostres*. Dans les édifices, les acrotères sont particulièrement des piédestaux qui étaient mis au milieu et aux côtés des frontons, pour soutenir des statues.

Membra omnia. Cela est fait suivant les raisons qui sont déduites au deuxième chapitre du sixième livre. Scamozzi dit que tout cela n'est qu'une chicane de perspective.

Ita quo longior visus lineæ in superiorem partem procedit, resupinatam, etc. Cela n'est point encore vrai; car il est certain que si on regarde, par exemple, en haut, étant au milieu de deux tours, plus elles seront hautes et plus elles paraîtront s'approcher par en haut l'une de l'autre, et par conséquent s'incliner au-devant.

Columnarum striæ faciendæ sunt XXIV. Ces cannelures sont des demi-canaux qui sont creusés du haut en bas, le long et tout autour des colonnes, au nombre de vingt-quatre et quelquefois davantage. Turnèbe et Baldus veulent qu'au lieu du mot grec *striges*, qui signifie *de petits canaux*, il y ait *strigiles*, qui en latin signifie des *étrilles*; parce que les étrilles avec lesquelles les anciens se raclaient la peau dans les bains étaient faites comme de petits canaux. Mais il y a raison de croire que les cannelures peuvent être appelées *striges*, sans aller chercher le mot de *strigiles*, qui vient de *striges*.

Uti norma.... conjecta. C'est-à-dire qu'il faut que les cannelures soient profondes de la moitié de leur largeur, et que cette profondeur aille en diminuant vers le haut de la colonne, de même que les cannelures vont aussi en s'étrécissant.

Circumacta anconibus. Je traduis *ancones* par *ses deux branches*, à cause que la chose est claire; autrement le mot est ambigu; car *ancon* est proprement le pli du coude, et généralement il signifie tout ce qui fait un pli ou angle par la rencontre de deux lignes; de sorte que dans *ancon* on peut considérer deux choses, savoir, les lignes ou branches qui se rencontrent, et le point de l'angle. Vitruve appelle quelquefois *ancones* ce point seul, ainsi qu'il a été remarqué ci-devant, quand il est parlé *de anconibus tetrantorum*; quelquefois ce sont les deux branches, comme en cet endroit.

Striarum dextra ac sinistra tangat. Les cannelures sont composées de deux parties, savoir, de *strix* et de *stria*. *Strix* est la cavité du demi-canal; *stria* est l'éminence carrée qui est à chaque côté de la cavité. *Stria* est ainsi appelé du mot *stringere*, qui signifie *resserrer*, parce qu'il semble qu'elle soit comme un pli qui fait élever une étoffe à l'endroit où elle est serrée; et en effet on dit que la première origine de cette invention a été prise sur les plis des vêtements des femmes, comme il sera dit au premier chapitre du quatrième livre.

Crassitudines striarum. Cet endroit est bien remarquable pour prouver que le renflement des colonnes était dans un usage bien établi du temps de Vitruve.

Uti singula singulis mediis tegulis respondeant. Je n'interprète point *tegula* des tuiles, parce que ce que nous appelons tuile en français signifie seulement les carreaux ou canaux de terre cuite dont on couvre les maisons, et non pas généralement, ainsi que *tegula*, tout ce qui peut être employé à cela, comme ardoise, pierres plates, lames de plomb ou de cuivre, etc. Or, le sens demande ici que *tegula* signifie autre chose que tuile, parce qu'il s'agit de faire que les parties du toit le long desquelles l'eau coule en plus grande quantité, soient au droit des têtes de lion; ce que les grandes pierres ou les lames de plomb dont on couvre les grands édifices font fort bien, étant des *tegulæ* disposées par rangs de haut en bas, lesquelles font des rebords à droite et à gauche qui amassent l'eau dans leur milieu, ce que des tuiles ordinaires ne font point, parce qu'elles composent une couverture uniforme, qui fait couler l'eau également partout. Palladio n'a pas observé ce précepte de Vitruve dans ses temples anciens, qu'il couvre de grandes pierres plates; car leurs milieux répondent entre les colonnes et non au droit des têtes de lion, par lesquelles l'eau doit s'écouler; car, bien qu'il n'y ait que les têtes de lion que l'on met au droit du milieu des colonnes, qui soient percées pour jeter l'eau, la symétrie demande que toutes les pierres qui font la couverture se rapportent partout d'une même façon aux têtes de lion.

LIVRE IV.

De earum generum varietate. Vitruve parle, dans le troisième livre, des genres des temples en deux manières. Dans le premier chapitre, il a traité des genres qui appartiennent particulièrement aux temples, dont il a fait sept espèces, qui sont celui à antes, le prostyle, l'amphiprostyle, le périptère, le pseudodiptère, le diptère et l'hypœthre; établissant leurs différences sur les diverses dispositions de leurs parties, qui sont le dedans du temple, le *pronaos*, le *posticum* et les colonnes, sans avoir égard aux proportions des colonnes, ni à leurs ornements. Dans le deuxième et le troisième chapitre, il a parlé des genres qui sont communs aux temples et aux autres édifices, qu'il a encore divisés en deux espèces, dont les différences sont prises de la disposition ou de la proportion des colonnes. Suivant les différentes dispositions des colonnes, il a fait cinq espèces d'édifices, établies sur les différences des entre-colonnements, qui sont le pycnostyle, le systyle, le diastyle, l'aræostyle et l'eustyle. Des différences de la proportion des parties des colonnes, et de leurs ornements, il a fait trois autres espèces, que les architectes ont appelées ordres, qui sont, le dorique, l'ionique et le corinthien.

L'ordre d'architecture, suivant cette division de genre d'architecture, peut être défini une règle pour la proportion des colonnes, et pour le caractère et la figure de certaines parties qui leur conviennent, selon les proportions différentes qu'elles ont. La proportion des colonnes prend ses différences de leur grossièreté ou de leur délicatesse; et la figure des membres particuliers qui leur conviennent suivant leurs proportions prend ses différences de la simplicité ou de la richesse des ornements de leurs chapiteaux, de leurs bases, de leurs cannelures et de leurs modillons ou mutules. Ainsi, dans les trois ordres, le dorique, qui est le plus massif, a dans toutes ses parties une grossièreté et une simplicité qui le distinguent des autres; car son chapiteau n'a ni volutes, ni feuillages, ni caulicoles; sa base, quand on lui en donne une, est composée de tores fort gros, sans astragales et avec une seule scotie; ses cannelures sont plates, et en moindre nombre qu'aux autres ordres; et ses mutules ne sont que comme un simple tailloir sans console et sans feuillage. Au contraire, le corinthien a, dans son chapiteau, plusieurs ornements délicats, que la sculpture lui donne en y taillant deux rangs de belles feuilles au nombre de seize, d'où sortent autant de petites branches ou caulicoles, recouvertes par autant de volutes. Sa base, du moins celle que les modernes ont inventée depuis Vitruve, est enrichie de deux astragales et d'une double scotie, qui sont des parties qui manquent à la base attique, qu'on donne ordinairement à l'ordre dorique; et ses modillons sont délicatement taillés en consoles, qui sont ornés de feuillages pareils à ceux du chapiteau. Les ornements de l'ordre ionique sont moyens entre les extrémités des deux autres ordres, sa base étant par le bas sans tore, son chapiteau n'ayant point de feuilles, et sa corniche n'ayant que des denticules, ou bien des modillons.

Chap. I. *Tertia pars crassitudinis columnarum.* Il faut entendre que cette hauteur du chapiteau ne comprend pas ce qui pend des volutes au-dessous de l'astragale, mais seulement ce qui est au-dessus, parce qu'il s'agit ici de comparer la hauteur de chapiteau avec la hauteur du fût de la colonne; ce qui ne se pourrait pas faire si l'on considérait la hauteur du chapiteau entière, dont une partie anticipe sur le fût. Il faut encore remarquer que la proportion que Vitruve donne ne doit pas être prise au juste, mais seulement à peu près; car le chapiteau, sans ses volutes, a quelque chose de plus que le tiers du diamètre du bas de la colonne.

Corinthii tota crassitudo scapi. Pline dit la même chose de la hauteur du chapiteau corinthien. Serlio dit que dans tous les chapiteaux corinthiens qu'il a mesurés il n'en a point trouvé où le tambour, sans le tailloir, ne fût plus haut que le diamètre du bas de la colonne, et que cela lui fait croire que le texte de Vitruve est corrompu. Toutefois Vitruve déclare un peu plus bas, dans le même chapitre, que le tailloir est compris dans cette grandeur du diamètre de la colonne.

Efficiunt excelsitate speciem earum graciliorem. Toute cette hauteur ne va qu'à neuf diamètres et une sixième partie de diamètre, parce que la colonne corinthienne, selon Vitruve, n'était plus haute que l'ionique que de ce que le chapiteau corinthien était plus haut que l'ionique : or, la colonne ionique avait en tout huit diamètres et demi; et son chapiteau n'avait que le tiers du diamètre de la colonne : de sorte que le chapiteau corinthien, qui avait de hauteur le diamètre tout entier, ne pouvait donner à la colonne corinthienne de plus qu'à l'ionique que deux tiers de diamètre, qui, joint à huit et demi, font neuf et un sixième.

Les colonnes des temples monoptères, dont il est parlé ci-après au chapitre sept, en avaient dix : il n'est point dit de quel ordre elles étaient; mais il y a apparence qu'elles devaient être corinthiennes, puisque Vitruve dit que la colonne corinthienne est la plus déliée de toutes. Il se trouve que la plupart des colonnes de cet ordre, tant anciennes que modernes, ont cette hauteur, savoir, de dix fois leur diamètre. Il y a néanmoins quelques-uns des architectes modernes, comme Palladio, qui n'ont suivi ni la proportion que Vitruve donne en ce chapitre à la colonne corinthienne, ni celle des temples monoptères, mais qui ont choisi une proportion moyenne en lui donnant neuf diamètres et demi.

Cetera membra. Ces autres membres sont l'architrave, la frise et la corniche. Je ne sache point que personne ait fait réflexion sur cet endroit de Vitruve, qui, ce me semble, dit assez clairement que les anciens mettaient indifféremment sur les colonnes corinthiennes des entablements tantôt doriques et tantôt ioniques. Ce qui a empêché de voir que cela est dans le texte, qui, selon la manière ordinaire de Vitruve, est, à la vérité, ici un peu obscur, est que nous n'avons point d'exemple de colonnes corinthiennes qui aient un entablement dorique, de même qu'il nous en est resté qui en ont un ionique, ainsi qu'il se voit aux petits autels du Panthéon, au temple de Faustine et au portique de Septimius; tous les exemples que l'on en pourrait fournir étant réduits à celui que Vitruve en donne dans les portiques qui étaient autour des promenoirs que l'on faisait proche des théâtres, qui sont décrits ci-après au chapitre neuvième du cinquième livre, où il y a des colonnes doriques mêlées avec des corinthiennes qui soutiennent un entablement dorique. Mais comme il ne nous reste point de ces sortes de portiques, non plus que, de beaucoup d'autres choses dont Vitruve a parlé, qu'on ne doit point douter néanmoins avoir été de son temps, je pense qu'il n'y a point d'inconvénient à croire que, du temps de Vitruve, il y a eu des édifices, même autres que ces portiques, où les colonnes corinthiennes avaient des entablements doriques. Dans des figures de Ruscori, on voit un chapiteau corinthien sous un entablement dorique: mais comme nous n'avons point l'explication de ces figures, on ne peut être assuré quelle a été la pensée de cet auteur, et s'il s'est fondé sur le texte de Vitruve ou sur quelque fragment antique.

Sed aut e triglyphorum rationibus mutuli coronis. Les mutules de l'ordre dorique, que Vitruve dit convenir aux triglyphes, sont apparemment ceux que J. B. Alberti a décrites, que Pyrrho Ligorio a trouvés à des fragments antiques près d'Albano, qu'on dit avoir été premièrement mis en œuvre par Bramante, et que Vignole a données dans son livre d'architecture, comme étant pris sur le modèle de plusieurs ouvrages antiques fort approuvés. Les mutules sont un membre carré, mis au-dessus de chaque triglyphe qui soutient le larmier. Vitruve, dans la description qu'il donne de la corniche dorique, n'en fait aucune mention; il met seulement au droit des triglyphes, à la place des mutules, trois rangs de gouttes, attachées sous le plat-fond du larmier: néanmoins, dans le chapitre qui suit, de même qu'ici, il joint les triglyphes avec les mutules. La vérité est que les corniches où il y a des mutules ont plus de grâce que les autres, qui sont trop petites pour la grande frise qu'a l'ordre dorique; car les mutules augmentent beaucoup la saillie et la hauteur de cette corniche.

Cum denticulis. De même que le membre de moulure appelé échine, à cause de la forme de châtaigne qu'il a quand il est taillé, ainsi qu'il a été dit ci-devant, ne laisse pas d'être ainsi appelé dans le chapiteau dorique, quoiqu'il ne soit point taillé, il y a aussi apparence que le membre carré, qui d'ordinaire est recoupé en l'ordre ionique, peut être appelé denticule, bien qu'il ne soit pas recoupé; et on peut croire que Vitruve a entendu qu'il ne soit point taillé dans la corniche corinthienne quand elle a des modillons, puisqu'il déclare, au chapitre qui suit, qu'on n'a jamais vu dans les ouvrages des Grecs des denticules au-dessous des modillons, c'est-à-dire des denticules taillés. C'est pourquoi, quand il est dit que la corniche corinthienne n'a rien de particulier, cela se doit entendre de celle qui est sans modillon, dans laquelle le membre carré du denticule est coupé et taillé comme à la corniche ionique; ce qui a été pratiqué excellemment au premier ordre du dedans de la cour du Louvre.

Cum etiamnum non esset symmetriarum ratio nota. Il y a au texte *cum non esset symmetriarum ratio nata.* Cette expression de Vitruve semble favoriser l'opinion de la plus grande partie des architectes, qui croient que les proportions des membres de l'architecture sont quelque chose de naturel, telles que sont les proportions des grandeurs, par exemple, des astres, à l'égard les uns des autres, ou des parties du corps humain. Pour moi, j'ai traduit suivant la pensée que j'ai que ces proportions ont été établies par un consentement des architectes, qui, ainsi que Vitruve témoigne lui-même, ont imité les ouvrages les uns des autres, et qui ont suivi les proportions que les premiers avaient choisies; non point comme ayant une beauté positive, nécessaire et convaincante, et qui surpassât la beauté des autres proportions, comme la beauté d'un diamant surpasse celle d'un caillou, mais seulement parce que ces proportions se trouvaient en des ouvrages qui, ayant d'ailleurs d'autres beautés positives et convaincantes, telles que sont celles de la matière et de la justesse de l'exécution, ont fait approuver et aimer la beauté de ces proportions, bien qu'elle n'eût rien de positif. Cette raison d'aimer les choses par compagnie et par accoutumance se rencontre presque dans toutes les choses qui plaisent, bien qu'on ne le croie pas, faute d'y avoir fait réflexion.

Dimensi sunt virilis pedis vestigium, etc. Il a déjà été remarqué qu'il ne se trouve point que dans les hommes de notre siècle le pied soit la sixième partie de sa hauteur, car il est tout au moins la septième; et cette proportion de sept à un approche davantage de la proportion qui est ordinaire à l'ordre dorique, que ne fait la proportion de six à un.

Et cymatiis et encarpis. Il y a apparence que le tailloir du chapiteau ionique est signifié par ces cymaises. Pour ce qui est des gousses, j'ai ainsi interprété le mot *encarpi,* qui signifie en grec cet amas de fruits que les sculpteurs et les peintres feignent être pendus et attachés par des rubans, et que l'on appelle vulgairement *festons.* Tous les interprètes disent bien ce que c'est que *encarpi* en général; mais ils n'expliquent point ce que c'est dans la volute ionique. Je ne sais si Michel-Ange, qui a mis des festons dans le chapiteau ionique qu'il a inventé, s'est fondé sur cet endroit de Vitruve; mais il est certain qu'il n'y en avait point dans le chapiteau antique; et je ne crois pas que ces fruits que Vitruve désigne par le mot *encarpi* puissent être autre chose que les petites gousses qui sont dans les faces des chapiteaux ioniques, trois dans le coin de chaque volute, et couchées sur les oves qui sont taillés dans le quart de rond ou échine.

Gracilioribus modulis delectati. Il faut entendre ici par modules les diamètres du bas de la colonne, et que le diamètre est appelé petit par rapport à la hauteur de la colonne, qui, plus elle a de fois la grandeur de son diamètre, et plus ce diamètre est petit, si on le compare au diamètre d'une colonne moins haute de la même hauteur, et qui sera moins de fois dans cette hauteur.

Septem crassitudinis diametros. Il paraît encore par là que les proportions des membres d'architecture n'ont point une beauté qui ait un fondement tellement positif qu'il soit de la condition des choses naturelles, et pareil à celui de la beauté des accords de la musique, qui dépend d'une proportion certaine et immuable, qui ne dépend point de la fantaisie. Car la proportion qui fut premièrement donnée à la colonne dorique et à l'ionique a été changée ensuite, et pourrait encore l'être sans choquer ni le bon sens ni la raison. Il n'y a que le goût des intelligents qui aurait de la peine à souffrir ce changement, parce que ceux qui sont accoutumés aux anciennes proportions se sont formé une idée du beau dans ce genre de choses, qui tient lieu d'une règle positive, et d'une loi que l'usage et la coutume sont capables d'établir avec un pouvoir égal à celui qu'ils ont d'attribuer à quelques-unes des lois politiques une autorité aussi inviolable que peut être celle que le droit et l'équité donnent à toutes les autres; quoique celles-ci soient fondées sur l'équité et sur la raison, et les autres seulement sur la volonté de ceux qui les imposent, et sur le consentement de ceux qui les reçoivent et qui s'y soumettent.

Acanthi radicem. Cette plante, qui est appelée *branca ursina* en latin, à cause qu'on dit que ses feuilles ressemblent aux pieds d'un ours, est appelée *acanthos* en grec, parce qu'une de ses espèces est épineuse et ressemble à un chardon. Car il y a deux espèces d'acanthes : savoir, la sauvage, qui est l'épineuse, et la cultivée, qui est sans épines, et qui est peut-être pour cela appelée *mollis* par Virgile. C'est de cette dernière que les sculpteurs grecs ont pris les ornements de leurs ouvrages, de même que les gothiques ont imité l'autre, qui est épineuse non-seulement dans leurs chapiteaux, mais aussi dans leurs autres ornements.

Mais il est à remarquer que les architectes romains n'ont pas imité les ouvrages de Callimachus dans leur chapiteau corinthien ; car ils y ont mis le plus souvent des feuilles qui sont fort différentes de celles d'acanthe, qu'ils ont réservées pour l'ordre composite, ainsi qu'il se voit en l'arc de Titus. Ces feuilles sont bien plus profondément refendues, et on les appelle feuilles d'olivier ou de laurier quand elles sont fort grandes : ce que l'on peut dire être fait tout au contraire de ce qui devrait être, parce que les volutes corinthiennes, qui, comme il a été dit, sont formées des tiges d'une herbe, ne sauraient être faites par des branches d'un arbre tel qu'est le laurier ou l'olivier ; et le chapiteau composite, dont les volutes ne naissent point des feuillages, mais qui sortent du vase, pouvait avec plus de raison souffrir et admettre ces feuilles de laurier. Cette pratique des architectes anciens, qui n'est point selon Vitruve, a fait écrire à Villalpande que l'histoire de Callimachus est fabuleuse, et que les Grecs n'ont point inventé le chapiteau corinthien, mais qu'ils en ont pris le modèle sur le temple de Salomon, où les chapiteaux étaient ornés, à ce qu'il dit, de feuilles de palmes, auxquelles les feuilles qu'on appelle d'olivier ressemblent mieux qu'à celles d'acanthe, qu'il prétend n'avoir jamais été mises dans les chapiteaux corinthiens par les anciens. Néanmoins, le contraire se remarque dans plusieurs chapiteaux qui se voient encore dans la Grèce, et même aux colonnes des Tutelles, à Bordeaux, où les chapiteaux corinthiens ont des feuilles d'acanthe.

Catatechnos. Pline dit que Callimachus fut appelé *Cakizotechnos*, c'est-à-dire qui ne se flatte point dans l'amour qu'il a pour son ouvrage, mais qui ne le trouve jamais assez bien fait à sa fantaisie. C'est l'explication que Pline donne à ce mot. On pourrait néanmoins croire qu'il signifierait aussi ce que nous appelons *un vétilleux*, c'est-à-dire un ouvrier qui gâte son ouvrage à force de le vouloir polir et achever trop curieusement. C'est Pline lui-même qui me donne cette pensée, quand il parle des statues que ce sculpteur fit de deux danseuses, auxquelles il dit que la trop grande recherche avait ôté toute la grâce qu'il avait voulu leur donner.

Symmetriasque constituit ex eo..... distribuit rationes. Je traduis par *les proportions et la manière, symmetrias et rationes :* il est pourtant vrai que la rencontre des feuilles de la plante d'acanthe sur le panier qui servit de modèle à Callimachus ne lui fournit pas les proportions du chapiteau corinthien, mais seulement l'invention de la figure et de son caractère ; et cela fait voir combien le mot de *symmetria* a de différentes significations dans Vitruve.

Tantæ duæ sint diagonioi ab angulo ad angulum. Cela est obscur, parce que le tailloir du chapiteau corinthien a huit angles, à cause qu'il est coupé par les quatre coins, et que cette coupure fait quatre petites faces, lesquelles ont chacune deux coins. Et il n'est pas aisé de savoir si Vitruve entend par les angles le milieu des petites faces, et qu'il veuille que cette diagonale, qui a deux fois la hauteur du chapiteau, c'est-à-dire deux fois le diamètre du bas de la colonne, aille du milieu d'une des petites faces à l'autre, ainsi que Palladio, Vignole et Scamozzi l'ont pratiqué ; ou s'il entend que les coins du carré dont les deux diamètres du bas de la colonne font la diagonale, étant coupés, fassent les quatre petites faces. Il y a pourtant apparence que la dernière explication est la meilleure, parce que de l'autre manière le tailloir serait trop large à proportion de la hauteur du chapiteau ; ce qui ne se rencontre pas aux chapiteaux faits depuis Vitruve, qui, étant plus hauts que les anciens, se trouvent mieux proportionnés avec un tailloir plus large. Comme Vitruve ne parle point de recouper les coins du tailloir, on pourrait douter s'il n'aurait pas eu intention que les tailloirs fussent aigus par leurs coins, ainsi qu'ils sont au temple de Vesta à Rome, et en quelques autres anciens édifices.

Frontes quoquoversus. J'ai cru que *frontes quoquoversus*, qui signifie les faces de tous les côtés, pouvait être traduit *les faces des quatre côtés*, parce qu'il y a quatre côtés.

Apothesin. La plupart de nos ouvriers appellent *congé* la *retraite* qui se fait en dedans par un trait concave, depuis un filet du petit carré pour aller gagner le nu. Quelques uns l'appellent *chanfrein. Apothesis*, en grec, signifie l'action par laquelle on retire quelque chose à part pour la serrer. Le mot grec *apophygis*, dont Vitruve se sert ensuite au septième chapitre de ce livre, pour exprimer la même chose, et qui signifie *fuite*, est encore plus significatif. Et c'est par cette raison que les peintres appellent fuite ce qui paraît rentrer au dedans du tableau. Alberti appelle *nectrum* le carré ou filet dont la fuite ou retraite se fait vers le nu de la colonne, et il dit que ce mot signifie une bandelette dont on lie les cheveux.

Cauliculi. Ce mot signifie de *petites tiges*. Elles sont ordinairement cannelées, et quelquefois torses. A l'endroit où elles commencent à jeter les feuilles qui produisent et soutiennent les volutes, elles ont un lien en forme d'une double couronne. Il faut remarquer que, sous le nom de caulicoles, Vitruve comprend ici non-seulement les tiges cannelées, mais encore les feuilles qui en naissent, et les volutes qui sortent des feuilles.

Folia nascuntur projecta. Il n'est pas vrai que les feuilles des tigettes soutiennent le tailloir, car ce sont les volutes, lesquelles sont immédiatement sous le tailloir ; et les extrémités des feuilles recourbées soutiennent les volutes.

Ex cauliculis natæ procurrunt ad extremos angulos volutæ. Le texte en cet endroit est corrompu : j'ai suivi la correction que Philander en a faite.

Minoresque helices. Ces autres volutes plus petites et appelées *helices*, c'est-à-dire entortillées, supposent qu'il y en a d'autres plus grandes, dont il n'a point été parlé ; mais il est aisé d'entendre que ce sont celles des coins, qui sont beaucoup plus grandes.

Intra suum medium floribus. J'ai interprété par *rose* ce qui est appelé *flores* par Vitruve, parce que le mot de fleur n'est pas en usage pour expliquer cette partie du chapiteau corinthien.

Flores... quanta erit abaci crassitudo, tam magni formentur. Cela n'est point observé dans l'antique, où la rose est toujours plus large que le tailloir n'est épais, parce qu'elle descend jusqu'au-dessous du rebord du panier ou tambour.

Sunt autem, quæ iisdem columnis imponuntur capitulorum genera. Ceci s'entend, à mon avis, du chapiteau de l'ordre composite, qui est fait de l'assemblage des parties des autres chapiteaux, comme de celles de l'ionique, dont il emprunte l'échine et les volutes, et de celles du corinthien, dont il a les feuillages. Ceux qui prétendent, avec Philander, que Vitruve n'a point parlé de l'ordre composite, se fondent sur ce qu'il a dit que la diversité des ornements du chapiteau ne change point l'espèce de la colonne ; comme si la différence spécifique des colonnes consistait dans la proportion de leur hauteur, à comparaison de leur grosseur. Mais cette raison ne doit point empêcher qu'il ne soit vrai de dire que Vitruve a traité de l'ordre composite aussi bien que du corinthien, puisque, selon Vitruve, l'ordre corinthien n'est différent de l'ionique que par le chapiteau; et qu'il est vrai que le seul changement des ornements du chapiteau peut faire un ordre différent, bien que la proportion de toute la colonne ne soit en rien changée : car les ordres composites qui nous restent des anciens, tels que sont ceux de l'arc de Titus et de celui de Vérone, n'ont rien dans leurs colonnes qui soit différent de l'ordre corinthien, que les ornements du chapiteau. Cependant, Philander dit que l'ordre composite n'a été introduit que longtemps après Vitruve, bien que l'on tienne que le baptistère de Constantin, qui est d'ordre composite, a été bâti des ruines d'édifices très-anciens, et que le temple de la Concorde, dont on voit encore des restes à Rome, a été fait par Camillus, qui vivait longtemps avant Vitruve. Or, les colonnes de ce temple tiennent du dorique et de l'ionique, ce qui les peut faire passer pour composites : si ce n'est que Philander entende par ordre composite un certain ordre réglé, qui est celui qu'on appelle autrement italique, et non pas tout ce qui participe de plusieurs autres ordres; ce qui fait que quelques-uns nomment ces ordres *composés*, qui peuvent être infinis, et les distinguent du *composite*, qui est un ordre fixé, et qui a une figure et des proportions certaines, et établies dans un grand nombre de fameux édifices.

Chap. II. *De ornamentis eorum.* Vitruve entend ici, comme en plusieurs autres endroits, par *ornements des colonnes* l'architrave, la frise et la corniche, qui est ce qu'en français on appelle l'entablement ou le couronnement, quoique ce soit très-improprement que le nom d'ornements des colonnes a été donné à des parties qui sont des plus essentielles dans les bâtiments, et sans lesquelles les colonnes mêmes n'y sauraient être; car ornement ne se peut proprement entendre que des choses qui sont ajoutées aux membres essentiels, telles que sont la sculpture, dont on taille les frises, et les moulures des architraves, des corniches, des bases, des tailloirs, etc.

In ædificiis omnibus. Cela s'entend des édifices communs, et non pas des grands et magnifiques, où l'architrave, la frise et la corniche sont de pierre, mais dont toutes les parties sont faites à l'imitation de ceux qui sont composés de plusieurs pièces de bois. Il est pourtant vrai qu'en plusieurs temples les architraves qui servaient de travées en dedans des péristyles étaient de bois; et au superbe temple qu'Hérode fit bâtir en Jérusalem, les architraves étaient de bois de cèdre, au rapport de Josèphe.

Parastaticas. Les antes, que nous avons déjà appelées pilastres, et les *parastatæ*, que nous appelons ici pieds-droits, ne sont le plus souvent qu'une même chose. On y peut pourtant mettre cette différence, que le mot de *antæ* convient mieux aux pilastres plats, qui ne montrent que la partie du devant, parce que *ante* signifie devant; et celui de *parastatæ* aux pieds-droits, qui sont des piliers carrés, ou qui sortent du mur de la moitié ou des deux tiers du carré, ainsi qu'il a été expliqué sur le premier chapitre du troisième livre.

Si majora spatia sunt. Les charpentiers font de deux sortes de combles, conformément à la doctrine de Vitruve : les uns sont *avec exhaussement sur l'entablement*, que Vitruve appelle *tecta ubi majora spatia sunt;* les autres sont *sans exhaussement*, appelés *tecta commoda.* Dans les premiers, le poinçon, appelé *columen*, est sous le faîtage appelé *culmen*, dont les tenons s'assemblent dans des mortaises. Il a des *entraits* appelés *transtra*, et des *contrefiches* appelées *capreoli*.

Dans l'autre comble qui est sans exhaussement, le poinçon descend avec les *forces*, appelées *cantherii*, jusqu'au droit de l'entablement. Sur les forces, il y a les *pannes*, appelées *templa*; les pannes soutiennent les *chevrons*, appelés *asseres*.

L'assemblage qui est composé des forces, des entraits et du poinçon, s'appelle une *ferme*.

Columen. Tous les interprètes par *columen* ont entendu le *faîtage*, parce qu'ils n'ont pas considéré que Vitruve distingue *columen* de *culmen*, qui sont des mots que les grammairiens à la vérité prennent indifféremment l'un pour l'autre, mais qui signifient ici des choses différentes; car *culmen* ou *faîtage* est une longue pièce de bois qui se pose à niveau au haut du toit; et *columen* ou *poinçon* est une autre pièce de bois qui se pose à plomb, et qui soutient le *culmen*. C'est pourquoi Vitruve dit que le mot de *columna* vient de *columen*; et on peut dire que *columen* vient de *culmen* qu'il soutient, de même que *culmen* est ainsi appelé à cause qu'il a dessus soi le *culmus*, qui vient de *calamus*, c'est-à-dire, le chaume fait du tuyau qui porte l'épi de blé, les premiers toits ayant été couverts de chaume.

Or, il y a deux choses qui font voir que, bien que Vitruve prenne quelquefois *columen* pour ce faîtage, comme au septième chapitre de ce livre, il est pourtant certain qu'il le prend en cet endroit-ci pour le poinçon, et non pas pour le faîtage : la première est que le faîtage ne fait point l'office d'une colonne comme le poinçon; la seconde, que le texte dit que *columen et cantherii sunt aliquando prominentes ad extremam subgrundationem*, c'est-à-dire que le *columen* et les forces descendent quelquefois jusqu'au droit de l'entablement, ce que le faîtage ne saurait jamais faire.

Transtra. J'interprète par *entraits* le mot *transtra*, qui signifie en général toutes les pièces de bois qui traversent et lient deux parties opposées, mais que nos charpentiers appellent particulièrement *entraits*, dans les couvertures.

Capreoli. Quelques interprètes croient que le mot *capreoli* est dérivé de celui qui signifie les entortillements par lesquels les sarments des vignes s'accrochent; mais il doit être réputé venir de la ressemblance des cornes de chèvre, qui, s'écartant à droite et à gauche, sont représentées par ce qui s'appelle contrefiches. Le mot français de *chevrons* a beaucoup de rapport avec *capreoli*; mais il signifie autre chose.

Cantherii. Les forces sont des pièces de bois qui sont appelées *cantherii* en latin, parce que *cantherius* signifie un cheval de somme, et que ces pièces de bois, comme des chevaux, portent toute la couverture. Il y a apparence que le mot français *chantier* vient de *cantherius*.

Il faut néanmoins considérer que toutes ces difficultés ne sont fondées que sur la disposition des toits des anciens, qui était différente de la disposition des nôtres, et qui fait que les forces, les pannes et les chevrons y pourraient faire des effets qu'ils ne peuvent faire dans nos édifices; car les toits des anciens étant bas, et n'ayant pas une pente droite comme les nôtres, les forces étaient couchées; en sorte qu'appuyant presque également sur le faîtage et sur l'entablement, et non pas sur des poutres ou tirants comme en nos toits, elles pouvaient sortir hors de l'entablement, et descendre, ainsi que Vitruve dit, *usque ad extremam subgrundationem*, sans être en danger de glisser en bas pour peu qu'elles fussent attachées en faîtage; et ainsi elles pouvaient faire le même effet que les chevrons, et produire les mutules dans l'ordre dorique et les modillons dans le corinthien; de même que les bouts des chevrons produisent les denticules dans l'ordre ionique. Faute d'avoir fait cette réflexion sur la différente disposition de nos toits et de ceux des anciens, quelques-uns ont prétendu qu'il fallait que *cantherii* parmi les anciens fussent les chevrons, et *templa* les lattes, et que *asseres* fussent des ais posés entre les lattes et les tuiles. Mais il n'y a rien de si clair que *asseres* doivent être les chevrons, et non pas les lattes, puisque les lattes, que les anciens appelaient *ambrices*, étaient posées entre les membrures qu'ils appelaient *asseres* et les tuiles. Festus Pompeius définit ainsi les tuiles : *Ambrices sunt regulæ quæ transversæ asseribus et tegulis interponuntur.* Que si l'on trouve qu'en quelques endroits de cette traduction il soit dit que les mutules et les modillons représentent les bouts des chevrons, il faut entendre que cela est dit conformément à l'idée que l'on a de nos toits, dans lesquels les chevrons seuls sont capables de sortir de l'entablement.

Pour ce qui est de l'objection qu'on peut faire, savoir, que les modillons sont trop près à près pour représenter les forces, qui sont beaucoup plus loin à loin que les chevrons, la réponse est qu'il ne s'agit pas de cette proportion, mais d'attribuer aux parties qui, comme les modillons et les denticules, font des saillies dans les corniches, les pièces de bois qui peuvent faire ces saillies en descendant de la couverture. Or, n'y ayant que les forces et les chevrons qui puissent faire ces sortes de saillies, il est certain que les forces, comparées aux chevrons, ne peuvent représenter autre chose que les modillons, et que les denticules, par la même raison, doivent être pris pour les bouts des chevrons ; car, pour ce qui est du peu de rapport qu'il y a entre la fréquence des modillons et la rareté des forces, le même inconvénient se trouverait aux triglyphes, qui ne laissent pas de représenter le bout des poutres, quoiqu'ils soient bien plus près à près que les poutres, qui ne portent que sur les colonnes, y ayant deux et quelquefois trois triglyphes entre chaque colonne. De sorte qu'il faut concevoir que les modillons qui sont au droit des colonnes sont les seuls qui représentent les bouts des forces, et que ceux qui sont entre deux y sont ajoutés pour la bienséance, de même que les triglyphes.

Asseres. Asseres sont, à ce que dit Budée, ce qu'on appelle en français les membrures, qui sont des pièces de bois refendues de la largeur de moins de quatre pouces, qui est proprement le bois qui sert à faire les chevrons.

Inter tigna struxerunt. Ces espaces, qui sont appelés *intertignia*, sont appelés *métopes* un peu après.

Uti nunc fiunt triglyphi. On a dit sur le deuxième chapitre du premier livre ce que c'est que triglyphes, et pourquoi il est ainsi appelé.

Postea alii in aliis operibus. Vitruve entend parler ici des mutules ; et je ne sais pas pourquoi, dans le chapitre suivant, où il donne la description et les proportions de l'ordre dorique, il ne parle point de ces mutules.

Ita e cantheriorum projecturis. Il est difficile de comprendre, ainsi qu'il a été dit, comment, dans notre manière de bâtir, les forces peuvent avoir des saillies en dehors, parce que leur principal usage étant de porter toute la couverture, il est impossible qu'elles aient la force qui leur est nécessaire pour cela, si elles ne sont fermement appuyées sur les poutres ou sur les plates-formes ; ce qui ne saurait être, si elles ont des saillies en dehors. Rusconi a ajusté cela dans sa figure, d'une façon fort étrange ; car, pour faire sortir le bout des forces, il fait qu'il n'y a rien de si faible que ces forces, n'étant appuyées que sur de petits billots. Ainsi, dans nos bâtiments, les chevrons sont les seules pièces qui puissent avoir cette saillie, parce qu'il n'y a que ces sortes de pièces qui se puissent passer d'être appuyées par en bas, les chevrons étant assemblés par tenons et mortaises au-dessus du faîtage, et chevillés sur les pannes. Et il semble qu'il y aurait plus de raison de dire que ce sont les bouts des chevrons qui représentent les modillons, parce que leur nombre et leur grandeur a bien plus de rapport avec les chevrons qu'avec les forces, qui sont des pièces de bois dont la grosseur n'a point de proportion avec les modillons. Mais toutes ces difficultés ne sont fondées, ainsi qu'il a été dit, que sur l'idée que nous avons de nos bâtiments, qui est différente de celle des bâtiments des anciens.

Mutuli inclinati. Il ne nous reste point d'exemple de cette manière de mutules penchants et inclinés. Philander assure qu'il ne s'en trouve point. Les gouttes qui sont sous le larmier de la corniche de l'ordre dorique du théâtre de Marcellus sont inclinées de cette manière ; mais ces gouttes ne passent pas pour des mutules dans cette corniche.

Contraque tetrantes columnarum. Tetras en grec et *tetrans* en latin signifient, non le quart d'une chose, mais la chose divisée en quatre par le moyen d'une croix.

Metopæ nominantur. Le mot grec *metopon* signifie la partie basse du front qui est entre les sourcils, lorsque ce mot est écrit avec un ω ; mais *métope* écrit avec un o signifie ce qui est entre deux cavernes, parce que *opes* avec un ω signifie les yeux, *et opé* avec un o un trou, ou une caverne.

Columbaria. Il faut cinq mots français pour expliquer ce mot latin, parce que *columba* signifie un pigeon, qui fait ordinairement son nid dans les trous qu'on a laissés aux murailles, quand on en a ôté les boulins ou solives qui avaient servi à faire les échafauds quand on les a maçonnées.

In operibus. J'ai ajouté *de charpenterie*, bien que ces mots ne soient pas dans le texte, parce qu'il est aisé de voir qu'ils doivent être sous-entendus, si on fait attention à ce que l'auteur veut dire.

Denticuli ex projecturis asserum habent imitationem. J. Martin a interprété *cantherii*, les chevrons, et *asseres*, des bouts d'ais crénetés. Jocundus aussi fait entendre par sa figure, et par l'explication qu'il a mise à la marge, qu'il prend *asseres* pour des ais qui sont mis en travers sur les chevrons. Mais la crénelure n'étant point dans le texte, cette interprétation ne peut être reçue. D'ailleurs, les pièces que Vitruve appelle *asseres* ne peuvent être posées en travers, parce qu'il est dit, à la fin du chapitre, que leurs extrémités ne sauraient sortir aux frontons pour y représenter des denticules, mais seulement aux entablements ; ce qu'ils feraient bien néanmoins s'ils étaient mis en travers comme nos lattes, qui sortiraient bien dans les frontons. De plus, il est dit, au commencement du chapitre, que *cantherii*, qui sont les forces, soutiennent ce qui en cet endroit-là est appelé *templa*, qui sont les pannes sur lesquelles on pose les chevrons, dont les bouts représentent les denticules, de même que les bouts des forces représentent les modillons ; ce qui rend cela vraisemblable, est la proportion des jambes de force aux chevrons, et leur disposition, qui a beaucoup de rapport à la proportion et à la disposition des modillons et des denticules.

Itaque in græcis operibus nemo sub mutulo denticulos constituit. La règle que Vitruve donne pour les mutules se doit aussi étendre aux modillons. Les Romains n'ont pas suivi cette règle des Grecs, et à Rome on voit des denticules sous les modillons aux anciens bâtiments, hormis au Panthéon, où cette règle est religieusement observée partout, tant au portique qu'au dedans. Vitruve ne dit point comment les Grecs s'abstenaient de mettre des denticules sous les modillons, savoir si c'était en ne taillant point de denticules dans un membre capable de ces entailles, comme on a fait au Panthéon, ou en les mettant au-dessus des modillons, suivant la raison qu'il apporte. Il y a apparence que, quand ils mettaient des denticules, ils ne mettaient point de modillons. Mais je crois que l'on ne taillait point les denticules dans les corniches, où il y avait des modillons ; parce que les modillons étant taillés de feuillages et de volutes, on était obligé de tailler aussi le quart de rond et les autres membres de moulure, au milieu desquels est le membre carré du denticule, qui avait meilleure grâce n'étant point taillé, pour éviter la confusion que tant d'ornements de suite pouvaient causer. Cela est ainsi au Panthéon.

Antiqui non probaverunt.... in fastigiis denticulos fieri. Cette règle a encore été négligée par les Romains et par les modernes, qui ont presque toujours fait les corniches des frontons avec des modillons comme celles de dessous. Il y a un exemple de cette manière des Grecs en la ville de Schisi, que Palladio rapporte, où la corniche penchante du fronton est sans modillons, bien que les autres, qui sont à niveau, en aient; et la corniche de dessous est sans denticule. A la place des modillons au fronton, il y a une grande cymaise en doucine, recouverte de feuillages.

Chap. III. *De ratione dorica.* L'ordre dorique, dont Vitruve traite ici, n'est que pour les temples : il est grossier et massif; et il y en a un autre pour les portiques des théâtres plus léger et plus délicat, qui est décrit au neuvième chapitre du cinquième livre.

Lacunariorum. Lacunaria signifie proprement les entre-deux des solives du plancher, ou tous les autres enfoncements qui sont dans les plafonds; ils sont ainsi appelés, à cause qu'ils sont creusés comme des lacs. On entend ici par *lacunaria* le dessous du larmier de la corniche : et ordinairement tout ce qui est ainsi suspendu, et que les Italiens appellent *soffito*, est le *lacunar* des Latins. On verra, par ce qui est dit vers la fin du chapitre où il est parlé de la distribution des parties qui composent les plafonds de la corniche dorique, quel est l'embarras que cette distribution peut causer.

Sed oblongiores triglyphi dimidia latitudine. La métope doit être plus longue de la moitié de la largeur du triglyphe, c'est-à-dire environ de la moitié de la largeur d'un triglyphe, parce qu'il y a quelque chose à dire que cette métope soit si grande, n'y ayant guère plus du tiers d'un triglyphe. Mais cette mesure certaine est mise pour une incertaine, parce qu'il n'est pas aisé de définir cette grandeur, dont la dernière métope devrait surpasser les autres, à cause que cela dépend de la diminution du haut de la colonne, à laquelle le nu de la frise doit répondre; et cette diminution n'est pas toujours pareille, ainsi qu'il est dit au deuxième chapitre du troisième livre.

Je corrige le texte, et je lis *metopæ fiunt longiores triglyphi dimidia latitudine*, au lieu de *longiores triglyphis dimidia latitudine*, ainsi qu'il se lit dans tous les exemplaires.

Intercolumnia extrema contrahunt triglyphi dimidia latitudine. Il a encore fallu corriger cet endroit, où il y a *dimidia altitudine* pour *dimidia latitudine*. Il n'a pas été difficile de s'apercevoir de la faute, parce qu'il est évident que cette grandeur de la moitié de la largeur d'un triglyphe ou environ, que la métope aurait de trop, est la même grandeur qu'il faudrait ôter au dernier entre-colonnement pour rendre la métope égale, et que la moitié de la hauteur serait une fois plus qu'il ne faut.

Frons ædis doricæ.... dividatur.... in partes XXVII, si hexastylos, XXXXII. Philander corrige cet endroit, et sa correction est conforme à mon manuscrit, où je trouve XXVII pour le tétrastyle, au lieu de XXVIII, et XLII pour l'hexastyle, au lieu de XLIV qui est dans tous les exemplaires imprimés avant Philander, qui dit que la même faute est aussi dans les manuscrits qu'il a vus. La faute est si visible, qu'il est impossible d'en douter : car la disposition des triglyphes, leur nombre, et la largeur des métopes, qui sont des mesures qui sont ici prescrites, font voir clairement que la chose ne saurait être autrement.

Ἐμβάτης. Ce mot grec, que les grammairiens reconnaissent être fort ambigu, est particulier à l'architecture : mais personne ne sait pourquoi. Il signifie à la lettre une chose qui *entre* ou qui *marche*; ce qui n'a point de rapport avec le module que Vitruve dit qu'il signifie, si ce n'est que, suivant la façon de parler par laquelle on dit que telles parties entrent dans la composition d'un tout, on dise aussi qu'un tel nombre de modules entre en une colonne; car, bien que nous ne trouvions point d'exemple d'une pareille métaphore dans les auteurs grecs, il n'est pas impossible que quelqu'un s'en soit autrefois servi, les Grecs n'étant pas scrupuleux comme nous à ne point user de métaphores, qu'elles ne soient établies par un usage universel. Mais on peut encore dire que *embates* signifie le module, parce que le module est la mesure des membres de l'architecture, de même que le pied l'est de toutes les autres choses; ou bien parce que l'on mesure les distances en marchant.

Capituli crassitudo unius moduli. Dans les ouvrages doriques qui nous sont restés, et qui se réduisent presque tous au théâtre de Marcellus et au Colisée, les proportions du chapiteau dorique sont fort différentes de celles que Vitruve lui donne : la hauteur de tout le chapiteau au théâtre de Marcellus est plus grande qu'un module; au Colisée, elle est plus petite; en l'un et en l'autre de ces édifices, le tailloir a beaucoup plus que le tiers du chapiteau.

Latitudo duorum et moduli sextæ partis. Il y a dans tous les exemplaires *moduli sextæ partis*, la sixième partie d'un module : mais la faute est si manifeste, que je n'ai pu m'empêcher de corriger le texte suivant l'avis de Barbaro, qui seulement qu'il trouve cette proportion insupportable; car il n'y a point d'apparence que le chapiteau dorique ait si peu de largeur que le texte de Vitruve lui en donne. Les chapiteaux qu'Alberti et Cataneo ont faits suivant ces mesures sont si étranges, que personne ne les peut souffrir; et je crois que l'occasion de cette faute est que dans l'exemplaire sur lequel on a copié celui dont on s'est servi pour la première impression, sur laquelle toutes celles qu'on avons ont été faites, au lieu de *capituli crassitudo unius moduli, latitudo duorum et sextæ partis*, il y avait *et moduli S*, c'est-à-dire semissis en abrégé, que le copiste a cru signifier *sextæ partis*.

Crassitudo capituli dividatur in partes tres. Cette division en trois parties égales est méthodique et aisée à retenir. Les proportions des autres parties, dont ces trois premières sont composées, se peuvent prendre aussi en les divisant et les subdivisant encore toujours en trois; de manière que la première partie des trois, qui est pour le tailloir, étant divisée en trois, on en donne une à la cymaise, qui est aussi divisée en trois, pour en donner deux au talon et une au filet. Tout de même la seconde partie, qui est pour le quart de rond et les annelets étant divisée en trois, on en donne deux au quart de rond, et la troisième se divise encore en trois, dont chacune est pour chacun des annelets. Ces divisions si méthodiques sont apparemment celles suivant lesquelles les premiers inventeurs de l'ordre dorique en ont ordonné le chapiteau; et il est croyable que les architectes qui ont changé ces proportions dans le théâtre de Marcellus et dans le Colisée, ne l'ont point fait avec raison, mais seulement pour n'y avoir pas pris garde.

Altera echinus cum anulis. Le texte a *échinus*, qui est un mot qui a été expliqué ci-devant sur le troisième chapitre du troisième livre, où il a été remarqué que *echinus* ne signifie pas toujours un membre de moulure taillé en forme de châtaigne entr'ouverte, mais que bien souvent il se prend pour ce membre, quoiqu'il ne soit point taillé; et on l'appelle vulgairement quart de rond. Les anciens l'appelaient aussi astragale lesbien, quand il était fort petit. Mais celui-ci, qui est fort grand, s'emploie aux grandes corniches corinthiennes et composites, où on le met entre les modillons et les denticules; on le met aussi aux chapiteaux doriques, ioniques et composites, et on le place immédiatement sous le tailloir au dorique et au composite, et sous l'écorce ou canal à l'ionique.

Cum tænia. *Tænia,* en grec et en latin, est un ruban ou bandelette. Elle est à l'architrave dorique ce que la cymaise est aux autres. Quelques architectes donnent ce même nom à la partie qui est au-dessus des triglyphes, et que Vitruve appelle leur chapiteau.

Et guttis. Sous la plate-bande au droit de chaque triglyphe, il y a six petits corps que les architectes appellent des gouttes, à cause de leur figure qu'on dit représenter les gouttes de l'eau qui, ayant coulé dans les gravures des triglyphes, pendent encore à la plate-bande. Cela peut être fondé sur ce qu'il a été dit ci-devant que les triglyphes, au temps de leur première invention, étaient couverts de cire; car, supposé que l'humidité d'un léger brouillard se fût attachée à tout un entablement composé d'architrave, frise et corniche, toutes ces parties qui étaient de bois devaient boire cette humidité, à la réserve seulement des triglyphes, qui, étant couverts de cire, étaient capables de la résoudre en eau ; de sorte qu'il peut être arrivé que l'architecte qui s'est avisé le premier de faire tailler des gouttes dans un architrave de pierre, en a pris le modèle sur celles qu'il vit pendre régulièrement au-dessous de chaque triglyphe ; de même que Callimachus inventa depuis le chapiteau corinthien, sur le modèle du panier revêtu des feuilles d'une plante d'acanthe qu'il vit par hasard sur le tombeau d'une jeune fille, ainsi qu'il a été dit.

Alberti croit que ce qu'on appelle des gouttes représente des clous; mais cette pensée lui est particulière. On met encore de ces gouttes sous le plafond du larmier de la corniche au droit des triglyphes, au nombre de dix-huit. Philander dit qu'elles sont différentes de celles des architraves, en ce que celles de la corniche sont coupées carrément par-dessous, et que celles des architraves sont rondes comme la tête d'une toupie; mais cela ne se trouve point être vrai, les unes et les autres étant coupées carrément par-dessous. On pourrait les distinguer par une autre différence, qui est que celles des architraves sont quelquefois carrées en pyramide, et que celles des corniches sont toujours coniques.

Quand Vitruve dit que l'architrave doit avoir un module avec la plate-bande et les gouttes, il ne faut pas entendre que les gouttes ajoutent quelque chose à la hauteur de l'architrave joint à sa plate-bande, parce que les gouttes sont comprises dans la grandeur de l'architrave; mais il a dit *la plate-bande et les gouttes,* seulement pour *la plate-bande sous laquelle sont les gouttes,* pour la distinguer de la plate-bande qui fait le chapiteau du triglyphe.

Femur. Ce mot latin et le grec *meros* signifient une cuisse. Il y a trois parties dans les triglyphes, qui sont ainsi appelées parce qu'elles sont droites comme trois pieds, jambes ou cuisses.

Semimetopia. Ce sont plutôt des portions de métopes que des demi-métopes ; car elles n'ont environ que le quart d'une métope.

Dimidia moduli latitudine. Le texte est fort corrompu en cet endroit : il y a *in extremis angulis semimetopia sint impressa, dimidia moduli latitudine,* c'est à-dire qu'il faut faire aux encoignures des demi-métopes qui aient la largeur d'un demi-module : mais il n'est point vrai que les portions de métopes qui sont aux encoignures aient la largeur d'un demi-module ; car il en faut retrancher ce que la colonne a de diminution du côté de l'encoignure, c'est-à-dire, la moitié de toute la diminution. C'est pourquoi j'ai cru qu'il fallait corriger le texte, et lire : *in extremis angulis semimetopia sint, suppressa dimidia contracturæ latitudine :* car outre que le mot *impressa* n'a point ici de sens, celui de *suppressa* en donne un, qui établit la proportion de la métope dont il s'agit avec une entière exactitude.

Triglyphi capitula. Le membre qui est immédiatement sur le triglyphe, que quelques-uns appellent *tænia* ou plate-bande, est pris pour son chapiteau, parce qu'il a une saillie sur chaque triglyphe, quoiqu'en effet il doive être attribué à la corniche et non à la frise, n'y ayant aucune frise qui ait des moulures, parce que toutes les moulures d'un entablement appartiennent à l'architrave ou à la corniche.

Sexta parte moduli. Cette mesure ne se trouve pas avoir été suivie dans les ouvrages antiques, non plus que dans les modernes; car dans les uns le chapiteau du triglyphe a jusqu'à la cinquième partie d'un module ; dans les autres, il n'en a pas la dixième.

Corona est collocanda in projectura dimidia et sexta parte. Cette saillie est bien petite. Pour la rendre supportable, j'explique à la lettre la saillie du larmier, et je l'entends seulement de la soffite du larmier, à la prendre depuis la cymaise dorique qui est au-dessous du larmier, jusqu'à l'extrémité du larmier appelé la mouchette.

Ad medias metopas viarum directiones. Cette disposition des chemins et des espaces du plafond de la corniche dorique de Vitruve est fort différente de ce qui était en l'ordre dorique du théâtre de Marcellus, et qui se voit dans les parallèles de M. de Chambray ; car il ne reste presque plus rien à Rome de cette corniche. La différence de ces corniches vient du peu de saillie que Vitruve donne à la sienne ; car la grandeur de la saillie de celle du théâtre de Marcellus fait que les espaces qui sont au droit des métopes sont plus petits entre les chemins que ceux qui sont au droit des triglyphes. La raison de cela est qu'au théâtre de Marcellus les trois gouttes étant fort grandes, à cause de l'espace que la grande saillie leur donne, il s'ensuit que les six gouttes occupent aussi un fort grand espace. Par la même raison, les trois gouttes de l'ordre de Vitruve étant petites et serrées, à cause du peu d'espace que la petitesse de la saillie de la corniche leur donne, il arrive que les six gouttes sont serrées à proportion ; et cela fait que l'espace qui est au droit des métopes est si grand, qu'il l'a fallu partager en deux, par le moyen du chemin qui est au droit du milieu des métopes : ce qui rend cette disposition des chemins et des espaces du plafond de la corniche dorique de Vitruve assez probable de la manière que je l'interprète, qui est que chacun des deux espaces qui sont au droit de la métope, et qui sont séparés par le chemin droit, est égal à l'espace qui est depuis le dernier triglyphe jusqu'à l'encoignure ; et il y a apparence que ç'a été là-dessus que les premiers inventeurs de cette corniche en ont réglé la saillie, parce que c'est de cette saillie que dépend toute la disposition des parties du plafond, ainsi qu'il a été expliqué.

Pura relinquantur, aut fulmina scalpantur. Dans les membres d'architecture, il y en a où la sculpture est essentielle, tels que sont les chapiteaux corinthiens et les ioniques, les modillons, les triglyphes, etc. Il y en a d'autres où elle n'est point absolument nécessaire, comme au quart de rond des grandes corniches, où on n'est point obligé de tailler des oves ; au denticule de la corniche corinthienne, où on peut s'abstenir de faire des découpures ; aux frises corinthiennes et ioniques, qu'on est libre de laisser pures ou de les enrichir de figures; aux métopes de l'ordre dorique, où on ne taille ni têtes de bœuf ni trophées, si on veut. Vitruve fait entendre ici que les espaces qui sont au droit des métopes sont du second genre, et que dans le plafond de la corniche dorique il n'y a point de sculpture essentiellement nécessaire que celle des gouttes ; et cette sculpture de foudres que Vignole met dans la corniche dorique, non plus que les roses que Palladio et Scamozzi y font tailler, ne semblent pas bien convenir à la simplicité de l'ordre dorique, qui, comparé à l'ionique, où, pour tous ornements, la corniche n'a que les denticules, a trop de richesses pour un ordre qui est plus grossier que l'ionique; si ce n'est qu'on voulût enrichir l'ionique à proportion, comme Palladio et Scamozzi ont fait en lui donnant des modillons, des roses, etc.

Ad ipsumque mentum. On appelle mouchette le petit rebord qui pend au larmier des corniches, qui est appelé *mentum.* Il est fait afin que l'eau ne puisse couler plus bas.

Si vero systylon et monotriglyphon opus erit faciendum. Vitruve a mis le systyle au lieu du pycnostyle; car l'entre-colonnement du systyle, qui dans l'ordre dorique serait de deux diamètres, qui font quatre modules, ne pourrait pas s'accorder avec les monotriglyphes, qui ne demandent que trois modules dans l'entre-colonnement pour y avoir un triglyphe. L'excuse que Philander apporte ne me semble point recevable, qui est qu'en l'ordre dorique les proportions se peuvent prendre de l'entre-deux des triglyphes, au lieu que, dans les autres ordres, ils se prennent de l'entre-deux des colonnes; de sorte qu'au lieu de *intercolumnium,* il voudrait qu'on dît *mesotriglyphium :* mais cela étant, il faudrait des noms particuliers aux genres des temples doriques, et les appeler *pycnotriglyphes, syntriglyphes, diatriglyphes, arœotriglyphes* et *eutriglyphes,* au lieu de *pycnostyles, systyles,* etc.

Dividatur in partes XVIII. Cet article doit être corrigé, de même que le précédent nombre cinq dans la note 5 du troisième chapitre, parce que la proportion que les triglyphes, les colonnes et les entre-colonnements demandent, ne se rencontre pas si on ne met, ainsi que j'ai fait, au lieu de vingt-trois parties, vingt-deux pour le monotriglyphe tétrastyle, et trente-deux au lieu de trente-cinq pour l'hexastyle; car il n'est pas difficile de juger que cette faute du texte vient de ce qu'un copiste a pu ajouter facilement un point au chiffre de XXII, et qu'il a pris pour le chiffre XXXXI pour XXXV, suivant ce qui a été dit touchant l'ancienne manière d'écrire, qui ne joignait point par en bas les deux parties qui font le caractère V, qui vaut cinq. Mais Philander en a usé autrement; car il met dix-neuf et demi pour le tétrastyle, et vingt-neuf et demi pour l'hexastyle, supposant qu'il ne doit y avoir que deux triglyphes à l'entre-colonnement du milieu; ce qui n'a aucun fondement, le contraire étant distinctement dans le texte de Vitruve, que Philander ne corrige point, et où il y a trois triglyphes et quatre métopes à l'entre-colonnement qui est sous le fronton; outre que la correction que Philander fait en changeant le nombre de XXIII en XIX S, et celui de XXXV en XXIX S, n'est point si vraisemblable que le changement de XXIII en XXII, et celui de XXXV en XXXII. Rusconi a été de cette opinion, et il a mis trois triglyphes dans l'une et dans l'autre figure de ses monotriglyphes à l'entre-colonnement du milieu. La vérité est néanmoins que la grande disproportion de ces entre-colonnements rend l'opinion de Philander plus probable, et qu'elle est même confirmée par ce qui se voit au temple de la Piété, rapporté par Palladio, qui est monotriglyphe, et qui n'a que deux triglyphes à l'entre-colonnement du milieu; mais je n'ai pas osé suivre cette opinion, à cause de la trop grande violence qu'il aurait fallu faire au texte de Vitruve.

Supra singula epistylia. Je lis *intercolumnia,* parce que la chose est, ce me semble, assez évidente pour obliger à faire cette correction; ce mot de *singula* ne pouvant souffrir qu'il y ait *epistylia,* parce qu'il n'y a qu'un architrave à chaque face d'un temple, savoir, un poitrail qui est posé sur toutes les colonnes qui sont en une face; car on ne peut pas appliquer *singula* à *epistylia,* en disant que chaque entre-colonnement était couvert d'une pierre, et ainsi qu'il y avait autant d'architraves que d'entre-colonnements, puisque si cela était entendu ainsi, il ne serait pas vrai que chaque architrave n'eût au-dessus de soi que deux métopes et un triglyphe, ainsi qu'il est dit dans le texte, parce qu'il y aurait encore eu à chaque côté la moitié du triglyphe qui est au droit du milieu de la colonne qui soutient les deux bouts des pierres qui font l'architrave.

Quantum est spatium hemitriglyphi. Cette proportion, ainsi qu'il a été déjà insinué dans les premières notes de ce chapitre, ne pourrait être précise, parce qu'il faudrait que la colonne ne fût point diminuée; de sorte qu'il faut déduire ce que la colonne a de diminution de chaque côté par en haut, pour avoir au juste la grandeur de ce qu'on appelle, quoique improprement, la demi-métope.

Contra fastigium. J'interprète *fastigium* par *fronton.* Autrefois, du temps que J. Martin a fait sa traduction de Vitruve, on nommait frontispice ce que nous appelons fronton; mais à présent on ne se sert plus du mot de frontispice que figurément, pour signifier l'entrée, le devant et le commencement de quelque ouvrage que ce soit.

Alterum in summo. Je répète le mot de cymaise, quoiqu'il n'y ait dans le texte simplement qu'*alterum.* Je le fais pour éviter l'équivoque; car si on disait *une cymaise dorique au-dessous et une autre au-dessus,* on pourrait croire que la cymaise qui est sur le larmier devrait être dorique, de même que celle qui est au-dessous; ce qui ne doit point être, parce qu'on remarque dans l'antique que les architectes se sont toujours étudiés à varier les moulures.

Columnas autem striarii XX striis oportet. Cela ne s'observe point, et on fait indifféremment à tous les ordres vingt-quatre cannelures, quoiqu'il semble que ce soit avec beaucoup de raison que Vitruve met moins de cannelures à un ordre qui est plus grossier, qu'aux autres qui sont plus délicats.

Ch. IV. *Latitudo sit longitudinis dimidiœ partis.* Il est manifeste que Vitruve entend ici par le temple seulement les murailles qui composent le *cella* ou dedans du temple, et le *pronaos* ou porche, parce que, lorsque les colonnes y sont comprises, la longueur du temple ne peut avoir au juste le double de sa largeur, à cause qu'il manque à la longueur l'espace du diamètre d'une colonne, par la raison qu'il n'y a dans la longueur que le double des entre-colonnements, et non le double des colonnes. Par exemple, un hexastyle qui a six colonnes et cinq entre-colonnements, a dix entre-colonnements en sa longueur; mais il n'a qu'onze colonnes.

On peut remarquer que les temples des anciens étaient de deux genres; les uns étaient ronds, et les autres carrés. Les ronds étaient de deux espèces, savoir : les périptères ronds et les monoptères, dont il est parlé au septième chapitre de ce livre. Les carrés étaient de deux espèces; les uns n'avaient point de colonnes, ou s'ils en avaient, elles étaient enfermées entre les murailles du porche, et c'est de ces temples qu'il s'agit dans ce chapitre : les autres avaient des colonnes en dehors, et ils étaient de deux espèces; car il y en avait qui devaient être deux fois aussi longs que larges, qui étaient encore de sept espèces, savoir, celui à antes, le prostyle, l'amphiprostyle, le périptère, le pseudodiptère, le diptère et l'hypœthre, dont il est parlé au premier chapitre du troisième livre : les autres étaient presque carrés, qui étaient ceux que Vitruve appelle les temples à la manière toscane, dont il traite au septième chapitre de ce livre.

Ipsaque cella parte quarta longior sit, quam est latitudo, cum pariete. Pour trouver ici quelque sens, il faut interpréter *quam est latitudo* comme si ces mots étaient enfermés entre deux parenthèses, afin que les mots *de longior sit* soient joints avec ceux de *cum pariete;* et il faut entendre comme s'il y avait *cella cum pariete longior sit quam est latitudo,* au lieu qu'il y a *cella longior sit quam est latitudo cum pariete.*

Reliquæ tres partes pronai ad antas parietum procurrant. Il faut entendre que les antes sont comprises dans l'espace de ces trois parties ; autrement le temple aurait de long plus que deux fois sa largeur, savoir l'épaisseur de l'ante.

Quæ disjungunt pteromatos et pronai spatium. Cet endroit est fort obscur : car il semble que *columnæ quæ disjungunt pteromatos et pronai spatium* signifient des colonnes qui séparent l'espace qui est entre les deux ailes d'avec l'espace du porche ; ce qui n'a point de sens, parce que ces deux espaces ne sont que la même chose. C'est pourquoi ce que Vitruve veut dire étant manifeste et assez intelligible de soi, j'ai cru que je pouvais expliquer *columnæ quæ disjungunt,* les colonnes qui ferment ; parce qu'il est vrai que ce qui sépare un espace d'avec un autre peut être dit le fermer, et qu'un mur ferme la cour d'une maison quand il la sépare d'avec la rue. La raison pour laquelle j'ai choisi le mot de fermer, plutôt que celui de séparer, est que fermer est un mot absolu, et que séparer demande qu'on dise de quoi on sépare.

Pluteis marmoreis. J'ai interprété *plutei* des cloisons, bien que le mot d'appui soit plus propre pour rendre en français le mot latin *pluteus* ; car ce mot signifiait, parmi les anciens, le dossier d'un lit ou d'une chaise : mais c'était aussi le lambris qu'ils mettaient aux murs, le long desquels la plupart de leurs lits étaient rangés, sans qu'il y eût de ruelle ; et à ces lits il y avait *prior torus,* qui était ce que nous appelons le devant, et *interior torus,* qui était la place qui était près du mur ; or, ce *pluteus* ressemblait mieux à une cloison qu'à un appui, parce qu'il devait être beaucoup plus haut qu'un appui. La raison qui a fait que j'ai évité le mot d'appui est que j'ai cru qu'il aurait été mal propre à faire entendre la pensée de Vitruve, qui, selon mon avis, n'a point eu intention de mettre *pluteus* au lieu de *podium,* comme il aurait semblé si j'avais mis le mot d'appui, qui est propre pour signifier celui de *podium.* Et quoiqu'il y ait quelque difficulté à savoir précisément ce qu'on doit croire que Vitruve a entendu, j'ai cru qu'il y avait plus d'apparence au parti que j'ai pris qu'à l'autre. Barbaro et Cisaranus, qui sont les seuls interprètes qui se sont expliqués là-dessus, ne l'ont point fait bien nettement. Cisaranus n'en parle point dans ses Commentaires ; mais il fait voir dans sa figure qu'il a cru que Vitruve entendait par ce *pluteus* un appui tel qu'est celui qui doit être au *podium,* ainsi qu'il a été dit ci-devant ; car il a représenté ce *pluteus* par un petit mur qui joint un piédestal à l'autre, ayant les mêmes membres de la base de la corniche que les piédestaux. Barbaro, au contraire, dans son commentaire de la première édition, qui est italien, s'est expliqué en sorte qu'il fait entendre qu'il n'a point cru que le *pluteus* fût le *podium,* parce qu'il dit que les anciens faisaient ce *pluteus* de la même hauteur que serait un *podium,* s'il y en avait un. *Tra questi intercolumni si ponevano alcuni seragli ò di marmo ò di ligno non più alti di quello che sarebbe il poggio s' egli vi andasse.* Et en effet, Vitruve dit que ce *pluteus* va d'une ante à une colonne, et il devrait avoir dit qu'il va du piédestal qui soutient l'ante à celui qui soutient la colonne, s'il avait entendu qu'il y eût des piédestaux. La vérité est que cette manière de joindre des colonnes est une chose fort étrange, et qui n'a point d'exemple dans l'antiquité, ni d'approbation dans le bon goût, et qu'on peut dire être de ces choses que les premiers architectes ont pratiquées, mais qui n'ont point été suivies.

Il reste une difficulté sur la manière dont les architraves et les autres ornements qui composent l'entablement doivent être posés sur les colonnes et sur les antes, lorsque les unes et les autres se rencontrent sur une même ligne, comme dans les temples dont il s'agit, parce que les antes n'ayant point la diminution par en haut qu'ont les colonnes, il arrive nécessairement que l'on tombe dans l'un de ces trois inconvénients : car ou l'architrave est posé au droit du nu des antes, et il porte à faux sur les colonnes ; ou il est posé au droit du nu des colonnes, ce qui fait qu'il porte au dedans du nu des antes ; ou il est posé au droit du nu de l'un et de l'autre, par le moyen d'un ressaut qui fait retirer l'architrave en dedans, lorsqu'il passe sur les colonnes. Il s'agit de choisir le moindre de ces inconvénients ; j'estime que celui où l'architrave porte à faux sur les colonnes, est le plus supportable. Il a été pratiqué par les anciens, comme il se voit au marché de Nerva, au temple de Trevi, et au porche du baptistère de Constantin. La raison de cette pratique est que ce qu'il y a de vicieux dans les deux autres inconvénients est visible : car à l'égard de la retraite qui se fait seulement sur les colonnes, comme les chapiteaux n'ont point plus de saillie au pilastre qu'à la colonne, si l'architrave se retire sur la colonne sans se retirer sur le pilastre, on s'en aperçoit aisément par la différente manière dont les coins des chapiteaux paraîtront se rencontrer au droit des moulures de l'architrave, la vue faisant porter les coins des chapiteaux des colonnes plus haut que ceux des pilastres ; et pour ce qui est de faire toute la retraite sur le pilastre, il y a des rencontres où il sera aisé de voir que le nu du pilastre avance davantage que l'architrave, par exemple si le pilastre est à une encoignure en manière d'ante ; au lieu qu'on ne saurait jamais voir si l'architrave a plus de saillie que le haut de la colonne.

Et eæ altitudinem habeant æque quam quæ sunt in fronte. Cela n'est pas bien clair, car il semble que Vitruve suppose que les colonnes du dedans et celles du dehors ne soient pas ordinairement d'une même hauteur ; cela néanmoins n'a que fort peu d'exemples. M. de Monceaux a remarqué qu'au temple de Thésée, qui se voit à Athènes, il y a ainsi des colonnes de différentes hauteurs. Vitruve en donne aussi un exemple au cinquième livre, chapitre IX, où il parle des portiques qui étaient derrière les théâtres, dans lesquels il y avait des colonnes non-seulement de différentes hauteurs, mais même de différents ordres.

Ita quod detrahitur de corpore scapi...... et ita exæquabitur dispari ratione columnarum crassitudo. Il a fallu paraphraser cet endroit, parce qu'il exprime obscurément une chose qui d'elle-même est claire. La traduction à la lettre est, *afin de récompenser par l'augmentation du nombre des cannelures ce qui a été diminué de la tige des colonnes, par la raison qu'on ne s'apercevra point de cette diminution, et qu'aussi par un autre moyen on fera paraître leur grosseur pareille.*

Quod oculus plura et crebriora signa...... pervagatur. Cette raison est belle et subtile, étant prise de la nature de l'extension de la quantité : car de même qu'elle consiste à avoir les parties les unes hors des autres, sa connaissance aussi dépend de discerner que ces parties sont les unes hors des autres. Ainsi, ce qui fait paraître une chose grande est le nombre des différentes marques qu'elle a, qui font qu'une partie est distinguée d'une autre : parce que, comme la grandeur du temps dépend du nombre du mouvement, celle des corps dépend aussi du nombre des différentes parties que l'on peut compter. Or, une colonne qui est tout unie, et qui n'a rien qui distingue les différents espaces qui composent toute sa circonférence, ne fait pas si aisément connaître quelle est cette largeur que celle qui, ayant plusieurs cannelures, présente distinctement à l'œil le nombre des espaces que l'on ne manque point d'apercevoir, quoique l'esprit n'y fasse point de réflexion expresse. Au reste, il semble que ce raisonnement doive fortifier l'opinion que les architectes ont, qu'il faut changer les proportions suivant les différents aspects : il est pourtant vrai que ce n'est pas la même chose d'augmenter la grandeur d'une colonne élevée fort haut, de peur qu'elle ne paraisse trop petite, comme de multiplier ses cannelures pour la faire paraître plus grosse ; et la raison de cette différence est fondée sur le jugement de la vue, qui, parce qu'il est formé par l'accoutumance et par l'habitude, ne se trompe point aux choses dont il a coutume de juger; et, au contraire, il se trompe facilement à celles qui le surprennent à cause de leur nouveauté. Ainsi, parce que la vue trouve à tous moments des occasions de comparer les objets élevés avec ceux qui sont situés en bas, elle le fait avec facilité; ce qui n'est pas quand il s'agit de juger des différents effets que produisent les cannelures en grand ou en petit nombre dans des colonnes, cette discussion étant un cas qui n'arrive que rarement. Ce sujet est traité plus au long sur le deuxième chapitre du sixième livre.

Dum antæ eorum crassitudinibus columnarum sint æquales. J'ai traduit *en faisant leurs antes de la grosseur des colonnes*, c'est-à-dire quoiqu'on fasse toujours les antes de la grosseur des colonnes : et cela est mis, à mon avis, pour aller au-devant de ce qu'on pourrait dire que les antes qui sont aux encoignures sembleraient devoir déterminer l'épaisseur du mur : mais parce qu'il peut souvent arriver que les murs doivent être plus épais que les colonnes ne sont larges (car un grand et un petit temple, tels que sont un tétrastyle et un décastyle, peuvent avoir des colonnes de pareille grosseur), Vitruve veut dire que, bien que les antes soient faites de même largeur eu des temples différemment grands, on ne laisse pas de faire aussi les murs différemment grands, quoique les antes demeurent d'une pareille largeur. J. Martin s'est fort embarrassé dans la traduction de cet endroit, parce que dans ces mots *dum antæ eorum crassitudinibus columnarum sint æquales*, il a cru que *eorum* devait être joint à *crassitudinibus*, au lieu que je lis *antæ eorum*, et je joins *crassitudinibus* à *columnarum*, qui est un mot dont J. Martin ne sait pas faire, et qu'il est contraint d'interpréter comme s'il y avait *et columnæ*, c'est-à-dire *dum antæ et columnæ eorum (scilicet murorum) crassitudinibus sint æquales*. L'interprétation qu'il donne au reste du chapitre n'est ni suivant les paroles ni suivant le sens du texte.

Quam minutissimis cœmentis struantur. Cela a déjà été dit au huitième chapitre du deuxième livre ; et l'on voit, en effet, que la plupart des anciens édifices sont bâtis ou de très-grandes pierres ou de très-petites, comme de sept à huit pouces en carré.

Quod media coagmenta medii lapides, etc. Il n'est pas difficile de juger que Vitruve a mis *media coagmenta* et *medios lapides*, pour *mediocria*, et *mediocres* pour *medios*; et que *lapides continentes media coagmenta* est au lieu de *media coagmenta continentia medios lapides*, parce que c'est presque la même chose; la vérité étant que les pierres médiocres entretiennent le mortier dans sa bonté, de même que les joints médiocres, c'est-à-dire où il y a du mortier suffisamment, entretiennent la liaison des pierres, suivant la doctrine que Vitruve a établie au commencement du chapitre huit du second livre.

Item circum coagmenta et cubilia, etc. L'expression de Vitruve est obscure, parce qu'il semble dire le contraire de ce qu'il veut dire. Le texte porte *circum coagmenta cubilia eminentes expressiones*. Il semble que cela dise qu'à l'endroit où les pierres se joignent elles sont plus élevées qu'autre part ; ce qui se pratiquait aux joints des pierres dont les degrés des théâtres étaient faits, pour empêcher que l'eau n'entrât dans les joints : mais Vitruve veut dire le contraire, savoir, qu'autour des joints les pierres étaient élevées, et par conséquent qu'à l'endroit où elles se joignent elles étaient creusées pour faire des bossages, dont l'usage est de cacher les joints en les faisant remonter dans un angle rentrant. Ma pensée est que Vitruve a écrit *circum cubilia et coagmenta depressa, eminentia*, au lieu de *circum cubilia et coagmenta eminentes expressiones*.

Chap. V. *Ipsaque simulacra videantur exorientia contueri supplicantes*. J'ai expliqué *simulacra exorientia* suivant Philander, en ajoutant ces mots *avec le soleil*, quoiqu'ils ne soient point dans le texte, où il y a seulement que les statues semblent se lever; mais le mot *exoriri* ne signifie point se lever, mais *commencer à paraître soudainement*.

Si circum vias publicas erunt ædificia deorum. Non-seulement les anciens, mais aussi les canons de l'Église, ordonnaient que les temples et les églises eussent la face tournée vers le couchant. La restriction que Vitruve apporte ici pour se dispenser de cette loi quand la situation des lieux y répugne beaucoup, commence aussi à être suivie en notre temps, où l'on s'accommode aux lieux autrement qu'on ne faisait autrefois. L'église de Saint-Benoît à Paris, qui est appelée Saint-Benoît le bien Tourné, donne un exemple de la grande affectation de cette exposition de la face du temple au couchant.

Chap. VI. *Antepagmentorum.* J'ai cru devoir traduire par *chambranles* le mot *antepagmentum*, que tous les interprètes prennent pour un pied-droit ou un jambage, qui ne sont pas, à mon avis, des termes assez généraux pour expliquer *antepagmentum*, qui ne signifie pas seulement les deux côtés de la porte, mais même le dessus, comme il se voit quand Vitruve parle d'*antepagmentum superius*: car cela fait voir qu'*antepagmentum* doit s'entendre du chambranle, qui comprend les trois parties de la porte. *Antepagmentum* semble être dit *quasi ante fixum*, qui fait que Saumaise croit qu'*antepagmenta* et *antæ* différaient en ce que les antes étaient de pierre, et *antepagmenta* étaient de bois, savoir, un assemblage qui s'attachait sur la pierre, comme on fait en plusieurs de nos cheminées et aux portes des chambres, lorsque leurs chambranles sont en placard.

Atticurges. Tous les interprètes entendent ici par atticurge l'ordre corinthien, fondés sur ce qu'il leur semble qu'à la fin de ce chapitre Vitruve fait comme une récapitulation de ce qu'il a traité, en disant : *après avoir exposé les manières de bâtir les temples selon l'ordre dorique, ionique et corinthien, je vais traiter du toscan*. Mais il est évident que cette récapitulation se rapporte à tout ce qui a été traité non-seulement dans le chapitre, mais même dans le reste du livre et dans la plus grande partie du livre précédent, et que les manières de bâtir ne se rapportent pas aux portes dont il est parlé dans ce chapitre, mais à tout le temple. De plus, la description qui est faite ici de la porte atticurge ne saurait convenir à l'ordre corinthien, parce que cette porte a quelque chose de moins orné que celle de l'ionique, la seule différence de l'ordre ionique et du corinthien étant au chapiteau.

Corona summa. Je n'ai pas interprété le mot de *corona* corniche, comme aux autres endroits où ce mot a été ci-devant employé, parce qu'ici *corona* ne peut passer que pour le membre d'une corniche. Je ne l'ai pas aussi nommé *larmier*, qui est le vrai nom du membre de corniche à la place duquel cette *corona* ou couronne est placée, parce que sa proportion est tout à fait éloignée de celle du larmier d'une corniche, occupant tout l'espace qui est depuis l'hyperthyron ou frise qui est sur le chambranle, jusque sous l'architrave ; c'est pourquoi elle est appelée un peu après *corona plana*.

Lumen hypætri. Je traduis par *la hauteur de l'ouverture de la porte*, *lumen hypætri*, parce que ces deux mots signifient la même chose; *lumen* étant parmi les architectes l'ouverture qui donne le jour, laquelle comprend les portes et les fenêtres, et *hypothyron* ne signifiant rien autre chose que le dessous de la porte.

A pavimento ad lacunaria. Le mot de *lacunar* a déjà été expliqué; et il a été dit qu'il signifie ou l'enfoncement des solives d'un plancher, ou celui qui est dans les plafonds qui sont entre les travées des portiques ou des péristyles, à l'endroit qui répond au-dessous de la saillie des larmiers des grandes corniches, principalement quand il y a de la sculpture qui y fait des enfoncements comme dans l'ordre dorique, lorsque l'on y taille des gouttes et des foudres, ainsi qu'il a été dit; ou dans le corinthien, quand il y a entre les modillons des carrés enfoncés pour recevoir des roses. Barbaro fait différence entre *lucus*, et *lacunar* ou *laqueare*; et il prétend que l'enfoncement des planches est *lacus*, et que les solives ou les architraves, qui font les rebords des enfoncements, sont proprement *lacunaria*. Philander soutient que Vitruve n'a point fait cette distinction, parce qu'au quatrième chapitre du sixième livre il compose le *lacunar* de deux parties, savoir, de l'architrave et de ce qui est au-dessus de l'architrave, qu'il appelle *reliquum lacunariorum*. L'opinion de Philander me semble la meilleure; et je crois que, supposé que l'architrave et l'enfoncement qui est au delà de l'architrave composent le *lacunar*, et qu'il s'agisse de l'une ou de l'autre de ces parties, l'intention de Vitruve a été de ne donner le nom de *lacunar* qu'à celle qui n'a point d'autre nom, et qu'ainsi il n'a point appelé l'architrave *lacunar*. Mais la difficulté est de déterminer quel est l'enfoncement que Vitruve a entendu. Barbaro n'a point suivi dans sa figure ce qu'il dit dans son commentaire, où il veut que *lacunar* soit le dessous de l'architrave; car il se trouve dans sa figure que l'espace dont il s'agit, qui doit être partagé en trois et demi, est pris depuis le pavé d'en bas jusqu'à l'extrémité du haut de la corniche. Bullant fait aussi la même chose, je ne sais pas pour quelle raison; car il n'y a point de plafond au-dessus de la grande corniche.

C'est pourquoi je me suis déterminé au plafond du dedans du portique, parce que l'autre plafond, qui est celui du larmier, ne répond pas au plancher d'en bas, mais à la première marche du degré du temple, qui est plus basse que ce plancher.

Et in summo contrahatur. Il se trouve peu d'exemples de cet étrécissement des portes par en haut. Le temple de Tivoli, qui est d'ordre corinthien, a non-seulement sa porte, mais même ses fenêtres, ainsi rétrécies par en haut. Les interprètes ne donnent point de bonnes raisons de cette bizarre structure. Il semble que la principale raison est que la porte se ferme d'elle-même, lorsque la feuillure du côté des gonds est hors de son plomb, de même que le jambage. Mais la porte a fort mauvaise grâce étant ouverte, parce que le coin qui est opposé aux gonds par en bas est beaucoup plus élevé que l'autre; celui d'en haut fait la même chose, ce qui oblige de faire l'embrasure fort élevée par en haut.

Reliqua quæ altiora erunt. Ceci se faisait par le principe suivant lequel la diminution des grandes colonnes par le haut devait être moindre que celle des petites, ainsi qu'il est enseigné au deuxième chapitre du troisième livre. Ce principe est que la distance des choses qui sont fort élevées les fait paraître plus petites; et ainsi on croyait que les grandes portes auraient paru trop étroites par le haut, si on les avait rétrécies suivant la proportion des petites.

Cymatium faciendum est antepagmenti parte sexta. Cette cymaise est si petite, que je ne puis empêcher de croire qu'il y a ici une faute pareille à celle qui a déjà été remarquée au troisième chapitre du troisième livre, lorsqu'il est parlé de la cymaise de la corniche ionique, qu'on fait aussi d'une sixième partie, et où je soupçonne que le copiste a mal lu le nombre qui était en chiffre, et qu'il a pris XII pour VI. Barbaro et J. Bullant, dans leurs figures des portes doriques, ont fait cette cymaise de la troisième partie du chambranle, et non pas de la sixième; néanmoins, Barbaro n'en dit rien dans son commentaire; ce qui confirme l'opinion qu'on a qu'il n'a pas pris un grand soin de ses figures, et qu'il s'en rapportait entièrement à André Palladio, qui, ayant une plus grande connaissance de l'architecture par la vue de l'antiquité que par le texte de Vitruve, y pouvait souvent mettre beaucoup du sien. Et, en effet, dans cette même figure de la porte dorique, il y a beaucoup d'autres choses qui ne sont pas suivant le texte, comme les proportions de la hauteur de la porte et celle de l'*hyperthyron* ou frise.

Sima sculptura. Philander entend *sima sculptura* une sculpture peu relevée, et il croit que l'essence de l'astragale lesbien consistait en ce que la sculpture qu'on y faisait avait peu de relief : mais il n'y a point d'apparence que la sculpture fît la différence d'un membre de moulure. J'ai suivi l'interprétation de Barbaro, qui entend que *sculptura* ne signifie point ici la sculpture, mais la manière de tailler les moulures, qui, selon Vitruve, doivent avoir autant de saillie que de hauteur, de sorte qu'en cet endroit une moulure *sine sculptura* signifie une moulure qui a beaucoup moins de saillie que de hauteur.

Corona plana. On ne voit point dans les restes de l'antiquité aucun exemple de cette manière de corniche, où la couronne ou larmier ait de hauteur cinq fois plus qu'il n'a de saillie; c'est pourquoi elle est appelée plate, avec beaucoup de raison.

Projectura autem ejus erit quanta altitudo supercilii. Il faut nécessairement comprendre dans cette saillie non-seulement celle de la couronne et de sa dernière cymaise, mais même la saillie de la cymaise dorique et de l'astragale lesbien; autrement on ne trouverait pas assez d'espace entre les tailloirs des chapiteaux, contre lesquels la dernière cymaise de la couronne plate touche quand il n'y a point de portique, et que la colonne est attachée au mur : car quand même il y aurait un portique, et que la colonne serait assez éloignée du mur pour laisser la liberté à cette cymaise de la couronne plate de passer l'alignement de la cymaise du tailloir du chapiteau, il ne serait pas raisonnable de lui donner tant de saillie, parce qu'il ne faut pas que les proportions soient différentes, soit que ces colonnes fassent un portique, ou qu'elles n'en fassent pas.

In ungue ipso cymatio conjungantur. Cet endroit est fort obscur, ayant deux difficultés. La première est de savoir ce que Vitruve entend par *in ungue conjungi*. Barbaro et Durantino traduisent *se joignent ensemble, si congiunghiono insieme*. Cisaranus et Caporali n'ont point traduit ce mot, et ils ont laissé le latin; mais, dans leurs commentaires, ils donnent à entendre que cela signifie une jointure subtile de deux extrémités qui sont minces comme des ongles; ce qui ne me semble point bien expliquer la chose, parce que cette jointure subtile est particulière à la menuiserie d'assemblage, où les retours et les angles sont formés de deux pièces, ce qui n'est point aux ouvrages de pierre. Nos ouvriers font deux espèces de retour des moulures, l'un est appelé simplement *à angle*, qui est commun à toutes les moulures des corniches, qui, dans leur retour, conservent le même niveau; l'autre est appelé *à onglet*, qui est le retour des moulures des chambranles ou des cadres; et on aurait pu dire que ce mot *d'onglet* des ouvriers vient de l'*in ungue* de Vitruve, s'il s'agissait ici du retour des moulures des chambranles. C'est pourquoi je n'ai point traduit *in ungue*, *à onglet*, comme J. Martin, mais *exactement*, supposant que Vitruve a mis *in ungue* pour *ad unguem*. La seconde difficulté est de savoir quelles sont les cymaises qui doivent être jointes exactement. Mais, si la figure que Barbaro et J. Bullant ont faite de la porte dorique est véritable, je crois que Vitruve entend parler de la cymaise qui est sur la couronne plate, et de celle du tailloir du chapiteau, soit des colonnes, soit des pilastres qui sont aux côtés de la porte : car les extrémités de ces deux cymaises se touchent et se joignent de si près et d'une manière si particulière, que ce n'est pas sans raison qu'il est dit qu'elles se joignent *exactement* : car si cette jointure s'entendait des angles et des retours d'une moulure, il aurait été inutile de dire qu'elle doit être juste, parce que cela est commun à tous les angles que font les moulures; mais il est tout à fait particulier aux deux extrémités de ces cymaises de se toucher comme elles font.

Prima corsa. Personne ne doute que *corsa* ne soit la face ou plate-bande qui tourne autour du chambranle; mais on ne sait pas certainement d'où vient ce nom. Baldus croit qu'il est pris du mot grec *corsa*, qui signifie rasé, parce que cet endroit, dans les chambranles et dans les architraves, n'a que fort rarement des ornements, et est toujours poli, et dénué de tout ce qui peut rendre la pierre comme velue et hérissée. Il se voit un exemple de cela aux trois colonnes de Campo-Vaccino, où la face d'en haut de l'architrave, qui répond à la première face du chambranle dont il s'agit, est sans sculpture à l'ordinaire, la seconde étant taillée et enrichie de sculpture.

Crassitudinem ex antepagmenti tribus partibus unam. Ces consoles sont bien minces et bien étroites. Palladio en a desinné de cette proportion aux côtés de la porte du temple de la Concorde, qui apparemment y étaient encore de son temps : mais elles n'ont point de grâce, en comparaison de celles qui sont aux croisées du Louvre.

Fores ita compingantur. J'ai interprété par une circonlocution le mot de *fores*, à cause qu'il n'y en a point en français pour l'exprimer. Quelques-uns croient, néanmoins, que le mot d'huis signifie la menuiserie qui ferme la porte : mais la plus commune opinion est qu'il signifie seulement une petite porte, et non pas ce qui la ferme.

Uti scapi cardinales sint ex altitudine luminis totius duodecima parte. La description de cette menuiserie me semble bien embarrassée. Les interprètes, néanmoins, ne se sont guère mis en peine de l'expliquer, et ils se sont contentés de désigner les différentes parties qui la composaient, sans faire cadrer leurs proportions au texte : et, à la vérité, cela est impossible, à cause des contradictions qui s'y rencontrent. J'ai, néanmoins, trouvé qu'en changeant seulement un mot, dont la corruption est fort probable, j'y pouvais trouver mon compte : car, supposant qu'il y a *parte duodevigesima*, au lieu de *duodecima*, c'est-à-dire, en donnant à la largeur des montants la dix-huitième partie de leur hauteur, au lieu de la douzième, presque toutes les autres mesures se rencontrent véritables. Quelques interprètes entendent que cette douzième partie soit donnée aux montants par-dessus la grandeur de la porte, pour en faire les gonds : mais le texte ne dit point cela, si ce n'est que l'on ôte *ex* et que l'on ajoute *longiores*, en lisant, *sint altitudine luminis totius duodecima parte longiores* : cependant, il y a seulement : *sint ex altitudine luminis totius duodecima* ou *duodevigesima parte*; c'est-à-dire qu'ils soient de la douzième ou dix-huitième partie ; car le mot de large que j'ajoute se doit nécessairement entendre, parce que cette mesure ne pouvant se rapporter à leur longueur, qui doit être du moins de toutes les douze parties, elle ne peut appartenir qu'à la largeur.

Inter duos scapos tympana. Il est tout à fait impossible de trouver du sens en cet endroit; car cette mesure ne saurait être pour la largeur des panneaux qui sont entre les montants, parce qu'ils n'en ont point de certaine, allant toujours en s'étrécissant depuis le bas jusqu'au haut, de même que l'ouverture de la porte. Cette mesure n'est point aussi pour leur longueur car il n'est parlé que d'une mesure ; et il y a deux panneaux dont la grandeur est différente, parce que celui du bas de la porte est beaucoup plus grand que celui du haut, leur proportion étant telle, que celui d'en bas est plus grand d'un tiers que celui d'en haut.

Impagibus distributiones ita fient. Ce mot *impages* signifie en général les pièces qui composent le châssis qui enferme un panneau. L'étymologie, selon Sextus, vient de *pangere*, qui signifie ficher et clouer, en sorte que com-

pages fit ex impagibus. Mais parce que ces pièces de bois qui font un châssis sont de deux sortes, savoir, celles qui vont en montant et celles qui traversent, j'ai cru qu'ayant interprété *scapos*, les *montants*, je devais traduire *impages*, les *traversants*.

Medii impages. Bien que Vitruve ait mis *impages* au pluriel, suivant sa coutume, qui est de n'être pas exact en ces choses, je mets le *traversant* au singulier, parce qu'il n'y en a qu'un au milieu. Barbaro explique *medii impages, dimidiæ regulæ*, des demi-traversants, c'est-à-dire qui sont plus étroits de la moitié que les autres; ce qui aurait mauvaise grâce en menuiserie. J'ai mieux aimé interpréter *medii impages*, les *traversants du milieu*, c'est-à-dire qui sont entre les deux autres traversants qui sont aux extrémités, mais qui ne sont pas également distants de l'un et de l'autre de ces traversants des extrémités; que signifient les mots *super medium*, que j'ai cru devoir traduire *plus hautes que le milieu.*

Alii in summo, alii in imo compingantur. Il est aisé d'entendre qu'il faut qu'ils soient joints avec les montants.

Replum. Turnebus confesse qu'il ne sait pas ce que c'est que *replum*. Saumaise croit qu'il est dit *quasi replicatum*. Philander veut que ce soit une corniche que soit au-dessus du traversant; et il se fonde sur ce que Vitruve rapporte au dix-septième chapitre du dixième livre, où il semble expliquer ce que c'est que *replum*, quand il dit, *replum quod est operimentum.* Bertanus, en son livre *De obscuris locis in opere ionico*, prend *replum* pour le poteau du milieu qui est commun aux deux battants, et qui en couvre la jointure. Baldus croit que c'est la partie qui est tout autour du panneau ou tympan, et qui l'enferme comme un châssis. Cette opinion que j'ai suivie me semble la plus probable.

Secundum pagmentum. Je crois qu'il faut corriger quelque chose à cet endroit, et lire *scapi qui faciunt secundum pagmentum*, au lieu de *scapi qui sunt ante secundum pagmentum*, n'étant pas difficile de faire *sunt ante de faciunt*.

Si quadriforis futura est. Le mot *quadriforis*, que je traduis *coupé en quatre*, est ambigu; car il signifie indifféremment et les portes à deux battants, dont chacun est brisé de haut en bas, que les Latins appelaient *conduplicabiles*, et celles dont chaque battant était coupé en travers, que les Grecs appelaient *diclides*, c'est-à-dire deux clefs, parce que les deux battants ou volets d'en haut étaient fermés par une serrure, et les deux battants d'en bas par une autre.

Habeant duas partes. Cette plate-bande qui est mise pour la cymaise est bien petite, et laisse un grand espace de reste, de sorte que ce chambranle nu et bien plus simple qu'en l'ordre ionique, où il y a trois plates-bandes. On fait croire raisonnablement que cette porte, que Vitruve appelle atticurge, n'est point pour l'ordre corinthien; mais que cet atticurge était un ordre particulier, ainsi que Pline le témoigne, qui, outre les ordres toscan, dorique, ionique et corinthien, en met un cinquième, qu'il appelle attique, et dont il dit que les colonnes étaient carrées. Et il y a apparence que cet ordre attique était moyen entre le dorique et l'ionique ; car sa base, qui a été ci-devant décrite, est plus simple que l'ionique, n'ayant que quatre membres, savoir, un plinthe, deux tores et une scotie; au lieu que l'ionique en a six, savoir, un plinthe, deux scoties, deux astragales et un tore. Il se voit encore dans les ruines d'Argos quelques restes de cet ordre attique. Les chapiteaux qui sont aux colonnes de la figure de la porte attique ont été dessinés sur le lieu, et m'ont été communiqués par M. de Monceaux.

Ipsaque non fiunt celostrata. J'ai interprété, *ces portes ne sont point ornées de marqueterie.* Dans mon manuscrit, au lieu de *ipsaque forium ornamenta non fiunt cerostrata neque bifora, sed valvata,* je trouve *ipsæque fores non fiunt cerostratæ neque bifores, sed valvatæ :* ce texte me semble plus raisonnable que celui des exemplaires imprimés, parce que le mot *d'ornamenta* est inutile à l'égard de *cerostrata;* et il ne saurait s'accommoder avec *bifora* ni avec *valvata.* — J'ai cru que le mot de marqueterie comprenait les diverses significations que les auteurs donnent au mot *cerostrata,* qui se trouve aussi dans Pline, parmi les différentes espèces de peinture. Saumaise estime qu'il faut lire *cestrota,* comme venant du mot grec *cestron,* qui signifie une broche de fer, parce qu'on brûlait avec une broche de fer le bois par compartiments; ce qui se fait encore dans notre marqueterie, lorsqu'on donne par le moyen du feu, aux petites pièces de bois dont elle est composée, une noirceur qui représente les ombrages. Cet auteur croit néanmoins qu'on peut retenir le mot de *cerostrata,* parce que, pour mieux brûler le bois, on le frottait de cire; mais il avoue qu'il faudrait écrire *ceristrota,* pour signifier que la cire servait à cet ouvrage. De sorte que je trouve que l'opinion de Philander, qui fait venir *cerostrota,* de *ceras,* qui signifie la corne dont on se servait pour faire de la marqueterie, l'ayant teinte de plusieurs couleurs, a assez de probabilité pour me déterminer à préférer un mot à une circonlocution dont il aurait fallu se servir en suivant l'opinion de Saumaise.

Sed valvata. J'ai cru que *foris valvata* devait signifier une porte simple et qui n'a qu'un battant, puisqu'elle est opposée à celle qui en a deux, que les Romains appelaient *bifores;* car bien que *valvæ* signifie ordinairement les deux battants d'une porte, il est vrai que ce mot n'a cette signification qu'à cause qu'il est au pluriel, et encore n'a-t-il pas semblé à Ovide que le pluriel fût suffisant pour cela, quand il a dit, *argenti bifores radiabant lumine valvæ;* car il a jugé que *valvæ* sans *bifores* n'aurait pas signifié une porte à deux battants.

Et aperturas habent in exteriores partes. Cela répugne à l'étymologie que les grammairiens donnent au mot *valvæ;* car ils disent que ces sortes de portes sont ainsi appelées *quod intus volvantur;* ce qui n'a pas beaucoup de raison, puisqu'il n'importe de quel côté elles s'ouvrent, et que c'est assez que des portes soient des choses *quæ volvuntur,* pour dire qu'elles sont appelées *valvæ a volvendo* simplement.

Chap. VII. *Et inter antas et columnas priores per medium iisdem regionibus alteræ disponantur.* Jocundus et Barbaro sont d'avis différents sur la disposition des colonnes du temple toscan, de la manière qu'elle est ici décrite. Jocundus met trois colonnes au-devant de chaque ante, et deux autres rangs de trois ; ce qui fait en tout douze colonnes, quatre de front et trois dans le retour. Barbaro ne met qu'une colonne devant chaque ante, ainsi qu'il se voit dans sa figure, qui explique mieux le texte.

Eædemque sint ima crassitudine altitudinis parte septima. C'est avec raison que Philander s'étonne de cette proportion de la colonne toscane, savoir, qu'étant plus grossière dans ses ornements que toutes les autres, elle ne soit pas plus courte que la dorique, qui n'a aussi de hauteur que sept diamètres. Mais la colonne Trajane, qui est d'ordre toscan, est encore plus disproportionnée ; car elle a plus de huit de ses diamètres de hauteur. Il est vrai que les colonnes doriques de derrière des théâtres, dont il est parlé au neuvième chapitre du cinquième livre, avaient huit diamètres et demi.

Torum insuper cum apophysi crassum quantum plinthus. Ce que Vitruve appelle ici *apophygis,* qui signifie fuite, est appelé *devant,* au premier chapitre de ce livre, *apothesis.* C'est ce que nos ouvriers appellent *congé* ou *naissance :* le mot de *naissance,* qui est moins en usage que celui de *congé,* semble être fondé sur la correction de Scaliger, qui veut qu'au lieu *d'apophygis* ou *apophyges,* on lise *apophysis,* qui signifie une éminence qui semble naître et sortir d'un corps. C'est ainsi que les anatomistes grecs ont appelé les parties les plus éminentes des os.

Tertia hypotrachelio cum apophysi. Il y a dans tous les exemplaires *capituli crassitudo dividatur in partes tres, e quibus una plintho, quæ est pro abaco detur, altera echino : tertia hypotrachelio et apophygi.* Philander lit : *tertia hypotrachelio cum astragalo et apophygi.* J'ai lu comme lui ; et je suppose qu'il se fonde sur quelque exemplaire authentique; mais je l'entends autrement que lui. Il prétend que l'astragale et le congé, dont Vitruve parle, doivent être donnés au chapiteau, outre l'astragale et le congé qui appartiennent au fût de la colonne; premièrement parce que le texte, suivant la restitution de Philander, le dit expressément, puisqu'il met ce congé et cet astragale dans la troisième partie du chapiteau, et qu'il est constant que l'astragale et le congé qui sont au haut du fût des colonnes leur appartiennent, et que ces membres ne sont point une partie du chapiteau; en second lieu, parmi le peu d'exemples que nous avons de l'ordre toscan des anciens, la colonne Trajane, qui est un des plus illustres, a cet astragale et ce congé sous l'échine ou quart de rond du chapiteau; en sorte qu'il n'y a que le congé qui appartienne au fût de la colonne, l'astragale étant manifestement du chapiteau, ainsi qu'il paraît de ce qui est taillé de sculpture de même que le quart de rond ; ce qui ne se fait point au fût d'une colonne. Scamozzi, qui a recherché avec beaucoup de soin dans les restes de l'antiquité ce qui appartient à l'ordre toscan, et qui de toutes ses remarques en a composé et formé un à sa fantaisie, met cet astragale et ce congé sous le quart de rond, outre l'astragale et le congé du fût de la colonne; mais il n'a point observé d'ailleurs les proportions que Vitruve donne. Les autres architectes n'ont point suivi, non plus que lui, le texte de Vitruve; car quelques-uns, comme Serlio et Vignole, ont fait entrer le petit carré ou filet dans la seconde partie du chapiteau que Vitruve donne tout entière au quart de rond : les autres, comme Palladio, ont mis le petit carré sans astragale dans la troisième partie au-dessous du quart de rond.

Ut eam habeant crassitudinem, quanta summæ columnæ erit hypotrachelium. Le texte est obscur pour être trop concis : car il serait nécessaire qu'il eût expliqué de quel sens les pièces de bois sont jointes, et si cette grandeur qu'elles doivent avoir, étant jointes ensemble, ne doit être entendue que de leur largeur, qui est l'endroit par lequel elles posent sur la colonne, ou si elle se doit aussi entendre de leur hauteur.

Compactæ subscudibus et securiclis. Ces tenons que les Latins appelaient *subscudes* étaient de deux sortes : les uns simples, et que nos menuisiers appellent clefs, lesquels étant enfermés dans deux mortaises, sont arrêtés avec deux chevilles; les autres étaient mis en dehors et taillés en queue d'aronde, et parce qu'ils ressemblaient à de petites cognées, on les appelait *securiclæ :* c'est aussi à cause de leur figure que nous les appelons queue d'aronde ou d'hirondelle, parce que la queue de cet oiseau va en s'élargissant de même que ces tenons.

Supra trabes et supra parietes trajecturæ mutulorum. Cela veut dire que sur les pièces de bois ou poitrails qui servaient d'architrave dans l'ordre toscan, on posait les poutres au droit des colonnes; qu'entre les poutres on maçonnait un petit mur qui servait de frise, sur laquelle les bouts des chevrons venaient poser; que ces chevrons débordaient pour soutenir l'entablement ou plutôt le larmier et la corniche, et que tout cela semble faire la quatrième partie de la hauteur de la colonne. C'est là ce qu'il semble que le texte latin veut dire; car je ne crois pas qu'il y ait apparence que la saillie des bouts des chevrons qui sont appelés mutules soit la quatrième partie de la colonne, ainsi qu'il semble que le texte veuille faire entendre. La vérité est néanmoins que cet endroit est fort obscur, et je ne prétends pas que l'explication que je donne puisse passer pour autre chose que pour celle d'une énigme.

Antepagmenta figantur. J'ai suivi l'interprétation de Philander, qui ne croit pas qu'*antepagmenta*, que j'interprète des *ais*, doivent signifier des *chambrantes*; car il ne s'agit point de portes ni de fenêtres, mais de l'entablement composé d'architrave, frise et corniche; et il y a apparence que Vitruve s'est servi ici du mot *antepagmentum* pour signifier, suivant son étymologie, une chose qui est clouée sur une autre.

Columen. Il a été dit, sur le deuxième chapitre de ce livre, qu'ordinairement les mots de *columen* et de *culmen* signifient indifféremment le faîtage, et qu'en cet endroit-là Vitruve les distingue, prenant *culmen* pour le faîtage, et *columen* pour le poinçon. Cela me semble si bien établi par le texte du second chapitre, que je ne fais point difficulté de mettre ici *culmen* au lieu de *columen*, parce qu'il est évident que Vitruve n'entend point parler ici du poinçon, mais de quelque chose qui est plus haut que le poinçon.

Ut stillicidium tecti absoluti tertiario respondeat. Laët, dans son augmentation du Dictionnaire de Baldus, donne une explication fort probable au mot de *tertiarium*, dont Vitruve se sert en cet endroit, quand il dit qu'il signifie le fronton; mais il me semble que Laët n'en a pas assez dit, et que *tertiarium* signifie autre chose qu'un fronton généralement pris; car il serait inutile de dire que le toit doit répondre au fronton, puisque cela est commun à tous les ordres, où le toit répond toujours au fronton, du moins dans tous les ouvrages antiques. Il est vrai que tous les architectes modernes en usent autrement et fort mal, lorsque dans un portail ils font le fronton à l'antique, c'est-à-dire avec un angle obtus et le toit à la moderne, avec un angle aigu; mais il n'y a point d'apparence que Vitruve ait prévu que quinze ou seize siècles après lui, on tomberait dans cette erreur, dans laquelle on n'était point de son temps. Il semble donc que Vitruve veuille faire entendre que le fronton de l'ordre toscan a une proportion particulière. C'est pourquoi je crois qu'il a voulu dire que l'ordre toscan étant plus ferme et plus durable que les autres par les proportions de ses colonnes, il demandait aussi à avoir dans son toit une disposition avantageuse à la solidité par cette élévation du faîtage qui diminue la poussée des forces dont tout le toit est soutenu, et qui donne une grande facilité à l'écoulement des eaux. Turnèbe, qui a entendu, comme nous, par *tertiarium*, une chose dont une partie est le tiers du tout, applique ce mot à la saillie du toit, qui devait être la troisième partie de tout le toit; ce qui est sans raison, ce me semble, parce que la grandeur des saillies n'a que faire d'être proportionnée au toit, mais bien à la hauteur du mur, qui demande à être couvert par une plus grande saillie, plus il est haut; ce qui n'est point nécessaire à un grand toit, qui jette son eau plus loin, plus il est grand, à cause que la quantité qu'il en amasse et la longueur de son cours la fait tomber avec assez d'impétuosité pour n'avoir pas besoin d'une grande saillie pour cela.

Chap. VIII (ou VII, sect. 6 et suiv). *E quibus aliæ monopteræ.* Les temples qui n'avaient que l'aile, c'est-à-dire dont le toit n'était posé que sur des colonnes, sans avoir de murailles, étaient appelés monoptères. Tous les interprètes ont entendu par monoptère un temple qui n'a qu'une aile, comme si monoptère était opposé à diptère, c'est-à-dire qui a deux ailes, et que ce mot fût composé de l'adjectif *monos*, qui signifie *seul*, et non de l'adverbe *monon*, qui signifie *seulement*, ainsi qu'il fait dans le mot *monogramme*, qui signifie une peinture qui n'a que le simple trait, et non pas une peinture qui n'a qu'un seul trait : car la peinture monogramme a plusieurs traits; mais ces traits n'étant point accompagnés des ombres que l'on a accoutumé d'ajouter au simple trait, ils sont dits être *seuls* et non pas *uniques*. Le mot *monochrome*, qui signifie une autre espèce de peinture, donne un autre exemple de la différence que *monos* et *monon* ont dans la composition; car la peinture *monochrome*, qui est celle que nous appelons camaïeu, signifiait, selon Pline, une peinture qui était tracée et ombrée d'une seule couleur, et non pas une représentation qui n'était faite que par la seule couleur sans relief. D'ailleurs, si les temples monoptères étaient ainsi appelés à cause que leur aile est unique, ils ne seraient point différents des périptères ronds, dont l'aile est unique de même qu'aux monoptères, mais qui, outre l'aile, ont un mur rond en dedans, qui n'est point aux monoptères.

Quæ sine cella fiunt. Parce que le milieu du temple, qui était composé de murailles, s'appelait *cella*, je n'ai pas fait de difficulté de traduire *quæ sine cella sunt*, ceux qui n'ont point de murailles; joint qu'il n'y a point de mot français pour exprimer *cella*.

Insuper stylobatas columnæ constituuntur tam attæ, quanta ab extremis partibus est diametros stylobatarum. Cette mesure de la hauteur des colonnes du temple monoptère semble bien incertaine, si l'on prend la colonne et le piédestal ensemble, parce que la hauteur du piédestal n'étant point déterminée, on ne peut pas dire précisément quelle hauteur restera pour la colonne; si ce n'est qu'on fasse le piédestal à hauteur d'appui. Ainsi, il n'y aura qu'à ôter trois pieds ou environ qu'il faut pour le piédestal, et le reste restera pour la colonne.

Diametros. Il faut entendre ce qu'est le diamètre du dedans du temple, depuis un piédestal jusqu'à l'autre.

Stylobatarum. La description que Vitruve fait des temples ronds est fort obscure, parce qu'il ne nous reste rien de cette espèce d'édifice qui nous puisse instruire suffisamment des particularités qui sont ici décrites. Le temple rond qui est à Tivoli ressemble en beaucoup de choses au périptère rond de Vitruve; mais il n'a point de piédestaux qui se rapportent à ceux dont Vitruve parle : il n'a qu'un piédestal continu, qui forme un massif sur lequel les colonnes sont posées; en sorte que le pied des colonnes est au niveau du pavé du temple, ainsi qu'à tous ceux qui sont sans *podium*, c'est-à-dire sans cette manière de piédestaux qui sont continués par un appui ou balustrade. Mais la description de Vitruve fait comprendre que les colonnes des temples ronds étaient posées chacune sur un piédestal particulier, comme aux temples qui ont un *podium*, et que néanmoins ces piédestaux n'avaient ni la base ni la corniche qui étaient aux piédestaux qui formaient un *podium*, ainsi qu'ils sont décrits au troisième chapitre du troisième livre; car il est ici parlé de piédestaux au pluriel, *insuper stylobatas columnæ constituuntur*; il n'est fait aucune mention ni des bases ni des corniches de ces piédestaux; et ils sont appelés simplement *parietes stylobatarum* dans les monoptères; enfin, dans le périptère, qui avait un mur au dedans, il est parlé *de recessu ejus a stylobata*; ce qui fait voir, que, dans ces sortes de temples, les colonnes étaient posées sur des piédestaux tout à fait différents du piédestal unique et continu qui soutenait les colonnes et même tout le toit du temple de Tivoli. Je pense, comme Barbaro, que ces piédestaux devaient être en forme de socles cubiques, et non avec des bases et des corniches, afin de ne pas embarrasser par la saillie des bases et des corniches le passage qui devait être entre deux, par la même raison que Palladio dit que les colonnes du temple de Tivoli ont été faites sans plinthes; et même ce dégagement semble moins nécessaire dans le temple de Tivoli que dans les temples ronds de Vitruve, qui ont des degrés tout alentour, afin qu'on puisse entrer par tous les côtés dans le milieu du monoptère ou dans le portique rond du périptère ; au lieu que cette entrée n'est dans le temple de Tivoli qu'au droit de la porte.

Crassitudine...... decimæ partis. La proportion de ces colonnes fait juger qu'elles doivent être corinthiennes ; mais elles sont encore plus grêles que celles dont il est parlé ci-devant, au premier chapitre de ce livre ; car il paraît, par ce qui a été dit en cet endroit, que la colonne corinthienne n'avait de hauteur que neuf diamètres et une sixième partie de diamètre. De sorte qu'il est bien étrange que les colonnes des monoptères fussent moins massives que celles des autres temples, qui, ayant des murailles au milieu qui aidaient les colonnes à soutenir le toit, pouvaient raisonnablement être plus grêles qu'aux monoptères, où elles portaient toutes seules la coupe qui servait de couverture au temple.

Cette réflexion pourrait donner lieu à penser qu'il y a faute au texte, et qu'au lieu de *crassæ altitudinis suæ decimæ partis*, il faut lire *altitudinis suæ IX partis* ; car il est assez probable que l'I qui était devant l'X pour faire neuf étant effacé, le copiste a mis le nombre tout au long, et a écrit *decimæ* au lieu de *nonæ*.

Tholi. Philander et Barbaro croient que *tholus* est ce que nous appelons *la lanterne* d'un dôme. Baldus veut que la lanterne soit ce que Vitruve appelle ici *flos*, et que *tholus* soit *la coupe*. Varinus dit que *tholia*, qui, en grec, signifie un chapeau, a donné le nom à *tholus* ; mais il ne dit point comment il est assuré que *tholia* n'est point dérivé de *tholus*.

Flos autem.... præter pyramidem. Il est bien difficile de deviner ce que Vitruve entend par cette pyramide. Barbaro dit que c'était le haut des temples ronds qui s'élevait en pointe, et qu'il en a vu un avec cette pyramide dans des médailles de Néron. Montiosius entend cette pyramide de la figure que les bandeaux de la coupe d'un dôme font en s'approchant vers le milieu, soit que ces bandeaux soient dans la concavité ou dans la convexité de la coupe. J'ai suivi cette explication comme meilleure, et j'interprète les mots *præter pyramidem*, au lieu de la pyramide, et non pas *sans la pyramide*; parce que le fleuron étant au milieu du toit, il est au delà de la pointe de chaque pyramide qui s'élève en haut, ayant chacune sa base au droit de deux colonnes ; et il faut entendre ici cette pyramide ou plutôt ces pyramides, tant de celles qui sont sur la convexité du toit que de celles qui sont en dedans dans la convexité de la coupe ; parce que le fleuron doit être en dehors et non pas en dedans, comme Barbaro l'a figuré ; car quand il est parlé de la hauteur de la coupe, il est dit qu'elle doit avoir une telle hauteur, sans comprendre le fleuron ; ce qui n'aurait point de sens si le fleuron était en dedans, parce qu'étant ainsi, il ne s'élèverait point au-dessus de la hauteur dont il s'agit ; au lieu qu'étant au-dessus de tout le toit, il est vrai de dire que la coupe, sans comprendre le fleuron, a une telle hauteur. Le texte est si brouillé et si corrompu en cet endroit, que je crois qu'il est permis de le mettre mieux en ordre s'il est possible : je trouve que cela se peut faire, si, au lieu de *flos autem tantam habeat magnitudinem, quantam habuerit in summo columnæ capitulum præter pyramidem*, on lit *flos autem præter (id est ultra) pyramidem, tantam habeat magnitudinem*, etc.

Vejovis. C'était un dieu à qui les Romains bâtissaient des temples et faisaient des sacrifices, afin qu'il ne leur fît point de mal. Il était représenté tenant une flèche et prêt à la décocher.

Item argutius nemori Dianæ. J'ai suivi la correction de Budée et de Turnèbe, qui lisent *aricino nemori Dianæ*, au lieu de *argutius nemori Dianæ*.

Ad humeros pronai. J'ai interprété ces mots *aux côtés du porche*, parce que j'ai cru que ce que Vitruve appelle *alas* et *pteromata* en d'autres endroits, il l'appelle ici *humeros*, et que les *ailes*, les *épaules* et les *côtés* sont des mots qui peuvent être pris les uns pour les autres.

Uti reliqua exisona. Il y a un mot dans le texte dont la signification est ignorée des grammairiens, savoir *exisona*, qui paraît barbare et formé du grec ἴσος, qui signifie pareil ou égal. J'ai suivi la correction de Turnèbe, qui lit *ex his omnia* au lieu de *exisona*.

De tuscanicis generibus.... et ionicorum operum ordinationes. Il y a apparence que par la disposition des colonnes, il faut entendre la proportion que les entre-colonnements ont avec le diamètre des colonnes, par laquelle sont établis les différents genres de disposition, tels que sont le pycnostyle, le systyle, etc., supposant que ces différentes dispositions sont attribuées aux ordres différents, de manière que les ordres où les diamètres sont plus grands à proportion de la hauteur de la colonne, comme ils sont au toscan, demandent un plus grand entre-colonnement, ainsi qu'il est enseigné au deuxième chapitre du troisième livre. Et ainsi il semble que Vitruve veuille dire que quelquefois les anciens, dans des temples d'ordre corinthien ou ionique, qui demanderaient que les entre-colonnements fussent serrés et étroits, ils les ont faits larges, ainsi qu'ils doivent être dans l'ordre toscan.

Pteromatos spatio. Le texte, qui, en l'état qu'il est, n'a point de sens, en peut avoir si, au lieu de lire *applicantes ad intercolumnia, pteromatos spatio parietis sublati*, on lit *spatium parietis sublati* : car cela signifie qu'on élargit le dedans du temple de chaque côté de la largeur du portique et de l'épaisseur du mur joint ensemble, c'est-à-dire à peu près de l'épaisseur du mur ; car il est vrai qu'il y a quelque chose de moins, parce que toute l'épaisseur du mur ne peut pas accroître cet élargissement, puisque le mur n'est repoussé que jusqu'à la moitié des colonnes, lesquelles étant à peu près de l'épaisseur du mur, il s'ensuit qu'il n'y a guère que la moitié de l'épaisseur du mur qui doive être jointe avec la largeur du portique, pour déterminer au juste cet élargissement.

Chap. IX (ou VIII.) *Ad sui cujusque dei decorem.* Pausanias dit que l'autel de Jupiter Olympien était élevé sur des degrés qui avaient par le bas cent vingt-cinq pieds de tour, et que la moitié de ces degrés, savoir celle d'en bas, était de pierre, et l'autre de cendre.

Vestæ matrique Terræ. Mon manuscrit a *Vestæ matrique Terræ*, au lieu de *Vestæ Terræ marique*, etc., qui se trouve dans tous les autres exemplaires.

LIVRE V.

Constitueruntque cubum CCXVI versus. Les pythagoriciens estimaient ce nombre, parce qu'il vient de 6, qui est le premier des nombres parfaits, ainsi qu'il a été montré au premier chapitre du troisième livre ; car 6 multiplié par lui-même fait le nombre carré 36, qui, multiplié par son côté 6, fait le nombre cubique 216.

Partes cubica ratione facientes, c'est-à-dire que, de même que la figure cubique est cause que les corps demeurent en repos, au contraire de la sphérique qui les dispose au mouvement, les chœurs aussi, dans les comédies des anciens, donnaient occasion aux acteurs de se reposer après le travail d'un long récit. Barbaro a cherché inutilement dans les nombres cubiques une autre explication à ce texte, qui porte que les anciens *diviserunt spatia fabularum in partes cubica ratione* ; car les comédies anciennes, de même que les nôtres, étaient divisées en cinq actes, et les scènes des actes n'avaient point de nombre déterminé; et il aurait fallu que les actes ou les scènes eussent été au nombre de huit, pour faire que la proportion cubique se rencontrât dans la division des parties qui composaient la comédie. On peut dire néanmoins que la pensée de Vitruve a quelque fondement sur le nombre des personnages des pièces dramatiques, qui était certain dans les chœurs, ayant été réduit par une loi, qui fut faite pour cela au nombre de vingt-quatre pour les comédies et à celui de quinze pour les tragédies, à cause de la licence qu'Eschyle se donna d'introduire jusqu'à cinquante comédiens dans un chœur de ses Euménides, ce qui causa un grand scandale aux spectateurs, au rapport de Pollux. Or ces personnages des chœurs étaient arrangés comme en bataille, ayant des rangs qu'ils appelaient *zygous*, et des files qu'ils appelaient *stichous*. Ces files, dans les comédies, étaient de six personnages, et de cinq dans les tragédies. Les rangs, dans les comédies, étaient de quatre, et de trois dans les tragédies : mais la difficulté est que ni le nombre de 24, ni celui de 15, ne sont point cubiques.

Ch. I. *Lapideis aut marmoreis epistyliis*. Il n'est point parlé des autres parties qui composaient l'entablement, parce qu'il paraît, par plusieurs autres endroits de Vitruve, que les anciens les supprimaient souvent quand elles étaient inutiles, ainsi qu'elles sont dans les dedans, où il n'est point nécessaire qu'une corniche défende les colonnes contre la pluie; et ainsi qu'elles le sont aussi quelquefois au dehors comme ici, où il y a deux ordres l'un sur l'autre, et où la corniche du second ordre est suffisante pour couvrir les deux ordres. On trouvera ces autres exemples de la suppression de la frise et de la corniche dans la description de la basilique de Fano, au premier chapitre du cinquième livre, et dans celle de la salle égyptienne au cinquième chapitre du sixième livre.

Mœniana. Ce sont proprement des balcons, qui furent ainsi appelés du nom de *Ménius*, citoyen romain, lequel ayant vendu sa maison qui regardait sur la place des spectacles, se réserva seulement une colonne qui était devant, sur laquelle il bâtit une terrasse ou balcon. Ici ces galeries sont ce que les Italiens appellent *loggie*, qui sont de seconds portiques posés sur les premiers, pour servir de dégagement aux appartements, et de balcons couverts d'où l'on regarde sur la place.

Columnæ superiores quarta parte minores quam inferiores sunt constituendæ. Cette même proportion est donnée au second ordre de la scène, au septième chapitre de ce livre.

Et altitudinibus et crassitudinibus superiora inferiorum fieri contractiora. Cette règle est contraire à celle qui demande que l'on augmente les grandeurs des membres d'architecture à proportion qu'ils sont situés plus haut, ainsi qu'il est enseigné au deuxième chapitre du sixième livre. Elle n'a point aussi été pratiquée au Colisée, où les quatre ordres sont d'une même hauteur à très-peu de chose près, et où les étages sont plus grands en haut qu'en bas, à cause de l'augmentation des piédestaux.

Basilicarum. Les grandes et spacieuses salles que l'on appelle basiliques ont été ainsi premièrement appelées parce qu'elles étaient faites pour assembler le peuple, lorsque les rois rendaient eux-mêmes la justice. Ensuite, quand elles furent abandonnées aux juges, les marchands s'y établirent aussi ; et enfin on les a prises pour servir d'églises aux chrétiens. Depuis il est arrivé qu'on a bâti la plupart des églises sur le modèle des basiliques, qui diffèrent des temples des anciens en ce que les colonnes sont au dedans, au lieu qu'aux temples elles étaient au dehors, faisant comme une enceinte autour de la muraille du dedans du temple appelé *cella*, qui était un lieu obscur, où le jour n'entrait d'ordinaire que par la porte.

Chalcidica. On est bien en peine de savoir ce que c'est que *chalcidica*. Philander croit que ce mot grec signifie le lieu où l'on tenait la justice pour les monnaies, ou la boutique où on les battait, supposant que ce mot est composé de *chalcos*, qui signifie *airain*, et de *dicè*, qui signifie justice. Quelques-uns veulent qu'au lieu de *chalcidica* on lise *chalciœcon*, qui signifie une salle d'airain. Alberti prétend qu'il faut lire *causidica*, comme qui dirait un auditoire pour plaider. Festus nous apprend que *chalcidica* était une sorte de bâtiment premièrement inventé dans la ville de Chalcis. Arnobe appelle *chalcidica* les belles salles où l'on feignait que les dieux païens mangeaient. Barbaro et Baldus estiment que c'est un nom propre pour cet édifice, que Dion dit avoir été bâti par J. César en l'honneur de son père. Palladio, suivant Barbaro dans sa figure, forme cet édifice sur le modèle du tribunal décrit par Vitruve dans le temple d'Auguste, qui était joint à la basilique de Fano. Mais Ausone, interprétant un vers d'Homère où il est parlé d'une vieille qui monte dans un lieu élevé, se sert du mot *chalcidicam* pour exprimer *hyperon*, qui signifie en grec un lieu élevé. Cisaranus et Caporali estiment aussi que *chalcidica* est adjectif, et disent que *in longitudine chalcidica* veut dire que la basilique, qui est bâtie dans un lieu spacieux, doit avoir la proportion des basiliques de la ville de Chalcis : mais la construction du texte ne peut souffrir cette interprétation.

Comme je ne trouve aucune de toutes ces interprétations différentes qui me satisfasse, j'en forme une nouvelle, que je fonde sur les autorités des plus anciens interprètes de ce mot ; et étant assuré par le témoignage d'Ausone que *chalcidica* était un lieu élevé que nous appelons un premier étage, et par le témoignage d'Arnobe, que *chalcidica* était un lieu ample et magnifique, j'estime que ces chalcidiques étaient de grandes et magnifiques salles où on rendait la justice, situées au bout des basiliques, de plain pied avec les galeries par lesquelles on allait d'une salle à l'autre, et où les plaideurs se promenaient; car ces galeries hautes, sans ces salles, semblent être inutiles. Suivant cette interprétation, lorsque Vitruve dit que, s'il y a assez de place pour faire une basilique fort longue, on fera des chalcidiques aux deux bouts, il faut entendre que, si elle est courte, on ne fera qu'une salle à un des bouts ; ou que, si l'on en fait à chaque bout, elles seront trop petites pour pouvoir être appelées chalcidiques, dont le nom signifie une grandeur et une magnificence extraordinaires. Palladio semble l'avoir entendu autrement, parce que, dans la figure qu'il a faite de la basilique, il lui a donné beaucoup moins de longueur que le double de sa largeur, peut-être parce que n'ayant pu se déterminer à ce qu'il devait entendre par chalcidique, et par cette raison n'en voulant point faire aux bouts de sa basilique, il l'a faite plus courte, pour faire entendre qu'il croyait que les basiliques qui étaient sans chalcidiques n'avaient pas la proportion que Vitruve leur donne en général.

Porticus. Il faut entendre par portiques les ailes qui sont aux côtés de la grande voûte du milieu, et que l'on appelle bas-côtés dans les églises.

Pluteum. Vitruve met ici *pluteum* pour *pluteus*, ainsi qu'il fait en plusieurs autres endroits. Philander et Barbaro ont pris ce *pluteum* ou *pluteus* pour l'espace qui est entre les colonnes d'en bas et celles d'en haut ; et ils ont cru que Vitruve ayant dit *spatium quod est inter superiores columnas*, il fallait suppléer *et inferiores*; mais il n'est parlé dans le texte que de la *cloison qui est entre les colonnes d'en haut*; ce qui peut avoir un fort bon sens, pourvu qu'on entende que Vitruve a conçu que cette cloison, qui était comme un piédestal continu sous toutes les colonnes d'en haut, ne devait passer pour cloison qu'à l'endroit qui répondait entre les colonnes, parce que l'endroit de ce piédestal continu, qui était immédiatement sous les colonnes, devait être pris pour leur piédestal. Il est plus amplement prouvé, sur le septième chapitre de ce livre, que *pluteus* ne saurait signifier ici que cloison, balustrade ou appui.

Collocavi curavique faciendam. L'ordonnance de cette basilique de Vitruve, que Palladio trouve admirablement belle, ne plaît pas à Jocundus, qui ne dit point ce qu'il y trouve à reprendre. On trouvera quelque chose à propos de cela dans la dernière note sur ce chapitre.

Mediana testudo. La grande nef du milieu de la basilique de Vitruve n'est couverte, selon Barbaro, que d'un plancher plat, ayant égard, ainsi qu'il y a apparence, à la grande poussée d'une voûte si large plutôt qu'au texte, où il y a distinctement une voûte : car *testudo* ne saurait signifier un plancher plat. Il est vrai que Vitruve a pris une espèce pour une autre, mettant *testudo* au lieu de *fornix* : car, ainsi que Saumaise remarque sur Solin, il y a trois espèces de voûtes, savoir, *fornix*, qui est *en berceau*, *testudo* qui est *en cul de four*, et *concha*, qui est *en trompe*. Quant à la difficulté que l'on pourrait trouver à la grande largeur de la voûte, elle serait raisonnable si cette voûte était de pierre; mais, n'étant que de bois, ainsi qu'il y a grande apparence qu'elle était, des colonnes, de cinq pieds de diamètre, et appuyées par des ailes fort larges, la pouvaient aisément soutenir. La grande salle de l'Observatoire, dont il est parlé au deuxième chapitre du premier livre, n'est guère moins large que la basilique de Vitruve, et elle est toute mêlée de pierre : cette voûte est massive, les reins étant remplis de maçonnerie, pour former une plate-forme en terrasse, qui sert de couverture.

Habentes post se parastaticas altas pedes viginti. Cette structure est bien différente de celle des temples anciens, où les colonnes étaient presque toujours d'une seule pièce; car il y a grande apparence que ces colonnes contre lesquelles des pilastres sont appuyés par derrière, sont composées de plusieurs assises de pierre ou tambours, comme on les fait à présent dans nos églises.

Et porticus. J'ajoute au mot *portiques* le mot de *seconds*, qui n'est point dans le latin, mais qui est nécessaire à l'intelligence du texte, le cas étant qu'il y a deux portiques ou galeries, l'une sur l'autre.

Item tribunal est. Le tribunal, qui était, dans le temple d'Auguste, joint à la basilique, fait voir qu'en général les basiliques étaient pour les négociants et pour les plaideurs, comme sont maintenant les salles des palais où l'on rend la justice; et que le temple d'Auguste et le tribunal étaient pour les plaidoiries. Il est aussi constant que ces pièces étaient en bas et de plain pied; mais cela ne répugne point à l'explication qui a été donnée à la description des basiliques ordinaires, qui étaient différentes de celle de Vitruve, à laquelle était joint le temple, qui faisait une partie de la basilique; outre que ce temple dans lequel était le tribunal n'avait qu'un étage et point de galeries hautes : car les basiliques ordinaires n'ayant point ce temple ni tribunal, il a fallu supposer que le lieu pour rendre la justice était les chalcidiques; ce que j'ai cru pouvoir faire avec autant de raison que Barbaro et que Palladio, qui ont mis au bout de la basilique ordinaire le tribunal que Vitruve met seulement dans le temple d'Auguste qui était joint à la sienne : et il y a apparence que ce qui peut leur avoir fait croire que ce tribunal en demi-cercle était ordinairement dans les basiliques, est ce qui se voit dans les fragments du plan de l'ancienne Rome, où la basilique de Paul Émile semble avoir ainsi une forme de tribunal en demi-cercle; mais ils n'ont pas pris garde que cet édifice en demi-cercle n'appartient point à la basilique, et qu'il est une partie de celui qui était appelé *atrium libertatis*, situé dans le forum, et différent de celui qui était au mont Aventin.

Supra columnas ex tribus tignis bipedalibus compactis trabes sunt. Cæsarianus et Durantinus croient que cet assemblage de trois poutres faisait les colonnes; et pour cela ils expliquent *supra columnas ex tribus tignis bipedalibus compactis*, comme s'il y avait *compactas* au lieu de *compactis*. Ce qui n'est point vraisemblable; et il y a plus d'apparence que ces trois poutres faisaient un architrave : la difficulté est que ces trois poutres, qui ont chacune deux pieds en carré, étant jointes ensemble et mises de suite les unes sur les autres, feraient une trop grande largeur ou une trop grande hauteur pour un architrave qui est sur des colonnes de cinq pieds de diamètre; de sorte qu'il faut nécessairement supposer qu'il y a faute au texte, et qu'il faut lire *ex quatuor tignis*, au lieu de *ex tribus* : car ces quatre poutres étant mises deux à deux et les unes sur les autres, elles font un architrave qui a la proportion qu'il doit avoir : et il est assez croyable que le copiste s'est mépris, n'étant pas difficile qu'un de quatre points des chiffres ait été effacé dans l'exemplaire qu'il a copié, ou qu'il ait pris IXI qui est IV, pour III.

Eæque (trabes) *ab tertiis columnis, quæ sunt in interiore parte, revertuntur ad antas, quæ a pronao procurrunt, dextraque ac sinistra hemicyclum tangunt.* Ce texte ne peut avoir de sens véritable; car, pour faire que l'architrave qui est sur les colonnes de la basilique allât jusqu'à l'hémicycle, il faudrait que les colonnes du porche du temple fussent de la même hauteur que celles de la basilique; ce qui ne peut être à cause de leur énorme grandeur; aussi Barbaro les a faites plus petites du tiers. Cela est cause que j'ai traduit comme si le copiste avait oublié trois ou quatre mots, et je lis *revertuntur ad antas quæ pronao procurrunt (e regione parietum qui), dextera et sinistra hemicyclum tangunt.*

Latæ quoquo versus quaternis. Il y a *quoquo versus*; ce qui signifie, à la lettre, en tout sens et de tous les côtés; mais *en carré*, que j'ai mis, explique la chose avec moins d'ambiguïté, parce qu'en *tout sens* comprend la hauteur, que le *quoquo versus* ne doit pas ici comprendre, parce qu'il est dit que ces piles n'ont que trois pieds de haut; et il faudrait qu'elles en eussent quatre, pour faire que l'on pût dire qu'elles ont quatre pieds en tout sens.

Quibus insuper transtra. Supposé que la basilique de Vitruve fût voûtée, comme il y a grande apparence, ainsi qu'il a été remarqué ci-devant, il est croyable que Vitruve a négligé de particulariser toutes les pièces de charpenterie dont étaient composées les fermes de la couverture, et qu'il faut entendre que sur les poutres *bien jointes*, dont il parle, il y avait des forces arrêtées par les entraits sur lesquels étaient les contre-fiches.

Unum culmen perpetuum basilicæ. Il n'est pas possible que les forces, les entraits et les contre-fiches qui composent la ferme qui est posée au droit de la frise du porche, soutiennent le faîte qui va tout le long de la basilique; mais Vitruve veut dire que tout le faîte, tant celui qui va tout le long de la basilique que celui qui le va rencontrer, ayant commencé au droit du porche, est soutenu sur des fermes pareilles à celle qu'il décrit, et qui doit être au droit de la frise du porche.

Epistyliorum ornamenta. C'est-à-dire la frise et la corniche.

Columnæ in altitudine perpetua sub trabes testudinis perductæ. J'interprète par *les colonnes qui ne soutiennent que l'architrave sur lequel la voûte est posée*, les mots *trabem testudinis*, qui est ainsi appelée, parce que la voûte pose immédiatement dessus, sans qu'il y ait de frise ni de corniche; ces ornements ayant été ôtés et supprimés, à cause de l'énorme grandeur qu'il leur aurait fallu donner. Ces mêmes ornements sont aussi supprimés au premier ordre des portiques de la place publique, dont il est parlé au commencement de ce chapitre, et à celui de la salle égyptienne, ainsi qu'il sera dit au cinquième chapitre du sixième livre.

Magnificentiam.... operi adjungere videntur. Cette manière de faire de grandes colonnes qui soutiennent plusieurs étages est bien licencieuse, et les architectes modernes en abusent souvent, faute de distinguer ce qui la peut sauver et la rendre supportable; car ici la grande largeur de la voûte semble demander de grandes colonnes, quoique, dans les basiliques ordinaires qui ont été décrites ci-devant, les architectes anciens n'aient point trouvé mauvais qu'une grande voûte posât sur de petites colonnes, telles que sont celles qui étaient au second rang. Mais il n'y a point de raison de mettre de grands pilastres ou de grandes colonnes au dehors des murs d'un bâtiment ordinaire, qui n'ont point, comme ici, outre les différents étages, une grande voûte à soutenir.

Ch. II. *Curia.* J'ai interprété ce mot selon la définition que Festus en donne; car il dit que c'était le lieu où s'assemblaient ceux qui avaient soin des affaires publiques. Mais *curia*, parmi les Romains, signifiait plutôt les personnes qui composaient le conseil, que le lieu où l'assemblée se faisait; parce que ce lieu n'était point certain, le sénat se tenant tantôt dans un temple, tantôt dans un autre. Il y avait néanmoins de certains lieux appelés *curia*, comme *curia Hostilia*, *curia Pompeii*, *curia Augusti*; mais on ne sait point bien distinctement quels édifices c'étaient.

Foro. J'ai choisi un mot général pour traduire *forum*, parce qu'il signifiait plusieurs choses, savoir les places publiques, où se tenait le marché, et celles où le peuple s'assemblait pour les affaires et où l'on plaidait; car entre les places publiques, qui étaient à Rome en grand nombre, il n'y en avait que trois où l'on plaidât. *Forum* signifiait aussi une ville où il se tenait des foires, comme *forum Julii*, *forum Appii*, etc.

Et si quadrata erit, etc. La proportion qui est ici donnée à l'édifice appelé *curia*, que j'interprète l'hôtel de ville, fait voir que cet hôtel de ville n'était pas une maison composée de plusieurs appartements, comme les hôtels de ville sont à présent parmi nous, mais que ce n'était qu'une salle.

Ex intestino opere. Le mot grec *lepturgia*, qui signifie la délicatesse de l'ouvrage, a grand rapport avec le mot français de menuiserie. L'*intestinum opus* du latin signifie aussi en quelque façon un ouvrage incapable de résister aux injures du temps, et qui demande à être couvert dans les maisons.

Aut albario. Philander, Baldus et Saumaise tiennent qu'*albarium opus* n'est fait qu'avec de la chaux seule, et le distinguent par là du *tectorium*, qui admet du sable, du ciment ou de la poudre de marbre. Ils se fondent sur Pline, qui parle de la composition qu'il appelle *marmoratum*, qui est proprement le stuc, comme étant une chose différente de ce qu'il appelle *albarium opus*. Mais cet endroit-ci fait voir qu'il y a lieu de croire que la chose n'est pas ainsi, parce qu'il n'est pas possible de faire des corniches avec de la chaux seule. C'est pourquoi j'ai cru qu'il fallait interpréter *albarium opus* du *stuc*. Dans le second, le troisième et le quatrième chapitre du septième livre, où il est amplement traité *de albario opere*, il ne se trouve point que les anciens se servissent de chaux pure, si ce n'est lorsqu'ils voulaient faire tenir un enduit sur des carreaux de terre cuite, qu'ils abreuvaient premièrement avec du lait de chaux, pour y appliquer ensuite un enduit de mortier de sable, de stuc ou de ciment. Or, si *albarium opus*, selon Vitruve, n'était rien que de la chaux fondue dans de l'eau, au lieu de dire qu'il est nécessaire que ces carreaux soient blanchis avec de l'eau de chaux, *calce ex aqua liquida dealbentur*, il aurait dit qu'il faut qu'ils soient couverts de l'enduit appelé *albarium opus*. Mais il est constant que cet abreuvement de lait de chaux était seulement une précaution dont on se servait dans l'application de l'*albarium* ou du *tectorium opus* sur les carreaux de terre cuite. Or Pline n'en doit pas, ce me semble, être cru dans cette rencontre, comme Vitruve qui parle d'une chose de sa profession, et qui ne peut pas avoir assez ignoré ce que c'était que *albarium opus*, pour croire que l'on pût faire des corniches, si *albarium opus* n'est rien autre chose que de la chaux détrempée dans de l'eau.

Ch. III. *Præcinctiones.* J'appelle *paliers en forme de ceinture*, *præcinctiones* qui étaient des paliers courbés selon la rondeur du théâtre. J. Martin a mal entendu cet endroit quand il a interprété *præcinctiones ad altitudines theatrorum pro rata parte faciendæ*, comme si Vitruve avait voulu dire que la hauteur des paliers doit être proportionnée à la grandeur du théâtre; car Vitruve et la raison veulent que les paliers soient d'une même hauteur dans tous les théâtres, parce que la hauteur des paliers dépend de celle des degrés, qui doivent être d'une même hauteur dans les grands et dans les petits théâtres; et en effet Vitruve n'a point dit *ad altitudinem theatri*, mais *ad altitudines theatrorum*, c'est-à-dire suivant la proportion ordinaire des théâtres, où les degrés n'ayant de hauteur que la moitié de leur largeur, ainsi qu'il est dit à la fin du sixième chapitre de ce livre, les paliers ne doivent aussi avoir de hauteur que la moitié de leur largeur; ce qui s'ensuit manifestement de la règle que Vitruve prescrit, qui est de tirer une ligne qui touche à toutes les cornes des degrés, car cela oblige de donner une même proportion aux paliers qu'aux degrés; de sorte qu'il faut qu'il y ait faute dans le texte de tous les exemplaires, où il est dit que les paliers ne doivent point être plus hauts que larges : *neque altiores quam quanta præcinctionis itineris sit latitudo*, qui est autre chose que ce que Vitruve veut dire; et il y a apparence qu'au lieu de *sit latitudo*, il y avait *fert latitudo*, pour dire que les paliers ne doivent pas avoir plus de hauteur que celle que leur largeur demande. Il faut remarquer que Vitruve entend par la hauteur des paliers celle du premier degré, qui est ensuite et au-dessus du palier.

Ch. IV. *De harmonica.* Je suis la correction de Meibomius, qui met *harmonice* au lieu de *harmonia* dans le titre, parce que Vitruve traité ici de la musique harmonique seulement, qui est différente de la rhythmique, de la métrique, de l'organique, de la poétique et de l'hypocritique, qui contiennent les préceptes de la danse, de la récitation, du jeu des instruments, des vers, et des gestes des pantomines, de même que l'harmonique contient les préceptes du chant; ces six choses étant le sujet des six espèces de musique, selon la division de Porphyre sur l'harmonie de Ptolémée.

Ex Aristoxeni scripturis. Aristoxène fut un philosophe disciple d'Aristote, qui, dans ses écrits, s'est emporté avec beaucoup d'aigreur contre son maitre, parce qu'il lui avait préféré Théophraste dans l'élection qu'il fit d'un successeur. Il ne nous est resté, de quatre cent cinquante-trois volumes que Suidas dit qu'il a écrits, que les trois livres des éléments de la musique harmonique. Ces livres l'ont fait chef d'une secte en musique, que l'on appelait les aristoxéniens, opposée à celle des pythagoriciens. Ils étaient différents en ce que ceux-ci, pour juger des tons, n'avaient égard qu'aux raisons des proportions, et ceux-là croyaient qu'il y fallait joindre le jugement de l'oreille, à laquelle il appartient principalement de régler ce qui concerne la musique.

Vox enim duobus modis movetur. Ce commencement est obscur et embrouillé : il y a apparence que c'est par la faute des copistes; car ce qui est après *vox*, savoir, *enim cum mutationibus flectitur*, doit être tout à fait ôté, parce que cela est répété et mis plus bas en sa vraie place, après ces mots, *per distantiam autem e contrario*, où il y a *namque cum flectitur in mutatione vox*. Et de plus, en cet endroit, après *in mutatione vox*, il faut mettre ces mots, *alias fit acuta, alias gravis*, et les ôter de ce commencement : parce que l'intention d'Aristoxène étant de parler des deux différents mouvements de la voix, qui sont le sujet de toute la musique en général, il parle premièrement du mouvement continu et égal que la voix a quand on parle simplement sans chanter, qu'il appelle *logique* ou *rationnel*, et où l'oreille ne discerne point assez le haut et le bas que la voix peut avoir dans ses inflexions, pour juger de quelle nature sont les termes de ce mouvement, savoir, si ce sont des tons, des demi-tons ou des dièses ; qui est ce que signifie *efficit terminationes non apparentes*. Ensuite il parle des mouvements et des terminaisons que la voix fait quand on chante, dont les différences sont faciles à connaître, lorsque *flectitur in mutatione vox et inconstans apparet*. C'est pourquoi je lis ainsi : *Vox duobus modis movetur, e quibus unus habet effectus continuatos alter distantes. Continuata vox neque in finitionibus consistit neque in loco ullo, efficitque terminationes non apparentes, intervalla autem media patientia ; uti sermone cum dicimus sol, lux, flos, vox. Nec enim unde incipit aut ubi desinit intelligitur, sed neque ex acuta facta gravis* (j'ôte *est*), *nec ex gravi acuta apparet auribus. Per distantiam autem e contrario; namque cum flectitur in mutatione vox, alias fit acuta, alias gravis; statuit se in alicujus sonitus finitionem, deinde in alterius; et id ultro citroque faciendo inconstans apparet*, etc.

Intervalla autem media patientia. Aristoxène fait voir des propriétés opposées dans la voix, lorsqu'elle récite simplement, et lorsqu'elle chante ; car lorsqu'elle récite, *efficit terminationes non apparentes, intervalla autem media patientia* ; et lorsqu'elle chante, *apparet in sonorum patentibus finitionibus, mediana autem obscurantur*, c'est-à-dire que dans le récit la voix a un ton moyen qui est intelligible, et que si quelquefois dans ses inflexions elle s'élève ou se baisse quelque peu, on ne peut pas connaître distinctement de quelle grandeur est l'intervalle par lequel elle s'éloigne de ce ton moyen. Mais au contraire, lorsque l'on chante, il n'y a que les tons des intervalles qui ne s'entendent point. Par exemple, lorsque la voix chante *ut mi ou ut ré*, on n'entend point le *ré* qui est entre l'*ut* et le *mi*, ni même les sons qui sont entre l'*ut* et le *ré*.

Cum dicimus sol, lux. Il me semble que Vitruve aurait mieux expliqué ce qu'il veut signifier par l'exemple qu'il apporte des monosyllabes, s'il avait dit que, dans la simple récitation d'une longue suite de paroles, il n'y a point de terminaisons différentes en tons, non plus que dans les monosyllabes quand on les chante, parce qu'en chantant chaque monosyllabe n'a qu'un ton.

Genera vero modulationum sunt tria. Aristoxène divise la science de la musique en sept parties, qui sont les genres, les intervalles, les sons, les systèmes, les tons ou modes, les transpositions et la métopée. Or, les genres consistent dans la différente manière de chanter, selon la diverse disposition des intervalles des sons dans le tétracorde, qui n'est autre chose que la suite de quatre sons différents, et distants les uns des autres par trois intervalles. Le tétracorde comprend toute la modulation, parce qu'elle n'est composée que de plusieurs tétracordes qui se suivent ; car le tétracorde *hypaton*, qui est le premier et le plus bas, et qui comprend les quatre cordes *si, ut, ré, mi*, et le suivi du *méson*, qui comprend les cordes *mi, fa, sol, la*, lesquelles sont la même chose que *si, ut, ré, mi* ; et ces intervalles sont de même dans le *synemménon* et dans les autres. Le tétracorde, qui est la suite des quatre sons, est ainsi appelé parce que les anciens ne touchaient point les cordes sur le manche de l'instrument comme nous faisons ; mais chaque son avait sa corde, comme elle l'a encore aujourd'hui dans la harpe, dans l'épinette et dans la basse des luths.

Ἁρμονίαν.... χρῶμα.... διάτονον. La différence des trois genres consiste dans la différente tension ou relâchement qui est dans les deux cordes du milieu des tétracordes. Le genre où elles sont plus tendues s'appelle, à cause de cela, diatonique, ou à cause qu'il a deux cordes dont les intervalles sont d'un ton. Le genre où les deux cordes du milieu sont plus relâchées et moins tendues s'appelle harmonique ou enharmonique, c'est-à-dire tempéré ; et le genre où elles sont plus tendues qu'en l'enharmonique et moins que dans le diatonique, s'appelle chromatique, c'est-à-dire coloré, parce que, comme dit Martianus Capella, le chromatique est moyen entre les deux excès de tension et de relâchement qui sont aux cordes du milieu en l'enharmonique et au diatonique, de même que la couleur est quelque chose de moyen entre les deux extrémités qui sont dans le noir et dans le blanc, que l'on ne met pas au nombre des couleurs, quand on les compare au rouge, au vert, etc. Suétone dit que Néron (ch. 20) avait la voix brune, *fuscam*. Dion et Aristote même ont usé de la même métaphore, en appelant *melanan* la voix qui n'était pas claire et éclatante.

Est autem harmonias modulatio ab arte concepta. Cette définition ne se trouve point dans Aristoxène ; il dit seulement que les anciens étaient si fort charmés du genre enharmonique, et qu'ils négligeaient tellement les autres, qu'ils leur étaient presque inconnus. Proclus néanmoins sur le Timée dit que Platon avait composé le diagramme diatonique, et Aristoxène même avoue que le diatonique est le premier et le plus ancien, et que l'enharmonique est si bizarre que l'oreille a bien de la peine à s'y accoutumer.

Chroma... crebritate modulorum suaviorem habet delectationem. J'ai cru que Vitruve, par *crebritatem modulorum*, entendait ce que les anciens musiciens grecs appelaient *pycnon*, c'est-à-dire *serré*, qui était proprement ce qui fait la différence des genres, dont les uns ont les intervalles plus serrés que les autres ; car Aristoxène dit que le *pycnon* est la composition des deux intervalles dans le tétracorde, qui étant joints ensemble sont moindres que le troisième intervalle. Ainsi dans l'enharmonique les deux premiers intervalles ne font ensemble qu'un demi-ton, et le troisième fait deux tons ; dans le chromatique, les deux premiers intervalles font ensemble un ton, et le troisième un ton et demi ; mais le diatonique n'a point de *pycnon*, parce que les deux plus petits intervalles joints ensemble sont plus grands que le troisième ; car ils font un ton, et demi, et le troisième ne fait qu'un ton. Par cette raison le diatonique était plus aisé à chanter que les autres genres, qui ne pouvaient être entonnés que par les excellents musiciens. Faute d'avoir fait cette réflexion, Turnèbe n'a pu expliquer en quoi consiste le fin d'un mot que Suétone rapporte de Néron, qui, dînant dans l'orchestre en présence du peuple, dit en grec que s'il buvait bien en ce lieu-là, il en chanterait mieux étant sur le théâtre ; car l'expression grecque contient une allusion entre le mot *hypopinein*, qui signifie boire un peu plus que de coutume, et *hypopycnon echein*, c'est-à-dire chanter le genre chromatique ou l'enharmonique, dans lesquels le *pycnon* est employé, c'est-à-dire chanter en maître.

Subtili solertia. Il est aisé d'entendre que Vitruve veut dire que la manière de serrer les intervalles a quelque chose de plus doux dans le chromatique que dans l'enharmonique, et non pas que les intervalles soient plus serrés dans le chromatique que dans l'enharmonique, parce qu'en effet ils sont plus serrés dans l'enharmonique que dans le chromatique.

Diatoni vero, quod naturalis est, facilior est. Le diatonique, qui ne procède que par des tons et des semi-tons, est plus naturel et moins contraint que les autres genres; car les deux demi-tons qui sont de suite dans le chromatique sont contre l'ordre naturel de chanter, et la grande disproportion des intervalles de l'enharmonique le rend fort contraint; cette disposition étant telle que le dièse, qui est le plus petit de ses intervalles, n'est que la huitième partie du *ditonon*, ou tierce majeure, qui est le plus grand.

Tetrachordorum. J'ai mis tétracorde au singulier, quoiqu'il soit au pluriel dans le texte; je l'ai fait pour éviter l'équivoque: car si j'avais mis que les différences des genres consistent dans la diverse disposition de leur tétracorde, on aurait pu croire que cela veut dire que plusieurs tétracordes sont différemment disposés dans chaque genre; au lieu que le vrai sens est que chaque tétracorde de chaque genre est disposé de différente manière.

Harmonia tetrachordorum. Il faut que les copistes aient corrompu cet endroit; car il n'y a point d'apparence que Vitruve ait mis quatre intervalles dans un tétracorde, savoir, deux tons et deux dièses. Je crois qu'il faut, au lieu de *et tonos*, mettre *ditonum*, et changer *harmonia tetrachordorum* et *harmoniæ tetrachordum*, et lire *quod harmoniæ tetrachordum*, c'est-à-dire *harmonici generis tetrachordum, ditonum et dieses habet binas*, afin que le sens soit que le tétracorde de l'enharmonique a les intervalles d'un *ditonum* ou tierce majeure et deux dièses.

Diesis autem est toni pars quarta. Dièse vient du mot grec *diemi*, qui signifie passer et couler au travers de quelque chose. Je l'ai interprété à la marge *dissolution*, d'autant que comme les choses qui ont été filtrées sont exactement distinctes et divisées en plusieurs parties, de même les dièses parmi les musiciens sont les parties du ton les plus petites, et par conséquent celles dans lesquelles se fait la dissolution du ton qui en est composé. C'est pour cela qu'Aristote dit que les dièses sont les éléments de la voix, c'est-à-dire des tons: néanmoins les pythagoriciens, qu'on tient être les inventeurs du nom de dièse, ne le faisaient pas si petit; ils partageaient le ton en deux parties inégales: la plus petite, que nous appelons *semi-ton mineur*, était appelée *diesis*, et la plus grande, qui est notre *semi-ton majeur*, était appelée *apotomé*. Les tons ayant depuis été divisés en des parties plus petites, savoir en trois et même en quatre, ces parties furent appelées dièses; celle qui est la troisième partie du ton fut appelée *tritemonia* et *diesis chromatica minima*: celle qui n'était que la quatrième partie du ton fut appelée *tetartemonia*, et *diesis enharmonia minima*.

Chromati duo hemitonia in ordine sunt incomposita. Meibomius corrige cet endroit, et lit *incomposita* au lieu de *composita*. L'intervalle incomposite, dit *asyntheton* par les musiciens grecs, est celui qui dans un genre se trouve entier, et n'a point besoin de s'étendre et d'emprunter des autres intervalles ce qui lui manque; au contraire, le composite, dit *syntheton*, n'est point entier s'il ne s'étend dans un autre intervalle prochain. Par exemple, dans le diatonique, le *triemitonium* ou tierce mineure est composite, parce qu'il faut pour le faire que le ton, qui est le plus grand intervalle qu'il ait, prenne dans le ton voisin le demi-ton qui lui manque. Mais dans le chromatique, le *triemitonium* est incomposite, parce qu'il s'y rencontre naturellement, de même que le *ditonum* ou tierce majeure est naturellement dans l'enharmonique. Cette critique de Meibomius est, à la vérité, bien fondée, parce qu'il est vrai que, dans le chromatique, il y a deux demi-tons incomposites, outre le *triemitonium*; mais il y a grande apparence que Vitruve n'a point eu intention de qualifier ainsi les demi-tons du chromatique, puisqu'il n'a point qualifié les intervalles des autres genres, qui sont tous ou composites ou incomposites. Et en effet, ce ne sont que des noms qui ne signifient aucune distinction utile dans la musique, selon la connaissance que nous avons de celle des anciens. Mais si ces mystères d'intervalles composites et incomposites, et de toutes les autres spéculations de cette nature, sont les choses dans lesquelles consistait autrefois la fin de la musique, il y a apparence que nous sommes dans une aussi grande ignorance de la musique des anciens qu'ils l'étaient de la nôtre; car de même que nous ne voyons point à quoi aboutissaient toutes ces spéculations, ils ignoraient aussi les secrets de notre musique n'ayant aucune connaissance des propriétés des consonnances et des dissonances, qui consistent dans leurs différentes relations, dans leurs suites, dans leurs rencontres et dans leurs variations pour la composition à plusieurs parties, qui sont des choses auxquelles ils n'ont jamais pensé, ainsi qu'il se voit par les écrits qui nous restent en assez grande quantité sur cette matière; car Aristoxène déclare qu'avant lui personne n'avait parlé des consonnances ni des dissonances; et dans ce qu'il en dit lui-même il n'y a rien qui puisse faire croire qu'il eût la moindre connaissance de l'usage des consonnances pour la musique à plusieurs parties; et les autres auteurs grecs qui ont écrit ensuite ne disent rien davantage. J'ai traité ce sujet assez amplement dans une dissertation que j'ai mise à la fin du second tome de mes *Essais de physique*.

Trium hemitoniorum. Le texte serait plus correct, si au lieu de *trium hemitoniorum* il y avait *triemitonii*, pour signifier que le troisième intervalle du chromatique est d'un *triemitonium*, que nous appelons *tierce mineure*; car trois demi-tons sont trois intervalles, et il ne s'agit que d'un.

Sonitus, qui græce φθόγγοι dicuntur, in uno quoque genere sunt decem et octo. Ce nombre et cette disposition des pthongues ou sons ne se trouve point dans Aristoxène; il faut que Vitruve ait pris cela dans l'introduction harmonique d'Euclide, où les dix-huit sons se trouvent mis de suite, comme ils sont ici. Mais il faut entendre qu'ils ne se chantent point dans cet ordre, et que, dans la suite des sons immobiles, la *nété synemménon* ne doit point être entre la *nété* et la *paranété*, n'y ayant entre ces deux sons que l'intervalle d'un ton, ainsi que Ptolémée et Nicomachus l'enseignent. De sorte que le vrai système n'a proprement que quinze ou au plus que seize sons pour faire la double octave, qui est la plus grande étendue de la voix; car les cinq tétracordes sont tellement disposés, que les trois premiers, savoir, l'*hypaton*, le *méson* et le *synemménon*, sont tout de suite, et les deux derniers, savoir, le *diézeugménon* et l'*hyperbolæon*, aussi de suite; mais en sorte que le *diézeugménon* commence, non pas après le *synemménon* achevé, mais à la seconde corde en montant, ou plutôt à la seizième qu'il faut ajouter, qui est la *trité synemménon*. Cela se trouve assez exprès dans les écrits des anciens: car Nicomachus et Ptolémée, ainsi qu'il a été dit, mettent la *paramèse* ensuite de la *mèse*, et les font distantes seulement de l'intervalle d'un ton, au lieu qu'elles le seraient, dans l'autre système, de trois tons et demi. Ils mettent aussi en même ton la *nété synemménon* et la *paranété diézeugménon*, qui seraient éloignées de l'intervalle de deux tons et demi dans l'autre système. Aristide Quintilianus dit la même chose, savoir, que la *mèse* et la *paramèse* sont distantes du même intervalle que la *proslambanoménos* l'est de l'*hypaté-hypaton*, savoir, d'un ton. Cet auteur fait encore entendre assez clairement que tout le système ne comprend que les deux octaves, lorsqu'il dit qu'une corde étant partagée en deux sonne la *mèse*, et en quatre la *nété-hyperbolæon*. La même chose est encore confirmée par ce qui est dit des vases d'airain des théâtres, ainsi qu'il est remarqué ci-après.

Il reste néanmoins une difficulté assez considérable, qui est que la *paramésé* et la *trité synemménon* se rencontrant en une même corde, il faut supposer que cette corde a deux tons différents, parce qu'en qualité de *trité synemménon*, elle n'est distante de la *mésé* que d'un demi-ton ; et si on la prend pour la *paramésé*, elle en est distante de l'intervalle d'un ton, suivant Aristide : ce qui est impossible, parce que les cordes des anciens n'avaient chacune qu'un son, et les termes de corde et de sons signifiant parmi les mêmes choses, parce qu'ils ne touchaient pas les cordes pour leur donner les différents sons, comme nous faisons. Boèthius met souvent *nervorum vocabula* pour *sonorum nomina*. Néanmoins ceux qui ont traité de la musique des anciens, et qui ne mettent pas les dix-huit sons de suite, en mettent seize, et font deux cordes de la *trité synemménon* et de la *paramésé*.

Psellus, dans son *Abrégé de la musique*, dit que les flûtes des anciens étaient ou tétracordes, ou pentacordes, ou octocordes, ou hexcdecacordes, c'est-à-dire à quatre, à cinq, à huit ou à seize cordes ou sons, et que l'instrument qui avait seize sons contenait deux octaves : or, il est évident qu'il entend qu'outre les quinze cordes ou sons qui suffisent pour les deux octaves, le seizième son n'était ajouté que pour être quelquefois employé, savoir, en qualité de *trité synemménon* dans le tétracorde *synemménon*, et quelquefois omis, lorsque du tétracorde *myson* on passait dans le *diézeugménon*, en commençant par la *paramésé*.

Reliqui decem cum communiter modulantur, sunt vagantes. Le texte est ici fort obscur, parce qu'il dit le contraire de ce qu'il doit dire ; car, pour conserver le sens, il devrait y avoir *particulariter*, au lieu de *communiter* ; parce que c'est le propre des sons immobiles d'être *communs* dans les tétracordes aux trois genres, et au contraire les mobiles sont différents et particuliers à chaque genre ; de sorte qu'il aurait fallu traduire *lorsqu'ils sont employés en des genres différents* ; mais le peu de connaissance que je vois que nous avons de tous ces mystères m'a empêché d'user ici de la liberté que je prends quand il s'agit de choses qui sont évidemment fausses.

Proslambanomenos. Ce mot signifie une chose qui est prise pour être ajoutée aux autres ; et en effet cette corde n'entre dans la composition d'aucun tétracorde, n'étant mise que pour faire l'octave avec la *mésé*, et la double octave avec la *nété hyperbolœon*.

Neté synemménon. Nété vient de *nealos*, qui signifie *novissimus* en latin, et le dernier en français. Cette corde est ainsi appelée parce qu'elle est la dernière du dernier tétracorde. Le mot grec *nété* signifie aussi ce qui est le plus bas.

Lichanos. J'ai traduit *éloigné* et *entr'ouvert*, parce qu'en grec *lian*, *chainein*, dont ce mot est fait, signifie être beaucoup écarté et élargi. Aristide Quintilianus dit que cette corde est ainsi nommée parce qu'elle doit être pincée par le premier doigt qui est près du pouce, que l'on nomme *lichanos* ; mais il y a plus d'apparence que le doigt et la corde sont appelés tous deux *lichanos* pour une même raison, qui est que ce doigt peut s'éloigner davantage du pouce que les autres doigts ne font l'un de l'autre, de même que le ton de la corde *lichanos* est plus éloigné de l'*hypaté* selon que les différents genres le demandent. Car dans l'enharmonique il n'est distant que d'un demi-ton ; dans le chromatique, il l'est d'un ton, et dans le diatonique d'un *triemitonium*, ou tierce mineure.

In diatono vero tonum. Il y a dans tous les exemplaires, *in diatono vero tonum*. J'ai suivi la correction de Meibomius, qui lit : *in diatono quoque semitonum*.

Primum gravissimum. Il faudrait interpréter *gravissimus*, *le plus bas*, selon le commun usage ; mais parce que le mot grec *hypathon* signifie *haut* et *relevé*, comme venant de *hypertaton* par contraction, j'ai cru qu'il ne le fallait pas expliquer par le mot de *bas*, mais par un autre qui ne fût point opposé à *haut*, et qui ne laissât pas de convenir à ce que *hypaton* signifie ; c'est pourquoi je lui ai donné le nom de *supérieur*, qui est à peu près suivant la pensée de Martianus Capella, qui interprète *hypaton*, *principalis*. Mais le mot de *principal*, à mon avis, n'expliquerait pas si bien la chose que celui de *supérieur*, qui convient bien mieux aux cordes du premier tétracorde ; car il n'y a point de raison d'appeler les cordes *principales* ; mais on les peut appeler *supérieures*, parce que, bien qu'ordinairement elles soient appelées *basses* ou *graves*, peut-être à cause que les choses graves et pesantes tombent en bas, ou que les tons graves des cordes qu'on appelle basses sont faits par la pesanteur ou lenteur du mouvement des vibrations que les cordes ont, il se trouve qu'elles sont, en effet, situées au-dessus des autres ; de même que la dernière corde, qui est appelée *nété*, est située au bas lorsqu'on joue d'un instrument à cordes, soit que ce soit un luth ou un violon : car alors les cordes qui sonnent bas sont en haut, et celles qui sonnent haut sont en bas ; et il y a apparence que les anciens ont eu égard à cette circonstance quand ils ont donné ce nom aux grosses cordes. Turnèbe dit qu'Horace a expliqué *hypaté* par *summa chorda*, et *nété* par *chorda ima*, dans ces vers,

Modo summa
Voce, modo hac resonans quæ chordis quattuor ima.

On aurait pu traduire *hypaton*, *le premier tétracorde*, et *hypaté-hypaton*, *la première corde du premier tétracorde*, parce que *principal*, *supérieur* et *premier* signifient la même chose ; et *premier* aurait encore été mieux que *supérieur*, à cause que par ce moyen *hypaté-hypaton* aurait été davantage opposé à *nété-hyperbolœon*, que l'on a interprété *la dernière corde de l'extrême tétracorde*.

Secundum medianum. Le second tétracorde est proprement au milieu, et également distant du tétracorde *hypaton* et du conjoint, dit *synemménon*, qui sont d'une même espèce, étant tous trois joints ensemble. On peut dire encore que ce tétracorde est appelé celui du milieu, parce que le *synemménon* et le *diézeugménon* étant joints ensemble dans le système diatonique, qui était le plus ordinaire, il est vrai de dire que la fin du second tétracorde est le milieu de tout le système ; et en effet cette dernière corde est appelée *mésé*.

Quartum disjunctum. Bien que le troisième et le quatrième tétracorde soient également disjoints et séparés l'un de l'autre, néanmoins ce nom convient mieux au quatrième, parce que la séparation ne se fait qu'à la fin du troisième.

Quintum, quod est acutissimum, græce ὑπερβόλαιον *dicitur.* Parce que le mot *hyperbolœon*, de même que celui d'*hypathon*, signifie l'excès, savoir, de gravité en l'un et de hauteur de ton en l'autre, il a fallu trouver des termes qui, dans la signification du grec, pussent exprimer quelque excès, tels que sont *supérieur* et *extrême*. Le mot d'*excellent* pour celui d'*excellentium*, dont Martianus Capella s'est servi pour expliquer l'*hyperbolœon*, ne m'a pas semblé si bon que celui d'*extrême* et d'*excessif*, parce qu'*excellent* en français signifie seulement l'excès et le souverain degré d'une qualité qui rend un sujet bon, beau, ou autrement recommandable, et l'excellence dont il s'agit ici n'exprime que le souverain degré de tension, qui n'est point ce en quoi consiste la perfection d'une corde ; et, à proprement parler, on ne dit pas qu'une corde est excellemment tendue, mais qu'elle l'est extrêmement ; et même Aristote dit qu'il y a quelque chose de plus généreux dans l'*hypaton* ou dans les autres cordes basses, que dans celles qui sont plus hautes et plus aiguës.

Diapason. Ce mot grec signifie une consonnance qui comprend tous les sons. Nous l'appelons octave, parce que tous ces sons sont au nombre de huit. Aristote dit que les Grecs ne lui ont pas donné le nom de *diocto*, c'est-à-dire d'octave, parce que la lyre des anciens, qui comprenait tous les sons, n'avait que sept cordes : cet auteur dit que la corde qu'ils retranchaient était l'*hypaté* ou la *trité*, et jamais la *nété*.

Cum vox constiterit in una sonorum finitione... in nonam et dimidiam diapason et diapente. Il y a dans le texte : *cum vox pervenerit in octavam et dimidiam finitionem appellatur diapason et diatessaron, cum in nonam et dimidiam diapason et diapente* ; mais j'ai cru qu'il le fallait corriger ; et au lieu de *octavam et dimidiam finitionem*, mettre *undecimam finitionem*, et par la même raison *duodecimam* au lieu de *nonam et dimidiam* ; parce que j'ai trouvé qu'il était plus aisé de croire qu'il pouvait y avoir faute dans le texte, que de comprendre ce que c'est que *dimidia finitio*; toute finition ou terme étant une chose indivisible.

Non enim inter duo intervalla.... possunt consonantiæ fieri. Aristoxène, livre Ier, et Euclide en son *Introduction harmonique*, disent la même chose, savoir, que les intervalles qui sont moindres que la quarte sont tous discordants, et que la quarte est la plus petite des consonnances. Cela étant ainsi, l'oreille des musiciens d'à présent est différente de celle des anciens ; car nous trouvons que la consonnance de la tierce est beaucoup plus agréable et plus parfaite que celle de la quarte, qui a ce défaut de n'être bonne que quand elle est soutenue par d'autres consonnances : au lieu que la tierce est bonne dans le *duo*, et qu'elle a cet avantage sur toutes les consonnances qu'elle n'ennuie point comme les autres, qui blessent l'oreille quand elles se rencontrent deux de suite ; parce que l'oreille qui demande la variété ne se peut plaire dans la répétition d'une même consonnance, si ce n'est de la tierce, à cause qu'elle est naturellement de deux espèces, savoir, la majeure et la mineure, que l'on fait ordinairement suivre l'une l'autre.

Mais les anciens, qui ont tant raffiné sur la musique, ne sont jamais venus si avant que de raisonner sur les variations des consonnances et sur leurs relations, qui leur étaient des choses inconnues. Tout le fin de la musique, à ce qu'il nous paraît par leurs écrits, était renfermé dans la modulation du chant d'une seule partie, et ils ne se servaient des consonnances que comme nous faisons dans une vielle ou dans une cornemuse, où il y a des bourdons accordés à la quinte et à l'octave, et même Aristote dit qu'il n'y a que l'octave qui se chante ; ce qui fait entendre que toute leur symphonie ne consistait qu'en un chant de deux voix, ou de deux instruments accordés à l'octave l'un de l'autre ; parce que ce philosophe dit ensuite que la quinte ni la quarte ne se chantent point, la suite de plusieurs quintes et de plusieurs quartes étant désagréable.

Au reste, il semble qu'aujourd'hui on commence à rentrer dans le goût des anciens ; car il se trouve peu de personnes qui aiment cette sorte de musique dans laquelle plusieurs parties, dont chacune chante un chant différent, se rencontrent, et font des accords d'autant plus agréables qu'ils ont plus parfaitement cette diversité qui fait la véritable beauté de la musique ; car cette raison, qui fonde le plaisir de ceux qui sont sensibles à ce qu'il y a de plus fin dans l'harmonie, est le sujet du dégoût de tout le reste du monde, qui ne trouve que de la confusion et de l'embarras dans cette pluralité des parties, qui leur ôte tout le plaisir dont ils sont capables, parce que ce plaisir n'est que dans la douceur et dans la netteté de la voix, dans l'agrément de ses ports, et dans la beauté du chant ; de sorte qu'à présent la musique qui plaît consiste au récit que fait une belle voix jointe à la symphonie des instruments, et même sans cette voix on trouve la symphonie fort ennuyeuse, à cause qu'elle est composée de plusieurs parties, si ce n'est que le sujet dans cette symphonie soit assez éclatant pour couvrir toutes les autres parties, et qu'il ne soit pas nouveau aux auditeurs, ou qu'il ait un mouvement gai et marqué bien distinctement. Or, les anciens étaient si peu disposés à prendre plaisir à la musique qui se chante à plusieurs parties, que même ils aimaient mieux entendre une voix, une lyre ou une flûte toute seule, que de les entendre ensemble, quoiqu'elles jouassent la même chose. La raison qu'Aristote en rapporte est que l'on aime la distinction, et que plusieurs sons joints ensemble s'empêchent l'un l'autre d'être entendus distinctement.

Mais il se trouve qu'en ce temps-là, où on était si charmé d'une seule modulation, elle n'était pas encore dans la perfection où nous l'avons mise ; car, comme les anciens avouent eux-mêmes, les deux premiers genres, savoir, l'enharmonique et le chromatique, étaient très-difficiles à chanter, à cause de la petitesse de quelques-uns des intervalles que l'oreille a de la peine à apercevoir, et que la voix ne forme qu'avec difficulté ; et de plus la grandeur excessive des autres intervalles ôtait toute la beauté au chant, parce que n'y ayant alors que quatre phthongues ou sons à chaque tétracorde, au lieu de six que nous y mettons, il se trouvait beaucoup de tons naturels qui ne se chantaient point.

Ex natura vocis congruentis. La quinzième ou double octave est l'étendue ordinaire de la voix, qui peut néanmoins quelquefois s'élever plusieurs tons au-dessus ; mais c'est avec un effort qui fait que la voix a un son qui n'est pas naturel, et que l'on appelle fausset. Il me semble que Vitruve a voulu exprimer par *vocem congruentem* celle qui n'est point forcée, et qui est opposée au fausset.

Ch. V. *Postea...ibi collocontur ita, uti,* etc. On ne trouve point d'auteur qui ait bien clairement expliqué quel était l'endroit où ces vases étaient placés. Alberti dit que ces petites chambres, qu'il appelle *scaphas*, et le traducteur italien *zane*, qui est ce que nous appelons des niches, étaient dans le passage de dessous du théâtre, *in infimis itionibus*, et que ces niches avaient des conduits à plomb qui répondaient au mur qui bordait le haut du théâtre et les derniers degrés ; ce qu'il représente autrement dans sa figure, où il met ces niches au haut des degrés dans un socle fort élevé, qui soutient les colonnes du portique qui est au haut du théâtre. Mais je n'ai suivi ni l'une ni l'autre de ces manières, parce que le texte y répugne, qui veut que ces cellules soient au milieu du théâtre quand il est médiocre, ou s'il est fort grand, qu'il y ait trois rangs de cellules, savoir, au haut, au bas et au milieu des degrés.

Inter sedes theatri. La place où doivent être les petites chambres n'est pas désignée bien distinctement en disant qu'elles doivent être entre les siéges du théâtre ; car les chemins montants qui font la séparation des amas des degrés sont entre les siéges du théâtre, et il n'y a point d'apparence que ces petites chambres fussent en cet endroit : il est plus croyable qu'elles étaient dans le mur qui bordait le palier, et qui est appelé un peu après *transversa regio*, c'est-à-dire une région ou espace à niveau, parce qu'il est vrai qu'il est entre les siéges du théâtre, et qu'il sépare un rang d'amas de degrés de l'autre rang ; et ce lieu est fort commode à faire les ouvertures des petites chambres, à cause de la largeur des paliers et de la hauteur des murs qui les bordent.

Aperturæ inferiorum graduum. Il n'est pas aisé d'entendre pourquoi il est dit que les ouvertures des petites chambres doivent être au droit des siéges d'en bas, si ce n'est que cela signifie qu'elles doivent être plus proches des siéges d'en bas que de ceux d'en haut, à cause qu'il y a quelques-unes de ces ouvertures qui se rencontrent au droit des escaliers qui montent entre les amas des siéges d'en haut ; ce qui oblige de mettre ces ouvertures plus près des siéges d'en bas que des siéges d'en haut.

Ea echeia.... ad neten hyperbolœon sonantia. J'interprète *echeia*, *les vases d'airain*, contre l'opinion de Philander, qui croit que *echeia* signifie *les différences des sons* ou *phthongues*, dont Vitruve a parlé au chapitre précédent, se fondant sur ce qu'il est dit au premier chapitre du premier livre : *Vasa œrea quæ sub gradibus mathematica ratione collocantur, et sonituum discrimina quæ græce echeia vocantur*, comme si *echeia* ne se rapportait pas plutôt à *vasa œrea* qu'à *sonituum discrimina*. Mais la raison qui m'a fait choisir l'interprétation que j'ai donnée a fait prendre la même opinion à Baldus et à Laët, ainsi qu'il a déjà été remarqué sur le premier chapitre du premier livre.

Tertia diatessaron ad neten parameson. Il y a une grande quantité de fautes dans tous les exemplaires en ce qui regarde les accords de ces vases des théâtres ; la faute est ici fort visible, où il y a *ad neten parameson*, au lieu de *ad parameson* ; n'y ayant point de phthongue qui soit appelée *nété parameson*, joint que la *paramesé* est à la quarte de la *nété diézeugménon*, ainsi que le texte le demande.

Diatessaron. Il faut entendre que c'est avec les seconds que ces troisièmes vases sont accordés à la quarte.

Quarta [diapente] ad neten synemmenon. Il y a encore faute ici, parce que la *neté synemménon* et la *paramésé* ne sont point à la quarte, mais à la tierce ; c'est pourquoi je corrige après Meibomius, et lis *quarta diapente*, au lieu de *quarta diatessaron*. La même faute est encore au troisième vase du second rang et au troisième vase du troisième rang : car il y a dans les exemplaires *in tertiis diatessaron*, au lieu de *in tertiis diapente*. Mais il faut entendre qu'ici les quatrièmes vases qui sonnent la *nété synemménon* sont accordés à la quinte avec les premiers, qui sonnent la *nété hyperbolœon*.

Ad chromaticen hyperbolœon. Par l'*hyperbolœon*, le *diézeugménon*, le *synemménon*, etc., du chromatique, il faut entendre les cordes de ces tétracordes qui sont affectées au chromatique ; j'aurais pu traduire le chromatique de l'*hyperbolœon*, du *diézeugménon*, etc., supposant qu'*hyperbolœon* soit un génitif pluriel et non pas un accusatif singulier, ce qui n'aurait point changé le sens ; mais il m'a semblé que le sens que j'ai choisi est plus naturel, à cause qu'il ne s'agit pas de désigner les différents sens qui appartiennent au chromatique, et qu'après avoir dit que le second rang des vases appartient au genre chromatique, l'ordre du discours, qui demande que l'on spécifie les différentes parties dont ce genre est composé, veut que l'on commence par les tétracordes qui divisent le genre chromatique, et que l'on dise plutôt l'*hyperbolœon* du chromatique que le chromatique de l'*hyperbolœon*.

Ad chromaticen diezeugmenon. La *diézeugménon*, le *synemménon*, etc., signifient le tétracorde *diézeugménon* et le tétracorde *synemménon* ; de même que la *nété* ou la *paramesé* signifient la corde appelée *nété* ou *paramesé*.

In tertiis diapente. Dans les troisièmes, ceux qui sont accordés à la quinte, c'est-à-dire à la quinte du vase qui est dans la première cellule du *chromatique* qui sonne la *trité hyperbolœon*.

Ad chromaticen meson. Je lis *ad chromaticen meson*, selon la correction de Jocundus, au lieu de *ad chromaticen synemmenon*, qui est dans les éditions de Philander et de Barbaro.

Et ad chromaticen meson diatessaron. Ceci sert encore à faire voir que le système d'Aristoxène doit être comme nous l'avons fait ; car la *paramesé* ne saurait être à la quarte avec la *méson* du chromatique, qui est la *parypaté méson*; mais elle devrait faire la septième, si le système était comme Philander et Barbaro l'ont pris dans l'*Introduction harmonique d'Euclide*.

Tertiis diatessaron. On placera dans les troisièmes ceux qui sont à la quinte. Il faut encore entendre que ce vase est accordé à la quinte du vase de la première cellule du rang d'en haut, qui est la *paramésé hyperbolœon*.

Ch. VI. *Pulpitum.* Il y a trois mots français qui signifient le *pulpitum* des Latins, savoir : *pupitre*, *théâtre* et *échafaud*. Le dernier est particulièrement affecté au supplice des criminels et au service de la maçonnerie ; le second est ambigu, et trop général parce qu'il comprend tout ce qui appartient aux spectacles, et le premier signifie généralement un lieu relevé où l'on monte pour chanter ou pour réciter. Bien que ce nom soit consacré à ce lieu élevé qui est ordinairement en nos églises, appelé autrement *jubé*, j'ai cru que je pouvais m'en servir ici, et que je le devais choisir comme plus propre que les autres, qui forment, ce me semble, une image qui convient moins à la chose dont il s'agit ; mais ce qui m'a déterminé est la ressemblance du mot, qui est fort ancien dans notre langue et apparemment dérivé du latin. Or, ce *pupitre* était le lieu relevé sur lequel les acteurs venaient réciter et où la fable se jouait, qui est la partie que nous appelons en français le théâtre, dans lequel nous ne comprenons point le parterre, ni les galeries, qui sont proprement ce que les anciens appelaient *théâtre*.

Or cette ligne, qui passe par le centre du cercle qui est décrit pour la distribution de tout le théâtre, ne fait point la séparation de l'orchestre d'avec le pupitre, si ce n'est qu'on entende que Vitruve parle des théâtres en général ; car cela est vrai dans le théâtre des Grecs. La partie appelée *thymélé*, qui peut passer pour une espèce de pupitre dont il sera parlé ci-après au huitième chapitre, s'étend jusqu'à la ligne qui passe par le centre du cercle ; car au théâtre latin il n'est pas possible que la face du pupitre ou *proscenium*, qui rase les extrémités des cornes du théâtre, aille jusqu'à ce centre, par la raison que la ligne qui traverse ce centre va se rendre au milieu des deux entrées qui sont aux cornes du théâtre, comme il sera dit ci-après ; et ces entrées ne sont point du *proscenium* ou *pulpitum*, mais elles sont entre l'orchestre et le *proscenium*, auquel elles appartiennent moins qu'à l'orchestre, dont on peut dire qu'elles sont une partie. Cela fait à la vérité que l'orchestre a quelque chose de plus que la moitié d'un cercle ; mais ce n'est pas un inconvénient, si on en croit Alberti, qui dit que tous les théâtres des anciens passaient et étendaient leurs cornes au delà du demi-cercle ; les uns ayant les avances parallèles, les autres continuant la même courbure qu'ils ont au reste de l'orchestre : ce qui ne doit être entendu que des théâtres des Latins ; car dans ceux des Grecs l'orchestre s'étendait bien plus avant et hors de la courbure des degrés du théâtre, leur *logeion* ou pupitre étant, de même que la scène, retiré beaucoup en arrière.

Proscenii. La scène dans les théâtres des anciens comprenait en général tout ce qui appartenait aux acteurs. Elle avait quatre parties, savoir, *proscenium*, *scena*, *postscenium* ou *parascenium* et *hyposcenium*. Le *proscenium* était le lieu élevé sur lequel les acteurs jouaient, qui était ce que nous appelons *théâtre*, *échafaud* ou *pupitre*, et ce *proscenium* avait deux parties aux théâtres des Grecs : l'une était le *proscenium* simplement dit, où les acteurs jouaient ; l'autre était le *logeion* ou *thymélé* ou *bomos*, où les chœurs venaient réciter, et les pantomimes faisaient leurs représentations ; il était appelé *bomos* et *ara*, à cause de sa forme, qui était carrée comme un autel. *Scena* était une face de bâtiment par laquelle le *proscenium* était séparé du *postscenium* ou *parascenium*, qui était ce que nous appelons le derrière du théâtre, où les acteurs se retiraient et s'habillaient. L'*hyposcenium*, selon Pollux, était le devant du *proscenium*, qui s'étendait depuis le rez-de-chaussée de l'orchestre jusqu'à l'esplanade du *proscenium*. Cet auteur dit qu'il était orné de colonnes et de statues; ce qui montre que cet *hyposcenium* ne pouvait être que dans les théâtres des Grecs, où le *proscenium* était élevé jusqu'à douze pieds, car celui des Latins était trop bas pour avoir des colonnes; de sorte que quand il est parlé ici du pupitre du *proscenium*, il faut entendre cela du théâtre des Grecs, dans lequel il y avait, outre la grande esplanade du *proscenium*, un autre échafaud plus petit appelé *logeion*, qui était placé au milieu de l'orchestre et au centre du théâtre; autrement *pulpitum* et *proscenium* étaient la même chose dans le théâtre des Latins.

Orchestræ regionem. Le lieu le plus bas du théâtre, qui était un demi-cercle enfermé au milieu des degrés, était appelé *orchestre*, à cause qu'aux théâtres des Grecs c'était ce lieu que se dansaient les ballets. *Orcheomai* en grec signifie sauter.

Omnes artifices in scena dant operam. Le mot de scène est ici pris en général, ainsi qu'il a été dit, pour tout ce qui appartient aux acteurs, tant à ceux qui récitent qu'à ceux qui dansent, ou qui représentent seulement par le gestes appelé, pantomime : et en ce sens-là, l'orchestre parmi les Grecs aurait été une partie de la scène. Mais au théâtre des Romains aucun des acteurs ne descendait dans l'orchestre, qui était occupé par les sièges des sénateurs; ce que nous imitons dans nos comédies, dans lesquelles les gens de grande qualité se placent quelquefois sur le théâtre, et occupent une partie de la place qui est destinée aux acteurs.

Cunei spectaculorum. Les degrés des théâtres étaient séparés par les paliers qui tournaient en rond, et par les chemins montants ou escaliers droits qui étaient pratiqués dans les degrés des sièges, en sorte qu'il y avait deux marches de ces escaliers pour chaque degré de siège. Ces escaliers, qui tendaient droit au centre du théâtre, donnaient une forme de coin à tout cet amas de degrés qui étaient compris entre les paliers et les escaliers, à cause que d'une base large ils allaient en se rétrécissant; mais je n'ai pas cru pouvoir me servir du mot de *coins de degrés*, qu'il aurait fallu mettre pour traduire à la lettre *cunei spectaculorum*, à cause de l'équivoque; et j'ai cru que le mot d'*amas* expliquait assez bien la chose, la figure sphéroïde ou cunéiforme étant ordinairement exprimée par les termes de *ramassé*, *accumulé*, et *entassé*.

Supra autem alternis itineribus superiores cunei.... scenæ designabunt compositionem. Le texte porte *superiores cunei medii dirigantur. Hi autem qui sunt in imo, et dirigunt scalaria, erunt numero septem, reliqui quinque scenæ designabunt compositionem.* Je crois qu'il faut nécessairement ajouter *anguli*, et lire *hi autem anguli qui sunt in imo*, etc., parce que, sans cela, *hi* se rapporterait à *cunei*, et par conséquent les mots *reliqui quinque* qui sont ensuite, se devraient aussi rapporter à *cunei*; ce qui ne peut être, parce qu'il n'y avait point d'amas de degrés dans l'espace des cinq angles qui sont pour la scène.

Hospitalium designabunt compositionem. Les portes appelées *hospitalia* étaient celles par lesquelles on faisait entrer les acteurs étrangers, c'est-à-dire ceux qu'il fallait se représenter être dans une autre scène que la commune, dans laquelle on entrait par la porte du milieu ; ou bien c'était l'entrée de ceux qui venaient dans la scène commune d'un autre lieu que de celui où logeaient les principaux personnages de la fable. Pollux dit que l'une de ces portes, savoir la gauche, était la porte d'une prison.

Gradus spectaculorum, ubi subsellia componantur. Dion Cassius n'avait pas remarqué cet endroit, quand il a écrit qu'avant Caligula on n'était assis dans le théâtre que sur la pierre ou sur le bois dont les degrés étaient faits;

car il paraît par le texte de Vitruve que, dès le temps d'Auguste, on mettait quelque chose sur les degrés, soit que ce fussent des oreillers ou d'autres sortes de sièges. Lipse, néanmoins, a bien de la peine à demeurer d'accord qu'on fût assis sur autre chose que sur les degrés du théâtre; et, expliquant les vers de Calpurnius qui parlent des chaises où les femmes étaient assises,

Venimus ad sedes ubi pulla sordida veste
Inter fœmineas spectabat turba cathedras,

il croit qu'ils ne doivent point être entendus de chaises qui fussent sur les degrés du théâtre, mais de celles qu'on plaçait au-dessus des degrés au haut du théâtre, entre les colonnes du portique qui couronnait le théâtre; ce qu'il prouve par Suétone, qui dit qu'Auguste avait fait un édit qui défendait aux femmes d'être assises sur les degrés du théâtre, et qui ne leur permettait de se placer qu'au haut, parmi le menu peuple, qui est ce qu'on appelle le paradis dans nos théâtres. Properce fait aussi entendre la même chose, quand il dit, pour exprimer la défense que sa maîtresse lui faisait de tourner la vue vers elle lorsqu'elle était à la comédie :

Colla cave inflectas ad summum obliqua theatrum.

Mais, nonobstant tout cela, je ne sais pas comment on peut expliquer notre texte, qui dit *gradus spectaculorum ubi subsellia componuntur*, sans entendre qu'on était assis sur autre chose que sur les degrés de pierre ou de bois dont le théâtre est composé.

Ne minus alti sint palmopede. Un pied et un palme des anciens Romains faisaient un peu moins que quatorze de nos pouces de roi; et un pied six doigts, un peu plus que quinze, suivant la mesure du pied qui est gravé au Capitole.

Hi constituantur itinerum supercilia. Le mot *supercilium* signifie un *linteau*, comme Philander a remarqué sur le sixième chapitre du quatrième livre, où il est dit que les consoles qui sont aux côtés de la porte dorique doivent descendre *ad imi supercilii libramentum*, c'est-à-dire jusqu'au droit du bas du linteau. Barbaro et Baldus sont de la même opinion.

Ita enim satis altitudinum habebunt eorum confornicationes. Je corrige le texte suivant mon manuscrit, où il y a : *ita enim satis altitudinis habebunt eorum conformationes*, au lieu de *satis altitudinem habebunt eorum conformationes*, ainsi qu'il se trouve dans tous les autres exemplaires.

Scenæ longitudo ab orchestræ diametron duplex fieri debet. Si l'on ne corrige ce texte, il est difficile de l'accorder avec la grandeur que nous avons donnée au diamètre de l'orchestre; car il semble que si l'orchestre, qui est un demi-cercle, a pour diamètre la moitié du diamètre de tout le cercle, comme nous prétendons, Vitruve aurait dû dire que la scène doit être aussi large que la face de l'orchestre, puisque deux fois le diamètre de l'orchestre, selon nous, est la même chose que toute la face de l'orchestre. De plus, il ne se trouve point, dans les théâtres des anciens qui nous restent, que la face de la scène soit égale à celle de l'orchestre, car la scène est toujours plus grande ; mais la vérité est aussi que ce même texte ne s'accorde pas mieux avec l'explication de Barbaro, qui veut que le diamètre de l'orchestre et sa face soient la même chose ; car si cela était, la face de la scène devrait être deux fois aussi large que la face de l'orchestre, ce qui n'est point dans les théâtres anciens, dans lesquels il ne se trouve ni que la face de la scène soit égale à celle de l'orchestre, comme il s'en faudrait selon notre opinion, ni qu'elle soit deux fois aussi large que la face de l'orchestre, comme elle devrait être, selon l'explication de Barbaro ; mais elle a une proportion moyenne entre les deux, ayant la grandeur et demie de la face de l'orchestre, qui est trois diamètres, selon notre explication : de sorte que nous croyons qu'il y a faute au texte, et qu'au lieu de *scenœ longitudo ad orchestra diametrum duplex fieri debet*, il faut lire *triplex fieri debet*; c'est-à-dire que la scène doit être trois fois aussi longue que le diamètre de l'orchestre, ce diamètre étant, ainsi qu'il a été dit, de la moitié de la face de l'orchestre.

Podii altitudo ab libramento pulpiti. En cet endroit *podium* et *pluteum* ou *pluteus*, qui ailleurs sont proprement un appui ou balustrade, m'ont semblé devoir être interprétés *piédestal*, parce que les appuis ou balustrades étant ordinairement de la hauteur des piédestaux, et ayant les mêmes socles, bases et corniches, il semble que les piédestaux et les appuis soient une même chose ; de sorte que, par cette raison, il est croyable que Vitruve a exprimé les piédestaux dont il entend parler par des mots qui signifient balustrades. Cette pensée est encore confirmée par ce qui se lit au cinquième chapitre du sixième livre, où il est parlé des colonnes qui se mettent dans les salles corinthiennes; car il est dit que *habent columnas, aut in podio aut in imo positas*, c'est-à-dire des colonnes qui sont avec un piédestal ou sans piédestal. Lipse néanmoins, dans son livre *De amphitheatro*, croit qu'en cet endroit Vitruve entend par *podium* la balustrade qui servait d'appui à la place qui était en manière de corridor au-devant du premier degré d'en bas. Mais il est évident que cela ne peut être, tant parce que Vitruve fait la hauteur de ce *podium* proportionnée à la grandeur de tout le théâtre (ce qui ne peut convenir à un appui ou balustrade, qui, selon Vitruve même, doit toujours être d'une même hauteur dans les grands et dans les petits théâtres), que parce que Vitruve pose des colonnes sur ce *podium*, et qu'il est constant que l'on n'en mettait point sur la balustrade qui était sur le dernier degré d'en bas aux amphithéâtres seulement, et non aux théâtres. De sorte qu'il n'y a aucun lieu de douter que ce *podium* ne fût le piédestal des premières colonnes de la scène, de même que le *pluteus* était celui du second rang des colonnes qui étaient sur ces premières.

Cum corona et lysi. Je traduis par *cymaise* le mot *lysis*, qui a déjà été employé avec cette signification au troisième chapitre du troisième livre. *Lysis* signifie en grec *solution* et séparation. Il y a apparence que la dernière cymaise est ainsi appelée parce qu'en architecture elle fait la séparation des membres différents, savoir, du piédestal d'avec la colonne, de l'architrave d'avec la frise, etc. Il semble néanmoins qu'en cet endroit, où il ne s'agit point du détail des parties du piédestal, le mot de *lysis* est inutile pour signifier une cymaise, et que le mot de *corona*, qui comprend toute la corniche, aurait été suffisant; et même j'aurais cru qu'au lieu de *lysis* il faudrait lire *basis*, n'était qu'ensuite, lorsqu'il est parlé du piédestal du second ordre, outre *corona*, il y a encore *unda*, qui est mis au lieu de *lysis*. Or, il a été remarqué ci-devant que *unda* et *cymation* sont la même chose; et cela me fait croire que ces piédestaux n'avaient point de base, ainsi qu'il s'en voit en plusieurs édifices anciens, et particulièrement au théâtre de Marcellus, où le piédestal du second ordre n'a point de base; ces bases étant des membres que la plus ancienne architecture n'a point employés, non pas même aux colonnes.

Epistylia et ornamenta earum columnarum altitudinis quinta parte. Les architraves et les autres ornements sont l'architrave, la frise et la corniche, qui tous trois ensemble font ce qu'on appelle vulgairement l'entablement ou le couronnement. Cette proportion que Vitruve lui donne dans tous les ordres de la scène semble devoir être la règle qu'on doit suivre ordinairement pour les édifices les plus beaux et les plus nobles; parce que cette face de la scène représentait le devant d'un palais magnifique. Néanmoins, il ne se trouve point dans les anciens édifices que cette règle ait été suivie; car on a fait cet entablement quelquefois si grand, qu'il va jusqu'à la quatrième partie de la colonne; ce qui est contre le goût des anciens qui ont précédé Vitruve, comme il paraît par ce qui est dit au troisième livre, des proportions de la colonne ionique, savoir, que son entablement n'était que la sixième partie de la colonne; mais la vérité est que la proportion des entablements ne peut être déterminée en général, parce qu'elle doit différer dans les divers ordres, ainsi que j'ai fait voir dans le *Traité de l'ordonnance des cinq espèces de colonnes, suivant la méthode des anciens*.

Supra id pluteum columnæ quarta parte minore altitudine. Il s'ensuit de là que le diamètre des colonnes du second ordre sera moindre du quart que le diamètre de celles du premier. Cette proportion a déjà été donnée aux colonnes du second ordre du portique de la place publique, au premier chapitre de ce livre.

Si tertia episcenos futura erit. J'ai cru que les scènes étant composées de trois rangs de colonnes les unes sur les autres, on pouvait dire qu'elles avaient trois ordres. Mais le troisième de ces ordres ne peut, à mon avis, être appelé *tertia episcenos*, comme il est dans tous les exemplaires ; et je crois qu'au lieu de *tertia* il faut mettre *altera* : car le premier ordre était proprement *scena*, et ce qui était sur ce premier ordre s'appelait *episcenium* ; de sorte que le second ordre était *prima episcenos*, et le troisième, par conséquent, *altera episcenos*.

Epistylia..... item habeant altitudinis quintam partem. Ce troisième ordre étant fort haut et fort éloigné de la vue, semblerait demander d'autres proportions que les premiers ordres, qui en étaient plus proches. Car, sans parler de l'augmentation que tout l'ordre supérieur devait avoir en comparaison de celui qui est au-dessous, il faudrait encore que dans chaque ordre la grandeur des parties qui sont les plus hautes fût augmentée, pour faire que l'exhaussement ne les fît pas paraître trop petites. Cela fait voir que ce changement des proportions est une chose qui n'a été que rarement mise en usage; et l'on voit, en effet, qu'aux édifices où elle a été pratiquée elle fait un mauvais effet; et il est difficile qu'elle ne le fasse point, pour plusieurs raisons qui sont rapportées au deuxième chapitre du sixième livre; mais principalement parce que les aspects pouvant être différents, selon que l'on est plus proche ou plus éloigné, il est impossible que ce changement de proportion fasse le même effet quand on est proche et quand on est loin. Dans les théâtres même, où la distance est bornée, la même impossibilité se rencontre à cause de la différente hauteur des degrés, qui fait que si un changement de proportion faisait un bon effet à l'égard des spectateurs assis sur les degrés d'en bas, il ne le pourrait pas faire à l'égard de ceux qui seraient sur ceux d'en haut.

Nec tamen in omnibus theatris symmetriæ ad omnes rationes et effectus possunt respondere. Ce que Vitruve dit ici n'est point contraire à la réflexion qui a été faite dans la note précédente; car l'avis qu'il donne sur le changement des proportions n'est point une exception qui soit apportée à propos de ce qui a été dit immédiatement devant, touchant les grandeurs des parties qui composent les étages élevés et éloignés de la vue ; mais elle se rapporte seulement aux proportions des degrés, des appuis et des autres pièces, lesquelles, à cause de leur usage, doivent être toujours d'une même grandeur, soit que les théâtres soient petits, soit qu'ils soient grands ; de sorte que quand il est dit *qu'il ne faut pas croire que les mêmes proportions puissent servir à toutes sortes de théâtres*, cela signifie que si par exemple un appui est haut de la quarantième partie d'un petit théâtre, il ne lui faudra pas donner le double dans un théâtre qui sera une fois aussi grand ; mais cela ne dit pas qu'il ne faille garder les mêmes proportions dans tous les théâtres en ce qui regarde les hauteurs du premier ordre à l'égard du second, du second à l'égard du troisième, et de toutes les autres choses dans lesquelles l'usage ne détermine et ne demande point une certaine grandeur.

Pluteos. Pluteum ou *pluteus* est proprement un mantelet ou parapet qui se faisait dans les machines de guerre, pour mettre à couvert les soldats. Il était ordinairement fait d'osier recouvert de peaux nouvellement écorchées. Il signifie ici la balustrade ou appui. Philander croit, ainsi qu'il a déjà été dit, que *pluteus* comprend tout l'espace qui est entre les colonnes supérieures et les inférieures, c'est-à-dire l'architrave, la frise, la corniche et les piédestaux de l'ordre qui est sur la corniche; mais cela ne peut être, parce qu'il est dit que le *pluteus* est sur l'architrave et sur les autres ornements, qui sont la frise et la corniche de l'ordre de dessous. De plus, il est dit que *pluteus* est du genre des choses que l'usage auquel elles sont destinées oblige toujours à faire d'une même grandeur, comme sont les degrés, et qui ne doivent pas être plus grandes dans les grands théâtres que dans les petits; ce qui n'est pas vrai de l'espace qui comprend l'architrave, la frise et la corniche, qui est plus grand à proportion que les ordres des plus grands théâtres sont plus grands: mais cela est vrai des balustrades, des degrés et des paliers, qui doivent toujours être d'une même grandeur.

Barbaro entend autrement cet endroit; car il croit que Vitruve veut dire que les degrés, les paliers et les balustrades sont des parties qui doivent être dans tous les théâtres; mais que les autres choses qui ne sont pas tant pour l'usage que pour l'ornement peuvent être omises. Cependant, il n'y a rien, ce me semble, de plus clair que ce que Vitruve dit, savoir, que les balustrades, les degrés et les paliers doivent être d'une même grandeur dans tous les théâtres, soit qu'ils soient grands, soit qu'ils soient petits. *Sunt enim res, quas et in pusillo et in magno theatro necesse est eadem magnitudine fieri propter usum, uti gradus, diazomata, pluteos, itinera,* etc.

Adscensus. Il faut entendre cela de la hauteur des degrés des escaliers et non pas de la grandeur de tout l'escalier, qui doit être plus grand dans un grand théâtre que dans un petit.

Spatia ad ornatus comparata, quæ loca Græci περίακτους *dicunt.* Notre mot français de décoration de théâtre rend heureusement celui de Vitruve, qui est *ornatus*. Ces décorations étaient de deux sortes, selon Servius sur les Géorgiques de Virgile; car, outre ces machines faites en triangle, que les Grecs appelaient *periactous*, c'est-à-dire tournantes, et qui fournissaient chacune trois différents changements, chacune de leurs faces ayant des peintures différentes, les anciens en avaient d'autres qui sont encore en usage dans nos théâtres, et dont l'artifice consistait à faire paraître des faces différentes lorsqu'on les faisait couler; en sorte que, lorsqu'on en tirait une, elle en découvrait une autre, qui était cachée derrière elle. Celle-ci était appelée *ductilis*, et l'autre *versatilis*. Il est néanmoins difficile de croire que ces changements fussent aussi prompts que ceux de nos théâtres, qui se font presque en un moment et sans qu'on s'en aperçoive; car nous lisons que lorsque les anciens voulaient changer les ornements de leur scène, ils tiraient un rideau qui était appelé *siparium*, derrière lequel ils faisaient à loisir ce qui était nécessaire au changement.

Versuræ sunt procurrentes. J'ai traduit *les retours qui s'avancent,* c'est-à-dire les retours des murailles qui vont de la scène vers le théâtre, et qui font un angle droit avec la grande face de la scène. Philander entend le mot de *versura,* que je traduis *retour,* comme si Vitruve l'avait mis pour expliquer les machines qu'il dit être appelées *periactous* par les Grecs; mais il est évident que ce n'est point là le sens de Vitruve, qui a déjà employé ce mot de *versura* dans la description du théâtre, avec la signification que je lui donne, quand il a dit, à la fin du sixième chapitre, que les angles du triangle dont la base touche à la face de la scène, et qui sont à droite et à gauche de la grande porte royale, doivent être au droit des chemins qui retournent, *spectabunt itinera versurarum.* Hermolaüs sur Pline dit que *versura* signifie le retour qu'une muraille fait à l'égard d'une autre, en formant un angle saillant, *flexus angulorum in parietibus exterior*: et Baldus dit que *versura* peut aussi signifier le retour d'un angle rentrant, qui est ce que Vitruve veut dire par *versuras procurrentes,* qui sont les murs qui ferment les bouts de la scène, et qui font un angle rentrant avec la grande face de la scène.

Or, dans ces retours il y avait deux portes, une à chaque bout; et il y a apparence que ce sont celles par lesquelles Pollux dit que les chariots entraient. Cœlius Rhodiginus croit que ces retours étaient ce que Pollux appelle *parascenium.*

Genera autem sunt scenarum tria. Il y a apparence que ces trois sortes de scènes ne s'entendent que de celles qui étaient en peinture sur les machines tournantes qui servaient de décorations, et non pas de l'architecture de la scène, qui ne changeait point, mais qui faisait une partie de la structure et de la maçonnerie du théâtre. Aristote, dans sa *Politique,* explique ces trois sortes de scènes par le mot de scénographie, c'est-à-dire peinture de scène, qui est un mot dont la signification est bien différente de celle qu'il a quand il est mis pour l'une des trois manières de dessiner, dont il a été parlé au deuxième chapitre du premier livre. Aristote dit que Sophocle fut le premier inventeur de ces sortes de décorations de théâtre. Or, il faut entendre par scène satyrique une scène où l'on introduit des satyres. J'aurais pu traduire *scenam satyricam,* la scène pastorale; et vraisemblablement c'est celle dont Vitruve entend ici parler: mais j'ai jugé plus à propos de retenir le terme de *satyrique,* parce que nous ne sommes pas assurés si ce genre est précisément celui que nous appelons *pastoral;* car il ne nous est rien resté des ouvrages que les anciens ont composés en ce genre, que le *Cyclope* d'Euripide, dont le sujet et les personnages tiennent plus de la tragédie des anciens que de nos pastorales. On peut dire la même chose d'une pièce de théâtre satyrique composée par Sophocle, dont Pollux parle, qui était intitulée *Herculus;* et selon ce qu'Athénée donne lieu de croire quand il parle de la danse et de la scène satyrique, on peut douter si les anciens introduisaient dans leurs pièces satyriques d'autres personnages que des satyres; et ce doute est, ce me semble, beaucoup fortifié par Pollux, qui, dans le dénombrement qu'il a fait des masques dont les personnages de toutes les pièces de théâtre se servaient, ne nomme, pour les pièces satyriques, que ceux des satyres et des silènes, les uns plus ou moins vieux, les autres plus ou moins sauvages; et je crois que l'on ne peut pas dire que, bien que Pollux n'ait mis dans le dénombrement des masques dont on se servait pour les pièces satyriques que ceux qui représentaient des satyres et des silènes, il se pouvait faire qu'il y eût dans ces pièces d'autres personnages qui n'étaient point masqués: car dans les pièces où l'on se servait de masques et qui étaient appelées *personatæ fabulæ,* tous les comédiens étaient masqués, tant ceux qui représentaient des vieillards que ceux qui représentaient de jeunes filles, parce que ces masques étaient faits principalement pour fortifier la voix; d'où vient qu'ils étaient appelés *personæ a personando,* et il était nécessaire que tous les personnages se fissent entendre également: et il n'y a pas d'apparence que Pollux, qui a décrit les différents masques avec tant d'exactitude qu'il en rapporte jusqu'au nombre de vingt-deux espèces seulement pour les filles, savoir, sept pour la tragédie et quinze pour la comédie, eût oublié les masques des bergers, s'il y en avait eu dans les pièces satyriques.

Enfin, quoique la scène satyrique, c'est-à-dire la décoration du théâtre, suivant l'idée que Vitruve en donne, soit semblable à celle de nos pastorales, cela ne suffit pas pour faire conclure que les pièces dramatiques satyriques des anciens fussent la même chose que nos pastorales, puisque nous avons d'autres pièces des anciens qui ne sont point mises au nombre des satyriques, où la scène est pareille à celle que Vitruve décrit; tel qu'est le Philoctète à Lemnos, de Sophocle, où la scène est dans des bois, dans des cavernes, et sur le bord de la mer.

Dalecamp, dans ses notes sur Athénée, est d'opinion que les pièces de théâtre appelées satyriques étaient pleines de libertés brutales et grossières; et, en effet, il y a beaucoup de choses de cette nature dans le *Cyclope* d'Euripide : de manière que je crois que la plupart de ces pièces ressemblaient mieux à des farces qu'à des pastorales.

Tragœdiæ deformantur columnis. Il est aisé de conclure, de la comparaison qui est ici faite de la scène tragique avec la comique, qu'il doit y avoir autre chose que la grandeur d'un exhaussement qui fasse la différence d'un palais royal d'avec une maison particulière, qui a des fenêtres sur la principale entrée, au lieu qu'un palais ne doit avoir que des colonnes, des statues et des balustrades. Et c'est en quoi nos palais en France sont différents de ceux d'Italie, qui la plupart n'ont point d'autre caractère à la principale face que celui de la maison d'un bourgeois. Le dessin que le cavalier Bernin avait donné pour le Louvre était de cette espèce, n'ayant rien de grand que la longueur, la largeur et la hauteur : au contraire, à Paris, non-seulement les palais royaux, comme le Louvre et le Luxembourg, sont de l'autre manière, mais même beaucoup de ceux des particuliers, comme l'hôtel Mazarin, l'hôtel de la Vrillière et plusieurs autres.

In τοπικῶν speciem. Les auteurs sont peu d'accord sur la signification de *topiarium opus*. La plus grande partie estime que c'est la représentation qui se fait avec du buis, du cyprès, de l'if, et d'autres tels arbrisseaux verts, taillés de plusieurs sortes de figures pour l'ornement des jardins. D'autres croient avec plus de raison que ce sont des paysages représentés ou en peinture ou dans des tapisseries; car, soit qu'on fasse venir ce mot du grec *topion*, qui signifie une ficelle, ou de *topos*, qui signifie un lieu ou un pays, il exprime toujours fort bien ou un paysage qui est la représentation des lieux, comme des eaux, des bois, des montagnes, ou une tapisserie qui est faite par l'entrelacement de la soie, de la laine et de l'or, dans de petites ficelles qui font la chaîne de l'ouvrage de la tapisserie. Vitruve parle encore de cette sorte de peinture au cinquième chapitre du septième livre.

Ch. VII (ou VIII, sect. 2, 3). *Per centrumque orchestræ proscenii e regione parallelos linea describitur.* J'ai traduit comme s'il y avait *proscenii e regione* : car il y a apparence qu'un copiste, ou Vitruve même, a omis la particule *e*, sans laquelle *regione* ne peut avoir de sens, parce que le *proscenium* est trop éloigné de cette ligne pour que l'on puisse dire qu'elle est dans sa région.

Ita atribus centris. Le mystère de ces trois centres est une chose bien obscure ou bien inutile, s'ils ne servent à autre chose qu'à tracer la ligne qui touche l'extrémité du cercle, pour la rendre parallèle à celle qui traverse le cercle par le milieu : car c'est assez de dire que cette ligne doit être parallèle à l'autre.

Reliqui autem artifices suas per orchestram præstant actiones. *Reliqui artifices* signifie les autres qui avec les acteurs contribuaient en quelque chose aux jeux et aux spectacles, tels qu'étaient les musiciens, les pantomimes et les danseurs, qui tous sont ensuite appelés *thymelici*.

Thymeleci græce... nominantur. Suidas dit que *thyein*, qui en grec signifie sacrifier, a fait appeler un autel *thymélé*, et de là *thymelici* ceux qui dansaient ou qui chantaient dans l'orchestre. Pollux, qui est un auteur plus ancien que Suidas, et qui a écrit du temps que les théâtres étaient encore entiers, témoigne qu'il ne sait pas bien précisément ce que c'était que cette partie du théâtre appelée *thymélé*, étant en doute si c'était un autel effectivement, ou seulement une espèce de tribune. Il semble que Barbaro ait pris cette tribune pour le *pulpitum*, lorsqu'il l'a distinguée du *proscenium*, suivant ce qui a été dit au sixième chapitre, savoir, que la ligne qui passe par le centre du cercle qui fait la description et la distribution des parties du théâtre, sépare l'orchestre d'avec le pupitre du *proscenium*; car cette tribune, qui est l'autel ou *thymélé* dont parle Pollux, est une espèce de pupitre distingué et séparé du pupitre appelé autrement *logeion* et *proscenium*. Mais Vitruve aurait parlé plus proprement et plus intelligiblement, si la chose était ainsi, en disant, au lieu du pupitre du *proscenium*, le pupitre qui est au milieu de l'orchestre séparé du *proscenium*, comme Pollux le met.

Ejus logei altitudo. Ce *logeion* des Grecs, qui n'est point autre chose que le *pulpitum* ou *proscenium* des Latins, que nous appelons le théâtre, est une fois plus haut que le *pulpitum* des Latins, par la raison qu'aux théâtres des Grecs il n'y avait point de spectateurs dans l'orchestre; mais ils étaient tous aux degrés, où ils ne pouvaient être empêchés de voir sur le *proscenium* ou *logeion* par sa hauteur, comme une partie des spectateurs romains l'auraient été, savoir ceux qui étaient assis en bas dans l'orchestre, qui n'auraient pas pu voir sur le *pulpitum*, s'il avait été beaucoup élevé.

Contra quadratorum angulos. Ceci est manifestement une faute, parce que la disposition de tout le théâtre demande qu'il y ait *intra* ou *inter quadratorum angulos*; car c'est le propre du théâtre des Latins d'avoir ces chemins *contra triangulorum angulos*.

Et ad summam quotiens præcinguntur, altero tanto semper amplificantur. Il n'est pas malaisé de donner un sens raisonnable à cet endroit, qui, en l'état qu'il est, est fort obscur; car il n'y a qu'à changer le mot *altero* en *alteris*, et lire *quoties præcinguntur alteris, tanto semper amplificantur*. Car la vérité est que les anciens faisaient plusieurs paliers, et que dans les théâtres qui étaient fort grands il y en avait jusqu'à quatre, en comptant celui sur lequel les colonnes du portique d'en haut étaient posées, ainsi que Vitruve enseigne dans le cinquième chapitre de ce livre, où il est parlé des vases du théâtre. Or, ce que Vitruve dit est clair, savoir, que les amas de degrés qui vont en s'élargissant comme un coin à fendre, s'élargissent davantage vers le haut du théâtre que vers le bas.

Ch IX. *Uti sunt porticus Pompeianæ.* On voit dans les fragments du plan de l'ancienne Rome le plan du théâtre de Pompée, qui est la pièce la plus entière qui se trouve de tous ces fragments. Ce qui y reste du portique de derrière la scène n'a point de rapport avec celui que Vitruve décrit ici, n'ayant point les promenoirs plantés d'arbres et de palissades qu'il y met, enfermés au milieu d'un double portique; mais seulement des portiques enfermés les uns dans les autres avec des loges.

Odeum. J'ai été contraint de retenir le mot grec, parce qu'il n'aurait pu être rendu en français que par une longue circonlocution; ce qui serait même assez difficile, parce que les interprètes ni les grammairiens ne s'accordent point sur l'usage de cet édifice. Suidas, qui tient que ce lieu était destiné à la répétition de la musique qui devait être chantée dans le grand théâtre, fonde son opinion sur l'étymologie, qui est prise d'*odé*, qui, en grec, signifie une chanson. Le scoliaste d'Aristophane est d'un autre avis, et il pense que l'*odeum* servait à la répétition des vers.

Plutarque, dans la *Vie de Périclès*, dit qu'il était fait pour placer ceux qui entendaient les musiciens lorsqu'ils disputaient du prix ; mais la description qu'il en donne fait entendre que l'*Odeum* avait la forme d'un théâtre, parce qu'il dit qu'il y avait des siéges et des colonnes tout alentour ; et il fallait que ce théâtre fût petit, parce qu'il dit qu'il était couvert en pointe.

Navium malis et antennis... pertexit. Plutarque fait concevoir quelle était la figure de cette couverture par deux comparaisons. La première est prise d'une tente royale, pour signifier que c'était un toit haut et pointu, contre l'ordinaire des toits des anciens, qui étaient peu élevés, ainsi qu'il se voit en leurs frontons ou pignons, qui donnaient la forme et l'élévation aux toits. L'autre comparaison est prise de la forme de la tête de Périclès, qui fit bâtir l'*Odeum* d'Athènes ; car la tête de ce grand personnage était si pointue que les poëtes de son temps, voulant se moquer de lui dans leurs comédies, le désignaient sous le nom de *Jupiter Schinocephalos*, c'est à dire qui a la tête pointue comme un cure-dent, que les anciens faisaient du bois d'un arbrisseau appelé *schinos*, qui est le lentisque ; c'est pourquoi le poëte comique Cratinus disait, pour plaisanter, que Périclès avait réglé la forme de l'*Odeum* d'Athènes à sa tête.

Porticus ex utraque parte ut scenæ supra stadium. Cet endroit est tellement corrompu, que j'ai eu bien de la peine à y trouver du sens. J'ai ôté *ut*.

Porticus et ambulationes. Je crois que ces portiques, qui doivent être mis joignant le théâtre, ne sont point autres que ceux dont il vient d'être parlé, et qui doivent être derrière ou à côté de la scène : la raison est que Vitruve parle du portique de Pompée, et l'apporte comme un exemple des portiques qui se faisaient derrière la scène. Or, il est constant que le portique de Pompée n'était point une partie de son théâtre, mais qu'il y était attaché de même que celui de Balbus l'était à son théâtre, et celui d'Octavia au théâtre de Marcellus ; car tous les théâtres n'avaient pas de ces portiques attachés et le portique qui tournait autour du demi-rond du théâtre continuait aussi à sa face, qui était droite et derrière la scène. Mais ce portique, quoique derrière la scène, n'était pas celui dont Vitruve parle dans ce chapitre. C'était un double rang de colonnes, lequel, avec un mur qui était en dedans, enfermait une grande place plantée d'arbres à la ligne. Serlio a donné la figure de cet édifice qu'il appelle le portique de Pompée ; il est différent de celui qui se voit dans le plan de l'ancienne Rome ; l'un et l'autre font voir que tous les portiques qui étaient joints aux théâtres n'avaient pas des promenoirs d'arbres : ce portique de Pompée n'enferme dans son milieu qu'un massif long et étroit, dans lequel il y avait des escaliers pour monter à un second portique qui était sur celui d'en bas.

Ex ratione modulationis doricæ. Cela se doit entendre seulement pour ce qui regarde les proportions de l'architrave, de la frise et de la corniche ; car pour ce qui est des autres proportions qui appartiennent à la colonne, elles sont différentes de celles qui ont été prescrites ci-devant pour les colonnes doriques des temples.

Latitudines autem earum... et a medianis ad parietes. Il y a contradiction dans le texte latin en l'état qu'il est. *Latitudines porticum ita oportere fieri videntur, uti quanta altitudine columnæ fuerint exteriores, tantam latitudinem habeant ab inferiore parte columnarum extremarum ad medias, et a medianis ad parietes*, c'est-à-dire que *la largeur des portiques doit être telle qu'il y ait depuis le bas des colonnes de dehors jusqu'à celles du milieu, et de celles du milieu jusqu'au mur, autant d'espace que les colonnes de dehors ont de hauteur.* Or, les colonnes de dehors ont 15 modules de hauteur, et il ne saurait y en avoir que 13 depuis le bas des colonnes de dehors jusqu'aux colonnes du milieu, non plus que depuis les colonnes du milieu jusqu'au mur, parce que cet espace doit contenir celui de deux entre-colonnements et d'une colonne, comme il se pratique aux pseudodiptères ; ce qui ne fait que 13 modules ; parce qu'il est dit que les entre-colonnements sont de cinq modules et demi, ce qui étant doublé fait onze modules, et ces onze, joints avec les deux de la colonne, ne font que treize ; de sorte que je ne doute point qu'il ne faille corriger le texte, et lire *ab exteriore parte columnarum extremarum ad medias*, au lieu de *ab inferiore parte*, parce que par ce moyen on comprendra dans cette grandeur les deux modules du diamètre de la colonne, qui sont nécessaires pour faire les quinze modules. Car quoiqu'il eût été plus court et plus net de dire que la largeur des portiques, à prendre depuis le dehors des colonnes de dehors jusqu'au mur, doit être égale à la hauteur des colonnes, Vitruve n'est pas si régulier dans ses expressions qu'il ne se trouve plusieurs exemples d'une pareille négligence dans ses ouvrages.

Medianæ autem columnæ... aut ionico aut corinthio genere deformentur. De la façon que ces portiques sont décrits, ils composaient un édifice bien étrange par l'assemblage de ces colonnes de différents ordres et dans un même portique, qui en avait de doriques à droite et d'ioniques ou corinthiennes à gauche, dont les unes étaient plus hautes, les autres plus basses. Il semble néanmoins que Vitruve veuille faire entendre que les colonnes étaient ainsi quelquefois de différentes hauteurs aux temples, lorsqu'au quatrième chapitre du quatrième livre il dit que quand les temples ont plus de quarante pieds de large, il faut que les colonnes qui sont au front soient de même hauteur que celles qui sont derrière au second rang : et cette manière a quelque rapport avec ce qui est dit au deuxième chapitre du troisième livre, savoir, qu'on mettait sur les colonnes corinthiennes des entablements quelquefois doriques et quelquefois ioniques, l'ordre corinthien n'en ayant point de particuliers.

Quinta parte altiores sint quam exteriores. Cette cinquième partie est une grandeur bien excessive ; car ces colonnes ne doivent excéder les autres que de la hauteur de l'architrave, qui, dans une colonne dorique de quinze modules, telle qu'est celle-ci, n'est que la quinzième partie de la colonne, parce qu'il n'est haut que d'un module ; de sorte qu'il y a apparence qu'il faut, au lieu de cinquième, lire une quinzième, et croire que du nombre quinze le caractère X était effacé dans la copie, et qu'il n'était resté que le V.

Et moduli sextæ partis. Il faudrait corriger le texte, qui a sixième pour troisième. J'ai dit les raisons de cette correction sur le troisième chapitre du quatrième livre, où il se rencontre une semblable faute, qui est que les anciens faisaient le caractère V avec deux traits qui ne se joignaient pas en bas en cette manière \/, ainsi qu'il se voit dans des médailles, et qu'il est aisé de croire qu'un copiste a pris les deux premiers points de VI pour un V.

Adjectio, quæ fit per scamillos impares. La manière des piédestaux dont Vitruve parle a été expliquée assez au long au troisième chapitre du troisième livre.

Aer... perlimat speciem. Philander croit que Vitruve a dit *perlimat speciem* pour *perlimat aciem* ; mais je n'ai pu être de son opinion, parce qu'il est évident que Vitruve veut donner deux raisons de l'utilité que ces promenoirs apportent à la vue, dont l'une est prise de la bonne disposition qu'ils introduisent dans l'organe par l'exercice de la promenade, et l'autre de la bonne disposition qu'ils donnent par le moyen de la verdure aux espèces qui frappent l'organe. Or, ces deux raisons seraient réduites à une, si on lisait *perlimat aciem*, au lieu de *perlimat speciem* ; et

Vitruve fait voir, ce me semble, assez clairement, par la conclusion de son raisonnement, qu'il a eu intention de distinguer ces deux raisons; car il dit, *aciem tenuem et acutam speciem relinquit*, c'est-à-dire que la promenade rend *aciem tenuem*, et le promenoir *acutam speciem*.

Nullus surgit humor nebulosus. Cette hypothèse est contraire à celle que presque tous les philosophes admettent, comme étant absolument nécessaire pour trouver la raison des sources des fontaines. Et l'expérience fait voir que lorsque les vents secs règnent, les eaux qui ne sont touchées ni du soleil, ni du vent, ne laissent pas de s'évaporer. Vitruve même suppose cette évaporation en d'autres endroits de cet ouvrage, comme au premier chapitre du huitième livre, où il dit que, pour connaître s'il y a de l'eau sous terre, il faut enfermer dans une fosse bien couverte quelque vase renversé, afin que la vapeur de l'eau qui s'élève du fond de la terre s'y attache.

Ch. X. *Caldaria*. *Caldarium* et *laconicum* signifient quelquefois la même chose, savoir, ce qu'on appelle étuve en français. C'était un lieu où l'on échauffait seulement l'air pour faire suer. Cicéron et Celse l'appellent *asseum*, pour le distinguer du bain chaud, qu'ils nommaient *calidam lavationem*, et qui était ce que Vitruve appelle ici *caldarium*.

Vasaria. C'était une des chambres des bains où l'on serrait les différents vaisseaux qui servaient à puiser l'eau, et à la jeter sur ceux qui se baignaient. Ces vaisseaux étaient *cacabi*, des chaudrons; *trullæ*, des poêlons; *urceoli*, des aiguières. Il y avait encore dans cette chambre ces grands vases d'airain dont il est parlé ensuite, et qui contenaient l'eau chaude, la tiède et la froide, qui était conduite dans les bains par différents tuyaux.

Hypocausis communis. *Hypocaustum* signifie ordinairement un poêle fait pour échauffer l'air d'une chambre, laquelle était appelée *laconicum* dans les bains; mais ici c'est un fourneau qui échauffe l'eau pour les bains.

Testudinesque alveolorum. *Alveus* signifie proprement dans les bains la cuve où l'on se baigne; mais on peut douter s'il ne se doit point entendre ici des vaisseaux d'airain où les eaux chaude, tiède et froide étaient contenues; et si cela était ainsi, la figure de Barbaro serait meilleure que celle de Cisaranus, parce que le texte dit que la voûte qui est sous ces vaisseaux pour les échauffer leur est commune; ce qui ne serait pas aux vases de Cisaranus, dont il n'y a que celui de l'eau chaude qui soit sur le feu. Mercurial, dans sa *Gymnastique*, croit que ce fourneau souterrain était commun, et donnait de la chaleur tant aux vases d'airain qu'à l'étuve et aux bains chauds; ce qui se voit aussi dans le chapitre suivant, par la situation des différentes parties dont les bains étaient composés.

Uti pila cum mittatur. Mercurial apporte une autre raison de cette pente que le pavé du fourneau devait avoir, et un autre usage de ces balles, qui était que ceux qui avaient soin d'entretenir le feu dans ce fourneau le faisaient en jetant une balle frottée de poix, et faisaient rouler cette balle sur le plancher, qui devait ainsi être en pente, afin que la balle pût revenir. Néanmoins Palladius dit que cette pente de l'âtre du fourneau des bains était faite pour aider la chaleur à monter, afin d'échauffer plus puissamment.

Opere albario sive tectorio poliatur. Il paraît par cet endroit qu'*albarium opus* n'est point un simple blanchiment de lait de chaux, comme tous les interprètes le croient, mais que c'est une espèce d'enduit, *opere albario sive tectorio*. J'interprète *albarium opus*, le stuc, parce que de tous les enduits il est le plus blanc, à cause du marbre dont il est fait. Je traduis aussi *sive tectorio*, c'est-à-dire *sive alio quovis tectorio*, de quelque autre enduit plus délié que le ciment : parce qu'après avoir dit qu'il faut mettre le stuc, qui est un enduit délié, sur le dégrossissement du ciment, il faut entendre que si, au lieu de stuc, on y met une autre espèce d'enduit, ce doit être un enduit fin et délié.

Scholam labii. J'ai interprété par le mot *reposoir* le mot grec *schola*, qui signifie un lieu où l'on demeure sans agir et sans travailler du corps. C'était un endroit dans les bains où ceux qui voulaient se baigner attendaient qu'il y eût place dans l'eau. Quelques-uns estiment que c'était un portique. Barbaro croit que Vitruve a ainsi appelé le rebord du bassin dans lequel l'eau était contenue.

Et alvei. Philander et Barbaro veulent qu'*alveus*, que j'interprète *corridor*, soit ici la même chose que *labrum*, qui est le bassin où l'on se baigne; ce que je ne puis croire, à cause de la petitesse de ce bain, qui, selon la supputation de Barbaro, n'aurait que quatre pieds : car cette grandeur ne peut être suffisante pour un bain public tel qu'est celui dont il s'agit, qui devait être fort spacieux, puisqu'il est dit qu'il devait être proportionné au nombre du peuple ; ce qui ne peut être entendu d'une baignoire de quatre pieds de long, qui n'est que pour une seule personne; et d'ailleurs on sait qu'il y avait des bains si grands que l'on y pouvait nager, et qui pour cette raison étaient appelés *colymbethræ*. Mais ce qui est dit d'*alveus*, savoir, qu'il est entre le mur et la balustrade, *inter parietem et pluteum*, fait entendre assez clairement qu'*alveus* ne peut être le bain. Toute la difficulté est sur l'équivoque d'*alveus*, qui, à la vérité, est synonyme avec *labrum*, et ne peut signifier un corridor que métaphoriquement ; mais cette signification est familière à Vitruve, ainsi qu'il a été expliqué à l'endroit où il appelle *alveolatum stylobatam* un piédestal continu, dont la corniche et la base font des saillies qui laissent une partie enfoncée dans le milieu, et semblable à un canal. J'ai cru que, dans l'obscurité et dans la confusion de cet endroit, je pouvais donner cette interprétation au texte de Vitruve, principalement la chose étant aussi claire qu'elle l'est.

Laconicum. Les anciens appelaient ainsi les étuves sèches, parce que les Lacédémoniens en ont été les inventeurs, et qu'ils s'en servaient ordinairement. Mercurial reprend ceux qui confondaient le *laconicum*, qui était le lieu où l'on suait, avec l'*hypocaustum*, qui était le fourneau qui échauffait le *laconicum*.

Ch. XI. *Palæstrarum ædificationes*. La palestre parmi les Grecs était un édifice public pour toutes sortes d'exercices tant de l'esprit que du corps, comme étant composé d'un collège et d'une académie, dans la signification que ces noms ont en français. Néanmoins la plupart des auteurs ne prennent la palestre que comme une académie pour les exercices du corps, suivant l'étymologie du nom, que l'on fait venir de *palé*, qui en grec signifie la lutte.

Peristylia quadrata, sive oblonga. J'ai corrigé cet endroit, suivant l'avis de Mercurial. Il y a deux lignes qui sont transposées dans tous les exemplaires latins, où après *monstrare* il y a *constituuntur autem*, qui ne doit être qu'après *pervenire*; car cette transposition ôtait tout le sens, en faisant que Vitruve parlait de trois portiques avant que d'avoir dit qu'il y en a quatre, dont ces trois font une partie. Il faut donc lire : *Nunc mihi videtur (tametsi non sint Italicæ consuetudinis) palæstrarum ædificationes tradere tamen explicate, et quemadmodum apud Græcos constituantur monstrare. In palestris peristylia quadrata sive oblonga ita sunt facienda, uti duorum stadiorum habeant ambulationis circuitionem, quod Græci vocant* δίαυλον; *ex quibus tres porticus simplices disponantur, quartaque, quæ ad meridianas regiones est conversa, duplex; uti cum tempestates ventosæ sunt, non possit aspergo in interiorem* partem pervenire. Constituantur autem in tribus porticibus exedrœ spatiosœ, habentes sedes, in quibus philosophi, rhetores, reliquique qui studiis delectantur sedentes disputare possint. In duplici autem porticu, etc.

Δίαυλον. C'était une espèce de course qui se faisait de la longueur d'un stade, au bout duquel on retournait le long du même stade. La course qui se faisait des deux stades toute droite et sans retourner était appelée *dolichum*. *Aulos*, en grec, signifie une flûte, qui représente la figure de cette sorte de course, qui était longue et étroite.

Uti cum tempestates ventosœ sunt, non possit aspergo in interiorem partem pervenire. Palladio ajoute une autre raison de la profondeur de ce double portique, qui est l'utilité qu'elle apporte en été; car, de même que cette profondeur défend de la pluie en hiver, elle empêchait aussi que le soleil n'y donnât l'été.

Exedrœ spatiosœ. Le mot *exedrœ*, qui est grec, est différemment interprété par les auteurs. Alexander ab Alex. croit que c'était une galerie ouverte en manière de loges. Accurse le prend pour une fenêtre. Il signifie néanmoins, à la lettre, un lieu où plusieurs personnes sont assises; mais je crois qu'il est de l'essence que les siéges soient arrêtés et attachés au lieu, de même qu'ils sont au chœur de nos églises, au contraire des siéges qu'on apporte pour s'asseoir à l'endroit où l'on entend le sermon : autrement tout lieu spacieux deviendrait *exedra*, quand on y aurait apporté des siéges. Philander semble avoir été de cette opinion, quand il a dit que l'*exedra* des Grecs était un lieu pareil à celui qu'on appelle le chapitre dans les cloîtres des religieux. Vitruve néanmoins parle des *exedrœ* au neuvième chapitre du septième livre, comme de lieux fort ouverts, et exposés aux rayons du soleil ou de la lune; ce qui semblerait appuyer l'opinion d'Alexander ab Alexandro.

Ephebeum in medio. Hébé signifie en grec la puberté, qui arrive à quatorze ans, qui était le temps où les garçons commençaient les exercices du corps; tous les interprètes disent que l'*ephebeum* était pour ces exercices. Palladio croit que c'étaient les petites écoles des garçons, et que le *coryceum* était celle des petites filles. Il y a apparence que cela devait être ainsi à l'égard de l'*ephebeum*, parce que Vitruve dit que ce lieu était rempli de siéges, qui l'auraient rendu mal propre aux exercices de la lutte et de la course; outre qu'il est parlé ensuite d'autres lieux affectés à ces exercices.

Sub dextro coryceum. Les grammairiens ne s'accordent point sur la signification du mot *coryceum* en cet endroit. La plupart des interprètes croient qu'il vient du mot grec *coré*, qui signifie une jeune fille, et que le *coryceum* était un lieu où les filles s'exerçaient à la lutte et à la course, de même que les garçons s'exerçaient dans l'*ephebeum*. Palladio estime, ainsi qu'il a été dit, que c'était la petite école des filles, de même que l'*ephebeum* était celle des garçons. D'autres prennent son étymologie du mot grec *coura*, qui signifie les cheveux, comme si ce lieu était destiné pour faire le poil. Mercurial, sans se mettre en peine d'étymologie, veut que ce soit le lieu où l'on serrait les habits de ceux qui s'exerçaient ou qui se baignaient, et n'apporte point d'autre raison, sinon que ce lieu était absolument nécessaire dans les palestres. Mais j'ai mieux aimé suivre l'opinion de Baldus, qui dérive *coryceum* du mot grec *corycos*, qui signifie une balle, un étui ou un ballon; et cette explication me semble d'autant plus raisonnable que la disposition du lieu se rencontre telle qu'il est nécessaire pour cette pièce, parce qu'elle demande un endroit spacieux, principalement en long; et celui qui est depuis l'*ephebeum* jusqu'au coin du péristyle, qui est plus grand que l'*ephebeum*, n'aurait été proportionné ni à l'espace qui est nécessaire pour une école de filles, ni à celui qu'on aurait à faire le poil ou à serrer les habits peut requérir. C'est pourquoi j'ai interprété *coryceum*, un jeu de paume, qui est une pièce, dans une palestre, aussi nécessaire et aussi essentielle qu'une garde-robe; joint que le lieu appelé *frigidarium* était destiné à cela : c'est pourquoi il était appelé *apodyterium*, c'est-à-dire lieu où l'on se déshabille, qui est une chose dont Mercurial demeure d'accord.

Deinde proxime conisterium. Conis en grec signifie de la poussière : on en gardait en ce lieu pour les lutteurs, qui s'en poudraient l'un l'autre, pour avoir plus de prise sur leurs corps, qui étaient huilés et glissants.

Elœothesium. C'était un lieu où l'on serrait une mixtion d'huile et de cire pour oindre ceux qui s'exerçaient. Cette mixtion était aussi appelée *ceroma*, et elle ne servait pas seulement à rendre les membres glissants et moins capables de donner prise, mais elle les rendait plus souples et plus propres aux exercices.

Propnigeum. Mercurial interprète le mot grec *propnigeum*, *prœfurnium*, comme étant dérivé de *pnigeus*, qui signifie un four ou une cheminée. Philander, qui le dérive de *pnix*, qui signifie étouffement et suffocation, croit que c'était un lieu plein d'une vapeur chaude propre à faire suer. Mais le *laconicum* et le lieu appelé *concamerata sudatio* étaient faits pour cela; de sorte qu'il y a plus d'apparence que le *propnigeum* était une salle où étaient les cheminées par lesquelles on mettait le feu qui passait sous les lieux appelés *calida lavatio*, *laconicum* et *concamerata sudatio*, et que c'était aussi dans ce lieu que le bois était serré.

Stadiatœ. Le stade était un espace de cent vingt-cinq pas, qui faisaient environ quatre-vingt-dix de nos toises. Ce mot est dérivé du verbe *sto*, qui signifie s'arrêter, parce que l'on dit qu'Hercule courait tout d'une haleine cet espace, au bout duquel il s'arrêtait. En cet endroit le stade signifie un lieu courbé en demi-rond par les deux bouts, et entouré de degrés pour placer ceux qui regardaient faire les exercices de la course.

Alterœ simplices. Il faudrait dire les deux autres; car cela se doit rapporter aux deux portiques extérieurs, qui sont à droite et à gauche de celui du milieu, qui est double. La même chose doit aussi être entendue lorsqu'ensuite il est dit qu'il faut faire des promenoirs découverts le long du xyste couvert et du double portique; car le xyste couvert au singulier est mis pour les xystes couverts : il y a tant d'exemples dans toutes les langues de ces singuliers mis au lieu du pluriel ! Comme quand on dit qu'un homme a l'œil troublé ou le pied sûr, on n'entend point que cela soit dit d'un seul œil ou d'un seul pied. Vitruve est obscur en beaucoup d'endroits, où il use de cette figure assez mal à propos.

Ευστός. Ce mot grec vient de *xyein*, qui signifie polir et racler ou étriller, à cause que ceux qui s'exerçaient en ce lieu se rendaient le corps poli et glissant, en le raclant avec des étrilles et le frottant avec de l'huile.

Ch. XII. *Uti sit nullum flumen in his locis impedierit.* Le sens est, à mon avis, que les rivières empêchent que le port n'ait ce qui est nécessaire à ce qu'on appelle *statio*, qui est le lieu commode à tenir les vaisseaux; parce que les rivières charrient ordinairement du sable et des immondices qui emplissent les ports, et l'eau douce rend par son mélange celle de la mer beaucoup plus légère; en sorte qu'elle ne soutient pas les vaisseaux qui sont chargés. Joint aussi que ce mélange gâte le bois des navires, et Alberti dit même qu'il rend l'air dangereux et pestilentiel; mais la vérité est que les rivières n'incommodent pas tant les ports de l'Océan que ceux de la Méditerranée, dont Vitruve entend seulement parler; car l'agitation du flux et du reflux de la mer empêche que la vase et les immondices des rivières ne comblent les ports de l'Océan, et le reflux qui fait monter la mer bien haut dans les ports donne lieu à l'art de se servir avantageusement de ce secours de la nature, en retenant l'eau qui est montée pendant le reflux dans les écluses et dans les barres quand on ouvre quand la mer est descendue, et qui par sa chute impétueuse achève de pousser hors du port ce que le reflux a commencé à ébranler.

Sed erit ex una parte statio. J'explique par une circonlocution le mot de *statio*, qui signifie en général tout ce qui rend un lieu commode pour y retirer et faire demeurer les vaisseaux ; ce qui consiste en deux choses principalement : l'une qu'il y ait assez de fond pour porter les vaisseaux ; l'autre, que ce lieu soit à couvert des vents. Or, il est évident qu'il ne s'agit ici que du premier, parce que le môle qui doit être bâti mettra les vaisseaux à couvert des vents ; et ainsi j'ai cru pouvoir mettre l'espèce dont il est question pour le genre que ce mot *statio* signifie, qui aurait été trop indéfini.

Tunc ex altera parte. C'est-à-dire dans le côté qui est moins profond, parce qu'il est propre pour bâtir, et qu'il n'est pas propre pour contenir les vaisseaux.

Pulvis. Cette poudre est la pouzzolane, dont il a été parlé au sixième chapitre du deuxième livre.

Uti in mortario duo ad unum respondeant. Le texte dit seulement en proportion de deux à un. Mais parce qu'il est constant que la quantité de deux s'entend de la poudre, et que celle d'un s'entend de la chaux, j'ai cru que je pouvais insérer cette explication dans le texte.

Arcæ.... demittendæ. On appelle une pièce de bois rainée, quand elle est creusée par une raie ou canal propre à recevoir le tenon d'une autre pièce de bois, comme les menuisiers font quand ils assemblent les ais des cloisons et des planchers. J'ai cru que Vitruve a entendu un poteau ainsi rainé par *arcam*. Philander et Barbaro sont de la même opinion ; car l'un dit que *arcæ*, en cet endroit, sont *ligna excavata et sulcata a summo ad imum* : l'autre dit que ce ne sont rien autre chose que *trabes ab uno capite ad aliud excavatæ sulcis aut canaliculis tam latis, uti in eos tabularum capita immitti possint* ; et la vérité est que Vitruve a accoutumé d'étendre si loin la signification du mot *arca*, qu'il appelle au troisième chapitre de ce livre *arcas* les entre-deux des solives, à cause de la cavité qui y est, et qui ne ressemble pas mal à celle d'une rainure.

J. Martin a expliqué *arcas* des coffres, et il les emplit de mortier de pouzzolane pour les jeter dans la mer : cette manière se pratique en quelques endroits, où de grandes caisses faites de poutres et d'ais sont emplies de maçonnerie, qui, par sa pesanteur, fait enfoncer les caisses insensiblement dans l'eau, à mesure que la maçonnerie les charge, jusqu'à ce qu'elles soient au fond. Mais le texte de Vitruve ne s'accorde point avec cette structure, et il y a apparence que *arca* ne signifie point ici un coffre ni une caisse, parce qu'il est dit qu'après que les choses qui sont appelées *arcæ* ont été plantées dans la mer, on garnit d'ais les entre-deux, et qu'ensuite tout l'espace qui est destiné pour la maçonnerie est empli de mortier et de pierres, c'est-à-dire que c'est assemblage de poteaux rainés et d'ais que l'on a fait couler dans les rainures formé des cloisons qui font les trois côtés d'un carré, dont le bord de la mer fait le quatrième ; et que l'on jette dans l'eau enfermée dans ce carré le mortier avec les pierres, qui par leur pesanteur font sortir toute l'eau, et, par la vertu particulière que la pouzzolane a de sécher et de s'endurcir dans l'eau, font comme une masse fusible et jetée en moule.

C'est pourquoi je ne puis approuver la seule chose en laquelle les interprètes de Vitruve s'accordent tous, savoir, que ces coffres ou cloisons étant faites, on vidait l'eau pour y bâtir le môle à sec ; car Vitruve ne dit point cela, cette manière étant une autre structure qu'il décrit ensuite pour s'en servir quand on manque de pouzzolane ; et ici il semble que l'on doive entendre qu'ayant fait les cloisons à la manière que Philander les décrit, savoir, suivant la forme que le môle devait avoir, on emplissait l'espace que ces cloisons enfermaient avec du mortier de pouzzolane et des pierres que l'on jetait dans l'eau ; car il n'est point dit que de ce mortier et de ces pierres arrangées il se fasse de la maçonnerie, mais seulement que ces matières doivent être entassées jusqu'à ce que tout l'espace soit rempli. Il n'est point dit aussi qu'il faille se mettre en peine d'épuiser l'eau, parce que le mortier et les pierres ayant plus de pesanteur que l'eau, la faisaient sortir ; et la propriété de ce mortier, qui est de s'endurcir dans l'eau, rendait la chose facile. Car il aurait été inutile d'aller querir cette poudre si loin, si l'on ne voulait pas faire valoir sa vertu particulière ; et l'on n'aurait eu qu'à laisser sécher la maçonnerie pendant deux mois, comme il est dit ensuite qu'il faut faire, quand il est parlé de cette maçonnerie commune.

Catenis inclusæ. Le mot *catena*, que j'ai traduit liens, semble devoir faire quelque peine et répugner à l'explication que je donne à *arcæ*, que je prends pour des poteaux rainés ; et il y a apparence que c'est ce qui a fait penser à J. Martin qu'on jetait dans la mer des coffres liés de chaînes de fer. Mais il n'a pas pris garde que *catenæ* et *catenationes*, dans Vitruve, signifient les liaisons qui se font des pièces de bois avec le bois même, de la manière que *claves* dans la charpenterie et dans la menuiserie ne signifient pas des clefs de fer. *Catenæ* étant donc, en général, ce que nous appelons des tirants, je crois qu'ici elles doivent signifier des pièces de bois mises en travers sur le bout d'en haut des poteaux rainés, pour les lier ensemble.

Exæquanda et purganda. J'ai interprété comme j'ai fait *exæquare*, parce qu'il fallait égaler la terre, afin que le premier ais que l'on enfonçait entre les rainures la touchât partout également. J'interprète aussi *purgare*, ôter ce qui pourrait nuire, et empêcher que ce premier ais ne coule jusque sur la terre : car il ne faudrait qu'une pierre pour l'arrêter, et cela aurait fait une ouverture par le fond, par où le mortier se serait écoulé. On fait autrement pour égaler le fond de la mer, lorsque l'on a simplement intention d'y poser les caisses remplies de maçonnerie, ainsi qu'il a été dit ; car on y jette quantité de pierres et de sable jusqu'à laisser à l'eau seulement la hauteur de dix ou douze pieds, et on fait plonger des hommes qui dressent et mettent à niveau ces amas de pierre et de sable.

Au reste, cette pensée qui m'est particulière, savoir que, suivant Vitruve, on ne vidait point l'eau, et que c'était le mortier et les pierres qui la faisaient sortir, est confirmée par ce qui est dit ensuite dans la description des bâtardeaux, qui se faisaient de la même manière que nous les faisons à présent, qui est de jeter de la terre grasse entre deux cloisons d'ais soutenus par des pieux, sans vider l'eau que la terre grasse fait sortir assez aisément ; car le mortier et les pièces qui sont jetées dans l'enclos des cloisons fait le même effet que la terre que l'on jette pour faire les bâtardeaux.

Ab ipsa terra. Je lis *in ipsa terra*, au lieu de *ab ipsa terra*, pour rendre le sens un peu meilleur.

Pulvinus. Ce mot, qui proprement signifie un oreiller, se prend métaphoriquement quelquefois pour une plateforme ou assemblage de charpenterie sur lequel on traîne les lourds fardeaux, et que nous appelons poulain en français, peut-être du mot de *pulvinus*. Ici *pulvinus* signifie un massif de maçonnerie qui se bâtissait dans terre au bord de la mer jusqu'au niveau de la terre, et qui avait le même talus que le bord de la mer ; et au bas du talus on bâtissait un petit mur que l'on élevait à la hauteur du reste du massif avec deux autres petits murs, un de chaque côté, pour soutenir le sable dont on emplissait le creux du talus; en sorte que la partie du massif qui était à niveau de la terre, et le sable dont la cavité du talus était remplie, faisaient une esplanade sur laquelle on bâtissait le môle. Cela se faisait ainsi, afin que lorsque ce môle était séché, il pût tomber tout entier dans la mer, lorsque, les petits murs étant abattus, la mer viendrait emporter le sable qui soutenait la plus grande partie du môle.

Quod est proxime littus. Je prends ici *proxime* pour une préposition, et je traduis *quod est proxime littus*, qui *est le plus proche de la mer*, parce que je suppose que la mer et le rivage sont si près l'un de l'autre, que ce qui est proche de l'un peut être dit proche de l'autre, et je trouve que le sens est bien plus clair en disant *la partie qui est la plus proche de la mer*, que la partie qui est la plus proche du rivage: car la vérité est que les deux parties du massif dont il s'agit sont toutes deux proches du rivage; mais il y en a une qui est plus proche de la mer, savoir, celle qui est en talus.

Ita arena.... efficiet in mare pilæ præcipitationem. Cette manière de faire un môle en bâtissant sur le bord une masse de maçonnerie soutenue sur du sable, et qui tombe ensuite dans la mer lorsqu'elle vient à emporter le sable, est décrite dans Virgile, au neuvième livre de l'Énéide, par ces vers :

Qualis in Euboico Baiarum littore quondam
Saxea pila cadit, magnis quam molibus ante
Constructam ponto jaciunt, sic illa ruinam
Prona trahit, penitusque vadis illisa recumbit.

Eronibus. On est bien empêché de savoir ce que c'est que *merones*. La chose dont Vitruve parle est assez claire et assez entendue pour faire juger que ce doivent être des paquets, et que le mot de *merones* doit être corrompu. Cisaranus, Caporali et Philander croient qu'il faut lire *perones*, qui signifie des bottes ou des chausses, comme si Vitruve entendait que ces paquets doivent être longs et étroits, de même qu'étaient les sacs dont Pline dit que Ctésiphon se servit pour poser les pierres énormes des architraves du temple de Diane d'Éphèse. J. Martin, qui fit aussi *perones*, a cru que ces bottes servaient aux ouvriers qui travaillaient aux bâtardeaux. Cujas, Turnèbe et Saumaise veulent qu'on lise *heronem*. Ce mot de sac signifie proprement en notre langue ce que *perones*, *merones* et *herones* ne signifient que métaphoriquement en latin.

Ex ulva palustri factis. J'interprète le mot *ulva*, *herbes de marais*. C'est une herbe fort célèbre dans Virgile, qui en parle au deuxième et au sixième livre de l'Énéide comme d'une plante aquatique, mais qui est demeurée inconnue aux botanistes, qui n'en disent presque rien autre chose, sinon qu'*ulva* est dans les marais d'eau douce ce qu'*alga* est dans la mer; et ils ne disent point bien assurément ce que c'est qu'*alga*; ils croient seulement qu'*alga* est le *phycos* des Grecs, quoique Pline assure qu'il n'y a point de mot latin pour signifier le *phycos*, parce que c'est un arbrisseau, et qu'*alga* est une herbe. Anguillara dit que quelques-uns ont cru qu'*ulva* est la *typhé* de Dioscoride, savoir, cette espèce de jonc qui a des masses au sommet; mais il déclare que ce n'est point son opinion. Je crois néanmoins qu'elle a quelque probabilité, étant fondée sur le texte de Vitruve; car il se trouve que les anciens se servaient des feuilles de ces joncs à masses pour faire des nattes et des matelas, et elles y sont fort propres si on les prend avant que le jonc ait jeté sa tige; de sorte que je crois que les *perones*, *merones* ou *herones*, soit qu'on les interprète des sacs, des mannequins ou des cabas, étaient des paquets de terre grasse enveloppée de ces feuilles de jonc qui sont longues d'un pied et quelquefois de deux; larges d'un doigt, dures et pliables; parce que ces feuilles négligemment entrelacées servaient à empêcher que la craie ou terre grasse ne vint à se dissoudre trop promptement dans l'eau; et quand on pétrissait ces paquets, après que les bâtardeaux en étaient remplis, ces herbes, qui se rompaient et se déliaient, n'empêchaient pas que les paquets de craie ne se mêlassent et ne se joignissent ensemble pour faire le courroi du bâtardeau.

Cochleis. Ces machines hydrauliques sont expliquées aux neuvième et onzième chapitres du dixième livre.

LIVRE VI.

Aristippus..... ejus ad Rhodiensium littus. Galien rapporte cette histoire d'Aristippe, et dit que ce fut près de Syracuse qu'il fit naufrage.

Quibus tantarum rerum fidei pecuniæ sine dubitatione permitterentur. Pour donner quelque sens au texte, j'ai cru qu'il fallait mettre *peritis* au lieu de *fidei*, et lire : *quibus tantarum rerum peritis, pecuniæ sine dubitatione permitterentur :* parce que le mot de *permitterentur* semble rendre inutile celui de *fidei* qu'il suppose, et celui de *peritis* est nécessaire pour le sens.

Ab indoctis..... jactari. Je ne sais pour quelle raison tous les exemplaires ont *jactari* au lieu de *tractari*, si ce n'est que l'on ait jugé que cette correction n'était digne que d'un correcteur d'imprimerie.

Ch. I. *Inclinationibus mundi.* J'ai mis le mot de *climat* pour *inclinationes mundi*, c'est-à-dire, la chose au lieu de sa définition ; car le mot *climat*, qui vient du grec *clinein*, c'est-à-dire s'abaisser, a été pris pour désigner la différence qui est entre les pays du monde, suivant leur éloignement du pôle ou de l'équinoxial, à cause de l'idée que la sphère matérielle donne de cet éloignement : car les pays qui sont éloignés du pôle ou de l'équinoxial y sont inclinés, et descendent les uns plus et les autres moins vers l'équinoxial ou vers les pôles.

Quemadmodum cœlum est ad inclinationem mundi collocatum. Je traduis *inclinationem mundi*, suivant *l'élévation des pôles*, parce que l'élévation du pôle sur l'horizon, et l'inclinaison ou abaissement du monde, ainsi que le texte porte, est la même chose, soit que cela signifie l'abaissement de l'horizon sous le pôle ou sous l'équinoxial. Mais la manière d'exprimer la chose en français est plus intelligible et plus usitée par l'élévation du pôle que par l'inclinaison du monde.

Organi, quam σαμβύκην *Græci dicunt.* Quelques-uns croient que ce mot, qui signifie proprement une harpe, est originairement syriaque ou chaldéen. Athénée dit que ce nom vient de son inventeur, et qu'autrement il est appelé *pectis*, *magadis*, et *trigonos*. Métaphoriquement, c'est une machine de guerre que l'on abat sur une autre pour servir de pont, et qui est soutenue par des cordes qui représentent celles d'une harpe. Il en est parlé au dernier chapitre du dixième livre.

Propter regionis ardorem. La chaleur ne produit point de soi la voix claire et aiguë, mais elle la rend grosse et forte, parce qu'elle dilate l'organe de la voix : et si elle a le pouvoir de rendre quelquefois la voix aiguë, c'est par accident, et seulement par le moyen de la sécheresse qu'elle introduit par la consomption de l'humidité.

Ch. II. *Non puto oportere esse dubium, quin ad locorum naturas aut necessitates detractiones aut adjectiones fieri debeant.* Cette maxime de Vitruve est approuvée de la plus grande partie des architectes et des sculpteurs, qui tiennent que la pratique judicieuse de ce changement de proportions est une des choses les plus fines de leur art; car ils prétendent que par son moyen on remédie aux mauvais effets que les aspects désavantageux peuvent produire dans les ouvrages, lorsqu'ils corrompent ou du moins empêchent d'en voir la véritable proportion, à cause du raccourcissement qui arrive aux choses qui sont vues obliquement. Ce remède est, par exemple, de donner moins de diminution aux colonnes qui sont fort grandes qu'aux petites, ainsi qu'il a été enseigné au deuxième chapitre du troisième livre ; d'augmenter la hauteur des architraves et des autres ornements, à proportion que les colonnes sont plus grandes, ainsi qu'il a été dit au troisième chapitre du troisième livre ; et d'incliner toutes les faces verticales des membres qui sont posés en haut, comme toutes les faces des architraves, des frises, des corniches, des tympans et des acrotères, ainsi qu'il est dit au même lieu. On allonge aussi de même les statues qui sont placées en des lieux élevés, et qui ne peuvent être vues que du pied de l'édifice sur lequel elles sont posées, afin que cet aspect ne les fasse pas paraître trop courtes et entassées : et même, pour cet effet, on allonge et on grossit les parties, selon qu'elles sont plus hautes ; en sorte qu'à une figure qui, étant posée en bas, devrait avoir la tête d'une huitième partie de sa hauteur, on n'en donnera qu'une septième, et on lui fera les jambes plus courtes et le corps plus long qu'il ne faudrait, si elle était autrement située, parce qu'on prétend que, si elle avait sa véritable et ordinaire proportion, elle ne paraîtrait pas l'avoir.

Mais tous les architectes et tous les sculpteurs ne croient pas qu'il faille toujours avoir égard à ces raisons, et il y en a quelques-uns qui estiment que ces précautions ne doivent être employées que rarement. Leur raison est que la vue n'est pas si sujette à se tromper que Vitruve le prétend ; non pas seulement parce qu'en effet la vue, de même que les autres sens extérieurs, ne se trompe jamais, mais même parce que le jugement de la vue, qui est le seul à qui on puisse imputer les erreurs qu'elle commet, est, pour l'ordinaire, très-sûr et presque infaillible, quand une longue habitude et une expérience aussi souvent réitérée qu'elle l'est à un âge parfait, a tant de fois corrigé les premières erreurs, qu'on n'y retombe que rarement. Car, en effet, il n'arrive guère à personne d'avoir peur que le plancher d'une longue galerie lui touche à la tête quand il sera au bout, où il le voit abaissé jusqu'au droit de son front ; et on n'est point en peine comment on pourra passer par une porte que, de loin, on couvre tout entière avec le bout du doigt. Car la justesse de ce jugement est telle, que si les murailles d'une galerie qui, étant parallèles, paraissent néanmoins s'approcher par les extrémités, sont quelque peu élargies, on s'en aperçoit ; ou si le pavé avait une pente vers le bout, où il paraît ordinairement s'élever, quoiqu'il soit de niveau, il n'y a personne qui ne le reconnût.

On juge aussi assez bien si un visage est rond ou s'il est long, quoiqu'on le voie à une fenêtre haute ; et un corps grêle en cet endroit ne paraîtra point trapu, ni celui qui est d'une stature extraordinairement grande ne sera jamais pris pour un nain. Mais ce qu'il y a de plus considérable, est que la certitude de ce jugement est une chose que tout le monde a sans y penser, quoiqu'elle ne puisse s'acquérir que par plusieurs réflexions du sens commun, dont l'office est de se réfléchir sur les actions des sens extérieurs : car c'est par le moyen de ces réflexions et du jugement du sens commun que nous ne prenons pas une étincelle de feu pour une étoile, ni une feuille de papier pour un grand mur blanc, ni un ovale pour un rond, ou une fenêtre longue pour une carrée, lorsque la distance et la situation de ces objets les dispose à paraître autres qu'ils ne sont. La raison de cela est que le sens commun, ajoutant incontinent à l'image qui est dans l'œil les circonstances des choses qu'il connaît, telles que sont l'éloignement et la situation de son objet, et la grandeur des choses auxquelles il le compare, empêche que ces images ne soient prises l'une pour l'autre : car en effet les images d'une étincelle et d'une feuille de papier, lorsque ces objets sont proches, sont fort peu différentes de celles d'une étoile ou d'une muraille blanche, quand l'une et l'autre de ces choses sont éloignées ; tout de même qu'un ovale et un carré oblong qui sont vus obliquement et de loin, font le même effet dans notre œil qu'un rond ou qu'un carré parfait, lorsqu'ils sont vus directement. Cela arrive de la même manière dans la vue et dans l'ouïe, que dans toutes les autres actions dans lesquelles l'usage et l'accoutumance nous donnent une habitude et une telle facilité que nous faisons cent choses qui sont nécessaires pour les accomplir, sans songer que nous les faisons ; comme il paraît lorsqu'on joue sur le luth une pièce que l'on a apprise ; car alors, sans songer à choisir les cordes que l'on pince, et sans penser aux différentes touches sur lesquelles les doigts doivent être posés, et bien souvent sans faire réflexion sur ce que l'on fait, on joue fort correctement cette pièce. Tout de même, sans que nous songions aux règles de la perspective, et sans que notre imagination examine expressément les raisons et les différents effets de l'éloignement, qui dépendent de l'étrécissement des angles que forment les lignes visuelles, et de l'affaiblissement des teintes des objets, le sens commun manque rarement à observer ces circonstances ; et s'il arrive, lorsqu'il y manque quelquefois, que la peinture ou la perspective nous trompe, c'est une marque bien certaine qu'il n'y manque pas d'ordinaire.

De sorte que, pour rendre nécessaire la précaution que Vitruve veut que l'on apporte par le changement des proportions contre les tromperies que l'éloignement et l'obliquité des aspects pourraient causer, il faudrait supposer que tout ce qui appartient à la vue dépend de l'œil ; ce qui n'est pas vrai, parce qu'elle se sert toujours du jugement du sens commun, qui la redresse ; et il n'arrive guère que ce jugement lui manque, autrement la perspective et la peinture tromperaient toujours, parce qu'il n'y a pas plus de raison de prendre un rond pour un ovale, quand il est vu obliquement, que de prendre un ovale pour un rond, quand cet ovale est peint pour paraître rond.

Ces raisons, qui, à la vérité, ne sont pas capables de détruire tout à fait celles que Vitruve a eues quand il a établi son précepte du changement des proportions, peuvent néanmoins être considérables pour lui donner des restrictions et empêcher que l'on n'en abuse, en considérant que Vitruve lui-même reconnaît, savoir, que, pour en bien user, il faut beaucoup d'esprit et de doctrine ; et mon opinion est qu'il se rencontre peu de cas où cette règle du changement des proportions puisse avoir lieu. Car, supposé que l'on veuille mettre une statue fort haut, on peut bien lui donner une grandeur colossale ; mais c'est afin qu'elle paraisse colossale, et non pas pour empêcher que l'éloignement ne la fasse paraître trop petite : parce que, quand il est nécessaire qu'une chose soit petite, il faut aussi qu'elle paraisse petite. C'est pourquoi je ne croirais pas que la tête de cette statue colossale, quelque haut élevée qu'elle pût être, dût être faite plus grande, et avoir une autre proportion qu'elle aurait en une statue que l'on verrait de plus près : parce qu'il faut qu'une tête éloignée paraisse petite ; autrement la statue paraîtrait difforme, sa tête paraissant avoir une proportion qu'elle ne doit pas avoir. Dans la célèbre histoire de Phidias et d'Alcamène, dont l'un, qui changea les proportions d'une statue de Minerve parce qu'elle devait être placée en un lieu fort élevé, reçut une grande approbation, il paraît que celui qui l'a décrite n'entendait pas la chose dont il parlait : car il dit que Phidias, pour faire que le visage de la déesse parût beau, lui avait fort élargi les narines, afin que la grande distance les fît paraître autrement, et avec la proportion qu'elles doivent avoir : et il est certain qu'un nez, pour peu qu'il soit élargi, le doit paraître encore davantage par le raccourcissement que l'aspect éloigné et élevé lui peut donner. Et je crois que cette particularité, jointe aux raisons ci-devant alléguées, peuvent rendre la vérité de cette histoire un peu suspecte.

Je crois qu'il en est de même dans l'architecture que dans la sculpture, et que l'œil, accoutumé à ses proportions, ainsi qu'il l'est à celles du corps humain, ne doit point se plaire à les voir changées; et elles ne le sauraient être sans qu'il s'en aperçoive. Mais quand même ce changement pourrait tromper le sens commun, et que l'on en userait seulement pour faire paraître les choses élevées aussi grandes que celles qui sont en bas, cela ne ferait point un bon effet, parce qu'il ne faut pas que les parties qui sont en haut des édifices paraissent aussi grandes que celles qui sont en bas, puisqu'elles ne le doivent pas être en effet. De sorte que l'on peut dire que si l'on voulait changer les proportions, ce devrait être plutôt en diminuant celles des choses qui sont placées en des lieux élevés qu'en les augmentant, puisqu'il est séant aux choses qui sont portées et soutenues, d'être plus petites que celles qui les soutiennent. Enfin les anciens architectes en ont toujours usé ainsi : car quand Vitruve rapporte quelles étaient les proportions qu'ils donnaient aux grands édifices, dont on peut dire qu'il présente un modèle dans les scènes des théâtres, il fait voir que le grand exhaussement ne faisait point changer les proportions; le troisième ordre des scènes, qui était extrêmement haut et fort éloigné de la vue, n'ayant point d'autres proportions que les autres, tant en ce qui regarde le rapport que les parties d'un ordre ont les unes aux autres, qu'en ce qui regarde la proportion d'un ordre entier à un autre. J'ai traité cette question au septième chapitre de la seconde partie du livre de l'ordonnance des cinq espèces de colonnes, selon la méthode des anciens; ce problème me paraissant assez important pour mériter d'être examiné un peu plus sérieusement qu'on n'a fait depuis peu dans un ouvrage d'architecture où, traitant ce sujet, et l'auteur rapportant ce qui est contenu dans cette note, il fait semblant de négliger mes raisons pour s'attacher à ma personne, qu'il attaque par des railleries, mais d'une manière assez chagrine pour faire croire qu'il a du dépit de se sentir convaincu, et réduit à ne répondre que par des injures; car, au lieu de faire voir que ce que j'ai avancé n'est pas vrai, savoir, que les anciens n'ont point pratiqué ce changement des proportions, on répond seulement que j'ai reconnu moi-même la nécessité qu'il y a de le faire, lorsque j'ai mis, au haut de l'arc de triomphe que le roi fait bâtir au bout de l'avenue de Vincennes, une statue de trente pieds de haut, afin, dit-on, qu'étant fort élevée, elle paraisse avoir sa grandeur naturelle : et sur ce que j'ai déclaré que ce n'est pas là mon intention, et que je fais cette statue colossale, afin qu'elle paraisse colossale, on me répond que j'ai donc tort de trouver trop grand l'entablement des trois colonnes de Campo Vaccino, qu'on avoue être *d'une exorbitante et monstrueuse grandeur*, puisqu'on peut croire que l'architecte a eu dessein de faire paraître ces édifices colossaux. Mais il faudrait dire qu'il a voulu faire paraître ces entablements colossaux, c'est-à-dire, les faire paraître plus grands qu'ils ne doivent être; de même que j'ai un dessein de faire paraître la statue équestre de l'arc de triomphe plus grande qu'un homme et un cheval ne doivent être. Or, ce n'est pas cela qu'on veut dire; car on prétend que l'élévation extraordinaire de cet entablement le doit faire paraître avoir sa grandeur ordinaire, quoiqu'il ne l'ait pas; et c'est ce qui est en question.

On répond encore avec plus de négligence à mon second argument, fondé sur ce que la vue ne nous trompe que rarement; car, quoiqu'on demeure d'accord que si cela n'est il ne faut point changer les proportions, on se contente de répondre que la vue trompe quelquefois les enfants, c'est-à-dire que les précautions que la bonne architecture doit employer ne sont que pour les enfants, et qu'il n'importe pas de choquer par la corruption des proportions tous les intelligents.

Cette manière de répondre me fait comprendre que le dessein que j'ai eu en communiquant au public la pensée qui n'est particulière sur le changement des proportions, n'a pas eu le succès que je m'étais proposé, parce que mon intention n'étant point de me *singulariser*, comme on dit, mais seulement d'obliger les savants à m'instruire sur une question que je croyais n'être pas sans difficulté, je vois qu'il semble qu'on ne me veuille rien répondre de raisonnable, de peur de faire tort à l'autorité des anciens, que l'on prétend être au-dessus de toutes les raisons. Ce qui m'a trompé est que je n'aurais jamais pensé que l'entêtement que l'on a pour les anciens pût aller si loin : car je croyais qu'on avait de la vénération pour les ouvrages de ces grands hommes, et pour les préceptes qu'ils nous ont laissés, parce que c'étaient des choses toujours fondées sur la raison, quand elles étaient de nature à être réglées par la raison, telles que sont celles dont il s'agit ici. Cependant je vois que ce n'est point cela, et qu'il n'est pas question d'examiner si tout ce que les anciens ont dit est raisonnable ou non, mais de l'admirer, de le suivre aveuglément, et, si l'on est sage, de faire plutôt des compilations de Serlio, de Palladio, de Vignole et de Scamozzi, que de s'attirer des injures en pensant exciter les savants à cultiver et à perfectionner un art qui demande beaucoup d'esprit, de jugement et de raison. Je ne croyais pas aussi que les architectes de ce temps fussent incapables de raisonnement, ainsi que l'auteur fait entendre, quand il dit que les raisons dont je me sers pour appuyer mon opinion *sont des choses trop métaphysiques pour eux* : mais c'est sa manière d'outrer ainsi les choses qui fait que, comme il a une trop grande vénération pour les anciens architectes, il traite aussi avec trop de mépris ceux de ce temps, dans les beaux ouvrages desquels on voit plus d'esprit et de raison qu'il n'en faut pour empêcher de croire qu'il leur manque aucune des qualités nécessaires à ceux qui s'emploient à perfectionner les arts, et pour persuader qu'il n'est pas impossible d'ajouter quelque chose aux inventions des anciens.

Ch. III. *Cava œdium*. On ne sait point bien certainement quelle partie des maisons des anciens est appelée ici *cava œdium* par Vitruve, et *cavædium* est un mot employé par Pline le Jeune dans ses Épîtres; car *cavædium*, *atrium*, *vestibulum* et *aula*, sont définis par les grammairiens presque d'une même manière; et ils n'en disent rien autre chose, sinon que ces parties étaient à l'entrée des maisons, et que de là on passait dans les appartements. Barbaro sur cet endroit de Vitruve, et Palladio après lui, croient que *cavædium* et *atrium* sont deux espèces de vestibules; en sorte qu'*atrium* est un vestibule couvert, et *cavædium* un vestibule qui est quelquefois couvert et quelquefois découvert. Ce qui ne peut être vrai dans le sens de Vitruve, qui, après avoir parlé des cinq espèces de *cavædium*, fait un chapitre à part pour l'*atrium*, dont la description est tout à fait différente de celle des *cavædium*, parce qu'à toutes les espèces d'*atrium* il met deux rangs de colonnes qui forment deux ailes, c'est-à-dire trois allées, une large au milieu, et deux étroites aux côtés; ce qui n'a aucun rapport avec les figures des cinq *cavædium* qui sont décrits dans ce chapitre.

Les raisons qui m'ont fait croire que *cava œdium* était chez les anciens ce que nous appelons la cour dans nos maisons, sont premièrement que le mot latin exprime fort bien la chose, parce que, supposé qu'il y ait plusieurs corps de logis qui, enfermant un carré ou quelque autre figure, composent une maison, il est vrai de dire que le milieu est enfermé entre ces corps de logis, qui tous ensemble forment la maison, est le creux, la cave ou le vide de la maison; ce qu'une salle ou un vestibule couvert, tels que sont ceux que Barbaro et Palladio donnent pour des *cavædium*, ne sauraient signifier, parce que la cavité de cette salle ou vestibule n'est point la cavité de la maison plutôt qu'une grande chambre, ni qu'une salle de bal ; mais la cour qui est environnée de tous les corps de logis, et qui est découverte, est une cavité et un creux à l'égard des corps de logis qui s'élèvent tout alentour.

En second lieu, il faut considérer que les différences qui font les cinq espèces de *cavædium* que Vitruve décrit sont prises du *medium compluvium* ou chéneau, qui, dans le *cavædium* toscan, est sur des poutres qui font un auvent ; dans le *cavædium* corinthien, sur des poutres soutenues par des rangs de colonnes ; dans le *cavædium* tétrastyle, sur des poutres soutenues par quatre colonnes ; dans le *cavædium* voûté, sur le mur d'un appartement soutenu sur des arcades ; et dans le *cavædium* découvert, sur le mur même qui fait la face intérieure du *cavædium*, lequel n'a point d'autre saillie que celle de son entablement. Or il est évident que ce chéneau ne saurait être dans un vestibule couvert tels que sont la plupart des *cavædium*, selon Barbaro et Palladio, qui font entendre par leurs figures que le *medium compluvium* était un grand réservoir posé sur le plancher du vestibule.

In atrii latitudine. Le mot *atrium* est mis ici généralement pour tout le dedans des maisons, et il est aisé d'entendre à quelle partie de la maison il le faut particulièrement appliquer. C'est pourquoi je n'ai point fait de difficulté d'expliquer *atrium la cour*, quoique particulièrement et proprement il signifie autre chose, comme il sera dit ci-après. Virgile a pris ce terme dans la même signification que Vitruve quand il a écrit :

Porticibus longis fugit, et vacua atria lustrat;

et ensuite :

Apparet domus intus, et atria longa patescunt.

Car il est aisé de voir que Virgile en cet endroit entend par *atria* tout ce qui se peut voir au dedans d'une maison par la porte quand elle est ouverte, qui est la cour et les vestibules.

Interpensiva. Il y a trois opinions sur la signification du mot *interpensiva*, que j'ai traduit *potences*. Hermolaüs Barbarus et Daniel Barbaro croient que *interpensiva* sont les coyaux qui sont faits pour conduire et faire aller la couverture depuis les chevrons jusqu'à l'extrémité de l'entablement. Philander et Jocundus veulent que ce soient les bouts des solives qui, sortant hors du mur, soutiennent les poutres qui portent les entablements ou auvents. L'opinion de Baldus est qu'ayant quatre poutres le long des quatre faces de la cour, lesquelles soutiennent l'extrémité des auvents, il y en a deux, par exemple, à droite et à gauche, sur lesquelles les deux autres qui sont le long des autres côtés de la cour sont posées. Mais le texte décrit si clairement ces pièces de bois, qu'il me semble qu'il n'y a pas lieu de douter que ce ne soient des potences ou liens ; car il est dit qu'elles vont se rendre des angles des murs aux angles que les poutres forment ; ce qui ne peut être dit ni des coyaux d'Hermolaüs, ni des solives de Philander, ni des poutres de Baldus.

Colliciæ. Les charpentiers appellent *coyers* les chevrons qui sont en diagonale et qui soutiennent les noues. Il est évident, ce me semble, que ce que Vitruve appelle ici *colliquias* ne saurait être autre chose, parce qu'il est dit qu'elles vont aux angles que font les poutres, de même que les *interpensiva*. De plus, *colliquia* sont dites *quasi simul liquorem fundentes*, qui est ce que font les angles des noues où l'eau s'assemble, de même que *deliquiæ* sont dites *quasi in diversas partes liquorem fundentes*, qui est ce que font les angles ou des faîtières du comble, ou des arêtiers des croupes, qui, au lieu d'amasser l'eau comme les noues, la font couler deçà et delà.

Compluvium. Il est certain que *compluvium* est un lieu qui reçoit et amasse les eaux de la pluie, selon l'explication de Festus. Mais les interprètes de Vitruve ne s'accordent point sur la signification que ce mot doit avoir ici. Barbaro entend que *medium compluvium*, ainsi qu'il a été dit, est un réservoir placé sur le plancher qui couvre le *cavædium*. Cisaranus croit que c'est un cloaque ou une citerne qui est sous la cour, dans laquelle l'eau qui tombe des toits sur le pavé s'écoule par un trou qui est au milieu de la cour. Mais ce *medium compluvium*, de la manière dont Vitruve en parle, peut être pris avec plus de vraisemblance pour un chéneau, qui, étant à l'extrémité des toits, fait un carré composé de quatre canaux ; de sorte que ce carré de quatre chéneaux, dans lequel toute l'eau de la pluie qui tombe sur les toits est reçue, peut être appelé *medium compluvium*. De plus, Vitruve, parlant des toits de la cour découverte, dit que leurs *compluvia* étant élevés sur les murs, ne dérobent point le jour des fenêtres comme ceux des autres cours qui ont des auvents, sur l'extrémité desquels les *compluvia* sont placés. La difficulté qui reste est sur ce qu'il n'est point dit ici par où l'eau qui est amassée dans les chéneaux tombe à bas. Il y a apparence que dans les encoignures au droit de chaque colonne il y avait une gouttière qui jetait l'eau dans la cour, suivant la règle que Vitruve a établie ci-devant, qui est de percer les têtes de lion, qui sont dans la corniche, au droit des colonnes, si ce n'est qu'on veuille percer les colonnes par le milieu de haut en bas pour recevoir une descente de plomb, qui conduise l'eau sous terre dans un cloaque.

Cette manière d'enfermer les descentes dans le bâtiment se pratique depuis peu à tous les grands édifices que le roi fait bâtir ; car, à l'arc de triomphe qui se bâtit hors la porte Saint-Antoine, les eaux descendent au travers du noyau des escaliers, ces noyaux ayant six pieds de diamètre. Au Louvre et à l'Observatoire, on a pratiqué des vides de quatre à cinq pieds de large dans l'épaisseur des murs. Au milieu de ce vide, la descente est soutenue par des barres de fer qui forment un escalier dont elle fait le noyau, afin que s'il suinte quelque humidité par la descente, elle ne mouille point les murs, et que par cet escalier de fer on puisse visiter et refaire ce qui manque à la descente.

Par ce moyen on évite deux inconvénients qui autrement se rencontrent aux grands édifices ; car l'eau qui tombe des gouttières en grande abondance et de fort haut, étant poussée par le vent, apporte beaucoup d'incommodité ; ou si elle est enfermée dans les descentes à l'ordinaire, elle cause une grande difformité, en coupant les corniches, les imposes, et tous les ornements qui servent de ceinture aux bâtiments.

Trabes..... circa columnas componuntur. Le texte n'a point ici de sens, si on n'y change quelque chose. J'ai cru qu'il fallait lire *supra columnas imponuntur*. Au reste, ma pensée est, ainsi que j'ai déjà dit, que la structure des cours des anciens, telle que Vitruve la décrit, a donné sujet à la manière que les modernes pratiquent, qui est de faire un grand ordre comprenant plusieurs étages : car il ne se trouve point qu'autre part qu'aux bâtiments de ces cours, les anciens aient jamais manqué de donner à chaque étage son ordre à part. Toute la difficulté est que Vitruve ne dit point expressément que les bâtiments de la cour corinthienne ni ceux de la tétrastyle, qui sont les seuls ornés de colonnes, eussent plusieurs étages ; mais il n'y a nul sujet d'en douter, puisque ceux de la cour voûtée, du second étage desquels il est parlé, ne sont point dits avoir ce second étage comme une chose qui leur fût particulière ; et il est raisonnable de présumer que les logements des anciens ayant ordinairement plusieurs étages, ils n'étaient pas réduits à un seul en manière d'une petite cabane, lorsqu'ils étaient ornés de colonnes. Ce sujet est encore traité dans les notes sur le chapitre qui suit.

Tetrastyla sunt.. ab interpensivis onerantur. Cet endroit est obscur et corrompu : pour lui donner quelque sens, j'ai été contraint d'ajouter les mots *parietibus et hi*, qui semblent manquer au texte. Je lis donc *tetrastyla sunt, quæ subjectis sub trabibus angularibus columnis, et utilitatem trabibus, et (parietibus) firmitatem præstant, quod neque ipsæ magnum impetum coguntur habere, neque (hi) ab interpensivis onerantur.* Ce qui est dit pour distinguer les cours tétrastyles des toscanes, où les potences qui soutenaient les poutres portaient sur les murs.

Quod neque ipsæ magnum impetum coguntur habere. La manière corinthienne, où il y avait plusieurs colonnes sous chaque poutre, était pour les grandes cours ; la tétrastyle était pour les plus petites, dans lesquelles les poutres n'avaient pas *magnum impetum. Impetus*, ainsi que Turnèbe le remarque, signifie *souvent grandeur, étendue*, ainsi qu'il se voit dans Lucrèce, qui dit :

Quantum cœli tangit impetus ingens.

On pourrait néanmoins interpréter *impetus* la poussée ou *la charge*, et entendre que *quod neque ipsæ magnum impetum coguntur habere*, signifie que lorsqu'il n'y a pas beaucoup de charge à porter, quatre colonnes peuvent suffire ; et tout de même lorsqu'il est dit à la fin du chapitre, que les cours voûtées peuvent être faites *ubi non sunt impetus magni*, cela signifie que lorsqu'on ne craint point la trop grande poussée ou le trop grand ébranlement qui peut venir de plusieurs causes différentes, on peut faire des cours voûtées.

Displuviata. Les interprètes attribuent l'épithète *displuviatum* à *tectum*, et ils disent que *tectum displuviatum* est celui qui rejette la pluie des deux côtés ; mais il est plus vraisemblable que *displuviatum* appartient ici à *cavædium* et non pas à *tectum*, et que *locus displuviatus* signifie un lieu où il pleut. La difficulté qui pourrait y avoir serait sur ce que nous prétendons que les cinq espèces de cours sont découvertes, et qu'il s'ensuivrait de là qu'être découverte ne serait point une espèce de cour ; mais la réponse est aisée, en disant que celle des cours qui n'a point d'auvents qui la couvrent tout alentour est absolument découverte, et que celles qui ont des auvents ne sont découvertes qu'en partie, savoir, par le milieu.

Deliciæ arcam sustinentes. Ce que Vitruve appelle *deliquiæ*, et que j'interprète les coyaux, sont de petits bouts de chevrons qui conduisent la couverture jusqu'à l'extrémité de l'entablement. Il y a grande apparence que Vitruve veut qu'on entende qu'ici, au lieu de la couverture, ces coyaux soutiennent le chéneau qui est posé directement sur le mur, et qui n'est pas avancé jusqu'à l'extrémité des quatre auvents, comme dans les autres cours. Philander dit qu'il y a des exemplaires qui ont *aquam* au lieu d'*arcam* ; mais quand on laisserait *arcam*, on peut dire qu'un chéneau peut être pris pour un coffre long et étroit.

Stillicidia rejiciunt. Le mot *stillicidium*, qui signifie proprement la chute de l'eau qui dégoutte, n'est point entendu ainsi par Vitruve quand il fait connaître qu'il entend par *stillicidium* la pente du toit qui est favorable à l'écoulement des eaux. Au premier chapitre du deuxième livre, il appelle les toits des cabanes des premiers hommes *stillicidia*; et au septième chapitre du quatrième livre, parlant de la forme que doit avoir le toit dans l'ordre toscan, il dit que *stillicidium tecti tertiario respondere debet.* Pline aussi appelle *stillicidia* l'épaisseur du feuillage des arbres quand elle est capable de mettre à couvert de la pluie ; de sorte que, supposé que *stillicidia* signifie des auvents, on peut croire que *deliquiæ stillicidia rejiciunt* signifie *les coyaux rejettent et ne souffrent point d'auvents*, c'est-à-dire, *ne forment point d'auvents.*

Supra spatiosæ redduntur habitationes. Cela est aisé à entendre, parce que ces voûtes soutiennent la saillie que le second étage fait sur la cour, ce qui augmente cet appartement. J'ai encore interprété *ubi non sunt impetus magni*, selon la remarque de Turnèbe, qui explique *impetus* grandeur, étendue, comme je viens de dire.

Atriorum vero longitudines.... tribus generibus formantur. Entre les noms synonymes dont les anciens appelaient les grandes pièces qui étaient à l'entrée de leurs maisons, comme *vestibulum, atrium, cavædium, fauces*, j'ai choisi celui qui est en usage en français, qui est *vestibule*, que j'ai pris pour traduire le mot *atrium*, dont Vitruve se sert ici ; car notre mot de *vestibule* signifie quelque autre chose que le *vestibulum* des Latins, et je crois que nos vestibules sont proprement ce qu'était l'*atrium* que Vitruve décrit ici.

Aulu-Gelle dit que plusieurs personnes doctes de son temps estimaient que *atrium* et *vestibulum* étaient la même chose ; que néanmoins Cæcilius Gallus, qui a écrit *De significatione verborum*, enseigne que *vestibulum* n'était point une partie de la maison, mais seulement une place devant la maison, à l'endroit de la grande porte où la maison, se retirant en dedans, laissait un carré vide. Cicéron, dans une lettre à Atticus, semble faire entendre que cela était ainsi, lorsqu'il dit que, passant par la rue Sacrée, il fut poursuivi par des assassins envoyés par P. Clodius, et que pour s'en défendre il se rangea, *secessit in vestibulum M. Tertii Domionis*, afin que ses amis qui l'accompagnaient pussent empêcher cette troupe de gens armés de se jeter sur lui. L. B. Alberti croit que cette place qu'Aulu-Gelle prend pour le *vestibulum* des anciens, et qu'il appelle *sinum*, était leur *atrium*; mais je crois qu'il se trompe. Scamozzi brouille encore davantage tout cela, car il ne distingue point les *atrium* de Vitruve de ses *cavædium*; en sorte qu'il attribue au *cavædium* les proportions qui sont ici données à l'*atrium*, sans dire sur quoi il se fonde.

Dans cette grande ignorance où nous sommes de toutes ces choses, et de laquelle nous ne pouvons espérer de sortir, puisqu'Aulu-Gelle, Servius et les autres anciens grammairiens n'ont pu s'en défendre, quoique ce fussent des auteurs latins et fort proches du temps où ces choses étaient familières et usitées, j'ai cru pouvoir hasarder le mot de vestibule pour signifier celui d'*atrium*, en avertissant que je n'entends pas précisément par *vestibule* ce que les anciens entendaient par *vestibulum*, mais seulement ce qu'il signifie en notre langue.

Lacunariorum et arcæ supra trabes. J'interprète *des cavités qui le font élever au-dessus des poutres*, le mot d'*arca*, qui en cet endroit est synonyme avec *lacunar* ; car en effet les cavités et les enfoncements qui sont dans les plafonds des planchers représentent aussi bien des coffres que des lacs.

Ex tertia parte ejus constituatur. Il est aisé à entendre que cette troisième partie de la longueur du vestibule qui est attribuée à la largeur des ailes, est pour les deux ailes, de manière que chaque aile n'a que la sixième partie de la longueur du vestibule, et que la même chose doit être entendue de la proportion des autres vestibules, savoir, que la largeur que le texte attribue aux ailes doit être entendue des deux ailes prises ensemble.

Trabes earum liminares. Je traduis *trabes liminares les architraves*, parce que les Latins entendent généralement par *limen* tout ce qui est posé en travers, en étant dérivé du verbe *limo*, c'est-à-dire, *obliquo.* Mais *limen* signifie plus particulièrement ce qui traverse ou le haut ou le bas des portes ; car on dit *superum limen et inferum limen* ce que nous appelons le *seuil* et le *linteau*; et il paraît que les Latins ne faisaient pas cette distinction comme nous, par ce qui est dit à la fin du neuvième chapitre de ce livre, où Vitruve parle du jour qui est empêché par le *limen* des fenêtres, c'est-à-dire par leur linteau. Il faut donc entendre par *trabes liminares alarum*, les architraves soutenus par les colonnes qui étaient aux côtés des vestibules, et qui en faisaient les ailes.

Tablino... reliquum tribuatur. Le mot *tablinum* m'a semblé devoir être interprété *cabinet*, parce que *cabinet* comprend en général toutes les différentes significations que les auteurs donnent à *tablinum*; car les uns disent que c'est un lieu destiné à serrer des papiers ou titres que les Latins appelaient *tabulas*; les autres, que c'est simplement un lieu lambrissé de menuiserie et de planches, qu'ils appelaient aussi *tabulas*; les autres le prennent pour une salle. Mais le *tablinum*, à qui Vitruve ne donne quelquefois que 13 pieds, serait bien petit pour une salle. On aurait pu l'appeler le *trésor*, suivant l'usage de quelques vieux châteaux de France, où on appelle ainsi le lieu où l'on serre les titres de la terre : mais le mot de trésor en cette signification est trop peu connu, et ne serait pas commun, comme celui de cabinet, aux deux usages qu'on lui attribue, qui est de serrer des tableaux ou des papiers.

Itaque generatim magnitudinum rationes exquisitas et utilitati et aspectui conscribendas putavi. Cet avertissement peut donner lieu à une maxime qui me semble bien considérable dans l'architecture, qui est que l'usage auquel chaque chose est destinée selon sa nature doit être une des principales raisons sur lesquelles la beauté de l'édifice doit être fondée; en sorte que la hauteur et la grandeur de l'ordre, qui, en général, fait la beauté et la majesté d'un grand édifice, doit être réputée vicieuse si elle n'a quelque usage partout, comme elle en a toujours naturellement dans les temples, les théâtres, les portiques, les péristyles, les grands escaliers, les salons, les vestibules et les chapelles des palais, qui sont des parties dont l'usage demande ou du moins souffre un aussi grand exhaussement que l'on veut. Cette règle néanmoins est négligée par les architectes modernes, qui, pour donner de grands ordres à des bâtiments qui, de leur nature, ne souffrent pas un grand exhaussement, comme ceux qui n'ont pour l'habitation, qui ne passent point 28 ou 30 pieds, se sont avisés d'enfermer deux et trois étages dans un même ordre; ce qui, à mon sens, a quelque chose de chétif et de pauvre, comme représentant quelque grand palais demi-ruiné et abandonné, dans lequel des particuliers se seraient voulu loger, et qui, trouvant que de grands appartements et beaucoup exhaussés ne leur sont pas commodes, ou qui, voulant ménager la place, y auraient fait faire des entresols. Ce n'est pas que cela ne puisse être permis quelquefois dans les grands palais; mais il faut que l'architecte ait l'adresse de trouver un prétexte à ce grand ordre, et qu'il paraisse qu'il y a été obligé par la symétrie qui demande qu'un grand ordre, qui est nécessaire à quelque partie considérable de l'édifice, soit continué et règne tout alentour.

Cela a été pratiqué avec beaucoup de jugement en plusieurs édifices, mais principalement dans le palais du Louvre, lequel étant bâti sur le bord d'un grand fleuve, qui donne un espace et un éloignement fort vaste à son aspect, avait besoin, pour ne pas paraître chétif, d'avoir un grand ordre. Celui qu'on lui a donné, qui comprend deux étages et qui est posé sur l'étage d'en bas, qui lui sert comme de piédestal, et qui est proprement le rempart du château, est ainsi exhaussé à cause de deux grands et magnifiques portiques qui règnent le long de la principale face à l'entrée du palais, et qui, étant comme pour servir de vestibule à tous les appartements du premier étage, demandait cette grandeur et cette hauteur extraordinaire que l'on a donnée à son ordre, qu'il a fallu poursuivre et faire régner ensuite tout autour du reste de l'édifice : ce qui autorise ou du moins excuse l'incongruité que l'on aurait pu objecter à l'architecte, s'il avait fait sans nécessité une chose qui de soi est sans raison, savoir, de ne donner pas à chaque étage, qui est proprement un bâtiment séparé, son ordre propre et séparé, et de faire servir une même colonne à porter deux planchers, supposant qu'elle en soutient un par manière de dire sur sa tête, et un autre comme pendu à sa ceinture. Car la longueur de l'aspect ne peut être toute seule une raison suffisante d'élever un bâtiment qui, de sa nature, doit être bas, non plus que la grandeur d'un théâtre n'oblige point à faire ses degrés et ses balustrades et appuis avec plus de hauteur, comme Vitruve remarque au septième chapitre du cinquième livre.

Lacunaria ejus tertia latitudinis ad latitudinem adjecta extollantur. J'ai cru qu'il fallait corriger le texte, à cause du peu d'apparence qu'il y a que Vitruve donne à l'enfoncement des plafonds une profondeur plus d'une fois plus grande qu'elle ne doit être : car cet enfoncement ne doit comprendre guère plus que la hauteur de l'architrave et de la frise, qui ne va ordinairement qu'à la septième partie de la colonne; joint qu'il est fort vraisemblable que le copiste a pris le nombre VI pour trois, parce que ce nombre, selon la manière de l'ancienne écriture, qui se voit dans les médailles, étant mal formé ainsi \II, il a été pris pour le nombre III.

Imagines. Quoique statue ou figure soit le mot français qui signifie ordinairement le latin *imago*, j'ai cru qu'en cet endroit il n'aurait pas assez signifié, parce que, parmi les anciens, *imagines in atriis* n'étaient pas les statues que nous mettons dans nos vestibules, mais des images de cire qui représentaient les ancêtres du maître de la maison. Je crois que *les ornements des images* se doivent entendre des piédestaux qui les soutiennent; de même que l'architrave, frise et corniche qui sont posés sur les colonnes sont appelés les ornements de la colonne, l'un étant dit aussi improprement que l'autre; car il n'y a, ce me semble, point de raison de donner de nom d'ornement à des choses qui sont aussi nécessaires et aussi essentielles que des architraves, des corniches et des piédestaux; les colonnes et les statues étant ordinairement des parties qui peuvent plutôt passer pour des ornements que pour des choses dont les édifices ne se peuvent passer.

Tricliniorum. Servius croit que *triclinium* n'était point la salle où on mangeait, mais la table avec ses trois lits. Vitruve dit aussi la même chose au dixième chapitre de ce livre, où, parlant des grandes salles à manger des Grecs, il ne les appelle point *triclinia*, mais *œcos*, c'est-à-dire des maisons, à cause de leur grandeur : car il dit qu'elles étaient si grandes qu'elles pouvaient contenir *quatuor triclinia*. Néanmoins on ne peut pas douter que Vitruve n'ait entendu ici par *triclinium* la salle où on dressait une table à trois lits, cette table en ayant un à chacun de trois de ses côtés, le quatrième étant sans lit pour le service.

Longitudinis et latitudinis mensura componatur. Cette règle générale a bien de la peine à subsister dans les grandes pièces comme sont les salles et les galeries : car une salle de 12 toises sur 6, qui fait 18 toises, en aurait 9 de haut; et la galerie des Tuileries, qui a 24½ toises sur 5, en devrait avoir 12¼ de haut. La règle qui est mise au chapitre suivant pour la hauteur des pièces qui ont une grande longueur, est plus sûre, qui est de prendre pour la hauteur la largeur et demie. Dans nos bâtiments faits pour l'habitation, et qui ne sont point des lieux à recevoir de grandes assemblées, comme les églises, où il fait un exhaussement extraordinaire, à cause de la chaleur et de l'étouffement que causent les vapeurs d'une grande multitude de monde, il ne se trouve point que la hauteur surpasse la largeur, laquelle au contraire est ordinairement plus grande que la hauteur ; car une salle de 20 pieds de large a son plancher assez haut quand il en a 12 ou 13. Celles du Louvre n'ont pas 24 pieds de haut, quoiqu'elles en aient plus de 30 de large.

Œci. Le mot *œcos*, qui signifie maison, m'a fait ajouter le mot de grand à celui de salle, que j'ai pris de L. B. Alberti et de Palladio, qui interprètent *œcos*, *salas*. La vérité est que *œci*, chez les anciens, étaient proprement les salles à manger : mais il y a lieu de croire que Vitruve a pu se servir de ce mot pour distinguer les grandes salles qui étaient pour d'autres usages d'avec les salles à manger, vu qu'il en a déjà parlé, et qu'il les a appelées *triclinia*.

Exedræ. L'explication du mot *exedra* étant dans le onzième chapitre du cinquième livre, où il est dit que c'est un lieu rempli de sièges pour ceux qui s'assemblent à dessein de conférer des sciences, j'ai cru que je pouvais ici suppléer ce que Vitruve y a ajouté en ce lieu-là, et les appeler des *cabinets de conversation*, parce qu'il s'agit ici des maisons des particuliers et non pas des académies des gens de lettres, et cette explication étant conforme à celle que Cicéron donne à *exedra*, qu'il appelle *cellam ad colloquendum*.

Supraque habent epistylia et coronas. Vitruve joint ici l'architrave à la corniche, sans parler de frise. Il y a apparence que ce qu'on appelle corniche architravée a tiré son origine de cet endroit. On en voit d'ailleurs des exemples dans l'antique aux plafonds des portiques, où les architraves sont en dedans de même qu'en dehors, ayant une petite corniche et une frise encore plus petite, qui toutes deux ensemble n'occupent que l'épaisseur de la frise de dehors.

Lacunaria ad circinum delumbata. Le mot *delumbatum*, qui en français pourrait être traduit, à la lettre, *éréné* ou *éreinté*, c'est-à-dire dont les reins sont affaiblis, a été interprété voûte surbaissée, parce que ces sortes de voûtes sont plus faibles que les autres. Si le mot *éreinté* était en usage, il serait d'autant plus significatif qu'on est déjà accoutumé à la métaphore des reins en fait de voûte, dont les parties qui s'élèvent et qui posent sur les impostes sont vulgairement appelées *les reins*.

Et ab epistylis ad parietes. Vitruve met ici les planchers immédiatement sur les architraves, sans mettre la petite corniche et la petite frise dont il vient d'être parlé, et que l'on met au dedans des portiques. Cela a aussi quelques exemples dans l'antique ; mais ils sont plus rares que de l'autre manière, qui a été depuis peu pratiquée aux grands portiques qui sont à la face du Louvre, où on n'a fait entrer dans les portiques, qui sont voûtés de pierre à *cintre droit*, que l'architrave seulement, afin de diminuer la grande charge des plates-bandes qui vont des colonnes au mur du portique, qui sont de près de douze pieds, et afin que les plafonds ne fussent point si enfoncés, les architraves seuls ayant trois pieds d'épaisseur.

Deinde supra epistylium ad perpendiculum inferiorum columnarum imponendæ sunt minores. Cette manière de supprimer la frise et la corniche dans les dedans a déjà été enseignée au premier chapitre du cinquième livre, dans la description de la basilique de Fano ; et bien que l'on n'en voie que fort peu d'exemples, on peut dire néanmoins qu'elle est appuyée sur la raison qui veut que les ornements d'architecture soient fondés sur quelque usage. Or, l'usage des corniches étant de défendre les murs et les colonnes des injures du temps, il est certain qu'elles sont inutiles aux lieux qui sont couverts, et qu'elles ne font que dérober le jour des fenêtres qui sont au-dessus. Il y a un exemple de cette suppression d'ornements au superbe édifice des Tutèles à Bordeaux, que l'on tient avoir été bâti peu de temps après Auguste ; car les colonnes ne soutiennent qu'un architrave sur lequel, au lieu du second ordre de colonnes, il y a des cariatides.

On ne sait point certainement ni quand ni par qui cet édifice a été construit : il y a seulement quelques conjectures qui peuvent faire croire qu'il est du temps de l'empereur Claudius ; et la principale est fondée sur ce qu'en fouillant, il y a environ soixante-dix ans, on a trouvé trois statues antiques, qu'on croit être de l'empereur Claudius, de Drusus son père, et de Messaline sa femme ; car on a trouvé avec ces statues des fragments de marbre gravés d'inscriptions qui font voir assez clairement que deux de ces statues étaient, l'une de Drusus, et l'autre de l'empereur Claudius. L'inscription pour la statue de Drusus est : Druso Cæsari patri Germanici Cæsaris et Claudii Augusti nepotum divi Augusti præfecto urbis Augustali. Celle de la statue de Claudius est : Tiberio Claudio Drusi filio Cæsari Augusto pontifici maximo consuli secundum patri patriæ Caius Julius. Ce qui fait croire que la troisième statue, qui n'a point de tête, est de Messaline, est que C. Julius, surnommé Vindex, qui avait fait ériger ces statues et construire les anciens édifices de Bordeaux, gouverna les Gaules au commencement de l'empire de Claudius, auquel temps Messaline avait toute la puissance et tout le gouvernement entre les mains ; car il y a apparence que Vindex ayant fait bâtir quelque bel édifice, comme les Romains faisaient ordinairement dans leurs provinces, soit de temples, soit de bains, soit de théâtres, il fit mettre les statues de ces princes avec celle de Messaline. Ces trois statues avec les inscriptions sont dans la cour de l'hôtel de ville de Bordeaux.

Cet édifice était au penchant d'une colline sur laquelle est située la partie de la ville de Bordeaux qui descend vers la Garonne, où est le port. Il était bâti de grandes pierres aussi dures et aussi blanches qu'est notre liais. Sa figure était un carré oblong de 15 toises de long sur 11 de large et sur 22 pieds de haut, sur lequel 24 colonnes étaient posées : 8 aux grandes faces, et 6 aux petites. Ce carré, qui était comme une base ou stylobate continu, était presque tout solide de maçonnerie, revêtu en dehors de grandes pierres taillées, et rempli par dedans de moellons jetés à l'aventure dans du mortier ; n'y ayant de vide que pour une cave qui était au bas, dont la voûte ou plancher n'avait pas plus de 9 pieds de haut. Ce plancher était tout droit et tout plat, et n'était point soutenu par la coupe des pierres, mais par l'épaisseur du massif, qui avait plus de douze pieds, étant selon la manière dont les anciens faisaient leurs planchers, qui avaient ordinairement, sans compter les poutres et les solives, plus de 2 pieds d'épaisseur, ainsi que Vitruve l'enseigne au premier chapitre du septième livre. Ce plancher par-dessous était fait comme le ciel d'une carrière ; et il paraissait que les murs d'alentour ayant été bâtis, on avait laissé la terre en dedans à la hauteur que devait avoir le plancher, et que sur cette terre on avait jeté le mortier et les pierres, dont on avait rempli le reste jusqu'en haut, et que le massif étant sec, on avait ôté la terre de dessous. Cette sorte de plancher, de même que les autres que Vitruve décrit, était faite d'une matière coulante que l'on jetait comme en moule.

Ce stylobate continu était double, y en ayant un posé sur un autre ; et il y a lieu de croire que celui de dessous était pour gagner la hauteur de la pente de la colline, et que le second commençait au droit du rez-de-chaussée de l'entrée ; de manière qu'on montait sur l'aire, où les colonnes étaient placées, par un perron de 21 marches.

Les colonnes avaient quatre pieds et demi de diamètre, et n'étaient distinctes l'une de l'autre que de sept pieds, ce qui faisait que leur disposition approchait du genre pycnostyle. Elles étaient cannelées et composées de plusieurs assises ou tambours de deux pieds de hauteur; ces tambours, de même que tout le reste des pierres taillées, étaient posés sans mortier et sans plomb; en sorte que les joints étaient presque imperceptibles. La plupart des bases n'étaient que commencées à tailler. Les cannelures sous l'astragale du haut de la colonne n'étaient point en manière de niche, comme elles sont ordinairement; mais elles avaient une figure toute contraire. Les chapiteaux étaient selon la proportion que Vitruve enseigne, n'ayant pas plus de hauteur que le diamètre du bas de la colonne; ils étaient aussi, selon Vitruve, taillés à feuilles d'acanthe. L'architrave était composé d'un sommier posé sur chaque colonne, et d'un claveau au milieu, appuyé sur deux sommiers. Cet architrave faisait un ressaut d'environ six pouces au droit de chaque colonne, pour soutenir des cariatides en bas-relief de dix pieds de hauteur, adossées contre les pieds-droits des arcades qui étaient au-dessus de l'architrave, à la place de la frise. Les cariatides avaient la tête sous les impostes des arcades; et au droit de chaque cariatide, au-dessus de l'imposte, il y avait un vase dont le pied était en pointe, à la manière des urnes où les anciens mettaient les cendres des morts.

Ces arcades soutenaient un autre architrave pareil au premier, au-dessus duquel il n'y avait rien. Le dedans, de même que le dehors, était garni de cariatides qui étaient au nombre de 44, parce qu'il ne pouvait y en avoir en dedans, au droit des colonnes des angles.

De vingt-quatre colonnes de cet édifice, il n'en restait que dix-sept; et il paraît, par la figure d'Hélias Vinetus, que de son temps, il y a environ six vingts ans, il y en avait encore dix-huit. Deux des colonnes de la face qui regardait sur le port, au droit de la citadelle, étaient fort endommagées de coups de canon qui avaient emporté en quelques endroits jusqu'au quart d'un tambour sans les avoir pu abattre : ce qui fait connaître combien le pouvoir que le temps a de ruiner insensiblement les choses, a plus de force pour les détruire que n'en ont les autres forces qui, pour le même effet, agissent avec violence.

Eci, quos Græci Κυζικηνούς *appellant*. La ville de Cyzique, qui était une île du même nom dans la mer de Propontide, était fort renommée pour la magnificence des bâtiments, qui étaient tous de marbre jusqu'aux murailles. Il y a apparence que le nom qu'on a donné aux grandes et magnifiques salles dont Vitruve parle a été pris de là.

Cum circuitionibus. J'ai usé de circonlocution pour expliquer le mot de *circuitiones*. Le texte porte que les salles à manger doivent être assez grandes pour avoir *duo triclinia cum circuitionibus*. Je traduis *deux tables à trois lits*, *avec la place qui leur est nécessaire tout alentour pour le service*. Cette explication est prise du dixième chapitre de ce livre, où Vitruve parle encore de ces salles à manger; il en fait concevoir la grandeur par le nombre des tables à trois lits qu'elles pouvaient contenir, outre la place qu'il fallait pour le service qu'il appelle *ministrantium locum*. J. Martin explique *circuitiones*, *leurs promenoirs environ*, et il croit que *triclinia* étaient des salles à manger qui faisaient une partie de l'édifice qui est appelé *œcos*; mais la manière dont Vitruve s'en explique au dixième chapitre fait voir qu'en cet endroit *triclinia* étaient les tables à trois lits sur lesquels on se couchait pour manger.

Lumina fenestrarum valvata. J'ai cru que ces mots ne signifiaient pas, comme les interprètes ont cru, *des fenêtres doubles*, mais *des fenêtres qui*, *n'ayant point d'appui*, *s'ouvrent jusqu'en bas comme des portes*, et de la manière que le roi les a fait faire à Versailles, dans tous les appartements qui, comme les interprètes ont cru, n'ont vue que sur les jardins de cette maison enchantée; car il n'y aurait pas de sens à dire que les fenêtres des lieux où l'on mange doivent être doubles, afin que ceux qui sont à table, c'est-à-dire qui sont éloi-gnés des fenêtres, puissent voir dans les jardins, parce que, supposé qu'on entende par des fenêtres doubles des fenêtres larges, elles ne sauraient faire autre chose que de découvrir à ceux qui en sont éloignés une plus grande partie du ciel : au lieu que lorsqu'elles sont ouvertes jusqu'en bas, on découvre non-seulement la campagne, qui est éloignée, mais même les lieux plus proches, tels que sont les jardins. Pline, dans la description qu'il fait de sa maison des champs, parlant d'une chambre qui avait vue sur la mer de trois côtés, dit que *undique valvas aut fenestras non minores valvis habet*; et il semble que par *valvas aut fenestras* il veut faire entendre qu'on ne saurait dire si ce sont des portes ou des fenêtres : c'est pourquoi on les appelle communément en français des portes-fenêtres.

De tectis. J'ai suivi la correction de Philander, qui croit qu'il faut lire *de tectis*, au lieu de *de tectis*, qui se trouve dans tous les exemplaires.

Ch. IV (ou VII). *Ideo quod vespertino lumine opus est uti*. Il semble que Vitruve veuille dire que les lieux à manger ne servaient que le soir : et cela confirme l'opinion que l'on a que les anciens ne mangeaient guère que le soir, et que s'ils dînaient, ce n'était que fort légèrement. Hippocrate parle de manger deux fois le jour, comme d'une chose qui n'était pas ordinaire. Celse dit que ceux qui dînent doivent se contenter de peu de chose, sans manger de chair et même sans boire, si c'est en hiver ; et je crois que le mot dont les Grecs et les Romains appelaient le repas du soir signifiait un repas commun, c'est-à-dire que plusieurs personnes font ensemble, parce que chacun faisait son dîner en particulier, et comme en passant.

Triclinia verna et autumnalia ad orientem prætenta luminibus; tum enim adversus solis impetus progrediens ad occidentem efficit, etc. Cet endroit est obscur et difficile, parce qu'on ne lui saurait donner de construction. Il y a : *cum enim prætenta luminibus, adversus solis impetus progrediens ad occidentem*. J'ai tâché de trouver de la construction en lisant *adversa* au lieu d'*adversus*; et présupposant que *cum* est une préposition et non pas un adverbe, ainsi qu'il semblerait être à cause d'*enim* qui le suit, je lis donc : *cum enim prætenta*, c'est-à-dire *cum prætenta enim*, ou *nam cum prætenta luminibus adversa*, *solis impetus progrediens ad occidentem* : ce qui signifie : *car le soleil passant vers le couchant avec un rideau ou contrevent qui lui est opposé*, c'est-à-dire *pendant qu'un rideau ou contrevent lui est opposé*; car *prætenta* ou *prætentura*, qui est dit *a prætendendo*, signifie tout ce que l'on oppose et que l'on met devant pour se couvrir. Les historiens se servent de ce mot pour signifier les retranchements et les épaulements que l'on oppose aux ennemis. Amm. Marcellin en use souvent en cette signification : *Ibique densis inter obsidentium itinera prætenturis*, etc. *Salubriter et caute castra metata*, *prætenturæ totis itineribus ordinatæ*, etc.

Plumariorum textrina. On ne sait point bien précisément ce que c'était parmi les anciens que *plumarium opus*. Quelques-uns croient que c'était un ouvrage fait avec des plumes d'oiseaux; mais il y a plus d'apparence que c'était la broderie, qui est différente de la tapisserie en ce que la broderie n'est pas une étoffe continue et tissue, mais composée de pièces rapportées, ou de fils couchés sur une étoffe ou sur une toile, de la même manière que les plumes des oiseaux le sont sur leur peau.

Propter constantiam luminis. Les lieux tournés au septentrion sont plus propres pour serrer les tableaux que les autres, dans lesquels les rayons du soleil donnent une bonne partie du jour, parce que la trop grande lumière mange les couleurs. L'inconvénient que Vitruve apporte du changement du jour ne paraît pas si important. Cependant les peintres et les curieux font un grand mystère du jour selon lequel ils veulent que les tableaux soient regardés ; mais je crois que ce mystère n'est pas bien entendu de la plupart de ceux qui en parlent ; car le jour qui donne sur un tableau lui peut être avantageux en deux manières : la première est quand la direction de la lumière qui éclaire le tableau est pareille à celle qui y est représentée, et cela est ce que tout le monde sait, et qui, à mon avis, n'est pas d'aussi grande importance qu'on le pense ; parce que, de quelque manière qu'un tableau soit illuminé, il a toujours ce qui est nécessaire, savoir, que les couleurs fassent tout l'effet qu'elles doivent faire pour le clair et pour l'obscur, principalement quand il ne s'agit pas de tromper comme dans une simple perspective ; et cette rencontre du jour extérieur et de celui du tableau n'est pas plus nécessaire que serait la rencontre de la hauteur de l'œil avec celle de la ligne horizontale du tableau, et dont les peintres ne se mettent pas beaucoup en peine, puisqu'ils placent souvent des tableaux en des endroits où cette rencontre ne saurait se faire. L'autre manière suivant laquelle le jour peut être avantageux à un tableau est de le mettre au même jour qu'il était quand il a été peint ; car quand il est vu à un autre jour, il est certain qu'il paraît tout autre, parce qu'alors on voit sur sa surface des inégalités causées par tous les différents coups de pinceau, que le peintre n'y aurait pas laissées s'il avait été à ce jour-là quand il y a travaillé, parce qu'il les aurait vues. Un pareil inconvénient se rencontre aussi dans la sculpture, et il fait une partie considérable des difficultés qui s'y rencontrent ; parce que, comme les ouvrages de sculpture peuvent être vus à des aspects et à des jours différents, il est certain que ces circonstances leur font faire des effets différents, et que si celui qui travaille n'y prend garde, ce qui sera un bon effet à certains jours et à certains aspects ne le sera pas en d'autres. C'est pourquoi les chevalets dont on se sert pour modeler se tournent sur un pivot, pour pouvoir varier les jours et les aspects ainsi qu'il est nécessaire.

Ch. V (ou VIII). *Quod hi aliis officia præstant ambiundo, quæ ab aliis ambiuntur.* Cet endroit est obscur. Le sens me semble être que les gens de médiocre condition ne reçoivent pas tant de monde chez eux que les grands, à qui ils vont faire la cour avec tout le reste du monde. J'ai cru que ce sens se trouverait dans le texte, si, au lieu de *hi aliis officia præstant ambiundo, quæ ab aliis ambiuntur*, on lisait : *hi aliis officia præstant ambiundo, neque ab aliis ambiuntur*, mettant seulement *neque* au lieu de *quæ*.

Nunc rusticorum expeditionem, etc. Tous les exemplaires commencent à cet endroit le neuvième chapitre (le sixième de cette édition), mais mal à propos, comme Philander a observé. Je m'étonne pourquoi cette remarque ayant été approuvée par tous ceux qui ont écrit sur Vitruve depuis Philander, personne n'a restitué à ce chapitre ce qui lui a été ôté sans raison, et je crois en avoir beaucoup de l'avoir fait.

Ch. VI (ou IX). *Cortes.* Le mot latin *chors* signifiait la cour des métairies seulement. M. Varro dit qu'il en faut deux dans les grandes fermes : l'une entourée de bâtiments pour loger le fermier, au milieu de laquelle il doit y avoir une mare ; l'autre pour mettre les pailles et les fumiers, qui doit être entourée d'étables et de bergeries. Il y a apparence que notre mot de cour, quoiqu'il s'étende à cette partie de toutes nos maisons qui est enfermée et découverte, de même que le *cortile* des Italiens, a pris son origine de ce mot de *chors*.

Ad focum.... spectent. J'ai cru qu'il ne pouvait y avoir de difficulté de traduire ici *focum* la cheminée, parce qu'elle s'entend de celle de la cuisine, où il est certain que les anciens avaient des cheminées : car on doute s'il y en avait dans leurs chambres, qu'on tient qu'ils échauffaient seulement ou par des conduits qui apportaient une vapeur chaude d'un feu qui était allumé sous une voûte sous terre, ou par une espèce de charbon de terre qui brûlait sans faire de fumée, et que Suétone appelle *miseni carbones*, en la Vie de Tibère. Mais on lit beaucoup de choses qui peuvent faire croire qu'ils avaient des cheminées dans leurs chambres. Il paraît dans Homère que les Grecs faisaient du feu dans leurs chambres, même en été ; car la princesse Nausica, qui s'était baignée à la rivière l'après-dînée, se fait allumer du feu dans la chambre en arrivant. Suétone dit que la chambre de Vitellius fut brûlée, le feu ayant pris à la cheminée. Horace écrit à son ami de faire bon feu dans sa cheminée, *dissolve frigus ligna super foco large reponens*. Cicéron dit la même chose à Atticus dans ses épîtres, *luculento camino utendum censeo* ; et Vitruve même, ci-après, au troisième chapitre du septième livre, parlant des corniches que l'on fait dans les chambres, avertit de les faire simples et en sculpture dans les lieux où l'on fait du feu. Néanmoins, il est croyable que si les anciens avaient des cheminées faites comme les nôtres, elles étaient fort rares ; autrement Vitruve en aurait parlé plus expressément, car leur disposition et leur situation est une chose assez considérable dans notre architecture.

Boves lumen et ignem spectando horridi non fiunt. Columelle explique cela en disant : *boves nitidiores fiunt, si focum proximum habeant, et ignis lumen intendant*.

Agricolæ regionum periti. Il y a dans la plupart des exemplaires *agricolæ regionum imperiti*. Quelques-uns ont *periti* ; cela m'a semblé être de meilleur sens.

Torcular item proximum sit culinæ. Marcus Caton dit qu'il faut que les huiles soient tenues dans un lieu le plus chaud qu'il sera possible. Columelle fait entendre qu'il doit y avoir de l'eau chaude dans les pressoirs à huile, pour laver les olives quand elles sont sales, et pour échauffer les vaisseaux où l'huile doit être gardée. Il dit néanmoins qu'il faut éloigner le feu le plus que l'on peut des pressoirs, à cause de la fumée, qui est tellement nuisible à l'huile dans le temps qu'on la fait, qu'il ne doit jamais y avoir plus d'une lampe allumée dans chaque pressoir.

Quæ cum sint cultearia. Je traduis *s'ils sont de la grande jauge* le mot de *culearia*, parce que *culeus*, qui contenait seize cents pintes qui font près de quatre de nos muids, était la plus grande mesure des choses liquides.

Horrea. Le mot de *horrea* doit, ce me semble, signifier ici *granges*, bien qu'il s'entende ordinairement des greniers à serrer le blé quand il est battu, et que le mot de grange signifie un lieu à serrer les gerbes : mais parce qu'il s'agit ici du danger du feu, il y a apparence que Vitruve a entendu par *horrea* nos granges ; car les grammairiens tiennent que *horreum* est dit *ab horrore spicarum* ; ainsi les épis ne sont qu'aux gerbes et non pas aux grains quand il est battu ; d'ailleurs le mot *horreum* s'étend encore plus loin que les greniers et que les granges, puisqu'il signifie même jusqu'aux caves et aux selliers dans Horace :

Nardi parvus onyx eliciet cadum
Qui nunc Sulpitiis accubat horreis.

Farraria. Il semblerait aussi que *farraria*, qui est dit de *far*, qui signifie le grain du blé battu, devrait être traduit *grenier à blé* ; mais parce que le blé battu n'est pas sujet à prendre feu comme la paille et le foin, j'ai cru que Vitruve avait pu prendre la licence de mettre *farraria* pour un grenier à serrer les pailles, et que, de même que *far*, qui signifie du blé battu, est dit *a faciendo*, par la même raison la paille pouvait aussi être dite *far*, parce que la même action qui sépare le grain de la paille sépare aussi la paille du grain. Le mot français de *fourre* ou *feure*, qui signifie de la paille, vient peut-être de ce mot *farraria*.

Itaque de ea re..... oportet sumere. J'ôte un point qui sépare en deux une période, et je lis *itaque de ea re sic erit experiundum ex qua parte lumen oportcat sumere*, au lieu de *itaque de ea re sic experiundum. Ex qua parte lumen oportcat sumere, linea ducatur.*

Linea tendatur ab altitudine parietis, qui videtur obstare ad eum locum. Cet endroit est difficile à entendre, parce qu'il n'est pas croyable que Vitruve ait voulu dire ce qu'il dit; savoir, que, pour voir si un mur empêche le jour, il faut tendre une corde depuis le haut du mur qui peut empêcher le jour jusqu'au lieu qui le doit recevoir : car il est évident que cela est inutile, parce que l'œil peut faire connaître ce qui en est, sans qu'il soit besoin de cette corde; de sorte qu'il semble que Vitruve a voulu dire que, pour déterminer à quelle hauteur on doit mettre le linteau d'une fenêtre ou le plancher d'un appartement, il faut tendre une corde en travers, à peu près à l'endroit où l'on se propose d'élever le linteau ou le plancher, et regarder si entre cette corde et le mur on voit un espace considérable du ciel.

Ch. VII (ou X). Θυρωρεῖον. Ce mot grec est peu usité; mais ce qu'il signifie est assez aisé à entendre, parce que le texte l'explique clairement; il vient de *thyra*, qui signifie la porte.

Duas antas..... in quibus trabes invehuntur. Je lis *invehitur*, au lieu de *invehuntur*, qui a été mis par un copiste qui ne savait pas que *trabes* se dit au singulier, et que deux piliers ou pieds-droits ne soutiennent qu'un poitrail.

Et quantum inter antas.... spatium datur introrsus. Il a fallu paraphraser cet endroit, qui même avec la paraphrase ne laisse pas d'être obscur. Pour le rendre plus clair, il n'y aurait eu qu'à dire que la pièce appelée *prostas* a en profondeur les deux tiers de l'ouverture qui est entre les deux antes. Scamozzi ne s'est point mis en peine de tout cela quand il a dessiné le *prostas* de Vitruve aux maisons des Grecs : au lieu des deux antes, dont il est parlé dans le texte, il en a mis quatre.

Apud nonnullos προστάς. Les mots de *prostas* et de *parastas* signifient la même chose, savoir, des antes, des pilastres, des pieds-droits. Il ne se trouve point qu'ils signifient un lieu et un passage ailleurs qu'en cet endroit. Il en est parlé au commencement du deuxième chapitre du quatrième livre.

Amphithalamus. Les exemplaires ont *amphithalamus*. Je lis *antithalamus*, selon la correction d'Hermolaüs. Il y a apparence que cette partie dont Vitruve parle est celle que Pline, dans ses Épîtres, appelle *procœton*, c'est-à-dire un lieu qui est devant celui où l'on couche, qui est ce que nous appelons antichambre; il est à remarquer que Pline dit, dans une de ses Épîtres, que son antichambre était jointe immédiatement à sa chambre, au lieu que nous voyons ici que l'*antithalamus* des Grecs était séparé du *thalamus* par le vestibule ou passage appelé *prostas*; et c'est peut-être par cette raison-là que Pline dit que son antichambre était jointe à sa chambre comme étant une chose qui n'était pas ordinaire.

Cellæ familiaricæ. Il n'est pas aisé de savoir certainement ce que Vitruve entend par *cellas familiaricas*. Les anciens appelaient *sellas familiares, sellas præforatas, ad excipienda alvi excrementa accommodatas*. Mais *sella*, qui signifie une selle, est autre chose que *cella*, qui est une petite chambre. Il y a néanmoins apparence que Vitruve n'a pas mis le mot de *cella* au lieu de celui de *sella* par mégarde, parce qu'il s'agit ici des pièces dont les appartements sont composés, et non pas des choses dont ils sont meublés : et on peut croire aussi qu'il a ajouté le mot *familiarica* ou *familiaris* pour désigner l'usage de cette pièce, qui était destinée pour la commodité des nécessités ordinaires. Mais il faut entendre que ce qui est ici appelé garde-robe n'était qu'un lieu pour serrer la chaise et les autres meubles nécessaires à la chambre, et non pas le lieu qui en français est appelé le *privé*, parce qu'il ne se trouve point, dans les bâtiments qui nous restent des anciens, qu'ils eussent dans leurs maisons des fosses à privés. Ce qu'ils appelaient *latrinas* étaient des lieux publics, où allaient ceux qui n'avaient pas des esclaves pour vider et pour laver leurs bassins, qui étaient aussi appelés *latrinæ a lavando*, suivant l'étymologie de M. Varro. Car Plaute parle de la servante *quæ latrinam lavat*; or, *latrina* ne peut être entendu en cet endroit de Plaute de la fosse, qui, chez les Romains, était nettoyée par des conduits souterrains dans lesquels le Tibre passait : et il est vraisemblable que Plaute s'est servi du mot de *latrina* pour dire que *sella familiaris erat veluti latrina particularis*.

Rhodiacum appellatur. On ne sait pas bien pourquoi ce portique s'appelle Rhodien, si ce n'est parce qu'étant tourné au midi, et ayant le soleil tout le long du jour, il est semblable à l'île de Rhodes, dans laquelle Pline dit que le soleil est rarement caché par des nuées.

Tricliniis quatuor stratis. Je traduis *quatre tables à trois siéges en forme de lits*, le mot *triclinium*, qui, à la lettre, ne signifie qu'un triple lit. Au cinquième chapitre de ce livre, *triclinium* est pris pour la salle où l'on mangeait, et dans laquelle étaient les tables avec leurs trois lits.

Quod in his sine interpellationibus mulierum versantur. Vitruve parle à la manière des Romains, qui n'étaient pas si galants que les Grecs; car le mot *interpellare* signifie en latin quelque chose de plus que le mot français d'interrompre, et il s'étend à tout ce qui incommode, et qui vient mal à propos empêcher de faire ce que l'on veut.

Xenia appellaverunt. Les présents qui étaient appelés *xenia* par les anciens n'étaient pas seulement donnés par les hôtes qui recevaient des étrangers chez eux, ainsi que Vitruve le dit ici; mais ils se faisaient aussi par les étrangers à ceux qui les logeaient, comme il se voit dans Homère entre Glaucus et Diomède, qui se font réciproquement des présents, que le poëte appelle *xenia*.

Inter duas aulas. Le mot latin *aula* signifie une grande salle; mais le mot grec *aulè* signifiait premièrement une cour, ainsi qu'Athénée l'explique par le témoignage d'Homère, et il dit que la cour d'une maison est appelée *aulè* à cause qu'elle est exposée au vent; en sorte que le nom *aulè* vient du mot *ao*, qui signifie souffler : qu'ensuite les palais des rois furent appelés *aulæ*, parce qu'ils avaient des cours grandes et spacieuses, et par cette raison plus exposées au vent que les cours des maisons particulières, et peut-être aussi parce que le vent y repaît les courtisans. Je crois que notre langue a suivi cette même étymologie; car nous appelons la *cour* le lieu où le roi réside avec ses princes et ses officiers : si ce n'est que l'on veuille dire qu'elle est prise du mot latin *curia*, qui, selon Festus, était dit *a cura*, comme étant le lieu où l'on traitait les affaires publiques, *locus ubi magistratus publicas curas gerebant*.

Je croirais néanmoins que *mesaulæ* pourrait être expliqué comme si ce mot était composé de *mesos* et de *aulos*, pour signifier un endroit *étroit au milieu de deux édifices*; en sorte que *aule*, dont *mesaulæ* est composé, ne signifierait point les édifices qui sont aux côtés des lieux appelés *mesaulæ*, mais l'espace long, et étroit comme une flûte, qui est au milieu de ces édifices : car *aulos* ne signifie pas seulement une flûte, mais généralement tout ce qui est long et étroit. Cette manière d'exprimer une figure longue et étroite par le mot de *flûte* est familière à notre langue.

Nostri telamones appellant. Baldus croit que le mot *telamon* vient du grec *tlemon*, qui signifie un misérable qui supporte le mal avec patience; ce qui convient assez bien à ces figures qui portent les saillies des corniches : Servius néanmoins dit que ce que les Grecs appellent *Atlas*, les Latins le nomment *Telamon*; mais il y a apparence que ce grammairien a pris cela dans Vitruve, parce qu'il ne se trouve point que les auteurs latins ont parlé de ce roi de Mauritanie, qui, pour avoir été fort adonné aux observations astronomiques, a donné lieu à la fable, l'aient appelé autrement qu'Atlas.

Ch. VIII (ou XI). *Sublisœ.* J'ai suivi la correction de Philander, qui, au lieu de *sub lysi*, lit *sua lysi*. Car bien que *lysis*, ainsi qu'il a été remarqué au deuxième chapitre du troisième livre, signifie la cymaise ou talon d'une corniche, il n'y a point d'apparence que Vitruve en entende parler, parce qu'en cet endroit-ci il ne s'agit point d'aucun membre d'architecture en particulier ; de sorte que *lysis* se doit prendre, selon sa signification grecque, à la lettre, c'est-à-dire pour la rupture d'un mur qui se fait par la séparation des pierres dont il est composé. Néanmoins les grammairiens croient que Vitruve a voulu signifier par ce mot le vide et l'ouverture d'une porte.

In frontibus. *In frontibus* est opposé à *introrsus contra terrenum*; en sorte que je crois que Vitruve entend qu'il y a des éperons aux deux faces du mur, dont les uns sont droits et parallèles, savoir, ceux qui sont en dehors et vers la terre; les autres font des angles qui sont *uti dentes serratim constructi*.

Anterides sive erismæ. Ces mots grecs que Vitruve a mis ici signifient les appuis, ils viennent du verbe *eridin*, appuyer, résister et pousser contre. Nos mots français d'éperon et arc-boutant sont métaphoriques, et désignent les deux espèces d'appuis que l'on met aux murs : car les uns, qui sont perpendiculaires au mur, sont appelés éperons, parce qu'ils sont attachés au mur de même que l'éperon l'est au talon ; les autres, nommés arcs-boutants, sont courbés, et sont de la même espèce que ceux que Vitruve dit ressembler à des dents de scie.

Eæque inter se distent tanto spatio, etc. Le texte latin est si corrompu en cet endroit, qu'il n'a point de sens, et celui qu'il semble avoir est contraire à la raison ; car il semble que ce texte veuille dire qu'il faut que les éperons soient autant distants les uns des autres que le mur qu'ils soutiennent a de hauteur ; ce qui n'est point raisonnable : car plus le mur que les éperons appuient est haut, et plus les éperons doivent être proches les uns des autres, parce que plus ce mur est haut, et plus il a besoin d'être appuyé par un grand nombre d'éperons. De sorte que j'ai cru qu'il y avait faute dans le texte par la transposition de deux lignes, et qu'au lieu de *deinde in frontibus anterides sive erismæ sint una struantur, eæque inter se distent tanto spatio, quanta altitudo substructionis erit futura, crassitudine eadem qua substructio. Procurrant autem ab imo quantum crassitudo constituta fuerit substructionis*, il faut lire, remettant ces lignes à leur place : *Deinde in frontibus anterides sive erismæ sint, una struantur, crassitudine eadem qua substructio, eæque inter se distent tanto spatio, quanto crassitudo constituta fuerit substructionis. Procurrant autem ab imo quantum altitudo substructionis est futura.* Car cette grandeur de l'empatement des éperons, qui croît à proportion que le mur qu'ils appuient est plus haut, me semble plus raisonnable que celle qui diminue leur nombre à proportion que le mur est plus haut. On pourrait dire néanmoins que la raison qui m'a porté à chercher quelque moyen de rétablir ce passage est fondée sur une opinion et une pensée qui est contraire à celle de tous les architectes, qui veulent, ainsi qu'il a été remarqué sur le cinquième chapitre du premier livre, que les empatements des murs soient proportionnés à leur largeur, et non pas à leur hauteur.

Mais je crois que ceux qui, comme moi, ignorent les raisons que l'on a d'en user ainsi, s'en tiendront à celle que j'ai alléguée d'en user autrement, qui est, ce me semble, assez évidente.

Quanta altitudo substructionis est futura. Il faut entendre que ceci est dit de la hauteur du mur qui soutient la terre aux bâtiments souterrains, ainsi que le texte l'explique ensuite.

Architectus autem simul animo constituerit.... habet definitum. Je ne sais si cet endroit de Vitruve est cause de la vanité de la plupart des architectes, qui veulent que l'on croie qu'ils n'ont que faire de modèles que pour faire comprendre à ceux pour qui ils bâtissent, et aux ouvriers, quelle est leur pensée, et non pas pour la rectifier et pour la corriger ; mais il est certain que la présomption que Vitruve veut ici qu'un architecte ait de sa capacité n'était point dans l'esprit d'un des plus célèbres architectes de notre siècle, qui, non-seulement n'était point assuré des dessins qu'il avait longtemps étudiés et médités, mais qui, après en avoir fait faire des modèles, abattait jusqu'à deux ou trois fois les bâtiments lorsqu'ils étaient achevés, pour y corriger des défauts qu'il n'avait pu prévoir auparavant.

LIVRE VII.

Reges Attalici..... bibliothecam Pergami.... instituissent. Plutarque écrit que cette bibliothèque des rois de Pergame était de deux cent mille volumes. Celle des rois d'Égypte en avait jusqu'à sept cent mille, au rapport d'Aulu-Gelle ; et Galien dit que, parmi les rois d'Égypte, la manie d'accroître le nombre des livres de leur bibliothèque était si grande, qu'ils achetaient bien cher tous ceux qu'on leur apportait, et que cela a donné occasion de supposer quantité de livres aux auteurs célèbres sous le nom desquels on faisait passer des traités qu'ils n'avaient point composés, afin de les faire valoir davantage. Galien dit cela pour faire entendre qu'il y a des livres que l'on a mis entre les œuvres d'Hippocrate, qui n'en sont pas. Cette bibliothèque fut brûlée par les Romains dans la guerre que César fit en Égypte. Aulu-Gelle dit que le feu y fut mis par mégarde et par des soldats qui n'étaient pas Romains, mais des troupes auxiliaires ; comme ayant de la peine à souffrir qu'une action si barbare puisse être reprochée à ceux de sa nation; vu que les Perses, tout barbares qu'ils sont, avaient épargné la bibliothèque d'Athènes lorsque Xerxès prit la ville et qu'il la fit brûler.

Qui citat eos, quorum responsum..... non potest coram indicari. Par cette raison, ce serait un crime digne du feu que de reprendre quelque chose dans les écrits que Zoïle a faits contre Homère, si nous les avions à présent. Cela fait voir jusqu'où a été la licence de ceux qui ont gâté cet ouvrage, lorsqu'en le transcrivant, ils y ont changé ou ajouté à beaucoup de choses à leur fantaisie.

Æschylo docente tragœdiam, scenam fecit. Il est certain qu'il y a faute dans le texte, et qu'au lieu de *tragœdiam scenam*, qui est dans presque tous les exemplaires, il faut *tragicam*, comme Barbaro a corrigé.

Uti de incerta re certæ imagines..... redderent speciem. Je crois que *de re incerta certas imagines repræsentare* veut dire ici que, bien que la raison de toutes les choses naturelles soit incertaine et presque inconnue, et particulièrement en ce qui regarde la manière dont la représentation des objets se fait dans notre œil, on ne laisse pas d'avoir des règles si certaines, qu'on ne manque jamais à représenter dans les fictions de la perspective les vrais et ordinaires effets que les choses mêmes ont accoutumé de produire dans l'œil.

Uti Diades. Tous les exemplaires ont *Cliades.* Il n'est pas difficile de voir que l'erreur du copiste est venue de la ressemblance qu'il y a en *cl* et *d* ; joint que le nom de Diadès est fort célèbre entre ceux qui ont écrit des machines ; il en est parlé au neuvième chapitre du dixième livre.

Nam quatuor locis..... ornatæ dispositiones, e quibus proprie de his nominationes....nominantur. J'ai lu *proprie*, et j'ai traduit : *car entre autres il y a quatre temples dans la Grèce qui sont bâtis de marbre, et enrichis de si beaux ornements qu'ils ont donné le nom à ceux dont nous nous servons.* C'est là le sens que j'ai cru que l'on pouvait tirer de ces paroles, c'est-à-dire que les choses que les architectes de ces ouvrages ont premièrement inventées pour les orner ont paru si belles à ceux qui sont venus depuis, qu'en les imitant ils leur ont donné les noms des ouvrages d'où ils les ont prises ; car nous voyons que la même chose se pratique parmi nos ouvriers, qui donnent à leurs ouvrages, par exemple le nom de la trompe d'Anet, de la vis de Saint-Gilles, et ainsi des autres pièces curieuses et hardies qui sont célèbres dans certains édifices, et à l'imitation desquelles ils travaillent.

In deorum sessimonio. Cet endroit est difficile ; le mot *sessimonium* ne se trouve point dans les auteurs latins. Les interprètes traduisent *deorum sessimonium*, les uns *les siéges des dieux*, les autres *les temples des dieux*, comme si le sens était que les anciens architectes avaient fait principalement paraître leur industrie dans les ornements qu'ils avaient faits aux piédestaux des statues de leurs dieux, ou généralement dans l'architecture de leurs temples. Le sens que je donne à *sessimonium* n'est guère pire.

Laxamentum initiantibus. Quelques interprètes, comme J. Martin, ont cru qu'il y avait faute en cet endroit, et qu'il fallait lire *aucto vestibulo laxamentum intrantibus adjicit.* Je n'ai point cru qu'il y eût rien à corriger, parce que *initiantes* peut signifier ceux qui n'étaient pas encore *initiati*, c'est-à-dire qui n'étaient pas admis aux sacrifices de Cérès, qui étaient appelés *initia*.

In Asty. Asty signifie en grec une ville. Les Athéniens appelaient leur ville simplement la *Ville* par excellence. Les Romains les ont imités en disant *Urbs*, au lieu de *Roma*.

Ch. I. *Incipiam de ruderatione.* Nous n'avons point de mot en français pour signifier celui de *ruderatio*. Nous avons seulement un verbe, qui est *hourder* ; c'est pourquoi j'ai retenu le mot latin. Rudération est une confection et application d'un mortier plus grossier et moins fin que celui qui doit faire la superficie de l'enduit : on s'en sert pour affermir le dernier enduit, et pour empêcher que l'enduit du mortier fin ne soit rendu inégal et plein de bosses par l'inégalité des pierres du mur qui doit être enduit, et aussi pour donner aux planchers une épaisseur suffisante pour soutenir le pavé. C'est pourquoi Vitruve dit que *ruderatio principia tenet expolitionum*, c'est-à-dire que sans elle les enduits ne peuvent être polis, et les planchers ne peuvent être bien unis. *Ruderatio* est dit ou *a ruderibus*, qui sont les ruines des bâtiments, ou *a rudibus et impolitis lapidibus*, ou *a rude seu vecte quo subigebatur.*

Cum statumine. Je traduis *une première couche*, le mot de *statumen*, qui signifie tout ce qui est mis dessous pour soutenir et affermir quelque chose, *id quo res stare potest*, ainsi que Hermolaüs, sur Pline, l'interprète. Quelques-uns croient que le *statumen* se faisait de la manière que nous appelons *hourder*, et que les cailloux y étaient mis tout secs, sans mortier et sans chaux. Cela semblerait raisonnable, si le texte n'y était point contraire sur la fin du chapitre, où il est dit que le *statumen* doit être fait de cailloux, de chaux et de ciment : *ruderi novo tertia pars testæ tusæ admisceatur, calcisque duæ partes. Statuminatione facta*, etc., si ce n'est qu'on veuille dire que le gros mortier mis sur les cailloux et les pierres sèches soit un *statumen* à l'égard du mortier fin qui se met le dernier, de même que les cailloux seuls et les pierres sèches le sont à l'égard du gros mortier qu'elles soutiennent dans notre manière de hourder.

Ne commisceantur axes æsculini quernis. Vitruve a voulu dire qu'il ne faut pas mêler des planches de chêne avec celles d'*esculus*, en disant qu'il ne faut pas mêler celles d'*esculus* avec celles de chêne. Il a été parlé de l'*esculus*, du *cerrus* et du *phagus*, dont il est fait mention dans ce chapitre, au second livre, chapitre IX.

Farno. Philander dit que le nom de *farnus* est demeuré en Italie à une espèce de chêne ; le dictionnaire de la Crusca n'en parle point ; mais il se trouve dans celui d'Oudin que l'arbre que les Italiens appellent *farnia* a les feuilles semblables à celles du chêne, et qu'il a le bois extrêmement dur ; ce qui ne s'accorde pas avec le texte de Vitruve, qui dit que le bois de *farnus* ne peut durer longtemps.

Et id pensum absolutum non minus crassitudine sit dodrantis. Je traduis comme s'il y avait *ut id pinsum et absolutum, non minus sit crassitudine dodrantis*, au lieu qu'il y a, *et id non minus pensum absolutum crassitudine sit dodrantis ;* ce qui n'a point de sens, à cause de la transposition des mots.

Pavimenta struantur sive sectilia. Philander entend par *pavimenta sectilia* la mosaïque, qui se fait avec de petites pièces de verre coloré et non transparent, de l'épaisseur d'une ligne et quelquefois plus, que l'on applique sur un enduit de stuc encore frais ; les arrangeant comme on fait les pavés, et puis les battant doucement pour faire entrer dans leurs jointures la partie la plus subtile du stuc. Mais je n'ai pas cru que Vitruve l'entendît ainsi, parce qu'il oppose *pavimentum sectile* à celui qui a *tesseras*, c'est-à-dire dont la figure est cubique ; et il est certain que les pièces dont la mosaïque était faite devaient être cubiques ou approchantes de la figure cubique, afin qu'elles se joignissent parfaitement l'une contre l'autre, et qu'elles pussent imiter toutes les figures et toutes les nuances de la peinture, chaque petite pièce n'ayant qu'une couleur, de même que les points de la tapisserie à l'aiguille ; mais cela n'est pas à l'ouvrage de pièces rapportées, pour lequel on choisit des pierres qui aient naturellement les nuances et les couleurs dont on a besoin ; en sorte qu'une même pierre a tout ensemble et l'ombre et le jour : ce qui fait qu'on la taille de différentes figures, suivant le dessin qu'on veut exécuter ; et c'est en cela que consiste l'essence du *pavimentum sectile*.

Ita fricentur. Avec le grès n'est pas dans le texte ; mais je l'ai ajouté pour parler à notre mode. Les anciens polissaient les planchers avec une pierre à aiguiser ; et il y a apparence qu'ils choisissaient pour cela la plus rude : or nous n'en avons point de plus rude que le grès.

In scutulis. Scutulæ sont dites de *scutum*, qui signifie un bouclier long, différent de *clypeus*, qui était un bouclier rond. Le mot de *scutula* est employé en une autre signification en plusieurs endroits du dixième livre.

Favis. J'interprète *en hexagone* le mot *favi*, qui signifie les gâteaux des mouches à miel, parce que les cellules des mouches dont ces gâteaux sont composés sont hexagones. La vérité est néanmoins que *favi* signifie une espèce d'hexagone différente de celle des carreaux dont nous nous servons, qui est l'hexagone dont les six faces sont égales ; car l'hexagone qui est semblable aux gâteaux des mouches à miel a deux de ses côtés plus grands que les quatre autres, de manière que *favus* n'est pas simplement un hexagone, mais une espèce d'hexagone.

Et supra loricæ ex calce et arena inducantur. Il n'y a, ce me semble, point d'apparence que cet endroit se doive entendre à la lettre, ainsi que Philander a pensé quand il a expliqué le mot de *lorica*, comme si Vitruve voulait dire qu'après que le pavé sera bien dressé et poli, on le couvrira d'un enduit de mortier : car cela est sans raison, puisque cet enduit couvrirait et cacherait la marqueterie et toute autre sorte de pavé, qu'il aurait été inutile de polir avec tant de soin ; de sorte qu'il est plus croyable qu'il veut que l'on passe où l'on couche de ce mortier fin et subtil sur tout l'ouvrage, pour racler ensuite tout ce qui est sur les carreaux et ne laisser que ce qui est dans les jointures, comme font ordinairement les carreleurs. La poudre de marbre qui est sassée sur tout l'ouvrage, avant que d'y mettre la couche de mortier de chaux et de sable, est, à mon avis, pour faire que ce mortier ne tienne pas aux carreaux, et qu'il s'attache seulement au mortier qui est déjà dans les joints ; parce que la poudre de marbre n'empêchera pas que le mortier mis dans les joints ne s'unisse avec celui de cette dernière couche, à cause de l'humidité qui est dans les deux mortiers qui doivent se joindre, laquelle ne se rencontre pas au carreau, qui par cette raison souffrira aisément que la couche de mortier qui est mise sur tout l'ouvrage soit séparée de la superficie quand on la raclera.

Ch. II. *De albariis operibus.* Il a déjà été dit et montré, sur le deuxième chapitre du cinquième livre, que *albarium opus* doit être le *stuc*, et non pas un simple blanchiment fait avec la peau seule, comme tous les interprètes croient. Il est dit *albarium*, à cause de sa blancheur, qui vient de la poudre de marbre dont il est composé, et qui est bien plus éclatante que la blancheur des autres enduits, qui sont faits avec le sable ou avec le ciment, qui sont appelés *tectoria opera*, c'est-à-dire enduits ; car il faut entendre que *tectorium opus* est le genre qui signifie toute sorte d'enduit, soit qu'il soit fait avec le mortier de sable ou avec celui de ciment, ou avec celui de marbre, ainsi qu'il se voit au sixième chapitre de ce livre, où le stuc ou mortier de poudre de marbre est appelé *tectorium opus* du nom général, l'*albarium opus* étant le nom d'une espèce de *tectorium opus*, savoir, de celui qui est fait avec la poudre de marbre.

Quia calculi in opere..... dissipant tectorii politiones. Il n'est pas difficile d'entendre quel est le sens du texte ; mais il a quelque chose d'obscur, peut-être parce qu'il est corrompu ; car je crois qu'il doit y avoir, *quia cum calculi in opere uno tenore non permacerantur, dissolvunt et dissipant tectorii politiones*, au lieu de *qui calculi in opere uno tenore cum permacerantur*, etc.

Nisi lacunaris ea fuerint ornata. Il a déjà été dit que *lacunar* signifie l'enfoncement qui est dans les planchers ; et bien que ces enfoncements fussent accoutumés d'être faits dans les planchers en voûte, de même qu'en ceux qui étaient plats, ainsi qu'il se voit en la voûte du Panthéon, néanmoins les anciens appelaient ordinairement *lacunaria* les planchers plats, et soutenus par des solives. Vitruve oppose ici *lacunaria* aux planchers voûtés, qu'il appelle *cameras.* Servius dit que le mot de *camera* vient de *camurus*, qui signifie courbé.

Ch. III. *Catenis dispositis.* Ce que Vitruve nomme ici *catenas* est ce que nos charpentiers appellent des liens. Ce sont des morceaux de bois qui ont un tenon à chaque bout, et qui, étant chevillés, entretiennent la charpenterie en tirant ; de même que les essellières et les jambettes entretiennent en résistant. Ils servent ici à attacher les membrures courbées aux solives du plancher ou aux chevrons du toit.

Robore. Il y a plusieurs espèces de chêne qui n'ont point d'autre nom en français que celui du genre. J'ai traduit *robur*, au neuvième chapitre du deuxième livre, *chêne*, parce qu'il ne s'agissait que du chêne en général ; mais ici, où *robur* et *quercus* sont comparés l'un avec l'autre, j'ai été contraint de les distinguer, en donnant à l'un son nom français et à l'autre celui qu'il a en latin ; car le nom de *rovre*, qui est dans l'*Histoire générale des plantes*, n'est point en usage en France. La différence qui est entre ces deux arbres, est que *quercus* ou *chêne* est plus grand, ses feuilles plus larges, ses glands plus courts, et son bois plus sujet à se gercer que celui de *robur*, qui est ferme et durable, noueux et tortu, tout l'arbre étant moins grand, les feuilles plus étroites et les glands plus longs.

Arundines græcæ. On ne trouve point, dans les auteurs qui ont écrit sur les plantes, qu'il soit fait mention d'une espèce de cannes qui soient appelées grecques. Mais il y a apparence que l'espèce dont il est ici parlé est de celle que Théophraste appelle *plocimon*, c'est-à-dire qui est si menue, qu'on la peut entrelacer et tortiller, ainsi que nous faisons la paille dont on garnit des chaises, et dont on fait de la natte.

Sin autem arundinis græcæ copia non erit..... alligationibus temperentur. Cet endroit est grandement corrompu. J'ai suivi la correction de Baldus, qui lit : *sin autem arundinis græcæ copia non erit de paludibus tenues colligantur ; et mataxatæ, tomice ad justam longitudinem una crassitudine alligationibus temperentur*, au lieu de *paludibus tenues colligantur, et mataxæ et tomice*, etc. Baldus a fait cette correction après Budée, qui croit que *mataxare* signifie amasser plusieurs choses ensemble, comme de la soie ou du fil quand on en fait des écheveaux. Il explique aussi *tomice* comme étant l'ablatif de *tomice*, *tomices*, qui vient du grec *thominx*, qui signifie une petite corde ; en sorte que le sens du texte soit ; *arundines de paludibus tenues colligantur, et mataxatæ (hoc est in fasciculos efformatæ) tomice (seu funiculo) ad justam longitudinem una crassitudine temperentur.*

Aut creta. Cette craie dont on polit les planchers est appelée par Cisaranus *creta tomentata.* C'est un mélange de craie et de bourre.

Quod carum planitiæ coronarum. J'interprète en leurs plafonds le mot *planitiæ*, qui est un mot particulier à Vitruve, qui ne peut signifier ici que le plafond ou soffite de la saillie de la corniche, ou bien tout le plafond du plancher ; mais le sens veut qu'on l'entende seulement de la corniche, et que *planitiæ* ne soit pas joint à *camerarum*, mais à *coronarum*; parce que *cameræ*, qui signifient des voûtes, n'ont rien de plat, et que le danger de tomber, dont il s'agit, n'est que pour les corniches, et non pas pour les voûtes.

Propter superbiam candoris. L'expression de Vitruve est hardie ; il appelle *superbiam* la délicatesse qui fait que la blancheur ne peut souffrir rien de ce qui peut salir, sans en être offensée. Il semble que nos maçons aient voulu imiter cette figure, quand ils ont introduit la manière d'expliquer par le mot de *fierté* la dureté importune qui fait éclater les pierres, lorsqu'elles sont posées sur quelque chose qui leur résiste avec trop de force.

Deformentur directiones. Quoique le mot *directiones* ne signifie pas proprement et particulièrement *des moulures*, mais seulement en général des choses qui sont conduites en droite ligne, et, pour parler comme nos ouvriers, qui sont poussées, on peut dire que ce qui est énoncé par ce mot n'est point autre chose que des moulures. Vitruve s'est servi de ce même mot au troisième chapitre du quatrième livre, lorsqu'il décrit les cadres qui sont dans les plafonds des corniches doriques, dans lesquels on fait des foudres, et on met dix-huit gouttes arrangées trois à trois.

Non hæreat ad rutrum. *Rutrum* est dit *ab eruendo*.

C'est la petite truelle avec laquelle on travaille au stuc.

Udo tectorio. Ce que Vitruve dit *udo tectorio*, les Italiens disent *a fresco*, c'est-à-dire le mortier étant fraîchement appliqué. Cette manière de peindre sur le mortier avant qu'il soit sec, outre l'avantage que Vitruve lui attribue, de conserver éternellement les couleurs qui lui sont incorporées, et celui dont Vitruve ne parle point et qu'il fait principalement estimer par les peintres, qui est de rendre la peinture vive sans être luisante, est encore recommandable en ce qu'elle empêche que les couleurs que l'on applique ne se sèchent trop tôt; car cela donne bien de la peine dans toutes les autres manières de peinture à détremper, dans lesquelles les couleurs changent tellement en séchant, que ce qui est brun étant fraîchement appliqué devient fort clair en séchant; ce qui fait qu'il est très-difficile de savoir bien précisément ce que l'on fait, et que l'on est obligé en travaillant d'essayer les couleurs en les couchant sur des tuiles qui les sèchent en un moment, et font voir quelles elles deviendront en séchant sur l'ouvrage. Mais il y a d'ailleurs une autre incommodité à cette peinture, ainsi que Pline a remarqué, qui est de gâter la plupart des couleurs, qui ne peuvent résister au sel de la chaux, que Pline appelle son *amertume*, et qui corrompt toutes les couleurs qui sont faites avec les plantes, et une grande partie de celles qui sont faites avec les minéraux; en sorte qu'il ne reste presque que les terres qui puissent conserver leur couleur, et la défendre de la brûlure de la chaux; mais ces mêmes terres affaiblissent la force de la chaux, et rendent la superficie des enduits moins dure.

Mixtionibusque..... est formata. Il a fallu un peu paraphraser cet endroit, qui est embrouillé, pour en tirer quelque sens.

Ipsaque tectoria abacorum. Il a déjà été dit ci devant, savoir, au troisième chapitre du troisième livre, que les anciens appelaient *abaques* de petites tables carrées et polies, sur lesquelles ils traçaient des figures. Nous nous servons d'ardoises pour cela, à cause que ces pierres se fendent naturellement en lames minces, solides et faciles à polir, et qu'elles ont cette propriété qu'étant d'un bleu fort obscur, les lignes que l'on y trace aisément avec une pointe paraissent blanches, et s'effacent avec la même facilité en les mouillant. J'ai interprété ailleurs *abacum* par le mot de *tailloir*; mais c'est quand *abacus* signifie la partie qui couvre les chapiteaux, parce que ce mot de tailloir est en usage pour cette signification, qui est autre en cet endroit-ci.

In cratitiis. Je traduis *des cloisonnages de bois cratitii parietes*, parce que cette espèce de muraille était anciennement employée aux cloisons, ainsi qu'elle l'est encore parmi nous; c'est pourquoi elle est nommée par Pline et par Festus *paries intergerinus*. On l'appelle autrement en français, *colombage* ou *pan de bois*. Je ne suis pas de l'avis de Philander, qui croit que ces sortes de murs étaient de cannes entrelacées comme les claies, à cause que *crates* signifie une claie; car il est évident que les cannes que Vitruve a entrelacées sur ce mur ne sont point ce qui le fait être *cratitius*, parce qu'elles n'y sont mises que pour faire tenir l'enduit, sans lequel le mur peut subsister et être dit *cratitius*, à cause qu'il était fait de poteaux qui, étant posés droits, en avaient d'autres en travers qui les liaient et faisaient une forme de grille.

Clavis muscariis. On ne sait point bien précisément ce que c'est ici que *clavi muscarii* : on juge seulement que Vitruve a voulu signifier une espèce de clous qui ont une tête large et plate, à cause que Pline dit que les plantes dont la graine est en ombelle, faisant comme un bouquet plat au haut de la tige, ont leur graine *in muscaria*.

Ch. IV. *Sin autem aliquis paries perpetuos habuerit humores*, etc. Il serait nécessaire de savoir de quelle humidité Vitruve parle, pour bien entendre cet endroit; car s'il s'agit de l'humidité que la terre communique au mur lorsqu'elle est plus haute que le plancher de l'appartement, il est aisé de comprendre que le petit mur ou le lambris de poterie peuvent rendre le dedans des appartements exempt de cette humidité; parce que l'eau s'écoule par le canal qui est entre les deux murs, et la vapeur humide qui y est renfermée s'exhale par les soupiraux qui sont en haut : mais s'il s'agit de la vapeur humide dont tous les lieux bas sont remplis, et qui en rend les murs moites lorsqu'ils condensent et font résoudre cette vapeur humide, il est constant que le petit mur ne saurait servir de rien, parce que la vapeur humide s'amassera aussi bien contre le petit mur et contre le lambris de poterie que contre le gros mur; de sorte qu'il semble que la structure dont il est ici parlé n'est que pour faire que l'eau qui pénètre le gros mur s'écoule par le moyen du canal qui est entre les deux murs, et que la vapeur qui s'élève de cette eau sorte par les soupiraux.

Sin autem locus non patietur structuram fieri. Il y a apparence que le sens est que, supposé que la place du dedans de l'appartement soit trop étroite pour bâtir ce second mur, il faut, au lieu d'un mur, se contenter d'une cloison ou lambris fait de tuiles creuses, dont l'épaisseur n'est pas la vingtième partie du petit mur.

Ex una parte supra marginem canalis. Vitruve ne dit point sur lequel des deux bords du canal on doit poser les carreaux. Les interprètes n'en parlent point non plus; il n'y a que Rusconi qui, dans son livre des figures de Vitruve, met ces carreaux sur le bord du canal qui est près du mur, et bâtit les piles de brique sur l'autre bord.

Mammatæ tegulæ. J'ai suivi les interprètes, qui expliquent comme j'ai fait *hamatas tegulas*; et je crois que les tuiles ou carreaux dont il est parlé au dixième chapitre du cinquième livre, qui sont appelées *tegulæ sine marginibus*, peuvent beaucoup servir à faire entendre quelles étaient celles qui sont ici appelées *hamatæ*, parce qu'il paraît qu'il y en avait *cum marginibus*, *qui avaient des rebords*, telles que sont celles dont Rusconi a fait la figure; car quoique *hamatæ tegulæ* signifient proprement des tuiles qui ont un crochet, comme sont celles dont on se sert à Paris et aux environs, on peut dire que ces rebords recourbés font comme une espèce de crochet. Laët, dans son addition au dictionnaire de Baldus, dit avoir vu dans deux vieux exemplaires *animatæ tegulæ* au lieu de *hamatæ*, et il dit avec beaucoup de vraisemblance que ce mot *animatæ* signifie des tuiles qui sont en forme de canal, *quasi animæ emittendæ hoc est spiritui seu vapori exhalando aptæ*; de même que *olla animatoria* signifie une marmite dont le couvercle a un tuyau pour laisser sortir la fumée. Les tuiles, en beaucoup d'endroits de la France, sont faites ainsi en forme d'un demi-canal.

Calce ex aqua liquida. Cet endroit fait voir évidemment que *albarium opus*, dont il a déjà été tant parlé ci-devant, n'est point ce blanchiment dont Vitruve fait ici mention, ainsi que tous les interprètes ont estimé.

Abaci ex atramento sunt subigendi. On appelle tables d'attente les panneaux carrés, ronds ou ovales, ou d'autres figures qui s'élèvent avec une légère saillie sur les murs, parce qu'ils attendent que l'on y fasse quelque peinture ou quelque inscription. J'ai cru que je pouvais ainsi interpréter le mot *abaci*, que J. Martin traduit *dressoirs*. *Abaci*, ainsi qu'il a déjà été dit, étaient ou des tables sur lesquelles on mettait des verres; ou celles où on traçait des figures. Il s'agit ici des ornements dont les murailles sont revêtues; c'est pourquoi il m'a semblé que *podia*, qui signifient des appuis, pouvaient signifier les lambris qui sont au bas des murs, et que l'on fait ordinairement à hauteur d'appui; et que *abaci* étant mis ensuite devaient être les cadres et les *tables d'attente* qui sont sur les murs au-dessus des lambris.

Cuneis silaceis. On appelait *sil* une couleur qui se trouvait dans les mines d'argent. Les savants ne sont pas bien certains quelle couleur c'était. Saumaise, avec la plus grande partie des critiques, assure que c'était du rouge; mais les témoignages qu'ils ont des anciens pour cela ne sont point si clairs que ceux qui se tirent de Vitruve, pour faire croire que le *sil* était du jaune, ainsi qu'il se verra dans la suite.

Seu miniaceis. Je crois que *vel miniaceis* est ici pour *et miniaceis*, parce qu'il n'y a point de raison d'entremêler des triangles, s'ils ne sont différents en couleur; et qu'il y a plus de sens à dire que des triangles *de sil*, qui sont jaunes, sont entremêlés avec des triangles de *minium*, qui sont rouges. Cela est dit plus clairement au chapitre suivant, où il y a *silaceorum miniaceorumque cuneorum inter se varias distributiones*. Cette sorte de peinture, faite de triangles jaunes et rouges entremêlés, est encore fort commune en Turquie.

Et summo libramento cote despumato. J'ai suivi Budée, qui corrige ce texte, et lit *desquamato* au lieu de *despumato*, bien que Pline se serve du même mot en parlant de la manière de polir les planchers. Jocundus retient *despumato*, comme étant un terme propre à signifier l'effet que la pierre à aiguiser fait, lorsqu'étant frottée sur quelque chose avec de l'eau, elle fait de l'écume; mais cette écume n'est point un effet si particulier à la chose dont il s'agit ici, que ce qui arrive lorsque l'écaille ou la croûte d'un enduit est emportée; car il est ici question de rendre un plancher capable de boire l'eau qui y est répandue; ce qu'il ne saurait faire, si cette croûte n'est ôtée après que le mortier est parfaitement séché; car il lui arrive, comme au pain, de former en dehors une croûte dure, polie et sans pores, et d'être spongieux en dedans.

Simul cadit siccessitque. La description que Vitruve fait de la structure des planchers des Grecs et de l'effet qu'ils avaient, qui était de sécher et de boire des liqueurs qui étaient répandues dessus, donne quelque lumière pour deviner l'étymologie du nom que les Grecs donnaient aux planchers qu'ils appelaient *asarota*, c'est-à-dire non balayés, lesquels vraisemblablement étaient ceux dont Vitruve parle ici : car l'étymologie que les grammairiens en ont prise dans Pline est bien bizarre. Cet auteur dit que le premier plancher qui fut fait de cette espèce par Sosus, qui en fut l'inventeur, était composé d'une infinité de petites pièces de différentes couleurs en manière de mosaïque, qui représentaient les ordures qui peuvent demeurer sur un plancher après un festin, et qui le faisaient paraître comme n'étant point balayé. Il est, ce me semble, plus croyable que ces planchers noirs, qui, à cause de leur sécheresse, buvaient tout ce qui était répandu dessus, devaient plutôt être appelés *asarota*, parce qu'il ne les fallait point balayer ni essuyer avec des éponges comme les autres planchers quand ils étaient mouillés, que parce qu'ils paraissaient n'être point balayés.

Ch. V. *Deinde coronarum*, etc. J'ai cru que Vitruve avait eu intention ici de signifier par *coronas* des *ronds* ou des *cercles*, et par *cuneos* des *triangles*, n'y ayant point d'apparence qu'il entendît parler de couronnes et de coins à fendre, mais seulement des figures simples et régulières, dont on peut faire des compartiments. Car, bien que la peinture représente des couronnes de même que toute autre chose, il me semble que Vitruve parle des progrès que la peinture a faits dans ses commencements, et que le sens du texte est qu'on a d'abord commencé par les représentations les plus aisées, telles que sont celles du marbre; qu'après cela on a passé aux compartiments simples, et ensuite à la représentation de l'architecture, avant que de venir à celle des ornements les plus délicats, tels que sont les couronnes, les festons, les feuillages et les fleurs.

Et silaceorum [*miniaceorumque*] *cuneorum inter se varias distributiones*. Je n'ai pu être de l'opinion de Baldus, qui croit que *silaceus color* et *miniaceus* est ici la même chose, après avoir considéré que Vitruve dit qu'avec ces couleurs on faisait des compartiments de triangles différents; car il n'y a point d'apparence que cette différence de triangles fût autre chose que celle de la couleur. Les auteurs, qui conviennent tous de la couleur du *minium*, ne sont pas d'accord sur celle du *sil*. Hermolaüs Barbarus sur Pline a dit d'abord que c'est du bleu, et ensuite il s'est dédit, et a déclaré que c'était du rouge. Cette dernière opinion a été suivie de tous les savants; mais il paraît par cet endroit de Vitruve, et par ce qu'il a encore écrit du *sil* au septième chapitre, que l'ocre et le *sil* sont une même chose; que le jaune était sa couleur naturelle, et qu'il n'était rouge que quand il était brûlé. Pline confirme cela, quand il dit, suivant ce qui est écrit par Vitruve à la fin du chapitre onzième de ce livre, que l'on peut imiter la rubrique en brûlant le *sil* et en l'arrosant de vinaigre. Il dit aussi, parlant des différents *sils*, que les uns servent à embrunir, les autres à donner les jours ; ce que l'ocre fait, selon qu'elle est brûlée ou non brûlée. Demontiosius croit que le *sil* attique était bleu. Son opinion est examinée dans le quatorzième chapitre de ce livre.

Varietatibus topiorum ornarent. Les interprètes entendent par *topiorum varietates* la représentation qui se fait avec les arbrisseaux taillés en toute sorte de formes. Mais il est difficile de croire que ce soit l'intention de Vitruve, qui parle ici de peinture; et je crois qu'il faut entendre par *topiorum opus*, comme il a été dit ci-devant au huitième chapitre du cinquième livre, les verdures et les autres représentations des lieux qui sont faites dans les paysages, parce que cet ouvrage, fait par des arbrisseaux taillés, est sculpture et non pas peinture : et il n'y a aucune apparence que l'on puisse représenter des ports, des promontoires, des rivages et des Euripes, avec des arbrisseaux taillés.

Megalographiam. Megalographia signifie une peinture grande et importante. J'ai interprété ce mot par celui d'*histoire*, parce que l'on appelle ainsi d'ordinaire la plus noble des trois espèces de peinture, qui sont l'*architecture, le paysage* et l'*histoire*, dont Vitruve parle en cet endroit.

Per topia. Je crois que ces mots ne sauraient signifier autre chose que ce que j'ai mis dans la traduction, le sens étant que, quoique l'histoire et le paysage soient deux espèces de peintures différentes, le paysage néanmoins est toujours joint avec l'histoire; ce qui n'est pas de même au paysage, qui peut être sans l'histoire.

Harpaginetuli striati. Je traduis *un entortillement de tiges* le mot *harpaginetuli*, qui embarrasse fort tous les interprètes. Philander y renonce : Baldus corrige le mot, et lit *harpages et mituli*, c'est-à-dire des crochets et des coquilles : Cisaranus et J. Martin croient que ce sont des harpies; Turnèbe a recours à de vieux exemplaires, dans lesquels il trouve *a pagine oculi*, qui me semble encore plus obscur que *harpaginetuli*. Ce mot est un diminutif de *harpagines*, qui signifie des crochets ; ce qui m'a donné lieu de traduire *entortillement de tiges*, comme qui dirait des tiges attachées ensemble.

Uti inertia mali judicis conniverent artium virtutes. Cet endroit a si peu de sens, qu'il a été nécessaire de le paraphraser un peu, et de dire ce qu'il y a apparence que Vitruve a voulu dire, au lieu de ce qu'il a dit. J'ai ajouté la particule *ad*; car *uti inertia mali judicis conniverent artium virtutes* n'a point de sens; *conniverent ad artium virtutes* peut en avoir quelqu'un, savoir, que l'ignorance de ceux qui veulent juger des arts leur ferme les yeux, et les empêche de voir ce qui fait l'excellence des beaux ouvrages.

At hæc falsa videntes homines non reprehendunt. Vitruve n'en a pas été cru sur le jugement qu'il a fait des grotesques; et, bien loin de persuader à la postérité que ce qu'elles ont de ridicule les doit faire rejeter, mon opinion est que ce qu'il est dit ici n'a servi qu'à en donner le modèle, et que l'on n'aurait peut-être jamais eu la pensée de ces extravagances, sans ce qu'il nous en a laissé par écrit; parce que toutes les particularités de cette espèce de peinture sont ici si bien décrites, que la perte que les injures du temps nous auraient fait faire de tous les tableaux que l'antiquité avait faits de cette espèce, est fort bien réparée; et cet auteur a bien mieux réussi à instruire nos peintres de l'état de ces sortes d'ouvrages, qu'il n'a fait à les détourner de les imiter, avec le beau raisonnement par lequel il prouve qu'il est impossible que des châteaux soient fondés sur des roseaux, et que des moitiés d'animaux sortent du milieu des fleurs. Car c'est la même chose que si quelqu'un voulait décrire la comédie italienne en disant qu'on n'y représente rien de vraisemblable, et en prouvant par de bonnes raisons qu'il est impossible qu'Arlequin, avec son masque noir, soit pris pour la déesse Diane ou pour une grappe de raisin.

Tholorum rotunda tecta. Vitruve apporte ici plusieurs exemples de choses qui, de son temps, passaient pour ridicules en architecture: cependant il y en a quelques-unes que l'usage et peut être la raison n'ont pas laissé d'autoriser depuis. Il condamne entre autres choses la manière de mettre des frontons aux premiers étages, ces frontons n'étant point la face du toit de l'édifice; on en voit néanmoins dans des ouvrages approuvés. Les chapelles du dedans du Panthéon ont des frontons de cette espèce, car ils ne couvrent que l'entablement, qui porte sur deux colonnes: et l'on peut dire que cela n'est pas tout à fait sans raison, puisque c'est suivant le principe général que Vitruve reconnaît être dans l'architecture, qui est de faire consister ses ornements dans l'imitation de la figure, sans qu'il soit nécessaire que les autres propriétés de la chose dont l'imitation a été prise s'y rencontrent. Par exemple, on fait des modillons des quatre côtés d'un édifice dont la couverture n'est point en croupe, bien qu'il soit impossible que les bouts des pannes des forces ou des chevrons, qui sont représentés par les modillons, sortent des quatre côtés d'une même manière, ainsi que font les modillons; on fait les triglyphes qui représentent les bouts des poutres aussi étroits sur les colonnes angulaires que sur celles du milieu, bien que les poutres soient beaucoup plus larges en cet endroit qu'autre part; on met des têtes de lion dans les corniches au droit des entre-colonnements, quoiqu'elles ne doivent point servir à jeter l'eau en cet endroit. Ainsi, lorsque l'on couvre une porte avec un entablement soutenu par des colonnes qui sont aux côtés de la porte, on y met aussi un fronton, quoiqu'il n'y ait point de toit en cet endroit. Mais on le fait à cause que ces colonnes qui sont aux côtés de la porte étant l'imitation du porche d'un temple, on imite aussi par le fronton le devant du toit qui couvre la porte et le reste du temple; et tout cela en vertu de l'imitation, qui est une chose de grande autorité dans l'architecture.

Episcenium. C'était, ainsi qu'il a été dit, le second ou le troisième ordre que l'on faisait aux scènes quand elles étaient fort grandes.

Propter asperitatem eblandiretur omnium visus. La manière de parler est étrange, mais assez significative. Il est dit que la peinture d'Apaturius était agréable à cause de son âpreté et inégalité, *propter asperitatem*; c'est-à-dire que les reliefs et les enfoncements y étaient si bien représentés, que la toile du tableau semblait n'être pas égale et plate, comme elle était en effet.

Efficial et nos Alabandeos aut Abderitas. Ces deux peuples étaient décriés parmi les Grecs à cause de leur stupidité. C'est pourquoi il faut entendre que c'est par raillerie que Licinius dit que les Alabandins passent pour grands politiques. Il est à remarquer que la réputation que les Alabandins avaient de manquer d'esprit et de jugement ne se trouve fondée que sur des choses appartenant à l'architecture; et que cependant il est vrai que le plus célèbre des anciens architectes, Hermogènes, était Alabandin; et que tout de même aussi les Abdéritains passaient pour peu éclairés, à cause qu'ils avaient cru qu'un de leurs citoyens avait perdu l'esprit, sur ce qu'ils voyaient qu'il s'occupait à disséquer toutes sortes d'animaux; et que cet Abdéritain était Démocrite, estimé le plus bel esprit de l'antiquité. Mais comme il y a beaucoup d'apparence que les Alabandins et les Abdéritains avaient donné des marques de leur peu de suffisance sur d'autres sujets que sur ceux qui appartiennent aux sciences et aux arts, il paraît par ces exemples que les Grecs se faisaient principalement honneur des choses de cette nature, quoiqu'ils excellassent autant qu'aucune des nations dans la morale, dans la politique, et dans les autres productions de l'esprit.

Ch. VI. *Quæ.... præstant [tectoriis et coronariis] operibus utilitatem.* Je suis l'interprétation de Philander, qui croit que *coronarium opus* signifie et les corniches dont on couronne, s'il faut ainsi dire, les planchers, et les festons et les bouquets, que Pline appelle *coronarium opus*, et que l'on représente avec le stuc.

Cœmenta marmorea. Je traduis *des éclats de marbre*, cœmenta marmorea, supposant que *cœmentum*, ainsi qu'il a été remarqué sur le premier livre, est dit *a cædendo*; de sorte que Vitruve met deux espèces de marbre dont on fait le stuc: car il y en a un qui se trouve par morceaux et qui est semé de points luisants, qui est le meilleur pour le stuc, parce qu'il est bien plus dur que l'autre, qui se prend des éclats des blocs de marbre quand on les taille. On trouve du marbre de la première espèce dans les Pyrénées, proche de Bayonne, qui n'est pas si blanc que celui de Gênes, mais qui est beaucoup plus dur.

Ch. VII. *Cum habuerint familias.* J'ai cru devoir interpréter *une grande quantité d'hommes, familias*, que J. Martin tourne des familles, assez mal, à mon avis, parce que la différence qu'il y a entre *familia* et *famille* est que famille en français signifie proprement le père, la mère et les enfants; et *familia* parmi les Romains signifiait principalement les *esclaves*; car, ainsi que Festus remarque, *famel* en vieux langage signifiait un esclave.

Egregia copia silis. Il parait évidemment que le *sil* et l'ocre étaient la même chose, parce qu'il est dit qu'au temps que l'on fouillait les mines où l'on trouvait l'ocre, on avait quantité de bon *sil*, le *sil* étant en latin ce que *ocra* est en grec: et l'on peut croire que le *sil* était une espèce d'ocre plus belle et plus rare que l'ocre commune, qui était ainsi appelée à cause qu'elle était plus pâle que le *sil*; car la beauté de l'ocre consiste dans la hauteur de sa couleur. Les peintres qui travaillent aux paysages sont fort curieux de se fournir de belles ocres hautes en couleur, qui sont meilleures que les terres de Naples et que les massicots.

Parætonium. Le nom donné à cette couleur vient du lieu où on la trouvait. Ce lieu était en Égypte. La couleur était blanche, à ce que dit Pline; elle rendait les enduits plus durs.

Melinum. Vitruve dit que la couleur méline était un métal, suivant l'usage des anciens, qui appelaient indifféremment métal tout ce qui se tirait de la terre: car il est constant, et c'est l'opinion de G. Agricola, que *melinum* est une terre. Aussi Dioscoride dit que c'est une terre alumineuse. Les auteurs ne s'accordent point sur la couleur de cette terre. Pline la fait blanche; Servius croit qu'elle est fauve; Dioscoride la met jaune. La couleur que les peintres appellent ocre de Rut approche fort de la description que Dioscoride fait de la terre méline.

Creta viridis. Philander croit que *Creta viridis* de Vitruve est la couleur que l'on appelle terre verte. Barbaro dit que c'est le vert de montagne.

Ἀρσενικον. Notre arsenic n'est pas l'*arsenicon* des anciens, qui est un minéral naturel, d'un jaune doré; au lieu que notre arsenic est artificiel, étant fait de l'orpin ou arsenic naturel cuit avec du sil, et réduit en cristal.

Sandaraca. Voyez les remarques sur le troisième chapitre du huitième livre.

Ch. VIII. *Ingrediar nunc minii rationes explicare.* Cette couleur, si estimée des anciens, est un minéral en forme de pierre rouge, que l'on appelle *cinabre minéral* : on le pile, on le passe, et on le lave pour l'avoir pur et séparé des pierres. Notre vermillon, qui est fait de soufre et de vif-argent, et que les auteurs appellent *cinabre artificiel*, tient à présent lieu de *minium* aux peintres; et le minium des anciens, ou cinabre minéral, n'est pas ordinairement beau. Nous avons une autre couleur rouge, que Sérapion appelle *minium*, et les droguistes *mine de plomb* : elle est faite avec la céruse brûlée. Les anciens l'appelaient *ustam*, selon Pline, quoique *usta* fût aussi le nom de l'ocre brûlée, ainsi qu'il sera dit ci-après sur le onzième chapitre. La couleur est un rouge orangé fort vif.

Purum invenitur. Il n'est point vrai qu'il n'y ait que le vif-argent qui passe au travers du linge, ni que l'or qui demeure dans le linge soit pur : car il est impossible que les petites parties de l'or étant amalgamées avec le vif-argent ne passent avec lui au travers du linge, et que les plus grossières, qui demeurent dans le linge, ne retiennent beaucoup de vif-argent; et en effet on ne l'en sépare qu'à peine par le moyen du feu, qui fait aller le vif-argent en fumée, ou par l'eau-forte, qui le dissout. Et cette dernière manière, qui a été inconnue aux anciens, est bien plus parfaite.

Ch. IX. *Exedris.* On appelle *galeries en forme de loges* les galeries qui sont ouvertes d'un côté où elles n'ont que des arcades ou des colonnes. C'est ce que le mot *exedra* signifie en cet endroit; et cette signification est celle que lui donne Alex. ab Alexandro; mais il en a ordinairement une autre, ainsi qu'il est remarqué sur le onzième chapitre du cinquième livre.

Ceram punicam. C'est la cire blanche qui se blanchissait en la fondant plusieurs fois dans l'eau marine, et en la tenant longtemps au soleil sur l'herbe au printemps, afin qu'elle fût souvent mouillée de la rosée, au défaut de laquelle il la fallait incessamment arroser. Tout cela se fait pour purifier la cire, en ôtant le miel qui y est mêlé et qui la jaunit : car, par la même force avec laquelle la rosée et le soleil ont produit le miel sur les plantes au printemps, faisant sortir sur leur superficie la matière sucrée que les mouches y prennent, cette même matière est attirée hors de la cire, en sorte qu'il n'y a qu'à la dissoudre et à la laver, pour rendre la cire pure et blanche. Car quoique la matière de la cire ait été attirée par le soleil, aussi bien que celle du miel, il ne s'ensuit pas qu'il doive dissiper et consumer la cire de même qu'il consume le miel, parce que les mouches ayant amassé la matière du miel et de la cire, qui est le suc qu'elles ont pris sur les fleurs, ont mis à part la partie la plus terrestre et la plus pesante dont elles ont fait la cire, et la plus subtile et la plus légère dont elles ont fait le miel, et ont ainsi rendu la cire un corps fixe, et le miel un corps volatil, et capable d'être aisément enlevé par les rayons du soleil.

Uti signa marmorea nuda curantur. Cet endroit est obscur; et Pline, qui, dans son trente-troisième livre, chapitre septième, rapporte tout ce qui est dit ici, n'explique point plus clairement cette comparaison qui est faite entre le lustre de la peinture et celui du marbre; car, au lieu que Vitruve dit, *uti signa marmorea curantur*, Pline met *sicut et marmora nitescunt*. L'interprète français de Pline a entendu que les murailles cirées devenaient polies comme du marbre; ce qu'il fait en joignant *sicut* avec *marmora*; mais il y a plus d'apparence qu'il doit être joint à *nitescunt*, et que Pline a entendu par ces mots, *ut nitescunt marmora*, de même que les marbres sont rendus luisants; parce qu'autrement il devrait y avoir quelques noms au pluriel, comme *muri* ou *colores*, à qui *nitescunt* pût se rapporter : ce qui n'est point dans le texte de Pline, non plus que dans celui de Vitruve; car Pline dit : *parieti sicco cera inducatur, postea candelis subigatur, ac deinde linteis puris, sicut et marmora nitescunt*. Tout de même Vitruve met : *si quis voluerit expositionem miniaceam suum colorem retinere*, etc., *candela linteisque puris subigat uti signa marmorea curantur*. C'est pourquoi j'ai cru que le vrai sens de ces auteurs était que l'on pouvait rendre les murs polis par le moyen de la cire, de même que l'on faisait reluire les statues de marbre en les cirant. Et cette explication pourrait donner quelque lumière à la périphrase dont Juvénal se sert pour signifier les prières que l'on fait aux dieux, quand il dit *genua incerare deorum*, que Turnèbe entend des écriteaux dans lesquels les vœux étaient gravés sur la cire, et qu'il dit que l'on arrachait aux statues des dieux; car on peut croire que c'était une espèce de culte des idoles de les nettoyer, et d'essuyer la suie du feu des sacrifices qui s'y était attachée; ce qui ne pouvait être fait sans que la ponce ou la peau de chien de mer, dont on se servait pour cela, n'emportât un certain lustre et une couleur jaune que le temps et la vieillesse donne aux statues de marbre, et qu'on leur rendait avec de la cire.

Ita obstans ceræ punicæ lorica non patitur..... eripere ex his politionibus colorem. Les vernis qui ont été depuis peu inventés pour donner du lustre aux couleurs et pour les conserver, sont bien meilleurs pour cela que n'était la cire dont les anciens usaient, et que l'on n'emploie plus à présent qu'aux planchers. La perfection du vernis consiste en deux choses : il sèche parfaitement et il est fort transparent, et la cire a une opacité qui ternit les couleurs, et une onctuosité qui fait que la poussière s'y attache.

Chrysocolla. La chrysocolle est vulgairement appelée *barras* ou *boras*. C'est un minéral qui se trouve dans les mines d'or, d'argent, de cuivre ou de plomb. Il est ordinairement blanchâtre, jaune, vert ou noirâtre. Il est appelé *chrysocolle* à cause qu'il sert à souder l'or, et même l'argent et le cuivre. On en fait d'artificiel avec de l'alun et du salpêtre.

Hominibus ipsis indicatur. Le *minium* est ainsi appelé du fleuve *Minius*, qui est en Espagne, d'où on l'apporte.

Ch. X. *Uti laconicum.* Je traduis ces mots en *forme d'étuve*, et il se faut ressouvenir qu'il a été dit ci-devant que *laconicum* était une partie des bains propre à faire suer, faite en forme de tour ronde et voûtée en cul de four.

Tectores. C'étaient généralement les ouvriers qui travaillaient tant à faire les enduits des murailles qu'à les peindre.

Tædæ schidiæ. Je fais signifier *des copeaux de pin résineux* à *tæda*, qui est une maladie de tous les arbres résineux, lorsque le bois s'emplit trop de résine; et cela arrive plus souvent au pin qu'aux autres.

Indici colorem. L'inde des anciens était une excellente couleur, qui se faisait de l'écume qui sortait de certains roseaux des Indes. Il y en avait une autre espèce, faite de l'écume qui se prenait sur les chaudières où bouillait la teinture de pourpre. A présent la couleur de bleu brun, qui est appelée inde, se fait avec le suc de la plante appelé *guesde*, dont on fait le *pastel*, ou l'herbe appelée *indigo*, qui croît en la province de Guatimala.

Ch. XI. *Ratio..... satis habet admirationis*. Vitruve veut dire que c'est une belle chose, que l'art puisse aussi heureusement imiter les ouvrages de la nature qu'il le fait dans l'azur artificiel, qui est fait des matières dont on juge que l'azur naturel est composé ; car l'azur naturel croissant dans les mines de cuivre, l'on suppose qu'il se fait lorsqu'une vapeur chaude qui s'élève du fond de la terre fond, dissout et mêle ensemble les minéraux qui sont prêts à se former en cuivre, c'est-à-dire une terre qui n'est ni cuivre ni terre, mais qui tient de l'un et de l'autre ; ce que la limure de cuivre mêlée avec le sable pilé semble suppléer, de même que la vapeur chaude est suppléée par le nitre échauffé dans le fourneau, qui produit la fusion et le mélange de ces matières.

La manière de préparer l'azur naturel appelé lapis, dont on fait la couleur d'outremer, est une chose qui n'est guère moins ingénieuse que la préparation du bleu artificiel des anciens ; et la couleur en est sans comparaison plus belle, parce que le bleu des anciens, tant le naturel que l'artificiel, étant fait de cuivre, qui est un métal fort sujet à la rouille, il est impossible que la couleur qui en est faite ne change, et en effet elle devient bientôt verte et noirâtre ; au lieu que le lapis dont on fait l'outremer est une pierre précieuse qui ne change point de couleur naturelle ; et comme il est tiré des mines d'or, il tient de la nature de ce métal, qui n'est point sujet à la rouille. L'artifice dont on se sert pour le préparer consiste en deux choses : la première est de réduire la pierre en une poudre impalpable ; ce qui se fait en faisant rougir le lapis et l'éteignant dans le vinaigre. L'autre est de séparer la partie de la pierre qui fait le bleu d'azur d'avec une partie blanchâtre et quelquefois jaunâtre, qui gâte la belle couleur si on l'y laisse. Pour cela, on met la poudre de lapis brûlé et bien broyé sur le porphyre, avec une composition de poix, d'encens et d'huile de lin fondus ensemble, dont on fait une pâte qui étant à demi refroidie est jetée dans de l'eau froide, et maniée et pétrie avec les mains, qui font sortir tout ce qu'il y a de lapis pur, la pâte retenant tout le reste, savoir, tant les parties du lapis qui sont une terre imparfaite, que tout ce qui y est mêlé des raclures des mortiers, des marbres et des porphyres dont on s'est servi pour réduire le lapis en poudre subtile.

Usta. Cette couleur, selon Pline, est de deux sortes. La première est faite avec la céruse brûlée, qui est une couleur orangée que nous appelons *mine de plomb*, et dont cet auteur attribue l'invention à un incendie où brûla la céruse du fard des dames dans leurs pots. Vitruve l'appelle *sandaraca* au chapitre suivant. La seconde espèce est celle dont Vitruve parle, qui est faite de l'ocre brûlée que Pline dit être fort nécessaire aux peintres pour faire les ombres. Je n'ai pas cru devoir traduire le mot *usta* comme J. Martin, qui a traduit *le brûlé* ; mais j'aurais mis la céruse brûlée, si *usta* n'avait signifié la brûlure que de l'une ou de l'autre de ces matières.

Ch. XII. *Ærucam*. Je lis ainsi, au lieu de *eruca*, qui est dans tous les exemplaires, suivant Philander, et qui signifie une chenille ; mais je ne sais pas s'il n'aurait pas mieux valu lire *ærugo*.

Sandaraca. Cette sandaraque n'est pas celle dont il a été parlé ci-devant au chapitre septième, ni celle dont il est fait mention au troisième chapitre du huitième livre, qui sont l'une et l'autre un minéral de couleur d'or, et du même genre que l'orpin. Celle-ci est d'un rouge orangé, que l'on fait avec de la céruse brûlée, qui est la meilleure

et qui est la première espèce d'*usta* de Pline. Elle est encore différente du *sandarax* des Arabes, qui est la gomme du genévrier, qui n'est point une couleur, mais qui sert à faire le vernis pour donner du lustre aux tableaux.

Ch. XIII. *Incipiam nunc de ostro dicere*. La couleur pourpre est appelée *ostrum*, qui signifie une huître, parce qu'elle est faite avec une humeur colorée qui se prend dans certaines huîtres, ainsi qu'il est dit à la fin du chapitre.

Et ideo hoc [*rubrum*] *Rhodo etiam insula creatur*. Cet endroit est difficile à entendre ; car Rhodes, qui est à 36° en deçà de la ligne équinoxiale, n'est pas si proche du midi que les pays qui sont à l'orient ou à l'occident équinoxial, qui sont proprement ceux qui sont sous la ligne, et que Vitruve néanmoins semble faire entendre devoir être en deçà de Rhodes.

Nisi mel habeat circumfusum. Plutarque rapporte, dans la vie d'Alexandre, qu'à la prise de Suse il se trouva parmi le butin le poids de cinq mille talents de pourpre qui, ayant été faite cent quatre-vingt-dix ans auparavant, avait conservé la beauté de sa couleur, parce, dit-il, que la rouge était faite avec du miel, et la blanche avec de l'huile. On est bien empêché de savoir ce que c'est que cette pourpre rouge et cette pourpre blanche , et quelle est cette conservation qui en est faite par le moyen du miel et de l'huile. Mercurial, dans ses diverses leçons pour démêler cela, dit que les anciens gardaient l'humeur pourprée en deux manières : la première était en mettant dans le miel la chair pilée avec son suc, qui faisait une masse rouge ; la seconde, en séparant de la chair une veine blanche dans laquelle l'humeur pourprée est contenue : ce qui faisait ce que Plutarque appelle la pourpre blanche, qui, étant plongée dans l'huile, s'y conservait de même que l'autre dans le miel. Il semble, néanmoins, que Vitruve entende que c'était le suc seul exprimé des huîtres qui se mettait dans le miel pour y être conservé.

Ch. XIV. *Hysgino*. On ne sait pas précisément ce que c'est que le *hysginum*. Tous les auteurs conviennent que c'est une plante qui sert à teindre, et que Pausanias dit s'appeler *hysgé*. Mais ils ne sont point d'accord quelle elle est, ni même quelle est la couleur qu'elle fait. Les uns croient que c'est la pourpre, les autres la jaune, les autres la bleue, les autres la rouge. Il y a néanmoins beaucoup d'apparence que c'est la bleue : car Vitruve dit que l'on imite la pourpre, qui est le violet, avec la garance, qui est rouge, et le *hysginum* ; et l'on sait que le mélange du rouge avec le bleu fait le violet. Pline dit aussi que le *hysginum* se cultive dans la Gaule ; ce qui peut faire croire que c'est l'herbe *isatis* des Grecs et le *glastum* des Latins, qui est appelée *guesde* en France, où elle croît en abondance et meilleure qu'en nul autre pays pour teindre en bleu, principalement en Languedoc ; car celle de Normandie, appelée *vouède*, a bien moins de force. On fait de l'une et de l'autre ce qu'on appelle *pastel*, qui est une pâte faite de l'herbe pilée, et séchée avec son suc.

Non minus et ex floribus alii colores. On dit que les belles couleurs dont on peint les toiles de coton et les satins à la Chine sont des sucs d'herbes et de fleurs, sans mélange d'aucune autre chose. Le suc des fleurs et des autres parties des plantes qui croissent en nos quartiers ne fait point de belles couleurs, principalement pour ce qui regarde le rouge, si on n'y mêle des lessives qui chargent et qui enfoncent la couleur, et des aluns qui les rendent vives et éclatantes : mais par ce moyen les couleurs qui se prennent des plantes, comme de la garance, de la graine de vermillon et de la cochenille, deviennent beaucoup plus belles qu'elles ne sont naturellement sans cela ; et il n'y a point dans les œillets ni dans les fleurs de grenade un rouge aussi vif qu'en celui des écarlates de Venise et de

Hollande ; et les rubans de laine, que l'on appelle du ponceau, ont un rouge sans comparaison plus éclatant et plus vif que les pavots sauvages appelés ponceaux, dont ils ont le nom.

Sil atticum. Démontiosins, ainsi qu'il a été dit, prétend que le sil attique était bleu ; et il se fonde sur cet endroit de Vitruve, supposant que la violette, avec laquelle Vitruve dit que l'on imite le *sil*, fait une couleur bleue. Philander est dans la même opinion à l'égard de la couleur de la violette, à cause d'un endroit de Pline où cet auteur ayant parlé du *sil* et de la poudre d'azur, il dit : *fraus viola arida decocta in aquam succoque per lenteum expresso in cretam Eretriam*. Mais il est incertain de quelle sophistication Pline entend parler ; et on ne saurait dire si c'est le *sil* ou l'azur que l'on imite avec les violettes ; de même qu'il n'est point constant, par le texte de Vitruve, quelle est la couleur que l'on imite avec les violettes. Ce qui a trompé Montiosios et Philander est que de toutes les espèces de violettes, on n'appelle violette en France que celle qui tire sur le bleu, d'où la couleur violette a pris son nom ; mais cet usage est contraire à celui des anciens, qui joignent toujours *nigra* ou *purpurea* avec *viola*, quand ils veulent signifier la violette qui tire sur le bleu, et qui n'entendent par *viola* simplement prise que la violette jaune, appelée autrement *leucoïon*, à cause de la blancheur des feuilles de sa tige, comme il se voit dans Horace quand il dit, *tinctus viola pallor amantium*.

Pour ce qui est de la couleur du *sil* attique, il n'y a guère d'apparence qu'elle fût autre que le jaune, si on en croit Pline quand il dit que les anciens se servaient du *sil* attique pour donner les jours, et du *sil* lydien pour faire les ombres : car la vérité est que des quatre principales couleurs, qui sont la rouge, la bleue, la verte et la jaune, la plus claire est la jaune, avec laquelle on peut rehausser toutes les autres ; et qu'il n'y a point de jaune brun, de même qu'il y a du rouge brun, du vert brun et du bleu brun, parce que le jaune brun n'est pas proprement du jaune.

Eo cretam infundentes. La craie éréthrienne est de deux espèces ; il y en a une qui est blanche, et l'autre grisâtre, selon Pline.

Vaccinium. La signification de ce mot est une chose fort controversée. Tous les auteurs demeurent d'accord que c'est une couleur bleue fort obscure ; mais la difficulté est de savoir quelle était sa composition. Il y a trois opinions là-dessus. Les uns croient qu'elle était faite avec la fleur d'hyacinthe, parce que Dioscoride dit que les Romains appellent l'hyacinthe *vaccinium*. La seconde opinion est qu'elle était faite de l'herbe *isatis*, dont nous venons de parler, parce que Pline dit que le *vaccinium* croît en Gaule, où l'on sait que l'*isatis* est la meilleure. La troisième est que c'est le fruit du *ligustrum* ou troëne, à cause que Virgile dit :

Alba ligustra cadunt, vaccinia nigra leguntur.

Mais la vérité est que la fleur d'hyacinthe n'est point propre à faire la teinture, et que le fruit du troëne ne teint point en bleu, mais en rouge obscur ; de sorte qu'il faut dire que l'hyacinthe et le fruit du troëne sont dits *vaccinia* par métaphore, à cause de leur couleur obscure, et à cause de la ressemblance qu'ils ont avec le vrai *vaccinium*, qui est l'*isatis* ou pastel : de même que quand on parle du pourpre des violettes ou des iris, on n'entend point la véritable pourpre, qui est le sang d'un limaçon.

Herba, quæ lutum appellatur. Cette herbe est appelée *lutum* par Virgile, et *lutea* par Pline. C'est celle que nous appelons *gaude* en français. On s'en sert pour teindre en jaune.

Cretam selinusiam. Pline dit que cette craie est couleur de lait qu'elle se fond aisément dans l'eau, et qu'elle sert à sophistiquer l'indé. Il parle aussi de la couleur appelée *candidum annulare*, qui est propre à donner de l'éclat aux peintures de la carnation des femmes ; mais il ne dit point, comme Vitruve, que ce soit une espèce de craie ; il dit seulement que l'*annulare candidum* est fait avec la craie et les anneaux de verre du peuple.

LIVRE VIII.

Namque corpora sine spiritus redundantia non possunt habere vitam. Le texte en cet endroit est différent dans les exemplaires ; quelques-uns ont *namque corpora sine spiritu redundanti non possunt habere vitam* ; les autres ont *namque corpora sine spiritu redundantia*. J'ai suivi la première manière.

Spiritus animalis. Je traduis *les esprits qui sont les principaux instruments de l'âme*, n'y ayant point d'apparence que Vitruve entende parler des esprits animaux comme étant différents des esprits vitaux, parce que cette distinction d'esprits n'a été faite parmi les médecins que longtemps depuis Vitruve, Hippocrate et Aristote n'ayant connu qu'un esprit ; car cette substance subtile, pénétrante et mobile, qui est le principal et le plus commode instrument dont l'âme se serve dans les fonctions de la vie, n'est ici appelée esprit animal que pour la distinguer de l'air ou de l'esprit subtil ou substance aérienne qui est dans les choses inanimées.

Ad restituendum aer assignatus id præstat. Cette pensée, toute mal fondée qu'elle est, n'a pas laissé d'être soutenue par de grands philosophes, et qu'il serait plus difficile d'excuser que Vitruve : car pour lui, comme il ne s'est pas expliqué si distinctement qu'eux sur ce qu'il entend par le terme d'air, on peut croire que son opinion est que l'air n'est rien autre chose que la plus subtile portion de quelque corps que ce soit, ce qui se peut entendre du sang et même des véritables parties de l'animal ; au lieu que les autres entendent par l'air, qu'ils disent être la nourriture des esprits, l'air que l'on respire.

Copiis supervacuis desiderationes alit. Il y a deux mots dans le texte, à cet endroit, qui semblent être tout à fait superflus, si on ne les entend suivant l'explication que je leur ai donnée. Il y a *terrenus fructus, escarum præstans copias, supervacuis desiderationibus alit et nutrit animalia, pascendo continentur*. Je trouve que *supervacuis desiderationibus* ne sert de rien, si ce n'est qu'on lise *escarum præstans copias evacuati desiderationibus* ; car *præstare copias evacuati desiderationibus* peut signifier, dans le style de Vitruve, *fournir ce qui manque aux corps, et ce qu'ils ont perdu de leur substance, dont ils souffrent une dissipation continuelle*.

Ch. I. *Cum erit immotum mentum.* Cette situation sert mieux à voir les vapeurs qui sortent de la terre, parce qu'étant regardées debout, elles n'auraient point cette épaisseur qui les rend visibles, lorsqu'on les regarde étant couché contre terre, et que l'on voit dans une même ligne droite toutes ces vapeurs à la sortie de la terre, où elles sont plus épaisses ; car, lorsqu'elles en sont plus éloignées, elles sont moins visibles. Cassiodore, dans une épître de Théodoric, où il rapporte une grande partie des signes que Vitruve donne ici pour trouver des sources, ajoute que la hauteur à laquelle ces vapeurs s'élèvent montre combien les eaux sont avant sous terre. Il ajoute encore un autre signe, qu'il dit être tenu pour infaillible par les fontainiers, qui est lorsque le matin on voit comme des nuées de petites mouches qui volent contre terre, toujours à un certain endroit.

Non enim in sicco loco hoc signum potest fieri. Palladius, qui rapporte cette manière de découvrir les lieux où

Il y a des sources, ajoute qu'il faut prendre garde que le lieu d'où l'on voit s'élever la vapeur ne soit pas humide en sa superficie, afin que cette vapeur ne puisse être attribuée qu'à l'eau de la source qui coule sous terre.

Sabulone masculo arenaque et carbunculo. Il a été expliqué dans le second livre ce que c'est que sablon mâle, carboncle et gravier.

Salix erratica. J. Martin a traduit *salix erratica*, saule sauvage : mais on ne distingue point les saules en sauvages et cultivés. On ne trouve point dans les botanistes, parmi plus de cent espèces qu'il y a de saules, celle de *salix erratica*, qui doit signifier un saule qui est né de lui-même ; ce que le mot d'*erratica* semble signifier, parce que ceux que l'on plante sont ordinairement à la ligne. De sorte que le sens de Vitruve est que les saules qui ont été plantés en un lieu ne signifient point qu'il y ait des sources d'eau, comme font ceux qui y sont venus d'eux-mêmes.

Vitex. J. Martin interprète mal *vitex* par *osier*, prenant *vitex* pour *vimen*, qui n'est point le nom d'une plante, mais qui signifie toutes celles avec lesquelles on peut faire des liens, à quoi l'osier n'est pas seul propre. On a expliqué ce que c'est que *vitex* sur le neuvième chapitre du second livre.

Ch. II. *Et undas crescentes facit ventorum.* Ce raisonnement sur la manière dont les vents s'engendrent a déjà été fait au sixième chapitre du premier livre. Les causes que Vitruve apporte sont assez probables, la raréfaction que la chaleur du soleil produit dans l'air chargé de beaucoup d'humidité, étant capable de faire que l'air qu'elle élargit pousse celui d'alentour qui n'est point raréfié, et le fasse couler : mais cette attraction que Vitruve attribue à la raréfaction de l'air est une chose malaisée à concevoir. Il y aurait plus d'apparence de dire que, la raréfaction produisant de soi une impulsion égale de tous les côtés, l'air est déterminé à courir vers un côté plutôt que vers un autre, lorsqu'il arrive qu'en quelque endroit il se fait une condensation de quelque partie de l'air, qui attire vers ce côté-là tout l'air qui est entre celui qui est condensé et celui qui est raréfié, et qui fait que toute l'impulsion de l'air raréfié agit vers l'endroit où la condensation se fait ; parce que l'espace que l'air occupait avant que d'être condensé, devenant moins rempli par la condensation, donne place à celui qui est poussé par l'air raréfié ; ce qui fait une apparence d'attraction, quoiqu'en effet cela ne fasse que déterminer le lieu vers lequel l'impulsion se fait.

Et procellis propter plenitatem et gravitatem liquescendo disperguntur. S'il est vrai que la pluie tombe plus souvent sur les montagnes que dans les vallées, il faut ajouter un mot au texte latin pour lui donner quelque sens, et lire : *propter plenitatem et gravitatem aeris*, ajoutant *aeris*. Car, selon cette correction, le sens est que les nuées qui sont portées par la moyenne région où l'air est léger et subtil se condensent en pluie, lorsqu'elles rencontrent l'air épais et grossier de la première région de celui qui est sur les montagnes, parce que l'air qui est sur les montagnes près de la terre est à peu près à la même hauteur que celui de la moyenne région des vallées ; mais le sens du texte, comme il est dans les exemplaires sans le mot *aeris*, est que les nuées, qui sont un air propre à être condensé et changé en eaux après avoir passé sur les vallées, et s'étant épaissi par la rencontre des montagnes contre lesquelles il va frapper, tombe sur le haut des montagnes. Mais cela ne peut être, parce que cet air, propre à être condensé, ne pourrait tomber que sur le penchant de la montagne contre lequel il va frapper, et non sur le haut de la montagne.

Cœlum quod est ibi. J'ai entendu par ces mots *l'air qui est en ce lieu.* J. Martin entend par *cœlum* la concavité des voûtes ; mais elle est déjà exprimée par ces mots *in camerarum curvaturas.* D'ailleurs dans la réduction de la comparaison, un peu après, il est dit *cælestis aer.*

Testimonio possunt esse capita fluminum. L'argument que Vitruve tire de l'exposition des sources des grands fleuves au midi, pour prouver l'attraction que le soleil fait de l'humidité, n'est pas fort à proportion que les fleuves dont il parle sont grands, parce que la grandeur des fleuves ne dépend pas de leurs sources, qui sont bien souvent de petites fontaines. Il y a encore ici une contradiction avec ce qui a été dit au chapitre précédent, savoir, que les sources qui sont sur la pente des montagnes tournées vers le septentrion sont plus abondantes, et que la faiblesse des rayons du soleil est une des principales causes des sources des fontaines ; comme si le soleil, n'ayant pu attirer en l'air et consumer l'humidité qui est dans la terre, faisait qu'elle s'y amasse en si grande quantité qu'elle est contrainte d'en sortir en coulant par sa pesanteur ; et ici ce sont les rayons du soleil qui attirent les eaux, et les font couler vers le midi.

Syria. Je crois qu'il faut lire *Assyria* au lieu de *Syria* ; car le fleuve Tigris est assez loin de la Syrie, et il passe au milieu de l'Assyrie. Les anciens géographes ont souvent confondu ces deux pays.

Tibris. Il est bien vrai que la source du Tibre coule vers le midi ; mais le Tibre n'est point un grand fleuve.

Dyris. Strabon dit que le mont Atlas est appelé Dyris, sans dire qu'il y ait aucun fleuve en Afrique qui porte ce nom. Au reste, cette description du cours du Nil est si éloignée de la vérité, qu'il semble que par le fleuve Dyris on doive entendre le *Nubia*, qui, du mont Atlas, va vers le midi, et retourne entrer dans le Nil, qui va vers le septentrion.

Alia capita item profluentia ad occidentem oceanum. Les géographes n'ont point remarqué ces fleuves, et il n'y a que le Niger qui se décharge dans l'océan Occidental ; mais il ne vient point du mont Atlas.

Ch. III. (sect. 24, ou IV.) Le texte du titre de ce chapitre porte *metalla*, parce que les anciens ne distinguaient point les métaux des minéraux ; et ils appelaient *metalla* tout ce qui se tire de la terre, comme l'ocre, les pierres, le sel et les autres choses qui depuis ont été appelées *mineralia* et *fossilia*. Mais il est constant que Vitruve n'a point entendu parler des vrais métaux dans ce chapitre, parce que ce ne sont point tant les métaux que les minéraux qui donnent aux eaux minérales les qualités qu'elles ont.

Aqua sapore optimo. Vitruve ne dit point que ces eaux soient bonnes et salutaires, mais seulement que leur goût n'est point différent de celui des meilleures eaux ; car la vérité est que les eaux médicinales, telles que sont toutes celles qui sont naturellement chaudes, ainsi qu'il est dit ci-après, ne sont point propres pour la boisson ordinaire, quoiqu'elles n'aient point de mauvais goût ; et elles ne peuvent avoir d'usage que pour la guérison de quelques maladies, où il est besoin de dessécher et d'échauffer. C'est pourquoi Galien dit que ni l'air ni l'eau ne sauraient être sains quand ils ont une qualité médicinale, parce que leur usage est nécessairement continuel ; et les facultés médicinales ne doivent être employées qu'en certaines rencontres : et la vérité est, si l'on en croit Hippocrate, que toutes les eaux minérales sont de leur nature absolument contraires à la vie, suivant cette règle générale qu'il établit, que tout ce qui échauffe et ne nourrit point épuise l'humidité naturelle des parties : or il est certain que toutes les eaux minérales, ou du moins la plus grande partie, ont la vertu d'échauffer.

Cum in imo per alumen... ignis excitatur. Entre toutes les espèces d'alun, il ne s'en trouve point dans lequel le feu s'allume ; et il y en a même qui est moins combustible que les pierres et que les métaux.

Uti in Tiburtina via flumen Albula. Je crois que cet

endroit est corrompu. *Via Tiburtina* est prise par les interprètes pour une rue de Rome, qui était autrefois ainsi appelée ; et ils entendent par *flumen Albula* le Tibre, qui était aussi appelé de ce nom avant la fondation de Rome. Mais parce qu'il n'y a point de raison de dire que le Tibre a de mauvaises qualités dans la rue Tiburtine, j'ai pensé que, dans l'original, il y avait *fluens* au lieu de *flumen*, et qu'il faut lire *in via Tiburtina fluens Albula* ; que *via Tiburtina* signifie le chemin de Tivoli, et que *Albula* signifie une fontaine minérale.

Offensi vehementi fragore. Fragor signifie seulement le bruit qu'une chose fait quand on la rompt, et dont il ne s'agit point ici, mais du combat de l'eau et du feu, qui cause le bruit. Le mot *fracas* signifie en français tout ensemble et le choc et le bruit que le choc fait. J'ai cru qu'il pourrait être souffert, quoique ordinairement on ne s'en serve que figurément.

Spiritibus extollens. Cela doit s'entendre de l'augmentation du volume de l'eau, qui arrive par l'introduction d'une substance plus subtile que n'est celle de l'eau, dont les parties ne sauraient s'éloigner les unes des autres pour faire la raréfaction, que cette substance subtile n'occupe les intervalles des parties qui s'éloignent ; de sorte que j'estime que cette substance, qui est un corps éthérien mêlé dans tous les autres, et toujours prêt à remplir leurs espaces quand ils sont élargis par les causes de la raréfaction, est ce que Vitruve appelle les esprits.

Omnis autem aqua calida.... est medicamentosa. Hippocrate dit que toutes les eaux minérales sont engendrées par une chaleur violente. Aristote est aussi de la même opinion ; et il tient que tous les minéraux sont faits de la brûlure de la terre. Cardan croit aussi que les eaux froides qui ont une vertu médicinale sont chaudes dans leur origine, et qu'elles se sont refroidies dans la longueur du chemin.

Fovendo per patentes venas refrigerationem. Il est constant que la plupart des eaux minérales échauffent ; mais les alumineuses échauffent moins que les sulfurées, que les bitumineuses, que les salées et que les nitreuses. Leur faculté particulière est l'astriction : c'est pourquoi on les emploie aux crachements et aux autres pertes de sang, aux vomissements et aux relâchements des pores et des conduits qui demandent d'être étrécis. C'est donc sans raison que l'on attribue ici aux eaux alumineuses la vertu d'ouvrir les veines. Cardan dit qu'elles sont singulièrement propres à la guérison des varices, qui sont la dilatation des veines.

Bituminosi..... potionibus purgando solent mederi. La purgation n'est point ici l'effet des eaux bitumineuses : car on les boit principalement pour amollir les duretés des parties internes par le moyen d'une chaleur qu'elles ont, jointe avec moins de sécheresse que n'en ont les autres eaux minérales. Cette chaleur émolliente prépare seulement les humeurs à la purgation, qui demande une âcreté dissolvante et détersive, qui ne se trouve souverainement que dans les eaux salées et dans les nitreuses.

Et fontibus in Asty. Il a déjà été remarqué que *asty* signifie en grec une ville, et que les Athéniens appelaient leur ville simplement *la ville* par excellence. Il y a apparence que Vitruve, qui ne savait la langue grecque que médiocrement, a ignoré cela.

Arabiaque Numidarum. Ces mots doivent, ce me semble, être interprétés, *l'Arabie qui est proche de l'Afrique* ; la Numidie étant assez éloignée de toutes les Arabies pour faire qu'elle ne puisse signifier ici autre chose que l'Afrique, qui était anciennement nommée du nom de quelqu'une de ses provinces, comme de la Libye et des autres.

Quod in his locis et ea terra, quibus is [fons] *nascitur, succus subest coaguli naturæ similis.* Le texte, en cet endroit, n'a aucun sens ni aucune construction raisonnable. J'ai traduit comme s'il y avait *in his locis et in ea terra quibus fons nascitur, succus subest coaguli naturæ similis*, parce que *fons* a pu être facilement changé en *is*, la lettre *f*, la lettre *o*, et la première jambe de la lettre *n*, ayant été effacées.

Cum commixta vis egreditur. J'ai cru qu'il fallait interpréter le mot *vis quantité* et non pas *propriété*, comme a fait J. Martin : car il n'est point vrai qu'une propriété, une force ou une puissance soit coagulée ou congelée, mais bien qu'elle coagule et qu'elle gèle : et il est aussi fort raisonnable de dire, en parlant de la substance coagulable qui est dans les fontaines, que, lorsqu'elle est abondante, l'eau est aisément coagulée par la chaleur de l'air ; car Vitruve attribue ici toute la vertu coagulative à la chaleur de l'air et du soleil, qui agissant sur les parties aqueuses qui étaient mêlées à la substance coagulable, et les épuisant, produit la pierre ou le sel qui s'engendrent dans l'eau par la jonction des parties coagulables ; laquelle se fait par l'évaporation des parties aqueuses, dont l'interposition empêchait cette jonction.

Vinum protyrum. La plupart des exemplaires ont *protyron*, que Philander et Barbaro corrigent, pour mettre *protropon*, qui signifie la mère-goutte. Mais j'ai cru qu'il était plus à propos de laisser *protyron*, parce que Vitruve apporte cet exemple pour prouver que les différents lieux donnent des goûts différents aux fruits de la terre ; et la différence du goût qui se trouve entre les vins de mère-goutte et ceux de pressurage ne fait rien à l'intention de Vitruve ; car il s'agit d'apporter ici des exemples des vins dont le nom soit pris du lieu où ils croissent, et non pas d'aucune autre qualité qu'ils puissent avoir d'ailleurs ; de sorte que la raison qu'il pourrait y avoir de mettre *protropon* au lieu de *protyron* ne devrait point être, à mon avis, à cause que *protropon* signifie la mère-goutte ; mais parce que c'est le nom d'un peuple, selon Pline, qui dit que *Abellinates*, peuples de la Pouille, sont appelés *Protropi*. Mais cette raison ne peut être reçue, parce que le vin dont il s'agit est de l'île de Lesbos. Quoi qu'il en soit, il n'y a aucun inconvénient que du temps de Vitruve il y ait eu un vin appelé *protyron*, à cause du lieu où il croissait, et qu'il ne nous soit point resté d'historiens ou de géographes qui fassent mention de ce lieu.

Nisi cum terrenus humor suis proprietatibus saporum in radicibus infusus. Le sens demande *arborum in radicibus*, comme j'ai corrigé : car bien que le mot de *arborum* ne soit pas tout à fait nécessaire, *humor infusus radicibus* rendant le sens assez entier, il est encore plus certain que le mot *saporum* aurait été tout à fait superflu étant répété à la fin de la période, où il est dit que *humor terrenus profundit loci et generis sui fructus saporem*.

Pecora leucophæa nascuntur. J'ai suivi l'opinion d'Alciat, qui croit que *leucophæus color* est le roux qui tire sur le rouge-brun. Il se fonde sur Pline, qui dit que du mélange de la rubrique, du sil jaune et du mélin, dont on composait l'assiette qui se couchait sur le bois pour le dorer, on fait le *leucophæum*. Hermolaüs, qui croit, de même que Philander, que *leucophæum* signifie le gris, a corrigé le texte de Pline, et a mis *leucophorum*, au lieu de *leucophæum*. Mais il ne se trouve point que *leucophæum* signifie le gris. La difficulté est dans la signification du mot grec *phæos*, que les grammairiens expliquent par le mot latin *fuscus*, et ils disent que *fuscus* est *color subniger*, c'est-à-dire brun, sans spécifier quel brun ils entendent. Mais les auteurs latins se sont mieux expliqués quand ils ont dit que la couleur des visages hâlés et celle des vins qui ne sont ni tout à fait blancs ni tout à fait rouges, est le *fuscus color* ; car c'est en ce sens qu'Ovide dit *fuscantur corpore campo*, et que *Falernum* est appelé *fuscum* par Martial. Or, la couleur des vins que l'on appelle *generosa*, tel qu'était le *Falernum*, ni celle des visages hâlés, n'est point grise, mais fauve, qui est un roussâtre tirant sur le rouge-brun.

Et in Italia Velino, Campania Teano. J'ai suivi la correction de Budée, qui lit *in Italica Velino, Campana Teano*, au lieu de *in Italica Virena*, y ayant grande apparence que Vitruve a joint ces deux villes, savoir, *Italicam Velinum*, et *Campanam Teanum*, puisque leurs eaux, au rapport de Pline, ont une même propriété, qui est de rompre la pierre dans le corps par leur acidité.

Dissipant quæ ex aquarum subsidentia in corporibus et concrescentia offenderunt. Vitruve suppose une chose qui n'est point vraie, savoir, que la pierre s'engendre dans les corps des animaux de la même manière que dans les canaux des fontaines, où ce qu'il y a de terrestre dans l'eau s'amasse par résidence et par la pesanteur qui se trouve dans cette partie grossière, qui, la rendant moins mobile que le reste de l'eau, la fait attacher aux conduits, sur lesquels elle se coagule. Les raisons qu'il y a de n'être pas de l'opinion de Vitruve, qui est celle de la plupart des médecins, sont apportées ci-après dans les notes sur le cinquième chapitre de ce livre.

Qui ibi nascuntur egregiis vocibus ad cantandum. La sandaraque, à ce que dit Dioscoride, prise avec de l'hydromel, rend la voix claire. Si cela est, il y aurait lieu de croire que les fontaines dont Vitruve parle ici seraient imbues des qualités de quelque veine de sandaraque près de laquelle elles passent. Mais il peut y avoir d'autres causes, sans les dispositions particulières d'un pays, pour rendre la voix des habitants fort agréable, que l'eau des fontaines, dont on sait que les musiciens ne boivent guère. Et en effet, Vitruve, dans les deux endroits de ce chapitre où il parle de la beauté de la voix des habitants des pays où sont ces fontaines, ne dit point que ceux qui boivent de l'eau de ces fontaines aient la voix belle; il dit seulement que ce sont ceux qui naissent dans le pays. On remarque que la plupart des musiciens de France qui sont recommandables par la beauté de leur voix sont nés dans le Languedoc.

C. Julius. Parce que Salluste, qui parle des enfants de Massinissa, ne fait point mention de C. Julius, et qu'il semble que Massinissa est trop éloigné du temps d'Auguste pour qu'il soit possible que Vitruve ait vu de ses enfants, on croit que cet endroit fournit un argument à ceux qui ne veulent point que Vitruve ait été du temps d'Auguste, et qui disent qu'il faut que le Massinissa dont Vitruve parle soit un autre que le grand Massinissa, ami des Romains. Mais comme il est constant que ce Massinissa a eu beaucoup d'enfants, tant légitimes que naturels, et même dans son extrême vieillesse, il n'y a rien qui puisse empêcher de croire que le fils qu'il eut d'une concubine à quatre-vingt-douze ans ne soit C. Julius, qui, étant une personne qui n'a point fait figure pendant le règne de Micipsa, successeur de Massinissa, n'a donné aucune occasion à Salluste d'en parler; et le caractère de philosophe que Vitruve donne à son C. Julius rend cette conjecture assez probable. Pour ce qui est du temps, il n'y a point d'impossibilité qu'y ayant environ cent ans entre la naissance du fils de Massinissa dont il s'agit, et le commencement de l'empire d'Auguste, qui est le temps auquel Vitruve, déjà fort âgé, a composé son livre, cet architecte ne puisse avoir vu en sa jeunesse C. Julius avancé en âge.

Tanta discrepantia invenitur saporum. Il y a *sapores* dans le texte; mais on sait que le mot de *sapor* et de *sapere*, qui signifie *goût* ou *goûter*, est assez souvent mis pour connaître simplement toute sorte de qualités. Et il est encore évident que Vitruve n'entend pas parler du goût, qui est différent dans les diverses liqueurs, mais de toutes leurs qualités, et qu'il a voulu exprimer tout le genre par une de ses espèces.

Ch. IV (ou V). *Aspiciantur.... qua membratura sint qui circa eos fontes habitant homines*. Cette considération est la plus importante et la plus sûre : les autres signes de la qualité des eaux sont plus équivoques. Ce n'est pas que la santé de ceux qui en usent ne soit aussi en quelque façon un signe équivoque, parce que les bonnes ou les mauvaises qualités des eaux peuvent être compensées par celles de l'air et des fruits de la terre, et par toutes les autres qualités qui sont d'ailleurs dans le lieu, auxquelles seules la santé ou les maladies des habitants peuvent être attribuées. Mais tous les autres signes sont absolument incertains sans l'expérience, ou du moins sans un examen bien exact et bien particulier des causes qui peuvent rendre les eaux bonnes ou mauvaises, telles que sont les qualités des terres par où elles passent, et le mélange des différents sels qu'elles en reçoivent. Car il paraît, par l'histoire des eaux qui a été faite dans le chapitre précédent, que ni la limpidité, ni le bon goût, ni la bonne odeur de l'eau, ne sont point des marques certaines de sa bonté, puisqu'il s'en trouve dont la boisson est mortelle avec tous ces signes de bonté; et qu'au contraire l'expérience et la raison font voir qu'il y a des eaux troubles, limoneuses, pierreuses, d'odeur et de goût désagréables, qui ne sont point dangereuses à boire, parce que le mélange qui leur donne ces qualités est de choses qui n'ont rien qui soit fort contraire à la santé.

L'eau du Nil, qui est trouble et limoneuse, est mise au rang des bonnes eaux; et il est certain que lorsqu'elle est éclaircie par la résidence de son limon, elle n'est point purgée de ce qu'elle peut avoir de contraire à la santé, qui est le nitre qu'elle a, parce que le sel que l'eau a dissous y est retenu, quoiqu'elle laisse tomber la terre dont elle l'a tiré. Et c'est par cette raison que les eaux qui sont troubles par le mélange d'une terre qui n'a que peu de ce sel, qui se rencontre dans la bonne terre, n'ont point d'autre mauvaise qualité que de passer dans le corps moins promptement que les autres, en retardant la distribution, qui ne s'en peut faire qu'après que le limon a été séparé dans les intestins, dont les tuniques filtrent ce qu'il y a d'impur et de limpide dans les eaux : ce qui n'arrive pas aux sels dont la ténuité pénètre les tuniques les plus solides et porte jusqu'au fond des entrailles des qualités pernicieuses, qui ne se reconnaissent dans l'eau ni par la vue, ni par le goût, ni par l'odorat.

Il y a aussi des eaux qui engendrent de la pierre dans les canaux par où elles passent, qui ne laissent pas d'être fort bonnes, parce que la matière dont cette pierre est engendrée n'est qu'un limon grossier et incapable de passer au travers des tuniques des intestins, et n'ont point un sel contraire et pernicieux. Car bien que ces eaux paraissent fort limpides, ce limon ne laisse pas d'être grossier et terrestre; mais il est en assez petite quantité pour faire que l'eau n'en paraisse pas trouble; et il y en a aussi assez pour former cette pierre par une longue succession de temps : et cette concrétion, qui arrive à ces eaux plutôt qu'à d'autres, ne signifie point autre chose, sinon que leur limon est d'une nature glutineuse et propre à l'attacher aux canaux des fontaines, mais incapable de pénétrer les tuniques des intestins.

Ceux qui ne distinguent pas les différentes causes de la concrétion des véritables pierres qui s'engendrent dans l'eau, et de la concrétion des matières qui s'endurcissent dans les corps en forme de pierre, croient que les eaux qui sont sujettes à attacher de la pierre à leurs canaux sont propres à former ce que l'on appelle la pierre des reins et de la vessie. Cependant il est vrai que ces deux concrétions n'ont rien de commun ni dans leur matière, ni dans les autres causes qui les produisent, et que les dispositions qui sont propres pour l'une sont tout à fait contraires à l'autre; car la matière qui se rencontre propre à engendrer des pierres dans l'eau est terrestre, grossière et pesante; et celle qui fait la pierre des reins et de la vessie est subtile, légère, sulfurée, combustible, prise des végétaux et des animaux qui ont servi de nourriture, et dont la substance est semblable à celle des corps qui en sont nourris; en sorte que cette matière ne s'endurcit que par une chaleur excessive, qui ne fait rien à la concrétion des pierres qui s'engendrent dans les fontaines, qui est une matière minérale, inutile à la nourriture, et qui par cette raison n'est jamais admise dans les entrailles, étant incapable d'être filtrée au travers des intestins, qui rejettent autant qu'il est nécessaire tout ce qui, par sa nature indomptable et indissoluble, n'est point propre à nourrir; car, quoique cette matière de la pierre qui s'engendre dans les fontaines se coagule par quelque sorte de chaleur, ainsi qu'il a été dit, elle s'amasse et s'épaissit néanmoins principalement par la résidence; en sorte qu'une grande chaleur ne serait pas capable de la faire coaguler et endurcir plus promptement; et la chaleur des intestins en l'épaississant ne fait que la rendre plus propre à s'attacher aux autres restes de la nourriture, qui, à cause de leur grossièreté et inutilité, n'ont pu être filtrés au travers des tuniques des intestins. C'est pourquoi c'est sans raison que l'on prétend que la maladie de la pierre est plus commune à Paris qu'aux autres lieux, sur ce que quelques-unes des fontaines de cette ville forment de la pierre dans leurs canaux; car tout le peuple de Paris ne boit pas de l'eau de ces fontaines, et on n'a point remarqué que la maladie de la pierre soit moins fréquente aux quartiers où l'on ne boit point de ces eaux, qui sont les meilleures de la ville, étant celles qui ont été conduites par les Romains dans un aqueduc magnifique et long de plus de trois lieues, dont il y a apparence que l'on n'a entrepris la dépense que parce que l'on a été assuré que toutes les fontaines plus proches n'étaient pas si bonnes.

Il n'est point encore vrai que l'odeur et le goût désagréable qui est dans une eau soit une marque infaillible d'une qualité fort dangereuse, ni ce n'est que ce goût et cette odeur proviennent de quelque minéral pernicieux : car les eaux de la Seine dont on boit au-dessous de Paris ne sont point dangereuses à proportion de la mauvaise odeur qu'elles ont quelquefois; et celles de Nonacris et du Styx, qui n'ont ni couleur, ni odeur, ni goût étranger, ne laissent pas d'être mortelles, à cause du mélange de quelques substances minérales, qui ne se connaît que par ses pernicieux effets.

Cruribus non vitiosis. L'expérience a fait voir que l'usage des mauvaises eaux affaiblit principalement les jambes. On observe qu'aux lieux où les eaux ne sont pas fort bonnes à boire, les plaies des jambes sont difficiles à guérir, et que le scorbut, dont un des plus ordinaires symptômes est la faiblesse des jambes, est le plus souvent causé par les mauvaises eaux.

Et in vas Corinthium... ea aqua sparsa maculam non fecerit. Les eaux qui tachent les métaux qui ne se rouillent pas aisément d'ailleurs doivent avoir un sel corrosif qui est capable de nuire, étant pris dans le corps, de même qu'il peut corrompre les métaux qui en sont mouillés. Cicéron a remarqué que le cuivre de Corinthe se rouille difficilement. Pline met trois espèces de cuivre de Corinthe, savoir, le blanc, le rouge, et celui qui est de moyenne couleur : ces différences viennent de la proportion des trois métaux dont il est composé, qui sont l'or, l'argent et le cuivre, qui, suivant le rapport de Pline et de Florus, furent mêlés ensemble lorsque, la ville de Corinthe ayant été brûlée, plusieurs statues et plusieurs vases de ces trois métaux furent fondus.

Si ea aqua defervefacta. Les parties terrestres qui sont dans l'eau s'approchent et se joignent ensemble par l'agitation qui se fait dans l'ébullition, à peu près de la même façon que les parties les plus tenaces du lait se joignent et forment la masse du beurre, lorsque la crème a été longtemps battue. Et il y a apparence que c'est par cette raison que l'eau bouillie est plus légère que la crue; car quand l'ébullition serait capable de dissiper quelque chose de la portion la plus légère de l'eau, ce que l'on peut révoquer en doute, il est certain qu'elle est cause d'une précipitation des parties grossières et terrestres, qui rend le reste de l'eau plus pur et plus léger.

Innuetur his signis esse tenuis et in summa salubritate. La légèreté dans l'eau est considérée par les philosophes comme la marque la plus certaine de sa bonté; la difficulté est de connaître cette légèreté. Pline assure que, quelque soin que l'on prenne pour bien peser l'eau, il est presque impossible d'en trouver deux qui soient de poids différent. Athénée, au contraire, prétend qu'il se trouve quelquefois une si grande différence de pesanteur dans les eaux, que celle qui coule du mont Pangæus est une fois plus pesante en hiver qu'en été; ce qui est tellement contraire aux expériences que les anciens ont faites de toutes les autres eaux, que Dalechamp, dans sa traduction d'Athénée, a corrigé cet endroit; et il exprime la différence du poids de cette eau dans les saisons différentes par la proportion de 66 à 96, au lieu de 46 à 96, qui est dans le texte grec.

Hippocrate donne un moyen de déterminer les différents degrés de cette légèreté, qui est de remarquer la facilité que l'eau a de s'échauffer et de se refroidir, cette facilité étant une marque infaillible de sa légèreté. Mais il n'y a pas moins de difficulté à connaître bien distinctement cette facilité, qu'à découvrir des différences de poids. L'Académie des sciences examina l'automne dernier, par ordre du roi, les eaux qui sont conduites à Versailles de différents endroits; elle employa les deux moyens que les anciens proposent, savoir, celui de peser actuellement l'eau, et celui d'en conjecturer la pesanteur par la facilité qu'elle a de s'échauffer. Pour le premier, on s'est servi de l'aréomètre, qui fait connaître la légèreté des liqueurs par son enfoncement; et pour la seconde on a ajusté deux thermomètres, de manière qu'étant plongés en même temps dans deux eaux différentes et échauffées d'une même chaleur, celui qui montait plus promptement faisait voir que l'eau dans laquelle on l'avait plongé était la plus facile à s'échauffer. Ces deux examens firent voir des différences sensibles entre ces eaux différentes, étant comparées non-seulement avec l'eau de puits, l'eau salée et l'eau bourbeuse, qui sont les plus pesantes, mais même étant comparées entre elles.

La légèreté et la facilité à s'échauffer et à se refroidir n'étant des marques de la bonté de l'eau que parce que ces qualités font voir qu'elle a une subtilité de parties qui la rend propre à pénétrer et à dissoudre facilement les aliments auxquels elle doit servir de véhicule, l'Académie a cherché encore d'autres moyens de découvrir les signes de cette subtilité de parties. On a premièrement éprouvé que la facilité que l'eau a de cuire les liqueurs, dont Vitruve parle, est une qualité commune à plusieurs espèces d'eaux, lesquelles par d'autres signes se trouvent beaucoup différentes à l'égard de cette subtilité de parties. Deux expériences entre autres ont été faites, par lesquelles des eaux qui cuisaient également bien les légumes n'étaient pas également propres à produire d'autres effets, auxquels la subtilité des parties est nécessaire. La première a été la facilité que l'eau a de blanchir le linge sans savon et sans lessive, que l'on a trouvée être plus grande dans certaines eaux que dans d'autres. La seconde a été la dissolution du savon, que les eaux détrempent si aisément qu'elles deviennent blanches comme du lait, et que d'autres ne peuvent dissoudre qu'imparfaitement; de manière qu'il paraît seulement divisé en particules blanches, nageant dans l'eau, qui demeure claire : car il n'est pas difficile de juger que l'eau qui dissout plus aisément le savon est la plus légère, la plus subtile, et par conséquent la meilleure.

Ch. V (ou VI). *Libratur autem dioptris.* Il n'y a point de mot français pour expliquer celui de *dioptra*. Il signifie généralement toute sorte d'instruments où il y a des pinnules, comme sont l'astrolabe, le carré géométrique, le bâton de Jacob, etc.

Aut libris aquariis. On pourrait douter si *libra aquaria* ne signifie point ici un niveau fait d'eau, s'il n'en était point parlé dans la suite comme d'un instrument différent de celui qui est appelé ici *libra aquaria.*

Quod dioptræ libræque fallunt. Il y a apparence que cette balance est le niveau dont les fontainiers se servent encore à présent, qui est un instrument composé de deux règles, dont l'une est jointe à angle droit au milieu de l'autre. L'usage de l'instrument est qu'étant pendu par l'endroit où les deux règles sont assemblées, la règle qui est pendante tient l'autre à niveau le long de laquelle on regarde. La raison que Vitruve a de préférer le chorobate à cette balance et aux autres dioptres, est qu'étant tenues à la main, elles sont chancelantes, et n'ont pas la certitude qui se trouve dans le chorobate, qui, étant assuré et affermi sur terre, permet de bien se poser, de s'arrêter, et de marquer distinctement l'endroit où il s'arrête.

Ch. VI (ou VII). *Solumque rivi libramenta habeat fastigata.* J'ai paraphrasé ce texte (Perrault lisait *fastigiata*), qui veut dire, à la lettre, que la terre sur laquelle l'eau coule doit être en pente de même que le toit d'une maison : car il ne m'a pas semblé qu'il fût nécessaire de parler de la terre, parce que l'eau ne coule point dans les aqueducs sur la terre, mais dans un canal de pierre ou de ciment.

Ex [quibus] tertio in domos privatas. J'ai ôté *quibus* pour lire *ex tertio*; autrement je ne crois pas que l'on puisse trouver du sens dans ce texte, qui, à cela près, est assez clair.

Non enim poterunt avertere, cum habuerint a capitibus proprias ductiones. Je me suis donné la liberté de paraphraser cet endroit, qui est fort obscur. Je crois que Vitruve veut dire que l'eau qui est destinée pour les nécessités publiques ne pourra être détournée et mal employée aux fontaines jaillissantes, parce qu'elle sera prise dans le château ou regard par des conduits particuliers ; ce qui empêchera que les fontaines jaillissantes n'aient d'autre eau que celle qui sera de reste dans les temps de l'année où les eaux sont abondantes. Le texte porte, *non enim poterunt avertere cum habuerint a capitibus proprias ductiones*; c'est-à-dire qu'ils ne pourront prendre que ce qui leur vient de leur réservoir pour une conduite particulière.

Puteique ibi sunt facti. Barbaro et Baldus entendent par *puteos* les soupiraux qui doivent être faits d'espace en espace dans les aqueducs ; mais ils n'ont point remarqué que l'espace de 120 pieds que contenait l'*actus* est moins que de 20 de nos toises, et qu'il est un peu court, parce que de là il s'ensuivrait qu'il faudrait 100 puits en chaque lieue d'aqueducs. De sorte qu'il y a apparence qu'après le mot *actus* il y avait le nombre, et qu'il faut lire *ut inter duos (scilicet puteos) sint actus II*; c'est-à-dire qu'entre chaque puits il y ait quarante toises ; car il n'est point nécessaire de faire tant d'ouvertures, quand il ne s'agit que de donner de l'air aux aqueducs. Il est vrai qu'à l'aqueduc de Roquencourt, proche Versailles, qui est de plus de 1,000 toises, les puits, qui ont 22 toises de profondeur, sont à 20 toises près l'un de l'autre ; mais ces puits n'ont pas tant été faits pour donner de l'air, que pour la commodité du service de cet édifice, qui perce une montagne qui est presque toute de sables mouvants.

Si centenariæ erunt. Si le tuyau est de cent doigts, c'est-à-dire, si la lame dont on doit faire le tuyau a cent doigts de large, c'est-à-dire environ deux pieds de diamètre sur dix pieds de long, elle devra peser 1,200 livres, et ainsi des autres à proportion.

Ea autem ductio. Ceci n'est point le commencement d'une nouvelle matière, ainsi qu'il semble, mais la conclusion de celle qui a été traitée, savoir, des proportions que les tuyaux de plomb doivent avoir, car ce qui est dit ensuite appartient généralement à la conduite de toutes sortes de tuyaux, soit qu'ils soient de plomb, soit qu'ils soient de poterie.

Erumpet et dissolvet fistularum commissuras. Cela n'est point vrai : car l'eau, pour remonter tout court, n'en est point plus forcée ; et plus la conduite est longue dans la vallée, et plus il y a de danger que les jointures ne se rompent, parce qu'il y a davantage de jointures.

In ventre colluviaria sunt facienda. Perrault lisait *columnaria*. Les interprètes, dit-il, sont en peine sur le mot de *columnaria*. Quelques-uns, comme Beroaldus dans Suétone, et Jocundus, le corrigent pour mettre *colluviaria*, c'est-à-dire des égouts ou cloaques. D'autres, comme Laët, lisent *columbaria*, qui signifie des trous de boulins où les pigeons font leurs nids ; et ils croient que Vitruve a entendu par là les trous des robinets par lesquels on doit donner air aux tuyaux et les décharger, quand il est besoin. D'autres, comme Baldus et Philander, retiennent *columnaria*, parce qu'ils croient que Vitruve entend par là qu'il faut enter des bouts de tuyaux qui s'élèvent comme des colonnes sur ceux qui sont dans les lieux bas, pour leur donner de l'air. Ces trois opinions sont probables, parce que des robinets et des tuyaux élevés sont propres à donner de l'air aux tuyaux ; et des cloaques sont nécessaires aussi en cet endroit pour faire écouler l'eau que l'on est contraint de laisser sortir, lorsque l'on donne de l'air aux tuyaux. Cela a fait que je me suis servi du mot de ventouse, qui comprend et suppose toutes les trois opinions, et qui est un mot usité parmi les fontainiers.

Sed in perpetua fiant æqualitate. J'ai interprété à la lettre le texte, qui aurait eu besoin d'être expliqué par une paraphrase ; car cette *longue et égale suite* n'exprime pas tout ce que Vitruve veut dire, qui est que les regards ne doivent être faits qu'aux endroits où les tuyaux sont à peu près au niveau de la source et du lieu où l'eau doit être conduite ; c'est-à-dire aux endroits où l'eau n'est pas beaucoup serrée dans les tuyaux, et non aux autres endroits où l'eau est au-dessous de ce niveau, quoique les tuyaux soient là d'une *longue et égale suite*, soit que ce soient ceux qui sont dans la descente, soit que ce soient ceux qui sont dans la montée, soit que ce soient ceux qui sont dans la vallée, où est le ventre.

Namque vehemens spiritus in aquæ ductione solet nasci. C'est ici l'endroit que j'ai marqué dans la note sur le premier chapitre du premier livre, où il est parlé des vents qui s'enferment dans les tuyaux des fontaines, et qu'il semble que Vitruve entende y être engendrés ; ce qui n'a point de vraisemblance, ainsi que je l'ai expliqué en cet endroit ; quoique le P. Kirker assure que l'eau agitée se change en air, dans l'explication qu'il donne du soufflet qui se fait par le moyen de l'eau. Ce soufflet, dont l'expérience a été faite dans l'Académie, est un gros tuyau d'environ six pieds de long et d'un pied de diamètre, qui, étant posé à plomb, est ouvert par le dessus de la largeur de trois pouces pour laisser entrer l'eau, et ne l'est par en bas que de deux pour la laisser sortir. Vers le haut, à côté, il y a un trou encore beaucoup plus petit, par où le vent sort. La manière d'agir de ce soufflet est que l'eau, sortant par une ouverture plus étroite que n'est celle par laquelle elle entre, est obligée de monter à l'abord dans le bout du tuyau ; et cela fait que l'air qui occupe le reste du tuyau que l'eau ne peut emplir est contraint de sortir par le trou qui est à côté proche du haut, lorsque l'eau monte dans le tuyau ; mais quand elle est montée assez haut pour faire que sa pesanteur la fasse sortir en aussi grande quantité qu'elle y entre, elle demeure toujours à une même hauteur, et empêche l'air de sortir par le trou d'en bas ; mais il semble qu'il ne devrait plus sortir d'air par le trou d'en haut, parce que l'eau ne monte plus. Le P. Kirker dit que l'eau, se froissant par sa chute, se change en air dans la partie supérieure du tuyau qui est vide ; ce qui n'a point de vraisemblance, n'y ayant rien qui puisse raréfier l'air assez considérablement pour produire l'effet dont il s'agit, que ce qui l'échauffe ; et il y a bien plus d'apparence de dire que l'eau qui s'engouffre par en haut, et qui entre en se tortillant, enferme de l'air dans ses replis, qui, étant entré dans la cavité du tuyau, n'en peut sortir que par le trou qui est au tuyau vers le haut. Il y a des expériences fort familières, qui font aisément concevoir la possibilité de cette intrusion de l'air, telle qu'est celle dont Vitruve parle, savoir, que lorsque l'eau entre dans des tuyaux de fontaines avec trop d'impétuosité, elle y fait entrer du vent, qui peut faire crever les tuyaux, et à plus forte raison sortir avec impétuosité par un trou qui est déjà fait.

Ex eo cerussa nascitur. Il n'y a aucune apparence que l'eau puisse changer le plomb en céruse, puisque même elle n'altère en aucune façon le cuivre, qui est bien plus aisé à rouiller : car on ne voit point que les robinets des fontaines soient rongés par l'eau, après avoir servi cent ans.

Exemplar autem ab artificibus plumbariis. Ce qui arrive aux plombiers ne prouve rien de ce que Vitruve prétend, parce que si l'eau n'est pas capable de changer le plomb en céruse, elle l'est encore moins de le fondre et d'en faire sortir les vapeurs malignes, qui brûlent les parties nobles et corrompent le sang aux plombiers. Enfin l'argument tiré des choses corrompues ne fait rien conclure à l'égard de ces mêmes choses, tant qu'elles demeurent exemptes de corruption.

Tunc secundum puteum dextra ac sinistra defodiantur æstuaria. Tout ceci est difficile à comprendre, savoir, qu'après avoir creusé un puits, on ait besoin d'y descendre une lampe pour voir si l'on y peut descendre sûrement, et de plus que, si la lampe en s'éteignant fait connaître que les vapeurs sont dangereuses, on puisse espérer de trouver de bonne eau en ce lieu, et que, pour la rendre bonne, le remède soit de creuser deux autres puits, pour faire exhaler les vapeurs du puits qui est déjà fait. Car les deux nouveaux puits auront aussi leurs vapeurs dangereuses ; et, pour concevoir que ces nouveaux puits diminuent les vapeurs du premier, il faudrait supposer qu'il n'y avait qu'une certaine quantité de vapeurs dans la terre, qui sortaient toutes par le premier puits, et qui, étant partagées aux deux autres que l'on creuse à côté, doivent diminuer la quantité des vapeurs de celui du milieu ; ce qui est difficile à croire. De sorte que je pense que l'expédient que Vitruve apporte, de creuser deux nouveaux puits, se doit entendre qu'au cas que l'on trouve un puits dont l'ouverture soit étroite et le fond bien large, il faut, avant que d'y descendre, faire l'expérience de la lampe, afin que si elle s'éteint par la quantité des vapeurs qui sont retenues au fond, à cause du rétrécissement de l'ouverture d'en haut, on fasse d'autres ouvertures pour donner une issue plus libre aux vapeurs.

Ex tectis. Je trouve que Philander, qui lit *ex tectis*, a plus de raison que ceux qui, suivant Baldus, corrigent le texte et lisent *ex testis* : car Vitruve a déjà dit la même chose en parlant de l'amas que l'on fait des eaux de la pluie dans les citernes ; c'est au neuvième chapitre du cinquième livre, où il dit que *aquæ de cœlo repentinis tempestatibus ex tegulis recipiuntur.* Et l'expression de Vitruve ne doit pas sembler superflue, quand il dit qu'il faut recevoir dans les citernes l'eau qui tombe sur les toits ou sur d'autres lieux élevés ; car il veut dire que si l'eau qui tombe sur les toits, qui est la plus nette, ne suffit pas, il faudra aussi recevoir celle qui tombe dans les cours, qui sont plus élevées que le haut de la citerne. D'ailleurs il n'est point vrai que le *signinum*, dont il veut que les citernes soient bâties, se fasse *ex testis, avec des tuileaux* ; car il ne le fait que de mortier de chaux et de sable ; en sorte qu'il y a lieu de croire que l'essence de l'*opus signinum* ne consistait pas dans la matière dont il était fait, bien que ce fût le plus souvent de tuileaux cassés, ainsi que Pline le témoigne, mais qu'il était ainsi nommé à cause que les peuples appelés Signins étaient en réputation de faire de bon mortier, et qu'ils le faisaient tel, à cause du soin qu'ils prenaient de le battre longtemps pour le rendre solide ; car il est dit au quatrième chapitre du deuxième livre, que le mortier de sable de rivière fait un corps bien solide, si on le corroie et si on le bat avec des bâtons, comme le *signinum. Pluviatica propter macritatem uti signinum bacillorum subactionibus in tectorio recipit soliditatem.*

Mortario cœmentum addatur. Il y en a qui croient que *mortarium* signifie dans Vitruve, non-seulement le vaisseau où l'on gâche et où l'on corroie la chaux, le sable, le ciment, la poudre de marbre, et toutes les sortes de compositions dont on se sert pour joindre les pierres, mais qu'il se prend aussi pour la composition même, ainsi que l'usage le fait présentement parmi nous. Néanmoins cela ne se trouve ni dans Vitruve, ni dans Pline, ni dans Columelle, ni dans les autres auteurs anciens qui ont écrit de ces choses.

LIVRE IX.

Cum ergo id animadvertam, admiror. Aristote apporte deux raisons de ce que les anciens Grecs ne proposaient point de prix à ceux qui excellaient dans les actions de l'esprit, mais seulement à ceux qui surpassaient les autres dans la force et dans l'adresse du corps. La première est que l'on estime et que l'on admire les choses qui sont faites par la puissance humaine, et non pas celles que la puissance humaine trouve faites. Or, il dit que la victoire d'un athlète est comme l'ouvrage de l'adresse et de la force de son corps ; au lieu que toute la subtilité d'un philosophe ou d'un mathématicien ne va qu'à trouver ce qui est déjà sans elle, puisque les plus belles spéculations ne sont que des choses existantes avant la spéculation, et que, par exemple, les trois angles de toutes sortes de triangles n'auraient pas laissé d'être égaux à deux droits, quand personne n'y aurait jamais pensé.

La seconde raison est que, pour donner le prix à ceux qui excellent dans les productions de l'esprit, il faut être capable d'en juger, et que cette capacité ne se rencontre qu'en ceux qui surpassent en esprit ceux dont ils sont les juges. Ce qui n'est pas toujours nécessaire dans les autres jugements ; car il n'y a personne, quelque faible et pesant qu'il puisse être, qui ne soit capable de voir qui est celui qui surpasse les autres à la course, à la lutte, et dans les autres exercices du corps.

Scriptores non solum suos sensus sed etiam omnium animos exacuendo libris ad discendum præparant præcepta. Schneider a lu ainsi ce passage : *non solum suos sensus sed etiam omnium libris ad discendum præparant et animos præceptis exacuunt.*

Sapientum quotidiana. Le même éditeur a proposé de lire ici *quotidiano*, qu'il entendait dans le sens de *quo-*

tidie, d'après quelques exemples tirés de Cicéron et d'autres écrivains latins.

Locus aut ager, etc. Perrault, conformément à quelques éditions de Vitruve, commençait ici le chapitre premier de ce livre, quoiqu'il ait donné lui-même les raisons qui prouvent que la préface, au lieu de s'arrêter aux mots *quemadmodum ab eo explicata sit, ponam*, ne finit qu'aux mots suivants : *quibusque rationibus dilatentur aut contrahantur explicabo*. Il est évident, dit-il, que ce premier chapitre, de même que le second et le troisième, ne sont que la continuation de la préface, et que ce que Vitruve apporte de la mesure de Platon, de l'équerre de Pythagore et de l'invention d'Archimède, ne sont que des exemples qu'il propose pour confirmer ce qu'il a avancé à l'avantage de la philosophie, et pour faire voir que tout ce que les plus valeureux athlètes pouvaient faire n'a rien de merveilleux ni d'utile, en comparaison des inventions des philosophes et des mathématiciens. Nous avons donc supprimé, dans la traduction de Perrault, les titres de ces trois chapitres, lesquels titres étaient ainsi conçus : CHAPITRE I. *La manière que Platon a inventée pour mesurer une terre.* — CHAPITRE II. *De l'équerre, qui est une invention de Pythagore, et qu'il a tirée du triangle rectangle.* — CHAPITRE III. *Par quel moyen on peut connaître certainement s'il y a de l'argent mêlé avec de l'or dans un ouvrage.*

A Platone, uti schema subscriptum est, explicata est in ima pagina. Schneider a corrigé ainsi cette phrase : *A Platone fuit explicata uti schema subscriptum in ima pagina.*

Quod quinque erit, viginti quinque. La quarante-septième proposition du premier livre d'Euclide est que le carré fait sur celui des côtés d'un triangle rectangle qui est sous l'angle droit est égal aux deux autres carrés qui sont faits sur les deux autres côtés ; et cela est vrai de tous les triangles rectangles. Celui de Pythagore a cela de particulier qu'il est le premier de ceux dont les côtés sont comme nombre à nombre.

Id Pythagoras cum invenisset... hostias dicitur musis immolasse. Cicéron dit que Pythagore avait coutume d'immoler un bœuf toutes les fois qu'il trouvait quelque nouvelle invention de géométrie ; mais Athénée rapporte qu'il en immola cent pour l'invention de la proposition dont il s'agit.

In scalis scaporum. Les degrés des escaliers ronds sont appuyés en dedans sur un poteau qui est mis droit à plomb, et que l'on appelle le noyau. Les degrés des escaliers qui sont carrés oblongs, et qui ont des rampes droites, sont appuyés sur des poteaux inclinés, suivant la pente des rampes ; les charpentiers appellent ces poteaux *les limons de l'échiffre*. J'ai cru que Vitruve a voulu signifier *les limons de l'échiffre* par *scapi scalarum* ; car je crois avoir eu raison de corriger cet endroit en mettant *scapi scalarum* au lieu de *scalæ scaporum*, qui est dans tous les exemplaires sans aucune raison, parce qu'il est vrai de dire que les escaliers ont des poteaux, et non pas que les poteaux ont des escaliers — Galiani a traduit les mêmes mots par *il fusto della scala*.

Ab summa coaxatione. Je traduis ces mots par le *plancher du premier étage* : on sait que *coaxatio* signifie *axium conjunctio*, et que *axes* signifie les planches ou ais dont les planchers sont faits. Or, *summa coaxatio* étant opposé ici à *libramentum imum*, devrait signifier à la lettre *le plus haut plancher* ; et pour traduire selon le sens le plus raisonnable, il aurait fallu mettre le *premier pallier*, parce qu'un escalier ne conduit pas ordinairement par une seule rampe depuis le rez-de-chaussée jusqu'à un étage, sans être interrompu par un pallier de repos. Mais parce qu'il ne s'agit ici que de la proportion de la hauteur des marches à leur largeur, il est indifférent de prendre la hauteur d'un ou de plusieurs étages, parce que la proportion d'une marche étant établie, elle donne celle de toutes les rampes, n'y ayant point d'autre proportion de la longueur d'une rampe à sa hauteur que celle de la largeur d'une marche à sa hauteur. J'ai donc interprété *a summa coaxatione ad imum libramentum*, depuis le plancher du premier étage jusqu'au rez-de-chaussée, supposant que Vitruve fait son escalier avec une seule rampe ; ce qui ne se peut faire depuis le plus haut plancher jusqu'au rez-de-chaussée. — Galiani traduit les mêmes mots par *il pavimento del palco*.

Ita enim erunt temperatæ graduum et ipsarum scalarum collocationes. La proportion des degrés, prise sur celle du triangle de Pythagore, n'est pas suivie partout : nous trouvons en France qu'elle rend les escaliers trop roides, et nous voulons que ce que Vitruve appelle le pied des échiffres ait du moins le double de ce qu'il appelle la perpendiculaire.

Posteaquam indicium est factum. Je traduis, suivant Philander, par les mots, *lorsqu'on éprouva l'or par la pierre de touche*, les mots *posteaquam indicium est factum*. Car bien que *indicium* signifie simplement la connaissance que l'on a par quelque signe que ce soit, il y a grande apparence que Vitruve entend ici la connaissance que l'on a de la pureté de l'or par la pierre de touche, qui, à cause de cela, est appelée *index*.

Deprehendit argenti in auro mixtionem. Il semble que le texte dise simplement qu'Archimède connut qu'il y avait de l'argent mêlé parmi l'or. Mais il est si clair que Vitruve ne saurait avoir intention que l'on l'entendît ainsi, que je n'ai point fait de difficulté de donner à ma traduction le vrai sens du texte ; car il est constant qu'Archimède n'était pas en peine de savoir s'il y avait de l'argent mêlé avec l'or dans la couronne, puisque la pierre de touche l'avait déjà fait connaître, et que, pour en être encore plus assuré, il n'y eût eu qu'à faire voir que l'eau que la couronne faisait sortir était en plus grande quantité que celle qu'une masse d'or d'un même poids en faisait aussi sortir, n'étant point nécessaire de faire les autres épreuves dont il est ici parlé, comme d'avoir une masse d'argent du poids de la couronne, s'il ne s'agissait pas de connaître précisément quelle quantité d'argent était mêlée avec l'or.

Voyez aussi Plutarque ; les vers de Rhemnius Fannius (*De ponderibus*, ch. 4), sur cette découverte d'Archimède ; les notes de Klügelius (*In poetis minoribus* Winsdorfii, t. V, part. 1, p. 510) ; et Montucla, *Histoire des mathématiques*, t. I, p. 229.

Cum hæc sint tam magnis........ rerum considerantes effectus moveri. Ce passage assez obscur, suivant Schneider lui-même, a été traduit ainsi par Galiani : *Essendosi osservate queste cose con tanto piacere nelle scienze, e perche siamo naturalmente forzati ad esser tocchi da ogni invenzione, se ni consideriamo gli effetti.*

Ch. I. *De zona duodecim signorum.... contrario cursu.* La traduction littérale de ce titre est : *De la zone des douze signes, et du mouvement contraire des sept astres.* Mais Perrault a traduit d'après la leçon la plus généralement suivie, et qui est : *De gnomonicis rationibus ex radiis solis per umbram inventis, et mundo atque planetis.*

Analemmatorum formæ. Ces manières de cadran ne montraient que la hauteur que le soleil avait tous les jours à midi, et par la grandeur des ombres du gnomon ; et ils n'étaient pas proprement des horloges, parce qu'ils ne marquaient point les heures, mais seulement les mois et les signes. Depuis, on les joignit aux horloges qui marquaient ensemble et les mois et les signes par la longueur des ombres, et les heures par leur déclinaison.

Analemma est ratio, etc. Ce passage est assez difficile

à entendre. Voici comment Galiani l'a rendu : *Analemma s'intende una regola ricavata del corso del sole et stabilita, coll' osservazione della crescenza dell' ombra dal solstizio d'inverno, per mezzo della quale colle operazioni meccaniche, è del compasso si è venuto incognizione dello stato vero del mondo.*

Et umbræ crescentis a bruma observatione inventa. Saumaise, qui a corrigé ce passage en mettant *a bruma* au lieu de *a brumæ*, ne l'a corrigé qu'à demi ; car il faut aussi, au lieu de *crescentis*, mettre *decrescentis*, puisqu'il n'est pas vrai que les ombres des gnomons commencent à croître après le solstice d'hiver, parce qu'au contraire c'est le temps où elles commencent à diminuer jusqu'au solstice d'été, où elles sont les plus courtes.

Ibique circum eos cardines orbiculos.... perfecit. Aulu-Gelle dit que, outre les cinq cercles ordinaires, savoir, l'équinoxial, les deux tropiques et les deux polaires, M. Varron en mettait encore deux autres plus petits, qui touchent immédiatement l'axe qui les traverse. — *Voyez* Aulu-Gelle, III, 10 ; Varron, *De R. R.*, I, 2, 4.

Veneris.... XXXX diebus percurrit signi spatium. Vitruve a dû entendre plus de 40 jours, parce que le chemin que Vénus fait dans les douze signes n'irait qu'à 400 jours, supposé, que n'étant point empêchée, elle ne demeurât que 40 jours dans chaque signe.

Saturni vero mensibus XXXI et amplius paucis diebus. Si, comme Vitruve dit, et comme il est vrai, Saturne achève son cours en 29 ans et 160 jours, il faut qu'il soit dans chaque signe 29 mois et 26 jours, donnant 30 jours à chaque mois : car ce temps, qui fait 896 jours, multiplié par 12 fait 10,752 jours, qui sont le nombre des jours de 29 ans 160 jours. Il faut donc lire XXIX mois et quelques jours, au lieu de XXXI mois, parce qu'il est vraisemblable qu'un copiste a mis l'I après les trois X, au lieu de le mettre avant le dernier.

Non lucidis itineribus errantia per eam sidera obscuritatis morationibus impedire. Barbaro examine sérieusement ce raisonnement, et témoigne n'être pas entièrement persuadé que la raison qui fait que les planètes retardent leur cours quand elles sont rétrogrades, se doive prendre de l'incertitude où elles sont du chemin qu'elles doivent tenir à cause de l'obscurité de l'endroit par où elles passent, parce qu'elles sont éloignées du soleil. Mais il ne s'explique point sur les raisons qu'il a de ne demeurer point d'accord de cette théorie ; et il ne dit point si ce qui le fait douter est le peu d'apparence qu'il y a que les planètes les plus éloignées, comme Saturne et Jupiter, ne soient pas suffisamment éclairées dans leur chemin, par la raison que ces astres étant des êtres divins, doivent avoir la vue pour le moins aussi bonne que nous, qui sommes suffisamment éclairés en notre chemin par la lumière du soleil, quelque éloigné qu'il soit de nous.

Ergo potius ea ratio nobis constabit, etc. Cette opinion de Vitruve sur la station ou rétrogradation des planètes est rapportée par Pline, qui en parle comme en étant le premier auteur ; et il l'explique ainsi : *Stellæ solis radio percussæ inhibentur rectum agere cursum, et ignea vi levantur in sublime.*

Ad quintum ab eo signo. J'ai cru qu'il fallait lire jusqu'au quatrième (signe), bien qu'il y ait *ad quintum* dans le texte. Ma raison est que, dans la doctrine des aspects des planètes, le sextil est par l'éloignement de deux signes, le quadrat par celui de trois, et le trine par celui de quatre ; de même que l'opposition est par celui de six. Et il y a apparence que dans le premier exemplaire le nombre 4 était marqué IV, et que le caractère I ayant été effacé, on a écrit *ad quintum*, au lieu de *ad IV*, qu'il y avait dans l'original. Et on ne peut pas dire que parce que le point qui termine le quatrième signe est le commencement du cinquième, Vitruve a entendu que le soleil est au cinquième signe quand il a achevé le quatrième ; car ce qui est dit ici du cinquième signe est pour répondre à ce qui a été demandé un peu devant, savoir, pourquoi le soleil par sa chaleur retient plutôt les planètes qui sont dans le signe dont il s'agit, que celles qui sont dans le second ou dans le troisième ; car il est évident que le second et le troisième, qui sont comparés à celui dont il s'agit, sont appelés comme les signes où se font les autres aspects. Or, ayant été dit que l'aspect trine se fait au cinquième signe, parce que le soleil l'a atteint, il faudrait dire aussi que les autres aspects sont faits au troisième et au quatrième signe, et non au second et au troisième.

Quæ longius a sole essent, hæc vehementius ardere. L'opinion que l'on peut avoir que le soleil échauffe davantage les corps qui sont éloignés, est fondée sur ce que la moyenne région de l'air, qui est plus proche du soleil, nous paraît plus froide que la basse, qui en est plus éloignée ; mais la conséquence que l'on tire de cette expérience est fausse, parce que la moyenne région n'est pas froide à cause de la faiblesse de la chaleur du soleil, mais parce que les corps qui sont en cet endroit sont moins capables de recevoir l'impression de ses rayons, faute de l'opacité nécessaire pour cela, et qui, arrêtant les rayons du soleil, est cause de la chaleur que le soleil ne produit point dans les corps transparents, où ses rayons ne sont point arrêtés, ainsi qu'ils sont sur la terre.

Ergo sol..... radiis exurens efficit candentem. Cette raison s'accorde mal avec ce que l'auteur a dit, savoir, que le soleil échauffe davantage les corps qui sont éloignés de lui.

Ch. II (ou IV, sect. 17 et suiv.). *Itaque quot mensibus sub rotam solis..... ea est illuminata.* J'ai remis en sa place une ligne que je crois avoir été transposée : car il y a dans tous les exemplaires : *Itaque quot mensibus* (c'est-à-dire *singulis mensibus*) *sub rotam solis radiosque primo die antequam præterit latius obscuratur, et quoniam est cum sole, nova vocatur*, etc. ; *quotidie vero discedens cum pervenit ad diem septimum, distans a sole occidente, circiter medias cæli regiones dimidia lucet, et ejus quæ ad solem pars spectat ea est illuminata.* Or, ces mots, *et ejus quæ ad solem spectat ea est illuminata*, ne sont point en leur place, et ne signifient rien. C'est pourquoi je les ai mis ainsi en leur ordre : *Itaque quot mensibus sub rotam radiosque primo die antequam præterit, latius obscuratur, et ejus quæ ad solem pars spectat, ea (tantum) est illuminata, et quoniam est cum sole*, etc.

In se recipit splendorem. Ce texte n'a point de sens dans tous les exemplaires, où il y a que quand la lune est pleine, *totius orbis solis in se recipit splendorem*; car il est toujours vrai qu'en quelque état que soit la lune, elle reçoit toujours la lumière du soleil d'une même manière : mais elle ne renvoie vers la terre toute la lumière qu'elle reçoit du soleil, que lorsqu'elle est pleine. C'est pourquoi j'ai cru qu'il faut lire, *totius orbis a se rejicit splendorem.* Car bien qu'en tout temps la lune rejette absolument toute la lumière du soleil, de même qu'elle la reçoit toujours toute entière, il est pourtant vrai qu'il ne s'agit ici que de ce que la lune fait à l'égard de la terre, sur laquelle elle renvoie tantôt plus, tantôt moins de cette lumière, quoiqu'elle la reçoive toujours également.

Ch. III (ou V). *Cum sol Arietis signum init et partem octavam pervagatur.* Columelle apporte la raison pour laquelle les solstices et les équinoxes, parmi les anciens, n'étaient pas au commencement des signes, mais à leur huitième partie, savoir, que cela se faisait ainsi, parce que on suivait les fêtes qui avaient été mises vers ce temps-là de l'année où Eudoxus, Meton, et les autres anciens astronomes, avaient cru qu'étaient les points des équinoxes et des solstices ; quoique dans la vérité ils soient au commencement des signes, ainsi qu'Hipparchus l'a enseigné depuis.

Cum progreditur ad caudam Tauri. Pline met les Pléiades dans la queue du Taureau, ce qui est contre l'usage des astronomes, qui n'attribuent les étoiles de la constellation du Taureau qu'à la moitié de devant ; car quand même on entendrait par la queue du Taureau l'extrémité de la constellation, il n'est point vrai que les Pléiades soient dans cette extrémité, mais entre cette extrémité et la tête, ainsi que Vitruve le dit.

In majus spatium mundi quam dimidium procurrit. Cela doit s'entendre du cercle équinoxial, qui divise le ciel en deux parties égales.

Magis crescit supra terram. C'est-à-dire qu'à midi il est plus éloigné de l'horizon.

Ch. IV (ou VI). *De sideribus ad dextram orientis... et septentrionem.* Perrault a suivi ici la leçon de Jocundus : *De sideribus quæ sunt a zodiaco ad septentrionem.* Ce chapitre est intitulé aussi, dans quelques éditions : *De cœteris sideribus dextra et læva zodiaci.*

De sideribus. Je traduis *sidus*, une constellation, ou l'amas de plusieurs étoiles, suivant l'étymologie de *synodeuein*, qui signifie marcher ensemble. Les anciens, selon Suidas, faisaient cette même distinction entre *aster*, qui signifiait une seule étoile, et *astron*, qui signifiait un signe composé de plusieurs étoiles.

Colorata item alia. Quelques éditions ayant ici *species*, Perrault dit : « Je corrige cet endroit après Philander, en lisant *spica*, au lieu de *species*. Il y a une infinité d'autres fautes dans la description de toutes ces constellations, qu'il faut suppléer par la connaissance que l'on a de la chose, qui est claire et certaine de soi. »

Qui Arcturus dicitur. Je crois qu'il faut lire *Arctophylax*, au lieu d'*Arcturus*, parce qu'*Arcturus* est une étoile de la constellation appelée *Arctophylax*, qui est proprement le gardien de l'Ourse, appelé autrement *Boötes*. Or, l'étoile *Arcturus*, qui signifie la queue de l'Ourse, est ainsi appelée à cause qu'elle est fort proche de la queue de l'Ourse.

Equi ungulæ attingunt Cassiopeam : Aquarii genua, etc. Il y aurait contradiction au texte si on ne le corrigeait, et si, au lieu de *Equi ungulæ attingunt Aquarii genua*, on ne lisait : *Equi ungulæ attingunt Avis pennas*; car il est dit ensuite que les pieds du Cheval sont sur la queue du Cygne. Cette correction est encore de Philander.

Genua media... dedicata Capricorni. Pour traduire le texte en l'état qu'il est, il faudrait dire que l'étoile du milieu de Cassiopée est dédiée au Capricorne ; ce qui n'est point vrai, car le Capricorne est fort éloigné de Cassiopée. C'est pourquoi j'ai cru qu'il fallait changer la ponctuation, et au lieu de *Cassiopeæ media, est dedicata Capricorno, supra in altitudine Aquila et Delphinus*, j'ai pensé qu'il faut lire : *Cassiopea media est (scilicet Cephei et Andromedæ) dedicata* (sup. *est*) *Capricorno, supra in altitudine Aquila,* (sicut) *et Delphinus*, parce que l'Aigle et le Dauphin sont au-dessus du Capricorne.

Qui dicitur Nixus in genibus. Hygynus dit qu'Hercule est appuyé sur le genou droit, et qu'il a le pied gauche sur la tête du Serpent.

Qui Septentriones dicuntur. Selon Varron, *Triones* signifie des bœufs, *quasi teriones a terendo* ; mais on n'en compte que trois, parce que les autres étoiles font le Chariot. D'autres entendent par *triones* des triangles ; mais ce n'est point une chose particulière aux étoiles de la grande Ourse de pouvoir faire des triangles.

[*Parre per eos flectitur Delphinus.*] Philander lit : *Parvi Equi per os flectitur Delphinus.*

Ch. V (ou VII). *De sideribus ad sinistram... et meridiem.* Perrault a encore traduit le titre de ce chapitre d'après la leçon suivante de Jocundus : *De sideribus quæ sunt a zodiaco ad meridiem.*

Caudam prospiciens Ceti. Il y a dans mon texte *cauda prospiciens Cephea*. Philander lit *Cetum*, au lieu de *Cephea*, parce que Céphée est trop loin du poisson méridional ; mais il n'est point vrai non plus que la queue du poisson méridional soit tournée vers la Baleine, car c'est sa tête ; et la queue est tournée vers le Sagittaire, qui est le centaure Chiron. C'est pourquoi, puisqu'il s'agit de mettre un mot au lieu de *Cephea*, j'ai mieux aimé lire *Centaurum* que *Cetum.*

Centauri priores partes.... simulacrum id, etc. Je corrige cet endroit, qui n'a aucun sens ; et, au lieu de *Centauri priores partes proximæ sunt Libræ, et Scorpionem tenent in manibus simulacrum id*, etc,. je lis : *Centauri priores partes proximæ sunt Libræ et Scorpioni, tenent* (scilicet *priores hæ Centauri partes*) *in manibus simulacrum id*, etc. Il faut remarquer qu'il y a deux Centaures dans le ciel, savoir, le Sagittaire, dont il vient d'être parlé ; et l'autre Centaure, qui porte le Loup.

Quæ autem sunt supra scapulas. Il n'est pas aisé de deviner quelles sont les épaules dont Vitruve entend parler ; car il n'y a point d'étoiles luisantes aux épaules de la Vierge, qui semblent néanmoins devoir être celles dont il s'agit dans le texte.

Pressus ungula Tauri. J'ai lu, comme Philander, *Tauri*, au lieu de *Centauri*, parce que le Centaure est bien loin de là.

Clavam altera ad Geminos tollens. Je corrige le texte, et je lis *et eam ad Geminos tollens*, au lieu de *alteram ad Geminos tollens*, parce que la vérité est qu'Orion lève vers les Gémeaux sa massue, qu'il tient de la main gauche, et non pas de l'autre main.

Apud vero ejus basim, etc. J'ai suivi la correction de Philander, qui, au lieu de *caput ejus basim*, etc., *Lepus*, lit *apud ejus basim*, etc., *Lepus*, c'est-à-dire, *le Lièvre est à l'endroit de sa base*, pour dire, *le Lièvre lui sert de base.*

Canis parvo intervallo insequens Leporem. Il faut entendre que Vitruve veut dire le contraire de ce qu'il dit ; car il dit que le Chien sert de base à Orion, ce qui n'est point vrai, parce que c'est le Lièvre, et non pas le Chien, qui est sous les pieds d'Orion ; de sorte qu'au lieu de *Canis parvo intervallo insequens Leporem*, je croirais qu'il faudrait lire *Canis parvo intervallo assidens Lepus*; parce qu'outre que le Chien n'est point sous Orion, il n'a aussi jamais été représenté dans les globes comme suivant le Lièvre, mais assis auprès du Lièvre.

Ἁρπεδόναι. Perrault lisait : Ἑρμεδόναι. « C'est avec raison, dit-il, que Philander dit que ce mot, qui signifie les délices de Mercure, n'appartient point au sujet. Baldus croit qu'il faut lire *harmonade*, c'est-à-dire un nœud, qui est la jonction et l'assemblage des liens qui attachent les Poissons. »

Nodus Piscium. Piscium est une correction de Philander. Les exemplaires avaient auparavant *Serpentium.*

Ch. VI (ou VII, sect. 5, 6, 7). *Euctemon.* Turnèbe corrige cet endroit, et au lieu de *Eudæmon, Callistus, Meto*, qui sont dans les exemplaires imprimés, il lit *Euchœmon, Calippus, Meto*, qui sont les noms des illustres astronomes dont Ptolomée fait mention.

Parapegmatorum. J'ai traduit à la marge *parapegmata*, l'usage des instruments qui servent aux observations astronomiques, suivant l'opinion commune et contre le sentiment de Saumaise, qui croit que *parapegma* en cet endroit signifie une table d'airain sur laquelle étaient gravés la figure du ciel, le lever et le coucher des étoiles, et les saisons de l'année ; de sorte que *parapegma*, selon Saumaise, est l'effet et la production de la science même qui a été trouvée par les moyens qui sont appelés *para-*

pegmata par ceux qui suivent l'opinion vulgaire. Mais cette opinion vulgaire me semble être plus conforme au texte, parce qu'il est dit que les astronomes ont trouvé la science des astres par la parapegmatique, *siderum occasus et ortus parapegmatum disciplina invenerunt*. Or, *parapegma* est un mot grec qui signifie en général une chose clouée et fichée quelque part, comme sont les lames d'airain dans lesquelles les lois, les déclarations des princes et les bornes des héritages étaient gravées, et ce que la langue française exprime assez bien par le mot d'affiche. Mais il signifie aussi l'assemblage de plusieurs pièces ; ce qui convient bien aux instruments de mathématique, qui servent aux observations astronomiques.

Ut etiam videantur divina mente tempestatum significatus... pronunciare. L'argument de Vitruve est bon quant à la forme ; mais la principale des propositions est fausse, qui est que les astronomes prédisent le changement des saisons ; et l'on peut par le même raisonnement conclure fort bien que les prédictions que les astrologues font du changement du temps étant fausses, comme elles sont, celles qu'ils font de la fortune des hommes le doivent être encore davantage ; parce que la raison du peu de succès de leurs prédictions en ce qui regarde la fortune des hommes, qui est la liberté de leur volonté, manque à l'égard des éléments, qui, n'ayant rien qui résiste aux impressions des astres, ne devraient jamais manquer de faire paraître les effets de ces impressions conformes aux prédictions des astrologues, si ces philosophes avaient la connaissance des causes de ces impressions.

Ch. VII (ou VIII). *Docetur analemmatos deformatio.* Perrault a traduit d'après l'ancienne leçon, que voici : *De horologiorum rationibus et umbris gnomonum æquinoctiali tempore Romæ et nonnullis aliis locis.*

Dierum brevitates itemque depalationes. Je traduis *dierum depalationes*, *la proportion de l'ombre équinoxiale*, supposant que *depalatio* vient de *palus*, *un pieu*, qui signifie le gnomon qui, étant fiché droit comme un pieu, fait des ombres à midi, qui sont différentes chaque jour. *Depalatio* est différemment interprété par Turnèbe et par Baldus, qui confessent l'un et l'autre ne savoir pas bien précisément ce que Vitruve a voulu exprimer par ce mot, que l'on ne trouve point dans les autres auteurs latins. Turnèbe croit que Vitruve entend par *depalatio*, qui est *quasi pali remotio*, cette manière d'allonger et d'accourcir les jours, dont il sera parlé ci-après, et qui se faisait dans les clepsydres par le moyen d'un coin de bois qui, étant tiré ou poussé, faisait lever ou baisser un cône qui, fermant plus ou moins un entonnoir, en laissait tomber plus ou moins d'eau ; ce qui servait à allonger ou à accourcir les heures. Baldus, qui ne trouve pas à propos de transférer aux cadrans au soleil ce qui appartient aux clepsydres, croit que *depalatio*, qu'il fait venir du verbe *palor*, qui signifie errer et courir çà et là, dénote l'inégalité des ombres qui, augmentant et diminuant, semblent courir tantôt d'un côté, tantôt d'un autre. Mais ces deux interprètes s'accordent, en ce qu'ils entendent que *depalatio* est pour les changements qui arrivent à la grandeur des jours, et ils ne diffèrent qu'en l'étymologie. Je crois avoir exprimé ce sens dans ma traduction.

Ad gnomonis centrum. Il y a manifestement faute au texte : car il faut ou *gnomonis extremum*, ou *circuli centrum*, parce que *gnomonis centrum* n'a point de sens.

Circinationis totius sumenda pars est quinta decima. Vitruve suppose que la plus grande déclinaison du soleil est de 24 degrés ; ce qui n'est pas précisément vrai, parce qu'elle n'est que de 23 degrés ½. Mais cette précision n'est pas nécessaire dans la confection des cadrans au soleil.

Linea vocatur lacotomus. Les grammairiens ne sont point assurés de la signification de ce mot, qui paraît grec, et qui ne se trouve point dans le traité que Ptolomée a fait de l'analemme. L'opinion la plus commune est qu'il vient du grec *lakis*, qui signifie une rognure de drap ; et du verbe *temno*, qui signifie couper : car cette ligne appelée *lacotomus* coupe une pièce du méridien.

Qui menaeus dicitur. La plupart des exemplaires ont *manacus*, sans raison. Jocundus lit *manacus*, qui signifie appartenant aux mois. L'étymologie se prend du grec *man*, qui, selon la prononciation commune, signifie le mois. Scaliger croit que le mot *almanach* vient de ce mot *manacus*. Ce cercle représente la ligne écliptique, qui est divisée en douze pour les douze signes, qui font les douze mois.

Ch. VIII (ou IX). *Horologiorum.* Le mot d'horloge en français ne signifie ordinairement que celles qui sont à contre-poids et qui sonnent : celles qui sont à ressort et portatives s'appellent montres ; celles qui sont pour le soleil s'appellent cadrans. Néanmoins le nom d'horloge peut passer pour général, et je l'ai employé en cette signification, parce qu'il est ici nécessaire pour comprendre les deux espèces de machines à marquer les heures dont il est parlé dans ce chapitre, qui sont les cadrans au soleil et les clepsydres.

Hemicyclium..... ad enclimaque succisum. *Enclyma* signifie inclinaison ou pente. Il y a apparence que le cadran de Bérose était un plinthe incliné comme l'équinoxial, et que ce plinthe était coupé en hémicycle ou demi-cercle concave au bout d'en haut qui regarde le septentrion, et qu'il y avait un style sortant du milieu de l'hémicycle, dont la pointe répondant au centre de l'hémicycle représentait le centre de la terre ; et son ombre tombant sur la concavité de l'hémicycle, qui représentait l'espace qu'il y a d'un tropique à l'autre, marquait non-seulement les déclinaisons du soleil, c'est-à-dire les jours du mois, mais aussi les heures de chaque jour. Car cela se pouvait faire en divisant la ligne de chaque jour en douze parties égales ; ce qui se doit entendre des jours qui sont depuis l'équinoxe d'automne jusqu'à celui du printemps, étant nécessaire d'augmenter l'hémicycle au droit des autres jours qui ont plus de douze heures équinoxiales.

Scaphen sive hemisphærium. Les deux mots de *scaphé* et d'*hemisphærium*, dont Vitruve se sert pour expliquer le cadran d'Aristarchus, sont, à mon avis, joints ensemble pour faire entendre que l'hémisphère était sphérique concave, et non point, comme quelques interprètes veulent, pour signifier que ce cadran était en ovale. Martianus Capella dit que les cadrans appelés *scaphia* étaient creusés en rond, ayant un style élevé au milieu ; et il y a raison de croire que l'extrémité du style répondant au centre de l'hémisphère concave faisait dans ce cadran le même effet que dans l'hémicycle.

Discum. *Discos* en grec signifie un corps rond et plat. Mon opinion est que le disque d'Aristarque était un cadran horizontal, dont les bords étaient un peu relevés, pour remédier à l'inconvénient qu'il a été ci-devant remarqué dans les cadrans dont le style est droit, et élevé perpendiculairement sur l'horizon : car ces bords ainsi relevés empêchent que les ombres ne s'étendent trop loin.

Arachnen. Si cette araignée est celle qui est aux astrolabes, ainsi qu'il y a grande apparence, elle est décrite ci-après dans ce même chapitre, sous le nom d'horloge anaphorique.

Nonnulli dicunt Apollonium. Plinthium sive lacunar, etc. Je corrige cet endroit, suivant le conseil de Baldus, qui veut qu'on lise *plinthum sive laterem*, au lieu de *plinthium sive lacunar* ; car *plinthus* en grec et *later* en latin signifient la même chose, savoir, une brique ou carreau ; et *lacunar* signifie une chose dont la figure est tout à fait contraire à celle d'une brique, *lacunar* étant une chose creuse, et *plinthus* et *later* une chose pleine et relevée.

Πρὸς τὰ ἱστορούμενα. Les interprètes ont des opinions

différentes sur l'explication de ce cadran. Baldus croit qu'il est opposé à celui qui est appelé *Prospanclima*, c'est-à-dire qui peut servir à tous les lieux dont les historiens et les géographes ont parlé. Cisaranus croit que ce nom lui a été donné parce que les figures des signes y étaient peintes, suivant ce qui est rapporté dans les fables ; mais cela n'est point de l'essence d'un cadran.

Pelecinon. Les cadrans faits en hache sont probablement les cadrans ou les lignes transversales qui, marquant les signes et les mois, sont serrées vers le milieu et élargies à deux côtés ; ce qui leur donne la forme d'une hache à deux côtés, qui est notre hallebarde.

Les cadrans en cône et en carquois sont apparemment les verticaux, qui regardent l'orient ou l'occident, qui, étant longs et situés obliquement, représentent un carquois.

Dictus est artificiosis rebus se delectare. L'expression *des mécaniques*, qui est fort usitée en français, contient, ce me semble, la véritable signification des mots *rebus artificiosis*, et j'ai cru que, *aux choses artificielles*, aurait été trop vague.

Horologiorum ex aqua comparationes explicuit. Il y a sujet de s'étonner que Vitruve, qui affecte tant d'apporter des noms grecs pour signifier les choses qui en ont de latins, emploie ici une circonlocution latine, au lieu de se servir du mot grec de clepsydre, dont l'usage était fort commun parmi les Romains. Ces horloges, dont il y avait plusieurs espèces, ainsi qu'il se voit en ce chapitre, avaient tout cela de commun que l'eau tombait insensiblement par un petit trou d'un vaisseau dans un autre, dans lequel, en s'élevant peu à peu, elle élevait un morceau de liège, qui faisait connaître les heures en différentes manières. Elles étaient aussi toutes sujettes à deux inconvénients.

Le premier, qui est remarqué par Plutarque, est que l'eau s'écoulait avec plus ou moins de difficulté, selon que l'air était plus ou moins épais, ou plus froid ou plus chaud ; car cela empêchait que les heures ne fussent justes. L'autre est que l'eau s'écoulait plus promptement au commencement, lorsque le vaisseau d'où l'eau tombait était plein, que vers la fin, à cause que la pesanteur de l'eau était plus grande au commencement qu'à la fin ; et c'est pour remédier à cet inconvénient qu'Oronce a inventé sa clepsydre, qui est un petit navire qui nage sur l'eau, et qui se vide par un siphon qui est au milieu du navire : car le navire se baisse à mesure que l'eau est vidée par le siphon qui la fait sortir toujours d'une même force, parce qu'il prend toujours l'eau proche de sa superficie. Nous avons substitué aux clepsydres des anciens nos horloges de sable.

Conarchenen conatum..., antiborœum. On ne trouve point ces mots dans les autres auteurs, ni grecs ni latins. Le gonarque et l'engonate semblent être dérivés du grec, et signifier des cadrans faits sur des superficies différentes, dont les unes étant horizontales, les autres verticales, les autres obliques, font plusieurs angles ; ce qui fait appeler ces cadrans angulaires et pliés, à cause que *gony* signifie un angle et un genou. Pour ce qui est de l'antiborée, Baldus dit que c'est un cadran équinoxial, tourné vers le septentrion ; mais la vérité est qu'un cadran équinoxial a deux parties : l'une tournée vers le septentrion pour le printemps et pour l'été, l'autre vers le midi pour l'automne et pour l'hiver.

Pensilia. J'interprète *portatifs* le mot *pensilia*, quoique *horologium pensile* ne contienne pas toutes les significations que peut avoir *horloge portative* ; parce qu'il y a des cadrans portatifs dont on ne se sert point en les tenant pendus, mais parce que la plupart de nos cadrans portatifs sont faits avec des aiguilles aimantées, dont les anciens n'avaient point l'usage. Il y a apparence qu'ils n'avaient point d'autres cadrans portatifs que ceux dont on se sert en les tenant pendus, tels que sont les cylindres et les anneaux astronomiques.

Scaphium inversum. J'ai interprété *scaphium*, un vaisseau ; et il y a apparence que celui dont on se servait aux clepsydres était fait pour enfermer de l'air étant renversé sur l'eau, afin que cet air le soutînt ; ce qui faisait le même effet que le liège, qui, par sa légèreté, nage aisément sur l'eau. Mais j'ai cru qu'il y a faute au texte, et qu'au lieu de *aqua sublevat scaphium inversum, quod ab artificibus phellos sive tympanum dicitur*, il faut lire *aqua sublevat phellon aut scaphium inversum, quod ab artificibus tympanum dicitur*, n'y ayant point d'apparence qu'un vaisseau renversé puisse être appelé un liège, mais bien un tambour ; parce que le vaisseau renversé et le tambour nagent sur l'eau par une même raison, qui est celle de leur figure, capable d'enfermer beaucoup d'air qui les soulève ; mais ce qui fait nager le liège est seulement la légèreté de sa matière.

Calculi aut ova. Presque tous les exemplaires ont *tona* au lieu d'*ova*, que Cisaranus a corrigé, et Barbaro après lui. On peut douter si ces pierres que ces horloges jettent ne sont point pour marquer les heures en tombant dans un bassin d'airain, et si elles ne tiennent point lieu de la sonnerie de nos horloges. Ce que Vitruve dit, au quatorzième chapitre du dixième livre, des machines que les anciens faisaient pour mesurer le chemin que l'on faisait en carrosse donne lieu à cette pensée.

Ad hibernum usum. Les clepsydres étaient les horloges d'hiver, à cause que les cadrans au soleil ne sont pas d'usage dans cette saison. Outre les horloges d'hiver, qui sont les clepsydres, et celles d'été, qui sont les cadrans au soleil, les anciens en avaient une troisième espèce, que l'on appelait les horloges de nuit. Il en est parlé sur le quatorzième chapitre du dixième livre. Mais il faut remarquer que les horloges des anciens étaient bien plus difficiles que les nôtres, où les heures sont toujours égales ; car les heures changeaient tous les jours parmi eux, parce qu'ils partageaient toujours le jour, c'est-à-dire le temps qu'il y a depuis le lever du soleil jusqu'à son coucher, et la nuit de même, en douze heures égales. Il faut encore remarquer qu'ils se servaient de deux moyens pour faire marquer à leurs clepsydres ces heures différentes. Le premier était de changer de cadran tous les jours, et faire par ce moyen que, bien que le mouvement de l'index fût toujours égal, les heures ne laissassent pas d'être inégales, leurs espaces étant tantôt plus grands, tantôt plus petits. Vitruve apporte deux exemples de cette sorte de clepsydre, savoir, la clepsydre de Ctésibius, et la clepsydre anaphorique.

La seconde espèce de clepsydre était celle où, sans changer de cadran, les heures étaient tantôt grandes et tantôt petites par l'inégalité du mouvement de l'index, qui dépendait du tempérament que l'on donnait à l'eau, pour parler comme Vitruve. Ce tempérament se faisait en agrandissant ou rapetissant le trou par lequel l'eau sortait : car cela faisait qu'aux longs jours, où les heures étaient plus grandes, le trou étant rapetissé, il tombait peu d'eau en beaucoup de temps ; ce qui faisait que l'eau montait lentement et faisait descendre lentement le contre-poids, qui faisait tourner le pivot auquel l'index était attaché. Vitruve donne aussi deux exemples de cette espèce de clepsydre, savoir, la clepsydre des deux cônes, et la clepsydre à deux tympans.

Quemadmodum se temperet ad rationem. Les mots *pour marquer cette inégalité* ne sont point dans le texte expressément, mais j'ai cru qu'ils étaient en puissance dans ces mots *ad rationem*. Car le sens est que l'on peut faire que les heures inégales seraient marquées par l'inégalité du cours de l'eau, de même que la différente disposition du clou produit cet effet dans l'horloge anaphorique, ou par la différente situation de la colonne dans l'horloge, où les heures sont indiquées par le bout d'une baguette.

Ex œre tympanum. Le mot de *tympanum* signifie beaucoup de choses différentes; car c'est quelquefois le dedans d'un fronton, quelquefois une roue d'horloge, quelquefois une roue creuse qui sert à élever de l'eau; ci-devant, dans les clepsydres de Ctésibius, c'est un vase renversé, qui nage sur l'eau. Ici c'est un cercle de cuivre large et semblable à un tambour de Biscaye, et ce tambour est de deux espèces : l'un plus grand, que l'on nomme femelle; l'autre plus petit, qui s'emboîte dans le grand, et qui est appelé mâle.

Cum sol fuerit in Capricorno, orbiculi, etc. Tous les exemplaires ont constamment cette période : *Cum sol fuerit in Capricorni orbiculo, lingula in majoris tympani parte et Capricorni quotidie singula puncta tangens, ad perpendiculum habet aquæ currentis vehemens pondus, celeriter per orbiculi foramen id extendit ad vas,* etc. Mais parce qu'elle n'a point de sens, et que l'on peut lui en donner en changeant peu de chose, j'ai interprété comme s'il y avait : *Cum sol fuerit in Capricorno, orbiculi (hoc est minoris tympani) lingula in majoris tympani parte, quæ est Capricorni, quotidie singula puncta tangens, ad perpendiculum habet aquæ currentis vehemens pondus et celeriter per orbiculi foramen, id (hoc est aquæ vehemens pondus,* au nominatif) *extendit ad vas,* etc.

Minoris tympani.... tum descendit foramen a perpendiculo. J'ai suivi la correction de Barbaro, qui met *minoris tympani,* au lieu de *majoris* et *descendit tum foramen a perpendiculo,* au lieu de *cuncta descendunt foramina perpendiculo.*

LIVRE X.

Sedes spectaculorum. Je traduis ces mots *les amphithéâtres* : car quoiqu'il soit constant que les véritables amphithéâtres n'étaient point encore en usage du temps de Vitruve, et qu'il y a faute dans Pline, où on lit *Pompei amphitheatri,* au lieu de *Pompeiani theatri,* selon la remarque de Lipse; néanmoins le mot d'amphithéâtre est si commun en français, et sa signification est si précise pour signifier les sièges qui servent aux spectacles, que je n'ai pas fait de difficulté de me servir de ce mot. Il me reste néanmoins un scrupule, à cause de la pensée que j'ai que les anciens avaient trois sortes de théâtres, dont les uns étaient entièrement de bois, les autres tout de pierre, et les autres moitié pierre et moitié bois, tel qu'est celui de Bordeaux, où les sièges qui n'étaient que de bois étaient soutenus sur des murs tournés en rond. Car cela étant, *sedes spectaculorum* signifierait ici seulement la charpenterie dont les sièges étaient formés, et qui se posait sur la maçonnerie, lorsque l'on devait donner les spectacles. Cela paraît avoir quelque vraisemblance, parce que Vitruve met *sedes spectaculorum* avec *velorum inductiones,* et que l'on sait que les voiles ne se mettaient aux théâtres que dans le temps des spectacles. Or, ces voiles étaient de deux sortes; car les unes servaient à couvrir tout le théâtre, pour empêcher que les spectateurs ne fussent incommodés du soleil; les autres se tiraient devant la scène pendant que l'on travaillait aux changements du théâtre : cette dernière sorte de voiles s'appelait *siparium.*

Ch. I. *Machina est continens ex materia conjunctio.* La définition que Vitruve apporte ici de ce qu'on appelle machine, et la division qu'il en fait en trois espèces, ne sont pas justes; mais surtout il me semble que le mot de *materia,* qu'il fait entrer dans la définition, n'y devrait point être; car s'il signifie en général quelque matière que ce soit, il répugne à la notion de la machine, qui consiste davantage dans la forme et dans l'art que dans la matière. Mais si *materia* signifie particulièrement du bois, ainsi qu'il semble que Vitruve l'entend, cela est encore sans raison, les métaux, les cordages, la graisse et plusieurs autres choses étant la matière des machines aussi bien que le bois.

Ea movetur ex arte. Je traduis ces mots, *l'effet de la machine dépend de l'art;* car quoiqu'on puisse dire en quelque manière que la machine est remuée par art, la vérité est que c'est le poids qui est remué par l'art, et non la machine qui est proprement remuée par quelque puissance naturelle, tel qu'est ici le poids qui emporte les balances, ou le bras qui presse le levier; bien entendu que cette puissance naturelle est employée et conduite par l'art. C'est pourquoi Aristote dit fort bien que la mécanique est composée de la physique et des mathématiques.

Est autem.... genus scansorium. La définition de machine en général ne convient point à ces espèces : car ni les échelles, ni les machines à vent, ne sont point faites pour lever de lourds fardeaux par la vertu du mouvement.

Sine periculo. Il est difficile de deviner pourquoi la sûreté est mise dans la définition de cette machine, vu que le contraire est un peu après, lorsqu'il est dit qu'elle est principalement remarquable par la hardiesse de ceux qui s'en servent. De plus, la fin et l'usage de cette machine sont restreints assez mal à propos à une seule chose; car, outre qu'une échelle est une machine qui peut servir à autre chose qu'à la guerre, elle peut aussi dans la guerre même servir à autre chose qu'à découvrir ce que font les ennemis.

Cum spiritus expressionibus impulsus, et *plagæ vocesque* ὀργανικῶς *exprimuntur.* Je lis *spiritus impulsu, et plagæ, vocesque organicos exprimuntur,* au lieu de l'autre leçon, qui n'a point de sens, parce que le mot *expressionibus* est manifestement inutile, et que l's tout de même est superflu dans *impulsus.*

Plagæ. J'interprète ce mot, *le son des instruments que l'on touche, plagæ* signifiant à la lettre *les coups* ou *les battements,* c'est-à-dire les coups d'archet, les coups des doigts qui pincent les cordes, ou les coups de marteau qui font sonner les timbres; ce qui comprend tous les instruments de musique qui ne sont point à vent; car toute la musique étant divisée en vocale et en instrumentale, et l'instrumentale en pneumatique, c'est-à-dire qui dépend du vent, et en psaltique, c'est-à-dire qui consiste en frappement; la psaltique est de deux espèces, savoir, celle qui frappe les timbres, laquelle est présentement en grande vogue dans les villes des Pays-Bas, et celle qui frappe les cordes, qui est aussi de deux espèces, l'une qui frappe les cordes en les frottant, ainsi qu'il se fait aux violons avec un archet, aux vielles avec une roue, aux archivielles avec une ceinture de cuir avec son poil; l'autre qui frappe les cordes sans les frotter; ce qui se fait encore en deux façons, car ou la corde est poussée sans que ce qui la pousse la quitte, comme il se fait aux manicordions; ou ce qui pousse la corde la quitte, qui est ce que l'on appelle pincer; et ce pincement se fait en deux façons, savoir, ou avec le doigt comme aux harpes, aux luths et aux guitares, ou avec des sauteraux comme aux épinettes. La pneumatique, selon Psellus, est de deux espèces; car les instruments à vent font des tons différents, ou par l'allongement et l'accourcissement de l'organe, ou par le renforcement et le relâchement de l'effort qui se fait en poussant le vent; il semble que par cette seconde espèce il signifie les cors et les trompettes; mais il est constant que ce n'est pas la seule différence de la force du vent qui fait les différents tons dans le jeu des trompettes; car cela ne vient que de la plus grande ou de la moindre compression des lèvres de celui qui sonne. J'ai un instrument de musique dont les sauvages de la Guadeloupe ont accoutumé de jouer, qui représente assez bien l'effet dont Psellus parle : ce sont deux flûtes faites, à ce que l'on peut juger, de la tige d'une ronce vidée de la moelle. Elles sont de la longueur de 18 pouces, et grosses en dedans seulement de 4 lignes ; elles sont jointes l'une contre l'autre, et accordées à l'unisson. Or, les tons de ces flûtes sont différents selon que l'on souffle plus ou moins fort ; en sorte que du plus bas ton on passe immédiatement à la quinte et de là à l'octave, et ensuite à la dixième, puis à la douzième, treizième, quatorzième, quinzième, etc., comme dans les trompettes.

Or, ce n'est pas sans raison que Vitruve dit que par le moyen de la machine pneumatique, qui est ce que nous appelons les orgues, on imite tout ce que la voix et les instruments que l'on touche ou que l'on frappe peuvent faire ; car les flûtes bouchées, jointes aux régales enfermées dans des tuyaux médiocrement longs, imitent la voix humaine ; les régales enfermées dans des tuyaux plus longs, que l'on appelle cromornes, imitent les violons ; les petites flûtes qui composent ce que l'on appelle la fourniture, et celles qui composent les cymbales jointes aux autres jeux, qui toutes ensemble font le plein jeu, imitent le son des cloches et des timbres, à cause de ce tintement aigu qu'elles représentent, qui est inséparable et comme le vrai caractère du son des cloches, et qui, parce qu'il se rencontre aussi aigu dans les plus grosses cloches que dans les plus petites, est imité par des tuyaux qui sont presque aussi petits aux plus basses touches qu'aux plus hautes ; n'ayant que l'étendue d'une octave pour tout le clavier, qui comprend ordinairement quatre octaves.

Scorpionis. Végèce dit que, de son temps, *scorpiones*, que je traduis *arbalètes*, étaient appelés *manuballistæ*, pour les distinguer des grandes balistes ou catapultes qui n'étaient pas portatives, de même que nos arquebuses et pistolets sont distingués du canon. Ces petites machines étaient appelées scorpions, à cause de leur effet qui était de blesser avec de petites flèches, de même que le scorpion blesse avec un petit aiguillon ; et à cause de la figure de leur arc, qui représentait deux bras recourbés comme les pieds d'un scorpion.

Anisocyclorum. On ne sait point certainement quel est cet instrument. Budée et Turnèbe ne savent que la signification littérale de son nom, qui signifie *des cercles inégaux*. Barbaro dit que les cheveux bouclés font les anisocycles ; ce qui est vrai, supposé que les boucles soient inégales, comme elles seraient si elles étaient formées par un fer chaud mis en corne. Baldus croit que cette machine qui jette des flèches par le moyen d'un fil d'acier tourné en vis, et enfermé dans un canal, est l'anisocycle ; mais les cercles de ce fil, qui est entortillé comme de la canetille, ne sont point inégaux. Il y aurait plus d'apparence que l'anisocycle serait cette sorte de ressort qui est fait d'une lame ou d'un fil d'acier qui est tourné non en vis, mais en ligne spirale sur un même plan, comme est le ressort des montres portatives, où les cercles du milieu sont plus petits que ceux qui sont vers la dernière circonférence.

Cisia. Les anciens avaient des carrosses à deux *roues*, qu'ils appelaient *cisia*, dont ils se servaient pour aller commodément et en grande diligence. Cicéron les appelle *chaises volantes* ; aujourd'hui nous les appelons *chaises roulantes*.

Ch. II (ou II, III, IV, V, VI, VII). *Trochlea.* Le mot *trochlea* est ici ce que nos ouvriers appellent une moufle. Ce nom, tant en latin qu'en français, est donné à toute la machine, à cause de l'une de ses parties : car *trochlea* en latin, ou *trochalea* en grec, signifie proprement une poulie, qui est appelée dans le texte de Vitruve *orbiculus*. Or, le mot d'*orbiculus*, aussi bien que celui de *trochlea*, qui signifie une roue, convient mieux à une poulie qu'à la moufle, qui est carrée, et qui enferme les poulies dans des mortaises. Le mot de *moufle* aussi, selon son étymologie française, ne convient qu'aux poulies dont la moufle est composée, et qui sont appelées moufles à cause de la ressemblance qu'elles ont avec la bouche quand les lèvres sont beaucoup relevées, et avancées en dehors ; ce que l'on appelle vulgairement en français *moufle* ou *moue*.

Rechamum. Ce mot, qui signifie la même chose que *trochlea* et *moufle*, ne se trouve que dans Vitruve. C'est une des deux parties de la moufle, qui est divisée en supérieure et inférieure. Ces moufles sont des morceaux de bois dans lesquels il y a des mortaises où les poulies sont enchâssées. L'effet de cette machine est que l'une des moufles étant attachée au haut de l'engin, et l'autre au fardeau, la corde qui le doit lever produit son effet en faisant approcher les moufles l'une de l'autre ; et elle facilite l'élévation du fardeau par la raison que, par les deux replis que la corde fait sur les poulies des moufles, il arrive que la corde qui descend au moulinet fait le double du chemin qu'une des moufles fait en approchant de l'autre ; et par conséquent elle n'a besoin que de la moitié de la puissance qui serait nécessaire si elle ne passait que sur une poulie, et si la descente de la corde vers le moulinet était égale à la montée du fardeau.

Ferrei forfices. Je lis avec Philander *forcipes*, qui signifie des tenailles, au lieu de *forfices*, qui signifie des ciseaux. Ces tenailles de fer dont Vitruve parle ici sont ce que nos ouvriers appellent *louve*, qui est un instrument de fer avec lequel on accroche les pierres pour les enlever avec les engins ou avec les grues. Je trouve trois espèces de louves, savoir : celle des anciens, dont Vitruve parle ici ; celle dont Philander dit qu'on se servait à Rome de son temps, et celle dont nous nous servons à présent en France.

Antarii funes. Je traduis ces mots *les câbles qui sont en la partie de devant*, parce que ce sont des cordes qui appuient la machine quand elle est dressée, et qui la tiennent, comme les entraves affermissent le mât d'un navire. Ils sont peut-être appelés *antarii* parce qu'ils servent d'arcs-boutants, appelés ci-devant *antæ* et *anterides* par Vitruve ; ou parce qu'ils sont en la partie de devant, pour les distinguer de ceux qui sont derrière et qui sont appelés *retinacula*. Ils doivent être tenus lâches, parce qu'ils ne servent à la machine que quand elle est levée, et il s'agit ici de la lever. Philander croit néanmoins que *antarii funes* sont les câbles qui sont passés dans les moufles pour lever les fardeaux ; et Baldus veut que ce soient ces cordes que nos ouvriers appellent *vintaines*, qui servent à conduire la pierre et à la tirer vers l'endroit où on la veut poser.

Quod si majus tympanum collocatum aut in medio.... calcantes homines. Pour traduire *calcantes homines aut in medio aut in una parte extrema*, il a fallu exprimer que les roues qui se mettent au lieu des moulinets pour lever des fardeaux, sont remuées en deux manières. La première est que l'on met des hommes dedans, qui marchent au milieu du plancher de la roue. L'autre est que l'on fait remuer à bras la roue en la tirant ou poussant par les extrémités des ais qui font le plancher, et par les rayons de la roue, qui sont des extrémités à l'égard du milieu du plancher sur lequel les hommes marchent.

Supra chelonia religatur. Au lieu de ces mots, j'ai cru devoir lire : *supra, cheloniis religatur*, faisant *supra* adverbe et non pas préposition, parce qu'il n'y a point de sens à dire que la moufle doit être attachée au-dessus des amarres, puisque les amarres ne servent qu'à soutenir la moufle, que le poids tire en bas.

Artemonem. Ce mot, à ce que l'on croit, est grec, de même qu'*epagon* ; mais il exprime mieux la chose qu'il doit signifier; car *epagon*, qui signifie *tirant à soi*, ne convient point à cette moufle qui est attachée au pied de la machine, vu qu'elle ne tire rien, et n'a point d'autre action que les autres moufles. C'est là dessus qu'est fondée l'erreur d'Hermolaüs, qui croit qu'*artemon* est l'*ergata* ou vindas. Et il aurait raison, si la chose de soi n'était si claire qu'il est impossible de douter qu'*artemon* ne soit ici une troisième moufle, qui est ainsi appelée à cause qu'en cette machine elle est ajoutée aux deux autres moufles qui sont ordinairement aux autres machines. Cela se doit entendre, supposé qu'*artemon* vienne du grec *artema*, qui signifie une chose ajoutée. Quelques-uns par cette raison veulent que la voile de figure triangulaire qui, dans les mers du Levant, se met au derrière du vaisseau, et que les Levantins appellent la *mesane*, soit communément appelée *artimon*, parce qu'elle est ajoutée aux autres, étant d'une autre espèce.

Polyspaston. Plutarque appelle ainsi la machine avec laquelle il dit qu'Archimède traîna lui seul sans peine un grand navire chargé de tout ce qu'il peut porter étant sur mer. Si Vitruve n'avait point décrit cette machine assez clairement pour en avoir donné une parfaite connaissance, on croirait que c'est autre chose: car on sait que ce que le polyspaste peut faire est tout à fait éloigné des effets que Plutarque lui attribue. Cela fait voir quelle opinion l'on peut avoir des autres miracles que cet historien conte des machines d'Archimède; et ce seul exemple peut faire croire que ce qu'il en dit n'est fondé que sur les relations des Romains, lesquels, étant peu versés dans les arts avant le temps de Marcellus, ainsi que Plutarque remarque lui-même, pourraient avoir beaucoup exagéré des choses que leur ignorance leur faisait paraître miraculeuses, et qu'ils avaient aussi peut être intérêt de faire passer pour telles. Car de croire que Plutarque qui la grande géométrie d'Archimède lui fit faire avec un polyspaste ce qui n'a pu être fait depuis par ceux qui n'étaient pas si savants que lui dans les spéculations des propriétés des nombres et des figures, cela est bien difficile, quand on considère que les esprits qui s'appliquent aux mécaniques, à la musique et aux autres arts qui sont estimés dépendre des mathématiques, n'y réussissent point à proportion qu'ils sont profonds dans la connaissance de la géométrie et de l'arithmétique; et que ces nobles sciences, que Platon estime être déshonorées quand on les attache à la matière, sont semblables aux plantes, dont les fleurs les plus belles et les plus doubles ne produisent que rarement du fruit. Et en effet, on ne remarque point que ceux qui ont inventé ou perfectionné les arts aient jamais excellé en autre chose qu'en la fécondité du génie, qui peut rendre, par exemple, un musicien capable de composer les plus beaux chants et la plus agréable harmonie par l'arrangement et par le mélange des sons différents en nombres et en intervalles, sans avoir cette parfaite connaissance de toutes les propriétés des nombres, des grandeurs et des figures, qui fait les grands mathématiciens, qui savent fort bien rendre la raison des effets que produisent les machines quand elles sont inventées.

Ferreos cnodaces. Il faut entendre que ces boulons n'étaient à queue d'aronde que par un bout, parce qu'ils devaient être ronds par le bout qui sortait hors la colonne, afin de pouvoir tourner dans l'anneau de fer. Mais ils étaient à queue d'aronde par le bout qui était scellé dans la colonne, afin de l'y faire mieux tenir. Car, supposé que les trous dans lesquels on scellait ces boulons fussent plus larges au fond qu'à l'entrée, il est évident que le plomb fondu remplissant cette cavité devait bien affermir ces boulons dans le marbre, et c'est la manière ordinaire de sceller les crampons.

Fecit rotas circiter pedum duodenum. Les interprètes entendent que, pour transporter les grands architraves que l'on avait taillés dans la carrière pour le temple d'Éphèse, ces roues de douze pieds soutenaient les boulons de fer, de même que les roues des charrettes ordinaires soutiennent les essieux. Mais il me semble que le texte ne dit point cela, et même qu'il ne le doit pas dire, parce qu'il n'est pas possible que l'excessive pesanteur de ces grandes pierres pût être soutenue sur deux boulons de fer scellés aux bouts de la pierre, c'est-à-dire sur un essieu, s'il faut ainsi dire, fait de trois pièces soudées avec du plomb bout à bout l'une de l'autre; car selon cette interprétation, la pierre et les deux boulons ne faisaient que comme un essieu. Il est aussi assez évident que le texte dit autre chose que cela; car il y a que Métagènes employa pour transporter les architraves le même moyen dont son père Ctésiphon (Perrault lisait Ctésiphon, au lieu de Chersiphron, qui est la leçon de notre texte) s'était servi pour transporter les colonnes, qui était tel, que le fardeau n'était point soutenu sur des essieux, et que les boulons de fer et les anneaux ne servaient que pour tirer et non pas pour porter. Or, cette manière particulière de transporter des colonnes et des architraves, que Vitruve compare à la manière de traîner les cylindres avec lesquels on aplanit les palestres, était que l'on faisait rouler ces grandes pierres, et qu'elles servaient elles-mêmes de roues; car on peut aisément entendre que les architraves, qui ne pouvaient pas rouler comme des colonnes, à cause de leur forme carrée, avaient été arrondis avec de la charpenterie que l'on avait appliquée vers les deux bouts, qui est ce que Vitruve appelle des roues de douze pieds. Rusconi, dans ses figures de Vitruve, a été dans la même opinion touchant cette forme et cet usage des roues de Métagènes.

Inclusa uti axes in rotis. Les essieux sont enfermés dans les roues en plusieurs manières: car ou ils sont enfermés dans les moyeux des roues pour y laisser tourner la roue à l'ordinaire, ou pour y être seulement passés sans que la roue y tourne, comme aux brouettes, où l'essieu qui traverse la roue ne tourne point. Si l'on explique le texte suivant la première manière, qui, à la vérité, est la plus commune et la plus naturelle, on peut croire que Vitruve a entendu que les architraves de Métagènes étaient portés sur les boulons qui servaient d'essieux; car il y a *epistylia inclusa uti axes in rotis*. Mais la suite et le reste du texte doivent faire croire que Vitruve l'a entendu suivant la seconde manière, qui est plus probable et plus commode, pourvu que les pierres fussent ajustées en sorte que leur centre de gravité fût exactement au centre des roues.

Non uti Metagenes apportavit. La manière dont Paconius voulut transporter la base de la statue d'Apollon était semblable à celle dont Métagènes s'était servi; car il dit de Métagènes que *fecit rotas circiter pedum duodenum, et epistyliorum capita in medias rotas inclusit*, etc.; de Paconius, que *rotas circiter pedum quindecim fecit, et his rotis capita lapidum inclusit*. De sorte que la machine de Paconius n'était différente de celle de Métagènes qu'en ce qu'il ne tirait pas sa machine par les deux bouts avec les boulons et les anneaux de fer, mais à l'aide d'une seule corde entortillée sur les fuseaux; ce qui tirait avec beaucoup plus de force, mais moins droit que celle de Métagènes.

Et, si non fecerit, pœna tenetur. Cette particularité est, ce me semble, remarquable pour faire voir quelle estime les anciens avaient pour les choses qui appartiennent aux beaux-arts, et principalement à l'architecture, comme ils s'en faisaient une affaire d'importance, et jusqu'où pouvaient aller les récompenses qu'ils donnaient aux excellents architectes; du moins si l'on peut juger de la reconnaissance qu'ils pouvaient avoir pour le travail et pour l'industrie des gens d'esprit, par l'honneur qu'ils ont fait à un berger pour avoir, par hasard, découvert une carrière. Cela doit aussi faire connaître que si les ouvrages de notre siècle surpassent en beauté tout ce qui a été fait jusqu'à présent, ceux qui les produisent sont beaucoup inférieurs aux auteurs des ouvrages de l'antiquité, en ce qui regarde le désir et la passion que l'on a de faire quelque chose d'excellent, et de n'épargner pour cela ni soin, ni travail, ni temps, ni dépense : car l'impatience que nous avons de voir les ouvrages achevés, et le peu de soin que nous avons accoutumé d'apporter pour les rendre durables, fait que nous ne croyons qu'à peine ce que les historiens rapportent de la patience et de l'exactitude des anciens, quand nous lisons que le temple d'Éphèse a été quatre cents ans à bâtir, que l'on y a employé les richesses de toute l'Asie, et que l'on a été quatre ans à laisser sécher la colle dont les pièces de bois des portes du temple étaient jointes ensemble.

Ch. III (ou VIII). *Ad eos perfectus.* Tous les exemplaires ont *ad duos perfectus* : il m'a semblé qu'il n'était pas difficile de voir qu'il faut lire *ad duos effectus.*

Directis ductionibus. L'exemple qui est ici apporté pour confirmer ce qui a été dit, savoir, que toute la mécanique est fondée sur le droit et sur le courbe, est fort bon; mais le texte ne l'explique pas bien, lorsqu'il semble faire entendre que le pivot de la poulie étant le centre du cercle, dont la vertu agit dans les effets des moufles, la corde qui va de la poulie au moulinet est le droit qui, avec le circulaire de la circonférence de la poulie, concourt à l'effet de la machine : car la corde ne tient lieu que d'une puissance externe, dont il n'est point question ici, où il s'agit seulement des dispositions internes de la machine, qui consistent dans la ligne qui va du centre de la poulie à sa circonférence, et cette ligne est proprement le droit dont il s'agit ; de même que la ligne courbe est celle que l'extrémité de la ligne droite décrit lorsque la poulie tourne, ces deux lignes ayant toujours une relation et une proportion pareille, et la grandeur de l'une dépendant de la grandeur de l'autre; parce que l'effet de la machine est nécessairement proportionné à ces deux lignes. Cela est mieux expliqué dans la réduction de la comparaison du moulinet.

Supposita uti centro. Telle est la leçon de tous les exemplaires; mais le sens veut qu'il y ait *imposita* : car il est évident que c'est le bec de la pince appelée *lingula*, qui est *subdita* ou *supposita*, comme il est dit incontinent après; et que le centre, qui est *hypomoction*, soutient la pince quand on presse.

Ὑπομόχλιον. Ce que les Grecs appellent *hypomochlion* est appelé en français *appui.*

Lingua. Vitruve désigne deux parties dans l'organe que l'on appelle *pince* en français : l'une est appelée *caput*, qui est le manche; et l'autre *lingula*, que j'interprète le *bec*, quoiqu'à parler proprement *lingula* soit la partie du levier que l'on appelle *la pince.* Mais, pour éviter l'ambiguité, s'agissant de donner le nom de *pince* à *ferreus vectis* ou à *lingula*, j'ai cru qu'il fallait suivre plutôt l'usage vulgaire, qui appelle *la pince* tout l'organe entier, qui est appelé par Vitruve *ferreus vectis*, que de suivre un usage peu connu, qui aurait obligé d'appeler *levier de fer* l'instrument que tout le monde appelle *pince* ; ce qui aurait causé de la confusion et de l'ambiguité.

Caput ejus per id cum ducitur, faciundo motus circinationis. Pour donner du sens à cet endroit, fort obscur, je mets *spatium* au lieu de *faciundo*, et j'ôte la virgule qui est après *ducitur* pour la mettre devant *motus*, et je lis *caput vectis per id cum ducitur spatium, motus circinationis cogit pressionibus examinare paucis manibus oneris maximi pondus.*

Examinari. J'ai cru devoir traduire *rendre sa force égale*, les mots *examinare pondus*, qui signifient mettre en équilibre ; parce que *examen* en latin signifie la partie de la balance qui fait connaître l'égalité des poids, et que l'on appelle *la languette* en français.

Ita non tam faciliter quam oppressione. Ce n'est pas par une raison mécanique que l'on a plus de force en appuyant sur un levier que lorsqu'on le lève, mais par une raison physique, qui est que la pesanteur du corps fait une grande partie de l'effet de la compression; au lieu que, dans l'élévation, toute la force dépend dans l'action des muscles qui lèvent les bras, et qui affermissent le reste du corps.

Uti ad centrum est collocata. Le centre *du fléau*, c'est le centre du mouvement du fléau, qui est proprement ce qui est appelé l'*hypomochlion*, ou l'*appui.*

Ansam gubernaculi. On appelle *barre du gouvernail* le manche du gouvernail, et *le gouvernail* est proprement la partie mince et large qui est dans l'eau, que l'on appelle en grec *pterix*, à cause qu'elle ressemble à l'aile d'un oiseau.

Pressione cacuminis vehementius cogunt progredi navem. Quoique ceci soit conforme à ce que dit Aristote, il n'y a guère d'apparence que la hauteur du mât puisse servir à faire aller le vaisseau plus vite, par une autre raison que parce que le vent est plus fort en haut qu'en bas ; car on ne demeure pas d'accord que le mât remue le vaisseau, comme un levier remue le fardeau qu'il lève, étant vrai que dans l'action du vent sur le navire, par l'entremise du mât, il n'y a point de centre ou poids immobile sur lequel on fasse tourner les deux cercles inégaux, dans lesquels consiste, ainsi qu'il a été dit, la force du levier. Car toutes les parties du mât, et le vaisseau même, se remuent d'un pareil mouvement, qui sont des choses contraires à ce qui arrive au levier, dont les parties sont remuées de mouvements différents et inégaux ; de sorte que si l'on considère les effets que le mât ou plus court ou plus long peut faire comme tel, et non comme étant poussé par un vent plus ou moins fort, il se trouvera que la hauteur du mât nuit plus qu'elle ne sert à la vitesse du mouvement du vaisseau, par la raison que plus il est haut, et plus il a de force pour faire plonger la proue; ce qui lui fait rencontrer une plus grande quantité d'eau qui lui résiste. C'est pourquoi on est contraint de mettre au-devant une voile appelée la civadière, qui sert à empêcher que la proue ne plonge trop dans la mer; et les vaisseaux qui se tirent dans les rivières avec un câble attaché au haut du mât ont, au lieu de civadière, une corde qui soutient la proue et qui l'empêche de plonger; et lorsque les bateaux sont engravés par la proue, on ne les tire pas par la corde qui est attachée au haut du mât, mais seulement par celle qui est à la proue.

Extremis progredientibus a centro. Bien que les rames, à l'égard de la galère qu'elles font remuer, soient en quelque façon un levier renversé à qui la mer sert comme d'appui, il n'est pas vrai néanmoins que la longueur que les rames ont depuis la cheville où elles sont attachées jusqu'à la mer, serve à les faire agir avec plus de force par la raison du levier ; car par la raison du levier le contraire devrait arriver, parce que plus la partie du levier qui est depuis l'appui jusqu'à la puissance qui remue est longue, et plus elle a de force. Aristote rend la véritable raison de l'effet de cette longueur de la rame, savoir, que cette longueur est nécessaire, afin que l'eau étant frappée avec plus de vitesse, comme elle l'est, plus la rame est longue, plus l'eau résiste, car si l'eau n'obéissait point, il est certain que plus la rame serait courte, depuis la cheville jusqu'à la mer, et plus les rameurs auraient de force pour remuer le vaisseau; et en ce cas il serait meilleur, pour remuer le vaisseau avec plus de puissance, que la plus grande longueur de la rame fût depuis les chevilles jusqu'à la main du rameur. C'est pourquoi Aristote dit que les rameurs qui sont au milieu du navire ont plus de force que ceux qui sont aux extrémités, parce que le vaisseau, qui est courbé et qui forme un ventre par le milieu, fait qu'il y a en cet endroit une plus grande portion de la rame depuis le bord jusqu'aux rameurs.

A centro, palmis maris undis spumantibus. J'ai corrigé le texte, qui a, dans l'édition de Jocundus : *a centro parmis*; et dans toutes les autres, *a centro palmis*; et je lis *a centro scalmi*, parce que *scalmus* signifie la cheville à laquelle chaque rame est attachée; et il est vrai que cette cheville est le centre des cercles que la rame décrit par son bout dans la mer, quand on la fait agir.

Phalangariis hexaphoris et tetraphoris. Le mot *phalangarii* signifie ceux qui portaient les fardeaux sur leurs épaules avec des bâtons appelés *phalanges.* Le mot grec *phalanx* signifie proprement un rouleau de bois; par métaphore, c'était un bataillon parmi les Grecs, peut-être parce qu'il avait la figure d'un rouleau de bois, étant plus long que large. Il y a aussi apparence que c'est par la même raison de cette figure que les os des doigts sont appelés *phalanges* par Galien, et longtemps avant lui par Aristophane, au rapport de Pollux.

Cum [ab] examine. Bien qu'*examen* soit proprement la languette de la balance, je ne crois pas qu'il y ait rien à la romaine qui puisse être appelé *examen*, que l'anneau auquel le poids est attaché; parce que le fléau se lève ou se penche selon que cet anneau s'avance ou se recule, de même que la languette suit toujours l'inclinaison du fléau des balances. C'est pourquoi j'ai cru que je devais traduire *examen*, l'anneau.

Jumenta. Jumentum signifie toutes sortes d'animaux de service; je l'explique par le bœuf, parce que nous n'avons point coutume de mettre les jougs aux chevaux; ou si l'on s'en sert comme aux charrettes appelés fourgons, ils ne sont point mis sur la tête des chevaux; mais ils pendent à leur cou, selon la manière que les anciens avaient d'atteler les chevaux à leurs chariots.

Minores rotæ duriores... habent motus. La résistance que les roues apportent au roulement vient de deux choses : la première est l'inégalité du plan, qui fait que, pour rouler dessus, la puissance qui les fait rouler les élève sur chacune des éminences qui font cette inégalité; l'autre chose qui fait cette résistance est le frottement que l'essieu et le moyeu de la roue font l'un contre l'autre. A l'égard de la première résistance, il est vrai qu'elle est plus aisément surmontée, plus la roue est grande; parce que, pour l'élever sur les éminences du plan, elle agit par un levier qui décrit une plus grande portion de cercle, le bout du manche du levier étant réputé être à l'endroit où l'essieu touche au moyeu de la roue, et l'hypomochlion étant réputé être à l'endroit où l'éminence du plan touche la circonférence de la roue. Mais pour ce qui est de la seconde résistance, il n'est point vrai qu'une petite roue la surmonte plus difficilement qu'une grande, si ce n'est que son essieu fût aussi gros que celui d'une grande; car si la proportion de la grosseur de l'essieu à la grandeur de la roue est pareille dans la grande et dans la petite roue, la petite roulera avec autant de facilité que la grande. La raison de cela est qu'il faut concevoir que le centre de l'essieu étant celui de la roue, il doit être pris pour l'hypomochlion; que la ligne qui va de ce centre à la circonférence, de la roue qui est son demi-diamètre, est la partie du levier qui est la plus grande; et que celle qui va de ce même centre à l'endroit où l'essieu touche au moyeu, lorsque le frottement se fait, est celui où le bec du levier agit pour remuer le fardeau. Or, cela étant, il s'ensuit que le demi-diamètre d'une petite roue doit avoir autant de force pour surmonter la résistance du demi-diamètre d'un petit essieu, que le demi-diamètre d'une grande roue en a pour surmonter la résistance du demi-diamètre d'un grand essieu; de même qu'un petit levier a autant de force pour remuer un fardeau qui est près de son hypomochlion, qu'un grand levier en a pour le lever quand il est loin de son hypomochlion, supposé que la proportion soit pareille.

Ch. IV (ou IX). *De tympano.* Il a été dit que *tympa-num* signifie un tambour, et que ce mot s'applique à plusieurs choses, comme au dedans d'un fronton, à des roues dentelées, à des roues en manière de robinet pour une espèce de clepsydre, et à des roues dont on se sert aux grues dans lesquelles on fait marcher des hommes : mais il n'y a pas une de toutes ces choses qui ressemble si bien à un tambour que la machine qui est ici expliquée : car elle est ronde tout alentour, et elle a deux fonds, l'un d'un côté et l'autre de l'autre, de même que les tambours y ont des peaux.

Columbaria fiunt excavata. Je traduis *columbaria* par *des canaux.* Vitruve s'est déjà servi de ce mot pour signifier des trous qui demeurent dans les murailles après que l'on en a ôté les boulins ou solives qui servent aux échafauds des maçons; car il faut concevoir que ces trous forment comme un canal qui traverse le mur d'un côté à l'autre. Le mot latin vient de *columba*, à cause que les pigeons font leurs nids dans de semblables trous. Il y a apparence que Cœlius Rhodiginus, qui a cru qu'il venait du grec *colymban*, qui signifie plonger dans l'eau, ne se souvenait pas que Vitruve s'est servi de ce mot en d'autres endroits, où il ne s'agissait pas comme en ce chapitre de plonger dans l'eau. Saumaise y a regardé de plus près; il dit *lignorum cubilia Latinis columbaria dicuntur, teste Vitruvio.*

Hominibus calcantibus versatur. J. Martin traduit ces mots *par le mouvement d'aucuns hommes qui cheminent dedans.* Mais cette interprétation ne saurait convenir à la chose, si on ne l'explique autrement, parce que ce *dedans* s'entend du tympan qui puise l'eau, dans lequel des hommes ne sauraient cheminer; et ainsi il faut supposer qu'il y a une autre roue jointe au tympan, dans laquelle des hommes marchent comme dans celle d'une grue.

Modioli quadrati. Le mot de *modiolus* n'est pas moins ambigu que celui de *tympanum;* car il signifie des corps de pompe dans la machine hydraulique et dans la pompe de Ctésibius, des barillets dans le chapiteau de la catapulte; et ici ce sont de petits coffres ou de petites caisses. On pourrait leur donner un nom qui conviendrait à tous ces usages en les appelant des boîtes, comme a fait Héron, qui appelle *pyxidas* les corps de pompe. Le mot *quadrati*, que Vitruve a ajouté à *modioli*, m'a déterminé à leur donner le nom de *caisse*, qui, dans le plus commun usage, est une espèce de coffre carré, quoique quelquefois la caisse soit ronde comme dans les tambours de guerre.

In ejusdem rotæ axe involuta duplex ferrea catena. Il n'est pas vrai qu'un chapelet mis sur l'essieu d'une roue élève l'eau plus haut que les caisses qui sont autour de la circonférence de la roue; de sorte qu'il faut entendre que ce chapelet est sur l'essieu d'une roue élevée fort haut et que l'on fait aller à bras, et non pas avec le courant de l'eau.

Axe involuta. Pour traduire à la lettre, il aurait fallu dire *qu'il faut sur l'essieu une double chaîne qui y soit entortillée*; ce qui n'aurait point eu de sens, parce que cela aurait signifié que cette chaîne doit être entortillée de même que la corde l'est autour du moulinet; et la vérité est que cette chaîne n'est point entortillée, mais seulement posée sur l'essieu, ainsi que la corde l'est sur la poulie d'un puits. Il faut seulement remarquer qu'il est nécessaire que cet essieu soit à pans, afin que la chaîne ne puisse glisser, et qu'elle suive toujours le mouvement de l'essieu, car cela fait le même effet que si elle était entortillée.

Situlos pendentes æreos congiales. Je traduis le mot *de congialis par de cinq pintes*, parce que le *congius* des anciens était une mesure qui contenait six setiers, le setier deux hémines, et l'hémine dix onces; ce qui faisait les six vingt onces qu'il faut pour cinq pintes.

Ch. V (ou X). *Hydraletæ.* J'ai corrigé cet endroit selon Turnèbe et Saumaise, qui lisent *hydromylæ*, qui signifie des meules que l'eau fait aller, au lieu de *hydraulæ*, qui signifie simplement des machines faites avec des tuyaux qui conduisent l'eau.

Axis [habent] *tympanum dentatum est inclusum.* Il y a au texte : *Axis habent tympanum inclusum*, pour dire *tympanum habens axem inclusum*. La chose est trop claire pour pouvoir douter qu'il ne faille traduire cet endroit comme j'ai fait.

Item dentatum. La roue de nos moulins, qui est située horizontalement et que l'on appelle la lanterne, n'est point dentelée, mais composée de fuseaux qui joignent ensemble deux madriers que l'arbre de fer qui soutient la meule traverse aussi par le milieu. Mais il faut supposer que Vitruve a décrit ces roues un peu négligemment, en ne distinguant pas la roue à dents appelée hérisson d'avec le pignon ou lanterne, et comprenant sous le nom de dent tout ce qui accroche comme les véritables dents, ou qui est accroché comme les fuseaux des lanternes ou des pignons. Il est aisé de comprendre que cela ne peut être précisément et à la lettre, ainsi que Vitruve le dit, parce que des roues dentelées ne se peuvent faire remuer l'une l'autre commodément. Il n'y a pas d'apparence non plus que cette seconde roue ou lanterne soit plus grande que celle qui la fait aller : car si cela était, la meule tournerait plus lentement que la roue qui est en l'eau; ce qui ne doit pas être. C'est pourquoi il y a apparence qu'il faut lire : *minus item dentatum est collocatum*, au lieu de *majus*.

Subscudem ferream. Il faut entendre une hache à deux tranchants. Il est amplement parlé des tenons en forme de hache sur le septième chapitre du quatrième livre.

Ch. VI (ou XI). *Est.... cochleæ ratio.* Ce que Vitruve nomme ici *cochlea* s'appelle vulgairement *la vis d'Archimède*. Il paraît qu'elle n'était pas encore attribuée à Archimède du temps de Vitruve, bien que Diodore Sicilien, qui a écrit presque en même temps que Vitruve, l'en fasse l'inventeur. Mais l'usage célèbre que cet auteur donne à cette machine dans son Histoire, qui est d'avoir servi à rendre l'Égypte habitable, en épuisant les eaux dont elle était autrefois inondée, peut faire douter qu'elle ne fût beaucoup plus ancienne qu'Archimède.

Cujus tigni quanta fuerit pedum longitudo, tanta digitorum expeditur crassitudo. Cela veut dire : qui a de long seize fois son épaisseur, parce que le pied des anciens avait seize doigts.

Aut de vitice secta regula. Vitex, ainsi qu'il a déjà été remarqué, n'est pas proprement l'osier; mais on appelle osier en français une plante semblable au saule, dont les rameaux flexibles sont propres à lier; et *vitex* n'a point de nom propre en français.

Eadem ratione per omne spatium, etc. On se sert encore à présent de la vis d'Archimède aux bâtiments qui se font dans l'eau. Mais la manière dont on fait les séparations du dedans est bien plus facile que n'est ce collement de tringles d'osier avec de la poix : on se sert bien d'osier et de poix, mais c'est autrement. On perce la pièce de bois arrondie, de trous fort près à près, et suivant les lignes spirales qui y ont été marquées par la méthode que Vitruve prescrit; et dans ces trous on fiche des bâtons qui ont la longueur que l'on veut donner au dedans de la coquille. Dans ces bâtons on entrelace de l'osier, comme pour faire un panier, ou plutôt une hotte à vin, en battant et serrant les osiers les uns contre les autres. Après cela, on poisse ces planchers d'osier dessus et dessous, et on couche dessus des ais tout le long par-dessus comme des douves de tonneau, que l'on bande de cercles de fer. Il y a encore une autre manière de faire cette vis, qui est de ne la point couvrir d'ais, mais de faire seulement un canal en demi-rond avec ces ais, qui demeure immobile et situé selon la pente que l'on veut donner à la vis; car cette vis tournant dans le canal auquel sa rondeur est ajustée, pousse l'eau en haut de même que la vis d'Archimède, quoiqu'il s'en échappe quelque peu par les jointures entre la vis et le canal; mais elle est plus aisée à remuer et plus facile à construire.

Faciunt.... justam cochleæ naturalemque imitationem. Tel est le texte; mais ces canaux ne sont semblables à ceux des coquilles des limaçons qu'en ce qu'ils sont en vis; et ils en sont différents en ce qu'il y en a plusieurs, savoir, jusqu'à huit, dans la vis que Vitruve décrit; au lieu que le canal des limaçons est unique. Quelques-uns estiment que la vis d'Archimède ne doit avoir, en effet, qu'un canal. Cardan veut qu'elle en ait trois. Chacune de ces manières a ses avantages : la vis d'Archimède, qui a huit canaux, est pour élever une grande quantité d'eau; mais elle ne saurait l'élever si haut que celle qui n'en a qu'un, parce que cette dernière peut avoir son canal replié si près à près, que son obliquité permet d'élever la vis beaucoup plus haut que lorsque la multitude des canaux rend leur position plus droite.

Ch. VII (ou XII). *Modioli fiunt gemelli.* J'appelle toujours *barillets* ce que Vitruve nomme *modiolos*, et qui est proprement ici ce que l'on appelle *corps de pompe*. Mais parce que *modiolus* est plus général, et qu'il comprend ce qui tient lieu de soufflet dans la machine hydraulique, et les canaux d'airain qui sont dans le chapiteau de la catapulte, j'ai cru devoir me servir d'un mot général, tel qu'est celui de *barillet*, afin qu'il pût convenir de même que *modiolus* à toutes les choses différentes qu'il signifie.

In quo catino fiunt asses. Selon Festus, *axes* sont *tabulæ sectiles*, et Aulu-Gelle dit que les lois de Solon étaient écrites sur de petits ais : *axibus ligneis incisæ*. Vitruve, dans le chapitre qui suit, parlant des soupapes qui sont aux machines hydrauliques des orgues, y met des soupapes qu'il appelle *axes ex torno subactos*, donnant à ce mot une signification bien différente. Mais je crois que quand on dit simplement *axes*, ou que l'on se sert du mot français *soupape*, on doit entendre celle qui est plate comme un ais, appelée *clapet*, et non celles qui sont rondes et en pointe, comme un foret ou cône, telles que sont celles qui sont présentement le plus en usage, et comme sont celles dont il sera parlé ci-après dans la machine hydraulique, et qui ne sont appelées *axes* que parce qu'elles font le même effet que les véritables soupapes, qui sont plates comme un ais.

Non patiuntur [*exire*] *spiritum qui in catinum est expressus.* Tout ce que Vitruve dit ici pour expliquer les effets de la pompe de Ctésibius est fort obscur, et il y a apparence que cet endroit est corrompu, soit par la faute des copistes, soit par celle de l'auteur même, qui peut-être n'a pas bien entendu la philosophie de Ctésibius. Car il paraît que le texte de Vitruve veut faire entendre une chose qui est tout à fait sans raison, savoir, que l'eau monte dans le petit bassin y étant poussée par l'air, comme s'il était nécessaire qu'il y eût de l'air entre le piston qui presse et l'eau qui est pressée, et comme si le piston ne poussait pas l'eau immédiatement. Cette absurdité m'a fait penser que Ctésibius peut avoir entendu la chose autrement, et que la compression que l'air fait sur l'eau pour la faire monter dans sa machine, se doit entendre de la compression que l'air fait par sa pesanteur sur la surface de toute l'eau qui est dans le monde, et qui l'oblige de monter dans les espaces qui sont rendus vides par quelque moyen que ce soit; en sorte que, de même que l'air qui entre dans un soufflet lorsqu'on l'ouvre y entre parce qu'il y est poussé par la pesanteur de l'autre air qui le presse, l'eau entre aussi dans le corps d'une pompe, à cause de la pesanteur de l'air qui l'y pousse et qui l'y fait entrer, lorsque le piston qui occupait l'espace du bas de la pompe quitte ce lieu étant tiré en haut. C'est pourquoi j'ai traduit *id quod spiritu in catinum fuerit expressum*, ce qui a été poussé dans le petit bassin à l'aide de l'air, pour faire entendre que l'air a contribué seulement en quelque chose à cette expression, savoir, d'avoir fait entrer l'eau dans le barillet, où étant enfermée elle est exprimée par le piston, et non pas que l'air soit la cause immédiate de cette expression; et j'ai cru que cela se pouvait entendre de la même manière que l'on pourrait dire que l'eau est exprimée *à l'aide de la soupape* qui est au fond du barillet, et non pas que cette soupape exprime l'eau, parce que c'est le piston qui l'exprime, et que, la soupape empêchant l'eau de descendre, elle l'oblige seulement de monter.

Supra catinum penula. Parmi les Romains, *penula* était proprement un *justaucorps* : car les robes des Romains, qui étaient amples et larges, ne suffisant pas à les défendre du froid lorsqu'ils étaient au théâtre, on inventa cette sorte de vêtement, qui était plus étroit et plus serré sur le corps, comme remarque Bartholus Bartholinus dans son traité *De penula*. Ce mot est mis ici généralement pour signifier une couverture. Les distillateurs se servent de la même métaphore quand ils appellent *chappe* le dessus de l'alambic, qui est tout à fait semblable à cette partie de la machine de Ctésibius que Vitruve appelle *penula*.

Ne vis inflationis aquæ eam cogat elevare. Il n'est pas croyable combien il faut de force aux pistons pour pousser l'eau, si l'on ne prend garde que le tuyau qui la porte au lieu où on la veut élever ne soit de même grosseur que le corps de pompe; car s'il est plus étroit, comme il faut que l'eau monte dans le tuyau avec une vitesse plus grande que n'est celle avec laquelle elle est poussée dans le corps de pompe, il faut agir avec beaucoup de force dans le corps de pompe pour obliger l'eau à avoir cette vitesse dans le tuyau; par la même raison qui fait qu'il faut plus de force pour remuer un des bras d'une balance quand il est plus court que l'autre, à proportion qu'il est plus court, parce qu'il oblige l'extrémité du grand bras à se remuer avec une plus grande vitesse.

Emboli masculi. On appelle *pistons* en français la partie des pompes ou seringues qui entre dans le tuyau ou corps de pompe, et qui, étant levée ou poussée, attire ou pousse l'eau qui y est. Ils sont appelés *emboli masculi*, par la même raison que, dans une des clepsydres qui sont décrites au neuvième chapitre du neuvième livre, le petit tympan qui entre dans le grand est appelé *tympanum masculum*. Les pistons sont appelés, au chapitre qui suit, *funduli ambulatiles.*

Emboli masculi torno politi et oleo subacti.... per fistulam nares in catinum. En conséquence de l'explication qui a été donnée au texte, et suivant la supposition que l'on fait que Vitruve et Ctésibius n'entendent que la compression de l'air dont il est ici parlé est celle que l'air fait par sa pesanteur, il a fallu corriger quelque chose au texte pour lui donner un sens raisonnable : car, au lieu de *emboli qui ultro citroque frequenti motu prementes aerem qui erit ibi cum aqua, axibus obturantibus foramina, cogunt et extrudunt inflando pressionibus per fistularum nares aquam in catinum*, il faut lire : *emboli qui ultro citroque frequenti motu prementes aerem qui erit ibi, tum aquam* (au lieu de *cum aqua*) *axibus obturantibus foramina, cogunt et extrudunt*, etc.

E quo recipiens penula spiritus exprimit, etc. Je corrige encore cet endroit, et je lis *quam* (*scilicet aquam*) *recipiens penula superposita* (au lieu de *spiritus*) *exprimit*, etc. Si cette explication et cette correction ne plaisent pas, il est libre au lecteur de retenir le texte, qui, traduit à la lettre, est tel : *De plus, par le haut des barillets, on fait entrer des pistons polis autour et frottés d'huile, lesquels étant ainsi enfermés dans les barillets sont haussés et baissés par un mouvement fréquent à l'aide des barres et des leviers, qui pressant l'air qui est là avec l'eau, et les ouvertures étant bouchées par les soupapes, l'eau est contrainte par la compression, et forcée d'entrer par les tuyaux dans le petit bassin, d'où la force de l'air qui la pousse contre la chappe l'exprime, et la fait passer en haut par la trompe.* L'explication que Barbaro donne à cet endroit a beaucoup servi à me faire croire que Vitruve a mal entendu Ctésibius; car cet interprète voyant que Vitruve veut que l'air serve à quelque chose dans cette machine, il ne lui attribue point de compression, parce qu'il ignorait que l'air en pût faire par sa pesanteur; et il parle seulement de l'attraction qu'il croit que l'air produit lorsque, suivant le piston par la nécessité d'empêcher le vide, l'eau suit aussi l'air par la même nécessité. Mais cela n'a aucun fondement dans le texte; et il n'est point nécessaire de mettre de l'air entre le piston et l'eau, pour faire que l'eau suive le piston lorsqu'il est levé; de sorte que voyant que ni Barbaro ni la raison ne veulent point que l'air enfermé dans la machine de Ctésibius serve à comprimer l'eau qu'elle fait monter, il m'a semblé que les mots de *compression* et d'*air* étant dans le texte, il y avait apparence que Ctésibius a entendu que cette compression de l'air était celle qu'il fait par sa pesanteur sur l'eau, et que cette compression de l'eau est la cause qui la fait entrer dans le corps de pompe. Néanmoins, si l'on ne veut rien changer au texte, on peut entendre que la machine de Ctésibius était pareille à celle qui est au cabinet de la bibliothèque du Roi, laquelle sert à lancer de l'eau fort haut dans les incendies. Ce que cette machine a de particulier, et qui n'est point dans les autres de cette espèce, dont la description se voit dans le livre des forces mouvantes de Salomon de Caux, est qu'avec un seul piston, par le moyen de l'air, l'eau est poussée de manière qu'elle a un cours continu, et qui n'est point interrompu lorsque le piston attire l'eau. Mais pour faire que cette manière de lancer l'eau se trouve dans le texte de Vitruve, il faut lire *spiritu* au lieu de *spiritus*; en sorte qu'au lieu de lire *extrudunt aquam in catinum, e quo recipiens penula spiritus, exprimit per fistulas in altitudinem*, on lise *e quo recipiens penula* (*scilicet aquam*) *spiritu* (*eam*) *exprimit per fistulas in altitudinem*. Car il n'y a point de raison de dire, ni que *penula spiritus recipit e catino*, ni que *penula spiritus exprimit*; mais bien que *penula spiritu exprimit*. Néanmoins il y a apparence qu'il ne s'agit point de tout cela dans la machine de Ctésibius, dans laquelle il n'est point nécessaire d'enfermer de l'air, parce que l'effet de l'air enfermé dans la machine des incendies n'est que pour donner un cours continu à l'eau, qui n'est point nécessaire dans la machine de Ctésibius, laquelle amasse l'eau dans un réservoir, d'où elle peut couler d'un cours continu où l'on veut.

Après avoir expliqué ce que Vitruve rapporte des machines dont les anciens se servaient pour élever l'eau, j'ai cru qu'il ne serait pas hors de propos d'en ajouter une qui fait à elle seule tous les effets qui ne se trouvent que séparément dans celle dont Vitruve parle : car si ces machines élèvent beaucoup d'eau, comme le tympan et la limace, elles ne l'élèvent guère haut; ou si elles l'élèvent aussi haut que l'on veut, comme on le peut faire par le moyen des chaînes ou chapelet, elles ont besoin d'une puissance extérieure pour les faire agir, qui soit proportionnée à la quantité de l'eau et à la hauteur à laquelle on la veut faire monter; en sorte qu'il faut employer ou le courant d'une eau fort rapide et fort abondante, ou les forces de plusieurs animaux. Mais celle-ci peut élever fort haut et incessamment une grande quantité d'eau, sans qu'il soit nécessaire d'employer aucune force extérieure.

Ce problème, qui paraît si surprenant, étant ainsi proposé en général, n'a rien qui puisse faire douter de sa vérité, après que l'on a vu le détail de la construction de la machine, qui même est très-simple et aisée à exécuter, ainsi qu'on l'a expérimenté dans le jardin de la bibliothèque du Roi à Paris, où M. Franchini, gentilhomme français, originaire de Florence, qui en est l'inventeur, l'a fait construire il y a environ deux ans : car depuis ce temps elle fait jaillir une fontaine dont l'eau n'est que la décharge d'une autre fontaine qui se perdait dans un puits.

Cette machine consiste en deux chapelets ou chaînes posées sur un même tambour, qui fait que les deux chapelets se remuent ensemble; et la forme et la disposition des godets, qui sont différents dans ces deux chapelets, fait que l'un remue la machine, et l'autre porte l'eau en haut. Le chapelet qui fait le mouvement est composé de godets de cuivre plus larges par le haut que par le fond. Celui qui élève l'eau est composé de godets aussi de cuivre, qui sont, au contraire des autres, larges par le fond et plus étroits vers le goulet, qui est détourné à côté et vers l'endroit où ils doivent verser l'eau, lorsqu'étant parvenus en haut ils se renversent en tournant sur le tambour. Le chapelet qui fait le mouvement est plus long et descend plus bas que l'autre, qui ne va que jusque dans une cuvette qui est un peu au-dessous du rez-de-chaussée, afin que l'eau courante y puisse entrer, et de là être en partie élevée par le petit chapelet, et en partie se répandre par un tuyau dans l'autre chapelet, pour faire mouvoir toute la machine.

L'ordre que cette eau tient pour ces effets est tel : elle est premièrement conduite par un tuyau dans le bassin dans lequel on a intention de faire jaillir l'eau qui aura été élevée par la machine; et de ce bassin elle est conduite dans la cuvette, dans laquelle le plus petit chapelet trempe par en bas. Cette cuvette étant pleine se dégorge par un tuyau dans celui des godets du grand chapelet qui est à sa hauteur, et qui, étant rempli, s'en va par-dessus, et laisse tomber l'eau qu'il a de reste dans le godet qu'il a dessous soi : celui-là étant rempli de cette eau qui est de reste, il la laisse tout de même couler dans celui qui est sous lui, et ainsi jusqu'au bas, autant qu'il est nécessaire pour faire que cette eau, dont les godets s'emplissent les uns après les autres, ait assez de pesanteur pour faire remuer la machine en tirant le chapelet en bas. Or, ce chapelet, à mesure qu'il descend, présente toujours des godets vides au tuyau qui verse l'eau de la cuvette; et ces godets s'emplissent ainsi successivement, entretiennent le mouvement de la machine, par le moyen duquel le second chapelet qui puise dans la cuvette, et ses godets s'emplissent, porte l'eau en haut dans une autre cuvette; et de là l'eau est portée par un tuyau dans le bassin où elle jaillit, et où, étant mêlée avec l'eau courante, elle est rapportée dans la cuvette d'en bas pour fournir au tuyau qui emplit les godets du grand chapelet qui fait le mouvement, et à ceux du petit qui portent l'eau en haut. De sorte que, par le moyen de cette circulation, une petite quantité d'eau courante élève incessamment beaucoup d'eau et fort haut, selon la proportion qu'il y a entre les chapelets; car si le chapelet qui remue la machine est bien grand et descend bien bas au-dessous de la cuvette d'en bas, il pourra élever par sa pesanteur une grande quantité d'eau, et il l'élèvera aussi haut que le puits dans lequel le grand chapelet doit descendre sera creux; et cette même quantité d'eau qui aura été une fois élevée, revenant toujours au même lieu où elle a été prise, sera incessamment élevée, et entretiendra en cet état un cours perpétuel.

Engibata. J'ai interprété *angibata* des vases. Quelques interprètes tournent autrement ce mot, estimant qu'il soit dérivé d'*engys*, qui en grec signifie *près* ; comme si ces figures étaient si petites qu'il les fallût regarder de près. D'autres croient qu'il vient d'*engeion*, qui signifie fait de terre. Mais cela m'a semblé mal fondé, et j'ai mieux aimé suivre Baldus, qui lit *angibata*, et le fait venir d'*angeion*, qui signifie un vase ; sa conjecture est prise du livre des *Pneumatiques* de Héron, où cet auteur décrit une machine qui est un vase transparent, dans lequel de petites figures se remuent ; et ce vase, ce me semble, est pareil à ceux qui se font par les émailleurs, où de petites figures d'émail sont enfermées avec de l'eau, et soutenues sur l'eau par de petites bouteilles de verre, ces vases étant scellés hermétiquement.

Mais cet effet surprenant du mouvement que l'on donne à de petites figures d'émail qui nagent dans l'eau se voit encore mieux dans l'angibate qui a été inventé depuis peu, dans lequel une petite figure monte, descend, tourne et s'arrête comme l'on veut. Cela se fait en serrant et comprimant l'eau plus ou moins avec le pouce, dont on appuie sur le bout d'un long tuyau de verre rempli d'eau. L'artifice est que la petite figure d'émail, qui est creuse, a une pesanteur tellement proportionnée à son volume, qu'elle nage sur l'eau ; en sorte néanmoins que, pour peu que l'on ajoute quelque chose à sa pesanteur, elle descend au fond ; ce qui se fait en pressant fortement sur l'eau : car l'eau étant incapable comme elle est de compression, elle entre dans le vide de la petite figure par un petit trou qu'elle a, et diminue ce vide en comprimant l'air dont ce vide est rempli. Or, ce vide étant ainsi diminué, la petite figure devient plus pesante et descend au fond de l'eau, d'où elle remonte aussitôt que le pouce cessant de presser l'eau, celle qui était entrée par le petit trou en sort, étant poussée dehors par l'air qui avait été resserré au dedans, et qui retourne à son premier état lorsque l'eau n'est plus pressée par le pouce.

Quæ bibentia tandem movent sigilla. Il y a des interprètes qui entendent que les petites figures boivent ; mais le texte porte expressément que ce sont les angibates qui boivent, et ils sont distingués des petites figures : aussi il est dit que les angibates, après avoir bu, c'est-à-dire reçu l'eau, font remuer les figures. On pourrait croire que la machine est un vaisseau rond, dans lequel l'eau, entrant obliquement par un endroit et sortant à l'opposite par un autre, fait tourner et courir les unes après les autres de petites figures qui nagent sur l'eau.

Ch. VIII (ou XIII). *De hydraulicis autem quas habeant ratiocinationes.* J'ai cru devoir interpréter *des orgues qui jouent par le moyen de l'eau* le mot de *hydraulica*, qui, en grec, est composé de deux autres qui signifient *eau* et *canal* ou *flûte* ; car il faut entendre que ce qu'on appelle machine hydraulique, dans une signification générale et moins propre, comprend toutes les machines qui ont mouvement par le moyen de l'eau, comme sont les moulins, et dans une signification plus propre ne se prend que pour celles qui conduisent et élèvent l'eau par les tuyaux, ou dans lesquelles l'eau fait jouer des flûtes ; en sorte que les orgues dont nous parlons dans la machine qui comprend en soi toute l'essence de l'hydraulique ; parce qu'il y a des *canaux* et des *flûtes* dans lesquelles l'eau fait les effets dont la machine est capable. Athénée dit que Ctésibius a été l'inventeur de cette machine, ou du moins qu'il l'a perfectionnée, parce que la première invention en est due à Platon, qui inventa l'*horloge nocturne*, c'est-à-dire une clepsydre qui faisait jouer des flûtes, pour faire entendre les heures au temps où on ne les peut voir.

Fundulis ambulatilibus. Ce que Vitruve appelle ici *funduli ambulatiles* sont, à ce que j'ai pu juger, les pistons qui sont appelés *emboli masculi* au chapitre précédent : ils sont appelés *ambulatiles*, c'est-à-dire mobiles, pour les distinguer des fonds immobiles qui ferment les barillets par en haut et par en bas. Il appelle aussi en ce même chapitre *penulam* ce qui est appelé ici *pnigeus*, qui est un entonnoir renversé.

Ferreos ancones, et verticulis cum vectibus conjunctos. J'ai cru qu'il fallait entendre par *ferreos ancones in verticulis cum vectibus conjunctos, des barres de fer coudées par des charnières* : car *ancon* signifie en grec une chose pliée en manière de coude. Mais cette figure aurait été mal propre à faire enfoncer et à retirer les petits fonds qui servent de pistons aux barillets, si ces coudes de fer n'avaient été pliables par des charnières à l'endroit où ils sont coudés; de sorte qu'il faut entendre que ce fer plié avec des charnières est soudé par un bout perpendiculairement au petit fond, et que l'autre bout est emmanché d'un levier qui, balançant sur un pivot qui le traverse, fait hausser et baisser le petit fond quand on le hausse et quand on le baisse, comme il sera expliqué dans la suite. Il faut encore entendre que ce n'est pas sans raison qu'il y a *in verticulis*, c'est-à-dire par plusieurs charnières ; car si la barre de fer qui est jointe avec les petits fonds n'avait été brisée en son milieu par le moyen d'une autre charnière, il serait impossible de lever ni de baisser les petits fonds, à cause du cercle que le bout du levier doit décrire; ce qu'il n'aurait pu faire si la barre de fer du petit fond n'avait été pliable par le milieu.

Pellibusque lanatis involutos. Il est difficile de débrouiller cet endroit ; car il faut deviner à quoi servent ces peaux avec la laine dont il faut envelopper les *ancones*, c'est-à-dire les barres de fer qui font le manche des pistons, comme il y a grande apparence. Barbaro, qui ne s'est pas mis en peine de la construction du texte, croit que ces peaux faisaient le même effet aux pistons que les étoupes font à nos seringues. Le P. Kirker, qui a eu plus d'égard à la construction, mais qui n'a pas tant pris garde au sens, étant de la même opinion que Barbaro sur l'usage de la laine, a cru que *ferrei ancones* étaient les pistons, à cause qu'il est dit que *ferrei ancones pellibus lanatis sunt involuti.* Quelques-uns croient avec plus de vraisemblance que ces peaux avec la laine sont pour diminuer le bruit que toute la machine fait nécessairement, et qu'il est bien important d'empêcher dans celle-ci, qui étant destinée à produire un bruit agréable par le moyen des flûtes qu'elle fait sonner, n'en peut exciter d'autre qui ne soit très-importun. Il est pourtant vrai qu'il n'est pas si difficile d'empêcher le bruit quand les machines, comme ici, sont de métal, que quand elles sont de bois, parce que c'est assez dans les machines de métal que les pièces soient justes et jointes fermement, ce qui n'est pas difficile ; mais il est impossible qu'une machine de bois, quelque précaution qu'on y puisse apporter, n'ait comme un certain gémissement causé par le froissement des parties, principalement quand elle agit avec la force qui est nécessaire à élever les poids des soufflets, ou ce qui tient lieu de soufflet. J'ai éprouvé cette difficulté dans une machine que j'ai fait faire, par le moyen de laquelle, en jouant, un élève facilement avec les pieds les soufflets d'un orgue dont il est parlé dans la dernière note sur ce chapitre : car rien ne m'a donné plus de peine que ce gémissement, que j'ai reconnu être composé du froissement général que toutes les parties non-seulement de la machine, mais aussi du cabinet et de son pied, souffrent nécessairement quand la machine agit; et il m'a fallu prendre d'autres précautions contre ces inconvénients que celles des peaux avec la laine, dont Vitruve parle.

Ærei delphini. L'usage des dauphins, et les dauphins mêmes, sont des choses aussi peu connues l'une que l'autre; ce qui rend cet endroit un des plus difficiles de tout ce chapitre. Car on ne peut pas espérer ici que, comme il arrive assez souvent, la connaissance que l'on a de la chose dont on entend parler fasse deviner la signification des termes inconnus. La machine hydraulique n'a jamais été décrite si exactement que par Vitruve; mais le peu de soin qu'il a eu d'expliquer le mot de *delphinus*, a bien donné à penser aux interprètes, qui ne trouvent dans l'antiquité qu'une chose qu'il signifie figurément ; encore ne voit-on pas bien le fondement de cette métaphore. On trouve que les anciens ont parlé d'un navire porte-dauphin, et on croit que ce dauphin était une masse de plomb, ainsi appelée à cause que le dauphin est le plus massif de tous les poissons : cette masse était attachée à l'antenne, et on la laissait tomber dans les navires des ennemis pour les enfoncer. De là, par une autre métaphore, on appelait dauphins tout ce qui servait de contre-poids. Mais le sens du reste du discours de Vitruve demande que le dauphin soit autre chose qu'un contre-poids. Barbaro croit avec plus de raison qu'il doit signifier quelque chose de courbé, parce qu'anciennement on peignait un dauphin en cette figure; mais il n'a pas bien expliqué l'usage de cet airain recourbé, quand il le fait servir à soutenir et à pendre les leviers qui haussent et qui baissent les petits fonds ou pistons. Cela se prouve clairement, parce qu'il est dit que ces dauphins tiennent les cymbales pendues à des chaînes ; et Barbaro pend les leviers à ces chaînes. Il est encore dit que quand on hausse les leviers, les petits fonds s'abaissent ; ce qui ne se peut faire dans la disposition que Barbaro donne à ces dauphins, dont la tête étant levée lève les leviers, qui lèvent aussi les petits fonds ; de plus, les leviers, comme Barbaro les entend, ne sont point proprement des leviers, mais des tringles qui ne font point l'office de leviers. Le texte dit encore que ces dauphins ont des charnières et couplets, et ceux de Barbaro n'en peuvent avoir qu'un pour les deux. Enfin Vitruve met les dauphins tout auprès des trous qui sont dessus les barillets, et, selon Barbaro, ils en sont éloignés de toute la longueur de ses leviers et de celle des chaînes des dauphins. De sorte qu'il me semble qu'il y a plus de vraisemblance que ces dauphins, qui sont dits suspendre les cymbales, sont des espèces de balances qui portent par un de leurs bouts les soupapes des barillets faites en cône ; car ces balances ont la forme recourbée du dauphin, et elles servent en quelque façon de contre-poids lorsqu'elles aident à faire remonter les cymbales, après que l'impulsion de l'air qui les avait poussées en bas, en entrant dans les barillets, a cessé.

Cymbala ex ære. De même que j'ai cru pouvoir prendre le dauphin pour quelque chose qui avait de la ressemblance avec la figure que les anciens donnaient à cet animal, je prends aussi la liberté d'expliquer le mot de cymbale en le prenant pour un cône qui a la base en bas, et qui est pendu par un anneau attaché à sa pointe, d'autant que cela ressemble à l'instrument de musique appelé cymbale. Ma pensée est que ces cônes servaient de soupapes pour boucher les trous qui étaient au haut des barillets, dans lesquels, lorsque l'air était contraint d'entrer par la descente des petits fonds ou pistons, ces cônes, qui étaient suspendus presque en équilibre aux chaînes des dauphins, étaient poussés en dedans par l'air qui entrait, et ainsi ils lui donnaient passage; et qu'au contraire quand les petits fonds étaient retirés en haut, l'air faisait élever les cymbales ou cônes qui bouchaient les trous incontinent et exactement, n'y ayant rien qui, par sa figure, soit si propre à boucher un trou rond qu'un cône.

Infra foramina. Je traduis le mot *infra* comme étant un adverbe : je mets un point après *cymbala ex ore*, et je lis *pendentia habent catenis cymbala*, au lieu de *habentes*, pour faire entendre qu'outre les trous qui sont au fond du barillet, pour donner entrée à l'air quand on abaisse les petits fonds, il y en a un autre un peu plus bas dans le haut du corps du barillet, par lequel, quand on relève le petit fond, l'air est poussé par un tuyau dans le col du *pnigeus*, comme il est dit après le texte.

lis donc *in summa planitia* (*sunt*) *foramina circiter digitorum ternum, quibus foraminibus proxime in verticulis collocati ærei delphini, pendentia habent catenis cymbala ex ore. Infra, foramina* (sunt) *media lorum chalata intra arcam, quo loci aqua sustinetur,* suppléant les deux *sunt* qui sont enfermés dans les parenthèses.

Chalata. Le mot *chalata* n'est ni grec ni latin, mais dérivé du grec *chalao*, qui signifie l'action par laquelle les choses sont coulées et descendues d'un lieu en un autre; d'où il y a apparence que les mots de *couler* et de *caler* la voile sont venus. De sorte que pour donner quelque sens à cet endroit il a fallu faire entendre que le texte attribue aux trous ce qui n'appartient qu'aux trous qui reçoivent l'air par ces trous. De manière que n'y ayant point d'apparence de dire que les trous des barillets descendent dans le coffre parce qu'ils en sont éloignés, et qu'ils ne le sont que par le moyen des tuyaux, qui vont du barillet au col du *pnigeus* à travers du coffre, j'ai cru que l'on pouvait dire *les trous par lesquels les barillets ont communication avec le coffre*.

Quo loci aqua sustinetur. C'est une chose assez étrange qu'il n'y ait que le seul mot de *sustinetur* dans toute la description d'une machine hydraulique, qui puisse faire deviner à quoi l'eau y sert; car le vent attiré dans les barillets, et de là poussé dans le coffre, semble être suffisant pour faire agir la machine, sans qu'il soit besoin d'eau; mais il est certain que l'impulsion violente et interrompue que l'air reçoit par l'action des pistons ou petits fonds, ferait un fort mauvais effet sans l'eau, parce que le son que cette impulsion d'air produirait dans les flûtes, serait inégal et interrompu; et, en effet, le père Kirker n'a point compris que l'eau servît à autre chose, dans la machine hydraulique, qu'à faire ce que le tremblant fait dans nos orgues. Cependant il se trouve que c'est tout le contraire, et que l'usage de l'eau dans cette espèce d'orgue n'est point autre que d'empêcher que l'impulsion des deux pistons n'ait un effet inégal et interrompu comme le tremblant; de sorte qu'il faut concevoir qu'il était nécessaire qu'il y eût quelque chose qui, obéissant à cette impulsion quand elle est trop forte et trop soudaine, ou suppléant à son défaut quand elle cesse, entretînt une impulsion avec la continuité et l'égalité qui est nécessaire au son que l'instrument doit rendre; ce que l'eau est capable de faire étant, comme il est dit, *suspendue*; car ayant supposé que dans un coffre découvert à moitié plein d'eau, il y en a un autre moindre, appelé *pnigeus*, qui est renversé, et dont les bords d'en bas ne touchent pas au fond du grand, parce qu'ils sont soutenus par des billots; il est certain que lorsque l'on fait entrer avec violence dans le coffre renversé plus d'air qu'il n'en peut contenir, il pousse l'eau qui cède en s'élevant dans le grand coffre, où, étant suspendue, elle sert à suppléer par son poids au défaut qui arrive dans l'interruption des impulsions, et à en modérer aussi la violence en cédant et en s'élevant, à proportion que la force qui la pousse agit avec plus de puissance.

Inest pnigeus. Il y a faute dans tous les exemplaires, qui ont *inest in id genus uti infundibulum inversum*, au lieu de *inest pnigeus*. La faute n'était pas difficile à découvrir, parce qu'une ligne après il est parlé de ce *pnigeus*. Il est vrai qu'il est encore mal écrit dans tous les exemplaires, où il y a *phigeos* au lieu de *pnigeos*. Or ce mot vient du grec *pnix*, qui signifie suffocation; et c'est proprement un instrument fait pour éteindre le feu ou un flambeau en l'étouffant, tel qu'est celui avec lequel on éteint les cierges. Il signifie aussi une cheminée. L'instrument dont il s'agit est ainsi appelé à cause qu'il étouffe, et empêche l'air de s'évaporer. Sa figure aussi, qui va en étrécissant, ressemble à la hotte d'une cheminée, et à ces chapiteaux dont on étent les cierges. Cette figure lui est nécessaire pour rendre plus égale la pesanteur dont l'eau suspendue dans le coffre presse l'air qui est dans le *pnigeus*.

Ces précautions néanmoins ne rendent pas l'impulsion de l'air si égale qu'elle l'est par le moyen des soufflets des orgues qui se font à présent : car, bien que le poids qui charge un soufflet pèse davantage vers la fin lorsqu'il baisse, qu'au commencement lorsqu'il est levé, l'effet de la pesanteur ne laisse pas d'être toujours pareil, parce que la quantité d'air dont le soufflet est plein quand il est levé, rendant l'air capable d'être plus fortement comprimé et resserré en lui-même, rend aussi son impulsion plus forte; en sorte qu'à mesure que cette disposition diminue par l'abaissement du soufflet, le poids croissant à proportion, il se fait une compensation qui rend l'effet toujours égal.

Sunt quatuor. Le père Kirker s'est encore trompé ici, à mon avis, lorsqu'il a estimé que Vitruve appelle la machine hydraulique tétracorde, hexacorde, ou octocorde, parce qu'elle avait ou quatre, ou six, ou huit tuyaux, et autant de marches : et il faut pour concevoir cette pensée avoir eu bien peu d'attention au texte de Vitruve, qui fait entendre si clairement que le nombre des cordes, qui sont mises ici pour les tuyaux, ne signifie point le nombre des tuyaux qui répondent à pareil nombre de marches, mais le nombre des différentes rangées dont chacune répond à toutes les marches, qui est ce que nous appelons les différents jeux; car il est dit que ces canaux, qui, étant au nombre de quatre, de six ou de huit, sont appelés l'orgue tétracorde, hexacorde ou octocorde, sont en long, *in longitudine*; et il est certain que les marches sont en travers, *ordinata in transverso foramina*. Il est dit que le vent entre dans ces canaux par des robinets, qui apparemment font l'office de ce que l'on appelle les registres dans nos orgues; et le vent entre dans les tuyaux lorsque des règles qui répondent à chaque marche, et qui sont percées chacune d'autant de trous qu'il y a de canaux, sont poussées par les marches, quand on les abaisse pour faire que leurs trous se rencontrent au droit de ceux qui sont aux canaux, et de ceux qui sont à la table qui porte les tuyaux ; car lorsque la marche se relevant laisse revenir la règle, ses trous n'étant plus au droit de ceux des canaux et de ceux de la table des tuyaux, le chemin est bouché au vent; de sorte qu'il y a apparence que ces robinets étaient comme des registres desquels on se servait ou pour avoir des jeux différents, ou pour accorder plus facilement les différents tuyaux qui étaient sur une même marche : et il est étonnant que cela n'ait point été pratiqué dans des orgues qui ont été faits longtemps depuis; car nous avons encore des orgues qui sont faits il n'y a guère plus de 200 ans, comme celui de Notre-Dame de Paris et de Notre-Dame de Reims, qui n'ont qu'un jeu composé de vingt tuyaux sur chaque marche, sans aucuns registres. Cela doit faire croire que les orgues ont été inventés en ces pays-ci par des ouvriers qui n'avaient point de connaissance de ceux qui sont décrits par Héron, par Vitruve, et par les autres auteurs de l'antiquité.

Regulæ ... ad eumdem modum foratæ. Je traduis *des règles percées ensemble*, les mots *ad eumdem modum foratæ*, pour signifier que les règles et le *canon* sont percés au droit l'un de l'autre, afin que quand les règles sont poussées par les marches, leurs trous se rencontrent avec ceux du *canon*; de même nos orgues les trous des règles qui font les registres se rencontrent au droit des trous qui sont à la seconde chappe du sommier qui porte les tuyaux.

Ferrea choragia. Je n'ai pu suivre l'opinion de Turnèbe et de Baldus, qui, au lieu de *choragia*, lisent *cnodacia*, qui sont des boulons de fer; parce que des boulons de fer ne sont point propres, étant attachés aux règles, à faire ce qui est nécessaire au jeu de ces règles, qui ont besoin d'un ressort qui les fasse revenir quand elles ont été poussées par les marches du clavier : car cela me semble pouvoir être fait assez commodément par du fil de fer servant de ressort. Héron, dans ses *Pneumatiques*, dit qu'on se servait de cordes à boyaux pour faire relever les marches après qu'elles avaient été baissées. Mais l'action des ressorts de fer de Vitruve est bien exprimée par le mot de *choragium*, qui est mis pour *choragus*, qui signifie celui qui fait danser; parce que ce ressort fait sauter les marches du clavier, lorsqu'il fait revenir promptement les règles après qu'elles ont été poussées par ces marches. Ce mot de *choragia* pour *choragi* a été mis de même qu'ici au neuvième chapitre du cinquième livre, où il est parlé de ceux qui ont la conduite des ballets.

Iis sunt anuli. Je lis *regulis aliis sunt anuli*; ajoutant *aliis*, que le sens du discours demande : car il n'y a point d'apparence que les règles qui sont entre les canaux du sommier et le *canon* puissent avoir des trous dans lesquels les bouts des tuyaux soient mis, parce que ces règles ont un mouvement continuel, et que les tuyaux doivent être immobiles. C'est pourquoi je crois qu'il y avait d'autres règles qui faisaient l'office de ce que dans nos orgues on appelle le faux sommier, qui est un ais percé de même que la chappe du sommier, mais dont les trous sont de la grosseur du corps du tuyau, au lieu que ceux de la chappe ne sont que de la grosseur de l'embouchure du tuyau. Car il est dit que ces règles ont des anneaux, c'est-à-dire des trous qui entrent et affermissent les pieds de tous les tuyaux, les embrassant par le haut un peu au-dessous de la bouche du tuyau. On appelle embouchure, aux tuyaux des orgues, la partie par laquelle ils reçoivent le vent; et la bouche, celle par laquelle ils sonnent.

E modiolis autem fistulæ sunt. J'ai cru ne devoir pas traduire en cet endroit le mot *fistulæ* par celui de *tuyaux*, à cause de l'équivoque qu'il y aurait eu; par la raison que l'on appelle ordinairement *tuyaux* les organes qui sonnent, et non pas ceux qui portent le vent qui fait sonner, et que pour cette raison les ouvriers appellent *porte-vent*. Je n'ai pas cru aussi devoir employer le mot de *porte-vent*, parce qu'il est trop particulier, pour pouvoir rendre celui de *fistula*, qui est très-général. C'est pourquoi j'ai choisi le terme de *conduit*.

Conjunctæ pnigeos cervicibus. Il est, ce me semble, évident qu'il y a faute dans tous les exemplaires où on lit *ligneis cervicibus*; ce qui n'a point de sens, parce qu'il n'a point été parlé d'aucun col de bois. C'est pourquoi je lis *pnigei cervicibus*.

Pertingentesque ad nares, quæ sunt in arcula. Il faut entendre que les conduits qui portent l'air des barillets dans le col du *pnigeus* se recourbent en haut aussitôt qu'ils y sont entrés, et que cela les fait remonter dans le petit coffre. La raison de cette courbure est la facilité qu'elle donne à l'action des soupapes en manière de ponts ou cônes, qui étant mis dans les bouts de ces tuyaux ainsi recourbés, y demeurent par leur pesanteur, qui n'empêche point qu'on ne les lève pour entrer, lorsqu'il est poussé par les pistons des barillets; mais cette pesanteur aide à les faire joindre aux ouvertures pour les boucher, lorsque, les barillets cessant de pousser l'air, l'eau qui a été élevée dans le coffre presse l'air qui est renfermé, et qui pousse les soupapes en faussets dans leurs trous. Ces soupapes en faussets font le même effet que les cymbales aux barillets; mais c'est d'une façon contraire : car les cymbales ont la base du cône vers le bas, et en s'élevant ferment le trou qu'elles doivent boucher; et les faussets, au contraire, ont leur pointe en bas : c'est pourquoi ils n'ont point en besoin de chaînes ni de dauphins pour les suspendre, étant soutenus par le tuyau même qu'ils bouchent.

In quibus asses sunt ex torno subacti. Je traduis des *faussets faits au tour*, *axes ex torno subacti*, c'est-à-dire *des morceaux de bois arrondis au tour*, qui sont proprement de faussets. Or ces faussets, ainsi qu'il a été dit, font le même effet à l'extrémité des tuyaux qui portent l'air des barillets au col du *pnigeus*, que les cymbales font aux trous qui sont au fond d'en haut des barillets, qui est de laisser entrer l'air et de l'empêcher de sortir. L'invention des soupapes qui sont à présent en usage dans les pompes a été prise sur le modèle de ces faussets. Elles sont faites d'une portion de globe qui a une queue qui sort perpendiculairement du milieu de sa convexité, afin que cette queue par sa pesanteur tienne toujours la convexité en état de boucher un trou rond par lequel l'eau entre, lorsque, le piston étant levé, elle pousse la soupape; et cette queue fait le même effet que les chaînes des cymbales des barillets, lesquelles tirent les cymbales en haut, de même que cette queue tire les soupapes en bas.

Ita cum vectes extolluntur. Cela prouve bien la vérité de la manière dont nous avons dit que les leviers sont attachés aux petits fonds des barillets, contre le sentiment de Barbaro.

Delphinique, qui sunt in verticulis inclusi. Vitruve attribue ici aux dauphins ce qui dépend aussi des cymbales, qui sont les soupapes en cône que ces dauphins soutiennent par des chaînes. Car quand on lève le bout par lequel on prend les leviers, l'autre bout descend, et pousse les petits fonds en bas; cela fait que l'air, entrant dans les barillets par les trous qui sont dans la plaque du dessus, pousse en bas les cymbales, lesquelles en descendant tirent ces dauphins, qui ensuite par leur pesanteur retirent les cymbales, et ferment les trous par où l'air est entré, et le contraignent en même temps de passer dans le *pnigeus*.

Obturantes foramina cymbalis superiora. Les trous qui sont au fond d'en haut des barillets sont dits être au-dessus des cymbales, c'est à dire au-dessus de la partie des cymbales qui est dans le barillet; car les cymbales sont moitié dans le barillet, et moitié dehors.

In fistulas cogunt, per quas in pnigea concurrit. Il semble que cela soit contraire à ce qui a été dit ci-devant, savoir, que les tuyaux des barillets aboutissent au col du *pnigeus*; au lieu qu'il est dit ici que le vent est porté dans le corps du *pnigeus*. Mais cela est dit ainsi pour faire entendre que l'air qui est poussé avec violence descend sur l'eau qui est au fond du *pnigeus*, après être entré par son col.

In pnigea. Je corrige encore cet endroit, et, au lieu de *in lignea*, je lis *in pnigea*, par la même raison que j'ai lu ci-devant *pnigei cervicibus*, au lieu de *ligneis cervicibus*, et *pnigeus* au lieu de *in id genus*. Il n'est pas étrange que le mot de *pnigeus* étant aussi peu usité qu'il l'est, ait donné lieu aux copistes de faire des fautes dans le texte, toutes les fois qu'ils l'y ont rencontré.

Ch. IX (ou XIV). *Rotæ..... sint latæ..... pedum quaternum*. Il n'est pas difficile de découvrir la faute qu'il y a dans le texte, qui porte que la roue est large, *pedum quaternum et sextantis*, c'est-à-dire de quatre pieds deux pouces, afin qu'en achevant son tour elle fasse l'espace de 12 pieds : car pour cela elle ne doit avoir que 47 pouces et huit onzièmes; et il est certain qu'il en fera plus de treize, si elle est de la grandeur que Vitruve lui donne. Il n'est pas vrai aussi qu'il soit nécessaire que cette roue n'avance que de 12 pieds en achevant son tour, parce qu'il est dit ensuite que 400 tours de cette roue font 5,000 pieds, et il est certain que 400 tours d'une roue de 12 pieds ne font que 4,800 pieds ; et par conséquent il est évident qu'il faut ôter *et sextantis*, et lire seulement *pedum quaternum*, et qu'aux 12 pieds que le tour d'une roue de 4 pieds fait faire il faut ajouter une demie, afin que les 400 tours fassent les 5,000 pieds. Outre cela, la vérité est qu'une roue de 4 pieds de diamètre a de tour environ 12 pieds et demi. Barbaro a passé assez légèrement sur cet endroit, dont il n'a corrigé que la moitié, laissant les deux pouces avec les 4 pieds au diamètre de la roue, qui doit avoir 12 pieds ½ de tour.

Pedum XII S. Je lis *pedum duodenum*, et j'ajoute *cum semisse*, pour les raisons qui viennent d'être alléguées.

Tympanum. Bien que *tympanum*, ainsi qu'il doit être entendu ici, s'appelle en français une roue, j'ai cru que je ne devais pas lui donner ce nom, à cause de l'équivoque qu'il y aurait eu entre les roues du carrosse et les roues dentelées de la machine; et j'ai cru qu'avec cet avertissement le discours serait plus clair et moins embrouillé.

Denticuli... quadringenti. Cette machine, qui est très-ingénieuse, ne saurait être exécutée de la manière que Vitruve la propose : car une roue qui a 400 dents doit avoir pour le moins 2 pieds de diamètre, pour faire que chaque dent ait une ligne de largeur, qui est le moins qu'elle puisse avoir. Or, les dents d'une roue de 2 pieds de diamètre ne sauraient donner prise de la sixième partie d'une ligne à une autre dent qui tourne, quoique Vitruve l'entend. La machine que nous appelons *compte-pas*, qui n'est rien autre chose que celle que Vitruve décrit ici, renouvelée et perfectionnée, fait par des moyens différents le même effet, marquant les distances par le nombre des tours de roues d'un carrosse. Mais il n'y a point de compte-pas où les roues de la machine aient un si grand nombre de dents.

Progressus efficiet spatia pedum, etc. J'ai cru devoir interpréter *progressus tympani superioris, quand le second tympan aura achevé son tour*, quoique le mot de *progressus* ne signifie que le cours simplement, et non pas le cours entier d'une révolution. Mais la notoriété de la chose m'a semblé pouvoir autoriser cette licence, qui était absolument nécessaire pour rendre le discours intelligible.

Navigationibus.... eadem ratione efficiuntur. Cela n'est pas vrai, parce que les roues qui vont par l'impulsion de l'eau tournent plus vite, à proportion, quand le vaisseau va vite que quand il va lentement; puisqu'il est vrai que le vaisseau pourrait aller si lentement que les roues ne seraient point du tout remuées, parce que, pour peu que la machine apportât de résistance, le mouvement du vaisseau ne serait pas capable de la surmonter; d'autant que l'eau obéirait, et céderait à cette résistance. Ce qui n'est pas de même sur terre, où les roues étant poussées par le poids du carrosse font toujours leurs révolutions d'une même manière, soit que le carrosse aille vite, soit qu'il aille lentement.

Ita cum quater centies.... rotæ fuerint versatæ, semel tympanum circumactum impellet dentem. Je corrige encore cet endroit, où il y a sans doute une faute; car ou il faut lire *centies et sexagies millies*, au lieu de *quater centies*, c'est-à-dire 160,000 au lieu de 400; ou, au lieu de *tympanum planum*, lire *tympanum in cultro*, ainsi que j'ai fait. J'ai choisi cette dernière manière de correction, parce qu'elle rend le texte conforme à ce qui a été dit ci-dessus, en parlant de la manière de mesurer le chemin que l'on fait sur terre, savoir que le tympan en couteau fait un tour pendant que les roues du carrosse en font 400.

Ita et sonitu et numero indicabit milliaria spatia navigationis. Pancirolle, dans son livre des *Anciennes et des nouvelles inventions*, dit que l'invention de nos horloges est prise sur cette machine : et en effet, les roues et les pignons qui sont dans l'une et dans l'autre de ces machines font les mêmes effets, qui sont de mesurer le chemin dans les unes et le temps dans les autres, par la proportion des progressions que les roues et les pignons ont les unes aux autres, et qui est toujours certaine, à cause de l'engagement que les dents d'une roue ont dans celles d'un pignon : car cet engagement fait, par exemple, qu'un pignon qui a dix dents fait nécessairement faire cinq tours à la roue au pivot de laquelle il est attaché, quand il est remué par une roue qui a 50 dents. Il est encore vrai que cette roue, qui a des trous pour mettre de petites pierres, est le modèle sur lequel a été prise l'invention de la roue de compte des horloges sonnantes : et il y a apparence que les anciens auraient appliqué aux horloges ces inventions, dont ils ne se servaient que pour mesurer le chemin, si leurs heures avaient été égales comme les nôtres. Car l'inégalité de leurs heures dans les horloges dépendait d'une disposition particulière du cadran, qu'il fallait avoir soin de changer tous les jours, pour faire que les heures fussent inégales, quoique le mouvement de l'horloge fût toujours égal, ainsi qu'il a été expliqué ci-devant dans les clepsydres; et il aurait fallu changer aussi tous les jours la disposition de la roue de compte qui contient les cailloux; ce qui aurait été fort difficile. Il y a néanmoins sujet de croire que les anciens avaient quelque chose dans leurs horloges qui donnait moyen à l'oreille, aussi bien qu'à l'œil, de connaître l'heure, tant par ce qui a été dit ci-devant au neuvième chapitre du neuvième livre, savoir, que leurs horloges jetaient des cailloux pour faire du bruit en tombant dans un bassin d'airain, que de ce qui est remarqué par Athénée, que Platon inventa une *horloge pour la nuit*; car il semble que ce n'était rien autre chose qu'une horloge qui faisait connaître à l'oreille ce que l'obscurité de la nuit ne permet pas d'être connu des yeux. Et il est dit au même endroit que cette machine était composée de plusieurs flûtes.

Aimoin parle d'une horloge à peu près de cette manière, qui fut envoyée à Charlemagne par le roi de Perse : il dit que c'était une clepsydre qui, faisant tomber de temps en temps des boules de cuivre dans un bassin de même métal, sonnait les heures; mais le nombre des heures n'était point marqué par cette sonnerie, comme dans nos horloges sonnantes; car il est dit que les boules de cuivre n'étaient qu'au nombre de douze, et il faut 78 coups pour sonner douze heures.

Ch. X (ou XV). Scorpionum. Il a été dit sur le premier chapitre de ce livre quelle machine c'est que le scorpion, pourquoi il est ainsi appelé, et en quoi il diffère de la catapulte, qui, selon la plus commune opinion, est un grand scorpion, de même que le scorpion est une petite catapulte. C'est pourquoi, bien que ce chapitre soit intitulé *Des catapultes et des scorpions*, il ne traite que des catapultes, à cause que ces deux machines étaient peu différentes l'une de l'autre. De la manière qu'Ammien Marcellin décrit le scorpion, il le fait ressembler à une baliste plutôt qu'à une catapulte : car il dit que le scorpion était fait pour jeter des pierres par le moyen d'un morceau de bois qu'il appelle style, et qui était engagé dans des cordes attachées à deux branches de bois courbées comme elles sont à une scie, en sorte que le style étant tiré par quatre hommes et ensuite lâché, il jetait la pierre qui était dans une fronde attachée au bout du style : mais il faut considérer que les machines des anciens, quoique de même nom et de même genre, n'étaient pas toujours de même structure, et qu'en différents temps elles ont été fort différentes.

[*Catapultarum*]. *Peltè*, qui communément signifie en grec un petit bouclier rond, signifie quelquefois un javelot, au rapport d'Hésychius, d'où il y a apparence que la catapulte qui lance des javelots a pris son nom.

In extremis foraminis uncias et S. Dans ce chapitre et dans ceux qui suivent, je traduis *foramen*, diamètre, parce que la largeur d'un trou et son diamètre sont la même chose. Or, les caractères qui sont dans le texte latin, et qui signifient les nombres de la mesure des parties des machines, sont la plupart diversement expliqués par

Jocundus et par Meibomius. J'ai suivi l'opinion tantôt de l'un, tantôt de l'autre, selon qu'elle m'a paru plus probable, ne faisant pas grand scrupule de me mettre au hasard de me tromper dans le choix que je ferais, non-seulement parce qu'on ne saurait guère faillir en suivant de si grands personnages, qu'à cause du peu de secours que je crois que le lecteur recevrait pour l'intelligence de ces machines, quand même toutes les proportions et les mesures de leurs parties seraient données bien au juste, leur figure et leur usage étant d'ailleurs si mal expliqués.

Affliguntur regulæ duæ. Il y a apparence que ces deux règles sont les mêmes pièces de bois dont il est parlé au chapitre xviii, et auxquelles il est dit que le chapiteau et le moulinet sont attachés. Ici il n'est fait mention que du moulinet.

Crassitudo bucculæ quæ affigitur. Parce qu'il est difficile de trouver un mot français pour *buccula*, j'ai laissé le mot latin ; ce qui se fait assez souvent pour les mots des arts. *Bucca* et *buccula* signifient proprement la partie des joues qui s'enfle lorsque l'on souffle. Ce mot signifie quelquefois la bouche, d'où notre mot français est dérivé. Les anciens appelaient aussi *buccula* ce qui pendait aux côtés de leurs casques pour couvrir les joues. Je l'ai interprété *la lèvre* à la marge, à cause que les tringles qui composent le *buccula* tenaient le javelot comme entre deux lèvres.

Vocitatur camillum. Baldus corrige le mot de *camillum*, qui est dans tous les exemplaires, parce qu'il ne signifiait autre chose parmi les anciens que ce que nous appelons un *enfant de chœur*; ce qui n'a aucun rapport avec la chose dont il s'agit : mais le mot de *catillum*, qu'il met à la place, ne convient guère mieux ; et il me semble que *scamillum*, qui est un petit banc, est fort bien représenté par cette tringle, qui a été appelée *buccula*, de laquelle sortent des clefs de bois à queue d'hirondelle, qui sont comme les pieds du banc.

Crassitudo bucculæ foraminum VIII. Perrault, qui lisait ici *scutulæ*, dit : Saumaise avertit que *scutula* en cet endroit n'est pas dit *a scuti figura*, comme Turnèbe a estimé, mais du mot grec *scytale*, qui signifie entre autres choses un bâton rond ; d'où vient qu'on appelle *scutula* les rouleaux que l'on met sous les navires, pour les faire aller en mer. C'est pourquoi j'ai interprété *scutula* le gros rouleau, dont il sera parlé dans la suite.

Sive manulea. Le mot *manicla* est mis pour *manicula*, qui peut signifier une petite main. Quelques interprètes veulent qu'elle soit comme la noix de l'arbalète. L'usage qui lui est donné dans la description qui est ci-après a quelque rapport avec celui de la noix de l'arbalète, qui est de servir à la détente.

Chelonium sive pulvinus. Ammien Marcellin, dans la machine qu'il appelle *onager*, qui avait quelque rapport avec la catapulte, met *ingens cilicium paleis confarctum* : ce qui servait pour arrêter le coup et amortir la force des arbres ou bras, après qu'ils avaient poussé le javelot. Les mots de *chelonium* et de *pulvinus* qui sont dans le texte s'expliquent l'un l'autre, parce qu'un oreiller bien plein et bien garni ressemble à une tortue.

Carchesia sucularum. Presque tous les exemplaires ont *carchebi*, qui est un mot barbare qui ne se trouve nulle part. Barbaro met *tracheli*, qui signifie les cous, et il entend que ce sont les bouts du moulinet qui tournent dans les amarres. Laët met *carchesia*, qui signifie des gobelets, et il les prend pour les mortaises où l'on passe les leviers. J'entends que ces mortaises sont non-seulement celles dans lesquelles on passe les leviers du moulinet, mais aussi la mortaise du gros rouleau, dans laquelle on passe le levier qui sert à égaler la tension des deux arbres. Au reste, je crois qu'il faut entendre que la mesure qui est donnée simplement par ces mortaises doit appartenir à leur longueur, parce que leurs deux autres dimensions, savoir, la largeur et la profondeur, sont spécifiées.

Je ne fais point d'excuse au lecteur de ce que j'abuse de sa patience en m'arrêtant à éplucher avec un si grand loisir toutes ces choses, parce que je ne crois pas qu'il se rencontre personne à qui j'aie besoin de me justifier là-dessus ; étant assuré que ceux qui ne sont point touchés de cet amour de la connaissance de l'antiquité, qui ne fait jamais trouver trop scrupuleuse et trop exacte la recherche des choses de cette nature, n'en viendront jamais jusqu'à lire cet endroit.

Crassitudo ab radice. J'explique *in radice* vers le bas, de même que je mets *vers le haut* pour *in summo*. Et c'est sur cet endroit que je fonde la conjecture que j'ai que les arbres ou bras de la catapulte et de la baliste étaient joints l'un contre l'autre et dressés debout, afin d'aller frapper ensemble le bout du javelot : parce que ces mots de *in radice* et *in summo* ne sauraient signifier autre chose, et ne peuvent convenir à des bras tendus à droite et à gauche, ainsi que tous les interprètes l'ont entendu. Joint que la longueur de 12 pieds que Vitruve leur donne n'oblige point à faire l'arbre de deux pièces, puisqu'il est plus facile de recouvrer un arbre de 28 pieds, dont cet arc aurait été fait, que de faire que des arbres tendus avec la force que ceux-ci doivent avoir ne rompissent point la corde de l'arc, par le grand effort qu'ils devaient faire en leur détente. Il n'y a pas non plus d'apparence que Vitruve, qui a donné ici la mesure de quantité de choses, laquelle ne saurait être que de peu d'importance, eût oublié de parler de la grosseur de la corde de cet arc, duquel même il ne fait aucune mention. La vérité est néanmoins que le mot de bras semble désigner une situation dans ces arbres qui a quelque rapport à un arc, parce que les deux parties de l'arc d'une arbalète sont comme ses bras étendus ; mais on peut dire que ces parties, qui étaient appelées avec raison bras dans les arbalètes, ont retenu le même nom dans les catapultes, qui ont peut-être été inventées depuis les arbalètes ou scorpions ; et que ce nom n'a point été changé à cause que ces parties ont le même usage que les bras des arbalètes, car elles poussent le javelot de même que les arbalètes, bien que leur situation et leur disposition soit différente. Je fonde encore cette conjecture sur Athénée, qui appelle la catapulte *enthytonos*, c'est-à-dire, à mon avis, *quæ erecta tenditur*, ou *brachiis erectis*, et non pas *brachiis rectis*, parce que cela n'aurait point de sens, les bras d'un arc n'étant jamais droits, mais toujours courbés.

In summo foraminis U Z. Cette proportion de la grosseur des bras fait beaucoup pour confirmer l'opinion que j'ai que les arbres frappaient le javelot par leur bout d'en haut : car cette grosseur du bout d'en haut, qui est presque double de celle du bout d'en bas, la faisait être comme une massue, dont le coup était fort, non-seulement à proportion de la tension et de la roideur de l'arbre, mais aussi à proportion de la pesanteur du bout qui frappait.

Si capitula altiora, quam erit latitudo, facta fuerint. Bien que je ne m'étais pas proposé de trouver des sens dans tout ce qui est dit ici pour l'explication de la catapulte, il y a néanmoins quelques endroits où il semble que l'on y en entrevoit. Cet endroit peut devenir un des plus raisonnables, pourvu que l'on y corrige peu de chose. Il y a *nam si capitula altiora, quam erit latitudo, facta fuerint* ; ce qui n'a point de sens, car on ne peut deviner à quoi se rapporte *latitudo*. Je crois qu'il faut lire : *nam si capitula altiora, quam fert longitudo (hoc est brachiorum), facta fuerint*. Ce qui me fait faire cette correction, est qu'il s'agit de la longueur des bras, et non pas de leur largeur.

Quæ anatona dicuntur. C'est ici, à mon avis, l'endroit de tout le chapitre qui est le plus intelligible, et qui donne lieu à entrevoir quelque chose dans le reste. Les interprètes ne l'ont pourtant point expliqué : ils estiment tous que *anatona* et *catatona* signifient le ton haut ou bas que les cordes plus ou moins tendues rendent quand on les touche, fondés sur l'endroit du premier chapitre du premier livre, où il est dit que les cordes qui tendent les bras des catapultes doivent être *homotona*, c'est-à-dire, tendues si également qu'elles aient un même ton quand on les fait sonner. Mais il est évident que l'auteur entend ici autre chose; et que le *haut* ou le *bas*, qui apparemment est signifié par *ano* et *cato* qui composent les mots dont il s'agit, ne doivent point être interprétés du haut ou du bas ton, mais de la plus haute ou de la plus basse situation du chapiteau, comme si par *anatonum* il avait voulu dire *ano teinon*, c'est-à-dire *bandant vers le haut*, et *cato teinon*, c'est-à-dire, *bandant vers le bas*, par *catatonum*, le chapiteau étant dit *bandant vers le haut*, quand il est plus éloigné du moulinet et plus proche des arbres; ou *bandant vers le bas*, quand c'est le contraire; ce qui fait que les arbres souffrent une plus grande ou une moindre tension. Après tout, il faut demeurer d'accord que l'affectation que l'on sait être ordinaire à Vitruve de se servir de mots grecs sans nécessité, et même de n'en forger de nouveaux, peut fonder les conjectures que l'on est souvent obligé de prendre où l'on peut pour deviner ce qu'il veut dire, et de supposer que, dans la composition des mots grecs qu'il a forgés, il n'a pas toujours été fort exact à observer les analogies et les usages établis dans les auteurs de cette langue.

Quod onus quatuor hominibus extollitur. J'ai cru qu'il y avait faute au texte, qu'un copiste a mis un point de trop, et que ce mauvais exemplaire, sur lequel ceux que nous avons ont été copiés, a fait écrire *onus quod a quinque hominibus extollitur*, au lieu de *quod a quatuor*; car il n'y a point d'apparence que Vitruve ignorât que le doublement de la longueur du levier depuis l'hypomochlion, ou appui, double aussi sa force, et par conséquent que ce que quatre hommes font avec un levier de quatre pieds est fait par deux hommes avec un levier de huit pieds.

Catapultarum rationes..... dixi. La description de la catapulte n'a été entendue de personne, quoique quantité de grands personnages s'y soient employés avec beaucoup de soin, comme Lipse remarque. Les descriptions qu'Athénée le Mathématicien, Ammien Marcellin, Végèce, Jocundus et Robertus Valturius en ont données; les deux figures qui sont dans le livre anonyme intitulé *Notitia imperii*; celle que Guill. du Choul dit avoir tirée d'un ancien marbre, celle qui se voit dans l'arsenal de Bruxelles, ni celles qui sont représentées dans la colonne Trajane, n'ont aucun rapport avec la description de Vitruve. César Césarianus, qui est le premier qui, après Jocundus, a fait les figures de Vitruve avec beaucoup d'exactitude, n'en a point fait de la catapulte, non plus que Barbaro; et même après avoir traduit et commenté Vitruve jusqu'à cet endroit, il abandonna l'ouvrage, qui fut achevé par Benedetto Jovio et par Bono Mauro. Jocundus déclare, en proposant sa figure, que ce n'est point pour expliquer le texte de Vitruve, auquel il ne convient point; et il avoue qu'il ne comprend rien ni à sa figure ni au texte de Vitruve. Mais il ne faut pas trouver étrange qu'une machine dont il est fort difficile de faire comprendre la structure par écrit, particulièrement lorsque l'on n'en donne point la figure, ne soit point entendue quand la description en est aussi négligée qu'est celle qui nous est donnée par Vitruve, qui ne s'est arrêté qu'aux proportions des parties qui la composent, sans décrire ni la figure ni les usages de ses parties.

Ce que l'on sait en général des catapultes est qu'elles étaient faites pour jeter des javelots, de même que les balistes servaient à jeter les pierres, quoique cette distinction n'ait pas été faite par les derniers auteurs latins, qui ont toujours exprimé l'une et l'autre machine par le mot de baliste; que les catapultes lançaient leurs javelots avec une si grande force qu'ils perçaient plusieurs hommes les uns après les autres, au rapport de Lucain; qu'elles portaient d'un bord du Danube à l'autre, selon l'auteur du livre intitulé *Notitia imperii*; et enfin qu'il y en avait qui poussaient des javelots de la grandeur de nos chevrons. Athénée en décrit qui avaient 12 coudées, et, ce qui est le plus incroyable, il dit qu'Agésistratus avait fait une catapulte qui, n'étant longue que de trois palmes, portait jusqu'à plus de trois stades, c'est-à-dire environ 300 toises.

La description de Vitruve fait seulement entendre que la catapulte avait deux bras ou arbres, c'est-à-dire des pièces de bois que l'on faisait plier en les attirant avec des cordes qui se bandaient par des moulinets. Mais personne n'a expliqué comment ces bras frappaient le javelot, comment ils étaient arrêtés avant la détente, et comment la détente se faisait, ni à quoi servait cette égalité de tension qui se connaissait par l'égalité des tons que les cordes rendaient. On ne sait point non plus quel était le mystère de toutes ces précautions qui se prenaient sur les trous, par lesquels les câbles étaient passés.

La catapulte d'Ammien Marcellin et celle de Guillaume du Choul n'avaient qu'un bras élevé droit de haut en bas, qui frappait le javelot : celle de Jocundus, qu'il a prise dans Athénée, où elle est fort mal dessinée, et celle de Lipse, à ce que l'on peut comprendre, frappaient le javelot avec une corde tendue en manière d'arc, mais de telle sorte que ce n'étaient point les bras qui, étant pliés et contraints, fissent effort pour se remettre en leur état naturel, comme il arrive ordinairement aux arcs; mais ces bras étaient des leviers qui, sans plier, forçaient des cordages dans lesquels ils étaient engagés de s'allonger; et ces mêmes cordages, en se remettant en leur état naturel, forçaient à leur tour les leviers qui tiraient la corde de l'arc, et produisaient l'effet de la machine, qui était semblable à celui d'une arbalète; ce qui n'est pas aisé à comprendre.

Il y a apparence, quoi qu'en disent tous les interprètes, que la catapulte de Vitruve agissait selon la première manière, c'est-à-dire que les bras ou arbres frappaient immédiatement le javelot, parce que la grande force avec laquelle elle frappait aurait rompu cette machine, si sa corde avait été tendue comme un arc : et pour dire hardiment ce que je me suis imaginé de cette machine, puisque sa description est tellement gâtée que tous les savants l'ont abandonnée comme incurable, je crois que les deux bras de la catapulte étaient deux arbres joints et mis côte à côte, plantés debout et arrêtés au bas de la machine comme le mât d'un vaisseau, afin que les bouts d'en haut qui se rapportaient aux trous du chapiteau, quand ils étaient tirés par les câbles que l'on passait par ces trous, allassent ensemble en se détendant frapper d'un même coup le javelot. Je suppose qu'on mettait deux arbres afin que la machine eût plus d'effet, et qu'on les pût bander aisément l'un après l'autre. L'observation du ton de la corde servait à faire connaître que les deux arbres étaient tendus également, ce qui était absolument nécessaire; autrement le bras qui aurait été le moins tendu n'aurait servi de rien, parce que l'autre aurait déjà poussé le javelot avant qu'il le pût toucher.

Ch. XI (ou XVI et XVII). *Itaque ut etiam qui geometrice non noverint, habeant expeditum*, etc. Vitruve aurait obligé davantage la postérité si, au lieu de ces proportions, il eût expliqué et décrit assez exactement quelle était la figure et quels étaient les usages des parties dont il donne les proportions : il aurait été plus aisé de suppléer ces proportions que de deviner le reste. Car on ne sait rien autre chose de cette machine, sinon que des câbles d'une grosseur prodigieuse passaient par les trous tailles suivant un trait fort particulier ; mais il n'est point dit ce que ces câbles tiraient, ni quelle était la partie qui poussait la pierre : il n'y a rien aussi qui puisse faire comprendre comment des câbles de plus de huit pouces de diamètre, et faits de cheveux, rendaient un son qui eût des tons que l'on pût distinguer. Néanmoins, si l'on s'en rapporte à ce qui est dit ci-après au dix-huitième chapitre, il semble que les balistes et les catapultes n'étaient différentes qu'en ce que les unes jetaient des pierres et les autres des javelots ; comme si, de même qu'il y avait des bras ou arbres qui dans la catapulte frappaient le javelot posé dans le canal qui le conduisait, il y eût eu aussi des bras dans la baliste qui lançaient de grosses pierres qui leur étaient attachées, et que cela se faisait à peu près de la même manière qu'aux arbalètes, dont il y en a qui ont rapport aux catapultes parce qu'elles lancent des flèches, et d'autres qui sont semblables aux balistes parce qu'elles jettent des balles, les unes n'étant d'ailleurs différentes des autres qu'en ce que celles qui lancent les flèches n'ont qu'une corde simple qui pousse la flèche, au lieu que les autres ont deux cordes, qui forment au milieu comme le réseau d'une fronde dans lequel on met la balle.

Quoique notre artillerie fasse de bien plus grands effets que les balistes des anciens ne pouvaient faire, même pour les bombes que nous jetons avec des espèces de canons appelés mortiers, qui ont un usage pareil à celui des balistes, en ce qu'elles ne servaient pas pour la batterie comme nos canons, au lieu desquels ils employaient les béliers, mais pour nuire aux ennemis en faisant tomber de grosses pierres sur eux, il est pourtant vrai que des machines pareilles à celles des balistes pouvaient être d'une grande utilité pour le jet des bombes. Casimir Siemienouschi, Polonais, dans un traité qu'il a fait du grand art de l'artillerie, promet de donner, dans la seconde partie de son ouvrage, la description des machines qu'il dit avoir inventées pour cet usage ; mais cette seconde partie n'a point été imprimée. M. Blondel, qui a fait imprimer cette année son livre du Jet des bombes, a donné la figure de quelques-unes des machines de cette espèce qui se trouvent dans différents livres, entre lesquelles il en a mis une qui est de mon invention.

Ce que cette machine a de particulier est la certitude de son effet, qui consiste à faire qu'elle jette les bombes à l'endroit où l'on veut, ce que les mortiers, ne sauraient faire précisément à cause que l'effet de la poudre peut être très-différent selon les circonstances différentes de la force de la poudre, dont on ne saurait jamais être assuré ; ce qui n'est pas dans les balistes, qui agissent par le moyen d'un contre-poids dont la pesanteur est toujours la même. La mienne, outre cet avantage, a encore celui qui est particulier aux mortiers, savoir, de pouvoir par ses différentes inclinaisons être pointée et déterminée à jeter la bombe justement aux endroits où l'expérience a fait connaître que, suivant certain degré de l'inclinaison de la machine, une bombe d'un certain poids peut être jetée ; car il n'y a point de raison qui puisse faire qu'elle jette plus ou moins loin en un temps qu'en un autre. La vérité est qu'une machine de cette nature ne saurait jeter des bombes ni si pesantes ni si loin que font les mortiers.

Quadraginta pondo, digitorum XII. S. K. Dans le peu d'espérance que les savants ont de pouvoir restituer ce qui manque dans la description des catapultes, et principalement des balistes, Buteo s'est travaillé à corriger ce qui s'est rencontré de manifestement faux dans les proportions du trou de la baliste avec le poids de la pierre ; ce qu'il a fait avec l'exactitude géométrique et arithmétique que Vitruve dit être nécessaire, et qu'il semble n'avoir pas suivie. Mais parce que ces corrections changent beaucoup le texte, sans éclaircir autrement la chose, je n'ai pas jugé qu'il fût à propos de les suivre, et j'ai traduit seulement le texte tel qu'il est, à la lettre. Et il faut remarquer en passant que Buteo, qui, pour prouver que Vitruve s'est trompé lorsqu'il a prétendu qu'il fallait augmenter le trou à proportion de l'augmentation du poids de la pierre, en doublant le diamètre du trou lorsque le poids est doublé, apporte l'absurdité de la grosseur de la corde, qui deviendrait énorme dans les grandes balistes, tombe lui-même dans une pareille absurdité, à cause de la fausse supposition qu'il fait que les cordes étaient de la grosseur du trou ; car de là il s'ensuit que, pour bander une baliste qui jette une pierre de dix livres, qui est un poids assez médiocre, il fallait un câble de dix doigts de diamètre, c'est-à-dire environ six pouces de roi ; et, selon sa supputation, il y aurait eu des balistes dont les câbles auraient eu plus de trois pieds de diamètre ; car il y en avait qui jetaient des pierres encore bien plus pesantes que ne sont celles que jetaient les balistes dont il est parlé dans ce chapitre, qui ne vont qu'à deux cent cinquante livres, celles dont il est fait mention au dernier chapitre de ce livre allant jusqu'à 360. Or il n'est pas concevable qu'un câble de 3 pieds de diamètre puisse servir à une baliste, parce que ce câble doit être entortillé autour d'un moulinet.

Scutula, quæ græce περίτρητος *appellatur.* Il a été parlé du péritretos au deuxième chapitre du premier livre, auquel livre ce mot est mis pour le trou de la baliste. Ici c'est la partie appelée *scutula* en latin. Philander croit qu'il faut suivre la première explication que Vitruve a donnée de ce mot, et qu'il doit être pris pour le trou de la baliste. C'est pourquoi il corrige cet endroit en lisant : *cum ergo foraminis, quod græce peritreton appellatur, magnitudo fuerit instituta, describatur scutula,* etc. J'ai suivi son opinion, parce qu'il m'a semblé qu'il n'y avait point de raison pour que *scutula*, qui est une chose inconnue, fût appelée *peritretos*, c'est-à-dire percée tout alentour, et qu'il y a quelque apparence que le trou de la baliste peut être appelé ainsi : car le mot *peritretos* se peut prendre en deux façons, et signifier ou une chose qui est percée de plusieurs trous tout alentour, ou qui a un trou que l'on a agrandi tout alentour par plusieurs coups de ciseau, qui font que ce trou va en s'élargissant, par exemple, comme un entonnoir, ou comme le pavillon d'une trompette. Or cette dernière manière peut fort bien convenir au trou de la baliste, qui doit être élargi et adouci par les bords, afin de ne pas user le câble qui y doit passer, ainsi qu'il est dit ci-après.

Et cum divisum erit, contrahantur extremæ partes, etc. J'ai traduit tout cet endroit mot à mot à la lettre, sans y rien comprendre autre chose, sinon que je crois qu'il contient la description de la ligne qui trace le trou appelé *peritretos.*

Cum deformatum fuerit, circumlævigentur extrema. Je lis avec Turnèbe, *foramen cum deformatum fuerit, circum levigentur extrema,* au lieu de *circum dividatur extremam,* le sens étant qu'il faut adoucir l'entrée de ce trou, en abattant la carne qu'il a tout alentour, laquelle sans cela couperait ou écorcherait le câble ; et cet adoucissement fait à coups de ciseau et avec la râpe est, à mon avis, ce qui fait appeler ce trou *peritretos,* ainsi qu'il a été dit.

Crassitudo ejus foraminis S I' constituatur. Je continue à traduire *foramen,* diamètre, pour les raisons qui ont été dites ci-devant sur le quinzième chapitre.

Pterygomatos. Ce mot se trouve bien diversement écrit dans les exemplaires. Les uns mettent *plentigonatos* ; les autres *plintigomatos.* Baldus et Turnèbe ont plus de raison de choisir *pterigomatos,* parce que toute cette machine est appelée par Ctésibius *pteryx,* qui signifie une aile, parce qu'elle s'avance en forme d'aile.

Sicilicus. Ce mot est ici pris par Jocundus pour la quatrième partie du tout précédent. Communément il signifie deux drachmes, qui font le quart de l'once.

Cheloni replum. Le mot de *replum*, qui est en plusieurs endroits de Vitruve, n'est pas expliqué d'une même façon par les interprètes. Turnèbe confesse qu'il ne l'entend point, et croit qu'il le faut corriger pour mettre *peplum*. Baldus estime qu'il est dit *a replendo*, parce qu'il occupe dans la menuiserie l'espace qui est entre deux panneaux, suivant la conjecture qu'il tire du sixième chapitre du quatrième livre, où il est parlé de la menuiserie des portes. Saumaise pense qu'il est dit au lieu de *replicatum*, comme *duplum* au lieu de *duplicatum*. Suivant cette opinion, j'ai mis ici *rebord*, à cause qu'il est ensuite qu'il sert de couverture; et c'est par cette raison que Turnèbe a cru qu'il fallait lire *peplum*, qui signifie un manteau.

Ch. XII (ou XVIII). *Capitula catapultarum.* Quoique le latin ait *capitula* au pluriel, j'ai cru que je pouvais l'interpréter au singulier, parce que la catapulte n'avait qu'un chapiteau, comme il se voit au chapitre xv, et qu'il y a apparence que Vitruve a dit les chapiteaux des *catapultes*, comme il aurait dit les têtes des hommes, et comme il dit aussi en ce même chapitre les moulinets, bien que chaque catapulte n'eût qu'un moulinet. J'ai pris la même liberté, dans le reste du chapitre, de rendre les pluriels par les singuliers, parce que la chose est ainsi plus clairement expliquée. On a déjà été obligé d'en user ainsi en plusieurs endroits.

Cuneoli ferrei. J'ai interprété le mot latin *cuneolus* et le grec *epischis*, une *cheville*, et non pas un *petit coin à fendre*. Quoique cette explication fût absolument plus propre, j'ai cru qu'il m'était permis de donner la signification qui est la plus convenable à mon sujet, et qu'un coin à fendre, qui est fait pour diviser, ne saurait convenir en cet endroit, puisqu'il s'agit de lier et d'arrêter. Aussi les Latins employaient le mot de *cuneus* pour signifier non-seulement ce qui sert à diviser, mais encore ce qui sert à arrêter et à joindre; car ils disent *cuneare*, pour *cuneis firmare*, c'est-à-dire arrêter avec des chevilles ou clavettes.

Tunc autem cuneis ad foramina concluduntur. Il est évident qu'il manque quelque chose au texte, et qu'après *cuneis ad foramina concluduntur*, il faut ajouter *brachia catapultarum*, parce que ce ne sont pas les câbles qui sont arrêtés, mais les bras ou arbres. C'est pourquoi j'ai interprété *concluduntur* simplement en fait l'arrêt, ne pouvant trouver dans le texte quelle est la chose qui est arrêtée et affermie, quoiqu'il n'y ait point de doute que ce sont les bras de la catapulte.

Ad sonitum musicis auditionibus catapultæ temperantur. Cette observation de la tension des câbles, soit par le ton du son qu'ils rendent quand on les frappe, soit par la roideur que l'on y remarque en les touchant, peut avoir d'autres usages et appartiennent davantage à l'architecture que celui qu'elle a dans les catapultes, dont Vitruve apporte l'exemple au premier chapitre du premier livre, pour faire entendre qu'un architecte doit être musicien, afin qu'il puisse retenir le ton que produit la tension d'un des bras de la catapulte, pour le avoir comparés au ton que produit la tension de l'autre bras. J'apporterai ici un exemple de l'usage que peut avoir la connaissance de cette tension des câbles, laquelle a été nécessaire pour faire agir la machine employée à élever les grandes pierres dont est couvert le fronton qui est sur la principale entrée du Louvre. Ces pierres, qui pesaient chacune plus de quatre-vingts milliers, n'étaient pas tant difficiles à élever à cause de leur pesanteur, que par la raison de leur figure, qui les rendait faciles à être rompues, si elles n'avaient pas été soutenues également; car ayant 52 pieds de long sur 8 de large, elles n'avaient tout au plus que 18 pouces d'épaisseur.

Pour empêcher que cette fracture ne leur arrivât, soit dans leur transport de la carrière qui est sur la montagne de Meudon, à deux lieues de Paris, soit dans leur élévation et leur parement, qui était à près de 20 toises du rez-de-chaussée, les précautions que l'on a apportées ont été que l'on a fait un assemblage de charpenterie de la longueur de la pierre, composée de pièces de bois, pour le rendre le plus ferme et le moins capable de plier qu'il serait possible : car la pierre y étant enfermée et suspendue par huit endroits de chaque côté par des câbles, elle ne pouvait plier, quelque effort que son énorme pesanteur pût faire, si l'assemblage qui la tenait suspendue, et par le moyen duquel on la remuait, était assez fort pour ne pouvoir plier. Pour l'élever à la hauteur nécessaire et pour la poser, comme on ne pouvait pas se servir de l'assemblage de poutres qui avait été employé à l'amener, on se servit d'un grand pan de charpenterie qui avait été élevé le long de la face du Louvre, et jusqu'à la hauteur de plus de 20 toises, pour servir d'échafaud, sur lequel on fit un plancher composé de six poutres, entre lesquelles les câbles qui devaient élever la pierre pouvaient passer. Ce plancher en soutenait un second, sur lequel il y avait huit treuils ou gros rouleaux qui, par le moyen des leviers qu'on passait à chacun de leurs bouts, bandaient les câbles qui devaient élever la pierre, laquelle étant élevée un peu plus haut que l'endroit où elle devait être posée, fut poussée avec toute la machine au-dessus de cet endroit; ce qui se fit en faisant avancer le second plancher, qui coulait sur d'autres rouleaux posés entre les deux planchers.

Or la difficulté était de faire que les câbles qui élevaient la pierre fussent toujours également bandés; car on ne pouvait pas être assuré qu'il y eût assez d'égalité dans la grosseur des treuils ni dans celle des câbles pour faire que, bien qu'on tournât tous les treuils ensemble, il fût certain que les câbles tirassent toujours tous également, et que les uns ne fussent pas quelquefois lâches pendant que les autres étaient bandés; joint que des câbles d'une même grosseur peuvent presser et s'allonger l'un plus que l'autre. Pour remédier à cet inconvénient, le maître était sur la pierre pendant qu'elle montait, et il y marchait comme dans une galerie, pour toucher tous les câbles l'un après l'autre, afin que, connaissant par là celui qui était plus bandé que les autres, il ordonnât que le treuil qui bandait ce câble cessât d'agir, pendant que les autres continuaient à être bandés. Pour cet effet, les treuils avaient chacun leur nom, et il y avait ordre d'observer un grand silence, afin que les commandements pussent être entendus. On aurait peut-être pu omettre quelqu'une de ces précautions; mais on crut qu'en une chose de cette importance on ne pouvait prendre assez de sûretés.

Dans cette vue, et dans la crainte qu'on pouvait avoir de ne pas connaître assez exactement les différentes tensions des câbles, et de manquer à y remédier, j'avais proposé une manière qui m'eût jugée tout à fait infaillible, et suivant laquelle il était impossible qu'un endroit de la pierre fût soulevé, qu'elle ne le fût également par tous les autres. J'en fis faire un modèle, qui est au cabinet des machines de la bibliothèque du Roi : car le modèle de cette machine est tel que, quoiqu'on fasse plier l'assemblage de charpenterie qui soutient la pierre, en appuyant, soit par le milieu, soit par les bouts, la pierre qui y est suspendue en douze endroits ne peut plier, parce qu'elle ne saurait être tirée et soutenue en un endroit plus qu'en un autre, ainsi qu'elle aurait été dans une machine, si quelque effort avait fait plier l'assemblage de charpenterie : de sorte que dans une machine il n'aurait point été nécessaire de se mettre en peine d'observer les différentes tensions des câbles, parce qu'ils se seraient toujours entretenus d'eux-mêmes dans une égale tension. Pour faire voir par expérience que cela était ainsi, je fis que le modèle de la pierre était disposé de sorte que quand, hors de la machine, on la soutenait par les deux bouts ou seulement par le milieu, il se pliait en arc par son propre poids; ce qui ne lui arrivait pas quand il était dans la machine, quoiqu'on fît plier la machine : ce qui faisait voir que quand quelque accident aurait fait plier la machine, la pierre serait toujours demeurée droite, et n'aurait point plié.

Cette machine était, comme l'autre, un assemblage de charpenterie qui formait comme un toit. La pierre qui était sous ce toit avait six crampons de chaque côté, à chacun desquels était attachée une poulie; et sur le faîte de l'assemblage il y avait aussi des poulies au droit de l'entre-deux des crampons. Un câble attaché au premier crampon, à côté d'un des bouts de la pierre, passant sur la première poulie du faîte, allait passer sous la première poulie attachée au second crampon de l'autre côté, et, remontant sur la seconde poulie du faîte, allait passer sous le second crampon de l'autre côté, auquel la première poulie de ce côté-là était attachée, et, passant ensuite sur la troisième poulie du faîte, descendait comme la première fois, pour passer sous la seconde poulie de l'autre; et ainsi le même câble continuait à aller d'un côté à l'autre, passant sur les poulies du faîte et sous celles de la pierre jusqu'au bout; de manière que les poulies d'un des côtés de la pierre étaient attachées à celles de l'autre, comme les œillets d'un des côtés d'une veste sont attachés de l'autre côté par le moyen d'un lacet. Cela étant ainsi, il était impossible qu'aucune des poulies attachées à la pierre fût tirée plus fortement qu'une autre, le câble glissant par leur moyen : ce que l'expérience démontrait lorsqu'on faisait plier le modèle de la machine par quelque effort; car alors le modèle de la pierre ne pliait point, et on voyait seulement tourner les poulies, à cause que le câble qui s'élevait vers la partie de la machine qu'on avait fait élever par l'effort, au lieu d'élever la poulie sous laquelle il passait, y coulait seulement, et ensuite, coulant dans toutes les autres poulies, faisait que le tirement se distribuait à toutes les autres poulies, son effort agissait également sur toute la pierre.

Pour élever toute la machine à laquelle la pierre était attachée, j'employais encore le même principe, mettant des poulies dans la poutre qui faisait le faîtage, et d'autres dans une autre poutre posée en dessous; de sorte qu'un même câble étant passé dans toutes ces poulies, on pouvait avec peu de force élever la machine sans qu'elle fût en danger d'être tirée à un endroit plus qu'à un autre, de la même manière que la machine ne pouvait tirer la pierre par un endroit plus fortement qu'un autre : et parce qu'il aurait été difficile d'avoir un câble assez long et assez fort pour faire l'élévation tout d'un coup, je supposais qu'on partagerait toute l'élévation, et qu'on la ferait à plusieurs reprises, soutenant la pierre et la tenant arrêtée sur des poutres qu'on aurait mises dessous, pendant qu'on aurait porté la poutre d'au-dessus à un étage plus haut.

Ch. XIII (ou XIX). *Cetras Chalcedonius.* Athénée, dans on livre *des Machines*, dit que l'inventeur de la base de cette machine était Gétas, Carthaginois. Il dit aussi que cet architecte ne fit pas son bélier suspendu, comme Vitruve l'explique, mais qu'il était porté par plusieurs hommes qui le poussaient. Il dit encore que quelques autres le faisaient couler sur des rouleaux. Au reste, j'estime que Turnèbe a raison de croire que Vitruve a pris d'Athénée la plus grande partie de ce qu'il rapporte ici des machines de guerre; quoique Casaubon tienne qu'Athénée a vécu longtemps depuis Vitruve, se fondant sur ce que Trébellius Pollion rapporte que l'empereur Gallien fit fortifier plusieurs villes par des architectes byzantins, dont l'un s'appelait Cléodamus, et l'autre Athénée. Vossius suit l'opinion de Turnèbe, parce que le livre d'Athénée est dédié à Marcellus, qui vivait avant Vitruve.

Arrectariis et jugis. Ce que Vitruve appelle *arrectaria*, Athénée l'appelle *scele*, c'est-à-dire *jambes*. Il y a apparence que le mot *scala* est dérivé de ce mot grec, parce que l'échelle est composée de deux montants comme de deux jambes, et de plusieurs échelons en travers.

Varas. Je traduis *hutte* le mot *vara*, suivant l'opinion de Baldus, qui croit que *vara* vient de *varus*, qui signifie courbé; et Saumaise dit que c'est de là qu'est dérivé le mot français se *garrer*, comme qui dirait *guarare*, au lieu de *varare*; ainsi que *guespe* (guêpe) est dit du latin *vespa*. C'est pourquoi il m'a semblé qu'une couverture courbée, sous laquelle on se garre, pouvait être appelée une hutte.

Quod tardos conatus habuerat, testudinem arietariam appellare cœpit. Vitruve a pris la raison du nom de tortue dans Athénée. Végèce en donne une autre, qui est la ressemblance que cette machine a avec l'animal dont elle porte le nom, qui avance la tête hors de son écaille, et qui la retire dedans, de même que le bout du bélier s'avance et se retire hors de la machine. On peut dire aussi que son usage lui a fait donner ce nom, parce qu'elle sert de couverture et de défense très-forte et très-puissante contre ce qui peut tomber d'en haut, et qu'elle met en sûreté ceux qui sont dedans, de même que la tortue l'est dans son écaille.

Tardos conatus habuerat. Plutarque dit que l'hélépole de Démétrius était un mois à faire un stade, c'est-à-dire près de deux ans à faire une lieue.

Corvum demolitorem, quem nonnulli gruem appellant. Il ne paraît point, par les descriptions que nous trouvons dans les anciens de la machine appelée corbeau, qu'elle pût servir à démolir. J. Pollux et Polybe parlent d'une machine que l'on appelle grue, et d'une autre que l'on appelle corbeau, dont la structure et les usages en général semblent être pareils, l'une et l'autre étant faite pour accrocher, attirer et enlever : car la grue de Pollux servait aux théâtres pour faire les enlèvements; et c'était avec cette machine, par exemple, que l'Aurore enlevait Titon. Le corbeau de Polybe était pour accrocher les navires des ennemis. La description que cet historien en fait est assez obscure, et ce que l'on y peut entendre est qu'il y avait une colonne sur laquelle une échelle tournait, et qu'au bout de l'échelle était une poulie qui soutenait une corde, à laquelle était attaché un crochet de fer très-pesant, et que l'on laissait tomber dans le navire ennemi. Il est dit que la machine se pouvait tourner aisément de tous les côtés sur la colonne, que des moises embrassaient par le milieu, à ce que l'on peut juger, pour l'empêcher de vaciller. La grue dont on se sert en France pour enlever les fardeaux, et les poser aisément où l'on veut, semble être quelque chose de semblable à cette machine.

In summo semipedalia. Le dernier pied des anciens avait huit doigts. Athénée ne donne que six ou sept doigts au haut du montant.

Latam cubitorum XXIII S. Cette largeur du bas de la grande tour est pareille dans tous les exemplaires, tant de Vitruve que d'Athénée : il semble néanmoins que 23 coudées et demi d'empatement, qui ne font pas 6 toises, sont bien peu de chose pour la hauteur de 120 coudées, qui font 30 toises; et il n'y a point de raison d'avoir donné à la petite tour un plus grand empatement à proportion que la grande, si ce n'est que la grande aurait été trop pesante pour pouvoir être remuée, si elle avait eu la même proportion que la petite; et qu'on lui ait retranché quelque chose de sa largeur, parce que l'on avait besoin de la hauteur pour égaler celle des murs des villes, qui allaient quelquefois jusqu'à 35 toises, si ce que Pline dit des murs de Babylone est croyable : car c'est une chose bien étrange qu'une ville fût enfermée et comme étouffée par des murs aussi hauts que des montagnes : ce qui avait obligé, au rapport de Quinte-Curce, de laisser un grand espace entre les murs et les maisons. Mais la hauteur de ces tours de bois n'est guère moins étonnante; et il n'est pas aisé de comprendre comment, ayant un si petit empatement, elles n'étaient point renversées par le vent, comment on les pouvait faire marcher, et quel devait être le soin qu'il fallait apporter pour aplanir les lieux où elles devaient passer. Ces raisons peuvent faire douter qu'il n'y ait faute au texte, vu que dans la suite il est parlé d'une tour que Démétrius Poliorcète fit faire au siége de Rhodes, qui avait un empatement bien plus grand que celles dont Athénée et Vitruve ont donné les proportions : Plutarque dit qu'elle avait 48 coudées de large sur 66 de haut.

Circuitionem cubitorum ternum. Ce que Vitruve appelle *circuitionem* est nommé *péridromé* par Athénée. Stévéchius fait entendre, par la figure qu'il a mise dans son commentaire sur Végèce, qu'il croit que ce *péridromé* était un corridor saillant à chaque étage, en manière de mâchecoulis. Mais Philander estime que *circuitio* n'est rien autre chose que ce que les anciens appelaient *peribolon* et *lorica*, qui est interprété *parapet* par d'Ablancourt dans César. J'ai suivi cette interprétation, parce que les corridors de Stévéchius, qui sont en manière de mâchecoulis, me semblent inutiles, ces mâchecoulis n'étant bons qu'à empêcher que l'on approche du pied d'un mur, qui est une chose dont il ne s'agit point ici; joint que le mot *péridromé*, dont Athénée s'est servi, ne signifie point particulièrement un corridor hors d'œuvre, mais seulement quelque chose qui tourne tout alentour, et qui fait une enceinte, ainsi que l'explique Pollux, qui dit que *peridromé* est l'appui des plates-formes qui sont sur le haut des maisons. Car quand Athénée dit que ce *péridromé* devait avoir 3 coudées pour empêcher le feu, cela fait voir, ce me semble, qu'il devait servir de parapet et de mantelet, parce qu'il couvrait plus de la moitié de chaque étage, et que ces trois coudées ne sont point pour la saillie des corridors, laquelle n'aurait rien fait contre les incendies, et aurait rendu l'assiette et l'empatement de la tour moindre du quart que le corps même de la tour, qui, par le moyen de ces saillies, aurait été de 6 coudées plus large que l'empatement.

En cet endroit, Athénée met la hauteur de tous les étages que Vitruve a omise; et il donne 7 coudées 1/2 au 1er, 5 au second, aux 3e, 4e et 5e; et quatre 1/2 aux 6e, 7e, 8e, 9e, 10e, 11e, 12e, 13e, 14e, 15e, 16e, 17e, 18e, 19e et 20e. Mais je crois qu'il y a faute au texte grec, car toutes ces hauteurs d'étages ne font que 95 coudées, si ce n'est qu'Athénée n'ait compris l'épaisseur des planchers; mais elle aurait été trop grande, étant à chacun d'une coudée et d'un quart, c'est-à-dire de 22 pouces, qui est la moitié plus qu'il ne faut pour un plancher de bois.

Habuerat autem intervallum cubitorum XXX. Vitruve n'a point suivi ici les mesures qu'Athénée donne à la tortue à bélier; il est vrai qu'il parle d'une grande et d'une petite tortue, et qu'il ne donne les mesures que de la grande, qu'il fait longue de 50 coudées, large de 40, et haute de 13 1/2, sans les toit, qui en avait 16. La petite tour qui s'élevait au-dessus du toit avait trois étages. Il faut croire que les mesures que Vitruve donne sont de la petite tortue; mais les proportions des parties ne se rapportent point avec celles de la grande d'Athénée.

Ab strato ad summum. J'ai cru devoir interpréter par *plate-forme* le mot *stratum*; car la plate-forme, en termes de charpenterie, est un assemblage de deux sablières posées sur les extrémités du mur, sur lesquelles les chevrons qui font le toit sont posés, savoir : le bout d'un maître chevron sur la sablière qui est en dehors, et le bout du petit chevron, ou jambette, sur l'autre sablière qui est en dedans.

Quæ græce χριοδόχη, *dicitur.* Dans tous les exemplaires de Vitruve, ce mot grec est écrit avec un χ; et les interprètes qui croient qu'il est composé de *crios*, qui signifie un bélier, et de *docos*, qui signifie une poutre, l'ont interprété *trabem arietariam*. Mais je crois qu'il doit être écrit avec un χ, ainsi qu'il l'est dans Athénée, et qu'il n'est point composé du nom *docos*, mais du verbe *dechomai*, et qu'il signifie *la machine qui reçoit et qui enferme le bélier* : car cela est suivant le texte, où il y a *arietaria machina, quæ grece criodoche dicitur.* La raison de cela est que la poutre qui sert de bélier, et la machine à bélier, sont deux choses différentes, ainsi que le texte fait voir clairement.

In quo insuper constitutus aries. Ce bélier est différent de celui qui est décrit ci-après au chapitre XXI, et qui était pendu à des cordes : car celui-ci roule dans un canal, son mouvement étant pareil à celui de la tarière qui est décrite ensuite. Il est encore différent de celui de Cétras, qui était porté sur les bras de plusieurs hommes. D'où il résulte qu'il y avait trois sortes de béliers, les uns étant suspendus à des cordes, les autres coulant sur des rouleaux, et les autres étant soutenus sur les bras.

Quemadmodum in catapultis aut balistis fieri solet. Il faut qu'en cet endroit les noms de catapulte et de baliste soient mis comme synonymes, par un abus que l'usage commençait déjà, du temps de Vitruve, à introduire dans la langue latine, comme il se voit dans les Commentaires de César, où il est parlé des javelots qui étaient lancés par les balistes : car il n'y a aucune apparence que des balistes, qui proprement sont faites pour jeter des pierres, eussent un canal comme les catapultes, parce que ce canal n'était propre qu'à conduire le javelot, qui était droit et égal, et non pas pour conduire une pierre, qui ne pouvait pas être assez ronde pour couler dans un canal de bois.

In quo constituebatur transversa sucula. Il n'est pas aisé de deviner à quoi servait ce moulinet, si ce n'est pour tirer la poutre en arrière, après qu'elle avait été tirée en devant, pour frapper son coup à l'aide des cordages qui étaient passés sur des poulies; en sorte qu'après que les hommes qui travaillaient à faire agir cette machine avaient tiré les câbles pour faire couler la poutre sur des rouleaux en avant, il y en avait d'autres qui la retiraient en arrière avec un moulinet; ce qui se faisait ainsi, parce que l'effet d'un moulinet est de tirer avec force, mais lentement; ce qui pouvait suffire à le retour de la poutre, qui quelquefois engager son fer pointu entre les pierres, ou même dans celles qu'elles perçaient; et il n'était pas nécessaire que ce retour fût si soudain que le mouvement qui se faisait en avant pour frapper. Or, pour achever de deviner les usages de la tarière, je dirai que je crois qu'elle servait à commencer la brèche, parce que le bélier aurait été trop longtemps à rompre une pierre avec sa tête grosse et ronde, ce que la tarière, qui était un bélier pointu, faisait aisément; et lorsqu'il y avait une pierre ôtée par le moyen de la tarière, qui la coupait en pièces, le bélier emportait aisément les autres, en les poussant vers l'endroit qui était vide, et où il n'y avait rien qui soutint la pierre qui était poussée.

Inerat in eo canali capite ferrato tignum. J'ai cru qu'il fallait corriger cet endroit suivant Athénée, qui dit qu'il y avait des cylindres dans le canal sous la poutre à tarière, qui servaient à la faire couler avec plus de facilité. C'est pourquoi, au lieu de *in eo canali capite ferrato tignum, sub eo autem ipso canali inclusi tuti*, je lis : *sub eo autem ipso (supple tigno) in canali, inclusi tori*, et je traduis *tori*, des *rouleaux*, parce qu'il a été parlé ci-devant d'un rouleau qui est appelé *torus perfectus torno.* Cette remarque est de Laët.

Quod animadverteret eam machinam nullam habere virtutem. Cette machine fut cause néanmoins de la première victoire que les Romains remportèrent sur les Carthaginois en une bataille navale, selon Polybe. Et le grands effets que l'on raconte des machines d'Archimède, pour la défense de Syracuse, sont attribués par Plutarque principalement à ce corbeau. Polybe et Jul. Frontinus disent que le consul C. Duillius, qui commandait l'armée navale des Romains, fut l'inventeur de cette machine, quoique Quinte-Curce en attribue l'invention aux Syriens, lorsque leur ville fut assiégée par Alexandre : car l'autorité de ce dernier historien ne le doit pas emporter sur les deux autres.

De ascensu. Je corrige le mot *accessus*, que je crois avoir été mis au lieu d'*ascensus*, y ayant apparence que cette machine est la même que Vitruve a appelée, au commencement de ce chapitre, *ascendentem machinam*.

De marinis machinationibus. Il y a apparence que ces machines sont celles-là même dont Polybe a fait la description.

Tantum pollicitum esse, etc. Athénée fait la même plainte contre Diadès ; ce qui peut faire croire, ainsi qu'il a été dit, que Vitruve a traduit d'Athénée ce qu'il rapporte de Diadès, et qu'il n'a point lu le livre de Diadès.

Ch. XIV (ou XX). *Tigna duo in utramque partem projecta pedes senos.* Je crois que cette saillie était pour faire que les roues fussent à couvert, et hors du danger d'être endommagées par les balistes des ennemis. Au siége d'Ostende, un ingénieur fit construire une machine à l'imitation de la tortue des anciens, qui, faute d'une telle précaution, fut d'abord rendue inutile par un coup de canon qui en rompit une roue.

Capreoli cardinibus alius in alium conclusi. Il est difficile de concevoir comment des contrefiches tiennent ensemble autrement que par le moyen du poinçon auquel elles sont attachées. Cet endroit est obscur, et est peut-être corrompu.

Laterariis circa fixis. Le mot *laterariа*, qui ne se trouve en aucun autre auteur, m'a semblé ne pouvoir être interprété que par conjecture. Les commentateurs de Vitruve n'en ayant rien dit ; et j'ai cru que les pannes qui sont mises en travers sur les forces pourraient être les pièces appelées *lateraria* ; vu que dans les chapitres suivants, où il est encore parlé de ces *lateraria*, il est dit qu'ils sont *in transverso*. Cette conjecture m'a été confirmée par un ancien exemplaire de Jocundus, où, dans les notes qui sont écrites à la marge, il y a que *lateraria* sont la même chose que *templa*, qui sont les pannes. Néanmoins je crois qu'il faut entendre que ces pannes ne sont point de la grosseur des pannes ordinaires, qui sont faites pour porter les chevrons, mais qu'elles ne peuvent être appelées pannes qu'à cause de leur situation, qui est d'être en travers sur les forces ; en sorte que les pièces que Vitruve appelle ici *lateraria* étaient des chevrons posés en travers immédiatement sur les forces, de même que les pannes ont accoutumé d'être, et qui, étant fort près à près, ainsi qu'il a été dit, n'avaient point besoin de pannes qui soutinssent des chevrons ; mais aussi que, posant les chevrons en travers sur les forces, les claies qui étaient mises sur ces chevrons, tenaient lieu de chevrons ordinaires, qui vont droit de haut en bas.

Circum tabulata collocentur crates. J'interprète *les côtés, tabulata*, qui est ici employé improprement, parce que *tabulata*, qui signifie plusieurs planchers, ne convient point à une tortue, qui n'en avait point du tout ; car il y a apparence que les hommes qui étaient sous la tortue marchaient sur terre, afin de la pousser par dedans pour la faire aller ; de sorte qu'il faut croire que quand Vitruve dit qu'il faut couvrir la tortue autour des planchers, il parle de la tortue comme il aurait fait d'une tour de bois qui avait plusieurs planchers et différents étages ; et qu'*autour des planchers* ne signifie point autre chose qu'*aux côtés de la machine*.

Ch. XV (ou XXI). Ὄρυγες *grace dicuntur.* Oryx, en grec, est un pic, une houe, et toutes sortes d'outils à fouiller et à labourer la terre.

Latitudo XII. Cette grande disproportion, qui fait que cette tortue était trois fois plus longue que large, n'était pas sans raison, parce que la machine étant faite pour un bélier, qui est une poutre fort longue, cette forme longue et étroite était propre à couvrir le bélier et les hommes qui travaillaient à le remuer en le tirant par les gros câbles qui lui étaient attachés selon sa longueur, ainsi qu'il est expliqué à la fin du chapitre.

Erigebantur et arrectaria duo. Ce qui suit de la description du bélier n'est pas moins obscur que ce qui a été dit des tours, des tortues et de la tarière.

Arrectaria duo compacta. Je crois que le mot *compacta* ne signifie point ici autre chose que la force et la fermeté de la matière.

Materies inter scapos et transversarium trajecta. Je crois qu'il y a faute, et qu'au lieu de *inter scapos et transversarium*, il faut lire *inter scapos et transversaria*, parce qu'autrement il n'y a point de sens.

Materies... trajecta. J'interprète *dosse* le mot *materies*, qui ne signifie généralement que du bois, mais qui semble ici être autre chose que du bois de poutres, de sablières ou de solives, savoir, du bois refendu, large et assez épais pour être propre à être percé, *alternis cheloniis*, ainsi qu'il sera expliqué ci-après.

Alternis..... transversarium. On a vu que Perrault lisait *transversaria*. « Je crois, dit-il, que les dosses étaient ainsi percées, afin que les degrés de hauteur à laquelle on voulait élever le bélier fussent plus petits. Cela se pratique dans les métiers des brodeurs, où les tringles qui passent dans les rouleaux auxquels la besogne est attachée sont percées de deux ou trois rangs de trous, afin que les chevilles qui, étant passées dans l'un de ces trous, arrêtent les rouleaux et tiennent la besogne tendue, le puissent faire tant et si peu qu'il est nécessaire par le moyen de la disposition de ces trous, qui seraient trop près les uns des autres pour faire cet effet s'ils étaient tous d'un rang, et s'ils n'étaient disposés alternativement, c'est-à-dire en manière d'échiquier.

« Mais il n'est pas aisé de deviner quel était l'usage de ces trous, et pourquoi il fallait que le bélier frappât tantôt haut, tantôt bas. Appien Alexandrin dit que ceux d'Utique empêchaient l'effet des béliers dont Scipion faisait battre leurs murs, en descendant des poutres pendues à des cordes, et en les mettant en travers pour soutenir les coups des béliers. On peut dire que, par le moyen des chevilles que l'on mettait dans les trous dont il s'agit, on pouvait faire que le bélier frappât plus haut ou plus bas, si, au moment qu'il était retiré en arrière, on mettait deux chevilles dans les trous qui étaient derrière et au-dessous des chevilles qui suspendaient le bélier ; parce que lorsque le bélier, étant poussé pour frapper, retournait en avant, les câbles rencontrant ces chevilles faisaient un angle qui les rendait plus courts, ce qui était cause que le bélier frappait plus haut. Ces mêmes trous pouvaient aussi servir à mettre plus haut ou plus bas les chevilles auxquelles les câbles étaient attachés. »

Quatuor circiter pedum XV. Il est, ce me semble, évident que le nombre XV est mal ajouté, parce qu'il ne peut signifier que les quinze parties d'un pied, et qu'il serait superflu de dire environ quatre pieds et la quinzième partie d'un pied, d'autant que quatre pieds et la quinzième partie d'un pied sont la même chose qu'environ quatre pieds ; de sorte que j'ai cru qu'il fallait s'arrêter, comme j'ai fait, à l'une ou à l'autre de ces expressions.

Quemadmodum navis a puppi ad proram continetur. Toutes ces machines sont décrites si obscurément, qu'il semble être inutile de se donner la peine d'y vouloir rien comprendre ; mais ce qui en doit principalement faire perdre l'espérance, est le soupçon que l'on a sujet d'avoir que Vitruve même n'a pas bien compris les choses qu'il décrivait, lorsqu'elles ne lui étaient connues que par les livres, telles qu'étaient la plupart de celles qu'il décrit ici; car il y a apparence que les béliers qui étaient en usage de son temps étaient différents de ceux qu'il décrit; de sorte que mon opinion est, à l'égard de la comparaison qu'il fait des câbles qui attachaient le bélier dont il parle avec ceux du mât d'un navire, qu'elle est mal expliquée, parce que cette explication contient des choses qui se contredisent, étant impossible que les câbles qui vont le long du bélier soient serrés contre le bélier par des cordes mises en travers, ainsi qu'il est dit, et qu'ils l'arrêtent de la même façon qu'un mât est attaché à la proue et à la poupe; car les câbles qui attachent ainsi un mât en sont fort éloignés, au contraire des haubans qui l'attachent aux deux bords voisins, et qui représentent assez bien les câbles qui attachaient le bélier d'Agetor, à cause des cordes qu'il avait en travers pour servir comme d'anses que l'on prenait pour le remuer; de même qu'il y en a aussi au travers des haubans qui servent pour monter à la hune. C'est pourquoi ma pensée est que Vitruve s'est mépris, quand il a voulu spécifier les câbles dont Agetor n'a parlé qu'en général, en disant seulement que le bélier avait des câbles tendus comme ceux qui arrêtent le mât d'un vaisseau, auquel Josèphe compare aussi le bélier qu'il décrit.

Ex quibus autem funibus...... quadruplices catenæ. Les termes latins du texte sont: *ex quibus autem funibus pendebant, eorum capita fuerant ex ferro quæ quadruplices catenæ;* ce qui est fort équivoque, car il semble que ces câbles et ces chaînes soient celles qui suspendent le bélier, à cause du mot *pendebant;* et il vient aisément dans l'esprit que ces câbles étaient ainsi allongés par des chaînes, afin de n'être pas en danger d'être coupés par les assiégés. Mais ma pensée est que ces quatre câbles allongés par des chaînes sont les quatre câbles dont il a été déjà parlé, qui allaient d'un bout du bélier à l'autre, et qui servaient à le manier, à le tirer et à le pousser, parce qu'ils étaient plus en danger d'être coupés que ceux qui suspendaient le bélier, qui ne sortaient jamais de dessous les tortues, quelque loin que l'on pût pousser le bélier; car pour ce qui est du mot *pendebant,* il ne signifie rien autre chose que *continebant, alligabant;* et les mots de *eorum capita* font voir clairement que ces câbles ne suspendaient point le bélier, parce qu'il n'était point suspendu par le bout, mais par le milieu.

Et ipsæ coriis crudis erant involutæ. Il faut entendre que les peaux qui étaient sur les bouts du bélier pour couvrir absolument et simplement les bouts du bélier qui sortaient hors de la tortue, et non pas couvrir les chaînes, qui n'étaient point en danger d'être endommagées par le feu.

Ea machina. Il est difficile de savoir certainement ce que Vitruve entend ici par *machina,* savoir, si c'est la poutre bélière ou toute la machine, c'est-à-dire la tortue avec la poutre bélière qu'elle porte. Il semble que ce ne doit pas être toute la machine, parce qu'elle ne peut avoir les mouvements qui lui sont ici attribués, n'étant pas possible ni même nécessaire qu'elle soit élevée en haut et en bas, ces mouvements étant particuliers à la poutre. Mais il y a une autre difficulté qui empêche de croire que ce qui est dit de la machine se puisse entendre de la poutre seulement, parce que le texte porte *ea machina sex modis movebatur,* c'est-à-dire en avant, en arrière, à droite, à gauche, en haut et en bas; et il est certain que la poutre ne frappait point en arrière. Cette raison m'a fait croire qu'il faut corriger le texte, et mettre *III modis movebatur,* au lieu de *VI modis.* Il a été aisé à un copiste de prendre ces chiffres les uns pour les autres, ainsi qu'il a été remarqué ci-devant.

Circiter pedes C. Je ne puis croire qu'il n'y ait encore faute en cet endroit, la hauteur de cent pieds étant exorbitante, non-seulement parce que la tortue sous laquelle le bélier était n'avait pas de hauteur le tiers de cette mesure; mais parce que quand même le bélier aurait pu frapper cent pieds loin, le coup n'aurait eu aucune force à cause de son obliquité, ainsi qu'il est remarqué dans le chapitre suivant, où il est dit que les habitants de Marseille étant assiégés rendirent les béliers des assiégeants inutiles, ayant trouvé moyen d'attirer la tête des béliers en haut, avec des cordes qu'ils descendaient. Mais d'ailleurs il n'est point nécessaire de frapper au haut d'une muraille pour y faire brèche; et cette hauteur de cent pieds, toute exorbitante qu'elle est, n'aurait pas encore été suffisante pour atteindre au haut de la plupart des murs des anciennes villes, qui avaient accoutumé d'être si hauts que ceux de Babylone, au rapport de Pline, avaient deux cents pieds babyloniens, qui faisaient plus de 35 toises.

Ch. XVI (ou XXII). *Carchesiorum.* J'ai forgé le mot de *guindages,* qui n'est point en usage, mais qui vient de *guinder,* c'est-à-dire élever en haut par le moyen d'une machine. *Carchesium,* que je traduis *guindage,* signifie en grec le haut d'un mât; il se prend aussi, comme il a été dit au quinzième chapitre, pour les mortaises, parce qu'il y avait au haut des mâts des mortaises pour passer des câbles. Cette machine est différente de celle dont le nom est aussi dérivé du mot de *guinder,* et que l'on appelle *guindoule* dans quelques ports de France, et en Hollande *gérane,* du mot grec *geranos,* qui signifie une grue, parce qu'elle sert à enlever les marchandises qui sont dans les vaisseaux, pour les poser sur terre; car le *carchesium* était une machine composée d'un mât planté en terre, au haut duquel il y avait, comme une antenne qui était pendue en forme de balance. On s'en servait pour élever des soldats jusque sur les murailles des places que l'on assiégeait. Végèce les appelle *tollenones.*

Propter animi pertinaciam Poliorcetes est appellatus. Le nom de *Poliorcetes,* qui fut donné à Démétrius, roi de Macédoine, ne signifie point l'opiniâtreté, et ce n'était point aussi par une longue persévérance qu'il prenait les villes; car les historiens remarquent qu'il prit la plus grande partie des plus fortes et des plus puissantes villes de la Grèce, comme Athènes, Mégare, Sicyone, Héraclée, Corinthe et Salamine, le même jour qu'elles avaient été assiégées. *Poliorcetes* signifie celui qui prend et mine des villes.

Latitudo pedum LX. La proportion de cette tour est bien différente de celle qu'avaient les tours de bois qu'Athénée et Vitruve ont décrites ci-devant, et elles me semblent les unes et les autres mal proportionnées, celles d'Athénée et de Vitruve étant trop étroites, et n'ayant pas assez d'empâtement pour leur hauteur, et celle-ci étant trop large. Cela me fait croire qu'il y a faute au texte, et qu'au lieu de *latitudo pedum sexaginta,* il faut lire ici *quadraginta pedum,* et que cela vient de la transposition qui a été faite des deux caractères qui composent ces nombres, le copiste ayant mis LX au lieu de XL. Il faut aussi supposer qu'il y a faute dans Plutarque, qui fait l'hélépole de Démétrius trop large pour sa hauteur, lui donnant 48 coudées de large sur 66 de haut: car il y a apparence qu'il faut lire 23 coudées au lieu de 48, et que l'on a pris dans le grec le chiffre ργ au lieu de χη; car par ce moyen l'hélépole de Démétrius sera d'une même proportion selon Plutarque et selon Vitruve, la largeur de l'un et de l'autre étant à peu près le tiers de leur hauteur.

Sambucarum. Cette machine est ainsi appelée d'un mot grec qui signifie un instrument de musique triangulaire en forme d'une harpe, ce triangle étant composé des cordes qui font un de ses côtés, et du corps de l'instrument qui fait les deux autres. La machine de guerre de ce nom était ce que nous appelons un pont-levis : ce pont de la sambuque s'abattait, étant soutenu avec des cordes, et servait aux assiégeants pour passer de leurs tours de bois sur les murs des assiégés. Il fallait que l'on trouvât que ces cordes, qui faisaient un triangle avec le pont et les poteaux qui soutenaient les cordes, avaient quelque ressemblance avec leur instrument de musique. Il en est parlé au cinquième chapitre du sixième livre.

Malleolis confixæ. J'interprète des *brûlots*, *malleolos*, qui étaient, suivant Nonius et Végèce, des instruments enflammés par une composition combustible dont ils étaient entourés, et qui étant ferrés par le bout, selon la description d'Ammien Marcellin, se lançaient avec un arc, afin qu'étant par ce moyen attachés aux machines de guerre ou aux navires, ils les pussent mettre en feu. César, dans ses Commentaires, dit que les Gaulois mirent le feu au camp de Q. Cicéron, en y jetant avec des frondes des boulets de terre que l'on avait enflammés.

FRONTIN.

NOTICE SUR FRONTIN.

SEXTUS JULIUS FRONTINUS, auteur du *Commentaire sur les aqueducs de la ville de Rome* et de plusieurs autres ouvrages, vécut sous les règnes des empereurs Vespasien, Titus, Domitien, Nerva, et Trajan. Il était contemporain de Tacite, de Pline le Jeune, d'Élien le tacticien, et du poëte Martial, qui en ont parlé dans leurs écrits.

Il paraît, par ce que dit Frontin au premier paragraphe de ce Commentaire, qu'il était né à Rome, de famille patricienne, puisqu'en parlant de ceux qui avaient exercé la charge d'administrateur des eaux de Rome avant lui, il s'exprime ainsi : « Cette charge a toujours été confiée aux personnages les plus distingués de *notre ville, civitatis nostræ.* »

L'an de la fondation de Rome 823 et 70 de l'ère vulgaire, il était préteur à Rome; mais il se démit de cette charge en faveur de Domitien César.

Cinq ans après, il fut envoyé dans la Grande-Bretagne, pour commander l'armée romaine à la place de Cérialis. Il dompta les Silures, peuple puissant et aguerri, cantonné dans un pays impraticable.

Tacite dit, à ce sujet, que la réputation de Cérialis, auquel Frontin succéda, était un pesant fardeau qui eût accablé tout autre, mais qu'il en soutint dignement le poids; et que ce général, aussi habile que les circonstances l'exigeaient, vint à bout de soumettre ce peuple.

L'usage des Romains étant de ne confier le commandement des armées qu'à ceux qui avaient été consuls, il est probable que Frontin l'avait déjà été à cette époque.

Élien, dans la préface de son *Traité sur la milice des Grecs*, dit qu'étant allé saluer l'empereur Nerva, dans le temps qu'il résidait à Formies, ce voyage lui procura l'occasion de passer quelques jours avec Frontin, personnage consulaire, très-profond dans la science des armes.

Frontin fut consul pour la seconde fois l'an 850 de Rome, et 97 de l'ère vulgaire. Ce fut l'année suivante qu'il fut nommé par l'empereur Nerva surintendant des eaux et des aqueducs de Rome. Il conserva cette charge sous l'empereur Trajan, avec lequel il fut consul pour la troisième fois; il fut ensuite nommé augure, et mourut un an après, en l'an 101 de l'ère vulgaire.

On lit, dans une des lettres de Pline, que Frontin défendit par son testament de lui élever aucun monument, regardant cette dépense comme superflue : « Mon nom, disait-il, ne périra point, si ma vie est digne de mémoire. » Ce fut Pline qui lui succéda dans la charge d'augure.

On a de Frontin, outre son *Commentaire sur les eaux et les aqueducs de Rome*, un ouvrage *sur les Stratagèmes de guerre*, et un petit traité *sur l'Agriculture et les limites*. Scrivérius et Keuchenius, éditeurs des œuvres de Frontin, y ont joint un traité *des Colonies;* mais, comme il est question dans cet ouvrage de plusieurs empereurs qui ne parvinrent à l'empire qu'après la mort de Frontin, tels que Sévère, Antonin et Commode, il est évident qu'il ne peut être de lui, mais d'un autre auteur du même nom, que l'on croit Sicilien.

Jacob Spon et Poleni font mention d'une médaille frappée à Smyrne en l'honneur d'un Frontin, proconsul; sur le revers de cette médaille on voit une nymphe assise, appuyée sur une urne, et portant sur l'épaule une branche d'arbre. M. Galland, savant antiquaire, pense que c'est une médaille frappée par un autre Frontin, proconsul, en l'honneur de Jupiter, qui était adoré à Smyrne.

Un autre savant, désigné par Poleni sous le nom de *Jacobus Facciolatus*, prétend que dans le temps où vivait Frontin les Romains ne portaient pas de barbe, et que cet usage ne fut rétabli que sous l'empereur Adrien; ce qui peut justifier l'opinion de M. Galland.

Selon Poleni, le *Commentaire sur les aqueducs* fut composé l'an de Rome 853, sous l'empire de Nerva, qui répond à l'an 100 de l'ère vulgaire, environ un an avant la mort de Frontin; mais cette opinion ne paraît pas probable, puisque cet auteur dit que ce fut vers le commencement de son administration qu'il composa son commentaire, en 97 ou 98.

Le seul manuscrit de cet ouvrage échappé aux temps de barbarie fut découvert par un savant florentin, nommé Foggio, dans la bibliothèque du monastère du Mont-Cassin. On prétend que les autres manuscrits qui existent ne sont que des copies de celui-là : la plus ancienne copie est celle de la bibliothèque du Vatican, faite par Poggio avant l'invention de l'imprimerie; le manuscrit de la bibliothèque du Roi est une autre copie, que l'on attribue à Philander, l'un des commentateurs de Vitruve.

En 1722, l'édition la plus complète de ce Commentaire, par Jean Poleni, fut imprimée à Padoue avec des notes et des commentaires très-étendus, in-4°.

C'est le texte de cette édition qu'on a reproduit ici.

SEXTUS JULIUS FRONTIN.

COMMENTAIRE

SUR

LES AQUEDUCS DE LA VILLE DE ROME.

I. Tout ce qui nous est confié par l'empereur exige qu'on s'en occupe avec le plus grand soin; mais moi je me sens naturellement disposé, autant par devoir que par goût, à bien m'acquitter de la nouvelle fonction dont l'empereur Nerva, prince aussi zélé que bien intentionné pour les intérêts de la république, vient de me charger, en me confiant l'administration des eaux de Rome, tant pour l'usage que pour la salubrité et la sûreté; fonction qui a toujours été exercée par les premiers citoyens de l'État. J'ai pensé que le meilleur moyen était, comme je l'ai fait dans d'autres circonstances, de bien connaître l'objet de mon entreprise.

II. Je ne crois pas, en effet, qu'il y ait de moyen plus sûr pour bien juger de ce qu'il convient de faire autrement ou d'éviter, ni qu'il y ait rien de plus honteux pour un administrateur, que de n'agir que d'après les conseils de ses agents; ce qui doit nécessairement arriver toutes les fois que le chef, faute d'expérience, est obligé d'avoir recours à ceux qu'il devrait diriger, et qui, bien que nécessaires, ne peuvent être regardés que comme les mains et les instruments de l'administrateur. C'est pourquoi j'ai suivi la même méthode que dans plusieurs autres de mes fonctions, en rassemblant par ordre tout ce que j'ai pu recueillir sur cet objet, réuni en un seul corps dans ce Commentaire, pour me servir de guide dans mon administration. Dans les autres ouvrages (1) que j'ai composés, j'ai profité de l'expérience de mes prédécesseurs: je souhaite que celui-ci puisse être de quelque utilité à mon successeur; mais comme il a été fait au commencement de ma gestion, il me servira surtout de règle dans ma nouvelle charge.

III. Et afin de ne pas paraître avoir rien négligé de ce qui peut appartenir à mon objet, je vais d'abord faire l'énumération des différentes eaux qui arrivent dans la ville de Rome; j'indiquerai par qui chacune a été amenée, sous quel consulat et en quelle année, à compter de la fondation de Rome; j'indiquerai l'endroit où chacune

(1) Entre autres, les Stratagèmes de guerre.

SEXTI JULII FRONTINI
DE
AQUÆDUCTIBUS URBIS ROMÆ
COMMENTARIUS.

I. Cum omnis res ab imperatore delegata intentiorem exigat curam; et me, seu naturalis sollicitudo, seu fides sedula non ad diligentiam modo, verum ad amorem quoque commissæ rei instigent; sitque mihi nunc ab Nerva Augusto, nescio diligentiore, an amantiore reipublicæ imperatore, aquarum injunctum officium, tum ad usum, tum ad salubritatem, atque etiam ad securitatem urbis pertinens, administratum per principes semper civitatis nostræ viros; primum ac potissimum existimo, sicut in cæteris negotiis institueram, nosse quod suscepi.

II. Neque enim ullum omnis actus certius fundamentum crediderim, aut aliter quæ facienda quæque vitanda sint, posse decerni, aliudve tam indecorum tolerabili viro; quam delegatum officium ex adjutorum agere præceptis (quod fieri necesse est, quotiens imperitia præcessit, et *adjutorum decrevit* usum); quorum etsi necessariæ partes, sunt ad ministerium tamen ut manus quædam et instrumentum agentis. Quapropter ea, quæ ad universam rem pertinentia, contrahere potui, more jam per multa mihi officia servato, in ordinem et velut in *unum* corpus deducta, in hunc Commentarium contuli, quem pro forma administrationis respicere possem. In aliis autem libris, quos post experimenta et usum composui, *antecedentium* res acta est: hujus Commentarii fortasse pertinebit, et ad successorem utilitas; sed cum inter initia administrationis meæ scriptus sit, imprimis ad meam institutionem regulamque proficiet.

III. Ac, ne quid ad totius rei pertinens notitiam prætermisisse videar, nomina primum aquarum, quæ in urbem Romam influunt ponam; tum per quos quæque earum, et quibus consulibus, et quoto post Urbem conditam anno, perducta sit; deinde quibus ex locis, et a quoto *milliario*

de ces eaux a été prise, à combien de milles de distance; et, pour chaque aqueduc, les parties en conduits souterrains, celles en conduits au-dessus de terre, celles qui sont élevées sur des arcades, et la hauteur à laquelle chacune de ces eaux arrive; la proportion des modules qui servent à les mesurer et à les distribuer, tant hors de la ville qu'à l'intérieur, dans chaque quartier; le nombre des châteaux d'eau, soit publics, soit particuliers; la quantité d'eau qu'on tire de chacun pour les travaux publics; combien il s'en distribue pour les spectacles (celles-ci sont surveillées (1) avec le plus d'exactitude); combien pour les viviers ou grands réservoirs; combien au nom de César; combien pour l'usage des particuliers, au bénéfice du prince; par quel droit elles sont régies; les lois, les sénatus-consultes et les ordonnances des princes à ce sujet; enfin les peines infligées à ceux qui y contreviendraient.

PREMIÈRE PARTIE.

IV. Depuis la fondation de Rome jusqu'à l'an 441 (2), les Romains se contentèrent, pour leur usage, des eaux qu'ils tiraient du Tibre, des puits ou des fontaines. Ils avaient pour ces dernières une vénération qui subsiste encore. Elle est fondée, selon C. Ammaranius Apollinaris, sur la vertu qu'on leur attribuait de rendre la santé aux malades.

Les eaux qui arrivent actuellement dans Rome sont l'Appia, l'Anio vieux, la Marcia, la Tépula, la Julia, l'eau Vierge, l'Alsiétina (qui est aussi appelée Augusta), la Claudia, et le nouvel Anio.

(1) Il paraît que ces eaux étaient appelées *cultiores*, parce qu'elles étaient les plus soignées. — (2) C'est-à-dire, 310 ans avant l'ère vulgaire.

Eau Appia.

V. Cette eau fut conduite à Rome sous le consulat de M. Valérius Maximus et de P. Décius Mus (1), trente-un ans après le commencement des guerres samnites, par les soins d'Appius Claudius Crassus, alors censeur, et qui, dans la suite, fut surnommé *l'Aveugle*. C'est le même qui fit construire la voie Appia, depuis la porte Capène jusqu'à la ville de Capoue. Il eut d'abord pour collègue C. Plautius, surnommé *Venox*, à cause de ses recherches pour découvrir les veines de cette eau; mais ce dernier abdiqua la censure au bout de dix-huit mois, trompé par son collègue, qui lui avait promis d'en faire autant; et Appius eut seul l'honneur de donner son nom à cette eau. On accusa encore Appius d'avoir usé de plusieurs subterfuges pour prolonger sa censure, jusqu'à ce qu'il eût achevé cet aqueduc et la voie Appia.

L'eau *Appia* est prise dans le champ de Lucullus, entre le septième et le huitième milliaire de la voie Prénestine, en allant par un sentier à gauche, dont la longueur est de 780 pas. Son aqueduc, depuis son origine jusqu'aux *Salines* (lieu situé près la porte Trigémine), est de 11,190 pas, dont 11,130 en conduits souterrains; le surplus, tant au-dessus du sol qu'en arcades, est de 60 pas jusqu'à la porte Capène. Au bout des jardins Torquatiens, près la Vieille-Espérance, Auguste réunit à ces eaux une partie de celles du ruisseau qui porte son nom........ C'est probablement pourquoi on donna au point où ces eaux se réunissent le surnom de *Gémelles*. La source de ce ruisseau est vers le sixième milliaire, en

(1) 442 de la fondation de Rome, selon Varron, et 312 avant J. C.

---

duci cœpisset; quantum subterraneo rivo, quantum substructione, quantum opere arcuato; postea altitudinem cujusque, modulorumque rationem, et ab illis erogationes, quantum extra urbem, quantum intra unicuique regioni, pro suo modo, unaquæque aquarum serviat; quot castella publica, privataque sint; et ex his quantum publicis operibus, quantum muneribus (ita enim cultiores appellantur); quantum lacubus; quantum nomine Cæsaris; quantum privatorum usui beneficio principis detur; quod jus tuendarum sit earum; quæ id sanciant pœnæ ex lege, senatus-consultis et mandatis principum irrogatæ.

PARS PRIMA.

IV. Ab Urbe condita per annos CCCCXLI contenti fuerunt Romani usu aquarum, quas aut ex Tiberi, aut ex puteis, aut ex fontibus hauriebant. Fontium memoria cum sanctitate adhuc exstat, et colitur : salubritatem enim ægris corporibus afferre creduntur, sicut C. Ammaranius Apollinaris meminit.

Nunc autem in urbem influunt aquæ Appia, Anio vetus, Marcia, Tepula, Julia, Virgo, Alsietina, quæ eadem vocatur Augusta, Claudia, Anio novus.

Aqua Appia.

V. M. Valerio Maximo, P. Decio Mure coss, anno post initium samnitici belli XXXI, aqua *Appia* inducta est ab Appio Claudio Crasso censore, cui postea *Cæco* fuit cognomen, *qui et viam Appiam, a porta* Capena usque ad *urbem* Capuam, muniendam curavit. Collegam habuit C. Plautium, cui ob inquisitas ejus aquæ venas *Venocis* cognomen datum est. Sed quia is intra annum et sex menses, deceptus a collega tanquam id idem facturo, abdicavit se censura, nomen aquæ ad Appii tantum honorem pertinuit : qui multis tergiversationibus extraxisse censuram traditur, donec et viam, et hujus aquæductum consummaret.

Concipitur Appia in agro Lucullano, via Prænestina, inter miliarium VII et VIII, diverticulo sinistrorsus passuum DCCLXXX. Ductus ejus habet longitudinem a capite usque ad Salinas, qui locus est ad portam Trigeminam, passuum XI millium CLXXXX; sub terram passuum XI millium CXXX; supra terram substructione, et arcuatione proxime ad portam Capenam passuum LX. Jungitur ei ad Spem Veterem, in confinio hortorum Torquatianorum et.......... ramus Augustæ ab Augusto in supplementum ejus additus, im-

suivant un sentier à gauche, jusqu'à 980 pas. L'aqueduc de l'Appia reçoit encore les eaux d'une autre source qui est proche de la voie Collatia, et qui arrive aux Gémelles par un conduit souterrain, dont la longueur est de 6,380 pas.

L'eau *Appia* commence à se distribuer au bas de la descente de Publicius, près de la porte Trigémine, à l'endroit appelé les *Salines*.

Anio vieux.

VI. Quarante ans après que l'Appia eut été conduite à Rome, vers l'an 481 de sa fondation, Man. Curius Dentatus, qui exerçait la censure avec L. Papyrius Cursor, sous le second consulat de Spurius Corvilius et de L. Papyrius, entreprit de conduire à Rome l'eau appelée actuellement *le vieil Anio*, en y employant une partie du butin fait sur Pyrrhus. Cette entreprise ayant été interrompue pendant deux ans, on proposa au sénat de l'achever. Pour y parvenir, on créa un duumvirat, composé de Curius, qui avait commencé l'entreprise, et de Fulvius Flaccus; mais Curius étant mort cinq jours après sa nomination, ce fut Fulvius qui eut la gloire de terminer cet aqueduc. Le vieux Anio est pris au vingtième milliaire d'une ancienne voie au delà de Tibur, hors de la porte......, où une partie de ses eaux est distribuée pour l'usage des Tiburtins. La longueur de cet aqueduc, pour soutenir le niveau de ses eaux, est de 43,000 pas, dont 42,779 en conduits souterrains, et 221 en substructions au-dessus de terre.

Eau Marcia.

VII. Cent vingt-sept ans après, c'est-à-dire le 608ᵉ de la fondation de Rome, Ser. Sulpicius Galba et L. Aurélius Cotta étant consuls, les aqueducs de l'eau Appia et de l'Anio vieux se trouvant ruinés par le temps, et les eaux détournées par la fraude de quelques particuliers, Marcius, qui était alors préteur et juge des différends entre les citoyens et les étrangers, fut chargé par le sénat de faire réparer ces aqueducs, et de revendiquer les eaux détournées. Mais comme l'agrandissement de Rome paraissait exiger une plus grande quantité d'eau, le sénat lui ordonna en outre de faire des recherches pour parvenir à amener de nouvelles eaux dans la ville par des conduits d'une plus grande dimension; ce qu'il fit en amenant au Capitole, par des conduits élevés au-dessus de terre, cette eau qui fut appelée *Marcia*, du nom de son auteur.

On lit, dans un écrit de Fénestella, que, pour cette opération, il fut accordé à Marcius, par un décret, une somme de 8,400,000 sesterces (1). Et comme le temps de sa préfecture ne suffisait pas pour achever cette entreprise, elle fut prorogée à un an de plus. A cette époque, les décemvirs ayant eu occasion de consulter les livres des sibylles, trouvèrent, dit-on, que ce n'était pas l'eau Marcia, mais le vieil Anio qui devait être conduit au Capitole (car telle est l'opinion la plus accréditée). Lépidus fit, au nom de son collègue, un rapport au sénat sur cette question, Appius Claudius et Q. Cécilius étant consuls. La même question fut reproduite trois ans après

---

(1) A cette époque, la valeur du sesterce répondait à 13 centimes 6/10 de la monnaie actuelle; ce qui ferait, pour les 8.400,000 sesterces, 1,142,400 francs.

---

posito *cognomine respondenti Gemellarum*. Hic via Præenestina ad milliarium vi, diverticulo sinistrorsus passuum DCCCCLXXX, proxime viam Collatiam, accipit fontem, cujus ductus usque ad Gemellas efficit, rivo subterraneo, passuum vi millia CCCLXXX.

Incipit distribui Appia sub Publicii clivo ad portam Trigeminam, qui locus appellatur *Salinæ*.

Anio vetus.

VI. Post annos XL, quam Appia perducta est, anno ab Urbe condita CCCCLXXXI, Man. Curius Dentatus, qui censuram cum L. Papyrio Cursore gessit, Anionis, qui nunc dicitur *vetus*, aquam perducendam in urbem ex Manubiis de Pyrrho captis locavit, Spurio Carvilio, L. Papyrio coss. iterum. Post biennium deinde actum est in senatu de consummando ejus aquæ opere......... Tum ex senatus-consulto duumviri aquæ perducendæ creati sunt: Curius, *qui eam* locaverat, et Fulvius Flaccus. Curius intra quintum diem quam erat duumvir creatus, decessit; gloria perductæ pertinuit ad Fulvium. Concipitur Anio vetus supra Tibur xx milliario extra portam *Eæranam*, etc..... ubi *partem dat* in Tiburtium usum. Ductus ejus habet longitudinem, ita exigente libramento, passuum XLIII millium: ex eo rivus est subterraneus passuum XLII millium DCCLXXVIIII; substructio supra terram, passuum CCXXI.

Aqua Marcia.

VII. Post annos CXXVII, id est anno ab Urbe condita DCVIII, Ser. Sulpicio Galba et L. Aurelio Cotta coss., cum Appiæ Anionisque, ductus vetustate quassati, privatorum etiam fraudibus interciperentur, datum est a senatu negotium Marcio, qui tum prætor inter cives et peregrinos jus dicebat, eorum ductuum reficiendorum et vindicandorum. Et quoniam incrementum urbis exigere videbatur, ampliorem modum aquæ, eidem mandatum a senatu est ut curaret quatenus alias aquas, quas posset, in urbem perduceret, *per ampliores ductus*. *Rivis hic, et opere supra terram, in Capitolium eam aquam* duxit, cui ab authore *marciæ* nomen est.

Legimus apud Fenestellam, in hæc opera Marcio decretum *sestertium IIIJ et octogies*: sed quoniam ad consummandum negotium non sufficiebat, spatium prætura in annum alterum est prorogatum. Eo tempore decemviri, dum aliis ex caussis libros Sibyllinos inspiciunt, invenisse dicuntur non esse aquam Marciam, sed Anionem (de hoc enim constantius traditur) in Capitolium perducendam; deque ea re in senatu a Lepido pro collega verba faciente,

par L. Lentulus, sous le consulat de C. Lélius et de Q. Servilius. Mais, à l'une et l'autre époque, ce fut le projet de Marcius Rex qui prévalut : c'est ainsi que l'eau Marcia fut conduite au Capitole.

L'eau Marcia est prise à l'extrémité d'un sentier de 3,000 pas qui rencontre la voie Valéria au 36° milliaire à droite, et au 36° à gauche de la voie dite *Sublacensis*, qui fut pavée la première fois sous le règne de Néron. Cette même eau conserve pendant l'espace de 200 pas..... une couleur verdâtre. La longueur totale de cet aqueduc, depuis son origine jusqu'à la ville de Rome, est de 61,710 pas et demi : la partie sous terre est de 54,247 pas et demi; celle sur terre, de 7,463, dont 463 pour les parties en arcades, à quelque distance de la ville, en plusieurs endroits où il se trouve des vallées; plus proche de la ville, à compter du 7° milliaire, 528 pas au-dessus de terre; le surplus en arcades forme une longueur de 6,472 pas.

Eau Tépula.

VIII. L'an de Rome 627, sous le consulat de Plautius Hypseus et de Fulv. Flaccus, les censeurs Cn. Servilius Cæpio et Cassius Longinus, surnommé *Ravilla*, firent conduire à Rome cette eau appelée *Tépula*, depuis le champ de Lucullus, que quelques-uns croient faire partie du territoire de Tusculum, jusqu'au Capitole.

L'eau *Tépula* est prise auprès du 10° milliaire de la voie Latine, par un sentier à droite en revenant de Rome, dont la longueur est de 2,000 pas; de là elle est conduite dans son propre canal jusqu'à Rome.

Eau Julia.

IX. Dans la suite, César Auguste étant consul pour la deuxième fois avec L. Volcatius, l'an de Rome 719, M. Agrippa, alors édile, après son premier consulat, recueillit d'autres eaux auprès du 12° milliaire de la voie Latine, par un sentier de deux milles à droite en venant de Rome, et les conduisit dans l'aqueduc de la Tépula, à qui l'inventeur donna le nom de *Julia*; mais comme la Tépula coule dans un canal séparé, elle conserve son nom dans la distribution.

L'aqueduc de l'eau *Julia* a de longueur 15,426 pas, dont 7,000 au-dessus de terre; savoir, 528 pas pour les parties les plus proches de la ville, à partir du 7° milliaire; le surplus, en arcades, est de 6,472 pas.

Eau Crabra.

Indépendamment de la source de l'eau *Julia*, on en trouve une autre appelée *Crabra*, que le même Agrippa abandonna, soit qu'il en désapprouvât l'usage, ou qu'il jugeât à propos de la laisser aux habitants de Tusculum, qui en étaient en possession. En effet, cette eau se distribue chaque jour alternativement, par des modules déterminés, dans toutes les maisons de plaisance des environs; mais, depuis, nos fontainiers n'usèrent pas de la même modération; ils en revendiquèrent toujours la plus grande partie pour servir de supplément à la Julia; moins pour en augmenter le volume, que pour la distribuer largement à leur profit. C'est afin d'obvier à ces abus que l'empereur a tout à fait

---

actum Appio Claudio, Q. Cæcilio coss., eandemque post annum III a L. Lentulo retractatam, C. Lælio, Q. Servilio coss., sed utroque tempore vicisse gratiam Marcii Regis; atque ita esse in Capitolium aquam perductam.

Concipitur Marcia via Valeria, ad milliarium XXXVI, diverticulo euntibus ab urbe Roma dextrorsus millium passuum III. Sublacensi autem, quæ sub Nerone principe primum strata est, ad milliarium XXXVI sinistrorsus intra passuum CC........ statim........ colore perviridi. Ductus ejus habet longitudinem a capite ad urbem passuum LX millium et MDCCX et semis : rivo subterraneo passuum LIII millium CCXLVI semis : opere supra terram passuum VII millium CCCCLXIII; ex eo longius ab urbe pluribus locis, per P. R. vallis opere arcuato passuum CCCCLXIII; propius urbem a VII milliario, substructione passuum DXXVIII; reliquo opere arcuato passuum VI millium CCCCLXXII.

Aqua Tepula.

VIII. Cn. Servilius Cœpio et L. Cassius Longinus, qui *Ravilla* appellatus est, censores, anno post Urbem conditam DCXXVII, M. Plautio *Hypseo*, Fulvio Flacco coss., aquam quæ vocatur *Tepula*, ex agro Lucullano, quem quidam Tusculanum credunt, Romam et in Capitolium adducendam curaverunt.

Tepula concipitur via Latina, ad X milliarium, diverticulo euntibus ab Roma, dextrorsus millium passuum II; atque inde rivo suo in urbem perducebatur.

Aqua Julia.

IX. *Postea* M. Agrippa, ædilis post primum consulatum, imperatore Cæsare Augusto II, L. Volcatio coss., anno post Urbem conditam DCCXIX, ad milliarium ab urbe XII, via Latina, euntibus ab Roma dextrorsus millium passuum duum, alterius proprias vires collegit, et Tepulæ rivum intercepit, acquisitæque ab inventore nomen Juliæ datum est : ita tamen divisa erogatione ut maneret Tepulæ appellatio.

Ductus Juliæ efficit longitudinem passuum XV millium CCCCXXVI : *scilicet* opere supra terram passuum VII millium; ex eo in proximis urbis locis a VII milliario substructione passuum DXXVIII; reliquo opere arcuato passuum VI millium CCCCLXXII.

Aqua Crabra.

Præter caput Juliæ transfluit aqua quæ vocatur *Crabra*; hanc Agrippa omisit, seu quia improbaverat, seu quia Tusculanis possessoribus relinquendam credebat : ea namque est quam omnes villæ tractus ejus per vicem in dies modulosque certos dispensatam accipiunt. Sed non eadem moderatione aquarii nostri partem *maximam* ejus semper in supplementum Juliæ adjudicaverunt : nec ut

interdit l'usage de la *Crabra*, et l'a rendue aux Tusculans, qui, peut-être, ne jouissent pas sans étonnement de cette abondance d'eau, ignorant à qui ils la doivent. D'ailleurs, la Julia, augmentée par la rentrée des dérivations furtives qui en détournaient une partie, a recouvré son volume, qu'elle conserve même dans les temps de sécheresse. La même année, Agrippa rétablit les aqueducs presque en ruine de l'Appia, de l'Anio et de la Marcia; et, par un soin particulier, il se plut à établir plusieurs fontaines jaillissantes dans la ville.

Eau vierge.

X. Agrippa sortant de son troisième consulat, sous celui de C. Sentius et Q. Lucrétius, treize ans après avoir conduit la Julia, recueillit l'eau *Vierge* dans le champ de Lucullus, et la fit conduire à Rome. Le jour où cette eau commença à couler dans Rome, fut le 5ᵉ des ides de juin (1). Cette eau est appelée *Vierge*, parce que ce fut une jeune fille qui en indiqua quelques veines à des soldats qui cherchaient à découvrir une source (2). Ceux qui fouillaient ayant suivi ces veines, trouvèrent une très-grande quantité d'eau. On voit, dans le petit temple érigé auprès de la source, une peinture qui représente cette origine.

L'eau Vierge prend sa source près de la voie Collatine et du 8ᵉ milliaire, dans des lieux marécageux. On a renfermé, dans une enceinte de briques revêtues de ciment, les différents bouillons de cette source. Elle est augmentée par d'autres veines, et arrive à Rome par un aqueduc dont la longueur est de 14,105 pas; la partie souterraine en comporte 12,865; celle au-dessus de terre, 1,240, dont 540 en plusieurs endroits en substructions, et 700 en arcades; de plus 1405 pas pour les canaux souterrains qui amènent les accroissements dans cet aqueduc.

Eau Alsiétina, appelée aussi Augusta.

XI. Quelle raison détermina Auguste, prince d'ailleurs si prévoyant, à faire conduire dans Rome l'eau Alsiétina, qu'on appelle aussi *Augusta*? J'ai peine à le concevoir; cette eau n'ayant aucun mérite, et même étant peu salubre, ne coulant enfin nulle part pour les besoins du peuple; à moins que l'on ne dise que son intention fut de ne point détourner les eaux plus salubres, dans le temps qu'il fit construire sa naumachie, à l'usage de laquelle il destina particulièrement l'Alsiétina, dont il abandonna le surplus pour arroser les jardins du voisinage, et à d'autres usages des particuliers. Cependant, lorsque dans les quartiers au delà du Tibre on répare les ponts, et que les eaux manquent sur la rive en deçà, on est forcé communément de recourir aux eaux de l'Alsiétina, au défaut des autres.

L'eau Alsiétina est tirée du lac de ce nom (1), situé aux environs du 14ᵉ milliaire de la voie Claudia, en suivant un sentier à droite, de 6,500 pas. Son aqueduc a de longueur 22,172 pas, dont en arcades 358.

Autre eau appelée Augusta.

XII. Auguste, pour suppléer à la Marcia dans

---

(1) Ce jour répond au 9 juin. — (2) Il est donné plus loin, page 42, 2ᵉ col., une autre raison de cette dénomination.

(1) Appelé aujourd'hui lac Martignano.

Juliam augerent quam hauriebant largiendo, compendii sui gratia. Exclusa ergo Crabra, et tota jussu imperatoris reddita Tusculanis, qui nunc forsitan non sine admiratione eam sumunt, ignari cui caussæ insolitam abundantiam debeant. Julia autem revocatis derivationibus, per quas subripiebatur modum suum, quamvis notabili siccitate servavit. Eodem anno, Agrippa ductus Appiæ, Anionis, Marciæ pene dilapsos restituit, et singulari cura compluribus salientibus aquis instruxit urbem.

Aqua Virgo.

X. Idem cum jam tertium consul fuisset, C. Sentio et Q. Lucretio coss., post annum XIII, quam Juliam deduxerat, Virginem quoque in agro Lucullano collectam Romam perduxit : dies, quo primum in urbe responderit, v iduum Junii invenitur. Virgo appellata est, quod quærentibus aquam militibus, puella virguncula venas quasdam monstravit; quas secuti qui foderant, ingentem aquæ modum invenerunt. Ædicula fonti apposita hanc originem pictura ostendit.

Concipitur ergo via Collatina ad milliarium VIII, palustribus locis; signino circumjecto, continendarum scaturiginum caussa, adjuvatur et cum pluribus aliis acquisitionibus, venit per longitudinem passuum XIV millium CV. Ex eo rivo subterraneo passuum XII millium DCCCLXV; supra terram per passus MCCXL; ex eo substructione rivorum locis compluribus passuum DXL; opere arcuato passuum DCC; acquisitionum ductus rivi subterranei efficiunt passus MCCCCV.

Aqua Alsietina, vocatur etiam Augusta.

XI. Quæ ratio moverit Augustum, providentissimum principem, producendi Alsietinam aquam, quæ vocatur Augusta, non satis perspicio, nullius gratiæ, immo etiam parum salubrem, et nusquam in usus populi fluentem; nisi forte cum opus naumachiæ aggrederetur, ne quid salubrioribus aquis detraheret, hanc proprio opere perduxit, et quod naumachiæ cœperat superesse, hortis subjacentibus et privatorum usibus ad irrigandum concessit. Solet tamen ex ea in Transtiberina regione, quotiens pontes reficiuntur, et a citeriore ripa aquæ cessant, ex necessitate in subsidium publicorum salientium dari.

Concipitur ex lacu Alsietino, via Claudia, milliario XIII, diverticulo dextrorsus passuum VI millium D. Ductus ejus efficit longitudinem passuum XXII millium CLXXII; opere arcuato passuum CCCLVIII.

les temps de sécheresse, conduisit, par le moyen d'un canal souterrain, une autre eau d'une égale bonté jusque dans l'aqueduc de la Marcia. Cette nouvelle eau fut appelée *Augusta*, du nom de son auteur. Elle prend sa source au-dessus de celle de la Marcia, à laquelle elle se joint par un canal de 800 pas.

Eau Claudia.

XIII. Après ces aqueducs, il ne s'en construisit pas d'autres jusqu'au temps de C. César (1), qui succéda à Tibère. A cette époque, les sept aqueducs existants ne paraissant pas suffisants pour fournir aux besoins publics et au luxe des particuliers, César commença la construction de deux autres la seconde année de son règne, sous le consulat de M. Aquillius Julianus et P. Nonius Asprena, l'an de Rome 789. L'empereur Claude les acheva, dans la suite, avec beaucoup de magnificence, et les consacra aux usages publics, sous le consulat de Sulla et de Titianus, l'an de Rome 803, aux calendes d'août (2). La première de ces eaux, qui fut tirée tant de la fontaine Céruléa que de la fontaine Curtia, fut nommée *Claudia* : après la Marcia, c'est la meilleure des eaux de Rome. L'eau de l'autre aqueduc fut appelée *nouvel Anio*, afin de la distinguer de celle qui portait déjà ce nom, qui prit alors celui d'*Anio vieux*, comme étant plus ancienne.

XIV. L'eau Claudia est prise proche de la voie *Sublacensis*, vers le 38ᵉ milliaire, en allant par un sentier à gauche, de 300 pas. Les deux fontaines dont elle tire son origine sont très-belles et abondantes : ce sont les mêmes qui viennent d'être citées, l'une sous le nom de *Cœrulea*, à cause de sa couleur bleuâtre, l'autre sous celui de *Curtia*. La Claudia reçoit encore dans son cours l'eau de la source appelée *Albudina*, qui est d'une si grande bonté, qu'elle peut, au besoin, être mêlée avec la Marcia, sans altérer en rien sa qualité. Mais comme la Marcia paraissait se suffire, on détourna l'eau Augusta dans l'aqueduc de la Claudia. Néanmoins le réservoir de l'Augusta était disposé de manière qu'elle pouvait fournir à la Marcia, quand celle-ci en avait besoin ; de même qu'elle suppléait à la Claudia, lorsque la Marcia pouvait s'en passer. L'aqueduc de la Claudia a de longueur 46,406 pas, dont 36,230 en conduits souterrains, et en conduits au-dessus de terre 10,176 ; savoir, en arcades, pour les parties les plus élevées, en plusieurs endroits 3,076 ; et pour la partie la plus proche de la ville, à partir du 7ᵉ milliaire, 609 pas en substructions, et 6,491 en arcades.

Nouvel Anio.

XV. Le nouvel Anio est dérivé du fleuve du même nom, auprès du 42ᵉ milliaire de la voie *Sublacensis* : comme il coule dans un terrain gras et à travers des champs cultivés, il délaye facilement les terres dans son cours ; de sorte que, dans les temps de pluie, ses eaux sont troubles et chargées de limon. C'est pourquoi, à l'embranchement de l'aqueduc, on a interposé une piscine épuratoire, où se repose l'eau du fleuve pour se clarifier avant d'entrer dans le canal de l'aqueduc. Malgré cette précaution, toutes les fois qu'il pleut, cette eau est encore trouble quand elle ar-

(1) Caligula. — (2) Au commencement d'août.

Alia Augusta.

XII. Idem Augustus, in supplementum Marciæ, quoties siccitates *egerent* auxilio, aliam aquam ejusdem bonitatis opere subterraneo perduxit usque ad Marciæ rivum quæ ab inventore appellatur *Augusta*. Nascitur ultra fontem Marciæ, cujus ductus, donec Marciæ accedat, efficit passus DCCC.

Aqua Claudia.

XIII. Post hos, C. Cæsar, qui Tiberio successit, cum parum et publicis usibus, et privatis voluptatibus, septem ductus aquarum sufficere viderentur, altero imperii sui anno, M. Aquillio Juliano, P. Nonio Asprenate coss., anno Urbis conditæ DCCLXXXVIII, duos ductus inchoavit ; quod opus Claudius magnificentissime consummavit dedicavitque, Sulla et Titiano coss., anno post Urbem conditam DCCCIII, kalendis Augustis. Alteri nomen, quæ ex fontibus Cœrulo et Curtio perducebatur, Claudiæ datum ; hæc bonitate proxima est Marciæ. Altera, quoniam duæ Anionis aquæ in urbem fluere cœperant, ut facilius appellationibus dignoscerentur, Anio novus vocari cœpit ; alias omnes præcedit ; priori Anioni cognomentum veteri adjectum.

XIV. Claudia concipitur via Sublacensi, ad milliarium XXXVIII, diverticulo sinistrorsus intra passus CCC : ex fontibus duobus amplissimis et speciosis ; Cœrulo, qui a similitudine appellatus est, et Curtio. Accipit et eum fontem qui vocatur Albudinus, tantæ bonitatis, ut Marciæ quoque adjutorio, quotiens opus est, ita sufficiat, ut adjectione sui nihil ex qualitate ejus mutet. Augustæ fons, quia Marciam sibi sufficere apparebat, in Claudiam derivatus est, manente nihilominus præsidiario in Marciam, ut ita demum Claudiam aquam adjuvaret Augusta, si eam ductus Marciæ non caperet. Claudiæ ductus habet, longitudinem passuum XXXXVI millium CCCCVI ; ex eo rivo subterraneo, passuum XXXVI millium CCXXX : opere supra terram, passuum X millium CLXXVI ; ex eo opere arcuato in superiori parte pluribus locis, passuum III millium LXXVI ; et prope urbem a VII milliario substructione rivorum per passus DCIX opere arcuato passuum VI millium CCCCXCI.

Anio novus.

XV. Anio novus via Sublacensi ad milliarium XXXXII, in suo rivo excipitur ex flumine ; quod, cum terras cultas circa se habeat soli pinguis et inde ripas solutiores, etiam sine pluviarum injuria limosum et turbulentum fluit : ideoque a faucibus ductus interposita est piscina limaria, ubi inter amnem et specum consisteret, et liquaretur aqua. Sic quoque quotiens imbres superveniunt, turbida pervenit in urbem. Jungitur ei rivus Herculaneus, oriens ea-

rive dans la ville. On y a joint le ruisseau appelé *Herculaneus*, qui prend sa source sur la même voie, auprès du 38ᵉ milliaire. Vis-à-vis les sources de la Claudia, de l'autre côté du fleuve et de la voie, ses eaux sont très-pures; mais elles perdent par ce mélange tout l'avantage de leur limpidité. L'aqueduc du nouvel Anio a une longueur de 58,700 pas; savoir, 49,300 en conduits souterrains; 9,400 en ouvrages au-dessus de terre, dont tant en substructions qu'en arcades pour les parties élevées, en différents endroits, 2,300 pas; et plus près de la ville, à partir du 7ᵉ milliaire, 609 pas en substructions, et 6,491 en arcades. Les arcades de cet aqueduc sont les plus élevées; leur hauteur, en certains endroits, est de 109 pieds.

XVI. Comment comparer à des constructions si considérables, et d'une telle importance pour une si grande quantité d'eau, ces pyramides inutiles de l'Égypte, et ces ouvrages fastueux des Grecs, beaucoup trop vantés?

XVII. Il ne m'a point paru hors de propos d'indiquer la longueur des conduits de chaque aqueduc, en distinguant la manière dont ils sont construits; car le principal objet de cette administration étant la conservation des aqueducs, il faut que celui à qui elle est confiée, connaisse les dépenses qu'ils peuvent exiger.

Notre attention ne s'est pas bornée à visiter chacun de ces aqueducs; nous en avons fait faire des modèles, où l'on voit les vallées et les fleuves qu'ils traversent, ainsi que les conduits appliqués aux flancs des montagnes, qui demandent l'attention la plus grande et la plus assidue, pour les consolider et les désobstruer. Ces modèles ont l'avantage de nous présenter les objets comme si nous étions sur les lieux, et de nous aider ainsi à délibérer sur ce qu'il convient de faire.

XVIII. Toutes les eaux dont nous avons parlé arrivent dans Rome à différentes hauteurs. Les unes parviennent aux endroits les plus élevés, et les autres ne peuvent pas y atteindre : car si ce sont des collines, elles se sont accrues des décombres produits par les fréquents incendies. Au reste, on distingue cinq hauteurs différentes, au moyen desquelles les eaux se distribuent dans toutes les parties de la ville, selon qu'elles sont poussées par une plus grande ou une moindre charge. La plus élevée est le nouvel Anio; celle qui en approche le plus est la Claudia : la Julia est au troisième rang; la Tépula, au quatrième : après elle, est la Marcia, quoique, à son origine, elle soit aussi élevée que la Claudia. Les premiers Romains conduisaient les eaux à une moindre élévation; soit qu'ils n'eussent pas encore porté l'art de niveler à sa perfection; soit que, par prévoyance, ils aimassent mieux enfouir les conduits, de crainte qu'ils ne fussent coupés par l'ennemi, dans un temps où ils étaient souvent en guerre avec leurs voisins. Mais actuellement, lorsqu'un de ces conduits se trouve ruiné par le temps, au lieu de s'assujettir au circuit qu'il suivait sous terre, on soutient son niveau par des substructions ou des arcades, pour traverser les vallées et abréger son cours.

L'Anio vieux est au sixième rang, par rapport à la hauteur de ses eaux; il pourrait aussi parvenir aux endroits les plus élevés de la ville, si son niveau était soutenu par des substructions et des arcades, selon que les vallées et les quartiers qu'on voudrait lui faire parcourir pourraient l'exiger. Immédiatement au-dessous se trouve

---

dem via, ad milliarium XXXVIII, e regione fontium Claudiæ, trans flumen viamque; natura purissimus, sed mixtus gratiam splendoris sui amittit. Ductus Anionis novi efficit passuum LVIII millia DCC. Ex eo rivo subterraneo passuum XXXXVIIII millia CCC; opere supra terram, passuum IX millia CCCC; et ex eo substructionibus aut opere arcuato superiori parte pluribus locis passuum II millia CCC, et propius urbem a VII milliario substructione rivorum passuum DCIX; opere arcuato, passuum VI millia CCCCXCI. Hi sunt arcus altissimi, sublevati in quibusdam locis CVIIII pedes.

XVI. Tot aquarum tam multis necessariis molibus pyramides, videlicet otiosas, compares, aut cætera inertia, sed fama celebrata opera Græcorum?

XVII. Non alienum mihi visum est longitudines quoque rivorum cujusque ductus etiam per species operum complecti : nam cum maxima hujus officii pars in tutela eorum sit, scire præpositum oportet, quæ majora impendia exigant.

Nostræ quidem sollicitudini non suffecit singula oculis subjecisse; formas quoque ductum facere curavimus, ex quibus apparet ubi valles, quantæque ubi flumina trajicerentur, ubi montium lateribus specus appliciti; majorem assiduamque *perterendi* ac muniendi ii exigant curam : hinc illa contingit utilitas, ut rem statim veluti in conspectu habere possimus, et deliberare tanquam assistentes.

XVIII. Omnes aquæ diversa in urbem libra proveniunt. Inde fluunt quædam altioribus locis, et quædam erigi in eminentiora non possunt : nam et colles si sint, propter frequentiam incendiorum excreverunt rudere. Quinque *autem aquarum* altitudo in omnem partem urbis attollitur : sed ex his aliæ majori, aliæ leviori pressura coguntur. Altissimus est Anio novus; proxima Claudia; tertium locum tenet Julia; quartum Tepula; de hinc Marcia, quæ capite etiam Claudiæ libram æquat. Sed veteres humiliore directura perduxerunt, sive nondum ad subtile explorata arte librandi; seu quia ex industria infra terram aquas mergebant, ne facile ab hostibus interciperentur, cum frequentia adhuc contra Italicos bella gererentur. Jam tamen quibusdam locis, sicubi ductus vetustate dilapsus est, omisso circuitu subterraneo vallium, brevitatis caussa, substructionibus, arcuationibusque trajiciuntur.

Sextum tenet libræ locum Anio vetus, similiter suffecturus etiam altioribus locis urbis, *si ubi* vallium submissarumque regionum conditio exigit, substructionibus arcuationibusque erigeretur. Sequitur hujus libram Virgo,

le niveau de l'eau Vierge, et après, celui de l'Appia. Ces deux dernières étant tirées des campagnes de Rome n'étaient plus susceptibles d'être portées à une si grande hauteur. La moins élevée de toutes est l'Alsiétina; elle se distribue dans les quartiers au delà du Tibre, dans les lieux les plus bas.

XIX. Six de ces eaux viennent se rendre dans des piscines couvertes, aux environs du 7ᵉ milliaire de la voie Latine. C'est là que, suspendant leur cours, elles déposent leur limon; c'est aussi là que leur quantité est déterminée par les mesures qui y sont placées. Il faut observer que trois de ces eaux, savoir, la Julia, la Marcia et la Tépula, sont conduites dans un même aqueduc en sortant des piscines. La Tépula, qui avait été détournée, comme nous l'avons dit plus haut, pour être reçue dans le canal de la Julia, tire actuellement son volume d'eau de la même piscine que la Julia, d'où elle est conduite dans son propre canal et sous son nom. A la sortie de ces piscines, ces trois différentes eaux sont reçues dans un même aqueduc. La plus élevée est la Julia; au-dessous est la Tépula, et plus bas la Marcia, qui arrive à la hauteur du mont Viminal. Ces eaux coulent ensemble sous terre jusqu'à la porte Viminale, où elles reparaissent de nouveau, à l'exception d'une partie de la Julia, qui se répand dans les châteaux d'eau du mont Cœlius, auprès du temple de la Vieille-Espérance. Quant à la Marcia, elle se réunit au ruisseau appelé *Herculaneus*, un peu au delà des jardins de Pallante. Son conduit n'est d'aucune utilité pour les habitants du mont Cœlius, parce que son niveau est plus bas. Il se termine au-dessus de la porte Capène.

XX. Les eaux du nouvel Anio et de la Claudia passent, des réservoirs qui leur sont destinés, au-dessus des arcs les plus élevés; de manière que l'Anio coule dans le conduit supérieur. Ces arcades se terminent derrière les jardins de Pallante. De là les eaux sont conduites par des tuyaux dans différents endroits de la ville. Cependant la Claudia porte une partie de ses eaux jusqu'à la Vieille-Espérance, par un conduit qui passe au-dessus des arcades Néroniennes. Ces arcades, qui traversent le mont Cœlius, viennent finir auprès du temple de Claude. Le volume d'eau que fournit cet aqueduc se distribue partie aux habitants du mont Cœlius, partie à ceux des monts Palatin et Aventin, et le surplus dans le quartier au delà du Tibre.

XXI. En deçà du 4ᵉ milliaire, l'Anio vieux traverse de la voie Latine à la voie Lavicane sur des arcades; il a aussi une piscine épuratoire auprès du 2ᵉ milliaire, d'où une partie de ses eaux est portée dans le canal appelé *Octavien*, et arrive au quartier de la voie Neuve, auprès des jardins d'Asinius. C'est dans ce dernier trajet qu'elle se distribue. Mais la partie droite de l'aqueduc passe devant le temple de la Vieille-Espérance, et arrive en dedans de la porte Esquiline, d'où elle est conduite, par des canaux élevés, dans la ville.

XXII. Ni l'eau Vierge, ni l'Appia, ni l'Alsiétina, n'ont de ces sortes de réservoirs appelés *piscines*. Les arcs de l'aqueduc de l'eau Vierge ont leur commencement au-dessous des jardins de Lucilianus, et finissent au champ de Mars, en face des Septes (1). Le canal de l'eau Appia, qui passe sous le mont Cœlius et l'Aventin, reparaît, comme nous l'avons dit, au bas de la descente de Publicius. L'aqueduc de l'Alsiétina se termine

(1) Portiques élevés dans le champ de Mars par Lépide, et terminés par Agrippa, sous lesquels se rassemblait le peuple romain pour les comices.

---

deinde Appia, quæ cum ex urbano agro perducerentur, non in tantum altitudinis erigi potuerunt. Omnibus humilior Alsietina est, quæ Transtiberinæ regioni, et maxime jacentibus locis servit.

XIX. Ex his sex, via Latina intra VII milliarium contectis piscinis excipiuntur, ubi quasi respirante rivorum cursu, limum deponunt : modus quoque earum mensuris ibidem positis initur. Una autem earum Julia, Marcia, Tepula (quæ intercepta, sicut supra demonstravimus, rivo Juliæ accesserat, nunc a piscina ejusdem Juliæ modum accipit, ac proprio canali et nomine venit), hæ tres a piscinis in eosdem arcus recipiuntur. Summus his est Juliæ, inferior Tepulæ; deinde Marciæ, quæ ad libram *collis* Viminalis ...... *conjunctim infra terram euntes* ad Viminalem usque portam deveniunt; ibi rursus emergunt. Prius tamen pars Juliæ ad Spem Veterem excepta castellis Cœlii montis diffunditur. Marcia autem parte sui post hortos Pallantianos, in rivum qui vocatur *Herculaneus*, dejicit se, per Cœlium. Ductus ipsius, montis usibus nihil ut inferior subministrans, finitur supra portam Capenam.

XX. Anio novus et Claudia a piscinis in altiores arcus recipiuntur, ita ut superior sit Anio. Finiuntur arcus earum post hortos Pallantianos, et inde in usum urbis Fistulis deducuntur : partem tamen sui Claudia prius in arcus, qui vocantur Neroniani, ad Spem Veterem transfert. Hi directi per Cœlium montem, juxta templum divi Claudii terminantur. Modum quem acceperunt, aut circa ipsum montem, aut in Palatium Aventinumque, et regionem Transtiberinam dimittunt.

XXI. Anio vetus citra IV milliarium . . . . a Latina in Lavicanam inter arcus trajicit : et ipse piscinam habet; inde intra II milliarium partem dat in specum qui vocatur *Octavianus*, et pervenit in regionem viæ Novæ ad hortos Asinianos, unde per illum tractum distribuitur. Rectus vero ductus secundum Spem Veterem veniens, intra portam Esquilinam, in altos rivos per urbem deducitur.

XXII. Nec Virgo, nec Appia, nec Alsietina conceptacula, id est piscinas, habent. Arcus Virginis initium habent sub hortis Lucilianis, finiuntur in campo Martio, secundum frontem Septorum. Rivus Appiæ sub Cœlio monte et Aventino actus emergit, ut diximus, infra cli-

derrière la Naumachie, pour l'usage de laquelle il paraît avoir été construit.

XXIII. Après avoir parlé en général des aqueducs, de leurs auteurs, des temps où ils ont été construits, de leurs longueurs, de leurs différents degrés d'élévation, j'ai jugé à propos de parler de la quantité d'eau qu'ils fournissaient, et de faire voir combien ces eaux étaient abondantes pour suffire, non-seulement aux usages et aux besoins du public et des particuliers, mais encore à leur luxe. Je vais actuellement indiquer dans combien de châteaux d'eau elles arrivent, et dans quels quartiers de la ville ces châteaux sont placés; la quantité d'eau qui se distribue tant dans la ville que hors la ville; combien il s'en délivrait pour les réservoirs, les établissements et les ouvrages publics; combien au nom de l'empereur, et enfin combien pour l'usage des particuliers. Mais je pense qu'auparavant il est nécessaire d'expliquer les noms des modules appelés *quinaires*, *centenaires*, et autres qui servent à constater la mesure des eaux; d'indiquer quelle est leur origine, leur capacité, et pourquoi ils sont ainsi appelés; quelle est la règle adoptée et la proportion d'après lesquelles on les calcule; enfin, de montrer par quel moyen je suis parvenu à découvrir les erreurs et à les corriger.

XXIV. Les modules des eaux s'évaluent par doigts ou par onces. Dans la Campanie et dans plusieurs autres endroits de l'Italie, on compte par doigts, et dans la Pouille par onces. On sait que le doigt est la sixième partie du pied romain, et que l'once en est la douzième. Mais, de même qu'il y a une différence entre l'once et le doigt, il s'en trouve dans le doigt lui-même. Dans l'usage cependant, cette différence n'est pas aussi simple; car on distingue le doigt carré et le doigt rond: le doigt carré est plus grand que le doigt rond de trois quatorzièmes, et le doigt rond plus petit que le doigt carré de trois onzièmes, à cause des quatre angles qu'il a de moins.

XXV. Dans la suite, on a fait usage d'un module qui ne tire son origine ni de l'once, ni des deux espèces de doigts. Il y en a qui pensent que ce module fut établi par Agrippa; d'autres l'attribuent aux plombiers de Rome, qui renoncèrent aux premières mesures pour adopter celle qui est indiquée par l'architecte Vitruve, sous le nom de *quinaire*. Ceux qui font Agrippa auteur du module disent qu'il fut nommé *quinaire*, parce qu'on réduisit en une seule mesure les petits modules anciens appelés *points*, d'après lesquels on distribuait les eaux lorsqu'elles étaient en petite quantité, et qui furent jugés insuffisants. Ceux qui attribuent cette mesure à Vitruve et aux plombiers de Rome disent qu'on l'appela *quinaire*, parce que ce module est censé fait avec une lame de plomb de cinq doigts de largeur, tournée en rond en forme de tuyau. Mais ce serait une mesure douteuse, parce qu'en courbant une lame de plomb, la partie intérieure se contracte, tandis que la partie extérieure s'allonge. Il est bien plus probable que le quinaire fut ainsi appelé de ce qu'il avait cinq quarts de doigt de diamètre; d'autant plus que cette manière de compter existe depuis le quinaire jusqu'au vingtenaire, en ajoutant successivement un quart de doigt au diamètre pour chaque module qui suit immédiatement : ainsi le sextaire

---

vum Publicii. Alsietinæ ductus, post Naumachiam, cujus caussa videtur esse factus, finitur.

XXIII. Quoniam auctores cujusque aquæ, et ætates, præterea ordines et longitudines rivorum et ordinem libræ persecutus sum, non alieni . . . . . modi mihi videtur etiam singula subjicere et ostendere quanta sit copia, quæ publicis, privatisque non solum usibus et auxiliis, verum etiam voluptatibus sufficit; et per quot castella quibusque regionibus deducatur; et ex eo quantum lacubus, quantum intra urbem; et ex eo quantum lacubus, quantum muneribus, quantum operibus publicis, quantum nomine Cæsaris, quantum privatis usibus erogetur. Sed rationis existimo, priusquam nomina quinariarum centenariarumque, et cæterorum modulorum, per quos mensura constituta est, proferamus, et indicare quæ sit eorum origo, quæ vires, et quid quæque appellatio significet; propositaque regula, ad quam ratio eorum et initium computatur, ostendere qua ratione discrepantia invenerim, et quam emendandi viam sim secutus.

XXIV. Aquarum moduli aut ad digitorum, aut ad unciarum mensuram instituta sunt. Digiti in Campania et in plerisque Italiæ locis; uncia in Apulia . . . . . observatur. Est autem digitus, ut convenit, sextadecima pars pedis, uncia duodecima. Quemadmodum autem inter unciam et digitum diversitas, ita et ipsius digiti simplex observatio non est. Alius vocatur quadratus, alius rotundus. Quadratus tribus habet diametri digitum unum et trientem digiti; capit quinariam, et quartisdecimis suis rotundo major; rotundus tribus suis quadrato minor est, scilicet quia anguli detruntur.

XXV. Postea modulus nec ab uncia, nec ab alterutro digitorum originem accipiens, inductus, ut quidam putant, ab Agrippa; ut alii, a plumbariis per Vitruvium architectum, in usum urbis, exclusis prioribus venit appellatus quinario nomine. Qui autem Agrippam auctorem faciunt, dicunt, quod quinque antiqui moduli exiles, et velut puncta, quibus olim aqua cum exigua esset, dividebatur in unam fistulam coacti sunt. Qui Vitruvium et plumbarios, ab eo quod plumbea lamina plana, quinque digitorum latitudinem habens, circumacta in rotundum, hunc fistulæ modulum efficiat. Sed hoc incertum est; quoniam cum circumagitur, sicut interiori parte attrahitur, ita per illam quæ foras spectat, extenditur. Maxime probabile est, quinariam dictam a diametro quinque quadrantum, quæ ratio in sequentibus quoque modulis usque ad vicenariam durat; diametro per singulos, adjectione singulorum quadrantum crescente : ut in senariaque sex scilicet quadrantes in diametro habet; et septenariæ,

a six quarts de doigt de diamètre, le septenaire sept, et de même pour les autres, jusqu'au vingtenaire.

XXVI. Chaque module peut se classer, ou par la mesure de son diamètre ou par celle de son périmètre, ou enfin par la superficie de son orifice, d'où résulte son rang et sa capacité. Pour donner une connaissance plus facile de la différence qui existe entre l'once, le doigt carré, le doigt rond et le quinaire lui-même, nous nous servirons, pour les comparer, de ce dernier module, comme étant le plus certain et le plus généralement adopté. Ainsi, le diamètre du tuyau d'une once étant d'un doigt et un tiers, sa capacité sera d'un quinaire, c'est-à-dire d'une once et demie, plus trois scripules (1) deux tiers. Le doigt carré réduit en rond, de *même superficie*, a de diamètre un doigt, plus une once et demie et un scripule; sa capacité est de dix onces et demie, plus un sicilique. Le tuyau rond d'un doigt de diamètre fournit sept onces et demie, plus un sextule de quinaire.

XXVII. Au reste, les modules qui tirent leur origine du quinaire reçoivent leur accroissement de deux manières. La première, en raison du nombre de quinaires, c'est-à-dire, à la réunion de plusieurs quinaires fournis par le même orifice, dont la grandeur augmente par l'addition des quinaires. Actuellement, cette réunion a presque toujours lieu : lorsqu'on délivre plusieurs quinaires, on les reçoit dans un seul tuyau, à partir du château d'eau, où l'on fixe pour chacun la quantité qui lui est accordée, afin de ne pas dégrader trop souvent la voie publique par des tranchées.

XXVIII. L'autre genre d'accroissement ne s'évalue pas par les quinaires que le tuyau peut fournir, mais par la mesure de son diamètre, de laquelle il tire son nom et sa capacité : ainsi, en ajoutant un quart de doigt au diamètre du quinaire, on a le sextaire, dont la capacité n'augmente pas en raison de cette dénomination; car elle ne donne qu'un quinaire cinq onces et un sicilique. L'addition d'un doigt de plus donne successivement les septenaires, octonaires, jusqu'au vingtenaire.

XXIX. Les modules au-dessus tirent leur nom du nombre de doigts carrés que contient la surface de leur orifice. Ainsi, le module dont l'orifice est de vingt-cinq doigts carrés est appelé vingt-cinquième. Il en est de même du trentenaire, en suivant toujours l'augmentation du nombre de doigts carrés; et ainsi de suite, jusqu'au cent vingtenaire.

XXX. Dans le tuyau vingtenaire, qui sert de limite aux deux manières de compter, elles donnent presque le même résultat; car, d'après la règle établie pour les premiers modules ayant vingt quarts de doigt de diamètre, il serait appelé vingtenaire, et, d'après la seconde, son orifice ayant cinq doigts de diamètre, sa capacité sera d'un peu moins de vingt doigts carrés.

XXXI. La proportion des tuyaux quinaires jusqu'au cent-vingtenaire se détermine, dans tous les cas, comme nous venons de l'expliquer : elle est conforme aux modules consignés dans les registres, et approuvés par notre auguste prince. C'est pourquoi, soit qu'on veuille s'appuyer de la règle

(1) J'écris scripule au lieu de scrupule, qui désigne une subdivision de la livre de médecine, parce que, dans ses évaluations, Frontin, par le mot *scripulum*, ne désigne pas un poids, mais la 288ᵉ partie de toutes sortes d'unités.

quæ septem; et deinceps incremento usque ad vicenariam.

XXVI. Omnis autem modulus colligitur aut diametro, aut perimetro, aut arcæ mensura; ex quibus et capacitas apparet. Differentiam unciæ, digiti quadrati, et digiti rotundi, et ipsius quinariæ, ut facilius dignoscamus, utendum est substantia quinariæ, qui modulus et certissimus et maxime receptus sit. Unciæ ergo modulus habet diametri digitum unum et trientem digiti; capit quinariam plusquam quinariæ octavam; hoc est, sescunciam quinariæ, et scripula tria, et bessem scripuli. Digitus quadratus, in rotundum redactus, habet diametri digitum unum et digiti sescunciam *scripulum*; capit quinariæ *dodrantem, semunciam, sicilicum*. Digitus rotundus habet diametri digitum unum; capit quinariæ septuncem, semunciam, sextulam.

XXVII. Cæterum moduli, qui a quinaria oriuntur, duobus generibus incrementum accipiunt; et *unum* cum ipsa multiplicatur : id est eodem lumine plures quinariæ includuntur; in quibus, secundum adjectionem quinariam, amplitudo luminis crescit. Est autem fere nunc in usum; cum plures quinariæ impetratæ, ne in viis sæpius convulneretur una fistula, excipiuntur in castellum, ex quo singuli suum modum recipiunt.

XXVIII. Alterum genus est, quotiens non ad quinariarum necessitatem, fistula incrementum capit, sed ad diametri sui mensuram; secundum quod et nomen accipit, et capacitatem ampliat : ut puta, quinaria, cum adjectus est ei ad diametrum quadrans, senariam facit; nec jam in solidum capacitatem ampliat : capit enim quinariam unam, et quincuncem, sicilicum; et deinceps eadem ratione quadrantibus diametro adjectis (ut supra dictum est), crescunt septenaria, octonaria, usque ad vicenariam.

XXIX. Subsequitur illa ratio quæ constat ex numero digitorum quadratorum qui area, id est lumine cujusque moduli continentur, a quibus et nomen fistulæ accipiunt. Nam quæ habet arcæ, id est luminis in rotundum coacti, digitos quadratos viginti quinque, vicenumquinum appellatur; similiter tricenaria et deinceps per incrementum digitorum quadratorum, usque ad centenum vicenum.

XXX. In vicenaria fistula, quæ in confinio utriusque rationis posita est, utraque ratio pene congruit. Nam habet secundum eam computationem, quæ in antecedentibus modulis servanda est, in diametro quadrantes viginti, cum diametri, ejusdem digiti quinque sint : et secundum eorum modulorum rationem, qui sequuntur ad eam, habet digitorum quadratorum exiguo minus viginti.

XXXI. Ratio fistularum quinariarum usque ad centenumvicenum, per omnes modulos ita se habet ut ostendimus; et omni genere inita constat sibi : convenit et cum his modulis, qui in commentariis invictissimi et piissimi

ou de l'autorité, on doit retrouver les modules portés aux commentaires. Cependant, quoique les fontainiers s'assujettissent presque toujours à cette règle, ils s'en sont écartés dans quatre modules, qui sont le duodenaire, le vingtenaire, le centenaire, et le cent-vingtenaire.

XXXII. Ainsi, pour le duodenaire, dont l'usage n'est pas fréquent, l'erreur n'est pas considérable : les fontainiers ont ajouté au diamètre une demi-once et un sicilique de doigt, ce qui augmente sa capacité d'un quart de quinaire. L'erreur est plus grande dans les trois autres modules : ils donnent au diamètre du vingtenaire, dont on fait souvent usage, un demi-doigt de moins ; ce qui diminue sa capacité de trois quinaires et une demi-once de quinaire. Quant au centenaire et au cent-vingtenaire, dont ils se servent continuellement, ils ne diminuent pas leur capacité, mais ils l'augmentent, car ils ajoutent au diamètre du centenaire deux tiers de doigt et une demi-once, ce qui porte sa capacité à dix quinaires et demi, une demi-once et un sicilique de trop : au diamètre du cent-vingtenaire, ils ajoutent trois doigts sept onces et demie, qui donnent un excédant de soixante-cinq quinaires trois quarts et un sicilique.

XXXIII. Ainsi, tandis que d'une part ils diminuent la capacité du centenaire, dont ils se servent peu, ils augmentent celle du centenaire et du cent-vingtenaire, dont ils font usage tous les jours; ils interceptent donc à chaque centenaire *dix quinaires et demi, une demi-once et un sicilique*, et pour chaque cent-vingtenaire, *soixante-cinq quinaires trois quarts et un sicilique*; ce qui peut se prouver par le fait et par le calcul : car, pour le vingtenaire fixé par César à seize quinaires, ils n'en distribuent que treize. A l'égard du centenaire, dont ils ont augmenté le diamètre, il est également certain qu'ils ne s'en servent que très-peu, parce que César vient de consigner dans ses registres que chaque centenaire fournirait 81 quinaires et demi ; de plus, le cent-vingtenaire fixé à 97 quinaires trois quarts est supprimé, comme inutile.

XXXIV. On compte en tout vingt-cinq modules : tous sont conformes à la règle et aux registres, excepté les quatre que les fontainiers ont introduits. Ainsi, tous ceux dont la mesure est juste doivent s'accorder entre eux d'une manière certaine et invariable, pour qu'il en résulte une règle générale. Par exemple, de même que les sextaires se rapportent aux cyathes, ainsi l'accroissement des quinaires, dans les modules au-dessus, doit suivre une règle uniforme qui établisse le rapport du quinaire avec les autres modules. D'ailleurs, lorsqu'on trouve que le module de distribution fournit moins que ne porte la concession, il est constant que ce n'est pas une erreur, mais une fraude.

XXXV. Nous nous souviendrons que toute eau qui part d'*un lieu plus élevé*, et qui parcourt un moindre espace avant d'arriver au château d'eau, fournit une quantité d'eau plus grande que ne comporte son module; et que toutes les fois qu'elle part d'un lieu moins élevé, et qu'elle est amenée de plus loin, le cours de l'eau se ralentissant, elle fournit moins que son module. C'est pourquoi il est quelquefois à propos d'augmenter ou de diminuer la charge d'un module, pour qu'il fournisse la quantité requise.

XXXVI. La position du calice influe aussi sur

---

principis positi et confirmati sunt. Sive itaque ratio, sive authoritas sequenda est, utroque commentariorum moduli prævalent. Sed aquarii cum manifestæ rationi pluribus consentiant, in quatuor modulis novaverunt; duodenaria et vicenaria, et centenaria, et centenumvicenum.

XXXII. Et duodenariæ quidem nec magnus error, nec usu frequens est : cujus diametro adjecerunt digiti semunciam, sicilicum; capacitati quinariæ *quadrantem*. In reliquis autem tribus modulis plus deprehenditur. Vicenariam exiguiorem faciunt diametro digiti semisse; capacitate quinariis tribus et semuncia, quo modulo plerumque erogatur. Centenaria autem, et centenumvicenum, quibus assidue accipiunt, non minuuntur, sed augentur. Diametro enim centenariæ adjiciunt digiti bessem, et semunciam; capacitati quinarias x. semissem, semunciam, sicilicum. Centenumvicenum diametro adjiciunt digitos tres, septuncem, semunciam; capacitatæ quinarias LXV, *dodrantem, sicilicum*.

XXXIII. Ita dum aut vicenariæ, qua subinde erogant, detrahunt, aut centenariæ, et centenumvicenum adjiciunt, quibus semper accipiunt, intercipiuntur in centenaria quinariæ x *semicem semunciam sicilicum*; in centenumvicenum quinariæ LXV *dodrantem sicilicum*; quod cum ratione approbetur, re quoque ipsa manifestum est. Nam pro vicenaria, quam Cæsar pro quinariis sexdecim assignat, non plus erogant quam tresdecim: et ex centenaria quam ampliaverunt, æque certum est illos non erogare, nisi ad arctiorem numerum : quia Cæsar, secundum suos commentarios, cum ex quaque centenaria explevit quinarias LXXXI, semissem; item ex centumvicenum quinarias LXXXVII *et dodrantem* (tanquam exhausto modulo), desinit distribuere.

XXXIV. In summa moduli sunt xxv : omnes consentiunt et rationi et commentariis, exceptis his quatuor quos aquarii novaverunt. Omnia autem quæ mensura continentur, certa et immobilia congruere sibi debent; ita enim universitati ratio constabit. Et quemadmodum (verbi gratia) sextarii ratio ad cyathos, molii vero et ad sextarios, et ad cyathos respondent, ita et quinariarum multiplicatio in amplioribus modulis, servare consequentiæ suæ regulam debet: alioquin, cum in erogatorio modulo minus invenitur, in acceptorio plus, apparet non errorem esse, sed fraudem.

XXXV. Meminerimus, omnem aquam, quotiens ex *altiore loco* venit, et intra breve spatium in castellum cadit, non tantum respondere modulo suo, sed etiam exsuperare ; quotiens vero ex humiliore, id est minore pressura, longius ducatur, segnitia ductus modum quoque deperdere : ideo secundum hanc rationem aut onerandam esse erogationem, aut relevandam.

la dépense d'eau : étant placé perpendiculairement et de niveau, il débite ce qu'il doit ; si sa direction est opposée au cours de l'eau, et qu'il soit incliné en dehors, il débite trop ; s'il est appliqué au côté et tourné selon le courant, et qu'il soit incliné en dedans, il recevra peu d'eau ; elle y coulera lentement, et il débitera peu. Au reste, le calice est un module de bronze adapté au conduit ou au château d'eau, pour recevoir les tuyaux de distribution : sa longueur ne doit pas être de moins de douze doigts ; la grandeur de la *lumière*, ou orifice, doit être conforme à la quantité qu'il sera ordonné de délivrer. Il paraît que l'on a imaginé d'employer le bronze à la formation du calice, à cause de sa roideur, qui le rend très-difficile à ployer ; de manière qu'on n'a pas à craindre que les orifices des modules puissent être élargis ou resserrés par fraude.

XXXVII. On compte en tout vingt-cinq modules différents ; mais quinze seulement sont en usage, établis d'après la règle dont nous avons parlé ; dans ce nombre ne sont point compris les quatre modules introduits par les fonteniers. C'est d'après cette règle que doivent être faits les tuyaux de toutes sortes de conduites, et que l'on doit calculer les quinaires que peuvent fournir celles qui sont en place.

XXXVIII. Dans l'énumération que nous allons faire, nous indiquerons ceux qui ne sont pas d'usage. Ainsi le module d'une once, qui a *un doigt et un tiers* de diamètre, fournit *un quinaire et un huitième*, c'est-à-dire une once et demie et trois scripules deux tiers de quinaire. Le doigt carré a sa longueur égale à sa largeur. Le doigt carré, réduit en rond, a de diamètre *un doigt*, plus une once et demie et *un scrípule* de doigt ; il fournit neuf onces *et demie* et *un sicilique* de quinaire. Le doigt rond a un doigt de diamètre ; il fournit sept onces et demie et un sextule de quinaire.

XXXIX. Le module appelé quinaire a de diamètre *un doigt* et *un quart* ; son périmètre est de trois doigts *onze onces* et *trois scripules de doigt*. Il fournit un quinaire.

XL. Le sextaire a un doigt et demi de diamètre ; son périmètre est de quatre doigts *huit onces et demie* et *un scripule* de doigt. Il fournit *un quinaire cinq onces et un sicilique*.

XLI. Le septenaire a de diamètre *un doigt neuf onces* ; son périmètre est de cinq doigts *et demi*. Il fournit un quinaire *onze onces et demie*. Il n'est pas d'usage.

XLII. L'octonaire a deux doigts de diamètre ; son périmètre est de six doigts *un quart et une duelle*. Il fournit deux quinaires *et demi*, *une demi-once et un sicilique*.

XLIII. Le denaire a de diamètre deux doigts et demi ; son périmètre est de sept doigts, *dix onces et un sicilique*. Il fournit quatre quinaires.

XLIV. Le duodenaire a trois doigts de diamètre ; son périmètre est de *neuf doigts cinq onces et deux scripules* de doigt. Il fournit cinq quinaires trois quarts. Il n'est plus d'usage. Les fonteniers en avaient adopté un autre, dont le diamètre était de trois doigts, une demi-once et un sicilique ; sa capacité était de six quinaires.

XLV. Le quinzenaire a de diamètre *trois doigts trois quarts* ; son périmètre est de *onze doigts trois quarts et une duelle*. Il fournit neuf quinaires.

XXXVI. Sed et calicis positio habet momentum : in rectum et ad libram collocatus modum servat : ad cursum aquæ oppositus, et devexus amplius rapit : ad latus prætereuntis aquæ conversus, et supinus, nec ad haustum pronus, segniter exiguum sumit. Est autem calix modulus æneus, qui rivo vel castello induitur, huic fistulæ applicantur : longitudo ejus habere debet digitos non minus xii : lumen id est capacitatem quanta imperata fuerit. Excogitata videtur quoniam rigore æris difficiliore ad flexum, non timeri potest laxari, vel coarctari formulas modulorum.

XXXVII. Qui sunt omnes xxv subjecti, quamvis in usu xv, tantum frequentes sint, directam ad rationem de qua locuti sumus ; emendatis quatuor quos aquarii novaverant : secundum quam et fistulæ omnes, quæ opus facient, dirigi debent ; aut, si hæ fistulæ manebunt, ad quinarias, quas capient, computari.

XXXVIII. Qui non sunt in usu moduli, in ipsis est adnotatum, et *unciæ ergo modulus habet* diametri *digitum unum et* trientem digiti : *capit quinariam et plusquam quinariæ octavam, hoc est* sescunciam quinariæ, *et scripula tria, et bessem scripuli. Digitus quadratus in longitudine et latitudine æqualis est. Digitus quadratus*, in rotundum redactus, habet diametri digitum unum, et digiti sescunciam, *scripulum* ; capit quinariæ *dodrantem*, *semunciam, sicilicum. Digitus rotundus habet* diametri digitum unum ; capit quinariæ septuncem, semunciam, sextulam.

XXXIX. Fistula quinaria diametri digitum unum, *quadrantem* ; perimetri digitos tres, *deuncem, scripula* iii : capit quinariam unam.

XL. Fistula *senaria* diametri digitum unum semissem ; perimetri digitos quatuor ; *bessem, semunciam, scripulum* : capit quinariam *unam, quincuncem, sicilicum*.

XLI. Fistula septenaria diametri digitum *unum, dodrantem* ; perimetri digitos v, *semissem* : capit quinariam *unam, deuncem, semunciam*. In usu non est.

XLII. Fistula octonaria diametri digitos duos : perimetri digitos sex, *quadrantem, duellam* : capit quinarias duas, *semissem, semunciam, sicilicum*.

XLIII. Fistula denaria diametri digitos duos, et semissem ; perimetri digitos septem, *dextantem, sicilicum* : capit quinarias quatuor.

XLIV. Fistula duodenaria diametri digitos *tres* ; perimetri *digitos* viii, *quincuncem, scripula* ii : capit quinarias v, *dodrantem*. In usu non est. Alia apud aquarios habebat diametri digitos tres, semunciam, sicilicum ; capacitatis quinarias sex.

XLV. Fistula quinumdenum diametri digitos *tres, dodrantem* ; perimetri digitos xi *dodrantem, duellam* : capit quinarias viii.

XLVI. Le vingtenaire a cinq doigts du diamètre; son périmètre est de *quinze doigts* huit onces et demie de doigt; il fournit seize quinaires. Les fonteniers en avaient adopté un autre, dont le diamètre était de *quatre doigts et demi*, et la capacité de *douze* quinaires *onze onces et demie*.

XLVII. Le module de vingt-cinq doigts carrés a de diamètre cinq doigts *sept onces et demie, une sextule et un scripule* de doigt; son périmètre est de dix-sept doigts, *huit onces et demie et un silicique* de doigt. Il fournit vingt quinaires *quatre onces et demie* de quinaire. Il n'est pas d'usage.

XLVIII. Le module de trente doigts a de diamètre *six doigts deux onces et une sextule*; son périmètre est de dix-neuf doigts *cinq onces* de doigt. Il fournit vingt-quatre quinaires *cinq onces et une duelle* de quinaire.

XLIX. Le module de trente-cinq doigts carrés a de diamètre six doigts *huit onces trois scripules* de doigt; son périmètre est de *vingt* doigts *onze onces* et *demie* et *un silicique*. Il fournit *vingt-huit* quinaires et demi et *un silicique* de quinaire. Il n'est pas d'usage.

L. Le module de quarante doigts a de diamètre sept doigts *une once* et demie et une sextule de doigt; son périmètre est de vingt-deux doigts cinq onces; il fournit trente-deux quinaires sept onces et une sextule de quinaire.

LI. Le module de quarante-cinq doigts carrés a de diamètre sept doigts et demi une demi-once et une duelle; son périmètre est de vingt-trois doigts trois quarts et une duelle. Il fournit trente-six quinaires deux tiers. Il n'est pas d'usage.

LII. Le module de cinquante doigts a de diamètre sept doigts onze onces et demie et un silicique de doigt; son périmètre est de vingt-cinq doigts une demi-once et un silicique de doigt. Il fournit quarante quinaires trois quarts.

LIII. Le module de cinquante-cinq doigts carrés a de diamètre huit doigts un tiers, un silicique et une sextule de doigt; son périmètre est de vingt-six doigts trois onces et demie; sa capacité est de quarante-quatre quinaires neuf onces et demie et une duelle. Il n'est pas d'usage.

LIV. Le module de soixante doigts a de diamètre huit doigts huit onces et demie, une duelle et un scripule de doigt; son périmètre est de vingt-sept doigts cinq onces et demie. Il fournit quarante-huit quinaires dix onces et demie et une sextule de quinaire.

LV. Le module de soixante-cinq doigts carrés a de diamètre neuf doigts une once et une sextule de doigt; son périmètre est de vingt-huit doigts six onces et demie, un silicique et une sextule. Sa capacité est de cinquante-deux quinaires onze onces et demie. Il n'est pas d'usage.

LVI. Le module de soixante-six doigts a de diamètre neuf doigts cinq onces et une duelle; son périmètre est de vingt-neuf doigts deux tiers. Il fournit cinquante-sept quinaires et une demi-once de quinaire.

LVII. Le module de soixante-quinze doigts a de diamètre neuf doigts et un silicique; son périmètre est de trente doigts deux tiers et une duelle. Sa capacité est de soixante-un quinaires une once et une duelle. Il n'est pas d'usage.

LVIII. Le module de quatre-vingts doigts a de diamètre dix doigts une demi-once, une

---

XLVI. Fistula vicenaria diametri digitos v, perimetri digitos xv, *bessem, semunciam.* Capit quinarias xvi. Apud aquarios habebat diametri digitos III, semissem. Capacitatis quinarias xii. *deuncem, semunciam.*

XLVII. Fistula vicenumquinum diametri digitos v, *septuncem, semunciam, sextulam, scripulum*; perimetri digitos xvii, *bessem, semunciam, silicicum.* Capit quinarias xx, *trientem semunciam.* In usu non est.

XLVIII. Fistula tricenaria diametri digitos vi, *sextantem, sextulam*; perimetri digitos xviii, *quincuncem.* Capit quinarias xxiii, *quincuncem, duellam.*

XLIX. Fistula tricenumquinum diametri digitos vi, *bessem, scripula* iii; perimetri digitos xx, *deuncem, semunciam, silicicum.* Capit quinarias xxviii, *semissem, silicicum.* In usu non est.

L. Fistula quadragenaria diametri digitos vii, *sescunciam, sextulam*; perimetri digitos xxii, *quincuncem.* Capit quinarias xxxii, *septuncem, sextulam.*

LI. Fistula quadragenumquinum diametri digitos vii, *semissem, semunciam, duellam*; perimetri digitos xxiii, *dodrantem, duellam.* Capit quinarias xxxvi, *bessem.* In usu non est.

LII. Fistula quinquagenaria diametri digitos vii, *deuncem, semunciam, silicicum*; perimetri digitos xxv, *semunciam, silicicum.* Capit quinarias xxxx, *dodrantem.*

LIII. Fistula quinquagenumquinum diametri digitos viii, *trientem, silicicum, sextulam*; perimetri digitos xxvi, *quadrantem, semunciam.* Capit quinarias xxxxiiii, *dodrantem, semunciam, duellam.* In usu non est.

LIV. Fistula sexagenaria diametri digitos viii, *bessem, semunciam, duellam, scripulum*; perimetri digitos xxvii, *quincuncem, semunciam.* Capit quinarias xxxxviii, *dextrantem, semunciam, sextulam.*

LV. Fistula sexagenumquinum diametri digitos viii, *unciam, sextulam*; perimetri xxviii, *semissem, semunciam, silicicum, sextulam.* Capit quinarias lii, *deuncem, semunciam.* In usu non est.

LVI. Fistula septuagenaria diametri digitos viii, *quincuncem, duellam*; perimetri digitos xxviii, *bessem.* Capit quinarias lvii, *semunciam.*

LVII. Fistula septuagenumquinum diametri digitos viii, *dodrantem, silicicum*; perimetri digitos xxx, *bessem, duellam.* Capit quinarias lxi, *unciam, duellam.* In usu non est.

LVIII. Fistula octogenaria diametri digitos x, *semunciam, duellam, silicicum*; perimetri digitos xxxi, *bes-*

duelle et un sicilique de doigt ; son périmètre est de trente-un doigts deux tiers et une duelle. Il fournit soixante-cinq quinaires deux onces et un sicilique.

LIX. Le module de quatre-vingt-cinq doigts a de diamètre dix doigts quatre onces et demie et une duelle ; son périmètre est de trente-deux doigts deux tiers et une sextule. Il n'est pas d'usage.

LX. Le module de quatre-vingt-dix doigts a de diamètre dix doigts deux tiers, une duelle et trois scripules ; son périmètre est de trente-trois doigts sept onces, une duelle et un sicilique. Il fournit soixante-treize quinaires un tiers.

LXI. Le module de quatre-vingt-quinze doigts a de diamètre onze doigts ; son périmètre est de trente-quatre doigts et demi, une demi-once et une sextule ; sa capacité est de soixante-dix-sept quinaires cinq onces. Il n'est pas d'usage.

LXII. Le module de cent doigts a de diamètre onze doigts un quart, un sicilique et une sextule ; son périmètre est de trente-cinq doigts cinq onces, un sicilique et une sextule ; il fournit quatre-vingt-un quinaires, cinq onces et demie, et une duelle. Le centenaire adopté par les fonteniers avait de diamètre onze doigts onze onces et demie, un sicilique et une sextule. Sa capacité est de quatre-vingt-douze quinaires, une duelle et un sicilique.

LXIII. Le module de cent vingt doigts a de diamètre douze doigts un tiers et une duelle ; son périmètre est de trente-huit doigts dix onces ; il fournit quatre-vingt-dix-sept quinaires trois quarts, un sicilique et une sextule. Celui adopté par les fonteniers avait quinze doigts onze onces et demie et une duelle de diamètre. Sa capacité est de cent soixante-trois quinaires et demi, une demi-once et une sextule, qui est celle du module de deux cents doigts.

SECONDE PARTIE.

LXIV. Dans le livre précédent, j'ai expliqué ce qu'il était nécessaire de savoir sur les modules : je vais indiquer dans celui-ci la quantité d'eau que fournit chaque aqueduc ; pour combien elle est portée dans les registres de l'État, et comment elle a été distribuée jusqu'au temps où nous en avons été chargé ; et enfin combien nous en avons trouvé par la recherche la plus scrupuleuse qui en a été faite sous les auspices de Nerva, prince très-bon et très-soigneux. La quantité totale des eaux portées dans les registres était de douze mille sept cent cinquante-cinq quinaires. Cependant il s'en distribuait quatorze mille dix-huit ; en sorte que la distribution surpassait la quantité consignée dans les registres, de douze cent soixante-trois quinaires.

Cette différence m'a d'autant plus étonné, qu'il me paraissait que le principal devoir de l'administrateur chargé de la surveillance des eaux devait être d'en constater la véritable quantité. De là j'ai senti la nécessité de rechercher moi-même comment il pouvait se faire qu'on distribuât plus d'eau qu'on n'en possédait. C'est pourquoi, avant tout, j'ai entrepris de mesurer les eaux à la tête des aqueducs. La quantité que je trouvai est bien plus considérable que celle portée dans les registres ; l'excès est d'environ

---

sem, duellam. Capit quinarias LXV, sextantem, sicilicum.

LIX. Fistula octogenumquinum diametri digitos X, trientem, semunciam, duellam; perimetri digitos XXXII, bessem, sextulam. Capit quinarias LXVIII, quadrantem, sextulam. In usu non est.

LX. Fistula nonagenaria diametri digitos X, bessem, duellam, scripula III; perimetri digitos XXXIII, septuncem, duellam, sicilicum. Capit quinarias LXXIII, trientem.

LXI. Fistula nonagenumquinum diametri digitos XI; perimetri digitos XXXIII, semissem, semunciam, sextulam. Capit quinarias LXXVII, quincuncem. In usu non est.

LXII. Fistula centenaria diametri digitos XI, quadrantem, sicilicum, sextulam; perimetri digitos XXXV, quincuncem, sicilicum, sextulam. Capit quinarias LXXXI, quincuncem, semunciam, duellam. Apud aquarios habebat diametri digitos XI, deuncem, semunciam, sicilicum, sextulam; capitatis quinarias LXXXII, duellam, sicilicum.

LXIII. Fistula centenumvicenum diametri digitos XII, trientem, duellam; perimetri digitos XXXVIII, dextantem. Capit quinarias LXXXXVII, dodrantem, sicilicum, sextulam. Apud aquarios habebat diametri digitos XV, deuncem, semunciam, duellam. Capacitatis quinarias CLXIII, semissem, semunciam, sextulam : qui modus duarum centenariarum est.

PARS SECUNDA.

LXIV. Persecutus ea quæ de modulis dici fuit necessarium, nunc ponam quem modum quæque aqua, ut principum commentariis comprehensum est, usque ad nostram curam habere visa sit, quantumque erogaverit ; deinde quem ipsi scrupulosa inquisitione, præunte Providentia optimi diligentissimique principis Nervæ, invenerimus. Fuere ergo in commentariis in universo quinariarum XII millia, DCCLO : in erogatione XIV millia, XVIII; plus in distributione quam in accepto, computabantur quinariæ MCCLXIII.

Hujus rei admiratio (cum præcipuum officii opus in exploranda fide aquarum, atque copia crederem) non mediocriter me convertit ad scrutandum quemadmodum amplius erogaretur, quam in patrimonio, ut ita dicam, esset. Ante omnia itaque capita ductuum metiri aggressus sum ; sed longe, id est circiter quinariis X millibus, ampliorem quam in commentariis modum inveni : ut per singulas demonstrabo.

dix mille quinaires, ainsi que je vais le démontrer par les détails qui suivent.

LXV. L'eau Appia est portée dans les registres à huit cent quarante-un quinaires. Cette quantité n'a pas pu être vérifiée à la tête de l'aqueduc, parce que celle qui s'y trouve provient de deux canaux différents. Cependant, m'étant transporté aux Gémelles, lieu situé en deçà de l'Espérance-Vieille, où l'Appia se joint au ruisseau de l'Augusta, j'ai trouvé que le volume d'eau qui coulait dans l'aqueduc avait un pied trois quarts de largeur sur cinq pieds de hauteur; ce qui forme une superficie de huit pieds trois quarts, qui, réduite en doigts carrés, donne deux mille deux cent quarante, qui font dix-huit cent vingt-cinq quinaires, c'est-à-dire neuf cent quatre-vingt-quatre de plus qu'il n'est porté dans les registres. De ces eaux, on en distribuait sept cent quatre quinaires, c'est-à-dire cent trente-sept de moins qu'il n'est porté sur les registres, et onze cent vingt-un quinaires de moins que ne donne la mesure prise aux Gémelles. Cette différence peut provenir un peu du défaut de l'aqueduc, qui, étant un des plus bas, rend son écoulement moins sensible; mais on peut l'évaluer par ce qui s'en distribue dans plusieurs endroits de la ville. Le surplus de la différence peut être l'effet de quelque dérivation: ce qui nous le fait croire, c'est que nous avons découvert dans la ville certains tuyaux qui n'avaient pas été autorisés. Mais, hors la ville, la profondeur du niveau de l'eau, qui à son origine se trouve à cinquante pieds au-dessous de terre, l'a garanti de toute fraude.

LXVI. L'Anio vieux est porté dans les registres pour 1,441 quinaires; cependant j'en ai trouvé à la tête de l'aqueduc 4,398, sans y comprendre la quantité dérivée par le canal des Tiburtins, et qui est destinée à leur usage. Ainsi la quantité mesurée surpasse celle portée au registre, de 2,957 quinaires. Avant que cette eau arrive à son réservoir, il s'en distribue 262 quinaires; celle qui parvient au réservoir, évaluée par les mesures qui y sont posées, est de 2,362 quinaires; de sorte que la quantité qui se perdait entre la tête de l'aqueduc et le réservoir était de 1,775 quinaires. Il s'en distribuait, après le réservoir, 1,348 quinaires, et en tout 169 quinaires de plus qu'il n'en était porté dans les registres, d'après ce que nous avons dit; et 1,014 de moins que le réservoir n'en peut fournir à l'aqueduc, ainsi que nous l'avons ci-devant prouvé. La quantité totale qui se perdait entre la tête de l'aqueduc et le réservoir, et depuis le réservoir, montait à 2,788 quinaires. J'aurais pu attribuer cette différence à une erreur de mesure, si je n'avais découvert où elles étaient détournées.

LXVII. L'eau Marcia est portée dans les registres à 2,162 quinaires; mais, en la mesurant à la tête de l'aqueduc, j'ai trouvé 4,690 quinaires; ce qui fait 2,528 quinaires de plus qu'il n'est marqué sur les registres. Avant d'arriver au réservoir, il s'en distribuait 95 quinaires de plus; 92 quinaires qui étaient donnés en supplément à la Tépula, et 164 quinaires pour l'Anio: de sorte que la totalité des eaux qui se distribuaient avant le réservoir était de 351. La quantité qui arrive au réservoir, d'après les mesures qui sont posées, jointe à celle que reçoit le canal depuis le réservoir jusqu'à l'endroit où ce même canal est élevé sur des arcades, est de 2,944 quinaires.

LXV. Appiæ in commentariis adscriptus est modus quinariarum DCCCXXXXI; ad caput inveniri mensura non potuit, quoniam ex duobus rivis constat: ad Gemellas tamen, qui locus est intra Spem Veterem, ubi jungitur cum ramo Augustæ, inveni altitudinem aquæ pedes quinque, latitudinem pedis unius, dodrantis: fiunt areæ pedes octo, dodrans; centenariæ XXII et quadragenaria, quæ efficiunt quinarias MDCCCXXV: amplius, quam in commentariis habent, quinariis DCCCLXXXIIII. Erogabat quinarias DCCIV; minus quam in commentariis adscribitur, quinariis CXXXVII; et adhuc minus quam ad Gemellas mensura respondet, quinariis MCXXI. Intercidit tamen aliquantum e ductus vitio, qui, cum sit depressior, non facile manationes ostendit, quas esse ex eo apparet, quod in plerisque urbis partibus *præbita* aqua observatur, id quod ex ea manat; sed et quasdam fistulas intra urbem illicitas deprehendimus. Extra urbem autem, propter pressuram libræ, quæ fit *infra* terram ad caput pedibus L, nullam accepit injuriam.

LXVI. Anioni veteri adscriptus est modus in commentariis quinariarum MCCCCXXXXI. Ad caput inveni IV millia, CCCLXXXVIII, præter eum modum, qui in proprium ductum Tiburtium derivatur. Amplius quam in commentariis est quinariis II millibus, DCCCCLVII. Erogabantur antequam ad piscinam veniret quinariæ CCLXII: modus in piscina, qui per mensuras positas initur, efficit quinariarum II millia, CCCLXII; intercidebant ergo inter caput et piscinam quinariæ MDCCLXXIV. Erogabat post piscinam quinarias MCCCLVII; amplius quam in commentariis conceptionis modum significari diximus, quinariis CLXVIII; minus quam recipi in ductum *potest ut jam* posuimus, quinariis MXIV: summa quæ inter caput et piscinam, et post piscinam intercidebat, quinariarum II millium, DCCLXXXVIII. Quod errore mensuræ fieri suspicarer, nisi invenissem ubi averterentur.

LXVII. Marciæ in commentariis adscriptus est modus quinariarum II millium CLXII; ad caput mensus inveni quinariarum IV millia DCLXXXX, amplius quam in commentariis est, quinariis II millibus DXXVIII. Erogabantur, antequam ad piscinam perveniret, quinariæ LXXXXV; et dabatur in adjutorium Tepulæ quinariæ LXXXXII, item Anioni quinariæ CLXIV; summa, quæ erogabatur ante piscinam, quinariæ CCCLI. Modus qui in piscina mensuris positis initur, cum eo qui circa piscinæ ductum eodem canali in arcus excipitur, efficit quinariarum II millia DCCCCXXXXIIII. Summa quæ aut erogatur ante piscinam,

La somme des eaux, tant distribuées avant le réservoir que reçues dans l'aqueduc en arcades, était de 3,295 quinaires; ce qui fait 1,133 quinaires de plus qu'il n'est porté dans les registres, et 1,395 de moins que la mesure trouvée à la tête de l'aqueduc.

Après le réservoir, on en distribuait 1,840 quinaires, c'est-à-dire 227 quinaires de moins qu'il n'est porté dans les registres, et 1,104 aussi de moins que le réservoir n'en fournit à l'aqueduc en arcades. Ainsi la totalité des eaux qui se perdaient, soit depuis la tête de l'aqueduc jusqu'au réservoir, soit depuis le réservoir, était de 2,499 quinaires, qui étaient interceptés en plusieurs endroits que nous avons découverts, comme dans les autres aqueducs. Car il est évident que l'on ne peut attribuer cette perte à la diminution de la source, puisque, outre la mesure que nous avons constatée que peut contenir l'aqueduc, il s'en répand plus de 300 quinaires.

LXVIII. L'eau Tépula est portée dans les registres à 400 quinaires. Cette eau ne provient d'aucune source, mais de quelques veines interceptées de la Julia. Il est donc à propos de remarquer que son origine vient du réservoir de la Julia, dont elle reçoit d'abord 190 quinaires, et bientôt après 92 de la Marcia, et enfin 163 quinaires de l'Anio neuf, auprès des jardins d'Épaphrodite; ce qui fait en tout 445 quinaires, c'est-à-dire, 45 quinaires de plus qu'il n'est porté aux registres, mais qui se retrouvent dans la distribution.

LXIX. L'eau Julia est portée dans les registres pour 649 quinaires. Je n'ai pas pu la mesurer à la tête de l'aqueduc, parce qu'elle se compose de plusieurs eaux recueillies; mais la totalité de ces eaux vient se rendre dans un réservoir situé auprès du sixième milliaire, où son volume, constaté par des mesures apparentes, se trouve de 1,206 quinaires, c'est-à-dire de 557 de plus que dans les registres. Outre cette quantité, la Julia reçoit auprès de la ville, après les jardins de Pallante, 162 quinaires de l'eau Claudia. Ainsi toute l'eau reçue dans l'aqueduc de l'eau Julia monte à 1,368 quinaires : de cette quantité, il en passe dans l'aqueduc de l'eau Tépula 190 quinaires; il s'en distribue, sous le nom de Julia, 803 quinaires, et en tout 993, c'est-à-dire, 344 de plus qu'il n'est porté aux registres, et 213 de moins que la quantité constatée au réservoir. Nous avons découvert ces 213 quinaires chez ceux qui les avaient usurpés sans la permission du prince.

LXX. L'eau Vierge est portée dans les registres à 752 quinaires. Il ne m'a pas été possible de la mesurer à la tête de l'aqueduc, parce qu'elle est formée de la réunion de plusieurs eaux recueillies et reçues dans un canal, où elle coule très-lentement : cependant auprès de la ville, vers le septième milliaire, dans un champ qui appartient aujourd'hui à Césonius Commode, où elle a un cours plus rapide, l'ayant mesurée, j'ai trouvé qu'elle fournissait 2,504 quinaires, ce qui fait 1,752 de plus qu'il n'est marqué dans les registres. Cette quantité peut être facilement vérifiée par tout le monde; car la distribution donne autant que les mesures prises, c'est-à-dire, 2,504 quinaires.

LXXI. La quantité de l'eau Alsiétina, prise à son origine, n'est pas consignée dans les re-

---

aut quæ in arcus recipitur, quinariarum III millium, CCLXXXXV : amplius quam in conceptis commentariorum positum est, quinariis MCXXXIII; minus quam mensuræ ad caput actæ efficiunt, quinariis MCCCXCV.

Erogabat post piscinam quinarias MDCCCXL; minus quam in commentariis conceptionis significari diximus quinariis CCXXVII; minus quam ex piscina in arcus recipiuntur, sunt quinariæ MCIII. Summa utraque, quæ intercidebat, aut inter caput et piscinam, aut post piscinam, quinariarum II millium CCCCLXXXXVIII, quas, sicut in cæteris, pluribus locis intercipi deprehendimus. Non enim eas cessare manifestum est, et ex hoc quod ad caput præter eam mensuram, quam comprehendisse nos capacitate ductus posuimus, effunduntur amplius CCC quinariæ.

LXVIII. Tepulæ in commentariis adscriptus est modus quinariarum CCCC. Hujus aquæ fontes nulli sunt : venis quibusdam constabat, quæ interceptæ sunt in Julia. Caput ergo ejus observandum est a piscina Juliæ; ex ea enim primum accepit quinarias CLXXXX; deinde statim ex Marcia quinarias LXXXXII; præterea ex Anione novo ad hortos Epaphroditianos quinarias CLXIII. Fiunt omnes quinariæ CCCCXXXXV; amplius, quam in commentariis, quinariis XXXXV, quæ in erogatione comparent.

LXIX. Juliæ in commentariis adscriptus est modus quinariarum DCXXXXIX. Ad caput mensura iniri non potuit, quoniam ex pluribus acquisitionibus constat; sed ad VI ab urbe milliarium universa in piscinam recipitur, ubi modus ejus manifestis mensuris efficit quinarias MCCVI; amplius quam in commentariis quinariis DLVII. Præterea accepit prope urbem, post hortos Pallantianos, ex Claudia quinarias CLXII. Est omne Juliæ in acceptis quinariæ MCCCLXVIII : ex eo dat in Tepulam quinarias CLXXXX; erogat suo nomine DCCCIII. Fiunt, quas erogat, quinariæ DCCCCLXXXXIII; amplius, quam in commentariis, habet quinarias CCCXXXXIIII; minus, quam in piscina habere posuimus, CCXIII; quas ipsas, apud eos, qui sine beneficiis principis usurpabant, deprehendimus.

LXX. Virgini in commentariis adscriptus est modus quinariarum DCCLII, minus. Mensura ad caput inveniri non potuit, quoniam ex pluribus acquisitionibus constat, et leniore rivo intrat; prope urbem tamen ad milliarium VII in agro, qui nunc est Cesonii Commodi, ubi velociorem cursum sane habet, mensuram egi, quæ efficit quinariarum II millia DIIII : amplius, quam in commentariis, quinariis MDCCLII. Omnibus approbatio nostra expeditissima est. Erogat enim omnes, quas mensura deprehendimus, id est duo millia DIIII.

LXXI. Alsietinæ conceptionis modus nec in commentariis adscriptus est, nec in re præsenti certus inveniri potuit;

gistres, et je n'ai pas pu, jusqu'à présent, la constater d'une manière certaine, parce que cette eau, mêlée par les fonteniers, provient en partie du lac *Alsietinum*, et en partie de celui appelé *Sabatinum*, aux environs de Caréjas. L'Alsiétina distribue 392 quinaires.

LXXII. L'eau Claudia, plus abondante que les autres, est beaucoup plus exposée à la fraude : elle n'est portée dans les registres que pour 2,855 quinaires, tandis que j'en ai trouvé 4,607 en la mesurant à la tête des aqueducs; ce qui fait 1,752 quinaires de plus qu'il n'est porté dans les registres. Mais la quantité que nous avons trouvée dans le réservoir situé vers le septième milliaire est encore bien plus certaine, parce que les mesures y sont évidentes. Cette quantité est de 3,312 quinaires, c'est-à-dire, 457 de plus que dans les registres. Quoiqu'il s'en distribue avant le réservoir plusieurs quinaires par la libéralité de l'empereur, et que nous ayons découvert qu'il s'en détournait un plus grand nombre, il est étonnant qu'on en trouve 1,295 quinaires de moins qu'il ne doit s'en trouver réellement. Quant à la distribution, la fraude paraît en ce qu'elle ne s'accorde ni avec la quantité portée sur les registres, ni avec celle que nous avons trouvée à la tête des aqueducs, ni enfin avec la quantité qui arrive au réservoir après tout ce qui en est détourné : car il ne se distribue que 1,750 quinaires, ce qui fait 1,105 de moins qu'il n'est porté dans les registres, et 2,857 de moins que ne donne la mesure prise à la tête de l'aqueduc; et enfin 1,562 quinaires de moins qu'il ne s'en trouve au réservoir. C'est pourquoi, bien que cette eau arrivât pure à Rome dans son propre canal, les fonteniers la mêlaient avec l'Anio neuf; de manière que, de ce mélange, il résultait que la quantité de chacune et la distribution devenaient plus embrouillées.

Mais si, par hasard, quelqu'un croyait être en droit de me blâmer de ce que j'ai compris dans mon évaluation des eaux recueillies, il est bon de l'avertir que les sources désignées sous les noms de *Cærulea* et de *Curtia* suffisent seules pour amener à l'aqueduc de l'eau Claudia les 4,607 quinaires dont j'ai fait mention, et en outre un superflu de 1,500 quinaires qui se répand hors de l'aqueduc. On ne peut pas nier que les eaux qui s'écoulent ne proviennent réellement des mêmes sources, car elles sont tirées de l'Augusta, destinée à venir au secours de la Marcia; ce qui n'empêche point que, lorsque celle-ci peut se suffire, l'eau Augusta ne serve de même pour la Claudia, quoique ce soit le même conduit qui la fournisse.

LXXIII. L'Anio neuf n'est porté dans les registres qu'à 3,263 quinaires : cependant, en le mesurant à la tête de l'aqueduc, j'en ai trouvé 4,738, ce qui fait 1,475 quinaires de plus que dans les registres. Je n'ai point cherché à exagérer ce surplus; je vais encore le prouver d'une manière plus évidente par ces mêmes registres, où la distribution de la majeure partie de ces eaux se trouve portée : car on trouve, d'une part, qu'il se distribue 4,211 quinaires, tandis que, d'une autre part, on voit que la prise d'eau n'est que de 3,263. Outre cela, il en est intercepté non-seulement 527 quinaires, qui forment la différence entre les mesures prises par nous et la distribution, mais une bien plus grande quantité que j'ai découverte; d'où il résulte que la quantité que nous avons trouvée, bien loin d'être trop

---

cum ex lacu Alsietino, et deinde circa Carejas ex Sabatino, quantum aquarii temperaverunt, *habeat*. Alsietina erogat quinarias CCCLXXXXII.

LXXII. Claudia, abundantior aliis, maxime injuriæ exposita est. In commentariis habet non plus quinariis II millibus DCCCLV : cum ad caput invenerim quinariarum IV millia DCVII; amplius quam in commentariis MDCCLII. Adeo autem nostra certior est mensura, ut ad VII ab urbe milliarium, in piscina, ubi indubitatæ mensuræ sunt, inveniamus quinarias III millia CCCXII; plus quam in commentariis CCCCLVII; quamvis ante beneficiis ante piscinam eroget, et plurimum subtrahi deprehenderimus, ideoque minus inveniatur, quam revera esse debeat quinariis MCCLXXXXV. Et circa erogationem fraus apparet, quæ neque ad commentariorum fidem, neque ad eas, quas ad caput egimus mensuras, neque ad illas saltem ad piscinam, post tot injurias convenit. Solæ enim quinariæ MDCCL erogantur : minus, quam commentariorum ratio dat, quinariis MCV; minus autem, quam mensuræ ad caput factæ demonstraverunt, quinariis II millibus DCCCLVII; minus etiam, quam in piscina invenitur, quinariis MDLXII. Ideoque cum sincera in urbem proprio rivo perveniret, in urbe miscebatur cum Anione Novo, ut confusione facta, et conceptio earum, et erogatio esset obscurior.

Quod si qui forte me acquisitionum mensuris blandiri putant, admonendi sunt; adeo Curtium, et Cærulum fontes, aquæ Claudiæ sufficere ad præstandas ductui suo quinarias, quas significavi IV millia DCVII, ut præterea effundantur. Nec eo inficias, quin eæ quæ superfluunt non sint propriæ horum fontium; capiuntur enim ex Augusta quæ inventa in Marciæ supplementum, dum illa non indiget, adjicitur fontibus Claudiæ, quamvis ne hujus quidem ductus omnem aquam recipiat.

LXXIII. Anio Novus in commentariis habere ponebatur quinarias III millia CCLXIII. Mensus ad caput reperi quinarias IV millia DCCXXXVIII; amplius, quam in conceptis commentariorum est, quinariis MCCCCLXXV : quarum acquisitionem non avide me amplecti, quo alio modo manifestius probem, quam quod in erogatione ipsorum commentariorum major pars earum continetur? Erogantur enim quinariarum IV millia CCXI, *cum alioquin* in eisdem commentariis inveniatur conceptio non amplius, quam III millium CCLXIII. Præterea intercipi non tantum DXXVII, quæ inter mensuras nostras et erogationem intersunt, *sed* longe ampliorem modum deprehendi; ex

forte, aurait besoin d'être augmentée. La raison de cela est que la force de l'eau fait qu'il s'en débite davantage par la vitesse qu'elle acquiert, comme si elle sortait d'un fleuve large et rapide.

LXXIV. On remarquera sans doute, que d'après nos mesures, on trouve une quantité d'eau beaucoup plus considérable que celle portée dans les registres de l'État. Mais il faut observer que cette erreur provient de ceux qui, dans l'origine, ont fait l'évaluation de chacune de ces eaux avec peu d'exactitude. Je ne croirai même pas que ce soit par la crainte des sécheresses de l'été qu'ils se sont si fort éloignés de la vérité : car mes expériences s'y opposent, puisque la quantité de chacune de ces eaux, qui a été ci-devant rapportée, résulte des mesures prises dans le mois de juillet, et successivement pendant tout le reste de l'été. Mais enfin, de quelque cause que provienne l'erreur, il n'est pas moins vrai qu'on a découvert dix mille quinaires d'eau qui se perdaient, et que c'est toujours d'après les registres que les empereurs modifient leurs libéralités.

LXXV. Il y a dans la mesure des eaux cette différence : c'est que le volume qui arrive à la tête de l'aqueduc n'est jamais le même que celui qui parvient au réservoir, lequel se trouve toujours moindre, et encore plus petit dans la distribution ; ce qui provient de la fraude des fonteniers, que nous avons surpris à détourner les eaux des aqueducs pour l'usage des particuliers. De plus, la plupart des propriétaires des champs voisins des aqueducs percent les canaux ; de là vient que les eaux destinées au public sont détournées pour l'usage de quelques particuliers, et qu'elles se trouvent arrêtées dans leur cours pour arroser des jardins.

LXXVI. A l'égard de toutes les fraudes qui se commettent en ce genre, on ne peut rien dire de plus ni de mieux que ce qui a été rapporté par Célius Rufus, dans le discours sur les eaux qu'il a prononcé devant le peuple. Il serait bien à désirer que nous ne fussions pas dans le cas de prouver, sans citer personne, tout ce qui est encore usurpé à présent par de semblables licences. Nous avons trouvé des eaux interceptées pour arroser des champs, pour alimenter des tavernes, des salles de festins, et enfin des lieux de débauchée : car quant à celles qui se distribuent sous de faux titres, ou les unes pour les autres, ce ne sont que de légers abus auprès de ceux dont nous venons de parler. Cependant, entre les abus qui paraissaient exiger une plus grande réforme, il faut citer celui qui avait presque toujours eu lieu aux environs des monts Cœlius et Aventin. Ces collines, avant qu'on y conduisît la Claudia, faisaient usage de la Marcia et de la Julia ; mais, après que l'empereur Néron eut amené la Claudia, par un aqueduc en arcades très-élevées, jusqu'au temple de Claude, pour que de là elle fût distribuée, les premières eaux ne se trouvèrent point augmentées, mais perdues. Il ne fit point construire de nouveaux châteaux pour recevoir la Claudia ; il se servit des anciens, qui conservèrent leur nom, quoiqu'ils ne reçussent plus la même eau.

LXXVII. Nous avons assez parlé des abus et des fraudes, ainsi que de la quantité d'eau recouvrée, que l'on peut regarder comme une nouvelle acquisition ; il nous reste à exposer comment se faisait la distribution, que nous n'avons pour ainsi dire trouvée qu'en masse et même inscrite sous de faux noms. Nous allons parler de

---

quo apparet, etiam exuberare comprehensam a nobis mensuram. Cujus rei ratio est, quod vis aquæ rapacior, ut ex largo et celeri flumine excepta, velocitate ipsa ampliat modum.

LXXIV. Non dubito aliquos annotaturos quod longe major copia actis mensuris inventa sit, quam erat in commentariis principum : cujus rei caussa est error eorum, qui ab initio parum diligenter uniuscujusque fecere æstimationem. Ac ne metu æstatis, aut siccitatum in tantum a veritate eos recessisse credam, obstant.........., quod ipsis..... mensuris Julio mense hanc uniuscujusque copiam, quæ supra scripta est, tota deinceps æstate durantem exploravi. Quæcunque tamen est caussa, quæ præcedit ; illud utique detegitur, x millia quinariarum intercidisse : dum beneficia sua principes secundum modum commentariis adscriptum temperant.

LXXV. Sequens diversitas est, quod alius modus concipitur ad capita, alius nec exiguo minor in piscinis, minimus deinde distributione continetur. Cujus rei caussa est fraus aquariorum, quos aquas ex ductibus publicis in privatorum usum derivare deprehendimus. Sed et plerique possessorum, e quorum agris aqua circumducitur, inde formas rivorum perforant ; unde fit, ut ductus publici hominibus privatis vel ad hortorum *usum* itinera suspendant.

LXXVI. Ac de vitiis ejusmodi nec plura, nec meliora dici possunt, quam a Cælio Rufo dicta sunt in ea concione, cui titulus est, DE AQUIS. Quæ nunc nos omnia, simili licentia usurpata, utinam non per offensas probaremus : irriguos agros, tabernas, cœnacula etiam, corruptelas denique omnes perpetuis salientibus instructas invenimus. Nam quod falsis titulis aliæ pro aliis aquæ erogabantur, etiam sunt leviora cæteris vitia. Inter ea tamen quæ emendationem videbantur exigere, numerandum est, quod fere circa montem Cælium, et Aventinum accidit ; uti colles, priusquam Claudia perduceretur, utebantur Marcia et Julia : sed postquam Nero imperator Claudiam, opere arcuato *altius* exceptam, usque ad templum divi Claudii perduxit, ut inde distribueretur, priores non ampliatæ sed omissæ sunt. Nulla enim castella adjecit, sed iisdem usus est quorum, quamvis mutata aqua, vetus appellatio mansit.

LXXVII. Satis jam de modo cujusque, et veluti nova quadam acquisitione aquarum, et fraudibus, et vitiis, quæ circa eas erant, dictum est : superest ut erogationem, quam confectam, et (ut sic dicam) in massam invenimus, immo etiam falsis nominibus positam, per nomina aqua-

chacune de ces eaux séparément, et indiquer la quantité qu'elle fournit, et les quartiers de la ville où elles se distribuent. Je conviens que cette énumération pourra paraître non-seulement ennuyeuse, mais encore difficile à comprendre. Cependant nous la ferons le plus brièvement qu'il nous sera possible, pour servir de renseignement aux employés de cette administration : quant à ceux à qui il suffit de connaître le résultat, ils pourront passer plus légèrement sur les détails.

LXXVIII. Mais comme le résultat des produits des aqueducs, ci-devant indiqué, surpasse celui de 14,018 quinaires inscrit dans les registres, on pourrait croire que cela provient de ce que les eaux qui viennent en supplément de quelques-unes se trouvent comptées deux fois dans la distribution, et une seule dans le compte général. Nous allons en donner le détail.

De toutes ces eaux, il s'en distribue hors la ville 4,063 quinaires, dont, au nom de César, 1,718, et 2,345 aux particuliers. Les 9,955 quinaires qui restaient étaient distribués dans l'intérieur de la ville au moyen de 247 châteaux d'eau, desquels il se distribuait, savoir :

Au nom de César.	1,707 1/2 quin.
Aux particuliers.	3,847
Aux usages publics.	4,401
Total.	9,955 1/2

dont, pour les IXe et X^e camps, 279 quinaires; pour 95 établissements publics, 2,401 quinaires; pour 39 spectacles, 386 quinaires; pour 591 pièces d'eau, 1,335 quinaires.

Il s'agit maintenant de distinguer, dans cette dispensation générale des eaux, celles qui sont fournies par chaque aqueduc particulier, et d'indiquer les quartiers de la ville dans lesquels elles se distribuent.

LXXIX. Des 14,018 quinaires auxquels nous avons fait voir que se portaient toutes les distributions, on comptait, pour celles qui se distribuaient hors la ville sous le nom de l'*eau Appia*, cinq quinaires seulement, parce qu'à sa naissance elle est la plus basse de toutes. Les 699 quinaires restants étaient distribués dans la ville, par les mesureurs publics, dans les quartiers II, VIII, IX, XI, XII, XIII et XIV, au moyen de vingt châteaux d'eau. Il s'en distribuait :

Au nom de César.	151 quin.
Aux particuliers.	194
Pour les travaux publics.	354
Total.	699

Sur cette dernière quantité, il s'en distribuait :

Pour 1 camp.	3 quin.
Pour 14 établissements publics.	123
Pour 1 théâtre.	2
Pour 92 pièces d'eau.	226
Total.	354

LXXX. L'aqueduc de l'Anio vieux fournissait, hors la ville :

Au nom de César.	104 quin.
Aux particuliers.	404
Total.	508

Le surplus, montant à 1,102 1/2 quinaires, était distribué dans l'intérieur de la ville, dans les quartiers I, III, IV, V, VI, VII, VIII, IX, XII et XIV, au moyen de 35 châteaux d'eau, savoir :

Au nom de César.	60 quin.
Aux particuliers.	490
Pour les travaux publics.	552
Total.	1,102

---

rum, uti quæque se habet, et per regiones urbis digeramus. Cujus comprehensionem scio non jejunam tantum, sed etiam perplexam videri posse : ponemus tamen quam brevissime, ne quid velut formulæ officii desit iis, quibus sufficiet cognovisse summa, licebit transire leviora.

LXXVIII. Ut ergo distributio quinariarum XIV millium X et VIII, ita et......... quia *omnes quæ ex quibusdam aquis in adjutorium aliarum dantur*; et bis in speciem erogationis cadunt, semel in computationem veniunt.

Ex his dividuntur extra urbem quinariarum IV millia LXIII : ex quibus, nomine Cæsaris, quinariæ MDCCXVIII; privatis, quinariarum II millia CCCXXXV. Reliquæ intra urbem IX *millia* DCCCCLV distribuebantur in castella CCXLVII : quibus erogabantur, sub nomine Cæsaris, quinariæ MDCCVII semis ; privatis, quinariæ MMMDCCCXLVII; usibus publicis, quinariarum IV millia CCCCI; ex eo castris IX et X, quinariæ CCLXXIX; operibus publicis LXXXV, quinariarum II millia CCCCI; muneribus XXXIX; quinariæ CCCLXXXVI; lacubus DLXXXXI, quinariæ MCCCXXXV.

Sed et hæc ipsa dispensatio per nomina aquarum et regiones urbis partienda est.

LXXIX. Ex quinariis ergo XIV millibus X et VIII, quam summam erogationibus omnium aquarum seposuimus, dantur nomine Appiæ extra urbem quinariæ tantummodo VI, quoniam humilior oritur ; et a metitoribus reliquæ quinariæ DCLXXXXIX; intra urbem dividebantur per regiones II, VIII, IX, XI, XII, XIII, XIV, in castella XX : ex quibus nomine Cæsaris, quinariæ CLI; privatis, quinariæ CLXXXXIII; publicis, quinariæ CCCCLIV : ex eo, castris I, quinariæ III; operibus publicis, XIV, quinariæ CXXIII; muneris I, quinariæ II; lacubus LXXXXII, quinariæ CCXXVI.

LXXX. Anionis veteris erogabantur extra urbem, nomine Cæsaris, quinariæ CIV; privatis, quinariæ CCCCIV; reliquæ quinariæ MCII, semis, intra urbem dividebantur per regiones I, III, IV, V, VI, VII, VIII, IX, XII, XIV, in castella XXXV; ex quibus, nomine Cæsaris, quinariæ LX; usibus privatis, quinariæ CCCCLXXX; publicis, quinariæ DLII : ex eo castris I, quinariæ L; operibus pu-

De cette dernière quantité :

Pour 1 camp.	50 quin.
Pour 18 établissements publics.	196
Pour 9 spectacles.	88
Pour 94 pièces d'eau.	218
Total.	552

LXXXI. L'aqueduc de l'eau Marcia distribuait, hors la ville, savoir :

Au nom de César.	269 quin.
Aux particuliers.	568
Total.	837

Le surplus, montant à 1,098 quinaires, se distribuait dans l'intérieur de la ville, dans les quartiers I, III, IV, V, VI, VII, VIII, IX, X et XIV, au moyen de 51 châteaux d'eau ; savoir :

Au nom de César.	116 quin.
Aux particuliers.	543
Aux usages publics.	439
Total.	1,098

Sur cette dernière quantité, il s'en distribuait :

Pour 4 camps.	41 quin.
Pour 15 établissements publics.	41
Pour 12 spectacles.	104
Pour 113 pièces d'eau.	253
Total.	439

LXXXII. L'aqueduc de l'eau Tépula distribuait, hors de la ville :

Au nom de César.	58 quin.
Aux particuliers	56
Total.	114

Le surplus, montant à 331 quinaires, se distribuait à l'intérieur de la ville, dans les quartiers IV, V, VI, VII, au moyen de 14 châteaux d'eau, dont :

Au nom de César.	34 quin.
Aux particuliers.	247
Pour les besoins publics.	50
Total.	331

Des derniers 50 quinaires, il s'en distribuait :

Pour 1 camp.	12 quin.
Pour 3 établissements publics.	7
Pour 13 pièces d'eau.	31
Total.	50

LXXXIII. L'aqueduc de l'eau Julia fournissait, hors de la ville, savoir :

Au nom de César.	85 quin.
Et pour les particuliers.	121
Total.	206

Le surplus, montant à 597 quinaires, était distribué à l'intérieur de la ville, dans les quartiers II, III, V, VI, VIII, X et XII, au moyen de 17 châteaux d'eau, dont :

Au nom de César.	18 quin.
Aux particuliers.	196
Pour les besoins publics.	383
Total.	597

Des 383 derniers quinaires, il s'en distribuait :

Pour 3 camps.	69 quin.
Pour 10 établissements publics.	182
Pour 3 spectacles.	67
Pour 28 pièces d'eau.	65
Total.	383

LXXXIV. L'aqueduc de l'eau Vierge fournissait hors de la ville 200 quinaires ; le surplus, montant à 2,304, se distribuait, à l'intérieur de la ville, dans les quartiers VII, IX et XIV, au moyen de 18 châteaux d'eau, savoir :

---

blicis XIX, quinariæ CLXXXVI; muneribus IX, quinariæ LXXXVII; lacubus LXXXIV, quinariæ CCXVIII.

LXXXI. Marciæ erogabantur extra urbem, nomine Cæsaris, quinariæ CCLXIX; privatis, DLXVIII : reliquæ quinariæ MLXXXXVIII intra urbem, dividebantur per regiones I, III, IV, V, VI, VII, VIII, IX, X, XIV, in castella LI; ex quibus, nomine Cæsaris, quinariæ CXVI; privatis, quinariæ DXLIII; usibus publicis, quinariæ CCCCXXXIX; castris IV, quinariæ XLI; operibus publicis XV, quinariæ XLI; muneribus XII, quinariæ CIV; lacubus CXIII, quinariæ CCLIII.

LXXXII. Tepulæ erogabantur extra urbem, nomine Cæsaris, quinariæ LVIII; privatis, LVI : reliquæ quinariæ CCCXXXI, intra urbem dividebantur per regiones IV, V, VI, VII, in castella XIV : ex quibus, nomine Cæsaris, quinariæ XXXIV; privatis, quinariæ CCXLVII; usibus publicis, quinariæ L : ex eo castris I, quinariæ XII; ope-

ribus publicis III, quinariæ VII; lacubus XIII, quinariæ XXXI.

LXXXIII. Juliæ fluebant, extra urbem, nomine Cæsaris, quinariæ LXXXV; privatis, quinariæ CXXI : reliquæ quinariæ DLXXXXVII intra urbem dividebantur per regiones II, III, V, VI, VIII, X, XII, in castella XVII : ex quibus, nomine Cæsaris, quinariæ XVIII; privatis, CLXXXVI ; usibus publicis, quinariæ CCCLXXXIII : ex eo castris III, quinariæ LXIX; operibus publicis X, quinariæ CLXXXII; muneribus III, quinariæ LXVII; lacubus XXVIII, quinariæ LXV.

LXXXIV. Virginis nomine exibant extra urbem quinariæ CC : reliquæ quinariæ II *millia* CCCIV intra urbem dividebantur per regiones VII, IX, XIV, in castella XVIII : ex quibus, nomine Cæsaris, quinariæ DXLVIII; privatis, quinariæ CCCXXXVIII; usibus publicis, MCCCCXVII : ex eo muneribus II, quinariæ XXVI; lacubus XXV, quinariæ

Au nom de César	549 quin.
Aux particuliers	338
Pour les besoins publics	1,417
Total	2,304

Des 1,417 quinaires, il s'en distribuait :

Pour 2 spectacles	26 quin.
Pour 25 pièces d'eau	61
Et pour 16 établissements publics	1,330
Total	1,417

Dans cette quantité sont compris 460 quinaires pour l'*Euripe* (1).

LXXXV. L'aqueduc de l'eau Alsiétina fournit 392 quinaires. Toute cette quantité se distribue hors de la ville, savoir :

Au nom de César	254 quin.
Et aux particuliers	138
Total	392

LXXXVI. La Claudia et le nouvel Anio étaient distribués hors de la ville, chacun par un canal particulier; à l'intérieur, ils étaient réunis. Ainsi la Claudia fournissait, hors de la ville,

Au nom de César	217 quin.
Et aux particuliers	439
Total	656

Le nouvel Anio en distribuait,

Au nom de César	731 quin.
Et aux particuliers	414
Total	1,145

Le surplus de ces eaux, montant à 3,824 quinaires, était distribué à l'intérieur de la ville dans XIV quartiers, au moyen de 92 châteaux d'eau, savoir :

---

(1) Il est probable que par ce mot Frontin a voulu désigner un canal d'eau courante placé au-devant des gradins d'un cirque qui devait être celui de Flaminius, situé dans la neuvième région.

Au nom de César	779 quin.
Aux particuliers	1,839
Et pour les besoins publics	1,206
Total	3,824

Des 1,206 derniers quinaires, il s'en distribuait :

Pour 9 camps	104 quin.
Pour 18 établissements publics	522
Pour 12 spectacles	99
Et pour 226 pièces d'eau	481
Total	1206

LXXXVII. Telle été jusqu'au temps de Nerva la manière dont cette grande quantité d'eau était comptée et inscrite dans les registres. Maintenant, par un effet de la prévoyance du prince le plus zélé pour le bien public, toutes les eaux interceptées par la fraude, ou qui se perdaient par négligence, étant recueillies, sont comme de nouvelles sources qui ont tout à coup procuré l'abondance. Ainsi, les eaux distribuées avec plus d'exactitude ont permis d'augmenter de beaucoup la quantité affectée à chaque quartier, particulièrement celles destinées aux monts Célius et Aventin, dont les habitants ne recevaient que la seule eau Claudia par les arcs Néroniens; d'où il arrivait que toutes les fois qu'il y avait quelques réparations à faire à cet aqueduc, l'on manquait d'eau sur ces célèbres collines, où l'on vient de conduire à grands frais plusieurs nouvelles eaux, surtout la Marcia, par un aqueduc considérable, qui va d'une colline à l'autre. On se ressent aussi de cette abondance dans toutes les autres parties de la ville; les lacs ou réservoirs, tant anciens que nouveaux, reçurent pour la plupart deux cours d'eau, afin que si, par accident, l'un des deux était arrêté, le service ne fût pas interrompu.

LXXXVIII. Rome jouit aujourd'hui de cette abondance par les soins paternels de l'empereur

---

LXI; operibus publicis XVI, quinariæ MCCCXXX : in quibus per se Euripo, cui ipsa nomen dedit, quinariæ CCCCLX.

LXXXV. Alsietinæ quinariæ CCCLXXXXII. Hæc tota extra urbem consumitur : nomine Cæsaris, quinariæ CCLIV; privatis, quinariæ CXXXVIII.

LXXXVI. Claudia et Anio novus extra urbem, proprio quæque rivo erogabantur; intra urbem confundebantur. Et Claudia quidem extra urbem dabat; nomine Cæsaris, quinarias CCXVII; privatis, quinarias CCCCXXXIX. Anio novus, nomine Cæsaris, DCCXXXI; *privatis*, CCCCXIV : reliquæ utriusque quinariæ III millia DCCCXXIX intra urbem dividebantur per regiones urbis XIV, in castella LXXXII : ex quibus, nomine Cæsaris, quinariæ DCCLXXIX; privatis, quinariæ MDCCCXXXIX; usibus publicis, quinariæ MCCVI : ex eo castris IX, quinariæ CIV; operibus publicis XVIII, quinariæ DXXII; muneribus XII, quinariæ LXXXVIII; lacubus CCXXVI, quinariæ CCCCLXXXI.

LXXXVII. Hæc copia aquarum, ad Nervam imperatorem usque computata ad hunc modum describebatur. Nunc providentia diligentissimi principis, quidquid aut fraudibus aquariorum intercipiebatur, aut inertia pervertebat, quasi nova inventione fontium adcrevit, ac prope publicata ubertas est. Tum et sedula deinde partitione distributa, ut regionibus quibus singulæ serviebant aquæ plures darentur; tanquam Cælio et Aventino, in quos sola Claudia per arcus Neronianos ducebatur. Quo fiebat ut, quoties rejectio aliqua intervenisset, celeberrimi colles sitirent, quibus nunc plures aquæ, et inprimis Marcia reddita amplo opere, a Cælio in Aventinum usque perducitur. Atque etiam omni parte urbis lacus tam novi quam veteres, plerique binos salientes diversarum aquarum acceperunt; ut si casus alterutram impedisset, altera sufficiente non destitueretur usus.

LXXXVIII. Sentit hanc curam imperatoris piissimi Nervæ principis sui regina et domina orbis in dies, quæ terrarum dea consistit, cui par nihil, et nihil secundum ;

Nerva, son prince. Cette reine de l'univers, qui s'élève comme une divinité au-dessus de toutes les villes de la terre soumises à sa puissance, enfin cette ville éternelle dont rien n'approche, et à qui rien ne peut être comparé, sentira encore mieux, par la suite, tout ce qu'il a fait pour lui procurer la salubrité, en augmentant le nombre des châteaux d'eau, des lacs, des eaux destinées aux ouvrages publics, aux spectacles, comme aussi aux particuliers, qui retirent le même avantage de ces bienfaits répandus partout. Ceux même qui ne jouissaient qu'avec crainte d'une eau furtivement détournée, en jouiront actuellement, par la faveur du prince. Les eaux qui se perdaient ne sont plus inutiles ; déjà on jouit d'une plus grande propreté, d'un air plus pur ; et les causes de l'intempérie qui, chez les anciens, faisait regarder l'air de la ville comme infâme, sont détruites. Je sais bien que j'aurais dû indiquer ici le détail des ouvrages pour la nouvelle distribution ; mais nous ne l'avons pas fait, parce qu'il ne peut être bien connu que lorsque toutes les dispositions seront achevées.

LXXXIX. Mais que dirons-nous en voyant qu'il ne suffit pas au zèle de Nerva de nous préparer tant de nouvelles jouissances, et que ce prince, aussi généreux qu'attentif, croit avoir peu contribué à nos besoins et à nos plaisirs, en nous procurant une si grande abondance d'eau, s'il ne s'applique à la rendre plus pure et plus agréable ? Il ne sera pas inutile de reconnaître, en détail, avec quel soin ce prince, tout en prévenant certains abus, a rendu partout les eaux plus utiles : car, après les moindres pluies, notre ville n'était-elle pas obligée de se servir d'eaux troubles et limoneuses ? Il ne faut pas croire cependant que ce soit un défaut naturel à toutes les eaux : car si cela était, il se ferait aussi sentir à celles qui tirent leur origine des fontaines, surtout la Marcia, la Claudia et autres, dont la limpidité est parfaite à leur source, et qui ne sont pas ou presque pas troublées par la pluie, si on dispose dans leur cours des puits où elles déposent ce qui aurait pu ternir leur pureté.

XC. Les eaux fournies par les deux aqueducs de l'Anio sont celles qui conservent le moins leur pureté, étant tirées d'un fleuve qui souvent est trouble dans les temps sereins, parce que l'Anio, quoique découlant d'un lac dont les eaux sont très-pures, a ses rives formées par des terres légères qui, en se détachant, fournissent toujours de quoi les troubler avant d'arriver aux endroits où elles sont prises par les aqueducs. Cet inconvénient se fait sentir non-seulement en hiver et au printemps, mais après les pluies d'été ; saison pendant laquelle la limpidité de l'eau est naturellement plus agréable, et mérite d'être conservée. L'un de ces aqueducs, c'est-à-dire celui de l'Anio vieux, a toujours ses eaux troubles, parce qu'il les prend à un niveau moins élevé.

XCI. Mais celui du nouvel Anio, qui est le plus élevé et surtout le plus abondant, altérait la pureté des autres eaux, lorsqu'il venait à leur secours dans les temps où elles ne pouvaient pas suffire. Ainsi, la maladresse des fontainiers faisait qu'en introduisant cette eau dans les autres aqueducs plus souvent qu'il n'était besoin, ils troublaient les autres par ce mélange, et surtout la Claudia, laquelle, après avoir coulé pendant plusieurs milles dans son propre canal, arrivait enfin à Rome mêlée avec l'Anio ; ce qui dès lors lui faisait perdre sa première qualité. Par là, les eaux supplémentaires remplissaient

---

et magis sentiet salubritas ejusdem æternæ urbis, aucto castellorum, operum, munerum, et lacuum numero ; nec minus ad privatos commodum ex incremento beneficiorum ejus diffunditur. Illi quoque, qui timidi illicitam aquam ducebant, securi nunc ex beneficiis fruuntur. Ne pereuntes quidem aquæ otiosæ sint : alia jam munditiarum facies, purior spiritus ; et caussæ gravioris cœli, quibus apud veteres urbis infamis aer fuit, sunt remotæ. Non præterit me deberi operi novæ erogationis ordinationem : sed hæc cum incremento adjunxerimus, intelligi oportet, non esse ea ponenda, nisi consummata fuerint.

LXXXIX. Quid, quod nec hoc diligentiæ principis, quam exactissimam civibus suis præstat, sufficit, parum præsidiis ac voluptatibus nostris contulisse sese credentis, quod tantam copiam adjiciat, nisi eam ipsam sinceriorem jucundioremque faciat? Operæ pretium est ire per singula per quæ ille, occurrendo vitiis quorumdam, universis adjecit utilitatem. Etenim quando civitas nostra, cum vel exigui imbres supervenerant, non turbulentas limosasque aquas habuit ? Nec quia hoc universis ab origine naturæ est, aut quia istud incommodum sentire debeant quæ capiuntur ex fontibus, imprimis Marcia et Claudia ac reliquæ quarum splendor, a capite integer, nihil aut minimum pluvia inquinatur, si putei exstructi objecti sint.

XC. Duæ Aniones minus permanent limpidæ : nam sumuntur ex flumine, ac sæpe etiam sereno turbantur ; quoniam Anio, quamvis purissimo defluens lacu, mobilibus tamen cedentibus ripis, aufert aliquid quo turbetur, priusquam deveniat in rivos. Quod incommodum non solum hybernis ac vernis, sed æstivis imbribus sentit, quo tempore exit gratior aquarum sinceritas, et exigitur. Alter quidem ex his, id est Anio vetus, cum pleraque libra sit inferior, incommodum intra se tenet.

XCI. Novus autem Anio vitiabat cæteras : nam cum editissimus veniat, et imprimis abundans; defectioni aliarum succurrit. Imperitia vero aquariorum, deducentium in alienos eum specus frequentius quam explemento opus erat, etiam sufficientes aquas inquinabat, maxime Claudiam; quæ, per multa millia passuum proprio ducta rivo, Romæ demum cum Anione permixta, in hoc tempus perdebat proprietatem : adeoque obvenientibus non succurrebatur, ut pleræque accerserentur per imprudentiam

mal leur véritable destination, puisque la plupart étaient amenées par l'imprévoyance de ceux qui étaient chargés de la distribution, qui n'y apportaient pas tous les soins convenables. Ce qui le prouve, c'est que nous avons découvert que la Marcia même, la plus agréable des eaux par sa limpidité et sa fraîcheur, était détournée pour l'usage des bains et des foulons, et, si l'on en croit certains rapports, pour les plus sales emplois.

XCII. Tous ces abus déterminèrent l'empereur à classer les eaux de la manière suivante : La Marcia fut placée au premier rang, et réservée tout entière pour la boisson, et les autres furent ensuite assignées, chacune suivant sa qualité, aux usages auxquels elles étaient propres : ainsi le vieil Anio, qui, par plusieurs causes, n'était pas assez salubre pour les usages intérieurs, fut destiné à l'arrosement des jardins et aux usages les plus sales de cette même ville.

XCIII. Ce n'était pas assez pour notre prince d'avoir rétabli l'abondance et la pureté des principales eaux ; il trouva qu'il était encore possible d'épurer le nouvel Anio : c'est pourquoi il ordonna que cette eau, au lieu d'être prise dans le fleuve même, fût tirée du réservoir qui est au-dessus de la maison de plaisance de Néron, appelée *Sublacensis*, où cette eau est extrêmement claire. Car le fleuve Anio prenant sa source au-dessus de *Treba Augusta*, ville autour de laquelle on trouve peu de terres cultivées, ses eaux s'épurent, soit en parcourant des montagnes pierreuses, soit en se reposant dans le réservoir élevé dans lequel elles sont reçues ; et comme, pour y arriver, elles sont ombragées par l'épaisseur des forêts qu'elles traversent, elles y parviennent avec une fraîcheur et une limpidité parfaites. Cette propriété si précieuse va procurer à la ville une eau égale en bonté à la Marcia, et qui, en outre, la surpassera par son abondance. La postérité apprendra, par l'inscription, que Rome doit ce nouveau bienfait aux soins de l'empereur Nerva Trajan.

XCIV. Nous allons actuellement indiquer les lois établies tant pour la conduite que pour l'administration des eaux ; les unes ont pour objet de restreindre les particuliers à la juste mesure qui leur a été accordée ; le motif des autres est d'assurer la conservation des aqueducs mêmes. En remontant à l'origine de ces lois, j'ai trouvé qu'il y en avait de particulières dont nos ancêtres s'étaient écartés en certains cas.

Anciennement, il ne se distribuait d'eau que pour les besoins publics. Il fut fait à ce sujet une loi dont voici les propres termes : *Défenses sont faites à tous particuliers de détourner d'autre eau que celle qui tombe du réservoir à terre*, c'est-à-dire, celle qui s'écoule lorsqu'il est trop plein, et que nous appelons eau tombante. Cette même eau n'était cédée que pour l'usage des bains et des foulons ; on avait affermé pour cela un droit qui était versé dans le trésor public. Cependant une partie était accordée aux principaux citoyens de la ville, et le surplus aux concessionnaires.

XCV. Ces mêmes lois varient sur le magistrat à qui appartenait le droit d'accorder ou de vendre les eaux ; car je trouve que ce droit était attribué tantôt aux édiles et tantôt aux censeurs. Mais il paraît que toutes les fois qu'il y avait des censeurs dans la république, il était principalement revendiqué par eux ; et lorsqu'il n'y avait

non uti dignum erat aquas partientium : Marciam ipsam splendore et rigore gratissimam balneis, ac fullonibus, et relatu quoque foedis ministeriis deprehendimus servientem.

XCII. Omnes ergo discerni placuit, tam singulis ita ordinari, ut inprimis. Marcia potui tota serviret, et deinceps reliquæ secundum suam quæque qualitatem aptis usibus assignarentur, sicut Anio vetus pluribus ex caussis quo in terior excipitur minus salubris, in hortorum rigationem, atque in ipsius urbis sordidiora exiret ministeria.

XCIII. Nec satis fuit *principi nostro* cæterarum restituisse copiam et gratiam, Anionis quoque novi vitia excludi posse vidit. Omisso enim flumine, repeti ex lacu qui est super villam Neronianam sublacensem, ubi limpidissima est, jussit. Nam cum oriatur Anio supra Trebam Augustam, seu quia per saxosos montes decurrit, paucis circa ipsum oppidum objacentibus cultis, seu quia lacus altitudine, in quo excipitur, velut defaecatur, imminentium quoque nemorum opacitate inumbratus, frigidissimus simul ac splendidissimus eo pervenit. Hæc tam felix proprietas aquæ omnibus dotibus æquatura Marciam, copia vero superatura, veniet in locum deformis illius ac turbidæ ; novum auctorem imperatorem Cæsarem Nervam Trajanum Augustum, præscribente titulo.

XCIV. Sequitur ut indicemus quod jus ducendæ, tuendæque sit aquæ ; quorum alterum ad cohibendos intra modum impetrati beneficii privatos ; alterum ad ipsorum ductuum pertinet tutelam : in quibus dum altius repeto leges de singulis *perlatas*, quædam apud veteres aliter observata inveni.

Apud antiquos omnis aqua in usus publicos erogabatur ; *et cautum ita fuit* : NE QUIS PRIVATUS ALIAM DUCAT QUAM QUÆ EX LACU HUMUM ACCEDIT. (hæc enim sunt verba legis), id est quæ ex lacu abundavit : eam nos caducam vocamus. Et hæc ipsa non in alium usum quam in balnearum aut fullonicarum dabatur ; eratque vectigalis statuta merces quæ in publico impenderetur ; aliquid et in domos principum civitatis dabatur, concedentibus reliquis.

XCV. Ad quem autem magistratum jus dandæ vendendæque aquæ pertinuerit, in iis ipsis legibus variatur. Interdum enim ab ædilibus, interdum a censoribus, permissum invenio : sed apparet quotiens in republica censores erant, ab illis potissimum petitum ; cum ii non

pas de censeur, ce pouvoir dépendait des édiles. Ce qui prouve évidemment combien nos ancêtres s'occupaient avec plus de zèle des besoins communs que du luxe des particuliers, c'est que l'eau même conduite par les particuliers était destinée à l'usage public.

XCVI. Quant à l'entretien des aqueducs de chacune de ces eaux, je trouve qu'il était ordinairement affermé, et que les fermiers publics étaient obligés d'avoir un certain nombre d'esclaves ouvriers employés aux aqueducs extérieurs, et d'autres pour ceux de l'intérieur de la ville. Il fallait de plus que le nom de chacun de ces ouvriers, l'ouvrage dont ils étaient chargés, et le quartier où il le devait être fait, fussent inscrits sur des tablettes publiques. Le soin d'approuver ces ouvrages était confié tantôt aux censeurs, tantôt aux édiles; quelquefois même cette commission était donnée aux questeurs, comme il paraît par le sénatus-consulte qui fut fait sous le consulat de C. Licinius et de Q. Fabius.

XCVII. Mais, pour montrer jusqu'à quel point ils portaient leur surveillance pour empêcher que personne n'osât endommager les aqueducs, ou en détourner l'eau qui ne leur était pas accordée, il suffit, entre autres, de dire qu'aux jours des jeux appelés *Circenses*, le grand cirque, où ils se célébraient, ne pouvait être arrosé que par les ordres des édiles ou des censeurs. Nous lisons, dans l'ouvrage d'*Atteius* Capiton, que cet usage dura jusqu'au temps d'Auguste, où ce soin fut confié aux administrateurs des eaux. Ainsi, les champs qui, au mépris de la loi, étaient arrosés avec l'eau destinée au public, étaient confisqués. On prononçait même une amende contre les fermiers publics qui avaient favorisé cette contravention. Dans les mêmes lois, on trouve encore que : *Il est défendu à qui que ce soit de corrompre l'eau qui coule pour le public. Si quelqu'un est convaincu de l'avoir fait de dessein prémédité, qu'il soit condamné à dix mille Sesterces* (1) *d'amende*. Par le mot *oletato*, il faut entendre communément une mauvaise odeur. Pour assurer l'exécution de cette loi, les édiles curules avaient ordonné d'établir dans chaque canton deux citoyens choisis parmi les habitants ou les propriétaires du lieu, pour surveiller les eaux publiques.

XCVIII. M. Agrippa, à la suite de l'édilité qu'il exerça après son consulat, fut chargé le premier de la surveillance perpétuelle des aqueducs, que l'on regardait comme ses propres ouvrages, les ayant fait rétablir à ses frais. Les eaux étant devenues abondantes, il fit le détail de la quantité qui serait employée aux ouvrages publics pour les réservoirs, et combien il en serait distribué aux particuliers. Il établit à ses frais une famille d'esclaves pour la conservation des eaux et l'entretien des aqueducs, des châteaux d'eau et des réservoirs. Auguste ayant hérité de cette famille, la céda au public.

XCIX. Après lui, sous le consulat de Q. Ælius Tubéron et de Paulus Fabius Maximus, l'administration des eaux, ayant jusqu'alors été régie par une autorité particulière, et n'étant assujettie à aucune loi, il fut fait à ce sujet des sénatus-consultes, et on promulgua une loi. Auguste même confirma, par un édit, le droit de ceux que les registres d'Agrippa faisaient jouir d'une certaine quantité d'eau; ainsi il transmit libéralement tout ce qu'il avait reçu. Il établit aussi les modules dont nous avons parlé; il nomma Messala Cor-

(1) 10,000 sesterces répondaient, à cette époque, à 1460 fr.

---

erant, ædilium eam potestatem fuisse. Ex quo manifestum est quanto potior cura majorum communium utilitatum, quam privatarum voluptatum fuerit; cum etiam ea aqua, quam privati ducebant, ad usum publicum pertineret.

XCVI. Tutelam autem singularum aquarum locari solitam invenio; positamque redemptoribus necessitatem certum numerum circa ductus extra urbem, certum in urbe servorum opificum habendi; et quidem ita, ut nomina quoque eorum, quos habituri essent in ministerio per quasque regiones, in tabulas publicas deferrent; eorumque operum probandorum curam fuisse penes censores aliquando et ædiles; interdum etiam quæstoribus eam provinciam obvenisse, ut apparet ex S. C. quod factum est C. Licinio et Q. Fabio coss.

XCVII. Quantopere autem curæ fuerit, ne quis violare ductus, aquamve non concessam derivare auderet; cum ex multis apparere potest, tum ex hoc, quod circus maximus ne diebus quidem ludorum Circensium, nisi ædilium aut censorum permissu, irrigabatur. Quod durasse etiam postquam res ad curatores transiit sub Augusto, apud Atejum Capitonem legimus. Agri vero, qui aqua publica contra legem essent irrigati, publicabantur : mancipiorum etiam, si cum eo qui adversus legem fecissent, multa dicebatur. In iisdem legibus adjectum est ita : NE. QUIS. AQUAM. OLETATO. DOLO. MALO. UBI. PUBLICE. SALIET. SI. QUIS. OLETARIT. SESTERTIORUM. X. MILLIA. MULTA. ESTO. Oletato videtur esse olidam facito; cujus rei caussa ædiles curules jubebantur per vicos singulos ex iis, qui in unoquoq. vico habitarent, prædiave haberent, binos præficere quorum arbitratu aqua in publico saliret.

XCVIII. Primus M. Agrippa post ædilitatem quam gessit consularis, operum suorum et munerum velut, perpetuus curator fuit; qui jam copia permittente, descripsit quid aquarum publicis operibus, quid lacubus, quid privatis daretur : habuit et familiam propriam, aquarum quæ tueretur ductus, atque castella et lacus. Hanc Augustus, hæreditate ab eo sibi relictam publicavit.

XCIX. Post eum Q. Ælio Tuberone, Paulo Fabio Maximo coss. in re, quæ usque in id tempus, quasi potestate acta, certo jure eguisset, senatusconsulta facta sunt, ac lex promulgata. Augustus quoque edicto complexus est, quo jure uterentur qui ex commentariis Agrippæ aquas haberent, tota re in sua beneficia translata. Modulos etiam, de quibus dictum est, constituit; et rei continendæ, exercendæque curatorem fecit Messalam Corvinum; cui adjutores dati Posthumius Sulpicius Prætorius et L. Cominius Pe-

vinus pour exercer la charge d'administrateur des eaux et faire les lois. On lui donna pour adjoints Posthumius Sulpicius Prétorius et L. Cominius Pédarius; on leur accorda les mêmes marques de dignité qu'aux magistrats; on détermina l'étendue de leurs fonctions par un sénatus-consulte, ainsi qu'il suit :

Sénatus-consulte.

C. « *Les consuls Q. Ælius Tubéron et Paulus Fabius Maximus ayant fait un rapport sur l'organisation des curateurs des eaux publiques, nommés de l'avis du sénat par César Auguste* (1), *ont demandé au sénat ce qu'il lui plaisait d'ordonner à ce sujet; sur quoi il a été arrêté : Que ceux qui sont chargés de l'administration des eaux, lorsqu'ils sont hors de la ville pour cause de leurs fonctions, aient deux licteurs, trois esclaves publics, un architecte pour chacun d'eux, des greffiers, des expéditionnaires, des huissiers, des crieurs en nombre égal à celui accordé aux fonctionnaires qui distribuent le blé au peuple. Lorsqu'ils exerceront leurs fonctions dans la ville, ils auront, à l'exception des licteurs, le même cortège. De plus, l'état des appariteurs accordés aux curateurs des eaux, par le présent sénatus-consulte, sera, dans les dix jours de sa promulgation, par eux présenté au trésor public, et ceux compris dans cet état recevront par an, du préteur du trésor, les mêmes salaires et rations qu'accordent et délivrent les préfets chargés de la distribution du blé : cependant, ils pourront recevoir la totalité en argent, pourvu que cela se fasse sans fraude. En outre, il sera fourni auxdits curateurs les tablettes, le papier, et tout ce qui est nécessaire à l'exercice de leurs fonctions. A cet effet, les consuls Q. Ælius et Paulus Fabius sont priés tous deux, ou l'un à défaut de l'autre, de se concerter avec le préteur du trésor, pour affermer ces fournitures.* »

CI. Il fut de plus arrêté que les administrateurs des eaux vaqueraient aux jugements publics et particuliers de leur compétence, pendant la quatrième partie de l'année, temps auquel les administrateurs chargés du blé et des chemins exerçaient leurs fonctions. Quoique cet usage soit tombé en désuétude, par la négligence ou l'inaptitude des administrateurs, le trésor public n'a pas discontinué de payer les appariteurs et les autres employés qui devaient y assister. Mais ce n'était que dans le cas où les fonctions des administrateurs des eaux les appelaient hors de la ville, que le sénat avait ordonné qu'ils seraient précédés de licteurs. Quant à nous, en parcourant les aqueducs, notre conscience et l'autorité dont le prince nous a revêtu nous tiendront toujours lieu de licteurs.

CII. Puisque nous avons remonté jusqu'à l'origine des administrateurs des eaux, il ne sera pas hors de propos de faire connaître ceux qui ont rempli ces fonctions depuis Messala jusqu'à nous (1).

A Messala succéda C. Atteius Capiton, sous le consulat de Silius et de Plancus (2);

A Capiton succéda Tarius Rufus, sous le consulat de C. Asinius Pollion et de C. Antistius l'ancien (3);

A Tarius succéda Marcus Coccéius Nerva, célèbre jurisconsulte et aïeul de l'empereur Nerva,

(1) L'an de R. 743, avant l'ère vulg. 11.

(1) Agrippa succéda à Messala, sous le consulat de Q. Ælius Tubéron et Paulus Fabius Maximus (an de R. 745, selon Varron, et avant l'ère vulg. 11.) — (2) An de R. 766, de J. C. 13. — (3) An de R. 776; de J. C. 23.

---

darius : insignia eis, quasi magistratibus concessa, deque eorum officio, senatusconsultum factum, quod infra scriptum est.

Senatus consultum.

C. « QUOD. Q. ÆLIUS. TUBERO. PAULUS. FABIUS. MAXIMUS. COSS. V. F. DE. IIS. QUI. CURATORES. AQUARUM. PUBLICARUM. EX. CONSENSU. SENATUS. A. CÆSARE. AUGUSTO. NOMINATI. ESSENT. ORDINANDIS. D. E. R. Q. F. P. D. E. R. I. C. PLACERE HUIC. ORDINI. EOS. QUI. AQUIS. PUBLICIS. PRÆESSENT. CUM. EJUS. REI. CAUSSA. EXTRA. URBEM. ESSENT. LICTORES. BINOS. ET. SERVOS. PUBLICOS. TERNOS. ARCHITECTOS. SINGULOS. ET. SCRIBAS. ET. LIBRARIOS. ACCENSOS. PRÆCONESQUE. TOTIDEM. HABERE. QUOT. HABENT. II. PER. QUOS. FRUMENTUM. PLEBEI. DATUR. CUM. AUTEM. IN. URBE. EJUSDEM. REI. CAUSSA. ALIQUID. AGERENT. CÆTERIS. APPARITORIBUS. EX. HOC. S. C. CURATORIBUS. AQUARUM. UTI. LICERET. EOS. DIEBUS. X. PROXIMIS. QUIBUS. S. C. FACTUM. ESSET. AD. ÆRARIUM. DEFERRENT. QUIQUE. ITA. DELATI. ESSENT. IIS. PRÆTORES. ÆRARII. MERCEDES. CIBARIA. QUANTA. PRÆFECTI. FRUMENTO. DANDO. DARE. DEFERREQUE. SOLENT. ANNUA. DARENT. ET. ATTRIBUERENT. USQUE. EAS. PECUNIAS. SINE. FRAUDE. SUAS. FACERE. LICERET. UTIQUE. TABULAS. CHARTAS. CÆTERAQUE. QUÆ. EJUS. CURATIONIS. CAUSSA. OPUS. ESSENT. IIS. CURATORIBUS. PRÆBERI. Q. ÆLIUS. PAULUS. FABIUS. COSS. AMBO. ALTERVE. SI. IIS. VIDEBITUR. ADHIBITIS. PRÆTORIBUS. QUI. ÆRARIO. PRÆSINT. EA. PRÆBENDA. LOCENT.

CI. Itemque, cum viarum curatores frumentique parte quarta anni, publico fungebantur ministerio, ut curatores aquarum judiciis vacent privatis, publicisque. Apparitores, et ministeria, quamvis perseveret adhuc ærarium in eos erogare, tamen esse curatorum videntur desiisse inertia, ac segnitia non agentium officium. Egressis autem urbem duntaxat agendæ rei caussa, senatus præsto esse lictores jusserat : nobis circumeuntibus rivos, fides nostra et authoritas a principe data pro lictoribus erit.

CII. Cum perduxerimus rem ad initium curatorum, non est alienum subjungere, qui post Messalam huic officio ad nos usque præfuerint.

Messalæ successit, Silio et Planco coss., Attejus Capito :

Capitoni, C. *Asinio Pollione*, C. Antistio vetere coss., Tarius Rufus :

Tario, Servio Cornelio Cethego, L. Vitellio Varrone coss., M. Coccejus Nerva, divi Nervæ avus, scientia etiam juris illustris :

sous le consulat de Servius Cornélius Céthégus et L. Vitellius Varron (1);

A celui-ci succéda C. Octavius Lænas, sous le consulat de Fabius Persicus et de L. Vitellius (2) ;

A Lænas succéda M. Porcius Caton, sous le consulat d'Aquilius Jullanus et de Nonius Asprenas (3) ;

A celui-ci succéda ensuite A. Didius Gallus, sous le consulat de Servius Asinius Céler.... et de Quintilianus ;

A Gallus succéda Cn. Domitius Afer, sous le consulat de Quintus Veranius et Pompéius Longus (4) ;

A Afer succéda L. Pison, sous le consulat de Néron, consul pour la quatrième fois, et de Cossus, fils de Cossus (5) ;

A Pison succéda Pétronius Turpilianus, sous le consulat de Verginius Rufus et de Memmius Régulus (6) ;

A Turpilianus succéda P. Marius, sous le consulat de Crassus surnommé Frugi et de Lecanius Bassus (7) ;

A Marius succéda Fontéius Agrippa, sous le consulat de L. Telesinus et de Suétone Paullinus (8) ;

A Agrippa succéda Albius Crispus, sous le consulat de Silius et de Galérius Trachalus (9) ;

A Crispus succéda Pompéius Sylvanus, sous le troisième consulat de Vespasien et le premier de Coccéius Nerva (10) ;

A Sylvanus succéda T. Ampius Flavianus, sous le consulat de Valérius Messalinus (11) ;

A Flavianus succéda Acilius Aviola, sous le cinquième consulat de Vespasien et le troisième de Titus (1) ;

C'est après Aviola, sous le troisième consulat de l'empereur Nerva et le troisième de Verginius Rufus (2), que l'administration des eaux nous a été confiée.

CIII. A la suite de ce tableau, nous allons indiquer ce qui doit être observé par l'administrateur des eaux, les lois et les sénatus-consultes qui établissent ses fonctions. A l'égard du droit qui règle la conduite des eaux chez les particuliers, il consiste à empêcher qu'il ne s'en distribue point sans une permission du prince, de manière qu'aucun particulier ne puisse jouir de l'eau publique qui ne lui aurait pas été accordée, et que personne n'en conduise plus qu'il n'en a obtenu. Par là, nous parviendrons, avec la quantité que nous avons dit avoir été recouvrée, à former de nouvelles fontaines, et à donner lieu à de nouveaux bienfaits du prince. Dans l'un et l'autre cas, il est nécessaire d'opposer aux fraudes de tous genres une surveillance active ; il faut de temps en temps visiter avec soin les aqueducs hors de la ville, pour reconnaître les concessions. On en fera de même par rapport aux châteaux d'eau et aux fontaines publiques, afin que les eaux coulent jour et nuit, sans interruption. Tel est le devoir imposé à l'administrateur des eaux par le sénatus-consulte dont suit la teneur :

Sénatus-consulte.

CIV. « *Les consuls Q. Ælius Tubéron et Paulus Fabius Maximus ayant fait un rapport sur le nombre des fontaines établies par M. Agrippa dans la ville et dans l'intérieur*

Huic successit, Fabio Persico, L. Vitellio coss., C. Octavius Lænas :

Lænati, Aquillio Juliano et Nonio Asprenate coss., M. Porcius Cato :

Huic successit postea, Servio Asinio Celere....... Quintiliano coss., A. Didius Gallus :

Gallo, Q. Veranio et Pompejo Longo coss., Cn. Domitius Afer :

Afro, Nerone Claudio Cæsare IV et Cosso Cossi F. coss., L. Piso :

Pisoni, Verginio Rufo et Memmio Regulo coss., Petronius Turpilianus :

Turpiliano, Crasso Frugi et Lecanio Basso coss., P. Marius :

Mario, L. Telesino et Suetonio Paullino coss., Fontejus Agrippa :

Agrippæ, Silio et Galerio Trachalo coss., Albius Crispus :

Crispo, Vespasiano III et Coccejo Nerva coss., Pompejus Sylvanus :

Sylvano, Valerio Messalino coss., T. Ampius Flavianus :

Flaviano, Vespasiano V, Tito III coss., Acilius Aviola :

Post quem, imperatore Nerva III et Verginio Rufo III coss., ad nos cura translata est.

CIII. Nunc quæ observare curator aquarum debeat, et leges, senatusque consulta ad instruendum cum pertinentia, subjungam. Circa jus ducendæ aquæ in privatis, hæc observanda sunt, ne quis sine litteris Cæsaris, id est, ne quis aquam publicam non impetratam, et ne quis amplius quam impetravit, ducat. Ita enim efficiemus, ut modus, quem acquiri diximus, possit ad novos salientes, et ad nova principis beneficia pertinere. In utroque autem magna cura multiplici opponenda fraudi est. Sollicite subinde ductus extra urbem circumeundi, ad recognoscenda beneficia : idem in castellis, et salientibus publicis faciendum ; ut sine intermissione diebus *noctibusque* aqua fluat, quod senatus quoque consulto curator facere jubetur ; cujus hæc quoque verba sunt :

Senatusconsultum.

CIV. « QUOD. Q. ÆLIUS. TUBERO. PAULUS. FABIUS. MAXIMUS. COSS. V. F. DE. NUMERO. PUBLICORUM. SALIENTIUM. QUI. IN. URBE. ESSENT. INTRAQUE. ÆDIFICIA. URBI CONJUNCTA. QUOS M. AGRIPPA. FECISSET. Q. F. P. D. E. R. I. C. NEQUE. AUGERI. PLACERE. NEC. MINUI. NUMERUM. PUBLICORUM. SALIENTIUM. QUOS. NUNC. ESSE. RETULERE. II. QUIBUS. NEGOTIUM. A. SENATU. EST. IMPERATUM. UT. INSPICERENT. AQUAS. PUBLI-

des édifices attenant à la ville, conclurent par demander au sénat ce qu'il lui plaisait d'ordonner à ce sujet; sur quoi il a été arrêté : Que le nombre des fontaines publiques ne serait ni augmenté ni diminué, et que celles qui existent seraient enregistrées. Il est en outre ordonné, à ceux qui sont chargés de ce soin par le sénat, de surveiller les eaux publiques, et de constater le nombre des fontaines. Que les administrateurs des eaux nommés par César Auguste, et confirmés par le sénat, seraient tenus, d'après ce sénatus-consulte, de veiller à ce que les fontaines publiques coulent très-exactement pendant le jour et la nuit pour l'usage du peuple.

J'ai cru remarquer le motif qui avait déterminé le sénat à défendre, par ce décret, tant d'augmenter que de diminuer le nombre des fontaines publiques. Je pense que ce motif est que l'eau Claudia et le nouvel Anio n'ayant pas encore été conduits à Rome, l'eau qui y arrivait par les autres aqueducs n'était pas susceptible d'une plus grande distribution.

CV. Celui qui désirera jouir de l'eau publique devra en obtenir la permission du prince, par une lettre qu'il remettra à l'administrateur des eaux. D'après cette lettre, l'administrateur s'empressera d'effectuer la concession faite par César; et il écrira tout de suite à l'affranchi de César qui lui est adjoint. Il paraît que ce fut Claudius qui sollicita le premier un adjoint, après avoir amené le nouvel Anio et la Claudia. Il faut aussi faire part aux fermiers de la lettre du prince, pour qu'ils ne puissent pas colorer leur fraude ou leur inexactitude du prétexte de l'ignorance.

L'adjoint aura soin de désigner aux niveleurs le calice qui convient à la quantité accordée : pour cela il faut qu'il consulte ce que nous avons dit plus haut sur le mode des mesures, pour savoir les distinguer, et ne point laisser au caprice des niveleurs la liberté d'adopter un calice dont l'orifice soit tantôt plus grand, tantôt plus petit, selon qu'ils s'intéressent aux personnes. Surtout il ne doit pas être permis d'adapter immédiatement au calice un tuyau de plomb d'un diamètre quelconque; mais il faut que jusqu'à cinquante pieds de distance, l'orifice du tuyau soit le même que celui du calice, ainsi qu'il est prescrit par le sénatus-consulte qui suit :

Sénatus-consulte.

CVI. « *Les consuls Q. Ælius Tubéron et Paulus Fabius Maximus ayant rapporté au sénat que certains particuliers tiraient immédiatement des canaux publics l'eau qui leur avait été accordée, ils demandèrent au sénat ce qu'il lui plaisait d'ordonner à ce sujet; sur quoi il a été arrêté : Qu'aucun particulier ne pourrait tirer l'eau des canaux publics; que tous ceux qui auraient obtenu une portion d'eau seraient obligés de la tirer du château d'eau; que les administrateurs des eaux seraient tenus d'indiquer aux particuliers les endroits, soit au dedans, soit au dehors de la ville, où ils pourraient placer convenablement leurs châteaux d'eau, desquels ils conduiraient l'eau qui leur aurait été délivrée en commun au château public par les administrateurs; qu'enfin il ne serait pas permis, à ceux qui auraient le droit de jouir des eaux publiques, de se servir, pour conduire l'eau du château où ils la reçoivent, de tuyaux dont le diamètre soit plus grand que le quinaire, jusqu'à cinquante pieds de distance de ce château.*

Une chose digne de remarque dans ce sénatus-

CAS. INIRENTQUE. NUMERUM. SALIENTIUM. PUBLICORUM. ITEMQUE. PLACERE. CURATORES. AQUARUM. QUOS. S. C. CÆSAR. AUGUSTUS. EX. SENATUS. AUTHORITATE. NOMINAVIT. DARE. OPERAM. UTI. SALIENTES. PUBLICI. QUAM. ASSIDUISSIME. INTERDIU. ET. NOCTU. AQUAM. IN. USUM. POPULI. FUNDERENT.

In hoc senatus-consulto crediderim adnotandum, quod senatus tam augeri, quam minui salientium publicorum numerum vetuerit. Id factum existimo, quia modus aquarum, quæ his temporibus in urbem veniebant, antiquam Claudia et Anio novus perducerentur, majorem erogationem capere non videbatur.

CV. Qui aquam in usus privatos deducere volet, impetrare eam debebit, et a principe epistolam ad curatorem adferre. Curator deinde beneficio Cæsaris præstare maturitatem, et procuratorem ejusdem officii libertum Cæsaris protinus scribere. Procuratorem autem primus Ti. Claudius videtur admovisse, postquam Anionem novum et Claudiam induxit. Quid contineat epistola villicis fieri quoque notum debet, ne quando negligentiam, aut fraudem suam ignorantiæ colore defendant.

Procurator calicem ejus moduli, qui fuerit impetratus, adhibitis libratoribus, signari cogitet, *et* diligenter intendat mensurarum quas supra diximus, modum; et *earum* notitiam habeat : ne sit in arbitrio libratorum interdum majoris luminis, interdum minoris, pro gratia personarum, calicem probare. Sed neque statim ab hoc liberum subjiciendi qualemcunque plumbeam fistulam permittatur arbitrium : verum ejusdem luminis, quo calix signatus est, per pedes quinquaginta, sicut senatusconsulto quod subjectum est, cavetur.

Senatus-consultum.

CVI. « QUOD. Q. ÆLIUS. TUBERO. PAULUS. FABIUS MAXIMUS. COSS. V. F. QUOSDAM. PRIVATOS. EX. RIVIS. PUBLICIS. AQUAM. DUCERE. Q. D. E. R. F. P. D. E. R. I. C. NE. CUI. PRIVATO. AQUAM. DUCERE. EX. RIVIS. PUBLICIS. LICERET. UTIQUE. OMNES. II. QUIBUS. AQUÆ. DUCENDÆ. JUS. ESSET. DATUM. EX. CASTELLIS. DUCERENT. ANIMADVERTERENTQUE. CURATORES. AQUARUM. QUIBUS. LOCIS. INTRA. EXTRA. URBEM. APTE. CASTELLA. PRIVATI. FACERE. POSSENT. EX. QUIBUS. AQUAM. DUCERENT. QUAM. EX. CASTELLO. COMMUNEM. ACCEPISSENT. A. CURATORIBUS. AQUARUM. NE. CUI. EORUM. QUIBUS. AQUA. DARETUR. PUBLICA. JUS. ESSET. INTRA. QUINQUAGINTA. PEDES. EJUS. CASTELLI. EX. QUO. AQUAM. DUCERENT. LAXIOREM. FISTULAM. SUBJICERE. QUAM. QUINARIAM. »

In hoc senatus-consulto dignum adnotati ve est, quod

consulte, c'est qu'il défend de tirer l'eau obtenue d'autre part que du château-d'eau, afin que les canaux et les tuyaux publics ne fussent pas exposés à être fréquemment endommagés.

CVII. Le droit de concession d'eau ne peut être transmis ni à l'héritier, ni à l'acquéreur, ni enfin à aucun nouveau propriétaire des domaines : encore aujourd'hui le titre de concession est renouvelé avec le possesseur. Mais quant aux bains publics, de tout temps ils ont joui du privilége de conserver perpétuellement les eaux qui leur étaient une fois accordées, comme on peut en juger d'après les anciens sénatus-consultes, dont il suffit de transcrire le suivant.

Sénatus-consulte.

CVIII. « *Les consuls Q. Ælius Tubéron et Paulus Fabius Maximus ayant fait un rapport au sénat sur la nécessité de fixer l'étendue du droit de ceux auxquels il était permis de conduire des eaux tant au dedans qu'au dehors de la ville, ont demandé au sénat ce qu'il lui plaisait d'ordonner à ce sujet; sur quoi il a été arrêté : Qu'à l'exception des eaux destinées aux bains publics, ou concédées au nom d'Auguste, toute concession d'eau serait maintenue tant que les mêmes possesseurs jouiraient du terrain pour lequel l'eau leur était accordée.* »

CIX. Dès qu'une concession devenait vacante, on l'annonçait publiquement; et il en était fait mention sur les registres que l'on consulte, afin de pouvoir céder une partie de ces eaux vacantes à ceux qui en sollicitent. Les administrateurs avaient coutume d'interrompre la distribution de ces eaux aussitôt que le droit de concession expirait, afin de le vendre soit aux nouveaux possesseurs de domaines, soit à d'autres; mais il a paru moins rigoureux à notre prince d'accorder une prorogation de trente jours, pour ne pas priver tout à coup les domaines d'une eau nécessaire, et donner le temps aux intéressés de faire les démarches convenables...... Je ne trouve aucune loi concernant les eaux concédées pour des domaines possedés en société ; cependant on observe, et il est de droit, que, tant qu'il reste un membre de la société qui a obtenu en commun, il jouit de toute la quantité assignée aux domaines ; et ce n'est que lorsqu'il ne reste plus aucun sociétaire, que la concession a besoin d'être renouvelée. Tout le monde sait qu'il ne faut pas, et cela est même défendu par les ordonnances, conduire l'eau obtenue autre part que dans le domaine pour lequel elle a été accordée, et qu'elle ne doit pas être tirée d'un autre château d'eau que celui désigné dans la lettre du prince.

CX. Il se fait aussi des concessions pour les eaux appelées *tombantes*, c'est-à-dire qui proviennent du superflu des châteaux d'eau ou du suintement des tuyaux. Cette faveur est très-rarement accordée par les princes ; mais comme cette distribution favorise les fraudes des fonteniers, elle exige la plus grande surveillance pour les empêcher ; ce qui est expressément recommandé par les ordonnances, dont voici un extrait :

CXI. *Je veux qu'aucune eau tombante ne soit recueillie, si ce n'est par ceux qui en ont obtenu le privilége de moi ou des princes mes prédécesseurs : car il est nécessaire qu'une certaine partie de l'eau qui s'écoule des châteaux d'eau soit destinée non-seulement à la salubrité de notre ville, mais encore au besoin de laver les cloaques.*

CXII. Après avoir fini d'expliquer ce qui concerne l'administration des eaux à l'usage des

aquam nonnisi ex castello duci permittit, ne aut rivi, aut fistulæ publicæ frequenter lacerentur.

CVII. Jus impetratæ aquæ neque hæredem, neque emptorem, neque ullum novum dominum prædiorum sequitur. Balneis, quæ publice lavarent, privilegium antiquitus concedebatur, ut semel data aqua perpetuo maneret; sic ex veteribus senatus consultis cognoscimus, ex quibus unum subjeci : nunc omnis aquæ cum possessore instauratur beneficium.

Senatusconsultum.

CVIII. « Quod. Q. Ælius. Tubero. Paulus. Fabius. Maximus. coss. V. F. constitui. oportere. quo. jure. intra. extraque. urbem. ducerent. aquas. II. quibus. attributæ. essent. Q. D. E. R. F. P. D. E. R. I. C. uti. iis. usque. maneret. attributio. aquarum. exceptis. quæ. in. usum. balineorum. essent. datæ. aut. Augusti. nomine. quoad. idem. domini. possiderent. id. solum. in. quo. accepissent. aquam. »

CIX. Cum vacare aliquæ cœperunt aquæ adnuntiatur, et in commentarios redigitur qui respiciuntur ad petitoribus ex vacuis dari possint. Has aquas statim intercidere solebant, ut medio tempore venderent aut possessoribus prædiorum, aut aliis etiam. Humanius visum est principi nostro, ne prædia subito destituerentur, triginta dierum spatium indulgeri, intra quod ii ad quos res pertineret...... De aqua in prædia sociorum data nihil constitutum invenio : perinde tamen observatur ac jure cautum, ut dum quis ex iis qui communiter impetraverunt, superesset, totus modus prædiis assignatus flueret; et tunc demum renovaretur beneficium, cum desiisset quisque, ex iis quibus datum erat, aut ex alio castello quam ex quo epistola principis continebit, duci palam est non oportere; sed et mandatis prohibetur.

CX. Impetrantur autem et eæ aquæ quæ caducæ vocantur, id est, quæ aut ex castellis *effluunt*, aut ex manationibus fistularum : quod beneficium a principibus parcissime tribui solitum ; sed fraudibus aquariorum obnoxium est, quibus prohibendis quanta cura debeatur, ex capite mandatorum manifestum erit quod subjeci.

CXI. Caducam. neminem. volo. ducere. nisi. qui. meo. beneficio. aut. priorum. principum. habent. nam. necesse. est. ex. castellis. aliquam. partem. aquæ. effluere. cum. hoc. pertineat. non. solum. ad. urbis. nostræ. salubritatem. sed. etiam. ad. utilitatem. cloacarum. abluendarum.

particuliers, ce ne sera pas s'éloigner du sujet que de dire un mot, par exemple, de certaines fraudes que nous avons découvertes nous-même, par lesquelles on élude les plus sages règlements. Dans la plupart des châteaux d'eau, j'ai trouvé des calices d'un diamètre plus grand que ne portait la concession ; et, parmi ces calices, il y en avait qui n'étaient pas même marqués : or tout calice marqué qui excède la mesure légitime atteste clairement la cupidité de l'adjoint qui l'a contrôlé ; mais lorsqu'il ne l'est point, c'est évidemment la faute de tous, d'abord de ceux qui reçoivent trop, ensuite des distributeurs.

Dans certains châteaux d'eau, le contrôle des calices était bien juste ; mais on y avait adapté tout de suite des tuyaux d'un plus grand diamètre ; d'où il arrivait que le volume d'eau qui sort du calice, n'étant pas maintenu pendant la longueur prescrite, mais pendant un très-petit espace, remplissait facilement le tuyau plus large que le calice dès son origine. C'est pourquoi, toutes les fois que l'on marque un calice, il faut encore avoir la précaution de marquer aussi le tuyau qui doit y être adapté, jusqu'à la distance fixée par le sénatus-consulte cité. Au moyen de cette précaution, le distributeur, qui saura qu'il ne peut adapter d'autres tuyaux que ceux marqués, demeurera sans excuse.

CXIII. Quant à la manière de placer les calices, il faut encore observer qu'ils soient rangés sur une même ligne, et que l'un ne soit pas posé plus bas et l'autre plus haut ; car le plus bas débite plus d'eau, et le plus haut en fournit moins, parce que le cours de l'eau se précipite avec plus de force dans le tuyau inférieur. Dans quelques autres châteaux, on a posé des tuyaux sans calice :

ces sortes de tuyaux sont appelés libres, parce qu'ils peuvent être élargis ou resserrés, au gré du fontenier.

CXIV. Il y a encore une fraude bien répréhensible de la part des fonteniers : c'est de percer un nouveau trou au château d'eau, lorsqu'une concession passe en d'autres mains, et de vendre à leur profit l'eau de l'ancien trou, qu'ils ne suppriment pas. La répression d'un pareil abus doit surtout fixer l'attention de l'administrateur des eaux ; car il est de son devoir de veiller non-seulement à la garde des eaux, mais encore à la conservation des châteaux, qui seraient bientôt dégradés, si l'on pouvait y percer arbitrairement de nouveaux trous.

CXV. Il faut enfin ôter aux fonteniers l'espèce de profit qu'ils appellent *points* : car, en parcourant la longueur des différentes branches de tuyaux placés sous le pavé, qui circulent dans toute la ville, je les ai trouvées percées de toutes parts par celui qu'on appelait *pointeur*. L'eau qui provenait de ces *points* était délivrée en passant, par des tuyaux particuliers, à tous ceux qui voulaient s'arranger avec lui ; d'où il résultait une diminution considérable des eaux destinées aux besoins publics. Je juge de la grande quantité d'eau qui était détournée de cette manière, par celle qu'a ramenée la suppression qui a été faite de quelques ramifications de tuyaux de cette espèce.

CXVI. Il nous reste à parler de la conservation des aqueducs. Mais, avant d'entamer cette matière, il faut que nous disions un mot des familles employées à leur entretien. Ces familles sont au nombre de deux : l'une appartient au public, et l'autre à César ; celle qui dépend du public

CXII. Explicitis quæ ad ordinationem aquarum privati usus pertinebant, non ab re est quædam ex iis, quibus circumscribi saluberrimas constitutiones in ipso actu deprehendimus, exempli caussa, attingere. Ampliores quosdam calices, quam impetrati erant, positos in plerisque castellis inveni ; et ex iis aliquos ne signatos quidem. Quotiens autem signatus calix excedit legitimam mensuram, ambitio procuratoris, qui eum signavit, detegitur : cum vero ne signatus quidem est, manifesta culpa omnium, maxime accipientis deprehenditur, deinde villici.

In quibusdam, cum calices legitimæ mensuræ signati essent, statim ampliores modulí fistulæ subjectæ fuerunt : unde accidebat, ut aqua non per legitimum spatium coercita, sed per breves angustias expressa, facile laxiorem in proximo fistulam impleret. Ideoque illud adhuc, quoties signatur calix, diligentiæ adjiciendum est ; ut fistulæ quoque proximæ per spatium, quod senatusconsulto comprehensum diximus, signentur. Ita demum enim villicus, cum scierit non aliter quam signatas collocari debere, omni carebit excusatione.

CXIII. Circa collocandos quoque calices observari oportet, ut ad lineam ordinentur ; nec alterius inferior calix, alterius superior ponatur. Inferior plus trahit ; superior quia cursus aquæ ab inferiore rapitur, minus ducit.

In quorundam fistulis ne calices quidem positi fuere : hæ fistulæ solutæ vocantur, et, ut aquario libuit, laxantur, vel coarctantur.

CXIV. Adhuc illa aquariorum intolerabilis fraus est, translata in novum possessorem aqua, foramen novum castello imponunt, vetus relinquunt quo venalem extrahunt aquam. In primis ergo hoc quoque emendandum curatori crediderim : non enim solum ad ipsarum aquarum custodiam, sed etiam ad castelli tutelam pertinet, quod subinde et sine caussa foratum vitiatur.

CXV. Etiam ille aquariorum tollendus est reditus quem vocant *puncta*. Longa ac diversa sunt spatia per quæ fistulæ tota meant urbe, latentes sub silice. Has comperi per eum qui appellabatur a *punctis*, passim convulneratas omnibus in transitu *negotiatoribus* præbuisse, peculiaribus fistulis, aquam : quo efficiebatur ut exiguus modus ad usus publicos perveniret. Quantum ex hoc modo aquæ servatum sit, æstimo ex eo quod aliquantum plumbi sublati ejus modi ramis redactum est.

CXVI. Superest tutela ductuum, de qua priusquam dicere incipiam, pauca de familia, quæ ejus rei caussa parata est, explicanda sunt. Familiæ sunt duæ, altera publica, altera Cæsaris. Publica est antiquior ; quam ab Agrippa relictam Augusto, et ab eo publicatam diximus : habet homines

est la plus ancienne. Nous avons dit que cette famille fut léguée par Agrippa à l'empereur Auguste, qui la céda au public ; elle est composée de 240 hommes environ. Le nombre de ceux de la famille de César est de 460. Cette dernière fut établie par Claudius, dans le temps qu'il amena de nouvelles eaux dans la ville.

CXVII. L'une et l'autre familles sont composées de différentes classes d'agents, tels que les contrôleurs, les gardiens de château, les inspecteurs, les paveurs, les faiseurs d'enduit, et les autres ouvriers. Quelques-uns de ces ouvriers doivent être logés hors de la ville, afin d'être à portée d'exécuter tout de suite les ouvrages qui, sans être considérables, exigent beaucoup de célérité. Tous les autres auront leurs logements aux environs des châteaux d'eau et des spectacles, et se tiendront toujours prêts à opérer, surtout pour les cas imprévus, afin qu'on puisse, lorsque la nécessité l'exige, retirer l'eau de plusieurs quartiers, pour la conduire dans celui qui a besoin d'un secours plus abondant.

Pour parvenir à rétablir l'ordre parmi un si grand nombre d'hommes qui composaient l'une et l'autre familles, et qui, soit par la cupidité, soit par la négligence des surveillants, avaient coutume d'être détournés pour travailler à des ouvrages privés, nous avons réglé le service public de manière que nous prescrivons la veille ce qui doit être fait le lendemain, et qu'il se tient un registre des ouvrages de chaque jour.

CXVIII. L'entretien de ces familles est payé par le trésor public, qui se trouve défrayé de cette dépense par la rentrée des impositions provenant du droit des eaux. On a trouvé, par ce que *payaient* les *domaines*, *jardins* et *édifices* situés aux environs des aqueducs, châteaux d'eau, spectacles, et réservoirs, que cet emploi produisait près de deux cent cinquante mille sesterces (1). Ce revenu, souvent aliéné et qui variait beaucoup, fut dans ces derniers temps versé dans les coffres de Domitien ; mais l'équité de l'empereur Nerva vient de le faire rentrer dans le trésor public. Le désir de remplir nos fonctions avec exactitude nous a fait établir une règle certaine pour connaître les endroits qui sont sujets à cet impôt. La famille de César était entretenue aux dépens du fisc ; c'est aussi de là que se tiraient tout le plomb et toutes les dépenses relatives aux aqueducs, aux châteaux d'eau et aux réservoirs.

CXIX. Après avoir fait connaître tout ce qui concerne les familles attachées à l'entretien des aqueducs, nous allons, comme nous l'avons promis, reprendre ce qui a rapport à la conservation de ces mêmes aqueducs ; ouvrages dignes du plus grand soin, puisqu'ils sont un des principaux témoignages de la grandeur du peuple romain. Ces aqueducs sont sujets à beaucoup et à de très grandes réparations, que l'on doit tâcher de prévenir en faisant à propos les ouvrages nécessaires pour les maintenir en bon état : car il ne faut pas toujours s'en rapporter à ceux qui demandent à faire ou à augmenter l'ouvrage. C'est pour cette raison qu'un administrateur doit non seulement se guider par la science des gens habiles, mais encore par sa propre expérience. Il ne doit pas se contenter de consulter les architectes du département dont il s'agit ; il doit en appeler plusieurs autres, qui soient aussi recommandables par les talents que par la probité, afin que, d'après leur avis, il puisse juger des ouvrages qu'il est à propos de presser ou de différer, et enfin connaître ceux qui doivent être faits par les fermiers, et ceux qui sont du ressort des familles d'ouvriers.

(1) La valeur du sesterce, à cette époque, étant de 17 centimes de la monnaie actuelle, les 250,000 sesterces répondaient à 42,500 francs.

circiter CCXXXX. Cæsaris familiæ numerus est CCCCLX, quam Claudius, quum aquas in urbem perduceret, constituit.

CXVII. Utraque autem familia in aliquot ministeriorum species deducitur ; villicos, castellarios, circitores, silicarios, tectores, aliosque opifices. Ex his aliquos extra urbem esse oportet ad ea quæ non sunt magnæ molitionis, maturum tamen auxilium videntur exigere. Omnes in urbe circa castellorum et munerum stationes, opera quæque urgebunt ; inprimis ad subitos casus, ut ex quam pluribus regionibus in quam necessitas incubuerit, converti possit præsidium aquarum abundantius.

Tam amplum numerum utriusque familiæ, solitum ambitione aut negligentia præpositorum in privata opera diduci, revocare ad aliquam disciplinam, et publica ministeria ita instituimus, ut pridie quid esset actura, dictaremus, et quid quoque die egisset actis comprehenderetur.

CXVIII. *Commoda* publicæ familiæ ex ærario dantur ; quod impendium exoneratur vectigalium reditu ad jus aquarum pertinentium. Ea constant ex...... quæ sunt circa ductus, aut castella, aut munera, aut lacus ; quem redditum prope sestertiorum CCL, millium *alienatum* ac vagum, proximis vero temporibus in Domitiani loculos conversum, justitia divi Nervæ populo restituit ; nostra sedulitas ad certam regulam redegit, ut constaret quæ essent ad hoc vectigal pertinentia loca. Cæsaris familia ex fisco accepit commoda ; unde et omne plumbum et omnes impensæ ad ductus et castella et lacus pertinentes erogantur.

CXIX. Quoniam, quæ videbantur ad familiam pertinere, exposuimus, ad tutelam ductuum, sicut promisimus, divertemus : rem enixiore cura dignam, cum magnitudinis romani imperii id præcipuum sit indicium. Multa atque ampla opera subinde nascuntur quibus ante succurri debet, quam magno auxilio egere incipiant : plerumque tamen prudenti temperamento sustinenda ; quia non semper opus aut facere, aut ampliare quærentibus credendum est. Ideoque non solum scientia peritorum, sed et proprio usu curator instructus esse debet, nec suæ tantum stationis architectis uti, sed plurium advocare non minus fidem quam subtilitatem, ut æstimet quæ repræsentanda, quæ differenda sunt ; et rursus quæ per redemptores effici debeant, quæ per domesticos artifices.

CXX. Les réparations à faire sont occasionnées, ou par la vétusté, ou par la cupidité des propriétaires des champs, ou par la violence des tempêtes, ou enfin par le vice d'un ouvrage mal fait; ce qui arrive assez fréquemment dans les constructions nouvelles.

CXXI. C'est ordinairement la vétusté et la violence des tempêtes qui dégradent les aqueducs, surtout ceux qui sont soutenus par des arcades, ou qui sont appliqués aux flancs des montagnes. Les parties des aqueducs en arcades qui souffrent le plus sont celles sous lesquelles passe un fleuve. C'est pourquoi il faut apporter à l'exécution de ces ouvrages beaucoup de soin et d'activité. Les canaux souterrains souffrent moins, parce qu'ils ne sont exposés ni aux gelées ni aux grandes chaleurs. Les dégradations de ces sortes d'ouvrages peuvent quelquefois se réparer sans détourner le cours de l'eau; et quelquefois il est absolument nécessaire de l'interrompre, lorsque, par exemple, c'est le canal même qui a besoin d'être rétabli.

CXXII. Les réparations à faire aux canaux sont occasionnées, tantôt par le limon qui s'attache à leurs parois, et qui forme, avec le temps, des concrétions dures et épaisses, qui obstruent le passage de l'eau; tantôt ce sont les enduits qui se dégradent, et donnent lieu à des fuites d'eau qui endommagent nécessairement les murs des canaux et la maçonnerie qui les supporte.

Il faut éviter de construire en tuf les pieds-droits qui soutiennent les aqueducs, parce qu'ils s'écraseraient sous un si grand fardeau. Il faut aussi éviter de réparer pendant l'été les canaux endommagés, afin de ne pas interrompre la distribution de l'eau dans la saison où son usage est le plus nécessaire. Il vaut mieux choisir pour ces réparations, le printemps ou l'automne, en observant d'y apporter la plus grande célérité, et de préparer d'avance tous les matériaux nécessaires, afin de n'interrompre le cours des eaux que pendant très-peu de jours. Il est aisé de concevoir qu'il faut user des mêmes précautions pour chaque aqueduc, et ne pas travailler à plusieurs à la fois, de peur de priver la ville d'une trop grande quantité d'eau.

CXXIII. Les ouvrages qui peuvent s'exécuter sans détourner le cours des eaux, principalement les constructions en maçonnerie, doivent être faits solidement et dans la saison la plus convenable, c'est-à-dire depuis le commencement d'avril jusqu'aux premiers jours de novembre. Il est cependant à propos de les suspendre pendant les chaleurs excessives de l'été, parce qu'il faut une température modérée, pour que toutes les parties de la maçonnerie se pénètrent de l'humide nécessaire, afin de former un corps solide : car un soleil trop ardent est aussi nuisible au mortier que la gelée. Au reste, il n'y a pas d'ouvrage qui demande autant de soins que celui qui est fait pour contenir de l'eau; c'est pourquoi il faut exiger que chaque partie soit exactement faite selon les règles de l'art, que tous les ouvriers connaissent, mais que peu observent.

CXXIV. Il est certain que ce sont les parties d'aqueduc les plus proches de la ville qui demandent à être surveillées avec le plus de soin, c'est-à-dire celles qui sont comprises depuis la pierre carrée qui forme le septième milliaire, parce que ce sont les plus considérables; que la plupart conduisent plusieurs eaux à la fois; et que si l'on était obligé d'en interrompre le cours, la ville de Rome se trouverait privée de la plus grande partie de ses eaux. Il y a cependant des moyens d'obvier

---

CXX. Nascuntur opera ex his caussis : nam aut vetustate corrumpuntur, aut impotentia possessorum, aut vi tempestatum, aut culpa male facti operis, quod sæpius accidit in recentibus.

CXXI. Fere aut vetustate, aut vi tempestatum partes ductuum laborant, quæ arcuationibus sustinentur, aut montium lateribus applicatæ sunt; et ex arcuationibus eæ quæ per flumen trajiciuntur : ideoque hæc opera sollicita festinatione explicanda sunt. Minus injuriæ subjacent subterranea, ne gelicidiis, nec caloribus exposita. Vitia autem ejus modi sunt, ut aut non interpellato cursu subveniatur eis, aut emendari nisi averso non possint, sicut ea quæ in ipso alveo fieri necesse est.

CXXII. Hæc duplici ex caussa nascuntur; aut limo concrescente qui interdum in crustam durescit, iterque aquæ coarctatur, aut tectoria corrumpuntur, unde fiunt manationes quibus necesse est latera rivorum et substructiones vitiari.

Pilæ quoque ipsæ topho exstructæ sub tam magno onere labuntur. Refici quæ circa alveos sunt rivorum, æstate non debent, ne intermittatur usus tempore quo præcipue desideratur. Sed vere vel autumno, et maxima cum festinatione, ut scilicet ante præparatis omnibus quam paucissimis diebus rivi essent. Neminem fugit per singulos ductus hoc esse faciendum, ne si plures pariter avertantur, desit aqua civitati.

CXXIII. Ea quæ non interpellato aquæ cursu effici debent, maxime structura constant, quam et suis temporibus, et fideliter fieri oportet. Idoneum structuræ tempus est a kalendis aprilibus in kalendas novembris, ita ut optimum sit intermittere eam partem æstatis quæ nimiis caloribus incandescit : quia temperamento cœli opus est, ut ex *humore* commode structura combibat, et in unitate corroboretur. Non minus autem sol acrior, quam gelatio præcipit materiam : nec ullum opus diligentiorem poscit curam, quam quod aquæ obstaturum est. Fides itaque ejus per singula, secundum legem notam omnibus, sed a paucis observatam, exigenda est.

CXXIV. Illud nulli dubium esse crediderim, proximos ductus, id est, qui a VII milliario, lapide quadrato consistunt, maxime custodiendos : quoniam et amplissimi operis sunt, et plures aquas singuli sustinent, quos si necesse fuerit interrumpere, major pars aquarum urbem destituet. Remedia tamen sunt et his difficultatibus : *opus*

à ces inconvénients. Avant de commencer l'ouvrage, il faudra établir au niveau de la partie du canal à restaurer, et dans la longueur de la partie d'aqueduc qui se trouve interrompue, une espèce de canal provisoire avec des tuyaux de plomb, au moyen duquel l'eau continuera à couler. Enfin, comme la plupart des conduits souterrains traversaient les champs des particuliers, l'on éprouvait des difficultés pour l'approvisionnement des matériaux : afin d'empêcher, à l'avenir, les propriétaires d'en défendre l'accès aux entrepreneurs chargés de rétablir ces canaux, on fut obligé de venir au secours de ces derniers par une loi ; c'est ce qui donna lieu au sénatus-consulte qui suit :

Sénatus-consulte.

CXXV. « *Les consuls Q. Ælius Tubéron et Paulus Fabius Maximus ayant fait un rapport au sénat sur les réparations à faire aux canaux, conduits souterrains et voûtes des aqueducs des eaux Julia, Marcia, Appia, Tépula et Anio, ont demandé au sénat ce qu'il lui plaisait d'ordonner à ce sujet ; sur quoi il a été arrêté : Que les réparations des canaux, conduits souterrains et voûtes qu'Auguste César a promis de faire à ses frais, seraient faites ; que tout ce qui pourrait être tiré des champs des particuliers, comme la terre, la glaise, la pierre, la brique, le sable, les bois et les autres matériaux nécessaires, après avoir été estimés par des arbitres, seraient cédés, enlevés, pris et transportés, sans que personne puisse s'y opposer. Que pour le transport de ces matériaux et la facilité des réparations, il serait pratiqué, toutes les fois que le besoin l'exigerait, les chemins ou sentiers nécessaires au travers des champs des particuliers, en les dédommageant.* »

CXXVI. La plupart des dégradations des aqueducs proviennent de la cupidité des propriétaires des champs, qui endommagent les canaux de plusieurs manières : d'abord les espaces qui devraient rester libres le long des aqueducs, d'après le sénatus-consulte, se trouvent occupés ou par des édifices ou par des arbres. Ce sont surtout les arbres qui nuisent le plus aux aqueducs, parce que leurs racines s'insinuent dans les joints des murs et des voûtes, et les désunissent. Ensuite on dirige les chemins vicinaux et ruraux sur ces mêmes aqueducs ; enfin on intercepte tout accès à la surveillance. C'est pour obvier à tous ces inconvénients que le sénatus-consulte que nous plaçons ici a été rendu.

Sénatus-consulte.

CXXVII. « *Les consuls Q. Ælius Tubéron et Paulus Fabius Maximus ayant parlé au sénat sur ce que les chemins qui devaient régner le long des aqueducs qui amènent l'eau dans la ville se trouvaient interceptés par des monuments, des édifices et des plantations d'arbres, ont demandé au sénat ce qu'il lui plaisait d'ordonner à ce sujet ; sur quoi il a été arrêté : Que, pour faciliter les réparations des canaux et conduits, sans lesquelles ces ouvrages publics seraient bientôt dégradés, il leur plaisait qu'il y eût, de chaque côté des fontaines, murs et voûtes des aqueducs, un isolement de quinze pieds. Quant aux conduits qui sont au-dessous de terre, et aux canaux qui sont dans l'intérieur de la ville, où se trouvent des édifices, il suffira de laisser un espace libre de cinq pieds de chaque côté. De sorte qu'à l'a-*

inchoatum excitatur ad libram deficientis; alveus vero plumbatis canalibus per spatium interrupti ductus, rursus continuatur. Porro quoniam fere omnes specus per privatorum agros directi erant, et difficilis videbatur futuræ impensæ præparatio, ni alicujus constitutione succurreretur, simul ne accessu ad reficiendos rivos redemptores a possessoribus prohiberentur, senatus consultum factum est, quod subjeci :

Senatusconsultum.

CXXV. « QUOD. Q. ÆLIUS. TUBERO. PAULUS. FABIUS. MAXIMUS. COSS. V. F. DE. RIVIS. SPECUBUS. FORNICIBUSQUE. JULIÆ. MARCIÆ. APPIÆ. TEPULÆ. ANIONIS. REFICIENDIS. Q. D. E. R. F. P. D. E. R. I. C. UTI. CUM. II. RIVI. FORNICES. QUOS. AUGUSTUS. CÆSAR. SE. REFECTURUM. IMPENSA. SUA. POLLICITUS. SENATUI. EST. REFICERENTUR. EX. AGRIS. PRIVATORUM. TERRAM. LIMUM. LAPIDEM. TESTAM. ARENAM. LIGNA. CETERAQUE. QUIBUS. AD. EAM. REM. OPUS. ESSET. UNDE. QUÆQUE. EORUM. PROXIME. SINE. INJURIA. PRIVATORUM. TOLLI. SUMI. PORTARI. POSSINT. VIRI. BONI. ARBITRATU. ÆSTIMATA. DARENTUR. TOLLERENTUR. SUMERENTUR. EXPORTARENTUR. ET. AD. EAS. RES. OMNES. EXPORTANDAS. EARUMQUE. RERUM. REFICIENDARUM. CAUSSA. QUOTIENS. OPUS. ESSET. PER. AGROS. PRIVATORUM. SINE. INJURIA. EORUM. ITINERA. ACTUS. PATERENT. DARENTUR. »

CXXVI. Plerumque autem vitia oriuntur ex impotentia possessorum, qui pluribus modis rivos violant. Primum enim spatia, quæ circa ductus aquarum ex senatusconsulto vacare debent, aut ædificiis, aut arboribus occupant. Arbores magis nocent, quarum radicibus et concamerationes et latera solvuntur : deinde vicinales vias, agrestesque per ipsas formas dirigunt; novissime aditus ad tutelam præcludunt : quæ omnia senatusconsulto, quod subjeci, provisa sunt.

Senatusconsultum.

CXXVII. « QUOD. Q. ÆLIUS. TUBERO. PAULUS. FABIUS. MAXIMUS. COSS. V. F. AQUARUM. QUÆ. IN. URBEM. VENIRENT. ITINERA. OCCUPARI. MONUMENTIS. ET. ÆDIFICIIS. ET. ARBORIBUS. CONSERI. Q. F. P. D. E. R. I. C. AD. REFICIENDOS. RIVOS. SPECUSQUE. PER. QUÆ. ET. OPERA. PUBLICA. CORRUMPUNTUR. PLACERE. CIRCA. FONTES. ET. FORNICES. ET. MUROS. UTRAQUE. EX. PARTE. VACUOS. QUINOS. DENOS. PEDES. PATERE. ET. CIRCA. RIVOS. QUI. SUB. TERRA. ESSENT. ET. SPECUS. INTRA. URBEM. ET. EXTRA. URBEM. ST. CONTINENTIA. ÆDIFICIA. UTRAQUE. EX. PARTE. QUINOS. PEDES. VACUOS. RELINQUI. ITA.

venir il ne sera plus permis de construire des monuments ni des édifices, ni de planter des arbres qu'à cette distance. Les arbres qui existent actuellement dans cet intervalle seront arrachés, à moins qu'ils ne soient renfermés dans quelques domaines ou dans quelques édifices. Que si quelqu'un contrevient en quelque chose à ce qui vient d'être prescrit, il sera condamné à une amende de dix mille sesterces (1), *dont la moitié sera donnée comme récompense au dénonciateur, après qu'il l'aura convaincu du fait dont il l'accuse; l'autre moitié sera remise dans le trésor public : ce sont les administrateurs des eaux qui connaîtront de ces délits, et qui les jugeront.* »

CXXVIII. La sagesse de ce sénatus-consulte, en revendiquant ces espaces libres, afin de protéger des monuments d'une si haute importance, ressortira encore davantage, lorsqu'on saura avec quelle religieuse équité nos ancêtres se sont appliqués à ne point frustrer les particuliers au bénéfice du public : car, lorsqu'ils établirent des aqueducs, s'ils rencontraient un propriétaire qui fît quelques difficultés pour vendre la partie de son champ dont ils avaient besoin, ils l'achetaient tout entier, et revendaient le surplus, afin d'établir, d'une manière certaine, le droit des limites des particuliers et celui de la république. Malgré cela, la plupart ne se sont pas contentés d'anticiper sur ces limites, ils ont porté leurs prétentions jusque sur les aqueducs, en perçant les parois des canaux, pour y adapter des tuyaux libres. Ce n'étaient pas seulement ceux qui avaient obtenu le droit des eaux qui se rendaient coupables de cet abus, mais encore ceux qui, à la faveur de quelques petites concessions, en abusaient pour s'emparer des eaux publiques. Que serait donc devenue la propriété commune, si tant d'abus n'eussent été réprimés par une loi extrêmement sage, et si l'on n'eût point porté des peines sévères contre les coupables? Nous avons transcrit ici le texte de cette loi.

CXXIX. « *Le consul T. Quinctius Crispinus ayant convoqué légalement le peuple, et le peuple étant assemblé dans le Forum, auprès du temple du divin César, la veille du jour qui précède les ides de juillet, la tribu Sergia, à qui il échut de parler la première, fit choix de Sextus Varron, fils de Lucius, pour donner son suffrage sur la loi suivante : Quiconque, après l'acceptation de cette loi, aura, par mauvaise intention et à dessein, percé, rompu, ou tenté de percer ou de rompre les canaux, les conduits souterrains, les tuyaux, châteaux d'eau, réservoirs, dépendants des eaux publiques, ou qui aura fait pis, pour diminuer le cours des eaux ou de quelques portions, et les empêcher de se répandre, de couler, de parvenir et d'être conduites dans la ville de Rome; ou même qui aura entravé la distribution dans les édifices de Rome et dans ceux qui sont attenants à la ville ou le seront à l'avenir dans les jardins, les domaines de ceux à qui l'eau est ou sera accordée ou attribuée; enfin, celui qui empêchera que l'eau ne jaillisse, ne soit distribuée, divisée dans les châteaux d'eau, envoyée dans les réservoirs, qu'il soit condamné à cent mille sesterces* (1) *d'amende envers le peuple romain; et celui qui, sans mauvaise intention, aurait fait, à l'insu de l'administrateur, quelques-unes de ces choses, qu'il soit condamné à refaire, rétablir, recons-*

(1) H-S est l'expression du sesterce, dont la valeur, à cette époque, répondait à 0,23 centimes de la monnaie actuelle ; ce qui donne, pour les dix mille sesterces, 2,300 fr.

(1) Ces 100,000 sesterces équivalent à 23,000 fr.

UT. NEQUE. MONUMENTUM. IN. HIS. LOCIS. NEQUE. ÆDIFICIUM. POST. HOC. TEMPUS. PONERE. NEQUE. CONSERERE. ARBORES. LICERET. SI. QUÆ. NUNC. ESSENT. ARBORES. INTRA. ID. SPATIUM. EXCIDERENTUR. PRÆTERQUAM. SI. QUÆ. VILLÆ. CONTINENTES. ET. INCLUSÆ. ÆDIFICIIS. ESSENT. SI. QUIS. ADVERSUS. EA. COMMISERIT. IN. SINGULAS. RES. POENA. H S.-DENA. MILLIA. ESSET. EX. QUIBUS. PARS. DIMIDIA. PROEMIUM. ACCUSATORI. DARETUR. CUJUS. OPERA. MAXIME. CONVICTUS. ESSET. QUI. ADVERSUS. HOC. S.C. COMMISSET. PARS. AUTEM. DIMIDIA. IN. ÆRARIUM. REDIGERETUR. DEQUE. EA. RE. JUDICARENT. COGNOSCERENTQUE. CURATORES. AQUARUM. »

CXXVIII. Posset hoc senatus consultum æquissimum videri, etiam si ex rei tantum publicæ utilitate ea spatia vindicarentur ; multo magis, cum majores nostri, admirabili æquitate, ne ea quidem eripuere privatis, quæ ad modum publicum pertinebant; sed cum aquas perducerent, si difficilior possessor in parte vendenda fuerat, pro toto agro pecuniam intulerunt, et post determinata necessaria loca, rursus eum agrum vindiderunt ; ut in suis finibus proprium jus tam res publica quam privata haberent. Plerique tamen non contenti occupasse fines, ipsis ductibus manus attulere per..... latera passim, tam ii qui jus aquarum impetratum habent, quam ii qui quantulacumque beneficii occasione ad expugnandos nunc abutuntur. Quid porro fieret, si non universa ista diligentissima lege prohiberentur, pœnaque non mediocris contumacibus intentaretur ? quæ subscripsi verba legis :

CXXIX. « T. QUINCTIUS. CRISPINUS. COS. POPULUM. JURE. ROGAVIT. POPULUSQUE. JURE. SCIVIT. IN. FORO. PRO. ROSTRIS. ÆDIS. DIVI. JULII. A. D. P..... JULIAS. TRIBUI. SERGIÆ. PRINCIPIUM. FUIT. PRO. TRIBU. SEX. L. F. VARRO. QUICUMQUE. POST. HANC. LEGEM. ROGATAM. RIVOS. SPECUS. FORNICES. FISTULAS. TUBULOS. CASTELLA. LACUS. AQUARUM. PUBLICARUM. QUÆ. AD. URBEM. DUCUNTUR. SCIENS. DOLO. MALO. FORAVERIT. RUPERIT. FORANDA. RUMPENDAVE. CURAVERIT. PEJOREMVE. FECERIT. QUOMINUS. EÆ. AQUÆ. EARUMVE. QUO. IN. URBEM. ROMAM. IRE. CADERE. FLUERE. PERVENIRE. DUCI. POSSINT. QUOVE. MINUS. IN. URBE. ROMA. ET. IN. HIS. ÆDIFICIIS. QUÆ. URBI. CONTINENTIA. SUNT. ERUNT. IN. HIS. HORTIS. PRÆDIIS. LOCIS. QUORUM. HORTORUM. PRÆDIORUM. LOCORUM. DOMINIS. POSSESSORIBUSVE. AQUA. DATA. VEL. ATRIBUTA. EST. VEL. ERIT. SALIAT. DISTRIBUATUR. DIVIDATUR. IN. CASTELLO. LACUS. IMMITTATUR. IS. POPULO. ROMANO. C. MILLIA. DARE. DAMNAS. ESTO. ET. QUI. CLAM. QUID. EORUM. ITA. FECERIT.

truire, replacer sur-le-champ ce qu'il a dérangé, ou à démolir ce qu'il a fait. Ainsi, quiconque est ou sera administrateur des eaux, ou, à son défaut, le préteur chargé de juger les différends entre les citoyens et les étrangers, est autorisé à prononcer l'amende, la tradition des gages, ou d'ordonner la contrainte personnelle. Or, le droit et la faculté de prononcer l'amende, de percevoir les gages, ou d'ordonner la contrainte personnelle, appartiendraient à l'administrateur des eaux, ou, en son absence, au préteur. S'il arrive qu'un esclave cause quelqu'un de ces dommages, son maître payera cent mille sesterces (1) au profit du peuple romain. Si quelqu'un forme une clôture auprès des canaux, des conduits souterrains, des voûtes, des tuyaux des châteaux d'eau, ou des réservoirs dépendants des eaux publiques qui sont ou seront conduites, à l'avenir, dans la ville de Rome, à l'exception de ce qui sera autorisé par cette loi, il ne pourra rien opposer, ni construire, ni obstruer, ni planter, ni établir, ni poser, ni placer, ni labourer, ni semer, ni rien faire de ce qui est défendu par la loi dans l'espace qui doit rester libre, à moins que ce ne soit pour le rétablissement des aqueducs. Tout contrevenant à cette loi éprouvera contre lui le recours de cette même loi, établie pour la garantie commune aux intérêts publics et particuliers.... Ainsi, il sera tenu de rétablir les choses endommagées dans l'état où elles étaient, et comme elles doivent être..... Si, au mépris de cette loi, quelqu'un venait à rompre ou percer un canal, un conduit souterrain, ou seulement faire paître l'herbe, couper le foin dans le lieu où ils se trouvent.... les administrateurs des eaux publiques actuellement en exercice, et ceux qui le seront à l'avenir, auront soin de ne souffrir aux environs des sources, des voûtes, murs, canaux et conduits souterrains, aucuns enclos, arbres, vignes, buissons, haies, murs de clôture, plantations de saules, ni de roseaux; ils sont autorisés à faire enlever, arracher, déraciner ceux qui s'y trouvent, en se renfermant avec équité dans le texte de la loi, qui leur donne le droit et le pouvoir de prononcer l'amende, de recevoir des gages, et d'ordonner la contrainte personnelle... Quant aux vignes et aux arbres renfermés dans les métairies, les édifices.... ou murs de clôture, que les administrateurs des eaux ont reconnus n'être pas dans le cas d'être démolis, il faudra que la permission de les conserver soit inscrite et gravée sur ces clôtures, ainsi que les noms des administrateurs qui les ont accordées.

Par cette loi, il n'est point dérogé aux permissions données par les administrateurs, à qui que ce soit, de prendre ou de puiser de l'eau dans les fontaines, canaux ou conduits souterrains, pourvu qu'on n'y emploie ni roue, ni calice, ni machine, que l'on ne creuse aucun puits, et qu'on ne perce aucune nouvelle ouverture. »

CXXX. Il n'y a pas de doute que les contempteurs d'une loi aussi utile ne méritent les peines qu'elle inflige. Mais il a fallu user de douceur envers ceux qu'une longue négligence avait induits en erreur. C'est pourquoi nous avons, autant qu'il a été en notre pouvoir, fait en sorte que ceux qui étaient en contravention ne fussent pas con-

(1) 23,000 francs de notre monnaie.

ID. OMNE. SARCIRE. REFICERE. RESTITUERE. ÆDIFICARE. PONERE. ET. CELERE. DEMOLIRE. DAMNAS. ESTO. SINE. DOLO. MALO. ATQUE. OMNIA. ITA. UT. QUICUNQUE. CURATOR. AQUARUM. EST. ERIT. AUT. SI. CURATOR. AQUARUM. NEMO. ERIT. TUM. IS. PRÆTOR. QUI. INTER. CIVES. ET. PEREGRINOS. JUS. DICIT. MULTA. PIGNORIBUS. COGITO. COERCITO. EJQUE. CURATORI. AUT. SI. CURATOR. NON. ERIT. TUM. EI. PRÆTORI. EO. NOMINE. COGENDI. COERCENDI. MULTÆ. DICENDÆ. SIVE. PIGNORIS. CAPIENDI. JUS. POTESTASQUE. ESTO. SI. QUID. EORUM. SERVUS. FECERIT. DOMINUS. EJUS. IN. S. CENTUM. MILLIA. POPULO. DET. SI QUIS. CIRCA. RIVOS. SPECUS. FORNICES. FISTULAS. TUBULOS. CASTELLA. LACUS. AQUARUM. PUBLICARUM. QUÆ. AD. URBEM. ROMAM. DUCUNTUR. ET. DUCENTUR. TERMINATUS. STETERIT. NEQUE. QUIS. IN. EO. LOCO. POST. HANC. LEGEM. ROGATAM. QUID. OPPONIT. MOLIT. OBSEPIT. FIGIT. STATUIT. PONIT. COLLOCAT. ARAT. SERIT. NEVE. IN. EUM. LOCUM. QUID. IMMITTIT. PRÆTERQUAM. EORUM. FACIENDORUM. REPONENDORUM. CAUSSA. PRÆTERQUAM. QUOD. HAC. LEGE. LICEBIT. OPPORTEBIT. QUI. ADVERSUS. EA. QUID. FECERIT. ET. ADVERSUS. EUM. SIREMPS. LEX. JUS. CAUSSAQUE. OMNIUM. RERUM. OMNIBUSQUE. ESTO. UTIQUE. UTI. ESSET. ESSEQUE. OPORTERET. SI. IS. ADVERSUS. HANC. LEGEM. RIVUM. SPECUM. RUPISSET. FORASSETVE. QUOMINUS. IN. EO. LOCO. PASCERE. HERBAM. FOENUM. SECARE....... CURATORES. AQUARUM. QUI. NUNC. SUNT. QUIQUE. ERUNT. CIRCA. FONTES. ET. FORNICES. ET. MUROS. ET. RIVOS. ET. SPECUS. TERMINATUS. ARBORES. VITES. VEPRES. SENTES. RIPÆ. MACERIA. SALICTA. ARUNDINETA. TOLLANTUR. EXCIDANTUR. EFFODIANTUR. EXCODICENTUR. UTIQUE. RECTE. FACTUM. ESSE. VOLET. EOQUE. NOMINE. IIS. PIGNORIS. CAPTIO. MULTÆ. DICTIO. COERCITIOQUE. ESTO. IDQUE. IIS. SINE. FRAUDE. SUA. FACERE. LICEAT. JUS. POTESTASQUE. ESTO.... QUOMINUS. VITES. ARBORES. QUÆ. VILLIS. ÆDIFICIIS. MACERIISVE. INCLUSÆ. SUNT. MACERIÆ. QUAS. CURATORES. AQUARUM. CAUSSA. COGNITA. NE. DEMOLIRENTUR. DOMINIS. PERMISERUNT. QUIBUS. INSCRIPTA. INSCULPTAQUE. ESSENT. IPSORUM. QUI. PERMISISSENT. CURATORUM. NOMINA. MANEANT.

HAC. LEGE. NIHILUM. ROGATOR. QUOMINUS. EX. IIS. FONTIBUS. RIVIS. SPECUBUS. FORNICIBUS. AQUAM. SUMERE. HAURIRE. IIS. QUIBUSCUMQUE. CURATORES. AQUARUM. PERMISERINT. PRÆTERQUAM. ROTA. CALICE. MACHINA. LICEAT. DUM. NEQUE. PUTEUS. NEQUE. FORAMEN. NOVUM. FIAT. EJUS. HAC. LEGE. NIHILUM. ROGATOR.

CXXX. Utilissimæ legis contemptores non negaverim dignas pœna quæ intenditur; sed negligentia longi temporis deceptos leniter revocari opportuit. Itaque sedulo laboravimus, ut quantum in nobis fuit, etiam ignorarentur qui erraverant. Iis vero qui admoniti ad indulgentiam imperatoris decurrerunt, possumus videri caussa impetrati be-

nus. Quant à ceux qui, après avoir été avertis, ont eu recours à la bonté du prince, nous pouvons assurer que nous avons été cause du bienfait qu'ils ont obtenu. Mais, au reste, je souhaite que l'exécution de la loi ne soit pas nécessaire : car le devoir de ma place m'obligerait à la défendre, sans craindre de blesser les intérêts des particuliers.

LOIS OU CONSTITUTIONS IMPÉRIALES
SUR LES AQUEDUCS
TANT DE L'ANCIENNE ROME QUE DE LA NOUVELLE, C'EST-A-DIRE DE CONSTANTINOPLE (1).

L'empereur Constantin Auguste, à Maximilien, personnage consulaire.

Les possesseurs des fonds traversés par les conduits des eaux seront exempts des charges extraordinaires, sous la condition de faire nettoyer ces conduits quand il en sera besoin ; leurs obligations se borneront là, de peur que d'autres soins ne leur fassent abandonner ce curage. Que s'ils le négligeaient, ils en seraient punis par la perte de leurs fonds ; car le fisc s'en emparerait, en réparation du dommage causé aux aqueducs par leur défaut de soin. Il faut de plus qu'ils sachent que, dans les fonds traversés par les aqueducs, il doit y avoir, de chaque côté des conduits, un espace de quinze pieds, sans arbres (2). Il est en conséquence du devoir de votre charge de faire arracher ceux qui pousseraient en deçà, afin que leurs racines n'en dégradent pas la construction.

Donné le XV des calendes de juin, sous le consulat de Gallicanus et de Symmachus (1).

Les empereurs Valentinien, Valens et Gratien, Augustes, à Fortunatien, ministre du domaine privé.

Le volume d'eau fourni au palais de Daphné est diminué par l'avidité de quelques particuliers, qui puisent à l'aqueduc par des tuyaux d'un diamètre plus grand qu'il ne leur est accordé par la munificence impériale. Nous voulons en conséquence, suivant le vœu général, qu'on rétablisse des réservoirs en trois endroits, et que les noms de chacun, avec les conditions de sa jouissance, soient inscrits sur des registres. Quiconque, à l'avenir, serait convaincu d'avoir tiré plus d'eau qu'il ne lui en est accordé, payera une livre d'or (2) par chaque obole de la valeur du dommage. Si, en vertu d'un rescrit impérial, on obtient une certaine quantité d'eau, on ne pourra entrer en jouissance qu'en l'adressant au gouverneur, qui fera tirer du réservoir la quantité accordée.

Donné le III des calendes de novembre, à Antioche, sous le consulat du jeune prince Valentinien et de Victor (3).

Les empereurs Gratien, Valentinien et Théodose, Augustes, à Cléarque, préfet de la ville.

Les plus grandes maisons, quelque somptueux que soient les bains qu'elles contiennent, ne

---

(1) Pour compléter la jurisprudence des Romains sur la conservation et l'administration des aqueducs et des eaux, nous ajoutons ici, ainsi que l'a fait Poleni, aux sénatus-consultes rapportés par Frontin, les lois ou constitutions impériales rendues depuis lui jusques et y compris celles de l'empereur Justinien. — (2) Voyez le Comment. de Frontin, ch. 127.

(1) An de R. 1083, selon Varron, et de l'ère vulgaire 330. — (2) La valeur de la livre d'or sous Constantin et ses successeurs était de 1048 fr. de la monnaie actuelle. — (3) An de R. 1128, et de l'ère vulg. 370.

---

neficii fuisse. In reliquo vero opto ne executio legis necessaria sit, cum officii fidem etiam per offensas tueri præstet.

LEGES SIVE CONSTITUTIONES IMPERIALES
DE AQUÆDUCTIBUS,
TAM ROMÆ VETERIS QUAM NOVÆ, URBIS SCILICET CONSTANTINOPOLITANÆ.

Imp. Constantinus A., ad Maximilianum, cos.

Aquarum possessores, per quorum fines formarum meatus transeunt, ab extraordinariis oneribus volumus esse immunes, ut eorum opera aquarum ductus sordibus oppleti mundentur, nec ad aliud superindictæ rei onus hisdem possessoribus adtinendis; ne circa res alias occupati repurgium formarum facere non curent. Quod si neglexerint, amissione possessionum multabuntur. Nam fiscus ejus prædium obtinebit, cujus negligentia perniciem formæ congesserit. Præterea scire eos oportet, per quorum prædia ductus commeat, ut dextra lævaque de ipsis formis quindecim pedibus intermissis arbores habeant : observante tuo officio, ut si quo tempore pullulaverint, excidantur; ne earum radices fabricam formæ corrumpant. Dat. XV kal. jun. Gallicano et Symmacho coss.

Imppp. Valentinianus, Valens, et Gratianus, AAA.; Fortunatiano, C. R. P.

Aquæductus, qui Daphnensi palatio usum aquæ præstat, quorumdam aviditate tenuatur ad potis majoribus fistulis, quam ex imperiali largitate meruerunt. Consensu igitur omnium in tribus locis conceptacula reparentur, et singulorum nomina, modusque servandus tabulis adscribatur : et si ultra licitum aliquem usurpare constiterit, per singulos obolos libræ unius auri dispendiis ingravetur ; et si tenore sacri rescripti aliquis certum modum aquæ meruisse noscetur, non prius eidem accipiendi potestas aliquatenus tribuatur, nisi adito rectore, ex ipso conceptaculo quantitatem quam meruit, possit adipisci.

Dat. III. kal. novemb. Antiochiæ, Valentiniano N. P. et Victore, coss.

Imppp. Gratianus, Valentinianus, et Theodosius, AAA.; Clearcho, P. V.

Summas quidem domos si lavacris lautioribus præsententur, binas non amplius aquæ uncias, aut, si hoc am-

pourront obtenir plus de deux onces d'eau, ou, si leur importance en exige davantage, jamais plus de trois. Pour les maisons ordinaires et de peu d'importance, elles devront se contenter d'une once et demie; encore faudra-t-il, pour cela, qu'elles aient des bains du même genre que ci-dessus : car pour les autres, qui n'occupent qu'un très-petit espace, nous ne leur accordons pas plus d'une demi-once. Afin de prévenir toute surprise, l'officier qui vous est subordonné encourra une amende de six livres d'or (1), s'il ne dénonce pas les usurpateurs; et celui qui a trompé sera déchu de ce qu'il aura obtenu.

Donné le X des calendes de juillet, à Constantinople, sous le consulat d'Antoine et de Syagrius (2).

Les mêmes empereurs, à Cynégius, préfet du prétoire.

Tous doivent à l'envi s'empresser de concourir au rétablissement des ports et des aqueducs; et personne ne peut faire valoir, pour s'en dispenser, les prérogatives de sa dignité.

Donné le XV des calendes de février, à Constantinople, sous le consulat de Richomer et de Cléarque (3).

Les empereurs Valentinien, Théodose et Arcadius, Augustes, à Pancratius, préfet de la ville.

Si quelqu'un, malgré nos défenses, avait la témérité d'attenter aux droits de cette florissante cité, en dérivant sur son fonds les eaux de l'aqueduc public, qu'il sache qu'on plantera sur ce fonds les enseignes du fisc, et qu'il sera dévolu à notre domaine privé.

Donné le VIII......, à Constantinople, sous le consulat de Timasius et de Promotus (1).

Les mêmes empereurs, à Albinus, préfet de la ville de Rome.

Nous ordonnons que ceux auxquels notre bienveillance a accordé anciennement ou récemment le droit de prendre de l'eau, la tirent des châteaux d'eau ou des conduits mêmes; nous leur défendons d'en interrompre le cours ou d'attenter à la solidité des tuyaux appelés matrices (2).

Donné le V des calendes de septembre, à Rome, sous le consulat de Timasius et de Promotus.

Les empereurs Arcadius et Honorius, Augustes, à Africanus, préfet de la ville.

Quiconque prétendrait tirer l'eau qu'il est autorisé à prendre, plutôt de l'aqueduc que des châteaux d'eau, perdra le droit qui lui avait été précédemment accordé. En outre, afin d'assurer le service des concessions faites aux particuliers, on doit punir des peines les plus sévères, eu égard à la qualité des personnes, ceux qui, contre la teneur de notre présent rescrit impérial, ne mettent pas de frein à leur avide cupidité.

Publié le IV des calendes de juin, à Constantinople, sous le consulat d'Olybrius et de Probinus (3).

Les mêmes empereurs, à Astérius, comte d'Orient.

L'eau dont l'usage est ancien, et établi par une

---

(1) Les six livres d'or répondent à 6,288 fr. de la monnaie actuelle. — (2) An de R. 1135, et de l'ère vulg. 382. — (3) An de R. 1137, et de l'ère vulg. 384.

(1) An de R. 1142, et de l'ère vulg. 389. — (2) Cette loi et la suivante se trouvent réunies dans le code Justinien. — (3) An de R. 1148, et de l'ère vulg. 395.

---

plius exigerit ratio dignitatis, supra ternas nautique possidere: mediocres vero et inferioris meriti domus singulis et semis contentas esse decernimus. Si tamen hujuscemodi balneas easdem habere claruerit; cæteros vero, qui mansionum spatio angustiore sustentantur, ad mediæ unciæ usum tantum gaudere præcipimus. Neque obreptionem cuiquam patere : ita ut quod tibi paret officium, sex librarum auri multa feriatur, nisi prodiderit usurpantes; et iis, qui fefellit, careat impetrato.

Dat. X kal. jul., Constantinopoli, Antonio et Syagrio coss.

Iidem AAA., Cynegio, P. P.

Ad portus et aquæductus instaurationem, omnes certatim, facta operarum conlatione, instare debent : neque aliquis ab hujuscemodi consortio dignitatis privilegiis excusari.

Dat. XV. kal. februar., Constantinopoli, Richomere et Clearcho coss.

Imppp. Valentinianus, Theodosius, et Arcadius, AAA., Pancratio, P. V.

Si quis de cætero vetiti furoris audacia florentissimæ urbis commoda voluerit mutilare, aquam ad suum fundum ex aquæductu publico derivando, sciat eundem fundum fiscalis tituli proscriptione signatum privatis rebus nostris adgregandum.

Dat. VIII..., Constantinopoli, Timasio et Promoto coss.

Iidem AAA., Albino, P. V. Rom.

Eos qui aquæ copiam vel olim, vel nunc per nostra indulta meruerunt, ejus usum aut ex castellis, aut ipsis formis jubemus elicere, neque earum fistularum, quas matrices vocant, cursum ac soliditatem adtentare.

Dat. V. kal. sept., Romæ, Timasio et Promoto coss.

Impp. Arcadius et Honorius, AA., ad Africanum, P. V.

Quicumque ex aquæductu magis quam ex castellis aquæ usum putaverit derivandum, etiam id, quod prius jure beneficii fuerat consecutus, amittat. In eum vero pro conditione personæ conveniet severissimo supplicio vindicari, qui adversus statuta hujus sacri oraculi, avidæ cupiditatis noluerit frena cohibere ut privatis indulti meatus mensura famuletur.

Dat. PP. IV. kal. jun. Constantinopoli, Olybrio et Probino coss.

Iidem AA., Asterio com. Or.

Usum aquæ veterem longoque dominio constitutum

longue possession, doit, suivant nos intentions, être conservée à chaque citoyen, sans être interrompue par aucune innovation, de manière toutefois que chacun continue à percevoir, suivant le mode usité jusqu'à ce jour, la quantité qui lui a été anciennement accordée. Nous maintenons la peine portée contre ceux qui, pour l'arrosement de leurs champs ou l'agrément de leurs jardins, s'approprient les dérivations frauduleuses.

Donné le jour des calendes de novembre, sous le consulat de Cæsarius et d'Atticus (1).

Les mêmes empereurs, à Messala, préfet du prétoire.

Qu'aucun particulier ne s'arroge de droit sur l'aqueduc nommé Augusta, situé dans la Campanie, et qui a été réparé aux dépens du trésor public; et que la permission d'en tirer de l'eau ne soit donnée à l'avenir à qui que ce soit. Si quelqu'un osait détourner le cours de l'eau, qu'il soit tenu de payer cinq livres d'or (2) à notre trésor. Tout rescrit surpris, toute manœuvre pratiquée pour frauder notre disposition, sera sans effet.

Donné le V des calendes de janvier, à Milan, sous le consulat de Théodore (3).

Les mêmes empereurs, à Flavianus, préfet de la ville.

Que personne ne pense pouvoir impunément s'approprier par fraude l'eau Claudia, en rompant ou perçant les parois de son canal; car les contrevenants seraient aussitôt punis par la confiscation de leurs bâtiments et terres. En outre, celui qui est chargé de la conservation de cet ouvrage ne peut manquer à son devoir, sous peine de payer autant de livres d'or qu'il aura été détourné d'onces de notre eau Claudia, par sa connivence.

Donné le VI des ides de novembre, à Milan, sous le consulat de Stilicon et d'Aurélien.

Les empereurs Théodose et Valentinien, Augustes, à Cyrus, préfet du prétoire.

Si quelqu'un obtient de la libéralité impériale le droit de prendre de l'eau, ce n'est point aux très-illustres gouverneurs de province, c'est à votre siège suprême que les ordres souverains doivent être notifiés. Celui qui chercherait à faire insinuer sa supplique par-devant les gouverneurs encourrait une amende de 50 livres d'or (1); peine également applicable à tous administrateurs qui tenteraient de s'attribuer la mise à exécution d'un rescrit subreptice. Les appariteurs desdits très-illustres gouverneurs n'en sont pas moins soumis aux peines que votre sévérité leur infligera. C'est à votre décision suprême à régler la quantité d'eau qu'il convient de consacrer pour le service des thermes et des nymphées, en raison du nombre des citoyens, parce que le superflu doit être distribué à ceux que notre faveur a gratifiés.

Les mêmes empereurs, à Cyrus, préfet du prétoire.

Nous annulons pleinement toute servitude établie sur l'aqueduc d'Adrien au profit des maisons,

(1) An de R. 1150, et de l'ère vulg. 397. — (2) Cinq livres d'or répondent à 5,240 fr. de notre monnaie actuelle. — (3) An de R. 1152, et de l'ère vulg. 399.

(1) Les 50 livres d'or répondent à 52,400 fr. de la monnaie actuelle.

singulis civibus manere censemus, nec ulla novatione turbari : ita tamen, ut quantitatem singuli, quam veteri licentia percipiunt, more usque in præsentem diem perdurante percipiant : mansura pœna in eos, qui ad irrigationes agrorum vel hortorum delicias, furtivis aquarum meatibus abutuntur.

Dat. kal. novemb., Cæsario et Attico coss.

Iidem AA., Messalæ, P. P.

Ex forma, cui nomen Augusta est, quæ in Campania sumptu publico reparata est, nihil privatim singulorum usurpatio præsumat, neque cuiquam posthac derivandæ aquæ copia tribuatur. Si quis autem meatum aquæ ausus fuerit avertere, quinque libras auri ærario nostro inferre cogatur. Quidquid etiam ob eam fraudem ex rescripto fuerit elicitum, vel qualibet arte tentatum, irritum habeatur.

Dat. V. kal. jan., Med., Theodoro V. C. cos.

Iidem AA., ad Flavianum, P. V.

Nequis Claudiam, interruptis formæ lateribus atque perfossis, sibi fraude elicitam existimet vindicandam. Si quis contra fecerit, earum protinus ædium et locorum amissione multetur. Officium præterea, cujus ad sollicitudinem operis hujus custodia pertinebit, hac pœna constringimus : ut tot librarum auri inlatione multetur, quot uncias Claudiæ nostræ coniventia ejus usurpatas fuisse constiterit.

Dat. VI. Id. novemb., Med., Stilicone et Aureliano coss.

Impp. Theodosius et Valentinianus, AA., Cyro, P. P.

Si quis per divinam liberalitatem meruerit jus aquæ, non viris clarissimis rectoribus provinciarum, sed tuæ præcellentissimæ sedi cœlestes apices intimare debebit : condemnatione contra illum, qui preces moderatoribus insinuare conatur, quinquaginta librarum auri, et contra universos administratores, qui rescriptum per subreptionem elicitum suscipere moliuntur, proponenda : apparitoribus nihilominus eorumdem virorum clarissimorum provinciæ moderatorum, animadversionibus pro vigore tui culminis subjugandis : et amplissima tua sede dispositura, quid in publicis thermis, quid in nymphæis pro abundantia civium conveniat deputari, quia his personis, quibus nostra serenitas indulsit, ex aqua superflua debeat impertiri.

Idem A A., Cyro, P. P.

Omnis servitus aquæductus Hadriani, sive domorum,

terrains, jardins ou bains, même par rescrits du prince insinués dans une juridiction quelconque, ou fondés sur un long usage : car nous avons mieux aimé que ledit aqueduc ne fût consacré qu'au service de notre palais des Thermes publics et des Nymphées ; et nous entendons que la présente disposition soit observée à l'avenir sans restriction. Il ne sera, en conséquence, permis à personne de solliciter un rescrit pour obtenir de l'eau de cet aqueduc ou d'en percer audacieusement les conduits : notre volonté étant connue, celui qui oserait faire une pareille tentative, tout officier qui se permettrait d'instruire l'affaire ou d'obéir au rescrit qui serait surpris, seraient condamnés à payer au fisc une amende de cent livres d'or (1). De plus, nous ordonnons que non-seulement le canal des eaux publiques ne soit resserré par aucun arbre dans un espace moindre de dix pieds, mais, en outre, que de chaque côté cet espace de dix pieds soit entièrement libre et vacant.

Nous jugeons à propos d'étendre ces dispositions aux tuyaux de plomb que notre prévoyance a fait établir pour conduire les eaux aux Thermes d'Achille : car nous voulons que lesdits tuyaux soient exclusivement consacrés au service des thermes et des nymphées auxquels notre grandeur les a destinés. Nous autorisons, en conséquence, les appariteurs de votre excellence à parcourir sans crainte les maisons, les jardins, les bains, pour rechercher les fraudes, les suppressions et les entreprises quelconques qui pourraient être dirigées contre l'utilité publique.

(1) Cent livres d'or répondent à 104,800 fr. de la monnaie actuelle.

Les mêmes empereurs, à Eutichianus, préfet du prétoire.

Les tributs perçus dans les différents comptoirs de la ville, et ceux payés par les ouvriers dits *zizacéniens*, pour être affectés à l'entretien de l'aqueduc de cette superbe ville, le seront aussi au rétablissement du même aqueduc. On aura soin surtout de n'exiger à cet effet, de ceux qui jouissent du droit de prendre de l'eau, aucune rétribution ; car il serait odieux que l'eau de cette ville auguste fût vénale.

L'empereur Zénon Auguste, à Adamantius, préfet de la ville.

Nous ordonnons, par la présente loi, que si le magistrat revêtu des éminentes fonctions de préfet se permettait de détourner les fonds destinés aux dépenses des aqueducs, et de les employer à la construction ou à l'entretien d'un ouvrage quelconque, étranger aux aqueducs et au cours de l'eau publique, il soit obligé de fournir, à ses dépens, une somme égale pour les aqueducs. Au surplus, un caissier particulier touchera les sommes que la libéralité des consuls, ou tout autre titre relatif aux eaux publiques, aura affecté aux susdites dépenses.

Le même empereur, à Sporatius.

Nous ordonnons de rechercher avec soin les fontaines publiques d'origine, et celles qui, ayant été primitivement privées, devinrent ensuite publiques, et sont revenues depuis à la possession des particuliers, soit qu'on ait obtenu à cet égard des

---

sive possessionum, sive suburbanorum, sive balneorum, per divinos affatus intimatos in quolibet judicio, vel per usurpationem impertitos, penitus exprobretur. Maluimus etenim prædictum aquæductum nostri palatii publicarum thermarum ac nymphæorum commoditatibus inservire. Et decernimus hanc dispositionem modis omnibus in posterum servari ; nemini licentia tribuenda ab eodem aquæductu precibus oblatis usum aquæ petere, vel cum audere perforare ; scientibus his qui qualibet ratione putaverint ad hujusmodi emolumentum accedere, vel officio, si ausus fuerit instruere, vel minus instructis precibus parere, centena pondo auri multæ nomine fiscalibus rationibus se esse inlaturos. Super his sancimus, sulcum publicum aquarum nullis intra decem pedes arboribus coarctari, sed ex utroque latere decempedale spatium integrum inlibatumque servari ; præterea de plumbeis fistulis ducentibus ad thermas quæ Achilleæ nuncupantur, quas providentiæ tuæ magnificentia factas fuisse cognovimus, eamdem formam servari censemus.

Etenim memoratas fistulas thermis tantum et nymphæis, quibus eminentia tua deputaverit, volumus inservire : facultate præbenda tuæ sublimitatis apparitoribus circumeundi sine formidine domus, suburbana, balnea ad requirendum, ne qua deceptio, vel suppressio, vel insidiæ contra publicam utilitatem a quoquam penitus adtententur.

Iidem. AA., Eutichiano, P. P.

Ad reparationem aquæductus hujus almæ urbis omnia vectigalia quæ colligi possunt ex universis scalis hujus inclytæ urbis, et ex operariis, qui zizaceni dicuntur, ad refectionem ejusdem aquæductus procedere : illo vindelicet observando, ut nemo eorum, qui jus aquæ possident, quacumque descriptione sustineat. Nam exsecrabile videtur domos hujus almæ urbis aquam habere venalem.

Imp. Zeno, A., Adamantio, P. V.

Hac lege sancimus, ut si quis amplissimam præfecturam gubernans, aurum aquæductui deputatum ad alterum quodlibet opus, non aquæductibus vel aquæ publicæ competens, exstruendum, vel curandum putaverit convertendum : de suis facultatibus eamdem summam aquæductus titulo repensare cogatur : separatus vero arcarius aurum suscipiat gloriosissimorum consulum liberalitate, vel ex aliis titulis ad aquas publicas pertinentibus collectum, vel postea colligendum.

Iidem A., Sporatio.

Diligenter investigari decernimus, qui publici ab initio fontes, vel cum essent ab initio privati, postquam publice usum præbuerunt, ad privatorum usum conversi sunt, sive sacris apicibus per subreptionem impetratis, ac multo

rescrits subreptices, soit bien plutôt encore que, sans titre et sans se couvrir du prétexte d'une décision impériale, on se soit permis une telle usurpation ; nous voulons, afin de rendre à cette royale cité ce qui lui appartient, que ce qui a été public ne demeure privé, mais que l'usage en soit restitué à tous. Tout rescrit impérial, toute pragmatique sanction obtenus par des particuliers contre l'intérêt général des citoyens demeureront, en conséquence, sans effet; et la longue possession même ne pourra établir contre les droits de la ville aucune prescription.

Le même empereur, à Pontius.

Nous défendons à toutes personnes, de quelque dignité qu'elles soient revêtues, de rien entreprendre contre les filets d'eau ou les fontaines publiques qui grossissent les aqueducs de leurs eaux. Quiconque, clandestinement ou publiquement, et comptant sur son crédit, amènerait de l'eau desdits filets et fontaines, ou s'en procurerait par des manœuvres frauduleuses, serait tenu de la restituer aux aqueducs publics.

Nous défendons, en outre, à tout citoyen de planter à l'avenir le long desdits aqueducs des arbres quelconques, et ce dans la crainte que les racines n'en dégradent les murailles : on connaît, à cet égard, la prohibition portée dans les anciennes constitutions. Tout le monde saura qu'à l'avenir, en cas de contravention aux dispositions ci-dessus, tous terrains, héritages, bains, moulins à eaux, jardins, pour l'usage desquels l'eau publique aurait été détournée, tous ceux qui borderont l'aqueduc auquel le propriétaire aura nui par ses plantations, sans avoir aucune considération pour le terrain, le domaine ou la personne du propriétaire, seront compris dans la proscription et dévolus au fisc, sans qu'on puisse en aucune manière obtenir remise de ladite peine, même par rescrit du prince.

Nous voulons que tous les gardiens des eaux, connus sous le nom d'*hydrophylaces*, auxquels est principalement confié le soin des aqueducs de cette cité royale, soient marqués de notre nom impérial sur la main. Par là ils seront reconnus de tous, et ne pourront être employés à d'autres usages par les intendants de nos maisons, ni par qui que ce soit; ils ne seront point tenus des corvées et travaux publics. Que si l'un de ces gardiens vient à mourir, celui qui le remplacera sera marqué du même signe. Ils formeront ainsi une espèce de corps de milice, incessamment sur pied pour la garde qui leur est confiée, et ne pourront être distraits pour d'autres emplois.

L'empereur Justinien Auguste, à Servius, préfet du prétoire.

La décision rendue par l'empereur Théodose, de glorieuse mémoire, relativement à ceux qui veulent obtenir de l'eau des aqueducs et fontaines publiques, est par nous expressément maintenue, en ce sens que personne, soit dans cette auguste cité, soit dans les provinces, ne puisse avoir la permission de tirer de l'eau d'un aqueduc ou fontaine publique sans un rescrit impérial, obtenu dans la forme ordinaire et insinué à notre tribunal suprême, ou chez tout autre magistrat compétent. Quiconque aurait enfreint nos ordres, ou en aurait autorisé l'infraction, encourrait une

---

amplius si auctoritate inlicita, nec appetito colore sacri oraculi, hujusmodi aliquid pertentatum fuisse dignoscitur : ut jus suum regiæ civitati restituatur, et quod publicum fuit aliquando, minime sit privatum, sed ad communes usus recurrat : sacris oraculis, vel pragmaticis sanctionibus adversus commoditatem urbis quibusdam impertitis, jure cassandis : nec longi temporis præscriptione ad circumscribenda civitatis jura profutura.

Idem A., Pontio.

Decernimus, ne quid a quacumque persona qualibet dignitate prædita contra munuscularios aquæductus, vel fontes publicos, qui ad aquæductus confluunt, pertentetur. Sed et si quis clam vel palam auctoritate confisus de iisdem parologiis, vel fontibus aquam transduxerit, vel clandestinis insidiis forte subripuerit publicis aquæductibus, eam restituere compellatur.

Hoc etiam præcipimus, ne in posterum a quolibet juxta eosdem aquæductus plantari qualescumque arbores possint, ne ex stirpibus labefactentur parietes aquæductus, quod antiquis etiam constitutionibus interdictum esse dignoscitur : scientibus universis, quod in posterum super hujusmodi commissis suburbanum vel prædium, vel balneum, vel aquæ mola, vel hortus, ad cujus usum aqua publica fuerit derivata ; vel si quid ex his juxta aquæductum positum ad eum pertinet, qui plantavit arbores aquæductibus noxias, ad quemcumque pertineat locum, vel hominem, vel domum, proscriptionis titulo subjacebit, et fisci juribus vindicetur : nulli super hujusmodi pœna nec per sacros apices venia tribuenda.

Universos autem aquarios, vel aquarum custodes, quos hydrophylacas nominant, qui omnium aquæductuum hujus regiæ urbis custodes deputati sunt, singulis manibus eorum felici nomine pietatis nostræ impressi signari decernimus, ut hujusmodi adnotatione manifesti sint omnibus ; nec a procuratoribus domorum, vel quolibet alio ad usus alios avellantur, vel angariarum, vel operarum nomine teneantur. Quod si quem ex iisdem aquariis mori contigerit, cum nihilominus, qui in locum defuncti subrogatur, signo eodem notari præcipimus : ut militiæ quodammodo societati, excubiis aquæ custodiendæ incessanter inhæreant, nec muneribus aliis occupentur.

Imp. Justinianus A., Servio, P. P.

Divinam dispositionem ab inclytæ recordationis principe Theodosio super his qui aquam sibi de publicis aquæductibus seu fontibus præberi desiderant, promulgatam, hac etiam lege in sua firmitate durare sancimus; quatenus nemo vel in hac sacratissima civitate, vel in provinciis, sine divinis apicibus de sacro epistolarum scrinio more solito edendis, et judicio tuæ celsitudinis, vel aliis, quorum interest, intimatis vel intimandis, aquam de publica

amende de dix livres d'or (1), et s'exposerait à toute notre indignation.

Formule pour conférer la charge de surveillant des aqueducs de la ville ; rédigée par Magnus Aurélius Cassiodorus, gouverneur de la ville.

A comparer entre eux les édifices de Rome, à peine, il est vrai, trouverait-on matière à préférence (tant sont reconnus dignes d'admiration tous les ouvrages qui s'y offrent aux regards!) : nous croyons, cependant, devoir mettre une différence entre ceux dont l'utilité fait le prix, et ceux qui se recommandent seulement par leur beauté. Le forum de Trajan est un prodige pour ceux même qui le voient tous les jours. Le Capitole offre, aux yeux qui en franchissent le sommet, le chef-d'œuvre du génie humain. Mais est-ce là ce qui fait exister? est-ce là ce qui contribue en rien au bien-être, à la santé du corps? Les aqueducs de Rome, au contraire, se font également remarquer par leur structure admirable, et par la salubrité particulière de leurs eaux. En effet, ces montagnes artificielles qui y amènent les eaux, feraient croire leur lit naturel composé des rochers les plus durs, pour avoir pu soutenir, pendant tant de siècles, l'impétuosité si rapide du courant. Les flancs creux des montagnes s'écroulent le plus souvent, le lit des torrents se perd et s'efface ; mais cet ouvrage des anciens ne se détruira pas, tant que l'industrie veillera à sa con-

servation. Considérons présentement l'ornement que Rome tire de ses eaux. Ces thermes magnifiques, que seraient-ils sans ce nouvel océan qui en fait le charme? On voit courir, avec une délicieuse pureté, l'eau *Vierge*, ainsi appelée, sans doute, parce qu'elle est à l'abri de toute souillure ; car, tandis que les autres, par l'excès des pluies, reçoivent dans leur sein un limon impur, celle-ci, dans son cours limpide, semble nous annoncer, en tout temps, un ciel serein. Avec quelle expression peut-on décrire de semblables merveilles, par exemple, ces immenses travaux qui, conduisant l'eau Claudia au sommet du mont Aventin, l'y font retomber en cascade, pour arroser cette cime élevée, comme une profonde vallée? Le Nil d'Égypte, dans ses crues périodiques, inondant les plaines inférieures, roule, sous un ciel serein, l'agitation de ses flots troublés. Combien il est plus beau de voir l'eau Claudia à Rome, à travers les arides sommets des montagnes, apporter aux bains et aux habitations l'onde limpide qui s'échappe de ses canaux féconds, et couler si également, qu'elle ne trompe jamais l'espoir de ceux qui l'attendent! Le Nil, au contraire, se retire-t-il, c'est du limon ; survient-il inopinément, c'est un déluge. Qui donc pourrait douter que les eaux de notre ville ne l'emportent sur ce Nil fameux, dont la crue subite inspire l'effroi, et dont la retraite produit le dénûment? (1)

Ce ne sont pas là de vains discours. Notre but est de vous faire sentir quelle sollicitude on a droit d'exiger de vous, en vous confiant de tels chefs-d'œuvre. En conséquence, après une mûre délibération, nous vous conférons, par la présente,

---

(1) Les dix livres d'or répondent à 10,480 francs de la monnaie actuelle.

(1) Voyez plus haut (page 7) le *Commentaire de Frontin*, ch. 10.

---

aquæductu seu fonte trahere permittatur : his quicumque jussa nostra violaverit seu violare concesserit, denarum librarum auri condemnatione, aliaque gravissima indignatione feriendis.

Formula comitivæ formarum urbis; auctore Magno Aurelio Cassiodoro, V. C.

Quamvis romuleæ fabricæ conlatæ sibi vix possint præcipuæ reperiri (quia totum in admiratione nascitur exquisitum, quod ibi cernitur esse fundatum), tamen interesse arbitramur, quod utilitas necessaria gratificat, et quod pulchritudinis tantum caussa commendat. Trajani forum vel sub assiduitate videre miraculum est. Capitolia celsa conscendere, hoc est, humana ingenia superata vidisse. Sed numquid per ea vivitur, aut corporis salus aliqua inde delectatione recreatur? In Formis autem Romanis utrumque præcipuum est, ut fabrica sit mirabilis et aquarum salubritas singularis. Quod enim illuc flumina quasi constructis montibus perducuntur, naturales credas alveos soliditates saxorum : quando tantus impetus fluminis, tot sæculis firmiter potuit sustineri. Cavati montes plerumque subruunt, meatus torrentium

dissipantur, et opus illud veterum non destruitur, si industria suffragante servetur. Respiciamus certe, aquarum quantum romanis mœnibus præstat ornatum. Nam thermarum illa pulchritudo quid esset, si dulcissima quædam æquora non haberet? Currit aqua Virgo sub delectatione purissima, quæ ideo, sic appellata creditur, quod nullis sordibus polluatur : nam cum aliæ pluviarum nimietate terrena commixtione violentur, hæc aerem perpetuo serenum purissima labens unda mentitur. Quis possit talia sermonibus idoneis explicare? Claudiam per tantam fastigii molem sic ad Aventini caput esse perductam, ut, cum ibi ex alto lapsa ceciderit, cacumen illud excelsum quasi imam vallem inrigare videatur. Ægyptius Nilus certis temporibus crescens per campos jacentes superducto diluvio aere sereno turbulentus exæstuat : sed quanto pulchrius est, Claudiam romanam per tot siccas montium summitates lavacris ac domibus liquores purissimos, fistularum uberibus emissos? et ita æqualiter fluere, ut numquam se possit desiderata subducere? Ille enim dum recedit, limus est : dum venit insperate, diluvium. Quis ergo famosum Nilum urbis nostræ fluminibus non æstimet esse superatum, quando ille incolas suos aut veniendo terret, aut recedendo destituit?

Verum hæc non superflua commemoratione narravimus,

la charge de surveillant des aqueducs, pour que vous employiez tous les efforts de votre zèle à maintenir en bon état ces monuments, si grands et si beaux. Surtout, nous vous le recommandons, que ces arbres nuisibles, qui dégradent les constructions, espèces de béliers lancés contre les murailles pour les détruire, soient coupés jusqu'à la racine : le mal n'est détruit, si la cause n'en est extirpée. A l'égard de ce qui tomberait de vétusté, faites-le réparer promptement, de peur que la dégradation, en s'étendant, ne nous occasionne une augmentation de dépense. Votre charge fait votre fortune pour votre vie, pourvu que vous assuriez la conservation des aqueducs. Nous regarderons comme nous étant personnels tous les soins que vous y donnerez. Nous comptons donc sur votre habileté et votre zèle pour que les constructions ne reçoivent aucune atteinte, et que la distribution des eaux n'éprouve, par la vénalité des gardiens, aucune interruption.

---

ut possis advertere, qualis a te diligentia perquiratur, cui pulchritudo tanta committitur. Qua de re per indictionem illam, comitivam tibi formarum sub magna deliberatione credidimus : ut summo studio nitaris efficere, quod tantis ac talibus rebus videris expedire. In primis noxias arbores, quæ inferunt fabricarum ruinas, dum sunt quidam mœnium importabiles arietes, censemus radicitus amputari : quia nulla læsio removetur, cujus origo non tollitur. Si quid autem conficiente senio fuerit demolitum, pervigili celeritate reparetur : ne crescente defectu augeatur nobis caussa dispendii. Ductus aquæ fortuna tua est, dum incolumis eris, si illa solidaveris : tantumque apud nos proficis, quantum te illi studuisse probaveris. Agat ergo peritia fidesque tua, ut et constructio fabricæ inlibata permaneat, et aquæ distributio nulla se custodum venalitate subducat.

NOTES SUR FRONTIN.

Ch. II. *Aut aliter quæ facienda quæque vitanda sint, posse decerni.* Dans l'édition de Joconde, on lit : *quam quæ facienda quæque vitanda sint posse decernere;* et il supprime *aut aliter*, qui se trouve dans le manuscrit du Mont-Cassin.

VI. *Portam Raranam.* On trouve dans les manuscrits du Mont-Cassin et d'Urbin, que cette porte est désignée par *RR a...nam.* Les éditions imprimées portent *Raranam.* Nardini prétend qu'il faut lire *Romanam;* mais Poleni observe qu'alors, au lieu de *supra Tibur*, il faudrait lire *citra Tibur*.

VII. *Post annos CXXVII.* Dans l'édition de Joconde, on trouve : *anno vigesimo primo post annum CXXVII;* mais comme ces mots ne se trouvent ni dans le manuscrit du Mont-Cassin ni dans celui d'Urbin, je les ai supprimés, comme Poleni.

Marcio, qui tum prætor. Dans Joconde, on lit : *M. Tilio;* et dans Poleni, *Marcio.*

Rivis hic, et opere..... duxit. Dans Joconde : *Reipublicæ causa tertio milliario..... fabrorum duxit.*

Sestertium iiij et octogies, comme dans Poleni, en sous-entendant *centena millia,* c'est-à-dire 8,400,000 sesterces. — Dans le manuscrit du Mont-Cassin : *sestertium nunc octoginte;* dans celui d'Urbin : *sestertium nunc octingente;* dans l'édition de Joconde : *Sestertium iiij et octingenties;* dans la première édition : *sestertium mille et octogenties.*

Spatium præturæ..... est prorogatum. Dans Joconde, on lit : *Statuit senatus præturam in alterum annum prorogari.*

De hoc enim constantius. Dans Joconde : *non constantius.*

CC..... statim..... colore perviridi. Dans Joconde : *Intra spacium passuum ducentorum finita substructionibus pene statim stagnino colore præviridi.* Dans le manuscrit du Mont-Cassin : *Intra passuum ducentorum fontin..... sub...... bus petrei...... statim...... stagy uno...... colore perviridi.* Dans le manuscrit d'Urbin : *Intra passuum ducentorum fontin...... sub......, bus prete... statim...... stagnino...... colore perviridi.*

VIII. *Hypseo.* Dans le manuscrit du Mont-Cassin : *Hypsaponi;* dans ceux d'Urbin et de Joconde : *Hipsapone.*

Ad X milliarium. Dans Joconde : *xj milliarium.*

In urbem perducebatur. Dans Joconde : *perducebatur Juliæ post mixta.*

IX. *Millium passuum duum.* Dans Joconde : *xij;* et dans Poleni, *duum*, comme dans les manuscrits.

Hanc Agrippa omisit. Dans Joconde : *Hanc Agrippa emisit.*

Seu quia improbaverat. Dans Joconde : *Seu quia usum.*

Partem maximam. Maximam ne se trouve pas dans Joconde.

Juliæ adjudicaverunt. Dans Joconde : *Juliæ vindicaverunt.*

Ignari cui caussæ. Dans Joconde *Ignari cujus.*

Abundantiam debeant. Dans Joconde : *Abundantiam habeant.*

Adjuvatur et cum pluribus. Dans Joconde : *Adjuvatus.*

XV. *Ad milliarium XXVIII.* Dans Joconde : *xliij. Locis passuum II millia CCC.* Dans Joconde : *locis passus xij mil. dccc.*

XVI. *Compares.* Dans Joconde : *comparem.*

XVIII. *Excreverunt rudere.* Dans Joconde : *Ruderibus excrererunt.*

XIX. *Conjunctim infra terram euntes.* D'après la note de Poleni.

XXI. *Milliarium...... a Latina.* Dans Joconde : *Intra no.......... via qua a Latina.*

XXVI. *Digiti sescunciam scripulum.* On démontre en géométrie que la superficie d'un cercle est égale au carré de son rayon multiplié par $3\frac{1}{7}$; d'où il résulte que, pour avoir le diamètre d'un cercle de même superficie qu'un carré, il faut prendre le double de la racine de cette superficie divisé par $3\frac{1}{7}$; ce qui donne pour le diamètre du tuyau rond 1 doigt $\frac{37}{408}$, ou 37 scripules, savoir :

Pour une once. . . 24
Pour la demie. . . 12
Et pour un scripule. 1

En tout. . . . 37, comme le trouve Frontin.

Les capacités étant entre elles comme les carrés des diamètres des tuyaux, celle du module d'une once sera à celle du quinaire comme le carré de 1 doigt $\frac{1}{3}$ est au carré de 1 doigt $\frac{1}{4}$, comme le carré de 16 est au carré de 15, et enfin comme 256 est à 225, dont la différence, qui est 31, est plus grande que le huitième de 225, qui représente le tuyau quinaire qui se divisait en 288 scripules; ce qui donne la proportion 225 : 256 : : 288 : $327\frac{17}{45}$; et, prenant 288 pour unité, on aura, pour la capacité du tuyau d'une once, un quinaire $39\frac{17}{45}$, qui ne diffère presque pas de $39\frac{2}{3}$.

L'once vaut. . . . . . . 24 scripules.
La demie. 12
Plus. . . . . $3\frac{2}{3}$

En tout. . . $39\frac{2}{3}$

XXVIII. *Capacitatem.* Les capacités étant comme les carrés des diamètres des tuyaux, celle du quinaire doit être à celle du sextaire comme 25 est à 36; et en prenant 288 pour la capacité du quinaire on aura la proportion 25 : 36 : : 288 : $414\frac{12}{25}$; ce qui donne, pour le sextaire, un quinaire 126 scripules $\frac{12}{25}$; ce qui ne fait que $\frac{12}{25}$ de scripule de plus que le calcul de Frontin.

Quinaire. 288
Cinq onces. 120
Sicilique. 6

En tout. . . . 414

XXX. *Habet digitorum quadratorum exiguo minus viginti.* En effet, si on multiplie 25 carrés de 5 par $\frac{11}{14}$, on trouve 19 doigts $\frac{9}{14}$, ou 185 scripules.

XXXII. *Adjecerunt digiti semunciam, sicilicum.*

Le diamètre du duodénaire devait être de 3 doigts, et sa capacité de 5 quinaires $\frac{76}{90}$ (art. XLIV).

Les fonteniers lui donnaient 18 scripules, ou $\frac{1}{16}$ de doigt de plus; et comme les capacités des tuyaux sont entre elles comme les carrés de leur diamètre, celle de ces deux modules devait être comme le carré de 3 est au carré de 3 $\frac{1}{16}$, à peu de chose près, comme 24 est à 25.

La capacité du duodénaire étant 5,76 quinaires, on a la proportion 24 : 25 :: 5,76 : 6 ; c'est-à-dire que le module des fonteniers fournissait $\frac{24}{100}$ de quinaire de trop, ou un peu moins d'un quart.

Vicenariam exigniorem faciunt diametro digiti semisse. Le diamètre du vingtenaire devait être de 5 doigts, et son produit de 16 quinaires. Les fonteniers ne lui donnant que 4 $\frac{1}{2}$ doigts, les produits de ces deux modules devaient être comme le carré de 5 est au carré de 4 $\frac{1}{2}$, comme 25 est à 20 $\frac{1}{4}$, comme 100 est à 81; ce qui donne la proportion 100 : 81 :: 16 : 12 $\frac{96}{100}$, ou 12 quinaires 276 $\frac{1}{2}$ scripules; ce qui donne une différence de 3 quinaires 11 $\frac{1}{2}$ scripules, c'est-à-dire $\frac{1}{2}$ scripule de moins que Frontin.

Digiti bessem, et semunciam.

$\frac{2}{3}$ de doigt.	192 scripules
$\frac{1}{2}$ once.	12
En tout. . . .	204 scripules.

Semunciam, sicilicum.

. . . . . 10 quinaires.

$\frac{1}{2}$ quinaire.	144 scripules
$\frac{1}{2}$ once.	12
$\frac{1}{2}$ sicilique.	16
En tout 10 quinaires.	162 scripules

Adjiciunt digitos tres, septuncem, semunciam.
. . . . . 3 doigts.

7 onces.	168
$\frac{1}{2}$ once.	12
En tout 3 doigts. . .	180 scripules.

Dodrantem, sicilicum.

. . . . . 65 quinaires.

$\frac{3}{4}$ quinaire.	216
1 sicilique.	6
En tout 65 quinaires.	222 scripules.

D'après les registres, le diamètre du centenaire devait être de 11 doigts 82 scripules, et sa capacité était fixée à 81 quinaires et demi. Le diamètre du module des fonteniers étant augmenté de 204 scripules, se trouvait être de 11 doigts 285 scripules. Le centenaire était ainsi nommé, parce que la superficie de son orifice était de 100 doigts carrés; or, la superficie de l'orifice d'un tuyau de 11 doigts 285 scripules est de 113 doigts carrés $\frac{124}{1000}$; et comme les produits des orifices sous une même charge sont comme leur superficie, on a la proportion 100 : 113 quinaires, 124 :: 81 $\frac{1}{2}$: 92 quinaires, 68 scripules; ce qui donne, par la différence, 10 quinaires 212 scripules, au lieu de 10 quinaires 162 scripules que trouve Frontin, c'est-à-dire 50 scripules de plus que Frontin.

Le cent vingtenaire devait avoir 12 doigts 104 scripules de diamètre (art. LXIII). Sa capacité était fixée à 97 quinaires $\frac{1}{2}$. Les fonteniers augmentaient le diamètre de ce module de 3 doigts 180 scripules; ce qui le portait à 15 doigts 284 scripules, donnant, pour la superficie de son orifice, 200 doigts $\frac{44}{100}$, tandis qu'elle ne devait être que de 120 doigts; ce qui donne la proportion 120 : 200 $\frac{44}{100}$ :: 97

$\frac{1}{2}$: 163 $\frac{33}{100}$, c'est-à-dire 163 quinaires 155 scripules $\frac{1}{2}$; ce qui fait 65 quinaires 227 scripules $\frac{1}{2}$, au lieu de 65 quinaires 222 scripules, que trouve Frontin.

XXXIII. *Quinariæ LXV dodrantem sicilicum.* Dans la plupart des exemplaires imprimés, on lit : 25 quinaires 244 scripules pour l'augmentation du centenaire, et 84 quinaires 30 scripules pour celle du cent vingtenaire; mais comme ces quantités sont indiquées en caractères différents du texte, on peut penser qu'elles ont été suppléées par des copistes qui n'ont pas compris l'article précédent, avec lequel elles sont contradictoires.

XXIV. *Sextarii ratio ad cyathos.* Le sextaire valait 12 cyathes; le *modius* ou muid, 16 sextaires ou 192 cyathes.

Apparet non errorem esse, sed fraudem. Un module peut produire moins que la concession, parce que le diamètre de l'orifice est trop petit, ou parce qu'il est trop près de la surface de l'eau.

XXXV. *Quotiens vero ex humiliore... longius ducatur.* C'est-à-dire sous une moindre charge. Il semble résulter de ce raisonnement, que du temps de Frontin on avait un moyen de vérifier la quantité d'eau autrement que par la superficie de l'orifice du module qui la fournissait; peut-être en recevant cette eau dans une mesure qui devait être remplie dans un temps donné, indiqué par des clepsydres : c'est-à-dire qu'on parvenait à fournir la quantité d'eau en un temps donné, en plaçant le calice plus ou moins éloigné de la surface de l'eau, du canal ou réservoir qui la fournissait.

XXXVI. *Digitos non minus XII.* 99 lignes, ou 0,223 millim.

XXXVIII. *Capit quinariam et plusquam quinariæ octavam.* Un peu plus du huitième.

Une once $\frac{1}{2}$ vaut. . . .	36 scripules
Scripules.	3 $\frac{2}{3}$
En tout. . .	39 $\frac{2}{3}$ scripules.

Le 8ᵉ du quinaire n'est que 36 scripules.

Digitus quadratus in longitudine et latitudine æqualis est. Il s'agit, dans ce calcul, de trouver le diamètre d'un orifice circulaire de même superficie que le doigt carré. Nous avons déjà dit que la superficie d'un cercle est égale au carré du rayon multiplié par 3 $\frac{1}{7}$; d'où il résulte que, si l'on divise le doigt en 288 parties (comme les anciens Romains divisaient toutes sortes d'unités), la superficie du doigt carré sera de 82,944 de ces parties. Cette quantité étant divisée par 3 $\frac{1}{7}$, donnera 26,391, dont la racine 162,4 indiquera le rayon de l'orifice que l'on cherche, et 324, 8 pour son diamètre. Enfin, si de cette expression on ôte 288, qui est celle du doigt réduit en scripule, on aura un doigt 36 scripules $\frac{8}{10}$, au lieu de 1 doigt 37 scripules, que lui donne Frontin : la différence n'est que $\frac{1}{5}$ de scripule; ce qui prouve l'exactitude de la mesure du diamètre indiquée par Frontin. Sa capacité, selon Frontin, serait de 234 scripules.

Pour 8 onces.	216 scripules.
Pour $\frac{1}{2}$.	12
Pour un sicilique. . .	6
En tout. . .	234 scripules.

Le calcul exact donne 234 scripules $\frac{4}{5}$, ou $\frac{4}{5}$ de scripule de plus.

Digitus rotundus. Le doigt rond, selon Frontin, fournit 184 scripules de quinaire, et, par le calcul, 184 $\frac{1}{5}$ scripules.

Pour 7 onces. 168
½ once. 12
1 sextule. 4
Comme le calcul. . . 184 scripules.

XXXIX. *Fistula quinaria*. Son diamètre étant de $\frac{5}{4}$ de doigt, le périmètre sera $\frac{5}{4} \times \frac{22}{7}$, qui donne $\frac{110}{28} = 3^{d}\cdot\frac{26}{28}$, équivalant à 267 scripules $\frac{1}{7}$ de doigt. La fraction indiquée dans le texte est de 11 onces, qui valent. . . 264 scripules
Plus, 3 scripules. . . . 3
En tout. . . . . . . 267 scripules;

c'est-à-dire $\frac{1}{7}$ de scripule de moins que le calcul. Sa capacité, qui sert d'unité pour la mesure des eaux, est d'**un quinaire**.

XL. *Fistula senaria*. Le calcul donne son périmètre $\frac{3}{2} \times \frac{22}{7} = \frac{132}{28} = 4^{d}\cdot\frac{5}{7}$, qui valent, d'après la manière de compter de Frontin, 205 scripules $\frac{5}{7}$. Le texte donne, pour la fraction 8 onces $\frac{1}{4}$, qui font. . . 192 scripules,
Une demi-once. 12
Un scripule. 1
En tout. . . . . . 205 scripules;

c'est-à-dire $\frac{5}{7}$ de scripule de moins que le calcul.

D'après la théorie, les capacités des tuyaux étant entre elles, à vitesse égale, comme les carrés de leurs diamètres, celle du sextaire sera à celle du quinaire comme 36 est à 25; ce qui donne, pour la capacité du sextaire, 1 quinaire $\frac{11}{25}$, ou $126\frac{1}{25}$ scripules de quinaire. Le texte donne, pour la fraction $\frac{11}{25}$,

Cinq onces, valant. . . 120 scripules,
Un sicilique. 6
En tout. . . 126 scripules;

c'est-à-dire $\frac{1}{25}$ de scripule de moins que le calcul.

XLI. *Fistula septenaria*. Son périmètre sera $\frac{7}{4} \times \frac{22}{7} = \frac{154}{28} = 5$ doigts $\frac{1}{2}$, comme le texte. Sa capacité est de 1 quinaire $\frac{24}{25} = 276$ scripules $\frac{24}{25}$. Le texte donne, pour cette fraction, 11 onces $\frac{1}{2}$, qui valent 276 scripules, c'est-à-dire $\frac{24}{25}$ de moins que le calcul.

XLII. *Fistula octonaria*. Le diamètre de ce module étant de 2 doigts, son périmètre sera $2 \times \frac{22}{7} = \frac{44}{7} = 6^{d}\cdot\frac{2}{7} = 6^{d}\cdot 82\frac{2}{7}$ scripules de doigt. Le texte donne,
Pour la fraction $\frac{2}{7}$ de doigt. . . . 72 scripules,
Une duelle. 8
En tout. . . 80 scripules;

c'est-à-dire 2 scripules $\frac{2}{7}$ de moins que le calcul.

Le calcul donne, pour sa capacité, 2 quinaires $\frac{14}{25} = 161$ scripules $\frac{7}{25}$.
Le texte donne, pour la fraction,
$\frac{1}{2}$ quinaire. . . . . 144 scripules,
Une demi-once. . . 12
Un sicilique 6
En tout. . . . 162 scripules;

c'est-à-dire $\frac{18}{25}$ de scripule de plus que le calcul.

XLIII. *Fistula denaria*. Son diamètre étant de 10 quarts de doigt, son périmètre sera $\frac{10}{4} \times \frac{22}{7} = \frac{220}{28}$ ou 7 doigts $\frac{6}{7} = 246$ scripules $\frac{6}{7}$.

Le texte donne, pour la fraction,
10 onces. . . . . 240 scripules,
Un sicilique. 6
En tout . . . . . 246 scripules;

c'est-à-dire $\frac{6}{7}$ de scripule de moins que le calcul.

Le calcul donne sa capacité de 4 quinaires, comme le texte.

XLIV. *Fistula duodenaria*. Le diamètre de ce module étant de 3 doigts, son périmètre sera de 9 doigts $\frac{3}{7}$, ou 5 onces 3 scripules $\frac{3}{7}$. Le texte donne 5 onces 2 scripules, c'est-à-dire 1 scripule $\frac{3}{7}$ de moins que le calcul. Sa capacité est de 5 quinaires $\frac{76}{100}$, ou 219 scripules. Le texte ne donne, pour la fraction, que $\frac{3}{4}$; ce qui ne donne que 216 scripules, c'est-à-dire 3 scripules de moins.

Le module adopté par les fonteniers, dont le diamètre était de 3 doigts $\frac{1}{12}$, devait fournir, d'après le calcul, 6 quinaires, comme l'indique le texte.

XLV. *Fistula quinumdenum*. Le périmètre de ce module, qui avait 3 doigts $\frac{3}{4}$ de diamètre, devait être de 11 doigts $\frac{9}{14}$, ou 226 scripules $\frac{5}{7}$. Le texte donne, pour la fraction, un dodrans, ou 9 onces, qui valaient. . . . . 216 scripules,
Une duelle, qui valait. . . . 8
En tout. . . 224 scripules;

c'est-à-dire 2 scripules $\frac{5}{7}$ de moins que le calcul.

Le calcul donne sa capacité de 9 quinaires, comme le texte.

XLVI. *Fistula vicenaria*. Le calcul donne le périmètre de ce module de 15 doigts $\frac{5}{7}$, ou 205 scripules $\frac{5}{7}$. Le texte donne pour cette fraction 8 onces $\frac{1}{2}$, qui valent 204 scripules, c'est-à-dire 1 scripule $\frac{5}{7}$ de moins que le calcul. Sa capacité est de 16 quinaires, comme l'indique le texte.

Le module substitué par les fonteniers, qui n'avait que 4 doigts $\frac{1}{2}$ de diamètre, produisait, d'après le calcul, 12 quinaires 273 scripules $\frac{3}{5}$.

Le texte donne, pour la fraction,
Onze onces, qui valent. . . . 264 scripules,
Une demi-once 12
En tout. . . . . . . 276 scripules;

ce qui fait 2 scripules $\frac{2}{5}$ de plus que le calcul.

XLVII. *Fistula vincenumquinum*. Le calcul donne, pour le diamètre de ce module, 5 doigts $\frac{14}{25}$, ou 184 scripules $\frac{1}{5}$. Le texte donne 5 doigts 7 onces et demie, une sextule et un scripule, qui valent 5 doigts 185 scripules; ce qui fait $\frac{4}{5}$ de scripule de plus que le calcul. Pour le périmètre, le calcul donne 17 doigts $\frac{72}{100}$, ou 207 scripules $\frac{3}{5}$.

Le texte donne, pour cette fraction, 8 onces $\frac{1}{2}$ et un sicilique, qui valent 210 scripules, c'est-à-dire 2 scripules $\frac{2}{5}$ de plus que le calcul. La capacité de ce module est de 20 onces $\frac{1}{4}$, ou $104\frac{4}{11}$ scripules. Le texte donne 20 onces.

Quatre onces. . . . . . . 96 scripules,
Une demi-once. 12
108 scripules;

c'est-à-dire 3 scripules $\frac{7}{11}$ de plus que le calcul.

XLVIII. *Fistula tricenaria*. Le diamètre du module de trente doigts carrés de superficie se trouve, par le calcul, de 6 doigts 51 scripules $\frac{3}{5}$.

Le texte donne, pour la fraction,
Deux onces. . . . . 48 scripules,
Un sextule. 4
52 scripules;

c'est à dire environ $\frac{2}{5}$ de scripule de plus que le calcul.

Par le calcul, le périmètre est de 19 doigts 120 scripules $\frac{3}{5}$; et par le texte, de 19 doigts 120 scripules, c'est-à-dire $\frac{2}{5}$ de scripule de moins que par le calcul.

Pour la capacité, le calcul donne 24 quinaires 125 scripules $\frac{3}{5}$. Le texte donne, pour la fraction,

Cinq onces. . . . . . . 120 scripules,
Une duelle. 8
128 scripules;

c'est à-dire 2 $\frac{2}{5}$ scripules de plus que le calcul.

XLIX. *Fistula tricenumquinum*. Le diamètre du module de 35 doigts carrés est, par le calcul, de 6 doigts 193 scripules. Le texte donne 6 doigts 195 scripules, c'est-à-dire 2 scripules de plus. Son périmètre est, par le calcul, de 20 doigts 276 scripules $\frac{5}{7}$. Le texte donne 282 scripules, c'est-à-dire 5 scripules $\frac{1}{7}$ de plus que le calcul. Le calcul donne sa capacité de 28 quinaires 146 scripules $\frac{1}{7}$, et le texte 28 quinaires 150 scripules; ce qui fait 3 scripules $\frac{1}{7}$ de plus que le calcul.

L. *Fistula quadragenaria*. Pour le module de 40 doigts, le calcul donne son diamètre de 7 doigts 40 scripules, comme le texte. Son périmètre, par le calcul, est de 22 doigts 125 scripules. Le texte ne donne que 120 scripules : sa capacité, selon le calcul, est de 32 quinaires 167 scripules. Le texte donne 32 quinaires 172 scripules.

LI. *Fistula quadragenumquinum*. Le calcul donne, pour ce diamètre, 7 doigts $\frac{115}{253}$, c'est-à-dire 7 doigts $\frac{1}{2}$ une demi-once et une duelle, comme le texte. Pour le périmètre, 23 doigts $\frac{127}{138}$, c'est-à-dire 3 scripules de plus que le texte ; et pour la capacité, 36 quinaires $\frac{102}{253}$, c'est-à-dire un scripule de moins que le texte.

LII. *Fistula quinquagenaria*. Le calcul donne, pour ce diamètre, 7 doigts $\frac{282}{345}$, comme le texte ; et, pour le périmètre, 25 doigts $\frac{115}{115}$, c'est-à-dire 4 scripules de plus que le texte. Pour sa capacité, le calcul donne 40 quinaires $\frac{207}{253}$; ce qui fait 7 scripules de plus que le texte.

LIII. *Fistula quinquagenumquinum*. Le calcul donne pour le diamètre de ce module, 8 doigts $\frac{115}{127}$, comme le texte ; pour son périmètre, 26 $\frac{86}{87}$; c'est-à-dire 2 scripules de plus que le texte. Pour la capacité, le calcul donne, 6 scripules de moins, c'est-à-dire 44 quinaires $\frac{239}{253}$, au lieu de $\frac{34}{88}$.

LIV. *Fistula sexagenaria*. Le calcul donne, pour le diamètre, 8 doigts $\frac{273}{328}$, c'est-à-dire 1 scripule de plus que le texte ; et, pour le périmètre 27 doigts $\frac{134}{253}$, c'est-à-dire 2 scripules de plus que le texte. Le calcul donne, pour la capacité, 48 doigts $\frac{251}{253}\frac{2}{3}$; ce qui fait 4 scripules $\frac{2}{3}$ de moins que le texte.

LV. *Fistula sexagenumquinum*. Le calcul donne 9 doigts $\frac{1743}{3036}$, environ $\frac{3}{2}$ de scripule de moins que le texte ; pour le périmètre, 28 doigts $\frac{6818}{8360}$, c'est-à-dire un peu plus de 2 scripules de plus que le texte ; pour la capacité, 52 doigts $\frac{274}{253}$, au lieu de $\frac{276}{253}$.

LVI. *Fistula septuagenaria*. Le calcul ne donne, pour le diamètre de module, que 9 doigts $\frac{128}{184}$, au lieu de 9 doigts $\frac{118}{184}$ que donne le texte ; et pour le périmètre, 29 doigts $\frac{170}{253}$, au lieu de 29 doigts $\frac{173}{253}$. Sa capacité est de 57 quinaires $\frac{5}{253}$. Le texte donne 57 quinaires $\frac{13}{253}$.

LVII. *Fistula septuagenumquinum*. Le calcul donne, pour le diamètre de ce module, 9 doigts $\frac{224}{253}$, comme le texte ; et pour le périmètre, 30 doigts $\frac{224}{253}$, c'est-à-dire 4 scripules de plus que le texte. Le calcul donne, pour la capacité, 61 quinaires $\frac{26}{253}$; et le texte, 61 quinaires $\frac{41}{253}$; ce qui fait 6 scripules de plus.

LVIII. *Fistula octogenaria*. Le calcul donne 10 doigts $\frac{48}{88}$, comme le texte. Pour le périmètre, le texte donne 31 doigts $\frac{82}{83}$, et le calcul, 31 doigts $\frac{103}{253}$. Pour la capacité, le texte donne 65 quinaires $\frac{34}{88}$; et le calcul, 65 quinaires $\frac{47}{88}$.

LIX. *Fistula octogenumquinum*. Le diamètre de ce module, d'après le texte, est de 10 doigts $\frac{115}{253}$; et d'après le calcul, de 10 doigts $\frac{115}{253}$. Pour le périmètre, le texte donne 32 doigts $\frac{126}{253}$, comme le calcul. Pour la capacité, le texte donne 69 quinaires $\frac{74}{253}$; et le calcul, 69 quinaires $\frac{49}{88}$.

LX. *Fistula nonagenaria*. Par le calcul, on trouve, pour le diamètre, 10 doigts 201 scripules $\frac{1}{7}$; et le texte donne 10 doigts 200 scripules. Le calcul donne son périmètre de 33 doigts 181 scripules ; et le texte, de 33 doigts 182 scripules. Sa capacité est, suivant le texte, de 73 quinaires $\frac{2}{3}$; et d'après le calcul, de 73 quinaires 27 scripules.

LXI. *Fistula nonagenumquinum*. Le diamètre de ce module, d'après le texte, est de 11 doigts, et d'après le calcul, de 10 doigts 285 scripules. Son périmètre, d'après le texte, est de 34 doigts 160 scripules, et par le calcul, de 34 doigts 155 scripules. La capacité, d'après le texte, est de 77 quinaires 120 scripules, et, par le calcul, de 77 quinaires 109 scripules.

LXII. *Fistula centenaria*. Le texte donne 11 doigts 81 scripules, comme le calcul. D'après le texte, son périmètre est de 35 doigts 126 scripules, et par le calcul, de 35 doigts 129 scripules. Il fournit, d'après le texte, 81 quinaires 148 scripules, et, d'après le calcul, 81 quinaires 131 scripules.

Le centenaire des fonteniers avait, d'après le texte, 11 doigts 286 scripules. Sa capacité était, d'après le texte, de 92 quinaires 14 scripules, et, d'après le calcul, de 92 quinaires 30 scripules.

LXIII. *Fistula centenumvicenum*. Le diamètre de ce module est de 12 doigts $\frac{2}{3}$ et une duelle par le texte , et, par le calcul, de 12 doigts 103 scripules. Son périmètre, d'après le texte, est de 38 doigts 240 scripules, et, d'après le calcul, de 38 doigts 242 scripules. Sa capacité, d'après le texte, est de 97 quinaires 226 scripules, et, d'après le calcul de 97 quinaires 214 scripules $\frac{2}{3}$. Le diamètre du tuyau des fonteniers avait, selon le texte, 15 doigts 11 onces $\frac{1}{2}$ et une duelle, c'est-à-dire 15 doigts 284 scripules ; et pour sa capacité, 160 quinaires 163 scripules. Cette capacité serait celle d'un module de 200 doigts et 33 scripules, ou 200 doigts $\frac{136}{253}$ de scripule.

LXXVIII. *Reliquæ..... IX millia DCCCCLV*. Dans le total des 9955 quinaires qui restaient, Frontin a négligé la demie, ainsi qu'il l'a fait dans plusieurs autres calculs.

C. Coss. v. F. Ces lettres initiales v. F. sont interprétées par les commentateurs *verba facientes*; et celles D. E. R. Q. F. P. D. E. R. I. C., par *De. Ea. Re. Quid. Fieri. Placeat. De. Ea. Re. Ita. Censuerunt*.

LEGES DE AQUÆDUCTIBUS.

2. C. R. P. Ces lettres paraissent être les initiales des mots *comiti rerum privatarum*.

Per singulos obolos. Il y a lieu de croire que le mot *obolus* n'est pas ici une division de monnaie, mais de mesure d'eau, qui répond probablement à celle exprimée par *uncias*, § 10.

4. P. P. *Præfecto prætorio*.

CENSORIN.

NOTICE SUR CENSORIN.

Censorin, dans le seul ouvrage qui nous reste de lui, ne nous fait connaître que sa patrie et l'époque où il vécut; on est réduit pour tout le reste à des conjectures. Il était de Rome [1], et il vivait dans le troisième siècle de l'ère chrétienne [2]. Son surnom de Censorinus [3], particulier aux membres de la famille Marcia, une des plus anciennes et des plus illustres de Rome, a fait présumer à la plupart des savants [4] qu'il en descendait, et à quelques-uns [5], qu'il portait le prénom de Caïus, qui y était le plus usité.

Cette famille, de race plébéienne [6], avait donné à Rome un roi [7], des préteurs, des consuls, des généraux [8]. La branche particulière des Censorins [9] devait son illustration à C. Marcius Rutilus, le premier censeur plébéien [10] qu'ait eu Rome (an 403 de R.), mais surtout à celui [11] qui, appelé pour la seconde fois aux suprêmes fonctions de la censure (en 488), blâma le peuple, en plein forum, de lui avoir conféré deux fois un tel pouvoir [12], et à qui ses grandes qualités méritèrent le surnom de Censorinus. L'histoire cite, après ceux-là, un édile curule [13], devenu consul avec M'. Manilius (an 605) [14], puis censeur (an 606) [15]; un amiral [16], malheureux dans la guerre contre Mithridate; un orateur [17], célèbre pendant la jeunesse de Cicéron [18]; un sénateur distingué par son éloquence, et qui périt courageusement [19] dans la fameuse défaite que les Parthes firent essuyer à Crassus; puis un préteur [20] élevé par la faveur d'Antoine au consulat [21] (an 715); et enfin, sans parler de quelques autres [22], celui qui fut consul [23] avec C. Asinius Gallus (an 746).

Celui-là était l'ami de Caïus César, petit-fils d'Auguste. Il était riche; il aimait les arts et les vers. Horace, qui était un de ses clients, et qui n'avait à lui donner, pour l'anniversaire de sa naissance, ni coupes d'or, ni tableaux, ni statues, comme c'était l'usage, se borna, une certaine année, à lui adresser des vers, où il lui fit sentir, avec le juste orgueil du vrai poète, la valeur d'un tel présent [1].

Cette famille, si illustre sous la république, aurait été élevée à la dignité impériale, si l'on voulait y rattacher [2] le Censorinus proclamé empereur en 270 de J. C., et avec lequel notre auteur a été confondu quelquefois [3]. Mais, pour elle comme pour tant d'autres, ce fut moins le faîte que l'abîme. Ce Censorin, dont l'histoire s'est plu à énumérer tous les titres [4], vaillant homme de guerre, sénateur illustre, deux fois consul, deux fois préfet du prétoire, trois fois préfet de Rome, quatre fois proconsul, trois fois lieutenant consulaire, deux fois lieutenant prétorien, quatre fois édile, trois fois questeur, ambassadeur en Perse et en Sarmatie, et qui, de sa retraite, fut appelé à l'empire [5] sous Claude II par des troupes mécontentes, fut tué au bout de sept jours, à cause de sa sévérité, par ceux mêmes qui l'avaient élu. L'historien qui raconte ces événements [6] ajoute que les descendants de ce Censorin, fuyant le séjour de Rome et d'un magnifique palais, autrefois la propriété de l'empereur Titus, s'étaient retirés partie en Thrace, partie en Bithynie. Notre auteur, que l'incroyable anarchie de son temps rendit témoin de la mort violente de près de vingt empereurs [7], et qui en vit tuer deux à la fois [8] l'année même où il écrivit son livre, a pu voir [9] aussi les vicissitudes de cette grande fortune de Censorin, et se réjouir, en philosophe qu'il était, de la médiocrité de la sienne.

Placé ainsi, par sa naissance, entre le Censorinus

---

[1] Censorin dit, à la fin du chapitre 4 de son livre: *Roma, patriæ nostræ communis*. — [2] Voyez les chapitres 17 et 21. — [3] On appelait *censorinus* ou *censorius*, dans les premiers temps de la république, celui qui s'était distingué comme censeur. — [4] Alde Manuce, 1581, *De Censorino*; Havercamp, 1767. *Præfat*.; G. J. Vossius, *De histor. lat.*, 1651, l. II, c. 3, p. 178; M. J. Mangeart, *Notice sur Censorin*, en tête de sa traduction (Panckoucke, 1843): traduction qui ne nous a pas été inutile. — [5] Alde Mauuce, l. c. — [6] Schœll, *Hist. abrég. de la littér. rom.*, t. IV, p. 384, 391, 162. Plutarque a fait à tort à la famille Marcia patricienne (*Coriol.* c. 1). — [7] Ancus Marcius. — [8] Plutarque, *Coriol.* c. 1. Voyez aussi Valère Maxime, II, 7, 15; VIII, 15, 11; V, 10, 2; Frontin, *De aquæd. urb. Rom.*, l. I, c. 7. — [9] Les autres branches principales de la famille Marcia étaient les *Philippus*, les *Figulus*, les *Rex*. — [10] Schœll, t. IV, p. 162. — [11] Il se nommait C. Marcius Rutilus ou Rutilius, comme le censeur de l'an 403. — [12] Valère Maxime, IV, 1, 3; Plutarque, *Coriol.* c. 67 et 70. — [13] Celui-là s'appelait L. Marcius Censorinus. — [14] Cicéron, *Brut.*, c. 15 et 27; *ad Attic.* XII, 5; Tite-Live, l. XLVII, XLIX; Censorin, ch. 17. — [15] Valère Maxime, VI, 9, 10. — [16] Il est appelé seulement Censorinus dans Photii *Biblioth.*; Memnon, ch. LV, cod. CCXXIV, p. 391. — [17] C. Censorinus. — [18] Cicéron, *Brut.*, c. 67 et 90. — [19] Plutarque, *Crass.* c. 31, 33. — [20] L. Marcius Censorinus. — [21] Plutarque, *Anton.* c. 23; Zosime, l. I, c. 4; Cicéron, *Philipp.*, XI, 5, 14; XIII, 12; *ad Attic.* XIV, 10. — [22] Alexander Aphrodisius, περὶ ἀπορῖον καὶ λύσεων, l. I, c. 13. — [23] C. Marcius Censorinus, fils du consul de l'année 715. Censorin a fait mention de ce consulat, ch. 22.

[1] Horace, l. IV, od. 7. — [2] Il est vrai que des médailles (Tillemont, *Hist. des emp.*, Bruxel., 1732, t. III, p. 203) donnent à ce Censorin le surnom de *Claudius* (*Ap. Claudius Censorinus*). Mais ce surnom, qui venait du mot *Claudus* (boiteux), lui était personnel; c'était un sobriquet que des bouffons lui avaient donné, parce qu'il boitait, par suite d'une blessure qu'il avait reçue dans la guerre de Perse, du temps de Valérien. (Voyez Trébellius Pollion, les *Trente Tyrans*, XXXII). — [3] Fabricius, *Biblioth. lat.*, 1712, not. de la p. 538. — [4] Trébellius Pollion, *ibid.* C'est, à ce qu'il paraît, sur son tombeau qu'étaient écrits tous ces titres, que Pollion nous a transmis d'après cette inscription. — [5] Tillemont (*Hist. des emp.*, t. III, p. 203) présume que ce Censorin fut proclamé empereur à Bologne. — [6] Trébellius Pollion écrivait sous Dioclétien, fort peu d'années après les événements qu'il a racontés. — [7] Censorin écrivit son livre en 991 de Rome (238 ans ap. J. C.). En supposant qu'il avait alors 40 ans, et qu'il en vécut 70, il aurait vu, étant né vers 951 de Rome et mort vers 1021, les règnes de Septime Sévère et de ses fils le prince, Caracalla et Géta (964 de R.), de Macrin (970), d'Héliogabale (971), d'Alexandre Sévère (975-988), de Maximin (988), des deux premiers Gordiens (990), de Maxime et de Balbin (991), de Gordien III (991), de Philippe, de Dèce, de Gallus, d'Émilien, de Valérien, de Gallien, de Claude II (992-1021); princes qui périrent presque tous violemment, sans compter ceux que l'on appelle les *Trente Tyrans*, qui eurent généralement le même sort. — [8] Maxime et Balbin furent tués pendant les jeux Capitolins, vers le milieu de juillet de l'année 238 de J. C. (Tillemont, *Hist. des emp.*, t. III, p. 111 et 168). — [9] Il n'y a qu'un intervalle de 32 années entre celle où notre auteur écrivit son livre, et celle où Censorin fut proclamé empereur.

d'Horace, riche, puissant, familier d'un petit-fils d'empereur, protecteur des gens de lettres, et cet autre qui fut pendant quelques jours un des maîtres du monde, le nôtre vécut pauvre[1], obscur, studieux ; et, incapable du rôle de patron, il eut besoin d'en trouver un. Ce patron était un certain Cérellius, qui ne nous est connu que par Censorin. Si l'on prenait à la lettre l'éloge que celui-ci en a fait, il faudrait voir dans ce Cérellius le mortel le plus digne assurément de la vénération de l'univers, un homme qui « s'était élevé jusqu'au faîte de toutes les vertus ensemble, et approché de l'immortelle nature des dieux ; que les anciens sages, si fameux, auraient avoué pour leur maître et pris pour modèle ; que les plus éloquents n'auraient pu louer, ni les plus savants instruire ; dont tout le monde, dans l'empire romain, recherchait ou enviait l'amitié ; dont l'éloquence enfin, admirée de ses contemporains, devait faire encore l'admiration des siècles futurs[2]. »

Mais, en retranchant de ces louanges tout ce que la reconnaissance a dû y mêler d'exagération sous la plume de Censorin, et en dégageant la vérité de cet amas d'hyperboles, nous voyons que Cérellius, d'ailleurs chevalier romain, brillait de tout cet éclat dans une simple province, où il avait exercé des fonctions municipale et la dignité d'un sacerdoce, sans doute avec la vertu et le talent appropriés à la médiocrité de ces charges, et que son éloquence, si vantée, avait eu pour principal théâtre des tribunaux de province, et, dans de rares circonstances, le palais impérial. Mais Censorin devait tout à ce Cérellius, assez puissant pour lui procurer à lui-même de modestes honneurs[3], assez lettré pour que ses entretiens lui fussent profitables[4], assez riche pour se donner les jouissances du luxe[5] ; et, ce qui paraît toucher singulièrement Censorin[6], assez désintéressé pour préférer à de précieux cadeaux, contre l'usage des patrons avares, un petit volume de la composition de son client.

Tel était donc celui à qui Censorin a dédié son livre. Il l'intitula De die natali, parce qu'il le composa pour le jour natal de Cérellius, « jour qu'il célébrait, tous les ans, aussi religieusement que l'anniversaire de sa propre naissance[7]. » Il l'écrivit dans la seconde moitié[8] de l'année 991 de Rome (238 après J. C.), au commencement du règne de Gordien III[9], sous le consulat d'Ulpins et de Pontianus[10] ; époque qu'il a pris soin de fixer lui-même, moins pour dater son livre, que pour ne pas laisser ignorer à la postérité quel siècle avait produit Cérellius[11].

Aux détails que comportait son plan sur l'institution des jours, des mois, des années, des siècles et des principales ères chez les Romains et chez quelques nations de l'antiquité, Censorin, remontant avec une curiosité un peu vague aux causes premières, et assez enclin à s'écarter de son sujet[1], a joint des recherches, il est vrai, peu neuves, mais pourtant intéressantes, sur l'origine même de l'homme, sur la génération, sur certaines pratiques religieuses, sur les aspects des astres, sur la musique, sur l'astronomie. Il y a enfin beaucoup de choses[2] dans cet opuscule, si court que quelques savants, de ceux qui voyaient des abrégés dans presque tous les livres de l'antiquité, ont pensé que celui-ci était l'*épitome* d'un grand ouvrage de Censorin, adressé sous le même titre à Cérellius[3]. Il a été surtout fort utile aux chronologistes[4], pour déterminer la date de quelques événements anciens ; et Scaliger[5], excellent juge, a dit de Censorin : *Eximius ille, et doctissimus temporum et antiquitatis vindex.*

Tous les écrivains qui ont parlé de cet ouvrage s'accordent pour en faire l'éloge ; il y en a même qui l'appellent un livre d'or[6]. Sidoine Apollinaire[7] et Cassiodore[8], dans l'antiquité, ont mis l'auteur au nombre des plus savants qu'ait produits Rome. Les modernes en ont loué aussi l'érudition[9], l'exactitude[10], la clarté[11], l'élégance[12]. On ne remarque dans ce livre aucune trace du mauvais goût alors si commun[13] ; et une critique sévère n'a pu y relever que quelques expressions, à son sens, peu classiques[14]. Censorin fut certainement

---

[1] Il s'en est aperçu une fois : *Quoniam me longius dulcedo musica abduxit* (ch. 13). — [2] « Exiguum is ejusdem molem spectes, Censorini libellum... reconditioris literaturæ plenum... atque hoc nomine grandioribus merito... æquiparandum. » (Præfatio editioni Cantabrigiensi præmissa). — « Censorini... liber, mole haud magnus sed gravis rerum pondere. » (Havercamp, *ad lect.*). — « Sans ce petit ouvrage, notre ignorance en ce qui concerne les antiquités classiques serait bien plus grande qu'elle ne l'est. » (Schœll, t. III, p. 312). — [3] M. Mangeart, *Notice sur Censorin*. — [4] « Libellum... chronologis utilissimum. » (Vossius, *De hist. lat.*, l. II, c. 3, p. 178). — « Præterea quo maxime nomine commendandus est, rei chronologiæ peritissimus, præcipuas gentium æras in hoc libro accurate invicem connectit. » (Haverc., *ad lect.*) — « Il sert beaucoup à éclaircir et à fixer la chronologie. » (Tillemont, *Hist. des emp.*, t. III, p. 122). — [5] J. Scaliger, *De emend. temp.* l, III. — [6] Une ancienne édition (Milan, 1503) intitule ce livre : *Censorini de die natali liber aureus*. — « *Aureolus Censorini... liber.* » (Haverc., *ad lect.*) e *Aureolum libellum de die natali*. » (J. Scaliger, *De emend. temp.* l. III.) — « *Liber aureolus.* » (Fabricius, *Biblioth. lat.*, p. 539.) — [7] « Censorino, qui de die natali illustre volumen confecit. » (Sidon. Apollin., *epist. ad Polem.*, *carm.* 13). — [8] « De musica disciplina, vel de alia parte mathesis, non negligenda disseruit (Censorinus), non inutiliter legitur. » (Cassiodor., *De musica*.) — « Censorinus... spatia ipsa cœli, terræque ambitum, per numerum stadiorum distincta, curiositate descripsit : quem si quis recensere voluerit, multa philosophorum mysteria, ubi legerit, agnoscet. » (Idem, *De geometria*). — [9] « Libellum perernditum. » (Vossius, *De hist. lat.*, Leyde, 1651, l. II, ch. 3). — « Liber... variis doctrinæ et ingenii luminibus illustris. » (Fabricius, *Biblioth. lat.*, p. 539). — « Scriptoris variam multiplicemque doctrinæ materiam. » (*Præfat. edit. Cantab. præm.*) — « Fuisse... Censorinum ingenio præstanti et eruditione perfecta, vel hic solus de die natali libellus abunde evincit. » (Haverc. *ad lect.*) — [10] « C'est peut-être l'auteur le plus exact de son siècle. » (Tillemont, *Hist. des emp.*, t. III, p. 122). — [11] « Ut res ipsæ penetrabilius animo... condantur. » (Cassiod. *De musica*). — [12] « Elegantissimus hanc libellum. » (Haverc., *Dedicatio*, 1767). — [13] M. Walckenaer, *Notice sur Censorin*, dans la Biographie universelle de Michaud. — [14] Schœll (t. III, p. 314) a relevé les expressions suivantes : « *Collatus*, au lieu de *colloquium*, *Concordabilis membrari*, recevoir des membres. *Infans*, pour embryon. *Inaudibilis*. *Concinere melodium*. *Hirquitalli*, venir le bouc, est la hirquitalli. *Diluvio* pour *diluvium*. *Exiguescere*. *Exaquescere*. *Horarium* pour *horologium*. » — Mais il faut observer que d'autres auteurs ont employé *collatus* dans le même sens que Censorin, et qu'il cite les mots *hirquitallire* et *hirquitalli* (ch. 14) comme des termes de l'ancien langage.

---

[1] *Cum dona pretiosa.... neque mihi per rei tenuitatem supersint* (Censorin, c. 1). — [2] Voyez les chapitres 1 et 15. — [3] *Cum ex tuaque amicitia honorem, dignitatem, decus, atque præsidium, cuncta denique vitæ præmia recipiam* (ch. 3). — [4] *Cum... tuo comitatu scirem, me plura didicisse... Ego, a quo plura in literis percepi, tibi, etc.* (ch. 1). — [5] *Te... pecuniarum divitem... non quod earum possessionem, vel etiam usum a te omnino abjeceris* (ch. 1). — [6] Voyez tout le chapitre 1. — [7] Censorin, ch. 3. — [8] Voyez Tillemont, *Hist. des emp.*, t. III, p. 122. — [9] Tillemont, *ibid.* — [10] Censorin, ch. 21. — [11] Id., ch. 16 et 17.

un des meilleurs écrivains de son temps, et il est, par exemple, bien supérieur pour le style aux auteurs de l'*Histoire Auguste*, dont quelques-uns furent ses contemporains. Son époque était celle des légistes. Il ne connut pas, comme on l'a présumé [1], Aulu-Gelle, ni Apulée, nés tous deux bien avant lui, mais Papinien et ses disciples : Paul, Ulpien, Callistrate, Hermogène, lesquels, suivant Lampride [2], faisaient partie du conseil d'Alexandre Sévère.

Philosophe (son livre en fait foi), Censorin fut aussi un grammairien distingué. Il avait composé sur la grammaire (*De arte grammatica*), science fort étendue chez les anciens, un ouvrage mentionné par Cassiodore et par Priscien [3], et un autre sur les accents (*De accentibus*), cité par les mêmes auteurs [4], et perdu comme le premier. Mais on lui a faussement [5] attribué un livre intitulé *Indigitamenta* (livres sacrés des pontifes). Il cite lui-même ce livre [1], et en nomme l'auteur, Granius Flaccus, qui l'avait dédié à César.

Les éditions de Censorin, jusqu'à celle d'Alde Manuce (1581), renferment quinze chapitres mêlés confusément avec les siens, et qui traitent des éléments de la physique, de la géométrie, de l'astronomie, de la métrique, etc. Louis Carrion s'aperçut le premier que ces chapitres, d'ailleurs curieux pour ceux qui veulent connaître les termes latins des sciences, suivant la remarque de Fabricius, ne devaient pas faire partie de l'ouvrage de Censorin. Il les en sépara dans l'édition qu'il publia en 1583, et ils se trouvent à part dans les suivantes, sous le titre de *Fragmentum incerti scriptoris* [2].

Censorin a été imprimé pour la première fois, à Bologne, en 1497, in-fol., avec Épictète et d'autres morceaux. La meilleure édition est celle qu'a donnée Havercamp (Leyde, 1743, in-8°), édition réimprimée en 1767. C'est cette édition que nous avons suivie.

---

[1] Elias Vinetus, *lectori*, p. 3. — [2] Lampride, *Alex. Sever.* ch. 25, 50, 67. — [3] « Auctores temporum superiorum de arte grammatica... Probus et Censorinus, etc. » (Cassiodor., *De arte grammat.*) — « Censorino doctissimo artis grammaticæ. » (Priscien, l. 1.) — [4] « Censorinus quoque de accentibus vocis nostræ adnecessariis subtiliter disputavit. » (Cassiod., *De musica*.) — « Censorinus... de his docet planissime in libro quem de accentibus scripsit. » (Priscien, l. I.) — « Quod Censorinus quoque de accentibus approbat. » (Id., *ibid*.) — [5] Cette erreur, commise par Tillemont (*Hist. des emp.*, t. III, p. 122) et par Schœll (t. III, p. 512), a été reproduite depuis par M. Fuhrmann, dans son *Manuel de littérature classique*, publié en allemand (t. IV, p. 321); mais elle a été relevée déjà par MM. Walckenaer et Mangeart, dans leurs notices sur Censorin.

[1] Censorin, ch. 3. — [2] Ce fragment, attribué à Censorin par Putschius, et inséré par lui (p. 2715-2722) parmi les écrits des anciens grammairiens, n'est pas intitulé *De naturali institutione*, comme l'ont écrit MM. Walckenaer et Mangeart dans leurs notices sur Censorin. Ce titre est seulement celui du premier chapitre de ce fragment. — Ce fragment se trouve dans le Censorin d'Havercamp, à la suite de cet auteur.

CENSORIN.
DU JOUR NATAL.
A Q. CÉRELLIUS.

I. *Préface.*

Les cadeaux tout brillants d'or ou d'argent, auxquels le travail de la ciselure donne encore plus de prix que la matière, et toutes ces précieuses caresses de la Fortune, excitent la convoitise de ceux que le vulgaire appelle riches. Pour toi, Q. Cérellius, qui, non moins riche en vertus qu'en argent, possèdes la véritable richesse, ces choses-là ne peuvent te séduire. Ce n'est pas que tu t'en sois absolument interdit la possession ou même l'usage; mais, formé par les leçons des sages, tu as manifestement reconnu que de pareilles frivolités ne sont par elles-mêmes ni des biens ni des maux, mais ce que les Grecs nomment des choses indifférentes, c'est-à-dire faites pour tenir le milieu entre les biens et les maux. Ce sont, comme dit le poëte comique (1).

« Des objets dont la valeur dépend de l'esprit
« de celui qui les possède : des biens, pour qui
« sait en user; des maux, pour qui en use mal. »
Donc, puisque ce n'est pas la quantité des choses que l'on possède, mais la modération des désirs, qui fait que l'on est riche, tu as en toi les plus grandes richesses; et celles-là ne l'emportent pas seulement sur tous les biens de ce monde, elles élèvent aussi l'homme jusqu'à la sublime nature des dieux immortels. Car, comme l'a dit Xénophon, ce disciple de Socrate, « Être sans besoin, c'est le propre des dieux; et en avoir le moins possible, c'est se rapprocher de leur divinité. » Puis donc que ta sagesse t'a mis en possession des plus précieux biens, et que l'exiguïté de ma fortune ne me laisse rien de trop, je t'adresse, à l'occasion de ton jour natal, ce livre, où j'ai réuni, quelles qu'elles soient, mes richesses littéraires. Je n'ai emprunté, comme cela se pratique communément, ni à la partie morale de la philosophie, pour te les transmettre, des préceptes qui enseignent à bien vivre; ni à l'art des rhéteurs, des lieux communs pour célébrer tes louanges (tu t'es, en effet, si glorieusement élevé jusqu'au faîte de toutes les vertus, que tous les conseils de la sagesse et tous les efforts de l'éloquence seraient superflus devant ta vie et tes mœurs); mais j'ai choisi dans les commentaires philologiques quelques petites questions dont l'ensemble pût composer un simple volume. Et ce n'est pas, je me hâte de le dire, un zèle pédantesque ni une

---

(1) Térence, *Heautontimorumenos*, act. 1, sc. 3, v. 195, 196. Apulée (*De dogm. Plat.*, l. II, § 2) a exprimé, d'après Platon, la même pensée.

CENSORINI
LIBER DE DIE NATALI
AD Q. CERELLIUM.

I. *Præfatio.*

Munera ex auro vel quæ ex argento nitent cælato, opere, quam materia, cariora, cæteraque hoc genus blandimenta Fortunæ, inhiat is, qui vulgo dives vocatur. Te autem, Q. Cerelli, virtutis non minus, quam pecuniarum divitem, id est, vere divitem, ista non capiunt. Non quod earum possessionem, vel etiam usum a te omnino abjeceris, sed quod sapientum disciplina formatus, satis liquido comperisti, hujusmodi sita in lubrico, bona malave per se non esse, sed τῶν μέσων, hoc est, bonorum malorumque media censeri. Hæc ut Comicus ait :

... Perinde sunt, ut illius est animus, qui ea possidet :
Qui uti scit, bona; illi, qui non utitur recte, mala.

Igitur quoniam quisque, non quanto plura possidet, sed quanto pauciora optat, tanto est locupletior : opes tibi in animo maximæ, et eæ, quæ non modo bona generis humani præcedant, sed quæ ad deorum immortalium æternitatem penitus accedant. Quod enim Xenophon Socraticus dicit : *Nihil egere, est deorum : quam minime autem, proximum a dis.* Quare, cum dona pretiosa neque tibi per animi virtutem desint, neque mihi per rei tenuitatem supersint, quodcumque hoc libri est, meis opibus comparatum, Natalitii titulo tibi misi. In quo non, ut plerisque mos est, aut ex ethica parte philosophiæ, præcepta ad beate vivendum, quæ tibi scriberem, mutuatus sum : aut ex artibus rhetorum locos laudibus tuis celebrandis persecutus : (ad id enim virtutum omnium fastigium ascendisti, ut cuncta, quæ vel sapienter monentur, vel facunde prædicantur, vita moribusque superaveris) sed ex philologis commentariis quasdam quæstiunculas delegi, quæ congestæ possint aliquantum volumen efficere. Idque a me vel docendi studio, vel ostentandi voto non fieri, prædico : ne in me, ut vetus adagium est, jure dicatur, *Sus Minervam.* Cum vero tuo cum latu scirem, me plura

vaniteuse prétention qui me guide ; je craindrais trop qu'on ne m'appliquât à bon droit ce vieil adage : « Le porc en veut remontrer à Minerve. » Mais, sachant quel fruit j'ai recueilli de tes entretiens, j'ai voulu, pour ne point paraître ingrat, suivre l'exemple de nos plus pieux ancêtres. Persuadés, en effet, qu'ils devaient à la bonté des dieux leur subsistance, leur patrie, la lumière du jour, enfin tout ce qu'ils étaient, ils leur offraient dans des sacrifices une partie de ce qu'ils possédaient, bien plus pour se montrer reconnaissants que dans la croyance que les dieux pussent manquer de quelque chose. Aussi, quand ils récoltaient les fruits de la terre, avaient-ils coutume, avant de s'en nourrir, d'en offrir aux dieux les prémices ; et, dès qu'ils possédèrent des champs et des villes, ils consacrèrent à leur culte des temples et des chapelles. Il y en avait même qui, pour remercier le ciel de leur santé prospère, consacraient leur chevelure à quelque divinité (1). C'est ainsi que, pour tout le profit que j'ai tiré de toi dans les lettres, je t'offre ce faible tribut de ma reconnaissance.

II. *Pourquoi et de quelle manière on sacrifie au Génie pur.*

Ce livre étant intitulé *Du Jour natal*, il est naturel de le commencer par des vœux. Ce jour donc, pour parler comme Perse (2), « Marque-le « d'une pierre blanche; » marque-le ainsi le plus souvent possible, et, suivant ce qu'ajoute le même poëte (3), « Verse le vin pur au Gé- « nie. » Ici, l'on me demandera peut-être pour quelle raison c'est une libation de vin pur, et non le sacrifice d'une victime, que le poëte conseille d'offrir au Génie? Cela tient, comme l'atteste Varron dans l'ouvrage intitulé *Atticus*, où il traite des nombres, à un usage établi chez nos ancêtres, qui, aux anniversaires de leur naissance, en offrant à leur Génie le présent annuel, s'abstenaient de verser le sang, pour ne pas ôter l'existence à d'autres êtres le jour où eux-mêmes l'avaient reçue. Enfin, à Délos, suivant ce que dit Timée, aucune victime n'est immolée devant l'autel d'Apollon Génitor. Il faut encore, ce jour-là, avoir soin que personne ne goûte à ce qui est offert au Génie, avant celui qui a fait l'offrande. Mais il me paraît nécessaire aussi de répondre à une question qui a été faite bien souvent, à savoir, ce que c'est qu'un Génie, et pourquoi c'est le jour de notre naissance que nous lui rendons le principal culte.

III. *Ce que c'est qu'un Génie, et d'où vient ce nom.*

Le Génie est un dieu sous la protection duquel chacun de nous est placé dès l'instant de sa naissance. Ce dieu, soit parce qu'il préside à notre naissance, soit parce qu'il naît lui-même avec nous, soit aussi parce que, dès que nous sommes engendrés, il nous prend sous sa garde, s'appelle Génie, du mot latin (*genere*) qui signifie engendrer. Le Génie et le dieu Lare ne sont qu'un même dieu, suivant beaucoup d'anciens auteurs ; et cette opinion est aussi celle de Granius Flaccus, dans son ouvrage *Sur les livres sacrés des pontifes* (1), qu'il a adressé à César. Notre Génie

---

(1) C'était, comme on en trouve des témoignages chez les anciens, ou à Apollon, ou à Bacchus, ou à Esculape, ou à Hygie, ou à Diane, ou à Minerve. — (2) Perse, *sat.* II, v. 1. — (3) Perse, *sat.* II, v. 3.

(1) On appelait *Indigitamenta* (en grec ἱερατικὰ βιβλία) le livre des pontifes où étaient écrits les noms des dieux, et les cérémonies propres au culte de chacun d'eux.

---

didicisse, ne beneficiis tuis viderer ingratus, nostrorum veterum sanctissimorum hominum exempla sum secutus. Illi enim, quod alimenta, patriam, lucem, se denique, ipsos deorum dono habebant, ex omnibus aliquid diis sacrabant ; magis adeo ut se gratos adprobarent, quam quod deos iis arbitrarentur indigere. Itaque, cum perceperant fruges, antequam vescerentur, diis libare instituerunt ; et cum agros atque urbes possiderent, partem quamdam templis, sacellisque, ubi eos colerent, dicaverunt : quidam etiam pro cætera bona corporis valetudine crinem deo sacrum pascebant. Ita ego, a quo plura in literis percepi, tibi hæc exigua reddo libamina.

II. *Cur Genio mero, et quomodo, sacrificetur?*

Nunc, quoniam *de Die natali* liber inscribitur, a votis auspicia sumantur. Itaque hunc diem, quod ait Persius,

. . . . Numera meliore lapillo ;

idque quam sæpissime facias exopto : et quod idem subjungit,

Funde merum Genio.

Hic forsitan quis quærat, quid causæ sit, ut merum fundendum Genio, non hostiam faciundam, putaverit? Quod scilicet, ut Varro testatur in eo libro, cui titulus est *Atticus*, et est de numeris, id moris institutique majores nostri tenuerunt, ut, cum die natali munus annale Genio solverent, manum a cæde ac sanguine abstinerent, ne die, qua ipsi lucem accepissent, aliis demerent. Denique Deli, ad Apollinis Genitoris aram, ut Timæus auctor est, nemo hostiam cædit. Illud etiam in hoc die observandum, quod Genio factum neminem oportet ante gustare, quam eum, qui fecerit. Sed et hoc a quibusdam sæpe quæsitum, solvendum videtur, quid sit Genius, curve eum potissimum suo quisque natali veneremur.

III. *Genius quid sit? et unde dicatur?*

Genius est deus, cujus in tutela, ut quisque natus est, vivit. Hic, sive quod, ut genamur, curat, sive quod una genitur nobiscum ; sive etiam, quod nos genitos suscipit ac tuetur ; certe a genendo Genius appellatur. Eumdem esse Genium et Larem, multi veteres memoriæ prodiderunt : in queis etiam Granius Flaccus in libro, quem Cæsarem *de Indigitamentis* scriptum reliquit. Hunc in nos maximam, quin immo omnem habere potestatem,

a, dit-on, sur nous une très-grande et même une entière puissance. Quelques auteurs ont pensé qu'on doit adorer deux Génies, au moins dans la demeure de deux époux. Euclide même, disciple de Socrate, dit que chacun de nous est soumis à un double Génie; et on peut voir cette même opinion dans Lucilius, au neuvième livre de ses satires. C'est donc au Génie que, de préférence, nous sacrifions chaque année, pendant tout le cours de notre vie. Outre ce dieu pourtant, il y en a beaucoup d'autres qui, chacun pour une certaine part, prêtent assistance aux mortels. Que si l'on veut les connaître, on n'a qu'à lire les Livres des pontifes, qui en apprennent assez à ce sujet. Tous ces dieux n'exercent qu'une fois sur chacun de nous l'influence de leur divinité; aussi, pendant toute la durée de la vie, ne leur rend-on pas un culte assidu. Le Génie, au contraire, est pour nous un gardien si fidèle et si vigilant, qu'il ne s'en éloigne pas un seul instant; il nous a reçus sortant du sein de notre mère, et il nous accompagne jusqu'au dernier jour de notre existence. Mais si chacun de nous n'a d'autre jour natal à célébrer que le sien, il en est deux qui sont consacrés par moi, chaque année, à l'accomplissement de ce pieux devoir. Car, puisque c'est à toi et à ton amitié que je dois tout, honneur, dignité, considération, appui, enfin les premiers biens de la vie, je regarderais comme un crime de célébrer, moins religieusement que l'anniversaire de ma propre naissance, le jour, pour moi si heureux, où tu as vu la lumière : l'un m'a donné l'existence, et l'autre ce qui en est le soutien et l'ornement.

IV. *Diverses opinions des philosophes anciens sur la génération.*

Mais puisque notre âge date du jour de notre naissance, et qu'en remontant au delà de ce jour plusieurs questions se rattachent à l'origine de l'homme, il me semble à propos de parler en premier lieu de ce qui s'offre d'abord dans l'ordre naturel des choses. J'exposerai donc en peu de mots quelques-unes des opinions de l'antiquité sur l'origine humaine. Une première question, une question générale a été agitée parmi les anciens philosophes, relativement à ce fait constant, que chaque homme, après avoir été engendré de la semence de ses parents, a propagé sa race à travers une longue suite de siècles. Les uns ont pensé qu'il a toujours existé des hommes, qu'il n'en est jamais né que d'autres hommes, et qu'on ne peut assigner au genre humain ni principe ni commencement. Suivant les autres, au contraire, il fut un temps où les hommes n'existaient pas, et c'est la nature qui leur a d'abord donné l'être et la vie. La première opinion, celle qui suppose que le genre humain a existé de tout temps, a été soutenue par Pythagore de Samos, par Ocellus de Lucanie, par Archytas de Tarente, enfin par tous les pythagoriciens. Elle paraît être aussi celle de Platon l'Athénien, de Xénocrate, de Dicéarque de Messine, et des philosophes de l'ancienne Académie. Aristote de Stagire lui-même, ainsi que Théophraste et plusieurs péripatéticiens célèbres, ont écrit la même chose; et, comme preuve de cette assertion, ils nient qu'on puisse jamais savoir lesquels, des oiseaux ou des œufs, ont été engendrés les premiers; par la raison qu'on ne peut

---

creditum est. Nonnulli binos Genios in iis dumtaxat domibus, quæ essent maritæ, colendos putaverunt. Euclides autem Socraticus duplicem omnibus omnino nobis Genium dicit adpositum : quam rem apud Lucilium in libro Satyrarum nono licet cognoscere. Genio igitur potissimum, per omnem ætatem quotannis sacrificamus. Quamquam non solum hic, sed et alii sunt præterea dii complures, hominum vitam, pro sua quisque portione, adminiculantes : quos volentem cognoscere, Indigitamentorum libri satis edocebunt. Sed omnes hi semel in unoquoque homine numinum suorum effectum repræsentant; quocirca non per omne vitæ spatium novis religionibus accessuntur. Genius autem ita nobis assiduus observator adpositus est, ut ne puncto quidem temporis longius abscedat; sed ab utero matris exceptos, ad extremum vitæ diem comitetur. Sed cum singuli homines suos tantummodo proprios colant natales; ego tamen duplici quotannis officio hujusce religionis adstringor. Nam, cum ex te tuaque amicitia honorem, dignitatem, decus, atque præsidium, cuncta denique vitæ præmia recipiam; nefas arbitror, si diem tuum, qui te mihi in hanc lucem edidit, meo illo proprio negligentius celebravero; ille enim mihi vitam, hic fructum vitæ atque ornamentum peperit.

IV. *Variæ opiniones veterum philosophorum de generatione.*

At, quoniam ætas a die natali initium sumit, suntque ante hunc diem multa, quæ ad hominum pertinent originem : non alienum videtur de his dicere prius, quæ sunt natura priora. Igitur, quæ veteribus de origine humana fuerint opiniones, ex his quædam breviter exponam. Prima et generalis quæstio inter antiquos sapientiæ studiosos versata est; quod, cum constet, homines singulos ex parentum seminibus procreatos, successione prolis multa sæcula propagare; alii, semper homines fuisse, nec umquam nisi ex hominibus natos, atque eorum generi caput exordiumque nullum exstitisse arbitrati sunt : alii vero fuisse tempus, cum homines non essent, et his ortum aliquando principiumque natura tributum. Sed prior illa sententia, qua semper humanum genus fuisse creditur, auctores habet, Pythagoram Samium, et Ocellum Lucanum, et Archytam Tarentinum, omnesque adeo Pythagoricos. Sed et Plato Atheniensis, et Xenocrates, et Dicæarchus Messenius, itemque antiquæ Academiæ philosophi non aliud videntur opinati. Aristoteles quoque Stagirites, et Theophrastus, multique præterea non ignobiles Peripatetici, idem scripserunt, ejusque rei exempla dicunt, quod negent omnino posse reperiri, avesne ante, an ova gene-

comprendre ni la génération de l'oiseau sans œuf, ni celle de l'œuf sans oiseau. Aussi disent-ils que rien, ni de ce qui a été ni de ce qui sera dans ce monde éternel, n'a eu ni ne doit avoir de commencement; mais qu'il y a une succession continue d'êtres qui reçoivent l'existence et qui la donnent à d'autres, dans laquelle on ne peut distinguer pour aucun d'eux ni commencement ni fin. Quant au système qui suppose que quelques hommes ont d'abord été créés par la Divinité ou par la nature, il a eu beaucoup de partisans, mais qui ne sont pas d'accord sur tous les points. Car, sans parler des récits fabuleux des poëtes, qui tirent les premiers hommes de la molle substance du limon de Prométhée, ou les font naître de la dure matière des pierres de Deucalion et de Pyrrha, il y en a, même parmi les maîtres de la sagesse, qui appuient leur opinion sur des raisons peut-être aussi ridicules, certainement aussi incroyables. Suivant Anaximandre de Milet, l'eau et la terre échauffées auraient produit des poissons, ou des animaux tout à fait semblables à ceux-là. En eux se seraient peu à peu formés des êtres humains qui y seraient restés enfermés, comme des fœtus, jusqu'à la puberté, et qui enfin, forçant cette prison, en seraient sortis hommes ou femmes, et déjà capables de s'alimenter eux-mêmes. D'un autre côté, Empédocle, dans son beau poëme qui a fait dire à Lucrèce (1), « Qu'on a peine à croire que l'auteur soit un « enfant des hommes, » Empédocle exprime l'opinion que voici : D'abord chacun de nos membres aurait été séparément comme le fruit de la terre en travail ; puis ils se seraient réunis, et auraient formé, à l'aide d'un mélange de feu et d'eau, la charpente osseuse de l'homme. Mais qu'ai-je besoin de poursuivre, et d'exposer des systèmes qui n'ont pas même l'apparence de la vérité? Tel fut pourtant aussi le sentiment de Parménide, à part quelques points peu importants sur lesquels il diffère d'Empédocle. Quant à Démocrite d'Abdère, c'est d'eau et de limon qu'il lui sembla que les premiers hommes avaient été formés. Épicure s'est aussi rapproché de cette opinion : selon lui, en effet, c'est dans le limon échauffé que se sont d'abord développés je ne sais quels utérus attachés à la terre par des racines, et pourvus par la nature d'une sorte de lait destiné aux embryons qui en étaient nés, lesquels, ainsi nourris et fortifiés, ont propagé le genre humain. Zénon de Cittium, fondateur de la secte des stoïciens (1), pensait que le principe de la race humaine se rattache au commencement du monde, et que les premiers hommes ont été créés par la seule influence du feu divin, c'est-à-dire par la providence de Dieu. Enfin, l'on a cru aussi, d'après le témoignage de la plupart des auteurs de généalogies, que quelques nations, qui ne descendent pas d'une souche étrangère, ont eu pour fondateurs des enfants de la terre, comme dans l'Attique, dans l'Arcadie et dans la Thessalie ; et ces peuples furent nommés *autochthones* (2). Il en a été de même en Italie, ou, comme l'a dit le poëte (3), « Certains bois ont eu « jadis pour habitants des Nymphes et des Faunes « indigènes ; » fiction que la crédulité grossière des anciens a facilement acceptée. Mais l'imagination

(1) Lucrèce, l. I, v. 734.

(1) Cette secte est autrement appelée la secte du Portique.—(2) C'est-à-dire issus du sein même de la terre ; des deux mots grecs αὐτός, même, et χθών, la terre. — (3) Virgile, *Énéid.* l. VIII, v. 314. Censorin n'a pas cité textuellement le vers, qui est tel :

Hæc nemora indigenæ Fauni, Nymphæque tenebant.

rata sint, cum et ovum sine ave, et avis sine ovo gigni non possit. Itaque et omnium, quæ in sempiterno isto mundo semper fuerunt, futuraque sunt, aiunt principium fuisse nullum ; sed orbem esse quemdam generantium, nascentiumque, in quo uniuscujusque geniti initium simul et finis esse videatur. Qui autem homines aliquos primigenios divinitus naturave factos crederent, multi fuerunt, sed aliter atque aliter in hac æstimatione versati. Nam ut omittam quod fabulares poetarum historiæ ferunt, homines primos aut Promethei molli luto esse formatos, aut Deucalionis Pyrrhæque duris lapidibus esse natos, quidam ex ipsis sapientiæ professoribus, nescio an magis monstruosas, certe non minus incredibiles rationum suarum proferunt opiniones. Anaximander Milesius, videri sibi, ex aqua terraque calefactis exortos esse, sive pisces, sive piscibus simillima animalia : in his homines concrevisse, fœtusque ad pubertatem intus retentos : tum demum, ruptis illis, viros, mulieresque, qui se jam alere possent, processisse. Empedocles autem egregio suo carmine, quod ejusmodi esse prædicat Lucretius :

Ut vix humana videatur stirpe creatus,

tale quiddam confirmat. Primo membra singula ex terra quasi prægnante passim edita, deinde coisse, et effecisse solidi hominis materiam, igni simul et humori permistam. Cætera quid necesse est persequi ? quæ non capiant similitudinem veritatis? Hæc eadem opinio etiam in Parmenide vel in Ste* fuit, pauculis exceptis ab Empedocle dissensis. Democrito vero Abderitæ ex aqua limoque primum visum est homines procreatos ; nec longe secus Epicurus : is enim credidit, limo calefacto uteros nescio quos radicibus terræ cohærentes primum increvisse, et infantibus ex se editis ingenitum lactis humorem natura ministrante præbuisse, quos ita educatos et adultos, genus hominum propagasse. Zenon Cittieus, Stoicæ sectæ conditor, principium humano generi ex novo mundo constituto putavit, primosque homines ex solo adminiculo divini ignis, id est, Dei providentia, genitos. Denique etiam vulgo creditum est, ut plerique genealogiæ auctores sunt, quarumdam gentium, quæ ex adventitia stirpe non sint, principes terrigenas esse, ut in Attica, et Arcadia, Thessaliaque, eosque αὐτόχθονας vocitari ; ut in Italia poeta cecinit. *Nymphas indigenasque Faunos nemora quædam tenuisse*, non difficile rudis antiquorum credulitas recepit. Nunc vero eo licentiæ poeticæ processit lubido, ut vix audita ferenda confingant. Post hominum memoriam, pro genitis

en est venue aujourd'hui à ce degré de licence poétique, qu'elle invente des choses qui peuvent à peine s'entendre. Des siècles s'étaient écoulés, des nations avaient déjà été fondées et des villes construites, lorsque des hommes sortirent, dit-on, dans différentes circonstances du sein de la terre : ainsi, dans l'Attique, Érichthonius naquit de la semence de Vulcain, répandue à terre; dans la Colchide ou dans la Béotie, les dents d'un dragon, semées dans les champs, donnèrent naissance à des hommes armés, qui se livrèrent aussitôt un combat si meurtrier, qu'il n'en resta qu'un très-petit nombre pour aider Cadmus dans la construction de Thèbes. On dit aussi que, dans un champ du territoire de Tarquinies, il sortit d'un sillon un enfant, nommé Tagès, qui enseigna l'art des aruspices dans de doctes leçons recueillies par les Lucumons, alors maîtres de l'Étrurie.

V. *De la semence de l'homme, et quelle en est la source.*

C'en est assez sur la première origine des hommes. Je parlerai maintenant, aussi brièvement que je pourrai, de ce qui se rapporte aux anniversaires actuels de notre jour natal, et aux principes de notre existence. Et d'abord, sur la source de la semence, il y a désaccord entre les professeurs de la sagesse. Parménide a pensé qu'elle est fournie, tantôt par le testicule droit, tantôt par le gauche. Quant à Hippon de Métapont, ou, comme Aristoxène l'assure, de Samos, il croit qu'elle vient des canaux médullaires : ce qui le prouve, selon lui, c'est que si l'on tue un mâle aussitôt après l'accouplement, on ne trouve plus sa moelle, qui est épuisée. Mais cette opinion est rejetée par quelques auteurs, entre autres par Anaxagore, Démocrite et Alcméon de Crotone. Ceux-ci, en effet, répondent qu'après l'accouplement ce n'est pas la moelle seulement, mais aussi la graisse et la chair même, qui s'épuisent chez les mâles. Une autre question divise encore les auteurs : celle de savoir si la semence du père seul est prolifique, comme l'ont écrit Diogène, Hippon, et les stoïciens; ou si celle de la mère l'est aussi, comme l'ont pensé Anaxagore et Alcméon, ainsi que Parménide, Empédocle et Épicure. Sur ce point, toutefois, Alcméon avoua qu'il n'avait aucune opinion arrêtée, persuadé que personne ne peut s'assurer du fait.

VI. *Quelle partie se forme la première dans l'enfant, et comment il se nourrit dans le sein de la mère. D'où vient qu'il naît un garçon ou une fille. Ce qui donne lieu à la naissance des jumeaux. De la formation du fruit utérin.*

Empédocle, suivi en cela par Aristote, pensait que le cœur se développe avant tout le reste, parce qu'il est la principale source de la vie de l'homme; c'est, suivant Hippon, la tête, laquelle est le siège de l'âme; selon Démocrite, le ventre en même temps que la tête, parties qui renferment le plus de vide; d'après Anaxagore, le cerveau, d'où émanent tous les sens. Diogène d'Apollonie croyait que de la liqueur séminale se forme d'abord la chair, puis de la chair les os, les nerfs, et les autres parties du corps. De leur côté, les stoïciens ont prétendu que tout l'enfant prend sa forme à la fois, de

---

jam gentibus, et urbibus conditis, homines e terra diversis modis editos, ut in Attica fertur regione Erichthonius ex Volcani semine humo exortus : et in Colchide, vel in Bœotia consitis anguis dentibus armati partus : e quibus, mutua cæde inter se necatis, pauci superasse traduntur, qui in condito Thebarum Cadmo fuerint adjumento. Nec non in agro Tarquiniensi puer dicitur exaratus, nomine Tages, qui disciplinam cecinerit extispicii : quam Lucumones, tum Etruriæ potentes, exscripserunt.

V. *De semine hominis? et quibus e partibus exeat?*

Hactenus de prima hominum origine. Cæterum, quæ ad præsentes nostros pertinent natales, eorumque initia, quam potero compendio dicam. Igitur, semen unde exeat, inter sapientiæ professores non constat. Parmenides enim tum ex dextris, tum e lævis partibus derivari putavit. Hipponi vero Metapontino, sive, ut Aristoxenus auctor est, Samio, e medullis profluere semen videtur : idque non probari, quod post admissionem pecudum, si quis, qui mares sunt, perimat, medullas utpote exhaustas non reperiat. Sed hanc opinionem nonnulli refellunt, ut Anaxagoras, Democritus, et Alcmæon Crotoniates. Hi enim post gregum contentionem non medullis modo, verum et adipe, multaque carne mares exhauriri respondent. Illud quoque ambiguam facit inter auctores opinionem, utrumne ex patris tantummodo semine partus nascatur, ut Diogenes, et Hippon, Stoïcique scripserunt, an etiam ex matris, quod Anaxagoræ, et Alcmæoni, nec non Parmenidi, Empedocliqe, et Epicuro visum est. Quæ disserens, non definite se scire, Alcmæon confessus est, ratus, neminem posse perspicere.

VI. *Quid primum in infante formetur? et quomodo alatur in utero? Cur mas aut femella nascatur? Cur gemini? De conformatione partus.*

Empedocles, quem in hoc Aristoteles secutus est, ante omnia cor judicavit increscere, quod hominis vitam maxime contineat. Hippon vero, caput, in quo est animi principale. Democritus alvum cum capite, quæ plurimum habent ex inani. Anaxagoras cerebrum, unde omnes sunt sensus. Diogenes Apolloniates ex humore primum carnem fieri existimavit, tum ex carne ossa, nervosque, et cæteras partes enasci. At Stoici una totum infantem figurari dixerunt, ut una nascitur, aliturque. Sunt, qui id opinentur fieri ipsa natura, ut Aristoteles, atque Epicurus. Sunt,

même qu'il naît et qu'il grandit tout entier. Il en est qui donnent ce pouvoir à la nature elle-même, comme Aristote et Épicure; d'autres l'attribuent à la vertu d'un esprit qui accompagne la semence; ce sont presque tous les stoïciens : d'autres encore prétendent, d'après le système d'Anaxagore, qu'il y a dans la semence une chaleur éthérée qui agence les membres. Quelle que soit, au reste, la loi qui règle la formation de l'enfant, la façon dont il se nourrit dans le sein de la mère a donné naissance à deux opinions. Anaxagore en effet, et beaucoup d'autres, ont pensé qu'il prend sa nourriture par le cordon ombilical; Diogène et Hippon soutiennent, au contraire, qu'il y a dans l'utérus une proéminence que l'enfant saisit avec la bouche, et où il puise sa nourriture, comme, après sa naissance, il la tire du sein de sa mère. Quant à la cause qui fait naître les garçons ou les filles, c'est un point sur lequel ces philosophes ne s'accordent pas davantage. En effet, Alcméon dit que l'enfant a le sexe de celui de ses parents qui a fourni le plus de semence; Hippon affirme que de la semence la plus déliée naissent les filles, et de la plus épaisse les garçons; suivant Démocrite, l'enfant hérite du sexe de celui de ses parents dont la semence a occupé la première le siège de la génération ; Parménide suppose, au contraire, que dans l'union des sexes il y a lutte entre l'homme et la femme, et que celui des deux à qui reste la victoire donne son sexe à l'enfant. Anaxagore et Empédocle pensent tous deux que la semence épanchée du testicule droit engendre les garçons, et celle du gauche, les filles. Au reste, si ces deux philosophes s'accordent sur ce point, ils diffèrent sur la question de la ressemblance des enfants. Voici, à cet égard, le système imaginé et soutenu par Empédocle : S'il y a eu dans la semence du père et de la mère le même degré de chaleur, il naît un garçon, qui ressemble au père; si le même degré de froid, une fille, qui ressemble à la mère. Que si la semence du père est chaude, et froide celle de la mère, il naîtra un garçon, dont les traits seront ceux de la mère; mais si la semence de la mère est chaude, et froide celle du père, il naîtra une fille, qui aura de la ressemblance avec le père. Pour Anaxagore, il pensait que les enfants ressemblent à celui des deux qui a fourni le plus de semence. L'opinion de Parménide est que quand la semence vient du testicule droit, c'est au père que ressemble l'enfant; quand, du testicule gauche, c'est à la mère. Il reste à parler des jumeaux, dont la naissance, d'ailleurs assez rare, est attribuée par Hippon au partage de la semence, laquelle, suivant lui, se distribue sur deux points, quand il y en a trop pour un seul enfant. Empédocle paraît avoir été aussi de ce sentiment, mais il n'a pas exposé les causes de ce partage de la semence; il se borne à dire que si cette liqueur, en occupant deux points de l'utérus, les trouve également chauds, il naît deux garçons; si également froids, deux filles; si l'un est plus chaud, l'autre plus froid, des jumeaux de différent sexe.

VII. *Du temps auquel le fruit de la conception est mûr pour la naissance, et du nombre septenaire.*

Il me reste à parler du temps auquel le fruit de la conception est mûr pour la naissance; et je dois traiter ce sujet avec d'autant plus de

---

qui potentia spiritus semen comitantis, ut Stoici ferme universi. Sunt, qui ætherium calorem inesse arbitrentur, qui membra disponat, Anaxagoran secuti. Utcumque tamen formatus infans, quemadmodum in matris utero alatur, duplex opinio est. Anaxagoræ enim, cæterisque compluribus, per umbilicum cibus administrari videtur; at Diogenes et Hippon existimarunt, esse in alvo prominens quiddam, quod infans ore adprehendat; ex eoque alimentum ita trahat, ut, cum editus est, ex matris uberibus. Cæterum, ut mares, fœminæve nascantur, quid causæ esset, varie ab iisdem philosophis proditum est. Nam, ex quo parente seminis amplius fuit, ejus sexum repræsentari dixit Alcmæon; ex seminibus autem tenuioribus fœminas, ex densioribus mares fieri, Hippon adfirmat. Utrius vero parentis principium sedem prius occupaverit; ejus reddi naturam Democritus retulit. At, inter se certare fœminas, et mares, et, penes utrum victoria sit, ejus habitum referri, auctor est Parmenides. Et e dextris partibus profuso semine mares gigni, at e lævis fœminas, Anaxagoras, Empedoclesque consentiunt; quorum opiniones, ut de hac specie congruæ, ita de similitudine liberorum sunt dispariles. Super qua re Empedoclis disputata ratio talis profertur. Si par calor in parentum seminibus fuerit, patri similem marem procreari; si frigus, fœminam matri similem. Quod si patris calidum erit, et frigidum matris, puerum fore, qui matris vultum repræsentet; at si calidum matris, patris autem fuerit frigidum, puellam futuram, quæ patris reddat similitudinem. Anaxagoras autem ejus parentis faciem referre liberos judicavit, qui seminis amplius contulisset. Cæterum, Parmenidis sententia est, cum dexteræ partes semina dederint, tunc filios esse patri consimiles; cum lævæ, tunc matri. Sequitur vero de geminis, qui ut aliquando nascantur, modo seminis fieri Hippon ratus est. Id enim, cum amplius est, quam uni satis fuerit, bifariam diduci. Id ipsum ferme Empedocles videtur sensisse : nam, causas quidem cur divideretur, non posuit : tantummodo ait, si utrumque sedes æque calidas occupaverit, utrumque marem nasci : si frigidas æque, utramque fœminam; si vero alterum calidiorem, alterum frigidiorem, dispari sexu partum futurum.

VII. *De temporibus, quibus partus solent esse ad nascendum maturi; deque numero septenario.*

Superest dicere de temporibus, quibus partus solent esse ad nascendum maturi; qui locus eo mihi cura majore tractandus est, quod quædam necesse est de astrologia,

soin, qu'il sera nécessaire d'aborder quelques questions d'astrologie, de musique et d'arithmétique. Et d'abord combien de mois après la conception l'enfantement a-t-il ordinairement lieu? C'est ce que les anciens ont souvent discuté, sans tomber d'accord. Hippon de Métapont pensait que l'enfant peut naître du septième mois au dixième, le fruit, disait-il, étant déjà mûr dans le septième mois, et le nombre septenaire ayant une grande influence en toute chose. Nous sommes, en effet, formés au bout de sept mois ; et après sept autres, nous commençons à nous tenir droits. C'est aussi à sept mois que les dents commencent à nous venir (1) ; ces mêmes dents tombent à partir de sept ans, et la quatorzième année nous fait entrer dans l'âge de puberté. Or, cette maturité qui commence après le septième mois se continue jusqu'au dixième, parce que c'est une loi générale qu'aux sept mois ou aux sept années nécessaires pour la formation, il faut ajouter trois autres mois ou années pour le développement. C'est ainsi que les dents, qui poussent à l'enfant dans le septième mois, ne se montrent tout à fait que dans le dixième ; que les premières tombent à sept ans, et les dernières à dix ; c'est encore ainsi que l'âge de puberté commence à quatorze ans pour quelques-uns, mais est arrivé pour tous à dix-sept. Cette opinion a, sur un certain point, des adversaires, et, sur un autre, des partisans. Que la femme puisse accoucher au bout de sept mois, c'est un fait reconnu par la plupart des auteurs, comme Théano, disciple de Pythagore, Aristote le péripatéticien, Dioclès, Évènor, Straton, Empédocle, Épigène et beaucoup d'autres encore, dont l'unanimité n'effraye point Euthyphron de Cnide, qui le nie intrépidement. Il a contre lui, à son tour, presque tous les philosophes, qui, à l'exemple d'Épicharme, nient que la naissance ait lieu le huitième mois. Toutefois Dioclès de Caryste et Aristote de Stagire ont pensé le contraire. Quant à l'enfantement dans le neuvième mois et dans le dixième, la possibilité en a été reconnue et par la plupart des Chaldéens, et par Aristote, que j'ai déjà nommé. D'un autre côté, Épigène de Byzance ne la nie point pour le neuvième mois, ni Hippocrate de Cos pour le dixième. Mais le onzième mois, admis par Aristote seul, est rejeté par tous les autres.

VIII. *Calculs des Chaldéens sur la durée de la gestation. Du zodiaque, et des aspects des astres.*

J'ai maintenant à parler en peu de mots du système des Chaldéens, et à expliquer pourquoi ils ont pensé que l'homme ne peut naître que dans le septième, dans le neuvième et dans le dixième mois. Ils posent donc en principe que notre naissance et notre vie sont subordonnées à des étoiles, ou errantes, ou fixes, dont le cours aussi varié que rapide gouverne le genre humain, mais aussi dont les mouvements, les phases, les effets subissent fréquemment l'influence du soleil. Si en effet les unes se précipitent, si d'autres restent immobiles, et si toutes elles nous font diversement sentir leur température, c'est à l'action du soleil qu'il le faut attribuer. Aussi cet astre, en agissant lui-même sur les étoiles, qui agissent sur l'homme, lui donne-t-il l'âme qui le dirige. C'est lui qui exerce sur nous l'action la plus puis-

---

(1) Et, ajoutait Varron, cité par Aulu-Gelle (l. III, c. 10), il en perce sept de chaque côté.

---

musica, et arithmetica adtingere. Jam primum, quoto post conceptionem mense infantes edi soleant, frequenter inter veteres agitatum, nondum convenit. Hippon Metapontinus a septimo ad decimum mensem nasci posse existimavit; nam septimo partum jam esse maturum, eo quod in omnibus numerus septenarius plurimum possit; siquidem septem formemur mensibus; additaque alteris recti consistere incipiamus, et post septem menses dentes nobis innascantur, iidemque post septimum cadant annum, quartodecimo autem pubescere soleamus. Sed hanc a septem mensibus incipientem maturitatem, usque ad decimum perductam : ideo, quod in aliis omnibus haec eadem natura est, ut septem mensibus, annisve, tres aut menses, aut anni, ad confirmationem accedant. Nam dentes septem mensium infanti nasci, et maxime decimo perfici mense : septimo anno primos eorum excidere, decimo ultimos, post decimum quartum annum nonnullos, sed omnes intra septimum decimum annum pubescere. Huic opinioni in parte aliqua repugnant alii, alii in parte consentiunt. Nam septimo mense parere mulierem posse, plurimi affirmant, ut Theano Pythagorica, Aristoteles Peripateticus, Diocles, Evenor, Straton, Empedocles, Epigenes, multique praeterea, quorum omnium consensus Euthyphronem Cnidium non deterret, id ipsum intrepide pernegantem. Contra eum ferme omnes, Epicharmum secuti, octavo mense nasci negaverunt. Diocles tamen Carystius, et Aristoteles Stagirites, aliter senserunt. Nono autem, et decimo mense, tum Chaldaei plurimi, et idem mihi supra nominatus Aristoteles, edi posse partum putaverunt; neque Epigenes Byzantius nono posse fieri contendit; nec Hippocrates Cous nono. Caeterum undecimum mensem Aristoteles solus recipit, caeteri universi improbarunt.

VIII. *Rationes Chaldaeorum de tempore partus : item de zodiaco et de conspectibus.*

Sed nunc Chaldaeorum ratio breviter tractanda est, explicandumque, cur septimo mense, et nono, et decimo, tantummodo posse nasci homines arbitrentur. Ante omnia igitur dicunt, actum, vitamque nostram, stellis tam vagis, quam statis, esse subjectam, earumque vario multiplicique cursu genus humanum gubernari, sed ipsarum motus, schemataque, et effectus, a Sole crebro immutari. Nam ut aliae occasum, nonnullae stationem faciant, nosque omnes disparili sua temperatura adficiant, Solis fieri potentia. Itaque eum qui stellas ipsas, quibus movemur, permovet, animam nobis dare, qua regamur; potentissimumque in nos esse, moderarique, quando post conceptionem veniamus in lucem : sed hoc per tres facere conspectus. Quid

sante, quand, après la conception, nous sommes destinés à voir le jour. Mais cette action se produit sous l'influence de trois différents aspects. Or, que faut-il entendre par aspects, et combien y en a-t-il de sortes? Je le dirai, pour être clair, le plus brièvement possible. Il y a, dit-on, un cercle de constellations que les Grecs nomment *zodiaque*, et dans lequel se meuvent le soleil, la lune et les autres étoiles errantes ; on le divise en douze parties égales, représentées par autant de signes. Le soleil parcourt ce cercle dans l'espace d'une année, et il reste ainsi environ un mois dans chaque signe. Or, tous ces signes sont mutuellement en regard les uns avec les autres, mais sous un aspect qui n'est pas uniforme à l'égard de tous; de ces aspects, en effet, les uns sont estimés plus forts, les autres plus faibles. Donc, au moment de la conception, le soleil est nécessairement dans un signe, et dans un point déterminé, que l'on appelle proprement le point de la conception; or, ces points sont au nombre de trente dans chaque signe, ce qui donne, pour tout le zodiaque, un nombre de trois cent soixante. Les Grecs ont appelé ces points μοῖραι (les Parques), sans doute parce qu'ils donnent ce même nom aux déesses du destin, et que ces points décident, pour ainsi dire, de nos destinées : aussi est-ce une chose fort importante que de naître sous l'un ou sous l'autre de ces points. Le soleil donc, lorsqu'il passe dans le second signe, ne voit plus que sous un aspect affaibli celui qu'il vient de quitter, ou même ne l'aperçoit plus du tout; car plusieurs astrologues ont nié formellement que les signes contigus se voient l'un l'autre. Mais quand il est dans le troisième signe, c'est-à-dire quand il y en a un entre celui-ci et son point de départ, alors il voit, dit-on, ce premier signe d'où il est parti, mais d'un regard oblique et encore faible. Cet aspect est appelé κατ' ἑξάγωνον (hexagonal), parce qu'il correspond à la sixième partie de la circonférence. Si, en effet, du premier signe au troisième, du troisième au cinquième, de celui-ci au septième, et ainsi de suite, on conduit des lignes droites, on aura tracé dans ce même cercle la figure d'un hexagone équilatéral. On n'a pas tenu compte partout de cet aspect, parce qu'il paraît n'avoir que fort peu d'influence sur la maturité du fruit utérin. Mais quand le soleil est parvenu dans le quatrième signe, et que deux autres le séparent du premier, son aspect est dit κατὰ τετράγωνον (tétragone), parce qu'il correspond à la quatrième partie du cercle. Quand il est dans le cinquième signe, et qu'il y en a par conséquent trois intermédiaires, son aspect est appelé κατὰ τρίγωνον (triangulaire), parce qu'il correspond à la troisième partie du zodiaque. Ces deux derniers aspects, τετράγωνος et τρίγωνος (le tétragone et le triangulaire), les plus efficaces de tous, favorisent beaucoup le développement du fruit de la conception. Du reste, l'aspect qui part du sixième signe manque entièrement d'efficacité; car la ligne qu'il suit ne touche l'un des côtés d'aucun polygone. Mais l'aspect qui vient du septième signe est, comme le plus direct, le plus complet et le plus puissant ; il fait quelquefois sortir des flancs de la mère l'enfant déjà formé, que l'on appelle alors *septemmestris* (de sept mois), parce qu'il naît dans le septième mois de la conception. Mais si, dans cet espace de sept mois, il n'est pas parvenu à sa maturité, il ne naîtra pas dans le huitième (car du huitième signe, comme du sixième, l'aspect n'a aucune

autem sit conspectus, et quot ejus genera, ut liquido perspici possit, pauca prædicam. Circulus est, ut ferunt, signifer, quem Græci vocant ζωδιακόν; in quo Sol, et Luna, cæteræque stellæ vagæ feruntur; hic in duodecim partes, totidem signis redditas, æquabiliter divisus est. Eum Sol annuo spatio metitur : ita in unoquoque signo ferme unum mensem moratur : sed signum quodlibet cum cæteris singulis habet mutuum conspectum, non tamen uniformem cum omnibus : nam validiores alii, infirmiores alii habentur. Igitur, quo tempore partus concipitur, Sol in aliquo signo sit necesse; et in aliqua ejus particula, quem locum conceptionis proprie adpellant. Sunt autem hæ particulæ in unoquoque signo tricenæ, totius vero zodiaci numero ccclx : has Græci μοίρας cognominarunt : eo videlicet, quod deas Fatales nuncupant μοίρας. Et eæ particulæ nobis veluti fata sunt : nam, qua potissimum oriente nascantur, plurimum refert. Sol ergo, cum in proximum signum transcendit, locum illum conceptionis aut imbecillo videt conspectu, aut etiam nec conspicit : nam plures, proximantia sibimet zodia, invicem se videre omnino negaverunt : at, cum in tertio est signo, hoc est, uno medio interposito, tunc primum illum locum, unde profectus est, videre dicitur, sed valde obliquo et la- valido lumine; qui conspectus vocatur καθ' ἑξάγωνον, qui sextam partem circuli subtendit : nam si ut a primo zodio ad tertium, sic a tertio ad quintum, inde porro ad septimum, ac deinde alternæ lineæ emittantur, hexagoni æquilateralis forma in eodem circulo scriberetur. Hunc quidam conspectum non usquequaque receperunt, quod minimum ad maturitatem partus videatur conferre. Cum vero in quartum signum pervenit, et media duo sunt, videt κατὰ τετράγωνον : quoniam illa linea, qua visus pertendit, quartam partem orbis abscidit. Cum autem in quinto est, (tribus interjacentibus mediis, κατὰ τρίγωνον adspicit. Nam tertiam signiferi partem visus ille metitur. Quæ duæ visiones τετράγωνοι et τρίγωνοι perquam efficaces, incrementum partus multum adminiculant. Cæterum a loco sexto conspectus omni caret efficientia : ejus enim linea nullius polygoni adicit latus. At a septimo zodio, quod est contrarium, plenissimus potentissimusque conspectus, quosdam jam maturos infantes educit, qui septemmestres adpellantur, quia septimo mense nascuntur. At, si ipso hoc spatium maturescere uterus non potuerit, octavo mense non editur, (ab octavo enim signo, ut a sexto, inefficax visus) sed vel nono mense, vel decimo. Sol enim a nono zodio particulam conceptionis rursus conspi-

efficacité), mais dans le neuvième mois ou dans le dixième. Du neuvième signe, en effet, le soleil regarde de nouveau κατὰ τρίγωνον (suivant le côté du triangle) le point de la conception ; et, du dixième signe, l'aspect a lieu κατὰ τετράγωνον (suivant le côté du carré) : or, ces deux aspects, comme nous l'avons déjà dit, sont des plus efficaces. Au surplus, on ne pense pas que la naissance puisse avoir lieu dans le onzième mois, parce que cet aspect languissant n'envoie sur le signe primitif qu'un rayon déjà affaibli, et καθ' ἑξάγωνον (suivant le côté de l'hexagone) ; bien moins encore peut-il avoir lieu dans le douzième, dont l'aspect est regardé comme nul. Ainsi, d'après ce système, les enfants naissent ἑπτάμηνοι (à sept mois) sous l'influence de l'aspect κατὰ διάμετρον (diamétral) ; ἐννεάμηνοι (à neuf mois) sous l'influence de l'aspect κατὰ τρίγωνον (triangulaire) ; et δεκάμηνοι (à dix mois) sous l'influence de l'aspect κατὰ τετράγωνον (tétragone).

IX. *Opinion de Pythagore sur la formation du fruit utérin.*

Après cette explication du système des Chaldéens, je passe à l'opinion de Pythagore, que Varron a exposée dans son livre appelé *Tubéron*, et intitulé *De l'origine de l'homme*. Cette opinion, la plus plausible de toutes, paraît se rapprocher le plus de la vérité. La plupart, en effet, des autres philosophes, quoique la maturité pour tout fruit utérin n'ait pas lieu dans un même espace de temps, ont pourtant assigné à sa formation une seule et même durée. On peut citer à cet égard Diogène d'Apollonie, qui prétend que le corps des garçons est formé dans le quatrième mois, celui des filles dans le cinquième ; et Hippon, qui a écrit que l'enfant est formé au bout de soixante jours ; que, dans le quatrième mois, la chair prend de la consistance ; que, dans le cinquième, poussent les ongles et les cheveux, et que, dans le septième, c'est un être déjà parfait. Pour revenir à Pythagore, dont l'opinion a plus de vraisemblance, il prétend qu'il y a deux sortes de gestation, l'une de sept mois et l'autre de dix, mais des nombres de jours différents, suivant l'une ou l'autre, pour la formation de l'enfant ; et que ces nombres, qui dans chaque gestation apportent quelque changement à l'état des choses, la semence se convertissant d'abord en sang, puis le sang en chair, et celle-ci prenant la forme de l'homme, offrent, dans leur corrélation, les mêmes rapports que le concours des sons appelé consonnance en musique.

X. *De la musique et de ses règles.*

Mais, pour rendre tout cela plus intelligible, quelques mots sur les règles de la musique sont ici nécessaires, d'autant plus que je dirai des choses qui sont inconnues aux musiciens eux-mêmes. Ils ont fait de savants traités sur les sons, ils les ont disposés dans un ordre convenable ; mais quant aux règles des mouvements et de la mesure applicables à ces mêmes sons, c'est aux géomètres plutôt qu'aux musiciens qu'on en doit l'invention. La musique donc est la science de bien moduler : elle consiste dans le son ; or, le son est tantôt plus grave, tantôt plus aigu. Cependant chaque son simple, et pris d'une manière absolue, est appelé en grec φθόγγος (son). La différence d'un son à un autre, entre l'aigu et le grave, est appelée en grec διάστημα (diastème, intervalle). Entre le son le plus grave et le son le plus aigu, il peut y avoir plusieurs diastèmes successifs, les uns plus grands, les autres plus

petits; celui, par exemple, qu'on appelle τόνος (ton), ou celui qui, plus petit, est appelé ἡμιτόνιον (semi-ton), ou l'intervalle de deux tons, de trois, et de quelques autres encore. Mais tous les sons, arbitrairement combinés avec n'importe quels autres, ne produisent pas dans le chant des consonnances agréables. De même que nos lettres, si on les assemble au hasard et sans ordre, ne formeront presque jamais ni des mots, ni même des syllabes que l'on puisse prononcer; de même, dans la musique, il n'y a que certains intervalles qui puissent produire des symphonies. Or, la symphonie est l'union de deux sons différents, qui forment un agréable concert. Les symphonies simples et primitives sont au nombre de trois, et les autres en sont dérivées : la première, ayant un intervalle de deux tons et un semi-ton, s'appelle *diatessaron*; la seconde, de trois tons et un semi-ton, se nomme *diapente*; la troisième est nommée *diapason* : son intervalle renferme les deux premières. Il est, en effet, ou de six tons, comme le prétendent Aristoxène et les musiciens; ou de cinq tons et de deux semi-tons, suivant Pythagore et les géomètres, qui démontrent que deux semi-tons ne peuvent former un ton complet. Aussi est-ce abusivement que Platon nomme cet intervalle ἡμιτόνιον; il est proprement appelé δίεσις ou λεῖμμα. Maintenant, pour faire voir comment les sons, qui ne tombent ni sous le sens de la vue, ni sous celui du toucher, peuvent être mesurés, je citerai l'admirable invention de Pythagore, qui, scrutant les secrets de la nature, a trouvé que la règle des nombres s'applique aux sons de la musique. Il prit, à cet effet, des cordes sonores, égales en grosseur et en longueur, et il y suspendit différents poids. Voyant, après avoir frappé ces cordes à diverses reprises, que les sons qu'elles rendaient ne formaient aucune consonnance, il changea les poids; et répétant souvent ces expériences, il finit par s'assurer que deux cordes donnaient la consonnance appelée *diatessaron*, lorsque leurs poids, comparés entre eux, étaient dans le rapport de trois à quatre : ce son, les arithméticiens grecs l'appellent ἐπίτριτον (troisième et demi), les Latins *supertertium* (au-dessus de trois). La consonnance nommée *diapente*, il l'obtint quand la différence des poids était dans la proportion sesquitierce, que présente deux comparé à trois; et cette consonnance s'appelle ἡμιόλιος. Lorsqu'une corde était tendue par un poids deux fois plus fort que celui d'une autre, et se trouvait, comme disent les Grecs, en raison double, il avait la consonnance appelée *diapason*. Il fit les mêmes expériences avec des flûtes, et il obtint les mêmes résultats. Il se servit de quatre flûtes de la même grosseur, mais d'une longueur inégale : la première, par exemple, était longue de six doigts; la seconde, d'un tiers en plus, c'est-à-dire de huit doigts; la troisième, plus longue de la moitié que la première, en avait neuf; enfin la quatrième en avait douze, longueur double de celle de la première. Ayant donc soufflé dans chacune de ces flûtes, et comparé deux à deux, les sons de chacune d'elles, il apprit à tous les musiciens qui l'écoutaient que la première et la seconde flûte, dans le rapport de trois à quatre, donnaient la consonnance nommée *diatessaron* (la quarte); qu'entre la première et la troisième, dans le rapport de deux à trois, on obtenait la consonnance *diapente* (la quinte); qu'enfin l'intervalle de la première à la quatrième.

---

aliis majora, minorave: ut est illud, quod τόνον adpellant, vel hoc minus ἡμιτόνιον, vel duorum, triumve, ac deinceps aliquot tonorum intervallum. Sed non promiscue voces omnes cum aliis ut libet junctæ, concordabiles in cantu reddunt effectus. Ut literæ nostræ, si inter se passim jungantur, et non congruenter, sæpe nec verbis, nec syllabis copulandis concordabunt: sic in musica certa quædam sunt intervalla, quæ symphonias possint efficere. Est autem symphonia duarum vocum disparium inter se junctarum dulcis concentus. Symphoniæ simplices ac primæ, sunt tres, quibus reliquæ constant: una duorum tonorum et hemitonii habens διάστημα, quæ vocatur διὰ τεσσάρων; altera trium et hemitonii, quam vocant διὰ πέντε; tertia est διὰ πασῶν: cujus διάστημα continet duas priores. Est enim vel sex tonorum, ut Aristoxenus musicique adseverant; vel quinque, et duorum hemitoniorum, ut Pythagoras, geometræque: qui demonstrant, duo hemitonia tonum complere non posse: quare etiam hujusmodi intervallum Platoni abusive ἡμιτόνιον, proprie autem δίεσις vel λεῖμμα adpellatur. Nunc vero, ut aliquid adpareat, quemadmodum voces, nec sub oculos, nec sub tactum cadentes, habere possint mensuras: admirabile Pythagoræ referam commentum: qui, secreta naturæ scrutando, reperit, phthongos musicorum convenire ad rationem numerorum; nam chordas æque crassas, parique longitudine diversis ponderibus tetendit: quibus sæpe pulsis, nec phthongis ad ullam symphoniam concordantibus, pondera mutabat, et id identidem frequenter expertus, postremo deprehendit, tunc duas chordas concinere id, quod est διὰ τεσσάρων, cum earum pondera inter se conlata rationem haberent, quam tria ad quatuor: quem phthongum arithmetici Græci ἐπίτριτον vocant, Latini supertertium. At eam symphoniam, quæ διὰ πέντε dicitur, ibi invenit, ubi ponderum discrimen in sesquitertia est proportione, quam duo faciunt ad tria conlata; quod ἡμιόλιον adpellant: cum autem altera chorda, duplo majore pondere, quam altera, tenderetur, et esset διπλασίῳ locus, διὰ πασῶν sonabat. Hoc et in tibiis, si conveniret, tentavit: nec aliud invenit: nam quatuor tibias pari cavo paravit, impares longitudine. Primam (verbi causa) longam digitos sex: secundam, tertia parte addita, id est, digitorum octo: tertiam, digitorum novem, sescuplo longiorem, quam primam: quartam vero duodecim digitorum, quæ primam longitudine duplicaret. His itaque inflatis, et binarum facta conlatione, omnium musicorum auribus adprobavit, primam et secundam reddere eam convenientiam, quam reddit διὰ τεσσάρων symphonia, ibique esse proportionem supertertiam. Inter primam vero, ac tertiam tibiam, ubi sescupla proportio est, resonare διὰ πέντε. Pri-

dans le rapport de un à deux, était le diastème appelé *diapason* (l'octave). Mais il y a cette différence entre les flûtes et les cordes sonores, que plus les flûtes sont longues, plus le son est grave ; tandis que, pour les cordes, plus le poids qu'on y suspend est fort, plus le son des cordes est aigu : les proportions pourtant sont toujours les mêmes d'un côté comme de l'autre.

XI. *Explication du système de Pythagore sur la formation du fruit utérin.*

Après cette explication, obscure peut-être, mais la plus claire pourtant que j'aie pu donner, je reviens à mon sujet, et je dirai le sentiment de Pythagore sur le nombre de jours nécessaires pour la gestation. D'abord, ainsi que je l'ai dit plus haut, il admet en général deux espèces de gestation : l'une plus courte, et appelée gestation de sept mois, qui permet à l'enfant de sortir des flancs de la mère deux cent dix jours après la conception ; l'autre, plus longue, et appelée gestation de dix mois, qui l'en fait sortir au bout de deux cent soixante-quatorze jours. Dans la première, c'est-à-dire dans la plus courte, c'est le nombre sénaire qui a le plus d'influence. Car la semence, qui, suivant ce philosophe, est pendant les six premiers jours un liquide laiteux, se transforme en sang pendant les huit jours suivants ; et ces huit jours, ajoutés aux six premiers, répondent à la première consonnance, appelée *diatessaron*. En troisième lieu, neuf autres jours sont nécessaires pour la formation de la chair ; or, ces neuf jours, rapprochés des six premiers, sont dans le rapport de deux à trois, et répondent à la seconde consonnance, appelée *diapente*. Ils sont suivis de douze autres jours, pendant lesquels s'achève la formation du corps, et qui comparés aussi avec les six premiers, répondent à la troisième consonnance, appelée *diapason*, étant dans le rapport de un à deux. Or, ces quatre nombres, six, huit, neuf, douze, réunis, font trente-cinq jours. Et ce n'est point sans raison que le nombre sénaire est le fondement de la génération ; aussi est-il appelé par les Grecs τέλειος (excellent), et parfait dans notre langue, parce que trois parties de ce nombre, la sixième, le tiers et la moitié, c'est-à-dire 1, 2 et 3, concourent à le parfaire. Mais, de même que le premier état de la semence, ce principe laiteux de la conception, a surtout besoin de ce nombre pour se perfectionner ; de même ce commencement de l'homme conformé, cet autre principe de la maturité future, principe qui met trente-cinq jours à se développer, parvient à la maturité après six révolutions de ce nombre, c'est-à-dire au bout de deux cent dix jours. Quant à l'autre gestation, qui est plus longue, elle est réglée par un nombre plus fort, c'est-à-dire par le nombre septénaire, qui influe sur toutes les périodes de la vie humaine, ainsi que l'a écrit Solon (1), que le témoignent les Juifs dans les calculs de leurs jours, et que paraissent l'indiquer les rituels des Étrusques. Hippocrate lui-même, et d'autres médecins, ne suivent pas d'autre règle pour les maladies du corps ; car ils font une grande attention à chaque septième jour, qu'ils appellent χρίσιμον (critique). Si donc le principe génératif, dans la première gestation, demeure le même pendant six jours, après lesquels la semence se change en

(1) Voyez plus bas, ch. 14.

mæ autem, quartæque intervallum, quod habet duplam proportionem, διάστημα facere διὰ πασῶν. Sed inter tibiarum, chordarumque naturam, hoc interest, quod tibiæ incremento longitudinis fiunt graviores, chordæ autem, augmento additi ponderis, acutiores : utrobique tamen est eadem proportio.

XI. *Ratio Pythagoræ de conformatione partus confirmata.*

His expositis, forsitan obscure, sed quam potui lucidissime, redeo ad propositum : ut doceam, quid Pythagoras de numero dierum ad partus pertinentium senserit. Primum, ut supra memoravi, generaliter duos esse partus dixit : alterum minorem, quem vocant septemmestrem, qui decimo et ducentesimo die post conceptionem exeat ab utero ; alterum majorem, decemmestrem, qui edatur die CCLXXIV : quorum prior ac minor senario maxime continetur numero. Nam quod ex semine conceptum est, sex, ut ait, primis diebus humor est lacteus : deinde proximis octo, sanguineus : qui octo, cum ad primos sex accesserunt, faciunt primam symphoniam διὰ τεσσάρων ; tertio gradu novem dies accedunt, jam carnem facientes : hi cum sex illis primis conlati, sescuplam faciunt rationem, et secundam symphoniam διὰ πέντε. tum deinceps sequentibus duodecim diebus, fit corpus am formatum : horum quoque ad eosdem sex conlatio, tertiam διὰ πασῶν reddit symphoniam, duplici ratione subjectam. Hi quatuor numeri, VI, VIII, IX, XII, conjuncti, faciunt dies XXXV. Nec immerito senarius fundamentum gignendi est : nam cum τέλειον Græci, nos autem perfectum vocamus : quod ejus partes tres, sexta, et tertia, et dimidia, id est, unus, et duo, et tres, eumdem ipsum perficiunt. Sed, ut initia seminis, lacteum illud conceptionis fundamentum, primitus hoc numero absolvitur : sic hoc initium formati hominis, et velut alterum maturescendi fundamentum, quod est quinque et triginta dierum, sexies ductum, cum ad diem CCX pervenit, maturum procreatur. Alter autem ille partus, qui major est, majori numero continetur, septenario scilicet, quo tota vita humana finitur : ut et Solon scribit, et Judæi in dierum omnium numeris sequuntur, et Etruscorum libri Rituales videntur indicare. Hippocrates quoque, aliique medici, in corporum valetudinibus non aliud ostendunt ; namque septimum quemque diem χρίσιμον observant Itaque, ut alterius partus origo in sex est diebus, post quos semen in sanguinem vertitur : ita hujus in septem : et, ut

sang, il en exige sept dans la seconde; et comme, dans le premier cas, l'enfant est pourvu de ses membres au bout de trente-cinq jours, de même, dans le second cas, il en faut, pour ce résultat, environ quarante. Voilà pourquoi les quarantièmes jours sont, en Grèce, une date solennelle. Ainsi la femme en couches ne paraît point en public avant le quarantième jour de sa délivrance ; pendant cet espace de temps, en effet, la plupart des femmes souffrent encore de leur grossesse, et sont sujettes à des pertes de sang ; durant ce temps-là aussi les nouveau-nés sont languissants; aucun sourire: aucun jour sans danger. C'est pourquoi ce terme est ordinairement un jour de fête, que l'on appelle τεσσαρακοστόν (quarantième). Ces quarante jours donc, multipliés par les sept jours primitifs, en font 280, c'est-à-dire quarante semaines. Mais comme l'enfantement a lieu le premier jour de cette dernière semaine, il en faut retrancher six jours, et il en reste 274, nombre qui s'accorde parfaitement avec l'aspect tétragone des Chaldéens. En effet, le soleil faisant le tour du zodiaque en trois cent soixante-cinq jours et quelques heures, il faut bien, si l'on en retranche le quart, c'est-à-dire quatre-vingt-onze jours et quelques heures, qu'il parcoure les trois autres quarts dans les deux cent soixante-quinze autres jours moins quelques heures, jusqu'à ce qu'il soit parvenu à ce point d'où il regarde, suivant le côté du carré, le commencement de la conception. Que l'esprit humain ait pu distinguer ces jours de transformations constantes, et pénétrer ces mystères de la nature, c'est ce qui ne doit étonner personne ; car ces découvertes sont dues aux nombreuses observations des médecins, qui, voyant que beaucoup de femmes ne retenaient pas, après l'avoir reçue, la semence de l'homme, ont remarqué qu'elle était laiteuse quand elle s'échappait dans les six ou sept premiers jours, et c'est ce qu'ils ont appelé ἔκρυσιν (écoulement); que, plus tard, elle était un liquide sanguin, et c'est ce qui s'appelle ἐκτρωσμός (avortement). Si, d'un autre côté, le temps de ces deux sortes de gestation paraît comprendre un nombre de jours pair, tandis que Pythagore ne regarde comme parfait que le nombre impair, il n'y a point là de contradiction avec son système. Il fait, en effet, des deux nombres impairs, 209 et 273, un terme absolu ; mais, à chacun de ces nombres, il faut ajouter quelque chose, qui pourtant ne fait point un jour entier. La nature elle-même nous en fournit un exemple, aussi bien dans la durée de l'année que dans celle du mois, puisque l'année se compose du nombre impair de trois cent soixante-cinq jours, plus une fraction, et le mois lunaire d'un peu plus de vingt-neuf jours.

XII. *Eloge de la musique, et ses vertus.*

Il n'est donc pas incroyable que la musique ait quelque rapport à notre naissance. Soit, en effet, qu'elle consiste seulement dans la voix, comme le dit Socrate ; soit, comme le prétend Aristoxène, qu'elle dépende de la voix et des mouvements du corps; soit enfin qu'il faille ajouter à ces deux conditions les mouvements de l'âme, comme le pense Théophraste ; certes, elle a en soi bien des principes divins, et elle peut beaucoup pour remuer les âmes. Et si elle n'était pas agréable aux dieux immortels, dont l'âme est essentiellement divine, on n'aurait pas, pour les apaiser, institué les jeux scéniques; on ne

---

ibi quinque et triginta diebus infans membratur, ita hic pro portione, diebus fere quadraginta. Quare in Graecia dies habent quadragesimos insignes. Namque praegnans, ante diem quadragesimum non prodit in fanum: et post partum quadraginta diebus pleraeque foetae graviores sunt, nec sanguinem interdum continent, et parvuli ferme per hos dies morbidi, sive risu, nec sine periculo sunt; ob quam causam, cum is dies praeterit, diem festum solent agitare : quod tempus adpellant τεσσαρακοστόν. Hi igitur dies XL per septem illos initiales multiplicati, fiunt dies CCXXC: id est, hebdomades quadraginta. Sed, quoniam ultimae illius hebdomadis primo die editur partus, sex dies decedunt : et CCLXXIV observatur. Qui numerus dierum ad tetragonum illum Cialdaeorum conspectum subtiliter congruit. Nam cum signiferum orbem diebus CCCLXV et aliquot horis Sol circumeat, quarta necesse est parte demta, id est, diebus XC et uno, aliquotque horis, tres quadras, reliquis diebus ducentis septuaginta quinque non plenis, percurrat, usque dum perveniat ad id loci, unde conceptionis initium quadratus adspiciat. Unde autem mens humana dies istos commutationis speculari, et arcana naturae rimari potuerit, nemo miretur : haec enim frequens medicorum experientia pervidit; qui, cum multas animadverterent semen non retinere conceptum, compertum habuerunt, id quod intra sex dies, septemve ejiciebatur, esse lacteum, et vocaverunt ἔκρυσιν; quod postea autem, sanguineum, idque ἐκτρωσμός adpellatur. Quod vero ambo partus videntur paribus dierum numeris contineri, Pythagoras imparem laudet, tamen a secta non discrepat: duos enim impares CCIX et CCLXXIII dicit expleri ; ad quorum consummationem aliquid ex sequentibus accedere, quod tamen diem solidum non efficiat. Cujus exemplum videmus tam in anni, quam mensis spatio servasse naturam : cum et anni imparem dierum CCCLXV numerum aliquanto cumulaverit; et mensi lunari ad dies undetriginta aliquid addiderit.

XII. *De laudibus musicae, ejusque virtute.*

Nec vero incredibile est, ad nostros natales musicam pertinere : haec enim, sive in voce tantummodo est, ut Socrates ait; sive, ut Aristoxenus, in voce et corporis motu; sive in his, et praeterea in animi motu, ut putat Theophrastus : certe multum obtinet divinitatis, et animis permovendis plurimum valet. Nam, nisi grata esset immortalibus diis, qui constant ex anima divina, profecto ludi scenici, placandorum deorum causa instituti non es-

leur ferait pas au son de la flûte les prières publiques dont retentissent leurs temples; on ne verrait pas un joueur de flûte précéder la marche d'un triomphateur; on n'aurait pas donné pour attribut à Apollon une cithare, ni aux Muses des flûtes et d'autres instruments de ce genre; on n'aurait pas permis aux joueurs de flûte, qui nous rendent les dieux favorables, de célébrer des jeux publics, de faire des festins dans le Capitole, et, pendant les petites Quinquatries (1), c'est-à-dire aux ides de juin, de parcourir la ville, vêtus à leur guise, masqués, et en état d'ivresse. Les âmes des hommes eux-mêmes, qui sont divines aussi, malgré l'opinion d'Épicure, révèlent par des chants leur nature. Il n'y a pas jusqu'au pilote qui, dans les moments de danger, n'ait recours à la musique, pour donner aux matelots du courage et de la vigueur. C'est la trompette qui ôte à nos légions, sur le champ de bataille, la crainte de la mort. Voilà pourquoi Pythagore, qui voulait que son âme demeurât toujours imbue du sentiment de sa divinité, avait, dit-on, coutume de jouer de la cithare avant de s'abandonner au sommeil, et dès qu'il était réveillé. Le médecin Asclépiade, à l'aide d'une musique harmonieuse, rendit souvent la raison aux esprits troublés des frénétiques. Enfin Érophile, qui professait le même art, prétend que les pulsations des veines (2) se font d'après les règles du rhythme musical. Si donc l'harmonie préside aux mouvements du corps et de l'âme, il est hors de doute que la musique n'est point étrangère à notre naissance.

XIII. *De l'étendue du ciel; de la circonférence de la terre, et de la distance des astres.*

A ce qui précède ajoutons ce qu'a démontré Pythagore, que tout cet univers est ordonné d'après les principes de la musique; que les sept (1) étoiles qui errent entre le ciel et la terre, et qui règlent la génération des mortels, ont un mouvement appelé par les Grecs εὔρυθμος (harmonique), et des intervalles correspondant aux diastèmes (intervalles) musicaux; qu'elles rendent, chacune suivant sa place dans l'espace, des sons divers et si justes, qu'il en résulte une mélodie des plus douces, mais inaccessible à nos oreilles, trop grossières pour jouir de ce sublime concert. De même, en effet, qu'Ératosthène a trouvé, par des calculs géométriques, que la plus grande circonférence de la terre est de 252,000 stades, de même Pythagore a indiqué combien il y a de stades entre la terre et chacune des étoiles. Or, le stade particulier dont il s'agit dans cette mesure du monde est celui qu'on nomme italique, qui est de 625 pieds; car il y en a plusieurs autres, qui diffèrent pour la longueur: comme le stade olympique, de 600 pieds, et le pythique, de 1,000. Donc, de la terre à la lune, Pythagore a pensé qu'il y a environ 126,000 stades; ce qui répond à l'intervalle d'un ton; que de la lune jusqu'à l'étoile de Mercure, étoile appelée en grec στίλβων (scintillante), il y en a la moitié, ou un semi-ton; que de cette étoile à celle de Vénus, appelée φώσφορος

(1) On appelait *Quinquatries* les deux fêtes (grandes et petites) célébrées en l'honneur de Minerve. La première avait lieu le 19 mars, et durait cinq jours. La seconde, qui n'en durait qu'un, avait lieu le 13 juin. Voyez Ovide, *Fast.* III, 810, 829; V. 725; Aulu-Gelle, II, 21; Varron. *De ling. lat.* VI, 14 et 17; Festus, *Minusc. Quinquat.* — (2) Aulu-Gelle dit: Les pulsations des veines, ou plutôt des artères, (l. III, c. 10). Il a consacré un chapitre de son ouvrage (L. XVIII, c. 10) à démontrer la différence de la veine avec l'artère, et du sang qui y circule.

(1) Les sept *étoiles*, alors connues, dont veut parler Censorin, sont: le soleil, la lune, Mercure, Vénus, Mars, Jupiter et Saturne.

XIII. *De spatio cœli, terræque ambitu, siderumque distantia.*

Ad hæc accedit, quod Pythagoras prodidit, hunc totum mundum musica factum ratione: septemque stellas inter cœlum et terram vagas, quæ mortalium geneses moderantur, motum habere εὔρυθμον, et intervalla musicis diastematis congrua, sonitusque varios reddere, pro sua quamque altitudine, ita concordes, ut dulcissimam quidem concinant melodiam, sed nobis inaudibilem, propter vocis magnitudinem, quam capere aurium nostrarum angustiæ non possunt. Nam, ut Eratosthenes geometrica ratione collegit, maximum terræ circuitum esse stadiorum CCLII millium: ita Pythagoras, quot stadia inter terram et singulas stellas essent, indicavit. Stadium autem in hac mundi mensura id potissimum intelligendum est, quod Italicum vocant, pedum DCXXV: nam sunt præterea et alia, longitudine discrepantia: ut Olympicum, quod est pedum DC; item Pythicum, pedum CIↃ. Igitur ab terra ad Lunam Pythagoras putavit esse stadiorum circiter CXXVI millia, idque esse toni intervallum; a Luna autem usque ad Mercurii stellam, quæ στίλβων vocatur, dimidium ejus, veluti

(lumineuse) par les Grecs, il y en a environ autant, c'est-à-dire un autre semi-ton; que de celle-ci au soleil, il y a trois fois cette distance, qui équivaut à un ton et demi; qu'ainsi le soleil est éloigné de la terre de trois tons et un semi-ton, intervalle qu'on nomme *diapente*; qu'il est éloigné de la lune de deux tons et demi, intervalle nommé *diatessaron*; que du soleil à l'étoile de Mars, étoile appelée en grec πυρόεις (de feu), il y a la même distance que de la terre à la lune, ou l'intervalle d'un ton; que de l'étoile de Mars à celle de Jupiter, appelée en grec φαέθων (étincelante), il y en a la moitié, ou un semi-ton; qu'il y en a autant de Jupiter à l'étoile de Saturne, appelée en grec φαίνων (brillante)(1), ou un autre semi-ton; que de là au ciel supérieur, où sont les signes, il y a aussi l'intervalle d'un semi-ton; qu'ainsi, du ciel supérieur au soleil, il y a l'intervalle *diatessaron*, c'est-à-dire de deux tons et demi; et que, de la même partie du ciel au point le plus élevé de la terre, il y a six tons, ce qui donne la consonnance *diapason*. Il a, en outre, appliqué aux autres étoiles beaucoup de règles qui appartiennent à l'art musical, et il a montré que tout cet univers est, comme il dit, ἐναρμόνιος (harmonieux). Aussi Dorylas a-t-il écrit que le monde est l'instrument musical de Dieu; d'autres ont même appelé le monde χορεῖον (salle de bal), à cause du mouvement continuel des sept étoiles errantes. Mais toutes ces choses demandent à être expliquées minutieusement, et ce n'est point ici le lieu : j'y consacrerais exprès un livre tout entier, que je me trouverais encore à l'étroit. Je me hâte donc (les charmes de la musique m'ayant entraîné trop loin) de revenir à mon sujet.

(1) Les Grecs flattaient Saturne, qui est une étoile assez obscure.

XIV. *Distinction des âges de l'homme, suivant l'opinion de quelques auteurs, et des années climatériques.*

Maintenant que j'ai expliqué ce qui se passe avant le jour de notre naissance, je dirai en quoi consistent les années climatériques, et comment on a distingué les divers âges de l'homme. Varron pense que la vie humaine se divise en cinq époques égales, de quinze ans chacune, excepté la dernière. Ainsi, la première époque, qui va jusqu'à la quinzième année, comprend les enfants, lesquels sont nommés *pueri*, parce qu'ils sont *purs*, c'est-à-dire impubères; la seconde, qui va jusqu'à trente ans, renferme les adolescents, ainsi appelés du mot *adolescere* (prendre de la vigueur); la troisième, jusqu'à quarante-cinq ans, comprend les jeunes gens appelés *juvenes*, parce qu'ils défendent (*juvant*) la république les armes à la main; la quatrième, jusqu'à soixante ans, renferme ceux qu'on appelle *seniores*, parce que le corps humain commence alors à vieillir (*senescere*); la cinquième comprend tout le temps qui s'écoule ensuite jusqu'à la mort : et cette classe est celle des vieillards (*senes*), dont le corps est déjà appesanti par l'âge (*senio*). Hippocrate le médecin divise la vie en sept périodes : la première, suivant lui, se termine à sept ans; la seconde, à quatorze; la troisième, à vingt-huit; la quatrième, à trente-cinq; la cinquième, à quarante-deux; la sixième, à cinquante-six; et la septième s'étend jusqu'au dernier jour de la vie. Quant à Solon, il en fait dix périodes, qu'il appelle semaines, en dédoublant la troisième, la sixième et la septième d'Hippocrate, de manière à ce que chacune soit de sept ans. Staséas le pé-

ἡμιτόνιον; hinc ad φώσφορον, quæ est Veneris stella, fere tantumdem, hoc est aliud ἡμιτόνιον : inde porro ad Solem ter tantum, quasi tonum et dimidium. Itaque Solis astrum abesse a terra tonos tres, et dimidium, quod vocatur διὰ πέντε; a Luna autem duos et dimidium, quod διὰ τεσσάρων : a Sole vero ad stellam Martis, cui nomen est πυρόεις, tantumdem intervalli esse, quantum a terra ad Lunam, idque facere τόνον; hinc ad Jovis stellam, quæ φαέθων appellatur, dimidium ejus, quod faciat ἡμιτόνιον : tantumdem a Jove ad Saturni stellam, cui φαίνων nomen est, id est, aliud ἡμιτόνιον : inde ad summum cœlum, ubi signa sunt, perinde ἡμιτόνιον. Itaque a cœlo summo ad Solem diastema esse διὰ τεσσάρων, id est, duorum tonorum et dimidii : ad terræ autem summitatem ab eodem cœlo tonos esse sex, in quibus sit διὰ πασῶν symphonia. Præterea multa, quæ musici tractant, ad alias retulit stellas, et hunc omnem mundum ἐναρμόνιον esse ostendit. Quare Dorylaus scripsit, esse hunc mundum organum Dei; alii addiderunt esse idem τὸ χορεῖον, quia septem sunt vagæ stellæ, quæ plurimum moveantur. Sed his omnibus subtiliter tractandis hic locus non est : quæ si vellem in unum librum separatim congerere, tamen in angustiis versarer. Quin potius (quoniam me longius dulcedo musica abduxit) ad propositum revertor.

XIV. *Distinctiones ætatum hominis, secundum opiniones multorum; deque annis climactericis.*

Igitur, expositis iis, quæ ante diem natalem sunt : nunc, ut climacterici anni noscantur, quid de gradibus ætatis humanæ sensum sit, dicam. Varro quinque gradus ætatis æquabiliter putat esse divisos; unumquemque scilicet, præter extremum, in annos xv. Itaque primo gradu usque ad annum xv, pueros dictos, quod sint puri, id est, impubes. Secundo ad xxx annum adolescentes, ab adolescendo sic nominatos. In tertio gradu qui erant, usque xlv annos, juvenes adpellatos, eo quod rempublicam in re militari possunt juvare. In quarto autem ad usque lx annum, seniores esse vocitatos, quod tunc primum senescere corpus incipiat. Inde usque finem vitæ uniuscujusque, quintum gradum factum, in quo qui essent, senes adpellatos, quod ea ætate corpus senio jam laboraret. Hippocrates medicus in septem gradus ætates distribuit : finem primæ putavit vii annum : secundæ xiv : tertiæ xxviii : quartæ xxxv : quintæ xlii : sextæ lvi : septimæ novissimum annum vitæ humanæ. Solon autem partes fecit decem : et Hippocratis gradum tertium, et sextum, et septimum, singulos bifariam divisit, ut unaquæque ætas annos haberet septenos. Staseas Peripateticus ad has Solonis decem

ripatéticien, à ces dix semaines de Solon en ajouta deux, et assigna quatre-vingt-quatre ans pour dernier terme à la vie, comparant ceux qui dépassent cette limite aux coureurs du stade et aux conducteurs de quadriges, quand ils dépassent le but. Les Étrusques, dans leurs livres appelés *Fatales* (livres du destin), divisent aussi la vie de l'homme en douze semaines, d'après ce que nous apprend Varron. Ils pensent que l'on peut, par des prières, obtenir des dieux qu'ils éloignent le moment fatal, en ajoutant deux autres semaines aux dix premières; mais que, passé quatre-vingts ans, cette faveur ne doit être ni sollicitée ni obtenue des dieux; que l'homme, d'ailleurs, après quatre-vingt-quatre ans, perd insensiblement l'usage de ses facultés, et ne vaut pas de tels prodiges. Mais, de tous les auteurs, ceux-là me semblent avoir le plus approché de la vérité, qui ont divisé la vie humaine en semaines de sept années. C'est, en effet, après chaque période de sept ans que la nature opère en nous quelque changement et une sorte de révolution, comme nous l'apprend l'élégie de Solon. Dans la première semaine, l'homme, dit-il, perd ses premières dents; dans la seconde, paraît le poil follet; la barbe lui pousse dans la troisième; il acquiert dans la quatrième toute sa force, et dans la cinquième la maturité nécessaire pour la procréation; la sixième modère ses passions; la septième achève de perfectionner sa raison et son langage; cette perfection se maintient dans la huitième, et, suivant d'autres auteurs, ses yeux perdent de leur force; dans la neuvième, toutes ses facultés commencent à s'affaiblir; et la dixième le précipite vers la mort. Dans la seconde semaine pourtant, ou au commencement de la troisième, sa voix devient plus forte, mais inégale, ce qu'Aristote appelait τραγίζειν (muer de la voix (1)), et nos pères *hirquitallire*; aussi nommaient-ils les jeunes gens de cet âge *hirquitalli*, parce que leur corps commence à sentir le bouc (*hircus*). Quant au troisième âge, qui comprend les adolescents, les Grecs y ont distingué trois degrés, avant que l'adolescent devienne homme: ainsi ils l'appellent παῖς (enfant) à quatorze ans; μελλέφηβος (bientôt pubère) à quinze; ἔφηβος (pubère) à seize, et ἐξέφηβος (ex-pubère) à dix-sept. Il y a encore beaucoup de choses à apprendre sur ces semaines, dans les livres des médecins et des philosophes. Ils nous enseignent que, comme dans les maladies les septièmes jours sont périlleux et appelés κρίσιμοι (critiques) par les Grecs, de même, tout le cours de la vie, chaque septième année amène des dangers et comme des crises, qui l'ont fait nommer κλιμακτηρικόν (2) (climatérique). Parmi ces années, il en est même que les astrologues regardent comme plus critiques que les autres: les plus dangereuses, suivant eux, sont celles qui terminent chaque période de trois semaines, c'est-à-dire la vingt et unième année, la quarante-deuxième, puis la soixante-troisième, et enfin la quatre-vingt-quatrième, qui est celle dont Staséas a fait le terme de la vie. D'autres, en assez grand nombre, n'admettent qu'une année climatérique; cette année, la plus critique de toutes, est la quarante-neuvième, qui est composée de sept septenaires; et la plupart des auteurs se sont rangés à cette opinion, à cause de l'influence attribuée aux nombres carrés. Enfin Platon, le plus grand des philo-

(1) Ce mot grec veut dire également *sentir le bouc et entrer dans l'âge de puberté*; et cette double signification est commune aussi au mot latin *hirquitallire*. — (2) C'était le lex i haldéens qui avaient donné ce nom aux années dont il s'agit. V. Aulu-Gelle (l. III, c. 10).

hebdomadas addidit duas, et spatium plenæ vitæ quatuor et octoginta annorum esse dixit: quem terminum si quis præterit, facere idem quod σταδιοδρόμοι ac quadrigæ faciunt, cum extra finem procurrunt: Etruscis quoque libris Fatalibus ætatem hominis duodecim hebdomadibus describi Varro commemorat: quæ duo ad decies septenos annos posset fatalia deprecando rebus divinis proferri: ab anno autem octogesimo nec postulari debere, nec posse ab diis impetrari. Cæterum, post annos octoginta quatuor a mente sua homines abire, neque his fieri prodigia. Sed ex iis omnibus proxime videntur accessisse naturam, qui hebdomadibus humanam vitam emensi sunt. Fere enim post septimum quemque annum articulos quosdam, et in his aliquid novi natura ostendit. Ut et in elegia Solonis cognoscere datur. Ait enim, in prima hebdomade dentes homini cadere; in secunda, pubem adparere; in tertia, barbam nasci; in quarta, vires; in quinta, maturitatem ad stirpem relinquendam; in sexta, cupiditatibus temperari; in septima, prudentiam linguamque consummari; in octava, eadem manere; in qua alii dixerunt, oculos albescere; in nona omnia fieri languidiora; in decima, hominem fieri morti maturum: * tamen in secunda hebdomade, vel incipiente tertia, vocem crassiorem, et inæ-
qualem fieri. Quod Aristoteles adpellat τραγίζειν, antiqui nostri hirquitallire, et inde ipsos putant hirquitallos adpellari, quod tum corpus hircum olere incipiat. De tertia autem ætate adolescentulorum tres gradus esse factos in Græcia, prius quam ad viros perveniatur, quod vocent annorum quatuordecim παῖδα; μελλέφηβον autem quindecim; dein sedecim ἔφηβον; tum septemdecim, ἐξέφηβον. Præterea multa sunt de his hebdomadibus, quæ medici ac philosophi libris mandaverunt. Unde adparet, ut in morbis dies septimi suspecti sunt, ac κρίσιμοι dicuntur; ita per omnem vitam, septimum quemque annum periculosum, et velut κρίσιμον esse, et κλιμακτηρικόν vocari. Sed ex his genethliaci alios aliis difficiliores esse dixerunt. Et nonnulli, eos potissimum, quos ternæ hebdomades conficiunt, putant observandos, hoc est, unum et vicesimum, et quadragesimum secundum, dein tertium et sexagesimum, postremum octogesimum et quartum, in quo Staseas terminum vitæ defixit. Alii autem non pauci unum omnium difficillimum κλιμακτῆρα prodiderunt, anno scilicet undequinquagesimo, quem complent anni septies septeni: ad quam opinionem plurimorum consensus inclinat: nam quadrati numeri potentissimi ducuntur. Denique Plato ille (venia cæterorum) philosophus sanctissimus, quadrato nu-

sophes (sans déprécier les autres), a pensé que la vie humaine a pour limite le carré de neuf, qui donne quatre-vingt-un ans. Il y en a même qui ont admis les deux nombres précédents, c'est-à-dire quarante-neuf et quatre-vingt-un, appliquant le plus petit aux enfants nés pendant la nuit, et le plus grand aux enfants nés pendant le jour. Plusieurs philosophes, guidés par une autre pensée, ont établi entre ces deux nombres une distinction assez ingénieuse, disant que le nombre septenaire regarde le corps, et le novenaire l'âme; que le premier, qui intéresse la santé, est attribué à Apollon, et l'autre aux Muses, parce que les maladies de l'âme, que les Grecs appellent πάθη, sont souvent calmées et guéries par la musique. Aussi ont-ils fixé la première année climatérique à quarante-neuf ans, la dernière à quatre-vingt-un, et l'intermédiaire, qui participe des deux autres, à soixante-trois, nombre composé de neuf semaines, ou de sept neuvaines d'années. Quoique celle-ci soit, aux yeux de quelques-uns, la plus critique, en ce qu'elle intéresse à la fois le corps et l'âme (1), je la regarde, moi, comme moins dangereuse que les autres. Car si elle contient les deux nombres désignés plus haut, elle n'est pourtant le carré d'aucun d'eux; et malgré le rapport qu'elle a avec l'un et avec l'autre, elle n'en a point l'influence: aussi cette année-là n'a-t-elle été fatale qu'à bien peu d'hommes célèbres de l'antiquité. On peut m'opposer Aristote de Stagire; mais telle était, dit-on, la faiblesse naturelle de son tempérament et la continuité des maux qui assaillirent son corps débile, et auxquels il n'opposait que sa force d'âme, qu'il est plus étonnant que sa vie se soit prolongée jusqu'à soixante-trois ans, qu'il ne l'est qu'elle n'ait point dépassé ce terme.

XV. De l'époque de la mort de quelques hommes célèbres. Éloge de Q. Cérellius.

C'est pourquoi, vertueux Cérellius, puisque tu as, sans aucune incommodité, passé cette même année, la plus critique de toutes, je redoute moins pour toi les autres années climatériques, qui offrent moins de danger. Je sais, d'ailleurs, que chez toi c'est plutôt l'âme que le corps qui domine; et les hommes ainsi faits ne payent point le tribut à la nature avant d'avoir atteint cette quatre-vingt-unième année, qui est, suivant Platon, le terme légitime de la vie, et qui le fut de la sienne. C'est à cet âge que Denys d'Héraclée, pour mourir, se priva de nourriture, et que Diogène le Cynique, au contraire, périt étouffé par l'indigeste excès des aliments. Ératosthène, qui mesura le monde, et le platonicien Xénocrate, chef de l'ancienne Académie, ont vécu jusqu'à cette année-là. Il y en a même qui, triomphant à force d'énergie morale, de leurs maux corporels, ont dépassé cette limite : témoin Carnéade, fondateur de la troisième Académie, appelée nouvelle; témoin Cléanthe, qui accomplit sa quatre-vingt-dix-neuvième année. Xénophane de Colophon parvint à plus de cent ans; Démocrite d'Abdère et le rhéteur Isocrate vécurent, dit-on, presque autant que Gorgias le Léontin, qui atteignit l'âge le plus avancé dans toute l'antiquité, et dépassa cent huit ans. Que si ces disciples de la sagesse, soit par leur force d'âme, soit par une loi du destin, ont joui d'une aussi longue vie, je ne

---

(1) Voyez Aulu-Gelle, l. IX, c. 7.

---

mero annorum vitam humanam consummari putavit, novenario, qui complet annos octuaginta et unum. Fuerunt etiam, qui utrumque reciperent numerum, undequinquagesimum et octogesimum unum : et minorem nocturnis genesibus, majorem diurnis adscriberent. Plerique aliter moti, duos istos numeros subtiliter discreverunt, dicentes, septenarium ad corpus, novenarium ad animum pertinere: hunc medicinæ corporis, et Apollini attributum; illum Musis; quia morbos animi, quos adpellant πάθη, musica lenire ac sanare consueverit. Itaque primum κλιμακτῆρα annum quadragesimum et nonum esse prodiderunt; ultimum autem octogesimum et unum; medium vero, ex utroque permixtum, anno tertio et sexagesimo, quem vel hebdomades novem, vel septem enneades conficiunt. Hunc licet quidam periculosissimum dicant, quod et ad corpus, et ad animum pertineat : ego tamen cæteris duco infirmiorem. Nam utrumque quidem supradictum continet numerum, sed neutrum quadratum : et ut est ab utroque non alienus, ita in neutro potens : nec multos sane, quos vetustas claros nomine celebrat, hic annus absumsit. Aristotelem Stagiritem reperio : sed hunc ferunt naturalem stomachi infirmitatem crebrasque morbidi corporis offensiones adeo virtute animi diu sustentasse, ut magis mirum sit, ad annos sexaginta tres eum vitam pertulisse, quam ultra non protulisse.

XV. De diversorum hominum clarorum tempore mortis : deque laudibus Q. Cerellii.

Quare, sanctissime Cerelli, cum istum annum, qui maxime fuerat corpori formidolosus, sine ullo incommodo transieris : cæteros, qui leviores sunt, κλιμακτῆρας, minus tibi extimesco, præsertim cum in te animi potius, quam corporis naturam, sciam dominari : eosque viros, qui tales fuerunt, non prius vita excessisse, quam ad annum illum octogesimum et unum pervenerint, in quo Plato finem vitæ et legitimum esse existimavit, et habuit. Hoc anno et Dionysius Heracleotes, ut vita abiret, cibo abstinuit : et contra Diogenes Cynicus cibi cruditate in choleram solutus est. Eratosthenes quoque, ille orbis terrarum mensor, et Xenocrates Platonicus, veteris Academiæ princeps, ad eumdem annum vixerunt. Non pauci etiam, per animi spiritum, molestiis corporis superatis, limitem istum transgressi sunt : ut Carneades, a quo tertia Academia est, quæ dicitur nova ; vel Cleanthes, qui uno minus centum explevit. At Xenophanes Colophonius major annorum centum fuit. Democritum quoque Abderiten, et Isocratem rhetorem, ferunt prope ad id ætatis pervenisse, quo Gorgian Leontinum, quem omnium veterum maxime senem fuisse, et octo supra centum annos habuisse constat. Quod si cultoribus sapientiæ, sive per animi virtutem,

doute point que, grâce à la vigueur où tu as maintenu ton âme et ton corps, une vieillesse encore plus longue ne te soit réservée. Qui pourrions-nous, en effet, citer parmi les anciens, qui te soit supérieur pour la sagesse, pour la tempérance, pour la justice, pour la grandeur d'âme? Qui d'entre eux, s'il vivait, ne te prendrait pour unique modèle dans l'éloge de toutes les vertus? Qui rougirait de ne venir qu'après toi dans ce panégyrique? Mais ce qui, suivant moi, est surtout digne d'admiration, c'est que, s'il n'a été donné à presque aucun d'eux, malgré leur extrême prudence et leur éloignement des affaires publiques, de vivre sans encourir des reproches et souvent des haines capitales; toi, qui as rempli des fonctions municipales; que les honneurs du sacerdoce ont placé à la tête de tes concitoyens; que la dignité de l'ordre équestre a élevé au-dessus du rang d'un habitant de province, non-seulement tu as toujours été exempt de reproche et de haine, mais tu as su encore te concilier l'amour et l'estime de tous. Qui n'a recherché dans l'ordre illustre du sénat l'honneur d'être connu de toi, ou qui ne l'a envié dans les rangs plus modestes du peuple? Quel homme t'a vu, ou te connaît seulement de nom, qui ne te chérisse comme son propre frère, et ne te vénère comme un membre de sa famille? Qui ne sait que la plus scrupuleuse probité, une fidélité à toute épreuve, une bonté incomparable, une modestie et une retenue sans égales, enfin toutes les vertus humaines, se trouvent réunies en toi, et à un tel degré, qu'il ne serait possible à personne de les louer dignement? Aussi ne m'arrêterai-je pas à les célébrer. Je ne dirai rien non plus de ton éloquence, qui est connue de tous les tribunaux, de tous les magistrats de nos provinces, et qui a fait l'admiration de Rome et du plus auguste auditoire. Elle se recommande assez d'elle-même et à notre siècle et aux âges futurs.

XVI. *Du temps limité et du temps infini.*

Mais, puisque j'écris du jour natal, je tâcherai maintenant de poursuivre mon sujet : je désignerai le plus clairement possible le temps présent, celui où s'écoule ta noble vie, et je ferai connaître exactement le jour où tu es né. Or, j'appelle temps limité (*tempus*) non-seulement un jour, ou un mois, ou le cours d'une année, mais aussi ce que quelques-uns nomment lustre ou grande année, et d'autres un siècle. Quant au temps infini (*ævum*), qui est un et sans bornes, j'ai peu de choses à en dire pour le moment. C'est, en effet, l'immensité : ni commencement ni fin; il a toujours été, et il sera toujours de la même manière; il n'appartient pas plus à un homme qu'à un autre. On peut le considérer sous trois rapports : le passé, le présent, l'avenir. Le passé n'a jamais de commencement, l'avenir jamais de fin, et le présent, qui tient le milieu, est si court, si insaisissable, qu'il n'admet aucune étendue, et semble n'être qu'un point qui unit le passé à l'avenir. Il est d'ailleurs si mobile, qu'il ne s'arrête jamais : tout ce qu'il touche dans sa course précipitée, il l'arrache à l'avenir pour l'ajouter au passé. Comparés entre eux, ces temps (je parle du passé et de l'avenir) ne sont ni égaux ni tels que l'un puisse être considéré comme plus court ou plus long

seu lege fati, diutina obtigit vita : non despero, quin te quoque, diu corpore atque animo valentem, longior maneat senectus. Quem enim veterum nunc memoria suspicimus, quem prudentia, vel temperantia, vel justitia, vel fortitudine, tibi antistare dicemus? quis eorum, si adesset, non in te omnium virtutum prædicationem conferret? quis tuis laudibus se postponi erubesceret? Illud certe, ut arbitror, dignum est prædicatione, quod, cum illis ferme omnibus, quamvis prudentissimis, et procul a republica motis, non contigerit sine offensione, et odio plerumque capitali, vitam degere : tu tamen, officiis municipalibus functus, honore sacerdotii in principibus tuæ civitatis conspicuus, ordinis etiam equestris dignitate gradum provincialium supergressus, non modo sine reprehensione, et invidia semper fuisti; verum etiam omnium omnino amorem, cum maxima gloria consecutus es. Quis a te nosci, aut ex amplissimo senatus ordine non expetivit, aut ex humiliore plebis non optavit? Quis mortalium vel te vidit, vel de tuo nomine acceperit, quin in loco fratris germani diligat, et vice parentis veneretur? Quis ignorat, probitatem primam, fidem summam, benignitatem incredibilem, modestiam, verecundiamque singularem, cæteraque humanitatis officia penes te unum esse? et quidem majora, quam possint digne a quoquam referri. Quare et ego his nunc commemorandis supersedebo. De eloquentia quoque sileo : quam omnia nostrarum provinciarum tribunalia, omnes præsides noverunt : quam denique urbs Roma, et auditoria sacra mirata sunt. Hæc se et ad præsens et in futura sæcula satis ipsa nobilitat.

XVI. *De tempore et de ævo.*

Nunc vero, quatenus de die natali scribo, meum munus implere conabor; tempusque hodiernum, quo maxime flores, quam potero lucidissimis notis signabo : ex quo etiam primus ille tuus natalis liquido noscetur. Tempus autem non diem tantummodo, vel mensem, vel annum vertentem, adpello; sed et quod quidam lustrum, aut annum magnum vocant, et quod sæculum nominant. Cæterum de ævo, quod est tempus unum et maximum, non multum est, quod in præsentia dicatur : est enim immensum, sine origine, sine fine, quod eodem modo semper fuit, et semper futurum est, neque ad quemquam hominum magis, quam ad alterum pertinet. Hoc in tria dividitur tempora, præteritum, præsens, futurum : ex quibus præteritum initio caret, exitu futurum : præsens autem, quod medium est, adeo exiguum, et incomprehensibile est, ut nullam recipiat longitudinem, neque aliud esse videatur, quam transacti futurique conjunctio : adeo porro instabile, ut ibidem sit nunquam; et quidquid transcurrit, a futuro decerpit, et adponit præterito. Hæc inter se ten-

que l'autre, ce qui n'a point de limites n'étant susceptible d'aucune mesure. Je n'essayerai donc point de mesurer le temps (*ævum*) par un nombre quelconque ou d'années ou de siècles, ni enfin par aucune révolution du temps fini : car ces divisions n'équivaudraient point, auprès du temps infini, à une seule heure d'hiver (1). Aussi, dans l'examen que je vais faire des siècles passés, et pour la désignation de l'âge présent, laissant de côté ces temps auxquels les poëtes ont donné les noms d'âge d'or, d'âge d'argent et d'autres encore, je prendrai pour point de départ la fondation de Rome, notre patrie commune.

XVII. *Du siècle; ce que c'est, d'après l'opinion de divers auteurs; ce que c'est, d'après les rituels des Étrusques. Ce qu'est le siècle des Romains. De l'institution des jeux séculaires, et de leur célébration jusqu'au temps des empereurs Septime (2) et M. Aurèle Antonin. Du jour natal de Q. Cérellius.*

Les siècles étant ou naturels ou civils, je parlerai d'abord des siècles naturels. Un siècle est la plus longue durée de la vie humaine : il a pour limites la naissance d'un homme et sa mort. Ceux qui ont restreint le siècle à un espace de trente ans, me semblent donc avoir commis une grande erreur. Suivant Héraclite, en effet, ce laps de temps est appelé γενεά (génération), parce qu'il se fait dans cet espace une révolution d'âge d'homme, et on appelle révolution d'âge d'homme l'intervalle compris entre le moment où l'homme reçoit la naissance et celui où il la donne. Or, le nombre d'années dont se compose une génération a été diversement fixé. Hérodicus assigne à une génération vingt-cinq années; Zénon, trente. Quant à la durée du siècle, c'est une question dont l'examen ne me paraît pas avoir été fait jusqu'ici avec assez de soin. Beaucoup de choses incroyables ont été écrites à cet égard par les poëtes et même par les historiens grecs, qui auraient dû tenir davantage à ne pas s'éloigner de la vérité; témoin Hérodote, dans lequel nous lisons qu'Arganthonius, roi des Tartesses, vécut cent cinquante ans; témoin Éphorus, qui rapporte que les Arcadiens prétendaient que quelques-uns de leurs anciens rois en avaient vécu trois cents. Je laisse de côté ces récits, comme fabuleux. Mais cette diversité d'opinions se retrouve même parmi les astrologues, qui cherchent la vérité dans l'inspection des astres et des signes célestes. Épigène fixe à cent douze ans la durée de la plus longue vie humaine, et Bérose à cent seize années; d'autres ont prétendu qu'elle peut se prolonger jusqu'à cent vingt ans; quelques-uns même, au delà de ce terme. Il en est qui ont pensé que la durée n'en est pas la même partout, mais qu'elle varie dans chaque pays, suivant l'inclinaison particulière du ciel vers l'horizon, ce que les Grecs appellent κλίμα (climat). Mais, bien que la vérité soit obscure et cachée, les rituels des Étrusques semblent enseigner en quoi consistent, dans chaque État, les siècles naturels; et voici, d'après ces livres, comment s'établit le commencement de chaque siècle. Remontant au jour de la fondation des villes et des États, on cherche, parmi

---

(1) Les Romains divisant la durée du jour en douze parties ou heures, l'hiver comme l'été, leurs heures d'hiver étaient nécessairement moins longues que celles d'été, ex-pouvaient servir, comme dans cette phrase, à désigner un très-court espace de temps. Voy. Varron. *De ling. lat.* l. VI, 2, et Vitruve, l. IX, c. 6.

(2) Septime Sévère.

---

pora, anteactum dico, et futurum, neque paria sunt, neque ita, ut alterum altero longius breviusve videatur : quidquid enim non habet finem, collationem mensuræ non recipit. Quapropter ævum neque annorum, neque sæculorum numero, nec denique ullo finiti temporis modulo metiri conabor : hæc enim ad ætatem infinitam non sunt brumalis unius instar horæ. Itaque, ut sæcula possim percurrere, et hoc nostrum præsens designare, omissis aureis, argenteisque, et hoc genus poeticis, a conditu urbis Romæ, patriæ nostræ communis, exordiar.

XVII. *Sæculum, quid sit? ex diversorum definitione : itemque ex libris Ritualibus. Romanorum sæculum, quale sit? De ludorum sæcularium institutione, eorumque celebratione usque ad imperatores Septimium et M. Aurelium Antoninum : item de die natali Q. Cerellii.*

Et quoniam sæcula aut naturalia sunt, aut civilia, prius de naturalibus dicam. Sæculum autem est spatium vitæ humanæ longissimum, partu et morte definitum. Quare qui annos triginta sæculum putarunt, multum videntur errasse. Hoc enim tempus γενεάν vocari Heraclitus auctor est : quia orbis ætatis in eo sit spatio. Orbem autem vocant ætatis, dum natura humana a sementi ad sementem revertitur. Hoc quidem γενεάς tempus alii aliter definierunt. Herodicus annos quinque et viginti scribit dici γενεάν; Zenon triginta. Sæculum autem quid sit, usque adhuc arbitror ad subtile examinatum non esse. Poetæ quidem multa incredibilia scripserunt, nec minus historici Græci : quamvis eos a vero non par fuit recedere : ut Herodotus; apud quem legimus, Arganthonium, Tartessiorum regem, centum et quinquaginta annorum fuisse : ut Ephorus; qui tradit, Arcadas dicere, apud se reges antiquos aliquot ad trecentos vixisse annos. Verum hæc, ut fabulosa, prætereo. Sed inter ipsos astrologos, qui in stellarum signorumque ratione verum scrutantur, nequaquam etiam convenit. Epigenes in centum duodecim annis longissimam vitam constituit; Berosus autem in centum sedecim; alii ad centum viginti annos produci posse, quidam etiam ultra crediderunt. Fuerunt, qui non idem putarent ubique observandum, sed varie per diversas regiones, prout in singulis sit cœli ad circulum finitorem inclinatio, quod vocatur κλίμα. Sed, licet veritas in obscuro lateat, tamen in unaquaque civitate quæ sint naturalia sæcula, Rituales Etruscorum libri videntur docere : in quis scriptum esse fertur, initia sic poni sæculorum; quo die urbes atque civitates constituerentur : de his, qui eo die nati essent, eum, qui diutissime vixisset, die mortis suæ primi sæculi modulum

ceux qui naquirent ce jour-là, celui qui a vécu le plus longtemps, et le jour de sa mort marque la fin du premier siècle. Parmi ceux dont la naissance remonte à cette époque, c'est celui qui a vécu le plus longtemps dont la mort sert aussi à marquer la fin du deuxième siècle; et ainsi se mesure la durée des siècles suivants. Mais, dans leur ignorance de la vérité, les hommes ont pensé que les dieux les avertissaient par des prodiges de la fin de chaque siècle. Consommés dans l'art des aruspices, les Étrusques, après avoir observé ces prodiges avec attention, les ont consignés dans leurs livres. Aussi les annales de l'Étrurie, écrites, comme nous l'apprend Varron, dans le cours de leur huitième siècle, nous disent-elles combien de siècles sont réservés à cette nation, combien sont écoulés, et par quels prodiges est signalée la fin de chacun d'eux. Ainsi nous lisons que les quatre premiers siècles ont été de cent cinq années, le cinquième de cent vingt-trois, le sixième de cent dix-neuf, comme le septième; que le huitième s'écoule, et qu'il ne reste plus à s'accomplir que le neuvième et le dixième, après lesquels doit finir le nom étrusque. Quant aux siècles des Romains, quelques auteurs pensent qu'on les distingue par les jeux séculaires. Si l'on tient pour vraie cette opinion, la durée du siècle romain est incertaine; car on ignore après quels intervalles de temps ces jeux ont été célébrés autrefois, et même à quelles époques ils doivent l'être. On en avait fixé le retour après chaque centième année, si l'on en croit non-seulement Valérius d'Antium et d'autres historiens, mais encore Varron, qui, dans son premier livre des *Origines scéniques*, s'exprime ainsi : « Comme il s'était manifesté plusieurs prodiges, et que le mur et la tour qui sont entre la porte Colline et la porte Esquiline venaient d'être frappés par le feu du ciel, les décemvirs, après avoir interrogé les livres sibyllins, déclarèrent qu'il fallait célébrer les jeux séculaires dans le champ de Mars, en l'honneur de Pluton et de Proserpine, et immoler des victimes noires à ces divinités; ajoutant que ces jeux devaient être renouvelés tous les cent ans. » On lit aussi dans Tite-Live, au livre CXXXVI : « Dans la même année, César fit revivre avec une grande pompe l'institution des jeux séculaires, qu'il est d'usage de célébrer tous les cent ans, c'est-à-dire à la fin de chaque siècle. » D'un autre côté, c'est tous les cent dix ans qu'ils doivent revenir, si l'on s'en rapporte, soit aux commentaires des quindécemvirs, soit aux édits du divin Auguste. Aussi Horace, dans l'hymne qui fut alors chanté aux jeux séculaires de son temps, en a-t-il désigné l'époque en ces termes :

« Qu'une révolution certaine de dix fois onze années ramène ces chants et ces fêtes, auxquels accourt la foule pendant trois jours de splendeur et autant de nuits d'allégresse. »

Si l'on déroule les annales des temps anciens, on trouve bien plus d'incertitude encore. C'est en effet après l'expulsion des rois, et l'an 245 de la fondation de Rome, que Valérius Publicola institua les premiers jeux séculaires, suivant ce que dit Valérius d'Antium ; tandis que, d'après les commentaires des quindécemvirs, ils furent institués dans l'année 298, sous le consulat de M. Valérius et de Sp. Verginius. Les seconds jeux

---

finire : eoque die, qui essent reliqui in civitate, de his rursum ejus mortem, qui longissimam aetatem egisset, finem esse saeculi secundi. Sic deinceps tempus reliquorum terminari. Sed ea, quod ignorarent homines, portenta mitti divinitus, quibus admonerentur, unumquodque saeculum esse finitum. Haec portenta Etrusci, pro haruspicii disciplinaeque suae peritia, diligenter observata in libros retulerunt. Quare in Tuscis historiis, quae octavo eorum saeculo scriptae sunt, ut Varro testatur, et quot numero saecula ei genti data sint, et transactorum singula quanta fuerint, quibusve ostentis eorum exitus designati sint, continetur. Itaque scriptum est, quatuor prima saecula, annorum fuisse centum et quinque ; quintum, centum viginti trium ; sextum, undeviginti et centum : septimum, totidem ; octavum tum demum agi ; nonum, et decimum superesse : quibus transactis finem fore nominis Etrusci. Romanorum autem saecula quidam ludis saecularibus putant distingui. Cui rei fides si certa est, modus Romani saeculi est incertus. Temporum enim intervalla, quibus ludi isti debeant referri, non modo quanta fuerint retro, ignoratur : sed ne quanta quidem esse debeant, scitur. Nam ita institutum esse, ut centesimo quoque anno fierent, id, cum Antias aliique historici auctores sunt, tum Varro *de Scenicis originibus* libro primo ita scriptum reliquit : *Cum multa portenta fierent, et murus ac turris, quae sunt intra portam Collinam et Esquilinam, de caelo essent tacta, et ideo libros Sibyllinos decemviri adissent; renuntiarunt, uti Diti patri, et Proserpinae, ludi Terentini in campo Martio fierent, et hostiae furvae immolarentur; utique ludi centesimo quoque anno fierent.* Item T. Livius libro CXXXVI : *Eodem anno ludos saeculares Caesar ingenti adparatu fecit; quos centesimo quoque anno (is enim terminus saeculi) fieri mos.* At contra, ut decimo centesimoque anno repetantur, tam Commentarii quindecimvirorum, quam D. Augusti edicta testari videntur. Adeo ut Horatius Flaccus in carmine, quod saecularibus ludis cantatum est, id tempus hoc modo designaverit :

Certus undenos decies per annos
Orbis ut cantus referatque ludos
Ter die clara, totiesque grata
Nocte frequentes.

At enim, temporum si veterum revolvantur annales, longe magis in incerto invenietur. Primos enim ludos saeculares exactis regibus post Romam conditam annis CCXLV a Valerio Publicola institutos esse, Valerius Antias ait : at quindecimvirorum Commentarii annis CCLXXXVIII, M. Valerio, Sp. Verginio coss., secundos lu-

furent célébrés, selon Valérius d'Antium, l'an 305 de la fondation de Rome, et, d'après les commentaires des quindécemvirs, l'an 408, sous le deuxième consulat de M. Valérius Corvinus, qui avait pour collègue C. Pétilius. Les troisièmes, suivant Valérius et Tite-Live, eurent lieu sous le consulat de P. Claudius Pulcher et de C. Junius Pullus, ou, comme cela est écrit dans les livres des quindécemvirs, en l'an 518, sous le consulat de P. Cornélius Lentulus et de C. Licinius Varus. Quant à l'année des quatrièmes jeux, il y a trois opinions contradictoires. Valérius, Varron et Tite-Live disent qu'ils eurent lieu sous le consulat de L. Marcius Censorinus et de M. Manilius, l'an 605 de la fondation de Rome ; mais Pison Censorius, Cn. Gellius et Cassius Hémina, lequel vivait à cette époque, affirment qu'ils furent célébrés trois années plus tard, sous le consulat de Cn. Cornélius Lentulus et de L. Mummius Achaïcus, c'est-à-dire en 608 ; enfin, dans les commentaires des quindécemvirs, ils sont rapportés à l'année 628, sous le consulat de M. Émilius Lépidus et de L. Aurélius Orestès. Les cinquièmes jeux furent célébrés par César-Auguste et Agrippa l'an 737, sous le consulat de C. Furnius et de C. Junius Silanus. Les sixièmes le furent par T. Claudius César, alors consul pour la quatrième fois avec L. Vitellius, qui l'était pour la troisième, l'an de Rome 800 ; les septièmes, par Domitien, sous son quatorzième consulat et sous celui de M. Minucius Rufus, en l'an 841 ; les huitièmes, par les empereurs Septime et M. Aurèle Antonin, sous le consulat de Cilon et de Libon, l'an de Rome 957. On peut donc remarquer que ce n'est ni tous les cent ans, ni tous les cent dix ans, que ces jeux doivent êtres célébré. Et quand bien même on aurait autrefois observé l'une ou l'autre de ces périodes, cela ne suffirait point pour qu'on pût affirmer que les jeux séculaires ont marqué constamment la fin d'un siècle ; d'autant plus que dans l'intervalle de deux cent quarante-quatre ans, qui s'est écoulé depuis la fondation de Rome jusqu'à l'expulsion des rois, personne ne nous dit que ces jeux aient été célébrés ; et cet intervalle est sans contredit plus long qu'un siècle naturel. Que si quelqu'un, par la seule étymologie du mot, était porté à croire que les siècles se distinguaient par les jeux séculaires, qu'il sache que ces jeux peuvent avoir été ainsi nommés parce que généralement chaque homme les voit une fois dans sa vie. C'est ainsi que, dans le langage habituel, on dit de beaucoup d'autres choses qui se voient rarement, qu'elles n'arrivent qu'une fois dans un siècle. Mais si nos ancêtres n'avaient point de règle fixe pour le nombre d'années dont se compose un siècle naturel, ils en avaient pour la durée du siècle civil, auquel ils donnaient cent ans ; témoin Pison, qui s'exprime ainsi dans sa septième Annale : « Rome, dans la 596° année de sa fondation, voit un nouveau siècle s'ouvrir sous le consulat qui précède immédiatement celui de M. Émilius, de M. F. Lépidus et de C. Popilius, consul pour la seconde fois, et absent. » Mais nos pères ont eu plusieurs motifs pour adopter ce nombre de cent ans : d'abord, ils avaient vu un certain nombre de leurs concitoyens vivre jusqu'à cet âge ; ensuite ils voulurent sur ce point, comme sur beaucoup d'autres, imiter les Étrusques, dont les premiers siècles avaient été de cent années. Cela peut venir aussi de ce qu'à Alexandrie, comme le rapportent Varron et l'astrologue Dioscoride, c'est une opinion reçue

---

dos, ut Antias vult, anno post Urbem conditam quinto trecentesimo : ut vero in Commentariis quindecimvirorum scriptum est, anno octavo et quadringentesimo ; M. Valerio Corvino iterum, C. Pœtilio coss. Tertii ludi inerunt, Antiate Livioque auctoribus, P. Claudio Pulchro, C. Junio Pullo coss., aut, ut in libris quindecimvirorum scriptum est, anno quingentesimo duodevicesimo, P. Cornelio Lentulo, C. Licinio Varo coss. De quartorum ludorum anno triplex opinio est. Antias enim, et Varro, et Livius, relatos esse prodiderunt, L. Marcio Censorino, M. Manilio coss., post Romam conditam DCV. At Piso Censorius, et Cn. Gellius, sed et Cassius Hemina, qui illo tempore vivebat, post annum factos tertium adfirmant, Cn. Cornelio Lentulo, L. Mummio Achaico coss., id est, anno DCVIII. In quindecimvirorum autem Commentariis notantur sub anno DXXVIII, M. Æmilio Lepido, L. Aurelio Oreste coss. Quintos ludos C. Furnio, C. Junio Silano coss. anno DCCXXXVII, Cæsar Augustus et Agrippa fecerunt. Sextos autem fecit T. Claudius Cæsar, se IV, et L. Vitellio III coss. anno DCCC. Septimos Domitianus, se XIV, et L. Minucio Rufo coss., anno DCCCXLI. Octavos imperatores Septimius et M. Aurelius Antoninus, Cilone et Libone coss. anno DCCCCLVII. Hinc animadvertere licet, neque post centum annos, ut hi referrentur ludi, statum esse, neque post centum decem. Quorum etiamsi alterutrum retro fuisset observatum, non tamen id satis argumenti esset, quo quis his ludis sæcula discerni constanter adfirmet ; præsertim cum ab Urbis primordio, ad reges exactos, annos CCXLIV factos esse, nemo sit auctor. Quod tempus procul dubio naturali majus est sæculo. Quod si quis credit, ludis sæcularibus sæcula discerni, sola nominis origine inductus : sciat, sæculares dici potuisse, quod plerumque semel fiant hominis ætate. Ut multa alia, quæ raro fiunt : post sæculum evenire, loquentium consuetudo usurpat. Sed nostri majores, quod naturale sæculum quantum esset, exploratum non habebant, civile ad certum annorum modulum centum statuerunt ; testis est Piso, in cujus Annali septimo scriptum est sic : *Roma condita anno DXCVI sæculum accipit, his consulibus quis proximi sunt consules M. Æmilius, M. F. Lepidus, C. Popilius II absens*. Sed, ut hunc numerum constituerent nostri, nonnihil causæ fuit ; primum, quod multos suorum civium ad hanc ætatem vitam producere videbant ; dein quod Etruscos, quorum prima sæcula centenum fuerant annorum, etiam hic, ut in aliis plerumque, imitari voluerunt. Præterea fieri potest, quod refert Varro, quodque Diosco-

parmi ceux qui ont l'habitude d'embaumer les morts, que l'homme ne peut vivre plus de cent ans; opinion qu'ils tirent de l'examen du cœur de ceux qui ont péri le corps sain, et exempt de toute altération. Comme, en pesant le cœur à différentes époques, ils ont observé les accroissements et les pertes de chaque âge, ils prétendent que cet organe pèse, a un an, deux drachmes; à deux ans, quatre, et qu'il augmente ainsi de deux drachmes chaque année jusqu'à cinquante ans, qu'à partir de la cinquantième année, où ce poids est de cent drachmes, chacune des autres lui en ôte deux; d'où il résulte qu'à cent ans, il est redescendu au poids de la première année, et que la vie ne peut se prolonger au delà. Puis donc que le siècle civil des Romains est de cent années, on peut voir que c'est dans le dixième que se trouvent ton jour natal et l'anniversaire qui s'en renouvelle aujourd'hui. Quant au nombre de siècles réservés à la ville de Rome, ce n'est pas à moi d'en parler : je dirai pourtant ce que j'ai lu dans Varron, qui nous apprend, dans le dix-huitième livre de ses *Antiquités*, qu'il y eut à Rome un certain Vettius, fort habile dans l'art des augures, doué d'un grand esprit, égal dans la critique aux plus savants, et qu'il lui a entendu dire, « Que si les choses se sont, en effet, passées comme le rapportent les historiens, touchant les augures et les douze vautours qui ont signalé la fondation de Rome, le peuple romain, ayant dépassé plein de force le terme de cent vingt ans, était assuré de parvenir à douze cents années. »

XVIII. *De la grande année, suivant les opinions de divers auteurs; de plusieurs autres sortes d'années; des olympiades; des lustres,* *et des jeux Capitolins; en quelle année ce livre a été écrit.*

J'en ai assez dit à propos du siècle; je parlerai maintenant de la grande année, dont la longueur est si diverse, soit dans les usages des peuples, soit dans les traditions des auteurs, que ceux-ci la font consister dans la révolution de deux années ordinaires, ceux-là dans la réunion de plusieurs milliers à la fois. Je vais tâcher d'expliquer ces différences. D'anciens peuples de la Grèce ayant remarqué que, pendant le temps de la révolution annuelle du soleil, il y a quelquefois treize levers de la lune, et que cela arrive une fois tous les deux ans, ont pensé qu'à l'année naturelle répondent douze mois lunaires et demi. Ils ont donc établi leurs années civiles de manière à ce qu'à l'aide d'une intercalation, les unes se composassent de douze mois et les autres de treize, appelant année solaire chacune d'elles isolément, et grande année la réunion de ces deux-là. Et ils appelèrent cet espace de temps *triétérie* (cycle de trois ans), parce que l'intercalation avait lieu chaque troisième année, bien que cette révolution s'accomplît en deux ans, et ne fût en réalité qu'une *diétérie* (cycle de deux ans). Voilà pourquoi les mystères célébrés tous les deux ans, en l'honneur de Bacchus, sont nommés *triétériques* par les poëtes (1). L'erreur ensuite reconnue, ils doublèrent cet espace de temps, et établirent la *tétraétérie* (cycle de quatre ans), qui, revenant chaque cinquième année, fut nommée *pentaétérie* (cycle de cinq ans). La grande année, ainsi formée de quatre ans, parut plus commode en ce que, l'année solaire se composant

(1) *Voy*. Virgile, *Enéid*. IV; Ovide, *Fast*. I; Stace, *Theb*. II.

---

et lustris, et agonibus Capitolinis : et quo anno hic liber scriptus sit?

Hactenus dictum de sæculo. Nunc de annis majoribus dicam. Quorum magnitudo adeo diversa, tam gentibus observata, quam auctoribus tradita est, ut alii annum magnum esse in annis vertentibus duobus, alii in multis annorum millibus arbitrati sint : quod quale sit, jam nunc conabor absolvere. Veteres in Græcia civitates cum animadverterent, dum Sol annuo cursu orbem suum circuit, Lunam interdum ter decies exoriri, idque sæpe alternis fieri : arbitrati sunt, lunares XII menses, et dimidiatum, ad annum naturalem convenire. Itaque annos civiles sic statuerunt, ut intercalando facerent alternos XII mensium, alternos XIII; utrumque annum separatim, vertentem; junctos ambos, annum magnum vocantes. Idque tempus τριετηρίδα adpellabant, quod tertio quoque anno intercalabatur, quamvis biennii circuitus, et revera διετηρὶς esset : unde mysteria, quæ Libero patri alternis fiunt annis, trieterica a poetis dicuntur. Postea, cognito errore, hoc tempus duplicarunt, et τετραετηρίδα fecerunt. Sed eam, quod quinto quoque anno rediret, πενταετηρίδα nominabant. Qui annus magnus ex quadriennio commodior visus est. Ut annus Solis constaret ex diebus CCCLXV, ut

---

XVIII. *De anno magno, secundum diversorum opiniones; item de diversis aliis annis; de olympiadibus,*

de trois cent soixante-cinq jours et d'environ un quart de jour, cette fraction permettait d'ajouter un jour plein à chaque quatrième année. Voilà pourquoi, au retour de chaque cinquième année, on célèbre des jeux dans l'Élide en l'honneur de Jupiter Olympien, et à Rome en l'honneur de Jupiter Capitolin. Mais cet espace de temps, qui semblait ne coïncider qu'avec le cours du soleil et non avec celui de la lune, fut encore doublé; et l'on établit l'*octaétérie* (cycle de huit ans), qu'on appela ensuite *ennéaétérie* (cycle de neuf ans), parce que cette année nouvelle revenait tous les neuf ans. Cette période de temps fut considérée, dans presque toute la Grèce, comme la véritable grande année, parce qu'elle est composée d'années sans fraction, comme il faut que cela ait lieu pour toute grande année. Celle-ci, en effet, se composait de quatre-vingt-dix-neuf jours pleins et de huit années également pleines. L'institution de cette *octaétérie* est généralement attribuée à Eudoxe de Cnide; mais c'est, dit-on, Cléostrate de Ténédos qui la composa le premier, et après lui en sont venus d'autres qui, à l'aide de différentes intercalations de mois, ont composé chacun son *octaétérie*. Ainsi ont fait Harpalus, Nautélès, Mnésistrate, et d'autres encore, parmi lesquels Dosithée, dont l'ouvrage est intitulé *l'Octaétérie d'Eudoxe*. De là vient qu'en Grèce on célèbre, avec de grandes cérémonies, plusieurs fêtes religieuses après cette période de temps. A Delphes, les jeux appelés Pythiques se célébraient autrefois tous les huit ans. La grande année qui se rapproche le plus de celle-ci est la *dodécaétérie* (cycle de douze ans), formée de douze années naturelles. On l'appelle année chaldaïque : les astrologues ne l'ont pas réglée sur le cours du soleil et de la lune, mais d'après d'autres observations; parce que, disent-ils, cet espace de temps peut seul embrasser les diverses saisons, les époques d'abondance, de stérilité et de maladies. Il y a encore plusieurs autres grandes années, comme l'année métonique, composée par l'Athénien Méton de dix-neuf années solaires : aussi l'appelle-t-on *ennéadécaétérie* (cycle de dix-neuf ans); on y intercale sept mois, et l'on y compte six mille neuf cent quarante jours. On distingue aussi l'année du pythagoricien Philolaüs, formée de cinquante-neuf ans, et de vingt et un mois intercalaires; l'année de Callippe de Cyzique, composée de soixante-seize ans, avec l'intercalation de vingt-huit mois; l'année de Démocrite, formée de quatre-vingt-deux ans, et de vingt-huit mois intercalaires; puis celle d'Hipparque, composée de trois cent quatre ans, avec l'intercalation de cent douze mois. Cette différence de longueur des grandes années vient de ce que les astrologues ne s'accordent ni sur ce qu'il faut ajouter aux trois cent soixante-cinq jours de l'année solaire, ni sur ce qu'il faut retrancher des trente jours du mois lunaire. D'un autre côté, les Égyptiens, dans la formation de leur grande année, n'ont aucun égard à la lune qu'on appelle en grec cynique et en latin caniculaire, parce qu'elle commence avec le lever de la constellation de la Canicule, le premier jour du mois que les Égyptiens appellent thoth (1). En effet, leur année civile n'a que trois cent soixante-cinq jours, sans aucune intercalation. Aussi l'espace de quatre ans est-il, chez eux, plus court d'environ un

(1) Ce nom, qu'on écrit aussi thot et athotes, était celui d'un roi des Égyptiens, qui, révéré ensuite comme un dieu, avait le *chien* pour symbole. Voy. Cicér. *de Divinat.* l. III, et Lactant. *Instit.* l. I, c. 6.

diei parte circiter quarta, quae unum in quadriennio diem conficeret. Quare Agon et in Elide Jovi Olympio, et Romae Capitolino, quinto quoque anno redeunte celebratur. Hoc quoque tempus, quod ad Solis modo cursum, nec ad Lunae, congruere videbatur, duplicatum est, et ὀκταετηρὶς facta; quae tunc ἐννεαετηρὶς vocitata. Quia primus ejus annus nono quoque anno redibat. Hunc circuitum verum annum magnum esse, pleraque Graecia existimavit : quod ex annis vertentibus solidis constaret, ut proprie in anno magno fieri par est. Nam dies sunt solidi, uno minus centum, annique vertentes solidi octo. Hanc ὀκταετηρίδα vulgo creditum est ab Eudoxo Cnidio institutam. Sed hanc Cleostratum Tenedium primum ferunt composuisse, et postea alios aliter : qui mensibus varie intercalandis suas ὀκταετηρίδας protulerunt; ut fecit Harpalus, Nauteles, Mnesistratus, item alii, in quis Dositheus. Cujus maxime ὀκταετηρίς, Eudoxi inscribitur. Ob hoc multae in Graecia religiones hoc intervallo temporis summa caerimonia coluntur. Delphis quoque ludi, qui vocantur Pythia, post octavum annum olim conficiebantur. Proxima est hanc magnitudinem, quae vocatur δωδεκαετηρὶς, ex annis vertentibus duodecim. Huic anno Chaldaico nomen est, quem genethliaci non ad Solis Lunaeque cursus, sed ad observationes alias habent accommodatum : quod in eo dicunt tempestates, frugumque proventus, sterilitates item, morbosque circumire. Praeterea sunt anni magni complures : ut Metonicus, quem Meton Atheniensis ex annis undeviginti constituit, eoque ἐννεακαιδεκαετηρὶς adpellatur, et intercalatur septies, in eoque anno sunt dierum sex millia et DCCCCXL. Est et Philolai Pythagorici annus, ex annis LIX, in quo sunt menses intercalares viginti et unus. Item Callippi Cyziceni, ex annis LXXVI; ita ut menses duodetriginta intercalentur; et Democriti, ex annis LXXXII; cum intercalares sint perinde viginti octo. Sed et Hipparchi, ex annis CCCIV, in quo intercalatur centies decies bis. Haec annorum magnitudo eo discrepat, quod inter astrologos non convenit, quanto vel Sol plus quam trecentos sexaginta quinque dies in anno conficiat, vel Luna minus quam triginta in mense. Ad Aegyptiorum vero annum magnum Luna non pertinet, quam graece Κυνικὸν, latine caniculariam vocamus, propterea quod initium illius sumitur, cum primo die ejus mensis, quem vocant Aegyptii thoth, caniculae sidus exoritur. Nam eorum annus civilis solos habet dies CCCLXV, sine ullo intercalari. Itaque quadriennium apud eos uno circiter die minus est, quam naturale quadriennium : eoque fit, ut anno MCCCCLXI

jour que l'espace de quatre années naturelles ; ce qui fait que la coïncidence ne se rétablit qu'à la quatorze cent soixante et unième année. Cette année est aussi appelée par quelques-uns héliaque, et par d'autres l'année de Dieu (1). Il y a encore l'année qu'Aristote appelle parfaite, plutôt que grande, et qui est formée par les révolutions du soleil, de la lune et des cinq étoiles errantes, lorsque tous ces astres sont revenus à la fois au point céleste d'où ils étaient partis ensemble. Cette année a un grand hiver, appelé par les Grecs κατακλυσμός (inondation), et par les Latins déluge ; elle a aussi un été que les Grecs appellent ἐκπύρωσις, ou incendie du monde. Le monde, en effet, semble être tour à tour inondé ou embrasé à chacune de ces époques. Cette année-là, d'après l'opinion d'Aristarque, se compose de deux mille quatre cent quatre-vingt-quatre années solaires ; suivant Arétès de Dyrrachium, de cinq mille cinq cent cinquante-deux ans ; suivant Héraclite et Linus, de dix mille huit cents ; suivant Dion, de dix mille huit cent quatre-vingt-quatre ; suivant Orphée, de cent mille vingt ans ; suivant Cassandre, de trois millions six cent mille. D'autres enfin ont considéré cette année comme infinie, et comme ne devant jamais recommencer. Mais de toutes ces périodes, la plus communément adoptée chez les Grecs est la *pentaétérie*, ou révolution de quatre années, qu'ils appellent olympiade ; et ils sont maintenant dans la seconde année de leur deux cent cinquante-quatrième olympiade. La grande année des Romains est la même chose que l'intervalle de temps qu'ils ont appelé lustre. Cette institution remonte à Servius Tullius, qui voulut qu'au bout de chaque cinquième année on procédât solennellement, après avoir fait le cens des citoyens, à la clôture du lustre. Mais cela fut changé dans la suite ; car, du premier lustre, fermé par le roi Servius, jusqu'à celui qui le fut par l'empereur Vespasien, consul pour la cinquième fois, et par César sous son troisième consulat, il s'écoula près de six cent cinquante ans : on n'a pourtant fermé dans cet intervalle que soixante-quinze lustres ; et, depuis cette époque, on a tout à fait négligé cette cérémonie. Toutefois l'institution de cette grande année s'est perpétuée, et c'est par les jeux Capitolins qu'on a commencé à l'observer avec plus de soin. Ces jeux furent célébrés pour la première fois par Domitien, sous son douzième consulat et sous celui de Ser. Cornélius Dolabella. Ainsi les jeux qu'on a vus cette année sont les trente-neuvièmes. Mais c'en est assez pour ce qui regarde les grandes années ; il est temps de parler des années naturelles.

XIX. *Des années naturelles de quelques nations.*

L'année naturelle est le temps qu'emploie le soleil à parcourir les douze signes célestes, et à revenir au point d'où il était parti. Quant au nombre de jours dont ce temps est composé, c'est un point que les astrologues n'ont pas encore pu fixer d'une manière certaine. Philolaüs donne à l'année naturelle trois cent soixante-quatre jours et demi ; Aphrodisius, trois cent soixante-cinq jours et la huitième partie d'un jour ; Callippe, trois cent soixante-cinq jours, autant qu'Aristarque de Samos, qui pourtant y ajoute la seize cent vingt-troisième partie d'un

---

(1) C'est-à-dire l'année du soleil. Carrion (*Emend.* l. II, c. 1) et Pollux (l. I, c. 7) nous montrent que le mot *dieu*, pris d'une manière absolue, signifiait souvent le soleil, chez les anciens.

---

ad idem revolvatur principium. Hic annus etiam ἡλιακός a quibusdam dicitur; et ab aliis ὁ Θεοῦ ἐνιαυτός. Est præterea annus, quem Aristoteles maximum potius, quam magnum, adpellat : quem Solis, Lunæ, vagarumque quinque stellarum orbes conficiunt, cum ad idem signum, ubi quondam simul fuerunt, una referuntur, cujus anni hiems summa est κατακλυσμός, quam nostri diluvionem vocant; æstas autem ἐκπύρωσις, quod est mundi incendium. Nam his alternis temporibus mundus tum exignescere, tum exaquescere videtur. Hunc Aristarchus putavit esse annorum vertentium duum millium CCCCLXXXIV; Aretes Dyrrachinus, quinque millium DLII ; Heraclitus et Linus, decem millium CCω ; Dion, X. M. CCω XXCIV; Orpheus, CMXX; Cassandrus, tricies sexies centum millium. Alii vero infinitum esse, nec unquam in se reverti existimarunt. Sed horum omnium πενταετηρίδας maxime notandis temporibus Græci observant, id est, quaternum annorum circuitus, quas vocant Olympiadas : et nunc apud eos ducentesima quinquagesima quarta Olympias numeratur, ejusque annus hic secundus. Idem tempus anni magni Romanis fuit, quod Lustrum ad pellabant : ita quidem a Servio Tullio institutum, ut quinto quoque anno censu civium habito, lustrum conderetur; sed non ita a posteris servatum. Nam, cum inter primum a Servio rege conditum lustrum, et id, quod ab imperatore Vespasiano V, et Cæsare III coss. factum est, anni interfuerint paullo minus sexcentis quinquagenis, lustra tamen per ea tempora non plura, quam septuaginta quinque sunt facta. Et postea plane fieri desierunt. Rursus tamen annus idem magnus per Capitolinos agonas cœptus est diligentius servari : quorum agonum primus, a Domitiano institutus fuit, duodecimo ejus et Ser. Cornelii Dolabellæ consulatu. Itaque hoc nunc anno qui celebratus est agon, undequadragesimus numeratur. Quod ad annos pertinet magnos, in præsentia satis dictum. Nunc de annis vertentibus dicendi locus.

XIX. *De annis vertentibus diversarum nationum.*

Annus vertens est natura, dum Sol percurrens duodecim signa, eodem, unde profectus est, redit. Hoc tempus quot dierum esset, ad certum nondum astrologi reperire potuerunt. Philolaus annum naturalem dies habere prodidit CCCLXIV, et dimidiatum. Aphrodisius CCCLXV, et partem diei octavam Callippus autem CCCLXV, et Aristarchus Samius tantumdem et præterea diei partem MDCXXIII ; Meton vero

jour. Elle a, suivant Méton, trois cent soixante-cinq jours et la dix-neuvième partie de cinq jours ; suivant Œnopide, trois cent soixante-cinq jours, plus la cinquante-neuvième partie de vingt-deux jours. Harpalus la fait de trois cent soixante-cinq jours et treize heures équinoxiales ; et notre Ennius, de trois cent soixante-six jours. Au reste, la plupart des philosophes l'ont considérée comme quelque chose d'indivisible et d'insaisissable ; et, prenant pour la vérité ce qui en approchait le plus, ils ont adopté le nombre rond de trois cent soixante-cinq jours. Si donc il y a un tel désaccord entre les hommes les plus savants, peut-on s'étonner de ce que les années civiles, qui furent séparément établies par divers peuples encore grossiers, diffèrent autant les unes des autres qu'elles correspondent mal à cette année naturelle? Ainsi, on rapporte qu'en Égypte, dans les temps les plus reculés, l'année se composait de deux mois; qu'ensuite le roi Ison la fit de quatre; et qu'enfin Arminos la composa de treize mois et cinq jours. De même, en Achaïe, les Arcadiens commencèrent, dit-on, par avoir des années de trois mois, ce qui fit nommer ces peuples προσέληνοι (plus anciens que la lune) ; non, comme quelques-uns le pensent, qu'ils aient commencé d'exister avant que l'astre de la lune fût au ciel, mais parce qu'ils comptaient par années avant que l'année eût été réglée, en Grèce, sur le cours de la lune. Quelques traditions attribuent à Horus l'institution de cette année trimestrielle : c'est, dit-on, pour cela que le printemps, l'été, l'automne et l'hiver sont appelés ὧραι (saisons); l'année, ὧρος; les annales grecques, ὧροι, et ceux qui les écrivent, ὧρογράφοι; et la révolution de ces quatre années, qui était comme une *pentaétérie*, ils l'appelaient grande année. D'un autre côté, les peuples de la Carie et de l'Acarnanie eurent des années de six mois, qui différaient l'une de l'autre en ce que les jours allaient croissant dans la première, et décroissant dans la suivante ; et la réunion de deux ans, sorte de *triétérie*, était pour eux la grande année.

XX. *De l'année naturelle des Romains ; des diverses corrections qu'on y a faites ; des mois et des jours intercalaires ; des jours de chaque mois ; des années Juliennes.*

Mais passant de ces années, dont l'origine se perd dans la profonde nuit des temps, à celles dont l'institution est plus récente, et qui ont été réglées sur le cours de la lune ou du soleil, je remarque aussi entre elles de grandes différences ; et il suffit, pour s'en convaincre, d'ouvrir les annales, je ne dirai pas des nations étrangères, mais des peuples de la seule Italie. Car, de même que les Férentins, les Laviniens, les Albains et les Romains avaient chacun une année particulière, les autres peuples avaient aussi la leur. A la vérité, ils se proposèrent tous de corriger leurs années civiles à l'aide de diverses intercalations de mois, et de les régler sur cette véritable année naturelle. Mais comme il serait trop long de parler de tous ces peuples, nous passerons à l'année des Romains. Licinius Macer, et, après lui, Fénestella, ont écrit que l'année naturelle, à Rome, fut d'abord de douze mois ; mais il faut plutôt s'en rapporter à Junius Gracchanus, à Fulvius, à Varron, à Suétone, et aux autres écrivains, qui pensent qu'elle était de dix mois, comme l'était alors celle des Albains, de

---

CCCLXV, et dierum quinque undevigesimam partem. Œnopides CCCLXV, et dierum duum et viginti undesexagesimam partem. Harpalus autem CCCLXV, et horas æquinoctiales tredecim. At noster Ennius CCCLXVI. Plerique præterea incomprehensibile quiddam et inenuntiabile esse existimaverunt. Sed pro vero, quod proximum putabant, amplexi sunt dies scilicet CCCLXV. Igitur, cum tanta inter viros doctissimos fuerit dissensio : quid mirum, si anni civiles, quos diversæ civitates, rudes etiam tum, sibi quæque statuebant, tam inter se discrepent, quam cum illo naturali non congruant? Et in Ægypto quidem antiquissimum ferunt annum bimestrem fuisse ; post deinde ab Isone rege quadrimestrem factum : novissime Arminon ad tredecim menses et dies quinque perduxisse. Item in Achaia Arcades trimestrem annum primo habuisse dicuntur, et ob id προσέληνοι adpellati : non, ut quidam putant, quod ante sint nati, quam Lunæ astrum cœlo esset ; sed quod prius habuerint annum, quam is in Græcia ad Lunæ cursum constitueretur. Sunt qui tradant, hunc annum trimestrem Horum instituisse : eoque ver, æstatem, autumnum, hiemem ὧρας, et annum ὧρον dici, et græcos annales ὧρους, eorumque scriptores ὡρογράφους. Itaque quatuor annorum circuitum in modum πεντετηρίδος annum magnum dicebant. Cares autem, et Acarnanes, semestres habuerunt annos, et inter se dissimiles, quibus alternis dies augescerent, aut senescerent : eosque conjunctos, veluti τριετηρίδα, annum magnum.

XX. *De anno vertente Romanorum, deque illius varia correctione ; de mensibus et diebus intercalariis ; de diebus singulorum mensium ; de annis Julianis.*

Sed, ut hos annos mittam, caligine jam profundæ vetustatis obductos : in his quoque, qui sunt recentioris memoriæ, et ad cursum Lunæ vel Solis instituti, quanta sit varietas, facile est cognoscere, si quis vel in unius Italiæ gentibus, ne dicam peregrinis, velit anquirere. Nam, ut alium Ferentini, alium Lavinii, itemque Albani vel Romani, habuerunt annum : ita et aliæ gentes. Omnibus tamen fuit propositum, suos civiles annos, varia intercalandis mensibus, ad unum verum illum naturalemque corrigere. De quibus omnibus disserere, quoniam longum est, ad Romanorum annum transibimus. Annum vertentem Romæ Licinius quidem Macer, et postea Fenestella, statim ab initio duodecim mensium fuisse scripserunt. Sed magis Junio Gracchano, et Fulvio, et Varroni, et Suetonio, aliisque credendum, qui decem mensium putaverunt fuisse : ut tunc

qui descendent les Romains. Ces dix mois se composaient de trois cent quatre jours, ainsi répartis :

Mars.	31
Avril.	30
Mai.	31
Juin.	30
Quintilis (juillet).	31
Sextilis (août) et septembre.	30
Octobre.	31
Novembre et décembre.	30

De ces dix mois, les quatre plus longs étaient nommés pleins, et les six autres, incomplets. Plus tard, Numa, si l'on s'en rapporte à Fulvius, ou Tarquin, si l'on en croit Junius, composa l'année de douze mois ou de trois cent cinquante-cinq jours, quoique la lune, dans ses douze mois, paraisse ne compléter que trois cent cinquante-quatre jours. Quant à cet excédant d'un jour, il était dû ou à un défaut d'attention, ou, ce qui me paraît plus probable, à cette croyance superstitieuse qui faisait regarder le nombre impair comme parfait et comme plus heureux. Ce qu'il y a de certain, c'est qu'à l'ancienne année on ajouta cinquante et un jours; mais ce nombre ne complétant pas deux mois, on ôta à chacun de ces six mois incomplets un jour, qui fut ajouté aux cinquante et un autres; et l'on eut cinquante-sept jours, dont on fit deux mois : janvier, de vingt-neuf jours, et février, de vingt-huit. Ainsi, tous les mois, à partir de cette époque, furent pleins et composés d'un nombre de jours impair, à l'exception de février qui seul demeura incomplet, et fut, à cause de cela, regardé comme plus malheureux que les autres. Enfin, quand on crut devoir ajouter, tous les deux ans, un mois intercalaire de vingt-deux ou de vingt-trois jours, pour que l'année civile fût égale à l'année naturelle, cette intercalation se fit de préférence en février, entre les Terminales (1) et le Régifugium (2); et il en fut ainsi pendant longtemps, avant qu'on ne s'aperçût que les années civiles étaient un peu plus longues que les années naturelles (3). On s'en remit aux pontifes du soin de corriger cette inexactitude, et tout pouvoir leur fut laissé pour l'intercalation. Mais la plupart d'entre eux, intéressés, par des motifs de haine ou d'amitié, à ce que tel magistrat fût privé plus tôt de ses fonctions ou les gardât plus longtemps, et à ce que tel fermier de l'impôt fût en gain ou en perte, suivant la durée de l'année, firent, à leur gré, les intercalations ou plus longues ou plus courtes, et achevèrent de mettre le désordre dans une chose dont on leur avait confié la réforme. La confusion fut telle, que C. César, souverain pontife, voulant, sous son troisième consulat et sous celui de M. Émilius Lépidus (4), détruire l'effet des abus passés, plaça, entre les mois de novembre et de décembre, deux mois intercalaires de soixante-sept jours, bien qu'il eût déjà intercalé vingt-trois jours dans le mois de février ; ce qui donna quatre cent quarante-cinq jours à cette année-là ; et, pour prévenir en même temps le retour de pareilles erreurs, il supprima le mois intercalaire, et il établit l'année civile d'après le cours du soleil. A cet effet, aux trois cent cinquante-

(1) Fêtes en l'honneur du dieu Terme, qui se célébraient le 23 février. — (2) Fêtes célébrées le 24 février, en mémoire de la fuite du roi Tarquin, pro regis fuga (Voyez Ovide, Fast. l. II, et Festus). — (3) Cet excédant était d'un jour par an. — (4) Voyez Suét. Cés. ch. 40.

Albanis erat, unde orti Romani. Hi decem menses dies trecentos quatuor hoc modo habebant :

Martius.	XXXI
Aprilis.	XXX
Maius.	XXXI
Junius.	XXX
Quintilis.	XXXI
Sextilis et september.	XXX
October.	XXXI
November et december.	XXX

quorum quatuor majores pleni, cæteri sex cavi vocabantur. Postea, sive a Numa, ut ait Fulvius, sive, ut Junius, a Tarquinio duodecim facti sunt menses, et dies CCCLV : quamvis Luna duodecim suis mensibus CCCLIV dies videatur explere. Sed, ut unus dies abundaret, aut per imprudentiam accidit, aut quod magis credo, ea superstitione, qua impar numerus plenus, et magis faustus habebatur. Certe ad annum priorem unus et quinquaginta dies accesserunt : qui quia menses duos non implerent, sex illis cavis mensibus dies sunt singuli detracti, et ad eos additi, factique sunt dies quinquaginta septem : et ex his duo menses, januarius undetriginta dierum, februarius duodetriginta. Atque ita omnes menses pleni, et impari dierum numero esse cœperunt, excepto februario, qui solus cavus, et ob hoc cæteris infaustior est habitus. Denique, cum intercalarem mensem viginti duum, vel viginti trium dierum alternis annis addi placuisset, ut civilis annus ad naturalem exæquaretur : in mense potissimum februario, inter Terminalia et Regifugium, intercalatum est : idque diu factum, priusquam sentiretur, annos civiles aliquando naturalibus esse majores. Quod delictum ut corrigeretur, pontificibus datum est negotium, eorumque arbitrio intercalandi ratio permissa. Sed horum plerique, ob odium, vel gratiam, quo quis magistratu citius abiret, diutiusve fungeretur, aut publici redemptor ex anni magnitudine in lucro damnove esset, plus minusve ex libidine intercalando, rem sibi ad corrigendum mandatam, ultro depravarunt. Adeoque aberratum est, ut C. Cæsar pontifex maximus, suo III et M. Æmilii Lepidi consulatu, quo retro delictum corrigeret, duos menses intercalares dierum sexaginta septem, in mensem novembrem et decembrem interponeret, cum jam mense februario dies tres et viginti intercalasset, faceretque eum annum dierum CDXLV, simul providens in futurum, ne iterum erraretur : nam intercalario mense sublato, annum civilem

cinq jours de l'année il en ajouta dix, qu'il répartit entre les sept mois de vingt-neuf jours, de manière à ce qu'il y eût deux jours de plus en janvier, en août et en décembre, et un seulement dans les autres mois ; et il plaça ces jours supplémentaires à la fin des mois, pour que les fêtes religieuses de chaque mois ne fussent point dérangées. C'est pour cette raison qu'aujourd'hui, où l'on a sept mois de trente et un jours, il y en a pourtant quatre (1) qui ont retenu de l'ancienne institution cette particularité, que les nones y tombent le septième jour, tandis que les autres les ont au cinquième. Enfin, pour tenir compte du quart de jour qui paraissait devoir compléter l'année réelle, César ordonna qu'après chaque révolution de quatre années, on ajoutât, après les Terminales, au lieu de l'ancien mois, un jour intercalaire, qu'on nomme aujourd'hui bissexte. A partir de cette année, ainsi ordonnée par Jules César, toutes celles qui se sont écoulées jusqu'à nous sont appelées Juliennes ; et elles commencent à son quatrième consulat. Si elles n'ont pas toute la perfection désirable, elles sont les seules, du moins, qui coïncident avec l'année naturelle ; car les anciennes années, même celles de dix mois, en différaient non-seulement à Rome ou dans l'Italie, mais encore chez tous les peuples ; et c'est cette règle qui a servi, autant que possible, à les réformer. Aussi, quand il sera ici question d'un nombre d'années quelconque, il faudra l'entendre seulement des années naturelles ; et si l'origine du monde était connue des hommes, nous ferions remonter jusque-là l'usage de cette méthode.

(1) Mars, mai, juillet et octobre.

XXI. Des temps historiques, et des époques incertaines et fabuleuses ; de l'ère des Augustes ; de l'ère égyptienne ; désignation du temps auquel Censorin a écrit cet ouvrage

Je vais parler maintenant de cette période de temps que Varron appelle historique. Cet auteur, en effet, divise les temps en trois périodes : la première s'étend de l'origine des hommes au premier déluge, et il l'appelle incertaine, à cause des ténèbres qui en dérobent la connaissance : la seconde s'étend du premier déluge à la première olympiade, et, comme elle a donné lieu à une foule de récits fabuleux, il la nomme mythique : la troisième va de la première olympiade jusqu'à nous ; il l'appelle historique, parce que les événements qui s'y sont passés sont consignés dans de véritables histoires. Quant à la première période, qu'elle ait eu ou non un commencement, on ne pourra jamais dire de combien d'années elle se compose. On ne le sait point au juste pour la seconde, mais on croit pourtant qu'elle embrasse environ six cents ans. Du premier déluge, en effet, que l'on nomme déluge d'Ogygès, jusqu'au règne d'Inachus, on compte environ quatre cents années ; de là jusqu'à la première olympiade, on en compte un peu plus de quatre cents. Et comme celles-ci, quoique appartenant à la fin de l'époque mythique, se rapprochaient du temps des écrivains, quelques-uns ont voulu en préciser plus exactement le nombre. Ainsi, Sosibius le compose de trois cent quatre-vingt-quinze ans ; Ératosthène, de quatre cent sept ; Timée, de quatre cent dix-sept ; Arétès, de cinq cent quatorze. Des calculs différents ont encore été faits par un grand nombre d'auteurs ; mais leur désaccord même prouve l'in-

---

ad Solis cursum formavit. Itaque diebus cccLv addidit x, quos per septem menses, qui dies undetricenos habebant, ita distribuit, ut januario, et sextili, et decembri bini accederent, caeteris singuli : eosque dies extremis partibus mensium adposuit, ne scilicet religiones sui cujusque mensis a loco submoverentur. Quapropter nunc cum in septem mensibus dies singuli et triceni sint, quatuor tamen illi ita primitus institui eo dinoscuntur, quod nonas habent septimanas : caeteri, quintanas. Praeterea pro quadrante diei, qui annum verum suppleturus videbatur, instituit, ut, peracto quadriennii circuitu, dies unus, ubi mensis quondam solebat, post Terminalia intercalaretur ; quod nunc Bisextum vocatur. Ex hoc anno, ita a Julio Caesare ordinato, caeteri ad nostram memoriam Juliani adpellantur, iique consurgunt ex IV Caesaris consulatu : qui, etiam si non optime, soli tamen ad annum naturae aptati sunt : nam et priores alii, etiam si qui decimestres fuerunt, nec Romae modo, vel per Italiam, sed et apud gentes omnes, quantum poterat idem, fuerunt correcti. Itaque cum de aliquo annorum numero hic dicetur, non alios par erit, quam naturales accipere. Et, si origo mundi in hominum notitiam venisset, inde exordium sumeremus.

XXI. De historico temporis intervallo, deque adelo et mythico ; deque annis Augustorum, et Ægyptiacis ; et temporis, quo hæc scripsit Censorinus, designatio.

Nunc vero id intervallum temporis tractabo, quod ἱστορικὸν Varro adpellat. Hic enim tria discrimina temporum esse tradit. Primum, ab hominum principio ad cataclysmum priorem : quod propter ignorantiam vocetur ἄδηλον : secundum, a cataclysmo priore ad Olympiadem primam ; quod quia in eo multa fabulosa referuntur, μυθικὸν nominatur : tertium, a prima Olympiade ad nos, quod dicitur ἱστορικὸν, quia res in eo gestæ veris historiis continentur. Primum tempus, sive habuit initium, sive semper fuit, certe quot annorum sit, non potest comprehendi : secundum non plane quidem scitur, sed tamen ad mille circiter et DC annos esse creditur : a priore scilicet cataclysmo, quem Ogygium dicunt, ad Inachi regnum, anni circiter cccc : hinc ad Olympiadem primam paullo plus cccc. Quos solos, quamvis mythici temporis postremos, tamen, quia a memoria scriptorum proximos, quidam certius definire voluerunt. Et quidem Sosibius scripsit, esse cccxcv ; Eratosthenes autem, septem et cccc ; Timaeus ccccxvII ; Aretes DXIIII ; et præterea multi diverse : quorum etiam ipsa dis-

certitude de cette supputation. Pour la troisième époque, il y eut, à la vérité, entre les auteurs quelque divergence, qui ne s'étendait même qu'à six ou sept années ; mais cette incertitude a été pleinement dissipée par Varron, qui, doué de la plus rare sagacité, parvint, en remontant le cours des âges des différentes nations, et en calculant dans le passé le nombre et les intervalles des éclipses, à faire jaillir la vérité, et à répandre sur ce point une telle lumière, qu'on peut compter d'une manière certaine non-seulement les années, mais même les jours de cette période. Suivant ses calculs, si je ne me trompe, cette année-ci, dont le consulat d'Ulpius et de Pontianus est comme le titre et l'indication, est, depuis la première olympiade, la mille quatorzième, à dater des jours d'été, pendant lesquels on célèbre les jeux Olympiques ; et, depuis la fondation de Rome, c'est l'an 991, à dater des Parilies, fête qui sert de point de départ dans le calcul des années de la ville. C'est, d'un autre côté, la deux cent quatre-vingt-troisième des années appelées Juliennes, à partir du jour des calendes de janvier, dont Jules-César fit le commencement de l'année qu'il établit. Si l'on compte par les années dites des Augustes, c'est l'an 265, à partir aussi des calendes de janvier, bien que ce soit seulement le 16 des calendes de février, que, sur la proposition de L. Munacius Plancus, les sénateurs et les autres citoyens donnèrent le nom d'*Auguste* à l'*imperator* César, fils du divin César, et alors consul pour la septième fois avec M. Vipsanius Agrippa, qui l'était pour la troisième. Quant aux Égyptiens, comme, à cette époque, ils étaient depuis deux ans déjà sous la puissance et l'autorité du peuple romain, la présente année est pour eux l'an 267 des Augustes. Aussi bien l'histoire de l'Égypte, comme la nôtre, renferme-t-elle différentes ères : c'est ainsi qu'on distingue l'ère de Nabonnazaru, ainsi nommée parce que cette série d'années, qui a atteint aujourd'hui le chiffre de 986, date de la première année du règne de ce prince ; puis l'ère de Philippe, qui, commençant a la mort d'Alexandre le Grand, et se continuant jusqu'au jour où nous sommes, embrasse cinq cent soixante-deux ans. Mais les ères des Égyptiens commencent toujours au premier jour du mois qu'ils appellent thoth ; jour qui, cette année, correspondait au 7 des calendes de juillet, tandis que, il y a cent ans, sous le second consulat de l'empereur Antonin le Pieux, et sous celui de Bruttius Præsens, ce même jour répondait au 12 des calendes d'août, époque ordinaire du lever de la Canicule en Égypte. On peut voir ainsi que nous sommes aujourd'hui dans la centième année réelle de cette grande année, qui, comme je l'ai dit plus haut, est appelée solaire, caniculaire, année de Dieu. J'ai indiqué à quelle époque commencent ces années, pour qu'on ne crût pas qu'elles dataient toujours des calendes de janvier, ou de quelque autre jour semblable ; car, sur la question de ces ères, on ne remarque pas moins de divergence entre les volontés de leurs fondateurs qu'entre les opinions des philosophes. Aussi les uns font-ils commencer l'année naturelle au lever du soleil nouveau, c'est-à-dire en hiver ; les autres, au solstice d'été ; plusieurs, à l'équinoxe de printemps ; les autres, à l'équinoxe d'automne ; ceux-ci, au lever, ceux-là, au coucher des Pléiades ; d'autres enfin, au lever de la Canicule.

---

sensio incertum esse declarat. De tertio autem tempore fuit quidem aliqua inter auctores dissensio, in sex septemve tantummodo annis versata. Sed hoc, quodcumque caliginis, Varro discussit : et pro cætera sua sagacitate, nunc diversarum civitatum conferens tempora, nunc defectus, eorumque intervalla retro dinumerans, eruit verum, lucemque ostendit, per quam numerus certus non annorum modo, sed et dierum perspici possit. Secundum quam rationem, nisi fallor, hic annus, cujus velut index et titulus quidam est Ulpii et Pontiani consulatus, ab Olympiade prima millesimus est et quartus decimus, ex diebus duntaxat æstivis, quibus agon Olympicus celebratur, a Roma autem condita DCCCCXCI, et quidem ex Parilibus, unde Urbis anni numerantur. Eorum vero annorum, quibus Julianis nomen est, CCLXXXIII, sed ex die kal. jan., unde Julius Cæsar anni a se constituti fecit principium. At eorum, qui vocantur anni Augustorum, CCLXV ; perinde ex kal. jan., quamvis ex ante diem decimum sextum kal. februarii imperator Cæsar, D. F., sententia L. Munacii Planci, a senatu, cæterisque civibus, Augustus appellatus est, se VII et M. Vipsanio Agrippa III coss. Sed Ægyptii, quod biennio ante in potestatem ditionemque populi Romani venerunt, habent hunc Augustorum annum CCLXVII. Nam, ut a nostris, ita ab Ægyptiis, quidam anni in literas relati sunt ; ut quos Nabonnazaru nominant quod a primo imperii ejus anno consurgunt, quorum hic DCCCCLXXXVI ; item Philippi, qui ab excessu Alexandri Magni numerantur, et ad hunc usque perducti, annos DLXII consummant. Sed horum initia semper a primo die mensis ejus sumuntur, cui apud Ægyptios nomen est thoth : quique hoc anno fuit ante diem VII kal. jul., cum abhinc annos centum, imperatore Antonino Pio, II, et Bruttio Præsente coss., iidem dies fuerint ante diem XII kal. august., quo tempore solet Canicula in Ægypto facere exortum. Quare scire etiam licet, anni illius magni, qui, ut supra dictum est, et solaris, et canicularis, et Dei annus vocatur, nunc agi vertentem annum centesimum. Initia autem istorum annorum propterea notavi, ne quis eos aut ex kal. jan., aut ex alio aliquo tempore simili putaret incipere : cum in his conditorum voluntates, non minus diversæ sint, quam opiniones philosophorum. Idcirco aliis a novo Sole, id est, a bruma, aliis ab æstivo solstitio, plerisque ab æquinoctio verno, partim ab autumno æquinoctio, quibusdam ab ortu vergiliarum, nonnullis ab earum occasu, multis a Canis exortu, incipere annus naturalis videtur.

XXII. Des mois naturels et civils des diverses nations; de leurs noms, et de l'origine de ces noms.

Il y a deux sortes de mois : les uns sont naturels ; les autres, civils. Les mois naturels sont de deux espèces : on les appelle ou solaires, ou lunaires : le mois solaire est le temps qu'emploie le soleil à parcourir un signe quelconque du cercle zodiacal ; le mois lunaire est l'espace de temps qui sépare une lune de l'autre. Les mois civils sont de certaines séries de jours qu'observe chaque État, d'après ses institutions : ainsi, chez les Romains, on compte de calendes à calendes. Les mois naturels, d'ailleurs plus anciens, sont communs à toutes les nations. Les mois civils, d'une institution plus récente, sont particuliers à chaque État. Les mois célestes, soit solaires, soit lunaires, ne sont ni d'égale longueur, ni composés de jours pleins. Le soleil, en effet, reste dans le Verseau environ vingt-neuf jours ; dans les Poissons, près de trente jours ; dans le Bélier, trente et un ; dans les Gémeaux, tout près de trente-deux, et ainsi dans les autres signes inégalement. Mais s'il ne demeure pas dans chacun d'eux un nombre de jours plein, il n'en répartit pas moins entre ses douze mois sa révolution annuelle, qui embrasse trois cent soixante-cinq jours et je ne sais quelle fraction, que les astrologues n'ont pas encore trouvée. Quant aux mois lunaires, ils se composent d'environ vingt-neuf jours et demi chacun ; mais ces mois ne sont pas non plus égaux entre eux, les uns étant plus longs, les autres plus courts. Pour les mois civils, le nombre de jours dont on les compose varie encore davantage ; mais partout ce nombre est plein. Chez les Albains, mars a trente-six jours ; mai, vingt-deux ; sextilis (août), dix-huit ; septembre, seize. A Tusculum, quintilis (juillet) a trente-six jours ; octobre, trente-deux. Ce même mois d'octobre a trente-neuf jours chez les habitants d'Aricie. Ceux-là me semblent s'être tenus le plus loin possible de l'erreur, qui ont réglé leurs mois civils sur le cours de la lune, comme la plupart des peuples de la Grèce, chez qui les mois sont alternativement de trente jours. Nos ancêtres avaient adopté cette méthode, quand leur année était de trois cent cinquante-cinq jours ; mais le divin César, voyant que de cette façon les mois ne correspondaient point, comme il fallait, au cours de la lune, ni l'année au cours du soleil, aima mieux corriger l'année, de manière à ce que chaque mois correspondît aux véritables mois solaires, et qu'au défaut de cette coïncidence pour chacun d'eux, pris dans leur ensemble ils coïncidassent nécessairement avec la fin de l'année naturelle. C'est à Romulus que les dix anciens mois doivent leurs noms, si l'on en croit Fulvius (1) et Junius (2). Il donna aux deux premiers les noms mêmes des auteurs de ses jours ; il appela l'un mars, du nom de Mars, son père ; et le second, avril, du mot Aphrodite, c'est-à-dire Vénus, de qui ses ancêtres passaient pour être descendus. Les deux mois suivants tirent leur nom des classes du peuple : mai, de *majores* (les vieillards), et juin, de *juniores* (les jeunes gens) ; les autres, depuis *quintilis* (juillet) jusqu'à décembre, du rang que chacun d'eux occupait dans l'année. Varron, au contraire,

(1) Fulvius Flaccus. — (2) Junius Gracchanus, ou Gracchus. Voyez Varron (*De ling. lat.*), Macrobe (*Saturn.* l. I, ch. 12), Solin (ch. 3), Ovide (*Fast.* l. I).

XXII. De mensibus naturalibus et civilibus diversorum nationum; deque eorum nominibus et nominum rationibus.

Mensum genera duo ; nam alii sunt naturales ; alii civiles. Naturalium species duæ, quod partim Solis, partim Lunæ esse dicantur. Secundum Solem fit mensis, dum Sol unumquodque in zodiaco orbe signum percurrit. Lunaris est autem, temporis quoddam spatium a nova Luna. Civiles menses sunt numeri quidam dierum, quos unaquæque civitas suo instituto observat ; ut nunc Romani a kalendis in kalendas. Naturales, et antiquiores, et omnium gentium communes sunt. Civiles, et posterius instituti, et ad unamquamque pertinent civitatem. Qui sunt cœlestes, sive Solis, seu Lunæ, neque peræque inter se pares sunt, nec dies habent totos. Quippe Sol in Aquario moratur circiter undetriginta, in Pisce fere triginta, in Ariete unum et triginta, in Geminis prope triginta et duos : et sic in cæteris inæquabiliter : sed usque adeo non totos dies in singulis ; ut annum suum, id est, dies trecentos sexaginta quinque, et portionem nescio quam, adhuc astrologis inexploratam, in duodecim suos dividat menses. Luna autem singulos suos menses conficit diebus undetriginta circiter, et dimidiato : sed et hos inter se dispares, alias longiores, alias breviores. At civitatium menses vel magis numero dierum inter se discrepant : sed dies ubique habent totos. Apud Albanos martius est sex et triginta, maius viginti et duum, sextilis duodeviginti, september sedecim. Tusculanorum quintilis dies habet triginta sex, october triginta duos : idem october apud Aricinos triginta novem. Minime videntur errasse, qui ad Lunæ cursum menses civiles adcommodarunt, ut in Græcia plerique, apud quos alterni menses ad triceuos dies sunt facti. Majores quoque nostri idem sunt æmulati ; cum annum dierum CCCLV haberent. Sed D. Julius cum videret hac ratione nec ad Lunam menses, ut oportebat, neque annum ad Solem convenire, maluit annum corrigere : ut sic etiam menses, vel cum veris illis solaribus, et si non singuli, universi tamen ad anni finem necessario concurrerent. Nomina decem mensibus antiquis Romulum fecisse, Fulvius et Junius auctores sunt : et quidem duos primos a parentibus suis nominasse, martium a Marte patre, aprilem ab Aphrodite, id est, Venere : unde majores ejus oriundi dicebantur : proximos duos a populo maium a majoribus natu, junium a junioribus ; cæteros ab ordine, quo singuli erant : quintilem usque ad decembrem perinde a numero. Varro autem Romanos a Latinis nomina mensium accepisse arbitratur. Auctores eorum antiquiores, quam Urbem fuisse, satis argute docet. Itaque mar-

pense que les Romains ont emprunté aux Latins les noms de leurs mois. Il démontre d'une façon assez spécieuse que les auteurs de ces noms sont plus anciens que la ville de Rome. Ainsi, suivant lui (1), le mois de mars, dont il reconnaît que le nom vient du dieu Mars, fut ainsi nommé, non parce que ce dieu était le père de Romulus, mais parce que la nation des Latins est belliqueuse. *Aprilis* (avril) ne tire pas son nom d'Aphrodite mais du mot *aperire* (ouvrir), parce que, dans ce mois, tout vient à la vie, et que la nature ouvre son sein à toutes les productions. Mai ne vient point de *majores*, mais de Maïa, parce que c'est dans ce mois qu'à Rome, et autrefois dans le Latium, on sacrifiait à Maïa et à Mercure. Juin vient de Junon plutôt que de *juniores*, parce que c'est dans ce mois surtout que l'on honore Junon. *Quintilis* est appelé ainsi, parce que c'était le cinquième mois de l'année chez les Latins; il en est de même de *sextilis* et des autres mois jusqu'à décembre, lesquels tirent leur nom de leur ordre numérique dans l'année. Janvier et février ont, il est vrai, été ajoutés depuis; mais leurs noms viennent du Latium; janvier, de Janus, auquel ce mois est consacré; et février, de *februum*. Or, on appelle *februum* tout ce qui sert à expier et à purifier; et *februamenta*, toutes les expiations ou purifications; de même que *februare* signifie rendre net et pur. La cérémonie appelée *februm* n'est pas toujours la même; et le genre de purification nommé *februation* varie suivant la nature des sacrifices. Pendant les Lupercales et la purification de la ville, cérémonies qui ont lieu dans ce mois, on porte du sel chaud, qu'on appelle *februm*. De là vient que le jour des Lupercales est appelé proprement *februatus*, et que ce mois a pris le nom de février. De ces douze mois, deux seulement ont changé de nom : l'ancien *quintilis* a été appelé *julius* (jules, juillet), sous le cinquième consulat de C. César et sous celui de M. Antoine, dans la seconde année Julienne; celui qu'on appelait *sextilis* fut, d'après un sénatus-consulte, rendu sous le consulat de Marcius Censorinus et de C. Asinius Gallus, nommé *augustus* (auguste, août) en l'honneur d'Auguste, dans la vingtième année de l'ère Augustine; et ces noms leur sont restés jusqu'à nos jours. Quelques-uns des successeurs d'Auguste ont, il est vrai, imposé leur propre nom à plusieurs mois; mais les anciens noms leur ont ensuite été rendus ou par ces princes eux-mêmes, ou après leur mort.

XXIII. *Des jours, et de leurs différentes divisions chez les diverses nations; des cadrans solaires et des horloges.*

Il me reste à dire quelques mots sur le jour, qui, comme le mois et comme l'année, est ou naturel ou civil. Le jour naturel est le temps qui s'écoule entre le lever du soleil et son coucher; la nuit, au contraire, est l'intervalle de son coucher à son lever. On appelle jour civil le temps que dure une révolution du ciel, révolution qui embrasse le jour et la nuit réelle. Ainsi, quand nous disons que tel enfant n'a vécu que trente jours, il est bien entendu que les nuits y sont aussi comprises. La durée du jour a été fixée de quatre manières différentes par les astrologues et par les peuples : les Babyloniens l'ont établie du lever du soleil au lever de ce même astre; la plupart des habitants de l'Ombrie, d'un midi

(1) Voyez Varron (*De ling. lat.* VI, 33).

au midi suivant ; les Athéniens, d'un coucher du soleil à l'autre. Pour les Romains, ils ont choisi l'intervalle de minuit à minuit : témoin les sacrifices publics et les auspices même des magistrats (1) ; cérémonies dans lesquelles on attribue au jour qui vient de finir ce qui a pu être fait avant minuit, et au jour suivant ce qui a été fait après minuit et avant le lever du jour : témoin encore l'usage qui fait donner aux enfants nés dans le cours des vingt-quatre heures qui séparent un minuit de l'autre, le même jour natal. La division du jour en douze heures et de la nuit en autant d'heures n'est ignorée de personne ; mais je pense qu'elle n'a été observée à Rome qu'après l'invention des cadrans solaires. Trouver quel fut le plus ancien cadran, est une chose bien difficile. Des auteurs disent, en effet, que le premier cadran solaire fut établi près du temple de Quirinus (2) ; d'autres, dans le Capitole ; quelques-uns, près du temple de Diane, sur l'Aventin. Ce qu'il y a d'assez certain, c'est qu'on ne vit aucun cadran dans le Forum, avant celui que M. Valérius (3) rapporta de la Sicile, et qu'il plaça sur une colonne près des rostres. Mais comme ce cadran, approprié au climat de la Sicile, ne s'accordait pas avec les heures de Rome, L. Philippus (4), alors censeur, en établit un autre près de celui-ci ; puis, à quelque temps de là, le censeur P. Cornélius Nasica fit une horloge d'eau (5), que l'on appela aussi *solarium* (instrument solaire), du nom du soleil, qui fait connaître les heures. Que le nom d'heures ait été inconnu à Rome pendant au moins trois cents ans, c'est un fait probable ; car, dans les Douze Tables, on ne trouve pas les heures nommées une seule fois, comme dans les autres lois qui suivirent ; mais on y emploie les mots ANTE MERIDIEM (avant le milieu du jour), par la raison sans doute que le jour se divisait alors en deux parties, séparées par ce que nous appelons *meridies* (1). D'autres font quatre divisions du jour et autant de la nuit même, comme le prouve la division usitée dans la langue militaire, où l'on dit la *première*, la *seconde*, la *troisième* et la *quatrième veille*.

XXIV. *Des diverses parties des jours romains, et des noms qui sont propres à chacune d'elles.*

Il y a encore plusieurs autres divisions du jour et de la nuit, consignées dans d'autres monuments, et distinguées entre elles par des noms particuliers : on en trouve la mention çà et là dans les écrits des anciens poëtes ; je les nommerai toutes dans l'ordre qui convient. Je commencerai par le *media nox* (minuit), puisque c'est le point de départ et le terme du jour civil chez les Romains. Le temps qui s'en rapproche le plus est appelé *de media nocte* (passé minuit) ; vient ensuite le *gallicinium* (le chant du coq), moment où le coq commence à chanter ; puis le *conticinium* (moment du silence), temps où le coq cesse de chanter ; puis le moment appelé *ante lucem*, et *diluculum* (le point du jour), quand il fait déjà jour, sans pourtant que le soleil soit levé ; puis le second *diluculum*, appelé *mane* (le matin), quand le soleil commence à poindre ; puis le temps nommé *ad meridiem* (qui précède midi) ;

---

(1) Cela n'avait lieu que dans quelques cas extraordinaires. *Voyez* les notes de ce chapitre, à la fin de cet ouvrage. — (2) Par Papyrius Cursor (Plin. VII, 40). — (3) Valérius Messala. Ce cadran venait de Catane (Plin. *ibid.*). — (4) Pline le nomme, peut-être avec plus de raison, Q. Marcius Philippus. — (5) Le premier inventeur des horloges d'eau est Ctésibius, suivant Vitruve (l. IX, c. 9). *Voyez* aussi Pline (l. II c. 76 ; l. VII, c. 5o.)

(1) *Meridies* venait, en effet, de *medius dies* (Varron, De ling. lat. l. V.)

---

autem ab occasu Solis ad occasum. Cæterum Romani a media nocte ad mediam noctem, diem esse existimaverunt. Judicio sunt sacra publica, et auspicia etiam magistratuum, quorum si quid ante medium noctis est actum, diei, qui præteriit, adscribitur ; si quid autem post mediam noctem, et ante lucem factum est, eo die gestum dicitur, qui eam sequitur noctem. Idem significat, quod qui a media nocte, ad proximam mediam noctem, in his horis quatuor et viginti nascuntur, eumdem diem habent natalem. In horas duodecim divisum esse diem, noctemque in totidem, vulgo notum est. Sed hoc credo Romæ post reperta solaria observatum. Quorum antiquissimum quod fuerit, inventu difficile est. Alii enim apud ædem Quirini primum statutum dicunt, alii in Capitolio, nonnulli ad ædem Dianæ in Aventino. Illud satis constat, nullum in foro prius fuisse, quam id, quod M. Valerius ex Sicilia advectum, ad rostra in columna posuit : quod, cum ad clima Siciliæ descriptum, ad horas Romæ non conveniret, L. Philippus Censor aliud juxta constituit : deinde aliquanto post P. Cornelius Nasica Censor ex aqua fecit horarium, quod et ipsum ex consuetudine noscendi a Sole horas, *solarium* cœptum vocari. Horarum nomen non minus annos ccc Romæ ignoratum esse, credibile est. Nam in XII Tabulis nusquam nominatas horas invenias, ut in aliis postea legibus, sed ANTE MERIDIEM, eo videlicet, quod partes diei bifariam tum divisi meridies discernebat. Alii diem quadripartito, sed et noctem similiter, dividebant : idque similitudo testatur militaris, ubi dicitur, *vigilia prima*, item *secunda*, et *tertia*, et *quarta*.

XXIV. *De dierum Romanorum diversis partibus, deque eorum propriis nominibus.*

Sunt etiam plura noctis et diei tempora, aliis subnotata, propriisque discreta nominibus ; quæ apud veteres poetas passim scripta inveniuntur : ea omnia ordine suo exponam. Incipiam a nocte media, quod tempus principium et postremum est diei Romani. Tempus, quod huic proximum est, vocatur *de media nocte* : sequitur *gallicinium*, cum galli canere incipiunt : dein *conticinium*, cum conticuerunt : tunc *ante lucem*, et sic *diluculum*, cum, Sole nondum orto, jam lucet ; secundum diluculum vocatur *mane*, cum lux videtur Solis : post hoc *ad meridiem* : tunc *meridies*, quod est medii diei nomen ; inde *de meridie* : hinc *suprema* ; quamvis plurimi *supre-*

puis le *meridies*, ou le milieu du jour, auquel succède le temps nommé *de meridie* (l'après-midi) ; vient ensuite le moment appelé *suprema* (fin ou dernier moment du jour), bien que plusieurs auteurs pensent que ce nom ne convient qu'au moment qui vient après le coucher du soleil, parce qu'il est écrit dans les Douze Tables : QUE LE COUCHER DU SOLEIL SOIT LE TERME (légal) DU JOUR (*suprema tempestas*). Mais, plus tard, M. Plétorius, tribun du peuple, fit un plébiscite, où il est écrit : QUE LE PRÉTEUR DE LA VILLE, AUJOURD'HUI ET A L'AVENIR, AIT PRÈS DE SOI DEUX LICTEURS, ET QU'IL RENDE LA JUSTICE AUX CITOYENS JUSQU'A LA FIN (légale) DU JOUR (*ad supremam*). Après le moment appelé *suprema*, vient le *vespera* (le soir), qui précède immédiatement le lever de l'étoile que Plaute (1) appelle *vesperugo*, Ennius, *vesper* (2), et Virgile, *hesperon* (3). Puis vient le *crepusculum* (crépuscule), qui est peut-être appelé ainsi parce qu'on nomme *creperæ* les choses incertaines, et qu'on ne saurait dire si ce moment appartient au jour ou à la nuit. Ensuite vient le moment que nous nommons *luminibus accensis* (les lumières allumées), et que les anciens appelaient *prima face* (le premier flambeau) ; puis le *concubium* (temps du coucher) ; puis l'*intempesta* (temps inopportun pour agir), c'est-à-dire pleine nuit, moment où le travail est intempestif ; et enfin l'instant appelé *ad mediam noctem*, (qui est proche de minuit) ; après quoi revient le *media nox*.

(1) Plaute, *Amphitr.* act. I, sc. 1. — (2) *Voyez* aussi Horace, *Od.* l. II, od. 9. — (3) Virgile, *Eclog.* VIII et X.

mam, post occasum Solis esse existimant : quia est in XII Tabulis scriptum sic : SOL. OCCASUS. SUPREMA. TEMPESTAS. ESTO. Sed postea M. Plætorius tribunus plebis scitum tulit, in quo scriptum est : PRÆTOR. URBANUS. QUI. NUNC. EST. QUIQUE. POST. HAC. FUAT. DUOS. LICTORES. APUD. SE. HABETO. ISQUE. USQUE. AD. SUPREMAM. JUS. INTER. CIVIS. DICITO. Post supremam sequitur *vespera*, ante ortum scilicet ejus stellæ, quam Plautus *vesperuginem*, Ennius *vesperum*, Virgilius *hesperon*, adpellant. Inde porro *crepusculum*, sic fortasse adpellatum, quod res incertæ *creperæ* dicuntur ; idque tempus noctis sit, an diei, incertum est ; post id sequitur tempus quod dicimus, *luminibus accensis*, antiqui *prima face* dicebant : deinde *concubium*, cum itum est cubitum : exinde *intempesta*, id est, multa nox, qua nihil agi tempestivum est : tunc, *ad mediam noctem*, dicitur : et sic, *media nox*.

NOTES SUR CENSORIN.

De die natali. L'ouvrage de Censorin est intitulé dans quelques éditions : *De humana origine.* Ce dernier titre, qui était celui d'un ouvrage de Varron (*voy.* le ch. 9), ne conviendrait guère qu'à quelques chapitres de celui-ci. On peut, du reste, en dire autant du titre qui a prévalu; car l'auteur traite moins du jour natal, *de die natali,* que de toute espèce de choses à l'occasion du jour natal de Cérellius, à qui il s'adresse. Mais ce titre est celui qu'il a lui-même donné à son livre, puisqu'il dit, au commencement du second chapitre : *Nunc, quoniam de die natali liber inscribitur* (*voy.* aussi le ch. 16).

Ad Q. Cerellium. D'autres éditions portent *Cœrellium*; mais l'orthographe de ce nom par un e est préférable, en ce qu'elle est conforme à une ancienne inscription (J. Gruter, *Inscrip.,* p. 241). Voyez aussi Pline, l. II, *ep.* 19; et IV, *ep.* 21, et Spartien, *Vie de Sévère.*

Præfatio. Nous avons cru devoir mettre en tête des chapitres les titres qui s'y rapportent, et qui en sont séparés dans les autres éditions. Nous pensons, du reste, qu'ils ne sont pas de Censorin.

I. *Quæ ex argento nitent cœlato, opere, quam materia, cariora.* Telle est, ce nous semble, la meilleure ponctuation de cette phrase; on lit dans quelques éditions : *nitent, cœlato opere, quam,* etc.; et dans un manuscrit de Cologne, *cœlata*; dans un autre, *cariore.*

Inhiat is, qui vulgo dives vocatur. Le manuscrit de Cologne porte : *inhiant ii, qui vulgo divites vocati,* et quelques éditions, *vocantur;* ce qui vaut mieux que le changement proposé par Barthius, qui lisait *vocari,* en sous-entendant *inhiat.*

Quisque non quanto plura possidet, sed quanto pauciora optat, tanto est locupletior. Cette pensée a été souvent exprimée par les anciens. Voyez Denys d'Halicarnasse (*Antiq. rom.*, l. V), Valère Maxime (l. IV, c. 3), Apulée (*Apolog.*), Diogène Laërce (*Vie de Socrate*), Sénèque (*epist.* 108), et saint Augustin (*De civit. Dei,* l. VII, c. 12).

Per animi virtutem. Telle est aussi la leçon du manuscrit de Cologne; mais Barthius préférait *per avum virtutem.*

Quodcumque hoc libri est..... Natalitii titulo tibi misi. Outre les cadeaux, plus ou moins riches, que l'on se faisait, chez les anciens, aux *Saturnales* et dans d'autres circonstances, par exemple à table, c'était l'usage d'en envoyer à ses patrons ou à ses amis, le jour anniversaire de leur naissance. Les poëtes, les artistes, les savants, qui, comme notre auteur, *n'avaient rien de trop,* payaient, ce jour-là, leur tribut avec quelque ouvrage de leur composition. Voyez, sur cet usage, Plaute (*Pseudolus,* act. 1), Térence (*Phorm.,* act. 1, sc. 1), Symmaque (l. 1, *ep.* 2 et l. VII, *ep.* 41, 80 et 81), Pline (l. IV, *ep.* 9), Martial (l. VIII, *epig.* 64), Juvénal (*sat.* IX).

Sus Minervam. Cet adage ancien se retrouve dans d'autres auteurs. Voy. Festus (l. XVIII), Cicéron (*Ep. fam.,* IX, 18, et *Quæst. acad.,* l. I, c. 4). Nous disons aujourd'hui : « C'est Gros-Jean qui remontre à son curé. »

Itaque, cum percepuerant fruges..... diis libare instituerunt. Voyez Pline (l. XVIII, c. 2; l. IV, c. 12), Tibulle (l. I, *eleg.* I). C'était aussi un usage des Juifs (*Exod.,* XXVIII, 19; XXXIV, 26), et les chrétiens l'adoptèrent.

Crinem deo sacrum pascebant. Le mot *sacrum* manque dans quelques éditions. Quant à cet usage, qui était fort ancien, voyez notamment Pollux (l. II, c. 5), Plutarque (*In Thes.*), Tertullien (*De anima,* c. 39), Virgile (*Æneid.,* l. VII), Martial (l. IX, *epig.* 17 et 18), Pausanias (*In Corinth.*), Suidas (*In* Πλόκον), Stace (*Theb.,* l. II), Homère (*Iliad.,* XXIII).

II. *Cur Genio mero, et quo modo sacrificetur.* Nous ne connaissons pas d'exemple de *Genium merum,* et ne savons ce que c'est qu'un *Génie pur.* Il nous semble qu'il vaudrait mieux lire, conformément à ce qui est dit dans ce même chapitre : *Cur Genio merum* (sous-entendu *libetur* ou *fundatur*), *et quo modo sacrificetur.*

Numera meliore lapillo. Voyez sur l'usage de marquer avec des pierres blanches les jours heureux et avec des pierres noires les jours malheureux, et sur l'origine de cet usage, Martial (l. IX, *epig.* 53, v. 5), Perse (*sat.* V, v. 108), Horace (*Sat.,* l. II, *sat.* 3, v. 246, *Od.,* l. I, *od.* 36, v. 10), Ovide (*Metam.,* l. XV, v. 41), Pline (*H. N.,* l. VII, 40), Plutarque (*In Pericle*).

Funde merum Genio. Ce n'était pas seulement sur l'autel, mais aussi sur la tête du Génie, que se faisait cette libation de vin pur. Voyez Tibulle (l. I, *eleg.* 7; l. II, *eleg.* 2), Ovide (*Trist.,* l. III, *eleg.* 13; l. V, *eleg.* 5), Horace (l. II, *ep.* 1), Lactance (*Inst. div.,* l. II, c. 15).

Non hostiam faciundam. Quelques éditions portent : *hostiam feriundam.* Mais notre leçon est très-bonne.

Atticus, et est de numeris. On lit dans certaines éditions : *articulus, et de muneribus.*

Ne die qua ipsi lucem accepissent, aliis demerent. Il en était de même à la fête des *Parilies,* anniversaire du jour natal de Rome, car les villes avaient aussi le leur (Capitol., *Pertin.,* 12), et le premier jour des *Quinquatries,* qui était celui de la *naissance* de Minerve : on n'immolait pas de victime. Voyez Plutarque (*in Romulo*), Solin (c. 2), et Ovide (*Fast.,* l. III). Mais il paraît qu'on n'observa pas toujours cet usage. Voyez Horace (l. IV, *od.* 2), Lampride (*In Alex. Sev.*), Spartien (*In Ant.-Geta,* c. 3, 12 et 59).

Deli, ad Apollinis Genitoris (ou *Genetoris*) *aram... nemo hostiam cædit.* Voyez Macrobe (*Saturn.,* l. III, c. 6), Diogène Laërce (*In Pythag.*), Jamblique (*De vita Pythag.,* l. I, c. 5), Clément d'Alexandrie (*Stromat.* VII), Porphyre (l. II).

Veneremur. On lit dans quelques éditions *veneretur,* qui nous semble une meilleure leçon.

III. *Genius est deus.* Ce n'est pas ici le lieu d'une dissertation sur les Génies, dont la nature et les attributions étaient même pour les anciens un sujet de discussion ; nous nous bornerons à renvoyer le lecteur aux principaux auteurs qui en ont parlé : Plutarque (*De placit. phil.,* l. I, c. 8, et *De Isid. et Osir.*), Tertullien (*Apolog.,* c. 32; *De anima,* c. 39), Lactance (l. II, c. 15), saint Augustin (*De civit. Dei,* l. VII, c. 11 et 13), Sénèque (*epist.* 110), saint Jean Chrysostome (*Orat.* IV), Apulée (*De deo Socr.*), Prudence (*Contra Symmach.*), Symmaque (l. X, *ep.* 61), Clément d'Alexand. (*Strom.,* l. VI), Lil. Gregor. Giraldi (*Syntag.* 15), de Choul (*Disc. sur la religion des anciens Romains*), Ant. le Pois (*Disc. sur les médailles*), Henri Corneille

Agrippa (*De occulta philosoph.*, l. III, c. 20, 21, 22).

Eumdem esse Genium et Larem. Apulée dit la même chose (*De deo Socrat.*) : *Dæmonas vero, quos Genios et Lares possumus nuncupare, ministros deorum arbitratur, custodesque hominum, et interpretes si quid a diis velint.*

Novis religionibus arcessuntur. Barthius lisait *annuis* au lieu de *novis*.

Duplici quotannis officio.... adstringor. C'est ainsi qu'Horace célébrait chaque année le jour natal de Mécène (l. IV, od. 11). Voyez aussi Aulu-Gelle (l. XV, c. 9), et Pline (l. III, ep. 7).

Vitæ præmia. On lit *pretia* dans quelques éditions.

IV. *Suntque ante hunc diem multa.* Le manuscrit de Cologne omet le mot *diem*; omission approuvée par Barthius.

De his dicere prius. Une ancienne édition porte : *Quærere primum.*

Quæ veteribus de origine humana fuerint opiniones. Voyez Diodore de Sicile (l. I), Pausanias (*In Arcad.*), Origène (*Cont. Cels.*, l. I), Cicéron (*De legib.* l. I), Stace (*Thebaid.*, l. IV).

Ex his quædam breviter exponam. Le manuscrit de Cologne porte : *Quasdam brevians exponam*, et cette leçon est défendue par Barthius, qui fait observer que Suétone et Manilius se sont aussi servis du mot *brevians*.

Alii, semper homines fuisse. Voyez saint Augustin (*De civit. Dei*, l. XII, c. 10).

Et his ortum aliquando. On lit *aliquem* dans une ancienne édition.

Qua semper humanum genus fuisse creditur. Un manuscrit porte : *Quæ semper credidit genus humanum fuisse.*

Illa sententia...... auctores habet Pythagoram Samium, etc. Varron (*De re rust.*, l. II, c. 1) a fait ainsi allusion à ces différents systèmes : « L'homme et les animaux doivent avoir été de tout temps dans l'ordre de la nature. Soit que l'on admette un principe générateur, avec Thalès de Milet et Zénon de Cittium ; soit qu'avec Pythagore de Samos et Aristote de Stagire, on en veuille nier l'existence, il faut convenir avec Dicéarque que la vie humaine, en remontant jusqu'à la condition la plus anciennement connue, a successivement passé par des transformations, avant d'arriver à la forme actuelle. »

Ocellum Lucanum. Il reste de cet Ocellus Lucanus, philosophe pythagoricien, un livre Περὶ τῆς τοῦ παντὸς φύσεως (*De natura universi*).

Sed et Plato Atheniensis et Xenocrates. Le manuscrit de Cologne porte : *Sed et Plato et Xenocrates Athenienses*, et Barthius préfère cette leçon. Quant au système dont il s'agit, *voyez* Platon (*De legib.*, l. VII).

Opinati. D'autres lisent *opinari*.

Aristoteles quoque. Voyez Lactance (*Instit. div.*, l. XI, c. 11).

Avesne ante, an ova generata sint. Cette question a été traitée par Plutarque (*Sympos. probl.*, l. XI, quæst. 3) et par Macrobe (l. VII, c. 16).

Initium simul et finis esse videatur. Voici, d'après Tennemann (*traduction de M. Cousin*), quelles étaient, sur la cosmogonie, les idées d'Aristote : « Le monde, κόσμος, οὐρανός, est l'ensemble des êtres sujets au changement; hors de lui il n'y a point de changement, point de temps, point d'espace. Lui-même est éternel et immuable. Le premier être, qui est la cause de tout mouvement, ne fait point partie du monde; celui-ci est un, forme un tout limité par le ciel, sans commencement ni fin, et de forme sphérique. La terre est le point central, le ciel est la limite. De là résultent trois mouvements simples : vers le centre, les corps pesants, la terre ; du centre à la circonférence, les corps légers, le feu; enfin autour du centre, le cercle supérieur, le ciel. Le mouvement circulaire est le plus parfait; et le ciel supérieur, auquel il appartient, est un corps parfait et divin, indestructible, non sujet à changer ni à souffrir, et par conséquent d'une nature plus noble que les corps sublunaires. L'élément des astres est le principe de toute vie, de toute action et de toute pensée dans la région inférieure, et tout est placé ici-bas sous son empire et sa direction. Les étoiles sont des êtres animés, ἔμψυχα ; elles ont en elles-mêmes le principe de leur mouvement, quoiqu'elles se meuvent selon le cercle auquel elles sont attachées. »

In hac æstimatione versati. Le manuscrit de Cologne porte *æstuatione*, qui plaît beaucoup à Barthius.

Pyrrhæque duris lapidibus esse natos. Après ces mots, l'édition donnée par Alde Manuce porte :

Et Virgilius :

Hic lapides Pyrrhæ jactos saturnia regna :

Et alibi :

Quo tempore primum
Deucalion vacuum lapides jactavit in orbem.
Unde homines nati, durum genus.

Rationum suarum proferunt opiniones. Nous préférons à *furiosarum*, qu'on lit dans quelques manuscrits, et à *sutarum*, leçon proposée par Barthius, *rationes opinionum*, qui est celle de quelques éditions.

Anaximander. Voyez Plutarque (*De placit. phil.*, l. V, c. 19 ; *Sympos.*, l. VIII, quæst. 8).

Empedocles. Voyez Plutarque (*De placit. phil.*, l. V, c. 9).

Humori permistam. On lisait, avant cette correction : *Hujusmodi permistam.*

In Parmenide, vel in Ste* fuit. Cet endroit est altéré, et difficile à corriger ; quelques éditions portent *inserta fuit.* Juste Lipse (*Physiol. stoic.*, l. III, c. 4) pense qu'on doit lire : *In Zenone, vel in Parmenide, et Veliate Zenone.* Meursius lisait : *Parmenide Melissove*, et un autre commentateur, *Parmenide Veliate*, c'est-à-dire *Eleate.* Barthius dit que le manuscrit de Cologne porte : *In Parmenide Gellio Stabone fuit*; mais il n'exprime aucune opinion sur cette leçon. Enfin, l'un des meilleurs éditeurs de Censorin propose de lire : *In Parmenide vel in Stratone fuit*, ou plutôt : *In Parmenide Veliate, et Stratone fuit.* Justement incertain entre tant de docteurs, nous sommes resté neutre dans notre traduction, et n'avons pas cherché à tirer un sens d'un mot tronqué.

Ab Empedocle dissensit. Quelques éditions portent *dissentiente*, et un ancien manuscrit, *discessisse.*

Democrito vero Abderita ex aqua limoque. Voyez Lactance (*Instit. div.*, l. VII, c. 7).

Nec longe secus Epicurus. Cette opinion d'Épicure nous a été transmise par Lucrèce dans le passage suivant (*De rerum natura*, l. V, v. 803-815) : « Ce fut alors que la terre vomit ses premières générations humaines. La chaleur et l'humidité abondaient au sein des campagnes. Aussi, quand elles rencontraient un endroit propice, formaient-elles des embryons d'abord enracinés aux flancs de la terre. Et sitôt que les germes, à ce point de maturité, âge de la naissance pour les enfants, rompaient leur enveloppe, fuyant ces demeures humides, et altérés par l'air, la nature dirigeait vers eux les pores du sol, et le forçait à répandre de ses veines ouvertes un suc pareil au lait : ainsi maintenant les femmes qui enfantent se gonflent de cette douce liqueur, parce que le torrent des sucs alimentaires roule vers les mamelles. Les enfants trouvaient leur nourriture dans la terre, leur vêtement dans la chaleur, leur couche dans l'épais et tendre duvet du gazon. » Voyez aussi Philon, et Lactance (*Inst. div.*, l. II, c. 12).

Cohærentes primum. Ces deux mots manquent dans quelques manuscrits. On lit dans un autre : *Primum adhærentes.*

Ingenitum lactis humorem. Ingenitum est une leçon d'Alde Manuce ; on lisait auparavant *ingenium.*

Zenon Cittieus. Voyez Strabon (l. XIV), et Sénèque (*Epist.* 83).

Id est Dei providentia. Un ancien manuscrit porte : *et Dei providentia.*

Ex novo mundo. Peut-être, suivant la remarque de Lindenbrog, faut-il entendre par *novo mundo* le ciel, que les stoïciens appelaient κόσμον. Le passage suivant de Macrobe (*In somn. Scip.*, c. 20) prouve, en effet, que *mundus* était pris quelquefois dans le sens de *cælum* : *Cum vero (sol) temperatio mundi dictus sit, ratio in aperto est, ita enim non solum terram, sed ipsum quoque cælum, quod vere mundus vocatur, temperari a sole certissimum est.*

Adminiculo divini ignis. Voyez Lactance (l. II, c. 11) et Ovide (*Metam.*, l. I).

Genealogiæ auctores. Des généalogies avaient été écrites par Phérécyde d'Athènes (Denys d'Halicarnasse, *Antiq. rom.*, l. I), par Hécatée (*Athen.*, l. IV), etc.

Quæ ex adventitia stirpe non sint. Le manuscrit de Cologne porte : *Quæ ex græca et latina stirpe non sint* ; et cette leçon a été adoptée par Barthius ; mais celle de notre texte nous paraît préférable.

Ut in Attica. Voyez Hérodote (l. VII), Platon (*In Menex.*), Pausanias (*in Corinth.*), Plutarque (Περὶ ψυχῆς), Strabon (l. VIII) ; Lucien (*In philosopseud*).

Αὐτόχθονας. On appelait aussi ces peuples ἰθαγένεις, et en latin *aborigenes, indigetes* et *indigenas.* Mais les Athéniens se prétendaient seuls *autochthones*, μόνοι αὐτόχθονες ἡμεῖς, a dit Démosthène. Quant aux Thessaliens, un ancien poëte les fait descendre d'Hellène.

Eo licentiæ poeticæ processit lubido. Quelques éditions suppriment le mot *poeticæ*; d'autres le remplacent par *poetica.*

Fertur.... Erichthonius ex Vulcani semine humo exortus. Voici un curieux passage de Lactance à ce sujet (*De falsa religione*, l. I, ch. 17) : « Sed nec illæ quidem virgines illibatam castitatem servare potuerunt. Unde enim putemus Erichthonium esse natum ? an ex terra, ut poetæ videri volunt ? at res ipsa clamat. Nam quum Vulcanus diis armafecisset, eique Jupiter optionem dedisset præmii, quod vellet, postulandi, jurassetque (ut solebat) per infernam paludem, se nihil negaturum : tum faber claudus Minervæ nuptias postulavit. Hic Jupiter optimus maximus tanta religione constrictus, abnuere non potuit : Minervam tamen monuit repugnare, pudicitiamque defendere. Tum in illa colluctatione Vulcanum in terram profudisse aiunt semen, unde sit Erichthonius natus, idque illi nomen impositum ἀπὸ τῆς ἔριδος καὶ χθονός. » — Voyez aussi Pausanias (*Attic.*), Apollodore (*De deor. orig.*, l. III), Lucien (in *Philopseud.*), Origène (*Contra Cels.*, l. VIII), saint Augustin (*De civit. Dei*, l. XVIII, ch. 12), saint Jérôme (*Contr. Jovin.*, c. 4), Tertullien (*De spectac.*, c. 9).

Mutua cæde inter se necatis. On lit dans une édition : *Mutuo inter se necatis.*

Tages. Voyez Cicéron (*De divinat.*, l. II), Festus (*Tages*), Ovide (*Metam.*, l. XV), Ammien Marcellin (l. XXI).

Extispicii quam Lucumones, etc. Un manuscrit porte *auspicii*, et quelques éditions : *Quam Lucani honestum Etruriis portentis exscripserunt.*

V. *Semen unde exeat.* Voyez sur cette question, parmi les anciens, Diogène Laërce (*In vit. Pythag.*, l. VIII, et Zenonis, l. VII), Timée (*De anima mundi*), Hippocrate (*De genitura*), Clément d'Alexandrie (*Pædag.*, l. I, c. 6), Tertullien (*De carne Christi*, c. 19), Aristote (*De general. animal.*, c. 19), Plutarque (*De placit. phil.*, l. V, c. 3), Lactance (*De opif. Dei*, c. 12).

Post admissionem pecudum. Cette leçon est meilleure que celles de quelques éditions, où on lit *amissionem* et *emissionem.*

Post gregum contentionem. Il y a encore ici plusieurs leçons différentes. Le manuscrit de Cologne porte : *Post contentam initionem* (c'est-à-dire *intentam*); et on lit dans un autre : *Post græcam contentionem*; leçon absurde, à laquelle Alde Manuce a proposé de substituer : *Post crebram coitionem.*

VI. *Aristoteles secutus.* Voyez Aristote (*De partib. anim.*, l. III, c. 4). Cette opinion d'Aristote et d'Empédocle a été suivie par d'autres. Voyez Pline (l. X, c. 4, et l. XI, c. 37) et Solin (c. 4) ; mais elle était rejetée par Galien (*De fœt. form.*, c. 4), qui prétend que le foie est le premier organe qui se forme dans le fœtus.

Hippon vero caput. Il faut nommer aussi Alcméon, suivant Plutarque (*De placit. philos.*, l. V, c. 17). D'un autre côté, Varron, au rapport d'Aulu-Gelle (l. III, c. 10), attribuait la priorité à la tête et à l'épine dorsale.

Caput, in quo est animi principale. Le mot *animi* manque dans quelques éditions.

Tum ex carne ossa, nervosque et cæteras partes. Il y a une leçon plus concise : *Et ossa nervos et cæteras partes.*

Una totum infantem figurari. C'est aussi l'opinion d'Hippocrate (Περὶ διαίτης, l. I).

Ut una nascitur aliturque. Une autre édition porte : *Ut una nascatur alaturque.*

Ut stoici ferme universi. On lit *ferunt*, au lieu de *ferme*, dans d'autres éditions.

Quemadmodum in matris utero alatur. Voyez Plutarque (*De placit. phil.*, l. II, c. 16).

Per umbilicum. Voyez Aristote (*De hist. anim.*, l. VII, c. 8 ; *De generat. animal.*, c. 5), Hippocrate (*De nat. puer.*), Lactance (*De opif. Dei*, c. 10).

Utrius vero parentis principium sedem prius occupaverit. Les éditions diffèrent beaucoup à cet endroit : dans l'une, *principium* manque ; dans l'autre, c'est *prius* ; une troisième porte *semen*, au lieu de *sedem.*

Ut mares, fœminasve nascantur, quid caussæ esset. A la liste, donnée par Censorin, des auteurs qui ont agité cette insoluble question, il faut ajouter Plutarque (*De placit. phil.*, l. V, c. 7), Lactance (*De opif. Dei*, c. 12) et Diogène Laërce (*In Anaxag.*).

De similitudine liberorum. Nous nous contenterons encore d'indiquer quelques-uns des auteurs anciens qui ont traité ce sujet : Aristote (*De gener. animal.*, l. IV, c. 3 ; *De hist. animal.*, l. VII, c. 6), Plutarque (*De placit. phil.*, l. V, c. 11 et 12), Stobée (*Eclog. phys.*), Galien (*De semine*, l. II), Pline (l. VII, c. 12), Solin (c. 5), Strabon (l. XV), saint Augustin (*Contr. Jul.*, l. V, c. 9), Lactance (*De opif. Dei*, c. 12).

Sequitur vero de geminis. Ces mots, nécessaires pour la suite du discours, et omis dans quelques éditions, ont été insérés dans les meilleures.

Hippon ratus. A Hippon il faut joindre Aristote (*De gener. animal.*, l. IV, c. 4). Voyez aussi Plutarque (*De placit. phil.*, l. V, c. 10).

Non posuit : tantummodo ait, si, etc. On lit dans quelques éditions : *Non posuit : partum tantummodo ait. Et si*, etc., et Alde Manuce, au lieu de *partum*, propose de lire *partitum.* Mais la leçon de notre texte nous paraît la meilleure.

VII. *Eo quod in omnibus numerus septenarius plu-*

romum possit. Voici ce que dit Aulu-Gelle (l. III, c. 10) sur la vertu attribuée autrefois au nombre septenaire : « M. Varron, dans le premier de ses livres qui ont pour titre « *Semaines* ou *Images*, a rassemblé beaucoup d'observa-« tions sur la vertu du nombre sept, que les Grecs appellent « ἑβδομάς. Ce nombre, dit-il, forme dans le ciel la grande et « la petite Ourse, ainsi que la constellation nommée chez « nous *Vergiliæ*, et chez les Grecs Πλειάδες. Les étoiles « errantes, qu'on appelle ordinairement *erraticæ*, et que « P. Nigidius appelle *errones*, sont au nombre de sept. « Tel est aussi le nombre des cercles célestes qui ont pour « centre l'axe du monde, et dont deux sont appelés « pôles : ces deux derniers sont, comme on sait, les plus « petits et les plus voisins de l'extrémité de l'axe; et leur « petitesse empêche de les marquer sur la sphère armillaire. « Le zodiaque fournit aussi un exemple de la vertu du nom-« bre sept. En effet, le solstice d'été a lieu quand le soleil « passe dans le septième signe à partir du solstice d'hiver : « de même le solstice d'hiver a lieu quand le soleil a « parcouru sept signes, à partir de celui d'été. On compte « aussi sept signes d'un équinoxe à l'autre. » Varron ajoute que les jours employés par les alcyons à construire leurs nids sur l'eau, pendant l'hiver, sont au nombre de sept. Il rappelle ensuite que la lune achève sa révolution en quatre fois sept jours. « En effet, dit-il, dans « l'espace de vingt-huit jours elle est revenue au point « d'où elle était partie. » Il cite Aristide de Samos comme étant l'auteur de cette observation, et ajoute qu'il y a ici à remarquer deux choses : d'abord que la lune décrit son cercle en quatre fois sept jours, c'est-à-dire en vingt-huit jours; et ensuite que le nombre vingt-huit est la réunion des différents nombres dont se compose le nombre sept, additionnés successivement en partant de l'unité. Selon le même auteur, le nombre sept a aussi une influence marquée sur la formation et la naissance de l'homme. « Lorsque la semence a pénétré dans le sein de « la femme, pendant les premiers jours les germes se « réunissent et s'agglomèrent en s'épaississant, et devien-« nent ainsi susceptibles de recevoir la forme et la figure. « Au bout de quatre semaines, quand l'enfant doit être « du sexe masculin, la tête et l'épine dorsale se forment. « Vers la septième semaine, c'est-à-dire le quarante-« neuvième jour, le fœtus humain est achevé. » Varron prouve encore l'influence de ce nombre sur la génération, en remarquant que l'enfant, de quelque sexe qu'il soit, ne peut naître viable avant le septième mois, et que la durée ordinaire de son séjour dans le sein maternel, depuis l'instant de la conception jusqu'à celui de la naissance, est de deux cent soixante-treize jours, ou de quarante fois sept jours. Il nous apprend au même endroit que les nombres climatériques les plus dangereux sont ceux qui se composent du nombre sept : on sait que les Chaldéens appellent ainsi les époques critiques où l'homme est menacé de la perte de la vie ou de la fortune. Il ajoute que la plus haute taille que puisse atteindre le corps humain est de sept pieds.... Voici encore d'autres faits cités par Varron : Les dents percent dans les sept premiers mois; il en perce sept de chaque côté; elles tombent à la septième année, et vers la quatorzième paraissent les molaires. Les médecins qui combinent la musique avec l'art de guérir disent que la pulsation des veines ou plutôt des artères, suit une espèce de rhythme que détermine le nombre sept : ce mouvement est appelé par eux en grec διὰ τεσσάρων συμφωνία, c'est-à-dire l'accord formé du nombre quatre. Le danger des maladies redouble dans les jours formés du nombre sept : les *jours critiques*, comme disent les médecins, sont surtout le dernier de la première semaine, celui de la seconde et de la troisième. Une autre observation qu'on peut ajouter aux exemples de la vertu du nombre sept, c'est que les personnes qui ont résolu de se laisser périr de faim meurent le septième jour. Tels sont les faits que Varron, par de soigneuses recherches, a rassemblés sur ce nombre; mais il ajoute d'autres remarques frivoles et puériles : par exemple, qu'il y a sept merveilles du monde; que l'antiquité compte sept sages; que, dans les jeux du cirque, les chars doivent parcourir sept fois la carrière; que sept capitaines furent choisis pour faire le siège de Thèbes. — Voyez aussi Macrobe (*Commentaire sur le songe de Scipion*, l. I, c. 56), Alexandre d'Aphrodisée (l. II, *Probl.* 47), Philon (*De opif. mundi* et *Allegor. leg.*, l., I), Clément d'Alexandrie (*Strom.* VI), saint Augustin (*De civit. Dei*, l. II, c. 31).

Siquidem septem formemur mensibus. Les textes présentent ici et plus bas de notables différences. On lit, suivant les éditions : *Septimis a partu formentur dentes mensibus;* ou bien : *septimis formentur dentes mensibus;* ou bien encore : *septenis formentur mensibus;* et plus bas, au lieu de *et, post septem menses nobis innascantur, iidemque post septimum cadant annum*, ce qui est la leçon de notre texte; on lit : *Et post septimum cadant annum;* ou bien : *Et, cum post septimum mensem dentes nobis innascantur, iidem quoque post septimum*, etc.

Et post septem menses dentes nobis innascantur. Voyez Hippocrate (*De septimest. partu, et* Περὶ σαρκῶν). Aristote (*De hist. animal.*, l. VII, c. 10), Pline (l. VII, c. 16), Macrobe (*In somn. Scip.*, l. I, c. 5).

Pubescere soleamus. Voyez Macrobe (*Ibid.* et *Saturn.*, l. VII, c. 7), Tertullien (*De anima*, c. 38), Alexandre d'Aphrodisée (l. II, *probl.* 47), Philon (*Allegor. leg.*, l. I), saint Augustin (*De civit. Dei*, l. XV, c. 12).

Septima mense parere mulierem posse. Voyez Hippocrate (Περὶ σαρκῶν), Galien (*De fœt. format.*, c. 1), Alexandre d'Aphrodisée (l. II, *probl.* 47), Cicéron (*Ad Attic.*, l. X, *ep. ult.*), saint Ambroise (l. VI, *ep.* 39).

Theano Pythagorica. Voyez Plutarque (Περὶ ἀρεσκόντων), et Aulu-Gelle (III, 16).

Aristoteles peripateticus. Voyez Aristote (*Hist. animal.*, l. VII, c. 4), et Plutarque (*De placit. philos.*, l. V, c. 18).

Evenor. On lit, suivant les éditions, *Evhenus*, *Evanor*, *Evenus;* Alde Manuce pense qu'il faut lire *Eudœmus*, d'après Élien (*Hist. animal.*).

Euthyphronem. On lit aussi *Euriphonem*, ou *Euripidem*, ou *Euriphanum*.

Diocles lunen Carystius. Voyez Plutarque (*De placit. philos.*, l. V, c. 18).

Et Aristoteles Stagirites. Voyez Aristote (*Hist. animal.*, l. VII, c. 4; *De generat. animal.*, l. IV, c. 4; *Problem.* 40, sect. 10), et la dernière note de ce chapitre.

Nono autem et decimo mense. C'est de là, dit-on, que viennent les noms des deux Parques appelées *Nona* et *Decima*. Voyez Tertullien (*De anima*, c. 37) et la dernière note de ce chapitre.

Epigenes Byzantius nono. Un manuscrit porte *octavo*.

Hippocrates Cous decimo. Voyez Hippocrate (*De nat. puer.*).

Undecimum mensem Aristoteles solus recipit, cæteri universi improbarunt. Ce que dit ici Censorin est confirmé par Aulu-Gelle (l. III, c. 16). Nous citerons d'ailleurs la plus grande partie de ce chapitre, qui complète celui de notre auteur, et résume toutes les doctrines de l'antiquité sur la question : « Des médecins et des philosophes ont fait des recherches sur l'époque de la délivrance des femmes, et se sont occupés de traiter cette question : Combien de temps l'homme est-il porté dans le sein maternel? L'opinion la plus répandue, celle qu'on regarde aujourd'hui comme la plus vraie, est que la femme qui a conçu met au monde son fruit rarement au septième, jamais au huitième, très-souvent au neuvième, assez souvent au dixième mois; que la fin du dixième mois est le dernier terme auquel puisse se reculer la naissance de l'homme. Cette dernière observation se trouve consignée dans un vers de l'un de nos anciens poëtes. Plaute a dit, dans sa comédie intitulée *Cistellaria* :

Tum illa, quam compresserat,
Decumo post mense exacto hic peperit filiam.

« La femme avec laquelle il avait eu commerce mit au « monde une fille à la fin du dixième mois. »

« L'ancien poëte Ménandre, qui partout observe la vérité, en homme initié à toutes les connaissances, nous fournit le vers suivant à l'appui de la même observation : il est tiré de la comédie intitulée *Plocius* :

Γυνὴ κυεῖ δεκάμηνος.
La femme accouche au dixième mois.

« Il est à remarquer que Cécilius, dans un passage d'une comédie imitée en grande partie du *Plocius* de Ménandre, et connue sous le même titre, met au nombre des mois où la femme peut enfanter, le huitième mois, dont Ménandre n'avait pas parlé :

Insoletne mulier decimo mense parere ?
Pol nono, etiam septimo, atque octavo.

« Une femme peut-elle accoucher au dixième mois ? « Oui, sans doute, aussi bien qu'au neuvième, au septième, « ou au huitième. »

« Le témoignage de Varron nous permet de croire que Cécilius n'a pas dit cela au hasard, et qu'il a eu ses motifs pour s'écarter d'une opinion avancée par Ménandre et soutenue par beaucoup d'autres. En effet, Varron dit, dans son quatorzième livre *Des choses divines*, que quelquefois on a vu des enfants naître au huitième mois : il ajoute au même endroit que l'accouchement peut quelquefois n'avoir lieu qu'au onzième mois ; du reste, ainsi que Varron nous en prévient, ces deux assertions sont empruntées à Aristote. Le passage suivant d'Hippocrate peut servir à expliquer pourquoi les opinions diffèrent sur l'accouchement au huitième mois. On lit, dans le traité d'Hippocrate intitulé *Des aliments* : « Les enfants naissent et ne naissent pas « au huitième mois. » Cet aphorisme laconique est difficile à comprendre, et se contredit lui-même ; mais voici l'explication que nous en donne le médecin Sabinus, auteur d'excellents commentaires sur Hippocrate : « Les enfants « qui naissent par avortement au huitième mois paraissent « vivants dans le premier moment ; mais ils ne le sont « réellement pas, puisqu'un instant après ils expirent. Ce « n'est qu'une apparence d'existence ; ce n'est pas la vie « elle-même. » Varron nous apprend que les anciens Romains ne regardaient pas comme possibles ces exceptions aux lois de l'accouchement, et qu'ils croyaient que le neuvième ou le dixième mois étaient l'époque unique fixée par la nature pour la délivrance de la femme. Il ajoute que cette conviction fut l'origine des noms donnés par eux aux trois divinités qui président à la destinée humaine. Ils ont tiré, en effet, ces noms du verbe *parere* (enfanter), et des mots *nonus* (neuvième) et *decimus* (dixième), qui marquent l'époque de l'enfantement. « Le nom de *Porca* « (Parque), dit Varron, a été formé de *Partus* ; et les « noms de *Nona* et de *Decima* (noms des Parques) (1) « viennent des nombres qui désignent les mois fixés pour « l'accouchement. » A ces renseignements, que j'ai recueillis dans les livres sur l'époque de l'accouchement, j'ajouterai le récit d'un fait arrivé à Rome. Une dame, connue par la sagesse et la régularité de ses mœurs, et dont l'honneur ne pouvait être mis en doute, donna le jour à un enfant onze mois après la mort de son mari. L'époque de l'accouchement fit croire qu'elle avait conçu depuis la mort de son mari, et une accusation fut intentée contre elle, en vertu de la loi des décemvirs, qui porte que les accouchements légitimes ne peuvent avoir lieu au delà du dixième mois. Mais l'empereur Adrien, au tribunal duquel la cause fut portée, décida que l'enfantement pouvait avoir lieu au onzième mois. J'ai lu le décret lui-même, dans lequel le prince assure n'avoir pris cette décision que d'après l'avis de philosophes et de médecins fameux de l'antiquité..... Hippocrate, dans le livre dont il a été question plus haut, après avoir déterminé le nombre des jours nécessaires pour la formation du fœtus, et fixé l'accouchement au neuvième ou au dixième mois, ajoute qu'il n'y a rien d'invariable dans ce calcul, et que la naissance de l'enfant peut avoir lieu quelquefois plus tôt, quelquefois plus tard ; et il termine cette observation par ces mots : « L'accouchement « arrive souvent ou plus tôt ou plus tard, et l'instant peut « différer dans chaque cas particulier : mais quand nous « disons plus tard, nous disons trop ; et quand nous di- « sons plus tôt, nous disons trop encore. » Le sens de ces derniers mots est que l'accouchement, soit qu'il arrive avant, soit qu'il vienne après le terme accoutumé, n'en est jamais bien éloigné, et a toujours lieu peu de temps avant ou peu de temps après. Je me souviens qu'un jour, à Rome, dans une affaire où il s'agissait d'intérêts importants, on discuta avec le plus grand soin la question de savoir si un enfant, né vivant au bout de huit mois, et mort presque aussitôt après sa naissance, pouvait donner au père le droit des trois enfants ; et qu'il y eut là-dessus un long débat, l'accouchement arrivé au huitième mois, avant le terme ordinaire, paraissant à beaucoup de personnes un avortement..... Je crois devoir ne pas omettre ici un fait curieux que j'ai lu dans Pline, au septième livre de son *Histoire naturelle*. Comme la chose pourrait paraître invraisemblable, je cite l'auteur lui-même : « Massurius rapporte que le préteur L. Papirius, « auprès duquel un plaideur réclamait une succession « comme second héritier, l'adjugea, à son préjudice, à un « enfant que la mère déclarait n'avoir mis au monde qu'au « bout de treize mois ; et que ce magistrat donna, pour « raison de sa sentence, qu'il ne connaissait pour les « accouchements aucune époque véritablement fixe. » J'ai remarqué dans le même Pline l'observation suivante : « Le « bâillement pendant l'enfantement est mortel, et l'éter- « nûment, au moment de la conception, produit l'avor- « tement. » *Voyez* aussi Macrobe (*Commentaire sur le songe de Scipion*, l. I, c. 6), Pline (l. VII, c. 5), et Charisius (l. I). Quelques auteurs ont même pensé que le terme dont il s'agit pouvait être dépassé ; et le médecin Jacques Fontaines dit, dans son livre sur la médecine universelle (l. V, *Physiol*., c. 16), qu'il y a des exemples d'accouchement à douze, à seize, à vingt et à vingt-quatre mois.

VIII. *Dicunt* (*Chaldæi*), *actum vitamque nostram, stellis.... esse subjectam*. L'astrologie judiciaire et la *généthlialogie* étaient déjà estimées ce qu'elles valent, dans l'antiquité, par les libres esprits. On n'a peut-être rien dit de plus fort, à ce sujet, dans les temps modernes, que ce qu'en disait, au commencement du deuxième siècle, le philosophe gaulois Favorinus. *Voyez* Aulu-Gelle (l. XIV, c. 1). *Voyez* aussi Cicéron (*De divin.*, l. III), Diodore de Sicile (l. XVII), Vitruve (l. IX, c. 7), Clément d'Alexandrie (*Strom.*, l. VI).

Quot ejus genera. On divise en quatre aspects les signes du zodiaque, savoir : l'hexagone, le tétragone, le trigone, et l'opposé ou diamétral. Voyez les figures ci-jointes, nos 1, 2, 3, 4, 5, que nous avons empruntées aux excellentes éditions de Lindenbrog et d'Havercamp.

(1) *Voy.* aussi Tertullien, *De anima*, ch. 37.

Fig. 1. — Hexagones.

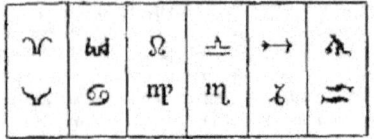

Fig. 2. — Tétragones.

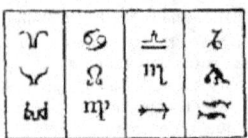

Fig. 3. — Trigones.   *Fig.* 4. — Opposés.

 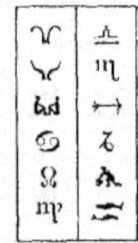

Fig. 5. — Signes des aspects sidéraux.

Trigone	△
Carré	□
Hexagone	⁂
Diamétral	☍
Conjonction	☌

Signifer. L'invention de la figure du zodiaque est attribuée par les uns à Pythagore, et par les autres à Anaximandre de Milet (Pline, l. II, c. 8). *Voyez* aussi Plutarque (*De placit. phil.*, l. II, c. 12).

Sol ergo. Voyez, pour cette démonstration, la figure ci-jointe, qui la rend fort claire.

Hunc quidam... receperunt. On lit dans un manuscrit *quidem*, qui nous paraît une meilleure leçon que *quidam*.

IX. *Alii enim plerique.... una... tempora.... omnibus conformandis dederunt.* Consultez, pour ce chapitre, Plutarque (*De placit. philos.*, l. V, c. 21), Hippocrate (*De natura puer.*), Lactance (*De opif. Dei*, c. 12), Aristote (*Hist. animal.*, l. VII, c. 3).

X. *Musica est scientia bene modulandi.* Nous ne pouvons mieux faire, pour l'intelligence de tout ce qui suit, que d'emprunter au *Dictionnaire* de J.-J. Rousseau l'explication de tous les termes de musique employés par Censorin. Nous commencerons par la définition de cet art. « La musique, dit l'auteur français, est l'art de combiner les sons d'une manière agréable à l'oreille. Cet art devient une science, et même très-profonde, quand on veut trouver les principes de ces combinaisons, et les raisons des affections qu'elles nous causent. Aristide Quintilien définit la musique l'art du beau et de la décence dans la voix et dans les mouvements. Il n'est pas étonnant qu'avec des définitions si vagues et si générales, les anciens aient donné une étendue prodigieuse à l'art qu'ils définissaient ainsi. — On suppose communément que le mot de *musique* vient de *musa*, parce qu'on croit que les Muses ont inventé cet art : mais Kircher, d'après Diodore, fait venir ce nom d'un mot égyptien, prétendant que c'est en Égypte que la musique a commencé à se rétablir après le déluge, et qu'on en reçut la première idée du son que rendaient les roseaux qui croissent sur les bords du Nil, quand le vent soufflait dans leurs tuyaux. Quoi qu'il en soit de l'étymologie du nom, l'origine de l'art est certainement plus près de l'homme, et si la parole n'a pas commencé par du chant, il est sûr au moins qu'on chante partout où l'on parle. » (*Dict. de musique*, au mot *Musique*.)

Adpellatur διάστημα. « Diastème, dans la musique ancienne, signifie proprement *intervalle*, et c'est le nom que donnaient les Grecs à l'intervalle simple, par opposition à l'intervalle composé, qu'ils appelaient *système*. » (*Id. Ibid., Diastème*).

Quod τόνον *adpellant.* « Le mot *ton* a plusieurs sens en musique. Il se prend d'abord pour un intervalle qui caractérise le système et le genre diatonique : dans cette acception, il y a deux sortes de *tons* ; savoir, le *ton majeur*, dont le rapport est de 8 à 9, et qui résulte de la différence de la quarte à la quinte ; et le *ton mineur*, dont le rapport est de 9 à 10, et qui résulte de la différence de la tierce mineure à la quarte. » (*Id., Ibid., Ton*).

C'est dans ce sens qu'il faut entendre ici le mot τόνος.

Ἡμιτόνιον. « Le *semi-ton* est le moindre de tous les intervalles admis dans la musique moderne : il vaut à peu près la moitié d'un *ton*... Le *semi-ton* majeur est la différence de la tierce majeure à la quarte, comme *mi fa* ; son rapport est de 15 à 16, et il forme le plus petit de tous les intervalles diatoniques. Le *semi-ton* mineur est la différence de la tierce majeure à la tierce mineure : il se marque sur le même degré par un dièse ou par un bémol ; il ne forme qu'un intervalle chromatique, et son rapport est de 24 à 25. (*Id., Ibid., Semi-ton*.)

Ut literæ nostræ. Censorin a textuellement emprunté cette comparaison à Aristoxène (*Harmonicor.*, l. II).

Symphonia. « Le mot *symphonie*, formé du grec σύν, avec, et φωνή, son, signifie, dans la musique ancienne, cette union des sons qui forment un concert. C'est un sentiment reçu, et, je crois, démontré, que les Grecs ne connaissaient pas l'harmonie dans le sens que nous donnons aujourd'hui à ce mot : ainsi, leur *symphonie* ne formait pas des accords, mais elle résultait du concours de plusieurs voix ou de plusieurs instruments, ou d'instruments mêlés aux voix chantant ou jouant la même partie : cela se faisait de deux manières : ou tout concertait à l'unisson, et alors la symphonie s'appelait plus particulièrement *homophonie*; ou la moitié des concertants était à l'octave, ou même à la double octave de l'autre; et cela se nommait *antiphonie*. On trouve la preuve de ces distinctions dans les problèmes d'Aristote, sect. 19. » (Id., *Ibid.*, *Symphonie*.)

Quibus reliquæ constant. « La consonnance est, selon l'étymologie du mot, l'effet de deux ou plusieurs sons entendus à la fois; mais on restreint communément la signification de ce terme aux intervalles formés par deux sons dont l'accord plaît à l'oreille. — Les Grecs n'admettaient que cinq consonnances, savoir : l'octave, la quinte, la douzième, qui est la réplique de la quinte, la quarte et l'onzième, qui est sa réplique. » (Id., *Ibid.*, *Consonnance*.)

Quæ vocatur διὰ τεσσάρων. « *Diatessaron* est le nom que donnaient les Grecs à l'intervalle que nous appelons *quarte*, et qui est la troisième des consonnances. — Ce mot est composé de διὰ, par, et du génitif de τέσσαρες, *quatre*, parce qu'en parcourant diatoniquement cet intervalle, on prononce quatre différents sons. » (Id., *Ibid.*, *Diatessaron*.)

Quam vocant διὰ πέντε. « *Diapente* est le nom donné par les Grecs à l'intervalle que nous appelons *quinte*, et qui est la seconde des consonnances. — Ce mot est composé de διὰ, par, et de πέντε, cinq; parce qu'en parcourant cet intervalle diatoniquement, on prononce cinq différents sons. » (Id., *Ibid.*, *Diapente*.)

Tertia est διὰ πασῶν. « *Diapason* est un terme de l'ancienne musique, par lequel les Grecs exprimaient l'intervalle ou la consonnance de l'octave. — Ce mot est formé de διὰ, par, et πασῶν, toutes, parce que l'octave embrasse toutes les notes du système parfait. » (Id., *Ibid.*, *Diapason*.)

Aristoxenus, musicæ. « Les *aristoxéniens*, secte qui eut pour chef Aristoxène de Tarente, disciple d'Aristote, et qui était opposée aux pythagoriciens sur la mesure des intervalles et sur la manière de déterminer les rapports des sons; de sorte que les *aristoxéniens* s'en rapportaient uniquement au jugement de l'oreille, et les pythagoriciens à la précision du calcul. » (Id., *Ibid.*, *Aristoxéniens*.)

Pythagoras, geometræque. « Les *pythagoriciens* fixaient tous les intervalles tant consonnants que dissonnants, par le calcul des rapports; les *aristoxéniens*, au contraire, disaient s'en tenir au jugement de l'oreille. Mais au fond leur dispute n'était qu'une dispute de mots; et, sous des dénominations plus simples, les moitiés ou les quarts de *ton* des aristoxéniens, ou ne signifiaient rien, ou n'exigeaient pas des calculs moins composés que ceux des limma, des comma, des apotomes, fixés par les pythagoriciens. En proposant, par exemple, de prendre la moitié d'un *ton*, que proposait un aristoxénien? rien sur quoi l'oreille pût porter un jugement fixe : ou il ne savait ce qu'il voulait dire, ou il proposait de trouver une moyenne proportionnelle entre 8 et 9 : or cette moyenne proportionnelle est la racine de 72, et cette racine carrée est un nombre irrationnel. Il n'y avait aucun autre moyen possible d'assigner cette moitié de *ton* que par la géométrie, et cette méthode géométrique n'était pas plus simple que les rapports de nombre à nombre calculés par les pythagoriciens. La simplicité des aristoxéniens n'était donc qu'apparente. » (Id., *Ibid.*, *Pythagoriciens*.)

Propriæ autem δίεσις. « Le *diésis* est, selon le vieux Bacchius, le plus petit intervalle de l'ancienne musique. Zarlin dit que Philolaüs, pythagoricien, donna le nom de *diésis* au limma : mais il ajoute peu après que le *diésis* de Pythagore est la différence du limma et de l'apotome. Pour Aristoxène, il divisait, sans beaucoup de façon, le *ton* en deux parties égales, ou en trois ou en quatre. De cette dernière division résultait le dièse enharmonique mineur, ou quart de ton; de la seconde, le *dièse* mineur chromatique, ou le tiers d'un ton; et de la troisième, le *dièse* majeur, qui faisait juste un demi-ton. » (Id., *Ibid.*, *Diésis*.)

Vel λεῖμμα *adpellatur.* « Le *limma* est un intervalle de la musique grecque, lequel est moindre d'un comma que le semi-ton majeur, et, retranché d'un ton majeur, laisse pour reste l'apotome. — Le rapport du *limma* est de 243 à 256, et sa génération se trouve, en commençant par *ut*, à la cinquième quinte *si*; car alors la quantité dont ce *si* est surpassé par l'*ut* voisin est précisément dans le rapport que je viens d'établir. — Philolaüs et tous les pythagoriciens faisaient du *limma* un intervalle diatonique qui répondait à notre semi-ton majeur : car, mettant deux tons majeurs consécutifs, il ne leur restait que cet intervalle pour achever la quarte juste ou le tétracorde; en sorte que, selon eux, l'intervalle du *mi* au *fa* eût été moindre que celui du *fa* à son dièse. Notre échelle chromatique donne tout le contraire. » (Id., *Ibid.*, *Limma*.)

Habere possint mensuras. « Théon de Smyrne dit que Lazus d'Hermione, de même que le pythagoricien Hippase de Métaponte, pour calculer les rapports des consonnances, s'étaient servis de deux vases semblables et résonnants à l'unisson; que laissant vide l'un des deux, et remplissant l'autre jusqu'au quart, la percussion de l'un et de l'autre avait fait entendre la consonnance de la quarte; que remplissant ensuite le second jusqu'au tiers, puis jusqu'à la moitié, la percussion des deux avait produit la consonnance de la quinte, puis de l'octave. — Pythagore, au rapport de Nicomaque et de Censorin, s'y était pris d'une autre manière pour calculer les mêmes rapports; il suspendit, disent-ils, aux mêmes cordes sonores différents poids, et détermina les rapports des divers *sons* sur ceux qu'il trouva entre les poids tendants; mais les calculs de Pythagore sont trop justes pour avoir été faits de cette manière, puisque chacun sait aujourd'hui, sur les expériences de Vincent Galilée, que les *sons* sont entre eux, non comme les poids tendants, mais en raison sous-double de ces mêmes poids. » (Id., *Ibid.*, *Son*.)

Admirabile Pythagoræ commentum. Voyez Jamblique (*De vita Pythag.*, l. I, c. 26), Boëce (*Music.*, l. I, c. 10, 11), Macrobe (*In somn. Scip.*, l. II, c. 1).

Quem phthongum arithmetici græci ἐπίτριτον *vocant.* « *Épitride* est le nom d'un des rhythmes de la musique grecque, duquel les temps étaient en raison sesquitierce, ou de 3 à 4. Ce rhytme était représenté par le pied que les poëtes et grammairiens appellent aussi *épitrite*, pied composé de quatre syllabes, dont les deux premières sont, en effet, aux deux dernières dans la raison de 3 à 4. » (Id., *Ibid.*, *Épitride*.)

Quod ἡμιόλιον *adpellant.* « *Hémiole* est un mot grec qui signifie *l'entier et demi*, et qu'on a consacré en quelque sorte à la musique : il exprime le rapport de deux quantités, dont l'une est à l'autre comme 15 à 10, ou comme 3 à 2 : on l'appelle autrement *rapport sesquialtère*. — C'est de ce rapport que naît la consonnance appelée *diapente* ou quinte; l'ancien rhytme sesquialtère en naissait aussi. — *Hémiolien* est le nom que donne Aristoxène à l'une des trois espèces du genre chromatique, dont il explique les divisions. Le tétracorde 30 y est partagé en trois intervalles, dont les deux premiers, égaux entre eux, sont chacun la dixième partie, et dont le troisième les deux tiers : $5 + 5 + 20 = 30$. » (Id., *Ibid.*, *Hémiole*, *Hémiolien*.)

Διπλασίῳ *locus.* Lindenbrog pense qu'il vaudrait mieux lire : διπλάσιος λόγος.

Proportionem supertertiam. « La *quarte* est la troisième des consonnances dans l'ordre de leur génération. Elle est une consonnance parfaite : son rapport est de 3 à 4; elle est composée de trois degrés diatoniques formés par quatre sons, d'où lui vient le nom de *quarte*; son intervalle est de deux *tons* et demi; un ton majeur, un *ton* mineur, et un semi-ton majeur. » (Id. *Ibid.*, *Quarte*.)

Sescupla proportio. « La *quinte* est la seconde des consonnances dans l'ordre de leur génération. Elle est une consonnance parfaite; son rapport est de 2 à 3 : elle est composée de quatre degrés diatoniques, arrivant au cinquième son, d'où lui vient le nom de *quinte* : son intervalle est de trois *tons* et demi, savoir, deux *tons* majeurs, un *ton* mineur, et un semi-ton majeur. » (Id., *Ibid.*, *Quinte*.)

Duplam proportionem. « L'*octave* est la première des consonnances dans l'ordre de leur génération. Elle est la plus parfaite des consonnances; elle est, après l'unisson, celui de tous les accords dont le rapport est le plus simple; l'unisson est en raison d'égalité, c'est-à-dire comme 1 est à 1 : l'*octave* est en raison double, c'est-à-dire comme 1 est à 2 : les harmoniques des deux sons dans l'un et dans l'autre s'accordent tous sans exception; ce qui n'a lieu dans aucun autre intervalle. Enfin ces deux accords ont tant de conformité, qu'ils se confondent souvent dans la mélodie, et que, dans l'harmonie même, on les prend presque indifféremment l'un pour l'autre. — Cet intervalle s'appelle *octave*, parceque, pour marcher diatoniquement d'un de ces termes à l'autre, il faut passer par sept degrés, et faire entendre huit sons différents. — L'*octave* renferme entre ses bornes tous les sons primitifs et originaux : ainsi, après avoir établi un système ou une suite de sons dans l'étendue d'une *octave*, si l'on veut prolonger cette suite, il faut nécessairement reprendre le même ordre dans une seconde *octave* par une série semblable, et de même pour une troisième et pour une quatrième *octave*, où l'on ne trouvera jamais aucun son qui ne soit la réplique de quelqu'un des premiers. Une telle série est appelée échelle de musique dans sa première *octave*, et réplique dans toutes les autres. C'est en vertu de cette propriété de l'*octave* qu'elle a été appelée *diapason* par les Grecs. » (Id., *Ibid.*, *Octave*.)

Augmento additi ponderis. De la formule qui résulte des lois des variations des cordes tendues, lois trouvées par Taylor, célèbre géomètre anglais, et démontrées depuis par Jean Bernouilli, J. J. Rousseau a tiré les trois corollaires suivants, qui servent de principes à la théorie de la musique : « I. Si deux *cordes* de même matière sont égales en longueur et en grosseur, les nombres de leurs vibrations en temps égaux seront comme les racines des nombres qui expriment le rapport des tensions des *cordes*. — II. Si les tensions et les longueurs sont égales, les nombres des vibrations en temps égaux seront en raison inverse de la grosseur ou du diamètre des *cordes*. — III. Si les tensions et les grosseurs sont égales, les nombres des vibrations en temps égaux seront en raison inverse des longueurs. — Pour l'intelligence de ces théorèmes, je crois devoir avertir que la tension des *cordes* ne se représente pas par les poids tendants, mais par les racines de ces mêmes poids; ainsi, les vibrations étant entre elles comme les racines carrées des tensions, les poids tendants sont entre eux comme les cubes des vibrations, etc. — Des lois des vibrations des *cordes* se déduisent celles des sons qui résultent de ces mêmes vibrations dans la *corde sonore*. Plus une *corde* fait de vibrations dans un temps donné, plus le son qu'elle rend est aigu; moins elle fait de vibrations, plus le son est grave; en sorte que les sons suivant entre eux les rapports des vibrations, leurs intervalles s'expriment par les mêmes rapports; ce qui soumet toute la musique au calcul. » (Id., *Ibid.*, *Corde sonore*.)

XI. *Hi quatuor numeri*, etc. Voyez Clément d'Alexandrie (*Stromat*. VI).

Eum τέλειον *Græci*. Voyez Euclide (l. VII, *Element.*, defin. 2), Vitruve (l. III, c. 1), saint Augustin (*De civit. Dei*, l. XI, c. 30; *De trinit.*, l. XI, c. 4) Cassiodore (l. I, *Variar. epist.* 10).

Ad diem ducentesimum decimum. Hippocrate (*De septim. part.*) et Polybe de Cos (*Clement. Alexandr.*, *Strom.* 6) admettaient un nombre moins fort, c'est-à-dire cent quatre-vingt-deux jours.

Septenario..... quo tota vita humana finitur. Voyez plus haut la première note du chapitre 7. Quant à Galien, il se riait de la prétendue vertu du nombre septenaire (*De dieb. decret.*, l. III, c. 8).

Hippocrates quoque. V. Hippocr. (*De septimest. part.*).

Parvuli... per hos dies morbidi. Voyez Hippocrate (*Ibid.* et *Aphor.* 28), Pline (l. VII, c. 5), et Celse (l. II, c. 1).

Sine risu. Voyez Aristote (*Hist. animal.*, l. VII, c. 10), Solin (c. 4), Pline (l. VII, *In proœm.*), et Hippocrate (*De septim. part.*).

Unde autem mens humana, etc. Voyez Hippocrate (*De nat. puer.* et *De carnib.*).

A secta non discrepat. Tennemann a résumé de la manière suivante la doctrine des pythagoriciens : « Les nombres sont les principes, αἰτίαι, des choses (Aristote, *Métaph.*, l. I, c. 3; Jamblic., *Vit. Pythag.*, c. 15, p. 120, et Héraclide Pont.). En appliquant l'ordre de la nature et à la régularité des formes leur esprit nourri d'idées mathématiques, les pythagoriciens furent naturellement amenés à prendre le système des nombres pour celui des choses; et ils crurent pouvoir y reconnaître les formes et la substance des êtres, appelant ceux-ci une imitation des nombres, μίμησιν εἶναι τὰ ὄντα τῶν ἀριθμῶν (Aristote, *Métaph.*, l. I, ch. 3, 5, 6; liv. XII, ch. 6, 8). Les nombres sont ou impairs, περιττοί, ou pairs, ἄρτιοι; le principe des premiers est l'unité, μονάς; celui des seconds, la dualité, δυάς. Les nombres impairs sont limités et complets; les nombres pairs, illimités et incomplets. Le principe absolu de toute perfection est donc l'unité et la limitation, πεπερασμένον; celui de l'imperfection est la dualité et l'infini, ἄπειρον. Les dix nombres fondamentaux représentés dans la tétractys (Sext. Empir., *Adv. Math.*, l. IV, c. 3; J. Geo. Michaelis, *Diss. de tetracty. pythagorica*, Francof. ad Viad., 1735; Erh. Weigel, *Tetractys pythagorica*), retracent le système complet de la nature; par les rapports des nombres, on peut concevoir la substance des êtres, comme par les combinaisons numériques on détermine l'origine et la formation des choses : de là l'application des nombres à la physique, la psychologie et la morale. » (Tennemann, *Man. de l'hist. de la phil.*, tr. de M. Cousin, t. I, p. 94).

XII. *Et animis permovendis plurimum valet*. Voyez Cicéron (*De legib.*, l. XI), Macrobe (*In somn. Scip.*, l. II, c. 3), Isidore (*Orig.*, l. III, c. 16), Alexandre d'Aphrodisée (l. I, *problem.* 78 et 119).

Ludi scenici placandorum deorum causa instituti non essent. Voyez Valère Maxime (l. II, c. 4), Arnobe (*Advers. gent.*, l. VII), et Tite-Live (l. VII).

Tibicen omnibus supplicationibus. Cette coutume nous est attestée par la plupart des écrivains latins, Tite-Live, Horace, Virgile, Isidore (*Orig.*, l. III, c. 20), Ovide (*Fast.*, l. IV), Cicér. (*Tuscul. quæst.* 4), Macrobe (*In somn. Scip.*, l. II, c. 3), et par cette inscription (Gruter. *Inscript. vet.*, p. 269) : TIBICINES ROMANI QUI SACRIS PUBLIC. PRÆST. SUNT.

Cum tibicine triumphus. Voyez Florus (l. II, c. 11). Toutefois Plutarque (*In Marcell.*) dit que la trompette servait au triomphe, et la flûte à l'ovation.

Ludos publice facere, ac vesci in Capitolio. Voyez Tite-Live (l. IX), Valère Maxime (l. II, c. 5).

Epicuro reclamante. Voy. Cicéron (*Tusc. quæst.* l. I).

In navis metu. Un commentateur a proposé de lire ici *motu*, et un autre *meatu*; leçon qui transformerait en un usage constant ce qui, d'après la nôtre, n'avait lieu que dans quelques cas. Voyez, du reste, Asconius Pedianus (*Orat. Cicer. in Verr.*), Quintilien (l. I, c. 14) et Isidore (*Orig.*, l. III, c. 16).

Legionibus quoque in acie dimicantibus etiam metus mortis classico depellitur. On a donné bien des raisons diverses de l'usage de la musique dans les armées chez les anciens. Aulu-Gelle en a reproduit quelques-unes dans le passage suivant (l. I, c. 11) : « Le grave historien des Grecs, Thucydide, rapporte que les vaillants guerriers de Lacédémone n'allaient point au combat au son des clairons et des trompettes, mais aux accords mélodieux de la flûte. Ce n'était point pour observer une coutume sacrée, ni pour accomplir aucune cérémonie religieuse : c'est qu'ils voulaient, au lieu d'exciter et de remuer les âmes par des sons éclatants comme ceux du clairon, les modérer et les régler, en quelque sorte, par des modulations douces, comme celles de la flûte. Ils pensaient que dans la rencontre avec l'ennemi, et dans le commencement de l'action, rien n'était plus propre à donner au soldat une salutaire prudence, et à élever son courage, que l'impression de ces accords paisibles, qui prévenait l'ardeur d'une fougue emportée. Au moment donc où les bataillons étaient prêts, les lignes formées, et où l'armée commençait à marcher vers l'ennemi, des joueurs de flûte, placés dans les rangs, exécutaient leurs airs. Ce prélude tranquille, ce concert doux et imposant, étaient comme une sorte de discipline musicale qui tempérait l'impétuosité des guerriers, et les empêchait de s'élancer en désordre et de se disperser en attaquant. Mais il est bon de citer ici l'illustre et véridique historien, dont les paroles mêmes auront plus de poids : « Alors les deux ar- « mées se portèrent l'une contre l'autre : les Argiens s'a- « vançaient avec fougue et colère : les Spartiates marchaient « lentement, au son de flûtes nombreuses placées au milieu « des bataillons, selon la coutume adoptée chez eux. Ce « n'est point un rit religieux : le but de cette coutume, « c'est que les soldats puissent s'avancer au combat du « même pas, avec ordre et en cadence, sans rompre leurs « rangs, sans se disperser, comme il arrive souvent aux « grandes armées, quand l'action s'engage. » On dit que chez les Crétois c'étaient des harpes qui appelaient les soldats au combat, et réglaient leur marche au moment de l'attaque. « Hérodote rapporte dans son histoire que le roi de Lydie, Halyatte, prince livré aux mœurs efféminées et au luxe de l'Asie, menait avec son armée, et employait à donner le signal du combat, des musiciens jouant de la flûte et de la lyre, et même des joueuses de flûte, accoutumées à figurer dans ses voluptueuses orgies. » D'un autre côté, « Homère nous montre les Grecs marchant à l'ennemi, non aux accords des instruments, mais au milieu du silence, remplis de force et de résolution par le sentiment de leur commune ardeur. » *Voyez* aussi Polybe (l. IV), Plutarque (*De musica*), Valère Maxime (l. II, c. 8, § 2), Athénée (l. XIV), Jean Chrysostome (*Orat. ad Alexandr.*), Polyène (l. 1), Élien (*Var. hist.*, l. II, c. 44), Lucien (Περὶ ὀρχής.), Sénèque (*De ira*, l. III, c. 9), Martianus Capella (l. IX), Pollux (l. IV, c. 9), Isidore (*Orig.*, l. III, c. 16).

Quamobrem Pythagoras..... cithara.... cantare consueverat. Voyez Quintilien (*Inst. orat.*, l. IX, c. 4), Cicéron (*Tusc. quæst.* 4), Sénèque (*De ira*, l. III, c. 9), Jamblique (*De vita Pythag.*, l. I, c. 25), Plutarque (*De Isid. et Osir.*), Élien (*Var. hist.*, l. XIV, c. 23), Athénée (l. XIV), saint Ambroise (*De virginib.*, l. III), Boëce (*De musica*, l. I, c. 1), Philostrate (*De vita Apollonii*, l. II, c. 14).

Asclepiades medicus, phreneticorum mentes morbo turbatas, sæpe per symphoniam suæ naturæ reddidit. De nos jours encore, on a essayé le pouvoir de la musique sur les aliénés; mais, à ce qu'il paraît, sans succès. Dans l'antiquité, on n'était pas seulement pour la folie, mais pour des maux physiques, que l'on cherchait un remède ou au moins un adoucissement dans la musique. « C'est une croyance très-répandue, dit Aulu-Gelle (l. IV, c. 13), qu'un homme en proie à un accès de goutte sent diminuer la douleur, lorsqu'on joue auprès de lui un air doux sur la flûte. J'ai lu dernièrement dans Théophraste que des sons habilement modulés sur la flûte pouvaient guérir la morsure des vipères. Démocrite rapporte la même chose dans l'ouvrage qui traite *De la peste et des maladies contagieuses*; il y atteste que, dans plusieurs maladies, les accords de la flûte peuvent être employés comme remède. » — *Voyez* aussi Martianus Capella (l. IX), Apollonius (*De mirabil. hist.*, sect. 48).

Erophilus.... venarum pulsus rhythmis musicis ait moveri. Aulu-Gelle dit la même chose. Voyez la fin de la première note du chapitre 7. *Voyez* aussi Martianus Capella (l. IX), Pline (l. XXIX, c. 1), Vitruve (l. I, c. 1).

XIII. *Pythagoras prodidit, hunc totum mundum musica factum ratione.* Voyez l'explication, plus étendue, de ce système, dans Macrobe (*Commentaire sur le songe de Scipion*, l. II, ch. 1, 2, 3, 4). *Voyez* aussi Athénée (*Dipnosoph.*, l. XIV), Sidoine Apollinaire (*Carm.* 15), Barthélemy (*Anachars.*, ch. 27, 31), Mémoir. de l'Acad. des inscript. (*Mus. des anc.*), Aristote (*Probl.* 19 et 39), Plutarque (*De musica*), Mart. Capella, Boëce, Ptolémée, le Batteux (*Notes sur Timée de Locres*).

Septemque stellas..... vagas Censorin, à la fin de ce même chapitre, et au commencement du huitième, a encore employé le mot *vagæ* pour désigner les étoiles errantes. Varron, cité par Aulu-Gelle (l. III, c. 10), dit qu'on les appelait ordinairement *erraticæ*, et que P. Nigidius les nommait *errones*. Voyez aussi Cicéron (*De nat. deor.*, l. II), Aulu-Gelle (l. XIV, c. 1), Macrobe (*In somn. Scip.*, c. 14), Isidore (*Orig.*, l. III, c. 56), Platon (*De legib.*, l. VII), Pline (l. II, c. 6).

Mortalium geneses. Cette expression avait plusieurs synonymes. Vitruve, pour désigner la même chose, emploie le mot *nascentia* (l. IX, c. 7), Spartien le mot *genitura* (*In Anton. Geta*), et Tertullien, *nativitas* (*De idol.*, c. 9). — *Voyez* d'ailleurs, sur cette prétendue science, Sénèque (*Consol. ad Marc.*, c. 18), Cicéron (*De divin.*, l. II), Sextus Empyricus (*Advers. mathem.*, c. 21), Simplicius (*In Epictet.*, c. 1), Bardesanes Syrus (*Apud Euseb. de Præpar. Evang.*, l. VI), saint Augustin (*De civit. Dei*, l. V, c. 1), et la première note du chapitre 8.

Intervalla musicis diastematis congrua. Voyez, sur cette harmonie céleste, Héraclide le Pontique (*In allegor. Homer.*), Chalcidius (*In Tim. Plat.*), Macrobe (*in somn. Scip.*, l. II, c. 4), Nicetas Choniate (*Thesaur. orthod.*, l. II, c. 8), Isidore (*Orig.*, l. III, c. 16), Aristote (*De cœlo*, l. II, c. 9).

Eratosthenes geometrica ratione collegit, etc. *Voyez* Cassiodore (*De geomet.*), Strabon (l. II), Vitruve, (l. I, c. 6), Pline (l. II, c. 108), Macrobe (*In somn. Scip.*, l. II, c. 20).

Maximum terræ circuitum esse stadiorum CCLII *millia.* Cléomède (*Meteor.*, l. I, c. 1) retranchait 2,000 stades du nombre donné par Ératosthène ; et Martianus Capella, au contraire (l. VIII), avait trouvé quatre cent six mille dix stades, nombre qui se rapproche de celui d'Aristote (*De cœlo*, l. II).

Italicum... pedum DCXXV. C'est le nombre de pieds donné aussi au stade italique par Pline (l. II, c. 23) ; par Columelle (*De re rust.*, l. V, c. 1), et par Isidore (*Orig.*, l. XV, c. 16).

Olympicum... pedum DC. Cette mesure est conforme à celle d'Hérodote (l. II) et d'Aulu-Gelle (l. I, c. 1). Mais il paraît qu'il n'y avait aucune différence entre le stade italique et le stade olympique, malgré ce que dit ici Censorin.

Pythagoras putavit esse stadiorum circiter CXXV *millia.* C'est le nombre de stades donné aussi par Pline (l. II, c. 21). Mais Ératosthène pensait que cette distance était de sept cent quatre-vingt mille stades. Plutarque (*De placit. philos.*, l. II, c. 31).

Mercurii. D'autres appelaient *Apollon* (Pline, l. II, c. 8) l'étoile de Mercure, de même qu'on appelait *Junon* (Tim., *de anima mundi*, Hygin, *Astron.*, l. II), on *Isis* (Pline, *ibid.*), ou *Lucifer* et *Vesper* (Plat., *In Epinom.*), celle de Vénus; *Hercule* (Hygin. et Plin. l. c.; Macrobe, *Saturn.*, l. III, c. 12), celle de Mars; *Osiris* (Achil. Stat., *In phænom.* Arat.), celle de Jupiter, et *Némésis* (Id. *ibid.*), celle de Saturne. Il faut en outre observer que les anciens ne s'accordaient pas sur l'ordre des étoiles errantes. L'ordre établi par Pythagore et suivi par Censorin l'a été aussi par Cicéron (*De divin.*, l, 1; *De republ.*; *In somn. Scip.*, l. VI), par Pline (l. II, c. 23), par Manilius (*Astron.*, l. I), par Géminus (*De apparentiis cœlest.*), par Cléomède (*Meteor.*, l. I, c. 111), par Hygin (*De limit. agror.*), par Chalcidius (*In Tim. Plat.*), par Suidas (*In* ἐποχή). Mais Timée de Locres, Ératosthène, Macrobe (*Somn. Scip.*, l. I, c. 19, 21), Platon, Plutarque (*De placit. philos.*, l., II, c. 15), et quelques autres, les ont rangées dans l'ordre suivant : la Lune, le Soleil, Mercure, Vénus, Mars, Jupiter, Saturne. Quant à Aristote (*De mund.*), Cicéron (*De nat. deor.*, l. II), Apulée (*De mund.*, l. I), ils ont adopté celui-ci : la Lune, le Soleil, Vénus, Mercure, Mars, Jupiter, Saturne.

Ab eodem cælo tonos esse sex. D'après Censorin lui-même (c. 10), la consonnance appelée *diapason* a cinq tons et deux semi-tons, comme le disaient Pythagore et les géomètres, lesquels ont démontré que deux semi-tons ne peuvent faire un ton. Mais Censorin suit ici Aristoxène, comme il le dit au commencement de ce chapitre. D'un autre côté, Pline (l. II, c. 23) et Anselme l'Ancien (*De imag. mund.*, l. 1, c. 23) comptent sept tons de la terre au ciel *supérieur.* Voyez, pour l'intelligence de ce chapitre, la figure ci-jointe, où sont représentés les six tons dont parle notre auteur :

Τὸ χορεῖον. Chalcidius (*In Tim. Plat.*) dit également : *Stellarum vero errantium opera, quæ propter modulatam et consonam celebrantur agitationem, quam iidem appellant* χορείαν, *in progressibus et anfractibus earumdem stellarum perspicue videntur.*

Dulcedo musica abduxit. La leçon de quelques éditions, *musicæ*, nous semble préférable à celle-ci.

XIV. *Quid de gradibus ætatis humanæ sensum sit, dicam.* Nous préférons aussi à cette leçon la suivante : *Humanæ ætatis senserim sic dicam.*

Varro quinque gradus ætatis... putat esse divisos. Servius s'est aussi appuyé (*Ad Æneid.*, l. V, v. 295) du témoignage de Varron, en ces termes : *Ætates Varro sic dividit : Infantiam, Pueritiam, Adolescentiam, Juventam, Senectam.*

Pueros dictos quod sint puri. Isidore (*Orig.*, l. XI, c. 11) a dit également : *Puer a puritate vocatus, quia purus est, et necdum lanuginem floremque genarum habens.* — Voyez aussi *Decret. felicis P. P.; Capitul. Caroli Magni*, l. V, c. 69; Nonius Marcellus et Festus (*De investibus*).

Adolescentes, ab adolescendo. Voyez Festus (*Adolescit* et *Suboles*), Nonius (*Adolere*), Isidore (*Orig.*, l. XI, c. 2).

In re militari possunt juvare. Macrobe (*In somn. Scipion.*, l. I, c. 6) : *Nonnullarum rerum publicarum mos est, ut post sextam (hebdomadem, id est, post annum* XLII) *ad militiam nemo cogatur.*

Senio jam laborant. « Et où trouverez-vous, dit saint Jérôme (*Ad psalm.* LXXXIX), un vieillard qui ait de la santé? Les Grecs l'ont dit avec raison : La vieillesse, c'est la maladie. » — Voyez aussi Sénèque (l. I, ch. 108) et Nonius (*Senium*).

Solon autem partes fecit decem. Solon, suivant Hérodote (l. I, ch. 32), pensait que le plus long terme de la vie de l'homme était soixante-dix ans.

Moïse avait dit avant Solon : « Nos années se passent en de vaines inquiétudes, comme celles de l'araignée. Les jours de nos ans ne vont ordinairement qu'à soixante-et-dix années : si les plus forts vivent jusqu'à quatre-vingts ans, le surplus n'est que peine et douleur. » *Psalm.* LXXXIX, vers. 9, 10. Voyez aussi Trébellius Pollion, *Vie de Claude*, ch. 2.

Ad has Solonis decem hebdomadas. Le mot *hebdomas*, qui vient du grec ἑϐδομάς, ne signifie pas seulement une semaine, un espace de sept jours, mais aussi une période de temps formée par le nombre sept, *septenarii numeri, quem Græci* ἑϐδομάδας *appellant*, dit Aulu-Gelle (l. III, c. 10). Censorin d'ailleurs a rendu très-précis et très-clair le sens de *hebdomadas* dans cette phrase, en disant, une ligne plus haut : *Singulos bifariam divisit* (Solon), *ut unaquæque ætas annos haberet septenos.*

Posset fatalia deprecando. Ce passage est évidemment altéré, et aucune leçon ne nous paraît satisfaisante. La pensée que nous avons prêtée ici à notre auteur est justifiée par ce passage de Virgile (*Énéide*, l. VIII, v. 398) :

.... Nec fata vetabant
Stare,

passage que Servius a commenté ainsi : « *Sciendum, secundum Aruspicinæ libros et sacra Acherontia, quæ Tages composuisse dicitur, fata decem annis quadam ratione differri.* » Voyez aussi Nemesius (*De nat. homin.*, l. 1, c. 36).

Elegia Solonis. Cette élégie nous a été conservée par Philon et par Clément d'Alexandrie, mais avec de grandes différences. La voici, avec la meilleure version en vers latins qui en ait été faite, celle de Gentian Hervet; car il y en a aussi une de Gregorio Giraldi.

Παῖς μὲν ἄνηβος ἐὼν ἔτι νήπιος, ἕρκος ὀδόντων
Φύσας, ἐκβάλλει πρῶτον ἐν ἔπτ' ἔτεσιν :
Τοὺς δ' ἑτέρους ὅτε δὴ τελέσῃ θεὸς ἔπτ' ἐνιαυτοὺς
Ἥβης ἐκφαίνει, σπέρματα γινομένης.
Τῇ τριτάτῃ δὲ γένειον ἀεξόμενον ἐπὶ γυίοιν
Λαχνοῦται χροιῆς ἄνθος ἀμειβομένης.
Τῇ δὲ τετάρτῃ πᾶς τις ἐν ἑβδομάδι μέγ' ἄριστος.
Ἰσχὺν, ἥντ' ἄνδρες σήματ' ἔχουσ' ἀρετῆς.
Πέμπτῃ δ' ὥριον ἄνδρα γάμου μεμνημένον εἶναι,
Καὶ παίδων ζητεῖν εἰς ὀπίσω γενεήν.
Τῇ δ' ἕκτῃ περὶ πάντα καταρτύεται νόος ἀνδρός,
Οὐδ' ἔρδειν ἔθ' ὁμῶς ἔργα μάταια θέλει.
Ἑπτὰ δὲ νοῦν καὶ γλῶσσαν ἐν ἑβδομάσιν μέγ' ἄριστος.
Ὀκτὼ δ' ἀμφοτέρων τέσσαρα καὶ δέκ' ἔτη,
Τῇ δ' ἐνάτῃ ἔτι μὲν δύναται, μετριώτερα δ' αὐτοῦ
Πρὸς μεγάλην ἀρετὴν σῶμά τε καὶ δύναμις.
Τῇ δεκάτῃ δ' ὅτε δὴ τελέσῃ θεὸς ἔπτ' ἐνιαυτούς,
Οὐκ ἂν ἄωρος ἐὼν μοῖραν ἔχει θανάτου.

Infans septenos postquam compleverit annos,
Producti dentes vallus in oris erunt.
Postquam septem alios Deus huic concesserit annos,
Fit pubes, semenque huic genitale datur.
Verum septem aliis postquam annis creverit ætas,
Densa seges barbæ contegit orta genas.
Additus est illi cum septenarius alter,
Vir tum virtutis fortia signa dabit.
Sed monet adveniens uxorem ducere quinctus,
Posteritatis et hunc tum meminisse suæ.
Sollers ingenium, firma et prudentia sexto est,
Stulta nec hunc deinceps facta videre juvat.
Septimus accessit cum septenarius, atque
Octavus, lingua pollet, et ingenio.
Nono aliquid possunt, sed jam minuuntur in illo,
Vires, quis peragunt fortia facta viri.
Sed decimus cum alios septem perfecerit annos,
Maturam mortem tristia fata dabunt.

Oculos albescere. Ces mots ne sont pas dans toutes les éditions; mais il paraît qu'ils se trouvaient dans un ancien manuscrit. Peut-être, au lieu de *albescere*, qui ne signifie rien ici, faut-il lire *hebescere*.

Aristoteles adpellat τραγίζειν. Voyez Aristote (*Histor. anim.*, c. 1).

Septimum quemque annum periculosum. Voyez Aulu-Gelle (l. III, c. 10).

Quos adpellant πάθη. Voyez le même auteur (l. I, c. 26).

Hunc (annum tertium et sexagesimum) licet quidam periculosissimum dicant, quod et ad corpus, et ad animum pertineat. « On remarque, quelque haut qu'on remonte, dit aussi Aulu-Gelle (I. XV, c. 7), que presque jamais la soixante-troisième année n'arrive pour l'homme sans amener avec elle quelque danger, ou quelque revers, ou une grave maladie pour le corps, ou du chagrin pour l'âme, ou enfin le trépas. Aussi, ceux qui s'occupent de cette étude ont nommé cette année de la vie humaine année *climatérique*. » — *Voyez* encore Julius Firmicus (l. IV, c. 14), Cœlius Rhodiginus (*Antiq. lect.*, l. XXII, c. 12).

XV. *Gorgian Leontinum*. Voyez Cicéron (*De senect.*), Valère Maxime (l. VIII, c. 13), Quintilien (l. III, c. 1), Athénée (l. XII), Pline (l. VII, c. 48).

Auditoria sacra. Nous pensons, avec Lindenbrog, que *sacra* désigne ici la personne du prince; et nous avons entendu par *auditoria sacra* le palais des empereurs.

XVI. *De ævo*. Voyez Varron (*De ling. lat.*, l. VI, n° 11), Plotin (*Ennead.*, l. VII, c. 3; *De ætern. et temp.*, sect. 3), Timée de Locres (*De mund. anim.*), Isidore (*Orig.*, l. V, c. 38).

Hoc in tria dividitur tempora. Quelques philosophes n'ont divisé le temps qu'en deux parties, et ont supprimé le présent comme insaisissable (Marius Victorinus, *In rhetor. Cicer.*, p. 151). Sénèque, entre autres, a dit du présent (*De brevit. vitæ*, c. 10) : *Præsens tempus brevissimum est, adeo ut quibusdam nullum videatur. In cursu enim semper est, fluit et præcipitatur : ante desinit esse, quam venit.*

XVII. *Hoc quidem* γενεὰς *tempus alii aliter definierunt*. Les écrivains anciens sont, en effet, très-peu d'accord sur l'espace de temps que comprend une *génération* (γενεά), et Censorin est loin d'avoir donné une idée complète de ces contradictions. Les uns ont réduit cet espace à un an; les autres, à sept; ceux-ci, à vingt; ceux-là, à vingt-cinq, comme Héraclite, cité par notre auteur. Quelques-uns l'ont fixé à vingt-sept ans, à trente, et à trente-trois. Il y en a enfin qui le prolongent jusqu'à cent années, et même jusqu'à cent huit. Il en est à peu près de même, parmi les anciens, pour le nombre d'années dont se compose le siècle, et pour les limites assignées à la vie humaine. (*Voyez* le Commentaire de Lindenbrog sur Censorin, 1642, p. 118 et suivantes; et surtout Scaliger, *De emendat. tempor.*).

Ut Herodotus, apud quem legimus, Arganthonium, etc. Voyez Hérodote (l. I), Cicéron (*in Catone*), Valère Maxime (l. VIII, c. 13), Pline (l. VII, c. 48).

Ephorus, qui tradit, Arcadas dicere, apud se reges antiquos aliquot ad trecentos vixisse annos. Voyez Pline (l. VII, c. 48), et Servius (*ad. lib.* VIII, *Æneid.*).

Quod vocatur κλίμα. Voyez Vitruve (l. I, c. 1), Aulu-Gelle (l. XIV, c. 1), Columelle (*De re rust.*, l. I).

Annorum fuisse centum et quinque. C'est Lindenbrog qui a ajouté ici *quinque*, d'après l'édition d'Alde Manuce.

Ludi Terentini. Ces jeux étaient appelés *Terentini*, du mot *Terentum*, qui, suivant Festus, était le nom d'une certaine partie du champ de Mars, où, comme on sait, ils se célébraient.

Hostiæ furvæ. Voyez Valère Maxime (l. II, 4).

Ludis sæcularibus. Voyez, pour les jeux séculaires, Festus, Valère Maxime, II, 4; Hérodien, III; Zosime, II, et la dissertation complète d'Onuphrius Panvinus.

Cæsar Augustus et Agrippa fecerunt. Voyez Pline (l. VII, c. 48), Suétone (*Aug.*, c. 31), Ovide (*Trist.*, II, el. 1), Dion Cassius (l. LIV).

T. Claud. Cæsar. Voyez Suétone (*Claud.*, c. 21), Tacite (*Ann.*, l. XI), Pline (l. VII, c. 48; VIII, 42).

Septimus Domitianus. Voyez Suétone (*Domit.*, c. 4), Zosime (l. II).

Octavos imperatores Septimius et M. Aurelius Antoninus. Voyez Ælius Spartien (*Sever.*).

Ab urbis primordia, ad reges exactos, annos CCXLIV. Ce nombre est aussi celui que donnent Denys d'Halicarnasse et Tite-Live; mais Festus Rufus (*In breviar.*) et saint Augustin (*De civit. Dei*, III, 15) ne comptent, depuis la fondation de Rome jusqu'à l'expulsion des rois, que 243 ans.

Civile (sæculum) ad certum annorum modulum centum statuerunt. Varron (*De ling. lat.*, l. VI, n° 11) a dit, en parlant du siècle : *Sæculum spatium annorum centum vocarunt, dictum a sene; quod longissimum spatium senescendorum hominum id putarunt*.

Qui mortuos solent conservare. Voyez la Genèse (c. 50, vers. 2 et 26), Hérodote (l. II), Sextus Empyricus (l. III), Diodore de Sicile (l. I), Silius Italicus (l. XIII), Pomponius Méla (l. I, c. 9), Aulu-Gelle (l. X, c. 10), Diogène Laërce (l. IX, *In Pyrrhone*).

Hominem plus centum annis vivere non posse. Voyez Pline (l. XI, c. 37).

Ad mille et ducentos (annos) perventurum. Voyez Claudien (*De bell. Getul.*, v. 265), Sidoine Apollinaire (*Paneg. Avit.*, v 357), et Cœlius Rhodiginus (l. XXVII, c. 8).

XVIII. *Cognito errore.* Voici en quoi consistait cette erreur : L'année solaire est composée de 365 jours et un quart; l'année lunaire, de 354. Deux années solaires font ensemble 730 jours ½; et deux années lunaires, 708 jours. C'est donc de 22 jours ½ que deux années solaires dépassent deux années lunaires. De cet excédant les anciens Grecs avaient composé un mois, qu'ils nommaient intercalaire; mais, ne tenant pas compte du demi-jour qui restait, ils n'avaient donné que 22 jours à ce mois intercalaire. Ayant donc reconnu cette erreur, ils cherchèrent un nouveau mode d'intercalation.

Quæ unum in quadriennio diem conficeret. On lit dans le manuscrit de Cologne : *Quæ primum in quadriennio diem conficeret.*

Agon et in Elide.... celebratur. Voyez Pindare (*In olymp.*, od. II, VIII et IX); Pomponius Méla (l. II, c. 3).

Nam dies sunt solidi, uno minus centum. Cet endroit est évidemment altéré. Lindenbrog, s'appuyant d'un passage de Solin (ch. 2) et de Geminus (*De apparentiis cœlest.*, c. 6, p. 129), l'a rétabli de la manière suivante : *Nam dies sunt solidi ɔɔ ɔɔ DCCCCXXII, menses uno minus centum, annique vertentes solidi octo.*

Hanc... ab Eudoxo Cnidio institutam. Voyez Diogène Laërce (l. VIII, *In Eudoxe*) et Suidas.

Quod in eo dicunt tempestates, etc. On lit dans le manuscrit de Cologne : *Quod in eo dicunt tempestates frugumque proventus, ac sterilitates, item morbos salubritatesque circumiri.*

Meton Atheniensis. Élien (*Variar. histor.*, l. X, c. 7) fait ce Méton Lacédémonien.

Democriti. Voyez Diogène Laërce (l. IX, *In Democrite*).

Caniculæ sidus exoritur. Voyez Pline (l. II, c. 47 ; l. XVIII, c. 28) et Varron (*De re rust.*, l. II, c. 28).

Solos habet dies CCCLV. Peut-être faut-il lire ici *solidos*, au lieu de *solos*.

Est præterea annus, quem Aristoteles maximum... adpellat. Voyez Aristote (*Meteor.*, l. I, c. 14), et Platon dans le *Timée.* — Sur la grande année des anciens, voyez Apulée (*De dogm. Platon.*), Plutarque (*De placit. philos.*, l. II, c. 32), Achille Statio (*Proleg. in Arat.*), Josèphe (*Antiq. judaic.*, l. I, c. 4), Tacite (*Dialog. de clar. orator.*, c. 36), Photius (*Biblioth.*, p. 714), Stobée (*Eclog. phys.*, l. I, c. 11), Cicéron (*De natura deor.*, l. II), Servius (*ad Æneid.*, l. III, v. *interea magnum Sol circumvolvitur annum*), Jul. Firmicus (*Mathes. In præfat.*, l. I), Festus (l. XI). Macrobe appelle cette année-là *mundanus* (*In somn. Scip.*, l. II, c. 11).

Nam his alternis temporibus mundus tum exignescere, tum exaquescere videtur. Voyez Platon (*In Tim.*), Clément d'Alexandrie (*Strom.* 5), Arnobe (*Advers. gent.*, l. I), Minut. Felix (*Octavius*), Diogène Laërce (l. IX *in Zenonis*), Sénèque (*Quæst. nat.*, l. III, c. 27, 28 , 29), Jul. Firmicus (*Mathes.*, l. III, c. 1), Macrobe (*In Somn. Scipion.*, l. II, c. 10), Ovide (*Metam.*, l. 1), saint Augustin (*De civit. Dei*, l. XII, c. 10).

Heraclitus et Linus decem millium octogintorum. Ils faisaient même cette année de dix-huit mille ans, si l'on s'en rapporte à Plutarque (*De placit. philos.*, l. II, c. 32) et à Stobée (*Eclog. phys.*, l. I, c. 11).

Dion. Ce Dion était probablement l'illustre mathématicien dont saint Augustin a fait mention (*De civit. Dei*, l. XXI, c. 8).

Quaternum annorum circuitus, quas vocant olympiadas. C'était la véritable durée de l'olympiade, comme on peut le voir d'ailleurs dans Denys d'Halicarnasse (*Antiq. rom.*, l. I) et dans quelques autres écrivains. Mais comme cet espace de temps portait aussi le nom de πενταετηρίς, les poètes comptaient cinq ans d'une olympiade à l'autre; et Ovide a dit (*De Ponto eleg.*, l. IV, eleg. 6) :

In Scythia nobis quinquennis olympias acta est,
Jam tempus lustri transit in ulterius.

Lustrum. Le lustre était pris quelquefois pour un an (Manil., l. III), quelquefois pour quatre (Ovid, *Fast.*, l. III), mais le plus souvent pour cinq. Pour l'étymologie de ce mot, voyez Denys d'Halicarnasse (*Antiq. rom*, l. IV), Tite-Live (l. I), Varron (*De ling. lat.*, l. VI, n° 11).

Vespasiano V, *et Cæsare* III. coss. Voyez Suétone (*In Vespas.*, c. 8; *in Tit.*, c. 6), Pline (l. III, c. 5, et l. VII, c. 49), et Jules Capitolin. (*In M. Antonin. philosoph.*, c. 1).

Anni fuerint paullo minus sexcentis quinquaginta. Telle est la leçon de toutes les éditions. Toutefois les *Fastes* d'Onuphrius et de Goltzius font cet espace de temps d'un peu moins de six cent quarante ans. Pline (l. III, c. 5) rapporte la censure de Vespasien à l'année de Rome 828. Voy. Scaliger (*De emend. temp.*, l. II, p. 174.)

XIX. *Annus vertens est,* etc. Macrobe (*Saturn.*, l. I, c. 14) a donné la même définition que Censorin de l'année dite naturelle ou solaire (*vertens*) : *Solis annus hoc dierum numero colligendus est, quem peragit, dum ad id signum se denuo vertit, ex quo digressus est.* — Voyez d'ailleurs, pour tout ce chapitre-ci et le suivant, les 12ᵉ, 13ᵉ, 14ᵉ, 15ᵉ et 16ᵉ chapitres du premier livre des *Saturnales* de Macrobe, qui a épuisé la matière.

Callippus autem CCCLXV. Lindenbrog a fait sur l'année de Callippe un calcul qui lui fait penser qu'il faut ajouter à ce nombre *et quadrantem.*

Œnopides. Il est cité par Élien (*Variar. histor.*, l. X, 7) et par Plutarque (*De placit. phil.*, l. II, c. 10).

Et horas æquinoctiales tredecim. Joseph Scaliger (*De emend. temp.*, p. 161) a démontré qu'au lieu de *tredecim* il faut lire ici *duodecim.*

Et in Ægypto quidem antiquissimum ferunt annum bimestrem fuisse. L'année des Égyptiens fut même d'abord d'un mois, comme nous l'apprennent Diodore de Sicile (l. 1), Varron, cité par Lactance (*Instit.*, l. II, c. 13), Plutarque (dans *Numa*), Pline (l. VII, c. 48), saint Augustin (*De civit. Dei*, l. XII, c. 10, et l. XV, c. 12).

Isone. Ce nom est très-diversement écrit, suivant les éditions : on lit *Pisone, Bisone, Bihone, Pherone.* Manuce préférait le dernier, à cause d'un passage d'Hérodote (l. II).

Quadrimestrem factum. Voyez Solin (ch. 3), Plutarque (dans *Numa*), et saint Augustin (*De civit. Dei.*, l. XII, c. 10, et l. XV, c. 12).

Arminon. On ne connaît pas ce nom parmi les rois d'Égypte. Lindenbrog pense que ce pourrait bien être *Armais*, dont parle Josèphe (*Contra Appion.*)

Arcades trimestrem. Censorin est ici d'accord avec Pline (l. VII, c. 48), Solin (c. 3), Macrobe (*Saturn.*, l. I, c. 12) et saint Augustin (*De civit. Dei*, l. XV, c. 12). Mais Plutarque (dans *Numa*) dit que l'année des Arcadiens était de quatre mois. Voyez Stobée (*Eclog. phys.*, p. 21.)

Προσέληνοι. Voyez Lucien (περὶ ἀστρολ.), le scoliaste d'Apollonius de Rhodes (*Argonaut.*, l. IV, v. 264), le scoliaste d'Eschyle (dans le *Prométhée*), Ovide (*Fast.*, l. I), Cicéron (*Pro Fundanio*).

Horum. « Horus ou Orus, fils d'Osiris et d'Isis, fut le dernier des dieux qui régnèrent en Égypte. Il fit la guerre au tyran Typhon, meurtrier d'Osiris; et, après l'avoir vaincu et tué de sa main, il monta sur le trône de son père. Mais il succomba ensuite sous la puissance des princes Titans, qui le mirent à mort. Isis, sa mère, qui possédait les plus rares secrets de la médecine, celui même de

NOTES SUR CENSORIN.

rendre immortel, ayant trouvé son corps dans le Nil, lui rendit la vie, lui procura l'immortalité, et lui apprit la médecine et l'art de la divination. Avec ces talents, Orus se rendit célèbre, et combla l'univers de ses bienfaits. Les figures d'Orus accompagnent souvent celles d'Isis dans les monuments égyptiens, et entre autres sur la table Isiaque. Il est ordinairement représenté sous la figure d'un jeune enfant, tantôt vêtu d'une tunique, tantôt emmaillotté, et couvert d'un habit bigarré en losange. Il tient de ses deux mains un bâton, dont le bout est terminé par la tête d'un oiseau, et par un fouet. Plusieurs savants croient qu'Orus est le même qu'Harpocrate, et que l'un et l'autre ne sont que des symboles du Soleil. Les Grecs prétendaient que leur Apollon n'était autre que l'Orus des Égyptiens. Apollon était en effet, comme Orus, habile dans l'art de la médecine et dans la divination; et ce dieu était, parmi eux, le Soleil, comme Orus l'était en Égypte: aussi le trouve-t-on souvent nommé, dans les anciens, Orus-Apollo. » (Noel, *Dict. de la Fab.*, *Orus*.) — Voyez Hérodote (l. II), Diodore de Sicile (l. 1), Macrobe (*Saturn.*, l. I, c. 21). Suivant Diogène Laërce (*in Thal.*), c'est à Thalès qu'il faut attribuer l'invention des heures de l'année.

Eoque ver æstatem, etc. Voyez Diodore de Sicile (l. 1) et Plutarque (*Sympos.*, l. V, *quæst.* IV).

Cares autem et Acarnanes semestres habuerunt annos. Voyez Plutarque (dans *Numa*), Macrobe (*Saturn.*, l. I, c. 12), Solin (c. 3), et saint Augustin (*De civil. Dei*, l. XV, c. 12.)

XX. *Alium Lavinii*. L'année des Laviniens avait treize mois, et était de trois cent soixante-quatorze jours, comme nous l'apprend Solin (c. 3). Voyez aussi saint Augustin (*De civit. Dei*, l. XV, c. 12).

Junio Gracchano. Varron (*De ling. lat.*) l'appelle Junius Gracchus.

Aliisque credendum. On peut mettre au rang de ces autres écrivains, Aulu-Gelle (l. III, c. 16), Macrobe (*Saturn.*, l. I, c. 12), Solin (c. 3), Ovide (*Fast.* l., I) et Plutarque (dans *Numa*).

Sive a Numa. Voyez Tite-Live (l. 1), Plutarque (dans *Numa*), et Macrobe (*Saturn.*, l. I, c. 13).

Ea superstitione, qua impar numerus.... magis faustus habebatur. Voyez Servius, à ce passage de l'églogue VIII de Virgile: *Numero deus impare gaudet*. Voyez aussi Macrobe (*Saturn.*, l. I, c. 13) et Solin (c. 3).

Intercalarem mensem. Ce mois intercalaire fut appelé *Merkidinus*, suivant Plutarque (dans *Numa*), ou *Merkedonius* (dans *César*). Voyez, pour la règle suivie dans cette intercalation, Macrobe (*Saturn.*, l. I, c. 13), Solin (c. 3), et Joseph Scaliger (*De emend. temp.*, l. II).

Terminalia. « C'étaient, dit Varron (*De ling. lat.*, l. VI, 12), les fêtes du dernier jour de l'année; car le douzième mois était février, dont on retranchait les cinq derniers jours dans les années bissextiles, pour former un mois intercalaire. » Voyez Scaliger (*De emend. temp.*, l. I), qui accuse ici Censorin d'erreur.

Sed horum (pontificum) *plerique.... rem sibi ad corrigendum mandatam, ultro depravarunt*. Il est question aussi de cette infidélité des pontifes dans Suétone (*Cæs.* 40), dans Ammien Marcellin (l. XXVI), dans Solin (c. 3), et dans Macrobe (*Saturn.*, l. I, c. 14).

Ut C. Cæsar pontifex maximus, etc. Sur cette réforme de César, voyez Dion Cassius (l. XLIII), Appien (*De bell. civil.*, l. II), Suétone (*Cæs.* 40), Ovide (*Fast.*, l. III), Pline (l. XVIII, c. 25), Plutarque (*in Cæsare*), Macrobe (*Saturn.*, l. I, c. 14) et Solin (c. 3), qui en parle fort peu pertinemment. Consultez surtout Joseph Scaliger (*De emend. temp.*, l. IV).

Faceretque eum annum dierum CCCCXXXV. Macrobe (*Saturn.*, l. I, c. 14) dit que cette année fut de 443 jours.

Lindenbrog pense qu'il faut lire 444, et il renvoie à Scaliger (*De emend. temp.*, l. IV), qui diffère ici de Censorin; celui-ci croyant que le mois intercalaire avait cette année-là un nombre de jours impair, et Scaliger supposant ce nombre pair.

Ut Januario..... bini accederent. Voyez Macrobe (*Saturn.*, l. I, c. 10).

Ne scilicet religiones.... a loco summoverentur. Le meilleur commentaire de ce passage est dans Macrobe (*Saturn.*, l. I, c. 14).

Nunc cum in septem mensibus dies singuli et triceni sunt, etc. Ce passage est parfaitement éclairci par les vers suivants d'Ausone:

Implent tricenas per singula menstrua luces
Junius, aprilisque, et cum septembre november.
Unum ter denis cumulatius adde diebus
Per septem menses, jani, martisque kalendis,
Et quas maius agit, quas julius, augustusque,
Et quas october, positusque in fine december.
Unus erit tantum duodetriginta dierum,
Quem Numa præposito voluit succedere Jano.
Sic tercentenis decies accedere senos,
Quadrantemque, et quinque dies, sibi computat annus.

Quatuor tamen illi....eo dinoscuntur, quod, etc. Voyez Macrobe (*Saturn.*, l. I, c. 12, 13 et 14).

Cæteri quintanas. On lit dans le manuscrit de Cologne: *Cæteri tres quintanas*.

Quod nunc Bissextum vocatur. Voyez saint Augustin (*De Trin.*, l. IV, c. 4), Macrobe (*Saturn.*, l. I, c. 14) Ammien Marcellin (l. XXVI).

Qui, etiam si non optime. Lindenbrog pense, avec quelque raison, que cet endroit est altéré.

Quantum poterat idem. Ce passage ne paraît pas non plus exempt d'altération. On lit dans quelques éditions: *Quantum iidem postea fuerunt*; dans d'autres, *quantum postea*; dans d'autres encore, *quantum postea idem fuerunt correcti*.

Fuerunt correcti. Pour rendre ce chapitre et les suivants tout à fait intelligibles, nous croyons utile de reproduire ici ce que le savant Adam (dans ses *Antiquités romaines*) a écrit relativement à la division de l'année chez les Romains: « La division de l'année en dix mois est attribuée à Romulus; le premier mois s'appelait *martius*, de *Mars*, parce qu'on le regardait comme fils du dieu Mars (Ovid., *Fast.*, III, 75 et 98); le second, *aprilis*, avril, du nom grec de Vénus, Ἀφροδίτη (Ovid., *Fast.* 1, 39; Horat., *Od.* IV, 2); ou parce que, dans ce moment de l'année, les fleurs et les arbres ouvrent leurs boutons, *se aperiunt* (Plut., *in Numa*; Ovid., *Fast.*, IV, 87); le troisième, *maius*, mai, de *Maia*, mère de Mercure; le quatrième, *junius*, juin, de la déesse Junon, ou parce que ce mois était consacré à la jeunesse, *juniorum*; peut-être aussi mai était-il appelé *maius*, parce qu'il était consacré aux vieillards, *majorum* (Ovid., *Fast.*, V, 427); les autres mois prenaient leur nom de leur nombre ordinal: *quintilis, sextilis, september, october, november, december* (*Ibid.*, l, 41). Dans la suite, *quintilis* fut appelé *julius*, de Jules César; *sextilis* prit le nom d'*augustus*, août, d'Augustus César, parce que, dans ce mois, il avait été nommé consul pour la première fois, et qu'il y avait aussi remporté ses principales victoires (Suét., *Aug.*, 31; Dion, LV, 6), particulièrement celle qui le rendit maître d'Alexandrie en Égypte, an de R. 724, et que quinze ans après (*lustro tertio*), au jour anniversaire (probablement le 29 d'août), ses armes, sous la conduite de Tibère, triomphèrent des Rhétiens (Horat., *Od.* IV, 14, 34). Certains empereurs, à son exemple, imposèrent aussi leurs noms à quelques mois; mais, après leur mort, on oublia ces changements (Suét., *Domit.* 13; Plin., *Paneg.*, 54). Numa ajouta deux autres mois, le premier appelé *januarius*, de *Janus*, et l'autre *februarius*, parce que le peuple était alors purifié (*februabatur*, id est *purgabatur*, vel *lustrabatur*), par un sacrifice expiatoire (*februalia*), de toutes les fautes qu'il avait commises pendant l'année; car anciennement ce mois était le dernier (Cicér., *De leg.*, II, 21; Ovid., *Fast.*, II, 49; Tibull., III, I, 2). — D'après l'exemple des Grecs, Numa divisa l'année en douze mois, suivant le cours de la lune : comme cet espace de temps renfermait en tout trois cent cinquante-quatre jours, il en ajouta un de plus (Plin., XXXIV, 7), afin de rendre le nombre impair, croyant ce nombre plus heureux; mais ayant remarqué qu'un intervalle de dix jours cinq heures quarante-neuf minutes (ou plutôt quarante-huit minutes cinquante-sept secondes) manquait pour faire correspondre le cours de l'année lunaire à celui du soleil, il ordonna qu'on intercalerait, tous les deux ans, un mois extraordinaire, appelé *mensis intercalaris* ou *mercedonius*, entre le vingt-troisième et le vingt-quatrième jour de février (Tit.-Liv., I, 19). On laissa aux pontifes la faculté de donner à ce mois le nombre de jours qu'ils jugeraient nécessaires (*arbitrio*). Cette liberté entraîna promptement d'intolérables abus. Ils lui en donnaient plus ou moins, selon que leurs intérêts ou ceux de leurs amis exigeaient que l'année fût plus ou moins longue; par exemple, pour qu'un magistrat restât plus longtemps en place, ou pour procurer à un fermier du fisc un plus long délai pour recouvrer les taxes (Cicér., *De leg.*, II, 12; *Fam. epist.*, VII, 3, 12; VIII, 6; *ad Attic.*, V, 9, 13; VI, 1; Suet., *Cæs.*, 40; Dio, XL, 62; Censorin, 20; Macrob., *Sat.*, I, 13). Les mois furent jetés hors de leurs saisons respectives; les mois d'hiver se trouvèrent placés en automne; ceux d'automne en été (Cic., *Att.*, X, 17). — Jules César, devenu maître de l'empire, résolut de tarir la source du désordre en supprimant l'usage des intercalations. Dans ce dessein (*un de R.* 707), il régla l'année selon le cours du soleil, et assigna aux différents mois le nombre de jours qu'ils ont encore aujourd'hui. Pour régulariser ce plan, à dater du premier janvier suivant, César inséra dans l'année courante, outre le mois supplémentaire de vingt-trois jours qui, d'après l'ancien usage, tombait dans cette année, deux mois extraordinaires entre novembre et décembre, l'un de trente-trois jours, et l'autre de trente-quatre; de sorte que cette année, qu'on appela *la dernière année de confusion*, contenait quinze mois, ou quatre cent quarante-cinq jours (Suet., *Cæs.* 40; Plin. XVIII; Macrob., *Sat.*, I, 14; Censorin, 20). Tous ces changements furent introduits par les soins et par les lumières de Sosigène, célèbre astronome d'Alexandrie, que César fit venir à Rome pour exécuter ce travail. L'écrivain Flavius rédigea un nouveau calendrier, conforme à l'ordre des fêtes romaines et à l'ancien usage de compter les jours par *calendes*, *nones et ides*; et un édit du dictateur en autorisa la publication. C'est cette fameuse ANNÉE JULIENNE ou *solaire*, en usage encore aujourd'hui chez toutes les nations chrétiennes, avec le seul changement d'ancien et de nouveau style, que détermina un statut du pape Grégoire XIII, A. D. 1582. Ce souverain pontife, considérant que l'équinoxe du printemps, à l'époque du concile de Nicée, était arrivé le 21 mars, A. D. 325, et qu'il tombait alors le 10, supprima, d'après les conseils des savants astronomes Louis Lilio, médecin calabrois, Christophe Clavius, et Pierre Chacon, dix jours entiers de l'année courante, qu'on retrancha entre le 4 et le 15 octobre. Pour faire concorder à l'avenir l'année civile avec l'année réelle, ou avec la révolution annuelle de la terre autour du soleil, ou, comme on s'exprimait alors, avec le mouvement annuel du soleil dans l'écliptique, qui s'achève en 365 jours 5 heures 49 minutes, le pape défendit de prendre pour bissextile chaque centième année, à la réserve de la quatre-centième; en sorte que la différence s'élèvera à peine à un jour dans 7,000 ans ; ou, suivant un calcul plus rigoureux de la longueur de l'année, à un jour dans 5,200 ans. » — C'est à Thalès, suivant Diogène Laërce (*in Thal.* §5), qu'il faut attribuer la division de l'année en 365 jours, et sa subdivision en quatre saisons.

XXI. *Primum tempus.... non potest comprehendi.* Voyez Aristote (*Phys.*, l. VIII, c. 1).

Sed tamen ad mille circiter et DC (*sexcentos*) *annos esse creditur.* Lindenbrog, qui regarde ce passage comme altéré, n'y a rien changé, par respect pour la leçon des manuscrits. Censorin compte 1,600 ans du déluge d'Ogygès à la première olympiade, tandis qu'Africanus et d'autres auteurs, cités par Eusèbe (*Præparat. evangel.*, l. X), n'en comptent que 1,020. Dans la phrase suivante, il faudrait changer aussi le nombre CCCC, et lire, avec Scaliger, CIƆ CC. Ensuite, Censorin fait naître Inachus après Ogygès, qui pourtant vécut après lui (Euseb., *ibid.* et *Chron.*). On peut répondre qu'il veut peut-être parler d'Inachus, roi de Sicyone; mais Joseph Scaliger (*Animad. in Euseb. Chron.*) nous apprend, d'après Pausanias, que ce roi de Sicyone s'appelait Ianiscus, et non Inachus.

Ad olympiadem primam. Il s'agit de l'olympiade d'Iphitus. Les premiers jeux olympiques avaient été institués par Hercule, suivant l'opinion de quelques auteurs. Mais on cessa bientôt de les célébrer, et c'est Iphitus, contemporain de Lycurgue, qui, suivant Solin, les restaura.

Varro discussit : et pro cætera sua sagacitate, etc. Cicéron a fait aussi un magnifique éloge du génie et des connaissances de Varron : « Tu as fait clairement connaître à ta patrie son antiquité, sa chronologie, les droits de la religion et du sacerdoce, l'administration intérieure, la discipline militaire, l'emplacement des quartiers et des lieux les plus remarquables, les noms, les espèces, les fonctions, et les causes de toutes les choses divines et humaines. » (*Academic.*, lib. I, c. 3).

Ulpii et Pontiani consulatus. « Ce consulat, dit Tillemont (*Hist. des emp.*, III, 107), est un des caractères fixes sur lesquels on règle la chronologie, à cause des diverses époques qui s'y trouvent jointes par Censorin dans son livre *Du jour natal*, qu'il écrivait dans les derniers mois de cette année. Mais il y a quelque difficulté pour les noms des consuls ; et il y a bien des raisons de croire que le premier doit plutôt être nommé Pius, quoiqu'on lise Ulpius dans Censorin. Ce pouvait être quelque parent de l'empereur Balbin, puisque Cœlius Balbinus, consul en 137, portait le surnom de Pius. Onuphre, qui aime mieux l'appeler Ulpius, prétend que c'est Ulpius Crinitus, fameux sous Valérien. Le second consul est nommé par quelques-uns Procule, au lieu de Pontien ; ce qui fait croire à Onuphre qu'il s'appelait Proculus Pontianus. »

A Roma autem condita. Il y a entre les auteurs une notable différence d'opinion sur le temps qui s'écoula depuis la première olympiade jusqu'à la fondation de Rome. (Voy. Denys d'Halicarnasse, *Antiq. rom.*, l. I, et Solin, c. 2). Mais les deux principales opinions sont, l'une de Porcius Caton et l'autre de M. Varron. Caton et ceux qui l'ont suivi, comme Denys d'Halicarnasse et Solin, prétendent que Rome fut fondée dans la première année de la septième olympiade. Varron et ceux qui l'ont pris pour guide, comme Pomponius Atticus, Cicéron, Velléius Paterculus, Censorin, rapportent la fondation de Rome à la troisième année de la sixième olympiade. — Quant à la célébration des premières *Palilies*, ou *Parities*, voyez Joseph Scaliger (*De emend. temp.*, l. V).

Anni augustorum. On appelait aussi les années de cette ère, *anni augustani*, comme on le voit à la fin du chapitre suivant.

Nabonazaru. Voyez, pour l'ère de Nabonazar ou Nabonassar, Scaliger (*De emend. temp.*, l. V).

Quorum hic MDCCCLXXXVI. De la première olympiade d'Iphitus à l'ère de Nabonassar, il y a vingt-huit ans ; et de la fondation de Rome, cinq.

Ab excessu Alexandri Magni. Alexandre mourut dans la dernière année de la 123ᵉ olympiade, ou, comme le pense Josèphe (*Cont. Appion.*), dans la première année de la 114ᵉ olympiade, l'an de Rome 429, de l'ère de Nabonassar 424.

Quo tempore solet Canicula in Ægypto facere exortum. Voyez Scaliger (*de Emendat. temp.*, l. III).

A novo sole, id est, a bruma. Voyez Varron (*De ling. lat.*, l. VI, 28), Ovide (*Fast.*, l. I), et Servius à ce passage du septième livre de l'Énéide : *vel cum sole novo.*

XXII. *Mensum genera. Mensum* est ici pour *mensium*. On lit aussi plus bas : *Nomina quædam mensum immutarunt*, et au chapitre 9, *alterum septem mensum, alterum decem.*

Ovide a dit également (*Fast.*, l. V) :

Nec tu dux mensum Jane biformis eras.

Lunaris. Les mois lunaires étaient de trois sortes chez les anciens : περιοδικός, συνοδικός et φάσεως. Le mois appelé περιοδικός est le temps que met la lune à revenir au point du zodiaque d'où elle était partie. Pline (l. I, c. 9) et Chalcidius (*Comm. in Tim.*) assignent à cet espace de temps 27 jours ⅓ ; Cléomède (*Meteor.*, l. I, ch. 3), 27 jours ⅓ ; Aulu-Gelle (l. III, c. 10) et Macrobe (*Somn. Scip.*, l. I, 6), 28 jours ; Vitruve (l. IX, c. 4), 28 jours et un peu plus d'une heure, et Martianus Capella (l. VIII), 27 jours ⅔. Le mois appelé συνοδικός est le temps qui s'écoule entre la rencontre de la lune avec le soleil (dans le même point du zodiaque) et la conjonction suivante ; espace de temps auquel Censorin (dans ce chapitre) assigne 29 jours ½ ; Géminus, 29 jours ½ 1/33 ; Pline (l. I, c. 9) et Cassiodore (l. II), 30 jours. Le mois appelé φάσεως est celui qui commence le second jour de la conjonction de la lune avec le soleil, et dure jusqu'à ce qu'elle disparaisse entièrement. *Voyez* Pline (l. II, c. 9).

Sed usque adeo non totos dies in singulis. Géminus n'assigne pourtant que des jours pleins à la station du soleil dans chacun des signes du zodiaque.

Dans le Cancer.	31 jours.
— le Lion.	31
— la Vierge.	30
— la Balance.	30
— le Scorpion.	30
— le Sagittaire.	29
— le Capricorne.	29
— le Verseau.	30
— les Poissons	30
— le Bélier.	31
— le Taureau.	32
— les Gémeaux.	32

Martium mensem a Marte quidem nominatum credit (Varro). Isidore (*Orig.*, l. V, c. 33) a donné une autre étymologie du nom du mois de mars : il est ainsi appelé, dit-il, *quod eo tempore cuncta animantia ad marem aguntur, et concumbendi voluptatem.*

Aprilem autem non ab Aphrodite. Cincius (*Ad Macrob. Saturn.*, l. I, c. 12) et Plutarque (dans *Numa*) disent la même chose. *Voyez* aussi Isidore (*Orig.*, l. V, c. 33).

Maium. Voyez Festus (*Maius*), Macrobe, Isidore (l. c.), Servius (*Georg.*, l. I, au vers *Vere novo*) et Plutarque (dans *Numa*).

Junium... a Junone. C'est aussi l'opinion de Festus et de Cincius. D'autres font dériver ce nom de *Junius* Brutus, comme le rapporte Macrobe.

Quintilem. Voyez Festus (*Martius*), Macrobe (*Saturn.*, l. I, c. 12), Solin (c. 3) et Isidore (*Orig.*, l. V, c. 33).

Januarium a Jano. Voyez Macrobe (*Saturn.*, l. I, c. 13), Isidore (*Orig.*, l. V, c. 33). D'autres font venir ce nom de *janua*, comme Porphyre (*De antr. Musar.*). Voyez Macrobe (*Saturn.*, l. I, c. 9), Tertullien (*De idolat.*, c. 15, et *De coron. milit.*, c. 14), saint Jérôme (*Comment. in Ezech.*, l. IX, c. 29), Ovide (*Fast.*, l. I).

Februarium a februo. Voyez Festus (*februarius*), Ovide (*Fast.*, l. II), Servius (*ad Georg.*, l. I, *Vere novo*) Isidore (*Origin.*, l. V, c. 33), et Plutarque (dans *Numa*).

Lupercalibus. Voyez pour ces fêtes Denys d'Halicarnasse (*Antiq. rom.*, l. I), Plutarque (dans *Numa* et dans *César*), Ovide (*Fast.*, l. II), Justin (*Histor.*, l. XLIII), Macrobe (*Saturn.*, l. I, c. 13).

Qui quintilis fuit, Julius cognominatus est. Voyez Dion Cassius (l. XLIV), Appien (*De bell. civ.*, l. II), Macrobe (*Saturn.*, l. I, c. 12), Plutarque (dans *Numa*), saint Augustin (*De doctrina Christ.*, l. II, c. 21.)

Qui...... sextilis fuerat; ex S. C...... dictus est Augustus. Ce sénatus-consulte a été conservé par Macrobe (*Saturn.*, l. I, c. 13). Voyez Dion Cassius (l. LV), Plutarque (dans *Numa*), Suétone (*Aug.*, c. 31).

Multi principes nomina quædam mensum mutaverunt. Néron, suivant Suétone (*Ner.*, c. 55), voulut qu'on appelât avril *neroneus mensis* (le mois néronien). Domitien donna son nom au mois d'octobre, *voyez* Martial (*Epig.*, l. IX, ép. 2), Eusèbe (*Chron.*, l. I), Plutarque (dans *Numa*). — Commode changea les noms de tous les mois, suivant Suidas, Lampride, Dion Cassius et Hérodien.

XXIII. *Naturalis dies est tempus*, etc. Voyez Géminus, p. 79.

Babylonii quidem a solis exortu, ad exortum ejusdem astri. C'est par Varron que les Romains connaissaient cette coutume des Babyloniens. « Varron nous a aussi transmis, dit Aulu-Gelle (l. III, c. 2), la manière de compter des Babyloniens : ils appelaient un jour l'espace de temps compris entre le lever du soleil et son lever du lendemain. » *Voyez* aussi Pline (l. II, c. 77), Macrobe (*Saturn.*, l. I, c. 3), Isidore (*Orig.*, l. V, c. 30), Béda (*De temp. rat.*, c. 3).

In Umbria plerique a meridie ad meridiem. « Les Ombriens, dit encore Varron (cité par Aulu-Gelle, l. III, c. 2), prennent généralement pour un jour le temps qui se passe d'un midi à l'autre. « Mais, ajoute-t-il, un tel usage « était absurde. D'après cette manière de compter, si « enfant était venu au monde en Ombrie, à l'époque des « calendes, son jour de naissance eût été moitié dans les « calendes, et moitié dans le jour qui les suit. »

Athenienses autem ab occasu solis ad occasum. Voyez Varron, cité par Macrobe (*Saturn.*, l. I, c. 3); Pline (l. II, c. 77). C'était aussi la coutume des Juifs (*Genes.*, I) et des peuples nomades de la Libye (Stob., *Serm.*, 165), ainsi que des Gaulois (Cæsar, *De bell. Gall.*, VI) et des Germains (Tacit., *De mor. German.*)

Romani a media nocte. Outre les auteurs cités plus haut, *voyez* Plutarque (*Quæst. rom.*, 84).

Indicio sunt sacra publica, et auspicia etiam magistratuum. Voyez la fin de la note suivante.

Idem significat (a media nocte ad mediam noctem diem esse), *quod, qui a media nocte ad proximam mediam noctem.... nascuntur, eumdem diem habent natalem.* Le meilleur commentateur de ce passage est Aulu-Gelle, qui nous a transmis l'opinion de Varron à ce sujet, dans des citations d'ouvrages aujourd'hui perdus. « On a souvent, dit-il (l. III, c. 2), agité cette question : Lorsqu'un enfant est né pendant la nuit, à la troisième, à la quatrième, à toute autre heure, quel jour devra-t-on regarder comme le jour de sa naissance ? Sera-ce celui qui a précédé la nuit où il est né, ou bien celui qui l'a suivie ? Voici ce que dit Marcus Varron dans son traité *Des choses humaines*, au livre intitulé *Des jours* : « Tous les enfants « nés dans le même intervalle de vingt-quatre heures, « placé entre la moitié d'une nuit et la moitié de la nuit « suivante, sont considérés comme étant nés le même « jour. » Ce passage fait voir que Varron établissait la division des jours de manière que l'enfant qui est né après le coucher du soleil, mais avant minuit, doit avoir pour jour natal celui qui précède cette nuit; au lieu que s'il n'est venu au monde que dans les six dernières heures de cette nuit, on ne doit placer sa naissance qu'au jour suivant.... Ce que dit Varron de l'usage qu'ont les Romains de marquer la limite des jours par le milieu de la nuit, nous est attesté par un grand nombre de faits. Les sacrifices des Romains se font tantôt pendant le jour, tantôt pendant la nuit; mais quand on veut fixer le temps où ils se sont faits, c'est au jour qu'on les rapporte. Or, ceux qu'on a offerts après la sixième heure de la nuit sont rapportés au jour qui succède à cette nuit. Une autre preuve nous est fournie par les rites établis pour prendre les auspices. En effet, lorsque les magistrats doivent consulter les auspices au sujet d'un acte public, et mettre cet acte à exécution dans le même jour, ils prennent les auspices après le milieu de la nuit, et accomplissent l'acte en question dans l'après-midi du jour suivant; et alors on considère les deux choses comme ayant été faites dans le même jour. Rappelons aussi que les tribuns du peuple, auxquels il n'est pas permis de s'absenter de Rome un jour entier, ne sont pas censés avoir enfreint cette défense, lorsque, partis à minuit, ils reviennent entre l'heure où l'on allume les flambeaux et le milieu de la nuit suivante, de manière à passer dans Rome une partie de cette nuit. Voici encore un autre fait que j'ai trouvé dans mes lectures. Le jurisconsulte Quintus Mucius assurait que le mariage par *usurpation* n'était pas possible, lorsque la femme qui avait vécu depuis les calendes de janvier avec l'homme qu'elle devait épouser n'avait commencé à coucher hors du logis, comme il fallait le faire pendant trois nuits avant ce mariage, que le quatrième jour avant les calendes du mois de janvier suivant; car, disait-il, les trois nuits, qui sont le temps que doit durer son absence, ne peuvent, dans ce cas, être complètes, puisque les six dernières heures de la troisième nuit appartiennent à l'année suivante, qui commence avec les calendes. — *Voyez* aussi Macrobe (*Saturn.*, l. I, c. 3).

In horas duodecim divisum esse diem. Voyez Cœlius Rhodiginus (*Antiq. lect.*, l. XII, c. 19), Gregorio Giraldi (*De ann. et mens.*), Joseph Scaliger (*De emend. temp.*, l. 1).

Solarium cœptum vocari. Solarium est une correction heureuse des meilleurs éditeurs de Censorin. On lisait précédemment *horarium*.

Horarum nomen non minus annos CCC Romœ ignoratum. La distinction des heures entre elles était faite anciennement par le préteur :

« Prætorem accensum solitum esse jubere, ubi ei videbatur horam esse tertiam, inclamare esse tertiam, itemque meridiem, et horam nonam. » (Varro ex *Cosconio*.)

Dicitur, vigilia prima, item secunda. Cette division du temps en *veilles* était très-ancienne, et en usage chez les Juifs (*Judic.*, vers. 1911; *Reg.* XI, vers. 2; *Psalm.*, LXXXIX, vers. 4; saint Jérôme, et *Psalm.* CXXIX, vers. 6; *Matth.* XIV, vers. 25; *Luc* XII, vers. 38), et chez les Romains (Veget., *De re milit.*, l. III, c. 8). *Voyez* Juste-Lipse (*De milit. rom.*, l. V).

XXIV. *Aliis subnotata.* Ces mots nous semblent avoir un sens assez obscur; nous avons lu *alias*.

Incipiam a nocte media, *quod tempus principium et postremum est diei romani.* Varron (*De ling. lat.*, l. VI, 4, 5, 6, 7), Servius (*Ad Æneid.*, l. II), Macrobe (*Saturn.*, l. I, c. 3), Isidore (*Orig.*, l. V, c. 30 et 31) et Béda (*De rat. temp.*, c. 5), ont aussi parlé de ces différentes dénominations du jour et de la nuit.

Vocatur de media nocte. Macrobe (*Saturn.*, l. I, c. 3) appelle ce moment *mediæ noctis inclinatio*, inclination du milieu de la nuit.

Gallicinium. Voyez Pline (l. X, c. 21).

Post hoc ad meridiem. Macrobe (*Ibid.*) est plus explicite : il nomme ce même moment *a mane ad meridiem*, du matin à midi.

SOL. OCCASUS. SUPREMA. C'est ainsi qu'Aulu-Gelle (l. XVII, c. 2) cite cette loi des Douze Tables. Mais Varron (*De ling. lat.*, l. VI, 5), Festus (*Supremum*) et Macrobe (*Saturn.*, l. I, c. 3) ont écrit *solis occasus*.

Antiqui prima face dicebant. Du temps d'Aulu-Gelle, né sous Adrien, on employait encore cette expression; car cet écrivain a dit : *Post primam facem* (l. III, c. 2).

Exinde intempesta (*nox*). Voyez Servius (*ad vers. Æneid.*) :

Et Lunam in nimbo nox intempesta tenebat.

TABLE

DES AUTEURS, DES OUVRAGES, DES MONUMENTS ÉCRITS, ET DES PEUPLES DONT CENSORIN A FAIT MENTION.

A.

	Chapit.
Acarnaniens.	19.
Albains.	20, 21.
Alcméon de Crotone.	5, 6.
Anaxagore.	5, 6.
Anaximandre de Milet.	4.
Annales des anciens temps.	17.
Aphrodisius.	19.
Arcadiens.	19.
Archytas de Tarente.	4.
Arétès de Dyrrachium.	18, 21.
Aristarque.	18, 19.
Aristote de Stagire.	4, 6, 7, 14, 18.
Aristoxène.	5, 10, 12.
Armnos.	19.
Asclépiade.	12.

B.

Babyloniens.	21.
Bérose.	21.

C.

Callippe de Cyzique.	18, 19.
Cariens.	19.
Carnéade.	15.
Cassandre.	18.
Cassius Hémina.	17.
Chaldéens.	7, 8, 9, 11.
Cléanthe.	15.
Cléostrate de Ténédos.	18.
Commentaires des quindécemvirs.	17.

D.

Démocrite d'Abdère.	4, 5, 6, 15, 18.
Dicéarque de Messine.	4.
Dioclès de Caryste.	7.
Diogène.	5.
Diogène d'Apollonie.	6, 9.
Diogène le cynique.	15.
Dion.	18.
Denys d'Héraclée.	15.
Dioscoride l'astrologue.	17.
Dorylaüs.	13.
Dosithée.	18.

E.

Édits d'Auguste.	17.
Égyptiens.	18, 19, 21.
Élégie de Solon.	14.
Empédocle.	4, 5, 6, 7.
Ennius.	19, 24.
Éphorus.	17.
Épicharme.	7.
Épicure.	4, 5, 6, 12.
Épigène de Byzance.	7, 17.
Ératosthène.	13, 15, 21.
Érophile.	12.
Étrusques.	11, 14, 17.
Euclide, disciple de Socrate.	3.
Eudoxe de Cnide.	18.
Évenor.	7.
Euthyphron de Cnide.	7.

F.

Férentius.	20.
Fenestella.	20.
Fulvius.	20, 22.

G.

Gellius (Cn.)	17.
Généalogistes.	4.
Géomètres.	10.
Gorgias de Léontium.	15.
Granius Flaccus.	3.

H.

Harpalus.	18, 19.
Héraclite.	17, 18.
Hérodicus.	17.
Hérodote.	17.
Hipparque.	18.
Hippocrate.	7, 11, 14.
Hippon de Métapont.	5, 6, 7, 9.
Horace.	17.
Horus.	19.

I.

Indigitamenta (livre sacré des pontifes), ouvrage de Granius Flaccus.	3.
Isocrate le rhéteur.	15.
Ison.	19.

J.

Juifs.	11.
Junius Gracchanus.	20, 22.

L.

Lavinius.	20.

TABLE.

L.

	Chapit.
Licinius Macer.	20.
Linus.	18.
Lois du peuple romain.	23.
Lois des Douze Tables.	23, 24.
Lucilius.	3.
Lucrèce.	4.

M.

Méton d'Athènes.	18, 19.
Mnésistrate.	18.
Musiciens.	10.

N.

Nautélès.	18.

O.

Ocellus de Lucanie.	4.
Œnopide.	19.
Orphée.	18.

P.

Parménide.	4, 5, 6.
Perse.	2.
Philolaüs le pythagoricien.	18, 19.
Pison Censorius.	17.
Platon.	4, 10, 14, 15.
Plaute.	24.
Plébiscite de M. Plætorius.	24.
Poëtes.	17.
Pythagore.	4, 9, 10, 11, 12, 13.

R.

	Chapit.
Rituels des Etrusques.	11, 17.

S.

Socrate.	12.
Solon.	11, 14.
Sosibius.	21.
Staséas le péripatéticien.	14.
Stoïciens.	6.
Straton.	7.
Suétone.	20.

T.

Térence.	1.
Théano le pythagoricien.	7.
Théophraste.	4, 12.
Timée.	2, 21.
Tite-Live.	17.

V.

Valérius d'Antium ou l'Antiate.	17.
Varron.	2, 9, 14, 17, 20, 2, 23
Virgile.	4, 24.

X.

Xénocrate.	4, 15.
Xénophane de Colophon.	15.
Xénophon, disciple de Socrate.	1.

Z.

Zénon de Cittium.	4, 17.

TABLE DES MATIÈRES.

	Pages.
Avertissement des éditeurs.	j

CELSE.

LIVRE I.

PRÉFACE. ... 1
CHAP. I. De la manière de vivre qui convient aux personnes bien portantes. ... 11
II. Des précautions que doivent prendre les personnes délicates. ... 12
III. Circonstances accidentelles qui réclament des soins particuliers. — Autres règles relatives aux tempéraments, aux sexes, aux âges et aux saisons. ... 13
IV. Moyens de remédier à la faiblesse de certaines parties du corps, et à celle de la tête en particulier. ... 18
V. Précautions à prendre contre la disposition aux ophthalmies, aux rhumes, aux maux de gorge et aux fluxions. ... 19
VI. Des moyens diététiques contre la trop grande liberté du ventre. ... ibid.
VII. De ces mêmes moyens contre les douleurs habituelles du gros intestin, appelé côlon. ... 20
VIII. Du régime à observer dans la faiblesse d'estomac. ... ibid.
IX. De celui qu'on doit prescrire aux personnes qui éprouvent des douleurs de nerfs. ... ibid.
X. Des précautions à prendre quand il règne des maladies pestilentielles. ... 21

LIVRE II.

PRÉAMBULE. — Quelles sont les époques de l'année, les températures, les périodes de la vie, et les constitutions qui résistent ou prédisposent le plus aux influences morbides, et quel est le genre de maladies qu'on a le plus à redouter. ... 22
CHAP. I. Il n'est pas de saison plus favorable que le printemps; vient ensuite l'hiver; on court plus de dangers en été, et de bien plus grands encore en automne. Chaudes ou froides, les températures égales sont les meilleures, et les plus fâcheuses sont caractérisées par d'extrêmes variations. — Maladies qui se rattachent à ces diverses saisons, ou qui s'expliquent par l'influence de l'âge et de la constitution. ... ibid.
II. Des signes précurseurs de la maladie. ... 25
III. Des signes favorables. ... ibid.
IV. Des signes fâcheux. ... 26
V. Des signes qui annoncent que la maladie sera longue. ... 27
VI. Des signes qui présagent la mort. ... 28
VII. Des signes propres à chaque espèce de maladie. ... 30
VIII. Des signes qui font espérer ou craindre dans chaque espèce de maladie. ... 34
IX. Des moyens de traitement applicables aux maladies. ... 39
X. De la saignée par la lancette. ... 40
XI. De la saignée par les ventouses. ... 42
XII. De la purgation. ... 43
XIII. Du vomissement. ... 44
XIV. Des frictions. ... 45
XV. De la gestation. ... 46
XVI. De la diète. ... 47
XVII. De la sueur. ... ibid.
XVIII. Des aliments solides et liquides. — Celse les divise en trois classes d'après leurs qualités nutritives. ... 49
XIX. De la nature et des propriétés de chaque espèce d'aliment. ... 51
XX. Des aliments de bon suc. ... 52
XXI. Des aliments de mauvais suc. ... ibid.
XXII. Des aliments doux et de ceux qui sont âcres. ... ibid.
XXIII. Des aliments qui épaississent ou atténuent la pituite. ... ibid.
XXIV. Des aliments convenables à l'estomac. ... ibid.
XXV. Des aliments nuisibles à l'estomac. ... 53
XXVI. Des aliments qui produisent des flatuosités. ... ibid.
XXVII. Des aliments qui échauffent ou qui rafraîchissent. ... ibid.
XXVIII. Des aliments qui se corrompent facilement dans l'estomac. ... ibid.
XXIX. Des aliments qui relâchent le ventre. ... 54
XXX. Des aliments qui resserrent le ventre. ... ibid.
XXXI. Des aliments qui sollicitent les urines. ... ibid.
XXXII. Des aliments qui portent au sommeil. ... 55
XXXIII. Des moyens diététiques qui attirent les humeurs au dehors. ... ibid.

LIVRE III.

CHAP. I. Des différentes espèces de maladies. ... 56
II. Il est facile de savoir dès le début si la maladie est aiguë ou chronique; et cela n'est pas vrai seulement pour les affections dont la

forme est constante, mais pour celles aussi dont le caractère est variable. — Comment on reconnaît si le mal est à la période d'augment, d'état ou de déclin. — Moyens diététiques destinés à combattre les premiers symptômes d'une maladie................................. 57
III. Des différentes espèces de fièvres.......... 58
IV. Traitement des fièvres ; multiplicité des méthodes curatives........................ 59
V. Considérations relatives aux fièvres en particulier ; et d'abord du temps où il convient de donner à manger aux fébricitants......... 62
VI. De la soif qui accompagne la fièvre.—Quand doit-on faire boire les malades. — Le pouls, auquel nous accordons tant de créance, est souvent la cause des plus grandes erreurs, car il présente des variations nombreuses en raison de l'âge, des sexes et des tempéraments. — Une seconde indication à laquelle nous ajoutons foi et qui nous trompe également, c'est la chaleur ; car elle peut s'élever par l'effet de la température, du travail, du sommeil, de la peur et des anxiétés morales. — Moyens de constater l'état fébrile............ 64
VII. Du traitement des fièvres pestilentielles... 67
VIII. Du traitement de la fièvre que les médecins appellent *hémitritée*..................... 68
IX. Du traitement des fièvres lentes............. 69
X. Il faut examiner si la fièvre existe seule, ou si elle est accompagnée d'autres signes fâcheux, c'est-à-dire de douleur de tête, de sécheresse de la langue et de gonflement des hypocondres. — Des remèdes propres à combattre ces différents symptômes............. 70
XI. Remèdes contre le frisson qui précède la fièvre................................. *ibid.*
XII. Remèdes contre le tremblement dans les fièvres.................................. 71
XIII. Traitement de la fièvre quotidienne...... 72
XIV. Traitement de la fièvre tierce........... *ibid.*
XV. Traitement de la fièvre quarte............ 73
XVI. Traitement de la fièvre double-quarte..... 74
XVII. Traitement de la fièvre qui de quarte est devenue quotidienne..................... *ibid.*
XVIII. Des trois espèces de délire ; et d'abord du traitement de celui que les Grecs appellent frénésie................................. *ibid.*
XIX. De la maladie cardiaque................. 78
XX. De la léthargie.......................... 79
XXI. De l'hydropisie. — On en reconnaît trois espèces : la première à reçu des Grecs le nom de *tympanite*, la seconde celui de *leucophlegmatie* ou *hyposarque*, et la troisième celui d'*ascite*. — Traitement de chaque espèce..... 81
XXII. De la consomption. — On distingue aussi trois sortes de consomption : on les nomme en grec, *atrophie*, *cachexie*, *phthisie*. — Traitement...................................... 84
XXIII. De l'épilepsie........................ 87
XXIV. De la jaunisse......................... 88
XXV. De l'éléphantiasis...................... 89
XXVI. De l'apoplexie........................ *ibid.*
XXVII. De la paralysie....................... 90

LIVRE IV.

Chap. I. De la situation des parties internes du corps. 92
II. Du traitement des maladies de la tête...... 94
III. Des maladies qui affectent le cou......... 97
IV. Des maladies du gosier ; et d'abord de l'angine................................... 99
V. Des maladies de l'estomac................. 103
VI. Des douleurs de côté..................... 105
VII. Des maladies des viscères ; et première ment de celles des poumons................. 106
VIII. Des maladies du foie................... 107
IX. Des maladies de la rate.................. 108
X. Des maladies des reins................... 109
XI. Des maladies intestinales ; et d'abord du choléra................................. *ibid.*
XII. De la passion cœliaque ; maladie du ventricule.................................. 110
XIII. De la maladie de l'intestin grêle....... 111
XIV. De la maladie du gros intestin.......... 112
XV. De la dyssenterie....................... 113
XVI. De la lienterie........................ 114
XVII. Des vers intestinaux.................. *ibid.*
XVIII. Du ténesme........................... 115
XIX. De la diarrhée......................... *ibid.*
XX. De l'hystérie........................... 117
XXI. Des pertes séminales................... 118
XXII. Des maladies des hanches.............. *ibid.*
XXIII. De la douleur des genoux............. 119
XXIV. Des maladies qui attaquent les articulations des mains et des pieds............. *ibid.*
XXV. De la convalescence, et du régime à suivre pour la confirmer..................... 120

LIVRE V.

Chap. I. Des médicaments qui arrêtent les hémorragies..................................... 121
II. Des cicatrisants........................ *ibid.*
III. Des maturatifs......................... 122
IV. Des apéritifs qu'on emploie dans les blessures................................. *ibid.*
V. Des détersifs........................... *ibid.*
VI. Des corrosifs.......................... *ibid.*
VII. Des substances qui consument les chairs... *ibid.*
VIII. Des caustiques........................ 123
IX. Des escarotiques....................... *ibid.*
X. Des médicaments qui font tomber les croûtes des ulcères......................... *ibid.*
XI. Des résolutifs.......................... *ibid.*
XII. Des attractifs et digestifs............ *ibid.*
XIII. Des moyens propres à enlever les aspérités................................... *ibid.*
XIV. Des remèdes qui favorisent la régénération des chairs............................ *ibid.*
XV. Des émollients......................... *ibid.*
XVI. Des substances qui servent à modifier la peau.................................. *ibid.*
XVII. Du mélange des médicaments simples. — Indication des poids qui servent à formuler.. 124
XVIII. Des onguents........................ *ibid.*
XIX. Des emplâtres......................... 129
XX. Des trochisques........................ 132
XXI. Des pessaires......................... 133

	Pages.
XXII. Des médicaments qu'on emploie sous forme sèche	133
XXIII. Des antidotes, et des cas où ils conviennent	135
XXIV. Des acopes	136
XXV. Des pilules	ibid.
XXVI. Des cinq manières dont le corps peut être lésé	138
XXVII. Des plaies faites par morsure et de leur traitement	151
XXVIII. Des ulcères provenant de causes internes	155

LIVRE VI.

Chap. I. Des maladies propres à chaque partie du corps. ... 169
II. Du porrigo. ... ibid.
III. Du sycosis. ... ibid.
IV. De l'aréa. ... 170
V. Des boutons, des lentilles, et des éphélides. ... ibid.
VI. Des maladies des yeux ; et d'abord de celles dont le traitement consiste en remèdes adoucissants. ... 171
VII. Des maladies des oreilles. ... 182
VIII. Des maladies des narines. ... 186
IX. De la douleur de dents. ... 188
X. Des amygdales. ... 189
XI. Des ulcères de la bouche. ... 190
XII. Des ulcères de la langue. ... 191
XIII. Des parulies, et des ulcères des gencives. ibid.
XIV. De l'inflammation de la luette. ... 192
XV. Des ulcères gangréneux de la bouche. ... ibid.
XVI. Des parotides. ... 193
XVII. Des hernies de l'ombilic. ... ibid.
XVIII. Des maladies des parties génitales. ... ibid.
XIX. Des ulcères des doigts. ... 199

LIVRE VII.

Préface. De la chirurgie ; de ceux qui s'y sont distingués ; des qualités nécessaires au chirurgien. — Indication des matières contenues dans ce livre. ... 200
Chap. I. De l'entorse. ... 201
II. Des tumeurs qui se développent spontanément ; de la manière de les ouvrir et de les traiter. ... ibid.
III. Des signes qui servent à caractériser une bonne et une mauvaise suppuration. ... 203
IV. Des fistules. ... ibid.
V. De l'extraction des traits. ... 205
VI. Des tumeurs de la tête, qu'on appelle *ganglions, méliceris, athérômes et stéatômes*. ... 207
VII. Des maladies des yeux qui réclament le secours de la main, et des opérations. ... 208
VIII. Des maladies des oreilles que les ressources de la chirurgie doivent guérir. ... 217
IX. Des moyens de remédier aux pertes de substances des oreilles, du nez, et des lèvres. ... 218
X. Du polype. ... 219
XI. De l'ôzène. ... ibid.
XII. Des maladies de la bouche qu'il faut traiter par l'opération. ... ibid.

XIII. Des maladies du cou. ... 221
XIV. Des maladies de l'ombilic. ... 222
XV. De la manière d'évacuer les eaux dans l'hydropisie. ... 223
XVI. Des plaies pénétrantes du bas-ventre, et des blessures des intestins. ... 224
XVII. De la rupture du péritoine. ... 225
XVIII. De la structure des testicules et de leurs maladies. ... ibid.
XIX. Du traitement général des maladies des testicules ; et premièrement de l'incision qu'on fait à l'aine ou au scrotum, et de la manière de panser cette incision. ... 228
XX. Des moyens de réduire la hernie intestinale, et de l'opération qu'elle comporte. ... 230
XXI. Traitement de la hernie formée par l'épiploon. ... 231
XXII. Traitement du cirsocèle. ... 232
XXIII. Du sarcocèle. — Inutilité de l'opération quand le cordon est affecté. ... 233
XXIV. De la dilatation des veines dans la région inguinale. ... ibid.
XXV. Procédé pour recouvrir le gland lorsque le prépuce est trop court. ... ibid.
XXVI. De la rétention d'urine, et de la manière d'y remédier. — Des calculs vésicaux, et de la taille. ... 234
XXVII. De la gangrène qui peut succéder à l'opération de la taille. ... 240
XXVIII. Manière de remédier aux adhérences contre nature des parties naturelles chez la femme. ... 242
XXIX. De l'extraction du fœtus, mort dans le sein de la mère. ... 243
XXX. Des maladies de l'anus. ... 244
XXXI. Des varices. ... 246
XXXII. De l'adhérence des doigts, et des moyens de les redresser lorsqu'ils sont restés courbés par suite d'accidents. ... ibid.
XXXIII. De la gangrène. ... ibid.

LIVRE VIII.

Chap. I. Description générale des os. ... 247
II. Des diverses altérations des os ; à quels signes on les reconnaît. ... 252
III. De la manière d'exciser les os ; du trépan et de la tarière. ... 253
IV. Des fractures du crâne. ... 255
V. Des fractures du nez. ... 259
VI. Fractures des cartilages de l'oreille. ... 260
VII. En passant de ces diverses fractures à celles de la mâchoire, il commence par établir quelques généralités sur les fractures des os, afin d'éviter des répétitions trop fréquentes. ibid.
VIII. De la fracture de la clavicule. ... 261
IX. De la fracture des côtes. ... 262
X. Traitement général de la fracture du bras, de l'avant-bras, de la cuisse, de la jambe et des doigts. ... 264
XI. Des luxations. ... 270
XII. De la luxation de la mâchoire. ... 271

	Pages.
XIII. De la luxation de la tête	272
XIV. De la luxation des vertèbres	ibid.
XV. De la luxation du bras	ibid.
XVI. De la luxation du cubitus	273
XVII. De la luxation du poignet	274
XVIII. De la luxation des os de la paume de la main	ibid.
XIX. De la luxation des doigts	275
XX. De la luxation du fémur	ibid.
XXI. De la luxation du genou	276
XXII. De la luxation du cou-de-pied	ibid.
XXIII. De la luxation des os de la plante du pied	ibid.
XXIV. De la luxation des orteils	277
XXV. Des luxations qui sont compliquées de blessures	ibid.

M. VITRUVE POLLION.

DE L'ARCHITECTURE.

Traduction de C. PERRAULT, *revue.*

Notice sur Vitruve	1
Préface de Perrault	5

LIVRE I.

Préface	13
Chapitre I. Ce que c'est que l'architecture, et quelles connaissances sont requises dans un architecte	14
Ch. II. En quoi consiste l'architecture	18
Ch. III. Des parties de l'architecture, qui sont: la distribution des édifices publics et particuliers, la gnomonique et la mécanique	21
Ch. IV. Comment on peut connaître si un lieu est sain, et ce qui l'empêche de l'être	ib.
Ch. V. Des fondements des murs et des tours	24
Ch. VI. De la distribution des bâtiments qui se font dans l'enceinte des murailles des villes, et comme ils doivent être tournés pour être à l'abri des vents contraires	26
Ch. VII. Du choix des lieux propres pour les édifices publics	29

LIVRE II.

Préface	30
Ch. I. De la manière de vivre des premiers hommes, et quels ont été les commencements et le progrès de leur société et de leurs bâtiments	31
Ch. II. Des principes de toutes choses, selon l'opinion des philosophes	34
Ch. III. Des briques; de quelle terre, en quel temps et de quelle forme elles doivent être faites	ib.
Ch. IV. Du sable et de ses espèces	36
Ch. V. De la chaux, et quelle est la meilleure pierre dont elle se fait	ib.
Ch. VI. De la pouzzolane, et comme il s'en faut servir	37
Ch. VII. Des carrières d'où l'on tire les pierres, et de leurs qualités	39
Ch. VIII. Des diverses espèces de maçonnerie; de leurs propriétés, et de la différente manière dont elles doivent être faites suivant les lieux	40
Ch. IX. De ce qu'il faut observer en coupant le bois pour bâtir, et des qualités particulières de quelques arbres	45
Ch. X. Du sapin qu'on appelle supernas, et de celui qui est nommé infernas, avec la description de l'Apennin	48

LIVRE III.

Préface	49
Ch. I. De l'ordonnance des temples, et de leurs proportions avec la mesure du corps humain	51
Ch. II. De la composition et de l'ordonnance des temples	53
Ch. III. Des cinq espèces de bâtiments	54
Ch. IV. Des fondements qui se font dans les terres fermes et dans les terres rapportées	55
Ch. V. Des colonnes de l'ordre ionique, et de leurs ornements	57

LIVRE IV.

Préface	61
Ch. I. Des trois ordres de colonnes, de leur origine et de leur invention	ib.
Ch. II. Des ornements des colonnes	64
Ch. III. De l'ordre dorique	65
Ch. IV. De la distribution du dedans des temples	67
Ch. V. De quel côté les temples doivent être tournés	68
Ch. VI. De la proportion des portes des temples et de leurs chambranles	69
Ch. VII. Des temples à la manière toscane	70
Ch. VIII. Des temples ronds, et des autres genres de temples	71
Ch. IX. Comment les autels des dieux doivent être placés	72

LIVRE V.

Préface	73
Ch. I. De la place publique, et quelle doit être sa disposition	74
Ch. II. De la disposition du trésor public, des prisons et de l'hôtel de ville	76
Ch. III. Comment il faut bâtir le théâtre pour qu'il soit sain	ib.
Ch. IV. De la musique harmonique, selon la doctrine d'Aristoxène	77
Ch. V. Des vases de théâtre	79
Ch. VI. De la construction du théâtre	81
Ch. VII. Des théâtres des Grecs	83
Ch. VIII. Du choix des lieux consonnants pour les théâtres	84
Ch. IX. Des portiques et des promenoirs qui sont derrière la scène	ib.
Ch. X. De quelle manière les bains doivent être disposés, et de quelles parties ils se composent	86
Ch. XI. Comment il faut bâtir les palestres et les xystes	88
Ch. XII. Des ports et de la maçonnerie qui se fait dans l'eau	89

LIVRE VI.

Préface... 90
Ch. I. Des différentes manières de disposer les maisons, suivant les différentes qualités des régions et les aspects du ciel.................. 92
Ch. II. Des proportions et des mesures que les édifices des particuliers doivent avoir, d'après la nature des lieux............................ 95
Ch. III. Des cours des maisons; des vestibules et de leurs ailes; des cabinets et des péristyles; des salles à manger; des grandes salles; des cabinets de conversation; des cabinets de tableaux et leurs proportions; des grandes salles à la manière des Grecs........................ 96
Ch. IV. Vers quelle région du ciel chaque genre de bâtiment doit être tourné, pour que les logements soient commodes et sains............ 98
Ch. V. De la disposition des bâtiments suivant la condition de ceux qui les habitent.................... 99
Ch. VI. De la manière de bâtir les maisons à la campagne.. 100
Ch. VII. De la distribution des habitations chez les Grecs... 101
Ch. VIII. Des différents moyens par lesquels on donne une longue durée aux édifices................ 103

LIVRE VII.

Préface... 105
Ch. I. De la manière de bien faire la rudération....... 109
Ch. II. Comment il faut préparer la chaux pour le stuc et les autres enduits.............................. 111
Ch. III. De la manière de faire les planchers en voûte, la trullisation et les enduits.................... ib.
Ch. IV. Des enduits que l'on fait aux lieux qui sont humides.. ib.
Ch. V. Comment il faut faire les peintures dans les édifices.. 115
Ch. VI. Du marbre, et comment on doit le préparer pour faire le stuc.................................. 117
Ch. VII. Des couleurs naturelles....................... ib.
Ch. VIII. Du minium et du vif-argent................. 118
Ch. IX. De la préparation du minium................ ib.
Ch. X. Des couleurs artificielles, et particulièrement du noir de fumée.................................... 119
Ch. XI. Du bleu d'azur et de l'ocre brûlé............ 120
Ch. XII. De la manière de faire la céruse, le vert-de-gris et la sandaraque.............................. ib.
Ch. XIII. De la pourpre................................ 121
Ch. XIV. Des couleurs qui imitent la pourpre, le sil attique, la chrysocolle et l'indienne.......... ib.

LIVRE VIII.

Préface... 122
Ch. I. Des moyens de trouver l'eau.................... 123
Ch. II. De l'eau de pluie et de ses qualités........... 125
Ch. III. Des eaux chaudes, et de la nature de plusieurs fontaines, fleuves et lacs...................... 126
Ch. IV. Comment on pourra connaître la qualité des eaux.. 133

Ch. V. De la conduite des eaux, et des instruments pour niveler... 133
Ch. VI. De plusieurs manières de conduire les eaux; de la manière de creuser les puits et de faire les citernes.. 134

LIVRE IX.

Préface... 137
Ch. I. Des choses qui appartiennent à la gnomonique, lesquelles ont été trouvées par les rayons du soleil; et de la description du monde et des planètes.. 141
Ch. II. De la lumière croissante et décroissante de la lune.. 144
Ch. III. Du cours du soleil dans les douze signes du zodiaque, et comment il augmente et diminue la longueur des jours et des heures..... 145
Ch. IV. Des constellations qui sont au côté du zodiaque qui est vers le septentrion.................... 146
Ch. V. Des constellations qui sont au côté du zodiaque vers le midi... 148
Ch. VI. De l'astrologie, appliquée à la divination et à la connaissance de la destinée des hommes..... ib.
Ch. VII. De la manière de faire les cadrans au soleil, et des ombres des gnomons au temps des équinoxes à Rome, et en d'autres lieux............ 149
Ch. VIII. De la construction et de l'usage de certaines horloges; des horloges à eau, et des horloges d'hiver ou anaphoriques........................ 151

LIVRE X.

Préface... 154
Ch. I. Des machines, et comment elles diffèrent de ce que l'on appelle les organes......................
Ch. II. Des machines qui sont faites pour tirer....... 156
Ch. III. De la force que la ligne droite et la circulaire ont dans les machines pour lever des fardeaux.. 160
Ch. IV. Des diverses machines pour élever l'eau, et en premier lieu du tympan........................ 162
Ch. V. Des roues et des tympans qui servent à moudre la farine... 163
Ch. VI. De la limace, avec laquelle on peut élever beaucoup d'eau, mais non pas bien haut............. ib.
Ch. VII. De la machine de Ctésibius, qui élève l'eau très-haut... 164
Ch. VIII. Des machines hydrauliques qui font jouer des orgues.. 165
Ch. IX. Par quel moyen on peut savoir, en allant en carrosse ou en bateau, combien on a fait de chemin.. 166
Ch. X. Des catapultes et des scorpions................ 168
Ch. XI. Des balistes.................................... 170
Ch. XII. De la manière de bander les catapultes, et les balistes avec la justesse qui est nécessaire... 172
Ch. XIII. Des machines qui servent à battre ou à défendre les places; de l'invention du bélier, et en quoi consiste cette machine............... ib.
Ch. XIV. Comment se fait la tortue au moyen de laquelle on comble les fossés.................... 174
Ch. XV. D'autres sortes de tortues................... ib.
Ch. XVI. Des moyens de défense des assiégés........ 176

NOTES SUR VITRUVE.

	Pages.
Livre I.	182
Livre II.	190
Livre III.	201
Livre IV.	217
Livre V.	231
Livre VI.	248
Livre VII.	258
Livre VIII.	266
Livre IX.	272
Livre X.	278

SEXTUS JULIUS FRONTIN.

COMMENTAIRE SUR LES AQUEDUCS DE ROME.

Traduction de M. J. RONDELET.

Notice sur Frontin.	301

COMMENTAIRE SUR LES AQUEDUCS DE LA VILLE DE ROME.

Préface.	303
Première partie.	304
Seconde partie.	316
Lois ou constitutions impériales sur les aqueducs.	337
Notes sur Frontin.	345

CENSORIN.

DU JOUR NATAL.

Traduction nouvelle par M. T. BAUDEMENT.

Notice sur Censorin.	352
Du jour natal. I. Préface.	355
II. Pourquoi et de quelle manière on sacrifie au génie pur.	356
III. Ce que c'est qu'un génie, et d'où vient ce nom.	ib.
IV. Diverses opinions des philosophes anciens sur la génération.	357
V. De la semence de l'homme, et quelle en est la source.	359
VI. Quelle partie se forme la première dans l'enfant, et comment il se nourrit dans le sein de la mère. D'où vient qu'il naît un garçon ou une fille. Ce qui donne lieu à la naissance des jumeaux. De la conformation du fruit utérin.	ib.
VII. Du temps auquel le fruit de la conception est mûr pour la naissance, et du nombre septenaire.	360
VIII. Calculs des Chaldéens sur la durée de la gestation; du zodiaque et des aspects des astres.	316
IX. Opinion de Pythagore sur la formation du fruit utérin.	363
X. De la musique et de ses règles.	ib.
XI. Explication du système de Pythagore sur la formation du fruit utérin.	365
XII. Éloge de la musique et ses vertus.	366
XIII. De l'étendue du ciel, de la circonférence de la terre et de la distance des astres.	367
XIV. Distinction des âges de l'homme, suivant l'opinion de quelques auteurs, et des années climatériques.	368
XV. De l'époque de la mort de quelques hommes célèbres. Éloge de Q. Cérellius.	370
XVI. Du temps limité et du temps infini.	371
XVII. Du siècle; ce que c'est d'après l'opinion de divers auteurs; ce que c'est d'après les rituels des Étrusques. Ce qu'est le siècle des Romains; de l'institution des jeux séculaires, et de leur célébration jusqu'au temps des empereurs Septime et M. Aurèle Antonin. Du jour natal de Q. Cérellius.	372
XVIII. De la grande année, suivant les opinions de divers auteurs; de plusieurs autres sortes d'années; des olympiades; des lustres et des jeux capitolins; en quelle année ce livre a été écrit.	375
XIX. Des années naturelles de quelques nations.	377
XX. De l'année naturelle des Romains; des diverses corrections qu'on y a faites; des mois et des jours intercalaires; des jours de chaque mois; des années juliennes.	378
XXI. Des temps historiques et des époques incertaines et fabuleuses; de l'ère des Augustes; de l'ère égyptienne; désignation du temps auquel Censorin a écrit cet ouvrage.	380
XXII. Des mois naturels et civils des diverses nations; de leurs noms et de l'origine de ces noms.	382
XXIII. Des jours et de leurs différentes divisions chez les diverses nations; des cadrans solaires et des horloges.	383
XXIV. Des diverses parties des jours romains, et des noms qui sont propres à chacune d'elles.	384
Notes sur Censorin.	387
Table des auteurs, des ouvrages, etc., dont Censorin a fait mention.	403

FIN DE LA TABLE.

www.ingramcontent.com/pod-product-compliance
Lightning Source LLC
Chambersburg PA
CBHW061951300426
44117CB00010B/1292